百衲本

漢書

（漢）班固撰
（唐）顏師古注

1

國家圖書館出版社

U0884596

圖書在版編目(CIP)數據

百衲本漢書:全二册/(漢)班固撰,(唐)顔師古注.—北京:國家圖書館出版社,2014.9(2024.6 重印)

(百衲本二十四史)

ISBN 978-7-5013-5419-1

Ⅰ.①百… Ⅱ.①班… ②顔… Ⅲ.①中國歷史—西漢時代—紀傳體 Ⅳ.①K234.104.2

中國版本圖書館 CIP 數據核字(2014)第 148362 號

書　　名	百衲本漢書(全二册)
著　　者	(漢)班固撰　(唐)顔師古注
叢 書 名	百衲本二十四史
責任編輯	陳　卓
重印編輯	張珂卿
出版發行	國家圖書館出版社(北京市西城區文津街 7 號　100034) (原書目文獻出版社　北京圖書館出版社) 010-66114536　63802249　nlcpress@nlc.cn(郵購)
網　　址	http://www.nlcpress.com
印　　裝	河北三河弘翰印務有限公司
版次印次	2014 年 9 月第 1 版　2024 年 6 月第 3 次印刷
開　　本	710×1000　1/16
印　　張	82
書　　號	ISBN 978-7-5013-5419-1
定　　價	300.00 圓

版權所有　侵權必究

本書如有印裝質量問題,請與讀者服務部(010-66126156)聯繫調換。

百衲本二十四史影印出版説明

『二十四史』是中國古代各朝被政府納爲正統的二十四部史書的總稱，其上起《史記》，下迄《明史》，記載了從傳説中的五帝時代到清朝初年約四千餘年中政治、經濟、文化等諸多方面的歷史，是我國古代最權威、最詳細的史學著作。

清代最通行的『二十四史』，是乾隆年間刊行的『欽定武英殿本二十四史』，即『殿本』。殿本版式疏朗，刻印精良，但是校勘不够審慎，存在誤字、衍字、缺字甚至整段文字脱失的情况。而且，由於殿本的編纂官皆屬御用史官，不得不爲帝王所左右，史實記録上存在竄改等原因造成的缺憾。晚清時，又出現了由各省官書局刊刻的局本，廣爲流傳，但仍以殿本爲依據，存在不少問題。

二十世紀二十年代起，張元濟先生耗費巨資搜訪宋元善本，通過采用當時最先進的攝影製版技術，歷經多年努力，至一九三六年，終於出齊了整套影印版的『二十四史』。因各書底本多殘缺不全，不得不通過許多版本相互參校、補綴而成，猶如僧侣之『百衲衣』，故名之曰『百衲本二十四史』。其中除《舊五代史》《元史》《明史》以明清時的版本作爲底本外，均以宋元版爲主要底本。百衲本對殿本、局本中的謬誤多有匡正，其對歷史研究的功績有目共睹，影響深巨，被史學界一致公認爲『中國最佳全本正史』，是中國史學史上的一座豐碑，具有極高的版本價值、研究價值和收藏價值。

百衲本二十四史自問世以來，曾數次被影印出版，其中的宣紙綫裝本，因價格不菲，不便學者購藏利用。而縮印本則多存在質量問題，其中質量較好的，當數二十世紀五十年代北京商務印書館的精裝二十四册本。但年代既久，流傳亦少，已屬罕見。爲滿足文史工作者的研究需求，也讓更多的文史愛好者接觸到百衲本二十四史，我社决定將之再度影印出版。

本次影印，將每部正史單獨製作，采取每頁分上下雙欄的形式印製，并爲每部正史編製了分卷目録。需要説明的是，此次我社在編製目録時，爲更好地反映百衲本原貌，充分體現其與殿本、局本等其他系統傳本的差异，原則上均依原書卷端著録，部分保留了原書中使用的簡體字、俗體字及异體字等。對原書中有目無傳或有傳無目等情況，不予改動，僅對極個别處出現的明顯衍、漏、誤字等情況進行了修改。不當之處，請讀者批評指正。

國家圖書館出版社

二〇一四年七月

百衲本漢書目録

漢書目錄

高紀第一上 師古曰紀理也統理衆事而繫之年月者也 漢書一

秘書監上護軍琅邪縣開國子顔師古注

高祖荀悅曰諱邦字季邦之字曰國張晏曰禮謚法無以為功最高而為漢帝之太祖故特起名焉師古曰邦之字曰國者臣下所避以相代也沛豐邑中陽里人也應劭曰沛縣也豐其鄉也孟康曰後沛為郡而豐為縣師古曰沛者本秦泗水郡之屬縣豐者沛之聚邑耳方言高祖所生故舉其本稱以說之也此下言縣鄉邑告喻之故知邑繫於縣也姓劉氏母媼文穎曰幽州及漢中皆謂老嫗為媼孟康曰媼母別名音烏老反師古曰媼女老稱也孟音是矣史家不詳著高祖母之姓氏無得記之故取當時相呼稱號而言也其下王媼之屬意義皆同至如皇甫謐等妄引讖記好奇騁博強為高祖父母名字皆非正史所說蓋無取焉寧有劉媼本姓存史遷肯不詳載即理而言斷可知矣他皆類此嘗息大澤之陂師古曰蓄水曰陂蓋於澤陂隄塘之上休息而寢寐也陂音彼皮反夢與神遇師古曰遇會也不期而會曰遇是時雷電晦冥師古曰晦冥皆謂暗也言大雷電而雲霧晝暗父太公往視則見交龍於上已而有娠應劭曰娠動懷任之意左傳曰邑姜方娠孟康曰娠音身漢史身多作娠古今字也師古曰孟說是也漢書皆以娠為任身字邑姜方震自為震動之字不作娠遂產高祖高祖為人隆準而龍顏服虔曰準音拙應劭曰隆高也準頰權準也顏額顙也李斐曰準鼻也文穎曰音準的之準晉灼曰戰國策云眉目準頞權衡史記秦始皇蜂目長準李斐說文音是也師古曰頰權字豈當借準為之服音應說皆失之美須髯師古曰在頤曰須在頰曰髯髯人占反左股有七十二黑子師古曰今中國通呼為黶子吳楚俗謂之誌誌者記也寬仁愛人意豁如也師古曰豁然開大之貌音呼活反常有大度不事家人生產作業及壯試吏應劭曰試用補吏為泗上亭長師古曰秦法十里一亭亭長者主亭之吏也亭謂停留行旅宿食之館廷中吏無所不狎侮師古曰廷中郡府廷之中廷音定他皆類此好酒及色常從王媼武負貰酒如淳曰武姓也俗謂老大母為阿負師古曰劉向列女傳云魏曲沃負者魏大夫如耳之母也此則古語謂老母為負耳王媼

王家之媼也武負武家之母也貰賒也李登呂忱並音式制反而今之讀者謂與射同乃引地名射陽其字作貰以為證驗此說非也假令地名為射自是假借亦猶鮦陽音紂蓮勺音酌當時所呼別有意義豈得即定其字以為五音乎時飲醉臥武負王媼見其上常有怪高祖每酤留飲酒讎數倍如淳曰讎亦售也及見怪歲竟此兩家常折券棄責師古曰以簡牘為契券既不徵索故折毀之棄其所負高祖常繇咸陽應劭曰繇者役也文穎曰咸陽今渭城是也師古曰咸陽秦所都繇讀曰傜古通用字縱觀秦皇帝師古曰縱放也天子出行放人令觀觀音工喚反喟然大息曰嗟乎大丈夫當如此矣師古曰喟歎息之貌大息言其歎息之大喟音丘位反單父人呂公孟康曰單音善父音甫師古曰地理志山陽縣也善沛令辟仇從之客因家焉師古曰與沛令相善因辟仇亡匿初就為客後遂家沛也仇讎也音求沛中豪桀吏聞令有重客皆往賀師古曰以禮物相慶曰賀蕭何為主吏孟康曰主吏功曹也主進文穎曰主賦斂禮進為之帥也鄭氏曰主賦斂禮錢也師古曰進者會禮之財也字本作賮又作贐音皆同耳古字假借故轉而為進賮又音才忍反陳遵傳云陳遂與宣帝博數負進帝後詔云可以償博進未其進辭有別解然而所賭者之財疑充會食義又與此通令諸大夫曰進不滿千錢坐之堂下師古曰令號令也大夫客之貴者總稱耳高祖為亭長素易諸吏師古曰素故也謂舊時也易輕也弋豉反乃紿為謁曰賀錢萬應劭曰紿欺也師古曰為謁者書刺自言爵里若今參見尊貴而通名也蓋當時自陳姓名并列賀錢數耳紿音徒在反實不持一錢謁入呂公大驚起迎之門師古曰以其錢多故特禮之呂公者好相人見高祖狀貌因重敬之引入坐上坐師古曰上坐尊處也令於尊處坐上坐音才卧反次下亦同蕭何曰劉季固多大言少成事高祖因狎侮諸客遂坐上坐無所詘師古曰詘曲懾也音丘勿反酒闌文穎曰闌言希也謂飲酒者半罷半在謂之闌呂公因目固留高

祖師古曰不欲對坐者顯言故動目而留之竟酒後呂公曰臣少好相人張晏曰古人相
與語多自稱臣自卑下之道也若今人相與言自稱僕也相人多矣無如季相願季自愛
臣有息女願為箕帚妾師古曰息生也言己所生之女酒罷呂媼怒呂
公曰公始常欲奇此女與貴人師古曰奇異也謂顯而異之而嫁於貴人沛
令善公求之不與何自妄許與劉季呂公曰此非
兒女子所知卒與高祖師古曰卒終也呂公女即呂后也生
孝惠帝魯元公主服虔曰元長也食邑於魯韋昭曰元謚也師古曰公主惠帝之姊也以其最長故號曰元
呂后謂高帝曰張王以魯元故不宜有謀齊悼惠王尊魯元公主為大后當時並已謂之元不得為謚也韋說失之高祖嘗告
歸之田服虔曰告音如嗥呼之嗥李斐曰休謁之名吉曰告凶曰寧孟康曰古者名吏休假曰告告又音嚳漢律吏二千石有
予告有賜告予告者在官有功最法所當得也賜告者病滿三月當免天子優賜其告使得帶印綬將官屬歸家治病至成帝時郡國二千石

賜告不得歸家至和帝時予賜皆絕師古曰告者請謁之言謂請休耳或謂之謝謝亦告也假為嗥嚳二音並無別義固當依本字以讀之左氏
傳曰韓獻子告老禮記曰若不得謝漢書諸云謝病皆同義呂后與兩子居田中有一老
父過請飲呂后因餔之師古曰餔食之餔屈原曰餔其糟是也以食食人亦謂之餔國語曰國中
童子無不餔也呂氏春秋曰下壺飧以餔之是也父本請飲后因食之故言餔也餔音必胡反老父相后曰夫人
天下貴人也令相兩子見孝惠帝曰夫人所以貴
者乃此男也師古曰言因有此男故大貴相魯元公主亦皆貴老父
已去高祖適從旁舍來呂后具言客有過相我子
母皆大貴高祖問曰未遠乃追及問老父老父曰
鄉者夫人兒子皆以君如淳曰言并得君之貴相也或作以師古曰如說非也言夫人及兒子
以君之故因得貴耳不當作似也鄉讀曰嚮君相貴不可言高祖乃謝曰誠如

父言不敢忘德師古曰誠實也及高祖貴遂不知老父處高
祖為亭長乃以竹皮為冠令求盜之薛治應劭曰以竹始生皮
作冠今鵲尾冠是也求盜者亭卒舊時亭有兩卒一為亭父掌開閉埽除一為求盜掌逐捕盜賊薛魯國縣也有作冠師故往治之文穎
曰高祖居貧志大取其約省與眾有異韋昭曰竹皮竹筠也今南夷取竹幼時績以為帳師古曰之往也竹皮笋皮謂笋上所解之籜耳非竹筠也今
人亦往往為笋皮巾古之遺制也韋說失之昌古以字籜音託時時冠之師古曰愛珍此冠休息之暇則冠之及
貴常冠所謂劉氏冠也師古曰後遂號為劉氏冠者即此冠也後詔曰爵非公乘以上不得冠劉
氏冠者即此冠高祖以亭長為縣送徒驪山應劭曰秦始皇葬於驪山故郡國送徒士
往作文穎曰在新豐南項氏曰故驪戎國也徒多道亡自度比至皆亡之師古曰度音徒
各反比音必寐反他皆類此到豐西澤中亭止飲師古曰豐邑之西其亭在澤中因以為名夜
皆解縱所送徒師古曰縱放也曰公等皆去吾亦從此逝矣

師古曰逝往也徒中壯士願從者十餘人高祖被酒師古曰被加也被酒
者為酒所加被音皮義反夜徑澤中師古曰徑小道也言從小道而行於澤中過故其下曰有大蛇當徑令一
人行前師古曰行案行也音胡更反行前者還報曰前有大蛇當徑
願還高祖醉曰壯士行何畏乃前拔劍斬蛇蛇分
為兩道開行數里醉因臥後人來至蛇所有一老
嫗夜哭人問嫗何哭嫗曰人殺吾子人曰嫗子何
為見殺嫗曰吾子白帝子也化為蛇當道今者赤
帝子斬之應劭曰秦襄公自以居西主少昊之神作西畤祠白帝至獻公時櫟陽雨金以為瑞又作畦畤祠白帝赤帝堯後謂
漢也殺之者明漢當滅秦也故哭人乃以嫗為不誠師古曰謂所言不實欲苦之
蘇林曰欲困苦辱之師古曰今書苦字或作笞笞擊也音丑之反嫗因忽不見師古曰見音胡電反他皆類此後

人至高祖覺師古曰覺謂寤寐而寤也音工効反告高祖高祖乃心獨喜自負應劭曰負恃也諸從者日益畏之秦始皇帝嘗曰東南有天子氣於是東游以猒當之師古曰猒塞也音一涉反高祖隱於芒碭山澤間應劭曰芒屬沛國碭屬梁國二縣之界有山澤之固故隱其間蘇林曰芒音忙碭音唐師古曰碭亦音宕所言屬沛國梁國者皆是注釋之人據見在所屬非必本時屬境界他皆類此呂后與人俱求常得之高祖怪問呂后后曰季所居上常有雲氣故從往常得季師古曰言隨雲氣所在而求得之高祖又喜沛中子弟或聞之多欲附者矣二世元年應劭曰始皇欲以一至萬示不相襲始者一故稱二世也秋七月陳涉起蘄蘇林曰蘄音機縣名屬沛國至陳自立為楚王李奇曰秦滅楚楚人怨秦故涉因民之欲自稱楚王從民望也遣武臣張耳陳餘略趙地師古曰凡言略地者皆謂行而取之用功力少八月武臣自立為趙王郡縣多殺長吏以應涉九月沛令欲以沛應之掾主吏蕭何曹參曰師古曰曹參為獄掾蕭何為主吏君為秦吏今欲背之帥沛子弟恐不聽願君召諸亡在外者師古曰時苦秦虐政賦役煩多故有逃亡辟吏可得數百人因以劫衆師古曰劫謂威脅之衆不敢不聽乃令樊噲召高祖師古曰噲音快高祖之衆已數百人矣於是樊噲從高祖來沛令後悔恐其有變乃閉城城守師古曰城守者守其城也守音狩他皆類此欲誅蕭曹蕭曹恐踰城保高祖師古曰保安也就高祖以自安高祖乃書帛射城上與沛父老曰天下同苦秦久矣今父老雖為沛令守諸侯並起今屠沛師古曰屠

謂破取城邑誅殺其人如屠六畜然沛令共誅令擇可立立之以應諸侯即室家完師古曰完全也不然父子俱屠無為也父老乃帥子弟共殺沛令開城門迎高祖欲以為沛令高祖曰天下方擾諸侯並起師古曰擾亂也今置將不善一敗塗地師古曰一見破敗即當肝腦塗地吾非敢自愛恐能薄師古曰能謂材也能本獸名形似熊足似鹿為物堅中而強力故人謂有賢材者皆為能不能完父兄子弟師古曰鄉邑之人老及長者父兄之行少及幼者子弟宗黨故總而言之此大事願更擇可者蕭曹皆文吏自愛恐事不就師古曰就成也後秦種族其家師古曰誅盡及種族也盡讓高祖諸父老皆曰平生所聞劉季奇怪當貴且卜筮之莫如劉季最吉高祖數讓衆莫肯為師古曰數音所角反他皆類此高祖乃立為沛公孟康曰楚舊僭稱王其縣宰為公陳涉為楚王沛公起應涉故從楚制稱曰公祠黃帝祭蚩尤於沛廷應劭曰黃帝戰於阪泉以定天下蚩尤亦古天子好五兵故祠祭之求福祥也臣瓚曰孔子三朝記云蚩尤庶人之貪者非天子也管仲曰割盧山發而出水金從之出蚩尤受之以作劍戟也師古曰瓚所引者同是大戴禮出用兵篇而非三朝記也其餘則如應說沛廷沛縣之廷而釁鼓應劭曰釁祭也殺牲以血塗鼓釁呼為釁臣瓚曰禮記及大戴禮有釁廟之禮皆無祭事師古曰許慎云釁血祭也然則凡殺牲以血祭者皆為釁安在其無祭事乎又古人新成鐘鼎亦必釁之豈取釁呼為義應氏之說亦未允也呼音火亞反旗幟皆赤師古曰幟謂旌也音式志反旗旐之屬即總稱為史家字或作識或作志音義皆同由所殺蛇白帝子所殺者赤帝子故也於是少年豪吏如蕭曹樊噲等皆為收沛子弟得三千人是月項梁與兄子羽起吳田儋與從弟榮橫起齊服虔曰儋音負擔之擔師古曰音丁甘反自立為齊王韓廣自立為燕王

魏咎自立爲魏王陳涉之將周章西入關至戲應劭曰章字文陳人也戲弘農湖縣西界也孟康曰水名也蘇林曰在新豐東南三十里師古曰戲在新豐東今有戲水驛其水本出藍田北界橫嶺至此而北流入渭孟蘇說是東越鄭及華陰數百里然始至湖西界應說大失之矣戲音許宜反秦將章邯距破之蘇林曰邯音酒酣之酣師古曰音下甘反秦二年十月文穎曰十月秦正月始皇即位周火德以五勝之法勝火者水秦文公獲黑龍此水德之瑞於是更名河爲德水十月爲正月謂建亥之月水得位故以爲歲首沛公攻胡陵鄧展曰屬山陽章帝元和元年改爲胡陸方與鄭氏曰音房預屬山陽郡還守豐秦泗川監平將兵圍豐文穎曰泗川今沛郡也高祖更名沛秦時御史監郡若今刺史平其名也師古曰泗川郡川字或爲水其實一也二日出與戰破之令雍齒守豐十一月沛公引兵之薛秦泗川守壯兵敗於薛如淳曰秦并天下爲三十六郡置守尉監此四川有監有守壯其名也走至戚鄭氏曰音憂戚之戚如淳曰音將毒反師古曰東海之縣也讀如本字沛公左司馬得殺之師古曰得者司馬之名沛公還軍亢父鄭氏曰亢音人相抗苔父音甫屬任城郡至方與趙王武臣爲其將所殺十二月楚王陳涉爲其御所殺魏人周市略地豐沛使人謂雍齒曰豐故梁徙也文穎曰晉大夫畢萬封魏今河東河北縣是也其後爲秦所逼徙都今魏郡魏縣是也至文侯孫惠王畏秦復徙都大梁今浚儀縣大梁亭是也故世或言魏惠王或言梁惠王至孫假爲秦所滅轉東徙於豐故曰豐故梁徙也臣瓚曰史記及世本畢萬居魏昭子徙安邑文侯亦居之汲郡古文云惠王之六年自安邑遷于大梁師古曰魏不常都於魏魏郡魏縣瓚說是也其他即如文氏之釋今魏地已定者數十城齒今下魏魏以齒爲侯守豐師古曰封爲侯因令守豐不下且屠豐雍齒雅不欲屬沛公蘇林曰雅素也及魏招之即反爲魏守豐師古曰爲音于僞反沛公攻豐不能取沛公還之沛怨雍齒與豐

子弟畔之正月張耳等立趙後趙歇爲趙王鄭氏曰歇音遏絕之遏蘇林曰歇音毒歇師古曰依本字以讀之不當借音東陽甯君秦嘉立景駒爲楚王文穎曰秦嘉東陽郡人爲甯縣君景駒楚族景氏駒名也晉灼曰東陽縣也臣瓚曰陳勝傳云凌人秦嘉然即嘉非東陽人嘉初起於郯號大司馬又不爲甯縣君東陽甯君自一人秦嘉又一人師古曰東陽甯君及秦嘉二人是也東陽者爲其所屬縣名甯君者姓甯時號爲君在留師古曰留縣名沛公往從之道得張良遂與俱見景駒請兵以攻豐時章邯從陳別將如淳曰從陳時將也涉在陳其將相別在他許皆稱陳師古曰從謂追討也尚書曰夏師敗績湯遂從之司馬尼將兵北定楚地如淳曰尼章邯司馬師古曰尼古夷字屠相師古曰相縣也至碭東陽甯君沛公引兵西與戰蕭西師古曰蕭縣之西不利還收兵聚留二月攻碭三日拔之師古曰拔者克城邑而取之言若拔樹木并得其根收碭兵得六千人

與故合九千人三月攻下邑拔之師古曰下邑縣名還擊豐不下四月項梁擊殺景駒秦嘉止薛沛公往見之項梁益沛公卒五千人五大夫將十人蘇林曰五大夫第九爵名以五大夫爲將凡十人沛公還引兵攻豐拔之雍齒奔魏五月項羽拔襄城還項梁盡召別將師古曰別將謂小將別在他所者六月沛公如薛師古曰如往也他皆類此與項梁共立楚懷王孫心爲楚懷王應劭曰六國爲秦所并楚最無罪爲百姓所思故求其後立爲楚懷王以祖謚爲號順民望也章邯破殺魏王咎齊王田儋於臨濟師古曰破其軍而殺其身七月大霖雨師古曰雨三日以上爲霖沛公攻亢父章邯圍田榮於東阿沛公與項梁共救田榮大破章邯東阿田榮歸沛公項

羽追北服虔曰師敗曰北韋昭曰古背字也背去而走也師古曰北陰幽之處故謂退敗奔走者爲北老子曰萬物向陽而負陰許愼說文解字云北乖也史記樂書曰紂爲朝歌北鄙之音朝歌者不時北者敗也鄙者陋也是知北則訓乖訓敗無勞借音韋昭之徒並爲妄矣至城陽攻屠其城軍濮陽東復與章邯戰又破之章邯復振李奇曰振整也如淳曰振起也收散卒自振迅而起晉灼曰左氏云振廢滯如說是也守濮陽環水文穎曰決水以自環守爲固也張晏曰依河水以自環繞作壘師古曰文說是也環音宦沛公項羽去攻定陶八月田榮立田儋子市爲齊王定陶未下沛公與項羽西略地至雍丘與秦軍戰大敗之斬三川守李由應劭曰三川今河南郡也由李斯子韋昭曰有河洛伊故曰三川也還攻外黃外黃未下項梁再破秦軍有驕色宋義諫不聽秦益章邯兵九月章邯夜銜枚擊項梁定陶師古曰銜枚者止言語讙

譁欲令敵人不知其來也周官有銜枚氏枚狀如箸橫銜之繣絜於項繣者結礙也絜繞也蓋爲結紐而繞項也繣音獲絜音頡大破之殺項梁時連雨自七月至九月沛公項羽方攻陳留聞梁死士卒恐乃與將軍呂臣引兵而東徙懷王自盱台都彭城鄭氏曰音吁怡師古曰盱音許于反呂臣軍彭城東項羽軍彭城西沛公軍碭魏咎弟豹自立爲魏王後九月文穎曰即閏九月也時律曆廢不知閏謂之後九月如淳曰時因秦以十月爲歲首至九月則歲終後九月即閏月師古曰文說非也若以律曆廢不知閏者則當但謂之十月不應有後九月蓋秦之曆法應置閏者總致之於歲末觀其此意當取左傳所謂歸餘於終耳何以明之據漢書表及史記漢未改秦曆之前迄至高后文帝屢書後九月是知故然非曆廢也懷王并呂臣項羽軍自將之以沛公爲碭郡長蘇林曰長如郡守也韋昭曰秦名曰守是時改曰長封武安侯將碭郡兵以羽爲魯公封長

安侯呂臣爲司徒其父呂青爲令尹應劭曰天子曰師尹諸侯曰令尹時去六國尚近故置令尹臣瓚曰諸侯之卿唯楚稱令尹其餘國稱相時立楚之後故置官司皆如楚舊也師古曰瓚說得之章邯已破項梁以爲楚地兵不足憂乃渡河北擊趙王歇大破之歇保鉅鹿城秦將王離圍之趙數請救懷王乃以宋義爲上將項羽爲次將范增爲末將北救趙初懷王與諸將約先入定關中者王之師古曰約要也謂言契也自函谷關以西總名關中當是時秦兵彊常乘勝逐北諸將莫利先入關師古曰不以入關爲利言畏秦也獨羽怨秦破項梁奮勢晉灼曰憤激也願與沛公西入關懷王諸老將皆曰項羽爲人慓悍禍賊師古曰慓疾也悍勇也禍賊者好爲禍害而殘賊也慓音頻妙反又匹妙反悍音胡且反

嘗攻襄城襄城無噍類如淳曰噍音才笑反無復有活而噍食者也青州俗呼無孑遺爲無噍類所過無不殘滅且楚數進取如淳曰楚謂陳涉數進取多所攻取也師古曰楚者總言楚兵陳涉項梁皆是前陳王項梁皆敗孟康曰前陳王陳涉也師古曰孟說非也此言前者陳王及項梁皆敗今須得長者往非謂涉爲前陳王也安有後陳王乎不如更遣長者扶義而西師古曰扶助也以義自助也扶字或作杖杖亦倚任之意告諭秦父兄秦父兄苦其主久矣今誠得長者往毋侵暴宜可下項羽不可遣獨沛公素寬大長者卒不許羽而遣沛公西收陳王項梁散卒乃道碭孟康曰道由碭至陽城與杠里孟康曰二縣名也師古曰杠音江攻秦軍辟破其二軍秦三年十月齊將田都畔田榮將兵助項羽救趙沛公攻破東郡尉

於成武 孟康曰尉郡都尉也師古曰本謂之郡尉至景帝時乃改曰都尉 十一月項羽殺宋義并其兵渡河自立為上將軍諸將黥布等皆屬 十二月沛公引兵至栗 韋昭曰沛郡縣 遇剛武侯 應劭曰楚懷王將也功臣表棘蒲剛侯陳武武一姓柴剛武侯宜為剛侯武魏將也孟康曰功臣表柴武以將軍起薛至霸上入漢中非懷王將又非魏將也例未有稱謚者師古曰史失其名姓唯識其爵號不知誰也不當改剛武侯為剛侯武應氏以為懷王將又云魏將無所據矣 奪其軍四千餘人并之與魏將皇欣武滿軍合攻秦軍破之故齊王建孫田安 師古曰建齊襄王子也立四十四年為秦兵所擊以兵降秦秦虜之遷建於河內遂滅齊 下濟北從項羽救趙羽大破秦軍鉅鹿下虜王離走章邯 師古曰章邯被破而走 二月沛公從碭北攻昌邑遇彭越越助攻昌邑未下沛公西過高陽 文穎曰聚邑名屬陳留圉臣瓚曰陳留傳在雍丘西南 酈食其為里監門 服虔曰音歷異基蘇林曰監門門卒也 曰諸將過此者多吾視沛公大度乃求見沛公沛公方踞牀使兩女子洗 師古曰踞反企也洗洗足也踞音據洗音先典反 酈生不拜長揖曰 師古曰長揖者手自上而極下 足下必欲誅無道秦不宜踞見長者於是沛公起攝衣謝之延上坐食其說沛公襲陳留 臣瓚曰輕行無鐘鼓曰襲 沛公以為廣野君以其弟商為將將陳留兵三月攻開封未拔 師古曰開封縣名屬滎陽 西與秦將楊熊會戰白馬 師古曰白馬亦縣名屬東郡 又戰曲遇東 文穎曰地名也蘇林曰曲音齲遇音顒師古曰齲音丘羽反 大破之楊熊走之滎陽 師古曰西走也 二世使使斬之以徇 師古曰徇行示也司馬法曰斬以徇言使人將行徧示衆士以為戒 四

月南攻潁川屠之因張良遂略韓地 文穎曰河南新鄭南至潁川南北皆韓地也以良累世相韓故因之 時趙別將司馬卬 師古曰卬音五剛反 方欲渡河入關沛公乃北攻平陰 孟康曰縣名也屬河南魏文帝改曰河陰 絕河津南戰雒陽東軍不利從轘轅 臣瓚曰險道名也在緱氏東南師古曰直渡曰絕轘音環 至陽城收軍中馬騎六月與南陽守齮戰犨東 師古曰犨縣名也齮音蟻犨音昌由反 破之略南陽郡南陽守走保城守宛 師古曰宛南陽之縣也音於元反 沛公引兵過宛西 師古曰未拔宛城而兵過宛城西出 張良諫曰沛公雖欲急入關秦兵尚眾距險 師古曰依險阻而自固以距敵 今不下宛宛從後擊彊秦在前此危道也於是沛公乃夜引軍從他道還偃旗幟遲明圍宛城三帀 服虔曰欲天疾明也文穎曰遲未也天未明之頃已圍其城矣晉灼曰文說是也師古曰文晉二家得其大意耳此言圍城事畢然後天明明遲於事故曰遲明變為去聲音大二反漢書諸言遲某事者義皆類此史記遲字作邌邌亦徐緩之意也音黎 南陽守欲自剄 鄭氏曰剄音姑鼎反以刀割頸為剄 其舍人陳恢曰 文穎曰主殿內小吏官名也蘇林曰藺相如為宦者令舍人韓信為侯亦有舍人師古曰舍人親近左右之通稱也後遂以為私屬官號恢音口迴反 死未晚也乃踰城見沛公曰臣聞足下約先入咸陽者王之今足下留守宛宛郡縣連城數十其吏民自以為降必死故皆堅守乘城 師古曰乘登也謂上城而守也春秋左氏傳曰授兵登陴 今足下盡日止攻士死傷者必多引兵去宛宛必隨足下前則失咸陽之約後有彊宛之患為足下計莫若約降 師古曰共為要約許其降也 封其守因使止守 師古曰封其郡守為侯即令守其郡 引

其甲卒與之西諸城未下者聞聲爭開門而待足下足下通行無所累 師古曰累音力瑞反 沛公曰善七月南陽守齮降封為殷侯封陳恢千戶引兵西無不下者至丹水高武侯鰓襄侯王陵降 蘇林曰鰓音魚鰓之鰓晉灼曰功臣表戚鰓也王陵安國侯王陵也韋昭曰漢封王陵為安國侯初起兵時在南陽南陽有穰縣疑襄當為穰而無禾字省耳臣瓚曰時韓成封穰侯江夏有襄是陵所封也師古曰戚鰓初從即為郎以都尉守蘄城非至丹水乃降也此自一人耳不知其姓王陵亦非安國侯者晉說非也韋氏改襄為穰者蓋亦穿鑿也 還攻胡陽遇番君別將梅鋗 蘇林曰番音婆豫章番陽縣韋昭曰吳芮初為番令故號曰番君鋗音呼玄反 與偕攻析酈 蘇林曰酈音蹢躅之蹢如淳曰音持益反師古曰析酈二縣名蘇如兩音並同耳析縣今內鄉酈即菊潭縣也 皆降所過毋得鹵掠 應劭曰鹵與虜同師古曰毋止之辭也音與無同他皆類此掠音力向反謂略奪也 秦民喜遣魏人甯昌使秦

是月章邯舉軍降項羽羽以為雍王瑕丘申陽下河南 服虔曰瑕丘縣名申姓陽名也文穎曰姓瑕丘字申陽臣瓚曰項羽傳瑕丘公申陽是瑕丘縣公也師古曰文說非也此申陽即項羽所封河南王者耳何云姓瑕丘乎 八月沛公攻武關 應劭曰武關秦南關通南陽文穎曰武關在析西百七十里 入秦秦相趙高恐乃殺二世使人來欲約分王關中 師古曰自與沛公中分關中之地 沛公不許九月趙高立二世兄子子嬰為秦王子嬰誅滅趙高遣將將兵距嶢關 應劭曰嶢音堯嶢山之關李奇曰在上洛北藍田南武關之西 沛公欲擊之張良曰秦兵尚彊未可輕願先遣人益張旗幟於山上為疑兵 師古曰益多也多張旗幟過其人數令敵疑有多兵 使酈食其陸賈往說秦將啗以利 師古曰啗者本謂食啗耳音徒敢反以食餧人令其啗食音則改變為徒濫反今言以利誘之取食為辭他皆類此 秦將

果欲連和沛公欲許之張良曰此獨其將欲叛恐其士卒不從不如因其怠懈擊之沛公引兵繞嶢關踰蕢山 鄭氏曰蕢音匱蘇林曰蕢音蒯師古曰蘇音是也丘怪反 擊秦軍大破之藍田南遂至藍田又戰其北秦兵大敗 元年冬十月 如淳曰張倉傳云以高祖十月至霸上故因秦以十月為歲首 五星聚于東井 應劭曰東井秦之分野五星所在其下當有聖人以義取天下占見天文志 沛公至霸上 應劭曰霸上地名在長安東三十里古曰滋水秦穆公更名霸師古曰霸水上故曰霸上即今所謂霸頭 秦王子嬰素車白馬係頸以組 應劭曰子嬰不敢襲帝號但稱王耳素車白馬喪人之服組者天子韍也係頸者言欲自殺也師古曰此組謂綬也所以帶璽也韍音弗 封皇帝璽符節 應劭曰璽信也古者尊卑共之左傳襄公在楚季武子使公冶問璽書追而與之秦漢尊者以為信羣下乃避之師古曰符謂諸所合符以為契者也節以毛為之上下相重取象竹節因以為名將命者持

之以為信 降枳道旁 蘇林曰亭名也在長安東十三里師古曰枳音軹軹道亭在霸成觀西四里 諸將或言誅秦王沛公曰始懷王遣我固以能寬容且人已服降殺之不祥乃以屬吏 師古曰屬委也音之欲反 遂西入咸陽欲止宮休舍 師古曰舍息也於殿中休息也一曰舍謂屋舍也 樊噲張良諫乃封秦重寶財物府庫還軍霸上蕭何盡收秦丞相府圖籍文書十一月召諸縣豪桀曰父老苦秦苛法久矣 師古曰苛細也音何 誹謗者族耦語者棄市 應劭曰秦法禁民聚語耦對也師古曰族謂誅及其族也棄市者取刑人於市與衆棄之 吾與諸侯約先入關者王之吾當王關中與父老約法三章耳殺人者死傷人及盜抵罪 服虔曰隨輕重制法也李奇曰傷人有曲直盜臧有多少罪名不可豫定故凡言抵罪未知抵何罪也師古曰抵

至也當也服李二說意並得之自外諸家皆兵解釋故不取也抵音丁禮反 餘悉除去秦法吏民皆按堵如故 應劭曰按按次第堵牆堵也師古曰言不遷動也堵音覩 凡吾所以來為父兄除害非有所侵暴毋恐且吾所以軍霸上待諸侯至而定要束耳 師古曰要亦約 乃使人與秦吏行至縣鄉邑告諭之 師古曰軍中遣人與秦吏相隨徧至諸縣鄉邑而告諭也 秦民大喜爭持牛羊酒食獻享軍士沛公讓不受曰倉粟多不欲費民民又益喜唯恐沛公不為秦王或說沛公曰秦富十倍天下地形彊今聞章邯降項羽羽號曰雍王王關中即來沛公恐不得有此可急使守函谷關 文穎曰是時關在弘農縣衡嶺今移東在河南穀城縣師古曰今桃林縣南有洪溜澗水即古所謂函谷也其水北流入河夾河之岸尚有舊關餘跡焉穀城即新安 毋內諸侯軍稍徵關中兵以自益距之沛公然其計從之十二月項羽果帥諸侯兵欲西入關關門閉聞沛公已定關中羽大怒使黥布等攻破函谷關遂至戲下沛公左司馬曹毋傷聞羽怒欲攻沛公使人言羽曰沛公欲王關中令子嬰相珍寶盡有之欲以求封亞父范增說羽曰 如淳曰亞次也尊敬之次父猶管仲為仲父 沛公居山東時貪財好色今聞其入關珍物無所取婦女無所幸此其志不小吾使人望其氣皆為龍成五色此天子氣急擊之勿失於是饗士旦日合戰 師古曰饗謂設飲食也旦日明旦也 是時羽兵四十

前漢紀一上　十五

萬號百萬沛公兵十萬號二十萬 師古曰兵家之法不言實數皆增之 力不敵會羽季父左尹項伯素善張良 師古曰伯者其字也名纏 夜馳見張良具告其實欲與俱去毋特俱死 文穎曰特獨也無屬獨與沛公俱死蘇林曰特但也師古曰蘇說是也但空也空死而無成名 良曰臣為韓王送沛公不可不告亡去不義乃與項伯俱見沛公沛公與伯約為婚姻曰吾入關秋豪無所敢取 文穎曰秋豪秋乃成好毫盛而言也師古曰豪成之時端極纖細適足諭小非言其盛 籍吏民封府庫待將軍 師古曰籍謂為簿籍 所以守關者備他盜也日夜望將軍到豈敢反邪願伯明言不敢背德項伯許諾即夜復去戒沛公曰旦日不可不早自來謝項伯還具以沛公言告羽因曰沛公不先破關中兵公巨能入乎 服虔曰巨音渠猶未應得入也師古曰服說非也巨讀曰詎詎猶豈也 且人有大功擊之不祥不如因善之羽許諾沛公旦日從百餘騎見羽鴻門 孟康曰在新豐東十七里舊大道北下坂口名 謝曰臣與將軍勠力攻秦 師古曰勠力并力也音力竹反又力周反 將軍戰河北臣戰河南不自意先入關能破秦與將軍復相見 師古曰言意不自謂得然 今者有小人言令將軍與臣有隙 師古曰隙謂間隙言乖離不合 羽曰此沛公左司馬曹毋傷言之不然籍何以生此羽因留沛公飲范增數目羽擊沛公 師古曰動目以諭之 羽不應范增起出謂項莊曰君王為人不忍 師古曰莊項羽從弟 汝入以劍舞因擊

前漢紀一上　十六

沛公殺之不者汝屬且爲所虜莊入爲壽師古曰凡言爲
壽謂進爵於尊者而獻無疆之壽壽畢曰軍中無以爲樂請以劒舞
因拔劒舞項伯亦起舞常以身翼蔽沛公樊噲聞
事急直入怒甚羽壯之賜以酒噲因譙讓羽師古曰譙
讓以辭相責也譙音才笑反有頃沛公起如廁招樊噲出置車
官屬師古曰置留也不以自隨獨騎樊噲靳彊滕公紀成步
從間道走軍晉灼曰紀成紀通父也服虔曰走音奏師古曰間空也投空隙而行不公顯也走謂趣向也服音是
矣凡此之類音義皆同使張良留謝羽羽問沛公安在師古曰安在在何在也
他皆類此曰聞將軍有意督過之師古曰督謂視責也脫身去間
至軍師古曰脫免也不敢謁辭苟自免而去間行以至軍也脫音他活反故使臣獻辭羽受

前漢紀一上　十七　沈詵

之又獻玉斗范增增怒撞其斗起曰吾屬今爲沛
公虜矣師古曰撞音丈江反沛公歸數日羽引兵西屠咸陽殺
秦降王子嬰燒秦宮室所過殘滅秦民大失望羽
使人還報懷王懷王曰如約師古曰謂令沛公王關中羽怨懷王
不肯令與沛公俱西入關而北救趙後天下約乃
曰懷王者吾家所立耳非有功伐何以得專主約
師古曰積功曰伐春秋左氏傳曰大夫稱伐本定天下諸將與籍也春正月
如淳曰以十月爲歲首而正月更爲三時之月服虔曰漢正月也師古曰凡此諸月號皆太初正曆之後記事者追改之非當時本稱也以十
月爲歲首即謂十月爲正月今此正月當時謂之四月耳他皆類此陽尊懷王爲義帝實
不用其命二月羽自立爲西楚霸王文穎曰史記貨殖傳曰淮以北沛陳

汝南南郡爲西楚彭城以東東海吳廣陵爲東楚衡山九江江南豫章長沙爲南楚羽欲都彭城故自稱西楚孟康曰舊名江陵爲南楚吳
爲東楚彭城爲西楚師古曰孟說是也王梁楚地九郡都彭城背約更立
沛公爲漢王王巴蜀漢中四十一縣都南鄭師古曰即今之
梁州南鄭縣三分關中立秦三將章邯爲雍王都廢丘孟康
曰縣名今槐里是韋昭曰即周時犬丘懿王所都秦欲廢之更名廢丘司馬欣爲塞王韋昭曰在
長安東名桃林塞師古曰取河華之固爲阸塞耳非桃林也塞音先代反都櫟陽蘇林曰櫟音藥師古曰即
今之櫟陽縣是其地董翳爲翟王文穎曰本上郡秦所置項羽以董翳爲王更名爲翟都高奴師古
曰今之鄜州界楚將瑕丘申陽爲河南王都洛陽趙將司馬
卬爲殷王都朝歌師古曰即今之朝歌縣也當陽君英布爲九江
王都六師古曰六者縣名本古國皐陶之後懷王柱國共敖爲臨江王應劭

前漢紀一上　十八　沈詵

曰柱國上卿官也若相國矣共敖其姓名也孟康曰本今南郡改爲臨江國師古曰共音龔都江陵師古曰即今之荊州江陵縣
番君吳芮爲衡山王都邾文穎曰邾音朱縣名屬江夏故齊王建孫
田安爲濟北王徙魏王豹爲西魏王都平陽徙燕
王韓廣爲遼東王燕將臧荼爲燕王鄭氏曰荼音食邪之荼如淳曰音舒
師古曰鄭音是也音大胡反都薊師古曰薊即幽州薊縣徙齊王田市爲膠東王
齊將田都爲齊王都臨菑師古曰今在青州徙趙王歇爲代
王趙相張耳爲常山王漢王怨羽之背約欲攻之
丞相蕭何諫乃止服虔曰稱丞相者錄事追言之夏四月諸侯罷戲下
各就國師古曰戲謂軍之旌麾也音許宜反亦讀曰麾先是諸侯從項羽入關者各帥其軍聽命於羽今既受封爵各歸就
國故總言罷戲下也一說云時從項羽在戲水之上故言罷戲下此說非也項羽見高祖於鴻門已過戲矣又入秦燒秦宮室不復在戲也漢書

通以戲爲麾字義見竇田灌韓傳 羽使卒三萬人從漢王楚子諸侯人
之慕從者數萬人 文穎曰楚子猶言楚人也諸侯人猶諸侯國人 從杜南入蝕中 師古
李奇曰蝕音力在杜南如淳曰蝕入漢中道川谷名 張良辭歸韓漢王送至褒中 師古
曰即今梁州之褒縣也舊曰褒中言居褒谷之中隋室諱忠改爲褒內 因說漢王燒絕棧道 師古
曰棧即閣也今謂之閣道 以備諸侯盜兵亦視項羽無東意 如淳曰視音示
師古曰言令羽知漢王更無東出之意也漢書多以視爲示古通用字 漢王既至南鄭諸將及
士卒皆歌謳思東歸 師古曰謳齊歌也謂齊聲而歌或曰齊地之歌謳音一侯反 多道
亡還者 師古曰未至南鄭在道即亡歸 韓信爲治粟都尉亦亡去蕭何
追還之因薦於漢王曰必欲爭天下非信無可與
計事者於是漢王齊戒設壇場 師古曰齊讀曰齋築土而高曰壇除地爲場

前漢紀一上　十九

拜信爲大將軍問以計策信對曰項羽背約而王
君王於南鄭 師古曰上王音于放反 是遷也 如淳曰秦法有罪遷徙之於蜀漢 吏卒
皆山東之人日夜企而望歸 師古曰企謂舉足而竦身 及其鋒而
用之可以有大功天下已定民皆自寧不可復用
師古曰寧安也各安其處 不如決策東向因陳羽可圖 師古曰圖謂謀而取之
三秦易并之計 應劭曰章邯爲雍王司馬欣爲塞王董翳爲翟王分王秦地故曰三秦 漢王
大說 師古曰說讀曰悅 遂聽信策部署諸將 師古曰分部而署置 留蕭何
收巴蜀租給軍糧食五月漢王引兵從故道 孟康曰縣名屬
武都 出襲雍雍王邯迎擊漢陳倉雍兵敗還走戰好
時 孟康曰畤音止神靈之所止也好畤縣名屬右扶風師古曰即今雍州好畤縣 又大敗走廢丘漢

王遂定雍地東如咸陽引兵圍雍王廢丘而遣諸
將略地田榮聞羽徙齊王市於膠東而立田都爲
齊王大怒以齊兵迎擊田都都走降楚六月田榮
殺田市自立爲齊王時彭越在鉅野 師古曰鉅野澤名因以爲縣今屬鄆
州 衆萬餘人無所屬榮與越將軍印因令反梁地越
擊殺濟北王安榮遂并三齊之地 服虔曰齊與濟北膠東 燕王
韓廣亦不肯徙遼東秋八月臧荼殺韓廣并其地
塞王欣翟王翳皆降漢初項梁立韓後公子成爲
韓王張良爲韓司徒羽以良從漢王韓王成又無
功故不遣就國與俱至彭城殺之及聞漢王并關

前漢紀一上　二十　全

中而齊梁畔之羽大怒乃以故吳令鄭昌爲韓王
距漢令蕭公角擊彭越 蘇林曰蕭公角號也孟康曰蕭令也時令皆稱公師古曰孟說是也
越敗角兵時張良徇韓地 蘇林曰徇音巡撫其民人也孟康曰徇略也師古曰孟說
是音辭峻反 遺羽書曰漢欲得關中如約即止不敢復
東羽以故無西意而北擊齊九月漢王遣將軍薛
歐王吸出武關 師古曰歐音烏垢反吸音翕 因王陵兵 如淳曰王陵亦聚黨數千人居
南陽 從南陽迎太公呂后於沛羽聞之發兵距之陽
夏 鄭氏曰音假借之假師古曰即今亳州陽夏縣 不得前 二年冬十月項羽使
九江王布殺義帝於郴 文穎曰郴縣名屬桂陽如淳曰郴音綝師古曰說者或以爲史記本
紀及漢注云衡山臨江王殺之江中而漢書言黥布殺之爲錯然今據史記黥布傳四月陰令九江王等行擊義帝其八月布使將追殺之郴

又與漢書項羽英布傳相合且足則衡山臨江與布同受羽命而役之者布也非班氏之錯郴縣二字並音田林反 陳餘亦
怨羽獨不王己從田榮藉助兵 師古曰藉借也 以擊常山王
張耳耳敗走降漢漢王厚遇之陳餘迎代王歇還
趙歇立餘爲代王張良自韓閒行歸漢漢王以爲
成信侯漢王如陜 師古曰陜今陜州陜縣也音式冉反 鎮撫關外父老 師古
曰鎮安也撫慰也 河南王申陽降置河南郡使韓太尉韓信
擊韓韓王鄭昌降十一月立韓太尉信爲韓王漢
王還歸都櫟陽使諸將略地拔隴西以萬人若一
郡降者封萬戶 師古曰若者豫及之辭言以萬人或以一郡降者皆封萬戶 繕治河上
塞 晉灼曰舊鑑傳秦北攻胡築河上塞 師古曰繕補也 故秦苑囿園池令民得

田之 師古曰養鳥獸曰苑苑有垣曰圃所以種植謂之園田謂耕作也圃音布 春正月羽擊田榮
城陽榮敗走平原平原民殺之齊皆降楚楚焚其
城郭齊人復畔之諸將拔北地虜雍王弟章平赦
罪人二月癸未令民除秦社稷立漢社稷施恩德
賜民爵 臣瓚曰爵者祿位民賜爵有罪得以減也 蜀漢民給軍事勞苦復勿
租稅二歲 師古曰復者除其賦役也音方目反其下並同 關中卒從軍者復家一
歲舉民年五十以上有脩行能帥衆爲善置以爲三
老鄉一人擇鄉三老一人爲縣三老與縣令丞尉
以事相教復勿繇戍 師古曰繇讀曰傜 以十月賜酒肉三月
漢王自臨晉渡河 師古曰臨晉縣名其地居河之西瀕東臨晉境本列國時秦所名也即今之同州朝邑

縣界也 魏王豹降將兵從下河內虜殷王卬置河內
郡至脩武陳平亡楚來降漢王與語說之 師古曰說讀曰悅
使參乘監諸將南渡平陰津 蘇林曰在河陰 至洛陽新城
三老董公遮說漢王曰臣聞順德者昌逆德者亡
兵出無名事故不成 蘇林曰名者伐有罪 故曰明其爲賊敵乃
可服 應劭曰爲音無爲之爲布告天下言項羽殺義帝明其爲賊亂舉兵征之乃可服也鄭氏曰爲音人相爲之爲 師古
曰應說是也 項羽爲無道放殺其主 師古曰殺讀曰弒諸弒君者其例皆同 天
下之賊也夫仁不以勇義不以力 李奇曰彼有仁我不能以勇服彼有義我
不能以力服文穎曰以用也己有仁天下歸之可不用勇而天下自服己有義天下奉之可不用力而天下自定師古曰爲義帝發喪此爲行仁
義不用勇力文說是也 三軍之衆爲之素服以告之諸侯爲此

東伐 師古曰爲並音于僞反 四海之內莫不仰德此三王之舉
也 師古曰三王夏殷周也言以德義取天下則可比蹤於三王 漢王曰善非夫子無所聞
於是漢王爲義帝發喪袒而大哭 如淳曰袒亦如禮袒踊也師古曰袒謂脫
衣之袖也音徒旱反 哀臨三日 師古曰衆哭曰臨音力禁反 發使告諸侯曰天下
共立義帝北面事之今項羽放殺義帝江南大逆
無道寡人親爲發喪兵皆縞素 師古曰縞白素也音工老反 悉發
關中兵收三河士 韋昭曰河南河東河內也 南浮江漢以下願從
諸侯王 服虔曰漢名王爲諸侯王師古曰服說非也當時漢未有此稱號直言諸侯及王自謙言隨諸侯王之後也 擊
楚之殺義帝者夏四月田榮弟橫收得數萬人立
榮子廣爲齊王羽雖聞漢東既擊齊欲遂破之而

後擊漢漢王以故得劫五諸侯兵(應劭曰雍翟塞殷韓也如淳曰塞翟魏殷河南也韋昭曰塞翟韓殷魏也雍時已敗師古曰諸家之說皆非也張良遺羽書云漢欲得關中如約即止不敢復東東謂出關之東今羽聞漢東之時漢固已得三秦矣五諸侯者謂常山河南韓魏殷也此年十月常山王張耳降河南王申陽降韓王鄭昌降三月魏王豹降虜殷王卬皆在漢東之後故知謂此為五諸侯時雖未得常山之地據功臣表云張耳棄國與大臣歸漢則亦有士卒也又叔孫通傳云二年漢王從五諸侯入彭城爾時雍王猶在廢丘被圍即非五諸侯之數也尋此紀文昭然可曉前賢注釋並失指趣)東伐楚到外黃彭越將三萬人歸漢漢王拜越為魏相國令定梁地漢王遂入彭城收羽美人貨賂置酒高會(服虔曰大會也)羽聞之令其將擊齊而自以精兵三萬人從魯出胡陵至蕭晨擊漢軍大戰彭城靈壁東(孟康曰故小縣在彭城南)睢水上(師古曰睢音雖)大破漢軍多殺士卒睢水為之不流(師古曰殺人既多壅於睢水)圍漢王三帀大風從西北起折木發屋揚砂石晝晦(師古曰晦暗也)楚軍大亂而漢王得與數十騎遁去過沛使人求室家室家亦已亡不相得漢王道逢孝惠魯元載行楚騎追漢王漢王急推墮二子滕公下收載遂得脫(鄭氏曰滕公夏侯嬰也師古曰脫音他活反)審食其從太公呂后間行反遇楚軍(師古曰此審食其及武帝時趙食其讀皆與酈食其同音異基而近代學者酈則為異基審則為食基趙則食其非也同是人名更無別義就中升降何所據依且荀悅漢紀三者並為異基字斷可知矣太公呂后避楚軍乃反與之相遇而見拘執)羽常置軍中以為質諸侯見漢敗皆亡去塞王欣翟王翳降楚殷王卬死呂后兄周呂侯(蘇林曰以姓名侯也晉灼曰外戚表周呂令武侯澤也呂縣名封於呂以為國師古曰周呂封名令武其

諡也蘇云以姓名侯非也)將兵居下邑(師古曰縣名也)漢王從之稍收士卒軍碭漢王西過梁地至虞(師古曰即今宋州虞城縣)謂謁者隨何曰公能說九江王布使舉兵畔楚項王必留擊之得留數月吾取天下必矣隨何往說布果使畔楚五月漢王屯滎陽蕭何發關中老弱未傅者悉詣軍(服虔曰傅音附孟康曰古者二十而傅三年耕有一年儲故二十三而後役之如淳曰律年二十三傅之疇官各從其父疇學之高不滿六尺二寸以下為罷癃漢儀注云民年二十三為正一歲為衛士一歲為材官騎士習射御騎馳戰陳又曰年五十六衰老乃得免為庶民就田里今老弱未嘗傅者皆發之未二十三為弱過五十六為老師古曰傅著也言著名籍給公家傜役也服音足)韓信亦收兵與漢王會兵復大振與楚戰滎陽南京索間破之(應劭曰京縣名今有大索小索亭晉灼曰音冊師古曰音求索之索)築甬道屬河(應劭曰恐敵鈔輜重故築垣牆如街巷也鄭氏曰甬音踊師古曰屬聯也音之欲反)以取敖倉粟(孟康曰敖地名在滎陽西北山上臨河有大倉)魏王豹謁歸視親疾(師古曰謁請也親謂母也)至則絕河津反為楚(師古曰斷其津濟以距漢軍)六月漢王還櫟陽壬午立太子赦罪人令諸侯子在關中者皆集櫟陽為衛引水灌廢丘廢丘降章邯自殺雍州定八十餘縣置河上渭南中地隴西上郡(服虔曰河上即左馮翊也渭南京兆也中地右扶風也師古曰凡新置五郡)令祠官祀天地四方上帝山川以時祠之興關中卒乘邊塞(李奇曰乘守也師古曰乘登也登而守之義與乘城同)關中大飢米斛萬錢(師古曰一斛直萬錢)人相食令民就食蜀漢秋八月漢王如滎陽謂酈食其曰緩頰往說魏王豹(張晏曰緩頰徐

責引辭喻也）能下之以魏地萬戶封生（師古曰生猶言先生他皆類此）食其往豹不聽漢王以韓信為左丞相與曹參灌嬰俱擊魏食其還漢王問魏大將誰也對曰柏直王曰是口尚乳臭不能當韓信（師古曰乳臭言其幼少）騎將誰也曰馮敬曰是秦將馮無擇子也雖賢不能當灌嬰步卒將誰也曰項它（師古曰它字與他同並音徒何反）曰不能當曹參吾無患矣九月信等虜豹傳詣滎陽定魏地置河東太原上黨郡信使人請兵三萬人願以北舉燕趙東擊齊南絕楚糧道漢王與之　三年冬十月韓信張耳東下井陘擊趙（服虔曰井陘山名在常山今為縣師古曰陘音形）斬陳餘

前漢紀一上　二十五　陳覔

獲趙王歇置常山代郡甲戌晦日有食之十一月癸卯晦日有食之隨何既說黥布布起兵攻楚楚使項聲龍且攻布（韋昭曰且音子閭反）布戰不勝十二月布與隨何閒行歸漢漢王分之兵與俱收兵至成皋項羽數侵奪漢甬道漢軍乏食與酈食其謀橈楚權（服虔曰橈弱也師古曰音女教反其字從木）食其欲立六國後以樹黨（師古曰樹立也）漢王刻印將遣食其立之以問張良良發八難漢王輟飯吐哺（師古曰輟止也哺口中所含食也飯音扶晚反哺音步）曰豎儒（師古曰言其賤劣無智若童豎也）幾敗乃公事（師古曰幾近也乃汝也公漢王自謂也幾音鉅依反）令趣銷印（師古曰趣讀曰促促速也他皆類此）又問陳平乃從其計與平黃金四萬斤以間

跡楚君臣（師古曰間音居莧反次下反間並音亦同）夏四月項羽圍漢滎陽漢王請和割滎陽以西者為漢亞父勸項羽急攻滎陽漢王患之陳平反間既行羽果疑亞父亞父大怒而去發病死五月將軍紀信曰事急矣臣請誑楚可以間出（師古曰間出投間隙私出若言間行微行耳紀信詐為漢王而王出西門遁是私出也）於是陳平夜出女子東門二千餘人楚因四面擊之紀信乃乘王車黃屋左纛（李斐曰天子車以黃繒為蓋裏纛毛羽幢也在乘輿車衡左方上注之蔡邕曰以犛牛尾為之如斗或在騑頭或在衡應劭曰雉尾為之在左騑當鑣上師古曰纛音毒又徒到反應說非也）曰食盡漢王降楚楚皆呼萬歲之城東觀以故漢王得與數十騎出西門遁令御史大夫周苛魏豹樅

前漢紀一上　二十六　陳覔

公守滎陽（應劭曰樅公者不知其名故曰公蘇林曰音樅木之樅師古曰音千容反）羽見紀信問漢王安在曰已出去矣羽燒殺信而周苛樅公相謂曰反國之王難與守城（師古曰謂豹先已絕畔漢）因殺魏豹漢王出滎陽至成皋自成皋入關收兵欲復東轅生說漢王（文穎曰轅姓生謂諸生）曰漢與楚相距滎陽數歲漢常困願君王出武關項王必引兵南走（師古曰走亦謂趨嚮也音奏次後亦同）王深壁令滎陽成皋間且得休息使韓信等得輯河北趙地（師古曰輯與集同謂和合也詩序曰勞來還定安集之春秋左氏傳曰君臣輯睦他皆類此）連燕齊君王乃復走滎陽如此則楚所備者多力分漢得休息復與之戰破之必矣漢王從其計出軍

宛葉間師古曰葉縣名古葉公之國音式涉反宛縣葉縣之間也與黥布行收兵羽聞漢王在宛果引兵南漢王堅壁不與戰是月彭越渡睢師古曰過睢水也睢音雖與項聲薛公戰下邳破殺薛公羽使終公守成皐而自東擊彭越漢王引兵北擊破終公復軍成皐六月羽已破走彭越師古曰破之而令遁走聞漢復軍成皐乃引兵西拔滎陽城生得周苛羽謂苛為我將以公為上將軍封三萬戶周苛罵曰若不趨降漢今為虜矣師古曰若汝也趨讀曰促若非漢王敵也羽亨周苛師古曰亨謂煑而殺之音普庚反他皆類此并殺樅公而虜韓王信遂圍成皐漢王跳如淳曰跳音逃謂走也史記作逃晉灼曰跳獨出意也師古曰晉說是也音徒彫反獨與

前漢紀一上　二十七　陳覔

滕公共車出成皐玉門張晏曰成皐北門北渡河宿小脩武晉灼曰在大脩武城東自稱使者晨馳入張耳韓信壁而奪之軍乃使張耳北收兵趙地秋七月有星孛于大角李奇曰孛彗類也是謂妖星所以除舊布新也師古曰孛音步內反漢王得韓信軍復大振八月臨河南鄉師古曰鄉讀曰嚮軍小脩武欲復戰郎中鄭忠說止漢王高壘深塹勿戰漢王聽其計使盧綰劉賈將卒二萬人騎數百蘇林曰綰音以繩綰結物之綰師古曰音烏板反渡白馬津入楚地佐彭越燒楚積聚師古曰所畜軍糧芻槀之屬也積音子賜反聚音才喻反復擊破楚軍燕郭西師古曰燕縣名古南燕國攻下睢陽外黃十七城九月羽謂海春侯大司馬曹咎曰謹守成

皐即漢王欲挑戰慎勿與戰李奇曰挑音徒了反臣瓚曰挑戰撓嬈敵求戰也古謂之致師師古曰李音瓚說是撓音他曆反嬈音乃了反勿令得東而已我十五日必定梁地復從將軍師古曰從就也羽引兵東擊彭越漢王使酈食其說齊王田廣罷守兵與漢和四年冬十月韓信用蒯通計襲破齊齊王亨酈生東走高密項羽聞韓信破齊且欲擊楚使龍且救齊漢果數挑成皐戰楚軍不出使人辱之數日大司馬咎怒渡兵汜水張晏曰汜水在濟陰界如淳曰汜音祀左傳曰鄙在鄭地汜臣瓚曰高祖攻曹咎於成皐咎渡汜水而戰今成皐城東汜水是也師古曰瓚說得之此水不在濟陰也鄙在鄭地汜釋者又云在襄城則非此也此水舊讀音凡今彼鄉人呼之音祀士卒半渡漢擊之大破楚軍盡得楚國金玉貨賂大司

前漢紀一上　二十八　陳覔

馬咎長史欣皆自剄汜水上漢王引兵渡河復取成皐軍廣武孟康曰於滎陽築兩城相對名為廣武城在敖倉西三室山上就敖倉食羽下梁地十餘城聞海春侯破乃引兵還漢軍方圍鍾離眛於滎陽東師古曰眛音莫葛反其字從本末之末聞羽至盡走險阻師古曰走音奏羽亦軍廣武與漢相守丁壯苦軍旅老弱罷轉餉師古曰罷讀曰疲轉運餉饋也音式向反漢王羽相與臨廣武之間而語羽欲與漢王獨身挑戰漢王數羽曰師古曰數責其罪也音所具反吾始與羽俱受命懷王曰先定關中者王之羽負約王我於蜀漢罪一也羽矯殺卿子冠軍自尊罪二也如淳曰卿者卿大夫之號子者子男之爵冠軍人之首也文穎曰卿子時人相褒尊之辭猶言公子也時上將

故言冠軍師古曰矯託也託懷王命而殺之也㒶子冠軍文說是也羽當以殺趙還報李奇曰前受命於懷王往救趙當還反報而擅劫諸侯兵入關罪三也懷王約入秦無暴掠羽燒秦宮室掘始皇帝冢收私其財罪四也師古曰掘而發之收取其財以私自有也掘音其勿反又彊殺秦降王子嬰罪五也詐阬秦子弟新安二十萬王其將李奇曰章邯等爲王罪六也皆王諸將善地而徙逐故主令臣下爭畔逆罪七也出逐義帝彭城自都之奪韓王地并王梁楚多自與罪八也使人陰殺義帝江南罪九也夫爲人臣而殺其主殺其已降爲政不平主約不信天下所不容大逆無道罪十也吾以義兵從諸侯

誅殘賊使刑餘罪人擊公師古曰言輕賤也何苦乃與公挑戰羽大怒伏弩射中漢王漢王傷匈乃捫足曰虜中吾指師古曰捫摸也傷匈而捫足者以安衆也捫音門中音竹仲反漢王病創臥張良彊請漢王起行勞軍以安士卒師古曰行音下更反其下亦同毋令楚乘勝漢王出行軍疾甚因馳入成皋十一月韓信與灌嬰擊破楚軍殺楚將龍且追至城陽虜齊王廣齊相田橫自立爲齊王奔彭越漢立張耳爲趙王漢王疾瘉師古曰瘉與愈同愈差也西入關至櫟陽存問父老置酒梟故塞王欣頭櫟陽市師古曰梟縣首於木上留四日復如軍軍廣武關中兵益出而彭越田橫居梁地

往來苦楚兵絕其糧食韓信已破齊使人言曰齊邊楚師古曰邊共爲邊界權輕不爲假王恐不能安齊漢王怒欲攻之張良曰不如因而立之使自爲守春二月遣張良操印立韓信爲齊王師古曰操持也音千高反秋七月立黥布爲淮南王八月初爲筭賦如淳曰漢儀注民年十五以上至五十六出賦錢人百二十爲一筭爲治庫兵車馬北貉燕人來致梟騎助漢應劭曰北貉國也梟健也張晏曰梟勇也若六博之梟也師古曰貉在東北方三韓之屬皆貉類也音莫客反漢王下令師古曰令敎命也下音胡嫁反他皆類此軍士不幸死者吏爲衣衾棺斂師古曰棺音工喚反斂音力贍反與作衣衾而斂尸於棺轉送其家師古曰轉傳送也四方歸心焉師古曰以仁愛故項羽自知少助食盡韓信又進兵擊楚羽患

之漢遣陸賈說羽請太公羽弗聽漢復使侯公說羽羽乃與漢約中分天下割洪溝以西爲漢應劭曰在滎陽東南二十里文穎曰於滎陽下引河東南爲鴻溝以通宋鄭陳蔡曹衞與濟汝淮泗會於楚即今官渡水也以東爲楚九月歸太公呂后軍皆稱萬歲乃封侯公爲平國君師古曰以其善說能平和邦國羽解而東歸漢王欲西歸張良陳平諫曰今漢有天下太半韋昭曰凡數三分有二爲太半有一分爲少半而諸侯皆附楚兵罷食盡師古曰罷讀曰疲此天亡之時不因其幾而遂取之鄭氏曰幾微也師古曰幾危也此養虎自遺患也漢王從之

高紀第一上

高紀第一下　班固　漢書一
祕書監上護軍琅邪縣開國子顏師古注
五年冬十月漢王追項羽至陽夏南 師古曰夏音工雅反已解於上 止
軍與齊王信魏相國越期會擊楚至固陵 晉灼曰即固始也師
古曰後改爲固始耳地理志固始屬淮陽 不會楚擊漢軍大破之漢王復入
壁深壍而守謂張良曰諸侯不從柰何良對曰楚
兵且破未有分地 李奇曰信越等未有益地之分師古曰分音扶問反 其不至固宜
師古曰理宜然也 君王能與共天下可立致也 師古曰共有天下之地割而封之
齊王信之立非君王意信亦不自堅 師古曰因信自請爲假王乃立之耳
故曰非君王意 彭越本定梁地始君王以魏豹故拜越爲相

國今豹死越亦望王而君王不早定今能取睢陽
以北至穀城皆以王彭越 師古曰睢音雖 從陳以東傅海與
齊王信 師古曰傅讀曰附 信家在楚其意欲復得故邑能出
捐此地以許兩人 師古曰捐棄也音弋全反 使各自爲戰則楚易
散也於是漢王發使使韓信彭越至皆引兵來十
一月劉賈入楚地圍壽春漢亦遣人誘楚大司馬
周殷殷畔楚以舒屠六 如淳曰以舒之衆屠破六縣師古曰六者縣名即上所謂九江王都六者也
後屬廬江郡 舉九江兵迎黥布並行屠城父 如淳曰並行並擊也師古曰城父縣
名父音甫 隨劉賈皆會十二月圍羽垓下 應劭曰垓音該李奇曰沛洨縣聚邑
名也師古曰洨音衡交反 羽夜聞漢軍四面皆楚歌 應劭曰楚歌者雞鳴歌也漢已略得
其地故楚歌者多雞鳴時歌也師古曰楚歌者爲楚人之歌猶言
吳歈越吟耳若以雞鳴爲歌曲之名於理則可不得云雞鳴時也高祖
令戚夫人楚舞自爲作楚歌豈亦雞鳴時乎 知盡得楚地羽與數百騎走是
以兵大敗灌嬰追斬羽東城 晉灼曰九江縣 楚地悉定獨魯
不下漢王引天下兵欲屠之爲其守節禮義之國
乃持羽頭示其父兄魯乃降初懷王封羽爲魯公
及死魯又爲之堅守故以魯公葬羽於穀城 師古曰即濟北
穀城 漢王爲發喪哭臨而去 師古曰臨音力禁反 封項伯等四人
爲列侯賜姓劉氏 師古曰皆羽之族先有功於漢者 諸民略在楚者皆
歸之漢王還至定陶馳入齊王信壁奪其軍初項
羽所立臨江王共敖前死子尉驩立爲王不降遣

盧綰劉賈擊虜尉春正月追尊兄伯號曰武哀侯
應劭曰兄伯早亡追謚之 下令曰楚地已定義帝亡後欲存卹楚
衆以定其主齊王信習楚風俗更立爲楚王 師古曰更改也
王淮北都下邳魏相國建城侯彭越勤勞魏民卑
下士卒 師古曰言安輯魏地保其人衆也下音胡稼反 常以少擊衆數破楚軍
其以魏故地王之號曰梁王都定陶又曰兵不得
休八年萬民與苦甚 如淳曰與音相干與之與師古曰音弋庶反 今天下事
畢其赦天下殊死以下 如淳曰死罪之明白也左傳曰斬其木而弗殊韋昭曰殊斬刑也師古曰
殊絕也異也言其身首離絕而異處也 於是諸侯上疏曰楚王韓信韓王
信淮南王英布梁王彭越故衡山王吳芮 張晏曰漢元年項羽

立芮爲衡山王後又奪之地謂之番君是以曰故趙王張敖燕王臧荼昧死再拜言張晏曰秦以爲人臣上書當言昧死死罪而言漢遂遵之大王陛下應劭曰陛者升堂之陛王者必有執兵陳於階陛之側羣臣與至尊言不敢指斥故呼在陛下者而告之因卑以達尊之意也若今稱殿下閣下侍者執事皆此類也先時秦爲亡道天下誅之大王先得秦王定關中於天下功最多存亡定危救敗繼絕以安萬民功盛德厚又加惠於諸侯王有功者使得立社稷地分已定而位號比儗亡上下之分師古曰言大王與臣等並稱王是爲比類相儗無尊卑之差別也分音扶問反大王功德之著於後世不宣師古曰言位號不殊則功德之著明者不宜於後也昧死再拜上皇帝尊號漢王曰寡人聞帝者賢者有也師古曰言賢德之人乃可有帝號虛言亡實之名非所取也今諸侯王皆推高寡人將何以處

前漢紀二下　三　華

之哉諸侯王皆曰大王起於細微滅亂秦威動海內又以辟陋之地師古曰辟讀曰僻自漢中行威德誅不義立有功平定海內功臣皆受地食邑非私之也大王德施四海諸侯王不足以道之居帝位甚實宜願大王以幸天下晉灼曰漢儀注民臣被其德以爲僥倖也師古曰倖者吉而免凶可慶幸也故福喜之事皆稱爲幸而死謂之不幸漢王曰諸侯王幸以爲便於天下之民則可矣於是諸侯王及太尉長安侯臣綰等三百人師古曰綰盧綰也與博士稷嗣君叔孫通孟康曰稷嗣邑名謹擇良日二月甲午上尊號漢王即皇帝位于氾水之陽張晏曰在濟陰界取其氾愛弘大而潤下也師古曰據叔孫通傳曰爲皇帝於定陶則此水在濟陰是也音敷劍反尊王后曰皇后太子曰皇太子追尊先媼曰

昭靈夫人詔曰如淳曰詔告也自秦漢以下唯天子獨稱之故衡山王吳芮與子二人兄子一人從百粵之兵服虔曰非一種若今言百蠻也以佐諸侯誅暴秦有大功諸侯立以爲王項羽侵奪之地謂之番君師古曰番音蒲何反其以長沙豫章象郡桂林南海立番君芮爲長沙王臣瓚曰茂陵書象郡治臨塵去長安萬七千五百里文穎曰桂林今鬱林也師古曰桂林今之桂州境界左右皆是其地非鬱林也又曰故粵王亡諸世奉粵祀秦侵奪其地使其社稷不得血食師古曰祭者尚血腥故曰血食也諸侯伐秦亡諸身帥閩中兵以佐滅秦如淳曰閩音緡應劭曰音文飾之文師古曰閩越今泉州建安是其地也其人本蛇種故其字從虫如音是也虫音許尾反項羽廢而弗立今以爲閩粵王王閩中地勿使失職帝乃西都洛陽夏五月兵皆罷歸家詔曰諸侯子在

前漢紀一下　四　呂

關中者復之十二歲師古曰復音方目反其歸者半之師古曰各已還其本土者復六歲也民前或相聚保山澤不書名數師古曰保守也安也守而安之以避難也名數謂戶籍也今天下已定令各歸其縣復故爵田宅師古曰復還也音扶目反吏以文法教訓辨告勿笞辱師古曰辨告者分別義理以曉諭之民以飢餓自賣爲人奴婢者皆免爲庶人軍吏卒會赦其亡罪而亡爵及不滿大夫者皆賜爵爲大夫如淳曰軍吏卒會赦得免罪及本無罪而無爵者皆賜爵爲大夫師古曰大夫第五爵也故大夫以上賜爵各一級師古曰就加之也級等也其七大夫以上皆令食邑臣瓚曰秦制列侯乃得食邑今七大夫以上皆食邑所以寵之也師古曰七大夫公大夫也爵第七故謂之七大夫非七大夫已下皆復其身及戶勿事應劭曰不輸戶賦也如淳曰事謂役使也師古曰復其身及一戶之內皆不徭賦也復音扶目反又曰七大夫公乘以

上皆高爵也師古曰公乘第八爵諸侯子及從軍歸者甚多高
爵吾數詔吏先與田宅及所當求於吏者亟與師古曰亟急也音居力反爵或人君上所尊禮師古曰爵高有國邑者則自君其人故云或人君也上謂天子
久立吏前曾不爲決師古曰有辦訟及陳請者不早爲決斷甚亡謂也師故曰亡謂者失於事宜不可以訓異日秦民爵公大夫以上令丞與亢禮應劭曰言從公大夫以上民與令丞亢禮亢禮者長揖不拜師古曰異日猶言往日也亢者當也言高下相當無所卑屈不獨謂揖拜也今吾於爵
非輕也吏獨安取此師古曰於何得此輕爵之法也且法以有功勞行田
宅蘇林曰行音行酒之行猶付與也今小吏未嘗從軍者多滿如淳曰多自滿足也
而有功者顧不得師古曰顧猶反也言若人反顧然背公立私守尉長吏
教訓甚不善師古曰守郡守也尉郡尉也長吏謂縣之令長其令諸吏善遇高爵

稱吾意師古曰稱副也且廉問有不如吾詔者以重論之師古曰廉察也廉字本作覝其音同耳
帝置酒雒陽南宮上曰如淳曰蔡邕云上者尊位所在也但言上不敢言尊號耳通侯諸將應劭曰舊曰徹侯避武帝諱曰通侯通亦徹也通者言其功德通於王室也張晏曰後改爲列侯列者見序列也毋敢隱朕如淳曰朕我也蔡邕曰古者上下共之咎繇與帝舜言稱朕屈原曰朕皇考至秦獨以爲尊稱漢遂因之而不改也
皆言其情吾所以有天下者何項氏之所以失天下
者何高起王陵對曰張晏曰詔使高官者起故陵先對孟康曰姓高名起臣瓚曰漢帝年紀高帝時有信平侯臣陵都武侯臣起魏相丙吉高帝時奏事者將軍臣陵臣起師古曰張說非也若言高官者起則丞相蕭何太尉盧綰及張良陳平之屬時皆在陵上陵不得先對也陛下嫚而侮人師古曰嫚易也讀與慢同項羽仁而敬人然陛下使
人攻城略地所降下者因以與之與天下同利也項羽妒
賢嫉能有功者害之賢者疑之戰勝而不與人功得地

而不與人利此其所以失天下也上曰公知其一未知其
二夫運籌帷幄之中決勝千里之外吾不如子房
塡國家撫百姓給餉餽不絕糧道吾不如蕭何師古曰塡與鎮同鎮安也餽亦饋字連百萬之衆戰必勝攻必取吾不如韓
信三者皆人傑吾能用之師古曰傑言桀然獨出也此吾所以取
天下者也項羽有一范增而不能用此所以爲我
禽也羣臣說服師古曰說讀曰悅初田橫歸彭越項羽已滅
橫懼誅與賓客亡入海上恐其久爲亂遣使者赦
橫曰橫來大者王小者侯師古曰大者謂其長率即橫身也小者其徒屬也不來
且發兵加誅橫懼乘傳詣雒陽如淳曰律四馬高足爲置傳四馬中足爲馳傳

四馬下足爲乘傳一馬二馬爲軺傳急者乘一乘傳師古曰傳者若今之驛古者以車謂之傳車其後又單置馬謂之驛騎傳音張戀反
未至三十里自殺上壯其節爲流涕發卒二千人
以王禮葬焉戍卒婁敬求見說上曰陛下取天下
與周異而都雒陽不便不如入關據秦之固上以
問張良良因勸上是日車駕西都長安師古曰凡言車駕者謂天子乘車而行不敢指斥也是日即其日也若是日者言從善之速也長安本秦之鄉名高祖作都焉拜婁敬爲奉
春君張晏曰春歲之始也以婁敬發事之始故號曰奉春君也賜姓劉氏六月壬辰大
赦天下秋七月燕王臧荼反上自將征之九月虜
荼詔諸侯王視有功者立以爲燕王荊王臣信等
十人如淳曰荊亦楚也賈逵曰秦莊襄王名楚故改諱荊遂行於世晉灼曰詩曰奮伐荊楚自秦之先故以稱荊也師古曰晉說是

也左傳又云邗戶而舉亦已久矣皆曰太尉長安侯盧綰功最多請立
以爲燕王使丞相噲將兵平代地利幾反上自擊
破之利幾者項羽將羽敗利幾爲陳令降上侯之
潁川上至雒陽舉通侯籍召之蘇林曰都以侯籍召之而利幾
恐反師古曰普召通侯而利幾自以項羽將故恐懼而反也後九月徙諸侯子關中
治長樂宮　六年冬十月令天下縣邑城張晏曰皇后公主所
食曰邑令各自築其城也師古曰縣之與邑皆令築城人告楚王信謀反上問左右
左右爭欲擊之用陳平計乃僞游雲夢韋昭曰在南郡之華容也
師古曰夢讀如本字又音莫風反十二月會諸侯于陳楚王信迎謁因
執之詔曰天下既安豪桀有功者封侯新立未能

前漢紀一下　七　徐淨

盡圖其功師古曰新立言新即帝位也圖謂謀而賞之身居軍九年或未習
法令或以其故犯法韋昭曰言未習知法令而犯之者有司因以故犯法之罪罪之故帝愍焉師古曰此
說非也言以未習法令之故不知避罪遂致犯刑帝原其本情故加憐之大者死刑吾甚憐之其赦
天下田肯賀上曰甚善陛下得韓信又治秦中師古
曰治謂都之也秦中謂關中秦地也秦形勝之國也張晏曰得形勢之勝便也帶河阻山
縣隔千里鄭氏曰縣音懸師古曰此本古之縣字耳後人轉用爲州縣字乃更加心以別之非當借音他皆類此持
戟百萬秦得百二焉應劭曰言河山之險與諸侯相縣隔絕千里也所以能禽諸侯者得天下之利
百二也李斐曰河山之險由地勢高傾流而下易故天下於秦縣隔千里也持戟百萬秦得百二焉蘇林曰百二得百中之二二萬人也秦地
險固二萬人足當諸侯百萬人也師古曰縣隔千里李應得之秦得百二蘇說是也地埶便利其以下兵
於諸侯譬猶居高屋之上建瓴水也如淳曰瓴盛水瓶也居高屋之上而

幡瓴水言其向下之勢易也建音蹇蘇林曰瓴讀曰鈴師古曰如蘇音說皆是建音居偃反夫齊東有琅邪即
墨之饒師古曰二縣近海財用之所出南有泰山之固西有濁河之
限晉灼曰齊西有平原河水東北過高唐高唐即平原也孟津號黃河故曰濁河也北有勃海之利
地方二千里持戟百萬縣隔千里之外齊得十二
焉應劭曰齊得十之二耳故愍王稱東帝後復歸之卒爲秦所滅者利鈍之勢異也李斐曰齊有山河之限地方二千里是與天下
縣隔也說有持戟百萬之衆齊得十中之二焉百萬十分之二亦二十萬也但文相避故言東西秦其勢敵也蘇林曰十二得十中之二二十萬
人當百萬言齊雖固不如秦二萬乃當百萬也晉灼曰案文殺義蘇說是也師古曰蘇晉之釋得其意也秦得百二者二萬人當諸侯百
萬人也齊得十二者二十萬人當諸侯百萬也所以言縣隔千里之外者除去秦地而齊乃與諸侯計利便也此東西秦
也非親子弟莫可使王齊者上曰善賜金五百斤
上還至雒陽赦韓信封爲淮陰侯甲申始剖符封

前漢紀一下　八　徐淨

功臣曹參等爲通侯師古曰剖破也與其合符而分授之也剖音普口反詔曰齊古
之建國也今爲郡縣其復以爲諸侯師古曰爲國以封諸侯王將
軍劉賈數有大功及擇寬惠脩絜者王齊荊地春
正月丙午韓王信等奏請以故東陽郡鄣郡吳郡
五十三縣立劉賈爲荊王文穎曰東陽今下邳也鄣郡今丹陽也吳郡本會稽也韋昭曰
鄣郡今故鄣縣也後郡徙丹陽轉以爲縣故謂之故鄣也師古曰鄣音章以碭郡薛郡郯郡三十
六縣立弟文信君交爲楚王文穎曰薛郡今魯國是也郯郡今東海郡也師古曰郯音
談　王子以雲中鴈門代郡五十三縣立兄宜信侯
喜爲代王以膠東膠西臨淄濟北博陽城陽郡七
十三縣立子肥爲齊王以太原郡三十一縣爲韓

國徙韓王信都晉陽上已封大功臣三十餘人其餘爭功未得行封上居南宮從復道上 如淳曰復音複上下有道故謂之複 見諸將往往耦語以問張良良曰陛下與此屬共取天下今已爲天子而所封皆故人所愛所誅皆平生仇怨今軍吏計功以天下爲不足用徧封 師古曰言有功者多而土地少 而恐以過失及誅故相聚謀反耳上曰爲之柰何良曰取上素所不快 師古曰言有舊嫌者也 計群臣所共知最甚者一人先封以示羣臣三月上置酒封雍齒因趣丞相急定功行封 師古曰趣讀曰促 罷酒群臣皆喜曰雍齒且侯吾屬亡患矣上歸櫟陽五日一

朝太公太公家令說太公曰天亡二日土亡二王皇帝雖子人主也太公雖父人臣也柰何令人主拜人臣如此則威重不行後上朝太公擁彗 李奇曰爲恭也 如今卒持帚也師古曰彗者所以埽也音似歲反 迎門卻行 師古曰卻退而行也音丘略反 上大驚下扶太公太公曰帝人主柰何以我亂天下法於是上心善家令言 師古曰晉太子庶子劉寶云善其發悟己心因得尊崇父號非善其令父敬己 賜黃金五百斤夏五月丙午詔曰人之至親莫親於父子故父有天下傳歸於子子有天下尊歸於父此人道之極也前日天下大亂兵革並起萬民苦殃朕親被堅執銳 師古曰被堅謂甲冑也執銳謂利兵也被音皮義反 自帥士卒犯危

難平暴亂立諸侯偃兵息民天下大安此皆太公之教訓也諸王通侯將軍群卿大夫已尊朕爲皇帝而太公未有號今上尊太公曰太上皇 師古曰太上極尊之稱也皇君也天子之父故號曰皇不預治國故不言帝也 秋九月匈奴圍韓王信於馬邑信降匈奴　七年冬十月上自將擊韓王信於銅鞮 師古曰縣名也鞮音丁奚反 斬其將信亡走匈奴與其將曼丘臣王黃 師古曰姓曼丘名臣也曼丘毋丘本一姓也語有緩急耳曼音萬 共立故趙後趙利爲王 師古曰故趙六國時趙也 收信散兵與匈奴共距漢上從晉陽連戰乘勝逐北至樓煩會大寒士卒墮指者什二三 師古曰十人之中二三墮指 逐至平城爲匈奴所圍七日用

陳平祕計得出 應劭曰陳平使畫工圖美女間遣人遺閼氏云漢有美女如此今皇帝困厄欲獻之閼氏畏其奪己寵因謂單于曰漢天子亦有神靈得其土地非能有也於是匈奴開其一角得突出鄭氏曰以計鄙陋故祕不傳師古曰應氏之說出桓譚新論蓋譚以意測之事當然耳非記傳所說也 使樊噲留定代地十二月上還過趙不禮趙王是月匈奴攻代代王喜弃國自歸雒陽赦爲合陽侯辛卯立子如意爲代王春令郎中有罪耐以上請之 應劭曰輕罪不至于髡完其耏鬢故曰耏古耏字從彡髮膚之意也杜林以爲法度之字皆從寸後改如是言耐罪已上皆當先請也耐音若能如淳曰耐猶任也任其事也師古曰依應氏之說耏當音而如氏之解則音乃代反其義亦兩通耏謂頰旁毛也彡毛髮貌也音所廉反又先廉反而功臣侯表宣曲侯通耏爲鬼薪則應氏之說斯爲長矣 民產子復勿事二歲 師古曰勿事不役使也 二月至長安蕭何治未央宮立東闕北闕前殿武庫大倉 師古曰未央殿雖南嚮而上書奏

事謁見之徒皆詣北闕公車司馬亦在北焉是則以北闕爲正門而又有東門東闕至於西南兩面無門闕矣蓋蕭何初立未央宮以厭
勝之術理宜然乎上見其壯麗甚怒謂何曰天下匈匈勞苦
數歲成敗未可知師古曰匈匈喧擾之意是何治宮室過度也
何曰天下方未定故可因以就宮室師古曰就成也且夫天
子以四海爲家非令壯麗亡以重威且亡令後世
有以加也上說師古曰說讀曰悅自櫟陽徙都長安置宗正
官以序九族夏四月行如雒陽師古曰如往也八年冬上東
擊韓信餘寇於東垣孟康曰眞定也師古曰垣音袁還過趙趙相貫高
等恥上不禮其王陰謀欲弒上上欲宿心動問縣
名何曰柏人上曰柏人者迫於人也去弗宿十一

月令士卒從軍死者爲槥服虔曰槥音衞應劭曰小棺也今謂之櫝歸其縣
縣給衣衾棺葬具如淳曰棺音貫謂棺斂之服也臣瓚曰初以槥致其尸於家縣官更給棺衣更
斂之也金布令曰不幸死死所爲櫝傳歸所居縣賜以衣棺也師古曰初爲槥櫝至縣更給衣及棺備其葬具耳不勞改讀音爲貫也金
布者令篇名若今言倉庫令也祠以少牢長吏視葬十二月行自東垣
至師古曰至京師春三月行如雒陽令吏卒從軍至平城及
守城邑者如淳曰平城左右諸城能堅守也皆復終身勿事師古曰復音方目反爵
非公乘以上毋得冠劉氏冠文穎曰即竹皮冠也賈人毋得衣
錦繡綺縠絺紵罽操兵乘騎馬師古曰賈人坐販賣者也綺文繒也即今之細綾也
絺細葛也紵織紵爲布及疏也罽織毛若今氈及氍毹之類也操持也兵凡兵器也乘駕車也騎單騎也賈音古絺音丑知反紵音佇罽音居例
反操音千高反秋八月吏有罪未發覺者赦之九月行自雒

陽至淮南王梁王趙王楚王皆從九年冬十月
淮南王梁王趙王楚王朝未央宮置酒前殿上奉
玉卮應劭曰飲酒禮器也古以角作受四升古卮字作觗晉灼曰音支師古曰卮飲酒圓器也今尚有之爲太上皇
壽師古曰進酒而獻壽也已解於上曰始大人常以臣亡賴應劭曰賴者恃也晉灼曰許愼
云賴利也無利入於家也或曰江淮之閒謂小兒多詐狡猾爲亡賴師古曰晉說是也猾音乎八反不能治產業不如
仲力服虔曰力勤力也今某之業所就孰與仲多師古曰就成也與亦如也
殿上羣臣皆稱萬歲大笑爲樂十一月徙齊楚大
族昭氏屈氏景氏懷氏田氏五姓關中與利田宅
師古曰利謂便好也屈音九勿反十二月行如雒陽貫高等謀逆發覺
逮捕高等師古曰逮捕謂事相連及者皆捕之也一曰在道守禁相屬不絕若今之傳送囚耳并捕趙

王敖下獄詔敢有隨王罪三族張晏曰父母兄弟妻子也如淳曰父族母族妻族也
師古曰如說是也郎中田叔孟舒等十人自髡鉗爲王家奴
師古曰鉗以鐵束頸也音其炎反從王就獄王實不知其謀春正月廢
趙王敖爲宣平侯徙代王如意爲趙王王趙國丙
寅前有罪殊死已下皆赦之二月行自雒陽至賢
趙臣田叔孟舒等十人召見與語漢廷臣無能出
其右者師古曰古者以右爲尊言材用無能過之者故云不出其右也他皆類此上說師古曰說讀曰悅盡
拜爲郡守諸侯相夏六月乙未晦日有蝕之
十年冬十月淮南王燕王荊王梁王楚王齊王長
沙王來朝夏五月太上皇后崩如淳曰王陵傳楚取太上皇呂后爲質又項羽歸太

公吕后不見歸媪也又上五年追尊母媪爲昭靈夫人高后時乃追尊爲昭靈后耳漢儀注高帝母兵起時死小黃北後小黃作陵廟以此二者
推之不得有太上皇后崩也太子哥曰高祖後母也晉灼曰五年追尊先媪曰昭靈夫人言追尊則明其已亡史記十年春無事七月太上皇崩
葬櫟陽宮明此長夏五月太上皇后崩八字也又漢儀注先媪已葬陳留小黃師古曰如晉二說皆得之無此太上皇后也諸家之說更有異
端適爲煩穢不足采也 秋七月癸卯太上皇崩葬萬年 師古曰三輔黃圖云
高祖初居櫟陽故太上皇因在櫟陽十年太上皇崩葬其北原起萬年邑置長丞也 赦櫟陽囚死罪已下
臣瓚曰萬年陵在櫟陽縣界故特赦之 八月令諸侯王皆立太上皇廟于國
都九月代相國陳豨反 鄭氏曰東海人名豨曰俙師古曰豨音許豈反 上曰豨嘗
爲吾使甚有信 師古曰爲音于僞反 代地吾所急故封豨爲列
侯以相國守代今乃與王黃等劫掠代地吏民非
有罪也能去豨黃來歸者皆舍之 師古曰去謂棄離之而來也 上自

東至邯鄲上喜曰豨不南據邯鄲而阻漳水吾知
其亡能爲矣趙相周昌奏常山二十五城亡其二
十城請誅守尉 師古曰守者郡守尉者郡尉也 上曰守尉反乎對曰不
上曰是力不足亡罪上令周昌選趙壯士可令將
者白見四人 師古曰白於天子而召見也 上嫚罵曰 師古曰嫚者深汙也 豎子能
爲將乎四人慙皆伏地上封各千戶以爲將左右
諫曰從入蜀漢伐楚賞未徧行今封此何功上曰
非汝所知陳豨反趙代地皆豨有吾以羽檄徵天
下兵未有至者 師古曰檄者以木簡爲書長尺二寸用徵召也其有急事則加以鳥羽插之示速疾也魏武奏
事云今邊有警輒露檄插羽檄音胡歷反 今計唯獨邯鄲中兵耳吾何愛四

千戶不以慰趙子弟皆曰善又求樂毅有後乎 師古
曰樂毅戰國時燕將也 得其孫叔封之樂鄉號華成君問豨將皆
故賈人上曰吾知與之矣 師古曰與如也言能如之何也 乃多以金購
豨將 師古曰購設賞募也音構 豨將多降 十一年冬上在邯鄲
豨將侯敞將萬餘人游行王黃將騎千餘軍曲逆
文穎曰今中山蒲陰是也 張春將卒萬餘人度河攻聊城 師古曰即今博州聊城縣
漢將軍郭蒙與齊將擊大破之太尉周勃道太原
入定代地 師古曰道由太原也 至馬邑馬邑不下攻殘之 師古曰殘謂多
所殺戮也 豨將趙利守東垣高祖攻之不下卒罵上怒
城降卒罵者斬之諸縣堅守不降反寇者復租三

歲春正月淮陰侯韓信謀反長安夷三族將軍柴
武斬韓王信於參合 師古曰代之縣也 上還雒陽詔曰代地
居常山之北與夷狄邊趙乃從山南有之遠數有
胡寇難以爲國頗取山南太原之地益屬代 師古曰少
割以益之不盡取也頗音普我反後皆類此 代之雲中以西爲雲中郡則代受
邊寇益少矣王相國通侯吏二千石擇可立爲代
王者燕王綰相國何等三十三人皆曰子恒賢知
溫良請立以爲代王都晉陽 如淳曰文紀言都中都又文帝過太原復晉陽中都二歲
似遷都於中都也 大赦天下二月詔曰欲省賦甚 師古曰意甚欲省賦斂也
今獻未有程 師古曰程法式也 吏或多賦以爲獻而諸侯王

尤多民疾之（師古曰諸侯王賦其國中以爲獻物又多於郡故百姓疾苦之）令諸侯王通侯常以十月朝獻及郡各以其口數率（師古曰率計也）人歲六十三錢以給獻費又曰蓋聞王者莫高於周文伯者莫高於齊桓（師古曰伯讀曰霸）皆待賢人而成名今天下賢者智能豈特古之人乎（師古曰特獨也）患在人主不交故也士奚由進（師古曰奚何也）今吾以天之靈賢士大夫定有天下以爲一家欲其長久世世奉宗廟亡絕也賢人已與我共平之矣而不與吾共安利之可乎賢士大夫有肯從我游者吾能尊顯之布告天下使明知朕意御史大夫昌下相國（臣瓚曰周昌也爲趙相御史大夫是趙堯耳）相國

酇侯下諸侯王（臣瓚曰茂陵書何封國在南陽酇音贊師古曰瓚說是也而或云何封沛郡酇縣音才何反非也案地理志南陽酇縣云侯國沛郡酇縣不云侯國也又南陽酇者本是春秋時陰國所謂遷陰于下陰者也今爲襄州陰城縣縣有酇城城西見有蕭何廟彼土又有筑水筑水之陽古曰筑陽縣與酇側近連接據何本傳何薨之後子祿無嗣高后封何夫人同爲酇侯小子延爲筑陽侯孝文罷同更封延爲酇侯是知何封酇國兼得筑陽此明驗也但酇字別有酇音是以沛之酇縣史記漢書作酇字明其音同也班固泗水亭碑以蕭何相國所封與何同韻於義無爽然其封邑實在南陽非沛縣也且地理志云王莽改沛酇曰贊治然則沛酇亦有贊音酇酇相亂無所取信也說者又引江統徂淮賦以爲證此乃統之疏謬不可考覈亦猶潘岳西征以陝之曲沃爲成師所居耳斯例甚多不可具載）御史中執法下郡守（晉灼曰中執法中丞也）其有意稱明德者必身勸爲之駕（文穎曰有賢者郡守身自往勸勉令至京師駕車遣之）遣詣相國府署行義年（蘇林曰行狀年紀也）有而弗言覺免年老癃病勿遣（師古曰癃疲病也音隆）三月梁王彭越謀反夷三族（師古曰夷平也謂盡誅除之）詔曰擇可以爲梁王淮陽王者燕王

綰相國何等請立子恢爲梁王子友爲淮陽王罷東郡頗益梁罷潁川郡頗益淮陽夏四月行自雒陽至今豐人徙關中者皆復終身（應劭曰太上皇思欲歸豐高祖乃更築城寺市里如豐縣號曰新豐徙豐民以充實之師古曰徙豐人所居卽今之新豐古城是其處復音方目反）五月詔曰粵人之俗好相攻擊前時秦徙中縣之民南方三郡（如淳曰中縣之民中國縣民也秦始皇略取陸梁地以爲桂林象郡南海郡故曰三郡）使與百粵雜處（李奇曰欲以介其間使不相攻擊也）會天下誅秦南海尉它居南方長治之（晉灼曰長音長吏之長師古曰它古佗字也書本亦或作他並音徒何反它者南海尉之名也姓趙長治謂爲之長帥而治理之也）甚有文理中縣人以故不耗減（師古曰耗損也音火到反）粵人相攻擊之俗益止俱賴其力今立它爲南粵王

使陸賈即授璽綬（師古曰即就也就其所居而立之）它稽首稱臣六月令士卒從入蜀漢關中者皆復終身（師古曰復音方目反）秋七月淮南王布反上問諸將滕公言故楚令尹薛公有籌策上召見薛公言布形勢上善之封薛公千戶詔王相國擇可立爲淮南王者群臣請立子長爲王上乃發上郡北地隴西車騎巴蜀材官及中尉卒三萬人（應劭曰材官有材力者張晏曰材官騎士習射御騎馳戰陳常以八月太守都尉令長丞會都試課殿最水處則習船邊郡將萬騎行障塞光武時省韋昭曰中尉卽執金吾也）爲皇太子衛軍霸上布果如薛公言東擊殺荆王劉賈劫其兵度淮擊楚楚王交走入薛上赦天下死罪以下皆令從

軍徵諸侯兵上自將以擊布 十二年冬十月上破布軍于會缶孟康曰音儈保邑也名屬沛國蘄縣蘇林曰缶音霤晉灼曰蘄縣鄉名也師古曰會音工外反缶音文瑞反蘇音是也此字本作甀而轉寫者誤爲缶字耳音保非也黥布傳則正作甀字此足明其不作缶也布走令別將追之上還過沛留置酒沛宮悉召故人父老子弟佐酒應劭曰助行酒發沛中兒得百二十人教之歌酒酣師古曰酣洽也胡甘反上擊筑鄧展曰筑音竹應劭曰狀似琴而大頭安弦以竹擊之故名曰筑師古曰今筑形似琴而細頸也自歌曰大風起兮雲飛揚威加海內兮歸故鄉安得猛士兮守四方令兒皆和習之師古曰和音胡卧反上乃起舞忼慨傷懷師古曰忼音口朗反慨音口代反泣數行下師古曰泣目中淚也謂沛父兄曰游子悲故鄉師古曰游子行客也悲謂顧念也吾雖都關中萬歲之後吾魂魄猶思沛且朕自沛公以誅暴逆遂有天下其以沛爲朕湯沐邑師古曰凡言湯沐邑者謂以其賦稅供湯沐之具也復其民世世無有所與師古曰復音方目反與讀曰豫沛父老諸母故人日樂飲極歡道舊故爲笑樂師古曰言日日樂飲也樂並音來各反十餘日上欲去沛父兄固請上曰吾人衆多父兄不能給乃去沛中空縣皆之邑西獻如淳曰獻牛酒也師古曰之往也皆往邑西獻有所獻故縣中空無人上留止張飲三日張晏曰張帷帳也師古曰張音竹亮反沛父兄皆頓首曰沛幸得復豐未得唯陛下哀矜上曰豐者吾所生長極不忘耳師古曰極至也至念之不忘也吾特以其雍齒故反我爲魏沛父兄固請之廼并復豐

比沛漢別將擊布軍洮水南北蘇林曰洮音兆皆大破之追斬布番陽師古曰番音蒲何反周勃定代斬陳豨於當城韋昭曰代郡縣也詔曰吳古之建國也日者荆王兼有其地師古曰日者猶往日也今死亡後朕欲復立吳王其議可者長沙王臣等言師古曰臣者長沙王之名吳芮之子也今書本或臣下有芮字者淺俗妄加也沛侯濞重厚服虔曰濞音滂濞師古曰音普懿反請立爲吳王已拜上召謂濞曰汝狀有反相因拊其背曰漢後五十年東南有亂豈汝邪應劭曰高祖有聰略反相徑可知至於東南有亂克期五十占者所知也若秦始皇東巡以厭氣後劉項起東南疑當如此耳如淳曰度其貯積足用爲難又吳楚世不賓服師古曰應說是也拊謂摩循之然天下同姓一家汝慎毋反濞頓首曰不敢十一月行自淮南還過魯以大牢祠孔子十二月詔曰秦皇帝楚隱王師古曰陳勝也魏安釐王師古曰昭王之子也釐讀曰僖漢書傳謚及福禧字側多爲釐齊愍王師古曰宣王之子爲淖齒所殺趙悼襄王師古曰孝成王之子皆絕亡後其與秦始皇帝守冢二十家楚魏齊各十家趙及魏公子亡忌各五家師古曰亡忌即信陵君也令視其冢復亡與它事師古曰復音方目反與讀曰豫陳豨降將言豨反時燕王盧綰使人之豨所陰謀師古曰之往也上使辟陽侯審食其迎綰師古曰辟音必亦反食其音異基綰稱疾食其言綰反有端春二月使樊噲周勃將兵擊綰詔曰燕王綰與吾有故愛之如子聞與陳豨有謀吾以爲亡有故使人迎綰綰稱疾不

來謀反明矣燕吏民非有罪也賜其吏六百石以上爵各一級與綰居去來歸者赦之（師古曰先與綰居者今能去之來歸漢者赦其罪加爵亦一級）詔諸侯王議可立爲燕王者長沙王臣等請立子建爲燕王詔曰南武侯織亦粤之世也立以爲南海王（文穎曰高祖五年以象郡桂林南海長沙立吳芮爲長沙王象郡桂林南海屬尉佗佗未降遣陸賈以封芮耳後佗降漢十一年遣立佗爲南越王自此王三郡芮唯得長沙桂陽零陵耳今復以封織爲南海王復遙奪佗一郡織未得王之）三月詔曰吾立爲天子帝有天下十二年于今矣與天下之豪士賢大夫共定天下同安輯之（師古曰輯與集同）其有功者上致之王次爲列侯下乃食邑（師古曰謂非列侯而特賜食邑者）而重臣之親或爲列侯皆令自致吏得賦斂女子公主（如淳曰公羊傳曰天子嫁女於諸侯必使諸侯同姓者主之故謂之公主百官表列侯所食曰國皇后公主所食曰邑帝姊妹曰長公主諸王女曰翁主師古曰如說得之天子不親主婚故謂之公主諸王即自主婚故其女曰翁主翁者父也言父主其婚也亦曰王主言王自主其婚也高祖甚項羽曰吾翁即若翁也楊雄方言云周晉秦隴謂父曰翁而臣瓚王林或云公者比於上爵或云主者婦人尊稱皆失之）爲列侯食邑者皆佩之印賜大第室（孟康曰有甲乙次第故曰第也）吏二千石徙之長安受小第室入蜀漢定三秦者皆世世復吾於天下賢士功臣可謂亡負矣其有不義背天子擅起兵者與天下共伐誅之（師古曰擅專也音上戰反他皆類此）布告天下使明知朕意上擊布時爲流矢所中行道疾疾甚呂后迎良醫醫入見上問醫曰疾可治於是上嫚罵之曰吾以布衣提三尺取天下（師古曰三尺劒也下韓安國傳所云三尺亦同而流俗書本或云提三尺劒劒字後人所加耳）此非天命乎命乃在天雖扁鵲何益（韋昭曰秦山盧人也名越人魏桓侯時醫也臣瓚曰史記云齊勃海人也魏無桓侯師古曰瓚說是也扁音步典反）遂不使治疾賜黃金五十斤罷之呂后問曰陛下百歲後蕭相國旣死誰令代之上曰曹參可問其次曰王陵可然少戇（師古曰戇愚也古音下紺反今則竹巷反）陳平可以助之陳平知有餘然難獨任周勃重厚少文然安劉氏者必勃也可令爲太尉呂后復問其次上曰此後亦非乃所知也（師古曰乃汝也言自此之後汝亦終矣不復知之）盧綰與數千人居塞下候伺幸上疾愈自入謝（師古曰冀得上疾愈自入謝以爲己身之幸也）夏四月甲辰帝崩于長樂宮（臣瓚曰帝年四十二即位即位十二年壽五十三）盧綰聞之遂亡入匈奴呂后與審食其謀曰諸將故與帝爲編戶民（師古曰編戶者言列次名籍也編音鞭）北面爲臣心常鞅鞅（師古曰鞅鞅不滿足也音於亮反他皆類此）今乃事少主非盡族是天下不安（師古曰族謂族誅之是亦此也）以故不發喪人或聞以語酈商酈商見審食其曰聞帝已崩四日不發喪欲誅諸將誠如此天下危矣陳平灌嬰將十萬守滎陽樊噲周勃將二十萬定燕代此聞帝崩諸將皆誅必連兵還鄉以攻關中（師古曰鄉讀曰嚮還音旋嚮音許亮反嚮內嚮也）大臣內畔諸將外反亡可蹻足待也（文穎曰蹻猶翹也如淳曰蹻音如今作蹻蹻行之蹻晉灼曰許慎云蹻舉足小高也音橋師古曰晉說是也）審食其入言之乃以丁未發喪大赦天

前漢紀一下　十九　陳堯

前漢紀一下　二十　堯

下五月丙寅葬長陵臣瓚曰自崩至葬凡二十三日長陵在長安北四十里已下蘇林曰下晉下書之下鄭氏曰已下棺也師古曰蘇音鄭說是也下音胡亞反皇太子羣臣皆反至太上皇廟羣臣曰帝起細微撥亂世反之正師古曰反還也還之於正道平定天下爲漢太祖功最高上尊號曰高皇帝師古曰尊號謚也初高祖不修文學而性明達好謀能聽自監門戍卒見之如舊初順民心作三章之約天下既定命蕭何次律令韓信申軍法張蒼定章程如淳曰章歷數之章術也程者權衡丈尺斗斛之平法也師古曰程法式也叔孫通制禮儀陸賈造新語又與功臣剖符作誓如淳曰謂功臣表誓曰使河如帶太山若厲國乃滅絕丹書鐵契金匱石室如淳曰金匱猶金縢也師古曰以金爲匱以石爲室重緘封之保慎之義藏之宗廟雖日不暇給規摹弘遠矣鄧展曰若畫工規摸物之摹韋昭曰正員之器曰規摹者如畫工未施采事摹之矣師古曰取前規摹謂立制垂範也給足也日不暇是言衆事繁多常汲汲也

前漢紀一下　二十一　徐昇

贊曰春秋晉史蔡墨有言陶唐氏既衰荀悅曰唐者帝堯有天下號陶發聲也韋昭曰陶唐皆國名猶湯稱殷商矣臣瓚曰堯初居於唐後居陶故曰陶唐也師古曰三家之說皆非也許慎說文解字云陶丘再成也在濟陰夏書曰東至陶丘陶丘有堯城堯嘗居之後居於唐故堯號陶唐氏斯得之矣其後有劉累學擾龍事孔甲應劭曰擾馴也能順養得其嗜欲也孔甲夏天子也師古曰擾音繞又音饒范氏其後也師古曰晉司空士蔿之孫士會爲晉大夫食采於范因號范氏而大夫范宣子亦曰祖自虞以上爲陶唐氏師古曰范宣子即士會之孫士匄也在夏爲御龍氏師古曰即劉累也在商爲豕韋氏師古曰豕韋國名在東郡白馬縣東南在周爲唐杜氏師古曰唐杜二國名也殷末豕韋徙國於唐周成王滅唐遷之於杜爲杜伯杜伯之子隰叔奔晉士會即隰叔之玄孫也唐太原晉陽縣也杜京兆杜縣也晉主夏盟爲范氏范氏爲晉士師師古曰言晉爲霸主諸夏之盟而范氏爲晉正卿魯文公世奔秦師古曰文公六年晉襄公卒士會與先蔑如秦逆公子雍欲以爲嗣七年以秦師納雍而趙宣子立靈公與秦師戰敗之于令狐先蔑奔秦士會從之後歸于晉其處者爲劉氏師古曰文十三年晉人使魏壽餘以魏叛誘士會而納之秦人歸其帑其別族留在秦者既無官邑而乃復劉累之姓也劉向云戰國時劉氏自秦獲於魏文穎曰六國時秦伐魏劉氏隨軍爲魏所獲故得復居魏也師古曰春秋之後周室卑微諸侯彊盛交相攻伐故總謂之戰國秦滅魏遷大梁師古曰秦昭王伐魏魏惠王棄安邑東徙大梁更號曰梁非始皇滅六國之時都于豐故周市說雍齒曰豐故梁徙也是以頌高祖云漢帝本系出自唐帝降及于周在秦作劉涉魏而東遂爲豐公晉灼曰涉猶入也豐公蓋太上皇父其遷日淺墳墓在豐鮮焉師古曰鮮少也音先淺反及高祖即位置祠祀官則有秦晉梁荊之巫應劭曰先人所在之國悉致祠巫祝博求神靈之意也文穎曰巫掌神之位次者也范氏世仕於晉故祠祀有晉巫范會支庶留秦爲劉氏故有秦巫劉氏隨魏都大梁故有梁巫後徙豐豐屬荊故有荊巫也世祠天地綴之以祀豈不信哉師古曰綴言不絕也由是推之漢承堯運德祚已盛斷蛇著符旗幟上赤協于火德自然之應得天統矣孟康曰十一月天統物萌色赤故云得天統也臣瓚曰漢承堯緒爲火德秦承周以火代木得天之統序故云得天統漢初因秦正至太初元年始用夏正不用十一月爲正也師古曰瓚說得之

前漢紀一下　二十二　徐真

高紀第一下

惠紀第二　班固　漢書二

秘書監上護軍琅邪縣開國子顏　師古　注

孝惠皇帝荀悅曰諱盈之字曰滿應劭曰禮謚法柔質慈民曰惠師古曰孝子善述父之志故漢家之謚自惠帝已下皆稱孝也臣下以滿字代盈者則知帝諱盈也他皆類此高祖太子也母曰呂皇后帝年五歲高祖初為漢王二年立為太子十二年四月高祖崩五月丙寅太子即皇帝位尊皇后曰皇太后賜民爵一級師古曰帝初嗣位為恩惠也中郎郎中滿六歲爵三級四歲二級蘇林曰中郎省中郎也外郎滿六歲二級蘇林曰外郎散郎也中郎不滿一歲一級外郎不滿二歲賜錢萬張晏曰不滿一歲謂不滿四歲之一歲作郎三歲也不滿二歲謂不滿六歲之二歲作郎四歲也師古曰此說非也直謂作郎未經一歲二歲耳

宦官尚食比郎中應劭曰宦官閹寺也尚主也舊有五尚尚冠尚帳尚衣尚席亦是如淳曰主天子物曰尚主文書曰尚書又有尚符璽郎也漢儀注省中有五尚而內官婦人有諸尚也謁者執楯執戟武士騶比外郎應劭曰執楯執戟親近陛衛也武士力士也高祖使武士縛韓信是也騶騎騶也師古曰騶本廄之騶者後又今為騎因謂騶騎耳太子御驂乘賜爵五大夫舍人滿五歲二級師古曰武士騶以上皆舊侍從天子之人也舍人以上太子之官屬賜給喪事者二千石錢二萬六百石以上萬五百石二百石以下至佐史五千如淳曰律有斗食佐史韋昭曰若今曹史書佐也師古曰自五百石以下至於佐史皆賜五千今又言二百石者審備其等也視作斥上者將軍四十金服虔曰斥上壙上也如淳曰斥開也開土地為冢壙故以開斥言之鄭氏曰四十金四十斤金也晉灼曰近上二千石賜錢二萬此言四十金實金也下凡言黃金真金也不言黃謂錢也食貨志黃金一斤直萬錢師古曰諸賜言黃金者皆與之金不言黃者一金與萬錢也二千石二十金六百石以上六金五百石以下至佐史二金減田租復十五稅一鄧展曰漢家初十五稅一儉於周十稅一也中間廢今復之也如淳曰秦作阿房之宮收太半之賦遂行至此乃復十五而稅一師古曰鄧說是也復音房目反爵五大夫吏六百石以上及宦皇帝而知名者有罪當盜械者皆頌繫文穎曰言皇帝者以別仕諸王國也張晏曰時諸侯治民新承六國之後咸慕鄉邑或貪逸豫樂仕諸侯今特為京師作優裕法也如淳曰知名謂宦人教帝書學有可表異者也盜者逃也恐其逃亡故著械也頌者容也言見寬容但處曹吏舍不入陛牢也師古曰諸家之說皆非也宦皇帝而知名者謂雖非五大夫爵六百石吏而早事惠帝特為所知故亦優之所以云及耳非謂凡在京師異於諸王國亦不必在於宦人教書學也左官之律起自武帝此時未有禮記曰宦學事師謂凡仕宦非閹寺也盜械者凡以罪著械皆得稱焉不必逃亡也據山海經貳負之臣相柳之尸皆云盜械其義是也古者頌與容同五大夫第九爵也上造以上及內外公孫耳孫有罪當刑及當為城旦舂者皆耐為鬼薪白粲應劭曰上造爵滿十六者也內

外公孫謂王侯內外孫也耳孫者玄孫之子也言去其曾高益遠但耳聞之也今以上造有功勞內外孫有骨血屬婕施德布惠故事從其輕也城旦者旦起行治城舂者婦人不豫外徭但舂作米皆四歲刑也今皆就鬼薪白粲取薪給宗廟為鬼薪坐擇米使正白為白粲皆三歲刑也李斐曰耳孫曾孫也張晏曰公孫宗室侯王之孫也晉灼曰耳孫玄孫之曾孫也諸侯王表在八世師古曰上造第二爵名也內外公孫國家宗室及外戚之孫也耳孫諸說不同據平紀及諸侯王表說梁孝王玄孫之耳孫耳音仍又匈奴傳說握衍朐鞮單于云烏維單于耳孫以此參之李云曾孫是也然漢書諸處又皆云曾孫非一不應雜兩稱而言據爾雅曾孫之子為玄孫玄孫之子為來孫來孫之子為昆孫昆孫之子為仍孫從己而數是為八葉則與晉說相同仍耳聲相近蓋一號也但班氏唯存古名而計其葉數則錯也婕音連民年七十以上若不滿十歲有罪當刑者皆完之孟康曰不加肉刑髡鬄也師古曰若預及之言也謂七十以上及不滿十歲以下皆完之也鬄音他計反又曰吏所㠯治民也能盡其治則民賴之故重其祿所㠯為民也師古曰為音于偽反今吏六百石以上父母妻子與同居及故吏嘗

佩將軍都尉印將兵及佩二千石官印者家唯給
軍賦他無有所與師古曰同居謂父母妻子之外若兄弟及兄弟之子等見與同居業者若今言同籍及同財也無有所與與讀曰豫令郡諸侯王立高廟師古曰諸郡及諸侯王國皆立廟也今書令郡下或有國字者流俗不曉妄加之
元年冬十二月趙隱王如意薨民有罪得買爵三
十級以免死罪應劭曰一級直錢二千凡爲六萬若今贖罪入三十疋縑矣師古曰令出買爵之錢以贖罪
賜民爵戶一級春正月城長安
二年冬十月齊悼惠王來朝獻城陽郡以益魯元
公主邑尊公主爲太后如淳曰張敖子偃爲魯王故公主得爲太后師古曰此說非也蓋齊王憂不得脫故從內史之言請尊公主爲齊太后以母禮事之用悅媚呂太后耳若魯元以子爲魯王自合稱太后何待齊王尊之乎據張耳傳高

后元年魯元太后薨後六年宣平侯敖薨呂太后立敖子偃爲王以母爲太后故也是則偃因母爲齊王太后而得王非母因偃乃爲太后也
春正月癸酉有兩龍見蘭陵家人井中師古曰家人言庶人之家
乙亥夕而不見隴西地震夏旱郃陽侯仲薨師古曰高帝之兄吳王濞父也
秋七月辛未相國何薨師古曰蕭何也
三年春發長安六百里內男女十四萬六千人城
長安三十日罷鄭氏曰城一面故速罷以宗室女爲公主嫁匈
奴單于夏五月立閩越君搖爲東海王應劭曰搖越王句踐之苗裔也帥百越之兵助高祖故封東海在吳郡東南濱海云師古曰即今泉州是其地六月發諸侯王列侯
徒隸二萬人城長安秋七月都廏災南越王趙佗
稱臣奉貢師古曰佗音徒何反

四年冬十月壬寅立皇后張氏師古曰張敖之女也史記及漢書無名字皇甫謐作帝王世紀皆爲惠帝張后及孝文薄后已下別制名焉至於薄父之徒亦立名字何從而得之乎雖欲示博聞不知陷於穿鑿春
正月舉民孝弟力田者復其身師古曰弟者言能以順道事其兄也弟音徒計反復音方目反
三月甲子皇帝冠赦天下省法令妨吏民者
除挾書律應劭曰挾藏也張晏曰秦律敢有挾書者族長樂宮鴻臺災宜
陽雨血秋七月乙亥未央宮凌室災師古曰凌室藏冰之室也豳詩七月之篇曰納于凌陰
丙子織室災師古曰主織作繒帛之處
五年冬十月雷桃李華棗實春正月復發長安
六百里內男女十四萬五千人城長安三十日罷
夏大旱秋八月己丑相國參薨師古曰曹參也九月長安

城成賜民爵戶一級師古曰家長受也
六年冬十月辛丑齊王肥薨令民得賣爵女子年
十五以上至三十不嫁五算應劭曰國語越王句踐令國中女子年十七不嫁者父母有罪欲人民繁息也漢律人出一算算百二十錢唯賈人與奴婢倍算今使五算罪謫之也孟康曰或云復之也師古曰應說是
夏六月舞陽侯噲薨師古曰樊噲也起長安西市修敖倉
七年冬十月發車騎材官詣滎陽師古曰車常擬軍興者若近代之戍車也騎常所養馬并其人使行充騎若今武馬及所養者主也材官解在高紀
太尉灌嬰將春正月
辛丑朔日有蝕之夏五月丁卯日有蝕之既師古曰既盡也
秋八月戊寅帝崩于未央宮臣瓚曰帝年十七即位即位七年壽二十四九
月辛丑葬安陵臣瓚曰自崩至葬凡二十四日安陵在長安北三十五里師古曰三輔黃圖云去長陵十里

贊曰孝惠內修親親外禮宰相優寵齊悼趙隱恩敬篤矣師古曰篤厚也聞叔孫通之諫則懼然蘇林曰諫復道乘衣冠道也師古曰懼讀曰瞿瞿然失守貌音居具反納曹相國之對而心說蘇林曰對修高帝制度蕭何法也師古曰說讀曰悅可謂寬仁之主遭呂太后虧損至德師古曰謂殺趙王幽戚夫人因以憂疾不聽政而崩悲夫

惠紀第二

高后紀第三 漢書三

班固

秘書監上護軍琅邪縣開國子顏師古注

高皇后呂氏荀悅曰諱雉之字曰野雞應劭曰禮婦人從夫諡故稱高也師古曰呂后名雉字娥姁故臣下諱雉也姁音許于反生惠帝佐高祖定天下父兄及高祖而侯者三人師古曰父謂臨泗侯呂公也兄謂周呂侯澤建成侯釋之惠帝即位尊呂后為太后太后立帝姊魯元公主女為皇后無子取後宮美人子名之以為太子惠帝崩太子立為皇帝年幼太后臨朝稱制師古曰天子之言一曰制書二曰詔書制書者謂為制度之命也非皇后所得稱今呂太后臨朝行天子事斷決萬機故稱制詔大赦天下迺立兄子呂台產祿台子通四人為王蘇林曰台音胞胎封諸呂六人為列侯語在外戚傳元年春正月詔曰前日孝惠皇帝言欲除三族辠妖言令師古曰罪之重者戮及三族過誤之語以為妖言今謂重酷皆除之議未決而崩今除之二月賜民爵戶一級初置孝弟力田二千石者一人師古曰特置孝弟力田官而尊其秩欲以勸厲天下令各敦行務本夏五月丙申趙王宮叢臺災師古曰連聚非一故名叢臺蓋本六國時趙王故臺也在邯鄲城中立孝惠後宮子強為淮陽王如淳曰外戚恩澤侯表曰皆呂氏子也以孝惠子侯晉灼曰漢注名長韋昭曰今陳留郡不疑為恒山王如淳曰今常山也因避文帝諱改曰常弘為襄城侯朝為軹侯師古曰軹音只武為壺關侯秋桃李華二年春詔曰高皇帝匡飭天下師古曰匡正也飭整也飭讀與敕同其字從力諸有功者皆受分地為列侯師古曰分音扶問反萬民大安莫

不受休德（師古曰休美也音虛虯反他皆類此）朕思念至於久遠而功名
不著亡以尊大誼施後世今欲差次列侯功以定
朝位（師古曰以功之高下爲先後之次）臧于高廟世世勿絕嗣子各襲
其功位其與列侯議定奏之丞相臣平言（師古曰陳平）謹
與絳侯臣勃（師古曰周勃）曲周侯臣商（師古曰酈商）潁陰侯臣嬰
（師古曰灌嬰）安國侯臣陵等議（師古曰王陵）列侯幸得賜餐錢奉
邑（應劭曰餐食與飡同諸侯四時皆得賜餐錢文穎曰飡邑中更名菜錢如今長吏食奉自復除錢即租奉也韋昭曰孰食曰飡酒肴曰錢粟米曰奉稅租奉祿正所食也四時得閒賜是爲飡錢飡小食也師古曰餐飡同一字耳音千安反飡所謂天子食物也餐錢賜廚膳錢也奉邑本所食邑也奉音扶用反）陛下加惠以功次定朝位（如淳曰功大者位在上功臣侯表有第一第二之次）
臣請臧高廟奏可春正月乙卯地震羌道（服虔曰縣有夷蠻曰道師古曰羌道屬隴西郡）武都道山崩（師古曰武都道屬武都郡）夏六月丙

高后紀三　二

戌晦日有蝕之秋七月恒山王不疑薨行八銖錢
（應劭曰本秦錢質如周錢文曰半兩重如其文即八銖也漢以其太重更鑄莢錢今民間名榆莢錢是也民患其太輕至此復行八銖錢）
三年夏江水漢水溢流民四千餘家（師古曰水所漂沒也）秋星
晝見
四年夏少帝自知非皇后子出怨言皇太后幽之
永巷（如淳曰列女傳周宣姜后脫簪珥待罪永巷後改爲掖庭師古曰永長也本謂宮中之長巷也）詔曰凡有
天下治萬民者蓋之如天容之如地上有驩心以
使百姓百姓欣然以事其上驩欣交通而天下治
今皇帝疾久不已迺失惑惛亂不能繼嗣奉宗廟
守祭祀不可屬天下（師古曰屬委也音之欲反）其議代之羣臣皆
曰皇太后爲天下計所以安宗廟社稷甚深頓首
奉詔五月丙辰立恒山王弘爲皇帝（晉灼曰史記惠帝元年子不疑爲常山王子山爲襄城侯二年常山王薨即不疑也以弟襄城侯山爲常山王更名義丙辰立常山王義爲帝義更名弘漢書一之書弘以爲正也師古曰即元年所立弘爲襄城侯者晉說是也）
五年春南粵王尉佗自稱南武帝（韋昭曰生以武爲號不稽古也師古曰此說非也成湯曰吾武甚因自號武王佗言武帝亦猶是耳何謂其不稽古乎）秋八月淮陽王彊薨九
月發河東上黨騎屯北地
六年春星晝見夏四月赦天下秩長陵令二千石
（應劭曰長陵高祖陵尊之故增其令秩也）六月城長陵（張晏曰起縣邑故築城也師古曰此說非也黃圖云長陵

高后紀三　三

城周七里百八十步因爲殿垣門四出及便殿掖庭諸官寺皆在中是即就陵爲城非止謂邑居也）匈奴寇狄道攻
阿陽（師古曰狄道屬隴西阿陽天水之縣也今流俗書本或作河陽者非也）行五分錢（應劭曰所謂莢錢者）
七年冬十二月匈奴寇狄道略二千餘人春正月
丁丑趙王友幽死于邸己丑晦日有蝕之既以梁
王呂產爲相國趙王祿爲上將軍立營陵侯劉澤
爲琅邪王夏五月辛未詔曰昭靈夫人太上皇妃
也武哀侯宣夫人高皇帝兄姊也（如淳曰皆追謚）號謚不稱
其議尊號丞相臣平等請尊昭靈夫人曰昭靈后
武哀侯曰武哀王宣夫人曰昭哀后六月趙王恢
自殺秋九月燕王建薨南越侵盜長沙遣隆慮

侯寵將兵擊之應劭曰寵姓周高祖功臣也隆慮今林慮也後避殤帝諱故改之師古曰慮音廬
八年春封中謁者張釋卿為列侯孟康曰官官也如淳曰百官表謁者掌賓贊受事灌嬰為中謁者後常以閹人為之諸官加中者多閹人也 諸中官宦者令丞皆賜爵
關內侯食邑如淳曰列侯出關就國關內侯但爵耳其有加異者與之關內之邑食其租稅宦紀曰德武食邑也師古曰諸中官凡閹人給事於中者皆是也宦者令丞宦者署之令丞
夏江水漢水溢流萬餘家
秋七月辛巳皇太后崩于未央宮遺詔賜諸侯王
各千金將相列侯下至郎吏各有差大赦天下上
將軍祿相國產頡兵秉政師古曰頡讀與專同 自知背高皇帝
約師古曰非劉氏而王非有功而侯 恐為大臣諸侯王所誅因謀作亂
時齊悼惠王子朱虛侯章在京師以祿女為婦知

其謀迺使人告兄齊王令發兵西章欲與太尉勃
丞相平為內應以誅諸呂齊王遂發兵又詐琅邪
王澤發其國兵并將而西產祿等遣大將軍灌嬰
將兵擊之嬰至滎陽使人諭齊王與連和待呂氏
變而共誅之師古曰變謂發動也 太尉勃與丞相平謀以曲周
侯酈商子寄與祿善使人劫商令寄紿說祿師古曰紿誑也
曰高帝與呂后共定天下劉氏所立九王呂氏所
立三王皆大臣之議事已布告諸侯王諸侯王以
為宜今太后崩帝少足下不急之國守藩師古曰之往也 迺
為上將將兵留此為大臣諸侯所疑何不速歸將

軍印以兵屬太尉師古曰屬委也音之欲反 請梁王亦歸相國印與
大臣盟而之國齊兵必罷大臣得安足下高枕而
王千里此萬世之利也祿然其計使人報產及諸
呂老人或以為不便計猶豫師古曰猶獸名也爾雅曰猶如麂善登木此獸性多疑慮常居山中忽聞有聲即恐有人且來害之每豫上樹久之無人然後敢下須臾又上如此非一故不決者稱猶豫焉一曰隴西俗謂犬子為猶犬隨人行每豫在前待人不得又來迎候故云猶豫也麂音几
未有所決祿信寄與俱出游
過其姑呂嬃張晏曰嬃音須 師古曰呂后妹 嬃怒曰汝為將而棄軍
呂氏今無處矣師古曰言見誅滅無處所也處字或作類言無種類也 迺悉出珠玉
寶器散堂下曰無為它人守也八月庚申平陽侯
窋行御史大夫事師古曰窋曹參子也音竹出反 見相國產計事郎

中令賈壽使從齊來因數產師古曰數責之也音數具反 曰王不早
之國今雖欲行尚可得邪具以灌嬰與齊楚合從
狀告產師古曰齊楚俱在山東連兵西向欲誅諸呂亦猶六國為從以敵秦故言合從也從音子容反 平陽侯
窋聞其語馳告丞相平太尉勃勃欲入北軍不得
入襄平侯紀通尚符節張晏曰紀通紀信子也尚主也今符節令也臣瓚曰紀信焚死不見其後功臣表云紀通紀成之子以成死事故封侯師古曰瓚說是也 迺令持節矯內勃北軍師古曰矯詐也詐以天子之命也
勃復令酈寄與典客劉揭說祿應劭曰典客今大鴻臚也師古曰揭音竭
曰帝使太尉守北軍欲令足下之國急歸將印辭
去不然禍且起祿遂解印屬典客師古曰屬音之欲反 而以兵
授太尉勃勃入軍門行令軍中曰為呂氏右袒為

劉氏左袒師古曰袒脫衣袖而肉袒也左右者偏袒其一耳袒音徒旱反軍皆左袒勃遂將
北軍然尚有南軍丞相平召朱虛侯章佐勃勃令
章監軍門令平陽侯告衛尉毋内相國產殿門產
不知祿已去北軍入未央宮欲為亂殿門弗内徘
徊往來師古曰徘徊猶彷徨不進之意也徘音裴平陽侯馳語太尉勃勃尚
恐不勝未敢誦言誅之鄧展曰誦言公言也迺謂朱虛侯章曰
急入宮衛帝章從勃請卒千人入未央宮掖門師古
曰非正門而在兩旁若人之臂掖也見產廷中餔時遂擊產產走天大風從
官亂莫敢鬬者逐產殺之郎中府吏舍廁中如淳曰百官表
郎中令掌宮殿門戶故其府在宮中後轉為光祿勳章已殺產帝令謁者持節勞章

師古曰慰問之章欲奪節謁者不肯章迺從與載因節信馳
斬長樂衛尉呂更始師古曰因謁者所持之節用為信也章與謁者同車故為門者所信得入長樂宮
還入北軍復報太尉勃勃起拜賀章曰所患獨產
今已誅天下定矣辛酉斬呂祿笞殺呂嬃分部悉
捕諸呂男女無少長皆斬之師古曰分音扶問反大臣相與陰
謀以為少帝及三弟為王者皆非孝惠子復共誅
之尊立文帝語在周勃高五王傳
贊曰孝惠高后之時海内得離戰國之苦君臣俱
欲無為故惠帝拱己師古曰垂拱而治高后女主制政不出
房闥師古曰闥宮中小門音他曷反而天下晏然刑罰罕用民務稼
穡衣食滋殖師古曰滋益也殖生也

高后紀第三

文紀第四　班固　漢書四

秘書監上護軍琅邪縣開國子顔師古注

孝文皇帝荀悅曰諱恒之字曰常應劭曰謚法慈惠愛民曰文高祖中子也母曰薄姬如淳曰姬音怡衆妾之摠稱漢官儀曰姬妾數百外戚傳亦曰幸姬戚夫人臣瓚曰漢秩祿令及茂陵書姬竝內官也秩比二千石位次婕妤下在八子上師古曰姬者本周之姓貴於衆國之女所以婦人美號皆稱姬焉故左氏傳曰雖有姬姜無棄蕉萃姜亦大國女後因摠謂衆妾爲姬史記云高祖居山東時好美姬是也若姬是官號不應云幸姬戚夫人且外戚傳備列后妃諸官無姬職也如云衆妾摠稱則近之不當音怡宜依字讀耳瓚說謬也高祖十一年誅陳豨定代地立子恒爲代王都中都十七年秋高后崩張晏曰代王之十七年也諸呂謀爲亂欲危劉氏丞相陳平大尉周勃朱虛侯劉章等共誅之謀立代王語在高后紀高五王傳大

臣遂使人迎代王郎中令張武等議皆曰漢大臣皆故高帝時將習兵事多謀詐其屬意非止此也師古曰言常有異志也屬意猶言注意也屬音之欲反特畏高帝呂太后威耳今已誅諸呂新喋血京師服虔曰喋音蹀屣履之蹀如淳曰殺人流血滂沱爲喋血師古曰喋音大頰反本字當作蹀蹀謂履涉之耳以迎大王爲名實不可信願稱疾無往以觀其變中尉宋昌進曰羣臣之議皆非也夫秦失其政豪傑竝起人人自以爲得之者以萬數然卒踐天子位者劉氏也師古曰卒終也天下絕望一矣高帝王子弟地犬牙相制所謂盤石之宗也師古曰犬牙言地形如犬之牙交相入也天下服其彊二矣漢興除秦煩苛約法令施德惠師古曰約省也人人自安難動搖三矣夫以呂太后之嚴立諸呂爲三王擅權專制然而太尉以一節入北軍一呼師古曰呼叫也音火故反他皆類此士皆袒左爲劉氏畔諸呂卒以滅之此乃天授非人力也今大臣雖欲爲變百姓弗爲使師古曰爲音于僞反其黨寧能專一邪內有朱虛東牟之親外畏吳楚淮南琅邪齊代之彊方今高帝子獨淮南王與大王大王又長賢聖仁孝聞於天下故大臣因天下之心而欲迎立大王大王勿疑也代王報太后計猶豫未定卜之兆得大橫應劭曰龜曰兆筮曰卦卜以荆灼龜文正橫也占曰大橫庚庚余爲天王夏啓以光

服虔曰庚庚橫皃也李奇曰庚庚其繇文也占謂其繇也張晏曰先是五帝官天下老則禪賢至夏啓始傳嗣能光先君之業文帝亦襲父迹言似啓也師古曰繇音丈救反本作籀籀書也謂讀卜詞代王曰寡人固已爲王又何王乎卜人曰所謂天王者乃天子也於是代王乃遣太后弟薄昭見太尉勃勃等具言所以迎立王者師古曰說所以迎代王之意也昭還報曰信矣無可疑者代王笑謂宋昌果如公言乃令宋昌驂乘師古曰乘車之法尊者居左御者居中又有一人處車之右以備傾側是以戎事則稱車右其餘則曰驂乘驂者三也蓋取三人爲名義耳張武等六人乘六乘傳張晏曰傳車六乘也師古曰傳音張戀反詣長安至高陵止而使宋昌先之長安觀變昌至渭橋蘇林曰在長安北三里丞相已下皆迎昌還報代王乃進至渭橋羣臣拜謁稱臣代王

下拜太尉勃進曰願請閒 師古曰閒容也猶今言中閒也請容暇之頃當有所陳不欲於衆顯論也他皆類此 宋昌曰所言公公言之所言私王者無私太尉勃乃跪上天子璽代王謝曰至邸而議之 師古曰郡國朝宿之舍在京師者率名邸邸至也言所歸至也音丁禮反他皆類此 閏月己酉入代邸群臣從至上議曰丞相臣平太尉臣勃大將軍臣武 服虔曰柴武 御史大夫臣蒼 文穎曰張蒼 宗正臣郢 文穎曰劉郢 朱虛侯臣章東牟侯臣興居典客臣揭 蘇林曰劉揭也師古曰揭音竭 再拜言大王足下子弘等皆非孝惠皇帝子 師古曰不詳其有爵位故揔謂之子 不當奉宗廟臣謹請陰安侯 蘇林曰高帝兄伯妻羹頡侯母丘嫂也晉灼曰若蕭何夫人封爲酇侯也 頃王后 蘇林曰高帝兄仲妻也仲名喜爲代王後廢爲郃陽侯子濞爲吳王故追謚爲頃王如

淳曰王子侯表曰合陽侯喜以子濞爲王追謚爲頃王頃王后封陰安侯時呂須爲林光侯蕭何夫人亦爲酇侯又宗室侯表此時無陰安侯知其爲頃王后也案漢祠令陰安侯高帝嫂也師古曰諸謚爲傾者漢書例作頃字讀皆曰傾 琅邪王 文穎曰劉澤也 列侯吏二千石議大王高皇帝子宜爲嗣願大王即天子位代王曰奉高帝宗廟重事也寡人不佞 師古曰不佞不材也 不足以稱 師古曰稱副也音尺孕反其下皆同 願請楚王計宜者 蘇林曰楚王名交高帝弟也 寡人弗敢當群臣皆伏固請代王西鄉讓者三南鄉讓者再 如淳曰讓群臣也或曰賓主位東西面君臣位南北面故西鄉坐三讓不受群臣猶稱宜乃更南鄉坐示變即君位之漸也師古曰鄉讀曰嚮 丞相平等皆曰臣伏計之大王奉高祖宗廟最宜稱雖天下諸侯萬民皆以爲宜臣等爲宗廟社稷計不敢忽 師古曰忽怠忘也 願大王幸聽臣

等臣謹奉天子璽符再拜上代王曰宗室將相王列侯以爲其宜寡人寡人不敢辭遂即天子位群臣以次侍 師古曰各依職位 使太僕嬰東牟侯興居先清宮 應劭曰舊典天子行幸所至必遣靜室令先案行清淨殿中以虞非常 奉天子法駕迎代邸 如淳曰法駕者侍中驂乘奉車郎御屬車三十六乘 皇帝即日夕入未央宮夜拜宋昌爲衛將軍領南北軍張武爲郎中令行殿中 師古曰行謂案行也音下更反 還坐前殿下詔曰制詔丞相太尉御史大夫閒者諸呂用事擅權 師古曰閒者猶言中閒之時也他皆倣此 謀爲大逆欲危劉氏宗廟賴將相列侯宗室大臣誅之皆伏其辜朕初即位其赦天下賜民爵一級女子百

戶牛酒 蘇林曰男賜爵女子賜牛酒師古曰賜爵者謂一家之長得之也女子謂賜爵者之妻也率百戶共得牛若干頭酒若干石無定數也 酺五日 服虔曰酺音蒲文穎曰音步漢律三人以上無故羣飲酒罰金四兩今詔橫賜得令會聚飲食五日也師古曰酺之爲言布也王德布於天下而合聚飲食爲酺服音是也字或作醵音義同 元年冬十月辛亥皇帝見于高廟遣車騎將軍薄昭迎皇太后于代詔曰前呂產自置爲相國呂祿爲上將軍擅遣將軍灌嬰將兵擊齊欲代劉氏嬰留滎陽與諸侯合謀以誅呂氏呂產欲爲不善丞相平與太尉勃等謀奪產等軍朱虛侯章首先捕斬產太尉勃身率襄平侯通持節承詔入北軍典客揭奪呂祿印其益封太尉勃邑萬戶賜金五千斤丞相平將軍嬰

邑各三千戶金二千斤朱虛侯章襄平侯通邑各二千戶金千斤封典客揭爲陽信侯賜金千斤十二月立趙幽王子遂爲趙王徙琅邪王澤爲燕王呂氏所奪齊楚地皆歸之盡除收帑相坐律令（應劭曰帑子也秦法一人有罪并其室家今除此律師古曰帑讀與奴同假借字也）正月有司請蚤建太子（師古曰蚤古以爲早晚字也）所以尊宗廟也詔曰朕既不德上帝神明未歆饗也天下人民未有㥦志（應劭曰㥦音篋㥦滿也師古曰㥦快也）今縱不能博求天下賢聖有德之人而嬗天下焉（晉灼曰嬗古禪字）而曰豫建太子是重吾不德也（師古曰重謂增益也音直用反他皆類此）謂天下何（師古曰猶言何以稱天下之望）其安之（師古曰安猶徐也言不宜汲汲耳）有司曰豫建太子所以重宗廟社稷不忘天下也上曰楚王季父也春秋高閱天下之義理多矣（如淳曰閱猶更歷也）明於國家之體吳王於朕兄也淮南王弟也皆秉德以陪朕（文穎曰陪輔也）豈爲不豫哉諸侯王宗室昆弟有功臣多賢及有德義者若舉有德以陪朕之不能終是社稷之靈天下之福也今不選舉焉而曰必子（師古曰必將傳位於子）人其以朕爲忘賢有德者而專於子非所以憂天下也朕甚不取（師古曰不取猶言不用此爲善也）有司固請曰古者殷周有國治安皆且千歲（師古曰治安言治理而且安寧也治音丈吏反）有天下者莫長焉（師古曰言上古已來國祚長久無及殷周者也）用此道

也（師古曰所以能爾者以承嗣相傳故也）立嗣必子所從來遠矣高帝始平天下建諸侯爲帝者太祖諸侯王列侯始受國者亦皆爲其國祖子孫繼嗣世世不絕天下之大義也故高帝設之以撫海內（師古曰設置立也謂立此法也）今釋宜建（師古曰釋捨也宜建適嗣也）而更選於諸侯宗室非高帝之志也更議不宜（師古曰不當更議）子啓最長（文穎曰景帝名）敦厚慈仁請建以爲太子上乃許之因賜天下民當爲父後者爵一級（師古曰雖非己生正嫡但爲後者即得賜爵）封將軍薄昭爲軹侯（師古曰軹音只）三月有司請立皇后皇太后曰立太子母竇氏爲皇后詔曰方春和時草木群生之物皆有以自樂而吾百姓鰥寡孤獨窮困之人或阽於死亡（服虔曰阽音反坫之坫孟康曰阽音屋檐之檐如淳曰阽近邊欲墮之意師古曰服孟二音並通）而莫之省憂（師古曰省視也）爲民父母將何如其議所以振貸之（師古曰振起也爲給貸之令其存立也諸振救振贍其義皆同今流俗作字從貝者非也自別有訓貸音吐戴反）又曰老者非帛不煖非肉不飽（師古曰煖溫也音乃短反）今歲首不時使人存問長老（師古曰存省視也）又無布帛酒肉之賜將何以佐天下子孫孝養其親今聞吏禀當受鬻者或以陳粟（師古曰禀給也鬻淳糜也給米使爲糜鬻也陳久舊也小雅甫田之詩曰我取其陳鬻音之六反淳音之允反）豈稱養老之意哉具爲令（師古曰使其備爲條制）有司請令縣道（師古曰縣或道皆用此制也有蠻夷曰道）年八十已上賜米人月一石肉二十斤酒五斗其九十已上又

賜帛人二疋絮三斤師古曰絮綿也賜物及當稟鬻米者長吏閱視丞若尉致師古曰長吏縣之令長也若者豫及之詞致者送至也或丞或尉自致之也不滿九十嗇夫令史致二千石遣都吏循行蘇林曰取其都吏有德也如淳曰律說都吏今督郵是也閑惠曉事即為文無害都吏師古曰如說是也行音下孟反不稱者督之師古曰循行有不如詔意者二千石察視責罰之刑者及罪有耐以上不用此令蘇林曰一歲為罰作二歲刑以上為耐耐能任其罪也師古曰刑為先被刑也有罪在吏未決者也言八十九十之人雖合加賜其中有被刑罪者不在此賜物令條中也楚元王交薨四月齊楚地震二十九山同日崩大水潰出師古曰旁決曰潰上涌曰出六月令郡國無來獻施惠天下諸侯四夷遠近驩洽乃脩代來功師古曰自代來時有功者詔曰方大臣誅諸呂迎朕朕狐疑皆止朕師古曰狐之為獸其

前漢紀四　七　楊徳

性多疑每渡冰河且聽且渡故言疑者而稱狐疑唯中尉宋昌勸朕朕已得保宗廟以尊昌為衛將軍師古曰尊高也高其官秩其封昌為壯武侯諸從朕六人皆至九卿師古曰張武等又曰列侯從高帝入蜀漢者六十八人益邑各三百戶吏二千石以上從高帝潁川守尊等十人食邑六百戶淮陽守申屠嘉等十人五百戶衛尉足等十人四百戶封淮南王舅趙兼為周陽侯齊王舅駟鈞為靖郭侯如淳曰邑名也六國時齊有靖郭君靖音靜師古曰外戚恩澤侯表云鄔侯駟鈞以齊王舅侯今此云靖郭當初封靖郭後改為鄔乎鄔音一戶反又音於庶反故常山丞相蔡兼為樊侯　二年冬十月丞相陳平薨詔曰朕聞古者諸侯建國千餘各守其

地以時入貢民不勞苦上下驩欣靡有違德今列侯多居長安邑遠師古曰所食之邑去長安遠吏卒給輸費苦而列侯亦無繇教訓其民師古曰繇讀與由同其令列侯之國為吏及詔所止者遣太子李奇曰為吏謂為卿大夫者詔所止特以恩愛見留十一月癸卯晦日有食之詔曰朕聞之天生民為之置君以養治之人主不德布政不均則天示之災以戒不治師古曰治音直吏反乃十一月晦日有食之適見于天師古曰適讀曰謫責也音張革反見音胡電反災孰大焉師古曰災莫大於此朕獲保宗廟以微眇之身託于士民君王之上天下治亂在予一人唯二三執政猶吾股肱也朕下不能治育群生上以

前漢紀四　八

累三光之明師古曰三光日月星也累音力瑞反其不德大矣令至其悉思朕之過失師古曰令謂此詔書及知見之所不及匄以啓告朕師古曰匄音蓋匄亦乞也啓開也言以過失開告朕躬是則於朕為恩惠也商書說命曰啓乃心沃朕心及舉賢良方正能直言極諫者以匡朕之不逮師古曰匡正也逮及也不逮者意慮所不及因各敕以職任務省繇費以便民師古曰省減也音所領反繇音傜朕既不能遠德故憪然念外人之有非蘇林曰憪寢視不安皃也孟康曰憪猶介然也非姦非也師古曰孟說是也憪音下板反是以設備未息今縱不能罷邊屯戍又飭兵厚衛師古曰飭整也音敕其罷衛將軍軍太僕見馬遺財足師古曰遺留也財與纔同纔少也太僕見在之馬今當減留纔足充事而已餘皆以給傳置師古曰傳音張戀反置者置傳驛之所因名置也他皆類此春正

月丁亥詔曰夫農天下之本也其開籍田應劭曰古者天子耕籍田千畝爲天下先籍者帝王典籍之常也韋昭曰籍借也借民力以治之以奉宗廟且以勸率天下使務農也臣瓚曰景帝詔曰朕親耕后親桑爲天下先本以躬親爲義不得以假借爲稱也籍謂蹈籍也師古曰瓚說是也國語曰宣王即位不籍千畝虢文公諫斯則籍非假借明矣朕親率耕以給宗廟粢盛師古曰粢稷也粢在器曰盛粢音咨民讁作縣官及貸種食未入入未備者皆赦之師古曰種者五穀之種也食者所以爲粮食也貸音吐戴反種音之勇反三月有司請立皇子爲諸侯王詔曰前趙幽王幽死朕甚憐之已立其太子遂爲趙王遂弟辟彊師古曰辟彊言辟御不彊梁者亦猶辟兵辟非耳辟音必亦反彊音其良反一說辟讀曰闢彊讀曰疆闢疆言開土地也賈誼書曰衛侯朝於周周行人問其名衛侯曰辟彊行人還之曰啓彊辟彊天子之號也諸侯弗得用更其名曰燬則其義兩說並通他皆類此及齊悼惠王子朱虛侯章東牟侯興居有功可王乃遂立辟彊爲河間王章爲城陽王興居爲濟北王因立皇子武爲代王參爲太原王揖爲梁王五月詔曰古之治天下朝有進善之旌應劭曰旌幡也堯設之五達之道令民進善也如淳曰欲有進者立於旌下言之誹謗之木服虔曰堯作之橋交午柱頭應劭曰橋梁邊板所以書政治之愆失也至秦去之今乃復施也師古曰應說是也所以通治道而來諫者也今法有誹謗訞言之罪師古曰高后元年詔除妖言之令今此又有訞言之罪是則中間曾重復設此條也訞與妖同是使衆臣不敢盡情而上無由聞過失也將何以來遠方之賢良其除之民或祝詛上以相約而後相謾師古曰謾欺也初爲要約共行祝詛後相欺誑中道而止無實事也謾音慢又音莫連反吏以爲大逆其有他言吏又以爲誹謗此細

前漢紀四　九

民之愚無知抵死師古曰抵觸也亦至也朕甚不取自今已來有犯此者勿聽治九月初與郡守爲銅虎符竹使符應劭曰銅虎符第一至第五國家當發兵遣使者至郡合符符合乃聽受之竹使符皆以竹箭五枚長五寸鐫刻篆書第一至第五張晏曰符以代古之圭璋從簡易也師古曰與郡守爲符者謂各分其半右留京師左以與之使音所吏反詔曰農天下之大本也民所恃以生也而民或不務本而事末故生不遂師古曰衣食乏絕有夭喪故不遂其生朕憂其然故今茲親率群臣農以勸之其賜天下民今年田租之半師古曰免不收之

三年冬十月丁酉晦日有食之十一月丁卯晦日有食之詔曰前日詔遣列侯之國辭未行丞相朕之所重其爲朕率列侯之國遂免丞相勃遣就國十二月太尉潁陰侯灌嬰爲丞相罷太尉官屬丞相夏四月城陽王章薨淮南王長殺辟陽侯審食其師古曰殺之於其家五月匈奴入居北地河南爲寇師古曰北地郡之北黃河之南即白羊所居上幸甘泉如淳曰蔡邕云天子車駕所至民臣以爲僥幸故曰幸見令長三老官屬親臨軒作樂賜以民爵帛越巾佩帶之屬民爵有級數或賜田租之半故因謂之幸也師古曰甘泉在雲陽本秦林光宮遣丞相灌嬰擊匈奴匈奴去發中尉材官屬衛將軍軍長安上自甘泉之高奴師古曰之往也高奴上郡之縣因幸太原見故羣臣皆賜之舉功行賞諸民里賜牛酒師古曰里別率賜之復晉陽中都民三歲租師古曰復音方目反留游太原十餘日濟北王興居聞帝之代欲自擊匈奴乃反發兵欲襲滎陽

前漢紀四　十

於是詔罷丞相兵以棘蒲侯柴武爲大將軍臣瓚曰漢帝年紀爲陳武此云柴武爲有二姓將四將軍十萬衆擊之祁侯繒賀爲將軍軍滎陽秋七月上自太原至長安詔曰濟北王背德反上詿誤吏民師古曰詿亦誤也音卦爲大逆濟北吏民兵未至先自定及以軍城邑降者皆赦之復官爵與王興居去來者赦之師古曰雖始與興居共反今棄之去而來降者亦赦八月虜濟北王興居自殺赦諸與興居反者　四年冬十二月丞相灌嬰薨夏五月復諸劉有屬籍家無所與師古曰復音方目反與音豫賜諸侯王子邑各二千戶秋九月封齊悼惠王子七人爲列侯絳侯周勃有罪逮詣廷

尉詔獄作顧成廟服虔曰廟在長安城南文帝作還顧見城故名之應劭曰文帝自爲廟制度卑狹若顧望而成猶文王靈臺不日成之故曰顧成賈誼曰因顧成之廟爲天下太宗與漢無極如淳曰身存而爲廟若尚書之顧命也景帝廟號德陽武帝廟號龍淵昭帝廟號徘徊宣帝廟號樂游元帝廟號長壽成帝廟號陽池師古曰以還顧見城因即爲名於義無取又書本不作城郭字應說近之　五年春二月地震夏四月除盜鑄錢令應劭曰聽於民鑄也更造四銖錢應劭曰文帝以五分錢太輕小更作四銖錢文亦曰半兩今民間半兩錢最輕小者是也　六年冬十月桃李華十一月淮南王長謀反廢遷蜀嚴道死雍師古曰遷於蜀郡之嚴道行至扶風雍在道而死也　七年冬十月令列侯太夫人夫人諸侯王子及吏二千石無得擅徵捕如淳曰列侯之妻稱夫人列侯死子復爲列侯乃得稱太夫人子不爲列侯不得稱也　夏四月赦天下六月癸酉未央宮東闕罘罳災如淳曰東闕與其兩旁罘罳皆災也晉灼曰東闕之罘罳獨災也師古曰罘罳謂連闕曲閣也以覆重刻垣墉之處其形罘罳然一曰屏也罘音浮

八年夏封淮南厲王長子四人爲列侯有長星出于東方文穎曰孛彗長三星其占略同然其形象小異孛星光芒短其光四出蓬蓬孛孛也彗星光芒長參參如埽彗長星光芒有一直指或竟天或十丈或三丈或二丈無常也大法孛彗星多爲除舊布新火災長星多爲兵革事　九年春大旱　十年冬行幸甘泉將軍薄昭死鄭氏曰昭殺漢使者文帝不忍加誅使公卿從之飲酒欲令自引分昭不肯使羣臣喪服往哭之乃自殺有罪故言死如淳曰一說昭與文帝博不勝當飲酒侍郎酌爲昭少一侍郎譴呵之時此郎下沐昭使人殺之是以文帝使自殺師古曰外戚恩澤侯表云坐殺漢使者鄭說是也　十一年冬十一月行幸代春正月上自代還夏六月梁王揖薨匈奴寇狄道　十二年冬十二月河決東郡春正月賜諸侯王女邑各二千戶二月出孝

惠皇帝後宮美人令得嫁三月除關無用傳張晏曰傳信也若今過所也如淳曰兩行書繒帛分持其一出入關合之乃得過謂之傳也李奇曰傳棨也師古曰張說是也古者或用棨或用繒帛棨者刻木爲合符也傳張戀反棨音啓　詔曰道民之路在於務本朕親率天下農十年于今而野不加辟師古曰辟讀曰闢闢開也歲一不登民有飢色師古曰登成也言五穀一歲不成則衆庶飢餓是無蓄積故也是從事焉尚寡而吏未加務師古曰從事從農事也　吾詔書數下歲勸民種樹師古曰樹謂藝殖也而功未興是吏奉吾詔不勤而勸民不明也且吾農民甚苦而吏莫之省師古曰省視也將何以勸焉其賜農民今年租稅之半又曰孝悌天下之大順也力田爲生之本也三老衆民之師也廉吏民

之表也朕甚嘉此二三大夫之行今萬家之縣云無應令師古曰無孝悌力田之人可應察舉之令豈實人情是吏舉賢之道未備也其遣謁者勞賜三老孝者帛人五匹悌者力田二匹廉吏二百石以上率百石者三匹師古曰自二百石已上毋百石加三匹及問民所不便安而以戶口率置三老孝悌力田常員師古曰計戶口之數以率之增置其員廣教化也令各率其意以道民焉師古曰道讀曰導十三年春二月甲寅詔曰朕親率天下農耕以供粢盛皇后親桑以奉祭服其具禮儀師古曰令立耕桑之禮制也夏除秘祝應劭曰秘祝之官移過于下國家諱之故曰秘也語在郊祀志五月除肉刑法語在刑法志六月詔曰農天下之本務莫大焉今廑身從事晉灼曰廑古勤字而有租稅之賦是謂本末者無以異也李奇曰本農也末賈也言農與賈俱出租無異也故除田租其於勸農之道未備其除田之租稅賜天下孤寡布帛絮各有數　十四年冬匈奴寇邊殺北地都尉卬師古曰功臣表云缾侯孫單以父北地都尉卬力戰死事文帝十四年封與此正合然則卬姓孫而徐廣乃云姓段說者因曰段會宗即卬之玄孫無所據也會宗漢書自有傳姓段固不云是卬後何從而知之乎遣三將軍軍隴西北地上郡中尉周舍為衛將軍郎中令張武為車騎將軍軍渭北車千乘騎卒十萬人上親勞軍勒兵申教令師古曰申謂約束之賜吏卒自欲征匈奴羣臣諫不聽皇太后固要上乃止文穎曰要劫也亦公痛視指之言於是以東陽侯張相

如為大將軍建成侯董赫內史欒布皆為將軍擊匈奴匈奴走春詔曰朕獲執犧牲珪幣以事上帝宗廟十四年于今歷日彌長以不敏不明師古曰敏材識捷疾而久撫臨天下朕甚自媿師古曰媿古愧字其廣增諸祀墠場珪幣師古曰築土為壇除地為場幣祭神之帛昔先王遠施不求其報望祀不祈其福右賢左戚先民後己師古曰以賢為上然後及親也至明之極也今吾聞祠官祝釐如淳曰釐福也賈誼傳受釐坐宣室是也師古曰釐本字作禧假借用耳同音僖皆歸福於朕躬不為百姓朕甚媿之夫以朕之不德而專鄉獨美其福百姓不與焉師古曰與音預是重吾不德也師古曰重音直用反其令祠官致敬無有所祈

十五年春黃龍見於成紀師古曰成紀隴西縣上乃下詔議郊祀公孫臣明服色新垣平設五廟文穎曰公孫臣魯人也應劭曰新垣平趙人也師古曰五廟即下渭陽五帝之廟也語在郊祀志夏四月上幸雍始郊見五帝赦天下脩名山大川嘗祀而絕者有司以歲時置禮九月詔諸侯王公卿郡守舉賢良能直言極諫者上親策之傳納以言師古曰傳讀曰敷敷陳其言而納用之語在鼂錯傳師古曰錯音千故反　十六年夏四月上郊祀五帝于渭陽韋昭曰在渭城師古曰郊祀志云在長安東北非渭城也韋說謬五月立齊悼惠王子六人淮南厲王子三人皆為王秋九月得玉杯應劭曰新垣平詐令人獻之刻曰人主延壽令天下大酺明年改元

後元年 張晏曰新垣平候日再中以爲吉祥故改元年以求延年之祚也 冬十月，新垣平詐覺謀反 師古曰以詐事發覺自恐被誅因謀反也 夷三族。春三月，孝惠皇后張氏薨 張晏曰后黨於呂氏廢處北宫故不曰崩 詔曰：間者數年比不登，又有水旱疾疫之災，朕甚憂之。愚而不明，未達其咎。意者朕之政有所失而行有過與 師古曰與讀曰歟下皆類此 乃天道有不順，地利或不得，人事多失和，鬼神廢不享與 師古曰比類也 何以致此？將百官之奉養或廢，無用之事或多與？何其民食之寡乏也！夫度田非益寡，而計民未加益 師古曰度謂量計之音徒各反 以口量地，其於古猶有餘，而食之甚不足者，其咎安在？無乃百姓之從事於末以害農者蕃 師古曰末謂工商之業也蕃亦多也音扶元反 爲酒醪以靡穀者多 師古曰醪汁滓酒也靡散也醪音來高反靡音縻 六畜之食焉者衆與？細大之義，吾未能得其中 師古曰中音竹仲反 其與丞相列侯吏二千石博士議之，有可以佐百姓者，率意遠思，無有所隱也。二年夏，行幸雍棫陽宫 蘇林曰棫音域張晏曰秦昭王所作也晉灼曰黃圖在扶風 六月，代王參薨。匈奴和親。詔曰：朕既不明，不能遠德，使方外之國或不寧息。夫四荒之外不安其生 師古曰戎狄荒服故曰四荒言其荒忽去來無常也爾雅曰觚竹北戶西王母日下謂之四荒 封圻之内勤勞不處 師古曰圻亦畿字王畿千里不處者不獲安居 二者之咎，皆自於朕之德薄而不能達遠也。間者累年匈奴

並暴邊境，多殺吏民，邊臣兵吏又不能諭其内志，以重吾不德 師古曰諭曉告也重音直用反 夫久結難連兵，中外之國將何以自寧？今朕夙興夜寐，勤勞天下，憂苦萬民，爲之惻怛不安 師古曰惻痛也怛恨也怛音丁曷反 未嘗一日忘於心，故遣使者冠蓋相望，結徹於道 韋昭曰使車往還故徹如結也 以諭朕志於單于 師古曰單于匈奴天子之號也單音蟬 今單于反古之道 師古曰反還也 計社稷之安，便萬民之利，新與朕俱棄細過，偕之大道 師古曰偕亦俱也之往也趣也 結兄弟之義，以全天下元元之民 師古曰元元善意也 和親以定，始于今年。三年春二月，行幸代。四年夏四月丙寅晦，日有食之。五月，赦天下，免官奴婢爲庶人。行幸雍。五年春正月，行幸隴西。三月，行幸雍。秋七月，行幸代。六年冬，匈奴三萬騎入上郡，三萬騎入雲中。以中大夫令免爲車騎將軍屯飛狐 如淳曰在代郡師古曰中大夫官名其人姓令名免耳此諸將軍下至徐厲皆書姓而徐廣以爲中大夫令是官名此說非也據百官表景帝初改衞尉爲中大夫令文帝時無此官而中大夫是郎中令屬官秩比二千石 故楚相蘇意爲將軍屯句注 應劭曰山險名也在鴈門陰館師古曰句音章句之句 將軍張武屯北地，河内太守周亞夫爲將軍次細柳 服虔曰在長安西北如淳曰長安細柳倉在渭北近石徼張揖曰在昆明池南今有柳市是也臣瓚曰一宿曰宿再宿曰信過信爲次師古曰匈奴傳云置三將軍軍長安西細柳渭北棘門霸上此則細柳不在渭北揖說是也 宗正劉禮爲將軍次霸上，祝茲侯徐厲爲將軍次棘門 孟康曰在長安北秦時宫門也如淳曰三輔黃圖棘門在横門外也 以

備胡夏四月大旱蝗師古曰蝗即螽也食苗爲災今俗呼爲簸蝩蝗音胡光反蝩音鍾令諸侯無入貢弛山澤師古曰弛解也解而不禁與衆庶同其利減諸服御損郎吏員發倉庾應劭曰水漕倉曰庾胡公曰在邑曰倉在野曰庾以振民民得賣爵 七年夏六月己亥帝崩于未央宮臣瓚曰帝年二十三即位即位二十三年壽四十六也遺詔曰朕聞之蓋天下萬物之萌生靡不有死師古曰始生者曰萌死者天地之理物之自然奚可甚哀師古曰奚何也當今之世咸嘉生而惡死厚葬以破業重服以傷生吾甚不取且朕既不德無以佐百姓今崩又使重服久臨師古曰臨哭也音力禁反下云哪臨當臨者音並同也以罹寒暑之數師古曰罹音離遭也哀人父子傷長老之志損其飲食絕

鬼神之祭祀以重吾不德師古曰重音直用反謂天下何朕獲保宗廟以眇眇之身託于天下君王之上師古曰眇眇猶言細末也二十有餘年矣賴天之靈社稷之福方內安寧臣瓚曰方四方也內中也猶云中外師古曰此說非也直謂方之內耳靡有兵革師古曰靡無也朕既不敏常畏過行以羞先帝之遺德師古曰過行行有過失也羞謂忝辱也行音下更反惟年之久長懼于不終今乃幸以天年得復供養于高廟朕之不明與嘉之其奚哀念之有如淳曰得卒天年已善矣晉灼曰若以朕不明當嘉善朕之儉約何哀念之有也師古曰如晉之說非也與讀曰歟音弋於反帝自言或者豈朕見之不明乎以不可嘉爲嘉耳然朕自謂得終天年供養高廟爲可嘉之事無所哀念也今俗語猶然其意可曉矣其令天下吏民令到出臨三日皆釋服師古曰令謂此詔文也無禁取婦嫁女祠祀飲酒食肉自當給喪事服臨者皆無踐伏儼曰踐翦也謂無斬衰也孟康曰踐跣也晉灼曰漢語作跣跣徒跣也師古曰孟晉二說是也經帶無過三寸無布車及兵器應劭曰無以布衣車及兵器也服虔曰不施輕車介士也師古曰應說是也無發民哭臨宮殿中殿中當臨者皆以旦夕各十五舉音禮畢罷非旦夕臨時禁無得擅哭臨以下師古曰爲下棺也音義與高紀同服大紅十五日小紅十四日纖七日釋服服虔曰皆當言大功小功布也纖細布衣也應劭曰紅者中祥大祥以紅爲領緣纖者禫也凡三十六日而釋服矣此以日易月也晉灼曰漢書例以紅爲功也師古曰紅與功同服晉二說是也此喪制者文帝自率己意創而爲之非有取於周禮也何爲以日易月乎三年之喪其實二十七月豈有三十六月之文禫又無七月也應氏既失之於前而近代學者因循謬說未之思也它不在令中者皆以此令比類從事師古曰言此詔中無文者皆以類比而行事布告天下使

明知朕意霸陵山川因其故無有所改應劭曰因山爲藏不復起墳山下川流不遏絕就其水名以爲陵號歸夫人以下至少使應劭曰夫人已下有美人良人八子七子長使少使皆遣歸家重絕人類令中尉亞夫爲車騎將軍屬國悍爲將屯將軍師古曰典屯軍以備非常郎中令張武爲復土將軍如淳曰主穿壙窴瘞事也師古曰穿壙出土下棺也已而窴具之又即以爲墳故云復土復反還也音扶目反發近縣卒萬六千人發內史卒萬五千人臧郭穿復土屬將軍武師古曰即張武也賜諸侯王巳下至孝悌力田金錢帛各有數乙巳葬霸陵師古曰自崩至葬凡七日也霸陵在長安東南贊曰孝文皇帝即位二十三年宮室苑囿車騎服御無所增益有不便輒弛以利民師古曰弛廢也弛音式爾反嘗欲

作露臺召匠計之直百金上曰百金中人十家之
産也師古曰中謂不富不貧吾奉先帝宫室常恐羞之何以臺爲
師古曰今新豐縣南驪山之頂有露臺鄉極爲高顯猶有文帝所欲作臺之處身衣弋綈如淳曰弋皂也賈誼曰身
衣皂綈師古曰弋黑色也綈厚繒綈音大奚反所幸慎夫人衣不曳地帷帳無文
繡以示敦朴爲天下先治霸陵皆瓦器不得以金
銀銅錫爲飾因其山不起墳南越尉佗自立爲帝
召貴佗兄弟以德懷之佗遂稱臣與匈奴結和親
後而背約入盜令邊備守不發兵深入恐煩百姓
吳王詐病不朝賜以几杖群臣袁盎等諫説雖切
常假借納用焉蘇林曰假音休假借音以物借人之借張武等受賂金錢

覺更加賞賜以媿其心專務以德化民是以海内
殷富興於禮義斷獄數百幾致刑措應劭曰措置也民不犯法無所刑也
師古曰斷獄數百者言普天之下死罪人不過數百幾近也音巨衣反烏呼仁哉

文紀第四

景紀第五　班固　漢書五

秘書監上護軍琅邪縣開國子顔　師古　注

孝景皇帝荀悦曰諱啓之字曰開應劭曰禮謚法布義行剛曰景文帝太子也母曰
竇皇后後七年六月文帝崩丁未太子即皇帝位
尊皇太后薄氏曰太皇太后皇后曰皇太后九月
有星孛于西方元年冬十月詔曰蓋聞古者祖有
功而宗有德應劭曰始取天下者爲祖高帝稱高祖是也始治天下者爲宗文帝稱太宗是也師古曰應説非也祖始
也始受命也宗尊也有德可尊制禮樂各有由歌者所以發德也舞者
所以明功也高廟酎張晏曰正月旦作酒八月成名曰酎酎之言純也至武帝時因八月嘗酎會諸侯
廟中出金助祭所謂酎金也師古曰酎三重釀醇酒也味厚故以薦宗廟酎音直救反奏武德文始五行

之舞孟康曰武德高祖所作也文始舜舞也五行周舞也武德者其舞人執干戚文始舞執羽籥五行舞冠冕衣服法五行色見禮樂志孝惠廟酎奏文始五行之舞孝文皇帝臨天下
通關梁不異遠方張晏曰孝文十二年除關不用傳令遠近若一除誹謗去肉
刑賞賜長老收恤孤獨以遂群生師古曰遂成也達也減耆欲
不受獻師古曰耆讀曰嗜罪人不帑蘇林曰刑不及妻子師古曰帑讀與孥同不誅亡
罪不私其利也除宫刑出美人重絶人之世也朕
既不敏弗能勝識師古曰敏材智速疾也勝識盡知之此皆上世之所不
及而孝文皇帝親行之師古曰上世謂古昔之帝王也德厚侔天地利
澤施四海師古曰侔等也音牟靡不獲福明象乎日月而廟樂
不稱朕甚懼焉師古曰稱副也音尺孕反其爲孝文皇帝廟爲昭

德之舞師古曰昭明也以明休德師古曰休美也然后祖宗之功德施于萬世永永無窮朕甚嘉之其與丞相列侯中二千石禮官具禮儀奏丞相臣嘉等奏曰師古曰申屠嘉陛下永思孝道立昭德之舞以明孝文皇帝之盛德皆臣嘉等愚所不及臣謹議世功莫大於高皇帝德莫盛於孝文皇帝高皇帝廟宜為帝者太祖之廟孝文皇帝廟宜為帝者太宗之廟天子宜世世獻祖宗之廟郡國諸侯宜各為孝文皇帝立太宗之廟諸侯王列侯使者侍祠天子所獻祖宗之廟張晏曰王及列侯歲時遣使詣京師侍祠助祭如淳曰若光武廟在章陵南陽太守稱使者往祭是也不使侯王祭者諸侯不得祖天子凡

臨祭宗廟皆為侍祭師古曰張說是也既云天子所獻祖宗之廟非謂郡國之廟也請宣布天下制曰可春正月詔曰間者歲比不登民多乏食夭絕天年朕甚痛之郡國或磽陿無所農桑轂畜師古曰磽謂燒埆瘠薄也陿謂偏隘也轂謂食養之畜謂收斂也磽音苦交反陿音狹轂古轂字或地饒廣薦草莽水泉利而不得徙如淳曰莊周云麋鹿食薦一曰草稠曰薦深曰莽其議民欲徙寬大地者聽之夏四月赦天下賜民爵一級遣御史大夫青翟至代下與匈奴和親文穎曰姓嚴諱青翟臣瓚曰此陶青也莊青翟乃自武帝時人此紀誤師古曰後人傳習不曉妄增翟字耳非本作紀之誤五月令田半租秋七月詔曰吏受所監臨以飲食免重受財物賤買貴賣論輕師古曰帝以為當時律條吏受所監臨賂遺飲食即坐免官爵於法太重而受所監臨財物及賤買貴賣者論決太輕故令更議改之廷尉與丞相更議著令蘇林曰著音著幘之著師古曰蘇音非也著音著作之著音竹筯反廷尉信謹與丞相議曰師古曰丞相申屠嘉吏及諸有秩受其官屬所監所治所行所將師古曰行謂按察也音下更反其與飲食計償費勿論師古曰計其所費而償其直勿論罪也它物若買故賤賣故貴皆坐臧為盜沒入臧縣官師古曰它物謂非飲食者吏遷徙免罷受其故官屬所將監治送財物奪爵為士伍免之李奇曰有爵者奪之使為士伍有位者免官也師古曰此說非也謂奪其爵令為士伍又免其官職即今律所謂除名也謂之士伍者言從士卒之伍也無爵罰金二斤令沒入所受有能捕告畀其所受臧師古曰畀與也以所受之臧與捕告者也畀音必寐反二年冬十二月有星孛于西南令天下男子年二十始傅

師古曰舊法二十三今此二十更為異制也傅讀曰附解在高紀春三月立皇子德為河閒王閼為臨江王師古曰閼音一曷反餘為淮陽王非為汝南王彭祖為廣川王發為長沙王夏四月壬午太皇太后崩服虔曰文帝母薄太后也六月丞相嘉薨封故相國蕭何孫係為列侯師古曰係音胡計反秋與匈奴和親三年冬十二月詔曰襄平侯嘉晉灼曰紀通子也功臣表襄平侯紀通以父功侯孝景三年康侯相夫嗣推其封薨正與此合豈更名嘉乎子恢說不孝謀反欲以殺嘉大逆無道晉灼曰恢說言嘉知反情而實不知也師古曰此解非也恢說有私怨於其父而自謀反欲令其父坐死也說讀曰悅其赦嘉為襄平侯及妻子當坐者復故爵如淳曰律大逆不道父母妻子同產皆棄市今赦其餘子不與恢說謀者復其故爵論恢說及妻子如法春正月淮陽王

宮正殿災吳王濞膠西王卬楚王戊趙王遂濟南
王辟光 師古曰辟音璧又音闢其義兩通 菑川王賢膠東王雄渠皆舉
兵反大赦天下遣太尉亞夫 師古曰周亞夫 大將軍竇嬰將
兵擊之斬御史大夫晁錯以謝七國 晉灼曰錯音錯置之錯師古曰晁古
朝字 二月壬子晦日有蝕之諸將破七國斬首十餘
萬級追斬吳王濞於丹徒膠西王卬楚王戊趙王
遂濟南王辟光菑川王賢膠東王雄渠皆自殺夏
六月詔曰迺者吳王濞等為逆起兵相脅詿誤吏
民吏民不得已 師古曰已止也言不得止而從之非本心也 今濞等已滅吏民
當坐濞等及逋逃亡軍者皆赦之楚元王子蓺等

與濞等為逆 師古曰蓺音藝 朕不忍加法除其籍毋令汙宗
室立平陸侯劉禮為楚王續元王後 孟康曰禮元王子也 立皇
子端為膠西王勝為中山王賜民爵一級 四年
春復置諸關用傳出入 應劭曰文帝十二年除關無用傳至此復用傳以七國新反備非常 夏
四月己巳立皇子榮為皇太子徹為膠東王 六月
赦天下賜民爵一級秋七月臨江王閼薨十月戊
戌晦日有蝕之 五年春正月作陽陵邑 張晏曰景帝作陵起
邑 夏募民徙陽陵賜錢二十萬遣公主嫁匈奴單
于 六年冬十二月雷霖雨秋九月皇后薄氏廢
七年冬十一月庚寅晦日有蝕之春正月廢皇太

子榮為臨江王二月罷太尉官夏四月乙巳立皇
后王氏丁巳立膠東王徹為皇太子賜民為父後
者爵一級 中元年夏四月赦天下賜民爵一級
封故御史大夫周苛周昌孫子為列侯 師古曰封苛之孫及昌之子也
苛昌皆嘗為御史大夫而從昆弟也故揔言之 二年春二月令諸侯王薨列
侯初封及之國大鴻臚奏謚誄策 應劭曰皇帝延諸侯王賓王諸侯皆屬大
鴻臚故其薨奏其行迹賜與謚及哀策誄文也臣瓚曰景帝此年已置大鴻臚而百官表云武帝太初元年更以大行為大鴻臚與此錯
師古曰誄者述累其德行之文音力水反 列侯薨及諸侯太傅初除之官大
行奏謚誄策 如淳曰凡言除者除故官就新官也晉灼曰禮有大行人小行人主謚官故以此名之臣瓚曰大行是官
名掌九儀之制以賓諸侯者師古曰大鴻臚者本名典客後改曰大鴻臚大行令者本名行人即典客之屬官也後改曰大行令故事之尊重

者遣大鴻臚而輕賤者遣大行也據此紀文則景帝已改典客為大鴻臚改行人為大行矣而百官公卿表乃云景帝中六年更名典客為大
行令武帝太初元年更名大行令為大鴻臚更名行人為大行令當是表誤 王薨遣光祿大夫弔
禭祠賵 應劭曰衣服曰禭祠飲食也車馬曰賵師古曰禭音遂賵音芳鳳反 視喪事因立嗣
子列侯薨遣太中大夫弔祠視喪事因立嗣其薨
葬國得發民輓喪穿復土治墳無過三百人畢事
師古曰輓謂引車也畢事畢葬事也輓音晚 匈奴入燕改磔曰棄市 應劭曰先謂諸死刑皆磔於市
今改曰棄市自非妖逆不復磔也師古曰磔謂張其尸也棄市殺之於市也謂之棄市者取刑人於市與衆棄之也磔音竹客反 勿復
磔 三月臨江王榮坐侵太宗廟地徵詣中尉自殺
夏四月有星孛于西北立皇子越為廣川王寄為
膠東王秋七月更郡守為太守郡尉為都尉 師古曰更謂改

其號九月封故楚趙傅相內史前死事者四人子文穎曰楚相張尚太傅趙夷吾趙相建德內史王悍此四人各諫其王無使反不聽皆殺之故封其子皆為列侯甲戌晦日有蝕之　三年冬十一月罷諸侯御史大夫官師古曰所以抑損其權春正月皇太后崩文穎曰景帝母竇太后以帝崩後六年迺亡凡立五十一年武帝建元六年崩今此言皇太后崩誤耳孟康曰此太后崩史記無也臣瓚曰王琳云景帝薄后以此年死疑是也當言廢后而言太后謬也師古曰孟說是也廢后死不書又不言崩瓚解為謬夏旱禁酤酒師古曰酤謂賣酒也音工護反秋九月蝗有星孛于西北戊戌晦日有蝕之立皇子乘為清河王　四年春三月起德陽宮臣瓚曰是景帝廟也帝自作之諱不言廟故言宮西京故事云景帝廟為德陽御史大夫綰奏禁馬高五尺九寸以上齒未平不得出關服虔曰綰衛綰也馬十歲齒下平夏蝗秋

赦徒作陽陵者死罪欲腐者許之蘇林曰宮刑其創腐臭故曰腐也如淳曰腐宮刑也丈夫割勢不能復生子如腐木不生實師古曰如說是腐音輔十月戊午日有蝕之

五年夏立皇子舜為常山王六月赦天下賜民爵一級秋八月己酉未央宮東闕災更名諸侯丞相為相師古曰亦所以抑黜之令異於漢朝九月詔曰法令度量所以禁暴止邪也獄人之大命死者不可復生吏或不奉法令以貨賂為市朋黨比周師古曰比音頻寐反以苛為察以刻為明令亡罪者失職朕甚憐之師古曰職常也失其常理也有罪者不伏罪姦法為暴甚亡謂也諸獄疑若雖文致於法而於人心不厭者輒讞之師古曰厭服也音一贍反讞平議也音魚列反

六年冬十月行幸雍郊五時十二月改諸官名定鑄錢偽黃金棄市律應劭曰文帝五年聽民放鑄律尚未除先時多作偽金偽金終不可成而徒損費轉相誑燿窮則起為盜賊故定其律也孟康曰民先時多作為金故其語曰金可作世可度費損甚多而終不成民亦稍知其意犯者希因此定律也師古曰應說是春三月雨雪師古曰雨音于具反夏四月梁王薨分梁為五國立孝王子五人皆為王五月詔曰夫吏者民之師也車駕衣服宜稱師古曰稱其官也音尺孕反吏六百石以上皆長吏也張晏曰長大也六百石位大夫亡度者或不吏服出入閭里與民亡異令長吏二千石車朱兩轓應劭曰車耳反出所以為之藩屏翳塵泥也二千石雙朱其次乃偏其左轓以簟草為之或用革如淳曰轓音反小車兩屏也師古曰據許慎李登說轓車之蔽也左氏傳云以藩載欒盈即是有鄣蔽之車也言車耳反出非矣轓音甫元反蔽音方遠反千石至

六百石朱左轓車騎從者不稱其官衣服下吏出入閭巷亡吏體者二千石上其官屬三輔舉不如法令者應劭曰京兆尹左馮翊右扶風共治長安城中是為三輔師古曰時未有京兆馮翊扶風之名此三輔者謂主爵中尉及左右內史也應說失之皆上丞相御史請之先是吏多軍功車服尚輕故為設禁又惟酷吏奉憲失中迺詔有司減笞法定箠令語在刑法志師古曰箠音止蘂反六月匈奴入鴈門至武泉入上郡取苑馬如淳曰漢儀注太僕牧師諸苑三十六所分布北邊西邊以郎為苑監官奴婢三萬人養馬三十萬頭師古曰武泉雲中之縣也養鳥獸者通名為苑故謂牧馬處為苑吏卒戰死者二千人秋七月辛亥晦日有蝕之　後元年春正月詔曰獄重事也人有智愚官有上下獄疑

者讞有司有司所不能決移廷尉有令讞而後不當讞者不爲失師古曰假令讞訖其理不當所讞之人不爲罪失欲令治獄者務先寬三月赦天下賜民爵一級中二千石諸侯相爵右庶長如淳曰雖有尊官未必有高爵故數有賜爵師古曰右庶長第十一爵也夏大酺五日民得酤酒五月地震秋七月乙巳晦日有蝕之條侯周亞夫下獄死　二年冬十月省徹侯之國晉灼曰文紀遣列侯之國今省之師古曰省音所領反春匈奴入鴈門太守馮敬與戰死發車騎材官屯師古曰屯鴈門春以歲不登禁內郡食馬粟沒入之師古曰食讀曰飤沒入者沒入其馬夏四月詔曰雕文刻鏤傷農事者也錦繡纂組害女紅者也應劭曰纂今五采屬綷是也組者今綬紛絛是也臣瓚曰許慎云纂赤組也師古曰瓚說是也綷會也會五綵者今謂之錯綵非纂也紅讀曰功綷音子內反絛音它牢反農事傷則飢之本也女紅害則寒之原也夫飢寒並至而能亡爲非者寡矣朕親耕后親桑以奉宗廟粢盛祭服爲天下先不受獻減太官省繇賦師古曰省音所景反繇讀曰傜欲天下務農蠶素有畜積以備災害師古曰畜讀曰蓄彊毋攘弱衆毋暴寡師古曰攘取也音人羊反老耆以壽終幼孤得遂長師古曰遂成也今歲或不登民食頗寡其咎安在或詐僞爲吏張晏曰以詐僞人爲吏也臣瓚曰律所謂矯枉以爲吏者也師古曰二說並非也直謂詐自稱吏耳吏以貨賂爲市漁奪百姓侵牟萬民李奇曰牟食苗根蟲也侵牟食民比之蝥賊也師古曰漁言若漁獵之爲也縣丞長吏也姦法與盜盜甚無謂也李斐曰姦

法因法作姦也文穎曰與盜盜謂盜者當治而知情反佐與之是則共盜無異也師古曰與盜盜者共盜爲盜耳其令二千石各脩其職不事官職耗亂者丞相以聞請其罪師古曰耗不明也讀與眊同音莫報反布告天下使明知朕意五月詔曰人不患其不知患其爲詐也不患其不勇患其爲暴也不患其不富患其亡厭也其唯廉士寡欲易足今訾筭十以上廼得官服虔曰訾萬錢筭百二十七也應劭曰古者疾吏之貪衣食足知榮辱限訾十筭廼得爲吏十筭十萬也賈人有財不得爲吏廉士無訾又不得官故減訾四筭得官矣師古曰訾讀與貲同它皆類此廉士筭不必衆有市籍不得官無訾又不得官朕甚愍之訾筭四得官亡令廉士久失職貪夫長利師古曰長利長獲其利秋大旱　三年春正月詔曰農天下之本也黃金珠玉飢不可食寒不可衣以爲幣用不識其終始師古曰幣者所以通有無易貴賤也間歲或不登意爲末者衆農民寡也其令郡國務勸農桑益種樹可得衣食物師古曰樹殖也吏發民若取庸采黃金珠玉者坐臧爲盜韋昭曰發民用其民取庸用其資以顧庸二千石聽者與同罪皇太子冠賜民爲父後者爵一級甲子帝崩于未央宮臣瓚曰帝年三十二即位即位十六年壽四十八遺詔賜諸侯王列侯馬二駟師古曰四馬也吏二千石黃金二斤吏民戶百錢出宮人歸其家復終身師古曰復音方目反二月癸酉葬陽陵臣瓚曰自崩及葬凡十日陽陵在長安東北四十五里贊曰孔子稱斯民三代之所以直道而行也師古曰此論語

載孔子之辭也言此今時之人亦夏殷周之所馭以政化淳壹故能直道而行傷今不然 信哉周秦之敝罔
密文峻而姦軌不勝師古曰不可勝 漢興掃除煩苛與民
休息至于孝文加之以恭儉孝景遵業五六十載
之間至於移風易俗黎民醇厚師古曰黎衆也醇不澆雜 周云成
康漢言文景美矣

景紀第五

武紀第六　班固　漢書六

秘書監上護軍琅邪縣開國子顏師古注

孝武皇帝荀悅曰諱徹之字曰通應劭曰禮謚法威彊叡德曰武 景帝中子也母曰
王美人師古曰外戚傳美人比二千石視少上造 年四歲立爲膠東王七歲
爲皇太子母爲皇后十六歲後三年正月景帝崩
張晏曰武帝以景帝元年生七歲爲太子爲太子十歲而景帝崩時年十六矣師古曰後三年景帝後三年也 甲子太子
即皇帝位尊皇太后竇氏曰太皇太后皇后曰皇
太后三月封皇太后同母弟田蚡勝皆爲列侯蘇林
曰蚡音馳鼠之馳師古曰蚡亦馳鼠字也音扶粉反 建元元年師古曰自古帝王未有年号始起於此 冬十
月詔丞相御史列侯中二千石二千石諸侯相舉

賢良方正直言極諫之士丞相綰師古曰衛綰也 奏所舉賢
良或治申商韓非蘇秦張儀之言應劭曰申不害韓昭侯相也衛公孫鞅爲秦孝公相封於商号商君韓非韓諸公子非名也蘇秦爲關東從長張儀爲秦昭王相爲衡說以抑諸侯李奇曰申不害書執衛商鞅爲法賞不失卑刑不諱尊然深刻無恩德韓非兼行申商之術師古曰從音子容反 亂國政請皆罷奏可春
二月赦天下賜民爵一級年八十復二筭九十復
甲卒張晏曰二筭復二口之筭也復甲卒不豫革車之賦也師古曰復音方目反 行三銖錢師古曰新壞四銖造此錢也重如其文見食貨志 夏四月己巳詔曰古之立教鄉里以齒
朝廷以爵扶世導民莫善於德然即於鄉里先耆
艾奉高年古之道也師古曰六十曰耆五十曰艾 今天下孝子順孫
願自竭盡以承其親外迫公事內乏資財是以孝

心關焉朕甚哀之民年九十已上有受鬻法師古曰給米粟以為糜鬻鬻音之六反為復子若孫令得身師妻妾遂其供養之事師古曰若者豫及之辭也有子即復子無子即復孫也遂申也復音方目反五月詔曰河海潤千里其令祠官脩山川之祠為歲事孟康曰為歲祈也於此造之歲以為常故曰為歲事也師古曰歲以為常是也脩致敬耳非止祈農曲加禮如淳曰祭禮有所加益赦吳楚七國帑輸在官者應劭曰吳楚七國反時其首事者妻子沒入為官奴婢武帝哀焉皆赦遣之也師古曰帑讀與孥同秋七月詔曰衛士轉置送迎二萬人鄭氏曰去故置新常二萬人其省萬人罷苑馬以賜貧民師古曰養馬之苑舊禁百姓不得芻牧采樵今罷之議立明堂遣使者安車蒲輪束帛加璧徵魯申公師古曰以蒲裹輪取其安二年冬十月御史大夫趙綰坐請毋奏事

前漢紀六　二　楊王

大皇太后及郎中令王臧皆下獄自殺應劭曰禮婦人不豫政事時帝已自躬省萬機王臧儒者欲立明堂辟雍太后素好黃老術非薄五經因欲絕奏事大后大后怒故殺之丞相嬰太尉蚡免師古曰竇嬰田蚡春二月丙戌朔日有蝕之夏四月戊申有如日夜出初置茂陵邑應劭曰武帝自作陵也師古曰本槐里縣之茂鄉故曰茂陵三年春河水溢于平原大饑人相食師古曰河溢之處損害田畝故大飢賜徙茂陵者戶錢二十萬田二頃初作便門橋蘇林曰去長安四十里服虔曰在長安西北茂陵東師古曰便門長安城北面西頭門即平門也古者平便皆同字於此道作橋跨渡渭水以趨茂陵其道易直即今所謂便橋是其處也便讀如本字秋七月有星孛于西北濟川王明坐殺太傅中傅廢遷防陵應劭曰中傅官者也師古曰防陵漢中縣也今謂之房州閩越圍東甌應劭曰高祖五年立無諸為閩越王惠帝立搖為東海王都東甌故號東甌師古曰甌音一侯反東甌告急遣中大夫嚴助持節發會稽兵浮海救之未至閩越走兵還九月丙子晦日有蝕之　四年夏有風赤如血六月旱秋九月有星孛于東北　五年春罷三銖錢行半兩錢師古曰又新鑄作也置五經博士夏四月平原君薨服虔曰王皇后之母武帝外祖母五月大蝗秋八月廣川王越清河王乘皆薨　六年春二月乙未遼東高廟災四月壬子高園便殿火師古曰凡言便殿便室便坐者皆非正大之處所以就便安也園者於陵上作之既有正寢以象平生正殿又立便殿為休息閑宴之處耳說者不曉其意乃解云便殿便室皆是正名斯大惑矣尋石建韋玄成孔光等傳其義可知便讀如本字上素服五日五月丁亥大皇太后崩秋八月有星孛于東方長

前漢紀六　三　沈誂

竟天閩越王郢攻南越遣大行王恢將兵出豫章大司農韓安國出會稽擊之未至越人殺郢降兵還　元光元年臣瓚曰以長星見故為元光冬十一月初令郡國舉孝廉各一人師古曰孝謂善事父母者廉謂清廉有廉隅者衛尉李廣為驍騎將軍屯雲中中尉程不識為車騎將軍屯鴈門六月罷夏四月赦天下賜民長子爵一級復七國宗室前絕屬者師古曰此等宗室前坐七國反故絕屬今加恩赦之更令上屬籍於宗正也復音扶目反五月詔賢良曰朕聞昔在唐虞畫象而民不犯應劭曰二帝但畫衣冠異章服而民不敢犯也師古曰白虎通云畫象者其衣服象五刑也犯墨者蒙巾犯劓者以赭著其衣犯髕者以墨蒙其髕處而畫之犯宮者扉犯大辟者布衣無領墨謂以墨黥其面也劓截其鼻也髕去膝蓋骨也宮割其陰也扉草屨也劓音牛冀反字或作

則其音同耳矊音頻忍反屏音扶味反日月所燭莫不率俾師古曰燭照也率循也俾使也言皆循其貢職而可使也周之成康刑錯不用師古曰錯置也音千故反德及鳥獸教通四海海外肅眘晉灼曰東夷傳今挹婁地是也在夫餘之東北千餘里大海之濱師古曰周書序云成王既伐東夷肅眘來賀即謂此北發渠搜服虔曰地名也應劭曰禹貢析支渠搜屬雍州在金城河關之西西戎也晉灼曰王恢云北發月支可得而臣似國名也地理志朔方有渠搜縣臣瓚曰孔子三朝記云北發渠搜南撫交阯此舉北以南爲對也禹貢渠搜在雍州西北渠搜在朔方師古曰北發非國名也言北方即可徵發渠搜而役屬之瓚說近是氐羌徠服師古曰徠古往來之字也氐音丁奚反星辰不孛日月不蝕山陵不崩川谷不塞麟鳳在郊藪河洛出圖書嗚虖何施而臻此與師古曰虖讀曰呼嗚呼歎辭也臻至也今朕獲奉宗廟夙興以求夜寐以思師古曰夙興早起也夜寐夜久方寐也若涉淵水未知所濟猗與偉與師古曰猗

美也偉大也與辭也言美而且大也與讀曰歟音弋於反何行而可以章先帝之洪業休德師古曰章明也洪大也休美也上參堯舜下配三王師古曰三王夏殷周朕之不敏不能遠德師古曰言德不及遠也此子大夫之所睹聞也師古曰子者人之嘉稱大夫舉官稱也志在優賢故謂之子大夫也睹古覩字賢良明於古今王事之體受策察問咸以書對著之于篇師古曰篇謂竹簡也朕親覽焉於是董仲舒公孫弘等出焉秋七月癸未日有蝕之　二年冬十月行幸雍祠五時師古曰五帝之時也春詔問公卿曰朕飾子女以配單于金幣文繡賂之甚厚單于待命加嫚侵盜亡已師古曰待命謂承詔命也嫚與慢同邊境被害朕甚閔之今欲舉兵攻之何如大行王恢建議宜擊　夏六月御史大夫韓

安國爲護軍將軍衛尉李廣爲驍騎將軍太僕公孫賀爲輕車將軍大行王恢爲將屯將軍太中大夫李息爲材官將軍將三十萬衆屯馬邑谷中誘致單于欲襲擊之單于入塞覺之走出六月軍罷將軍王恢坐首謀不進下獄死師古曰首爲此謀而反不進擊匈奴輜重秋九月令民大酺五日　三年春河水從頓丘東南流入勃海師古曰頓丘丘名因以爲縣本衛地也地理志屬東郡今則在魏州界焉夏五月封高祖功臣五人後爲列侯河水決濮陽氾郡十六師古曰濮陽東郡之縣也水所氾及凡十六郡界也氾音敷劍反發卒十萬救決河起龍淵宮服虔曰宮在長安西作銅飛龍故以冠名也如淳曰三輔黃圖云有龍淵宮今長安城西有其處溝洫志救河決亦起龍淵宮於其傍

孟康曰在西平界其水可用淬刀劍特堅利古龍淵之劍取於此水師古曰黃圖云龍淵廟在茂陵東不言宮也此言救決河起龍淵宮即宮不在長安之西矣又漢章帝賜尚書韓稜龍淵劍孟說是也淬音千內反　四年冬魏其侯竇嬰有罪棄市師古曰以黨灌夫也春三月乙卯丞相蚡薨夏四月隕霜殺草五月地震赦天下　五年春正月河間王德薨夏發巴蜀治南夷道又發卒萬人治鴈門阻險師古曰所以爲固用止匈奴之寇秋七月大風拔木乙巳皇后陳氏廢捕爲巫蠱者皆梟首八月螟師古曰食苗心之蟲也音莫經反徵吏民有明當世之務習先聖之術者縣次續食令與計偕師古曰計者上計簿使也郡國每歲遣詣京師上之偕者俱也令所徵之人與上計者俱來而縣次給之食後世訛誤因承此語遂總謂上計爲計偕闕略不詳妄爲解說云秦漢謂諸侯朝使曰計偕偕次也晉代有計偕簿又改偕爲階失之彌遠致誤後學

六年冬初筭商車李奇曰始税商賈車船令出筭春穿漕渠通渭如淳
曰水轉曰漕師古曰音才到反匈奴入上谷殺略吏民遣車騎將軍衛
青出上谷騎將軍公孫敖出代輕車將軍公孫賀
出雲中驍騎將軍李廣出鴈門青至龍城應劭曰匈奴單于祭
天大會諸國名其處爲龍城獲首虜七百級廣敖失師而還詔曰夷
狄無義所從來久間者匈奴數寇邊境故遣將撫
師古者治兵振旅因遭虜之方入將吏新會上下
未輯晉灼曰入猶還也不得已而用兵言師不踰時也入或作人因其習俗士地之宜而教革之也師古曰晉說非也詔言古者出則治
兵入則振旅素練其衆不虧戎律今之出師因遭寇虜方入爲害而將吏新會上下未和故校尉棄軍而奔北也輯與集同代
郡將軍敖鴈門將軍廣所任不肖師古曰肖似也不肖者言無所象類謂不材

之人也校尉又背義妄行棄軍而北少吏犯禁文穎曰少吏小吏也
用兵之法不勤不教將率之過也教令宣明不能
盡力士卒之罪也將軍已下廷尉使理正之師古曰下謂以身付廷尉也理法也言以法律處正其罪下音胡稼反他皆類此而又加法於士卒二者並行
非仁聖之心朕閔衆庶陷害欲刷恥改行師古曰刷除也音所劣反復奉正義厥路亡繇師古曰一陷重刑無因復從正道也繇讀與由同其赦鴈
門代郡軍士不循法者師古曰循從也由也夏大旱蝗六月行
幸雍秋匈奴盜邊遣將軍韓安國屯漁陽元朔元
年應劭曰朔蘇也孟軻曰后來其蘇蘇息也言萬民品物大蘇息也師古曰朔猶始也言更爲初始也蘇息之息非息生義應說失之
冬十一月詔曰公卿大夫所使總方略壹統類廣

教化美風俗也夫本仁祖義襃德祿賢勸善刑暴
師古曰本仁祖義謂以仁義爲本始五帝三王所繇昌也師古曰五帝伏羲神農黃帝堯舜也三王夏殷
周也繇讀與由同朕夙興夜寐嘉與宇內之士臻於斯路師古曰天
地四方爲宇臻至也故旅耆老復孝敬師古曰旅耆老者加惠於耆老之人若賓旅也復孝敬者謂優
復孝弟之人也復音方目反選豪俊講文學師古曰講謂和習之稽參政事祈
進民心師古曰祈求也深詔執事興廉舉孝庶幾成風紹
休聖緒師古曰休美也緒業也言紹先聖之休緒也故下言昭先帝聖緒夫十室之邑必有
忠信三人並行厥有我師師古曰論語稱孔子云十室之邑必有忠信如丘者焉又曰三人行
必有我師焉擇其善者而從之其不善者而改之故詔引焉今或至闔郡而不薦一人
師古曰闔閉也總一郡之中故云闔郡是化不下究而積行之君子雍於上

聞也師古曰究竟也言見壅遏不得聞達於天子也雍讀曰壅二千石官長紀綱人倫
師古曰謂郡之守尉縣之令長將何以佐朕燭幽隱勸元元師古曰燭照也元元善意
厲蒸庶師古曰蒸衆也崇鄉黨之訓哉且進賢受上賞蔽賢
蒙顯戮古之道也其與中二千石禮官博士議不
舉者罪有司奏議曰古者諸侯貢士壹適謂之好
德服虔曰適得其人再適謂之賢賢三適謂之有功迺加九
錫應劭曰一曰車馬二曰衣服三曰樂器四曰朱戶五曰納陛六曰虎賁百人七曰鈇鉞八曰弓矢九曰秬鬯此皆天子制度尊之故事事
錫與但數少耳張晏曰九錫經本無文周禮以爲九命春秋說有之臣瓚曰九錫備物伯者之盛禮齊桓晉文猶不能備今三進賢便受之似不然
也當受進賢之一賜尚書大傳云三適謂之有功賜以車服弓矢是也師古曰九錫應說是也進賢一錫瓚說是也不貢士壹
則黜爵再則黜地三而黜爵地畢矣李奇曰爵地俱削盡夫附

下罔上者死附上罔下者刑與聞國政而無益於民者斥師古曰與讀曰豫斥謂棄逐之在上位而不能進賢者退此所以勸善黜惡也今詔書昭先帝聖緒令二千石舉孝廉所以化元元移風易俗也不舉孝不奉詔當以不敬論張晏曰謂其不勤求士報國不察廉不勝任也當免張晏曰當率身化下今親宰牧而無賢人為不勝任也奏可十二月江都王非薨春三月甲子立皇后衛氏詔曰朕聞天地不變不成施化陰陽不變物不暢茂師古曰暢通也易曰通其變使民不倦應劭曰黃帝堯舜祖述伏羲神農結繩耒耜以日中為市交易之業因其所利變而通之使民知之不苦倦也師古曰此易下繫之辭也言通物之變故能樂其器用不懈倦也詩云九變復貫知言之選應劭曰逸詩也陽數九人君當陽言變政復禮合於先王舊貫知言之選選善也孟康曰貫道也選數也極天之變而不失道者知言之數也臣瓚曰先王創制易弊以救流弊也是以三王之教有文有質九數之多也師古曰貫事也選擇也論語曰仍舊貫此言文質不同寬猛殊用循環復舊擇善而從之瓚說近之也朕嘉唐虞而樂殷周據昰並於是盡師古曰追觀舊跡以知新政而為鑒戒其赦天下與民更始諸逋貸及辭訟在孝景後三年以前皆勿聽治師古曰逋亡也久負官物亡匿不還者皆謂之逋逋音布胡反秋匈奴入遼西殺太守入漁陽鴈門敗都尉殺略三千餘人遣將軍衛青出鴈門將軍李息出代獲首虜數千級東夷薉君南閭等服虔曰穢貊在辰韓之北高句麗沃沮之南東窮于大海晉灼曰薉古穢字師古曰南閭者薉君之名口二十八萬人降為蒼海郡魯王餘長沙王發皆薨 二年冬賜淮

南王菑川王几杖毋朝師古曰淮南王安菑川王志皆武帝諸父列也故賜几杖焉春正月詔曰梁王城陽王親慈同生文穎曰慈愛也願以邑分弟其許之諸侯王請與子弟邑者朕將親覽使有列位焉於是藩國始分而子弟畢侯矣匈奴入上谷漁陽殺略吏民千餘人遣將軍衛青李息出雲中至高闕師古曰山名也一曰塞名也在朔方之北遂西至符離師古曰幕北塞名也獲首虜數千級收河南地置朔方五原郡三月乙亥晦日有蝕之夏募民徙朔方十萬口又徙郡國豪傑及訾三百萬以上于茂陵秋燕王定國有罪自殺 三年春罷蒼海郡三月詔曰夫刑罰所以防姦也內長文所以見愛也晉灼曰長音長吏之長張晏曰詔言有文德者即親內而崇長之所以見仁愛之道見謂顯示也音胡電反以百姓之未洽于教化朕嘉與士大夫日新厥業祗而不解師古曰解讀曰懈其赦天下夏匈奴入代殺太守入鴈門殺略千餘人六月庚午皇太后崩秋罷西南夷城朔方城令民大酺五日 四年冬行幸甘泉夏匈奴入代定襄上郡殺數千人 五年春大旱大將軍衛青將六將軍兵十餘萬人出朔方高闕獲首虜萬五千級夏六月詔曰蓋聞導民以禮風之以樂師古曰風教也詩序曰上以風化下今禮壞樂崩朕甚閔焉故詳延天下方聞之士咸

薦諸朝師古曰詳悉也延引也方道也聞博聞也言悉引有道博聞之士而進於朝也禮記曰隆禮由禮謂之有方之士又曰博聞強識而讓謂之君子一曰方謂方正也其令禮官勸學講議洽聞舉遺興禮以為天下先師古曰舉遺逸之文而興禮學太常其議予博士弟子崇鄉黨之化以厲賢材焉師古曰為博士置弟子既得崇化於鄉黨又以獎厲賢材之人丞相弘請為博士置弟子員師古曰公孫弘學者益廣

秋匈奴入代殺都尉　六年春二月大將軍衛青將六將軍兵十餘萬騎出定襄斬首三千餘級還休士馬于定襄雲中鴈門赦天下夏四月衛青復將六將軍絕幕應劭曰幕沙幕匈奴之南界也臣瓚曰沙土曰幕直度曰絕師古曰應瓚二說皆是也而說者或云是塞外地名非矣幕者即今之突厥中磧耳李陵歌曰經千里兮度沙幕大克獲前將軍趙

前漢紀六　十　楊德

信軍敗降匈奴右將軍蘇建亡軍獨身脫還贖為庶人六月詔曰朕聞五帝不相復禮三代不同法所繇殊路而建德一也師古曰復因也音扶目反繇讀與由同蓋孔子對定公以徠遠臣瓚曰論語及韓子皆言葉公問政於孔子孔子答以悅近徠遠今云定公與二書異哀公以論臣如淳曰韓非云哀公問政仲尼曰政在選賢景公以節用如淳曰韓非云齊景公問政仲尼曰政在節財非期不同所急異務也李奇曰期要也非要當必不同所急異務不得不然今中國一統而北邊未安朕甚悼之日者大將軍巡朔方征匈奴斬首虜萬八千級諸禁錮及有過者咸蒙厚賞得免減罪師古曰有罪者或被釋免或得減輕今大將軍仍復克獲師古曰仍頻也斬首虜萬九千級受爵賞而欲移

賣者無所流貤應劭曰貤音移言軍吏士斬首虜爵級多無所移與今為置武功賞官爵多者分與父兄子弟及賣與他人也師古曰此說非也許慎說文解字云貤物之重次第也此詔言欲移賣爵者無有差次不得流行故為置官級也貤音弋賜反今俗猶謂凡物一重為一貤也其議為令有司奏請置武功賞官以寵戰士

元狩元年應劭曰獲白麟因改元曰元狩也冬十月行幸雍祠五畤獲白麟師古曰麟麋身牛尾馬足黃色圜蹄一角角端有肉作白麟之歌十一月淮南王安衡山王賜謀反誅黨與死者數萬人十二月大雨雪民凍死師古曰雨音于具反夏四月赦天下丁卯立皇太子賜中二千石爵右庶長師古曰第十一等爵民為父後者一級詔曰朕聞咎繇對禹曰在知人知人則哲惟帝難之師古曰尚書咎繇謨之辭也帝謂堯也蓋君者心也民猶支體支

前漢紀六　十一　楊德

體傷則心憯怛師古曰憯痛也怛悼也憯音千感反怛音丁曷反日者淮南衡山脩文學流貨賂兩國接壤怵於邪說服虔曰怵音裔應劭曰怵狀也如淳曰怵音怵惕見誘怵於邪說也師古曰作怵者非如說云見誘怵其義是也而音怵惕又非也怵或體訹字耳訹者誘也音如戍亥之戌南越傳曰不可怵好語入朝諸如此例音義同耳今俗猶云相謏怵而說者或改為鉥導之鉥蓋穿鑿也謏音先誘反鉥音述而造篡弒此朕之不德詩云憂心慘慘念國之為虐師古曰小雅正月之詩也慘慘憂戚之貌已赦天下滌除與之更始朕嘉孝弟力田哀夫老眊孤寡鰥獨師古曰眊古耄字八十曰耄耄老稱也一曰眊不明之貌或匱於衣食甚憐愍焉其遣謁者巡行天下存問致賜師古曰致送至也行音下更反曰皇帝使謁者師古曰謁者令使者宣詔書之文賜縣三老孝者帛人五匹鄉三老弟者力田帛人三匹年

九十㠯上及鰥寡孤獨帛人二匹絮三斤八十㠯
上米人三石有冤失職使者㠯聞師古曰職常也失職者失其常業及常理
也縣鄉即賜母贅聚如淳曰贅會也令勿擅徵召贅聚三老孝弟力田也師古曰即就也各遣就其
所居而賜之勿會聚也贅音之銳反五月乙巳晦日有蝕之匈奴入上谷
殺數百人　二年冬十月行幸雍祠五時春三月
戊寅丞相弘薨遣驃騎將軍霍去病出隴西至臯
蘭應劭曰在隴西白石縣塞外河名也孟康曰山關名也師古曰臯蘭山名也霍去病傳云過焉支山千有餘里合短兵鏖臯蘭下由
此山也非河名也白石縣在金城又不屬隴西應說並失之鏖音烏曹反　斬首八千餘級夏馬
生余吾水中應劭曰在朔方北也南越獻馴象應劭曰馴者教能拜起周章從人意也師
古曰馴音巡謂擾也應說是也能言鳥師古曰即鸚鵡也今隴西及南海並有之萬震南州異物志云有三種一種白一種

青一種五色交州以南諸國盡有之白及五色者其性尤慧解善謂此也隨開皇十八年林邑國獻白鸚鵡時以爲異是歲貢士咸試賦之聖
皇馭歷屢有茲獻上以幽遐勞費撫慰弗受將軍去病公孫敖出北地二千
餘里過居延師古曰居延匈奴中地名也韋昭以爲張掖縣失之張掖所置居延縣者以安處所獲居延人而置此
縣斬首虜三萬餘級匈奴入鴈門殺略數百人遣
衛尉張騫郎中令李廣皆出右北平廣殺匈奴三
千餘人盡亡其軍四千人獨身脫還及公孫敖張
騫皆後期當斬贖爲庶人江都王建有罪自殺膠
東王寄薨秋匈奴昆邪王殺休屠王師古曰昆音下門反屠音儲幷
將其衆合四萬餘人來降置五屬國㠯處之師古曰凡
言屬國者存其國号而屬漢朝故曰屬國㠯其地爲武威酒泉郡師古曰武威今涼州也酒泉今

肅州　三年春有星孛于東方夏五月赦天下五膠
東康王少子慶爲六安王封故相國蕭何曾孫慶
爲列侯秋匈奴入右北平定襄殺略千餘人遣謁
者勸有水災郡種宿麥師古曰秋冬種之經歲乃熟故云宿麥舉吏民能
假貸貧民者㠯名聞師古曰貸音吐戴反減隴西北地上郡戍
卒半發謫吏穿昆明池如淳曰食貨志以舊吏弄法故謫使穿池更發有貲者爲吏也
臣瓚曰西南夷傳有越嶲昆明國有滇池方三百里漢使求身毒國而爲昆明所閉今欲伐之故作昆明池象之以習水戰在長安西南周回
四十里食貨志又曰時越欲與漢用船戰遂乃大脩昆明池也師古曰謫吏吏有罪者罰而役之滇音顛　四年冬有司
言關東貧民徙隴西北地西河上郡會稽凡七十
二萬五千口縣官衣食振業用度不足請收銀錫

造白金及皮幣以足用應劭曰時國用不足以白鹿皮爲幣朝覲以薦璧又造銀錫爲白金見食
貨志初筭緡錢李斐曰緡絲也以貫錢也一貫千錢出筭二十也臣瓚曰茂陵書諸賈人末作貰貸置居邑儲積諸
物及商以取利者雖無市籍各以其物自占率緡錢二千而一筭此緡錢是儲錢也故隨其用所施施於利重者其筭亦多也師古曰謂有儲
積錢者計其緡貫而稅之李說爲是緡音武巾反春有星孛于東北夏有長星出
于西北大將軍衛青將四將軍出定襄將軍去病
出代各將五萬騎步兵踵軍後數十萬人師古曰踵接也猶言
躡其踵青至幕北圍單于斬首萬九千級至闐顏山
乃還鄧展曰音塡塞之塡去病與左賢王戰斬獲首虜七萬餘
級封狼居胥山迺還師古曰登山祭天築土爲封刻石紀事以彰漢功兩軍士死
者數萬人前將軍廣後將軍食其皆後期廣自

殺食其贖死 如淳曰李廣傳引兵與右將軍食其合軍出東道又曰廣自剄右將軍下吏當死贖爲庶人霍去病傳亦云趙食其爲右將軍平陽侯襄爲後將軍此紀爲誤也師古曰傳寫者誤以右爲後食其音異基

五年春三月甲午丞相李蔡有罪自殺 文穎曰李廣從弟坐侵陵壖地

天下馬少平牡馬匹二十萬 如淳曰貴平牡馬賈欲使人競畜馬 罷半兩錢行五銖錢徙天下姦猾吏民於邊 師古曰猾狡也音乎八反

六年冬十月賜丞相以下至吏二千石百金千石以下至乘從者帛 晉灼曰乘騎諸從者也師古曰流俗書本乘上或有公字非也後人妄加之 蠻夷錦各有差雨水亡冰 師古曰雨音于具反 夏四月乙巳廟立皇子閎爲齊王旦爲燕王胥爲廣陵王 師古曰於廟中策命之 初作誥 服虔曰誥敕王如尚書諸誥也李斐曰今敕封拜諸侯王策文亦是也見武五子傳 六月詔曰

前漢紀六　十四　沈説

日者有司以幣輕多姦 李奇曰幣錢也輕者若一馬直二十萬是爲幣輕而物重也重難得則用不足而姦生 農傷而末衆 師古曰末謂工商也 又禁兼并之塗 李奇曰謂大家兼役小民富者兼役貧民欲平之也文穎曰兼并者食祿之家不得治產兼取小民之利商人雖富不得復兼畜田宅作客耕農也師古曰李說是 故改幣以約之 李奇曰更去半兩錢行五銖錢皮幣以檢約姦邪 稽諸往古制宜於今 師古曰稽考也音工奚反 廢期有月 應劭曰禁半兩錢及餘幣物禁之有期月而民未悉從也如淳曰期音朞自往年二月至今十四月朞有餘月矣師古曰如說是 而山澤之民未諭 師古曰未諭者未曉告示之意 夫仁行而從善義立則俗易意奉憲者所以導之未明與 師古曰與讀曰歟 將百姓所安殊路而橋虔吏因乘埶以侵蒸庶邪 孟康曰虔固也矯稱上命以貨賄用爲固尚書曰敓攘矯虔韋昭曰凡稱詐爲矯強取爲虔左傳曰虔劉我邊垂師古曰撟與矯同其字從手撟託也虔固也妄託上命而堅固爲邪惡者也蒸衆也 何紛然其擾也 師古曰擾煩也 今遣博士大等六人分循行天下 師古曰褚大也行音下更反 存問鰥寡廢疾無以自振業者貸與之 師古曰貸音土戴反 諭三老孝弟以爲民師舉獨行之君子徵詣行在所 如淳曰蔡雍云天子以天下爲家自謂所居爲行在所言今雖在京師行所至耳師古曰此說非也天子或在京師或出巡狩不可豫定故言行在所耳不得亦謂京師爲行也 朕嘉賢者樂知其人廣宣厥道士有特招使者之任也 李奇曰設士有殊才異行當特招者任在使者分別之 詳問隱處亡位及冤失職 師古曰無位不被任用也冤屈也失職失其常業也 姦猾爲害野荒治苛者舉奏 師古曰野荒言田畝不闢也治苛爲政尚細刻 郡國有所以爲便者上丞相御史以聞秋九月大司馬驃騎將軍去病薨

元鼎元年 應劭曰得寶鼎故因是改元 夏五

前漢紀六　十五　徐琇

月赦天下大酺五日得鼎汾水上濟東王彭離有罪廢徙上庸 應劭曰春秋時庸國

二年冬十一月御史大夫張湯有罪自殺十二月丞相青翟下獄死 師古曰莊青翟 春起柏梁臺 服虔曰用百頭梁作臺因名焉師古曰三輔舊事云以香柏爲之今書字皆作柏服說非 三月大雨雪 師古曰雨音于具反 夏大水關東餓死者以千數秋九月詔曰仁不異遠義不辭難 師古曰遠近如一是爲仁也不憚艱難是爲義也 今京師雖未爲豐年山林池澤之饒與民共之今水潦移於江南迫隆冬至朕懼其飢寒不活江南之地火耕水耨 應劭曰燒草下水種稻草與稻並生高七八寸因悉芟去復下水灌之草死獨稻長所謂火耕水耨 方下巴蜀之粟致之江陵遣博士中等分循行 師古

日行音下更反 諭告所抵無令重困 師古曰抵至也重音直用反 吏民有振
救飢民免其戹者具舉吕聞 三年冬徙函谷關
於新安 應劭曰時樓船將軍楊僕數有大功恥爲關外民上書乞徙東關以家財給其用度武帝意亦好廣闊於是徙關於
新安去弘農三百里 吕故關爲弘農縣十一月令民告緡者吕
其半與之 孟康曰有不輸稅令民得告言以半與之 正月戊子陽陵園火夏
四月雨雹 師古曰雨音于具反 關東郡國十餘飢人相食常山王
舜薨子勃嗣立有罪廢徙房陵 四年冬十月
行幸雍祠五時賜民爵一級女子百戶牛酒行自
夏陽東幸汾陰 師古曰夏陽馮翊之縣也汾陰屬河東汾音扶云反 十一月甲子立
后土祠于汾陰脽上 蘇林曰脽音誰如淳曰脽者河之東岸特堆掘長四五里廣二里餘高十

餘丈汾陰縣治脽之上后土祠在縣西汾在脽之北西流與河合師古曰二說皆是也脽者以其形高起如人尻脽故以名云一說此臨汾水之上地本名鄈音與葵同彼鄉人呼葵音如誰故轉而爲脽字耳故漢舊儀云葵上 禮畢行幸滎陽還至
洛陽詔曰祭地冀州 服虔曰后土祠在汾陰汾陰本冀州地也周時乃分爲并州爾雅曰兩河間曰冀州
瞻望河洛巡省豫州觀于周室邈而無祀 師古曰邈遠絕之意
詢問耆老迺得孽子嘉紹其封嘉爲周子南君 臣瓚曰汲冢古文謂衛將軍文子爲子南彌牟其後有子南固子南勁紀年勁朝于魏後惠成王如衛命子南爲侯秦并六國衛最後亡疑嘉是衛後故氏子南而稱君也初元五年爲周承休侯元始四年爲鄭公建武十三年封於觀爲衛公師古曰子南其封邑之號以爲周後故總言周子南君瓚說非也例不先言姓而後稱君且自嘉已下皆姓姬氏著在史傳 吕奉周祀春二月中
山王勝薨夏封方士欒大爲樂通侯位上將軍六
月得寶鼎后土祠旁秋馬生渥洼水中 李斐曰南陽新野有暴利

長當武帝時遭刑屯田燉煌界數於此水旁見羣野馬中有奇者與凡馬異來飲此水利長先作土人持勒靽於水旁後馬玩習久之代土人持勒靽收得其馬獻之欲神異此馬云從水中出 蘇林曰洼音室曲之室師古曰渥音握洼音於佳反 作寶鼎天馬
之歌立常山憲王子商爲泗水王
五年冬十月行幸雍祠五時遂踰隴 應劭曰隴隴阺坂也師古曰即今之隴山阺音丁禮反 登空同 應劭曰山名也 西臨祖厲河而還 李斐曰音嗟賴 十一
月辛巳朔旦冬至立泰時于甘泉天子親郊見
師古曰祠太一也見音胡電反 朝日夕月 應劭曰天子春朝日秋夕月朝日以朝夕月以夕臣瓚曰漢儀郊泰時皇帝平旦出竹宮東向揖日其夕西南向揖月便用郊日不用春秋也師古曰春朝朝日秋暮夕月蓋常禮也郊泰時而揖日月此又別儀 詔曰
朕吕眇身託于王侯之上 師古曰眇細末也 德未能綏民
師古曰綏安也 民或飢寒故巡祭后土吕祈豐年冀州脽壤

迺顯文鼎獲薦于廟 師古曰得鼎祠旁祠在脽上故云脽壤壤謂土也文鼎言其有刻鏤之文 渥
洼水出馬朕其御焉戰戰兢兢懼不克任思昭天
地內惟自新詩云四牡翼翼吕征不服親省邊垂
用事所極 李斐曰極至也所至者輒祭也師古曰逸詩也 望見泰一脩天文襢 文穎曰襢祭也晉灼曰襢古禪字也臣瓚曰此年初祭太時於甘泉此祭天於大襢也祭天則天文從故曰脩天文襢也師古曰文晉二說是也朝日夕月即天文襢之謂也 辛卯夜若景光十有二明易曰先甲三
日後甲三日 應劭曰先甲三日辛也後甲三日丁也言王者齋戒必自新臨事必自丁寧師古曰此易蠱卦之辭
朕甚念年歲未咸登 師古曰登謂百穀成 飭躬齋戒 師古曰飭整也讀與敕同
丁酉拜況于郊 師古曰況賜也辛夜有光是先甲三日也丁日拜況是後甲三日也故詔引易文 夏
四月南越王相呂嘉反殺漢使者及其王王太后

赦天下丁丑晦日有蝕之秋鼃蝦蟇鬭 師古曰鼃黽也似蝦蟇而長腳其色青音下媧反蝦音遐蟇音麻黽音莫幸反 遣伏波將軍路博德出桂陽下湟水樓船將軍楊僕出豫章下湞水 鄭氏曰湞音檉 孟康曰湞音貞 蘇林曰湞音檉柱之檉師古曰蘇音是也音丈庚反 歸義越侯嚴爲戈船將軍出零陵下離水 張晏曰嚴故越人降爲歸義侯越人於水中負人船又有蛟龍之害故置戈於船下因以爲名也臣瓚曰伍子胥書有戈船以載干戈因謂之戈船也離水出零陵師古曰以樓船之例言之則非爲載干戈也此蓋船下安戈戟以禦蛟鼉水蟲之害張說近之 甲爲下瀨將軍下蒼梧 服虔曰甲故越人歸漢者也臣瓚曰瀨湍也吴楚謂之瀨中國謂之磧伍子胥書有下瀨船師古曰瀨音賴 皆將罪人江淮以南樓船十萬人越馳義侯遺 應劭曰亦越人也 別將巴蜀罪人發夜郎兵下牂柯江咸會番禺 如淳曰音潘禺尉佗所都師古曰即今之廣州 九月列侯坐獻黃金酎祭宗廟不如法奪爵者百六人丞相趙周下獄死 服虔曰因八月獻酎祭宗廟時使諸侯各獻金來助祭也如淳曰漢儀注諸侯王歲以戶口酎黃金於漢廟皇帝臨受獻金金少不如斤兩色惡王削縣侯免國臣瓚曰食貨志南越反時卜式上書願死之天子下詔褒揚布告天下天下莫應列侯以百數莫求從軍至酎飲酒少府省金而列侯坐酎金失侯者百餘人而表云趙周坐爲丞相知列侯酎金輕下獄自殺然則知其輕而不糾擿之也師古曰酎三重醸醇酒也音丈救反 樂通侯欒大坐誣罔要斬西羌衆十萬人反與匈奴通使攻故安圍枹罕 鄧展曰枹音鈇罕音漢師古曰枹罕金城之縣也罕讀如本字 匈奴入五原殺太守 六年冬十月發隴西天水安定騎士及中尉河南河內卒十萬人遣將軍李息郎中令徐自爲征西羌平之行東將幸緱氏 師古曰河南縣也緱音工侯反 至左邑桐鄉 師古曰左邑河東之縣也桐鄉

其鄉名也 聞南越破以爲聞喜縣春至汲新中鄉 師古曰汲河內縣新中其鄉名 得呂嘉首以爲獲嘉縣馳義侯遺兵未及下上便令征西南夷平之 師古曰便音頻面反 遂定越地以爲南海蒼梧鬱林合浦交阯九眞日南珠厓儋耳郡 應劭曰二郡在大海中崖岸之邊出眞珠故曰珠厓儋耳者種大耳渠率自謂王者耳尤緩下肩三寸張晏曰異物志二郡在海中東西千里南北五百里珠崖言珠若崖矣儋耳之云鏤其頰皮上連耳匡分爲數支狀似雞腸累耳下垂臣瓚曰茂陵書珠崖郡治瞫都去長安七千三百一十四里儋耳去長安七千三百六十八里領縣五師古曰儋音丁甘反字本作瞻瞫音審 定西南夷以爲武都牂柯越嶲沈黎文山郡 孟康曰嶲音髓本邛都 服虔曰今蜀郡北部都尉所治本筰都也臣瓚曰茂陵書沈黎治筰都去長安三千三百三十五里領縣二十一應劭曰文山今蜀郡㟭山本冉駹是也 秋東越王餘善反攻殺漢將吏遣橫海將軍韓說中尉王溫舒出會稽 師古曰說讀曰悅 樓船將軍楊僕出豫章擊之又遣浮沮將軍公孫賀出九原 臣瓚曰浮沮井名在匈奴中去九原二千里見漢輿地圖師古曰沮音子閭反 匈河將軍趙破奴出令居 臣瓚曰匈河水名在匈奴中去令居千里見匈奴傳師古曰令音鈴 皆二千餘里不見虜而還迺分武威酒泉地置張掖敦煌郡 師古曰敦音徒門反 徙民以實之 元封元年 應劭曰始封泰山故改年 冬十月詔曰南越東甌咸伏其辜西蠻北夷頗未輯睦 師古曰輯與集同集和也 朕將巡邊垂擇兵振旅躬秉武節置十二部將軍親帥師焉行自雲陽北歷上郡西河五原出長城北登單于臺至朔方臨北河勒兵十八萬騎旌旗

徑千餘里威震匈奴遣使者告單于曰南越王頭
已縣於漢北闕矣單于能戰天子自將待邊不能亟
來臣服師古曰亟急也音居力反何但亡匿幕北寒苦之地為匈
奴讋焉師古曰讋失氣也音之涉反還祠黃帝於橋山應劭曰在上郡周陽縣有
黃帝冢迺歸甘泉東越殺王餘善降詔曰東越險阻
反覆為後世患遷其民於江淮閒遂虛其地春正
月行幸緱氏詔曰朕用事華山至于中嶽文穎曰嵩高也在潁
川陽城縣獲駮麃見夏后啟母石應劭曰啟生而母化為石文穎曰在嵩高山下師古曰啟
夏禹子也其母塗山氏女也禹治鴻水通轘轅山化為熊謂塗山氏曰
欲餉聞鼓聲乃來禹跳石誤中鼓塗山氏往見禹方作熊慙而去至嵩
高山下化為石方生啟禹曰歸我子石破北方而啟生事見
淮南子景帝諱啟今此詔云啟母蓋史追書之非當時文翌日

親登崇高應劭曰翌明也御史乘屬在廟旁吏卒咸聞呼萬
歲者三服虔曰乘同乘屬官屬也如淳曰漢儀注御史亦有屬晉灼曰天子出御史除二人為乘曹讀車駕荀悅曰萬歲山
神稱之也應劭曰嵩高縣有上中下萬歲里師古曰乘屬如晉二說是也乘音食證反登禮罔不荅師古曰罔無也
言登禮於神無不荅應其令祠官加增太室祠韋昭曰嵩高山有太室少室之山山有石
室故以名云禁無伐其草木以山下戶三百為之奉邑名
曰崇高師古曰謂之崇者示尊崇之奉音扶用反獨給祠復亡所與師古曰復音方目反
與讀曰預行遂東巡海上夏四月癸卯上還登封泰山
孟康曰王者功成治定告成功於天封崇也助天之高也刻石紀号有金策石函金泥玉檢之封焉應劭曰封者壇廣十二丈高二丈階三等
封於其上示增高也刻石紀績也立石三丈一尺其辭曰事天以禮立身以義事親以孝育民以仁四守之內莫不為郡縣四夷八蠻咸來貢
職與天無極人民蕃息天祿永得尚玄酒而俎生魚下禪梁父祀地主示增廣此古制也武帝封廣丈二尺高九尺其下則有牒書祕語在郊

祀志降坐明堂臣瓚曰郊祀志初天子封太山太山東北阯古時有明堂處則此所坐者也明年秋乃作明堂耳
詔曰朕以眇身承至尊師古曰眇微細也兢兢焉惟德菲
薄不明于禮樂師古曰菲亦薄也音敷尾反又音非故用事八神文穎曰武帝祭太一
并祭名山於太壇西南開除八通鬼道故言用事八神也一曰八方之神遭天地況施應劭曰況賜也施與也言
天地神靈乃賜我瑞應著見景象屑然如有聞臣瓚曰聞呼萬歲者三是也震
于怪物欲止不敢遂登封泰山至于梁父然後升
禪肅然服虔曰增天之高歸功於天禪闡也廣土地也肅然山名也在梁父張晏曰天高不可及於大山上立封又禪而祭
之冀近神靈也師古曰父讀曰甫自新嘉與士大夫更始其以十月為
元封元年行所巡至博奉高蛇丘歷城梁父鄭氏曰蛇音移
民田租逋賦貸已除師古曰逋賦未出賦者也逋貸官以物貸之而未還也貸音吐戴反加

年七十以上孤寡帛人二匹四縣無出今年算師古
曰自博至梁父凡五縣今云四縣毋出筭者奉高一縣素以供神非筭限也賜天下民爵一級女
子百戶牛酒行自泰山復東巡海上至碣石文穎曰在遼西
絫縣絫縣今罷屬臨渝此石著海旁師古曰碣碣然特立之皃也音其列反自遼西歷北邊九原
歸于甘泉秋有星孛于東井又孛于三台齊王閎薨
二年冬十月行幸雍祠五畤春幸緱氏遂至東
萊夏四月還祠泰山至瓠子臨決河服虔曰瓠子隄名也在東
郡白馬蘇林曰在鄄城以南濮陽以北廣百步深五丈命從臣將軍以下皆負薪塞
河隄作瓠子之歌赦所過徒賜孤獨高年米人四
石還作甘泉通天臺長安飛廉館應劭曰飛廉神禽能致風氣者也明帝永

平五年至長安迎取飛廉幷銅馬置上西門外名平樂館董卓悉銷以為錢晉灼曰身似鹿頭如爵有角而蛇尾文如豹文師古曰通天臺者言此臺高上通於天也漢舊儀云高三十丈望見長安城朝鮮王攻殺遼東都尉迺募天下死罪擊朝鮮六月詔曰甘泉宮內中產芝九莖連葉應劭曰芝芝草也其葉相連如淳曰瑞應圖王者敬事耆老不失舊故則芝草生師古曰內中謂後庭之室也故云不異下房上帝博臨不異下房賜朕弘休師古曰上帝天也博廣也弘大也休美也言天廣臨不以下房為幽側而賜異之賜以此芝是大美也其赦天下賜雲陽都百戶牛酒晉灼曰雲陽甘泉黃帝以來祭天圜丘處也武帝常以避暑有宮觀故稱都也師古曰此說非也都謂縣之所居在宮側者耳賜不徧其境內故指稱其都非謂天子之都也若以有宮觀稱都則非止雲陽矣作芝房之歌秋作明堂于泰山下遣樓船將軍楊僕左將軍荀彘將應募罪人擊朝鮮應劭曰樓船者時欲擊越非水不至故作大船上施樓也又遣將軍郭

昌中郎將衛廣發巴蜀兵平西南夷未服者以為益州郡　三年春作角抵戲應劭曰角者角技也抵者相抵觸也文穎曰名此樂為角抵者兩兩相當角力角技藝射御故名角抵蓋雜技樂也巴俞戲魚龍曼延之屬也漢後更名平樂觀師古曰抵者當也非謂抵觸文說是也三百里內皆觀夏朝鮮斬其王右渠降師古曰右渠朝鮮王名以其地為樂浪臨屯玄菟真番郡臣瓚曰茂陵書臨屯郡治東暆縣去長安六千一百三十八里十五縣真番郡治霅縣去長安七千六百四十里十五縣師古曰樂音洛浪音郎番音普安反暆音弋支反霅音丈甲反樓船將軍楊僕坐失亡多免為庶民左將軍荀彘坐爭功棄市師古曰棄市殺之於市也解在景紀秋七月膠西王端薨武都氐人反分徙酒泉郡師古曰不盡徙　四年冬十月行幸雍祠五畤通回中道應劭曰回中在安定高平有險阻蕭關在其北通治至長安也

孟康曰回中在北地有山險武帝故宮如淳曰三輔黃圖云回中宮在汧也師古曰回中在安定北通蕭關應說是也而云治道至長安非也蓋自回中通道以出蕭關孟如二家皆失之矣回中宮在汧者或取安定回中為名耳非今所通道遂北出蕭關如淳曰匈奴傳入朝那蕭關蕭關在安定朝那縣也歷獨鹿鳴澤服虔曰獨鹿山名也鳴澤澤名也皆在涿郡遒縣北界也自代而還幸河東春三月祠后土詔曰朕躬祭后土地祇見光集于靈壇一夜三燭服虔曰燭音注師古曰燭謂照也讀如本字幸中都宮殿上見光師古曰中都在太原其赦汾陰夏陽中都死罪以下賜三縣及楊氏皆無出今年租賦師古曰楊氏河東聚邑名夏大旱民多暍死如淳曰暍音謁師古曰中熱而死也秋以匈奴弱可遂臣服迺遣使說之單于使來死京師匈奴寇邊遣拔胡將軍郭昌屯朔方　五年冬

行南巡狩至于盛唐文穎曰案地理志不得疑當在廬江左右縣名也韋昭曰在南郡師古曰韋說是也望祀虞舜于九嶷應劭曰舜葬蒼梧九嶷山名今在零陵營道文穎曰九嶷山半在蒼梧半在零陵如淳曰舜葬九嶷九嶷在蒼梧馮乘縣故或云舜葬蒼梧也師古曰文說是也嶷音疑其山九峯形勢相似故曰九嶷山登灊天柱山應劭曰灊音若潛南嶽霍山在灊灊縣名屬廬江文穎曰天柱山在灊縣南有祠音岑師古曰灊音與潛同應說是自尋陽浮江親射蛟江中獲之師古曰許慎云蛟龍屬也郭璞說其狀云似蛇而四脚細頸頸有白嬰大者數圍卵生子如一二斛瓮能吞人也舳艫千里李斐曰舳船後持柂處也艫船前頭刺櫂處也言其船多前後相銜千里不絕也師古曰舳音軸艫音盧薄樅陽而出服虔曰縣名屬廬江師古曰樅音千松反作盛唐樅陽之歌遂北至琅邪並海師古曰並讀曰傍傍依也音步浪反所過禮祠其名山大川春三月還至太山增封甲子祠高祖于明堂以配上帝因朝諸侯王列侯

受郡國計師古曰計若今之諸州計帳也夏四月詔曰朕巡荆陽輯
江淮物如淳曰輯合也物猶神也郊祀志所祭祀事也師古曰輯與集同會大海氣鄭氏曰會合海
神之氣并祭之㠯合泰山師古曰集江淮之神會大海之氣合致於太山然後修封禪祭饗也上天見
象增修封禪師古曰見謂顯示也其赦天下所幸縣毋出今年
租賦賜鰥寡孤獨帛貧窮者粟還幸甘泉郊泰畤
大司馬大將軍青薨初置刺史部十三州師古曰漢舊儀
云初分十三州假刺史印綬有常治所以秋分行部御史爲
駕四封乘傳到所部郡國各遣一史迎之界上所察六條名曰文
武欲盡詔曰蓋有非常之功必待非常之人故
馬或奔踶而致千里師古曰踶蹋也奔走也奔踶者乘
之即奔立則踶人也踶音徒計反士
或有負俗之累而立功名晉灼曰負俗謂被世譏論也師古曰累音力瑞反夫

泛駕之馬師古曰泛覆也音方勇反字本作覂後通用耳覆駕者言馬有逸氣而不循軌轍也跅弛之
士如淳曰跅音拓弛廢也士行有卓異不入俗檢而見斥逐者也師古曰跅者跅落無檢局也弛者放廢不遵禮度也跅音土各反弛
音式爾反亦在御之而已師古曰在人所以制御之其令州郡察吏民
有茂材異等應劭曰舊言秀才避光武諱稱茂才異等者超等軼羣不與凡同也師古曰茂美也可爲
將相及使絕國者師古曰絕遠之國謂聲教之外六年冬行幸回
中春作首山宮應劭曰首山在上郡於其下立宮廟也文穎曰在河東蒲坂界師古曰尋此下詔文及依地理
志文說是三月行幸河東祠后土詔曰朕禮首山昆田
出珍物化或爲黃金應劭曰昆田首山之下田也武帝祠首山故神爲出珍物化爲黃金祭
后土神光三燭其赦汾陰殊死㠯下賜天下貧民
布帛人一匹益州昆明反赦京師亡命令從軍遣

拔胡將軍郭昌將㠯擊之夏京師民觀角抵于上
林平樂館秋大旱蝗　太初元年應劭曰初用夏正以正月爲歲首故改年
爲太初也冬十月行幸泰山十一月甲子朔旦冬至祀
上帝于明堂乙酉柏梁臺災十二月禮高里伏儼曰山名在
泰山下師古曰此高字自作高下之高而死人之里謂之蒿里或呼爲
下里者也字即爲蓬蒿之蒿或者既見太山神靈之府高里山又在其
旁即誤以高里爲蒿里混同一事文學之士共有此謬陸士衡
尚不免況其餘乎今流俗書本此高字有作蒿者妄加增耳祠后
土東臨教海望祠蓬萊春還受計于甘泉師古曰受郡國所上
計簿也若今之諸州計帳二月起建章宮文穎曰越巫名勇謂帝曰越國
有火災即復大起宮室以厭勝之故帝作建章宮師古曰在未央宮西今長安
故城西俗所呼貞女樓者即建章宮之闕也夏五月正歷㠯
正月爲歲首師古曰謂以建寅之月爲正也未正歷之前謂建亥之月爲正今此言以正月爲歲首者史追正其

月名色上黃數用五張晏曰漢據土德土數五故用五謂印文也若丞相曰丞相之印章諸卿及守相印
文不足五字者以之足之定官名協音律遣因杅將軍公孫敖服虔
曰匈奴地名因所征以名將軍也師古曰杅音羽俱反築塞外受降城秋八月行幸
安定遣貳師將軍李廣利張晏曰貳師大宛城名發天下謫民
西征大宛師古曰庶人之有罪謫者也大宛國名宛音於元反蝗從東方飛至敦
煌　二年春正月戊申丞相慶薨師古曰石慶也三月行
幸河東祠后土令天下酺五日膢五日祠門戶比
臘如淳曰膢音樓漢儀注立秋貙膢伏儼曰膢音劉劉殺也蘇林曰膢祭名也貙虎屬常以立秋日祭獸王者亦以此日出獵還以祭
宗廟故有貙膢之祭也師古曰續漢書作貙劉膢劉
義各通耳臘者冬至後臘祭百神也臘音來盍反夏四月詔
曰朕用事介山祭后土皆有光應文穎曰介山在河東皮氏縣東南其山特

立周七十里高三十里其赦汾陰安邑殊死以下五月籍吏民
馬補車騎馬師古曰籍者總入籍錄而取之秋蝗遣浚稽將軍趙破
奴應劭曰浚稽山在武威塞北匈奴常所以爲障蔽師古曰浚音峻稽音雞二萬騎出朔方擊
匈奴不還冬十二月御史大夫兒寬卒師古曰兒音五兮反
三年春正月行東巡海上夏四月還修封泰山禪
石閭應劭曰石閭山在太山下阯南方方士言仙人閭也遣光祿勳徐自爲築五
原塞外列城晉灼曰地理志從五原稒陽縣北出石門鄣即得所築城師古曰稒音固西北至
盧朐服虔曰匈奴地名張晏曰山名師古曰張說是也朐音劬游擊將軍韓說將兵屯
之師古曰說讀曰悅彊弩都尉路博德築居延秋匈奴入定
襄雲中殺略數千人行壞光祿諸亭障應劭曰光祿勳徐自爲所

築列城今匈奴從此往壞敗也師古曰漢制每塞要處別築爲城置人鎮守謂之候城此即障也音之向反又入張掖
酒泉殺都尉四年春貳師將軍廣利斬大宛
王首獲汗血馬來應劭曰大宛舊有天馬種蹋石汗血汗從前肩髆出如血號一日千里師古曰蹋石
者謂蹋石而有跡言其蹄堅利作西極天馬之歌秋起明光宮師古曰三輔黃圖云
在城中元后傳云成都侯商避暑借明光宮蓋謂此冬行幸回中徙弘農都尉治武
關稅出入者以給關吏卒食天漢元年應劭曰時頻年苦旱
故改元爲天漢以祈甘雨師古曰大雅有雲漢之詩周大夫仍叔所作也以美宣王遇旱災修德勤政而能致雨故依以爲年號也春
正月行幸甘泉郊泰畤三月行幸河東祠后土匈
奴歸漢使者使使來獻夏五月赦天下秋閉城門
大搜臣瓚曰漢帝年紀六月禁踰侈七月閉城門大搜則搜索踰侈者也李奇曰搜索巫蠱也師古曰時巫蠱未起瓚說是也

踰侈者踰法度而奢侈也發謫戍屯五原二年春行幸東海還
幸回中夏五月貳師將軍三萬騎出酒泉與右賢
王戰于天山晉灼曰在西域近蒲類國去長安八千餘里師古曰即祁連山也匈奴謂天爲祁連祁音巨夷反今
鮮卑語尚然斬首虜萬餘級又遣因杅將軍出西河騎都
尉李陵將步兵五千人出居延北與單于戰斬首
虜萬餘級陵兵敗降匈奴秋止禁巫祠道中者文穎
曰始漢家於道中祠排禍咎移之於行人百姓以其不經今止之也師古曰文說非也秘祝移過文帝久已除之今此總禁百姓巫覡於道中
祠祭者耳大搜臣瓚曰搜謂索姦人也晉灼曰搜巫蠱也師古曰瓚說是渠黎六國使使來
獻臣瓚曰渠黎西域胡國名泰山琅邪羣盜徐勃等阻山攻城師古
曰阻山者依山之險以自固也道路不通遣直指使者暴勝之等衣繡

衣杖斧分部逐捕師古曰杖斧持斧也謂建持之以爲威也分音扶問反刺史郡
守以下皆伏誅冬十一月詔關都尉曰今豪桀多
遠交依東方羣盜其謹察出入者三年春二
月御史大夫王卿有罪自殺初榷酒酤如淳曰榷音較應劭曰縣官自酤榷
賣酒小民不復得酤也韋昭曰以木渡水曰榷謂禁民酤釀獨官開置如道路設木爲榷獨取利也師古曰榷者步渡橋爾雅謂之石杠今之
略彴是也禁閉其事總利入官而下無由以得有若渡水之榷因立名焉韋說如音是也酤音工護反彴音酌三月行幸
泰山修封祀明堂因受計還幸北地祠常山瘞玄
玉鄧展曰瘞埋也師古曰爾雅曰祭地曰瘞瘞音於例反夏四月赦天下
行所過毋出田租秋匈奴入鴈門太守坐畏愞棄
市如淳曰軍法行逗留畏愞者要斬愞音如掾反師古曰又音乃館反四年春正月朝諸

侯王于甘泉宮發天下七科讁張晏曰吏有罪一亡命二贅壻三賈人四故有市籍五父母有市籍六大父母有市籍七凡七科也及勇敢士遣貳師將軍李廣利將六萬騎步兵七萬人出朔方因杅將軍公孫敖萬騎步兵三萬人出鴈門游擊將軍韓說師古曰說讀曰悅步兵三萬人出五原強弩都尉路博德步兵萬餘人與貳師會廣利與單于戰余吾水上連日敖與左賢王戰不利皆引還夏四月立皇子髆爲昌邑王孟康曰髆音博晉灼曰許慎以爲肩髆字秋九月令死罪入贖錢五十萬減死一等　太始元年應劭曰言盪滌天下與民更始故以冠元春正月因杅將軍敖有罪要斬徙郡國吏民豪桀于茂陵雲

陵師古曰此當言雲陽而轉寫者誤爲陵耳茂陵帝自所起而雲陽甘泉所居故總使徙豪傑也鉤弋趙倢伃死葬雲陽至昭帝即位始尊爲皇太后而起雲陵武帝時未有雲陵　夏六月赦天下　二年春正月行幸回中三月詔曰有司議曰往者朕郊見上帝西登隴首獲白麟以饋宗廟渥洼水出天馬泰山見黃金師古曰見音胡電反宜改故名今更黃金爲麟趾褭蹏以協瑞焉應劭曰獲白麟有馬瑞故改鑄黃金如麟趾褭蹏以協嘉祉也古有駿馬名要褭赤喙黑身一日行萬五千里也師古曰既云宜改故名又曰更黃金爲麟趾褭蹏是即舊金雖以斤兩爲名而官有常形制亦由今時吉字金挺之類矣武帝欲表祥瑞故普改鑄爲麟足馬蹏之形以易舊法耳今人往往於地中得馬蹏金金甚精好而形制巧妙褭音奴了反因以班賜諸侯王秋旱九月募死罪入贖錢五十萬減死一等御史大夫杜周卒　三年春正月行幸甘泉

宮饗外國客二月令天下大酺五日行幸東海獲赤鴈作朱鴈之歌幸琅邪禮日成山孟康曰禮日拜日也如淳曰祭日於成山也師古曰成山在東萊不夜縣斗入海郊祀志作盛山其音同登之罘晉灼曰地理志東萊腄縣有之罘山祠師古曰罘音浮腄音直瑞反浮大海山稱萬歲冬賜行所過戶五千錢鰥寡孤獨帛人一匹　四年春三月行幸泰山壬午祀高祖于明堂以配上帝因受計癸未祀孝景皇帝于明堂甲申修封丙戌禪石閭夏四月幸不其如淳曰其音基不其山名因以爲縣應劭曰東萊縣也祠神人于交門宮應劭曰神人蓬萊仙人之屬也晉灼曰琅邪縣有交門宮武帝所造若有鄉坐拜者師古曰如有神之景象鄉祠坐而拜也漢注云神並見且白且黑且大且小鄉坐三拜鄉讀曰嚮坐音才卧反作交門之歌夏五月還幸

建章宮大置酒赦天下秋七月趙有蛇從郭外入邑與邑中蛇群鬭孝文廟下服虔曰趙所立孝文廟也邑中蛇死冬十月甲寅晦日有蝕之十二月行幸雍祠五畤西至安定北地　征和元年應劭曰言征伐四夷而天下和平春正月還行幸建章宮三月趙王彭祖薨冬十一月發三輔騎士大搜上林閉長安城門索文穎曰簡車馬數軍賓也臣瓚曰搜謂索姦人也上林苑周數百里故發三輔車騎入大搜索也漢帝年記發三輔騎士大搜長安上林中閉城門十五日待詔北軍征官多餓死然即皆搜索非數軍賓也師古曰文說非也索音山客反十一日廼解巫蠱起　二年春正月丞相賀下獄死夏四月大風發屋折木閏月諸邑公主陽石公主師古曰諸邑琅邪縣也以封公主故謂之邑陽石北海縣也二公主皆衛皇后之女

也陽字或作羊皆坐巫蠱死夏行幸甘泉秋七月按道侯韓
說使者江充等師古曰即上游擊將軍韓說也掘蠱太子宮壬午太
子與皇后謀斬充以節發兵與丞相劉屈氂大戰
長安師古曰屈音丘勿反又音其勿反氂音力之反死者數萬人庚寅太子亡師古
曰謂逃匿也皇后自殺初置城門屯兵更節加黃旄應劭曰時太子
亦發節以戰故加其上黃以別之御史大夫暴勝之司直田仁坐失縱勝
之自殺仁要斬八月辛亥太子自殺于湖師古曰湖縣名
也即今虢州閿鄉湖城二縣皆其地癸亥地震九月立趙敬肅王子偃為
平干王匈奴入上谷五原殺略吏民　三年春正
月行幸雍至安定北地匈奴入五原酒泉殺兩都

尉三月遣貳師將軍廣利將七萬人出五原御史
大夫商丘成二萬人出西河重合侯馬通四萬
騎出酒泉成至浚稽山師古曰浚音峻稽音雞與虜戰多斬首通至
天山虜引去因降車師皆引兵還廣利敗降匈奴
夏五月赦天下六月丞相屈氂下獄要斬妻梟首
鄭氏曰妻作巫蠱夫從坐但要斬也師古曰屈氂亦坐與貳師將軍謀立昌邑王秋蝗九月反者公孫
勇胡倩發覺皆伏辜師古曰倩音千見反　四年春正月行幸
東萊臨大海二月丁酉隕石于雍二師古曰雍扶風之縣也二者石之數聲
聞四百里三月上耕于鉅定服虔曰地名也近東海應劭曰齊國縣也晉灼曰案地理
志應說是還幸泰山脩封　庚寅祀于明堂癸巳禪石閭

夏六月還幸甘泉秋八月辛酉晦日有蝕之　後
元元年春正月行幸甘泉郊泰畤遂幸安定昌邑
王髆薨二月詔曰朕郊見上帝師古曰見音胡電反下光景並見亦同巡
于北邊見群鶴留止以不羅罔靡所獲獻如淳曰時春也非用
羅罔時故無所獲也薦于泰畤光景並見其赦天下夏六月御
史大夫商丘成有罪自殺師古曰坐於廟中醉而歌侍中僕射莽
何羅與弟重合侯通謀反孟康曰征和三年言重合侯馬通今此言莽明德馬后惡其先
人有反易姓莽師古曰莽音莫戶反侍中駙馬都尉金日磾奉車都尉霍
光騎都尉上官桀討之師古曰磾音丁奚反秋七月地震往往
涌泉出　二年春正月朝諸侯王于甘泉宮賜

宗室二月行幸盩厔五柞宮晉灼曰盩厔扶風縣也張晏曰有五柞樹因以名宮也師
古曰盩音張流反厔音竹乙反乙丑立皇子弗陵為皇太子張晏曰昭帝也後但名弗
以二名難諱故丁卯帝崩于五柞宮臣瓚曰帝年十七即位即位五十四年壽七十一入殯
于未央宮前殿三月甲申葬茂陵臣瓚曰自崩至葬凡十八日茂陵在
長安西北八十里也
贊曰漢承百王之弊高祖撥亂反正文景務在養
民至于稽古禮文之事猶多闕焉孝武初立卓然
罷黜百家師古曰百家謂諸子雜說違背六經表章六經師古曰六經謂易詩書春秋禮樂也遂
疇咨海內舉其俊茂師古曰疇誰也咨謀也言謀於眾人誰可為事者也與之立功
興太學修郊祀改正朔定歷數師古曰正音之成反佗皆類此協音

律作詩樂建封襢禮百神紹周後號令文章煥焉可述後嗣得遵洪業而有三代之風（師古曰三代夏殷周）如武帝之雄材大略不改文景之恭儉以濟斯民雖詩書所稱何有加焉（師古曰美其雄材大略而非其不恭儉）

武紀第六

昭紀第七　班固　漢書七

秘書監上護軍琅邪縣開國子顔師古注

孝昭皇帝（荀悅曰諱弗之字曰不應劭曰禮謚法聖聞周達曰昭）武帝少子也母曰趙倢伃（師古曰倢接幸也伃美貌也故以名宮中婦官倢音接伃音余字或並從女）本以有奇異得幸（師古曰謂望氣者言有奇女天子氣及召見手指拳上自披之即時伸）及生帝亦奇異（文穎曰十四月乃生）語在外戚傳武帝末戾太子敗燕王旦廣陵王胥行驕嫚（師古曰行音下更反）後元二年二月上疾病（師古曰疾甚曰病）遂立昭帝爲太子年八歲以侍中奉車都尉霍光爲大司馬大將軍受遺詔輔少主明日武帝崩戊辰太子即皇帝位謁高廟帝姊鄂邑公主（應劭曰鄂縣名屬江夏公主所食曰邑師古曰鄂音五各反）益湯沐邑爲長公主（師古曰帝之姊妹則稱長公主儀比諸王又以供養天子故益邑也）共養省中（伏儼曰蔡邕云本爲禁中門閤有禁非侍御之臣不得妄入行道豹尾中亦爲禁中孝元皇后父名禁避之故曰省中師古曰省察也言入此中皆當察視不可妄也共讀曰供音居用反養音弋亮反他皆類此）大將軍光秉政領尚書事車騎將軍金日磾左將軍上官桀副焉夏六月赦天下秋七月有星孛于東方濟北王寬有罪自殺賜長公主及宗室昆弟各有差追尊趙倢伃爲皇太后起雲陵（文穎曰倢伃先葬於雲陽是以就雲陽爲起雲陵）冬匈奴入朔方殺略吏民發軍屯西河左將軍桀行北邊（師古曰行音下更反）始元元年春二月黃鵠下建章宮太液池中（如淳曰謂之液者言天地和液之氣爲也臣瓚曰時漢用土德服色尚黃鵠色皆白而今更黃以爲土德之瑞故紀之也太液池言承陰陽津液以作池也師古曰如瓚之說皆非也黃鵠大鳥也一舉千里者非白鵠也大液池者言

其津潤所及廣也鵠音胡篤反公卿上壽賜諸侯王列侯宗室金錢各有差己亥上耕于鉤盾弄田應劭曰時帝年九歲未能親耕帝籍鉤盾官者近署故往試耕爲戲弄也臣瓚曰西京故事弄田在未央宮中師古曰弄田謂宴游之田天子所戲弄耳非爲昭帝年幼創有此名益封燕王廣陵王及鄂邑長公主各萬三千戶夏爲太后起園廟雲陵益州廉頭姑繒牂牁談指同並二十四邑皆反蘇林曰皆西南夷別種名也師古曰並音伴遣水衡都尉呂破胡募吏民及發犍爲蜀郡犇命擊益州大破之應劭曰舊時郡國皆有材官騎士以赴急難今夷反常兵不足以討之故權選取精勇聞命奔走故謂之奔命李斐曰平居發者二十以上至五十爲甲卒今者五十以上六十已下爲奔命奔命言急也師古曰應說是也犇古奔字耳犍音虔又音鉅言反有司請河內屬冀州河東屬并州文穎曰本屬司州師古曰蓋屬京師司隷所部秋七月赦天下賜民百戶

牛酒大雨渭橋絕八月齊孝王孫劉澤謀反欲殺青州刺史雋不疑師古曰雋音材兖反又音辭兖反發覺皆伏誅遷不疑爲京兆尹賜錢百萬九月丙子車騎將軍日磾薨閏月遣故廷尉王平等五人師古曰前爲此官今不居者皆謂之故也持節行郡國師古曰行音下更反舉賢良問民所疾苦冤失職者冬無冰

二年春正月大將軍光左將軍桀皆以前捕斬反虜重合侯馬通功封光爲博陸侯桀爲安陽侯以宗室毋在位者舉茂材劉辟彊劉長樂皆爲光祿大夫辟彊守長樂衛尉師古曰長樂宮之衛尉也三月遣使者振貸貧民毋種食者師古曰貸音吐戴反其下並同秋八月詔曰往年災害多今年蠶麥傷所振貸種食勿收責毋令民出今年田租冬發習戰射士詣朔方調故吏將屯田張掖郡師古曰調謂發選也故吏前爲官職者令其部率習戰射士於張掖爲屯田也調音徒釣反將音子亮反

三年春二月有星孛于西北秋募民徙雲陵賜錢田宅冬十月鳳皇集東海遣使者祠其處十一月壬辰朔日有蝕之

四年春三月甲寅立皇后上官氏文穎曰上官桀孫安之女赦天下辭訟在後二年前皆勿聽治孟康曰武帝後二年夏六月皇后見高廟賜長公主丞相將軍列侯中二千石以下及郎吏宗室錢帛各有差徙三輔富人雲陵賜錢戶十萬秋七月詔曰比歲不登

民匱於食師古曰匱空也流庸未盡還師古曰流庸謂去其本鄉而行爲人庸作往時令民共出馬其止勿出諸給中都官者且減之師古曰中都官京師諸官府冬遣大鴻臚田廣明擊益州廷尉李种坐故縱死罪弃市師古曰縱謂容放之种音冲

五年春正月追尊皇太后父爲順成侯夏陽男子張延年師古曰夏陽馮翊之縣詣北闕自稱衛太子誣罔要斬夏罷天下亭母馬及馬弩關應劭曰武帝數伐匈奴再擊大宛馬死略盡乃令天下諸亭養母馬欲令其繁孳又作馬上弩機關今悉罷之孟康曰舊馬高五尺六寸齒未平弩十石以上皆不得出關今不禁也師古曰亭母馬應說是馬弩關孟說是也六月封皇后父驃騎將軍上官安爲桑樂侯師古曰樂音來各反詔曰朕以眇身獲保宗廟師古曰眇微也戰戰栗栗夙興夜寐修古帝王之事通

保傅傳孝經論語尚書未云有明文穎曰賈誼作保傅傳在禮大戴記言能通讀之也晉灼曰帝自謂通保傅傳未能有所明也臣瓚曰帝自謂雖通舉此四書皆未能有所明此帝之謙也師古曰晉瓚之說皆非也帝自言雖通保傅傳而孝經論語尚書猶未能明也其令三輔太常舉賢良各二人郡國文學高第各一人賜中二千石以下至吏民爵各有差罷儋耳眞番郡師古曰儋耳本南越地眞番本朝鮮地皆武帝所置也番音普安反秋大鴻臚廣明軍正王平擊益州師古曰廣明田廣明斬首捕虜三萬餘人獲畜產五萬餘頭六年春正月上耕于上林二月詔有司問郡國所舉賢良文學民所疾苦議罷鹽鐵榷酤應劭曰武帝時以國用不足縣官悉自賣鹽鐵酤酒昭帝務本抑末不與天下爭利故罷之移中監蘇武蘇林曰移音移廄名也應劭曰移地名監其官也掌蠶馬鷹犬射獵之具如淳曰移爾雅唐棣移也移園之中有馬廄也師古曰蘇音如說是前使匈奴留單于庭十九歲迺還奉使全節以武爲典屬國如淳曰以其久在外國知邊事故令典主諸屬國師古曰典屬國本秦官漢因之掌歸義蠻夷屬官有九譯令後省并大鴻臚賜錢百萬夏旱大雩不得舉火臣瓚曰不得舉火抑陽助陰也秋七月罷榷酤官令民得以律占租如淳曰律諸當占租者家長身各以其物占占不以實家長不身自書皆罰金二斤沒入所不自占物及賈錢縣官也師古曰占謂自隱度其實定其辭也占音章贍反下又言占名數其義並同今猶謂獄訟之辯辭曰占皆其意也蓋武帝時賦斂繁多律外而取今始復舊賣酒升四錢以邊塞闊遠取天水隴西張掖郡各二縣置金城郡詔曰鉤町侯毋波服虔曰鉤音左傳射兩鉤之鉤應劭曰町音若挺西南夷也毋波其名也今牂柯鉤町縣是也師古曰音劬挺率其君長人民擊反者斬首捕虜有功其立毋波爲鉤町王大鴻臚廣明將率有功賜

前漢紀七　四　陳吉

爵關內侯食邑　元鳳元年春應劭曰三年中鳳皇比下東海海西樂鄉於是以冠元焉長公主共養勞苦復以藍田益長公主湯沐邑泗水戴王前薨以毋嗣國除後宮有遺腹子煖師古曰煖音許遠反相內史不奏言上聞而憐之立煖爲泗水王相內史皆下獄三月賜郡國所選有行義者涿郡韓福等五人帛人五十匹遣歸詔曰朕閔勞以官職之事鄧展曰閔哀韓福等不忍勞役以官職之事其務修孝弟以教鄉里令郡縣常以正月賜羊酒有不幸者賜衣被一襲祠以中牢師古曰幸者吉而免凶也故死謂之不幸一襲一稱也猶今言一副也中牢即少牢謂羊豕也武都氐人反師古曰氐音丁奚反遣執金吾馬適建龍額侯韓增師古曰姓馬適名建也龍額漢書本或作雒字功臣侯表云弓高莊侯韓穨當子說封龍額侯元鼎五年坐酎金免後元元年說弟子增紹封龍額侯而荀悅漢紀龍額皆爲額字崔浩曰額音洛今河間龍額村與弓高相近然此既地名無別指義各依書字而讀之斯則通矣讀音女交反大鴻臚廣明將三輔太常徒皆免刑擊之蘇林曰是時太常主諸陵縣治民也夏六月赦天下秋七月乙亥晦日有蝕之既八月改始元爲元鳳九月鄂邑長公主燕王旦與左將軍上官桀桀子票騎將軍安御史大夫桑弘羊皆謀反伏誅初桀安父子與大將軍光爭權欲害之詐使人爲燕王旦上書言光罪時上年十四張晏曰武帝崩時八歲即位於今七歲今年十五師古曰此云初桀安子父與大將軍爭權詐爲燕王上書蓋追道前年事耳非今歲也張說失之覺其詐後有譖光者上輒怒曰大將軍國家忠臣

前漢紀七　五　陳皓

先帝所屬師古曰屬音之欲反敢有譖毀者坐之光由是得盡忠語在燕王霍光傳冬十月詔曰左將軍安陽侯桀票騎將軍桑樂侯安御史大夫弘羊皆數以邪枉干輔政師古曰枉曲也以邪曲之事而干求也大將軍不聽而懷怨望與燕王通謀置驛往來相約結燕王遣壽西長孫縱之等蘇林曰壽西姓也長名也孫姓縱之名賂遺長公主丁外人謁者杜延年大將軍長史公孫遺等交通私書服虔曰外人主之所幸也晉灼曰漢語字少君師古曰此杜延年自別一人非下諫大夫也共謀令長公主置酒伏兵殺大將軍光徵立燕王爲天子大逆毋道故稻田使者燕倉先發覺如淳曰特爲諸稻田置使者假與民収其稅入也以告大司農敞師古曰楊敞也敞告諫大夫延年師古曰杜延年杜周之子延年以聞丞相徵事任宮手捕斬桀文穎曰徵事丞相官屬位老尊掾屬也如淳曰時宮以時事召待詔丞相府故曰丞相徵事張晏曰漢儀注徵事比六百石皆故吏二千石不以臧罪免者爲徵事絳衣奉朝賀正月師古曰張說是也丞相少史王壽誘將安入府門如淳曰漢儀注丞相太尉大將軍史秩四百石武帝又置丞相少史秩四百石皆已伏誅吏民得以安封延年倉宮壽皆爲列侯又曰燕王迷惑失道前與齊王子劉澤等爲逆抑而不揚望王反道自新師古曰所爲邪僻違失正道欲其旋反而歸正故云反道今迺與長公主及左將軍桀等謀危宗廟王及公主皆自伏辜其赦王太子建公主子文信及宗室子與燕王上官桀等謀反父母同產當坐者皆免爲庶人其吏

前漢紀七　六　陳浩

爲桀等所詿誤未發覺在吏者除其罪師古曰其罪未發未爲吏所執持者二年夏四月上自建章宮徙未央宮大置酒賜郎從官帛及宗室子錢人二十萬吏民獻牛酒者賜帛人一匹六月赦天下詔曰朕閔百姓未贍師古曰贍足也前年減漕三百萬石師古曰減省轉漕所以休力役也頗省乘輿馬及苑馬師古曰乘輿馬謂天子所自乘以駕車輿者他皆類此以補邊郡三輔傳馬張晏曰驛馬也師古曰傳音張戀反其令郡國毋斂今年馬口錢文穎曰往時有馬口出斂錢今省如淳曰所謂租及六畜也三輔太常郡得以叔粟當賦如淳曰百官表太常主諸陵別治其縣爵秩如三輔郡矣元帝永光五年令各屬在所郡也師古曰諸應出賦筭租稅者皆聽以叔粟當錢物也叔豆也三年春正月泰山有大石自起立上林有柳樹枯僵自起生師古曰僵偃也謂樹枯死偃臥在地者也僵音紀良反罷中牟苑賦貧民師古曰在滎陽詔曰迺者民被水災頗匱於食朕虛倉廩師古曰倉新穀所藏也廩穀所振入也使使者振困乏其止四年毋漕三年以前所振貸非丞相御史所請邊郡受牛者勿收責應劭曰武帝始開三邊徙民屯田皆與犂牛後丞相御史復間有所請令勑自上所賜與勿收責丞相所請乃令其顧稅耳夏四月少府徐仁廷尉王平左馮翊賈勝胡皆坐縱反者仁自殺平勝胡皆要斬冬遼東烏桓反以中郎將范明友爲度遼將軍應劭曰當度遼水往擊之故以度遼爲官號將北邊七郡郡二千騎擊之四年春正月丁亥帝加元服如淳曰元服謂初冠加上服也師古曰如氏以爲衣服之服此說非也元首也冠者首之所著故曰元服其下汲黯傳序云上正元服是知謂冠爲

前漢紀七　七　何立

元服見于高廟賜諸侯王丞相大將軍列侯宗室下至吏民金帛牛酒各有差賜中二千石以下及天下民爵毋收四年五年口賦如淳曰漢儀注民年七歲至十四出口賦錢人二十三二十錢以食天子其三錢者武帝加口錢以補車騎馬三年以前逋更賦未入者皆勿收如淳曰更有三品有卒更有踐更有過更古者正卒無常人皆當迭為之一月一更是為卒更貧者欲得顧更錢者次直者出錢顧之月二千是謂踐更也天下人皆直戍邊三日亦名為更律所謂繇戍也雖丞相子亦在戍邊之調不可人人自行三日戍又行者當自戍三日不可往便還因便住一歲一更諸不行者出錢三百入官官以給戍者是為過更也律說卒踐更者居也居更縣中五月乃更也後從尉律卒踐更一月休十一月也食貨志曰月為更卒已復為正一歲屯戍一歲力役三十倍於古此漢初因秦法而行之也後遂改易有謫乃戍邊一歲耳逋未出更錢者也師古曰更音工衡反令天下酺五日甲戌丞相千秋薨師古曰田千秋夏四月詔曰度遼將軍明友前以羌騎校尉將羌王侯君長以下擊益州反虜後復率擊武都反氐今破烏桓斬虜獲生有功師古曰既斬反虜又獲生口也得取曰獲其封明友為平陵侯平樂監傅介子持節使師古曰持節而為使誅斬樓蘭王安歸首縣北闕封義陽侯五月丁丑孝文廟正殿火上及群臣皆素服發中二千石將五校作治六日成師古曰率領五校之士以作治也校音下教反太常及廟令丞郎吏皆劾大不敬會赦太常轑陽侯德免為庶人文穎曰轑音料德江德也轑陽在魏郡清淵師古曰會六月赦耳史終言之六月赦天下　五年春正月廣陵王來朝益國萬一千戶賜錢二千萬黃金二百斤劍二安車一乘馬二駟師古曰四馬八匹也夏大旱六月發三輔

及郡國惡少年吏有告劾亡者屯遼東如淳曰告者為人所告也劾者為人所劾也師古曰惡少年謂無賴子弟也告劾亡者謂被告劾而逃亡秋罷象郡分屬鬱林牂牁冬十一月大雷十二月庚戌丞相訢薨師古曰王訢也訢亦欣字六年春正月募郡國徒築遼東玄菟城夏赦天下詔曰夫穀賤傷農師古曰糴多而錢少是為傷也今三輔太常穀減賤鄭氏曰減音減少之減其令以叔粟當今年賦應劭曰太常掌諸陵園皆徙天下豪富民以充實之後悉為縣故與三輔同賦右將軍張安世宿衛忠謹封富平侯烏桓復犯塞遣度遼將軍范明友擊之　元平元年春二月詔曰天下以農桑為本日者省用罷不急官師古曰謂非要職者減外繇師古曰繇讀曰傜耕桑者益眾而百姓未能家給師古曰給足也家家自給足是為家給也朕甚愍焉其減口賦錢有司奏請減什三上許之甲申晨有流星大如月眾星皆隨西行夏四月癸未帝崩于未央宮臣瓚曰帝年九歲即位即位十三年壽二十二師古曰帝年八歲即位明年改元改元之後凡十三年年二十一六月壬申葬平陵臣瓚曰自崩至葬凡四十九日平陵在長安西北七十里贊曰昔周成以孺子繼統而有管蔡四國流言之變師古曰四國謂管蔡商奄也流放也武王崩成王幼弱周公攝政四國乃流言曰公將不利於孺子遂致雷風之異成王既見金縢之冊乃不疑周公事見毛詩及周書大誥孝昭幼年即位亦有燕蓋上官逆亂之謀成王不疑周公孝昭委任霍光各因其時以成名大矣哉承孝武奢侈餘敝師旅之後海內虛耗

戶口減半師古曰耗損也音火到反減讀為減省之減光知時務之要輕繇薄賦與民休息師古曰繇讀曰傜至始元元鳳之閒匈奴和親百姓充實舉賢良文學問民所疾苦議鹽鐵而罷榷酤尊號曰昭不亦宜乎

孝昭紀第七

宣紀第八　班固　漢書八

秘書少監上護軍琅邪縣開國子顏師古注

孝宣皇帝荀悅曰諱詢字次卿詢之字曰謀應劭曰謚法聖善周聞曰宣武帝曾孫戾太子孫也韋昭曰以違戾擅發兵故謚曰戾臣瓚曰太子誅江充以除讒賊而事不見明後武帝覺寤遂族充家宣帝不得以加惡謚也董仲舒書曰有其功無其意謂之戾有其意無其功謂之罪師古曰瓚說是也太子納史良娣服虔曰史姓也良娣官也師古曰太子有妃有良娣有孺子凡三等娣音大弟之弟生史皇孫師古曰以外家姓稱之故曰史皇孫皇孫納王夫人生宣帝號曰皇曾孫生數月遭巫蠱事太子良娣皇孫王夫人皆遇害語在太子傳曾孫雖在襁緥李奇曰襁絡也以繒布為之絡負小兒緥小兒大藉也孟康曰緥小兒被也師古曰襁即今之小兒綳也緥孟說是也襁音居丈反緥音保綳音補耕反猶坐收繫郡邸獄如淳曰謂諸郡邸置獄也師古曰據漢舊儀郡邸獄治天下郡國上計者屬大鴻臚此蓋巫蠱獄繁收繫者衆故曾孫寄在郡邸獄而邴吉為廷尉監師古曰監者廷尉之官屬治巫蠱於郡邸憐曾孫之亡辜使女徒復作淮陽趙徵卿渭城胡組更乳養李奇曰復作者女徒也謂輕罪男子守邊一歲女子軟弱不任守復令作於官亦一歲故謂之復作徒也孟康曰復音服謂弛刑徒也有赦令詔書去其鉗鈦赭衣更犯事不從徒加與民為例故當復為官作滿其本罪年月日律名為復作也師古曰孟說是也趙徵卿淮陽人胡組渭城人皆女徒也二人更遞乳養曾孫而邴吉傳云郭徵卿紀傳不同未知孰是更音工衡反私給衣食視遇甚有恩巫蠱事連歲不決至後元二年武帝疾往來長楊五柞宮師古曰長楊五柞二宮並在盩厔皆以樹名之帝往來二宮之間也柞字或作莋其音同望氣者言長安獄中有天子氣上遣使者分條中都官獄師古曰中都官凡京師諸官府也繫者輕重皆殺之內謁者令郭

穫夜至郡邸獄師古曰百官表云內者署屬少府續漢書志云掌宮中布張諸褻物了孚漢官云令秩千石蓋當時
權爲此使吉拒閉使者不得入曾孫賴吉得全因遭大
赦吉迺載曾孫送祖母史良娣家語在吉及外戚
傳後有詔掖庭養視上屬籍宗正應劭曰掖庭宮人之官有令丞宦者爲之
詔勑掖庭養視之始令宗正著其屬籍時掖庭令張賀嘗事戾太子思顧
舊恩師古曰顧念也哀曾孫奉養甚謹以私錢供給教書
旣壯爲取暴室嗇夫許廣漢女應劭曰暴室宮人獄也今曰薄室許廣漢坐法腐爲宦者作嗇夫也師古曰暴室者掖庭主織作染練之署故謂之暴室取暴曬爲名耳或云薄室者薄亦暴也今俗語亦云薄曬蓋暴室職務旣多因爲置獄主治其罪人故往往云暴室獄耳然本非獄名應說失之矣嗇夫者暴室屬官亦猶縣鄉之嗇夫也曬音所懈反又音所智反曾
孫因依倚廣漢兄弟及祖母家史氏師古曰倚音於綺反受詩

於東海澓中翁服虔曰澓音覆師古曰東海人姓澓字中翁也澓音房福反中讀曰仲高材好
學然亦喜游俠師古曰喜音許吏反鬬雞走馬具知閭里姦邪
吏治得失數上下諸陵師古曰諸陵皆據高敞地爲之縣即在其側帝每周游往來諸陵縣去則上來則下故言上下諸陵周徧三輔師古曰游行皆至其處常困於蓮勺鹵中如淳曰爲人所
困辱也蓮勺縣有鹽池縱廣十餘里其鄉人名爲鹵中蓮音輦勺音灼師古曰如說是也鹵者鹹地也今在櫟陽縣東其鄉人謂此中爲鹵鹽池也
尤樂杜鄠之閒師古曰二縣之閒也杜屬京兆鄠屬扶風鄠音扈率常在下杜文
穎曰在長安南師古曰率者總計之言也下杜即今之杜城時會朝請舍長安尚冠里文穎
曰以屬弟尚親故歲時隨宗室朝會也如淳曰春曰朝秋曰請師古曰舍止也尚冠者長安中里名帝會朝請之時即於此里中止息請音才
姓反身足下有毛臥居數有光燿師古曰遍身及足下皆有毛每買餅
所從買家輒大讎師古曰讎讀曰售亦以是自怪元平元年

四月昭帝崩毋嗣大將軍霍光請皇后徵昌邑王
六月丙寅王受皇帝璽綬尊皇后曰皇太后癸巳
光奏王賀淫亂請廢語在賀及光傳秋七月光奏
議曰禮人道親親故尊祖尊祖故敬宗太宗毋嗣
擇支子孫賢者爲嗣孝武皇帝曾孫病已師古曰蓋以夙遭屯
難而多病苦故名病已欲其速差也後以爲鄙更改諱詢有詔掖庭養視至今年十八
師受詩論語孝經操行節儉慈仁愛人可以嗣孝
昭皇帝後奉承祖宗子萬姓師古曰天子以萬姓爲子故云子萬姓奏可
遣宗正德至曾孫尚冠里舍洗沐賜御府衣太僕
以軨獵車奉迎曾孫文穎曰軨獵小車前有曲輿不衣也近世謂之軨獵車也孟康曰今之載獵車
也前有曲軨特高大獵時立其中格射禽獸李奇曰蘭輿輕車也師古曰文李二說皆是時未備天子車駕故且取其輕便耳非籍高大也孟說失之軨音鈴就齊宗正府庚申入未央宮見皇太后封爲

陽武侯師古曰先封侯者不欲立庶人爲天子也已而羣臣奏上璽綬即皇
帝位謁高廟八月己巳丞相敞薨師古曰楊敞也九月大
赦天下十一月壬子立皇后許氏賜諸侯王以
下金錢至吏民鰥寡孤獨各有差皇太后歸長
樂宮長樂宮初置屯衞　本始元年春正月募
郡國吏民訾百萬以上徙平陵文穎曰昭帝陵遣使者持
節詔郡國二千石謹牧養民而風德化師古曰以德化被於下故云風也詩序曰上以風化下大將軍光稽首歸政上謙讓委任焉論

定策功益封大將軍光萬七千戶車騎將軍光祿勳富平侯安世萬戶（李斐曰居光祿位以車騎官號尊之無車騎官屬）詔曰故丞相安平侯敞等居位守職與大將軍光車騎將軍安世建議定策以安宗廟功賞未加而薨其益封敞嗣子忠及丞相陽平侯義（師古曰蔡義）度遼將軍平陵侯明友（師古曰范明友）前將軍龍雒侯增（師古曰韓增）太僕建平侯延年（師古曰杜延年）太常蒲侯昌（師古曰蘇昌）諫大夫宜春侯譚（師古曰王譚）當塗侯平（師古曰功臣表云魏不害以捕反者胡倩功封當塗侯其子聖以定策功益封凡二千二百戶今此紀言當塗侯平與表乘錯未知孰是或者有二名乎）杜侯屠耆堂（蘇林曰姓復陸其祖父復陸支本匈奴胡也歸義為屬國王從驃騎有功乃更封也）長信少府關內侯勝（師古曰夏侯勝）邑

前漢紀八　四　徐淨

戶各有差封御史大夫廣明為昌水侯（師古曰田廣明）後將軍充國為營平侯（師古曰趙充國）大司農延年為陽城侯（師古曰田延年）少府樂成為爰氏侯（師古曰史樂成）光祿大夫遷為平丘侯（師古曰王遷）賜右扶風德（師古曰周德）典屬國武（師古曰蘇武）廷尉光（師古曰李光）宗正德（師古曰楚元王之曾孫劉辟彊子）大鴻臚賢（師古曰韋賢）詹事畸（蘇林曰畸音踦隻之踦師古曰宋畸也音居宜反）光祿大夫吉（師古曰邴吉）京輔都尉廣漢（師古曰趙廣漢也三輔郡皆有都尉如諸郡左輔都尉治高陵右輔都尉治郿京輔都尉治華陰）爵皆關內侯德武食邑（張晏曰舊關內侯無邑也以蘇武守節外國劉德宗室俊彥故特令食邑）夏四月庚午地震詔內郡國舉文學高第各一人（韋昭曰中國為內郡緣邊有夷狄障塞者為外郡武帝時內郡舉方正北邊二十三郡舉勇猛士）五月鳳皇集膠東千乘赦天下賜吏二千石諸侯相下至中都官官吏六百石爵各有差（如淳曰中都官官吏奄人為吏者也晉灼曰凡職在京師者也師古曰二說皆非也中都官謂在京師諸官也官吏諸各官也）自左更至五大夫（師古曰左更第十二爵也五大夫第九爵也更音工衡反）賜天下人爵各一級孝者二級女子百戶牛酒租稅勿收六月詔曰故皇太子在湖未有號謚（師古曰湖縣名也死於湖因即葬焉）歲時祠其議謚置園邑（語在太子傳）秋七月詔立燕剌王太子建為廣陽王（師古曰剌音來曷反）立廣陵王胥少子弘為高密王　二年春以水衡錢為平陵徙民起第宅（應劭曰水衡與少府皆天子私藏耳縣官公作當仰給司農今出水衡錢言宣帝即位為異政也晉灼曰食貨志初大司農管鹽鐵官布多故置水衡欲以主鹽鐵及楊可告緡上林財物眾乃令水衡主上林上林三官主鑄錢也）

前漢紀八　五　仁

大司農陽城侯田延年有罪自殺（師古曰坐增僦直而自入）夏五月詔曰朕以眇身奉承祖宗夙夜惟念孝武皇帝躬履仁義選明將討不服匈奴遠遁平氐羌昆明南越百蠻鄉風（師古曰鄉讀曰嚮也）款塞來享（應劭曰款叩也皆叩塞門來服從也如淳曰款實也請除守塞者自保不為寇害也故曰款五原塞師古曰應說是也此汎說夷狄來賓之事非呼韓邪保塞意）建太學修郊祀定正朔協音律封泰山塞宣房（蘇林曰隄名在東郡界李斐曰決河上宮名也張晏曰瓠子隄名師古曰蘇張二說皆是）符瑞應寶鼎出白麟獲功德茂盛不能盡宣而廟樂未稱（師古曰稱副也）其議奏有司奏請宜加尊號六月庚午尊孝武廟為世宗廟奏盛德文始五行之舞（應劭曰宣帝復采昭德之舞為盛德舞以尊世宗廟也諸帝廟皆常奏文始

時五行舞也 天子世世獻武帝巡狩所幸之郡國皆立廟
賜民爵一級女子百戶牛酒匈奴數侵邊又西伐
烏孫烏孫昆彌及公主因國使者上書 師古曰昆彌烏孫王之號
也國使者漢朝之使也 言昆彌願發國精兵擊匈奴唯天子哀憐
出兵以救公主秋大發興調關東輕車銳卒 師古曰調
亦選也銳利也言其勇利也調音徒釣反 選郡國吏三百石伉健習騎射者皆
從軍 師古曰伉強也音口浪反 御史大夫田廣明爲祁連將軍 應劭
曰祁連匈奴中山名也諸將分部廣明值此山因以爲號也師古曰祁音上夷反 後將軍趙充國爲蒲
類將軍 應劭曰蒲類匈奴中海名也在敦煌北晉灼曰匈奴傳有蒲類澤師古曰晉説是也 雲中太守田
順爲虎牙將軍及度遼將軍范明友前將軍韓增

凡五將軍兵十五萬騎校尉常惠持節護烏孫兵
咸擊匈奴 三年春正月癸亥皇后許氏崩戊辰
五將軍師發長安夏五月軍罷祁連將軍廣明虎
牙將軍順有罪下有司皆自殺 晉灼曰田千秋子也廣明坐逗留順坐增虜獲
校尉常惠將烏孫兵入匈奴右地大克獲封列侯
大旱郡國傷旱甚者民毋出租賦三輔民就賤者
且毋收事盡四年 晉灼曰不給官役也師古曰收謂租賦也事謂役使也盡本始四年而止 六月
己丑丞相義薨 師古曰蔡義 四年春正月詔曰蓋聞
農者興德之本也今歲不登已遣使者振貸困乏
其令太官損膳省宰 師古曰膳具食也食之善者也宰爲屠殺也省減也漢儀注大宰令屠者七十

二人宰二百人 樂府減樂人使歸就農業丞相以下至都官
令丞 師古曰都官令丞京師諸署之令丞 上書入穀輸長安倉助貸貧民民以
車船載穀入關者得毋用傳 師古曰傳傳符也欲穀之多故不問其出入也傳音張戀反 三月乙
卯立皇后霍氏賜丞相以下至郎吏從官金錢帛各有
差赦天下夏四月壬寅郡國四十九地震或山崩水出詔
曰蓋災異者天地之戒也朕承洪業奉宗廟託于士民之
上未能和羣生迺者地震北海琅邪壞祖宗廟朕甚
懼焉丞相御史其與列侯中二千石博問經學之士有以
應變 師古曰謂塞災異也 輔朕之不逮毋有所諱令三輔太常內郡
國舉賢良方正各一人律令有可蠲除以安百姓條奏被地

震壞敗甚者勿收租賦大赦天下上以宗廟墮素服避正
殿五月 師古曰墮者毀也音火規反 五月鳳皇集北海安丘淳于 師古曰二縣皆屬北海郡 秋廣
川王吉有罪廢遷上庸自殺 地節元年 應劭曰以先者地震山崩水出於是改元
曰地節欲令地得其節 春正月有星孛于西方三月假郡國貧民田 師古曰權以給
之不常與 夏六月詔曰蓋聞堯親九族以和萬國 師古曰尚書堯典云克明俊德以親九族九族既睦
平章百姓百姓昭明協和萬邦故詔引之 朕蒙遺德奉承聖業惟念宗室屬未盡
而以罪絶若有賢材改行勸善其復屬使得自新 師古曰復音扶目反
冬十一月楚王延壽謀反自殺十二月癸亥晦日有食之 二年
春三月庚午大司馬大將軍光薨詔曰大司馬大將軍博
陸侯 師古曰尊之故不名 宿衛孝武皇帝三十餘年輔孝昭皇帝十

有餘年遭大難躬秉義率三公諸侯九卿大夫定萬世
策以安宗廟天下蒸庶咸以康寧師古曰蒸庶眾人也康安也功德茂盛
朕甚嘉之復其後世疇其爵邑張晏曰律非始封十減二疇者等也言不復減也師古曰復音方目反
世世毋有所與師古曰與讀曰豫功如蕭相國夏四月鳳皇集
魯羣鳥從之師古曰今流俗書本此下云戊申立皇太子而後年又有立皇太子事此蓋以元紀云元帝二歲宣帝即位八歲爲皇太子故後人妄於此書加之舊本無也據踈廣及丙吉傳並地節三年立皇太子此即明驗而或者妄爲臆說乖於實矣大赦天下五月光祿大
夫平丘侯王遷有罪下獄死上始親政事又思報大將軍
功德迺復使樂平侯山領尚書事師古曰霍山光之兄孫而令羣臣得
奏封事以知下情五日一聽事自丞相以下各奉職奏事
以傅奏其言應劭曰敷陳也各自奏陳其言然後試之以官考其功德也師古曰傅讀曰敷考試功能侍中
尚書功勞當遷及有異善厚加賞賜至于子孫終
不改易師古曰言各久其職事也樞機周密品式備具上下相安
莫有苟且之意也　三年春三月詔曰蓋聞有功
不賞有罪不誅雖唐虞猶不能以化天下今膠東
相成勞來不怠師古曰王成也勞來者言慰勉而招延之也小雅鴻鴈之詩序曰勞來還定安集之勞音盧到反來音盧代反流民自占八萬餘口師古曰占者謂自隱度其戶口而著名籍也占音之贍反治有
異等師古曰政治異於常等其秩成中二千石賜爵關內侯又
曰鰥寡孤獨高年貧困之民朕所憐也前下詔假
公田貸種食師古曰貸音吐戴反其加賜鰥寡孤獨高年帛二
千石嚴敎吏謹視遇毋令失職師古曰職常也失職謂失其常業也令內

前漢紀八　八　吳實

郡國舉賢良方正可親民者夏四月戊申立皇太
子大赦天下賜御史大夫爵關內侯中二千石爵
右庶長張晏曰自公孫弘後丞相常封列侯第二十等爵故賜御史大夫爵關內侯第十九等爵也右庶長第十一等爵也師古曰張說非也此以立皇太子國之大慶故特賜御史大夫及中二千石爵耳非常制也天下當爲父後者
爵一級賜廣陵王黃金千斤諸侯王十五人黃金
各百斤列侯在國者八十七人黃金各二十斤冬
十月詔曰迺者九月壬申地震朕甚懼焉有能箴
朕過失師古曰箴戒也及賢良方正直言極諫之士以匡朕
之不逮師古曰匡正也毋諱有司李奇曰諱避也雖有司在顯職皆言其過勿避之朕既不
德不能附遠是以邊境屯戍未息今復飭兵重屯
久勞百姓師古曰飭讀與勑同飭整也非所以綏天下也其罷車騎
將軍右將軍屯兵又詔池籞未御幸者假與貧民
蘇林曰折竹以繩綿連禁禦使人不得往來律名爲籞服虔曰籞在池水中作室可用棲鳥鳥入中則捕之應劭曰池者陂池也籞者禁苑也臣瓚曰籞者所以養鳥也設爲藩落周覆其上令鳥不得出猶苑之畜獸池之畜魚也師古曰蘇應二說是郡國宮館
勿復修治流民還歸者假公田貸種食師古曰貸音吐戴反種五穀種也音之勇反
且勿算事師古曰不出算賦及給傜役十一月詔曰朕既不逮
導民不明師古曰不逮者意思不及也反側晨興念慮萬方不忘
元元唯恐羞先帝聖德師古曰羞謂忝辱也故並舉賢良方正
以親萬姓歷載臻茲然而俗化闕焉師古曰多歷年載迄至于今傳
曰孝弟也者其爲仁之本與師古曰論語載有若之言與讀曰歟其令郡

前漢紀八　九　沈

國舉孝弟有行義聞於鄉里者各一人十二月初
置廷尉平四人秩六百石省文山郡并蜀（師古曰以其縣道隷蜀郡）
四年春二月封外祖母爲博平君故鄼侯蕭何
曾孫建世爲侯詔曰導民以孝則天下順今百姓
或遭衰絰凶災（師古曰衰音千回反）而吏繇事使不得葬（師古曰繇讀曰傜事謂役使之）傷孝子之心朕甚憐之自今諸有大父母
父母喪者勿繇事使得收斂送終盡其子道夏五
月詔曰父子之親夫婦之道天性也雖有患禍猶
蒙死而存之（師古曰蒙冒也）誠愛結於心仁厚之至也豈能
違之哉自今子首匿父母妻匿夫孫匿大父母皆

勿坐（師古曰凡首匿者言爲謀首而藏匿罪人）其父母匿子夫匿妻大父母
匿孫罪殊死皆上請廷尉以聞立廣川惠王孫文
爲廣川王秋七月大司馬霍禹謀反詔曰迺者東
織室令史張赦（應劭曰舊時有東西織室織作文繡郊廟之服令史其主者吏）使魏郡豪
李竟（文穎曰有權埶豪右大家）報冠陽侯霍雲謀爲大逆（如淳曰報白也師古曰此說非也謂張赦因李竟傳言於霍雲與共謀反耳非告白其罪也赦既爲織室令史身在京師不須令李竟發之據霍禹傳其事明矣）
朕以大將軍故抑而不揚冀其自新今大司馬
博陸侯禹與母宣成侯夫人顯及從昆弟冠陽侯
雲樂平侯山（師古曰據霍光傳雲山皆去病之孫則於禹爲子行也今此紀言從昆弟蓋轉寫者脫子字耳當言從昆弟子也）
諸姊妹壻度遼將軍范明友長信少府鄧廣漢中

郎將任勝騎都尉趙平長安男子馮殷等（晉灼曰漢語字子都）
謀爲大逆顯前又使女侍醫淳于衍進藥殺共哀
后（師古曰殺讀曰弑共讀曰恭）謀毒太子欲危宗廟逆亂不道咸伏
其辜諸爲霍氏所詿誤未發覺在吏者皆赦除之
八月己酉皇后霍氏廢九月詔曰朕惟百姓失職
不贍遣使者循行郡國問民所疾苦（師古曰行音下更反）吏或
營私煩擾不顧厥咎朕甚閔之今年郡國頗被水災
已振貸（師古曰貸音他戴反）鹽民之食而賈咸貴（師古曰賈讀曰價其下亦同）衆
庶重困（師古曰更增其困也重音直用反）其減天下鹽賈又曰令甲死
者不可生（文穎曰蕭何承秦法所作爲律令律經是也天子詔所增損不在律上者爲令令甲者前帝第一令也如淳曰令有先後故有令甲令乙令丙師古曰如說是也甲乙者若今之第一第二篇耳）刑者不可息（李斐曰息滅也若黥劓者雖欲改過其創瘢不可復滅也師古曰息謂生長也言劓刖腐割之徒不可更生長亦猶謂子爲息耳李說非也）此先帝之

所重而吏未稱（師古曰稱副也）今繫者或以掠辜若飢寒瘐
死獄中（蘇林曰瘐病也囚徒病律名爲瘐如淳曰律囚以飢寒而死曰瘐師古曰瘐病是也此言囚或以掠笞及飢寒及疾病而死如說非矣瘐音庾字或作瘉其音亦同）何用心逆人道也朕甚痛之其令
郡國歲上繫囚以掠笞若瘐死者所坐名縣爵里（師古曰名其人名也縣所屬縣也爵其身之官爵里所居邑里也）丞相御史課殿最以聞（師古曰凡言殿最者殿後也課居後也最凡要之首也課居先也殿音丁見反）十二月清河王年有罪
廢遷房陵　元康元年春以杜東原上爲初陵
更名杜縣爲杜陵徙丞相將軍列侯吏二千石訾

百萬者杜陵三月詔曰迺者鳳皇集泰山陳留甘
露降未央宮朕未能章先帝休烈師古曰章明也休美也烈業也協
寧百姓承天順地調序四時獲蒙嘉瑞賜茲祉福
夙夜兢兢靡有驕色内省匪解永惟罔極師古曰省視也永長
也惟思也罔無也極中也帝書内自視察不敢惰息長思政道恐無其中也解讀曰懈書不云乎鳳皇來
儀庶尹允諧師古曰虞書益稷之篇曰簫韶九成鳳皇來儀擊石拊石百獸率舞庶尹允諧言奏樂之和鳳皇以
其容儀來下百獸相率舞蹈是乃衆官之長信皆和諧故神人交暢其赦天下徒賜勤事吏中
二千石以下至六百石爵自中郎吏至五大夫師古
曰賜中郎吏爵得至五大夫自此以上每爲等級而高賜也五大夫第九爵也一日二千石至五大夫自此以下而差降佐史以
上二級民一級女子百戶牛酒加賜鰥寡孤獨三

老孝弟力田帛所振貸勿收夏五月立皇考廟益
奉明園戶爲奉明縣師古曰奉明園即皇考史皇孫之所葬也本名廣明後追改也復高
皇帝功臣絳侯周勃等百三十六人家子孫令奉
祭祀師古曰復音方目反次下亦同世世勿絕其毋嗣者復其次秋
八月詔曰朕不明六藝鬱于大道孟康曰鬱不通也是以陰
陽風雨未時其博舉吏民厥身修正通文學明
於先王之術宣究其意者各二人師古曰究盡也中二千
石各一人冬置建章衛尉　二年春正月詔曰書
云文王作罰刑茲無赦師古曰周書康誥之辭也言文王作法罰其有亂常違教者則刑之無赦
釋也今吏修身奉法未有能稱朕意朕甚愍焉其赦

天下與士大夫厲精爲吏始李斐曰令吏已修身奉法矣但不能稱上意耳故赦之師古曰
言文王作罰有犯之者皆刑無赦今我意有所閔閔吏修身奉法矣而未稱其任故特赦之以與更始耳李説非也二月乙
丑立皇后王氏師古曰王奉光女賜丞相以下至郎從官錢
帛各有差三月以鳳皇甘露降集賜天下吏爵二
級民一級女子百戶牛酒鰥寡孤獨高年帛夏五
月詔曰獄者萬民之命所以禁暴止邪養育群生
也能使生者不怨死者不恨則可謂文吏矣今則
不然用法或持巧心析律貳端深淺不平師古曰析分也謂分
破律條妄生端緒以出入人罪增辭飾非以成其罪奏不如實上亦亡
繇知師古曰上者天子自謂也繇讀與由同也此朕之不明吏之不稱四方

黎民將何仰哉二千石各察官屬勿用此人吏務
平法或擅興繇役飾廚傳稱過使客韋昭曰廚謂飲食傳謂傳舍言修飾
意氣以稱過使而已師古曰使人及賓客來者稱其意而遣之令過去也稱音尺孕反過者過度之過也越職踰法以
取名譽譬猶踐薄冰以待白日豈不殆哉師古曰殆危也今
天下頗被疾疫之災朕甚愍之其令郡國被災甚
者毋出今年租賦又曰聞古天子之名難知而易
諱也今百姓多上書觸諱以犯罪者朕甚憐之其
更諱詢諸觸諱在令前者赦之師古曰令謂令詔書冬京兆尹
趙廣漢有罪要斬　三年春以神爵數集泰山
賜諸侯王丞相將軍列侯二千石金郎從官帛各

有差賜天下吏爵二級民一級女子百戶牛酒鰥寡孤獨高年帛三月詔曰蓋聞象有罪舜封之（應劭曰象者舜弟也曰以殺舜為事舜為天子猶封之於有鼻之國）骨肉之親粲而不殊（師古曰粲明也殊絕也當明於仁恩不離絕也）其封故昌邑王賀為海昏侯又曰朕微眇時御史大夫邴吉中郎將史曾史玄長樂衛尉許舜侍中光祿大夫許延壽皆與朕有舊恩及故掖庭令張賀輔導朕躬修文學經術恩惠卓異厥功茂焉詩不云乎無德不報（師古曰大雅抑之詩也言受人之德必有報也）封賀所子弟子侍中中郎將彭祖為陽都侯（如淳曰賀張安世兄有一子早死故以彭祖為子師古曰所子者言養弟子以為子）追賜賀謚曰陽都哀侯吉曾

孫（？）

玄舜延壽皆為列侯故人下至郡邸獄復作（師古曰謂胡組趙徵卿之輩也復音扶目反）嘗有阿保之功（臣瓚曰阿倚保養也）皆受官祿田宅財物各以恩深淺報之夏六月詔曰前年夏神爵集雍（晉灼曰漢注大如鷃爵黃喉白頸黑背腹斑文也師古曰鷃音晏）今春五色鳥以萬數飛過屬縣（師古曰三輔諸縣也）翱翔而舞欲集未下其令三輔毋得以春夏擿巢探卵彈射飛鳥（師古曰擿音他狄反射音食亦反）具為令立皇子欽為淮陽王　四年春正月詔曰朕惟耆老之人髮齒墮落血氣衰微亦亡暴虐之心今或罹文法拘執囹圄不終天命朕甚憐之自今以來諸年八十以上非誣告殺傷人佗皆勿坐

（師古曰誣告人及殺傷人皆如舊法其餘則不論）遣太中大夫彊等十二人循行天下（師古曰行音下更反）存問鰥寡覽觀風俗察吏治得失舉茂材異倫之士三月河東霍徵史等謀反誅三月詔曰迺者神爵五采以萬數集長樂未央北宮高寢甘泉泰畤殿中及上林苑朕之不逮寡于德厚屢獲嘉祥非朕之任其賜天下吏爵二級民一級女子百戶牛酒加賜三老孝弟力田帛人二匹鰥寡孤獨各一匹秋八月賜故右扶風尹翁歸子黃金百斤以奉其祭祀又賜功臣適後（師古曰適讀曰嫡承嗣者也或子或孫不拘後裔故摠言後也）黃金人二十斤丙寅大司馬衛將軍安

世薨比年豐穀石五錢（師古曰比頻也）神爵元年（應劭曰前年神爵集于長樂宮故改年）春正月行幸甘泉郊泰畤三月行幸河東祠后土詔曰朕承宗廟戰戰栗栗惟萬事統未燭厥理（師古曰惟思也統緒也燭照也）迺元康四年嘉穀玄稷降于郡國（服虔曰玄稷黑粟也）神爵仍集（師古曰仍頻也）金芝九莖產于函德殿銅池中（服虔曰金芝色像金也如淳曰函亦含也銅池承霤也晉灼曰以銅作池也師古曰函德殿名也銅池承霤是也以銅為之函讀與含同）九真獻奇獸（蘇林曰白象也晉灼曰漢注駒形麟色牛角仁而愛人師古曰非白象也晉說是矣）南郡獲白虎威鳳為寶（服虔曰威鳳鳥名也晉灼曰鳳之有威儀者也與尚書鳳皇來儀同意師古曰晉說是）朕之不明震于珍物（服虔曰震驚也蘇林曰震動也珍物瑞應也師古曰蘇說是也獲珍物而心感動也）飭躬齋精祈為百姓（師古曰飭與勅同為音于偽反）東濟大河

天氣清靜神魚舞河幸萬歲宮神爵翔集服虔曰萬歲宮在東郡平陽縣今有津晉灼曰黃圖汾陰有萬歲宮是時幸河東師古曰晉說是朕之不德懼不能任其以五年為神爵元年賜天下勤事吏爵二級民一級女子百戶牛酒鰥寡孤獨高年帛所振貸物勿收行所過毋出田租西羌反發三輔中都官徒弛刑李奇曰弛廢也謂若今徒解鉗釱赭衣置任輸作也師古曰中都官京師諸官府也漢儀注長安中諸官獄三十六所弛刑李說是也若今徒囚但不枷鎖而責保散役之耳弛音式爾反及應募佽飛射士服虔曰周時度江越人在船下負船將覆之佽飛入水殺之漢因以材力名官如淳曰呂氏春秋荊有茲非得寶劍於干將渡江中流兩蛟繞舟茲非拔寶劍赴江刺兩蛟殺之荊王聞之仕以執圭後世以為勇力之官茲佽音相近臣瓚曰李秦左弋官也武帝改曰佽飛官有一令九丞在上林苑中結矰繳以弋鳧鴈歲萬頭以供祀宗廟許慎曰佽便利也便利矰繳以弋鳧鴈故曰佽飛詩曰抉拾既佽者也師古曰取古勇力人以名官熊渠之類是也亦因取

其便利輕疾若飛故號佽飛弋鳧鴈事自使佽飛為之非取飛鳥為名瓚說失之佽音次羽林孤兒應劭曰天有羽林大將軍之星林諭若林木之盛羽翼鷙擊之意故以名武官焉如淳曰百官表取從軍死事者之子養羽林官教以五兵號曰羽林孤兒少壯令從軍漢儀注羽林從官七百人胡越騎三河潁川沛郡淮陽汝南材官金城隴西天水安定北地上郡騎士羌騎詣金城夏四月遣後將軍趙充國彊弩將軍許延壽擊西羌六月有星孛于東方即拜酒泉太守辛武賢為破羌將軍師古曰即就也就酒泉而拜之不徵入與兩將軍並進師古曰兩將軍即趙充國許延壽詔曰軍旅暴露轉輸煩勞其令諸侯王列侯蠻夷王侯君長當朝二年者皆毋朝師古曰朝來年之正月秋賜故大司農朱邑子黃金百斤以奉祭祀後將軍充國

言屯田之計語在充國傳　二年春二月詔曰迺者正月乙丑鳳皇甘露降集京師群鳥從以萬數朕之不德屢獲天福祗事不怠其赦天下夏五月羌虜降服斬其首惡大豪楊玉酋非首文穎曰羌胡名大帥為酋如中國言魁非有其名也如淳曰酋音酒醞熟師古曰文說失矣酋者自是魁帥之稱而此酋不當其義也蓋首惡者唱首為惡也大豪者魁帥也楊玉及酋非皆人名言斬此二人之首級耳既已言大豪不當重言酋且趙充國傳又云酋非楊玉首此其明驗也酋音才由反置金城屬國以處降羌秋匈奴日逐王先賢撣鄭氏曰撣音纏束之纏晉灼曰音田師古曰鄭音是也將人眾萬餘來降使都護西域騎都尉鄭吉迎日逐破車師皆封列侯九月司隸校尉蓋寬饒有罪下有司自殺匈奴單于遣名

王奉獻師古曰名王者謂有大名以別諸小王也賀正月始和親師古曰賀來歲之正月三年春起樂游苑師古曰三輔黃圖云在杜陵西北又關中記云宣帝立廟於曲池之北號樂游案其處則今之所呼樂游廟者是也其餘基尚可識焉蓋本為苑後因立廟乎樂音來各反三月丙午丞相相薨師古曰魏相秋八月詔曰吏不廉平則治道衰今小吏皆勤事而奉祿薄師古曰奉音扶用反其下亦同欲其毋侵漁百姓難矣如淳曰漁奪也謂奪其利便也晉灼曰許慎云捕魚之字也師古曰漁者若言漁獵也晉說是也其益吏百石已下奉十五如淳曰律百石奉月六百韋昭曰若食一斛則益五斗四年春二月詔曰迺者鳳皇甘露降集京師嘉瑞竝見修興泰一五帝后土之祠祈為百姓蒙祉福師古曰為音于偽反鸞鳳萬舉蜚覽翺翔集止于旁師古曰萬舉猶言舉以萬數也蜚古

飛字也言鸞鳳飛翔覽觀都邑也齋戒之暮神光顯著薦鬯之夕神光交錯師古曰鬯香酒所以祭神或降于天或登于地或從四方來集于壇上帝嘉嚮海内承福師古曰嚮讀曰響其赦天下賜民爵一級女子百戶牛酒鰥寡孤獨高年帛夏四月潁川太守黄霸以治行尤異秩中二千石如淳曰太守雖號二千石有千石八百石居者有功德茂異乃得滿秩霸得中二千石九卿秩也晉灼曰此直謂二千石增秩爲中二千石耳不謂滿不滿也師古曰如說非也霸舊已二千石矣今增爲中二千石以寵異之此與地節三年增膠東相王成秩其事同耳漢制秩二千石者一歲得一千四百四十石實不滿二千石也其云中二千石者一歲得二千一百六十石舉成數言之故曰中二千石中者滿也賜爵關内侯黄金百斤及潁川吏民有行義者爵人二級力田一級貞婦順女帛令内郡國舉賢良可親民者

各一人五月匈奴單于遣弟呼留若王勝之來朝師古曰呼留若者王之號也勝之其人名冬十月鳳皇十一集杜陵十一月河南太守嚴延年有罪弃市十二月鳳皇集上林

五鳳元年應劭曰先者鳳皇五至因以改元云春正月行幸甘泉郊泰畤皇太子冠皇太后賜丞相將軍列侯中二千石帛人百匹大夫人八十匹夫人六十匹又賜列侯嗣子爵五大夫男子爲父後者爵一級夏赦徒作杜陵者冬十二月乙酉朔日有蝕之左馮翊韓延壽有罪弃市

二年春三月行幸雍祠五畤夏四月己丑大司馬車騎將軍增薨師古曰韓增秋八月詔曰夫婚姻之禮人倫之大者也酒食之會所以行禮樂也今郡國二千石或擅爲苛禁禁民嫁娶不得具酒食相賀召由是廢鄉黨之禮令民亡所樂非所以道民也詩不云乎民之失德乾餱以愆師古曰小雅伐木之詩也餱食也愆過也言人無恩德不相飲食則闕乾餱之事爲過惡也乾音干餱音侯勿行苛政冬十一月匈奴呼遬累單于帥衆來降師古曰遬古速字累音力追反封爲列侯十二月平通侯楊惲師古曰惲音於吻反坐前爲光祿勳有罪免爲庶人不悔過怨望大逆不道要斬

三年春正月癸卯丞相吉薨師古曰丙吉也三月行幸河東祠后土詔曰往者匈奴數爲邊寇百姓被其害

朕承至尊未能綏安匈奴虚閭權渠單于請求和親病死右賢王屠耆堂代立骨肉大臣立虚閭權渠單于子爲呼韓邪單于擊殺屠耆堂諸王並自立分爲五單于更相攻擊師古曰更音工衡反死者以萬數畜産大耗什八九師古曰耗損也言十損其八九也耗音呼到反人民飢餓相燔燒以求食師古曰燔焚也音扶元反因大乖亂單于閼氏服虔曰閼氏音焉支子孫昆弟及呼遬累單于名王右伊秩訾且渠當戶以下師古曰伊秩訾且渠當戶皆匈奴官号也訾音子移反且音子余反將衆五萬餘人來降歸義單于稱臣使弟奉珍朝賀正月北邊晏然靡有兵革之事朕飭躬齋戒師古曰飭與敕同郊上帝祠后土

神光並見或興于谷燭燿齊宮十有餘刻（師古曰燭亦照也刻者以漏言時也）甘露降神爵集已詔有司告祠上帝宗廟三月辛丑鸞鳳又集長樂宮東闕中樹上（張晏曰門外闕內衡馬之裏樹也）飛下止地文章五色留十餘刻吏民並觀朕之不敏懼不能任婁蒙嘉瑞獲茲祉福（師古曰婁古屢字）書不云乎雖休勿休祗事不怠（師古曰周書呂刑之辭言雖見褒美勿自以為有德美當敬於事無怠）公卿大夫其勗焉（師古曰勗勉也）減天下口錢赦殊死以下賜民爵一級女子百戶牛酒大酺五日加賜鰥寡孤獨高年帛置西河北地屬國以處匈奴降者

四年春正月廣陵王胥有罪自殺匈奴單于稱臣遣弟谷蠡王入侍（服虔曰谷音鹿韋昭曰蠡音如麗師古曰谷服音是也蠡音落奚反）以邊塞亡寇減戍卒什二大司農中丞耿壽昌奏設常平倉以給北邊（應劭曰壽昌奏令邊郡穀賤時增賈而糴穀貴時減賈而糶名曰常平倉見食貨志）省轉漕賜爵關內侯夏四月辛丑晦日有蝕之詔曰皇天見異以戒朕躬是朕之不逮吏之不稱也（師古曰稱副也）以前使者問民所疾苦復遣丞相御史掾二十四人循行天下（師古曰行音下更反）舉冤獄察擅為苛禁深刻不改者

甘露元年春正月行幸甘泉郊泰畤匈奴呼韓邪單于遣子右賢王銖婁渠堂入侍（師古曰銖音殊婁音力于反）二月丁巳大司馬車騎將軍延壽薨（文穎曰許延壽）

夏四月黃龍見新豐丙申太上皇廟火甲辰孝文廟火上素服五日冬匈奴單于遣弟左賢王朝賀

二年春正月立皇子囂為定陶王（師古曰囂音敖）詔曰迺者鳳皇甘露降集黃龍登興醴泉滂流枯槁榮茂（師古曰槁音口老反）神光並見咸受禎祥（師古曰禎正也祥福也禎音貞）其赦天下減民算三十（師古曰一算減錢三十也）賜諸侯王丞相將軍列侯中二千石金錢各有差賜民爵一級女子百戶牛酒鰥寡孤獨高年帛夏四月遣護軍都尉祿將兵擊珠崖秋九月立皇子宇為東平王冬十二月行幸萯陽宮（應劭曰宮在鄠秦文王所起伏儼曰在扶風李斐曰萯音倍師古曰應說李音是也）屬玉觀（服虔曰以玉飾因名焉在扶風李奇曰屬玉音鸑鷟鳥其上有此鳥因以為名晉灼曰屬玉水鳥似鵁鶄以名觀也師古曰晉說是也屬音之欲反）匈奴呼韓邪單于款五原塞（師古曰款叩也）願奉國珍朝三年正月（師古曰欲於甘露三年正月行朝禮）詔有司議咸曰聖王之制施德行禮先京師而後諸夏先諸夏而後夷狄詩云率禮不越遂視既發相土烈烈海外有截（文穎曰遂偏也發行也言契能使其民率禮不越法度偏承其教令奉順而行也相土契孫也烈烈威也截整齊也威武之盛烈烈然四海之外率服截整齊也師古曰此商頌長發之詩）陛下聖德充塞天地光被四表（師古曰四表四方之外也）匈奴單于鄉風慕義（師古曰鄉讀曰嚮）舉國同心奉珍朝賀自古未之有也單于非正朔所加王者所客也禮儀宜如諸侯王稱臣昧死再拜位

次諸侯王下詔曰蓋聞五帝三王禮所不施不及
以政 師古曰言荒外之人非禮所設者政刑亦不及 今匈奴單于稱北藩臣朝
正月朕之不逮德不能弘覆其以客禮待之位在
諸侯王上 三年春正月行幸甘泉郊泰畤匈奴
呼韓邪單于稽侯𤝞來朝 應劭曰𤝞音若訕李奇曰𤝞音山師古曰稽音古奚反𤝞音
又音先安反 贊謁稱藩臣而不名賜以璽綬冠帶衣裳
安車四馬黃金錦繡繒絮使有司道單于 師古曰道讀曰導
引也 先行就邸長安宿長平上自甘泉宿池陽宮上
登長平阪 如淳曰阪名也在池陽南上原之阪有長平觀去長安五十里師古曰涇水之南原即今所謂眭城阪
詔單于毋謁 師古曰不拜見也 其左右當戶之羣皆列觀 孟康
曰左右當戶匈奴官名 蠻夷君長王侯迎者數萬人夾道陳上
登渭橋咸稱萬歲單于就邸置酒建章宮饗賜
單于觀以珍寶 師古曰觀示也 二月單于罷歸遣長樂衛尉
高昌侯忠 晉灼曰功臣表董忠 車騎都尉昌 晉灼曰韓昌 騎都尉虎 文穎
曰不知姓晉灼曰百官表唯記三輔郡以上者此皆不見姓無從知之 將萬六千騎送單于單
于居幕南保光祿城 孟康曰前光祿徐自為所築城 詔北邊振穀食郅
支單于遠遁 師古曰郅音質 匈奴遂定詔曰迺者鳳皇集新
蔡群鳥四面行列皆鄉鳳皇立以萬數 師古曰行音胡郎反鄉讀曰嚮
其賜汝南太守帛百匹新蔡長吏三老孝弟力田
鰥寡孤獨各有差賜民爵二級毋出今年租三月

己丑丞相霸薨 文穎曰黃霸 詔諸儒講五經同異太子太
傅蕭望之等平奏其議上親稱制臨決焉迺立梁
丘易大小夏侯尚書穀梁春秋博士冬烏孫公主
來歸 應劭曰楚王女解憂 四年夏廣川王海陽有罪廢遷房
陵冬十月丁卯未央宮宣室閣火 黃龍元年 應劭
曰先是黃龍見新豐因以冠元焉師古曰漢注云此年二月黃龍見廣漢郡故改年然則應說非也見新豐者於此五載矣 春正月
行幸甘泉郊泰畤匈奴呼韓邪單于來朝禮賜如
初二月單于歸國詔曰蓋聞上古之治君臣同心
舉措曲直各得其所 師古曰措置也音千故反 是以上下和洽海
內康平其德弗可及已 師古曰已語終辭 朕既不明數申詔
公卿大夫務行寬大 師古曰申束也謂約束之 順民所疾苦 師古曰失所疾
苦則順其意也 將欲配三王之隆明先帝之德也今吏或以
不禁姦邪為寬大縱釋有罪為不苛或以酷惡為
賢皆失其中 師古曰中音竹仲反 奉詔宣化如此豈不繆哉方
今天下少事繇役省減兵革不動而民多貧盜賊
不止其咎安在上計簿具文而已 師古曰雖有其文而實不副也簿音步戶
反其求尚 務為欺謾以避其課 師古曰謾誣言也音慢又音莫連反 三公不以為
意朕將何任 師古曰言無所委任 諸請詔省卒徒自給者皆止
應劭曰時有請云詔使出者省卒徒以其直自給不復取官稟假貸有遺入於官非舊章也故絕之張晏曰先是孝武帝以用度不足且有以益官
者或奉使求不受奉祿自省其徒衆以取其稟者或自給於是益吏祿幾為利所得多於本祿故絕之如淳曰且他騎有所省卒徒而羣臣有請

之以自給官府者先時聽與之今更停之不復聽也師古曰應張二說是也 御史察計簿疑非實者按之使真僞毋相亂三月有星孛于王良閣道入紫宮 蘇林曰皆星名 夏四月詔曰舉廉吏誠欲得其眞也吏六百石位大夫有罪先請秩祿上通足以效其賢材自今以來毋得舉 韋昭曰吏六百石者不得復舉為廉吏也 冬十二月甲戌帝崩于未央宮 臣瓚曰帝年十八即位即位二十五年壽四十三 癸巳尊皇太后曰太皇太后 師古曰於此已書尊太皇太后元紀之首又重書之然尊太皇太后及皇太后宜同一時則元紀為是而此紀誤重之

贊曰孝宣之治信賞必罰 師古曰有功必賞有罪必罰 綜核名實政事文學法理之士咸精其能至于技巧工匠器械

前漢紀八　二十四

自元成閒鮮能及之 師古曰械者器之總名也一曰有盛為械無盛為器鮮少也言少有能及之者鮮音先踐反 亦足以知吏稱其職民安其業也遭值匈奴乖亂推亡固存 李奇曰推亡者若紂為無道天下苦之有滅亡之形周武遂推而滅之固存者譬如鄭國以道蒞民上下一心勢必能存因就而堅固之今匈奴內自奮爭有土故宣帝能朝呼韓邪而固存之走郅支單于使遠遁是謂推亡也師古曰尚書仲虺之誥曰推亡固存邦乃其昌言有亡道者則推而滅之有存道者則輔而固之王者如此國乃昌盛故此贊引之 信威北夷 師古曰信讀為申古通用字一說恩信及威並著北夷 單于慕義稽首稱藩功光祖宗業垂後嗣可謂中興侔德殷宗周宣矣 師古曰侔等也殷之高宗及周宣王也

孝宣紀第八

元紀第九　班固　漢書九

秘書監上護軍琅邪縣開國子顏師古注

孝元皇帝 荀悅曰諱奭之字曰盛應劭曰諡法行義悅民曰元師古曰奭音式亦反 宣帝太子也母曰共哀許皇后 張晏曰禮婦人從夫諡閔其見殺故兼二諡師古曰共讀曰恭 宣帝微時生民間年二歲宣帝即位八歲立為太子 師古曰宣帝即位之明年改元曰本始本始凡四年而改元曰地節地節三年立皇太子若幼即位年二歲則立為太子時年九歲矣又宣帝以元平元年七月即位而外戚傳云許后生元帝數月宣帝立為帝是則即位時太子未必二歲也參校前後衆文此紀進退為錯 壯大柔仁好儒見宣帝所用多文法吏以刑名繩下 晉灼曰刑家名家也太史公曰法家嚴而少恩名家儉而善失真師古曰晉說非也劉向別錄云申子學號刑名刑名者以名責實尊君卑臣崇上抑下宣帝好觀其君臣篇繩謂彈治之耳 大臣楊惲蓋寬饒等坐刺譏辭語

前漢紀九　一　毛

為罪而誅 師古曰惲音於吻反 嘗侍燕從容言 師古曰從音千容反 陛下持刑太深宜用儒生宣帝作色曰 師古曰作動也意怒故動色 漢家自有制度本以霸王道雜之柰何純任德教用周政乎 師古曰姬周之政 且俗儒不達時宜好是古非今使人眩於名實 師古曰眩亂視也音胡眄反 不知所守何足委任迺歎曰亂我家者太子也繇是䟽太子而愛淮陽王 師古曰繇讀與由同 曰淮陽王明察好法宜為吾子而王母張倢伃尤幸上有意欲用淮陽王代太子然以少依許氏俱從微起故終不背焉黃龍元年十二月宣帝崩癸巳太子即皇帝位謁高廟尊皇太后曰太皇太

后蘇林曰上官后皇后曰皇太后文穎曰邛成王皇后母養元帝者也 初元元年春正月辛丑孝宣皇帝葬杜陵臣瓚曰自崩至葬凡二十八日杜陵在長安南五十里也 賜諸侯王公主列侯黃金吏二千石以下錢帛各有差大赦天下三月封皇太后兄侍中中郎將王舜為安平侯丙午立皇后王氏以三輔太常郡國公田及苑可省者振業貧民師古曰振起之令有作業 貲不滿千錢者賦貸種食師古曰賦給與之也貸假也貸音土戴反種音之勇反 封外祖父平恩戴侯同產弟子中常侍許嘉為平恩侯奉戴侯後文穎曰戴侯許廣漢 夏四月詔曰朕承先帝之聖緒獲奉宗廟戰戰兢兢間者地數動而未靜懼於天地之戒不知所繇師古曰繇與由同 方田作時朕憂蒸庶之失業師古曰蒸眾也 臨遣光祿大夫褒等十二人應劭曰自臨面約勑乃遣之 循行天下師古曰行音下更反 存問耆老鰥寡孤獨困乏失職之民師古曰失職失其常業 延登賢俊招顯側陋因覽風俗之化相守二千石誠能正躬勞力師古曰相者諸侯王相也守郡守也 宣明教化以親萬姓則六合之內和親庶幾虖無憂矣書不云乎股肱良哉庶事康哉師古曰虞書益稷之辭也言君能任賢股肱之臣皆得良善則衆事安寧 布告天下使明知朕意又曰關東今年穀不登民多困乏其令郡國被災害甚者毋出租賦江海陂湖園池屬少府者以假貧民師古曰湖深水 勿租賦賜

宗室有屬籍者馬一匹至二駟四師古曰二駟八匹 三老孝者帛五匹弟者力田三匹鰥寡孤獨二匹吏民五十戶牛酒師古曰以五十戶為率共賜之 六月以民疾疫令大官損膳減樂府員省苑馬以振困乏秋八月上郡屬國降胡萬餘人亡入匈奴九月關東郡國十一大水飢或人相食轉旁郡錢穀以相救詔曰間者陰陽不調黎民飢寒無以保治師古曰保安也 惟德淺薄不足以充入舊貫之居應劭曰言己德淺薄不足以充舊貫舊貫者常居也師古曰論語稱閔子騫云仍舊貫先帝自謙言不足充入先帝之居室故引以為言也 其令諸宮館希御幸者勿繕治師古曰繕補也 太僕減穀食馬水衡省肉食獸師古曰減謂損其數省者全去之

二年春正月行幸甘泉郊泰畤賜雲陽民爵一級女子百戶牛酒立弟竟為清河王三月立廣陵厲王太子霸為王詔罷黃門乘輿狗馬師古曰黃門近署也故親幸之物屬焉 水衡禁囿宜春下苑孟康曰宮名也在杜縣東晉灼曰史記云葬二世杜南宜春苑中師古曰宜春下苑即今京城東南隅曲池是 少府佽飛外池如淳曰漢儀注佽飛具矰繳以射鳧鴈給祭祀是故有池也 嚴籞池田蘇林曰嚴飾池上之屋及其地也晉灼曰嚴籞射苑也許慎曰嚴弋射者所蔽也池田苑中田也師古曰晉說是 假與貧民詔曰蓋聞賢聖在位陰陽和風雨時日月光星辰靜黎庶康寧考終厥命師古曰考老也言得壽考終其天命 今朕恭承天地託于公侯之上明不能燭德不能綏災異並臻連年不息乃二月戊午地震于隴西郡毀

落太上皇廟殿壁木飾壞敗豲道縣城郭官寺及民室屋壓殺人衆（師古曰豲道屬天水凡府庭所在皆謂之寺豲音桓壓音烏押反）山崩地裂水泉涌出天惟降災震驚朕師（師古曰師衆也）治有大虧咎至於斯夙夜兢兢不通大變深惟鬱悼未知其序（師古曰鬱不通之意也序次也）間者歲數不登元元困乏不勝飢寒以陷刑辟朕甚閔之郡國被地動災甚者無出租賦赦天下有可蠲除減省以便萬姓者條奏毋有所諱丞相御史中二千石舉茂材異等直言極諫之士朕將親覽焉夏四月丁巳立皇太子賜御史大夫爵關內侯中二千石右庶長（師古曰第十一爵）天下當爲父後者爵一級列侯錢各二十萬五大夫十萬（師古曰五大夫第九爵）六月關東飢齊地人相食秋七月詔曰歲比災害民有菜色（師古曰五穀不收人但食菜故其顏色變惡）慘怛於心（師古曰慘痛也怛悼也）已詔吏虛倉廩開府庫振救賜寒者衣今秋禾麥頗傷一年中地再動北海水溢流殺人民陰陽不和其咎安在公卿將何以憂之其悉意陳朕過靡有所諱（師古曰悉盡也靡無也）冬詔曰國之將興尊師而重傅故前將軍望之傅朕八年道以經書厥功茂焉（師古曰茂美也道讀曰導）其賜爵關內侯食邑八百戶朝朔望十二月中書令弘恭石顯等譖望之令自殺

前漢紀九　四　徐真

三年春令諸侯相位在郡守下（師古曰此謂諸侯王也）珠厓郡山南縣反博謀群臣待詔賈捐之以爲宜棄珠厓救民飢饉（師古曰穀不熟爲飢蔬不熟爲饉蔬菜也）乃罷珠厓夏四月乙未晦茂陵白鶴館災詔曰迺者火災降於孝武園館朕戰栗恐懼不燭變異咎在朕躬（師古曰燭照也）群司又未肯極言朕過以至於斯將何以寤焉百姓仍遭凶阨無以相振（師古曰仍頻也）加以煩擾虖苛吏拘牽虖微文不得永終性命（師古曰永長也）朕甚閔焉其赦天下夏旱立長沙煬王弟宗爲王（鄭氏曰煬音供養之養也）封故海昏侯賀子代宗爲侯六月詔曰蓋聞安民之道本繇陰陽（師古曰繇與由同）間者陰陽錯謬風雨不時朕之不德庶幾群公有敢言朕之過者今則不然媮合苟從未肯極言（師古曰媮與偷同）朕甚閔焉惟烝庶之飢寒遠離父母妻子勞於非業之作衛於不居之宮（師古曰不急之事故云非業也）恐非所以佐陰陽之道也其罷甘泉建章宮衛令就農百官各省費（師古曰費用之物務減省）條奏毋有所諱有司勉之毋犯四時之禁丞相御史舉天下明陰陽災異者各三人於是言事者衆或進擢召見人人自以得上意（師古曰人人各自以當天子之意）四年春正月行幸甘泉郊泰畤三月行幸河東祠后土赦汾陰徒賜民爵一

前漢紀九　五　楊王

級女子百戶牛酒鰥寡高年帛行所過無出租賦
五年春正月以周子南君為周承休侯 文穎曰姓姬名延其祖父姬嘉本周後武帝元鼎四年封為周子南君令奉周祀師古曰承休國在潁川 位次諸侯王三月行幸
雍祠五畤夏四月有星孛于參詔曰朕之不逮序
位不明 師古曰逮及也言官人之位失其次序 衆僚久懬 應劭曰懬音曠師古曰懬古曠字曠空也不得其人則職事空廢 未得其人元元失望上感皇天陰陽為變咎
流萬民朕甚懼之迺者關東連遭災害飢寒疾
疫夭不終命詩不云乎凡民有喪匍匐救之 師古曰邶國谷風之詩也言見人有喪禍之事則當盡力以救之匍音步扶反匐音步得反 其令大官毋日殺 師古曰不得日日宰殺 所具各減半 師古曰食具也 乘輿秣馬無乏正事

而已 師古曰秣養也粟秣食之也正事謂駕供郊祀蒐狩之事非游田者也秣音末 罷角抵上林宮
館希御幸者齊三服官 李斐曰齊國舊有三服之官春獻冠幘縰為首服紈素為冬服輕綃為夏服凡三如淳曰地理志曰齊冠帶天下胡公曰服官主作文繡以給衮龍之服地理志襄邑亦有服官師古曰齊三服官李說是也縰與纚同音山爾反即今之方目紗也紈素今之絹也輕綃今之輕紗也襄邑自出文繡非齊三服也 北假田官 李斐曰主假賃見官田與民收其假稅也故置田農之官晉灼曰匈奴傳秦始皇渡河據陽山北假中王莽傳五原北假膏壤殖穀北假地名師古曰晉說是也 鹽鐵官
常平倉博士弟子毋置員以廣學者賜宗室子有
屬籍者馬一匹至二駟 四 三老孝者帛人五匹弟者
力田三匹鰥寡孤獨二匹吏民五十戶牛酒省刑
罰七十餘事除光祿大夫以下至郎中保父母同
產之令 應劭曰舊時相保一人有過皆當坐之師古曰特為郎中以上除此令者所以優之也同產謂兄弟也 令從

官給事宮司馬中者得為大父母父母兄弟通籍 應劭曰從官謂宦者及虎賁羽林大醫大官是也司馬中者宮內門也司馬主武兵禁之意也籍者為二尺竹牒記其年紀名字物色縣之宮門案省相應乃得入也師古曰應說非也從官親近天子常侍從者皆是也故此下云科第郎從官司馬門者宮之外門也衛尉有八屯衛候司馬主衛士徼巡宿衛每面各二司馬故謂宮之外門為司馬門 冬十二月丁未御史大夫貢
禹卒衛司馬谷吉使匈奴不還 師古曰即衛尉八屯衛司馬
永光元年春正月行幸甘泉郊泰畤赦雲陽徒賜
民爵一級女子百戶牛酒高年帛行所過毋出租
賦二月詔丞相御史舉質樸敦厚遜讓有行者光
祿歲以此科第郎從官 師古曰始令丞相御史舉此四科人以擢用之而見在郎及從官又令光祿每歲依此科考校定其第高下用知其人賢否也 三月詔曰五帝三王任賢使能

以登至平而今不治者豈斯民異哉 師古曰言今所治人即五帝三王之衆庶 咎在朕之不明亡以知賢也是故壬人在位 服虔曰壬人佞人也 而吉士雍蔽 師古曰吉善也大雅卷阿之詩曰藹藹王多吉士雍讀曰壅 重以周
秦之弊民漸薄俗 師古曰為薄俗所漸染也重音直用反 去禮義觸刑法
豈不哀哉繇此觀之元元何辜 師古曰繇讀與由同 其赦天下
令厲精自新各務農畝無田者皆假之貸種食如
貧民 師古曰此皆謂遇赦新免罪者也故云如貧人 賜吏六百石以上爵五大
夫勤事吏二級民一級女子百戶牛酒鰥寡孤獨
高年帛是月雨雪 師古曰雨音于具反 隕霜傷麥稼秋罷 如淳曰當言罷某事爛脫失之晉灼曰或無稼字或稼字在秋下稼或作臧或作霖五行志永光元年三月隕霜殺桑九月二日隕霜殺稼天下大饑言

（傷麥稼秋罷是也師古曰晉說得之秋者謂秋時所收穀稼也今俗猶謂黍豆之屬爲雜稼云秋罷者言至秋時無所收）二年

春二月詔曰蓋聞唐虞象刑而民不犯（師古曰象刑解在武紀）殷周法行而姦軌服（師古曰軌與宄同亂在外曰姦在內曰軌）今朕獲承高祖之洪業託位公侯之上夙夜戰栗永惟百姓之急未嘗有忘焉然而陰陽未調三光晻昧（師古曰晻與暗同又音烏感反）元元大困流散道路盜賊並興有司又長殘賊失牧民之術是皆朕之不明政有所虧咎至於此朕甚自恥爲民父母若是之薄謂百姓何（師古曰言何以撫臨百姓）其大赦天下賜民爵一級女子百戶牛酒鰥寡孤獨高年三老孝弟力田帛又賜諸侯王公主列

侯黃金中二千石以下至中都官長吏各有差吏六百石以上爵五大夫勤事吏各二級三月壬戌朔日有蝕之詔曰朕戰戰栗栗夙夜思過失不敢荒寧（師古曰荒廢也不敢廢事而自寧）惟陰陽不調未燭其咎婁敕公卿日望有效（師古曰婁古屢字其後亦同）至今有司執政未得其中（師古曰中音竹仲反）施與禁切未合民心（師古曰施惠福薄禁不令煩苛）暴猛之俗彌長和睦之道日衰百姓愁苦靡所錯躬（師古曰錯置也音千故反）是以氛邪歲增侵犯太陽（師古曰氛惡氣也邪者言非正氣也太陽日也）正氣湛掩日以奪光（師古曰湛讀與沈同湛掩者見掩而湛沒）迺壬戌日有蝕之天見大異以戒朕躬（師古曰見顯示）朕甚悼焉其令內郡

國舉茂材異等賢良直言之士各一人夏六月詔曰間者連年不收四方咸困元元之民勞於耕耘又亡成功困於饑饉亡以相救朕爲民父母德不能覆而有其刑甚自傷焉其赦天下秋七月西羌反遣右將軍馮奉世擊之八月以太常任千秋爲奮威將軍別將五校並進（師古曰別領五校之兵而與右將軍並進）三年

春西羌平軍罷三月立皇子康爲濟陽王夏四月癸未大司馬車騎將軍接薨（師古曰王接）冬十一月詔曰迺者已丑地動中冬雨水大霧（師古曰中讀曰仲雨音于具反）盜賊並起吏何不以時禁各悉意對（師古曰時禁謂月令所當禁斷者也悉盡也）冬復鹽

鐵官博士弟子員（師古曰復音扶目反）以用度不足民多復除（師古曰復音方目反）無以給中外繇役 四年春二月詔曰朕承至尊之重不能燭理百姓婁遭凶咎加以邊竟不安師旅在外（師古曰婁讀曰屢竟讀曰境）賦斂轉輸元元騷動窮困亡聊犯法抵罪夫上失其道而繩下以深刑朕甚痛之其赦天下所貸貧民勿收責三月行幸雍祠五時夏六月甲戌孝宣園東闕災戊寅晦日有蝕之詔曰蓋聞明王在上忠賢布職則群生和樂方外蒙澤今朕晻于王道（師古曰晻讀與暗同）夙夜憂勞不通其理靡瞻不眩靡聽不惑（師古曰靡無也眩視亂也音胡眄反）是以政令多還民心未得

李奇曰還反也易曰渙汗其大號言王者發號施令如汗出不可復反 邪說空進事亡成功此天下所著聞也公卿大夫好惡不同 師古曰愛憎各異也 或緣姦作邪侵削細民元元安所歸命哉迺六月晦日有蝕之詩不云虖今此下民亦孔之哀 師古曰小雅十月之交之詩也孔甚也言災異既多百姓甚可哀愍 自今以來公卿大夫其勉思天戒愼身修永以輔朕之不逮 師古曰虞書咎繇謨云愼厥身修思永言當愼修其身思爲長久之道故此詔云愼身修永也今流俗書本永上有職字者後人不曉妄加之耳 直言盡意無有所諱 九月戊子罷衞思后園 服虔曰戾太子母也 及戾園 冬十月乙丑罷祖宗廟在郡國者 諸陵分屬三輔 師古曰先是諸陵揔屬太常今各依其地界屬三輔 以渭城壽陵亭部原上爲初陵 服虔曰元帝所置陵也未有名故曰初

詔曰安土重遷黎民之性 師古曰重難也 骨肉相附人情所願也頃者有司緣臣子之義奏徙郡國民以奉園陵令百姓遠棄先祖墳墓破業失產親戚別離人懷思慕之心家有不自安之意是以東垂被虛耗之害關中有無聊之民 師古曰耗損也音呼到反 非久長之策也詩不云虖民亦勞止迄可小康惠此中國以綏四方 師古曰大雅民勞之詩也止語助也迄至也康安也言人勞已久至此可以小安逸之施惠京師以及四遠也 今所爲初陵者勿置縣邑使天下咸安土樂業亡有動搖之心布告天下令明知之又罷先后父母奉邑 應劭曰先后爲其父母置邑守冢以奉祭祀既以久遠又非典制故罷之師古曰奉邑奉音扶用反 五年春正月

行幸甘泉郊泰畤三月上幸河東祠后土秋潁川水出流殺人民吏從官縣被害者與告 晉灼曰從官猶從役從軍也臣瓚曰告休假也師古曰晉說非也從官即上侍從之官也言凡爲吏爲從官其本縣有被害者皆與休告 士卒遣歸 冬上幸長楊射熊館 師古曰射音食亦反 布車騎大獵十二月乙酉毀太上皇孝惠皇帝寢廟園 建昭元年春三月上幸雍祠五畤秋八月有白蛾群飛蔽日從東都門至枳道 如淳曰三輔黃圖長安城東面北頭門號曰宣平城門其外郭曰東都門也師古曰蛾成羣若今之蠶蛾類也音五何反枳音只枳道解在高紀 冬河間王元有罪廢遷房陵罷孝文太后孝昭太后寢園 二年春正月行幸甘泉郊泰畤三月行幸河東祠后土益三河大郡太守

秩戶十二萬爲大郡夏四月赦天下六月立皇子興爲信都王閏月丁酉太皇太后上官氏崩冬十一月齊楚地震大雨雪 師古曰雨音于具反 樹折屋壞淮陽王舅張博魏郡太守京房坐窺道諸侯王以邪意漏泄省中語 師古曰道讀曰導 博要斬房棄市 三年夏令三輔都尉大郡都尉秩皆二千石六月甲辰丞相玄成薨 師古曰韋玄成 秋使護西域騎都尉甘延壽副校尉陳湯 師古曰言延壽及湯奉充西域之使故先言使而後序其官職及姓名 橋發戊己校尉屯田吏士及西域胡兵攻郅支單于 師古曰橋與矯同矯託也實不奉詔詐以上命發兵故言矯發也戊己校尉者鎮安西域無常治處亦猶甲乙等各有方位而戊與己四季寄王故以名官也時有戊校尉又有己校尉一說戊己

位在中央今所置校尉處三十六國之中故曰戊己也郅音質冬斬其首傳詣京師縣蠻夷邸門師古曰縣古懸字也蠻夷邸若今鴻臚客館四年春正月以誅郅支單于告祠郊廟赦天下群臣上壽置酒以其圖書示後宮貴人服虔曰討郅支之圖書也或曰單于土地山川之形書也師古曰或說非夏四月詔曰朕承先帝之休烈師古曰休美也烈業也夙夜栗栗懼不克任間者陰陽不調五行失序百姓饑饉惟烝庶之失業臨遣諫大夫博士賞等二十一人循行天下師古曰行音下更反存問耆老鰥寡孤獨乏困失職之人舉茂材特立之士相將九卿其帥意毋怠使朕獲觀教化之流焉六月甲申中山王竟薨藍田地沙石雍霸水安陵岸崩雍涇水水逆流孟康曰安陵岸惠帝陵旁涇水岸也師古曰雍讀曰壅

五年春三月詔曰蓋聞明王之治國也明好惡而定去就崇敬讓而民興行故法設而民不犯令施而民從今朕獲保宗廟兢兢業業匪敢解怠師古曰兢兢慎也業業危也解讀曰懈德薄明晻教化淺微師古曰晻讀與暗同傳不云虖百姓有過在予一人師古曰論語載殷湯伐桀告天下之文也言君天下者當任其憂責其赦天下賜民爵一級女子百戶牛酒三老孝弟力田帛又曰方春農桑興百姓勠力自盡之時也故是月勞農勸民無使後時師古曰勞農謂慰勉之勞音來到反今不良之吏覆案小罪師古曰覆音方目反徵召證案興不急之事以妨百姓使失一時之作亡終歲之功公卿其明察申敕之師古曰申重也一曰約束之耳夏六月庚申復戾園壬申晦日有蝕之秋七月庚子復太上皇寢廟園原廟文穎曰高祖已自有廟在長安城中惠帝更於渭北作廟謂之原廟爾雅曰原者再再作廟也晉灼曰原本也始祖之廟故曰本也師古曰文說是昭靈后武哀王昭哀后衛思后園師古曰昭靈后高祖母也武哀王高祖兄也昭哀后高祖姊也衛思后戾太子母也

竟寧元年應劭曰虖韓邪單于願保塞邊竟得以安寧故以冠元也師古曰據如應說竟讀為境古之用字境竟同但此詔云邊垂長無兵革之事竟者終極之言言永安寧也既無兵革中外安寧豈止境上若依本字而讀義更弘通也春正月匈奴虖韓邪單于來朝詔曰匈奴郅支單于背叛禮義既伏其辜虖韓邪單于不忘恩德鄉慕禮義師古曰鄉讀曰嚮復修朝賀之禮願保塞

傳之無窮邊垂長無兵革之事其改元為竟寧賜單于待詔掖庭王牆為閼氏應劭曰郡國獻女未御見須命於掖庭故曰待詔王牆王氏女名牆字昭君文穎曰本南郡秭歸人也蘇林曰閼氏音焉支如漢皇后也師古曰秭音姊皇太子冠賜列侯嗣子爵五大夫師古曰第九爵天下為父後者爵一級二月御史大夫延壽卒師古曰即繁延壽也繁音蒲河反三月癸未復孝惠皇帝寢廟園孝文太后孝昭太后寢園夏封騎都尉甘延壽為列侯賜副校尉陳湯爵關內侯黃金百斤夏五月壬辰帝崩于未央宮臣瓚曰帝年二十七即位即位十六年壽四十三毀太上皇孝惠孝景皇帝廟罷孝文孝昭太后昭靈后武哀王昭哀后寢園秋七月丙戌葬

渭陵臣瓚曰自崩及葬凡五十五日渭陵在長安北五十六里也

贊曰臣外祖兄弟爲元帝侍中應劭曰元成帝紀皆班固父彪所作臣則彪自謂也外祖金敞也如淳曰班固外祖樊叔皮也師古曰應說是語臣曰元帝多材藝善史書應劭曰周宣王太史籒所作大篆鼓琴瑟吹洞簫如淳曰簫之無底者自度曲被歌聲應劭曰自隱度作新曲因持新曲以爲歌詩聲也荀悅曰被聲能播樂也臣瓚曰度曲謂歌終更授其次謂之度曲西京賦曰度曲未終雲起雪飛張衡舞賦亦曰度終復位次受二八師古曰應荀二說皆是也度音大各反被音皮義反分刌節度蘇林曰刌度也知曲之終始節度也韋昭曰刌切也謂能分切句絕爲之節制也師古曰韋說是也刌音千本反窮極幼眇師古曰幼眇讀曰要妙少而好儒及即位徵用儒生委之以政貢薛韋匡迭爲宰相師古曰貢禹薛廣德韋賢匡衡迭互而爲丞相也迭音大結反而上牽制文義優游不斷師古曰爲文義所牽制故不斷決孝宣之業衰焉然寬弘盡下出於恭儉號令溫雅有古之風烈

元紀第九

成帝紀第十 班固 漢書十

祕書監上護軍琅邪縣開國子顏師古注

孝成皇帝荀悅曰諱驁字太孫驁之字曰俊應劭曰謚法安民立政曰成師古曰驁音五到反元帝太子也母曰王皇后元帝在太子宮生甲觀畫堂應劭曰甲觀在太子宮甲地主用乳生也畫堂畫九子母如淳曰甲觀名畫堂堂名三輔黃圖云太子宮有甲觀師古曰甲者甲乙丙丁之次也元后傳言見於丙殿此其例也而應氏以爲在宮之甲地謬矣畫堂但畫飾耳豈必九子母乎霍光止畫室中是則宮殿中通有彩畫之堂室爲世嫡皇孫宣帝愛之字曰太孫常置左右年三歲而宣帝崩元帝即位帝爲太子壯好經書寬博謹慎初居桂宮師古曰三輔黃圖桂宮在城中近北宮非太子宮上嘗急召太子出龍樓門張晏曰門樓上有銅龍若白鶴飛廉之爲名也不敢絕馳道應劭曰馳道天子所行道也若今之中道師古曰絕橫度也西至直城門晉灼曰黃圖西出南頭第二門也得絕乃度還入作室門上遲之問其故以狀對上大說師古曰說讀曰悅乃著令令太子得絕馳道云師古曰言云者此舉著令之文其後幸酒樂燕樂晉灼曰幸酒好酒也樂燕沈讌也師古曰幸酒晉說是也樂燕樂者論語稱孔子云損者三樂樂驕樂樂逸遊樂燕樂損矣燕樂燕私之樂也上樂讀如本字又音五孝反下樂音來各反今流俗本無下樂字後人不曉輒去之上不以爲能而定陶恭王有材藝母傅昭儀又愛幸上以故常有意欲以恭王爲嗣賴侍中史丹護太子家輔助有力上亦以先帝尤愛太子故得無廢竟寧元年五月元帝崩六月己未太子即皇帝位謁高廟尊皇太后曰太皇太后皇后曰皇太后以元舅侍中衛

尉陽平侯王鳳爲大司馬大將軍領尚書事乙未有司言乘輿車牛馬禽獸皆非禮不宜以葬奏可七月大赦天下 建始元年春正月乙丑皇曾祖悼考廟災文穎曰宣帝父史皇孫廟 立故河間王弟上郡庫令良爲王如淳曰漢官北邊郡庫官之兵器所藏故置令 有星孛于營室罷上林詔獄師古曰漢舊儀云上林詔獄主治苑中禽獸宮館事屬水衡 二月右將軍長史姚尹等使匈奴還去塞百餘里暴風火發燒殺尹等七人賜諸侯王丞相將軍列侯王太后公主王主張晏曰天子女曰公主秩比公也王主王之女也師古曰王主則翁主也王自主婚故曰王主 吏二千石黃金宗室諸官吏千石以下至二百石及宗室子有屬籍者三老孝弟力田鰥寡孤獨錢帛各有差吏民五十戶牛酒詔曰迺者火災降於祖廟有星孛于東方始正而虧如淳曰言始即帝之正而有彗星之虧也 咎孰大焉師古曰孰誰也言有大於此者孰誰也 書云惟先假王正厥事師古曰商書高宗肜日載武丁之臣祖乙之辭也假至也言先古至道之君遭遇災變則正其行事修德以應之 羣公孜孜帥先百寮輔朕不逮師古曰孜孜不息之意孜音兹 崇寬大長和睦凡事恕己毋行苛刻師古曰恕者仁也仁己之心以度於物 其大赦天下使得自新封舅諸吏光祿大夫關內侯王崇爲安成侯應劭曰百官表諸吏得舉法案劾職如御史中丞武帝初置皆兼官所加或列侯將軍卿大夫爲之無員也 賜舅王譚商立根逢時爵關內侯夏四月黃霧四塞博問公卿大夫無有所諱六月

有青蠅無萬數師古曰言其極多雖欲以萬數計之而不可得故云無萬數 集未央宮殿中朝者坐服虔曰公卿已下朝會坐也晉灼曰內朝臣之朝坐也師古曰朝臣坐之在宮殿中者也服說是矣 坐音才臥反 秋罷上林宮館希御幸者二十五所八月有兩月相承晨見東方服虔曰相承在上下也應劭曰案京房易傳云君弱如婦爲陰所乘則兩月出 九月戊子流星光燭地長四五丈委曲蛇形貫紫宮十二月作長安南北郊罷甘泉汾陰祠是日大風拔甘泉時中大木十韋以上師古曰韋與圍同 郡國被災什四以上毋收田租師古曰什四謂田畝所收十損其四 二年春正月罷雍五時辛巳上始郊祀長安南郊詔曰迺者徙泰時后土于南郊北郊朕親飭躬郊祀上帝師古曰飭整也讀與敕同 皇天報應神光並見三輔長無共張繇役之勞師古曰共音居用反張音竹亮反謂供具張設他皆類此 赦奉郊縣長安長陵應劭曰天郊在長安城南地郊在長安城北長陵與中二縣有奉郊之勤故一切並赦之 及中都官耐罪徒師古曰中都官京師諸官府 減天下賦錢筭四十孟康曰本筭百二十今減四十爲八十 閏月以渭城延陵亭部爲初陵二月詔三輔內郡舉賢良方正各一人師古曰內郡謂非邊郡 三月北宮井水溢出辛丑上始祠后土于北郊丙午立皇后許氏師古曰許嘉女 罷六廄技巧官服虔曰倡技巧者也師古曰謂巧藝之技耳非倡樂之技也 夏大旱東平王宇有罪削樊亢父縣師古曰樊及亢父東平之二縣也亢音抗父音甫 秋罷太子博望苑文穎曰武帝爲衛太子作此苑令受賓客也 以賜宗室朝請者師古曰請音才性反 減乘輿

廄馬　三年春三月赦天下徒賜孝弟力田爵二級諸逋租賦所振貸勿收秋關內大水七月虒上小女陳持弓聞大水至走入橫城門闌入尚方掖門服虔曰虒音斯應劭曰虒上地名在渭水邊陳姓也持弓名也無符籍妄入宮曰闌掖門者正門之傍小門也如淳曰橫音光三輔黃圖北面西頭第一門師古曰掖門在兩傍言如人臂掖也至未央宮鉤盾中吏民驚上城九月詔曰迺者郡國被水災流殺人民多至千數京師無故訛言大水至師古曰訛僞言吏民驚恐奔走乘城師古曰乘登也殆苛暴深刻之吏未息元元冤失職者衆師古曰職常也失其常業遣諫大夫林等循行天下師古曰行音下更反冬十二月戊申朔日有蝕之夜地震未央宮殿中詔曰

蓋聞天生衆民不能相治爲之立君以統理之君道得則草木昆蟲咸得其所師古曰昆衆也昆蟲言衆蟲也又許愼說文云二虫爲蚰讀與昆同謂蟲之總名兩義並通而鄭康成以昆蟲爲明蟲失之矣虫音許尾反人君不德謫見天地師古曰言天地見變所以責之災異婁發以告不治師古曰婁古屢字也治音丈吏反朕涉道日寡舉錯不中師古曰中當也音竹仲反乃戊申日蝕地震朕甚懼焉公卿其各思朕過失明白陳之女無面從退有後言師古曰虞書益稷之篇云帝曰予違汝弼汝無面從退有後言謂我有違道汝當正之無得對面則順從唯唯退後則有謗讟之言也故此詔引之丞相御史與將軍列侯中二千石及內郡國舉賢良方正能直言極諫之士詣公車朕將覽焉越巂山崩　四年春罷中書宦官臣瓚曰漢初中人有中謁者令孝武加中謁者令爲中書謁者令置僕射宣帝時任中書官弘恭爲令石顯爲僕射元帝即位數年恭死顯代爲中書令專權用事至成帝乃罷其官初置尚書員五人師古曰漢舊儀云尚書四人爲四曹常侍尚書主丞相御史事二千石尚書主刺史二千石事戶曹尚書主庶人上書事主客尚書主外國事成帝置五人有三公曹主斷獄事夏四月雨雪師古曰雨音于具反五月中謁者丞陳臨殺司隸校尉轅豐於殿中應劭曰豐爲長安令治有能名擢拜司隸臨素與豐有怨見其尊顯甚爲己害拜訖未出使人刺殺秋桃李實大水河決東郡金隄師古曰金隄者河隄之名今在滑州界冬十月御史大夫尹忠以河決不憂職自殺　河平元年春三月詔曰河決東郡流漂二州師古曰兗州豫州之地校尉王延世隄塞輒平其改元爲河平賜天下吏民爵各有差夏四月己亥晦日有蝕之既詔曰朕獲

保宗廟戰戰栗栗未能奉稱師古曰謂不副先帝之業傳曰男教不修陽事不得則日爲之蝕天著厥異辜在朕躬公卿大夫其勉悉心以輔不逮師古曰悉盡也逮及也百寮各修其職惇任仁人退遠殘賊師古曰惇厚也遠離也遠音于萬反陳朕過失無有所諱大赦天下六月罷典屬國并大鴻臚秋九月復太上皇寢廟園　二年春正月沛郡鐵官冶鐵飛語在五行志夏六月封舅譚商立根逢時皆爲列侯　三年春二月丙戌犍爲地震山崩師古曰犍音其言反又其連反雍江水水逆流師古曰雍音壅其下皆同秋八月乙卯晦日有蝕之光祿大夫劉向校中祕書師古曰言中以別外謁

者陳農使使求遺書於天下師古曰言令陳農爲使而使之求遺書也上使音所吏反
下使讀如本字　四年春正月匈奴單于來朝赦天下徒賜
孝弟力田爵二級諸逋租賦所振貸勿收二月單
于罷歸國三月癸丑朔日有蝕之遣光祿大夫博
士嘉等十一人行舉瀕河之郡師古曰巡行而舉其狀也瀕水厓也瀕河言傍河也
行音下更反瀕音頻又音賓傍音步浪反　水所毀傷困乏不能自存者財振
貸師古曰財與裁同謂量其等差而振貸之　其爲水所流壓死不能自葬令
郡國給槥櫝葬埋師古曰槥櫝謂小棺槥音衛櫝音讀　已葬者與錢人二
千避水它郡國在所冗食之文穎曰冗散廩食使生活不占著戶給役使也如淳曰散
著之間給食之官償其直也師古曰文說是也冗音如勇反食讀曰飤　謹遇以文理無令失職

師古曰勿使失其常理　舉惇厚有行能直言之士壬申長陵臨涇
岸崩雍涇水夏六月庚戌楚王囂薨山陽火生石
中改元爲陽朔　陽朔元年應劭曰時陰盛陽微故改元曰陽朔欲陽之蘇息也
師古曰應說非也朔始也以火生石中言陽氣之始　春二月丁未晦日有蝕之三月
赦天下徒冬京兆尹王章有罪下獄死　二年春
寒詔曰昔在帝堯立羲和之官應劭曰尚書堯典曰乃命羲和羲氏和氏世掌天地
之官　命以四時之事令不失其序故書云黎民於蕃
時雍應劭曰黎衆也時是也雍和也言衆民於是變化用是大和也韋昭曰蕃多也師古曰此虞書堯典之辭也今尚書作變而此
紀作蕃而說並通蕃音扶元反　明以陰陽爲本也今公卿大夫或不信
陰陽薄而小之師古曰謂爲輕小之事也　所奏請多違時政李奇曰時政月

令也　傳以不知周行天下如淳曰在位者皆不知陰陽時政轉轉相因故令後人遂不知也師古曰
如說非也言遞相因循以所不知之事施設教命周徧天下　而欲望陰陽和調豈不謬
哉其務順四時月令三月大赦天下五月除吏八
百石五百石秩李奇曰除八百就六百除五百就四百　秋關東大水流民
欲入函谷天井壺口五阮關者勿苛留應劭曰天井在上黨高都
壺口在壺關五阮在代郡如淳曰阮音近捲反師古曰苛細刻也阮音其遠反苛音何　遣諫大夫博士
分行視師古曰行音下更反　八月甲申定陶王康薨九月奉
使者不稱師古曰不副上意　詔曰古之立太學將以傳先王
之業流化於天下也儒林之官四海淵原宜皆明
於古今溫故知新通達國體師古曰溫厚也謂厚積於故事也　故謂之

博士否則學者無述焉爲下所輕非所以尊道德
也工欲善其事必先利其器師古曰論語載孔子之言也故此詔引焉　丞相
御史其與中二千石二千石雜舉可充博士位者
使卓然可觀師古曰卓然高遠之貌也　是歲御史大夫張忠卒師古
曰史不記其月故書之於歲末其下王駿亦同　三年春三月壬戌隕石東郡八
夏六月潁川鐵官徒申屠聖等百八十人殺長吏
盜庫兵自稱將軍經歷九郡遣丞相長史御史中
丞逐捕以軍興從事皆伏辜師古曰逐捕之事須有發興皆依軍法　秋八
月丁巳大司馬大將軍王鳳薨　四年春正月詔
曰夫洪範八政以食爲首師古曰洪範尚書篇名箕子爲周武王所說洪大也範法也八政一曰食

蓋王政之所先故以爲首斯誠家給刑錯之本也師古曰言倉廩充盈則家家自足人不犯
禁無所用刑也先帝劭農蘇林曰劭音翹精異之意也晉灼曰劭勸勉也師古曰晉說是也其字從力音時召反薄
其租稅寵其強力師古曰謂優寵力田之人令與孝弟同科師古曰謂每同
薦舉及加賜也間者民彌惰怠鄉本者少趨末者衆將何以
矯之師古曰鄉讀曰嚮矯正也方東作時應劭曰東作耕也師古曰春位在東耕者始作故曰東作虞書堯
典曰平秩東作其令二千石勉勸農桑出入阡陌致勞來之
師古曰阡陌田間道也南北曰阡東西曰陌蓋秦時商鞅所開也勞來勸勉之意也勞音郎到反來音郎代反書不云乎
服田力嗇乃亦有秋應劭曰農夫服田勸其筋骨力乃有秋收也師古曰此商書盤庚之辭其
勗之哉二月赦天下秋九月壬申東平王宇薨閏
月壬戌御史大夫于永卒師古曰于定國子鴻嘉元年春

二月詔曰朕承天地獲保宗廟明有所蔽德不能
綏刑罰不中衆冤失職趨闕告訴者不絕是以陰
陽錯謬寒暑失序師古曰序次也日月不光百姓蒙辜朕
甚閔焉師古曰蒙被也書不云乎即我御事罔克耆壽咎
在厥躬文穎曰此尚書文侯之命篇中辭也言我周家用事者無能有耆老賢者使國危亡罪咎在其用事者也師古曰
谷在厥躬平王自謂故帝引之以自責耳文氏乃云谷在用事斯失之矣方春生長時臨遣諫大
夫理等師古曰天子自臨敕而遣舉三輔三河弘農冤獄公卿大
夫部刺史明申敕守相稱朕意焉其賜天下民爵
一級女子百戶牛酒加賜鰥寡孤獨高年帛逋貸
未入者勿收壬午行幸初陵赦作徒師古曰徒人之在陵作役者以

新豐戲鄉爲昌陵縣師古曰戲水之鄉也音許宜反奉初陵賜百戶
牛酒上始爲微行出張晏曰於後門出從期門郎及私奴客十餘人白衣組幘單騎出入市里不復
警蹕若微賤之所爲故曰微行冬黃龍見眞定師古曰本趙國東垣縣也高祖十一年更名眞定二年
春行幸雲陽三月博士行飲酒禮有雉蜚集于庭
歷階升堂而雊師古曰蜚古飛字也歷階謂以次而登也後集諸府又集承
明殿師古曰在未央宮中詔曰古之選賢傅納以言明試以功
師古曰傅讀曰敷敷陳也令其陳言而省納之乃試以事也故官無廢事下無逸民師古
曰逸遺也教化流行風雨和時百穀用成衆庶樂業咸
以康寧朕承鴻業十有餘年數遭水旱疾疫之災
黎民婁困於飢寒師古曰婁古屢也而望禮義之興豈不難

哉朕既無以率道師古曰道讀曰導帝王之道日以陵夷
師古曰陵丘陵也夷平也言其頹替若丘陵之漸平也又曰陵遲亦言如丘陵之逶遲稍卑下也他皆類此意迺招賢
選士之路鬱滯而不通與師古曰與讀曰歟將舉者未得其
人也其舉敦厚有行義能直言者冀聞切言嘉謀
匡朕之不逮夏徙郡國豪桀貲五百萬以上五千
戶于昌陵賜丞相御史將軍列侯公主中二千石
家地第宅師古曰並於昌陵賜之六月立中山憲王孫雲客爲
廣德王三年夏四月赦天下令吏民得買爵賈級
千錢師古曰賈讀曰價大旱秋八月乙卯孝景廟闕災冬十
一月甲寅皇后許氏廢廣漢男子鄭躬等六十餘

人攻官寺篡囚徒師古曰逆取曰篡盜庫兵自稱山君
四年春正月詔曰數敕有司務行寬大而禁苛暴訖
今不改一人有辜舉宗拘繫農民失業怨恨者衆
傷害和氣水旱為災關東流冗者衆師古曰冗散失其事業也冗音人勇
反青幽冀部尤劇朕甚痛焉未聞在位有惻然者
孰當助朕憂之師古曰孰誰也已遣使者循行郡國師古曰行音下更反
被災害什四以上民貲不滿三萬勿出租賦逋貸
未入皆勿收流民欲入關輒籍內師古曰錄其名籍而內之所之
郡國謹遇以理師古曰之往也務有以全活之思稱朕意秋
勃海清河河溢被災者振貸之冬廣漢鄭躬等黨

與寖廣師古曰寖古浸字浸漸也犯歷四縣衆且萬人拜河東都
尉趙護為廣漢太守發郡中及蜀郡合三萬人擊
之或相捕斬除罪師古曰賊黨相捕斬而來者赦其本罪旬月平遷護
為執金吾賜黃金百斤　永始元年春正月癸丑
太官凌室火師古曰藏氷之室戊午戾后園闕火夏四月
封婕妤趙氏父臨為成陽侯五月封舅曼子侍中
騎都尉光祿大夫王莽為新都侯六月丙寅立皇
后趙氏師古曰趙飛燕也即上所謂婕妤趙氏大赦天下秋七月詔曰朕
執德不固謀不盡下師古曰言不博謀於羣下過聽將作大匠萬
年師古曰過誤也萬年解萬年也言昌陵三年可成作治五年中陵

司馬殿門內尚未加功如淳曰陵中有司馬殿門如生時制也臣瓚曰天子之藏壙中無司馬殿
門也此謂陵上寢殿及司馬門也時皆未作之故曰尚未加功師古曰中陵陵中正寢也司馬殿門內瓚說是也天下虛
耗師古曰耗損也音呼到反百姓罷勞師古曰罷讀曰疲客土疏惡服虔曰取他處土以
增高為客土也終不可成朕惟其難怛然傷心師古曰惟思也夫過而
不改是謂過矣師古曰論語載孔子之言故詔引之其罷昌陵及故陵勿
徙吏民令天下毋有動搖之心立城陽孝王子俚
為王如淳曰俚音里八月丁丑太皇太后王氏崩師古曰宣帝王皇后也
二年春正月己丑大司馬車騎將軍王音薨二月
癸未夜星隕如雨乙酉晦日有蝕之詔曰乃者龍
見于東萊日有蝕之天著變異以顯朕郵師古曰郵與尤同謂

過也朕甚懼焉公卿申敕百寮深思天誡有可省減
便安百姓者條奏所振貸貧民勿收又曰關東比
歲不登師古曰比頻也吏民以義收食貧民入穀物助縣
官振贍者已賜直如淳曰賜之爵復租賦以為直師古曰此說非也收食貧人謂收取而養食之助縣
官振贍謂出物以助郡縣之官也已賜直謂官賜其所費直也今方更加爵及免賦耳食讀曰飤其百萬以上
加賜爵右更師古曰第十四爵也更音工行反欲為吏補三百石其吏
也遷二等師古曰先已為吏則遷二等三十萬以上賜爵五大夫
師古曰第九爵也吏亦遷二等民補郎十萬以上家無出租
賦三歲萬錢以上一年冬十一月行幸雍祠五時
十二月詔曰前將作大匠萬年知昌陵卑下不可

爲萬歲居奏請營作建置郭邑妄爲巧詐積土增
高多賦斂繇役興卒暴之作師古曰卒讀曰猝謂急也卒徒蒙辜
死者連屬師古曰屬音之欲反百姓罷極天下匱竭師古曰罷讀曰疲匱空也
竭盡也常侍閎前爲大司農中丞數奏昌陵不可成師古
曰閎王閎也侍中衞尉長數白宜早止徙家反故處師古
曰長淳于長也朕以長言下閎章如淳曰以衞尉長數白罷故因下閎請奏罷作之章師古曰下音胡稼反
公卿議者皆合長計首建至策閎典主省大費師古
曰司農中丞主錢穀顓廟故云典主民以康寧閎前賜爵關内侯黄金百
斤其賜長爵關内侯食邑千戶閎五百戶萬年佞
邪不忠毒流衆庶海内怨望至今不息雖蒙赦令

前漢紀十　十二　徐真

不宜居京師其徙萬年敦煌郡是歲御史大夫王
駿卒師古曰王吉之子也三年春正月己卯晦日有蝕之詔
曰天災仍重朕甚懼焉師古曰仍頻也重音直用反惟民之失職師古
曰失其常業也臨遣太中大夫嘉等循行天下師古曰行音下更反存問
耆老民所疾苦其與部刺史舉惇樸遜讓有行義
者各一人冬十月庚辰皇太后詔有司復甘泉泰
時汾陰后土雍五畤陳倉陳寶祠師古曰陳寶祠在陳倉語在
郊祀志十一月尉氏男子樊並等十三人謀反師古
曰尉氏陳留之縣殺陳留太守劫略吏民自稱將軍徒李譚
等五人共格殺並等皆封爲列侯十二月山陽鐵

官徒蘇令等二百二十八人攻殺長吏盜庫兵自
稱將軍經郡國十九殺東郡太守汝南都尉遣丞
相長史御史中丞持節督趣逐捕師古曰趣讀曰促汝南太守嚴
訢捕斬令等師古曰訢與欣同令即蘇令遷訢爲大司農賜黄金百
斤　四年春正月行幸甘泉郊泰畤神光降集紫
殿大赦天下賜雲陽吏民爵女子百戶牛酒鰥寡
孤獨高年帛三月行幸河東祠后土賜吏民如雲
陽行所過無出田租夏四月癸未長樂臨華殿未
央宮東司馬門皆災師古曰東面之司馬門也六月甲午霸陵園
門闕災出杜陵諸未嘗御者歸家詔曰迺者地震

前漢紀十　十三

京師火災婁降師古曰婁古屢字朕甚懼之有司其悉心明
對厥咎師古曰悉盡也朕將親覽焉又曰聖王明禮制以
序尊卑異車服以章有德雖有其財而無其尊不
得踰制故民興行師古曰行音下更反上義而下利師古曰以義爲上以利爲
下方今世俗奢僭罔極師古曰罔無也極中也一曰止也靡有厭足公
卿列侯親屬近臣四方所則師古曰則法也未聞脩身遵禮
同心憂國者也或迺奢侈逸豫務廣第宅治園池
多畜奴婢被服綺縠師古曰被音皮義反設鐘鼓備女樂車服
嫁娶葬埋過制吏民慕效寖以成俗師古曰寖漸也而欲望
百姓儉節家給人足豈不難哉詩不云乎赫赫師

尹民具爾瞻 師古曰小雅節南山之詩也赫赫盛貌也師尹尹氏為太師之官也言居位甚高備為衆庶所瞻仰
其申敕有司以漸禁之 師古曰謂約束也 青綠民所常服且
勿止 師古曰然則禁紅紫之屬 列侯近臣各自省改 師古曰省視也視而改之論語稱曾
子曰吾日三省吾身 司隸校尉察不變者秋七月辛未晦日有
蝕之 元延元年春正月己亥朔日有蝕之三月
行幸雍祠五畤夏四月丁酉無雲有雷聲光燿燿
四面下至地昏止赦天下秋七月有星孛于東井
詔曰迺者日蝕星隕謫見于天大異重仍 師古曰仍頻也重音
直用反 在位默然罕有忠言今孛星見于東井朕甚
懼焉公卿大夫博士議郎其各悉心惟思變意明

以經對無有所諱與內郡國舉方正能直言極諫
者各一人 師古曰令公卿與內郡國各舉一人 北邊二十二郡舉勇猛知
兵法者各一人封蕭相國後喜為酇侯冬十二月
辛亥大司馬大將軍王商薨是歲昭儀趙氏害後
宮皇子 師古曰趙飛燕之妹 二年春正月行幸甘泉郊泰畤
三月行幸河東祠后土夏四月立廣陵孝王子守
為王冬行幸長楊宮從胡客大校獵 如淳曰合軍聚衆有幡校擊鼓也周禮校
人掌王田獵之馬故謂之校獵師古曰如說非也此校謂以木自相貫穿為闌校耳校人職云六廄成校是則以遮闌為義也校獵者大為闌
校以遮禽獸而獵取也軍之幡旗雖有校名本因部校此無豫也 宿萯陽宮 師古曰萯音倍 賜從官
三年春正月丙寅蜀郡岷山崩 師古曰岷音武巾反 雍江三

日江水竭二月封侍中衛尉淳于長為定陵侯三
月行幸雍祠五畤 四年春正月行幸甘泉郊泰
畤二月罷司隸校尉官三月行幸河東祠后土甘
露降京師賜長安民牛酒 綏和元年春正月大
赦天下二月癸丑詔曰朕承太祖鴻業奉宗廟二
十五年德不能綏理宇內百姓怨恨者衆不蒙天
祐至今未有繼嗣天下無所係心觀于往古近事
之戒禍亂之萌皆由斯焉 師古曰始生曰萌 定陶王欣於朕為
子慈仁孝順可以承天序繼祭祀其立欣為皇太
子封中山王舅諫大夫馮參為宜鄉侯益中山國

三萬戶以慰其意 師古曰以不得繼統為帝之後恐其怨恨 賜諸侯王列侯
金天下當為父後者爵三老孝弟力田帛各有差
又曰蓋聞王者必存二王之後所以通三統也 師古
曰天地人是為三統二王之後并已為三 昔成湯受命列為三代 師古曰夏殷周是為三代 而
祭祀廢絕考求其後莫正孔吉 臣瓚曰無若孔吉最正也 其封吉
為殷紹嘉侯三月進爵為公及周承休侯皆為公
地各百里行幸雍祠五畤夏四月以大司馬票騎
大將軍為大司馬 文穎曰王根也 罷將軍官御史大夫為
大司空封為列侯益大司馬大司空奉如丞相 如淳
曰律丞相大司馬大將軍奉錢月六萬御史大夫奉月四萬也 秋八月庚戌中山王興薨

冬十一月立楚孝王孫景爲定陶王定陵侯淳于長大逆不道下獄死廷尉孔光使持節賜貴人許氏藥飲藥死 師古曰即前所廢皇后許氏也 十二月罷部刺史更置州牧秩二千石 二年春正月行幸甘泉郊泰畤二月壬子丞相翟方進薨三月行幸河東祀后土丙戌帝崩于未央宮 臣瓚曰帝年二十即位即位二十六年壽四十五師古曰即位明年乃改元耳壽四十六 皇太后詔有司復長安南北郊四月己卯葬延陵 臣瓚曰自崩至葬凡五十四日延陵在扶風去長安六十二里 贊曰臣之姑充後宮爲婕妤 晉灼曰班彪之姑也 父子昆弟侍帷幄數爲臣言成帝善修容儀升車正立不內顧不疾言不親指 師古曰不內顧者謂儼然當嚴不回眄也不疾言者爲輕肆也不親指者爲惑下也此三句者本論語鄉黨篇述孔子之事故班氏引之以美成帝今論語云車中不內顧不疾言不親指內顧者說者以爲前視不過衡軛旁視不過輢較與此不同輢音於綺反 臨朝淵嘿尊嚴若神可謂穆穆天子之容者矣 師古曰禮記云天子穆穆諸侯皇皇大夫濟濟士蹌蹌故此贊引之 博覽古今容受直辭公卿稱職奏議可述 師古曰稱職克當其任也可述言有文采 遭世承平上下和睦然湛于酒色 師古曰湛讀曰耽 趙氏亂內外家擅朝言之可爲於邑 師古曰於邑短氣貌於讀如本字又於音烏邑音烏合反他皆類此 建始以來王氏始執國命哀平短祚莽遂篡位蓋其威福所由來者漸矣

成紀第十

哀紀第十一 班固 漢書十一

秘書監上護軍琅邪縣開國子顏師古注

孝哀皇帝 荀悅曰諱欣之字曰喜應劭曰恭仁短折曰哀 元帝庶孫定陶恭王子也母曰丁姬年三歲嗣立爲王長好文辭法律 師古曰年長而好之 元延四年入朝盡從傅相中尉 師古曰三官皆從王入朝 時成帝少弟中山孝王亦來朝獨從傅上怪之以問定陶王對曰令諸侯王朝得從其國二千石傅相中尉皆國二千石故盡從之上令誦詩通習能說 師古曰說其義 他日問中山王獨從傅在何法令不能對令誦尚書又廢 師古曰中止之 及賜食於前後飽起下韈係解 師古曰食而獨在後飽及起又韈係解也韈音武伐反 成帝由此以爲不能而賢定陶王數稱其材時王祖母傅太后隨王來朝私賂遺上所幸趙昭儀及帝舅票騎將軍曲陽侯王根昭儀及根見上亡子亦欲豫自結爲長久計皆更稱定陶王 師古曰更音工衡反 勸帝以爲嗣成帝亦自美其材爲加元服而遣之 師古曰爲之冠 時年十七矣明年使執金吾任宏守大鴻臚持節徵定陶王立爲皇太子謝曰臣幸得繼父守藩爲諸侯王材質不足以假充太子之宮 師古曰謙不敢言爲太子故云假充若言非正 陛下聖德寬仁敬承祖宗奉順神祇宜蒙福祐子孫千億之報 師古曰大雅假樂之

（詩曰千祿百福子孫千億言成王宜衆宜人天所保佑求得福祿故子孫衆多也十萬曰億故此謝書引以爲言）臣願且得留國邸旦夕奉問起居俟有聖嗣歸國守藩書奏天子報聞後月餘立楚孝王孫景爲定陶王奉恭王祀所以獎厲太子專爲後之誼（師古曰獎勸使也）語在外戚傳綏和二年三月成帝崩四月丙午太子即皇帝位謁高廟尊皇太后曰太皇太后皇后曰皇太后大赦天下賜宗室王子有屬者馬各一駟（師古曰有屬謂親未盡尚有服者）吏民爵百戶牛酒三老孝弟力田鰥寡孤獨帛太皇太后詔尊定陶恭王爲恭皇五月丙戌立皇后傅氏（師古曰傅晏女）詔曰春秋母以子貴尊定

陶太后曰恭皇太后丁姬曰恭皇后各置左右詹事食邑如長信宮中宮（應劭曰成帝母王太后居長信宮李奇曰傅姬如長信丁姬如中宮也師古曰中宮皇后之宮）追尊傅父爲崇祖侯丁父爲褒德侯（師古曰傅父傅太后之父丁父丁太后之父）封舅丁明爲陽安侯舅子滿爲平周侯追謚滿父忠爲平周懷侯皇后父晏爲孔鄉侯皇太后弟侍中光祿大夫趙欽爲新成侯六月詔曰鄭聲淫而亂樂（師古曰鄭國有溱洧之水男女亟於其間聚會故俗亂而樂淫）聖王所放（師古曰放棄也論語稱孔子曰放鄭聲）其罷樂府曲陽侯根前以大司馬建社稷策益封二千戶（師古曰王根也建議立哀帝爲太子）太僕安陽侯舜輔導有舊恩益封五百戶（師古曰王舜）及丞相孔光大司空汜鄉侯

何武益封各千戶（師古曰汜音凡）詔曰河間王良喪太后三年爲宗室儀表（師古曰儀表者言爲禮儀之表率）益封萬戶又曰制節謹度以防奢淫爲政所先百王不易之道也（師古曰言爲常法不可改易）諸侯王列侯公主吏二千石及豪富民多畜奴婢田宅亡限與民爭利百姓失職重困不足（師古曰失職失其常分也重音直用反）其議限列（師古曰令條列而爲限禁）有司條奏王列侯得名田國中列侯在長安及公主名田縣道關內侯吏民名田皆無得過三十頃（如淳曰名田國中者自其所食國中也既收其租稅又自得有私田三十頃名田縣道者令甲諸侯在國名田他縣罰金二兩今列侯有不之國者雖遙食其國租稅復自得田於他縣道公主亦如之不得過三十頃）諸侯王奴婢二百人列侯公主百

人關內侯吏民三十人年六十以上十歲以下不在數中賈人皆不得名田爲吏（如淳曰市井子孫不得爲吏見食貨志）犯者以律論諸名田畜奴婢過品皆沒入縣官齊三服官諸官織綺繡難成害女紅之物皆止無作輸（如淳曰紅亦工也其所作已成未成皆止無復作皆輸所近官府也師古曰如說非也謂未成者不作已成者不輸耳）除任子令及誹謗詆欺法（應劭曰任子令者漢儀注吏二千石以上視事滿三年得任同産若子一人爲郎不以德選故除之師古曰任者保也詆誣也音丁禮反）掖庭宮人年三十以下出嫁之官奴婢五十以上免爲庶人禁郡國無得獻名獸益吏三百石以下奉（師古曰奉音扶用反）察吏殘賊酷虐者以時退有司無得舉赦前往事博士弟子父母死予寧

三年師古曰寧謂處家持喪服秋曲陽侯王根成都侯王況皆有罪根就國況免爲庶人歸故郡詔曰朕承宗廟之重戰戰兢兢懼失天心間者日月亡光五星失行郡國比比地動師古曰比比猶言頻頻也迺者河南潁川郡水出流殺人民壞敗廬舍朕之不德民反蒙辜朕甚懼焉已遣光祿大夫循行舉籍師古曰舉其名籍也行音下更反賜死者棺錢人三千師古曰賜錢三千以充棺其令水所傷縣邑及他郡國災害什四以上民貲不滿十萬皆無出今年租賦師古曰什四謂十分損四

建平元年春正月赦天下侍中騎都尉新成侯趙欽成陽侯趙訢皆有罪免爲庶人

徙遼西師古曰訢欽皆趙昭儀之兄太皇太后詔外家王氏田非冢塋皆以賦貧民師古曰塋冢域也賦給與也塋音營二月詔曰蓋聞聖王之治以得賢爲首其與大司馬列侯將軍中二千石州牧守相舉孝弟惇厚能直言通政事延于側陋可親民者各一人師古曰言有孝弟惇厚直言通政事之人雖在側陋可延致而任者皆令舉之三月賜諸侯王公主列侯丞相將軍中二千石中都官郎吏金錢帛各有差冬中山王太后媛師古曰馮奉世之女也媛音援弟宜鄉侯馮參有罪皆自殺

二年春三月罷大司空復御史大夫師古曰復音扶目反此下皆同夏四月詔曰漢家之制推親親以顯尊尊師古曰天子之至親當極尊號定陶恭皇之號不宜復稱定陶尊恭皇太后曰帝太后稱永信宮恭皇后曰帝太后稱中安宮立恭皇廟于京師赦天下徙罷州牧復刺史六月庚申帝太后丁氏崩上曰朕聞夫婦一體詩云穀則異室死則同穴師古曰詩王風大車之篇也穀生也穴冢壙也昔季武子成寢杜氏之殯在西階下請合葬而許之師古曰季武子魯大夫季孫宿也成寢新爲寢室也事見禮記檀弓附葬之禮自周興焉師古曰禮記稱孔子曰合葬非古也自周公以來未之有改也郁郁乎文哉吾從周師古曰論語稱孔子曰周監於二代郁郁乎文哉吾從周言周觀視夏殷之禮而損益之典文大備吾從周禮也郁郁文章貌孝子事亡如事存帝太后宜起陵恭皇之園遂葬定陶發陳留濟陰近郡國五萬人穿

復土師古曰爲冢壙也復音扶目反待詔夏賀良等言赤精子之讖應劭曰諸以材技徵召未有正官故曰待詔夏姓也賀良名也高祖感赤龍而生自謂赤帝之精良等因是作此讖文漢家歷運中衰當再受命宜改元易號詔曰漢興二百載歷數開元皇天降非材之佑應劭曰哀帝自言不才天降之佑漢國再獲受命之符朕之不德曷敢不通夫基事之元命必與天下自新師古曰基始也元大也始爲大事之命謂改制度也又曰更受天之大命其大赦天下以建平二年爲太初元年號曰陳聖劉太平皇帝李斐曰陳道也言得神道聖者劉也如淳曰陳舜後王莽陳之後謬語以明莽當篡立而不知韋昭曰敷陳聖劉之德也師古曰如韋二說是也漏刻以百二十爲度師古曰舊漏晝夜共百刻今增其二十此本齊人甘忠可所造今賀良等重言遂施行之事見李尋傳七月以渭城西北原上永陵亭

部爲初陵勿徙郡國民使得自安八月詔曰待詔
夏賀良等建言改元易號增益漏刻可以永安國
家朕過聽賀良等言師古曰過誤也冀爲海內獲福卒亡
嘉應皆違經背古不合時宜六月甲子制書非赦
令也皆蠲除之如淳曰悔前赦令不蒙其福故收令還之臣瓚曰改元易號大赦天下以求延祚而不蒙福哀帝悔之故更下制書諸非赦罪事皆除之謂改制易號令皆復故也師古曰如釋非也瓚說是矣非赦令也猶言自非赦令耳也語終辭也而讀者不曉輒改也爲他字失本文也賀良等反道惑衆下有司皆伏辜丞
相博御史大夫玄孔鄉侯晏有罪師古曰博朱博玄趙玄晏傅晏博
自殺玄減死二等論晏削戶四分之一語在博傳
三年春正月立廣德夷王弟廣漢爲廣平王癸卯

帝太太后所居桂宮正殿火三月已酉丞相當薨
師古曰平當有星孛于河鼓夏六月立魯頃王子郚鄉侯
閔爲王蘇林曰郚音魚勝名也屬東海師古曰又音吾冬十一月壬子復甘泉
泰畤汾陰后土祠罷南北郊東平王雲雲后謁安
成恭侯夫人放文穎曰恭侯王崇王太后弟皆有罪雲自殺謁放
弃市　四年春大旱關東民傳行西王母籌詔師古曰西王母
元后壽考之象行籌詔又言執國家籌詔策行於天下經歷郡國西入關至京師民
又會聚祠西王母或夜持火上屋李奇曰皆陰爲陽之象擊鼓
號呼相驚恐師古曰呼音火故反二月封帝太太后從弟侍中
傅商爲汝昌侯太后同母弟子侍中鄭業爲陽信

侯三月侍中駙馬都尉董賢光祿大夫息夫躬南
陽太守孫寵皆以告東平王封列侯語在賢傳夏
五月賜中二千石至六百石及天下男子爵六月
尊帝太太后爲皇太太后秋八月恭皇園北門災
冬詔將軍中二千石舉明兵法有大慮者師古曰慮謂策謀思
慮元壽元年春正月辛丑朔日有蝕之詔曰朕獲
保宗廟不明不敏宿夜憂勞未皇寧息師古曰皇暇也惟
陰陽不調元元不贍師古曰贍足也未睹厥咎婁敕公卿
庶幾有望師古曰望其屬精爲治要古屢字至今有司執法未得其中
師古曰中音竹仲反或上暴虐假埶獲名溫良寬柔陷於亡滅

是故殘賊彌長和睦日衰百姓愁怨靡所錯躬師古
曰錯置也音千故反迺正月朔日有蝕之厥咎不遠在余一人
公卿大夫其各悉心勉帥百寮師古曰悉盡也寮官也敦任仁
人黜遠殘賊師古曰敦厚也遠音于萬反期於安民陳朕之過失
無有所諱其與將軍列侯中二千石舉賢良方正
能直言者各一人大赦天下丁巳皇太太后傅氏
崩三月丞相嘉有罪下獄死師古曰王嘉秋九月大司馬
票騎將軍丁明免孝元廟殿門銅龜蛇鋪首鳴如淳
曰門鋪首作龜蛇之形而鳴呼也師古曰門之鋪首所以銜環者也鋪音普胡反二年春正月
匈奴單于烏孫大昆彌來朝二月歸國單于不

說師古曰說讀曰悅語在匈奴傳夏四月壬辰晦日有蝕之五月正三公官分職大司馬衛將軍董賢爲大司馬丞相孔光爲大司徒御史大夫彭宣爲大司空封長平侯正司直司隸造司寇職師古曰司直司隸漢舊有之但改正其職掌而司寇舊無今特創置故云造也事未定六月戊午帝崩于未央宮臣瓚曰帝年二十即位即位六年壽二十五師古曰即位明年乃改元壽二十六秋九月壬寅葬義陵臣瓚曰自崩至葬凡百五日義陵在扶風去長安四十六里

贊曰孝哀自爲藩王及充太子之宫文辭博敏幼有令聞師古曰博廣也敏疾也令善也聞名也睹孝成世祿去王室權柄外移是故臨朝婁誅大臣欲彊主威以則武宣師古曰則法也雅性不好聲色時覽卞射武戲應劭曰卞射皮卞而射也蘇林曰手搏爲卞角力爲武戲也晉灼曰甘延壽傳試卞爲期門師古曰蘇晉二說是即位痿痹蘇林曰痿音萎枯之萎如淳曰痿音蹞蹷弩弓病兩足不能相過曰痿師古曰痿亦痺病也音人佳反痺音必寐反蹞蹷者弩名事見晉令蹞音煩蹷音蹶末年寖劇師古曰寖漸也饗國不永哀哉師古曰永長也

哀紀第十一

平紀第十二　班固　漢書十一

秘書監上護軍琅邪縣開國子顏師古注

孝平皇帝荀悅曰諱衎之字曰樂應劭曰布綱治紀曰平師古曰衎音口旱反元帝庶孫中山孝王子也母曰衛姬年三歲嗣立爲王元壽二年六月哀帝崩太皇太后詔曰大司馬賢年少不合衆心師古曰董賢其上印綬罷賢即日自殺新都侯王莽爲大司馬領尚書事秋七月遣車騎將軍王舜大鴻臚左咸使持節迎中山王師古曰爲使而持節也使音所吏反辛卯貶皇太后趙氏爲孝成皇后退居北宮哀帝皇后傅氏退居桂宮師古曰北宮及桂宮皆在城中而非未央宮中也孔鄉侯傅晏少府董恭等皆免官爵徙合浦師古曰恭董賢之父九月辛酉中山王即皇帝位謁高廟大赦天下帝年九歲太皇太后臨朝大司馬莽秉政百官總己以聽於莽師古曰總束也總音揔詔曰夫赦令者將與天下更始誠欲令百姓改行絜己全其性命也往者有司多舉奏赦前事累增罪過誅陷亡辜殆非重信慎刑洒心自新之意也師古曰洒濯也音先禮反及選舉者其歷職更事有名之士則以爲難保師古曰更經也難保者言已嘗有罪過不可保也更音工衡反廢而弗舉甚謬於赦小過舉賢材之義師古曰論語云仲弓問政孔子對曰赦小過舉賢材故此詔引之諸有臧及內惡未發而薦舉者勿案驗

師古曰有減謂以臧貲致罪令士厲精鄉進師古曰鄉讀曰嚮不以小疵妨
大材師古曰疵病也自今以來有司無得陳赦前事置奏
上師古曰置立也置奏上謂立文奏而上陳也上音時掌反有不如詔書爲虧恩以不
道論定著令布告天下使明知之　元始元年春
正月越裳氏重譯獻白雉一黑雉二師古曰越裳南方遠國也譯謂傳言
也道路絶遠風俗殊隔故累譯而後通詔使三公以薦宗廟群臣奏言大
司馬莽功德比周公賜號安漢公及太師孔光等
皆益封語在莽傳賜天下民爵一級吏在位二百
石以上一切滿秩如眞如淳曰諸官吏初除皆試守一歲乃爲眞食全奉平帝即位故賜眞師古
曰此說非也時諸官有試守者特加非常之恩令如眞耳非凡除吏皆當試守也一切者權時之事非經常也猶如以刀切物苟取整齊不顧

長短縱横故言一切也皆放此立故東平王雲太子開明爲王故桃鄉
頃侯子成都爲中山王封宣帝耳孫信等三十六
人皆爲列侯太僕王惲等二十五人師古曰惲音於吻反前議
定陶傅太后尊號守經法不阿指從邪右將軍孫
建爪牙大臣大鴻臚咸前正議不阿師古曰左咸後奉節
使迎中山王師古曰謂奉持節而爲使及宗正劉不惡執金吾任
岑中郎將孔永尚書令姚恂沛郡太守石詡師古
曰岑音士林反恂音荀詡音況羽反皆以前與建策東迎即位師古曰帝本在中山出關而迎
故曰東迎與讀曰豫奉事周密勤勞賜爵關内侯食邑各有差
賜帝徵即位所過縣邑吏二千石以下至佐史爵

各有差又令諸侯王公列侯關内侯亡子而有孫
若子同産子者皆得以爲嗣師古曰子同産子者謂養昆弟之子爲子者公
列侯嗣子有罪耐以上先請宗室屬未盡而以罪
絶者復其屬師古曰復音扶目反其爲吏舉廉佐史補四百石
如淳曰宗室爲吏及舉廉及佐史皆補四百石師古曰此說非也言宗室爲吏者皆令舉廉各從本秩而依廉吏遷之爲佐史者例補四百
石天下吏比二千石以上年老致仕者參分故祿
以一與之終其身師古曰參三也遣諫大夫行三輔師古曰行音下更反
舉籍吏民張晏曰舉錄賦斂之籍而償之以元壽二年倉卒時横賦斂
者償其直師古曰卒讀曰猝横音胡孟反義陵民冢不妨殿中者勿發
如淳曰陵上有宮牆象生制度爲殿屋故曰殿中師古曰此說非也殿中謂壙中象正殿處天下吏民亡得

置什器儲偫師古曰軍法五人爲伍二伍爲什則共其器物故通謂生生之具爲什器亦猶今之從軍及作役者十人爲火共畜調度也儲積也偫具也偫音丈紀反二月置羲和官秩二千石外史
閭師秩六百石應劭曰周禮閭師掌四郊之民時其徵賦也班教化禁淫祀
放鄭聲乙未義陵寢神衣在柙中丙申旦衣在外
牀上文穎曰哀帝陵也衣在寢中今自出在牀上師古曰柙匱也音狎寢令以急變聞師古曰非常之
事故云急變用太牢祠夏五月丁巳朔日有蝕之大赦天
下公卿將軍中二千石舉敦厚能直言者各一人
六月使少府左將軍豐師古曰甄豐賜帝母中山孝王姬
璽書拜爲中山孝王后賜帝舅衛寶寶弟玄爵
關内侯賜帝女弟四人號皆曰君食邑各二千戶封

周公後公孫相如爲褒魯侯孔子後孔均爲褒成侯
奉其祀追謚孔子曰褒成宣尼公罷明光宮及三
輔馳道天下女徒已論歸家顧山錢月三百[如淳曰已論者罪已定也令甲女子犯罪作如徒六月顧山遣歸說以爲當於山伐木聽使入錢顧功直故謂之顧山應劭曰舊刑鬼薪取薪於山以給宗廟今使女徒出錢顧薪故曰顧山也師古曰如說近之謂女徒論罪已定並放歸家不親役之但令一月出錢三百以顧人也爲此恩者所以行太皇太后之德施惠政於婦人]復貞婦鄉一人[師古曰復音方目反鄉一人取其尤最者]置
少府海丞果丞各一人[師古曰海丞主海稅也果丞掌諸果實也]大司農部
丞十三人人部一州勸農桑太皇太后省所食湯
沐邑十縣屬大司農常別計其租入以贍貧民秋
九月赦天下徒以中山苦陘縣爲中山孝王后湯

前漢紀十二　四　陳覓

沐邑[師古曰陘音形]二年春黃支國獻犀牛[應劭曰黃支在日南之南去京師三萬里師古曰犀狀如水牛頭似豬而四足類象黑色一角當額前鼻上又有小角]詔曰皇帝二名通于
器物[孟康曰平帝本名箕子更名曰衎箕用器也故云通于器物]令更名合於古制[師古曰更改也]使太師光奉太牢告祠高廟夏四月立代孝
王玄孫之子如意爲廣宗王江都易王孫盱台侯
宮爲廣川王[師古曰盱音許于反台音怡]廣川惠王曾孫倫爲廣
德王封故大司馬博陸侯霍光從父昆弟曾孫陽
宣平侯張敖玄孫慶忌絳侯周勃玄孫共舞陽侯
樊噲玄孫之子章皆爲列侯復爵[師古曰共讀曰恭復音扶福反]賜
故曲周侯酈商等後玄孫酈明友等百一十三

人爵關內侯食邑各有差郡國大旱蝗青州尤
甚民流亡安漢公四輔三公卿大夫吏民爲百
姓困乏獻其田宅者二百三十人[張晏曰王莽爲太傅孔光爲太師王舜爲太保甄豐爲少傅是爲四輔莽復兼大司馬馬宮爲司徒王崇爲司空是爲三公]以口賦貧民[師古曰計口而給其田宅]遣使者捕蝗民捕蝗詣吏以石蚪受錢[師古曰量蝗多少而賞錢]天下民貲不滿二萬及被災之郡不滿十萬
勿租稅民疾疫者舍空邸第爲置醫藥[師古曰舍止也]賜死
者一家六尸以上葬錢五千四尸以上三千二尸
以上二千罷安定呼池苑以爲安民縣[師古曰中山之安定也池音大河反]起官寺市里募徙貧民縣次給食至徒所賜

前漢紀十二　五　宋庠

田宅什器假與犂牛種食[師古曰種音之勇反]又起五里於
長安城中[如淳曰民居之里]宅二百區以居貧民秋舉勇武
有節明兵法郡一人詣公車九月戊申晦日有蝕
之赦天下徒使謁者大司馬掾四十四人持節行
邊兵[師古曰行音下更反]遣執金吾候陳茂假以鉦鼓[晉灼曰百官表執金吾屬官有兩丞候司馬應劭曰將帥乃有鉦鼓今茂官輕兵少又但往論曉之耳所以假鉦鼓者欲重其威也鉦者鐃也似鈴柄中上下通師古曰鉦音征鐃音女交反]募汝南南陽勇敢吏士三百人諭說江
湖賊成重等二百餘人皆自出送家在所收事[如淳曰賊雖自出得還其家而已不得復除尚當役作之也師古曰如說非也言身既自出又各送其家人詣本屬縣邑從賦役耳]重徒
雲陽[服虔曰重成重也作賊長帥故徙之也]賜公田宅冬中二千石舉治獄

平歲一人李奇曰吏治獄平端也 三年春詔有司爲皇帝納采安漢公莽女師古曰婚禮有納采問名之禮謂采擇其可娶者 語在莽傳又詔光祿大夫劉歆等雜定婚禮四輔公卿大夫博士郎吏家屬皆以禮娶親迎立軺併馬服虔曰軺音謠立乘小車也併馬驪駕也師古曰新定此制也併音步鼎反 夏安漢公奏車服制度吏民養生送終嫁娶奴婢田宅器械之品立官稷及學官如淳曰郊祀志曰已有官社未有官稷遂立官稷於官社之後臣瓚曰漢初除秦社稷立漢社稷其後又立官社配以夏禹而不立官稷至此始立官稷光武之後但有官社不立官稷師古曰淳瓚二說皆未盡也初立官稷於官社之後是爲一處今更創置建於別所不相從也 郡國曰學縣道邑侯國曰校校學置經師一人鄉曰庠聚曰序張晏曰聚邑落名也師古曰聚小於鄉聚音才喻反 序庠置孝經師一人陽陵任橫等自稱將軍盜庫兵攻官寺出囚徒大司徒掾督逐皆伏辜安漢公世子宇與帝外家衛氏有謀宇下獄死誅衛氏 四年春正月郊祀高祖以配天宗祀孝文以配上帝改殷紹嘉公曰宋公周承休公曰鄭公詔曰蓋夫婦正則父子親人倫定矣前詔有司復貞婦歸女徒師古曰復音方目反 誠欲以防邪辟師古曰辟讀曰僻 全貞信及眊悼之人師古曰八十曰眊七年曰悼眊者老稱言其昏暗也悼者未成爲人於其死亡可哀悼也眊音莫報反 刑罰所不加聖王之所制也惟苛暴吏多拘繫犯法者親屬婦女老弱搆怨傷化百姓苦之師古曰搆結也 其明敕百僚婦女非身犯

法及男子年八十以上七歲以下家非坐不道詔所名捕它皆無得繫張晏曰名捕謂下詔特所捕也 其當驗者即驗問師古曰就其所居而問 定著令 二月丁未立皇后王氏大赦天下遣太僕王惲等八人置副假節分行天下覽觀風俗師古曰行音下更反 賜九卿已下至六百石宗室有屬籍者爵自五大夫已上各有差師古曰五大夫第九爵 賜天下民爵一級鰥寡孤獨高年帛夏皇后見于高廟加安漢公號曰宰衡應劭曰周公爲太宰伊尹爲阿衡采伊周之尊以加莽 賜公大夫人號曰功顯君封公子安臨皆爲列侯安漢公奏立明堂辟雍應劭曰明堂所以正四時出教化明堂上圜下方八窻四達布政之宮在國之陽上八窻法八風四達法四時九室法九州十二重法十二月三十六戶法三十六旬七十二牖法七十二候孝經曰宗祀文王於明堂以配上帝上帝謂五時帝太昊之屬黃帝曰合宮有虞曰總章殷曰陽館周曰明堂辟雍者象璧圜雍之以水象教化流行 尊孝宣廟爲中宗孝元廟爲高宗天子世世獻祭 冬置西海郡徙天下犯禁者處之 梁王立有罪自殺 分京師置前煇光後丞烈二郡 更公卿大夫八十一元士官名位次師古曰更改也 及十二州名分界郡國所屬罷置改易天下多事吏不能紀 冬大風吹長安城東門屋瓦且盡 五年春正月祫祭明堂應劭曰禮五年而再殷祭壹禘壹祫祫祭者毀廟與未毀廟之主皆合食於太祖師古曰祫音洽 諸侯王二十八人列侯百二十人宗室子九百餘人徵助祭師古曰徵召也 禮畢皆益戶

賜爵及金帛增秩補吏各有差詔曰蓋聞帝王以德撫民其次親親以相及也昔堯睦九族舜惇敘之〔師古曰虞書堯典云昔在帝堯克明畯德以親九族九族既睦平章百姓咎繇謨曰惇敘九族庶明厲翼言堯能明畯德之士而任用之以睦高祖玄孫之親通令百姓平和章明舜又厚敘此親使衆庶皆明其教而自勉勵翼戴上命也故此詔引之〕朕以皇帝幼年且統國政〔師古曰朕者太皇太后自稱也〕惟宗室子皆太祖高皇帝子孫及兄弟吳頃楚元之後〔師古曰吳頃謂高帝之兄仲也初爲代王後廢爲合陽侯而子濞封爲吳王故追諡仲爲吳頃王頃讀曰傾〕漢元至今十有餘萬人雖有王侯之屬莫能相糾〔師古曰糾謂禁察也〕或陷入刑罪教訓不至之咎也傳不云乎君子篤於親則民興於仁〔師古曰此論語載孔子之辭也言上能厚於親屬則下皆化之起爲仁行也以論語傳聖人之言故謂之傳他皆類此〕其爲宗室

自太上皇以來族親各以世氏郡國置宗師以糾之致教訓焉二千石選有德義者以爲宗師考察不從教令有冤失職者宗師得因郵亭書言宗伯請以聞〔晉灼曰宗伯宗正也師古曰郵行書舍也言爲書以付郵亭令送至宗伯也郵音尤〕常以歲正月賜宗師帛各十匹羲和劉歆等四人使治明堂辟廱〔師古曰爲使者而典其事〕令漢與文王靈臺周公作洛同符〔師古曰文王築靈臺周公成雒邑言與之符合〕太僕王惲等八人使行風俗〔師古曰行音下更反〕宣明德化萬國齊同皆封爲列侯徵天下通知逸經古記天文歷筭鍾律小學史篇方術本草及以五經論語孝經爾雅教授者在所爲駕一封軺傳〔如淳曰律諸當乘傳及發駕置傳者皆持尺五寸木傳信封以御史大夫印章其乘傳參封之參三也有期會累封兩端端各兩封凡四封也乘置馳傳五封之兩端各二中央一也軺傳兩馬再封之一馬一封也師古曰以一馬駕軺車而乘傳傳音張戀反〕遣詣京師至者數千人閏月立梁孝王玄孫之耳孫音爲王冬十二月丙午帝崩于未央宮〔臣瓚曰帝年九歲即位即位五年壽十四 師古曰漢注云帝春秋益壯以母衛太后故怨不悅莽自知益疏篡殺之謀由是生因到臘日上椒酒置藥酒中故翟義移書云莽鴆殺孝平皇帝〕大赦天下有司議曰禮臣不殤君皇帝年十有四歲宜以禮斂加元服〔師古曰斂音力贍反〕奏可葬康陵〔臣瓚曰在長安北六十里〕詔曰皇帝仁惠無不顧哀〔師古曰言帝平生多所顧念哀憐〕每疾一發氣輒上逆害於言語故不及有遺詔其出媵妾皆歸家得嫁如孝文時故事〔師古曰媵妾謂從皇后俱來者媵之言送也媵音食證反〕

又音孚

贊曰孝平之世政自莽出褒善顯功以自尊盛觀其文辭方外百蠻亡思不服〔師古曰大雅文王有聲之詩曰自西自東自南自北無思不服言武王於鎬京行辟雍之禮自四方來觀者皆感其德化心無不歸服故此贊引之〕休徵嘉應頌聲並作〔師古曰休美也徵證也〕至乎變異見於上民怨於下莽亦不能文也〔如淳曰不可復文飾也〕

平紀第十二

異姓諸侯王表第一　班固　漢書十三

祕書監上護軍琅邪縣開國子顏師古注

昔詩書述虞夏之際舜禹受禪師古曰古禪字音上扇反積德累功洽於百姓攝位行政考之于天師古曰謂在璿璣玉衡以齊七政考之于天知巳合天心不也經數十年然後在位殷周之王乃繇卨稷師古曰繇讀與由同偹仁行義歷十餘世至于湯武然後放殺師古曰殺讀曰弒秦起襄公章文繆獻師古曰言秦之初大起於襄公始為諸侯至文公繆公獻公更為章著也襄公莊公之子文公襄公之子也繆公德公之少子獻公靈公之子也孝昭嚴稍蠶食六國師古曰孝謂孝公也卽獻公之子昭謂昭襄王卽惠王之子武王之弟也嚴謂莊襄王卽昭襄王之孫孝文王之子也後漢避明帝諱以莊為嚴故漢書姓及謚本作莊皆易為嚴也它皆類此蠶食謂漸吞滅之如蠶食葉也百有餘載至始

前漢年表一　一

皇迺并天下以德若彼用力如此其囏難也師古曰囏古艱字也秦既稱帝患周之敗以為起於處士橫議諸侯力爭四夷交侵以弱見奪服虔曰言因橫議而敗也應劭曰孟軻云聖王不作諸侯恣行處士橫議師古曰處士謂不官於朝而居家者也橫音胡孟反夫下橫發其音亦同也於是削去五等應劭曰周制五等公侯伯子男五等爵墮城銷刃應劭曰壞其堅城恐復阻以害己也聚天下之兵鑄以為銅人十二不欲令民復逆命也古者以銅為兵師古曰墮音火規反箝語燒書應劭曰禁民聚語畏其謗己箝鉗也箝與鉗同晉灼曰許慎云箝籥也師古曰晉說是也謂箝籥其口不聽妄言也卽所謂禁耦語者也箝音其占反籥音躡內鋤雄俊外攘胡粵師古曰攘卻也粵古越字用壹威權為萬世安師古曰令威權壹歸於己然十餘年閒猛敵橫發乎不虞師古曰虞度也意所不度謂之不虞適戍彊於五伯師古曰適讀曰讁讁戍謂陳勝吳廣也伯讀曰霸五霸謂昆吾大彭豕韋齊桓晉文也讁音陟厄反閭閻偪於戎狄應劭曰周禮二十五家為閭閻音閻門閭外旋下壍謂之步檐也閭閻民陳勝之屬言其逼秦甚於戎狄師古曰閭里門也閻里中門也陳勝吳廣本起閭左之戍故總言閭閻應劭說非也閭左解在陳勝傳偪音逼嚮應𤸃於謗議服虔曰𤸃音懍應劭曰秦法誹謗者族今陳勝奮臂大呼天下莫不嚮應嚮應之害更𤸃烈於所謗議也師古曰嚮讀曰響應者如響之應聲𤸃痛也服音是也奮臂威於甲兵鄉秦之禁適所以資豪桀而速自斃也師古曰鄉讀曰嚮嚮謂曩時也秦禁謂墮城銷刃箝語燒書之屬是也是以漢亡尺土之階繇一劍之任五載而成帝業師古曰繇讀與由同任用也事也書傳所記未嘗有焉何則古世相革皆承聖王之烈師古曰革變也烈謂餘烈也今漢獨收孤秦之弊鐫金石者難為功摧枯朽者易為力師古曰鐫琢石也音子全反其埶然也故據漢受命譜十八王月而列之天下一統迺以年數應劭曰譜音補項羽為西楚霸

前漢書年表一　二

王為天下主命立十八王王高祖於蜀漢漢元年諸王畢封各就國始受命之元故以冠表焉張晏曰時天下未定參錯變易不可以年紀故列其月五年誅籍乃以年紀焉訖于孝文異姓盡矣

漢元年	一月	應劭曰	諸王始	受封	月更天	王同時
楚	西楚	霸王	項籍	始為	天下	受命
分為衡山	王吳	芮始	故番	君師	古曰	番音
分為臨江	王共	敖始	故楚	柱國	師古	曰共
分為九江	王英	布始	故楚	將		
趙 常山	王張	耳始	故趙	將		
分為代	王趙	歇始	故趙	王		
齊 臨菑	王田	都始	故齊	將		
分為濟北	王田	安始	故齊	將		
分為膠東	王田	市始	故齊	王		
雍 分關中	王章	邯始	故秦	將		
塞 分關中	王司	馬欣	始故	秦長	史	
翟 分關中	王董	翳始	故秦	都尉		
燕	王臧	荼始	故燕	將師	古曰 臧音	大胡
分為遼東	王韓	廣始	故燕	王		
魏	王魏	豹始	故魏	王		
分為殷	王司	馬卬	始故	趙將		
韓	王韓	成始	故韓	王		
分為河南	王申	陽始	故楚	將		

正月		二月	三月	四月	五月
立十八王 衞讀曰 反 恭		都彭城二			
		都郴二			
		都江陵二			
		都六二			
		都襄國二			
	二十七	都代二十八			
		都臨菑二		田榮擊都降楚 四	田榮始王故齊相 五
		都博陽二			
	二十	都即墨二十一	二十二	二十三	田榮擊殺市 二十四 齊
		都廢丘二			
		都櫟陽二			
		都高奴二			
反		都無薊			
	三十	都無終三十一	三十二	三十三	三十四
	九	都平陽二十	二十一	二十二	二十三
		都朝歌二	三	四	五
	二十	都陽翟二十一			
		都雒陽二			

前漢年表一 三 陳吉

六月	七月	八月	九月	十月	十一月
六	七	八	九	十	十一
六	七	八	九	十	十一
六	七	八	九	十	十一
六	七	八	九	十	十一
六	七	八	耳降漢 九	代王歇還王趙	三十七
三十二	三十三	三十四	歇復王趙 三十五	歇以陳餘為代王號成安君	二
二	三	四	五	六	七
田榮擊殺安 六					
六	邯守廢丘漢圍之	八	九	漢拔我 十 隴西	十一
六	欣降漢 七	屬漢為渭南河上郡			
六	翳降漢 七	屬漢為上郡			
六			九	十	十一
三十五	臧荼擊殺廣 三十六				
二十四	二十五	二十六	二十七	二十八	二十九
六	七	八	九	十	十一
項籍 二十七 誅成	王鄭昌始 項王立之	二	三	王韓信始 立之	二
六	七	八	昌降 九 漢	屬漢為河南郡	

十二月	二年		一月	二月	項王三萬人破漢兵五十六萬 三月
十二	二年		一月	二	三
十二	二年		一月	二	三
十二		十三		十四	十五
十二	二年		一月	二	三
三十八		三十九		四十	四十一
三		四		五	六
項籍擊榮走平原民殺之		項籍復立故王假為田齊王	二	田榮弟橫反城陽擊假假走楚楚殺假	王廣始 田榮子橫立之
漢拔我十二 北地	二年		一月	二	三
十二	二年		一月	二	三
三十		三十一		豹降 三十二 為漢王	從漢伐楚 三十三
二十		三十三		卬降 十四 漢	從漢伐楚為河內郡
三		四		五	從漢伐楚 六

前漢年表一 四 吉

四月	五月	六月	七月	八月	九月
四	五	六	七	八	九
四	五	六	七	八	九
十六	十七	十八	十九	二十	二十一
四	五	六	七	八	九
四十二	四十三	四十四	四十五	四十六	四十七
七	八	九	十	十一	十二
二	三	四	五	六	七
二	三				
四	漢殺邯廢丘 五 屬漢為中地北地隴西郡				
四	五	六	七	八	九
豹歸 三十四 畔漢	三十五	三十六	三十七	漢將韓信 三十八 虜豹	屬漢為河東上黨郡
七	八	九	十	十一	十二

十月	十	十	二十三	十	漢滅四十八歇	十三	八					十				二年一月		
十一月	十一	十一	二十四			屬漢為太原郡	九					十一				二		
十二月	十二	十二		齊降漢			十					十二				三		
三年	三年	三年										三年						
一月	一月	一月	二十五				十一					一月				四		
二月	二	二	二十六				十二					二				五		
三月	三	三	二十七				十三					三				六		
四月	四 圍漢滎陽	四	二十八				十四					四				七		
五月	五	五	二十九				十五					五				八		
六月	六	六	三十				十六					六				九		
七月	七	七	三十一				十七					七				十		
八月	八	八	子尉嗣為王				十八					八				十一		
九月	九	九	二				十九					九				十二		
十月	十	十	三				二十					十				三年一月		
十一月	漢將韓信十一擊殺龍且	十一	四		復趙王張耳始漢立之		漢將韓信擊殺二十一[illegible]為郡					十一				二		

前漢年表一　五　何立

十二月	十二	十二	五		二										十二				三		
四年一月	四年一月	四年一月	六		三			齊							四年一月				四		
二月	二	二	七		四			王韓信始漢立之							二				五		
三月	三	三	八		五			二							三				六		
四月	四	四	九		六			三							四				七		
五月	五	五	十		七			四							五				八		
六月	六	六	十一	更為淮南王	八			五							六				九		
七月	七	七	十二	英布漢立之	九			六							七				十		
八月	八	八	十三	二	十			七							八				十一		
九月	九	九	十四	三月	十一			八							反九誅荼		置梁國		十二		初置長沙國
即皇五年帝位	漢誅籍王正月韓信始	項從十長沙漢	十二月[illegible]	二年	十二月乙丑耳薨	以太原為國		徙韓信王楚							後九月王盧綰故太尉		彭越		四年		二月乙未王吳芮[illegible]
六年	十一月信廢為侯			三	子敖嗣為王	王韓信始九月信反降匈奴									二		二		傅寬五齊		[illegible]
七年				四	二										三		三				二
八年				五	三敖廢為侯										四		四				三

前漢年表一　六　何立

前漢年表一　七

年	各欄	末欄
九年	六；五；五	四
十年	七；六；越反六誅	五
十一年	布反八誅；綰反降匈奴	六
十二年		七
孝惠元年		八
二年		[illegible]王嗣
三年		二
四年		三
五年		四
六年		五
七年	初置魯國；初置淮陽國；復置常山國；初置呂國	六
高后元年	四月王張偃始高后外孫；四月辛卯王强始高后所詐立孝惠子；四月辛卯王不疑始高后所詐立孝惠子；四月辛卯王呂台始高后兄子	七
二年	二；二；不疑薨諡曰哀無子十月[illegible]王弘以孝惠子[illegible]侯立；台薨諡曰肅王子嘉嗣為王	[illegible]嗣
三年	三；三；二；二；二；二	二
四年	四；四；弘立為帝五月丙辰王朝始故軹侯；三；三	三

前漢年表一　八

異姓諸侯王表第一

年	各欄	末欄
五年	五；[illegible]薨諡曰[illegible]五無子；三；四；四	四
六年	六；王武始故[illegible]侯[illegible]關；三；高后[illegible]十一月[illegible]；初置梁國	五
七年	七；二；四；[illegible]王呂[illegible]高后兄子；十一月丁巳王[illegible]大[illegible]故平昌侯；初置燕國；二月王呂產始	六
八年	偃廢八為侯；武非三子誅；朝非五子誅；八月漢大臣誅祿；七月癸丑呂通始八月遭大臣誅通；產遷[illegible]二誅產	七
孝文元年		八
二年		[illegible]王嗣
三年		二
四年		三
五年		四
六年		五
七年		六
八年		七
九年		八
十年		九
十一年		十
十二年		十一
十三年		十二
十四年		十三
十五年		十四
十六年		十五
後元年		十六
二年		十七
三年		十八
四年		十九
五年		二十
六年		二十一
七年		[illegible]二十三[illegible]元光[illegible]國除

諸侯王表第二　班固　漢書十四

秘書監上護軍琅邪縣開國子顏師古注

昔周監於二代師古曰監視也二代夏殷也三聖制法師古曰三聖謂文王武王及周公也立爵五等師古曰公侯伯子男封國八百同姓五十有餘周公康叔建於魯衛各數百里太公於齊亦五侯九伯之地臣瓚曰禮記王制云五國以爲屬屬有長二百一十國以爲州州有伯師古曰五侯五等諸侯也九伯九州之伯也伯長也詩載其制曰介人惟藩大師惟垣大邦惟屏大宗惟翰懷德惟寧宗子惟城毋俾城壞毋獨斯畏師古曰大雅板之詩也介善也藩籬也屏蔽也垣牆也翰幹也懷和也俾使也以善人爲之藩籬謂封周公康叔於魯衛以太師爲垣牆謂太公於齊也大邦以爲屏蔽謂成國諸侯也大宗以爲楨幹謂王之同姓也能和其德則天下安寧分建宗子則列城堅固城不可使墮壞宗不可使單獨單獨墮壞則畏懼斯至所以親親賢賢褒表功德師古曰親賢俱封功德並建關諸盛衰深根固本爲不可拔者也故盛則周邵相其治致刑錯衰則五伯扶其弱與共守師古曰伯讀曰霸此五霸謂齊桓宋襄晉文秦穆吳夫差也自幽平之後日以陵夷師古曰陵夷言如山陵之漸平夷謂頹替也至虖阸陿河洛之間應劭曰阸者狹也陿者踦區也西迫强秦東有韓魏數見侵暴踦區不安也師古曰阸音於解反陿音區分爲二周師古曰謂東西二周也有逃責之臺被竊鈇之言服虔曰周赧王負責無以歸之王迫責急乃逃於此臺後人因以名之劉德曰洛陽南宮謻臺是也應劭曰竊鈇謂出至路邊竊取人鈇也師古曰應說非也鈇鉞王者以爲威用斬戮也言周室衰微政令不行於天下雖有鈇鉞無所用之是謂私竊隱藏之耳被音皮義反鈇音膚謻音移又直移反然天下謂之共主如淳曰雖至微弱猶共以爲之主彊大弗之敢傾師古曰言諸侯雖彊大者不敢傾滅周也歷載八百餘年數極德盡既於王赧師古曰既亦盡也赧謚也一曰名也音女

版反降爲庶人用天年終號位已絕於天下尚猶枝葉相持莫得居其虛位海內無主三十餘年師古曰秦昭襄王五十二年周初亡五十六年昭襄王卒孝文王立一年而卒莊襄王立四年而卒子政立二十六年而乃并天下自號始皇帝是爲三十五年無主也秦據埶勝之地騁狙詐之兵應劭曰狙伺也因間伺隙出兵也狙音若蛆師古曰狙音千絮反蠶食山東壹切取勝師古曰蠶食解在異姓諸侯王表壹切解在平紀也因矜其所習自任私知姍笑三代盪滅古法師古曰姍古訕字也訕謗也音所諫反又音刪竊自號爲皇帝而子弟爲匹夫內亡骨肉本根之輔外亡尺土藩翼之衛陳吳奮其白挺應劭曰白挺大杖也孟子書曰可使制挺以撻秦楚是也師古曰挺音徒鼎反劉項隨而斃之故曰周過其歷秦不及期國埶然也應劭曰武王克商卜世三十卜年七百今乃三十六世八百六十七歲此謂過其歷者也秦以謚法少恐後世相襲自稱始皇子曰二世欲以一迄萬今至子而亡此之爲不及期也漢興之初海內新定同姓寡少懲戒亡秦孤立之敗於是剖裂疆土立二等之爵項昭曰漢封功臣大者王小者侯也功臣侯者百有餘邑尊王子弟大啓九國師古曰九國之數在下也自鴈門以東盡遼陽爲燕代師古曰遼陽遼水之陽也常山以南大行左轉度河濟漸于海爲齊趙師古曰太行山名也左轉亦謂自太行而東也漸入也一曰浸也行音胡郎反漸音子廉反亦讀如本字穀泗以往奄有龜蒙爲梁楚晉灼曰水經云泗水出魯卞縣臣瓚曰穀在彭城泗之下流爲穀水師古曰奄覆也龜蒙二山名東帶江湖薄會稽爲荊吳文穎曰即今吳也高帝六年爲荊國十一年更名吳師古曰荊吳同是一國也北界淮瀕略廬衡爲淮南師古曰瀕水涯也音頻又音賓廬衡二山名也波漢之陽亘九嶷

爲長沙鄭氏曰波音陂澤之陂孟康曰亙竟也音古贈反師古曰波漢之陽者循漢水而往也水北曰陽波音彼皮反又音彼義反九嶷山名有九峯在零陵營道嶷音疑諸侯比境周帀三垂外接胡越師古曰比謂相接次也三垂謂北東南也比音頻寐反天子自有三河東郡潁川南陽師古曰三河河東河南河內也自江陵以西至巴蜀北自雲中至隴西與京師內史凡十五郡公主列侯頗邑其中師古曰十五郡中又往往有列侯公主之邑而藩國大者夸州兼郡連城數十師古曰夸音跨宮室百官同制京師可謂撟枉過其正矣師古曰撟與矯同枉曲也正曲曰矯言矯秦孤立之敗而大封子弟過於強盛有失中也雖然高祖創業日不暇給孝惠享國又淺高后女主攝位而海內晏如師古曰晏如安然也亡狂狡之憂卒折諸呂之難成太宗之業者亦賴

之於諸侯也然諸侯原本以大末流濫以致溢小者淫荒越法大者睽孤橫逆以害身喪國師古曰易睽卦九四爻辭曰睽孤見豕負塗睽孤乖剌之意睽音工攜反故文帝采賈生之議分齊趙景帝用鼂錯之計削吳楚武帝施主父之冊下推恩之令使諸侯王得分戶邑以封子弟不行黜陟而藩國自析自此以來齊分爲七師古曰謂齊城陽濟北濟南菑川膠西膠東也趙分爲六師古曰謂趙平原眞定中山廣川河閒也梁分爲五師古曰謂梁濟川濟東山陽濟陰也淮南分爲三師古曰謂淮南衡山廬江皇子始立者大國不過十餘城長沙燕代雖有舊名皆亡南北邊矣如淳曰長沙之南更置郡燕代以北更置緣邊郡其所有饒利兵馬器械三國皆失之也景遭七國之難抑損諸

侯減黜其官師古曰謂改丞相曰相省御史大夫廷尉少府宗正博士損大夫謁者諸官長丞員等也武有衡山淮南之謀作左官之律服虔曰仕於諸侯爲左官絕不得使仕於王侯也應劭曰人道上右今舍天子而仕諸侯故謂之左官也師古曰左官猶言左道也皆僻左不正應說是也漢時依上古法朝廷之列以右爲尊故謂降秩爲左遷仕諸侯爲左官也設附益之法張晏曰律鄭氏說封諸侯過限曰附益或曰阿媚王侯有重法也師古曰附益者蓋取孔子云求也爲之聚斂而附益之之義也皆背正法而厚於私家也諸侯惟得衣食稅租不與政事師古曰與讀曰豫至於哀平之際皆繼體苗裔親屬疏遠師古曰言非始封之君皆其後裔也故於天子益疏遠矣生於帷牆之中不爲士民所尊埶與富室亡異而本朝短世國統三絕師古曰謂成哀平皆早崩又無繼嗣是故王莽知漢中外殫微本末俱弱師古曰殫盡也音單亡所忌憚生其姦心因母后之權假伊周之

稱顓作威福廟堂之上不降階序而運天下師古曰序謂東西廂顓與專同詐謀既成遂據南面之尊分遣五威之吏馳傳天下班行符命漢諸侯王厥角𩕄首應劭曰厥者頓也角者額角也稽首首至地也言王莽漸漬威福日久亦值漢之單弱王侯見莽篡奪莫敢怨望皆頓角稽首至地而上其璽綬也晉灼曰厥猶豎也叩頭則額角豎師古曰應說是也𩕄音口禮反與稽同奉上璽韍惟恐在後師古曰韍音弗璽之組也或廼稱美頌德以求容媚豈不哀哉是以究其終始彊弱之變明監戒焉

號謚	屬	始封	子	孫	曾孫	玄孫	六世	七世 張晏曰禮服盡於玄孫故以世數名也

楚元王交		代王喜	齊悼惠王肥								
高帝同父弟師古曰楚元王帝弟也而表居代王前者以封日先後為次也		高帝兄	高帝子								
六年正月丙午立二十三年薨		正月壬子立七年爲匈奴所攻棄國自歸廢爲郃陽侯孝惠二年薨	正月壬子立十三年薨								
孝文二年夷王郢客嗣四年薨	孝景四年文王禮以元王子平陸侯紹封三年薨	高祖十二年十月辛丑王濞以故代王子沛侯立四十二年孝景三年反誅	孝惠七年哀王襄嗣十二年薨	孝文十六年孝王將閭以悼惠王子楊虛侯紹封十一年薨	城陽 孝文二年二月乙卯景王章以悼惠王子朱虛侯立二年薨	甘露三年戴王恢嗣八年薨 八世	濟北 二月乙卯王興居以悼惠王子東牟侯立二年謀反誅	菑川 十六年四月丙寅懿王志以悼惠王子安都侯立爲濟北王十一年孝景四年徙菑川三十五年薨	元延四年懷王友嗣[illegible]年薨 八世	濟北 四月丙寅王辟光以悼惠王子扐侯立十一年反誅	菑川 四月丙寅王賢以悼惠王子武城侯立十一年反誅
六年壬戌王戊嗣二十一年孝景三年反誅	七年安王道嗣二十二年薨		孝文二年文王則嗣十四年薨亡後	孝景四年懿王壽嗣二十二年薨	四年共王喜嗣八年徙淮南四年復還凡三十三年薨	永光元年孝王景嗣二十四年薨 九世		元光六年靖王建嗣二十年薨	建平[illegible]王永嗣十二年王莽[illegible] 九世		
	元朔元年襄王注嗣十二年薨			元光四年厲王次昌嗣五年薨亡後	孝景後元年頃王延嗣二十六年薨	[illegible] 十世 [illegible]		元封二年頃王遺嗣三十五年薨			
	元鼎元年節王純嗣十六年薨				元狩六年敬王義嗣九年薨			元平元年思王終古嗣二十八年薨			
	天漢元年王延壽嗣三十二年地節元年謀反誅				元封三年惠王武嗣十一年薨			初元三年考王尚嗣六年薨			
					天漢四年荒王順嗣四十六年薨			永光四年孝王橫嗣三十一年薨			

前漢年表二 五 楊王

		荊王賈	淮南厲王長			趙隱王如意	代王	趙共王恢 師古曰恢謚曰共下皆類此	趙幽王友		燕靈王建	燕敬王澤
		高帝從父弟	高帝子			高帝子	高帝子	高帝子	高帝子		高帝子	高帝從祖昆弟
		六年正月丙午立六年十二月爲英布所殺亡後	十一年十月庚午立二十三年孝文六年謀反廢徙蜀死雍			九年四月辛卯立四年爲呂太后所殺亡後	十一年正月丙子立十七年高后八年爲皇帝	十一年三月丙寅立爲梁王十六年高后七年徙趙其年自殺亡後	十一年三月丙寅立爲淮陽王二年徙趙十四年高后七年自殺		十二年二月甲午立十五年高后七年薨呂太后殺其子	高后七年以營陵侯立爲琅邪王二年孝文元年徙燕二年薨
膠西 四月丙寅王卬以悼惠王子平昌侯立十一年反誅	膠東 四月丙寅王雄渠以悼惠王子白石侯立十一年反誅		十六年四月丙寅王安以厲王子阜陵侯紹封四十二年元狩元年謀反自殺	衡山 四月丙寅王賜以厲王子陽周侯立爲衡山王三十四年謀反自殺	濟北 四月丙寅王勃以厲王子安陽侯立爲衡山王十二年徙濟北一年薨謚曰貞王				孝文元年王遂以幽王子紹封二十六年孝景三年反誅	河間 孝文二年三月乙卯文王辟彊以幽王子立十三年薨		三年康王嘉嗣二十六年薨
					孝景六年成王胡嗣五十四年薨					十五年哀王福嗣一年薨亡後		孝景六年王定國嗣二十四年坐禽獸行自殺
					天漢四年王寬嗣十一年後二年謀反自殺							

前漢年表二 六 楊

前漢年表二　七

右高祖十八人吳隨父凡十二人 師古曰吳王濞從其父代王喜在此表中故十二人也

梁懷王揖　文帝子　二年二月乙卯立，十年薨，亡後。

梁孝王武　文帝子　二月乙卯立為代王，三年徙淮陽，十二年徙梁，三十五年薨。　孝景後元年，恭王買嗣，七年薨。　建元五年，平王襄嗣，四十年薨。　太始元年，貞王毋傷嗣，十一年薨。　始元二年，敬王定國嗣，四十年薨。　初元四年，夷王遂嗣，六年薨。　永光五年，荒王嘉嗣，十五年薨。

陽朔元年王立嗣，二十六年元始 [illegible]

[illegible] 入世 [illegible]

濟川　[illegible] 建元三年坐殺 [illegible]

濟東　五月丙戌王彭離以孝王子立，二十九年坐殺人廢遷上庸。

山陽　五月丙戌哀王定以孝王子立，九年薨，亡後。

濟陰　五月丙戌哀王不識以孝王子立，一年薨，亡後。

代孝王參　文帝子　二月乙卯立為太原王，三年更為代王，十七年薨。　孝文後三年，恭王登嗣，二十九年薨。　元光三年，剛王義嗣，十九年，元鼎三年徙清河，三十八年薨。　太始三年，頃王陽嗣，二十五年薨。　地節元年，王年嗣，四年坐與同產 [illegible] 廢遷房陵 [illegible]　元始二年四月丁酉，王如意以孝王玄孫之子紹封，七年，王莽篡位，貶為公，明年廢。

右孝文三人。齊、城陽、兩濟北、濟南、菑川、膠西、膠東、趙、河間、淮南、衡山十二人隨父，凡十五人。

河間獻王德　景帝子　二年三月甲寅立，二十六年薨。　元光六年，共王不周嗣，四年薨。　元朔四年，剛王基嗣，十二年薨。　元鼎四年，頃王緩嗣，十七年薨。　天漢四年，孝王慶嗣，四十三年薨。　五鳳四年，王元嗣，十七年，建昭元年坐殺人廢遷房陵。　建始元年正月丁亥，惠王良以孝王子紹封，二十七年薨。　建平二年，王尚嗣，十四年，王莽篡位，貶為公，明年廢。

前漢年表二　八

臨江哀王閼 師古曰閼音一曷反　景帝子　二年三月甲寅立，三年薨，亡後。

魯共王餘　景帝子　三月甲寅立為淮陽王，二年徙魯，二十八年薨。　元朔元年，安王光嗣，四十年薨。　後元年，孝王慶忌嗣，三十七年薨。　甘露三年，頃王封嗣，二十八年薨。　陽朔二年，文王晙嗣，十九年薨，亡後。師古曰晙音子峻反

建平三年八月 [illegible] 以頃王子紹封 [illegible]

[illegible]

江都易王非 師古曰諡法好更故舊曰易　景帝子　三月甲寅立為汝南王，二年徙江都，二十六年薨。　元朔二年，王建嗣，六年，元狩二年謀反，自殺。　廣世 [illegible]

趙敬肅王彭祖　景帝子　三月甲寅立為廣川王，四年徙趙，六十三年薨。　征和元年，頃王昌嗣，十九年薨。　[illegible]　元康元年，共王充嗣，五十六年薨。　元延二年 [illegible] 王莽篡位 [illegible]

征和二年頃王 [illegible] 以敬肅王子立，二十一年薨。

長沙定王發　景帝子　三月甲寅立，二十八年薨。　元朔二年，戴王庸嗣，二十七年薨。　[illegible]　始元四年，剌王建德嗣，三十四年薨。　黃龍元年，煬王旦嗣，二年薨，亡後。　初元四年，孝王宗以剌王子紹封，三年薨。　永光二年，繆王魯人嗣，四十八年薨。　[illegible] 王莽篡位 [illegible]

膠西于王端　景帝子　三年六月乙巳立，四十七年薨，亡後。

中山靖王勝　景帝子　六月乙巳立，四十二年薨。　元鼎五年，哀王昌嗣，一年薨。　[illegible]　征和四年，頃王輔嗣，二十三年薨。　始元元年，憲王福嗣，十七年薨。　地節元年，懷王脩嗣，十五年薨，亡後。　鴻嘉二年 [illegible]　廣德 [illegible]　建平三年 [illegible]　廣平 [illegible] 王莽篡位 [illegible]

膠東王	景帝子	四年四月乙巳立，三年爲皇太子。						
臨江愍王榮	景帝子	七年十一月乙酉以故皇太子立，三年坐侵廟壖垣爲宮自殺。						
廣川惠王越	景帝子	中二年四月乙巳立，十二年薨。	建元五年繆王齊嗣，四十四年薨。	征和二年王去嗣，二十二年，本始四年坐[illegible]自殺。				
				地節四年五月，戴王文以去兄子紹封，二年薨。	元康元年王汝陽嗣，十五年，甘露四年坐殺人廢，徙居房陵。			
					元始二年四月丁酉，[illegible]廣德[illegible]子紹封。	居攝二年[illegible]嗣，三年，王莽篡位，貶爲公，明年廢。		
膠東康王寄	景帝子	四月乙巳立，二十八年薨。	元狩三年哀王賢嗣，十四年薨。	元封五年戴王通平嗣，二十四年薨。	始元五年頃王音嗣，五十四年薨。	河平元年恭王授嗣，十四年薨。	永始三年王殷嗣，二十二年，王莽篡位，貶爲公，明年廢。	
			元狩二年七月壬子，恭王慶以康王少子立，六安，三十八年薨。	始元四年夷王祿嗣，十一年薨。	本始元年繆王定嗣，二十三年薨。	甘露四年頃王光嗣，二十七年薨。	陽朔二年王育嗣，三十三年，王莽篡位，貶爲公，明年廢。	

前漢年表二　九　華

清河哀王乘	景帝子	中三年三月丁酉立，十二年薨，亡後。						
常山憲王舜	景帝子	中五年三月丁巳立，三十二年薨。	元鼎三年王勃嗣，坐憲王喪服姦，廢徙房陵。					
			元鼎四年頃王平以憲王子紹封，真定，二十五年薨。	征和四年烈王偃嗣，十八年薨。	本始三年孝王申嗣，三十三年薨。	建昭元年安王雍嗣，十六年薨。	陽朔二年共王普嗣，十五年薨。	綏和二年王楊嗣，十六年，王莽篡位，貶爲公，明年廢。
			元鼎三年思王商以憲王少子立，泗水，十一年薨。	太初二年哀王安世嗣，一年薨，亡後。				
					三年戴王賀以思王子紹封，二十二年薨。元鳳元年勤王煖嗣，三十九年薨。	永光三年戾王駿嗣，三十一年薨。	元延三年王靖嗣，十九年，王莽篡位，貶爲公，明年廢。	

右孝景十四人，楚、濟川、濟東、山陽、濟陰五人隨父，凡十九人。師古曰：此表列諸王次第與本傳不同者，本傳因母氏之次而盡言所生，表則叙其昆弟長幼，又臨江閔王封時年月在後，故不同也。它皆類此。

齊懷王閎	武帝子	元狩六年四月乙巳立，八年，元封元年薨，亡後。						

燕剌王旦	武帝子	四月乙巳立，三十七年，元鳳元年謀反自殺。	本始元年五月，廣陽頃王建以剌王子紹封，二十九年薨。	初元五年穆王舜嗣，二十一年薨。	陽朔二年思王璜嗣，二十年薨。	建平四年王嘉嗣，十二年，王莽篡位，貶爲公，明年廢。		
廣陵厲王胥	武帝子	四月乙巳立，六十三年，五鳳四年坐祝詛上自殺。	初元二年三月壬申，孝王霸以厲王子紹封，十三年薨。	建昭五年共王意嗣，十三年薨。	建始二年哀王護嗣，十五年薨，亡後。			
				元延二年靖王守以孝王子紹封，十七年薨。	居攝元年王宏嗣，三年，王莽篡位，貶爲公，明年廢。			
			本始元年七月，哀王弘以廣陵王子立，高密，八年薨。	元康元年頃王章嗣，三十四年薨。	建始二年懷王寬嗣，十一年薨。	鴻嘉二年王慎嗣，二十九年，王莽篡位，貶爲公，明年廢。		
昌邑哀王髆	武帝子	天漢四年六月乙丑立，十一年薨。	始元元年王賀嗣，十二年，徵爲昭帝後，立二十七日以行淫亂廢，歸故國，予邑三千戶。					

右孝武四人，六安、真定、泗水、平干四人隨父兄，八人。

淮陽憲王欽	宣帝子	元康三年四月丙子立，三十六年薨。	河平二年文王玄嗣，二十六年薨。	元壽二年王縯嗣，九年，王莽篡位，貶爲公，明年廢。師古曰：縯音羊善反。				

前漢年表二　十　華

東平思王宇	宣帝子	甘露二年十月乙亥立，三十三年薨。	鴻嘉元年煬王雲嗣，十六年，建平三年坐祝詛自殺。	元始元年二月丙辰，王開明嗣，五年薨，亡後。	居攝元年嚴鄉侯子匡爲東平王。			
				元始元年二月[illegible]中山[illegible]孝王後六年，王莽篡位，貶爲公，明年廢。[illegible]				
楚孝王囂（師古曰：囂音敖。）	宣帝子	甘露二年十月乙亥立爲定陶王，三年徙楚，二十八年薨。	陽朔元年懷王芳嗣，一年薨，亡後。					
			陽朔二年思王衍以孝王子紹封，二十一年薨。	元壽二年王紆嗣，十一年，王莽篡位，貶爲公，明年廢。				
				[illegible]信都[illegible]王莽篡位，貶爲公，明年廢。				

中山哀王竟	宣帝子	初元二年二月丁巳立爲清河王三年徙中山[illegible]
右孝宣四人燕王繼絕高密隨父凡六人		
定陶共王康	元帝子	永光三年三月立爲濟陽王八年徙山陽八年徙定陶凡十九年薨	陽朔三年王欣嗣十四年綏和元年爲皇太子
中山孝王興	元帝子	建昭二年六月立爲信都王[illegible]陽朔二年徙中山凡三十年薨	綏和二年王箕子嗣六年元壽二年立爲皇帝

右孝元二人廣陵繼絕凡三人孝成時河間廣德定陶三國孝哀時廣平一國孝平時東平中山廣德廣世廣宗五國皆繼絕

諸侯王表第二

王子侯表卷第三上

班固　漢書十五

秘書監上護軍琅邪縣開國子顏師古注

大哉聖祖之建業也後嗣承序以廣親親至于孝武以諸侯王畺土過制或替差失軌而子弟爲匹夫師古曰畺亦疆字也替古僭字也軌法也輕重不相準於是制詔御史諸侯王或欲推私恩分子弟邑者令各條上朕且臨定其號名自是支庶畢侯矣詩云文王孫子本支百世師古曰大雅文王之詩也本宗也支支子也言文王有明德故天祚之子孫嫡者爲天子支庶爲諸侯皆不絕也信矣哉師古曰侯所食邑皆書其郡縣於下其有不書者史失之也或但言某人嗣及直書薨不具年月皆闕文也

號謚名	屬	始封位次	子	孫	曾孫	玄孫
頡羹侯信 服虔曰頡音[illegible]之羹師古曰頡音胡[illegible]反	帝兄子	七年中封十三年高后元年有罪削爵爲關內侯 師古曰不記月日故云七年中也				
合陽侯喜	帝兄爲代王匈奴攻代棄國廢爲侯	八年九月丙午封七年孝惠二年薨以子爲王謚曰頃王	沛 十二年十二月癸巳侯濞以帝兄子封十二年爲吳王			
德哀侯廣		十二年十一月庚辰以兄子封二百二十 七年八月薨	高后三年頃侯通嗣二十四年薨	孝景六年康侯齕嗣二十四年薨 師古曰齕音紇下亦同	元鼎四年侯何嗣五年坐酎金免	元始[illegible]泰山 [illegible]
			㠯	元康四年五月甲子[illegible]長安公乘[illegible]七世[illegible]		
右高祖						
上邳侯郢客	楚元王子	二年五月丙午封二百二十八年爲楚王				
朱虛侯章	齊悼惠王子	五月丙申封八年爲城陽王[illegible]				
東牟侯興居	齊悼惠王子	六年四月丁酉封四年爲濟北王				
右高后						

號諡名	屬	始封	子	孫	曾孫	玄孫
管共侯罷軍 師古曰罷音皮又讀曰疲其讀罷皆類此	齊悼惠王子	四年五月甲寅封二年薨	六年侯戎奴嗣二十年孝景三年反誅			
氏丘共侯寧國	齊悼惠王子	五月甲寅封十一年薨	十五年侯偃嗣十一年孝景三年反誅			
營平侯信都	齊悼惠王子	五月甲寅封十年薨	十四年侯廣嗣十一年孝景三年反誅			
楊丘共侯安	齊悼惠王子	五月甲寅封十二年薨	十六年侯偃嗣十一年孝景四年坐出國界削爲司寇			
楊虛侯將閭	齊悼惠王子	五月甲寅封十二年爲齊王				
朸侯辟光 師古曰朸音力又音其力反下亦同	齊悼惠王子	五月甲寅封十二年爲濟南王				
安都侯志	齊悼惠王子	五月甲寅封十二年爲濟北王				
平昌侯卬	齊悼惠王子	五月甲寅封十二年爲膠西王				
武成侯賢	齊悼惠王子	五月甲寅封十二年爲菑川王				
白石侯雄渠	齊悼惠王子	五月甲寅封十二年爲膠東王				
阜陵侯安	淮南厲王子	八年五月丙午封八年爲淮南王				
安陽侯勃	淮南厲王子	五月丙午封八年爲衡山王				
陽周侯賜	淮南厲王子	五月丙午封八年爲廬江王				
東城哀侯良	淮南厲王子	五月丙午封七年薨亡後				
右孝文						
平陸侯禮	楚元王子	元年四月乙巳封三年爲楚王				
休侯富	楚元王子	四月乙巳封三年以兄子楚王戊反免三年侯富更封紅侯懿	七年懷侯登嗣一年薨	中元年敬侯嘉嗣二十四年薨	元朔四年哀侯章嗣一年薨亡後	
沈猶夷侯歲 師古曰沈音審	楚元王子	四月乙巳封二十年薨	建元五年侯受嗣十八年元狩五年坐爲宗正聽謁不具宗室削爲司寇 師古曰謁請也受爲宗正人有私請求者受聽許之故於宗室之中事有不具而受獲罪			

號諡名	屬	始封	子	孫	曾孫	玄孫	郡
宛朐侯埶 師古曰埶音藝	楚元王子	四月乙巳封三年反誅					
棘樂敬侯調	楚元王子	三年八月壬子封十六年薨	建元三年恭侯應嗣十五年薨	元朔元年侯慶嗣十六年元鼎五年坐酎金免			
乘氏侯買	梁孝王子	中五年五月丁卯封一年爲梁王					
桓邑侯明	梁孝王子	五月丁卯封一年爲濟川王					
右孝景							
茲侯明	河間獻王子	元光五年正月壬子封四年元朔三年坐殺人自殺					
安城思侯蒼	長沙定王子	六年七月乙巳封十三年薨	元鼎元年節侯自當嗣	侯壽光嗣五鳳二年坐與姊亂下獄病死			豫章
宜春侯成	長沙定王子	七月乙巳封十七年元鼎五年坐酎金免					
句容哀侯黨 師古曰句讀曰章句之句	長沙定王子	七月乙巳封二年薨亡後					會稽
容陵侯福	長沙定王子	七月乙巳封十七年元鼎五年坐酎金免					
杏山侯成	楚安王子	後九月壬戌封十七年元鼎五年坐酎金免					
浮丘節侯不害	楚安王子	後九月壬戌封十一年薨	元狩五年侯霸嗣六年元鼎五年坐酎金免				沛
廣戚節侯將	魯共王子	元朔元年十月丁酉封薨	侯始嗣元鼎五年坐酎金免				
丹陽哀侯敢	江都易王子	十二月甲辰封六年元狩元年薨亡後					無湖
盱台侯蒙之	江都易王子	十二月甲辰封十六年元鼎五年坐酎金免					
胡孰頃侯胥行	江都易王子	正月丁卯封十六年薨	元鼎五年侯聖嗣坐知人脫亡名數以爲保殺人免 師古曰脫亡名數謂不占戶籍也以此人爲庸保而又別殺人也				丹陽
秣陵終侯纏	江都易王子	正月丁卯封元鼎四年薨亡後					

號謚名	屬	始封	子	孫	曾孫	玄孫
淮陵侯定國	江都易王子	正月丁卯封十六年元鼎五年坐酎金免				淮陵
張梁哀侯仁	梁共王子	二年五月乙巳封十三年薨	元鼎四年頃侯順嗣二十三年征和三年[illegible]所殺			
龍丘侯代	菑川懿王子	五月乙巳封五年元鼎五年坐酎金免				琅邪
劇原侯錯	菑川懿王子	五月乙巳封十七年薨	元鼎三年孝侯廣昌嗣	戴侯骨嗣	質侯吉嗣	節侯鄉嗣
			六世 侯勝容嗣			
懷昌夷侯高遂	菑川懿王子	五月乙巳封二年薨	四年胡侯延年嗣	節侯勝時嗣	侯可置嗣	
平望夷侯賞	菑川懿王子	五月乙巳封七年薨	元狩三年原侯楚人嗣二十六年薨	太始三年敬侯光嗣十四年薨	神爵四年頃侯起嗣	孝侯均嗣
			六世 侯且嗣			
臨衆敬侯始昌	菑川懿王子	五月乙巳封三十一年薨	太始元年康侯華生嗣六年薨	元鳳二年頃侯廣[illegible]嗣薨	原侯農嗣	節侯理嗣 臨原
			六世 釐侯賢嗣	七世 侯尚嗣王莽篡位絕		
葛魁節侯寬	菑川懿王子	五月乙巳封八年薨	元狩四年侯戚嗣五年元鼎三年坐縛家吏恐猲受賕棄市師古曰恐猲謂以威力脅人也賕枉法以財相謝猲音呼葛反賕音求			
益都敬侯胡	菑川懿王子	五月乙巳封薨	原侯廣嗣	侯直嗣元鳳二年坐非廣子免		
平的戴侯強 師古曰的音丁歷反	菑川懿王子	五月乙巳封十七年薨	元狩元年思侯中時嗣三十三年薨	太始三年節侯福嗣三十三年薨	神爵四年頃侯皐嗣	釐侯利親嗣
			六世 侯宣嗣			
劇魁夷侯黑	菑川懿王子	五月乙巳封十七年薨	元狩元年思侯招嗣三十三年薨	四年康侯德嗣	孝侯利親嗣	釐侯嬰嗣
			六世 侯[illegible]嗣			
壽梁侯守	菑川懿王子	五月乙巳封十五年元鼎五年坐酎金免				壽樂
平度康侯行	菑川懿王子	五月乙巳封四十七年薨	元鳳元年節侯慶忌嗣三年薨	四年質侯帥軍嗣	頃侯欽嗣	孝侯宗嗣
			六世 侯嘉嗣			

號謚名	屬	始封	子	孫	曾孫	玄孫
宜成康侯偃	菑川懿王子	五月乙巳封十一年薨	元狩元年侯福嗣十七年太初元年坐殺弟棄市			平原
臨朐夷侯奴 師古曰朐音劬	菑川懿王子	五月乙巳封四十一年薨	戴侯乘嗣	節侯賞嗣	孝侯信嗣	[illegible] 東海
			六世 侯[illegible]嗣			
雷侯豨	城陽共王子	五月甲戌封十五年元鼎五年坐酎金免				東海
東莞侯吉	城陽共王子	五月甲戌封五年坐痼病不任朝免				
辟土節侯壯 師古曰辟音闢	城陽共王子	五月甲戌封三年薨	五年侯明嗣十二年元鼎五年坐酎金免			東海
尉文節侯丙	趙敬肅王子	六月甲午封五年薨	元狩元年侯犢嗣十二年元鼎五年坐酎金免			南郡
封斯戴侯胡傷	趙敬肅王子	六月甲午封二十五年薨	太初三年原侯如意嗣三十二年薨	甘露四年孝侯宮嗣	侯仁嗣	
榆丘侯受福	趙敬肅王子	六月甲午封十五年元鼎五年坐酎金免				
襄嚵侯建 [illegible]	趙敬肅王子	六月甲午封十五年元鼎五年坐酎金免				廣平
邯會衍侯仁	趙敬肅王子	六月甲午封薨	哀侯慧嗣	後元年勤侯賀嗣三十五年薨	甘露五年原侯張嗣	釐侯康嗣
			六世 節侯重嗣	七世 懷侯[illegible]		
朝節侯義	趙敬肅王子	六月甲午封十三年薨	元鼎三年戴侯祿嗣	侯固城嗣五鳳四年坐酎金少四兩免		
東城侯遺	趙敬肅王子	六月甲午封十七年元鼎[illegible]師古曰[illegible]				
陰城思侯蒼	趙敬肅王子	六月甲午封十七年太初元年薨嗣子有罪不得代				
廣望節侯忠	中山靖王子	六月甲午封三十年薨	天漢四年頃侯中嗣十三年薨	始元三年思侯何齊嗣	恭侯遂嗣	侯閎嗣
將梁侯朝平	中山靖王子	六月甲午封十五年元鼎五年坐酎金免				涿
薪館侯未央	中山靖王子	六月甲午封十五年元鼎五年坐酎金免				涿
陸城侯貞	中山靖王子	六月甲午封十五年元鼎五年坐酎金免				涿
薪處侯嘉	中山靖王子	六月甲午封十五年元鼎五年坐酎金免				涿

號謚名	屬	始封	子	孫	曾孫	玄孫／郡
蒲領侯嘉	廣川惠王子	三年十月癸酉封，有罪，絕				東海
西熊侯明	廣川惠王子	十月癸酉封，薨，亡後				
棗彊侯晏	廣川惠王子	十月癸酉封，薨，亡後				
畢梁侯嬰	廣川惠王子	十月癸酉封，十九年，元封四年，坐首匿罪人，為鬼薪				魏
旁光侯殷	河間獻王子	十月癸酉封，十一年，元鼎元年，坐貸子錢不占租，取息過律，會赦，免。師古曰：以子錢出貸人，律合收租，匿不占，取息利又多也。占音之贍反				魏
距陽憲侯匄	河間獻王子	十月癸酉封，十四年薨	元鼎五年，侯渡嗣，坐酎金，免。師古曰：渡音涉			
蔞節侯退 師古曰：蔞音力于反	河間獻王子	十月癸酉封，十六年薨	元封元年，孝侯嬰嗣，二十三年薨	後元年，原侯益壽嗣，三十三年薨	五鳳元年，安侯充世嗣，三十年薨	四年，侯[illegible]道嗣，二十年，建始四年，薨，亡後
阿武戴侯豫	河間獻王子	十月癸酉封，二十四年薨	太初三年，敬侯寬嗣，十二年薨	始元二年，節侯信嗣，二十三年薨	神爵元年，釐侯[illegible]嗣	頃侯黃嗣
			六世 侯長久嗣，王莽篡位，絕			
參戶節侯免	河間獻王子	十月癸酉封，四十六年薨	元鳳元年，敬侯嚴嗣	頃侯元嗣	孝侯利親嗣	侯度嗣
州鄉節侯禁	河間獻王子	十月癸酉封，十二年薨	元鼎二年，思侯齊嗣	元封六年，憲侯惠嗣	釐侯商嗣	恭侯伯嗣
			六世 侯[illegible]嗣，王莽篡位，絕			
平城侯禮	河間獻王子	十月癸酉封，六年，元狩三年，坐恐猲取雞以令買償免，復謾，完為城旦。師古曰：以恐猲取人雞，依令買償，免侯，又詐謾，故為城旦也。猲音[illegible]				
廣侯順	河間獻王子	十月癸酉封，十六年，元鼎五年，坐酎金，免				勃海
蓋胥侯讓 師古曰：胥音[illegible]	河間獻王子	十月癸酉封，十六年，元鼎五年，坐酎金，免				魏
陪安康侯不害	濟北貞王子	十月癸酉封，十一年薨	元鼎[illegible]年，侯秦客嗣，[illegible]薨，亡後			魏
榮簡侯騫	濟北貞王子	十月癸酉封，坐殺人，會赦，免				茌平 師古曰：茌音仕疑反
周望康侯何	濟北貞王子	十月癸酉封，八年薨	元狩[illegible]年，侯當時嗣，[illegible]年，元鼎五年，坐酎金，免			

號謚名	屬	始封	子	孫	曾孫	玄孫／郡
陪繚侯則	濟北貞王子	十月癸酉封，十二年薨	元鼎二年，侯邑嗣，五年，坐酎金，免			平原
前侯信 師古曰：字或作歬，音[illegible]	濟北貞王子	十月癸酉封，四年，元鼎五年，坐酎金，免				平原
安陽侯樂	濟北貞王子	十月癸酉封，三十八年薨	後元年，煉侯延年嗣，十七年薨	本始二年，康侯記嗣，十五年薨	五鳳元年，安侯戚嗣	哀侯得嗣，薨，亡後 平原
五據侯臞丘 師古曰：臞音劬，又音瞿	濟北式王子	十月癸酉封，十四年，元鼎五年，坐酎金，免				泰山
富侯龍	濟北式王子	十月癸酉封，十六年，元康元年，坐使奴殺人，下獄瘐死				
平侯遂	濟北式王子	十月癸酉封，四年，元狩元年，坐知人盜官母馬為臧，會赦，復作。師古曰：有人盜馬，遂知而受之，故為臧也。復作者，徒役也。復音扶目反				
羽康侯成	濟北式王子	十月癸酉封，六十年薨	地節三年，恭侯係嗣	侯棄嗣，王莽篡位，絕		
胡毋侯楚	濟北式王子	三月癸酉封，十四年，元鼎五年，坐酎金，免				泰山
離石侯綰	代共王子	正月壬戌封，後更為涉侯。[illegible]				
邵侯順	代共王子	正月壬戌封，[illegible]年，天漢元年，坐殺人及奴凡十六人，以[illegible]，[illegible]人以當之				
利昌康侯嘉	代共王子	正月壬戌封，五十二年薨	元鳳五年，戴侯樂嗣，十二年薨	元康三年，頃侯萬世嗣	節侯光祿嗣	刺侯殷嗣
			六世 侯[illegible]嗣，王莽篡位，絕			
藺侯罷軍	代共王子	正月壬戌封，後更為武原侯，坐[illegible]，免				西河
臨河侯賢	代共王子	正月壬戌封，後更為高俞侯，坐酎金，免				
濕成侯忠 師古曰：濕音它合反	代共王子	正月壬戌封，後更為端氏侯，薨，亡後				
土軍侯郢客 師古曰：土軍，西河之縣也。[illegible]	代共王子	正月壬戌封，後更為鉅乘侯，坐酎金，免				
皋琅侯遷	代共王子	正月壬戌封，薨，亡後				臨淮
千章侯遇	代共王子	正月壬戌封，後更為夏丘侯，坐酎金，免				平原
博陽頃侯就	齊孝王子	三月乙卯封，薨	侯終古嗣，元鼎五年，坐酎金，免			濟南

宜陽節侯恬	魯共王子	三月乙卯封，五十二年薨。	元鳳六年，憲侯慶忌嗣，十八年薨。	五鳳元年，康侯信嗣。	孝侯黿嗣	侯方嗣
瑕丘節侯政	魯共王子	三月乙卯封，五十三年薨。	元平元年，思侯國嗣，四年薨。	本始四年，孝侯湯嗣，十年薨。	神爵二年，煬侯奉義嗣。	釐侯遂成嗣
			六世 侯豪嗣			
公丘夷侯順	魯共王子	三月乙卯封，三十年薨。	太始元年，康侯置嗣。	地節四年，煬侯延壽嗣，九年薨。	五鳳元年，思侯賞嗣。	侯元嗣，王莽篡位絕。
郁根侯驕 師古曰：根音狼。	魯共王子	三月乙卯封，十一年，元鼎五年，坐酎金免。				
西昌侯敬	魯共王子	三月乙卯封，十一年，元鼎五年，坐酎金免。				
陸地侯義	中山靖王子	三月乙卯封，十四年，元鼎五年，坐酎金免。				辛處
邯平侯順	趙敬肅王子	三月乙卯封，十四年，元鼎五年，坐酎金免。				廣平
武始侯昌	趙敬肅王子	四月甲辰封，三十四年，為趙王。				魏
象氏節侯賀	趙敬肅王子	四月甲辰封，十八年薨。	元封三年，思侯安意嗣，二十七年薨。	始元六年，康侯千秋嗣，十六年薨。	元康元年，孝侯漢強嗣。	侯鄲嗣，王莽篡位絕。

前漢年表三上　八

易安侯平	趙敬肅王子	四月甲辰封，二十年薨。	元封五年，康侯種嗣。	侯德嗣，始元元年，坐殺人免。		鄗 師古曰：鄗音呼各反。
路陵侯童	長沙定王子	四年三月乙丑封，四年，元狩三年，坐殺人自殺。				南陽
攸輿侯則	長沙定王子	三月乙丑封，二十二年，太初元年，坐篡死罪囚，棄市。				南陽
茶陵節侯訢 師古曰：茶音塗，訢音欣。	長沙定王子	三月乙丑封，十年薨。	元鼎二年，哀侯湯嗣，十年，太初元年薨，亡後。			桂陽
建成侯拾	長沙定王子	三月乙丑封，二十三年，元封元年，坐使行人奉璧皮薦賀元年十月不會，免。師古曰：時以十月為歲首，有賀，故奉璧皮薦。				
安衆康侯丹	長沙定王子	三月乙丑封，三十年薨。	元封六年，節侯山拊嗣，三十八年薨。師古曰：拊音芳于反。	地節三年，繆侯毋妨嗣。	釐侯嬰嗣	侯歙 師古曰：歙音具禁反，又其錦反。 嗣
			侯崇嗣，居攝元年，舉兵欲誅莽，為莽所滅。			
			侯寵以崇從父弟紹封。	建武十三年，侯松嗣。		今見 師古曰：作表時見為侯也。
葉平侯喜 師古曰：葉音式涉反。	長沙定王子	三月乙丑封，十三年，元鼎五年，坐酎金免。				

利鄉侯嬰	城陽共王子	三月乙丑封，五年，元狩三年，有罪免。				
有利侯釘 師古曰：釘音丁，又音鼎。	城陽共王子	三月乙丑封，三年，元狩元年，坐遺淮南王書稱臣，棄市。				東海
東平侯慶	城陽共王子	三月乙丑封，五年，元狩三年，坐與姊姦，下獄病死。				東海
運平侯記	城陽共王子	三月乙丑封，十三年，元鼎五年，坐酎金免。				東海
山州侯齒	城陽共王子	三月乙丑封，十三年，元鼎五年，坐酎金免。				
海常侯福	城陽共王子	三月乙丑封，十三年，元鼎五年，坐酎金免。				琅邪
騶丘敬侯寬	城陽共王子	三月乙丑封，六年薨。	元狩四年，康侯報德嗣。	侯毋害嗣，本始二年，坐使人殺兄，棄市。		
南城節侯貞	城陽共王子	三月乙丑封，四十二年薨。	始元四年，戴侯猛嗣，三十二年薨。	神爵元年，元侯尊嗣，二年薨。	四年，釐侯充國嗣。	頃侯遂嗣
			六世 侯友嗣，王莽篡位絕。			
廣陵侯表 師古曰：……音顯。	城陽共王子	三月乙丑封，七年薨。	元狩五年，侯成嗣，六年，元鼎五年，坐酎金免。			

前漢年表三上　九　徐真

杜原侯皋	城陽共王子	三月乙丑封，十三年，元鼎五年，坐酎金免。				
臨樂敦侯光 師古曰：敦音頓，又音對。	中山靖王子	四月甲午封，二十年薨。	元封六年，憲侯建嗣。	列侯固嗣。	五鳳三年，節侯萬年嗣。	侯廣漢嗣，王莽篡位絕。
東野戴侯章	中山靖王子	四月甲午封，薨。	侯中時嗣，太初四年薨，亡後。			
高平侯嘉	中山靖王子	四月甲午封，十二年，元鼎五年，坐酎金免。				平原
廣川侯頗	中山靖王子	四月甲午封，十三年，元鼎五年，坐酎金免。				
重侯擔 師古曰：擔音丁甘反。	河間獻王子	四月甲午封，四年，元狩二年，坐不使人為秋請，免。師古曰：請音才姓反。				平原
被陽敬侯燕 師古曰：被音皮彼反。	齊孝王子	四月乙卯封，十三年薨。	元鼎五年，穆侯偃嗣，十六年薨。	始元二年，頃侯壽嗣。	孝侯定嗣	節侯闓嗣
			六世 侯廣嗣，王莽篡位絕。			
定敷侯越	齊孝王子	四月乙卯封，十二年薨。	元鼎四年，思侯德嗣，三十二年薨。	元康四年，憲侯福嗣。	恭侯湯嗣	定侯棄嗣，王莽篡位絕。
稻夷侯定	齊孝王子	四月乙卯封，薨。	節侯陽都嗣。	太始三年，戴侯咸嗣，四十三年薨。	甘露元年，頃侯閎嗣。	侯永嗣，王莽篡位絕。

山原侯國	齊孝王子	四月乙卯封二十七年薨	天漢三年康侯棄嗣十四年薨	始元二年安侯守嗣三十三年薨	侯發嗣	敕海甘露三年良外人嗣十八年建始五年薨
繁安夷侯忠	齊孝王子	四月乙卯封十八年薨	元封四年安侯守嗣	節侯壽嗣	元鳳五年頃侯嘉嗣	孝侯光嗣
			六世 侯起嗣			
柳康侯陽已	齊孝王子	四月乙卯封薨	敷侯罷師嗣	于侯自為嗣	安侯擕嗣	繆侯輔嗣
			六世 侯宗嗣王莽篡位絕			
雲夷侯信	齊孝王子	四月乙卯封十四年薨	元鼎六年侯茂發嗣	太始二年康侯遂嗣	釐侯終古嗣	侯得之嗣王莽篡位絕
牟平共侯渫 師古曰渫音先列反	齊孝王子	四月乙卯封五年薨	元狩三年節侯奴嗣二十五年薨	太始三年釐侯更生嗣二十九年薨	地節四年康侯建嗣一年薨	元康元年孝侯敞嗣
			六世 釐侯咸嗣	七世 侯隆嗣王莽篡位絕		
柴原侯代	齊孝王子	四月乙卯封三十四年薨	征和二年節侯勝之嗣二十七年薨	元康二年敬侯賢嗣	三年康侯齊嗣	恭侯莫如嗣薨亡後
柏暢戴侯終古	趙敬肅王子	五年十一月辛酉封薨	侯朱嗣始元三年薨亡後			中山
歊安侯延年 師古曰歊音許驕反	趙敬肅王子	十一月辛酉封十二年元鼎五年坐酎金免				
乘丘節侯將夜	中山靖王子	三月癸酉封十一年薨	元鼎四年戴侯德嗣	侯外人嗣元康四年坐為子時與後母亂免		
高丘哀侯破胡	中山靖王子	三月癸酉封八年元鼎元年薨亡後				
柳宿夷侯蓋	中山靖王子	三月癸酉封四年薨	元狩三年侯蘇嗣八年元鼎五年坐酎金免			
戎丘侯讓	中山靖王子	三月癸酉封十二年元鼎五年坐酎金免				
樊輿節侯脩	中山靖王子	三月癸酉封三十六年薨	後元年陽侯過倫嗣	思侯異衆嗣	頃侯土生嗣	侯自予嗣王莽篡位絕
曲成侯萬歲	中山靖王子	三月癸酉封十二年元鼎五年坐酎金免				涿
安郭于侯傳富	中山靖王子	三月癸酉封薨 五百二十戶	釐侯偃嗣	侯崇嗣元康元年坐首匿罷免		涿
安險侯應	中山靖王子	三月癸酉封十二年元鼎五年坐酎金免				
安道侯恢	中山靖王子	三月癸酉封十二年元鼎五年坐酎金免				

前漢年表三上　十　徐真

夫夷敬侯義	長沙定王子	三月癸酉封十二年薨	元鼎五年節侯禹嗣三十六年薨	五鳳元年頃侯孝宗嗣	釐侯慶嗣	懷侯福嗣
			六世 侯胤嗣王莽篡位絕			
舂陵節侯買	長沙定王子	六月壬子封四年薨	元狩二年戴侯熊渠嗣二十六年薨	元康元年孝侯仁嗣	侯敞嗣	建武二年立敞子祉為城陽王
都梁敬侯定	長沙定王子	六月壬子封八年薨	元鼎元年頃侯係嗣 師古曰係音胡禮反	節侯弘嗣	原侯順嗣	煬侯容嗣
			六世 侯伏人嗣王莽篡位絕			
洮陽靖侯狩燕	長沙定王子	六月壬子封七年元狩六年薨亡後				
衆陵節侯賢	長沙定王子	六月壬子封五十年薨	本始四年戴侯眞定嗣二十三年薨	黃龍元年頃侯慶嗣	侯骨嗣王莽篡位絕	
終弋侯廣置	衡山賜王子	六年四月丁丑封十一年元鼎五年坐酎金免				汝南
麥侯昌	城陽頃王子	元鼎元年四月戊寅封五年坐酎金免				琅邪
鉅合侯發	城陽頃王子	四月戊寅封五年坐酎金免				平原
昌侯差	城陽頃王子	四月戊寅封五年坐酎金免				琅邪
蕢侯方	城陽頃王子	四月戊寅封五年坐酎金免				
雩殷侯澤	城陽頃王子	四月戊寅封六十二年薨	神爵元年夷侯舞嗣	頃侯閣嗣		侯永嗣王莽篡位絕
原洛侯敢	城陽頃王子	四月戊寅封二十六年征和三年坐殺人棄市				琅邪
挾術侯昆景	城陽頃王子	四月戊寅封十六年天漢元年薨亡後				琅邪
挾釐侯霸	城陽頃王子	四月戊寅封三十五年薨	始元五年康侯成嗣二十五年薨	神爵五年節侯賢嗣	頃侯恩嗣	孝侯果嗣薨亡後
扐節侯讓	城陽頃王子	四月戊寅封薨	侯興嗣為人所殺			平原
文成侯光	城陽頃王子	四月戊寅封五年坐酎金免				東海
校侯雲 師古曰校音	城陽頃王子	四月戊寅封五年坐酎金免				
庸侯餘	城陽頃王子	四月戊寅封有罪死				琅邪

前漢年表三上　十一　流

號謚名	屬	始封	子	孫	曾孫	玄孫／郡
翟侯壽	城陽頃王子	四月戊寅封，五年，坐酎金免				東海
鱣侯應 師古曰鱣音竹連反	城陽頃王子	四月戊寅封，五年，坐酎金免				襄賁 師古曰賁音奔，又音肥
彭侯強	城陽頃王子	四月戊寅封，五年，坐酎金免				東海
瓡節侯息 師古曰瓡即瓠字也，又音孤	城陽頃王子	四月戊寅封，五十五年薨	元康四年，質侯守嗣，七年薨			
虖葭康侯禹	城陽頃王子	四月戊寅封，三十八年薨	地節元年，思侯爵嗣，七年薨	五鳳四年，侯敞嗣，王莽篡位絕		
東淮侯類	城陽頃王子	四月戊寅封，五年，坐酎金免				北海
拘侯賢	城陽頃王子	四月戊寅封，五年，坐酎金免				千乘
淯侯不疑 師古曰淯音育	城陽頃王子	四月戊寅封，五年，坐酎金免				東海
陸元侯何	菑川靖王子	七月辛卯封，薨	原侯賈嗣	[illegible]		壽光
廣饒康侯國	菑川靖王子	七月辛卯封，五十年薨	地節三年，共侯□嗣，十四年薨。師古曰[illegible]	[illegible]嗣，王莽篡位絕		
缾敬侯成 師古曰缾音步丁反	菑川靖王子	七月辛卯封，五十四年薨	地節四年，頃侯龍嗣，六年薨	元康三年，原侯融嗣	侯閎嗣，王莽篡位絕	
俞閭煬侯毋害 師古曰俞音輸	菑川靖王子	七月辛卯封，四十四年薨	地節三年，原侯況嗣，十年薨	五鳳元年，侯□嗣，十三年，初元三年，坐[illegible]，亡後。師古曰[illegible]		
甘井侯光	廣川繆王子	七月乙酉封，二十五年，征和二年，坐殺人，棄市				鉅鹿
襄隄侯聖 師古曰隄音丁奚反	廣川繆王子	七月乙酉封，十年，地節四年，坐[illegible]金斤八兩，少四兩，免	始元二年[illegible]以曾祖[illegible]			鉅鹿
皋虞煬侯建 師古曰[illegible]	膠東康王子	元封元年五月丙午封，九年薨	太初四年，戴侯定嗣，十四年薨	本始二年，節侯衆嗣	釐侯勳嗣	頃侯廣嗣
			六世 侯樂嗣，王莽篡位絕			
魏其煬侯昌	膠東康王子	五月丙午封，十七年薨	本始四年，原侯[illegible]嗣，二十三年薨	甘露三年，孝侯高嗣	質侯嬌嗣。師古曰嬌音矯	侯嘉嗣，王莽篡位絕
祝茲侯延年	膠東康王子	五月丙午封，五年，坐棄印綬出國，免				琅邪
高樂康侯 師古曰史失其名也	齊孝王子	不得封年，薨，亡後				濟南

前漢年表三上　十二　信

號謚名	屬	始封	子	孫	曾孫	玄孫／郡
參𩨂侯則 晉灼曰[illegible] 師古曰[illegible]又音子公反	廣川惠王子	不得封年，坐酎金免				東海
沂陵侯喜 師古曰沂音牛衣反	廣川惠王子	不得封年，坐酎金免				東海
沈陽侯自為	河間獻王子	不得封年				勃海
漳北侯寬	趙敬肅王子	不得封年，元鳳三年，坐為奴所殺				魏
南䜌侯佗 師古曰䜌音力專反	趙敬肅王子	不得封年，征和三年，坐酎金免				鉅鹿
南陵侯慶	趙敬肅王子	不得封年，後三年，坐為沛郡太守橫恣罔上，下獄病死				臨淮
鄗侯舟 師古曰鄗音呼各反	趙敬肅王子	不得封年，征和四年，坐祝詛上，要斬。師古曰詛音側慮反				常山
安檀侯福	趙敬肅王子	不得封年，後三年，坐為常山太守祝詛上，訊未竟，病死。師古曰訊謂考問之				魏
爰戚侯當	趙敬肅王子	不得封年，後三年，坐[illegible]自殺				濟南
栗節侯樂	趙敬肅王子	征和元年封，二十七年薨	地節四年，煬侯忠嗣	質侯終根嗣	侯況嗣	
洨夷侯周舍 師古曰洨音爻，又音交	趙敬肅王子	元年封，薨	孝侯惠嗣	節侯瓌嗣	哀侯勳嗣	侯承嗣
猇節侯起 晉灼曰[illegible] 師古曰[illegible]下交反	趙敬肅王子	元年封，十三年薨	元□六年，夷侯充國嗣，二十年薨	神爵[illegible]，元侯廣明嗣	釐侯固嗣	侯鉅鹿嗣
䣛裴侯道 [illegible] 非在肥鄉縣南五里，即非城也	趙敬肅王子	元年封，十二年薨	元鳳元年，哀侯𦵔嗣	頃侯章嗣	釐侯景嗣	侯發嗣　東海
彭侯偃 師古曰彭音彭，東海縣[illegible]	中山靖王子	二年三月丁巳封，三年，坐為丞相祝詛，要斬				

右孝武

王子侯表卷第三上

前漢年表三上　十三　陳覓

王子侯表第三下　漢書十五

秘書監上護軍琅邪縣開國子顏師古注

孝元之世亡王子侯者盛衰終始豈非命哉元始之際王莽擅朝僞襃宗室侯及王之孫焉師古曰王之孫亦得封侯謂承鄉侯閎以下是也居攝而愈多非其正故弗錄師古曰王莽所封故不以爲正也旋踵亦絕悲夫

號謚姓名	屬	始封	子	孫	曾孫	玄孫
松茲戴侯霸	六安共王子	元始五年六月辛丑封二十二年薨	神爵二年恭侯始嗣	頃侯[illegible]嗣師古曰[illegible]音于彼反	侯均嗣王莽敗絕凡百八十一人師古曰此下云免絕者皆是也	
泯水侯安國	膠東哀王子	六月辛丑封十年本始二年坐上書爲妖言會赦免				
蘭旗頃侯臨朝	魯安王子	六月辛丑封二十二年薨	神爵二年節侯去疾嗣七年薨	甘露元年敬侯嘉嗣	侯伀嗣絕	
容丘戴侯方山	魯安王子	六月辛丑封	頃侯未央嗣	侯昭嗣絕		
良成頃侯文德	魯安王子	六月辛丑封	共侯舜嗣	釐侯原嗣	戴侯元嗣	侯閔嗣絕
蒲領煬侯祿	清河綱王子	六年三月乙卯封	哀侯推嗣亡後			
			元延三年節侯不識以祿弟紹封	侯京嗣免		
南曲煬侯遷	清河綱王子	五月乙卯封三十年薨	甘露三年節侯江嗣	侯尊嗣免		
高城節侯梁	長沙頃王子	六月乙未封	質侯昌嗣	頃侯禽士嗣	侯馮嗣免	
成獻侯喜	中山康王子	元鳳五年十一月庚子封十五年薨	神爵元年頃侯得[illegible]嗣師古曰[illegible]音才[illegible]反	煬侯[illegible]嗣師古曰[illegible]音[illegible]反	哀侯[illegible]嗣建平元年薨亡後	涿郡
新市康侯吉	廣川繆王子	十一月庚子封二十五年薨	甘露三年頃侯義嗣	侯歆嗣		堂陽
江陽侯仁	城陽慧王子	六年十二月乙巳封十年元康元年坐役使附落免師古曰有聚落來附者輒役使之非法制也				東海
陽武侯	孝武皇帝曾孫	元平元年七月庚申封即日即皇帝位				

右孝昭十二

號謚姓名	屬	始封	子	孫	曾孫	玄孫
朝陽荒侯聖	廣陵厲王子	本始元年七月壬子封	思侯鷹嗣	侯安國嗣免		濟南
平曲節侯曾	廣陵厲王子	七月壬子封十九年五鳳四年坐父祝詛上免後復封	釐侯臨嗣	侯曲展嗣免		東海
南利侯昌	廣陵厲王子	七月壬子封五鳳二年坐殺人免				汝南
安定戾侯賢	燕剌王子	七月壬子封	頃侯延年嗣	侯昌嗣免		鉅鹿
東襄愛侯寬	廣川繆王子	三年四月壬申封	侯使親嗣建昭元年薨亡後			信都
宣處節侯章	中山康王子	三年六月甲辰封四年薨	地節三年原侯衆嗣甘露二年薨亡後			
脩市原侯寅	清河綱王子	四年四月乙丑封三年薨	地節三年頃侯千秋嗣	釐侯元嗣	侯雲嗣免	勃海
東昌趮侯成師古曰趮古躁字	清河綱王子	四月乙丑封	頃侯親嗣	節侯霸嗣	侯祖嗣免	
新鄉侯豹	清河綱王子	四月乙丑封四年薨	地節四年釐侯步可嗣	煬侯真嗣	侯佟嗣始元五年上書言王莽宜居攝益封賜姓王師古曰佟音徒冬反	
脩故侯福	清河綱王子	四月乙丑封五年元康元年坐首匿群盜棄市				清河
東陽節侯弘	清河綱王子	四月己丑封十年薨	神爵三年釐侯終嗣	頃侯遂始嗣	哀侯封親嗣	侯但造嗣免
新昌節侯慶	燕剌王子	五月癸丑封	頃侯[illegible]嗣	哀侯未央嗣薨亡後		涿
邯蕃節侯偃師古曰邯音寒蕃音[illegible]	趙頃王子	地節二年四月癸卯封九年薨	神爵三年釐侯勝嗣	頃侯度嗣	侯定嗣免	魏
				元延元年侯譚以未央弟紹封師古曰譚音[illegible]反	侯並昌嗣免	
樂陽繆侯說	趙頃王子	四月癸卯封	孝侯宗嗣	頃侯崇嗣	侯鎮嗣免	常山
桑中戴侯廣漢	趙頃王子	四月癸卯封	節侯縱嗣	頃侯敞嗣亡後		
				元延二年侯紹以敞弟紹封九年免		
張侯嵩	趙頃王子	四月癸卯封八年神爵二年坐賊殺人上書要上下獄瘐死師古曰要上者謂自恃親而不服罪也				常山
景城侯雍	河間獻王子	四月癸卯封六年薨	元康四年頃侯歐嗣	釐侯禹嗣	節侯福嗣免	勃海
平隄嚴侯招師古曰隄音丁奚反	河間獻王子	四月癸卯封一年薨	三年繆侯榮嗣	節侯曾嗣	釐侯賞嗣	鉅鹿　侯延始嗣免
樂鄉憲侯佟	河間獻王子	四月癸卯封九年薨	神爵三年節侯蒯嗣	頃侯鄧嗣	釐侯勝嗣	鉅鹿　侯地緒嗣免
高郭節侯嵯師古曰嵯音一蓋反	河間獻王子	四月癸卯封薨	孝侯長嗣	頃侯非嗣師古曰非音[illegible]	共侯稱嗣	哀侯霸嗣薨亡後

號諡名	屬	始封	子	孫	曾孫	玄孫	郡
			六世侯發嗣免			元延二年侯發坐以[illegible]紹封 師古曰[illegible]之縣也音眞	
樂望孝侯光	膠東戴王子	四年十月甲寅封	釐侯林嗣	侯起嗣免			北海
成康侯饒	膠東戴王子	二月甲寅封	侯新嗣免				北海
柳泉節侯強	膠東戴王子	二月甲寅封十七年薨	黃龍元年孝侯建嗣	煬侯萬年嗣	侯永昌嗣免		南陽
復陽嚴侯延年 師古曰[illegible]	長沙頃王子	元康元年正月癸卯封	煬侯漢嗣	侯道嗣免			南陽
鍾武節侯度	長沙頃王子	正月癸卯封	孝侯宣嗣	哀侯[illegible]嗣			
		元延二年[illegible]以[illegible]叔父紹封					
高城節侯梁	長沙頃王子	正月癸卯封	質侯景嗣	頃侯譚嗣	侯鴻嗣免		
宣陽侯陽	六安夷王子	二年五月丙戌封二十八年建始二年坐上書歸印綬免					
海昏侯賀	昌邑哀王子	三年四月壬子以昌邑王封四年神爵[illegible]八百戶 三年[illegible]坐故行淫辟不[illegible] 師古曰辟讀曰僻	初元三年釐侯代宗以賀子紹封	原侯保世嗣	侯會邑嗣免建武後封		豫章
曲梁安侯敬	平干頃王子	七月壬子封	節侯時光嗣	侯[illegible]嗣免			魏郡
遽鄉侯宣	眞定列王子	四年三月甲寅封二年薨亡後					常山
新利侯偃	膠東戴王子	神爵元年四月癸巳封十二年甘露四年坐上書謾免復更封[illegible]侯建始三年又上書謾免四百戶					
樂信頃侯強	廣川繆王子	三年四月戊戌封	孝侯何嗣	節侯賀嗣	侯涉嗣免		鉅鹿
昌成節侯元	廣川繆王子	四月戊戌封四年薨	五鳳三年頃侯齒嗣	釐侯應嗣	質侯江嗣建平二年薨亡後		信都
廣鄉孝侯明	平干頃王子	七月壬申封	節侯安嗣	釐侯[illegible]嗣	侯充國嗣免		鉅鹿
成鄉質侯慶	平干頃王子	七月壬申封九百戶	節侯[illegible]嗣[illegible]三年薨亡後				廣平
			元始五年侯[illegible]以[illegible]紹封九年免				
平利節侯世	平干頃王子	四年三月癸丑封	質侯嘉嗣	釐侯禹嗣	侯旦嗣免		魏郡
平鄉孝侯[illegible]	平干頃王子	三月癸丑封	節侯成嗣	侯陽嗣免			魏郡

號諡名	屬	始封	子	孫	曾孫	玄孫	郡
平[illegible]節侯梁	平干頃王子	三月癸丑封薨亡後					平原
成陵節侯元	平干頃王子	三月癸丑封四百一十戶	侯德[illegible]嗣[illegible]				廣平
西梁節侯關異	廣川戴王子	三月乙亥封七年薨	甘露三年孝侯廣嗣	哀侯官嗣	侯欽嗣免		鉅鹿
歷鄉康侯必勝	廣川繆王子	七月壬子封五年薨	甘露元年頃侯長壽嗣	繆侯宮嗣	侯東之嗣免		鉅鹿
陽城愍侯田	平干頃王子	七月壬子封	節侯賢嗣	釐侯說嗣	侯報嗣免		
祚陽侯仁	平干頃王子	五鳳元年四月乙未封十二年坐擅興繇賦削爵一級為關內侯九百一十戶					廣平
武陶節侯朝	廣川繆王子	七月壬午封	孝侯弘嗣	節侯勳嗣	侯京嗣免		鉅鹿
陽興侯昌	河間孝王子	十二月癸巳封二十六年建始二年坐朝私留它縣使庶子殺人棄市千三百五十戶					涿郡
利鄉孝侯安	中山頃王子	甘露元年三月壬辰封	戴侯遂嗣	侯國嗣免			常山
都鄉孝侯景	趙頃王子	二年七月辛未封	侯[illegible]嗣免 師古曰[illegible]音[illegible]				東海
昌慮康侯弘 師古曰慮音廬	魯孝王子	四年閏月丁亥封	釐侯奉世嗣	侯蓋嗣免			泰山
平邑侯敞	魯孝王子	閏月丁亥封二年初元元年坐殺一家二人棄市					東海
山鄉節侯綰	魯孝王子	閏月丁亥封	侯丘嗣免				東海
建陵靖侯遂	魯孝王子	閏月丁亥封一年薨	黃龍元年節侯魯嗣	侯連文嗣免			東海
合陽節侯平	魯孝王子	閏月丁亥封千一百六十戶	孝侯[illegible]嗣建始元年薨亡後				東海
東安孝侯強	魯孝王子	閏月丁亥封	侯拔嗣免				東海
承鄉節侯當 師古曰承音證	魯孝王子	閏月丁亥封二千七百戶	侯德天嗣[illegible]年坐恐猲國人受財臧五百上免				東海
建陽節侯咸	魯孝王子	閏月丁亥封	孝侯霸嗣	侯並嗣免			東海
高鄉節侯休	城陽惠王子	十一月壬申封	頃侯興嗣	侯革始嗣免			琅邪
茲鄉孝侯弘	城陽荒王子	十一月壬申封	頃侯昌嗣	節侯應嗣	侯宇嗣免		琅邪
[illegible]陽侯顯	城陽荒王子	十一月壬申封六年建昭四年坐[illegible]					東海

		[illegible]六百戶					
都平釐侯丘	城陽荒王子	十一月壬申封	恭侯訢嗣	侯堪嗣，免			東海
臯虞侯山	城陽荒王子	十一月壬申封	節侯務嗣	侯妾得嗣，薨，亡後			琅邪
[illegible]煬侯文 師古曰[illegible]	城陽荒王子	十一月壬申封	節侯[illegible]嗣 師古曰[illegible]	侯[illegible]嗣，免			琅邪
高廣節侯勲	城陽荒王子	十一月壬申封	哀侯賀，免	質侯福嗣	侯吳嗣，免		琅邪
[illegible]侯[illegible] 師古曰[illegible]	城陽荒王子	十一月壬申封	侯欽嗣，免				琅邪
右孝宣							
膠鄉敬侯漢	高密哀王子	初元元年三月丁巳封，七百四十戶	節侯[illegible]嗣，四年薨，亡後				琅邪
桃煬侯良	廣川繆王子	三月封	共侯歆嗣	侯狗嗣，免			鉅鹿
安平釐侯習	長沙孝王子	三月封	侯喜嗣，免				鉅鹿
陽山節侯宗	長沙孝王子	三月封	侯賀奴嗣，免				桂陽
廣[illegible]侯談	城陽荒王子	三月封，九百一十戶	侯成嗣，永光三年，[illegible]免				琅邪
昆山節侯光	城陽荒王子	三月封	侯儀嗣，免				琅邪
折泉節侯根	城陽荒王子	三月封	侯訓嗣，免				琅邪
博石頃侯[illegible]	城陽荒王子	三月封	侯獲嗣，免				琅邪
要安節侯勝	城陽荒王子	三月封	哀侯守嗣，薨，亡後				琅邪
房山侯勇	城陽荒王子	三月封，五十六年免					琅邪
式節侯憲	城陽荒王子	三月封，三百戶	哀侯霸嗣，[illegible]元年薨，亡後。元延元年，侯[illegible]以[illegible]紹封，千[illegible]免				泰山
臨鄉頃侯雲	廣陽頃王子	五年六月封	侯交嗣，免				涿
西鄉頃侯容	廣陽頃王子	六月封	侯景嗣，免				涿
陽鄉思侯發	廣陽頃王子	六月封	侯度嗣，免				涿
益昌頃侯嬰	廣陽頃王子	永光三年三月封	共侯政嗣	侯福嗣，免			涿
[illegible]石頃侯回	膠東頃王子	三月封	共侯成嗣	侯順嗣，免			北海

石鄉煬侯理	膠東頃王子	三月封	侯建國嗣，免				北海
新城節侯根	膠東頃王子	三月封	侯審嗣，免				北海
上鄉侯歙 師古曰歙音翕	膠東頃王子	三月封，三十九年免					北海
于鄉節侯定	泗水勤王子	三月封	侯聖嗣，免				東海
就鄉節侯璋	泗水勤王子	三月封，七年薨，亡後					東海
石山節侯玄	城陽戴王子	三月封	釐侯喜嗣，免				
都陽節侯音	城陽戴王子	三月封	侯閔嗣，免				
參封侯嗣	城陽戴王子	三月封	侯殷嗣，免				
伊鄉頃侯遷	城陽戴王子	三月封，薨，亡後					
襄平侯疊	廣陽繆王子	五年三月封，四十七年免					
貰鄉侯平 師古曰貰音[illegible]	梁敬王子	建平元年正月封，四年[illegible]自殺					
樂侯義	梁敬王子	正月封，[illegible]					
中鄉侯延年	梁敬王子	正月封，四十六年薨					
鄭頃侯罷軍	梁敬王子	正月封	節侯數嗣	侯良嗣，免			
黃節侯順	梁敬王子	正月封	釐侯甲嗣，元壽二年薨，亡後				濟陰
平樂節侯遷	梁敬王子	正月封	侯寶嗣，免				
菑鄉釐侯就	梁敬王子	正月封	侯喜嗣，免				濟南
東鄉節侯方	梁敬王子	正月封	侯護嗣，免				沛
陵鄉侯訢	梁敬王子	正月封，十[illegible]年，建始二年，坐使人傷家丞，又貸穀息過律，免。師古曰[illegible]					沛
溧陽侯欽 師古曰溧音栗	梁敬王子	正月封	侯畢嗣，免				沛
釐鄉侯固 師古曰釐音力之反	梁敬王子	正月封，二十一年，鴻嘉四年，坐[illegible]免，四百二十戶					沛
高柴節侯發	梁敬王子	正月封	釐侯賢嗣	侯隱嗣，免			沛
臨都節侯未央	梁敬王子	正月封	侯息嗣，免				

高質侯舜　梁敬王子　正月封　釐侯始嗣　侯[illegible]嗣免

北鄉侯譚　菑川孝王子　四年六月封，四十三年免

蘭陵節侯宜　廣陵孝王子　五年十二月封　共侯譚嗣　侯便強嗣免

廣平節侯德　廣陵孝王子　十二月封　侯德嗣免

博鄉節侯文　六安繆王子　竟寧元年四月丁卯封　侯就嗣免

柏鄉戴侯買　趙哀王子　四月丁卯封　頃侯雲嗣　侯譚嗣免

安鄉孝侯喜　趙哀王子　四月丁卯封　釐侯胡嗣　侯合衆嗣免

廣釐侯便　菑川孝王子　四月丁卯封　節侯護嗣　侯守嗣免　齊

平節侯服　菑川孝王子　四月丁卯封　侯嘉嗣免　齊

右孝元

昌鄉侯憲　膠東頃王子　建始二年五月封，三十[illegible]年，坐使家丞封上印綬免

頃陽侯共　膠東頃王子　正月封，三十九年免

樂陽侯獲　膠東頃王子　正月封，三十九年免

平[illegible]釐侯邑　膠東頃王子　正月封　節侯珍嗣　侯理嗣免

密鄉頃侯林　膠東頃王子　正月封　孝侯欽嗣　侯敞嗣免

樂都煬侯訢　膠東頃王子　正月封　繆侯臨嗣　侯延年嗣免

畢梁侯都　高密頃王子　正月封，三十九年免

膠東侯恁（師古曰恁音林反）　高密頃王子　正月封，三十九年免

武鄉侯慶　高密頃王子　正月封　侯勁嗣免

成鄉釐侯安　高密頃王子　正月封　侯德嗣免

麗茲共侯賜　高密頃王子　正月封　侯放嗣免

富[illegible]侯強　河間孝王子　正月封，四年，[illegible]

廣戚煬侯勳　楚孝王子　河平三年十二月乙亥封　侯顯嗣　子嬰[illegible]

陰平釐侯回　楚孝王子　陽朔二年二月丙午封　侯詩嗣免

承鄉　元始元年二月丙午，侯閔以孝王孫封，八年免

外黃　元始元年二月丙辰，侯圉以憲王孫封，八年免

高陽　二月丙辰，侯並以憲王孫封，八年免

平陸　二月丙辰，侯寵以憲王孫封，八年免

樂平侯訢　淮陽憲王子　閏六月壬午封，[illegible]

[illegible]鄉　侯延以頃王孫封，八年免

鄗鄉侯閎（師古曰鄗音[illegible]）　魯頃王子　四年四月甲寅封，十七年，建平三年[illegible]免

建鄉釐侯康　魯頃王子　四月甲寅封　侯自當嗣免

安丘侯常　高密頃王子　[illegible]年正月[illegible]封，二十六年免

栗鄉頃侯護　東平思王子　四月辛巳封　侯玄成嗣免

金鄉　元始元年二月丙辰，侯不害以[illegible]王孫封，八年免

平通　二月丙辰，侯旦以思王孫封，八年免

西安　二月丙辰，侯漢以思王孫封，八年薨免

湖鄉　二月丙辰，侯開以思王孫封，八年免

重鄉　二月丙辰，侯少柏以思王孫封，八年薨

桑丘侯頃　東平思王子　四月辛巳封

陽興　二月丙辰，侯寄生以思王孫封，八年免

陵陽　二月丙辰，侯嘉以思王孫封，八年免

高樂　二月丙辰，侯修以思王孫封，八年免

平邑　二月丙辰，侯閔以思王孫封，八年免

平纂　二月丙辰，侯況以思王孫封，八年免

合昌　二月丙辰，侯輔以思王孫封，八年免

伊鄉　二月丙辰，侯開以思王孫封，八年免

號諡名	屬	始封	子	郡
			就鄉 二月丙辰侯不害以思王孫封八年免	
			猇鄉 二月丙辰侯武以思王孫封八年免	
			宜鄉 二月丙辰侯楼以思王孫封八年免	
			昌城 二月丙辰侯豐以思王孫封八年免	
			樂安 二月丙辰侯[illegible]以思王孫封八年免	
桃鄉頃侯宣	東平思王子	二年正月戊子封	侯立嗣免	
新陽頃侯永	魯頃王子	五月戊子封	侯級嗣免	
陵石侯慶	膠東共王子	四年六月乙巳封二十五年免		
祁鄉節侯賢	梁夷王子	永始二年五月乙亥封	侯富嗣免	
富陽侯萌	東平思王子	三年三月庚申封二十三年免		
郿鄉頃侯咸	梁荒王子	六月辛卯封十七年薨	侯雲嗣免	濟南
桃山侯欽	城陽孝王子	四年五月戊申封二十一年免		
昌陽侯霸	泗水戾王子	五月戊申封二十一年免		
臨安侯閔	膠東共王子	五月戊申封二十一年免		
徐鄉侯炔 師古曰炔音圭字或作快	膠東共王子	元延元年正月癸卯封二十二年王莽篡位建國元年舉兵欲誅莽死		齊
壺鄉侯畛 師古曰畛音軫	菑川孝王子	二年十二月癸卯封十八年免		
西陽頃侯並	東平思王子	四月甲寅封	侯偃嗣免	東萊
堂鄉哀侯恢	膠東共王子	綏和元年五月戊午封三年薨亡後		
安國侯吉	趙共王子	六月丙寅封十六年免		
梁鄉侯交	趙共王子	六月丙寅封十六年免		
襄鄉項侯福	趙共王子	六月丙寅封	侯章嗣免	
容鄉釐侯强	趙共王子	六月丙寅封	侯弘嗣免	
遷鄉侯固 師古曰遷音於粉反	趙共王子	六月丙寅封十六年免		

付五

號諡名	屬	始封	子	郡
廣昌侯賀	河間孝王子	六月丙寅封十六年免		
都安節侯普	河間孝王子	六月丙寅封	侯胥嗣免	
樂平侯永	河間孝王子	六月丙寅封十六年免		
方鄉侯常得	廣陽惠王子	六月丙寅封十六年免		
庸鄉侯宰	六安頃王子	三年七月庚丁封十五年免		

右孝成

號諡名	屬	始封	子	郡
南昌侯宇	河間惠王子	建平二年五月丁酉封十三年免		
嚴鄉侯信	東平煬王子	五月丁酉封四年坐父大逆免元始元年復封六年王莽居攝二年東郡太守翟義舉兵立信爲天子兵敗死		
武平侯璜	東平煬王子	五月丁酉封四年坐父大逆免元始元年復封居攝二年舉兵死		
陵鄉侯曾	楚思王子	四年三月丁卯封[illegible]		
武安侯慢 師古曰慢音萬	楚思王子	三月丁卯封二年元壽二年坐使奴殺人免元始元年復封八年免		
湘鄉侯昌	長沙王子	五月丙午封十一年免		
方樂侯嘉	廣陵繆王子	元壽元年五月丁卯封十二年免		
宜禾節侯得	河間孝王子	二年四月丁酉封	侯倏嗣免	
富春侯玄	河間孝王子	四月丁酉封十年免		

右孝哀

號諡名	屬	始封	子	郡
陶鄉侯恢	東平煬王子	元始元年二月丙辰封八年免		
釐鄉侯褒	東平煬王子	二月丙辰封八年免		
昌鄉侯且	東平煬王子	二月丙辰封八年免		
新鄉侯鯉	東平煬王子	二月丙辰封八年免		
郚鄉侯光	楚思王子	二月丙辰封八年免		
新城侯武	楚思王子	二月丙辰封八年免		

何五

侯號	屬	始封
宜陵侯豐	楚思王子	二月丙辰封八年免
堂鄉侯護	楚思王子	二月丙辰封八年免
成陵侯由	楚思王子	二月丙辰封八年免
成陽侯衆	楚思王子	二月丙辰封八年免
復昌侯休	楚思王子	二月丙辰封八年免
安陸侯平	楚思王子	二月丙辰封八年免
梧安侯譽	楚思王子	二月丙辰封八年免
朝鄉侯充	楚思王子	二月丙辰封八年免
扶鄉侯普	楚思王子	二月丙辰封八年免
方城侯宣	廣陽繆王子	二年四月丁酉封七年免
當陽侯益	廣陽思王子	四月丁酉封七年免
廣城侯疌 師古曰疌音貴什三反	廣陽思王子	四月丁酉封七年免
春城侯允	東平煬王子	四月丁酉封七年免

侯號	屬	始封
昭陽侯賞	長沙剌王子	五年閏月丁酉封四年免
泰陽侯景 師古曰景音寧或作泰	長沙剌王子	閏月丁酉封四年免
信昌侯廣	眞定共王子	閏月丁酉封四年免
吕鄉侯尚	楚思王子	閏月丁酉封四年免
李鄉侯殷	楚思王子	閏月丁酉封四年免
宛鄉侯隆	楚思王子	閏月丁酉封四年免
壽泉侯承	楚思王子	閏月丁酉封四年免
杏山侯遵	楚思王子	閏月丁酉封四年免

右孝平

王子侯表第三卷下

高惠高后文功臣表第四　班固　漢書十六

秘書監上護軍琅邪縣開國子顏　師古　注

自古帝王之興曷嘗不建輔弼之臣所與共成天功者乎師古曰天功天下之功業也虞書舜典曰欽哉惟時亮天功也 漢興自秦二世元年之秋楚陳之歲師古曰謂陳涉自稱楚王時也 初以沛公總帥雄俊三年然後西滅秦立漢王之號五年東克項羽即皇帝位八載而天下迺平始論功而定封訖十二年侯者百四十有三人時大城名都民人散亡戶口可得而數裁什二三師古曰裁與纔同十分之內纔有二三也 是以大侯不過萬家小者五六百戶封爵之誓曰使黃河如帶泰山若厲國以永存爰及苗裔應劭曰封爵之誓國家欲使功臣傳祚無窮也帶衣帶也厲砥厲石也河當何時如衣帶山當何時如厲石言如帶厲國猶永存以及後世之子孫也 於是申以丹書之信重以白馬之盟師古曰丹書解在高紀白馬之盟謂刑白馬歃其血以為盟也 又作十八侯之位次孟康曰唯作元功蕭曹等十八人位次耳高后乃詔作位次下竟師古曰謂蕭何曹參張敖周勃樊噲酈商奚涓夏侯嬰灌嬰傅寬靳歙王陵陳武王吸薛歐周昌丁復蟲達從第一至十八也 高后二年復詔丞相陳平盡差列侯之功錄弟下竟臧諸宗廟副在有司師古曰副貳也其列侯功籍已藏於宗廟副貳之本又在有司 始未嘗不欲固根本而枝葉稍落也故逮文景四五世間流民既歸戶口亦息列侯大者至三四萬戶小國自倍師古曰自倍者謂舊五百戶今者至千也曹參初封萬六百戶至後嗣侯宗免時有戶二萬三千是為戶口蕃

息故也它皆類此富厚如之師古曰言其貲財亦稍富厚各如戶口之多也子孫驕逸
忘其先祖之艱難多陷法禁隕命亡國或云子
孫訖于孝武後元之年靡有孑遺秏矣孟康曰秏音毛無有
毛米在者也師古曰孟音是也而解非也孑然獨立貌言無有獨存者至於秏盡也今俗語猶謂無為秏音毛罔亦少密
焉服虔曰法罔差益密也故孝宣皇帝愍而錄之乃開廟藏
覽舊籍詔令有司求其子孫咸出庸保之中師古
曰庸賃功庸也保可安信也皆賃作者也並受復除或加以金帛師古曰復音方目反用
章中興之德降及孝成復加卹問稍益衰微不
絕如綫晉灼曰綫今線縷字也音先戰反善乎杜業之納說也曰昔唐
以萬國致時雍之政師古曰雍和也堯典云黎萌於變時雍故杜業引之也虞夏

前漢年表四　二

以之多羣后饗共己之治師古曰羣后謂諸侯也恭己無為也孔子曰無為而治者其舜
也歟夫何為哉共己正南面而已共讀曰恭湯法三聖殷氏大平師古曰三聖謂堯舜禹三人也
周封八百重譯來賀師古曰重譯謂越裳氏也是以內恕之君
樂繼絕世隆名之主安立亡國師古曰以立亡國之後為安泰也至
於不及下車德念深矣張晏曰謂武王入殷未及下車封黃帝之後於薊虞舜之後於陳也
成王察牧野之克顧羣后之勤知其恩結於民
心功光于王府也故追述先父之志錄遺老之
策高其位大其寓師古曰寓謂寄士所居也愛敬飭盡命賜備
厚師古曰飭謹也讀與敕同大孝之隆於是為至至其沒也世
主歎其功無民而不思所息之樹且猶不伐師古

曰謂召伯止於甘棠之下而聽訟人思其德不伐其樹召南甘棠之詩是也況其廟乎是以燕
齊之祀與周並傳子繼弟及歷載不墮師古曰弟代兄位謂之及也墮毀也音火規反豈無刑辟繇祖之竭力故支庶賴焉
師古曰言國家非無刑辟而功臣子孫得不陷罪辜而能長存者思其先人之力令有嗣續也繇讀與由同迹漢
功臣亦皆割符世爵受山河之誓存以著其號
亡以顯其魂賞亦不細矣百餘年間而襲封者
盡或絕失姓或乏無主朽骨孤於墓苗裔流於
道生為愍隸死為轉尸應劭曰死不能葬故尸流轉在溝壑之中師古曰愍隸者言為
徒隸可哀愍之也以往況今甚可悲傷師古曰況譬也聖朝憐閔詔
求其後四方忻忻靡不歸心出入數年而不省察

前漢年表四　三

恐議者不思大義設言虛亡則厚德掩息遴柬
布章晉灼曰許慎云遴難行也柬古簡字也簡少也言今難行封則得繼絕者少若然此必布聞章於天下也師古
曰遴讀與吝同非所以視化勸後也師古曰視讀與示同三人為衆雖
難盡繼宜從尤功孟康曰言人三為衆雖難盡繼取其功尤高者一人繼之於名為衆矣服虔曰
尤功封重者一人也師古曰孟說是也於是成帝復紹蕭何哀平之世
增脩曹參周勃之屬得其宜矣以綴續前記究
其本末并序位次盡于孝文以昭元功之侯籍
師古曰籍謂名錄也高紀所云通侯籍也

號謚姓名	侯狀戶數	始封	位次	子	孫	曾孫	玄孫
平陽懿侯曹參	以中涓從起沛至霸上侯以將軍入漢以假左丞相定魏齊以右丞相侯萬六百戶師古曰中涓親近之臣若謁者舍人之類涓絜也言其居中主掃除也涓音工玄反	六年十二月甲申封	二 孟康曰曹參位第二而表在首蕭何位第一而表在十三表以封前後故也	孝惠六年靖侯窋嗣二十九年薨 元鼎二年侯宗嗣二十四年征和二年坐與中人姦闌入宮掖門入財贖完為城旦戶二萬三千 六世	孝文後四年簡侯奇嗣七年薨 元康四年參玄孫之孫杜陵公乘喜詔復家 七世 孟康曰諸復家皆世世無所與得傳同產子	孝景四年夷侯時嗣二十三年薨 八世	元光五年共侯襄嗣十六年薨 元壽二年五月甲子侯本始以參玄孫之玄孫杜陵公士紹封千戶元始元年益滿二千戶 九世
				建武二年侯宏嗣以今始 十世 子泉以兵佐軍紹封	侯曠嗣 十一世 今見		
信武肅侯靳歙 師古曰歙音翕	以中涓從起宛朐入漢以騎都尉定三秦擊項籍別定江漢侯五千三百戶以將軍攻豨布	十二月甲申封九年薨	十一	高后六年侯亭嗣二十一年孝文後三年坐事國人過律免師古曰事謂役使之也 元康四年歙玄孫之子長安上造安漢詔復家 六世	孫	曾孫	玄孫

前漢年表四　四　居

號謚姓名	侯狀戶數	始封	位次	子	孫	曾孫	玄孫
汝陰文侯夏侯嬰	以令史從降沛為太僕常奉車竟定天下及全孝惠魯元侯六千九百戶	十二月甲申封三十年薨	八	孝文九年夷侯竈嗣七年薨 元康四年嬰玄孫之子長安大夫信詔復家 六世	十六年共侯賜嗣三十一年薨	元光二年侯頗嗣十八年元鼎二年坐尚公主與父御奸自殺	玄孫
清河定侯王吸	以中涓從起豐至霸上為騎郎將入漢以將軍擊項籍侯二千二百戶	十二月甲申封二十三年薨	十四	孝文元年哀侯彊嗣七年薨 元康四年八月詔賜吸代後爵關內侯不言世	八年孝侯伉嗣二十三年薨師古曰伉音口浪反又音工郎反	孝景中五年哀侯不害嗣十九年元光二年薨亡後	元康四年吸玄孫長安大夫充國詔復家
陽陵景侯傅寬	以舍人從起橫陽至霸上為騎將入漢定三秦屬淮陰定齊為齊丞相侯二千六百戶	十二月甲申封十二年薨	[illegible]	孝惠六年頃侯清嗣二十二年薨	孝文十五年共侯明嗣二十三年薨	孝景四年侯偃嗣三十一年元狩元年坐與淮南王謀反誅	玄孫
				六世	元康四年寬玄孫之孫長陵公士尊詔復家 七世		
廣嚴侯召歐 師古曰召讀曰邵歐音烏后反它皆類此	以中涓從起沛至霸上為連敖入漢以騎將定燕趙得將軍侯二千二百戶	十二月甲申封二十三年薨	二十八	孝文二年戴侯勝嗣九年薨	十一年共侯嘉嗣十二年孝文後七年薨亡後	曾孫	元康四年歐玄孫安陵大夫不識詔復家
廣平敬侯薛歐	以舍人從起豐至霸上為郎入漢以將軍擊項籍鍾離昧侯四千五百戶	十二月甲申封十四年薨	十五	高后元年靖侯山嗣二十六年薨	孝文後三年侯澤嗣孝景中三年有罪免中五年澤復封三十二年薨	元朔四年侯穰嗣三年元狩元年坐受淮南賂稱臣在赦前免	元康四年歐玄孫長陵大夫去病詔復家
博陽嚴侯陳濞	以舍人從起碭以刺客將入漢以都尉擊項籍滎陽絕甬道殺追士卒侯師古曰楚軍追漢兵者濞殺其士卒也	十二月甲申封三十年薨	十九	孝文前三年侯始嗣九年坐謀殺人會赦免	孫	元康四年濞曾孫茂陵公乘壽詔復家	
				塞 孝景中五年始復封元年有罪免			
堂邑安侯陳嬰	以自定東陽為將屬楚項梁為楚柱國四歲項羽死屬漢定豫章浙江都漸定自立為王壯息侯六百戶[illegible]	十二月甲申封六年薨	八十六	高后五年共侯祿嗣十八年薨	孝文二年侯午嗣尚館陶公主四十八年薨	元光六年侯季須嗣十三年元鼎元年坐母公主卒未除服姦兄弟爭財當死自殺	
					隆慮 以長公主子侯五千戶[illegible]二十九年坐母喪未除服姦自殺		

前漢年表四　五　易玠

曲逆獻侯陳平

以故楚都尉漢王二年初起脩武為都尉[illegible]定天下侯五千戶

十二月甲申封二十七年薨

四十七

孝文三年共侯買嗣二年薨

孝文五年簡侯悝嗣二十三年薨

孝景五年侯何嗣二十三年元光五年坐略人妻棄市戶萬六千

[illegible]六世之子[illegible]

元康[illegible]年[illegible]六世之子長安[illegible]元始二年[illegible]平代侯[illegible]

留文成侯張良

以廐將從起下邳以韓申都下韓入武關設策[illegible]中[illegible]為計謀[illegible]侯萬戶[illegible]師古曰[illegible]

正月丙午封十六年薨

[illegible]

高后三年侯不疑嗣十年孝文五年坐與門大夫殺故楚內史贖為城旦師古曰門大夫侯之屬官也

孫

曾孫

玄孫

元康四年良玄孫之子陽陵公乘千秋詔復家

射陽侯劉纏　師古曰即項伯也射陽侯以[illegible]也

兵初起[illegible]侯[illegible]漢王[illegible]

正月丙午封九年孝惠三年薨嗣子睢有罪不得代

鄼文終侯蕭何　師古曰鄼音贊

以客初從入漢為丞相守蜀及關中給軍食佐定諸侯為法令宗廟侯八千戶

正月丙午封九年薨

一

孝惠三年哀侯祿嗣六年薨亡後高后二年封何夫人祿母同為侯孝文元年罷

筑陽[illegible]高后二年定侯延以何少子封[illegible]

[illegible]陽侯遺嗣[illegible]年薨亡後

五年侯則以何孫遺弟紹封二十年有罪免武陽[illegible]二萬六千戶

孝景二年侯嘉以則弟紹封二千戶十年卒

中二年侯勝嗣[illegible]二十年坐[illegible]不[illegible]

元狩三年共侯慶以何曾孫紹封二千四百戶三年薨

六年侯壽成嗣十年坐為大常犧牲瘦免

[illegible]四年安[illegible]侯[illegible]以何玄孫[illegible]紹[illegible]十四年薨

絳武侯周勃

以中涓從起沛至霸上侯定三秦[illegible]入漢定[illegible]擊項籍守嶢關定泗水東海侯八千一百戶

正月丙午封十三年薨

四

孝文十二年侯勝之嗣六年有罪免[illegible]

[illegible]十八年有罪免師古曰[illegible]

後二年[illegible]以勃子封[illegible]

以勃子紹封[illegible]日條

甘露二年[illegible]六世[illegible]永始元年七月[illegible]以何玄孫之子[illegible]侯[illegible]紹封三年薨師古曰[illegible]力全反[illegible]

侯[illegible]嗣永始元年坐使奴殺人[illegible]城旦

七世

永始四年[illegible]侯[illegible]嗣五年薨

八世

綏和元年質侯章嗣元始元年[illegible]封滿二千戶十三年薨

九世

王莽居攝元年侯[illegible]

平曲

孝景後元年共侯堅以勃子紹封十九年薨

元朔五年侯建德嗣十二年元鼎五年坐酎金免

元康四年勃曾孫槐里公乘廣漢詔復家

元始二年侯共以勃玄孫紹封千戶

舞陽武侯樊噲

以舍人起沛從至霸上為侯入漢定三秦為將軍擊項籍再益封從破燕執韓信侯五千戶

正月丙午封十三年薨

五

孝惠七年侯伉嗣九年高后八年坐呂氏誅師古曰伉音口浪反又音岡

孝文元年荒侯市人以噲子紹封

孝景七年侯它廣嗣

元康四年噲曾孫長陵[illegible]

玄

曲周景侯酈商

以將軍從起岐攻長社以南別定漢中及蜀定三秦擊項籍侯四千八百戶

正月丙午封二十二年薨

六

孝文元年侯寄嗣三十二年有罪免戶萬八千

中三年侯堅以商子紹封二十九年薨

元光四年康侯遂成嗣

元康四年商玄孫之子長安公士共詔復家

九年薨

懷侯世宗嗣

元鼎二年侯終根嗣二十九年後二年坐祝詛上要斬

元始二年侯[illegible]六世孫之子[illegible]以商玄孫紹封千戶

非子免

中六年坐

復家師古曰不更爵也勝客其人名

孫

潁陰懿侯灌嬰

以中涓從起碭至霸上為昌文君入漢定三秦食邑以車騎將軍屬淮陰定齊淮南及下邑殺項籍侯五千戶

正月丙午封二十六年薨

九

孝文五年平侯何嗣二十八年薨

孝景中三年侯彊嗣十三年有罪免戶八千四百

臨汝

元光二年侯賢以嬰孫紹封九年

元朔五年坐行賕免千戶

元康四年嬰曾孫長安官首匿詔復家師古曰官首爵名匿其人名也

元壽二年八月詔賜嬰代後者爵關內侯

汾陰悼侯周昌	初起以職志擊秦入漢出關以內史堅守敖倉以御史大夫侯比清陽侯師古曰職志官名主旗幟也志音式吏反	正月丙午封十三年薨	十六	孝惠四年哀侯開方嗣十六年薨	孝文前五年侯意嗣十年坐行賕髡為城旦 安陽 孝景中二年侯左車以昌孫紹封八年建元元年有罪免	元康四年昌曾孫侯國士伍明詔復家師古曰明侯國有官爵而免為士伍而居侯之國也	
梁鄒孝侯武虎	兵初起以謁者從擊破秦入漢定三秦出關以將軍擊定諸侯比博陽侯二千八百戶	正月丙午封十一年薨	二十	孝惠五年侯最嗣五十六年薨 六世 元康四年虎玄孫之子夫夷侯國公乘充竟詔復家	元光三年頃侯嬰齊嗣二十年薨	元鼎五年侯山柎嗣一年坐酎金免師古曰柎音膚其字從木	玄孫
成敬侯董渫 師古曰渫音先列反字或作緤	初起以舍人從擊秦為都尉入漢定三秦出關以將軍定諸侯比厭次侯二千八百戶	正月丙午封七年薨	二十五	孝惠元年康侯赤嗣四十四年有罪免戶五千六百孝景中五年赤復封節氏八年薨	建元四年共侯罷軍嗣五年薨	元光三年侯朝嗣十二年元狩三年坐為濟南太守與城陽王女通耐為鬼薪	元康四年渫玄孫平陵公乘誼詔復家
蓼夷侯孔藂	以執盾前元年從起碭以左司馬入漢為將軍三以都尉擊項籍屬韓信侯師古曰前元年謂初起之年即秦胡亥元年後皆類此擊項籍者即楚漢春秋及史記所謂孔將軍居左者	正月丙午封三十年薨	孝文九年侯臧嗣四十五年元朔三年坐為太常衣冠道橋壞不得度免師古曰游衣冠之道	孫 三十	曾孫	元康四年藂玄孫長安公士宣詔復家	
費侯陳賀 師古曰費音扶味反說者以為季氏邑非也	以舍人前元年從起碭以左司馬入漢用都尉屬韓信擊項籍為將軍定會稽浙江湖陽侯	正月丙午封二十二年薨	三十一	孝文元年共侯常嗣二十四年薨 巢 孝景中六年侯最以賀子紹封二年薨亡後	孝景二年侯偃嗣八年有罪免	元康四年賀曾孫茂陵上造僑詔復家	
陽夏侯陳豨	以特將將卒五百人前元年從起宛朐至霸上為游擊將軍別定代破臧荼侯	正月丙午封十年以趙相國反自為王十一年誅					
隆慮克侯周竈	以卒從起碭以連敖入漢以長鈹都尉擊項籍侯師古曰鈹音披其侯之名音普皮反長刃兵也為刀而劍形史記作長鈹	正月丁未封三十九年薨	三十四	孝文後二年侯通嗣十二年孝景中元年有罪完為城旦	孫	曾孫	元康四年竈玄孫陽陵公乘詔復家

敬侯丁復 師古曰復音扶目反	以越將從起薛至霸上以樓煩將入漢定三秦屬周呂侯破龍且彭城為大司馬破項羽軍葉拜為將軍忠臣侯七千八百戶	正月戊申封十九年薨	十七	高后六年趮侯甯嗣十二年薨師古曰趮古躁字也	孝文十年侯安城嗣十五年孝景二年有罪免戶七千	元康四年復曾孫臨沂公士賜詔復家	
陽信胡侯呂青	以漢五年用令尹初從功比堂邑侯千戶	正月壬子封十年薨	八十七	孝惠四年頃侯臣嗣十八年薨	孝文七年懷侯義嗣二年薨 十三年侯談嗣三十五年元鼎五年坐酎金免 六世	九年惠侯它嗣十九年薨	孝景五年共侯善嗣五年薨 元康四年二月青玄孫長陵大夫陽詔復家
東武貞侯郭蒙	以戶衛起薛屬周呂侯破秦軍杠里楊熊軍曲遇入漢為城將定三秦以都尉堅守敖倉為將軍破項籍侯三千戶師古曰城將將築城之兵也	正月戊午封十九年薨	四十一	高后六年侯它嗣三十一年孝景六年有罪棄市戶萬一百	孫	曾孫	元康四年蒙玄孫茂陵公士廣漢詔復家
汁防肅侯雍齒 如淳曰汁音什防音方	以趙將前三年從定諸侯二千五百戶功比平定侯齒故沛豪有力與上有隙故晚從	正月戊午封九年薨	五十七	孝惠三年荒侯鉅鹿嗣三十八年薨	孝景三年侯野嗣十年	終侯桓嗣不得年元鼎五年坐酎金免	元康四年玄孫長安上造章詔復家
棘蒲剛侯陳武	以將軍前元年將卒二千五百人起薛別救東阿至霸上二歲十月入漢擊齊歷下軍田既功侯	三月丙申封三十八年孝文後元年薨子奇反誅不代	十三	子	孫	元康四年武曾孫雲陽上造嘉詔復家	
都昌嚴侯朱軫	以舍人前元年從起沛以隊帥先降翟王虜章邯侯	三月庚子封十四年薨	二十三	高后元年剛侯率嗣十五年薨	孝文八年夷侯詘嗣十六年薨	孝景元年共侯偃嗣十一年薨	三年侯辟彊嗣五年中元年薨亡後 元康四年軫玄孫昌邑侯國公士先詔復家
武彊嚴侯嚴不職	以舍人從起沛以郎騎將入漢還擊項籍屬丞相甯功侯用將軍擊黥布侯	三月庚子封二十年薨	三十三	高后七年簡侯嬰嗣十九年薨	孝文後三年侯青翟嗣四十七年元鼎二年坐為丞相建御史大夫湯不直自殺師古曰以狀建言湯之罪而不直也	元康四年不職曾孫長安公乘仁詔復家	
貰齊侯合傅胡害 師古曰貰音式制反	以越戶將從破秦入漢定三秦以都尉擊項籍侯六百戶功比臺侯	三月庚子封二年薨	三十六	八年共侯方山嗣二十年薨元壽二年八月詔賜胡害為後者爵大上造	孝文元年煬侯赤嗣十一年薨	十二年康侯遺嗣四十四年薨	元朔五年侯倩嗣八年元鼎元年坐殺人棄市 元康四年胡害玄孫武陵公士曲詔復家

國名	侯狀戶數	始封	位次	子	孫	曾孫	玄孫
海陽齊信侯搖毋餘	以越隊將從破秦入漢定三秦以都尉擊項籍侯千七百戶	三月庚子封九月薨	三十七	孝惠三年哀侯昭襄嗣九年薨 元康四年毋餘玄孫之子不更未央詔復家	高后五年康侯建嗣三十年薨 元壽二年八月詔賜毋餘代後者爵關內侯	孝景四年哀侯省嗣年薨亡後	玄孫
南安嚴侯宣虎	以河南將軍漢王三年降晉陽以重將破臧荼侯九百戶	三月庚子封三十年薨	六十三	孝文九年共侯戎嗣十一年薨	後四年侯千秋嗣十一年孝景中元年坐傷人免戶二千一百	元康四年虎曾孫南安簪裊護詔復家	
肥如敬侯蔡寅	以魏太僕漢王三年初從以車騎都尉破龍且及彭城侯千戶	三月庚子封二十四年薨	六十六	孝文三年莊侯戎嗣十四年薨	後元年侯奴嗣七年孝景元年薨亡後	元康四年寅曾孫肥如大夫福詔復家	
曲成圉侯蟲達	以西城戶將三十七人從起碭至霸上為執金吾五年為二隊將屬周呂侯入漢定三秦以都尉破項籍陳下侯四千戶以將軍擊燕代	三月庚子封二十二年薨	十八 位次曰夜侯恒	孝文元年侯捷嗣八年有罪免十四年捷復封十八年復免戶九千三百 孝景中五年侯捷復封五年薨	孝景[illegible]年侯皐柔嗣二十四年元鼎二年坐為汝南太守知民不用赤側錢為賦[illegible] 師古曰赤側解在食貨志時武帝令以赤側為賦而汝南不遵詔令	曾孫	元康四年達玄孫茂陵公乘宜詔復家
河陽嚴侯陳涓	以卒前元年起碭從以二隊將入漢擊項羽得[illegible]以丞相定齊	三月庚子封二十二年薨	二十九	孝文元年信嗣三年坐不償人責過六月免	孫	曾孫	元康四年涓玄孫郎丘公士元詔復家
淮陰侯韓信	初以卒從項梁梁死屬項羽為郎中至咸陽亡從入漢為連敖票客蕭何言信為大將軍別定魏齊為王徙楚坐擅發兵廢為淮陰侯[illegible]	六年封五年十一年坐謀反誅					
芒侯耏跖 師古曰耏音而又音奴代反跖音之亦反	以門尉前元年初起碭至霸上為武定君入漢還定三秦以都尉擊項羽功侯	六年封三年薨復		九年侯昭嗣四年有罪免 孝景三年昭以故列侯將兵擊吳楚復封 張	侯申嗣元朔六年坐尚南宮公主不敬免 師古曰景帝女也		

國名	侯狀戶數	始封	位次	子	孫	曾孫	玄孫
敬市侯閻澤赤	以執盾初起從入漢為河上守遷為殷相擊項籍侯千戶功比平定侯	四月癸未封三年薨	五十五	九年夷侯毋害嗣三十八年薨 元康四年澤赤玄孫之子長安簪裊章詔復家 六世	孝文後四年戴侯續嗣八年薨	孝景五年侯穀嗣四十年元鼎五年坐酎金免	
柳丘齊侯戎賜	以連敖從起薛以二隊將入漢定三秦以都尉破項羽軍為將軍侯千戶	八月丁亥封十八年薨	二十九	高后五年定侯安國嗣三十年薨	孝景四年敬侯嘉成嗣七年薨	後元年侯角嗣有罪免戶三千	元康四年賜玄孫長安公士充生詔復家
魏其嚴侯周止	以舍人從起沛以郎中入漢為周信侯定三秦以郎將擊項籍侯千戶	六月丁亥封十八年薨	四十四	高后五年侯簡嗣二十九年孝景三年謀反誅戶三千	孫	曾孫	元康四年止玄孫長陵不更廣世詔復家
祁穀侯繒賀	以執盾漢王三年初起從晉陽以連敖擊項籍漢王敗走賀方將軍擊楚追騎以故不得進漢王顧謂賀祁王以將軍擊籍[illegible]侯千四百戶 師古曰[illegible]	六月丁亥封三十	五十一	孝文十二年頃侯胡嗣十	孝景六年侯它嗣十九年元光三年坐射擅罷免 師古曰方大	曾孫	元康四年賀玄孫茂陵公大夫
賀	之所至[illegible]其功[illegible]之許以為王也[illegible]之名也	三年薨		七年薨	射而擅自罷也		賜詔復家
平悼侯工師喜	初以舍人從擊破秦以郎中入漢以將軍定諸侯守雒陽侯比費侯賀千三百戶	六月丁亥封六年薨	三十二 位次曰聊城侯	十二年靖侯執嗣三十一年薨	孝文十六年侯執嗣十九年孝景中五年坐匿死罪會赦免戶二千三百		
魯侯奚涓	以舍人從起沛至咸陽為郎入漢以將軍定諸侯四千八百戶功比舞陽侯死軍事	六年侯涓亡子封母底為侯十九年薨 重平	七				
城父嚴侯尹恢	初以謁者從入漢以將軍擊定諸侯以右丞相備守淮陽功比厭次侯二千戶	六年封九年薨	二十六	孝惠三年侯開方嗣高后三年奪爵為關內侯 元康四年恢玄孫之子新豐[illegible]詔復家	孫	曾孫	玄孫
任侯張越	以騎都尉漢五年從起東垣擊燕代屬雍齒有功為車騎將軍	六年封十六年高后三年坐匿死罪免戶七百五十					

號諡姓名	侯狀戶數	始封	位次	子	孫	曾孫	玄孫
棘丘侯襄	以執盾隊史前元年從起[illegible]以治粟內史入漢[illegible]定西魏地功侯	六年封，十四年，高后四年，有罪，免。戶九百七十					
河陵頃侯郭亭	以連敖前元年從起單父，以塞路入漢，以都尉擊項籍，屬呂侯，功侯，師古曰塞路者主遮塞要路以備敵也	七月庚寅封，二十四年薨	二十七	孝文三年，惠侯歐嗣，二十一年薨	孝景二年，侯勝客嗣，八年，有罪，免		
					中六年，靖侯延居以[illegible]南，封，十五年薨	元光六年，侯則嗣，十七年，元鼎五年，坐酎金免	元康四年，亭玄孫[illegible]長安公乘賢詔復家
昌武靖信侯單究	初以舍人從，以郎入漢，定三秦，以郎騎將軍[illegible]侯，九百戶，功比魏其侯	七月庚寅封，十三年薨	四十五	孝惠六年，夷侯如意嗣，四十二年薨	孝景中元四年，侯賈成嗣，十六年薨	元光五年，侯德嗣，四年，元朔三年，坐傷人二旬內死，棄市。戶六百	玄孫
				六世	元康四年，究玄孫之孫陽陵公乘方年詔復家 七世		
高宛制侯丙倩	初以客從，入漢，定三秦，以中尉破項籍，侯千六百五戶，比斤丘侯	七月戊戌封，七年薨	四十一	孝惠[illegible]侯得嗣，[illegible]年薨	孝文[illegible]年，[illegible]侯武嗣，[illegible]年薨	建元元年，侯信嗣，三年，坐出入屬車間，免。戶三千二百。師古曰天子出行陳列屬車而此侯輒至於其間	
				六世	元康四年，倩玄孫之孫高宛大夫[illegible]詔復家 七世	元始二年，倩玄孫之曾孫[illegible]詔賜爵關內侯 八世	
宣曲齊侯丁義	以卒從起留，以騎將入漢，定三秦，破籍軍滎陽，為郎騎將，破鍾離眜軍固陵，侯六百七十戶	七月戊戌封，三十二年薨	四十三	孝文十一年，侯通嗣，[illegible]孝景中五年，[illegible]十一年，有罪，免	孫	元康四年，義曾孫陽安公士[illegible]年詔復家	
終陵齊侯華毋害	以越將從起留，入漢，定三秦，擊臧荼，侯七百四十戶。從攻馬邑及布	七月戊戌封，三十五年薨	四十六	孝文四年，共侯勃嗣，十七年薨	後四年，侯祿嗣，七年，孝景四年，坐出界，耐為司寇。戶千五百	元康四年，曾孫茂陵大夫[illegible]告詔復家	
東茅敬侯劉到	以舍人從起碭，至霸上，以二隊入漢，定三秦，以都尉擊項籍，破臧荼，侯。捕韓王信，為將軍，益邑千戶	八月丙辰封，二十四年薨	四十八	孝文三年，侯吉嗣，十六年，孝文十六年，坐事國人過員，免。師古曰[illegible]也事謂役使之員數也	孫	元康四年，到曾孫陽陵公乘咸詔復家。師古曰吉音紂	

號諡姓名	侯狀戶數	始封	位次	子	孫	曾孫	玄孫
斥丘懿侯唐厲	以舍人初從起豐，以左司馬入漢，以亞將攻籍，以都尉破籍，因漢東郡都尉擊成武，為漢中尉，擊布，為斥丘侯，千戶。師古曰[illegible]	八月丙辰封，十年薨	四十	孝文九年，共侯朝嗣，十三年薨	後六年，侯賢嗣，四十三年薨	元鼎二年，侯尊嗣，二年，坐酎金免。元康四年，厲曾孫長安公士廣意詔復家	
臺定侯戴野	以舍人從起碭，用隊率入漢，以都尉擊籍，籍死，轉擊臨江，屬將軍賈，功侯，以將軍擊燕代	八月甲子封，二十五年薨	三十五	孝文四年，侯午嗣，二十二年，孝景三年，坐謀反，誅	孫	曾孫	元康四年，野玄孫長陵上造安昌詔復家
安國武侯王陵	以自聚黨定南陽，漢王還擊項籍，以兵屬，從定天下，侯五千戶	八月甲子封，二十一年薨	十二	高后八年，哀侯忌嗣，一年薨	孝文元年，終侯斿嗣，三十九年薨	建元元年，安侯辟方嗣，二十年薨	元狩三年，侯定嗣，八年，元鼎五年，坐酎金免
							元康四年，陵玄孫長安公[illegible]詔復家
樂成節侯丁禮	以中涓騎從起碭，為騎將，入漢，定三秦，侯，以都尉擊籍，屬灌嬰，殺龍且，更為樂成侯，千戶	八月甲子封，二十六年薨	四十二	孝文五年，夷侯馬從嗣，十八年薨	後七年，武侯吾客嗣，四十三年薨	元鼎二年，侯義嗣，三年，坐言五利侯不道，棄市。戶千四百	玄孫
				六世	元康四年，禮玄孫之孫長安公乘[illegible]詔復家 七世		
辟陽幽侯審食其	以舍人初起，侍呂后、孝惠沛三歲十月。呂后入楚，食其從一歲，侯	八月甲子封，三十五年，為淮南王長所殺	五十九	孝文四年，侯平嗣，二十一年，孝景二年，坐謀反，自殺		元康四年，食其曾孫茂陵公乘非詔復家	
鄡成制侯周緤（師古曰鄡音苦堯反，又音[illegible]，緤音息列反）	以舍人從起沛，至霸上，入漢，定三秦，食邑池陽，擊項籍滎陽，絕甬道，從出度平陰，遇韓信軍襄國，楚漢約分鴻溝，以緤為信，戰不利，不敢離上，侯三千三百戶	八月甲子封，二十七年薨	二十二	侯昌嗣，有罪，免。鄲：孝景中元年，康侯應以昌弟紹封，一年薨。師古曰鄲音[illegible]之縣也音多	中二年，侯仲居嗣，三十四年，元鼎二年，坐[illegible]收赤側錢[illegible]師古曰[illegible]用之不便又[illegible]	元康四年，緤曾孫長安公士[illegible]詔賜黃金十斤，復家，死亡子，復免	長沙：元始元年，緤玄孫護以詔書[illegible]沛[illegible]同產弟子死亡子，絕
安平敬侯鄂秋	以謁者漢王三年初從，定諸侯，有功，秩舉蕭何功，因故侯，二千戶。師古曰先封之也，事見蕭何傳	八月甲子封，十二年薨	六十一	孝惠三年，簡侯嘉嗣，九年薨	高后八年，頃侯應嗣，十四年薨	孝文十四年，煬侯寄嗣，二十五年薨	孝景後三年，侯但嗣，十九年，元狩元年，坐與淮南王女陵通，遺淮南王書稱臣盡力，棄市
				六世：元康四年，秋玄孫之子[illegible]大夫[illegible]詔復家			

北平文侯張蒼	以客從起武陽至霸上為常山守得陳餘為代相徙趙相以代相侯為計相四歲淮南相十四歲千二百戶 如淳曰計相官名但知計會	八月丁丑封五十五年薨	六十五	孝景六年康侯奉嗣六年薨 元康四年蒼玄孫之子長安公士益宗詔復家 六世	後元年侯類嗣七年建元五年坐臨諸侯喪後免	曾孫	玄孫
高胡侯陳夫乞	以卒從起杠里入漢以都尉擊籍誅臧荼定燕千戶	六年封二十五年薨	八十二	孝文五年煬侯程嗣薨亡後			元康四年夫乞玄孫長陵公乘勝之詔復家
厭次侯爰類	以慎將元年從起留入漢以都尉守廣武功侯 師古曰以謹慎為將也	六年封二十二年薨	二十四	孝文元年侯賀嗣五年謀反誅 元康四年類玄孫之子陽陵公士出詔復家 六世	元始三年類玄孫之孫萬詔賜爵關內侯 七世	曾孫	玄孫
平皐煬侯劉它 師古曰它音徒何反	漢六年以碭郡長初從功比戴侯五百八十戶 實項氏賜姓 師古曰戴音大又音第	七年十月癸亥封十年薨	百二十一	孝惠五年共侯遠嗣二十四年薨 六世	孝景元年節侯光嗣十六年薨 元康四年它玄孫之孫長安公乘勝之詔復家 七世	建元元年侯勝嗣二十八年元鼎五年坐酎金免	玄孫
復陽剛侯陳胥	以卒從起薛以將軍入漢以右司馬擊項籍侯千戶	七年十月甲子封三十一年薨	四十九	孝文十一年共侯嘉嗣十八年薨 元始元年胥玄孫之子傳詔賜爵 六世	孝景六年康侯拾嗣二十三年薨	元朔元年侯彊嗣七年元狩二年坐文拾非嘉子免 元康四年胥曾孫陽陵公乘詔復家	玄孫
陽河齊侯其石	以中謁者從入漢以郎中騎從定諸侯侯五百戶功比高胡侯	十一月甲子封三年薨	八十三	十年侯安國嗣五十一年薨 元康四年其石玄孫之子長安官大夫益壽詔復家 六世	孝景中四年侯午嗣三十三年薨	元鼎四年共侯章嗣十三年薨 埤山 師古曰埤音卑又音婢	元封元年侯仁嗣征和三年坐祝詛要斬
柏至靖侯許盎	以駢鄰從起昌邑以說衛入漢以中尉擊籍侯千戶 師古曰駢鄰猶言並兩騎為軍翼也 說讀曰稅 稅衛謂軍行止舍主為衛也	十月戊辰封十四年高后元年有罪免三年復封六年薨	五十八	孝文元年簡侯祿嗣十四年薨 元康四年盎玄孫之子長安公士建詔復家 六世	十五年侯昌嗣三十二年薨	元光二年侯安如嗣十二年薨	元狩三年侯福嗣五年元鼎二年坐為姦為鬼薪

前漢年表四　十四　徐真

中水嚴侯呂馬童	以郎騎將漢元年從好畤以司馬擊龍且復共斬項籍侯千五百戶	正月己酉封三十年薨	百一	孝文十年夷侯瑕嗣二十三年薨 六世	十三年共侯青肩嗣二十二年薨 元康四年馬童玄孫之孫長安公士明詔復家 七世	建元六年靖侯德嗣二十一年薨	元光元年侯宜城嗣二十二年元鼎五年坐酎金免
杜衍嚴侯王翳 如淳曰翳音直 師古曰音之康反	以中郎騎漢王二年從起下邳屬淮陰從灌嬰共斬項羽侯千七百戶	正月己酉封十八年薨	百二	高后六年共侯福嗣七年薨 孝景復元年侯郢人以翳子紹封十二年薨	孝文五年侯市臣嗣七年薨 元光四年侯定國嗣十三年元狩五年有罪免	十二年侯舍嗣二十四年有罪為鬼薪戶三千四百 元康四年翳曾孫長安大夫安樂詔復家	
赤泉嚴侯楊喜	以郎中騎漢王三年從起杜屬淮陰後從灌嬰共斬項籍侯千九百戶	正月己酉封十三年高后元年有罪免二年復封十八年薨	百三	孝文十二年定侯殷嗣十五年薨	孝景四年侯毋害嗣六年坐詐紿人臧六百免 中五年毋害復封十二年元光二年有罪免	曾孫	元康四年喜玄孫茂陵不更孟嘗詔賜黃金十斤復家
				六世 子恢代復	七世 子譚代	八世 子恭代元始二年賜帛百疋	元始二年求復不得
朝陽齊侯華寄	以舍人從起薛以連敖入漢以都尉擊項羽復攻韓王信侯千戶	三月壬寅封十二年薨	六十九	高后元年文侯要嗣二十五年薨	孝文十四年侯當嗣三十九年元朔二年坐教人上書枉法罪為鬼薪戶五千	曾孫	元康四年寄玄孫奉明大夫定國詔復家
棘陽嚴侯杜得臣	以卒從起胡陵入漢以郎將迎左丞相軍以擊項籍侯二千戶	七月丙申封二十六年薨	八十一	孝文六年質侯但嗣四十三年薨	元光四年懷侯武嗣七年元朔五年薨亡後		
涅陽嚴侯呂勝	以騎士漢王二年從出關以郎中擊籍侯千五百戶比杜衍侯	七年封二十五年孝文五年薨子成實非子不得代	百四		孫	曾孫	玄孫
				元康四年勝玄孫之子涅陽不更忠詔復家 六世			
平棘懿侯林摯	以客從起亢父斬章邯所署蜀守用燕相侯千戶	七年封二十四年薨	六十四	孝文五年侯辟彊嗣有罪為鬼薪		元康四年摯曾孫項國大夫竟詔復家死亡子	
深澤齊侯趙將夕	以趙將漢王三年降屬淮陰侯定趙齊楚以擊平城功侯七百戶	八年十月癸丑封十三年高后元年有罪免二年復封二年薨	九十八	孝文後二年戴侯頭嗣八年薨	孝景三年侯脩嗣七年有罪免 中五年夷侯胡以頭子紹封十七年元朔五年薨亡後	曾孫	元康四年將夕玄孫陽陵公乘延世詔復家

前漢年表四　十五　陳慧心

號謚姓名	侯狀戶數	始封	位次	子	孫	曾孫	玄孫
埤頃侯溫疥 師古曰埤音[illegible]，疥音介	以燕將軍漢王四年從曹咎軍擊籍，為燕相，告燕王荼反，侯，以燕相國定盧奴，千九百戶	十月丙辰封，三十五年薨	九十一	孝文六年，文侯仁嗣，十七年薨	後七年，侯何嗣，七年，孝景四年薨	曾孫	元康四年，疥玄孫長安公士福詔復家
歷簡侯程黑	以趙衛將軍漢王三年從起盧奴，擊項羽敖倉下，為將軍，攻臧荼有功，侯，千戶	十月癸酉封，十四年薨	九十二	高后三年，孝侯釐嗣，二十三年薨	孝文後元年，侯竈嗣，十四年，孝景中元年有罪	曾孫	玄孫
				[illegible]黑[illegible]之子[illegible]長安[illegible]詔復家 六世	元始五年，詔賜黑代復者安爵關內侯		
武原靖侯衛胠 師古曰胠音[illegible]又音[illegible]	[illegible]比高陵侯	十二月丁未封，八年薨	九十三	孝惠四年，共侯寄嗣，三十七年薨	孝景三年，侯不害嗣，十二年，後二年，坐葬過律免	曾孫	元康四年，胠玄孫郯公乘[illegible]詔復家
稾祖侯陳鍇 師古曰稾音[illegible]，鍇音口駭反	高帝七年為將軍，從擊代陳豨有功，侯，六百戶	十二月丁未封，七年薨	百二十四	孝惠三年，懷侯嬰嗣，十九年薨	孝文七年，共侯應嗣，十四年薨	後五年，節侯安嗣，三十一年薨	元狩三年，侯千秋嗣，元鼎五年，坐酎金免
				六世 元康四年，鍇玄孫之子[illegible]陵公乘[illegible]詔復家			
宋子惠侯許瘛 師古曰瘛音充制反	以漢三年用趙右林將初擊定諸侯，功比共侯，五百四十戶 師古曰林將，[illegible]林之將也	二月丁卯封，四年薨	九十九	十二年，共侯留嗣，二十五年薨	孝文十年，侯九嗣，二十二年，孝景中二年，坐寄使匈奴買塞外禁物免	曾孫	玄孫
				六世	元康四年，瘛玄孫之孫 七世 宋子大夫通詔復家		
猗氏敬侯陳遬 師古曰遬古速字	以舍人從起豐，入漢，以都尉擊項羽，侯，千一百戶	三月丙戌封，十一年薨	五十 位次曰長脩侯	孝惠七年，靖侯交嗣，三十四年薨	孝景三年，頃侯差嗣，一年薨，亡後	元康四年，遬曾孫猗氏大夫朝詔賜黃金十斤，復家	
清簡侯室中同	以弩將初起，從入漢，以都尉擊項羽，代侯，比彭侯，千戶	三月丙戌封，五年薨	七十一	孝惠元年，頃侯聖嗣，二十二年薨	孝文八年，康侯鮒嗣，五十二年薨	元狩三年，共侯古嗣，七年薨	元鼎四年，侯生嗣，一年，坐酎金免
							元康四年，同玄孫[illegible]武詔復家
彊圉侯留勝	以客吏初起，從入漢，以都尉擊項羽，代侯，比彭侯，千戶	三月丙戌封，三年薨	七十二	十一年，戴侯章嗣，十九年薨	孝文三年，侯服嗣，二年有罪免	元康四年，勝曾孫長安大夫定詔復家	
彭簡侯秦同	以卒從起薛，以弩將入漢，以都尉擊項羽，代侯，千戶	三月丙戌封，二十二年薨	七十	孝文三年，戴侯執嗣，二十三年薨	孝景三年，侯武嗣，十一年，後元年有罪免	曾孫	元康四年，同玄孫[illegible]公士[illegible]詔復家

號謚姓名	侯狀戶數	始封	位次	子	孫	曾孫	玄孫
吳房嚴侯楊武	以郎中騎將漢元年從起下邽，擊陽夏，以騎都尉斬項籍，侯，七百戶	三月辛卯封，三十二年薨	九十四	孝文十三年，侯去疾嗣，二十五年，孝景後三年，有罪，耐為司寇	元康四年，武孫霸陵公乘[illegible]詔賜黃金[illegible]復家，亡子絕		[illegible]兄孫[illegible]復，亡子絕
甯嚴侯魏遬	以舍人從起碭，入漢，以都尉擊臧荼功，侯，千戶	四月辛卯封，三十五年薨	七十八	孝文十六年，共侯連嗣，八年薨	孝文後元年，侯指嗣，三年，坐出國界免	曾孫	元康四年，遬玄孫[illegible]詔復家
昌圉侯旅卿	以齊將漢王四年從淮陰侯起臨菑，擊籍及韓王信於平城，有功，侯，千戶	六月戊申封，三十四年薨	百九	孝文十五年，侯通嗣，十一年，孝景三年，坐謀反，誅	孫	曾孫	元康四年，卿玄孫[illegible]十斤復家
				子賜代[illegible]六世有司[illegible]始二年求不得			
共嚴侯旅罷師 師古曰共音恭，罷讀曰疲，又讀曰彼	以齊將漢王四年從淮陰侯起臨菑，擊籍及韓王信於平城，有功，侯，千二百戶	六月壬子封，二十六年薨	百一十四	孝文七年，惠侯黨嗣，八年薨	十五年，懷侯高嗣，五年薨，亡子	元康四年，罷師曾孫[illegible]陵簪褭信詔復家	
閼氏節侯馮解散	以代太尉漢王三年降，為雁門守，以特將平代反寇，侯，千戶 師古曰太尉主武之官	六月壬子封，四年薨	一百	十二年，共侯它嗣，一年薨，亡後	孝文三年，文侯遺以它遺腹子嗣，十四年薨	十六年，共侯勝之嗣，十三年薨	孝景六年，侯平嗣，三十九年，元鼎五年，坐酎金免
安丘懿侯張說 師古曰說讀曰悅	以卒從起方與，屬魏豹，二歲五月以執[illegible]入漢，以司馬擊項羽，以將軍定代，侯，三千戶	七月癸酉封，三十二年薨	六十七	孝文十三年，共侯奴嗣，十三年薨	孝景三年，敬侯執嗣，一年薨	四年，康侯新嗣，三十一年薨	元狩元年，侯指嗣，六年，坐[illegible]
				元康四年，說玄孫之子陽陵上造[illegible]詔復家 六世			
襄平侯紀通	父城以將軍從擊破秦，入漢，定三秦，功比平定侯，戰好畤，死，事子侯	九月丙午封，五十二年薨	六十六	孝景中三年，康侯相夫嗣，十九年薨	元朔元年，侯夷吾嗣，九年，元封元年薨，亡後		元康四年，通玄孫長安[illegible]詔復家
龍陽敬侯陳署	以卒從起，以謁者擊項籍，斬曹咎，侯，千戶	九月己未封，十八年薨	八十四	高后七年，侯堅嗣，十八年，孝文後元年有罪免			
平嚴侯張瞻師	以趙騎將漢王三年從擊諸侯，比共侯，千五百戶	九年十二月壬寅封，八年薨	九十五	孝惠六年，康侯[illegible]嗣，二十七年薨 師古曰[illegible]	孝景四年，侯寄嗣	侯安國嗣，不得年，元狩元年為人所殺	玄孫
				元康四年，瞻師玄孫[illegible]六世孫之子敞上造[illegible]詔復家			
陸量侯須毋 [illegible]所謂[illegible]地也	詔以為列侯，自置吏，令長沙王	三月丙戌封，三年薨	百三十七	十二年，共侯桑嗣，十四年薨	孝文後三年，康侯慶忌嗣，五年薨	孝景元年，侯冉嗣，四十四年，元鼎五年，坐酎金免	
						元康四年，[illegible]詔[illegible]六級	

高景侯周成	父苛以內史從擊破秦為御史大夫入漢圍取諸侯堅守滎陽功侯[illegible]	四月戊寅封三十九年孝文後五年謀反下獄死	六十	子	繩 孝景中元年侯應以成孫紹封	侯平嗣元狩四年坐為太常不繕園屋免	元康四年成玄孫長安公大夫賜詔復家
離侯鄧弱	四月戊寅封[illegible]鄧弱以長沙將兵侯						
義陵侯吳郢	以長沙柱國侯千五百戶	九月丙子封七年薨	百三十四	孝惠七年侯種嗣十年高后七年薨亡後			
宣平武侯張敖	嗣父耳為趙王坐相貫高等謀反廢王為侯	九年封十七年薨	三 [illegible]	高后元年侯偃為魯王[illegible]十五年薨諡共	六年哀侯歐嗣十七年薨	孝景中三年侯生嗣十四年有罪免	元康四年耳玄孫長陵公乘遂詔復家
						雎陵 元光三年侯廣以[illegible]子紹封十八年薨	元鼎三年侯昌以廣[illegible]紹封[illegible] 元始二年侯[illegible]以敖玄孫[illegible]紹封千戶

					昌 [illegible]元年免		詔復家
東陽武侯張相如	高祖六年為中大夫以河間守擊陳豨力戰功侯千三百戶	十一年十二月癸巳封三十二年薨	百一十八	孝文十六年共侯殷嗣五年薨	後五年戴侯安國嗣六年薨	孝景四年哀侯彊嗣十三年建元元年薨亡後	玄孫
				元康四年相如玄孫之子[illegible]詔復家			
慎陽侯欒說 [illegible]	淮陰侯韓信舍人告信反侯二千戶	十二月甲寅封五十一年薨	百三十一	孝景中六年靖侯願之嗣四年薨	建元元年侯買之嗣二十二年元狩五年坐鑄白金棄市	曾孫	玄孫
				[illegible]詔復家			
開封愍侯陶舍	以右司馬漢王五年初從以中尉擊燕定代侯二千戶	十二月丙辰封一年薨	百一十五	十二年夷侯青嗣四十八年薨	孝景中三年節侯偃嗣十七年薨	元光五年侯睢嗣十八年元狩五年坐酎金免	
				玄孫	[illegible]詔復家		
禾成孝侯	以卒從[illegible]以郎	正月己未封	百一十七	孝[illegible]懷侯[illegible]	孫	元康四年昔曾孫霸	

公孫昔	中[illegible]擊陳豨侯千九百戶	二十一年薨		漸嗣九年薨		陵公乘廣意詔復家	
堂陽哀侯孫赤	以中涓從起沛以郎入漢以將軍擊項籍[illegible]侯八百戶	正月己未封九年薨	七十七	高后元年侯德嗣四十三年孝景中六年有罪免	孫	元康四年赤曾孫霸陵公乘明詔復家	
祝阿孝侯高邑	以客從起[illegible]	正月己酉封二十一年薨	七十四	孝文五年侯成嗣十四年後三年坐事國人過律免	孫	曾孫	元康四年邑玄孫長陵上造弘詔復家
長脩平侯杜恬	以漢王二年用御史初從出關以內史擊諸侯攻項籍以廷尉死事侯千九百戶	正月丙戌封四年薨	百八 信平侯 位次曰	孝惠三年懷侯中嗣十七年薨	孝文[illegible]侯意嗣十七年有罪免	陽平 [illegible]	
江邑侯	以漢五年為御史用奇計[illegible]	十一月封					

趙堯	[illegible]趙相代為御史大夫從擊陳豨功侯六百戶	高后元年有罪免					
營陵侯劉澤	漢三年為郎中擊項羽以將軍擊陳豨得王黃侯[illegible]二千戶	十一月封十五年高后七年為琅邪王	八十八				
土軍式侯宣義	高祖六年為中地守以廷尉擊陳豨侯千一百戶就國後為燕相	二月丁亥封十年薨	百二十二 信成侯 位次曰	孝惠六年孝侯莫如嗣十五年薨	孝景三年康侯平嗣十九年薨	建元六年侯生嗣八年元朔二年坐與人妻姦免	玄孫
				元康四年義玄孫之子[illegible]不更[illegible]詔復家			
廣阿懿侯任敖	以客從起沛為御史守豐二歲擊項籍為上黨守陳豨反堅守侯千八百戶後遷為御史大夫	二月丁亥封十九年薨	八十九	孝文三年夷侯敬嗣一年薨	四年敬侯但嗣[illegible]年薨	建元五年侯越人嗣二十一年元鼎二年坐為太常廟酒酸免	元康四年敖玄孫廣[illegible]詔復家
須昌貞侯趙衍	以謁者漢王元年初起漢中雍軍塞渭上上計欲還衍言從他道道通後為河間守陳豨反誅都尉相如功侯千四百戶	二月己丑封三十二年薨	百七	孝文十六年戴侯福嗣四年薨	後四年侯不害嗣八年孝景五年有罪免	曾孫	玄孫

				六世	元康四年[illegible]七世孫[illegible]詔復家		
臨轅堅侯戚鰓	初從為郎，以都尉守蘄城，以中尉侯，五百戶	二月乙酉封，六年薨	百二十六	孝惠五年，夷侯觸龍嗣，三十七年薨	孝景四年，共侯中嗣，十六年薨	建元四年，侯賢嗣，二十五年，元鼎五年，坐酎金免	元康四年[illegible]大夫[illegible]詔復家
				六世	元始五年[illegible]七世之孫少[illegible]陽[illegible]關內侯		
汲紹侯公上不害	高祖六年為太僕，擊代豨，有功，侯，千二百戶，為趙太僕	二月乙酉封，三年薨	百二十三	孝惠三年，夷侯武嗣，二十七年薨	孝文十四年，康侯通嗣，二十七年薨	建元二年，侯廣德嗣，九年，元光五年，坐妻精大逆，棄市	元康四年，不害玄孫安陵五大夫常詔復家
甯陵夷侯呂臣	以舍人從起留，以郎入漢，破曹咎成皋，為都尉，擊陳豨，功侯，千戶	二月辛亥封，二十七年薨	七十三	孝文十一年，戴侯射嗣，十六年薨	孝景四年，惠侯始嗣，十七年薨	曾孫	元康四年，臣玄孫南陵公大夫得詔復家
汾陽嚴侯靳彊	以郎中騎千人前三年從起櫟陽，擊項羽，以中尉破鍾離眛，功侯	三月辛亥封，十一年薨	九十六	高后三年，共侯解嗣，三十三年薨	孝景五年，康侯胡嗣，十二年絕，不得狀	江鄒 元鼎五年，侯石紹封，九年，太始四年，坐為太常行幸離宮道橋苦惡，大僕敬聲繫以謁聞，赦免	元康四年，彊玄孫長安公乘忠詔復家

前漢年表四　二十　陳浩

戴敬侯祕彭祖 師古曰：今書本祕姓讀如祕[illegible]非也	以卒從起沛，以卒開沛城門，為太公僕，以中廄令擊陳豨，功侯，千一百戶	三月癸酉封，十一年薨	百二十六	高后三年，共侯悼嗣，十二年薨	孝文八年，夷侯安國嗣，三十八年薨	元朔五年，安侯輪嗣，十二年薨	元鼎五年，侯蒙嗣，二十五年，後元年，坐祝詛上，大逆，要斬
				六世	七世 元康四年，彭祖玄孫之孫陽陵大夫政詔復家		
衍簡侯翟盱 師古曰：盱音況于反	以漢王二年為燕令，以都尉下楚九城，堅守燕，侯，九百戶	七月己丑封，十二年薨	百三十	高后四年，祗侯山嗣，一年薨	六年，節侯嘉嗣，三十四年薨	建元二年，侯不疑嗣，十年，元朔元年，坐挾詔書論，耐為司寇。師古曰：詔書當奉持之，而挾以行，故為罪也	元康四年，盱玄孫陽陵公乘光詔復家
平州共侯昭涉掉尾 師古曰：昭涉，姓也；掉尾，名也。掉音徒弔反	漢四年，以燕相從擊項籍，還擊臧荼，侯，千戶	八月甲辰封，十八年薨	百一十一	孝文二年，戴侯種嗣，三年薨	五年，懷侯它人嗣，四年薨	九年，孝侯馬童嗣，二十九年薨	孝景後二年，侯昧嗣，二十四年，元狩五年，坐行馳道中免 [illegible]詔復家
中牟共侯單右車	以卒從起沛，入漢，以郎擊布，功侯，二千三百戶，始高祖微時有急，給高祖馬，故得侯	十二年十月乙未封，二十三年薨	百二十五	孝文八年，敬侯繒嗣，五年薨	十三年，戴侯終根嗣，三十七年薨	元光二年，侯舜嗣，十六年，元鼎五年，坐酎金免	玄孫

				元康四年，右車玄孫之子陽陵不更充國詔復家			
邔嚴侯黃極忠 師古曰：邔音部己反	以群盜長為臨江將，已而為漢擊臨江王及諸侯，破布，封，千戶	十月戊戌封，二十七年薨	百十三	孝文十二年，夷侯榮成嗣，九年薨	後元五年，共侯明嗣，三十五年薨	元朔五年，侯遂嗣，八年，元鼎元年，坐[illegible]	
				元康四年[illegible]六世孫之子邔公乘[illegible]詔復家	元始五年，賜忠代後者爵關內侯		
博陽節侯周聚	以卒從起碭，以隊率入漢，擊項籍，有功，為將軍，布反，定吳郡，侯	十月辛丑封，二十四年薨	五十三	孝文九年，侯遬嗣，十五年，孝景元年，有罪，奪爵一級	孫	元康四年，聚曾孫長陵公乘萬年詔復家	
陽羨定侯靈常	以荊令尹漢五年初從，擊鍾離眛及陳公利幾，破之，徙為漢中大夫，從至陳，取韓信，還為中尉，從擊布，侯，二千戶	十月己酉封，十八年薨	一百九	高后七年，共侯賀嗣，八年薨	孝文十一年，夷侯勝嗣，六年薨，亡後	曾孫	元康四年，常玄孫南和大夫橫詔復家
下相嚴侯冷耳	以客從起沛，入漢，用左[illegible]擊破齊田解軍，以楚丞相堅守彭城，距布軍，功侯，二千戶 師古曰：冷音零	十月壬寅封，十四年薨	八十五	孝文三年，侯慎嗣，三十三年，孝景三年，坐謀反誅	孫	曾孫	元康四年，耳玄孫長安公士安詔復家
高陵圉侯王周	[illegible]	十二月丁亥封，十年薨	九十二	高后二年，惠侯并弓嗣，八年薨	孝文十三年，侯行嗣，十二年，孝景三年，謀反，誅		

前漢年表四　二十一　鄭安

期思康侯賁赫 師古曰：賁音肥	淮南王英布中大夫，告反，侯，二千戶	十二月癸卯封，二十九年，孝文十四年薨，亡後	百三十二	子	孫	曾孫	元康四年，赫玄孫壽春大夫充詔復家
戚圉侯季必 師古曰：[illegible]傳云季必，今此作季，表傳不同，當有誤	以騎都尉漢二年初起櫟陽，攻破廢丘，因擊項籍，屬韓信，破齊，攻臧荼，遷為將軍，擊韓信，侯，千五百戶	十二月癸卯封，十六年薨	九十	孝文元年，齊侯長嗣，三年薨	四年，躁侯瑕嗣，三十八年薨	建元三年，侯信成嗣，二十年，元狩五年，坐為太常[illegible]	元康四年，必玄孫長安公士賈之詔復家
穀陽定侯馮谿	以卒前元年起柘，擊籍，定代，為將軍，功侯	正月乙丑封，三十二年薨	百五	孝文十年，共侯熊嗣，十八年薨	孝景四年，隱侯卬嗣，三年薨	五年，獻侯解中嗣，十一年薨	建元四年，侯偃嗣
				元康四年，谿玄孫之子穀陽不更同詔復家 六世			
嚴敬侯許猜 師古曰：猜音千才反	以楚將漢王三年降，從起臨淄，以郎中擊項羽、陳豨，侯，六百戶	正月乙丑封，四十年薨	百十二	孝景二年，侯恢嗣，十六年薨	建元二年，殤侯則嗣，九年薨	元光五年，節侯周嗣，三年薨	元朔二年，侯廣宗嗣，十五年，元鼎五年，坐酎金免

				元康四年猜玄孫之子 六世 [illegible]公士[illegible]詔復家			
成陽定侯奚意	以魏郎漢王三年從起陽武擊項籍屬魏豹豹反以大原尉定代侯六百戶	正月乙酉封二十六年薨	百十	孝文十一年侯信嗣二十九年建元元年有罪耐為鬼薪	孫	元康四年意曾孫陽陵公乘通詔復家	
桃安侯劉襄	以客從漢王二年起定陶以大謁者擊布侯千戶為淮南太守項氏親	三月丁巳封七年孝惠七年有罪免十年復封十六年薨	百三十五	孝文十年懿侯舍嗣二十年薨	建元元年厲侯由嗣十三年薨	元朔二年侯自為嗣十五年元鼎五年坐酎金免	玄孫
				元康四年襄玄孫之子長安上造益壽詔復家 六世			
高梁共侯酈疥	父食其以客從破秦以列侯入漢還定諸侯常使約和諸侯說齊王死事子疥侯	二月丙寅封六十三年薨	六十六	元光三年侯勃嗣	侯平嗣元狩元年坐詐衡山王取金免	曾孫	元康四年食其玄孫陽陵公乘賜詔復家
紀信匡侯陳倉	以中涓從起豐以騎將入漢以將軍擊項籍後攻盧綰侯七百戶	六月壬辰封十年薨	八十	高后三年夷侯開嗣二十二年薨	孝文後三年侯陽嗣八年孝景二年反誅	曾孫	玄孫
				元康四年倉玄孫之子長安公士千秋詔復家 六世			
景嚴侯王競	以車司馬漢元年從起高陵屬劉賈以都尉從軍侯五百戶	六月壬辰封七年薨	百六	孝惠七年戴侯真粘嗣十九年薨師古曰粘音[illegible]	孝文十一年侯嫖嗣二十三年孝景十年有罪免師古曰嫖[illegible]	曾孫	元康四年競玄孫長安公士昌詔復家
張節侯毛釋之	以中涓從起豐以郎騎入漢從擊諸侯侯七百戶	六月壬辰封二十六年薨	七十九	孝文十二年侯慶嗣二年薨	十三年侯舜嗣二十三年孝景中六年有罪免	曾孫	元康四年釋之玄孫長安公士[illegible]詔復家
煮棗端侯革朱	以越連敖從起碭以別將入漢擊諸侯以都尉侯九百戶	六月壬辰封七年孝惠七年薨嗣子有罪不得代	七十五	孝文二年康侯[illegible]以朱子紹封二十一年薨	侯昌嗣孝景中二年有罪免	曾孫	元康四年朱玄孫陽陵大夫奉詔復家
偏陵嚴侯朱濞	以卒從起豐入漢以都尉擊項籍陳豨侯二千七百戶	十二月封十一年薨	五十二	高后四年共侯慶嗣十七年孝文七年薨亡後		元康四年濞曾孫陽陵公士言詔復家	
鹵嚴侯張平	以中涓前元年從起單父不入關以擊籍布燕王綰得南陽侯二千七百戶	十二月封十二年薨	四十八	高后五年侯勝嗣六年孝文四年有罪免[illegible]		曾孫	玄孫
				元康四年平玄孫之子 六世 長安公士[illegible]詔復家			

右高祖百四十七人，周呂、建成二人在外戚，羹頡、合陽、沛、德四人在王子，凡百五十三人。

便頃侯吳淺	以父長沙王功侯二千戶	元年九月癸卯封三十七年薨	百三十三	孝文後七年共侯信嗣六年薨	孝景六年侯廣志嗣	侯千秋嗣元鼎五年坐酎金免	元康四年淺玄孫長陵上造編長樂詔復家
軑侯黎朱蒼 師古曰軑音大又音第	以長沙相侯七百戶	二年四月庚子封八年薨	百二十	高后三年孝侯豨嗣二十一年薨	孝文十六年彭祖嗣二十四年薨	侯扶嗣元封元年坐為東海太守行過不請擅發卒為衛當斬會赦免	玄孫 江夏
				元康四年蒼玄 六世孫之子[illegible]詔復家			
平都孝侯劉到	以齊將高祖三年降定齊侯千戶	五年六月乙亥封十三年薨	百一十	孝文三年侯成嗣三十五年孝景後二年有罪免		元康四年到曾孫長安公乘如意詔復家	

右孝惠三人

南宮侯張買	以父越人為高祖騎將從軍以中大夫侯	元年四月丙寅封	侯生嗣孝武初有罪為隸臣萬六千六百戶				北海
梧齊侯陽城延	以軍匠從起郟入漢後為少府作長樂未央宮築長安城先就侯五百戶師古曰郟潁川之縣也音夾	四月乙酉封六年薨	七十六	七年敬侯去疾嗣三十四年薨	孝景中三年靖侯偃嗣十五年薨	元光三年侯戎奴嗣十四年元狩五年坐使人殺季父棄市戶三千三百	玄孫
				元康四年延玄孫之子[illegible]詔復家 六世			
平定敬侯齊受	以卒從起留以家車吏入漢以驍騎都尉擊項籍得樓煩將用齊丞相侯師古曰家車吏主漢王之家車非軍國所用	四月乙酉封九年薨	五十四	孝文二年齊侯市人嗣四年薨	六年共侯應嗣四十一年薨亡後	元光二年康侯延居嗣八年薨十四年	元鼎二年侯昌嗣二年元鼎二年有罪免
							元康四年受玄孫安平大夫[illegible]安德詔復家
博成敬侯馮無擇	以悼武王郎中從高祖起豐攻雍丘擊項籍力戰奉衛悼武王出滎陽侯師古曰悼武王呂后兄周呂侯澤也高后追尊	四月己丑封三年薨		四年侯代嗣八年坐呂氏誅			
沅陵頃侯吳陽 師古曰沅音元	以父長沙王功侯	七月丙申封二十五年薨	百三十六	孝文後二年頃侯福嗣十七年薨	孝景中六年哀侯周嗣薨亡後		
中邑貞侯朱進	以執矛從入漢以中尉破曹咎用呂相侯六百戶師古曰為呂王之相也	四年四月丙申封二十二年薨		孝文後二年侯悼嗣二十一年孝景後三年有罪免			
樂平簡侯衛毋擇	以隊卒從起沛以郎吏入漢以[illegible]用衛尉侯六百戶	四月丙申封三年薨		六年共侯勝嗣四十一年薨	孝景後三年侯侈嗣六年建元六年坐買田宅不法有請賕吏免		

侯號	功狀戶數	始封					
山都貞侯王恬啓	漢五年為郎中柱下令以衛將軍擊陳豨用梁相侯師古曰柱下令主柱下書史也	四月丙申封八年薨		孝文四年惠侯中黄嗣二十三年薨	孝景四年敬侯觸龍嗣二十三年薨	元狩五年侯當嗣八年坐闌入甘泉上林免	
祝茲夷侯徐厲	以舍人從沛以郎中入漢還得雍王邯家屬用常山丞相侯	四月丙申封十一年薨		孝文七年康侯悼嗣二十九年薨	孝景中六年侯偃嗣九年建元六年有罪免		
成陰夷侯周信	以卒從起單父為呂后舍人度呂后淮之功用河南守侯五百戶師古曰[illegible]	四月丙申封十六年薨		孝文十二年侯勃嗣十五年有罪免			
俞侯呂它 [illegible]	以父嬰以連敖從高祖破秦入漢以都尉定諸侯功比朝陽侯嬰死子它襲功用太中大夫侯	四月丙申封四年坐呂氏誅					
醴陵侯越	以卒從漢二年起櫟陽以卒吏擊項籍為河內都尉用長沙相侯六百戶	四月丙申封八年孝文四年有罪免					

右高后十二人扶柳襄城軹壺關昌平贅其騰昌成腄祝茲

建陵十一人在恩澤外戚洨沛信都樂昌東平五人隨父上

郅朱虛東牟三人在王子凡三十一人師古曰腄音直瑞反洨音交又音下交反

侯號	功狀戶數	始封					
陽信夷侯劉揭	高祖十二年為郎以典客奪趙王呂祿印關殿門拒呂產等入[illegible]共尊立孝文侯二千戶	元年十月辛丑封十四年薨		十五年侯中意嗣十四年孝景六年有罪免			
壯武侯宋昌	以家吏從高祖起山東以都尉從守滎陽食邑以代中尉勸代王入驂乘至代邸王卒為帝功侯千四百戶	四月辛亥封三十三年孝景中四年有罪奪爵一級為關內侯					
樊侯蔡兼	以睢陽令高祖初從阿以韓家子還定北地用常山相侯千二百戶師古曰[illegible]六國時韓家之諸子也[illegible]	六月丙寅封十四年薨	十五年康侯客嗣十八年薨	孝景中二年共侯平嗣二十一年薨	元朔二年侯辟方嗣元鼎四年坐搏揜完為城旦		
泲陵東侯魏駟 [illegible]	以陽陵君侯	七年三月丙寅封十二年薨亡後					
南鄭侯起 師古曰鄭音[illegible]自此以下[illegible]為鄭非也	以信平君侯	[illegible]					

侯號	功狀戶數	始封					
黎頃侯召奴 師古曰召讀曰邵 召平之子也	以父齊相侯	十年四月癸丑封十一年薨	後五年侯澤嗣三十五年薨	元朔五年侯延嗣十九年元封六年坐不出持馬斬戶千八百師古曰時發馬給軍匿而不出也			
缾侯孫單 師古曰缾音步丁反	父卬以北地都尉匈奴入力戰死事子侯	十四年三月丁巳封十二年孝景前三年坐反誅					
弓高壯侯韓隤當	以匈奴相國降侯故韓王子	十六年六月丙子封		不得子嗣侯者年名	元朔五年侯則嗣薨亡後		營陵
					龍額 元朔五年四月丁未侯說以都尉擊匈奴得王侯十三年坐酎金免 師古曰額音[illegible]		
					按道 元封元年五月[illegible]侯說以橫海將軍擊東越侯十[illegible]太子所殺	延和三年侯興嗣四年坐祝詛上要斬	齊

					後元元年侯曾以興弟紹封龍額侯[illegible]三十一年薨		元始元年[illegible]侯共以曾[illegible]父昆弟紹封
襄城哀侯韓嬰	以匈奴相國降侯二千戶韓王信大子之子	六月丙子封七年薨		侯澤之嗣三十五年元朔四年坐詐疾不從耐為隸臣			魏
				侯釋之			
故安節侯申屠嘉	孝文二年舉淮陽守從高祖功食邑五百戶用丞相侯	後三年四月丁巳封七年薨		孝景前三年侯共嗣二十二年薨	元狩三年侯清嗣更封五年元鼎元年坐為九江太守受故官送免		

右孝文十人軑鄡周陽三人在外戚管氏營丘營平陽

虛楊丘杭安都平昌武成白石阜陵安陽陽周東城十四人

在王子凡二十七人師古曰鄡音一戶反又於廉反今書本有鄡字者誤

高惠高后文功臣侯表卷第四

景武昭宣元成功臣表第五　班固　漢書十七

秘書監上護軍琅邪縣開國子顏師古注

昔書稱蠻夷帥服師古曰舜典之辭也言王者德澤廣被則四夷相率而降服也詩云徐方既倈師古曰大雅常武之詩曰王猷允塞徐方既倈言周之王道信能充實則徐方淮夷並來朝也倈古來字春秋列潞子之爵許其慕諸夏也應劭曰潞子離狄內附春秋嘉之稱其爵列諸盟會也師古曰潞音路漢興至于孝文時乃有弓高襄城之封師古曰弓高侯穨當襄城侯桀皆從匈奴來降而得封也雖自外倈本功臣後故至孝景始欲侯降者丞相周亞夫守約而爭應劭曰景帝欲封王皇后兄信亞夫對高祖之約非功臣不侯也師古曰景帝欲封匈奴降者徐盧等而亞夫爭之以為不可今表所稱蓋謂此耳不列王信事也應說失之帝黜其議初開封賞之科師古曰不從亞夫之言竟封也又有吳楚之事武興胡越之伐將帥受爵應本約矣師古曰應高祖非有功不得侯之約後世承平頗有勞臣輯而序之續元功次云師古曰輯與集同元功謂佐興其帝業者也

號謚姓名	功狀戶數	始封	子	孫	曾孫	玄孫
俞侯欒布 師古曰俞音輸	以將軍吳楚反擊齊侯	六年四月丁卯封六年薨	中六年侯賁嗣二十二年元狩六年坐為太常雍犧牲不如令免 師古曰雍右扶風縣也五時祠在焉			
建陵哀侯衛綰	以將軍擊吳楚用中尉侯	四月丁卯封二十一年薨	元光五年侯信嗣十八年元鼎五年坐酎金免			
建平敬侯程嘉	以將軍擊吳楚用江都相侯	四月丁卯封十八年薨	元光二年節侯橫嗣一年薨	三年侯回嗣四年薨亡後		
平曲侯公孫渾邪 師古曰渾音胡溫反字或作昆又作混其音同	以將軍擊吳楚用隴西太守侯	四月己巳封五年中四年有罪絕	南奅 元朔五年四月丁卯侯賀以將軍擊匈奴得王侯 師古曰奅音普孝反 十二年元鼎五年坐酎金免太初二年侯賀復以丞相封三年延和二年以子敬聲有辠下獄死 葛繹 師古曰延亦征字也			
江陽康侯蘇息	以將軍擊吳楚用趙相侯	中二年懿侯盧嗣八年薨	建元二年侯明嗣十六年薨	元朔六年侯雕嗣十七年元鼎五年坐酎金免		
遽侯橫 師古曰史失其姓它皆類此	父建德以趙相不聽王遂反死事子侯千一百七十戶	中二年四月乙巳封六年後二年有罪棄市				
新市侯王棄之	父悍以趙內史王遂反不聽死事子侯	四月乙巳封八年薨	殤侯始昌嗣元光四年為人所賊殺			
商陵侯趙周	父夷吾以楚大傅王戊反不聽死事子侯	四月乙巳封三十六年元鼎五年坐為丞相知列侯酎金輕下獄自殺				
山陽侯張當居	父尚以楚相王戊反不聽死事子侯	四月乙巳封二十四年元朔五年坐為太常擇博士弟子故不以實完為城旦				

號謚姓名	功狀戶數	始封	子	孫	曾孫	玄孫	縣
安陵侯于軍	以匈奴王降侯，千五百五十戶	中三年十一月庚子封，十三年，建元六年薨，亡後					
桓侯賜	以匈奴王降侯	十二月丁丑封					
遒侯陸彊 師古曰遒音[illegible]	以匈奴王降侯，千五百七十戶	十二月丁丑封	侯則嗣，孝武後元年，坐祝詛上，要斬				
容城攜侯徐盧	以匈奴王降侯，七百戶	十二月丁丑封，七年薨	建元元年，康侯綽嗣，十四年薨	元朔三年，侯光嗣，四十[illegible]年，坐祝詛上，要斬			
易侯僕黥 [illegible]	以匈奴王降侯，千一百十戶	十二月丁丑封，六年，後三年薨，亡後					
范陽靖侯范代	以匈奴王降侯，六千二百戶	十二月丁丑封，十四年薨	元光二年，懷侯德嗣，四年薨，亡後				
翕侯邯鄲	以匈奴王降漢	十二月丁丑封，[illegible]				元始二年代玄孫[illegible]	內黃
亞谷簡侯盧它之	以匈奴東胡王降侯，千戶，故燕王綰子	中五年四月丁巳封，二年薨	後元五年，侯種嗣，七年薨	建元五年，康侯偏嗣，七年薨	元光六年，侯賀嗣，[illegible]		
塞侯直不疑	以御史大夫侯，前有將兵擊吳楚功	後元年八月封，六年薨	建元四年，康侯相如嗣，十二年薨	元朔四年，侯堅嗣，十三年，元鼎五年，坐酎金免			

右孝景十八人，平陸、休、沈猷、紅、宛朐、棘樂、乘氏、桓邑八人在王子，魏其[illegible]三人在外戚，隆慮一人隨父，凡二十九人。師古曰：[illegible]

號謚姓名	功狀戶數	始封	子	孫	曾孫	玄孫	縣
翕侯趙信	以匈奴相國降侯，元光四年[illegible]	元光四年十月壬午封，六年，元朔六年[illegible]					內黃
持轅侯樂	以匈奴都尉降侯，六百五十戶	[illegible]元年[illegible]					南陽
親陽侯月氏 師古曰氏音支	以匈奴相降侯，六百八十戶	元朔二年十月癸巳封，[illegible]					舞陽
若陽侯猛	以匈奴相降侯，五百三十戶	十月癸巳封，五年[illegible]					平氏
平陵侯蘇建	[illegible]	三月丙辰封，六年[illegible]					武當
岸頭侯張次公	[illegible]	五月[illegible]					皮氏
涉安侯於單	以匈奴單于太子降侯	三年四月丙子封，五月薨，亡後					
昌武侯趙安稽	以匈奴王降侯，[illegible]	四年七月庚申封，二十一年薨	太初元年，侯充國嗣，四年薨，亡後				舞陽
襄城侯[illegible] 師古曰[illegible]	以匈奴相國降侯，四百戶	七月庚申封，三十三年，與浞野侯俱戰，死事	太初二年，侯病已嗣，十五年，後二年，坐祝詛上，[illegible]				襄垣

號謚姓名	功狀戶數	始封	子	孫	曾孫	玄孫	縣
安樂侯李蔡	以將軍再擊匈奴，得王，侯，二千戶	四月乙巳封，五年，元狩五年，坐以丞相侵賣園陵道壖地，自殺					昌
合騎侯公孫敖	以護軍都尉三從大將軍擊匈奴，至右王庭，得王，侯，元朔六年從大將軍，[illegible] 千五百戶	四月乙卯封，六年，反，又曰[illegible]					高城
軹侯李朔 師古曰軹音只	以校尉三從大將軍擊匈奴，至右王庭，[illegible]侯	四月乙卯封，六年，有罪，當免					西安
從平侯公孫戎奴	以校尉三從大將軍擊匈奴，至右王庭，為雁行上石山先登，侯，千一百戶	四月乙卯封，三年，元狩二年，坐為上黨太守，發兵擊匈奴不以聞，免					樂昌
隨成侯趙不虞	以校尉三從大將軍擊匈奴，[illegible]侯，七百戶	四月乙卯封，三年，元狩二年，坐以[illegible]					千乘
博望侯張騫	以校尉從大將軍，以知道水及前使絕國大夏侯	三年，坐以將軍擊匈奴，畏懦，當斬，贖，免					
衆利侯郝賢 師古曰郝音呼各反，又式亦反	以上谷太守四從大將軍擊匈奴，首虜千級以上，侯，千一百戶	五月壬辰封，二年，元狩二年，坐為上谷太守入戍卒財物計謾，免。師古曰[illegible]					姑莫
潦悼侯王援訾	以匈奴趙王降侯，五百六十戶	元狩元年七月壬午封，年薨，亡後					舞陽
從驃侯趙破奴 師古曰票音頻妙反	以司馬再從驃騎將軍擊匈奴，得兩王千騎，侯，二千戶	五月[illegible]					
宜冠侯高不識	以校尉從驃騎將軍擊匈奴，得王，侯，一千一百戶，故匈奴歸義	五月[illegible]					昌
煇渠忠侯僕朋 師古曰煇音許云反	以校尉從驃騎將軍[illegible]	二年二月乙丑封，八年薨	元鼎五年，[illegible]				魯陽
下摩侯諄毒尼 師古曰諄字與呼同	以匈奴王降封，七百戶	六月乙亥封，九年薨	元鼎五年，煬侯伊即軒嗣。師古曰軒音居言反	師古曰[illegible]			猗氏
漯陰定侯昆邪 [illegible]	以匈奴昆邪王將衆十萬降侯，萬戶	三年七月壬午封，四月薨	元鼎元年，魏侯蘇嗣，十年，元封五年薨，亡後				平原
煇渠慎侯應庀 師古曰庀音[illegible]反	以匈奴王降侯	七月壬午封五年，元鼎二年薨，亡後					魯陽
河綦康侯烏黎	以匈奴右王與渾邪降侯，六百戶	七月壬午封，六年薨	元鼎[illegible]				濟南
常樂侯稠雕	以匈奴大當戶與渾邪降侯，五百七十戶。師古曰當戶，匈奴官名也	七月壬午封，十八年薨	太初[illegible]年，侯廣漢嗣，[illegible]元年薨，亡後				濟南

號謚姓名	侯狀戶數	始封	子	孫	曾孫	玄孫／地
邳離侯路博德	以右北平太守從驃騎將軍擊左王，得重，會期，首虜二千七百人，功侯，千六百戶。師古曰[illegible]	四年六月丁卯封，十五年，太初元年，坐見知子犯逆不道罪免				朱虛
義陽侯衞山	以北地都尉從驃騎將軍擊匈奴，得王，功侯，千一百戶	六月丁卯封，[illegible]始四年，坐[illegible]罪[illegible]病死				平氏
杜侯復陸支	以匈奴歸義因淳王從驃騎將軍擊左王，以少破多，[illegible]功侯，千三百戶	六月丁卯封，五年薨	元鼎三年，侯偃嗣	侯屠耆嗣	侯宣平嗣	侯福嗣，何平四年，坐非子免　重平
眾利侯伊即軒（師古曰：軒音居言反）	以匈奴歸義樓剸王從驃騎將軍擊右王，手自劍合，功侯，千一百戶。師古曰[illegible]	六月丁卯封，十四年薨	元封六年，侯當時嗣	侯輔宗嗣，始元五年薨，亡後，為諸縣		
湘成侯敞屠洛	以匈奴符離王降侯，千八百戶	六月丙子封，七年，元鼎五年，坐酎金免				陽成
散侯董舍吾	以匈奴都尉降侯，千一百戶	六月丙子封，十七年薨	大初三年，侯安漢嗣	侯賢嗣，征和三年，坐祝詛上，下獄病死		陽成
臧馬康侯延年	以匈奴王降侯，八百七十戶	六月丙子封，五年薨，亡後				朱虛
瞭侯次公（師古曰：瞭音遼）	以匈奴歸義王降侯，七百九十戶	元鼎四年六月丙午封，五年，坐酎金免				舞陽
術陽侯建德	以南越王兄越高昌侯侯，三千戶	五年三月壬午封，[illegible]坐使南海逆不道誅				下邳
龍亢侯廣德（師古曰：[illegible]）	父樂以校尉擊南越死事，子侯，六百七十戶	三月壬午封，六年，坐酎金免				
成安侯韓延年	父千秋以校尉擊南越死事，子侯，千三百八十戶	三月壬午封，七年，[illegible]				郟（師古曰：音夾）
昆侯渠復絫（師古曰：[illegible]）	以屬國大首渠擊匈奴侯，[illegible]	五月戊戌封	侯力始嗣，地節四年薨，亡後			鉅鹿
騏侯駒幾（師古曰：騏音其）	以屬國騎擊匈奴，捕單于兄，侯，五百二十戶	五月壬子封	侯督嗣	[illegible]侯宗嗣，陽朔二年薨，亡後		北屈
			元延[illegible]以[illegible]紹封五百五十戶			
梁期侯任破胡	以屬國都尉[illegible]	五年辛巳封	侯當千嗣，大始四年，坐賣馬一匹賈錢十五萬，過平臧五百以上免			
瞭侯畢取	以南越將降侯，五百一十戶	六年三月乙酉封	侯奉義嗣，後二年，坐祝詛上要斬			南陽
將梁侯楊僕	以樓船將軍擊南越推鋒卻敵侯	[illegible]				
安道侯揭陽定（師古曰：[illegible]）	以南越揭陽令聞漢兵至自定降侯，六百戶	三月乙酉封	侯當時嗣，延和四年，坐殺人棄市			南陽
隨桃頃侯趙光	以南越蒼梧王聞漢兵至降侯，三千戶	四月癸亥封，薨	侯昌樂嗣，大始元年[illegible]子有罪不得代			[illegible]侯[illegible]以光玄孫紹封千戶
湘成侯監居翁	以南越桂林監聞漢兵破番禺，諭甌駱民四十餘萬降，侯，八百三十戶	五月壬申封	侯益昌嗣，五鳳四年，坐為九真太守盜使人出買犀奴婢，臧百萬以上，不道誅			堵陽

號謚姓名	侯狀戶數	始封	子	孫	曾孫	玄孫／地
海常嚴侯蘇弘	以伏波司馬得南越王建德侯	七月乙酉封，七年，大初元年薨，亡後				
外石侯吳陽	以故東越衍侯佐繇王斬餘善功侯，千戶	元封元年正月壬午封，九年薨	大初四年，侯首嗣，十四年，後二年，坐祝詛上要斬			濟陽
下鄜侯左將黃同（師古曰：鄜音孚）	以故甌駱左將斬西于王功侯，七百戶	四月封	侯奉漢嗣，[illegible]二年，坐祝詛上要斬			南陽
繚嫈侯劉福（師古曰：[illegible]於耕反）	以校尉從橫海將軍說擊南越侯	正月乙卯封，二年有罪免				
蘩兒嚴侯轅終古（師古曰：[illegible]音御）	以軍卒斬東越徇北將軍侯	閏月癸卯封，六年，大初元年薨，亡後				
開陵侯建成	以故東越建成侯與繇王斬餘善侯，二千戶	閏月癸卯封	侯祿嗣，延和三年，坐舍衞太子所私幸女子，又祝詛上，要斬。師古曰：[illegible]			臨淮
臨蔡侯孫都	以南越郎聞漢兵破番禺為伏波得相呂嘉侯，千戶	閏月癸卯封	侯真嗣，大初元年，坐[illegible]			河內
東城侯居股	以故東越繇王斬東越王餘善侯，萬戶	閏月癸卯封，二十年，延和二年，坐[illegible]				九江
無錫侯多軍	以東越將軍漢兵至棄軍降侯，千戶	元年封	侯卯嗣，延和四年，坐[illegible]罪免			會稽
涉都侯喜	以父棄故南海守漢兵至以城邑降子侯，二千四十戶	元年封，八年，大初二年薨，亡後				南陽
平州侯王唊（師古曰：唊音頰）	以朝鮮將漢兵至降侯，千四百八十戶	三年四月丁卯封，四年薨，亡後				梁父
荻苴侯韓陶（師古曰：荻音狄，苴音子余反）	以朝鮮相將漢兵至圍之降侯，五百四十戶。師古曰：[illegible]	四月丁卯封，十九年，延和二年薨，[illegible]不得嗣				勃海
澅清侯參（師古曰：澅音獲）	以朝鮮尼谿相使人殺其王右渠來降侯，千戶	六月丙辰封，十一年，天漢二年，坐匿朝鮮亡虜，下獄病死				齊
騠茲侯稽谷姑（師古曰：[illegible]）	以小月氏右苴王將眾降侯，千九百戶。師古曰：苴音子余反	四年十一月丁未封，三年，大初元年薨，亡後				琅邪
浩侯王恢	以故中郎將將兵捕得車師王侯	正月甲申封，[illegible]				
瓡讘侯扜者（師古曰：[illegible]）	以小月氏王將軍眾千騎降侯，七百六十戶	正月乙酉封，二年薨	六月，侯勝嗣，五年，天漢二年薨，[illegible]所幸封不得嗣			河東
幾侯張䧢（師古曰：[illegible]）	以朝鮮王子漢兵圍朝鮮降侯	三年癸未封，六年，使朝鮮謀反，死				河東
涅陽康侯最	以父朝鮮相路人漢兵至首先降道死子侯	三月壬寅封，五年，大初元年薨，亡後				齊
海西侯李廣利	以貳師將軍擊大宛斬王侯，八千戶	大初四年四月[illegible]				
新時侯趙弟	以貳師將軍軍司馬斬郁成王首侯。師古曰：郁成，西域國名也	[illegible]	四月乙巳封十年			齊

號謚姓名	功狀戶數	始封	子	孫	曾孫	玄孫	郡
承父侯續相如	以使西域發兵[illegible]侯千[illegible]戶	[illegible]					東萊
[illegible]	[illegible]		侯順嗣	質侯[illegible]嗣	侯參嗣王莽敗絕		
秺侯商丘成（如淳曰秺音妬）	以大鴻臚擊衛太子力戰亡它意侯二千一百二十戶	征和二年七月癸巳封四年後元二年坐為詹事侍祠孝文廟醉歌堂下曰出居安能鬱鬱大不敬自殺					濟陰
重合侯莽通	以侍郎發兵擊反者如侯[illegible]戶	七月癸巳封四年後元二年坐發兵與衛尉潰等謀反要斬					勃海
德侯景建	[illegible]三千七百二十五戶	七月癸巳封四年後二年坐共莽通謀反要斬					濟南
題侯張富昌	[illegible]侯八百[illegible]戶	九月封四年後元二年四月甲戌為人所賊殺					鉅鹿
邘侯李壽	以新安令史得衛太子侯一百五十戶	九月封三年坐為衛尉居守擅出長安界[illegible]又使吏謀殺方士不道誅					河內
轑陽侯江喜	以圉守尉[illegible]公孫勇侯[illegible]戶	三年十一月封	六年侯仁嗣永光四年坐使家丞[illegible]免				清河
當塗侯魏不害	以圉守尉捕[illegible]侯[illegible]戶	十一月封薨	愛侯聖嗣	剌侯揚嗣	戴侯向嗣	[illegible]	九江

趙昌

前漢年表五　七

號謚姓名	功狀戶數	始封	子	孫	曾孫	玄孫	郡
蒲侯蘇昌	以圉小吏捕反者[illegible]侯[illegible]戶	十一月封	[illegible]				琅邪
[illegible]侯孫王	以告反者[illegible]侯千一百五十戶	[illegible]					東萊

右孝武七十五人武安周陽長平冠軍平津周子南樂通牧丘富民九人在外戚恩澤南奅龍頟宜春陰安發干五人隨父凡八十九人王子不在其中

號謚姓名	功狀戶數	始封	子	孫	曾孫	玄孫	郡
秺敬侯金日磾	以駙馬都尉發覺侍中莽何羅反侯二千二百一十八戶	始元二年侯丙子封一日薨	始元二年侯賞嗣四十二年薨亡後	孫	元始四年侯當以日磾曾孫紹封千戶王莽敗絕		
建平敬侯杜延年	以諫大夫告左將軍桀等反侯二千戶以大僕與大將軍光定策益封[illegible]二千三百六十戶	元鳳元年七月甲子封二十八年薨	甘露二年孝侯緩嗣十九年薨	竟寧元年荒侯業嗣二十四年薨	元始二年侯輔嗣	[illegible]	濟陽
宜城戴侯燕倉	以假稻田使者先發覺左將軍桀等反謀告大司農[illegible]侯[illegible]戶	七月甲子封六年薨	元平元年剌侯安嗣四十一年嗣	竟寧元年[illegible]侯[illegible]嗣十年薨	陽朔二年[illegible]侯[illegible]嗣	侯級嗣	濟陰
			六世侯[illegible]嗣王[illegible]				
弋陽節侯任宮	以故丞相徵事手捕反者左將軍桀侯九百一十五戶	七月甲子封三十三年薨	初元二年剛侯千秋嗣二十二年薨	河平二年[illegible]侯[illegible]嗣二年薨	陽朔元年孝侯岑嗣十四年薨	元始元年侯固嗣[illegible]兵所殺	
商利侯王山壽	以丞相少史[illegible]侯[illegible]戶	七月甲子封十四年元康元年坐[illegible]代郡太守[illegible]免					徐
成安嚴侯郭忠	以[illegible]侯七百二十四戶	三年十二月癸丑封七年薨	本始三年愛侯遷嗣四年薨	元康元年剌侯[illegible]嗣[illegible]年薨	陽朔[illegible]年侯[illegible]嗣	[illegible]薨亡後	潁川
			六世[illegible]				

前漢年表五　八

號謚姓名	功狀戶數	始封	子	孫	曾孫	玄孫	郡
平陵侯范明友	以校尉擊反氐後以將軍擊烏桓獲王虜首六千二百侯與大將軍光定策益封凡二千九百二十戶	四年七月乙巳封十一年地節四年坐謀反誅					武當
義陽侯傅介子	以平樂監使誅樓蘭王斬首侯七百五十九戶	七月乙巳封十三年元康元年薨子有罪不得代			[illegible]以介子曾孫紹封[illegible]元年[illegible]兵所殺		平氏

右孝昭八人博六安陽宜春安平富平陽平六人在恩澤外戚桑樂一人隨父凡十五人

號謚姓名	功狀戶數	始封	子	孫	曾孫	玄孫	郡
長羅壯侯常惠	以校尉光祿大夫持節將烏孫兵擊匈奴獲名王首虜三萬九千級侯二千八百五十戶	本始四年四月癸巳封二十四年薨	初元二年嚴侯成嗣十六年薨	建始三年愛侯[illegible]嗣五年薨	河平四年侯[illegible]嗣[illegible]		陳留
爰戚靖侯趙長平	以平陵大夫告楚王延壽反侯千五百三十戶	地節二年四月癸卯封十七年薨	節侯訢嗣	永始四年侯[illegible]嗣四十年建武四年[illegible]免			
博成侯張章	以長安男子先發覺霍禹等謀反侯[illegible]戶	四年八月乙丑封九年薨	五鳳元年侯建嗣[illegible]年[illegible]免				淮陰
高昌壯侯董忠	以期門受張章言霍禹謀反告左曹楊惲侯[illegible]戶	八月乙丑封十九年薨	初元[illegible]年[illegible]侯[illegible]嗣四十[illegible]	元壽二年侯宏嗣[illegible]	建武二年五月己巳侯永紹封		千乘
平通侯楊惲	以左曹中郎將[illegible]侯[illegible]五百戶	八月乙丑封[illegible]年[illegible]免					博陽
都成敬侯金安上	以侍中中郎將[illegible]侯[illegible]戶	八月乙丑封十一年薨	五鳳三年夷侯常嗣一年薨亡後	元始元年侯欽以安上孫紹封[illegible]王莽[illegible]	元始元年戴侯湯嗣王莽敗絕		
合陽愛侯梁喜	以[illegible]反侯千五百戶	元康四年二月壬午封四十二年薨	建始二年侯放嗣	元始五年侯[illegible]以喜孫紹封千戶			平原

趙昌

號謚姓名	功狀戶數	始封	子	孫	曾孫	玄孫	郡
安遠繆侯鄭吉	以校尉光祿大夫將兵迎日逐王降又破車師侯[illegible]二百[illegible]戶	神爵三年四月壬戌封十一年薨	初元元年侯光嗣八年永光三年薨亡後	居攝元年侯永以吉曾孫紹封千戶王莽敗絕			
歸德靖侯先賢撣	以匈奴單于從兄日逐王率眾降侯二千二百五十戶	四月戊戌封二十六年薨	竟寧元年煬侯富昌嗣二年薨	建始二年侯諷嗣五十六年薨	建武二年侯襄嗣	侯[illegible]嗣永平十四年有罪免	慎
信成侯王定	以匈奴[illegible]侯[illegible]戶	五鳳二年九月癸巳封十二年薨	初元五年侯漢嗣三年永光三年薨亡後	元始五年侯揚以定孫紹封千戶			汝南
義陽侯厲溫敦	以匈奴[illegible]侯[illegible]戶	[illegible]					

右孝宣十一人陽都樂平平丘昌水陽城爰氏扶陽高平陽城博陽邛成將陵建成西平恩平平昌樂陵平臺樂昌博望樂成二十一人在恩澤外戚樂平冠陽鄭周子南君四人隨父凡三十六人

號謚姓名	功狀戶數	始封	子	孫	曾孫	玄孫	郡
義成侯甘延壽	以使西域騎都尉討郅支單于斬王以下千五百級侯四百戶	竟寧元年四月戊辰封九年薨	陽朔元年煬侯建嗣十九年薨	建平二年節侯遷嗣居攝二年更為沫邪支侯十四年薨	建國二年侯相嗣建武四年為兵所殺		琅邪
駟望忠侯冷廣	以[illegible]反侯[illegible]戶	鴻嘉元年正月辛丑封薨	侯何齊嗣王莽敗絕				
延鄉節侯李譚	以射氏男子捕得反者樊並侯千戶	永始四年七月己巳封十三年薨	元始元年侯成嗣王莽敗絕				
新山侯[illegible]忠	以捕得反者樊並侯千戶	十一月乙酉封					

童鄉釐侯鍾祖	以捕得反者樊並侯千戶	七月己酉封五年薨	[illegible]
樓虛侯訾順	以捕得反者樊並侯千戶	十月己酉封	

右孝元一人安平平恩扶陽三人隨父陽平樂安二人在恩澤外戚凡六人孝成五人安昌高陽安陽城陽高陵定陵殷紹嘉宜鄉氾鄉博山十人在恩澤外戚武陽博陽費縣龍額開陵樂陵博望樂成安平平阿成都紅陽曲陽高平十五人隨父凡三十人 師古曰額字或作額

景武昭宣元成功臣侯表卷第五

外戚恩澤侯表第六　班固　漢書十八

祕書監上護軍琅邪縣開國子顏　師古　注

自古受命及中興之君必興滅繼絕脩廢舉逸然後天下歸仁四方之政行焉 師古曰論語孔子陳帝王之法云審法度脩廢官四方之政行焉興滅國繼絕世舉逸民天下之人歸心焉故此序引之也 傳稱武王克殷追存賢聖至乎不及下車 師古曰禮記云武王克殷未及下車而封黃帝之後於薊封帝堯之後於祝封帝舜之後於陳此其事也 世代雖殊其揆一也高帝撥亂誅暴庶事草創日不暇給然猶脩祀六國求聘四皓過魏則寵無忌之墓適趙則封樂毅之後 師古曰高紀十二年詔云秦皇帝楚隱王魏安釐王齊愍王趙悼襄王皆絕無後其與秦皇帝守冢二十家楚魏齊各十家趙及魏公子無忌各五家張良傳高帝謂四人曰吾求公公避逃我今公何自從吾兒游乎又高紀十年求樂毅有後乎得其孫叔封之樂鄉號華成君也楚魏齊趙皆舊六國故摠云六國四皓須眉皓白故謂之四皓稱號在王貢兩龔鮑傳 及其行賞而授位也爵以功為先後官用能為次序後嗣共己遵業舊臣繼踵居位 師古曰共讀曰恭 至乎孝武元功宿將略盡會上亦興文學進拔幽隱公孫弘自海瀕而登宰相 師古曰海瀕謂近海之地瀕音頻又音賓 於是寵以列侯之爵又疇咨前代詢問耆老初得周後復加爵邑自是之後宰相畢侯矣元成之間晚得殷世以備賓位漢興外戚與定天下侯者二人 服虔曰呂后兄周呂侯澤建成侯釋之 師古曰與讀曰豫言豫其功也 故誓曰非劉氏不王若有亡功非上所置而侯者天下共誅之是以高后欲

王諸呂王陵廷爭孝景將侯王氏脩侯犯色（師古曰脩音條）卒用廢黜是後薄昭竇嬰上官衞霍之侯以功受爵其餘后父據春秋褒紀之義（應劭曰春秋天子將納后於紀紀本子爵也故先褒為侯言王者不取於小國）帝舅緣大雅申伯之意（應劭曰申伯周宣王元舅也為邑於謝後世欲光寵外親者緣申伯之恩援此義以為諭也）寖廣博矣（師古曰寖漸也）是以別而敘之

號謚姓名	侯狀戶數	始封	子	孫	曾孫	玄孫
臨泗侯呂公	以漢王后父賜號	元年封四年薨高后元年追尊曰呂宣王				
周呂令武侯澤	以客從入漢定三秦將兵下碭漢王敗彭城往從之佐定天下	六年正月丙戌封三年薨	侯台嗣高祖九年更封為酈侯四年高后元年為呂王二年薨謚曰肅追尊令武曰悼武王	三年王嘉嗣坐驕廢　腄（師古曰腄音直垂反）侯通嘉弟六年四月丁酉封八年為燕王九月反誅　東平侯庀通弟八年五月丙辰封九月反誅（師古曰庀匹履反）		
			侯產台弟高后元年四月辛卯初封六年為呂王七年為梁王八年反誅　汶（師古曰汶音問）			

號謚姓名	侯狀戶數	始封	子	孫	曾孫	玄孫
建成康侯釋之	以客從擊秦漢王入漢使釋之歸豐衞大上皇	六年四月丙戌封九年薨	孝惠二年侯則嗣七年有罪免[illegible]則弟高后元年四月乙酉封[illegible]呂宣王國七年更為不其侯八年反誅	侯祿[illegible]漢后元年五月丙寅封八年為[illegible]陽王[illegible]趙[illegible]反誅		

右高祖三人

號謚姓名	侯狀戶數	始封	子	孫	曾孫	玄孫
扶柳侯呂平	以皇太后姊長姁子侯（師古曰平姓呂氏所生不當姓呂蓋史家唯記母族也姁音況羽反又音況于反）	元年四月丙寅封八年反誅				
襄城侯義	以孝惠子侯	四月辛卯封三年為常山王				
軹侯朝	以孝惠子侯	四月辛卯封四年為常山王				
壺關侯武	以孝惠子侯	四月辛卯封六年為淮陽王				
昌平侯大	以孝惠子侯	二月癸未封七年為呂王				
贅其侯呂勝	以皇太后昆弟子淮陽丞相侯	四月丙申封八年反誅				
滕侯呂更始	以舍人郎中十二歲以都尉屯霸上用楚丞相侯	四月丙申封八年反誅				
呂成侯呂忿	以皇太后昆弟子侯	四月丙申封八年反誅				
祝茲侯呂瑩（師古曰瑩音榮又音烏瞑反）	以皇太后昆弟子侯	八年四月丁酉封九月反誅				
建陵侯張釋寺人	以大謁者勸王諸呂侯	四月丁酉封九月免				

右高后十人五人隨父凡十五人

號謚姓名	侯狀戶數	始封	子	孫	曾孫	玄孫
軹侯薄昭	高祖十年為郎從軍十七年以中大夫迎孝文代以車騎將軍迎皇太后侯萬戶	元年正月乙巳封十年坐殺使者自殺	十一年易侯戎奴嗣三十年薨	建元二年侯梁嗣		
鄔侯駟鈞（師古曰鄔音一戶反又音於庶反）	以齊王舅侯	四月辛未封六年坐濟北王興居舉兵反弗救免				
周陽侯趙兼	以淮南王舅侯	四月辛未封六年有罪免				

右孝文三人

號謚姓名	功狀戶數	始封	子	孫	曾孫	玄孫	地
章武景侯竇廣國	以皇太后弟侯，萬一千戶	孝文後七年六月乙卯封，七年薨	孝景七年，共侯定嗣，十八年薨	元光三年，侯常生嗣，十年，元狩元年坐謀殺人未殺，免			
南皮侯竇彭祖	以皇太后兄子侯	六月乙卯封，二十一年薨	建元六年，夷侯良嗣，五年薨	元光五年，侯桑林嗣，十八年，元鼎五年坐酎金免			
魏其侯竇嬰	以將軍屯滎陽扞破吳楚七國侯，皇太后昆弟子	三年六月乙巳封，二十三年，元光四年有罪，棄市					
蓋靖侯王信	以皇后兄侯	中五年五月甲戌封，二十五年薨	元光三年，頃侯充嗣	侯受嗣，元鼎五年坐酎金免			
右孝景四人							
武安侯田蚡	以皇太后同母弟侯	孝景後三年三月封，十年薨	元光五年，侯恬嗣，元朔三年坐衣襜褕入宮，不敬，免。師古曰：衣謂著之也。襜褕，直裾禪衣。襜音昌占反，褕音踰				
周陽懿侯田勝	以皇太后同母弟侯	三月封，十二年薨	元光六年，侯祖嗣，八年，元狩二年坐當歸[illegible]侯宅不與，免				
長平烈侯衛青	以將軍擊匈奴取朔方侯，後破右賢王，益封，又封三子，皇后弟	元朔二年三月丙辰封，二十三年薨	宜春　侯伉以青功封，四月丁未封，元鼎元年坐…。太初元年，侯伉嗣，五年，闌入宮，完為城旦	元康四年，詔賜青孫錢五十萬，復家	永始元年，青曾孫玄以長安公乘為侍郎	元始四年，賜青玄孫賞爵關內侯	
			陰安　侯不疑以青功封，四月丁未封，元鼎五年坐酎金免				
			發干　侯登以青功封，四月丁未封，元鼎五年坐酎金免				
平津獻侯公孫弘	以丞相詔所褒侯，三百七十三戶	元朔三年十一月乙丑封，六年薨	元狩三年，侯度嗣，十三年，元封四年坐為山陽太守詔徵鉅野令史成不遣，完為城旦				高城
冠軍景桓侯霍去病	以校尉擊匈奴侯，後以將軍破祁連，迎昆邪王，益封，皇后姊子	六年四月壬申封，七年薨	元鼎元年，哀侯嬗嗣，七年薨，亡後。師古曰：嬗音上戰反	樂平　侯山以去病從祖昆弟，地節三年四月癸巳以從祖父大將軍光功封，三千戶，四年坐謀反誅			東郡
				冠陽　侯雲以去病孫，四月甲申以大將軍光功封，三千八百戶，四年坐謀反誅			南陽
周子南君姬嘉	以周後詔所褒侯，三千戶	元鼎四年十一月丁卯封，六年薨	元封四年，君置嗣，二十四年薨	始元四年，君當嗣，十六年，地節三年坐[illegible]收殺家丞，棄市	元康元年三月丙戌，君延年以當弟紹封，初元五年正月癸巳，更封為周承休侯，位次諸侯王，三十九年薨，謚曰考	建昭三年，質侯安嗣，四年薨。陽朔二年，釐侯世嗣，八年薨	長社

號謚姓名	功狀戶數	始封	子	孫	曾孫	玄孫	地
				六世　永始二年，侯[illegible]嗣，[illegible]年，綏和元年[illegible]公	七世　天鳳元年，公常嗣，建武二年五月戊辰，更為周承休侯	八世　五年，侯武嗣，十三年，更為衛公	觀
樂通侯欒大	以方術詔所褒侯，二千戶	四年四月乙巳封，五年坐誣罔上，要斬					高平
牧丘恬侯石慶	以丞相及父萬石積行侯	五年九月丁丑封，十年薨	太初三年，侯德嗣，天漢元年坐為太常失法罔上，祠不如令，完為城旦				平原
富民定侯車千秋	以丞相侯，八百戶，以遺詔益封，凡千六百戶	征和四年六月丁巳封，十二年薨	元鳳四年，侯順嗣，本始三年坐為虎牙將軍擊匈奴詐增鹵獲，自殺				蘄
右孝武九人，三人隨父，凡十二人							
博陸宣成侯霍光	以奉車都尉捕反者莽何羅侯，二千三百五十戶，後以大將軍益封，凡萬七千二百戶	始元二年正月壬寅封，十七年薨	地節二年四月癸巳，侯禹嗣，四年謀反，要斬		元始二年四月乙酉，侯陽以光從父昆弟之曾孫紹封，三千戶，王莽篡位，絕		北海　師古曰：光初封食北海河間，後益封又食東郡
安陽侯上官桀	以騎都尉捕反者莽何羅侯，二千三百戶，女孫為皇后	正月壬寅封，五年，元鳳元年反，誅		桑樂　侯安，始元五年六月辛丑以皇后父車騎將軍封，千五百戶，二年反，誅			蕩陰　師古曰：桀所食也。千乘　師古曰：安所食也
宜春敬侯王訢	以丞相侯，子譚與大將軍光定策，益封，坐法削，[illegible]五百，定六百戶	元鳳四年二月乙丑封，一年薨	元鳳六年，康侯譚嗣，四十五年薨	建始二年，孝侯咸嗣，十八年薨	元延元年，釐侯章嗣，十八年薨	建平三年，侯[illegible]嗣，二十六年，更始元年為兵所殺	汝南
安平敬侯楊敞	以丞相侯，七百戶，以大司馬大將軍光定策，益封，子忠凡五千五百四十七戶	六年二月乙丑封，一年薨	元平元年，頃侯忠嗣，十一年薨	元康三年，侯譚嗣，九年，五鳳四年坐為典屬國季父惲有罪，詩言誹謗，免			汝南
富平敬侯張安世	以右將軍光祿勳輔政勤勞侯，以車騎將軍與大將軍光定策，益封，凡萬三千六百四十戶	十一月乙丑封，十三年薨	元康四年，愛侯延壽嗣，十一年薨。元康三年三月乙未，侯彭祖以世父故掖庭令賀有舊恩，陽都封千六百戶，四年，神爵二年為小妻所殺	甘露三年，繆侯敞嗣，四年薨。師古曰：自敞以下至純皆延壽之嗣也	初元二年，共侯臨嗣，十五年薨	思侯放嗣，三十六年薨	平原
				六世　建平元年，侯純嗣，王莽建國四年更為張鄉侯，建武中為武始侯			今見
陽平節侯蔡義	以丞相侯，前為御史大夫與大將軍光定策，益封，凡七百戶	元平元年九月戊戌封，三年，本始三年薨，亡後					

右孝昭六人，一人桑樂侯隨父，凡七人

營平壯侯趙充國	以後將軍與大將軍光定策功侯，千二百七十九戶	本始元年八月辛未封，二十二年薨	甘露三年，質侯弘嗣，二十二年薨	建始四年，孝侯欽嗣，七年薨	陽朔二年，侯岑嗣，十年，元延三年坐父欽詐以長安女子王君俠子為嗣，免。戶二千九百四十四	濟南
平丘侯王遷	以光祿大夫與大將軍光定策功侯，千二百五十三戶	八月辛未封，五年，地節二年坐平尚書[illegible]受臧六百萬，自殺。[illegible]師古曰[illegible]				肥城
昌水侯田廣明	以[illegible]武都尉[illegible]關內侯以左馮翊與大將軍光定策侯，二千七百戶	八月辛未封，三年坐為祁連將軍擊匈奴不至期，自殺				於陵
陽城侯田延年	以大司農與大將軍光定策功侯，二千四百五十三戶	八月辛未封，二年，坐為大司農盜都內錢三千萬，自殺。[illegible]中都內又曰大內				濟陽
爰氏肅侯便樂成 師古曰杜周傳作史樂成[illegible]侯樂成，今此云便，三者不同，疑未能[illegible]	以少府與大將軍光定策功侯，二千三百二十七戶	八月辛未封，一年薨	本始二年，康侯輔嗣，三年薨	地節元年，哀侯臨嗣，二年薨，亡子，絕	元始五年閏月丁酉，侯鳳以樂成曾孫紹封，千戶，王莽敗絕	單父

前漢年表六

六

徐真

扶陽節侯韋賢	以丞相侯，七百一十一戶	三年六月甲辰封，十年薨	神爵元年，共侯玄成嗣，[illegible]以丞相[illegible]永光[illegible]二年[illegible]復	建昭三年，頃侯寬嗣	元延元年，釐侯育嗣	侯[illegible]嗣，元始中，戶千四百二十，王莽敗絕 蕭
平恩戴侯許廣漢	以皇太子外祖父昌成君侯，五千六百戶	地節三年四月戊申封，七年薨，亡後	初元元年，共侯嘉以廣漢弟子中常侍紹封，二十[illegible]年薨	河平二年，釐侯況嗣	鴻嘉[illegible]年，[illegible]侯旦嗣，二十九年薨	建國四年，侯敞嗣，王莽敗絕
高平憲侯魏相	以丞相侯，八百一十三戶	地節三年六月壬戌封，八年薨	神爵三年，侯弘嗣，[illegible]年，甘露元年坐酎宗廟騎至司馬門不敬，削爵一級，為關內侯			柘
平昌節侯王無故	以帝舅關內侯侯，六千戶	四年二月甲寅封，九年薨	五鳳元年，考侯接嗣，十六年薨	永光三年，釐侯臨嗣，二十一年薨	陽朔[illegible]年，侯[illegible]嗣，三十八年，建武五年[illegible]師古曰[illegible]反	
樂昌共侯王武	以帝舅關內侯侯，六千戶	四年二月甲寅封，十四年薨	甘露[illegible]年，戾侯高嗣，二十七年薨	河平四年，侯安嗣，十七年，元始三年為王莽所殺		汝南
陽城繆侯劉德	以宗正關內侯[illegible]侯，千五百四十戶	四年三月甲辰封，十年薨	五鳳二年，節侯安民嗣，八年薨	初元五年，釐侯慶忌嗣，三十年薨	居攝元年，侯嘰嗣，王莽敗絕。師古曰：嘰音豈	汝南

樂陵安侯史高	以悼皇考舅子侍中關內侯與發覺霍氏謀反侯，三千[illegible]戶。師古曰：[illegible]讀曰豫	八月乙丑封，二十四年薨	永光元年，殷侯術嗣，十一年薨	建始二年，康侯崇嗣，四年薨，亡後。元延元年六月，[illegible]侯淑以崇弟紹封，亡後	元始四年，侯岑以高曾孫紹封，王莽敗絕	
		武陽頃侯丹	竟寧元年四月庚午，以帝為太子時輔導有舊恩侯，千三百戶，七年薨	永始四年，煬侯[illegible]嗣，十二年薨	元壽二年，侯[illegible]嗣，更始元年為兵所殺	郯
邛成共侯王奉光	以皇后父關內侯侯，二千七百五十戶	元康二年二月癸未封，十八年薨	初元二年，侯敞嗣，十八年薨	鴻嘉[illegible]年，侯[illegible]嗣，十四年，建平三年坐選舉不以實[illegible]大不敬，免	元始元年，侯堅固以奉光曾孫紹封，王莽敗絕	濟陰
		安平夷侯舜	初元元年癸卯，以皇太后兄侍中中郎將封，千四百戶，十三年薨	建昭四年，剛侯章嗣，十四年薨	陽朔四年，釐侯[illegible]嗣，王莽敗絕	元始五年，侯[illegible]嗣，王莽敗絕
將陵哀侯史曾	以悼皇考舅子侍中中郎將關內侯侯，二千二百戶	三月乙未封，五年，神爵四年薨，亡後				
平臺康侯史玄	以悼皇考舅子侍中中郎將關內侯有舊恩侯，千九百戶	三月乙未封，二十五年薨	建昭元年，[illegible]侯[illegible]嗣，十九年薨。[illegible]音[illegible]反	鴻嘉[illegible]年，侯[illegible]嗣		常山
博望頃侯許舜	以皇太子外祖父同産弟[illegible]關內侯有舊恩侯，千五百戶	三月乙未封，四年薨	神爵三年，康侯敞嗣，八年薨	甘露三年，[illegible]侯當嗣，二十六年薨	河平四年，釐侯[illegible]嗣，[illegible]薨，亡後	
					元延元年六月[illegible]侯[illegible]子以[illegible]紹封，千戶，王莽敗絕	

前漢年表六

七

吉

樂成敬侯許延壽	以皇太子外祖父同産弟侍中關內侯有舊恩侯，千五百戶	三月乙未封，[illegible]年薨	甘露元年，思侯湯嗣，六年薨	初元二年，哀侯常嗣，九年薨		平氏
				元延二年，節侯恭以常弟紹封，千戶	建平元年[illegible]嗣，二十[illegible]年[illegible]王莽敗絕	
博陽定侯丙吉	以御史大夫關內侯有舊恩功德侯，千三百三十戶	元康三年二月乙未封，八年薨	五鳳三年，[illegible]侯顯嗣，[illegible]年，甘露元年坐酎宗廟騎至司馬門不敬，削爵一級，為關內侯	鴻嘉元年六月己巳，康侯昌以吉孫紹封	元始一年，釐侯並嗣	侯勝客嗣，王莽敗絕 南頓
建成定侯黃霸	以丞相侯，六百戶。侯賞以定陶太后不宜立號益封，二千二百戶	五鳳三年二月壬申封，四年薨	甘露三年，忠侯賞嗣，三十年薨	陽朔四年，忠侯輔嗣，二十七年薨	居攝二年，侯輔嗣，王莽敗絕	沛
西平安侯于定國	以丞相侯，六百六十戶	甘露三年五月甲申封，十一年薨	永光四年，頃侯永嗣，二十七年薨	鴻嘉元年，侯恬嗣，四十三年，更始元年絕		臨淮

右孝宣二十人，一人陽都侯隨父，凡二十一人

陽平頃侯王禁	以皇后父侯，二千六百戶，子鳳以大將軍益封五千四百戶，凡八千戶	初元元年三月癸卯封，[illegible]年薨	永光二年，敬成侯鳳嗣，[illegible]十七年薨	陽朔三年，釐侯襄嗣，十九年薨	建平四年，康侯岑嗣，十二年薨	建國二年，侯[illegible]嗣，更始元年為兵所殺 東郡
		安成共侯崇	建始元年二月壬子，以皇太后母弟散騎光祿大夫關內侯侯，萬戶，一年薨	建始三年，靖侯奉世嗣，三十九年薨	建國二年，侯持弓嗣，王莽敗絕	汝南

		平阿安侯譚	河平二年六月乙亥以皇太后弟關內侯侯二千一百戶十一年薨	永始元年剌侯仁嗣十九年為王莽所殺	元始四年侯述嗣建武二年薨絕	沛
		成都景成侯商	六月乙亥以皇太后弟關內侯侯二千戶以大司馬益封二千戶十六年薨	元延二年侯況嗣四年綏和二年坐山陵未成置酒歌舞免		山陽
				元壽二年侯邑以[illegible]紹封王莽篡位為[illegible]信公[illegible]後死		
		紅陽荒侯立	六月乙亥封以皇太后弟關內侯侯二千一百戶三十年薨	元始四年侯柱嗣王莽敗絕	曾孫 [illegible]	南陽
		曲陽煬侯根	六月乙亥以皇太后弟關內侯侯三千七百戶以大司馬[illegible]益封[illegible]二十一年薨	建平元年侯涉嗣王莽篡位為直道公為漢兵所殺		九江
		高平戴侯逢時	六月乙亥以皇太后弟關內侯侯[illegible]十八年薨	元延四年侯置嗣王莽敗絕		臨淮
		新都	永始元年五月乙未以帝舅曼子	[illegible]		南

前漢年表六　八　陳吉

		侯莽	子侯千五百戶後篡位誅	賞都 [illegible]		陽
樂安侯匡衡	以丞相侯六百四十七戶	建昭三年十月癸[illegible]封[illegible]建始四年坐[illegible]免				僮

右孝元二人一人安平侯隨父凡三人

安昌節侯張禹	以丞相侯六百七十七戶益戶四百	河平四年六月丙午封二十年薨	建平二年侯宏嗣十八年更始元年為兵所殺			汝南
高陽侯薛宣	以丞相侯千九十戶	[illegible]				東莞
安陽敬侯王音	以皇太后從弟大司馬車騎將軍侯千六百戶子舜益封	六月己巳封五年薨	永始二年侯舜嗣王莽篡位為安新公	建國[illegible]嗣更號和新公與莽俱死		
成陽節侯趙臨	以皇后父侯二千戶	永始元年四月乙亥封五年薨	元延二年侯訢嗣建平元年坐[illegible]免[illegible]			新息

		新成侯欽	[illegible]			穰
高陵共侯翟方進	以丞相侯千戶哀帝即位益子宣五百戶	永始二年十一月壬子封八千戶八年薨	綏和二年侯宣嗣[illegible]居攝[illegible]東郡太守義[illegible]			琅邪
定陵侯淳于長	以侍中衛尉言昌陵不可成侯千戶皇太后姊子	元延三年二月丙午封二年綏和元年坐大逆下獄死				汝南
殷紹嘉侯孔何齊	以殷後孔子世吉適子侯千六百七十戶[illegible]為公地方百里建平二年益戶九百三十二 師古曰適讀曰嫡孔吉之嫡子也	綏和元年二月甲子封八年元始二年更為宋公				沛
宜鄉侯馮參	以中山王舅侯千戶	綏和元年二月甲子封建平元年坐姊中山太后祝詛自殺				
紀鄉侯何武 師古曰紀音凡	以大司空侯千戶[illegible]	[illegible]元始三年為莽所殺	元始四年侯況嗣建國四年薨			南陽
博山簡烈侯孔光	以丞相侯千戶元始元年益萬戶	[illegible]以丞相侯六年薨	元始五年侯放嗣王莽敗絕			順陽

右孝成十人安成平阿成都紅陽曲陽高平新都武陽侯八人隨父凡十八人

前漢年表六　九　宋庠

陽安侯丁明	以帝舅侯五千戶	綏和二年四月壬寅封七年元始元年為王莽殺				
孔鄉侯傅晏	以皇后父侯三千戶又益三千戶	四月壬寅封六年元壽二年坐亂妻妾位免徙合浦				夏丘
平周侯丁滿	以帝舅子侯千七百三十九戶	五月己丑封元始三年坐非正免				湖陽
高樂節侯師丹	以大司馬關內侯侯二千三十六戶	綏和二年七月[illegible]封一年建平元年[illegible]免[illegible]義陽侯[illegible]三月薨	侯[illegible]嗣王莽敗絕			新野 東海
高武貞侯傅喜	以帝祖母皇太太后從父弟大司馬侯二千三十戶	建平元年正月丁酉封十五年薨	建國二年侯[illegible]嗣王莽敗絕			杜衍
楊鄉侯朱博	以丞相侯二千五十戶上書以故事不當千戶還千五十戶	建平二年四月乙亥封八月坐[illegible]自殺				湖陵
新甫侯王嘉	以丞相侯千[illegible]六十八戶	[illegible]三年四月丁酉封三年元壽元年[illegible]上下獄死	元始四年侯崇紹封王莽敗絕			新野
汝昌侯傅商	以皇太太后從父弟封千戶後以奉先侯祀益封凡五千戶	四年二月癸卯封二年元壽元年坐外附諸侯免	元[illegible]四年五月侯[illegible]以帝舅子紹奉祀封[illegible]坐非正免			陽穀

侯號	功狀戶數	始封	子	孫	曾孫	玄孫
陽新侯鄭業	以皇太太后同母弟子侯，千戶	六月辛卯封，三年，元壽二年坐非正免				新野
高安侯董賢	以侍中駙馬都尉告東平王雲祝詛反謀侯，千戶，後益封二千戶	八月辛卯封，二年，元壽二年坐為大司馬不合衆心免，自殺				朱扶
方陽侯孫寵	以騎都尉南陽太守告東平王雲祝詛反謀侯，千戶	八月辛卯封，二年，元壽二年坐與息夫躬免，徙合浦				龍亢
宜陵侯息夫躬	以衛士弟子告東平王雲祝詛反謀侯，千戶	八月辛卯封，二年，元壽二年坐祝詛下獄死				杜衍
長平頃侯彭宣	以大司空侯，二千七十四戶	元壽二年五月甲子封，四年薨	元始四年節侯聖嗣，十四年薨	天鳳五年侯業嗣，王莽敗絕		濟南

右孝哀十三人。新成、新都、平陽、營陵、德五人隨父，凡十八人。

侯號	功狀戶數	始封	子	孫	曾孫	玄孫
扶德侯馬宮	以大司徒侯，二千戶	元始元年二月丙辰封，王莽篡位，為太子師，卒官				贛榆
扶平侯王崇	以大司空侯，二千戶	三月丙辰封，三年為傅婢所毒薨				臨淮
廣陽侯甄豐	以左將軍光祿勳定策安宗廟侯，五千三百六十五戶	二月癸巳封，王莽篡位為廣新公，後為王莽所殺				南陽
承陽侯甄邯師古曰：邯音酣	以侍中奉車都尉定策安宗廟侯，二千四百戶	二月癸巳封，王莽篡位為承新公				汝南

侯號	功狀戶數	始封	子	孫	曾孫	玄孫
褒魯節侯公子寬	以周公世魯頃公玄孫之玄孫奉周祀侯，千戶	六月丙午封，薨	十一月侯相如嗣，更姓公孫氏，後更為姬氏			南陽平
褒成侯孔均	以孔子世列君子歸奉孔子祀侯，二千戶	六月丙午封				瑕丘
防鄉侯平晏	以長樂少府與劉歆、孔永、孫遷四人使治明堂辟雍，得萬國驩心，功侯，各千戶	五年閏月丁丑封，王莽篡位為就新公				
紅休侯劉歆	以侍中羲和與平晏同功侯	閏月丁酉封，王莽篡位為國師公，後為莽所誅				
寧鄉侯孔永	以侍中奉車都尉與平晏同功侯	閏月丁酉封，王莽篡位為大司馬				
定鄉侯孫遷	以常侍謁者與平晏同功侯	閏月丁酉封				
常鄉侯王惲師古曰：惲音於粉反	以大僕與閻遷、陳崇等八人使行風俗，齊同萬國，功侯，各千戶	閏月丁酉封				
望鄉侯閻遷	以鴻臚與王惲同功侯	閏月丁酉封				
南鄉侯陳崇	以大司徒司直與王惲同功侯	閏月丁酉封				
邑鄉侯李翕	以水衡都尉與王惲同功侯	閏月丁酉封				
亭鄉侯郝黨	以中郎將與王惲同功侯	閏月丁酉封				
章鄉侯謝殷	以中郎將與王惲同功侯	閏月丁酉封				
崇鄉侯逯普師古曰：逯音錄。字或作逮，二姓皆有之	以騎都尉與王惲同功侯	閏月丁酉封，王莽篡位為大司馬				
盧鄉侯陳鳳	以中郎將與王惲同功侯	閏月丁酉封				
成武侯孫建	以強弩將軍有捕衛之威侯	閏月丁酉封，王莽篡位為成新公				
明統侯侯輔	以騎都尉明為人後殘之義侯	閏月丁酉封				
破胡侯陳馮	以父湯前為副校尉討郅支單于侯，千四百戶	七月丙申封				
討狄侯杜勳	以前為軍假丞手斬郅支單于首侯，千戶	七月丙申封				

右孝平二十二人。邛成、博陸、宣平、紅、舞陽、秺、樂陵、都成、新甫、爰氏、合陽、義陽、章鄉、信成、隨桃、褒新、賞都十七人隨父繼世，凡三十九人。師古曰：據功臣表及王子侯表，平帝時無紅侯，唯周勃玄孫恭以元始二年紹封絳侯，疑紅字當為絳，轉寫者誤耳。又功臣表作童鄉侯，今此作章鄉，二表不同，亦當有誤也。

外戚恩澤侯表卷第六

百官公卿表七上

師古曰漢制三公號稱萬石其俸月各三百五十斛穀其稱中二千石者月各百八十斛二千石者百二十斛比二千石者百斛千石者九十斛比千石者八十斛六百石者七十斛比六百石者六十斛四百石者五十斛比四百石者四十五斛三百石者四十斛比三百石者三十七斛二百石者三十斛比二百石者二十七斛一百石者十六斛

班固　漢書十九

秘書監上護軍琅邪縣開國子顏師古注

易敘宓羲神農黃帝作教化民應劭曰宓羲氏始作八卦神農氏為耒耜黃帝氏作衣裳神而化之使民宜之師古曰見易下繫宓音伏字本作虙轉寫訛謬耳而傳述其官師古曰春秋左氏傳載郯子所說也以為宓羲龍師名官應劭曰師者長也以龍紀其官長故為龍師春官為青龍夏官為赤龍秋官為白龍冬官為黑龍中官為黃龍張晏曰庖羲將興神龍負圖而至因以名師與官也神農火師火名應劭曰火德也故為炎帝春官為大火夏官為鶉火秋官為西火冬官為北火中官為中火張晏曰神農有火星之瑞因以名師與官也黃帝雲師雲名應劭曰黃帝受命有雲瑞故以雲紀事也由是而言故春官為青雲夏官為縉雲秋官為白雲冬官為黑雲中官為黃雲張晏曰黃帝有景雲之應因以名師與官也

少昊鳥師鳥名應劭曰金天氏黃帝子青陽也張晏曰少昊之立鳳鳥適至因以名官鳳鳥氏為歷正玄鳥司分伯趙司至青鳥司開丹鳥司閉師古曰玄鳥燕也伯趙伯勞也青鳥鶬鴳也丹鳥鷩雉也自顓頊以來為民師而命以民事應劭曰顓頊氏代少昊者也不能紀遠始以職事命官也春官為木正夏官為火正秋官為金正冬官為水正中官為土正師古曰自此以上皆郯子之辭也有重黎句芒祝融后土蓐收玄冥之官然已上矣應劭曰少昊有四叔重為句芒該為蓐收脩及熙為玄冥顓頊氏有子曰黎為祝融共工氏有子曰句龍為后土故有五行之官皆封為上公祀為貴神師古曰上謂其事久遠也脫音說書載唐虞之際命羲和四子應劭曰堯命四子分掌四時之教化也張晏曰四子謂羲仲羲叔和仲和叔也師古曰事見虞書堯典順天文授民時咨四岳以舉賢材揚側陋師古曰四嶽分主四方諸侯者十有二牧柔遠能邇應劭曰牧州牧也師古曰柔安也能善也邇近也禹作司空平水土師古曰空穴也古人穴居主穿土為穴以居人也棄作后稷播百穀應劭曰棄臣名也后主也為比稷官之主也師古曰播謂布種也卨作司徒敷五教應劭曰五教父義母慈兄友弟恭子孝也師古曰卨音先列反咎繇作士正五刑應劭曰士獄官之長張晏曰五刑謂墨劓剕宮大辟也師古曰咎音皋繇音弋昭反墨鑿其額而涅以墨也刖斷足也劓割鼻也剕去髕骨也宮陰刑也大辟殺之也垂作共工利器用應劭曰垂臣名也為共工理百工之事也師古曰共讀曰龔益作朕虞育草木鳥獸應劭曰益伯益也虞掌山澤禽獸官名也師古曰朕古益字也虞度也主商度山川之事伯夷作秩宗典三禮應劭曰伯夷臣名也典天神地祇人鬼之禮也師古曰秩次也宗尊也主尊神之禮可以次序也夔典樂和神人應劭曰夔臣名也師古曰夔音鉅龜反龍作納言出入帝命應劭曰龍臣名也納言如今尚書管王之喉舌也師古曰自此以上皆堯典之文夏殷亡聞焉師古曰言夏殷置官事不見於尚書傳也禮記明堂位曰夏后氏官百殷二百蓋言其大數而無職號統屬也周官則備矣師古曰事見周書周官篇及周禮也天官冢宰地官司徒春官宗伯夏官司馬秋官司寇冬官司空是為六卿師古曰冢宰掌邦治司徒掌邦教宗伯掌邦禮司馬掌邦政司寇掌邦禁司空掌邦土也各有徒屬職分用於百事師古曰言百者舉大數也分音扶問反太師太傅太保是為三公應劭曰師訓也傅覆也保養也師古曰傅相也蓋參天子坐而議政無不總統故不以一職為官名又立三少為之副少師少傅少保是為孤卿與六卿為九焉記曰三公無官言有其人然后充之師古曰不必備員有德者乃處之舜之於堯伊尹於湯周公召公於周是也或說司馬主天司徒主人司空主土是為三公四岳謂四方諸侯自周衰官失而百職亂戰國並爭各變異秦兼天下建皇帝之號張晏曰五帝自以德不及三皇故自去其皇號三王又以德不及五帝自損稱王秦自以德褒二行故兼稱之立百官之職漢因循而不革

師古曰革改也明簡易隨時宜也其後頗有所改王莽篡位慕從古官而吏民弗安亦多虐政遂以亂亡故略表舉大分師古曰分音扶問反以通古今備溫故知新之義云師古曰論語稱孔子曰溫故而知新可以為師矣溫猶厚也言厚蓄故事多識於新則可為師

相國丞相應劭曰丞者承也相者助也皆秦官金印紫綬掌丞天子助理萬機秦有左右荀悅曰秦本次國命卿二人是以置左右丞相無三公官高帝即位置一丞相十一年更名相國綠綬孝惠高后置左右丞相文帝一年復置一丞相有兩長史秩千石哀帝元壽二年更名大司徒武帝元狩五年初置司直秩比二千石掌佐丞相舉不法

太尉秦官應劭曰自上安下曰尉武官悉以為稱金印紫綬掌武事武帝建元二年省元狩四年初置大司馬應劭曰司馬主武也諸武官亦以為號以冠將軍之號師古曰冠者加於其上共為一官也宣帝地節三年置大司馬不冠將軍亦無印綬官屬成帝綏和元年初賜大司馬金印紫綬置官屬祿比丞相去將軍哀帝建平二年復去大司馬印綬官屬冠將軍如故元壽二年復賜大司馬印綬置官屬去將軍位在司徒上有長史秩千石

御史大夫秦官應劭曰侍御史之率故稱大夫云臣瓚曰茂陵書御史大夫秩中二千石位上卿銀印青綬掌副丞相有兩丞秩千石一曰中丞在殿中蘭臺掌圖籍祕書外督部刺史內領侍御史員十五人受公卿奏事舉劾按章成帝綏和元年更名大司空祿比丞相置長史如中丞官職如故哀帝建平二年復為御史大夫元壽二年復為大司空御史中丞更名御史長史侍御史有繡衣直指服虔曰指事而行無阿私也師古曰衣以繡者尊寵之也出討姦猾治大獄武帝所制不常置

太傅古官高后元年初置金印紫綬後省八年復置後省哀帝元壽二年復置位在三公上

太師太保皆古官平帝元始元年皆初置金印紫

綬太師位在太傅上太保次太傅

前後左右將軍皆周末官秦因之位上卿金印紫綬漢不常置或有前後或有左右皆掌兵及四夷有長史秩千石

奉常秦官掌宗廟禮儀有丞景帝中六年更名太常應劭曰常典也掌典三禮也師古曰太常王者旌旗也畫日月焉王有大事則建以行禮官主奉持之故曰奉常也後改曰太常尊大之義也屬官有太樂太祝太宰太史太卜太醫六令丞又均官都水兩長丞服虔曰均官主山陵上稾輸入之官也如淳曰律都水治渠隄水門三輔黃圖云三輔皆有都水也又諸廟寢園食官令長丞有廱太宰太祝令丞文穎曰廱主熟食官如淳曰五時在廱故特置太宰以下諸官師古曰如說是廱右扶風之縣也太宰即是具食之官不當復置饔人也

五時各一尉又博士及諸陵縣皆屬焉景帝中六
年更名太祝爲祠祀武帝太初元年更曰廟祀初
置太卜
博士秦官掌通古今秩比六百石員多至數十人
武帝建元五年初置五經博士宣帝黃龍元年稍
增員十二人元帝永光元年分諸陵邑屬三輔王
莽改太常曰秩宗
郎中令秦官臣瓚曰主郎內諸官故曰郎中令掌宮殿掖門戶有丞武
帝太初元年更名光祿勳應劭曰光者明也祿者爵也勳功也如淳曰胡公曰勳之言閽也閽
者古主門官也光祿主宮門師古曰應說是也屬官有大夫郎謁者皆秦官又期

前漢年表七上　五　張珪

門羽林皆屬焉服虔曰與期門下以微行後遂以名官師古曰羽林亦宿衞之官言其如羽之疾如林之多也
一說羽所以爲王者羽翼也大夫掌論議有太中大夫中大夫諫大
夫皆無員多至數十人武帝元狩五年初置諫大
夫秩比八百石太初元年更名中大夫爲光祿大
夫秩比二千石太中大夫秩比千石如故郎掌守
門戶出充車騎有議郎中郎侍郎郎中皆無員多
至千人議郎中郎秩比六百石侍郎比四百石郎
中比三百石中郎有五官左右三將秩皆比二千
石郎中有車戶騎三將如淳曰主車曰車郎主戶衞曰戶郎漢儀注郎中令主郎中左右車將主
左右車郎左右戶將主左右戶郎也秩皆比千石謁者掌賓讚受事員七

十人秩比六百石有僕射應劭曰謁請也白也僕主也秩比千石期
門掌執兵送從武帝建元三年初置比郎無員多
至千人有僕射秩比千石平帝元始元年更名虎
賁郎師古曰賁讀與奔同言如猛獸之奔置中郎將秩比二千石羽林
掌送從次期門武帝太初元年初置名曰建章營
騎後更名羽林騎又取從軍死事之子孫養羽林
官教以五兵號曰羽林孤兒師古曰五兵謂弓矢殳矛戈戟也羽林有
令丞宣帝令中郎將騎都尉監羽林秩比二千石
僕射秦官自侍中尚書博士郎皆有古者重武官
有主射以督課之軍屯吏騶宰永巷宮人皆有取

前漢年表七上　六　張珪

其領事之號孟康曰皆有僕射隨所領之事以爲號也若軍屯吏則曰軍屯僕射永巷則曰永巷僕射
衞尉秦官掌宮門衞屯兵師古曰漢舊儀云衞尉寺在宮內胡廣云主宮闕之門內衞士於周垣下
爲區廬區廬者若今之仗宿屋矣有丞景帝初更名中大夫令後元年
復爲衞尉屬官有公車司馬衞士旅賁三令丞師古曰漢
官儀云公車司馬掌殿司馬門夜徼宮中天下上事及闕下凡所徵召皆總領之令秩六百石旅衆也賁與奔同言爲奔走之任也衞士
三丞又諸屯衞候司馬二十二官皆屬焉長樂建
章甘泉衞尉皆掌其宮師古曰各隨所掌之宮以名官職略同不常置
太僕秦官應劭曰周穆王所置也蓋太御衆僕之長中大夫也掌輿馬有兩丞屬官
有大廄未央家馬三令各五丞一尉師古曰家馬者主供天子私用非大
祀戎事軍國所須故謂之家馬也又車府路軨騎馬駿馬四令丞伏儼曰主乘輿

路車又主凡小車軨今之小馬車曲輿也師古曰軨音零 又龍馬閑駒橐泉騊駼承華五監長丞 如淳曰橐泉廄在橐泉宮下騊駼野馬也師古曰閑闌養馬之所也故曰閑駒騊駼出北海中其狀如馬非野馬也騊音徒高反駼音塗 又邊郡六牧師菀令各三丞 師古曰漢官儀云牧師諸菀三十六所分置北邊西邊分養馬三十萬頭 又牧橐昆蹏令丞 應劭曰橐橐佗昆蹏好馬名也蹏音啼如淳曰爾雅曰昆蹏研善升甗者也因以為廄名師古曰牧橐言牧養橐佗也昆蹏獸名也蹏研者謂其蹏下平也善升甗者謂山形如甑而能升之也蹏即古蹄字耳研音五見反甗音言又牛偃反 皆屬焉中太僕掌皇太后輿馬不常置也武帝太初元年更名家馬為挏馬 應劭曰主乳馬取其汁挏治之味酢可飲因以名官也如淳曰主乳馬以韋革為夾兜受數斗盛馬乳挏取其上肥因名曰挏馬禮樂志丞相孔光奏省樂官七十二人給大官挏馬酒今梁州亦名馬酪為馬酒晉灼曰挏音挺挏之挏師古曰晉音是也挏音徒孔反 初置路軨

廷尉秦官 應劭曰聽獄必質諸朝廷與眾共之兵獄同制故稱廷尉師古曰廷平也治獄貴平故以為號 掌刑辟

有正左右監秩皆千石景帝中六年更名大理武帝建元四年復為廷尉宣帝地節三年初置左右平秩皆六百石哀帝元壽二年復為大理王莽改曰作士

典客秦官掌諸侯歸義蠻夷有丞景帝中六年更名大行令武帝太初元年更名大鴻臚 應劭曰郊廟行禮讚九賓鴻聲臚傳之也 屬官有行人譯官別火三令丞 如淳曰漢儀注別火獄令官主治改火之事 及郡邸長丞 師古曰主諸郡之邸在京師者也 武帝太初元年更名行人為大行令初置別火王莽改大鴻臚曰典樂初置郡國邸屬少府中屬中尉後屬大鴻臚

宗正秦官 應劭曰周成王之時彤伯入為宗正也師古曰彤伯為宗伯不謂之宗正 掌親屬有丞平帝元始四年更名宗伯屬官有都司空令丞 如淳曰律司空主水及罪人賈誼曰輸之司空編之徒官 內官長丞 師古曰律歷志主分寸尺丈也 又諸公主家令門尉皆屬焉王莽并其官於秩宗初內官屬少府中屬主爵後屬宗正

治粟內史秦官掌穀貨有兩丞景帝後元年更名大農令武帝太初元年更名大司農屬官有太倉均輸平準都內籍田五令丞 孟康曰均輸謂諸當所有輸於官者皆令輸其地土所饒平其所在時賈官更於佗處賣之輸者既便而官有利也 斡官鐵市兩長丞 如淳曰斡音筦或作幹斡主也主均輸之事所謂斡鹽鐵而榷酒酤也晉灼曰此竹箭斡之官長也均輸自有令師古曰如說近是也縱作幹讀當以斡持財貨之事耳非謂箭幹也 又郡

國諸倉農監都水六十五官長丞皆屬焉騪粟都尉 服虔曰騪音搜狩之搜搜索也 武帝軍官不常置王莽改大司農曰羲和後更為納言初斡官屬少府中屬主爵後屬大司農

少府秦官掌山海池澤之稅以給共養 應劭曰名曰禁錢以給私養自別為藏少者小也故稱少府師古曰大司農供軍國之用少府以養天子也共音居用反養音弋亮反 有六丞屬官有尚書符節大醫大官湯官導官樂府若盧考工室左弋居室甘泉居室左右司空東織西織東園匠十二官令丞 服虔曰若盧詔獄也鄧展曰舊洛陽兩獄一名若盧主受親戚婦女如淳曰若盧官名也藏兵器品令曰若盧郎中二十人主弩射漢儀注有若盧獄令主治庫兵將相大臣臣瓚曰冬官為考工主作器械也師古曰太官主膳食湯官主餅餌導官主擇米若盧如說是也左弋地名東園匠主作陵內器物者也 又胞人都水均官三長

丞師古曰胞人主掌宰割者也胞與庖同 又上林中十池監師古曰三輔黃圖云上林中池上籞五所而此
云十池監未詳其數 又中書謁者黃門鉤盾尚方御府永巷內
者宦者七官令丞師古曰鉤盾主近苑囿尚方主作禁器物御府主天子衣服也 諸僕射署
長中黃門皆屬焉師古曰中黃門謂奄人居禁中在黃門之內給事者也 武帝太初
元年更名考工室為考工左弋為佽飛居室為保
宮甘泉居室為昆臺永巷為掖廷佽飛掌弋射有
九丞兩尉大官七丞昆臺五丞樂府三丞掖廷八
丞宦者七丞鉤盾五丞兩尉成帝建始四年更名
中書謁者令為中謁者令初置尚書員五人有四
丞河平元年省東織更名西織為織室綏和二年

哀帝省樂府王莽改少府曰共工
中尉秦官掌徼循京師如淳曰所謂遊徼徼循禁備盜賊也師古曰徼謂遮繞也徼音工釣反
有兩丞候司馬千人師古曰候及司馬及千人皆官名也屬國都尉云有丞候千人西域都護云司馬候千人各二人凡此千人皆官名也 武帝太初元年更名執金吾應劭曰吾者禦也掌執金革以禦非常師古曰金吾鳥名也主辟不祥天子出行職主先導以禦非常故執此鳥之象因以名官 屬官有中
壘寺互武庫都船四令丞如淳曰漢儀注有寺互都船獄令治水官也 都船武
庫有三丞中壘兩尉又式道左右中候候丞及左
右京輔都尉尉丞兵卒皆屬焉應劭曰式道凡三候車駕出還式道候持麾至宮門門乃開師古曰式表也 初寺互屬少府中屬主爵後屬中尉自
太常至執金吾秩皆中二千石丞皆千石

太子太傅少傅古官屬官有太子門大夫應劭曰員五人秩六百石 庶
子應劭曰員五人秩六百石 先馬張晏曰先馬員十六人秩比謁者如淳曰前驅也國語曰句踐親為夫差先馬先或作洗也 舍人
將作少府秦官掌治宮室有兩丞左右中候景帝
中六年更名將作大匠屬官有石庫東園主章左
右前後中校七令丞如淳曰章謂大材也舊將作大匠主材吏名章曹掾師古曰今所謂木鍾者蓋章聲之轉耳東園主章掌大材以供東園大匠也 又主章長丞師古曰掌凡大木也 武帝太初元
年更名東園主章為木工成帝陽朔三年省中候
及左右前後中校五丞
詹事秦官應劭曰詹省也給也臣瓚曰茂陵書詹事秩真二千石 掌皇后太子家有

丞師古曰皇后太子各置詹事隨其所在以名官 屬官有太子率更家令丞僕
中盾衛率廚廄長丞張晏曰太子稱家故曰家令臣瓚曰茂陵中書太子家令秩八百石應劭曰中盾主周衛徼道秩四百石如淳曰漢儀注衛率主門衛秩千石師古曰掌知漏刻故曰率更自此以上太子之官也更音工衡反 又中長
秋私府永巷倉廄祠祀食官令長丞諸宦官皆屬
焉師古曰自此以上皆皇后之官 成帝鴻嘉三年省詹事官并屬大長
秋師古曰省皇后詹事總屬長秋也 長信詹事掌皇太后宮景帝中六
年更名長信少府張晏曰以太后所居宮為名也居長信宮則曰長信少府居長樂宮則曰長樂少府也
平帝元始四年更名長樂少府
將行秦官應劭曰皇后卿也 景帝中六年更名大長秋師古曰秋者收成之時長者恒久之義故以為皇后官名 或用中人或用士人師古曰中人奄人也

典屬國秦官掌蠻夷降者武帝元狩三年昆邪王降師古曰昆音下門反復增屬國置都尉丞候千人屬官九譯令成帝河平元年省并大鴻臚

水衡都尉應劭曰古山林之官曰衡掌諸池苑故稱水衡張晏曰主都水及上林苑故曰水衡主諸官故曰都有卒徒武事故曰尉師古曰衡平也主平其稅入武帝元鼎二年初置掌上林苑有五丞屬官有上林均輸御羞禁圃輯濯鍾官技巧六廄辯銅九官令丞如淳曰御羞地名也在藍田其土肥沃多出御物可進者揚雄傳謂之御宿三輔黃圖御羞宜春皆苑名也輯濯船官也鍾官主鑄錢官也辯銅主分別銅之種類也師古曰御宿則今長安城南御宿川也不在藍田羞宿聲相近故或云御羞或云御宿耳羞者珍羞所出宿者止宿之義輯讀與楫同音集濯音直孝反皆所以行船也漢舊儀云天子六廄未央承華騊駼騎馬輅軨大廄也馬皆萬匹據此表太僕屬官以有大廄未央輅軨騎馬騊駼承華而水衡又云六廄技巧官是則技巧之徒供六廄者其官別屬水衡也又衡官水司空都水農倉又甘泉上林都水七官長丞皆屬焉上林有八丞十二尉均輸四丞御羞兩丞都水三丞禁圃兩尉甘泉上林四丞成帝建始二年省技巧六廄官王莽改水衡都尉曰予虞初御羞上林衡官及鑄錢皆屬少府

內史周官秦因之掌治京師景帝二年分置左內史師古曰地理志云武帝建元六年置左右內史而此表云景帝二年分置表志不同又據史記知志誤矣右內史武帝太初元年更名京兆尹張晏曰地絕高曰京左傳曰莫之與京十億曰兆尹正也師古曰京大也兆者衆數言大衆所在故云京地也屬官有長安市廚兩令丞又都水鐵官兩長丞左內史更名左馮翊張晏曰馮輔也翊佐也屬官有廩犧令丞尉師古曰廩主藏穀犧主養牲皆所以供祭祀也又左都水鐵官雲壘長安四市四長丞皆屬焉

主爵中尉秦官掌列侯景帝中六年更名都尉武帝太初元年更名右扶風張晏曰扶助也風化也治內史右地屬官有掌畜令丞如淳曰尹翁歸傳曰豪彊有論罪輸掌畜官使斫莝東方朔曰益爲右扶風畜牧之所在也又有都水鐵官廄廱廚四長丞皆屬焉如淳曰五時在廱故有廚與左馮翊京兆尹是爲三輔服虔曰皆治在長安城中師古曰三輔黃圖云京兆在尚冠前街東入故中尉府馮翊在大上皇廟西入右扶風在夕陰街北入故主爵府長安以東爲京兆長陵以北爲左馮翊渭城以西爲右扶風也皆有兩丞列侯更屬大鴻臚元鼎四年更置三輔都尉都尉丞各一人自太子太傅至右扶風皆秩

二千石丞六百石

護軍都尉秦官武帝元狩四年屬大司馬成帝綏和元年居大司馬府比司直哀帝元壽元年更名司寇平帝元始元年更名護軍

司隸校尉周官師古曰以掌徒隸而巡察故云司隸武帝征和四年初置持節從中都官徒千二百人師古曰中都官京師諸官府也捕巫蠱督大姦猾師古曰督謂察視也後罷其兵察三輔三河弘農元帝初元四年去節成帝元延四年省綏和二年哀帝復置但爲司隸冠進賢冠屬大司空比司直

城門校尉掌京師城門屯兵有司馬師古曰八屯各有司馬也十

二城門候 師古曰門各有候蕭望之署小苑東門候亦其比也 中壘校尉掌北軍
壘門內外掌西域 師古曰中壘主北軍壘門之內而又外掌西域 屯騎校尉掌騎
士步兵校尉掌上林苑門屯兵越騎校尉掌越騎 如淳曰越人內附以為騎也晉灼曰取其材力超越也師古曰宜如言欲飛射士胡越騎又此有胡騎校尉如說是 長水校尉
掌長水宣曲胡騎 師古曰長水胡名也宣曲觀名胡騎之屯於宣曲者 又有胡騎校
尉掌池陽胡騎不常置 師古曰胡騎之屯池陽者也 射聲校尉掌
待詔射聲士 服虔曰工射者也冥冥中聞聲則中之因以名也應劭曰須詔所命而射故曰待詔射也 虎賁
校尉掌輕車凡八校尉皆武帝初置有丞司馬 師古
曰自中壘以下凡八校尉城門不在此數中 自司隸至虎賁校尉秩皆二千石
西域都護加官宣帝地節二年初置以騎都尉諫

前漢年表七上 十三 沈詵

大夫使護西域三十六國有副校尉秩比二千石
丞一人司馬候千人各二人戊己校尉元帝初元
元年置 師古曰甲乙丙丁庚辛壬癸皆有正位唯戊己寄治耳今所置校尉亦無常居故取戊己為名也有戊校尉有己校尉一說戊己居中鎮覆四方今所置校尉亦處西域之中撫諸國也 有丞司馬各一人候五人秩
比六百石
奉車都尉掌御乘輿車駙馬都尉掌駙馬 師古曰駙副馬也非正駕車皆為副馬一曰駙近也疾也 皆武帝初置秩比二千石侍中左右
曹諸吏散騎常侍皆加官 應劭曰入侍天子故曰侍中晉灼曰漢儀注諸吏給事中日上朝謁平尚書奏事分為左右曹魏文帝合散騎中常侍為散騎常侍也 所加或列侯將軍卿大夫
將都尉尚書太醫太官令至郎中亡員 如淳曰將謂郎將以下也自列侯下至郎中皆得有散騎及中常侍加官是時散騎及常侍各自一官亡員也 多至數十人侍中中常
侍得入禁中諸曹受尚書事諸吏得舉法散騎騎
並乘輿車 師古曰並音步浪反騎而散從無常職也 給事中亦加官 師古曰漢官解詁云掌侍從左右無員常侍中 所加或大夫博士議郎掌顧問應對位次
中常侍中黃門有給事黃門位從將大夫皆秦制
爵一級曰公士 師古曰言有爵命異於士卒故稱公士也 二上造 師古曰造成也言有成命於上也 三簪褭 師古曰以組帶馬曰褭簪褭者言飾此馬也褭音乃了反 四不更 師古曰言不豫更卒之事也更音工衡反 五大夫 師古曰列位從大夫 六官大夫七公大夫 師古曰加官公者示稍尊也 八公乘 師古曰言其得乘公家之車也 九五大夫 師古曰大夫之尊也 十左庶長
十一右庶長 師古曰庶長言為眾列之長也 十二左更十三中更十四
右更 師古曰更言主領更卒部其役使也更音工衡反 十五少上造十六大上造 師古曰言皆主上造之士也 十七駟車庶長 師古曰言乘駟馬之車而為眾長也 十八大庶
長 師古曰又更尊也 十九關內侯 師古曰言有侯號而居京畿無國邑 二十徹侯 師古曰言其爵位上通於天子 皆秦制以賞功勞徹侯金印紫綬避武帝
諱曰通侯或曰列侯改所食國令長名相又有家
丞門大夫庶子
諸侯王高帝初置 師古曰蔡邕云漢制皇子封為王其實諸侯也周末諸侯或稱王而漢天子自以皇帝為稱故以王號加之總名諸侯王也 金璽盭綬 如淳曰盭音戾盭綠也以綠為質晉灼曰盭草名也出琅邪平昌縣似艾可染綠因以為綬名也師古曰晉說是也璽之言信也古者印璽通名今則尊卑有別漢舊儀云諸侯王黃金璽橐駝鈕文曰璽謂刻云某王之璽
掌治其國有太傅輔王內史治國民中尉掌武職

前漢年表七上 十四 沈詵

丞相統衆官羣卿大夫都官如漢朝景帝中五年令諸侯王不得復治國天子爲置吏改丞相曰相省御史大夫廷尉少府宗正博士官大夫謁者郎諸官長丞皆損其員武帝改漢内史爲京兆尹中尉爲執金吾郎中令爲光禄勲故王國如故損其郎中令秩千石改太僕曰僕秩亦千石成帝綏和元年省内史更令相治民如郡太守中尉如郡都尉

監御史秦官掌監郡漢省丞相遣史分刺州不常置武帝元封五年初置部刺史掌奉詔條察州師古曰漢官典職儀云刺史班宣周行郡國省察治狀黜陟能否斷治冤獄以六條問事非條所問即不省一條強宗豪右田宅踰制以強陵

前漢年表七上　十五　牛賁

弱以衆暴寡二條二千石不奉詔書遵承典制倍公向私旁詔守利侵漁百姓聚斂爲姦三條二千石不卹疑獄風厲殺人怒則任刑喜則淫賞煩擾刻暴剥截黎元爲百姓所疾山崩石裂訞祥訛言四條二千五選署不平苟阿所愛蔽賢寵頑五條二千石子弟恃怙榮勢請託所監六條二千石違公下比阿附豪強通行貨賂割損正令也秩六百石員十三人成帝綏和元年更名牧秩二千石哀帝建平二年復爲刺史元壽二年復爲牧

郡守秦官掌治其郡秩二千石有丞邊郡又有長史掌兵馬秩皆六百石景帝中二年更名太守

郡尉秦官掌佐守典武職甲卒秩比二千石有丞秩皆六百石景帝中二年更名都尉

關都尉秦官農都尉屬國都尉皆武帝初置

縣令長皆秦官掌治其縣萬戶以上爲令秩千石至六百石減萬戶爲長秩五百石至三百石皆有丞尉秩四百石至二百石是爲長吏師古曰吏理也主理其縣内也百石以下有斗食佐史之秩師古曰漢官名秩簿云斗食月奉十一斛佐史月奉八斛也一說斗食者歲奉不滿百石計日而食一斗二升故云斗食也是爲少吏大率十里一亭亭有長十亭一鄉鄉有三老有秩嗇夫游徼三老掌教化嗇夫職聽訟收賦稅游徼徼循禁賊盜縣大率方百里其民稠則減稀則曠鄉亭亦如之皆秦制也列侯所食縣曰國皇太后皇后公主所食曰邑有蠻夷曰道凡縣道國邑千五百八十七鄉六千六

前漢年表七上　十六

百二十二亭二萬九千六百三十五凡吏秩比二千石以上皆銀印青綬師古曰漢舊儀云銀印皆龜鈕其文曰章謂刻曰某官之章也光祿大夫無師古曰無印綬秩比六百石以上皆銅印黑綬大夫博士御史謁者郎無師古曰大夫以下亦無印綬其僕射御史治書尚符璽者有印綬比二百石以上皆銅印黃綬師古曰漢舊儀云六百石四百石至二百石以上皆銅印鼻鈕文曰印謂鈕但作鼻不爲蟲獸之形而刻文云某官之印成帝陽朔二年除八百石五百石秩綏和元年長相皆黑綬哀帝建平二年復黃綬吏員自佐史至丞相十三萬二百八十五人

百官公卿表第七卷上

百官公卿表七下

師古曰此表中記公卿姓名不具及但舉其官而無名或言若干年不載遷免死者皆史之闕文不可得知也

漢書十九　　班固

秘書監上護軍琅邪縣開國子顏師古注

相國　丞相　大尉　御史大夫　前後左右將軍　奉常　郎中令　衛尉　大僕　廷尉　典客　宗正　治粟內史　中尉　水衡都尉　內史　左內史　右內史　京兆尹　左馮翊　右扶風

太師　大傅　大保

大司徒　大司馬　大司空　大常　光祿勳　中大夫令　大理　大鴻臚　大司農　少府　內史　執金吾　主爵都尉

高帝元年
- 沛丞相蕭何為丞相
- 內史周苛為御史大夫，三年守滎陽死
- 滕令夏侯嬰為太僕
- 執盾襄為治粟內史
- [illegible]
- 內史周苛遷

二

三

四
- [illegible]

五
- 大尉盧綰，後九月為燕王
- 郎中令王恬啓
- 廷尉義渠
- 廣平侯薛歐為典客，師古曰歐一后反
- [illegible]
- 內史杜恬

六
- 汾陰侯周昌為御史大夫 [illegible]
- 將軍酈商為衛尉
- 汝陰侯夏侯嬰為大僕

七
- 博士叔孫通為奉常，三年徙為太子大傅

八

九
- 丞相何遷為相國

十
- 符璽御史趙堯為御史大夫，十年免
- 中地守宣義為廷尉

十一
- 絳侯周勃為大尉，後官省
- 衛尉王氏
- 中尉戚鰓，師古曰鰓先才反

十二
- 太子大傅叔孫通復為奉常
- 廷尉育

孝惠元年
- 營陵侯劉澤為衛尉

二
- 七月辛未，相國何薨。七月癸巳，齊相平陽侯曹參為相國

三
- 長脩侯杜恬為廷尉

四

五
- 八月己丑，相國參薨

六
- 十月己巳，安國侯王陵為右丞相，曲逆侯陳平為左丞相
- 絳侯周勃復為大尉，十年遷
- 宣義為廷尉

七

高后元年
- 十一月甲子，右丞相陵為太傅；左丞相平為右丞相 [illegible]
- 上黨守任敖為御史大夫
- 奉常免，師古曰名免也
- [illegible] 一年遷

元年
- [illegible] 為左丞相
- 大夫三年免

二

三

四
- 平陽侯曹窋為御史大夫，五年免

五

六

七
- 七月辛巳，左丞相食其為大傅 [illegible]
- 奉常根
- 上邳侯劉郢客為宗正，七年為楚王

八
- 九月丙戌，大傅 [illegible]
- 淮南丞相張蒼為御史大夫 [illegible]
- 廷尉圍
- 典客劉揭

孝文元年
- [illegible]
- 郎中令張武
- 河南守吳公為廷尉

徐高

前漢年表七下

- 二：[illegible]；奉常饒；衛尉足
- 三：[illegible]；中郎將張釋之為廷尉遷；典客靡 四年
- 四：[illegible]；御史大夫圍
- 五
- 六
- 七：典客馮敬為御史大夫；典客靚 師古曰靚與靜同
- 八：大僕[illegible]
- 九
- 十：廷尉昌；廷尉嘉

三

- 十一
- 十二：王常昌閭
- 十三
- 十四：中尉周舍；內史董赤
- 十五：廷尉宜昌
- 十六：淮陽守申屠嘉為御史大夫二年遷
- 後元年：廷尉信
- 二：[illegible]；八月庚午開封侯陶青為御史大夫七年遷
- 三
- 四
- 五

前漢年表七下

- 六：奉常信
- 七
- 孝景元年：大中大夫周仁為郎中令十二年以病免食二千石祿；廷尉歐 師古曰歐讀與驅同；平陸侯劉禮為宗正二年為楚王；中尉嘉；中大夫朝錯為左內史一年遷
- 二：六月丞相嘉薨 八月丁[illegible]御史大夫陶青為丞相；八月丁巳左內史朝錯為御史大夫；奉常[illegible]
- 三：中尉周亞夫為大尉五年遷省；正月壬子錯有罪要斬 竇嬰為大將軍；故吳相袁盎為奉常；廷尉勝；德侯劉通為宗正三年薨；河間太傅衛綰為中尉四年為太子太傅
- 四：御史大夫介；南皮侯竇彭祖為奉常
- 五：安丘侯張歐為奉常；桃丘侯劉舍為大僕 師古曰侯表及諸

四

- 六：傳皆云桃侯此為桃丘疑誤也
- 七：六月乙巳丞相青免 太尉周亞夫為丞相；大僕劉舍為御史大夫三年遷；鄭侯蕭勝為奉常；濟南太守郅都為中尉三年免
- 中元年：廷尉福
- 二：中尉
- 三：六月戊戌丞相亞夫免 御史大夫劉舍為丞相；大子大傅衛綰為御史大夫四年遷；蒼侯東[illegible]侯乘昌為奉常
- 四
- 五：軑侯利蒼為奉常 師古曰軑音大又音第；少府神；主爵都尉不疑

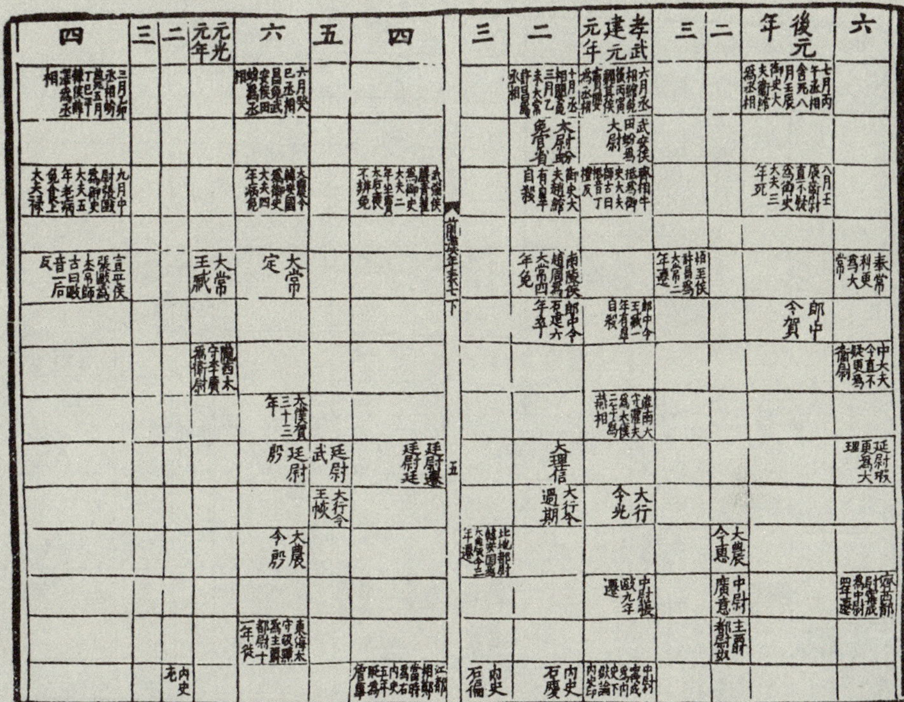
六
後元年
二
三
孝武建元元年
二
三
前漢年表七下
五
四
五
六
元光元年
二
三
四
大常 定
大常 王臧
延尉 殷
延尉 武
大行令 王恢
大理 信
大行 令 光
大農 令 惠
大農 令 殷
中尉 廣意
郎中 令 賀
主爵 都尉
內史 石慶
內史 石偏
內史 充
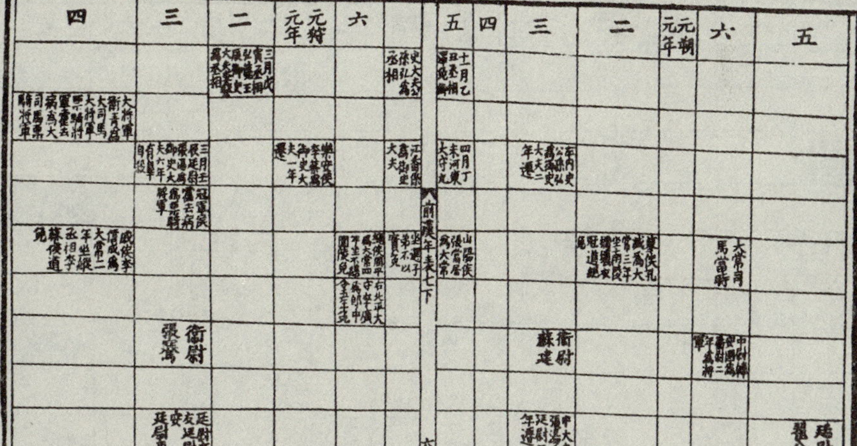
五
六
元朔元年
二
三
四
五
前漢年表七下
六
六
元狩元年
二
三
四
大常 馬當時
衛尉 蘇建
衛尉 張騫
延尉 翟公
大行 令 丘
大行令 李息
宗正 劉棄
宗正 劉受
中尉
少府
中尉 霸
主爵
內史

五	[illegible]丞相[illegible]有罪自殺[illegible]為丞相；郎中令李敢；衛尉充國三年坐[illegible]不謹棄市；廷尉司馬安
六	九月大司馬去病薨；[illegible]；大農令[illegible]天；右内史[illegible]
元鼎元年	[illegible]；廷尉[illegible]；右内史[illegible]
二	二月壬辰丞相青翟有罪自殺 二月辛亥大子大傅趙周為丞相；三月辛亥大子大傅石慶為御史大夫三年遷；[illegible]；中郎將張騫為大行令一年卒；大農令孔僅；少府當四年下獄死；水衡都尉張罷
三	[illegible]；中尉王溫舒為廷尉一年徙中尉；關都尉[illegible]為中尉一年抵罪
四	睢陵侯張廣國為大常；故少府趙禹為廷尉[illegible]；宗正劉安國[illegible]容；廷尉王溫舒為中尉二年免；水衡都尉豹；[illegible]
五	九月辛巳丞相周下獄死 丙申御史大夫石慶為丞相；[illegible]；衛尉路博德
六	[illegible]御史大夫[illegible]；大農令張成；少府豹為中尉
元封元年	[illegible]御史大夫八年卒；水衡都尉閻奉；[illegible]
二	御史中丞杜周為廷尉[illegible]年免；[illegible]王溫舒[illegible]中尉[illegible]二年遷
三	
四	[illegible]侯[illegible]為大常[illegible]；水衡都尉[illegible]；[illegible]

徐

年	前漢年表七下 八
五	大將軍青薨；成安侯韓延年為大常二年坐[illegible]
六	少府[illegible]
太初元年	睢陵侯張昌為大常二年坐[illegible]；郎中令[illegible]為光祿勳；大鴻臚壺充國；中尉；[illegible]
二	[illegible]公孫賀為丞相；[illegible]中公[illegible]為大僕十二年下獄死；大鴻臚商丘成十二年遷；少府王偉；中尉
三	正月[illegible]東太守延廣為御史大夫；[illegible]丘侯石德為大常[illegible]；[illegible]
四	
天漢元年	濟南大守琅邪王卿為御史大夫二年有罪自殺；大司農桑弘羊四年貶為搜粟都尉
二	[illegible]
三	二月執金吾杜周為御史大夫四年卒；廷尉吳尊；故廷尉杜周為執金吾一年遷
四	[illegible]；左馮翊[illegible]
太始元年	廷尉郭居；大司農
二	少府充國；水衡都尉[illegible]
三	三月光祿大夫[illegible]；容城侯[illegible]為大常[illegible]；[illegible]

徐

	四	征和元年	二	三	四	後元元年	二	孝昭始元元年	二	三
			四月壬申丞相賀下獄死五月丁巳涿郡太守劉屈氂爲左丞相	六月壬寅丞相屈氂下獄要斬	六月丁巳大鴻臚田千秋爲丞相					
							二月丁卯侍中奉車都尉霍光爲大司馬大將軍			
[illegible]			九月大鴻臚商丘成爲御史大夫四年坐祝詛自殺				二月乙卯搜粟都尉桑弘羊爲御史大夫七年坐謀反誅			
							侍中駙馬都尉金日磾爲車騎將軍一年薨大僕上官桀爲左將軍七年坐謀反誅			
	[illegible]				[illegible]爲大常十一年坐祝詛誅		[illegible]不害爲大常六年坐孝文廟風發瓦免			
			光祿勳韓說[illegible]大子所殺		光祿勳有祿			尚書令張安世爲光祿勳六年遷		
				邗侯李壽爲衛尉坐居守擅出長安界送吏殺人下獄死		守衛尉不害	守衛尉遺	衛尉[illegible]王莽稚叔三年遷		
							大僕桀左將軍			
		廷尉常	廷尉信	廷尉意				司隸校尉雒陽李仲季主爲廷尉四年坐[illegible]下獄棄市		
				高廟郎中田千秋爲大鴻臚一年遷	大鴻臚[illegible]坐祝詛誅淮陽大守田廣明爲大鴻臚[illegible]遷					
									光祿大夫劉辟彊爲宗正數月卒	
		光祿大夫公孫遺守少府					執金吾郭廣意免	執金吾河東馬適建子孟任職六年坐使人下獄自殺		[illegible]
					右輔都尉王訢爲右扶風九年遷			水衡都尉呂辟胡五年爲雲中大守		
			京兆尹于已衍坐大逆誅			京兆尹建[illegible]		青州刺史雋不疑爲京兆尹五年病免		

前漢年表七下　九

四	五	六	元鳳元年	二	三	四	五	六	元平元年	元年
						正月甲戌丞相千秋薨二月乙丑御史大夫王訢爲丞相	十二月庚戌丞相訢薨	十一月乙丑御史大夫楊敞爲丞相	八月己巳丞相敞薨九月戊戌御史大夫蔡義爲丞相	
[illegible]			九月庚午右扶風王訢爲御史大夫三年遷			三月乙丑大司農楊敞爲御史大夫二年遷		十一月少府蔡義爲御史大夫一年遷	九月戊戌左馮翊田廣明爲御史大夫三年爲祁連將軍	
			光祿勳張安世爲右將軍光祿勳六年遷		中郎將范明友爲度遼將軍衛尉十二年遷				[illegible]	
		[illegible]				[illegible]				
大鴻臚田廣明爲衛尉五年遷			光祿勳并右將軍							
					衛尉并將軍					
	[illegible]		諫大夫杜延年爲太僕十五年免							
					廷尉夏國		[illegible]廷尉李光四年免			
							[illegible]爲大鴻臚四年爲長信少府			
		大將軍[illegible]楊敞爲大司農四年遷	大中大夫劉德爲宗正數月免		青州刺史劉德爲宗正二十二年薨	河內大守平原趙彭祖爲大司農[illegible]三年卒			河東大守[illegible]四年自殺	
			執金吾壹信		光祿大夫蔡義爲少府三年遷		沛國大守[illegible]爲執金吾		[illegible]爲少府四年卒	執金吾延壽
			中郎將趙充國爲水衡都尉六年遷						右扶風周德	
		京兆尹樊福	左馮翊賈勝胡三年坐[illegible]棄市		衛尉田廣明爲左馮翊[illegible]遷	京兆尹彭祖				左馮翊武

前漢年表七下　十

前漢年表七下 十一

孝宣本始元年	二	三	四	地節元年	二	三	四	元康元年	二	三	四
		六月己丑丞相義薨長信少府韋賢為丞相				五月甲申丞相賢[illegible]金[illegible]六月壬辰御史大夫魏相為丞相					
					三月庚午大司馬光薨	四月戊申[illegible]大司馬[illegible]七月[illegible]下獄要斬					八月丙寅大司馬安世薨
		六月甲辰大司農魏相為御史大夫四年遷				六月辛丑太子太傅丙吉為御史大夫八年遷					
					侍中中郎將霍禹為右將軍一年遷						
							之陽侯任[illegible]為太常四年坐人[illegible]中[illegible]				蒲侯蘇昌復為太常六年病免
						度遼將軍范明友為光祿勳一年坐謀反誅					
								北海太守張延壽為大僕[illegible]免			
		廷尉李義		水衡都尉[illegible]子[illegible]為廷尉十七年遷							
	[illegible]大鴻臚[illegible]二年徙		山陽大守梁[illegible]為大鴻臚								
	河南大守魏相為大司農一年遷	大司農淳于賜				大司農[illegible]輔	北海大守朱邑為大司農四年卒				
	博士后倉為少府二年為執金吾	少府悉	[illegible]	執金吾郅元		執金吾延年		平原大守[illegible]之為少府[illegible]年徙	執金吾廣意		[illegible]
		光祿大夫于定國為水衡都尉二年遷	六安相朱山拊為右扶風一年下獄死	水衡都尉[illegible]為右扶風博	潁川太守[illegible]為右扶風三年		勃海太守[illegible]為水衡都尉	[illegible]尹[illegible]為右扶風[illegible]卒			光祿[illegible]為水衡都尉[illegible]四年遷
守京兆尹廣陵相成		潁川太守趙廣漢為京兆尹五年下獄要斬	大鴻臚朱[illegible]為右馮翊一年遷 左馮翊延三年免			左馮翊官	潁川大守[illegible]讓為左馮翊	守京兆尹彭城太守遺	少府蕭望之為左馮翊三年遷	守京兆尹潁川太守黃霸數月還故官	

前漢年表七下 十二

神爵元年	二	三	四	五鳳元年	二	三	四	甘露元年	二	三	四	黃龍元年	孝元初元元年
		三月丙午丞相相薨四月戊戌御史大夫丙吉為丞相			四月己丑大司馬[illegible]五月[illegible]為大司馬[illegible]將軍	正月癸卯丞相吉薨二月壬申御史大夫[illegible]為丞相				三月己丑丞相霸薨五月甲午御史大夫于定國為丞相			
前將軍韓增為大司馬車騎將軍					八月壬午太子太傅黃霸為御史大夫一年遷			二月丁巳大司馬延壽薨				十二月[illegible]侍中[illegible]為大司馬車騎將軍	
		二月甲子大鴻臚蕭望之為御史大夫三年貶為太子太傅				六月辛酉西河太守杜延年為御史大夫三年以病[illegible]免			五月己丑廷尉于定國為御史大夫二年遷	五月甲午太僕陳萬年為御史大夫七年卒			
	後將軍充國				衛尉韋玄成為太常二年免						樂昌侯王[illegible]為[illegible]右將軍四年[illegible]免	[illegible]大將[illegible]之為前將軍[illegible]二年[illegible]光祿勳[illegible]二年免	
								[illegible]為太常二年病免		雁門太守[illegible]平侯杜緩為太常七年坐[illegible]免			
中郎將[illegible]為光祿勳[illegible]五年免					衛尉弘								光祿勳[illegible]將軍[illegible]
	衛尉忠			河內太守韋玄成為衛尉二年遷	右扶風陳萬年為大僕五年遷						衛尉順		平昌侯王接為衛尉五年遷
大僕戴長樂五年免										博陽侯丙顯為大僕一年[illegible]衛尉	大僕[illegible]年遷		
									執金吾田聽天為廷尉三年遷		中山相加于廷尉	廷尉解延年	
[illegible]大鴻臚[illegible]二年遷		少府[illegible]為大鴻臚		大司農[illegible]王為大鴻臚									大鴻臚顯十二年
大司農王[illegible]四年遷				大司農延	宗正劉丁								[illegible]大夫[illegible]宗正二年免[illegible]
	南陽太守[illegible]為執金吾	光祿大夫[illegible]賀為少府				執金吾[illegible]田[illegible]天三年遷					執金吾平		[illegible]少府三年[illegible]太子太傅[illegible]水衡都尉
衛尉[illegible]為右扶風五年遷											右扶風武		水衡都尉
[illegible]年免		東郡太守韓延壽為左馮翊二年下獄棄市		守左馮翊勃海太守信	守左馮翊五原太守延壽			守左馮翊廣大相充郎			京兆尹成	左馮翊常	太原太守陳遂為京兆尹一年遷

前漢年表七下 十三

二

光祿勳貫

京兆尹陳遂為廷尉二年卒

大司農匡衡為郎

[illegible]

京兆尹代郡馮昌為左馮翊延免

三

[illegible]

光祿大夫周堪為光祿勳一年貶為河東太守

丞相司直南郡李延壽為執金吾九年遷

淮陽相鄭弘為右扶風四年遷

四

大鴻臚陽城侯千秋為長信少府四年[illegible]

[illegible]

少府延二年免

京兆尹成

五

[illegible]

河南太守劉彭祖為左馮翊二年遷太子太傅

永光元年

十月戊寅，賞丞相大司馬

元年

二月丁酉[illegible]

[illegible]

大僕金賞為光祿勳一年卒

衛尉雲

故建章衛尉丙顯為大僕十年免

大司農堯

侍中中大夫陽鄉侯為少府五年卒

[illegible]

二

二月丁酉[illegible]

三月丁酉[illegible]

光祿大夫非調為大司農

右扶風守隴西太守王尊為左馮翊五年遷

三

四月[illegible]

[illegible]

四

宗正劉臨

水衡都尉福

[illegible]

五

建昭元年

太子少傅匡衡為光祿勳一年遷

[illegible]

右扶風

前漢年表七下 十四

二

[illegible]

左曹西平侯子孝延壽為衛尉一年遷

執金吾永為光祿勳十六年遷

[illegible]

左馮翊郭延

三

[illegible]

陽平侯王鳳為衛尉侍中三年遷

四

[illegible]

五

京兆尹王[illegible]

竟寧元年

六月己未，侍中衛尉王鳳為大司馬大將軍

[illegible]

大僕譚

陽城侯劉慶忌為宗正三年遷

河南太守[illegible]

孝成建始元年

淇侯駒普為大常數月免

衛尉王罷軍

[illegible]

右扶風[illegible]

二

宗正劉慶忌為大常五年病免

執金吾蜀郡大守何壽為廷尉三年徙

大鴻臚[illegible]

右扶風[illegible]

水衡都尉[illegible]

河東太守杜陵[illegible]

三

十二月丁丑，丞相衡免

八月癸[illegible]

[illegible]

宗正劉通

南陽太守[illegible]為右扶風三年免

四

三月甲申，右將軍王商為丞相

十一月[illegible]少府張忠為御史大夫六年卒

[illegible]

河南太守中大夫為大鴻臚一年免

東平相[illegible]

河平元年

衛尉王[illegible]

[illegible]

二

北海太守中安成范延壽為[illegible]

廷尉何壽

[illegible]

三　四　陽朔元年　二　三　四　鴻嘉元年　二

前漢年表七下　十五

右將軍

光祿勳辛慶忌為右將軍

侍中水衡都尉金敞為衛尉四年卒

右扶風勳為大僕

延尉八年卒

大鴻臚勳

大鴻臚慎

為大司農辰

常山大守劉武宗成為正四年卒

扶風三年免

三　二　元延元年　四　三　二　永始元年　四　三

前漢年表七下　十六　宋庠

十一月庚申大司馬衛將軍王商為大司馬衛將軍

執金吾廉褒為右將軍五年免

鄭侯蕭育為大常六年薨

侍中水衡都尉淳于長為衛尉三年免

右扶風王音為大司農

大司農免

綏和

元延四	綏和元年	二
		三月壬子丞相方進薨丙月太左將軍孔光為丞相
	四月丁丑大司馬[illegible]騎將軍[illegible] 大司馬 十月丙[illegible] 郎將[illegible]大夫冠[illegible] 都尉光祿[illegible]為大司馬	十一月丁卯大司馬[illegible]賜金安[illegible]免左將軍師丹為大司馬 四月徙
	三月戊午廷尉何武為御史大夫 四月乙卯為大司空 一年免	十月癸酉大司馬丹為大司空 一年免
	廷尉孔光為左將軍 一年遷 執金吾王咸為右將軍 一年遷	右將軍[illegible]
		安丘侯劉常為太常四年病賜金百斤安車駟馬免就國
	侍中光祿大夫師丹[illegible] 十一月為[illegible] 大夫傅[illegible] 勳四月遷	大司農彭宣為光祿勳 六月[illegible] 衛尉[illegible] 中光祿[illegible] 勳二年[illegible]自殺
	成陽侯趙訢為衛尉 六月侍中光祿大夫趙[illegible]司農為衛尉 一月為中少府	太子中庶子傅喜為衛尉 二月[illegible] 中光祿大夫王[illegible] 子[illegible] 尉 二月遷 城門校尉 [illegible] 三年遷
	駙馬都尉王舜為太僕 二年病免	
	御史大夫孔光為廷尉 九月遷 少府[illegible]為廷尉 二年 少府長信	
		執金吾謝堯為大鴻臚 三年徙
北地太守谷永為大司農 一年[illegible]	侍中光祿大夫許商為大司農 數月遷 大原太守彭宣為大司農 一年遷	大司農東[illegible]相梁子夏 一年遷
	[illegible]	光祿大夫[illegible] 年遷
守鴻臚大山大守蕭育為右扶風 三年免	京兆都尉[illegible] 為長信[illegible] 水衛都尉 二年 為泗水相	故大僕[illegible] 右扶風 八月[illegible] 大司馬[illegible] 為右扶風 一年免
	長信少府[illegible] 京兆尹[illegible]	光祿大夫[illegible] 京兆尹 [illegible] 三年遷

孝哀建平

孝哀建平元年	二	三
	四月乙未丞相光免 御史大夫朱博為丞相 八月丁亥[illegible] 有罪自殺 十二月甲寅御史大夫平當為丞相	三月己酉丞相當薨 四月丁酉御史大夫王嘉為丞相
四月丁酉侍中光祿大夫傅喜為大司馬	三月丁酉大司馬喜免 丁明為大司馬衛將軍	
十月壬午京兆尹朱博為大司空	四月戊午大司空[illegible] 為御史大夫 [illegible]	四月丁酉河南太守王崇為御史大夫 九月貶
右將軍彭宣 左將軍[illegible] 一年[illegible]	光祿勳丁望為左將軍 執金吾公孫祿為右將軍 一年遷	右將軍公孫祿為左將軍 二年免 執金吾王[illegible]為右將軍 一年遷
	衛尉光祿勳 一月遷 光祿大夫平當為光祿勳 四月遷	少府賈延為光祿勳 二年遷
	少府賈延為衛尉 十一月遷 執金吾孫雲為衛尉 三年遷	
	城門校尉丁憲為太僕 四年遷	
大司農梁相為廷尉 二年 東海都尉		左馮翊賞為廷尉 四年徙
	大鴻臚雲陽毋申世叔 五年徙	
大司農左咸 二年徙		御史大夫王崇為大司農 二年遷
	衛尉賈延為少府 一年遷 中郎將穎川公孫祿為執金吾師古曰中讀曰仲	[illegible]
	侍中水衛都尉大鴻臚龔讓為右扶風 一年遷	光祿大夫東海王子鴻為右扶風 讓 一年遷
司隸校尉鮑宣[illegible] 左馮翊 二年遷		穎川太守[illegible] 京兆尹 一年遷 [illegible] 左馮翊 三年 為將軍

元壽

四	元壽元年	二
	三月丙午丞相嘉下獄死 七月丙午御史大夫孔光為丞相	
	[illegible]	九月己卯大司馬明[illegible] 十一月壬午[illegible] [illegible]
三月丁卯諸吏散騎光祿勳賈延為御史大夫 一年遷	五月乙卯[illegible]孔光為御史大夫 七月丙午[illegible] 大夫 二月免	八月辛卯光祿大夫彭宣為御史大夫
諸吏散騎光祿大夫王安為右將軍 一年[illegible]	御史大夫何武為前將軍 二年免	
建平侯杜業為太常 二年[illegible]		
	[illegible]馬宮為光祿勳 二年遷	
	少府[illegible]為衛尉 二月光祿大夫右扶風弘譚為衛尉 一年遷	
陳留太守劉不惡 宗正更名		
光祿大夫[illegible] 少府 [illegible]	[illegible]	
光祿大夫[illegible] 為右扶風 一年[illegible]	光祿大夫弘譚為右扶風 遷	光祿大夫中常侍[illegible] 為右扶風
光祿大夫[illegible] 京兆尹 一年遷	京兆尹[illegible] 師古曰讀曰仲	

孝平元始

二	孝平元始元年	二
五月甲子丞相光為大司徒 九月[illegible] 大傅[illegible] 右將軍[illegible] 大司徒	三月丙辰[illegible] 大傅[illegible] 大司馬[illegible] 大司[illegible]	
五月甲子大司馬衛將軍[illegible] 為大司馬 六月乙未免 庚申新都侯王莽為大司馬	二月丙辰大司馬莽遷	
五月甲子御史大夫宣為大司空 三月戊午八月戊午右將軍王崇為大司空		二月[illegible] 大司空[illegible]
安陽侯王舜為車騎將軍 八月[illegible] [illegible]		右將軍[illegible] 左將軍[illegible]
博陽侯丙昌為太常 二年[illegible] 郡太守也		[illegible] 張宏[illegible]
左曹中郎將甄邯為光祿勳 一年遷	侍中奉車都尉甄邯子心為光祿勳 三年遷	
大司農王[illegible] 衛尉 二月[illegible] 成侯[illegible] 子元為衛尉		
長樂衛尉王惲子游為太僕 五年遷		
故廷尉[illegible] 為大理 三年坐[illegible] 不[illegible] 免		
復土將軍左咸為大鴻臚		大鴻臚[illegible]
衛尉弘譚為大司農	中郎將屬[illegible] 為大司農 一年卒	光祿大夫[illegible] 大司農
光祿大夫[illegible] 一月免 [illegible] 執金吾 三月遷	少府宗伯鳳[illegible] 中郎將任岑為執金吾 一年卒	左[illegible] 執金吾
大鴻臚[illegible] 右扶風 [illegible] 大守	右輔都尉[illegible] 右扶風 一年免	中輔[illegible]
京兆尹[illegible] 廷尉[illegible] 左馮翊 一年遷	大司徒[illegible] 京兆尹 一月為[illegible] 光祿大夫左馮翊[illegible]	

百官公卿表第七卷下

	三	四	五
			四月乙未大師光祿大夫司馬宮為大司馬八月壬午免十二月丙午長樂少府平晏為大司徒
病免四月丁酉少府左將軍甄豐為大司空			
光祿勳甄邯為右將軍光祿勳			執金吾王駿為步兵將軍
大常二月殷為越騎校尉	成門校尉劉岑子張為大常二年徙為宗伯		
			大僕惲為光祿勳
	尚書令潁川鍾元[illegible]君為大理		
仁			大鴻臚左咸
農敖月免		宗正[illegible]更為宗伯一年免	泰常劉岑為宗伯大司農尹
吾一年卒	執金吾長安王駿三年遷		
騎都尉大司馬司直[illegible]州牧		將作大匠解光免為右扶風年七十病免[illegible]內侯	尚書令南陽[illegible]馮君侯為右扶風
	左馮翊臣咸子期	京兆尹鍾義左馮翊沛孫信子儒	[illegible]中郎將南陽[illegible]為左馮翊

前漢年表七下 十九

古今人表第八 師古曰但次古人而不表今人者其書未畢故也 班固 漢書二十

秘書監上護軍琅邪縣開國子顏師古注

自書契之作先民可得而聞者經傳所稱唐虞以上帝王有號謚輔佐不可得而稱矣 文穎曰言遠經傳不復稱序也師古曰契謂刻木以記事自唐虞以上帝王有号見於經而其臣佐不可得而稱記也 而諸子頗言之雖不考虖孔氏然猶著在篇籍歸乎顯善昭惡勸戒後人故博采焉孔子曰若聖與仁則吾豈敢 師古曰此孔子自謙不敢當聖與仁也 又曰何事於仁必也聖乎 師古曰言能博施於人而濟衆者非止稱仁乃為聖人也 未知焉得仁 師古曰言智者雖博利物猶不及仁者所濟遠

前漢年表八 一 楊生

生而知之者上也學而知之者又其次也困而不學民斯為下矣 師古曰困謂有所不通也 又曰中人以上可以語上也 師古曰言中庸之漸於訓誨可以知上智之所知也 唯上智與下愚不移 師古曰言上智不深於惡下愚雖教無成自此已上皆見論語凡引此者蓋班氏自述所表先聖後仁及智愚之次皆依於孔子者也 傳曰譬如堯舜禹稷卨與之為善則行 師古曰傳謂解說經義者也 鮌讙兜欲與為惡則誅 師古曰鮌檮杌也讙兜渾敦也 可與為善不可與為惡是謂上智桀紂龍逢比干欲與之為善則誅 師古曰關龍逢桀之臣也王子比干紂之臣也皆直諫而死也 于莘崇侯與之為惡則行 師古曰于莘桀之勇人也崇侯紂之佞臣也 可與為惡不

可與爲善是謂下愚齊桓公管仲相之則霸豎貂輔之則亂師古曰豎貂即寺人貂也可與爲善可與爲惡是謂中人因茲以列九等之序究極經傳繼世相次總備古今之略要云張晏曰老子玄默仲尼所師雖不在聖要爲大賢文伯之母達於禮典動爲聖人所歎言爲後世所則而在第四田單以即墨孤城復強齊之大魯連之博通忽於榮利藺子申威秦王退讓廉頗乃在第五大姒巫怪好祭鬼神陳人化之國多淫祀寺人孟子違於大雅以保其身既被宮刑怨刺而作乃在第三嫪毒上烝昏亂禮度惡不忍聞乃在第七其餘差違紛錯不少略舉揚較以起失謬獨馳騖於數千歲之中旁貫諸子事業未究而尋遇竇氏之難使之然乎師古曰六家之論輕重不同百行所存趣捨難壹張氏輒申所見掎摭班史然其所論又自差錯且年代久遠墳典隳亡學者舛駮師論分異是以表載古人名氏或與諸書不同今則特有發明用暢厥言自女媧以下帝鴻以前諸子傳記互有舛駮敘說不同無所取正大要知其古帝之號而已諸人士見於史傳彰灼可知者無待解釋其閒幽昧者時復及焉

上上	上中	上下	中上	中中	中下	下上	下中	下下
聖人	仁人	智人						愚人
大昊	女媧氏 師古曰媧音古蛙反又音瓜							
帝宓羲氏 張晏曰太昊有天下號也作罔罟田漁以備犧牲故曰宓羲氏師古曰宓音伏字本作虙其音同耳	共工氏 師古曰共讀曰龔下皆類此							
	容成氏							
	大廷氏 師古曰廷讀曰庭							
	柏皇氏							

上上	上中	上下	中上	中中	中下	下上	下中	下下
	中央氏							
	栗陸氏							
	驪連氏							
	赫胥氏							
	尊盧氏							
	沌渾氏 師古曰沌音大本反渾音胡本反							
	昊英氏							
	有巢氏							
	朱襄氏							
	葛天氏							
	陰康氏							
	亡懷氏 師古曰亡讀曰無下皆類此							
	東扈氏							
	帝鴻氏							
炎帝神農氏 張晏曰以火德王故號炎帝作耒耜故曰神農	悉諸 炎帝師							
	少典 炎帝妃生黃帝							
	列山氏							
	歸臧氏							
黃帝軒轅氏 張晏曰以土德王故號黃帝作軒冕之服故謂之軒轅	方雷氏 黃帝妃生玄囂是爲青陽							蚩尤
	絫祖 黃帝妃生昌意師古曰絫音力追反	黃帝史						
	彤魚氏 黃帝妃生夷鼓							
	嫫母 黃帝妃生倉林 師古曰[illegible]							
	封鉅 黃帝師							

前漢年表八　四

金天氏 張晏曰以金德王故號曰金天
顓頊帝 高陽氏

大填 師黃帝
大山稽 黃帝師
力牧
風后
鬼臾區 師古曰即鬼容區也臾容音相近
封胡
孔甲
岐伯
泠淪氏 應劭曰淪音鰥始造十二律者師古曰音零淪
少昊帝
五鳥
五鳩
昌僕 昌意妃生顓頊
女祿 顓頊妃生老童
嬌極 老童妃生重黎
吳回
后土
蓐收
玄冥
熙
柱
師味
允格

九黎

前漢年表八　五

臺駘 師古曰駘音胎
窮蟬 顓頊子生敬康
大款 顓頊師
柏夷
亮父 顓頊師 師古曰父讀曰甫下皆同
綠圖 顓頊師
僑極
玄囂子生帝嚳
帝嚳高辛氏
姜原 帝嚳妃生弃
簡逷 帝嚳妃生卨師古曰逷音吐歷反即簡狄也
張晏曰少昊以前天下之號象其德顓頊以來天下之號因其名高陽高辛皆所興地名也顓頊與嚳皆以字爲號上古質故也
陳豐 帝嚳妃生帝堯 師古曰即陳鋒是也
娵訾 帝嚳妃生摯
祝融
陸終 祝融子
女潰 陸終妃生六子一曰昆吾二曰參胡三曰彭祖四曰會人五曰曹姓六曰季連
廖叔安 師古曰左氏傳作飂同音力周反又力救反
丹人
赤松子

帝嚳師
柏招 帝嚳師
句望
蟜牛子 生 師古曰句音鉤蟜音嬌
帝摯
帝堯 陶唐氏 張晏曰翼善傳聖曰堯
女皇 堯妃散宜氏女
羲仲
羲叔
和仲
和叔
倉舒
隤敳 師古曰隤音頹敳音五來反
檮戭 師古曰音疇演
大臨
尨降 師古曰降音下江反
咎繇
仲容
叔達
柏奮
仲堪
叔獻
季仲
柏虎
仲熊

前漢年表八　六　黃幢

朱 堯子　共工
閼伯　讙兜
實沈　三苗
鯀
女志 鯀妃有莘氏女生禹 師古曰莘音所巾反

叔豹
季熊 師古曰即左氏傳所謂季貍者也
尹壽 堯師
被衣 堯師 師古曰被音披
方回
王兒 師古曰兒音五奚反
齧缺
許繇 師古曰即許由也
巢父
子州
支父
帝舜 有虞氏 張晏曰仁聖盛明曰舜舜之言充也
娥皇 舜妃
女罃 師古曰罃即女英也罃音於耕反
敤手 舜妹 師古曰敤音口果反旅俗書本作㪇手字者誤
董父
石戶之農
姑人 舜妃 師古曰姑音其乙反
北人亡擇
雒陶
續身
柏陽
東不訾
秦不虛
垂
卨
朱斨
柏譽 師古曰譽音弋於反
師古曰雒陶已下皆舜之友也身或作耳

前漢年表八　七

鼓叟 瞽牛子 生舜
象 舜弟
商均 舜子

栢益 虞或作字並見尸子
龍
蒦夔 昭明 卨子
帝禹 女趫
夏后氏 禹妃塗山氏女生啓師古曰趫音丘逶反 奚仲
啓 禹子 相土 昭明子
六卿 昌若 有扈氏 師古曰即與啓戰于甘者
不窋 弃子師古曰窋音竹出反 相土子 太康 啓子昆弟也 五人號五觀
根圉 昌若子 羲和 師古曰即廢時亂日胤往征之者也
中康 太康弟師古曰中讀曰仲下皆類此
相土子根圉昌若子 胤 后夔
玄妻
有扔君 相 中康子 羿

前漢年表八　八

師古曰扔音仍 后緡 相妃生少康 逢門子 師古曰有窮君也
武羅 韓浞 師古曰羿之相也浞音七角反
栢因
熊髡
庬圉 奡 師古曰音五到反楚詞所謂澆者也
師古曰武羅以下四人皆羿之賢臣也庬音尨 斟灌氏 殪 師古曰殪音許冀反
少康 麋
相子
女艾 斟尋氏 師古曰二國夏同姓諸侯爲奡所滅也 栢封叔
二姚 虞后氏
少康妃
冥 根圉子 杼 少康子
垓 冥子 師古曰垓音該 師古曰杼音大呂反
芬 師古曰芬音紛 槐 杼子
芒 槐子 微 垓子

泄 鞠 報丁
不降 不窋子 微子
孔甲 不降子
扃 不降弟師古曰扃音工熒反 報乙
劉累 師古曰古累字 報丙
皐 師古曰皐在殽者也
公劉 鞠子 廑 師古曰音勤又音覲 主壬
主癸 發
關龍逢 韋 師古曰豕韋國彭姓 癸 發子是爲桀
鼓 師古曰即顧國己姓 末嬉 桀妃
于辛
昆吾 師古曰豕韋顧昆吾三國也皆湯所誅也 雅侯 葛伯 師古曰湯所征

前漢年表八　九

帝湯殷 尹諧 師古曰湯所誅見孔子家語
商氏 師古曰湯皆字三王去虞之文從高古之質故夏殷之王皆以名爲號也
有㜪氏 湯妃生大丁師古曰㜪與莘同 仲虺 師古曰湯左相也 虞公遂 慶節 公劉子
逢公
老彭 栢陵
義伯 費昌 師古曰費音扶味反
中伯 皇僕 慶節子
大丁 師古曰義仲湯之臣 終古 夏大史令
伊尹 卞隨 外丙
咎單 務光 大丁弟
師古曰湯臣主土地之官也單音善下皆類此 中壬 外丙弟
大甲 大丁子 差弗 皇僕子師古曰差音楚宜反
沃丁 大甲子

大戊 雍己弟
巫咸 師古曰大戊之臣也
祖乙 河亶甲弟
盤庚 陽甲弟
武丁 小乙子
傅說 師古曰說讀曰悅武丁相也

伊陟 師古曰伊尹子也
臣扈 師古曰亦湯臣
外壬 中丁弟
河亶甲 外壬弟
巫賢
大彭
豕韋
陽甲 祖丁子
小辛
盤庚子
小乙 小辛弟
祖己

大庚 沃丁弟
小甲 大庚弟
雍己 小甲弟
孟獻
[illegible]
中衍
中丁
大戊弟
祖辛 祖乙子
沃甲 祖辛弟
祖丁 祖辛子
南庚 沃甲子
劉姓
豕韋

毀隃 [illegible] 師古曰隃音喻
公非 毀隃子
辟方 公非子 師古曰辟音辟
高圉 辟方子
夷竢 高圉子 師古曰竢與俟同
亞圉 高圉子
雲都 亞圉弟
公祖 亞圉子

前漢年表八 十

甘盤 師古曰武丁師也
大王亶父 公祖子
姜女 大王妃
大伯
中雍
王季
大任 王季妃文王母
微子 紂兄
箕子
比干
伯夷
叔齊

孝己
祖伊
大師摯
亞飯干 師古曰飯音扶晚反
三飯繚 師古曰繚音來彫反
四飯缺

祖庚 武丁子
膠鬲
微中
商容
師涓 師古曰涓音工玄反
梅伯
邢侯

甲 祖庚弟
馮辛 甲子
庚丁 馮辛弟

武乙 庚丁子
大丁 武乙子
乙 大丁子

辛 乙子是為紂
妲己 紂妃 師古曰妲音丁葛反
費中 師古曰費音扶味反
飛廉
惡來
左彊

前漢年表八 十一
楊德

前漢年表八 十二

等	人物（右→左）
一	文王 周氏；武王 文王子
二	大姒 文王妃；大顛；閎夭；散宜生；南宮适（師古曰大顛以下文王之四友也）；祭公（師古曰祭音側介反）；師尚父；畢公 文王子；大師疵
三	鼓方叔；播鞀武（師古曰鞀音徒高反）；少師陽；擊磬襄（師古曰自師摯以下八人皆紂時奔走分散而去鄭玄以爲周平王時人非也）；虢中；虢叔（師古曰中叔二人皆文王弟也）；粥熊（師古曰文王師也粥音弋六反）；周任；辛甲；史扁（師古扁音翩）；殷大史向摯；邑姜 武王妃；大姬 武王妃；曹叔振鐸 文王子
四	鬼侯；伯達；伯适（師古曰适音括）；中突；中曶（師古曰曶與忽同）；叔夜；叔夏；季隨；季騧（師古曰伯達以下周之八士也騧音瓜）；成叔武 文王子；霍叔處 文王子；檀伯達（師古曰武王臣）；蘇忿生（師古曰武王司寇蘇公）
五	伯邑考 文王子；楚熊麗 鬻熊子（師古曰鬻與粥同）；虞侯；芮侯（師古曰二國訟質文王者）；吳周章 仲雍曾孫；杜伯；楚熊狂 熊麗子
六	芮伯（師古曰周同姓之國在圻內者爲武王時作旅巢命）；巢伯（師古曰南方遠國也武王克商而來朝）

楊德

前漢年表八 十三

等	人物（右→左）
一	周公 文王子
二	少師彊；成王誦 武王子；召公（與周同姓）；史佚
三	毛叔鄭 文王子；虞閼父；陳胡公滿 舜後；衛康叔封 文王子；聃季載 文王子；君陳；芮伯（師古曰周司徒也）；彤伯（師古曰即宗伯也尚書作彤伯）；毛公（師古曰周司空也）；師氏（師古曰周大夫也）；虎臣（師古曰周武賁氏也尚書作武臣）；中桓；南宮髦（師古曰二人亦周大夫也）
四	滕叔繡 文王子；原公 文王子；郜子（文王子師古曰郜音告）；雍子 文王子；酆侯 文王子；郇侯（文王子師古曰郇音荀）；唐叔；虞子 武王子；應侯 武王子；右史；戎夫；祝雍；邘叔；商子
五	虞中 周章弟；杞東樓公 禹後；邘侯 武王子；韓侯 武王子；齊丁公伋 師尚父子；魯公伯禽 周公子；凡伯 周公子；蔣侯 周公子；邢侯 周公子；茅侯 周公子；胙侯 周公子；祭侯（周公子師古曰祭音側介反）；晉侯燮；秦旁皋 女防子
六	季勝 惡來弟；秦女防 惡來子；楚子繹 熊狂子；孟會 季勝子；蔡中 叔度子；胡公；衛康伯 封子；陳申公 滿子
九	祿父 紂子；管叔鮮 文王子；蔡叔 文王子

堂

		桓𥊍皆其名也自芮伯以下皆見周書顧命		楚熊				
				艾（繹子）				
				宋微中				
		康王釗		啓子	蔡伯		祭公	
		成王子師古曰釗音之遙反又音[illegible]遼反		魯孝公	胡子	蔡侯	辛繇	
				伯禽子	楚熊	官（伯子）	靡	
					亶（艾子）		師古曰繇讀與由同	
				齊乙公		衡父		
				丁公子	宋公稽	孟增子		昭王瑕
				晉武公	仲子			康王子
				燮子	衞孝伯			
				秦大几	康伯子			房后
				旁皋子	陳柏公			師古曰昭王后也
				魯煬公	申公弟			
				孝公子	陳孝公			
				師古曰煬音式向反	造父（衡父）			
				齊癸公（乙公）	子師古曰造音千到反			
			穆王滿					
			昭王子	秦大雒	徐隱王			
			呂侯	大几子	師古曰即偃王也			
			師古曰穆王司徒也	楚熊				
			君牙	盤（艾子）	鉛陵			
			師古曰穆王司徒也		卓子			
				衞嗣伯				
			伯㷀	孝伯子				
			師古曰㷀王大僕也		楚熊			
			僕也㷀音居永反	衞疌	錫（[illegible]子）			
			祭公	嗣伯子			魯幽公	
			謀父	秦非子	宋愍公	共王	煬公子	
			師古曰祭音側介反	大雒子	共公子	伊扈（穆王子）	齊哀公（癸公子）	

			宓母		衞靖伯	晉成侯	宓康公	宋煬公
					疌子	武侯子	懿王堅	愍公弟
						陳慎侯	穆王子詩作師古曰	齊胡公
					楚摯	孝侯子	政道既衰怨刺之詩	哀公弟
					紅（渠子）	蔡厲侯	始作也	魯魏公
						宜侯子		幽公弟
				秦嬴		魯厲公	孝王	楚熊
				非子子	衞貞伯	魏公子	辟方	摯子
					靖伯子		共王弟	渠子
						晉厲侯	師古曰辟音辟	宋厲公
				秦侯	魯獻公	成侯子		愍公子
				嬴子	厲公弟		夷王摺	
						衞頃侯	懿王子師古曰摺音燮	齊獻公
					燕惠公	貞伯子		胡公弟
		宋弗			邵公九世			
						楚熊	齊武	
		父何			宋釐公	延（摯弟）	公（獻公）	
		愍公子	共伯和		厲公子師古曰釐讀	蔡武侯	杞題公	
		芮良夫	師古曰共國名也伯		曰僖下皆類此	厲侯子		厲王胡
			爵也和共伯之名也		曹夷伯	衞釐公	曹幽伯	夷王子
			共音恭而遷史以為	史伯	振鐸六世	頃公子	夷伯子	衞巫
			周召二公行政號曰	宋父（何子）	魯慎公	楚熊勇	陳幽公	
			共和無所據也	秦中	獻公子	延子	慎公子	楚熊
				伯子	齊文公	晉靖侯	齊厲公	嚴
				魯武公	厲公弟	厲侯子	武公子	勇子
				慎公弟	晉釐侯	邾顏	魯懿	
				秦嚴公	靖侯子	夏父	公（武公子）	
				仲子	楚熊	蔡夷		伯御
			嘉父		紃（弟嚴）	侯	叔術	魯懿公兄子
				楚熊	師古曰紃音巡	武侯子	盰	

前漢年表八　十六

周宣王靖 厲王子

召虎 方叔 南中 中山父 申伯 尹吉父 韓侯 蹶父 師古曰蹶音居衛反 張中 程伯 休父 師古曰休音許虯反

譚大夫 寺人孟子 伯陽父 史伯 師服 虢文公

霸子釐 宋世子士 蔡夷侯 奄父 造父六世孫 鄭桓公友

衞武公 子釐公 宋惠公 子釐公 燕釐侯 世十 宋戴公 惠公子

楚熊咢 子訓 陳釐公 子幽 晉獻侯 子釐侯 晉繆侯 獻侯子 齊成公 文公子 魯孝公 懿公子 陳武公 釐公子 蔡釐侯 子夷侯 燕頃侯 世十一 齊嚴侯 子成侯 陳夷公 子武公 陳平公 夷公弟

曹戴伯 幽子 曹惠伯 戴伯子

衞共伯 子釐公 晉殤公 繆公弟 幽王 官涅 子宣王 褒姒 虢石父 皇父 卿士 司徒 皮 師古曰即十月之交詩所謂番維司徒是也 大宰 家伯 膳夫

前漢年表八　十七

秦襄公 子莊 文子 辛有

楚若敖 咢子 晉文侯仇 繆侯子 趙叔帶 掩父 宋武公 戴公子 衞嚴公 子武公 陳文公 子平公 宋宣公 子武公 楚蚡冒 子霄敖 師古曰蚡音扶粉反

魯惠公 孝公子 秦文公 襄公子 楚霄敖 子若敖 鄭武公 子桓公 燕哀侯 世十二 燕鄭侯 世十三 蔡共侯 子釐公 齊釐公 子嚴公

晉昭侯 子文侯 潘父 曹桓公 繆公子 蔡戴侯 子共公

中術 師古曰即所謂中允膳夫也 內史 掫子 師古曰掫音側求反 趣馬 蹶 師古曰蹶音字平俱反蹶音居衛反 師氏 萬 師古曰萬讀與禹同音九禹反 申侯 平王 宜臼 曹繆公 子惠公 曲沃桓叔 晉文侯弟 晉孝侯 子昭侯

宋孔父大金子 衛太子伋 公子壽

臧哀伯

宋大金孝父子 臧釐伯 石碏師古曰碏音千若反 楚武王蚡冒弟 鄧曼楚武王夫人 魯施父

宋繆公和宣公弟 蔡桓侯封人宣侯子 邾儀父 頴考叔 鄭公子呂 曹嚴公亦姑桓公子師古曰即射姑也 秦憲公文公子 宋嚴

燕繆侯十四世 陳桓侯鮑文侯子 展亡駭 宋司徒皇父 司空牛父 公子穀生 耏班師古曰耏音而 桓王林平王孫泄父子 衛宣公晉桓公子 虞公

蔡宣侯戴侯子 鄭嚴公寤生武公子 叔段 晉鄂侯孝侯子 宰咺師古曰咺音許遠反 宋殤公宣公子 華督師古曰華音下化反 蔡哀侯桓侯弟 晉哀侯鄂侯

曲沃嚴伯桓叔子 魯隱公惠公子 公子翬師古曰翬音暉 衛桓公完嚴公子 公子州吁 芮伯 魯桓公惠公子 夫人文姜 彭生 陳厲公桓公弟

隨季良 魯申繻 楚保申 王子成父 齊寺人費師古曰即徒人費也費音秘 王青 二友

關伯比 熊率且比師古曰率音力出反且子余反 鄭祭足 楚文王武王子 騅甥 聃甥師古曰聃音乃甘反 養甥 謝丘章 辛甲 石之紛如師古曰紛音扶云反 齊桓

公馮繆公子 燕宣公十五世 觀丁父 薳章師古曰薳音于鬼反 嚴王佗桓王子 鄧祁侯 衛惠公朔宣公子 公子黔牟 左公子泄 潘和 秦武公出公兄 燕桓侯十六世 齊公

虞叔 楚瑕 丘 隨少師 魯嚴公同桓公子 鄭昭公忽厲公兄 高渠彌 鄭子亹昭公弟 右公子職 王子

子 晉小子侯哀侯子 秦出公曼 鄭厲公突嚴公子 夫人哀姜 周公黑肩 連稱 管至父 雍人廩 [illegible]里

長狄僑如 齊襄公兒 公子亡知

前漢年表八　二十　陳

公小　子糾　克　乙
鮑叔　白　紀侯　宋愍
牙　高傒　襄公弟　魯公　紀季　公捷
師古曰傒音奚　孫隱　嚴公子
召忽　蕭叔　顥孫　齊伯　南宮
師古曰召讀曰邵　大心　師古曰顥音上真反　氏　萬
寺人　子游
隰朋　石祁　曹蘉　貂　猛獲
王子　子　公夷　易牙　南宮
甯戚　成父　嚴公子　常之　牛
原繁　宋桓　巫　鄭子
宋仇　實須　公御說　師古曰齊桓時人也　嬰齊
牧　亡　說宋閔公弟　見呂覽　子盤子
麥丘　師古曰說讀曰悅　衛公　傅瑕
魯曹　人　子開　晉愍
劇　輪邊　方　侯
師古曰劇音居徹反　師古曰輪扁也扁音翩　秦德　釐王　哀侯弟
翩　公　胡齊　曲沃
平陵　武公弟　嚴王子　武公
楚粥　老　秦宣　陳宣　嚴公子
拳　愚公　公　德公子　公杵　王子
臼　釐公弟　積
陳公　蔿國
子完　息嬀　息侯
佗子　燕嚴　惠王　邊柏
侯　毋涼
虢史　虢叔　十七世　楚杜
嚚　鄭文　鄭高　敖　文王子
公棲　古几　師古曰郞音敖
周內　厲公子　公孫

前漢年表八　二十一　陳養

史過　魯梁　素　陳大
孫　彊鉏　陳轅　子御
宰孔　濤塗　寇
召伯　楚申　魯公
魯公　廖　秦成　侯　子牙
子季　楚屈　公　魯公　圉人
友　完　齊中　宣公弟　子般　犖
師古曰屈音九勿反　孫湫　曹昭　魯閔　公子
魯公　師古曰湫音子小反　公班　公啓　慶父
子奚　釐公子作詩　嚴公子　卜齮
斯　許夫　師古曰齮音蟻
人　衛戴　衛懿
衛弘　先丹　公　公
黃　木　黔牟子　惠公子
師古曰黃音演　卜偃　羊舌　趙夙　晉獻
荀息　辛廖　大夫　史華　公
師古曰廖音聊　史蘇　畢萬　龍滑　武公子　晉驪
宋公　梁餘　魯釐　畢公後　奚齊　優施　姬
子目　子養　公　士蔿　卓子　梁五
夷　罕夷　臣猛　師古曰卓音敕角反　東關
申生　楚逢　足　五
宮之　狐突　伯　井伯　趙孟　虞公
奇　衛甯　衛文　厲子生襄　師古曰衰　為晉所滅大王
秦繆　嚴子　公　音楚危反　後
百里　公　宮辰　戴公弟　蔡繆　虢公
奚　成公弟　晉冀　宋襄　公
秦繆　芮　公　為晉所滅王季後
夫人　慶鄭　桓公子　許釐　鄭子
奄息　公孫　韓簡　蔡嚴　公　華
枝　鄭叔　侯　曹共

中行 繇余 詹 穆侯子 襄王 公
師古曰行音戶郎反 師古曰繇音由余 皇武 燕襄 鄭 昭公子
鍼虎 蹇叔 子 公 惠后 王子
師古曰鍼音其炎反 燭之 釐負 十八世 晉惠 帶
武 羈妻 梁卜 公
內史 曹豎 招父 獻公子 梁伯
叔興 侯孺 師古曰招音上遥反 里克
卜徒 師古曰孺音乃侯反
父 衛元 虢射 楚成
禽息 楚子 咺 宋襄 王惲
王廖 王 師古曰咺音許遠反 公 晉懷 師古曰左傳作頵
師古曰廖音聊 閻宜 成公子 公 頵音於倫反
申 叔武 惠公子 潘崇
晉文 成大
寗武 公 心 鍼嚴 齊孝 衛成

前漢年表八 二十二

子 狐偃 獻公子 欒悼 子 公 公
趙衰 夫人 子 桓公子 文公子
師古曰衰音楚危反 姜氏 晉李 曹共
魏犨 雝 倉葛 公
衰妻 畢萬子 寺人 鄭子 昭公子
介子 顛頡 披 鄭繆 臧 齊公
推 胥臣 曹文 公蘭 子無
推母 賈佗 公壽 文公子 詭
師古曰佗音徒何反 共公子 石奚 師古曰左氏傳作無虧
燕桓 師古曰奚音丑略反
郤穀 董因 公 十九世 齊昭
舟之 豎頭 陳繆 公
僑 須 秦康 公 孝公子
荀林 齊國 公 宣公子
父 嚴子 繆公子 周頃

先軫 周內 晉襄 陳共 王 王
狼瞫 史叔 公 公 臣
師古曰瞫音審 服 文公子 繆公子
陽處 孟明 朱文 魯文 夏父
父 視 公 公 不忌
寗嬴 西乞
史駢 術 宋子 周匡 宋昭
師古曰駢音步千反 士會 哀 王班 公
繞朝 邾子 胥申
鄭弦 石癸 玃且 父
高 師古曰玃音居碧反 齊君 狐射
公孫 且音子余反 舍 姑 楚繆
叔仲 壽 昭公子 師古曰射音夜 王商
惠伯 蕩意 魯公 單伯 魯宣 臣
宋方 諸 孫敖 魯叔 公

前漢年表八 二十三

叔嘉 公冉 蔡文 孫得 郰歐 齊懿
子 務人 公 臣 師古曰郰音鄒 公商
卜楚 嚴公子 秦共 閻職 人
欒豫 丘 單襄 公
晉趙 子 康公子 晉趙 晉靈
董狐 盾 靈輒 晉成 穿 公夷
衰子 祁彌 公黑 皐
鉏麑 明 臀 襄公子
宋伯 師古曰祁音上尸反 靈公弟
夏叔 秦桓
子 鄭子 公
鬭伯 良 共公子 周定 鄭靈 陳靈
比 士良 衛穆 王榆 公 公
令尹 楚嚴 子 公遫
子文 王 泄冶 宋文 公子 夏姬

前漢年表八 二十四 何立

楚薳 賈 申叔 時 孫叔 敖

穆王子 王孫 滿 箴尹 克黃 魏顆 師古曰顆音口果反 五參 陳應 申公 申培 師古曰培音陪 樂伯 優孟 鄭公 子弃 疾 子反 逢丑 父 賓媚 人 范文 子士燮

孔達 王子 伯廖 師古曰廖音聊 晉解 陽 荀尹 箕鄭 公子 雍 秦景 公 桓公子 楚鄖 公 鍾儀 楚共 王 嚴王子 晉郤 克 辟司 徒妻 師古曰辟讀曰嬖 荀罃 鄭賈

逢大 夫 王札 子 魯公 子歸 生 申舟 齊惠 公 懿公弟 陳成 公 靈公子 燕宣 公 二十世 曹宣 公盧 文公子 吳壽 夢 中壽後十五世 師古曰夢音莫 風反 鄭悼 公襄公子 申公 巫臣

公鮑 昭公弟 翟豐 舒 召伯 師古曰召讀曰邵 毛伯 少師 慶 士亹 鄭襄 公堅 靈公子 衛繆 公 成公子 周簡 王夷 定王子 魯成 公 宣公子 齊頃 公 惠公子 衛定 公繆公子 衛子 良夫

子公 晉先 穀 楚子 越 穀陽 豎 鄭公 子班 曹成

孔寧 儀行 父

前漢年表八 二十五 徐真

曹劌 時 師古曰即曹沬也 劌音許其反

臧宣 叔 韓獻 子厥 程嬰 羊舌 公孫 杵臼 劉康 公 單襄 公 苗賁 皇 叔嬰 齊 宋華 元 孟獻 子 欒正 求 牧中 晉悼

人 伯宗 伯宗 妻 秦醫 緩 桑田 巫 呂相 郤至 姚句 耳 師古曰句音鉤 呂錡 養由 基 叔山 舟 匡句 須 師古曰句音其于反 鮑國 晉解 狐 祁午

王孫 閱 燕昭 公 二十一世 趙朔 盾子 郤犨 郤錡 師古曰錡音蟻 中行 偃 胥童 欒書 羊魚 鮑嚴 子韋 向于 鄭成 公綸 師古曰綸音工頑反 左傳作睔音工頓反 燕武 公 二十一世 鄭廖

中叔 于奚 宋共 公瑕 文公子 晉景 公 成公子 宋平 公 成公子 叔孫 僑如 公子 偃 長魚 矯 羊斟

公員 錫 宣公弟 屠顔 賈 師古曰即屠岸賈也 音工下反 宋蕩 子 晉厲 公 景公子 宋魚 石 慶克 國佐

公周		鄭唐		楚工	尹襄	祁奚	羊舌	職	魏絳	張老	籍偃	汝齊		宋子
韓亡	忌	鍼鞮	伯華				魯臧	慶	衛柳	壯	師古曰壯讀曰莊		吳諸	樸
楊干	子服	佗	叔梁	紇	師古曰紇音下結反		秦堇	父	狄斯	彌	士鞅		尹公	佗
					靈王	泄心	簡王子	魯襄	公		齊靈	公環	頃公子	衛獻
				楚公	子申		公子	壬夫	鄭釐	公	成公子		子駟	
												程鄭		西鉏

前漢年表八　二十六　徐真

罕		向戌	范宣	子士匄		晉邢	蒯	齊殖	綽	鄭游	眅	師古曰眅音普板反		齊杞
齊晏	桓子	楚子	囊	鄭師	慧	衛大	叔儀	公子	鱄	曹武	公勝	成公子	鄭簡	公嘉
庚公	差	公孫	丁	無終	子嘉	父	姜戎	駒支	楚令	尹子	南	觀起	師古曰觀音工喚反	
公衍	定公子			衛殤	公炊	獻公弟	師古曰春秋姜	作剺	孫文	子林伐		福陽	子妘姓	師古曰即偪陽
孫蒯		朱庶	其	鄭尉	止			衛甯	喜					
吾														

		范武	子	師古曰據今春秋說	范武子即士會也而	此重見豈別人乎未	詳其說		晉叔	向	向毋	師古曰向讀曰	餉	薳伯
	魯季	文子				欒王	鮒		楚申	叔豫		齊大	史三	人
梁	殖妻	華州	師古曰即華周	祝佗	父	師古曰佗音徒何反		申蒯	陳不	占	士鞅	衛右	宰轂	臣
釐公子	晉陽		罕		行人	子員	師古曰員音云	子朱	楚湫	舉	師古曰即椒舉	遠奄	趙武	楯子
燕文	公	二十三世	魯國	歸父	鄭公	孫夏		燕懿	公	二十四世	楚康	王	共王子	
弛如音云	楚屈	建	魯臧	堅	宋華	臣	晉叔	魚	齊崔	杼	慶封	慶嗣	吳過	壽夢子
						巢牛	臣		宋伊	戾		吳餘	祭	師古曰餘祭音側

前漢年表八　二十七　張珪

								仲尼						
王	吳季	札	鄭子	產	晏平	仲		大子	晉		左丘	明		顏淵
南史	氏	陳文	子	卞嚴	子		臧文	中		宰我		子貢		冉有
厚成子	衛公	子荆	絳老	人	史趙	士文	伯	鄭畢	湛	師古曰畢音譬	湛音諶	行人	子羽	馮簡
鬷蔑	師古曰鬷音子	公反	鄭子	皮										
			晉亥	唐		秦醫	和	晉船	人固	來	師古曰即固來	也	舟人	清消
晉平	公彪	悼公子	齊陳	桓子	衛襄	公惡	獻公子		曹平	公	武公子		北燕	伯款
介反	景王	貴	靈王子	魯昭	公稠	師古曰稠音直	沐反	晉昭	公夷	公平子	燕惠	公	二十五世	陳公
			齊嚴	公光	靈公子	楚夾	敖	康王子	蔡景	侯		蔡靈	侯	陳哀

子 師古曰鰯音工 子招 公弱
閔子 季路 子大 玄反 周儋 成公子
騫 叔 魯謝 陳惠 桓伯 吳餘
子游 衛北 劉定 息 公 魯南 昧
冉伯 宮文 公 鄭定 哀公子 蒯 餘祭
牛 子夏 子 公 鄭孔 莒子 師古曰昧音秣
魯叔 公孫 簡公子 張 庚輿 宋寺
仲弓 曾子 孫豹 楚 燕悼 周原 晉頃 人柳
狐丘 公孫 公 伯魯 公 魯聲
子張 子林 黑 二十六世 昭公子 楚靈
韓宣 遠啓 宋元 王圍
曾皙 晉趙 子厥 彊 公佐 晉邢
文子 魯叔 申子 平公子 侯
子賤 孟釐 孫昭 文豐 蔡平 雍子
子 左史 侯

前漢年表八 二十八

南容 子 楚遠罷 倚相 景侯子 楚公
師古曰即南宮适也字子容 孟懿 師古曰罷讀曰疲 申亡 樊頃 子比
子 吳厥 宇 子
公冶 南宮 由 申亥 司徒 觀從
長 敬叔 師古曰即厥由 亡宇子 醜 師古曰觀音工
公西 師古曰南宮适 衛史 晉費稽 子鼂 奐反
華 鄭子 鼂 談 賓猛
有若 子鉏 師古曰即賓孟 周悼
漆彫 老子 師曠 商 也 王猛
啓 周史 蔡悼 景王子
澹臺 大破 侯
葴明 南榮 屠蒯 靈侯孫
師古曰葴音大 疇 蛸子 齊景 梁丘
甘反 師古曰即南榮疇 子服 師古曰蛸音一 公扦 據
樊遲 師古曰遲也樊音直值反 惠伯 堯反 曰 曹桓

巫馬 晉荀 嚴公弟 公
期 吳 孝成 平公子
司馬 裨竈 子 南宮 敬王
牛 齊虞 極 丐
子羔 公伯 里析 人 頓子 景王子
原憲 寮 越石 裔款 悼王兄
顏路 公肩 梓慎 父 胡子
商瞿 子 栢常 許男 駹
師古曰瞿音劬 申須 騫 沈子 起平
季次 子石 燕子 逞 王棄
公良 林既 子 陳夏 疾
隰成 韶齒 靈王弟
子 北郭 魏獻 魯季 費亡
顏刻 琴牢 騷 子 平子 極
逢於 孫繹 燕共 宋樂 曹聲

前漢年表八 二十九 徐承

何 司馬 公 大心 公
司馬 彌牟 二十七世 悼公弟
穰苴 季公
師古曰穰音人 司馬 鳥 吳僚
羊反苴音子余 篤 公叔 餘眛子
反 魏戊 務人 師古曰僚音聊
楚伍 楚太
奢 智徐 子建 寺人 曹隱
伍尚 吾 僚祖 公通
孟丙 師古曰祖音側 平公弟
燕平 加反
魯師 成鱄 公 臧昭
已 師古曰鱄音上兗 二十八世 伯
反 厚昭
閻沒 專諸 伯

楚子西 公子閭 五子胥 江上丈人 史魚 公叔文子 中叔圉 祝佗師古曰佗音徒何反 王孫賈 公父文伯母 衞公子逞

子家羈 吳孫武 申包胥 蔡墨 楚史皇 王孫由于 鑪金師古曰鑪音盧 屠羊說師古曰說讀曰悅 莫敖大心 蒙穀 陳逢滑 司馬狗師古曰衞宣公

彼覺 楚司馬子期 沈尹戌 高彪傒師古曰傒音奚 萇弘 員公辛師古曰員讀曰鄖 王孫章 楚石奢 劉文公卷師古曰卷音其專反 季康子

秦哀公 景公子 楚昭王 平王子 鍾建 鄭獻公蠆 定公子 宋景公兜欒 元公子 宋中幾 齊高張 榮駕鵝師古曰駕音加 秦惠

師古曰[illegible]伯也 吳王闔廬 楚郤宛 越王允常夏少康後 鬭且師古曰且音子余反 魯定公 宋昭公 郳嚴公 夷射姑師古曰射音夜 楚囊瓦 唐成公 蔡昭

吳夫槩師古曰夫音扶槩音工代反 徐子章禹 衞靈公元 襄公子 南子 蒯聵師古曰蒯音苦怪反 宋朝 彌子瑕 雍渠 鑿且子師古曰且音子余反 季桓子

范蠡

觀射父師古曰觀音工奐反 鳴犢 竇犨 越句踐 允常子師古曰句音鉤 大夫種 后庸

臣也見魯連子 顏讎由 大夫選 陳司城貞子 顏燭鄒師古曰卽顏涿聚子也 郵亡卹 王良 栢樂 陽城胥渠 扁鵲 董安于 田饒 仇汜 榮聲

公父文伯 東野畢 周舍 田果 行人燭過 燕簡公二十九世 嚴先生 師古曰[illegible]宋公見[illegible]也

公 哀公孫 鄭聲公勝 獻公子 趙簡子 武子孫 韓悼子 宣子子 齊國夏 桑掩胥 魯哀公

侯 悼侯弟 晉定公 頃公子 陳懷公 惠公子 滕悼公 許幼 莒郊公 郲悼公 頓子 胡子 薛襄子 小邾子 齊悼

曹靖公路 聲公子 范吉射師古曰射音食亦反 中行寅師古曰行音胡郎反 杞隱公 悼公子 杞釐公 隱公子 曹伯陽爲宋所滅 公孫彊

諸稽 期 公陽
到 秦悼 生
師古曰即[illegible]或作[illegible] 公 齊晏
苦成 楚芋 惠公弟 孺子 田乞
尹文 師古曰即安孺 鮑牧 完六世孫
皋如 師古曰芋音于具反 燕獻 子也
公 高昭 田恒 齊簡
隰斯 三十世 子 陳乞子 公壬
計然 彌
葉公 市南 楚白 楚惠 諸御
子高 熊宜 公勝 王章 鞅 子我
僚 昭王子
屈固 衛大 子行
大陸 申鳴 叔遺
子方

孔文 衛出
嚴善 子 公輒
檀弓
魯大 大叔 渾良
師 公儀 疾 夫
儀封 中子 師古曰渾音下
人 公明 陳棘 昆反
達巷 賈 皐魚 頗 孔悝
黨人 長沮 陳亢 蔡成 石乞
朱張 師古曰沮音子 師古曰音岡又 顔亡 公 狐黶
余反 音抗 父 昭公子 師古曰即孟黶
桀溺 子服 齊平 衛簡
少連 景伯 顔喻 公鱄 公蒯
丈人 倫 簡公子 瞶
林放 闕黨

何貴 顔夷 童子 原壤
師古曰貴音[illegible] 師古曰即闕黨 叔孫
童子也 武叔
楚狂 陳司 陳弃 華子 衛公
接輿 敗 疾 成 孫朝 衛侯
陳子 工尹 師古曰即棘子 起
禽 商陽 成也 尾生 石國
陽膚 周元 晦 陽虎
孟之 師襄 尾生 齊黔 王赤 師古曰即微生
反 子 高 敖 敬王子 畝也古畝字
師古曰即微生 師古曰即黔 晉出
高也 也 公 互鄉
申棖 餓者 定公子 童子
大連 師己 師冕
師古曰即師冕 陳子 [illegible]

賓牟 鄭戴 元 公之 師古曰即陳 陳憖
賈 勝之 魚 [illegible] 公 [illegible]
顔丁 公肩 南郭 陳尊
瑕 惠子 己 公山
顔柳 師古曰即公肩 姑布 來桓 不狃
假也 子卿 魋 師古曰即公山
周豐 衛視 宋子 不擾也音人九
夷 韋 秦厲 匡人 反
采桑 師古曰即式夷 公輸 共公 杞愍
羽 也見呂氏春秋 般 悼公子 貞定 公
史留 雒朱 王 釐公子
樂正 豫讓 陳大 元王子 杞釐 吳王
子春 青荓 宰喜 鄭共 公 夫差
子 吳行 公 師古曰此不當
石鮪 師古曰音步 人儀 哀公弟 言[illegible]公字誤也

子服子 惠子 公扈皮 段干木 田子方 寗越

丁反 趙襄子 簡子子 知過 師古曰即知果 鮑焦 墨翟 禽屈釐 師古曰即禽滑釐者是也屈音其勿反又音丘勿反 我子 田俅子 師古曰俅音求 隨巢子 胡非子 魏文侯 桓子孫 李克

鄭[illegible]公 [illegible] 師古曰[illegible]人所殺也[illegible] 燕孝公 三十一世 魏桓子 獻子曾孫 韓康子 貞子子 高赫 原過 任章 中山武公 周桓公子 韓武子 康子子 公季成 司馬庚 司馬喜

晉定公 昭公孫 田襄子 悼子子 魯悼公 出公子 燕成公 三十二世 秦躁公 厲公子 師古曰躁音千到反 趙獻侯 襄子兄孫 趙桓

晉哀公忌 智伯 齊宣公 平公子 蔡元侯 聲侯子 衞悼公 出公叔子 衞敬公 悼公子 西周桓公 考王弟 魯元公 悼公子 周威公 桓公子

鄭哀公易 聲公子 蔡聲侯產 成侯子 蔡侯齊 為楚所滅 杞簡公春 為楚所滅 思王叔襲 定王子 周考哲王嵬 思王弟 秦懷公 躁公立 衞懷公 敬公弟 周威烈王 考王子 鄭幽

大宰嚭

子思

大史屠黍 翟黃 任座 師古曰座音才戈反 李悝 師古曰悝音口回反 趙倉堂 屈侯鮒 西門豹 公儀休 泄柳 申詳

魏成子 躬吾君 牛畜 荀訢 徐越 魯穆公 元公子 費惠公 師古曰費音祕 顏敢 王慎 長息 公明

司馬期 趙公中達 田大公和 秦簡公 厲公子 韓景侯虔 武侯子 孫子 南宮邊 列子

子 襄子弟 楚簡王 惠王子 燕愍公 三十三世 樂陽 師古曰即樂羊也 趙烈侯 獻侯子 燕釐公 三十四世 秦惠公 簡公子 趙武公 列侯弟 韓列侯 景侯子

東周惠公 威公子 秦靈公 懷公孫 衞慎公 敬公子 晉列侯 幽公子 宋悼公 昭公子 楚悼王 聲王子

公 共公子 宋昭公 景公子 晉幽公 懿公子 楚聲王 簡王子 元安王驕 威烈王子 鄭繻公駘 師古曰繻音須駘音臺

鄭相駟子陽 齊康

高　魏武　吳起　公
侯　爲田氏所滅
嚴仲　文侯子　韓文　韓相
子　侯　俠絫
列侯子
聶政　趙敬　宋休
侯　公
聶政　陽成　列侯子　悼公子
姊　君　魏惠　晉孝
王　公　韓哀
孟勝　大監　武王子　列公子　侯
奕　秦出　文侯子
徐弱　齊桓　公　鄭康
徐子　侯　惠公子　公乙
白圭　和子　楚肅王　爲韓所滅

前漢年表八　三十六

鄒忌　齊威　趙成　悼王子　晉靖
孫臏　王　侯　韓懿　公任
師古曰臏音頻忍反　田桓侯子　敬侯子　侯　伯　爲韓魏所滅
哀侯子
燕桓　魯共
公　公　周夷
孟子　三十五世　子　繆公　烈王
章子
田忌　龐涓　喜
秦獻　師古曰涓音工玄反　元安王子
公
大成　靈公子　宋辟公
大史　午　趙肅　休公子
儋　侯　成侯子　衛聲公
秦孝　慎公子
趙良　商鞅　公　楚唐

獻公子　彘
申子　甘龍　韓昭侯
杜摯　懿侯子
燕文　衛成
子桑　公　公　周顯
子　桓公子　聲公子　聖王
屈宜　三十六世　扁
咎　被雍　安陵　楚宣　夷烈王子　師古曰扁音篇
繵　王
鐸椒　昭奚　師古曰繵即纏字也　肅王子
恤　宋剔
鄭敖　江乙　蘇秦　成君
子華　沈尹　張儀　魯康　辟公子
華　齊宣　公　嚴蹻
史舉　王辟　師古曰蹻音居略反

前漢年表八　三十七　宋庠

馮赫　彊
閭丘　淳于　威王子　魯景
光　髡　請郭　公
昆辯　君　康公子
師古曰齊人也請郭君所著見戰國策而呂覽作劇貌辯　唐尚
於陵
子中
司馬　秦惠　楚威
錯　王　王
犀首　孝王子
閭丘　公中　魏襄　衛平
卬　用　王　公
顏歜　史起　惠王子　成公子
師古曰歜音觸　蕩疑　韓宣　衛嗣　慎靚
王升　師古曰即蕩疑　王　君　王

			尹文	也	昭王子	平公子	顯王子	
			子	魏哀	燕易	魯平	越王	
			番君	王	王	公	無彊	
			唐易	襄王子	三十七世	景公子	句踐十世	
			子	韓襄	周昭	燕王	為楚所滅	
			如耳	王	文君	噲		
				宣王子	赧王	三十八世		
			西周	蘇代	延	子之		
	屈原		武公		慎靚王子	楚懷		夫人
				蘇厲	馬犯	王		鄭袖
			陳軫		周景	威王子		
		昭廷	占尹	宋遺	令尹	靳尚		
	漁父		應堅	上官	子椒			
				大夫	子蘭	魏昭		
			秦武	烏獲		王		
			王	軋子	孟說	哀王子	趙武	
			惠王子	冣子	師古曰說讀曰	魯愍	靈王	
		樗里	任鄙	師古曰聚字也	悅	公	肅侯子	
		子	公羊	沈子	戚子	平公子	李兌	
		師古曰樗音丑	子	師古曰魯人也	根牟	楚頃	田不	
		於反	穀梁	善春秋	子	襄王	禮	
	肥義		子	北宮	申子	懷王子	代君	
			萬章	子	慎子	衞懷	章	
			告子	魯子	嚴周	君	齊愍	
		甘戊	薛居	公扈	惠施	嗣君子	王	
			州	子	公孫	齊襄	宣王子	
		滕文	樂丑	尸子	龍	王	淖齒	宋君
		公	子	捷子	魏公	愍王子	師古曰淖音女	偃
			高子	鄒衍	子牟		敎反字或作卓	為齊所滅
			仲梁	田駢	狐爰			

		公孫	子	惠盎	師古曰即狐咺			
		丑	孔穿	王孫	也齊人見戰國			
			子思玄孫	賈	策			
			王歜	宋王	唐勒			
			師古曰歜音觸	嚴辛	景瑳			
			燕昭	范雎	師古曰瑳音子	燕惠	騎劫	
			王三十九世	蘇不	何反即景差反	王四十世		
			噲子	釋	秦昭	昭王子		
		樂毅	郭隗	葉陽	襄王	韓釐		
			白起	君	武王弟	王		
			田單	涇陽	穰侯	襄王子		
			趙奢	君	趙惠			
			縮高	安陵	文王	魏安		
				君	武靈王弟	釐王		
		廉頗		唐雎	陳筮	昭王子		
			公孫	孟嘗	雍門	燕武		
			弘	君	周	成王		
		虞卿	師古曰齊人也	魏公	范座	惠王子		
	魯仲		孟嘗君所使見	子	師古曰座音才	趙孝	趙括	
	連		戰國策		戈反	成王		
			侯嬴	朱亥	左師	惠文王子	韓王	
	藺相		平原	春申	觸龍	燕孝	安	
	如		君	君	龐煖	王四十二世	為秦所滅	
			毛遂	秦孝	師古曰煖音許			
		朱英	蒙恬	文王	元反又許遠反	李園	趙王	
				昭襄王子	楚考	魯頃	遷	
				華陽	烈王	公	為秦所滅	
				夫人	頃襄王子	為楚所滅		
	孫卿			秦嚴	韓桓	魏景	楚幽	
		王翦		襄王	惠王	湣王	王	楚王

				文王子	釐王子	安釐王子	考烈王子	負芻
					衛元	趙悼		為秦所滅
					君	襄王	燕栗	
				呂不	懷君弟	孝成王子	腹	燕王
				韋			劇辛	喜
			韓非	淳于	秦始			為秦所滅
			燕將	越	皇		代王	
			渠	李牧			嘉	魏王
			樂間	燕大	李斯		為秦所滅	假
			高漸	子丹				為秦所滅
			離	鞠武	秦武			齊王
				師古曰鞠音居六反	陽			建
							秦二	為秦所滅
				荆軻	項梁		世胡	趙高
				樊於		衛君	亥	

				期	秦子	角		閻樂
					嬰	為秦所滅		
					項羽			
				孔鮒	陳勝	董翳		
		孔襄		孔穿孫	吳廣	司馬		
		孔鮒弟子				欣		

古今人表第八

律歷志第一上 師古曰志記也積記其事春秋左氏傳曰前志有之　班固　漢書二十一

秘書監上護軍琅邪縣開國子顏師古注

虞書曰乃同律度量衡 師古曰虞書舜典也同謂齊等 所以齊遠近立民信也自伏羲畫八卦由數起 師古曰言萬物之數因八卦而起也 至黃帝堯舜而大備三代稽古法度章焉 師古曰三代夏殷周也稽考也考於古事而法度益明 周衰官失孔子陳後王之法曰謹權量審法度修廢官舉逸民四方之政行矣 師古曰此論語載孔子述古帝王之政以示後世權謂斤兩也量斗斛也法度丈尺也逸民謂有德而隱處者 漢興北平侯張蒼首律歷事 師古曰首謂始定也 孝武帝時樂官考正 師古曰更質正其事 至元始中王莽秉政欲燿名譽徵天下通知鍾律者百餘人使羲和劉歆等典領條奏言之最詳故刪其偽辭取正義著于篇 師古曰班氏自云作志取劉歆之義也自此以下訖於用竹為引者事之宜也則其辭焉 一曰備數二曰和聲三曰審度四曰嘉量五曰權衡參五以變錯綜其數稽之於古今效之於氣物和之於心耳考之於經傳咸得其實靡不協同數者一十百千萬也所以算數事物順性命之理也書曰先其算命 師古曰逸書也言王者統業先立算數以命百事也 本起於黃鍾之數始於一而三之三三積之 孟康曰黃鍾子之律也子數一泰極元氣合三為一是以一數變而為三也 歷十二辰之數十有七萬七千一百四十七而五數備矣 孟康曰初以子一乘丑三餘則

韓因其成數以三乘之歷十二辰得是積數也五行陰陽變化之數備於此也其筭法用竹徑一分
長六寸二百七十一枚而成六觚為一握蘇林曰六觚六角也
度角至角其度一寸面容二分筭九枚相因之數有十正面之數實九其表六九五十四筭中積凡得二百七十一枚徑
象乾律黃鍾之一而長象坤呂林鐘之長張晏曰林鐘長六寸
韋昭曰黃鍾管九寸十分之一得其一分也其數以易大衍之數五十其用
四十九成陽六爻得周流六虛之象也孟康曰以四十九成陽六爻為乾乾之策數二百一十六以成六爻是為周流六虛之象也
夫推歷生律張晏曰推歷十二辰以生律呂也制器
規圜矩方權重衡平準繩嘉量張晏曰準水平量知多少故曰嘉探
賾索隱鉤深致遠莫不用焉師古曰賾亦深也索求也度長短者
不失豪氂孟康曰豪兔豪也十豪為氂師古曰度音大各反量多少者不失圭
撮應劭曰圭自然之形陰陽之始也四圭曰撮三指撮之也孟康曰六十四黍為圭師古曰撮音倉括反權輕重
者不失黍絫孟康曰絫音累應劭曰十黍為絫十絫為一銖師古曰絫孟音來戈反此字讀亦音纍紬之纍
紀於一協於十長於百大於千衍於萬其法在筭
術宣于天下小學是則職在太史羲和掌之聲者
宮商角徵羽也所以作樂者諧八音蕩滌人之邪
意全其正性移風易俗也八音土曰塤應劭曰世本暴辛公作塤
師古曰塤土為之其形銳上而平底六孔吹之塤音許元反字或作壎其音同耳匏曰笙應劭曰世本隨作笙師古
曰匏瓠也列管瓠中施簧管端皮曰鼓師古曰鼓者郭也言郭張皮而為之竹曰管孟康曰禮樂器記管漆竹
長一尺六孔尚書大傳西王母來獻白玉琯漢章帝時零陵文學奚景於泠道舜祠下得白玉琯古以玉作不但竹也絲
曰絃石曰磬金曰鐘木曰柷師古曰柷與俶同俶始也樂將作先鼓之故謂之柷

前漢律歷志一上　二

狀如漆桶中有椎連底動之令左右擊音昌六反五聲和八音諧而樂成商之
為言章也物成孰可章度也師古曰度音大各反角觸也物觸
地而出戴芒角也宮中也居中央暢四方唱始施
生為四聲綱也徵祉也物盛大而繁祉也羽宇也
物聚臧宇覆之也夫聲者中於宮觸於角祉於徵
章於商宇於羽故四聲為宮紀也協之五行則角
為木五常為仁五事為貌商為金為義為言徵為
火為禮為視羽為水為智為聽宮為土為信為思
以君臣民事物言之則宮為君商為臣角為民徵
為事羽為物唱和有象故言君臣位事之體也五

前漢律歷志一上　三　楊珍

聲之本生於黃鍾之律九寸為宮或損或益以定
商角徵羽九六相生陰陽之應也律十有二陽六
為律陰六為呂律以統氣類物一曰黃鍾二曰太
族師古曰族音千豆反其下並同三曰姑洗四曰蕤賓五曰夷則六
曰亡射師古曰亡讀曰無射音亦石反呂以旅陽宣氣一曰林鍾二
曰南呂三曰應鍾四曰大呂五曰夾鍾六曰中呂
師古曰中讀曰仲有三統之義焉其傳曰黃帝之所作也黃
帝使泠綸師古曰泠音零綸音倫也自大夏之西應劭曰大夏西戎之國也昆侖
之陰取竹之解谷孟康曰解脫也谷竹溝也取竹之脫無溝節者也一說昆侖之北谷名也晉灼曰谷
名是生其竅厚均者應劭曰生者治也竅孔也孟康曰竹孔與肉薄厚等也晉灼曰取谷中之
也

竹生而肉孔外內厚薄自然均者截以爲筩不復加削刮也師古曰晉說是也斷兩節間而吹之
以爲黃鍾之宮師古曰黃鍾之宮律之最長也制十二筩以聽鳳之
鳴師古曰筩音大東反其雄鳴爲六雌鳴亦六比黃鍾之宮而
皆可以生之是爲律本師古曰比合也可以生之謂上下相生也故謂之律本比音頻寐反
至治之世天地之氣合以生風天地之風氣正十
二律定孟康曰律得風氣而成聲風和乃律調也臣瓚曰風氣正則十二月之氣各應其律不失其序黃鍾
黃者中之色君之服也鍾者種也天之中數五韋昭
曰一三在上七九在下五爲聲聲上宮五聲莫大焉地之中數
六韋昭曰二四在上八十在下六爲律律有形有色色上黃五色莫
盛焉故陽氣施種於黃泉孳萌萬物師古曰孳讀與滋同滋益也萌

始生爲六氣元也以黃色名元氣律者著宮聲也宮
以九唱六孟康曰黃鍾陽九林鍾陰六言陽唱陰和變動不居周流六虛始
於子在十一月大呂呂旅也言陰大旅助黃鍾宣
氣而牙物也位於丑在十二月太族族奏也言陽
氣大奏地而達物也師古曰奏進也位於寅在正月夾鍾言
陰夾助太族宣四方之氣而出種物也位於卯在
二月姑洗洗絜也言陽氣洗物辜絜之也孟康曰辜必也必使之絜也位於辰在三月中呂言微陰始起未成著於
其中旅助姑洗宣氣齊物也位於巳在四月蕤賓
蕤繼也賓導也言陽始導陰氣使繼養物也位於

午在五月林鍾林君也言陰氣受任助蕤賓君主
種物使長大楙盛也師古曰種物種生之物楙古茂字也種音之勇反位於未
在六月夷則則法也言陽氣正法度而使陰氣夷
當傷之物也師古曰夷亦傷位於申在七月南呂南任也
言陰氣旅助夷則任成萬物也位於酉在八月亡
射射厭也言陽氣究物而使陰氣畢剝落之終而
復始亡厭已也位於戌在九月應鍾言陰氣應亡
射該臧萬物而雜陽閡種也孟康曰閡臧塞也陰雜陽氣臧塞爲萬物作種也晉
灼曰外閉曰閡師古曰閡音胡待反下言該於亥音訓並同也位於亥在十月三統者
天施地化人事之紀也李奇曰統緒也十一月乾之初九陽氣

伏於地下始著爲一萬物萌動鍾於太陰故黃鍾
爲天統律長九寸九者所以究極中和爲萬物元
也易曰立天之道曰陰與陽師古曰易說卦之辭六月坤之
初六陰氣受任於太陽繼養化柔萬物生長楙之
於未令種剛彊大故林鍾爲地統律長六寸六者
所以含陽之施楙之於六合之內令剛柔有體也
立地之道曰柔與剛師古曰此亦說卦之辭也乾知太始坤作成
物師古曰此上繫之辭正月乾之九三萬物棣通孟康曰棣謂通意也師古曰棣
音替族出於寅人奉而成之仁以養之義以行之令
事物各得其理寅木也爲仁其聲商也爲義故太

族爲人統律長八寸象八卦宓戲氏之所以順天地通神明類萬物之情也師古曰宓讀與伏同立人之道曰仁與義師古曰此說卦之辭在天成象在地成形師古曰此上繫之辭后以裁成天地之道輔相天地之宜以左右民師古曰此泰卦象辭也后君也謂王者也左右助也左讀曰佐右讀曰佑此三律之謂矣是爲三統其於三正也黃鐘子爲天正師古曰正音之成反下皆類此林鐘未之衝丑爲地正太族寅爲人正三正正始是以地正適其始紐於陽東北丑位易曰東北喪朋迺終有慶孟康曰未在西南陰也陰而入陽爲失其類也師古曰此坤卦彖辭荅應之道也及黃鐘爲宮則太族姑洗林鐘南呂皆以正聲應無有忽微

孟康曰忽微若有若無細於髮者也謂正聲無有殘分也不復與它律爲役者同心一統之義也非黃鐘而它律雖當其月自宮者則其和應之律有空積忽微孟康曰十二月之氣各以其月之律爲宮非五音之正則聲有高下差降空積若鄭氏分一寸爲數千不得其正此黃鐘至尊亡與並也易曰參天兩地而倚數師古曰易說卦之辭也倚立也參謂奇也兩謂耦也七九陽數六八陰數天之數始於一終於二十有五其義紀之以三故置一得三又二十五分之六凡二十五置終天之數得八十一以天地五位之合終於十者乘之爲八百一十分應歷一統孟康曰十九歲爲一章一統凡八十一章千五百三十九歲之章數黃鐘之實也繇此之義師古曰繇讀與由同由用也起十二律之周徑孟康曰律孔徑三分參天之數也圍九分終天之數也地之數始於二終於三十其義紀之以兩故置一得二凡三十置終地之數得六十以地中數六乘之爲三百六十分當期之日林鐘之實孟康曰林鐘長六寸圍六分以圍乘長得積三百六十分也師古曰期音基謂十二月爲一期也人者繼天順地序氣成物統八卦調八風理八政正八節諧八音舞八佾監八方被八荒以終天地之功故八八六十四其義極天地之變以天地五位之合終於十者乘之爲六百四十分以應六十四卦大族之實也孟康曰大族長八寸圍八分爲積六百四十分也書曰天功人其代之師古曰虞書咎繇謨之辭也言聖人

稟天造化之功代而行之天兼地人則天故以五位之合乘焉唯天爲大唯堯則之之象也師古曰則法也論語稱孔子曰大哉堯之爲君也唯天爲大唯堯則之美帝堯能法天而行化地以中數乘者陰道理內在中餽之象也師古曰餽字與饋同易家人卦六二爻辭曰无攸遂在中饋言婦人之道取象於陰無所必遂但居中主饋食而已故云然三統相通故黃鐘林鐘太族律長皆全寸而亡餘分也天之中數五地之中數六而二者爲合六爲虛五爲聲周流於六虛虛者爻律夫陰陽登降運行列爲十二而律呂和矣太極元氣函三爲一孟康曰元氣始起於子未分之時天地人混合爲一故子數獨一也師古曰函讀與含同後皆類此也極中也元始也行於十二辰始動於子參之於丑得三又

參之於寅得九又參之於卯得二十七又參之於辰得八十一又參之於巳得二百四十三又參之於午得七百二十九又參之於未得二千一百八十七又參之於申得六千五百六十一又參之於酉得萬九千六百八十三又參之於戌得五萬九千四十九又參之於亥得十七萬七千一百四十七此陰陽合德氣鐘於子化生萬物者也故孳萌於子紐牙於丑引達於寅冒茆於卯（師古曰茆謂叢生也音莫保反）振美於辰已盛於巳咢布於午（蘇林曰咢音愕也）昧薆於未（師古曰薆蔽也音愛）申堅於申留孰於酉畢入於戌該閡

於亥出甲於甲奮軋於乙（師古曰軋音於黠反）明炳於丙大盛於丁豐楙於戊理紀於己斂更於庚悉新於辛懷任於壬陳揆於癸故陰陽之施化萬物之終始既類旅於律呂又經歷於日辰而變化之情可見矣玉衡杓建天之綱也（如淳曰杓音猋斗端星也孟康曰斗在天中周制四方猶宮聲處中爲四聲綱也師古曰杓音必遙反）日月初躔星之紀也（孟康曰躔舍也二十八舍列在四方日月行焉起於星紀而又周之猶四聲爲宮紀也晉灼曰下言斗綱之端連貫營室織女之紀指牽牛之初以紀日月故曰星紀五星起其初日月起其中是謂天之綱紀也師古曰躔踐也音直連反）綱紀之交以原始造設合樂用焉律呂唱和以育生成化歌奏用焉指顧取象然後陰陽萬物靡不條鬯該成（師古曰條達也鬯與暢同）故以

成之數忖該之積（孟康曰成之數者謂黃鐘之法數該之積爲黃鐘變生十二辰積實之數也忖除也言以法數除積得九寸即黃鐘之長也言該者該衆律之數也師古曰忖音千本反）如法爲一寸則黃鐘之長也（孟康曰得一寸則所謂九寸也言一者張法辭）參分損一下生林鐘（張晏曰黃鐘長九寸以二乘九得十八以三除之得林鐘六寸其法率如此推當算乃解晉灼曰蔡邕律曆記凡陽生陰曰下陰生陽曰上也）參分林鐘益一上生太族參分太族損一下生南呂參分南呂益一上生姑洗參分姑洗損一下生應鐘參分應鐘益一上生蕤賓參分蕤賓損一下生大呂參分大呂益一上生夷則參分夷則損一下生夾鐘參分夾鐘益一上生亡射參分亡射損一下生中呂陰陽相生自黃鐘始而左旋八

八爲伍（孟康曰從子數辰至未得八下生林鐘數未至寅得八上生太族律上下相生皆以此爲率伍耦也八八爲耦）其法皆用銅職在大樂大常掌之度者分寸尺丈引也所以度長短也（師古曰度音大各反下皆類此）本起黃鐘之長以子穀秬黍中者（孟康曰子北方北方黑謂黑黍也師古曰此說非也子穀猶言穀子耳秬即黑黍無取北方爲號也中者不大不小也言取黑黍穀子大小中者率爲分寸也秬音鉅）一黍之廣度之九十分黃鐘之長一爲一分十分爲寸十寸爲尺十尺爲丈十丈爲引而五度審矣其法用銅高一寸廣二寸長一丈而分寸尺丈存焉用竹爲引高一分廣六分長十丈其方法矩高廣之數陰陽之象也（孟康曰高一分廣六分一爲陽六爲陰也）分者自三微而成著可分別

也寸者忖也尺者蒦也師古曰蒦音約丈者張也引者信也師古曰信讀曰伸言其長夫度者别於分忖於寸蒦於尺張於丈信於引引者信天下也職在内官師古曰内官署名也百官表云内官長丞初屬少府中屬主爵後屬宗正廷尉掌之師古曰法度所起故屬廷尉也量者龠合升斗斛也師古曰龠音藥合音閤所以量多少也師古曰量音力張反本起於黄鍾之龠用度數審其容師古曰因度以生量也其容謂其中所容受之多少也以子穀秬黍中者千有二百實其龠以井水準其槩孟康曰槩欲其直故以水平之井水清則平也師古曰槩所以槩平斗斛之上者也音工代反又音工内反十龠爲合十合爲升十升爲斗十斗爲斛而五量嘉矣師古曰嘉善也其法用銅方尺而圜其外旁有庣焉鄭氏曰庣音條桑之條庣過也筭方一尺所受一斛過九氂五豪然後成斛今尚方有王莽時銅斛制盡與此同師古曰庣不滿之處也音吐彫反其上爲斛其下爲斗孟康曰其上謂仰斛也其下謂覆斛之底受一斗左耳爲升右耳爲合龠其狀似爵以縻爵禄晉灼曰縻散也上三下二參天兩地圜而函方左一右二陰陽之象也其圜象規其重二鈞備氣物之數合萬有一千五百二十孟康曰三十斤爲鈞鈞萬一千五百二十銖聲中黄鍾始於黄鍾而反覆焉孟康曰反斛聲中黄鍾覆斛亦中黄鍾之宫宫爲君也臣瓚曰仰斛受一斛覆底受一斗故曰反覆焉師古曰覆音芳目反君制器之象也龠者黄鍾律之實也躍微動氣而生物也合者合龠之量也升者登合之量也斗者聚升之量也斛者角斗平多少之量

前漢律曆志一上　十　丁

也夫量者躍於龠合於合登於升聚於斗角於斛也職在太倉大司農掌之師古曰米粟之量故在太倉也。衡權者衡平也權重也衡所以任權而均物平輕重也其道如底師古曰底平也謂以底石厲物令平齊也底音指以見準之正繩之直左旋見規右折見矩其在天也佐助旋機斟酌建指以齊七政師古曰七政日月五星也故曰玉衡論語云立則見其參於前也孟康曰權衡量三等爲參在車則見其倚於衡也又曰齊之以禮此衡在前居南方之義也權者銖兩斤鈞石也所以稱物平施知輕重也本起於黄鍾之重一龠容千二百黍重十二銖兩之爲兩二十四銖爲兩十六兩爲斤三十斤爲鈞四鈞爲石忖爲十八易十有八變之象也孟康曰忖度也度其義有十八也黄鍾龠銖兩鈞斤石凡七與下十一象爲十八也張晏曰象易三揲蓍而成一爻十八變具六爻而成卦五權之制以義立之以物鈞之其餘小大之差以輕重爲宜圜而環之令之肉倍好者孟康曰謂爲錘之形如環也如淳曰體爲肉孔爲好師古曰錘者稱之權也音直垂反又音直睡反周旋無端終而復始無窮已也銖者物繇忽微始至於成著可殊異也師古曰繇讀與由同由從也兩者兩黄鍾律之重也李奇曰黄鍾之管重十二銖兩十二得二十四也二十四銖而成兩者二十四氣之象也斤者明也三百八十四銖易二篇之爻陰陽變動之象也十六兩成斤者四

前漢律曆志一上　十一

時乘四方之象也鈞者均也陽施其氣陰化其物皆得其成就平均也權與物均重萬一千五百二十銖當萬物之象也四百八十兩者六旬行八節之象也（孟康曰六甲爲六旬一歲有八節六甲周行成歲以六乘八節得之）三十斤成鈞者一月之象也石者大也權之大者也始於銖兩於兩明於斤均於鈞終於石物終石大也四鈞爲石者四時之象也重百二十斤者十二月之象也終於十二辰而復於子黃鍾之象也（孟康曰稱之數始於銖終於石石重百二十斤象十二月銖之重本取於子律黃鍾一龠容千二百黍爲十二銖故曰復於子黃鍾之象也）千九百二十兩者陰陽之數也三百八十四爻五行之象也

四萬六千八十銖者萬一千五百二十物歷四時之象也而歲功成就五權謹矣權與物鈞而生衡（孟康曰謂錘與物鈞所稱適停則衡平也）衡運生規規圜生矩矩方生繩繩直生準（韋昭曰立準以望繩以水爲平）準正則平衡而鈞權矣是爲五則規者所以規圜器械令得其類也矩者矩方器械令不失其形也規矩相須陰陽位序圜方乃成準者所以揆平取正也繩者上下端直經緯四通也準繩連體衡權合德百工繇焉以定法式（師古曰繇讀與由同由用也）輔弼執玉以翼天子（師古曰翼助也）詩云尹氏大師秉國之鈞四方是維天子是毗俾民不迷（師古曰小雅節南山之詩也言尹氏居太師之官執持國之權量維制四方輔翼天子使下無迷惑也）咸有五象其義一也以陰陽言之大陰者北方北伏也陽氣伏於下於時爲冬冬終也物終臧乃可稱水潤下知者謀謀者重故爲權也大陽者南方南任也陽氣任養物於時爲夏夏假也物假大乃宣平火炎上禮者齊齊者平故爲衡也少陰者西方西遷也陰氣遷落物於時爲秋秋𪏆也（師古曰𪏆音子由反）物𪏆斂乃成孰金從革改更也義者成成者方故爲矩也少陽者東方東動也陽氣動物於時爲春春蠢也物蠢生迺動運木曲直仁者生生者圜故爲規也

中央者陰陽之內四方之中經緯通達迺能端直於時爲四季土稼嗇蕃息（師古曰蕃多也息生也蕃音扶元反）信者誠誠者直故爲繩也五則揆物有輕重圜方平直陰陽之義四方四時之體五常五行之象厥法有品各順其方而應其行職在大行鴻臚掌之（師古曰平均曲直齊一遠近故在鴻臚）書曰予欲聞六律五聲八音七始詠以出內五言女聽（師古曰虞書益稷篇所載舜與禹言）予者帝舜也言以律呂和五聲施之八音合之成樂七者天地四時人之始也順以歌詠五常之言聽之則順乎天地序乎四時應人倫本陰陽原情性風之以德感之以

樂師古曰以德化之以樂動之詩序曰上以風化下莫不同乎一唯聖人爲能同天下之意故帝舜欲聞之也今廣延羣儒博謀講道修明舊典同律審度嘉量平衡鈞權正準直繩立于五則備數和聲以利兆民貞天下於一同海內之歸師古曰貞正也易下繫之辭曰天下之動貞夫一者也言皆以一爲正也又曰天下同歸而殊塗一致而百慮言塗雖殊其歸則同慮雖百其致則一也故志引之云爾凡律度量衡用銅者名自名也師古曰取銅之名以合於同也所以同天下齊風俗也銅爲物之至精不爲燥溼寒暑變其節不爲風雨暴露改其形介然有常有似於士君子之行師古曰介然特異之意是以用銅也用竹爲引者事之宜也李奇曰引長十丈高一分廣六分唯竹篾柔而堅爲宜耳

曆數之起上矣傳述顓頊命南正重司天火正黎司地臣瓚曰南正司天則北正當司地不得言火正也古文火字與北相似故遂誤耳師古曰此說非也班固幽通賦云玄黎醇曜于高辛是則黎爲火正也其後三苗亂德二官咸廢師古曰三苗國名縉雲氏之後爲諸侯者即饕餮也二官重黎也而閏餘乖次孟康曰以歲之餘日爲閏故曰閏餘次十二次也史推曆失閏則斗建與月差錯也孟陬殄滅孟康曰正月爲孟陬曆紀廢絕閏餘乖錯不與正歲相值謂之殄滅也攝提失方孟康曰攝提星名隨斗柄所指建十二月若曆誤春三月當指辰而乃指巳是爲失方也堯復育重黎之後使纂其業故書曰迺命羲和欽若昊天曆象日月星辰敬授民時歲三百有六旬有六日以閏月定四時成歲允釐百官衆功皆美師古曰此皆虞書堯典之辭也欽敬也若順也昊天言天氣廣大也星四方之中星也辰日月所會也羲氏和氏重黎之後以其繼掌天地

故堯元命之使敬順昊天曆象日月星辰之分節敬記天時以授下人也匝四時九三百六十六日而定一歲十二月月三十日正三百六十日則餘六日矣又除小月六日是爲歲有餘十二日未盈三歲便得一月則置閏焉以定四時之氣節成一歲之曆象則能信理百官衆功皆美也其後以授舜曰咨爾舜天之曆數在爾躬舜亦以命禹師古曰事見論語堯曰篇至周武王訪箕子師古曰訪謀箕子謂殷之賢箕子言大法九章而五紀明曆法孟康曰歲月日星辰是謂五紀也師古曰大法九章即洪範九疇也其四曰協用五紀也故自殷周皆創業改制咸正曆紀服色從之順其時氣以應天道三代既沒五伯之末史官喪紀疇人子弟分散李奇曰同類之人俱明曆者也如淳曰家業世世相傳爲疇師古曰如說是也或在夷狄故其所記有黃帝顓頊夏殷周及魯曆戰國擾攘秦兼天下未皇暇也

亦頗推五勝孟康曰五行相勝秦以周爲火用水勝之而自以獲水德乃以十月爲正色上黑師古曰獲水德謂有黑龍之瑞漢興方綱紀大基庶事草創襲秦正朔以北平侯張蒼言用顓頊曆比於六曆疏闊中最爲微近然正朔服色未覩其真而朔晦月見弦望滿虧多非是至武帝元封七年漢興百二歲矣大中大夫公孫卿壺遂大史令司馬遷等言曆紀壞廢宜改正朔是時御史大夫兒寬明經術師古曰兒音五奚反上迺詔寬曰與博士共議今宜何以爲正朔服色何上寬與博士賜等議皆曰帝王必改正朔易服色所以明受命於天也創業

變改制不相復師古曰復重也因也音扶目反次下亦同推傳序文則今夏時也臣等聞學褊陋不能明陛下躬聖發憤昭配天地師古曰躬聖者言身有聖德也發憤謂忿正朔未定也昭明也臣愚以爲三統之制後聖復前聖者二代在前也今二代之統絕而不序矣唯陛下發聖德宣考天地四時之極則順陰陽以定大明之制爲萬世則於是迺詔御史曰迺者有司言曆未定廣延宣問以考星度未能讎也師古曰讎相當蓋聞古者黃帝合而不死名察發斂定清濁起五部建氣物分數應劭曰言黃帝造曆得仙名節會察寒暑致啓分發斂至定清濁起五部五部金木水火土也建氣物分數皆敘曆之意也孟康曰合作也黃帝作曆曆終而復始無窮已也故曰不死名春夏爲發秋冬爲斂清濁謂律聲之清濁也五部謂五行也天有四時分爲五行也氣二十四氣也物萬物也分曆數之分也晉灼曰蔡邕天文志渾天名察發斂以行日月以步五緯臣瓚曰黃帝聖德與神靈合契升龍登仙故曰合而不死題名宿度候察進退史記曰名察宿度謂三辰之度吉凶之驗也然則上矣書缺樂弛朕甚難之師古曰弛廢也音式爾反依違以惟未能修明師古曰依違不決之意也惟思也其以七年爲元年李奇曰改元封七年爲太初元年遂詔卿遂遷與侍郎尊大典星射姓等師古曰姓射名姓也議造漢曆迺定東西立晷儀下漏刻以追二十八宿相距於四方舉終以定朔晦分至躔離弦望應劭曰躔徑也離遴也臣瓚曰案離歷也日月之所歷也鄧展曰日月歲歷度次迺以前曆上元泰初四千六百二十七歲至於元封七年復得閼逢攝提格之歲中冬孟康曰言復得者上元泰初時亦是閼逢之歲歲在甲曰閼逢在寅曰攝提格此爲甲寅之歲也師古曰中讀曰仲

十一月甲子朔旦冬至日月在建星李奇曰古以建星爲宿今以牽牛爲宿孟康曰建星在牽牛間晉灼曰賈逵論太初曆冬至日在牽牛初者牽牛中星也古曆皆在建星建星即斗星也太初曆四分法在斗二十六度史官舊法冬夏至常不及太初曆五度四分法在斗二十一度與行事候法天度相應太歲在子已得太初本星度新正姓等奏不能爲筭師古曰姓即射姓也願募治曆者更造密度各自增減以造漢太初曆迺選治曆鄧平及長樂司馬可酒泉候宜君師古曰可者司馬之名也宜君亦候之名也候官號也故曰東南一尉西北一候侍郎尊及與民間治曆者凡二十餘人方士唐都巴郡落下閎與焉晉灼曰三人姓名也史記曆書唐都分天部而巴郡落下閎運筭推曆師古曰姓唐名都方術之士也姓落下名閎巴郡人也都與閎凡二人言三人非也與讀曰豫都分天部孟康曰謂分部二十八宿爲距度而閎運筭轉曆其法以律起曆曰律容一龠積八十一寸則一日之分也孟康曰黃鐘律長九寸圍九分以圍乘長得積八十一寸也與長相終律長九寸百七十一分而終復師古曰復音扶目反三復而得甲子夫律陰陽九六爻象所從出也故黃鐘紀元氣之謂律律法也莫不取法焉與鄧平所治同於是皆觀新星度日月行更以筭推如閎平法法一月之日二十九日八十一分日之四十三先籍半日名曰陽曆不籍名曰陰曆所謂陽曆者先朔月生陰曆者朔而後月迺生平曰陽曆朔皆先旦月生以朝諸侯王羣臣便迺詔遷用鄧平所造八十一分律曆

罷廢尤跡遠者十七家復使校歷律昏明宦者淳于陵渠復覆大初歷晦朔弦望皆最密日月如合璧五星如連珠孟康曰謂大初上元甲子夜半朔旦冬至時七曜皆會聚斗牽牛分度夜盡如合璧連珠也師古曰言其應候不差也陵渠奏狀遂用鄧平歷以平爲大史丞後二十七年元鳳三年大史令張壽王上書言歷者天地之大紀上帝所爲傳黃帝調律歷漢元年以來用之今陰陽不調宜更歷之過也師古曰更改也詔下主歷使者鮮于妄人詰問壽王不服妄人請與治歷大司農中丞麻光等二十餘人雜候日月晦朔弦望八節二十四氣鈞校諸歷用狀奏可詔與丞

相御史大將軍右將軍史各一人雜候上林清臺課諸歷疏密凡十一家以元鳳三年十一月朔旦冬至盡五年十二月各有第壽王課疏遠案漢元年不用黃帝調歷壽王非漢歷逆天道非所宜言大不敬有詔勿劾復候盡六年大初歷第一即墨徐萬且長安徐禹治大初歷亦第一師古曰且音子余反壽王及待詔李信治黃帝調歷課皆疏闊又言黃帝至元鳳三年六千餘歲丞相屬寶長安單安國安陵桮育治終始蘇林曰桮音布回反師古曰姓桮名育也單音善言黃帝以來三千六百二十九歲不與壽王合壽王又移帝王錄

舜禹年歲不合人年壽王言化益爲天子代禹師古曰化益即伯益驪山女亦爲天子在殷周閒皆不合經術壽王歷迺大史官殷歷也壽王猥曰安得五家歷師古曰猥曲也又妄言大初歷虧四分日之三去小餘七百五分以故陰陽不調謂之亂世劾壽王吏八百石古之大夫服儒衣誦不詳之辭作祅言欲亂制度不道奏可壽王候課比三年下師古曰比頻也下下獄也音胡稼反終不服再劾死更赦勿劾師古曰更歷也音工衡反遂不更言誹謗益甚竟以下吏故歷本之驗在於天自漢歷初起盡元鳳六年三十六歲而是非堅定至孝成世劉向

總六歷列是非作五紀論向子歆究其微眇師古曰眇細也音莫小反又讀曰妙他皆類此作三統歷及譜以說春秋推法密要故述焉師古曰自此以下皆班氏所述劉歆之說也夫歷春秋者天時也列人事而因以天時傳曰民受天地之中以生所謂命也師古曰此春秋左傳周大夫劉康公之言也中謂中和之氣也是故有禮誼動作威儀之則以定命也能者養以之福不能者敗以取禍師古曰之往也往就福也自此以上皆劉康公辭故列十二公二百四十二年之事以陰陽之中制其禮故春爲陽中萬物以生秋爲陰中萬物以成是以事舉其中禮取其和歷數以閏正天地之中以作事厚生皆所以定命也易金火相革之卦曰湯

武革命順乎天而應乎人師古曰離下兌上故云金火相革此革卦彖辭又曰治歷明時師古曰此革卦象辭所以和人道也周道既衰幽王既喪天子不能班朔魯歷不正以閏餘一之歲爲蔀首孟康曰當以閏盡歲爲蔀首今失正未盡一歲便以爲蔀首也蔀師古曰音剖又音部故春秋刺十一月乙亥朔日有食之於是辰在申孟康曰辰謂斗建也臣瓚曰日月之會爲辰師古曰事在襄二十七年而司歷以爲在建戌史書建亥哀十二年亦以建申流火之月爲建亥張晏曰周之十二月夏之十月也再失閏當爲八月建酉而云建申誤也仲尼曰火猶西流司歷過也劉歆徒以詩七月流火爲喻不知八月火猶西流也而怪埶蟲之不伏也自文公閏月不告朔至此百有餘年莫能正歷數故子貢欲去其餼羊孔子愛其禮師古曰餼生牲也禮人君每月告朔於廟有祭事故用牲子貢見其禮廢而欲去其羊孔子曰賜也汝愛其羊我愛其禮事見論語

而著其法於春秋經曰冬十月朔日有食之傳曰不書日官失之也天子有日官諸侯有日御日官居卿以厎日禮也蘇林曰厎致也師古曰音之履反日御不失日以授百官於朝言告朔也師古曰劉家本有此語元典歷始曰元傳曰元善之長也共養三德爲善孟康曰謂三統之微氣也當施育萬物故謂之德師古曰共讀曰供又曰元體之長也合三體而爲之原故曰元於春三月每月書王元之三統也三統合於一元故因元一而九三之以爲法孟康曰辰有十二其三爲天地人之統老子曰三生萬物是以餘九辰得三氣乃能施化故每辰者以三統之數乘之是謂九三之法得積萬九千六百八十三十一

三之以爲實孟康曰以子數一乘丑三餘次辰亦每三乘之周十二辰得十七萬七千一百四十七實如法得一黃鐘初九律之首陽之變也因而六之以九爲法得林鐘孟康曰以六乘黃鐘之九得五十四初六呂之首陰之變也皆參天兩地之法也孟康曰三三而九二三而六參之兩之義也上生六而倍之下生六而損之皆以九爲法九六陰陽夫婦子母之道也孟康曰異類爲子母謂黃鐘生林鐘也同類爲夫婦謂黃鐘以大呂爲妻也律娶妻如淳曰黃鐘生林鐘而呂生子如淳曰林鐘生大族天地之情也六律六呂而十二辰立矣五聲清濁而十日行矣李奇曰聲一清一濁合爲二五聲凡十合於十日從甲至癸也孟康曰謂東方甲乙南方丙丁之屬分在五方故五聲屬焉傳曰天六地五數之常也天有六氣張晏曰六氣陰陽風雨晦明也降生五味孟康曰月令五方之味酸鹹是也夫五六者

天地之中合孟康曰天陽數奇一三五七九五在其中地陰數耦二四六八十六在其中故曰天地之中合而民所受以生也故日有六甲辰有五子孟康曰六甲之中唯甲寅無子故有五子十一而天地之道畢言終而復始大極中央元氣故爲黃鐘其實一龠以其長自乘故八十一爲日法所以生權衡度量禮樂之所繇出也師古曰繇讀與由同經元一以統始易太極之首也春秋二以目歲鄭氏曰春秋則爲二矣孟康曰春爲陽中萬物以生秋爲陰中萬物以成舉春秋以目一歲易兩儀之中也於春每月書王易三極之統也於四時雖亡事必書時月易四象之節也時月以建分至啓閉之分易八卦之位也張晏曰二至二分立春立夏立秋立冬象事成敗易吉凶之效

也朝聘會盟爲易大業之本也故易與春秋天人之道也傳曰龜象也筮數也物生而後有象象而後有滋滋而後有數師古曰左氏傳載韓簡之言也物生則有象有象而後滋益滋益乃數起龜以象告吉凶筮以數示禍福是故元始有象一也春秋二也三統三也四時四也合而爲十成五體吕五乘十大衍之數也而道據其一其餘四十九所當用也故蓍吕象兩兩之又以象三三之又吕象四四之又歸奇象閏十九孟康曰歲有閏分七分滿十九則爲閏也師古曰奇音居宜反及所據一加之因吕再扐兩之師古曰扐音勒是爲月法之實如日法得一則一月之日數也而三辰之會交矣是吕能生吉凶孟康曰三辰日月星也執道相錯故有交會御陰陽有干陵勝負故生吉凶也故易曰天一地二天三地四天五地六天七地八天九地十天數五地數五五位相得而各有合天數二十有五地數三十凡天地之數五十有五此所以成變化而行鬼神也師古曰皆上繫之辭并終數爲十九易窮則變故爲閏法孟康曰天終數九地終數十窮終也言閏亦日之窮餘故取二終之數以爲義參天九兩地十是爲會數參天數二十五兩地數三十是爲朔望之會吕會數乘之則周於朔旦冬至是爲會月孟康曰會月二十七章之月數也得朔旦冬至日與歲復九會而復元孟康曰謂四千六百一十七歲之月數也所謂元月黃鐘初九之數也經於四時雖亡事必書時月時所吕記啟閉也月所以紀分

至也啟閉者節也分至者中也節不必在其月故時中必在正數之月故傳曰先王之正時也履端於始舉正於中歸餘於終履端於始序則不愆舉正於中民則不惑歸餘於終事則不誖師古曰自此以上左氏傳之辭也履端於始謂步曆之始以爲術之端首也舉正於中謂分一朞爲十二月舉中氣以正月也歸餘於終謂有餘日則歸於終積而成閏也誖乖也音布內反此聖王之重閏也吕五位乘會數而朔旦冬至是爲章月四分月法吕其一乘章月是爲中法參分閏法爲周至吕乘月法吕減中法而約之則六扐之數爲一月之閏法其餘七分此中朔相求之術也朔不得中是謂閏月言陰陽雖交不得中不生故日法乘閏法是爲統歲三統是爲元歲元歲之閏陰陽災三統閏法易九戹曰初入元百六陽九次三百七十四陰九孟康曰易傳也所謂陽九之戹百六之會者也初入元百六歲有戹者則前元之餘氣也若餘分爲閏也易爻有九六七八百六與三百七十四六乘八之數也六八四十八合爲四百八十歲也次四百八十陽九孟康曰亦六乘八之數也於易爻六有變故再數也如淳曰六八四十八爲四百八十歲有九年旱次七百二十陰七孟康曰亦九乘八之數也八九七十二爲七百二十歲次七百二十陽七孟康曰亦九乘八之數也於易爻九變故再數也如淳曰八十歲紀一甲子冬至以八乘九八九七十二故七百二十歲乃有災也次六百陰五次六百陽五孟康曰七八爻乘八之數也七八乘八得五百六十歲八乘八得六百四十歲合千二百歲也於易爻七八不變氣不通故合而數之各得六百歲也如淳曰爻有七八八八六十四七八五十六二爻之數合千二百歲滿統陰七八不變故通其氣使各六百歲乃有災次四百八十陰三

次四百八十陽三（孟康曰此六乘八之數也六既有變又陰文也陽奇陰偶故九再數而六四數七八不變又無偶各一數一元之中有五陽四陰陽旱陰水九七五三皆日陽數也故日陽九之戹如淳曰九六者陽奇陰偶故重出覆取上六八四十八故同四百八十歲正以九七五三爲災者從天奇數也易天之數曰立天之道曰陰與陽數繫天故取其奇爲災歲數八十歲則甲子冬至一甲子六十日一歲三百六十日八十歲得四百八十甲子又五日五八四十爲四十日又四分日之一八十歲有八十分八十分爲二十日凡四百八十日得七十甲子八十歲合四百八十七甲子餘分皆盡故八十歲則一甲子冬至也）凡四千六百一十七歲與一元終經歲四千五百六十災歲五十七（孟康曰經歲從百六終陽三也得災歲五十七合爲一元四千六百一十七歲）是日春秋曰舉正於中又曰閏月不告朔非禮也閏以正時時以作事事以厚生（師古曰言四時漸差則置閏以正之因順時而命事事得其序則年穀豐孰）生民之道於是乎在矣不告閏朔棄時正也何以爲民（師古曰自此以上皆左氏傳之辭也爲治也）故善僖五年春王正月辛亥朔日南至公既視朔遂登觀臺以望而書禮也凡分至啓閉必書雲物爲備故也至昭二十年二月己丑日南至失閏至在非其月梓慎望氛氣而弗正不覆端於始也故傳不曰冬至而曰日南至極於牽牛之初日中之時景最長以此知其南至也斗綱之端連貫營室織女之紀指牽牛之初以紀日月故曰星紀五星起其初日月起其中凡十二次日至其初爲節至其中斗建下爲十二辰視其建而知其次故曰制禮上物不過十二天之大數也經

曰春王正月傳曰周正月火出於夏爲三月商爲四月周爲五月夏數得天（師古曰自此以上左傳之辭）得四時之正也三代各據一統明三統常合而迭爲首（師古曰迭互也音大結反此下亦同）登降三統之首周還五行之道也（師古曰還讀曰旋）故三五相包而生天統之正始施於子半（蘇林曰子之西亥之東其中間也或曰於子半曰地統受於丑初臣瓚曰謂分十二辰各有上中下言半謂在中也又受於寅初此謂上也）日萌色赤地統受之於丑初日肇化而黃至丑半日牙化而白人統受之於寅初日孽成而黑至寅半日生成而青天施復於子地化自丑畢於辰（如淳曰地以十二月生萬物三月乃畢）人生自寅成於申（如淳曰人功自正月至七月乃畢）故歷數三統天以甲子（李奇曰夏正月朔日）地以甲辰（韋昭曰殷正月朔日）人以甲申（李奇曰周正月朔日）孟仲季迭用事爲統首三微之統既著而五行自青始其序亦如之五行與三統相錯傳曰天有三辰地有五行然則三統五星可知也易曰參五以變錯綜其數通其變遂成天下之文極其數遂定天下之象（師古曰易上繫之辭）太極運三辰五星於上而元氣轉三統五行於下其於人皇極統三德五事故三辰之合於三統也日合於天統月合於地統斗合於人統五星之合於五行水合於辰星火合於熒惑星金合於太白木合於歲星土合於鎮星三

辰五星而相經緯也天以一生水地以二生火天以三生木地以四生金天以五生土五勝相乘以生小周以乘乾坤之策而成大周陰陽比類交錯相成故九六之變登降於六體三微而成著三著而成象二象十有八變而成卦四營而成易爲七十二參三統兩四時相乘之數也參之則得乾之策兩之則得坤之策蘇林曰策數也以陽九九之爲六百四十八以陰六六之爲四百三十二凡一千八十陰陽各一卦之微算策也八之爲八千六百四十而八卦小成引而信之師古曰信讀曰伸又八之爲六萬九千一百二十天地再之爲十三萬八千二百四十然後大成五星會終觸類而長之以乘章歲爲二百六十二萬六千五百六十而與日月會三會爲七百八十七萬九千六百八十而與三統會三統二千三百六十三萬九千四十而復於太極上元九章歲而六之爲法太極上元爲實實如法得一陰一陽各萬一千五百二十當萬物氣體之數天下之能事畢矣

律歷志第一上

律歷志第一下　漢書二十一

班固

祕書監上護軍琅邪縣開國子顏師古注

統母日法八十一孟康曰分一日爲八十一分爲三統之本母也元始黃鍾初九自乘一龠之數得日法　閏法十九因爲章歲合天地終數得閏法　統法一千五百三十九以閏法乘日法得統法　元法四千六百一十七參統法得元法　會數四十七　參天九兩地十得會數　章月二百三十五　五位乘會數得章月　月法二千三百九十二　推大衍象得月法　通法五百九十八　四分月法得通法　中法十四萬五百三十以章月乘通法得中法　周天五十六萬二千一百二十　以章月乘月法得周天　歲中十二　以三統乘四時得歲中　月周二百五十四以章月加閏法得月周　朔望之會百三十五　參天數二十五兩地數三十得朔望之會　會月六千三百四十五以會數乘朔望之會得會月　統月一萬九千三十五　參會月得統月　元月五萬七千一百五　參統月得元月　章中二百二十八以閏法乘歲中得章中　統中一萬八千四百六十八以日法乘章中得統中　元中五萬五千四

百四參統中得元中策餘八千八十什乘元中以減周天得策餘　周至五十七參閏法得周至統母木金相乘爲十二是爲歲星小周小周乘巛策爲　千七百二十八是爲歲星歲數　見中分二萬七百三十六　積中十三　中餘百五十七　見中法　一千五百八十三見數也　見閏分萬二千九十六　積月十三　月餘　一萬五千七十九　見月法三萬七十七　見中日法七百三十萬八千七百一十一　見月日法二百四十三萬六千二百三十七金火相乘爲八又以火乘之爲十六

而小復小復乘乾策爲三千四百五十六是爲太白歲數　見中分四萬一千四百七十二　積中十九中餘四百一十三　見中法三千一百六十一復數　見閏分二萬四千一百九十二　積月十九　月餘三萬二千二十九　見月法四萬一千五十九　晨中分二萬三千三百二十八　積中七　中餘千七百一十八　夕中分一萬八千一百四十四　積中八　中餘八百五十六　晨閏分萬三千六百八積月十一　月餘五千一百九十一　夕閏分　萬五百八十四　積月八　月餘

二萬六千八百四十八　見中日法九百九十七萬七千三百三十七　見月日法三百三十二萬五千七百七十九　土木相乘而合經緯爲三十是爲鎮星小周小周乘巛策爲四千三百二十是爲鎮星歲數　見中分五萬一千八百四十　積中十二　中餘一千七百四十　見中法四千一百七十五見數也　見閏分三萬二百四十　積月十二　月餘六萬三千三百　見月法七萬九千三百二十五　見中日法一千九百二十七萬五千九百七十五　見月日法六百四十二萬五千

三百二十五　火經特成故二歲而過初三十二過初爲六十四歲而小周小周乘乾策則太陽大周爲萬三千八百二十四歲是爲熒惑歲數　見中分十六萬五千八百八十八　積中二十五　中餘四千一百六十三　見中法六千四百六十九見數也　見閏分九萬六千七百六十八　積月二十六　月餘五萬二千九百五十四　見月法一十二萬二千九百一十一　見中日法二千九百八十六萬七千三百七十三　見月日法九百九十五萬五千七百九十一水經特成故一歲

而及初六十四及初而小復小復乘以策則太陰
大周爲九千二百一十六歲是爲辰星歲數　見
中分十一萬五百九十二　積中三　中餘二萬
三千四百六十九　見中法二萬九千四十一復數也
見閏分六萬四千五百一十二　積月三　月餘
五十一萬四百二十三　見月法五十五萬一千
七百七十九　晨中分六萬二千三百八　積中
二　中餘四千一百二十六　夕中分四萬八千
三百八十四　積中一　中餘一萬九千三百四十
三　晨閏分三萬六千二百八十八　積月二

月餘十一萬四千六百八十二　夕閏分二萬八
千二百二十四　積月一　月餘三十九萬五千
七百四十一　見中日法一億三千四百八萬二
千二百九十七　見月日法四千四百六十九萬
四千九十九　合太陰太陽之歲數而中分之各
萬一千五百二十　陽施其氣陰成其物　以星行
率減歲數餘則見數也東九西七乘歲數并九七
爲法得一金水晨夕歲數以歲中乘歲數是爲星
見中分星見數是爲見中法　以歲閏乘歲數是
爲星見閏分以章歲乘見數是爲見月法　以元

法乘見數是爲見中日法　以統法乘見數是爲
見月日法　五步木晨始見去日半次順日行十
一分度二百二十一日始留二十五日而旋逆日
行七分度一八十四日復留二十四日三分而旋
復順日行十一分度二百一十一日有百八十二
萬八千三百六十二分而伏凡見三百六十五日
有百八十二萬八千三百六十五分除逆定行星
三十度百六十六萬一千二百八十六分凡見一
歲行一次而後伏日行不盈十一分度一伏三十
三日三百三十三萬四千七百三十七分行星三

度百六十七萬三千四百五十一分壹見三百九
十八日五百一十六萬三千一百二分行星三十
三度三百三十三萬四千七百三十七分通其率
故曰日行千七百二十八分度之百四十五　金
晨始見去日半次逆日行二分度一六日始留八
日而旋始順日行四十六分度三十三四十六日
順疾日行一度九十二分度十五百八十四日而
伏凡見二百四十四日除逆定行星二百四十四
度伏日行一度九十二分度三十三有奇師古曰奇音居宜反
下皆類此伏八十三日行星百一十三度四百三十六

萬五千二百二十分凡晨見伏三百二十七日行
星三百五十七度四百三十六萬五千二百二十
二　分夕始見去日半次順日行一度九十二分
度十五百八十一日百七分日四十五順遲
日行四十六分度四十三四十六日始留
七日百七分日六十二分而旋逆日行二分度一六
日而伏凡見二百四十一日除逆定行星三百四
十一度伏逆日行八分度七有奇伏十六日百二
十九萬五千三百五十二分行星十四度三百六
萬九千八百六十八分一凡夕見伏二百五十七

日百二十九萬五千三百五十一分行星三百二
十六度六百九十萬七千四百六十九分壹復五
百八十四日百二十九萬五千三百五十二分行
星亦如之故日日行一度　土晨始見去日半次
順日行十五分度一八十七日始留三十四日而
旋逆日行八十一分度五百一日復留三十三日
八十六萬二千四百五十五分而旋復順日行十
五分度一八十五日而伏凡見三百四十日八十
六萬二千四百五十五分除逆定餘行星五度四
百四十七萬三千九百三十分伏日行不盈十五分度

三三十七日千七百一十七萬一百七十分行星
十度八百七十三萬六千五百七十分壹見三百
七十七日千八百三萬二千六百二十五分行星
十二度千三百二十一萬一二百分通其率故曰日
行四千三百二十分度之一日四十五　火晨始見
去日半次順日行九十二分度五十三二百七十
六日始留十日而旋逆日行六十二分度七十六
十二日復留十日而旋復順日行九十二分度五
十三二百七十六日而伏凡見六百三十四日除
逆定行星三百一度伏日行不盈九十二分度七

十三分伏百四十六日千五百六十八萬九千七
百分行星百一十四度八百二十一萬八千五分
壹見七百八十日千五百六十八萬九千七百分
凡行星四百一十五度八百二十一萬八千五分
通其率故曰日行萬三千八百二十四分度之七
千二百五十五　水晨始見去日半次逆日行二
度一日始留二日而旋順日行十分度六十七日
順疾日行一度三分度一十八日而伏凡見二
十八日除逆定行星二十八度伏日行一度九分
度七有奇三十七日　億二千二百二萬九千六

百五分行星六十八度四千六百六十一萬一百二十八分凡晨見伏六十五日　億二千二百二萬九千六百五分行星九十六度四千六百六十一萬一百二十八分夕始見去日半次順日行一度三分度一十六日二分日一順遲日行七分度六七日留一日二分日一而旋逆日行二度一日而伏凡見二十六日除逆定行星二十六度伏逆日行十五分度四有奇二十四日行星六度五千八百六十六萬二千八百二十分凡夕見伏五十日行星十九度七千五百四十一萬九千四百七

十七分壹復百一十五日　億二千二百二萬九千六百五分行星亦如之故曰日行一度　統術

推日月元統置大極上元以來外所求年盈元法除之餘不盈統者則天統甲子以來年數也盈統除之餘則地統甲辰以來年數也又盈統除之餘則人統甲申以來年數也各以其統首日爲紀

推天正以章月乘入統歲數盈章歲得一名曰積月不盈者名曰閏餘閏餘十二以上歲有閏求地正加積月一求人正加二　推正月朔以月法乘積月盈日法得一名曰積日不盈者名曰小餘

小餘三十八以上其月大積日盈六十除之不盈者名曰大餘數從統首日起筭外則朔日也　求其次月加大餘二十九小餘四十三小餘盈日法得一從大餘數除如法求弦加大餘七小餘三十一求望倍弦　推閏餘所在以十二乘閏餘加十得一盈章中數所得起冬至筭外則中至終閏盈中氣在朔若二日則前月閏也　推冬至以筭餘乘入統歲數盈統法得一名曰大餘不盈者名曰小餘除數如法則所求冬至日也　求八節加大餘四十五小餘千一十求二十四氣三其小餘加

大餘十五小餘千一十　推中部二十四氣皆以元爲法推五行其四行各七十三日統歲分之七十七中央各十八日統法分之四百四冬至後中央二十七日六百六分　推合晨所在星置積日以統法乘之以十九乘小餘而并之盈周天除去之不盈者令盈統法得一度數起牽牛筭外則合晨所入星度也　推其日夜半所在星以章歲乘月小餘以減合晨度小餘不足者破全度　推其月夜半所在星以月周乘月小餘盈統法得一度以減合晨度推諸加時以十二乘小餘爲實各盈

分母爲法數起於子筭外則所加辰也　推月食
置會月餘歲積月以二十三乘之盈百三十五除之
不盈者加二十三得一月盈百三十五數所得起
其正筭外則食月也加時在望日衝辰

紀術

推五星見復置大極上元以來盡所求年乘大終
見復數盈歲數得一則定見復數也不盈者名曰
見復餘見復餘盈其見復數一以上見在往年倍
一以上又在前往年不盈者在今年也　推星所
見中次以見中分乘定見復數盈見中法得則

積中法也不盈者名曰中餘以元中除積中餘則
中元餘也以章中除之餘則入章中數也以十二
除之餘則星見中次也中數從冬至起次數從星
紀起筭外則星所見中次也　推星見月以閏分
乘定見以章歲乘中餘從之盈見月法得一并積
中則積月也不盈者名曰月中餘以元月除積月
餘名曰月元餘以章月除月元餘則入章月數也
以十二除之至有閏之歲除十三入章三歲一閏
六歲二閏九歲三閏十一歲四閏十四歲五閏十
七歲六閏十九歲七閏不盈者數起於天正筭外
則星所見月也　推至日以中法乘中元餘盈元
法得一名曰積日不盈者名曰小餘小餘盈二千
五百九十七以上中大數除積日如法筭外則冬
至也推朔日以月法乘月元餘盈日法得一名曰
積日餘名曰小餘小餘三十八以上月大數除積
日法筭外則星見月朔日也　推入中次日度
數以中法乘中餘以見中法乘其小餘并之盈見
中日法得一則入中日入次度數也中次至日數
次以次初數筭外則星所見及日所在度數也求
夕在日後十五度　推入月日數以月法乘月餘

以見月法乘其小餘并之盈見月日法得一則入
月日數也并之大餘數除如法則見日也　推後
見中加積中於中元餘加後餘於中餘盈中其法得
一從中元餘數如法則見中也　推後見月加積
月於月元餘加後月餘於月餘盈其法得一從月
元餘除數如法則後月見也推至日及入中次度
數如上法　推朔日及入月數如上法　推晨見
加夕夕見加晨皆如上法　推五步置始見以來
日數至所求日各以其行度數乘之其星若日有
分者分子乘全爲實分母爲法其兩有分者分母

分度數乘全分子從之令相乘爲法實分母相乘爲法實如法得一名曰積度數起星初見星宿所在宿度筭外則星所在宿度也　歲術推歲所在　置上元以來以外所求年盈歲數除去之不盈者以百四十五乘之以百四十四爲法如法得一名曰積次不盈者名曰次餘積次盈十二除去之不盈者名曰定次數從星紀起筭盡之外則所在次也欲知大歲以六十除餘積次餘不盈者數從丙子起筭盡之外則大歲日也　贏縮傳曰歲棄其次而旅於明年之次以害鳥帑師古曰帑音奴與奴同周楚惡之五

星之贏縮不是過也過次者殃大過舍者災小不過者亡咎次度六物者歲時數日月星辰也辰者日月之會而建所指也　星紀初斗十二度大雪中牽牛初冬至於夏爲十一月商爲十二月周爲正月終於婺女七度　玄枵初婺女八度小雪中危初大寒於夏爲十二月商爲正月周爲二月終於危十五度　娵訾初危十六度立春中營室十四度驚蟄今日雨水於夏爲正月商爲二月周爲三月終於奎四度　降婁初奎五度雨水今日驚蟄中婁四度春分於夏爲二月商爲三月周爲四月終於胃六度　大梁初胃七度穀雨今日清明中昴八度清明今日穀雨於夏爲三月商爲四月周爲五月終於畢十一度實

沈初畢十二度立夏中井初小滿於夏爲四月商爲五月周爲六月終於井十五度　鶉首初井十六度芒種中井三十一度夏至於夏爲五月商爲六月周爲七月終於柳八度鶉火初柳九度小暑中張三度大暑於夏爲六月商爲七月周爲八月終於張十七度　鶉尾初張十八度立秋中翼十五度處暑於夏爲七月商爲八月周爲九月終於軫十一度壽星初軫十二度白露中角十度秋分於夏爲八月商爲九月周爲十月終於氐四度　大火初氐五度寒露中房五度霜降於夏爲九月商爲十月周爲十一月終於尾九度析木初尾十度立冬中箕七度小雪於夏爲十月商爲十一月周爲十二月終於斗十一度

角十二　亢九　氐十五　房五　心五　尾十八　箕十一　東七十五度

斗二十六　牛八　女十二　虛十　危十七　營室十六　壁九　北九十八度

奎十六　婁十二　胃十四　昴十一　畢十六　觜二　參九　西八十度

井三十三　鬼四　柳十五　星七　張十八　翼十八　軫十七　南百一十二度

九章歲爲百七十一歲而九道小終九終千五百三十九歲而大終三終而與元終進退於牽牛之

前四度五分九會陽以九終故曰有九道陰兼而
成之故月有十九道陽名成功故九會而終四營
而成易故四歲中餘一四章而朔餘一爲篇首八
十一章而終一統
一甲子元首（大初元年） 十辛酉 十九己未 二十
八丁巳 三十七乙卯 四十六壬子 五十五
庚戌 六十四戊申 七十三丙午中 甲辰二
統 辛丑 己亥 丁酉 乙未 壬辰 庚寅
戊子 丙戌季 甲申三統 辛巳 己卯 丁
丑（文王三十二年） 乙亥 壬申（微二十六年） 庚午 戊辰 丙

寅壬孟（懿王二年） 二癸卯 十一辛丑 二十己亥
二十九丁酉 三十八甲午 四十九壬辰 五
十六庚寅 六十五戊午 七十四乙酉中 癸
未 辛巳 己卯 丁丑 甲戌 壬申 庚午
戊辰 乙丑季 癸亥 辛酉 乙未 丁酉（周公
五年） 甲寅 壬子 庚戌 戊申（元四年） 乙巳孟
三癸未 十二辛巳 二十一己卯 三十丙子
三十九甲戌 四十八壬申 五十七庚午 六
十六丁卯 七十五乙丑中 癸亥 辛酉 己
未 丙辰 甲寅 壬子 庚戌 丁未 乙巳

季 癸卯 辛丑 己亥 丙申 甲午 壬申
庚寅（成十一年） 丁亥 乙酉孟 四癸亥 十三辛
酉 二十二戊午 三十一丙辰 四十甲寅
四十九壬子 五十八己酉 六十七丁未 七
十六乙巳中 癸卯 辛丑 戊戌 丙申 甲
午 壬辰 己丑 丁亥 乙酉季 癸未 辛
巳 戊寅 丙子 甲戌 壬申 己巳 丁卯
乙丑孟 五癸卯（河平元年） 十四庚子 二十三戊
戌 三十二丙申 四十一甲午 五十辛卯
五十九己丑 六十八丁亥 七十七乙酉中

癸未 庚辰 戊寅 丙子 甲戌 辛未 己
巳 丁卯 乙丑季 癸亥 庚申 戊午 丙
辰 甲寅（獻十五年） 辛亥 己酉 乙巳孟（商太甲元年雍己元年）
六壬午 十五庚辰 二十四戊寅 三十三丙
子 四十二癸酉 五十一辛未 六十巳巳
六十九丁卯 七十八甲子中 壬戌 庚申
戊午 丙辰 癸丑 辛亥 己酉 丁未 甲
辰季 壬寅 庚子 戊戌 丙申（煬二十四年） 癸巳
辛卯（康四年） 甲申孟 七壬戌（始建國三年） 十六庚申
二十五戊午 三十四乙卯 四十三癸丑 五

十二辛巳　六十一己酉　七十丙午　七十九甲辰中　壬寅　庚子　戊戌　乙未　癸巳　辛卯　己丑　丙戌　甲申季　壬午　庚辰　戊寅　乙亥　癸酉　辛未　己巳（定十年）　丙寅　甲子孟　八壬寅　十七庚子　二十六丁酉　三十五乙未　四十四癸巳　五十三辛卯　六十二戊子　七十一丙戌　八十甲申中　壬午　庚辰　丁丑　乙亥　癸酉　辛未　戊辰　丙寅　甲子季　壬戌　庚申　丁巳　乙卯　癸丑　辛亥（僖五年）　戊申　丙午　甲辰孟　九壬

午　十八己卯　二十七丁丑　三十六乙亥　四十五癸酉　五十四庚午　六十三戊辰　七十二丙寅　八十一甲子中　壬戌　己未　丁巳　乙卯　癸丑　庚戌　戊申　丙午　甲辰季　壬寅　己亥　丁酉　乙酉　癸巳（懿九年）　庚寅　戊子　丙戌　甲申孟（元稱六年）

推章首朔旦冬至日置大餘三十九小餘六十一數除如法各從其統首起求其後章當加大餘三十九小餘六十一各盡其八十一章　推篇大餘亦如之小餘加一周求至加大餘五十九小餘二

十一　世經春秋昭公十七年郯子來朝傳曰昭子問少昊氏鳥名何故（師古曰郯國名子其君之爵也郯國即東海郯縣是也朝朝於魯也昭子魯大夫叔孫昭子也名婼）對曰吾祖也我知之矣昔者黃帝氏以雲紀故爲雲師而雲名炎帝氏以火紀故爲火師而火名共工氏以水紀故爲水師而水名（師古曰共讀曰龔下皆類此）太昊氏以龍紀故爲龍師而龍名我高祖少昊摯之立也鳳鳥適至故紀於鳥爲鳥師而鳥名言郯子據少昊受黃帝黃帝受炎帝炎帝受共工共工受太昊故先言黃帝上及太昊稽之於易炮犧神農黃帝相繼之世可知（師古曰炮與庖同也）

太昊帝易曰炮犧氏之王天下也言炮犧繼天而王爲百王先首德始於木故爲帝太昊作罔罟以田漁取犧牲（師古曰罟音古）故天下號曰炮犧氏祭典曰共工氏伯九域（師古曰祭典即禮經祭法也伯讀與霸同下亦類此）言雖有水德在火木之間非其序也任知刑以彊故伯而不王秦以水德在周漢木火之間（師古曰志言秦爲閏位亦猶共工不當五德之字）周人䙴其行序故易不載（鄭氏曰䙴去也以其非次故去之　師古曰此推謂共工也䙴古遷字其下並同）　炎帝易曰炮犧氏沒神農氏作言共工伯而不王雖有水德非其序也以火承木故爲炎帝教民耕農故天下號曰神農氏　黃帝易

曰神農氏沒黃帝氏作火生土故為土德與炎帝之後戰於阪泉遂王天下始垂衣裳有軒冕之服鄧展曰凡冠前甲後高故曰軒冕也師古此說非也軒謂車也冕冕服也春秋左氏傳曰服冕乘軒故天下號曰軒轅氏　少昊帝考德曰少昊曰清師古曰考德者考五帝德之書也清者黃帝之子清陽也是其子孫名摯立土生金故為金德天下號曰金天氏周遷其樂故易不載序於行　顓頊帝春秋外傳曰少昊之衰九黎亂德顓頊受之迺命重黎蒼林昌意之子金生水故為水德天下號曰高陽氏周遷其樂故易不載序於行　帝嚳春秋外傳曰顓頊之所建帝嚳受之清陽玄囂之孫也水生木故為木德天下號曰高辛氏帝摯繼之不知世數周遷其樂故易不載周人禘之　唐帝帝系曰帝嚳四妃陳豐生帝堯封於唐蓋高辛氏衰天下歸之木生火故為火德天下號曰陶唐氏讓天下於虞使子朱處于丹淵為諸侯即位七十載　虞帝帝系曰顓頊生窮蟬五世而生瞽叟瞽叟生帝舜處虞之嬀汭師古曰嬀水名也水曲曰汭音人銳反堯嬗以天下師古曰嬗古禪讓字也其下亦同火生土故為土德天下號曰有虞氏讓天下於禹使子商均為諸侯即位五十載　伯禹帝系曰顓頊五世

而生鯀鯀生禹虞舜嬗以天下土生金故為金德天下號曰夏后氏繼世十七王四百三十二歲　成湯書經湯誓湯伐夏桀金生水故為水德天下號曰商後曰殷孟康曰初契封商湯居殷而受命故二號　三統上元至伐桀之歲十四萬一千四百八十歲歲在大火房五度故傳曰大火閼伯之星也實紀商人後為成湯方即世崩沒之時為天子用事十三年矣商十二月乙丑朔旦冬至故書序曰成湯既沒太甲元年使伊尹作伊訓伊訓篇曰惟太甲元年十有二月乙丑朔伊尹祀于先王誕資有牧方明言雖有成湯太丁外丙之服以冬至越茀祀先王于方明如淳曰覲禮諸侯覲天子為壇十有二尋加方明于其上孟康曰方明者神明之象也以木為之方四尺畫六采東青西白南赤北黑上玄下黃以配上帝是朔旦冬至之歲也後九十五歲商十二月甲申朔旦冬至亡餘分是為孟統自伐桀至武王伐紂六百二十九歲故傳曰殷載祀六百殷歷曰當成湯方即世用事十三年十一月甲子朔旦冬至終六府首師古曰府首即蔀首當周公五年則為距伐桀四百五十八歲少百七十一歲不盈六百又以夏時乙丑為甲子計其年迺孟統後五章癸亥朔旦冬至也以為甲子府首皆非是凡殷世繼

嗣三十一王六百二十九歲四分上元至伐桀十三萬二千一百一十三歲其八十八紀甲子府首入伐桀後百二十七歲春秋歷周文王四十二年十二月丁丑朔旦冬至孟統之二會首也後八歲而武王伐紂武王書經牧誓武王伐商紂水生木故爲木德天下號曰周室三統上元至伐紂之歲十四萬二千一百九歲歲在鶉火張十三度文王受命九年而崩再期在大祥而伐紂故書序曰惟十有一年武王伐紂大誓八百諸侯會還歸二年乃遂伐紂克殷以箕子歸十三年也故書序曰武

王克殷以箕子歸作洪範洪範篇曰惟十有三祀王訪于箕子自文王受命而至此十三年歲亦在鶉火故傳曰歲在鶉火則我有周之分壄也師初發以殷十一日戊子日在析木箕七度故傳曰日在析木是夕也月在房五度房爲天駟故傳曰月在天駟後三日得周正月辛卯朔合辰在斗前一度斗柄也故傳曰辰在斗柄明日壬辰晨星始見（師古曰晨古晨字也其字從臼臼音居玉反）癸巳武王始發丙午還師戊午度于孟津孟津去周九百里師行三十里故三十一日而度明日己未冬至晨星與婺女伏歷建星及

牽牛至於婺女天黿之首故傳曰星在天黿周書武成篇惟一月壬辰旁死霸（孟康曰月二日以往月生魄死故言死魄魄月質也師古曰霸古魄字同）若翌日癸巳武王乃朝步自周于征伐紂序曰一月戊午師度于孟津至庚申二月朔日也四日癸亥至牧壄夜陳甲子昧爽而合矣故外傳曰王以二月癸亥夜陳武成篇曰粵若來三月既死霸粵五日甲子咸劉商王紂（師古曰今文尚書之辭劉殺也）是歲也閏數餘十八正大寒中在周二月己丑晦明日閏月庚寅朔三月二日庚申驚蟄四月己丑朔死霸死霸朔也生霸望也是月甲辰望乙巳旁之故武

成篇曰惟四月既旁生霸粵六日庚戌武王燎于周廟翌日辛亥祀于天位粵五日乙卯乃以庶國祀馘于周廟（師古曰亦今文尚書也祀馘獻於廟而告祀也馘耳曰馘音居獲反）文王十五而生武王受命九年而崩後四年而武王克殷克殷之歲八十六矣後七歲而崩故禮記文王世子曰文王九十七而終武王九十三而終凡武王即位十一年周公攝政五年正月丁巳朔旦冬至殷歷以爲六年戊午距煬公七十六歲入孟統二十九章首也後二歲得周公七年復子明辟之歲是歲二月乙亥朔庚寅望後六日得乙未故召誥曰

惟二月既望粤六日乙未又其三月甲辰朔三日
丙午召誥曰惟三月丙午朏孟康曰朏月出也音敷尾反古文月
采篇曰三日曰朏師古曰月采說月之光采其書則云是歲十二月戊辰
晦周公以反政故洛誥篇曰戊辰王在新邑烝祭
歲命作策惟周公誕保文武受命惟七年　成王
元年正月己巳朔此命伯禽俾侯于魯之歲也師古
曰俾使也封之使為諸侯後三十年四月庚戌朔十五日甲子哉
生霸師古曰哉始也故顧命曰惟四月哉生霸王有疾不豫
甲子王乃洮沬水作顧命師古曰洮盥手也沬洗面也洮音徒高反沬即頮字也音呼內反
翌日乙丑成王崩康王十二年六月戊辰朔三日

庚午故畢命豐刑曰惟十有二年六月庚午朏王
命作策豐刑孟康曰逸書篇名春秋殷曆皆以殷魯自周昭
王以下亡年數故據周公伯禽以下為紀魯公伯
禽推即位四十六年至康王十六年而薨故傳曰
燮父禽父並事康王師古曰燮父晉唐叔虞之子禽父即伯禽也父讀曰甫甫者男子之美稱
言晉侯燮魯公伯禽俱事康王也子考公就立酋
師古曰又記此酋者諸說不同而名字或異也下皆放此酋音在由反考公世家即位四年
及煬公熙立師古曰及者兄弟相及非子繼父也下皆類此煬公二十四年正月
丙申朔旦冬至殷曆以為丁酉距微公七十六歲
師古曰煬音弋向反世家煬公即位十六年子幽公宰立幽公

世家即位十四年及微公茀立濆師古曰茀音弗濆古沸字也微
公二十六年正月乙亥朔旦冬至殷曆以為丙子
距獻公七十六歲世家微公即位五十年子厲公
翟立權厲公世家即位三十七年及獻公具立獻
公十五年正月甲辰朔旦冬至殷曆以為乙卯距
懿公七十六歲世家獻公即位五十年子慎公埶
立嗥師古曰嗥音皮祕反又音許器反慎公世家即位三十年及武
公敖立武公世家即位二年子懿公被立戲師古曰戲音許
宜反懿公九年正月癸巳朔旦冬至殷曆以為甲午
距惠公七十六歲　世家懿公即位九年子柏

御立柏御世家即位十一年叔父孝公稱立孝公
世家即位二十七年子惠公皇立惠公三十八年
正月壬申朔旦冬至殷曆以為癸酉距釐公七十
六歲師古曰釐讀曰僖下皆類此世家惠公即位四十六年子
隱公息立凡伯禽至春秋三百八十六年　春秋
隱公春秋即位十一年及桓公軌立此元年上距
伐紂四百歲　桓公春秋即位十八年子莊公同
立莊公春秋即位三十二年子愍公啓方立　愍
公春秋即位二年及釐公申立釐公五年正月辛
亥朔旦冬至殷曆以為壬子距成公七十六歲

是歲距上元十四萬二千五百七十七歲得孟統
五十三章首故傳曰五年春王正月辛亥朔日南
至八月甲午晉侯圍上陽童謠云丙子之辰龍尾
伏辰袀服振振取虢之旂師古曰袀音均又弋均反振音之人反鶉之賁
賁天策焞焞火中成軍虢公其奔師古曰賁音奔焞音徒門反又土門反
卜偃曰其九月十月之交乎丙子旦日在尾月在
策鶉火中必是時也冬十二月丙子滅虢言歷者
以夏時故周十二月夏十月也是歲歲在大火故
傳曰晉侯使寺人披伐蒲重耳奔狄師古曰晉侯謂獻公也寺人奄人也
披其名也蒲晉邑也公子重耳之所居獻公用驪姬之讒故令披伐之而重耳懼罪出奔也事見春秋左氏傳及國語董

因曰君之行歲在大火師古曰董因晉史也本周太史辛有之後以董主史官故爲董氏因其名
也後十二年釐之十六歲歲在壽星故傳曰重耳
處狄十二年而行過衛五鹿乞食於壄人壄人舉
凷而與之子犯曰天賜也後十二年必獲此土歲
復於壽星必獲諸侯後八歲釐之二十四年也歲
在實沈秦伯納之故傳曰董因云君以辰出而以
參入必獲諸侯春秋釐公即位三十三年子文公
興立文公元年距辛亥朔旦冬至二十九歲是歲
閏餘十三正小雪閏當在十一月後而在三月故
傳曰非禮也後五年閏餘十是歲亡閏而置閏閏

所以正中朔也亡閏而置閏又不告朔故經曰閏
月不告朔言亡此月也傳曰不告朔非禮也春秋
文公即位十八年子宣公倭立師古曰倭音於危反　宣公
春秋即位十八年子成公黑肱立　成公十二
年正月庚寅朔旦冬至殷歷以爲辛卯距定公七
年七十六歲　春秋成公即位十八年子襄公午
立襄公二十七年距辛亥百九歲九月乙亥朔是
建申之月也魯史書十二月乙亥朔日有食之傳
曰冬十一月乙亥朔日有食之於是辰在申司歷
過也再失閏矣言時實行以爲十一月也不察其

建不考之於天也二十八年距辛亥百一十歲歲
在星紀故經曰春無冰傳曰歲在星紀而淫於玄
枵三十年歲在娵訾三十一年歲在降婁是歲距
辛亥百一十三年二月有癸未上距文公十一年
會于承匡之歲夏正月甲子朔凡四百四十有五甲子
奇二十日爲日二萬六千六百有六旬故傳曰絳
縣老人曰臣生之歲正月甲子朔四百四十有五
甲子矣其季於今三之一也師曠曰郤成子會于
承匡之歲也七十三年矣史趙曰亥有二首六身
下二如身則其日數也孟康曰下二畫使就身也師古曰杜預云亥字二畫在上并三

六爲身如算之六也下亥上二畫豎置身旁　士文伯曰然則二萬六千六百有六旬也春秋襄公即位三十一年子昭公稠立昭公八年歲在析木十年歲在顓頊之虚玄枵也十八年距辛亥百三十一歲五月有丙子戊寅壬午火始昏見宋衛陳鄭火二十年春王正月距辛亥百三十三歲是辛亥後八章首也正月己丑朔旦冬至失閏故傳曰二月己丑日南至三十二年歲在星紀距辛亥百四十五歲盈一次矣故傳曰越得歲吳伐之必受其咎　春秋昭公即位三十二年及定公宋立定公七年正月己巳朔旦冬至殷歷以爲庚午距元公七十六歲　春秋定公即位十五年子哀公將立哀公十二年冬十二月流火非建戌之月也是月也螽故傳曰火伏而後蟄者畢今火猶西流司歷過也詩曰七月流火春秋哀公即位二十七年自春秋盡哀十四年凡二百四十二年六國春秋哀公後十三年遜于邾子悼公曼立寧悼公世家即位三十七年子元公嘉立元公四年正月戊申朔旦冬至殷歷以爲己酉距康公七十六歲元公世家即位二十一年子穆公衍立顯穆公世家即位三十三年子恭公奮立恭公

世家即位二十二年子康公毛立　康公四年正月丁亥朔旦冬至殷歷以爲戊子距緡公七十六歲師古曰緡讀與愍同下皆類此　康公世家即位九年子景公偃立景公世家即位二十九年子平公旅立平公世家即位二十年子緡公賈立緡公二十一年正月丙寅朔旦冬至殷歷以爲丁卯距楚元七十六歲緡公世家即位二十三年子頃公讎立頃公表十八年秦昭王之五十一年也秦始滅周周凡三十六王八百六十七歲秦伯師古曰伯讀曰霸其下亦同　昭王本紀無天子五年孝文王本紀即位一年元年楚考烈王滅魯頃公爲家人周滅後六年也莊襄王本紀即位三年　始皇本紀即位三十七年二世本紀即位三年凡秦伯五世四十九歲漢高祖皇帝著紀伐秦繼周木生火故爲火德天下號曰漢距上元年十四萬三千二十五歲歲在大棣之東井二十度鶉首之六度也故漢志曰歲在大棣名曰敦牂太歲在午八年十一月乙巳朔旦冬至楚元三年也故殷歷以爲丙午距元朔七十六歲　著紀高帝即位十二年　惠帝著紀即位七年　高后著紀即位八年　文帝前十六年後七年著紀即位二

十三年　景帝前七年中六年後三年著紀即位十六年　武帝建元元光元朔各六年元朔六年十一月甲申朔旦冬至殷曆以爲乙酉距初元七十六歲元狩元鼎元封各六年漢曆太初元年距上元十四萬三千一百二十七歲前十一月甲子朔旦冬至歲在星紀婺女六度故漢志曰歲名困敦（師古曰敦音頓）正月歲星出婺女太初天漢太始征和各四年後元二年著紀即位五十四年　昭帝始元元鳳各六年元平一年著紀即位十三年　宣帝本始地節元康神爵五鳳甘露各四年黃龍一年

著紀即位二十五年　元帝初元二年十一月癸亥朔旦冬至殷曆以爲甲子以爲紀首是歲也十月日食非合辰之會不得爲紀首距建武七十六歲初元永光建昭各五年竟寧一年著紀即位十六年　成帝建始河平陽朔鴻嘉永始元延各四年綏和二年著紀即位二十六年　哀帝建平四年元壽二年著紀即位六年　平帝著紀即位元始五年以宣帝玄孫嬰爲嗣謂之孺子孺子著紀新都侯王莽居攝三年王莽居攝盜襲帝位竊號曰新室始建國五年天鳳六年地皇三年著紀盜位十四年更始帝著紀以漢宗室滅王莽即位二年赤眉賊立宗室劉盆子滅更始帝自漢元年訖更始二年凡二百三十歲　光武皇帝著紀以景帝後高祖九世孫受命中興復漢改元曰建武歲在鶉尾之張度建武三十一年中元二年即位三十三年

律曆志第一下

禮樂志第二　班固　漢書二十二

秘書監上護軍琅邪縣開國子顏師古注

六經之道同歸而禮樂之用爲急（師古曰六經謂詩書易春秋禮樂也）治身者斯須忘禮則暴嫚入之矣（師古曰斯須猶須臾也）爲國者一朝失禮則荒亂及之矣人函天地陰陽之氣有喜怒哀樂之情（師古曰函包容也讀與含同它皆類此）天稟其性而不能節也（師古曰稟謂給授也）聖人能爲之節而不能絕也故象天地而制禮樂所以通神明立人倫（師古曰倫理也）正性情節萬事者也人性有男女之情妒忌之別爲制婚姻之禮有交接長幼之序爲制鄉飲之禮有哀死思遠之情爲制喪祭之禮有尊尊敬上之心爲制朝覲之禮哀有哭踊之節樂有歌舞之容（師古曰踊跳也哀甚則踊）正人足以副其誠邪人足以防其失（師古曰副稱也）故婚姻之禮廢則夫婦之道苦而淫辟之罪多（孟康曰苦音盬夫婦之道行盬不固也　師古曰苦惡也不當假借辟讀曰僻）鄉飲之禮廢則長幼之序亂而爭鬬之獄蕃（師古曰蕃多也音扶元反他皆類此）喪祭之禮廢則骨肉之恩薄而背死忘先者衆（師古曰先者先人謂祖考）朝聘之禮廢則君臣之位失而侵陵之漸起故孔子曰安上治民莫善於禮移風易俗莫善於樂（師古曰此孝經載孔子之言也善音市戰反）禮節民心樂和民聲政以行之刑以防之禮樂政刑四達而不誖則王道備矣

（師古曰誖乖也音布內反）樂以治內而爲同（李奇曰同於和樂也）禮以修外而爲異（李奇曰尊卑爲異也）同則和親異則畏敬和親則無怨畏敬則不爭揖讓而天下治者禮樂之謂也二者並行合爲一體畏敬之意難見則著之於享獻辭受登降跪拜（師古曰見顯也）和親之說難形則發之於詩歌詠言鐘石筦弦（師古曰說讀曰悅形見也筦字與管同）蓋嘉其敬意而不及其財賄美其歡心而不流其聲音（師古曰流移也心不移於音聲也）故孔子曰禮云禮云玉帛云乎哉樂云樂云鐘鼓云乎哉（師古曰論語載孔子之言也謂禮以節人爲貴樂以和人爲本玉帛鐘鼓乃爲末事）此禮樂之本也故曰知禮樂之情者能作識禮樂之文者能述作者之謂聖述者之謂明明聖者述作之謂也（師古曰作謂有所興造也述謂明辨其義而循行也）王者必因前王之禮順時施宜有所損益即民之心稍稍制作（師古曰即就也）至太平而大備周監於二代（師古曰監觀也二代夏殷也言周觀夏殷之禮而增損之也）禮文尤具事爲之制曲爲之防（師古曰言每事立制委曲防閑也）故稱禮經三百威儀三千於是教化浹洽（師古曰浹徹也洽霑也浹音子牒反）民用和睦災害不生禍亂不作囹圄空虛四十餘年（應劭曰囹圄周獄名也　師古曰囹獄也圄守也故總言囹圄無繫於周囹音來丁反圄音牛呂反）孔子美之曰郁郁乎文哉吾從周（師古曰論語載孔子之言也郁郁文章貌）及其衰也諸侯踰越法度惡禮制之害己去其篇籍遭秦滅學

遂以亂亡漢興撥亂反正日不暇給(師古曰撥去亂俗而還於正道也給足也言事務殷多日日修造尚不能足故無暇也)猶命叔孫通制禮儀以正君臣之位高祖說而歎曰(師古曰說讀曰悅)吾乃今日知為天子之貴也以通為奉常遂定儀法(師古曰奉常則太常也解在百官公卿表)未盡備而通終至文帝時賈誼以為漢承秦之敗俗廢禮義捐廉恥今其甚者殺父兄盜者取廟器而大臣特以簿書不報期會為故(師古曰特但也簿文簿也故謂大事也言公卿但以文案簿書報荅為事也簿音步戶反)至於風俗流溢恬而不怪(師古曰恬安也謂心以為安)以為是適然耳(師古曰言正當如此非失道也)夫移風易俗使天下回心而鄉道(師古曰鄉讀曰嚮)類非俗吏之所能為也夫立君臣等上下使綱紀有序六親和睦(如淳曰六親賈誼以為父也子也從父昆弟也從祖昆弟也曾祖昆弟也族昆弟也)此非天之所為人之所設也人之所設不為不立不脩則壞(師古曰為作也)漢興至今二十餘年宜定制度興禮樂然後諸侯軌道百姓素樸獄訟衰息(師古曰軌道言遵道猶車行之依軌轍也)迺草具其儀(師古曰草謂創立其事也它皆類此)天子說焉(師古曰說讀曰悅)而大臣絳灌之屬害之故其議遂寢(師古曰舊說以為絳謂絳侯周勃也灌謂灌嬰也而楚漢春秋高祖之臣別有絳灌疑昧之文不可明也此既言大臣則當謂周勃灌嬰也)至武帝即位進用英雋議立明堂制禮服以興太平(師古曰服謂衣服之色也)會竇太后好黃老言不說儒術(師古曰說讀曰悅)其事又廢後董仲舒對策言王者欲有

所為宜求其端於天天道大者在於陰陽陽為德陰為刑天使陽常居大夏而以生育長養為事陰常居大冬而積於空虛不用之處以此見天之任德不任刑也陽出布施於上而主歲功陰入伏藏於下而時出佐陽陽不得陰之助亦不能獨成王者承天意以從事故務德教而省刑罰刑罰不可任以治世猶陰之不可任以成歲也今廢先王之德教獨用執法之吏治民而欲德化被四海故難成也是故古之王者莫不以教化為大務立大學以教於國設庠序以化於邑(師古曰庠序行禮養老之處也)教化以明習俗以成天下嘗無一人之獄矣至周末世大為無道以失天下秦繼其後又益甚之自古以來未嘗以亂濟亂大敗天下如秦者也(師古曰濟益也)習俗薄惡民人抵冒(師古曰抵忤也冒犯也言無廉恥不畏懼也抵音丁禮反)今漢繼秦之後雖欲治之無可奈何法出而姦生令下而詐起一歲之獄以萬千數如以湯止沸沸俞甚而無益(師古曰俞進也音踰又音曰愈它皆類此)辟之琴瑟(師古曰辟讀曰譬)不調甚者必解而更張之迺可鼓也為政而不行甚者必變而更化之迺可理也故漢得天下以來常欲善治而至今不能勝殘去殺者失之當更化而不能更化也

古人有言曰臨淵羨魚不如歸而結網今臨政而願治七十餘歲矣不如退而更化更化則可善治而災害日去福祿日來矣是時上方征討四夷銳志武功師古曰銳利也言一意進求若兵刃之銳利不暇留意禮文之事至宣帝時琅邪王吉為諫大夫又上疏言欲治之主不世出師古曰言時時而一出難常遇公卿幸得遭遇其時未有建萬世之長策舉明主於三代之隆者也其務在於簿書斷獄聽訟而已此非太平之基也今俗吏所以牧民者非有禮義科指可世世通行者也以意穿鑿各取一切師古曰苟順一時非正道是以詐偽萌生刑罰無極質樸日消恩愛寖薄師古曰寖古浸字浸漸也孔子曰安上治民莫善於禮非空言也願與大臣延及儒生述舊禮明王制驅一世之民濟之仁壽之域師古曰言以仁道治之皆得其性則壽考也域界也則俗何以不若成康壽何以不若高宗師古曰成康周之二王太平之時也高宗殷王武丁也有德可尊故曰高宗享國五十九年故云壽上不納其言吉以病去至成帝時犍為郡於水濱得古磬十六枚師古曰濱水涯也音賓議者以為善祥劉向因是說上宜興辟雍設庠序陳禮樂隆雅頌之聲盛揖攘之容師古曰攘古讓字以風化天下如此而不治者未之有也或曰不能具禮師古曰或曰者劉向設為難者之言而後答釋也禮以養人為本如有過差是過而

養人也師古曰過差猶失錯也刑罰之過或至死傷今之刑非皋陶之法也而有司請定法削則削筆則筆服虔曰言隨君意也師古曰削者謂有所刪去以刀削簡牘也筆者謂有所增益以筆就而書也救時務也至於禮樂則曰不敢是敢於殺人不敢於養人也為其俎豆管弦之間小不備因是絕而不為是去小不備而就大不備大不備或莫甚焉師古曰大不備者事之虧失莫甚於此夫教化之比於刑法刑法輕是舍所重而急所輕也師古曰舍發也且教化所恃以為治也刑法所以助治也今廢所恃而獨立其所助非所以致太平也自京師有誖逆不順之子孫師古曰誖乖也音布內反至於陷大辟受刑戮者不絕繇不習五常之道也師古曰繇與由同五常仁義禮智信人性所常有之也夫承千歲之衰周繼暴秦之餘敝民漸漬惡俗貪饕險詖不閑義理師古曰貪甚曰饕言行險曰詖饕音吐高反詖音彼義反不示以大化而獨敺以刑罰終已不改師古曰敺與驅同故曰導之以禮樂而民和睦師古曰孝經著孔子之言也初叔孫通將制定禮儀見非於齊魯之士然卒為漢儒宗業垂後嗣斯成法也成帝以向言下公卿議會向病卒丞相大司空奏請立辟雍案行長安城南師古曰行音下更反營表未作遭成帝崩群臣引以定謚孟康曰謚法曰安民立政曰成帝欲立辟雍未就而崩群臣議引為美謂之成及王莽為宰衡欲燿眾庶遂興辟雍因以篡位

海內畔之世祖受命中興撥亂反正(師古曰謂後漢光武帝也)改定京師于土中(師古曰謂都洛陽)即位三十年四夷賓服百姓家給政教清明(師古曰給足也言家家皆足)迺營立明堂辟廱顯宗即位(李奇曰明帝曰顯宗)躬行其禮宗祀光武皇帝于明堂養三老五更於辟廱(李奇曰王者父事三老兄事五更詩云三壽作朋鄭晨曰漢直以一公為三老用大夫為五更每常大行禮乃置師古曰鄭玄說云三老五更謂老人更知三德五事者也更音工衡反蔡邕以為更當為叟叟老人之稱也)威儀既美矣然德化未流洽者禮樂未具羣下無所誦說而庠序尚未設之故也孔子曰辟如為山未成一匱止吾止也(師古曰論語云孔子之言匱者盛土草為器所以盛土也言為山欲成尚少一匱之土止而不為則其功終已不就如斯之人吾所不教喻也辟讀曰譬)今叔孫通所撰禮儀與律令同錄臧於理官(師古曰古書懷藏之字本皆作臧漢書例為臧耳理官即法官也)法家又復不傳漢典寢而不著民臣莫有言者(師古曰寢息也)又通沒之後河間獻王采禮樂古事稍稍增輯至五百餘篇(師古曰輯與集同也)今學者不能昭見但推士禮以及天子說義又頗謬異故君臣長幼交接之道寖以不章(師古曰寖漸也)樂者聖人之所樂也而可以善民心其感人深移風易俗故先王著其教焉(師古曰著明也)夫民有血氣心知之性而無哀樂喜怒之常應感而動然後心術形焉(師古曰言人之性感物則動也術道逕也心術心之所由也形見也)是以纖微癄瘁(一作哀)之音作而民思憂(師古曰癄瘁謂減縮也音子笑反)闡諧

嫚易之音作而民康樂(師古曰闡廣也諧和也嫚易言不急刻也易音弋豉反)麤厲猛奮之音作而民剛毅(師古曰麤疏厲抗厲也猛奮發揚也麤或作麄字非是)廉直正誠之音作而民肅敬寬裕和順之音作而民慈愛流辟邪散之音作而民淫亂(師古曰辟讀曰僻)先王恥其亂也故制雅頌之聲本之情性稽之度數制之禮儀(師古曰稽考也)合生氣之和導五常之行(師古曰氣陰陽之氣導引也)使之陽而不散陰而不集(師古曰集謂聚滯也)剛氣不怒柔氣不懾(師古曰懾恐也音之涉反)四暢交於中而發作於外(師古曰暢通達也)皆安其位而不相奪足以感動人之善心也不使邪氣得接焉是先王立樂之方也王者未作樂之時因先王之樂以教化百姓說樂其俗(師古曰說樂其俗使和說而安樂也說讀曰悅樂音來各反)然後改作以章功德易曰先王以作樂崇德殷薦之上帝以配祖考(師古曰此豫卦象辭也殷盛大也上帝天也言王者作樂崇表其德大薦於天而以祖考配饗之也)昔黃帝作咸池顓頊作六莖帝嚳作五英(師古曰嚳音酷)堯作大章舜作招(師古曰招讀曰韶下皆類此)禹作夏湯作濩(師古曰濩音護)武王作武周公作勺勺言能勺先祖之道也(師古曰勺讀曰酌酌取也)武言以功定天下也濩言救民也夏大承二帝也(師古曰夏大也二帝謂堯舜也)招繼堯也(師古曰韶之言紹故曰繼堯也)大章章之也(師古曰章明也)五英英茂也六莖及根莖也(師古曰澤及下)咸池備矣(師古曰咸皆也池言其包容浸潤也故云備矣)自夏以往其

流不可聞已師古曰言歌頌皆亡也已語終辭殷頌猶有存者師古曰謂正考甫所得那以下是周詩既備師古曰謂雅頌皆得其所而其器用張陳周官具焉師古曰謂大司樂以下諸官所掌典者自卿大夫師瞽以下皆選有道德之人師古曰師樂工瞽無目者朝夕習業以教國子國子者卿大夫之子弟也皆學歌九德師古曰水火金木土穀謂之六府正德利用厚生謂之三事六府三事謂之九功九功之德皆可歌也故言九德也誦六詩應劭曰六詩者詩有六義一曰風二曰賦三曰比四曰興五曰雅六曰頌習六舞五聲八音之和師古曰六舞謂帗舞羽舞翌舞旄舞干舞人舞也五聲宮商角徵羽也八音金石絲竹匏土革木帗音弗翌音皇故帝舜命夔曰女典樂教胄子師古曰虞書舜典所載也夔舜臣名胄子即國子也直而溫師古曰正直溫和也寬而栗師古曰寬大而敬栗剛而無虐師古曰剛毅而不害虐也簡而無敖師古曰簡約而無傲慢敖讀曰傲詩言志歌詠言師古曰詠古詠字也在心為志發言為詩詠永也永長也歌所以長言之聲依詠律和聲師古曰依助也五聲所以助歌也六律所以和聲也八音克諧師古曰諧亦和也自此以上皆帝舜之言此之謂也又以外賞諸侯德盛而教尊者其威儀足以充目音聲足以動耳詩語足以感心故聞其音而德和省其詩而志正師古曰省視也論其數而法立是以薦之郊廟則鬼神饗作之朝廷則群臣和立之學官則萬民協聽者無不虛己竦神說而承流師古曰竦敬也說讀曰悅是以海內徧知上德被服其風師古曰被音皮義反言蒙其風化若被而服之光輝日新化上遷善而不知所以然至於萬物不夭天地順而嘉應

降故詩曰鐘鼓鍠鍠磬管鏘鏘降福穰穰師古曰此周頌執競之詩也鍠鍠和也鏘鏘盛也穰穰多也言周王祭祖考之廟奏樂而八音和盛則神降之福至多也鍠音皇穰音人羊反書云擊石拊石百獸率舞師古曰虞書舜典也石謂磬也言樂之和諧也擊拊擊石則百獸相率而舞也鳥獸且猶感應而況於人乎況於鬼神乎故樂者聖人之所以感天地通神明安萬民成性類者也然自雅頌之興而所承衰亂之音猶在師古曰言若周時尚有殷紂之餘聲是謂淫過凶嫚之聲為設禁焉世衰民散小人乘君子師古曰乘陵也心耳淺薄則邪勝正故書序殷紂斷棄先祖之樂迺作淫聲用變亂正聲以說婦人師古曰今文周書泰誓之辭也說讀曰悅樂官師瞽抱其器而犇散或適諸侯或入河海師古曰犇古奔字論語云大師摯適齊亞飯干適楚三飯繚適蔡四飯缺適秦鼓方叔入於河播鼗武入于漢少師陽擊磬襄入于海此志所云及古今人表所敘皆謂是也去諸侯者追繫其地非為當時已有國名而說論語者乃以為魯哀公時禮壞樂崩樂人皆去斯亦未允也夫六經殘缺學者異師文義乖駮各守所見而馬鄭群儒皆在班揚之後向歆博學又居王杜之前校其是非不可偏據其漢書所引經文與近代儒家往往乖別既自成義指即就而通之庶免守株以申賢達之意非苟越異理固然也它皆類此夫樂本情性浹肌膚而藏骨髓雖經乎千載其遺風餘烈尚猶不絕至春秋時陳公子完犇齊師古曰完陳厲公子即敬仲也莊二十二年遇難出奔齊也陳舜之後招樂存焉故孔子適齊聞招三月不知肉味曰不圖為樂之至於斯美之甚也師古曰事見論語周道始缺怨刺之詩起王澤既竭而詩不能作王官失業雅頌相錯師古曰錯雜也孔

子論而定之故曰吾自衛反魯然後樂正雅頌各得其所(師古曰事亦見論語)是時周室大壞諸侯恣行設兩觀乘大路(應劭曰觀闕也門邊兩觀也禮諸侯一觀大路天子之車)陪臣管仲季氏之屬(師古曰陪重也諸侯者天子之臣故其臣稱重也季氏魯桓公子季友之後專執國政而奢僭也)三歸雍徹八佾舞廷(師古曰三歸取三姓女也婦人謂嫁曰歸蓋謂管仲耳雍樂詩也徹饌奏之八佾八列之舞皆僭天子禮也此謂季氏耳)制度遂壞陵夷而不反(師古曰陵夷頹替也解在成帝紀及諸侯王表)桑間濮上鄭衛宋趙之聲竝出(應劭曰桑閒衛地濮上濮水之上皆好新聲師古曰鄭衛宋趙諸國亦皆有淫聲)內則致疾損壽外則亂政傷民巧僞因而飾之以營亂富貴之耳目(師古曰營猶回惑也)庶人以求利列國以相閒(師古曰閒音居莧反)故秦穆遺戎而由余去(應劭曰戎西戎也由余其賢臣也秦欲兼之遺以女樂由余諫而不聽遂去入秦)齊人

餽魯而孔子行(師古曰餽亦饋字論語云齊人饋女樂季桓子受之三日不朝孔子行也)至於六國魏文侯最爲好古(師古曰魏文侯本晉大夫畢萬之後僭諸侯者)而謂子夏曰寡人聽古樂則欲寐及聞鄭衛余不知倦焉子夏辭而辨之終不見納(師古曰事見禮之樂記)自此禮樂喪矣漢興樂家有制氏(服虔曰魯人也善樂事也)以雅樂聲律世世在大樂官但能紀其鏗鎗鼓舞而不能言其義(師古曰鏗鎗金石之聲也鏗音丘耕反鎗音七羊反其下亦同)高祖時叔孫通因秦樂人制宗廟樂大祝迎神于廟門奏嘉至(李奇曰嘉善也善神之至也)猶古降神之樂也皇帝入廟門奏永至以爲行步之節猶古采薺肆夏也(劉德曰歌樂在逸詩師古曰薺音才私反禮經或作資又作茨音並同耳)乾豆上奏登歌(師古曰乾豆脯羞之屬)獨上

歌不以筦弦亂人聲欲在位者徧聞之猶古淸廟之歌也登歌再終下奏休成之樂(服虔曰叔孫通所奏作也)美神明旣饗也皇帝就酒東箱坐定奏永安之樂美禮已成也又有房中祠樂高祖唐山夫人所作也(服虔曰高帝姬也韋昭曰唐山姓也)周有房中樂至秦名曰壽人凡樂樂其所生禮不忘本高祖樂楚聲故房中樂楚聲也孝惠二年使樂府令夏侯寬備其簫管更名曰安世樂高廟奏武德文始五行之舞孝文廟奏昭德文始四時五行之舞孝武廟奏盛德文始四時五行之舞武德舞者高祖四年作以象天下樂已行武以除亂也文始舞者曰本舜招舞

也高祖六年更名曰文始以示不相襲也五行舞者本周舞也秦始皇二十六年更名曰五行也四時舞者孝文所作以示天下之安和也蓋樂已所自作明有制也(師古曰言自制作也)樂先王之樂明有法也(師古曰遵前代之法)孝景采武德舞以爲昭德以尊大宗廟至孝宣采昭德舞爲盛德以尊世宗廟諸帝廟皆常奏文始四時五行舞云高祖六年又作昭容樂禮容樂昭容者猶古之昭夏也主出武德舞(蘇林曰言昭容樂生於武德舞)禮容者主出文始五行舞舞入無樂者將至至尊之前不敢以樂也出用樂者言舞不失節能以樂終也大氐皆因秦舊事焉(師古

曰氏歸也音丁禮反其後字或作邸音義並同初高祖既定天下過沛與故人父老相樂醉酒歡哀作風起之詩令沛中僮兒百二十人習而歌之至孝惠時以沛宮為原廟師古曰原重也言已有正廟更重立也皆令歌兒習吹以相和常以百二十人為員文景之閒禮官肄業而已師古曰肄習也音弋二反至武帝定郊祀之禮祠太一於甘泉就乾位也師古曰言在京師之西北也祭后土於汾陰澤中方丘也師古曰汾水之旁土特堆起是澤中方丘也祭地以方象地形乃立樂府師古曰始置之也樂府之名蓋起於此哀帝時罷之采詩夜誦師古曰采詩依古遒人徇路采取百姓謳謠以知政教得失也夜誦者其言辭或秘不可宣露故於夜中歌誦也有趙代秦楚之謳以李延年為協律都尉多舉司馬相如

等數十人造為詩賦略論律呂以合八音之調作十九章之歌以正月上辛用事甘泉圜丘師古曰用上辛依周禮郊天日也辛取齋戒自新之義也為圜丘者取象天形也使童男女七十人俱歌昏祠至明夜常有神光如流星止集于祠壇天子自竹宮而望拜韋昭曰以竹為宮天子居中師古曰漢舊儀云竹宮去壇三里百官侍祠者數百人皆肅然動心焉安世房中歌十七章其詩曰

大孝備矣休德昭清高張四縣樂充宮廷晉灼曰四縣樂四縣也天子宮縣師古曰謂設宮縣而高張之縣古懸字芬樹羽林雲景杳冥師古曰言所樹羽葆其盛若林芬然衆多仰視高遠如雲日之杳冥也金支秀華庶旄翠旌張晏曰金支百二十支季華中主有華飾也旄鍾之旄也文穎曰析羽為旌翠羽為之也臣瓚曰樂上衆飾有流蘇羽葆以黃金為支其首敷散若草木之秀華也師古曰金支秀華瓚說是也庶衆也旄翠旌謂析五采羽注翠旄之首而為旌耳七始華始肅倡和聲孟康曰七始天地四時人之始華始萬物英華之始也以為樂名如六英也師古曰肅敬也言歌者敬而唱諧和之聲神來宴娭庶幾是聽師古曰娭戲也言庶幾神來宴戲聽此樂也娭音許其反鬻鬻音送細齊人情晉灼曰鬻鬻敬懼貌也細微也以樂送神微感人情使之齊肅也師古曰鬻音七六反忽乘青玄熙事備成師古曰還神禮畢忽登青天而去福熙之事皆備成也熙與禧同也清思眑眑經緯冥冥蘇林曰眑音窈師古曰眑眑幽靜也經緯謂經緯天地

我定歷數人告其心師古曰言至下各竭其心致誠敬也敕身齊戒施教申申應劭曰敕謹敬之貌師古曰齊讀曰齋乃立祖廟敬明尊親大矣孝熙四極爰轃師古曰熙亦福也四極四方極遠之處也爾雅曰東至於泰遠西至於邠國南至於濮鉛北至於祝栗謂之四極邠音彬轃字與臻同王侯秉德其鄰翼翼師古曰鄰言德不孤必有鄰也翼翼恭敬也

顯明昭式清明鬯矣皇帝孝德師古曰鬯古暢字暢通也竟全大功撫安四極

海內有姦紛亂東北師古曰謂匈奴詔撫成師武侯承惪師古曰成師言以盛且部校師出以律也春秋左氏傳曰成師以出行樂交逆簫勺羣慝晉灼曰簫舜樂也勺周樂也言以樂征伐也師古曰言制定新樂教化流行則逆亂之徒盡交歡也慝惡也勺讀曰酌肅為濟哉蓋定燕國師古曰匈奴服從則燕國安靜無寇難也大海蕩蕩水所歸高賢愉愉民所懷李奇曰愉愉懌也師古曰蕩蕩廣大貌也愉愉和樂貌也懷思也言德如海以廣大之故衆水歸之王者有和樂之德則人皆思附也大山崔百卉殖民何貴貴有德師古曰言大山以崔嵬之故能生養百卉明君以崇高其德故為萬姓所尊也崔音才回反安其所樂終產師古曰萬物各安其所而樂終其生也樂終產世繼緒師古曰言傳祚無窮飛龍秋游上天蘇林曰秋

飛貌也師古曰莊子有秋駕之法者亦言駕馬騰驤秋秋然也揚雄曰秋秋蹌蹌入西園其義亦同讀者不曉秋義或改此秋字為秋稷之林失之逺矣高賢愉樂民人師古曰言王者有愉愉之德故使衆人皆安樂

豐草葽女羅施孟康曰葽音四月秀葽之葽葽盛貌也應劭曰女羅兔絲也延于松之上異類而猶蔓之況同姓言族親不可不厚偶遇也善何如誰能回師古曰回亂也言至德之善吉帝皇皆不如之而不可干亂大莫

大成教德長莫長被無極師古曰被音皮義反次下亦同

雷震震電燿燿明德鄉治本約服虔曰與臣民之約師古曰鄉方也言王者之威取象雷電明示德義之方而治政本之約約讀曰要治本約澤弘大師古曰政教有常則恩惠溥洽加被寵咸相保師古曰言德政所加人被寵渥則室家老幼皆相保也德施大世

曼壽曼延也師古曰都荔遂芳窅窊桂華蘇林曰窅音窅眐之窅窊音窊下之窊孟康曰窅出窊入都良薜荔之香鼓動桂華也晉灼曰桂華似殿名下言桂華馮馮翼翼承天之則言樹此香草以絜齊其芳氣乃達於宮殿也臣瓚曰茂陵中書歌都孃桂英美芳鼓行如此復不得為殿名師古曰諸家之說皆未盡也此言都良薜荔俱有芬芳桂華之形窅窊然也皆謂神宮所有耳窅音一交反窊音一瓜反孝奏天儀若日月光師古曰言以孝道進承於天天神下降故有光

乘玄四龍回馳北行羽旄殷盛芬哉芒芒師古曰芬亦謂衆多芒芒廣遠之貌孝道隨世我署文章師古曰署猶分部也一曰表也

桂華馮馮翼翼承天之則師古曰馮馮盛滿也翼翼衆貌也吾易久遠

燭明四極晉灼曰易疆易也久固也武帝自言拓境廣遠安固也師古曰此說非也久猶長也自言疆易遠大耳非武帝時也不得云拓境

慈惠所愛美若休德師古曰若順也休亦美也杳杳冥冥克綽永福師古曰綽緩也亦謂延長也美芳磑磑即即師象山則孟康曰磑磑崇積也即即充實也師衆也則法也積實之盛衆類於山也師古曰磑音五回反烏呼孝哉案撫戎國蠻夷

竭歡象來致福李奇曰象譯也夷遣譯致福貢也兼臨是愛終無兵革師古曰兼臨言在上位者普包容

嘉薦芳矣告靈饗矣告靈既饗德音孔臧師古曰饗字合韻皆音鄉孔甚也臧善也惟德之臧建侯之常承保天休令聞不忘師古曰建侯封建諸侯也易屯卦曰利建侯休美也令善也聞名也

皇皇鴻明蕩侯休德服虔曰侯惟也臣瓚曰天下蕩平惟帝之休德嘉承天和

伊樂厥福師古曰伊是也在樂不荒惟民之則師古曰則法也浚則師德下民咸殖令問在舊孔容翼翼師古曰浚深也師衆也則法也殖生也舊久也翼翼敬也言有深法衆德故能生育羣黎久有善名其容甚敬也孔容之常承帝之明師古曰帝謂天也下皆類此下民之樂子孫保光師古曰言永保其光寵也承順溫良受帝之光嘉薦令芳壽考不忘師古曰不忘言長久

承帝明德師象山則師古曰衆象山而為法言不騫不崩雲施稱民永受厥福師古曰言稱物平施其澤如雲也稱音尺孕反承容之常承帝之明下民安樂受福無疆師古曰疆竟也下皆類此

郊祀歌十九章其詩曰

練時日侯有望師古曰練選也焫膋蕭延四方李奇曰膋腸間脂也蕭香蒿也師古曰以蕭焫脂合馨香也四方四方之神也膋音來彫反焫音人說反九重開靈之斿師古曰天有九重言皆開門而來降歆福垂惠恩鴻祜休師古曰鴻大也祜福也休美也祜音怙靈之車結玄雲駕飛龍羽旄紛師古曰紛紛言其多靈之下若風馬師古曰言速疾左倉龍右白虎師古曰以為衛靈之來神哉沛師古曰沛疾貌音補蓋反先以雨

般裔裔師古曰先以雨言神欲行令雨先驅也般讀曰班同班布也裔裔飛流之貌靈之至慶陰
陰師古曰言垂陰覆徧於下相放悲震澹心師古曰放悲猶髣髴也澹動也放音昉悲音沸澹音大濫反
靈已坐五音飾師古曰飭讀與敕字同謂整也虞至旦承靈億師古曰虞樂也
億安牲繭栗粢盛香尊桂酒賓八鄉應劭曰桂酒切桂置酒中也晉灼曰尊大尊也
元帝時大宰丞李元記云以水漬桂為大尊酒師古曰繭栗言角之小如繭及栗之形也八鄉八方之神靈安留吟青
黃服虔曰吟音含師古曰服說非也吟謂歌誦也青黃謂四時之樂也徧觀此眺瑤堂應劭曰眺望也瑤石
而似玉者也師古曰以瑤飾堂瑤音遙衆嫭並綽奇麗孟康曰嫭音互嫭好也如淳曰嫭美目貌晉灼曰嫭音嫮
嫮之嫮師古曰孟說是也謂供神女樂並好麗也顏如荼兆逐靡應劭曰荼野菅白華也言此奇麗白如荼也孟
康曰兆逐靡者兆民逐觀而綺靡也師古曰菅茅也言美女顏貌如茅荼之柔也荼者今俗所謂蓩蒹雜也荼音塗菅音姦靡合韻音武義反被
華文廁霧縠曳阿錫佩珠玉如淳曰阿細繒錫細布也師古曰廁雜也霧縠言其輕細

若雲霧俠嘉夜茝蘭芳如淳曰俠皆美人之稱也嘉夜芳草也師古曰俠與挾同言懷挾芳草也茝即今
白芷茝音昌改反澹容與獻嘉觴師古曰澹安也容與言閑舒也澹音大濫反
練時日一　帝臨中壇四方承宇師古曰言天神尊者來降中壇四方
之神各承四字也壇字或作壇讀亦曰壇字加示者神靈之耳下言紫壇其嘉壇其義並同繩繩意變備得
其所應劭曰繩繩謹敬更正意也孟康曰衆多也臣瓚曰韻雅繩繩戒也師古曰瓚說是也清和六合制
數以五張晏曰此后土之歌也土數五海內安寧興文匽武師古曰匽古偃字后
土富媼昭明三光張晏曰媼老母稱也坤為母故稱媼海內安定富媼之功耳穆穆優
游嘉服上黃孟康曰土色上黃也
帝臨二　青陽開動根荄以遂臣瓚曰春為青陽師古曰草根曰荄
遂者言皆生出也荄音該膏潤并愛跂行畢逮孟康曰跂音岐師古曰并兼也逮及也凡有足

而行者稱跂行也霆聲發榮壧處頃聽晉灼曰壧穴也謂蟄蟲驚聽也師古曰壧與巖同言
靁霆始發草木舒榮則蟄蟲處巖崖者莫不傾聽而起頃讀曰傾枯槀復產迺成厥命師古
曰枯槀謂草木經冬零落者也槀音口老反衆庶熙熙施及夭胎師古曰熙熙和樂貌也施延也
少長曰夭在孕曰胎施音弋豉反夭音烏老反群生啿噍惟春之祺服虔曰啿音湛湛露斯如淳曰
祺福也師古曰啿啿豐厚之貌也音徒感反祺音其
青陽三　鄒子樂　朱明盛長旉與萬物臣瓚曰夏為朱明師
古曰旉古敷字也敷與言開舒也與音弋於反桐生茂豫靡有所詘師古曰桐讀為通茂豫美盛而
光悅也草木皆通達而生美悅光澤各無所詘皆申遂也詘音丘物反敷華就實既阜既昌師古
曰敷布也就成也阜大也昌盛也登成甫田百鬼迪嘗師古曰甫田大田也百鬼百神也迪進也
嘗謂歆饗之也言此粢盛皆因大田而登成進於祀所而為百神所歆饗也迪音大歷反廣大建祀肅雍不

忘神若宥之傳世無疆師古曰若善也宥祐也
朱明四　鄒子樂　西顥沆碭秋氣肅殺韋昭曰西方少昊也
師古曰沆音胡浪反碭音蕩沆碭白氣之貌也含秀垂穎續舊不廢師古曰五穀百草秀穎成實皆
因舊苗無廢絕也不榮而實曰秀葉末曰穎發合韻音發姦偽不萌祅孽伏息隅辟越
遠四貉咸服師古曰四貉猶言四夷辟讀曰僻貉音莫客反既畏茲威惟慕純德
附而不驕正心翊翊師古曰純大也言畏威懷德皆來賓附無敢驕怠盡虔敬
西顥五　鄒子樂　玄冥陵陰蟄蟲蓋臧師古曰玄冥北方之
神也中木零落抵冬降霜孟康曰抵至也至冬而降霜音氐師古曰中古草字也易亂
除邪革正異俗師古曰易變革改也兆民反本抱素懷樸條理
信義望禮五嶽師古曰條分也暢也籍斂之時掩收嘉穀師古曰籍斂謂

收藉田也
玄冥六　鄒子樂　惟泰元尊媼神蕃釐李奇曰元尊天也媼神地也祭天燔燎祭地瘞埋也師古曰李說非也泰元天也蕃多也釐福也言天神至尊而地神多福也蕃音扶元反釐讀曰禧經
緯天地作成四時精建日月星辰度理陰陽五行
周而復始雲風靁電降甘露雨百姓蕃滋咸循厥
緒師古曰蕃多也滋益也循順也緒業也繼統共勤順皇之德師古曰共讀曰恭皇皇天也此言天
子繼承祖統共恭勤爲心而順天也鸞路龍鱗罔不肸飾蘇林曰肸音肹大壁之壁肸飾也師古曰罔
無也肸振也謂皆振整而飾之也肸音許乙反嘉籩列陳庶幾宴享師古曰嘉籩籩祭祀之籩實也木
曰豆竹曰籩宴享字合韻宜音鄉滅除凶災烈騰八荒師古曰言威烈之盛踰於八荒鍾鼓竽
笙雲舞翔翔招搖靈旗九夷賓將師古曰畫招搖於旗以征伐故稱靈旗將猶從

惟泰元七　建始元年丞相匡衡奏罷鸞路龍
鱗更定詩曰涓選休成臣瓚曰涓除也除惡選取美成者也天地並況惟
予有慕師古曰況賜也爰熙紫壇思求厥路師古曰熙興也紫壇壇紫色也思求降神
之路恭承禋祀緼豫爲紛孟康曰積聚脩飾爲此紛華也師古曰緼音於粉反黼繡周
也張承神至尊師古曰白與黑畫爲斧形謂之黼千童羅舞成八溢師古曰溢與佾
同佾列也合好効歡虞泰一師古曰虞與娛同也九歌畢奏斐然殊鳴
琴竽瑟會軒朱師古曰軒朱即朱軒也總合音樂會於軒檻之前璆磬金鼓靈
其有喜師古曰璆美玉名以爲磬也喜合韻音許吏反百官濟濟各敬其事盛
牲實俎進聞膏師古曰言以牲實俎以蕭焫脂則其芬馨香達於神所故曰盛牲實俎進聞膏神
奄留臨須搖晉灼曰須搖須臾也師古曰奄讀曰淹長麗前掞光耀明孟康

曰欲令神宿留言日雖暮長更星左右前扶助常有光明也掞或作扶晉灼曰掞即光炎字也臣瓚曰長麗靈鸞也故相如賦曰前長麗而
後矞皇麗舊說云鸞也張衡思玄賦亦曰前長麗使拂羽師古曰晉瓚二說是也麗音離掞音豔寒暑不忒況
皇章晉灼曰況賜也皇君也章明也言長更星終始不改其光神永以此明賜君也臣瓚曰忒差也寒暑不差言陰陽和也以此賜
君章顯賢德也師古曰瓚說是也展詩應律鋗玉鳴晉灼曰鋗鳴玉聲也師古曰鋗音火玄反函
宮吐角激徵清發梁揚羽申以商晉灼曰下有梁蕃鼓員四人似新造音樂
者姓名也師古曰晉說非也由宮吐角以下總言五聲之備耳申重也發梁歌聲繞梁也函與含同造茲新音永
久長聲氣遠條鳳鳥鶡師古曰條達也鶡古翔字神夕奄虞蓋孔
享師古曰虞樂也蓋語辭也孔甚也享合韻音鄉也
天地八　丞相匡衡奏罷黻繡周張更定詩曰
肅若舊典師古曰肅敬也若順也日出入安窮時世不與人同

晉灼曰日月無窮而人命有終世長而壽短故春非我春夏非我夏秋非我秋
冬非我冬泊如四海之池徧觀是邪謂何晉灼曰言人壽不能
安固如四海徧觀是乃知命甚促謂何當如之何也師古曰泊水貌也音步各反又音魄吾知所樂獨樂六
龍六龍之調使我心若應劭曰易曰時乘六龍以御天武帝願乘六龍仙而升天曰吾所樂獨乘六龍
然御六龍得其調使我心若訾黃其何不徠下應劭曰訾黃一名乘黃龍翼而馬身黃帝乘之而仙
武帝意欲得之曰何不來邪師古曰此言嗟歎之辭也黃乘黃也歎乘黃不來下也訾音咨也
日出入九　太一況天馬下師古曰言此天馬乃太一所賜故來下也霑赤
汗沬流赭應劭曰大宛馬汗血霑濡也流沫如赭李奇曰沬音靧面之靧晉灼曰沬古靧字也師古曰沬沫兩通沬者言志俶儻
被面如頮也字從水傍午未之未音呼內反沫者言汗流沫出也字從水傍本末之末音亦如之然今書字多作沬面之沬也
精權奇籋浮雲晻上馳蘇林曰籋音躡言天馬上躡浮雲也師古曰晻音烏感反言晻然而上馳

體容與迣萬里孟康曰迣音逝如淳曰迣超踰也晉灼曰古迣字師古曰孟音非也迣讀與厲同言能厲渡萬里也今安匹龍爲友師古曰言今更無與匹者唯龍可爲之友耳

元狩三年馬生渥洼水中作　天馬徠從西極涉流沙九夷服師古曰言九夷皆服故此馬遠來也徠古往來字也天馬徠出泉水虎脊兩化若鬼應劭曰馬毛色如虎脊者有兩也師古曰言其變化若鬼神天馬徠歷無草徑千里循東道張晏曰馬從西而來東也師古曰言馬從西來經行磧鹵之地無草者凡千里而至東道天馬徠執徐時應劭曰太歲在辰曰執徐言得天馬時歲在辰也孟康曰東方震爲龍又青龍宿言以其方來也師古曰應說是也將搖舉誰與期如淳曰遙遠也搖或作遙師古曰如說非也言當奮搖高舉不可與期也天馬徠開遠門竦予身逝昆侖應劭曰言天馬歸去入遠當竦開門以待之也文穎曰言武帝好仙常庶幾天馬來當乘之往登昆侖也師古曰文說是也天馬徠龍之媒應劭曰言天馬

者乃神龍之類今天馬已來此龍必至之効也游閶闔觀玉臺應劭曰閶闔天門玉臺上帝之所居

天馬十　太初四年誅宛王獲宛馬作

天門開詄蕩蕩如淳曰詄讀如迭詄蕩蕩天體堅清之狀也師古曰詄音大結反穆並騁以臨饗師古曰言衆神穆然方駕馳騁而臨祠祭光夜燭德信著師古曰神光夜照應誠而來是德信著明靈寖平而鴻長生豫師古曰神靈德澤所浸溥博無私其福甚大故我得長生之道而安豫也太朱涂廣夷石爲堂師古曰塗道路也夷平也言通神之路飾以朱丹又甚廣大平夷密石累以爲堂飾玉梢以舞歌體招搖若永望師古曰梢竿也舞者所持玉梢以玉飾之也招搖申動之貌永長也梢音所交反招音韶望音亡星留俞塞隕光師古曰俞荅也言衆星留荅我饗爲降其光燿四面充塞也俞音踰照紫幄珠熉黃如淳曰熉音隕熉黃貌也師古曰紫幄饗神之幄也帳上四下而覆曰幄言光照紫幄故其珠色熉然而黃也熉音云幡比翄回集貳雙飛常羊文穎曰舞者骨騰肉飛如鳥之回翅而雙集也師古曰常羊猶逍遙也月穆穆以金波日華燿以宣明師古曰言月光穆穆若金之波流也宣徧也假清風軋忽激長至重觴師古曰軋忽長遠之貌也重觴謂累獻也神裴回若留放殣冀親以肆章孟康曰殣音覲師古曰言神靈裴回留而不去故我得覲見冀以親附而陳誠意遂章明之函蒙祉福常若期師古曰函包也蒙被也言爲神所饗故能包函蒙被祉福應誠而至有常期也寂漻上天知厥時應劭曰言天雖寂漻高遠而知我饗薦之時也漻音來朝反泛泛滇滇從高斿應劭曰泛泛上浮之意也滇滇盛貌也晉灼曰滇音振旅闐闐師古曰音徒千反殷勤此路臚所求應劭曰臚陳也言所以殷勤此路乃欲陳所求師古曰臚音力於反佻正嘉吉弘以昌如淳曰佻讀曰肇肇始也休嘉砰隱溢四方師古曰休美也砰音普萌反砰隱盛意專精厲意逝九閡如淳曰閡亦陔也淮南子曰若士者謂盧敖曰吾與汗漫期乎九陔之上陔重也謂九天之上也師古曰閡合韻音改又音亥紛云六幕浮大海師古曰紛云興

作之貌六幕猶言六合也

天門十一　景星顯見信星彪列如淳曰景星者德星也見無常常出有道之國鎮星爲信星居國益地師古曰謂彰著而爲行列也象載昭庭日親以察師古曰象謂縣象也載事也縣象秘事昭顯於庭日來親近甚明察也參侔開闔爰推本紀應劭曰參三也言景星光明也開闔乃三於日月也晉灼曰侔等也開闔猶開闢也言今之鼎瑞參等於上世師古曰晉說是汾脽出鼎皇祜元始師古曰皇大也祜福也脽音誰祜音怙五音六律依韋饗昭師古曰依韋諧和不相乖離也饗讀曰鄉鄉明也言聲鄉之明也雜變並會雅聲遠姚師古曰姚嫖姚言飛揚也空桑琴瑟結信成張晏曰傳曰空桑爲瑟一彈三歎祭天質故也師古曰空桑地名也出善木可爲琴瑟也四興遞代八風生應劭曰四時遞代成陰陽八風以生也臣瓚曰舞者所以節八音而行八風也師古曰瓚說是也八方之風謂東北曰條風東方曰明庶風東南曰清明風南方曰景風西南曰涼風西方曰閶闔風西北曰不周風北方曰廣

莫風殷殷鐘石羽籥鳴師古曰殷殷聲盛也石謂磬也羽籥舞所持者也殷音隱河龍供鯉醇犧牲晉灼曰河龍夏之所賜者也供鯉給祭也師古曰醇謂色不雜也犧牲牛羊全體者也百末旨酒布蘭生張晏曰百末末作之末也晉灼曰百日之末酒也芬香布列若蘭之生也師古曰百末百草華之末也旨美也以百草華末雜酒故香且美也事見春秋繁露泰尊柘漿析朝酲應劭曰柘漿取其汁以為飲也酲病酒也析解也言柘漿可以解朝酲也微感心攸通修名師古曰言精微所應其心攸遠故得通達成長久之名周流常羊思所并師古曰周流猶周行也常羊猶逍遙也思所并所思與神道合也下言合所思是也穰穰復正直往寧師古曰穰穰多也復猶歸也直當也寧願也言獲福既多歸於正道克當往日所願也復音扶目反寧合韻音寧也馮蠵切和疏寫平晉灼曰馮馮夷河伯也蠵蠵龜屬也師古曰馮夷命靈蠵使切厲諧和水神令之跡導川滌寫散平均無災害也蠵音弋隨反又音攜上天布施后土成穰穰豐年四時榮

景星十二 元鼎五年得鼎汾陰作

齊房產草九莖連葉師古曰齊讀曰齋其下並同宮童效異披圖案諜臣瓚曰宮之童豎致此異瑞也蘇林曰諜譜第之也玄氣之精回復此都師古曰玄天也言天氣之精回旋反復於此雲陽之都謂甘泉也蔓蔓日茂芝成靈華師古曰蔓蔓言其長久日以茂盛也

齊房十三 元封二年芝生甘泉齊房作

后皇嘉壇立玄黃服師古曰壇祭壇也服祭服也物發冀州兆蒙祉福晉灼曰得寶鼎於汾陰也臣瓚曰汾陰屬冀州沇沇四塞徦狄合處孟康曰沇音兗師古曰沇沇流行之貌也徦狄遠夷也合處內附也徦即遐字耳其字從彳彳音丑益反經營萬億咸遂厥宇師古曰宇居也言我經營萬萬億兆故得咸遂其居

后皇十四 華燁燁固靈根神之斿過天門車千乘敦昆侖師古曰敦讀曰屯屯聚也神之出排玉房周流雜拔蘭堂師古曰拔舍止也音步曷反神之行旌容容騎沓沓般縱縱孟康曰縱音總晉灼曰音人相從勇作惡師古曰容容飛揚之貌也沓沓疾行也般相連也縱縱衆也容音勇縱音總一曰容讀如本字縱音才公反神之徠泛翊翊甘露降慶雲集如淳曰天文志云若烟非烟若雲非雲郁郁紛紛是謂慶雲師古曰翊音弋入反又音立神之揄臨壇宇師古曰揄引也壇宇謂祭祠壇場及宮室言神引來降臨之也揄音踰九疑賓夔龍舞如淳曰九疑舜所葬言以舜為賓客也夔典樂龍管納言皆隨舜而來舞以樂神神安坐鴹吉時師古曰鴹古翔字也言神安坐回翔皆趣吉時也共翊翊合所思師古曰共讀曰恭翊翊敬也神嘉虞申貳觴師古曰虞樂也貳觴猶重觴也福滂洋邁延長師古曰滂洋饒廣也滂音普郎反洋音羊又音祥沛施祐汾之阿師古曰沛音普大反沛然汾貌也阿水之曲隅揚金光橫泰河師古曰橫充滿也泰河大河也莽若雲增陽波師古曰莽莽雲貌言光明之盛莽莽然如雲也徧臚驩騰天歌師古曰臚陳也騰升也言陳其歡慶令歌上升於天

華爗爗十五 五神相包四鄰如淳曰五帝為太一相也師古曰包含也四鄰四方土地廣揚浮雲抗嘉壇椒蘭芳孟康曰抗摩也師古曰抗音公忽反謂摩拭其壇加以椒蘭之芳璧玉精垂華光師古曰言禮神之璧及玉之精英故有光華也益億年美始興師古曰言福慶方興起也交於神若有承師古曰言神來降臨故盡其肅恭廣宣延咸畢觴師古曰言徧延諸神咸歆祭祀畢盡觴爵也靈輿位偃蹇驤師古曰神既畢饗則駕靈輿引其侍從之位偃蹇高驤也蹇音居偃反卉汩臚析奚遺師古曰卉汩疾意也臚陳也析分也奚何也言速自陳列分散而歸無所留也汩音于筆反淫淥澤汪然歸師古

曰淫久也淥澤澤名也言我饗神之後久在淥澤乃淫然而歸也淥音綠淫音烏黃反

五神十六　朝隴首覽西垠臣瓚曰謂朝於隴首而覽西北也師古曰隴坻之首也垠厓也坻音丁禮反雷電尞獲白麟臣瓚曰尞祭五畤皆有報應聲若雷光若電也師古曰尞古燎字爰五止顯黃德師古曰爰曰也刃語辭也止足也時白麟足有五蹏圖匈虐熏鬻殛應劭曰熏鬻匈奴本號也師古曰殛窮也一曰殛誅也音居力反闢流離抑不詳師古曰流離不得其所者為開道路使之安集違道不詳善者則抑黜之以申懲勸也賓百僚山河饗師古曰百僚百神之官也饗合韻音鄉掩回轅鬗長馳如淳曰鬗音蟎鬗鬗長馬貌也師古曰音母元反騰雨師洒路陂師古曰洒灑也路陂路傍也言使雨師灑道也洒音灑又音山刃反流星隕感惟風籋歸雲撫懷心師古曰懷心懷柔之心也籋音躡

朝隴首十七　元狩元年行幸雍獲白麟作

【前漢禮樂志二　二十五　鄭瑋

象載瑜白集西服虔曰象載鳥名也師古曰此說非也象載象輿也山出象輿瑞應車也瑜美貌也言此瑞車瑜然色白而出西方也西合韻音先食甘露飲榮泉師古曰駕輿者之所飲食也榮泉言泉有光華赤鴈集六紛員師古曰言六者所獲赤鴈之數也紛員多貌也言西獲象輿東獲赤鴈祥瑞多也員音云殊翁雜五采文孟康曰翁鴈頸也言其文采殊異也神所見施祉福登蓬萊結無極師古曰見顯示也蓬萊神山也在海中結成也

象載瑜十八　太始三年行幸東海獲赤鴈作

赤蛟綏黃華蓋師古曰綏綏赤蛟貌黃華蓋言其上有黃氣狀若蓋也露夜零晝晻濭師古曰晻音烏感反濭音藹晻濭雲氣之貌百君禮六龍位師古曰百君亦謂百神也勺椒漿靈已醉師古曰勺讀曰酌靈既享錫吉祥芒芒極降嘉觴師古曰芒芒廣大貌也芒音莫郎反靈殷殷爛揚光師古曰殷殷盛也爛光貌殷音隱

延壽命永未央杳冥冥塞六合澤汪濊輯萬國師古曰塞滿也輯和也天地四方謂之六合汪言饒多濊音於廢反又烏外反輯與集同靈禗禗象輿轙孟康曰禗禗音近枲不安欲去也轙待也如淳曰轙僕人嚴駕待發之意也師古曰禗孟音是也轙如說是也轙音蟻票然逝旗逶蛇師古曰票然輕舉意也逶蛇旗貌也票音匹遙反蛇音移禮樂成靈將歸託玄德長無衰師古曰言託恃天德冀獲長生無衰竭也

赤蛟十九　其餘巡狩福應之事不序郊廟故弗論

是時河間獻王有雅材亦以為治道非禮樂不成因獻所集雅樂天子下大樂官常存肄之師古曰肄習也音弋二反歲時以備數然不常御常御及郊廟皆非雅聲然詩樂施於後嗣猶得有所祖述昔殷周之

【前漢禮樂志二　二十六　鄭瑋

雅頌廼上本有娀姜原應劭曰簡狄有娀之女吞燕卵而生契師古曰姜原后稷之母也卨稷始生玄王公劉古公大伯王季姜女大任大姒之德師古曰卨殷之始祖稷周之始祖玄王亦殷之先祖承黑帝之後故曰玄王公劉后稷之曾孫也古公亶甫即亶公也太伯大王之子王季之兄王季文王之父也姜女亶甫之妃也大任文母也大姒文王之妃武王之母也毛詩鄭說以玄王即卨也此志既言卨又有玄王則玄王非卨一人矣乃及成陽文武受命武丁成康宣王中興師古曰武丁殷王高宗也成王武王之子也康王成王之子也宣王厲王之子下及輔佐阿衡周召太公申伯召虎仲山甫之屬師古曰阿衡伊尹職號也周周公旦也召召公奭也太公師尚父也申伯召虎仲山甫皆周宣王臣也君臣男女有功德者靡不褎揚功德既信美矣褎揚之聲盈乎天地之間是以光名著於當世遺譽垂於無窮也今漢郊廟詩歌未有

祖宗之事八音調均又不協於鐘律而內有掖庭材人外有上林樂府皆以鄭聲施於朝廷至成帝時謁者常山王禹世受河間樂能說其義其弟子宋曄等上書言之師古曰曄音于輒反下大夫博士平當等考試當以為漢承秦滅道之後賴先帝聖德博受兼聽修廢官立大學河間獻王聘求幽隱修興雅樂以助化時大儒公孫弘董仲舒等皆以為音中正雅立之大樂春秋鄉射作於學官希闊不講師古曰講謂論習也故自公卿大夫觀聽者但聞鏗鎗不曉其意而欲以風諭衆庶其道無由師古曰風化也是以行之百有餘年德化至今未成曄等守習孤學大指歸於興助教化衰微之學興廢在人宜領屬雅樂以繼絕表微師古曰表顯也孔子曰人能弘道非道弘人師古曰論語載孔子之言河間區區小國藩臣師古曰區區小貌也以好學修古能有所存師古曰存意於禮樂民到于今稱之況於聖主廣被之資師古曰被猶覆也音皮義反修起舊文放鄭近雅述而不作信而好古於以風示海內揚名後世誠非小功小美也事下公卿以為久遠難分明當議復寢是時鄭聲尤甚黃門名倡丙彊景武之屬富顯於世貴戚五侯定陵富平外戚之家師古曰五侯王鳳以下也定陵淳于長也富平張放淫侈過

度至與人主爭女樂哀帝自為定陶王時疾之又性不好音及即位下詔曰惟世俗奢泰文巧而鄭衛之聲興夫奢泰則下不孫而國貧師古曰孫讀為遜文巧則趨末背本者衆師古曰趨讀曰趣趣嚮也鄭衛之聲興則淫辟之化流師古曰辟讀曰僻也而欲黎庶敦朴家給猶濁其源而求其清流師古曰源水泉之本豈不難哉孔子不云乎放鄭聲鄭聲淫師古曰論語載孔子之言其罷樂府官郊祭樂及古兵法武樂在經非鄭衛之樂者條奏別屬他官丞相孔光大司馬何武奏郊祭樂人員六十二人給祠南北郊大樂鼓員六人嘉至鼓員十人邯鄲鼓員二人騎吹鼓員三人江南鼓員二人淮南鼓員四人巴俞鼓員三十六人師古曰巴巴人也俞俞人也當高祖初為漢王得巴俞人並趫捷善鬭與之定三秦滅楚因存其武樂也巴俞之樂因此始也巴即今之巴州俞即今之渝州各其本地歌鼓員二十四人楚嚴鼓員一人梁皇鼓員四人臨淮鼓員三十五人茲邡鼓員三人晉灼曰邡音方凡鼓十二員百二十八人朝賀置酒陳殿下應古兵法外郊祭員十三人諸族樂人兼雲招給祠南郊用六十七人師古曰招讀與韶同兼給事雅樂用四人夜誦員五人剛別柎員二人師古曰剛及別柎皆鼓名也柎音膚給盛德主調篪員二人師古曰篪以竹為之七孔亦笛之類也篪音池聽工以律知日冬夏至一人鐘工磬工簫工

員各一人僕射二人主領諸樂人皆不可罷竽工員三人一人可罷師古曰竽笙類也三十六簧音于琴工員五人三人可罷柱工員二人一人可罷師古曰柱工主箏瑟之柱者繩弦工員六人四人可罷師古曰弦琴瑟之弦繩言主糾合作之也鄭四會員六十二人一人給事雅樂六十一人可罷張瑟員八人七人可罷安世樂鼓員二十人十九人可罷沛吹鼓員十二人族歌鼓員二十七人陳吹鼓員十三人商樂鼓員十四人東海鼓員十六人長樂鼓員十三人縵樂鼓員十三人師古曰縵樂雜樂也音漫凡鼓八員百二十八人朝賀置酒陳前殿房中不應經法治竽

員五人楚鼓員六人常從倡三十人常從象人四人孟康曰象人若今戲蝦魚師子者也韋昭曰著假面者也師古曰孟說是詔隨常從倡十六人秦倡員二十九人秦倡象人員三人詔隨秦倡一人雅大人員九人朝賀置酒爲樂楚四會員十七人巴四會員十二人銚四會員十二人李奇曰疑是[illegible]韋昭曰銚國名音縣師古曰韋說是也銚音姚齊四會員十九人蔡謳員三人齊謳員六人竽瑟鐘磬員五人皆鄭聲可罷師學百四十二人其七十二人給大官桐馬酒李奇曰以馬乳爲酒撞桐乃成也師古曰桐音動馬酪味如酒而飲之亦可醉故呼馬酒也其七十人可罷大凡八百二十九人其三百八十八人不可罷可領屬大樂其四百四十一人不應經法或鄭衛之聲皆可罷奏可然百姓漸漬日久又不制雅樂有以相變豪富吏民湛沔自若師古曰湛讀曰沈又讀曰耽自若言自如故也陵夷壞于王莽今海內更始民人歸本戶口歲息師古曰今謂班氏撰書時也息生也平其刑辟牧以賢良至於家給既庶且富則須庠序禮樂之教化矣師古曰家給解已在前庶衆也論語云孔子曰庶矣哉冉有曰既庶矣又何加焉曰富之曰既富矣又何加焉曰教之故班氏引之也今幸有前聖遺制之威儀誠可法象而補備之經紀可因緣而存著也孔子曰殷因於夏禮所損益可知也周因於殷禮所損益可知也其或繼周者雖百世可知也師古曰論語載孔子對子張之言也今大

漢繼周久曠大儀未有立禮成樂此賈誼仲舒王吉劉向之徒所爲發憤而增嘆也師古曰感嘆也

禮樂志第二

學生席珍齋諭何 霆 校勘

刑法志第三　　班固　　漢書二十三

秘書監上護軍琅邪縣開國子顔　師古　注

夫人宵天地之貌應劭曰宵類也頭圜象天足方象地孟康曰宵化也言禀天地氣化而生也師古曰宵義與肖同應說是也故庸妄之人謂之不肖言其狀貌無所象似也貌古貌字懷五常之性師古曰五常仁義禮智信聰明精粹師古曰精細也言其識性細密也粹淳也音先遂反有生之最靈者也爪牙不足以供耆欲趨走不足以避利害師古曰耆讀曰嗜無毛羽以禦寒暑必將役物以爲養用仁智而不恃力此其所以爲貴也故不仁愛則不能羣不能羣則不勝物不勝物則養不足羣而不足爭心將作上聖卓然先行敬讓博愛之德者衆心說而從之師古曰說讀曰悅從之成羣是爲君矣歸而往之是爲王矣師古曰言爭往而歸之也洪範曰天子作民父母爲天下王師古曰洪範周書也聖人取類以正名而謂君爲父母明仁愛德讓王道之本也愛待敬而不敗德須威而久立故制禮以崇敬作刑以明威也聖人既躬明悊之性師古曰躬謂身親有之必通天地之心制禮作教立法設刑動緣民情而則天象地師古曰則法也故曰先王立禮則天之明因地之性也師古曰春秋左氏傳載鄭大夫子大叔之辭也刑罰威獄以類天之震曜殺戮也師古曰震謂雷電也溫慈惠和以效天之生殖長育也書云天秩有禮天討有罪師古曰此虞書咎繇謨之辭也秩敘也言

有禮者天則進敘之有罪者天則討治之故聖人因天秩而制五禮師古曰五禮吉凶賓軍嘉因天討而作五刑師古曰其說在下也大刑用甲兵張晏曰以六師誅暴亂其次用斧鉞韋昭曰斬刑也中刑用刀鋸韋昭曰刀割刑鋸刖刑也其次用鑽鑿韋昭曰鑽臏刑也鑿黥刑也師古曰鑽鑽去其臏骨也鑽音子端反臏音頻忍反薄刑用鞭扑師古曰扑杖也音普木反大者陳諸原野師古曰謂征討所殺也小者致之市朝應劭曰大夫已上尸諸朝士已下尸諸市其所繇來者上矣師古曰繇讀與由同自黃帝有涿鹿之戰以定火災鄭氏曰涿鹿在彭城南與炎帝戰炎帝火行故云火災李奇曰黃帝與炎帝戰於阪泉今云涿鹿地有二名也文穎曰國語云黃帝炎帝弟也炎帝號神農火行也後子孫暴虐黃帝伐之故言以定火災律曆志云與炎帝後戰於阪泉涿鹿在上谷今見有阪泉地黃帝祠師古曰文說是也彭城者上谷北別有彭城非宋之彭城也顓頊有共工之陳以定水害文穎曰共工主水官也少昊氏衰秉政作害顓頊伐之本主水官因爲水行也師古曰共讀曰龔次下亦同唐虞之際至治之極猶流共工放讙兜竄三苗殛鯀然後天下服師古曰舜受堯禪而流共工于幽州放讙兜于崇山竄三苗于三危殛鯀于羽山也殛誅也音居力反夏有甘扈之誓師古曰謂啟與有扈戰于甘之野作甘誓言事見夏書扈國今鄠縣是也甘即甘水之上殷周以兵定天下矣師古曰謂湯及武王天下既定戢臧干戈教以文德師古曰戢斂也而猶立司馬之官設六軍之衆師古曰司馬夏官卿掌邦政軍旅屬焉萬二千五百人爲軍王則六軍也因井田而制軍賦地方一里爲井井十爲通通十爲成成方十里成十爲終終十爲同同方百里同十爲封封十爲畿畿方千里有稅有賦師古曰稅者田租也賦謂發斂財也稅以足食賦以足兵故四井爲邑四邑爲丘丘十六

井也有戎馬一匹牛三頭四丘爲甸甸六十四井也有戎馬四匹兵車一乘牛十二頭甲士三人卒七十二人干戈備具是謂乘馬之法鄭氏曰甲士在車上也師古曰乘音食證反其下並同一同百里提封萬井蘇林曰提音祇陳留人謂舉田爲祇李奇曰提舉也舉四封之內也師古曰李說是也提讀如本字蘇音非也說者或以爲積土而封謂之隄封既改文字又失義也除山川沈斥城池邑居園囿術路三千六百井臣瓚曰沈斥水田舄鹵也如淳曰術大道也師古曰川謂水之通流者也沈謂居深水之下也斥鹹鹵之地定出賦六千四百井戎馬四百匹兵車百乘此卿大夫采地之大者也師古曰采官也因官食地故曰采地爾雅曰采寮官也說者不曉采地之義因謂菜地云以種菜非也是謂百乘之家一封三百一十六里提封十萬井定出賦六萬四千井

戎馬四千匹兵車千乘此諸侯之大者也是謂千乘之國天子畿方千里提封百萬井定出賦六十四萬井戎馬四萬匹兵車萬乘故稱萬乘之主戎馬車徒干戈素具春振旅以搜夏拔舍以苗秋治兵以獮冬大閱以狩師古曰振旅整衆也搜搜擇不任孕者拔舍草止不妨農也苗爲苗除害也治兵觀威武也獮應殺氣也大閱簡車馬也狩火田也一曰狩守也圍守而取之拔音步末反皆於農隙以講事焉師古曰隙空閑也講和習也五國爲屬屬有長十國爲連連有帥師古曰長音竹兩反帥音所類反三十國爲卒卒有正二百一十國爲州州有牧連帥比年簡車師古曰比年頻年也卒正三年簡徒師古曰徒人衆羣牧五載大簡車徒此先王爲國立武足兵之大略也

周道衰法度墮師古曰墮即隳字隳毀也音火規反至齊桓公任用管仲而國富民安公問行伯用師之道師古曰伯讀曰霸管仲曰公欲定卒伍修甲兵大國亦將修之而小國設備則難以速得志矣於是乃作內政而寓軍令焉師古曰寓寄也寄於內政而修軍令也故卒伍定虖里而軍政成虖郊連其什伍師古曰五人爲伍二伍爲什居處同樂死生同憂禍福共之故夜戰則其聲相聞晝戰則其目相見緩急足以相死其教已成外攘夷狄內尊天子以安諸夏師古曰攘卻也諸夏中國之諸侯也夏大也言大於四夷也攘音人羊反齊桓既沒晉文接之亦先定其民作被廬之法應劭曰搜於被廬之地作執秩以爲六官之法因以名之也師古曰被廬晉地也被音皮義反總

帥諸侯迭爲盟主師古曰迭互也音大結反然其禮已頗僭差又隨時苟合以求欲速之功故不能充王制二伯之後寖以陵夷師古曰寖漸也陵夷頹替也二伯齊桓公晉文公也伯讀曰霸至魯成公作丘甲師古曰丘十六井也止出戎馬一匹牛三頭四丘爲甸甸六十四井也乃出戎馬四匹兵車一乘牛十二頭甲士三人卒七十二人耳今乃使丘出甸賦違常制也一說別令丘人爲丘作甲也士農工商四類異業甲者非凡人所能爲而令作之譏不正也哀公用田賦師古曰田賦者別計田畝及家財各爲一賦言不依古制役煩斂重也搜狩治兵大閱之事皆失其正春秋書而譏之以存王道於是師旅亟動百姓罷敝師古曰亟屢也音丘吏反罷讀曰疲無伏節死難之誼孔子傷焉以不教民戰是謂棄之師古曰論語載孔子之言也非其不素習故稱子路曰由也千乘之國可使治其

賦也而子路亦曰千乘之國攝虖大國之閒加之以師旅因之以饑饉由也爲之比及三年可使有勇且知方也師古曰皆論語所載也方道也比音必寐反治其賦兵教以禮誼之謂也春秋之後滅弱吞小並爲戰國稍增講武之禮以爲戲樂用相夸視師古曰視讀曰示而秦更名角抵師古曰抵音丁禮反解在武紀先王之禮沒於淫樂中矣雄桀之士因埶輔時作爲權詐以相傾覆吳有孫武齊有孫臏師古曰臏音頻忍反魏有吳起秦有商鞅皆禽敵立勝垂著篇籍當此之時合從連衡師古曰衡橫也戰國時齊楚韓魏燕趙爲從秦國爲衡從音子容反謂其地形南北從長也秦地形東西橫長故爲衡也轉相攻伐代爲雌雄師古曰代亦迭也齊愍以技擊彊孟康曰兵家之技巧技巧者習手足便器械積機關以立攻守之勝魏惠以武卒奮師古曰奮盛起秦昭以銳士勝師古曰銳勇利世方爭於功利而馳說者以孫吳爲宗時唯孫卿明於王道師古曰孫卿楚人也姓荀名況避漢宣帝之諱故改作孫而非之曰彼孫吳者上埶利而貴變詐施於暴亂昏嫚之國君臣有閒師古曰言有閒隙不諧和上下離心政謀不良故可變而詐也夫仁人在上爲下所卬師古曰卬讀曰仰猶子弟之衛父兄若手足之扞頭目何可當也師古曰扞禦難也音下旦反鄰國望我歡若親戚芬若椒蘭顧視其上猶焚灼仇讎人情豈肯爲其所惡而攻其所好哉故以桀攻桀猶有巧拙以桀詐堯

若卵投石夫何幸之有師古曰言往必破碎詩曰武王載旆有虔秉鉞如火烈烈則莫我敢遏師古曰殷頌長發之詩也武王謂湯也虔敬也遏止也言湯建號興師本猶仁義雖執戚鉞以敬爲先故得如火之盛無能止也言以仁誼綏民者無敵於天下也若齊之技擊得一首則受賜金事小敵脃則婾可用也師古曰婾與偷同謂苟且事鉅敵堅則渙然離矣師古曰鉅大也渙然散貌是亡國之兵也魏氏武卒衣三屬之甲服虔曰作大甲三屬竟人身也蘇林曰兜鍪也盆領也髀褌也如淳曰上身一髀褌一踁繳一凡三屬也師古曰如說是也屬聯也音之欲反髀音陛踁即脛字操十二石之弩負矢五十个置戈其上冠胄帶劍贏三日之糧師古曰个讀曰箇箇枚也胄兜鍪也冠胄帶劍者著兜鍪而又帶劍也贏謂擔負也音盈日中而趨百里師古曰中一日之中中試則復其戶利其田宅師古曰中試試之而中科條也復謂免其賦稅也利田宅者給其便利之處也中音竹仲反復音方目反如此則其地雖廣其稅必寡其氣力數年而衰是危國之兵也秦人其生民也陿阸其使民也酷烈師古曰陿阸地小也險固也酷重厚也烈猛威也劫之以埶隱之以阸鄭氏曰秦地多隘藏隱其民於隘中也臣瓚曰秦政急峻隱括其民於隘狹之法師古曰鄭說是也狃之以賞慶道之以刑罰師古曰狃串習也音女救反道讀曰導使民所以要利於上者非戰無由也功賞相長五甲首而隸五家服虔曰能得著甲者五人首使得隸役五家也如淳曰役隸五家是爲相君長是最爲有數故能四世有勝於天下然皆干賞蹈利之兵庸徒鬻賣之道耳師古曰鬻音育未有安制矜節之理也師古曰矜持也故雖地廣兵彊鰓鰓常恐天

下之一合而共軌已也（蘇林曰䡈音愼而無懼則蔥之蔥䡈擢頹也張晏曰軋踐轢也師古曰䡈音先祀反軋音於黠反）至乎齊桓晉文之兵可謂入其域而有節制矣（孟康曰入王兵之域而未盡也）然猶未本仁義之統也故齊之技擊不可以遇魏之武卒魏之武卒不可以直秦之銳士（師古曰直亦當也）秦之銳士不可以當桓文之節制桓文之節制不可以敵湯武之仁義故曰善師者不陳（師古曰戰陳之義本因陳列為名而音變耳字則作陳更無別體而末代學者輒改其字旁從車非經史之本文也今宜依古不從流俗也）善陳者不戰善戰者不敗善敗者不亡若夫舜修百僚咎繇作士（師古曰士師理官謂司寇之職也）命以蠻夷猾夏寇賊姦軌（師古曰虞書舜典舜命咎繇之文也猾亂也夏諸夏也寇謂攻剽賊謂殺人在外為姦在內為軌）

而刑無所用所謂善師不陳者也湯武征伐陳師誓衆而放禽桀紂（師古曰謂湯誓泰誓牧誓是也）所謂善陳不戰者也齊桓南服彊楚使貢周室（師古曰謂僖四年伐楚責包茅不入王祭不供也）北伐山戎為燕開路（師古曰謂莊三十年伐山戎以其病燕故）存亡繼絕功為伯首（師古曰謂存三亡國衛邢魯也伯讀曰霸）所謂善戰不敗者也楚昭王遭闔廬之禍國滅出亡（師古曰謂定四年吳入郢楚子出涉睢濟江入于雲中也）父老送之王曰父老反矣何患無君父老曰有君如是其賢也（師古曰言無有如此君者）相與從之或犇走赴秦號哭請救（師古曰謂申包胥如秦乞師也犇古奔字）秦人為之出兵（師古曰謂秦子蒲子虎帥車五百乘以救楚也）二國并力遂走吳師（師古曰謂子蒲大敗夫槩王于沂遂射之子西敗吳師於軍祥）

昭王返國（師古曰吳師已歸楚子入郢）所謂善敗不亡者也若秦因四世之勝據河山之阻任用白起王翦豺狼之徒奮其爪牙禽獵六國以并天下（師古曰言如獵之取獸）窮武極詐士民不附卒隸之徒還為敵讎（師古曰謂陳勝吳廣英布之徒也）猋起雲合果共軌之（師古曰猋疾風也如猋之起言其速也如雲之合言其盛也猋音必遙反）斯為下矣凡兵所以存亡繼絕救亂除害也故伊呂之將子孫有國與商周並（師古曰言其同盛衰也）至於末世苟任詐力以快貪殘爭城殺人盈城爭地殺人滿野孫吳商白之徒皆身誅戮於前而國滅亡於後（師古曰孫武孫臏吳起商鞅白起也）報應之勢各以類至其道然矣漢興

高祖躬神武之材行寬仁之厚總擥英雄以誅秦項任蕭曹之文用良平之謀騁陸酈之辯明叔孫通之儀文武相配大略舉焉天下既定踵秦置材官於郡國（師古曰踵因也）京師有南北軍之屯至武帝平百粵內增七校（晉灼曰百官表中壘屯騎步兵越騎長水胡騎射聲虎賁凡八校尉胡騎不常置故此言七也）外有樓船皆歲時講肄修武備云（師古曰肄習也音弋二反）至元帝時以貢禹議始罷角抵而未正治兵振旅之事也古人有言天生五材民並用之（師古曰五材金木水火土也）廢一不可誰能去兵鞭扑不可弛於家（師古曰弛放也音式爾反）刑罰不可廢於國征伐不可偃於天下用之有本末行之

有逆順耳孔子曰工欲善其事必先利其器師古曰論語載孔子之言文德者帝王之利器威武者文德之輔助也夫文之所加者深則武之所服者大德之所施者博則威之所制者廣三代之盛至於刑錯兵寢者其本末有序帝王之極功也師古曰刑錯兵寢皆謂置而弗用也昔周之法建三典以刑邦國詰四方師古曰詰責也音口一反字或作誥音工到反誥謹也以刑誥之令謹敕也一曰刑新邦用輕典師古曰新闢地立君之國其人未習於教故用輕法二曰刑平邦用中典師古曰承平守成之國則用中典常行之法也三曰刑亂邦用重典師古曰篡殺畔逆之國化惡難移則用重法誅殺之也自此以上大司寇所職也五刑墨罪五百劓罪五百宮罪五百刖罪五百殺罪五百所謂刑

平邦用中典者也師古曰墨黥也鑿其面以墨涅之劓截鼻也宮淫刑也男子割腐婦人幽閉刖斷足也殺死刑也自此以上司刑所職也劓音牛冀反刖音五刮反又音月凡殺人者踣諸市師古曰踣謂斃之也音妨付反墨者使守門師古曰黥面之人不妨禁衛也劓者使守關師古曰以其貌毀故遠之宮者使守內師古曰人道既絕於事便也刖者使守囿師古曰驅御禽獸無足可也完者使守積師古曰完謂不虧其體但居作也積積聚之物也自此以上掌戮所職也其奴男子入于罪隸李奇曰男女徒總名為奴女子入舂槁孟康曰主暴燥舂之也韋昭曰舂舂人槁槁人也給此二官之役師古曰槁音口老反凡有爵者與七十者與未齔者皆不為奴師古曰有爵謂命士以上也齔毀齒男子八歲女子七歲而毀齒矣自此以上司厲所職也周道既衰穆王眊荒命甫侯度時作刑以詰四方師古曰穆王昭王之子也享國既百年而王眊亂荒忽乃命甫侯為司寇商度時宜而作刑之制以治四方也甫國名也眊音莫報反度音大各反墨罰之屬

千劓罰之屬千臏罰之屬五百宮罰之屬三百大辟之罰其屬二百師古曰臏罰去膝頭骨大辟死刑也臏音頻忍反五刑之屬三千師古曰五者之刑凡三千蓋多於平邦中典五百章所謂刑亂邦用重典者也春秋之時王道寖壞教化不行師古曰寖漸也子產相鄭而鑄刑書師古曰子產鄭大夫公孫僑也鑄刑法於鼎事在昭六年晉叔嚮非之曰師古曰叔嚮晉大夫羊舌肸也遺其書以非之嚮音許兩反昔先王議事以制不為刑辟李奇曰先議其犯事議定然後乃斷其罪不為一成之刑著於鼎也師古曰虞舜則象以典刑流宥五刑周禮則三典五刑以詰邦國非不豫設但弗宜露使人知之懼民之有爭心也猶不可禁禦是故閑之以誼糾之以政師古曰閑防也糾舉也行之以禮守之以信奉之以仁師古曰奉養也制為祿位以勸其從師古曰勸其從

教之心也嚴斷刑罰以威其淫師古曰淫放也懼其未也故誨之以忠㩳之以行晉灼曰㩳古竦字也師古曰㩳謂獎也又音所項反教之以務師古曰時所急使之以和師古曰悅以使人也臨之以敬莅之以彊師古曰莅謂監視也斷之以剛猶求聖哲之上明察之官忠信之長慈惠之師師古曰上謂公侯也官卿佐也長師皆列職之首也民於是乎可任使也而不生禍亂民知有辟則不忌於上並有爭心以徵於書而徼幸以成之弗可為矣師古曰辟法也為治也權移於法故人不畏上因危文以生詐妄徼幸而成巧則弗可治也夏有亂政而作禹刑商有亂政而作湯刑周有亂政而作九刑韋昭曰謂正刑五及流贖鞭扑也三辟之興皆叔世也師古曰叔世言晚時也今吾子相鄭國制參辟鑄刑書孟康曰謂

夏殷周亂政所制三辟也將以靖民不亦難乎師古曰靖安也一曰治也詩曰儀式刑文王之德曰靖四方師古曰周頌我將之詩也言法象文王之德以爲儀式則四方日以安靖也又曰儀刑文王萬邦作孚師古曰大雅文王詩也孚信也又言法象文王則萬國皆信順也如是何辟之有師古曰若詩所言不宜制刑辟民知爭端矣將棄禮而徵於書師古曰取證於刑書錐刀之末將盡爭之師古曰喻纖細亂獄滋豐貨賂並行師古曰滋益也終子之世鄭其敗乎子產報曰若吾子之言僑不材不能及子孫吾以救世也師古曰言雖非長久之法且救當時之敝媮薄之政自是滋矣孔子傷之曰導之以德齊之以禮有恥且格導之以政齊之以刑民免而無恥師古曰論語載孔子之言也格正也言用德禮則人有恥而自正尚政刑則下苟免而無恥禮樂不興則刑罰不中刑罰不中則民無所錯手足師古曰亦論語所載孔子之言禮以治人樂以易俗二者不興則刑罰濫矣錯置也孟氏使陽膚爲士師師古曰亦論語所載陽膚曾子弟子也士師獄官問於曾子師古曰問何以居此職也亦曰上失其道民散久矣如得其情則哀矜而勿喜師古曰此曾子對辭言萌俗澆離輕犯於法乃由上失其道非下之過今汝雖得獄情當哀矜之勿喜也陵夷至於戰國韓任申子秦用商鞅連相坐之法造參夷之誅師古曰參夷夷三族增加肉刑大辟有鑿顛抽脅鑊亨之刑師古曰鼎大而無足曰鑊以鬻人也至於秦始皇兼吞戰國遂毀先王之法滅禮誼之官專任刑罰躬操文墨師古曰躬身也操執持也音千高反晝斷獄夜理書自程決事日縣石之一服虔曰縣稱也石百二十斤也始皇省讀文書日以百二

斤爲程而姦邪並生赭衣塞路囹圄成市天下愁怨潰而叛之漢興高祖初入關約法三章曰殺人者死傷人及盜抵罪蠲削煩苛兆民大說師古曰說讀曰悅其後四夷未附兵革未息三章之法不足以禦姦師古曰禦止也於是相國蕭何攈摭秦法師古曰攈摭謂收拾也攈音九問反摭音之石反取其宜於時者作律九章當孝惠高后時百姓新免毒蠚人欲長幼養老師古曰蠚音呼各反蕭曹爲相填以無爲師古曰言以無爲之法填安百姓也填音竹刃反從民之欲而不擾亂是以衣食滋殖刑罰用稀及孝文即位躬脩玄默勸趣農桑減省租賦而將相皆舊功臣少文多質懲惡亡秦之政論議務在寬厚恥言人之過失化行天下告訐之俗易師古曰訐面相斥罪也音居謁反吏安其官民樂其業畜積歲增戶口寖息師古曰畜讀曰蓄寖益也息生也風流篤厚禁罔疏闊選張釋之爲廷尉罪疑者予民師古曰從輕斷是以刑罰大省至於斷獄四百師古曰謂普天之下重罪者也有刑錯之風即位十三年大倉令淳于公有罪當刑詔獄逮繫長安師古曰逮及也辭之所及則追捕之故謂之逮一曰逮者在道將送防禦不絕若今之傳送囚也淳于公無男有五女當行會逮罵其女曰生子不生男緩急非有益其少女緹縈自傷悲泣師古曰緹縈女名也緹音他弟反迺隨其父至長安上書曰妾父爲吏齊中皆稱其廉平今坐法當刑妾傷夫死者不

可復生刑者不可復屬（師古曰屬聯也音之欲反）雖後欲改過自新其道亡繇也（師古曰繇讀與由同由從也）妾願沒入爲官婢以贖父刑罪使得自新書奏天子天子憐悲其意遂下令曰制詔御史蓋聞有虞氏之時畫衣冠異章服以爲僇而民弗犯何治之至也今法有肉刑三（孟康曰黥劓二刖左右趾合一凡三也）而姦不止其咎安在非乃朕德之薄而教不明與（師古曰與讀曰歟）吾甚自愧故夫訓道不純而愚民陷焉（師古曰道讀曰導）詩曰愷弟君子民之父母（師古曰大雅泂酌之詩也言君子有和樂簡易之德則其下尊之如父親之如母也）今人有過教未施而刑已加焉或欲改行爲善而道亡繇至（師古曰繇讀與由同）

朕甚憐之夫刑至斷支體刻肌膚終身不息（師古曰息生也）何其刑之痛而不德也豈爲民父母之意哉其除肉刑有以易之及令罪人各以輕重不亡逃有年而免（孟康曰其不亡逃者滿其年數得免爲庶人）具爲令（師古曰使更爲條制）丞相張倉御史大夫馮敬奏言肉刑所以禁姦所由來者久矣陛下下明詔憐萬民之一有過被刑者終身不息及罪人欲改行爲善而道亡繇至於盛德臣等所不及也臣謹議請定律曰諸當完者完爲城旦舂（臣瓚曰文帝除肉刑皆有以易之故以完易髡以笞代劓以釱左右止代刖今髡曰完矣不復云以完代完也此當言髡者完也）當黥者髡鉗爲城旦舂當劓者笞三百當斬

左止者笞五百當斬右止及殺人先自告及吏坐受賕枉法守縣官財物而即盜之已論命復有籍笞罪者皆棄市（李奇曰命逃亡也復於論命中有罪也晉灼曰命者名也成其罪也師古曰上足也當斬右足者以其辠次重故從棄市也殺人先自告謂殺人而自首得免罪者也吏受賕枉法謂曲公法而受賂者也守縣官財物而即盜之即今律所謂主守自盜者也殺人害重受賕盜物贓汙之身故此三罪已被論名而又犯笞亦皆棄市也今流俗書本笞五百之上及劓者之下有籍笞字復有笞罪亦云復有籍笞罪皆後人妄加耳舊本無也）罪人獄已決完爲城旦舂滿三歲爲鬼薪白粲鬼薪白粲一歲爲隸臣妾隸臣妾一歲免爲庶人（師古曰男子爲隸臣女子爲隸妾鬼薪白粲滿三歲爲隸臣隸臣一歲免爲庶人隸妾亦然也）隸臣妾滿二歲爲司寇司寇一歲及作如司寇二歲皆免爲庶人（如淳曰罪降爲司寇故一歲正司寇故二歲也）其亡逃及有耐罪以上不用此令（師古曰於

本罪中又重犯者也）前令之刑城旦舂歲而非禁錮者完爲城旦舂歲數以免（李奇曰謂文帝作此令之前有刑者）臣昧死請制曰可是後外有輕刑之名內實殺人斬右止者又當死斬左止者笞五百當劓者笞三百率多死（師古曰斬右止者棄市故人多死以笞五百代斬左止笞三百代劓笞數既多亦不活也）景帝元年下詔曰加笞重罪無異（孟康曰重罪謂死刑）幸而不死不可爲人（師古曰謂不能自起居也）其定律笞五百曰三百笞三百曰二百猶尚不全至中六年又下詔曰加笞者或至死而笞未畢朕甚憐之其減笞三百曰二百笞二百曰一百又曰笞者所以教之也其定箠令（師古曰箠策也所以擊者也音止蘂反）丞相劉舍御史大夫衛綰請笞者箠長五尺其本大一寸其竹也末薄半寸皆平其

節當笞者笞臀（如淳曰然則先時笞背也師古曰臀音徒門反）毋得更人（師古曰謂行笞者不更易人也）畢一罪乃更人自是笞者得全然酷吏猶以為威死刑既重而生刑又輕民易犯之及至孝武即位外事四夷之功內盛耳目之好徵發煩數百姓貧耗（師古曰耗損也音呼到反）窮民犯法酷吏擊斷姦軌不勝於是招進張湯趙禹之屬條定法令作見知故縱監臨部主之法（師古曰見知人犯法不舉告為故縱而所監臨部主有罪幷連坐也）緩深故之罪（孟康曰孝武欲急刑吏深害及故入人罪者皆寬緩）急縱出之誅（師古曰吏釋罪人疑以為縱出則急誅之亦言尚酷）其後姦猾巧法轉相比況禁罔寖密（師古曰寖漸也其下亦同）律令凡三百五十九章大辟四百九條千八百

前漢刑法志三　十五　鄭安

八十二事死罪決事比萬三千四百七十二事（師古曰比以例相比況也）文書盈於几閣典者不能徧睹是以郡國承用者駮（師古曰不曉其指用意不同也）或罪同而論異姦吏因緣為市（師古曰弄法而受財若市買之交易）所欲活則傅生議所欲陷則予死比（師古曰傅讀曰附）議者咸冤傷之宣帝自在閭閻而知其若此及即尊位廷史路溫舒上疏言秦有十失其一尚存治獄之吏是也語在溫舒傳上深愍焉迺下詔曰間者吏用法巧文寖深是朕之不德也夫決獄不當使有罪興邪不辜蒙戮（晉灼曰當重而輕使有罪者起邪惡之心也師古曰有罪者更興邪惡無辜者反陷罪刑是決獄不平故）父子悲恨朕甚傷之今遣

廷史與郡鞫獄任輕祿薄（如淳曰廷史廷尉史也以囚辭決獄事為鞫謂疑獄也李奇曰鞫謂窮獄也事窮竟也師古曰李說是也）其為置廷平秩六百石員四人其務平之以稱朕意於是選于定國為廷尉求明察寬恕黃霸等以為廷平季秋後請讞時上常幸宣室齋居而決事（如淳曰宣室布政教之室也重用刑故齋戒以決事晉灼曰未央宮中有宣室殿師古曰晉說是也賈誼傳亦云受釐坐宣室蓋其殿在前殿之側也齋則居之）獄刑號為平矣時涿郡太守鄭昌上疏言聖王置諫爭之臣者非以崇德防逸豫之生也立法明刑者非以為治救衰亂之起也今明主躬垂明聽雖不置廷平獄將自正若開後嗣不若刪定律令（師古曰刪刊也有不便者則刊而除之）律令一定愚

前漢刑法志三　十六　鄭安

民知所避姦吏無所弄矣今不正其本而置廷平以理其末也政衰聽怠則廷平將招權而為亂首矣（蘇林曰招音翹翹舉也猶言賣弄也孟康曰招求也招致權着己也師古曰孟說是也）宣帝未及修正元帝初立迺下詔曰夫法令者所以抑暴扶弱欲其難犯而易避也今律煩多而不約自典文者不能分明而欲羅元元之不逮（師古曰羅網也不逮言意識所不及）斯豈刑中之意哉（師古曰中當也）其議律令可蠲除輕減者條奏惟在便安萬姓而已至成帝河平中復下詔曰甫刑云五刑之屬三千大辟之罰其屬二百（師古曰甫刑即周書呂刑初為呂侯號曰呂刑後為甫侯故又稱甫刑）今大辟之刑千有餘條律

令煩多百有餘萬言奇請它比日以益滋師古曰奇請謂常文之外主者別有所請以定罪也它比謂引它類以比附之稍增律條也奇音居宜反自明習者不知所由師古曰由從也欲以曉喻衆庶不亦難乎於以羅元元之民夭絕亡辜豈不哀哉其與中二千石二千石博士及明習律令者議減死刑及可蠲除約省者令較然易知條奏書不云乎惟刑之恤哉師古曰虞書舜典之辭恤憂也言當憂刑也其審核之務準古法師古曰核究其實也朕將盡心覽焉有司無仲山父將明之材師古曰有司已下史家之言也大雅烝人之詩曰肅肅王命仲山父將之邦國若否仲山父明之將行也否不善也言王有誥命則仲山父行之邦國有不善之事則仲山父明之故引以爲美傷今不能然也不能因時廣宣主恩建立明制爲一代之法

而徒鉤摭微細毛舉數事以塞詔而已師古曰毛舉言舉毫毛之事輕小之甚塞猶當也是以大議不立遂以至今議者或曰法難數變此庸人不達疑塞治道聖智之所常患者也師古曰塞謂不通也故略舉漢興以來法令稍定而合古便今者漢興之初雖有約法三章網漏吞舟之魚師古曰言疏闊吞舟謂大魚也然其大辟尚有夷三族之令令曰當三族者皆先黥劓斬左右止笞殺之梟其首菹其骨肉於市師古曰菹謂醢也菹音側於反其誹謗詈詛者又先斷舌故謂之具五刑彭越韓信之屬皆受此誅至高后元年乃除三族罪祆言令孝文二年又詔丞相太尉御史法

者治之正所以禁暴而衞善人也今犯法者已論而使無罪之父母妻子同產坐之及收朕甚弗取其議左右丞相周勃陳平奏言父母妻子同產相坐及收所以累其心使重犯法也師古曰重難也累音力瑞反收之之道所由來久矣臣之愚計以爲如其故便文帝復曰朕聞之法正則民愨罪當則民從師古曰愨謹也音丘角反且夫牧民而道之以善者吏也師古曰道讀曰導導引也既不能道又以不正之法罪之是法反害於民爲暴者也師古曰法害於人是法爲暴朕未見其便宜孰計之平勃乃曰陛下幸加大惠於天下使有罪不收無罪不相坐甚盛德臣

等所不及也臣等謹奉詔盡除收律相坐法其後新垣平謀爲逆復行三族之誅由是言之風俗移易人性相近而習相遠信矣師古曰論語云孔子曰性相近習相遠也言人同稟五常之性其所取舍本相近也但所習各異漸漬而移則相遠也夫以孝文之仁平勃之知猶有過刑謬論如此甚也而況庸材溺於末流者乎周官有五聽八議三刺三宥三赦之法師古曰刺殺也訊而有罪則殺之也宥寬也赦舍也謂釋置也五聽一曰辭聽師古曰觀其出言不直則煩二曰色聽師古曰觀其顏色不直則變三曰氣聽師古曰觀其氣息不直則喘四曰耳聽師古曰觀其聽聆不直則惑五曰目聽師古曰觀其瞻視不直則亂八議一曰議親師古曰王之親族也二曰議故師古曰王之故舊也三曰議賢師古曰有德行者也四曰議能師古

曰有道藝者 五曰議功（師古曰有大勳力者）六曰議貴（師古曰爵位高者也）七曰議勤（師古曰謂盡悴事國者也）八曰議賓（師古曰謂前代之後王所不臣者也自五聽以下至此皆小司寇所職也）

三刺一曰訊羣臣再曰訊羣吏三曰訊萬民（師古曰訊問也訊音信）三宥一曰弗識二曰過失三曰遺忘（師古曰弗識不審也過失非意也遺忘忽忘也）三赦一曰幼弱二曰老眊三曰惷愚（師古曰幼弱謂七歲已下老眊謂八十以上惷愚生而癡騃者自三刺已下至此皆司刺所職也眊讀與耄同惷音丑江反）凡囚上罪梏拲而桎中罪梏桎下罪梏王之同族拲有爵者桎以待敝（師古曰械在手曰梏兩手同械曰拲在足曰桎敝斷罪也自此以上掌囚所職也梏音古篤反拲即拱字也桎音之日反敝音蔽也）

高皇帝七年制詔御史獄之疑者吏或不敢決有罪者久而不論無罪者久繫不決自今已來

縣道官獄疑者各讞所屬二千石官二千石官以其罪名當報（師古曰當謂處斷也）所不能決者皆移廷尉廷尉亦當報之廷尉所不能決謹具為奏傅所當比律令以聞（師古曰傅讀曰附）上恩如此吏猶不能奉宣故孝景中五年復下詔曰諸獄疑雖文致於法而於人心不厭者輒讞之其後獄吏復避微文遂其愚心至後元年又下詔曰獄重事也人有愚智官有上下獄疑者讞有令讞者已報讞而後不當讞者不為失（師古曰解並在景紀）自此之後獄刑益詳近於五聽三宥之意三年復下詔曰高年老長人所尊敬也鰥寡不屬逮者人所哀憐也（師古曰屬音之欲反）其著令年八十以上八歲以下及孕者未乳（師古曰乳產也音人喻反）師朱儒（如淳曰師樂師盲瞽者朱儒短人不能走者）當鞠繫者頌繫之（師古曰頌讀曰容容寬容之不桎梏）至孝宣元康四年又下詔曰朕念夫耆老之人髮齒墮落血氣既衰亦無逆亂之心今或羅于文法執于囹圄不得終其年命朕甚憐之自今以來諸年八十非誣告殺傷人它皆勿坐至成帝鴻嘉元年定令年未滿七歲賊鬭殺人及犯殊死者上請廷尉以聞得減死合於三赦幼弱老眊之人此皆法令稍近古而便民者也（師古曰近音其靳反）孔子曰如有王者必世而後

仁善人為國百年可以勝殘去殺矣（師古曰論語載孔子之言此謂若有受命之王必三十年仁政乃成也勝殘謂勝殘暴之人使不可為惡去殺不行殺戮也）言聖王承衰撥亂而起被民以德教（師古曰被加也音皮義反）變而化之必世然後仁道成焉至於善人不入於室然猶百年勝殘去殺矣（師古曰論語稱子張問善人之道子曰不踐迹亦不入于室也言善人不但修踐舊迹而已固少自創制然亦不能入聖人之室）此為國者之程式也今漢道至盛歷世二百餘載（師古曰今謂撰志時）考自昭宣元成哀平六世之間斷獄殊死率歲千餘口而一人（如淳曰率天下犯罪者千口而有一人死）耐罪上至右止三倍有餘（李奇曰耐從司寇以上至右止為千口三人刑）古人有言曰滿堂而飲酒有一人鄉隅而悲泣（師古曰鄉讀曰

鄉則一堂皆爲之不樂王者之於天下辟猶一堂之上也故一人不得其平爲之悽愴於心今郡國被刑而死者歲以萬數天下獄二千餘所其冤死者多少相覆獄不減一人此和氣所以未洽者也原獄刑所以蕃若此者師古曰蕃多也音扶元反禮教不立刑法不明民多貧窮豪桀務私姦不輒得獄豻不平之所致也服虔曰鄉亭之獄曰豻臣瓚曰獄岸獄訟也師古曰小雅小宛之詩云宜岸宜獄瓚說是也書云伯夷降典悊民惟刑師古曰周書甫刑之辭也悊知也言伯夷下禮法以道人人習知禮然後用刑也言制禮以止刑猶隄之防溢水也今隄防陵遲禮制未立死刑過制生刑易犯饑寒並至

窮斯濫溢豪桀擅私爲之囊橐師古曰有底曰囊無底曰橐言容隱姦邪若囊橐之盛物姦有所隱則狃而寖廣師古曰狃串習也寖漸也狃音女救反此刑之所以蕃也孔子曰古之知法者能省刑本也今之知法者不失有罪末矣師古曰省謂減除之絕於未然故曰本也不失有罪事止聽訟所以爲末又曰今之聽獄者求所以殺之古之聽獄者求所以生之與其殺不辜寧失有罪今之獄吏上下相驅以刻爲明深者獲功名平者多患害諺曰鬻棺者欲歲之疫師古曰鬻賣也疫癘病也鬻音育疫音役非憎人欲殺之利在於人死也今治獄吏欲陷害人亦猶此矣凡此五疾獄刑所以尤多者也自建武永平民亦新免兵革之禍人

有樂生之慮與高惠之間同而政在抑彊扶弱朝無威福之臣邑無豪桀之俠以口率計斷獄少於成哀之間什八可謂清矣師古曰十少其八也然而未能稱比隆於古者以其疾未盡除而刑本不正善乎孫卿之論刑也曰世俗之爲說以爲治古者無肉刑師古曰治古謂上古至治之時也治音丈吏反有象刑墨黥之屬菲履赭衣而不純師古曰菲草履也純緣也衣不加緣示有恥也菲音扶味反純音之允反是不然矣以爲治古則人莫觸罪邪豈獨無肉刑哉亦不待象刑矣師古曰人不犯法則象刑無所施也以爲人或觸罪矣而直輕其刑是殺人者不死而傷人者不刑也罪至重而刑輕民無所

畏亂莫大焉凡制刑之本將以禁暴惡且懲其未也師古曰懲止也殺人者不死傷人者不刑是惠暴而寬惡也故象刑非生於治古方起於亂今也如淳曰古無象刑也所有象刑之言者近起今人惡刑之重故遂推言古之聖君但以象刑天下自治凡爵列官職賞慶刑罰皆以類相從者也一物失稱亂之端也師古曰稱宜也音尺孕反德不稱位能不稱官賞不當功刑不當罪不祥莫大焉夫征暴誅悖治之威也殺人者死傷人者刑是百王之所同也未有知其所由來者也故治則刑重亂則刑輕李奇曰世所以治者乃刑重也所以亂者乃刑輕也犯治之罪固重犯亂之罪固輕也書云刑罰世重世輕此之謂

也師古曰周書甫刑之辭也言刑輕重各隨其時所謂象刑惟明者言象天道而作刑師古曰虞書益稷曰咎繇方祗厥敘方施象刑惟明言敬其次敘施其法刑皆明白也安有菲屨赭衣者哉孫卿之言既然又因俗說而論之曰禹承堯舜之後自以德衰而制肉刑湯武順而行之者以俗薄於唐虞故也今漢承衰周暴秦極敝之流俗已薄於三代而行堯舜之刑是猶以鞿而御駻突孟康曰以繩縛馬口謂之鞿晉灼曰鞿古羈字也如淳曰駻音捍突惡馬也師古曰馬絡頭曰羈鞿也違救時之宜矣且除肉刑者本欲以全民也今去髡鉗一等轉而入於大辟以死罔民失本惠矣師古曰罔謂羅網也故死者歲以萬數刑重之所致也至乎穿窬之盜忿怒傷

人男女淫佚吏為姦臧師古曰佚讀與逸同若此之惡髡鉗之罰又不足以懲也故刑者歲十萬數民既不畏又曾不恥刑輕之所生也故俗之能吏公以殺盜為威專殺者勝任奉法者不治亂名傷制不可勝條是以罔密而姦不塞刑蕃而民愈嫚師古曰塞止也蕃多也音扶元反嫚與慢同必世而未仁百年而不勝殘誅以禮樂闕而刑不正也豈宜惟思所以清原正本之論刪定律令篹二百章以應大辟孟康曰篹音撰其餘罪次於古當生今觸死者皆可募行肉刑李奇曰欲死邪欲腐邪及傷人與盜吏受賕枉法男女淫亂皆復古刑為三千章詆欺文致微細之法悉蠲除師古曰詆謂誣也音丁禮反如此則刑可畏而禁易避吏不專殺法無二門輕重當罪民命得全合刑罰之中殷天人之和李奇曰殷亦中順稽古之制成時雍之化成康刑錯雖未可致孝文斷獄庶幾可及詩云宜民宜人受祿于天師古曰大雅假樂之詩也蓋嘉成王之德書曰立功立事可以永年師古曰今文泰誓之辭也永長也言為政而宜於民者功成事立則受天祿而永年命所謂一人有慶萬民賴之者也師古曰呂刑之辭也一人天子也言天子用刑詳審有福慶之惠則衆庶咸賴之也

刑法志第三

食貨志第四上　　班固　　漢書二十四

祕書監上護軍琅邪縣開國子顏師古注

洪範八政一曰食二曰貨食謂農殖嘉穀可食之物（師古曰殖生也嘉善也）貨謂布帛可衣（師古曰衣音於既反）及金刀龜貝（師古曰金謂五色之金也黃者曰金白者曰銀赤者曰銅青者曰鉛黑者曰鐵刀謂錢幣也龜以卜占貝以表飾故皆爲寶貨也）所以分財布利通有無者也二者生民之本興自神農之世斲木爲耜煣木爲耒耒耨之利以教天下而食足（師古曰斲斫也煣屈也耒手耕曲木也耜耒端所以施金也耨耘田也耜音似煣音人九反耒音來內反耨音乃構反）日中爲市致天下之民聚天下之貨交易而退各得其所而貨通（師古曰自斲木爲耜以至於此事見易上繫辭）食足貨通然後國實民富而教化成黃帝以下通其變使民不倦（李奇曰器幣有不便於時則變更通利之使民樂其業而不倦也）堯命四子以敬授民時（師古曰四子謂羲仲羲叔和仲和叔也事見虞書堯典也）舜命后稷以黎民祖飢（孟康曰祖始也黎衆也民始飢命棄爲稷官也古文言阻師古曰事見虞書舜典）是爲政首禹平洪水定九州（師古曰九州謂冀兗青徐揚荊豫梁雍）制土田各因所生遠近賦入貢棐（應劭曰棐竹器也所以盛方曰筐隋曰棐師古曰棐讀與篚同禹貢所謂厥貢漆絲厥篚織文之類是也隋圜而長也隋音他果反）楙遷有無萬國作乂（師古曰楙與懋同勉也言勸勉天下遷易有無使之交足則萬國皆治）殷周之盛詩書所述要在安民富而教之故易稱天地之大德曰生聖人之大寶曰位何以守位曰仁何以聚人曰財（師古曰下繫之辭）財者帝王所以聚人守位養成羣生

奉順天德治國安民之本也故曰不患寡而患不均不患貧而患不安蓋均亡貧和亡寡安亡傾（師古曰論語載孔子之言）是以聖王域民（師古曰爲邦域）築城郭以居之制廬井以均之（師古曰井田之中爲屋廬）開市肆以通之（師古曰肆列也）設庠序以教之（師古曰庠序禮官養老之處）士農工商四人有業學以居位曰士闢土殖穀曰農作巧成器曰工通財鬻貨曰商（師古曰鬻賣也鬻音弋六反）聖王量能授事四民陳力受職故朝亡廢官邑亡敖民地亡曠土（師古曰敖謂逸游也曠空也）理民之道地著爲本（師古曰地著謂安土也著音直略反）故必建步立畮正其經界六尺爲步步百爲畮（師古曰畮古畝字也）畮百爲夫夫三爲屋屋三爲井井方一里是爲九夫八家共之各受私田百畮公田十畮是爲八百八十畮餘二十畮以爲廬舍（師古曰廬田中屋也春夏居之秋冬即去）出入相友守望相助疾病相救民是以和睦而教化齊同力役生產可得而平也民受田上田夫百畮中田夫二百畮下田夫三百畮歲耕種者爲不易上田休一歲者爲一易中田休二歲者爲再易下田三歲更耕之自爰其處（孟康曰爰於也師古曰更互也音工衡反）農民戶人已受田其家衆男爲餘夫亦以口受田如比（師古曰比例也音必寐反）士工商家受田五口乃當農夫一人此謂平土可以爲法者也若山

林藪澤原陵淳鹵之地（晉灼曰淳盡也舄鹵之田不生五穀也）各以肥磽多少爲差（師古曰磽磽确也謂瘠薄之田也音口交反）有賦有稅稅謂公田什一及工商衡虞之入也（師古曰賦謂計口發財稅謂收其田入也什一謂十取其一也工商衡虞雖不墾殖亦取其稅者工有技巧之作商有行販之利衡虞取山澤之材產也）賦共車馬兵甲士徒之役（師古曰徒衆也共讀曰供）充實府庫賜予之用稅給郊社宗廟百神之祀天子奉養百官祿食庶事之費民年二十受田六十歸田七十以上上所養也十歲以下上所長也十一以上上所強也（師古曰勉強勸之令習事也強音其兩反）種穀必雜五種以備災害（師古曰歲月有宜及水旱之利也種即五穀謂黍稷麻麥豆也）田中不得有樹用妨五穀力耕數耘收穫如寇盜之至（師古曰力謂勤作之也如寇盜之至謂促遽之甚恐爲風雨所損）還廬樹桑（師古曰還繞也）菜茹有畦瓜瓠果蓏（應劭曰木實曰果草實曰蓏張晏曰有核曰果無核曰蓏臣瓚曰按木上曰果地上曰蓏也師古曰茹所食之菜也畦區也茹音人豫反畦音胡圭反蓏音來果反）殖於疆易（張晏曰至此易主故曰易師古曰詩小雅信南山云中田有廬疆埸有瓜即謂此也）雞豚狗彘毋失其時（師古曰彘即豕）女修蠶織則五十可以衣帛七十可以食肉在壄曰廬在邑曰里（師古曰廬各在其田中而里聚居也）五家爲鄰五鄰爲里四里爲族五族爲黨五黨爲州五州爲鄉鄉萬二千五百戶也鄰長位下士自此以上稍登一級至鄉而爲卿也於是里有序而鄉有庠序以明教庠以行禮而視化焉（師古曰視讀爲示也）春令民畢出在壄冬則畢入於

邑其詩曰四之日舉止同我婦子饁彼南畮（師古曰此豳詩七月之章也饁饋也四之日周之四月夏之二月也農人無不舉足而耕也則其婦與子同以食來至南畮治田之處而饋之也饁音于輒反）又曰十月蟋蟀入我牀下嗟我婦子聿爲改歲入此室處（師古曰亦七月之章也蟋蟀蛬也今謂之促織聿曰也言寒氣既至蟋蟀漸來則婦子皆曰歲將改矣而去由中入室處也蛬音拱）所以順陰陽備寇賊習禮文也春將出民里胥平旦坐於右塾鄰長坐於左塾（孟康曰里胥如今里吏也師古曰門側之堂曰塾坐於門側者督促勸之知其早晏防怠惰也塾音孰）畢出然後歸夕亦如之（師古曰言里胥鄰長亦待入畢然後歸也）入者必持薪樵輕重相分班白不提挈（師古曰班白者謂髮雜色也不提挈者所以優老人也）冬民既入婦人同巷相從夜績女工一月得四十五日（服虔曰一月之中又得夜半爲十五日凡四十五日也）必相從者所以省費燎火同巧拙而合習俗也（師古曰省費燎火省燎火之費也燎所以爲明火所以爲溫也燎音力召反）男女有不得其所者因相與歌詠各言其傷（師古曰怨刺之詩也）是月餘子亦在于序室（蘇林曰餘子庶子也或曰未任役爲餘子師古曰未任役者是也幼童皆當受業豈論嫡庶乎）八歲入小學學六甲五方書計之事（蘇林曰五方之異書如今祕書學外國書也臣瓚曰辨五方之名及書藝也師古曰瓚說是也）始知室家長幼之節十五入大學學先聖禮樂而知朝廷君臣之禮其有秀異者移鄉學于庠序庠序之異者移國學于少學諸侯歲貢少學之異者於天子學于大學命曰造士（李奇曰造成也）行同能偶則別之以射（師古曰以射試之）然後爵命焉孟春之月羣居者將散（師古

曰謂各趣曲展晦也行人振木鐸徇于路以采詩師古曰行人遒人也主號令之官鐸大鈴也以木爲舌謂之木鐸徇巡也采詩采取総制之詩也獻之大師比其音律以聞於天子師古曰大師掌音律之官教六詩以六律爲之音者比謂次之也比音頻二反故曰王者不窺牖戶而知天下此先王制土處民富而教之之大略也故孔子曰道千乘之國敬事而信節用而愛人使民以時師古曰論語載孔子之言道治也舉事必敬施令必信不爲奢侈愛養其萌無奪農時故民皆勸功樂業先公而後私其詩曰有渰淒淒興雲祁祁雨我公田遂及我私師古曰小雅大田之詩也渰陰雲也淒淒雲起貌也祁祁徐也言陰陽和風雨時萌庶慶悅喜其先雨公田乃及私也民三年耕則餘一年之畜師古曰畜讀曰蓄其下並同衣食足而知榮辱廉讓生而爭訟息故三載考績師古曰績功也言主治萌者三年一考其功也孔子曰苟有用我者期月而已可也三年有成成此功也師古曰論語載孔子之言也用謂使爲政朞月可以易俗三年乃得成功也三考黜陟餘三年食進業曰登鄭氏曰進上百工之業也或曰進上農工諸事業名曰登再登曰平餘六年食三登曰泰平二十七歲遺九年食然後至德流洽禮樂成焉故曰如有王者必世而後仁師古曰亦孔子之言也解在刑法志繇此道也師古曰繇讀與由同由用也繇從也周室既衰暴君汙吏慢其經界師古曰汙謂貪穢也繇役橫作師古曰繇讀曰徭橫音胡孟反政令不信上下相詐公田不治故魯宣公初稅畮春秋譏焉孟康曰春秋謂之履畮履踐民所種好者而取之譏其貪也於是上貪民怨災害生而禍亂作陵夷至於戰

國貴詐力而賤仁誼先富有而後禮讓是時李悝爲魏文侯作盡地力之教師古曰李悝文侯臣也悝音恢以爲地方百里提封九萬頃除山澤邑居參分去一爲田六百萬畮治田勤謹則畮益三升服虔曰與之三升也臣瓚曰當言三斗謂治田勤則畮加三斗也師古曰計數而言字當爲斗瓚說是也不勤則損亦如之地方百里之增減輒爲粟百八十萬石矣又曰糴甚貴傷民韋昭曰此民謂士工商也甚賤傷農民傷則離散農傷則國貧故甚貴與甚賤其傷一也善爲國者使民毋傷而農益勸今一夫挾五口治田百畮歲收畮一石半爲粟百五十石除十一之稅十五石餘百三十五石食人月一石半五人終歲爲粟九十石餘有四十五石石三十爲錢千三百五十除社閭嘗新春秋之祠用錢三百餘千五十衣人率用錢三百五人終歲用千五百不足四百五十師古曰少四百五十不足也不幸疾病死喪之費及上賦斂又未與此師古曰與讀曰豫此農夫所以常困有不勸耕之心而令糴至於甚貴者也是故善平糴者必謹觀歲有上中下孰上孰其收自四餘四百石張晏曰平歲百畮收百五十石今大孰四倍收六百石計民食終歲長四百石官糴三百石此爲糴三舍一也中孰自三餘三百石張晏曰自三四百五十石也終歲長三百石官糴二百石此爲糴二而舍一也下孰自倍餘百石張晏曰自倍收三百石終歲長百石官糴其五十石云下孰糴一謂中分百石之一小飢

則收百石張晏曰平歲百畮之收收百五十石今小飢收百石收三分之二也 中飢七十石張晏曰收二分之一 大飢三十石張晏曰收五分之一也以此準之大小中飢之率也 故大孰則上糴三而舍一中孰則糴二下孰則糴一使民適足賈平則止師古曰賈讀曰價 小飢則發小孰之所斂李奇曰官以斂藏出糶也 中飢則發中孰之所斂大飢則發大孰之所斂而糶之故雖遇飢饉水旱糴不貴而民不散取有餘以補不足也行之魏國國以富彊及秦孝公用商君壞井田開仟伯師古曰仟伯田間之道也南北曰仟東西曰伯伯音莫白反 急耕戰之賞雖非古道猶以務本之故傾鄰國而雄諸侯然王制遂滅僭差亡度庶人之富者累鉅萬師古曰鉅大也大萬謂萬萬也累者兼數非止一也言其貲財積累萬萬也 而貧者食糟糠有國彊者兼州域而弱者喪社稷至於始皇遂并天下內興功作外攘夷狄收泰半之賦師古曰泰半三分取其二 發閭左之戍應劭曰秦時以適發之名適戍先發吏有過及贅壻賈人後以嘗有市籍者發又後以大父母父母嘗有市籍者戍者曹輩盡復入閭取其左發之未及取右而秦亡師古曰閭里門也言居在里門之左者一切發之此閭左之釋應最得之諸家之義煩穢舛錯故無所取也 男子力耕不足糧饟師古曰饟古餉字也 女子紡績不足衣服竭天下之資財以奉其政猶未足以澹其欲也師古曰澹古贍字也贍給也其下並同也 海內愁怨遂用潰畔師古曰下逃其上曰潰 漢興接秦之敝諸侯並起民失作業而大飢饉凡米石五千人相食死者過半高祖乃令民得賣子就食蜀漢

天下既定民亡蓋臧蘇林曰無物可蓋藏 自天子不能具醇駟師古曰醇不雜也無醇色之駟謂四馬雜色也 而將相或乘牛車師古曰以牛駕車也 上於是約法省禁輕田租什五而稅一量吏祿度官用以賦於民師古曰賦取足 而山川園池市肆租稅之入自天子以至封君湯沐邑皆各為私奉養不領於天子之經費師古曰言各收其所賦稅以自供不入國朝之倉廩府庫也經常也 漕轉關東粟以給中都官歲不過數十萬石師古曰中都官京師諸官府也 孝惠高后之間衣食滋殖文帝即位躬修儉節思安百姓時民近戰國皆背本趨末賈誼說上曰筦子曰倉廩實而知禮節師古曰筦與管同管子管仲之書也 民不足而可治者自古及今未之嘗聞古之人曰一夫不耕或受之飢一女不織或受之寒生之有時而用之亡度則物力必屈師古曰屈盡也音其勿反 古之治天下至孅至悉師古曰孅細也悉盡其事也孅與纖同 故其畜積足恃今背本而趨末食者甚眾是天下之大殘也師古曰本農業也末工商也言人已棄農而務工商矣其食米粟者又甚衆殘謂傷害也 淫侈之俗日日以長是天下之大賊也殘賊公行莫之或止大命將泛孟康曰泛音方勇反泛覆也師古曰字本作覂此通用也 莫之振救師古曰振舉也 生之者甚少而靡之者甚多師古曰靡散也音縻 天下財產何得不蹷應劭曰蹷頓竭也師古曰蹷音厥 漢之為漢幾四十年矣師古曰幾近也音鉅衣反 公私之積猶可哀痛師古曰言年歲已多而無儲積 失時不雨民且

狼顧鄭氏曰民欲有畔意若狼之顧望也李奇曰狼性怯走喜還顧言民見天不雨今亦恐也師古曰李說是也歲惡
不入請賣爵子如淳曰賣爵級又賣子也既聞耳矣如淳曰聞於天子之耳安有
爲天下阽危者若是而上不驚者師古曰阽危欲墜之意也音閻又音丁念反
世之有飢穰天之行也李奇曰天之行氣不能常孰也或曰行道也師古曰穰豐也音人常反禹
湯被之矣師古曰謂禹遭水而湯遭旱也即不幸有方二三千里之旱
國胡以相恤師古曰胡何也卒然邊境有急數千百萬之衆
國胡以餽之師古曰卒讀曰猝餽亦饋字也兵旱相乘天下大屈師古曰屈音其
勿反有勇力者聚徒而衡擊師古曰衡橫也罷夫羸老易子齩
其骨師古曰罷讀曰疲齩齧也音五巧反政治未畢通也遠方之能疑者
並舉而爭起矣師古曰疑讀曰擬擬僭也謂與天子相比擬迺駭而圖之豈

將有及乎師古曰圖謂謀也夫積貯者天下之大命也苟粟
多而財有餘何爲而不成以攻則取以守則固以
戰則勝懷敵附遠何招而不至師古曰懷來也安也今敺民而
歸之農皆著於本師古曰敺亦驅字著音直略反使天下各食其力末
技游食之民轉而緣南畮師古曰言皆趣農作也則畜積足而
人樂其所矣可以爲富安天下而直爲此廩廩也
李奇曰廩廩危也師古曰言務耕農厚畜積則天下富安何乃不爲而常不足廩廩若此竊爲陛下惜之
於是上感誼言始開籍田躬耕以勸百姓鼂錯復
說上曰聖王在上而民不凍飢者非能耕而食之
織而衣之也師古曰食讀曰飤衣音於既反爲開其資財之道也故堯

禹有九年之水湯有七年之旱而國亡捐瘠者孟康曰肉腐爲瘠捐骨不埋者或曰捐謂民有飢相棄捐者或謂貧乞者爲捐蘇林曰瘠音漬師古曰瘠瘦病也言無相棄捐而瘦病者耳不當音漬也貧乞之釋尤疏僻焉以畜積多而備先具也今海內爲一土地
人民之衆不避湯禹加以亡天災數年之水旱而
畜積未及者何也地有遺利民有餘力生穀之土
未盡墾山澤之利未盡出也游食之民未盡歸農
也民貧則姦邪生貧生於不足不足生於不農不
農則不地著不地著則離鄉輕家民如鳥獸雖有
高城深池嚴法重刑猶不能禁也夫寒之於衣不
待輕暖師古曰苟禦風霜不求靡麗也暖音乃短反飢之於食不待甘旨師古曰旨美也

飢寒至身不顧廉恥人情一日不再食則飢終歲
不製衣則寒夫腹飢不得食膚寒不得衣雖慈父
不能保其子君安能以有其民哉明主知其然也
故務民於農桑薄賦斂廣畜積以實倉廩備水
旱故民可得而有也民者在上所以牧之趨利如
水走下四方亡擇也師古曰走音奏夫珠玉金銀飢不可食
寒不可衣然而衆貴之者以上用之故也其爲物
輕微易臧在於把握可以周海內而亡飢寒之患
師古曰周謂周徧而游行此令臣輕背其主而民易去其鄉盜賊有
所勸亡逃者得輕資也粟米布帛生於地長於時

聚於力非可一日成也數石之重中人弗勝（師古曰中人者處彊弱之中也）不爲姦邪所利一日弗得而飢寒至是故明君貴五穀而賤金玉今農夫五口之家其服役者不下二人（師古曰服事也給公事之役也）其能耕者不過百畮百畮之收不過百石春耕夏耘秋穫冬臧伐薪樵治官府給繇役春不得避風塵夏不得避暑熱秋不得避陰雨冬不得避寒凍四時之閒亡日休息又私自送往迎來弔死問疾養孤長幼在其中勤苦如此尚復被水旱之災急政暴賦賦斂不時朝令而暮改當具有者半賈而賣（師古曰本直千錢者止得五百也賈讀曰價）亡者取

倍稱之息（如淳曰取一償二爲倍稱師古曰稱舉也今俗所謂舉錢者也）於是有賣田宅鬻子孫以償責者矣而商賈大者積貯倍息小者坐列販賣（師古曰行賣曰商坐販曰賈列者若今市中賣物行也賈音古）操其奇贏日游都市（師古曰奇贏謂有餘財而畜聚奇異之物也一說奇謂殘餘物也音居宜反）乘上之急所賣必倍（師古曰上所急求則其價倍貴）故其男不耕耘女不蠶織衣必文采食必粱肉（師古曰粱好粟也即今之粱米）亡農夫之苦有仟伯之得（師古曰仟謂千錢伯謂百錢也伯音莫白反今俗猶謂百錢爲一伯）因其富厚交通王侯力過吏埶以利相傾千里游敖冠蓋相望乘堅策肥履絲曳縞（師古曰堅謂好車也縞皓素也繒之精白者也）此商人所以兼并農人農人所以流亡者也今法律賤商人商人已富貴矣

尊農夫農夫已貧賤矣故俗之所貴主之所賤也吏之所卑法之所尊也上下相反好惡乖迕（師古曰迕違也好音呼到反惡音一故反迕音五故反）而欲國富法立不可得也方今之務莫若使民務農而已矣欲民務農在於貴粟貴粟之道在於使民以粟爲賞罰今募天下入粟縣官得以拜爵得以除罪如此富人有爵農民有錢粟有所渫（師古曰渫散也音先列反此下亦同也）夫能入粟以受爵皆有餘者也取於有餘以供上用則貧民之賦可損（師古曰損減也）所謂損有餘補不足令出而民利者也順於民心所補者三一曰主用足二曰民賦少三曰勸農功

今令民有車騎馬一匹者復卒三人（如淳曰復三卒之筭錢也或曰除三夫不作甲卒也師古曰當爲卒者免其三人不爲卒者復其錢耳復音方目反）車騎者天下武備也故爲復卒（師古曰爲音于僞反）神農之教曰有石城十仞（應劭曰仞五尺六寸也師古曰此說非也八尺曰仞取人申臂之一尋也）湯池百步（師古曰池城邊池也以沸湯爲池不可輙近喻嚴固之甚）帶甲百萬而亡粟弗能守也以是觀之粟者王者大用政之本務令民入粟受爵至五大夫以上迺復一人耳（師古曰五大夫第九等爵也復音方目反）此其與騎馬之功相去遠矣爵者上之所擅出於口而亡窮（師古曰擅專也）粟者民之所種生於地而不乏夫得高爵與免罪人之所甚欲也使天下人入粟於邊以受爵免罪不過三歲

塞下之粟必多矣於是文帝從錯之言令民入粟邊六百石爵上造(師古曰上造第二等爵也)稍增至四千石爲五大夫(師古曰五大夫第九等爵)萬二千石爲大庶長(師古曰大庶長第十八等爵也)各以多少級數爲差錯復奏言陛下幸使天下入粟塞下拜爵甚大惠也竊恐塞卒之食不足用大渫天下粟邊食足以支五歲可令入粟郡縣矣(師古曰入諸郡縣以備凶災也)足支一歲以上可時赦勿收農民租如此德澤加於萬民民俞勤農(師古曰俞進也音踰又音愈也)時有軍役若遭水旱民不困乏天下安寧歲孰且美則民大富樂矣上復從其言迺下詔賜民十二年租稅之半

前漢食貨志四上　十三　徐丞

明年遂除民田之租稅後十三歲孝景二年令民半出田租三十而稅一也其後上郡以西旱復修賣爵令而裁其賈以招民(師古曰賈讀曰價裁謂減省之也)及徒復作得輸粟於縣官以除罪(師古曰復音扶目反解在宣紀)始造苑馬以廣用(師古曰苑馬謂爲苑以牧馬)宮室列館車馬益增修矣然婁敕有司以農爲務(師古曰婁古屢字也)民遂樂業至武帝之初七十年間國家亡事非遇水旱則民人給家足都鄙廩庾盡滿而府庫餘財京師之錢累百鉅萬貫朽而不可校(師古曰累百鉅萬謂數百萬萬也校謂計數也)大倉之粟陳陳相因(師古曰陳謂久舊也)充溢露積於外腐敗不可食衆庶街巷有馬仟

伯之閒成羣(師古曰謂田中之仟伯也)乘牸牝者擯而不得會聚(孟康曰皆乘父馬有牝馬間其間則踶齧故斥出不得會同師古曰言時富饒故恥乘牸牝不必以其踶齧也踶蹋也音大奚反)守閭閻者食粱肉爲吏者長子孫(如淳曰時無事吏不數轉至於生長子孫而不轉職也)居官者以爲姓號(如淳曰貨殖傳倉氏庾氏是也)人人自愛而重犯法(師古曰重難也)先行誼而黜媿辱焉(師古曰以行誼爲先以媿辱相黜也行音下更反)於是罔疏而民富役財驕溢或至并兼豪黨之徒以武斷於鄉曲(師古曰恃其饒富則擅行威罰也斷音丁喚反)宗室有土公卿大夫以下爭於奢侈(師古曰有土謂國之宗姓受封邑土地者也)室廬車服僭上亡限物盛而衰固其變也是後外事四夷內興功利役費並興而民去本董仲舒說上曰春秋它穀

前漢食貨志四上　十四　徐來

不書至於麥禾不成則書之以此見聖人於五穀最重麥與禾也今關中俗不好種麥是歲失春秋之所重而損生民之具也願陛下幸詔大司農使關中民益種宿麥令毋後時(師古曰宿麥謂其苗經冬)又言古者稅民不過什一其求易共(師古曰共讀曰供次下亦同也)使民不過三日其力易足民財內足以養老盡孝外足以事上共稅下足以畜妻子極愛故民說從上(師古曰說讀曰悅也)至秦則不然用商鞅之法改帝王之制除井田民得賣買富者田連仟伯貧者亡立錐之地又顓川澤之利管山林之饒(師古曰顓與專同管主也)荒淫越制踰侈以相

高邑有人君之尊里有公侯之富小民安得不困又加月爲更卒已復爲正一歲屯戍一歲力役三十倍於古師古曰更卒謂給郡縣一月而更者也正卒謂給中都官者也率計今人一歲之中屯戍及力役之事三十倍多於古也更音工衡反田租口賦鹽鐵之利二十倍於古如淳曰秦賣鹽鐵貴故下民受其困也師古曰既收田租又出口賦而官更奪鹽鐵之利率計今人一歲之中失其資產二十倍多於古也或耕豪民之田見稅什五如淳曰十稅其五師古曰言下戶貧人自無田而耕墾豪富家田十分之中以五輸本田主也故貧民常衣牛馬之衣而食犬彘之食重以貪暴之吏刑戮妄加師古曰重音直用反民愁亡聊亡逃山林轉爲盜賊赭衣半道斷獄歲以千萬數漢興循而未改古井田法雖難卒行宜少近古師古曰卒讀曰猝近音其靳反限

前漢食貨志四上　十五　王寅

民名田以澹不足師古曰名田占田也各爲立限不使富者過制則貧弱之家可足也塞并兼之路鹽鐵皆歸於民去奴婢除專殺之威服虔曰不得專殺奴婢也薄賦斂省繇役以寬民力然後可善治也仲舒死後功費愈甚天下虛耗人復相食師古曰耗音呼到反武帝末年悔征伐之事迺封丞相爲富民侯韋昭曰沛蘄縣也師古曰欲百姓之殷實故取其嘉名也下詔曰方今之務在於力農以趙過爲搜粟都尉過能爲代田一晦三甽師古曰甽壟也音工犬反字或作畎歲代處故曰代田師古曰代易也古法也后稷始甽田以二耜爲耦師古曰併兩耜而耕廣尺深尺曰甽長終晦一晦三甽一夫三百甽而播種於甽中師古曰播布也種謂穀子也苗生葉以

上稍耨隴草師古曰耨鉏也因隤其土以附苗根師古曰隤謂下之也音頹故其詩曰或芸或芓黍稷儗儗師古曰小雅甫田之詩儗儗盛貌芸音云芓音子儗音擬芸除草也芓附根也言苗稍壯每耨輒附根比盛暑隴盡而根深師古曰比音必寐反能風與旱師古曰能讀曰耐也故儗儗而盛也其耕耘下種田器皆有便巧率十二夫爲田一井一屋故晦五頃鄧展曰九夫爲井三夫爲屋夫百晦於古爲十二頃古百步爲晦漢時二百四十步爲晦古千二百晦則得今五頃用耦犂二牛三人一歲之收常過縵田晦一斛以上師古曰縵田謂不爲甽者也縵音莫幹反善者倍之師古曰善爲甽者又過縵田二斛以上也過使教田太常三輔蘇林曰太常主諸陵有民故亦謂田種大農置工巧奴與從事爲作田器二千石遣令長三老

前漢食貨志四上　十六　王寅

力田及里父老善田者受田器學耕種養苗狀蘇林曰爲法意狀也民或苦少牛亡以趨澤師古曰趨讀曰趣趣及也澤雨之潤澤也故平都令光教過以人輓犂師古曰輓引也音晚過奏光以爲丞教民相與庸輓犂師古曰庸功也言換功共作也義亦與庸賃同率多人者田日三十晦少者十三晦以故田多墾闢過試以離宮卒田其宮壖地師古曰離宮別處之宮非天子所常居也壖餘也宮壖地謂外垣之內內垣之外也諸緣河壖地廟垣壖地其義皆同守離宮卒閒而無事因令於壖地爲田也壖音而緣反課得穀皆多其旁田晦一斛以上令命家田三輔公田李奇曰令使也命者教也令離宮卒教其家田公田也韋昭曰命謂爵命者命家謂受爵命一爵爲公士以上令得田公田優之也師古曰令音力成反又教邊郡及居延城韋昭曰居延張掖縣也時有田卒也是後邊城河東弘農三輔太常民

皆便代田用力少而得穀多至昭帝時流民稍還
田野益闢頗有畜積宣帝即位用吏多選賢良百
姓安土歲數豐穰（師古曰數音所角反穰音人常反）穀至石五錢農人
少利時大司農中丞耿壽昌以善為筭能商功利
得幸於上（師古曰商度也）五鳳中奏言故事歲漕關東穀四
百萬斛以給京師（師古曰漕水運）用卒六萬人宜糴三輔弘
農河東上黨太原郡穀足供京師可以省關東漕
卒過半又白增海租三倍天子皆從其計御史大
夫蕭望之奏言故御史屬徐宮（李奇曰御史大夫屬）家在東萊
言往年加海租魚不出長老皆言武帝時縣官嘗

自漁海魚不出後復予民魚迺出夫陰陽之感物
類相應萬事盡然今壽昌欲近糴漕關內之穀築
倉治船費直二萬萬餘（服虔曰萬萬億也）有動眾之功恐生
旱氣民被其災壽昌習於商功分銖之事其深計
遠慮誠未足任宜且如故上不聽漕事果便壽昌
遂白令邊郡皆築倉以穀賤時增其賈而糴以利
農穀貴時減賈而糶名曰常平倉（師古曰賈並讀曰價）民便之
上迺下詔賜壽昌爵關內侯而蔡癸以好農使勸
郡國至大官（師古曰為使而勸郡國也使音山吏反）元帝即位天下大水
關東郡十一尤甚二年齊地飢穀石三百餘民多

餓死琅邪郡人相食在位諸儒多言鹽鐵官及北
假田官常平倉可罷（孟康曰北假地名也）毋與民爭利上從其
議皆罷之又罷建章甘泉宮衛角抵齊三服官省
禁苑以予貧民減諸侯王廟衛卒半又減關中卒
五百人轉穀振貸窮乏其後用度不足獨復鹽鐵
官成帝時天下亡兵革之事號為安樂然俗奢侈
不以畜聚為意永始二年梁國平原郡比年傷水
災（師古曰比頻也）人相食刺史守相坐免哀帝即位師丹輔
政建言古之聖王莫不設井田然後治迺可平（師古
曰建立也立其議也）孝文皇帝承亡周亂秦兵革之後天下空

虛故務勸農桑帥以節儉民始充實未有并兼之
害故不為民田及奴婢為限（師古曰不為作限制上為音于僞反）今累世
承平豪富吏民訾數鉅萬而貧弱俞困蓋君子為
政貴因循而重改作（師古曰重難也）然所以有改者將以救
急也亦未可詳宜略為限（師古曰詳謂悉盡也）天子下其議丞
相孔光大司空何武奏請諸侯王列侯皆得名田
國中列侯在長安公主名田縣道及關內侯吏民
名田皆毋過三十頃諸侯王奴婢二百人列侯公
主百人關內侯吏民三十人期盡三年犯者沒入
官時田宅奴婢賈為減賤丁傅用事董賢隆貴

皆不便也師古曰丁傅及董賢之家皆不便此事也詔書且須後師古曰須待也遂寢不行宮室苑囿府庫之臧已侈百姓訾富雖不及文景然天下戶口最盛矣平帝崩王莽居攝遂篡位王莽因漢承平之業匈奴稱藩百蠻賓服舟車所通盡為臣妾府庫百官之富天下晏然莽一朝有之其心意未滿師古曰謂愛惜之意未厭飽也陿小漢家制度以為疏闊師古曰莽以漢家制度為疏闊而更之令陿小宣帝始賜單于印璽與天子同而西南夷鉤町稱王師古曰鉤音鉅于反町音大鼎反莽乃遣使易單于印貶鉤町王為侯二方始怨侵犯邊境莽遂興師發三十萬眾欲同時十道並出一舉滅匈奴

募發天下囚徒丁男甲卒轉委輸兵器自負海江淮而至北邊如淳曰負背也使者馳傳督趣師古曰傳音張戀反趣讀曰促海內擾矣又動欲慕古不度時宜師古曰度音大各反分裂州郡改職作官下令曰漢氏減輕田租三十而稅一常有更賦罷癃咸出晉灼曰雖老病者皆復出口筭師古曰更音工衡反罷讀曰疲而豪民侵陵分田劫假師古曰分田謂貧者無田而取富人田耕種共分其所收也假亦謂貧人賃富人之田也劫者富人劫奪其稅侵欺之也厥名三十實什稅五也富者驕而為邪貧者窮而為姦俱陷於辜刑用不錯師古曰錯置也今更名天下田曰王田奴婢曰私屬皆不得賣買其男口不滿八而田過一井者分餘田與九族鄉黨犯令法至死制度又

不定吏緣為姦天下謷謷然陷刑者眾師古曰謷謷眾口愁聲也音敖後三歲莽知民愁下詔諸食王田及私屬皆得賣買勿拘以法然刑罰深刻它政誖亂師古曰誖乖也音布內反邊兵二十餘萬人仰縣官衣食師古曰仰音牛向反用度不足數橫賦斂師古曰數音所角反橫音胡孟反民俞貧困常苦枯旱亡有平歲穀賈翔貴晉灼曰翔音常師古曰晉說非也翔言如鳥之回翔謂不離於貴也若暴貴稱騰踊也末年盜賊羣起發軍擊之將吏放縱於外北邊及青徐地人相食雒陽以東米石二千莽遣三公將軍開東方諸倉振貸窮乏又分遣大夫謁者教民煮木為酪服虔曰煮木實或曰如今餌木之屬也如淳曰作杏酪之屬也師古曰如說是也酪不可食重為

煩擾師古曰重音直用反流民入關者數十萬人置養澹官以稟之吏盜其稟師古曰稟給也盜其稟者盜所給之物稟音彼甚反飢死者什七八莽恥為政所致迺下詔曰予遭陽九之阸百六之會師古曰此歷法應有災歲之期也事在律歷志枯旱霜蝗飢饉荐臻蠻夷猾夏寇賊姦軌百姓流離予甚悼之害氣將究矣師古曰究竟盡也歲為此言以至於亡

食貨志第四上

食貨志卷第四下　班固　漢書二十四

祕書監上護軍琅邪縣開國子顔師古注

凡貨金錢布帛之用夏殷以前其詳靡記云太公爲周立九府圜法 李奇曰圜即錢也圜一寸而重九兩師古曰此說非也周官太府王府内府外府泉府天府職内職金職幣皆掌財幣之官故云九府圜謂均而通也 黄金方寸而重一斤錢圜函方 孟康曰外圜而内孔方也 輕重以銖 師古曰言黄金以斤爲名錢則以銖爲重也 布帛廣二尺二寸爲幅長四丈爲匹故貨寶於金利於刀 如淳曰名錢爲刀者以其利於民也 流於泉 如淳曰流行如泉也 布於布 如淳曰布於民間 束於帛 李奇曰束聚也 太公退又行之于齊至管仲相桓公通輕重之權曰歲有凶穰故穀有貴賤 師古曰穰音人常反 令有緩急故物有輕重 李奇曰上令急於求米則民重米緩於求米則民輕米 人君不理則畜賈游於市 師古曰畜讀曰蓄蓄賈謂賈人之多蓄積者 乘民之不給百倍其本矣 師古曰給足也 故萬乘之國必有萬金之賈千乘之國必有千金之賈者利有所并也計本量委則足矣 李奇曰委積也 然而民有飢餓者穀有所臧也 師古曰言富人多臧穀故令貧者食不足也 民有餘則輕之故人君斂之以輕民不足則重之故人君散之以重 李奇曰民輕之時爲斂糴之重之時官爲散也 凡輕重斂散之以時即準平守準平使萬室之邑必有萬鍾之臧臧繦千萬千室之邑必 李奇曰繦落也孟康曰六斛四斗爲鍾繦錢貫也管子曰凶歲糴釜十繦師古曰孟說是也繦音居兩反 有千鍾之臧臧繦百萬春以奉耕夏以奉耘 師古曰奉讀

事也 耒耜器械種饟糧食必有取澹焉 師古曰種五穀之種也饟字與餉同謂餉田之具也 故大賈畜家不得豪奪吾民矣 師古曰畜讀曰蓄豪謂輕侮之也字本作勢蓋通用耳 桓公遂用區區之齊合諸侯顯伯名 師古曰伯讀曰霸 其後百餘年周景王時患錢輕將更鑄大錢 應劭曰大於舊錢其價重也 單穆公曰不可 師古曰單穆公周大夫單旗單音善 古者天降災戾 師古曰戾惡氣也一曰戾至也 於是乎量資幣權輕重以救民 應劭曰資財也量資幣多少有無平其輕重也師古曰凡言幣者皆所以通貨物易有無也故金之與錢皆名爲幣也 民患輕則爲之作重幣以行之於是有母權子而行民皆得焉 應劭曰母重也其大倍故爲母也子輕也其輕少半故爲子也民患幣之輕而物貴爲重幣以平之權時而行以廢其輕故曰母權子猶言重權輕也民皆得者本末有無皆得其利也孟康曰重爲母輕爲子若市八十錢物以母當五十以子三十續之 若不堪重則多作輕而行之亦不廢重於是乎有子權母而行小大利之 應劭曰民患幣重則多作輕錢而行之亦不廢去重者言重者行其貴輕者行其賤也 今王廢輕而作重民失其資能無匱乎民若匱王用將有所乏乏將厚取於民 師古曰厚猶多也重也 民不給將有遠志是離民也 師古曰遠志謂去其本居而散亡也 且絕民用以實王府猶塞川原爲潢洿也 師古曰原謂水泉之本也潢洿停水也潢音黄洿音一胡反 竭亡日矣王其圖之弗聽卒鑄大錢文曰寶貨肉好皆有周郭 韋昭曰肉錢形也好孔也 以勸農澹不足百姓蒙利焉 孟康曰單穆公曰竭無日矣不得復云百姓蒙利焉臣瓚曰但自不廢輕不鑄大錢耳猶自從其不廢輕此言母子並用故蒙其利也師古曰二說皆非也單旗雖有此言王終自鑄錢果有便故百姓蒙其利也 秦兼天下幣爲二等黄金以溢爲

名上幣孟康曰二十兩爲溢師古曰改周一斤之制更以溢爲金之名數也高祖初賜張良金百溢此尚秦制也上幣者二等之中黃金爲上而錢爲下也銅錢質如周錢臣瓚曰言錢之形質如周錢唯文異耳文曰半兩重如其文而珠玉龜貝銀錫之屬爲器飾寶臧不爲幣然各隨時而輕重無常漢興以爲秦錢重難用更令民鑄莢錢如淳曰如榆莢也師古曰莢音頰黃金一斤師古曰復周之制更以斤名金而不軌逐利之民畜積餘贏以稽市物痛騰躍李奇曰稽貯滯也晉灼曰痛甚也言計市物賤豫益畜之物貴而出賣故使物甚騰躍也師古曰不軌謂不循軌度者也言以其贏餘之財蓄積停貨使物稽滯在己故市價甚騰貴今書本痛字或作踊者誤耳踊騰一也不當重累言之畜讀曰蓄米至石萬錢馬至匹百金天下已平高祖乃令賈人不得衣絲乘車重稅租以困辱之師古曰欲令務農孝惠高后時爲天下

初定復弛商賈之律師古曰弛解也然市井子孫亦不得爲官吏孝文五年爲錢益多而輕乃更鑄四銖錢其文爲半兩除盜鑄錢令使民放鑄師古曰恣其私鑄賈誼諫曰法使天下公得顧租鑄銅錫爲錢敢雜以鉛鐵爲它巧者其罪黥師古曰顧租謂顧庸之直或租其本然鑄錢之情非殽雜爲巧則不可得贏師古曰殽謂亂雜也贏謂餘利也言不雜鉛鐵則無利也殽音爻而殽之甚微爲利甚厚師古曰微謂精妙也言殽雜鉛鐵其術精妙不可覺知而得利甚厚故令人輕犯之姦不可止也夫事有召禍而法有起姦今令細民人操造幣之埶師古曰操持也人人皆得鑄錢也操音千高反各隱屏而鑄作因欲禁其厚利微姦雖黥罪日報其埶不止鄭氏曰報論迺者民人抵

罪多者一縣百數及吏之所疑榜笞奔走者甚衆夫縣法以誘民師古曰縣謂開立之使入陷阱孰積於此師古曰阱穿地以陷獸也積多也阱音才性反曩禁鑄錢死罪積下蘇林曰下報也積累下報論之也張晏曰死罪者多委積於下師古曰蘇說是也下音胡亞反次後亦同爲法若此上何賴焉師古曰賴利也一曰恃也又民用錢郡縣不同或用輕錢百加若干應劭曰時錢重四銖法錢百枚當重一斤十六銖輕則以錢足之若干枚令滿平也師古曰若干且設數之言也干猶箇也謂當如此箇數耳而胡廣云若順也干求也合也當順所求而與之矣或用重錢平稱不受應劭曰用重錢則平稱有餘不能受也臣瓚曰秦錢重半兩漢初鑄莢錢文帝更鑄四銖錢秦錢與莢錢皆當廢而故與四銖並行民以其見廢故用輕錢則百加若干用重錢雖以一當一猶復不受之是以郡縣不同也師古曰應說是也稱音尺孕反法錢不立師古曰法錢依法之錢也吏急而壹之虖則大爲煩苛而力不能勝縱而

弗呵虖則市肆異用錢文大亂師古曰呵責怒也音火何反苟非其術何鄉而可哉師古曰鄉讀曰嚮今農事棄捐而采銅者日蕃師古曰蕃多也音扶元反其下亦同釋其耒耨冶鎔炊炭應劭曰鎔形容也作錢模㨫也師古曰鎔音容姦錢日多五穀不爲多師古曰言皆采銅鑄錢廢其農業故五穀不多也爲音于爲反不爲多猶言爲之不多也善人怵而爲姦邪李奇曰怵誘也動心於姦邪也師古曰怵音先律反又音黜愿民陷而之刑戮師古曰愿謹也刑戮將甚不詳奈何而忽師古曰詳平也忽怠忘也國知患此吏議必曰禁之禁之不得其術其傷必大令禁鑄錢則錢必重師古曰令謂法令也重則其利深盜鑄如雲而起師古曰言其多棄市之罪又不足以禁矣姦數不勝而法禁數潰銅使之然也師古曰數並音所角反故銅

布於天下其爲禍博矣師古曰博大也今博禍可除而七福可致也何謂七福上收銅勿令布則民不鑄錢黥罪不積一矣僞錢不蕃民不相疑二矣采銅鑄作者反於耕田三矣銅畢歸於上上挾銅積以御輕重師古曰銅積謂多積銅也錢輕則以術斂之重則以術散之貨物必平四矣以作兵器以假貴臣多少有制用別貴賤五矣如淳曰古者以銅爲兵秦銷鋒鍉鑄金人十二是也以臨萬貨以調盈虛以收奇羨師古曰調平均也奇殘餘也羨饒溢也奇音居宜反羨音弋戰反則官富實而末民困六矣師古曰末謂工商之業也制吾棄財以與匈奴逐爭其民則敵必懷七矣師古曰末業既困農人敦本倉廩積實布帛有餘則招胡人多來降附故言制吾棄財以逐爭

其人也棄財者可弃之財逐競也故善爲天下者因禍而爲福轉敗而爲功今久退七福而行博禍臣誠傷之上不聽是時吳以諸侯即山鑄錢富埒天子師古曰即就也埒等也後卒叛逆鄧通大夫也以鑄錢財過王者故吳鄧錢布天下武帝因文景之畜忿胡粵之害師古曰畜讀曰蓄即位數年嚴助朱買臣等招徠東甌事兩粵江淮之間蕭然煩費矣師古曰蕭然猶騷然勞動之貌唐蒙司馬相如始開西南夷鑿山通道千餘里以廣巴蜀巴蜀之民罷焉師古曰罷讀曰疲也彭吳穿穢貊朝鮮置滄海郡師古曰彭吳人姓名也本皆荒梗始開通之也故言穿也則燕齊之間靡然發動及王恢謀馬邑匈

奴絕和親侵擾北邊兵連而不解天下共其勞師古曰共猶同干戈日滋行者齎居者送師古曰齎謂將衣食之具以自隨也音子奚反中外騷擾相奉百姓抏敝以巧法師古曰抏訛也謂損挫也巧法爲巧詐以避法也抏音五官反財賂衰耗而不贍師古曰耗減也贍足也入物者補官出貨者除罪選舉陵夷廉恥相冒師古曰冒蒙也武力進用法嚴令具興利之臣自此而始師古曰謂桑弘羊東郭咸陽孔僅之屬也其後衛青歲以數萬騎出擊匈奴遂取河南地築朔方時又通西南夷道作者數萬人千里負擔餽饟師古曰餽亦饋字饟古餉字也率十餘鍾致一石師古曰言其勞費用功重散幣於邛僰以輯之應劭曰邛屬臨邛僰屬犍爲晉灼曰僰音蒲賊反師古曰本西南夷兩種也邛今邛州也僰今僰道縣也

輯與集同謂安定也數歲而道不通蠻夷因以數攻吏發兵誅之悉巴蜀租賦不足以更之李奇曰不足用終更其事也韋昭曰更續也師古曰二說並非也悉盡也更償也雖盡租賦不足償其功費也更音庚迺募豪民田南夷入粟縣官而內受錢於都內服虔曰入穀於外縣官而受錢於內府也師古曰此說非也都內京師主臧者也百官公卿表大司農屬官有都內令丞也東置滄海郡人徒之費疑於南夷師古曰疑讀曰儗儗謂比也又興十餘萬人築衛朔方師古曰既築其城又守衛之轉漕甚遠自山東咸被其勞費數十百鉅萬師古曰數十萬乃至百萬府庫並虛迺募民能入奴婢得以終身復爲郎增秩師古曰庶人入奴婢則復終身先爲郎者就增其秩也一曰入奴婢少者復終身多者得爲郎舊爲郎更增秩也及入羊爲郎始於此此後四年衞青比歲十餘萬衆

擊胡師古曰比歲頻歲也斬捕首虜之士受賜黃金二十餘萬斤而漢軍士馬死者十餘萬兵甲轉漕之費不與焉師古曰與讀曰豫於是大司農陳臧錢經用賦稅既竭不足以奉戰士師古曰陳謂列奏之經常也既盡也言常用之錢及諸賦稅並竭盡也有司請令民得買爵及贖禁錮免臧罪請置賞官名曰武功爵臣瓚曰茂陵中書有武功爵一級曰造士二級曰閑輿衛三級曰良士四級曰元戎士五級曰官首六級曰秉鐸七級曰千夫八級曰樂卿九級曰執戎十級曰政戾庶長十一級曰軍衛此武帝所制以寵軍功師古曰此下云級十七萬凡直三十餘萬金今瓚所引茂陵中書止於十一級則計數不足與本文乖矣或者茂陵書說之不盡也級十七萬凡直三十餘萬金諸買武功爵官首者試補吏先除千夫如五大夫師古曰五大夫舊二十等爵之第九級也至此以上始免徭役故每先選以為吏千夫者武功十一等爵之第七也亦得免役今則先除為吏比於五大夫也

其有罪又減二等爵皆至樂卿師古曰樂卿者武功爵第八等也言買爵唯得至第八也此文止論武功爵級而作注者乃以舊二十等爵解之失其本意故刪而不取以顯軍功軍功多用超等大者封侯卿大夫小者郎吏吏道雜而多端則官職耗廢師古曰耗亂也音莫報反自公孫弘以春秋之義繩臣下取漢相張湯以峻文決理為廷尉於是見知之法生而廢格沮誹窮治之獄用矣張晏曰吏見知不舉劾為故縱官有所作廢格沮敗誹謗則窮治之也如淳曰廢格天子文法不行誹謂非上所行若顏異反脣之比也師古曰沮止壞之音材汝反其明年淮南衡山江都王謀反迹見師古曰迹跡顯見也而公卿尋端治之竟其黨與坐而死者數萬人吏益慘急而法令察師古曰慘毒也察微視也當是時招尊方正賢良文學

之士或至公卿大夫公孫弘以宰相布被食不重味為下先然而無益於俗稍務於功利矣其明年票騎仍再出擊胡大克獲師古曰仍頻也渾邪王率數萬眾來降師古曰渾音胡昆反於是漢發車三萬兩迎之師古曰一兩一乘既至受賞賜及有功之士是歲費凡百餘鉅萬先是十餘歲河決灌梁楚地固已數困而緣河之郡隄塞河輒壞決費不可勝計其後番係欲省底柱之漕師古曰番姓係名也番音普安工系反穿汾河渠以為溉田鄭當時為渭漕回遠鑿漕直渠自長安至華陰師古曰回繞也音胡內反而朔方亦穿溉渠作者各數萬人歷二三期而功未

就費亦各以鉅萬十數師古曰謂十萬萬也天子為伐胡故盛養馬馬之往來食長安者數萬匹師古曰食讀曰飤卒掌者關中不足迺調旁近郡師古曰調謂選發之也調音徒釣反而胡降者數萬人皆得厚賞衣食仰給縣官師古曰仰音牛向反次下亦同縣官不給師古曰給足也天子乃損膳解乘輿駟出御府禁臧以澹之其明年山東被水災民多飢乏於是天子遣使虛郡國倉廥以振貧猶不足又募豪富人相假貸師古曰貸音土戴反次下亦同尚不能相救迺徙貧民於關以西及充朔方以南新秦中應劭曰秦始皇遣蒙恬攘卻匈奴得其河南造陽之北千里地甚好於是為築城郭徙民充之名曰新秦四方雜錯奢儉不同今俗名新富貴者為新秦由是名也七十餘萬口衣食皆

仰給於縣官數歲貸與產業使者分部護師古曰分音扶問反冠蓋相望費以億計縣官大空而富商賈或滯財役貧孟康曰滯停也晉灼曰滯音直吏反轉轂百數李奇曰轂車也廢居居邑服虔曰居穀於邑也如淳曰居賤物於邑中以待貴也師古曰二說皆未盡也此言或有所廢置有所居蓄而居於邑中以乘時射利也封君皆氐首仰給焉晉灼曰氐音抵距之抵服虔曰仰給於商賈言百姓好未作也師古曰二說皆非也封君受封邑者謂公主及列侯之屬也氐首猶俯首也時公主列侯雖有國邑而無餘財其朝夕所須皆俯首而取給於富商大賈後方以邑入償之氐音丁奚反冶鑄鬻鹽財或累萬金而不佐公家之急黎民重困師古曰重音直用反於是天子與公卿議更錢幣以澹用師古曰更改也而摧浮淫并兼之徒是時禁苑有白鹿而少府多銀錫自孝文更造四銖錢至是歲四十餘年從

前漢食貨志四下　九　陳奎

建元以來用少縣官往往即多銅山而鑄錢師古曰就多銅之山而鑄錢也民亦盜鑄不可勝數錢益多而輕臣瓚曰鑄錢者多故錢輕輕亦賤也物益少而貴如淳曰民但鑄錢不作餘物故也有司言曰古者皮幣諸侯以聘享金有三等黃金為上白金為中赤金為下孟康曰白金銀也赤金丹陽銅也今半兩錢法重四銖鄭氏曰其文為半兩實重四銖也而姦或盜摩錢質而取鋊如淳曰錢一面有文一面幕幕為質民盜摩漫面而取其鋊以更鑄作錢也臣瓚曰許慎云鋊銅屑也摩錢漫面以取其屑更以鑄錢西京黃圖敘曰民摩錢取屑是也師古曰鋊音浴瓚說是也錢益輕薄而物貴則遠方用幣煩費不省乃以白鹿皮方尺緣以繢師古曰繢繡也繪五綵而為之為皮幣直四十萬王侯宗室朝覲聘享必以皮幣薦璧然後得行又造銀

錫白金如淳曰雜鑄銀錫為白金以為天用莫如龍地用莫如馬人用莫如龜故白金三品其一曰重八兩圜之其文龍名白撰直三千二曰以重差小方之其文馬直五百晉灼曰以半斤之重差為三品此重六兩則下品重四兩也三曰復小橢之其文龜直三百師古曰橢圜而長也音佗果反令縣官銷半兩錢更鑄三銖錢重如其文盜鑄諸金錢罪皆死而吏民之犯者不可勝數於是以東郭咸陽孔僅為大農丞師古曰二人也姓東郭名咸陽姓孔名僅僅音鉅刃反領鹽鐵事而桑弘羊貴幸咸陽齊之大鬻鹽孔僅南陽大冶皆致產累千金故鄭當時進言之弘羊洛陽賈人之子以心計師古曰不用籌算年十

前漢食貨志四下　十　陳寬

三侍中故三人言利事析秋豪矣法既益嚴吏多廢免兵革數動民多買復師古曰入財於官以取優復復音方目反及五大夫千夫徵發之士益鮮師古曰鮮少也音先淺反於是除千夫五大夫為吏不欲者出馬如淳曰千夫五大夫不欲為吏者令之出馬也故吏皆適令伐棘上林作昆明池師古曰適讀曰謫謫責罰也以其久為姦利其明年大將軍票騎大出擊胡賞賜五十萬金軍馬死者十餘萬匹轉漕車甲之費不與焉師古曰與讀曰豫是時財匱師古曰匱空也戰士頗不得祿矣有司言三銖錢輕輕錢易作姦詐迺更請郡國鑄五銖錢周郭其質令不可得摩取鋊孟康曰周匝為郭文漫皆有大農上鹽鐵丞孔僅咸陽

言師古曰奏上其言也山海天地之臧宜屬少府陛下弗私以
屬大農佐賦願募民自給費因官器作鬻鹽官與
牢盆蘇林曰牢價直也今世人言顧手牢如淳曰牢廩食也古者名廩為牢盆鬻鹽盆也師古曰牢蘇說是也鬻古煮字也浮
食奇民欲擅斡山海之貨師古曰斡謂主領也讀與管同以致富羨
役利細民師古曰羨饒也音弋戰反其沮事之議不可勝聽敢私
鑄鐵器鬻鹽者釱左趾師古曰釱足鉗也趾足也音徒計反沒入其器物郡
不出鐵者置小鐵官鄧展曰鑄故鐵使屬在所縣使僅咸陽
乘傳舉行天下鹽鐵師古曰舉皆也普天之下皆行之也音下更反作官府師古
曰主鬻鹽鑄及出納之處也除故鹽鐵家富者為吏吏益多賈人矣
商賈以幣之變多積貨逐利於是公卿言郡國頗

被災害貧民無產業者募徙廣饒之地陛下損膳
省用出禁錢以振元元寬貸而民不齊出南畝師
古曰言農人尚少不皆務耕種也商賈滋眾貧者畜積無有皆仰縣官師
古曰畜讀曰蓄仰音牛向反異時算軺車賈人之緡錢皆有差小師古
曰異時言往時也軺小車也緡謂錢貫也軺音弋昭反緡音武巾反請算如故諸賈人末作貰
貸賣買居邑貯積諸物師古曰貰賒也貸假與也貰音式制反貸音土戴反及商以
取利者雖無市籍各以其物自占師古曰占隱度也各隱度其財物多少而
為名簿送之於官也占音之贍反率緡錢二千而算一師古曰率計有二千錢者則出一算諸
作有租及鑄如淳曰以手力所作而賣之者率緡錢四千算一非吏比
者三老北邊騎士軺車一算師古曰比例也身非為吏之例非為三老非為邊騎士而

有軺車皆令出一算比音必寐反商賈人軺車二算如淳曰商賈人有軺車又使多出一算重其賦船
五丈以上一算匿不自占占不悉戍邊一歲沒入
緡錢師古曰悉盡也有能告者以其半畀之師古曰畀與也音必寐反賈人
有市籍及家屬皆無得名田師古曰一人有市籍則身及家內皆不得有田也以
便農敢犯令沒入田貨是時豪富皆爭匿財唯卜
式數求入財以助縣官天子迺超拜式為中郎賜
爵左庶長田十頃布告天下以風百姓師古曰風讀曰諷初
式不願為官上強拜之稍遷至齊相語自在其傳
孔僅使天下鑄作器三年中至大司農列九卿而
桑弘羊為大司農中丞管諸會計事稍稍置均輸

以通貨物始令吏得入穀補官郎至六百石師古曰吏遷補高官郎又就增其秩得至六百石也自造白金五銖錢後五歲而赦吏民
之坐盜鑄金錢死者數十萬人其不發覺相殺者
不可勝計赦自出者百餘萬人然不能半自出天
下大氐無慮皆鑄金錢矣師古曰氐讀曰抵抵歸也大歸猶言大凡也無慮亦謂大率無小
計慮也犯法者眾吏不能盡誅於是遣博士褚大徐偃
等分行郡國師古曰行音下更反舉并兼之徒守相為利者
師古曰守郡守也相諸侯相也而御史大夫張湯方貴用事減宣杜周
等為中丞師古曰減姓也音減省之減義縱尹齊王溫舒等用慘急
苛刻為九卿直指夏蘭之屬始出蘇林曰夏蘭人姓名而大農

顏異誅矣。初異為濟南亭長，以廉直稍遷至九卿。上與湯既造白鹿皮幣，問異。異曰：「今王侯朝賀以倉璧，直數千，而其皮薦反四十萬，本末不相稱。」天子不說。（師古曰：說讀曰悅）湯又與異有隙，及人有告異以它議事，下湯治異。異與客語，客語初令下有不便者，（李奇曰：異與客語，道詔令初下有不便處也）異不應，微反脣。（師古曰：蓋非也）湯奏當異九卿見令不便，不入言而腹非，（師古曰：當謂處斷其罪）論死。自是後有腹非之法比，（師古曰：比，則例也，讀如字，又音必寐反）而公卿大夫多諂諛取容。天子既下緡錢令而尊卜式，百姓終莫分財佐縣官，於是告緡錢縱矣。（師古曰：縱，放也，放令相告言也）郡國鑄

錢，民多姦鑄，（師古曰：謂巧鑄之，雜鉛錫）錢多輕，而公卿請令京師鑄官赤仄，（應劭曰：所謂子紺錢也。如淳曰：以赤銅為其郭也。今錢郭見有赤者，不知作法云何也）一當五，賦官用非赤仄不得行。（師古曰：充賦及給官用，皆令以赤仄）白金稍賤，民弗寶用，縣官以令禁之，無益，歲餘終廢不行。是歲湯死而民不思。其後二歲，赤仄錢賤，民巧法用之，不便，又廢。於是悉禁郡國毋鑄錢，專令上林三官鑄。錢既多，而令天下非三官錢不得行，諸郡國前所鑄錢皆廢銷之，輸入其銅三官。而民之鑄錢益少，計其費不能相當，（師古曰：言無利）唯真工大姦迺盜為之。（師古曰：其鑄巧妙，故得利）揚可告緡徧天下，（如淳曰：告緡令，揚可所告言也。師古曰：此說非也。楊可據令而發動之，故天下皆被告）中家以上大氐皆遇告。杜周治之，獄少反者。（如淳曰：治匿緡之罪，其獄少有反者。蘇林曰：音幡。師古曰：幡謂從輕而出）迺分遣御史廷尉正監分曹（服虔曰：分曹職案行也。師古曰：服說非也。曹，輩也，分輩而出為使也）往往即治郡國緡錢，（師古曰：就其所在而治也）得民財物以億計，奴婢以千萬數，田大縣數百頃，小縣百餘頃，宅亦如之。於是商賈中家以上大氐破，民媮甘食好衣，不事畜藏之業，（師古曰：媮，苟且也）而縣官以鹽鐵緡錢之故，用少饒矣。益廣關，置左右輔。初，大農斡鹽鐵官布多，置水衡，欲以主鹽鐵。及揚可告緡，上林財物眾，迺令水衡主上林。上林既充滿，益廣。是時粵欲與漢用船戰逐，

（孟康曰：水戰相逐也）迺大修昆明池，列館環之，（師古曰：環，繞也）治樓船，高十餘丈，旗織加其上，（師古曰：織讀曰幟，音昌志反）甚壯。於是天子感之，迺作柏梁臺，高數十丈。宮室之修，繇此日麗。迺分緡錢諸官，而水衡、少府、大僕、大農各置農官，往往即郡縣比沒入田田之。（師古曰：即，就也。比謂比者所沒入也）其沒入奴婢，分諸苑養狗馬禽獸，及與諸官。官益雜置多，（如淳曰：水衡、少府、大僕、司農皆有農官，是為多也。師古曰：此說非也。謂雜置官員分掌眾事耳，非農官也）徒奴婢眾，而下河漕度四百萬石，及官自糴迺足。（師古曰：度，計也，音大各反）所忠言：「世家子弟富人或鬬雞走狗馬，弋獵博戲，亂齊民。」（如淳曰：世家謂世世有祿秩家也。齊，等也。無有貴賤，謂之齊民，若今言平民矣。晉灼曰：中國被教齊整之民也。師古曰：所，姓也）

忠名也武帝之近臣郊祀志云公孫卿因所忠言寶鼎石慶傳云欲請詔近臣所忠廣川王傳云言灌夫公卿及幸臣所忠司馬相如傳云所忠
往取書考其蹤迹此並一人也而說者或以爲所忠信之人此釋大謬晉灼等之義如說是也迺徵諸犯令相引
數千人名曰株送徒入財者得補郎郎選衰矣應劭
曰株根本也送致也如淳曰株株帶也諸坐博戲事決爲徒者能入錢得補郎李奇曰先至者爲魁株也師古曰言被牽引者爲其根株所送當
充徒役而能入財者即當補郎是時山東被河災及歲不登數年人或
相食方二三千里天子憐之令飢民得流就食江
淮間欲留留處師古曰流謂恣其行移若水之流至所在有欲住者亦留而處也使者冠蓋
相屬於道護之師古曰屬聯續也音之欲反下巴蜀粟以振焉明年
天子始出巡郡國東度河河東守不意行至不辯
自殺行西踰隴卒孟康曰踰度也卒倉卒也從官不得食隴西守

自殺於是上北出蕭關從數萬騎行獵新秦中以
勒邊兵而歸新秦中或千里無亭徼晉灼曰徼塞也臣瓚曰既無亭候又
不徼循無衛邊之備故誅北地太守師古曰晉說是也於是誅北地太守以下而令
民得畜邊縣孟康曰令得畜牧於邊縣官假馬母三歲而歸及息
什一以除告緡用充入新秦中李奇曰邊有官馬今令民能畜官母馬者滿三歲歸
之十母馬還官一駒此爲息什一也師古曰官得母馬之息以給用度得充實秦中人故除告緡之令也既得寶鼎立
后土泰一祠公卿白議封禪事而郡國皆豫治道
修繕故宮及當馳道縣縣治宮儲設共具師古曰共音居用反
而望幸明年南粵反西羌侵邊天子爲山東不澹
赦天下囚因南方樓船士二十餘萬人擊粵發三

河以西騎擊羌又數萬人度河築令居師古曰令音零初置
張掖酒泉郡而上郡朔方西河河西開田官斥塞
卒六十萬人戍田之師古曰開田始開屯田也斥塞廣塞令卻初置二郡故塞更廣也以開田之官廣塞
之卒戍而田也中國繕道餽糧遠者三千近者千餘里皆仰
給大農師古曰仰音牛向反此下並同邊兵不足迺發武庫工官兵器
以澹之車騎馬乏縣官錢少買馬難得迺著令令
封君以下至三百石吏以上差出牝馬天下亭亭
有畜字馬歲課息齊相卜式上書願父子死南粵
天子下詔襃揚賜爵關內侯黃金四十斤田十頃
布告天下天下莫應列侯以百數皆莫求從軍至

飲酎少府省金李奇曰省視也至嘗酎飲宗廟時少府視其金多少而列侯坐酎金
失侯者百餘人迺拜卜式爲御史大夫式既在位
見郡國多不便縣官作鹽鐵器苦惡如淳曰苦或作盬盬不攻嚴也臣瓚
曰謂作鐵器民患苦其不好也師古曰二說皆非也鹽既味苦器又脆惡故總云苦惡也賈貴師古曰鹽鐵並貴也賈讀曰價或
彊令民買之而船有筭商者少物貴迺因孔僅言
船筭事上不說師古曰說音悅漢連出兵三歲誅羌滅兩粵
番禺以西至蜀南者置初郡十七晉灼曰元鼎六年定越地以爲南海蒼梧
鬱林合浦交阯九真日南珠厓儋耳郡定西南夷以爲武都牂柯越嶲沈黎汶山郡及地理志西南夷傳所置犍爲零陵益州郡凡十七且
以其故俗治賦稅南陽漢中以往各以地比給初
郡吏卒奉食幣物傳車馬被具師古曰地比謂依其次第自近及遠也比音頻寐反

傳音張戀反 被音皮義反 而初郡又時時小反殺吏漢發南方吏
卒往誅之間歲萬餘人 師古曰間歲隔一歲 費仰大農大農以
均輸調鹽鐵助賦故能澹之然兵所過縣縣以為
訾給毋乏而已不敢言輕賦法矣其明年元封元
年卜式貶為太子太傅而桑弘羊為治粟都尉領
大農盡代僅斡天下鹽鐵 師古曰代孔僅 弘羊以諸官各自
市相爭物以故騰躍而天下賦輸或不償其僦費
師古曰僦顧也言所輸賦物不足償其餘顧庸之費也僦音子就反 迺請置大農部丞數十
人分部主郡國各往往置均輸鹽鐵官令遠方各
以其物如異時商賈所轉販者為賦而相灌輸置

平準於京師都受天下委輸召工官治車諸器皆
仰給大農大農諸官盡籠天下之貨物貴則賣之
賤則買之如此富商大賈亡所牟大利 如淳曰牟取 則反
本而萬物不得騰躍故抑天下之物名曰平準天
子以為然而許之於是天子北至朔方東封太山
巡海上旁北邊以歸 師古曰旁音步浪反 所過賞賜用帛百餘
萬匹錢金以鉅萬計皆取足大農弘羊又請令民
得入粟補吏及罪以贖令民入粟甘泉各有差以
復終身 師古曰復音方目反 不復告緡它郡各輸急處而諸農
各致粟山東漕益歲六百萬石一歲之中大倉甘

泉倉滿邊餘穀諸均輸帛五百萬匹民不益賦而
天下用饒於是弘羊賜爵左庶長 師古曰第十等爵 黃金者
再百焉 師古曰凡再賜百金 是歲小旱上令百官求雨卜式言
曰縣官當食租衣稅而已 師古曰衣音於既反 今弘羊令吏坐
市列販物求利 師古曰市列謂列肆 亨弘羊天乃雨 師古曰亨謂煑之也亨音普庚反
久之武帝疾病拜弘羊為御史大夫昭帝即位六
年詔郡國舉賢良文學之士問以民所疾苦教化
之要皆對願罷鹽鐵酒榷均輸官毋與天下爭利
視以儉節 師古曰視讀曰示 然後教化可興弘羊難 師古曰詰難議者之
言也 以為此國家大業所以制四夷安邊足用之本

不可廢也迺與丞相千秋共奏罷酒酤弘羊自以
為國興大利伐其功欲為子弟得官怨望大將軍
霍光遂與上官桀等謀反誅滅宣元成哀平五世
亡所變改元帝時嘗罷鹽鐵官三年而復之貢禹
言鑄錢采銅一歲十萬人不耕民坐盜鑄陷刑者
多富人臧錢滿室猶無厭足民心動搖棄本逐末
耕者不能半姦邪不可禁原起於錢疾其末者絕
其本宜罷采珠玉金銀鑄錢之官毋復以為幣除
其販賣租銖之律 師古曰租銖謂計其所賣物價平其錙銖而收租也 租稅祿賜皆
以布帛及穀使百姓壹意農桑議者以為交易待

錢布帛不可尺寸分裂禹議亦寢自孝武元狩五年三官初鑄五銖錢至平帝元始中成錢二百八十億萬餘云王莽居攝變漢制以周錢有子母相權於是更造大錢徑寸二分重十二銖文曰大錢五十又造契刀錯刀契刀其環如大錢身形如刀長二寸文曰契刀五百錯刀以黃金錯其文曰一刀直五千 張晏曰案今所見契刀錯刀形質如大錢而肉好輪厚異於此大錢形如大刀環矣契刀身形自不長二寸也其文左曰契右曰刀無五百字也錯刀則刻之作字也以黃金塡其文上曰一下曰刀二刀泉甚不與志相應也似札單差錯文字磨滅故耳 師古曰張說非也王莽錢刀今並尚在形質及文與志相合無差錯 與五銖錢凡四品並行莽即眞以爲書劉字有金刀迺罷錯刀契刀及五銖

錢而更作金銀龜貝錢布之品名曰寶貨小錢徑六分重一銖文曰小錢直一次七分三銖曰幺錢一十 師古曰幺小也音一堯反 次八分五銖曰幼錢二十次九分七銖曰中錢三十次一寸九銖曰壯錢四十因前大錢五十是爲錢貨六品直各如其文黃金重一斤直錢萬朱提銀重八兩爲一流直一千五百八十 師古曰朱提縣名屬犍爲出善銀朱音殊提音上支反 它銀一流直千是爲銀貨二品元龜岠冉長尺二寸 孟康曰冉龜甲緣也岠至也度背兩邊緣尺二寸也臣瓚曰元大也 直二千一百六十爲大貝十朋 蘇林曰兩貝爲朋朋直二百一十六元龜十朋故二千一百六十也 公龜九寸直五百爲壯貝十朋侯龜七寸以上直三百爲幺貝十朋子龜五寸以上直百爲小貝十朋是爲龜寶四品大貝四寸八分以上二枚爲一朋直二百一十六壯貝三寸六分以上二枚爲一朋直五十幺貝二寸四分以上二枚爲一朋直三十小貝寸二分以上二枚爲一朋直十不盈寸二分漏度不得爲朋率枚直錢三是爲貝貨五品大布次布弟布壯布中布差布厚布幼布幺布小布小布長寸五分重十五銖文曰小布一百自小布以上各相長一分相重一銖文各爲其布名直各加一百上至大布長二寸四分重一兩

而直千錢矣是爲布貨十品 師古曰布亦錢耳謂之布者言其分布流行也 凡寶貨五物六名二十八品鑄作錢布皆用銅殽以連錫 孟康曰連錫之別名也李奇曰鉛錫璞名曰連應劭曰連似銅師古曰孟李二說皆非也許慎云鏈銅屬也然則以連及錫雜銅而爲錢也此下又云能采金銀銅連錫益知連非錫矣 文質周郭放漢五銖錢云 師古曰放依也音甫往反 其金銀與它物雜色不純好龜不盈五寸貝不盈六分皆不得爲寶貨元龜爲蔡非四民所得居 如淳曰臧文仲居蔡謂此也說謂蔡國出大龜也臣瓚曰是大龜之名也書曰九江納錫大龜大龜又不出蔡國也若龜出楚亦名龜爲楚邪師古曰瓚說非也本以蔡出善龜故因名大龜爲蔡耳 有者入大卜受直百姓憒亂其貨不行民私以五銖錢市買莽患之下詔敢非井田挾五銖錢者爲惑衆投諸四裔以御魑

魅於是農商失業食貨俱廢民涕泣於市道坐賣買田宅奴婢鑄錢抵罪者自公卿大夫至庶人不可稱數莽知民愁迺但行小錢直一與大錢五十二品並行龜貝布屬且寢莽性躁擾不能無為每有所興造必欲依古得經文國師公劉歆言周有泉府之官收不讎與欲得（師古曰讎讀曰售言賣不售者官收取之無而欲得者官出與之）即易所謂理財正辭禁民為非者也（師古曰易下繫辭曰理財正辭禁人為非曰義言財貨辭訟正乃得人不為非合事宜）莽乃下詔曰夫周禮有賒貸（師古曰周禮泉府之職曰凡賒者祭祀無過旬日喪紀無過三月凡人之貸者與其有司辨而授之以國服為之息謂人以祭祀喪紀故從官賒買物不過旬日及三月而償之其從官貸物者以共其所屬吏定價而後與之各以其國服事之稅而輸息謂若受園廛之田而貸萬錢者一朞之月出息五百貸音土戴反）樂語有五均（鄧展曰樂語樂元語河間獻王所傳道五均事臣瓚曰其文云天子取諸侯之土以立五均則市無二賈四民常均彊者不得困弱富者不得要貧則公家有餘恩及小民矣）傳記各有斡焉今開賒貸張五均設諸斡者所以齊眾庶抑并兼也遂於長安及五都立五均官更名長安東西市令及洛陽邯鄲臨菑宛成都市長皆為五均司市稱師東市稱京西市稱畿洛陽稱中餘四都各用東西南北為稱皆置交易丞五人錢府丞一人工商能采金銀銅連錫登龜取貝者（如淳曰登進也龜有靈故言登）皆自占司市錢府順時氣而取之（師古曰各以其所采取之物自隱實於司市錢府也占音之瞻反其下並同）又以周官稅民凡田不耕為不殖出

三夫之稅城郭中宅不樹藝者為不毛（師古曰樹藝謂種樹果木及菜蔬）出三夫之布民浮游無事出夫布一匹其不能出布者宂作縣官衣食之（師古曰宂散也音人勇反衣音於既反食讀曰飤）諸取眾物鳥獸魚鼈百蟲於山林水澤及畜牧者嬪婦桑蠶織紝紡績補縫（師古曰機縷曰紝紝音人禁反）工匠醫巫卜祝及它方技商販賈人坐肆列里區謁舍（如淳曰居處所在為區謁舍今之客舍也）皆各自占所為於其所之縣官除其本計其利十一分之而以其一為貢敢不自占自占不以實者盡沒入所采取而作縣官一歲諸司市常以四時中月實定所掌（師古曰中讀曰仲）為物上中下之賈（師古曰賈讀曰價其下並同）各自用為其市平毋拘它所眾民賣買五穀布帛絲緜之物周於民用而不讎者（師古曰讎讀曰售下亦類此也）均官有以考檢厥實用其本賈取之毋令折錢（師古曰折音上列反）萬物卬貴過平一錢則以平賈賣與民（師古曰卬物價起音五剛反亦讀曰仰也）其賈氐賤減平者聽民自相與市（師古曰貴既為卬賤則為氐音丁奚反）以防貴庾者（師古曰庾積也以防民積物待貴也）民欲祭祀喪紀而無用者錢府以所入工商之貢但賒之（師古曰但空也徒也言空賒與之不取息利也）祭祀毋過旬日喪紀毋過三月民或乏絕欲貸以治產業者均授之除其費計所得受息毋過歲什一（師古曰均謂各依先後之次除其費謂衣食之費已用者也）羲和魯匡言名

山大澤鹽鐵錢布帛五均賒貸斡在縣官師古曰斡謂主領也
唯酒酤獨未斡酒者天之美祿帝王所以頤養天
下享祀祈福扶衰養疾百禮之會非酒不行故詩
曰無酒酤我師古曰小雅伐木之詩也酤買也言王於族人恩厚要在燕歡無酒則買而飲之 而論語
曰酤酒不食師古曰鄉黨所說孔子在齊之時也 二者非相反也夫詩據
承平之世酒酤在官和旨便人可以相御也師古曰旨美也御進
論語孔子當周衰亂酒酤在民薄惡不誠是以
疑而弗食今絕天下之酒則無以行禮相養放而
亡限則費財傷民請法古令官作酒以二千五百
石爲一均率開一盧以賣如淳曰酒家開肆待客設酒鑪故以鑪名肆臣瓚曰盧酒瓮也

言開一瓮酒也趙廣漢入丞相府破盧瓮師古曰二說皆非也盧者賣酒之區也以其一邊高形如鍛家盧故取名耳非即謂火盧及酒瓮也此言讎五十釀爲準豈一瓮乎廣漢所破盧瓮及醫盧亦謂所居盧瓮之處耳 讎五十釀爲準一釀用
麤米二斛麴一斛得成酒六斛六斗各以其市月
朔米麴三斛并計其賈而參分之師古曰參三也 以其一爲
酒一斛之平除米麴本賈計其利而什分之以其
七入官其三及醩截灰炭師古曰截酢漿也音才代反 給工器薪樵
之費羲和置命士督五均六斡郡有數人皆用富
賈洛陽薛子仲張長叔臨菑姓偉等如淳曰姓姓名偉也 乘傳
求利交錯天下師古曰傳音張戀反 因與郡縣通姦多張空簿
師古曰簿計簿也音步戶反 府臧不實百姓俞病莽知民苦之復下

詔曰夫鹽食肴之將師古曰將大也一說爲食肴之將帥 酒百藥之長
嘉會之好鐵田農之本名山大澤饒衍之臧五均
賒貸百姓所取平卬以給澹師古曰卬音五向反其下並同 鐵布銅
冶通行有無備民用也此六者非編戶齊民所能
家作師古曰家謂家家自作也 必卬於市雖貴數倍不得不買豪
民富賈即要貧弱先聖知其然也故斡之每一斡
爲設科條防禁犯者辠至死姦吏猾民並侵衆庶
各不安生後五歲天鳳元年復申下金銀龜貝之
貨頗增減其賈直而罷大小錢改作貨布長二寸
五分廣一寸首長八分有奇師古曰奇音居宜反謂有餘也 廣八分

其圜好徑二分半師古曰好孔也 足枝長八分間廣二分其
文右曰貨左曰布重二十五銖直貨泉二十五貨
泉徑一寸重五銖文右曰貨左曰泉枚直一與貨
布二品並行又以大錢行久罷之恐民挾不止迺
令民且獨行大錢與新貨泉俱枚直一並行盡六
年毋得復挾大錢矣每壹易錢民用破業而大陷
刑莽以私鑄錢死及非沮寶貨投四裔犯法者多
不可勝行迺更輕其法私鑄作泉布者與妻子沒
入爲官奴婢吏及比伍知而不舉告與同罪師古曰比音頻
寐反 非沮寶貨民罰作一歲吏免官犯者俞衆及五

人相坐皆沒入郡國檻車鐵瑣傳送長安鍾官師古曰鍾官主鑄錢者愁苦死者什六七作貨布後六年匈奴侵寇甚莽大募天下囚徒人奴名曰豬突豨勇服虔曰豬性觸突人故取以喻師古曰東方名豕曰豨一曰豨豕走也音許豈反壹切稅吏民訾三十而取一又令公卿以下至郡縣黃綬吏皆保養軍馬師古曰保者不許其死傷吏盡復以與民師古曰轉令百姓養之民摇手觸禁不得耕桑繇役煩劇師古曰繇讀曰徭也而枯旱蝗蟲相因又用制作未定上自公侯下至小吏皆不得奉祿而私賦斂貨賂上流獄訟不決吏用苛暴立威旁緣莽禁侵刻小民師古曰旁依也音步浪反富者不得自保貧者無以自存起為盜賊依阻山澤吏不能禽而覆蔽之浸淫日廣師古曰浸淫猶漸染也它皆類此於是青徐荊楚之地往往萬數戰鬭死亡緣邊四夷有所係虜陷罪飢疫人相食及莽未誅而天下戶口減半矣自發豬突豨勇後四年而漢兵誅莽後二年世祖受命盪滌煩苛復五銖錢與天下更始

贊曰易稱裒多益寡稱物平施師古曰謙卦象辭裒取也言取於多者以益少者故萬物皆稱而施與平也裒音蒲侯反書云楙遷有無應劭曰楙勉也遷徙也言天下食貨有無相通足也師古曰虞書益稷之辭言勉勸天下遷徙有無以相通也周有泉府之官師古曰司徒之屬官也掌市之征布斂市之不售貨之滯於人用者以其賈買之而孟子亦非狗彘食人之食不知斂應劭曰養狗彘者使食人之食而不知以法度斂之也師古曰孟子孟軻之書言歲豐孰菽粟饒多狗彘食人之食此時可斂之也野有餓莩而弗知發鄭氏曰莩音蔈有梅之蔈莩零落也人有餓死零落者不知發倉廩以貸之也師古曰莩音頻小反諸書或作殍字音義亦同故管氏之輕重服虔曰作輕重之貨在管子書李悝之平糴弘羊均輸壽昌常平亦有從徠師古曰言所從來久矣顧古為之有數吏良而令行師古曰顧思念也故民賴其利萬國作乂師古曰乂治也及孝武時國用饒給而民不益賦其次也至于王莽制度失中姦軌弄權官民俱竭亡次矣

食貨志下第四

郊祀志卷第五上　班固　漢書二十五

祕書監上護軍琅邪縣開國子顏　師古　注

洪範八政三曰祀 師古曰祀謂祭祀也 祀者所以昭孝事祖通神明也旁及四夷莫不修之下至禽獸豺獺有祭 師古曰禮記月令季秋之月豺祭獸孟春之月獺祭魚豺似狗獺水居而食魚祭者謂殺之而布列以祭其先也豺音仕皆反獺音吐曷反 是以聖王為之典禮民之精爽不貳齊肅聰明者神或降之 師古曰爽明也齊讀曰齋肅敬也 在男曰覡在女曰巫 師古曰巫覡亦通稱耳覡音下狄反 使制神之處位為之牲器使先聖之後能知山川敬於禮儀明神之事者以為祝能知四時犧牲壇場上下民姓所出者以為宗 應劭曰上下謂天地之屬神也氏姓王族之別也宗大宗也曰壝曰宗宗伯也師古曰二說皆非也祝謂主祭之贊詞者積土為壇平地為場氏姓謂神本所出及見所當為主者也宗宗人主神之列位尊卑者也春秋左氏傳曰虢公使祝應宗區享神也又云祝宗用馬于四墉並非宗伯及大宗也 故有神民之官各司其序不相亂也民神異業敬而不黷 師古曰黷狎也黷音讀 故神降之嘉生 應劭曰嘉穀也師古曰嘉生謂眾瑞 民以物序 孟康曰各有分敘也 災禍不至所求不匱 師古曰匱乏也 及少昊之衰九黎亂德 孟康曰少昊時諸侯作亂者也韋昭曰黎氏九人也 民神雜擾不可放物 師古曰放依也物事也放音甫往反 家為巫史享祀無度民黷齊明而神弗蠲 師古曰齊讀曰齋蠲絜也 嘉生不降禍災荐臻莫盡其氣 師古曰言不究其性命也 顓頊受之迺命南正重司天以屬神命火正黎司地以屬民 應劭曰黎陰官也火數二二地數也故火正司地以屬萬民師古曰屬委也以其事委之也屬音之欲反 使復舊常亡相侵黷自共工氏霸九州其子曰句龍能平水土死為社祠 師古曰共工氏在太昊炎帝之間無祿而王故謂之霸句讀曰鉤 有烈山氏王天下其子曰柱能殖百穀死為稷祠 師古曰烈山氏炎帝 故郊祀社稷所從來尚矣 師古曰尚上也謂起於上古 虞書曰舜在璿璣玉衡以齊七政 師古曰虞書舜典也在察也璿美玉也璣衡平以玉為璣衡謂渾天儀也七政日月五星也言舜觀察璣衡以齊同日月五星之政度合天意 遂類于上帝禋于六宗 孟康曰六宗星辰風伯雨師司中司命一說云乾坤六子又一說天宗三日月星辰地宗三太山河海或曰天地間游神也師古曰類以類祭也上帝天也絜精以祀謂之禋六宗之義說者多矣乾坤六子其最通乎 望秩于山川徧于羣神 師古曰望謂在遠者望而祭之秩次也羣神丘陵墳衍之屬 揖五瑞 師古曰揖與輯同輯合也五瑞公侯伯子男之瑞玉 擇吉月日見四嶽諸牧班瑞 師古曰四岳諸牧謂四方諸侯班布也 歲二月東巡狩至于岱宗 師古曰狩守也諸侯為天子守土故巡行 岱宗泰山也柴望秩于山川 師古曰柴積柴而焚之 遂見東后東后者諸侯也 師古曰后君也東方諸侯故謂之東后也 合時月正日同律度量衡 師古曰時四時也月十二月也日三百六十日律六律也度丈尺也量斛斗也衡斤兩也 修五禮五樂 師古曰五禮吉凶賓軍嘉也五樂謂春則琴瑟夏則笙竽季夏則鼓秋則鐘冬則磬也五樂尚書作五玉今志亦有作五玉者五玉即五瑞 三帛二牲一死為贄 師古曰三帛玄纁黃也二牲羔鴈也一死雉也贄者所執以為禮也 五月巡狩至南嶽南嶽者衡山也八月巡狩至西嶽西嶽者華山也十一月巡狩至北嶽北嶽者恒山也皆如岱宗之禮中嶽嵩高也五載一巡狩 師古曰此以上皆舜典所載 禹遵之後十三世至帝孔甲淫德好神神黷二

龍去之應劭曰夏帝孔甲天賜之乘龍河漢各二其後媒瀆嫚神故龍去之其後十三世湯伐桀欲遷夏社不可作夏社應劭曰遭大旱七年明德以薦而旱不止故遷社以棄代爲稷欲遷句龍德莫能繼故作夏社說不可遷之義也師古曰遷古遷字夏社尚書篇名今則序在而書亡迺遷烈山子柱而以周棄代爲稷祠後八世帝太戊有桑穀生於廷一暮大拱師古曰穀即今之楮樹也其字從木合兩手曰拱懼伊陟曰祆不勝德師古曰伊陟大戊臣伊尹之子太戊修德桑穀死伊陟贊巫咸孟康曰巫咸殷賢臣贊說也謂伊陟說其意也師古曰因此作咸乂四篇事見尚書序其篇亦亡逸也後十三世帝武丁得傅說爲相師古曰說讀曰悅殷復興焉稱高宗有雉登鼎耳而雊師古曰雊雉鳴音工豆反武丁懼祖己曰修德武丁從之位以永寧師古曰事見商書說命及高宗肜日祖己殷之賢臣後五世帝乙嫚神而

前漢郊祀志五上　三

震死師古曰帝乙武乙也爲革囊盛血仰而射號曰射天後遇雷震而死也後三世帝紂淫亂武王伐之由是觀之始未嘗不肅祗後稍怠嫚也周公相成王王道大洽制禮作樂天子曰明堂辟雍師古曰明堂辟雍解在平紀諸侯曰泮宮師古曰泮之言半也制度半於天子之辟雍也泮音普半反郊祀后稷以配天宗祀文王於明堂以配上帝師古曰郊祀祀於郊也后稷周之始祖也宗尊也文王周始受命之王上帝大微五帝也四海之內各以其職來助祭天子祭天下名山大川懷柔百神咸秩無文師古曰懷來也柔安也言招來百神而安處之也稱百者言其多也秩序也舊無禮文者皆以次序而祭之五嶽視三公四瀆視諸侯師古曰江河淮濟爲四瀆瀆者發源而注海者也視謂其禮物之數也而諸侯祭其疆內名山大川師古曰疆境也大夫祭門戶井竈中

霤五祀韋昭曰古者穴居故名室中爲中霤士庶人祖考而已各有典禮而淫祀有禁後十三世世益衰禮樂廢幽王無道爲犬戎所敗平王東徙雒邑秦襄公攻戎救周列爲諸侯而居西自以爲主少昊之神作西畤祠白帝其牲用騮駒黃牛羝羊各一云師古曰騮赤馬黑鬣尾也羝牡羊也騮音留羝音丁奚反其後十四年秦文公東獵汧渭之間師古曰汧渭二水名汧音牽卜居之而吉文公夢黃蛇自天下屬地師古曰屬著也音之欲反其口止於鄜衍李奇曰鄜音孚三輔謂山陵間爲衍晉灼曰左馮翊鄜縣之衍也師古曰今之鄜州蓋取名於此也文公問史敦師古曰秦之太史也敦其名也敦曰此上帝之徵君其祠之於是作鄜畤用三牲郊祭白帝焉自未作

前漢郊祀志五上　四

鄜畤而雍旁故有吳陽武畤李奇曰於旁有吳陽地也雍東有好畤皆廢無祀或曰自古以雍州積高神明之隩師古曰土之可居曰隩音於六反故立畤郊上帝諸神祠皆聚云蓋黃帝時嘗用事晚周亦郊焉師古曰晚謂末時也其語不經見縉紳者弗道李奇曰縉插也插笏於紳紳大帶也臣瓚曰縉赤白色也紳大帶也左氏傳有縉雲氏師古曰李云縉插是也字本作搢插笏於大帶與革帶之間耳非插於大帶也或作薦紳者亦謂薦笏於紳帶之間其義同作鄜畤後九年文公獲若石云于陳倉北阪城祠之蘇林曰質如石似肝師古曰陳倉之北阪上城中也云語辭也其神或歲不至或歲數來也常以夜光煇若流星從東方來集于祠城若雄雉其聲殷殷云野雞夜鳴師古曰殷殷聲也云傳聲之亂也野雞亦雉也避呂后諱故曰野雞言陳寶若來而有聲則野雞皆

雄以應之也上言雄雉下言野雞史駁文也殷音隱 以一牢祠之名曰陳寶 臣瓚曰陳倉縣有寶夫人祠或一歲二歲與葉君合葉君神來時天為之殷殷雷鳴雉為之雊也 作陳寶祠後七十一年秦德公立卜居雍 師古曰即今之雍縣 子孫飲馬於河遂都雍雍之諸祠自此興用三百牢於鄜畤作伏祠 師古曰六月伏日也周時無至此乃有之師古曰伏者謂陰氣將起迫於殘陽而未得升故為藏伏因名伏日也立秋之後以金代火金畏於火故至庚日必伏庚金也 磔狗邑四門以御蠱災後四年秦宣公作密畤於渭南祭青帝後十三年秦穆公立病臥五日不寤 師古曰寤覺也覺音公孝反 寤迺言夢見上帝 師古曰上帝謂天也 上帝命穆公平晉亂史書而藏之府 師古曰府藏書之處 而後世皆曰上天穆公立九年齊桓公既霸會諸侯於葵丘

而欲封禪 師古曰葵丘會在僖九年葵丘在陳留外黃縣東封禪者封土於山而禪祭於地也禪音上戰反解在武紀 管仲曰古者封泰山禪梁父者七十二家 師古曰父音甫 而夷吾所記者十有二焉昔無懷氏封泰山禪云云 鄭氏曰無懷古之王者在伏羲前見莊子服虔曰云云在梁父東山名也晉灼曰云云山在蒙陰縣故城東北下有云云亭 虙羲封泰山禪云云 師古曰虙讀曰伏 神農氏封泰山禪云云炎帝封泰山禪云云 李奇曰炎帝神農後 黃帝封泰山禪亭亭 服虔曰亭亭山在牟陰晉灼曰地理志鉅平有亭亭山師古曰晉說是也 顓頊封泰山禪云云帝嚳封泰山禪云云堯封泰山禪云云舜封泰山禪云云禹封泰山禪會稽湯封泰山禪云云周成王封泰山禪於社首 應劭曰山名在博縣晉灼曰在鉅平南十二里師古曰晉說是也 皆受命然後得封禪桓公曰寡人北伐山戎過孤竹 應劭曰伯夷國也在遼西令支師古曰令音郎定反支音神祇之祇 西伐束馬縣車上卑耳之山 韋昭曰將上山纏束其馬縣鉤其車也卑耳即齊語所謂辟耳 南伐至召陵 師古曰召陵楚地也在汝南召讀曰邵 登熊耳山以望江漢 師古曰熊耳山在潁陽北益陽縣東非禹貢所云導洛自熊耳者也其山兩峯狀亦若熊耳因以為名也 兵車之會三乘車之會六九合諸侯一匡天下 師古曰兵車之會三謂莊十三年會於北杏以平宋亂僖四年侵蔡蔡潰遂伐楚次于陘六年伐鄭圍新城也乘車之會六謂莊十四年會于鄄十五年又會于鄄十六年同盟于幽僖五年會于首止八年盟于洮九年會于葵丘也匡正也一匡天下謂定襄王為天子之位也一說謂陽穀之會令諸侯云無障谷無貯粟無以妾為妻天下皆從故云一匡者也 諸侯莫違我昔三代受命亦何以異乎於是管仲睹桓公不可窮以辭因設之以事曰古之封禪鄗上黍北里禾所以為

盛 應劭曰鄗音臛蘇林曰鄗上北里皆地名也師古曰盛謂以實簠簋 江淮閒一茅三脊所以為藉也 服虔曰茅草有三脊也張晏曰謂靈茅也師古曰藉以藉地也音才夜反 東海致比目之魚 師古曰爾雅云東方有比目魚焉不比不行其名謂之鰈音土盍反 西海有比翼之鳥 師古曰山海經云崇吾之山有鳥狀如鳧而一翼一目相得乃飛其名蠻蠻爾雅曰南方有比翼鳥焉不比不飛其名謂之鶼鶼而管仲乃云西海其說異也 然後物有不召而自至者十有五焉今鳳皇麒麟不至嘉禾不生而蓬蒿藜莠茂鴟梟羣翔 師古曰蓬蒿藜莠皆穢惡之草梟不祥之鳥也鴟鵂今所謂角鴟也梟土梟也 而欲封禪無乃不可乎於是桓公乃止是歲秦穆公納晉君夷吾其後三置晉國之君平其亂 師古曰三立其君謂惠公懷公文公 穆公立三十九年而卒後五十年周靈王即位時諸侯莫朝周萇弘

迺明鬼神事 師古曰萇弘周大夫 設射不來不來者諸侯之不來朝者也依物怪欲以致諸侯諸侯弗從而周室愈微後二世至敬王時晉人殺萇弘 李奇曰周爲晉殺之也師古曰春秋左氏傳哀公三年傳稱劉氏范氏世爲婚姻萇弘事劉文公故周與范氏趙鞅以爲討周人殺萇弘也 是時季氏專魯旅於泰山仲尼譏之 師古曰旅陳也陳禮物而祭之也陪臣祭泰山僭諸侯之禮孔子非之曰嗚乎曾謂泰山不如林放乎事見論語 自秦宣公作密時後二百五十年而秦靈公於吳陽作上時祭黃帝作下時祭炎帝後四十八年周大史儋見秦獻公 孟康曰太史儋謂老子也師古曰此亦周之太史名非必老聃老聃非秦獻公時儋音丁甘反又吐甘反 曰周始與秦國合而別別五百載當復合 應劭曰秦伯翳之後也始周孝王封非子爲附庸邑諸秦平王東遷洛邑襄公以兵衛之嘉其勳力列爲侯伯與周別五百載矣昭王時西周君自歸受罪盡獻其邑三十六城此復合也孟康曰謂周封秦爲別秦并周爲合此襄王爲霸始皇爲王也韋昭曰周封秦爲始別謂秦仲也五百歲從秦仲至孝公彊大顯王致伯與之親合也師古曰諸家之說皆非也自非子至西周獻邑凡六伯五十三歲自仲至顯王二十六年孝公彌伯止有四百二十六歲皆不合五百之數也按史記秦本紀及年表竝云周平王封襄公始列爲諸侯於是始與諸侯通又周本紀及吳齊晉楚諸系家皆言幽王爲犬戎所殺秦始列爲諸侯正與此符會是乃爲別至昭襄王五十二年西周君自歸獻邑凡五百一十六年是爲合也言五百者舉其成數者也 合七十年而伯王出焉 韋昭曰武王昭王皆伯至始皇而王天下師古曰七十當爲十七今史記舊本皆作十七字伯王者指謂始皇始皇初立政在太后嫪毐未得稱伯自昭王滅周後至始皇九年誅嫪毐止十七年本紀年表其義顯而韋氏乃合武王昭王爲數失之遠矣伯讀曰霸 儋見後七年櫟陽雨金獻公自以爲得金瑞故作畦時櫟陽而祀白帝 師古曰畦時者如種韭畦之形而於畦中各爲一土封也畦音下圭反 後百一十歲周赧王卒九鼎入于秦或曰周顯王之四十二

年宋大丘社亡 師古曰爾雅云左陵泰丘謂丘左有陵者其名泰丘也郭璞云宋有泰丘蓋以丘名此地也 而鼎淪沒於泗水彭城下自赧王卒後七年秦莊襄王滅東周周祀絕後二十八年秦并天下稱皇帝秦始皇帝既即位或曰黃帝得土德黃龍地螾見 應劭曰螾丘蚓也黃帝土德故地見其神蚓大五六圍長十餘丈如淳曰呂氏春秋云黃帝之時天先見大螾大螻黃帝曰土氣勝故其色尚黃師古曰螾音引螻音樓謂螻蛄也 夏得木德青龍止於郊草木鬯茂 師古曰鬯與暢同 殷得金德銀自山溢 蘇林曰流出也 周得火德有赤烏之符 師古曰謂武王伐紂師渡孟津之時也尚書中候曰有火自天止于王屋流爲赤烏五至以穀俱來 今秦變周水德之時昔文公出獵獲黑龍此其水德之瑞於是秦更名河曰德水以冬十月爲年首色上黑度

以六爲名 張晏曰水北方黑終數六故以方六寸爲符六尺爲步 音上大呂 師古曰大呂陰律之始也 事統上法 服虔曰政尚法令也臣瓚曰水陰陰主刑殺故上法 即帝位三年東巡郡縣祠騶嶧山 蘇林曰騶魯縣也臣瓚曰嶧山在北師古曰嶧音亦 頌功業 師古曰謂刻石自著功業 於是從齊魯之儒生博士七十人至于泰山下諸儒生或議曰古者封禪爲蒲車惡傷山之土石草木 師古曰蒲車以蒲裹輪 埽地而祠席用葅稭 應劭曰稭藁本也去皮以爲席如淳曰葅讀如租稭讀如戛晉灼曰葅藉也師古曰茅藉也其字本作蒩假借用 言其易遵也始皇聞此議各乖異難施用由此絀儒生 師古曰絀退也 而遂除車道上自泰山陽至顛立石頌德明其得封也從陰道下 師古曰山南曰陽山北曰陰 禪於梁父其禮頗采泰祝之祀雍上帝

所用而封臧皆祕之世不得而記始皇之上泰山中阪遇暴風雨休於大樹下諸儒既黜不得與封禪 師古曰與讀曰豫也 聞始皇遇風雨即譏之於是始皇遂東游海上行禮祠名山川及八神求僊人羨門之屬 應劭曰羨門名子高古仙人也師古曰古亦以僊字爲仙下皆類此 八神將自古而有之或曰太公以來作之齊所以爲齊以天齊也 蘇林曰即當天中央齊也 師古曰謂其衆神異如天之腹齊也 其祀絕莫知起時八神一曰天主祠天齊天齊淵水居臨菑南郊山下下者 師古曰下下謂最下也臨菑城南有天齊水五泉竝出蓋謂此也 二曰地主祠泰山梁父蓋天好陰祠之必於高山之下畤命曰畤 師古曰名其祭處曰畤也 地貴陽祭

之必於澤中圜丘云三曰兵主祠蚩尤蚩尤在東平陸監鄉齊之西竟也 師古曰東平陸縣名也監其縣之鄉名也 四曰陰主祠三山 師古曰三山即下所謂三神山 五曰陽主祠之罘山 韋昭曰之罘山在東萊腄 師古曰罘音浮腄音直瑞反 六曰月主祠之萊山 韋昭曰在東萊長廣也 皆在齊北並勃海 師古曰並音步浪反 七曰日主祠盛山盛山斗入海 韋昭曰盛山在東萊不夜縣斗入海也師古曰斗絕也盛音成 最居齊東北陽以迎日出云八曰四時主祠琅邪琅邪在齊東北蓋歲之所始 師古曰山海經云琅邪臺在勃海間謂臨海有山形如臺也 皆各用牢具祠而巫祝所損益圭幣雜異焉 師古曰言八神牲牢皆同而圭幣各異也 自齊威宣時騶子之徒論著終始五德之運 如淳曰今其書有五德終始五德各以所勝爲行秦謂周

爲火德滅火者水故自謂水德師古曰騶子即騶衍 及秦帝而齊人奏之故始皇采用之而宋毋忌正伯僑元尚羨門高最後皆燕人爲方僊道 韋昭曰皆慕古人之名效爲神仙者也師古曰自宋毋忌至最後皆其人姓名也凡五人 形解銷化 服虔曰尸解也張晏曰人老而解去故骨如變化也今山中有龍骨世人謂之龍解骨化去應劭曰列仙傳曰崔文子學仙於王子喬王子喬化爲白蜺文子驚引戈擊之俯而見之王子喬之尸也須臾則爲大鳥飛而去師古曰服張二說是也 依於鬼神之事騶衍以陰陽主運 晉灼曰燕昭王築宮師之故作主運之篇也如淳曰今其書有主運五行相次轉用事隨方面爲服也 顯於諸侯而燕齊海上之方士傳其術不能通然則怪迂阿諛苟合之徒自此興不可勝數也 師古曰迂謂回遠也音于 自威宣燕昭使人入海求蓬萊方丈瀛洲此三神山者其傳在勃海中 服虔曰其傳書云爾臣瓚曰世

人曰傳云爾師古曰瓚說是也 去人不遠蓋嘗有到者諸僊人及不死之藥皆在焉其物禽獸盡白而黃金銀爲宮闕未至望之如雲及到三神山反居水下水臨之患且至則風輒引船而去終莫能至云世主莫不甘心焉 師古曰甘心言貪嗜之心不能已也 及秦始皇至海上則方士爭言之始皇如恐弗及使人齎童男女入海求之船交海中皆以風爲解 師古曰自解說云爲風不得至 曰未能至望見之焉其明年始皇復游海上至琅邪過恒山從上黨歸後三年游碣石考入海方士 師古曰考校其虛實也 從上郡歸後五年始皇南至湘山遂登會稽並海上 師古曰附海而上也

（竝音步浪反上音時掌反）幾遇海中三神山之奇藥（師古曰幾讀曰冀）不得還到沙丘崩（臣瓚曰沙丘在鉅鹿縣東北也）二世元年東巡碣石竝海（師古曰竝音步浪反）南歷泰山至會稽皆禮祠之而胡亥刻勒始皇所立石書旁以章始皇之功德（師古曰今此諸山皆有始皇所刻石及胡亥重刻其文竝具存焉）其秋諸侯叛秦三年而二世弒死始皇封禪之後十二年而秦亡諸儒生疾秦焚詩書誅滅文學百姓怨其法天下叛之皆說曰始皇上泰山爲風雨所擊不得封禪云此豈所謂無其德而用其事者邪昔三代之居皆河洛之閒（師古曰謂夏都安邑殷都朝歌周都洛陽）故嵩高爲中嶽而四嶽各如其方四瀆咸在山東至秦稱帝都咸陽則五嶽四瀆皆并在東方自五帝以至秦迭興迭衰（師古曰迭互也音大結反）名山大川或在諸侯或在天子其禮損益世殊不可勝記（師古曰代代殊異故不可盡記）及秦并天下令祠所常奉天地名山大川鬼神可得而序也於是自崤以東名山五大川祠二（師古曰崤即今之陝州二崤也）曰大室大室嵩高也恒山泰山會稽湘山水曰泲曰淮（師古曰泲音子禮反此本濟水之字）春以脯酒爲歲禱因泮凍（服虔曰解凍也師古曰泮音普半反）秋涸凍（師古曰涸讀與冱同凝也音下故反春則解之秋則凝之春秋左氏傳曰固陰冱寒禮記月令曰孟冬行春令則凍閉不密）冬塞禱祠（師古曰塞謂報其所祈也音先代反下竝同也）其牲用牛犢各一牢具圭幣各異自華以西名山

七名川四曰華山薄山薄山者襄山也（師古曰說者云薄山在河東一曰在潼關北十餘里而此志云自華以西者則今閿鄉之南山連延西出竝得華山之名）岳山岐山吳山鴻冢瀆山瀆山蜀之岷山也（師古曰周禮職方氏雍州其山曰岳爾雅亦云河西曰岳說者咸云岳即吳岳也今志有岳又有吳山則吳岳非一山之名但未詳岳之所在耳徐廣云岳山在武功據地理志武功但有垂山無岳山也岐山即在今之岐山縣其山兩岐俗呼爲箭括嶺吳山在今隴州吳山縣鴻冢釋在下岷山在湔氐道）水曰河祠臨晉（師古曰即今之同州朝邑縣界）沔祠漢中（師古曰沔漢水之上名也漢中今梁州是也沔音彌善反）湫淵祠朝那（蘇林曰湫淵在安定朝那縣方四十里停水不流冬夏不增不減不生草木音將蓼反涿郡遒縣師古曰此水今在涇州界清澈可愛不容穢濁或諠污輒興雲雨土俗亢旱每於此求之相傳云龍之所居也而天下山川隈曲亦往往有之湫音子由反）江水祠蜀亦春秋泮涸禱塞如東方山川而牲亦牛犢牢具圭幣各異而四大冢鴻岐吳嶽皆有嘗禾（孟康曰以新穀祭之）陳寶節來祠（服虔曰陳寶神應節來也）其河加有嘗醪此皆雍州之域近天子都故加車一乘騮駒四霸產豐澇涇渭長水皆不在大山川數（師古曰霸產出藍田豐澇出鄠長水者言其源流長也澇音勞）以近咸陽盡得比山川祠而無諸加（師古曰加謂車及騮駒之屬）汧洛二淵鳴澤蒲山嶽壻山之屬（蘇林曰壻音胥韋昭曰音蘇計反師古曰韋說是也）爲小山川亦皆禱塞泮涸祠禮不必同而雍有日月參辰南北斗熒惑太白歲星填星辰星二十八宿風伯雨師四海九臣十四臣諸布諸嚴諸逐之屬百有餘廟（師古曰風伯飛廉也雨師屏翳也一曰屏號而說者乃謂風伯箕星也雨師畢星也此志既言二十八宿又有風伯雨師則知非箕畢也九臣十四臣不見名數所出諸布諸嚴諸逐未聞其義逐字或作逯音求屛竝音步丁反）西

亦有數十祠於湖有周天子祠於下邽有天神豐
鎬有昭明天子辟池於杜亳有五杜主之祠壽星
祠韋昭曰亳音薄湯所都也臣瓚曰濟陰薄縣是也師古曰杜即京兆杜縣也此亳非湯都也不在濟陰徐廣云京兆杜縣有薄亭斯近之矣而雍菅廟祠亦有杜主李奇曰菅茅也師古曰菅音姦杜主故周
之右將軍師古曰墨子云周宣王殺杜伯不以罪後宣王田於圃田見杜伯執弓矢射宣王伏弓衣而死故周人尊其鬼而右之蓋謂此其在秦中最小鬼之神者也師古曰其鬼雖小而有神靈也各
以歲時奉祠唯雍四時上帝爲尊其光景動人民
唯陳寶故雍四時春以爲歲祠禱因泮凍秋涸凍
冬賽祠五月嘗駒及四中之月月祠若月祠師古曰中讀曰仲此四時之仲月皆祠之陳寶節來一祠春夏用騂秋冬用騮師古曰騂純赤色也音先營反

時駒四匹師古曰每時用駒四匹而春秋異色木寓龍一駟李奇曰寓寄也寄生龍形於木也師古曰一駟亦四龍也木寓車馬一駟各如其帝色黃犢羔
各四圭幣各有數皆生瘞埋無俎豆之具三年一
郊秦以十月爲歲首故常以十月上宿郊見李奇曰上宿月上自也通權火張晏曰權火烽火也狀若井挈皐矣其法類稱故謂之權火欲令光明遠照通於祀所也漢祀五畤於雍五十里一烽火如淳曰權舉也師古曰凡祭祀通舉火者或以天子不親至祠所而望拜或以衆祠各處欲其一時薦饗宜知早晏故以火爲之節度也它皆類此拜於咸陽之旁而衣上白其用如經祠云服虔曰經常也西畤畦畤祠如其故上不親往諸此祠皆大
祝常主以歲時奉祠之至如它名山川諸神及八
神之屬上過則祠去則已郡縣遠方祠者民各自

奉祠不領於天子之祝官祝官有秘祝即有災祥
輒祝祠移過於下漢興高祖初起殺大蛇有物曰
蛇白帝子而殺者赤帝子師古曰物謂鬼神也及高祖禱豐枌
榆社鄭氏曰枌榆鄉名也社在枌榆晉灼曰枌白榆也社在豐東北十五里師古曰以此樹爲社神因立名也枌音符云反徇
沛爲沛公則祀蚩尤釁鼓旗遂以十月至霸上立
爲漢王因以十月爲年首色上赤二年東擊項籍
而還入關問故秦時上帝祠何帝也對曰四帝有
白青黃赤帝之祠高祖曰吾聞天有五帝而四何
也莫知其說於是高祖曰吾知之矣迺待我而具
五也迺立黑帝祠名曰北畤有司進祠上不親往

悉召故秦祀官復置大祝大宰如其故儀禮因令
縣爲公社李奇曰猶官社下詔曰吾甚重祠而敬祭今上帝
之祭及山川諸神當祠者各以其時禮祠之如故
後四歲天下已定詔御史令豐治枌榆社常以時
春以羊彘祠之令祝立蚩尤之祠於長安置祠祀
官女巫其梁巫祠天地天社天水房中堂上之屬
晉巫祠五帝東君雲中君巫社巫祠族人炊之屬
服虔曰東君以下皆神名也師古曰東君日也雲中君謂雲神也巫社巫祠皆古巫之神也族人炊古主炊母之神也炊謂饎爨也秦巫
祠社主巫保族纍之屬師古曰杜主即上所云五杜主保族纍二神名纍音力追反荊巫
祠堂下巫先司命施糜之屬師古曰堂下在堂之下巫先巫之最先者也司命說者云

文昌第四星也施糜其先常施設糜鬻者也九天巫祀九天師古曰九天者謂中央鈞天東方蒼天東北旻天北方玄天西北幽天西方浩天西南朱天南方炎天東南陽天也其說見淮南子一說云東方旻天東南陽天南方赤天西南朱天西方成天西北幽天北方玄天東北變天中央鈞天也皆以歲時祠宮中其河巫祠河於臨晉而南山巫祠南山秦中秦中者二世皇帝也張晏曰以其彊死魂魄為厲故祠之成帝時匡衡奏罷之各有時日其後二歲或言曰周興而邑立后稷之祠師古曰以其有播種之功故令天下諸邑皆祠之至今血食天下師古曰祭有牲牢故言血食徧天下也於是高祖制詔御史其令天下立靈星祠張晏曰龍星左角曰天田則農祥也晨見而祭之常以歲時祠以牛高祖十年春有司請令縣常以春二月及臘祠稷以羊彘民里社各自裁以祠師古曰隨其祠具之豐儉也制曰可

文帝即位十三年下詔曰祕祝之官移過於下朕甚弗取其除之始名山大川在諸侯諸侯祝各自奉祠天子官不領及齊淮南國廢令大祝盡以歲時致禮如故明年以歲比登師古曰年穀頻孰也詔有司增雍五時路車各一乘駕被具師古曰駕車被馬之飾皆具也被音皮義反下亦同西時畦時寓車各一乘寓馬四匹駕被具河湫漢水玉加二及諸祀皆廣壇場圭幣俎豆以差加之魯人公孫臣上書曰始秦得水德及漢受之推終始傳鄒氏曰音亭傳師古曰音張戀反謂轉次之則漢當土德土德之應黃龍見宜改正朔服色上黃時丞相張蒼好律歷以為漢迺

水德之時河決金隄其符也年始冬十月色外黑內赤服虔曰十月陰氣在外故外黑陽氣尚伏在地故內赤也或曰十月百草外黑內赤也與德相應公孫臣言非是罷之明年黃龍見成紀師古曰天水之縣也文帝召公孫臣拜為博士與諸生申明土德草改歷服色事師古曰草謂創造之後例皆同也其夏下詔曰有異物之神見于成紀毋害於民歲以有年朕幾師古曰幾讀曰冀郊祀上帝諸神禮官議毋諱以朕勞師古曰無諱以朕為勞自言不以為勞也晉灼曰諱忌難也有司皆曰古者天子夏親郊祀上帝於郊故曰郊師古曰邑外謂之郊於是夏四月文帝始幸雍郊見五時祠衣皆上赤趙人新垣平以望氣見上言長安東北

有神氣成五采若人冠冕焉或曰東北神明之舍西方神明之墓也張晏曰神明日也日出東北舍謂陽谷日沒於西故曰墓墓濛谷也師古曰此說非也蓋總言凡神明以東北為居西方為冢墓之所故立廟於渭陽者也天瑞下宜立祠上帝以合符應於是作渭陽五帝廟同宇師古曰宇謂屋之覆也言同一屋之下而別為五廟各立門室也廟記云五帝廟在長安東北也帝一殿面五門各如其帝色祠所用及儀亦如雍五時明年夏四月文帝親拜霸渭之會如淳曰二水之合也以郊見渭陽五帝五帝廟臨渭其北穿蒲池溝水師古曰蒲池為池而種蒲蒲字或作滿言其水滿也權火舉而祠若光輝然屬天焉師古曰屬聯也音之欲反於是貴平至上大夫賜累千金而使博士諸生刺六經中作王制師古曰刺采取之也音千賜反

謀議巡狩封禪事文帝出長門如淳曰亭名也若見五人於道北遂因其直立五帝壇鄭氏曰因其所立處以立祠也師古曰直猶當也當其處祠以五牢其明年平使人持玉杯上書闕下獻之平言上曰闕下有寶玉氣來者已視之果有獻玉杯者刻曰人主延壽平又言臣候日再中居頃之日卻復中於是始更以十七年為元年令天下大酺平言曰周鼎亡在泗水中今河決通於泗臣望東北汾陰直有金寶氣師古曰汾陰直謂正當汾陰也意周鼎其出乎兆見不迎則不至於是上使使治廟汾陰南臨河欲祠出周鼎人有上書告平所言皆詐也下吏治

前漢郊祀志五上　十七　楊琪

誅夷平師古曰夷者平也謂盡平除其家室宗族是後文帝怠於改正服鬼神之事師古曰正正朔也服服色也正音之成反而渭陽長門五帝使祠官領以時致禮不往焉明年匈奴數入邊師古曰數音所角反興兵守御後歲少不登數歲而孝景即位十六年祠官各以歲時祠如故無有所興武帝初即位尤敬鬼神之祀漢興已六十餘歲矣天下艾安師古曰艾讀曰乂乂治也漢書皆以艾為乂其義類此也縉紳之屬皆望天子封禪改正度也師古曰正亦正朔度度量也服色度量互言之耳而上鄉儒術師古曰鄉讀曰嚮也招賢良趙綰王臧等以文學為公卿欲議古立明堂城南以朝諸侯草巡狩封禪改曆服色事未就師古曰就成也竇太后

不好儒術使人微伺趙綰等姦利事按綰臧綰臧自殺諸所興為皆廢六年竇太后崩其明年徵文學之士明年上初至雍郊見五畤後常三歲一郊見是時上求神君舍之上林中磃氏館如淳曰磃音蹏鄭氏曰音斯師古曰鄭音是其字從石從虒神君者長陵女子以乳死見神於先後宛若孟康曰產乳而死也兄弟妻相謂先後宛若字也師古曰先音蘇見反後音胡構反古謂之娣姒今關中俗呼為先後吳楚俗呼之為妯娌音軸里宛若祠之其室民多往祠平原君亦往祠其後子孫以尊顯應劭曰平原君武帝外祖母也及上即位則厚禮置祠之內中聞其言不見其人云是時李少君亦以祠竈穀道卻老方見上如淳曰祠竈可以致福李奇曰穀道辟穀不食之道也上尊

前漢郊祀志五上　十八　楊琪

之少君者故深澤侯人主方如淳曰侯家人主方藥也匿其年及所生長師古曰生長謂其郡縣所屬及居止處常自謂七十能使物卻老如淳曰物謂鬼物也其游以方徧諸侯無妻子人聞其能使物及不死更餽遺之師古曰更音工衡反常餘金錢衣食人皆以為不治產業而饒給師古曰給足也又不知其何所人愈信爭事之少君資好方善為巧發奇中如淳曰時時發言有所中師古曰中音竹仲反常從武安侯宴坐中有年九十餘老人少君迺言與其大父游射處老人為兒從其大父識其處師古曰識記也音式志反一坐盡驚少君見上上有故銅器問少君少君曰此器齊桓公十年陳於柏寢臣瓚曰晏子書曰柏寢臺名也師古曰

以柏木爲寢室於臺之上巳而按其刻果齊桓公器師古曰刻謂器上所銘記一宮
盡駭以爲少君神數百歲人也少君言上祠竈皆
可致物師古曰物謂鬼物致物而丹沙可化爲黃金黃金成
以爲飲食器則益壽益壽而海中蓬萊僊者迺可
見之以封禪則不死黃帝是也臣嘗游海上見安
期生服虔曰古之眞人也師古曰列仙傳云安期生琅邪人賣藥東海邊時人皆言千歲也安期生食臣
棗大如瓜師古曰食讀曰飤安期生僊者通蓬萊中合則見
人不合則隱師古曰合謂道相合於是天子始親祠竈遣方士
入海求蓬萊安期生之屬而事化丹沙諸藥齊爲
黃金矣師古曰齊藥之分齊也音才計反久之少君病死天子以爲化

去不死也使黃錘史寬舒受其方孟康曰二人皆方士也師古曰錘音直垂反
而海上燕齊怪迂之方士多更來言神事矣師古曰更音工衡反
亳人謬忌奏祠泰一方如淳曰亳亦薄也下所謂薄忌也晉灼曰濟陰薄縣人也
曰天神貴者泰一泰一佐曰五帝師古曰謂青帝靈威仰赤帝赤熛怒白帝白招矩黑帝叶光紀黃帝含樞紐也一說蒼帝名靈符赤帝名文祖白帝名顯紀黑帝名玄矩黃帝名神斗古者天子
以春秋祭泰一東南郊日一太牢七日師古曰每日以一太牢凡七日
祭也爲壇開八通之鬼道於是天子令太祝立其祠
長安城東南郊常奉祠如忌方其後人上書言古
者天子三年一用太牢祠三一天一地一泰一天
子許之令太祝領祠之於忌泰一壇上如其方後

人復有言古天子常以春解祠祠黃帝用一梟破
鏡張晏曰黃帝五帝之首也歲之始也梟惡逆之鳥方士虛誕云以歲始祓除凶災令神仙之帝食惡逆之物使天下爲逆者破滅訖竟無
有遺育也孟康曰梟鳥名食母破鏡獸名食父黃帝欲絕其類使百吏祠皆用之破鏡如貙而虎眼如淳曰漢使東郡送梟五月五日作梟羹
以賜百官以其惡鳥故食之也師古曰解祠者謂祠祭以解罪求福冥羊用羊祠馬行用一青
牡馬泰一皋山山君用牛武夷君用乾魚陰陽使
者以一牛孟康曰陰陽之神也令祠官領之如其方而祠泰一
於忌泰一壇旁後二年郊雍獲一角獸若麃然師古
曰麃鹿屬也形似麞牛尾一角音蒲交反有司曰陛下肅祗郊祀上帝報享
錫一角獸蓋麟云於是以薦五時時加一牛以燎
賜諸侯白金以風符應合于天也晉灼曰符瑞也臣瓚曰風示諸侯以此符

瑞之應也於是濟北王以爲天子且封禪上書獻泰山及
其旁邑天子以它縣償之常山王有罪䙴師古曰䙴與遷同也
天子封其弟眞定以續先王祀而以常山爲郡然
後五嶽皆在天子之郡明年齊人少翁以方見上
上有所幸李夫人夫人卒少翁以方蓋夜致夫人
及竈鬼之貌云天子自帷中望見焉迺拜少翁爲
文成將軍賞賜甚多以客禮禮之文成言上即欲
與神通宮室被服非象神神物不至迺作畫雲氣
車及各以勝日服虔曰甲乙五行相克之日如淳曰如火勝金用丙丁日不用庚辛也駕車辟
惡鬼又作甘泉宮中爲臺室畫天地泰一諸鬼神

而置祭具以致天神居歲餘其方益衰神不至迺
帛書以飯牛師古曰謂雜草以飯牛也音扶晚反陽不知言此牛腹中有
奇殺視得書書言甚怪天子識其手師古曰手謂所書手跡問
之果為書於是誅文成將軍隱之其後又作柏梁
銅柱承露僊人掌之屬矣蘇林曰仙人以手掌擎盤承甘露師古曰三輔故事云建章宮
承露盤高二十丈大七圍以銅為之上有仙人掌承露和玉屑飲之蓋張衡西京賦所云立修莖之仙掌承雲表之清露屑瓊蕊以朝餐必性
命之可度也文成死明年天子病鼎湖甚晉灼曰黃圖宮名在京兆地理志湖本在
京兆後分屬弘農也巫醫無所不致游水發根言上郡有巫病
而鬼下之服虔曰游水縣名發根人姓名晉灼曰地理志游水水名在臨淮淮浦也師古曰二說皆非也游水姓也發根
名也蓋因水為姓也本嘗遇病而鬼下之故為巫也上召置祠之甘泉及病使人問

前漢郊祀志五上　二十　陳富

神君神君言曰天子無憂病病少瘉強與我會甘
泉於是上病瘉遂起幸甘泉病良已孟康曰良已善已謂瘉也大
赦置壽宮神君孟康曰更立此宮也臣瓚曰壽宮奉神之宮也楚辭曰蹇將憺兮壽宮也神君最
貴者曰太一其佐曰太禁司命之屬皆從之非可
得見聞其言言與人音等時去時來來則風肅然
居室帷中時晝言然常以夜天子祓然後入孟康曰祓絜自
除祓然後入也師古曰祓音發勿反因巫為主人關飲食所欲言行下李奇曰神所欲
言上輒為下之也晉灼曰神君所言行下於巫師古曰晉說是也又置壽宮北宮張羽旗設
共具師古曰共讀曰供音居用反以禮神君神君所言上使受書其
名曰畫法孟康曰策畫之法也其所言世俗之所知也無絕殊

者而天子心獨喜其事秘世莫知也師古曰喜讀曰憙喜好也音許吏反
後三年言元宜以天瑞不宜以一二數蘇林曰得諸瑞以名年
一元曰建蘇林曰建元元年是二元以長星曰光蘇林曰以有長星之光故曰元光元
年今郊得一角獸曰狩云如淳曰改元狩元年其明年天子郊
雍曰今上帝朕親郊而后土無祀則禮不荅也師古
曰荅對也郊天而不祀地失對偶之義一曰闕地祇之祀故不為神所荅應也有司與太史令談祠官
寬舒議師古曰談即司馬談也天地牲角繭栗師古曰牛角之形或如繭或如栗言其小
今陛下親祠后土后土宜於澤中圜丘為五壇壇
一黃犢牢具已祠盡瘞而從祠衣上黃師古曰侍祠之人皆著黃衣也
於是天子東幸汾陰汾陰男子公孫滂洋等見汾

前漢郊祀志五上　二十二　井嘉

旁有光如絳師古曰滂音普郎反洋音羊也上遂立后土祠於汾陰
脽上師古曰脽音誰解在武紀如寬舒等議上親望拜如上帝禮
禮畢天子遂至滎陽還過雒陽下詔封周後令奉
其祀語在武紀上始巡幸郡縣寖尋於泰山矣鄭玄
曰寖用也晉灼曰尋遂往之意也師古曰二說皆非也寖漸也尋就也其春樂成侯登上書言
欒大欒大膠東宮人服虔曰王家人故嘗與文成將軍同
師已而為膠東王尚方師古曰主方藥而樂成侯姊為康王
后孟康曰膠東王后也無子王死它姬子立為王而康后有淫
行與王不相中相危以法師古曰不相可也相危以法謂以罪法相欲傾危也中音竹仲反
康后聞文成死而欲自媚於上乃遣欒大因樂

成侯求見言方（師古曰言神仙之方）天子既誅文成後悔其方不盡及見欒大大說（師古曰說讀曰悅也）大爲人長美言（師古曰善爲甘美之言也）多方略而敢爲大言處之不疑大言曰臣常往來海中見安期羨門之屬顧以臣爲賤不信臣（師古曰顧念也）又以爲康王諸侯耳不足與方臣數以言康王康王又不用臣臣之師曰黃金可成而河決可塞不死之藥可得僊人可致也然臣恐効文成則方士皆掩口惡敢言方哉（師古曰惡音烏謂於何也）上曰文成食馬肝死耳子誠能修其方我何愛乎大曰臣師非有求人人者求之陛下必欲致之則貴其使者令爲

親屬以客禮待之勿卑使各佩其印迺可使通言於神人神人尚肯邪不邪尊其使然後可致也於是上使驗小方鬬棊棊自相觸擊是時上方憂河決而黃金不就（師古曰鑄黃金不成）迺拜大爲五利將軍居月餘得四印得天士將軍地士將軍大通將軍印制詔御史昔禹跡九河決四瀆閒者河溢皋陸隄繇不息（師古曰皋水旁地廣平曰陸言水汎溢自皋及陸而築作隄防繇役其多不暇休息）朕臨天下二十有八年天若遺朕士而大通焉乾稱飛龍鴻漸于般（孟康曰般水涯堆也漸進也武帝云得欒大如鴻進於般一舉千里得道若飛龍在天師古曰飛龍在天乾卦九五爻辭也鴻漸于般漸卦六二爻辭也般山石之安者）朕意庶幾與焉（師古曰與讀曰豫）其以二千戶封

地士將軍大爲樂通侯賜列侯甲第童千人乘輿斥車馬帷帳器物以充其家（師古曰斥不用者也）又以衛長公主妻之（孟康曰衛太子妹　如淳曰衛太子姊也師古曰外戚傳云子夫生三女元朔三年生男據是則太子之姊也孟說非也）天子親如五利之弟使者存問共給相屬於道（師古曰共讀曰供屬音之欲反）自大主將相以下皆置酒其家（韋昭曰大主武帝姑竇太后之女也）獻遺之天子又刻玉印曰天道將軍使使衣羽衣夜立白茅上五利將軍亦衣羽衣立白茅上受印以視不臣也（師古曰羽衣以鳥羽爲衣取其神仙飛翔之意也視讀曰示也）而佩天道者且爲天子道天神也（師古曰爲音于僞反道天神道讀曰導）於是五利常夜祠其家欲以下神後裝治行東入海求其師云大見數

月佩六印貴震天下而海上燕齊之閒莫不搤擥（師古曰搤捉持也擥古手腕之字也搤音厄）而自言有禁方能神僊矣其夏六月汾陰巫錦（應劭曰錦巫名）爲民祠魏脽后土營旁（應劭曰魏故魏國也　師古曰汾脽本魏地之境故云魏脽也營謂祠之兆域也）見地如鉤狀掊視得鼎（師古曰掊謂手把土也音蒲溝反把音蒲巴反其字從木）鼎大異於衆鼎文鏤無款識（韋昭曰款刻也師古曰識記也音式志反其下美陽鼎亦同也）怪之言吏吏告河東太守勝勝以聞天子使驗問巫得鼎無姦詐迺以禮祠迎鼎至甘泉從上行薦之（如淳曰以鼎從行上甘泉將薦之於天師古曰上音時掌反）至中山晏溫（如淳曰三輔謂日出清濟爲晏晏而溫乃有黃雲故爲異也　師古曰中讀曰仲仲即今雲陽之中山也下云合茲中山亦同）

也有黃雲焉有鹿過上自射之因之以祭云至長
安公卿大夫皆議尊寶鼎天子曰間者河溢歲數
不登故巡祭后土祈爲百姓育穀今年豐楙未報
鼎曷爲出哉師古曰楙美也言稼穡美也未報者獲年豐而未報賽也一曰雖祈穀而未獲年豐之報也其下張敞引
此詔文云穀嗛未報嗛者少也有司皆言聞昔泰帝興神鼎一師古曰泰帝者即泰
昊伏羲氏也一者一統天地萬物所繫象也黃帝作寶鼎
三象天地人禹收九牧之金師古曰九牧九州之牧也鑄九鼎象九
州皆嘗鬺亨上帝鬼神服虔曰以享祀上帝也師古曰鬺煮也亨煮而祀也韓詩采蘋曰于以
鬺之維錡及釜亨音普庚反其空足曰鬲蘇林曰鬲音歷是中空不實者名曰鬲也以象三德
如淳曰鼎有三足故也三德三正之德師古曰如說非也三德一曰正直二曰剛克三曰柔克事見周書洪範饗承天祜

師古曰祜福也音怙夏德衰鼎遷于殷殷德衰鼎遷于周周
德衰鼎遷于秦秦德衰宋之社亡鼎迺淪伏而不
見周頌曰自堂徂基自羊徂牛鼐鼎及鼒不吳
不敖胡考之休師古曰周頌絲衣之詩基門塾之基鼎絕大者謂之鼐圜弇上謂之鼒吳謹譁也敖傲也考壽
也休美也言執祭事者或升堂室或之門塾視羊牛之牲及舉大小之鼎告其致絜神降之福故獲壽考之美曰何壽之美向壽之美者歎之
言也鼐音乃代反鼒音茲敖讀曰傲今鼎至甘泉以光潤龍變承休無疆
合茲中山有黃白雲降師古曰言鼎至甘泉之後光潤變見若龍之神能幽明能小大乘此休福
無窮竟也有黃白雲降與初至仲山黃雲之瑞相合也蓋若獸之爲符服虔曰雲若獸在車蓋也晉灼曰蓋
辭也符謂鹿也師古曰二說非也蓋發語辭也言甘泉之雲又若獸形以爲符瑞也路弓乘矢集獲壇下
李奇曰宜言盧弓韋昭曰路大也四矢曰乘師古曰韋說是也又於壇下獲弓矢之應報祠大享唯受命而

帝者心知其意而合德焉服虔曰高祖受命知之宜見鼎於其廟也師古曰合德謂與天
合德鼎宜視宗禰廟臧於帝庭以合明應師古曰視讀曰示宗謂先
帝有德可尊者也禰父廟也帝庭甘泉天神之庭制曰可入海求蓬萊者言蓬萊
不遠而不能至者殆不見其氣上迺遣望氣佐候
其氣云其秋上雍且郊師古曰雍地形高故云上也音時掌反或曰五帝
泰一之佐也宜立泰一而上親郊之上疑未定齊
人公孫卿曰今年得寶鼎其冬辛巳朔旦冬至與
黃帝時等師古曰等同也卿有札書師古曰札木簡之薄小者也曰黃帝得
寶鼎冕侯問於鬼臾區師古曰鬼臾區黃帝臣也藝文志鬼容區而此志作臾區臾容聲相近蓋
一也今流俗書本臾字作申非也鬼臾區對曰黃帝得寶鼎神策是歲

己酉朔旦冬至得天之紀終而復始於是黃帝迎
日推策晉灼曰迎數之也臣瓚曰日月朔望未來而推之故曰迎日後率二十歲復朔旦
冬至凡二十推三百八十年黃帝僊登于天卿因
所忠欲奏之師古曰所忠人姓名也解在食貨志所忠視其書不經師古曰不合經
典也疑其妄言謝曰寶鼎事已決矣尚何以爲師古曰謂不須
更言之卿因嬖人奏之上大說師古曰說讀曰悅迺召問卿對曰
受此書申公申公已死上曰申公何人也卿曰齊
人與安期生通受黃帝言無書獨有此鼎書曰漢
興復當黃帝之時曰漢之聖者在高祖之孫且曾
孫也寶鼎出而與神通封禪封禪七十二王唯黃

帝得上泰山封申公曰漢帝亦當上封上封則能
僊登天矣黃帝萬諸侯而神靈之封君七千應劭曰黃帝時
諸侯會封禪者七千人也李奇曰說仙道得封者七千國也張晏曰神靈之封謂山川之守也師古曰張說是也山川之守謂尊山川之神令
主祭祀也即國語所云汪芒氏之君守封嵎之山也天下名山八而三在蠻夷五在
中國中國華山首山大室山泰山東萊山此五山
黃帝之所常游與神會黃帝且戰且學僊患百姓
非其道迺斷斬非鬼神者百餘歲然後得與神通
黃帝郊雍上帝宿三月鬼臾區號大鴻死葬雍故
鴻冢是也蘇林曰今雍有鴻冢其後黃帝接萬靈明廷明廷者
甘泉也所謂寒門者谷口也服虔曰黃帝升仙之處也師古曰谷口仲山之谷口也漢

前漢郊祀志五上　二十七　沈詵

時爲縣今呼之治谷是也以仲山之北寒涼故謂此谷爲寒門也黃帝采首山銅鑄鼎於荊
山下晉灼曰地理志首山屬河東蒲反荊山在馮翊懷德縣也鼎既成有龍垂胡髯下
迎黃帝師古曰胡謂頸下垂肉也髯其毛也音人占反黃帝上騎羣臣後宮從
上龍七十餘人龍迺上去餘小臣不得上迺悉持
龍髯龍髯拔墮墮黃帝之弓百姓卬望師古曰卬讀曰仰也黃
帝既上天乃抱其弓與龍髯號故後世因名其處
曰鼎湖其弓曰烏號於是天子曰嗟乎誠得如黃
帝吾視去妻子如脫屣耳師古曰屣小履脫屣者言其便易無所顧也屣音山爾反拜
卿爲郎使東候神於太室上遂郊雍至隴西登空
桐幸甘泉令祠官寬舒等具泰一祠壇祠壇放亳

忌泰一壇三陔師古曰陔重也三陔三重壇也音該五帝壇環居其下各
如其方黃帝西南除八通鬼道服虔曰坤位在未黃帝從土位泰一
所用如雍一時物而加醴棗脯之屬殺一犛牛李奇
曰音貍師古曰西南夷長髦之牛也一音茅以爲俎豆牢具而五帝獨有俎
豆醴進師古曰具俎豆酒醴而進之一曰進謂雜物之具所以加禮也其下四方地爲餟食
羣神從者及北斗云師古曰餟字與醊同謂聯續而祭也音竹芮反食讀曰飤已祠胙
餘皆燎之師古曰胙謂祭餘酒肉也其牛色白白鹿居其中彘在
鹿中鹿中水而酒之服虔曰水之酒酒眞酒也晉灼曰此言合牲物而燎之也師古曰言以白鹿內
牛中以彘內鹿中又以水及酒合內鹿中祭日以牛祭月以羊彘特師古曰若牛若羊若
彘止一牲也泰一祝宰則衣紫及繡五帝各如其色日赤

前漢郊祀志五上　二十八　沈詵

月白十一月辛巳朔旦冬至昒爽師古曰昒爽謂日尚冥蓋未明之時也昒
音忽天子始郊拜泰一朝朝日夕夕月師古曰以朝旦拜日爲朝下朝音丈
昭反則揖而見泰一如雍郊禮其贊饗曰天始以
寶鼎神策授皇帝朔而又朔終而復始皇帝敬拜
見焉師古曰贊饗謂祝辭而衣上黃其祠列火滿壇壇旁亨炊
具有司云祠上有光公卿言皇帝始郊見泰一雲
陽有司奉瑄玉孟康曰璧大六寸謂之瑄嘉牲薦饗師古曰漢舊儀云祭天養牛五
歲至三千斤也是夜有美光及晝黃氣上屬天師古曰屬音之欲反太史
令談祠官寬舒等曰神靈之休祐福兆祥宜因此
地光域立泰時壇以明應師古曰明著美光及黃氣之祥應令大祝領

秋及臘閒祠三歲天子壹郊見其秋爲伐南越告禱泰一以牡荆畫幡日月北斗登龍以象大一三星爲泰一鋒李奇曰牡荆作幡柄也如淳曰牡荆荆之無子者皆絜齋之道晉灼曰牡荆闇不相當也月暈刻之爲券以畏病者天文志天極星其一明者大一也旁三星三公也畫一星在後三星在前爲泰一鋒也師古曰李晉二說是也以牡荆爲幡竿而畫幡爲日月龍及星命曰靈旗爲兵禱則大史奉以指所伐國而五利將軍使不敢入海之泰山祠上使人隨驗實無所見五利妄言見其師其方盡多不讎師古曰讎應當也不讎無驗也上迺誅五利其冬公孫卿候神河南言見僊人迹緱氏城上有物如雉往來城上天子親幸緱氏視迹問卿得毋效文成五利乎卿曰僊者非

有求人主人主者求之其道非少寛暇神不來言神事如迂誕師古曰迂回遠也誕大言也積以歲迺可致於是郡國各除道繕治宮館名山神祠所以望幸矣其春既滅南越嬖臣李延年以好音見上善之下公卿議曰民間祠有鼓舞樂今郊祀而無樂豈稱乎公卿曰古者祠天地皆有樂而神祇可得而禮或曰泰帝使素女鼓五十絃瑟悲帝禁不止師古曰泰帝亦謂泰昊也不止謂不能自止也故破其瑟爲二十五絃於是塞南越禱祠泰一后土始用樂舞益召歌兒師古曰益多也作二十五絃及坎侯瑟自此起蘇林曰作空侯與瑟其來年冬上議曰古者先振

兵釋旅然後封禪迺遂北巡朔方勒兵十餘萬騎還祭黃帝冢橋山釋兵涼如李奇曰地名也上曰吾聞黃帝不死有冢何也或對曰黃帝以僊上天羣臣葬其衣冠既至甘泉爲且用事泰山先類祠泰一師古曰且猶將也類祠謂以事類而祭之自得寶鼎上與公卿諸生議封禪封禪用希曠絶莫知其儀體而羣儒采封禪尚書周官王制之望祀射牛事師古曰天子有事宗廟必自射牲示親殺也事見國語也齊人丁公年九十餘曰封禪者古不死之名也秦始皇不得上封陛下必欲上稍上師古曰稍漸也即無風雨遂上封矣上於是迺令諸儒習射牛草封禪儀數年至且

行天子既聞公孫卿及方士之言黃帝以上封禪皆致怪物與神通欲放黃帝師古曰放依也音甫往反以接神人蓬萊高世比德於九皇張晏曰三皇之前有人皇九首韋昭曰上古有人皇者九人師古曰韋說是也而頗采儒術以文之羣儒既已不能辯明封禪事又拘於詩書古文而不敢騁上爲封祠器視羣儒師古曰視讀曰示羣儒或曰不與古同徐偃又曰大常諸生行禮不如魯善師古曰徐偃博士姓名周霸屬圖封事服虔曰屬會也會諸儒圖封事也師古曰周霸亦人姓名也屬音之欲反於是上黜偃霸而盡罷諸儒弗用三月迺東幸緱氏禮登中嶽太室從官在山上聞若有言萬歲云問上上不言問下下不言迺

令祠官加增太室祠禁毋伐其山木以山下戶凡二百封崈高爲之奉邑師古曰崈古崇字耳以崇奉嵩高之山故謂之崈高奉邑奉音扶用反獨給祠復無有所與師古曰復音方目反與讀曰豫上因東上泰山如淳曰言易上也泰山從南面直上步道三十里車道百里泰山草木未生迺令人上石立之泰山巔師古曰從山下轉石而上也上遂東巡海上行禮祠八神齊人之上疏言神怪奇方者以萬數迺益發船令言海中神山者數千人求蓬萊神人公孫卿持節常先行候名山至東萊言夜見大人長數丈就之則不見見其迹甚大類禽獸云羣臣有言見一老父牽狗言吾欲見鉅公鄭氏曰天子也張晏曰天子爲天下父故曰鉅公也師古曰鉅大也

已忽不見上既見大迹未信及羣臣又言老父則大以爲僊人也宿留海上師古曰宿留謂有所須待也宿音先就反留音力就反它皆類此與方士傳車師古曰傳音張戀反及閒使求神僊人以千數師古曰閒微也隨閒隙而行也四月還至奉高上念諸儒及方士言封禪人殊不經難施行師古曰人人殊異又不合經故難以施行天子至梁父禮祠地主至乙卯令侍中儒者皮弁縉紳射牛行事封泰山下東方如郊祠泰一之禮封廣丈二尺高九尺其下則有玉牒書書祕禮畢天子獨與侍中奉車子侯上泰山服虔曰子侯霍去病子也亦有封其事皆禁明日下陰道丙辰禪泰山下阯東北肅然山師古曰阯者山之基足音止如祭后土禮天子皆親拜見衣上黃而盡用樂焉江淮閒一茅三脊爲神藉五色土益雜封縱遠方奇獸飛禽及白雉諸物頗以加祠兕牛象犀之屬不用皆至泰山然後去封禪祠其夜若有光晝有白雲出封中師古曰雲出於所封之中天子從禪還坐明堂羣臣更上壽師古曰更互也音工衡反下詔改元封元年語在武紀又曰古者天子五載一巡狩用事泰山諸侯有朝宿地其令諸侯各治邸泰山下天子既已封泰山無風雨而方士更言蓬萊諸神師古曰更音工衡反若將可得於是上欣然庶幾遇之復東至海上望焉奉車

子侯暴病一日死上迺遂去並海上師古曰並音步浪反上一音時掌反北至碣石巡自遼西歷北邊至九原五月迺至甘泉周萬八千里云其秋有星孛于東井後十餘日有星孛于三能師古曰能讀曰台望氣王朔言候獨見塡星出如瓜食頃復入有司皆曰陛下建漢家封禪天其報德星云師古曰德星即塡星也言天以德星報於帝其來年冬郊雍五帝還拜祝祠泰一師古曰拜而祠之加祝辭贊饗曰德星昭衍厥維休祥師古曰昭明衍大休美也壽星仍出淵耀光明信星昭見皇帝敬拜泰祝之享其春公孫卿言見神人東萊山若云欲見天子天子於是幸緱氏城拜卿爲中

大夫遂至東萊宿留之數日毋所見見大人迹云復遣方士求神人采藥以千數是歲旱天子既出亡名迺禱萬里沙 應劭曰萬里沙神祠也在東萊曲城如淳曰故禱萬里沙以為名也 過祠泰山 鄭氏曰泰山東自復有小泰山臣瓚曰即今之泰山也師古曰瓚說是也 還至瓠子自臨塞決河留二日湛祠而去 師古曰湛讀曰沈謂沈祭具於水中也爾雅曰祭川曰浮沈

郊祀志第五上

郊祀志卷第五下　班固　漢書二十五

秘書監上護軍琅邪縣開國子顏師古注

是時既滅兩粵粵人勇之乃言粵人俗鬼 師古曰勇之越人名也俗鬼言其土俗尚鬼神之事 而其祠皆見鬼數有効昔東甌王敬鬼壽百六十歲後世怠嫚故衰耗 師古曰耗減也音火到反 迺命粵巫立粵祝祠安臺無壇亦祠天神帝百鬼 師古曰天帝之神及百鬼 而以雞卜 李奇曰持雞骨卜如鼠卜 上信之粵祠雞卜自此始用 師古曰言國家始用 公孫卿曰僊人可見上往常遽以故不見 師古曰遽速也音其庶反 今陛下可為館如緱氏城 師古曰依其制度也 置脯棗神人宜可致且僊人好樓居於是令長安則作飛廉桂館 師古曰飛廉館及桂館二名也 甘泉則作益壽延壽館 師古曰益壽延壽亦二館 使卿持節設具而候神人迺作通天臺 師古曰漢舊儀云臺高三十丈望見長安城 置祠具其下將招來神僊之屬於是甘泉更置前殿始廣諸宮室夏有芝生甘泉殿房內中天子為塞河興通天若有光云 師古曰為塞河及造通天臺而有神光之應欲赦天下也 迺下詔甘泉房中生芝九莖赦天下毋令復作其明年伐朝鮮夏旱公孫卿曰黃帝時封則天旱乾封三年 師古曰三歲不雨暴所封之土令乾也 上迺下詔天旱意乾封乎 鄭氏曰言恐新封則致天旱欲乾其所封乎 其令天下尊祠靈星焉明年上郊雍五畤通回中道遂北出蕭關歷獨

鹿鳴澤師古曰解並在武紀自西河歸幸河東祠后土明年冬上巡南郡至江陵而東登禮灊之天柱山號曰南嶽師古曰灊廬江縣也天柱山在焉武帝以天柱山為南嶽灊音潛浮江自潯陽出樅陽師古曰樅音千庸反過彭蠡禮其名山川北至琅邪並海上師古曰並音步浪反上音時掌反四月至奉高修封焉初天子封泰山泰山東北阯古時有明堂處處險不敞師古曰言其阻阸不顯敞上欲治明堂奉高旁未曉其制度濟南人公玉帶上黃帝時明堂圖師古曰公玉姓也帶名也呂氏春秋齊有公玉丹此蓋其舊族而說者讀公玉為宿非也單姓玉者後漢司徒王況自音宿耳明堂中有一殿四面無壁以茅蓋通水水圜宮垣師古曰圜繞也為復道上有樓從西南入師古曰復讀曰複也

名曰昆侖天子從之入以拜祀上帝焉於是上令奉高作明堂汶上如帶圖師古曰汶水名也出琅邪朱虛作明堂於汶水之上也帶圖公玉帶所上明堂圖汶音問及是歲修封則祠泰一五帝於明堂上坐師古曰坐音才臥反合高皇帝祠坐對之服虔曰漢是時未以高祖配天故言對光武以來乃配之祠后土於下房以二十太牢天子從昆侖道入始拜明堂如郊禮畢尞堂下而上師古曰尞古燎字也又上泰山自有祕祠其顛而泰山下祠五帝各如其方黃帝并赤帝所師古曰與赤帝同處有司侍祠焉山上舉火下悉應之還幸甘泉郊泰畤春幸汾陰祠后土明年幸泰山以十一月甲子朔旦冬至日祀上帝於明堂

毋修封其贊饗曰天增授皇帝泰元神策周而復始皇帝敬拜泰一師古曰自此以上贊祝者辭東至海上考入海及方士求神者莫驗然益遣幾遇之師古曰益多也幾讀曰冀言更遣人求之冀必遇也乙酉柏梁災十二月甲午朔上親禪高里師古曰高里山名解在武紀也祠后土臨勃海將以望祀蓬萊之屬幾至殊庭焉師古曰殊庭蓬萊中仙人庭也幾讀曰冀上還以柏梁災故受計甘泉公孫卿曰黃帝就青靈臺十二日燒師古曰就成也造臺適成即遇火燒黃帝乃治明庭明庭甘泉也方士多言古帝王有都甘泉者其後天子又朝諸侯甘泉甘泉作諸侯邸勇之迺曰粵俗有火災復起屋必以大

用勝服之於是作建章宮度為千門萬戶前殿度高未央師古曰度並音大各反其東則鳳闕高二十餘丈師古曰三輔故事云其闕圜上有銅鳳皇其西則商中數十里虎圈如淳曰商中商庭也師古曰商金也於序在秋故謂西方之庭為商庭言廣數十里於苑亦西方之獸故於此置其圈也其北治大池漸臺高二十餘丈名曰泰液師古曰漸浸也臺在池中為水所浸故曰漸臺一音子廉反三輔黃圖或為瀸字瀸亦浸耳池中有蓬萊方丈瀛州壺梁象海中神山龜魚之屬師古曰三輔故事云池北岸有石魚長三丈高五尺西岸有石龜三枚長六尺其南有玉堂璧門大鳥之屬師古曰立大鳥象也立神明臺井幹樓高五十丈輦道相屬焉師古曰漢宮閣疏云神明臺高五十丈上有九室恒置九天道士百人然則神明井幹俱高五十丈也井幹樓積木而高為樓若井幹之形也井幹者井上木欄也其形或四角或八角張衡西京賦云井幹疊而百層即謂此樓也幹或作

韓其義並同 夏漢改曆以正月爲歲首而色上黃官更印
章以五字 師古曰解在武紀也 因爲太初元年是歲西伐大宛
蝗大起丁夫人雒陽虞初等 應劭曰丁夫人其先丁復本越人封陽都侯夫人其後以
詛軍爲功韋昭曰丁姓夫人名也 以方祠詛匈奴大宛焉明年有司言
雍五畤無牢孰具芬芳不備迺令祠官進畤犢牢
具色食所勝 孟康曰若火勝金則祠赤帝以白牲也 而以木寓馬代駒云及
諸名山川用駒者悉以木寓馬代獨行過親祠迺
用駒它禮如故明年東巡海上考神僊之屬未有
驗者方士有言黃帝時爲五城十二樓 應劭曰昆侖玄圃五城十二樓
仙人之所常居 以候神人於執期 鄭氏曰地名也 名曰迎年 師古曰迎年若云祈年 上

許作之如方名曰明年 師古曰言明其得延年也 上親禮祠上犢黃
焉公玉帶曰黃帝時雖封泰山然風后封鉅岐伯
令黃帝封東泰山 韋昭曰風后封鉅岐伯皆黃帝臣也臣瓚曰東泰山在琅邪朱虛界中有小泰山是 禪
凡山 師古曰凡山在朱虛縣見地理志也 合符然後不死天子既令設祠
具至東泰山卑小不稱其聲迺令祠官禮之而不
封焉其後令帶奉祠候神物復還泰山修五年之
禮如前而加禪祠石閭石閭者在泰山下阯南方
師古曰下基之南面 方士言僊人閭也故上親禪焉其後五年
復至泰山修封還過祭恒山自封泰山後十三歲
而周徧於五嶽四瀆矣後五年復至泰山修封東

幸琅邪禮日成山登之罘浮大海用事八神延年
師古曰解並在武紀延年即上所謂迎年者 又祠神人於交門宮若有鄉坐拜
者云 師古曰如有神人影象鄉祠坐而拜也事具在武紀鄉讀曰嚮 後五年上復修封于
泰山東游東萊臨大海是歲雍縣無雲如靁者三
師古曰靁古雷字也空有雷聲也 或如虹氣蒼黃若飛鳥集棫陽宮南
師古曰棫音域 聲聞四百里隕石二黑如黳有司以爲美祥
以薦宗廟而方士之候神入海求蓬萊者終無驗
公孫卿猶以大人之迹爲解 師古曰言見大人之跡以自解說也 天子猶
羈縻不絕 師古曰羈縻繫聯之意馬絡頭曰羈也牛靷曰縻 幾遇其真 師古曰幾讀曰冀
諸所興如薄忌泰一及三一冥羊馬行赤星五牀

寬舒之祠宮 李奇曰皆祠名 以歲時致禮凡六祠皆大祝領
之至如八神諸明年凡山它名祠行過則祠去則
已方士所興祠各自主其人終則已祠官不主它
祠皆如故甘泉泰一汾陰后土三年親郊祠而泰
山五年一修封武帝凡五修封昭帝即位富於春
秋未嘗親巡祭云宣帝即位由武帝正統興故立
三年尊孝武廟爲世宗行所巡狩郡國皆立廟告
祠世宗廟日有白鶴集後庭以立世宗廟告祠孝
昭寢有鴈五色集殿前西河築世宗廟神光興于
殿旁有鳥如白鶴前赤後青神光又興于房中如

燭狀廣川國世宗廟殿上有鍾音門戶大開夜有光殿上盡明上迺下詔赦天下時大將軍霍光輔政上共己正南面 師古曰共讀曰恭 非宗廟之祀不出十二年迺下詔曰蓋聞天子尊事天地修祀山川古今通禮也閒者上帝之祠闕而不親十有餘年朕甚懼焉朕親飭躬齊戒親奉祀為百姓蒙嘉氣獲豐年焉明年正月上始幸甘泉郊見泰畤數有美祥修武帝故事盛車服敬齊祠之禮頗作詩歌其三月幸河東祠后土有神爵集改元為神爵制詔太常夫江海百川之大者也今闕焉無祠其令祠官

以禮為歲事 師古曰言每歲常祠之 以四時祠江海雒水祈為天下豐年焉自是五嶽四瀆皆有常禮東嶽泰山於博中嶽泰室於嵩高南嶽灊山於灊 師古曰灊與潛同也 西嶽華山於華陰北嶽常山於上曲陽 師古曰上曲陽常山郡之縣也 河於臨晉 師古曰馮翊之縣也臨河西岸 江於江都 師古曰廣陵之縣也 淮於平氏 師古曰南陽之縣也 濟於臨邑界中 師古曰東郡之縣也 皆使者持節侍祠唯泰山與河歲五祠江水四餘皆一禱而三祠云時南郡獲白虎獻其皮牙爪上為立祠又以方士言為隨侯劍寶玉寶璧周康寶鼎立四祠於未央宮中又祠太室山於即墨三戶山於下密 師古曰即墨下密皆

膠東之縣也 祠天封苑火井於鴻門 如淳曰地理志西河鴻門縣有天封苑火井祠火從地中出 又立歲星辰星太白熒惑南斗祠於長安城旁又祠參山八神於曲城 師古曰東萊之縣也 蓬山石社石鼓於臨朐 師古曰臨朐齊郡縣也朐音劬地理志蓬山作逢山也 之罘山於腄成山於不夜萊山於黃 應劭曰腄音甀晉灼曰腄不夜黃縣皆屬東萊師古曰腄音丈瑞反 成山祠日萊山祠月又祠四時於琅邪蚩尤於壽良 師古曰東郡之縣也 京師近縣鄠則有勞谷五床山日月五帝僊人玉女祠雲陽有徑路神祠祭休屠王也 師古曰休屠匈奴王號也徑路神本匈奴之祠也休音許虯反屠音除 又立五龍山僊人祠及黃帝天神帝原水凡四祠於膚施 師古曰膚施上郡之縣也 或言益州有金馬

碧雞之神 如淳曰金形似馬碧形似雞 可醮祭而致於是遣諫大夫王褒使持節而求之大夫劉更生獻淮南枕中洪寶苑祕之方 師古曰洪大也苑祕者言祕術之苑囿也 令尚方鑄作事不驗更生坐論京兆尹張敞上疏諫曰願明主時忘車馬之好斥遠方士之虛語 師古曰遠音于萬反 游心帝王之術太平庶幾可興也後尚方待詔皆罷是時美陽得鼎獻之 師古曰美陽扶風之縣也 下有司議多以為宜薦見宗廟如元鼎故事張敞好古文字按鼎銘勒而上議曰臣聞周祖始乎后稷后稷封于斄 師古曰斄讀與邰同今武功故城是 公劉發迹於豳 師古曰今豳州是也 大王建國於𨚵梁 師古曰梁山在岐山之東

九嵕之西非夏陽之梁山也郊古岐字文武興於酆鎬師古曰酆今長安城西豐水上也鎬在昆明池北
由此言之則郊梁豐鎬之間周舊居也固宜有宗
廟壇場祭祀之臧今鼎出于郊東中有刻書曰王
命尸臣官此栒邑師古曰尸臣主事之臣也栒邑即豳地是也栒音荀賜爾旂鸞黼
黻琱戈師古曰交龍為旂鸞謂有鸞之車也黼黻冕服也琱戈刻鏤之戈也琱與凋同尸臣拜手稽
首曰敢對揚天子丕顯休命師古曰拜手首至於手也臣愚不足
以迹古文師古曰尋其文迹竊以傳記言之此鼎殆周之所
以褒賜大臣大臣子孫刻銘其先功臧之于宮廟
也昔寶鼎之出於汾脽也河東太守以聞詔曰朕
巡祭后土祈為百姓蒙豐年師古曰為音于僞反今穀嗛未報

師古曰嗛少意也言穀稼尚少未獲豐年也嗛音苦簟反鼎焉為出哉博問耆老意舊
臧與服虔曰言鼎豈舊臧於此地師古曰與讀曰歟也誠欲考得事實也有司驗
脽上非舊臧處鼎大八尺一寸高三尺六寸殊異
於衆鼎今此鼎細小又有款識師古曰款刻也識記也音式志反不宜
薦見於宗廟制曰京兆尹議是上自幸河東之明
年正月鳳皇集祋祤師古曰祋祤馮翊之縣也祋音丁活反又丁外反祤音況矩反於所
集處得玉寶起步壽宮迺下詔赦天下後間歲鳳
皇神爵甘露降集京師師古曰間歲隔一歲也赦天下其冬鳳
皇集上林迺作鳳皇殿吕荅嘉瑞師古曰荅應也明年正月
復幸甘泉郊泰時改元曰五鳳明年幸雍祠五時

其明年春幸河東祠后土赦天下後間歲改元為
甘露正月上幸甘泉郊泰時其夏黃龍見新豐建
章未央長樂宮鍾虡銅人皆生毛長一寸所師古曰虡神獸名也縣鍾之木刻飾為之因名曰虡也
時以為美祥後間歲正月上郊泰
時因朝單于於甘泉宮後間歲改元黃龍正月復
幸甘泉郊泰時又朝單于於甘泉宮至冬而崩鳳
皇下郡國凡五十餘所元帝即位遵舊儀間歲正
月一幸甘泉郊泰時又東至河東祠后土西至雍
祠五時凡五奉泰時后土之祠亦施恩澤時所過
毋出田租賜百戶牛酒師古曰言有時如此不常然也或賜爵赦罪

人元帝好儒貢禹韋玄成匡衡等相繼為公卿禹
建言漢家宗廟祭祀多不應古禮上是其言後韋
玄成為丞相議罷郡國廟自泰上皇孝惠諸園寢
廟皆罷後元帝寢疾夢神靈譴罷諸廟祠上遂復
焉後或罷或復至哀平不定語在韋玄成傳成帝
初即位丞相衡御史大夫譚師古曰衡匡衡譚張譚奏言帝王
之事莫大乎承天之序承天之序莫重於郊祀故
聖王盡心極慮以建其制祭天於南郊就陽之義
也瘞地於北郊即陰之象也師古曰祭地曰瘞薶故云瘞地也即就也天之
於天子也因其所都而各饗焉往者孝武皇帝居

甘泉宮即於雲陽立泰畤祭於宮南今行常幸長安郊見皇天反北之泰陰祠后土反東之少陽事與古制殊又至雲陽行谿谷中阸陝且百里汾陰則渡大川有風波舟楫之危（師古曰楫音集其字從木）皆非聖主所宜數乘郡縣治道共張吏民困苦（師古曰共讀曰供音居用反張音竹亮反下皆類此）百官煩費勞所保之民行危險之地（師古曰保養也）難以奉神靈而祈福祐殆未合於承天子民之意昔者周文武郊於豐鄗成王郊于雒邑由此觀之天隨王者所居而饗之可見也甘泉泰畤河東后土之祠宜可徙置長安合於古帝王願與羣臣議定

奏可大司馬車騎將軍許嘉等八人以為所從來久遠宜如故右將軍王商博士師丹議郎翟方進等五十人以為禮記曰燔柴於太壇祭天也瘞薶於大折祭地也（韋昭曰大折謂為壇於昭晣地也師古曰折曲也言方澤之形四曲折也）兆於南郊所以定天位也（鄧展曰除地為營將有形兆也）祭地於大折在北郊就陰位也郊處各在聖王所都之南北書曰越三日丁巳用牲于郊牛二（師古曰周書洛誥之辭）周公加牲告徙新邑定郊禮於雒明王聖主事天明事地察天地明察神明章矣天地以王者為主故聖王制祭天地之禮必於國郊長安聖主之居皇天所觀視也甘泉河東之祠非神靈所饗宜徙就正陽大陰之處違俗復古循聖制定天位如禮便於是衡譚奏議曰陛下聖德忽明上通（師古曰忽與聰同）承天之大典覽羣下使各悉心盡慮議郊祀之處天下幸甚臣聞廣謀從衆則合於天心故洪範曰三人占則從二人言（師古曰洪範周書也）言少從多之義也論當往古宜於萬民則依而從之（師古曰論議也音來頓反）違道寡與則廢而不行今議者五十八人其五十人言當從之義皆著於經傳同於上世便於吏民八人不案經藝考古制而以為不宜無法之議難以定吉凶太誓曰正稽古

立功立事可以永年丕天之大律（師古曰今文泰誓周書也稽考也永長也丕奉也律法也言正考古道而立事則可長年享有天下是則奉天之大法也）詩曰毋曰高高在上陟降厥士日監在茲（師古曰詩周頌敬之詩也陟升也士事也言無謂天之高而又高遠在上而不加敬天乃上下升降日日監觀於此視人之所為者耳）言天之日監王者之處也又曰迺眷西顧此維予宅（師古曰大雅皇矣之詩也宅居也言天眷然西顧以周國為居也紂在東謂周為西也）言天以文王之都為居也宜於長安定南北郊為萬世基天子從之既定衡言甘泉泰畤紫壇八觚宣通象八方（服虔曰八觚如今社壇也師古曰觚角也）五帝壇周環其下又有羣神之壇以尚書禋六宗望山川徧羣神之義紫壇有文章采鏤黼黻之飾及玉女樂（師古曰漢舊儀云祭天用六綵綺席

六重用玉几玉飾器凡七十女樂即禮樂志所云使童男童女俱歌也石壇僊人祠瘞鸞路騂駒寓龍馬不能得其象於古臣聞郊柴饗帝之義埽地而祭上質也歌大呂舞雲門以竢天神歌大蔟舞咸池以竢地祇（師古曰此周禮也大呂合於黃鍾黃鍾陽聲之首也雲門黃帝樂也大蔟陽聲次二者也咸池堯樂也）其牲用犢其席稾稭其器陶匏（師古曰陶瓦器匏瓠也稭音戛）皆因天地之性貴誠上質不敢修其文也以為神祇功德至大雖修精微而備庶物猶不足以報功唯至誠為可故上質不飾以章天德紫壇僞飾女樂鸞路騂駒龍馬石壇之屬宜皆勿修衡又言王者各以其禮制事天地非因異世所立而繼之（師古曰異時謂前代）今郊雍鄜密上下時（晉灼曰秦文公宣公所立時也）本秦侯各以其意所立非禮之所載術也漢興之初儀制未及定即且因秦故祠復立北時今既稽古建定天地之大禮郊見上帝青赤白黃黑五方之帝皆畢陳各有位饌祭祀備具諸侯所妄造王者不當長遵及北時未定時所立（師古曰謂高祖之初禮儀未定）不宜復修天子皆從焉及陳寶祠由是皆罷明年上始祀南郊赦奉郊之縣及中都官耐罪囚徒（師古曰中都官京師諸官府也）是歲衡譚復條奏長安廚官縣官給祠郡國候神方士使者所祠凡六百八十三所其二百八所應禮及

疑無明文可奉祠如故其餘四百七十五所不應禮或復重（師古曰復音扶目反重音丈庸反）請皆罷奏可本雍舊祠二百三所唯山川諸星十五所為應禮云若諸布諸嚴諸逐皆罷杜主有五祠置其一又罷高祖所立梁晉秦荊巫九天南山萊中之屬及孝文渭陽孝武薄忌泰一三一黃帝冥羊馬行泰一皐山山君武夷夏后啓母石萬里沙八神延年之屬及孝宣泰山蓬山之罘成山萊山四時蚩尤勞谷五牀僊人玉女徑路黃帝天神原水之屬皆罷候神方士使者副佐本草待詔七十餘人皆歸家（師古曰本草待詔謂以方藥本草而待詔者）明年匡衡坐事免官爵衆庶多言不當變動祭祀者又初罷甘泉泰時作南郊日大風壞甘泉竹宮折拔時中樹木十圍以上百餘天子異之以問劉向對曰家人尚不欲絕種祠（師古曰家人謂庶人之家也種祠繼嗣所傳祠也）況於國之神寶舊時且甘泉汾陰及雍五時始立皆有神祇感應然後營之非苟而已也武宣之世奉此三神禮敬敕備（師古曰敕整也）神光尤著祖宗所立神祇舊位誠未易動及陳寶祠自秦文公至今七百餘歲矣漢興世世常來光色赤黃長四五丈直祠而息音聲砰隱野雞皆雊（師古曰直當也息止也當祠處而止也砰音普萌反）每

見雍太祝祠以太牢遣候者乘傳馳詣行在所（師古曰報神之來也傳音張戀反）以為福祥高祖時五來文帝二十六來武帝七十五來宣帝二十五來初元元年以來亦二十來此陽氣舊祠也及漢宗廟之禮不得擅議皆祖宗之君與賢臣所共定古今異制經無明文至尊至重難以疑說正也前始納貢禹之議後人相因多所動搖易大傳曰誣神者殃及三世恐其咎不獨止禹等上意恨之（師古曰恨悔也）後上以無繼嗣故令皇太后詔有司曰蓋聞王者承事天地交接泰一尊莫著於祭祀孝武皇帝大聖通明始建上下

之祀（師古曰上下謂天地）營泰畤于甘泉定后土于汾陰而神祇安之饗國長久子孫蕃滋（師古曰蕃音扶元反）累世遵業福流于今今皇帝寬仁孝順奉循聖緒靡有大愆而久無繼嗣思其咎職殆在徙南北郊（師古曰職主也咎過主於此也）違先帝之制改神祇舊位失天地之心以妨繼嗣之福春秋六十未見皇孫（師古曰皇太后自謂）食不甘味寢不安席朕甚悼焉春秋大復古善順祀（師古曰以復古為大以順祀為善也）其復甘泉泰畤汾陰后土如故及雍五畤陳寶祠在陳倉者天子復親郊禮如前又復長安雍及郡國祠著明者且半成帝末年頗好鬼神亦以無繼嗣

故多上書言祭祀方術者皆得待詔祠祭上林苑中長安城旁費用甚多然無大貴盛者谷永說上曰臣聞明於天地之性不可或以神怪知萬物之情不可罔以非類（師古曰罔猶蔽）諸背仁義之正道不遵五經之法言而盛稱奇怪鬼神廣崇祭祀之方求報無福之祠及言世有僊人服食不終之藥遙興輕舉（如淳曰遙遠也興舉也師古曰遙古遙字也興起也謂起而遠去也）登遐倒景（如淳曰在日月之上反從下照故其景倒師古曰遐亦遠也）覽觀縣圃浮游蓬萊（李奇曰昆侖九成上有縣圃縣圃即閶闔）耕耘五德朝種暮穫（晉灼曰翼氏風角五德東方甲南方丙西方庚北方壬中央戊種五色禾於此地而耕耘也）與山石無極（師古曰言僊長壽比於山石無窮也）黃冶變化（晉灼曰黃

者鑄黃金也道家言治丹沙令變化可鑄作黃金也）堅冰淖溺（晉灼曰方士詐以藥石若陷冰丸投之冰上冰即消液因假為神仙道使然也或曰謂治金令可餌也師古曰或說非也淖濡甚也音女敎反）化色五倉之術者（李奇曰思身中有五色腹中有五倉神五色存則不死五倉存則不飢）皆姦人惑眾挾左道懷詐偽以欺罔世主（師古曰左道邪僻之道非正義也）聽其言洋洋滿耳若將可遇（師古曰洋洋美盛之皃也洋音羊又音祥）求之盪盪如係風捕景終不可得（師古曰盪盪空曠之皃也盪音蕩）是以明王距而不聽聖人絕而不語（師古曰謂孔子不語怪神）昔周史萇弘欲以鬼神之術輔尊靈王會朝諸侯而周愈微諸侯愈叛楚懷王隆祭祀事鬼神欲以獲福助卻秦師（師古曰卻退音丘略反）而兵挫地削身辱國危秦始皇初并天下甘心於神僊之道遣

徐福韓終之屬多齎童男童女入海求神采藥因逃不還天下怨恨漢興新垣平齊人少翁公孫卿欒大等皆以僊人黃冶祭祠事鬼使物入海求神采藥貴幸賞賜累千金大尤尊盛至妻公主爵位重絫震動海内師古曰絫古累字也元鼎元封之際燕齊之間方士瞋目扼掔言有神僊祭祀致福之術者以萬數其平等皆以術窮詐得誅夷伏辜師古曰詐得謂主上得其詐僞之情至初元中有天淵玉女鉅鹿神人轑陽侯師張宗之姦紛紛復起師古曰轑陽侯江仁也元帝時坐使家丞上印綬隨宗學仙免官轑音遼夫周秦之末三五之隆師古曰三謂三皇五謂五帝也已嘗專意散財厚爵祿竦精神舉天下以求之矣曠日經年靡有毫氂之驗足以揆今經曰享多儀儀不及物惟曰不享師古曰周書洛誥之好也言祭享之道唯以絜誠若多其容儀而不及名粉則不爲神所享也論語說曰子不語怪神師古曰說謂論語之說也唯陛下距絕此類毋令姦人有以窺朝者上善其言後成都侯王商爲大司馬衞將軍輔政杜鄴說商曰東鄰殺牛不如西鄰之禴祭師古曰此易既濟九五爻辭也東鄰謂紂也西鄰周文王也禴祭謂禴煑新菜以祭言祭祀之道莫盛脩德故紂之牛牲不如文王之蘋藻也禴音藥言奉天之道貴以誠質大得民心也行穢祀豐猶不蒙祐德修薦薄吉必大來古者壇場有常處尞禋有常用師古曰尞古燎字也贊見有常禮犧牲玉

帛雖備而財不匱車輿臣役雖動而用不勞是故每舉其禮助者歡說師古曰助謂助祭也說讀曰悅大路所歷黎元不知師古曰大路天子祭天所乘之車也黎元不知言無徭費不勞於下也今甘泉河東天地郊祀咸失方位違陰陽之宜及雍五畤皆曠遠奉尊之役休而復起繕治共張無解已時皇天著象殆可略知前上甘泉先敺失道師古曰敺與驅字同禮月之夕奉引復迷韋昭曰奉引前導引車祠后土還臨河當渡疾風起波船不可御又雍大雨壞平陽宮垣迺三月甲子震電災林光宮門孟康曰甘泉一名林光師古曰林光秦離宮名也漢又於其旁起甘泉宮非一名也祥瑞未著咎徵仍臻迹三郡所奏皆有變故師古曰迹謂觀其事迹也不荅不饗何以甚此師古曰不荅不當天意不饗不爲天所饗食也詩曰率由舊章師古曰大雅假樂之詩也率循也由用也循用舊典之文章也舊章先王法度文王以之交神于祀子孫千億宜如異時公卿之議復還長安南北郊後數年成帝崩皇太后詔有司曰皇帝即位思順天心遵經義定郊禮天下說憙師古曰說讀曰悅懼未有皇孫故復甘泉泰畤汾陰后土庶幾獲福皇帝恨難之卒未得其祐其復南北郊長安如故以順皇帝之意也哀帝即位寢疾博徵方術士京師諸縣皆有侍祠使者盡復前世所常興諸神祠官凡七百餘所一歲三萬七千祠云

明年復令太皇太后詔有司曰皇帝孝順奉承聖
業靡有解怠師古曰解讀曰懈而久疾未瘳夙夜唯思殆繼
體之君不宜改作其復甘泉泰畤汾陰后土祠如
故上亦不能親至遣有司行事而禮祠焉後三年
哀帝崩平帝元始五年大司馬王莽奏言王者父
事天故爵稱天子孔子曰人之行莫大於孝孝莫
大於嚴父嚴父莫大於配天師古曰孝經載孔子之言王者尊其
考欲以配天緣考之意欲尊祖推而上之遂及始
祖是以周公郊祀后稷以配天宗祀文王於明堂
以配上帝禮記天子祭天地及山川歲徧春秋穀

梁傳以十二月下辛卜正月上辛郊師古曰豫卜郊之日高皇
帝受命因雍四畤起北畤而備五帝未共天地之
祀師古曰共讀曰恭孝文十六年用新垣平初起渭陽五帝
廟祭泰一地祇以太祖高皇帝配日冬至祠泰一
夏至祠地祇皆并祠五帝而共一特上親郊拜後
平伏誅迺不復自親而使有司行事孝武皇帝祠
雍曰今上帝朕親郊而后土無祠則禮不荅也於
是元鼎四年十一月甲子始立后土祠於汾陰或
曰五帝泰一之佐宜立泰一五年十一月癸未始
立泰一祠於甘泉二歲一郊與雍更祠師古曰更音工衡反亦

以高祖配不歲事天皆未應古制建始元年徙甘
泉泰畤河東后土於長安南北郊永始元年三月
以未有皇孫復甘泉河東祠綏和二年以卒不獲
祐復長安南北郊建平三年懼孝哀皇帝之疾未
瘳復甘泉汾陰祠竟復無福臣謹與太師孔光長
樂少府平晏大司農左咸中壘校尉劉歆太中大
夫朱陽博士薛順議郎國由等六十七人議皆曰
宜如建始時丞相衡等議復長安南北郊如故莽
又頗改其祭禮曰周官天墬之祀師古曰墬古地字也下皆類此樂有
別有合其合樂曰以六律六鐘五聲八音六舞大

合樂祀天神祭墬祇祀四望祭山川享先妣先祖
師古曰此周禮春官大司樂之職也六律合陽聲者六鍾以六律六鍾之均也五聲宮商角徵羽八音金石絲竹匏土革木六舞雲門咸池大韶大夏大護大武也大合樂者徧作之也先妣姜嫄也先祖大王也凡六樂奏六歌而天墬神
祇之物皆至師古曰謂一變而致羽物及川澤之祇再變而致贏物及山林之祇三變而致鱗物及丘陵之祇四變而致毛物及墳衍之祇五變而致介物及地祇六變而致象物及天神四望蓋謂日月星海也三
光高而不可得親海廣大無限界故其樂同祀天
則天文從祭墬則墬理從三光天文也山川地理
也天地合祭先祖配天先妣配墬其誼一也天墬
合精夫婦判合祭天南郊則以墬配一體之誼也
天墬位皆南鄉同席師古曰鄉讀曰嚮其下並同墬在東共牢而

食高帝高后配于壇上西鄉后在北亦同席共牢牲用繭栗師古曰謂牛角如繭及栗者牛之小也玄酒陶匏禮記曰天子籍田千畮吕事天墬師古曰畮古畝字也繇是言之宜有黍稷師古曰繇讀曰由同天地用牲一燔尞瘞薶用牲一高帝高后用牲一天用牲左及黍稷燔尞南郊墬用牲右及黍稷瘞于北郊其旦東鄉再拜朝日其夕西鄉再拜夕月然後孝弟之道備而神祇嘉享萬福降輯師古曰輯與集同此天墬合祀吕祖妣配者也其樂曰冬日至於墬上之圜丘奏樂六變則天神皆降夏日至於澤中之方丘奏樂八變則墬祇皆出師古曰此亦春官大司樂

之職也天神之樂圜鍾為宮黃鍾為角大蔟為徵姑洗為羽雷鼓雷鼗孤竹之管雲和之琴瑟雲門之舞地祇之樂函鍾為宮大蔟為角姑洗為徵南吕為羽靈鼓靈鼗孫竹之管空桑之琴瑟咸池之舞先奏是樂以致其神禮之以玉然後合樂而祭天墬有常位不得常合此其各特祀者也陰陽之別於日冬夏至其會也吕孟春正月上辛若丁天子親合祀天墬于南郊吕高帝高后配陰陽有離合易曰分陰分陽迭用柔剛師古曰易說卦之辭也陽為剛陰為柔陰陽既分則剛柔迭用也迭互也音大結反以日冬至使有司奉祠南郊高帝配而望羣陽日夏至使有司奉祭北郊高后配而望羣陰皆吕助致微氣通道幽弱師古曰道讀曰導也當此之時后不省方師古曰謂冬夏日至之時后君也方常也不親常務故天子不親而遣有司所吕正承

順天地復聖王之制顯大祖之功也渭陽祠勿復修羣望未悉定定復奏奏可三十餘年間天墬之祠五徙焉後莽又奏言書曰類於上帝禋于六宗師古曰虞書舜典也也已解於上歐陽大小夏侯三家說六宗皆曰上不及天下不及墬旁不及四方在六者之間助陰陽變化實一而名六名實不相應禮記祀典功施於民則祀之天文日月星辰所昭仰也地理山川海澤所生殖也易有八卦乾坤六子水火不相逮靁風不相誖山澤通氣然後能變化既成萬物也師古曰乾為父坤為母震為長男巽為長女坎為中男離為中女艮為少男兌為少女故云六子也水火坎離也靁風震巽也山澤艮兌也逮及也誖亂也既盡也靁古雷字也誖音布力反

臣前奏從甘泉泰畤汾陰后土皆復于南北郊謹按周官兆五帝于四郊山川各因其方師古曰春官小宗伯之職也兆謂為壇之營域也五帝於四郊謂青帝於東郊赤帝及黃帝于南郊白帝於西郊黑帝於北郊也各因其方謂順其所在也今五帝兆居在雍五畤不合於古又日月靁風山澤易卦六子之尊氣所謂六宗也星辰水火溝瀆皆六宗之屬也今或未特祀或無兆居謹與大師光大司徒宮羲和歆等八十九人議皆曰天子父事天母事墬今稱天神曰皇天上帝泰一兆曰泰畤而稱墬祇曰后土與中央黃靈同又兆北郊未有尊稱宜令墬祇稱皇墬后祇兆曰

廣畤易曰方以類聚物以羣分（師古曰易上繫之辭也方謂所向之地）分羣神以類相從為五部兆天墬之別神中央帝黃靈后土畤及日廟北辰北斗塡星中宿中宮于長安城之未墬兆東方帝太昊青靈勾芒畤及靁公風伯廟歲星東宿東宮于東郊兆南方炎帝赤靈祝融畤及熒惑星南宿南宮于南郊兆西方帝少皞白靈蓐收畤及太白星西宿西宮于西郊兆北方帝顓頊黑靈玄冥畤及月廟雨師廟辰星北宿北宮于北郊兆奏可於是長安旁諸廟兆畤甚盛矣莽又言帝王建立社稷百王不易社者土也宗

廟王者所居稷者百穀之主所以奉宗廟共粢盛（師古曰共讀與供同）人所食以生活也王者莫不尊重親祭自為之主禮如宗廟詩曰乃立冢土（師古曰大雅緜之詩也冢大也土土神謂大社也）又曰以御田祖以祈甘雨（師古曰小雅甫田之詩也田祖稷神也言設樂以御祭於神農求甘雨也）禮記曰唯祭宗廟社稷為越紼而行事（李奇曰引棺車謂之紼當祭天地五祀則越紼而行事不以私喪廢公祀師古曰紼引車索也音弗）聖漢興禮儀稍定已有官社未立官稷（臣瓚曰高帝除秦社稷立漢社稷禮所謂大社也時又立官社配以夏禹所謂王社也見漢祀令而未立官稷至此始立之世祖中興不立官稷相承至今也）遂立於官社後立官稷以夏禹配食官社后稷配食官稷稷種穀樹（師古曰穀樹楮樹也其子類穀故於稷種）徐州牧歲貢五色土各一斗莽篡位二年

興神僊事以方士蘇樂言起八風臺於宮中臺成萬金（師古曰費直萬金也）作樂其上順風作液湯（如淳曰蓺文志有液湯經其義未聞也）又種五粱禾於殿中（師古曰五色禾也谷永所謂耕耘五德也）各順色置其方面先鬻鶴髓毒冒犀玉二十餘物漬種（師古曰鬻古煮字也髓古髓字也謂鬻取汁以漬穀子也毒音代冒音莫內反）計粟斛成一金言此黃帝穀僊之術也以樂為黃門郎令主之莽遂崇鬼神淫祀（師古曰崇古崇字也）至其末年自天地六宗以下至諸小鬼神凡千七百所用三牲鳥獸三千餘種後不能備迺以雞當鶩鴈犬當麋鹿數下詔自以當僊語在其傳　贊曰漢興之初庶事草創唯一叔孫生略

定朝廷之儀若迺正朔服色郊望之事數世猶未章焉至于孝文始以夏郊而張倉據水德公孫臣賈誼更以為土德卒不能明孝武之世文章為盛大初改制而兒寬司馬遷等猶從臣誼之言（李奇曰公孫臣賈誼）服色數度遂順黃德彼以五德之傳從所不勝（服虔曰音亭傳之傳五帝相承代常以金木水火相勝之法若火滅金便以火代金師古曰傳音張戀反）秦在水德故謂漢據土而克之劉向父子以為帝出于震故包羲氏始受木德（師古曰包讀曰庖也）其後以母傳子終則復始自神農黃帝下歷唐虞三代而漢得火焉故高祖始起神母夜號著赤帝之符旗章遂赤自得天統

矣（鄧展曰向父子雖有此議時不施行至光武建武二年乃用火德色尚赤耳）昔共工氏以水德間于木火（師古曰共讀曰龔閒音工莧反）與秦同運皆非其次序故皆不永由是言之祖宗之制蓋有自然之應順時宜矣究觀方士祠官之變谷永之言不亦正乎不亦正乎

郊祀志卷第五下

天文志第六　漢書二十六

班固

祕書監上護軍琅邪縣開國子顏師古注

凡天文在圖籍昭昭可知者經星常宿中外官凡百一十八名積數七百八十三星皆有州國官宮物類之象其伏見蚤晚邪正存亡虛實闊陿（孟康曰伏見早晚謂五星也日月五星下道為邪存謂列宿不虧也亡謂恒星不見虛實若天牢星實則囚多虛則開出之屬也闊陿若三台星相去遠近也）及五星所行合散犯守陵歷鬭食（孟康曰合同舍也散五星有變則其精散為祅星也犯七寸已內光芒相及也陵相冒過也食星月相陵不見者則所蝕也韋昭曰自下往觸之曰犯居其宿曰守經之為歷突掩為陵星相擊為鬭也）彗孛飛流日月薄食（張晏曰彗所以除舊布新也孛氣似彗飛流謂飛星流星也孟康曰飛絕迹而去也流光迹相連也日月無光曰薄京房易傳曰日月赤黃為薄或曰不交而食曰薄韋昭曰氣往迫之為薄虧毀曰食也）暈適背穴抱珥虹蜺（孟康曰皆日旁氣也適日之將食先有黑之變也背形如背字也穴多作鐍其形如玉鐍也抱氣向日也珥形點黑也如淳曰暈讀曰運虹或作虹蜺讀曰齧蠮蝀謂之虹表云雄為虹雌為蜺凡氣在日上為冠為戴在旁直對為珥在旁如半環向日為抱向外為背有氣刺日為鐍鐍抉傷也）迅雷風秋怪雲變氣此皆陰陽之精其本在地而上發于天者也政失於此則變見於彼猶景之象形鄉之應聲（師古曰鄉讀曰響）是以明君覩之而寤飭身正事思其咎謝則禍除而福至自然之符也中宮天極星其一明者泰一之常居也旁三星三公或曰子屬後句四星末大星正妃餘三星後宮之屬也環之匡衛十二星藩臣皆曰紫宮前列直斗口三星隨北耑銳若見若

不見曰陰德或曰天一紫宮左三星曰天槍右四
星曰天棓蘇林曰音棓打之棓師古曰棓音白講反後十七星絕漢抵營室
曰閣道北斗七星所謂旋璣玉衡以齊七政杓攜
龍角孟康曰杓斗柄也龍角東方宿也攜連也衡殷南斗魁枕參首晉灼曰衡斗之中央
殷中也用昏建者杓杓自華以西南孟康曰傳曰斗第七星法太白主杓斗之尾也尾為
陰又其用昏昏陰位在西方故主西南夜半建者衡衡殷中州河濟之間孟康
孟康曰假令杓昏建寅衡夜半亦建寅也平旦建者魁魁海岱以東北也
曰傳曰斗魁第一星法為日主齊魁斗之首首陽也又其用在明陽與明德在東方故主東北方斗為帝車運
于中央臨制四海分陰陽建四時均五行移節度
定諸紀皆繫於斗斗魁戴匡六星曰文昌宮晉灼曰似匡故

曰戴匡一曰上將二曰次將三曰貴相四曰司命五曰
司祿六曰司災在魁中貴人之牢孟康曰傳曰天理四星在斗魁中貴人牢名曰
天理也魁下六星兩兩而比者曰三能蘇林曰能音台三能色齊
君臣和不齊為乖戾柄輔星孟康曰在北斗第六星旁明近輔臣
親彊斥小疏弱蘇林曰斥遠也杓端有兩星一內為矛招搖
孟康曰近北斗者招搖招搖為天矛晉灼曰梗河三星天矛鋒招搖一星耳一外為盾天蠭晉灼曰外遠北斗也
在招搖南一名天蠭有句圜十五星屬杓曰賤人之牢牢中星
實則囚多虛則開出天一槍棓矛盾動搖角大兵
起李奇曰角芒角
東宮蒼龍房心心為明堂大星天王前後星子屬

不欲直直王失計房為天府曰天駟其陰右驂旁
有兩星曰衿衿北一星曰牽晉灼曰牽古轄字也東北曲十二
星曰旗旗中四星曰天市天市中星眾者實其中
虛則耗房南眾星曰騎官左角理右角將大角者
天王帝坐廷其兩旁各有三星鼎足句之曰攝提
晉灼曰如鼎足之句曲也攝提者直斗杓所指以建時節故曰攝提
格亢為宗廟主疾其南北兩大星曰南門氐為天
根主疫尾為九子曰君臣斥絕不和箕為敖客后
妃之府曰口舌火犯守角則有戰房心王者惡之
南宮朱鳥權衡孟康曰軒轅為權太微為衡也衡太微三光之廷筐

衛十二星藩臣西將東相南四星執法中端門左
右掖門掖門內六星諸侯其內五星五帝坐後聚
十五星曰哀烏郎位旁一大星將位也月五星順
入軌道司其出所守天子所誅也其逆入若不軌
道以所犯名之中坐成形晉灼曰中坐犯帝坐也成形禍福之形見皆羣下
不從謀也金火尤甚廷藩西有隨星四名曰少微
士大夫　權軒轅黃龍體孟康曰形如騰龍前大星女主
象旁小星御者後宮屬月五星守犯者如衡占東
井為水事火入之一星居其左右天子且以火為
敗東井西曲星曰戉北北河南南河兩河天闕間

爲關梁輿鬼鬼祠事中白者爲質晉灼曰輿鬼五星其中白者爲質火守南北河兵起穀不登故德成衡觀成潢晉灼曰日月五星不軌道也衡大微廷也觀占也潢五潢五帝車舍也傷成戉晉灼曰賊傷之占先成形於戉禍成井晉灼曰東井主水事火入一星居其旁天子且以火敗故曰禍也誅成質晉灼曰熒惑入輿鬼天質占曰大臣有誅柳爲鳥喙主木草七星頸爲員宮主急事張嗉爲廚主觴客翼爲羽翮主遠客軫爲車主風其旁有一小星曰長沙星星不欲明明與四星等若五星入軫中兵大起軫南衆星曰天庫庫有五車車星角若益衆及不具亡處車馬

西宮咸池曰天五潢五潢五帝車舍火入旱金兵水水中有三柱柱

不具兵起奎曰封豨爲溝瀆婁爲聚衆胃爲天倉其南衆星曰廥積如淳曰芻稾積爲廥也昴曰旄頭胡星也爲白衣會畢曰罕車爲邊兵主弋獵其大星旁小星爲附耳附耳搖動有讒亂臣在側昴畢閒爲天街其陰陰國陽陽國孟康曰陰西南象坤維河山已北國也陽河山已南國也參爲白虎三星直者是爲衡石孟康曰參三星者白虎宿中東西直似稱衡也下有三星銳曰罰孟康曰在參間上小下大故曰銳晉灼曰三星小邪列無銳形也爲斬艾事其外四星左右肩股也小三星隅置曰觜觿爲虎首主葆旅事如淳曰關中俗謂桑榆孽生爲葆晉灼曰禾野生曰旅今之飢民采旅也宋均曰葆守也旅軍衆也言佐參伐斬艾除凶也其南有四星曰天廁天廁下一星曰天矢矢黃則吉

青白黑凶其西有句曲九星三處羅列一曰天旗二曰天苑三曰九斿其東有大星曰狼狼角變色多盜賊下有四星曰弧直狼比地有大星曰南極老人晉灼曰比地近地也老人見治安不見兵起常以秋分時候之南郊

北宮玄武虛危危爲蓋屋宋均曰危上一星高旁兩星下似蓋屋也虛爲哭泣之事宋均曰蓋屋之下中無人但空虛似乎殯宮故主哭泣也其南有衆星曰羽林天軍宋均曰虛危營室陰陽終始之處際會之間恒多姦邪故設羽林爲軍衞軍西爲壘或曰戉旁一大星北落北落若微亡軍星動角益稀及五星犯北落入軍軍起火金水尤甚火入軍憂水水患木土軍吉孟康曰木星土星入北落軍則吉也危東六

星兩兩而比曰司寇營室爲清廟曰離宮閣道漢中四星曰天駟旁一星曰王良王良策馬車騎滿野旁有八星絕漢曰天橫天橫旁江星江星動以人涉水杵曰四星在危南匏瓜有青黑星守之魚鹽貴南斗爲廟其北建星建星者旗也牽牛爲犧牲其北河鼓河鼓大星上將左左星右右將婺女其北織女織女天女孫也

歲星晉灼曰太歲在四仲則歲行三宿太歲在四孟四季則歲行二宿二八十六三四十二而行二十八宿十二歲而周天曰東方春木於人五常仁也五事貌也仁虧貌失逆春令傷木氣罰見歲星歲星所在國不可伐可以伐人超舍而前爲贏

退舍爲縮贏其國有兵不復縮其國有憂其將死
國傾敗所去失地所之得地一曰當居不居國亡
所之國昌已居之又東西去之國凶不可舉事用
兵安靜中度吉出入不當其次必有天祅見其舍
也歲星贏而東南（孟康曰五星東行天西轉歲星晨見東方行疾則不見不見則變爲祅星）石
氏見彗星甘氏不出三月迺生彗本類星末類彗
長二丈贏東北石氏見覺星甘氏不出三月迺生
天棓本類星末銳長四尺縮西南（孟康曰歲星當伏西方行遲早沒變爲祅星也）
石氏見欃雲如牛（韋昭曰欃音參差之參）甘氏不出三月迺
生天槍左右銳長數丈縮西北石氏見槍雲如馬

前漢天文志六　六　徐

甘氏不出三月迺生天欃本類星末銳長數丈石
氏槍欃棓彗異狀其殃一也必有破國亂君伏死
其辜餘殃不盡爲旱凶飢暴疾至日行一尺出二
十餘日迺入甘氏其國凶不可舉事用兵出而易
所當之國是受其殃又曰祅星不出三年其下有
軍及失地若國君喪　熒惑（晉灼曰常以十月入太微受制而出行列宿司無道出入無常也）
曰南方夏火禮也視也禮虧視失逆夏令傷
火氣罰見熒惑逆行一舍二舍爲不祥居之三月
國有殃五月受兵七月國半亡地九月地大半亡
因與俱出入國絕祀熒惑爲亂爲賊爲疾爲喪爲

飢爲兵所居之宿國受殃殃還至者雖大當小居
之久殃乃至者當小反大已去復還居之若居之
而角者若動者繞環之及乍前乍後乍左乍右殃
愈甚一曰熒惑出則有大兵入則兵散周還止息
迺爲其死喪寇亂在其野者亡地以戰不勝東行
疾則兵聚于東方西行疾則兵聚于西方其南爲
丈夫喪北爲女子喪熒惑天子理也故曰雖有明
天子必視熒惑所在　太白（晉灼曰常以正月甲寅與熒惑晨出東方二百四十日而入入四十日又出西方二百四十日而入入三十五日而復出東方出以寅戌入以丑未也）
曰西方秋金義也
言也義虧言失逆秋令傷金氣罰見太白日方南

前漢天文志六　七　陳彦

太白居其南日方北太白居其北爲贏侯王不寧
用兵進吉退凶日方南太白居其北日方北太白
居其南爲縮侯王有憂用兵退吉進凶當出不出
當入不入爲失舍不有破軍必有死王之墓有亡
國一曰天下偃兵壄有兵者所當之國大凶當出
不出未當入而入天下偃兵兵在外入未當出而
出當入而不入天下起兵有至破國未當出而出
未當入而入天下舉兵所當之國亡當期而出其
國昌出東爲東方入爲北方出西爲西方入爲南
方所居久其國利易其鄉凶（蘇林曰疾過也一說易鄉而出入也晉灼曰上言易而）

出易言疾過是也入七日復出將軍戰死入十日復出相死之入又復出人君惡之已出三日而復微入三日迺復盛出是爲耎而伏晉灼曰耎退也不進而伏伏不見也其下國有軍其衆敗將北已入三日又復微出三日迺復盛入其下國有憂師師雖衆敵食其糧用其兵虜其師出西方失其行夷狄敗出東方失其行中國敗一曰出蚤爲月食晚爲天祅及彗星將發于亡道之國太白出而留桑榆間疾其下國晉灼曰行遲而下也正出舉目平正出桑榆上餘二千里也上而求未盡期日過參天病其對國晉灼曰三分天過其一此戌酉之間也太白經天天下革民更王孟康曰謂出東入西出西入東也太白陰星出東當伏東出西當伏西過午爲經天晉灼曰日陽也日出則星亡晝見午上爲經天是爲亂紀人民流

亡晝見與日爭明彊國弱小國彊女主昌太白兵象也出而高用兵深吉淺凶埤淺吉深凶行疾用兵疾吉遲凶行遲用兵遲吉疾凶角敢戰吉不敢戰凶擊角所指吉逆之凶進退左右用兵進退左右吉靜凶圜以靜用兵靜吉躁凶出則兵出入則兵入象太白吉反之凶赤角戰太白者猶軍也而熒惑憂也故熒惑從太白軍憂離之軍舒出太白之陰有分軍出其陽有偏將之戰當其行太白還之破軍殺將辰星殺伐之氣戰鬬之象也與太白

俱出東方皆赤而角夷狄敗中國勝與太白俱出西方皆赤而角中國敗夷狄勝五星分天之中積于東方中國大利積于西方夷狄用兵者利辰星不出太白爲客辰星出太白爲主人辰星與太白不相從雖有軍不戰辰星出東方太白出西方若辰星出西方太白出東方爲格野雖有兵不戰辰星入太白中五日乃出及入而上出破軍殺將客勝下出客亡地辰星來抵太白不去將死正其上出破軍殺將客勝下出客亡地視其所指以名破軍辰星繞環太白若鬬大戰客勝主人吏死辰星

過太白間可械劍小戰客勝蘇林曰械音函函容也其間可容一劍也居太白前旬三日軍罷出太白左小戰歷太白右數萬人戰主人吏死出太白右去三尺軍急約戰凡太白所出所直之辰其國爲得位得位者戰勝所直之辰順其色而角者勝其色害者敗晉灼曰鄭色黃而赤合小敗宋色黃而赤黑小敗楚色赤黑小敗燕色黑黃小敗皆大角勝也太白白比狼赤比心黃比參右肩青比參左肩黑比奎大星色勝位晉灼曰有色勝得位也行勝色晉灼曰太白行得度勝有色也行得盡勝之晉灼曰行應天度雖有色得位行盡勝之行重而色位輕星經傳得字作德辰星晉灼曰常以二月春分見奎婁五月夏至見東井八月秋分見角亢十一月冬至見牽牛出以辰戌入以丑未二旬而入晨候之東方夕候之西方也曰北方冬水知也聽也知

虧聽失逆冬令傷水氣罰見辰星出蚤爲月食晚爲彗星及天妖一時不出其時不和四時不出天下大飢失其時而出爲當寒反溫當溫反寒當出不出是謂擊卒兵大起與它星遇而鬭天下大亂（晉灼曰妖星彗孛之屬也一日五星）出於房心間地動　塡星（晉灼曰常以甲辰元始建斗之歲塡行一宿二十八歲而周天也）曰中央季夏土信也思心也仁義禮智以信爲主貌言視聽以心爲正故四星皆失塡星迺爲之動塡星所居國吉未當居而居之若巳去而復還居之國得土不乃得女子當居不居既巳居之又東西去之國失土不乃失女不有土事

若女之憂居宿久國福厚易福薄當居不居爲失塡其下國可伐得者不可伐其贏爲王不寧縮有軍不復一日既巳居之又東西去之其國凶不可舉事用兵失次而上一舍三舍有王命不成不乃大水失次而下二舍有后慼其歲不復不乃天裂若地動凡五星歲與塡合則爲內亂與辰合則爲變謀而更事與熒惑合則爲飢爲旱與太白合則爲白衣之會爲水太白在南歲在北名曰牝牡（晉灼曰歲陽也太白陰也故曰牝牡）年穀大孰太白在北歲在南年或有或亡熒惑與太白合則爲喪不可舉事用兵與塡合

則爲憂主孽卿與辰合則爲北軍用兵舉事大敗塡與辰合則將有覆軍下師與太白合則爲疾爲內兵辰與太白合則爲變謀爲兵憂凡歲熒惑塡太白四星與辰鬭皆爲戰兵不在外皆爲內亂一曰火與水合爲淬（晉灼曰火入水故曰淬也）與金合爲鑠不可舉事用兵土與金合國亡地與木合則國饑與水合爲雍沮（晉灼曰沮音沮洳之沮水性雍而潛上故曰雍沮一曰雍塡也）不可舉事用兵木與金合鬭國有內亂同舍爲合相陵爲鬭二星相近者其殃大二星相遠者殃無傷也從七寸以內必之（韋昭曰必有禍也）凡月食五星其國皆亡（李奇曰謂其分野之國）歲以

飢熒惑以亂塡以殺太白彊國以戰辰以女亂月食大角王者惡之凡五星所聚宿其國王天下從歲以義從熒惑以禮從塡以重（韋昭曰謂以威重得從）太白以兵從辰以法以法者以法致天下也三星若合是謂驚立絕行（晉灼曰有兵喪故驚改王故曰絕也）其國外內有兵與喪民人乏飢改立王公四星若合是謂大湯（晉灼曰湯猶盪滌也）其國兵喪並起君子憂小人流五星若合是謂易行有德受慶改立王者掩有四方子孫蕃昌亡德受罰離其國家滅其宗廟（晉灼曰宗祖廟也）百姓離去被滿四方五星皆大其事亦大皆小其事亦小也凡五星

色皆圜白爲喪爲旱赤中不平爲兵青爲憂爲水
黑爲疾爲多死黃吉皆角赤犯我城黃地之爭白
哭泣之聲青有兵憂黑水五星同色天下偃兵百
姓安寧歌舞以行不見灾疾五穀蕃昌 凡五星
歲緩則不行急則過分逆則占 熒惑緩則不
出急則不入違道則占 塡緩則不建急則過
舍逆則占 太白緩則不出急則不入逆則占
辰緩則不出急則不入非時則占 五星不失
行則年穀豐昌
凡以宿星通下變者維星散句星信則地動孟康曰散在尾
北韋昭曰信音申有星守三淵天下大水地動海魚出紀星
散者山崩不即有喪龜鼈星不居漢中川有易者
辰星入五車大水熒惑入積水水兵起入積薪旱
兵起守之亦然極後有四星名曰句星斗杓後有
三星名曰維星散者不相從也孟康曰謂不復行列而聚也 三淵蓋
五車之三柱也晉灼曰柱音注解之注 天紀屬貫索積薪在北
戍西北積水在北戍東北
角亢氐沇州房心豫州尾箕幽州斗江湖牽牛婺
女揚州虛危靑州營室東壁并州奎婁胃徐州昴
畢冀州觜觽參益州東井輿鬼雍州柳七星張三

河翼軫荊州甲乙海外日月不占晉灼曰海外遠甲乙日時不以占之丙
丁江淮海岱戊己中州河濟庚辛華山以西壬癸
常山以北 一曰甲齊乙東夷丙楚丁南夷戊魏己
韓庚秦辛西夷壬燕趙癸北夷子周丑翟寅趙卯
鄭辰邯鄲巳衞午秦未中山申齊酉魯戌吳越亥
燕代秦之疆候太白占狼弧吳楚之疆候熒惑占
鳥衡燕齊之疆候辰星占虛危宋鄭之疆候歲星
占房心晉之疆亦候辰星占參罰及秦幷吞三晉
燕代自河山以南者中國中國於四海內則在東
南爲陽陽則曰歲星熒惑塡星占於街南畢主之
其西北則胡貉月氏旃裘引弓之民爲陰陰則月
太白辰星占於街北昴主之故中國山川東北流
其維首在隴蜀尾沒於勃海碣石是以秦晉好用
兵孟康曰秦晉西南維之北爲陰與胡貉引弓之民同故好用兵 復占太白太白主中國
而胡貉數侵掠獨占辰星辰星出入趮疾常主夷
狄其大經也 凡五星早出爲贏贏爲客晚出
爲縮縮爲主人五星贏縮必有天應見杓
太歲在寅曰攝提格歲星正月晨出東方石氏曰
名監悳在斗牽牛失次杓早水晚旱甘氏在建星
婺女太初曆在營室東壁 在卯曰單閼二月

出石氏曰名降入在婺女虛危甘氏在虛危失次杓有水災太初在奎婁　在辰曰執徐三月出石氏曰名青章在營室東壁失次杓早旱晚水甘氏同太初在胃昴　在巳曰大荒落四月出石氏曰名路踵在奎婁甘氏同太初在參罰

在午曰敦牂五月出石氏曰名啓明在胃昴畢失次杓早旱晚水甘氏同太初在東井輿鬼

在未曰協洽六月出石氏曰名長烈在觜觿參甘氏在參罰太初在注張七星　在申曰涒灘七月出石氏曰名天晉在東共輿鬼甘氏在弧太初

在翼軫在酉曰作詻（爾雅作作噩）八月出石氏曰名長王在柳七星張失次杓有女喪民疾甘氏在注張失次杓有火大初角亢　在戌曰掩茂九月出石氏曰名天睢在翼軫失次杓水甘氏在七星翼太初在氐房心　在亥曰大淵獻十月出石氏曰名天皇在角亢始甘氏在軫角亢太初在尾箕

在子曰困敦十一月出石氏曰名天宗在氐房始甘氏同太初在建星牽牛　在丑曰赤奮若十二月出石氏曰名天昊在尾箕甘氏在心尾太初在婺女虛危甘氏太初曆所以不同者以星贏縮在前各錄後所見也其四星亦略如此

古曆五星之推亡逆行者至甘氏石氏經以熒惑太白爲有逆行夫曆者正行也古人有言曰天下太平五星循度亡有逆行日不食朔月不食望夏氏日月傳曰日月食盡主位也不盡臣位也星傳曰日者德也月者刑也故曰日食修德月食修刑然而曆紀推月食與二星之逆亡異熒惑主內亂太白主兵月主刑自周室衰亂臣賊子師旅數起刑罰失中雖其亡亂臣賊子師旅之變內臣猶不治四夷猶不服兵革猶不寢刑罰猶不錯故二星

與月爲之失度三變常見及有亂臣賊子伏尸流血之兵大變乃出甘石氏見其常然因以爲紀皆非正行也詩云彼月而食則惟其常此日而食于何不臧詩傳曰月食非常也比之日食猶常也日食則不臧矣謂之小變可也謂之正行非也故熒惑必行十六舍去日遠而顓恣太白出西方進在日前氣盛乃逆行及月必食於望亦誅盛也　國皇星大而赤狀類南極所出其下起兵兵彊其衝不利（孟康曰歲星之精散所爲也五星之精散爲六十四變志記不盡也）　昭明星大而白無角乍上乍下所出國起兵多變（孟康曰形如三足几几上有九彗上向熒

惑之精也　五殘星出正東東方之星其狀類辰去地可六丈大而黃孟康曰星表有青氣如暈有毛塡星之精　六賊星出正南南方之星去地可六丈大而赤數動有光孟康曰形如彗芒九角太白之精　司詭星出正西西方之星去地可六丈大而白類太白孟康曰星大而有尾兩角熒惑之精也　咸漢星出正北北方之星去地可六丈大而赤數動察之中青孟康曰一名獄漢星青中赤表下有三彗從橫亦塡星之精也　此四星所出非其方其下有兵衝不利四塡星出四隅去地可四丈地維臧光亦出四隅去地可二丈若月始出所見下有亂者亡有德者昌　燭星狀如太白具出也

不行見則滅所燭城邑亂孟康曰星上有三彗上出亦塡星之精也　如星非星如雲非雲名白歸邪李奇曰邪音虵孟康曰星有兩赤彗上向上有蓋狀氣下連星　歸邪出必有歸國者星者金之散氣其本曰人孟康曰星石也金石相生人與星氣相應也　星衆國吉少則凶漢者亦金散氣其本曰水星多多水少則旱孟康曰漢河漢也水生於金多少謂漢中星也　其大經也天鼓有音如雷非雷音在地而下及地其所往者兵發其下　天狗狀如大流星孟康曰星有尾旁有彗下有如狗形者亦太白之精　有聲其下止地類狗所墮及望之如火光炎炎中天其下圜如數頃田處上銳見則有黃色千里破軍殺將　格澤者如炎火之狀黃白起地而

上下大上銳其見也不種而穫不有土功必有大客　蚩尤之旗類彗而後曲象旗孟康曰熒惑之精也晉灼曰呂氏春秋云其色黃上白下也　見則王者征伐四方　旬始出於北斗旁狀如雄雞其怒青黑色象伏鼈李奇曰怒當言帑晉灼曰帑雌也或曰怒則色青宋均曰怒謂芒角刺出　枉矢狀類大流星虵行而倉黑望如有毛目然　長庚廣如一匹布著天此星見起兵星碌至地則石也如淳曰碌亦墜也　天晛而見景星孟康曰晛精明也有赤方氣與青方氣相連赤方中有兩黃星青方中有一黃星凡三星合爲景星也　景星者德星也其狀無常常出於有道之國日有中道月有九行中道者黃道一曰光道光道北至東井去北極近

南至牽牛去北極遠東至角西至婁去極中夏至至於東井北近極故晷短立八尺之表而晷景長尺五寸八分冬至至於牽牛遠極故晷長立八尺之表而晷景長丈三尺一寸四分春秋分日至婁角去極中而晷中立八尺之表而晷景長七尺三寸六分此日去極遠近之差晷景長短之制去極遠近難知要以晷景晷景者所以知日之南北也日陽也陽用事則日進而北晝進而長陽勝故爲溫暑陰用事則日退而南晝退而短陰勝故爲涼寒也故日進爲暑退爲寒若日之南北失節晷過

而長爲常寒退而短爲常燠此寒燠之表也故曰爲寒暑一曰晷長爲潦短爲旱奢爲扶（鄭氏曰扶當爲蟠齊魯之間聲如酺酺扶聲近蟠止不行也蘇林曰景形著大也晉灼曰扶附也小臣佞媚附近君子之側也）扶者邪臣進而正臣疏君子不足姦人有餘月有九行者黑道二出黃道北赤道二出黃道南白道二出黃道西青道二出黃道東立春春分月東從青道立秋秋分西從白道立冬冬至北從黑道立夏夏至南從赤道然用之一決房中道青赤出陽道白黑出陰道若月失節度而妄行出陽道則旱風出陰道則陰雨凡君行急則日行疾君行緩則日行遲日行不可指而知也故以二至二分之星爲候日東行星西轉冬至昏奎八度中夏至氐十三度中春分柳一度中秋分牽牛三度七分中此其正行也日行疾則星西轉疾事勢然也故過中則疾君行急之感也不及中則遲君行緩之象也至月行則以晦朔決之日冬則南夏則北冬至於牽牛夏至於東井日之所行爲中道月五星皆隨之也箕星爲風東北之星也東北地事天位也（孟康曰東北陽日月五星起於牽牛故爲天位坤在西南紐於陽爲地統故爲地事也）故易曰東北喪朋及巽在東南爲風風陽中之陰大臣之象也其星軫也月去中道移

而東北入箕若東南入軫則多風西方爲雨雨少陰之位也月失中道移而西入畢則多雨故詩云月離于畢俾滂沱矣言多雨也星傳曰月入畢則將相有以家犯罪者言陰盛也書曰星有好風星有好雨月之從星則以風雨言失中道而東西也故星傳曰月南入牽牛南戒民間疾疫月北入太微出坐北若犯坐則下人謀上一曰月爲風雨日爲寒温冬至日南極晷長南不極則温爲害夏至日北極晷短北不極則寒爲害故書曰日月之行則有冬有夏也政治變於下日月運於上矣月出房北爲雨爲陰爲亂爲兵出房南爲旱爲夭喪水旱至衝而應及五星之變必然之効也兩軍相當日暈等力均厚長大有勝薄短小亡勝重抱大破亡抱爲和背爲不和爲分離相去直爲自立立兵破軍若曰殺將抱且戴有喜圍在中中勝在外外勝青外赤中以和相去赤外青中以惡相去氣暈先至而後去居軍勝先至先去前有利後有病後至後去前病後利後至先去前後皆病居軍不勝見而去其發疾雖勝亡功見半日以上功大白虹屈短上下銳（李奇曰屈或爲尾韋昭曰短而直者也或曰短屈之虹）有者下大流

血日暈制勝近期三十日遠期六十日其食食所不利復生生所利不然食盡爲主位以其直及日所躔加日時用名其國凡望雲氣仰而望之三四百里平望在桑榆上千餘里二千里登高而望之下屬地者居三千里雲氣有獸居上者勝自華以南氣下黑上赤嵩高三河之郊氣正赤常山以北氣下黑上青勃碣海岱之間氣皆黑江淮之間氣皆白徒氣白土功氣黃車氣乍高乍下往往而聚騎氣卑而布卒氣摶如淳曰摶專也摶音徒端反前卑而後高者疾前方而後高者銳後銳而卑者卻其氣平者其行徐前高

後卑者不止而反氣相遇者卑勝高銳勝方氣來卑而循車道者不過三四日去之五六里見氣來高七八尺者不過五六日去之十餘二十里見氣來高丈餘二丈者不過三四十日去之五六十里見捎雲精白者其將悍晉灼曰捎音霄韋昭曰音髾其士怯其大根而前絕遠者戰精白其芒低者戰勝其前赤而卬者戰不勝陳雲如立垣杼雲類杼柚雲摶而耑銳杓雲如繩者居前音天其半半天蜺雲者類鬭旗故銳鉤雲句曲諸此雲見以五色占而澤摶密其見動人迺有占兵必起占鬭其直王朔所候決

於日旁日旁雲氣人主象皆如其形以占故北夷之氣如羣畜穹閭南夷之氣類舟船幡旗大水處敗軍場破國之虛下有積泉金寶上皆有氣不可不察海旁蜃氣象樓臺廣野氣成宮闕然雲氣各象其山川人民所聚積故候息耗者入國邑視封畺田疇之整治如淳曰蔡邕云麻田曰疇城郭室屋門戶之潤澤次至車服畜產精華實息者吉虛耗者凶若煙非煙若雲非雲郁郁紛紛蕭索輪囷是謂慶雲慶雲見喜氣也若霧非霧衣冠不濡見則其城被甲而趨夫雷電赮虹辟歷夜明者陽氣之動者也春夏

則發秋冬則臧故候書者亡不司天開縣物孟康曰謂天裂而見物象也天開示縣象地動坼絕山崩及陁川塞谿垘孟康曰垘音羅菔謂谿垘崩也蘇林曰垘音伏流也如淳曰垘塡塞不通也水澹地長澤竭見象城郭門閭潤息槁枯宮廟廊第人民所次名言俗車服觀民飲食五穀草木觀其所屬倉府廄庫四通之路六畜禽獸所產去就魚鼈鳥鼠觀其所處鬼哭若謼與人逢遻訛言誠然凡候歲美惡謹候歲始歲始或冬至日產氣始萌臘明日人眾卒歲壹會飲食發陽氣故曰初歲正月旦王者歲首立春四時之始也四始者候之日而漢魏鮮集臘明正月旦決八

風孟康曰魏鮮人姓名作占候者也風從南大旱西南小旱西方有兵西北戎菽爲孟康曰戎菽胡豆爲成也小雨趣兵北方爲中歲東北爲上歲韋昭曰上歲大穰東方大水東南民有疾疫歲惡故八風各與其衝對課多者爲勝多勝少久勝亟疾勝徐旦至食爲麥食至日跌爲稷跌至晡爲黍晡至下晡爲叔下晡至日入爲麻欲終日有雲有風有日當其時深而多實亡雲有風日當其時淺而少實有雲風亡日當其時深而少實有日亡雲不風當其時者稼有敗如食頃小敗孰五斗米頃大敗風復起有雲其稼復起各以其時用雲色占種

所宜雨雪寒歲惡是日光明聽都邑人民之聲聲宮則歲美吉商有兵徵旱羽水角歲惡或從正月旦比數雨率日食一升至七升而極孟康曰正月一日雨而民有一升之食二日雨民有二升之食如此至七日已來驗也過之不占數至十二日直其月占水旱孟康曰一日雨正月水也爲其環域千里內占即爲天下候竟正月孟康曰月三十日周天歷二十八宿然後可占天下月所離列宿日風雲占其國然必察大歲所在金穰水毀木飢火旱此其大經也正月上甲風從東方來宜蠶從西方來若旦有黃雲惡冬至短極縣土炭孟康曰先冬至三日縣土炭於衡兩端輕重適均冬至而陽氣至則炭重夏至陰氣至則土重晉灼曰蔡邕律歷記候鍾律權土炭冬至陽氣應黃鍾通土炭輕而衡仰夏至陰氣應蕤賓通土炭重而衡低進退先後五日之中炭動麋鹿解角蘭根出泉水踊略以知日至要決晷景夫天運三十歲一小變百年中變五百年大變三大變一紀三紀而大備此其大數也春秋二百四十二年間日食三十六彗星三見夜常星不見夜中星隕如雨者各一當是時禍亂輒應周室微弱上下交怨殺君三十六亡國五十二諸侯奔走不得保其社稷者不可勝數自是之後衆暴寡大并小秦楚吳粵夷狄也爲彊伯田氏簒齊三家分晉並爲戰國爭於攻取兵革遞起城邑數屠因以飢饉疾疫愁苦臣主共憂患其察禨

祥候星氣尤急如淳曰呂氏春秋荊人鬼越人禨今之巫祝禱祠淫祀之比也晉灼曰禨音珠璣之璣近世十二諸侯七國相王言從橫者繼踵而占天文者因時務論書傳故其占驗鱗雜米鹽亡可録者周卒爲秦所滅始皇之時十五年間彗星四見久者八十日長或亘天後秦遂以兵內兼六國外攘四夷死人如亂麻又熒惑守心及天市芒角色赤如雞血始皇既死適庶相殺二世即位殘骨肉戮將相太白再經天因以張楚並興兵相跆籍蘇林曰跆音臺登蹋也或作蹈秦遂以亡項羽救鉅鹿枉矢西流枉矢所觸天下之所伐射滅亡象也物莫直於矢今蛇行不

能直而枉者執矢者亦不正以象項羽執政亂也羽遂合從阬秦人屠咸陽凡枉矢之流以亂伐亂也

漢元年十月五星聚于東井以歷推之從歲星也（李奇曰歲星得其正度其四星隨比常正行故曰從也孟康曰歲星先至先至爲主也）此高皇帝受命之符也故客謂張耳曰東井秦地漢王入秦五星從歲星聚當以義取天下秦王子嬰降於枳道漢王以屬吏寶器婦女亡所取閉宮封門還軍次于霸上以候諸侯與秦民約法三章民亡不歸心者可謂能行義矣天之所予也五年遂定天下即帝位此明歲星之崇義東井爲秦之地明効也

三年秋太白出西方有光幾中（晉灼曰幾中近踰身）乍北乍南過期迺入辰星出四孟（韋昭曰法當出四仲出四孟爲易王之象也）是時項羽爲楚王而漢已定三秦與相距滎陽太白出西方有光幾中是秦地戰將勝而漢國將興也辰星出四孟易王之表也後二年漢滅楚七年月暈圍參畢七重占曰畢昴閒天街也街北胡也街南中國也昴爲匈奴參爲趙畢爲邊兵是歲高皇帝自將兵擊匈奴至平城爲冒頓單于所圍七日迺解

十二年春熒惑守心（李奇曰心爲天王也）四月宮車晏駕（應劭曰天子當晨起早作而方崩殞故稱晏駕云韋昭曰凡初崩爲晏駕者臣子之心猶謂宮車當駕而出耳）孝惠二年天開東北廣十餘丈長二十餘丈地動陰有餘天裂陽不足皆下盛彊將害上之變也其後有呂氏之亂

孝文後二年正月壬寅天欃夕出西南（孟康曰歲星之精）占曰爲兵喪亂其六年十一月匈奴入上郡雲中漢起三軍以衛京師其四月乙巳水木火三合於東井占曰外內有兵與喪改立王公東井秦也八月天狗下梁壄是歲誅反者周殷長安市其七年六月文帝崩其十一月戊戌土水合於危占曰爲雍沮所當之國不可舉事用兵必受其殃一曰將覆軍危齊也其七月火東行行畢陽環畢東

北出而西逆行至昴即南迺東行占曰爲喪死寇亂畢昴趙也

孝景元年正月癸酉金水合於婺女占曰爲變謀爲兵憂婺女粵也又爲齊其七月乙丑金木水三合於張占曰外內有兵與喪改立王公張周地今之河南也又爲楚其二年七月丙子火與水晨出東方因守斗占曰其國絕祀至其十二月水火合於斗占曰爲淬不可舉事用兵必受其殃一曰爲北軍用兵舉事大敗斗吳也又爲粵是歲彗星出西南其三月立六皇子爲王王淮陽汝南河閒臨江長沙廣川其三年吳楚膠西

膠東菑川濟南趙七國反吳楚兵先至攻梁膠西膠東菑川三國攻圍齊漢遣大將軍周亞夫等戎止河南以候吳楚之敝遂敗之吳王亡走粵粵攻而殺之平陽侯敗三國之師于齊咸伏其辜齊王自殺漢兵以水攻趙城城壞王自殺六月立皇子二人楚元王子一人為王王膠西中山楚徙濟北為菑川王淮陽為魯王汝南為江都王七月兵罷天狗下占為破軍殺將狗又守禦類也天狗所降以戒守禦吳楚攻梁梁堅城守遂伏尸流血其下三年填星在婁幾入還居奎奎魯也占曰其國得

地為得填是歲魯為國　四年七月癸未火入東井行陰又以九月己未入輿鬼戊寅出占曰為誅罰又為火灾後二年有栗氏事其後未央東闕灾　中元三年填星當在觜觿參去居東井占曰亡地不迺有女憂其三年正月丁亥金木合於觜觿為白衣之會三月丁酉彗星夜見西北色白長丈在觜觿且去益小十五日不見占曰必有破國亂君伏死其辜觜觿梁也其五月甲午金木俱在東井戊金去木留守之二十日占曰傷成於戊木為諸侯誅將行於諸侯也其六月壬戌蓬星見

西南在房南去房可二丈大如二斗器色白癸亥在心東北可長丈所甲子在尾北可六丈丁卯在箕北近漢稍小且去時大如桃壬申去凡十日占曰蓬星出必有亂臣房心閒天子宮也是時梁王欲為漢嗣使人殺漢爭臣袁盎漢按誅梁大臣斧戉用梁王恐懼布車入關伏斧戉謝罪然後得免

中三年十一月庚午夕金火合於虛相去一寸占曰為鑠為喪虛齊也　四年四月丙申金木合於東井占曰為白衣之會井秦也其五年四月乙巳水火合於參占曰國不吉參梁也其六年四月

梁孝王死五月城陽王濟陰王死六月成陽公主死出入三月天子四衣白臨邸第　後元年五月壬午火金合於輿鬼之東北不至柳出輿鬼北可五寸占曰為鑠有喪輿鬼秦也丙戌地大動鈴鈴然民大疫死棺貴至秋止　孝武建元三年三月有星孛于注張歷太微干紫宮至于天漢春秋星孛于北斗齊魯晉之君皆將死亂今星孛歷五宿其後濟東膠西江都王皆坐法削黜自殺淮陽衡山謀反而誅　三年四月有星孛於天紀至織女占曰織女有女變天紀為地震至四年十

月而地動其後陳皇后廢六年熒惑守輿鬼占曰
爲火變有喪是歲高園有火災竇太后崩
元光元年六月客星見于房占曰爲兵起其二年
十一月單于將十萬騎入武州漢遣兵三十餘萬
以待之元光中天星盡搖上以問候星者對曰星
搖者民勞也後伐四夷百姓勞于兵革　元鼎
五年太白入于天苑占曰將以馬起兵也一曰馬
將以軍而死耗其後以天馬故誅大宛馬大死於
軍元鼎中熒惑守南斗占曰熒惑所守爲亂賊喪
兵守之久其國絕祀南斗越分也其後越相呂嘉

殺其王及太后漢兵誅之滅其國元封中星孛于
河戍占曰南戍爲越門北戍爲胡門其後漢兵擊
拔朝鮮以爲樂浪玄菟郡朝鮮在海中越之象也
居北方胡之域也　太初中星孛于招搖星傳
曰客星守招搖蠻夷有亂民死君其後漢兵擊大
宛斬其王招搖遠夷之分也　孝昭始中漢宦者
梁成恢及燕王候星者吳莫如見蓬星出西方天
市東門行過河鼓入營室中恢曰蓬星出六十日
不出三年下有亂臣戮死於市後太白出西方下
行一舍復上行二舍而下去太白主兵上復下將

有戮死者後太白出東方入咸池東下入東井人
臣不忠有謀上者後太白入太微西藩第一星北
出東藩第一星北東下去太微者天廷也太白行
其中宮門當閉大將被甲兵邪臣伏誅熒惑在婁
逆行至奎法曰當有兵後太白入昴莫如曰蓬星
出西方當有大臣戮死者太白星入東井太微廷
出東門漢有死將後熒惑出東方守太白兵當起
主人不勝後流星下燕萬載宮極東去（李奇曰極屋梁也三輔閒名爲極或曰極棟也三輔閒名棟爲極尋棟東去也延篤謂之堂前闌楯也）法曰國恐有誅其後左
將軍桀票騎將軍安與長公主燕剌王謀作亂咸

伏其辜兵誅烏桓　元鳳四年九月客星在紫
宮中斗樞極間占曰爲兵其五年六月發三輔郡
國少年詣北軍五年四月燭星見奎婁間占曰有
土功胡人死邊城和其六年正月築遼東玄菟城
二月度遼將軍范明友擊烏桓還　元平元年
正月庚子日出時有黑雲狀如焱風亂鬊（音舜）轉出
西北東南行轉而西有頃亡占曰有雲如衆風是
謂風師法有大兵其後兵起烏孫五將征匈奴
二月甲申晨有大星如月有衆星隨而西行
乙酉牂雲如狗赤色長尾三枚夾漢西行大星如

月大臣之象衆星隨之衆皆隨從也天文以東行
爲順西行爲逆此大臣欲行權以安社稷占曰太
白散爲天狗爲卒起卒起見禍無時臣運柄牂雲
爲亂君到其四月昌邑王賀行淫辟立二十七日
大將軍霍光白皇太后廢賀　三月丙戌流星
出翼軫東北干太微入紫宮始出小且入大有光
入有頃聲如雷三鳴止占曰流星入紫宮天下大
凶其四月癸未宮車晏駕　孝宣本始元年四月壬
戌甲夜辰星與參出西方其二年七月辛亥夕辰
星與翼出皆爲蚤占曰大臣誅其後熒惑守房之

鉤鈐鉤鈐天子之御也（晉灼曰上言房爲天駟其陰右驂旁有二星曰鈐故曰天子御也）占
曰不太僕則奉車不黜即死也房心天子宮也房
爲將相心爲子屬也其地宋今楚彭城也　四
年七月甲辰辰星在翼月犯之占曰兵起上卿死
將相也是日熒惑入輿鬼天質占曰大臣有誅者
名曰天賊在大人之側　地節元年正月戊午
乙夜月食熒惑（孟康曰凡星入月見月中爲星食月月奄星星滅爲月食星）熒惑在角
亢占曰憂在宮中非賊而盜也有內亂讒臣在旁
其辛酉熒惑入氐中氐天子之宮熒惑入之有賊
臣其六月戊戌甲夜客星又居左右角間東南指

長可二尺色白占曰有姦人在宮廷閒其丙寅又
有客星見貫索東北南行至七月癸酉夜入天市
芒炎東南指其色白占曰有戮卿一曰有戮王期
皆一年遠二年是時楚王延壽謀逆自殺　四
年故大將軍霍光夫人顯將軍霍禹范明友奉車
霍山及諸昆弟賓婚爲侍中諸曹九卿郡守皆謀
反咸伏其辜　黃龍元年三月客星居王梁東
北可九尺長丈餘西指出閣道閒至紫宮其十二
月宮車晏駕　元帝初元元年四月客星大如
瓜色青白在南斗第二星東可四尺占曰爲水飢

其五月勃海水大溢六月關東大飢民多餓死琅
邪郡人相食二年五月客星見昴分居卷舌東可
五尺青白色炎長三寸占曰天下有妄言者其十
二月鉅鹿都尉謝君男詐爲神人論死父免官（孟康曰姓謝名君男者兒也不記其名直言男耳）
五年四月彗星出西北赤黃
色長八尺所後數日長丈餘東北指在參分後二
歲餘西羌反　孝成建始元年九月戊子有流
星出文昌色白光燭地長可四丈大一圍動搖如
龍蛇形有頃長可五六丈大四圍所詘折委曲貫
紫宮西在斗西北子亥間後詘如環北方不合留

二刻所占曰丈昌爲上將貴相是時帝舅王鳳爲
大將軍其後宣帝舅子王商爲丞相皆貴重任政
鳳妬商譖而罷之商自殺親屬皆廢黜　四年
七月熒惑隃歲星居其東北半寸所如連李時歲
星在關星西四尺所熒惑初從畢口大星東東北
往數日至往疾去遲占曰熒惑與歲星鬬有病君
飢歲至河平元年三月旱傷麥民食榆皮二年十
二月壬申太皇太后避時昆明東觀（如淳曰食貨志武帝修昆明池列觀）
（環之或曰即病謝君男故避其時）　十一月乙卯月食填星星
不見時在輿鬼西北八九尺所占曰月食填星流

民千里河平元年三月流民入函谷關　河平
二年十月下旬填星在東井軒轅南耑大星尺餘
歲星在其西北尺所熒惑在其西北二尺所皆從
西方來填星貫輿鬼先到歲星次熒惑亦貫輿鬼
十一月上旬歲星熒惑西去填星皆西北逆行占
曰三星若合是謂驚位是謂絕行外內有兵與喪
改立王公其十一月丁巳夜郎王歆大逆不道牂
柯太守立捕殺歆　三年九月甲戌東郡莊平
男子侯毋辟兄弟五人羣黨爲盜攻燔官寺縛縣
長吏盜取印綬自稱將軍三月辛卯左將軍千秋

卒右將軍史丹爲左將軍四年四月戊申梁王賀
薨　陽朔元年七月壬子月犯心星占曰其國
有憂若有大喪房心爲宋今楚地十一月辛未楚
王友薨　四年閏月庚午飛星大如缶出西南
入斗下占曰漢使匈奴明年鴻嘉元年正月匈奴
單于雕陶莫皐死五月甲午遣中郎將楊興使弔
永始二年二月癸未夜東方有赤色大三四圍長
二三丈索索如樹南方有大四五圍下行十餘丈
皆不至地滅占曰東方客之變氣狀如樹木以此
知四方欲動者明年十二月己卯尉氏男子樊並

等謀反賊殺陳留太守嚴普及吏民出囚徒取庫
兵劫略令丞自稱將軍皆誅死庚子山陽鐵官亡
徒蘇令等殺傷吏民篡出囚徒取庫兵聚黨數百
人爲大賊踰年經歷郡國四十餘一日有兩氣同
時起並見而並令等同月俱發也　元延元年
四月丁酉日餔時天曤晏殷殷如雷聲有流星頭
大如缶長十餘丈皎然赤白色從日下東南去四
面或大如盂或如雞子燿燿如雨下至昏止郡國
皆言星隕春秋星隕如雨爲王者失埶諸侯起伯
之異也其後王莽遂顓國柄王氏之興萌於成帝

時是以有星隕之變後莽遂篡國　綏和元年
正月辛未有流星從東南入北斗長數十丈二刻
所息占曰大臣有繫卒者其年十一月庚子定陵侯
淳于長坐執左道下獄死　二年春熒惑守心
二月乙丑丞相翟方進欲塞災異自殺三月丙戌
宮車晏駕　哀帝建平元年正月丁未日出時
有著天白氣廣如一匹布長十餘丈西南行讙如
雷西南行一刻而止名曰天狗傳曰言之不從則
有大禍詩妖到其四年正月二月三月民相驚動
讙譁奔走傳行詔籌祠西王母又曰從目人當來

建平元年十二月白氣出西南從地上至天出參
下貫天廁廣如一匹布長十餘丈十餘日去占曰
天子有陰病其三年十一月壬子太皇太后詔曰
皇帝寬仁孝順奉承聖緒靡有解怠而久病未瘳
夙夜惟思殆繼體之君不宜改作春秋大復古其
復甘泉泰畤汾陰后土如故　二年二月彗星
出牽牛七十餘日傳曰彗所以除舊布新也牽牛
日月五星所從起歷數之元三正之始彗而出之
改更之象也其出久者爲其事大也其六月甲子
夏賀良等建言當改元易號增漏刻詔書改建平

二年爲太初元年號曰陳聖劉太平皇帝刻漏以
百二十爲度八月丁巳悉復蠲除之賀良及黨與
皆伏誅流放其後卒有王莽篡國之禍　元壽
元年十一月歲星入太微逆行干右執法占曰大
臣有憂執法者誅若有罪二年十月戊寅高安侯
董賢免大司馬位歸第自殺

天文志卷第六

五行志第七上　漢書二十七

秘書監上護軍琅邪縣開國子顏師古注　班固

易曰天垂象見吉凶聖人象之河出圖雒出書聖人則之〔師古曰上繫之辭也則效也〕劉歆以爲虙羲氏繼天而王〔師古曰虙讀與伏同〕受河圖則而畫之八卦是也〔師古曰效效河圖而畫八卦也〕禹治洪水賜雒書法而陳之洪範是也〔師古曰取法雒書而陳洪範也〕聖人行其道而寶其眞降及于殷箕子在父師位而典之〔師古曰父師即太師殷之三公也箕子紂之諸父而爲太師故曰父師〕周既克殷以箕子歸武王親虛己而問焉故經曰惟十有三祀王訪于箕子〔師古曰祀年也商曰祀自此以下皆周書洪範之文〕王迺言曰烏嘑箕子惟天陰騭

前漢五行志七上　一

下民相協厥居我不知其彝倫逌敘〔服虔曰騭音陟也應劭曰陰覆也騭升也相助也協和也倫理也攸所也言天覆下民王者當助天居我不知居天常理所次序也師古曰騭音質騭定也協和也天不言而默定下人助合其居〕箕子迺言曰我聞在昔鯀陻洪水汩陳其五行〔應劭曰陻塞也汩亂也水性流行而鯀障塞之失其本性其餘所陳列皆亂故曰亂陳五行也師古曰汩音骨〕帝乃震怒弗畀洪範九疇彝倫逌斁〔師古曰帝謂上帝即天也震動也畀與也疇類也九類即九章也斁敗也音丁故反〕鯀則殛死禹迺嗣興〔師古曰殛誅也見誅而死殛音居力反〕天迺錫禹洪範九疇彝倫逌敘〔師古曰自此以上洪範之文〕此武王問雒書於箕子箕子對禹得雒書之意也初一曰五行〔師古曰謂之行者言順天行氣〕次二曰羞用五事〔師古曰羞進也〕次三曰農用八政〔張晏曰農食之本也食爲八政首故以農爲名也師古曰此說非也農厚也羞用義例皆同非田農之義也〕次四曰旪用五紀〔應劭曰旪合也合歲五行爲之條紀也師古曰旪讀曰叶和也〕次五曰建用皇極〔應劭曰皇大極中也〕次六曰艾用三德〔應劭曰艾治也治大中之道用三德也師古曰艾讀曰乂〕次七曰明用稽疑〔應劭曰疑事明考之於蓍龜〕次八曰念用庶徵〔師古曰念思也庶衆也徵應也〕次九曰嚮用五福畏用六極〔應劭曰天所以嚮樂人用五福所以畏懼人用六極〕凡此六十五字皆雒書本文所謂天迺錫禹大法九章常事所次者也以爲河圖雒書相爲經緯八卦九章相爲表裏昔殷道絶文王演周易〔師古曰演廣也更廣其文也演音弋善反〕周道敝孔子述春秋則乾坤之陰陽效洪範之咎徵天人之道粲然著矣漢興承秦滅學之後景武之世董仲舒治公羊春秋始推陰陽爲儒者宗宣元之後劉向

前漢五行志七上　二

治穀梁春秋數其旤福傳以洪範〔師古曰旤古文禍字以洪範義傳而說之傳字或作傅讀曰附謂附著〕與仲舒錯〔師古曰錯互不同也〕至向子歆治左氏傳其春秋意亦已乖矣言五行傳又頗不同是以擥仲舒別向歆〔師古曰擥字與擥同謂引取之擥音來敢反〕傳載眭孟夏侯勝京房谷永李尋之徒所陳行事〔師古曰眭音息規反說在眭孟傳〕訖于王莽舉十二世以傅春秋著于篇〔師古曰傅讀曰附謂比附其事〕經曰初一曰五行五行一曰水二曰火三曰木四曰金五曰土水曰潤下火曰炎上〔師古曰皆水火自然之性也〕木曰曲直〔師古曰言可揉而曲可矯而直〕金曰從革〔張晏曰革更也可更銷鑄也〕土爰稼穡〔師古曰爰亦曰也一說爰於也可於其上稼穡也種之曰稼收聚曰穡〕傳曰田

獵不宿服虔曰不得其時也或曰不豫戒曰不宿不戒以其時也飲食不享師古曰不行享獻之禮也出入不節奪民農時及有姦謀李奇曰姦謀增賦稅斂之事也臣瓚曰姦謂邪謀也師古曰即下所謂作爲姦詐以奪農時李說是則木不曲直說曰木東方也於易地上之木爲觀師古曰坤下巽上觀巽爲木故云地上之木也其於王事威儀容貌亦可觀者也故行步有佩玉之度師古曰玉佩上有雙衡下有雙璜琚瑀以雜之衝牙蠙珠以納其閒右徵角而左宮羽進則揖之退則揚之然後玉鏘鳴焉是爲行步之節度也璜音黃琚音居瑀音禹蠙音步千反登車有和鸞之節師古曰和鈴也以金爲之施於衡上鸞亦以金爲鸞鳥而銜鈴焉施於鑣上動皆有聲以爲舒疾之節也田狩有三驅之制師古曰謂田獵三驅也三驅之禮一爲乾豆二爲賓客三爲充君之庖也飲食有享獻之禮師古曰以禮飲食謂之享進爵於前謂之獻出入有名使民以時務在勸農桑謀在安百姓如此則木得其性

前漢五行志七上　三　陳忠

矣若迺田獵馳騁不反宮室飲食沈湎不顧法度師古曰沈湎謂溺於酒食湎音彌善反妄興繇役以奪民時作爲姦詐以傷民財則木失其性矣蓋工匠之爲輪矢者多傷敗如淳曰揉輪不曲矯矢不直也及木爲變怪臣瓚曰梓柱更生及變爲人形是也是爲木不曲直春秋成公十六年正月雨木冰劉歆以爲上陽施不下通下陰施不上達故雨而木爲之冰雰氣寒師古曰雰音紛木不曲直也劉向以爲冰者陰之盛而水滯者也木者少陽貴臣卿大夫之象也此人將有害則陰氣脅木木先寒故得雨而冰也是時叔孫喬如出奔公子偃誅死師古曰叔孫喬如叔孫宣伯也通於宣公夫人穆姜謀欲作亂不克而出奔齊公子偃宣公庶子成公弟也豫喬如之謀故見誅事並在十六年冬一曰時晉執季孫行父又執公此執辱之異師古曰行父季文子也十六年秋公會晉侯于沙隨晉受喬如之譖而止公是年九月又信喬如之譖而執行父也或曰今之長老名木冰爲木介介者甲甲兵象也是歲晉有鄢陵之戰楚王傷目而敗師古曰晉楚戰于鄢陵呂錡射恭王中目鄢陵鄭地屬常雨也傳曰棄法律逐功臣殺太子以妾爲妻則火不炎上說曰火南方揚光煇爲明者也其於王者南面鄉明而治師古曰鄉讀曰嚮書云知人則悊能官人師古曰虞夏書咎繇謨之辭也悊智也能知其材則能官之所以爲智也故堯舜舉羣賢而命之朝師古曰謂稷禼以下遠四佞而放諸壄師古曰四佞即四凶也遠離也壄古野字孔子曰浸潤之譖膚受之訴不

前漢五行志七上　四　陳惠

行焉可謂明矣師古曰論語載孔子之言也浸潤言積漸也膚受謂初入皮膚以至骨髓也賢佞分別官人有序帥由舊章師古曰帥循也由從也用也敬重功勳殊別適庶師古曰適讀曰嫡如此則火得其性矣若迺信道不篤師古曰篤厚也或燿虛僞讒夫昌邪勝正則火失其性矣自上而降及濫炎妄起師古曰炎讀曰燄災宗廟燒宮館雖興師衆弗能救也是爲火不炎上春秋桓公十四年八月壬申御廩災董仲舒以爲先是四國共伐魯大破之於龍門師古曰龍門魯邑郭門百姓傷者未瘳怨咎未復而君臣俱惰內怠政事外侮四鄰非能保守宗廟終其天年者也故天災御廩以戒之劉向以爲御

禀夫人八妾所舂米之臧以奉宗廟者也師古曰一娶九女正嫡一人餘者妾也故云八妾時夫人有淫行師古曰謂通於齊侯挾逆心師古曰謂欲弑桓公天戒若曰夫人不可以奉宗廟桓不寤與夫人俱會齊師古曰十八年春公會齊侯于濼公與夫人姜氏遂如齊也夫人譖桓公於齊侯師古曰言世子同非吾子齊侯之子齊侯殺桓公師古曰齊侯享公公醉使公子彭生乘公拉其幹而殺之公薨于車劉歆以爲御禀公所親耕耤田以奉粢盛者也師古曰黍稷曰粢在器曰盛也棄法度亡禮之應也嚴公二十年夏齊大災師古曰嚴公謂莊公也避明帝諱故改曰嚴凡漢書載謚姓爲嚴者皆類此劉向以爲齊桓好色聽女口以妾爲妻適庶數更師古曰更改也桓公之夫人三王姬徐嬴蔡姬皆無子而桓公好內多寵內嬖如夫人者六人長衛姬生公子無虧即武孟也少衛姬生惠公鄭姬生孝公葛嬴生昭公密姬生懿公宋華子生公子雍公與管仲屬孝公於宋襄公以爲太子易牙有寵於衛共姬因寺人貂以薦羞於公請立武孟公許之管仲卒五公子皆求立適讀曰嫡下亦同數音所角反故致大災桓公不寤及死適庶分爭九月不得葬師古曰魯僖十七年齊桓公卒易牙入因內寵以殺羣吏立無虧孝公奔宋十八年齊立孝公不勝四公子之徒遂與宋人戰敗齊師于甗立孝公而還八月葬桓公是爲過於九月乃得葬也公羊傳曰大災疫也董仲舒以爲魯夫人淫於齊齊桓姊妹不嫁者七人國君民之父母夫婦生化之本本傷則末夭故天災所予也李奇曰以爲疫殺其民人釐公二十年五月乙巳西宮災師古曰釐讀曰僖後皆類此穀梁以爲愍公宮也以謚言之則若疏故謂西宮劉向以爲釐立妾母爲夫人以入宗廟師古曰僖公之母謂成風也本非正嫡僖既爲君而母遂同夫人禮文四年經書夫人風氏薨五年王使榮叔歸含且賵是也故天災

愍宮若曰去其卑而親者將害宗廟之正禮師古曰愍公於僖公爲弟故云卑董仲舒以爲釐娶於楚而齊媵之脅公使立以爲夫人師古曰僖公初聘楚女爲嫡齊女爲媵時齊先致其女脅魯使立爲夫人事見公羊穀梁傳西宮者小寢夫人之居也若曰妾何爲此宮誅去之意也以天災之故大之曰西宮也左氏以爲西宮者公宮也言西知有東東宮太子所居言宮舉區皆災也宣公十六年夏成周宣榭火師古曰公羊經也成周洛陽也榭者所以臧樂器宣其名也董仲舒劉向以爲十五年王札子殺召伯毛伯師古曰王札子即王子捷也召伯毛伯周大夫也召讀曰邵後皆類此天子不能誅天戒若曰不能行政令何以禮樂爲而臧之左氏經曰成周宣榭火人火也人火曰火天火曰災榭者講武之坐屋成公三年二月甲子新宮災穀梁以爲宣宮不言謚恭也劉向以爲時魯三桓子孫始執國政宣公欲誅之恐不能使大夫公孫歸父如晉謀未反宣公死三家譖歸父於成公成公父喪未葬聽讒而逐其父之臣使奔齊師古曰三桓謂孟孫叔孫季孫三家俱出桓公之子也公孫歸父東門襄仲之子也歸父欲去三桓以張公室與宣公謀而聘于晉欲以晉人去之而宣公薨成公即位季文子及臧宣叔乃逐東門氏歸父還復命於介遂出奔齊故天災宣宮明不用父命之象也一曰三家親而亡禮猶宣公殺子赤而立師古曰赤文公太子即子惡也宣公文公之庶子襄仲殺赤而立宣公亡禮而親天災

宣廟欲示去三家也董仲舒以爲成居喪亡哀戚
心數興兵戰伐師古曰謂元年作丘甲二年季孫行父帥師會晉郤克及齊侯戰于鞌三年叔孫僑如帥師
圍棘故天災其父廟示失子道不能奉宗廟也一曰
宣殺君而立不當列於羣祖也襄公九年春宋災
劉向以爲先是宋公聽讒逐其大夫華弱出奔魯
師古曰華弱華椒之孫也與樂轡少相狎長相優又相謗轡以弓梏弱于朝宋平公怒逐之遂來奔事在襄六年左氏傳
曰宋災樂喜爲司城師古曰司城本司空也避武公之諱故改其官爲司城先使火所
未至徹小屋師古曰恐火及之故徹去塗大屋師古曰大屋難徹故以泥塗之令火至不可焚陳
畚輂應劭曰畚草籠也讀與本同輂所以輿土也師古曰輂音居玉反具綆缶師古曰綆汲索也缶即盎也綆音工
杏反備水器師古曰盆盎之屬也許氏說文解字曰罃備火今之長頸缾也畜水潦積土塗

師古曰潦行潦也畜讀曰蓄蓄謂障遏聚之也塗泥也繕守備師古曰繕謂補修之也儆守禦之備恐因火有它故也表
火道師古曰火之所起之道皆立標記也儲正徒師古曰儲偫也正徒役徒也偫音丈紀反郊保之
民使奔火所師古曰郊保之人謂郊野之外保聚者也使奔火所共救災也又飭衆官各
慎其職師古曰飭讀與敕同晉侯聞之問士弱曰師古曰士弱晉大夫士莊伯宋
災於是乎知有天道何故對曰古之火正或食於心或食
於咮以出入火師古曰咮音竹救反是故咮爲鶉火心爲大火
陶唐氏之火正閼伯居商丘祀大火而火紀時焉
相土因之故商主大火商人閱其禍敗之釁必始
於火是以知有天道公曰可必乎對曰在道國亂
亡象不可知也韋昭曰大亂之君天不復告故無象說曰古之火正謂火

官也掌祭火星行火政季春昏心星出東方而咮
七星鳥首正在南方則用火季秋星入則止火以
順天時救民疾帝嚳則有祝融堯時有閼伯民賴
其德死則以爲火祖配祭火星故曰或食於心或
食於咮也相土商祖契之曾孫師古曰契讀曰偰音先列反字或作禼其用同耳據諸
典籍相土即禼之孫今云曾孫未詳其意代閼伯後主火星宋其後也世司
其占故先知火賢君見變能脩道以除凶亂君亡
象天不譴告故不可必也三十年五月甲午宋災
董仲舒以爲伯姬如宋五年宋恭公卒師古曰伯姬魯宣公女恭
姬也成九年歸于宋十五年而宋公卒今云如宋五年則是轉寫誤伯姬幽居守節三十餘年

又憂傷國家之患禍積陰生陽故火生災也劉向
以爲先是宋公聽讒而殺大子痤師古曰痤宋平公大子也寺人惠牆伊戾
譖大子云與楚客盟平公殺之事在襄二十六年痤音在戈反應火不炎上之罰也左
氏傳昭公六年六月丙戌鄭災是春三月鄭人鑄
刑書士文伯曰火見鄭其火乎師古曰士文伯晉大夫伯瑕也火未出
而作火以鑄刑器臧爭辟焉師古曰著刑於鼎故稱刑器法設下爭故云爭辟
火而象之不火何爲說曰火星出於周五月而鄭
以三月作火鑄鼎刻刑辟書以爲民約是爲刑器
爭辟故火星出與五行之火爭明爲災其象然也
又棄法律之占也不書於經時不告魯也九年夏

四月陳火（師古曰公羊經）董仲舒以爲陳夏徵舒殺君楚嚴王託欲爲陳討賊陳國闢門而待之至因滅陳（師古曰夏徵舒陳大夫夏南即少西氏也徵舒之母通於靈公靈公飲酒于夏氏徵舒射而殺之楚子爲夏氏亂故伐陳謂陳人無動將討於少西氏遂入陳殺夏徵舒轘諸栗門因縣陳事在宣十年十一年）陳臣子尤毒恨甚極陰生陽故致火災劉向以爲先是陳侯弟招殺陳大子偃師（師古曰招謂陳哀公之弟偃師即哀公子也哀公有廢疾招殺大子而立公子留事在昭八年招音韶）皆外事不因其宮館者略之也八年十月壬午楚師滅陳（師古曰莊王初雖縣陳納申叔時之諫乃復封陳至此時陳又爲楚靈王所滅）春秋不與蠻夷滅中國故復書陳火也（師古曰九年火時陳已爲楚縣猶追書陳國者以蠻夷不許其滅中夏之國）左氏經曰陳災傳曰鄭裨竈曰五年陳將復封（師古曰裨竈鄭大夫）

封五十二年而遂亡子產問其故對曰陳水屬也火水妃也而楚所相也今火出而火陳逐楚而建陳也妃以五成故曰五年歲五及鶉火而後陳卒亡楚克有之天之道也說曰顓頊以水王陳其族也（師古曰陳舜後也舜本出顓頊）今茲歲在星紀後五年在大梁大梁昴也金爲水宗得其宗而昌故曰五年陳將復封楚之先爲火正故曰楚所相也天以一生水地以二生火天以三生木地以四生金天以五生土五位皆以五而合而陰陽易位故曰妃以五成然則水之大數六火七木八金九土十故水以天一爲火二牡木以天三爲土十牡土以天五爲水六牡火以天七爲金四牡金以天九爲木八牡陽奇爲牡陰耦爲妃（師古曰奇音居宜反）故曰水火之牡也火水妃也於易坎爲水爲中男離爲火爲中女蓋取諸此也自大梁四歲而及鶉火四周四十八歲凡五及鶉火五十二年而陳卒亡火盛水衰故曰天之道也哀公十七年七月己卯楚滅陳昭十八年五月壬午宋衛陳鄭災董仲舒以爲象王室將亂天下莫救故災四國言亡四方也又宋衛陳鄭之君皆荒淫於樂不恤國政與周室同行陽失節則火災出是以同

日災也劉向以爲宋陳王者之後（師古曰宋微子啓本出殷陳胡公滿有虞苗裔皆王者之後）衛鄭周同姓也（師古曰衛康叔文王之子鄭桓公宣王之弟）時周景王老劉子單子事王子猛（師古曰劉子劉獻公摯也單子穆公旗也皆周大夫也猛景王大子單音善）尹氏召伯毛伯事王子鼂（師古曰尹氏文公圉也召伯莊公奐也毛伯毛得也皆周大夫也子鼂景王庶子也鼂古朝字）子鼂楚之出也（師古曰姊妹之子曰出）及宋衛陳鄭亦皆外附於楚亡尊周室之心後二年景王崩王室亂故天災四國天戒若曰不救周反從楚廢世子立不正以害王室明同辠也定公二年五月雉門及兩觀災（師古曰雉門公宮南門也兩觀謂闕）董仲舒劉向以爲此皆奢僭過度者也先是季氏逐昭公昭公死于外（師古

曰謂甍于乾侯定公即位不能誅季氏又用其邪說淫於女樂而退孔子師古曰齊人歸女樂季桓子勸定公受之君臣相與觀之廢朝禮三日孔子乃行天戒若曰去高顯而奢僭者一曰門闕號令所由出也今舍大聖而縱有辠亡以出號令矣京房易傳曰君不思道厥妖火燒宮哀公三年五月辛卯桓釐宮災董仲舒劉向以爲此二宮不當立違禮者也哀公又以季氏之故不用孔子孔子在陳聞魯災曰其桓釐之宮乎以爲桓季氏之所出釐使季氏世卿者也四年六月辛丑亳社災師古曰亳社殷社也董仲舒劉向以爲亡國之社所以爲戒也師古曰存其社者欲使君常思儆慎懼危亡也天戒若曰國將危亡不用戒矣春秋火災屢於定哀之間不用聖人而縱驕臣將以亡國不明甚也一曰天生孔子非爲定哀也蓋失禮不明火災應之自然象也高后元年五月丙申趙叢臺災劉向以爲是時呂氏女爲趙王后嫉妒將爲讒口以害趙王王不寤焉卒見幽殺惠帝四年十月乙亥未央宮凌室災師古曰藏冰之室也丙子織室災師古曰織作之室劉向以爲元年呂太后殺趙王如意殘戮其母戚夫人是歲十月壬寅太后立帝姊魯元公主女爲皇后其乙亥凌室災明日織室災凌室所以供養飲食

織室所以奉宗廟衣服與春秋御廩同義天戒若曰皇后亡奉宗廟之德將絕祭祀其後皇后亡子後宮美人有男太后使皇后名之而殺其母惠帝崩嗣子立有怨言太后廢之更立呂氏子弘爲少帝賴大臣共誅諸呂而立文帝惠后幽廢文帝七年六月癸酉未央宮東闕罘思災師古曰罘思闕之屏也解具在文紀劉向以爲東闕所以朝諸侯之門也罘思在其外諸侯之象也漢興大封諸侯王連城數十文帝即位賈誼等以爲違古制度必將叛逆先是濟北淮南王皆謀反其後吳楚七國舉兵而誅景帝中五年八月己酉未央宮東闕災先是栗太子廢爲臨江王師古曰景帝太子栗姬所生謂之栗太子以罪徵詣中尉自殺丞相條侯周亞夫以不合旨稱疾免後二年下獄死武帝建元六年六月丁酉遼東高廟災四月壬子高園便殿火董仲舒對曰春秋之道舉往以明來是故天下有物視春秋所舉與同比者師古曰比類也音必寐反精微眇以存其意通倫類以貫其理天地之變國家之事粲然皆見亡所疑矣按春秋魯定公哀公時季氏之惡已孰師古曰孰成也而孔子之聖方盛夫以盛聖而易孰惡季孫雖重魯君雖輕其勢可成也故定公二年

五月兩觀災兩觀僭禮之物師古曰兩觀天子之制也天災之者若曰僭禮之臣可以去已見罪徵而後告可去此天意也定公不知省師古曰省察也至哀公三年五月桓宮釐宮災二者同事所為一也若曰燔貴而去不義云爾師古曰燔音煩哀公未能見故四年六月亳社災兩觀桓釐廟亳社四者皆不當立天皆燔其不當立者以示魯欲其去亂臣而用聖人也季氏亡道久矣前是天不見災者魯未有賢聖臣雖欲去季孫其力不能昭公是也師古曰前是謂此時之前也見顯示也音胡電反文下並同至定哀迺見之其時可也不時不見天之道也今高廟不

當居遼東高園殿不當居陵旁於禮亦不當立與魯所災同其不當立久矣至於陛下時天迺災之者殆亦其時可也昔秦受亡周之敝而亡以化之漢受亡秦之敝又亡以化之夫繼二敝之後承其下流兼受其猥難治甚矣師古曰猥積也謂積漸也又多兄弟親戚骨肉之連驕揚奢侈師古曰揚謂振揚張大也恣睢者衆服虔曰自恣睢恚怒貌也師古曰睢音呼季反所謂重難之時者也陛下正當大敝之後又遭重難之時甚可憂也故天災若語陛下當今之世雖敝而重難非以大平至公不能治也視親戚貴屬在諸侯遠正最甚者忍而誅之師古曰遠違也謂違正道者也如吾燔遼東高廟迺可視近臣在國中處旁仄及貴而不正者忍而誅之師古曰仄古側字如吾燔高園殿迺可云爾在外而不正者雖貴如高廟猶災燔之況諸侯乎在內不正者雖貴如高園殿猶燔災之況大臣乎此天意也罪在外者天災外罪在內者天災內燔甚罪當重燔簡罪當輕承天意之道也先是淮南王安入朝始與帝舅大尉武安侯田蚡有逆言其後膠西于王趙敬肅王常山憲王皆數犯法或至夷滅人家藥殺二千石而淮南衡山王遂謀反膠東江都王皆知其謀陰治兵弩欲

以應之至元朔六年迺發覺而伏辜時田蚡已死不及誅上思仲舒前言使仲舒弟子呂步舒持斧鉞治淮南獄以春秋誼顓斷於外不請師古曰顓與專同不請者不奏待報既還奏事上皆是之大初元年十一月乙酉未央宮柏梁臺災先是大風發其屋夏侯始昌先言其災曰後有江充巫蠱衛大子事征和二年春涿郡鐵官鑄鐵鐵銷皆飛上去此火為變使之然也其三月涿郡大守劉屈釐為丞相後月巫蠱事興帝女諸邑公主陽石公主師古曰諸瑯邪之縣也公主所食曰邑故謂之諸邑陽石北海之縣丞相公孫賀子大僕敬聲平陽侯曹宗等皆字亦作羊

下獄死七月使者江充掘蠱太子宮太子與母皇后議恐不能自明乃殺充舉兵與丞相劉屈氂戰死者數萬人太子敗走至湖自殺師古曰湖縣名也即今閿鄉湖城二縣界明年屈氂復坐祝䉵要斬師古曰䉵古詛字也音側據反妻梟首也

成帝河平二年正月沛郡鐵官鑄鐵鐵不下隆隆如雷聲又如鼓音工十三人驚走音止還視地地陷數尺鑪分爲十一鑪中銷鐵散如流星皆上去與征和二年同象其夏帝舅五人封列侯號五侯師古曰譚商立根逢時凡五人元舅王鳳爲大司馬大將軍秉政後二年丞相王商與鳳有隙鳳譖之免官自殺明年京

兆尹王章訟商忠直言鳳顓權鳳誣章以大逆辠下獄死妻子徙合浦後許皇后坐巫蠱廢而趙飛燕爲皇后妹爲昭儀賊害皇子成帝遂亡嗣皇后昭儀皆伏辜一曰鐵飛屬金不從革

昭帝元鳳元年燕城南門災劉向以爲時燕王使邪臣通於漢爲讒賊謀逆亂南門者通漢道也天戒若曰邪臣往來爲姦讒於漢絕亡之道也燕王不寤卒伏其辜元鳳四年五月丁丑孝文廟正殿災劉向以爲孝文大宗之君與成周宣榭火同義先是皇后父車騎將軍上官安安父左將軍桀謀爲逆大將軍霍光誅之皇后以光外孫年少不知居位如故光欲后有子因上侍疾醫言禁內後宮皆不得進唯皇后顓寢皇后年六歲而立十三年而昭帝崩遂絕繼嗣光執朝政猶周公之攝也是歲正月上加元服師古曰謂冠也通詩尚書有明悊之性光亡周公之德秉政九年久於周公上既已冠而不歸政將爲國害故正月加元服五月而災見古之廟皆在城中孝文廟始出居外天戒若曰去貴而不正者宣帝既立光猶攝政驕溢過制至妻顯殺許皇后光聞而不討後遂誅滅

宣帝甘露元年四月丙申大上皇

廟災甲辰孝文廟災

元帝初元三年四月乙未孝武園白鶴館災劉向以爲先是前將軍蕭望之光祿大夫周堪輔政爲佞臣石顯許章等所譖望之自殺堪廢黜明年白鶴館災園中五里馳逐走馬之館師古曰五里者言其周迴五里不當在山陵昭穆之地天戒若曰去貴近逸遊不正之臣將害忠良後章坐走馬上林下烽馳逐免官孟康曰夜於上林苑下舉火馳射也烽或作逢晉灼曰冠首曰烽競走曰逐師古曰孟說是

永光四年六月甲戌孝宣杜陵園東闕南方災劉向以爲先是上復徵用周堪爲光祿勳及堪弟子張猛爲大中大夫石顯等復譖毀之皆出外遷是

歲上復徵堪領尚書猛給事中石顯等終欲害之
園陵小於朝廷闕在司馬門中內臣石顯之象也
孝宣親而貴闕法令所從出也天戒若曰去法令
內臣親而貴者必爲國害後堪希得進見因顯言
事事決顯口堪病不能言顯誣告張猛自殺於公
車成帝即位顯卒伏辜成帝建始元年正月乙丑
皇考廟災初宣帝爲昭帝後而立父廟於禮不正
是時大將軍王鳳顓權擅朝甚於田蚡將害國家
故天於元年正月而見象也其後寖盛師古曰寖古浸字浸漸也
五將世權遂以亡道孟康曰謂王五大司馬也師古曰謂鳳音商根莽也鴻嘉三年

前漢五行志七上　十七　徐臻

八月乙卯孝景廟北闕災十一月甲寅許皇后廢
永始元年正月癸丑大官凌室災戊午戾后園南
闕災是時趙飛燕大幸許后既廢上將立之故天
見象於凌室與惠帝四年同應戾后衛大子妾遭
巫蠱之禍宣帝既立追加尊號於禮不正又戾后
起於微賤與趙氏同應天戒若曰微賤亡德之人
不可以奉宗廟將絕祭祀有凶惡之禍至其六月
丙寅趙皇后遂立姊妹驕妒賊害皇子卒皆受誅
永始四年四月癸未長樂宮金華殿及未央宮東
司馬門災六月甲午孝文霸陵園東闕南方災長樂

宮成帝母王大后之所居也未央宮帝所居也霸
陵大宗盛德園也是時大后三弟相續秉政師古曰謂陽平
侯鳳安陽侯音成都侯商相代爲大司馬舉宗居位充塞朝廷兩宮親屬將
害國家師古曰謂大后家王氏皇后家趙氏故云兩宮親屬故天象仍見師古曰仍重也明年
成都侯商薨弟曲陽侯根代爲大司馬秉政後四
年根乞骸骨薦兄子新都侯莽自代遂覆國焉哀
帝建平三年正月癸卯桂宮鴻寧殿災帝祖母傅
大后之所居也時傅大后欲與成帝母等號齊尊
大臣孔光師丹等執政以爲不可大后皆免官爵
遂稱尊號後三年帝崩傅氏誅滅平帝元始五年

前漢五行志七上　十八　徐臻

七月己亥高皇帝原廟殿門災盡師古曰原廟重廟也高皇帝
廟在長安城中後以叔孫通譏復道故復起原廟
於渭北非正也是時平帝幼成帝母王大后臨朝
委任王莽將篡絕漢墮高祖宗廟師古曰墮毁也音火規反故天
象見也其冬平帝崩明年莽居攝因以篡國後卒
夷滅傳曰治宮室飾臺榭師古曰臺有室曰榭內淫亂犯親戚
侮父兄則稼穡不成說曰土中央生萬物者也其
於王者爲內事宮室夫婦親屬亦相生者也古者
天子諸侯宮廟大小高卑有制后夫人媵妾多少
進退有度九族親疏長幼有序孔子曰禮與其奢

也寧儉師古曰論語載孔子之言也若不得禮之中而失於奢則不如儉故禹卑宮室師古曰論語載孔子曰禹吾無間然矣卑宮室而盡力乎溝洫謂勤於治水而所居狹陋也文王刑于寡妻師古曰大雅思齊之詩云刑于寡妻至于兄弟以御于家邦刑法也寡妻謂正嫡也御治也此美文王以禮法接待其妻旁及兄弟宗族又廣以政教治家邦此聖人之所以昭教化也師古曰昭明也如此則土得其性矣若迺奢淫驕慢則土失其性亡水旱之災而草木百穀不孰是為稼穡不成嚴公二十八年冬大亡麥禾董仲舒以為夫人哀姜淫亂師古曰哀姜莊公夫人齊女也逆陰氣故大水也劉向以為水旱當書不書水旱而曰大亡麥禾者土氣不養稼穡不成者也是時夫人淫於二叔內外亡別師古曰二叔謂莊公二弟仲慶父及叔牙又因凶

饑一年而三築臺師古曰謂三十一年春築臺于郎夏築臺于薛秋築臺于秦也郎薛秦皆魯地故應是而稼穡不成飾臺榭內淫亂之罰云遂不改寤四年而死師古曰莊公三十二年薨距大無麥禾凡四歲也既流二世師古曰謂子般及閔公皆殺死奢淫之患也傳曰好戰攻輕百姓飾城郭侵邊境則金不從革說曰金西方萬物既成殺氣之始也故立秋而鷹隼擊秋分而微霜降其於王事出軍行師把旄杖鉞誓士眾抗威武所以征畔逆止暴亂也詩云有虔秉鉞如火烈烈師古曰商頌長發之詩也虔固也此美殷湯興師出征固持其鉞以誅有罪威力盛如火熾烈又曰載戢干戈載櫜弓矢師古曰周頌時邁之詩也戢聚也櫜韜也言天下太平兵不復用故戢斂而韜藏也動靜應誼說以犯難民

忘其死師古曰言以和悅使人雖犯危難不顧其死生也易兌卦彖曰說以犯難人忘其死故引之也說讀曰悅金得其性矣若乃貪欲恣睢務立威勝師古曰睢音呼季反不重民命則金失其性蓋工冶鑄金鐵金鐵冰滯涸堅不成者眾師古曰涸讀與冱同冱凝也音下故反春秋左氏傳曰固陰冱寒及為變怪是為金不從革左氏傳曰昭公八年春石言於晉晉平公問於師曠師古曰晉掌樂大夫對曰石不能言神或馮焉作事不時怨讟動於民師古曰讟痛怨之言也音讀則有非言之物而言今宮室崇侈民力彫盡怨讟並興莫信其性師古曰信猶保也性生也一說信讀曰申言不得申其性命也石之言不亦宜乎於是晉侯方築虒祁之宮師古曰虒祁地在絳西臨汾水虒音斯叔向曰君子之言

信而有徵師古曰叔向晉大夫羊舌肸也向音許兩反字亦作蠁其音同劉歆以為金石同類是為金不從革失其性也劉向以為石白色為主屬白祥成帝鴻嘉三年五月乙亥天水冀南山大石鳴師古曰天水之冀縣南山也聲隆隆如雷有頃止聞平襄二百四十里韋昭曰天水縣壄雞皆鳴師古曰雉也石長丈三尺廣厚略等師古曰廣及厚皆如其長旁著岸脅去地二百餘丈民俗名曰石鼓石鼓鳴有兵是歲廣漢鉗子謀攻牢師古曰鉗子謂鉗徒也牢係重囚之處篡死罪囚鄭躬等盜庫兵劫略吏民衣繡衣自號曰山君黨與寖廣師古曰寖漸也明年冬迺伏誅自歸者三千餘人後四年尉氏樊並等謀反

殺陳留大守嚴普自稱將軍山陽亡徒蘇令等黨與數百人盜取庫兵經歷郡國四十餘皆逾年廼伏誅是時起昌陵作者數萬人徙郡國吏民五千餘戶以奉陵邑作治五年不成乃罷昌陵還徙家師古曰初徙人陪昌陵者今皆還其本居石鳴與晉石言同應師曠所謂民力彫盡傳云輕百姓者也虒祁離去絳都四十里昌陵亦在郊壄皆與城郭同占城郭屬金宮室屬土外內之別云傳曰簡宗廟不禱祠廢祭祀逆天時則水不潤下說曰水北方終臧萬物者也其於人道命終而形臧精神放越聖人為之宗廟以安

魂氣春秋祭祀以終孝道王者即位必郊祀天地禱祈神祇望秩山川懷柔百神亡不宗事師古曰懷來也柔安也謂招來而祭祀之使其安也宗尊也慎其齊戒致其嚴敬鬼神歆饗多獲福助此聖王所以順事陰氣和神人也至發號施令亦奉天時十二月咸得其氣則陰陽調而終始成如此則水得其性矣若廼不敬鬼神政令逆時則水失其性霧水暴出百川逆溢壞鄉邑溺人民及淫雨傷稼穡是為水不潤下京房易傳曰顓事有知誅罰絕理厥災水其水也雨殺人以隕霜大風天黃飢而不損茲謂泰厥災水水殺人辟遏

有德茲謂狂應劭曰辟天子也有德者雍遏不用也師古曰遏音一曷反厥災水水流殺人已水則地生蟲歸獄不解茲謂追非李奇曰歸罪於民不罪己也張晏曰謂釋有罪之人而歸無辜者也解止也追逐非遂非也厥水寒殺人追誅不解茲謂不理厥水五穀不收大敗不解茲謂皆陰解舍也王者於大敗誅首惡赦其衆不則皆函陰氣師古曰函讀與含同厥水流入國邑隕霜殺叔草桓公元年秋大水董仲舒劉向以為桓弒兄隱公民臣痛隱而賤桓後宋督弒其君師古曰宋華父督為大宰弒殤公事在桓公二年諸侯會將討之師古曰謂齊陳鄭也桓受宋賂而歸師古曰謂郜大鼎又背宋諸侯由是伐魯仍交兵結讎伏尸流血百姓愈怨師古曰桓

會宋公者五與宋公燕人盟已而背盟伐宋宋公燕人怨而求助齊衛助之桓公懼而會紀侯鄭伯及四國之師大戰故十三年夏復大水一曰夫人驕淫將弒君陰氣盛桓不寤卒弒師古曰寤覺也劉歆以為桓易許田不祀周公師古曰許田魯朝宿之邑而有周公別廟桓既篡位遂以許田與鄭而取鄭之祊田故云不祀周公廢祭祀之罰也嚴公七年秋大水亡麥苗董仲舒劉向以為嚴母文姜與兄齊襄公淫共殺桓公嚴釋父讎復取齊女未入先與之淫一年再出會於道逆亂臣下賤之之應十一年秋宋大水董仲舒以為時魯宋比年為乘丘鄑之戰師古曰比年頻年也莊十年公敗宋師于乘丘十一年公敗宋師于鄑乘丘鄑皆魯地鄑音子移反百姓愁怨陰氣盛故二國俱水劉向以為時

宋愍公驕慢睹災不改明年與其臣宋萬博戲婦人在側矜而罵萬殺公之應師古曰萬宋大夫也戰敗獲于魯復歸宋又爲大夫與愍公博婦人在側萬曰甚矣魯侯之淑魯侯之美天下諸侯唯魯侯宜爲君者耳愍公矜此婦人妬其言顧曰此虜也爾虜焉故魯侯之美惡乎至萬怒搏愍公絕其脰而死事在莊十二年二十四年大水董仲舒以爲夫人哀姜淫亂不婦陰氣盛也劉向以爲哀姜初入公使大夫宗婦見用幣師古曰宗婦同姓之婦也大夫妻及宗婦見夫人者皆令執幣是踰禮也又淫於二叔公弗能禁臣下賤之故是歲明年仍大水師古曰仍頻也劉歆以爲先是嚴飾宗廟刻桷丹楹以夸夫人臣瓚曰桷椽也韋昭曰楹柱也師古曰莊公二十三年丹桓宮楹二十四年刻桓宮桷將迎夫人故爲盛飾簡宗廟之罰也師古曰簡慢也宣公十年秋大水飢董仲舒以爲時比伐邾取邑師古曰比頻也九年秋取根牟公羊傳曰根牟者何邾婁之邑也十年公孫歸父帥師伐邾取繹故云比年也亦見報復兵讎連結百姓愁怨劉向以爲宣公殺子赤而立子赤齊出也師古曰赤毋姜氏赤死姜氏大歸齊市人皆哭魯人謂之哀姜故懼以濟西田賂齊師古曰宣既即位與齊侯會于平州以定其位元年六月齊人取濟西田爲立公故以賂齊也邾子貜且亦齊出也師古曰貜且邾文公之子邾定公也亦齊女所生貜音俱碧反又音钁且音子余反而宣比與邾交兵師古曰比頻也臣下懼齊之威創邾之敗師古曰創懲也音初亮反皆賤公行而非其正也成公五年秋大水董仲舒劉向以爲時成幼弱政在大夫前此一年再用師師古曰成三年春公會晉侯宋公衛侯曹伯伐鄭秋叔孫僑如帥師圍棘是也明年復城鄆以彊私家師古曰四年城鄆鄆季氏邑音運仲孫蔑叔孫僑如

顓會宋晉陰勝陽師古曰仲孫蔑孟獻子也成五年春仲孫蔑如宋夏叔孫僑如會晉荀首于穀顓與專同專者不稟命於公襄公二十四年秋大水董仲舒以爲先是一年齊伐晉襄使大夫帥師救晉師古曰襄二十三年秋齊伐衛遂伐晉八月叔孫豹帥師救晉次于雍榆後又侵齊師古曰二十四年仲孫羯帥師侵齊國小兵弱數敵彊大百姓愁怨陰氣盛劉向以爲先是襄慢鄰國是以邾伐其南師古曰十五年邾人伐我南鄙是也齊伐其北師古曰十六年齊人伐我北鄙是也莒伐其東師古曰十二年莒人伐我東鄙是也百姓騷動後又仍犯彊齊也師古曰十八年公會晉侯宋公衛侯鄭伯同圍齊二十三年救晉二十四年又侵齊是重犯也大水饑穀不成其災甚也高后三年夏漢中南郡大水水出流四千餘家四年秋河南大水伊雒流千六百餘家汝水流八百餘家八年夏漢中南郡水復出流六千餘家南陽沔水流萬餘家師古曰沔漢水之上也音彌善反是時女主獨治諸呂相王文帝後三年秋大雨晝夜不絕三十五日藍田山水出流九百餘家燕壞民室八千餘所殺三百餘人先是趙人新垣平以望氣得幸爲上立渭陽五帝廟欲出周鼎以夏四月郊見上帝師古曰事並見郊祀志歲餘懼誅謀爲逆發覺要斬夷三族是時比再遣公主配單于賂遺甚厚師古曰比頻也高祖使劉敬奉宗室女翁主爲冒頓單于閼氏冒頓死其子老上單于初立文帝復遣宗人女爲單于閼氏匈奴愈驕侵犯北邊殺略多至萬餘人漢連發軍征討戍

遷元帝永光五年夏及秋大水潁川汝南淮陽廬江雨壞鄉聚民舍及水流殺人先是一年有司奏罷郡國廟是歲又定迭毀 師古曰親盡則毀故云迭毀事在韋玄成傳迭音大結反 罷大上皇孝惠帝寢廟皆無復脩通儒以爲違古制刑臣石顯用事 師古曰石顯官者故曰刑臣 成帝建始三年夏大水三輔霖雨三十餘日郡國十九雨山谷水出凡殺四千餘人壞官寺民舍八萬三千餘所元年有司奏徙甘泉泰畤河東后土于長安南北郊二年又罷雍五畤郡國諸舊祀凡六所

五行志第七上

五行志第七中之上　班固　漢書二十七

秘書監上護軍琅邪縣開國子顔　師古　注

經曰羞用五事一曰貌二曰言三曰視四曰聽五曰思 應劭曰思心思慮 貌曰恭言曰從視曰明聽曰聰思曰容 應劭曰容通也古文作睿 恭作肅從作艾 師古曰艾讀曰乂乂治也其下亦同 明作悊聰作謀 應劭曰上聰則下謀故聰爲謀也 容作聖 張晏曰睿通達以至於聖 休徵 孟康曰善行之驗也 曰肅時雨若 應劭曰居上而敬則雨順之 艾時陽若 應劭曰政治則陽順之 悊時奧若 師古曰奧讀曰燠燠温也音於六反其下亦同 謀時寒若聖時風若 師古曰凡言時者皆謂行得其道則寒暑風雨以時應而順之 咎徵 師古曰言惡行之驗 曰狂恒雨若僭恒陽若 應劭曰僭差 舒恒奧若急恒寒若霿恒風若 服虔曰霿音人講反 應劭曰人君觳霿鄙吝則風不順之也 師古曰凡言恒者謂所行者失道寒暑風雨不時而恒久爲災也霿音莫豆反講觳並音搆又音寇

傳曰貌之不恭是謂不肅厥咎狂厥罰恒雨厥極惡時則有服妖時則有龜孽 師古曰孽音魚列反其下並同 時則有雞旤 師古曰旤咼同與禍同 時則有下體生上之痾 韋昭曰若牛之足反出背上下欲伐上之禍也 師古曰痾音阿 時則有青眚青祥 李奇曰内曰眚外曰祥 唯金沴木 服虔曰沴害也如淳曰沴音拂戾之戾義亦同 說曰凡草物之類謂之妖妖猶夭胎言尚微 師古曰夭音烏老反 蟲豸之類謂之孽 師古曰有足謂之蟲無足謂之豸 孽則牙孽矣及六畜謂之旤言其著也及人謂之痾痾病貌言浸深也 師古曰浸漸也 甚則異物生謂之眚自外來謂之祥祥猶禎也氣相傷謂之沴沴猶臨莅

不和意也每一事云時則以絕之言非必俱至或有或亡或在前或在後也孝武時夏侯始昌通五經善推五行傳以傳族子夏侯勝下及許商皆以教所賢弟子其傳與劉向同唯劉歆傳獨異貌之不恭是謂不肅肅敬也内曰恭外曰敬人君行己體貌不恭怠慢驕蹇則不能敬萬事失在狂易故其咎狂也師古曰狂易謂狂而易其常性上嫚下暴則陰氣勝故其罰常雨也水傷百穀衣食不足則姦軌並作故其極惡也一曰民多被刑或形貌醜惡亦是也風俗狂慢變節易度則為剽輕奇怪之服師古曰剽音匹妙反故有服

妖水類動故有龜孽如淳曰河魚大上以為魚孽之比於易巽為雞雞有冠距文武之貌不為威儀貌氣毀故有雞旤一曰水歲雞多死及為怪亦是也上失威儀則下有彊臣害君上者故有下體生於上之痾木色青故有青眚青祥凡貌傷者病木氣木氣病則金沴之衝氣相通也於易震在東方為春為木也兌在西方為秋為金也離在南方為夏為火也坎在北方為冬為水也春與秋日夜分寒暑平是以金木之氣易以相變故貌傷則致秋陰常雨言傷則致春陽常旱也至於冬夏日夜相反寒暑殊絕水火之

氣不得相併故視傷常奧聽傷常寒者其氣然也逆之其極曰惡順之其福曰攸好德孟康曰政不順則致妖順則致福也師古曰攸所也所好者德也劉歆貌傳曰有鱗蟲之孽羊旤鼻痾說以為於天文東方辰為龍星故為鱗蟲於易兌為羊木為金所病故致羊旤與常雨同應此說非是春與秋氣陰陽相敵木病金盛故能相并唯此一事耳旤與妖痾祥眚同類不得獨異史記師古曰此志凡稱史記者皆謂司馬遷所撰也成公十六年公會諸侯于周單襄公見晉厲公視遠步高師古曰單襄公周卿士單子朝也晉厲公景公之子名州蒲單音善告公曰晉將有亂魯侯曰敢問天道也抑人故也

師古曰抑發語辭也對曰吾非瞽史師古曰瞽樂太師史太史焉知天道吾見晉君之容殆必禍者也夫君子目以定體足以從之師古曰體定則目安足之進退皆無違也是以觀其容而知其心矣目以處誼足以步目師古曰視瞻得其宜行步中其節也晉侯視遠而足高目不在體而足不步目其心必異矣目體不相從何以能久夫合諸侯民之大事也於是虖觀存亡故國將無咎其君在會步言視聽必皆無讁則可以知德矣師古曰讁責也無讁謂得其義理無可咎責也視遠曰絕其誼足高曰棄其德言爽曰反其信師古曰爽差也聽淫曰離其名師古曰淫邪也夫目以處誼足以踐德師古曰踐履也所履皆德行也口以庇信師古

曰庭覆也言行相覆則爲信矣耳以聽名者也故不可不慎偏喪有咎師古曰苟喪其一則有咎既喪則國從之師古曰既盡也若盡喪之則國亦亡晉侯爽二吾是以云張晏曰視遠一也步高二也後二年晉人殺厲公凡此屬皆貌不恭之咎云左氏傳桓公十三年楚屈瑕伐羅鬬伯比送之師古曰屈瑕即莫囂也鬬伯比楚大夫羅國名在南郡枝江西還謂其馭曰莫囂必敗師古曰莫囂楚官名也字或作敖其音同舉止高心不固矣師古曰止足也遽見楚子以告師古曰遽速也楚子使賴人追之弗及莫囂行遂無次且不設備師古曰無次不爲次列也及羅羅人軍之大敗莫囂縊死釐公十一年周使內史過賜晉惠公命師古曰內史過周大夫晉惠公夷吾也諸侯即位天子則賜命圭以爲瑞受玉惰師古曰不敬其事也過歸告

王曰晉侯其無後乎王賜之命而惰於受瑞先自棄也已其何繼之有禮國之幹也敬禮之輿也師古曰無禮則國不立故謂之幹無敬則禮不行故比之於輿不敬則禮不行禮不行則上下昏何以長世二十一年晉惠公卒子懷公立晉人殺之更立文公成公十三年晉侯使郤錡乞師于魯將事不敬師古曰郤錡晉大夫駒伯也乞師欲以伐秦也將事致其君命也錡音牛爾反孟獻子曰郤氏其亡乎師古曰孟獻子仲孫蔑禮身之幹也敬身之基也師古曰無禮則身不立不敬則身不安也郤子無基且先君之嗣卿也受命以求師將社稷是衞而惰棄君命也不亡何爲十七年郤氏亡成公十三年諸侯朝王遂從劉康

公伐秦成肅公受脤于社不敬服虔曰脤祭社之肉也盛以蜃器故謂之脤師古曰劉康公成肅公皆周大夫也脤讀與蜃同以出師而祭社謂之宜脤者即宜社之肉也蜃大蛤也音上忍反劉子曰吾聞之曰民受天地之中以生所謂命也師古曰劉子即康公也中謂中和之氣是以有禮義動作威儀之則以定命也能者養以之福不能者敗以取禍師古曰之往也能養生者則定禮義威儀自致於福不能者則喪之以取禍亂是故君子勤禮小人盡力勤禮莫如致敬盡力莫如惇篤敬在養神篤在守業國之大事在祀與戎祀有執膰戎有受脤應劭曰膰祭肉也師古曰膰音扶元反神之大節師古曰交神之節今成子惰棄其命矣其不反乎五月成肅公卒成公十四年衞定公享苦成叔甯惠子相師古

曰定公名臧苦成叔晉大夫郤犨也晉使郤犨如衞故定公享之惠子衞大夫甯殖也相謂贊相其禮苦成叔敖師古曰敖讀曰傲其下並同甯子曰苦成家其亡乎古之爲享食也以觀威儀省禍福也師古曰食讀曰飤故詩曰兕觥其觩旨酒思柔匪儌匪傲萬福來求張晏曰觥罰爵也飲酒和柔無失禮可罰罰爵徒觩然而已應劭曰言在位者不儌訐不倨傲也師古曰小雅桑扈之詩也儌謂儌幸也萬福言其多也謂飲酒者不儌幸不傲慢則福祿就而求之也觩音虯儌音工堯反今夫子傲取禍之道也後三年苦成家亡師古曰十七年晉攻郤氏長魚矯以戈殺郤錡郤犨郤至而滅其家襄公七年衞孫文子聘于魯君登亦登師古曰文子衞大夫孫林父也禮之登階臣後君一等叔孫穆子相師古曰穆子叔孫豹趨進曰諸侯之會寡君未嘗後衞君今吾子不後寡君寡君未知所過吾子其少安師古曰安徐也孫子亡辭

亦亡悛容師古曰悛改也音千全反穆子曰孫子必亡爲臣而君過而不悛亡之本也十四年孫子逐其君而外叛師古曰逐其君謂衛獻公出奔齊也外叛謂以戚叛之襄公二十八年蔡景侯歸自晉入于鄭師古曰景侯名固文侯之子鄭伯享之不敬子產曰蔡君其不免虖師古曰言不免於禍曰其過此也君使子展往勞于東門而敖師古曰曰謂往日適晉之時也子展鄭大夫公孫舍之吾曰猶將更之師古曰更改也今還受享而惰迺其心也師古曰言心之所常行也君小國事大國師古曰言身爲小國之君而事於大國而惰敖以爲己心將得死虖君若不免必由其子淫而不父師古曰通太子之妻如是者必有子旤三十年爲世子般所殺師古曰般讀與班同襄公三十一年公薨季

武子將立公子裯師古曰裯襄公之子齊歸所生裯音直留反穆叔曰是人也居喪而不哀在慼而有嘉容是謂不度不度之人鮮不爲患師古曰穆叔即叔孫穆子也不度不遵禮度也鮮少也音先淺反若果立必爲季氏憂武子弗聽卒立之比及葬三易衰衰衽如故衰師古曰衰前曰衽言游戲無已也比音必寐反衰音千回反衽音人禁反是爲昭公立二十五年聽讒攻季氏兵敗出奔死于外師古曰謂薨于乾侯襄公三十一年衛北宮文子見楚令尹圍之儀師古曰北宮文子衛大夫也名佗令尹圍即公子圍楚共王之子也時爲令尹文子從衛侯在楚故見之言於衛侯曰令尹似君矣將有它志師古曰謂有爲君之心言語視瞻非其常雖獲其志弗能終也公曰子何以知之對曰詩云敬慎威儀惟民之則

師古曰大雅抑之詩也則法也言君能慎其威儀乃臣下所法效之令尹無威儀民無則焉民所不則以在民上何以終世師古曰遂以殺君篡國而取敗於乾谿也昭公十一年夏周單子會於戚師古曰單子周大夫單成公也戚衛地視下言徐應劭曰視下視不登帶言徐不聞於表著晉叔向曰單子其死虖師古曰叔向晉大夫羊舌肸也向音許兩反朝有著定師古曰朝內列位有定處所謂表著者也著音直庶反又音除會有表師古曰會於野設表以爲位衣有禬帶有結師古曰禬領之交會也結紳帶之結也禬音工外反會朝之言必聞于表著之位所以昭事序也師古曰昭明也視不過結禬之中所以道容貌也師古曰道讀曰導其下並同言以命之容貌以明之失則有闕今單子爲王官伯師古曰伯長也而命事於會視不登帶言不過步貌不道容而言不

昭矣不道不恭不昭不從無守氣矣師古曰貌正曰恭言正曰從十二月單成公卒昭公二十一年三月葬蔡平公蔡大子朱失位位在卑師古曰不在正嫡之位而以長幼序之魯大夫送葬者歸告昭子師古曰昭子叔孫婼昭子歎曰蔡其亡虖若不亡是君必不終詩曰不解于位民之攸塈師古曰大雅假樂之詩也塈息也言在上者能率位不怠則其臣下恃以安息也解讀曰懈塈音許旣反今始即位而適卑身將從之十月蔡侯朱出奔楚晉魏舒合諸侯之大夫于翟泉應劭曰水名今洛陽是也師古曰魏舒晉卿魏獻子也事在定公元年志不書者蓋闕文將以城成周魏子涖政師古曰謂代天子大夫爲政以臨其事衛彪傒曰將建天子而易位以令非誼也師古曰彪傒衛大夫建天子謂立天子之居也傒音奚大事奸誼必

有大咎師古曰咎殃也音千晉不失諸侯魏子其不免是行也魏獻子屬役於韓簡子師古曰簡子亦晉卿韓不信以城周之功役委簡子也屬音之欲反而田於大陸焚焉而死師古曰高平曰陸因放火田獵而見燒殺也說者或以為大陸即鉅鹿北大陸澤也據今會於狄泉則其所田處固當在近非大陸澤也定公十五年邾隱公朝於魯執玉高其容仰公受玉卑其容俯師古曰隱公邾子益也玉謂朝者之贄子贛觀焉師古曰子贛孔子弟子端木賜也贛音貢曰以禮觀之二君者皆有死亡焉夫禮死生存亡之體也將左右周旋進退俯仰於是虖取之朝祀喪戎於是虖觀之今正月相朝而皆不度心已亡矣師古曰不度不合法度嘉事不體何以能久師古曰嘉事嘉禮之事謂朝祀也不體不得身體之節高仰驕也卑俯替也師古曰替廢情也驕近亂替近疾君為主其先亡虖師古曰是年五月定公薨哀公七年秋伐邾以邾子益來也

庶徵之恒雨劉歆以為春秋大雨也劉向以為大水隱公九年三月癸酉大雨震電庚辰大雨雪師古曰雨雪雨音于具反大雨雨水也師古曰下雨音于具反後類並同震雷也劉歆以為三月癸酉於歷數春分後一日始震電之時也當雨而不當大雨大雨常雨之罰也於始震電八日之間而大雨雪常寒之罰也劉向以為周三月今正月也當雨水雪雜雨雷電未可以發也既已發也則雪不當復降皆失節故謂之異於易雷以二月出其卦曰豫師古曰坤下震上也言萬物隨雷出

地皆逸豫也以八月入其卦曰歸妹師古曰兌下震上也言雷復歸入地則孕毓根核保藏蟄蟲師古曰毓字與育同核亦荄字也草根曰荄音該避盛陰之害出地則養長華實發揚隱伏宣盛陽之德入能除害出能興利人君之象也是時隱以弟桓幼代而攝立公子翬見隱居位已久勸之遂立師古曰公子翬魯大夫羽父也勸殺桓公已求為大宰翬音揮隱既不許翬懼而易其辭師古曰反謂桓公云隱欲殺之遂與桓共殺隱天見其將然故正月大雨水而雷電是陽不閉陰出涉危難而害萬物天戒若曰為君失時賊弟佞臣將作亂矣後八日大雨雪陰見閒隙而勝陽篡殺旤將成也公不寤後二年而殺

昭帝元始元年七月大水雨自七月至十月成帝建始三年秋大雨三十餘日四年九月大雨十餘日

左氏傳愍公二年晉獻公使太子申生帥師師古曰以伐東山皐落氏公衣之偏衣佩之金玦師古曰偏衣謂左右異色其半象公之服也金玦以金為玦也半環曰玦狐突歎曰時事之徵也衣身之章也佩衷之旗也師古曰狐突晉大夫伯行時為太子御戎也徵證也章明也旗表也衣所以明貴賤佩所以表中心故敬其事則命以始師古曰賞以春夏服其身則衣之純師古曰壹其色用其衷則佩之度師古曰佩玉者君子之常度今命以時卒閟其事也應劭曰卒盡也閟閉也謂十二月盡時也衣以尨服遠其躬也師古曰尨雜色也謂偏衣也遠音于萬反其下並同佩以金玦棄其衷也服以遠之

時以閟之尨涼冬殺金寒玦離胡可恃也師古曰涼薄也尨色不能純故曰薄也冬主殺氣金行在西是謂之寒玦形半缺故云離梁餘子養曰帥師者受命于廟受脤於社有常服矣師古曰梁餘子養晉大夫時爲下軍御軍之常服則韋弁弗獲而尨命可知也死而不孝不如逃之罕夷曰尨奇無常金玦不復君有心矣應劭曰奇奇怪非常之意復反也金玦猶決去不反意也師古曰罕夷晉大夫時爲下軍卿也有心害太子之心也復音扶目反後四年申生以讒自殺近服妖也左氏傳曰鄭子臧好聚鷸冠張晏曰鷸鳥赤足黃文以其毛飾冠韋昭曰鷸今翠鳥師古曰子臧鄭文公子也鷸大鳥即戰國策所云蚌鷸者也天之將雨鷸則知之翠鳥自有鷸名而此飾冠非翠鳥逸周書曰知天文者冠鷸冠蓋以鷸鳥知天時故也禮圖謂之術氏冠鷸音聿又音術鄭文公惡之使盜殺之師古曰時已得罪出奔宋故使盜殺之於陳宋之閒劉向以爲近服妖者也一曰

非獨爲子臧之身亦文公戒也初文公不禮晉文師古曰晉文公之爲公子也避驪姬之難而出奔欲之楚過鄭鄭不禮焉又犯天子命而伐滑師古曰僖二十四年鄭公子士洩堵俞彌帥師伐滑王使伯服游孫伯如鄭請滑鄭伯不聽而執二子不尊尊敬上其後晉文伐鄭幾亡國師古曰僖三十年晉侯秦伯圍鄭以鄭佚之狐曰國危矣使燭之武見秦伯師乃退也幾音鉅依反昭帝時昌邑王賀遣中大夫之長安多治仄注冠應劭曰今法冠是也李奇曰一曰高山冠本齊冠也謁者服之師古曰仄古側字也謂之側注者言形側立而下注也蔡邕云高九寸鐵爲卷非法冠及高山也卷音去權反以賜大臣又以冠奴劉向以爲近服妖也時王賀狂悖師古曰悖惑也音布內反聞天子不豫師古曰言有疾不悅豫也周書顧命曰王有疾不豫弋獵馳騁如故與騶奴宰人游居娛戲驕嫚不敬師古曰騶廄御也宰人主膳者也娛樂也戲音僖冠者尊服奴者賤人

賀無故好作非常之冠暴尊象也以冠奴者當自至尊隊至賤也師古曰隊墮也音直類反其後帝崩無子漢大臣徵賀爲嗣即位狂亂無道縛戮諫者夏侯勝等於是大臣白皇太后廢賀爲庶人賀爲王時又見大白狗冠方山冠而無尾師古曰方山冠以五采縠爲之樂舞人所服此服妖亦犬旤也賀以問郎中令龔遂遂曰此天戒言在仄者盡冠狗也師古曰言王左右侍側之人不識禮義若狗而著冠者耳冠音工喚反其下亦同去之則存不去則亡矣賀既廢數年宣帝封之爲列侯復有辠死不得置後又犬旤無尾之效也京房易傳曰行不順厥咎人奴冠天下亂辟無適如淳曰辟君也適適子也師古曰

辟音壁適讀曰嫡妾子拜如淳曰無適子故也又曰君不正臣欲篡厥妖狗冠出朝門成帝鴻嘉永始之閒好爲微行出游選從期門郎有材力者及私奴客多至十餘少五六人皆白衣袒幘師古曰袒不加上冠帶持刀劍或乘小車御者在茵上蘇林曰茵車上蓐也御者錯亂更在茵上坐也師古曰車小故御者不得迴避而在天子茵上也茵音因或皆騎出入市里郊埜遠至旁縣大臣車騎將軍王音及劉向等數以切諫谷永曰易稱得臣無家師古曰損卦上九爻辭言王者臣天下無私家也今陛下棄萬乘之至貴樂家人之賤事厭高美之尊稱好匹夫之卑字如淳曰稱張放家人是爲卑字師古曰爲微行故變易姓名崇聚票輕無誼

之人以爲私客 師古曰票音匹妙反又音頻妙反 置私田於民間畜私奴
車馬於北宮數去南面之尊離深宮之固挺身獨
與小人晨夜相隨 師古曰挺引也 烏集醉飽吏民之家 師古曰乍合乍
離如烏之集 亂服共坐溷肴亡別 師古曰溷肴謂雜亂也溷音胡困反 閔勉遯
樂晝夜在路 師古曰閔勉猶黽勉言不息也遯樂言流遯爲樂也 典門戶奉宿衛之
臣執干戈守空宮公卿百寮不知陛下所在積數
年矣昔虢公爲無道有神降曰賜爾土田 師古曰春秋左氏傳
莊公三十二年有神降于莘虢公使祝應宗區史嚚享焉神賜之土田史嚚曰虢其亡乎 言將以庶人受土
田也諸侯夢得土田爲失國祥 師古曰僖五年晉滅虢虢公醜奔京師 而
況王者畜私田財物爲庶人之事乎左氏傳曰周

前漢五行志七中之上 十二

景王時大夫賓起見雄雞自斷其尾 師古曰賓起即賓孟 劉向
以爲近雞毀也是時王有愛子子鼂王與賓起陰
謀欲立之 師古曰子鼂王之庶長子 田于北山將因兵衆殺適子之
黨 師古曰適讀曰嫡嫡子王子猛及後爲悼王子猛之黨謂劉獻公單穆公 未及而崩三子爭
國王室大亂其後賓起誅死 師古曰三子謂子鼂子猛及子猛弟敬王丐也劉子遂攻
賓起殺之事並在昭二十二年 子鼂奔楚而敗 師古曰昭二十六年召伯盈逐王子鼂子鼂奔楚定五年王人殺
之于楚 京房易傳曰有 厥妖雄雞自齧斷
其尾宣帝黃龍元年未央殿輅軨中雌雞化爲雄
孟康曰輅軨廄名也師古曰百官表太僕屬官有輅軨丞輅與路同軨音零 毛衣變化而不鳴不將
無距 師古曰將謂率領其羣也距雞附足骨鬭時所用刺之 元帝初元中丞相府史

家雌雞伏子漸化爲雄 師古曰初尚伏子後乃稍化爲雄也伏音房富反 冠距鳴將
永光中有獻雄雞生角者京房易傳曰雞知時知
時者當死房以爲己知時恐當之劉向以爲房失
雞占雞者小畜主司時起居人 師古曰至時而鳴以爲人起居之節 小臣
執事爲政之象也言小臣將秉君威以害正事猶
石顯也竟寧元年石顯伏辜此其效也一曰石顯
何足以當此昔武王伐殷至于牧野誓師曰古人
有言曰牝雞無晨牝雞之晨惟家之索今殷王紂惟婦言用
師古曰周書牧誓之辭也晨謂晨時鳴也索盡也言婦人爲政猶雌雞而代雄鳴是喪家之道也索音悉各反 繇是論之
師古曰繇讀與由同 黃龍初元永光雞變迺國家之占妃后象

前漢五行志七中之上 十三

也孝元王皇后以甘露二年生男立爲太子妃王
禁女也黃龍元年宣帝崩太子立是爲元帝王妃
將爲皇后故是歲未央殿中雌雞爲雄明其占在
正宮也不鳴不將無距貴始萌而尊未成也至元
帝初元元年將立王皇后先以爲婕妤三月癸卯
制書曰其封婕妤父丞相少史王禁爲陽平侯位
特進丙午立王婕妤爲皇后明年正月立皇后子
爲太子故應是丞相府史家雌雞爲雄其占即丞
相少史之女也伏子者明已有子也冠距鳴將者
尊已成也永光二年陽平頃侯禁薨子鳳嗣侯爲

侍中衛尉元帝崩皇太子立是為成帝尊皇后為皇太后以后弟鳳為大司馬大將軍領尚書事上委政無所與（師古曰與讀曰豫言政皆出鳳天子不豫）王氏之權自鳳起故於鳳始受爵位時雄雞有角明視作威（師古曰視讀曰示）顓君害上（師古曰顓與專同其下類此）危國者從此人始也其後群弟世權以至於莽遂篡天下即位五年王太后乃崩此其效也京房易傳曰賢者居明夷之世知時而傷（師古曰易之明夷卦曰明入地中明夷傷也離下坤上言日在地中傷其明也知時謂知天時者也賢而被傷故取明夷之義）或眾在位（師古曰言虛偽無實之人矯惑於眾在職位也）厥妖雞生角雞生角時主獨又曰婦人顓政國不靜牝雞雄鳴主不榮故房以為已

亦在占中矣成公七年正月鼷鼠食郊牛角（師古曰鼷小鼠也即今所謂甘鼠者音奚）改卜牛又食其角劉向以為近青祥亦牛旤也不敬而傋霿之所致也昔周公制禮樂成周道故成王命魯郊祀天地以尊周公至成公時三家始顓政魯將從此衰天愍周公之德痛其將有敗亡之旤故於郊祭而見戒云鼠小蟲性盜竊鼷又其小者也牛大畜祭天尊物角兵象在上君威也小小鼷鼠食至尊之牛角象季氏乃陪臣盜竊之人將執國命以傷君威而害周公之祀也改卜牛鼷鼠又食其角天重語之也（師古曰重音直用反）成公怠

慢昏亂遂君臣更執于晉（師古曰更互也十年秋公如晉晉人止公為貳於楚故止公至十一年三月乃得歸十六年秋公會晉侯于沙隨晉受叔孫僑如之譖而止公是年九月又信僑如之譖執季孫行父舍之于苕丘十二月乃得歸故云君臣更執也更音工衡反）至于襄公晉為溴梁之會（師古曰襄十六年晉平公會諸侯于溴梁溴梁者溴水之梁也溴水出河內軹縣東南至溫入河溴音工覓反）天下大夫皆奪君政（師古曰溴梁之會諸侯皆在而魯叔孫豹晉荀偃宋向戌衛甯殖鄭公孫蠆小邾之大夫盟是奪其君政也）其後三家逐昭公卒死于外（師古曰已解於上）幾絕周公之祀（師古曰幾音鉅依反）董仲舒以為鼷鼠食郊牛皆養牲不謹也京房易傳曰祭天不慎厥妖鼷鼠齧郊牛角定公十五年正月鼷鼠食郊牛牛死劉向以為定公知季氏逐昭公罪惡如彼親用孔子為夾谷之會齊人

徠歸鄆讙龜陰之田（師古曰夾谷齊地也一名祝其定公十年公與齊侯會于夾谷齊侯欲使萊人以兵劫公孔子以公退命士眾兵之齊侯乃止又欲以盟要公孔子不欲使茲無還以辭對又欲詐享公孔子又距而不受於是齊人乃服先是季氏之臣陽虎以鄆讙龜陰之田奔齊至此會乃以歸我鄆讙二邑名龜陰龜山之陰夾音頰讙音歡）聖德如此反用季桓子淫於女樂而退孔子無道甚矣（師古曰桓子季平子之子季孫斯也女樂已解於上）詩曰人而亡儀不死何為（師古曰衛詩相鼠之篇也無儀無禮儀也）是歲五月定公薨牛死之應也京房易傳曰子不子鼠食其郊牛哀公元年正月鼷鼠食郊牛劉向以為天意汲汲於用聖人逐三家故復見戒也（師古曰聖人孔子也見顯也）哀公年少不親見昭公之事故見敗亡之異已而哀不寤身奔於粵此其效也（師古曰哀二十七年公欲以越伐魯而去三桓公如

公孫有山氏因越子郑遂如越國人施罪於公孫有山氏而立哀公之子悼公昭帝元鳳元年九月燕有黃鼠銜其尾舞王宮端門中師古曰宮之正門王往視之鼠舞如故王使吏以酒脯祠鼠舞不休一日一夜死近黃祥時燕剌王旦謀反將死之象也其月發覺伏辜京房易傳曰誅不原情厥妖鼠舞門師古曰不原情者不得其本情成帝建始四年九月長安城南有鼠銜黃蒿柏葉上民冢柏及榆樹上為巢桐柏尤多師古曰桐柏亭名衛思后於其地葬也巢中無子皆有乾鼠矢數十時議臣以為恐有水災鼠盜竊小蟲夜出晝匿今晝去穴而登木象賤人將居顯貴之位也桐柏衛思后園

所在也其後趙皇后自微賤登至尊與衛后同類趙后終無子而為害明年有鳶焚巢殺子之異也師古曰鳶鴟也音弋全反天象仍見甚可畏也師古曰仍頻也一曰皆王莽竊位之象云京房易傳曰臣私祿罔辟李奇曰辟君也擅私爵祿誣罔其君厥妖鼠巢文公十三年大室屋壞近金沴木木動也先是冬釐公薨十六月迺作主師古曰主廟主也僖公三十三年十一月薨至文二年二月迺作主閒有一閏故十六月也後六月又吉禘於大廟而致釐公師古曰禘祭也一一而祭之文二年八月而禘距作主六月也致謂升其主於廟春秋譏之經曰大事於大廟躋釐公師古曰躋音子奚反又音子詣反左氏說曰大廟周公之廟饗有禮義者也祀國之大事也惡其亂國

之大事於太廟故言大事也躋登也登釐公於愍公上逆祀也釐雖愍之庶兄嘗為愍臣臣子一例不得在愍上又未三年而吉禘前後亂賢父聖祖之大禮內為貌不恭而狂外為言不從而僭故是歲自十二月不雨至于秋七月後年若是者三而大室屋壞矣前堂曰大廟中央曰大室屋其上重屋尊高者也象魯自是陵夷將墮周公之祀也師古曰墮毀也音火規反穀梁公羊經曰世室魯公伯禽之廟也周公稱大廟魯公稱世室大事者祫祭也師古曰祫合也毀廟及未毀廟之主皆合祭於大祖躋釐公者先禰後祖也景帝三年十二

月吳二城門自傾大船自覆劉向以為近金沴木木動也先是吳王濞以太子死於漢稱疾不朝陰與楚王戊謀為逆亂城猶國也其一門名曰楚門一門曰魚門吳地以船為家以魚為食天戒若曰與楚所謀傾國覆家吳王不寤正月與楚俱起兵身死國亡京房易傳曰上下咸誖厥妖城門壞師古曰誖惑也音布內反宣帝時大司馬霍禹所居弟門自壞時禹內不順外不敬見戒不改卒受滅亡之誅哀帝時大司馬董賢弟門自壞時賢以私愛居大位賞賜無度驕嫚不敬大失臣道見戒不改後賢夫妻自殺家徙合浦

傳曰言之不從是謂不艾師古曰艾讀曰乂厥咎僭厥罰恒陽厥極憂時則有詩妖時則有介蟲之孼時則有犬禍時則有口舌之痾時則有白眚白祥惟木沴金言之不從從順也是謂不乂乂治也孔子曰君子居其室出其言不善則千里之外違之況其邇者虖師古曰易上繫之辭也邇近也詩云如蜩如螗如沸如羹師古曰大雅蕩之詩也蜩蟬也螗蝘也即蛁蟟也謂政無文理虛言蹲沓如蜩螗之鳴湯之沸涫羹之將熟也蜩音調螗音唐蝘音偃蛁音貂蟟音聊涫音工館反言上號令不順民心虛譁憒亂則不能治海內失在過差故其咎僭僭差也刑罰妄加羣陰不附則陽氣勝故其罰常陽也旱傷百穀則有寇難上下

俱憂故其極憂也君炕陽而暴虐師古曰凡言炕陽者枯涸之意謂無惠澤於下也炕音口浪反臣畏刑而柑口師古曰柑籋也音其廉反籋音女涉反則怨謗之氣發於謌謠故有詩妖介蟲孼者謂小蟲有甲飛揚之類陽氣所生也於春秋爲螽今謂之蝗皆其類也於易兌爲口犬以吠守而不可信言氣毀故有犬禍一曰旱歲犬多狂死及爲怪亦是也及人則多病口喉欬者故有口舌痾金色白故有白眚白祥凡言傷者病金氣金氣病則木沴之其極憂者順之其福曰康寧劉歆言傳曰時有毛蟲之孼說以爲天文西方參爲虎星故爲毛蟲史記周單襄

公與晉郤錡郤犨郤至齊國佐語師古曰單襄公解已在前郤錡駒伯也郤犨苦成叔也郤至昭子即溫季也國佐齊大夫國武子也告魯成公曰晉將有亂三郤其當之虖夫郤氏晉之寵人也三卿而五大夫可以戒懼矣高位實疾顛厚味實腊毒師古曰顛仆也腊久也言位高者必速顛仆也味厚者爲毒久今郤伯之語犯叔迂季伐師古曰伯駒伯也叔苦成叔也季溫季也犯侵也迂夸誕也伐矜尚也犯則陵人迂則誣人伐則掩人有是寵也而益之以三怨其誰能忍之雖齊國子亦將與焉師古曰與讀曰豫豫於禍立於淫亂之國而好盡言以招人過蘇林曰招音翹招舉也師古曰盡言猶極言也怨之本也唯善人能受盡言齊其有虖師古曰言無善人不能受盡言十七年晉殺三郤十八年齊殺國佐

凡此屬皆言不從之咎云晉穆侯以條之役生大子名之曰仇師古曰穆侯僖侯之孫也條晉地也蓋以敵來侵己當戰時而生故取仇怨之義以名子其弟以千畮之戰生名之曰成師師古曰大子之弟即桓叔也畮古畝字也千畮亦地名意取能成其師衆也師服曰異哉君之名子也師古曰師服晉大夫夫名以制誼誼以出禮師古曰先制義理然後立禮名義理既定禮由之出禮以體政政以正民師古曰政以禮成俗所以正是以政成而民聽易則生亂師古曰反易禮義則亂也嘉耦曰妃怨耦曰仇古之命也師古曰本自古昔而有此名今君名太子曰仇弟曰成師始兆亂矣兄其替虖師古曰替廢也及仇嗣立是爲文侯文侯卒子昭侯立封成師于曲沃號桓叔師古曰昭侯國亂身危不能自安故封成師爲曲沃伯也桓謚也昭侯叔父故謂之叔也後

晉人殺昭侯而納桓叔不克師古曰事不遂復立昭侯子孝
侯桓叔子嚴伯殺之晉人立其弟鄂侯鄂侯生哀
侯嚴伯子武公復殺哀侯及其弟滅之而代有晉
國師古曰武始并晉國故稱公也事在桓三年宣公六年鄭公子曼滿與王
子伯廖語欲爲卿師古曰曼滿伯廖皆鄭大夫也廖音聊伯廖告人曰無
德而貪其在周易豐之離張晏曰離下震上豐上六變而之離曰豐其屋蔀其家也弗
過之矣師古曰言無道德而大其屋不過三歲必滅亡也間一歲鄭人殺之師古曰間一歲
者中間隔一歲襄公二十九年齊高子容與宋司徒見晉知
伯汝齊相禮師古曰高子容齊大夫高止也宋司徒華定知伯晉大夫荀盈也汝齊晉大夫司馬侯也賓
出汝齊語知伯曰二子皆將不免子容專司徒侈

皆亡家之主也師古曰專自是也侈奢泰專則速及侈將以其力
敝專則人實敝之將及矣九月高子出奔燕襄公
三十一年正月魯穆叔會晉歸告孟孝伯曰趙孟
將死矣師古曰穆叔即叔孫穆子也孟孝伯魯大夫仲孫羯也趙孟晉卿趙文子也名武前年十月穆叔與武同會澶泉至
此年正月乃歸其語偷不似民主師古曰偷苟且且年未盈五十而諄
諄焉如八九十者弗能久矣師古曰諄諄重頓之貌也音之閏反若趙孟
死爲政者其韓子虖師古曰韓子韓宣子也名起吾子盍與季孫
言之可以樹善君子也師古曰季孫謂季武子也名宿言韓起有君子之德方執晉政可素厚之以立善也
孝伯曰民生幾何誰能毋偷師古曰幾何言無多時也幾音居豈反朝
不及夕將焉用樹穆叔告人曰孟孫將死矣吾語

諸趙孟之偷也而又甚焉九月孟孝伯卒昭公元
年周使劉定公勞晉趙孟師古曰周周景王也劉定公周卿也食邑於劉名夏是時趙孟會諸侯
會於虢故就而勞之因曰子弁冕以臨諸侯盍亦遠續禹功而
大庇民乎師古曰時館於洛汭因見河洛而美禹功故言之也弁冕冠也言今服冠冕有國家何不追續禹功而庇蔭其人乎
對曰老夫罪戾是懼焉能恤遠吾儕偷食朝不謀
夕何其長也師古曰儕等也言且得食而已苟免目前不能念其長久也儕音仕皆反劉子歸以
語王曰諺所謂老將知而耄及之者其趙孟之謂
虖師古曰諺俗所傳言也八十曰耄耄亂也言人年老閱歷既多謂將益智而又耄亂也爲晉正卿以主諸
侯而儕於隸人朝不謀夕棄神人矣神怒民畔何
以能久師古曰言其自比賤隸而無恤下之心人爲神主故神人皆去也趙孟不復年矣師古

曰不復年謂其即死不復見明年是歲秦景公弟后子奔晉師古曰后子即公子鍼趙
孟問秦君何如對曰無道趙孟曰亡虖對曰何爲
一世無道國未艾也師古曰艾讀曰刈刈絕也國於天地有與立焉
師古曰言在天地之間多欲輔助相與共成立之不數世淫弗能敝也趙孟曰天虖
對曰有焉趙孟曰其幾何師古曰言當幾時也音居豈反對曰鍼聞國
無道而年穀和孰天贊之也鮮不五稔師古曰贊佐助之也鮮少也稔
孰也穀一孰爲一稔言少尚當五年多則或不啻也稔音人甚反趙孟視蔭曰朝夕不相及
誰能待五師古曰蔭謂日之蔭影也趙孟自以年暮朝不及夕故言五年不可待也蔭讀與陰同后子
出而告人曰趙孟將死矣主民玩歲而愒日其與
幾何師古曰玩愛也愒貪也與幾何言不能久也愒音口蓋反冬趙孟卒昭五年秦景

公子昭公元年楚公子圍會盟 師古曰圍楚共王之子也時爲楚令尹與齊宋衛陳蔡鄭會于虢 設服離衛 張晏曰設服者設人君之服離衛者二人執戈在前也師古曰離列人君之侍衛也 魯叔孫穆子曰楚公子美矣君哉 師古曰穆子叔孫豹也言其服美似人君也 伯州犂曰此行也辭而假之寡君 師古曰伯州犂楚大宰也言受楚王之命假以此禮耳蓋爲其令尹文過 鄭行人子羽曰假不反矣 師古曰行人官名子羽公孫揮字也假不反矣言將遂爲君 伯州犂曰子姑憂子晳之欲背誕也 應劭曰子晳攻殺伯有今又背盟欲復作亂也師古曰子晳鄭大夫公孫黑也背誕者背命放誕欲爲亂也子且自憂此無憂令尹不反戈也 子羽曰假而不反子其無憂乎 師古曰言令尹將圖爲君則楚國有難子亦有憂也 齊國子曰吾代二子閔矣 應劭曰閔憂也二子伯州犂行人子羽也師古曰國子齊大夫國弱也二子謂王子圍及伯州犂也圍以是年篡位而不能令終州犂亦爲圍所殺故言可閔應說非也 陳公子招

前漢五行志七中之上　二十二　胡恭

曰不憂何成二子樂矣 應劭曰言國有憂己乃得以成功也師古曰招陳公子哀公弟也言因憂以成事事成而樂也招音韶 衛齊子曰苟或知之雖憂不害 師古曰齊子衛大夫齊惡也言先知爲備雖有憂難無所損害 退會子羽告人曰齊衛陳大夫其不免乎國子代人憂子招樂憂齊子雖憂弗害夫弗及而憂與可憂而樂與憂而弗害皆取憂之道也 師古曰弗及而憂謂憂不及已而妄憂也 大誓曰民之所欲天必從之 師古曰大誓周書也 三大夫兆憂矣能無至乎 師古曰兆憂謂開憂兆也 言以知物其是之謂矣 師古曰物類也察其所言以知禍福之類 昭公十五年晉籍談如周葬穆后 師古曰籍談晉大夫也穆后周景王之后謚穆也 既除喪而燕 師古曰燕與宴同 王曰諸侯皆有以塡撫王室晉獨無有何也

師古曰塡撫王室謂獻器物也塡音竹刃反 籍談對曰諸侯之封也皆受明器於王室故能薦彝器 師古曰明器謂明德之器也彝器常可寶用之器也 晉居深山戎翟之與鄰拜戎不暇其何以獻器王曰叔氏其忘諸乎 師古曰叔籍談字也一曰叔父之使故謂之叔氏也 叔父唐叔成王之母弟其反亡分乎 師古曰分音扶問反 昔而高祖司晉之典籍 師古曰而亦汝 以爲大正故曰籍氏女司典之後也何故忘之籍談不能對賓出王曰籍父其無後乎數典而忘其祖 師古曰忘祖業 籍談歸以語叔嚮叔嚮曰王其不終乎吾聞所樂必卒焉 師古曰言志之所樂終於此事 今王樂憂若卒以憂不可謂終王一歲而有三年之喪二焉 師古曰爲大子三年妻死

前漢五行志七中之上　二十三　沈信

三年乃娶達子之志言三年之喪二后及大子也 於是乎以喪賓燕又求彝器樂憂甚矣三年之喪雖貴遂服禮也 師古曰遂猶竟 王雖弗遂燕樂已早 師古曰天子除喪當在卒哭今適既葬故譏其早也 禮王之大經也一動而失二禮無大經矣 師古曰經謂常法也既不遂服又即宴樂是失二禮 言以考典典以志經 師古曰考成也志記也 忘經而多言舉典將安用之哀公十六年孔丘卒公誄之曰旻天不弔不憖遺一老俾屛予一人 應劭曰憖且辭也言旻天不善於魯不且遺一老使屛蔽我一人也師古曰憖音魚覲反 子贛曰君其不沒於魯乎夫子之言曰禮失則昏名失則愆 師古曰夫子謂孔子也昏謂惑也愆過也 失志爲昏失所爲愆生弗能用死而誄之非禮也稱予一人非

名也師古曰天子自稱曰予一人非諸侯之號故云非名一君兩失之二十七年公孫于邾師古曰孫讀曰遜遂死於越師古曰已解於上庶徵之恒陽劉向以為春秋大旱也其夏旱雩祀謂之大雩不傷二穀謂之不雨京房易傳曰欲德不用茲謂張孟康曰張欲得賢者而不用人君徒張此意厥災荒荒旱也其旱陰雲不雨變而赤因而除師出過時茲謂廣李奇曰廣音曠晉灼曰謂怨曠也其旱不生上下皆蔽茲謂隔其旱天赤三月時有雹殺飛禽上緣求妃茲謂僭師古曰緣歷也言歷聚庶而求妃妾也其旱三月大溫亡雲居高臺府茲謂犯陰侵陽其旱萬物根死數有火災庶位踰節茲謂僭其旱澤物枯為火所

傷釐公二十一年夏大旱董仲舒劉向以為齊桓既死諸侯從楚釐尤得楚心楚來獻捷釋宋之執師古曰謂此年楚執宋公以伐宋冬使宜申來獻捷十二月盟于薄釋宋公也外倚彊楚炕陽失眾又作南門勞民興役師古曰南門本名稷門更改高大而作之事在二十年諸雩旱不雨略皆同說宣公七年秋大旱是夏宣與齊侯伐萊師古曰萊國即東萊黃縣也襄公五年秋大雩先是宋魚石奔楚師古曰奔古奔字也事在成十五年魚石宋左師也公子目夷之曾孫也楚伐宋取彭城以封魚石師古曰事在成十八年鄭畔于中國而附楚師古曰自鄢陵戰後鄭遂不服故諸侯屢伐之襄與諸侯共圍彭城師古曰謂襄元年使仲孫蔑會晉欒黶宋華元衛甯殖曹人莒人邾人滕人薛人圍彭城城鄭虎牢以禦楚師古曰事在二年虎牢本鄭邑時已屬晉蓋追言之

是歲鄭伯使公子發來聘師古曰公子發鄭穆公之子子產之父也字子國使大夫會吳于善道師古曰使仲孫蔑會吳也善道地名外結二國內得鄭聘有炕陽動眾之應八年九月大雩時作三軍季氏盛師古曰萬二千五百人為軍魯本立上下二軍皆屬於公有事則三卿遞帥之而征伐今季孫宿欲專其人故增立中軍三卿各主其一事在十一年二十八年八月大雩先是比年晉使荀吳齊使慶封來聘師古曰比年頻年也荀吳晉大夫即荀偃之子也二十六年晉侯使來聘慶封齊大夫也二十七年齊侯使來聘是夏邾子來朝襄有炕陽自大之應昭公三年八月大雩劉歆以為昭公即位年十九矣猶有童心居喪不哀炕陽失眾六年九月大雩先是莒牟夷以二邑來奔師古曰事在五年牟夷莒大夫也二邑謂牟婁及防茲也莒怒伐魯叔弓帥師距而敗

之昭得入晉師古曰叔弓魯大夫時昭公適欲朝晉而過莒人來討於不果行叔弓既敗莒師公乃得去故傳云成禮大國以為援好也外和大國內獲二邑取勝鄰國有炕陽動眾之應十六年九月大雩先是昭公母夫人歸氏薨昭不感又大蒐于比蒲師古曰事在昭十一年歸氏胡國之女歸姓即齊歸也齊謚也蒐謂聚眾而田獵也比蒲魯地名比音毗晉叔嚮曰魯有大喪而不廢蒐國不恤喪不忌君也君亡慼容不顧親也殆其失國與三年同占二十四年八月大雩劉歆以為左氏傳二十三年邾師城翼還經魯地師古曰翼邾邑也經者道出其中也魯地謂武城也魯襲取邾師獲其三大夫師古曰謂徐鉏丘弱茅地也邾人愬于晉晉人執我行人叔孫婼師古曰叔孫婼叔孫豹之子也婼音丑略反是春迺歸之二

十五年七月上辛大雩季辛又雩旱甚也劉歆以為時后氏與季氏有隙（師古曰后氏郈昭伯也季氏季平子也季郈之雞鬭季氏芥其雞郈子為之金距平子怒益宮於郈氏且責讓之故郈昭伯怨之）又季氏之族有淫妻為讒使季平子與族人相惡皆共譖平子（師古曰謂平子庶叔父公鳥之妻季姒與雍人檀通而譖季氏之族人季公亥公思展故平子殺思展以故族人皆怨之）子家駒諫曰讒人以君徼幸不可（師古曰子家駒即子家懿伯莊公之玄孫也一名羈）昭公遂伐季氏為所敗出奔齊定公十年九月大雩先是定公自將侵鄭歸而城中城二大夫帥師圍鄆（師古曰事並在六年中城魯之邑也二大夫謂季孫斯仲孫何忌）嚴公三十一年冬不雨是歲一年而三築臺（師古曰是年春築臺于郎夏築臺于薛秋築臺于秦秦郎薛皆魯地）奢侈不恤民

釐公二年冬十月不雨三年春正月不雨夏四月不雨六月雨先是者嚴公夫人與公子慶父淫而殺二君（師古曰慶父莊公之子莊公弟也二君謂子般及閔公）國人攻之夫人遜于邾慶父奔莒釐公即位南敗邾（師古曰謂元年公敗邾師于偃）東敗莒獲其大夫（師古曰謂元年公子友帥師敗莒師于酈獲莒挐也）有炕陽之應文公二年自十有二月不雨至于秋七月文公即位天子使叔服會葬（師古曰叔服周之內史也叔氏服字會葬葬僖公）毛伯賜命（師古曰亦天子使也毛伯周之卿士毛國伯爵也賜命之者賜以命圭為瑞信也）又會晉侯于戚（師古曰謂大夫公孫敖會之也戚衛邑在頓丘衛縣西）公子遂如齊納幣（師古曰納玄纁之幣謂公為婚於齊）又與諸侯盟（師古曰謂公孫敖會宋公陳侯鄭伯晉士縠盟于垂隴也垂隴鄭地）上得天子外得諸侯沛然自大（師古曰沛音普大反）躋釐公主大夫始顓事（師古曰謂季孫行父也顓讀與專同）十年自正月不雨至于秋七月先是公子遂會四國而救鄭（師古曰謂九年楚人伐鄭公子遂會晉人宋人衛人許人以救之）楚使越椒來聘（師古曰越椒楚大夫名也事亦在九年）秦人歸禭（師古曰謂九年秦人來歸僖公及成風之禭也凡間喪者衣服曰禭成風僖公之母也成謚也風姓也禭音遂）有炕陽之應十三年自正月不雨至于秋七月先是曹伯杞伯滕子來朝（師古曰十一年曹伯來朝十二年杞伯滕子來朝）郕伯來奔（師古曰事在十二年郕國伯爵也）秦伯使遂來聘（師古曰事在十二年遂秦大夫名即左氏所謂西乞術）季孫行父城諸及鄆（師古曰事在十二年諸鄆二邑名也諸即琅邪諸縣也）二年之間五國趨之內城二邑炕陽失衆一曰不雨而五穀皆孰異也文公時大夫始顓盟會公孫敖會晉侯又會諸侯盟于垂隴故不雨而

生者陰不出氣而私自行以象施不由上出臣下作福而私自成一曰不雨近常陰之罰君弱也惠帝五年夏大旱江河水少谿谷絕先是發民男女十四萬六千人城長安是歲城迺成文帝三年秋天下旱是歲夏匈奴右賢王寇侵上郡詔丞相灌嬰發車騎士八萬五千人詣高奴（師古曰即上郡之縣）擊右賢王走出塞其秋濟北王興居反使大將軍討之皆伏誅後六年春天下大旱先是發車騎材官屯廣昌（師古曰武都之縣）是歲二月復發材官屯隴西後匈奴大入上郡雲中烽火通長安三將軍屯邊（師古曰謂以中大夫令免為車騎將

軍屯飛狐故楚相蘇意爲將軍屯句注將軍張武屯北地又三將軍屯京師師古曰謂河內大守周亞夫爲將軍次細柳宗正劉禮爲將軍次霸上祝茲侯徐厲爲將軍次棘門景帝中三年秋大旱武帝元光六年夏大旱是歲四將軍征匈奴師古曰謂車騎將軍衛青出上谷騎將軍公孫敖出代輕車將軍公孫賀出雲中驍騎將軍李廣出鴈門元朔五年春大旱是歲六將軍衆十餘萬征匈奴師古曰謂衛青將六將軍兵也六將軍者衛尉蘇建爲游擊將軍左內史李沮爲彊弩將軍大僕公孫賀爲騎將軍代相李蔡爲輕車將軍俱出朔方大行李息岸頭侯張次公爲將軍出右北平元狩三年夏大旱是歲發天下故吏伐棘上林穿昆明池天漢元年夏大旱其三年夏大旱先是貳師將軍征大宛還天漢元年發適民師古曰適讀曰謫二年夏三將軍征匈奴師古曰謂貳師將軍三萬騎出酒泉因杅將軍出西河騎都尉李陵將步兵五千人出居延此也

李陵沒不還征和元年夏大旱是歲發三輔騎士閉長安城門大搜始治巫蠱明年衛皇后太子敗昭帝元始六年大旱先是大鴻臚田廣明征益州暴師連年宣帝本始三年夏大旱東西數千里先是五將軍衆二十萬征匈奴師古曰本始三年御史大夫田廣明爲祁連將軍後將軍趙充國爲蒲類將軍雲中大守田順爲虎牙將軍及度遼將軍范明友前將軍韓增凡五將軍兵十五萬騎校尉常惠持節護烏孫兵咸擊匈奴是爲二十萬衆也神爵元年秋大旱是歲後將軍趙充國征西羌成帝永始三年四年夏大旱左氏傳晉獻公時童謠曰丙子之晨龍尾伏辰袀服振振取虢之旂師古曰徒歌曰謠袀服黑衣振振袀服之貌也袀音均又音弋春反振音只人反鶉之賁賁天策焞焞

火中成軍虢公其犇師古曰犇音奔焞音吐敦反又音敦犇古奔字是時虢爲小國介夏陽之阸怙虞國之助師古曰介隔也亢衡於晉有炕陽之節失臣下之心晉獻伐之問於卜偃曰吾其濟乎師古曰卜偃晉大夫主卜者偃以童謠對曰克之十月朔丙子旦日在尾月在策鶉火中必此時也冬十二月丙子朔晉師滅虢虢公醜奔周周十二月夏十月也言天者以夏正史記晉惠公時童謠曰恭太子更葬兮後十四年晉亦不昌昌廼在其兄是時惠公賴秦力得立立而背秦內殺二大夫師古曰謂里克丕鄭國人不說師古曰說讀曰悅及更葬其兄恭太子申生而不敬故

詩妖作也後與秦戰爲秦所獲立十四年而死晉人絕之更立其兄重耳是爲文公遂伯諸侯師古曰伯讀曰霸左氏傳文成之世童謠曰鸜之鵒之公出辱之師古曰鸜音劬鵒音欲鸜鵒之羽公在外野往饋之馬師古曰饋亦餽字鸜鵒跦跦公在乾侯臣瓚曰乾侯在魏郡斥丘縣師古曰跦跦跳行貌也跦音誅乾音干徵褰與襦師古曰徵求也褰袴也言公出外求袴襦之服鸜鵒之巢遠哉搖搖師古曰搖搖不安之貌稠父喪勞宋父以驕師古曰父讀曰甫甫者男子之通號故云稠甫宋甫也言昭公欲去季氏不遂而出故曰喪勞定公無德於下坐致君位故曰以驕鸜鵒鸜鵒往歌來哭師古曰謂昭公生時出奔死乃以喪歸之至昭公時有鸜鵒來巢公攻季氏敗出奔齊居外野次乾侯八年死于外歸葬魯昭公

名褐公子宋立是爲定公元帝時童謠曰井水溢
滅竈煙灌玉堂流金門至成帝建始二年三月戊
子北宮中井泉稍上溢出南流象春秋時先有鸜
鵒之謠而後有來巢之驗井水陰也竈煙陽也玉
堂金門至尊之居象陰盛而滅陽竊有宮室之應
也王莽生於元帝初元四年至成帝封侯爲三公
輔政因以篡位成帝時童謠曰燕燕尾涎涎（師古曰涎
涎光澤貌也音徒見反）張公子時相見木門倉琅根燕飛來啄
皇孫皇孫死燕啄矢其後帝爲微行出遊常與富
平侯張放俱稱富平侯家人過河陽主作樂見舞

者趙飛燕而幸之故曰燕燕尾涎涎美好貌也張
公子謂富平侯也木門倉琅根謂宮門銅鍰（師古曰門之鋪首及銅鍰也銅色青故曰倉琅鋪首銜環故謂之根鍰讀與環同）言將尊貴也後遂立爲
皇后弟昭儀賊害後宮皇子卒皆伏辜所謂燕飛
來啄皇孫皇孫死燕啄矢者也成帝時謌謠又曰
邪徑敗良田讒口亂善人桂樹華不實黃爵巢其
顛故爲人所羨今爲人所憐桂赤色漢家象華不
實無繼嗣也王莽自謂黃象黃爵巢其顛也嚴公
十七年冬多麋劉歆以爲毛蟲之孽爲災劉向以
爲麋色青近青祥也麋之爲言迷也蓋牝獸之淫

者也是時嚴公將取齊之淫女其象先見天戒若
曰勿取齊女淫而迷國嚴不寤遂取之夫人既入
淫於二叔終皆誅死（師古曰謂慶父縊死叔牙鴆卒齊人殺哀姜也）幾亡社稷
（師古曰謂子般閔公前後見殺而齊侯欲取魯國也幾音鉅依反）董仲舒指略同京房易傳
曰廢正作淫大不明國多麋又曰震遂泥（李奇曰從二至五有坎象坎爲水四爲泥在水中故曰震遂泥泥者泥溺於水不能自拔道未光也或以爲溺於淫女故其妖多麋麋迷也師古曰此易震卦九四爻辭也泥音乃計反）厥咎國多麋昭帝時昌邑王賀聞人聲曰
熊視而見大熊左右莫見以問郎中令龔遂遂曰
熊山野之獸而來入宮室王獨見之此天戒大王
恐宮室將空危亡象也賀不改寤後卒失國左氏

傳襄公十七年十一月甲午宋國人逐猘狗（師古曰猘狂也
音征例反）猘狗入於華臣氏（師古曰華臣華元之子也）國人從之臣懼
遂奔陳先是臣兄閱爲宋卿（師古曰閱爲右師）閱卒臣使賊殺
閱家宰遂就其妻宋平公聞之曰臣不唯其宗室
是暴大亂宋國之政欲逐之左師向戌曰大臣不
順國之恥也不如蓋之（師古曰向戌宋桓公曾孫也蓋謂覆掩其事也）公迺止
華臣炕暴失義內不自安故犬禍至以奔亡也高
后八年三月祓霸上（師古曰祓者除惡之祭也音廢）還過枳道見物
如倉狗撠高后掖（師古曰撠謂拘持之也撠音戟拘音居足反）忽之不見卜
之趙王如意爲祟遂病掖傷而崩先是高后鴆

殺如意支斷其毋戚夫人手足搉其眼以爲人彘師古曰搉謂敲擊去其精也搉音口角反凡言彘者皆豕之別名文帝後五年六月齊雍城門外有狗生角師古曰雍城門者齊門名也春秋左氏傳平陰之役趙武及秦周伐雍門之萩是也先是帝兄齊悼惠王亡後帝分齊地立其庶子七人皆爲王師古曰謂齊孝王將閭濟北王志菑川王賢膠東王雄渠膠西王卬濟南王辟光并城陽恭王喜是爲七王兄弟並彊有炕陽心故犬禍見也犬守御角兵象在前而上鄉者也師古曰鄉讀曰嚮次下亦同犬不當生角猶諸侯不當舉兵鄉京師也天之戒人蚤矣師古曰蚤古早字諸侯不寤後六年吳楚畔濟南膠西膠東三國應之舉兵至齊齊王猶與城守師古曰與讀曰豫三國圍之會漢破吳

楚因誅四王故天狗下梁而吳楚攻梁狗生角於齊而三國圍齊漢卒破吳楚於梁誅四王於齊京房易傳曰執政失下將害之厥妖狗生角君子苟免小人陷之厥妖狗生角景帝三年二月邯鄲狗與彘交悖亂之氣近犬豕之禍也師古曰悖惑也音布內反此下亦同是時趙王遂悖亂與吳楚謀爲逆遣使匈奴求助兵卒伏其辜犬兵革失衆之占如淳曰犬吠守似兵革外附它類失衆也豕北方匈奴之象逆言失聽交於異類以生害也京房易傳曰夫婦不嚴厥妖狗與豕交茲謂反德國有兵革成帝河平元年長安男子石良劉音相與同

居師古曰二人共止一室有如人狀在其室中擊之爲狗走出去後有數人被甲持兵弩至良家良等格擊或死或傷皆狗也自二月至六月乃止鴻嘉中狗與彘交左氏昭公二十四年十月癸酉王子鼂以成周之寶圭湛于河師古曰以祭河也爾雅曰祭川曰浮沈湛讀曰沈後皆類此幾以獲神助師古曰幾讀曰冀甲戌津人得之河上陰不佞取將賣之則爲石師古曰陰不佞周大夫也是時王子鼂篡天子位萬民不鄉號令不從師古曰鄉讀曰嚮故有玉變近白祥也癸酉入而甲戌出神不享之驗云王化爲石貴將爲賤也後二年子鼂犇楚而死史記秦始皇帝三十六年

鄭客從關東來至華陰望見素車白馬從華山上下知其非人道住止而待之遂至師古曰於道上住而待此車馬持璧與客曰爲我遺鎬池君張晏曰武王居鎬鎬池君則武王也武王伐商故神云始皇荒淫若紂矣今亦可伐也孟康曰長安西南有鎬池師古曰鎬池在昆明池北此直江神告鎬池之神云始皇將死耳無豫於武王也張說失矣因言今年祖龍死蘇林曰祖始也龍人君象謂始皇也忽不見鄭客奉璧即始皇二十八年過江所湛璧也與周子鼂同應是歲石隕于東郡民或刻其石曰始皇死而地分此皆白祥炕陽暴虐號令不從孤陽獨治羣陰不附之所致也一曰石陰類也陰持高節臣將危君趙高李斯之象也始皇不畏戒自省反夷滅其旁民

而燔燒其石是歲始皇死後三年而秦滅孝昭元鳳三年正月泰山萊蕪山南匈匈有數千人聲民視之有大石自立高丈五尺大四十八圍入地深八尺三石為足石立處有白烏數千集其旁眭孟以為石陰類下民象泰山岱宗之嶽王者易姓告代之處當有庶人為天子者孟坐伏誅京房易傳曰復崩來無咎（師古曰復卦之辭也今易崩字作朋字）自上下者為崩厥應泰山之石顛而下（師古曰顛墜也）聖人受命人君虜又曰石立如人庶士為天下雄立於山同姓平地異姓立於水聖人於澤小人天漢元年三月天雨白毛三

年八月天雨白氂（師古曰凡言氂者毛之強曲者也音力之反）京房易傳曰前樂後憂厥妖天雨羽又曰邪人進賢人逃天雨毛

史記周威烈王二十三年九鼎震（孟康曰威烈一王之諡也六國時也師古曰即赧王之高祖也）金震木動之也是時周室衰微刑重而虐號令不從以亂金氣鼎者宗廟之寶器也宗廟將廢寶鼎將遷故震動也是歲晉三卿韓魏趙篡晉君而分其地威烈王命以為諸侯天子不恤同姓而爵其賊臣天下不附矣後三世周致德祚於秦（晉灼曰赧王奔秦獻其邑此為致德祚也）其後秦遂滅周而取九鼎九鼎之震木沴金失衆甚成帝元延元年正月長安章城門門牡自亡（晉灼曰西出南頭第一門也牡是出籥者師古曰牡所以下閉者也亦以鐵為之非出籥也）函谷關次門牡亦自亡（韋昭曰函谷關邊小門也師古曰非行人出入所由蓋關司曹府所在之門也）京房易傳曰飢而不損茲謂泰厥災水厥咎牡亡妖辭曰關動牡飛辟為亡道臣為非厥咎亂臣謀篡（李奇曰妖變傳辭）故谷永對曰章城門通路寢之路函谷關距山東之險城門關守國之固固將去焉故牡飛也

前漢五行志卷第七中之上

五行志卷第七中之下　班固　漢書二十七

秘書監上護軍琅邪縣開國子顏　師古　注

傳曰視之不明是謂不悊厥咎舒厥罰恒奧師古曰奧讀曰燠燠暖也音於六反其下並同厥極疾韋昭曰以疾爲罰時則有草妖時則有蠃蟲之孽師古曰蠃螺蚌之類無鱗甲毛羽故謂之蠃蟲也音郎果反時則有羊旤時則有目痾時則有赤眚赤祥惟水沴火視之不明是謂不悊悊知也詩云爾德不明以亡陪亡卿不明爾德以亡背亡仄師古曰大雅蕩之詩也言不別善惡有逆背傾仄者有堪爲卿大夫者皆不知之也仄古側字言上不明暗昧蔽惑則不能知善惡親近習長同類師古曰習狎也近狎者則親愛之同類者則長益也亡功者受賞有罪者不殺百官

廢亂失在舒緩故其咎舒也盛夏日長暑以養物政弛緩故其罰常奧也奧則冬溫春夏不和傷病民人故極疾也誅不行則霜不殺草繇臣下則殺不以時師古曰繇讀與由同言誅罰由於臣下故有草妖凡妖貌則以服言則以詩聽則以聲視則以色者五色物之大分也在於眚祥故聖人以爲草妖失秉之明者也師古曰謂失所執之權也秉音彼命反溫奧生蟲故有蠃蟲之孽謂螟螣之類師古曰螟食苗心螣食苗葉之蟲也螟音冥螣音徒得反當死不死未當生而生或多於故而爲災也劉歆以爲屬思心不容於易剛而包柔爲離師古曰兩陽居外一陰在內故云剛包柔離爲火爲目羊上角下蹏

剛而包柔羊大目而不精明視氣毀故有羊旤一曰暑歲羊多疫死及爲怪亦是也及人則多病目者故有目痾火色赤故有赤眚赤祥凡視傷者病火氣火氣傷則水沴之其極疾者順之其福曰壽李奇曰於六極之中爲疾者逆火氣致疾病也能順火氣則旤更爲福劉歆視傳曰有羽蟲之孽雞旤說以爲於天文南方喙爲鳥星故爲羽蟲旤亦從羽故爲雞雞於易自在巽說非是庶徵之恒奧劉向以爲春秋亡冰也小奧不書無冰然後書舉其大者也京房易傳曰祿不遂行茲謂欺厥咎奧雨雪四至而溫臣安祿樂逸茲謂亂奧而生

蟲知罪不誅茲謂舒其奧夏則暑殺人冬則物華實重過不誅茲謂亡徵其咎當寒而奧六日也桓公十五年春亡冰劉向以爲周春今冬也先是連兵鄰國三戰而再敗也師古曰三戰者謂十年齊侯衛侯鄭伯來戰于郎十二年與鄭師伐宋戰于宋十三年會紀侯鄭伯及齊侯宋公衛侯燕人戰也再敗者謂郎之戰穀梁傳曰以吾敗也又宋之戰穀梁以爲內諱敗舉其可道者也據左氏傳公羊穀梁亦曰無冰並在十四年今此云十五年未詳其意內失百姓外失諸侯不敢行誅罰鄭伯突簒兄而立公與相親師古曰突鄭莊公子即厲公也兄謂大子忽即昭公也莊公既卒突因宋莊公之寵而得立遂使昭公奔衛故云簒兄也公與相親者謂十五年突爲祭仲所逐奔蔡遂居櫟而昭公入公再與諸侯伐鄭謀納厲公長養同類不明善惡之罰也師古曰言桓簒立與突志同故曰長養同類董仲舒以爲象夫人不正陰失節也

曰夫人姜氏通于齊侯故云不正成公元年二月無冰董仲舒以爲方
有宣公之喪君臣無悲哀之心而炕陽作丘甲師古
曰時宣公薨始踰年故云有喪也丘甲解在刑法志劉向以爲時公幼弱政舒緩也
襄公二十八年春無冰劉向以爲先是公作三軍
有侵陵用武之意師古曰作三軍者季氏欲專其權非公本意此說非也侵陵用武者謂入鄆取邿也邿
音詩於是鄰國不和伐其三鄙師古曰謂十三年三月十四年夏莒人伐我東鄙十五年
夏齊侯伐我北鄙秋邾人伐我南鄙十六年三月齊侯伐我北鄙被兵十有餘年因之以饑
饉百姓怨望臣下心離公懼而弛緩不敢行誅罰
師古曰弛放也音式爾反楚有夷狄行公有從楚心不明善惡之
應師古曰有從楚心謂二十八年公朝于楚董仲舒指略同一曰水旱之

前漢五行志七中之下　三　陳昌

災寒暑之變天下皆同故曰無冰天下異也桓公
殺兄弒君外成宋亂與鄭易邑背畔周室師古曰隱攝公位又
桓之兄故云殺兄弒君也成宋亂者謂宋華父督弒其君殤公及其大夫孔父以郜大鼎賂公公會齊侯鄭伯于稷而平其亂也與鄭易邑謂
以大山之田易許田也許田者魯朝宿之邑也而以與鄭明魯之不朝於王故云背畔周室成公時楚橫行
中國師古曰謂成二年楚師侵衛遂侵我師于蜀六年七月楚公子嬰齊帥師伐鄭九年嬰齊帥師伐莒十五年楚子伐鄭十六年
楚子與晉侯鄭伯戰于鄢陵十八年楚子伐宋王札子殺召伯毛伯師古曰王札子即王子捷也召伯毛
伯皆周大夫也今春秋經王札子殺召伯毛伯事在宣十五年而此言成公時未達其說召讀曰邵晉敗天子之
師于貿戎師古曰貿戎戎別種也公羊傳成元年王師敗績于貿戎孰敗之蓋晉敗之貿音莫侯反天子皆
不能討襄公時天下諸侯之大夫皆執國權師古曰謂襄十
六年會于溴梁諸侯之大夫盟皆類此君不能制漸將日甚善惡不明誅

罰不行周失之舒秦失之急故周衰亡寒歲秦滅
亡奧年武帝元狩六年冬亡冰先是比年遣大將
軍衛青霍去病攻祁連絕大幕師古曰比頻也祁連山名也幕沙幕也直度曰
絕祁音上夷反窮追單于斬首十餘萬級還大行慶賞乃閔
海內勤勞是歲遣博士褚大等六人持節巡行天
下師古曰行音下更反存賜鰥寡假與乏困舉遺逸獨行君子
詣行在所郡國有以爲便宜者上丞相御史以聞
天下咸喜昭帝始元二年冬亡冰是時上年九歲
大將軍霍光秉政始行寬緩欲以說下師古曰說讀曰悅僖
公三十三年十二月隕霜不殺草劉歆以爲草妖

前漢五行志七中之下　四　蕭慶

也劉向以爲今十月周十二月於易五爲天位君
位九月陰氣至五通於天位其卦爲剝師古曰坤下艮上剝
落萬物始大殺矣明陰從陽命臣受君令而後殺
也今十月隕霜而不能殺草此君誅不行舒緩之
應也是時公子遂顓權三桓始世官師古曰公子遂莊公之子即東門襄
仲也時爲卿專執國政也天戒若曰自此之後將皆爲亂矣文公
不寤其後遂殺子赤三家逐昭公師古曰並已解於上董仲舒
指略同京房易傳曰臣有緩茲謂不順厥異霜不
殺也書序曰伊陟相大戊亳有祥桑穀共生師古曰商書咸
乂之序也其書亡伊陟伊尹子也大戊大甲孫也亳殷所都也桑穀二木合而共生穀音穀傳曰俱生乎朝

七日而大拱師古曰兩手合為拱音久勇反伊陟戒以修德而木枯劉向以為殷道既衰高宗承敝而起盡涼陰之哀天下應之師古曰涼信也陰默也言居哀信默三年不言也涼讀曰諒一說涼陰謂居喪之廬也謂三年處於廬中不言涼音力羊反據今尚書及諸傳記大戊卒子仲丁立卒弟何亶甲立卒子祖乙立卒子盤庚立卒小乙之子武丁立是為高宗桑穀自太戊時生涼陰乃高宗之事而此云桑穀即高宗時出其說與尚書大傳不同未詳其義也或者伏生差謬既獲顯榮怠於政事國將危亡故桑穀之異見桑猶喪也穀猶生也殺生之秉失而在下師古曰秉音彼命反近草妖也一曰野木生朝而暴長小人將暴在大臣之位危亡國家象朝將虛之應也師古曰虛讀曰墟書序又曰高宗祭成湯有蜚雉登鼎耳而雊師古曰商書高宗肜日之序也蜚古飛字雊音工豆反祖己曰惟

先假王正厥事師古曰祖己殷賢臣假大也言先代大道之王能正其事而災異銷也劉向以為雉雊鳴者雄也以赤色為主於易離為雉雉南方近赤祥也劉歆以為羽蟲之孽易有鼎卦師古曰巽下離上也鼎宗廟之器主器奉宗廟者長子也野鳥自外來入為宗廟器主是繼嗣將易也一曰鼎三足三公象而以耳行師古曰鼎非舉耳不得行故云以耳行野鳥居鼎耳小人將居公位敗宗廟之祀野木生朝野鳥入廟敗亡之異也武丁恐駭謀於忠賢修德而正事內舉傅說授以國政師古曰武丁夢得賢相乃以所夢之像使求之得於傅巖立以為相作說命三篇說讀曰悅外伐鬼方以安諸夏師古曰鬼方絕遠之地一曰國名夏大也中國大於戎狄故曰諸夏故能攘木鳥之妖

致百年之壽師古曰攘卻也音人羊反所謂六沴若是共御五福迺降用章于下者也師古曰共讀曰恭御讀曰禦言恭己以禦災也一說御治也恭治其事也一曰金沴木曰木不曲直僖公三十三年十二月李梅實劉向以為周十二月今十月也李梅當剝落今反華實近草妖也先華而後實不書華舉重者也陰成陽事象臣顓君作威福一曰冬當殺反生象驕臣當誅不行其罰也故冬華華者象臣邪謀有端而不成至於實則成矣是時僖公死公子遂顓權文公不寤後有子赤之變一曰君舒緩甚奧氣不臧則華實復生董仲舒以為李梅實臣下彊也記曰

不當華而華易大夫不當實而實易相室應劭曰冬水王木相故象大臣冬實者變置丞相與宮室也但華則變大夫也師古曰相室猶言相國謂宰相也合韻故言相室相室者王相室冬水王木相故象大臣劉歆以為庶徵皆以蟲為孽思心蠃蟲孽也李梅實屬草妖惠帝五年十月桃李華棗實昭帝時上林苑中大柳樹斷仆地一朝起立生枝葉有蟲食其葉成文字曰公孫病已立昌邑王國社有枯樹復生枝葉眭孟以為木陰類下民象當有故廢之家公孫氏從民間受命為天子者昭帝富於春秋霍光秉政以孟妖言誅之後昭帝崩無子徵昌邑王賀嗣位狂亂失道光廢之更立

衞大子之孫是爲宣帝宣帝本名病已京房易傳曰枯楊生稊（師古曰大過九二爻辭也稊楊秀之始生者音徒奚反）枯木復生人君亡子元帝初元四年皇后曾祖父濟南東平陵王伯墓門梓柱卒生枝葉上出屋（孟康曰王伯莽之祖也師古曰莽高祖父也故下云高祖考卒讀曰猝猝暴也）劉向以爲王氏貴盛將代漢家之象也後王莽篡位自說之曰初元四年莽生之歲也當漢九世火德之厄而有此祥興於高祖考之門門爲開通梓猶子言王氏當有賢子開通祖統起於柱石大臣之位受命而王之符也建昭五年兖州刺史浩賞禁民私所自立社（張晏曰民間三月九月又社號曰私社臣瓚曰舊制二十五家爲一社而民或十家五家共爲田社是私社師古曰瓚說是）山陽橐茅鄉社有大槐樹（師古曰橐縣名也屬山陽郡茅鄉橐縣之鄉也橐音拓）吏伐斷之其夜樹復立其故處成帝永始元年二月河南街郵樗樹生支如人頭（師古曰郵謂行書之舍樗樹似椿樗音丑余反椿音丑倫反）眉目須皆具亡髮耳哀帝建平三年十月汝南西平遂陽鄉柱仆地生支如人形（師古曰仆頓也音赴）身青黃色面白頭有頿髮稍長大凡長六寸一分京房易傳曰王德衰下人將起則有木生爲人狀哀帝建平三年零陵有樹僵地（師古曰僵偃也音疆）圍大六尺長十丈七尺民斷其本長九尺餘枯三月樹卒自立故處（師古曰卒讀曰猝）京房易傳曰棄正作

淫厥妖木斷自屬（師古曰屬連續也音之欲反）天辟惡之（如淳曰天辟謂天子也師古曰辟音壁）元帝永光二年八月天雨草而葉相摎結大如彈丸（師古曰摎繞也摎音居虯反）平帝元始三年正月天雨草狀如永光時京房易傳曰君吝於祿信衰賢去厥妖天雨草昭公二十五年夏有鸜鵒來巢劉歆以爲羽蟲之孽其色黑又黑祥也視不明聽不聰之罰也劉向以爲有蜚有蜮不言來者氣所生所謂眚也（師古曰此蜚謂負蠜也其爲蟲臭惡蜮短狐即今所謂水弩也隱元年有蜚莊十八年有蜮蜚音翡蜮音域蜚亦作蟹其音同耳）鸜鵒言來者氣所致所謂祥也鸜鵒夷狄穴藏之禽來至中國不穴而巢陰居陽位（師古曰今之鸜鵒中國皆有依周官而言但不踰濟水耳左氏以爲魯所常無異而書之而此云夷狄禽未喻其意又此鳥本亦巢居不皆穴處也書巢者著其居止字乳不即去也）象季氏將逐昭公去宮室而居外野也鸜鵒白羽旱之祥也穴居而好水黑色爲主急之應也天戒若曰既失衆不可急暴急暴陰將持節陽以逐爾去宮室而居外野矣昭不寤而舉兵圍季氏爲季氏所敗出犇于齊遂死于外野董仲舒指略同景帝三年十一月有白頸烏與黑烏羣鬭楚國呂縣白頸不勝墮泗水中死者數千劉向以爲近白黑祥也時楚王戊暴逆無道（師古曰戊楚元王之孫也）刑辱申公與吳王謀反烏羣鬭者師戰之象也白頸者小明小者敗也墮於水者將死水地

王戊不寤遂舉兵應吳與漢大戰兵敗而走至於丹徒為越人所斬墮死於水效也京房易傳曰逆親親厥妖白黑烏鬬於國昭帝元鳳元年有烏與鵲鬬燕王宮中池上烏墮池死近黑祥也時燕王旦謀為亂遂不改寤伏辜而死楚燕皆骨肉藩臣以驕怨而謀逆俱有烏鵲鬬死之祥行同而占合此天人之明表也燕一烏鵲鬬於宮中而黑者死楚以萬數鬬於野外而白者死象燕陰謀未發獨王自殺於宮故一烏水色者死楚炕陽舉兵軍師大敗於野故衆烏金色者死天道精微之效也京

房易傳曰專征劫殺厥妖烏鵲鬬昭帝時有鵜鶘或曰禿鶖（師古曰鵜鶘即汙澤也一名淘河腹下胡大如數升囊好羣入澤中抒水食魚因名禿鶖亦水鳥也鵜音大奚反鶘音胡鶖音秋）集昌邑王殿下王使人射殺之劉向以為水鳥色青青祥也時王馳騁無度慢侮大臣不敬至尊有服妖之象（師古曰謂多治仄注冠又以冠奴也）故青祥見也野鳥入處宮室將空王不悟卒以亡京房易傳曰辟退有德厥咎狂厥妖水鳥集于國中（師古曰辟君也）成帝河平元年二月庚子泰山山桑谷有鳶焚其巢（師古曰鳶鴟也音緣）男子孫通等聞山中群鳥鳶鵲聲往視見巢爇盡墮池中（師古曰爇古然字）有三鳶鷇燒死（師古曰鳥子新生而哺者曰鷇音口豆反又音工豆反）樹大四圍巢去地五丈五尺大守平以聞鳶色黑近黑祥貪虐之類也易曰鳥焚其巢旅人先笑後號咷（師古曰旅卦上九爻辭也咷音逃）泰山岱宗五嶽之長王者易姓告代之處也天戒若曰勿近貪虐之人聽其賊謀將生焚巢自害其子絕世易姓之禍其後趙蜚燕得幸立為皇后弟為昭儀姊妹專寵聞後宮許美人曹偉能生皇子也（師古曰曹偉能宮人姓名也偉能一名宮見外戚傳）昭儀大怒令上奪取而殺之皆并殺其母成帝崩昭儀自殺事乃發覺趙后坐誅此焚巢殺子後號咷之應也一曰王莽貪虐而任社稷之重卒成易姓之禍

云京房易傳曰人君暴虐鳥焚其舍鴻嘉二年三月博士行大射禮有飛雉集于庭歷階登堂而雊後雉又集大常宗正丞相御史大夫大司馬車騎將軍之府又集未央宮承明殿屋上時大司馬車騎將軍王音待詔寵等上言天地之氣以類相應（師古曰以經術待詔其人名寵不記姓也流俗書本寵上輒加孫字非也）譴告人君甚微而著雉者聽察先聞雷聲故月令以紀氣（師古曰謂季冬之月云雉雊雞乳也）經載高宗雊雉之異（師古曰已解於上）以明轉禍為福之驗今雉以博士行禮之日大衆聚會飛集於庭歷階登堂萬衆睢睢（師古曰睢睢仰目視貌也音呼惟反）驚怪連日徑歷三公之

府大常宗正典宗廟骨肉之官然後入宮其宿留告曉人具備深切師古曰宿音先就反留音力救反雖人道相戒何以過是後帝使中常侍鼂閎詔音曰聞捕得雉毛羽頗摧折類拘執者得無人為之師古曰言人放此雉故欲為變異者音復對曰陛下安得亡國之語不知誰主為佞讇之計師古曰讇古諂也誣亂聖德如此者左右阿諛甚衆不待臣音復讇而足師古曰足益也音子喻反公卿以下保位自守莫有正言如令陛下覺寤懼大禍且至身深責臣下繩以聖法臣音當先誅豈有以自解哉今即位十五年繼嗣不立日日駕車而出失行流聞師古曰言帝行多失醜惡流布聞於遠方也海内傳之甚於京師外有微行之害内有疾病之憂皇天數見災異師古曰見顯示欲人變更終已不改天尚不能感動陛下臣子何望獨有極言待死命在朝暮而已如有不然老母安得處所尚何皇大后之有高祖天下當以誰屬乎如淳曰老母音之老母也當隨己受罪誅也又謂已言深切觸悟人主積恚而死必行之誅不能復顧大后也師古曰如說非也言恐屬於成帝耳不然者謂不如所諫而自修改也老母帝之母即大后也言帝不自修改國家危亡大后不知處所高祖天下無所付屬也屬音之欲反宜謀於賢知克己復禮以求天意繼嗣可立災變尚可銷也成帝綏和二年三月天水平襄有燕生爵哺食至大俱飛去師古曰哺音蒲固反食讀曰飤謂與母俱去京房易傳曰賊臣在

國厥咎燕生爵諸侯銷一曰生非其類子不嗣世史記魯定公時季桓子穿井得土缶中得蟲若羊師古曰缶盎也即今之盆近羊禍也羊者地上之物幽於土中象定公不用孔子而聽季氏暗昧不明之應也一曰羊去野外而拘土缶者象魯君失其所而拘於季氏季氏亦將拘於家臣也是歲季氏家臣陽虎囚季桓子後三年陽虎劫公伐孟氏兵敗竊寶玉大弓而出亡師古曰寶玉謂夏后氏之璜大弓謂封父之繁弱皆魯始封之分器所受於周也定八年陽虎作亂不克竊之而入讙陽關以叛左氏傳魯襄公時宋有生女子赤而毛棄之隄下宋平公母共姬之御者見而收之師古曰平公宋共公之子也名成共讀曰恭因名曰弃長而美好納之平公生子曰佐後宋臣伊戾讒太子痤而殺之師古曰事在襄二十六年痤音才戈反先是大夫華元出奔晉師古曰華元奔晉在成十五年華弱奔魯師古曰事在襄六年華臣奔陳師古曰事在襄十七年華合比奔衛師古曰事在昭六年據今春秋合比奔在殺太子痤後而志揔言先是未詳其意劉向以為時則火災赤眚之明應也京房易傳曰尊卑不別厥妖女生赤毛惠帝二年天雨血於宜陽一頃所劉向以為赤眚也時又冬雷桃李華常奧之罰也是時政舒緩諸呂用事讒口妄行殺三皇子建立非嗣師古曰三皇子謂趙隱王如意趙幽王友趙恭王恢皆高帝子也建立後宮美人子為嗣及不當立之王孟康曰呂氏三王也退王陵趙

堯周昌師古曰惠帝六年王陵爲右丞相惠帝崩呂后欲廢陵遷爲大傅實奪之相權高祖以趙堯爲御史大夫高后元年怨堯前定趙王如意之策乃抵堯罪周昌爲趙相趙王見鴆殺昌謝病不朝見三歲而薨呂大后崩大臣共誅滅諸呂僵尸流血京房易傳曰歸獄不解茲謂追非厥咎天雨血茲謂不親民有怨心不出三年無其宗人又曰佞人祿功臣僇天雨血師古曰僇古戮字哀帝建平四年四月山陽湖陵雨血廣三尺長五尺大者如錢小者如麻子後二年帝崩王莽擅朝誅貴戚丁傅大臣董賢等皆放徙遠方與諸呂同象誅死者少雨血亦少傳曰聽之不聰是謂不謀厥咎急厥罰恒寒厥極貧時則有鼓妖時則有魚孽

時則有豕禍時則有耳痾時則有黑眚黑祥惟火沴水聽之不聰是謂不謀言上偏聽不聰下情隔塞則不能謀慮利害失在嚴急故其咎急也盛冬日短寒以殺物政促迫故其罰常寒也寒則不生百穀上下俱貧故其極貧也君嚴猛而閉下臣戰栗而塞耳則妄聞之氣發於音聲故有鼓妖寒氣動故有魚孽雨以龜爲孽服虔曰多雨則龜多出龜能陸處非極陰也魚去水而死極陰之孽也於易坎爲豕豕大耳而不聰察聽氣毀故有豕禍也一曰寒歲豕多死及爲怪亦是也及人則多病耳者故有耳痾

水色黑故有黑眚黑祥凡聽傷者病水氣水氣病則火沴之其極貧者順之其福曰富劉歆聽傳曰有介蟲孽也庶徵之恒寒劉向以爲春秋無其應周之末世舒緩微弱政在臣下奥煖而已故籍秦以爲驗師古曰籍假借秦始皇帝即位尚幼委政大后大后淫於呂不韋及嫪毐師古曰嫪或音居虯反嫪姓也毐名也許慎說以爲嫪毐士之無行者嫪音郎到反毐音烏改反與今史記漢書本文不同且嫪樂之姓又非嫪也故當依本字以讀封毐爲長信侯以大原郡爲毐國宮室苑囿自恣政事斷焉故天冬雷以見陽不禁閉以涉危害舒奥迫近之變也始皇既冠毐懼誅作亂始皇誅之斬首數百級大臣

二十人皆車裂以徇夷滅其宗遷四千餘家於房陵是歲四月寒民有凍死者數年之間緩急如此寒奥輒應此其效也劉歆以爲大雨雪及未當雨雪而雨雪及大雨雹隕霜殺叔草皆常寒之罰也劉向以爲常雨屬貌不恭京房易傳曰有德遭險茲謂逆命厥異寒誅過深當奥而寒盡六日亦爲雹害正不誅茲謂養賊寒七十二日殺蜚禽師古曰蜚讀曰飛道人始去茲謂傷服虔曰有道之人去其寒物無霜而死涌水出出戰不量敵茲謂辱命其寒雖雨物不茂聞善不予厥咎聾桓公八年十月雨雪周十月今八月也

未可以雪劉向以爲時夫人有淫齊之行而桓有
妬媢之心師古曰媢謂夫妬婦也音莫報反夫人將殺其象見也師古曰謂欲殺
桓公桓不覺寤後與夫人俱如齊而殺死凡雨陰也
雪又雨之陰也出非其時迫近象也董仲舒以爲
象夫人專恣陰氣盛也釐公十年冬大雨雪劉向
以爲先是釐公立妾爲夫人陰居陽位陰氣盛也公
羊經曰大雨雹董仲舒以爲公脅於齊桓公立妾
爲夫人不敢進群妾師古曰已解於上故專壹之象見諸雹
皆爲有所漸脅也孟康曰謂陰氣漸脅行專壹之政云昭公四
年正月大雨雪劉向以爲昭取於吳而爲同姓謂

前漢五行志七中之下　十五　徐潮

之吳孟子師古曰魯與吳俱姬姓也周禮同姓不爲婚故諱不稱吳姬而云孟子也取讀曰娶君行於上
臣非於下又三家已彊皆賤公行慢侮之心生師古
曰侮古侮字董仲舒以爲季孫宿任政陰氣盛也師古曰季孫宿季武
子也文帝四年六月大雨雪後三歲淮南王長謀反
發覺遷道死師古曰遷於蜀未至而死於雍故曰道死京房易傳曰夏雨雪
戒臣爲亂景帝中六年三月雨雪其六月匈奴入
上郡取死馬吏卒戰死者二千餘人明年條侯周
亞夫下獄死武帝元狩元年十二月大雨雪民多
凍死是歲淮南衡山王謀反發覺皆自殺使者行
郡國治黨與師古曰行音下更反坐死者數萬人元鼎二年三

月雪平地厚五尺是歲御史大夫張湯有罪自殺
丞相嚴青翟坐與三長史謀陷湯師古曰謂朱買臣爲丞相長史王朝及邊
通皆守丞相長史也青翟自殺三長史皆棄市元鼎三年三月
水冰四月雨雪關東十餘郡人相食是歲民不占
緡錢有告者以半畀之師古曰言政急刻也占音之贍反元帝建昭二
年十一月齊楚地大雪深五尺是歲魏郡太守京
房爲石顯所告坐與妻父淮陽王舅張博博弟光
勸視淮陽王以不義師古曰視讀曰示博要斬光房棄市御
史大夫鄭弘坐免爲庶人成帝即位顯伏辜淮陽
王上書寃博辭語增加師古曰言博本爲石顯所冤增加其語故陷罪家屬徙

前漢五行志七中之下　十六　仍

者復得還建昭四年三月雨雪燕多死谷永對曰
皇后桑蠶以治祭服共事天地宗廟師古曰共讀曰恭正以
是日疾風自西北大寒雨雪壞敗其功以章不鄉
師古曰言不當天心鄉讀曰嚮宜齊戒辟寢以深自責師古曰齊讀曰齋辟讀曰避請
皇后就宮鬲閉門戶毋得擅上師古曰鬲與隔同擅上謂輒至御所也上音時
掌反一曰擅專也上謂天子也讀如本字勿令皇后專固天子且令衆妾人人更進以時
博施皇天說喜師古曰更音工衡反說讀曰悅庶幾可以得賢明之
嗣即不行臣言災異俞甚天變成形臣雖欲復捐
身關策不及事已師古曰言雖欲弃捐其身不懷顧慮極陳計策關說天子亦無所及其後
許后坐祝詛廢陽朔四年四月雨雪燕雀死後

二年許皇后自殺定公元年十月隕霜殺菽師古曰菽大豆
劉向以爲周十月今八月也銷 卦爲觀師古曰坤下巽上也陰
氣未至君位而殺誅罰不由君出在臣下之象也
是時季氏逐昭公公死于外定公得立故天見灾
以視公也師古曰視讀曰示 釐公二年十月隕霜不殺草爲
嗣君微失秉事之象也師古曰謂襄仲專權殺嫡立庶公室弱秉音彼命反 其後
卒在臣下則灾爲之生矣異故言草灾故言菽重
殺穀師古曰以其事爲重不比於殺草也 一曰菽草之難殺者也言殺菽
知草皆死也言不殺草知菽亦不死也董仲舒以
爲菽草之彊者天戒若曰加誅於彊臣言菽以微

前漢五行志七中之下 十七 仍

見季氏之罰也武帝元光四年四月隕霜殺草木
先是二年遣五將軍三十萬衆伏馬邑下師古曰謂御史大夫韓安國爲護軍將軍衞尉李廣爲驍騎將軍大僕公孫賀爲輕車將軍大行王恢爲將屯將軍大中大夫李息爲材官將軍 欲襲
單于單于覺之而去自是始征伐四夷師出三十
餘年天下戶口減半京房易傳曰興兵妄誅茲謂
亡法厥灾霜夏殺五穀冬殺麥誅不原情茲謂不
仁其霜夏先大雷風冬先雨迺隕霜有芒角賢聖
遭害其霜附木不下地佞人依刑茲謂私賊其霜
在草根土隙間不教而誅茲謂虐其霜反在草下
元帝永光元年三月隕霜殺桑九月二日隕霜殺

稼天下大飢是時中書令石顯用事專權與春秋
定公時隕霜同應成帝即位顯坐作威福誅釐公
二十九年秋大雨雹劉向以爲盛陽雨水溫煖而
湯熱陰氣脅之不相入則轉而爲雹盛陰雨雪凝
滯而冰寒陽氣薄之不相入則散而爲霰師古曰霰雨雪雜下
音先見反 故沸湯之在閉器而湛於寒泉則爲冰孟康曰投湯器
中以沉寒泉而成也師古曰湛讀曰沈 及雪之銷亦冰解而散此其驗也故
雹者陰脅陽也春秋不書霰者猶月食也釐公末
年信用公子遂遂專權自恣將至於殺君故陰脅
陽之象見釐公不寤遂終專權後二年殺子赤立

前漢五行志七中之下 十八 生

宣公師古曰公子遂東門襄仲也赤文公大子即惡也 左氏傳曰聖人在上無雹
雖有不爲灾說曰凡物不爲灾不書書大言爲灾
也凡雹皆冬之愆陽夏之伏陰也師古曰愆過也過陽冬溫也伏陰夏寒也 昭
公三年大雨雹是時季氏專權脅君之象見昭公
不寤後季氏卒逐昭公元封三年十二月雷雨雹
大如馬頭宣帝地節四年五月山陽濟陰雨雹如
雞子深二尺五寸殺二十人蜚鳥皆死師古曰蜚讀曰飛 其
十月大司馬霍禹宗族謀反誅霍皇后廢成帝河
平二年四月楚國雨雹大如斧蜚鳥死左傳曰釐
公三十二年十二月已卯晉文公卒庚辰將殯于

曲沃出絳柩有聲如牛劉向以爲近鼓妖也喪凶事聲如牛怒象也將有急怒之謀以生兵革之禍是時秦穆公遣兵襲鄭而不假道還晉大夫先軫謂襄公曰秦師過不假塗請擊之師古曰先軫即原軫遂要崤阸師古曰即今之二崤山也以敗秦師匹馬觭輪無反者服虔曰觭音奇偶之奇師古曰觭隻也言盡虜獲之觭音居宜反操之急矣師古曰操持也謂執持所虜獲也操音千高反晉不惟舊而聽虐謀結怨彊國四被秦寇禍流數世凶惡之効也師古曰舊者謂晉襄之父文公本爲秦所納而得國是舊恩也虐謀謂先軫之計也四被秦寇謂魯文二年秦孟明視帥師伐晉三年秦伯伐晉濟河焚舟取王官及郊十年秦伯伐晉取北徵十二年秦伯伐晉取羈馬禍流謂自襄公至厲公凡五君與秦搆難也哀帝建平二年四月乙亥朔御史大夫朱博

爲丞相少府趙玄爲御史大夫臨延登受策有大聲如鍾鳴師古曰延入而登殿也漢舊儀云丞相御史大夫初拜皇帝延登親詔也殿中郎吏陛者皆聞焉師古曰陛謂執兵列於陛側上以問黃門侍郎楊雄李尋尋對曰洪範所謂鼓妖者也師法以爲人君不聰爲衆所惑空名得進則有聲無形不知所從生其傳曰歲月日之中則正卿受之今以四月日加辰巳有異是爲中焉正卿謂執政大臣也宜退丞相御史以應天變然雖不退不出期年其人自蒙其咎師古曰期年十二月也蒙猶被也期音基楊雄亦以爲鼓妖聽失之象也朱博爲人彊毅多權謀宜將不宜相恐有凶惡亟疾

之怒師古曰亟急也音居力反八月博玄坐爲姦謀博自殺玄減死論京房易傳曰令不修本下不安金毋故自動若有音史記秦二世元年天無雲而雷劉向以爲雷當託於雲猶君託於臣陰陽之合也二世不恤天下萬民有怨畔之心是歲陳勝起天下畔趙高作亂秦遂以亡一曰易震爲雷爲貌不恭也史記秦始皇八年河魚大上劉向以爲近魚孽也是歲始皇弟長安君將兵擊趙反死屯留軍吏皆斬遷其民於臨洮師古曰本使長安君擊趙至屯留而謀反作亂故賜長安君死斬其軍吏遷其黔首也屯留上黨縣也臨洮即今之洮州也屯音純洮音上高反明年有嫪毐之誅魚陰類民之象

逆流而上者民將不從君令爲逆行也其在天文魚星中河而處車騎滿野至于二世暴虐愈甚終用急亡京房傳曰衆逆同志厥妖河魚逆流上武帝元鼎五年秋蛙與蝦蟇群鬭師古曰蛙音胡媧反蝦音遐蟇音麻是歲四將軍衆十萬征南越師古曰謂伏波將軍路博德出桂陽下湟水樓船將軍楊僕出豫章下湞水歸義越侯嚴爲戈船將軍出零陵下離水田甲爲下瀨將軍下蒼梧開九郡師古曰謂得越地以爲南海蒼梧鬱林合浦交阯九眞日南珠崖儋耳郡也成帝鴻嘉四年秋雨魚于信都長五寸以下成帝永始元年春北海出大魚長六丈高一丈四枚哀帝建平三年東萊平度出大魚師古曰平度東萊之縣長八丈高丈一尺七枚皆死京房易傳曰

海數見巨魚邪人進賢人疏師古曰數音所角反桓公五年秋螽師古曰螽即阜螽即今之蝩蟲也螽音終蝩音之庸反劉歆以爲貪虐取民則螽介蟲之孽也與魚同占劉向以爲介蟲之孽屬言不從是歲公獲二國之聘取鼎易邑師古曰二國宋鄭也宋以郜鼎賂公鄭以泰山之田易許田也興役起城師古曰謂五年夏城祝丘也諸螽略皆從董仲舒說云嚴公二十九年有蜚劉歆以爲負蠜也性不食穀食穀爲災介蟲之孽師古曰蜚音扶味反蠜音煩劉向以爲蜚色青近青眚也非中國所有南越盛暑男女同川澤淫風所生爲蟲臭惡師古曰蜚者中國所有非南越之蟲未詳向所說是時嚴公取齊淫女爲夫人既入淫於兩叔故蜚

至天戒若曰今誅絕之尚及不將生臭惡聞於四方嚴不寤其後夫人與兩叔作亂二嗣以殺師古曰二嗣謂子般及閔公也卒皆被辜師古曰謂二叔哀姜皆不得其死也已解於上董仲舒指略同釐公十五年八月螽劉向以爲先是釐有鹹之會後城緣陵師古曰僖十三年公會齊侯宋公陳侯衛侯鄭伯許男曹伯于鹹鹹衛地十四年而與諸侯城緣陵緣陵杞邑也是歲復以兵車爲牡丘會使公孫敖帥師及諸大夫救徐師古曰十五年公會齊侯宋公陳侯衛侯鄭伯許男曹伯盟于牡丘遂次于匡公孫敖帥師及諸侯之大夫救徐公孫敖孟穆伯也諸侯之大夫即所與會諸侯也時楚伐徐故救之兵比三年在外師古曰比頻也文公三年秋雨螽于宋劉向以爲先是宋殺大夫而無罪師古曰謂僖二十五年經書宋殺其大夫不書名以其無罪有暴虐賦斂之應師古曰謂宋昭公也穀梁傳曰上下皆合言甚師古曰上下皆合螽之多董仲舒以爲宋三世內取師古曰三世謂襄公成公昭公也內取於國之大夫也事見公羊傳取讀曰娶大夫專恣殺生不中師古曰中音竹仲反故螽先死而至劉歆以爲螽爲穀災卒遇賊陰墜而死也八年十月螽時公伐邾取須朐城郚師古曰須朐邾邑郚魯邑也事並在文七年朐音鉅俱反郚音吾宣公六年八月螟劉向以爲先是時宣伐莒向師古曰事在四年向莒邑也向音餉後比再如齊謀伐萊師古曰比頻也謂四年秋及五年春公如齊七年公會齊侯伐萊是也十三年秋螽公孫歸父會齊伐莒師古曰事在十一年歸父東門襄仲子也字子家父讀曰甫十五年秋螽宣亡熟歲數有軍旅襄公七年八月螽劉向以爲先是襄興師救陳師古曰謂五年楚伐陳公

會晉侯宋公衛侯鄭伯齊大子光救陳也滕子郯子小邾子皆來朝師古曰六年滕子來朝七年郯子小邾子來朝夏城費師古曰亦七年之夏費魯邑也音祕哀公十二年十二月螽是時哀用田賦師古曰言重斂也解在刑法志劉向以爲春用田賦冬而螟十三年九月螟十二月螽比三螟虐取於民之效也師古曰比頻也劉歆以爲周十二月夏十月也火星既伏蟄蟲皆畢天之見變因物類之宜不得以螽是歲再失閏矣周九月夏七月故傳曰火猶西流司曆過也宣公十五年冬蝝生師古曰爾雅曰蝝蝮蜪說者以爲螽蝗之類蝮音蒲北反又音服蜪音徒高反劉歆以爲蝝蚍蠹之有翼者孟康曰蚍蠹音蚍蜉食穀爲災黑眚也董仲舒劉向以爲蝝螟始

生也一日螟始生是時民患上力役解於公田師古曰解讀曰懈宣是時初稅畝稅畝就民田畝擇美者稅其什一亂先王制而爲貪利故應是而蝝生屬蠃蟲之蘖景帝中三年秋蝗先是匈奴寇邊中尉不害將車騎材官士屯代高柳師古曰魏不害武帝元光五年秋螟六年秋蝗先是五將軍衆三十萬伏馬邑欲襲單于也師古曰已解於上是歲四將軍征匈奴師古曰謂車騎將軍衛青出上谷票騎將軍公孫敖出代輕車將軍公孫賀出雲中驍騎將軍李廣出鴈門也元鼎五年秋蝗是歲四將軍征南越師古曰已解於上及西南夷師古曰越馳義侯遺將巴蜀罪人發夜郎兵征西南夷平之開十餘郡師古曰定越地爲九郡定西南夷爲武都牂柯越巂沈黎汶山郡凡十四郡元

前漢五行志七中之下　二十三　和

封六年秋蝗先是兩將軍征朝鮮師古曰二年樓船將軍楊僕左將軍荀彘將應募罪人擊之開三郡師古曰武紀云以其地爲樂浪臨屯玄菟眞番郡是四郡也而此云三蓋傳寫志者誤大初元年夏蝗從東方蜚至敦煌師古曰蜚讀曰飛三年秋復蝗元年貳師將軍征大宛天下奉其役連年征和三年秋蝗四年夏蝗先是一年三將軍衆十餘萬征匈奴師古曰謂三年貳師將軍廣利七萬人出五原御史大夫商丘成二萬人出西河重合侯馬通四萬騎出酒泉征和三年貳師七萬人沒不還平帝元始二年秋蝗徧天下是時王莽秉政左氏傳曰嚴公八年齊襄公田于貝丘師古曰貝丘齊地見豕從者曰公子彭生也公怒曰射之豕人立而嗁公懼墜車傷足喪屨劉向

以爲近豕禍也先是齊襄淫於妹魯桓公夫人使公子彭生殺桓公又殺彭生以謝魯公孫無知有寵於先君襄公絀之師古曰無知僖公弟夷仲年之子也於襄公從父昆弟先君即僖公無知帥怨恨之徒攻襄於田所師古曰怨恨之徒謂連稱管至父久戍葵丘也襄匿其戶間足見於戶下遂殺之傷足喪屨卒死於足虐急之效也昭帝元鳳元年燕王宮永巷中豕出圂壞都竈師古曰圂者養豕之牢也都竈烝炊之大竈也圂音胡頓反銜其鬴六七枚置殿前晉灼曰鬴古文釜字劉向以爲近豕禍也時燕王旦與長公主左將軍謀爲大逆誅殺諫者暴急無道竈者生養之本豕而敗竈陳鬴於庭鬴竈將不用宮

前漢五行志七中之下　二十四　和

室將廢辱也燕王不改卒伏其辜京房易傳曰衆心不安君政厥妖豕入居室史記魯襄公二十三年穀洛水鬬將毀王宮劉向以爲近火沴水也周靈王將擁之有司諫曰不可長民者不崇藪不墮山不防川不竇澤師古曰長萌爲萌之長也崇聚也藪謂澤之無水者墮毀也防止也竇穴也墮音火規反今吾執政毋乃有所辟服虔曰音邪辟之辟而滑夫二川之神師古曰滑亂也音骨使至于爭明臣瓚曰明水道也師古曰明謂神靈以防王宮室王而飾之毋乃不可乎師古曰言爲欲防固王宮使水不得毀故遏飾二川懼及子孫王室愈卑王卒擁之以傳推之以四瀆比諸侯穀洛其次卿大夫之象也師古曰穀洛皆大水故爲四瀆之次爲卿大夫

將分爭以危亂王室也是時世卿專權儋括將有篡殺之謀師古曰儋括儋季之子簡王之孫也篡殺之謀謂除喪服將見靈王過庭而歎曰嗚呼必有此夫如靈王覺寤匡其失政師古曰匡正也懼以承戒則災禍除矣不聽諫謀簡嫚大異師古曰諫謀謂單公子愆期聞儋括之言恐必爲害請殺之王不聽也簡嫚大異謂不自憂設備任其私心塞埤擁下師古曰埤卑也音婢以逆水埶而害鬼神後數年有黑如日者五是歲蚤霣霜靈王崩景王立二年儋括欲殺王而立王弟佞夫佞夫不知景王并誅佞夫師古曰事在襄三十年及景王死五大夫爭權或立子猛或立子朝王室大亂師古曰五大夫謂劉子單子尹氏召伯毛伯也已解於上京房易傳曰天子弱諸侯力政師古曰政亦征也言專以武力相征討一說諸侯之政當以德禮今王室微弱文教不行遂乃以力爲政相攻伐也厥異水鬭史記曰秦武王三年渭水赤者三日昭王三十四年渭水又赤三日劉向以爲近火沴水也秦連相坐之法棄灰於道者黥孟康曰商鞅爲政以弃灰於道必坋人坋人必鬬故設黥刑以絕其原也臣瓚曰弃灰或有火火則燔廬舍故刑之也師古曰孟說是也坋音蒲頓反罔密而刑虐加以武伐橫出殘賊鄰國至於變亂五行氣色謬亂天戒若曰勿爲刻急將致敗亡昔三代居三河河洛出圖書師古曰謂夏都安邑即河東也殷都朝歌即河內也周都洛陽即河南也秦居渭陽而渭水數赤師古曰數音山角反瑞異應德之效也京房易傳曰君湎于酒淫于色師古曰湎淶也音莫踐反賢人潛國家危厥異流水赤也

五行志卷第七中之下

一本於敗亡字下有秦遂不改至始皇滅六國二世而亡二十四字

對勘官左通直郎知福州長樂縣主管勸農公事劉希亮

五行志卷第七下之上　班固　漢書二十七

秘書監上護軍琅邪縣開國子顏師古注

傳曰思之不容是謂不聖厥咎霿師古曰霿音莫豆反厥罰恒風厥極凶短折時則有脂夜之妖時則有華孽時則有牛禍時則有心腹之痾時則有黃眚黃祥時則有金木水火沴土思心之不容是謂不聖思心者心思慮也容寬也孔子曰居上不寬吾何以觀之哉師古曰論語載孔子之言上不寬大包容臣下則不能居聖位皃言視聽以心為主四者皆失區霿無識師古曰區音口豆反霿音莫豆反其下並同故其咎霿也雨旱寒奧亦以風為本師古曰奧音於六反四氣皆亂故其罰常風也常風傷物故其極凶短折也傷人曰凶禽獸曰短屮木曰折師古曰屮古草字一曰凶夭也兄喪弟曰短父喪子曰折在人腹中肥而包裹心者脂也心區霿則冥晦故有脂夜之妖師古曰脂妖及夜妖一曰有脂物而夜為妖若脂水夜汙人衣淫之象也一曰夜妖者雲風並起而杳冥故與常風同象也溫而風則生螟螣師古曰螣音徒得反有裸蟲之孽師古曰裸亦蠃字也從衣果聲劉向以為於易巽為風為木卦在三月四月繼陽而治主木之華實風氣盛至秋冬木復華故有華孽一曰地氣盛則秋冬復華一

曰華者色也土為內事為女孽也於易坤為土為牛牛大而心不能思慮思心氣毀故有牛禍一曰牛多死及為怪亦是也及人則多病心腹者故有心腹之痾土色黃故有黃眚黃祥凡思心傷者病土氣土氣病則金木水火沴之故曰時則有金木水火沴土不言惟而獨曰時則有者非一衝氣所沴明其異大也其極曰凶短折順之其福曰考終命師古曰壽考而終其命劉歆思心傳曰時則有臝虫之孽謂螟螣之屬也庶徵之常風劉向以為春秋無其應釐公十六年正月六鶂退蜚過宋都師古曰鶂音五狄反左氏傳曰風也劉歆以為風發於它所至宋而高鶂高蜚而逢之則退經以見者為文故記退蜚傳以實應著言風常風之罰也象宋襄公區霿自用不容臣下逆司馬子魚之諫而與彊楚爭盟師古曰子魚公子目夷也桓公之子而為司馬爭盟謂為鹿上之盟以求諸侯於楚子魚諫曰小國爭盟禍也公不聽之後六年為楚所執師古曰僖二十一年楚執宋公以伐宋距六鶂退飛凡六年應六鶂之數云京房易傳曰潛龍勿用師古曰乾初九爻辭眾逆同志至德迺潛厥異風其風也行不解物不長師古曰不解物謂物逢之而不解散也不長所起者近也雨小而傷政悖德隱茲謂亂厥風先風不雨大風暴起發屋折木守義不進茲謂耄毛厥風與雲俱起折五穀莖臣易

上政茲謂不順厥風大焱發屋師古曰焱疾風也音必遥反賦斂不
理茲謂禍厥風絕經紀如淳曰有所破壞絕匹帛之屬也晉灼曰南北為經東西為緯絲因風暴
亂不端理也止即溫溫即蟲侯專封茲謂不統厥風疾而
樹不搖穀不成辟不思道利茲謂無澤師古曰道讀曰導不思導
示於下而厥風不搖木旱無雲傷禾公常於利茲謂
安利之亂師古曰公上爵也常於利謂心常求利也厥風微而溫生蟲蝗害五穀棄
正作淫茲謂惑厥風溫螟蟲起害有益人之物侯
不朝茲謂叛厥風無恒地變赤而殺人文帝二年
六月淮南王都壽春大風毀民室殺人劉向以為
是歲南越反攻邊淮南王長破之後年入朝殺漢故

丞相辟陽侯上赦之歸聚姦人謀逆亂自稱東帝
見異不寤後遷于蜀道死廱文帝五年吳暴風雨
壞城官府民室時吳王濞謀為逆亂天戒數見終
不改寤後卒誅滅五年十月楚王都彭城大風從
東南來毀市門殺人是月王戊初嗣立後坐淫削
國與吳王謀反刑僇諫者師古曰謂楚相張尚太傅趙夷吾也僇古戮字下皆類此吳
在楚東南天戒若曰勿與吳為惡將敗市朝王戊
不寤卒隨吳亡昭帝元鳳元年燕王都薊大風雨
師古曰薊縣名燕國之所都拔宮中樹七圍以上十六枚壞城樓燕
王旦不寤謀反發覺卒伏其辜釐公十五年九月

己卯晦震夷伯之廟師古曰夷伯司空無駭之後本魯公族也號展氏劉向以
為晦暝也震雷也夷伯世大夫正晝雷其廟獨冥
師古曰冥暗也天戒若曰勿使大夫世官將專事暝晦明年
公子季友卒果世官師古曰謂季友之孫行父仍執政專國自此以後常為卿政在季
氏至成公十六年六月甲午晦正晝皆暝陰為陽
臣制君也成公不寤其冬季氏殺公子偃師古曰偃季文子所
殺也已解於上季氏萌於釐公師古曰萌謂草木始生也言其始有威權大於成公此
其應也董仲舒以為夷伯季氏之孚也師古曰孚信也所信任之臣陪
臣不當有廟震者雷也晦暝雷擊其廟明當絕去
僭差之類也向又以為此皆所謂夜妖者也劉歆

以為春秋及朔言朔及晦言晦人道所不及則天
震之展氏有隱慝故天加誅於其祖夷伯之廟以
譴告之也成公十六年六月甲午晦晉侯及楚子
鄭伯戰于鄢陵皆月晦云隱公五年秋螟董仲舒
劉向以為時公觀漁于棠貪利之應也師古曰棠魯地也陳漁者之事
而觀之也劉歆以為又逆臧釐伯之諫師古曰臧僖伯公子彄也孝公之子諫觀漁
貪利區霿以生羸蟲之孽也八年九月螟時鄭伯
以邴將易許田師古曰邴鄭祀泰山之邑也音彼命反已解於上有貪利心京房易
傳曰臣安祿茲謂貪厥災蟲蟲食根德無常茲謂
煩蟲食葉不絀無德蟲食本與東作爭茲謂不時

師古曰奪曲辰時也
蟲食節蔽惡生孽蟲食心師古曰蔽謂惡人蔽君之明為災孽也
嚴公六年 秋螟董仲舒劉向以為先是衛侯朔
出奔齊齊侯會諸侯納朔師古曰朔謂惠公也桓十六年以左公子洩右公子職立公子
黔牟故惠公奔齊至莊五年會齊人宋人蔡人伐衛而納惠公也許諸侯賂齊人歸
衛寶魯受之師古曰以伐衛所獲之寶來歸魯貪利應也文帝後六
年秋螟是歲匈奴大入上郡雲中烽火通長安遣
三將軍屯邊三將軍屯京師師古曰並已解於上宣公三年郊
牛之口傷改卜牛牛死劉向以為近牛禍也是時
宣公與公子遂謀共殺子赤而立師古曰已解於上也又以喪
娶師古曰宣元年正月公子遂如齊逆女三月遂以夫人婦姜至自齊時成公喪制未除區霿昏亂亂成

於口幸有季文子得免於禍天猶惡之生則不饗
其祀師古曰謂郊牛傷死是天不欲饗其祀死則災燔其廟師古曰成三年新宮災新宮者宣之廟也以其新成故謂之新宮董仲舒指略同秦孝文王五年斿朐衍
有獻五足牛師古曰朐衍地名在北地朐音許于反劉向以為近牛禍也先
是文惠王初都咸陽廣大宮室南臨渭北臨涇思
心失逆土氣足者止也戒秦建止奢泰將致危亡
如淳曰建立基止奢泰秦遂不改至於離宮三百復起阿房未
成而亡一曰牛以力為人用足所以行也其後秦
大用民力轉輸起負海至北邊師古曰負海猶言北負海也天下叛
之京房易傳曰興繇役奪民時厥妖牛生五足景
帝中六年梁孝王田北山有獻牛足上出背上劉
向以為近牛禍先是孝王驕奢起苑方三百里宮
館閣道相連三十餘里納於邪臣羊勝之計欲求
為漢嗣刺殺議臣爰盎事發負斧歸死既退歸國
猶有恨心內則思慮霿亂外則土功過制故牛旤
作足而出於背下奸上之象也師古曰奸犯也音干猶不能自
解發疾暴死又凶短之極也左氏傳昭公二十一
年春周景王將鑄無射鍾師古曰鍾聲中無射之律也射音弋石反泠州鳩
曰應劭曰泠官也州鳩名也師古曰樂官曰泠後遂以為氏泠音零其字從水王其以心疾死乎夫
天子省風以作樂應劭曰風土地風俗也省中和之風以作樂然後可移惡風易惡俗也臣瓚曰省風

俗之流通作樂以救其敝也師古曰應說是也省觀也小者不窕大者不摦師古曰窕輕小也摦橫大也窕音它堯反摦音胡化反
摦則不容心是以感感實生疾今鍾
摦矣王心弗戡孟康曰戡古堪字其能久乎劉向以為是時
景王好聽淫聲適庶不明師古曰適讀曰嫡謂太子壽卒王立子猛為嗣後又欲立子朝也
思心霿亂明年以心疾崩近心腹之痾凶短之極
者也昭二十五年春魯叔孫昭子聘于宋元公與
燕飲酒樂語相泣也師古曰昭子叔孫婼也元公宋平公子也相泣相對而俱泣也樂祁
佐師古曰樂祁宋司城子梁也佐佐酒告人曰今茲君與叔孫其皆死乎
吾聞之哀樂而樂哀皆喪心也師古曰哀樂可樂而反哀也樂哀可哀而反樂也喪
失也心之精爽是謂魂魄魂魄去之何以能久冬十

月叔孫昭子死十一月宋元公卒昭帝元鳳元年九月燕有黃鼠銜其尾舞王宮端門中往視之鼠舞如故王使夫人以酒脯祠鼠舞不休夜死黃祥也時燕剌王旦謀反將敗死亡象也其月發覺伏辜京房易傳曰誅不原情厥妖鼠舞門成帝建始元年四月辛丑夜西北有如火光壬寅晨大風從西北起雲氣赤黃四塞天下終日夜下著地者黃土塵也是歲帝元舅大司馬大將軍王鳳始用事又封鳳母弟崇爲安成侯食邑萬戶庶弟譚等五人賜爵關內侯食邑三千戶師古曰譚商音根逢時凡五人復益封

前漢五行志七下之上　七　徐承

鳳五千戶悉封譚等爲列侯是爲五侯哀帝即位封外屬丁氏傅氏周氏鄭氏凡六人爲列侯師古曰外戚傳傅太后弟子喜封高武侯晏封孔鄉侯商封汝昌侯同母弟子鄭業爲陽信侯丁太后兄明封陽安侯子滿封平周侯傅氏鄭氏侯者四人丁氏侯者二人今此言六人爲列侯其數是也傳氏丁氏鄭氏則有之而不見周氏所出志傳不同未詳其意楊宣對曰五侯封日天氣赤黃丁傅復然服虔曰楊宣諫大夫也此殆爵土過制傷亂土氣之祥也京房易傳曰經稱觀其生師古曰易觀卦上九爻辭言大臣之義當觀賢人知其性行推而貢之否則爲聞善不與茲謂不知師古曰徒知之而已不能進助也厥異黃厥咎聾厥災不嗣黃者日上黃光不散如火然有黃濁氣四塞天下蔽賢絕道故災異至絕世也經曰良馬逐師古曰此易大畜九三爻辭逐進也言大臣得賢者謀當顯進其人否則爲下相攘善師古曰攘卻也言不進達之也一曰攘因也因而竊取曰攘音人羊反茲謂盜明厥咎亦不嗣至於身僇家絕師古曰僇古戮字史記周幽王二年周三川皆震應劭曰震地震三川竭也師古曰三川涇渭洛也洛即漆沮也川自震耳故將竭塞非地震也劉向以爲金木水火沴土者也伯陽甫曰服虔曰周太史周將亡矣天地之氣不過其序若過其序民亂之也陽伏而不能出陰迫而不能升應劭曰迫陰迫陽使不能升也於是有地震今三川實震是陽失其所而填陰也應劭曰失其所失其道也填陰爲陰所填不得升也師古曰填音竹刃反陽失而在陰原必塞師古曰原謂水泉之本也原塞國必

前漢五行志七下之上　八　徐承

亡夫水土演而民用也應劭曰演引也所以引出土氣者也師古曰演音衍土無所演而民乏財用不亡何待昔伊雒竭而夏亡河竭而商亡今周德如二代之季其原又塞塞必竭川竭山必崩夫國必依山川山崩川竭亡之徵也若國亡不過十年數之紀也是歲三川竭岐山崩劉向以爲陽失在陰者謂火氣來煎枯水故川竭也山川連體下竭上崩事勢然也時幽王暴虐妄誅伐不聽諫迷於褒姒廢其正后師古曰褒姒褒人所獻之女也正后申后也蓋白華之詩所爲作也廢后之父申侯與犬戎共攻殺幽王一曰其在天文水爲辰星辰星爲蠻夷月食辰星國以女

亡幽王之敗女亂其內夷攻其外京房易傳曰君臣相背厥異名水絕師古曰有名之水文公九年九月癸酉地震劉向以爲先是時齊桓晉文魯釐二伯賢君新沒師古曰齊桓晉文二伯也魯釐僖賢君也伯讀曰霸周襄王失道師古曰謂避叔帶之難而出奔失爲君之道楚穆王殺父師古曰穆王商臣也殺其父成王也諸侯皆不肖權傾於下天戒若曰臣下彊盛者將動爲害後宋魯晉莒鄭陳齊皆殺君師古曰文十六年宋人殺其君杵臼十八年襄仲殺惡宣二年晉趙盾殺其君夷皋文十八年莒弒其君庶其宣四年鄭公子歸生弒其君夷十年陳夏徵舒殺其君平國文十八年齊人殺其君商人諸侯略皆從董仲舒說也京房易傳曰臣事雖正專必震其震於水則波於木則搖於屋則瓦落大經在辟而易

臣茲謂陰動服虔曰經常也辟音刑辟之辟蘇林曰大經五行之常經也在辟衆陰犯殺其上也師古曰辟讀曰辟謂常法辟壞而易臣也厥震搖政宮大經搖政茲謂不陰厥震搖山山出涌水嗣子無德專祿茲謂不順厥震動丘陵涌水出襄公十六年五月甲子地震劉向以爲先是雞澤之會諸侯盟大夫又盟師古曰雞澤衞地也襄三年公會單子晉侯宋公衞侯鄭伯莒子邾子齊世子光已未同盟于雞澤陳侯使袁僑如會戊寅叔孫豹及諸侯大夫及陳袁僑盟也是歲三月諸侯爲溴梁之會而大夫獨相與盟師古曰經書諸大夫盟謂晉宋衞鄭曹莒邾薛杞小邾之大夫五月地震矣其後崔氏專齊欒盈亂晉良霄傾鄭閽殺吳子燕逐其君楚滅陳蔡師古曰崔氏齊卿崔杼也欒盈晉大夫欒桓子之子懷子也二十一年奔楚二十三年復入于晉而作亂良霄鄭大夫伯有也三十年子晳以駟氏之甲伐而焚之伯有奔許晨自墓門之竇入介于襄庫以伐舊北門駟帶率國人伐之伯有死于羊肆閽守門者也吳子餘祭也吳人伐越獲俘焉以爲閽使守舟二十九年餘祭觀舟閽以刀殺之燕北燕國也昭三年冬燕大夫殺公之外嬖公懼奔齊昭八年楚師滅陳十一年楚滅蔡也昭公十九年五月己卯地震劉向以爲是時季氏將有逐君之變其後宋三臣曹會皆以地叛師古曰二十年宋華亥向寧華定出奔陳二十一年自陳入于宋南里以叛曹會曹大夫公孫會也二十年自鄸出奔宋穀梁傳曰自鄸者專鄸也鄸會之邑也鄸音莫鳳反蔡莒逐其君吳敗中國殺二君師古曰昭二十一年蔡人信費無極之言出蔡侯朱朱出奔楚二十三年莒子庚輿虐而好劒國人患之秋七月烏存帥國人以逐之庚輿出奔魯戊辰吳敗楚頓胡沈蔡陳許之師于雞父胡子髡沈子逞滅是也二十三年八月乙未地震劉向以爲是時周景王崩劉單立王子猛尹氏立子朝師古曰巳解於上其後季氏逐昭公黑肱叛邾師古曰黑肱邾大夫也三十一年經書邾黑肱以濫來奔濫邾邑吳殺其君僚師古曰二十七年吳公子光使專設諸抽劒刺王是也宋五

大夫晉二大夫皆以地叛師古曰定十年宋公之弟辰暨仲它石彄出奔陳十一年春辰及仲它石彄公子地自陳入于蕭以叛秋宋樂大心自曹入于蕭十三年晉荀寅士吉射入朝歌以叛哀公三年四月甲午地震劉向以爲是時諸侯皆信邪臣莫能用仲尼盜殺蔡侯齊陳乞弒君師古曰哀四年經書盜殺蔡侯申左氏傳曰蔡昭侯將如吳諸大夫恐其又遷也公孫翩逐而射之入于人家而卒陳乞齊大夫陳僖子也六年乞殺其君荼荼景公之子安孺子也荼音大胡反惠帝二年正月地震隴西厭四百餘家師古曰厭音一甲反次下亦同武帝征和二年八月癸亥地震厭殺人宣帝本始四年四月壬寅地震河南以東四十九郡北海琅邪壞祖宗廟城郭殺六千餘人元帝永光三年冬地

震綏和二年九月丙辰地震自京師至北邊郡國三十餘壞城郭凡殺四百一十五人釐公十四年秋八月辛卯沙麓崩穀梁傳曰林屬於山曰麓（師古曰屬聯也音之欲反）沙其名也劉向以為臣下背叛散落不事上之象也先是齊桓行伯道會諸侯（師古曰伯讀曰霸其下亦同）事周室管仲既死桓德日衰天戒若曰伯道將廢諸侯散落政逮大夫陪臣執命臣下不事上矣桓公不寤天子蔽晦（師古曰蔽擁蔽而晦也）及齊桓死天下散而從楚王札子殺二大夫（師古曰二大夫召伯毛伯也）晉敗天子之師（師古曰謂敗之於貿戎也已解於上也）莫能征討從是陵遲公羊以為沙麓河

上邑也董仲舒說略同一曰河大川象齊大國桓德衰伯道將移於晉文故河為徙也左氏以為沙麓晉地沙山名也地震而麓崩不書震舉重者也伯陽甫所謂國必依山川山崩川竭亡之徵也不過十年數之紀也至二十四年晉懷公殺於高梁（師古曰懷公謂子圉惠公之子也文公入國而使殺之高梁晉地）京房易傳曰小人剝廬（師古曰剝卦上九爻之辭）厥妖山崩茲謂陰乘陽弱勝彊成公五年夏梁山崩穀梁傳曰廱河三日不流（師古曰廱讀曰壅）晉君帥羣臣而哭之迺流（師古曰從伯宗用輦者之言）劉向以為山陽君也水陰民也天戒若曰君道崩壞下亂百姓將失

其所矣哭然後流喪亡象也梁山在晉地自晉始而及天下也後晉暴殺三卿（師古曰三卿謂郤犨郤錡郤至也厲公殺之而欒書中行偃又弑厲公事在成十七年）厲公以弑溴梁之會天下大夫皆執國政（師古曰已解於上）其後孫甯出衛獻（師古曰孫孫林父甯甯殖皆衛大夫也衛獻公定公之子也名衎獻公戒二子食日旰不召而射鴻於囿二子怒因作亂公如鄄遂出奔齊孫氏追之敗公徒于柯澤事在襄十四年）三家逐魯昭單尹亂王室（師古曰並解於上）董仲舒說略同劉歆以為梁山晉望也崩弛崩也（師古曰言漸解散也弛音式爾反）古者三代命祀祭不越望吉凶禍福不是過也國主山川山崩川竭亡之徵也美惡周必復（師古曰復音扶目反）是歲歲在鶉火至十七年復在鶉火欒書中行偃殺厲公

而立悼公高后二年正月武都山崩殺七百六十人地震至八月迺止文帝元年四月齊楚地山二十九所同日俱大發水潰出劉向以為近水沴土也天戒若曰勿盛齊楚之君今失制度將為亂後十六年帝庶兄齊悼惠王之孫文王則薨無子帝分齊地立悼惠王庶子六人皆為王（師古曰謂齊孝王將閭濟北王志菑川王賢膠東王雄渠膠西王卬濟南王辟光）賈誼鼂錯諫以為違古制恐為亂至景帝三年齊楚七國起兵百餘萬漢皆破之春秋四國同日災（師古曰宋衛陳鄭）漢七國同日眾山潰咸被其害不畏天威之明效也成帝河平三年二月

丙戌犍爲柏江山崩捐江山崩皆廱江水師古曰廱讀曰壅下亦同江水逆流壞城殺十三人地震積二十一日百二十四動元延三年正月丙寅蜀郡岷山崩廱江江水逆流三日廼通劉向以爲周時岐山崩三川竭而幽王亡岐山者周所興也漢家本起於蜀漢今所起之地山崩川竭星孛又及攝提大角從參至辰如淳曰孛星尾長及攝提大角始發於參至辰也殆必亡矣其後三世亡嗣王莽篡位傳曰皇之不極是謂不建厥咎眊服虔曰眊音老耄厥罰恒陰厥極弱時則有射妖時則有龍蛇之孽時則有馬禍時則有下人伐上之痾時則有

日月亂行星辰逆行皇之不極是謂不建皇君也極中建立也人君貌言視聽思心五事皆失不得其中則不能立萬事失在眊悖故其咎眊也師古曰眊不明也悖惑也音布內反王者自下承天理物雲起於山而彌於天師古曰彌滿也天氣亂故其罰常陰也一曰上失中則下彊盛而蔽君明也易曰亢龍有悔貴而亡位高而亡民賢人在下位而亡輔師古曰乾上九文言也如此則君有南面之尊而亡一人之助故其極弱也盛陽動進輕疾禮春而大射以順陽氣韋昭曰將祭與群臣射謂之大射服虔曰陽行輕且疾也上微弱則下奮動故有射妖易曰雲從龍師古曰乾九五文言又曰

龍蛇之蟄以存身也師古曰下繫辭也陰氣動故有龍蛇之孽於易乾爲君爲馬馬任用而彊力君氣毀故有馬禍一曰馬多死及爲怪亦是也君亂且弱人之所叛天之所去不有明王之誅則有篡弒之禍故有下人伐上之痾凡君道傷者病天氣不言五行沴天而曰日月亂行星辰逆行者爲若下不敢沴天猶春秋曰王師敗績于貿戎不言敗之者以自敗爲文尊尊之意也劉歆皇極傳曰有下體生上之痾說以爲下人伐上天誅已成不得復爲痾云皇極之常陰劉向以爲春秋亡其應一曰久陰不

雨是也劉歆以爲自屬常陰昭帝元平元年四月崩亡嗣立昌邑王賀賀即位天陰晝夜不見日月賀欲出光祿大夫夏侯勝當車諫曰天久陰而不雨臣下有謀上者陛下欲何之賀怒縛勝以屬吏師古曰屬委也音之欲反吏白大將軍霍光光時與車騎將軍張安世謀欲廢賀光讓安世以爲泄語安世實不泄召問勝勝上洪範五行傳曰皇之不極厥罰常陰時則有下人伐上不敢察察言臣瓚曰不敢察察明言之故云臣下有謀光安世讀之大驚以此益重經術士後數日卒共廢賀此常陰之明效也京房易傳曰有蜺

蒙霧霧上下合也蒙如塵雲蜺日旁氣也其占曰
后妃有專蜺再重赤而專至衝旱孟康曰專貞也若五月再重赤而貞至十
一月旱也妻不壹順黑蜺四背又曰蜺雙出日中妻以
貴高夫茲謂擅陽蜺四方日光不陽解而温服虔曰蒙之氣解
而温内取茲謂禽服虔曰人君内淫於骨肉也臣瓚曰人君取於國中也師古曰取如禮記聚麀之聚瓚說非蜺
如禽在日旁以尊降妃茲謂薄嗣蜺直而塞六辰
迺除夜星見而赤韋昭曰六辰謂從卯至申女不變始茲謂乘夫
孟康曰始貴高於夫終行此不變也蜺白在日側黑蜺果之氣正直師古曰果謂干
之也妻不順正茲謂擅陽蜺中窺貫而外專夫妻不
嚴茲謂媟韋昭曰媟言媟慢也師古曰音先列反蜺與日會婦人擅國茲

前漢五行志七下之上　十五　陳言

謂頃師古曰頃讀曰傾蜺白貫日中赤蜺四背服虔曰蜺背日適不荅
茲謂不次服虔曰言適妻不見荅合也臣瓚曰夫不接妻爲不荅師古曰適讀曰嫡荅報也言妻有承順之心不見報荅也一曰
荅對也言不以恩意接對之蜺直在左蜺交在右取於不專茲謂危
嗣蜺抱日兩未及君淫外茲謂亡蜺氣左日交於
外取不達茲謂不知蜺白奪明而大温温而雨師古
曰取讀曰娶尊卑不别茲謂媟蜺三出三已三辰除韋昭
曰若從寅至辰也蜺且見西晏則雨除則日出且雨臣私祿及親茲謂罔
辟韋昭曰辟君也師古曰辟音璧其下並同厥異蒙其蒙先大温已蒙起日
不見行善不請於上茲謂作福蒙一日五起五解
辟不下謀臣辟異道茲謂不見上蒙下霧風三變

而俱解立嗣子疑茲謂動欲蒙赤日不明德不序
茲謂不聰蒙日不明温而民病德不試空言祿師古
曰試用也茲謂主窳臣夭孟康曰謂君惰窳用人不以次第爲夭也師古曰窳音庾蒙起而白
君樂逸人茲謂放蒙日青黑雲夾日左右前後行
過日公不任職茲謂怙祿蒙三日又大風五日蒙
不解利邪以食茲謂閉上蒙大起白雲如山行蔽
日公懼不言道茲謂閉下蒙大起日不見若雨不
雨至十二日解而有大雲蔽日祿生於下茲謂誣
君蒙微而小雨已乃大雨下相攘善茲謂盜明蒙
黄濁下陳功求於上茲謂不知蒙微而赤風鳴條

前漢五行志七下之上　十六　陳言

解復蒙下專刑茲謂分威蒙而日不得明大臣厭
小臣茲謂蔽蒙微日不明若解不解大風發赤雲
起而蔽日衆不惡惡茲謂閉蒙尊卦用事孟康曰尊卦乾坤也
臣瓚曰京房謂之方伯卦震兌坎離也師古曰孟說是也三日而起日不見漏言亡喜
茲謂下厝用師古曰厝音千各反蒙微日無光有雨雲雨不降
廢忠惑佞茲謂亡蒙天先清而暴蒙微而日不明
有逸民茲謂不明蒙濁奪日光公不任職茲謂不
絀蒙白三辰止則日青青而寒寒必雨忠臣進善
君不試茲謂遏師古曰試用也蒙先小雨雨已蒙起微而日
不明惑衆在位茲謂覆國蒙微而日不明一温一

寒風揚塵知佞厚之兹謂庫蒙甚而溫君臣故弼兹謂悖師古曰弼猶相戾也悖惑也厥災風雨霧風拔木亂五穀已而大霧庶正蔽惡兹謂生孽災厥異霧此皆陰雲之類云嚴公十八年秋有蜮劉向以爲蜮生南越越地多婦人男女同川淫女爲主亂氣所生故聖人名之曰蜮蜮猶惑也在水旁能射人射人有處甚者至死師古曰以氣射人也南方謂之短弧師古曰即射工也亦呼水弩近射妖死亡之象也時嚴將取齊之淫女故蜮至天戒若曰勿取齊女將生淫惑篡弒之禍嚴不寤遂取之入後淫於二叔二叔以死兩子見弒夫人亦誅

師古曰並解於上劉歆以爲蜮盛暑所生非自越來也京房易傳曰忠臣進善君不試厥咎國生蜮師古曰試用也史記魯哀公時有隼集于陳廷而死師古曰隼鷙鳥即今之鶻也說者以爲鶚失之矣廷朝廷也鶻字音胡骨反楛矢貫之應劭曰楛木名師古曰音怙其木堪爲笴今幽以北皆用之土俗呼其木爲楛子也石砮應劭曰砮鏃也音奴又乃互反長尺有咫張晏曰八寸曰咫陳閔公使使問仲尼師古曰閔公名周懷公之子仲尼曰隼之來遠矣昔武王克商通道百蠻使各以方物來貢肅慎貢楛矢臣瓚曰肅慎東北夷石砮長尺有咫先王分異姓以遠方職使毋忘服師古曰服事也故分陳以肅慎矢試求之故府果得之師古曰得昔所分之矢於府藏中劉向以爲隼近黑祥貪暴類也矢貫之近射妖也死於廷國亡表也象陳眊亂不服事周師古曰眊音莫報反而行貪暴將致遠夷之禍爲所滅也是時中國齊晉南夷吳楚爲彊師古曰中國則齊晉爲彊南夷則吳楚爲彊陳交晉不親附楚不固數被二國之禍後楚有白公之亂師古曰白公楚平王太子建之子勝也建遇讒奔鄭而死勝在吳子西召之使處吳境爲白公吳人伐慎白公敗之請以戰備獻因作亂子西子期皆死事在哀十六年陳乘而侵之師古曰白公之亂陳人恃其聚而侵楚事見哀十七年卒爲楚所滅師古曰陳閔公之二十年獲麟之歲也其二十四年而爲楚所滅史記夏后氏之衰有二龍止於夏廷而言余褒之二君也師古曰褒古國名夏帝卜殺之去之止之莫吉卜請其漦而藏之乃吉應劭曰漦沫也鄭氏曰漦音牛齝之齝師古曰去謂驅逐也止謂拘留也去音丘呂反漦音丑之反於是布幣策告之師古曰莫幣爲禮讀策辭而告之也說者以爲策者糈米蓋失之矣龍亡而漦在乃櫝去之師古曰櫝匱也去藏也櫝音讀去音丘呂反其後夏亡傳櫝於殷周三代莫發至厲王末發而觀之漦流于廷不可除也厲王使婦人贏而譟之應劭曰羣呼曰譟師古曰譟音先到反漦化爲玄黿韋昭曰玄黑黿蚖蜥也似蛇而有足師古曰黿似鼈而大非蚖及蜥蜴入後宮處妾遇之而孕師古曰處妾宮中之童女生子懼而棄之宣王立女童謠曰檿弧萁服實亡周國服虔曰檿山桑也師古曰女童謠閭里之童女爲歌謠也檿山桑之有點文者也木弓曰弧服盛箭者即今之步叉也萁草似荻而細織之爲服也檿音一簟反萁音基荻音敵後有夫婦鬻是器者宣王使執而僇之師古曰鬻賣也音弋六反既去見處妾所棄妖子聞其夜號哀而收之遂亡奔褒後褒人有罪入妖子以

贖是爲褒姒幽王見而愛之生子伯服王廢申后
及太子宜咎而立褒姒伯服代之廢后之父申侯
與繒西畎戎共攻殺幽王師古曰畎戎即犬戎亦曰昆夷詩曰赫赫宗
周褒姒威之師古曰小雅正月之詩也赫赫盛貌也宗周鎬京也威滅也音呼悅反劉向以爲
夏后季世周之幽厲皆誖亂逆天師古曰誖惑也音布內反故有
龍黿之怪近龍蛇孽也漦血也一曰沫也檿弧桑
弓也萁服蓋以萁草爲箭服近射妖也女童謠者
禍將生於女國以兵寇亡也師古曰因婦人以致兵寇也左氏傳昭
公十九年龍鬬於鄭時門之外洧淵師古曰時門鄭城門也洧淵洧水之
泉也洧水出滎陽密縣東南至潁川長平入潁也劉向以爲近龍孽也鄭以小國

攝乎晉楚之閒師古曰攝牧持之重以彊吳師古曰重音直用反鄭當其
衝不能修德將鬬三國以自危亡師古曰言三國若不修德則三國伐之必危亡是
時子產任政內惠於民外善辭令以交三國鄭卒
亡患能以德消變之效也京房易傳曰衆心不安
厥妖龍鬬惠帝二年正月癸酉旦有兩龍見於蘭
陵廷東里溫陵井中師古曰蘭陵縣之廷東里也溫陵人姓名也至乙亥夜去
劉向以爲龍貴象而困於庶人井中象諸侯將有
幽執之禍其後呂太后幽殺三趙王諸呂亦終誅
滅京房易傳曰有德遭害厥妖龍見井中又曰行
刑暴惡黑龍從井出左氏傳魯嚴公時有內蛇與

外蛇鬬鄭南門中內蛇死劉向以爲近蛇孽也先
是鄭厲公劫相祭仲而逐兄昭公代立師古曰厲公母宋雍氏之女也後厲公出
祭仲祭封人仲足也桓十一年宋人執祭仲曰不立突將死仲乃與宋盟而立厲公昭公奔衛祭音側介反
奔昭公復入師古曰桓十五年厲公與祭仲之壻雍糾謀殺祭仲不克五月出奔蔡六月昭公復歸于鄭九月厲公殺
檀伯而居櫟也死弟子儀代立師古曰桓十七年高渠彌弑昭公而立其弟子亹十八年齊人殺子亹且祭仲乃立亹之弟儀也
厲公自外劫大夫傅瑕使僇子儀師古曰傅瑕鄭大夫也莊十四年厲公自櫟
侵鄭獲傅瑕與之盟於是傅瑕殺子儀而納厲公也此外蛇殺內蛇之象也蛇死六
年而厲公立嚴公聞之問申繻曰猶有妖乎師古曰申繻魯
大夫也繻音須對曰人之所忌其氣炎以取之師古曰炎音弋贍反妖由
人興也人亡釁焉妖不自作人棄常故有妖師古曰已解於

上
京房易傳曰立嗣子疑厥妖蛇居國門鬬左氏
傳文公十六年夏有蛇自泉宮出師古曰泉宮即泉臺入于國
如先君之數劉向以爲近蛇孽也泉宮在囿中公
母姜氏嘗居之蛇從之出象宮將不居也詩曰維
虺維蛇女子之祥師古曰小雅斯干之詩又蛇入國國將有女
憂也如先君之數者公母將薨象也秋公母薨公
惡之乃毀泉臺夫妖孽應行而自見非見而爲害
也文不改行循正共御厥罰師古曰共讀曰恭御讀曰禦又讀如本字而作
非禮以重其過師古曰重音直用反後二年薨公子遂殺文之
二子惡視而立宣公師古曰惡即子赤也視其母弟文公夫人大歸于

齊師古曰本齊女故出而歸齊所謂哀姜者也武帝大始四年七月趙有蛇
從郭外入與邑中蛇鬭孝文廟下邑中蛇死二年
秋有衛太子事事自趙人江充起左氏傳定公十
年宋公子地有白馬四師古曰地宋元公子也四馬曰駟公嬖向魋魋欲
之師古曰公謂景公即地之兄也魋宋司馬桓魋也向音式尚反魋音大回反公取而朱其尾鬣師古曰鬣頸上騣也音力涉反以予之地怒使其徒抶魋而奪之師古曰抶擊也音丑失反
魋懼將走公閉門而泣之目盡腫公弟辰謂
地曰子為君禮不過出竟君必止子師古曰辰亦元公子也言若見君怒懼而出奔是為臣之禮也竟讀曰境也地出奔陳公弗止辰為之請不聽
辰曰是我廷吾兄也應劭曰廷音若狂反臣瓚曰音九放反師古曰二說皆非也廷欺也音求往反吾

以國人出君誰與處遂與其徒出奔陳明年俱入
于蕭以叛大為宋患師古曰蕭宋邑近馬禍也史記秦孝
公二十一年有馬生人昭王二十年牡馬生子而
死劉向以為皆馬禍也孝公始用商君攻守之法
東侵諸侯至於昭王用兵彌烈師古曰烈猛也其象將以兵
革抗極成功而還自害也牡馬非生類妄生而死
猶秦恃力彊得天下而還自滅之象也一曰諸畜
生非其類子孫必有非其姓者至於始皇果呂不
韋子京房易傳曰方伯分威厥妖牡馬生子亡天
子諸侯相伐厥妖馬生人文帝十二年有馬生角

於吳角在耳前上鄉師古曰鄉讀曰嚮次下亦同右角長三寸左角
長二寸皆大二寸劉向以為馬不當生角猶吳不
當舉兵鄉上也是時吳王濞封有四郡五十餘城師古曰高紀云六年春以故東陽郡鄣郡吳郡五十三縣立劉賈為荊王十二年十月詔曰吳古之建國日者荊王兼有其地今死無後朕欲復立吳王長沙王臣等請立沛侯濞為吳王而荊燕吳傳云荊王劉賈為黥布所殺無後上患會稽輕悍無壯王塡之乃立濞為吳王王三郡五十三城是則濞之所封賈本地也止有三郡荊燕吳傳與紀同矣今此云四郡未詳其說若以賈本不得會稽濞加一郡者則不得言五十三城也內懷驕恣變見於外天戒早矣王不寤後卒舉
兵誅滅京房易傳曰臣易上政不順厥妖馬生角
茲謂賢士不足又曰天子親伐馬生角成帝綏和
二年二月大廄馬生角在左耳前圍長各二寸是

時王莽為大司馬害上之萌自此始矣師古曰萌若草木之始生也
哀帝建平二年定襄牡馬生駒三足隨群飲食
大守以聞馬國之武用三足不任用之
象也後侍中董賢年二十二為大司馬居上公之
位天下不宗哀帝暴崩成帝母王太后召弟子新
都侯王莽入收賢印綬賢恐自殺莽因代之幷誅
外家丁傅又廢哀帝傅皇后令自殺發掘帝祖母
傅太后母丁太后陵更以庶人葬之辜及至尊大
臣微弱之禍也文公十一年敗狄于鹹師古曰鹹魯地也
穀梁公羊傳曰長狄師古曰防風之後漆姓也國號鄋瞞鄋音所求反瞞音莫干反兄弟

三人一者之魯師古曰僑如也來伐魯爲叔孫得臣所獲一者之齊師古曰榮如也齊襄公二年伐齊爲王子成父所獲一者之晉師古曰焚如也宣十五年晉滅潞國而獲之皆殺之身橫九畮師古曰畮古畝字斷其首而載之眉見於軾師古曰軾車前橫木何以書記異也劉向以爲是時周室衰微三國爲大可責者也天戒若曰不行禮義大爲夷狄之行將致危亡其後三國皆有篡弒之禍師古曰謂魯文公薨襄仲弒惡及視而立宣公齊連稱管至父弒襄公而立無知晉欒書中行偃弒厲公而立悼公近下人伐上之痾也劉歆以爲人變屬黃祥一曰屬蠃蟲之孽一曰天地之性人爲貴凡人爲變皆屬皇極下人伐上之痾云京房易傳曰君暴亂疾有道厥妖長狄入國又曰豐其屋下獨苦師古曰豐其屋易豐卦上六爻辭也豐大也長狄生世主虜史記秦始皇帝二十六年有大人長五丈足履六尺皆夷狄服凡十二人見于臨洮師古曰隴西之縣也音吐高反天戒若曰勿大爲夷狄之行將受其禍是歲始皇初并六國反喜以爲瑞銷天下兵器作金人十二以象之遂自賢聖燔詩書阬儒士奢淫暴虐務欲廣地南戍五嶺北築長城以備胡越師古曰五嶺解在張耳陳餘傳塹山填谷西起臨洮東至遼東徑數千里故大人見於臨洮明禍亂之起後十四年而秦亡亡自戍卒陳勝發史記魏襄王十三年魏有女子化爲丈夫京房易傳曰

女子化爲丈夫茲謂陰昌賤人爲王丈夫化爲女子茲謂陰勝厥咎亡一曰男化爲女宮刑濫也如淳曰宮刑之行大濫也女化爲男婦政行也哀帝建平中豫章有男子化爲女子嫁爲人婦生一子長安陳鳳言此陽變爲陰將亡繼嗣自相生之象一曰嫁爲人婦生一子者將復一世乃絕哀帝建平四年四月山陽方與女子田無嗇生子師古曰方與者山陽之縣也女子姓田名無嗇方與音房豫先未生二月兒嗁腹中及生不舉葬之陌上三日人過聞嗁聲母掘收養平帝元始元年二月朔方廣牧女子趙春病死師古曰廣牧朔方之縣也姓趙名春斂棺積六日師古曰斂音力贍反棺音工喚反出在棺外自言見夫死父曰年二十七不當死太守譚以聞京房易傳曰幹父之蠱有子考亡咎韋昭曰蠱事也子能正父之事是爲有子故考不爲咎累師古曰易蠱卦初六爻辭也子三年不改父道思慕不皇亦重見先人之非師古曰言父有不善之事當速改之若唯思慕而已無所變易是重顯先人之非也一曰三年之內但思慕而已不暇見父之非故不改也重音直用反不則爲私厥妖人死復生一曰至陰爲陽下人爲上六月長安女子有生兒兩頭異頸面相鄉四臂共匈俱前鄉師古曰鄉讀曰嚮尻上有目長二寸所京房易傳曰睽孤見豕負塗師古曰易睽卦上九爻辭也睽孤乖剌之意也塗泥也睽音苦攜反厥妖人生兩頭下相攘善妖亦同人若六畜首目在下茲謂亡上

正將變更凡妖之作以譴失正各象其類二首
下不壹也足多所任邪也足少下不勝任或不任
下也凡下體生於上不敬也上體生於下媟瀆也
生非其類淫亂也人生而大上速成也生而能言
好虛也群妖推此類不改乃成凶也景帝二年九
月膠東下密人年七十餘生角角有毛時膠東膠
西濟南齊四王有舉兵反謀謀由吳王濞起連楚
趙凡七國下密縣居四齊之中（師古曰四齊即上所云膠東膠西濟南齊也本皆齊地故謂之四齊）角兵象上鄉者也（師古曰鄉讀曰嚮次下亦同）老人吳王象
也年七十七國象也天戒若曰人不當生角猶諸
侯不當舉兵以鄉京師也禍從老人生七國俱敗
云諸侯不寤明年吳王先起諸侯從之七國俱滅
京房易傳曰冢宰專政厥妖人生角成帝建始三
年十月丁未京師相驚言大水至渭水虒上小女
陳持弓年九歲（師古曰虒上地名也音斯）走入橫城門入未央宮
尚方掖門殿門門衞戶者莫見至句盾禁中而覺
得（師古曰句盾少府之署覺得事覺而見執得也）民以水相驚者陰氣盛也小
女而入宮殿中者下人將因女寵而居有宮室之
象也名曰持弓有似周家檿弧之祥易曰弧矢之
利以威天下（師古曰下繫之辭也）是時帝母王太后弟鳳始爲

上將秉國政天知其後將威天下而入宮室故象
先見也其後王氏兄弟父子五侯秉權至莽卒篡
天下蓋陳氏之後云京房易傳曰妖言動衆茲謂
不信路將亡人司馬死成帝綏和二年八月庚申鄭
通里男子王襃（師古曰鄭縣之通里）衣絳衣小冠帶劍入北司
馬門殿東門（師古曰入北司馬門又入殿之東門也）上前殿入非常室中（如淳曰殿上室名）解帷組結佩之（師古曰組綬類所以係帷又垂以爲飾也佩帶之）招前殿
署長業等曰天帝令我居此業等收縛考問襃故
公車大誰卒（應劭曰在司馬殿門掌讙呵者也服虔曰衞士之師也著樊噲冠師古曰大誰者主闌非常之人云姓名是誰也而應氏乃以讙譁爲義云大讙呵不當厥理後之學者輒改此書誰字爲讙違本文矣大誰本以誰何爲稱因用名官有大誰長令此卒者長所領士卒也）病狂易（師古曰謂病狂而變易其常也）不自知入宮狀下
獄死是時王莽爲大司馬哀帝即位莽乞骸骨就
第天知其必不退故因是而見象也姓名章服甚
明徑上前殿路寢入室取組而佩之稱天帝命然
時人莫察後莽就國天下寃之哀帝徵莽還京師
明年帝崩莽復爲大司馬因是而篡國哀帝建平
四年正月民驚走持稾或棷一枚（如淳曰棷麻幹也師古曰稾禾稈也音工老反棷音鄒又側九反）傳相付與曰行詔籌道中相過逢多至
千數或被髮徒踐（師古曰徒踐謂徒跣也）或夜折關或踰牆入
或乘車騎奔馳以置驛傳行經歷郡國二十六至

京師其夏京師郡國民聚會里巷仟伯設張博具師古曰博戲之具歌舞祠西王母又傳書曰母告百姓佩此書者不死不信我言視門樞下當有白髮師古曰樞門扇所由至秋止開閉者也音昌于反是時帝祖母傅太后驕與政事師古曰與讀曰豫故杜鄴對曰春秋災異以指象為言語籌所以紀數民陰水類也水以東流為順走而西行反類逆上象數度放溢妄以相予違忤民心之應也西王母婦人之稱博弈男子之事於街巷仟伯明離闑內師古曰闑門橛也音魚列反與疆外師古曰與讀曰豫臨事盤樂炕陽之意白髮衰年之象體尊性弱難理易亂門人之所由樞其要也居人之所由制持其要也其明甚著今外家丁傅並侍帷幄布於列位有罪惡者不坐辜罰亡功能者畢受官爵皇甫三桓詩人所刺春秋所譏亡以甚此師古曰皇甫周卿士之字也周后嬖寵而處職位詩人刺之事見小雅十月之交篇指象昭昭以覺聖朝奈何不應後哀帝崩成帝母王太后臨朝王莽為大司馬誅滅丁傅一曰丁傅所亂者小此異乃王太后莽之應云

五行志卷第七下之上

五行志第七下之下　漢書二十七

班固

秘書監上護軍琅邪縣開國子顏師古注

隱公三年二月己巳日有食之穀梁傳曰言日不言朔食晦公羊傳曰食二日董仲舒劉向以為其後戎執天子之使師古曰凡伯周大夫也隱七年天王使凡伯來聘戎伐凡伯于楚丘以歸鄭獲魯隱師古曰公羊傳隱六年春鄭人來渝平渝平者墮成也曰吾成敗矣吾與鄭人未有成狐壤之戰隱公獲焉所以不言戰諱獲也滅戴師古曰十年秋宋人蔡人衛人伐戴鄭伯伐取之戴國今外黃縣東南戴城是也讀者多誤為載故隨室置戴州焉衛魯宋咸殺君師古曰四年衛州吁殺其君完十一年羽父使賊殺公于寪氏桓二年春宋督殺其君與夷左氏劉歆以為正月二日燕越之分野也凡日所躔而有變則分野之國失政者受之師古曰躔踐也音纏人君能脩政共御厥罰則災消而福至師古曰共讀曰恭御讀如本字不能則災息而禍生師古曰息謂蕃滋也故經書災而不記其故蓋吉凶亡常隨行而成禍福也周衰天子不班朔師古曰班布也魯曆不正置閏不得其月月大小不得其度史記日食或言朔而實非朔或不言朔而實朔或脫不書朔與日皆官失之也京房易傳曰亡師兹謂不御厥異日食其食也既並食不一處誅眾失理兹謂生叛厥食既光散縱畔兹謂不明厥食先大雨三日雨除而寒寒即食專祿不封兹謂不安厥食既先日出而黑光反外燭韋昭曰日中無光四邊有明外燭君臣

不通茲謂亡厥蝕三既同姓上侵茲謂誣君厥食
四方有雲中央無雲其日大寒公欲弱主位茲謂
不知厥食中白青四方赤已食地震諸侯相侵茲
謂不承厥食三毀三復君疾善下謀上茲謂亂厥
食既先雨雹殺走獸弒君獲位茲謂逆厥食既先
風雨折木日赤內臣外鄉茲謂背（師古曰鄉讀曰嚮）厥食食
且雨地中鳴（韋昭曰地中有聲如鳴耳或曰如狗子聲）冢宰專政茲謂因厥
食先大風食時日居雲中四方亡雲伯正越職茲
謂分威（師古曰伯讀曰霸正者長帥之稱）厥食日中分諸侯爭美於
上茲謂泰厥食日傷月食半天營而鳴（韋昭曰食半謂食望也臣

瓚曰月食半謂食月之半也月食常以望不為異也）賦不得茲謂竭厥食星隨而下
受命之臣專征云試厥食雖侵光猶明（師古曰試用也自擅意也一說試與弒同謂欲弒君）若文王臣獨誅紂矣（韋昭曰是時紂臣尚未欲誅紂獨文王之臣欲誅之）小
人順受命者征其君云殺厥食五色至大寒隕霜（師古曰殺亦讀曰弒）若紂臣順武王而誅紂矣（韋昭曰紂惡已盈甚其臣欲順武王而誅紂）諸
侯更制茲謂叛（師古曰更改也）厥食三復三食食已而風地
動適讓庶茲謂生欲（師古曰適讀曰嫡）厥食日失位光晻晻
月形見（師古曰晻音烏感反見音胡電反）酒亡節茲謂荒厥蝕乍青乍
黑乍赤明日大雨發霧而寒凡食二十占其形二
十有四改之輒除不改三年三年不改六年六年

不改九年推隱三年之食貫中央上下竟而黑臣
弒從中成之形也後衛州吁弒君而立桓公三年
七月壬辰朔日有食之既董仲舒劉向以為前事
已大後事將至者又大則既先是魯宋弒君魯又
成宋亂易許田亡事天子之心楚僭稱王後鄭岠
王師射桓王（師古曰並已解於上）又二君相篡（師古曰謂厲公奔蔡而昭公入高渠彌殺昭公而立子亹）劉歆以為六月趙與晉分（晉灼曰周之六月今之四月始去畢而入參參晉分也畢趙也日行去趙遠入晉分多故曰與計二十八宿分其次度其月及所屬下皆以為例）先是晉曲沃伯再弒
晉侯（師古曰曲沃伯本桓叔成師之封號也其後遂僭號焉魯惠公三十年大夫潘父殺昭侯而納成師不克晉人立孝侯惠之四十五年成師之子曲沃莊伯伐翼殺孝侯也）是歲晉大亂（師古曰桓三年莊伯之子曲沃武公伐翼逐翼侯于汾隰夜獲而殺之）

滅其宗國（師古曰桓八年曲沃武公滅翼遂并其國）京房易傳以為桓三
年日食貫中央上下竟而黃臣弒而不卒之形也
後楚嚴稱王兼地千里（師古曰楚武王荊尸也已見傳今此言莊始稱王未詳其說）十七
年十月朔日有食之穀梁傳曰言朔不言日食二
日也劉向以為是時衛侯朔有罪出奔齊（師古曰朔衛惠公也桓十六年經書衛侯朔出奔齊公羊傳曰得罪乎天子穀梁傳曰天子召而不往也）天子更立衛君（師古曰謂公子黔牟）
朔藉助五國舉兵伐之而自立王命遂壞（師古曰莊五年冬公會齊人宋人陳人蔡人伐衛莊六年春王人子突救衛夏衛侯朔入放公子黔牟于周是也）魯夫人淫失於齊
卒殺桓公（師古曰失讀曰佚）董仲舒以為言朔不言日惡魯
桓且有夫人之禍將不以終日也劉歆以為楚鄭分

嚴公十八年三月日有食之穀梁傳曰不言日不言朔夜食張晏曰日夜食則無景立六尺木不見其景以此爲候史記推合朔在夜明旦日食而出出而解孟康曰夜食地中出而止是爲夜食劉向以爲夜食者陰因日明之衰而奪其光象周天子不明齊桓將奪其威專會諸侯而行伯道師古曰伯讀曰霸其後遂九合諸侯師古曰解在郊祀志天子使世子會之師古曰僖五年齊侯宋公陳侯衛侯鄭伯許男曹伯會王大子于首止是此其效也公羊傳曰食晦董仲舒以爲宿在東壁魯象也後公子慶父叔牙果通於夫人以劫公劉歆以爲晦魯衛分二十五年六月辛未朔日有食之董仲舒以爲宿在畢主邊兵

夷狄象也後狄滅邢衛師古曰春秋閔元年狄伐邢二年狄滅衛其後並爲齊所立而邢遷于夷儀衛遷于楚丘劉歆以爲五月二日魯趙分二十六年十二月癸亥朔日有食之董仲舒以爲宿在心心爲明堂文武之道廢中國不絕若綫之象也師古曰綫縷也音先箭反劉向以爲時戎侵曹師古曰事在莊二十四年魯夫人淫於慶父叔牙將以弒君故比年再蝕以見戒師古曰比頻也見顯也劉歆以爲十月二日楚鄭分三十年九月庚午朔日有食之董仲舒劉向以爲後魯二君弒師古曰謂子般爲圉人所殺閔公爲卜齮所殺也夫人誅師古曰哀姜爲齊人所殺兩弟死師古曰謂叔牙及慶父也狄滅邢師古曰解於上徐取舒師古曰僖三年徐人取舒舒國名也在盧江舒縣也晉殺世子師古曰僖五年晉侯殺其太子申生

楚滅弦師古曰僖五年楚人滅弦弦國名也在弋陽劉歆以爲八月秦周分僖公五年九月戊申朔日有食之董仲舒劉向以爲先是齊桓行伯江黃自至師古曰伯讀曰霸江黃二國名也僖二年齊侯宋公江人黃人盟于貫傳曰服江黃也江國在汝南安陽縣黃國在弋陽縣南服彊楚師古曰僖四年齊侯以諸侯之師侵蔡遂伐楚盟于邵陵其後不內自正而外執陳大夫則陳楚不附師古曰邵陵盟後以陳轅濤塗爲誤軍而執之陳不服罪故伐之楚自是不復通鄭伯逃盟師古曰僖五年秋齊侯與諸侯盟于首止鄭伯逃歸不盟諸侯將不從桓政故天見戒其後晉滅虢師古曰事在僖五年楚圍許諸侯伐鄭師古曰事並在僖六年晉弒二君師古曰謂里克弒奚齊及卓子狄滅溫師古曰溫周邑也僖十年狄滅之楚伐黃師古曰僖十一年黃不歸楚貢故伐之桓不能救劉歆以爲七月秦晉分十二年三月庚午

朔日有食之董仲舒劉向以爲是時楚滅黃師古曰事在十二年夏狄侵衛鄭師古曰僖十三年狄侵衛十四年狄侵鄭莒滅杞師古曰僖十四年諸侯城緣陵公羊傳曰曷爲城杞滅也孰滅之蓋徐莒也劉歆以爲三月齊衛分十五年正月日有食之劉向以爲象晉文公將行伯道師古曰伯讀曰霸後遂伐衛執曹伯敗楚城濮師古曰事並在二十八年再會諸侯師古曰二十八年五月盟于踐土冬會于溫召天王而朝之師古曰晉侯不欲就朝王故召王使來經書天王狩于河陽此其効也日食者臣之惡也夜食者掩其罪也以爲上亡明王桓文能行伯道攘夷狄安中國師古曰伯讀曰霸攘卻也雖不正猶可蓋春秋實與而文不與之義也董仲舒以爲後秦獲晉侯師古曰晉侯夷吾也僖十五年十一月晉侯及秦伯

戰于韓秦獲晉侯以歸也 齊滅項師古曰事在公羊傳僖十七年項國也今項城縣是也 楚敗徐于婁
林師古曰事在僖十五年冬婁林徐地 劉歆以為二月朔齊越分文公元
年二月癸亥日有食之董仲舒劉向以為先是大
夫始執國政師古曰謂東門襄仲也 公子遂如京師師古曰事在僖三十年報宰周
公之聘 後楚世子商臣殺父齊公子商人弒君皆自立
師古曰已解於上 宋子哀出奔師古曰宋子哀宋卿高哀也不義宋公而來奔魯事在文十四年 晉
滅江師古曰春秋文四年楚人滅江今此云晉未詳其說 楚滅六師古曰六國名也在廬江六縣文五年楚人滅之
大夫公孫敖叔彭生並專會盟師古曰文七年冬公孫敖如莒莅盟十一年叔彭生
會郤缺于承匡公孫敖孟穆伯叔彭生叔仲惠伯也 劉歆以為正月朔燕越分十五
年六月辛丑朔日有食之董仲舒劉向以為後宋

齊莒晉鄭八年之間五君殺死師古曰文十六年宋弒其君杵臼十八年夏齊人弒
其君商人冬莒弒其君庶其宣二年晉趙盾弒其君夷皐四年鄭公子歸生弒其君夷也 楚滅舒蓼 劉歆
以為四月二日魯衛分宣公八年七月甲子日有
食之既董仲舒劉向以為先是楚商臣弒父而立
至于嚴王遂彊諸夏大國唯有齊晉齊晉新有篡弒之
禍內皆未安故楚乘弱橫行八年之間六侵伐而
一滅國師古曰六侵伐者謂宣元年侵陳三年侵鄭四年伐鄭五年伐鄭六年伐鄭八年伐陳也一滅國者謂八年滅舒蓼也
伐陸渾戎觀兵周室師古曰宣三年楚子伐陸渾之戎遂至于洛觀兵于周疆觀兵者示威武也
後又入鄭鄭伯肉袒謝罪北敗晉師于邲流血色
水師古曰事並在十二年邲鄭地也水色謂血流入水而變水之色也邲音蒲必反 圍宋九月析骸而炊

之師古曰事在十五年炊爨也言無薪樵示困之甚也 劉歆以為十月二日楚鄭分
十年四月丙辰日有食之董仲舒劉向以為後陳
夏徵舒弒其君師古曰弒靈公也事在十年 楚滅蕭師古曰蕭宋附庸國也事在十二年
晉滅二國師古曰謂十五年滅赤狄潞氏十六年滅赤狄甲氏 王札子殺召伯毛伯
師古曰事在十五年 劉歆以為二月魯衛分十七年六月癸卯
日有食之董仲舒劉向以為後邾支解鄫子師古曰十八年
邾人戕鄫子于鄫支解而節斷之謂解其四支斷其骨節 晉敗王師于貿戎師古曰事在成元年 敗
齊于鞌師古曰事在成二年 劉歆以為三月晦朓魯衛分服虔曰朓相頫
也日晦食為朓臣瓚曰志云晦而月見西方曰朓以此名之非日食晦之名也師古曰朓音佗了反 成公十六年六
月丙寅朔日有食之董仲舒劉向以為後晉敗楚

鄭于鄢陵師古曰事在十六年鄢陵鄭地也 執魯侯師古曰已解於上 劉歆以為四
月二日魯衛分十七年十二月丁巳朔日有食之
董仲舒劉向以為後楚滅舒庸師古曰事在十七年日食之後舒庸蓋羣舒之一
種楚與國也 晉弒其君師古曰謂厲公也事在十八年 宋魚石因楚奪君邑
師古曰魚石宋大夫也十五年出奔楚至十八年楚伐宋取彭城而納之 莒滅鄫齊滅萊師古曰事並在襄六年鄫萊皆小國
鄭伯弒死師古曰鄭僖公也襄七年會于鄬其大夫子駟使賊夜殺之而以虐疾赴鄬音為 劉歆
以為九月周楚分襄公十四年二月乙未朔日有
食之董仲舒劉向以為後衛大夫孫甯共逐獻公
立孫剽孟康曰剽音驃師古曰孫林父甯殖逐獻公襄十四年四月出奔齊而立剽剽穆公之孫也剽又音匹妙反 劉
歆以為前年十二月二日宋燕分十五年八月丁

巳朔日有食之董仲舒劉向以爲先是晉爲雞澤之會諸侯盟又大夫盟後爲溴梁之會諸侯在而大夫獨相與盟（師古曰並已解於上）君若綴斿不得舉手（應劭曰斿旌旗之流隨風動搖也師古曰言爲下所執隨人東西也）劉歆以爲五月二日魯趙分二十年十月丙辰朔日有食之董仲舒以爲陳慶虎慶寅蔽君之明（師古曰二慶並陳大夫也襄二十年陳侯之弟黃出奔楚將出呼於國曰慶氏無道求專陳國暴蔑其君而去其親五年不滅是無天也）邾庶其有叛心（師古曰庶其邾大夫）後庶其以漆閭丘來奔（師古曰事在二十一年漆及閭丘邾之二邑）陳殺二慶（師古曰二十三年陳侯如楚公子黃訴二慶楚人召之慶氏以陳叛楚屈建從陳侯圍陳遂殺二慶也）劉歆以爲八月秦周分二十一年九月庚戌朔日有食之董仲舒以爲晉欒盈

將犯君後入于曲沃（師古曰已解於上）劉歆以爲七月秦晉分十月庚辰朔日有食之董仲舒以爲宿在軫角楚大國象也後楚屈氏譖殺公子追舒（師古曰公子追舒楚令尹子南也二十二年楚殺之）齊慶封脅君亂國（師古曰慶封齊大夫也二十七年使盧蒲嫳帥甲攻崔氏殺成及彊盡俘其家崔杼縊而死自是慶封當國專執政也）劉歆以爲八月秦周分二十三年二月癸酉朔日有食之董仲舒以爲後衛侯入陳儀（師古曰衛侯衎也前爲孫甯所逐二十五年入于陳儀陳儀衛邑左傳云夷儀）甯喜弒其君剽（師古曰二十六年甯喜殺剽而衎入于衛甯喜殖子也）劉歆以爲前年十二月二日宋燕分二十四年七月甲子朔日有食之既劉歆以爲五月魯趙分八月癸巳朔日有食之董仲

舒以爲比食又既（師古曰比頻也）象陽將絕（孟康曰陽君也）夷狄主上國之象也後六君弒（師古曰謂二十五年齊崔杼殺其君光二十六年衛甯喜弒其君剽二十九年閽殺吳子餘祭三十年蔡太子班弒其君固三十一年莒人弒其君密州昭元年楚令尹子圍入問王疾縊而殺之）楚子果從諸侯伐鄭（師古曰二十四年冬楚子蔡侯陳侯許男伐鄭）滅舒鳩（師古曰二十五年楚屈建帥師滅舒鳩舒鳩亦羣舒之一種）魯往朝之（師古曰二十八年公如楚）卒主中國（師古曰謂楚靈王以昭四年與諸侯會于申）伐吳討慶封（師古曰慶封以二十八年爲慶舍之難自齊出奔魯遂奔吳至申之會楚靈王伐吳執慶封而殺之）劉歆以爲六月晉趙分二十七年十二月乙亥朔日有食之董仲舒以爲禮義將大滅絕之象也時吳子好勇使刑人守門（師古曰吳子即餘祭也刑人閽者）蔡侯通於世子之妻（師古曰即蔡侯固爲大子所殺者也）莒不早立嗣（師古曰即密州也生去疾及展輿既立展輿又廢之）後閽戕吳子（師古曰戕傷也它國臣來弒君曰戕音牆）蔡世子般弒其

父莒人亦弒君而庶子爭（師古曰展輿因國人攻其父而殺之展輿即位去疾奔齊明年去疾入而展輿出奔吳並嫡嗣故云庶子爭）劉向以爲自二十年至此歲八年間日食七作禍亂將重起（師古曰重音直用反）故天仍見戒也（師古曰仍頻也）後齊崔杼弒君（師古曰已解於上）宋殺世子（師古曰宋平公大子痤也事在二十六年）北燕伯出奔（孟康曰有南燕故言北燕南燕姞姓北燕姬姓也師古曰昭三年北燕伯款出奔齊）鄭大夫自外入而篡位（師古曰謂伯有也已解於上）指略如董仲舒劉歆以爲九月周楚分昭公七年四月甲辰朔日有食之董仲舒劉向以爲先是楚靈王弒君而立會諸侯（師古曰已解於上）執徐子滅賴（師古曰申之會楚人執徐子遂滅賴）後陳公子

招殺世子師古曰招成公子哀公弟也昭八年經書陳侯之弟招殺陳大子偃師偃師即哀公之子也招音韶楚因而滅之師古曰偃師之死哀公縊其九月楚公子棄疾奉偃師之子孫吳圍陳遂滅之又滅蔡師古曰十一年楚師滅蔡也執大子有以歸用之後靈王亦弒死師古曰十三年楚公子比弒其君虔于乾谿是也劉歆以爲二月魯衛分傳曰晉侯問於士文伯曰誰將當日食師古曰士文伯晉大夫伯瑕對曰魯衛惡之衛大魯小公曰何故對曰去衛地如魯地於是有災其衛君乎魯將上卿是歲八月衛襄公卒十一月魯季孫宿卒晉侯謂士文伯吾所問日食從矣可常乎師古曰從謂如士文伯之言也可常謂常可以此占之不對曰不可六物不同民心不壹事序不類官職不則同始異終胡可常也詩曰或宴宴居息或盡顇事國師古曰顇古悴字也小雅北山之詩也宴宴安息之貌也盡悴言盡力而悴病也其異終也如是公曰何謂六物對曰歲時日月星辰是謂公曰何謂辰對曰日月之會是謂公曰詩所謂此日而食于何不臧何也師古曰小雅十月之交之詩也臧善也對曰不善政之謂也國無政不用善則自取適于日月之災師古曰適讀曰讁故政不可不慎也務三而已一曰擇人二曰因民三曰從時此推日食之占循變復之要也易曰縣象著明莫大於日月師古曰上繫之辭也是故聖人重之載于三經師古曰謂易詩春秋於易在豐之震曰豐其沛日中見昧折其右肱亡咎服虔曰日中而

前漢五行志七下之下　十　陳慧

昏也師古曰此豐卦九三爻辭也言遇此災則當退去右肱之臣乃免咎於詩十月之交則著卿士司徒下至趣馬師氏咸非其材師古曰十月之交詩曰皇父卿士番維司徒棸維趣馬楀維師氏豔妻煽方處司徒地官卿也掌邦教趣馬中士也掌王馬之政師氏中大夫也掌司朝得失之事番棸楀皆氏也美色曰豔豔妻褒姒也豔或作閻閻亦嬪妾之姓也煽熾也詩人刺王淫於色故皇父之徒皆用后寵而處職位不以德選也趣音千后反棸音居衢反楀音居禹反番音扶元反同於右肱之所折協於三務之所擇明小人乘君子陰侵陽之原也十五年六月丁巳朔日有食之劉歆以爲三月魯衛分十七年六月甲戌朔日有食之董仲舒以爲時宿在畢晉國象也晉厲公誅四大夫失衆心以弒死師古曰四大夫謂三郤及胥童也胥童非厲公所誅以導亂而死故揔言四大夫厲公竟爲欒書中行偃所殺後莫敢復責大夫六卿遂相與比周專晉國君還事之師古曰六卿謂范氏中行氏智氏韓魏趙也日比再食其事在春秋後故不載於經劉歆以爲魯趙分左氏傳平子曰師古曰季平子唯正月朔慝未作日有食之於是乎天子不舉伐鼓於社諸侯用幣於社伐鼓於朝禮也其餘則否大史曰在此月也日過分而未至三辰有災百官降物君不舉避移時樂奏鼓祝用幣史用辭嗇夫馳庶人走此月朔之謂也當夏四月是謂孟夏說曰正月謂周六月夏四月正陽純乾之月也慝謂陰爻也冬至陽爻起初故曰復至建巳之月爲純乾亡陰爻而陰侵陽爲災重

前漢五行志七下之下　十一　楊琪

故伐鼓用幣責陰之禮降物素服也不舉去樂也避移時避正堂須時移災復也嗇夫掌幣吏庶人其徒役也劉歆以爲六月二日魯趙分二十一年七月壬午朔日有食之董仲舒以爲周景王老劉子單子專權師古曰已解於上蔡侯朱驕君臣不說之象也師古曰蔡侯朱蔡平公之子說讀曰悅後蔡侯朱果出奔師古曰昭二十一年出奔楚劉子單子立王猛劉歆以爲五月二日魯趙分二十二年十二月癸酉朔日有食之董仲舒以爲宿在心天子之象也後尹氏立王子朝天王居于狄泉師古曰天王敬王也避子朝之難數居狄泉劉歆以爲十月楚鄭分二十四年五月

乙未朔日有食之董仲舒以爲宿在胃魯象也後昭公爲季氏所逐劉向以爲自十五年至此歲十年閒天戒七見人君猶不寤後楚殺戎蠻子師古曰昭十六年楚子誘戎蠻子殺之戎蠻國在河南新城縣晉滅陸渾戎師古曰十七年晉荀吳帥師滅陸渾之戎其地今陸渾縣是也盜殺衛侯兄師古曰衛靈公兄也名縶二十年爲齊豹所殺以豹不義故貶稱盜所謂求名而不得蔡莒之君出奔師古曰蔡君即朱也莒君莒子庚輿也二十三年出奔魯吳滅巢師古曰二十四年吳滅巢巢楚閒小國即居巢城是也公子光殺王僚師古曰事在二十七年宋三臣以邑叛其君師古曰二十一年宋華亥向寗華定入于宋南里以叛是也它如仲舒劉歆以爲二日魯趙分是月斗建辰左氏傳梓愼曰將大水師古曰梓愼魯大夫昭子曰旱也師古曰叔孫昭子日過分而

陽猶不克克必甚能無旱乎孟康曰謂春分後陰多陽少爲陰不克陽勝則盛故言甚陽不克莫將積聚也蘇林曰莫莫藥不勝爲積聚也是歲秋大雩旱也二至二分日有食之不爲災日月之行也春秋分日夜等故同道冬夏至長短極故相過相過同道而食輕不爲大災水旱而已三十一年十二月辛亥朔日有食之董仲舒以爲宿在心天子象也時京師微弱後諸侯果相率而城周師古曰定元年晉魏舒合諸侯之大夫于狄泉以城周是也宋中幾亡尊天子之心而不衰城師古曰中幾宋大夫衰城謂以差次受功賦也衰音初爲反一曰衰讀曰蓑蓑城謂以草覆城也蓑音先和反中讀曰仲劉向以爲時吳滅徐師古曰事在昭三十年而蔡滅沈師古曰定四年蔡公孫姓帥師滅沈楚圍蔡吳敗楚入

郢昭王走出師古曰事並在定四年劉歆以爲二日宋燕分定公五年三月辛亥朔日有食之董仲舒劉向以爲後鄭滅許師古曰六年鄭游速帥師滅許以許男斯歸魯陽虎作亂竊寶玉大弓季桓子退仲尼宋三臣以邑叛師古曰已解於上劉歆以爲正月二日燕趙分十二年十一月丙寅朔日有食之董仲舒劉向以爲後晉三大夫以邑叛薛弒其君師古曰十三年晉趙鞅入于晉陽以叛荀寅士吉射入朝歌以叛薛殺其君比楚滅頓胡師古曰十四年楚公子結師師滅頓以頓子牂歸十五年楚人滅胡以胡子豹歸越敗吳師古曰十四年五月於越敗吳于檇李是也檇音醉衛逐世子師古曰十四年衛大子蒯聵出奔宋劉歆以爲十二月二日楚鄭分十五年八月庚辰朔日有食之董仲舒以爲宿在柳

周室大壞夷狄主諸夏之象也明年中國諸侯果累累從楚而圍蔡（師古曰哀元年楚子陳侯隨侯許男圍蔡是也累讀曰纍纍纍不絕之貌）蔡恐遷于州來（師古曰哀二年十一月蔡遷于州來州來楚邑今下蔡縣是）晉人執戎蠻子歸于楚（師古曰哀公四年晉人執戎蠻子赤歸於楚）京師楚也（師古曰言以楚爲京師）劉向以爲盜殺蔡侯（師古曰哀四年蔡公孫翩殺蔡侯申翩非大夫故賤之而書盜）齊陳乞弒其君而立陽生（師古曰哀六年齊陳乞弒其君荼荼即景公之子也陽生荼之兄即悼公也荼音塗）孔子終不用劉歆以爲六月晉趙分哀公十四年五月庚申朔日有食之在獲麟後劉歆以爲三月二日齊衛分凡春秋十二公二百四十二年日食三十六穀梁以爲朔二十六晦七夜二二日一公羊以爲朔二

十七二日七晦二左氏以爲朔十六二日十八晦一不書日者二高帝三年十月甲戌晦日有食之在斗二十度燕地也後二年燕王臧荼反誅立盧綰爲燕王後又反敗十一月癸卯晦日有食之在虛三度齊地也後二年齊王韓信徙爲楚王明年廢爲列侯後又反誅九年六月乙未晦日有食之既在張十三度惠帝七年正月辛丑朔日有食之在危十三度谷永以爲歲首正月朔日是爲三朝尊者惡之五月丁卯先晦一日日有食之幾盡（師古曰幾音鉅依反後皆類此）在七星

初劉向以爲五月微陰始起而犯至陽其占重至其八月宮車晏駕有呂氏詐置嗣君之害京房易傳曰凡日食不以晦朔者名曰薄人君誅將不以理或賊臣將暴起日月雖不同宿陰氣盛薄日光也高后二年六月丙戌晦日有食之七年正月己丑晦日有食之既在營室九度爲宮室中時高后惡之曰此爲我也明年應（師古曰謂高后崩也）文帝二年十一月癸卯晦日有食之在婺女一度三年十月丁酉晦日有食之在斗二十二度十一月丁卯晦日有食之在虛八度後四年四月丙辰晦日有食之在

東井十三度七年正月辛未朔日有食之景帝三年二月壬午晦日有食之在胃二度七年十一月庚寅晦日有食之在虛九度中元年十二月甲寅晦日有食之中二年九月甲戌晦日有食之三年九月戊戌晦日有食之幾盡在尾九度六年七月辛亥晦日有食之在軫七度後元年七月乙巳先晦一日日有食之在翼十七度武帝建元二年二月丙戌朔日有食之在奎十四度劉向以爲奎爲卑賤婦人後有衞皇后自至微興卒有不終之害（師古曰皇后自殺不終其位也）三年九月丙子晦日有食之在尾二度

五年正月己巳朔日有食之元光元年二月丙辰晦日有食之七月癸未先晦一日日有食之在翼八度劉向以爲前年高園便殿災與春秋御廩災後日食於翼軫同其占内有女變外爲諸侯其後陳皇后廢江都淮南衡山王謀反誅日中時食從東北過半晡時復元朔二年二月乙巳晦日有食之在胃三度六年十一月癸丑晦日有食之元狩元年五月乙巳晦日有食之在柳六度京房易傳推以爲是時日食從旁右法日君失臣明年丞相公孫弘薨日食從旁左者亦君失臣從上者臣失君

從下者君失民元鼎五年四月丁丑晦日有食之在東井二十三度元封四年六月己酉朔日有食之大始元年正月乙巳晦日有食之四年十月甲寅晦日有食之在斗十九度征和四年八月辛酉晦日有食之不盡如鉤在亢二度晡時食從西北日下晡時復昭帝始元三年十一月壬辰朔日有食之在斗九度燕地也後四年燕剌王謀反誅元鳳元年七月己亥晦日有食之幾盡在張十二度劉向以爲己亥而既其占重（孟康曰己土亥水也純陰故食爲最重也日食盡爲既）後六年宮車晏駕卒以亡嗣宣帝地節元年十二

月癸亥晦日有食之在營室十五度五鳳元年十二月乙酉朔日有食之在婺女十度四年四月辛丑朔日有食之在畢十九度是爲正月朔慝未作左氏以爲重異元帝永光二年三月壬戌朔日有食之在婁八度四年六月戊寅晦日有食之在張七度建昭五年六月壬申晦日有食之不盡如鉤因入成帝建始三年十二月戊申朔日有食之其夜未央殿中地震谷永對曰日食婺女九度占在皇后地震蕭牆之内咎在貴妾（師古曰蕭牆謂門屏也蕭肅也人臣至此加肅敬也）二者俱發明同事異人共掩制陽將害繼嗣也亶

日食則妾不見（師古曰亶讀曰但下例並同）亶地震則后不見異日而發則似殊事亡故動變則恐不知是月后妾當有失節之郵（師古曰郵與尤同尤過也）故天因此兩見其變若曰違失婦道隔遠衆妾（師古曰遠音于萬反）妨絶繼嗣者此二人也杜欽對亦曰日以戊申食時加未戊土也中宮之部其夜殿中地震此必適妾將有爭寵相害而爲患者（師古曰適讀曰嫡）人事失於下變象見於上能應之以德則咎異消忽而不戒則禍敗至（師古曰忽怠忘）應之非誠不立非信不行河平元年四月己亥晦日有食之不盡如鉤在東井六度劉向對曰四月交於五

月月同孝惠日同孝昭東井京師地且旣其占恐害繼嗣日蚤食時從西南起三年八月乙卯晦日有食之在房四年三月癸丑朔日有食之在昴陽朔元年二月丁未晦日有食之在胃永始元年九月丁巳晦日有食之谷永以京房易占對曰元年九月日蝕酒亡節之所致也獨使京師知之四國不見者若曰湛湎于酒君臣不別禍在內也（師古曰湛讀曰沈又讀曰耽也）永始二年二月乙酉晦日有食之谷永以京房易占對曰今年二月日食賦斂不得度民愁怨之所致也所以使四方皆見京師陰蔽者若曰人

君好治宮室大營墳墓賦斂茲重而百姓屈竭（師古曰茲益也屈盡也音其勿反）禍在外也三年正月己卯晦日有食之四年七月辛未晦日有食之元延元年正月己亥朔日有食之哀帝元壽元年正月辛丑朔日有食之不盡如鉤在營室十度與惠帝七年同月日二年三月壬辰晦日有食之平帝元始元年五月丁巳朔日有食之在東井二年九月戊申晦日有食之旣凡漢著紀十二世二百一十二年日食五十三朔十四晦三十六先晦一日三成帝建始元年八月戊午晨漏未盡三刻有兩月重見京房易傳曰婦

貞厲月幾望君子征凶（師古曰小畜上九爻辭也幾音鉅依反）言君弱而婦彊爲陰所乘則月並出晦而月見西方謂之朓朔而月見東方謂之仄慝（孟康曰朓者月行疾在日前故早見仄慝者行遲在日後當沒而更見師古曰朓音吐了反）仄慝則侯王其肅朓則侯王其舒劉向以爲朓者疾也君舒緩則臣驕慢故日行遲而月行疾也仄慝者不進之意君肅急則臣恐懼故日行疾而月行遲不敢迫近君也不舒不急以正失之者食朔日劉歆以爲舒者侯王展意顓事臣下促急故月行疾也肅者王侯縮朒不任事（服虔曰朒音忸怩之忸鄭氏曰不任事之貌也師古曰朒音女六反）臣下弛縱故月行遲也（師古曰弛放也音式爾反）當

春秋時侯王率多縮朒不任事故食二日仄慝者十八食晦日朓者一此其效也考之漢家食晦朓者三十六終亡二日仄慝者歆說信矣此皆謂日月亂行者也元帝永光元年四月日色青白亡景（韋昭曰日下無景也無景謂唯質見耳）正中時有景亡光（韋昭曰無光曜也）是夏寒至九月日乃有光京房易傳曰美不上人茲謂上弱厥異日白七日不溫順亡所制茲謂弱（孟康曰君順從於臣下無所能制）日白六十日物亡霜而死天子親伐茲謂不知日白體動而寒弱而有任茲謂不亡日白不溫明不動辟愆公行茲謂不伸（孟康曰辟君也有過而公行之）厥異日

黑大風起天無雲日光晻師古曰晻與闇同也不難上政茲謂見過日黑居仄大如彈丸成帝河平元年正月壬寅朔日月俱在營室時日出赤二月癸未日朝赤且入又赤夜月赤甲申日出赤如血亡光漏上四刻半乃頗有光燭地赤黃食後乃復京房易傳曰辟不聞道茲謂亡厥異日赤三月乙未日出黃有黑氣大如錢居日中央京房易傳曰祭天不順茲謂逆厥異日赤其中黑聞善不予茲謂失知厥異日黃夫大人者與天地合其德與日月合其明故聖王在上總命羣賢以亮天功師古曰虞書舜典帝曰咨二十有二人欽哉惟時亮天功謂敕六官十二牧四嶽令各敬其職事信定其功順天道也故志引之則日之光明五色備具燭燿亡主有主則爲異應行而變也色不虛改形不虛毀觀日之五變足以監矣故曰縣象著明莫大乎日月此之謂也嚴公七年四月辛卯夜恒星不見夜中星隕如雨董仲舒劉向以爲常星二十八宿者人君之象也衆星萬民之類也列宿不見象諸侯微也衆星隕墜民失其所也夜中者爲中國也不及地而復象齊桓起而救存之也鄉亡桓公星遂至地中國其良絕矣師古曰鄉讀曰嚮嚮中國中夏之國也良猶信也劉向以爲夜中者言不得終性命中道敗也或曰象

其叛也言當中道叛其上也天垂象以視下師古曰視讀曰示將欲人君防惡遠非慎卑省微以自全安也師古曰遠離也省視如人君有賢明之材畏天威命若高宗謀祖己師古曰謂殷之武丁有雊雉之異而祖己訓諸王作高宗肜日高宗之訓成王泣金縢師古曰武王有疾周公作金縢之書爲王請命王翌日乃瘳後武王崩成王即位管蔡流言而周公居東天雷電以風禾盡偃大木斯拔王啓金縢乃得周公代武王之說王執書以泣遣使者逆公王出郊天乃雨反風禾則盡起改過修正立信布德存亡繼絕修廢舉逸下學而上達師古曰下學謂博謀於羣下也上達謂通於天道而畏威裁什一之稅復三日之役師古曰古之田租十稅其一歲役兆庶不過三日也節用儉服以惠百姓則諸侯懷德士民歸仁災消而福興矣遂莫肯改寤法則古人而各行其私意終於君臣乖離上下交怨自是之後齊宋之君弒師古曰莊八年齊無知弒其君諸兒十二年宋萬弒其君捷也譚遂邢衛之國滅師古曰十年齊侯滅譚十三年齊人滅遂閔二年狄人入衛僖二十五年衛侯燬滅邢宿遷於宋師古曰莊十年宋人遷宿蓋取其地也宿國東平無鹽縣是蔡獲於楚師古曰莊十年荊敗蔡師于莘以蔡侯獻舞歸也晉相弒殺五世乃定師古曰謂殺奚齊卓子及懷公也自獻公以至文公反國凡易五君乃定此其效也左氏傳曰恒星不見夜明也星隕如雨與雨偕也劉歆以爲晝象中國夜象夷狄夜明故常見之星皆不見象中國微也星隕如雨如而也星隕而且雨故曰與雨偕也明雨與星隕兩變相成也洪範曰庶民惟星易曰雷雨作解師古曰解卦象辭也是歲歲在玄枵齊分埜也夜中而星

隕象庶民中離上也雨以解過施復從上下象齊桓行伯復興周室也師古曰伯讀曰霸周四月夏二月也日在降婁魯分墅也先是衛侯朔奔齊衛公子黔牟立齊帥諸侯伐之天子使使救衛師古曰已解於上魯公子溺顓政會齊以犯王命師古曰溺魯大夫名也莊三年溺會齊師伐衛疾其專命故貶而去族天子救衛而溺伐之故云犯王命嚴弗能止卒從而伐衛逐天王所立師古曰謂放黔牟也不義至甚而自以爲功民去其上政繇下作師古曰繇讀與由同次下亦同尤著故星隕於魯天事常象也成帝永始二年二月癸未夜過中星隕如雨長一二丈繹繹未至地滅師古曰繹繹光采貌至雞鳴止谷永對曰日月星

辰燭臨下土其有食隕之異則遐邇幽隱靡不咸睹星辰附離于天猶庶民附離王者也王者失道綱紀廢頓下將叛去故星叛天而隕以見其象春秋記異星隕最大自魯嚴以來至今再見臣聞三代所以喪亡者皆繇婦人羣小湛湎於酒師古曰湛讀曰沈又讀曰耽其下亦同書云乃用其婦人之言四方之逋逃多罪是信是使師古曰周書泰誓之辭也言紂惑於妲己而昵近亡逃罪人信用之詩曰赫赫宗周褒姒威之師古曰小雅正月之詩也已解於上威音許悅反顛覆厥德荒沈于酒師古曰大雅抑之詩也刺王傾敗其德荒廢政事而耽酒及秦所以二世而亡者養生大奢奉終之大厚方今國家兼而有之社稷宗廟之大憂也

京房易傳曰君不任賢厥妖天雨星文公十四年七月有星孛入于北斗董仲舒以爲孛者惡氣之所生也謂之孛者言其孛孛有所妨蔽闇亂不明之貌也北斗大國象後齊宋魯莒晉皆弒君師古曰文十四年齊公子商人弒其君舍十六年宋人弒其君杵臼十八年襄仲殺惡及視莒弒其君庶其宣二年晉趙穿攻靈公於桃園劉向以爲君臣亂於朝政令虧於外則上濁三光之精五星贏縮變色逆行甚則爲孛北斗人君象孛星亂臣類篡殺之表也星傳曰魁者貴人之牢又曰孛星見北斗中大臣諸侯有受誅者一曰魁爲齊晉夫彗星較然在北斗中天之視人顯矣師古曰視讀曰

示史之有占明矣時君終不改寤是後宋魯莒晉鄭陳六國咸弒其君師古曰宋魯莒晉已解於上宣四年鄭公子歸生弒其君夷十年陳夏徵舒弒其君平國齊再弒焉師古曰再弒者謂商人殺舍而閻職等又殺商人中國既亂夷狄並侵兵革從橫楚乘威席勝深入諸夏師古曰謂邲戰之後六侵伐師古曰謂宣十二年春楚子圍鄭夏與晉師戰于邲晉師敗績十三年楚子伐宋十四年楚子圍宋成二年楚師侵衛遂侵魯師于蜀成六年楚公子嬰齊帥師伐鄭一滅國師古曰謂宣十二年楚子滅蕭觀兵周室師古曰已解於上晉外滅二國師古曰謂宣十五年晉滅赤狄潞氏十六年滅赤狄甲氏也內敗王師師古曰謂成元年晉敗王師于貿戎是也又連三國之兵大敗齊師于鞌師古曰謂成二年晉郤克會魯季孫行父衛孫良夫曹公子首及齊侯戰于鞌齊師敗績鞌齊地追亡逐北東臨海水師古曰謂逐之三周華不注又從之入自丘輿擊馬陘東至海濱也威陵京師武折大齊

皆孛星炎之所及流至二十八年(師古曰炎音弋贍反其下並同)星傳又曰彗星入北斗有大戰其流入北斗中得名人(孟康曰謂得名臣也)不入失名人宋華元賢名大夫大棘之戰華元獲於鄭(師古曰宣二年宋華元帥師及鄭公子歸生戰于大棘宋師敗績獲華元大棘宋地)傳舉其效云左氏傳曰有星孛北斗周史服曰不出七年宋齊晉之君皆將死亂(師古曰史服周內史叔服也)劉歆以爲北斗有環域四星入其中也斗天之三辰綱紀星也宋齊晉天子方伯中國綱紀彗所以除舊布新也斗七星故曰不出七年至十六年宋人弒昭公(師古曰即杵臼)十八年齊人弒懿公(師古曰即商人)宣公二年晉趙穿

前漢五行志七下之下　二十四　周成

弒靈公昭公十七年冬有星孛于大辰董仲舒以爲大辰心也心爲明堂天子之象後王室大亂三王分爭此其效也(師古曰三王已解於上)劉向以爲星傳曰心大星天王也其前星太子後星庶子也尾爲君臣乖離孛星加心象天子適庶將分爭也(師古曰適讀曰嫡)其在諸侯角亢氐陳鄭也房心宋也後五年周景王崩王室亂大夫劉子單子立王猛尹氏召伯毛伯立子鼂子鼂楚出也(師古曰姊妹之子曰出)時楚彊宋衛陳鄭皆南附楚王猛既卒敬王即位子鼂入王城天王居狄泉莫之敢納五年楚平王居卒子鼂奔楚王室

乃定後楚帥六國伐吳吳敗之于雞父殺獲其君臣(師古曰昭二十三年楚薳越帥師及頓胡沈蔡陳許之師與吳師戰于雞父楚師敗績胡子髡沈子逞滅獲陳大夫夏齧雞父楚地也父讀曰甫)蔡怨楚而滅沈楚怒圍蔡吳人救之遂爲柏舉之戰敗楚師屠郢都妻昭王母鞭平王墓(師古曰沈楚之與國定四年四月蔡公孫姓帥師滅沈以沈子嘉歸秋楚爲沈故圍蔡冬吳興師以救之與楚戰于柏舉楚師敗績庚辰吳入郢君舍乎君室大夫舍乎大夫室妻楚王之母撻平王之墓也)此皆孛彗流炎所及之效也左氏傳曰有星孛于大辰西及漢申繻曰彗所以除舊布新也(師古曰申須魯大夫)天事恒象今除於火火出必布焉諸侯其有火災乎梓慎曰往年吾見是其徵也火出而見今茲火出而章必火入而伏其居火

前漢五行志七下之下　二十五　陳擇

也久矣其與不然乎火出於夏爲三月於商爲四月於周爲五月夏數得天若火作其四國當之在宋衛陳鄭乎宋大辰之虛陳大昊之虛鄭祝融之虛(師古曰虛讀曰墟其下並同)皆火房也星孛及漢漢水祥也衛顓頊之虛其星爲大水水火之牡也(張晏曰水以天一爲地二牡丙與午南方火也子及壬北方水也又其配合)其以丙子若壬午作乎水火所以合也若火入而伏必以壬午不過見之月明年夏五月火始昏見丙子風梓慎曰是謂融風火之始也(張晏曰融風立春木風也火之母也火所始生也維南子曰東北曰炎風高誘以爲艮氣所生也炎風一曰融風)七日其火作乎(張晏曰自丙子至壬午凡七日旣其配合之日又火以七爲紀)戊寅風甚壬午大甚(師古

（日大甚者又更甚也）宋衞陳鄭皆火劉歆以為大辰房心尾也八月心星在西方孛從其西過心東及漢也宋大辰虚謂宋先祖掌祀大辰星也陳太昊虚虙羲木德火所生也（師古曰虙讀曰伏同）鄭祝融虚高辛氏火正也故皆為火所舍衞顓頊虚星為大水營室也天星既然又四國失政相似及為王室亂皆同哀公十三年冬十一月有星孛于東方董仲舒劉向以為不言宿名者不加宿也（孟康曰不在二十八宿之中也）以辰乘日而出亂氣蔽君明也明年春秋事終一日周之十一月夏九月日在氐出東方者軫角亢也軫楚角亢陳鄭也

或曰角亢大國象為齊晉也其後楚滅陳（師古曰襄十七年楚公孫朝帥師滅陳也）田氏篡齊（師古曰齊平公十三年春秋之傳終矣至公二十五年卒卒後七十年而康公為田和所滅）六卿分晉（師古曰晉出公八年春秋之傳終矣出公十七年卒卒後八十年至靜公為韓魏趙所滅而三分其地蓋晉之衰也六卿擅權其後范氏中行氏智氏滅而韓魏趙兼其土田人衆故揔言六卿分晉也）此其效也劉歆以為孛東方大辰也不言大辰旦而見與日爭光星入而彗猶見是歲再失閏十一月實八月也日在鶉火周分野也十四年冬有星孛在獲麟後劉歆以為不言所在官失之也高帝三年七月有星孛于大角旬餘乃入劉向以為是時項羽為楚王伯諸侯（師古曰伯讀曰霸）而漢已定三秦與羽相距滎陽天下歸心於漢楚將滅故彗除王位也一曰項羽阬秦卒燒宮室弒義帝亂王位故彗加之也文帝後七年九月有星孛于西方其本直尾箕末指虚危長丈餘及天漢十六日不見劉向以為尾宋地今楚彭城也箕為燕又為吳越齊宿在漢中負海之國水澤地也是時景帝新立信用鼂錯將誅正諸侯王其象先見後三年吳楚四齊與趙七國舉兵反（師古曰四齊膠東膠西菑川濟南也）皆誅滅云武帝建元六年六月有星孛于北方劉向以為明年淮南王安入朝與太尉武安侯田蚡有邪謀而陳皇后驕恣其後

陳后廢而淮南王反誅八月長星出于東方長終天三十日去占曰是為蚩尤旗見則王者征伐四方其後兵誅四夷連數十年元狩四年四月長星又出西北是時伐胡尤甚元封元年五月有星孛于東井又孛于三台其後江充作亂京師紛然此明東井三台為秦地效也宣帝地節元年正月有星孛于西方去太白二丈所劉向以為太白為大將彗孛加之掃滅象也明年大將軍霍光薨後二年家夷滅成帝建始元年正月有星孛于營室青白色長六七丈廣尺餘劉向谷永以為營室為後

宮懷任之象彗星加之將有害懷任絕繼嗣者一曰後宮將受害也其後許皇后坐祝詛後宮懷姙者廢趙皇后立妹爲昭儀害兩皇子上遂無嗣趙后姊妹卒皆伏辜元延元年七月辛未有星孛于東井踐五諸侯 孟康曰五諸侯星名 出河戒北率行軒轅大微後日六度有餘晨出東方十三日夕見西方犯次妃長秋斗塡蠭炎再貫紫宮中大火當後達天河除於妃后之域南逝度犯大角攝提至天市而按節徐行 服虔曰謂行遲 炎入市中旬而後西去五十六日與倉龍俱伏谷永對曰上古以來大亂之極所希

有也察其馳騁驟步芒炎或長或短所歷姧犯 師古曰姧音干 內爲後宮女妾之害外爲諸夏叛逆之禍劉向亦曰三代之亡攝提易方秦項之滅星孛大角是歲趙昭儀害兩皇子後五年成帝崩昭儀自殺哀帝即位趙氏皆免官爵徙遼西哀帝亡嗣平帝即位王莽用事追廢成帝趙皇后哀帝傅皇后皆自殺外家丁傅皆免官爵徙合浦歸故郡平帝亡嗣莽遂篡國釐公十六年正月戊申朔隕石于宋五是月六鶂退飛過宋都董仲舒劉向以爲象宋襄公欲行伯道將自敗之戒也 師古曰伯讀曰霸 石陰類五

陽數自上而隕此陰而陽行欲高反下也石與金同類色以白爲主近白祥也鶂水鳥六陰數退飛欲進反退也其色青青祥也屬於貌之不恭天戒若曰德薄國小勿持炕陽欲長諸侯與彊大爭必受其害襄公不寤明年齊桓死伐齊喪 師古曰僖十七年齊桓公卒十八年宋襄公以諸侯伐齊 執滕子圍曹 師古曰十九年三月宋人執滕子嬰齊秋宋人圍曹 爲盂之會與楚爭盟卒爲所執後得反國 師古曰二十一年春爲鹿上之盟秋會于盂於是楚執宋公以伐宋冬會于薄以釋之鹿上盂薄皆宋地 不悔過自責復會諸侯伐鄭與楚戰于泓軍敗身傷爲諸侯笑 師古曰二十二年夏宋公衛侯許男滕子伐鄭十一月宋公及楚人戰於泓宋師敗績公傷股門官殲焉二十三年卒傷於泓故也泓水名也音於宏反 左氏傳曰

隕石星也鶂退飛風也宋襄公以問周內史叔興曰是何祥也吉凶何在對曰今玆魯多大喪明年齊有亂 師古曰今玆謂此年 君將得諸侯而不終退而告人曰是陰陽之事非吉凶之所生也吉凶繇人吾不敢逆君故也 師古曰繇讀與由同 是歲魯公子季友鄫季姬公孫玆皆卒 師古曰僖十六年三月公子季友卒四月季姬卒八月公孫玆卒季姬魯女適鄫者也公孫玆叔孫戴伯也 明年齊桓死適庶亂 師古曰適讀曰嫡 宋襄公伐齊行伯卒爲楚所敗 師古曰已解於上伯讀曰霸 劉歆以爲是歲歲在壽星其衝降婁 師古曰降音戶江反 降婁魯分壄也故爲魯多大喪正月日在星紀猒在玄枵玄枵齊分壄也石山物齊

大嶽後師古曰齊姜姓也其先爲堯之四嶽四嶽分掌四方諸侯五石象齊桓卒而五公子作亂師古曰五公子謂無虧也元也昭也潘也商人也故爲明年齊有亂庶民惟星隕於宋象宋襄將得諸侯之衆而治五公子之亂星隕而鶂退飛故爲得諸侯而不終六鶂象後六年伯業始退執於盂也師古曰伯讀曰霸民反德爲亂亂則妖災生言吉凶繇人然后陰陽衝厭受其咎齊魯之災非君所致故曰吾不敢逆君故也京房易傳曰距諫自彊茲謂卻行厥異鶂退飛適當黜則鶂退飛師古曰適讀曰嫡惠帝三年隕石緜諸壹師古曰緜諸道也屬天水郡也武帝征和四年二月丁酉隕石雍二天

晏亡雲聲聞四百里師古曰雍扶風之縣也晏天淸也元帝建昭元年正月戊辰隕石梁國六成帝建始四年正月癸卯隕石亳四肥纍一孟康曰皆縣名也故屬眞定師古曰亳音工老反纍音力追反陽朔三年二月壬戌隕石白馬八師古曰東郡之縣名鴻嘉二年五月癸未隕石杜衍三師古曰南陽之縣名元延四年三月隕石都關二師古曰山陽之縣名哀帝建平元年正月丁未隕石北地十其九月甲辰隕石虞二師古曰梁國之縣名平帝元始二年六月隕石鉅鹿二自惠盡平隕石凡十一皆有光燿雷聲成哀尤屢

前漢五行志卷第七下之下

地理志卷第八上　班固　漢書二十八

秘書監上護軍琅邪縣開國子顏師古注

昔在黃帝作舟車以濟不通旁行天下師古曰旁行謂四出而行之方制萬里畫壄分州師古曰方制制爲方域也畫謂爲之界也壄古野字也畫音獲得百里之國萬區是故易稱先王建萬國親諸侯師古曰易比卦象辭書云協和萬國師古曰虞書堯典之辭也此之謂也堯遭洪水褱山襄陵師古曰褱字與懷同懷包也襄駕也言水大汎溢包山而駕陵也天下分絕爲十二州師古曰九州之外有幷州幽州營州故曰十二水中可居者曰州洪水汎大各就高陸人之所居凡十二處使禹治之水土既平更制九州列五服師古曰其數在下也任土作貢師古曰任其土地所有以定貢賦之差也曰禹敷土師古曰敷分也謂分別治之自此已下皆是夏書禹貢之文隨山栞木

奠高山大川師古曰栞古刊字也奠定也言禹隨行山之形狀刊斫其木以爲表記使水通道故高山大川各得其安定冀州既載師古曰兩河閒曰冀州載始也冀州堯所都故禹治水自冀州始也壺口治梁及岐師古曰壺口山在河東梁山在夏陽岐山在美陽即今之岐州岐山縣箭括嶺也禹循山而西治衆水既脩大原至于嶽陽師古曰大原即今之晉陽是也嶽陽在大原西南覃懷厎績至于衡章師古曰覃懷近河地名也厎致也績功也衡章謂章水橫流而入河也言禹於覃懷致功以至衡章也厎音之履反厥土惟白壤師古曰柔土曰壤也厥賦上上錯師古曰賦者發斂土地所生之物以供天子也上上第一也錯雜也言第一又雜出諸品也厥田中中師古曰言其高下之形揔於九州之中爲第五也一曰謂其肥瘠之等差也它皆類此恒衛既從大陸既作師古曰恒衛二水名恒水出恒山衛水在靈壽大陸澤名在鉅鹿北言恒衛之水各從故道大陸之澤已可耕作也鳥夷皮服師古曰此東北之夷搏取鳥獸食其肉而衣其皮也一說居在海曲被服容止皆象鳥也夾右碣石入于河師古曰碣石海邊山名也

言禹夷行此山之右而入于河逆上也沛河惟兖州師古曰沛本濟水之字從水市聲言此州東南據濟水西
北距河市音姊九河既道師古曰九河河水分為九各從其道爾雅曰徒駭大史馬頰覆鬴胡蘇簡絜鉤般鬲津是曰九
河一說道讀曰導導治也雷夏既澤雍沮會同師古曰雷夏澤名在濟陰城陽西北言此澤還
復其故而雍沮二水同會其中也沮音千余反桑土既蠶是降丘宅土師古曰降下也宅居也言
此地宜桑先時人衆避水皆上丘陵今水害除得以蠶織故皆下丘居平土也厥土黑墳師古曰色黑而墳起也墳音扶
粉反中繇木條師古曰中古草字也繇悅茂也條脩暢也繇音弋昭反厥田中下師古曰第六也
賦貞師古曰貞正也州第九賦亦正當也作十有三年迺同師古曰治水十三年迺同於它州言
用功多也厥貢漆絲師古曰貢獻也地宜漆林又善蠶絲故以獻也厥棐織文師古曰棐與篚
同篚竹器筐屬也織文錦綺之類盛於篚篚而獻之浮于泲漯通于河師古曰浮以舟渡也泲漯二水
名漯水出東郡東武陽因水入水曰通漯音它合反海岱惟青州師古曰東北據海西南距岱岱即大山也

前漢地理志八上　二　陳用

嵎夷既略惟甾其道師古曰嵎夷地名也即陽谷所在略言用功少也惟甾二水名皆復故道
也惟水出琅邪箕屋山甾水出泰山萊蕪縣惟字今作濰甾字或作淄古今通用也一曰道讀曰導導治也厥土白
墳海瀕廣潟師古曰瀕水涯也潟鹵鹹之地瀕音頻又音賓潟音昔田上下賦中
上師古曰田第三賦第四貢鹽絺海物惟錯師古曰葛之精者曰絺海中物產既多故雜獻
岱畎絲枲鈆松怪石師古曰畎小谷也枲麻屬也鈆青金也怪石石之次玉美好者也言岱山
之谷出絲枲鈆松怪石五種皆獻之畎音工犬反萊夷作牧厥棐檿絲師古曰萊山之夷地
宜畜牧檿桑也食檿之蠶絲可以弦琴瑟檿音烏簟反浮于汶達于泲師古曰汶水出泰山郡萊蕪縣
原山言渡汶水西達于泲也汶音問海岱及淮惟徐州師古曰東至海北至岱山南及淮淮沂
其乂蒙羽其蓺師古曰淮沂二水已治蒙羽二山皆可種蓺也淮出大復山沂出泰山沂音牛依反
大壄既豬東原厎平師古曰大野即鉅野澤也豬停水也東原地名厎致也言大野之水既已

停蓄也東原之地致功而平可耕稼也厥土赤埴墳草木漸包師古曰埴黏土也漸包言
相漸及包裹而生田上中賦中中師古曰田第二賦第五貢土五色師古曰王者取
五色土封以為大社而此州畢貢之言備有羽畎夏狄嶧陽孤桐師古曰羽畎羽山之谷也夏狄狄雉
之羽可為旌旄者也羽山之谷出焉嶧陽嶧山之陽也山南曰陽孤桐特生之桐也可為琴瑟嶧山之南生焉嶧音驛泗瀕
浮磬師古曰泗水之涯浮出好石可為磬也泗水出濟陰乘氏淮夷蠙珠洎魚師古曰淮夷淮
水上之夷也蠙珠珠名洎及也言其地出珠及美魚也蠙音步千反字或作玭厥棐玄纖縞師古曰玄黑也
纖細繒也縞鮮支也即今所謂素者也言獻黑細繒及鮮支也浮于淮泗達于河師古曰逾二水而入
于河淮海惟揚州師古曰北據淮南距海彭蠡既豬陽鳥逌居師古
曰彭蠡澤名在彭澤縣西北陽鳥隨陽之鳥也言彭蠡之水既已蓄聚則鴻鴈之屬所共居之蠡音禮三江既入
震澤厎定師古曰三江謂北江中江南江也震澤在吳西即具區也厎致也言三江既入則震澤致定篠

前漢地理志八上　三　陳用

簜既敷師古曰篠小竹也簜大竹也敷謂布地而生也篠音先了反又簜音蕩中夭木喬師古曰夭
盛貌也喬上竦也夭音於驕反喬音橋又音驕厥土塗泥師古曰黏泥田下下賦下上
錯師古曰田第九賦第七又雜出諸品貢金三品師古曰金銀銅瑤琨篠簜齒革
羽毛師古曰瑤琨皆美玉名也齒象齒也革犀革也羽旄謂衆鳥之羽可為旄者也琨音昆鳥夷卉服
師古曰鳥夷東南之夷善捕鳥者也卉服絺葛之屬厥棐織貝師古曰織謂細布也貝水蟲也古以為貨厥包
橘柚錫貢師古曰柚似橘而大其味尤酸橘柚皆不耐寒故包裹而致之也錫貢者須錫命而獻之言不常來也柚音弋
救反均江海通于淮泗師古曰均平也通淮泗而入江海故云平荊及衡陽惟
荊州師古曰北據荊山南及衡山之陽也江漢朝宗于海師古曰江漢二水歸入于海有似諸侯朝
於天子故曰朝宗宗尊也九江孔殷師古曰孔甚也殷中也言江水於此州界分為九道甚得地形之中沱灊既
道雲夢土作乂師古曰沱灊二水名自江出為沱自漢出為灊雲夢澤名言二水既從其道則雲夢之土可為

甙訓之治也沱音徒何反灊音潛一曰道讀曰導導亦治也厥土塗泥田下中賦上下師古曰田第八賦第三貢羽旄齒革金三品師古曰自金已上所貢與揚州同杶幹栝柏礪砥砮丹師古曰杶木似樗而實幹柘也栝木柏葉而松身礪砥也砥其尤細者也砮石名可爲矢鏃丹赤石也所謂丹沙者也杶音丑倫反栝音古活反砥音指又音抵砮音奴惟箘簵楛三國厎貢厥名師古曰箘簵竹名楛木名也皆可爲矢言此州界李有三國致貢斯物其名稱美也箘音囷簵音路楛音怙包匭菁茅師古曰匭柙也菁菜也可以爲菹茅可以縮酒苞其茅匭其菁而獻之匭音軌菁音精厥篚玄纁璣組師古曰玄黑色纁絳也璣珠之不圜者組綬類也纁音勳璣音機又音祈九江納錫大龜師古曰大龜尺有二寸出於九江錫命而納不常獻也浮于江沱灊漢逾于洛至于南河師古曰逾越也言渡四水而越洛乃至南河也南河在冀州南荆河惟豫州師古曰荆山北西南至河水伊雒瀍澗既入于河師古曰伊出陸渾山雒出冢領山瀍出穀成山澗出黽池山四水皆入河滎波既豬師古曰滎沇水泆出所爲也即今滎澤是也波亦水名言其水並已遏聚矣一說謂滎水之波道荷澤被盟豬師古曰荷澤在胡陵盟豬亦澤名在荷之東北言治荷澤之水衍溢則使被及盟豬不常入也道讀曰導荷音歌被音皮盟音孟厥土惟壤下土墳壚師古曰高地則壤下地則墳壚謂土之剛黑者也壚音盧田中上賦錯上中師古曰田第四賦第二又雜出第一貢漆枲絺紵厥篚纖纊師古曰紵織紵爲布及練也纖細綿也紵音佇纊音曠錫貢磬錯師古曰錯治玉之石磬錯言可以治磬也亦待錫命而貢浮于洛入于河師古曰因洛入河也華陽黑水惟梁州師古曰東據華山之南西距黑水崏嶓既藝師古曰崏山也嶓嶓冢山也言水已去二山之土皆可種藝沱灊既道師古曰沱灊二水言已從故道也崏音岷嶓音波道讀曰導蔡蒙旅平和夷厎績師古曰蔡蒙二山名旅陳也旅平言已平治而陳祭也和夷地名亦以致功可耕稼也厥土青黎師古曰色青而細疏田下上賦下中三錯師古曰田第七賦第八又雜出第七至第九凡三品貢璆

鐵銀鏤砮磬師古曰璆美玉也鏤剛鐵也砮石也磬石也璆音虯熊羆狐貍織皮師古曰織皮謂罽也言貢四獸之皮又貢罽西頃因桓是來師古曰西頃山名在隴西南桓水名也言治西頃山因桓水是來無它道也頃讀曰傾浮于潛逾于沔師古曰潛上曰沔沔音莫踐反入于渭亂于河師古曰正絕流曰亂黑水西河惟雍州師古曰西據黑水東距西河西河即龍門之河也在冀州西故曰西河弱水既西師古曰治使西流至合黎涇屬渭汭師古曰屬逮也水北曰汭言治涇水入于渭也屬音之欲反汭音芮又音而悅反漆沮既從灃水逌同師古曰漆沮即馮翊之洛水也灃水出鄠之南山言漆沮既從入渭灃水亦來同也逌古攸字也攸所也沮音七余反荆岐既旅師古曰荆岐二山名荆在岐東言二山治畢已旅祭終南惇物至于鳥鼠師古曰終南惇物二山皆在武功鳥鼠山在隴西首陽西南自終南西出至于鳥鼠也原隰厎績至于豬壄師古曰高平曰原下溼曰隰豬壄地名言皆致功也三危既宅三苗丕敘師古曰三危山名已可居也三苗本有苗氏之族徙居於此分而爲三故言三苗今皆大得其次敘厥土黃壤田上上賦中下師古曰田第一賦第六貢球琳琅玕師古曰球琳皆玉名琅玕石似珠者也球音求又音虯琳音林琅音郎玕音干浮于積石至于龍門西河師古曰積石山在金城西南龍門山在河東之西界皆河水所經會于渭汭師古曰逆流曰會自渭北涯逆水西上織皮昆侖析支渠叟西戎即敘師古曰昆侖析支渠叟三國名也言此諸國皆織皮毛各得其業而西方遠戎並就次敘也叟讀曰搜道汧及岐至于荆山師古曰自此已下更說所通水故舉山言之汧山在汧縣西道讀曰導後皆類此汧音苦堅反逾于河師古曰即梁山龍門壺口雷首至于大嶽師古曰自壺口雷首而至大嶽也雷首在河東蒲反南大嶽即所謂嶽陽者厎柱析城至于王屋師古曰厎柱在陝縣東北山在河中形若柱也析城山在濩澤西南王屋山在垣縣東北大行恒山至于碣石入于海師古曰大行山在河內山陽西北恒山在上曲陽西北言二山

連延東北接碣石而入于海行音胡郎反 西傾朱圉鳥鼠至于太華 師古曰朱圉山在漢陽冀縣南太華即今華陽山 熊耳外方桐柏至于陪尾 師古曰熊耳在陝東外方在潁川故縣即山崇高也桐柏在平氏東南陪尾在安陸東北言四山相連也陪讀曰陪 道嶓冢至于荊山 師古曰嶓冢山在梁州南北荊山在南郡臨沮東北嶓音波 內方至于大別 師古曰內方在荊州大別在廬江安豐山 崏山之陽至于衡山 師古曰崏山在蜀郡湔氐道衡山在長沙湘南東南崏山江所出衡山江所經 過九江至于敷淺原 師古曰敷淺原一名傅易山在豫章歷陵南 道弱水至于合黎餘波入于流沙 師古曰合黎山在酒泉流沙在燉煌西 道黑水至于三危入于南海 師古曰黑水出張掖雞山南流至燉煌過三危山又南流而入于南海 道河積石至于龍門 師古曰積石山在河關西羌中龍門山在夏陽北言治河施功自積石起鑿山穿地以通其流至龍門山也 南至于華陰東至于厎柱 師古曰自龍門南流以至華陰又折而東經厎柱 又東至于盟津 師古曰盟讀曰孟孟津在洛陽之北都道所湊故號孟津孟長大也 東過洛汭

前漢地理志八上　六　張建

至于大伾 師古曰洛汭洛入河處蓋今所謂洛口也山再重曰伾大伾山在成皋伾音平鄙反 北過降水至于大陸 師古曰降水在信都大陸在鉅鹿 又北播為九河 師古曰播布也 同為逆河入于海 師古曰同合也九河又合而為一名為逆河言相迎受也海即勃海是也 嶓冢道漾東流為漢 師古曰漾水出隴西氐道東流過武關山南為漢漢禹治漾水自嶓冢始也漾音恙 又東為滄浪之水 師古曰出荊山東南流為滄浪之水即漁父所歌者也浪音琅 過三澨至于大別 師古曰三澨水在江夏竟陵澨音筮 南入于江 師古曰觸大別山而南入江也 東匯澤為彭蠡 師古曰匯迴也又東迴而為彭蠡澤也匯音胡賄反 東為北江入于海 師古曰自彭蠡江分為三逆為北江而入海 崏山道江東別為沱 師古曰別而出也江東南流沱東行也沱音徒河反 又東至于醴 師古曰醴水在荊州 過九江至于東陵 師古曰東陵地名 東迆北會于匯 師古曰迆溢也東溢分流都共北會彭蠡也迆音弋爾反 東為

中江入于海 師古曰亦自彭蠡出 道沇水東流為泲 師古曰泉出王屋山名為沇流去乃為泲也沇音弋轉反 入于河軼為滎 師古曰軼與溢同言濟水入河並流而南截河又並流溢出乃為滎澤也一曰軼過也音逸 東出于陶丘北 師古曰陶丘丘再重也在濟陰定陶西南 又東至于荷 師古曰荷即荷澤 又東北會於汶 師古曰濟與汶合 又北東入于海 師古曰北折而東也 道淮自桐柏東會于泗沂東入于海 道渭自鳥鼠同穴東會于酆又東至于涇又東過漆沮入于河 道雒自熊耳東北會于澗瀍又東會于伊 又東北入于河 九州逌同 師古曰各以其所而同法 四奧既宅 師古曰奧讀曰墺謂土之可居者也宅亦居也言四方之土已可定居也墺音於六反 九山栞旅 師古曰九州之山皆已栞木通道而旅祭也 九川滌原 師古曰九州泉源皆已清滌無雍塞 九澤既陂 師古

前漢地理志八上　七　張建

曰九州陂澤皆已陂障無決溢 四海會同 師古曰四海之內同會京師 六府孔修 師古曰水火金木土穀皆甚治 庶土交正厎慎財賦 師古曰言眾土各以其所出交易有無而不失正致慎貢財以供貢賦 咸則三壤成賦中國 師古曰言皆隨其土田上中下三品而成其賦於中國也中國京師也 錫土姓祗台德先不距朕行 師古曰台養也言封諸侯賜之土田因以為姓所以勸養者推德為先故無距我之行也台音怡 五百里甸服 師古曰規方千里最近王城者為甸服則四面五百里也甸之為言田也主為王者治田 百里賦內總 師古曰自此已下說甸服之內以差言之也總禾稾總入也內讀曰納下皆類此 二百里內銍 師古曰銍謂所刈即禾穗也銍音窒 三百里內戛服 師古曰戛稾也言服者謂有役則服之耳戛音工黠反 四百里粟五百里米 師古曰精者納少麤者納多 五百里侯服 師古曰此次甸服之外方五百里也侯候也主斥候而服事也 百里采 師古曰又說侯服內之差次也采事也王事則供之不主一也 二百里男國 師古曰男之言任任

王事者 三百里諸侯 師古曰三百里同主斥候故合而言之為一等 五百里綏服 師古曰此又次侯服外之五百里也綏安也言其安服王者政教 三百里揆文教 師古曰揆度王者文教而行之也三百里皆同 二百里奮武衛 師古曰奮其武力以衛王者二百里皆同 五百里要服 師古曰此又次綏服外之五百里也要以文教要來之也要音一遥反 三百里夷 師古曰夷易也言行平易之法也三百里皆同 二百里蔡 師古曰蔡法也遵法而已二百里皆同 五百里荒服 師古曰又次要服外五百里此五服之最在外者也荒言其荒忽各因本俗 三百里蠻 師古曰蠻謂以文德蠻慕而覊之二百里皆同 二百里流 師古曰任其流移不考詰也二百里皆同 東漸于海西被于流沙朔南洎聲教訖于四海 師古曰漸入也被加也朔北方也訖盡也言東入于滄西加流沙北方南方皆及聲教盡於四海也一曰漸浸洎及也 禹錫玄圭告厥成功 師古曰玄天色也堯以禹治水功成故賜玄圭以表之也自此已上皆禹貢之文 後受禪於虞為夏后氏殷因

前漢地理志八上　八

於夏亡所變改周既克殷監於二代而損益之定官分職改禹徐梁二州合之於雍青 師古曰省徐州以入青州并梁州以合雍州 分冀州之地以為幽并故周官有職方氏 師古曰夏官之屬也職主也主四方之土也 掌天下之地辯九州之國東南曰揚州其山曰會稽 師古曰在山陰縣 藪曰具區 師古曰藪大澤也具區在吳也 川曰三江寖曰五湖 師古曰寖古浸字也川水之通流者也浸謂引以灌溉者五湖在吳 其利金錫竹箭民二男五女畜宜鳥獸 師古曰鳥孔翠之屬獸犀象之屬 穀宜稻正南曰荊州其山曰衡藪曰雲夢川曰江漢寖曰潁湛 師古曰潁水出陽城陽乾山宜屬豫州許慎又云湛水豫州浸並未詳也湛音直林反又直減反 其利丹銀齒革民一男二女畜及穀宜與揚州

同河南曰豫州其山曰華 師古曰即華陰之華山也連延東出故屬豫州 藪曰圃田 師古曰在中牟 川曰滎雒寖曰波溠 師古曰滎即沇水所溢者也波即上禹貢所云滎波者也溠水在楚亦不當為豫州浸也溠音莊亞反 其利林漆絲枲民二男三女畜宜六擾 師古曰馬牛羊豕犬雞也謂之擾者言人所馴養也擾音人紹反 其穀宜五種 師古曰黍稷菽麥稻 正東曰青州其山曰沂藪曰孟諸 師古曰沂山在蓋縣即沂水所出也孟諸即盟豬也 川曰淮泗寖曰沂沭 師古曰沭水出東莞音術 其利蒲魚民二男三女其畜宜雞狗穀宜稻麥河東曰兗州其山曰岱藪曰泰壄 師古曰即大野 其川曰河泲寖曰盧維 師古曰盧水在濟北盧縣鄭康成讀曰雷非也 其利蒲魚民二男三女其畜宜六擾穀宜四種 師古曰馬牛羊豕犬雞黍稷稻麥也 正西曰雍州其

前漢地理志八上　九

山曰嶽 師古曰即吳嶽也 藪曰弦蒲 師古曰在汧縣 川曰涇汭 師古曰汭在豳地詩大雅公劉之篇曰汭鞫之即 其寖曰渭洛 師古曰洛即漆沮也在馮翊 其利玉石其民三男二女畜宜牛馬穀宜黍稷東北曰幽州其山曰醫無閭 師古曰在遼東 藪曰貕養 師古曰在長廣 川曰河泲寖曰菑時 師古曰菑出萊蕪時水出般陽 其利魚鹽民一男三女畜宜四擾 師古曰馬牛羊豕 穀宜三種 師古曰黍稷稻 河內曰冀州山曰霍 師古曰在平陽永安縣東北 藪曰揚紆 師古曰爾雅曰秦有揚紆而此以為冀州未詳其義所在 川曰漳寖曰汾潞 師古曰漳水出上黨長子汾水出汾陽北山潞出歸德 其利松柏民五男三女畜宜牛羊穀宜黍稷正北曰并州其山曰恒山藪曰昭餘祁 師古曰在太原鄔縣鄔音一戶反又音於庶反 川

曰虖池嘔夷窪曰淶易師古曰虖池出鹵城嘔夷出平舒淶出廣昌易出故安虖音呼池音徒何反嘔音於侯反其利布帛民二男三女畜宜五擾師古曰馬牛羊犬豕穀宜五種而保章氏掌天文以星土辯九州之地所封封域皆有分星以視吉凶師古曰保章氏春官之屬也保守也言守天文之職也分音扶問反周爵五等而土三等公侯百里伯七十里子男五十里不滿爲附庸蓋千八百國而大昊黃帝之後唐虞侯伯猶存帝王圖籍相踵而可知周室既衰禮樂征伐自諸侯出轉相吞滅數百年間列國秏盡師古曰秏減也音呼到反至春秋時尚有數十國五伯迭興總其盟會師古曰此五伯謂齊桓宋襄晉文秦穆楚莊也迭互也伯讀曰霸迭音徒結反陵夷

至於戰國天下分而爲七師古曰謂秦韓魏趙燕齊楚也合從連衡經數十年秦遂并兼四海以爲周制微弱終爲諸侯所喪故不立尺土之封分天下爲郡縣盪滅前聖之苗裔靡有孑遺者矣漢興因秦制度崇恩德行簡易以撫海內至武帝攘卻胡越開地斥境南置交阯北置朔方之州師古曰胡廣記云漢既定南越之地置交阯刺史別於諸州令持節治蒼梧分雍州置朔方刺史兼徐梁幽并夏周之制改雍曰凉改梁曰益凡十三部置刺史先王之迹既遠地名又數改易師古曰數音所角反是以采獲舊聞考迹詩書推表山川以綴禹貢周官春秋下及戰國秦漢焉師古

曰中古以來說地理者多矣或解釋經典或撰述方志競爲新異妄有穿鑿安處附會頗失其真後之學者因而祖述曾不考其謬論莫能尋其根本今並不錄蓋無尤焉

京兆尹故秦內史高帝元年屬塞國二年更爲渭南郡九年罷復爲內史武帝建元六年分爲右內史大初元年更爲京兆尹 元始二年戶十九萬五千七百二口六十八萬二千四百六十八師古曰漢之戶口當元始時最爲殷盛故志舉之以爲數也後皆類此 縣十二

長安高帝五年置惠帝元年初城六年成戶八萬八百口二十四萬六千二百王莽曰常安師古曰王莽篡位改漢郡縣名皆易之也下皆類此 新豐驪山在南故驪戎國秦曰驪邑高祖七年置應劭曰太上皇思東歸於是高祖改築城寺街里以象豐徙豐民以實之故號新豐 船司空莽曰船利服虔曰縣名師古曰本主船之官遂以爲縣 藍田山出美玉有虎候山祠秦孝公置也 華陰故陰晉秦惠文王五年更名寧秦高帝八年更名華陰大華山在南有祠豫州山集靈宮武帝起莽曰華壇也 鄭周宣王弟鄭桓公邑有鐵官應劭曰宣王母弟友所封也其子與平王東遷更稱新鄭臣瓚曰周自穆王已下都于西鄭不得以封桓公也初桓公爲周司徒王室將亂

故謀於史伯而寄帑與賄於虢會之間幽王既敗二年而滅會四年而滅虢居於鄭父之丘是以爲鄭桓公無封京兆之文也師古曰春秋外傳云幽王既敗鄭桓公死之其子武公與平王東遷故左氏傳云我周之東遷晉鄭焉依又鄭莊公云吾先君新邑於此蓋道新鄭也穆王已下無都西鄭之事瓚說非也會音工外反 湖有周天子祠二所故曰胡武帝建元年更名湖 下邽應劭曰秦武公伐邽戎置有上邽故加下師古曰邽音圭取邽戎之人而來爲此縣 南陵文帝七年置沂水出藍田谷北至霸陵入霸水霸水亦出藍田谷北入渭師古曰茲水秦穆公更名以章霸功視子孫沂音先歷反視讀曰示 奉明宣帝置也 霸陵故芷陽文帝更名莽曰水章也 杜陵故杜伯國宣帝更名有周右將軍杜主祠四所莽曰饒安也

左馮翊故秦內史高帝元年屬塞國二年更名河上郡九年罷復爲內史武帝建元六年分爲左內史大初元年更名左馮翊 戶二十三萬五千一百一口九十一萬七千八百二十二 縣二十四

高陵左輔都尉治莽曰千春 櫟陽秦獻公自雍徙莽曰師亭如淳曰櫟音藥 翟道莽曰渙 池陽惠帝四年置嶻嶭山在北應劭曰在池水之陽師古曰嶻嶭即今俗所呼嵳峩

山是也音裵齒又音才萬反又五萬反 夏陽 故少梁秦惠文王十一年更名禹貢梁山在西北龍門山在北有鐵官莽曰冀亭 衙 莽曰達昌如淳曰衙音牙師古曰即春秋所云秦晉戰于彭衙 粟邑 莽曰粟城 谷口 九嵕山在西有天齊公五牀山僊人五帝祠四所莽曰谷喙師古曰嵕音子公反又音子孔反喙音許穢反 蓮勺 如淳曰蓮音輦勺音酌 鄜 莽曰脩令孟康曰音敷 頻陽 秦厲公置應劭曰在頻水之陽 臨晉 故大荔秦獲之更名有河水祠芮鄉故芮國莽曰監晉應劭曰臨晉水故曰臨晉臣瓚曰晉水在河之間此縣在河之西不得云臨晉水也舊說曰秦築高壘以臨晉國故曰臨晉也師古曰瓚說是也說者或以為魏文侯伐秦始置臨晉非也文侯重城之耳豈始置乎 重泉 莽曰調泉 郃陽 應劭曰在郃水之陽也師古曰音合即大雅大明之詩所謂在洽之陽 祋祤 景帝二年置師古曰祋音丁外反又音丁活反祤音詡 武城 莽曰桓城師古曰即左氏傳所云秦伐晉取武城者也 沈陽 莽曰制昌 襃德 禹貢北條荊山在南下有彊梁原洛水東南入渭雍州浸莽曰德驩師古曰襃亦懷字 徵 莽曰氾愛師古曰徵音懲即今之澄城縣是也左傳所云取北徵謂此地耳而杜元凱未詳其處也 雲陵 昭帝置也 萬年 高帝置莽曰異赤師古曰三輔黃圖云大上皇葬櫟陽北原起萬年陵是也

前漢地理志八上 十二 陳蓋

長陵 高帝置戶五萬五十七口十七萬九千四百六十九莽曰長平 陽陵 故弋陽景帝更名莽曰渭陽 雲陽 有休屠金人及徑路神祠三所越巫䘓𪚼祠三所孟康曰䘓音辜磔之辜越人祠也𪚼音瓌休音許虬反屠音除

右扶風 故秦內史高帝元年屬雍國二年更為中地郡九年罷復為內史武帝建元六年分為右內史太初元年更名主爵都尉為右扶風師古曰主爵都尉本秦之主爵中尉掌列侯至大初元年更名右扶風而治於內史右地故此志追書建元六年分為右內史又云更名主爵都尉為右扶風 戶二十一萬六千三百七十七口八十三萬六千七十 縣二十一 渭城 故咸陽高帝元年更名新城七年罷屬長安武帝元鼎三年更名渭城有蘭池宮莽曰京城 槐里 周曰犬丘懿王都之秦更名廢丘高祖三年更名有黃山宮孝惠二年起莽曰槐治 鄠 古國有扈谷亭扈夏啓所伐酆水出東南又有潏水皆北過上林苑入渭有萯陽宮秦文王起師古曰潏音決萯音倍 盩厔 有長楊宮有射熊館秦昭王起靈軹渠武帝穿也 斄 周后稷所封師古曰讀與邰同音胎 郁夷 詩周道郁夷有汧水祠莽曰郁平師古曰小雅四牡之詩曰四牡騑騑周道倭遲韓詩作郁夷字言使臣乘馬行於此道 美陽 禹貢岐山在西北中水鄉周大王所邑有高泉宮秦宣太后起也 郿 成國渠首受渭東北至上林入蒙籠渠右輔都尉治師古曰郿音媚 雍 秦惠公都之有五畤太昊黃帝以下祠三百三所橐泉宮孝公起祈年宮惠公起棫陽宮昭王起有鐵官應劭曰四面積高曰雍師古曰棫音域 漆 水在縣西有鐵官莽曰漆治 栒邑 有豳鄉詩豳國公劉所邑應劭曰左氏傳曰畢原酆郇文之昭也郇侯賈伯伐晉是也臣瓚曰汲郡古文晉武公滅荀以賜大夫原氏黯是為荀叔又云文公城荀然則荀當在晉之境內不得在扶風界也今河東有荀城古荀國師古曰瓚說是也此栒讀與荀同自別邑耳非伐晉者也 隃麋 有黃帝子祠莽曰扶亭師古曰隃音踰 陳倉 有上公明星黃帝孫舜妻育冢祠有羽陽宮秦武王起也 杜陽 杜水南入渭詩曰自土漆沮莽曰通杜師古曰大雅緜之詩曰人之初生自土漆沮齊詩作自杜言公劉避狄而來居杜與漆沮之地 汧 吳山在西古文以為汧山雍州山北有蒲谷鄉弦中谷雍州弦蒲藪汧水出西北入渭芮水出西北東入涇詩芮阮雍州川也師古曰阮讀與鞫同大雅公劉之詩曰止旅乃密芮鞫之即韓詩作芮阮言公劉止其軍旅欲使安靜乃就芮阮之間耳 好畤 垝山在東有梁山宮秦始皇起莽曰好邑師古曰垝音丘毀反 虢 有黃帝子周文武祠虢宮秦宣太后起也 安陵 惠帝置莽曰嘉平師古曰闞駰以為本周之程邑也

前漢地理志八上 十三 徐爭

茂陵 武帝置戶六萬一千八十七口二十七萬七千二百七十七莽曰宣城師古曰黃圖云本槐里之茂鄉 平陵 昭帝置莽曰廣利 武功 大壹山古文以為終南垂山古文以為敦物皆在縣東斜水出衙領山北至郿入渭褒水亦出衙領至南鄭入沔有垂山斜水淮水祠三所莽曰新光師古曰斜音弋奢反衙音牙

弘農郡 武帝元鼎四年置莽曰右隊 戶十一萬八千九十一口四十七萬五千九百五十四 有鐵官在黽池 縣十一 弘農 故秦函谷關衙山領下谷爓水所出北入河 盧氏 熊耳山在東伊水出東北入雒過郡一行四百五十里又有育水南至順陽入沔又有洱水東南至魯陽亦入沔皆過郡二行六百里莽曰昌富師古曰洱音耳 陜 故虢國有焦城故焦國北虢在大陽東虢在滎陽西虢在雍州莽曰黃眉 宜陽 在黽池有鐵官也 黽池 高帝八年復黽池中鄉民景帝中二年初城徙萬家為縣穀水出穀陽谷東北至穀城入雒莽曰陝亭師古曰黽音莫踐反又音莫忍反 丹水 水出上雒冢領山東至析入鈞密陽鄉故商密也師古曰鈞亦水名也音均 新安 禹貢澗水在東南入雒 商 秦相衛鞅邑也 析 黃水出黃谷鞠水出析谷俱東至酈入湍水莽曰君亭師古曰析音

先歷反鞠水即今所謂菊潭也酈音持益反湍音專 陸渾 春秋遷陸渾戎於此有關師古曰渾音胡昆反 上雒 禹貢
雒水出冢領山東北至鞏入河過郡二行千七十里豫州川又有甲
水出秦領山東南至錫入沔過郡三行五百七十里熊耳獲輿山在
東北師古曰錫音陽。 河東郡 秦置莽曰兆陽有根倉湹倉 戶二十三萬六千
八百九十六口九十六萬二千九百一十二
縣二十四 安邑 巫咸山在南鹽池在西南魏絳自魏徙此至惠王徙大梁有鐵官鹽官莽曰河東 大
陽 吴山在西上有吴城周武王封大伯後於此是爲虞公爲晉所滅有天子廟莽曰勤田應劭曰在大河之陽 猗氏
解 師古曰音蟹 蒲反 有堯山首山祠雷首山在南故曰蒲秦更名莽曰蒲城應劭曰秦始皇東巡見長坂故加反云
孟康曰本蒲也晉文公以賂秦後秦人還蒲魏人喜曰蒲反矣謂秦
名之非也臣瓚曰秦世家云以垣爲蒲反然則本非蒲也師古曰應
說是 河北 詩魏國晉獻公滅之以封大夫畢萬曾孫絳徙安邑也 左邑 莽曰兆亭 汾陰 介山在南 聞
喜 故曲沃晉武公自晉陽徙此武帝元鼎六年行過更名應劭曰今曲沃也秦改爲左邑武帝於此聞南越破改曰聞喜 濩

澤 禹貢析城山在西南應劭曰有濩澤在西北師古曰濩音烏號反 端氏 臨汾 垣 禹貢
王屋山在東北沇水所出東南至武德入河軼出滎陽北地中又
東至琅槐入海過郡九行千八百四十里師古曰琅音郎槐音回 皮
氏 耿鄉故耿國晉獻公滅之以賜大夫趙夙後十世獻侯徙中牟有鐵官莽曰延平 長脩 平陽 韓武子玄孫貞
子居此有鐵官莽曰香平應劭曰堯都也在平河之陽 襄陵 有班氏鄉亭莽曰幹昌應劭曰襄陵在西北師古曰晉襄公之陵因
以名縣 彘 霍大山在東冀州山周厲王所奔莽曰黃城應劭曰順帝改曰永安 楊 莽曰有年亭應劭曰楊侯國 北
屈 禹貢壺口山在東南莽曰朕北應劭曰有南故稱北臣瓚曰汲郡古文翟章救鄭次于南屈師古曰屈音居勿反即晉公子夷吾所
居 蒲子 應劭曰故蒲反舊邑武帝置師古曰重耳所居也應說失之 絳 晉武公自曲沃徙此有鐵官應劭曰絳水
出西南 狐讘 師古曰讘音之涉反 騏 侯國師古曰音其 。 大原郡 秦置有鹽官在晉陽屬幷州
戶十六萬九千八百六十三口六十八萬四百八
十八 有家馬官臣瓚曰漢有家馬廄一廄萬匹時以邊表有事故分來在此家馬後改曰挏馬也師古曰挏音動

縣二十一 晉陽 故詩唐國周成王滅唐封弟叔虞龍山在西北有鹽官晉水所出東入汾臣瓚曰所
謂唐今河東永安是也去晉四百里師古曰瓚說是也 後人 如淳曰音墣師古曰又音山寡反 界休 莽曰界美
師古曰休音許虯反 榆次 涂水鄉晉大夫知徐吾邑梗陽鄉魏戊邑莽曰大原亭師古曰涂音塗梗音鯁 中都
于離 莽曰于合 茲氏 莽曰茲同 狼孟 莽曰狼調 鄔 九澤在北是爲昭餘祁幷州藪晉大夫司
馬彌牟邑師古曰音一戶反又音於據反 盂 晉大夫孟丙邑 平陶 莽曰多穰 汾陽 北山汾水所出西南
至汾陰入河過郡二行千三百四十里冀州寖 京陵 莽曰致城師古曰即九京 陽曲 應劭曰河千里一曲當其
陽故曰陽曲也師古曰隨文帝自以姓陽故惡曲之號乃改此縣爲陽直今則復舊名焉 大陵 有鐵官莽曰大寧 原
平 祁 晉大夫賈辛邑莽曰示 上艾 綿曼水東至蒲吾入虖池水師古曰虖音呼池音徒何反 慮
虒 師古曰音盧夷 陽邑 莽曰繁穰 廣武 句注賈屋山在北都尉治莽曰信桓師古曰賈屋山即史記所
云趙襄子北登夏屋者 。 上黨郡 秦置屬幷州有上黨關壺口關石研關天井關師古曰研音形 戶

七萬三千七百九十八口三十三萬七千七百六
十六 縣十四 長子 周史辛甲所封鹿谷山濁漳水所出東至鄴入清漳師古曰長讀曰
長短之長今俗爲長幼之長非也 屯留 桑欽言絳水出西南東入海師古曰屯音純 余吾
銅鞮 有上虒亭下虒聚師古曰虒音斯 沾 大黽谷清漳水所出東北至邑成入大河過郡五行千六百八十里
冀州川應劭曰沾水出壺關師古曰沾音它兼反 涅氏 涅水也師古曰涅水出焉故以名縣也涅音乃結反 襄
垣 莽曰上黨亭 壺關 有羊腸阪沾水東至朝歌入淇應劭曰黎侯國也今黎亭是 泫氏 楊谷絕水所出
南至壄王入沁應劭曰山海經泫水所出者也師古曰泫音工玄反 高都 莞谷丹水所出東南入絕水有天井關師古曰
莞音丸 路 故潞子國 陭氏 師古曰音於義反 陽阿 穀遠 羊頭山世靡谷沁水所出
東南至滎陽入河過郡三行九百七十里莽曰穀近師古曰今沁水至懷州武陟縣界入河此云至滎陽疑轉寫錯誤
河內郡 高帝元年爲殷國二年更名莽曰後隊屬司隸 戶二十四萬一千二百

四十六口百六萬七千九十七　縣十八

懷有工官莽曰河內　汲　武德孟康曰始皇東巡置自以武德定天下　波孟康曰今有絺

城晉文公所得賜者　山陽東太行山在西北師古曰行音胡郎反　河陽莽曰河亭　州　共

故國北山淇水所出東至黎陽入河孟康曰共伯入爲三公者也師古曰共音恭　平皋應劭曰邢侯自襄國徙此當齊

桓公時衞人伐邢邢遷于夷儀其地屬晉號曰邢丘以其在河之皋處埶平夷故曰平皋臣瓚曰春秋傳狄人伐邢邢遷于夷儀不至此

也今襄國西有夷儀城去襄國百餘里邢是丘名非國也師古曰應說非也左氏傳曰晉侯送女于邢丘蓋謂此耳　朝歌

紂所都周武王弟康叔所封更名衞莽曰雅歌　脩武應劭曰晉始啓南陽今南陽城是也秦改曰脩武臣瓚曰韓非書秦昭王

越趙長平西伐脩武時秦未兼天下脩武之名久矣師古曰瓚說是也　溫故國己姓蘇忿生所封也　壄王大行

山在西北衞元君爲秦所奪自濮陽徙此莽曰平壄孟康曰故邘國也今邘亭是也師古曰行音胡郎反邘音于　獲嘉

故汲之新中鄉武帝行過更名也　軹孟康曰原鄉晉文公所圍是也師古曰音只　沁水師古曰沁音千浸反　隆

慮國水東北至信成入張甲河過郡三行千八百四十里有鐵官應劭曰隆慮山在北避殤帝名改曰林慮也師古曰慮音廬

蕩陰蕩水東至內黃澤西山羑水所出亦至內黃入蕩有羑里城西伯所拘也師古曰蕩音湯羑音羊九反

河南郡故秦三川郡高帝更名雒陽戶五萬二千八百三十九莽曰保忠信郡屬司隸也　戶二十

七萬六千四百四十四口一百七十四萬二百七

十九有鐵官工官敖倉在滎陽　縣二十二　雒陽周公遷殷民是爲成周春

秋昭公二十二年晉合諸侯于狄泉以其地大成周之城居敬王莽曰宜陽師古曰魚豢云漢火行忌水故去洛水而加隹如魚氏說則光武

以後改爲雒字也　滎陽卞水馮池皆在西南有狼湯渠首受泲東南至陳入潁過郡四行七百八十里應劭曰故虢國今虢

亭是也師古曰狼音浪湯音宕泲音子禮反本濟水字　偃師尸鄉殷湯所都莽曰師成臣瓚曰湯居亳今濟陰縣是也

今亳有湯冢己氏有伊尹冢皆相近也師古曰瓚說非也又如皇甫謐所云湯都在穀熟事並不經劉向云殷湯無葬處安得湯冢乎

京師古曰即鄭叔段所居也　平陰應劭曰在平城南故曰平陰　中牟圃田澤在西豫州藪有筦叔邑趙獻

侯自耿徙此師古曰筦與管同　平莽曰治平　陽武有博狼沙莽曰陽桓師古曰狼音浪　河南故郟鄏地周武王遷

九鼎周公致太平營以爲都是爲王城至平王居之師古曰郟音夾鄏音辱　緱氏劉聚周大夫劉子邑有延壽城仙人祠莽曰中

亭師古曰緱音工侯反　卷師古曰音去權反　原武莽曰原桓　鞏東周所居　穀成禹貢瀍水出朁

亭北東南入雒師古曰即今新安朁音潛　故市　密故國有大騩山潩水所出南至臨潁入潁應劭曰密人不恭密須氏

姞姓之國也臣瓚曰密姬姓之國也見世本密須今安定陰密是也師古曰應瓚二說皆非也此密即春秋僖六年圍新密者也蓋鄭地而詩

所云密人即左傳所謂密須之鼓者也在安定陰密騩音隗潩音翼又音昌力反　新成惠帝四年置蠻中故戎蠻子國　開

封逢池在東北或曰宋之逢澤也臣瓚曰汲郡古文梁惠王發逢忌之藪以賜民今浚儀有逢陂忌澤是也　成皋故虎

牢或曰制師古曰穆天子傳云七萃之士生捕獸即獻天子天子畜之東號號曰獸牢　苑陵莽曰左亭　梁䰂狐聚秦滅西

周徙其君於此陽人聚秦滅東周徙其君於此應劭曰左傳曰秦取梁梁伯嬴之後與秦同祖臣瓚曰秦取梁後改曰夏陽今馮翊夏陽

是也此梁周之小邑見於春秋師古曰瓚說是也䰂音乃旦反　新鄭詩鄭國鄭桓公之子武公所國後爲韓所滅韓自平

陽徙都之應劭曰國語曰鄭桓公爲周司徒王室將亂寄帑與賄於虢會之閒幽王敗桓公死其子武公與平王東遷洛邑遂伐虢會

而幷其地而邑於此　東郡秦置莽曰治亭屬兗州　戶四十萬一千二百九

十七口百六十五萬九千二十八　縣二十二

濮陽衞成公自楚丘徙此故帝丘顓頊虛莽曰治亭應劭曰濮水南入鉅野師古曰虛讀曰墟　畔觀莽曰觀治

應劭曰夏有觀邑世祖更名衞國以封周後師古曰觀音工喚反　聊城　頓丘莽曰順丘師古曰以丘名縣也

丘一成爲頓丘謂一頓而成也或曰成重也一重之丘也　發干莽曰戢楯　范莽曰建睦　茌平莽曰功崇應劭曰在

茌山之平地者也師古曰音仕疑反　東武陽禹治漯水東北至千乘入海過郡三行千二十里莽曰武昌應劭曰武水之陽

也師古曰漯音它合反　博平莽曰加睦　黎莽曰黎治孟康曰詩黎侯國今黎陽也臣瓚曰黎陽在魏郡非黎縣也師古曰

瓚說是　清莽曰清治應劭曰章帝更名樂平　東阿都尉治應劭曰衞邑也有西故稱東　離狐莽曰瑞狐

臨邑有泲廟莽曰穀城亭師古曰泲亦濟水字也其後並同　利苗　須昌故須句國大昊後風姓師

古曰句音劬 壽良蚩尤祠在西北泲上有朐城應劭曰世祖叔父名良故曰壽張 樂昌 陽平
白馬 南燕南燕國姞姓黃帝後師古曰姞音其乙反 廩丘○陳留郡武帝元狩元年
置屬兗州 戶二十九萬六千二百八十四 口一百五十萬
九千五十 縣十七 陳留魯渠水首受狼湯渠東至陽夏入渦渠孟康曰留鄭
邑也後為陳所并故曰陳留臣瓚曰宋亦有留彭城留是也留屬陳故稱陳留也師古曰瓚說是也渦音戈 小黃
成安 寧陵莽曰康善孟康曰故葛伯國今葛鄉是 雍丘故杞國也周武王封禹後東樓公先春秋
時徙魯東北二十一世簡公為楚所滅 酸棗 東昏莽曰東明 襄邑有服官莽曰襄平應劭曰春秋傳曰
師于襄牛是也師古曰圈稱云襄邑宋地本承匡襄陵鄉也宋襄公所葬故曰襄陵秦始皇以承匡卑溼故徙縣於襄陵謂之襄邑縣西三
十里有承匡城然則應說以為襄牛誤也 外黃都尉治張晏曰魏郡有內黃故加外臣瓚曰縣有黃溝故氏之也師古曰
左氏傳曰惠公敗宋師于黃杜預以為外黃縣東有黃城即此地也 封丘濮渠水首受泲東北至都關入羊里水過郡三行六

百三十里孟康曰春秋傳敗狄于長丘今翟溝是 長羅侯國莽曰惠澤 尉氏應劭曰古獄官曰尉氏鄭之別獄也
臣瓚曰鄭大夫尉氏之邑故遂以為邑師古曰鄭大夫尉氏亦以掌獄之官故為族耳應說是也 傿莽曰順通應劭曰鄭伯克段於
鄢是也師古曰傿音偃 長垣莽曰長固孟康曰春秋會于匡今匡城是 平丘 濟陽莽曰濟前 浚
儀故大梁魏惠王自安邑徙此睢水首受狼湯水東至取慮入泗過郡四行千三百六十里應劭曰魏惠王自安邑徙此號曰梁
師古曰取慮縣名也音秋廬取又音趨 ○潁川郡秦置高帝五年為韓國六年復故莽曰左隊陽翟有工官屬豫
州孟康曰夏啟有鈞臺之饗今鈞臺在南 戶四十三萬二千四百九十一 口
二百二十一萬九百七十三 縣二十 陽翟夏禹
國周末韓景侯自新鄭徙此戶四萬一千六百五十口十萬九千莽曰潁川應劭曰夏禹都也臣瓚曰世本禹都陽城汲郡古文亦云居
之不居陽翟也師古曰陽翟本禹所受封耳應瓚之說皆非 昆陽應劭曰昆水出南陽 潁陽應劭曰潁水出
陽城 定陵有東不羹莽曰定城師古曰羹音郎其後亦同 長社應劭曰宋人圍長葛是也其社中樹暴長更名長社

師古曰長讀如本字 新汲師古曰闞駰云本汲鄉也宣帝神爵三年置以河內有汲故加新也 襄城有西不羹莽曰
相城 郾師古曰音一戰反 郟師古曰音夾 舞陽應劭曰舞水出南 潁陰
崇高武帝置以奉太室山是為中岳有大室少室山廟古文以崇高為外方山也師古曰崇古崇字 許故國姜姓四岳
後太叔所封二十四世為楚所滅 傿陵戶四萬九千一百一口二十六萬一千四百一十八莽曰左亭李奇曰六國為安
陵師古曰傿音偃 臨潁莽曰監潁 父城應鄉故國周武王弟所封應劭曰韓詩外傳周成王與弟戲以桐葉
為圭吾以此封汝周公曰天子無戲言王應時而封故曰應侯鄉是也臣瓚曰呂氏春秋曰成王以戲授桐葉為圭以封叔虞非應
侯也汲郡古文殷時已自有國非成王之所造也師古曰武王之弟自封應國非桐圭之事也應氏之說蓋失之焉又據左氏傳云
邘晉應韓武之穆也是則應侯武王之子又與志說不同 成安侯國 周承休侯國元帝置元始二年更
名鄭公莽曰嘉美休音許虬反 陽城陽城山洧水所出東南至長平入潁過郡三行五百里陽乾山潁水所出東至下蔡
入淮過郡三行千五百里荊州浸有鐵官師古曰乾音干洧音于軌反 綸氏 汝南郡高帝置莽

曰汝汾分為賞都尉屬豫州 戶四十六萬一千五百八十七 口二
百五十九萬六千一百四十八 縣三十七
平輿應劭曰故沈子國今沈亭是也輿音豫 陽安應劭曰道國也今道亭是 陽城侯國莽曰新安
濦強應劭曰濦水出潁川陽城師古曰濦音於謹反又音殷 富波 女陽應劭曰汝水出
弘農盧入淮師古曰女讀曰汝其下汝陰亦同 鮦陽應劭曰在鮦水之陽也孟康曰鮦音紂 吳房孟康曰本
房子國楚靈王遷房於楚吳王闔閭弟夫槩奔楚楚封於此為堂谿氏以封吳故曰吳房今吳房城堂谿亭是 安成侯國
莽曰至成 南頓故頓子國姬姓應劭曰頓迫於陳其後南徙故號南頓故城尚在 朗陵應劭曰朗陵山在西
南 細陽莽曰樂慶師古曰居細水之陽故曰細陽細水本出新郪郪音千私反 宜春侯國莽曰宣孝 女
陰故胡國都尉治莽曰汝墳 新蔡蔡平侯自蔡徙此後二世徙下蔡莽曰新遷 新息莽曰新德孟康曰故
息國其後徙東故加新云 灈陽應劭曰灈水出吳房東入瀙也師古曰灈音劬瀙音楚人反又音楚刃反 期思

師古曰故蔣國慎陽應劭曰慎水出東北入淮師古曰慎字本作滇音眞後誤爲慎耳今猶有眞丘眞陽縣字並單作眞知其音不改也闞駰云永平五年失印更刻遂誤以水爲心慎莽曰慎治召陵師古曰即齊桓公伐楚次于召陵者也召讀曰邵弋陽侯國應劭曰弋山在西北故黃國今黃城是西平有鐵官莽曰新亭應劭曰故柏子國也今柏亭是上蔡故蔡國周武王弟叔度所封度放成王封其子胡十八世徙新蔡寖莽曰閏治應劭曰孫叔敖子所邑之寖丘是也世祖更名固始師古曰寖音子衽反西華莽曰華望長平莽曰長正宜祿

莽曰賞都亭項故國新郪莽曰新延應劭曰秦伐魏取郪丘漢興爲新郪章帝封殷後更名宋臣瓚曰光武既封殷後于宋又封新郪師古曰封於新郪號爲宋國耳瓚說非歸德侯國宣帝置莽曰歸惠新陽莽曰新明應劭曰在新水之陽安昌侯國莽曰始成安陽侯國莽曰均夏應劭曰故江國今江亭是博陽侯國莽曰樂家成陽侯國莽曰新利定陵高陵山汝水出東南至新蔡入淮過郡四行千三百四十里

南陽郡秦置莽曰前隊屬荊州戶三十五萬九千三百一十

口一百九十四萬二千五十一 縣三十六

宛故申伯國有屈申城縣南有北筮山戶四萬七千五百四十七有工官鐵官莽曰南陽犨師古曰音昌牛反杜衍莽曰閏衍酇侯國莽曰南庚孟康曰音讚師古曰即蕭何所封育陽有南筮聚在東北應劭曰育水出弘農盧氏南入于沔博山侯國哀帝置故順陽應劭曰漢明帝改曰順陽在順水之陽也師古曰順陽舊名應說非涅陽莽曰前亭應劭曰在涅水之陽師古曰涅音乃結反陰師古曰即春秋左氏傳所云遷陰於下陰者也與酇相近今襄州有陰城縣縣有酇城鄉堵陽莽曰陽城昭曰堵音者雉衡山澧水所出東至郾入汝師古曰舊讀雉音弋爾反而大康地志云即陳倉人所逐二童子名寶雞者雉止陳倉爲石雖止此縣故名雉縣疑不可據也鄧音屋山都蔡陽莽之母功顯君邑應劭曰蔡水所出東入淮新野筑陽故穀伯國莽曰宜禾應劭曰筑水出漢中房陵東入沔師古曰春秋云穀伯綏來朝是也今襄州有穀城縣在筑水之陽筑音逐棘陽應劭曰在棘水之陽武當舞陰中陰山淯水所出東至蔡入汝西鄂應劭

曰紅夏有鄂故加西云穰莽曰農穰師古曰今鄧州穰縣是也音人羊反酈育水出西北南入漢如淳曰酈音蹢躅之蹢安衆侯國故宛西鄉冠軍武帝置故穰盧陽鄉宛臨駣聚應劭曰武帝以封霍去病去病仍出征匈奴功冠諸軍故曰冠軍駣音桃比陽應劭曰比水所出東入蔡平氏禹貢桐柏大復山在東南淮水所出東南至淮陵入海過郡四行三千二百四十里青州川莽曰平善隨故國厲鄉故厲國也師古曰厲讀曰賴葉楚葉公邑有長城號曰方城師古曰音式涉反鄧故國都尉治應劭曰鄧侯國朝陽莽曰厲信應劭曰在朝水之陽魯陽有魯山古魯縣御龍氏所遷魯山滍水所出東北至定陵入汝又有昆水東南至定陵入汝師古曰即淮南所云魯陽公與韓戰日反三舍者也滍音峙又音雉春陵侯國故蔡陽白水鄉上唐鄉故唐國師古曰漢記云元朔五年以零陵冷道之春陵鄉封長沙王子買爲春陵侯至戴侯仁以春陵地形下溼上書徙南陽元帝許之以蔡陽白水鄉徙仁爲春陵侯新都侯國莽曰新林湖陽故蓼國也師古曰蓼音力救反左氏傳作飂字其音同耳紅陽侯國莽曰紅俞師古曰俞音踰樂成侯國博望侯國莽曰宜樂復陽侯國故湖陽樂鄉應劭曰在桐柏下復山之陽師古

曰復音房目反

。南郡秦置高帝元年更爲臨江郡五年復故景帝二年復爲臨江中二年復故莽曰南順屬荊州戶十二萬五千五百七十九口七十一萬八千五百四十有發弩官師古曰主教放弩也 縣十八

江陵故楚郢都楚文王自丹陽徙此後九世平王城之後十世秦拔我郢徙東莽曰江陵臨沮禹貢南條荊山在東北漳水所出東至江陵入陽水陽水入沔行六百里應劭曰沮水出漢中房陵東入江師古曰沮水即左傳所云江漢沮漳楚之望音千余反夷陵都尉治莽曰居利應劭曰夷山在西北華容雲夢澤在南荊州藪夏水首受江東入沔行五百里應劭曰春秋許遷于容城是宜城故鄢惠帝三年更名郢楚別邑故郢莽曰郢亭邔孟康曰音忌師古曰音其己反當陽中廬師古曰在襄陽縣南今猶有次廬村以隋室諱忠故改忠爲次枝江故羅國江沱出西東入江師古曰沱即江別出者也音徒何反襄陽莽曰相陽應劭曰在襄水之陽編有雲夢官莽曰南順孟康曰編音鞭秭歸歸鄉故歸國孟康曰秭音姊夷道莽曰江南應劭曰夷水出巫東入江州陵莽曰江夏若

楚昭王畏吴自郢徙此後復還郢師古曰春秋傳作鄀其音同巫夷水東至夷道入江過郡二行五百四十里有鹽官應劭曰巫山在西南
高成浉山浉水所出東入繇水南至華容入江過郡二行五百里莽曰言程師古曰浉音危繇讀曰由
江夏郡高帝置屬荆州應劭曰沔水自江別至南郡華容爲夏水過郡入江故曰江夏戶五萬六千
八百四十四口二十一萬九千二百一十八　縣十
四　西陵有雲夢官莽曰江陽竟陵章山在東北古文以爲内方山鄖鄉楚鄖公邑莽曰守平師古曰音
云　西陽　襄莽曰襄非邾衡山王吴芮都師古曰音朱又音誅軑故弦子國孟康曰音大師古曰又音
徒系反鄂師古曰音五各反安陸横尾山在東北古文以爲倍尾山沙羨晉灼曰羨音夷蘄
春晉灼曰音祈鄳蘇林曰音盲師古曰音萌又音莫耿反雲杜應劭曰左傳若敖取於䢵今䢵亭是也師古曰䢵音
云　下雉莽曰閏光如淳曰音羊氏反鍾武侯國莽曰當利。廬江郡故淮南文帝十六年別爲
國金蘭西北有東陵鄉淮水出屬揚州廬江出陵陽東南北入江應劭曰故廬子國戶十二萬四千三

百八十三口四十五萬七千三百三十三有樓船官
縣十二　舒故國莽曰昆鄉居巢應劭曰春秋楚人圍巢巢國也龍舒應劭曰羣舒之
邑　臨湖　雩婁決水北至蓼入淮又有灌水亦北至蓼入決過郡二行五百一十里師古曰雩音許于反婁音
力于反襄安莽曰廬江亭也樅陽師古曰音七容反尋陽禹貢九江在南皆東合爲大江灊
天柱山在南有祠沘山沘水所出北至壽春入芍陂晉灼曰音潛師古曰沘音比又音布八反芍音酌又音鵲晥有鐵官師古曰
音胡管反湖陵邑北湖在南松茲侯國莽曰誦善。九江郡秦置高帝四年更名爲淮
南國武帝元狩元年復故莽曰延平屬揚州應劭曰江自廬江尋陽分爲九戶十五萬五十二
口七十八萬五百二十五有陂官湖官　縣十五　壽春邑
楚考烈王自陳徙此浚遒晉灼曰音酋熟之酋師古曰浚音峻遒音子由反成德莽曰平阿橐皋
孟康曰音柘姑陰陵莽曰陰陸歷陽都尉治莽曰明義當塗侯國莽曰山聚應劭曰禹所娶塗山

侯國也有禹虚鍾離莽曰蠶富應劭曰鍾離子國合肥應劭曰夏水出父城東南至此與淮合故曰合肥。
東城莽曰武城博鄉侯國莽曰揚陸曲陽侯國莽曰延平亭應劭曰在淮曲之陽建陽
全椒　阜陵莽曰阜陸。山陽郡故梁景帝中六年別爲山陽國武帝建元五年別爲郡莽
曰鉅野屬兗州戶十七萬二千八百四十七口八十萬一千
二百八十八有鐵官　縣二十三　昌邑武帝天漢四年更山陽爲昌邑國有
梁丘鄉春秋傳曰宋齊會于梁丘南平陽莽曰黽平孟康曰邾庶期以漆來奔又城漆今漆鄉是成武有楚
丘亭齊桓公所城遷衛文公於此子成公從濮陽莽曰成安湖陵禹貢浮于泗淮通于河水在南莽曰湖陸應劭曰尚
書一名湖章帝封東平王倉子爲湖陵侯更名湖陵東緡師古曰春秋僖二十三年齊侯伐宋圍緡即謂此音旻方
與晉灼曰音房豫橐莽曰高平瓚曰音拓鉅野大野澤在北兗州藪單父都尉治莽曰利父師古曰音善
甫薄臣瓚曰湯所都都關　城都侯國莽曰城穀黃侯國爰戚侯國莽曰成亭

郜成侯國莽曰告成中鄉侯國平樂侯國包水東北至沛入泗鄭侯國瑕丘應劭曰瑕
丘在西南甾鄉侯國師古曰音側其反栗鄉侯國莽曰足亭曲鄉侯國西陽侯國
濟陰郡故梁景帝中六年別爲濟陰國宣帝甘露二年更名定陶禹貢荷澤在定陶東屬兗州師古曰荷音柯
戶二十九萬二十五口百三十八萬六千二百七
十八　縣九　定陶故曹國周武王弟叔振鐸所封禹貢陶丘在西南陶丘亭冤句
莽改定陶曰濟平冤句縣曰濟平亭師古曰句音劬呂都莽曰祁都葭密師古曰葭音家成陽有堯
冢靈臺禹貢雷澤在西北鄄城莽曰鄄良師古曰鄄音工掾反句陽應劭曰左氏句瀆之丘也師古曰音鉤
秺莽曰萬歲孟康曰音妒乘氏泗水東南至睢陵入淮過郡六行千一百一十里應劭曰春秋敗宋師于乘丘是也
師古曰睢音雖。沛郡故秦泗水郡高帝更名莽曰吾符屬豫州戶四十萬九千七十
九口二百三萬四百八十　縣三十七　相莽曰吾符亭

龍亢晉灼曰亢音岡 竹莽曰篤亭李奇曰今竹邑 穀陽應劭曰在穀水之陽 蕭故蕭叔國宋別封附庸也 向故國春秋曰莒人入向姜姓炎帝後師古曰音餉 銍師古曰銍音竹乙反 廣戚侯國莽曰力聚。下蔡故州來國爲楚所滅後吳取之至夫差遷昭侯於此後四世侯齊竟爲楚所滅 豐莽曰吾豐 鄲莽曰單城孟康曰音多 譙莽曰延成亭 鄿鄿鄉高祖破黥布都尉治莽曰鄿城師古曰鄿音直志反 虹莽曰貢師古曰虹亦音貢 輒與莽曰華樂 山桑 公丘侯國故滕國周懿王子錯叔繡文公所封三十一世爲齊所滅師古曰左氏傳云郜雍曹滕文之昭也系本亦云錯叔繡滕文王子而此志云懿王子未詳其義耳 符離莽曰符合 敬丘侯國應劭曰春秋遇于犬丘昭帝更名大丘 夏丘莽曰歸思 洨侯國垓下高祖破項羽莽曰育成應劭曰洨水所出南入淮師古曰洨音肴 沛有鐵官 芒莽曰博治應劭曰世祖更名臨睢水出焉師古曰芒音莫郎反睢音雖 建成侯國 城父夏肥水東南至下蔡入淮過郡二行六百二十里莽曰思善 建平侯國莽曰田平 酇莽曰贊治應劭曰音嵯師古曰此縣本爲鄼應音是也中古以來借酇字爲之耳讀皆爲酇而莽呼爲贊治則此縣亦有贊音 栗

前漢地理志八上　二十四　吉

侯國莽曰成富 扶陽侯國莽曰合治 高侯國 高柴侯國 漂陽如淳曰漂音票 平阿侯國莽曰平寧 東鄉 臨都 義成 祁鄉侯國莽曰會穀。魏郡高帝置莽曰魏城屬冀州 戶二十一萬二千八百四十九 口九十萬九千六百五十五 縣十八 鄴故大河在東北入海 館陶河水別出爲屯氏河東北至章武入海過郡四行千五百里 斥丘莽曰利丘應劭曰斥丘在西南也師古曰闞駰云地多斥鹵故曰斥丘 沙 內黃清河水出南應劭曰春秋吳子晉侯會于黃池今黃澤在西陳留有外黃故加內云臣瓚曰國語曰吳子會諸侯於黃池掘溝於商魯之間今陳外黃有黃溝是也史記曰伐宋取黃池然則不得在魏郡明矣師古曰瓚說是也應說失之 清淵應劭曰清河在西北 魏都尉治莽曰魏城亭應劭曰魏武侯別都 繁陽應劭曰在繁水之陽張晏曰其界爲繁淵 元城應劭曰魏武侯公子元食邑於此因而遂氏焉 梁期 黎陽莽曰黎蒸晉灼曰黎山在其南河水經其東其山上碑取山之名耳求在其陽以爲名 即裴侯國莽曰即是應劭曰裴音非

武始漳水東至邯鄲入漳又有拘澗水東南至邯鄲入白渠應劭曰拘音矩 邯會侯國張晏曰漳水之別自城西南與邯山之水會今城旁猶有溝渠在也師古曰邯音下安反 陰安 平恩侯國莽曰延平 邯溝侯國師古曰邯水之溝 武安欽口山白渠水所出東至列人入漳又有寖水東北至東昌入虖池河過郡五行六百一里有鐵官莽曰桓安師古曰寖音子衽反虖音呼池音徒河反其下並同。鉅鹿郡秦置屬冀州 戶十五萬五千九百五十一 口八十二萬七千一百七十七 縣二十 鉅鹿禹貢大陸澤在北紂所作沙丘臺在東北七十里應劭曰鹿林之大者也臣瓚曰山足曰鹿師古曰應說是 南䜌莽曰富平孟康曰䜌音良全反 廣阿 象氏侯國莽曰寧昌 癭陶師古曰癭音一井反 宋子莽曰宜子 楊氏莽曰功陸 臨平 下曲陽都尉治應劭曰晉荀吳滅鼓今鼓聚昔陽亭是也師古曰常山有上曲陽故此云下 貰師古曰音式制反 鄡莽曰秦聚師古曰音苦么反又差梟反 新市侯國莽曰市樂 堂陽有鹽官莽分爲經縣應劭曰在堂水之陽

前漢地理志八上　二十五　沈

安定侯國 敬武 歷鄉侯國莽曰歷聚 樂信侯國 武陶侯國 柏鄉侯國 安鄉侯國。常山郡高帝置莽曰井關屬冀州張晏曰恒山在西避文帝諱故改曰常山 戶十四萬一千七百四十一 口六十七萬七千九百五十六 縣十八 元氏沮水首受中丘西山窮泉谷東至堂陽入黃河莽曰井關亭師古曰闞駰云趙公子元之封邑故曰元氏 石邑井陘山在西洨水所出東南至癭陶入泜師古曰洨音效又音爻泜音脂又音丁計反其後亦同 桑中侯國 靈壽中山桓公居此禹貢衞水出東北東入虖池 蒲吾有鐵山大白渠水首受緜曼水東南至下曲陽入斯洨應劭曰蒲水出中山蒲陰東入河 上曲陽恒山北谷在西北有祠并州山禹貢恒水所出東入滱莽曰常山亭應劭曰滱音寇 九門莽曰久門 井陘應劭曰井陘山在南音刑 房子贊皇山石濟水所出東至廮陶入泜莽曰多子師古曰濟音子詣反 中丘逢山長谷渚水所出東至張邑入濁莽曰直聚 封斯侯國 關 平棘應劭曰伐晉取棘蒲也師古曰功臣表棘蒲侯陳武平棘侯林摯是則平棘棘蒲非

一地也應說失之 鄗世祖即位更名高邑莽曰禾成亭師古曰鄗音呼各反 樂陽侯國莽曰暢苗 平臺
侯國莽曰順臺 都鄉侯國有鐵官莽曰分鄉 南行唐牛飲山白陸谷滋水所出東至新市入虖池水
都尉治莽曰延億 。清河郡高帝置莽曰平河屬冀州 戶二十萬一千
七百七十四口八十七萬五千四百二十二
縣十四 清陽王都 東武城 繹幕應劭曰繹音亦師古曰本音弋尺反
靈河水別出為鳴犢河東北至蓨入屯氏河莽曰播師古曰蓨音條其下亦同 厝莽曰厝治應劭曰安帝以孝德皇后葬
于厝改曰甘陵也師古曰音趨亦反 鄃莽曰善陸師古曰音輸 貝丘都尉治應劭曰左氏傳齊襄公田于貝丘是
信成張甲河首受屯氏別河東北至蓨入漳水 搋題師古曰搋古莎字 東陽侯國莽曰胥陵
信鄉侯國孟康曰順帝更名安平 繚師古曰音良笑反 棗彊 復陽莽曰樂歲
應劭曰音廮 。涿郡高帝置莽曰垣翰屬幽州 戶十九萬五千六百七

口七十八萬二千七百六十四有鐵官 縣二十九
涿桃水首受淶水分東至安次入河應劭曰涿水出上谷涿鹿縣師古曰淶音來 迺莽曰迺屏師古曰迺字音字由反 穀
丘 故安閻鄉易水所出東至范陽入濡也并州寖水亦至范陽入淶師古曰言易水又至范陽入淶也濡音乃官反
南深澤 范陽莽曰順陰應劭曰在范水之陽 蠡吾師古曰蠡音禮 容城莽曰深澤
易 廣望侯國 鄚莽曰言符應劭曰音莫 高陽莽曰高亭應劭曰在高河之陽 州鄉
侯國 安平都尉治莽曰廣望亭 樊輿侯國莽曰握符 成侯國莽曰宜家 良鄉侯國垣水南東
至陽鄉入桃莽曰廣陽 利鄉侯國莽曰章符 臨鄉侯國 益昌侯國莽曰有秩 陽鄉侯國
莽曰章武 西鄉侯國莽曰移風 饒陽應劭曰在饒河之陽 中水應劭曰在易滱二水之間故曰
中水 武垣莽曰垣翰亭應劭曰垣水出良鄉東入桃 阿陵莽曰阿陸 阿武侯國 高郭
侯國莽曰廣隄 親昌侯國 勃海郡高帝置莽曰迎河屬幽州師古曰在勃海之濱

因以為名 戶二十五萬六千三百七十七口九十萬五千
一百一十九 縣二十六 浮陽莽曰浮城 陽信
東光有胡蘇亭 阜城莽曰吾城 千童應劭曰靈帝改曰饒安 重合 南皮
莽曰迎河亭師古曰闞駰云章武有北皮亭故此云南 定侯國 章武有鹽官莽曰桓章 中邑莽曰檢陰
高成都尉治也 高樂莽曰為鄉 參戶侯國 成平虖池河民曰徒駭河莽曰澤亭 柳侯國
臨樂侯國莽曰樂亭 東平舒師古曰代郡有平舒故此加東 重平 安次
脩市侯國莽曰居寧應劭曰音條 文安 景成侯國 東州 建成
章鄉侯國 蒲領侯國 平原郡高帝置莽曰河平屬青州 戶十五萬四千
三百八十七口六十六萬四千五百四十三
縣十九 平原有篤馬河東北入海五百六十里 鬲平當以為鬲津莽曰河平亭師古曰讀與隔同

高唐桑欽言漯水所出師古曰漯音它合反 重丘 平昌侯國 羽侯國莽曰羽貞 般莽曰
分明如淳曰音面般之般韋昭曰音般師古曰爾雅說九河云鉤般郟㶎以為水曲如鉤流般桓也然今其土俗用如韋之音 樂
陵都尉治莽曰美陽師古曰樂音來各反 祝阿莽曰安成 瑗莽曰東順亭 阿陽
漯陰莽曰翼成應劭曰漯水出東武陽東北入海師古曰漯音它合反 朸莽曰張鄉應劭曰音力 富平
侯國莽曰樂安亭應劭曰明帝更名猒次 安悳師古曰悳古德字 合陽侯國莽曰宜鄉 樓虛侯國
龍頟侯國莽曰清鄉師古曰今書本頟字或作額而崔浩云有龍頟村作頟者非 安侯國 。千乘
郡高帝置莽曰建信屬青州應劭曰和帝更名樂安 戶十一萬六千七百二十
七口四十九萬七百二十有鐵官鹽官均輸官 縣十五
千乘有鐵官 東鄒 溼沃莽曰延亭 平安侯國莽曰鴻睦 博昌時水東北至鉅
定入馬車瀆幽州寖𣶏應劭曰昌水出東萊昌陽臣瓚曰從東萊至博昌經歷宿水不得至也取其嘉名耳師古曰瓚說是 蓼城

都尉治莽曰梔武 建信 狄 莽曰利居應劭曰安帝更名曰臨濟 琅槐 師古曰槐音回 樂安
被陽 侯國如淳曰一作疲音罷軍之罷師古曰音皮彼反 高昌 繁安 侯國莽曰瓦亭 高宛
莽曰常鄉 延鄉 濟南郡 故齊文帝十六年別為濟南國景帝二年為郡莽曰樂安屬青州 戶十
四萬七百六十一口六十四萬二千八百八十四
縣十四 東平陵 有工官鐵官 鄒 平臺 莽曰臺治 梁鄒
土鼓 於陵 都尉治莽曰於陸 陽丘 般陽 莽曰濟南亭應劭曰在般水陽師古
曰般音盤 菅 應劭曰音姦 朝陽 侯國莽曰脩治應劭曰在朝水之陽 歷城 有鐵官 猇 侯國莽曰利成
應劭曰音箎蘇林曰音爻今東朝陽有猇亭蔡謨音由音鶉師古曰蔡音是音于虯反 著 師古曰音竹庶反又直庶反而韋昭
誤以為著龜之著字乃音紀洛反失之遠矣 宜成 侯國 。泰山郡 高帝置屬兗州 戶十
七萬二千八十六口七十二萬六千六百四 有工官汶水出

萊毋西入濟師古曰汶音問毋與無同 縣二十四 奉高 有明堂在西南四里武帝元封
二年造有工官 博 有泰山廟岱山在西北求山上 茬 應劭曰茬山在東北音淄師古曰又音仕疑反 盧 都尉治濟
北王都也 肥成 應劭曰肥子國 蛇丘 隧鄉故隧國春秋曰齊人殲于遂也師古曰地音移隧音遂 剛 故闡莽曰
柔應劭曰春秋秋取讙及闡今闡亭是也師古曰讙音驩 柴 蓋 臨樂子山洙水所出西北至蓋入池水又沂水南至
下邳入泗過郡五行六百里青州寖師古曰蓋讀如本字又音古盍反洙音殊 梁父 師古曰以山名縣也父音甫 東平
陽 南武陽 冠石山治水所出南至下邳入泗過郡二行九百四十里莽曰桓宣應劭曰武水所出南入泗 萊
蕪 原山甾水所出東至博昌入泲幽州寖又禹貢汶水出西南入泲汶水桑欽所言師古曰泲音子禮反 鉅平 有亭亭山
祠應劭曰左氏傳陽虎入于讙陽關以叛今陽關亭是也 嬴 有鐵官師古曰音盈 牟 故國應劭曰附庸也師古曰春秋桓
十五年牟人來朝即此也 蒙陰 禹貢蒙山在西南有祠顓臾國在蒙山下莽曰蒙恩 華 莽曰翼陰 寧陽 侯國
莽曰寧順 乘丘 師古曰春秋莊公十五年公敗宋師于乘丘即此是也 富陽 桃山 侯國莽曰裒魯

桃鄉 侯國莽曰鄣亭 式 齊郡 秦置莽曰濟南屬青州 戶十五萬四千八
百二十六口五十五萬四千四百四十四
縣十二 臨淄 師尚父所封如水西北至梁鄒入泲有服官鐵官莽曰齊陵應劭曰齊獻公自營丘徙此臣瓚
曰臨淄即營丘也故晏子曰始爽鳩氏居之逢伯陵居之大公居之又曰先君大公築營之丘今齊之城中有丘即營丘也師古曰瓚說是也
築營之丘言於營丘地築城邑 昌國 德會水西北至西安入如 利 莽曰利治 西安 莽曰東寧 鉅定
馬車瀆水首受鉅定東北至琅槐入海 廣 為山濁水所出東北至廣饒入鉅定 廣饒 昭南
臨朐 有逢山祠石膏山洋水所出東北至廣饒入鉅定莽曰監朐應劭曰臨朐山名有伯氏駢邑師古曰朐音劬洋音祥 北
鄉 侯國莽曰禺聚 平廣 侯國 臺鄉 。北海郡 景帝中二年置屬青州 戶
十二萬七千口五十九萬三千一百五十九
縣二十六 營陵 或曰營丘莽曰北海亭應劭曰師尚父封於營丘陵亦丘也臣瓚曰營丘即臨淄也

營陵春秋謂之緣陵師古曰臨淄營陵皆舊營丘地 劇魁 侯國莽曰上符 安丘 莽曰誅郅孟康曰今渠丘是
瓡 侯國莽曰道德師古曰瓡即執字 淳于 應劭曰春秋州公如曹左氏傳曰淳于公如曹臣瓚曰州國名也淳于公
國之所都 益 莽曰探陽 平壽 應劭曰故斟尋禹後今斟城是也臣瓚曰斟尋在河南不在此也汲郡古文云
大康居斟尋羿亦居之桀亦居之尚書序云大康失邦昆弟五人須于洛汭此即大康所居為近洛也又吳起對魏武侯曰昔夏桀
之居左河濟右大華伊闕在其南羊腸在其北河南城為值之又周書度邑篇曰武王問大公曰吾將因有夏之居南望過于三塗
北瞻望于有河有夏之居即河南是也師古曰應氏止云斟尋本是禹後耳何豫夏國之都乎瓚說非也斟音斟 劇 侯國
都昌 有鹽官 平望 侯國莽曰所聚 平的 侯國師古曰的音丁歷反其字從白 柳泉 侯國
莽曰弘睦 壽光 有鹽官莽曰翼平亭應劭曰古斟灌禹後今灌亭是 樂望 侯國 饒 侯國 斟 故國
禹後 桑犢 覆甑山溉水所出東北至都昌入海師古曰溉音功代反 平城 侯國 密鄉 侯國 羊
石 侯國 樂都 侯國莽曰技壟一作拔一作技也 石鄉 侯國一作止鄉也 上鄉 侯國 新成

侯國 成鄉 侯國莽曰石樂 膠陽 侯國
東萊郡 高帝置屬青州師古曰故萊子國也 戶十萬三千二百九十二
口五十萬二千六百九十三 縣十七 掖 莽曰掖通 腄
有之罘山祠居上山聲伴丹水所出東北入海師古曰腄音直瑞反伴音祥 平度 莽曰利盧 黃 有萊山松林萊君祠
莽曰意母 臨朐 有海水祠莽曰監朐師古曰齊郡已有臨朐而東萊又有此縣蓋各以所近為名也斯類非一 曲成
有參山萬里沙祠陽丘山治水所出南至沂入海有鹽官 牟平 莽曰望利 東牟 有鐵官鹽官莽曰弘德 惤
有百支萊王祠有鹽官師古曰惤音堅 育犂 昌陽 有鹽官莽曰夙敬亭 不夜 有成山日
祠莽曰夙夜師古曰齊地記云古有日夜出見於東萊故萊子立此城以不夜為名 當利 有鹽官莽曰東萊亭 盧
鄉 陽樂 侯國莽曰延樂 陽石 莽曰識命 徐鄉 。琅邪郡 秦置莽曰填夷
屬徐州師古曰填音竹人反 戶二十二萬八千九百六十口一百七

萬九千一百 有鐵官 縣五十一 東武 莽曰祥善 不其 有太
一僊人祠九所及明堂武帝所起如淳曰其音基 海曲 有鹽官 贛榆 師古曰贛音紺榆音踰 朱虛
凡山丹水所出東北至壽光入海東泰山汶水所出東至安丘入維有三山五帝祠師古曰前言汶水出萊蕪入濟今此又言出朱虛入維將
桑欽所說有異或者有二汶水乎五帝祠在維水之上 諸 莽曰諸并師古曰春秋城諸及鄆者 梧成 靈門
有高原山壺山浯水所出東北入維師古曰原即柘字也浯音吾 姑幕 都尉治或曰薄姑莽曰季睦應劭曰左氏傳曰薄姑氏因
之而後大公因之 虛水 侯國如淳曰虛音墟 臨原 侯國莽曰填夷亭 琅邪 越王句踐嘗治此起館臺有四
時祠師古曰山海經云琅邪臺在琅邪之東 祓 侯國師古曰音發 柜 根艾水東入海莽曰祓同如淳曰音巨 鉼 侯國
如淳曰音發 邞 膠水東至平度入海莽曰純德師古曰音夫又音扶 雩叚 侯國師古曰雩音許于反叚音工下反
黔陬 故介國也師古曰陬音子侯反 雲 侯國 計斤 莒子始起此後徙莒有鹽官師古曰即春秋左氏傳
所謂介根也語音有輕重 稻 侯國 皋虞 侯國莽曰盈廬 平昌 長廣 有萊山萊王祠

奚養澤在西秦地圖曰劇清池幽州藪有鹽官 橫 故山久台水所出東南至東武入維莽曰令丘師古曰台音怡 東莞
術水南至下邳入泗過郡三行七百一十里青州寖孟康曰故鄆邑今鄆亭是也師古曰莞音官術水即沭水也音同 魏其
侯國莽曰青泉 昌 有環山祠 茲鄉 侯國 箕 侯國禹貢維水北至昌都入海過郡三行五百二十里兗州寖也
椑 夜頭水南至海莽曰識命應劭曰音裨 高廣 侯國 高鄉 侯國 柔 侯國 即來 侯國莽曰盛睦
麗 侯國 武鄉 侯國莽曰順理 伊鄉 侯國 新山 侯國 高陽 侯國 昆山 侯國
參封 侯國 折泉 侯國折泉水北至莫入淮 博石 侯國 房山 侯國 慎鄉 侯國
駟望 侯國莽曰泠鄉師古曰泠音零 安丘 侯國莽曰寧鄉 高陵 侯國莽曰蒲陸 臨安 侯國
莽曰誠信 石山 侯國 。東海郡 高帝置莽曰沂平屬徐州應劭曰秦郯郡 戶
三十五萬八千四百一十四口百五十五萬九千
三百五十七 縣三十八 郯 故國少昊後盈姓應劭曰音談 蘭陵

莽曰蘭東孟康曰次室亭魯伯是 襄賁 莽曰章信應劭曰賁音肥 下邳 葛嶧山在西古文以為嶧陽有
鐵官莽曰閏儉應劭曰邳在薛其後徙此故曰下邳臣瓚曰有上邳故曰下邳也師古曰瓚說是 良成 侯國莽曰承翰師古
曰左氏傳所謂晉侯會吳子于良即此是 平曲 莽曰平端 戚 鄭氏曰音憂戚 朐 秦始皇立石海上以為東
門闕有鐵官 開陽 故鄅國莽曰厭虜師古曰鄅音禹厭音一涉反 費 故魯季氏邑都尉治莽曰順從師古
曰音祕 利成 莽曰流泉 海曲 莽曰東海亭 蘭祺 侯國莽曰溥睦 繒 故國禹後莽曰
繒治 南成 侯國 山鄉 侯國 建鄉 侯國 即丘 莽曰就信孟康曰古祝丘 祝其 禹貢
羽山在南鯀所殛莽曰猶亭 臨沂 厚丘 莽曰祝其亭 容丘 侯國祠水東南至下邳入泗
東安 侯國莽曰業亭 合鄉 莽曰合聚 承 莽曰承治應劭曰音證 建陽 侯國莽曰建力
曲陽 莽曰從羊應劭曰在淮曲之陽 司吾 莽曰息吾應劭曰左傳吳執鍾吾子 于鄉 侯國 平曲
侯國莽曰端平 都陽 侯國應劭曰春秋齊人遷陽是 陰平 侯國 郚鄉 侯國莽曰徐亭師古曰郚音吾

又音魚 武陽侯國莽曰弘亭 新陽侯國莽曰博聚 建陵侯國莽曰付亭 昌慮侯國
莽曰慮聚師古曰慮音盧 都平侯國 臨淮郡武帝元狩六年置莽曰淮平 戶
二十六萬八千二百八十三口百二十三萬七千
七百六十四 縣二十九 徐故國盈姓至春秋時徐子章禹為楚所滅莽曰徐調
取慮師古曰取音趨又音秋慮音盧 淮浦游水北入海莽曰淮敬應劭曰淮崖 盱眙都尉治莽曰武
匡應劭曰音吁怡 厹猶莽曰秉義師古曰厹音仇 僮莽曰成信 射陽莽曰監淮亭應劭曰在射水之陽
開陽 贅其師古曰贅音之鋭反 高山應劭曰山在東南 睢陵莽曰睢陸師古曰睢音
雞 鹽瀆有鐵官 淮陰莽曰嘉信 淮陵莽曰淮陸 下相應劭曰相水出
沛國故加下 富陵莽曰櫟虜櫟音胡 東陽 播旌莽曰著信 西平莽曰永聚
高平侯國莽曰成丘 開陵侯國莽曰成鄉 昌陽侯國 廣平侯國莽曰平寧 蘭

陽侯國莽曰建節 襄平侯國莽曰相平 海陵有江海會祠莽曰亭間 輿莽曰美德 堂
邑有鐵官 樂陵侯國 會稽郡秦置高帝六年為荊國十二年更名吳景帝四年屬
江都屬揚州 戶二十二萬三千三十八口百三萬二千
六百四 縣二十六 吳故國周大伯所邑具區澤在西揚州藪古文以為震澤南江在
南東入海揚州川莽曰泰德 曲阿故雲陽莽曰風美 烏傷莽曰烏孝 毗陵季札所居北江在北
東入海揚州川莽曰毗壇師古曰舊延陵漢改之 餘暨蕭山潘水所出東入海莽曰餘衍應劭曰吳王闔閭弟夫槩之所邑
師古曰應說非也暨音既下諸暨亦同潘音普元反 陽羨 諸暨莽曰疏虜 無錫有歷山春申君
歲祠以牛莽曰有錫 山陰會稽山在南上有禹冢禹井揚州山越王句踐本國有靈文園師古曰靈文侯薄太后父 丹
徒師古曰即春秋云朱方也 餘姚 婁有南武城闔閭所起以候越莽曰婁治 上虞有仇亭柯
水東入海莽曰會稽 海鹽故武原鄉有鹽官莽曰展武 剡莽曰盡忠師古曰音上冉反 由拳柴辟故就

李鄉吳越戰地應劭曰古之檇李也師古曰拳音權辟讀曰壁檇音子小遂反 大末穀水東北至錢唐入江莽曰末治孟康曰末音
如闞 烏程有歐陽亭師古曰歐音烏侯反 句章渠水東入海 餘杭莽曰進睦孟康曰杭音行伍之行
鄞有鎮亭有鮚埼亭東南有天門水入海有越天門山莽曰謹師古曰鄞音牛斤反鮚音結蚌也長一寸廣二分有一小蟹在其腹中
埼曲岸也其中多鮚故以名亭埼音鉅依反 錢唐西部都尉治武林山武林水所出東入海行八百三十里莽曰泉亭 鄮
莽曰海治孟康曰音貿 富春莽曰誅歲 冶師古曰本閩越地 回浦南部都尉治
丹揚郡故鄣郡屬江都武帝元封二年更名丹揚屬揚州 戶十萬七千五百四
十一口四十萬五千一百七十 有銅官 縣十七
宛陵彭澤聚在西南清水西北至蕪湖入江莽曰無宛 於朁師古曰朁音潛 江乘莽曰相武 春
穀 秣陵莽曰宣亭 故鄣莽曰候望師古曰鄣音章 句容 涇韋昭曰涇水出毋湖
丹揚楚之先熊繹所封十八世文王徙郢 石城分江水首受江東至餘姚入海過郡二行千二百里 胡孰

陵陽桑欽言淮水出東南北入大江 蕪湖中江出西南東至陽羨入海揚州川 黟漸江水出南蠻夷中東入
海成帝鴻嘉二年為廣德王國莽曰愬虜師古曰黟音伊字本作黝其音同 溧陽應劭曰溧水所出南湖也師古曰音
栗 歙都尉治師古曰音攝 宣城 豫章郡高帝置莽曰九江屬揚州 戶六
萬七千四百六十二口三十五萬一千九百六十
五 縣十八 南昌莽曰宜善 廬陵莽曰桓亭 彭澤禹貢彭蠡澤在西
鄱陽武陽鄉右十餘里有黃金采鄱水西入湖漢莽曰鄉亭孟康曰鄱音婆師古曰采者謂采取金之處 歷陵
傅易山傅易川在南古文以為傅淺原莽曰蒲亭師古曰傅讀曰敷易古陽字 餘汗餘水在北至鄡陽入湖漢莽曰治干應劭
曰汗音干師古曰鄡音口堯反 柴桑莽曰九江亭 艾脩水東北至彭澤入湖漢行六百六十里莽曰治翰 贛豫章
水出西南北入大江如淳曰音感 新淦都尉治莽曰偶亭應劭曰淦水所出西入湖漢也師古曰淦音紺又音古含反 南
城盱水西北至南昌入湖漢師古曰盱音香于反 建成蜀水東至南昌入湖漢莽曰多聚 宜春南水東至新淦

入湖漢莽曰脩曉海昏莽曰宜生師古曰即昌邑王賀所封雩都湖漢水東至彭澤入江行千九百八十里師古曰
音于鄡陽莽曰豫章南埜彭水東入湖漢安平侯國莽曰安寧桂陽郡
高帝置莽曰南平屬荊州戶二萬八千一百一十九口十五萬六
千四百八十八有金官縣十一郴耒山耒水所出西至湘南入湖項羽所立
義帝都此莽曰宣風師古曰郴音丑林反耒音郎內反臨武秦水東南至湞陽入匯行七百里莽曰大武師古曰湞音
大更反又音貞匯音胡罪反便莽曰便屏南平耒陽舂山舂水所出北至酃入湖過郡二行七
百八十里莽曰南平亭師古曰在耒水之陽也酃音靈桂陽匯水南至四會入鬱過郡二行九百里應劭曰桂水所出
東北入湘陽山侯國應劭曰今陰山也師古曰下自有陰山應說非也曲江莽曰除虜含洭應劭
曰洭水所出東北入沅師古曰洭音匡沅音元湞陽莽曰基武應劭曰湞水出南海龍川西入秦陰山侯國
武陵郡高帝置莽曰建平屬荊州戶三萬四千一百七十七

口十八萬五千七百五十八縣十三索漸水東入沅應
劭曰順帝更名漢壽如淳曰音繩索之索師古曰沅音元孱陵莽曰孱陸應劭曰孱音踐師古曰音仕連反臨沅
莽曰監元應劭曰沅水出牂柯入于江沅陵莽曰沅陸鐔成康谷水南入海玉山潭水所出東至阿林入鬱過郡
二行七百二十里應劭曰潭水所出東入鬱音經孟康曰鐔音譚師古曰孟音是無陽無水首受故且蘭南入沅八百九十
里師古曰且音子余反遷陵莽曰遷陸辰陽三山谷辰水所出南入沅七百五十里莽曰會亭應劭曰辰水所
出東入沅酉陽應劭曰酉水所出東入湘義陵鄜梁山序水所出西入沅莽曰建平師古曰鄜音敷佷
山孟康曰音恒出藥草恒山零陽應劭曰零水所出東南入湘充酉原山酉水所出南至沅陵入沅行千二
百里歷山澧水所出東至下雋入沅過郡二行一千二百里師古曰澧音禮雋音辭兗反零陵郡武帝
元鼎六年置莽曰九疑屬荊州戶二萬一千九十二口十三萬九千
三百七十八縣十零陵陽海山湘水所出北至酃入江過郡二行二千五百

三十里又有離水東南至廣信入鬱林行九百八十里營道九疑山在南莽曰九疑亭始安夫夷
營浦都梁侯國路山資水所出東北至益陽入沅過郡二行千八百里泠道莽曰泠陵應劭
曰泠水出丹陽宛陵西北入江臣瓚曰宛陵在豫章北界相去三千里又滿諸水不得從下逆至泠道而復入江也師古曰瓚說是
泠音零泉陵侯國莽曰溥閏洮陽莽曰洮治如淳曰洮音韜鍾武莽曰鍾桓應劭曰今重安
○漢中郡秦置莽曰新成屬益州戶十萬一千五百七十口三
十萬六百一十四縣十二西城應劭曰世本嬀虛在西北舜之居
旬陽北山旬水所出南入沔南鄭旱山池水所出東北入漢褒中都尉治褒陽鄉房陵淮山
淮水所出東至中廬入沔又有筑水東至筑陽亦入沔東山沮水所出東至郢入江行七百里師古曰筑音逐安陽鬵谷水出
西南北入漢在谷水出北南入漢師古曰鬵音潛其字亦或從水成固沔陽有鐵官應劭曰沔水出武
都東南入江如淳曰此方人謂漢水爲沔水師古曰漢上曰沔音莫踐反錫莽曰錫治應劭曰音陽師古曰即春秋所謂錫穴

武陵上庸長利有郇關師古曰郇音云廣漢郡高帝置莽曰就都屬
益州戶十六萬七千四百九十九口六十六萬二千
二百四十九有工官縣十三梓潼五婦山馳水所出南入涪行五百五十里
莽曰子同應劭曰潼水所出南入墊江墊音徒浹反師古曰潼音童涪音浮汁方莽曰美信應劭曰汁音十涪有孱
亭莽曰統睦應劭曰涪水出廣漢南入漢雒章山雒水所出南至新都谷入湔有工官莽曰吾雒師古曰湔音子先反緜
竹紫巖山緜水所出東至新都北入雒都尉治廣漢莽曰廣信葭明應劭曰音家盲師古曰明音萌
郪師古曰音妻又音千私反新都甸氐道白水出徼外東至葭明入漢過郡一行九百五十里
莽曰致治李奇曰甸音賸師古曰甸音食證反白水應劭曰出徼外北入漢剛氐道涪水出徼外南至墊
江入漢過郡二行千六十九里陰平道北部都尉治莽曰摧虜○蜀郡秦置有小江入并行千九百八
十里禹貢桓水出蜀山西南行羌中入南海莽曰導江屬益州戶二十六萬八千二百七

十九口百二十四萬五千九百二十九　縣十五

成都 戶七萬六千二百五十六有工官　郫 禹貢江沱在西東入大江師古曰郫音疲沱音徒何反　繁

廣都 莽曰就都亭　臨邛 僕千水東至武陽入江過郡二行五百一十里有鐵官鹽官莽曰監邛應劭曰邛水出嚴道邛來山東入青衣　青衣 禹貢蒙山谿大渡水東南至南安入漹應劭曰順帝更名漢嘉也師古曰漹音哉　江原 鄸水首受江南至武陽入江莽曰邛原應劭曰鄸音壽　嚴道 邛來山邛水所出東入青衣有木官莽曰嚴治　緜虒 玉壘山湔水所出東南至江陽入江過郡三行千八百九十里應劭曰虒音斯師古曰湔音子千反　旄牛 鮮水出徼外南入若水若水亦出徼外南至大莋入繩過郡二行千六百里師古曰莋音才各反　徙 師古曰徙音斯　湔氐道 禹貢崏山在西徼外江水所出東南至江都入海過郡七行二千六百六十里師古曰音丁奚反　汶江 渽水出徼外南至南安東入江過郡三行三千四十里江沱在西南東入江師古曰沱音徒何反　廣柔　蠶陵 莽曰步昌

犍為郡 武帝建元六年開莽曰西順屬益州應劭曰故夜郎國　戶十萬九千四百一十九口四十八萬九千四百八十六　縣十二

僰道 莽曰僰治應劭曰故僰侯國也音蒲北反　江陽　武陽 有鐵官莽曰戢成　南安 有鹽官鐵官　資中　符 溫水南至鄨邑入黚水黚水亦南至鄨邑入江莽曰符信師古曰鄨音蔽又音鼈黚音紀炎反　牛鞞 孟康曰音髀師古曰音必爾反　南廣 汾關山符黑水所出北至僰道入江又有大涉水北至符入江過郡三行八百四十里　漢陽 都尉治山闟谷漢水所出東至鄨入延莽曰新通師古曰闟音它盍反　郝䣌 莽曰孱䣌師古曰䣌音莫亞反孱音仕連反　朱提 山出銀應劭曰朱提山在西南蘇林曰朱音銖提音時北方人名匕曰匙　堂琅

○越嶲郡 武帝元鼎六年開莽曰集嶲屬益州應劭曰故邛都國也有嶲水言越此水以章休盛也師古曰嶲音先蘂反

戶六萬一千二百八口四十萬八千四百五

縣十五　邛都 南山出銅有邛池澤　遂久 繩水出徼外東至僰道入江過郡二行千四百里　靈關道　臺登 孫水南至會無入若行七百五十里應劭曰今曰臺高　定莋 出鹽步北澤在南都尉治師古曰莋音才各反其下並同　會無 東山出碧　莋秦　大莋　姑復 臨池澤在南師古曰復音扶目反　三絳　蘇示 尼江在西北師古曰示讀曰祇尼古夷字　闌 師古曰音蘭　卑水 孟康曰音班　濳街 師古曰濳音濳又音才心反其下亦同　青蛉 臨池濳在北僕水出徼外東南至來惟入勞過郡二行千八百八十里則禺同山有金馬碧雞應劭曰青蛉水出西東入江也師古曰蛉音零禺音愚

益州郡 武帝元封二年開莽曰就新屬益州應劭曰故滇王國也師古曰滇音顛其下並同　戶八萬一千九百四十六口五十八萬四百六十三　縣二十四

滇池 大澤在西滇池澤在西北有黑水祠　雙柏　同勞　銅瀨 談虜山迷水所出東至談稾入溫　連然 有鹽官　俞元 池在南橋水所出東至毋單入溫行千九百里懷山出銅　收靡 南山臘谷涂水所出西北至越嶲入繩過郡二行千二十里李奇曰靡音麻即升麻殺毒藥所出也師古曰涂音途　穀昌　秦臧 牛蘭山即水所出南至雙柏入僕行八百二十里　邪龍　味 孟康曰音昧　昆澤

葉榆 葉榆澤在東貪水首受青蛉南至邪龍入僕行五百里師古曰葉音弋涉反　律高 西石空山出錫東南監町山出銀鉛師古曰監音呼鑑反町音挺　不韋　雲南　嶲唐 周水首受徼外又有類水西南至不韋行六百五十里　弄棟 東農山毋血水出北至三絳南入繩行五百一十里　比蘇 師古曰比音頻二反　賁古 北采山出錫西羊山出銀鉛南烏山出錫師古曰賁音奔　毋棳 橋水首受橋山東至中留入潭過郡四行三千一百二十里莽曰有棳師古曰毋讀與無同棳音之悅反其字從木　勝休 河水東至毋棳入橋莽曰勝僰　建伶 應劭曰音鈴　來唯 從陘山出銅勞水出徼外東至麋泠入南海過郡三行三千五百六十里師古曰陘音胡工反泠音零

牂柯郡 武帝元鼎六年開莽曰同亭有柱蒲關屬益州應劭曰臨牂柯江也師古曰牂柯係船杙也華陽國志云楚頃襄王時遣莊蹻伐夜郎軍至且蘭椓船於岸而步戰既滅夜郎以且蘭有椓船牂柯處乃改其名為牂柯杙音弋　戶二萬四千二百一十九口十五萬三千三百六十

縣十七　故且蘭 沅水東南至益陽入江過郡二行二千五百三十里應劭曰故且蘭侯邑也且音苴

師古曰音子閭反鐔封溫水東至廣鬱入鬱過郡二行五百六十里師古曰鐔音尋又音淫鄨不狼山鄨水所出東
入沅過郡二行七百三十里孟康曰鄨音鷩師古曰音不列反漏臥應劭曰故漏臥侯國平夷同竝
應劭曰故同竝侯邑竝音伴談指宛溫師古曰宛音於元反毋斂剛水東至潭中入潭莽曰有斂師古
曰潭音大含反夜郎豚水東至廣鬱都尉治莽曰同亭應劭曰故夜郎侯邑毋單師古曰毋讀與無同單音丹
漏江西隨麋水西受徼外東至麋泠入尚龍谿過郡二行千一百六里都夢壺水東南至麋泠入
尚龍谿過郡二行千一百六十里談稾師古曰稾音工老反進桑南部都尉治有關句町文象水東至
增食入鬱又有盧唯水來細水伐水莽曰從化應劭曰故句町國師古曰音劬挺巴郡秦置屬益州應劭曰左氏
巴子使韓服告楚戶十五萬八千六百四十三口七十萬八
千一百四十八縣十一江州臨江莽曰監江枳如淳
曰音徙或音抵師古丨音之爾反閬中彭道將池在南彭道魚池在西南師古曰閬音浪墊江孟康曰音

重疊之疊朐忍容毋水所出南有橘官鹽官師古曰朐音劬安漢是魚池在南莽曰安新宕渠
符特山在西南潛水西南入江不曹水出東北南入灊徐谷師古曰宕音徒浪反魚復江關都尉治有橘官應劭曰復
音腹充國涪陵莽曰巴亭師古曰涪音浮

地理志上第八

地理志卷第八下　班固　漢書二十八

秘書監上護軍琅邪縣開國子顏　師古　注

武都郡武帝元鼎六年置莽曰樂平應劭曰故白馬氐羌戶五萬一千三百七十
六口二十三萬五千五百六十縣九武都東漢水受
氐道水一名沔過江夏謂之夏水入江天池大澤在縣西莽曰循虜師古曰以有天池大澤故謂之都上祿
故道莽曰善治河池泉街水南至沮入漢行五百二十里莽曰樂平亭師古曰華陽國志云一名仇池地方百頃平樂道
沮沮水出東狼谷南至沙羨南入江過郡五行四千里荊州川師古曰沮音千余反羨音夷嘉陵道循成道
下辨道莽曰楊德師古曰辨音步見反隴西郡秦置莽曰厭戎應劭曰有隴坻在其西也師古
曰隴坻謂隴阪即今之隴山也此郡在隴之西故曰隴西坻音丁計反又音底戶五萬三千九百六十
四口二十三萬六千八百二十四有鐵官鹽官縣十一

狄道白石山在東莽曰操虜師古曰其地有狄種故云狄道上邽應劭曰史記故邽戎邑也師古曰邽音圭安故
氐道禹貢養水所出至武都為漢莽曰亭道師古曰氐夷種名也氐之所居故曰氐道氐音丁奚反養音弋向反字本作漾或作瀁首
陽禹貢鳥鼠同穴山在西南渭水所出東至船司空入河過郡四行千八百七十里雍州寖予道莽曰德道大夏莽曰
順夏羌道羌水出塞外南至陰平入白水過郡三行六百里師古曰水經云羌水出羌中參谷襄武莽曰相桓臨洮
洮水出西羌中北至枹罕東入河禹貢西頃山在縣西南部都尉治也師古曰洮音吐高反枹讀曰膚頃讀曰傾西禹貢嶓冢山西漢所出南
入廣漢白水東南至江州入江過郡四行二千七百六十里莽曰西治金城郡昭帝始元六年置莽曰西海應
劭曰初築城得金故曰金城臣瓚曰稱金取其堅固也故墨子曰雖金城湯池師古曰瓚說是也一云以郡在京師之西故謂金城金西方之行
戶三萬八千四百七十口十四萬九千六百四十八
縣十三允吾烏亭逆水出參街谷東至枝陽入湟莽曰脩遠應劭曰允吾音鈆牙浩亹浩亹水出西塞
外東至允吾入湟水莽曰興武孟康曰浩亹音合門師古曰浩音誥浩水名也亹者水流峽山岸深若門也詩大雅曰鳧鷖在亹亦其義也今俗呼

此水爲閶門河蓋疾言之浩爲閶耳湟音皇 令皇 閶水出西北塞外至縣西南入鄭伯津莽曰罕虜孟康曰令音連師古曰令音
零 枝陽 金城 莽曰金屏 榆中 枹罕 應劭曰故罕羌侯邑也枹音鈇師古曰讀
曰膚本枹鼓字也其字從木 白石 離水出西塞外東至枹罕入河莽曰順礫應劭曰白石山在東 河關 積石山在西南
羌中河水行塞外東北入塞內至章武入海過郡十六行九千四百里 破羌 宣帝神爵二年置 安夷 允
街 宣帝神爵二年置莽曰脩遠孟康曰允音鈆 臨羌 西北至塞外有西王母石室僊海鹽池北則湟水所出東至允吾入
河西有須抵池有弱水昆侖山祠莽曰鹽羌師古曰闞駰云西有卑和羌即獻王莽地爲西海郡者也抵音丁禮反 。天水郡
武帝元鼎三年置莽曰塡戎明帝改曰漢陽師古曰秦州地記云郡前湖水冬夏無增減因以名焉塡音竹眞反其後並同 戶六萬
三百七十口二十六萬一千三百四十八 縣十六
平襄 莽曰平相師古曰闞駰云故襄戎邑也 街泉 戎邑道 莽曰塡戎亭 望垣 莽曰
望亭 罕幵 應劭曰音羌肩反師古曰本破罕幵之羌處其人於此因以名云 緜諸道 阿陽

略陽道 冀 禹貢朱圄山在縣南梧中聚莽曰冀治師古曰續漢郡國志云有緹羣山落門聚圄讀與圉同 勇
士 屬國都尉治滿福莽曰紀德師古曰即今土俗呼爲健士者也隨室之初避皇大子諱因而遂改 成紀
清水 莽曰識睦 奉捷 隴 師古曰今隴城縣者也 獂道 騎都尉治密艾亭應劭曰獂邑也音桓
蘭干 莽曰蘭盾 武威郡 故匈奴休屠王地武帝大初四年開莽曰張掖師古曰休音許虯反屠音直閭反其後並同
戶萬七千五百八十一口七萬六千四百一十九
縣十 姑臧 南山谷水所出北至武威入海行七百九十里 張掖 武威 休屠澤在東北
古文以爲豬野澤 休屠 莽曰晏然都尉治熊水障北部都尉治休屠城 揟次 莽曰播德孟康曰揟音子如反次音咨諸
本作忞 鸞鳥 樸𠜂 莽曰敷虜孟康曰音蒲環 媼圍 蒼枱 南山枱陝水所出北
至揟次入海莽曰射楚師古曰枱古松字也陝音下夾反兩山之間也松陝峽名 宣威 張掖郡 故匈奴昆邪王地武
帝大初元年開莽曰設屏應劭曰張國臂掖故曰張掖也師古曰昆音胡門反 戶二萬四千三百五

十二口八萬八千七百三十一 縣十 觻得 千金
渠西至樂涫入澤中羌谷水出羌中東北至居延入海過郡二行二千一百里莽曰官式應劭曰觻得渠西入澤羌谷孟康曰觻音鹿師古曰
孟音是也涫音官其下並同 昭武 莽曰渠武 删丹 桑欽以爲道弱水自此西至酒泉合黎莽曰貫虜 氐池
莽曰否武 屋蘭 莽曰傳武 日勒 都尉治澤索谷莽曰勒治師古曰澤音鐸索音先各反 驪靬 莽曰揭虜李奇
曰音遲虔如淳曰音弓靳師古曰驪音力遲反靬音虔是也今其土俗人呼驪靬疾言之曰力虔揭音其謁反 番和 農都尉治
莽曰羅虜如淳曰番音盤 居延 居延澤在東北古文以爲流沙都尉治莽曰居成師古曰闞駰云武帝使伏波將軍路博德築
遮虜障居延城 顯美 。酒泉郡 武帝大初元年開莽曰輔平應劭曰其水若酒故曰酒泉也師古曰
舊俗傳云城下有金泉泉味如酒 戶萬八千一百三十七口七萬六千
七百二十六 縣九 祿福 呼蠶水出南羌中東北至會水入羌谷莽曰顯德 表
是 莽曰載武 樂涫 莽曰樂亭 天陜 師古曰音衣此地有天陜阪故以名 玉門 莽曰輔平亭師古曰闞駰

云漢罷玉門關屯徙其人於此 會水 北部都尉治偃泉障東部都尉治東部障莽曰蕭武師古曰闞駰云衆水所會故曰會水
池頭 綏彌 如淳曰今曰安彌 乾齊 西部都尉治西部障莽曰測虜孟康曰乾音干 敦煌郡
武帝後元年分酒泉置正西關外有白龍堆沙有蒲昌海莽曰敦德應劭曰敦大煌盛也敦音屯 戶萬一千二
百口三萬八千三百三十五 縣六 敦煌 中部都尉治步
廣候官杜林以爲古瓜州地生美瓜莽曰敦德師古曰即春秋左氏傳所云允姓之戎居于瓜州者也其地今猶出大瓜長者狐入瓜中食之首尾
不出 冥安 南籍端水出南羌中西北入其澤溉民田應劭曰冥水出北入其澤 效穀 師古曰本漁澤障也桑欽說孝武元
封六年濟南崔不意爲魚澤尉教力田以勤效得穀因立爲縣名 淵泉 師古曰闞駰云地多泉水故以爲名 廣至
宜禾都尉治昆侖障莽曰廣桓 龍勒 有陽關玉門關皆都尉治氐置水出南羌中東北入澤溉民田 。安定
郡 武帝元鼎三年置 戶四萬二千七百二十五口十四萬三
千二百九十四 縣二十一 高平 莽曰鋪睦 復累 師古曰復

音服累音力追反安俾孟康曰俾音卑撫夷莽曰撫寧朝那有端旬祠十五所胡巫祝又有湫淵祠應
劭曰史記故戎那邑也師古曰湫音子由反涇陽开頭山在西禹貢涇水所出東南至陽陵入渭過郡三行千六十里雍州
川師古曰开音苦見反又音牽此山在今靈州東南土俗語訛謂之汧屯山臨涇莽曰監涇鹵灈水出西師古曰灈
音其于反烏氏烏水出西北入河都盧山在西莽曰烏亭師古曰氏音支陰密詩密人國有囂安亭師古曰即
詩大雅所云密人不恭敢距大邦者安定參䜌主騎都尉治師古曰䜌音力全反三水屬國
都尉治有鹽官莽曰廣延亭陰槃安武莽曰安桓祖厲莽曰鄉禮應劭曰祖音置師古
曰厲音賴爰得眴卷河水別出為河溝東至富平北入河應劭曰眴音旬日之旬卷音箘簬之箘彭
陽鶉陰月氏道莽曰月順應劭曰氏音支○北地郡秦置莽曰威成戶
六萬四千四百六十一口二十一萬六百八十八
縣十九馬領師古曰川形似馬領故以為名領頸也直路沮水出東西入洛靈武

莽曰威成亭富平北部都尉治神泉障渾懷都尉治塞外渾懷障莽曰特武師古曰渾音胡昆反靈州惠帝四年
置有河奇苑號非苑莽曰令周師古曰苑謂馬牧也水中可居者曰州此地在河之州隨水高下未嘗淪沒故號靈州又曰河奇也二苑
皆在焉眗衍應劭曰音煦師古曰音香于反方渠除道莽曰通道五街莽曰吾街鶉
孤歸洛水出北蠻夷中入洛有堵苑白馬苑回獲略畔道莽曰延年道師古曰有略畔山今在
慶州界其土俗呼曰洛盤音訛耳泥陽莽曰泥陰應劭曰泥水出郁郅北蠻中郁郅泥水出北蠻夷中有牧師菀官莽曰
功著師古曰郁音於六反郅音之日反義渠道莽曰義溝弋居有鐵官大𠂔師古曰𠂔即古
要字也音一遙反廉卑移山在西北莽曰西河亭○上郡秦置高帝元年更為翟國七月復故匈歸都尉
治塞外匈歸障屬并州師古曰匈歸者言匈奴歸附戶十萬三千六百八十三口六十
萬六千六百五十八縣二十二膚施有五龍山帝原水黃
帝祠四所獨樂有鹽官陽周橋山在南有黃帝冢莽曰上陵時木禾平都

淺水莽曰廣信京室莽曰積粟洛都莽曰卑順白土圜水出西東入河莽曰黃土師古曰圜音銀其
釋在下襄洛莽曰上黨亭原都漆垣莽曰漆牆奢延莽曰奢節雕陰
應劭曰山在西南推邪莽曰排邪師古曰邪音似嗟反楨林莽曰楨幹師古曰楨音貞高望北部都尉
治莽曰堅寧雕陰道龜茲屬國都尉治有鹽官應劭曰音丘慈師古曰龜茲國人來降附者處
之於此故以名云定陽應劭曰在定水之陽高奴有洧水可難莽曰利平師古曰難古然火字望松
北部都尉治宜都莽曰堅寧小邑○西河郡武帝元朔四年置南部都尉治塞外翁龍埤是莽曰歸新
屬并州師古曰翁龍埤是二障名也埤音婢戶十三萬六千三百九十口六十九
萬八千八百三十六縣三十六富昌有鹽官莽曰富成
騶虞鵠澤孟康曰鵠音告師古曰音古督反平定莽曰平亭美稷屬國都尉
治中陽樂街莽曰截虜徒經莽曰廉耻皐狼大成莽曰好成

廣田莽曰廣翰圜陰惠帝五年置莽曰方陰師古曰圜字本作圁縣在圁水之陰因以為名也王莽改為方陰則是當時
已誤為圜字今有銀州銀水即是舊名猶存但字變耳益闌莽曰香闌平周鴻門有天封苑火井
祠火從地出也藺宣武莽曰討貉千章增山有道西出眩雷塞北部都尉治師古
曰眩音州縣之縣圜陽師古曰此縣在圜水之陽廣衍武車莽曰桓車虎猛西部
都尉治離石穀羅武澤在西北饒莽曰饒衍方利莽曰廣德隰成莽曰慈平亭
臨水莽曰監水土軍西都莽曰五原亭平陸陰山莽曰山寧觬是
莽曰伏觬蘇林曰音慶師古曰觬音倪其字從角博陵莽曰助桓鹽官○朔方郡武帝
元朔二年開西部都尉治窳渾莽曰溝搜屬并州師古曰窳音庾渾音魂戶三萬四千三百三
十八口十三萬六千六百二十八縣十三封
武帝元狩三年城朔方金連鹽澤青鹽澤皆在南莽曰武符脩都臨河莽曰監河呼

道師古曰道音在由反窳渾有道西北出雞鹿塞屠申澤在東莽曰極武渠搜中部都尉治莽曰溝
搜沃壄武帝元狩三年城有鹽官莽曰綏武廣牧東部都尉治莽曰鹽官臨戎武帝元朔五年
城莽曰推武五原郡秦九原郡武帝元朔二年更名東部都尉治稒陽莽曰獲降屬并州師古曰稒
音固戶三萬九千三百二十二口二十三萬一千三百
二十八 縣十六 九原莽曰成平固陵莽曰固調五原莽曰填河
亭臨沃莽曰振武文國莽曰繁聚河陰 蒲澤屬國都尉治南
興莽曰南利武都莽曰桓都宜梁 曼柏莽曰延柏師古曰曼音萬成宜中部都尉
治原高西部都尉治田辟有鹽官莽曰艾虜師古曰辟讀曰壁艾讀曰乂稒陽北出石門障得光祿城又西北得支就城又西北得
頭曼城又西北得虖河城又西得宿虜城莽曰固陰師古曰曼音莫安反虖音呼莫䵣如淳曰音切但師古曰音丁葛反西
安陽莽曰鄣安河目 ○雲中郡秦置莽曰受降屬并州戶三萬八千

三百三口十七萬三千二百七十 縣十一
雲中莽曰遠服咸陽莽曰賁武陶林東部都尉治楨陵緣胡山在西北西部都尉治莽曰楨
陸犢和 沙陵莽曰希恩原陽 沙南 北輿中部都尉治師古曰
闞駰云廣陵有輿故此加北武泉莽曰順泉陽壽莽曰常得 ○定襄郡高帝置莽曰得降屬
并州戶三萬八千五百五十九口十六萬三千一百四
十四 縣十二 成樂 桐過莽曰椅桐師古曰過音工禾反都武
莽曰通德武進白渠水出塞外西至沙陵入河西部都尉治莽曰伐蠻襄陰 武皐荒干水出塞外西至
沙陵入河中部都尉治莽曰永武駱莽曰遮要安陶莽曰迎符武城莽曰桓就武要東部都尉治莽曰厭
胡師古曰厭音一葉反其下並同定襄莽曰著武復陸莽曰闟武師古曰復音服 ○鴈門郡
秦置句注山在陰館莽曰塡狄屬并州戶七萬三千一百三十八口二十九

萬三千四百五十四 縣十四 善無莽曰陰館沃陽
鹽澤在東北有長丞西部都尉治莽曰敬陽繁畤莽曰當要師古曰畤音止中陵莽曰遮害陰館樓煩鄉景
帝後三年置累頭山治水所出東至泉州入海過郡六行千一百里莽曰富代師古曰累音力追反治音弋之反燕剌王傳作台字樓
煩有鹽官應劭曰故樓煩胡地武州莽曰桓州涅陶孟康曰音涅劇陽莽曰善陽崞莽曰
崞張孟康曰音郭平城東部都尉治莽曰平順埒莽曰填狄亭馬邑莽曰章昭師古曰晉太康地記云秦
時建此城輒崩不成有馬周旋馳走反覆父老異之因依以築城遂名爲馬邑彊陰諸聞澤在東北莽曰伏陰
代郡秦置莽曰厭狄有五原關常山關屬幽州應劭曰故代國戶五萬六千七百七
十一口二十七萬八千七百五十四 縣十八
桑乾莽曰安德孟康曰乾音干道人莽曰道仁師古曰本有仙人遊其地因以爲名當城師古曰闞駰云
當桓都城故曰當城高柳西部都尉治馬城東部都尉治班氏秦地圖書班氏莽曰班副延

陵 狋氏莽曰狋聚孟康曰狋音權氏音精且如于延水出塞外東至寧入沽中部都尉治師古曰且音子
如反沽音姑又音故平邑莽曰平胡陽原 東安陽莽曰竟安師古曰闞駰云五原有安陽故
此加東也參合 平舒祁夷水北至桑乾入沽莽曰平葆代莽曰厭狄亭應劭曰故代國靈
丘滱河東至文安入大河過郡五行九百四十里并州川應劭曰武靈王葬此因氏焉臣瓚曰靈丘之號在趙武靈王之前也師古曰瓚說
是也滱音寇又音苦侯反其下並同廣昌淶水東南至容城入河過郡三行五百里并州寖莽曰廣屏師古曰淶音來鹵
城虖池河東至參合入虖池別過郡九行千三百四十里并州川從河東至文安入海過郡六行千三百七十里莽曰魯盾師古曰虖音呼
池音徒河反 ○上谷郡秦置莽曰朔調屬幽州戶三萬六千八口十
一萬七千七百六十二 縣十五 沮陽莽曰沮陰孟康曰音
俎泉上莽曰塞泉潘莽曰樹武師古曰音普半反軍都溫水東至路南入沽居庸有關
雊瞀孟康曰音句無師古曰雊音工豆反瞀音莫豆反夷輿莽曰朔調亭寧西部都尉治莽曰博康

昌平 莽曰長昌 廣寧 莽曰廣康 涿鹿 莽曰抪陸應劭曰黃帝與蚩尤戰于涿鹿之野 且居 樂陽水出東東入海莽曰久居 茹 莽曰穀武 女祁 東部都尉治莽曰祁 下落 莽曰下忠

漁陽郡 秦置莽曰通路屬幽州 戶六萬八千八百二口二十六萬四千一百一十六 縣十二 漁陽 沽水出塞外東南至泉州入海行七百五十里有鐵官莽曰得漁 狐奴 莽曰舉符 路 莽曰通路亭 雍奴 泉州 有鹽官莽曰泉調 平谷 安樂 厗奚 莽曰敦德孟康曰厗音題字或作蹏 獷平 莽曰平獷服虔曰獷音鞏師古曰音九永反又音穬 要陽 都尉治莽曰要術師古曰一妙反 白檀 洫水出北蠻夷師古曰洫音呼鵙反 滑鹽 莽曰匡德應劭曰明帝更名鹽

右北平郡 秦置莽曰北順屬幽州 戶六萬六千六百八十九口三十二萬七百八十 縣十六 平剛 無終 故無終子國浭水西至雍奴入海過郡二行六百五十里師古曰浭音庚

即下所云入庚者同一水也 石成 廷陵 莽曰鋪武 俊靡 灅水南至無終東入庚莽曰俊麻師古曰灅音力水反又郎賭反 薋 都尉治莽曰襄睦師古曰音才私反 徐無 莽曰北順亭 字 榆水出東 土垠 師古曰垠音銀 白狼 莽曰伏狄師古曰有白狼山故以名縣 夕陽 有鐵官莽曰夕陰 昌城 莽曰淑武 驪成 大揭石山在縣西南莽曰揭石師古曰揭音桀 廣成 莽曰平虜 聚陽 莽曰篤睦 平明 莽曰平陽

○遼西郡 秦置有小水四十八并行三千四十六里屬幽州 戶七萬二千六百五十四口三十五萬二千三百二十五 縣十四 且慮 有高廟莽曰鉏慮師古曰且音子余反慮音廬 海陽 龍鮮水東入封大水封大水緩虛水皆南入海有鹽官 新安平 夷水東入塞外 柳城 馬首山在西南參柳水北入海西部都尉治 令支 有孤竹城莽曰令氏亭應劭曰故伯夷國今有孤竹城令音鈴孟康曰支音秖師古曰令又音郎定反 肥如 玄水東入濡水濡水南入海陽又有盧水南入玄莽曰肥而應劭曰肥子奔燕燕封於此也師古曰濡音乃官反 賓從 莽曰勉武

交黎 渝水首受塞外南入海東部都尉治莽曰禽虜應劭曰今昌黎師古曰渝音喻其下並同 陽樂 狐蘇 唐就水至徒河入海 徒河 莽曰河福 文成 莽曰言虜 臨渝 渝水首受白狼東入塞外又有侯水北入渝莽曰馮德師古曰馮讀曰憑 絫 下官水南入海又有揭石水賓水皆南入官莽曰選武師古曰絫音力追反

○遼東郡 秦置屬幽州 戶五萬五千九百七十二口二十七萬二千五百三十九 縣十八 襄平 有牧師官莽曰昌平 新昌 無慮 西部都尉治應劭曰慮音閭師古曰即所謂醫巫閭 望平 大遼水出塞外南至安市入海行千二百五十里莽曰長說師古曰說讀曰悅 房 候城 中部都尉治 遼隊 莽曰順睦師古曰隊音遂 遼陽 大梁水西南至遼陽入遼莽曰遼陰 險瀆 應劭曰朝鮮王滿都也依水險故曰險瀆臣瓚曰王險城在樂浪郡浿水之東自此是險瀆也師古曰瓚說是也浿音普大反 居就 室僞山室僞水所出北至襄平入梁也 高顯 安市 武次 東部都尉治莽曰桓次 平郭 有鐵官鹽官 西安平

莽曰北安平 文 莽曰文亭 番汗 沛水出塞外西南入海應劭曰汗水出塞外西南入海番音盤師古曰沛音普蓋反汗音寒 沓氏 應劭曰氏水也音長荅反師古曰凡言氏者皆謂因之而立名

○玄菟郡 武帝元封四年開高句驪莽曰下句驪屬幽州應劭曰故真番朝鮮胡國 戶四萬五千六口二十二萬一千八百四十五 縣三 高句驪 遼山遼水所出西南至遼隊入大遼水又有南蘇水西北經塞外應劭曰故句驪胡 上殷台 莽曰下殷如淳曰台音鮐師古曰音胎 西蓋馬 馬訾水西北入鹽難水西南至西安平入海過郡二行二千一百里莽曰玄菟亭

樂浪郡 武帝元封三年開莽曰樂鮮屬幽州應劭曰故朝鮮國也師古曰樂音洛浪音狼 戶六萬二千八百一十二口四十萬六千七百四十八 有雲鄣 縣二十五 朝鮮 應劭曰武王封箕子於朝鮮 䛁邯 孟康曰䛁音男師古曰䛁音乃甘反邯音酣 浿水 水西至增地入海莽曰樂鮮亭師古曰浿音普大反 含資 帶水西至帶方入海 黏蟬 服虔曰蟬音提 遂成 增地 莽曰增土 帶

方 駟望 海冥莽曰海桓 列口 長岑 屯有 昭明南部都尉治 鏤方 提奚 渾彌師古曰渾音下昆反 呑列分黎山列水所出西至黏蟬入海行八百二十里 東暆應劭曰暆音移 不而東部都尉治 蠶台師古曰台音胎 華麗 邪頭昧孟康曰昧音妹 前莫 夫租 ○南海郡秦置秦敗尉佗王此地武帝元鼎六年開屬交州 戶萬九千六百一十三口九萬四千二百五十三有圃羞官 縣六 番禺尉佗都有鹽官如淳曰番音潘禺音愚 博羅 中宿有洭浦官師古曰洭音匡 龍川師古曰裴氏廣州記云本博羅縣之東鄉也有龍穿地而出即穴流泉因以爲號 四會 揭陽莽曰南海亭韋昭曰揭音其逝反師古曰音竭 ○鬱林郡故秦桂林郡屬尉佗武帝元鼎六年復更開名有小谿川水七并行三千一百一十里莽曰鬱平屬交州 戶萬二千四百一十五口七萬一千一百六

十二 縣十二 布山 安廣 阿林 廣鬱鬱水首受夜郎豚水東至四會入海過郡四行四千三十里 中留師古曰留力救反水名 桂林 潭中莽曰中潭師古曰潭音大含反 臨塵朱涯水入領方又有斤南水又有侵離水行七百里莽曰監塵 定周水首受無斂東入潭行七百九十里 增食驩水首受牂柯東界入朱涯水行五百七十里 領方斤南水入鬱又有橋水都尉治師古曰橋音橋 雍雞有關 ○蒼梧郡武帝元鼎六年開莽曰新廣屬交州有離水關 戶二萬四千三百七十九口十四萬六千一百六十 縣十 廣信莽曰廣信亭 謝沐有關 高要有鹽官 封陽應劭曰在封水之陽 臨賀莽曰大賀 端谿 馮乘 富川 荔浦有荔平關師古曰荔音隸 猛陵龍山合水所出南至布山入海莽曰猛陸 ○交止郡武帝置元鼎六年開屬交州 戶九萬二千四百四十口七十四萬六千二

百三十七 縣十 羸𨻻有羞官孟康曰羸音蓮𨻻音受土簍師古曰𨻻簍二字並音來口反 安定 苟扇師古曰扇與漏同 麊泠都尉治應劭曰麊音彌孟康曰音螟蛉師古曰音麋零 曲昜師古曰昜古陽字 北帶 稽徐師古曰稽音古奚反 西于 龍編師古曰編音鞭 朱䳒 ○合浦郡武帝元鼎六年開莽曰桓合屬交州 戶萬五千三百九十八口七萬八千九百八十 縣五 徐聞 高凉 合浦有關莽曰桓亭 臨允牢水北入高要入鬱過郡三行五百三十里莽曰大允 朱盧都尉治 ○九眞郡武帝元鼎六年開有小水五十二并行八千五百六十里 戶三萬五千七百四十三口十六萬六千一十三有界關 縣七 胥浦莽曰驩成 居風 都龐應劭曰龐音龍師古曰音聾 餘發 咸驩 無切都尉治 無編莽曰九眞亭 ○日南郡故秦象郡武帝元鼎

六年開更名有小水十六并行三千一百八十里屬交州師古曰言其在日之南所謂北戶以向日者 戶萬五千四百六十口六萬九千四百八十五 縣五 朱吾 比景如淳曰日中於頭上景在己下故名之 盧容 西捲水入海有竹可爲杖莽曰日南亭孟康曰音卷師古曰音權 象林 ○趙國故秦邯鄲郡高帝四年爲趙國景帝三年復爲邯鄲郡五年復故莽曰桓亭屬冀州 戶八萬四千二百二口三十四萬九千九百五十二 縣四 邯鄲堵山牛首水所出東入白渠趙敬侯自中牟徙此張晏曰邯鄲山在東城下單盡也城郭從邑故加邑云師古曰鄲音寒 易陽應劭曰易水出涿郡故安師古曰在易水之陽 柏人莽曰壽仁師古曰本晉邑 襄國故邢國西山渠水所出東北至任入寖又有蓼水馮水皆東至朝平入湡師古曰湡音藕又音牛吼反 廣平國武帝征和二年置爲平干國宣帝五鳳二年復故莽曰富昌屬冀州 戶二萬七千九百八十四口十九萬八千五百五十八 縣十六

廣平 張 朝平 南和列葭水東入澱師古曰葭音家澱音斯 列人 莽曰列治 斥章應劭曰漳水出治北入河其國斥鹵故曰斥章 任師古曰本晉邑也鄭皇頡奔晉爲任大夫 曲周武帝建元四年置莽曰直周 南曲 曲梁侯國莽曰直梁 廣鄉 平利 平鄉 陽臺侯國 廣年莽曰富昌 城鄉 眞定國武帝元鼎四年置屬冀州 戶三萬七千一百二十六口十七萬八千六百一十六 縣四 眞定故東垣高帝十一年更名莽曰思治 槀城莽曰槀實師古曰槀音工老反 肥纍故肥子國師古曰纍音力追反 緜曼斯洨水首受大白渠東至鄡入河莽曰緜延師古曰曼音萬鄡音口堯反 中山國高帝郡景帝三年爲國莽曰常山屬冀州應劭曰中山故國 戶十六萬八百七十三口六十六萬八千八十 縣十四 盧奴應劭曰盧水出右北平東入河 北平徐水東至高陽入博又有盧水亦至高陽入河有鐵官莽曰善和 北新成桑欽言易水出西北東入滱莽曰朔平

唐堯山在南莽曰和親應劭曰故堯國也唐水在西張晏曰堯爲唐侯國於此堯山在唐東北望都界孟康曰晉荀吳伐鮮虞及中人今中人亭是 深澤莽曰翼和 苦陘莽曰北陘應劭曰章帝更名漢昌陘音邢 安國莽曰興睦 曲逆蒲陽山蒲水所出東入濡又有蘇水亦東入濡莽曰順平張晏曰濡水於城北曲而西流故曰曲逆章帝醜其名改曰蒲陰在蒲水之陰師古曰濡音乃官反 望都博水東至高陽入河莽曰順調張晏曰堯山在北堯母慶都山在南登堯山見都山故以爲名 新市應劭曰鮮虞子國今鮮虞亭是 新處 毋極 陸成 安險莽曰寧險應劭曰章帝更名安喜 ○信都國景帝二年爲廣川國宣帝甘露三年復故莽曰新博屬冀州應劭曰明帝更名樂安安帝改曰安平 戶六萬五千五百五十六口三十萬四千三百八十四 縣十七 信都王都故章河故虖池皆在北東入海禹貢絳水亦入海莽曰新博亭 歷莽曰歷寧 扶柳師古曰闞駰云其地有扶澤澤中多柳故曰扶柳 辟陽莽曰樂信師古曰辟音璧 南宮莽曰序下 下博莽曰閏博應劭曰博水出中山望都入河 武邑莽曰順桓 觀津莽曰朔定亭師古曰觀音工喚反 高隄師古曰隄音丁奚反 廣川師古曰闞駰云其縣中有長河爲流故曰廣川也至隋仁壽元年初立煬帝爲皇太子以避諱故改爲長河縣至今爲名 樂鄉侯國莽曰樂丘 平隄侯國 桃莽曰桓分 西梁侯國 昌成侯國 東昌侯國莽曰田昌 脩莽曰脩治師古曰脩音條 ○河間國故趙文帝二年別爲國莽曰朔定應劭曰在兩河之閒 戶四萬五千四十三口十八萬七千六百六十二 縣四 樂成虖池別水首受虖池河東至東光入虖池河 候井莽曰陸信 武隧莽曰桓隧師古曰隧音遂 弓高虖池別河首受虖池河東至平舒入海莽曰樂成 廣陽國高帝燕國昭帝元鳳元年爲廣陽郡宣帝本始元年更爲國莽曰廣有 戶二萬七百四十口七萬六百五十八 縣四 薊故燕國召公所封莽曰伐戎 方城 廣陽 陰鄉莽曰陰順 甾川國故齊文帝十八年別爲國後并北海 戶五萬二百八十九口二十二萬七

千三十一 縣三 劇義山蕤水所出北至壽光入海莽曰俞應劭曰故紀國今紀亭是 東安平菟頭山女水出東北至臨甾入鉅定孟康曰紀季以酅入于齊今酅亭是也師古曰闞駰云博陵有安平故此加東酅音攜 樓鄉 ○膠東國故齊高帝元年別爲國五月復屬齊國文帝十六年復爲國莽曰郁秩 戶七萬二千二口三十二萬三千三百三十一 縣八 即墨有天室山祠莽曰即善 昌武 下密有三石山祠應劭曰密水出高密 壯武莽曰曉武 郁秩有鐵官 挺師古曰挺音徒鼎反 觀陽應劭曰在觀水之陽師古曰觀音工喚反 鄒盧莽曰始斯 ○高密國故齊文帝十六年別爲膠西國宣帝本始元年更爲高密國 戶四萬五百三十一口十九萬二千五百三十六 縣五 高密莽曰章牟 昌安 石泉莽曰養信 夷安莽曰原亭應劭曰故萊夷維邑 成鄉莽曰順成 ○城陽國故齊文帝二年別爲國莽曰莒陵屬兗州 戶五萬

六千六百四十二口二十萬五千七百八十四
縣四　莒故國盈姓三十世爲楚所滅少昊後有鐵官莽曰莒陵　陽都應劭曰齊人遷陽故陽國是
東安　慮莽曰著善　淮陽國高帝十一年置莽曰新平屬兗州孟康曰孝明帝更名陳
國戶十三萬五千五百四十四口九十八萬一千
四百二十三　縣九　陳故國舜後胡公所封爲楚所滅楚頃襄王自郢徙此莽曰陳陵
苦莽曰賴陵師古曰晉大康地記云城東有賴鄉祠老子所生地　陽夏應劭曰夏音賈　寧平
扶溝渦水首受狼湯渠東至向入淮過郡三行千里師古曰狼音浪湯音徒浪反渦音戈又音瓜　固始師古曰本名寢
丘楚令尹孫叔敖所封地　圉　新平　柘　梁國故秦碭郡高帝五年爲梁國莽曰陳定屬
豫州師古曰以有碭山故名碭郡　戶三萬八千七百九口十萬六千七
百五十二　縣八　碭山出文石莽曰節碭應劭曰碭山在東師古曰碭文石也其山出焉故以

名縣碭音唐又音徒浪反　甾故戴國莽曰嘉穀應劭曰章帝改曰考城　杼秋莽曰予秋師古曰杼音食汝反　蒙
獲水首受甾獲渠東北至彭城入泗過郡五行五百五十里莽曰蒙恩　己氏莽曰己善　虞莽曰陳定亭　下
邑莽曰下洽　睢陽故宋國微子所封禹貢盟諸澤在東北師古曰睢音雖　○東平國故梁國景
帝中六年別爲濟東國武帝元鼎元年爲大河郡宣帝甘露二年爲東平國莽曰有鹽屬兗州　戶十三萬一千
七百五十三口六十萬七千九百七十六有鐵官
縣七　無鹽有郈鄉莽曰有鹽亭師古曰郈音后　任城故任國太昊後風姓莽曰延就亭　東
平陸應劭曰古厥國今有厥亭是　富城莽曰成富　章　亢父詩亭故詩國莽曰順父師
古曰音抗甫　樊　魯國故秦薛郡高后元年爲魯國屬豫州　戶十一萬八千四
十五口六十萬七千三百八十一　縣六　魯
伯禽所封戶五萬二千有鐵官　卞泗水西南至方與入泲過郡三行五百里青州川師古曰即春秋僖十七年夫人姜氏會齊侯于卞

者也方與音房豫　汶陽莽曰汶亭應劭曰詩曰汶水湯湯師古曰汶音問即左傳所云公賜季友汶陽之田者也　蕃南梁
水西至胡陵入沛渠應劭曰邾國也音皮師古曰白褒云陳蕃之子爲魯相國人爲諱改曰皮此說非也郡縣之名土俗各有別稱不必
皆依本字　騶故邾國曹姓二十九世爲楚所滅嶧山在北莽曰騶亭應劭曰邾文公遷于嶧山者也音騶　薛夏車正奚
仲所國後遷于邳湯相仲虺居之　楚國高帝置宣帝地節元年更爲彭城郡黃龍元年復故莽曰和樂屬徐州　戶十
一萬四千七百三十八口四十九萬七千八百四
縣七　彭城古彭祖國戶四萬一百九十六有鐵官　留　梧莽曰吾治　傅陽故偪
陽國莽曰輔陽師古曰偪音福左氏傳所云偪陽妘姓者也　呂　武原莽曰和樂亭　甾丘莽曰善丘
泗水國故東海郡武帝元鼎四年別爲泗水國莽曰水順　戶二萬五千二十五口
十一萬九千一百一十四　縣三　淩莽曰生夌應劭曰淩水所出南
入淮　泗陽莽曰淮平亭　于莽曰于屏　○廣陵國高帝六年屬荊州十一年更屬吳景

帝四年更名江都武帝元狩三年更名廣陵莽曰江平屬徐州　戶三萬六千七百七十三
口十四萬七百二十二有鐵官　縣四　廣陵江都易王
非廣陵厲王胥皆都此并得鄣郡而不得吳莽曰安定　江都有江水祠渠水首受江北至射陽入湖　高郵
平安莽曰杜鄉　六安國故楚高帝元年別爲衡山國五年屬淮南文帝十六年復爲衡山武帝元狩二年別
爲六安國莽曰安風　戶三萬八千三百四十五口十七萬八千
六百一十六　縣五　六故國皐繇後偃姓爲楚所滅如谿水首受沘東北至壽春入芍陂師
古曰沘音匕又音鄙芍音鵲　蓼故國皐繇後爲楚所滅　安豐禹貢大別山在西南莽曰美豐　安風莽曰安風
亭　陽泉　長沙國秦郡高帝五年爲國莽曰塡蠻屬荊州　戶四萬三千
四百七十口二十三萬五千八百二十五　縣十
三　臨湘莽曰撫睦應劭曰湘水出零山　羅應劭曰楚文王徙羅子自枝江居此師古曰盛弘之荊州記云縣北

帶旧木水原出豫章艾縣界西流注湘訟旧西北去縣三十里名為屈潭屈原自沈處連道 益陽湘山在北應劭曰在益水之陽下雋莽曰閏雋師古曰雋音字兖反又辭兖反攸 酃孟康曰音鈴上音零承陽應劭曰承水之陽師古曰承水原出零陵永昌縣界東流注湘也承音烝湘南禹貢衡山在東南荊州山昭陵 茶陵泥水西入湘行七百里莽曰聲鄉師古曰茶音弋奢反又丈加反容陵 安成盧水東至盧陵入湖漢莽曰用成

本秦京師為內史師古曰京師天子所都畿內也秦并天下改立郡縣而京畿所統特號內史言其在內以別於諸郡守也分天下作三十六郡漢興以其郡大大稍復開置又立諸侯王國武帝開廣三邊故自高祖增二十六文景各六武帝二十八昭帝一訖於孝平凡郡國一百三縣邑千三百一十四道三十二

前漢地理志八下　十六

侯國二百四十一地東西九千三百二里南北萬三千三百六十八里提封田一萬萬四千五百一十三萬六千四百五頃師古曰提封者大舉其封疆也其一萬萬二百五十二萬八千八百八十九頃邑居道路山川林澤羣不可墾其三千二百二十九萬九百四十七頃可墾不墾定墾田八百二十七萬五百三十六頃民戶千二百二十三萬三千六十二口五千九百五十九萬四千九百七十八漢極盛矣凡民函五常之性師古曰函包也讀與含同而其剛柔緩急音聲不同繫水土之風氣故謂之風好惡取舍動靜亡常師古曰好音呼到反惡音一故反隨君上之情欲故謂之俗孔子曰移風易俗莫善於樂師古曰孝經載孔子之言言聖王在上統理人倫必移其本而易其末此混同天下壹之虖中和然後王教成也漢承百王之末國土變改民人遷徙成帝時劉向略言其地分丞相張禹使屬潁川朱贛條其風俗猶未宣究故輯而論之師古曰輯與集同終其本末著于篇秦地於天官東井輿鬼之分壄也其界自弘農故關以西京兆扶風馮翊北地上郡西河安定天水隴西南有巴蜀廣漢犍為武都西有金城武威張掖酒泉敦煌又西南有牂柯越嶲益

前漢地理志八下　十七

州皆宜屬焉秦之先曰栢益出自顓頊堯時助禹治水為舜朕虞養育草木鳥獸賜姓嬴氏師古曰栢益一號伯翳蓋翳益聲相近故也歷夏殷為諸侯至周有造父師古曰造音千到反父讀曰甫善馭習馬得華駵綠耳之乘師古曰華駵言其色如華之赤也綠耳耳綠色幸于穆王封于趙城故更為趙氏後有非子為周孝王養馬汧渭之閒孝王曰昔伯益知禽獸子孫不絕迺封為附庸邑之于秦今隴西秦亭秦谷是也至玄孫氏為莊公師古曰氏與是同古通用字破西戎有其地子襄公時幽王為犬戎所敗平王東遷雒邑襄公將兵救周有功賜受郊酆之地列為諸侯師古曰郊亦岐字

後八世穆公稱伯以河爲竟 師古曰伯讀曰霸竟讀曰境言其地界東至於河 十餘世孝公用商君制轅田 張晏曰周制三年一易以同美惡商鞅始割列田地開立阡陌令民各有常制孟康曰三年爰土易居古制也末世浸廢商鞅相秦復立爰田上田不易中田一易下田再易爰自在其田不復易居也食貨志曰自爰其處而已是也轅爰同 開仟伯 師古曰南北曰仟東西曰伯皆謂開田之疆畝也伯音莫白反 東雄諸侯子惠公初稱王得上郡西河孫昭王開巴蜀滅周取九鼎昭王曾孫政并六國稱皇帝負力怙威燔書阬儒自任私智至子胡亥天下畔之故秦地於禹貢時跨雍梁二州詩風兼秦豳兩國昔后稷封斄 師古曰斄讀曰邰今武功故城是也 公劉處豳 師古曰即今豳州栒邑是 大王徙郊 師古曰今岐山縣是 文王作酆 師古曰今長安西北界靈臺鄉豐水上是 武王治鎬

師古曰今昆明池北鎬陂是 其民有先王遺風好稼穡務本業故豳詩言農桑衣食之本甚備 師古曰謂七月之詩 有鄠杜竹林南山檀柘號稱陸海爲九州膏腴 師古曰言其地高陸而饒物產如海之無所不出故云陸海腹之下肥曰腴故取諭云 始皇之初鄭國穿渠引涇水溉田 師古曰鄭國人姓名事具在溝洫志 沃野千里 師古曰沃即溉田也言千里之地皆得溉灌 民以富饒漢興立都長安徙齊諸田楚昭屈景及諸功臣家於長陵後世世徙吏二千石高訾富人及豪桀并兼之家於諸陵 師古曰訾讀與貲同高訾言多財也 蓋亦以彊幹弱支非獨爲奉山園也 如淳曰黃圖謂陵冢爲山師古曰謂京師爲幹四方爲支也 是故五方雜厝 晉灼曰厝古錯字 風俗不純其世家則好禮文富人則商賈

爲利豪桀則游俠通姦瀕南山 師古曰瀕猶邊也瀕音頻又音賓 近夏陽 師古曰夏陽即河之西岸也今在同州韓城縣界 多阻險輕薄易爲盜賊常爲天下劇又郡國輻湊浮食者多民去本就末列侯貴人車服僭上衆庶放效羞不相及 師古曰放依也音甫往反 嫁娶尤崇侈靡送死過度天水隴西山多林木民以板爲室屋及安定北地上郡西河皆迫近戎狄修習戰備高上氣力以射獵爲先故秦詩曰在其板屋 師古曰小戎之詩也言襄公出征則婦人居板屋之中而念其君子 又曰王于興師修我甲兵與子偕行 師古曰無衣之詩也言於王之興師則修我甲兵而與子俱征伐也 及車轔四臷小戎之篇皆言車馬田狩之事 師古曰車轔美秦仲大有車馬其詩曰有

車轔轔有馬白顚四臷美襄公田狩也其詩曰四臷孔阜六轡在手輶車鸞鑣載獫歇驕小戎美襄公備兵甲討西戎其詩曰小戎俴收五楘梁輈文茵暢轂駕我騏馵龍盾之合鋈以觼軜轔音鄰臷音鐵輶音猶又音誘獫音力驗反猲音許昭反俴音踐楘音木馵音霔鋈音沃觼音玦軜音納 漢興六郡良家子選給羽林期門 如淳曰醫商賈百工不得豫也師古曰六郡謂隴西天水安定北地上郡西河羽林期門解在百官公卿表 以材力爲官名將多出焉孔子曰君子有勇而亡誼則爲亂小人有勇而亡誼則爲盜 師古曰論語載孔子對子路之言也 故此數郡民俗質木不恥寇盜 師古曰質木者無有文飾如木石然 自武威以西本匈奴昆邪王休屠王地 師古曰昆音下門反休音許虯反屠音除 武帝時攘之 師古曰攘却也音人羊反 初置四郡以通西域鬲絕南羌匈奴 師古曰鬲與隔同 其民或以關東下貧或以報怨過當 師古曰過其本所殺 或以誖逆亡道

家屬徙焉師古曰詩亂也惑也音布內反習俗頗殊地廣民稀水屮宜畜牧師古曰屮古草字故涼州之畜為天下饒保邊塞二千石治之咸以兵馬為務酒禮之會上下通焉吏民相親是以其俗風雨時節穀糴常賤少盜賊有和氣之應賢於內郡此政寬厚吏不苛刻之所致也巴蜀廣漢本南夷秦并以為郡土地肥美有江水沃野山林竹木踈食果實之饒師古曰踈菜也南賈滇僰僮師古曰言滇僰之地多出僮隸也滇音顛僰音蒲北反西近邛莋馬旄牛師古曰言邛莋之地出馬及旄牛作音材各反民食稻魚亡凶年憂俗不愁苦而輕易淫泆柔弱褊阸師古曰言其材質不彊而心忿陋景武間文翁為蜀守教民讀書法令未能篤信道德反以好文刺譏貴慕權執及司馬相如游宦京師諸侯以文辭顯於世鄉黨慕循其迹後有王褒嚴遵揚雄之徒師古曰遵即嚴君平文章冠天下繇文翁倡其教相如為之師師古曰繇讀與由同倡始也音充向反故孔子曰有教亡類師古曰論語載孔子之言言人之性術在所教耳無種類武都地雜氐羌及犍為牂柯越巂皆西南外夷武帝初開置民俗略與巴蜀同而武都近天水俗頗似焉故秦地天下三分之一而人眾不過什三然量其富居什六吳札觀樂為之歌秦師古曰札吳王壽夢子也來聘魯而請觀周樂事見左氏傳襄二十九年曰此之謂夏聲師古曰夏中國夫能夏則大大

之至也其周舊乎自井十度至柳三度謂之鶉首之次秦之分也魏地觜觿參之分野也師古曰觿音弋隨反其界自高陵以東盡河東河內南有陳留及汝南之召陵㶏彊新汲西華長平師古曰召讀曰邵㶏音於靳反又音隱潁川之舞陽郾許傿陵師古曰郾音一扇反傿音偃河南之開封中牟陽武酸棗卷師古曰卷音去權反皆魏分也河內本殷之舊都周既滅殷分其畿內為三國詩風邶庸衛國是也師古曰自紂城而北謂之邶南謂之庸東謂之衛邶音步內反字或作鄁庸字或作鄘鄁以封紂子武庚庸管叔尹之衛蔡叔尹之以監殷民謂之三監師古曰武庚即祿父也尹主也管叔蔡叔皆武王之弟故書序曰武王崩三監畔師古曰周書大誥之序周公誅之盡以其地封弟康叔號曰孟侯師古曰康叔亦武王弟也孟長也言為諸侯之長以夾輔周室遷邶庸之民于雒邑故邶庸衛三國之詩相與同風邶詩曰在浚之下師古曰凱風之詩也浚衛邑也音峻庸曰在浚之郊師古曰干旄之詩邶又曰亦流于淇師古曰泉水之詩河水洋洋師古曰今邶詩無此句庸曰送我淇上師古曰桑中之詩淇上淇水之上在彼中河師古曰柏舟之詩也中河河中也衛曰瞻彼淇奧師古曰淇奧之詩也奧水隈也音於六反河水洋洋師古曰碩人之詩也洋洋盛大也音羊又音翔故吳公子札聘魯觀周樂聞邶庸衛之歌曰美哉淵乎吾聞康叔之德如是是其衛風乎至十六世懿公亡道為狄所滅齊桓公帥諸侯伐狄而更封衛於

河南曹楚丘是爲文公 師古曰曹及楚丘二邑名 而河內殷虛更屬于晉 師古曰殷虛汲郡朝歌縣也虛讀曰墟 康叔之風既歇而紂之化猶存故俗剛彊多豪桀侵奪薄恩禮好生分 師古曰生分謂父母在而昆弟不同財產 河東土地平易有鹽鐵之饒本唐堯所居詩風唐魏之國也周武王子唐叔在母未生 師古曰謂懷孕時 武王夢帝謂己 師古曰帝天也 曰余名而子曰虞將與之唐屬之參 師古曰屬音之欲反參音所林反 及生名之曰虞至成王滅唐而封叔虞唐有晉水及叔虞子燮爲晉侯云故參爲晉星其民有先王遺教君子深思小人儉陋故唐詩蟋蟀山樞葛生之篇曰今我不樂日

月其邁 師古曰蟋蟀之詩也邁行也言日月行往將老而死也蟋音悉蟀音率 宛其死矣它人是媮 師古曰山有樞之詩也媮樂也言已儉吝死亡之後當爲它人所樂也媮音踰又音偷樞音甌 百歲之後歸于其居 師古曰葛生之詩也居謂墳墓也言死當歸于墳墓不能復爲樂也 皆思奢儉之中念死生之慮 音竹仲反 吳札聞唐之歌曰思深哉其有陶唐氏之遺民乎魏國亦姬姓也在晉之南河曲故其詩曰彼汾一曲 師古曰汾沮洳之詩沮音子豫反洳音人豫反 寘諸河之側 師古曰伐檀之詩寘置也音之豉反 自唐叔十六世至獻公滅魏以封大夫畢萬 師古曰畢萬畢公高之後魏犨祖父 滅耿以封大夫趙夙 師古曰趙夙趙衰之兄 及大夫韓武子食采於韓原 師古曰韓武子韓厥之曾祖也本與周同姓食采於韓更爲韓氏此說依史記而得春秋傳者不同 晉於是始大至于文

公伯諸侯尊周室 師古曰伯讀曰霸 始有河內之土 師古曰左氏傳所謂始啓南陽者 吳札聞魏之歌曰美哉渢渢乎 師古曰渢渢浮皃也言其中庸可與爲善可與爲惡也渢音馮 以德輔此則明主也文公後十六世爲韓魏趙所滅三家皆自立爲諸侯是爲三晉趙與秦同祖韓魏皆姬姓也自畢萬後十世稱侯至孫稱王徙都大梁故魏一號爲梁七世爲秦所滅

周地柳七星張之分野也今之河南雒陽穀成平陰偃師鞏緱氏是其分也昔周公營雒邑以爲在于土中諸侯蕃屏四方 師古曰言雒陽四面皆有諸侯爲蕃屏 故立京師至幽王淫褒姒以滅宗周子平王東居雒邑其後

五伯更帥諸侯以尊王室 師古曰伯讀曰霸解在刑法志更互也音工衡反 故周於三代最爲長久八百餘年至於王赧乃爲秦所兼初雒邑與宗周通封畿 韋昭曰通在二封之地共千里也師古曰宗周鎬京也方八百里八八六十四爲方百里者六十四也雒邑成周也方六百里六六三十六爲方百里者三十六二都得百里者百方千里也故詩云邦畿千里 東西長而南北短短長相覆爲千里至襄王以河內賜晉文公又爲諸侯所侵故其分墬小 師古曰墬古地字 周人之失巧僞趨利貴財賤義高富下貧憙爲商賈不好仕官 師古曰憙許吏反 自柳三度至張十二度謂之鶉火之次周之分也

韓地角亢氐之分野也韓分晉得南陽郡及潁川

之父城定陵襄城潁陽潁陰長社陽翟郟（師古曰郟音工
洽反即今郟城縣是也）東接汝南西接弘農得新安宜陽皆韓分
也及詩風陳鄭之國與韓同星分焉鄭國今河南
之新鄭本高辛氏火正祝融之虛也（師古曰虛讀曰墟後皆類此）及
成皐滎陽潁川之崈高陽城皆鄭分也本周宣王
弟友為周司徒食采於宗周畿内是為鄭（師古曰即今之華陰
鄭縣）鄭桓公問於史伯曰王室多故何所可以逃死
史伯曰四方之國非王母弟甥舅則夷狄不可入
也其濟洛河潁之閒乎（師古曰濟音子禮反）子男之國虢會為
大（師古曰會讀曰鄶字或作檜檜國在豫州外方之北滎播之南溱洧之閒妘姓之國）恃埶與險崇侈

貪冒（師古曰冒蒙也蔽於義理）君若寄帑與賄周亂而敝必將背
君（師古曰帑讀與孥同謂妻子也）君以成周之衆奉辭伐罪亡不克矣
公曰南方不可乎對曰夫楚重黎之後也黎為高
辛氏火正昭顯天地以生柔嘉之材姜嬴荊芊實
與諸姬代相干也（師古曰代遞也干犯也）姜伯夷之後也嬴伯
益之後也伯夷能禮於神以佐堯伯益能儀百物
以佐舜（師古曰儀與宜同宜安也）其後皆不失祠而未有興者周
衰將起不可偪也桓公從其言乃東寄帑與賄虢
會受之後三年幽王敗桓公死其子武公與平王
東遷卒定虢會之地右雒左泲食溱洧焉（師古曰溱洧二水也）

（溱音臻洧音鮪）土陿而險山居谷汲男女亟聚會（師古曰亟屢也音丘吏反）
故其俗淫鄭詩曰出其東門有女如雲（師古曰出其東門之詩東門鄭之東門也如雲言其衆多而往來不定）又曰溱與洧方灌灌兮士與女方秉
菅兮恂盱且樂惟士與女伊其相謔（師古曰溱洧之詩也灌灌水流盛也
菅蘭也恂信也盱大也伊惟也謔戲言也謂仲春之月二水流盛而士與女執芳草於其間以相贈遺信大樂矣惟以戲謔也灌音胡貫反菅音姦）此
其風也吳札聞鄭之歌曰美哉其細已甚民弗
堪也是其先亡乎（臣瓚曰謂音聲細弱也此衰弱之徵）自武公後二十三
世為韓所滅陳國今淮陽之地陳本大昊之
虛周武王封舜後嬀滿於陳是為胡公妻以元女
大姬婦人尊貴好祭祀用史巫故其俗巫鬼陳詩

曰坎其擊鼓宛丘之下亡冬亡夏值其鷺羽（師古曰宛丘之
詩也坎坎擊鼓聲四方高中央下曰宛丘值立也鷺鳥之羽以為翿立之而舞以事神也無冬無夏言其恒也）又曰東門之枌宛
丘之栩子仲之子婆娑其下（師古曰東門之枌之詩也東門陳國之東門也枌白榆也栩杼也子仲陳大夫之氏也婆娑舞貌也亦言於枌栩之下歌舞以娛神也枌音扶云反栩音許用反杼音神汝反）此其風也
吳札聞陳之歌曰國亡主其能久乎（師古曰言政由婦人不以君為主也）
自胡公後二十三世為楚所滅陳雖屬楚於天文
自若其故潁川南陽本夏禹之國夏人上忠其敝
鄙朴韓自武子後七世稱侯六世稱王五世而為
秦所滅秦既滅韓徙天下不軌之民於南陽（師古曰不軌不循法度者）故其俗夸奢上氣力好商賈漁獵藏匿難制

御也宛西通武關東受江淮一都之會也宣帝時鄭弘召信臣爲南陽大守師古曰召讀曰邵治皆見紀信臣勸民農桑去末歸本郡以殷富潁川韓都士有申子韓非刻害餘烈師古曰申子申不害也烈業也高仕宦好文法民以貪遴爭訟生分爲失師古曰遴與吝同韓延壽爲大守先之以敬讓黃霸繼之教化大行獄或八年亡重罪囚南陽好商賈召父富以本業師古曰召父謂召信臣也勸其務農以致富潁川好爭訟分異黃韓化以篤厚君子之德風也小人之德草也信矣師古曰論語載孔子之言也曰君子之德風小人之德草也草上之風必偃言從教而化

自東井六度至亢六度謂之壽星之次鄭之分野與韓同分

趙地昴畢之分壄趙分晉得趙國北有信都眞定常山中山又得涿郡之高陽鄚州鄉師古曰鄚音莫東有廣平鉅鹿淸河河間又得渤海郡之東平舒中邑文安東州成平章武河以北也南至浮水繁陽內黃斥丘西有大原定襄雲中五原上黨上黨本韓之別郡也遠韓近趙後卒降趙皆趙分也自趙夙後九世稱侯四世敬侯徙都邯鄲至曾孫武靈王稱王五世爲秦所滅趙中山地薄人衆猶有沙丘紂淫亂餘民晉灼曰言地薄人衆猶復有沙丘紂淫地餘民通繰之於淫風而言之也不說沙丘在中山也丈夫相聚游戲悲歌忼慨起則椎剽掘冢師古曰椎殺人而剽劫之也椎音直追反其字從木剽音頻妙反掘冢發冢也作姦巧多弄物爲倡優女子彈弦跕躧游媚富貴徧諸侯之後宮如淳曰跕音蹀足之蹀躧音屣臣瓚曰躡跟爲跕挂指爲躧師古曰跕音它頰反躧字與屣同屣謂小履之無跟者也跕謂輕躡之也邯鄲北通燕涿南有鄭衛漳河之間一都會也其土廣俗雜大率精急高氣埶輕爲姦大原上黨又多晉公族子孫以詐力相傾矜夸功名報仇過直師古曰直亦當也嫁取送死奢靡師古曰取讀曰娶其下並同漢興號爲難治常擇嚴猛之將或任殺伐爲威父兄被誅子弟怨憤至告訐刺史二千石師古曰訐面相斥罪也音居刈反又居謁反或報殺其親屬鍾代石北

迫近胡寇如淳曰鍾所在未聞石北山險之限在上曲陽民俗懻忮臣瓚曰懻音冀今北土名彊直爲懻中師古曰懻彊也忮堅也音章豉反好氣爲姦不事農商自全晉時已患其剽悍師古曰剽急也輕也悍勇也剽音頻妙反又匹妙反悍音胡旦反而武靈王又益厲之故冀州之部盜賊常爲它州劇定襄雲中五原本戎狄地頗有趙齊衞楚之徙師古曰言四國之人被遷徙來居之其民鄙朴少禮文好射獵鴈門亦同俗於天文別屬燕

燕地尾箕之分壄也武王定殷封召公於燕其後三十六世與六國俱稱王東有漁陽右北平遼西遼東西有上谷代郡鴈門南得涿郡之易容城范陽北新城故安涿縣良鄉新昌及勃海之安次皆燕

分也樂浪玄菟亦宜屬焉燕稱王十世秦欲滅六
國燕王大子丹遣勇士荊軻西刺秦王不成而誅
秦遂舉兵滅燕薊南通齊趙勃碣之間一都會也師古曰薊縣燕之所都也勃勃海也碣碣石也初大子丹賓養勇士不愛後宮美
女民化以為俗至今猶然賓客相過以婦侍宿嫁
取之夕男女無別反以為榮後稍頗止然終未改
其俗愚悍少慮輕薄無威亦有所長敢於急人如淳曰赴人之急果於赴難也燕丹遺風也上谷至遼東地廣民希數
被胡寇俗與趙代相類有魚鹽棗栗之饒北隙烏
丸夫餘如淳曰有隙也或曰隙際也師古曰訓際是也烏丸本東胡也為冒頓所滅餘類保烏丸山因以為號夫餘在長城之北去玄菟千里夫讀曰扶東賈真番之利玄菟樂浪武帝時置皆

朝鮮濊貉句驪蠻夷師古曰濊音穢字或作薉其音同殷道衰箕子
去之朝鮮師古曰史記云武王伐紂封箕子於朝鮮與此不同教其民以禮義田
蠶織作樂浪朝鮮民犯禁八條師古曰八條不具見相殺以當
時償殺相傷以穀償相盜者男沒入為其家奴
女子為婢欲自贖者人五十萬雖免為民俗猶
羞之嫁取無所讎師古曰讎匹也一曰讎讀曰售是以其民終不相
盜無門戶之閉婦人貞信不淫辟師古曰辟讀曰僻其田民
飲食以籩豆師古曰以竹曰籩以木曰豆若今之檠也檠音其敬反都邑頗放效吏
及內郡賈人往往以杯器食師古曰都邑之人頗用杯器者效吏及賈人也放音甫往

反郡初取吏於遼東吏見民無閉臧及賈人往者
夜則為盜俗稍益薄今於犯禁寖多至六十餘條
可貴哉仁賢之化也然東夷天性柔順異於三方
之外師古曰三方謂南西北也故孔子悼道不行設浮於海欲居九
夷有以也師古曰論語稱孔子曰道不行乘桴浮於海從我者其由也與言欲乘桴筏而適東夷以其國有仁賢之化可以行道也桴音孚筏音伐夫樂浪海中有倭人分為百餘國以歲
時來獻見云如淳曰如墨委面在帶方東南萬里臣瓚曰倭是國名不謂用墨故謂之委也師古曰如淳云如墨委面蓋音委字耳此音非也倭音一戈反今猶有倭國魏略云倭在帶方東南大海中依山島為國度海千里復有國皆倭種自
危四度至斗六度謂之析木之次燕之分也　齊地
虛危之分壄也東有甾川東萊琅邪高密膠東南

有泰山城陽北有千乘清河以南勃海之高樂高
城重合陽信西有濟南平原皆齊分地少昊之世
有爽鳩氏虞夏時有季崱師古曰崱音仕力反湯時有逢公柏
陵殷末有薄姑氏皆為諸侯國此地至周成王時
薄姑氏與四國共作亂成王滅之以封師尚父是
為大公師古曰武王封大公於齊初未得爽鳩之地成王以益之也詩風齊國是也臨甾
名營丘故齊詩曰子之營兮遭我虖嶩之間兮師古曰齊國風營詩之辭也毛詩作還齊詩作營之往也嶩山名也字或作峱亦作嶩音皆乃高反言往適營丘而相逢於嶩山也又曰
竢我於著乎而師古曰齊國風著詩之辭也著地名即濟南郡著縣也乎而語助也一曰門屏之間曰著著音直庶反此亦其舒緩之體也吳札聞齊之歌曰泱泱乎

大風也哉（師古曰泱泱弘大之意也音烏郎反）其大公乎國未可量也古有分土亡分民（師古曰有分土者謂立封疆也無分人者謂通往來不常厥居也）大公以齊地負海舄鹵少五穀而人民寡（師古曰舄鹵解在食貨志）廼勸以女工之業通魚鹽之利而人物輻湊後十四世桓公用管仲設輕重以富國（師古曰解在食貨志）合諸侯成伯功（師古曰伯讀曰霸）身在陪臣而取三歸（師古曰三歸三姓之女）故其俗彌侈織作冰紈綺繡純麗之物（如淳曰紈白緻也純緣也謂繡組之屬也麗好也臣瓚曰冰紈紈細密堅如冰者也純麗謂純美麗之物也師古曰如説非也冰謂布帛之細其色鮮絜如冰者也紈素也綺文繒也即今之所謂細綾也純精好也麗華靡也紈音丸純音淳）號爲冠帶衣履天下（師古曰言天下之人冠帶衣履皆仰齊地）初大公治齊修道術尊賢智賞有功故至今

其土多好經術矜功名舒緩闊達而足智其失夸奢朋黨言與行繆虛詐不情（師古曰不可得其情）急之則離散緩之則放縱始桓公兄襄公淫亂姑姊妹不嫁於是令國中民家長女不得嫁名曰巫兒爲家主祠嫁者不利其家民至今以爲俗痛乎道民之道可不愼哉（師古曰上道讀曰導）昔大公始封周公問何以治齊大公曰舉賢而上功周公曰後世必有篡殺之臣其後二十九世爲彊臣田和所滅而和自立爲齊侯初和之先陳公子完有罪來奔齊（師古曰公子完陳厲公之子也左氏傳魯莊二十二年陳人殺其大子禦寇公子完與顓孫奔齊蓋禦寇之黨也）齊桓公以爲大夫更稱

田氏九世至和而篡齊至孫威王稱王五世爲秦所滅臨甾海岱之間一都會也其中具五民云（服虔曰士農商工賈也如淳曰遊子樂其俗不復歸故有五方之民也師古曰如説是）

魯地奎婁之分壄也東至東海南有泗水至淮得臨淮之下相睢陵僮取慮皆魯分也（師古曰睢音雖取音趨又音秋慮音閭）周興以少昊之虛曲阜封周公子伯禽爲魯侯（師古曰少昊金天氏之帝）以爲周公主（師古曰主周公之祭祀）其民有聖人之教化故孔子曰齊一變至於魯魯一變至於道言近正也（師古曰魯庶幾至道齊又不如魯也）瀕洙泗之水（師古曰言所居皆邊於一水也瀕音頻又音賓）其民涉度幼者扶老而代其任（師古曰任負戴也）俗既益薄長

老不自安與幼少相讓故曰魯道衰洙泗之閒齗齗如也（師古曰齗齗分辨之意也音牛斤反）孔子閔王道將廢廼修六經以述唐虞三代之道弟子受業而通者七十有七人是以其民好學上禮義重廉恥周公始封大公問何以治魯周公曰尊尊而親親大公曰後世寖弱矣（師古曰言漸微弱也）故魯自文公以後祿去公室政在大夫季氏逐昭公陵夷微弱三十四世而爲楚所滅然本大國故自爲分壄今去聖久遠周公遺化銷微孔氏庠序衰壞地陿民衆頗有桑麻之業亡林澤之饒俗儉嗇愛財趨商賈好訾毀多巧僞

師古曰以言相毀曰訾訾音子爾反喪祭之禮文備實寡然其好學猶愈於它俗師古曰愈勝也漢興以來魯東海多至卿相東平須昌壽良皆在濟東屬魯非宋地也當考師古曰當考者言當更考覈之其事未審

宋地房心之分壄也今之沛梁楚山陽濟陰東平及東郡之須昌壽張皆宋分也周封微子於宋今之睢陽是也本陶唐氏火正閼伯之虛也濟陰定陶詩風曹國也武王封弟叔振鐸於曹其後稍大得山陽陳留二十餘世為宋所滅昔堯作游成陽如淳曰作起也成陽在定陶今有堯冢靈臺師古曰作游者言為宮室遊止之處也舜漁靁澤師古曰漁捕魚也靁古雷字

湯止于亳故其民猶有先王遺風重厚多君子好稼穡惡衣食以致畜藏師古曰畜讀曰蓄宋自微子二十餘世至景公滅曹滅曹後五世亦為齊楚魏所滅參分其地魏得其梁陳留齊得其濟陰東平楚得其沛故今之楚彭城本宋也春秋經曰圍宋彭城宋雖滅本大國故自為分野沛楚之失急疾顓己地薄民貧師古曰顓與專同急疾顓己言性褊狹而自用而山陽好為姦盜

衛地營室東壁之分壄也今之東郡及魏郡黎陽河內之野王朝歌皆衛分也衛本國既為狄所滅師古曰衛懿公為狄人所滅事在春秋閔公二年文公徙封楚丘三十餘年子成公徙於帝丘故春秋經曰衛䙴于帝丘師古曰䙴古遷字今之濮陽是也本顓頊之虛故謂之帝丘夏后之世昆吾氏居之成公後十餘世為韓魏所侵盡亡其旁邑獨有濮陽後秦滅濮陽置東郡徙之於野王始皇既并天下猶獨置衛君二世時乃廢為庶人凡四十世九百年最後絕故獨為分野衛地有桑閒濮上之阻師古曰阻者言其隱阸得肆淫僻之情也男女亦亟聚會聲色生焉師古曰亟屢也音丘吏反故俗稱鄭衛之音周末有子路夏育民人慕之師古曰子路孔子弟子仲由也性好勇夏育亦古之壯士皆衛人故其俗剛武上氣力漢興二千石治者亦以殺戮為威宣帝時

韓延壽為東郡太守承聖恩崇禮義尊諫爭至今東郡號善為吏延壽之化也其失頗奢靡嫁取送死過度而野王好氣任俠有濮上風

楚地翼軫之分壄也今之南郡江夏零陵桂陽武陵長沙及漢中汝南郡盡楚分也周成王時封文武先師鬻熊之曾孫熊繹於荊蠻為楚子居丹陽後十餘世至熊達是為武王寖以彊大師古曰寖漸也後五世至嚴王總帥諸侯觀兵周室并吞江漢之間內滅陳魯之國後十餘世頃襄王東徙于陳楚有江漢川澤山林之饒江南地廣或火耕水耨民食魚

稻以漁獵山伐爲業師古曰山伐謂伐山取竹木果蓏蠃蛤食物
常足師古曰蠃音來戈反蛤音閤似蚌而圓故呰窳媮生而亡積聚應劭曰呰
弱也言風俗朝夕取給媮生而已無久長之慮也如淳曰呰或作紫音紫窳音庾晉灼曰呰病也窳惰也師古曰諸家之說皆非也呰短也
窳弱也言短力弱材不能勤作故朝夕取給而無儲偫也如音是也飲食還給不憂凍餓師古
曰還及也言常相及而給足也亦亡千金之家信巫鬼重淫祀而漢中
淫失枝柱與巴蜀同俗師古曰失讀曰泆柱音竹甫反枝柱言意相節卻不順從也汝
南之別皆急疾有氣埶江陵故郢都西通巫巴東
有雲夢之饒亦一都會也
吳地斗分壄也今之會稽九江丹楊豫章廬江
廣陵六安臨淮郡盡吳分也殷道既衰周大王亶

父興邠梁之地長子大伯次曰仲雍少曰公季公
季有聖子昌大王欲傳國焉大伯仲雍辭行采藥
遂奔荊蠻公季嗣位至昌爲西伯受命而王故孔
子美而稱曰大伯可謂至悳也已矣三以天下讓
民無得而稱焉謂虞仲夷逸隱居放言身中清廢
中權師古曰皆論語載孔子之言也虞仲即仲雍也夷逸言竄於蠻夷而遁逸也隱居而不言故其身清絜所廢中於權道
大伯初奔荊蠻荊蠻歸之號曰句吳師古曰句音鉤夷俗語之發聲
也亦猶越爲于越也大伯卒仲雍立至曾孫周章而武王克殷
因而封之又封周章弟中於河北是爲北吳師古曰中
讀曰仲後世謂之虞十二世爲晉所滅後二世而荊

蠻之吳子壽夢盛大稱王其少子則季札有賢材
兄弟欲傳國札讓而不受自大伯壽夢稱王六世
闔廬舉伍子胥孫武爲將戰勝攻取興伯名於諸
侯師古曰伯讀曰霸至子夫差誅子胥用宰嚭師古曰嚭音披美反爲粵
王句踐所滅吳粵之君皆好勇故其民至今好用
劍輕死易發粵既并吳後六世爲楚所滅後秦又
擊楚徙壽春至子爲秦所滅壽春合肥受南北湖
皮革鮑木之輸師古曰皮革犀兕之屬也鮑鮑魚也木楓柟豫章之屬亦一都會也
始楚賢臣屈原被讒放流作離騷諸賦以自傷悼
師古曰諸賦謂九歌天問九章之屬後有宋玉唐勒之屬慕而述之皆以

顯名漢興高祖王兄子濞於吳招致天下之娛游
子弟枚乘鄒陽嚴夫子之徒興於文景之際而淮
南王安亦都壽春招賓客著書而吳有嚴助朱
買臣貴顯漢朝文辭並發故世傳楚辭其失巧而
少信初淮南王異國中民家有女者晉灼曰有女者見優異以
待游士而妻之故至今多女而少男如淳曰得女寵或去男也臣瓚曰周
官職方云揚州之民二男而五女此風氣非由淮南王安能使多女也師古曰二說皆非也志亦言土地風氣既足女矣又因淮南之化又更聚
爲本吳粵與楚接比數相并兼師古曰比近也音頻寐反故民俗
略同吳東有海鹽章山之銅三江五湖之利亦江
東之一都會也豫章出黃金然堇堇物之所有取

之不足以更費應劭曰董少也更償也言金少耳取不足用顧費用也師古曰應說非也此言所出之金銀以少矣自外諸物蓋亦不多故總言耳之不足償功直也董讀曰僅更音庚江南卑濕丈夫多夭會稽海外有東鯷人孟康曰音題晉灼曰音鞮師古曰孟音是也分為二十餘國以歲時來獻見云

粵地牽牛婺女之分壄也今之蒼梧鬱林合浦交阯九真南海日南皆粵分也其君禹後帝少康之庶子云封於會稽臣瓚曰自交阯至會稽七八千里百越雜處各有種姓不得盡云少康之後也案世本越為芈姓與楚同祖故國語曰芈姓夔越然則越非禹後明矣又芈姓之越亦句踐之後不謂南越也師古曰越之為號其來尚矣少康封庶子以主禹祠君於越地耳故此志云其君禹後豈謂百越之人皆禹苗裔瓚說非也文身斷髮以避蛟龍之害應劭曰常在水中故斷其髮文其身以象龍子故不見傷害也後二十世至句踐稱王與吳王闔廬戰

敗之雋李師古曰雋音醉字本作檇其旁從木夫差立句踐乘勝復伐吳吳大破之棲會稽師古曰會稽山名登山而處以避兵難言若鳥之棲臣服請平後用范蠡大夫種計遂伐滅吳兼并其地度淮與齊晉諸侯會致貢於周周元王使使賜命為伯諸侯畢賀後五世為楚所滅子孫分散君服於楚師古曰事楚為君而服從之後十世至閩君搖佐諸侯平秦漢興復立搖為粵王是時秦南海尉趙佗亦自王傳國至武帝時盡滅以為郡云處近海多犀象毒冒珠璣銀銅果布之湊韋昭曰果謂龍眼離支之屬布葛布也師古曰毒音代冒音莫內反璣謂珠之不圜者也音祈又音機布謂諸雜細布皆是也中國往商賈者多取富焉番禺其一都會也

自合浦徐聞南入海得大州東西南北方千里武帝元封元年略以為儋耳珠厓郡民皆服布如單被穿中央為貫頭師古曰著時從頭而貫之男子耕農種禾稻紵麻女子桑蠶織績亡馬與虎民有五畜師古曰牛羊豕雞犬山多麈麖師古曰麈似鹿而大麖似鹿而小麈音主麖音京兵則矛盾刀木弓弩竹矢或骨為鏃師古曰鏃矢鋒音子木反自初為郡縣吏卒中國人多侵陵之故率數歲壹反元帝時遂罷棄之

自日南障塞徐聞合浦船行可五月有都元國又船行可四月有邑盧沒國又船行可二十餘日有諶離國師古曰諶音士林反步行可十餘日有夫甘都盧國師古曰都盧國人勁

捷善緣高故張衡西京賦云烏獲扛鼎都盧尋橦又曰非都盧之輕趫孰能超而究升也夫音扶自夫甘都盧國船行可二月餘有黃支國民俗略與珠厓相類其州廣大戶口多多異物自武帝以來皆獻見有譯長屬黃門與應募者俱入海市明珠璧流離奇石異物齎黃金雜繒而往所至國皆稟食為耦師古曰稟給也耦媲也給其食而侶媲之相隨行也蠻夷賈船轉送致之亦利交易剽殺人師古曰剽劫也音頻妙反又苦逢風波溺死不者數年來還大珠至圍二寸以下平帝元始中王莽輔政欲燿威德厚遺黃支王令遣使獻生犀牛自黃支船行可八月到皮宗船行可二月到日南象林界

云黄支之南有已程不國漢之譯使自此還矣

地理志卷第八下

溝洫志卷第九應劭曰溝廣四尺深四尺洫廣深倍於溝師古曰洫音許域反　班固　漢書二十九

秘書監上護軍琅邪縣開國子顏師古注

夏書禹堙洪水十三年如淳曰堙沒也師古曰堙塞也洪水氾溢疏通而止塞之堙音因過家不入門陸行載車水行乘舟泥行乘毳孟康曰毳形如箕擿行泥上如淳曰毳音茅蕝之蕝謂以板置泥上以通行路也師古曰孟說是也毳讀如本字山行則梮如淳曰梮謂以鐵如錐頭長半寸施之履下以上山不蹉跌也韋昭曰梮木器如今轝牀人轝以行也師古曰如說是也梮音居足反以別九州師古曰分其界隨山浚川師古曰順山之高下而深其流任土作貢師古曰任其土地所有以定貢賦之差也通九道陂九澤度九山師古曰言通九州之道及鄣遏其澤商度其山也度音大各反然河災之羨溢害中國也尤甚師古曰羨讀與衍同音弋戰反唯是為務故道河自積石師古曰道治也引也從積石山而治引之令通流也道讀曰導歷龍

門南到華陰東下底柱師古曰底音之履反及盟津雒內至于大伾鄭氏曰山一成為伾在脩武武德界張晏曰成皋縣山是也臣瓚以為今脩武武德無此山也成皋縣山又不一成也今黎陽山臨河豈是乎師古曰內讀曰汭伾音皮彼反解在地理志於是禹以為河所從來者高水湍悍難以行平地師古曰急流曰湍悍勇也湍音他端反數為敗迺釃二渠以引其河孟康曰釃分也分其流泄其怒也二渠其一出貝丘西南折者也其一則漯川也河自王莽時遂空唯用漯耳師古曰釃音山支反漯音它合反北載之高地過降水至於大陸播為九河師古曰播布也同為迎河入于勃海臣瓚以為禹貢夾右碣石入于河則河入海乃在碣石也武帝元光二年河移徙東郡更注勃海禹時不注也師古曰解在地理志九川既疏九澤既陂諸夏乂安師古曰疏分流功施乎三代自是之後滎陽下引河東南為鴻溝以通宋鄭陳蔡曹衛與

濟汝淮泗會於楚西方則通渠漢川雲夢之際東方則通溝江淮之閒於吳則通渠三江五湖於齊則通淄濟之閒於蜀則蜀守李冰鑿離碓(晉灼曰碓古堆字也碓岸也師古曰音丁回反)避沫水之害(師古曰沫音本末之末沫水出蜀西南徼外東南入江)穿二江成都中此渠皆可行舟有餘則用溉(師古曰溉灌也音工代反)百姓饗其利至於它往往引其水用溉田溝渠甚多然莫足數也魏文侯時西門豹為鄴令有令名(師古曰有善政之稱)至文侯曾孫襄王時與羣臣飲酒王為羣臣祝曰令吾臣皆如西門豹之為人臣也史起進曰

魏氏之行田也以百畝(師古曰賦田之法一夫百畝也)鄴獨二百畝是田惡也漳水在其旁西門豹不知用是不智也知而不興是不仁也仁智豹未之盡何足法也於是以史起為鄴令遂引漳水溉鄴以富魏之河內民歌之曰鄴有賢令兮為史公決漳水兮灌鄴旁終古舃鹵兮生稻粱(蘇林曰終古猶言久古也爾雅曰鹵鹹苦也師古曰舃即斥鹵也謂鹹鹵之地也)其後韓聞秦之好興事欲罷之無令東伐(如淳曰息秦滅韓之計也師古曰罷讀曰疲令其疲勞不能出兵耳)迺使水工鄭國閒說秦(師古曰閒音居莧反其下亦同)令鑿涇水自中山西邸瓠口為渠(師古曰中讀曰仲即今九嵕之東仲山也邸至也)並北山東注洛三百餘里(師古曰並音步浪反洛水即馮翊漆沮水)欲以溉田中作而覺(師古曰中作謂用功中道事未竟也)秦欲殺鄭國鄭國曰始

臣為閒然渠成亦秦之利也臣為韓延數歲之命而為秦建萬世之功秦以為然卒使就渠渠成而用溉注塡閼之水溉舃鹵之地四萬餘頃收皆畝一鍾(師古曰注引也閼讀與淤同音於據反塡淤謂壅泥也言引淤濁之水灌鹹鹵之田更令肥美故一畝之收至六斛四斗)於是關中為沃野無凶年秦以富彊卒并諸侯因名曰鄭國渠漢興三十有九年孝文時河決酸棗東潰金隄(師古曰潰橫決也金隄河隄名也在東郡白馬界隄音丁奚反)於是東郡大興卒塞之其後三十六歲孝武元光中河決於瓠子東南注鉅野(師古曰鉅野澤名舊屬兗州界即今之鄆州鉅野縣)通於淮泗上使汲黯鄭當時興人徒塞之輒復壞是時武安侯田蚡

為丞相其奉邑食鄃鄃居河北(師古曰奉音扶用反鄃音輸清河之縣也)河決而南則鄃無水災邑收入多蚡言於上曰江河之決皆天事未易以人力彊塞彊塞之未必應天而望氣用數者亦以為然是以久不復塞也時鄭當時為大司農言異時關東漕粟從渭上(師古曰異時往時也)度六月罷(師古曰計度其功六月而後可罷也度音大各反)而渭水道九百餘里時有難處引渭穿渠起長安旁南山下(師古曰旁音步浪反)至河三百餘里徑易(師古曰徑直也易音弋豉反)漕度可令三月罷罷而渠下民田萬餘頃又可得以溉此損漕省卒而益肥關中之地得穀上以為然令齊人水工徐伯

表師古曰巡行穿渠之处而表記之今之豎標是發卒數萬人穿漕渠三歲而通以漕大便利其後漕稍多而渠下之民頗得以溉矣後河東守番係師古曰姓番名係也番音普安反言漕從山東西歲百餘萬石師古曰謂從山東運漕而西入關也更厎柱之艱師古曰更歷也音庚敗亡甚多而煩費穿渠引汾溉皮氏汾陰下引河溉汾陰蒲坂下師古曰引汾水可用溉皮氏及汾陰以下引河水可用溉汾陰及蒲坂以下以形所宜也度可得五千頃故盡河壖棄地師古曰謂河岸以下緣河邊地素不耕墾者也壖音而緣反民茭牧其中耳師古曰茭乾草也謂收茭草及牧畜產於其中茭音交今溉田之師古曰溉而種之度可得穀二百萬石以上穀從渭上與關中無異師古曰雖從關外而來於渭水運上皆可致之故曰與關中收穀無異也而厎柱

前漢溝洫志九

之東可毋復漕上以爲然發卒數萬人作渠田數歲河移徙渠不利田者不能償種師古曰言所收之直不足償糧種之費也種音之勇反久之河東渠田廢予越人令少府以爲稍入如淳曰時越人有徙者以田与之其租稅入少府也師古曰越人習於水田又新至未有業故与之也稍漸也其入未多故謂之稍也其後人有上書欲通褒斜道及漕師古曰褒斜二谷名其谷皆各自有水耳斜音弋奢反事下御史大夫張湯湯問之言抵蜀從故道故道多阪回遠師古曰抵至也故道屬武都有蛮夷故曰道即今鳳州界也回音胡內反今穿褒斜道少阪近四百里而褒水通沔斜水通渭皆可以行船漕漕從南陽上沔入褒褒絕水至斜閒百餘里以車轉從斜下渭如此漢中穀可致而

山東從沔無限便於厎柱之漕且褒斜材木竹箭之饒擬於巴蜀師古曰擬比也上以爲然拜湯子卬爲漢中守發數萬人作褒斜道五百餘里道果便近而水多湍石不可漕其後嚴熊言臨晉民願穿洛以溉重泉以東萬餘頃故惡地師古曰臨晉重泉皆馮翊之縣也洛即漆沮水誠即得水可令畝十石於是爲發卒萬人穿渠自徵引洛水至商顏下應劭曰徵在馮翊商顏山名也師古曰徵音懲即今所謂澄城也商顏商山之顏也謂之顏者譬人之顏額也亦猶山領象人之頸領岸善崩如淳曰洛水岸也師古曰善崩言憙崩也乃鑿井深者四十餘丈往往爲井井下相通行水水隤以絕商顏師古曰下流曰隤東至山領十餘里閒井渠之生自

前漢溝洫志九　五　大德八年刊

此始穿得龍骨故名曰龍首渠作之十餘歲渠頗通猶未得其饒自河決瓠子後二十餘歲歲因以數不登而梁楚之地尤甚上既封禪巡祭山川其明年乾封少雨師古曰乾音干解在郊祀志上廼使汲仁郭昌發卒數萬人塞瓠子決河於是上以用事萬里沙蹟還自臨決河湛白馬玉璧師古曰湛讀曰沈沈馬及璧以禮水神也令羣臣從官自將軍以下皆負薪寘決河師古曰寘音大千反是時東郡燒草以故薪柴少而下淇園之竹以爲楗晉灼曰淇園衛之苑也如淳曰樹竹塞水決之口稍稍布插按樹之水稍弱補令密謂之楗以草塞其裏乃以土填之有石以石爲之師古曰楗音其偃反上既臨河決悼功之不成廼作歌曰瓠子

延兮將奈何浩浩洋洋慮殫爲河如淳曰殫盡也師古曰浩浩洋洋皆
水盛貌慮猶恐也浩音胡老反洋音羊殫爲河兮地不得寧功無已時兮
吾山平如淳曰恐水漸山使平也韋昭曰鑿山以填河師古曰韋說是也已止也言用功多不可畢止也吾
山平兮鉅野溢如淳曰瓠子決灌鉅野澤使溢也魚弗鬱兮柏冬日
孟康曰鉅野滿溢則衆魚弗鬱而滋長迫冬日乃止也師古曰孟說非也弗鬱憂不樂也水長涌溢濁不清故魚不樂又迫於冬
日將甚困也柏讀與迫同弗音佛正道弛兮離常流晉灼曰言河道皆弛壞蛟龍
騁兮放遠游歸舊川兮神哉沛臣瓚曰水還舊道則羣害消除神祐
滂沛也師古曰沛音普大反不封禪兮安知外師古曰言不因巡狩封禪而出則不知關外有
此水皇謂河公兮何不仁張晏曰皇武帝也河公河伯也泛濫不止兮
愁吾人齧桑浮兮淮泗滿如淳曰齧桑邑名爲水所浮漂久不反兮

水維緩師古曰水維水之綱維也一曰河湯湯兮激潺湲師古曰歌有二
章自河湯湯以下更是其一故云一曰也湯湯疾貌也潺湲激疾也湯音傷潺音仕連反湲音千權反北渡回
兮迅流難師古曰迅疾也音訊搴長茭兮湛美玉如淳曰搴取也茭草也音
郊一曰茭竿也取長竿樹之用著石閒以塞決河也臣瓚曰竹葦絙謂之茭也所以引置土石也師古曰瓚說是也搴拔也絙索也湛美
玉者以祭河也茭字宜從竹搴音騫茭音交又音絞湛讀曰沈絙音工登反河公許兮薪不屬
如淳曰旱燒故薪不足也師古曰沈玉禮神見許福祐但以薪不屬逮故無功也屬音之欲反薪不屬兮衛
人罪師古曰東郡本衛地故言此衛人之罪也燒蕭條兮噫乎何以御水
師古曰燒草皆盡故野蕭條然也噫乎歎辭也噫音於期反隤林竹兮揵石菑師古曰隤林竹者即
上所說下淇園之竹以爲揵也石菑者謂臿石立之然後以土就塡塞也菑亦臿耳音側其反義與插同宣防塞兮
萬福來於是卒塞瓠子築宮其上名曰宣防而

道河北行二渠復禹舊迹師古曰道讀曰導而梁楚之地
復寧無水災自是之後用事者爭言水利朔方
西河河西酒泉皆引河及川谷以溉田而關中靈
軹成國漳渠如淳曰地理志盩厔有靈軹渠成國渠名在陳倉漳音韋水出韋谷引諸川
汝南九江引淮東海引鉅定臣瓚曰鉅定澤名也泰山下引
汶水師古曰汶音問皆穿渠爲溉田各萬餘頃它小渠及
陂山通道者不可勝言也師古曰陂山因山之形也道引也陂音彼義反道讀曰導一曰
陂山遏山之流以爲陂也音彼皮反自鄭國渠起至元鼎六年百三十六
歲而兒寬爲左內史奏請穿鑿六輔渠師古曰在鄭國渠之裏今
尚謂之輔渠亦曰六渠也以益溉鄭國傍高卬之田師古曰素不得鄭國之溉灌者也卬

謂上向也讀曰仰上曰農天下之本也泉流灌寖所以育五
穀也師古曰寖古浸字左右內史地名山川原甚衆細民未
知其利故爲通溝瀆畜陂澤師古曰畜讀曰蓄所以備旱
也今內史稻田租挈重不與郡同師古曰租挈收田租之約令也郡謂四方
諸郡也挈音苦計反其議減令吏民勉農盡地利平繇行水勿
使失時師古曰平繇者均齊渠堰之力役謂俱得水利也繇讀曰徭後十六歲大始二
年趙中大夫白公鄭氏曰白姓公爵時人多相謂爲公師古曰此時無公爵也蓋相呼尊老之稱耳
復奏穿渠引涇水首起谷口尾入櫟陽師古曰谷口即今雲陽縣治谷
是注渭中袤二百里師古曰袤長也音茂溉田四千五百餘頃
因名曰白渠民得其饒歌之曰田於何所池陽谷

口鄭國在前白渠起後（師古曰鄭國興於秦時故云前）舉臿為雲決渠為雨（師古曰臿鍬也所以開渠者也）涇水一石其泥數斗且溉且糞長我禾黍（如淳曰水渟淤泥可以當糞）衣食京師億萬之口言此兩渠饒也是時方事匈奴興功利言便宜者甚眾齊人延年上書（師古曰史不得其姓）言河出昆侖經中國注勃海是其地勢西北高而東南下也可案圖書觀地形令水工準高下開大河上領（晉灼曰上領山頭也）出之胡中東注之海如此關東長無水災北邊不憂匈奴可以省隄防備塞士卒轉輸胡寇侵盜覆軍殺將暴骨原野之患天下常備匈奴而不憂百越者以其

四四孑　前漢溝洫志九　八　大德八年刊　洪信

水絕壤斷也此功壹成萬世大利書奏上壯之報曰延年計議甚深然河迺大禹之所道也（師古曰道讀曰導）聖人作事為萬世功通於神明恐難改更自塞宣房後河復北決於館陶分為屯氏河（師古曰屯音大門反而隋室分析州縣誤以為毛氏河乃置毛州失之甚矣）東北經魏郡清河信都勃海入海廣深與大河等故因其自然不隄塞也此開通後館陶東北四五郡雖時小被水害而兗州以南六郡無水憂宣帝地節中光祿大夫郭昌使行河北曲三所水流之勢皆邪直貝丘縣（師古曰直當也）恐水盛隄防不能禁迺各更穿渠直東經東郡界中不令

北曲渠通利百姓安之元帝永光五年河決清河靈鳴犢口（師古曰清河之靈縣鳴犢河口也）而屯氏河絕成帝初清河都尉馮逡（師古曰逡音七旬反）奏言郡承河下流與兗州東郡分水為界城郭所居尤卑下土壤輕脆易傷頃所以闊無大害者以屯氏河通兩川分流也（師古曰闊稀也）今屯氏河塞靈鳴犢口又益不利獨一川兼受數河之任雖高增隄防終不能泄如有霖雨旬日不霽必盈溢（師古曰雨止曰霽音子計反又才詣反）靈鳴犢口在清河東界所在處下雖令通利猶不能為魏郡清河減損水害禹非不愛民力以地形有勢故穿九河今既

四の　前漢溝洫志九　九　大德八年刊　洪信

滅難明屯氏河不流行七十餘年新絕未久其處易浚（師古曰浚謂治道之令其深也浚音峻）又其口所居高於以分流殺水力道里便宜可復浚以助大河泄暴水備非常又地節時郭昌穿直渠後三歲河水更從故第二曲間北可六里復南合今其曲勢復邪直貝丘百姓寒心宜復穿渠東行不豫修治北決病四五郡南決病十餘郡然後憂之晚矣事下丞相御史白博士許商治尚書善為算能度功用（師古曰白白於天子也度音大各反）遣行視（師古曰行音下更反）以為屯氏河盈溢所為方用度不足（師古曰言國家少財役也）可且勿浚後三歲河果決於館陶及東

郡金隄從溫兖豫入平原千乘濟南凡灌四郡三十二縣水居地十五萬餘頃深者三丈壞敗官亭室廬且四萬所御史大夫尹忠對方略疏闊上切責之忠自殺遣大司農非調（師古曰大司農名非調也）調均錢穀河決所灌之郡（師古曰令其調發均平錢穀遭水之郡使存給也調音徒釣反）謁者二人發河南以東漕船五百㮴（師古曰一船爲一㮴音先勞反其字從木）從民避水居丘陵九萬七千餘口河隄使者王延世使塞（師古曰命其爲使而塞河也華陽國志云延世字長叔犍爲資中人也）以竹落長四丈大九圍盛以小石兩船夾載而下之三十六日河隄成上曰東郡河決流漂二州校尉延世隄防三旬

大小五丶丁　前漢溝洫志九　十　大德八年刊　洪信

立塞其以五年爲河平元年卒治河者爲著外繇六月（如淳曰律說戍邊一歲當罷若有急當留守六月今以卒治河之故復留六月孟康曰外繇戍邊也治水不復戍邊也師古曰如孟二說皆非也以卒治河有勞雖執役日近皆得比繇戍六月也著謂著於簿籍也著音竹助反下云非受平賈爲著外繇其義亦同）惟延世長於計策功費約省用力日寡朕甚嘉之其以延世爲光祿大夫秩中二千石賜爵關內侯黃金百斤後二歲河復決平原流入濟南千乘所壞敗者半建始時復遣王延世治之杜欽說大將軍王鳳以爲前河決丞相史楊焉言延世受焉術以塞之蔽不肯見今獨任延世延世見前塞之易恐其慮害不深又審如焉言延世之巧反

不如焉且水埶各異不博議利害而任一人如使不及今冬成來春桃華水盛必羨溢有填淤反壞之害（師古曰月令仲春之月始雨水桃始華蓋桃方華時既有雨水川谷冰泮衆流猥集波瀾盛長故謂之桃華水耳而韓詩傳云三月桃華水反壞者水塞不通故令其土壤反還也羨音弋戰反淤音於庶反）如此數郡種不得下（師古曰種五穀之子也音之勇反）民人流散盜賊將生雖重誅延世無益於事宜遣焉及將作大匠許商諫大夫乘馬延年雜作（孟康曰乘馬姓也師古曰乘音食證反）延世與焉必相破壞深論便宜以相難極（師古曰壞毀也音怪極窮也音居力反）商延年皆明計筭能商功利（師古曰商度也）足以分別是非擇其善而從之必有成功鳳如欽言白遣焉等作治六月遮成

五丶一五　前漢溝洫志九　十一　大德八年刊　洪信

復賜延世黃金百斤治河卒非受平賈者爲著外繇六月（蘇林曰平賈以錢取人作卒顧其時庸之平賈也如淳曰律說平賈一月得錢二千師古曰賈音價）後九歲鴻嘉四年楊焉言從河上下患底柱隘可鐫廣之（師古曰鐫謂琢鑿之也音子全反）上從其言使焉鐫之鐫之裁沒水中不能去而令水益湍怒爲害甚於故是歲勃海清河信都河水湓溢灌縣邑三十一（師古曰湓踊也音普頓反）敗官亭民舍四萬餘所河隄都尉許商與丞相史孫禁共行視圖方略（師古曰圖謀也行音下更反）禁以爲今河溢之害數倍於前決平原時今可決平原金隄閒開通大河令入故篤馬河（韋昭曰在平原縣）至海五百餘里

水道浚利又乾三郡水地得美田且二十餘萬頃足以償所開傷民田廬處又省吏卒治隄救水歲三萬人以上許商以為古說九河之名有徒駭胡蘇鬲津今見在成平東光鬲界中師古曰此九河之三也徒駭在成平胡蘇在東光鬲津在鬲成平東光屬勃海鬲屬平原徒駭者言禹治此河用功極眾故人徒驚駭也胡蘇下流急疾之貌也鬲津言其陿小可鬲以為津而度也鬲與隔同自鬲以北至徒駭間相去二百餘里今河雖數移徙不離此域孫禁所欲開者在九河南篤馬河失水之迹處勢平夷旱則淤絕水則為敗不可許公卿皆從商言先是谷永以為河中國之經瀆師古曰經常也聖王興則出圖書王道廢則竭絕

今潰溢橫流漂沒陵阜異之大者也修政以應之災變自除是時李尋解光亦言陰氣盛則水為之長故一日之間晝減夜增江河滿溢所謂水不潤下雖常於卑下之地猶日月變見於朔望明天道有因而作也眾庶見王延世蒙重賞競言便巧不可用議者常欲求索九河故迹而穿之今因其自決可且勿塞以觀水勢河欲居之當稍自成川跳出沙土然後順天心而圖之必有成功而用財力寡於是遂止不塞滿昌師丹等數言百姓可哀上數遣使者處業振贍之師古曰處業謂安處之使得其居業哀帝初

平當使領河隄師古曰為使而領其事奏言九河今皆寘滅按經義治水有決河深川師古曰決分泄也深浚治也而無隄防雍塞之文師古曰雍讀曰壅河從魏郡以東北多溢決水迹難以分明四海之眾不可誣宜博求能浚川疏河者下丞相孔光大司空何武奏請部刺史三輔三河弘農太守舉吏民能者莫有應書待詔賈讓奏言治河有上中下策古者立國居民疆理土地必遺川澤之分度水勢所不及師古曰遺留也度計也言川澤水所流聚之處皆留而置之不以為居邑而妄墾殖必計水所不及然後居而田之也分音扶問反度音大各反大川無防小水得入陂障卑下以為汙澤師古曰停水曰汙音一胡反使秋水多得有所

休息左右游波寬緩而不迫夫土之有川猶人之有口也治土而防其川猶止兒啼而塞其口豈不遽止然其死可立而待也師古曰遽速也音其庶反故曰善為川者決之使道師古曰道讀曰導導通引也善為民者宣之使言蓋隄防之作近起戰國雍防百川各以自利師古曰雍讀曰壅齊與趙魏以河為竟師古曰竟讀曰境趙魏瀕山齊地卑下師古曰瀕山猶言以山為邊界也瀕音頻又音賓作隄去河二十五里河水東抵齊隄則西泛趙魏趙魏亦為隄去河二十五里雖非其正水尚有所游盪時至而去則填淤肥美民耕田之或久無害稍築室宅遂成聚落大水時至

漂没則更起隄防以自救稍去其城郭排水澤而居之湛溺自其宜也[師古曰湛讀曰沈]今隄防陿者去水數百步遠者數里近黎陽南故大金隄從河西西北行至西山南頭迺折東與東山相屬[師古曰屬連及也音之欲反]民居金隄東爲廬舍住十餘歲更起隄從東山南頭直南與故大隄會又内黄界中有澤方數十里環之有隄[師古曰環繞也]往十餘歲太守以賦民[師古曰以隄中之地給與民]民今起廬舍其中此臣親所見者也東郡白馬故大隄亦復數重民皆居其閒從黎陽北盡魏界故大隄去河遠者數十里内亦數重此皆前世所排

也河從河内北至黎陽爲石隄激使東抵東郡平剛[師古曰激者聚石於隄旁衝要之處所以激去其水也激音工歷反]又爲石隄使西北抵黎陽觀下[師古曰觀縣名也音工喚反]又爲石隄使東北抵東郡津北又爲石隄使西北抵魏郡昭陽又爲石隄激使東北百餘里閒河再西三東迫阸如此不得安息今行上策徙冀州之民當水衝者決黎陽遮害亭放河使北入海河西薄大山東薄金隄埶不能遠泛濫朞月自定難者將曰若如此敗壞城郭田廬冢墓以萬數百姓怨恨昔大禹治水山陵當路者毀之故鑿龍門辟伊闕[師古曰辟讀曰闢闢開也]析厎柱破碣

石[師古曰析分也]墮斷天地之性[師古曰墮毀也音火規反]此迺人功所造何足言也今瀕河十郡治隄歲費且萬萬及其大決所殘無數如出數年治河之費以業所徙之民遵古聖之法定山川之位使神人各處其所而不相奸[師古曰奸音干]且以大漢方制萬里豈其與水爭咫尺之地哉此功一立河定民安千載無患故謂之上策若迺多穿漕渠於冀州地使民得以溉田分殺水怒雖非聖人法然亦救敗術也難者將曰河水高於平地歲增隄防猶尚決溢不可以開渠臣竊按視遮害亭西十八里至淇水口迺有金隄

高一丈自是東地稍下隄稍高至遮害亭高四五丈往五六歲河水大盛增丈七尺壞黎陽南郭門入至隄下[如淳曰然則隄在郭内也臣瓚曰謂水從郭南門入北門出而至隄也師古曰瓚説是也]水未踰隄二尺所從隄上北望河高出民屋百姓皆走上山水留十三日隄潰吏民塞之臣循隄上行視水埶[師古曰行音下更反]南七十餘里至淇口水適至隄半計出地上五尺所今可從淇口以東爲石隄多張水門初元中遮害亭下河去隄足數十步至今四十餘歲適至隄足由是言之其地堅矣恐議者疑河大川難禁制滎陽漕渠足以卜之[如淳曰今礫谿口是也言]

作水門通水流不爲害也師古曰礫谿谿名即水經所云沛水東過礫谿者其水門但用木與土耳今據堅地作石隄埶必完安冀州渠首盡當卬此水門治渠非穿地也（師古曰卬音牛向反）但爲東方一隄北行三百餘里入漳水中其西因山足高地諸渠皆往往股引取之（如淳曰股支別也）旱則開東方下水門溉冀州水則開西方高門分河流通渠有三利不通有三害民常罷於救水半失作業（師古曰此一害也罷讀曰疲）水行地上湊潤上徹民則病溼氣木皆立枯鹵不生穀（師古曰此二害）決溢有敗爲魚鼈食此三害也若有渠溉則鹽鹵下隰填淤加肥（師古曰此一利）故種禾麥更爲秔

稻高田五倍下田十倍（師古曰此二利也秔謂稻之不粘者也音庚）轉漕舟船之便此三利也今瀕河隄吏卒郡數千人伐買薪石之費歲數千萬足以通渠成水門又民利其溉灌相率治渠雖勞不罷（師古曰罷讀曰疲）民田適治河隄亦成此誠富國安民興利除害支數百歲故謂之中策若迺繕完故隄增卑倍薄勞費無已數逢其害此最下策也王莽時徵能治河者以百數其大略異者長水校尉平陵關並（師古曰桓譚新論云並字子陽材智通達也）言河決率常於平原東郡左右其地形下而土疏惡聞禹治河時本空此地以爲水猥盛則放溢（師古曰猥多也）少稍自索（師古曰索盡也音先各反）雖時易處猶不能離此上古難識近察秦漢以來河決曹衞之域其南北不過百八十里者可空此地勿以爲官亭民室而已大司馬史長安張戎（師古曰新論云字仲功習溉灌事也）言水性就下行疾則自刮除成空而稍深河水重濁號爲一石水而六斗泥今西方諸郡以至京師東行民皆引河渭山川水溉田春夏乾燥少水時也故使河流遲貯淤而稍淺雨多水暴至則溢決而國家數隄塞之稍益高於平地猶築垣而居水也可各順從其性毋復灌溉則百川流行水道自利無溢決

之害矣御史臨淮韓牧（師古曰新論云字子台善水事）以爲可略於禹貢九河處穿之縱不能爲九但爲四五宜有益大司空掾王橫（師古曰橫字平中琅邪人見儒林傳中讀曰仲）言河入勃海勃海地高於韓牧所欲穿處往者天嘗連雨東北風海水溢西南出浸數百里九河之地已爲海所漸矣（師古曰漸浸也讀如本字又音子廉反）禹之行河水本隨西山下東北去（師古曰行謂通流也）周譜云定王五年河徙（如淳曰譜音補世統譜諜也）則今所行非禹之所穿也又秦攻魏決河灌其都決處遂大不可復補宜卻徙完平處更開空（師古曰空猶穿）使緣西山足乘高地而東北入海迺無水災沛郡

桓譚爲司空掾典其議爲甄豐言凡此數者必有一是宜詳考驗皆可豫見計定然後舉事費不過數億萬亦可以事諸浮食無產業民師古曰事謂役使也空居與行役同當衣食衣食縣官而爲之作迺兩便師古曰言無產業之人端居無爲及發行力役俱須衣食耳今縣官給其衣食而使修治河水是爲公私兩便也可以上繼禹功下除民疾王莽時但崇空語無施行者

贊曰古人有言微禹之功吾其魚乎師古曰左氏傳載周大夫劉定公之辭也言無禹治水之功則天下之人皆爲魚鼈耳中國川原以百數莫著於四瀆而河爲宗孔子曰多聞而志之知之次也師古曰論語稱孔子之言曰多聞擇其善者而從之多見而志之知之次也志記也字亦作識音式異反國之利害故備論其事

二万八千六　前漢溝洫志九　十八

溝洫志卷第九

藝文志卷第十　班固　漢書　三十

秘書監上護軍琅邪縣開國子顏師古注

昔仲尼沒而微言絕李奇曰隱微不顯之言也師古曰精微要妙之言耳七十子喪而大義乖師古曰七十子謂弟子達者七十二人舉其成數故言七十故春秋分爲五韋昭曰謂左氏公羊穀梁鄒氏夾氏也詩分爲四韋昭曰謂毛氏齊魯韓易有數家之傳戰國從衡眞僞分爭師古曰從音子容反諸子之言紛然殽亂師古曰殽雜也至秦患之乃燔滅文章以愚黔首師古曰燔燒也秦謂人爲黔首言其頭黑也燔音扶元反黔音其炎反又音琴漢興改秦之敗大收篇籍廣開獻書之路迄孝武世書缺簡脫禮壞樂崩師古曰編絕散落故簡脫脫音吐活反聖上喟然而稱曰師古曰喟歎息貌也音丘位反朕甚閔焉於是建藏書之策如淳曰劉歆七略曰外則有太常太史博士之藏內則有延閣廣內秘室之府置寫書之官下及諸子傳說皆充祕府至成帝時以書頗散亡使謁者陳農求遺書於天下詔光祿大夫劉向校經傳諸子詩賦步兵校尉任宏校兵書太史令尹咸校數術師古曰占卜之書侍醫李柱國校方技師古曰醫藥之書也每一書已師古曰已畢也向輒條其篇目撮其指意錄而奏之師古曰撮總取也音子括反會向卒哀帝復使向子侍中奉車都尉歆卒父業師古曰卒終也歆於是總羣書而奏其七略故有輯略師古曰輯與集同謂諸書之總要有六藝略師古曰六藝六經也有諸子略有詩賦略有兵書略有術數

五百　前漢藝文志十　大德九年春刊

略有方技略今刪其要以備篇籍（師古曰刪去浮冗取其指要也其每略所條家及篇數有與總凡不同者轉寫脫誤年代久遠無以詳知）

易經十二篇施孟梁丘三家（師古曰上下經及十翼故十二篇）易傳周氏二篇（字王孫也）服氏二篇（師古曰劉向別録云服氏齊人號服光）楊氏二篇（名何字叔元菑川人）蔡公二篇（衛人事周王孫）韓氏二篇（名嬰）王氏二篇（名同）丁氏八篇（名寛字子襄梁人也）古五子十八篇（自甲子至壬子說易陰陽）淮南道訓二篇（淮南王安聘明易者九人號九師說）古雜八十篇雜災異三十五篇神輸五篇圖一（師古曰劉向別録云神輸者王道失則災害生得則四海輸之祥瑞）孟氏京房十一篇災異孟氏京房六十六篇五鹿充宗略說三篇京氏段嘉十二篇（蘇林曰東海人爲博士晉灼曰儒林不見師古曰蘇說是也嘉即京房所從受易者也見儒林傳及劉向別録）章句施孟梁丘氏各二篇

凡易十三家二百九十四篇　易曰宓戲氏仰觀象於天俯觀法於地觀鳥獸之文與地之宜近取諸身遠取諸物於是始作八卦以通神明之德以類萬物之情（師古曰下繫之辭也鳥獸之文謂其迹在地者宓讀與伏同）至于殷周之際紂在上位逆天暴物文王以諸侯順命而行道天人之占可得而效於是重易六爻作上下篇孔氏爲之彖象繫辭文言序卦之屬十篇故曰易道深矣人更三聖（韋昭曰伏羲文王孔子師古曰更經也音工衡反）世歷三古（孟康曰易繫辭曰易之興其於中古乎然則伏羲爲上古文王爲中古孔子爲下古）及秦燔書而易爲筮卜之事傳者不絕漢興田何傳之訖于宣元有施孟梁丘京氏列於學官而民閒有費高二家之說（師古曰費音扶未反）劉向以中古文易經校施孟梁丘經（師古曰中者天子之書也言中以別於外耳）或脫去無咎悔亡唯費氏經與古文同

尚書古文經四十六卷（爲五十七篇師古曰孔安國書序云凡五十九篇爲四十六卷承詔作傳引序各冠其篇首定五十八篇鄭玄敘贊云後又亡其一篇故五十七）經二十九卷（大小夏侯二家歐陽經三十二卷師古曰此二十九卷伏生傳授者）傳四十一篇歐陽章句三十一卷大小夏侯章句各二十九卷大小夏侯解故二十九篇歐陽說義二篇劉向五行傳記十一卷許商五行傳記一篇周書七十一篇（周史記師古曰劉向云周時誥誓號令也蓋孔子所論百篇之餘也今之存者四十五篇矣）議奏四十二篇（宣帝時石渠論韋昭曰閣名也於此論書）

凡書九家四百一十二篇（入劉向稽疑一篇師古曰此凡言入者謂七略之外班氏新入之也其云出者與此同）易曰河出圖雒出書聖人則之（師古曰上繫之辭也）故書之所起遠矣至孔子纂焉（孟康曰纂音撰）上斷於堯下訖于秦凡百篇而爲之序言其作意秦燔書禁學濟南伏生獨壁藏之漢興亡失求得二十九篇以教齊魯之閒訖孝宣世有歐陽大小夏侯氏立於學官古文尚書者出孔子壁中（師古曰家語云孔騰字子襄畏秦法峻急藏尚書孝經論語於夫子舊堂壁中而漢記尹敏傳云孔鮒所藏二說不同未知孰是）武帝末魯共王壞孔子宅欲以廣其宮而得古文尚書及禮

記論語孝經凡數十篇皆古字也共王往入其宅聞鼓琴瑟鍾磬之音於是懼乃止不壞孔安國者孔子後也悉得其書以考二十九篇得多十六篇（師古曰壁中書多以考見行世二十九篇之外更得十六篇）安國獻之遭巫蠱事未列于學官劉向以中古文校歐陽大小夏侯三家經文酒誥脫簡一召誥脫簡二（師古曰召讀曰邵）率簡二十五字者脫亦二十五字簡二十二字者脫亦二十二字文字異者七百有餘脫字數十書者古之號令號令於衆其言不立具則聽受施行者弗曉古文讀應爾雅故解古今語而可知也

詩經二十八卷魯齊韓三家（應劭曰申公作魯詩后蒼作齊詩韓嬰作韓詩）魯故二十五卷（師古曰故者通其指義也它皆類此今流俗毛詩改故訓傳為詁字失真耳）魯說二十八卷齊后氏故二十卷齊孫氏故二十七卷齊后氏傳三十九卷齊孫氏傳二十八卷齊雜記十八卷韓故三十六卷韓內傳四卷韓外傳六卷韓說四十一卷毛詩二十九卷毛詩故訓傳三十卷

凡詩六家四百一十六卷書曰詩言志歌詠言（師古曰虞書舜典之辭也在心為志發言為詩詠者永也永長也歌所以長言之）故哀樂之心感而歌詠之聲發誦其言謂之詩詠其聲謂之歌故古有采詩之官王者所以觀風俗知得失自考正也孔子純取周詩上采殷下取魯凡三百五篇遭秦而全者以其諷誦不獨在竹帛故也漢興魯申公為詩訓故而齊轅固燕韓生皆為之傳或取春秋采雜說咸非其本義與不得已魯最為近之（師古曰與不得已者言皆不得也三家皆不得其真而魯最近之）三家皆列於學官又有毛公之學自謂子夏所傳而河間獻王好之未得立

禮古經五十六卷經七十篇（后氏戴氏）記百三十一篇（七十子後學者所記也）明堂陰陽三十三篇（古明堂之遺事）王史氏二十一篇（七十子後學者師古曰劉向別錄云六國時人也）曲臺后倉九篇（如淳曰行禮射於曲臺后倉為記故名曰曲臺記漢官曰大射於曲臺晉灼曰天子射宮也西京無太學於此行禮也）中庸說二篇（師古

曰今禮記有中庸一篇亦非本禮經蓋此之流）明堂陰陽說五篇周官經六篇（王莽時劉歆置博士師古曰即今之周官禮也亡其冬官以考工記充之）周官傳四篇軍禮司馬法百五十五篇古封禪群祀二十二篇封禪議對十九篇（武帝時也）漢封禪群祀三十六篇議奏三十八篇（石渠）

凡禮十三家五百五十五篇（入司馬法一家百五十五篇）易曰有夫婦父子君臣上下禮義有所錯（師古曰序卦之辭也錯置也音千故反）而帝王質文世有損益至周曲為之防事為之制（師古曰委曲防閑每事為制也）故曰禮經三百威儀三千（韋昭曰周禮三百六十官也三百舉成數也臣瓚曰禮經三百謂冠婚吉凶周禮三百是官名也師古曰禮經三百韋說是也威儀三千乃謂冠婚吉凶蓋儀禮是）及周

之衰諸侯將踰法度惡其害己皆滅去其籍自
孔子時而不具至秦大壞漢興魯高堂生傳士
禮十七篇訖孝宣世后倉最明戴德戴聖慶普
皆其弟子三家立於學官禮古經者出於魯淹中
蘇林曰里名也 及孔氏學七十篇文相似多三十九篇及明
堂陰陽王史氏記所見多天子諸侯卿大夫之制
雖不能備猶瘉倉等推士禮而致於天子之說 師古
曰瘉與愈同愈勝也 樂記二十三篇王禹記二十四篇雅
歌詩四篇雅琴趙氏七篇 名定勃海人宣帝時丞相魏相所奏 雅琴師
氏八篇 名中東海人傳言師曠後 雅琴龍氏九十九篇 名德梁人師古曰劉向別

録云亦魏相所奏也與趙定俱召見待詔後拜為侍郎 凡樂六家百六十五篇
出淮南劉向等琴頌七篇 易曰先王作樂崇德殷薦之上帝以享
祖考 師古曰豫卦象辭也殷盛也 故自黃帝下至三代樂各有名
孔子曰安上治民莫善於禮移風易俗莫善於樂
師古曰孝經載孔子之言 二者相與並行周衰俱壞樂尤微眇以
音律為節 師古曰眇細也言其道精微節在音律不可具於書眇亦讀曰妙 又為鄭衛所
亂故無遺法漢興制氏以雅樂聲律世在樂官頗
能紀其鏗鏘鼓舞而不能言其義 師古曰鏗音初衡反 六國之
君魏文侯最為好古孝文時得其樂人竇公 師古曰桓譚新
論云竇公年百八十歲兩目皆盲文帝奇之問曰何因至此對曰臣年十三失明父母哀其不及衆技教鼓琴臣導引無所服餌 獻

其書乃周官大宗伯之大司樂章也武帝時河間
獻王好儒與毛生等共采周官及諸子言樂事者
以作樂記獻八佾之舞與制氏不相遠其內史丞
王定傳之以授常山王禹禹成帝時為謁者數言
其義 師古曰數音所角反 獻二十四卷記劉向校書得樂記二
十三篇與禹不同其道寖以益微 師古曰寖漸也 春秋古經
十二篇經十一卷 公羊穀梁二家 左氏傳三十卷 左丘明魯太史 公
羊傳十一卷 公羊子齊人師古曰名高 穀梁傳十一卷 穀梁子魯人師古曰名喜 鄒
氏傳十一卷夾氏傳十一卷 有録無書師古曰夾音頰 左氏微二
篇 師古曰微謂釋其微指 鐸氏微三篇 楚太傅鐸椒也 張氏微十篇

虞氏微傳二篇 趙相虞卿 公羊外傳五十篇穀梁外
傳二十篇公羊章句三十八篇穀梁章句三十三篇
公羊雜記八十三篇公羊顏氏記十一篇公羊董仲舒
治獄十六篇議奏三十九篇 石渠論 國語二十一篇 左丘明著 新國
語五十四篇 劉向分國語 世本十五篇 古史官記黃帝以來記春秋時諸侯大夫
戰國策三十三篇 記春秋後 奏事二十篇 秦時大臣奏事及刻石名
山文 楚漢春秋九篇 陸賈所記 太史公百三十篇 十篇有録無書
馮商所續太史公七篇 韋昭曰馮商受太史公十餘篇在班彪別録商字子
高師古曰七略云商陽陵人治易事五鹿充宗後事劉向能屬文後與孟柳俱待詔頗序列傳未卒
病死 太古以來年紀二篇漢著記百九十卷 師古

曰若今之起居注 漢大年紀五篇
凡春秋二十三家九百四十八篇 省太史公四篇 古之王者
世有史官君舉必書所以慎言行昭法式也左史
記言右史記事事爲春秋言爲尚書帝王靡不同
之周室既微載籍殘缺仲尼思存前聖之業乃稱
曰夏禮吾能言之杞不足徵也殷禮吾能言之宋
不足徵也文獻不足故也足則吾能徵之矣 師古曰論語載
孔子之言也徵成也獻賢也孔子自謂能言夏殷之禮而杞宋之君文章賢材不足以成之故我不得成此禮也 以魯周
公之國禮文備物史官有法故與左丘明觀其史
記據行事仍人道 師古曰仍亦因也 因興以立功就敗以成

罰假日月以定歷數藉朝聘以正禮樂有所褒諱
貶損不可書見口授弟子弟子退而異言 師古曰謂人執所見
各不同也 丘明恐弟子各安其意以失其眞故論本事而
作傳明夫子不以空言說經也春秋所貶損大人
當世君臣有威權勢力其事實皆形於傳是以隱
其書而不宣所以免時難也及末世口說流行故
有公羊穀梁鄒夾之傳四家之中公羊穀梁立於
學官鄒氏無師夾氏未有書 論語古二十一篇 出孔
子壁中兩子張 如淳曰分堯曰篇後子張問何如可以從政已下爲篇名曰從政 齊二十二篇 多問王知道 如淳曰
問王知道皆篇名也 魯二十篇傳十九篇 師古曰解釋論語意者 齊說二十

九篇魯夏侯說二十一篇魯安昌侯說二十一篇
師古曰張禹也 魯王駿說二十篇 師古曰王吉子 燕傳說三卷議奏
十八篇 石渠論 孔子家語二十七卷 師古曰非今所有家語 孔子
三朝七篇 師古曰今大戴禮有其一篇蓋孔子對魯哀公語也三朝見公故曰三朝 孔子徒人
圖法二卷 凡論語十二家二百二十九篇論
語者孔子應荅弟子時人及弟子相與言而接聞
於夫子之語也當時弟子各有所記夫子既卒門
人相與輯而論篹故謂之論語 師古曰輯與集同篹與撰同 漢興
有齊魯之說傳齊論者昌邑中尉王吉少府宋
畸 師古曰畸音居宜反 御史大夫貢禹尚書令五鹿充宗膠東

庸生唯王陽名家 師古曰王吉字子陽故謂之王陽 傳魯論語者常山
都尉龔奮長信少府夏侯勝丞相韋賢魯扶卿前
將軍蕭望之安昌侯張禹皆名家張氏最後而行
於世 孝經古孔氏一篇 二十二章 師古曰劉向云古
文字也庶人章分爲二也曾子敢問章爲三又多一章凡二十二章 孝經一篇 十八章長孫氏江氏后氏翼氏四家 孫氏
說二篇江氏說一篇翼氏說一篇后氏說一篇雜
傳四篇安昌侯說一篇五經雜議十八篇 石渠論 爾
雅三卷二十篇 張晏曰爾近也雅正也 小爾雅一篇古今字一
卷弟子職一篇 應劭曰管仲所作在管子書 說三篇
凡孝經十一家五十九篇孝經者孔子爲曾子陳

孝道也夫孝天之經地之義民之行也舉大者言
故曰孝經漢興長孫氏博士江翁少府后倉諫大
夫翼奉安昌侯張禹傳之各自名家經文皆同唯
孔氏壁中古文為異父母生之續莫大焉故親生
之膝下諸家說不安處古文字讀皆異臣瓚曰孝經云續莫大焉
而諸家之說各不安處之也師古曰桓譚新論云古孝經千八百七十二字今異者四百餘字
史籀十五篇周宣王太史作大篆十五篇建武時亡六篇矣師古曰籀音胄八體六技韋昭
曰八體一曰大篆二曰小篆三曰刻符四曰蟲書五曰摹印六曰署書七曰殳書八曰隸書蒼頡一篇上七章秦丞相李斯
作爰歷六章車府令趙高作博學七章太史令胡毋敬作凡將一篇司馬相如作急就一篇元帝
時黃門令史游作元尚一篇成帝時將作大匠李長作訓纂一篇揚雄作別字

五百六十四　前漢藝文志十　十　大德九年刊刘　震卿

十三篇蒼頡傳一篇揚雄蒼頡訓纂一篇杜林蒼頡
訓纂一篇杜林蒼頡故一篇
凡小學十家三十五篇入揚雄杜林二家二篇易曰上古結繩
以治後世聖人易之以書契百官以治萬民以察
蓋取諸夬師古曰下繫之辭夬揚于王庭師古曰夬卦之辭言其宣
揚于王者朝廷其用最大也古者八歲入小學故
周官保氏掌養國子教之六書師古曰保氏地官之屬也保安也謂
象形象事象意象聲轉注假借造字之本也師古曰象
形謂畫成其物隨體詰詘日月是也象事即指事也謂視而可識察而見意上下是也象意即會意也謂比類合誼以見指撝武信是也
象聲即形聲謂以事為名取譬相成江河是也轉注謂建類一首同意相受考老是也假借謂本無其字依聲託事令長是也文字之義

總歸六書故曰立字之本焉漢興蕭何草律師古曰草創造之亦著其法曰
太史試學童能諷書九千字以上乃得為史又以
六體試之課最者以為尚書御史史書令史韋昭曰若今尚
書蘭臺令史也臣瓚曰史書今之太史書吏民上書字或不正輒舉劾六體
者古文奇字篆書隸書繆篆蟲書師古曰古文謂孔子壁中書奇字即
古文而異者也篆書謂小篆蓋秦始皇使程邈所作也隸書亦程邈所獻主於徒隸從簡易也繆篆謂其文屈曲纏繞所以摹印章
也蟲書謂為蟲鳥之形所以書幡信也皆所以通知古今文字摹印章書
幡信也古制書必同文不知則闕問諸故老至於
衰世是非無正人用其私師古曰各任私意而為字故孔子曰吾猶
及史之闕文也今亡矣夫師古曰論語載孔子之言謂文字有疑則當闕而不說孔子自

五百卅二　前漢藝文志十　十一　大德九年刊刘　震卿

言我初涉學尚見闕文今則皆無任意改作也蓋傷其寖不正師古曰寖漸也史籀篇
者周時史官教學童書也與孔氏壁中古文異
體蒼頡七章者秦丞相李斯所作也爰歷六章者
車府令趙高所作也博學七章者太史令胡毋敬
所作也文字多取史籀篇而篆體復頗異所謂秦
篆者也是時始造隸書矣起於官獄多事苟趨省
易師古曰趨讀曰趣趣謂向之也易音弋豉反施之於徒隸也漢興閭里書
師合蒼頡爰歷博學三篇斷六十字以為一章凡
五十五章并為蒼頡篇師古曰并合也總合以為蒼頡篇也武帝時司
馬相如作凡將篇無復字師古曰復重也音扶目反後皆類此元帝時

黃門令史游作急就篇，成帝時將作大匠李長作元尚篇，皆蒼頡中正字也。凡將則頗有出矣。至元始中，徵天下通小學者以百數，各令記字於庭中。揚雄取其有用者以作訓纂篇，順續蒼頡，又易蒼頡中重復之字，凡八十九章。臣復續揚雄作十三章，（韋昭曰：臣，班固自謂也。作十三章，後人不別，疑在蒼頡下章三十四章中。）凡一百二章，無復字，六藝羣書所載略備矣。蒼頡多古字，俗師失其讀，宣帝時徵齊人能正讀者，張敞從受之，傳至外孫之子杜林，爲作訓故，并列焉。

凡六藝一百三家，三千一百二十三篇。（入三家，一百五十九篇；出重十一篇。）

六藝之文：樂以和神，仁之表也；詩以正言，義之用也；禮以明體，明者著見，故無訓也；書以廣聽，知之術也；春秋以斷事，信之符也。五者，蓋五常之道，相須而備，而易爲之原。故曰「易不可見，則乾坤或幾乎息矣」，（蘇林曰：不能見易意，則乾坤近於滅息也。師古曰：此上繫之辭也。幾，近也。音鉅依反。）言與天地爲終始也。至於五學，世有變改，猶五行之更用事焉。（師古曰：更，互也。音工衡反。）古之學者耕且養，三年而通一藝，存其大體，玩經文而已，是故用日少而畜德多，（師古曰：畜讀曰蓄。蓄，聚也。易大畜卦象辭曰：君子以多識前言往行以畜其德。）三十而五經立也。後世經傳既已乖離，博學者又不思多聞闕疑之義，（師古曰：論語稱孔子曰：多聞闕疑，慎言其餘，則寡尤。言爲學之道，務在多聞，疑則闕之，慎於言語，則少過也。故志引之。）而務碎義逃難，便辭巧說，破壞形體；（師古曰：苟爲僻碎之義，以避它人之攻難者，故爲便辭巧說，以析破文字之形體也。）說五字之文，至於二三萬言。（師古曰：言其煩妄也。桓譚新論云：秦近君能說堯典篇目兩字之說，至十餘萬言，但說曰若稽古三萬言。）後進彌以馳逐，故幼童而守一藝，白首而後能言；安其所習，毀所不見，（師古曰：已所常習，則保安之；未嘗所見者，則妄毀訾。）終以自蔽。此學者之大患也。

序六藝爲九種。

晏子八篇。（名嬰，謚平仲，相齊景公，孔子稱善與人交，有列傳。師古曰：有列傳者，謂太史公書。）

子思二十三篇。（名伋，孔子孫，爲魯繆公師。）

曾子十八篇。（名參，孔子弟子。）

漆雕子十三篇。（孔子弟子漆雕啟後。）

宓子十六篇。（名不齊，字子賤，孔子弟子。師古曰：宓讀與伏同。）

景子三篇。（說宓子語，似其弟子。）

世子二十一篇。（名碩，陳人也，七十子之弟子。）

魏文侯六篇。

李克七篇。（子夏弟子，爲魏文侯相。）

公孫尼子二十八篇。（七十子之弟子。）

孟子十一篇。（名軻，鄒人，子思弟子，有列傳。師古曰：聖證論云軻字子車，而此志無字，未詳其所得。）

孫卿子三十三篇。（名況，趙人，爲齊稷下祭酒，有列傳。師古曰：本曰荀卿，避宣帝諱，故曰孫。）

芈子十八篇。（名嬰，齊人，七十子之後。師古曰：芈音弭。）

內業十五篇。（不知作書者。）

周史六弢六篇。（惠、襄之間，或曰顯王時，或曰孔子問焉。師古曰：即今之六韜也，蓋言取天下及軍旅之事。弢字與韜同也。）

周政六篇。（周時法度政教。）

周法九篇。（法天地，立百官。）

河間周制十八篇。（似河間獻王所述也。）

讕言十篇。（不知作者，陳人君法度。如淳曰：讕音粲爛。師古曰：說者引孔子家語云孔穿所造，非也。）

功議四篇。（不知作者，論功德事。）

甯越一篇。（中牟人，爲周威王師。）

王孫子一篇。（一曰巧心。）

公孫固一篇。（十八章。齊閔王失國，問之，固因爲陳古今成敗也。）

李氏春

秋二篇 羊子四篇 百章故秦博士 董子一篇 名無心難墨子 俟子一篇 李奇曰或作俥子 徐子四十二篇 宋外黃人 魯仲連子十四篇 有列 平原君七篇 朱建也 虞氏春秋十五篇 虞卿也 高祖傳十三篇 高祖與大臣述古語及詔策也 陸賈二十三篇 劉敬三篇 孝文傳十一篇 文帝所稱及詔策 賈山八篇 太常蓼侯孔臧十篇 父聚高祖時以功臣封臧嗣爵 賈誼五十八篇 河間獻王對上下三雍宮三篇 董仲舒百二十三篇 兒寬九篇 公孫弘十篇 終軍八篇 吾丘壽王六篇 虞丘說一篇 難孫卿也 莊助四篇 臣彭四篇 鉤盾冗從李步昌八篇 宣帝時數言事 儒家言十八篇 不知作者 桓寬鹽鐵論六十篇 師古曰寬字次公汝南人也孝昭帝時丞相御史與諸賢良文學論鹽鐵事寬撰次之 劉向所序六十七篇 新序說苑世說列女傳頌圖也 揚雄所序三十八篇 太玄十九法言十三樂四箴二

右儒五十三家八百三十六篇 入揚雄一家三十八篇

儒家者流蓋出於司徒之官助人君順陰陽明教化者也游文於六經之中留意於仁義之際祖述堯舜憲章文武宗師仲尼以重其言 師古曰祖始也述修也憲法也章明也宗尊也言以堯舜為本始而遵修之文王武王為明法又師尊仲尼之道 於道最為高孔子曰如有所譽其有所試 師古曰論語載孔子之言也言於人有所稱譽者輒試以事取其實效也譽音弋於反 唐虞之隆殷周之盛仲尼之業已試之效者也然惑者既失精微而辟者又隨時抑揚違離道本 師古曰辟讀曰僻 苟以譁眾取寵 師古曰譁諠也寵尊也譁音呼華反 後進循之是以五經乖析儒學寖衰此辟儒之患 師古曰寖漸也辟讀曰僻

伊尹五十一篇 湯相 太公二百三十七篇 呂望為周師尚父本有道者或有近世又以為太公術者所增加也師古曰父讀曰甫也 謀八十一篇 言七十一篇 兵八十五篇 辛甲二十九篇 紂臣七十五諫而去周封之 鬻子二十二篇 名熊為周師自文王以下問焉周封為楚祖師古曰鬻音弋六反 筦子八十六篇 名夷吾相齊桓公九合諸侯不以兵車也有列傳師古曰筦讀與管同 老子鄰氏經傳四篇 姓李名耳鄰氏傳其學 老子傅氏經說三十七篇 述老子學 老子徐氏經說六篇 字少季臨淮人傳老子 劉向說老子四篇 文子九篇 老子弟子與孔子並時而稱周平王問似依託者也 蜎子十三篇 名淵楚人老子弟子師古曰蜎姓也音一元反 關尹子九篇 名喜為關吏老子過關喜去吏而從之 莊子五十二篇 名周宋人 列子八篇 名圄寇先莊子莊子稱之 老成子十八篇 長盧子九篇 楚人 王狄子一篇 公子牟四篇 魏之公子也先莊子莊子稱之 田子二十五篇 名駢齊人游稷下號天口駢師古曰駢音步田反 老萊子十六篇 楚人與孔子同時 黔婁子四篇 齊隱士守道不詘威王下之師古曰黔音其炎反下音胡樓反 宮孫子二篇 師古曰宮孫姓也不知名 鶡冠子一篇 楚人居深山以鶡為冠師古曰以鶡鳥羽為冠 周訓十四篇 師古曰劉向別錄云人間小書其言俗薄 黃帝四經四篇 黃帝銘六篇 黃帝君臣十篇 起六國時與老子相似也 雜黃帝五十八篇 六國時賢者所作 力牧二十二篇 六國時所作託之力牧力牧黃帝相 孫子十六篇

六國時 捷子二篇齊人武帝時說 曹羽二篇楚人武帝時說於齊王 郎中
嬰齊十二篇武帝時師古曰劉向云故待詔不知其姓數從游觀名能為文 臣君子二篇
蜀人 鄭長者一篇六國時先韓子韓子稱之師古曰別錄云鄭人不知姓名 楚子三篇 道
家言二篇近世不知作者 右道三十七家九百九十
三篇道家者流蓋出於史官歷記成敗存亡禍
福古今之道然後知秉要執本清虛以自守卑弱
以自持此君人南面之術也合於堯之克攘師古曰攘
書堯典稱堯之德曰允恭克讓言其信恭能讓也故志引之云攘古讓字 易之嗛嗛一謙而四
益此其所長也師古曰四益謂天道虧盈而益謙地道變盈而流謙鬼神害盈而福謙人道惡盈而好謙
也此謙卦彖辭嗛字與謙同 及放者為之則欲絕去禮學兼弃仁

義師古曰放蕩也 曰獨任清虛可以為治
宋司星子韋三篇景公之史 公檮生終始十四篇傳鄒奭始
終書師古曰檮音疇其字從木 公孫發二十二篇六國時 鄒子四十九
篇名衍齊人為燕昭王師居稷下號談天衍 鄒子終始五十六篇師古曰亦鄒衍所說 乘
丘子五篇六國時 杜文公五篇六國時師古曰劉向別傳云韓人也 黃帝
泰素二十篇六国時韓諸公子所作師古曰劉向別錄云或言韓諸公孫之所作也言陰陽五行以為黃帝之道
也故曰泰素 南公三十一篇六國時 容成子十四篇 張蒼十六
篇丞相北平侯 鄒奭子十二篇齊人號曰彫龍奭師古曰奭音試亦反 閭丘子十
三篇名快魏人在南公前 馮促十三篇鄭人 將鉅子五篇六国時先南公南公
稱之 五曹官制五篇漢制似賈誼所條 周伯十一篇齊人六国時 衛

侯官十二篇近世不知作者 于長天下忠臣九篇平陰人近世師古曰劉向
別錄云傳天下忠臣 公孫渾邪十五篇平曲侯 雜陰陽三十八篇
不知作者 右陰陽二十一家三百六十九篇陰陽
家者流蓋出於羲和之官敬順昊天歷象日月星
辰敬授民時此其所長也及拘者為之則牽於禁
忌泥於小數師古曰泥滯也音乃計反 舍人事而任鬼神師古曰舍廢也
李子三十二篇名悝相魏文侯富國彊兵 商君二十九篇名鞅姬姓衛後也相
秦孝公有列傳 申子六篇名不害京人相韓昭侯終其身諸侯不敢侵韓師古曰京河南京縣 處子九
篇師古曰史記云趙有處子 慎子四十二篇名到先申韓申韓稱之 韓子五十
五篇名非韓諸公子使秦李斯害而殺之 游棣子一篇師古曰棣音徒計反 晁錯三十

一篇 燕十事十篇不知作者 法家言二篇不知作者
右法十家二百一十七篇法家者流蓋出於理
官信賞必罰以輔禮制易曰先王以明罰飭法師古
曰噬嗑之象辭也飭整也讀與敕同 此其所長也及刻者為之則無教化
去仁愛專任刑法而欲以致治至於殘害至親傷
恩薄厚師古曰薄厚者變厚為薄 鄧析二篇鄭人與子產並時師古曰列子及孫卿並
云子產殺鄧析據左傳昭公二十年子產卒定公九年駟歂殺鄧析而用其竹刑則非子產所殺也 尹文子一篇
說齊宣王先公孫龍師古曰劉向云與宋鈃俱游稷下鈃音形 公孫龍子十四篇趙人師古曰即為堅
白之辯者 成公生五篇與黃公等同時師古曰姓成公劉向云與李斯子由同時由為三川守成公生游談不仕
惠子一篇名施與莊子並時 黃公四篇名疵為秦博士作歌詩在秦時歌詩中師古曰疵音

才斯反 毛公九篇 趙人與公孫龍等並游平原君趙勝家師古曰劉向別錄云論堅白同異以為可以治天下此

蓋史記所云藏於博徒者 右名七家三十六篇名家者流蓋

出於禮官古者名位不同禮亦異數孔子曰必也

正名乎名不正則言不順言不順則事不成 師古曰論語載

孔子之言也言欲為政必先正其名 此其所長也及謷者為之 晉灼曰謷訐也師古曰謷音工

鈞反 則苟鈎鈲析亂而已 師古曰鈲破也音普華反又音普狄反

尹佚二篇 周臣在成康時也 田俅子三篇 先韓子蘇林曰俅音仇 我子一

篇 師古曰劉向別錄云為墨子之學 隨巢子六篇 墨翟弟子 胡非子三篇 墨翟

弟子 墨子七十一篇 名翟為宋大夫在孔子後

右墨六家八十六篇墨家者流蓋出於清廟之

守茅屋采椽 師古曰采柞木也字作棌本從木以茅覆屋以棌為椽言其質素也采音千在反 是

以貴儉養三老五更是以兼愛選士大射是以上

賢宗祀嚴父是以右鬼 如淳曰右鬼謂信鬼神若杜伯射宣王是親鬼而右之師古曰右猶尊尚

也 順四時而行是以非命 蘇林曰非有命者言儒者執有命而反勸人修德積善政教與

行相反故譏之也如淳曰言無吉凶之命但有賢不肖善惡 以孝視天下是以上同 如淳曰言

皆同可以治也師古曰墨子有節用兼愛上賢明鬼神非命上同等諸篇故志歷序其本意也視讀曰示 此其所長

也及蔽者為之見儉之利因以非禮推兼愛之意

而不知別親疏

蘇子三十一篇 名秦有列傳 張子十篇 名儀有列傳 龐煖二篇

為燕將師古曰煖音許遠反 闕子一篇 國筮子十七篇 秦零陵令

信一篇 難秦相李斯 蒯子五篇 名通 鄒陽七篇 主父偃二

十八篇 徐樂一篇 莊安一篇 待詔金馬聊蒼三篇

趙人武帝時師古曰嚴助傳作膠蒼而此志作聊志傳不同未知孰是 右從橫十二家

百七篇從橫家者流蓋出於行人之官孔子曰誦

詩三百使於四方不能顓對雖多亦奚以為 師古曰論

語載孔子之言也謂人不達於事誦詩雖多亦無所用 又曰使乎使乎 師古曰亦論語載孔子之言歎使者

之難其人 言其當權事制宜受命而不受辭此其所長

也及邪人為之則上詐諼而棄其信 師古曰諼詐言也音許遠反

孔甲盤盂二十六篇 黃帝之史或曰夏帝孔甲似皆非 大禹三十七

篇 傳言禹所作其文似後世語師古曰禹古禹字 五子胥八篇 名員春秋時為吳將忠直遇讒死

子晚子三十五篇 齊人好議兵與司馬法相似 由余三篇 戎人秦穆公聘以為

大夫 尉繚二十九篇 六國時師古曰尉姓繚名也音了又音聊劉向別錄云繚為商君學 尸子

二十篇 名佼魯人秦相商君師之鞅死佼逃入蜀師古曰佼音絞 呂氏春秋二十六

篇 秦相呂不韋輯智略士作 淮南內二十一篇 王安 淮南外三十

三篇 師古曰內篇論道外篇雜說 東方朔二十篇 伯象先生一篇

應劭曰蓋隱者也故公孫敖難以無益世主之治 荊軻論五篇 軻為燕刺秦王不成而死司馬相如

等論之 吳子一篇 公孫尼一篇 博士臣賢對一篇 漢世

難韓子商君 臣說三篇 武帝時作賦師古曰說者其人名讀曰悅 解子簿書三十

五篇推雜書八十七篇雜家言一篇 王伯不知作者師古曰言伯王之道

伯讀曰霸 右雜二十家四百三篇 入兵法 雜家者流

蓋出於議官兼儒墨合名法知國體之有此 師古曰治國之體亦當有此雜家之說 見王治之無不貫 師古曰王者之治於百家之道無不貫綜 此其所長也及盪者爲之則漫羡而無所歸心 師古曰漫放也 羡音弋戰反

神農二十篇 六國時諸子疾時怠於農業道耕農事託之神農 師古曰劉向別錄云疑李悝及商君所說

野老十七篇 六國時在齊楚閒應劭曰年老居田野相民耕種故號野老

宰氏十七篇 不知何世

董安國十六篇 漢代內史不知何帝時

尹都尉十四篇 不知何世

趙氏五篇 不知何世

氾勝之十八篇 成帝時爲議郎師古曰劉向別錄云使教田三輔有好田者師之徙爲御史氾音凡又音敷劒反

王氏六篇 不知何世

蔡癸一篇 宣帝時以言便宜至弘農太守 師古曰劉向別錄云邯鄲人

右農九家百一十四篇

農家者流蓋出於農稷之官播百穀勸耕桑以足衣食故八政一曰食二曰貨孔子曰所重民食 師古曰論語載孔子稱殷湯伐桀告天辭也言爲君之道所重者在人之食 此其所長也及鄙者爲之以爲無所事聖王 師古曰言不須聖王天下自治 欲使君臣並耕誖上下之序 師古曰誖亂也音布內反

伊尹說二十七篇 其語淺薄似依託也

鬻子說十九篇 後世所加

周考七十六篇 考周事也

青史子五十七篇 古史官記事也

師曠六篇 見春秋其言淺薄本與此同似因託之

務成子十一篇 稱堯問非古語

宋子十八篇 孫卿道宋子其言黃老意

天乙三篇 天乙謂湯其言非殷時皆依託也

黃帝說四十篇 迂誕依託

封禪方說十八篇 武帝時

待詔臣饒心術二十五篇 武帝時 師古曰劉向別錄云饒齊人也不知其姓武帝時待詔作書名曰心術也

待詔臣安成未央術一篇 應劭曰道家也好養生事爲未央之術

臣壽周紀七篇 項國圉人宣帝時

虞初周說九百四十三篇 河南人武帝時以方士侍郎號黃車使者 應劭曰其說以周書爲本 師古曰史記云虞初洛陽人即張衡西京賦小說九百本自虞初者也

百家百三十九卷

右小說十五家千三百八十篇

小說家者流蓋出於稗官 如淳曰稗音鍛家排九章細米爲稗街談巷說其細碎之言也王者欲知閭巷風俗故立稗官使稱說之今世亦謂偶語爲稗 師古曰稗音稊稗之稗不與鍛排同也稗官小官漢名臣奏唐林請省置吏公卿大夫至都官稗官各減什三是也 街談巷語道聽塗說者之所造也孔子曰雖小道必有可觀者焉致遠恐泥是以君子弗爲也 師古曰論語載孔子之言泥滯也音乃細反

然亦弗滅也閭里小知者之所及亦使綴而不志如或一言可采此亦芻蕘狂夫之議也

凡諸子百八十九家四千三百二十四篇 出蹵鞠一家二十五篇

諸子十家其可觀者九家而已皆起於王道既微諸侯力政時君世主好惡殊方 師古曰好音呼到反惡音一故反 是以九家之術蠭出並作 師古曰蠭與鋒同 各引一端崇其所善以此馳說取合諸侯其言雖殊辟猶水火相滅亦相生也 師古曰辟讀曰譬 仁之與義敬之與和相反而皆相成也易曰天下同歸而殊塗一致而百慮 師古曰下繫之辭 今異家者各推所長窮知究慮以明其指雖

有蔽短合其要歸亦六經之支與流裔師古曰裔衣末也其於六經如水之下流衣之末裔使其人遭明王聖主得其所折中皆股肱之材已師古曰已語終辭仲尼有言禮失而求諸野師古曰言都邑失禮則於外野求之亦將有獲方今去聖久遠道術缺廢無所更索師古曰索求也彼九家者不猶瘉於野乎師古曰瘉與愈同愈勝也若能修六藝之術而觀此九家之言舍短取長則可以通萬方之略矣師古曰舍廢也

屈原賦二十五篇楚懷王大夫有列傳唐勒賦四篇楚人宋玉賦十六篇楚人與唐勒並時在屈原後也趙幽王賦一篇莊夫子賦二十四篇名忌吳人賈誼賦七篇枚乘賦九篇司馬相如賦二十九篇淮南王賦八十二篇淮南王群臣賦四十四篇太常蓼侯孔臧賦二十篇陽丘侯劉隁賦十九篇師古曰隁音偃吾丘壽王賦十五篇蔡甲賦一篇上所自造賦二篇師古曰武帝也兒寬賦二篇光祿大夫張子僑賦三篇與王襃同時也陽成侯劉德賦九篇劉向賦三十三篇王襃賦十六篇右賦二十家三百六十一篇

陸賈賦三篇枚皋賦百二十篇朱建賦二篇常侍郎莊怱奇賦十一篇枚皋同時師古曰七略云怱奇者或言莊夫子子或言族家子莊助昆弟也從行至茂陵詔造賦嚴助賦三十五篇師古曰上言莊怱奇下言嚴助史駁文朱買臣賦三篇宗正劉辟彊賦八篇司馬遷賦八篇郎中臣嬰齊賦十篇臣說賦九篇師古曰說名音悅臣吾賦十八篇遼東太守蘇季賦一篇蕭望之賦四篇河內太守徐明賦三篇字長君東海人元成世歷五郡太守有能名給事黃門侍郎李息賦九篇淮陽憲王賦二篇揚雄賦十二篇待詔馮商賦九篇博士弟子杜參賦二篇師古曰劉向別錄云臣向謹與長社尉杜參校中秘書劉歆又云參杜陵人以陽朔元年病死死時年二十餘車郎張豐賦三篇張子僑子驃騎將軍朱宇賦三篇師古曰劉向別錄云驃騎將軍史朱宇志以宇在驃騎府故揔言驃騎將軍右賦二十一家二百七十四篇入揚雄八篇

孫卿賦十篇秦時雜賦九篇李思孝景皇帝頌十五篇廣川惠王越賦五篇長沙王群臣賦三篇魏內史賦二篇東暆令延年賦七篇師古曰東暆縣名暆音移衛士令李忠賦二篇張偃賦二篇賈充賦四篇張仁賦六篇秦充賦二篇李步昌賦二篇侍郎謝多賦十篇平陽公主舍人周長孺賦二篇雒陽錡華賦九篇師古曰錡姓華名錡音魚綺反眭弘賦一篇師古曰即眭孟也眭音元隨反別栩陽賦五篇服虔曰栩音詡臣昌市賦六篇臣義賦二篇黃門書者假史王商賦十三篇侍中徐博賦四篇黃門書者王廣呂嘉賦五篇漢中都尉丞華龍賦二篇左馮翊史路恭賦八篇右賦二十五家百三十六篇

客主賦十八篇雜行出及頌德賦二十

四篇雜四夷及兵賦二十篇雜中賢失意賦十二
篇雜思慕悲哀死賦十六篇雜鼓琴劍戲賦十三
篇雜山陵水泡雲氣雨旱賦十六篇 師古曰泡水上浮漚也泡音普交反
漚音一侯反 雜禽獸六畜昆蟲賦十八篇雜器械草木賦
三十三篇大雜賦三十四篇成相雜辭十一篇隱
書十八篇 師古曰劉向別錄云隱書者疑其言以相問對者以慮思之可以無不諭
右雜賦十二家二百三十三篇
高祖歌詩二篇泰一雜甘泉壽宮歌詩十四篇宗
廟歌詩五篇漢興以來兵所誅滅歌詩十四篇出
行巡狩及遊歌詩十篇臨江王及愁思節士歌詩

四篇李夫人及幸貴人歌詩三篇詔賜中山靖王
子噲及孺子妾冰未央材人歌詩四篇 師古曰孺子王妾之有品
號者也妾王之眾妾也冰其名材人天子內官 吳楚汝南歌詩十五篇燕代謳
鴈門雲中隴西歌詩九篇邯鄲河間歌詩四篇齊
鄭歌詩四篇淮南歌詩四篇左馮翊秦歌詩三篇
京兆尹秦歌詩五篇河東蒲反歌詩一篇黃門倡
車忠等歌詩十五篇雜各有主名歌詩十篇雜歌
詩九篇雒陽歌詩四篇河南周歌詩七篇河南周
歌聲曲折七篇周謠歌詩七十五篇周謠歌詩聲
曲折七十五篇諸神歌詩三篇送迎靈頌歌詩三

篇周歌詩二篇南郡歌詩五篇
右歌詩二十八家三百一十四篇凡詩賦百六家
千三百一十八篇 入揚雄八篇 傳曰不歌而誦謂之賦登
高能賦可以為大夫言感物造耑材知深美 師古曰耑古端字也因物動志則造辭義之端緒
可與圖事故可以為列大夫也古
者諸侯卿大夫交接鄰國以微言相感當揖讓之
時必稱詩以諭其志蓋以別賢不肖而觀盛衰焉
故孔子曰不學詩無以言也 師古曰論語載孔子戒伯魚之辭也 春秋之
後周道寖壞 師古曰寖漸也 聘問歌詠不行於列國學詩
之士逸在布衣而賢人失志之賦作矣大儒孫卿

及楚臣屈原離讒憂國皆作賦以風 師古曰離遭也風讀曰諷次下亦同
咸有惻隱古詩之義其後宋玉唐勒漢興枚乘
司馬相如下及揚子雲競為侈麗閎衍之詞沒其
風諭之義是以揚子悔之曰詩人之賦麗以則辭
人之賦麗以淫 師古曰辭人言後代之為文辭 如孔氏之門人用賦
也則賈誼登堂相如入室矣如其不用何 師古曰言孔氏之門既不用賦不可如何謂賈誼相如無所施也 自孝武立樂府而采歌謠於是有代
趙之謳秦楚之風皆感於哀樂緣事而發亦可以
觀風俗知薄厚云序詩賦為五種
吳孫子兵法八十二篇 圖九卷 師古曰孫武也臣於闔廬 齊孫子八十

九篇（圖四卷師古曰孫臏）公孫鞅二十七篇吳起四十八篇（有列傳）范蠡二篇（越王句踐臣也）大夫種二篇（與范蠡俱事句踐）李子十篇娷一篇（師古曰娷音女瑞反）兵春秋一篇龐煖二篇（師古曰煖音許遠反又音許元反）兒良一篇（師古曰六國時人也兒音五奚反）廣武君一篇（李左車）韓信三篇（師古曰淮陰侯）

右兵權謀十三家二百五十九篇（省伊尹太公管子孫卿子鶡冠子蘇子蒯通陸賈淮南王二百五十九種出司馬法入禮也）權謀者以正守國以奇用兵先計而後戰兼形勢包陰陽用技巧者也

楚兵法七篇（圖四卷）蚩尤二篇（見呂刑）孫軫五篇（圖二卷）繇敘二篇王孫十六篇（圖五卷）尉繚三十一篇魏公子二十一篇（圖十卷名無忌有列傳）景子十三篇李良三篇丁子一篇項王一篇（名籍）

右兵形勢十一家九十二篇圖十八卷形勢者雷動風舉後發而先至離合背鄉變化無常（師古曰背音步內反鄉讀曰嚮）以輕疾制敵者也

太壹兵法一篇天一兵法三十五篇神農兵法一篇黃帝十六篇（圖三卷）封胡五篇（黃帝臣依託也）風后十三篇（圖二卷黃帝臣依託也）力牧十五篇（黃帝臣依託也）鵊冶子一篇（圖一卷晉灼曰鵊音夾）鬼容區三篇（圖一卷黃帝臣依託師古曰即鬼臾區也）地典六篇孟子一篇東父三十一篇師曠八篇（晉平公臣）萇弘十五篇（周史）別成子望軍氣六篇（圖三卷）辟兵威勝方七十篇

右陰陽十六家二百四十九篇圖十卷陰陽者順時而發推刑德隨斗擊因五勝（師古曰五勝五行相勝也）假鬼神而為助者也

鮑子兵法十篇（圖一卷）五子胥十篇（圖一卷）公勝子五篇苗子五篇（圖一卷）逢門射法二篇（師古曰即逢蒙）陰通成射法十一篇李將軍射法三篇（師古曰李廣）魏氏射法六篇彊弩將軍王圍射法五卷（師古曰圍郁郅人也見趙充國傳）望遠連弩射法具十五篇護軍射師王賀射書五篇蒲苴子弋法四篇（師古曰苴音子余反）劍道三十八篇手搏六篇雜家兵法五十七篇蹴鞠二十五篇（師古曰鞠以韋為之實以物蹵蹋之以為戲也蹴鞠陳力之事故附於兵法焉蹴音子六反鞠音巨六反）

右兵技巧十三家百九十九篇（省墨子重入蹴鞠也）技巧者習手足便器械積機關以立攻守之勝者也

凡兵書五十三家七百九十篇圖四十三卷（省十家二百七十一篇重入蹴鞠一家二十五篇出司馬法百五十五篇入禮也）兵家者蓋出古司馬之職王官之武備也洪範八政八曰師孔子曰為國者足食足兵（師古曰論語載孔子之言無兵與食不可以為國）以不教民戰是謂棄之（師古曰亦論語所載孔子之言言棄其不素習武備）明兵之重也易曰古者弦木為弧剡木為矢弧矢之利以威天下（師古曰下繫之辭也弧木弓也剡謂銳而

利之也音代冊反 其用上矣後世燿金爲刃割革爲甲師古曰燿讀與鑠同謂銷也 器械甚備下及湯武受命以師克亂而濟百姓動之以仁義行之以禮讓司馬法是其遺事也自春秋至於戰國出奇設伏變詐之兵並作漢興張良韓信序次兵法凡百八十二家刪取要用定著三十五家諸呂用事而盜取之武帝時軍政楊僕捃摭遺逸紀奏兵錄師古曰捃摭謂拾取之捃音九問反摭音之石反 猶未能備至于孝成命任宏論次兵書爲四種

泰壹雜子星二十八卷五殘雜變星二十一卷師古曰五殘星名也見天文志

黃帝雜子氣三十三篇常從日月星氣二十一卷師古曰常從人姓名也老子師之

皇公雜子星二十二卷淮南雜子星十九卷泰壹雜子雲雨三十四卷國章觀霓雲雨三十四卷泰階六符一卷李奇曰三台謂之泰階兩兩成體三台故六觀色以知吉凶故曰六符

金度玉衡漢五星客流出入八篇漢五星彗客行事占驗八卷漢日旁氣行事占驗三卷漢流星行事占驗八卷漢日旁氣行占驗十三卷漢日食月暈雜變行事占驗十三卷海中星占驗十二卷海中五星經雜事二十二卷海中五星順逆二十八卷海中二十八宿國分二十八卷海中二十八宿臣分二十八卷海中日月彗虹雜占十八卷圖書祕記十七篇

右天文二十一家四百四十五卷天文者序二十八宿步五星日月以紀吉凶之象聖王所以參政也易曰觀乎天文以察時變師古曰賁卦之彖辭也 然星事兇悍非湛密者弗能由也師古曰兇讀與凶同湛讀曰沈由用也 夫觀景以譴形非明王亦不能服聽也以不能由之臣諫不能聽之王此所以兩有患也

黃帝五家歷三十三卷顓頊歷二十一卷顓頊五星歷十四卷日月宿歷十三卷夏殷周魯歷十四卷天歷大歷十八卷漢元殷周諜歷十七卷耿昌

月行帛圖二百三十二卷耿昌月行度二卷傳周五星行度三十九卷律歷數法三卷自古五星宿紀三十卷太歲謀日晷二十九卷帝王諸侯世譜二十卷古來帝王年譜五卷日晷書三十四卷許商筭術二十六卷杜忠筭術十六卷

右歷譜十八家六百六卷歷譜者序四時之位正分至之節會日月五星之辰以考寒暑殺生之實故聖王必正歷數以定三統服色之制又以探知五星日月之會凶阨之患吉隆之喜其術皆出焉此聖人知命之術也非天下之至材其孰與焉師古

曰輿讀曰豫道之亂也患出於小人而強欲知天道者壞大以爲小削遠以爲近是以道術破碎而難知也

泰一陰陽二十三卷黄帝陰陽二十五卷黄帝諸子論陰陽二十五卷諸王子論陰陽二十五卷太元陰陽二十六卷三典陰陽談論二十七卷神農大幽五行二十七卷四時五行經二十六卷猛子閭昭二十五卷陰陽五行時令十九卷堪輿金匱十四卷師古曰許慎云堪天道輿地道也務成子災異應十四卷十二典災異應十二卷鍾律災應二十六卷鍾律叢辰日苑二十二卷鍾律消息二十九卷黄鍾七卷天一六卷泰一二十九卷刑

德七卷風鼓六甲二十四卷風后孤虛二十卷六合隨典二十五卷轉位十二神二十五卷羨門式法二十卷羨門式二十卷文解六甲十八卷文解二十八宿二十八卷五音奇胲用兵二十三卷如淳曰音該師古曰許慎云胲軍中約也五音奇胲刑德二十一卷五音定名十五卷右五行三十一家六百五十二卷五行者五常之形氣也書云初一曰五行次二曰羞用五事師古曰周書洪範之辭也言進用五事以順五行也貌言視聽思心失而五行之序亂五星之變作皆出於律歷之數而分爲一者也師古曰謂皆在五行志也其法亦起五德終始推其極則無不至而小數家因此以爲吉凶而行於世寖以相亂師古曰寖漸也

龜書五十二卷夏龜二十六卷南龜書二十八卷巨龜三十六卷雜龜十六卷蓍書二十八卷周易三十八卷周易明堂二十六卷周易隨曲射匿五十卷大筮衍易二十八卷大次雜易三十卷鼠序卜黄二十五卷於陵欽易吉凶二十三卷任良易旗七十一卷易卦八具

右蓍龜十五家四百一卷蓍龜者聖人之所用也書曰女則有大疑謀及卜筮師古曰周書洪範之辭也言所爲之事有疑則以卜筮決之

也龜曰卜蓍曰筮易曰定天下之吉凶成天下之亹亹者莫善於蓍龜是故君子將有爲也將有行也問焉而以言其受命也如嚮無有遠近幽深遂知來物非天下之至精其孰能與於此師古曰皆上繫之辭也亹亹深致也言君子所爲行皆以其言問於易受命如嚮者謂示以吉凶其應速疾如嚮之隨聲也遂猶究也來物謂當來之事也嚮讀與響同與讀曰豫及至衰世解於齊戒而婁煩卜筮師古曰解讀曰懈齊讀曰齋婁讀曰屢神明不應故筮瀆不告易以爲忌師古曰易蒙卦之辭曰初筮告再三瀆瀆則不告言童蒙之來決疑初則以實而告至于再三爲其煩瀆乃不告也龜厭不告詩以爲刺師古曰小雅小旻之詩曰我龜既厭不我告猶言卜問煩數嫚於龜龜靈厭之不告以道也

黄帝長柳占夢十一卷

甘德長柳占夢二十卷武禁相衣器十四卷嚏耳

鳴雜占十六卷（師古曰嚏音丁計反）禎祥變怪二十一卷人鬼精物六畜變怪二十一卷變怪誥咎十三卷執不祥劾鬼物八卷請官除訞祥十九卷（師古曰訞字與妖同）禳祀天文十八卷（師古曰禳除灾也音人羊反）請禱致福十九卷請雨止雨二十六卷泰壹雜子候歲二十二卷子贛雜子候歲二十六卷五法積貯寶臧二十三卷神農教田相土耕種十四卷昭明子釣種生魚鼈八卷種樹臧果相蠶十三卷

右雜占十八家三百一十三卷雜占者紀百事之象候善惡之徵（師古曰徵證也）易曰占事知來（師古曰下繫之辭也言有事而占則觀方來之驗也）衆占非一而夢為大故周有其官（師古曰謂大卜掌三夢之法又占夢中士二人皆宗伯之屬官）而詩載熊羆虺蛇衆魚旐旟之夢著明大人之占以考吉凶（師古曰小雅斯干之詩曰吉夢維何維熊維羆男子之祥維虺維蛇女子之祥無羊之詩曰牧人乃夢衆維魚矣旐維旟矣大人占之衆維魚矣實維豐年旐維旟矣室家溱溱言能羆熊虺蛇皆為吉祥之夢而生男女及見衆魚則為豐年之應旐旟則為多盛之象大人占之謂以聖人占夢之法占之也畫虺蛇曰旐鳥隼曰旟）蓋參卜筮春秋之說訞也曰人之所忌其氣炎以取之訞由人興也人失常則訞興人無釁焉訞不自作（師古曰申繻之辭也事見莊公十四年炎謂火之光始欲然也言人之所忌其氣燄引致於灾也釁瑕也失常謂反五常之德也炎讀與燄同）故曰德勝不祥義厭不惠（師古曰厭音伊葉反惠順也）桑穀共生大戊以興雊雉登鼎武丁為宗（師古曰說在郊祀五行志）然惑

者不稽諸躬而忌訞之見（師古曰稽考也計也）是以詩刺召彼故老訊之占夢（師古曰小雅正月之詩也故老元老也訊問也言不能修德以禳灾但問元老以占夢之吉凶）傷其舍本而憂末不能勝凶咎也

山海經十三篇國朝七卷宮宅地形二十卷相人二十四卷相寶劍刀二十卷相六畜三十八卷

右形法六家百二十二卷形法者大舉九州之勢以立城郭室舍形人及六畜骨法之度數器物之形容以求其聲氣貴賤吉凶猶律有長短而各徵其聲非有鬼神數自然也然形與氣相首尾亦有其形而無其氣有其氣而無其形此精微之獨異也

凡數術百九十家二千五百二十八卷數術者皆明堂羲和史卜之職也史官之廢久矣其書既不能具雖有其書而無其人易曰苟非其人道不虛行（師古曰下繫之辭也言道由人行）春秋時魯有梓慎鄭有裨竈晉有卜偃宋有子韋六國時楚有甘公魏有石申夫漢有唐都庶得麤觕（師古曰觕粗略也音才戶反）蓋有因而成易無因而成難故因舊書以序數術為六種

黃帝內經十八卷外經三十七卷扁鵲內經九卷外經十二卷白氏內經三十八卷外經三十六卷旁篇二十

五卷
右醫經七家二百一十六卷醫經者原人血脉經落骨髓陰陽表裏以起百病之本死生之分而用度箴石湯火所施（師古曰箴所以刺病也石謂砭石即石箴也古者攻病則有砭今其術絶矣箴音之林反砭音彼廉反）調百藥齊和之所宜（師古曰齊音才詣反其下並同和音乎卧反）至齊之得猶慈石取鐵以物相使拙者失理以瘉為劇以生為死（師古曰瘉讀與愈同愈差也）

五藏六府痺十二病方三十卷（師古曰痺風溼之病音必二反）

五藏六府疝十六病方四十卷（師古曰疝心腹氣病音山諫反又音訕）

五藏六府癉十二病方四十卷（師古曰癉黄病音丁韓反）

風寒熱十六病方二十六卷

泰始黄帝扁鵲俞拊方二十三卷（應劭曰黄帝時醫也師古曰拊音膚）

五藏傷中十一病方三十一卷

客疾五藏狂顛病方十七卷

金創瘲瘛方三十卷（服虔曰音掣引之掣師古曰小兒病也瘛音充制反瘲音子用反）

婦人嬰兒方十九卷

湯液經法三十二卷

神農黄帝食禁七卷

右經方十一家二百七十四卷經方者本草石之寒溫量疾病之淺深假藥味之滋因氣感之宜辯五苦六辛致水火之齊以通閉解結反之於平及失其宜者以熱益熱以寒增寒精氣內傷不見於外是所獨失也故諺曰有病不治常得中醫

容成陰道二十六卷

務成子陰道三十六卷

堯舜陰道二十三卷

湯盤庚陰道二十卷

天老雜子陰道二十五卷

天一陰道二十四卷

黄帝三王養陽方二十卷

三家內房有子方十七卷

右房中八家百八十六卷房中者情性之極至道之際是以聖王制外樂以禁內情而為之節文傳曰先王之作樂所以節百事也樂而有節則和平壽考及迷者弗顧以生疾而隕性命

宓戲雜子道二十篇

上聖雜子道二十六卷

道要雜子十八卷

黄帝雜子步引十二卷

黄帝岐伯按摩十卷

黄帝雜子芝菌十八卷（師古曰服餌芝菌之法也菌音求閔反）

黄帝雜子十九家方二十一卷

泰壹雜子十五家方二十二卷

神農雜子技道二十三卷

泰壹雜子黄冶三十一卷（師古曰黄冶釋在郊祀志）

右神僊十家二百五卷神僊者所以保性命之眞而游求於其外者也聊以盪意平心同死生之域（師古曰盪滌一曰盪放也）而無怵惕於胷中然而或者專以為務則誕欺怪迂之文彌以益多（師古曰誕大言也迂遠也）非聖王之所以教也孔子曰索隱行怪後世有述焉吾不為之矣（師古曰禮記載孔子之言索隱求索隱暗之事而行怪迂之道妄令後人有所祖述非我本志）

凡方技三十六家八百六十八卷方技者皆生生之具王官之一守也大古有岐伯俞拊中世有扁鵲秦和 師古曰和秦醫名也 蓋論病以及國原診以知政 師古曰診視驗謂視其脉及色候也診音軫又丈刃反 漢興有倉公今其技術晻昧 師古曰晻與暗同 故論其書以序方技爲四種大凡書六略三十八種五百九十六家萬二千二百六十九卷 入三家五十篇 省兵十家

藝文志卷第十

志序神僊者內云孔子曰索隱行怪頫師古注云禮記載孔子之言索隱求索隱暗之事臣從案禮記中庸篇有云子曰素隱行怪後世有述焉吾弗爲之矣鄭玄注云素讀如攻城攻其所傃之傃傃猶鄉也言方鄉避害隱身而行佹譎以作後世名也弗爲之矣恥之也今之志作索隱師古從而解之文注即與禮記不同意義亦不相遠故索字不更刊正作素字

陳勝項籍列傳第一

服虔曰傳次其時之先後耳不以賢智功之大小也師古曰雖次時之先後亦以事類相從如江充息夫躬與蒯通同傳賈山與路溫舒同傳嚴助與賈捐之同傳之類是也

班固 漢書三十一

祕書監上護軍琅邪縣開國子顏 師古 注

陳勝字涉陽城人 師古曰地理志屬汝南郡 吳廣字叔陽夏人也 師古曰地理志屬淮陽夏音工雅反 勝少時嘗與人傭耕 師古曰與人俱受其雇直而爲之耕言賣功傭也 輟耕之壟上 師古曰輟止也之往也壟謂田中之高處 悵然甚久曰苟富貴無相忘 師古曰但一人富貴不問彼此皆不相忘也 傭者笑而應曰若爲傭耕何富貴也勝太息曰嗟乎燕雀安知鴻鵠之志哉 師古曰鴻大鳥也水居鵠黃鵠也一舉千里鵠音胡督反 秦二世元年秋七月發閭左戍漁陽九百人 師古曰閭里門也發閭左之人皆遣戍也解具在食貨志 勝廣皆爲屯長 師古曰人所聚曰屯爲其長帥也 行至蘄大澤鄉會天大雨道不通度已失期失期法斬 師古曰度謂量計之音大各反 勝廣乃謀曰今亡亦死舉大計亦死等死死國可乎勝曰天下苦秦久矣吾聞二世少子不當立當立者乃公子扶蘇扶蘇以數諫故不得立上使外將兵 師古曰數音所角反皆類此 今或聞無罪二世殺之百姓多聞其賢未知其死 如淳曰扶蘇自殺故人不知其死或以爲不知何坐而死故天下寃二世殺之師古曰如或說皆非也此言我聞二世已殺扶蘇矣而百姓皆未知之故勝廣舉事詐自稱扶蘇耳 項燕爲楚將數有功 師古曰燕音一千反 愛士卒楚人憐之或以爲在今誠以吾衆爲天下倡宜多應者 師古曰倡讀曰唱謂首號令也 廣以爲然迺行卜卜者

知其指意曰足下事皆成有功然足下卜之鬼乎李奇曰卜者誠曰所卜事雖成當死為鬼惡指斥言而勝失其指反依鬼神起怪也蘇林曰狐鳴祠中即是也如淳曰以鬼道惑衆乎但用人事也師古曰李如之說皆非也卜者云事成有功然須假託鬼神乃可與起耳故勝廣曉其此意則為魚書狐鳴以威衆耳勝廣喜念鬼曰此教我先威衆耳迺丹書帛曰陳勝王置人所罾魚腹中師古曰罾魚網也形如仰繖蓋四維而舉之音曾卒買魚亨食得書已怪之矣師古曰亨音普庚反又間令廣之次所旁叢祠中夜構火狐鳴呼曰大楚興陳勝王鄭氏曰間謂竊令人行也張晏曰戍人所止處也叢鬼所憑也師古曰張說非也此言密於廣所次舍處旁側叢祠中為之非戍人所止也叢謂草木岑蔚者也祠神祠也構謂結起也呼音火故反卒皆夜驚恐旦日卒中往往指目勝廣師古曰指而私目視之勝廣素愛人士卒多為用將尉醉師古曰將尉者其官本尉耳時領戍人故為將尉廣故數言欲亡忿尉令辱之以激怒其衆尉果笞廣尉劍挺廣起奪而殺尉師古曰挺拔也尉劍自拔出廣因奪取之勝佐之并殺兩尉召令徒屬曰公等遇雨皆已失期當斬藉弟令毋斬服虔曰藉猶借也弟使也應劭曰藉吏士名籍也弟次也言令失期當斬就使籍弟幸得不斬戍死者固十六七也蘇林曰藉假弟且也晉灼曰酈食其傳弟言之外戚傳弟一見我蘇說是也師古曰服應說弟義皆非也晉氏意頗近之而猶未得漢書諸言弟者甚衆弟但也語有緩急耳言但令無斬也今俗人語稱但者急言之則音如弟矣酈食其外戚傳所云弟者皆謂但耳義非且也而戍死者固什六七且壯士不死則已死則舉大名耳侯王將相寧有種乎師古曰言求之而得不必胤冑徒屬皆曰敬受令乃詐稱公子扶蘇項燕從民望也袒右稱大楚師古曰袒右者脫右肩之衣當時取異於凡衆也為壇而盟祭

以尉首師古曰以所殺尉之首祭神也勝自立為將軍廣為都尉攻大澤鄉拔之收兵而攻蘄蘄下乃令符離人葛嬰將兵徇蘄以東李奇曰徇略也師古曰音似峻反攻銍酇苦柘譙皆下之師古曰五縣名也銍音竹乙反酇音才多反行收兵比至陳師古曰比音必寐反兵車六七百乘騎千餘卒數萬人攻陳陳守令皆不在師古曰守郡守也令縣令也獨守丞與戰譙門中晉灼曰譙門義闕師古曰守丞謂郡丞之居守者一曰郡守之丞故曰守丞譙門謂門上為高樓以望耳樓一名譙故謂美麗之樓為麗譙譙亦呼為巢所謂巢車者亦於兵車之上為樓以望敵也譙巢聲相近本一物也今流俗書本譙下有城字非也此自陳耳非譙之城譙城前已下矣不勝守丞死乃入據陳數日號召三老豪桀會計事師古曰號令召呼之皆曰將軍身被堅執銳師古曰堅堅甲也銳利兵也伐無道誅暴秦復立楚之社稷功宜為王勝乃立為王號張楚劉德曰若云張大楚國也張晏曰先是楚為秦滅已弛今立楚為張也師古曰張說是也於是諸郡縣苦秦吏暴皆殺其長吏將以應勝迺以廣為假王監諸將以西擊滎陽令陳人武臣張耳陳餘徇趙汝陰人鄧宗徇九江郡當此時楚兵數千人為聚者不可勝數師古曰聚音材喻反葛嬰至東城立襄彊為楚王師古曰東城縣名地理志屬九江郡後聞勝已立因殺襄彊還報至陳勝殺嬰令魏人周市北徇魏地師古曰即梁地非河東之魏也吳廣圍滎陽李由為三川守守滎陽廣不能下勝徵國之豪桀與計師古曰徵召也以上蔡人房君蔡賜為上柱國鄭氏曰房君官號也姓蔡名賜晉灼曰張耳傳言相國房

君是也（師古曰房君者封邑之名非官號也）周文陳賢人也嘗為項燕軍視日（文穎曰周文即周章也服虔曰視日旁氣也如淳曰視日時吉凶舉動之占師古曰視日如說是也）事春申君（應劭曰楚相黃歇）自言習兵勝與之將軍印西擊秦行收兵至關車千乘卒十萬至戲軍焉（師古曰戲水名在新豐東音許宜反解具在高紀）秦令少府章邯免驪山徒人奴產子（服虔曰家人之產奴也師古曰奴產子猶今人云家生數也）悉發以擊楚軍大敗之周文走出關止屯曹陽（晉灼曰亭名也在弘農東十三里魏武改為好陽師古曰曹水之陽也其水出陝縣西南崤頭山而北流入河今謂之好陽澗在陝縣西四十五里）二月餘章邯追敗之復走黽池（師古曰黽音緬）十餘日章邯擊大破之周文自剄軍遂不戰武臣至邯鄲自立為趙王陳餘為大將軍張耳召騷為左

右丞相（師古曰召讀曰邵）勝怒捕繫武臣等家室欲誅之柱國曰秦未亡而誅趙王將相家屬此生一秦（師古曰言為敵與秦無異）不如因立之勝乃遣使者賀趙而徙繫武臣等家屬宮中（師古曰徙居宮中示優禮也拘而不遣故謂之繫）而封張耳子敖為成都君趣趙兵亟入關（師古曰趣讀曰促亟急也音居力反）趙王將相相與謀曰王王趙非楚意也楚已誅秦必加兵於趙計莫如毋西兵（師古曰毋令兵西出也）使使北徇燕地以自廣趙南據大河北有燕代楚雖勝秦不敢制趙若不勝秦必重趙（師古曰重尊重也）趙承秦楚之敝可以得志於天下趙王以為然因不西兵而遣故上谷卒

史韓廣將兵北徇燕（張晏曰卒史曹史也）燕地貴人豪桀謂韓廣曰楚趙皆已立王燕雖小亦萬乘之國也願將軍立為王韓廣曰廣母在趙不可燕人曰趙方西憂秦南憂楚其力不能禁我且以楚之強不敢害趙王將相之家今趙獨安敢害將軍家乎韓廣以為然乃自立為燕王居數月趙奉燕王母家屬歸之是時諸將徇地者不可勝數周市北至狄（師古曰縣名也後漢安帝時改名臨濟）狄人田儋殺狄令自立為齊王反擊周市市軍散還至魏地立魏後甯陵君咎為魏王（應劭曰魏諸公子名咎欲立六國後以樹黨也）咎在勝所不得之魏魏地已定欲立周

市為王市不肯使者五反（師古曰反謂回還也）勝乃立甯陵君為魏王遣之國周市為相將軍田臧等相與謀曰周章軍已破（服虔曰周章即周文）秦兵且至我守滎陽城不能下秦軍至必大敗不如少遺兵足以守滎陽（師古曰遺留也）悉精兵迎秦軍（師古曰悉盡也）今假王驕不知兵權不可與計非誅之事恐敗因相與矯陳王令以誅吳廣（師古曰矯託也託言受令也）獻其首於勝勝使賜田臧楚令尹印使為上將田臧迺使諸將李歸等守滎陽城自以精兵西迎秦軍於敖倉與戰田臧死軍破章邯進擊李歸等滎陽下破之李歸死陽城人鄧說將兵居

郯師古曰說讀曰悅郯東海縣也音談章邯別將擊破之鄧說走陳銍人五逢將兵居許章邯擊破之五逢亦走陳勝誅鄧說勝初立時凌人秦嘉銍人董緤符離人朱雞石取慮人鄭布徐人丁疾等皆特起張晏曰凌泗水縣也銍符離沛縣也取慮徐臨淮縣也師古曰緤音先列反取音趨又音秋慮音廬將兵圍東海守於郯勝聞迺使武平君畔爲將軍張晏曰畔名也監郯下軍秦嘉自立爲大司馬惡屬人師古曰不欲統屬於人告軍吏曰武平君年少不知兵事勿聽因矯以王命殺武平君畔章邯已破五逢擊陳柱國房君死章邯又進擊陳西張賀軍勝出臨戰軍破張賀死臘月張晏曰秦之臘月夏之九月臣瓚曰

建丑之月也師古曰史記云胡亥二年十月誅葛嬰十一月周文死十二月涉死瓚說是也勝之汝陰還至下城父師古曰下城父地名在城父縣東父音甫其御莊賈殺勝以降秦葬碭謚曰隱王勝故涓人將軍呂臣爲蒼頭軍應劭曰涓人如謁者將軍姓呂名臣也時軍皆著青巾故曰蒼頭服虔曰蒼頭謂士卒青帛巾若赤眉之號以相別也師古曰涓絜也涓人主絜除之人涓音蠲起新陽師古曰縣名也屬汝南郡攻陳下之殺莊賈復以陳爲楚

初勝令銍人宋留將兵定南陽入武關留已徇南陽聞勝死南陽復爲秦師古曰爲音于僞反宋留不能入武關迺東至新蔡遇秦軍宋留以軍降秦秦傳留至咸陽車裂留以徇師古曰徇行示也以示衆爲戒徇音辭峻反秦嘉等聞勝軍敗迺立景駒爲楚王引兵之方與師古曰之往也方與縣名也方音房與音豫欲擊秦軍濟陰下使公孫慶使齊王欲與併力俱進齊王曰陳王戰敗未知其死生楚安得不請而立王公孫慶曰齊不請楚而立王楚何故請齊而立王且楚首事當令於天下師古曰首事謂最先起兵田儋殺公孫慶秦左右校復攻陳下之呂將軍走徼兵復聚如淳曰徼要也徼散卒復相聚斂也師古曰徼音工堯反與番盜英布相遇師古曰番即番陽縣也於番爲盜故曰番盜番音蒲何反其後番字改作鄱攻擊秦左右校破之青波文穎曰地名也復以陳爲楚會項梁立懷王孫心爲楚王陳勝王凡六月

初爲王其故人嘗與傭耕者聞之乃之陳叩宮門曰吾欲見涉宮門令欲縛之自辯數

乃置師古曰辯數謂自分別其姓名也并歷道與涉故舊之事故舍而不縛也數音山羽反不肯爲通勝出遮道而呼涉師古曰呼謂大喚也音火故反迺召見載與歸入宮見殿屋帷帳客曰夥涉之爲王沈沈者應劭曰夥音禍沈沈宮室深邃之貌也沈音長含反楚人謂多爲夥故天下傳之夥涉爲王由陳涉始客出入愈益發舒言勝故情或言客愚無知專妄言輕威勝斬之諸故人皆自引去由是無親勝者以朱防爲中正胡武爲司過主司群臣諸將徇地至令之不是者繫而罪之以苛察爲忠其所不善者不下吏輒自治師古曰不以付吏而防武自治之勝信用之諸將以故不親附此其所以敗也勝雖已死其所

置遺侯王將相竟亡秦高祖時爲勝置守冢于碭至今血食王莽敗廼絕師古曰至今血食者司馬遷作史記本語也莽敗廼絕者班固之詞也於文爲衍蓋失不刪耳

項籍字羽下相人也韋昭曰臨淮縣初起年二十四其季父梁梁父即楚名將項燕者也家世楚將封於項師古曰即今項城縣故姓項氏籍少時學書不成去學劍又不成去梁怒之籍曰書足記姓名而已劍一人敵不足學學萬人敵耳於是梁奇其意乃教以兵法籍大喜略知其意又不肯竟學梁嘗有櫟陽逮請蘄獄掾曹咎書抵櫟陽吏司馬欣以故事皆已應劭曰項梁曾坐事傳繫櫟陽獄從蘄獄掾曹咎取書與司馬欣抵相歸抵也已止也梁嘗殺人與籍避仇吳中吳中賢士大夫皆出梁下師古曰言皆不及也每有大繇役及喪梁常主辦陰以兵法部勒賓客子弟以知其能秦始皇帝東遊會稽度浙江應劭曰浙音折晉灼曰江水至會稽山陰爲浙江梁與籍觀籍曰彼可取而代也梁掩其口曰無妄言族矣師古曰凡言族者謂族誅之梁以此奇籍籍長八尺二寸力扛鼎師古曰扛舉也音江才氣過人吳中子弟皆憚籍秦二世元年陳勝起九月會稽假守通張晏曰假守兼守也晉灼曰楚漢春秋云姓殷素賢梁乃召與計事梁曰方今江西皆反秦此亦天亡秦時也先發制人後發制於人守歎曰聞夫子

楚將世家唯足下耳梁曰吳有奇士桓楚亡在澤中人莫知其處獨籍知之梁乃戒籍持劍居外待梁復入與守語曰請召籍使受令召桓楚籍入梁眴籍曰可矣師古曰眴動目也音舜動目而使之也今書本有作眗字者流俗所改耳籍遂拔劍擊斬守梁持守頭佩其印綬門下驚擾籍所擊殺數十百人師古曰數十百人者八九十乃至百也他皆類此府中皆讋伏莫敢復起師古曰讋失氣也音之涉反梁乃召故人所知豪吏諭以所爲師古曰諭曉告之遂舉吳中兵使人收下縣師古曰四面諸縣也非郡所都故謂之下也得精兵八千人部署豪桀爲校尉候司馬師古曰分部而署置之有一人不得官自言梁曰某時喪使公主某事不能辦以故不任公衆乃皆服梁爲會稽將籍爲裨將師古曰裨助也相副助也裨音頻移反他皆類此徇下縣秦二年廣陵人召平爲陳勝徇廣陵師古曰召讀曰邵未下聞陳勝敗走秦將章邯且至廼度江矯陳王令拜梁爲楚上柱國曰江東已定急引兵西擊秦梁廼以八千人度江而西聞陳嬰已下東陽使使欲與連和俱西陳嬰者故東陽令史蘇林曰曹史也晉灼曰漢儀注令吏曰令史丞吏曰丞史師古曰晉說是也居縣素信爲長者師古曰素立恩信號爲長者東陽少年殺其令相聚數千人欲立長無適用師古曰適主也音與的同廼請陳嬰嬰謝不能遂彊立之縣中從之者得二萬人欲立嬰爲王異軍倉

頭特起應劭曰言與衆異也嬰母謂嬰曰吾爲迺家婦聞先故
未曾貴師古曰乃汝也今暴得大名不祥不如有所屬事成
猶得封侯事敗易以亡非世所指名也嬰迺不敢
爲王謂其軍吏曰項氏世世將家有功於楚今欲
舉大事將非其人不可師古曰言以下材之人爲將不可求勝也我倚名族
亡秦必矣師古曰倚依也音於綺反其衆從之迺以其兵屬梁梁
渡淮英布蒲將軍亦以其兵屬焉服虔曰英布起於蒲地因以爲號也如淳
曰史記項羽紀言當陽君蒲將軍皆屬項羽自此更有蒲將軍也師古曰此二人也服說失之若是一人不當先言姓名後乃稱將軍也凡
六七萬人軍下邳是時秦嘉已立景駒爲楚王軍
彭城東欲以距梁梁謂軍吏曰陳王首事戰不利未

聞所在今秦嘉背陳王立景駒大逆亡道迺引兵
擊秦嘉軍敗走追至胡陵嘉還戰師古曰還復來戰一日嘉死
軍降景駒走死梁地梁已并秦嘉軍軍胡陵將引
而西章邯至栗師古曰栗縣名地理志屬沛郡梁使別將朱雞石餘樊
君與戰餘樊君死朱雞石敗亡走胡陵梁迺引兵
入薛誅朱雞石梁前使羽別攻襄城襄城堅守不
下已拔皆阬之師古曰阬之於阬盡殺之還報梁聞陳王定死召
諸別將會薛計事時沛公亦從沛往居鄛人范增
晉灼曰鄛音勦絕之勦師古曰居鄛縣名也地理志屬廬江郡鄛音巢字亦作巢本春秋時巢國年七十素好奇
計往說梁曰陳勝敗固當師古曰言其計畫非是宜應敗也夫秦滅六

國楚最亡罪自懷王入秦不反楚人憐之至今故
南公稱曰楚雖三戶亡秦必楚服虔曰南公南方之老人也蘇林曰但令有三戶在其怨深足以亡秦
今陳勝首事不立楚後其勢不長今君起
江東楚蠭起之將皆爭附君者師古曰蠭古蜂字也蠭起如蠭之起言其衆也一說蠭與鋒同言鋒銳而起者
以君世世楚將爲能復立楚之後也於
是梁乃求楚懷王孫心在民間爲人牧羊立以爲
楚懷王從民望也陳嬰爲上柱國封五縣與懷王
都盱台師古曰盱音許于反台音怡梁自號武信君引兵攻亢父師古曰亢音抗父音甫
初章邯既殺齊王田儋於臨菑師古曰高紀及儋傳並言於臨濟此獨言臨菑疑此誤也田假復自立爲齊王儋弟榮走保東阿

章邯追圍之梁引兵救東阿大破秦軍東阿田榮
即引兵歸逐王假假亡走楚相田角亡走趙角弟
閒故將居趙不敢歸田榮立儋子市爲齊王梁已
破東阿下軍遂追秦軍數使使趣齊兵俱西師古曰趣讀曰促
榮曰楚殺田假趙殺田角田閒迺發兵梁曰
田假與國之王張晏曰與黨與也窮來歸我不忍殺趙亦不
殺角閒以市於齊張晏曰若市買相貿易以利也梁欲救榮雖猶不用命梁大忿殺假等榮未必多出兵不如待以禮又可以貿易他利以除己害遂背德可輔假以伐齊故曰市市貿易也晉灼曰欲令楚殺田假以爲己利而楚保全不殺以買其計師古曰二說皆非也市者以角閒市取齊兵也直言趙不殺角閒以求齊兵耳齊遂不肯發兵助楚梁
使羽與沛公別攻城陽屠之西破秦軍濮陽東秦

兵收入濮陽沛公羽攻定陶定陶未下去西略地至雍丘大破秦軍斬李由還攻外黃外黃未下梁起東阿比至定陶再破秦軍(師古曰比音必寐反)羽等又殺李由益輕秦有驕色宋義諫曰戰勝而將驕卒惰者敗今少惰矣秦兵日益臣爲君畏之梁不聽迺使宋義於齊道遇齊使者高陵君顯(張晏曰名顯封於高陵晉灼曰高陵是琅邪縣)曰公將見武信君乎曰然義曰臣論武信君軍必敗公徐行則免疾行則及禍秦果悉起兵益章邯夜銜枚擊楚大破之定陶(師古曰銜枚解在高紀)梁死沛公與羽去外黃攻陳留陳留堅守不下沛公羽相與

謀曰今梁軍敗士卒恐乃與呂臣俱引兵而東呂臣軍彭城東羽軍彭城西沛公軍碭章邯已破梁軍則以爲楚地兵不足憂迺度河北擊趙大破之當此之時趙歇爲王陳餘爲將張耳爲相走入鉅鹿城(師古曰趙歇張耳共入鉅鹿也)秦將王離涉閒圍鉅鹿(張晏曰秦二將也王離王翦孫涉姓閒名也)章邯軍其南築甬道而輸之粟(師古曰章邯爲甬道而運粟以餽王離涉閒之軍)陳餘將卒數萬人軍鉅鹿北所謂河北軍也宋義所遇齊使者高陵君顯見楚懷王曰宋義論武信君必敗數日果敗軍未戰先見敗徵(師古曰徵證也)可謂知兵矣王召宋義與計事而說之(師古曰說讀曰悅)

因以爲上將軍羽爲魯公爲次將范增爲末將諸別將皆屬號卿子冠軍(師古曰冠軍言其在諸軍之上)北救趙至安陽留不進(師古曰今相州安陽縣)秦三年羽謂宋義曰今秦軍圍鉅鹿疾引兵渡河楚擊其外趙應其內破秦軍必矣宋義曰不然夫搏牛之蝱不可以破蟣蝨(張晏曰搏音博蘇林曰蝱喻秦蝨喻章邯等言小大不同勢欲滅秦當覔邯等也如淳曰猶言本欲以大力伐秦而不可以救趙也師古曰搏擊也言以手擊牛之背可以殺其上蝱而不能破蝨喻今將兵方欲滅秦不可盡力與章邯即戰或未能禽徒費力也如說近也)今秦攻趙戰勝則兵罷我承其敝(師古曰罷讀曰疲)不勝則我引兵鼓行而西必舉秦矣(師古曰鼓行謂擊鼓而行無所畏懼也)故不如先鬬秦趙夫擊輕銳我不如公坐運籌策公不如我因下

令軍中曰猛如虎佷如羊貪如狼強不可令者皆斬遣其子襄相齊身送之無鹽(師古曰縣名)飲酒高會(師古曰高會大會也)天寒大雨士卒凍飢羽曰將勠力而攻秦久留不行今歲飢民貧卒食半菽(孟康曰半五升器名也臣瓚曰士卒食蔬菜以菽雜半之師古曰瓚說是也菽謂豆也)軍無見糧(師古曰無見在之糧)迺飲酒高會不引兵渡河因趙食與併力擊秦迺曰承其敝夫以秦之強攻新造之趙其勢必舉趙趙舉秦強何敝之承且國兵新破王坐不安席埽境內而屬將軍(師古曰屬委也音之欲反)國家安危在此一舉今不卹士卒而徇私非社稷之臣也羽晨朝上將軍宋義即其帳中斬

義頭師古曰即就也出令軍中曰宋義與齊謀反楚楚王陰令籍誅之諸將讋服師古曰讋失氣也音之涉反莫敢枝梧如淳曰梧音悟枝梧猶枝扞也臣瓚曰小柱爲枝邪柱爲梧今屋梧邪柱是也皆曰首立楚者將軍家也今將軍誅亂廼相與共立羽爲假上將軍師古曰未得懷王之命故且爲假也使人追宋義子及之齊殺之使桓楚報命於王王因使使立羽爲上將軍羽已殺卿子冠軍威震楚國名聞諸侯乃遣當陽君蒲將軍將卒二萬人度河救鉅鹿戰少利陳餘復請兵羽廼悉引兵渡河已渡皆湛舡師古曰湛讀曰沉謂沉没其舡於水中破釜甑燒廬舍持三日糧視士必死無還心師古曰視讀曰示於是至則圍王

離與秦軍遇九戰絶甬道大破之殺蘇角文穎曰秦將虜王離涉間不降自燒殺當是時楚兵冠諸侯師古曰言最爲上也諸侯軍救鉅鹿者十餘壁莫敢縱兵及楚擊秦諸侯皆從壁上觀楚戰士無不一當十呼聲動天地師古曰呼音火故反諸侯軍人人惴恐服虔曰惴音章瑞反於是楚已破秦軍羽見諸侯將入轅門張晏曰軍行以車爲陳轅相向爲門故曰轅門師古曰周禮掌舍王行則設車宮轅門也膝行而前莫敢仰視羽繇是始爲諸侯上師古曰繇讀與由同將軍兵皆屬焉章邯軍棘原晉灼曰地名在鉅鹿南羽軍漳南相持未戰秦軍數卻師古曰卻退也音丘略反二世使人讓章邯師古曰讓責也章邯恐使長史欣請事至咸陽

留司馬門三日師古曰凡言司馬門者宮垣之内兵衛所在四面皆有司馬司馬主武事故總謂宮之外門爲司馬門趙高不見有不信之心長史欣恐還走不敢出故道趙高果使人追之不及欣至軍報曰事亡可爲者師古曰言不可復爲軍旅之事相國趙高顓國主斷師古曰顓與專同也今戰而勝高嫉吾功不勝不免於死願將軍孰計之陳餘亦遺章邯書曰白起爲秦將南并鄢郢北阬馬服服虔曰馬服趙括也父奢爲趙將有功賜號馬服猶服馬也故世稱之師古曰鄢郢皆楚邑也鄢音偃郢音弋井反攻城略地不可勝計而卒賜死師古曰卒終也蒙恬爲秦將北逐戎人開榆中地數千里服虔曰金城縣所治也蘇林曰在上郡師古曰即今之榆林古者上郡界蘇説是也竟斬陽周孟康曰縣名也屬上郡晉灼曰恬賜死死於此縣何者功多

秦不能封因以法誅之今將軍爲秦將三歲矣所亡失已十萬數而諸侯並起茲益多彼趙高素諛日久師古曰諛諂也今事急亦恐二世誅之故欲以法誅將軍以塞責師古曰塞當也使人更代以脫其禍師古曰脫免也將軍居外久多内隙有功亦誅亡功亦誅且天之亡秦無愚智皆知之今將軍内不能直諫外爲亡國將孤立而欲長存豈不哀哉將軍何不還兵與諸侯爲從文穎曰關東爲從關西爲横孟康曰南北爲從東西爲横師古曰言欲如六国時共敵秦二説皆是也还兵謂迴兵内嚮以攻秦也從音子容反南面稱孤孰與身伏斧質妻子爲戮乎師古曰質謂鑕也古者斬人加於鑕上而斫之也鑕音竹袠反章邯狐疑陰使候始成使羽

欲約（鄭氏曰侯軍候也始姓成名也）約未成羽使蒲將軍引兵度三戸（服虔曰漳水津也孟康曰在鄴西三十里）軍漳南與秦戰再破之羽悉引兵擊秦軍汙水上（師古曰汙水在鄴西南音于）大破之邯使使見羽欲約羽乃召軍吏謀曰糧少欲聽其約軍吏皆曰善羽乃與盟洹水南殷虛上（應劭曰洹水在湯陰界殷虛故殷都也師古曰洹水出林慮縣東北至長樂入清水洹音桓俗音袁非也虛讀曰墟）已盟章邯見羽流涕爲言趙高羽迺立章邯爲雍王置軍中使長史欣爲上將將秦軍行前（師古曰行前謂居前而行）漢元年羽將諸侯兵三十餘萬行略地至河南遂西到新安（師古曰今穀州新安城是）異時諸侯吏卒傜使屯戍過秦中（師古曰異時猶言先時也秦中關中秦地也）秦中遇

前漢傳一　十六　惠

之多亡狀（師古曰無善形狀也）及秦軍降諸侯諸侯吏卒乘勝奴虜使之輕重折辱秦吏卒吏卒多竊言曰章將軍等詐吾屬降諸侯今能入關破秦大善即不能諸侯虜吾屬而東秦又盡誅吾父母妻子諸將微聞其計以告羽羽迺召英布蒲將軍計曰秦吏卒尚衆其心不服至關不聽事必危不如擊之獨與章邯長史欣都尉翳入秦於是夜擊阬秦軍二十餘萬人至函谷關有兵守不得入聞沛公已屠咸陽羽大怒使當陽君擊關羽遂入至戲西鴻門聞沛公欲王關中獨有秦府庫珍寶亞父范增亦大

怒勸羽擊沛公饗士旦日合戰羽季父項伯素善張良良時從沛公項伯夜以語良良與俱見沛公因伯自解於羽（師古曰自解猶今言分疏）明日沛公從百餘騎至鴻門謝羽自陳封秦府庫還軍霸上以待大王閉關以備他盜不敢背德羽意既解范增欲害沛公賴張良樊噲得免語在高紀後數日羽迺屠咸陽殺秦降王子嬰燒其宮室火三月不滅收其寶貨略婦女而東秦民失望（師古曰沛公入關脩節自處約法三章反秦之政而項羽屠殺焚燒恣其殘酷故關中之人失所望也）於是韓生說羽曰關中阻山帶河四塞之地肥饒可都以伯（師古曰伯讀曰霸）羽見秦皆已燒殘又

前漢傳一卷　十七　秀

懷思東歸曰富貴不歸故鄉如衣錦夜行（師古曰言無人見之不榮顯矣）韓生曰人謂楚人沐猴而冠果然（張晏曰沐猴獼猴也師古曰言雖著人衣冠其心不類人也果然如人之言也）羽聞之斬韓生初懷王與諸將約先入關者王其地羽既背約使人致命於懷王懷王曰如約羽迺曰懷王者吾家武信君所立耳非有功伐（張晏曰積功曰伐）何以得顓主約（師古曰顓與專同）天下初發難（服虔曰兵初起時也）假立諸侯後以伐秦然身被堅執鋭首事暴露於野三年滅秦定天下者皆將相諸君與籍力也懷王亡功固當分其地王之諸將皆曰善羽迺陽尊懷王爲義帝曰古之王者地方千里必

居上游文穎曰居水之上流也游或作流師古曰游即流也徙之長沙都郴師古曰郴音丑林反
迺分天下以王諸侯羽與范增疑沛公業已講解蘇林曰講和也
又惡背約恐諸侯叛之陰謀曰巴蜀道險秦
之遷民皆居之乃曰巴蜀亦關中地故立沛公為
漢王王巴蜀漢中而參分關中王秦降將以距塞
漢道乃立章邯為雍王王咸陽以西長史司馬欣
故櫟陽獄吏嘗有德於梁都尉董翳本勸章邯
降故立欣為塞王王咸陽以東至河立翳為翟王
王上郡徙魏王豹為西魏王王河東瑕丘公申陽
者孟康曰瑕丘縣之老人也姓申名陽張耳嬖臣也師古曰嬖謂愛幸也先下河南
迎楚河上立陽為河南王趙將司馬卬定河內數
有功立卬為殷王王河內徙趙王歇王代趙相張
耳素賢又從入關立為常山王王趙地當陽君英
布為楚將常冠軍立布為九江王番君吳芮師古曰番音蒲河反
帥百粵佐諸侯從入關立芮為衡山王義帝柱
國共敖師古曰共讀曰龔將兵擊南郡功多因立為臨江王
徙燕王韓廣為遼東王燕將臧荼師古曰荼音塗從楚救
趙因從入關立荼為燕王徙齊王田市為膠東王
齊將田都從共救趙入關立都為齊王故秦所滅
齊王建孫田安羽方渡河救趙安下濟北數城引

兵降羽立安為濟北王田榮者背梁不肯助楚擊
秦以故不得封陳餘棄將印去不從入關然素聞
其賢有功於趙聞其在南皮故因環封之三縣孟康曰繞南皮三縣以封之師古曰環音宦
番君將梅鋗師古曰鋗音火玄反功多故封十萬
戶侯羽自立為西楚伯王師古曰伯讀曰霸王梁楚地九郡
都彭城諸侯各就國田榮聞羽徙齊王市膠東而
立田都為齊王大怒不肯遣市之膠東因以齊反
迎擊都都走楚市畏羽迺亡之膠東就國榮怒追
殺之即墨自立為齊王予彭越將軍印令反梁地
越迺擊殺濟北王田安榮遂并王三齊之地時
漢王還定三秦羽聞漢并關中且東師古曰言方欲出關而擊楚也齊
梁畔之大怒迺以故吳令鄭昌為韓王以距漢令
蕭公角等擊彭越越敗蕭公角等時張良徇韓遺
項王書曰漢王失職欲得關中如約即止不敢東
師古曰如本要約也又以齊梁反書遺羽羽以此故無西意而
北擊齊徵兵九江王布稱疾不行使將將數千人
往 二年羽陰使九江王布殺義帝陳餘使張同
夏說說齊王榮師古曰夏說讀曰悅下說齊王說音式芮反曰項王為天下宰
不平今盡王故王於醜地師古曰醜惡也而王羣臣諸將善
地逐其故主趙王迺北居代餘以為不可師古曰於義不當然

聞大王起兵且不聽不義（師古曰凡不義之事皆不聽順）願大王資餘
兵（師古曰資給也）使擊常山以復趙王請以國爲扞蔽（師古曰猶爲齊之藩屛）
齊王許之因遣兵往陳餘悉三縣兵（師古曰悉盡也）
與齊併力擊常山大破之張耳走歸漢陳餘迎故
趙王歇反之趙趙王因立餘爲代王羽至城陽田
榮亦將兵會戰榮不勝走至平原平原民殺之羽
遂北燒夷齊城郭室屋（師古曰夷平也）皆阬降卒係虜老弱
婦女徇齊至北海所過殘滅齊人相聚而畔之於是
田榮弟橫收得亡卒數萬人反城陽羽因留連戰
未能下漢王劫五諸侯兵（服虔曰時有十八諸侯漢得其五師古曰常山河南魏韓殷也

解在高紀十八諸侯漢時又先已得塞翟矣服説非也）凡五十六萬人東伐楚羽聞
之即令諸將擊齊而自以精兵三萬人南從魯出
胡陵漢王皆已破彭城收其貨賂美人日置酒高
會羽迺從蕭晨擊漢軍而東至彭城日中大破漢
軍（張晏曰一日之中或曰早擊之至日中大破師古曰或説是也）漢軍皆走追之穀泗水（臣瓚曰二水皆在沛郡彭城）
漢軍皆南走山（師古曰走趣也音奏）楚又追擊至靈辟
東睢水上（師古曰睢音雖）漢軍卻爲楚所擠（臣瓚曰擠排也師古曰音子詣反又音子奚反）
多殺漢卒十餘萬皆入睢水睢水爲不流（師古曰言殺人多塡於水中）
漢王乃與數十騎遁去語在高紀太公
呂后閒求漢王（師古曰閒行而求之）反遇楚軍楚軍與歸羽常

置軍中漢王稍收散卒蕭何發關中卒悉詣滎
陽戰京索閒（師古曰索音山客反）敗楚楚以故不能過滎陽
而西漢軍滎陽築甬道取敖倉食三年羽數擊
絕漢甬道漢王食乏請和割滎陽以西爲漢羽欲
聽之歷陽侯范增曰漢易與耳今不取後必悔之
羽乃急圍滎陽漢王患之乃與陳平金四萬斤以
閒楚君臣（師古曰閒音居莧反）語在陳平傳項羽以故疑范增
稍奪之權范增怒曰天下事大定矣君王自爲之
願賜骸骨歸行未至彭城疽發背死（師古曰疽癰創也音千餘反）於
是漢將紀信詐爲漢王出降以誑楚軍故漢王得

與數十騎從西門出令周苛樅公魏豹守滎陽（師古曰苛音何樅音千容反）
漢王西入關收兵還出宛葉閒（師古曰葉音式涉反）
與九江王黥布行收兵羽聞之即引兵南漢王堅
壁不與戰是時彭越渡睢與項聲薛公戰下邳殺
薛公羽乃東擊彭越漢王亦引兵北軍成皋羽已
破走彭越（師古曰擊破之令其走）引兵西下滎陽城亨周苛
殺樅公虜韓王信進圍成皋漢王跳（師古曰輕身而忽出之跳音徒彫反）
獨與滕公得出北渡河至脩武從張耳韓信楚遂
拔成皋漢王得韓信軍留止使盧綰劉賈度白馬
津入楚地佐彭越共擊破楚軍燕郭西（師古曰燕縣故南燕）

(國也屬東郡)燒其積聚攻下梁地十餘城羽聞之謂海春侯大司馬曹咎曰謹守成臯即漢欲挑戰慎毋與戰勿令得東而已我十五日必定梁地復從將軍於是引兵東四年羽擊陳留外黃不下數日降羽悉令男子年十五以上詣城東欲阬之外黃令舍人兒年十二(蘇林曰令之舍人兒也臣瓚曰稱兒者以其幼弱故係其父)往說羽曰彭越強劫外黃(師古曰強音其兩反)外黃恐故且降待大王大王至又皆阬之百姓豈有所歸心哉從此以東梁地十餘城皆恐莫肯下矣羽然其言乃赦外黃當阬者而東至睢陽聞之皆爭下漢果數挑楚軍戰楚軍

不出使人辱之五六日大司馬怒度兵汜水(師古曰汜音凡)(解在高紀)卒半度漢擊大破之盡得楚國金玉貨賂大司馬咎長史欣皆自剄汜水上咎故蘄獄掾欣故塞王羽信任之羽至睢陽聞咎等破則引兵還漢軍方圍鍾離眛於滎陽東(師古曰眛音莫葛反)羽軍至漢軍畏楚盡走險阻(師古曰走音奏)羽亦軍廣武相守乃為高俎置太公其上(如淳曰高俎几之上也李奇曰軍中巢櫓謂之俎師古曰俎者所以薦肉示欲亨之故置俎上如說是也)告漢王曰今不急下吾亨太公漢王曰吾與若俱北面受命懷王(師古曰若汝也)約為兄弟吾翁即汝翁(師古曰翁謂父也)必欲亨廼翁幸分我一杯羹(師古曰廼亦汝也古者以杯盛羹今之側杯有兩耳者是也)

羽怒欲殺之項伯曰天下事未可知且為天下者不顧家雖殺之無益但益怨耳羽從之廼使人謂漢王曰天下匈匈徒以吾兩人(師古曰匈匈讙擾之意也他皆類此)願與王挑戰決雌雄毋徒罷天下父子為也(師古曰罷讀曰疲)漢王笑謝曰吾寧鬬智不能鬬力羽令壯士出挑戰漢有善騎射曰樓煩(應劭曰樓煩胡人也李奇曰後為縣屬鴈門此縣人善騎射謂士為樓煩取其稱耳未必樓煩人也師古曰李說是也)楚挑戰三合樓煩輒射殺之羽大怒自被甲持戟挑戰樓煩欲射羽瞋目叱之(師古曰瞋目張目也音充人反)樓煩目不能視手不能發走還入壁不敢復出漢王使間問之廼羽也(師古曰間微問之也)漢王大驚於是

羽與漢王相與臨廣武間而語漢王數羽十罪(師古曰數責也音所具反)語在高紀羽怒伏弩射傷漢王漢王入成臯時彭越數反梁地絕楚糧食又韓信破齊且欲擊楚羽使從兄子項它為大將龍且為裨將(師古曰它音徒河反且音子余反高紀云項聲此傳云項它紀傳不同未知孰是)救齊韓信破殺龍且追至成陽虜齊王廣信遂自立為齊王羽聞之恐使武涉往說信語在信傳時漢關中兵益出食多羽兵食少漢王使侯公說羽羽廼與漢王約中分天下割鴻溝而西者為漢東者為楚歸漢王父母妻子已約羽解而東五年漢王進兵追羽至故陵

復爲羽所敗漢王用張良計致齊王信建成侯彭越兵及劉賈入楚地圍壽春大司馬周殷叛楚舉九江兵隨劉賈迎黥布與齊梁諸侯皆大會羽壁垓下軍少食盡漢帥諸侯兵圍之數重羽夜聞漢軍四面皆楚歌廼驚曰漢皆已得楚乎是何楚人多也起飲帳中有美人姓虞氏常幸從駿馬名騅常騎（師古曰蒼白雜毛曰騅蓋以其色名之）廼悲歌忼慨自爲歌詩曰力拔山兮氣蓋世時不利兮騅不逝騅不逝兮可柰何虞兮虞兮柰若何（師古曰若汝也）歌數曲美人和之羽泣下數行左右皆泣莫能仰視於是羽遂上馬戲下騎從者八百餘人（師古曰戲大將之旗也音許宜反又音許爲反漢書通以戲爲麾及指麾字）夜直潰圍南出馳平明漢軍廼覺之令騎將灌嬰以五千騎追羽羽渡淮騎能屬者百餘人（師古曰屬聯也音之欲反）羽至陰陵迷失道（孟康曰縣名屬九江郡）問一田父田父紿曰左（文穎曰紿欺也欺令左也）左乃陷大澤中以故漢追及之羽復引而東至東城廼有二十八騎追者數千羽自度不得脫（師古曰脫免也音土活反）謂其騎曰吾起兵至今八歲矣身七十餘戰所當者破所擊者服未嘗敗北遂伯有天下（師古曰伯讀曰霸）然今卒困於此（師古曰卒終也）此天亡我非戰之罪也今日固決死願爲諸軍快戰必三勝斬將艾旗

廼後死（師古曰艾音刈）使諸君知吾非用兵罪天亡我也於是引其騎因四隤山（孟康曰四下陂陁也 師古曰隤音徒回反）而爲圜陳外嚮（師古曰圜陳四周爲之也外嚮謂兵刃皆在外也）漢騎圍之數重羽謂其騎曰吾爲公取彼一將令四面騎馳下期山東爲三處於是羽大呼馳下（師古曰呼叫也音火故反）漢軍皆披靡（師古曰披音普彼反）遂殺漢一將是時楊喜爲郎騎追羽羽還叱之（師古曰還謂迴面也）喜人馬俱驚辟易數里（師古曰辟易謂開張而易其本處辟音頻亦反）與其騎會三處漢軍不知羽所居分軍爲三復圍之羽廼馳復斬漢一都尉殺數十百人復聚其騎亡兩騎廼謂騎曰何如騎皆服曰如大王言於是羽遂引東欲度烏江（臣瓚曰在牛渚）烏江亭長檥舡待（服虔曰檥音蟻 如淳曰南方人謂整舡向岸曰檥）謂羽曰江東雖小地方千里衆數十萬亦足王也願大王急度今獨臣有舡漢軍至亡以度羽笑曰廼天亡我何度爲且籍與江東子弟八千人度而西今亡一人還縱江東父兄憐而王我我何面目見之哉縱彼不言籍獨不愧於心乎謂亭長曰吾知公長者也吾騎此馬五歲所當亡敵嘗一日千里吾不忍殺以賜公廼令騎皆去馬步持短兵接戰羽獨所殺漢軍數百人羽亦被十餘創顧見漢騎司馬呂馬童曰若非吾故人乎（師古曰若汝也）馬童

面之張晏曰以故人難親所之故背之也如淳曰面謂不正視也師古曰如說非也面謂背之不面向也面縛亦謂反偝而縛之杜元凱以爲但見其面非也指王翳曰如淳曰指示王翳此項王也羽迺曰吾聞漢購我頭千金邑萬戶師古曰購以財設賞音工豆反吾爲公得鄧展曰令公得我爲功也晉灼曰字或作德迺自剄王翳取其頭亂相輮蹈師古曰輮蹴也音人九反爭羽相殺者數十人最後楊喜呂馬童郎中呂勝楊武各得其一體故分其地以封五人皆爲列侯漢王迺以魯公號葬羽於穀城諸項支屬皆不誅封項伯等四人爲列侯賜姓劉氏

贊曰昔賈生之過秦曰應劭曰賈生書有過秦二篇言秦之過此第一篇也司馬遷取以爲贊班固因之秦孝公據殽函之固擁雍州之地師古曰殽謂殽山也函謂函谷今桃林縣南洪溜澗是也君臣固守而闚周室有席卷天下包舉宇內囊括四海并吞八荒之心張晏曰括結囊也言其能包含天下師古曰八荒八方荒忽極遠之地也當是時也商君佐之師古曰衞鞅也封於商內立法度務耕織脩守戰之備外連衡而鬭諸侯於是秦人拱手而取西河之外師古曰言其不費功力也孝公既沒惠文武昭襄師古曰惠文王孝公之子武王惠文王之子昭襄王武王之弟蒙故業因遺策南取漢中西舉巴蜀東割膏腴之地收要害之郡諸侯恐懼會盟而謀弱秦不愛珍器重寶肥饒之地以致天下之士合從締交師古曰締結也從音子容反締音大系反相與爲一當此之時齊有孟嘗師古曰孟嘗君田文趙有平原師古曰平原君趙勝

楚有春申師古曰春申君黃歇魏有信陵師古曰公子無忌爲信陵君此四賢者皆明智而忠信寬厚而愛人尊賢重士約從離橫師古曰約結爲從欲以分離爲橫橫謂秦也從音子容反其下亦同兼韓魏燕趙宋衞中山之衆於是六國之士有甯越徐尚蘇秦杜赫之屬爲之謀齊明周最陳軫召滑樓緩翟景蘇厲樂毅之徒通其意師古曰召讀曰邵吳起孫臏帶佗兒良王廖田忌廉頗趙奢之朋制其兵師古曰臏音頻忍反佗音徒何反兒音五奚反廖音聊常以十倍之地百萬之軍仰關而攻秦師古曰秦之地形高而諸侯之兵欲攻關中者皆仰嚮故云仰關也今流俗書本仰字作叩非也秦人開關延敵九國之師遁巡而不敢進師古曰遁巡謂疑懼而卻退也遁音千旬反流俗書本巡字誤作逃讀者因之而爲遁逃之義潘岳西征賦云遁逃以奔竄斯亦誤矣秦無亡矢遺鏃之費而天下已困矣師古曰鏃矢鋒也音子木反於是從散約敗爭割地而賂秦秦有餘力而制其弊追亡逐北伏尸百萬流血漂鹵師古曰漂浮也鹵盾也其血可以浮盾言殺人多也漂音匹遙反因利乘便宰割天下分裂山河強國請服弱國入朝施及孝文莊襄王師古曰施延也孝文王昭襄王之子也莊襄王孝文王之子即始皇父也施音弋豉反享國之日淺國家亡事及至始皇奮六世之餘烈師古曰孝公惠文王武王昭襄王孝文王莊襄王凡六君也烈業也振長策而馭宇內師古曰以乘馬爲喻也策所以撾馬也吞二周而亡諸侯履至尊而制六合執敲扑以鞭笞天下鄧展曰敲短杖也扑捶也師古曰敲音苦孝反扑音普木反威震四海南取百粵之地以爲桂林象郡百粵之

君頫首係頸鄧展曰頫音俯師古曰古俯字委命下吏迺使蒙恬北築長城而守藩蘺師古曰言以長城扞蔽胡寇如人家之有藩蘺卻匈奴七百餘里師古曰卻音丘略反胡人不敢南下而牧馬士不敢彎弓而報怨於是廢先王之道焚百家之言以愚黔首墮名城殺豪俊師古曰墮毀也音火規反收天下之兵聚之咸陽銷鋒鍉如淳曰鍉音嫡箭鏃也師古曰鋒戈戟刃也鍉與鏑同即箭鏃也如音是也鑄以爲金人十二師古曰所謂公仲者也三輔黃圖云坐高三丈其銘曰皇帝二十六年初兼天下改諸侯爲郡縣一法律同度量大人來見臨洮其長五丈足跡六尺以弱天下之民然後踐華爲城服虔曰斷華山爲城晉灼曰踐登也師古曰晉說是也因河爲池據億丈之城臨不測之川以爲固良將勁弩守要害之處信臣精卒陳利兵而誰何師古曰問之爲誰又云何人其義一也

天下已定始皇之心自以爲關中之固金城千里子孫帝王萬世之業也始皇既沒餘威震于殊俗然而陳涉甕牖繩樞之子服虔曰以繩係戶樞孟康曰瓦甕爲牖窻也甿隷之人如淳曰甿古文萌字萌民也遷徙之徒也材能不及中庸非有仲尼墨翟之知文穎曰墨翟宋人爲墨家也陶朱猗頓之富師古曰越人范蠡逃越止於陶自謂陶朱公猗頓本魯人大畜牛羊於猗氏之南貲擬王公馳名天下躡足行伍之閒如淳曰躡音疊師古曰躡音女涉反而免起阡陌之中如淳曰時皆辟屈在阡陌之中也師古曰俛者言免脫徭役也免字或作俛讀與俯同帥罷散之卒將數百之衆師古曰罷讀曰疲轉而攻秦斬木爲兵揭竿爲旗師古曰揭音竭謂竪之也今讀之者爲負揭之揭非也天下雲合嚮應師古曰嚮讀曰響言如響之應聲

贏糧而景從師古曰贏擔也景從言如影之隨形也山東豪俊遂並起而亡秦族矣且天下非小弱也雍州之地殽函之固自若也師古曰自若猶言如故也陳涉之位不齒於齊楚燕趙韓魏宋衛中山之君師古曰齒謂齊列如齒鉏櫌棘矜不敵於鉤戟長鎩服虔曰以鉏柄及棘作矛槿也晉灼曰櫌椎塊椎也師古曰服說非也櫌摩田器也棘戟也矜與槿同謂矛鋋之把也鉤戟戟刃鉤曲者也鎩鈹也言往者秦銷兵刃陳涉起時但用鉏櫌及戈戟之槿以相攻戰也櫌音憂矜音其巾反鎩音山列反適戍之衆不亢於九國之師師古曰適讀曰謫謂罪罰而行也亢當也讀與抗同深謀遠慮行軍用兵之道非及曩時之士也師古曰曩昔也音乃朗反然而成敗異變功業相反何也試使山東之國與陳涉度長絜大師古曰絜謂圍束之也度音徒各反絜音下結反比權量力

不可同年而語矣然秦以區區之地致萬乘之權師古曰區區小貌也招八州而朝同列鄧展曰招舉也蘇林曰招音翹百有餘年然后以六合爲家師古曰后與後同古通用字也殽函爲宮一夫作難而七廟墮師古曰墮毀也音火規反身死人手爲天下笑者何也仁誼不施而攻守之勢異也周生亦有言鄭氏曰周時賢人也師古曰史記稱太史公曰余聞之周生則知非周時人蓋姓周耳舜蓋重童子項羽又重童子師古曰童子目之眸子豈其苗裔邪何其興之暴也夫秦失其政陳涉首難豪傑蠭起相與並爭不可勝數然羽非有尺寸乘勢拔起隴畝之中晉灼曰拔音卒拔之拔鄧展曰疾起也師古曰音步末反三年遂將五諸侯兵滅秦分裂天下

而威海內封立王侯政繇羽出師古曰繇與由同號爲伯王師古曰伯讀曰霸位雖不終近古以來未嘗有也師古曰近古猶末代及羽背關懷楚放逐義帝師古曰背關謂背約不王高祖於關中懷楚謂思東歸而都彭城而怨王侯畔己難矣自矜功伐奮其私智而不師古始霸王之國欲以力征經營天下五年卒亡其國身死東城尚不覺寤不自責過失迺引天亡我非用兵之罪豈不謬哉

陳勝項籍列傳第一

張耳陳餘列傳第二　班固　漢書三十二

祕書監上護軍琅邪縣開國子顏師古　注

張耳大梁人也臣瓚曰今陳留大梁城也少時及魏公子毋忌爲客師古曰毋忌六國時信陵君也言其尚及見毋忌爲之賓客嘗亡命遊外黃師古曰命者名也凡言亡命謂脫其名籍而逃亡外黃富人女甚美庸奴其夫師古曰言不恃賴其夫視之若傭奴亡邸父客如淳曰父時故賓客也師古曰邸歸也音丁禮反父客謂曰必欲求賢夫從張耳女聽爲請決嫁之師古曰請決絕於前夫而嫁於耳女家厚奉給耳耳以故致千里客宦爲外黃令陳餘亦大梁人好儒術遊趙苦陘張晏曰苦陘章帝醜其名改曰漢昌師古曰陘音刑富人公乘氏以其女妻之餘年少父事耳相與爲刎頸交師古曰刎斷也刎頸交者言託契深重雖斷頸絕頭無所顧也刎音舞粉反高祖爲布衣時嘗從耳遊秦滅魏購求耳千金餘五百金兩人變名姓俱之陳爲里監門師古曰監門卒之賤者故爲卑職以自隱吏嘗以過笞餘餘欲起耳攝使受笞師古曰攝謂引持之吏去耳數之曰師古曰數責也音所具反始吾與公言何如今見小辱而欲死一吏乎餘謝罪陳涉起蘄至陳耳餘上謁涉師古曰上其謁而見也上謁若今之通名涉及左右生平數聞耳餘賢見大喜陳豪桀說涉曰將軍被堅執銳帥士卒以誅暴秦復立楚社稷功德宜爲王陳涉問兩人兩人對曰將軍瞋目張膽師古曰張膽言勇之甚出萬死不顧之計爲天下除殘今

始至陳而王之視天下私師古曰視讀曰示願將軍毋王急
引兵而西遣人立六國後自爲樹黨師古曰樹立也如此
野無交兵誅暴秦據咸陽以令諸侯則帝業成矣
今獨王陳恐天下解也師古曰解謂離散其心也涉不聽遂立爲
王耳餘復說陳王曰大王興梁楚務在入關未及
收河北也臣嘗遊趙知其豪桀師古曰與相知願請奇兵略
趙地於是陳王許之以所善陳人武臣爲將軍耳
餘爲左右校尉與卒三千人從白馬度河師古曰津名即今滑
州白馬縣界也至諸縣說其豪桀鄧展曰至河北縣說之曰秦爲亂政虐
刑殘滅天下北爲長城之役南有五領之戍服虔曰山領有

五因以爲名交阯合浦界有此領師古曰服說非也領者西自衡山之南東窮于海一山之限耳而別標名則有五焉裴氏廣州記云大庾始
安臨賀桂陽揭陽是爲五領鄧德明南康記曰大庾領一也桂陽騎田領二也九眞都龐領三也臨賀萌渚領四也始安越城領五也師古曰
裴說是也外內騷動百姓罷敝師古曰罷讀曰疲頭會箕斂服虔曰吏
到其家人頭數出穀以箕斂之以供軍費財匱力盡師古曰匱竭也重以苛法
師古曰重音直用反使天下父子不相聊師古曰言無聊賴以相保養今陳王奮
臂爲天下倡始莫不嚮應師古曰倡讀曰唱嚮讀曰響家自爲怒
各報其怨師古曰爲音于僞反縣殺其令丞郡殺其守尉今以
張大楚王陳師古曰言張建大楚之國而王於陳地使吳廣周文將卒百
萬西擊秦於此時而不成封侯之業者非人豪也
夫因天下之力而攻無道之君報父兄之怨而成

割地之業此一時也豪桀皆然其言迺行收兵得
數萬人號武信君師古曰武臣自號也下趙十餘城餘皆城守
莫肯下乃引兵東北擊范陽范陽人蒯通說其令
徐公降武信君又說武信君以侯印封范陽令語
在通傳趙地聞之不戰下者三十餘城至邯鄲耳
餘聞周章軍入關至戲郤蘇林曰至戲地而郤兵又聞諸將爲
陳王徇地多以讒毀得罪誅怨陳王不以爲將軍
而以爲校尉迺說武臣曰陳王非必立六國後師古
曰非不也令將軍下趙數十城獨介居河北晉灼曰介音戛臣瓚曰介特也
師古曰二說並非也介屬也讀如本字不王無以塡之師古曰塡音竹刃反且陳王聽讒

還報恐不得脫於禍師古曰脫免也音土活反願將軍毋失時武
臣乃聽遂立爲趙王以餘爲大將軍耳爲丞相使
人報陳王陳王大怒欲盡族武臣等家而發兵擊
趙相國房君諫曰秦未亡今又誅武臣等家此生
一秦也不如因而賀之使急引兵西擊秦陳王從
其計徙繫武臣等家宮中封耳子敖爲成都君使
使者賀趙趣兵西入關師古曰趣讀曰促耳餘說武臣曰王
王趙非楚意特以計賀王師古曰言力不能制且事安撫爲權宜之計耳楚已
滅秦必加兵於趙願王毋西兵北徇燕代南收河
內以自廣趙南據大河北有燕代楚雖勝秦必不

敢制趙趙王以爲然因不西兵而使韓廣略燕李良略常山張黶略上黨師古曰黶音烏點反韓廣至燕燕人因立廣爲燕王趙王乃與耳餘北略地燕界趙王閒出爲燕軍所得師古曰閒出謂投閒隙而微出也燕因之欲分地師古曰要劫之令割趙地輸燕以和解也使者往燕輒殺之以固求地耳餘患之有廝養卒謝其舍曰蘇林曰廝取薪者也養養人者也舍謂所舍宿主人也晉灼曰以辭相告曰謝師古曰謝其舍謂告其舍中人也故下言舍中人皆笑今流俗書本於此舍下輒加人字非也廝音斯吾爲二公說燕與趙王載歸師古曰二公張耳陳餘舍中人皆笑曰使者往十輩皆死若何以能得王師古曰若汝也次下亦同乃走燕壁師古曰走趣也音奏燕將見之問曰知臣何欲燕將曰若欲

得王耳曰君知張耳陳餘何如人也燕將曰賢人也曰其志何欲燕將曰欲得其王耳趙卒笑曰君未知兩人所欲也夫武臣張耳陳餘杖馬箠下趙數十城張晏曰言其不用兵革也師古曰箠謂馬撾也音止蘂反亦各欲南面而王夫臣之與主豈可同日道哉顧其勢初定師古曰顧思念也且以長少先立武臣以持趙心今趙地已服兩人亦欲分趙而王時未可耳今君因趙王念此兩人名爲求王實欲燕殺之此兩人分趙而王夫以一趙尚易燕師古曰易輕也音弋豉反況以兩賢王左提右挈而責殺王滅燕易矣師古曰提挈言相扶持也燕以爲然乃歸趙王養卒

爲御而歸李良已定常山還報趙王趙王復使良略太原至石邑秦兵塞井陘未能前秦將詐稱二世使使遺良書不封張晏曰欲其漏泄君臣相疑也曰良嘗事我得顯幸誠能反趙爲秦赦良罪貴良良得書疑不信之邯鄲益請兵師古曰之往也未至道逢趙王姊從百餘騎良望見以爲王伏謁道旁王姊醉不知其將使騎謝良良素貴起慙其從官從官有一人曰天下叛秦能者先立且趙王素出將軍下今兒女乃不爲將軍下車請追殺之良以得秦書欲反趙未決因此怒遣人追殺王姊遂襲邯鄲邯鄲不知竟殺武臣

趙人多爲耳餘耳目者故得脫出收兵得數萬人客有說耳餘曰兩君羈旅張晏曰羈寄旅客也而欲附趙難可獨立立趙後輔以誼師古曰謂求取六國時趙王後而立之以名義自輔助也可就功師古曰就成也乃求得趙歇立爲趙王居信都張晏曰歇趙之苗裔也信都襄國也李良進兵擊餘餘敗良良走歸章邯章邯引兵至邯鄲皆徙其民河內夷其城郭師古曰夷平也耳與趙王歇走入鉅鹿城王離圍之餘北收常山兵得數萬人軍鉅鹿北章邯軍鉅鹿南棘原築甬道屬河師古曰屬聯及也音之欲反饟王離師古曰饟古餉字謂餽運其軍糧也王離兵食多急攻鉅鹿鉅鹿城中食盡耳數使人召餘餘自度兵少

不能敵秦不敢前數月耳大怒怨餘使張黶陳釋往讓餘師古曰讓責也曰始吾與公爲刎頸交今王與耳且暮死而公擁兵數萬不肯相救胡不赴秦俱死師古曰胡何也且什有一二相全師古曰十中尚冀得一二勝秦餘曰所以不俱死欲爲趙王張君報秦今俱死如以肉餧虎何益師古曰餧飤也音於僞反張黶陳釋曰事以急要以俱死立信安知後慮餘曰吾顧以無益師古曰顧思念也迺使五千人令張黶陳釋先嘗秦軍師古曰嘗試也言若嘗食也至皆沒當是時燕齊楚聞趙急皆來救張敖亦北收代得萬餘人來皆辟餘旁項羽兵數絕章邯甬道王離軍乏食項

羽悉引兵度河破章邯軍諸侯軍乃敢擊秦軍遂虜王離於是趙王歇張耳得出鉅鹿與餘相見責讓餘問張黶陳釋所在餘曰黶釋以必死責臣臣使將五千人先嘗秦軍皆沒耳不信以爲殺之數問餘餘怒曰不意君之望臣深也師古曰望怨望也次下亦同豈以臣重去將哉師古曰重難也迺脫解印綬與耳耳不敢受餘起如廁客有說耳曰天予不取反受其咎今陳將軍與君印綬不受反天不祥急取之耳乃佩其印收其麾下餘還亦望耳不讓趨出耳遂收其兵餘獨與麾下數百人之河上澤中漁獵由此有隙趙

王歇復居信都耳從項羽入關項羽立諸侯耳雅遊多爲人所稱師古曰雅故也言其久故偕遊交結英傑是以多爲人所稱譽也項羽素亦聞耳賢迺分趙立耳爲常山王治信都師古曰治爲治處也音文吏反信都更名襄國餘客多說項羽陳餘張耳一體有功於趙羽以餘不從入關聞其在南皮即以南皮旁三縣封之而徙趙王歇王代耳之國餘愈怒曰耳與餘功等也今耳王餘獨侯及齊王田榮叛楚餘乃使夏說說田榮師古曰夏說讀曰悅說田榮音式芮反曰項羽爲天下宰不平盡王諸將善地徙故王王惡地今趙王乃居代願王假臣兵請以南皮爲扞蔽師古曰扞蔽猶

言藩屏也田榮欲樹黨乃遣兵從餘餘悉三縣兵師古曰悉盡也襲常山王耳耳敗走曰漢王與我有故張晏曰漢王布衣時常從耳遊也而項王彊立我我欲之楚師古曰羽既彊盛又爲所立是以狐疑莫知所往甘公曰文穎曰善說星於甘氏也晉灼曰齊人漢王之入關五星聚東井東井者秦分也師古曰分音扶問反先至必王楚雖彊後必屬漢耳走漢漢亦還定三秦方圍章邯廢丘耳謁漢王漢王厚遇之師古曰高紀云元年五月漢王定雍地東如咸陽引兵圍雍王廢丘而遣諸將略地八月塞王欣翟王翳皆降漢二年十月陳餘擊常山王張耳耳敗走降漢而此傳乃言方圍廢丘時耳謁漢王屬以他事於後始云漢二年東擊楚則與帝紀前後參錯不同疑傳誤也餘已敗耳皆收趙地迎趙王於代復爲趙王趙王德餘師古曰懷其德立以爲代王餘爲趙王弱國

初定留傳趙王而使夏說以相國守代師古曰爲代相國而居守漢二年東擊楚使告趙欲與俱餘曰漢殺張耳乃從於是漢求人類耳者斬其頭遺餘餘乃遣兵助漢漢敗於彭城西餘亦聞耳詐死即背漢漢遣耳與韓信擊破趙井陘斬餘泜水上蘇林曰泜音祗也晉灼曰問其方人音柢師古曰蘇晉二說皆是也蘇音祗敬之祗音執夷反古音如是晉音根柢之柢音丁計反今其土俗呼水則然四年夏立耳爲趙王五年秋耳薨謚曰景王子敖嗣立爲王尚高祖長女魯元公主爲王后七年高祖從平城過趙趙王且暮自上食體甚卑有子壻禮高祖箕踞詈甚慢之師古曰箕踞者謂申兩脚其形如箕趙相貫高趙午年六

十餘故耳客也怒曰吾王孱王也孟康曰冀州人謂懦弱爲孱師古曰音士連反說敖曰天下豪桀並起能者先立今王事皇帝甚恭皇帝遇王無禮請爲王殺之敖齧其指出血師古曰自齧其指出血以表至誠而爲誓約不背漢也曰君何言之誤且先王亡國賴皇帝得復國師古曰復音房目反德流子孫秋豪皆帝力也願君無復出口貫高等十餘人相謂曰吾等非也吾王長者不背德且吾等義不辱今帝辱我王故欲殺之何迺汙王爲師古曰言何爲乃汙染王事成歸王事敗獨身坐耳八年上從東垣過師古曰擊韓王信餘寇於東垣還而過趙貫高等乃壁人柏人要之置廁文穎曰置人廁壁中以伺高祖上過欲宿心

動問曰縣名爲何曰柏人柏人者迫於人不宿去九年貫高怨家知其謀告之於是上逮捕趙王諸反者趙午等十餘人皆爭自剄貫高獨怒罵曰誰令公等爲之今王實無謀而并捕王公等死誰當白王不反者師古曰白明也乃檻車與王詣長安師古曰檻車者車而爲檻形謂以板四周之無所通見高對獄曰獨吾屬爲之王不知也吏榜笞數千師古曰榜謂捶擊之也音彭他皆類此刺爇身無完者應劭曰以鐵刺之又燒灼之師古曰爇音而悅反終不復言呂后數言張王以魯元故不宜有此上怒曰使張敖據天下豈少迺女虖師古曰迺汝也廷尉以貫高辭聞上曰壯士誰知者以私問之張晏曰以和悅

問之臣瓚曰字多作私謂以私情相問也師古曰瓚說是也中大夫泄公曰臣素知之師古曰泄音薛此固趙國立義不侵爲然諾者也師古曰侵猶犯負也上使泄公持節問之箯輿前卬視泄公師古曰箯輿者編竹木以爲輿形如今之食輿矣高時榜笞刺爇委困故以箯輿輿之也箯音鞭卬讀曰仰勞苦如平生歡師古曰勞苦相勞問其勤苦也與語問張王果有謀不師古曰果猶決也高曰人情豈不各愛其父母妻子哉今吾三族皆以論死豈以王易吾親哉師古曰易代也顧爲王實不反師古曰顧思念也獨吾等爲之具道本根所以王不知狀於是泄公具以報上上迺赦趙王上賢高能自立然諾使泄公赦之告曰張王已出上多足下師古曰多猶重也故赦足下高曰所

以不死白張王不反耳今王已出吾責塞矣師古曰塞當也
滿也且人臣有篡弑之名豈有面目復事上哉乃仰
絕亢而死蘇林曰亢頸大脈也俗所謂胡脈也師古曰亢者總謂頸耳爾雅云亢鳥嚨即喉嚨也音下郎反又音工郎反
敖已出尚魯元公主如故師古曰尚猶配也易泰卦九二爻辭曰得尚于中行王弼亦以為配
也諸言尚公主者其義皆然而說者乃云尚公主與尚書尚食同意訓尚為主言主掌之失其理矣公主既尊又非物類不得以主掌為辭貢禹又云諸侯則國人承公主益知主不得言主掌也封為宣平侯於是上賢張王諸
客皆以為諸侯相郡守語在田叔傳及孝惠高后
文景時張王客子孫皆為二千石初孝惠時齊悼
惠王獻城陽郡尊魯元公主為太后師古曰為齊太后以母禮事之高
后元年魯元太后薨後六年宣平侯敖復薨呂太

后立敖子偃為魯王以母為太后故也師古曰以公主為齊王太后故
立其子為王又憐其年少孤弱乃封敖前婦子二人壽為
樂昌侯侈為信都侯高后崩大臣誅諸呂廢魯王
及二侯孝文即位復封故魯王偃為南宮侯薨子
生嗣武帝時生有罪免國除元光中復封偃孫廣
國為睢陵侯師古曰睢音雖薨子昌嗣太初中昌坐不敬免
國除孝平元始二年繼絕世封敖玄孫慶忌為宣
平侯食千戶
贊曰張耳陳餘世所稱賢其賓客廝役皆天下俊
桀所居國無不取卿相者然耳餘始居約時晉灼曰始在貧
賤儉約之時相然信死豈顧問哉及據國爭權卒相滅亡
何鄉者慕用之誠師古曰鄉讀曰嚮嚮謂曩昔也後相背之盭也師古曰盭古戾字戾違也勢利之交古人羞之蓋謂是矣

張耳陳餘列傳第二

魏豹田儋韓信傳第三　班固　漢書三十三

秘書監上護軍琅邪縣開國子顏師古注

魏豹故魏諸公子也師古曰六國時魏也其兄魏咎故魏時封爲甯陵君秦滅魏文穎曰魏大梁也爲庶人陳勝之王也咎往從之勝使魏人周市徇魏地師古曰徇略也音辭峻反魏地已下欲立周市爲魏王市曰天下昏亂忠臣乃見師古曰言當昏亂之時忠臣乃得顯其節義也老子道經曰國家昏亂有忠臣今天下共畔秦其誼必立魏王後迺可齊趙使車各五十乘立市爲王市不受迎魏咎於陳五反師古曰反謂回還也陳王迺遣立咎爲魏王章邯已破陳王進兵擊魏王於臨濟魏王使周市請救齊楚齊楚遣項它田巴將兵隨市救魏師古曰楚遣項它齊遣田巴章邯遂擊破殺周市等軍圍臨濟咎爲其民約降師古曰與章邯約降爲誓而約降約降定咎自殺師古曰但欲全其人而身自不降魏豹亡走楚楚懷王予豹數千人復徇魏地項羽已破秦兵降章邯豹下魏二十餘城立爲魏王師古曰項羽立之豹引精兵從項羽入關羽封諸侯欲有梁地師古曰羽欲自取梁地迺徙豹於河東都平陽爲西魏王漢王還定三秦度臨晉豹以國屬焉遂從擊楚於彭城漢王敗還至滎陽豹請視親病師古曰親謂母也至國則絕河津畔漢漢王謂酈生曰緩頰往說之酈生往豹謝曰人生一世間如白駒過隙師古曰言其速疾也白駒謂日景也隙壁際也今漢王嫚侮人罵詈諸侯羣臣如奴耳非有上下禮節吾不忍復見也漢王遣韓信擊豹遂虜之傳豹詣滎陽以其地爲河東太原上黨郡漢王令豹守滎陽楚圍之急周苛曰反國之王難與共守遂殺豹師古曰反國言其嘗叛也

田儋狄人也師古曰狄縣名也地理志屬千乘故齊王田氏之族也師古曰亦六國時齊也儋從弟榮榮弟橫皆豪桀宗彊能得人陳涉使周市略地北至狄狄城守儋陽爲縛其奴從少年之廷欲謁殺奴服虔曰古殺奴婢皆當告官儋欲殺令故詐縛奴以謁也師古曰陽縛其奴爲殺奴之狀廷縣之中也音定今流俗書本爲字作僞非也陽即爲耳不當重言之見狄令因擊殺令而召豪吏子弟曰諸侯皆反秦自立齊古之建國儋田氏當王遂自立爲齊王發兵擊周市市軍還去儋因率兵東略定齊地秦將章邯圍魏王咎於臨濟急魏王請救於齊儋將兵救魏章邯夜銜枚擊大破齊楚軍殺儋於臨濟下儋從弟榮收儋餘兵東走東阿齊人聞儋死乃立故齊王建之弟田假爲王田角爲相田閒爲將以距諸侯榮之走東阿章邯追圍之項梁聞榮急迺引兵擊破章邯東阿下章邯走而西項梁因追之而榮怒齊之立假迺引兵

歸擊逐假假亡走楚相角亡走趙角弟閒前救趙因不敢歸榮迺立儋子市為王榮相之橫為將平齊地項梁既追章邯章邯兵益盛項梁使使趣齊兵共擊章邯（師古曰趣讀曰促）榮曰楚殺田假趙殺角閒迺出兵楚懷王曰田假與國之王窮而歸我殺之不誼趙亦不殺田角田閒以市於齊齊王曰蝮蠚手則斬手蠚足則斬足（應劭曰蝮一名虺蠚螫也螫人手足則割去其肉不然則死師古曰爾雅及說文皆以為蝮即虺也博三寸首大如擘而郭璞云各自一種蛇其蝮蛇細頸大頭焦尾色如綬文文間有毛似豬鬣鼻上有鍼大者長七八尺一名反鼻非虺之類也以今俗名證之郭說得矣虺若土色所在有之俗呼土虺其蝮唯出南方蝮音芳六反蠚音火各反螫音式亦反虺音許偉反擘手者人手大指也音步歷反）何者為害於身也田假田角田閒於楚趙非手足戚（文穎曰言將亡身非手足憂也臣瓚曰田假於楚非手足之親也師古曰瓚說是也）何故不殺且秦復得志於天下則齮齕首用事者墳墓矣（如淳曰齮側齧也齕齩也師古曰首用事謂起兵而立號者也齮音螘齕音紇齩音五絞反）楚趙不聽齊齊亦怒終不肯出兵章邯果敗殺項梁（師古曰擊敗而殺之）破楚兵楚兵東走而章邯度河圍趙於鉅鹿項羽由此怨榮羽既存趙降章邯西滅秦立諸侯王迺徙齊王市更王膠東治即墨（師古曰治謂都之也音丈吏反下皆類此）齊將田都從共救趙因入關故立都為齊王治臨菑故齊王建孫田安項羽方度河救趙安下濟北數城引兵降項羽羽立安為濟北王治博陽榮以

負項梁不肯助楚攻秦故不得王趙將陳餘亦失職不得王二人俱怨項羽榮使人將兵助陳餘令反趙地而榮亦發兵以距擊田都都亡走楚榮留齊王市毋之膠東市左右曰項王強暴王不就國必危市懼迺亡就國榮怒追擊殺市於即墨還攻殺濟北王安自立為王盡并三齊之地（師古曰三齊齊及濟北膠東）項王聞之大怒乃北伐齊榮發兵距之城陽榮兵敗走平原平原民殺榮項羽遂燒夷齊城郭（師古曰夷平也）所過盡屠破齊人相聚畔之榮弟橫收齊散兵得數萬人反擊項羽於城陽而漢王帥諸侯敗楚入彭城項羽聞之迺釋齊（師古曰釋解也）而歸擊漢於彭城因連與漢戰相距滎陽以故橫復收齊城邑立榮子廣為王而橫相之政事無巨細皆斷於橫定齊三年聞漢將韓信引兵且東擊齊齊使華毋傷田解（師古曰二人也華音戶化反）軍歷下以距漢（張晏曰濟南歷山之下）會漢使酈食其往說王廣及相橫與連和橫然之迺罷歷下守備縱酒（師古曰縱放也放意而飲酒）且遣使與漢平（師古曰方欲遣使）韓信迺度平原襲破齊歷下軍因入臨菑王廣相橫以酈生為賣己而亨之（師古曰謂其與韓信合謀）廣東走高密橫走博（蘇林曰泰山博縣）守相田光走城陽（師古曰守相者言為相而專主居守之事）將軍田

既軍於膠東楚使龍且救齊師古曰且音子閭反齊王與合軍高密漢將韓信曹參破殺龍且虜齊王廣漢將灌嬰追得守相光至博而橫聞王死自立為王還擊嬰嬰敗橫軍於嬴下晉灼曰泰山嬴縣也師古曰音弋成反橫亡走梁歸彭越越時居梁地中立且為漢且為楚師古曰言在楚漢之閒居中自立而兩助之也中音竹仲反韓信已殺龍且因進兵破殺田既於膠東灌嬰破殺齊將田吸於千乘師古曰吸音許及反遂平齊地漢滅項籍漢王立為皇帝彭越為梁王橫懼誅而與其徒屬五百餘人入海居隝中韋昭曰海中山曰隝師古曰音丁老反高帝聞之以橫兄弟本定齊齊人賢者多附焉今

在海中不收後恐有亂迺使使赦橫罪而召之橫謝曰臣亨陛下之使酈食其今聞其弟商為漢將而賢臣恐懼不敢奉詔請為庶人守海隝中使還報高帝迺詔衛尉酈商曰齊王橫即至人馬從者敢動搖者致族夷師古曰族夷言平除其族迺復使使持節具告以詔意曰橫來大者王小者乃侯耳師古曰大者謂橫身小者其徒屬不來且發兵加誅橫迺與其客二人乘傳詣雒陽師古曰傳音張戀反至尸鄉廄置應劭曰尸鄉在偃師城西臣瓚曰案廄置謂置馬以傳驛者橫謝使者曰人臣見天子當洗沐止留謂其客曰橫始與漢王俱南面稱孤師古曰王者自稱曰孤蓋為謙也老子德經曰貴以賤為本高以下為基是以侯王自謂孤寡不穀今漢王為天子而橫迺為亡虜北面事之其媿固已甚矣又吾亨人之兄與其弟併肩而事主師古曰併音步鼎反縱彼畏天子之詔不敢動搖我獨不媿於心乎且陛下所以欲見我不過欲壹見我面貌耳陛下在雒陽今斬吾頭馳三十里閒形容尚未能敗猶可知也遂自剄令客奉其頭從使者馳奏之高帝高帝曰嗟乎有以起布衣兄弟三人更王師古曰更音工衡反豈非賢哉為之流涕而拜其二客為都尉發卒二千以王者禮葬橫既葬二客穿其冢旁皆自剄從之高帝聞而大驚以橫之客皆賢者吾聞

其餘尚五百人在海中使使召至聞橫死亦皆自殺於是乃知田橫兄弟能得士也

韓王信故韓襄王孽孫也張晏曰孺子為孽師古曰孽謂庶耳張說非也長八尺五寸項梁立楚懷王燕齊趙魏皆已前王唯韓無有後故立韓公子橫陽君成為韓王欲以撫定韓地項梁死定陶成犇懷王師古曰犇古奔字沛公引兵擊陽城使張良以韓司徒徇韓地得信以為韓將將其兵從入武關沛公為漢王信從入漢中乃說漢王曰項王王諸將王獨居此遷也士卒皆山東人竦而望歸及其鋒東鄉可以爭天下鄭氏曰及軍中將士氣鋒也師古曰

高紀及韓彭英盧傳皆稱斯說是楚王韓信之辭而此傳復云韓王信之語豈史家誤錯乎將二人所勸大指實同也蹤謂引領舉足也逢讀與鋒同鄉讀曰嚮漢王還定三秦乃許王信先拜為韓太尉將兵略韓地項籍之封諸王皆就國韓王成以不從無功不遣之國更封為穰侯文穎曰穰南陽縣也臣瓚曰穰縣屬江夏師古曰文說是也後又殺之聞漢遣信略韓地乃令故籍游吳時令鄭昌為韓王孟康曰項籍在吳時昌為吳縣令距漢漢二年信略定韓地十餘城漢王至河南信急擊韓王昌昌降漢乃立信為韓王常將韓兵從漢王使信與周苛等守滎陽楚拔之信降楚已得亡歸漢師古曰降楚之後復得歸漢漢復以為韓王竟從擊破項籍五年春與信剖符王潁川師古曰剖分也為合符而分之六年春上以為信壯武北近鞏雒師古曰鞏即今鞏縣南迫宛葉師古曰南陽之二縣也宛音於元反葉音式涉反東有淮陽皆天下勁兵處也乃更以太原郡為韓國徙信以備胡都晉陽信上書曰國被邊李奇曰被音被馬之被師古曰被猶帶也匈奴數入晉陽去塞遠請治馬邑上許之秋匈奴冒頓大入圍信信數使使胡求和解漢發兵救之疑信數閒使有二心師古曰閒私也上賜信書責讓之曰專死不勇專生不任李奇曰言為將軍當必死之意不得為勇當必生之心不任軍事傳曰期死非勇也必生非任也寇攻馬邑君王力不足以堅守乎安危存亡之地此二者朕所以責於君王師古曰言雖處危亡之地執忠履信可以安存責其有二心

前漢傳三　七　陳吉

信得書恐誅因與匈奴約共攻漢以馬邑降胡擊太原七年冬上自往擊破信軍銅鞮師古曰上黨之縣也鞮音丁奚反斬其將王喜信亡走匈奴與其將白土人曼丘臣王黃張晏曰白土縣名也屬上郡立趙苗裔趙利為王師古曰六國時趙後復收信敗散兵而與信及冒頓謀攻漢匈奴使左右賢王將萬餘騎與王黃等屯廣武以南至晉陽師古曰廣武亦太原之縣與漢兵戰漢兵大破之追至于離石復破之師古曰離石西河之縣匈奴復聚兵樓煩西北漢令車騎擊匈奴常敗走漢乘勝追北聞冒頓居代谷上居晉陽使人視冒頓還報曰可擊上遂至平城上白登服虔曰臺名去平城七里如淳曰平城旁之高地若丘陵也師古曰在平城東山上去平城十餘里今其處猶存服說非也匈奴騎圍上上乃使人厚遺閼氏師古曰閼氏匈奴單于之妻也閼音於連反氏音支閼氏說冒頓曰今得漢地猶不能居且兩主不相戹居七日胡騎稍稍引去天霧漢使人往來胡不覺護軍中尉陳平言上曰胡者全兵李奇曰言唯弓矛無雜仗也請令彊弩傅兩矢外鄉師古曰傅讀曰附一弩而加兩矢外鄉者以禦敵也鄉讀曰嚮徐行出圍入平城漢救兵亦至胡騎遂解去漢亦罷兵歸信為匈奴將兵往來擊邊令王黃等說誤陳豨十一年春信復與胡騎入居參合師古曰代郡之縣漢使柴將軍擊之鄧展曰柴奇也應劭曰柴武也晉灼曰奇武之子師

前漢傳三　八　陳吉

古曰應說是也遺信書曰陛下寬仁諸侯雖有叛亡而後歸輒復故位號不誅也師古曰復音扶目反大王所知今王以敗亡走胡非有大罪急自歸信報曰陛下擢僕閭巷南面稱孤此僕之幸也滎陽之事僕不能死囚於項籍此一罪也寇攻馬邑僕不能堅守以城降之此二罪也今爲反寇將兵與將軍爭一旦之命此三罪也夫種蠡無一罪身死亡文穎曰大夫種范蠡也師古曰二人皆越王句踐之臣也大夫種位爲大夫名種也有功於越而句踐逼令自死范蠡即陶朱公也浮海而逃之齊又居陶自號朱公竟以壽終信引之以自喻者蓋言種不去則見殺蠡逃亡則獲免蠡音禮僕有三罪而欲求活此伍子胥所以僨於吳世也蘇林曰僨音奮孟康曰僨猶斃也言子胥得罪於夫差而不知去所以斃於世也師古

曰僨謂僵仆而倒也音方問反今僕亡匿山谷間旦暮乞貸蠻夷師古曰音吐得反僕之思歸如痿人不忘起盲者不忘視師古曰痿風痺病也音人佳反勢不可耳遂戰柴將軍屠參合斬信信之入匈奴與太子俱及至穨當城生子因名曰穨當韓太子亦生子嬰至孝文時穨當及嬰率其衆降漢封穨當爲弓高侯晉灼曰功臣表屬營陵嬰爲襄城侯晉灼曰功臣表屬魏郡吳楚反時弓高侯功冠諸將傳子至孫孫無子國絕嬰孫以不敬失侯穨當孼孫嫣鄭氏音鄢陵之鄢師古曰鄭音是也音偃貴幸名顯當世嫣弟說師古曰說讀曰悅以校尉擊匈奴封龍頟侯師古曰字或作雒後坐酎金失侯復以待詔爲橫

海將軍擊破東越封按道侯師古曰史記年表幷衞青傳載韓說初封龍頟侯後爲按道侯皆與此傳同而漢書功臣侯表乃云龍頟侯名說按道侯名說列爲二人與此不同疑表誤太初中爲游擊將軍屯五原外列城還爲光祿勳掘蠱太子宮爲太子所殺師古曰掘音其勿反子興嗣坐巫蠱誅上曰游擊將軍死事無論坐者服虔曰時無故見殺而無爲之論坐伏辜者也臣瓚曰按說無故見殺而子復爲巫蠱見誅皆爲怨枉故上曰毋有應論坐者也師古曰二說皆非言韓說以掘蠱爲太子所殺死於國事忠誠可閔今興雖以巫蠱見誅其昆弟宗族應從者可勿論之所以追寵說乃復封興弟增爲龍頟侯增少爲郎諸曹侍中光祿大夫昭帝時至前將軍與大將軍霍光定策立宣帝益封千戶本始二年五將征匈奴增將三萬騎出雲中斬首百餘級至期而

還神爵元年代張安世爲大司馬車騎將軍領尚書事增世貴幼爲忠臣事三主重於朝廷爲人寬和自守以溫顏遜辭承上接下無所失意保身固寵不能有所建明五鳳二年薨謚曰安侯子寶嗣亡子國除成帝時繼功臣後封增兄子岑爲龍頟侯薨子持弓嗣王莽敗乃絕

贊曰周室既壞至春秋末諸侯耗盡師古曰耗減也言漸少而盡也音呼到反而炎黃唐虞之苗裔尚猶頗有存者師古曰謂神農黃帝堯舜之後秦滅六國而上古遺烈埽地盡矣師古曰列業也楚漢之際豪桀相王唯魏豹韓信田儋兄弟爲舊國之後

然皆及身而絕橫之志節賓客慕義猶不能自立豈非天虖韓氏自弓高後貴顯蓋周烈近與 晉灼曰韓先與周同姓其後苗裔事晉封於韓原姓韓氏韓厥其後也故曰周烈臣瓚曰案武王之子方於三代世為最近也師古曰左氏傳云邗晉應韓武之穆也據如此贊所云則韓嫣先祖武王之裔而杜預等以為出自曲沃成師未詳其說與讀曰歟

魏豹田儋韓信傳第三

韓彭英盧吳傳第四　班固　漢書三十四

秘書監上護軍琅邪縣開國子顏　師古注

韓信淮陰人也家貧無行不得推擇為吏 李奇曰無善行可推舉選擇也 又不能治生為商賈 師古曰行賣曰商坐販曰賈 常從人寄食其母死無以葬迺行營高燥地令傍可置萬家者 師古曰言其有大志也行音下更反燥音先老反 信從下鄉南昌亭長食 張晏曰下鄉屬淮陰 信亭長妻苦之 師古曰苦厭也 迺晨炊蓐食 張晏曰未起而牀蓐中食 食時信往不為具食信亦知其意自絕去至城下釣有一漂母哀之飯信 韋昭曰以水擊絮曰漂師古曰哀憐而飯之漂音匹妙反飯音扶晚反 竟漂數十日信謂漂母曰吾必重報母母怒曰大丈夫不能自食吾哀王孫而進食 蘇林曰王孫如言公子也 豈望報乎

淮陰少年又侮信曰雖長大好帶刀劍怯耳眾辱信曰能死刺我不能出跨下 師古曰眾辱於眾中辱之跨下兩股之閒也 於是信孰視俛出跨下 師古曰俛亦俯字 一市皆笑信以為怯及項梁度淮信乃杖劍從之 師古曰言自帶一劍更無餘資 居戲下無所知名 師古曰言在旌戲之下也戲讀曰麾又音許宜反 梁敗又屬項羽為郎中信數以策干項羽羽弗用漢王之入蜀信亡楚歸漢未得知名為連敖 李奇曰楚官名 坐法當斬其疇十三人皆已斬 師古曰疇類也 至信信乃仰視適見滕公 師古曰夏侯嬰 曰上不欲就天下乎而斬壯士滕公奇其言壯其貌釋

弗斬師古曰釋放也置也與語大說之言於漢王漢王以為治
粟都尉上未奇之也數與蕭何語何奇之至南鄭
諸將道亡者數十人信度何等已數言師古曰度計量也音大各反
上不我用即亡何聞信亡不及以聞自追之人有
言上曰丞相何亡上怒如失左右手居一二日何
來謁上且怒且喜罵何曰若亡何也師古曰若汝也何曰臣
非敢亡追亡者耳上曰所追者誰也曰韓信上復
罵曰諸將亡者以十數公無所追追信詐也何曰
諸將易得至如信國士無雙師古曰為國家之奇士王必欲長
王漢中無所事信張晏曰無事用信必欲爭天下非信無可

前漢傳四　二

與計事者顧王策安決師古曰顧思念也王曰吾亦欲東耳
安能鬱鬱久居此乎何曰王計必東能用信信即
留不能用信信終亡耳王曰吾為公以為將何曰
雖為將信不留王曰以為大將何曰幸甚於是王
欲召信拜之何曰王素嫚無禮師古曰嫚與慢同今拜大將
如召小兒此乃信所以去也王必欲拜之擇日齋
戒設壇場具禮乃可王許之諸將皆喜人人各自
以為得大將至拜乃韓信也一軍皆驚信已拜上
坐王曰丞相數言將軍將軍何以教寡人計策信
謝因問王曰今東鄉爭權天下豈非項王邪師古曰鄉讀曰

嚮上曰然信曰大王自料勇悍仁彊孰與項王師古
曰料量也與如也漢王默然良久曰弗如也信再拜賀曰唯
師古曰唯應辭音弋癸反信亦以為大王弗如也然臣嘗事項王
請言項王為人也項王意烏猝嗟千人皆廢李奇曰猝嗟猶
咄嗟也言羽一咄嗟千人皆失氣也晉灼曰意烏恚怒聲也猝嗟發動
也廢不收也師古曰意烏晉說是也猝嗟暴猝嗟歎也猝音千忽反
然不能任屬賢將師古曰屬委也音之欲反此特匹夫之勇也師古
曰特但也項王見人恭謹言語姁姁師古曰姁姁和好皃也音許于反人有病
疾涕泣分食飲至使人有功當封爵刻印刓忍不
能予蘇林曰刓音刓角之刓刓與摶同手弄角訛不忍授也師古曰刓音五丸反摶音大官反又音專此所謂婦
人之仁也項王雖霸天下而臣諸侯不居關中而

前漢傳四　三　久安

都彭城又背義帝約而以親愛王諸侯不平諸侯
之見項王逐義帝江南亦皆歸逐其主自王善地
項王所過亡不殘滅多怨百姓師古曰結怨於百姓百姓不附
特劫於威彊服耳師古曰彊音其兩反其下彊以威王亦同名雖為霸實失
天下心師古曰羽自號西楚霸王故云名為霸也故曰其彊易弱師古曰易使弱也今
大王誠能反其道任天下武勇何不誅師古曰言何所不誅也下皆類
此以天下城邑封功臣何不服以義兵從思東歸
之士何不散師古曰散謂四散而立功且三秦王為秦將師古曰章
邯司馬欣董翳將秦子弟數歲而所殺亡不可勝計又欺其衆
降諸侯至新安項王詐阬秦降卒二十餘萬人唯

獨邯欣翳脫師古曰脫免也音土活反秦父兄怨此三人痛於骨髓今楚強以威王此三人秦民莫愛也大王之入武關秋豪亡所害師古曰秋豪喻微細之物除秦苛法與民約法三章耳秦民亡不欲得大王王秦者於諸侯之約大王當王關中關中民戶知之師古曰言家家皆知王失職之蜀民亡不恨者師古曰之往也今王舉而東三秦可傳檄而定也師古曰檄謂檄書也傳檄可定言不足用兵也檄解在高紀於是漢王大喜自以爲得信晚遂聽信計部署諸將所擊師古曰部分而署置之漢王舉兵東出陳倉定三秦二年出關收魏河南韓殷王皆降令齊趙共擊楚彭城漢兵敗散而還信

前漢傳四　四　攵安

復發兵與漢王會滎陽復擊破楚京索閒師古曰索音山客反以故楚兵不能西漢之敗卻彭城師古曰兵敗於彭城而卻退也卻音丘略反塞王欣翟王翳亡漢降楚齊趙魏亦皆反與楚和漢王使酈生往說魏王豹豹不聽乃以信爲左丞相擊魏信問酈生魏得毋用周叔爲大將軍乎曰栢直也信曰豎子耳遂進兵擊魏魏盛兵蒲反塞臨晉信迺益爲疑兵師古曰多張兵形令敵人疑也陳船欲度臨晉而復兵從夏陽以木罌缶度軍襲安邑服虔曰以木柙縛罌缶以度也韋昭曰以木爲器如罌缶也師古曰服說是也罌缶謂瓶之大腹小口者也音一政反臨晉在今同州朝邑縣界夏陽在韓城縣界魏王豹驚引兵迎信信遂虜豹定河東使人請漢王

願益兵三萬人臣請以北舉燕趙東擊齊南絕楚之糧道西與大王會於滎陽漢王與兵三萬人遣張耳與俱進擊趙代破代禽夏說閼與李奇曰夏說代相也孟康曰閼與邑名也在上黨涅縣師古曰說讀曰悅閼音一曷反與音豫信之下魏代漢輒使人收其精兵詣滎陽以距楚信耳以兵數萬欲東下井陘擊趙趙王成安君陳餘聞漢且襲之聚兵井陘口號稱二十萬廣武君李左車說成安君曰聞漢將韓信涉西河虜魏王禽夏說新喋血閼與師古曰喋音牒喋血解在文紀今乃輔以張耳議欲以下趙師古曰言其計議如此此乘勝而去國遠鬭其鋒不可當臣聞千里餽糧

前漢傳四　五　徐稚

士有飢色師古曰言難繼也餽字與饋同樵蘇後爨師不宿飽師古曰樵取薪也蘇取草也小雅白華之詩云樵彼桑薪樵音在消反今井陘之道車不得方軌騎不得成列師古曰方軌謂并行也列行列行數百里其勢糧食必在後願足下假臣奇兵三萬人從間路絕其輜重師古曰間路微路也重音直用反足下深溝高壘勿與戰彼前不得鬭退不得還吾奇兵絕其後野無所掠鹵不至十日兩將之頭可致戲下師古曰戲讀曰麾又音許宜反願君留意臣之計必不爲二子所禽矣成安君儒者常稱義兵不用詐謀奇計謂曰吾聞兵法什則圍之倍則戰師古曰言多十倍者可以圍敵多一倍者戰則可勝今韓信兵號數萬其實不能千里襲

我亦以罷矣師古曰罷讀曰疲今如此避弗擊後有大者何以距之諸侯謂吾怯而輕來伐我不聽廣武君策信使間人窺知其不用師古曰間人微伺之也還報則大喜乃敢引兵遂下未至井陘口三十里止舍師古曰舍息也夜半傳發選輕騎二千人孟康曰傳令軍中使發也人持一赤幟師古曰幟旌旗之屬音式志反從間道萆山而望趙軍如淳曰萆音蔽依山自覆蔽也師古曰蔽隱於山間使敵不見戒曰趙見我走必空壁逐我若疾入拔趙幟立漢幟師古曰若汝也令其裨將傳餐服虔曰立駐傳餐食也如淳曰小飯曰餐破趙後乃當共飽食也師古曰餐古湌字音千安反曰今日破趙會食諸將皆嘸然陽應曰諾孟康曰嘸音撫不精明也劉德曰音憮師古曰劉音是也音文府反信謂軍吏曰趙已

先據便地壁且彼未見大將旗鼓未肯擊前行師古曰行音胡郎反恐吾阻險而還乃使萬人先行出背水陳趙兵望見大笑平旦信建大將旗鼓鼓行出井陘口師古曰擊鼓而行趙開壁擊之大戰良久於是信張耳弃鼓旗走水上軍師古曰走趣也音奏復疾戰趙空壁爭漢鼓旗逐信耳信耳已入水上軍軍皆殊死戰不可敗師古曰殊絕也謂決意必死信所出奇兵二千騎者候趙空壁逐利即馳入趙壁皆拔趙旗幟立漢赤幟二千趙軍已不能得信耳等欲還歸壁壁皆漢赤幟大驚以漢為皆已破趙王將矣遂亂遁走趙將雖斬之弗能禁於

是漢兵夾擊破虜趙軍斬成安君泜水上師古曰泜音祗又音丁計反禽趙王歇信乃令軍毋斬廣武君有生得之者購千金頃之有縛而至戲下者信解其縛東鄉坐西鄉對而師事之師古曰鄉皆讀曰嚮諸校效首虜休皆賀師古曰諸校諸部也猶今言諸營也效致也謂各致其所獲因問信曰兵法有右背山陵前左水澤今者將軍令臣等反背水陳曰破趙會食臣等不服然竟以勝此何術也信曰此在兵法顧諸君弗察耳師古曰顧念也兵法不曰陷之死地而後生投之亡地而後存乎且信非得素拊循士大夫經所謂歐市人而戰之也師古曰經亦謂兵法也歐與驅同也忽入市鄽而歐取其人令

戰言非素所練習其勢非置死地人人自為戰今即予生地皆走寧尚得而用之乎諸將皆服曰非所及也於是問廣武君曰僕欲北攻燕東伐齊何若有功師古曰何若猶言何如也廣武君辭曰臣聞亡國之大夫不可以圖存師古曰圖謀也敗軍之將不可以語勇若臣者何足以權大事乎信曰僕聞之百里奚居虞而虞亡之秦而秦伯師古曰百里奚本虞臣也後仕於秦遂為大夫穆公用其言以取霸伯讀曰霸非愚於虞而智於秦也用與不用聽與不聽耳向使成安君聽子計僕亦禽矣僕委心歸計願子勿辭廣武君曰臣聞智者千慮必有一失愚者千慮亦有一得故曰

狂夫之言聖人擇焉顧恐臣計未足用師古曰顧念也願効
愚忠故成安君有百戰百勝之計一日而失之軍
敗鄗下李奇曰鄗音羔美臛之臛常山縣也光武即位於此故改曰高邑身死泜水上今足
下虜魏王禽夏說不旬朝破趙二十萬衆誅成安
君名聞海内威震諸侯衆庶莫不輟作怠惰靡衣
媮食傾耳以待命者師古曰輟止也靡輕麗也媮與偷字同偷苟且也言爲靡麗之衣苟且而食恐懼之甚不爲久計也
然而衆勞卒罷師古曰罷讀曰疲其實難用也今足
下舉勌敝之兵頓之燕堅城之下情見力屈師古曰見顯露也屈盡也見音胡電反屈音其勿反
欲戰不拔曠日持久糧食單竭師古曰單亦盡
若燕不破齊必距境而以自彊二國相持則劉

項之權未有所分也臣愚竊以爲過矣信曰然則
何由師古曰由從也言當從何計也廣武君對曰當今之計不如按甲
休兵百里之内牛酒日至以饗士大夫北首燕路
師古曰首謂趣向也音式究反然後發一乘之使奉咫尺之書師古曰八寸曰咫咫尺者言其簡牘或長咫或長尺喻輕率也今俗言尺書或言尺牘蓋其遺語耳
以使燕燕必不敢不
聽從燕而東臨齊雖有智者亦不知爲齊計矣如
是則天下事可圖也兵故有先聲而後實者此之
謂也信曰善敬奉教於是用廣武君策發使燕燕
從風而靡乃遣使報漢因請立張耳王趙以撫其
國漢王許之楚數使奇兵度河擊趙王耳信往來

救趙因行定趙城邑發卒佐漢楚方急圍漢王滎
陽漢王出南之宛葉師古曰之往也宛葉二縣名宛音於元反葉音式涉反得九江
王布入成皋楚復急圍之四年漢王出成皋度河
獨與滕公從張耳軍脩武至宿傳舍晨自稱漢使
馳入壁張耳韓信未起即其卧奪其印符師古曰就其卧處
麾召諸將易置之信耳起乃知獨漢王來大驚漢
王奪兩人軍即令張耳備守趙地拜信爲相國
發趙兵未發者擊齊文穎曰謂趙人未嘗見發者信引兵東未度
平原聞漢王使酈食其已說下齊信欲止蒯通說
信令擊齊語在通傳信然其計遂度河襲歷下軍

至臨菑齊王走高密使使於楚請救信已定臨菑
東追至高密西楚使龍且將號稱二十萬師古曰且音子余反
救齊齊王龍且并軍與信戰未合師古曰欲戰而未交兵也或說
龍且曰漢兵遠鬬窮寇久戰鋒不可當也齊楚自
居其地戰兵易敗散師古曰近其室家懷顧望也不如深壁令齊王
使其信臣招所亡城師古曰信臣常所親信之臣城聞王在楚來救
必反漢漢二千里客居齊齊城皆反之其勢無所
得食可毋戰而降也龍且曰吾平生知韓信爲人
易與耳寄食於漂母無資身之策受辱於跨下無
兼人之勇不足畏也且救齊而降之吾何功今戰

而勝之齊半可得師古曰自謂當得封齊之半地何爲而止遂戰與信夾濰水陳師古曰濰音維濰水出琅邪北箕縣東北經臺昌入濟即禹貢所云濰淄其道者也信乃夜令人爲萬餘囊盛沙以壅水上流引兵半度擊龍且陽不勝還走且果喜曰固知信怯遂追度水信使人決壅囊水大至龍且軍太半不得度即急擊殺龍且龍且水東軍散走齊王廣亡去信追北至城陽虜廣楚卒皆降遂平齊使人言漢王曰齊夸詐多變反覆之國南邊楚師古曰邊近也不爲假王以填之其埶不定師古曰填音竹刃反今權輕不足以安之臣請自立爲假王當是時楚方急圍漢王於滎陽使者至發書張晏曰發信使者所齎書也漢王大怒罵曰吾困於此且暮望而來佐我師古曰而汝也乃欲自立爲王張良陳平伏後躡漢王足因附耳語曰漢方不利寧能禁信之自王乎不如因立善遇之使自爲守不然變生漢王亦寤因復罵曰大丈夫定諸侯即爲眞王耳何以假爲遣張良立信爲齊王徵其兵使擊楚楚以亡龍且項王恐使盱台人武涉往說信曰足下何不反漢與楚楚王與足下有舊故且漢王不可必師古曰必謂必信之身居項王掌握中數矣師古曰數音山角反然得脫背約復擊項王其不可親信如此今足下雖自以爲與漢王

爲金石交師古曰稱金石者取其堅固然終爲漢王所禽矣足下所以得須臾至今者以項王在項王即亡次取足下何不與楚連和三分天下而王齊今釋此時自必於漢王以擊楚且爲智者固若此邪信謝曰臣得事項王數年官不過郎中位不過執戟張晏曰郎中宿衛執戟言不聽畫策不用故背楚歸漢漢王授我上將軍印數萬之衆解衣衣我推食食我師古曰下衣音於記反下食讀曰飤也言聽計用吾得至於此夫人深親信我背之不祥幸爲信謝項王武涉已去蒯通知天下權在於信深說以三分天下鼎足而王語在通傳信不忍背漢又自以功大漢王不奪我齊遂不聽漢王之敗固陵用張良計徵信將兵會陔下項羽死高祖襲奪信軍徙信爲楚王都下邳信至國召所從食漂母賜千金及下鄉亭長錢百師古曰以恥辱之曰公小人爲德不竟師古曰言晨炊蓐食召辱己少年令出跨下者以爲中尉告諸將相曰此壯士也方辱我時寧不能死死之無名故忍而就此師古曰就成也成今日之功項王亡將鍾離眛師古曰眛音莫葛反家在伊廬劉德曰東海朐南有此邑韋昭曰今中廬縣也師古曰韋說非也中廬在襄陽之南素與信善項王敗眛亡歸信漢怨眛聞在楚詔楚捕之信初之國行縣邑陳兵出入師古曰行音下更反有變告

信欲反師古曰凡言變告者謂告非常之事書聞師古曰聞於天子上患之用陳平謀僞游於雲夢者實欲襲信信弗知高祖且至楚信欲發兵自度無罪師古曰度音大各反欲謁上恐見禽人或說信曰斬眛謁上上必喜亡患信見眛計事眛曰漢所以不擊取楚以眛在公若欲捕我自媚漢吾今死公隨手亡矣乃罵信曰公非長者卒自剄信持其首謁於陳高祖令武士縛信載後車信曰果若人言狡兔死良狗亨張晏曰狡猶猾也師古曰此黃石公三略之言上曰人告公反遂械信至雒陽赦以爲淮陰侯信知漢王畏惡其能稱疾不朝從師古曰朝朝見也從從行也由此日怨望居常

前漢傳四　十二

鞅鞅師古曰鞅鞅志不滿也音於兩反羞與絳灌等列嘗過樊將軍噲噲趨拜送迎言稱臣曰大王乃肯臨臣信出門笑曰生乃與噲等爲伍師古曰言俱爲列侯上嘗從容與信言諸將師古曰從音千容反能各有差上問曰如我能將幾何信曰陛下不過能將十萬上曰如公何如曰如臣多多益辦耳上笑曰多多益辦何爲爲我禽信曰陛下不能將兵而善將將此乃信之爲陛下禽也且陛下所謂天授非人力也後陳豨爲代相監邊辭信信挈其手師古曰挈謂執提之與步於庭數匝仰天而歎曰子可與言乎吾欲與子有言豨因曰唯將軍命信曰

公之所居天下精兵處也而公陛下之信幸臣也人言公反陛下必不信再至陛下乃疑三至必怒而自將吾爲公從中起天下可圖也陳豨素知其能信之曰謹奉教漢十年豨果反高帝自將而往信稱病不從陰使人之豨所而與家臣謀夜詐赦諸官徒奴欲發兵襲呂后太子部署已定待豨報其舍人得罪信信囚欲殺之晉灼曰楚漢春秋云謝公也舍人弟上書變告信欲反狀於呂后呂后欲召恐其黨不就師古曰黨音他朗反乃與蕭相國謀詐令人從帝所來稱豨已破群臣皆賀相國紿信曰雖病強入賀師古曰紿詐也信

前漢傳四　十三

入呂后使武士縛信斬之長樂鍾室師古曰鍾室謂懸鍾之室信方斬曰吾不用蒯通計反爲女子所詐豈非天哉遂夷信三族高祖已破豨歸至聞信死且喜且哀之問曰信死亦何言呂后道其語高祖曰此齊辯士蒯通也召欲亨之通至自說釋弗誅師古曰自說謂自解說也釋放也置也語在通傳

彭越字仲昌邑人也常漁鉅野澤中爲盜師古曰漁捕魚也鉅野即今鄆州鉅野縣陳勝起或謂越曰豪桀相立畔秦仲可效之越曰兩龍方鬬且待之師古曰兩龍謂秦與陳勝居歲餘澤間少年相聚百餘人往從越請仲爲長越謝不願也

少年強請乃許與期旦日日出時後會者斬旦日日出十餘人後後者至日中於是越謝曰臣老諸君強以爲長今期而多後不可盡誅誅最後者一人令校長斬之（師古曰一校之長也校音下教反）皆笑曰何至是請後不敢於是越乃引一人斬之設壇祭令徒屬徒屬皆驚畏越不敢仰視乃行略地收諸侯散卒得千餘人沛公之從碭北擊昌邑越助之昌邑未下沛公引兵西越亦將其衆居鉅野澤中收魏敗散卒項籍入關王諸侯還歸越衆萬餘人無所屬齊王田榮叛項王漢乃使人賜越將軍印使下濟陰以

擊楚楚令蕭公角將兵擊越越大破楚軍漢二年春與魏豹及諸侯東擊楚越將其兵三萬餘人歸漢外黃（師古曰於外黃來歸漢）漢王曰彭將軍收魏地得十餘城欲急立魏後今西魏王豹魏咎從弟眞魏也（鄭氏曰豹眞魏後也）迺拜越爲魏相國擅將兵略定梁地（師古曰擅專也使專爲此事）漢王之敗彭城解而西也越皆亡其所下城獨將其兵北居河上漢三年越常往來爲漢游兵擊楚絕其糧於梁地項王與漢王相距滎陽越攻下睢陽外黃十七城項王聞之乃使曹咎守成皋自東收越所下城邑皆復爲楚越將其兵北走穀城

項王南走陽夏（師古曰走音奏夏音攻雅反）越復下昌邑旁二十餘城得粟十餘萬斛以給漢食漢王敗使使召越并力擊楚越曰魏地初定尚畏楚未可去漢王追楚爲籍所敗固陵乃謂留侯曰諸侯兵不從爲之柰何留侯曰彭越本定梁地功多始君王以魏豹故拜越爲相國今豹死亡後且越亦欲王而君王不蚤定（師古曰蚤古早字）今取睢陽以北至穀城皆許以王彭越又言所以許韓信語在高紀於是漢王發使使越如留侯策使者至越乃引兵會垓下項籍死立越爲梁王都定陶六年朝陳九年十年皆來朝長

安陳豨反代地高帝自往擊之至邯鄲徵兵梁梁王稱病使使將兵詣邯鄲高帝怒使人讓梁王（師古曰讓責也）梁王恐欲自往謝其將扈輒曰王始不往見讓而往往即爲禽不如遂發兵反梁王不聽稱病梁大僕有罪亡走漢告梁王與扈輒謀反於是上使使掩捕梁王囚之雒陽有司治反形已具（張晏曰扈輒勸越反越不聽而云反形已具有司非也臣瓚曰扈輒勸越反而越不誅輒是反形已具也師古曰瓚說是也）請論如法上赦以爲庶人徙蜀青衣（文穎曰青衣縣名）西至鄭（師古曰即今華州鄭縣是也）逢呂后從長安東欲之雒陽道見越越爲呂后泣涕自言亡罪願處故昌邑呂后許諾詔與俱東至

雒陽呂后言上曰彭越壯士也今徙之蜀此自遺患不如遂誅之妾謹與俱來於是呂后令其舍人告越復謀反廷尉奏請遂夷越宗族

黥布六人也 師古曰六縣名也解在高紀 姓英氏少時客相之當刑而王及壯坐法黥布欣然笑曰人相我當刑而王幾是乎 臣瓚曰幾近也師古曰幾音鉅依反 人有聞者共戲笑之布以論輸驪山 師古曰布雖論決而輸作於驪山 驪山之徒數十萬人布皆與其徒長豪桀交通乃率其曹耦亡之江中為群盜 師古曰曹輩也 陳勝之起也布乃見番君 師古曰番音蒲何反 其衆數千人番君以女妻之章邯之滅陳勝破呂臣軍布引

兵北擊秦左右校破之青波 師古曰地名也 引兵而東聞項梁定會稽西度淮布以兵屬梁梁西擊景駒秦嘉等布常冠軍 師古曰言其驍勇為衆軍之最 項梁聞陳涉死立楚懷王以布為當陽君項梁敗死懷王與布及諸侯將皆軍彭城當是時秦急圍趙趙數使人請救懷王懷王使宋義為上將軍項籍與布皆屬之北救趙及籍殺宋義河上自立為上將軍使布先涉河 師古曰涉謂無舟楫而渡也 擊秦軍數有利籍乃悉引兵從之遂破秦軍降章邯等楚兵常勝功冠諸侯諸侯兵皆服屬楚者以布數以少敗衆也項籍之引兵西至新安又

使布等夜擊阬章邯秦卒二十餘萬人至關不得入又使布等先從間道破關下軍 師古曰間道微道也 遂得入至咸陽布為前鋒項王封諸將立布為九江王都六尊懷王為義帝徙都長沙迺陰令布擊之布使將追殺之郴齊王田榮叛楚項王往擊齊徵兵九江布稱病不往遣將將數千人行漢之敗楚彭城布又稱病不佐楚項王由此怨布數使使者譙讓召布 師古曰譙讓責之也譙音在笑反 布愈恐不敢往項王方北憂齊趙西患漢所與者獨布又多其材 師古曰多猶重也 欲親用之以故未擊漢王與楚大戰彭城不利出梁地至

虞 師古曰即今宋州虞城縣是也 謂左右曰如彼等者無足與計天下事者謁者隨何進曰不審陛下所謂漢王曰孰能為我使淮南 師古曰孰誰也 使之發兵背楚留項王於齊數月我之取天下可以萬全隨何曰臣請使之乃與二十人俱使淮南至太宰主之 服虔曰淮南太宰作內主 三日不得見隨何因說太宰曰王之不見何必以楚為彊以漢為弱此臣之所為使 師古曰此事正是臣所為來欲言之 使何得見言之而是邪是大王所欲聞也言之而非邪使何等二十人伏斧質淮南市 師古曰質鍖也言伏於鍖上而斧斬之鍖音竹林反 以明背漢而與楚也太宰迺言之王王見之隨何曰漢

王使使臣敬進書大王御者竊怪大王與楚何親也淮南王曰寡人北鄉而臣事之師古曰鄉讀曰嚮下亦同隨何曰大王與項王俱列爲諸侯北鄉而臣事之必以楚爲彊可以託國也項王伐齊身負版築李奇曰版牆版也築杵也以爲士卒先大王宜悉淮南之衆師古曰悉盡也身自將爲楚軍前鋒今乃發四千人以助楚夫北面而臣事人者固若是乎夫漢王戰於彭城項王未出齊也大王宜埽淮南之衆日夜會戰彭城下師古曰埽者謂盡舉之如埽地之爲今撫萬人之衆無一人度淮者陰拱而觀其孰勝師古曰斂手曰拱孰誰也言不動搖坐觀成敗也夫託國於人者固若是乎

大王提空名以鄉楚師古曰提舉也鄉讀曰嚮而欲厚自託臣竊爲大王不取也然大王不背楚者以漢爲弱也大楚兵雖彊天下負之以不義之名師古曰負加也加於身上若言被也以其背明約而殺義帝也然而楚王恃以戰勝自彊漢王收諸侯還守成皋滎陽下蜀漢之粟深溝壁壘分卒守徼乘塞楚人還兵閒以梁地服虔曰梁在楚漢之中央師古曰閒音居莧反深入敵國八九百里張晏曰羽從齊還當經梁地八九百里乃得羽地也欲戰則不得攻城則力不能老弱轉糧千里之外楚兵至滎陽成皋漢堅守而不動進則不得攻退則不能解故楚兵不足罷也師古曰不足者言易也罷讀曰疲使楚兵勝漢則

諸侯自危懼而相救夫楚之彊適足以致天下之兵耳故楚不如漢其埶易見也今大王不與萬全之漢而自託於危亡之楚臣竊爲大王惑之臣非以淮南之兵足以亡楚也夫大王發兵而背楚項王必留留數月漢之取天下可以萬全臣請與大王杖劒而歸漢漢王必裂地而分大王又況淮南必大王有也故漢王敬使使臣進愚計願大王之留意也淮南王曰請奉命陰許叛楚與漢未敢泄楚使者在文穎曰在淮南王所也方急責布發兵隨何直入曰九江王以歸漢楚何以得發兵布愕然楚使者

起何因說布曰事已搆師古曰搆結也言背楚之事以結成也獨可遂殺楚使毋使歸而疾走漢并力師古曰走音奏下亦同布曰如使者教因起兵而攻楚楚使項聲龍且攻淮南項王留而攻下邑師古曰縣名也在梁地數月龍且攻淮南破布軍布欲引兵走漢恐項王擊之故閒行與隨何俱歸漢至漢王方踞牀洗師古曰洗濯足也音先典反而召布入見布大怒悔來欲自殺出就舍張御食飲從官如漢王居布又大喜過望師古曰高祖以布先久爲王恐其意自尊大故嫚其禮令布折服已而美其帷帳厚其飲食多其從官以悅其心此權道也張音竹亮反若今言張設於是乃使人之九江楚已使項伯收九江兵盡殺布妻子布使者頗得故人幸臣

將衆數千人歸漢漢益分布兵而與俱北收兵至成皋四年秋七月立布爲淮南王與擊項籍布使人之九江得數縣五年布與劉賈入九江誘大司馬周殷殷反楚遂舉九江兵與漢擊楚破陔下項籍死上置酒對衆折隨何曰腐儒師古曰腐者爛敗言無所堪任爲天下安用腐儒哉師古曰高祖意欲褒賞隨何恐群臣不服故對衆折辱之令其自數功勞也隨何跪曰夫陛下引兵攻彭城楚王未去齊也陛下發步卒五萬人騎五千能以取淮南乎曰不能隨何曰陛下使何與二十人使淮南如陛下之意是何之功賢於步卒數萬騎五千也然陛下謂何腐儒爲

天下安用腐儒何也上曰吾方圖子之功師古曰圖謀也乃以隨何爲護軍中尉布遂剖符爲淮南王都六九江廬江衡山豫章郡皆屬焉六年朝陳七年朝雒陽九年朝長安十一年高后誅淮陰侯布因心恐夏漢誅梁王彭越盛其醢以徧賜諸侯師古曰反者被誅皆以爲醢即刑法志所云葅其骨肉是也至淮南淮南王方獵見醢因大恐陰令人部聚兵候伺旁郡警急師古曰恐被收捕即欲發兵反布有所幸姬病就醫醫家與中大夫賁赫對門師古曰賁音肥姓賁名赫赫乃厚餽遺從姬飲醫家姬侍王從容語次譽赫長者也師古曰從音千容反王怒曰女安從知之師古曰安從何由者也具道王

疑與亂赫恐稱病王愈怒欲捕赫赫上變事乘傳詣長安師古曰傳音張戀反布使人追不及赫至上變言布謀反有端可先未發誅也師古曰及其未發兵先謀伐之上以其書語蕭相國蕭相國曰布不宜有此師古曰不應有反謀恐仇怨妄誣之師古曰怨音於元反請繫赫微驗淮南師古曰微驗不顯言其事布見赫以罪亡上變已疑其言國陰事漢使又來頗有所驗遂族赫家發兵反反書聞上方赦赫以爲將軍召諸侯問布反爲之柰何皆曰發兵阬豎子耳何能爲汝陰侯滕公以問其客薛公薛公曰是固當反滕公曰上裂地而封之疏爵而貴之張晏曰疏分也南面而

立萬乘之主其反何也薛公曰前年殺彭越往年殺韓信張晏曰往年與前年同耳文相避也三人皆同功一體之人也自疑禍及身故反耳滕公言之上曰臣客故楚令尹薛公其人有籌策可問上乃見問薛公對曰布反不足怪也使布出於上計山東非漢之有也出於中計勝負之數未可知也出於下計陛下安枕而臥矣上曰何謂上計薛公對曰東取吳西取楚并齊取魯傳檄燕趙固守其所山東非漢之有也何謂中計東取吳西取楚并韓取魏據敖倉之粟塞成皋之險勝敗之數未可知也何謂下計東取吳

西取下蔡歸重於越身歸長沙（師古曰重輜重也音直用反）陛下安枕而卧漢無事矣上曰是計將安出（師古曰是者謂布也）薛公曰出下計上曰胡爲廢上計而出下計（師古曰胡何也）薛公曰布故驪山之徒也致萬乘之主此皆爲身不顧後爲百姓萬世慮者也故出下計上曰善封薛公千戶遂發兵自將東擊布布之初反謂其將曰上老矣厭兵必不能來使諸將諸將獨患淮陰彭越今已死餘不足畏故遂反果如薛公揣之（文穎曰揣度也音初委反）東擊荆荆王劉賈走死富陵（師古曰縣名屬臨淮郡）盡劫其兵度淮擊楚楚發兵與戰徐僮閒（師古曰二縣之閒也）爲三軍欲以相救爲奇（師古曰不并聚一處分而爲三欲互相救出奇譎）或說楚將曰布善用兵民素畏之且兵法諸侯自戰其地爲散地（師古曰謂在其本地戀土懷安故易逃散）今別爲三彼敗吾一餘皆走安能相救不聽布果破其一軍二軍散走遂西與上兵遇蘄西會甀（師古曰會音古外反甀音大瑞反解在高紀）布兵精甚上乃壁庸城（鄧展曰地名也）望布軍置陳如項籍軍上惡之與布相望見隃謂布何苦而反（師古曰隃讀曰遥）布曰欲爲帝耳上怒罵之遂戰破布軍布走度淮數止戰不利與百餘人走江南布舊與番君婚故長沙哀王使人誘布（晉灼曰芮之孫回也師古曰據表云惠帝二年哀王回始立今此是芮之子成王臣耳傳既不同晉說亦誤也）僞與俱亡走越

（師古曰僞謂詐爲此計）布信而隨至番陽番陽人殺布茲鄉（師古曰鄡陽縣之鄉也鄡音口堯反）遂滅之封賁赫爲列侯將率封者六人

盧綰豐人也與高祖同里綰親與高祖太上皇相愛（晉灼曰親父也綰之父與高祖父太上皇相愛）及生男高祖綰同日生里中持羊酒賀兩家及高祖綰壯學書又相愛也里中嘉兩家親相愛生子同日壯又相愛復賀羊酒高祖爲布衣時有吏事避宅綰常隨上下（師古曰避宅謂不居其家潛匿東西）及高祖初起沛綰以客從入漢爲將軍常侍中從東擊項籍以太尉常從出入卧内衣被食飲賞賜羣臣莫敢望雖蕭曹等特以事見禮至其親幸莫及綰者封爲長安侯故咸陽也項籍死使綰別將與劉賈擊臨江王共尉（李奇曰共敖子也師古曰共讀曰龔）還從擊燕王臧荼皆破平時諸侯非劉氏而王者七人上欲王綰爲群臣觖望（師古曰觖謂相觖也望怨望也觖音決）及虜臧荼乃下詔詔諸將相列侯擇群臣有功者以爲燕王羣臣知上欲王綰皆曰太尉長安侯盧綰常從平定天下功最多可王上乃立綰爲燕王諸侯得幸莫如燕王者綰立六年以陳豨事見疑而敗豨者宛句人也（師古曰宛句縣名也地理志屬濟陰宛音於元反句音劬）不知始所以得從及韓王信反入匈奴上至平城還豨以郎中封爲列侯以

趙相國將監趙代邊邊兵皆屬焉豨少時常稱慕魏公子師古曰謂信陵君無忌及將守邊招致賓客常告過趙師古曰因休告之假而過趙賓客隨之者千餘乘邯鄲官舍皆滿豨所以待客如布衣交皆出客下師古曰言屈己禮之不以富貴自尊大趙相周昌乃求入見上具言豨賓客盛擅兵於外恐有變上令人覆案豨客居代者諸爲不法事多連引豨豨恐陰令客通使王黃曼丘臣所師古曰二人皆韓王信將漢十年秋太上皇崩上因是召豨豨稱病遂與王黃等反自立爲代王劫略趙代上聞乃赦吏民爲豨所詿誤劫略者上自擊豨破之語在高紀初上如

邯鄲擊豨師古曰如往也燕王綰亦擊其東北豨使王黃求救匈奴綰亦使其臣張勝使匈奴言豨等軍破勝與胡故燕王臧荼子衍亡在胡見勝曰公所以重於燕者以習胡事也燕所以久存者以諸侯數反兵連不決也今公爲燕欲急滅豨等豨等已盡次亦至燕公等亦且爲虜矣公何不令燕且緩豨而與胡連和事寬得長王燕即有漢急可以安國勝以爲然迺私令匈奴兵擊燕綰疑勝與胡反上書請族勝勝還報具道所以爲者綰寤乃詐論他人以脫勝家屬使得爲匈奴間師古曰間音居莧反而陰使范齊

之豨所欲令久連兵毋決晉灼曰使豨久亡畔漢既斬豨其裨將降言燕王綰使范齊通計謀豨所上使使召綰綰稱病又使辟陽侯審食其御史大夫趙堯往迎綰因驗問其左右綰愈恐閟匿師古曰閟閉也閉其跡藏匿其人也閟音祕謂其幸臣曰非劉氏而王者獨我與長沙耳往年漢族淮陰誅彭越皆呂后計今上病屬任呂后師古曰屬音之欲反呂后婦人專欲以事誅異姓王者及大功臣迺稱病不行其左右皆亡匿語頗泄辟陽侯聞之歸具報上益怒又得匈奴降者言張勝在匈奴爲燕使於是上曰綰果反使樊噲擊綰綰悉將其宮人

家屬騎數千居長城下候伺幸上病瘉自入謝師古曰瘉與愈同高祖崩綰遂將其衆亡入匈奴匈奴以爲東胡盧王爲蠻夷所侵奪常思復歸居歲餘死胡中高后時綰妻與其子亡降會高后病不能見舍燕邸師古曰舍止也諸侯王及諸郡朝宿之館在京師者謂之邸爲欲置酒見之高后竟崩綰妻亦病死孝景帝時綰孫它人以東胡王降如淳曰爲東胡王而來降也東胡烏丸也封爲惡谷侯傳至曾孫有罪國除

吳芮秦時番陽令也師古曰番音蒲何反甚得江湖閒心號曰番君天下之初叛秦也黥布歸芮芮妻之師古曰嫁女與之也妻音千計反他皆類此因率越人舉兵以應諸侯沛公攻南陽迺

遇芮之將梅鋗師古曰鋗音呼玄反與偕攻析酈師古曰二縣也並屬南陽酈音郎益反降之及項羽相王李奇曰自相尊王也以芮率百越佐諸侯從入關故立芮為衡山王都邾師古曰邾音朱又音株其將梅鋗功多封十萬戶為列侯項籍死上以鋗有功從入武關故德芮徙為長沙王都臨湘一年薨謚曰文王子成王臣嗣薨子哀王回嗣薨子共王右嗣師古曰共讀曰恭薨子靖王差嗣孝文後七年薨無子國除初文王芮高祖賢之制詔御史長沙王忠其定著令鄧展曰漢約非劉氏不王而芮王故著令中使特王也或曰以芮至忠故著令也師古曰尋後贊文或說是也至孝惠高后時封芮庶子二人為列侯傳國數世絕

贊曰昔高祖定天下功臣異姓而王者八國張耳吳芮彭越黥布臧荼盧綰與兩韓信皆徼一時之權變以詐力成功師古曰徼要也音工堯反咸得裂土南面稱孤見疑強大懷不自安事窮勢迫卒謀叛逆終於滅亡張耳以智全至子亦失國唯吳芮之起不失正道故能傳號五世以無嗣絕慶流支庶有以矣夫師古曰以其不用詐力也著于甲令而稱忠也師古曰甲者令篇之次也

韓彭英盧吳傳第四

荆燕吳傳第五　漢書三十五

秘書監上護軍琅邪縣開國子顏師古注　班固

荆王劉賈高帝從父兄也師古曰父之兄弟之子為從父兄弟也言本同祖從父而別不知其初起時漢元年還定三秦賈為將軍定塞地師古曰司馬欣之國也塞音先代反從東擊項籍漢王敗成皐北度河得張耳韓信軍軍脩武深溝高壘使賈將二萬人騎數百擊楚度白馬津師古曰即今滑州白馬縣河津也入楚地燒其積聚師古曰倉廩芻稾之屬以破其業無以給項王軍食已而楚兵擊之賈輒避不肯與戰而與彭越相保師古曰保謂依恃以自安固漢王追項籍至固陵使賈南度淮圍壽春還至使

人閒招楚大司馬周殷師古曰閒謂私求閒隙而招之周殷反楚佐賈舉九江迎英布兵皆會垓下誅項籍漢王因使賈將九江兵與太尉盧綰西南擊臨江王共尉師古曰共敖之子也共讀曰龔尉死以臨江為南郡賈既有功而高祖子弱昆弟少又不賢欲王同姓以塡天下師古曰塡音竹刃反乃下詔曰將軍劉賈有功及擇子弟可以為王者羣臣皆曰立劉賈為荆王王淮東立六年而淮南王黥布反東擊荆賈與戰弗勝走富陵師古曰縣名地理志屬臨淮郡為布軍所殺

燕王劉澤高祖從昆弟也師古曰言同曾祖從祖而別也高祖三年澤

爲郎中十一年以將軍擊陳豨將王黃封爲營陵
侯高后時齊人田生（晉灼曰楚漢春秋云字子春）游乏資以畫奸澤（服虔曰以計畫干之文穎曰以工畫得寵也師古曰共爲計策欲以求王服說是也畫音獲）
澤大說之（師古曰說讀曰悅）
用金二百斤爲田生壽（師古曰因飲酒獻壽而與之金）田生已得金即
歸齊二歲澤使人謂田生曰弗與矣（孟康曰與黨與也言不復與我爲與也文穎曰不復與汝相知也師古曰孟說是）
田生如長安不見澤而假大宅令
其子求事呂后所幸大謁者張卿（如淳曰奄人也）居數月田
生子請張卿臨親脩具（師古曰親父也具供具也）張卿往見田生
帷張具置如列侯張卿驚酒酣迺屏人說張卿曰
臣觀諸侯邸第百餘皆高帝一切功臣今呂氏雅

前漢傳五　二　孫安

故本推轂高帝就天下（如淳曰呂公知高祖貴以女妻之推轂使爲長者也師古曰謂翼戴崇奬以成帝業若車之行助推其轂故得引重而致遠也）功至大又有親戚太后之重太
后春秋長（師古曰言年老）諸呂弱太后欲立呂產爲呂王王
代呂后又重發之（鄧展曰重難發其事）恐大臣不聽今卿最幸
大臣所敬何不風大臣以聞太后（師古曰風讀曰諷其下亦同）太后
必喜諸呂以王萬戶侯亦卿之有太后心欲之而
卿爲內臣不急發恐禍及身矣張卿大然之乃風
大臣語太后太后朝因問大臣大臣請立呂產爲
呂王太后賜張卿千金（師古曰千斤之金）張卿以其半進田
生田生弗受因說之曰呂產王也諸大臣未大服

今營陵侯澤諸劉長爲大將軍獨此尚觖望（師古曰觖音決）今
卿言太后列十餘縣王之彼得王喜於諸呂王益
固矣張卿入言之又太后女弟呂須女亦爲營陵
侯妻故遂立營陵侯澤爲琅邪王琅邪王與田生
之國急行毋留（師古曰田生勸之）出關太后果使人追之已
出即還澤王琅邪二年而太后崩澤乃曰帝少諸
呂用事諸劉孤弱引兵與齊王合謀西欲誅諸呂
至梁聞漢灌將軍屯滎陽澤還兵備西界遂跳驅
至長安（師古曰齊王傳云使祝午紿琅邪王琅邪王馳見齊王齊王因留琅邪王而使祝午盡發琅邪國而并將其兵琅邪王既見欺不得反國乃說齊王求入關計事齊王以爲然乃益具車送琅邪王與此傳不同疑此傳誤也）代王亦從代至

前漢傳五　三

諸將相與琅邪王共立代王是爲孝文帝文帝元
年徙澤爲燕王而復以琅邪歸齊（李奇曰本齊地也前分以王澤今復與齊也）
澤王燕二年薨謚曰敬王子康王嘉嗣九年薨子
定國嗣定國與父康王姬姦生子男一人奪弟妻
爲姬與子女三人姦定國有所欲誅殺臣肥如令
郢人郢人等告定國（如淳曰定國自欲有所殺餘臣肥如知令郢人以告之也師古曰此說非也肥如燕之屬縣也郢人者縣令之名也定國別欲誅其臣又欲誅肥如令郢人郢人等所以告之）定國使謁者以它法
劾捕格殺郢人滅口至元朔中郢人昆弟復上書
具言定國事下公卿皆議曰定國禽獸行亂人倫
逆天道當誅上許之定國自殺立四十二年國除

哀帝時繼絶世乃封敬王澤玄孫之孫無終公士歸生爲營陵侯師古曰無終其所屬縣也公士第一爵歸生名也更始中爲兵所殺師古曰更始劉聖公之年號也

吴王濞高帝兄仲之子也高帝立仲爲代王匈奴攻代仲不能堅守棄國間行走雒陽自歸天子不忍致法廢爲合陽侯子濞封爲沛侯黥布反高祖自將往誅之濞年二十以騎將從破布軍荆王劉賈爲布殺無後上患吴會稽輕悍無壯王以填之師古曰悍勇也填音竹刃反諸子少師古曰少幼也乃立濞於沛爲吴王師古曰行至沛而封拜濞也王三郡五十三城已拜受印高祖召濞相之

曰若狀有反相師古曰若汝也此下亦同獨悔業已拜師古曰獨悔者心自懷悔不以語人也既以封拜爲事臣下皆知之故不改因拊其背師古曰拊擊循之也一曰拊輕擊之音芳甫反曰漢後五十年東南有亂豈若邪然天下同姓一家愼無反濞頓首曰不敢會孝惠高后時天下初定郡國諸侯各務自拊循其民吴有豫章郡銅山韋昭曰此有豫字誤也但當言章郡今故章也即招致天下亡命者盜鑄錢東煮海水爲鹽以故無賦國用饒足如淳曰鑄錢煮海收其利以足國用故無賦於民也孝文時吴太子入見得侍皇太子飲博吴太子師傅皆楚人輕悍又素驕博爭道不恭皇太子引博局提吴太子殺之師古曰提擲也音徒計反於是遣其喪歸葬吴吴王慍師古曰慍怒也音於問反曰天下一宗師古曰猶言同姓共爲一家死長安即葬長安何必來葬復遣喪之長安葬吴王由是怨望稍失藩臣禮稱疾不朝京師知其以子故驗問實不病諸吴使來輒繫責治之吴王恐所謀滋甚師古曰滋益也及後使人爲秋請孟康曰律春曰朝秋曰請如古諸侯朝聘也如淳曰濞不自行使人代己致請禮師古曰二説皆是也請音材姓反上復責問吴使者使者曰察見淵中魚不祥服虔曰言天子察見下之私則不祥也今吴王始詐疾及覺見責急愈益閉恐上誅之計乃無聊唯上與更始師古曰言赦其已往之事於是天子皆赦吴使者歸之而賜吴王几杖老不朝吴得釋其謀亦益解然其居國以銅鹽故百

姓無賦卒踐更輒予平賈服虔曰以當爲更卒出錢三百謂之過更自行爲卒謂之踐更吴王欲得民心爲卒者顧其庸隨時月與平賈也晉灼曰謂借人自代爲卒者官爲出錢顧其時庸平賈也師古曰晉說是也賈讀曰價謂庸直也歲時存問茂材賞賜閭里師古曰茂美也茂材者有美材之人也佗郡國吏欲來捕亡人者頌共禁不與如淳曰頌猶公也師古曰頌讀曰容如此者三十餘年以故能使其衆朝錯爲太子家令得幸皇太子數從容言吴過可削師古曰從音千容反數上書說之文帝寬不忍罰以此吴王日益橫師古曰橫音胡孟反及景帝即位錯爲御史大夫說上曰昔高帝初定天下昆弟少諸子弱大封同姓故孽子悼惠王王齊七十二城師古曰孽亦庶也庶弟元王王楚四十城兄子王吴

五十餘城封三庶孽分天下半今吳王前有太子之隙詐稱病不朝於古法當誅文帝不忍因賜几杖德至厚也不改過自新廼益驕恣公即山鑄錢煑海為鹽師古曰公謂顯然為之也即就也誘天下亡人謀作亂逆今削之亦反不削亦反削之其反亟禍小不削之其反遲禍大師古曰亟急也音居力反三年冬楚王來朝錯因言楚王戊往年為薄太后服私姦服舍服虔曰服在喪次而私姦宮中也師古曰言於服舍為姦非宮中也服舍居喪之次堊室之屬也請誅之詔赦削東海郡及前二年趙王有罪削其常山郡膠西王卬以賣爵事有姦削其六縣漢廷臣方議削吳吳王恐削地無已

因欲發謀舉事念諸侯無足與計者聞膠西王勇好兵諸侯皆畏憚之於是廼使中大夫應高口說膠西王曰吳王不肖有夙夜之憂師古曰凡言不肖者謂其鄙陋無所象似也解在刑法志不敢自外使使臣諭其愚心王曰何以教之高曰今者主上任用邪臣聽信讒賊變更律令師古曰更改也侵削諸侯徵求滋多誅罰良重師古曰滋益也良實也信也日以益甚語有之曰狧穅及米師古曰狧古舐字舐用舌食也蓋以犬為喻也言初舐穅遂至食米也舐音食尒反吳與膠西知名諸侯也一時見察不得安肆矣師古曰肆縱也吳王身有內疾不能朝請二十餘年師古曰內疾謂在身中不顯於外請音材姓反常患見疑無以自白師古曰白明也脅肩絫足猶懼不見釋師古曰脅翕也謂歛之也絫古累字也累足重足也並謂懼甚釋解也竊聞大王以爵事有過所聞諸侯削地罪不至此師古曰言其本罪皆不合削地也此恐不止地而已王曰有之子將柰何高曰同惡相助同好相留同情相求同欲相趨同利相死今吳王自以與大王同憂願因時循理弃軀以除患於天下師古曰循順也意亦可乎膠西王瞿然駭曰師古曰瞿然無守之皃音居具反寡人何敢如是主上雖急固有死耳安得不事師古曰安焉也高曰御史大夫朝錯營或天子侵奪諸侯師古曰營謂回繞之也蔽忠塞賢朝廷疾怨諸侯皆有背叛之意人事極矣彗星出蝗蟲起此萬世一時而愁

勞聖人所以起也吳王內以朝錯為誅外從大王後車方洋天下師古曰方洋猶翱翔也方音房又音旁洋音羊所向者降所指者下莫敢不服大王誠幸而許之一言則吳王率楚王略函谷關守滎陽敖倉之粟距漢兵治次舍須大王師古曰次舍息止之處也須待也大王幸而臨之則天下可并兩主分割不亦可乎王曰善歸報吳王猶恐其不果廼身自為使者師古曰潛行而去也至膠西面約之膠西群臣或聞王謀諫曰諸侯地不能為漢十二師古曰不當漢十分之二為叛逆以憂太后非計也文穎曰王之太后也今承一帝尚云不易假令事成兩主分爭患廼益生王不聽遂發使

約齊菑川膠東濟南皆許諾諸侯既新削罰震恐多怨錯及削吳會稽豫章郡書至則吳王先起兵誅漢吏二千石以下膠西膠東菑川濟南楚趙亦皆反發兵西齊王後悔背約城守濟北王城壞未完其郎中令劫守王不得發兵膠西王膠東王為渠率師古曰渠大也與菑川濟南共攻圍臨菑趙王遂亦陰使匈奴與連兵七國之發也吳王悉其士卒師古曰悉盡也盡發使行下令國中曰寡人年六十二身自將少子年十四亦為士卒先諸年上與寡人同下與少子等皆發二十餘萬人南使閩東越閩東越亦發兵從孝

景前三年正月甲子初起兵於廣陵西涉淮因并楚兵發使遺諸侯書曰吳王劉濞敬問膠西王膠東王菑川王濟南王趙王楚王淮南王衡山王廬江王故長沙王子如淳曰吳芮後四世無嗣國除庶子二人為列侯不得嗣王志將不滿故誘與之反也幸教以漢有賊臣錯無功天下侵奪諸侯之地使吏劾繫訊治以侵辱之為故孟康曰故事也師古曰言專以侵辱諸侯為事業不以諸侯人君禮遇劉氏骨肉師古曰人君者言諸王各自君其國絕先帝功臣進任姦人誑亂天下欲危社稷陛下多病志逸不能省察師古曰逸放也欲舉兵誅之謹聞教敝國雖狹地方三千里師古曰狹音胡夾反人民雖少精兵可具五十萬寡人

素事南越三十餘年其王諸君皆不辭分其兵以隨寡人師古曰諸君謂其酋豪又可得三十萬寡人雖不肖願以身從諸王南越直長沙者因王子定長沙以北如淳曰南越直長沙者因王子定之師古曰直當也言越地之北當長沙者也西走蜀漢中告越如淳曰告東越使越定之也師古曰此說非也言王子定長沙以北而西趣蜀及漢中平定以說使報南越也走音奏楚王淮南三王與寡人西面師古曰淮南三王謂厲王三子為王者淮南衡山濟北也齊諸王與趙王定河間河內或入臨晉關或與寡人會雒陽師古曰臨晉關即今之蒲津關燕王趙王故與胡王有約燕王北定代雲中轉胡眾入蕭關走長安師古曰走音奏匡正天下以安高廟願王勉之楚元王子淮南三王或不沐洗十餘年怨入

骨髓師古曰言心有所懷志不在洗沐也欲壹有所出久矣師古曰謂發兵寡人未得諸王之意未敢聽今諸王苟能存亡繼絕振弱伐暴以安劉氏社稷所願也吳國雖貧寡人節衣食用積金錢脩兵革聚糧食夜以繼日三十餘年矣凡皆為此師古曰為此謂欲反也為音于偽反願諸王勉之能斬捕大將者賜金五千斤封萬戶列將三千斤封五千戶裨將二千斤封二千戶二千石千斤封千戶皆為列侯其以軍若城邑降者卒萬人邑萬戶如得大將師古曰以卒萬人或邑萬戶來降附者其封賞則與大將同下皆類此人戶五千如得列將人戶三千如得裨將人戶千如得二千石其小

吏皆以差次受爵金它封賜皆倍軍法(服虔曰封賜倍漢之常法)其
有故爵邑者更益勿因(師古曰於舊爵之外特更與之)願諸王明以令士
大夫不敢欺也寡人金錢在天下者往往而有非必
取於吳(師古曰言處處郡國皆有之)諸王日夜用之不能盡有當賜
者告寡人寡人且往遺之敬以聞七國反書聞天子
迺遣太尉條侯周亞夫將三十六將軍往擊吳楚遣
曲周侯酈寄擊趙將軍欒布擊齊大將軍竇嬰屯
滎陽監齊趙兵初吳楚反書聞兵未發竇嬰言故吳
相爰盎召入見上問以吳楚之計盎對曰吳楚相遺書曰
賊臣朝錯擅適諸侯削奪之地(師古曰適讀曰謫)以故反名為西共

誅錯復故地而罷(師古曰復音扶目反次下亦同)方今計獨斬錯發使赦
七國復其故地則兵可毋血刃而俱罷(師古曰血刃謂殺傷人而刃著血也)
上從其議遂斬錯語具在盎傳以盎為泰常奉宗
廟使吳王(師古曰奉宗廟之指意也)吳王弟子德為宗正(師古曰德哀侯廣之子也名通)輔
親戚使至吳(師古曰以親戚之意諭說也)吳楚兵已攻梁壁矣宗正以親
故先入見諭吳王拜受詔吳王聞盎來亦知其欲說
笑而應曰我已為東帝尚誰拜不肯見盎而留軍中欲
劫使將盎不肯使人圍守且殺之盎得夜亡走梁(服虔
曰梁王與吳戰盎得奔梁)遂歸報條侯將乘六乘傳會兵滎陽(師古曰會兵謂
集大兵傳音張戀反)至雒陽見劇孟喜曰七國反吾乘傳至此不自

意全(師古曰意不自言得安全至雒陽也)又以為諸侯已得劇孟孟今無
動吾據滎陽(師古曰言劇孟既不動搖吾又得據滎陽也)滎陽以東無足憂者
至雒陽問故父絳侯客鄧都尉曰策安出客曰吳
楚兵銳甚難與爭鋒楚兵輕不能久方今為將軍
計莫若引兵東北壁昌邑以梁委吳吳必盡銳攻
之將軍深溝高壘使輕兵絕淮泗口塞吳饟道(師古
曰饟古餉字)使吳梁相敝而糧食竭乃以全制其極破吳
必矣條侯曰善從其策遂堅壁昌邑南輕兵絕吳
饟道吳王之初發也吳臣田祿伯為大將軍田祿
伯曰兵屯聚而西無它奇道難以立功臣願得五

萬人別循江淮而上收淮南長沙入武關與大王
會此亦一奇也吳王太子諫曰王以反為名此兵
難以藉人(師古曰藉假也)人亦且反王奈何且擅兵而別多
它利害(蘇林曰祿伯儻將兵降漢自為己利於吳為生患害師古曰蘇說非也上言難以藉人人亦且反王是則已疑祿伯矣下乃云
多他利害謂分兵而去前事不測或有利害難可決機耳非重云畏其降漢者)徒自損耳吳王即不許
田祿伯吳少將桓將軍說王曰吳多步兵步兵利
險漢多車騎車騎利平地願大王所過城不下直
去疾西據雒陽武庫食敖倉粟阻山河之險以令
諸侯雖無入關天下固已定矣大王徐行留下城
邑漢軍車騎至馳入梁楚之郊事敗矣吳王問吳

老將老將曰此年少推鋒可耳安知大慮於是王不用桓將軍計王專并將其兵未度淮諸賓客皆得為將校尉行間候司馬（孟康曰行伍間候也師古曰在行伍間或為候或為司馬也）獨周丘不用周丘者下邳人亡命吳酤酒無行王薄之不任周丘乃上謁說王曰臣以無能不得待罪行間臣非敢求有所將也願請王一漢節必有以報王迺予之周丘得節夜馳入下邳下邳時聞吳反皆城守至傳舍召令入戶使從者以罪斬令遂召昆弟所善豪吏告曰吳反兵且至屠下邳不過食頃今先下家室必完能者封侯至矣出乃相告下邳皆下周丘一夜得三萬人使人報吳王遂將其兵北略城邑比至城陽兵十餘萬（師古曰比音必寐反）破城陽中尉軍聞吳王敗走自度無與共成功（師古曰度音大各反）即引兵歸下邳未至癰發背死二月吳王兵既破敗走於是天子制詔將軍蓋聞為善者天報以福為非者天報以殃高皇帝親垂功德建立諸侯幽王悼惠王絕無後孝文皇帝哀憐加惠（師古曰憐其國絕故加恩惠而更封）王幽王子遂悼惠王子卬等令奉其先王宗廟為漢藩國德配天地明並日月而吳王濞背德反義誘受天下亡命罪人亂天下幣（如淳曰幣錢也以私錢殽亂天下錢）稱

疾不朝二十餘年有司數請濞罪孝文皇帝寬之欲其改行為善今乃與楚王戊趙王遂膠西王卬濟南王辟光菑川王賢膠東王雄渠約從謀反（師古曰從音子容反）為逆無道起兵以危宗廟賊殺大臣及漢使者迫劫萬民伐殺無罪燒殘民家掘其丘壟甚為虐暴而卬等又重逆無道（師古曰重音直用反）燒宗廟鹵御物（如淳曰鹵抄掠也師古曰御物供宗廟之服器也）朕甚痛之朕素服避正殿將軍其勸士大夫擊反虜擊反虜者深入多殺為功斬首捕虜比三百石以上皆殺無有所置（師古曰置放釋也）敢有議詔及不如詔者皆要斬初吳王之度淮與楚王遂西敗棘壁乘勝而前銳甚梁孝王恐遣將軍擊之又敗梁兩軍士卒皆還走梁數使使條侯求救條侯不許又使使愬條侯於上上使告條侯救梁又守便宜不行梁使韓安國及楚死事相弟張羽為將軍（李奇曰相即張尚也）乃得頗敗吳兵吳兵欲西梁城守不敢西即走條侯軍（師古曰走音奏）會下邑欲戰（師古曰下邑梁之縣）條侯辟不肯戰吳糧絕卒飢數挑戰遂夜奔條侯壁驚東南條侯使備西北果從西北不得入吳大敗士卒多飢死叛散於是吳王迺與其戲下壯士千人夜亡去（師古曰戲讀曰麾又音許宜反）度淮走丹徒保東越東越

兵可萬餘人使人收聚亡卒漢使人以利啗東越師古曰啗音徒濫反解在高紀東越即紿吳王師古曰紿誑也吳王出勞軍使人鏦殺吳王孟康曰方言戟謂之鏦蘇林曰鏦音從容之從師古曰鏦謂以矛戟撞之音楚江反盛其頭馳傳以聞師古曰傳音張戀反吳王太子駒亡走閩越吳王之棄軍亡也軍遂潰往往稍降太尉條侯及梁軍楚王戊軍敗自殺三王之圍齊臨菑也三月不能下漢兵至膠西膠東菑川王各引兵歸國膠西王徒跣席槀飲水謝太后王太子德曰漢兵還臣觀之已罷師古曰罷讀曰疲可襲願收王餘兵擊之不勝而逃入海未晚也王曰吾士卒皆已壞不可用之不聽漢將

弓高侯穨當遺王書師古曰韓穨當曰奉詔誅不義降者赦除其罪復故不降者滅之王何處須以從事師古曰言王欲以何理自安處吾待以行事也處音昌汝反王肉袒叩頭漢軍壁謁曰臣卬奉法不謹驚駭百姓迺苦將軍遠道至于窮國敢請菹醢之罪弓高侯執金鼓見之曰王苦軍事願聞王發兵狀王頓首厀行對曰今者朝錯天子用事臣變更高皇帝法令侵奪諸侯地卬等以為不義恐其敗亂天下七國發兵且誅錯今聞錯已誅卬等謹已罷兵歸將軍曰王苟以錯為不善何不以聞及未有詔虎符擅發兵擊義國以此觀之意非徒欲誅錯也乃出詔書為王讀之曰王其自圖師古曰圖謀也王曰如卬等死有餘罪遂自殺太后太子皆死膠東菑川濟南王皆伏誅酈將軍攻趙十月而下之趙王自殺濟北王以劫故不誅初吳王首反并將楚兵連齊趙正月起三月皆破滅

贊曰荊王王也由漢初定天下未集師古曰集和也故雖跡屬以策為王鎮江淮之間劉澤發於田生權激呂氏晉灼曰田生欲王劉澤先使張卿說封呂產恐其大臣觖望澤卒得王故云以權激呂氏也然卒南面稱孤者三世事發相重豈不危哉晉灼曰劉澤以金與田生以事張卿言之呂后而劉澤得王故曰事發相重也師古曰重猶累也言澤得王本由田生行說若其事發覺則相隨入罪事相累誤累音力瑞反吳王擅山海

之利能薄斂以使其衆逆亂之萌自其子興師古曰萌謂始生也古者諸侯不過百里山海不以封蓋防此矣朝錯為國遠慮禍反及身毋為權首將受其咎豈謂錯哉師古曰此逸周書之言贊引之者謂錯適當此言耳

荊燕吳傳第五

楚元王傳第六　班固　漢書三十六

秘書監上護軍琅邪縣開國子顏師古注

楚元王交字游高祖同父少弟也師古曰言同父知其異母好書多材藝少時嘗與魯穆生白生申公俱受詩於浮丘伯服虔曰白生魯國奄里人浮丘伯秦時儒生伯者孫卿門人也師古曰孫卿姓荀名況為楚蘭陵令漢以避宣帝諱改之曰孫及秦焚書各別去高祖兄弟四人長兄伯次仲伯蚤卒師古曰蚤古早字也高祖既為沛公景駒自立為楚王高祖使仲與審食其留侍太上皇師古曰食音異其音基交與蕭曹等俱從高祖見景駒遇項梁共立楚懷王因西攻南陽入武關與秦戰於藍田至霸上封交為文信君從入蜀漢還定三秦誅項籍即帝位交與盧綰常侍上出入卧內傳言語諸內事隱謀而上從父兄劉賈數別將漢六年既廢楚王信分其地為二國立賈為荊王交為楚王王薛郡東海彭城三十六縣先有功也後封次兄仲為代王長子肥為齊王初高祖微時常避事時時與賓客過其丘嫂食應劭曰丘姓也孟康曰西方謂亡女婿為丘婿丘空也兄亡空有嫂也張晏曰丘大也長嫂稱也晉灼曰禮謂大婦為冢婦師古曰史記丘字作巨丘巨皆大也張晉二說其義得之嫂厭叔與客來陽為羹盡轑釜服虔曰音勞轑轑也師古曰以勺轑釜令為聲也轑音洛又音歷客以故去已而視釜中有羹繇是怨嫂師古曰繇與由同及立齊代

王而伯子獨不得侯太上皇以為言高祖曰某非敢忘封之也為其母不長者七年十月封其子信為羹頡侯師古曰頡音戞言其母戞羹釜也元王既至楚以穆生白生申公為中大夫高后時浮丘伯在長安元王遣子郢客與申公俱卒業師古曰卒終也文帝時聞申公為詩最精以為博士元王好詩諸子皆讀詩申公始為詩傳號魯詩師古曰凡言傳者謂為之解說若今詩毛氏傳也元王亦次之詩傳號曰元王詩師古曰次謂綴集之世或有之高后時以元王子郢客為宗正封上邳侯元王立二十三年薨太子辟非先卒師古曰辟非者猶辟邪辟兵之類也先卒者元王未薨之時已卒也辟音璧文帝乃以宗正上邳侯郢客嗣是為夷王申公為博士失官隨郢客歸復以為中大夫立四年薨子戊嗣文帝尊寵元王子生爵比皇子師古曰元王生子封爵皆與皇子同所以尊寵元王也景帝即位以親親封元王寵子五人子禮為平陸侯富為休侯歲為沈猶侯晉灼曰沈音審王子侯表屬千乘高宛埶為宛朐侯師古曰埶古藝字調為棘樂侯初元王敬禮申公等穆生不耆酒師古曰耆讀曰嗜元王每置酒常為穆生設醴師古曰醴甘酒也少麴多米一宿而熟不齊之及王戊即位常設後忘設焉穆生退曰可以逝矣醴酒不設王之意怠不去楚人將鉗我於市師古曰鉗以鐵束頸也音其炎反稱疾卧申公白生強起之

曰獨不念先王之德與（師古曰與讀曰歟）今王一旦失小禮何足至此穆生曰易稱知幾其神乎（師古曰下繫之辭也）幾者動之微吉凶之先見者也（師古曰見音胡電反）君子見幾而作不俟終日先王之所以禮吾三人者爲道之存故也今而忽之是忘道也（師古曰忽怠也）忘道之人胡可與久處豈爲區區之禮哉（師古曰區區謂小也）遂謝病去申公白生獨留王戊稍淫暴二十年爲薄太后服私姦削東海薛郡乃與吴通謀二人諫不聽胥靡之（應劭曰詩云若此無罪淪胥以鋪胥靡刑名也晉灼曰胥相也靡隨也古者相隨坐輕刑之名師古曰聯繫使相隨而服役之故謂之胥靡猶今之役囚徒以鎖聯綴耳晉說近之而云隨坐輕刑非也）衣之赭衣使杵臼雅春於市（晉灼曰高肱舉杵正身而春之師古曰爲木杵而手春即今所謂步臼者耳非碓春也）休侯使人諫王王曰季父不吾與我起先取季父矣（師古曰不吾與言不與我同心）休侯懼乃與母太夫人奔京師（臣瓚曰侯母號太夫人）二十一年春景帝之三年也削書到遂應吴王反其相張尚太傅趙夷吾諫不聽遂殺尚夷吾起兵會吴西攻梁破棘辟至昌邑南與漢將周亞夫戰漢絶吴楚糧道士飢吴王走戊自殺軍遂降漢漢已平吴楚景帝乃立宗正平陸侯禮爲楚王奉元王後是爲文王三年薨子安王道嗣二十二年薨子襄王注嗣十四年薨子節王純嗣十六年薨子延壽嗣宣帝即位延壽

以爲廣陵王胥武帝子天下有變必得立陰欲附倚輔助之（師古曰倚依也音於綺反）故爲其後母弟趙何齊取廣陵王女爲妻與何齊謀曰我與廣陵王相結天下不安發兵助之使廣陵王立何齊尚公主列侯可得也因使何齊奉書遺廣陵王曰願長耳目（師古曰言常伺聽勿失機也）毋後人有天下（師古曰方爭天下勿使在人後）何齊父長年上書告之事下有司考驗辭服延壽自殺立三十二年國除初休侯富既奔京師而王戊反富等皆坐免侯削屬籍後聞其數諫戊乃更封爲紅侯太夫人與竇太后有親懲山東之寇（師古曰懲創也）求留京師詔許之富子辟彊等四人（師古曰辟音必亦反彊音居良反又辟讀曰闢彊讀曰疆解在文紀）供養仕於朝（師古曰四子以在京師供養其祖母故仕於漢朝也）太夫人薨賜塋（師古曰塋冢地謂爲界域塋音營）葬靈戶（師古曰地名也）富傳國至曾孫無子絕

辟彊字少卿亦好讀詩能屬文（師古曰屬文謂會綴文辭也音之欲反後皆類此）武帝時以宗室子隨二千石論議冠諸宗室（師古曰論議每出宗室之上也）清靜少欲常以書自娛不肯仕昭帝即位或說大將軍霍光曰將軍不見諸呂之事乎處伊尹周公之位攝政擅權而背宗室不與共職是以天下不信卒至於滅亡今將軍當盛位帝春秋富宜納宗室又多與大臣共事（服虔曰共議事也師古曰每事皆與參共知之）反

諸呂道如是則可以免患師古曰言諸呂專權所以滅亡今納宗室是反其道乃可免患也光然之迺擇宗室可用者辟彊子德待詔丞相府師古曰於丞相府聽詔命也年三十餘欲用之或言父見在亦先帝之所寵也遂拜辟彊爲光祿大夫守長樂衛尉時年已八十矣徙爲宗正數月卒德字路少修黃老術有智略少時數言事召見甘泉宮武帝謂之千里駒師古曰言若駿馬可致千里也年齒幼少故謂之駒昭帝初爲宗正丞雜治劉澤詔獄師古曰雜謂以他官共治之也劉澤齊孝王之孫謀反欲殺青州刺史者父爲宗正徙大鴻臚丞遷太中大夫後復爲宗正雜案上官氏蓋主事德常持老子知足之計師古曰老子德經云知足不辱妻死大將

軍光欲以女妻之德不敢取畏盛滿也蓋長公主孫譚遮德自言師古曰公主之孫名譚自言者申理公主所坐德數責以公主起居無狀師古曰無狀無善狀也數音所具反侍御史以爲光望不受女師古曰望怨望也承指劾德誹謗詔獄師古曰承指謂取霍光之意指德實責數公主而御史乃以爲受譚寬許故云誹謗詔獄免爲庶人屏居山田光聞而恨之師古曰以御史不知己意復白召德守青州刺史歲餘復爲宗正與立宣帝師古曰與讀曰豫豫其謀議也以定策賜爵關內侯地節中以親親行謹厚封爲陽城侯子安民爲郎中右曹宗家以德得官宿衛者二十餘人德寬厚好施生師古曰言好施恩惠於人而生全之每行京兆尹事多所平反罪人蘇林曰反音幡幡罪人辭使從輕也家

產過百萬則以振昆弟師古曰振舉救之賓客食飲師古曰既以救貧昆弟又散供食飲之費曰富民之怨也立十一年子向坐鑄僞黃金當伏法如淳曰律鑄僞黃金棄市也德上書訟罪會薨大鴻臚奏德訟子罪失大臣體不宜賜謚置嗣制曰賜謚繆侯師古曰繆惡謚也以其妄訟子爲置嗣傳至孫慶忌復爲宗正太常薨子岑嗣爲諸曹中郎將列校尉至太常薨傳子至王莽敗乃絕

向字子政師古曰名向字子政義則相配而近代學者讀向音餉既無別釋靡所據憑當依本字爲勝本名更生年十二以父德任爲輦郎服虔曰父保任其子爲郎也輦郎如今引御輦郎也既冠以行修飭擢爲諫大夫師古曰飭整也讀與敕同其字從力是時

宣帝循武帝故事招選名儒俊材置左右更生以通達能屬文辭與王褒張子僑等並進對師古曰子僑官至光祿大夫見藝文志進對謂進見而對詔命也僑字或作蟜或作喬皆音鉅驕反獻賦頌凡數十篇上復興神僊方術之事而淮南有枕中鴻寶苑秘書師古曰鴻寶苑秘書並道術篇名藏在枕中言常存錄之不漏泄也書言神僊使鬼物爲金之術及鄒衍重道延命方世人莫見而更生父德武帝時治淮南獄得其書更生幼而讀誦以爲奇獻之言黃金可成上令典尚方鑄作事師古曰尚方主巧作金銀之所若今之中尚署費甚多方不驗上乃下更生吏吏劾更生鑄僞黃金繫當死更生兄陽城侯安民上書入國戶

半贖更生罪上亦奇其材得踰冬減死論服虔曰踰冬至春行寬大而減死罪如淳曰獄冬盡當決竟而得踰冬復至後冬故或逢赦或得減死也師古曰服說是也會初立穀梁春秋徵更生受穀梁講論五經於石渠師古曰三輔舊事云石渠閣在未央大殿北以藏秘書復拜爲郎中給事黃門遷散騎諫大夫給事中元帝初即位大傅蕭望之爲前將軍少傅周堪爲諸吏光祿大夫師古曰加官也百官公卿表云諸吏所加或列侯將軍卿大夫得舉不法也皆領尚書事甚見尊任更生年少於望之堪然二人重之薦更生宗室忠直明經有行擢爲散騎宗正給事中與侍中金敞拾遺於左右四人同心輔政患苦外戚許史在位放縱而中書宦官弘恭

前漢傳六　七

石顯弄權望之堪更生議欲白罷退之未白而語泄遂爲許史及恭顯所譖愬堪更生下獄及望之皆免官語在望之傳其春地震夏客星見昴卷舌間師古曰見於昴與卷舌之間也卷音俱免反上感悟下詔賜望之爵關內侯奉朝請秋徵堪向欲以爲諫大夫恭顯白皆爲中郎冬地復震時恭顯許史子弟侍中諸曹皆側目於望之等更生懼焉乃使其外親上變事師古曰非常之事故謂之變也言竊聞故前將軍蕭望之等皆忠正無私欲致大治忤於貴戚尚書師古曰忤猶逆也音五故反他皆類此今道路人聞望之等復進以爲且復見毀讒必曰嘗有過之

臣不宜復用是大不然師古曰言不宜用有過之臣者此議非也臣聞春秋地震爲在位執政太盛也不爲三獨夫動亦已明矣應劭曰謂蕭望之周堪及向師古曰獨夫猶言匹夫也且往者高皇帝時季布有罪至於夷滅後赦以爲將軍高后孝文之間卒爲名臣師古曰卒終也孝武帝時兒寬有重罪繫按道侯韓說諫曰師古曰說讀曰悅前吾丘壽王死陛下至今恨之師古曰恨悔也今殺寬後將復大恨矣上感其言遂貰寬師古曰貰謂緩恕其罪也復用之位至御史大夫御史大夫未有及寬者也又董仲舒坐私爲災異書主父偃取奏之下吏罪至不道幸蒙不誅復爲太中大夫膠西相以老

前漢傳六　八

病免歸漢有所欲興常有詔問師古曰興謂改作憲章仲舒爲世儒宗定議有益天下孝宣皇帝時夏侯勝坐誹謗繫獄三年免爲庶人宣帝復用勝至長信少府太子太傅名敢直言天下美之若乃群臣多此比類難一二記師古曰比音必寐反有過之臣無負國家有益天下此四臣者足以觀矣前弘恭奏望之等獄決三月地大震恭移病出師古曰移病者移書言病也一曰言以病移出不居官府後復視事天陰雨雪師古曰雨音于具反由是言之地動殆爲恭等師古曰殆近也臣愚以爲宜退恭顯以章蔽善之罰師古曰章明也進望之等以通賢者之路如此太平之門開災異之

原塞矣書奏恭顯疑其更生所爲白請考姦詐辭果服遂逮更生繫獄下太傅韋玄成諫大夫貢禹與廷尉雜考劾更生前爲九卿坐與望之堪謀排車騎將軍高許史氏侍中者毀離親戚欲退去之而獨專權爲臣不忠幸不伏誅復蒙恩徵用不悔前過而教令人言變事誣罔不道更生坐免爲庶人而望之亦坐使子上書自冤前事恭顯白令詣獄置對（師古曰置對者立其罪辭）望之自殺天子甚悼恨之乃擢周堪爲光祿勳堪弟子張猛光祿大夫給事中大見信任恭顯憚之數譖毀焉更生見堪猛在位幾已得復進（師古曰幾讀曰冀）懼其傾危乃上封事諫曰臣前幸得以骨肉備九卿奉法不謹乃復蒙恩竊見災異並起天地失常徵表爲國（師古曰徵證也）欲終不言念忠臣雖在甽畝猶不忘君惓惓之義也（師古曰甽者田中之溝也田溝之法耜廣五寸二耜爲耦一耦之伐廣尺深尺謂之甽六甽而爲一畝甽音工犬反字或作畎其音同耳惓惓忠謹之意惓讀與拳同音其專反禮記曰得一善則拳拳服膺弗失之矣）況重以骨肉之親（師古曰重音直用反）又加以舊恩未報乎欲竭愚誠又恐越職然惟二恩未報（師古曰惟思也）忠臣之義一杼愚意（師古曰杼謂引而出之也音食汝反）退就農畝死無所恨臣聞舜命九官（師古曰尚書禹作司空棄后稷契司徒咎繇作士垂共工益朕虞伯夷秩宗夔典樂龍納言凡九官也）濟濟相讓和之至也衆賢和於朝則萬

物和於野故簫韶九成而鳳皇來儀擊石拊石百獸率舞（師古曰韶舜樂名也簫管之屬示其備也於韶樂九奏則鳳皇見其容儀擊鐘鳴磬而百獸相率來舞言感至和也）四海之內靡不和寧及至周文開基西郊（師古曰言文王始受命作周也）雜遝衆賢罔不肅和（師古曰雜遝聚積之貌遝音大合反）崇推讓之風以銷分爭之訟文王既沒周公思慕歌詠文王之德其詩曰於穆清廟肅雍顯相濟濟多士秉文之德（師古曰此周頌祀文王清廟之詩也於歎辭也穆美也肅敬也雍和也顯明也相助也濟濟盛也言文王有清淨之化敬而且和光明著見故濟濟之衆士皆執行文王之德也於讀曰烏）當此之時武王周公繼政朝臣和於內萬國驩於外故盡得其驩心以事其先祖其詩曰有來雍雍至止肅肅相維辟公天子穆穆（師古曰此周頌禘大祖之雝詩也相助也辟百辟也公諸侯也言有此賓客以和而來至也而歌者乃助王祭之人百辟與諸侯耳於是時天子則穆穆然禮記曰天子穆穆諸侯皇皇辟音壁）言四方皆以和來也諸侯和於下天應報於上故周頌曰降福穰穰（師古曰此執競之篇祀武王之詩也穰穰多也音人羊反）又曰飴我釐麰（師古曰此思文之篇以后稷配天之詩也飴遺也言天遺此物也飴讀與貽同也釐音力之反又讀與來同麰音牟）釐麰麥也始自天降此皆以和致和獲天助也下至幽厲之際朝廷不和轉相非怨（師古曰厲王夷王之子厲王生宣王宣王生幽王）詩人疾而憂之曰民之無良相怨一方（師古曰此小雅角弓之篇刺幽王之詩也良善也言人各為不善其意乖離而相怨也一方謂自守一方所嚮異之）衆小在位而從邪議歙歙相是而背君子故其詩曰歙歙訿訿亦孔之哀謀之其臧則具是違

謀之不臧則具是依（師古曰此小雅小旻篇刺幽王之詩也言在位卿士歙歙然患其上訿訿然不供職各失臣節其可哀痛而謀之善者則背違之不善之謀依而施用所以為刺也歙音翕訿音紫）君子獨處守正不橈衆枉（師古曰橈屈也不為衆曲而自屈也橈音女教反）勉彊以從王事則反見憎毒讒愬故其詩曰密勿從事不敢告勞無罪無辜讒口嗸嗸（師古曰此小雅十月之交篇刺幽王之詩也密勿猶黽勉從事也嗸嗸衆聲也言己黽勉行事不敢自陳勞苦實無罪辜而被讒慝嗸嗸然也嗸音敖）當是之時日月薄蝕而無光（師古曰薄迫也謂被掩迫也）其詩曰朔月辛卯日有蝕之亦孔之醜（師古曰自此已下至百川沸騰皆十月之交詩也孔甚也醜惡也周之十月夏之八月朔日有辛卯日月交會而日見蝕陰侵於陽辛金日也卯木辰也以卯侵金則臣侵君故甚惡之）又曰彼月而微此日而微今此下民亦孔之哀（師古曰微虧微也言彼月者當有虧耳而今此日乃復微也言君臣失道是為災異故令人甚哀也）

又曰日月鞠凶不用其行四國無政不用其良（師古曰鞠告也言日月不用其常行之道以告凶災者由四方之國無政理不能用善人也）天變見於上地變動於下水泉沸騰山谷易處其詩曰百川沸騰山冢卒崩高岸為谷深谷為陵哀今之人胡憯莫懲（師古曰沸涌出也騰乗也冢山頂也卒盡也胡何也憯曾也懲乂也言百川沸涌而相乗陵山頂隆高而盡崩壞陵谷易處尊卑失序咎異大矣誠可畏懼哀哉今之人何為曾莫創乂也憯音千感反）霜降失節不以其時其詩曰正月繁霜我心憂傷民之訛言亦孔之將言民以是為非甚衆大也（張晏曰正月夏之四月也純陽用事而反多霜急恒寒若之災也師古曰此小雅正月之篇刺幽王之詩也四月正陽之月故謂之正月繁多也訛偽也孔甚也將大也此言王政乖舛陽月多霜害於生物故己心為之憂傷而衆庶之人共為偽言以是為非排斥賢儁禍甚大也）此皆不和賢不肖易位之所致也（師古曰賢人在下不肖居上故云易位）自此之後天下大亂篡殺殃禍並作厲王奔彘（師古曰厲王無道下不堪命乃相與畔襲厲王厲王出奔彘彘晉地今晉州北永安縣是也）幽王見殺（師古曰為犬戎所攻殺幽王于驪山下虜褒姒盡取周賂而去）至乎平王末年魯隱之始即位也（師古曰平王幽王之子）周大夫祭伯乖離不和出奔於魯（張晏曰隱元年祭伯來穀梁傳曰奔也師古曰祭音側介反）而春秋為諱不言來奔傷其禍殃自此始也是後尹氏世卿而專恣（師古曰春秋公羊經隱公三年夏四月尹氏卒傳曰尹氏者何天子之大夫也其稱尹氏何貶也曷為貶譏世卿世卿非禮也又詩小雅節南山云尹氏大師赫赫師尹不平謂何刺之也）諸侯背畔而不朝周室卑微二百四十二年之間（師古曰謂從隱公元年至哀公十四年獲麟也隱公十一年桓公十八年莊公三十二年閔公二年僖公三十三年文公十八年宣公十八年成公十八年襄公三十一年昭公三十二年定公十五年哀公

十四年凡二百四十二年也）日食三十六（師古曰謂隱三年二月己巳桓三年七月壬辰朔十七年十月朔莊十八年三月二十五年六月辛未朔二十六年十二月癸亥朔三十年九月庚午朔僖五年九月戊申朔十二年三月庚午十五年五月文元年二月癸亥朔十五年六月辛丑朔宣八年七月甲子十年四月丙辰十七年六月癸卯成十六年六月丙寅朔十七年十二月丁巳朔襄十四年二月乙未朔十五年秋八月丁巳二十年冬十月丙辰朔二十一年九月庚戌朔冬十月庚辰朔二十三年二月癸酉朔二十四年秋七月甲子朔八月癸巳朔二十七年冬十二月乙亥朔昭七年夏四月甲辰朔十五年六月丁巳朔十七年夏六月甲戌朔二十一年秋七月壬午朔二十二年十二月癸酉朔二十四年夏五月乙未朔三十一年十二月辛亥朔定五年正月辛亥朔十二年十一月丙寅朔十五年八月庚辰朔凡三十六也）地震五（師古曰謂文九年九月癸酉襄十六年五月甲子昭十九年五月己卯二十三年八月乙未哀三年四月甲午凡五也）山陵崩阤二（師古曰謂僖十四年八月辛卯沙鹿崩成五年夏梁山崩凡二也阤下頹也音丈爾反）彗星三見（師古曰謂文十四年秋七月有星孛入于北斗昭十七年冬有星孛于大辰哀十三年冬十一月有星孛于東方）夜常星不見夜中星隕如雨一（師古曰事在莊七年夏四月辛卯）火

災十四師古曰桓十四年秋八月壬申御廩災莊二十年夏齊大災僖二十年五月乙巳西宮災成三年二月甲子新宮災襄九年春宋火三十年五月甲午宋災昭九年夏四月陳火十八年夏五月壬午宋衛陳鄭災定二年夏五月壬辰雉門及兩觀災哀三年五月辛卯桓宮僖宮災四年六月辛丑亳社災凡十四也長狄入三國師古曰謂春秋文十一年經書冬十月甲午叔孫得臣敗狄于鹹公羊傳曰狄者何長狄也兄弟三人一者之齊一者之魯一者之晉之齊榮如之魯喬如之晉焚如長狄鄋瞞之種鄋音搜瞞音末安反五石隕墜六鶂退飛多麋有蜮蜚鸜鵒來巢者皆一見師古曰謂僖十六年正月戊申朔隕石于宋五是月六鶂退飛過宋都莊十七年冬多麋十八年秋有蜮二十九年秋有蜚昭二十五年夏有鸜鵒來巢蜮短狐也鶂水鳥也蜚負蠜也鶂音五歷反蜮音域蜚音扶味反鸜音劬鵒音欲晝冥晦師古曰僖十五年九月己卯晦震夷伯之廟穀梁傳曰晦冥也雨木冰師古曰事在成十六年正月雨木冰者氣著樹木結為冰也今俗呼為間樹雨音于具反李梅冬實七月霜降草木不死師古曰僖三十三年經書冬隕霜不殺草李梅實未知在何月也而此言李梅冬實又云七月霜降草木不死與今春秋不同未見義所出八月殺菽師古曰謂定公元年十月隕霜殺菽周之十月夏之八月菽謂豆也大雨雹師古曰事在僖二十九年秋及昭三年冬四年正月雨音于具反雨雪雷霆失序相乘師古曰隱九年三月癸酉大雨震電庚辰大雨雪桓八年冬十月雨雪僖十年冬大雨雪皆是也靁古雷字也霆雷之急者也音大丁反水旱饑蝝螽螟螽午並起如淳曰螽午猶雜沓也師古曰謂桓元年秋大水十三年夏大水莊七年秋大水十一年秋宋大水二十四年秋大水二十五年秋大水宣十年秋大水成五年秋大水襄二十四年秋七月大水僖二十一年夏大旱宣七年秋大旱宣十年冬饑十五年冬蝝生饑襄二十四年冬大饑桓五年秋螽僖十五年八月螽文三年秋雨螽於宋八年冬螽宣六年八月螽十三年秋十五年秋螽襄七年八月螽哀十二年十二月螽十三年九月螽十二月螽隱五年九月螟八年九月螟莊六年秋螟皆是也螽即螟也螟蟲之食苗心者也螽音終螟音冥當是時禍亂輒應弒君三十六師古曰謂隱公四年衛州吁弒其君完十一年羽父使賊弒公于寪氏桓二年宋督弒其君與夷七年曲沃伯誘晉小子侯殺之十七年鄭高渠彌弒昭公莊八年齊無知弒其君諸兒十二年宋萬弒其君捷十四年傅瑕弒其君鄭子三十二年共仲使圉人犖賊子般閔二年共仲使卜齮賊公于武闈僖十年

晉里克弒其君卓二十四年晉弒懷公于高梁文元年楚太子商臣弒其君頵十四年齊公子商人弒其君舍十六年宋人弒其君杵臼十八年齊人弒其君商人魯襄仲殺子惡莒弒其君庶其宣二年晉趙盾弒其君夷皐四年鄭公子歸生弒其君夷十年陳夏徵舒弒其君平國成十八年晉弒其君州蒲襄七年鄭子駟使賊夜弒僖公二十五年齊崔杼弒其君光二十六年衛甯喜弒其君剽二十九年閽弒吳子餘祭三十年蔡太子般弒其君固三十一年莒人弒其君密州昭元年楚公子圍問王疾縊而弒之十三年楚公子比弒其君虔于乾谿十九年許太子止弒其君買二十七年吳弒其君僚定十三年薛弒其君比哀四年盜殺蔡侯申六年齊陳乞弒其君荼十年齊人弒悼公凡三十六亡國五十二師古曰謂桓五年州公如曹莊四年紀侯大去其國十年齊師滅譚十三年齊人滅遂十四年楚子滅息十六年楚滅鄧閔元年晉滅耿滅霍滅魏僖五年楚滅弦晉滅虢滅虞十二年楚人滅黃十七年魯滅項十九年秦人取梁二十五年衛侯燬滅邢二十六年楚人滅夔三十三年秦滅滑文四年楚滅江五年楚人滅六滅蓼十六年楚人秦人巴人滅庸宣八年楚人滅舒蓼九年取根牟十二年楚子滅蕭十五年晉師滅赤狄潞氏成六年取鄟十七年楚滅舒庸襄六年莒人滅鄫齊侯滅萊十年諸侯滅偪陽十三年取邿二十五年楚滅舒鳩昭四年楚子滅賴十二年晉滅肥十六年楚子取戎蠻氏十七年晉滅陸渾戎二十二年晉滅鼓三十年吳滅徐定四年蔡滅沈五年楚滅唐六年鄭滅許十四年楚人滅頓十五年楚子滅胡哀八年宋公滅曹又邾滅須句楚滅權晉滅焦楊楚滅道房申凡五十二諸侯奔走不得保其社稷者不可勝數也師古曰謂桓十五年鄭伯突出奔蔡襄十四年衛侯出奔齊昭三年北燕伯款出奔齊二十三年莒子庚輿來奔之類是也周室多禍晉敗其師於貿戎師古曰貿戎地名也春秋公羊經成元年秋王師敗績于貿戎傳曰孰敗之蓋晉敗之也貿音莫侯反伐其郊師古曰郊周邑也昭二十三年正月經書晉人圍郊也鄭傷桓王應劭曰王以諸侯伐鄭鄭伯禦之射王中肩師古曰事在桓五年秋戎執其使師古曰隱七年冬經書天王使凡伯來聘戎伐凡伯于楚丘以歸衛侯朔召不往齊逆命而助朔師古曰春秋桓十六年經書衛侯朔出奔齊穀梁傳曰天子召而不往也五大夫爭權三君更立莫能正理應劭曰周景王崩單穆公劉文公鞏簡公甘平公召莊公此五大夫相與爭奪更立王子猛子朝及敬王是為三君也更音工衡反遂至陵夷不能復興師古曰陵夷謂卑替也解在成紀及異姓諸侯王表也由此觀之和氣致

祥乖氣致異異祥多者其國安異衆者其國危天地之常經古今之通義也今陛下開三代之業招文學之士優游寬容使得並進今賢不肖渾殽師古曰言雜亂也渾音胡本反其下亦同白黑不分邪正雜糅忠讒並進師古曰糅和也音汝救反章交公車人滿北軍如淳曰漢儀注中壘校尉主北軍壘門內尉一人主上書者獄上章於公車有不如法者以付北軍尉北軍尉以法治之楊惲上書遂幽北闕北闕公車所在朝臣舛午膠戾乖剌師古曰言志意不和各相違背午音五故反剌音來曷反更相讒愬轉相是非師古曰更音工行反傳授增加文書紛糾前後錯謬毀譽渾亂師古曰言各任私情不得其實所以營或耳目感移心意不可勝載師古曰言其誣罔天子也營謂回繞之分曹爲黨往往群朋師古曰曹輩也將同心以陷正

臣正臣進者治之表也正臣陷者亂之機也乘治亂之機未知孰任而災異數見此臣所以寒心者也夫乘權藉埶之人子弟鱗集於朝師古曰言其相次如魚鱗羽翼陰附者衆輻湊於前師古曰輻湊言如車輻之歸於轂也毀譽將必用以終乖離之咎師古曰言讒佞之人毀譽得進則忠賢被斥日以乖離也是以日月無光雪霜夏隕海水沸出陵谷易處列星失行皆怨氣之所致也夫遭衰周之軌迹循詩人之所刺而欲以成太平致雅頌猶卻行而求及前人也師古曰卻音丘略反初元以來六年矣案春秋六年之中災異未有稠如今者也師古曰稠多也音直流反夫有春秋之異無孔子之

救猶不能解紛師古曰紛亂也況甚於春秋乎原其所以然者讒邪並進也讒邪之所以並進者由上多疑心既已用賢人而行善政如或譖之則賢人退而善政還師古曰還謂收還也夫執狐疑之心者來讒賊之口持不斷之意者開群枉之門師古曰枉曲也讒邪進則衆賢退群枉盛則正士消故易有否泰師古曰否音皮鄙反小人道長君子道消君子道消則政日亂故爲否否者閉而亂也君子道長小人道消小人道消則政日治故爲泰泰者通而治也詩又云雨雪麃麃見晛聿消師古曰此小雅角弓篇刺幽王好讒佞之詩也麃麃盛也見無雲也晛日氣也聿辭也言雨雪之盛麃麃然至於無雲日氣始出而雨雪皆消釋矣

喻小人雖多王若欲興善政則賢者升用而小人誅滅矣麃音彼驕反晛音乃見反與易同義昔者鯀共工驩兜與舜禹雜處堯朝師古曰鯀崇伯之名即檮杌也共工少皞氏之後即窮奇也驩兜帝鴻氏之後即渾敦也鯀音工本反驩音火官反檮音徒高反杌音兀渾音胡本反敦音徒本反周公與管蔡並居周位當是時迭進相毀師古曰迭互也音大結反流言相謗豈可勝道哉帝堯成王能賢舜禹周公而消共工管蔡故以大治榮華至今孔子與季孟偕仕於魯師古曰季孟謂季孫孟孫皆桓公之後代執國權而卑公室也李斯與叔孫俱宦於秦師古曰叔孫者叔孫通也定公始皇賢季孟李斯而消孔子叔孫故以大亂汙辱至今故治亂榮辱之端在所信任信任既賢在於堅固而不移詩云我心匪石不可轉也

師古曰此邶柏舟之詩也言石性雖堅尚可移轉己貞確執德不傾過於石也言守善篤也易曰渙汗其大號師古曰此易渙卦九五爻辭也言王者渙然大發號令如汗之出也言號令如汗汗出而不反者也今出善令未能踰時而反是反汗也師古曰一時三月也用賢未能三旬而退是轉石也論語曰見不善如探湯師古曰論語載孔子之言探湯言其除難無所避也今二府奏佞讇不當在位歷年而不去如淳曰二府丞相御史也師古曰讇古諂字故出令則如反汗用賢則如轉石去佞則如拔山如此望陰陽之調不亦難乎是以羣小窺見間隙緣飾文字巧言醜詆師古曰詆毀也辱也音丁禮反流言飛文譁於民間師古曰譁讙也譁音火瓜反故詩云憂心悄悄慍于羣小師古曰此邶柏舟言仁而不遇之詩也悄悄憂

貌慍怒也悄音千小反小人成羣誠足慍也昔孔子與顏淵子貢更相稱譽不為朋黨師古曰事具見論語更音工衡反禹稷與臯陶傳相汲引不為比周師古曰事見尚書舜典比音頻寐反何則忠於為國無邪心也故賢人在上位則引其類而聚之於朝易曰飛龍在天大人聚也師古曰此乾卦九五爻辭也言聖王正位臨馭萬方則賢人君子皆來見也在下位則思與其類俱進易曰拔茅茹以其彙征吉鄭氏曰彙音謂彙類也茹牽引也茅喻君有絜白之德臣下引其類而仕之師古曰此泰卦初九爻辭征行也茹音汝據反在上則引其類在下則推其類故湯用伊尹不仁者遠而眾賢至類相致也今佞邪與賢臣並交戟之內師古曰交戟謂宿衞者合黨共謀違善依惡歙歙

訿訿數設危險之言欲以傾移主上如忽然用之此天地之所以先戒災異之所以重至者也師古曰重音直用反自古明聖未有無誅而治者也故舜有四放之罰師古曰謂流共工于幽州放驩兜于崇山竄三苗於三危殛鯀于羽山也而孔子有兩觀之誅應劭曰少正卯姦人之雄故孔子攝司寇七日誅之於兩觀之下師古曰兩觀謂闕也然後聖化可得而行也今以陛下明知誠深思天地之心迹察兩觀之誅師古曰尋其餘迹而察之覽否泰之卦觀雨雪之詩歷周唐之所進以為法原秦魯之所消以為戒師古曰歷謂歷觀之原謂思其本也考祥應之福省災異之禍以揆當世之變師古曰省視也揆度也放遠佞邪之黨壞散險詖之聚師古曰險言曰詖音彼義

反杜閉群枉之門廣開眾正之路師古曰杜塞也決斷狐疑分別猶豫使是非炳然可知則百異消滅而眾祥並至太平之基萬世之利也臣幸得託肺附師古曰舊解云肺附謂肺肝相附著猶言心膂也一說肺謂斫木之肺札也自言於帝室猶肺札附於大材木也誠見陰陽不調不敢不通所聞竊推春秋災異以救今事一二條其所以師古曰以由也不宜宣洩臣謹重封昧死上恭顯見其書愈與許史比而怨更生等師古曰比音頻寐反堪性公方自見孤立遂直道而不曲是歲夏寒日青無光恭顯及許史皆言堪猛用事之咎上內重堪又患眾口之寖潤無所取信時長安令楊興以材能幸常

稱譽堪上欲以爲助乃見問興朝臣齗齗不可光禄勳何邪師古曰齗齗忿嫉之意也齗音牛斤反興者傾巧士謂上疑堪因順指曰堪非獨不可於朝廷自州里亦不可也臣見衆人聞堪前與劉更生等謀毀骨肉以爲當誅故臣前言堪不可誅傷爲國養恩也上曰然此何罪而誅今宜柰何興曰臣愚以爲可賜爵關內侯食邑三百戶勿令典事明主不失師傅之恩此最策之得者也上於是疑會城門校尉諸葛豐亦言堪猛短上因發怒免豐語在其傳又曰豐言堪猛貞信不立朕閔而不治又惜其材能未有所効其

左遷堪爲河東太守猛槐里令顯等專權日甚後三歲餘孝宣廟闕災其晦日有蝕之於是上召諸前言日變在堪猛者責問皆稽首謝乃因下詔曰河東太守堪先帝賢之命而傅朕資質淑茂道術通明師古曰淑善也茂美也論議正直秉心有常發憤悃愊張晏曰悃誠也愊蠁密也師古曰悃愊至誠也悃音口本反愊音平力反信有憂國之心以不能阿尊事貴孤特寡助抑厭遂退師古曰厭音一甲反謂不伸也卒不克明師古曰卒終也克能也往者衆臣見異師古曰異災異也不務自修深惟其故而反晻昧說天託咎此人師古曰晻不明也讀與暗同又音烏感反朕不得已師古曰已止也出而試之以彰其材堪出之後大變

仍臻衆亦嘿然堪治未期年而三老官屬有識之士詠頌其美使者過郡靡人不稱師古曰靡無也此固足以彰先帝之知人而朕有以自明也俗人乃造端作基非議詆欺師古曰詆毀也音丁禮反或引幽隱非所宜明意疑以類欲以陷之朕亦不取也朕迫于俗不得專心乃者天著大異朕甚懼焉今堪年衰歲暮恐不得自信師古曰信讀曰伸排於異人將安究之哉師古曰究竟也明也其徵堪詣行在所拜爲光禄大夫秩中二千石領尚書事猛復爲太中大夫給事中顯幹尚書師古曰幹與管同言管主其事尚書五人皆其黨也堪希得見常因顯白事事決顯

口會堪疾瘖不能言而卒師古曰瘖音於今反顯誣譖猛令自殺於公車更生傷之乃著疾讒擿要救危及世頌凡八篇師古曰擿謂指發之也音吐歷反依興古事悼己及同類也師古曰興謂比喻也音許證反遂廢十餘年成帝即位顯等伏辜更生乃復進用更名向向以故九卿召拜爲中郎使領護三輔都水蘇林曰三輔多溉灌渠悉主之故言都水數奏封事遷光禄大夫是時帝元舅陽平侯王鳳爲大將軍秉政倚太后專國權師古曰倚音於綺反兄弟七人皆封爲列侯時數有大異向以爲外戚貴盛鳳兄弟用事之咎而上方精於詩書觀古文詔向領校中五經秘書師古曰言中者以別

洪外 向見尚書洪範箕子爲武王陳五行陰陽休咎之應 師古曰休美也咎音許求反它皆類此 向乃集合上古以來歷春秋六國至秦漢符瑞災異之記推迹行事連傳禍福著其占驗比類相從各有條目凡十一篇號曰洪範五行傳論奏之天子心知向忠精故爲鳳兄弟起此論也然終不能奪王氏權久之營起昌陵數年不成復還歸延陵制度泰奢向上疏諫曰臣聞易曰安不忘危存不忘亡是以身安而國家可保也 師古曰易下繫之辭 故賢聖之君博觀終始窮極事情而是非分明王者必通三統 應劭曰二王之後與己爲三統也孟康曰天地人之始也張晏曰一曰天統謂周十一月建子爲正天始施之端也二曰地統謂殷以十二月建丑爲正地始化之端也三曰人統謂夏以十三月建寅爲正人始成之端也師古曰諸家之說皆不備也言王者象天地人之三統故存三代也 明天命所授者博非獨一姓也孔子論詩至於殷士膚敏祼將于京 師古曰此大雅文王之篇殷士殷之卿士也膚美也敏疾也祼灌鬯也將行也京周京也言殷之臣有美德而敏疾乃來助祭于周行祼鬯之事是天命無常歸於有德 喟然歎曰 師古曰喟然歎息皃音丘位反 大哉天命善不可不傳于子孫是以富貴無常不如是則王公其何以戒慎民萌何以勸勉 師古曰萌與甿同無知之皃 蓋傷微子之事周而痛殷之亡也雖有堯舜之聖不能化丹朱之子雖有禹湯之德不能訓末孫之桀紂自古及今未有不亡之國也昔高皇帝既滅秦將都雒陽感寤劉敬之

言自以德不及周而賢於秦遂徙都關中依周之德因秦之阻世之長短以德爲効 師古曰効謂徵驗也 故常戰栗不敢諱亡孔子所謂富貴無常蓋謂此也孝文皇帝居霸陵北臨廁 服虔曰廁側近水也李奇曰霸陵山北頭廁近霸水帝登其上以遠望也 意悽愴悲懷顧謂群臣曰嗟乎以北山石爲椁用紵絮斮陳漆其間 應劭曰斮斬也陳施也孟康曰斮絮以漆著其間也師古曰美石出京師北山今宜州石是也故云以北山石爲椁紵絮者可以紵衣之絮也紵音張呂反斮音側略反 豈可動哉張釋之進曰使其中有可欲雖錮南山猶有隙使其中無可欲雖無石椁又何慼焉 師古曰有可欲謂多臧金玉而厚葬之人皆欲發取之是有間隙也無可欲謂不置器備而薄葬人無欲攻掘取之故無憂慼也錮謂鑄塞也云錮南山者取其深大假爲喻也錮音固

夫死者無終極而國家有廢興故釋之之言爲無窮計也孝文寤焉遂薄葬不起山墳易曰古之葬者厚衣之以薪臧之中野不封不樹 師古曰厚衣之以薪言積薪以覆之也不封謂不聚土爲墳也不樹謂不種樹也衣音於既反 後世聖人易之以棺槨棺槨之作自黃帝始黃帝葬於橋山 師古曰在上郡陽周縣 堯葬濟陰丘壟皆小葬具甚微 晉灼曰丘壟冢墳也 舜葬蒼梧二妃不從 師古曰二妃堯之二女 禹葬會稽不改其列 鄭氏曰不改樹木百物之列也如淳曰列肆也墨子曰禹葬會稽之山既葬收餘壤其上壟若參耕之畝則止矣晉灼曰列肆也淮南子云舜葬蒼梧不變其肆言不煩於民也師古曰鄭說是也淮南所云不變其肆肆者故也言山川田畝皆如故耳非列義也晉氏失之 殷湯無葬處 師古曰謂不見傳記也 文武周公葬於畢 李奇曰在岐州之間臣瓚曰汲郡古文畢西於豐三十里師古曰二說皆

非也畢陌在長安西北四十里也秦穆公葬於雍橐泉宮祈年館下樗里子葬於武庫文穎曰秦惠王異母弟也師古曰樗里子且死曰葬我必於渭南章臺之東後百年當有天子宮夾我墓及漢興長樂宮在其東未央宮在其西武庫正直其上也皆無丘隴之處此聖帝明王賢君智士遠覽獨慮無窮之計也其賢臣孝子亦承命順意而薄葬之此誠奉安君父忠孝之至也夫周公武王弟也葬兄甚微孔子葬母於防師古曰防魯邑名也音扶方反稱古墓而不墳師古曰墓謂壙穴也墳謂積土也曰丘東西南北之人也不可不識也師古曰東西南北言周遊以行其道不得專在本邦故墓須表識音式志反為四尺墳遇雨而崩弟子修之以告孔子孔子流涕曰吾聞之古者不修墓蓋非之也師古曰事見禮記延陵季子適齊而反其子死於嬴博之閒師古曰二邑並在泰山其子死於其閒穿不及泉斂以時服封墳掩坎其高可隱孟康曰隱蔽之時可見而已臣瓚曰謂人立可隱肘也師古曰瓚說是也隱音於靳反而號曰師古曰號謂哭而且言也骨肉歸復於土命也魂氣則無不之也夫嬴博去吳千有餘里季子不歸葬孔子往觀曰延陵季子於禮合矣師古曰事亦見禮記故仲尼孝子而延陵慈父舜禹忠臣周公弟弟師古曰弟弟者言弟能順理也上弟音徒計反其葬君親骨肉皆微薄矣非苟為儉誠便於體也宋桓司馬為石槨仲尼曰不如速朽李奇曰非桓魋為石槨奢泰故激以此言秦相呂不韋集知略之士而造春秋亦言薄葬之義皆明於事者也

前漢傳六　二十三　卯貴

逮至吳王闔閭違禮厚葬十有餘年越人發之及秦惠文武昭嚴襄五王師古曰嚴襄者謂莊襄則始皇父也皆大作丘隴多其瘞臧師古曰瘞埋也音于例反咸盡發掘暴露甚足悲也秦始皇帝葬於驪山之阿師古曰阿謂山曲也下錮三泉上崇山墳其高五十餘丈周回五里有餘石槨為游館李奇曰壙中為遊戲之觀也師古曰多累石作槨於壙中以為離宮別館也人膏為燈燭水銀為江海黃金為鳧鴈珍寶之臧機械之變孟康曰作機發木人之屬盡其巧變也晉灼曰始皇本紀令匠作機弩矢有所穿近輒射之又言工匠為機咸皆知之已下閉羨門皆殺工匠也師古曰晉說是也棺槨之麗宮館之盛不可勝原師古曰言不能盡其本數又多殺宮人生薶工匠計以萬數天下苦其役而反之驪山之作未成而周章百萬之師至其下矣師古曰周章陳勝之將項籍燔其宮室營宇往者咸見發掘師古曰言至其墓所者發掘之而求財物也其後牧兒亡羊羊入其鑿師古曰鑿謂所穿冢臧者音在到反牧者持火照求羊失火燒其臧槨自古至今葬未有盛如始皇者也數年之閒外被項籍之災內離牧豎之禍師古曰離遭也豈不哀哉是故德彌厚者葬彌薄知愈深者葬愈微無德寡知其葬愈厚丘隴彌高宮廟甚麗發掘必速由是觀之明暗之效葬之吉凶昭然可見矣周德既衰而奢侈宣王賢而中興更為儉宮室小寢廟詩人美之斯干之詩是也師古曰小雅篇名美

前漢傳六　二十四　卯貴

宣王考室其首章曰秩秩斯干秩秩流行也干澗也喻宣王之德如澗水源秩秩流出無極已也上章道宮室之
如制下章言子孫之衆多也師古曰宮室如制謂殖殖其廷有覺其楹君子攸寧也子
孫衆多謂維熊維羆男子之祥維虺維蛇女子之祥也及魯嚴公師古曰即莊公也刻飾宗廟
多築臺囿師古曰解在五行志後嗣再絕孟康曰謂子般閔公皆殺死也春秋刺
焉周宣如彼而昌魯秦如此而絕是則奢儉之得
失也陛下即位躬親節儉始營初陵其制約小天
下莫不稱賢明及徙昌陵增埤爲高師古曰埤下也音婢積土
爲山發民墳墓積以萬數營起邑居期日迫卒師古
曰卒讀曰猝功費大萬百餘應劭曰大萬億也大巨也死者恨於下生者
愁於上怨氣感動陰陽因之以饑饉物故流離以

前漢傳六　二十五

十萬數師古曰物故謂死也流離謂亡其居處也臣甚惽焉師古曰惽謂不了言感於此事也惽音昬
一曰惽古閔字憂病也以死者爲有知發人之墓其害多矣若
其無知又安用大師古曰安焉也謀之賢知則不說以示衆
庶則苦之師古曰說讀曰悅其下亦同若苟以說愚夫淫侈之人
又何爲哉陛下慈仁篤美甚厚聰明疏達蓋世宜
弘漢家之德崇劉氏之美光昭五帝三王而顧與
暴秦亂君競爲奢侈比方丘壠師古曰顧猶反也說愚夫之
目隆一時之觀違賢知之心亡萬世之安臣竊爲
陛下羞之唯陛下上覽明聖黃帝堯舜禹湯文武
周公仲尼之制下觀賢知穆公延陵樗里張釋之

之意孝文皇帝去墳薄葬以儉安神可以爲則秦
昭始皇增山厚臧以侈生害足以爲戒初陵之橅
宜從公卿大臣之議應劭曰橅音規摹之摹師古曰謂規度墓地也橅音是也韋玄成傳及蕭望之傳
規橅音義皆同其字從木以息衆庶書奏上甚感向言而不能從
其計向睹俗彌奢淫而趙衛之屬起微賤踰禮制
師古曰趙皇后昭儀衛婕妤也向以爲王教由內及外自近者始故採
取詩書所載賢妃貞婦興國顯家可法則及孼嬖
亂亡者師古曰孼庶也嬖愛也嬖音必計反序次爲列女傳凡八篇以戒
天子及采傳記行事著新序說苑凡五十篇奏之
數上疏言得失陳法戒書數十上以助觀覽補遺

前漢傳六　二十六

闕上雖不能盡用然內嘉其言常嗟歎之時上
無繼嗣政由王氏出災異浸甚師古曰浸漸也向雅奇陳湯
智謀與相親友獨謂湯曰災異如此而外家日盛
其漸必危劉氏吾幸得同姓末屬絫世蒙漢厚恩
師古曰絫古累字身爲宗室遺老歷事三主上以我先帝舊
臣每進見常加優禮吾而不言孰當言者師古曰孰誰也向
遂上封事極諫曰臣聞人君莫不欲安然而常危
莫不欲存然而常亡失御臣之術也夫大臣操權
柄持國政師古曰操執也音千高反未有不爲害者也昔晉有六
卿應劭曰智伯范中行韓魏趙也齊有田崔衛有孫甯魯有季孟常

掌國事世執朝柄終後田氏取齊六卿分晉崔杼弒其君光孫林父甯殖出其君衎弒其君剽師古曰衎音口旦反剽音匹昭反解在五行志季氏八佾舞於庭三家者以雍徹師古曰佾列也謂舞者之行列也八人一佾八佾六十四人也雍樂詩名徹饌奏之皆僭王者之禮並專國政卒逐昭公周大夫尹氏筦朝事師古曰筦與管同濁亂王室子朝子猛更立連年乃定師古曰更音工衡反解並在五行志故經曰王室亂又曰尹氏殺王子克甚之也師古曰言其惡大甚也春秋舉成敗錄禍福如此類甚衆皆陰盛而陽微下失臣道之所致也故書曰臣之有作威作福害于而家凶于而國師古曰周書洪範也而汝也言惟君得作威作福臣下爲之則致凶害也孔子曰祿去公室政

前漢傳六　二十七　何

逮大夫危亡之兆李奇曰婚當爲政而反大夫爲政也臣瓚曰政不由君下及大夫也上大夫即卿也師古曰瓚說是也論語孔子曰祿去公室五君矣政逮於大夫四君矣故三桓之子孫微矣秦昭王舅穰侯及涇陽葉陽君鄭氏曰皆昭王母之弟也師古曰穰侯魏冄也涇陽葉陽皆其弟也葉音式涉反專國擅埶上假太后之威三人者權重於昭王家富於秦國國甚危殆賴寤范雎之言而秦復存二世委任趙高專權自恣壅蔽大臣終有閻樂望夷之禍鄭氏曰望夷秦宮名也應劭曰秦二世齋於望夷之宮閻樂以兵殺二世也師古曰博物志云宮在長陵西北長平觀道東臨涇水作之以望北夷此說非也胡亥葬於宜春苑死不在渭北也秦遂以亡近事不遠即漢所代也漢興諸呂無道擅相尊王呂產呂祿席太后之寵據將相之位師古曰席猶因也言若人之坐於席也兼南北軍之衆擁

梁趙王之尊驕盈無厭欲危劉氏賴忠正大臣絳侯朱虛侯等竭誠盡節以誅滅之然後劉氏復安今王氏一姓乘朱輪華轂者二十三人青紫貂蟬充盈幄內魚鱗左右師古曰言在帝之左右相次若魚鱗也大將軍秉事用權五侯驕奢僭盛並作威福擊斷自恣行汙而寄治身私而託公師古曰寄託也內爲汙私之行而外託治公之道也依東宮之尊假甥舅之親以爲威重師古曰東宮太后所居也尚書九卿州牧郡守皆出其門師古曰言爲其僚吏者皆居顯要之職筦執樞機朋黨比周稱譽者登進忤恨者誅傷游談者助之說執政者爲之言排擯宗室孤弱公族其有智能者尤非

前漢傳六　二十八　何

毀而不進遠絕宗室之任不令得給事朝省恐其與己分權數稱燕王蓋主以疑上心師古曰示宗室親近而反逆也避諱呂霍而弗肯稱師古曰呂后霍后二家皆坐僭擅誅滅故爲王氏諱而不言也內有管蔡之萌外假周公之論兄弟據重宗族磐互師古曰磐結而交互也字或作牙謂若犬牙相交入之意也歷上古至秦漢外戚僭貴未有如王氏者也雖周皇甫秦穰侯漢武安呂霍上官之屬皆不及也師古曰皇甫周卿士字也周后寵之故處於盛位權黨於朝詩人刺之事見小雅十月之交篇武安侯田蚡也物盛必有非常之變先見爲其人微象孝昭帝時冠石立於泰山晉灼曰漢注冠石山名臣瓚曰冠石山下有石自立三石爲足一石在上故曰冠石也師古曰事具在眭孟傳仆柳起於上林師古曰其樹已死僵仆於地而更起生事亦具在眭孟傳而

孝宣帝即位今王氏先祖墳墓在濟南者其梓柱生枝葉扶疏上出屋根垂地中雖立石起柳無以過此之明也事勢不兩大王氏與劉氏亦且不並立如下有泰山之安則上有累卵之危陛下為人子孫守持宗廟而令國祚移於外親降為皁隸師古曰皁隸賤之人也春秋左氏傳曰大夫臣士士臣皁皁臣輿輿臣隸也縱不為身柰宗廟何婦人內夫家外父母家此亦非皇太后之福也如淳曰內猶親也而皇太后反外夫家也孝宣皇帝不與舅平昌侯權所以全安之也夫明者起福於無形銷患於未然宜發明詔吐德音援近宗室親而納信師古曰援引也謂引而附近之也援音爰黜

遠外戚毋授以政師古曰遠謂踈而離之也音于萬反皆罷令就弟以則效先帝之所行厚安外戚全其宗族誠東宮之意外家之福也王氏永存保其爵祿劉氏長安不失社稷所以褒睦外內之姓子子孫孫無疆之計也如不行此策田氏復見於今六卿必起於漢師古曰如若也為後嗣憂昭昭甚明不可不深圖不可不蚤慮師古曰蚤古早字易曰君不密則失臣臣不密則失身幾事不密則害成師古曰上繫之辭也唯陛下深留聖思審固幾密覽往事之戒以折中取信居萬安之實用保宗廟久承皇太后師古曰言社稷不安則帝身亦不得久事皇太后也天下幸甚書奏天子

召見向歎息悲傷其意謂曰君且休矣吾將思之師古曰且令出外休息以向為中壘校尉向為人簡易無威儀廉靖樂道不交接世俗專積思於經術晝誦書傳夜觀星宿或不寐達旦元延中星孛東井蜀郡岷山崩雍江師古曰雍讀作壅向惡此異語在五行志懷不能已復上奏其辭曰臣聞帝舜戒伯禹毋若丹朱敖師古曰事見虞書益稷篇丹朱堯子也敖讀曰傲周公戒成王毋若殷王紂師古曰事見周書亡逸篇詩曰殷監不遠在夏后之世師古曰大雅蕩之詩亦言湯以桀為戒也聖帝明王常以敗亂自戒不諱廢興故臣敢極陳其愚唯陛下留神察焉謹案春秋二

百四十二年日蝕三十六襄公尤數率三歲五月有奇而壹食師古曰奇謂成數之餘不滿者也音居宜反漢興訖竟寧孝景帝尤數率三歲一月而一食臣向前數言日當食今連三年比食師古曰比頻也自建始以來二十歲間而八食率二歲六月而一發古今罕有異有小大希稠占有舒疾緩急而聖人所以斷疑也易曰觀乎天文以察時變師古曰賁彖辭也昔孔子對魯哀公並言夏桀殷紂暴虐天下故歷失則攝提失方孟陬無紀孟康曰攝提星名也隨斗杓建十二月歷不正則天失其所建首時為孟正月為陬師古曰陬音子侯反又音鄒此皆易姓之變也秦始皇之末至二世時日月薄食山陵淪

亡辰星出於四孟師古曰四時之孟月也當見四仲也太白經天而行孟康日謂出東入西出西入東也太白陰星出東當伏東出西當伏西過午爲經天也無雲而雷張晏曰雷當託雲猶君之託臣也二世不恤天下人有畔心象獨號令而無臣也枉矢夜光應劭曰流星也其射如矢蛇行不正故曰枉矢亦以亂伐亂蘇林曰有聲爲天狗無聲爲枉矢也熒惑襲月應劭曰熒惑主內亂月主刑故趙高殺二世也孽火燒宮師古曰孽災也野禽戲廷張晏曰野鳥入與主人將去都門內崩師古曰內鬻而壞長人見臨洮石隕于東郡星孛大角大角以亡應劭曰天王坐席也流星第大角大角因伏不見也觀孔子之言考暴秦之異天命信可畏也及項籍之敗亦孛大角漢之入秦五星聚于東井得天下之象也孝惠時有雨血日食於衝滅光星見之異孟康曰日月行交道之衝也相薄而旣也京房所謂陰氣盛薄奪日光者也孝

昭時有泰山臥石自立上林僵柳復起大星如月西行衆星隨之此爲特異孝宣興起之表天狗夾漢而西李奇曰流星也下墮地爲天狗皆祆星久陰不雨者二十餘日昌邑不終之異也皆著於漢紀觀秦漢之易世覽惠昭之無後察昌邑之不終視孝宣之紹起天之去就豈不昭昭然哉高宗成王亦有雊雉拔木之變能思其故故高宗有百年之福成王有復風之報師古曰復反也事並見尚書高宗肜日及金縢篇解在五行志神明之應應若景嚮師古曰嚮讀曰響世所同聞也臣幸得託末屬誠見陛下寬明之德與銷大異而興高宗成王之聲以崇劉氏故貇

貇數奸死亡之誅師古曰貇貇款誠之意也奸犯也貇音懇奸音干今日食尤屢星孛東井攝提炎及紫宮師古曰炎音弋贍反有識長老莫不震動此變之大者也其事難一二記故易曰書不盡言言不盡意師古曰上繫之辭是以設卦指爻而復說義書曰伻來以圖孟康曰伻使也使人以圖來示成王明口說不了指圖乃了也師古曰周書洛誥之辭天文難以相曉臣雖圖上猶須口說然後可知願賜淸燕之閒指圖陳狀師古曰閒讀曰閑上輒入之師古曰謂召入也然終不能用也向每召見數言公族者國之枝葉枝葉落則本根無所庇廕師古曰庇音必寐反廕音於禁反方今同姓跡遠毋黨專政祿去公室權在外家非所以彊漢

宗彊私門保守社稷安固後嗣也向自見得信於上故常顯訟宗室譏刺王氏及在位大臣其言多痛切發於至誠上數欲用向爲九卿輒不爲王氏居位者及丞相御史所持故終不遷師古曰持謂扶持佐助也居列大夫官前後三十餘年年七十二卒卒後十三歲而王氏代漢向三子皆好學長子伋師古曰伋音汲以易教授官至郡守中子賜九卿丞蚤卒少子歆最知名歆字子駿少以通詩書能屬文召見成帝待詔宦者署爲黃門郎河平中受詔與父向領校祕書講六藝傳記諸子詩賦數術方技無所不究向死後

歆復為中壘校尉哀帝初即位大司馬王莽舉歆宗室有材行為侍中太中大夫遷騎都尉奉車光祿大夫貴幸復領五經卒父前業歆乃集六藝群書種別為七略語在藝文志歆及向始皆治易宣帝時詔向受穀梁春秋十餘年大明習及歆校祕書見古文春秋左氏傳歆大好之時丞相史尹咸以能治左氏與歆共校經傳歆略從咸及丞相翟方進受質問大義師古曰質正也初左氏傳多古字古言學者傳訓故而已師古曰故謂指趣也及歆治左氏引傳文以解經轉相發明由是章句義理備焉歆亦湛靖有謀

師古曰湛讀曰沈父子俱好古博見彊志師古曰志記也過絕於人歆以為左丘明好惡與聖人同師古曰論語載孔子曰巧言令色足恭左丘明恥之丘亦恥之匿怨而友其人左丘明恥之丘亦恥之親見夫子而公羊穀梁在七十子後師古曰七十子是孔子弟子也實七十二人指其言成數也傳聞之與親見之其詳略不同歆數以難向向不能非閒也師古曰閒音居莧反然猶自持其穀梁義及歆親近欲建立左氏春秋及毛詩逸禮古文尚書皆列於學官哀帝令歆與五經博士講論其義諸博士或不肯置對師古曰並不與歆意同故不肯立其學也置對置且謝以對也歆因移書太常博士讓之曰昔唐虞既衰而三代迭興師古曰迭互也音大結反聖帝明王累起相襲其道甚著周室既微而禮樂不正道之難全也如此是故孔子憂道之不行歷國應聘自衛反魯然後樂正雅頌乃得其所修易序書制作春秋以紀帝王之道及夫子沒而微言絕七十子終而大義乖重遭戰國棄籩豆之禮理軍旅之陳師古曰籩豆禮食之器也以竹曰籩以木曰豆籩音邊孔氏之道抑而孫吳之術興陵夷至于暴秦燔經書殺儒士設挾書之法行是古之罪師古曰以古事為是者即罪之道術由是遂滅漢興去聖帝明王遐遠仲尼之道又絕法度無所因襲時獨有一叔孫通略定禮儀天下唯有易卜未有它書至孝惠之世乃除

挾書之律然公卿大臣絳灌之屬咸介冑武夫莫以為意至孝文皇帝始使掌故朝錯李奇曰掌故官名也從伏生受尚書尚書初出于屋壁朽折散絕今其書見在時師傳讀而已詩始萌牙師古曰言若草木之初生天下眾書往往頗出皆諸子傳說猶廣立於學官為置博士在漢朝之儒唯賈生而已師古曰謂賈誼至孝武皇帝然後鄒魯梁趙頗有詩禮春秋先師師古曰前學之師也皆起於建元之間當此之時一人不能獨盡其經或為雅或為頌相合而成泰誓後得博士集而讀之故詔書稱曰禮壞樂崩書缺簡脫朕甚閔焉時漢興已

七八十年離於全經固已遠矣師古曰言廢絕以久不可得其眞也及魯恭王壞孔子宅欲以爲宮而得古文於壞壁之中逸禮有三十九書十六篇天漢之後孔安國獻之遭巫蠱倉卒之難未及施行及春秋左氏丘明所修皆古文舊書多者二十餘通臧於秘府伏而未發孝成皇帝閔學殘文缺稍離其眞乃陳發秘臧校理舊文得此三事以考學官所傳經或脫簡傳或間編師古曰脫簡謂遺失之簡編謂舊編爛絕就更次之前後錯亂也間音古莧反傳問民間則有魯國柏公趙國貫公膠東庸生之遺學與此同抑而未施此乃有識者之所惜閔士君子之所嗟痛也往者綴學之士不思廢絕之闕苟因陋就寡分文析字煩言碎辭學者罷老且不能究其一藝師古曰罷讀曰疲究竟也信口說而背傳記是末師而非往古至於國家將有大事若立辟雍封禪巡狩之儀則幽冥而莫知其原師古曰幽冥猶暗昧也猶欲保殘守缺挾恐見破之私意而無從善服義之公心或懷妒嫉不考情實雷同相從隨聲是非抑此三學以尚書爲備蘇林曰備之而已臣瓚曰當時學者謂尚書唯有二十八篇不知本有百篇也師古曰瓚說是也謂左氏爲不傳春秋豈不哀哉今聖上德通神明繼統揚業亦閔文學錯亂學士若茲雖昭其情猶依違謙讓師古

前漢傳六　三十五　陳肯

曰依違言不專決也樂與士君子同之故下明詔試左氏可立不遣近臣奉指銜命將以輔弱扶微與二三君子比意同力冀得廢遺師古曰比合也冀有廢遺者冀得興立之也比音頻寐反今則不然深閉固距而不肯試猥以不誦絕之師古曰猥苟也苟不誦習之而欲絕去此學欲以杜塞餘道絕滅微學夫可與樂成難與慮始此乃衆庶之所爲耳非所望士君子也且此數家之事皆先帝所親論今上所考視其古文舊書皆有徵驗外內相應豈苟而已哉夫禮失求之於野古文不猶愈於野乎師古曰愈勝也往者博士書有歐陽春秋公羊易則施孟然孝宣皇帝猶廣立穀梁春秋梁丘易大小夏侯尚書義雖相反猶並置之何則與其過而廢之也寧過而立之師古曰過猶誤傳曰文武之道未墜於地在人賢者志其大者不賢者志其小者師古曰論語孔子弟子子貢之言也志識也一曰記今此數家之言所以兼包大小之義豈可偏絕哉若必專己守殘師古曰專執己所偏見苟守殘缺之文也黨同門妒道眞師古曰黨同師之學妒道之眞也違明詔失聖意以陷於文吏之議甚爲二三君子不取也其言甚切諸儒皆怨恨是時名儒光祿大夫龔勝以歆移書上疏深自罪責願乞骸骨罷及儒者師丹爲大司空亦大怒奏歆改亂舊章非毀先帝所立上

前漢傳六　三十六

曰歆欲廣道術亦何以為非毀哉歆由是忤執政大臣為衆儒所訕師古曰訕謗也音所諫反懼誅求出補吏為河内太守以宗室不宜典三河徙守五原後復轉在涿郡歷三郡守數年以病免官起家復為安定屬國都尉會哀帝崩王莽持政莽少與歆俱為黃門郎重之白太后太后留歆為右曹太中大夫遷中壘校尉羲和京兆尹使治明堂辟雍封紅休侯典儒林史卜之官考定律歷著三統歷譜初歆以建平元年改名秀字穎叔云應劭曰河圖赤伏符云劉秀發兵捕不道四夷雲集龍鬭野四七之際火為主故改名幾以趣也及王莽篡位歆為國師後事皆在莽傳

贊曰仲尼稱材難不其然與師古曰論語載孔子之言也賢材難得與讀曰歟自孔子後綴文之士衆矣唯孟軻孫況董仲舒司馬遷劉向揚雄師古曰孫況即荀卿也此數公者皆博物洽聞通達古今其言有補於世傳曰聖人不出其間必有命世者焉豈近是乎師古曰近音其靳反劉氏鴻範論發明大傳著天人之應七略剖判藝文揔百家之緒三統歷譜考步日月五星之度有意其推本之也師古曰言其究極根本深有意也嗚虖向言山陵之戒于今察之師古曰虖讀曰呼哀哉指明梓柱以推廢興昭矣師古曰昭然明白豈非直諒多聞古之益友與師古曰諒信也論語稱孔子曰益者三友友直友諒友多聞益矣贊言向直諒多聞可謂益也與讀曰歟

楚元王傳第六

季布欒布田叔傳第七　班固　漢書三十七 椿

秘書監上護軍琅邪縣開國子顏師古注

季布楚人也為任俠有名（應劭曰任謂有堅完可任託以事也如淳曰相與信為任同是非為俠師古曰謂任使其氣力俠之言挾也以權力俠輔人也任音人禁反俠音下頰反）項籍使將兵數窘漢王（如淳曰窘困也師古曰窘音求閔反）項籍滅高祖購求布千金敢有舍匿罪三族（師古曰舍止匿隱也）布匿濮陽周氏周氏曰漢求將軍急迹且至臣家（師古曰迹謂尋其蹤迹也）能聽臣臣敢進計即否願先自剄布許之迺髡鉗布衣褐（師古曰衣著之也褐毛布之衣也）置廣柳車中（服虔曰東郡謂廣轍車為廣柳車鄧氏曰作大柳衣車若周禮喪車也李奇曰廣柳大隆穹也晉灼曰周禮說衣翣柳柳聚也衆飾之所聚也此為載以喪車欲人不知也師古曰晉鄭二說是也隆穹所謂車軬者耳非此之謂也）

（軬音扶晚反）并與其家僮數十人之魯朱家所賣之（師古曰朱家魯人見游俠傳）朱家心知其季布也買置田舍乃之雒陽見汝陰侯滕公（師古曰夏侯嬰也本為滕令遂號為滕公）說曰季布何罪臣各為其主用職耳（師古曰職常也言此乃常道也一曰職主掌其事也）項氏臣豈可盡誅邪今上始得天下而以私怨求一人何示不廣也且以季布之賢漢求之急如此此不北走胡南走越耳夫忌壯士以資敵國此伍子胥所以鞭荊平之墓也（師古曰子胥伍員也荊即楚也子胥之父伍奢為平王所殺子胥奔吳教吳伐楚平王已卒其後吳師入郢子胥掘平王之墓取屍鞭之三百也）君何不從容為上言之（師古曰從音千容反）滕公心知朱家大俠意布匿其所乃許諾侍閒果言

如朱家指（師古曰侍侍於天子閒謂事務之隙）上乃赦布當是時諸公皆多布能摧剛為柔（師古曰多猶重也）朱家亦以此名聞當世布召見謝拜郎中孝惠時為中郎將單于嘗為書嫚呂太后（師古曰嫚謂辭語褻汚也嫚讀與慢同）太后怒召諸將議之上將軍樊噲曰臣願得十萬衆橫行匈奴中諸將皆阿呂太后（師古曰阿曲也曲從其意）以噲為然布曰樊噲可斬也夫以高帝兵三十餘萬困於平城噲時亦在其中今噲柰何以十萬衆橫行匈奴中面謾（師古曰謾欺誑也音嫚又音莫連反）且秦以事胡陳勝等起今創痍未瘳（師古曰痍傷也瘳差也痍音夷瘳音丑留反）噲又面諛欲搖動天下是時殿上皆

恐太后罷朝遂不復議擊匈奴事布為河東守孝文時人有言其賢召欲以為御史大夫人又言其勇使酒難近（應劭曰使酒酗酒也師古曰言因酒而使氣也近謂附近天子為大臣也）至留邸一月（師古曰邸諸郡朝宿之舍在京師也）見罷（師古曰既引見而罷令還郡也）布進曰臣待罪河東陛下無故召臣此人必有以臣欺陛下者（師古曰謂妄言其賢故云欺也）今臣至無所受事罷去此人必有毀臣者夫陛下以一人譽召臣一人毀去臣臣恐天下有識者聞之有以窺陛下（師古曰窺見陛下淺深也）上默然慙曰河東吾股肱郡故特召君耳布之官辯士曹丘生數招權顧金錢（孟康曰招來也以金錢事權貴而求得其形勢以自炫燿也李奇曰持權屬請人顧以金錢）

也師古曰二家之說皆非也言招求貴人威權因以請託故得他人顧金錢也事貴人趙同等李奇曰宦者趙談也與竇長君善服虔曰景帝舅布聞寄書諫長君曰吾聞曹丘生非長者勿與通及曹丘生歸欲得書請布師古曰欲得竇長君書與布爲己紹介也竇長君曰季將軍不說足下師古曰說讀曰悅也足下無往固請書遂行使人先發書師古曰使人先致書於布發視也布果大怒待曹丘曹丘至則揖布曰楚人諺曰得黃金百不如得季布諾師古曰諺傳也足下何以得此聲梁楚之間哉且僕與足下俱楚人使僕游揚足下名於天下顧不美乎師古曰顧念也何足下距僕深也布乃大說師古曰說讀曰悅引入留數月爲上客厚送之

布名所以益聞者曹丘揚之也布弟季心氣蓋關中遇人恭謹爲任俠方數千里士爭爲死嘗殺人亡吳從爰絲匿長事爰絲師古曰絲爰盎字言以兄長之禮事也弟畜灌夫籍福之屬嘗爲中司馬如淳曰中尉之司馬中尉郅都不敢加少年多時時竊借其名以行師古曰詐自稱爲心之賓客徒黨也當是時季心以勇布以諾聞關中布母弟丁公晉灼曰楚漢春秋云薛人名固師古曰此母弟爲同母異父之弟爲項羽將逐窘高祖彭城西短兵接漢王急顧謂丁公曰兩賢豈相戹哉孟康曰丁公及彭城頹齮追上故曰兩賢也師古曰孟說非也兩賢高祖自謂幷謂固耳言吾與固俱是賢豈相戹困也故固感此言而止也雖與頹齮俱追而高祖獨與固言耳丁公引兵而還及項王滅丁公謁見高祖以丁公徇軍中師古曰徇行示也音辭俊反曰丁公爲項王臣不忠使項王失天下者也遂斬之曰使後爲人臣無傚丁公也

欒布梁人也彭越爲家人時嘗與布游師古曰家人猶言編戶之人也窮困賣庸於齊爲酒家保孟康曰酒家作保保庸也可保信故謂之保師古曰謂庸作受顧也爲保謂保可任使數歲別去而布爲人所略賣爲奴於燕爲其主家報仇服虔曰爲買者報仇也燕將臧荼舉以爲都尉荼爲燕王布爲將及荼反漢擊燕虜布梁王彭越聞乃言上請贖布爲梁大夫使於齊未反師古曰反還也漢召彭越責以謀反夷三族梟首雒陽下詔有收視者輒捕之布還奏事彭越頭下祠而哭之吏捕以聞上召罵布若與彭越反邪吾禁人勿收若獨祠而哭之與反明矣師古曰若汝也趣亨之師古曰趣讀曰促促急也方提趨湯師古曰提舉也舉而欲投之於湯也趨讀曰趣趨嚮也布顧曰願一言而死上曰何言布曰方上之困彭城敗滎陽成皋間項王所以不能遂西徒以彭王居梁地師古曰徒但也與漢合從苦楚也師古曰從音子容反當是之時彭王壹顧與楚則漢破與漢則楚破且陔下之會微彭王項氏不亡師古曰微無也天下已定彭王剖符受封欲傳之萬世今帝徵兵於梁彭王病不行而疑以爲反反形未見以苛細誅之

臣恐功臣人人自危今彭王已死臣生不如死請就亨上乃釋布拜爲都尉孝文時爲燕相至將軍布稱曰窮困不能辱身非人也富貴不能快意非賢也於是嘗有德厚報之有怨必以法滅之吴楚反時以功封爲鄃侯蘇林曰鄃音輸清河縣也復爲燕相燕齊之閒皆爲立社號曰欒公社布薨子賁嗣侯師古曰賁音奔孝武時坐爲太常犧牲不如令國除

田叔趙陘城人也蘇林曰陘音刑其先齊田氏也叔好劒學黄老術於樂鉅公師古曰姓樂名鉅也公者老人之稱也爲人廉直喜任俠師古曰喜好也音許吏反游諸公師古曰諸公皆長者也趙人廉之趙相趙

前漢傳七　五

午言之趙王張敖以爲郎中數歲趙王賢之未及遷會趙午貫高等謀弒上事發覺漢下詔捕趙王及羣臣反者趙有敢隨王罪三族唯田叔孟舒等十餘人赭衣自髡鉗隨王至長安趙敖事白得出師古曰白明也廢爲宣平侯乃進言叔等十人上召見與語漢廷臣無能出其右者師古曰材不勝上說師古曰說讀曰悅也盡拜爲郡守諸侯相叔爲漢中守十餘年孝文帝初立召叔問曰公知天下長者乎對曰臣何足以知之上曰公長者宜知之叔頓首曰故雲中守孟舒長者也是時孟舒坐虜大入雲中免上曰先帝置孟舒雲中十餘年矣虜常一入孟舒不能堅守無故士卒戰死者數百人長者固殺人乎叔叩頭曰夫貫高等謀反天子下明詔趙有敢隨張王者罪三族然孟舒自髡鉗隨張王以身死之豈自知爲雲中守哉漢與楚相距士卒罷敝師古曰罷讀爲疲下亦同而匈奴冒頓新服北夷來爲邊寇孟舒知士卒罷敝不忍出言士爭臨城死敵如子爲父以故死者數百人孟舒豈毆之哉師古曰毆與驅同言不毆之令戰也毆字從文文音普木反是乃孟舒所以爲長者於是上曰賢哉孟舒復召以爲雲中守後數歲叔坐法失官梁孝王使人殺漢議臣

前漢傳七　六

爰盎景帝召叔案梁具得其事還報上曰梁有之乎對曰有之事安在師古曰索其狀也叔曰上無以梁事爲問也師古曰言不須更論之也今梁王不伏誅是廢漢法也如其伏誅太后食不甘味卧不安席此憂在陛下於是上大賢之以爲魯相相初至官民以王取其財物自言者百餘人叔取其渠率二十人笞怒之師古曰渠大也曰王非汝主邪何敢自言主魯王聞之大慙發中府錢使相償之師古曰中府王之財物藏也相曰王自使人償之不爾是王爲惡而相爲善也師古曰不爾是則王爲惡魯王好獵相常從入苑中王輒休相就館相常暴坐苑外師古

(日於外自暴露而坐)終不休曰吾王暴露獨何爲舍王以故不泰出遊數年以官卒魯以百金祠少子仁不受曰義不傷先人名仁以壯勇爲衛將軍舍人(張晏曰衛青也)數從擊匈奴衛將軍進言仁爲郎至二千石丞相長史失官後使刺三河還(如淳曰爲刺史於三河郡三河謂河南河內河東也)奏事稱意拜爲京輔都尉月餘遷司直數歲戾太子舉兵仁部閉城門令太子得亡坐縱反者族(師古曰遣仁掌閉城門乃令太子得出故云縱反也)

贊曰以項羽之氣而季布以勇顯名楚身履軍搴旗者數矣(鄧展曰履軍戰勝蹈履之李奇曰搴拔也孟康曰搴斬取也師古曰謂勝敵拔取旗也鄧李二說皆是搴音騫)

可謂壯士及至困戹奴僇苟活(今流俗書本改履謂屢而加典字云身屢典軍非也)而不變何也(師古曰僇古戮字也奴僇謂髡鉗爲奴而賣之也)彼自負其材受辱不羞欲有所用其未足也故終爲漢名將賢者誠重其死夫婢妾賤人感槩而自殺非能勇也(師古曰感槩謂感念局狹爲小節槩音工代反)其畫無俚之至耳(張晏曰言其計畫道理無所至故自殺耳蘇林曰俚賴也詩慎曰賴言其計畫無所成賴晉灼曰楊雄方言曰俚聊也此爲其計畫無所聊賴至於自殺耳師古曰晉說是也)欒布哭彭越田叔隨張敖赴死如歸彼誠知所處(如淳曰太史公曰非死者難處死者難也)雖古烈士何以加哉

季布欒布田叔傳第七

高五王傳第八　　班固　漢書三十八

秘書監上護軍琅邪縣開國子顏師古注

[印]

高皇帝八男呂后生孝惠帝曹夫人生齊悼惠王肥薄姬生孝文帝戚夫人生趙隱王如意趙姬生淮南厲王長諸姬生趙幽王友趙共王恢燕靈王建(鄭氏曰諸姬姓也張晏曰非一之稱也師古曰諸姬摠言在姬妾之列者耳其知姓位者史各具言之不知氏族及秩次者則云諸姬也而趙幽以下三王非必同母蓋以皆不知其所生之姬姓故摠言之文三王傳云諸姬生代孝王參梁懷王揖景十三王傳云爲諸姬子於栗姬此意皆同張云非一近得之矣春秋左氏傳曰諸子仲子戎子諸子鬻姒此其例也豈以諸爲姓乎鄭說非矣共讀曰恭其下類此)淮南厲王長自有傳　齊悼惠王肥其母高祖微時外婦也(師古曰謂與旁通者)高祖六年立食七十餘城諸民

能齊言者皆與齊(孟康曰此時流移故使齊言者還齊也師古曰欲其國大故多封之)孝惠二年入朝帝與齊王燕飲太后前置齊王上坐如家人禮(師古曰以兄弟齒列不從君臣之禮故曰家人也坐音材卧反)太后怒迺令人酌兩卮鴆酒置前(應劭曰鴆鳥黑身赤目食蝮蛇野葛以其羽畫酒中飲之立死)令齊王爲壽齊王起帝亦起欲俱爲壽太后恐自起反卮(師古曰反音幡)齊王怪之因不敢飲陽醉去問知其鴆迺憂自以爲不得脫長安(師古曰脫免也言死於長安不得更至齊國也脫音吐活反)內史士曰(師古曰內史王官士者其名也)太后獨有帝與魯元公主今王有七十餘城而公主迺食數城王誠以一郡上太后爲公主湯沐邑太后必喜王無患矣於是齊王獻

城陽郡以尊公主為王太后(師古曰為齊王太后也言以母禮事之所以自媚也解具在惠紀)呂太后喜而許之迺置酒齊邸樂飲遣王歸國後十三年薨子襄嗣　趙隱王如意九年立(師古曰高祖之九年也他皆類此)四年高祖崩(師古曰趙王之四年)呂太后徵王到長安鴆殺之無子絕　趙幽王友十一年立為淮陽王趙隱王如意死孝惠元年徙友王趙凡立十年友以諸呂女為后不愛愛它姬諸呂女怒去讒之於太后曰王曰呂氏安得王(師古曰安猶焉也)太后百歲後吾必擊之太后怒以故召趙王趙王至置邸不見令衛圍守之不得食其群臣或竊饋之輒捕論之

趙王餓乃歌曰諸呂用事兮劉氏微迫脅王侯兮彊授我妃我妃既妒兮誣我以惡(師古曰惡音一故反)讒女亂國兮上曾不寤我無忠臣兮何故(師古曰謂不能明白之也)棄國快中野兮蒼天與直(師古曰天色蒼蒼故曰蒼天言己之理直與天臨監之)于嗟不可悔兮寧早自賊(師古曰賊害也悔不早棄趙國而快意自殺於田野之中今乃被幽餓也)為王餓死兮誰者憐之呂氏絕理兮託天報仇遂幽死以民禮葬之長安高后崩孝文即位立幽王子遂為趙王二年有司請立皇子為王上曰趙幽王幽死朕甚憐之已立其長子遂為趙王遂弟辟彊及齊悼惠王子朱虛侯章東牟侯興居有功皆可王於是

取趙之河閒立辟彊是為河閒文王文王立十三年薨子哀王福嗣一年薨無子國除趙王遂立二十六年孝景時鼂錯以過削趙常山郡諸侯怨吴楚反遂與合謀起兵其相建德內史王悍諫不聽遂燒殺德悍(師古曰上云其相建德內史王悍下云燒殺德悍是為相姓建名德也而景武功臣侯表云遽侯橫以建德以趙相死事子侯則是不知其姓表傳不同疑後人轉寫此傳誤脫去一建字也)發兵住其西界欲待吴楚俱進北使匈奴與連和漢使曲周侯酈寄擊之趙王城守邯鄲相距七月吴楚敗匈奴聞之亦不肯入邊欒布自破齊還并兵引水灌趙城城壞王遂自殺國除景帝憐趙相內史守正死皆封其子為列侯

趙共王恢十一年梁王彭越誅立恢為梁王十六年趙幽王死呂后徙恢王趙恢心不樂太后以呂產女為趙王后王后從官皆諸呂也內擅權微司趙王王不得自恣王有愛姬王后鴆殺之王乃為歌詩四章令樂人歌之王悲思六月自殺太后聞之以為用婦人故自殺無思奉宗廟禮廢其嗣

燕靈王建十一年燕王盧綰亡入匈奴明年立建為燕王十五年薨有美人子(師古曰王之美人生子也)太后使人殺之絕後

齊悼惠王子前後凡九人為王太子襄為齊哀王次子章為城陽景王興居為

濟北王將閭爲齊王志爲濟北王辟光爲濟南王（師古曰辟音壁又讀曰闢）賢爲菑川王卬爲膠西王雄渠爲膠東王齊哀王襄孝惠六年嗣立明年惠帝崩呂太后稱制元年以其兄子鄜侯呂台爲呂王（師古曰鄜音敷）割齊之濟南郡爲呂王奉邑（師古曰奉音扶用反他皆類此）明年哀王弟章入宿衞於漢高后封爲朱虛侯以呂祿女妻之後四年封章弟興居爲東牟侯皆宿衞長安高后七年割齊琅邪郡立營陵侯劉澤爲琅邪王是歲趙王友幽死于邸三趙王既廢高后立諸呂爲三王擅權用事章年二十有氣力忿劉氏不得職

嘗入侍燕飲高后令章爲酒吏章自請曰臣將種也請得以軍法行酒高后曰可酒酣章進歌舞已而曰請爲太后言耕田（師古曰欲申諷諭也）高后兒子畜之（師古曰比之於子也）笑曰顧乃父知田耳（師古曰顧念也乃汝也汝父謂高帝也）若生而爲王子安知田乎（師古曰若亦汝也）章曰臣知之太后曰試爲我言田意章曰深耕穊種立苗欲疏（師古曰穊稠也穊種者言多生子孫也疏立者四散置之令爲藩輔也穊音冀）非其種者鉏而去之（師古曰以斥諸呂也）太后默然頃之諸呂有一人醉亡酒（師古曰避酒而逃）章追拔劍斬之而還報曰有亡酒一人臣謹行軍法斬之太后左右大驚業已許其軍法亡以罪也因罷酒

自是後諸呂憚章雖大臣皆依朱虛侯劉氏爲彊（師古曰爲音于僞反）其明年高后崩趙王呂祿爲上將軍呂王產爲相國皆居長安中聚兵以威大臣欲爲亂章以呂祿女爲婦知其謀乃使人陰出告其兄齊王欲令發兵西（師古曰西謂京師）朱虛侯東牟侯欲從中與大臣爲內應以誅諸呂因立齊王爲帝齊王聞此計與其舅駟鈞郎中令祝午中尉魏勃陰謀發兵齊相召平聞之（師古曰召讀曰邵）乃發兵入衞王宮魏勃紿平曰（師古曰紿誑也）王欲發兵非有漢虎符驗也而相君圍王固善勃請爲君將兵衞衞王（師古曰謂將兵及衞守之具以禁衞王令不得發也）召

平信之乃使魏勃將勃既將以兵圍相府召平曰嗟乎道家之言當斷不斷反受其亂遂自殺於是齊王以駟鈞爲相魏勃爲將軍祝午爲內史悉發國中兵使祝午紿琅邪王曰呂氏爲亂齊王發兵欲西誅之齊王自以兒子年少不習兵革之事願舉國委大王大王自高帝將也（師古曰言自高帝之時已爲將也）習戰事齊王不敢離兵（服虔曰不敢離其兵而到琅邪）使臣請大王幸之臨菑見齊王計事并將齊兵以西平關中之亂琅邪王信之以爲然迺馳見齊王齊王與魏勃等因留琅邪王而使祝午盡發琅邪國而并將其兵

琅邪王劉澤既欺不得反國乃說齊王曰齊悼惠王高皇帝長子也推本言之大王高皇帝適長孫也（師古曰適讀曰嫡）當立今諸大臣狐疑未有所定而澤於劉氏最為長年大臣固待澤決計今大王留臣無為也不如使我入關計事齊王以為然乃益具車送琅邪王琅邪王既行齊遂舉兵西攻呂國之濟南於是齊王遺諸侯王書曰高帝平定天下王諸子弟悼惠王薨惠帝使留侯張良立臣為齊王惠帝崩高后用事春秋高聽諸呂擅廢帝更立又殺三趙王滅梁趙燕以王諸呂分齊國為四（師古曰本齊國更分為濟南琅邪城陽凡為四也）忠臣進諫上惑亂不聽今高后崩皇帝春秋富（師古曰言年幼也比之於財方未匱竭故謂之富）未能治天下固待大臣諸侯今諸呂又擅自尊官聚兵嚴威劫列侯忠臣撟制以令天下（師古曰撟託也託天子之制詔也撟音矯）宗廟以危寡人帥兵入誅不當為王者漢聞之相國呂產等遣大將軍潁陰侯灌嬰將兵擊之嬰至滎陽乃謀曰諸呂舉兵關中欲危劉氏而自立今我破齊還報是益呂氏資也乃留兵屯滎陽使人諭齊王及諸侯與連和（師古曰諭謂曉告也）以待呂氏之變而共誅之齊王聞之乃屯兵西界待約呂祿呂產欲作亂朱虛侯

前漢傳八　六　陳奎

章與太尉勃丞相平等誅之章首先斬呂產太尉勃等乃盡誅諸呂而琅邪王亦從齊至長安大臣議欲立齊王皆曰母家駟鈞惡戾虎而冠者也（張晏曰言鈞惡戾如虎著冠）訪以呂氏故幾亂天下（如淳曰訪猶方也師古曰幾音鉅依反）今又立齊王是欲復為呂氏也代王母家薄氏君子長者且代王高帝子於今見在最為長以子則順以善人則大臣安於是大臣乃謀迎代王而遣章以誅呂氏事告齊王令罷兵灌嬰在滎陽聞魏勃本教齊王反既誅呂氏罷齊兵使使召責問魏勃勃曰失火之家豈暇先言丈人後救火乎（師古曰言以社稷將危故舉兵以匡之不暇待有詔命也）因退立股戰而栗（師古曰股腳也戰者懼之甚也）恐不能言者終無他語灌將軍孰視笑曰人謂魏勃勇妄庸人耳何能為乎乃罷勃（師古曰放令去）勃父以善鼓琴見秦皇帝及勃少時欲求見齊相曹參家貧無以自通乃常獨早埽齊相舍人門外舍人怪之以為物而司之得勃（師古曰物謂鬼神司者察視之）勃曰願見相君無因故為子埽欲以求見於是舍人見勃曹參因以為舍人壹為參御言事以為賢言之悼惠王王召見拜為內史始悼惠王得自置二千石及悼惠王薨哀王嗣勃用事重於相齊王既罷兵歸而代王

前漢傳八　七　陳

立是爲孝文帝文帝元年盡以高后時所割齊之
城陽琅邪濟南郡復予齊而徙琅邪王王燕益封
朱虛侯東牟侯各二千戶黄金千斤是歲齊哀王
薨子文王則嗣十四年薨無子國除城陽景王章
孝文二年以朱虛侯與東牟侯興居俱立二年薨
子共王喜嗣孝文十二年徙王淮南五年復還王
城陽凡立三十四年薨子頃王延嗣二十六年薨
子敬王義嗣九年薨子惠王武嗣十年薨子荒王
順嗣三十六年薨子戴王恢嗣八年薨子孝王景
嗣二十四年薨子哀王雲嗣一年薨無子國絕成

帝復立雲兄俚爲城陽王（師古曰俚音里）王恭時絕
濟北王興居初以東牟侯與大臣共立文帝於代邸
曰誅呂氏臣無功請與大僕滕公俱入凊宮（師古曰滕夏侯嬰也）
遂將少帝出迎皇帝入宮始誅諸呂時朱虛侯章
功尤大大臣許盡以趙地王章盡以梁地王興居
及文帝立聞朱虛東牟之初欲立齊王故黜其功
（師古曰不賞之）二年王諸子乃割齊二郡以王章興居章興
居意自以失職奪功歲餘章薨而匈奴大入邊漢
多發兵丞相灌嬰將擊之文帝親幸太原興居以
爲天子自擊胡遂發兵反上聞之罷兵歸長安使

棘蒲侯柴將軍（張晏曰柴武）擊破虜濟北王王自殺國除文
帝閔濟北王逆亂以自滅明年盡封悼惠王諸子罷
軍等七人爲列侯（師古曰罷音皮彼反又讀曰疲）至十五年齊文王又薨
無子時悼惠王後尚有城陽王在文帝憐悼惠王適
嗣之絕（師古曰適讀曰嫡）於是乃分齊爲六國盡立前所封
悼惠王子列侯見在者六人爲王齊孝王將閭以楊
虛侯立濟北王志以安都侯立菑川王賢以武成侯
立膠東王雄渠以白石侯立膠西王卬以平昌侯立
濟南王辟光以扐侯立（服虔曰扐音勒扐平原縣也）孝文十六年六王同
日俱立立十一年孝景三年吳楚反膠東膠西菑

川濟南王皆發兵應吳楚欲與齊（師古曰與之同反）齊孝王狐
疑城守不聽三國兵共圍齊（張晏曰膠西菑川濟南也）齊王使路中
大夫告於天子（張晏曰姓路爲中大夫）天子復令路中大夫還報
告齊王堅守漢兵今破吳楚矣路中大夫至三國兵
圍臨菑數重無從入三國將與路中大夫盟曰若反
言漢已破矣（師古曰若汝也反謂反易其辭也）齊趣下三國不且見屠（張晏
曰趣讀曰促）路中大夫既許至城下望見齊王曰漢已發兵
百萬使太尉亞夫擊破吳楚方引兵救齊齊必堅
守無下三國將誅路中大夫齊初圍急陰與三國通
謀約未定會路中大夫從漢來其大臣乃復勸王無

下三國會漢將欒布平陽侯等兵至齊師古曰平陽侯曹襄擊破三國兵解圍已後聞齊初與三國有謀將欲移兵伐齊齊孝王懼飲藥自殺而膠東膠西濟南菑川王皆伏誅國除獨濟北王在齊孝王之自殺也景帝聞之以爲齊首善師古曰言其初首無逆亂之心以迫劫有謀非其罪也召立孝王太子壽是爲懿王二十三年薨子厲王次昌嗣其母曰紀太后太后取其弟紀氏女爲王后王不愛紀太后欲其家重寵師古曰重音直用反令其長女紀翁主入王宮師古曰諸王女曰翁主而紀氏所生故謂之紀翁主正其後宮無令得近王欲令愛紀氏女王因與其姊翁主

姦齊有宦者徐甲師古曰宦者奄人入事漢皇太后張晏曰皇太后武帝之母皇太后有愛女曰脩成君脩成君非劉氏子蘇林曰皇太后前嫁金氏所生太后憐之脩成君有女娥太后欲嫁之於諸侯宦者甲乃請使齊必令王上書請娥皇太后大喜使甲之齊時主父偃知甲之使齊以取后事亦因謂甲即事成幸言偃女願得充王後宮甲至齊風以此事師古曰風讀曰諷紀太后怒曰王有后後宮備具且甲齊貧人及爲宦者入事漢初無補益乃欲亂吾王家且主父偃何爲者乃欲以女充後宮甲大窮還報皇太后曰王已願尚娥師古曰尚配也然事有

所害恐如燕王燕王者與其子昆弟姦坐死師古曰燕王定國傳云與其子女三人姦子昆弟者言是其子女又長幼非一故云子昆弟也一曰子昆弟者定國之姊妹也言定國姦其子女及其姊妹故以燕感太后師古曰言齊王與其姊姦終當坐之致死不足嫁女與之太后曰毋復言嫁女齊事事寖潤聞於上師古曰寖古浸字也浸潤言漸染也主父偃由此與齊有隙偃方幸用事因言齊臨菑十萬戶市租千金師古曰收一市之租直千金也人衆殷富鉅於長安師古曰鉅大也非天子親弟愛子不得王此今齊王於親屬益疏乃從容言呂太后時齊欲反師古曰從音千容反及吳楚時孝王幾爲亂師古曰幾音鉅依反今聞齊王與其姊亂於是武帝拜偃爲齊相且正其事偃至齊急治王後宮宦者爲王通於姊

翁主所者辭及王王年少懼大罪爲吏所執誅乃飲藥自殺是時趙王懼主父偃壹出敗齊恐其漸疏骨肉乃上書言偃受金及輕重之短師古曰輕重謂用心不平天子亦因囚偃公孫弘曰齊王以憂死無後非誅偃無以塞天下之望師古曰塞滿也偃遂坐誅厲王立四年國除濟北王志吳楚反時初亦與通謀後堅守不發兵故得不誅徙王菑川元朔中齊國絕悼惠王後唯有二國城陽菑川菑川地比齊師古曰比近也音頻二反武帝爲悼惠王冢園在齊迺割臨菑東圜悼惠王冢園邑盡以予菑川師古曰圜謂周繞之令奉祭祀志立三十六年薨是

為懿王子靖王建嗣二十年薨子頃王遺嗣三十五年薨子思王終古嗣五鳳中青州刺史奏終古使所愛奴與八子及諸御婢姦如淳曰八子妾號終古或參與被席師古曰與讀曰豫或白晝使贏伏犬馬交接師古曰贏者露形體也音郎果反終古親臨觀產子輒曰亂不可知使去其子師古曰去除也音丘呂反事下丞相御史奏終古位諸侯王以令置八子秩比六百石所以廣嗣重祖也而終古禽獸行亂君臣夫婦之別悖逆人倫師古曰悖乖也音步內反請逮捕有詔削四縣二十八年薨子考王尚嗣五年薨子孝王橫嗣三十一年薨子懷王交嗣六年薨子永嗣王莽時絕

贊曰悼惠之王齊最為大國以海內初定子弟少激秦孤立亡藩輔師古曰激感發也音工歷反故大封同姓以塡天下師古曰塡音竹刃反時諸侯得自除御史大夫群卿以下衆官如漢朝漢獨為置丞相自吳楚誅後稍奪諸侯權左官附益阿黨之法設張晏曰諸侯有罪傅相不舉奏為阿黨師古曰皆新制律令之條也左官解在諸侯王表附益言欲增益諸侯王也其後諸侯唯得衣食租稅貧者或乘牛車

高五王傳第八

蕭何曹參傳第九　班固　漢書三十九

秘書監上護軍琅邪縣開國子顏師古注

蕭何沛人也以文毋害為沛主吏掾服虔曰為人解通無嫉害也應劭曰雖為文吏而不刻害也蘇林曰無害若言無比也一曰害勝也無能勝害之者晉灼曰酷吏傳趙禹為丞相史府中皆稱其廉平然亞夫不任曰極知禹無害然文深不可以居大府蘇說是也師古曰害傷也無人能傷害之者蘇晉兩說皆得其意服應非也高祖為布衣時數以吏事護高祖高祖為亭長常佑之師古曰佑助也言居家時為何所護及為亭長何又擁助也高祖以吏繇咸陽師古曰繇讀曰傜傜役也吏皆送奉錢三何獨以五師古曰出錢以資行他人皆三百何獨五百奉音扶用反秦御史監郡者與從事辨之張晏曰何與共事備辨明何素有方略也蘇林曰辟何與從事也秦時無刺史以御史監郡師古曰二說皆同何迺給泗水卒史師古曰泗水郡沛所屬也何為郡卒史事弟一師古曰課最上秦御史欲入言徵何何固請得毋行孟康曰當還入相秦事故召何也師古曰此說非也御史以何明辨欲因入奏事之次言於朝廷徵何用之何心不願以情固請而御史止故得不行也及高祖起為沛公何嘗為丞督事師古曰督謂監視之也何為沛丞專督衆事沛公至咸陽諸將皆爭走金帛財物之府分之師古曰走謂趣向之走音奏何獨先入收秦丞相御史律令圖書藏之沛公具知天下阸塞戶口多少彊弱處民所疾苦者以何得秦圖書也初諸侯相與約先入關破秦者王其地沛公既先定秦項羽後至欲攻沛公沛公謝之得解羽遂屠燒咸陽與范增謀曰巴蜀道險秦之遷民皆居蜀迺曰蜀漢亦關中地

也故立沛公爲漢王而三分關中地王秦降將以距漢王漢王怒欲謀攻項羽周勃灌嬰樊噲皆勸之何諫之曰雖王漢中之惡不猶愈於死乎（師古曰愈勝也）漢王曰何爲乃死也何曰今衆弗如百戰百敗不死何爲周書曰天予不取反受其咎（師古曰周書者本與尚書同類蓋孔子所刪百篇之外劉向所奏有七十一篇）語曰天漢其稱甚美（孟康曰語古語也言地之有漢若天之有河漢名號休美臣瓚曰流俗語云天漢其言常以漢配天此美名也師古曰瓚說是也天漢河漢也）夫能詘於一人之下而信於萬乘之上者湯武是也（師古曰信讀曰伸古通用字）臣願大王王漢中養其民以致賢人收用巴蜀還定三秦天下可圖也漢王曰善乃遂就國以何爲

丞相何進韓信漢王以爲大將軍說漢令引兵東定三秦語在信傳何以丞相留收巴蜀塡撫諭告（師古曰塡音竹刃反）使給軍食漢二年漢王與諸侯擊楚何守關中侍太子治櫟陽爲令約束立宗廟社稷宮室縣邑輒奏上可許以從事（師古曰可其所奏許其所請依以行事）即不及奏輒以便宜施行上來以聞（應劭曰上來還乃以所爲聞也）計戶轉漕給軍漢王數失軍遯去何常興關中卒輒補鈌上以此剸屬任何關中事（師古曰剸讀與專同又音章阮反此即言專聲之急上者也又俗語猶然他皆類此屬音之欲反）漢三年與項羽相距京索間（師古曰索音山客反）上數使使勞苦丞相（師古曰勞音來到反次下亦同）鮑生謂何曰（師古曰鮑生當時有識之士姓鮑而爲諸生也）今王暴衣露蓋數勞苦君者有疑君心爲君計莫若遣君子孫昆弟能勝兵者悉詣軍所上益信君於是何從其計漢王大說（師古曰說讀曰悅）漢五年已殺項羽即皇帝位論功行封群臣爭功歲餘不決上以何功最盛先封爲酇侯（文穎曰音贊師古曰先封何者謂諸功臣舊未爵者何最在前封也酇屬南陽解在高紀）食邑八千戶功臣皆曰臣等身被堅執兵多者百餘戰少者數十合攻城略地大小各有差今蕭何未有汗馬之勞徒持文墨議論不戰顧居臣等上何也（師古曰顧猶反也）上曰諸君知獵乎曰知之知獵狗乎曰知之上曰夫獵追殺獸者狗

也而發縱指示獸處者人也（師古曰發縱謂解紲而放之也指示者以手指示之今俗言故狗縱音子用反而讀者乃爲蹤蹟之蹤非也書本皆不爲蹤字自有逐蹤之狗不待人發也）今諸君徒能走得獸耳功狗也至如蕭何發縱指示功人也且諸君獨以身從我多者三兩人蕭何舉宗數十人皆隨我功不可忘也群臣後皆莫敢言列侯畢已受封奏位次皆曰平陽侯曹參身被七十創攻城略地功最多宜第一上已橈功臣多封何（應劭曰橈屈也師古曰音女教反）至位次未有以復難之然心欲何第一關內侯鄂秋時爲謁者進曰群臣議皆誤夫曹參雖有野戰略地之功此特一時之事夫上與楚相距五歲失

軍亡衆跳身遯者數矣師古曰跳身謂輕身走出也然蕭何常從
關中遣軍補其處非上所詔令召而數萬衆會上
乏絕者數矣夫漢與楚相守滎陽數年軍無見糧
師古曰無見在之糧蕭何轉漕關中給食不乏陛下雖數亡山
東蕭何常全關中待陛下此萬世功也今雖無曹
參等百數何缺於漢師古曰數音所具反漢得之不必待以全
柰何欲以一旦之功加萬世之功哉蕭何當第一
曹參次之上曰善於是乃令何賜帶劒履上殿入
朝不趨上曰吾聞進賢受上賞蕭何功雖高待鄂
君迺得明於是因鄂秋故所食關內侯邑二千戶

封爲安平侯是日悉封何父母兄弟十餘人皆食
邑乃益封何二千戶以嘗繇咸陽時何送我獨贏
錢二也師古曰贏餘也二謂二百也衆人送皆三百何獨五百故云贏二也陳豨反上自將
至邯鄲而韓信謀反關中呂后用何計誅信語在
信傳上已聞誅信使使拜丞相爲相國益封五千
戶令卒五百人一都尉爲相國衞諸君皆賀召平
獨弔師古曰召讀曰邵召平者故秦東陵侯秦破爲布衣貧
種瓜長安城東瓜美故世謂東陵瓜從召平始也
平謂何曰禍自此始矣上暴露於外而君守於內
非被矢石之難而益君封置衞者以今者淮陰新

反於中有疑君心夫置衞衞君非以寵君師古曰恐其爲變故
守衞之願君讓封勿受悉以家私財佐軍何從其計
上說師古曰說讀曰悅其秋黥布反上自將軍擊之數使使
問相國何爲師古曰問其居守何所營爲曰爲上在軍拊循勉百
姓悉所有佐軍如陳豨時師古曰悉盡也盡所有糧食資用出以佐軍也客又
說何曰君滅族不久矣夫君位爲相國功第一不
可復加然君初入關本得百姓心十餘年矣皆附
君尚復孳孳得民和師古曰孳字與孜同孜孜言不怠也上所謂數問君
畏君傾動關中今君胡不多買田地賤貰貣以
自汙上心必安師古曰貰賒也貣音土得反於是何從其計上乃

大說師古曰說讀曰悅上罷布軍歸民道遮行師古曰在道上遮天子行上
書言相國彊賤買民田宅數千人上至何謁上笑
曰今相國迺利民民所上書皆以與何曰君自謝
民後何爲民請曰長安地陿上林中多空地棄願
令民得入田毋收稾爲獸食師古曰稾禾稈也言恣人田之不收其稾稅也稾音工
老反稈音工旱反上大怒曰相國多受賈人財物爲請吾苑
乃下何廷尉械繫之數日王衞尉侍如淳曰百官公卿表衞尉王氏無名
字師古曰史失之也侍謂侍天子也前問曰相國胡大罪陛下繫之暴也
師古曰前問謂進而請也胡何也上曰吾聞李斯相秦皇帝有善歸主
有惡自予今相國多受賈豎金爲請吾苑以自媚

於民師古曰媚愛也求愛於民故繫治之王衛尉曰夫職事苟有
便於民而請之眞宰相事也陛下柰何乃疑相國
受賈民錢乎且陛下距楚數歲陳豨黥布反時陛
下自將往當是時相國守關中關中搖足則關西
非陛下有也相國不以此時爲利乃利賈人之金
乎且秦以不聞其過亡天下夫李斯之分過又何
足法哉陛下何疑宰相之淺也上不懌師古曰懌悅也感衛尉之
言故慚悔而不悅也是日使使持節赦出何何年老素恭謹徒
跣入謝上曰相國休矣師古曰令出外自休息相國爲民請吾
苑不許我不過爲桀紂主而相國爲賢相吾故繫

相國欲令百姓聞吾過高祖崩何事惠帝何病上親
自臨視何疾因問曰君即百歲後誰可代君對曰
知臣莫若主帝曰曹參何如何頓首曰帝得之
矣何死不恨矣何買田宅必居窮辟處師古曰辟讀曰僻僻隱也
爲家不治垣屋師古曰垣牆也曰令後世賢師吾儉不賢毋
爲埶家所奪孝惠二年何薨謚曰文終侯子祿
嗣薨無子高后迺封何夫人同爲酇侯小子延爲
筑陽侯師古曰酇及筑陽皆南陽縣也今其地並屬襄州筑音逐孝文元年罷同更
封延爲酇侯薨子遺嗣薨無子文帝復以遺弟則
嗣有罪免景帝二年制詔御史故相國蕭何高皇

帝大功臣所與爲天下也師古曰爲治也一曰共造其功業今其祀絕
朕甚憐之其以武陽縣戶二千封何孫嘉爲列侯
嘉則弟也薨子勝嗣後有罪免武帝元狩中復下
詔御史以酇戶二千四百封何曾孫慶爲酇侯布
告天下令明知朕報蕭相國德也慶薨子
壽成嗣坐爲太常犧牲瘦免宣帝時詔丞相御史
求問蕭相國後在者得玄孫建世等十二人復下
詔以酇戶二千封建世爲酇侯傳子至孫獲坐使
奴殺人減死論成帝時復封何玄孫之子南䜌長
喜爲酇侯蘇林曰䜌音人足攣躄之攣鉅鹿縣名也師古曰喜爲此縣之長傳子至曾孫

王莽敗乃絕　曹參沛人也秦時爲獄掾而蕭何
爲主吏居縣爲豪吏矣師古曰言參及蕭何並爲吏之豪長也高祖爲沛
公也參以中涓從如淳曰中涓如中謁者也師古曰涓絜也言其在中主知絜清洒埽之事蓋親近左右也
擊胡陵方與師古曰方與音房豫攻秦監公軍大破之孟康曰監御史監郡者公名也晉灼曰案高紀名平也秦一郡置守尉監三人師古曰公者時人尊稱之耳晉說是也東下薛擊泗水
守軍薛郭西復攻胡陵取之徙守方與方與反爲
魏擊之豐反爲魏攻之賜爵七大夫北擊司馬欣
軍碭東取狐父祁善置文穎曰善置置名也晉灼曰祁音坻師古曰狐父祁二縣名也祁音鉅夷反又音十夷反父音甫置若今之驛也又攻下邑以西至虞擊秦將章邯
車騎攻轅戚及亢父師古曰亢音抗父音甫先登遷爲五大夫北

救東阿擊章邯軍陷陳追至濮陽攻定陶取臨濟
南救雍丘擊李由軍破之殺李由虜秦候一人章
邯破殺項梁也沛公與項羽引兵而東楚懷王以
沛公爲碭郡長將碭郡兵於是乃封參執帛(鄭氏曰楚爵張
晏曰孤卿)號曰建成君遷爲戚公屬碭郡(師古曰爲戚縣之令)其後
從攻東郡尉軍破之成武南擊王離軍成陽南又
攻杠里大破之追北西至開封擊趙賁軍破之(師古
曰賁音奔)圍趙賁開封城中西擊秦將楊熊軍於曲遇(師古曰曲音丘
羽反遇音顒)破之虜秦司馬及御史各一人遷爲執
珪(張晏曰侯伯執珪以朝位比之如淳曰呂氏春秋得五員者位執珪古爵名也)從西攻陽武下轘

轅緱氏絕河津擊趙賁軍尸北破之(孟康曰尸鄉之北)從南
攻犨與南陽守齮戰陽城郭東(應劭曰今堵陽)陷陳取宛
虜齮定南陽郡(師古曰高紀言南陽守齮降封爲殷侯而此傳言虜齮紀傳不同疑傳誤)從西攻
武關嶢關取之(師古曰嶢音堯)前攻秦軍藍田南又夜擊
其北軍大破之遂至咸陽破秦項羽至以沛公爲
漢王漢王封參爲建成侯從至漢中遷爲將軍從
還定三秦攻下辨故道(晉灼曰武都二縣也)雍斄(蘇林曰右扶風二縣也斄音胎)
擊章平軍於好時南破之圍好時取壤鄉(文穎曰壤鄉地名也)
擊三秦軍壤東及高櫟破之(師古曰櫟音歷)復圍章平平出
好時走因擊趙賁內史保軍破之東取咸陽更名

曰新城參將兵守景陵二十三日(孟康曰縣名也)三秦使章
平等攻參出擊大破之賜食邑於寧秦(蘇林曰今華陰)以將
軍引兵圍章邯廢丘以中尉從漢王出臨晉關至
河內下脩武度圍津(師古曰在東郡)東擊龍且項佗定陶
破之(師古曰且音子餘反佗音徒何反)東取碭蕭彭城擊項籍軍漢軍
大敗走參以中尉圍取雍丘王武反於外黃程處
反於燕(服虔曰皆漢將師古曰燕東郡之縣故南燕國音一千反)往擊盡破之柱天侯
反於衍氏進破取衍氏擊羽嬰於昆陽追至葉(師古
曰葉南陽縣也音式涉反)還攻武彊(師古曰武彊城在陽武)因至滎陽參自漢
中爲將軍中尉從擊諸侯及項王敗還至滎陽(師古

曰敗謂戰彭城而敗)漢二年拜爲假左丞相入屯兵關中月餘
魏王豹反以假丞相別與韓信東攻魏將孫遫東
張(蘇林曰東張屬河東師古曰遫古速字)大破之因攻安邑得魏將王襄
擊魏王於曲陽追至東垣生獲魏王豹取平陽得
豹母妻子盡定魏地凡五十二縣賜食邑平陽因
從韓信擊趙相國夏說軍於鄔東(蘇林曰鄔太原縣也師古曰說讀曰悅鄔
音一戶反又音乙據反)大破之斬夏說韓信與故常山王張耳引
兵下井陘擊成安君陳餘而令參還圍趙別將戚
公於鄔城中戚公出走追斬之迺引兵詣漢王在
所韓信已破趙爲相國東擊齊參以左丞相屬焉

攻破齊歷下軍遂取臨淄還定濟北郡收著漯陰
平原鬲盧師古曰五縣名也時未有濟北郡史追書之耳著音竹庶反又音直庶反漯音它合反鬲與隔同已而
從韓信擊龍且軍於上假密文穎曰或以爲高密大破之斬龍
且虜亞將周蘭師古曰亞將次將也定齊郡凡得七十縣得故
齊王田廣相田光其守相許章及故將軍田既師古
曰守相爲相居守者韓信立爲齊王引兵東詣陳與漢王共破
項羽而參留平齊未服者漢王即皇帝位韓信徙
爲楚王參歸相印焉高祖以長子肥爲齊王而以
參爲相國高祖六年與諸侯剖符賜參爵列侯食
邑平陽萬六百三十戶世世勿絶參以齊相國擊

陳豨將張春破之黥布反參從悼惠王將車騎十
二萬與高祖會擊黥布軍大破之南至蘄還定竹
邑相蕭留師古曰四縣名參功凡下二國縣百二十二得王
二人相三人將軍六人大莫囂郡守司馬候御史
各一人如淳曰囂音敖張晏曰莫敖楚卿號也時近六國故有令尹莫敖之官孝惠元年除諸
侯相國法更以參爲齊丞相參之相齊齊七十城
天下初定悼惠王富於春秋參盡召長老諸先生
問所以安集百姓而齊故諸儒以百數師古曰數音所具反言
人人殊參未知所定聞膠西有蓋公師古曰蓋音古盍反善治
黃老言張晏曰黃帝老子之書使人厚幣請之既見蓋公蓋公

爲言治道貴清靜而民自定推此類具言之參於
是避正堂舍蓋公焉師古曰舍止也其治要用黃老術故相
齊九年齊國安集大稱賢相蕭何薨參聞之告舍
人趣治行師古曰舍人猶家人也一說私屬官主家事者也趣讀曰促謂速也治行謂脩行治裝也吾且入
相居無何使者果召參參去屬其後相師古曰屬音之欲反曰
以齊獄市爲寄慎勿擾也後相曰治無大於此者
乎參曰不然夫獄市者所以并容也今君擾之姦
人安所容乎吾是以先之孟康曰夫獄市者兼受善惡若窮極姦人姦人無所容竄久且爲亂秦人極刑而天下畔孝武峻法而獄繁此其効也師古曰老子云我無爲民自化我好靜民自正參欲以道化爲本不欲擾其末也始
參微時與蕭何善及爲宰相有隙師古曰參自以戰鬭功多而封賞具每在何

後故怨何也至何且死所推賢唯參參代何爲相國舉事
無所變更壹遵何之約束師古曰舉皆也言凡事皆無變改擇郡國吏長
大孟康曰取年長大者訥於文辭謹厚長者即召除爲丞相史
吏言文刻深欲務聲名輒斥去之師古曰斥卻也日夜飲酒
卿大夫以下吏及賓客見參不事事如淳曰不事丞相之事
來者皆欲有言至者參輒飲以醇酒師古曰醇酒不澆謂厚酒也度
之欲有言復飲酒醉而後去師古曰度音大各反飲音於禁反終莫得
開說如淳曰開謂有所啓白以爲常相舍後園近吏舍日
飲歌呼師古曰呼音火故反其下同也從吏患之無如何師古曰從吏吏之常從相者也從音村用反
迺請參遊後園聞吏醉歌呼從吏幸相國

召按之乃反取酒張坐飲（師古曰張設坐席而飲也坐音才卧反）大歌呼與相和參見人之有細過掩匿覆蓋之府中無事參子窋爲中大夫（師古曰窋音張律反）惠帝怪相國不治事以爲豈少朕與（師古曰言豈以我爲年少故也與讀曰歟）迺謂窋曰女歸試私從容問乃父（師古曰乃汝也）曰高帝新棄群臣帝富於春秋君爲相國日飲無所請事何以憂天下然無言吾告女也窋既洗沐歸時間自從其所諫參（師古曰間謂空隙也自從其所猶言自出其意也）參怒而笞之二百曰趣入侍（師古曰趣讀曰促）天下事非乃所當言也至朝時帝讓參（師古曰讓責也）曰與窋胡治乎（師古曰胡何也言共窋爲何治也治音丈吏反）乃者我使諫君也（師古曰乃者猶言曩者）參免冠謝曰陛下自察聖武孰與高皇帝上曰朕乃安敢望先帝參曰陛下觀參孰與蕭何賢上曰君似不及也參曰陛下言之是也且高皇帝與蕭何定天下法令既明具陛下垂拱參等守職遵而勿失不亦可乎惠帝曰善君休矣（師古曰且令出休息）參爲相國三年薨謚曰懿侯百姓歌之曰蕭何爲法講若畫一（文穎曰講或作較師古曰講和也畫一言整齊也）曹參代之守而勿失載其清靖民以寧壹（師古曰載猶乘也）窋嗣侯高后時至御史大夫傳國至曾孫襄武帝時爲將軍擊匈奴薨子宗嗣有罪完爲城旦至哀帝時乃封參玄孫

之孫本始爲平陽侯二千戶王莽時薨子宏嗣建武中先降河北封平陽侯至今八侯

贊曰蕭何曹參皆起秦刀筆吏（師古曰刀所以削書也古者用簡牒故吏皆以刀筆自隨也）當時錄錄未有奇節（師古曰錄錄猶鹿鹿言在凡庶之中也）漢興依日月之末光（師古曰易文言云聖人作而萬物覩又曰見龍在田天下文明贊言何參值漢初興故以日月爲喻耳）何以信謹守管籥參與韓信俱征伐（師古曰高祖出征何每居守故言守管籥）天下既定因民之疾秦法順流與之更始二人同心遂安海內淮陰黥布等已滅唯何參擅功名位冠羣臣聲施後世（師古曰冠謂居其首）爲一代之宗臣（師古曰言爲後世之所尊仰故曰宗臣也）慶流苗裔盛矣哉

蕭何曹參傳卷第九

張陳王周傳第十　班固　漢書四十

秘書監上護軍琅邪縣開國子顏師古注

張良字子房其先韓人也大父開地（應劭曰大父祖父開地名也）相韓昭侯宣惠王襄哀王父平相釐王（師古曰釐讀曰僖）悼惠王悼惠王二十三年平卒卒二十歲秦滅韓良少未官事韓韓破良家僮三百人弟死不葬悉以家財求客刺秦王為韓報仇以五世相韓故（師古曰從昭侯至悼惠王凡五君）良嘗學禮淮陽東見倉海君（晉灼曰海神也如淳曰東夷君長也師古曰二說並非蓋當時賢者之號也良既見之因而求得力士）得力士為鐵椎重百二十斤秦皇帝東游至博狼沙中（服虔曰河南陽武南地名也今有亭師古曰狼音浪）良與客狙擊秦皇帝（師古曰狙謂密伺之音千預反字本作覰）誤中副車（師古曰副謂後乘也）秦皇帝大怒大索天下（師古曰索搜也索音山客反）求賊急甚良乃更名姓亡匿下邳（師古曰更改也）良嘗閒從容步游下邳圯上（服虔曰圯音頤楚人謂橋曰圯應劭曰汜水之上也文穎曰沂水上橋也師古曰下邳之水非汜水也又非沂水服說是矣）有一老父衣褐（師古曰褐制若裘今道士所服者是）至良所直墮其履圯下（師古曰直猶故也一曰正也）顧謂良曰孺子下取履（師古曰孺幼也）良愕然欲歐之（師古曰愕驚貌也歐擊也音一口反）為其老彊忍下取履因跪進父以足受之笑去良殊大驚父去里所復還（師古曰行一里許而還來）曰孺子可教矣後五日平明與我期此良因怪跪曰諾五日平明良往父已先在怒曰與老人期後何也

去後五日蚤會（師古曰欲令良今去戒以後會也其下亦同蚤音早）五日雞鳴往父又先在復怒曰後何也去後五日復蚤來五日良夜半往有頃父亦來喜曰當如是出一編書（師古曰編謂聯次之也聯簡牘以為書故云一編編音鞭）曰讀是則為王者師後十年興十三年孺子見我濟北穀城山下黃石即我已（師古曰已語終之辭）遂去不見旦日視其書迺太公兵法良因異之常習讀誦居下邳為任俠項伯嘗殺人從良匿後十年陳涉等起良亦聚少年百餘人景駒自立為楚假王在留良欲往從之行道遇沛公沛公將數千人略地下邳遂屬焉沛公拜良為廄將（服虔曰官名也）良數以太公兵法說沛公沛公喜常用其策為它人言皆不省（師古曰省視也）良曰沛公殆天授（師古曰殆近也）故遂從不去沛公之薛見項梁共立楚懷王良乃說項梁曰君已立楚後韓諸公子橫陽君成賢可立為王益樹黨（師古曰廣立六國之後共攻秦也）項梁使良求韓成立為韓王以良為韓司徒與韓王將千餘人西略韓地得數城秦輒復取之往來為游兵潁川沛公之從雒陽南出轘轅良引兵從沛公下韓十餘城擊楊熊軍沛公迺令韓王成留守陽翟與良俱南攻下宛西入武關沛公欲以二萬人擊秦嶢關下軍（師古曰嶢音堯）良曰秦兵尚彊未可輕臣聞其將屠者子賈豎易動以利（師古曰商賈之人志無遠大譬猶僮豎故云賈豎）願沛

公且留壁使人先行爲五萬人具食益張旗幟諸
山上爲疑兵師古曰皆所以表己軍之多誇示敵人幟音式志反令酈食其持重寶
啗秦將師古曰啗音徒濫反解在高紀秦將果欲連和俱西襲咸陽師古
曰欲與漢王和而隨漢兵襲咸陽沛公欲聽之良曰此獨其將欲叛士
卒恐不從不從必危不如因其解擊之師古曰解讀曰懈沛
公迺引兵擊秦軍大破之逐北至藍田再戰秦兵
竟敗遂至咸陽秦王子嬰降沛公沛公入秦宮室
帷帳狗馬重寶婦女以千數意欲留居之樊噲諫
沛公不聽良曰夫秦爲無道故沛公得至此爲天
下除殘去賊宜縞素爲資晉灼曰資質也欲令沛公反秦奢泰服儉素以爲質師古曰縞白

前漢傳十　三　徐凈

素也音工老反今始入秦即安其樂此所謂助桀爲虐且忠
言逆耳利於行毒藥苦口利於病願沛公聽樊
噲言沛公迺還軍霸上項羽至鴻門欲擊沛公項
伯夜馳至沛公軍私見良欲與俱去良曰臣爲韓
王送沛公今事有急亡去不義迺具語沛公沛公
大驚曰爲之柰何良曰沛公誠欲背項王邪沛公
曰鯫生說我距關毋內諸侯服虔曰鯫音七垢反鯫小人也臣瓚曰楚漢春秋鯫姓師古曰
服說是也音才垢反秦地可王也故聽之良曰沛公自度能卻
項王乎師古曰卻音丘略反沛公默然曰今爲柰何良因要項
伯見沛公沛公與伯飲爲壽結婚令伯具言沛公

不敢背項王所以距關者備它盜也項羽後解語
在羽傳漢元年沛公爲漢王王巴蜀賜良金百溢
服虔曰二十兩曰溢師古曰秦以溢名金若漢之論斤也珠二斗良具以獻項伯漢王
亦因令良厚遺項伯使請漢中地服虔曰本不盡與漢中故請求之項
王許之漢王之國良送至襃中遣良歸韓良因說
漢王燒絕棧道師古曰棧道閣道也示天下無還心以固項王
意迺使良還行燒絕棧道師古曰還謂歸還韓且行且燒所過之處皆燒之也良歸
至韓聞項羽以良從漢王故不遣韓王成之國與
俱東至彭城殺之時漢王還定三秦良乃遺項羽
書曰漢王失職欲得關中如約即止不敢東又以

前漢傳十　四　徐臻

齊反書遺羽曰齊與趙欲并滅楚項羽以故北擊
齊良迺閒行歸漢漢王以良爲成信侯從東擊楚
至彭城漢王兵敗而還至下邑師古曰梁地之縣也今屬宋州漢王下
馬踞鞍而問曰吾欲捐關已東等棄之誰可與共
功者師古曰捐關以東謂不自有其地將以與人令其立功共破楚也良曰九江王布楚梟
將師古曰梟謂最勇健也與項王有隙彭越與齊王反梁地此兩
人可急使而漢王之將獨韓信可屬大事當一面
師古曰屬委也音之欲反即欲捐之捐之此三人楚可破也漢王
乃遣隨何說九江王布而使人連彭越師古曰與相連結也及
魏王豹反使韓信特將北擊之師古曰特獨也專任之使將也因舉燕

伐齊趙然卒破楚者此三人力也良多病未嘗特將兵常爲畫策臣時時從漢三年項羽急圍漢王於滎陽漢王憂恐與酈食其謀橈楚權 師古曰橈弱也音女教反其字從木 酈生曰昔湯伐桀封其後杞武王誅紂封其後宋今秦無德伐滅六國無立錐之地陛下誠復立六國後此皆爭戴陛下德義願爲臣妾德義已行南面稱伯 師古曰伯讀曰霸 楚必斂衽而朝 師古曰衽衣襟也 漢王曰善趣刻印先生因行佩之 師古曰趣讀曰促佩謂授與六國使帶也 酈生未行良從外來謁漢王漢王方食曰客有爲我計橈楚權者具以酈生計告良曰於子房如何良曰

誰爲陛下畫此計者陛下事去矣漢王曰何哉良曰臣請借前箸以籌之 張晏曰求借所食之箸用指畫也或曰前出湯武箸明之事以籌度今時之不若也師古曰或說非也箸音直庶反 昔湯武伐桀紂封其後者度能制其死命也 師古曰度音大各反 今陛下能制項籍死命乎其不可一矣武王入殷表商容閭 師古曰商容殷賢人也里門曰閭表謂顯異之 式箕子門 師古曰式亦表也一說至其門而撫車式所以敬之 封比干墓今陛下能乎其不可二矣發鉅橋之粟 服虔曰鉅橋倉名也師古曰許慎云鉅鹿之大橋有漕粟也 散鹿臺之財 臣瓚曰鹿臺臺名今在朝歌城中師古曰劉向云鹿臺大三里高千尺也 以賜貧窮今陛下能乎其不可三矣殷事以畢偃革爲軒 蘇林曰革者兵車革輅軒者朱軒也如淳曰偃武備而治禮樂也 倒載干戈示不復用今陛

下能乎其不可四矣休馬華山之陽示無所爲今陛下能乎其不可五矣息牛桃林之壄 晉灼曰在弘農閺鄉南谷中師古曰山海經云夸父之山北有林焉名曰桃林廣圓三百里即謂此也其山谷今在閺鄉縣東南湖城縣西南去湖城三十五里 天下不復輸積今陛下能乎其不可六矣且夫天下游士離親戚棄墳墓 師古曰離者言其乖避而委離之以從漢也 去故舊從陛下者但日夜望咫尺之地今乃立六國後唯無復立者 師古曰既立六國後土地皆盡無以封功勞之人故云無復立者唯發語之辭 游士各歸事其主從親戚反故舊陛下誰與取天下乎其不可七矣且楚唯毋彊六國復橈而從之 服虔曰唯當使楚無彊彊則六國弱而從之晉灼曰當今唯楚大無有彊之者若復立六國國皆橈而從之陛下焉得而臣之乎師古曰服說是也 陛下焉得而

臣之其不可八矣誠用此謀陛下事去矣漢王輟食吐哺罵曰豎儒幾敗迺公事 師古曰輟止也哺食在口中者也幾近也哺音捕幾音鉅依反 令趣銷印 師古曰趣讀曰促 後韓信破齊欲自立爲齊王漢王怒良說漢王漢王使良授齊王信印語在信傳五年冬漢王追楚至陽夏南 師古曰夏音工雅反 戰不利壁固陵諸侯期不至良說漢王漢王用其計諸侯皆至語在高紀漢六年封功臣良未嘗有戰鬬功高帝曰運籌策帷幄中決勝千里外子房功也自擇齊三萬戶良曰始臣起下邳與上會留此天以臣授陛下陛下用臣計幸而時中臣願封留足矣

不敢當三萬戶迺封良爲留侯與蕭何等俱封上已封大功臣二十餘人其餘日夜爭功而不決未得行封上居雒陽南宮從復道望見諸將師古曰復讀曰複往往數人偶語上曰此何語良曰陛下不知乎此謀反耳上曰天下屬安定何故而反師古曰屬近也言近始安屬音之欲反良曰陛下起布衣與此屬取天下今陛下已爲天子而所封皆蕭曹故人所親愛而所誅者皆平生仇怨今軍吏計功天下不足以徧封此屬畏陛下不能盡封又恐見疑過失及誅故相聚謀反耳上迺憂曰爲將柰何良曰上平生所憎群臣所共知誰最甚者上曰雍齒與我有故怨數窘辱我服虔曰未起之時與我有故怨也師古曰每以勇力困辱高祖我欲殺之爲功多不忍良曰今急先封雍齒以示群臣群臣見雍齒先封則人人自堅矣於是上置酒封雍齒爲什方侯蘇林曰漢中縣也師古曰地理志屬廣漢非漢中也今則屬益州什音十而急趣丞相御史定功行封師古曰趣讀曰促群臣罷酒皆喜曰雍齒且侯我屬無患矣劉敬說上都關中上疑之左右大臣皆山東人多勸上都雒陽雒陽東有成皋西有殽黽師古曰殽山也黽黽池音沔背河鄉雒其固亦足恃師古曰鄉讀曰嚮良曰雒陽雖有此固其中小不過數百里地薄四面受敵此非用武

之國夫關中左殽函右隴蜀沃野千里師古曰沃者溉灌也言其土地皆有溉灌之利故云沃野南有巴蜀之饒北有胡苑之利師古曰謂安定北地上郡之北與胡相接之地可以畜牧者也養禽獸謂之苑阻三面而固守獨以一面東制諸侯諸侯安定河渭漕輓天下西給京師師古曰輓引也輓音晚諸侯有變順流而下足以委輸此所謂金城千里天府之國師古曰財物所聚謂之府言關中之地物產饒多可備贍給故稱天府也劉敬說是也於是上即日駕西都關中良從入關性多疾即道引不食穀孟康曰服辟穀藥而靜居行氣道讀曰導閉門不出歲餘上欲廢太子立戚夫人子趙王如意大臣多爭未能得堅決也呂后恐不知所爲或謂呂后曰留侯善畫計上信用之呂后乃使建成侯呂澤劫良曰君常爲上謀臣今上日欲易太子師古曰言日日欲易君安得高枕而臥師古曰安焉也良曰始上數在急困之中幸用臣策今天下安定以愛欲易太子骨肉之間雖臣等百人何益呂澤彊要曰爲我畫計良曰此難以口舌爭也顧上有所不能致者四人師古曰顧念也四人謂園公綺里季夏黃公甪里先生所謂四皓也四人年老皆以上嫚娒士師古曰嫚與慢同娒古侮字故逃匿山中義不爲漢臣然上高此四人今公誠能毋愛金玉璧帛令太子爲書卑辭安車因使辯士固請宜來師古曰宜應得其來來以爲客時從入朝令

上見之則一助也於是呂后令呂澤使人奉太子書卑辭厚禮迎此四人四人至客建成侯所漢十一年黥布反上疾欲使太子往擊之四人相謂曰凡來者將以存太子太子將兵事危矣迺說建成侯曰太子將兵有功即位不益師古曰太子嗣君貴已極矣雖更立功位無加益矣無功則從此受禍且太子所與俱諸將皆與上定天下梟將也今迺使太子將之此無異使羊將狼皆不肯為用其無功必矣臣聞母愛者子抱今戚夫人日夜侍御趙王常居前上曰終不使不肖子居愛子上明其代太子位必矣君何不急請呂

后承間為上泣師古曰因空隙之時言黥布天下猛將善用兵今諸將皆陛下故等夷師古曰夷平也言故時皆齊等迺令太子將此屬莫肯為用且布聞之鼓行而西耳師古曰擊鼓而行言無所畏上雖疾彊載輜車卧而護之師古曰輜車衣車也護謂監領諸將諸將不敢不盡力上雖苦彊為妻子計於是呂澤夜見呂后呂后承間為上泣而言如四人意上曰吾惟之豎子固不足遣師古曰惟思也迺公自行耳師古曰乃公汝父也於是上自將而東群臣居守皆送至霸上良疾強起至曲郵師古曰在新豐西今俗謂之郵頭見上曰臣宜從疾甚楚人剽疾願上慎毋與楚人爭鋒師古曰剽音匹妙反因說上令太子

為將軍監關中兵上謂子房雖疾彊卧傅太子是時叔孫通已為太傅良行少傅事漢十二年上從破布歸疾益甚愈欲易太子良諫不聽因疾不視事叔孫太傅稱說引古以死爭太子上陽許之猶欲易之及宴置酒太子侍四人者從太子年皆八十有餘須眉皓白衣冠甚偉師古曰所以謂之四皓上怪問曰何為者四人前對各言其姓名上迺驚曰吾求公避逃我今公何自從吾兒游乎四人曰陛下輕士善罵臣等義不辱故恐而亡匿今聞太子仁孝恭敬愛士天下莫不延頸願為太子死者故臣等來

上曰煩公幸卒調護太子師古曰調謂和平之護謂保之四人為壽已畢趨去上目送之師古曰以目瞻之訖其出也召戚夫人指視曰師古曰視讀曰示我欲易之彼四人為之輔羽翼已成難動矣呂氏真迺主矣師古曰迺汝也戚夫人泣涕上曰為我楚舞吾為若楚歌師古曰若亦汝歌曰鴻鵠高飛一舉千里師古曰鵠音胡督反羽翼以就橫絕四海師古曰就成也絕橫謂飛而直度也橫絕四海又可柰何雖有矰繳尚安所施師古曰繳弋射也其矢為矰矰音增繳音之若反歌數闋師古曰闋盡也曲終為闋音曰穴反戚夫人歔欷流涕師古曰歔音虛欷音稀又音許氣反上起去罷酒竟不易太子者良本招此四人之力也良從上擊代出奇計下馬邑

及立蕭相國（服虔曰何時未爲相國良勸高祖立之）所與從容言天下事甚衆（師古曰從音千容反）非天下所以存亡故不著（師古曰著謂書之於史著音竹助反）良廼稱曰家世相韓及韓滅不愛萬金之資爲韓報仇彊秦天下震動今以三寸舌爲帝者師封萬戶位列侯此布衣之極於良足矣願棄人閒事欲從赤松子游耳（師古曰赤松子仙人號也神農時爲雨師服水玉敎神農能入火自燒至昆山上常止西王母石室隨風雨上下炎帝少女追之亦得仙俱去）迺學道欲輕舉（師古曰道謂仙道）高帝崩呂后德良迺彊食之（師古曰食讀曰飤）曰人生一世閒如白駒之過隙（師古曰解在魏豹傳）何自苦如此良不得已彊聽食後六歲薨謚曰文成侯良始所見下邳圯上

老父與書者後十三歲從高帝過濟北果得穀城山下黃石取而寶祠之及良死并葬黃石每上冢伏臘祠黃石子不疑嗣侯孝文三年坐不敬國除

陳平陽武戶牖人也（師古曰陽武縣名屬陳留戶牖者其鄉名）少時家貧好讀書治黃帝老子之術有田三十畝與兄伯居伯常耕田縱平使游學平爲人長大美色人或謂平貧何食而肥若是其嫂疾平之不親家生產曰亦食糠覈耳（孟康曰覈麥糠中不破者也晉灼曰覈音紇京師人謂麤屑爲紇頭）有叔如此不如無有伯聞之逐其婦棄之及平長可取婦富人莫與者貧者平亦媿之久之戶牖富人張負有女孫五嫁夫輒死人莫敢取平欲得之邑中有大喪平家貧侍喪以先往後罷爲助張負既見之喪所獨視偉平（師古曰視而悅其奇偉）平亦以故後去負隨平至其家家廼負郭窮巷（師古曰負謂倩也）以席爲門然門外多長者車轍張負歸謂其子仲曰吾欲以女陳平仲曰平貧不事事（師古曰不事產業之事）一縣中盡笑其所爲獨柰何予之女負曰固有美如陳平長貧者乎卒與女爲平貧廼假貸幣以聘（師古曰貸音土戴反）予酒肉之資以內婦負戒其孫曰毋以貧故事人不謹事兄伯如事廼父嫂如事廼母（師古曰廼汝也）平既取張氏女資用益饒

游道日廣里中社平爲宰（師古曰主切割肉也）分肉甚均里父老曰善陳孺子之爲宰平曰嗟乎使平得宰天下亦如此肉矣陳涉起王使周市略地立魏咎爲魏王與秦軍相攻於臨濟平已前謝兄伯（服虔曰謝語其兄伯往事魏也）從少年往事魏王咎爲大僕說魏王王不聽人或讒之平亡去項羽略地至河上平往歸之從入破秦賜爵卿（張晏曰禮秩如卿不治事）項羽之東王彭城也漢王還定三秦而東殷王反楚項羽迺以平爲信武君將魏王客在楚者往擊殷降而還項王使項悍拜平爲都尉（師古曰悍音下旦反）賜金二十溢居無何（師古曰無何猶言無幾時）漢

攻下殷項王怒將誅定殷者平懼誅迺封其金與
印使使歸項王而平身間行杖劍亡度河船人見
其美丈夫獨行疑其亡將要下當有寶器金玉目
之欲殺平平心恐迺解衣臝而佐刺船師古曰自露其形示無所懷挾
船人知其無有迺止平遂至脩武降漢因魏無知
求見漢王漢王召入是時萬石君石奮爲中涓受
平謁平等十人俱進賜食王曰罷就舍矣平曰臣
爲事來所言不可以過今日於是漢王與語而說
之師古曰說讀曰悅問曰子居楚何官平曰爲都尉是日拜
平爲都尉使參乘典護軍諸將盡讙師古曰讙讙而議也曰大

王一日得楚之亡卒未知高下而即與共載使監
護長者漢王聞之愈益幸平遂與東伐項王至彭
城爲楚所敗引師而還收散兵至滎陽以平爲亞
將屬韓王信軍廣武絳灌等或讒平曰師古曰舊說云絳絳侯周
勃也灌灌嬰也而楚漢春秋高祖之臣別有絳灌疑昧之文不可據也平雖美丈夫如冠玉耳
其中未必有也孟康曰飾冠以玉光好外見中非所有也聞平居家時盜其
嫂師古曰盜猶私也事魏王不容亡而歸楚歸楚不中又亡
歸漢師古曰中音竹仲反今大王尊官之令護軍臣聞平使諸
將金多者得善處金少者得惡處平反覆亂臣也
願王察之漢王疑之以讓無知問曰有之乎無知

曰有漢王曰公言其賢人何也對曰臣之所言者
能也陛下所問者行也今有尾生孝己之行如淳曰孝己高
宗之子有孝行師古曰尾生古之信士一說即微生高而無益於勝敗之數陛下何
暇用之乎今楚漢相距臣進奇謀之士顧其計誠
足以利國家耳師古曰顧念也盜嫂受金又安足疑乎漢
王召平而問曰吾聞先生事魏不遂事楚而去師古
曰遂猶竟今又從吾遊信者固多心乎平曰臣事魏王
魏王不能用臣說故去事項王項王不信人其所
任愛非諸項即妻之昆弟雖有奇士不能用臣居
楚聞漢王之能用人故歸大王臝身來不受金無

以爲資誠臣計畫有可采者願大王用之使無可
用者大王所賜金具在請封輸官得請骸骨漢
王迺謝厚賜拜以爲護軍中尉盡護諸將諸將迺
不敢復言其後楚急擊絕漢甬道圍漢王於滎陽
城漢王患之請割滎陽以西和項王弗聽漢王謂平
曰天下紛紛何時定乎平曰項王爲人恭敬愛人士
之廉節好禮者多歸之至於行功賞爵邑重之師古
曰言愛惜之士亦以此不附今大王嫚而少禮士之廉節
者不來然大王能饒人以爵邑士之頑頓耆利無
耻者亦多歸漢如淳曰頑頓謂無廉隅也師古曰頑讀曰鈍耆讀曰嗜誠各去兩

短集兩長天下指麾即定矣大王資侮人（師古曰資謂天性也侮古侮字）不能得廉節之士顧楚有可亂者（師古曰顧念也）彼項王骨鯁之臣亞父鍾離眛龍且周殷之屬（師古曰眛音秣且音子閭反）不過數人耳大王能出捐數萬斤金行反間間其君臣以疑其心（師古曰間音居莧反）項王爲人意忌信讒必內相誅漢因舉兵而攻之破楚必矣漢王以爲然乃出黃金四萬斤予平恣所爲不問出入平既多以金縱反間於楚軍宣言諸將鍾離眛等爲項王將功多矣然終不得列地而王欲與漢爲一以滅項氏分王其地項王果疑之使使至漢漢爲太

牢之具舉進見楚使（師古曰舉鼎俎而來）即陽驚曰以爲亞父使迺項王使也復持去以惡草具進楚使（服虔曰去肴肉更以惡草之具）使歸具以報項王果大疑亞父亞父欲急擊下滎陽城項王不信不肯聽亞父亞父聞項王疑之迺大怒曰天下事大定矣君王自爲之願乞骸骨歸歸未至彭城疽發背而死（師古曰疽癰瘡也音千余反）平迺夜出女子二千人滎陽東門楚因擊之平迺與漢王從城西門出去遂入關收聚兵而復東明年淮陰侯信破齊自立爲假齊王使使言之漢王漢王怒而罵平躡漢王（孟康曰躡謂躡漢王足）漢王寤迺厚遇齊使

使張良往立信爲齊王於是封平以戶牖鄉用其計策卒滅楚漢六年人有上書告楚王韓信反高帝問諸將諸將曰亟發兵阬豎子耳（師古曰亟急也音居力反）高帝默然以問平平固辭謝曰諸將云何上具告之平曰人之上書言信反人有聞知者乎曰未有曰信知之乎曰弗知平曰陛下兵精孰與楚（師古曰與如也）上曰不能過也平曰陛下將用兵有能敵韓信者乎上曰莫及也平曰今兵不如楚精將弗及而舉兵擊之是趣之戰也（師古曰趣讀曰促）竊爲陛下危之上曰爲之柰何平曰古者天子巡狩會諸侯南方有雲夢（師古曰楚澤名夢音莫鳳反又讀如本字）陛下弟出僞游雲夢（師古曰弟但也語聲急也它皆類此）會諸侯於陳陳楚之西界信聞天子以好出游其勢必郊迎謁（師古曰出其郊遠迎謁也）而陛下因禽之特一力士之事耳高帝以爲然迺發使告諸侯會陳吾將南游雲夢上因隨以行行至陳楚王信果郊迎道中高帝豫具武士見信即執縛之語在信傳遂會諸侯於陳還至雒陽與功臣剖符定封封平爲戶牖侯世世勿絕平辭曰此非臣之功也上曰吾用先生計謀戰勝克敵非功而何平曰非魏無知臣安得進上曰若子可謂不背本矣（師古曰若如也）迺復賞魏無

知其明年平從擊韓王信於代至平城爲匈奴圍
七日不得食高帝用平奇計使單于閼氏解圍以
得開 師古曰閼氏音焉支 高帝既出其計秘世莫得聞高帝南
過曲逆 孟康曰中山蒲陰縣 上其城望室屋甚大曰壯哉縣吾
行天下獨見雒陽與是耳顧問御史曲逆戶口幾
何對曰始秦時三萬餘戶閒者兵數起多亡匿今
見五千餘戶於是詔御史更封平爲曲逆侯盡食
之除前所食戶牖平自初從至天下定後常以護軍
中尉從擊臧荼陳豨黥布凡六出奇計輒益邑封
奇計或頗秘世莫得聞也高帝從擊布軍還病創徐

行至長安燕王盧綰反上使樊噲以相國將兵擊之
既行人有短惡噲者 師古曰短其短失過惡於上譖毀之它皆類此 高帝怒曰
噲見吾病迺幾我死也 孟康曰幾幸我死也幾音冀 用平計召絳
侯周勃受詔牀下曰陳平乘馳傳載勃代噲將 師古曰傳音張戀反
平至軍中即斬噲頭二人既受詔馳傳未至
軍行計曰樊噲帝之故人功多 師古曰行計謂於道中且計也 又呂
后弟呂須夫有親且貴帝以忿怒故欲斬之即恐
後悔寧囚而致上令上自誅之未至軍爲壇以節
召樊噲噲受詔即反接 師古曰反縛兩手也 載檻車詣長安而
令周勃代將兵定燕平行聞高帝崩 師古曰未至京師於道中聞高帝崩

平恐呂后及呂須怒迺馳傳先去逢使者詔平與
灌嬰屯於滎陽平受詔立復馳至宮哭殊悲因奏
事喪前呂后哀之曰君出休矣平畏讒之就 師古曰就成也
言畏讒毒已者得其成計 因固請之得宿衛中太后迺以爲郎中
令曰傅教帝 如淳曰傅相之 是後呂須讒迺不得行樊噲至
即赦復爵邑惠帝六年相國曹參薨安國侯王陵
爲右丞相平爲左丞相
王陵沛人也始爲縣豪高祖微時兄事陵及高祖
起沛入咸陽陵亦聚黨數千人居南陽不肯從沛
公及漢王之還擊項籍陵迺以兵屬漢項羽取陵

母置軍中陵使至則東鄉坐陵母欲以招陵 師古曰鄉讀曰
嚮 陵母既私送使者泣曰願爲老妾語陵善事漢
王漢王長者毋以老妾故持二心妾以死送使者
遂伏劍而死項王怒亨陵母陵卒從漢王定天下
以善雍齒雍齒高祖之仇陵又本無從漢之意以
故後封陵爲安國侯陵爲人少文任氣好直言爲
右丞相二歲惠帝崩高后欲立諸呂爲王問陵陵
曰高皇帝刑白馬而盟曰非劉氏而王者天下共
擊之今王呂氏非約也太后不說 師古曰說讀曰悅 問左丞
相平及絳侯周勃等皆曰高帝定天下王子弟今

太后稱制欲王昆弟諸呂無所不可太后喜罷朝陵讓平勃曰始與高帝啑血盟諸君不在邪 師古曰啑小歠也音所甲反 今高帝崩太后女主欲王呂氏諸君縱欲阿意背約何面目見高帝於地下乎平曰於面折廷爭臣不如君 師古曰廷爭謂當朝廷而諫爭 全社稷定劉氏後君亦不如臣陵無以應之於是呂太后欲廢陵迺陽遷陵爲帝太傅實奪之相權陵怒謝病免杜門竟不朝請 師古曰杜塞也閉塞其門也請音才性反杜字本作㪙音同 十年而薨陵之免呂太后徙平爲右丞相以辟陽侯審食其爲左丞相 師古曰食其音異基 食其亦沛人也漢王之敗彭城西楚取太

前漢傳十　十九　式

上皇呂后爲質食其以舍人侍呂后其後從破項籍爲侯幸於呂太后及爲相不治 鄭氏曰不立治處使止宮中也李奇曰不治丞相職事也師古曰李說是也 監宮中如郎中令公卿百官皆因決事呂須常以平前爲高帝謀執樊噲數讒平曰爲丞相不治事日飲醇酒戲婦人平聞日益甚呂太后聞之私喜面質呂須於平前 師古曰質對也 曰鄙語曰兒婦人口不可用顧君與我何如耳無畏呂須之譖 師古曰顧念也 呂太后多立諸呂爲王平僞聽之 師古曰謂且順從之不乖悟也 及呂太后崩平與太尉勃合謀卒誅諸呂立文帝平本謀也審食其免相文帝立舉以爲相 如淳曰舉猶皆也衆人之議皆以爲勃平功多矣師古曰言文帝以平勃俱舊臣有功皆欲以爲相 太尉勃親以兵誅呂氏功多平欲讓勃位迺謝病文帝初立怪平病問之平曰高帝時勃功不如臣及誅諸呂臣功亦不如勃願以相讓勃於是迺以太尉勃爲右丞相位第一平徙爲左丞相位第二賜平金千斤益封三千戶居頃之上益明習國家事朝而問右丞相勃曰天下一歲決獄幾何 師古曰臨朝問也幾音居豈反 勃謝不知問天下錢穀一歲出入幾何勃又謝不知汗出洽背 師古曰洽霑也 媿不能對上亦問左丞相平平曰有主者上曰主者爲誰乎平曰陛下即問決獄責

前漢傳十　二十　眘

廷尉問錢穀責治粟內史上曰苟各有主者而君所主何事也平謝曰主臣 文穎曰惶恐之辭也猶今言死罪也孟康曰主臣主羣臣也若今言人主晉灼曰主擊也臣服也言其擊服惶恐之辭師古曰文晉二說是也 陛下不知其駑下使待罪宰相 師古曰駑凡馬之稱非駿者也故以自喻駑音奴 宰相者上佐天子理陰陽順四時下遂萬物之宜 師古曰遂申也 外填撫四夷諸侯內親附百姓使卿大夫各得任其職也上稱善勃大慙出而讓平曰君獨不素敎我乎平笑曰君居其位獨不知其任邪且陛下即問長安盜賊數又欲彊對邪於是絳侯自知其能弗如平遠矣居頃之勃謝免相而平顓爲丞相 師古曰顓與專同 孝

文二年平薨謚曰獻侯傳子至曾孫何坐略人妻棄市王陵亦至玄孫坐酎金國除辟陽侯食其免三歲而爲淮南王所殺文帝令其子平嗣侯淄川王反辟陽近淄川平降之國除始平曰我多陰謀道家之所禁師古曰此平謂陳平吾世即廢亦已矣不能復起以吾多陰禍也其後曾孫陳掌以衞氏親戚貴師古曰掌妻衞子夫之姊願得續封之然終不得也

周勃沛人也其先卷人也師古曰卷縣名也地理志屬河南音丘權反其下亦同徙沛勃以織薄曲爲生蘇林曰薄一名曲月令曰具曲植師古曰許愼云葦薄爲曲也常以吹簫給喪事師古曰吹簫以樂喪賓若樂人也材官引強服虔曰能引強弓弩官也

孟康曰如今挽強司馬也師古曰強音其兩反高祖爲沛公初起勃以中涓從攻胡陵下方與師古曰音房豫方與反與戰卻敵攻豐擊秦軍碭東還軍留及蕭復攻碭破之下下邑先登賜爵五大夫攻蘭虞取之擊章邯車騎殿師古曰殿之言塡也謂鎮軍後以扞敵勃擊破章邯之殿兵也殿音丁見反略定魏地攻轅戚東緡以往至栗師古曰緡音昬取之攻齧桑先登擊秦軍阿下破之追至濮陽下甄城攻都關定陶襲取宛朐得單父令師古曰音善甫夜襲取臨濟攻壽張以前至卷破李由雍丘下攻開封先至城下爲多文穎曰勃士卒至者多也如淳曰周禮戰功曰多師古曰多謂功多也後章邯破項梁沛公與項羽引兵東如碭自

初起沛還至碭一歲二月楚懷王封沛公號武安侯爲碭郡長沛公拜勃爲襄賁令師古曰賁音肥從沛公定魏地攻東郡尉於成武破之攻長社先登攻潁陽緱氏絕河津擊趙賁軍尸北師古曰賁音奔尸即尸鄉南攻南陽守齮破武關嶢關攻秦軍於藍田至咸陽滅秦項羽至以沛公爲漢王漢王賜勃爵爲威武侯從入漢中拜爲將軍還定三秦賜食邑懷德攻槐里好時最如淳曰於將率之中功爲最也北擊趙賁內史保於咸陽最北救漆師古曰漆扶風縣擊章平姚卬軍西定汧師古曰汧亦扶風縣音口肩反還下郿頻陽師古曰郿即岐州郿縣也頻陽在櫟陽東北郿音媚圍章邯廢丘破之西

擊益已軍破之如淳曰章邯將也攻上邽師古曰邽音圭東守嶢關擊項籍攻曲遇最師古曰曲音丘禹反遇音顒還守敖倉追籍籍已死因東定楚地泗水東海郡凡得二十二縣還守雒陽櫟陽賜與潁陰侯共食鍾離以將軍從高祖擊燕王臧荼破之易下所將卒當馳道爲多師古曰當高祖所行之前賜爵列侯剖符世世不絕食絳八千一百八十戶以將軍從高帝擊韓王信於代降下霍人以前至武泉孟康曰縣屬雲中也擊胡騎破之武泉北轉攻韓信軍銅鞮破之還降太原六城擊韓信胡騎晉陽下破之下晉陽後擊韓信軍於硰石應劭曰硰石音沙孟康曰地名也齊恭

曰沙石音赤坐反師古曰齊音是也 破之追北八十里還攻樓煩三城因
擊胡騎平城下所將卒當馳道爲多勃遷爲太尉
擊陳豨屠馬邑所將卒斬豨將軍乘馬降 師古曰姓乘馬名降
也乘音食孕反 轉擊韓信陳豨趙利軍於樓煩破之得豨
將宋最鴈門守圂 師古曰圂者鴈門守之名音下頓反 因轉攻得雲中
守遬丞相箕肆將軍博 師古曰遬古速字也肆音弋二反博者亦豨將之名也 定鴈門
郡十七縣雲中郡十二縣因復擊豨靈丘破之斬
豨丞相程縱將軍陳武都尉高肆定代郡九縣燕
王盧綰反勃以相國代樊噲將擊下薊 師古曰即幽州薊縣也音
計 得綰大將抵丞相偃守陘 張晏曰盧綰郡守陘其名也師古曰陘音刑 太

尉弱御史大夫施屠渾都 師古曰姓施屠名渾都渾音胡昆反 破綰軍
上蘭後擊綰軍沮陽 服虔曰沮音阻師古曰縣名屬上谷 追至長城定
上谷十二縣右北平十六縣遼東二十九縣漁陽
二十二縣最從高帝得相國一人 師古曰最者凡也總言其攻戰克獲之數
丞相二人將軍二千石各三人別破軍二下城三
定郡五縣七十九得丞相大將各一人勃爲人木
彊敦厚 師古曰木謂質樸彊音其兩反 高帝以爲可屬大事 師古曰屬委也音之
欲反 勃不好文學每召諸生說士東鄉坐責之 如淳曰勃自東
鄉責諸生說士不以賓主之禮也師古曰鄉讀曰嚮 趣爲我語 蘇林曰音趣舍臣瓚曰今直言物播經也師古曰二說皆
非也趣讀曰促謂令速言也 其椎少文如此 服虔曰謂訥鈍也應劭曰今俗名拙語爲椎儲師古曰椎謂樸

鈍如椎也音直推反 勃既定燕而歸高帝已崩矣以列侯事惠
帝惠帝六年置太尉官以勃爲太尉十年高后崩
呂祿以趙王爲漢上將軍呂產以呂王爲相國秉
權欲危劉氏勃與丞相平朱虛侯章共誅諸呂語
在高后紀於是陰謀以爲少帝及濟川淮陽恒山
王皆非惠帝子呂太后以計詐名它人子殺其母
養之後宮令孝惠子之立以爲後用彊呂氏今已
滅諸呂少帝即長用事吾屬無類矣 師古曰云被誅滅無遺種
不如視諸侯賢者立之遂迎立代王是爲孝文皇
帝東牟侯興居朱虛侯章弟也曰誅諸呂臣無功

請得除宮迺與太僕汝陰滕公入宮滕公前謂少
帝曰足下非劉氏不當立迺顧麾左右執戟皆仆
兵罷 師古曰仆頓也仆音赴 有數人不肯去宦者令張釋諭告
亦去 師古曰荊燕吳傳云張擇今此作釋參錯不同未知孰是也 滕公召乘輿車載少
帝出少帝曰欲持我安之乎 師古曰言往何所也 滕公曰就舍
舍少府迺奉天子法駕迎皇帝代邸報曰宮謹除
皇帝入未央宮有謁者十人持戟衛端門 師古曰端門殿之正
門 曰天子在也足下何爲者不得入太尉往喻迺
引兵去皇帝遂入是夜有司分部誅濟川淮陽常
山王及少帝於邸文帝即位以勃爲右丞相賜金

五千斤邑萬戶居十餘月人或說勃曰君既誅諸
呂立代王威震天下而君受厚賞處尊位以厭之
則禍及身矣 師古曰厭謂當之也言既有大功又受厚賞而居尊位以久當之不去即禍及矣厭音一涉反又音烏狎反 勃懼亦自危迺謝請歸相印上許之歲餘陳
丞相平卒上復用勃為相十餘月上曰前日吾詔
列侯就國或頗未能行丞相朕所重其為朕率列
侯之國迺免相就國歲餘每河東守尉行縣至絳
絳侯勃自畏恐誅常被甲令家人持兵以見其後
人有上書告勃欲反下廷尉逮捕勃治之勃恐不
知置辭 師古曰置立也辭對獄之辭 吏稍侵辱之勃以千金與獄

吏獄吏迺書牘背示之 李奇曰吏所執簿也師古曰牘木簡以書辭也音讀 曰以公
主為證公主者孝文帝女也勃太子勝之尚之 師古曰尚配也解在張耳傳 故獄吏教引為證初勃之益封盡以予
薄昭及繫急薄昭為言薄太后太后亦以為無反
事文帝朝太后以冒絮提文帝 應劭曰陌頭絮也晉灼曰巴蜀異志謂頭上巾為冒絮師古曰冒覆也老人所覆其頭提擲也提音徒計反 曰絳侯綰皇帝璽將兵於
北軍 應劭曰言勃誅諸呂廢少帝手貫國璽時尚不反况今吏有異乎師古曰綰謂引其組音烏版反 不以此
時反今居一小縣顧欲反邪 師古曰顧猶倒也 文帝既見
勃獄辭迺謝曰吏方驗而出之於是使持節赦勃
復爵邑勃既出曰吾嘗將百萬軍安知獄吏之貴

也勃復就國孝文十一年薨謚曰武侯子勝之嗣
尚公主不相中 如淳曰猶言不相合當也師古曰意不相可也中音竹仲反 坐殺人死
國絕一年文帝乃擇勃子賢者河內太守亞夫復
為侯亞夫為河內守時許負相之 應劭曰許負河內溫人老嫗也 君後
三歲而侯侯八歲為將相持國秉 師古曰秉音彼命反 貴重矣
於人臣無二後九年而餓死亞夫笑曰臣之兄以
代父侯矣有如卒子當代我何說侯乎然既以貴
如負言又何說餓死指視我 師古曰視讀曰示 負指其口曰
從理入口此餓死法也 師古曰從豎也音子容反 居三歲兄絳侯
勝之有罪文帝擇勃子賢者皆推亞夫迺封為條

侯 師古曰縣在勃海地理志作脩字其音同耳 文帝六年匈奴大入邊以
宗正劉禮為將軍軍霸上祝茲侯徐厲為將軍軍
棘門以河內守亞夫為將軍軍細柳以備胡上自
勞軍至霸上及棘門軍直馳入將以下騎出入送迎
已而之細柳軍軍士吏被甲銳兵刃彀弓弩持滿
師古曰彀張也音遘 天子先驅至不得入 師古曰先驅導駕者也若今之武候隊矣 先驅曰
天子且至軍門都尉曰軍中聞將軍之令不聞天
子之詔有頃上至又不得入於是上使使持節詔
將軍曰吾欲勞軍亞夫迺傳言開壁門壁門士請
車騎曰將軍約軍中不得驅馳於是天子迺按轡

徐行至中營將軍亞夫揖曰介胄之士不拜請以
軍禮見應劭曰禮介者不拜天子爲動改容式車師古曰古者立乘凡言式車者謂頫俛
身撫式以禮敬人式車前橫木也使人稱謝師古曰謝告也皇帝敬勞將軍成禮
而去既出軍門羣臣皆驚文帝曰嗟乎此眞將軍
矣鄉者霸上棘門如兒戲耳師古曰鄉讀曰嚮其將固可襲
而虜也至於亞夫可得而犯邪稱善者久之月餘
三軍皆罷迺拜亞夫爲中尉文帝且崩時戒太子
曰即有緩急周亞夫眞可任將兵文帝崩亞夫爲
車騎將軍孝景帝三年吴楚反亞夫以中尉爲太
尉東擊吴楚因自請上曰楚兵剽輕難與爭鋒師古

曰剽音匹妙反願以梁委之絕其食道迺可制也上許之師古
曰吴王傳云亞夫至淮陽問鄧都尉爲畫此計亞夫乃從之今此云自請而後行二傳不同未知孰是亞夫既發至
霸上趙涉遮說亞夫曰將軍東誅吴楚勝則宗廟
安不勝則天下危能用臣之言乎亞夫下車禮而
問之涉曰吴王素富懷輯死士久矣師古曰輯與集同此知
將軍且行必置閒人於殽黽阸陿之閒且兵事上
神密將軍何不從此右去走藍田師古曰右謂少西去也走音奏出武
關抵雒陽師古曰抵至也閒不過差一二日師古曰謂右去行遲止一二日也直
入武庫擊鳴鼓諸侯聞之以爲將軍從天而下也
師古曰不意其猝至大尉如其計至雒陽使吏搜殽黽閒果得

吴伏兵迺請涉爲護軍亞夫至會兵滎陽師古曰會集也吴方
攻梁梁急請救亞夫引兵東北走昌邑師古曰走音奏深壁
而守梁王使使請亞夫亞夫守便宜不往梁上書言景
帝景帝詔使救梁亞夫不奉詔堅壁不出而使輕
騎兵弓高侯等絕吴楚兵後食道吴楚兵乏糧飢
欲退數挑戰終不出夜軍中驚內相攻擊擾亂至
於帳下亞夫堅臥不起頃之復定吴奔壁東南陬
如淳曰陬隅也師古曰音子侯反又音鄒亞夫使備西北已而其精兵果奔
西北不得入吴楚既餓迺引而去亞夫出精兵追
擊大破吴王濞吴王濞棄其軍與壯士數千人亡

走保於江南丹徒漢兵因乘勝遂盡虜之降其縣
購吴王千金月餘越人斬吴王頭以告凡相守攻
三月而吴楚破平於是諸將迺以太尉計謀爲是
由此梁孝王與亞夫有隙歸復置太尉官五歲迺
爲丞相景帝甚重之上廢栗太子亞夫固爭之不
得上由此疏之而梁孝王每朝常與太后言亞夫
之短竇太后曰皇后兄王信可侯也上讓曰始南
皮及章武先帝不侯師古曰南皮竇彭祖太后弟長君之子章武太后母弟廣國及臣
即位迺侯之信未得封也竇太后曰人生各以時
行耳師古曰言富貴當及己身也竇長君在時竟不得侯死後迺其

子彭祖顧得侯（師古曰顧反也）吾甚恨之帝趣侯信也（師古曰趣讀曰促）上曰請得與丞相計之與丞相計之亞夫曰高帝約非劉氏不得王非有功不得侯不如約天下共擊之今信雖皇后兄無功侯之非約也上默然而沮（師古曰沮者止壞之意也音才與反）其後匈奴王徐盧等五人降漢（師古曰功臣表云唯徐盧）上欲侯之以勸後亞夫曰彼背其主降陛下陛下侯之即何以責人臣不守節者乎上曰丞相議不可用迺悉封徐盧等爲列侯亞夫因謝病免相頃之上居禁中召亞夫賜食獨置大胾（師古曰胾大臠音側吏反）無切肉又不置箸亞夫心不平顧謂尚席取箸（應劭曰尚席主席者也）上視而笑曰此非不足君所乎（孟康曰設胾無箸者此非不足滿於君所乎嫌恨之也如淳曰非故不足君之食具偶失之也師古曰孟說近之帝言賜君食而不設箸此由我意於君有不足乎）亞夫免冠謝上上曰起亞夫因趨出上目送之曰此鞅鞅非少主臣也居無何亞夫子爲父買工官尚方甲楯五百被可以葬者（如淳曰工官官名也張晏曰被具也五百具甲楯也師古曰被音皮義反）取庸苦之不與錢（師古曰庸謂賃也苦謂極苦使也）庸知其盜買縣官器怨而上變告子事連汙亞夫書既聞上下吏吏簿責亞夫（如淳曰簿音主簿之簿簿問其辭情師古曰簿問者書之於簿一一問之也）亞夫不對上罵之曰吾不用也（孟康曰言不用汝對欲殺之也如淳曰恐獄吏畏其復用事不敢折辱也師古曰孟說是也一云帝責此吏云不勝其任吾不用汝故召亞夫令詣廷尉也）召詣廷尉

廷尉責問曰君侯欲反何亞夫曰臣所買器迺葬器也何謂反乎吏曰君縱不欲反地上即欲反地下耳吏侵之益急初吏捕亞夫亞夫欲自殺其夫人止之以故不得死遂入廷尉因不食五日歐血而死國絕一歲上迺更封絳侯勃它子堅爲平曲侯續絳侯後傳子建德爲太子太傅坐酎金免官後有罪國除亞夫果餓死死後上迺封王信爲蓋侯至平帝元始二年繼絕世復封勃玄孫之子恭爲絳侯千戶

贊曰聞張良之智勇以爲其貌魁梧奇偉（應劭曰魁梧丘虛壯大之意也蘇林曰梧音悟師古曰魁大貌也梧者言其可驚悟今人讀爲吾非也）反若婦人女子故孔子稱以貌取人失之子羽（師古曰子羽孔子弟子澹臺滅明字貌惡而行善故云然也）學者多疑於鬼神（師古曰謂無鬼神之事也）如良受書老父亦異矣高祖數離困阨良常有力（師古曰離遭也）豈可謂非天乎陳平之志見於社下傾側擾攘楚魏之閒卒歸於漢而爲謀臣及呂后時事多故矣（師古曰故謂中屯難也）平竟自免以智終王陵廷爭杜門自絕亦各其志也周勃爲布衣時鄙樸庸人至登輔佐匡國家難誅諸呂立孝文爲漢伊周（師古曰伊尹周公之任）何其盛也始呂后問宰相高祖曰陳平智有餘王陵少戇可以

佐之(師古曰𢡠愚也𢡠音下紺反今讀音竹巷反)安劉氏者必勃也又問其
次云過此以後非迺所及(師古曰乃汝也言汝亦不及見也)終皆如言
聖矣夫

張陳王周傳第十

張良傳云良嘗從容步游下邳圯上服虔曰圯音頤楚人謂橋曰圯應劭曰圯水之上也文穎曰沂水上橋也顔師古曰下邳之水非圯水也又非沂水服說是○按從水乃詩云江有汜及今有汜水縣字音詳里切據許慎說文云東楚謂橋爲圯在土部本從土傳寫蓋誤從氵合從土作頤音下文直憤其復圯下並作圯字校定

前漢傳十　三十一　徐春

樊酈滕灌傳靳周傳第十一　班固　漢書四十一

秘書監上護軍琅邪縣開國子顔師古

樊噲沛人也以屠狗爲事(師古曰時人食狗亦與羊豕同故噲專屠以賣)後與高祖俱隱於芒碭山澤閒陳勝初起蕭何曹參使噲求迎高祖立爲沛公(師古曰高祖時亡在外故求而迎之)噲以舍人從攻胡陵方與(師古曰皆縣名方音房與音豫)還守豐擊泗水監豐下破之(師古曰泗水郡名監謂御史監郡者也破之於豐縣下)復東定沛破泗守薛西(師古曰破郡守於薛縣之西)與司馬𡰥戰碭東(師古曰秦將章邯之司馬也𡰥讀與夷同)卻敵斬首十五級賜爵國大夫(文穎曰即官大夫也爵第六級)常從沛公擊章邯軍濮陽攻城先登斬首二十三級賜爵列大夫(文穎曰即公大夫也爵第七級)從攻陽城先登下戶牖(師古曰陽武縣之鄉)破李由軍斬首十六級賜上閒爵(張晏曰得徑上聞也如淳曰呂氏春秋曰魏文侯東勝齊於長城天子賞文侯以上聞晉灼曰名通於天子也)後攻圍都尉東郡守尉於成武(師古曰圍即陳留圉縣)卻敵斬首十四級捕虜十六人(師古曰生獲曰虜)賜爵五大夫從攻秦軍出亳南(鄭氏曰亳成湯封邑今河南偃師湯亭是)河閒守軍於杠里破之(師古曰杠音江)擊破趙賁軍開封北(師古曰賁音奔)以卻敵先登斬候一人首六十八級捕虜二十六人(師古曰既斬候一人又更斬它首六十八)賜爵卿從攻破楊熊於曲遇(師古曰曲音丘羽反遇音顒)攻宛陵先登斬首八級捕虜四十四人賜爵封號賢成君(張晏曰食祿比封君而無邑也臣瓚曰秦制列侯乃有封爵師古曰瓚說非也楚漢之際權設寵榮假其

前漢傳十一　一　胡恭

位號或得邑地或空受爵此例多矣約以秦制於義不通從攻長社轘轅絕河津東攻
秦軍尸鄉南攻秦軍於犨破南陽守齮於陽城東
攻宛城先登西至酈師古曰南陽之縣也音直益反以卻敵斬首十四
級捕虜四十人賜重封張晏曰益祿也如淳曰正爵名也臣瓚曰增封也師古曰諸家之說皆非也重封者加二號耳攻武關至霸上斬都尉一人首十級捕虜
百四十六人降卒二千九百人項羽在戲下欲攻
沛公沛公從百餘騎因項伯面見項羽謝無有閉
關事項羽既饗軍士中酒張晏曰酒酣也師古曰飲酒之中也不醉不醒故謂之中中音竹仲反亞父謀欲殺沛公令項莊拔劍舞坐中欲擊沛
公項伯常屏蔽之時獨沛公與張良得入坐樊噲

居營外聞事急迺持盾入初入營營衛止噲師古曰營衛謂營壘之守衛者噲直撞入立帳下師古曰謂以盾撞擊人撞音丈江反項羽目之問
爲誰張良曰沛公參乘樊噲也項羽曰壯士賜之
巵酒彘肩噲既飲酒拔劍切肉食之項羽曰能復
飲乎噲曰臣死且不辭豈特巵酒乎且沛公先入
定咸陽暴師霸上以待大王師古曰時項羽未爲王故高紀云以待將軍此言大王史追書耳大王今日至聽小人之言與沛公有隙臣恐天
下解心疑大王也項羽默然沛公如廁麾噲既出
沛公留車騎師古曰沛公所乘之車及從者之騎獨騎馬噲等四人步從
從山下走歸霸上軍而使張良謝項羽羽亦因遂

已師古曰已止也無誅沛公之心是日微樊噲奔入營譙讓
項羽沛公幾殆師古曰微無也譙責也殆危也譙音才笑反幾音鉅依反後數日項羽入
屠咸陽立沛公爲漢王漢王賜噲爵爲列侯號臨
武侯遷爲郎中從入漢中還定三秦別擊西丞白
水北服虔曰西丞縣名也晉灼曰白水今廣魏縣也地理志無西丞以秦將名也師古曰二說並非也西謂隴西郡西縣也白水水名經西縣東南流而過言擊西縣之丞於白水之北雍輕車騎雍南破之從攻雍斄
城先登師古曰斄讀與邰同縣名即后稷所封今武功故城是音胎擊章平軍好畤攻城
先登陷陣斬縣令丞各一人首十一級虜二十人
遷爲郎中騎將從擊秦車騎壤東師古曰地名也卻敵遷爲
將軍攻趙賁下郿槐里柳中咸陽師古曰柳中即細柳地也在長安西灌

廢丘最李奇曰以水灌廢丘也張晏曰最功第一也晉灼曰京輔治華陰灌北也師古曰高紀言引水灌廢丘李說是也或者云漢王自彭城敗還始灌廢丘此時未也此說非矣彭城還更灌廢丘始平定之無廢丘此時已當灌矣至櫟陽賜食
邑杜之樊鄉師古曰杜縣之樊鄉也今曰樊川從攻項籍屠煮棗晉灼曰地理志無也清河有煮棗城功臣表有煮棗侯師古曰既云攻項籍屠煮棗則其地當在大河之南非清河之城明矣但未詳其處耳擊破
王武程處軍於外黃攻鄒魯瑕丘薛項羽敗漢王
於彭城盡復取魯梁地噲還至滎陽益食平陰二
千戶以將軍守廣武一歲師古曰即滎陽之廣武項羽引東從
高祖擊項籍下陽夏師古曰夏音工雅反虜楚周將軍卒四十
人師古曰周殷圍項籍陳大破之師古曰於陳縣圍之屠胡陵項籍死
漢王即皇帝位以噲有功益食邑八百戶其秋燕

王臧荼反噲從攻虜荼定燕地楚王韓信反噲從至陳取信定楚更賜爵列侯與剖符世世勿絕食舞陽號為舞陽侯除前所食以將軍從攻反者韓王信於代自霍人以往至雲中與絳侯等共定之益食千五百戶因擊陳豨與曼丘臣軍戰襄國破柏人先登降之定清河常山凡二十七縣殘東垣(張晏曰殘有所毀也臣瓚曰殘謂多所殺傷也師古曰瓚說是)遷為左丞相破得綦毋卬尹潘軍於無終廣昌(師古曰姓綦毋名卬也綦音其)破豨別將胡人王黃軍代南因擊韓信軍參合軍所將卒斬韓信擊豨胡騎橫谷斬將軍趙既虜代丞相馮梁守孫奮大將

王黃將軍太僕解福等十人與諸將共定代鄉邑七十三後燕王盧綰反噲以相國擊綰破其丞相抵薊南(師古曰抵至也一說抵者其丞相之名也音丁禮反)定燕縣十八鄉邑五十一益食千三百戶定食舞陽五千四百戶從斬首百七十六級虜二百八十七人別破軍七下城五定郡六縣五十二得丞相一人將軍十三人二千石以下至三百石十二人噲以呂后弟呂須為婦生子伉(師古曰伉音抗又音剛)故其比諸將最親先黥布反時高帝嘗病(師古曰黥布未反之前)惡見人臥禁中詔戶者無得入羣臣羣臣絳灌等莫敢入十餘日噲

迺排闥直入(師古曰闥宮中小門也一曰門屏也音土曷反)大臣隨之上獨枕一宦者臥噲等見上流涕曰始陛下與臣等起豐沛定天下何其壯也今天下已定又何憊也(師古曰憊力極也音蒲拜反)且陛下病甚大臣震恐不見臣等計事顧獨與一宦者絕乎(師古曰顧猶反也)且陛下獨不見趙高之事乎(師古曰謂始皇崩趙高矯為詔命殺扶蘇而立胡亥)高帝笑而起其後盧綰反高帝使噲以相國擊燕是時高帝病甚人有惡噲黨於呂氏(師古曰惡謂毀譖言其罪惡也)即上一日宮車晏駕則噲欲以兵盡誅戚氏趙王如意之屬高帝大怒迺使陳平載絳侯代將而即軍中斬噲(師古曰即就也)陳平畏呂后執噲

詣長安至則高帝已崩呂后釋噲(師古曰釋解也解免其罪)得復爵邑孝惠六年噲薨謚曰武侯子伉嗣而伉母呂須亦為臨光侯高后時用事顓權(師古曰顓與專同)大臣盡畏之高后崩大臣誅呂須等因誅伉舞陽侯中絕數月孝文帝立迺復封噲庶子市人為侯復故邑薨謚曰荒侯子佗廣嗣六歲其舍人上書言荒侯市人病不能為人(師古曰言無人道也)令其夫人與其弟亂而生佗廣佗廣實非荒侯子下吏免平帝元始二年繼絕世封噲玄孫之子章為舞陽侯邑千戶

酈商高陽人也(師古曰酈音歷)陳勝起商聚少年得數千人沛

公略地六月餘商以所將四千人屬沛公於岐從攻長社先登賜爵封信成君從攻緱氏絕河津破秦軍雒陽東從下宛穰定十七縣別將攻旬關師古曰漢中旬水上之關也今在洵陽縣西定漢中師古曰先言攻旬關定漢中然後云沛公爲漢王是則沛公從武關藍田而來商時別從西道平定漢中沛公爲漢王賜商爵信成君以將軍爲隴西都尉別定北地郡破章邯別將於烏氏栒邑泥陽師古曰烏氏安定縣也栒邑今在豳州泥陽北地縣氏音支栒音荀賜食邑武城六千戶從擊項籍軍與鍾離眜戰受梁相國印師古曰漢以梁相國印授之益食四千戶從擊項羽二歲攻胡陵漢王即帝位燕王臧荼反商以將軍從擊荼戰龍脫孟康曰地名也先登

陷陳破荼軍易下師古曰今易縣卻敵遷爲右丞相賜爵列侯與剖符世世勿絕食邑涿郡五千戶別定上谷因攻代受趙相國印師古曰初受梁相國印今又受趙相國印與絳侯等定代郡鴈門得代丞相程縱守相郭同師古曰守相謂將爲相而居守者將軍以下至六百石十九人還以將軍將太上皇衛一歲十月以右丞相擊陳豨殘東垣又從擊黥布攻其前垣李奇曰前鋒堅蔽若垣牆也或曰軍前以夫車自障若垣也師古曰二說皆非也謂攻其營壘之前垣陷兩陳得以破布軍更封爲曲周侯食邑五千一百戶除前所食凡別破軍三降定郡六縣七十三得丞相守相大將各一人小將二人二千石以下至六百石十九人商事孝惠帝呂后呂后崩商疾不治事文穎曰商有疾病不能治官事其子寄字況與呂祿善及高后崩大臣欲誅諸呂呂祿爲將軍軍於北軍太尉勃不得入北軍於是迺使人劫商令其子寄紿呂祿呂祿信之與出游而太尉勃迺得入據北軍遂以誅諸呂商是歲薨謚曰景侯子寄嗣天下稱酈況賣友孝景時吳楚齊趙反上以寄爲將軍圍趙城七月不能下欒布自平齊來迺滅趙孝景中二年寄欲取平原君爲夫人蘇林曰景帝王皇后母臧兒也景帝怒下寄吏免上迺封商它子堅爲繆侯師古曰繆所封邑名奉商後傳至玄

孫終根武帝時爲大常坐巫蠱誅國除元始中賜高祖時功臣自酈商以下子孫爵皆關內侯食邑凡百餘人

夏侯嬰沛人也爲沛廄司御每送使客還過泗上亭與高祖語未嘗不移日也嬰已而試補縣吏與高祖相愛高祖戲而傷嬰人有告高祖高祖時爲亭長重坐傷人如淳曰爲吏傷人其罪重告故不傷嬰蘇林曰自告情故不傷嬰也嬰證之移獄覆嬰坐高祖繫歲餘掠笞數百終脫高祖高祖之初與徒屬欲攻沛也師古曰謂始亡在外未被迎召時嬰時以縣令史爲高祖使上降沛一日師古曰謂父老開城門迎高祖時也

高祖爲沛公賜爵七大夫以嬰爲太僕常奉車師古曰爲沛公御車從攻胡陵嬰與蕭何降泗水監平張晏曰胡陵平所止縣何嘗給之故與降平以胡陵降賜嬰爵五大夫從擊秦軍碭東攻濟陽下戶牖破李由軍雍丘以兵車趣攻戰疾破之師古曰趣讀曰促謂急速也次下亦同賜爵執帛從擊章邯軍東阿濮陽下以兵車趣攻戰疾破之賜爵執圭從擊趙賁軍開封楊熊軍曲遇嬰從捕虜六十八人降卒八百五十人得印一匱師古曰時自相署置官之印又擊秦軍雒陽東以兵車趣攻戰疾賜爵封轉爲滕令鄭展曰今沛郡公丘縣因奉車師古曰因此又每奉車從攻戰以至霸上從攻定南陽戰於藍田芷陽師古曰芷陽後爲霸陵縣至霸上沛公爲漢王賜嬰爵列侯號昭平侯復爲太僕從入蜀漢還定三秦從擊項籍至彭城項羽大破漢軍漢王不利馳去見孝惠魯元載之漢王急馬罷虜在後師古曰罷讀曰疲常蹶兩兒棄之服虔曰蹶音蹶晉灼曰音足蹶物之蹶師古曰服音是嬰常收載行面雍樹馳服虔曰高祖欲斬之故嬰圍樹走面向樹也應劭曰古者立乘嬰恐小兒墮墜各置一面擁持之樹立也蘇林曰南方謂抱小兒爲雍樹面者以面首向臨之也師古曰面背也雍抱持之言取兩兒令面背己而抱持之以馳故云面雍樹馳晉灼曰圍樹而走義无所據雍讀曰擁漢王怒欲斬嬰者十餘卒得脫而致孝惠魯元於豐漢王既至滎陽收散兵復振賜嬰食邑沂陽師古曰沂音魚衣反擊項籍下邑追至陳卒定楚至魯益食茲氏師古曰茲氏縣名地理志屬太原

前漢傳十一　八　陳用

漢王即帝位燕王臧荼反嬰從擊荼明年從至陳取楚王信更食汝陰剖符世世勿絕從擊代至武泉雲中益食千戶因從擊韓信軍胡騎晉陽旁大破之追北至平城爲胡所圍七日不得通高帝使使厚遺閼氏冒頓乃開其圍一角高帝出欲馳嬰固徐行弩皆持滿外鄉師古曰故示閑暇所以固士卒心而令敵不測也鄉讀曰嚮卒以得脫師古曰卒終也益食嬰細陽千戶師古曰益其邑使食之從擊胡騎句注北大破之擊胡騎平城南三陷陳功爲多賜所奪邑五百戶孟康曰時有罪過奪邑者以賜之從擊陳豨黥布軍陷陳卻敵益千戶定食汝陰六千九百戶除前所食嬰自上初起沛常爲太僕竟高祖以太僕事惠帝惠帝及高后德嬰之脫孝惠魯元於下邑閒也乃賜嬰北第第一師古曰北第者近北闕之第嬰最第一也故張衡西京賦云北闕甲第當道直啓曰近我以尊異之惠帝崩以太僕事高后高后崩代王之來嬰以太僕與東牟侯入清宮廢少帝以天子法駕迎代王代邸與大臣共立文帝復爲太僕八歲薨諡曰文侯傳至曾孫頗師古曰頗音普河反尚平陽公主坐與父御婢姦自殺國除初嬰爲滕令奉車故號滕公及曾孫頗尚主主隨外家姓號孫公主故滕公子孫更爲孫氏

前漢傳十一　九　鄭安

灌嬰睢陽販繒者也師古曰繒者帛之總名高祖爲沛公略地
至雍丘章邯殺項梁而沛公還軍於碭嬰以中涓
從擊破東郡尉於成武及秦軍於杠里疾鬬賜爵
七大夫又從攻秦軍亳南開封曲遇戰疾力孟康曰攻戰速
疾也師古曰疾急速也力強力也賜爵執帛號宣陵君從攻陽武以西
至雒陽破秦軍尸北北絕河津南破南陽守齮陽
城東遂定南陽郡西入武關戰於藍田疾力至霸
上賜爵執圭號昌文君沛公爲漢王拜嬰爲郎中
從入漢中十月拜爲中謁者從還定三秦下櫟陽
降塞王還圍章邯廢丘未拔從東出臨晉關擊降

殷王定其地擊項羽將龍且魏相項佗軍定陶南
疾戰破之賜嬰爵列侯號昌文侯食杜平鄉師古曰杜縣之
平鄉復以中謁者從降下碭以至彭城項羽擊破漢
王漢王遁而西嬰從還軍於雍丘王武魏公申徒
反張晏曰故秦將降爲公今反從擊破之攻下外黃西收軍於滎陽
楚騎來衆漢王迺擇軍中可爲騎將者皆推故秦
騎士重泉人李必駱甲師古曰重泉縣名也地理志屬左馮翊習騎兵今
爲校尉可爲騎將漢王欲拜之必甲曰臣故秦民
恐軍不信臣臣願得大王左右善騎者傅之如淳曰傅音附
猶言隨從者嬰雖少然數力戰迺拜嬰爲中大夫令李必

駱甲爲左右校尉將郎中騎兵擊楚騎於滎陽東
大破之受詔別擊楚軍後絕其饟道師古曰饟古餉字起陽
武至襄邑擊項羽之將項冠於魯下破之所將卒
斬右司馬騎將各一人張晏曰王右方之馬左亦如之晉灼曰下所謂左右千人之騎擊破
柘公王武軍燕西師古曰柘縣名公者柘之令也王武其人姓名也燕亦縣名古南燕國也音一千反所
將卒斬樓煩將五人李奇曰樓煩縣名其人善騎射故名射士爲樓煩取其稱也師古曰解在項羽傳
連尹一人蘇林曰楚官也擊王武別將桓嬰白馬下破之所
將卒斬都尉一人以騎度河南送漢王到雒陽從
北迎相國韓信軍於邯鄲還至敖倉嬰遷爲御史
大夫三年以列侯食邑杜平鄉受詔將郎中騎兵

東屬相國韓信擊破齊軍於歷下所將卒虜車騎
將華毋傷師古曰華音下化反及將吏四十六人降下臨淄得
相田光追齊相田橫至嬴博師古曰二縣名擊破其騎所將
卒斬騎將一人生得騎將四人攻下嬴博破齊將
軍田吸於千乘斬之東從韓信攻龍且留公於假
密師古曰留縣名公留令也攻龍且及留令於假密卒斬龍且師古曰嬰所將之卒也其下亦同生得
右司馬連尹各一人樓煩將十人身生得亞將周
蘭師古曰亞次也齊地已定韓信自立爲齊王使嬰別將擊
楚將公杲於魯北破之轉南破薛郡長師古曰長亦如郡守也時
每郡置長身虜騎將入攻博陽前至下相以東南僮取

慮徐師古曰僮及取慮及徐三縣名也取音趨又音秋慮音廬度淮盡降其城邑至廣
陵蘇林曰別將兵屯廣陵也師古曰此說非也謂從下相以東南盡降城邑乃至廣陵皆平定項羽使項聲
薛公郯公復定淮北嬰度淮擊破項聲郯公下邳
斬薛公下下邳壽春擊破楚騎平陽師古曰此平陽在東郡遂降
彭城虜柱國項佗師古曰佗音徒何反降留薛沛酇蕭相師古曰凡六縣
也酇音才何反攻苦譙師古曰二縣也復得亞將與漢王會頤鄉從擊
項籍軍陳下破之所將卒斬樓煩將二人虜將八
人賜益食邑二千五百戶項籍敗垓下去也嬰以
御史大夫將車騎別追項籍至東城破之所將卒
五人共斬項籍皆賜爵列侯降左右司馬各一人

前漢傳十一　十二　朱宗

卒萬二千人盡得其軍將吏下東城歷陽度江破
吳郡長吳下如淳曰雄長之長也師古曰此說非也吳郡長當時為吳郡長嬰破之於吳下得吳守
遂定吳豫章會稽郡還定淮北凡五十二縣漢王
即帝位賜益嬰邑三千戶以車騎將軍從擊燕王
荼明年從至陳取楚王信還剖符世世勿絕食潁
陰二千五百戶從擊韓王信於代至馬邑別降樓
煩以北六縣斬代左將破胡騎將於武泉北復從
擊信胡騎晉陽下所將卒斬胡白題將一人服虔曰胡名也
又受詔并將燕趙齊梁楚車騎擊破胡騎於硰石
師古曰硰音千坐反至平城為胡所圍從擊陳豨別攻豨丞相

侯敞軍曲逆下破之卒斬敞及特將五人師古曰特將謂所將之
卒也特獨也各獨為將降曲逆盧奴上曲陽安國安平攻下東垣
黥布反以車騎將軍先出攻布別將於相破之斬
亞將樓煩將三人又進擊破布上柱國及大司馬
軍又進破布別將肥銖嬰身生得左司馬一人所
將卒斬其小將十人追北至淮上益邑二千五百
戶布已破高帝歸定令嬰食潁陰五千戶除前所
食邑凡從所得二千石二人別破軍十六降城四
十六定國一郡二縣五十二得將軍二人柱國相
各一人二千石十人嬰自破布歸高帝崩以列侯

前漢傳十一　十三　肅起

事惠帝及呂后呂后崩呂祿等欲為亂齊哀王聞
之舉兵西呂祿等以嬰為大將軍往擊之嬰至滎
陽乃與絳侯等謀因屯兵滎陽風齊王以誅呂氏
事師古曰風讀曰諷齊兵止不前絳侯等既誅諸呂齊王罷
兵歸嬰自滎陽還與絳侯陳平共立文帝於是益
封嬰三千戶賜金千斤為太尉三歲絳侯勃免相
嬰為丞相罷太尉官是歲匈奴大入北地上令丞
相嬰將騎八萬五千擊匈奴匈奴去濟北王反詔
罷嬰兵後歲餘以丞相薨謚曰懿侯傳至孫彊有
罪絕武帝復封嬰孫賢為臨汝侯奉嬰後後有罪國

除傅寬以魏五大夫騎將從為舍人起橫陽從攻安陽杠里趙賁軍於開封及擊楊熊曲遇陽武斬首十二級賜爵卿從至霸上沛公為漢王賜寬封號共德君（師古曰共讀曰恭）從入漢中為右騎將定三秦賜食邑雕陰（孟康曰縣名屬上郡）從擊項籍待懷（服虔曰待高帝於懷懷縣名也師古曰地理志屬河內即今之懷州）賜爵通德侯從擊項冠周蘭龍且所將卒斬騎將一人敖下（師古曰敖地名敖倉蓋取此名也左氏傳曰敖鄗之間）益食邑屬淮陰（張晏曰韓信也信時為相國云淮陰者終言之也）擊破齊歷下軍擊田解屬相國參殘博（師古曰參曹參也博太山縣也）益食邑因定齊地剖符世世勿絕封陽陵侯二千六百戶除前所食為齊

右丞相備齊（張晏曰時田橫未降故設屯備）五歲為齊相國四月擊陳豨屬太尉勃以相國代丞相噲擊豨一月徙為代相國將屯（如淳曰既為相國有警則將卒而屯守也師古曰此說非也時代國常有屯兵以備邊寇寬為代相兼將此屯兵也）二歲為丞相將屯孝惠五年薨諡曰景侯傳至曾孫偃謀反誅國除

靳歙以中涓從起宛朐（師古曰歙音翕宛音於元反朐音其于反）攻濟陽破李由軍擊秦軍開封東斬騎千人將一人（如淳曰騎將率號為千人漢儀注邊郡置部都尉千人司馬候也）首五十七級捕虜七十三人賜爵封臨平君又戰藍田北斬車司馬二人（張晏曰主車也）騎長一人（張晏曰騎之長）首二十八級捕虜五十七人至霸上沛公為漢王賜歙爵建武侯遷騎都尉從定三秦別西擊章平軍於隴西破之定隴西六縣所將卒斬車司馬候各四人騎長十二人從東擊楚至彭城漢軍敗還保雍丘擊反者王武等略梁地別西擊邢說軍菑南破之（師古曰菑縣名也後為考城說讀曰悅）身得說都尉二人司馬候十二人降吏卒四千六百八十人破楚軍滎陽東食邑四千二百戶別之河內擊趙賁軍朝歌破之所將卒得騎將二人車馬二百五十匹從攻安陽以東至棘蒲下十縣別攻破趙軍得其將司馬二人候四人降吏卒二千四百人從降下

邯鄲別下平陽身斬守相所將卒斬兵守郡一人（李奇曰東以為郡守也字反耳晉灼曰將兵郡守也師古曰當言兵郡守一人也）降鄴從攻朝歌邯鄲及別擊破趙軍降邯鄲郡六縣還軍敖倉破項籍軍成皋南擊絕楚饟道起滎陽至襄邑破項冠魯下略地東至鄫郯下邳南至蘄竹邑擊項悍濟陽下還擊項籍軍陳下破之別定江陵降柱國大司馬以下八人身得江陵王致雒陽（師古曰江陵王謂共敖之子共尉也得而送致於雒陽）因定南郡從至陳取楚王信剖符世世勿絕定食四千六百戶為信武侯以騎都尉從擊代攻韓信平城下還軍東垣有功遷為車騎將軍并將

梁趙齊燕楚車騎別擊陳豨丞相敞破之師古曰侯敞因降曲逆從擊黥布有功益封定食邑五千三百戶凡斬首九十級虜百四十二人別破軍十四降城五十九定郡國各一縣二十三得王柱國各一人二千石以下至五百石三十九人高后五年薨謚曰肅侯子亭嗣有罪國除

周緤沛人也師古曰緤音息列反以舍人從高祖起沛至霸上西入蜀漢還定三秦常為參乘賜食邑池陽師古曰池陽即馮翊縣從東擊項羽滎陽絕甬道從出度平陰遇韓信軍襄國戰有利不利終亡離上心上以緤為信

武侯師古曰以其忠信故加此號食邑三千三百戶上欲自擊陳豨緤泣曰始秦攻破天下未曾自行今上常自行是亡人可使者乎上以為愛我賜入殿門不趨十二年更封緤為蒯城侯服虔曰音菅蒯之蒯蘇林曰音蒱傕反晉灼曰功臣表屬長沙師古曰此字從崩從邑音蒯非也呂忱音陪而楚漢春秋作憑城侯陪憑聲相近此其實也又音普肯反孝文五年薨謚曰貞侯子昌嗣有罪國除景帝復封緤子應為鄲侯蘇林曰音多屬沛國薨謚曰康侯子仲居嗣坐為太常有罪國除

贊曰仲尼稱犂牛之子騂且角雖欲勿用山川其舍諸師古曰論語載孔子為弟子仲弓發此言也犂雜色騂赤色也舍置也言牛色雜而角美堪為犧牲雖以其毋犂色而欲不用山川寧肯置之乎喻父雖不肖不害子之美言士不繫於世類也語曰雖有兹基不如逢時張晏曰兹基鉏也言雖有田具值時乃獲信矣樊噲夏侯嬰灌嬰之徒方其鼓刀僕御販繒之時師古曰鼓刀謂屠狗豈自知附驥之尾師古曰蓋以蚊蝱為喻言託驥之尾則涉千里勒功帝籍慶流子孫哉當孝文時天下以酈寄為賣友夫賣友者謂見利而忘義也若寄父為功臣而又執劫師古曰周勃等劫其父而令寄行說雖摧呂祿以安社稷誼存君親可也

樊酈滕灌傅靳周傳第十一

張周趙任申屠傳第十二　班固　漢書四十二

祕書監上護軍琅邪縣開國子顏　師古　注

張蒼陽武人也好書律歷秦時爲御史主柱下方書（如淳曰方板也謂事在板上者也秦置柱下史蒼爲御史主其事或曰主四方文書也師古曰下云蒼自秦時爲柱下御史明習天下圖書計籍則主四方文書是也柱下居殿柱之下若今侍立御史矣）有罪亡歸及沛公略地過陽武蒼以客從攻南陽蒼當斬解衣伏質（師古曰質鍖也）身長大肥白如瓠時王陵見而怪其美士乃言沛公赦勿斬遂西入武關至咸陽沛公立爲漢王入漢中還定三秦陳餘擊走常山王張耳耳歸漢漢以蒼爲常山守從韓信擊趙蒼得陳餘趙地已平漢王以

蒼爲代相備邊寇已而徙爲趙相相趙王耳耳卒相其子敖復徙相代燕王臧荼反蒼以代相從攻荼有功封爲北平侯食邑千二百户遷爲計相（文穎曰以能計故号曰計相師古曰專主計籍故号計相）一月更以列侯爲主計四歲（張晏曰以列侯典校郡國簿書如淳曰以其所主因以爲官号與計相同時所卒立非久施也師古曰去計相之名更號主計）是時蕭何爲相國而蒼乃自秦時爲柱下御史明習天下圖書計籍又善用筭律歷故令蒼以列侯居相府領主郡國上計者黥布反漢立皇子長爲淮南王而蒼相之十四年遷爲御史大夫

周昌者沛人也其從兄苛（師古曰苛音何）秦時皆爲泗水卒史及高祖起沛擊破泗水守監於是苛昌以卒史從沛公沛公以昌爲職志（應劭曰掌主職也鄧氏曰主旗志也師古曰志與幟同音式異反）苛爲客（張晏曰爲帳下賓客不掌官也）從入關破秦沛公立爲漢王以苛爲御史大夫昌爲中尉漢三年楚圍漢王滎陽急漢王出去而使苛守滎陽城楚破滎陽城欲令苛將苛罵曰若趣降漢王不然今爲虜矣（師古曰若汝也趣讀曰促）項羽怒亨苛漢王於是拜昌爲御史大夫常從擊破項籍六年與蕭曹等俱封爲汾陰侯苛子成以父死事封爲高景侯昌爲人強力敢直言自蕭曹等皆卑下之（師古曰下音胡駕反）昌嘗燕入奏事（孟康曰以上宴時入奏事師古曰燕謂安閑之居也）高

帝方擁戚姬（師古曰擁抱也）昌還走（師古曰還謂卻退也）高帝逐得騎昌項上問曰我何如主也昌仰曰陛下即桀紂之主也於是上笑之然尤憚昌及高帝欲廢太子而立戚姬子如意爲太子大臣固爭莫能得上以留侯策止而昌庭爭之強上問其說昌爲人吃（師古曰吃言之難也音訖）又盛怒曰臣口不能言然臣期期知其不可陛下欲廢太子臣期期不奉詔（師古曰以口吃故每重言期期）上欣然而笑即罷呂后側耳於東箱聽（師古曰正寢之東西室皆曰箱言似箱篋之形）見昌爲跪謝曰微君太子幾廢（師古曰微無也幾音鉅依反）是後戚姬子如意爲趙王年十歲高祖憂萬歲

之後不全也趙堯爲符璽御史趙人方與公孟康曰方與縣名公其號也師古曰音房豫謂御史大夫周昌曰君之史趙堯年雖少然奇士君必異之是且代君之位昌笑曰堯年少刀筆吏耳何至是乎居頃之堯侍高祖高祖獨心不樂悲歌羣臣不知上所以然堯進請問曰陛下所爲不樂非以趙王年少而戚夫人與呂后有隙備萬歲之後而趙王不能自全乎高祖曰我私憂之不知所出師古曰不知計所出堯曰陛下獨爲趙王置貴彊相及呂后太子羣臣素所敬憚者乃可高祖曰然吾念之欲如是而羣臣誰可者堯曰御史大夫

昌其人堅忍伉直自呂后太子及大臣皆素嚴憚之獨昌可高祖曰善於是召昌謂曰吾固欲煩公師古曰固必也言必欲勞煩公公彊爲我相趙師古曰彊音其兩反次下亦同昌泣曰臣初起從陛下陛下獨柰何中道而棄之於諸侯乎高祖曰吾極知其左遷師古曰是時尊右而卑左故謂貶秩位爲左遷他皆類此然吾私憂趙念非公無可者公不得已彊行師古曰已止也於是徙御史大夫昌爲趙相既行久之高祖持御史大夫印弄之曰誰可以爲御史大夫者孰視堯曰無以易堯師古曰言堯可爲之餘人不能勝也易代也遂拜堯爲御史大夫堯亦前有軍功食邑及以御史大夫從擊陳豨有功

封爲江邑侯高祖崩太后使使召趙王其相昌令王稱疾不行使者三反昌曰高帝屬臣趙王師古曰屬委也音之欲反王年少竊聞太后怨戚夫人欲召趙王幷誅之臣不敢遣王王且亦疾不能奉詔太后怒迺使使召趙相相至謁太后太后罵昌曰爾不知我之怨戚氏乎而不遣趙王昌既徵高后使使召趙王王果來至長安月餘見鴆殺昌謝病不朝見三歲而薨謚曰悼侯傳子至孫意有罪國除景帝復封昌孫左車爲安陽侯有罪國除初趙堯既代周昌爲御史大夫高祖崩事惠帝終世高后元年怨堯前

定趙王如意之畫師古曰畫謂畫策令周昌爲相乃抵堯罪以廣阿侯任敖爲御史大夫任敖沛人也少爲獄吏高祖嘗避吏吏繫呂后遇之不謹任敖素善高祖怒擊傷主呂后吏及高祖初起敖以客從爲御史守豐二歲高祖立爲漢王東擊項羽敖遷爲上黨守陳豨反敖堅守封爲廣阿侯食邑千八百戶高后時爲御史大夫三歲免孝文元年薨謚曰懿侯傳子至曾孫越人坐爲太常廟酒酸不敬國除初任敖免平陽侯曹窋代敖爲御史大夫師古曰窋音竹律反高后崩與大臣共誅諸呂後坐事免以淮南相張蒼爲御史大夫蒼與

絳侯等尊立孝文皇帝四年代灌嬰爲丞相漢興二十餘年天下初定公卿皆軍吏蒼爲計相時緒正律曆文穎曰緒尋也謂本其統緒而正之以高祖十月始至霸上故因秦時本十月爲歲首不革師古曰革改也推五德之運以爲漢當水德之時上黑如故吹律調樂入之音聲及以比定律令如淳曰比音比次之比謂五音清濁各有所比不相錯入以定十二律之法令於樂官使長行之或曰比謂比方之比音必履反臣瓚曰謂以比故取類以定法律與條令也師古曰依如氏之說比音頻二反若百工天下作程品如淳曰若順也百工爲器物皆有尺寸斤兩斛斗輕重之宜使得其法此之謂順晉灼曰若豫及之辭師古曰言吹律調音以定法令及百工程品皆取則也若晉說是至於爲丞相卒就之師古曰卒終也就成也故漢家言律曆者本張蒼蒼凡好書無所不觀

前漢傳十二　五　徐真

無所不通而尤邃律曆師古曰邃深也音先遂反蒼德安國侯王陵師古曰以救其死刑故也及貴父事陵陵死後蒼爲丞相洗沐常先朝陵夫人上食然後敢歸家蒼爲丞相十餘年魯人公孫臣上書陳終始五德傳師古曰傳謂傳次也音直戀反言漢土德時其符黃龍見當改正朔易服色事下蒼蒼以爲非是罷之其後黃龍見成紀於是文帝召公孫臣以爲博士草立土德時曆制度張晏曰以秦水德漢土勝之晉灼曰草創始也更元年蒼由此自絀謝病稱老蒼任人爲中候張晏曰所選舉保任也中候官名師古曰蒼有所保舉而其人爲中候之官大爲姦利上以爲讓師古曰用此事責蒼蒼遂病免孝景五年薨諡曰文侯傳

子至孫類有罪國除初蒼父長不滿五尺蒼長八尺餘蒼子復長八尺及孫類長六尺餘蒼免相後口中無齒食乳女子爲乳母師古曰言每就飲之妻妾以百數嘗孕者不復幸年百餘歲迺卒著書十八篇言陰陽律曆事

申屠嘉梁人也以材官蹶張如淳曰材官之多力能腳踏彊弩張之故曰蹶張律有蹶張士師古曰今之弩以手張者曰擘張以足蹋者曰蹶張蹶音厥擘音布麥反從高帝擊項籍遷爲隊率師古曰一隊之率也音所類反從擊黥布爲都尉孝惠時爲淮陽守孝文元年舉故以二千石從高祖者悉以爲關內侯食邑二十四人而嘉食邑五百戶十六年遷

前漢傳十二　六　何立

爲御史大夫張蒼免相文帝以皇后弟竇廣國賢有行欲相之曰恐天下以吾私廣國久念不可而高帝時大臣餘見無可者師古曰見謂見在之人乃以御史大夫嘉爲丞相因故邑封爲故安侯嘉爲人廉直門不受私謁是時太中大夫鄧通方愛幸賞賜累鉅萬文帝常燕飲通家其寵如是是時嘉入朝而通居上旁有怠慢之禮嘉奏事畢因言曰陛下幸愛群臣則富貴之至於朝廷之禮不可以不肅師古曰肅敬也上曰君勿言吾私之師古曰言欲私戒敕之罷朝坐府中嘉爲檄召通詣丞相府師古曰檄木書也長二尺不來且斬通通恐入

言上上曰汝弟往師古曰弟但也吾今使人召若師古曰若亦汝也通
至詣丞相府免冠徒跣頓首謝嘉嘉坐自如師古曰如其故
弗爲禮責曰夫朝廷者高皇帝之朝廷也通小臣
戲殿上大不敬當斬史今行斬之如淳曰嘉語其史令行斬之通
頓首首盡出血不解上度丞相已困通師古曰度音徒各反使
使持節召通而謝丞相此吾弄臣君釋之鄧通既
至爲上泣曰丞相幾殺臣師古曰幾音巨依反嘉爲丞相五歲
文帝崩孝景即位二年鼂錯爲內史貴幸用事諸
法令多所請變更議以適罰侵削諸侯師古曰適讀曰讁而
丞相嘉自絀師古曰絀退也所言不用疾錯錯爲內史門東

出不便更穿一門南出南出者太上皇廟堧垣也
服虔曰宮外垣餘地也如淳曰堧音畏懦之懦師古曰堧音如椽反解在食貨志嘉聞錯穿宗廟垣
爲奏請誅錯客有語錯錯恐夜入宮上謁自歸上
師古曰歸首於天子至朝嘉請誅內史錯上曰錯所穿非眞廟
垣乃外堧垣故冗官居其中師古曰冗謂散輩也如今之散官音如勇反且
又我使爲之錯無罪罷朝嘉謂長史曰吾悔不先
斬錯乃請之師古曰言先斬而後奏爲錯所賣至舍因歐血而
死謚曰節侯傳子至孫臾有罪國除自嘉死後開
封侯陶青桃侯劉舍及武帝時柏至侯許昌平棘
侯薛澤武彊侯莊青翟商陵侯趙周皆以列侯繼

踵齪齪廉謹師古曰齪齪持整之皃也齪音初角反爲丞相備員而已無
所能發明功名著於世者
贊曰張蒼文好律歷爲漢名相師古曰文好律歷猶言名爲好律歷也而
專遵用秦之顓頊歷何哉張晏曰不考經曲專用顓頊歷何哉師古曰何哉何爲其然哉
周昌木强人也師古曰言其强質如木石然强音其兩反任敖以舊德用張晏
曰謂傷廉呂后吏申屠嘉可謂剛毅守節然無術學殆與蕭
曹陳平異矣師古曰殆近也言其識見不如蕭曹等也

張周趙任申屠傳第十二

酈陸朱劉叔孫傳第十三　班固　漢書四十三

秘書監上護軍琅邪縣開國子顏　師古　注

酈食其陳留高陽人也 師古曰食音異其音基 好讀書家貧落魄無衣食業 鄭氏曰魄音薄 應劭曰志行衰惡之貌也 師古曰落魄失業無次也 鄭音是 為里監門然吏縣中賢豪不敢役 師古曰吏及賢者豪者皆不敢使役食其 皆謂之狂生及陳勝項梁等起諸將徇地過高陽者數十人 師古曰徇亦略也音辭峻反 食其聞其將皆握齱好荷禮 應劭曰握齱急促之貌 師古曰荷與苛同苛細也齱音初角反 自用不能聽大度之言食其迺自匿後聞沛公略地陳留郊沛公麾下騎士適食其里中子 服虔曰食其里中子適會作沛公騎士 沛公時時問邑中賢豪騎士歸食其見謂曰吾聞沛公嫚易人有大略此真吾所願從游莫為我先 師古曰先謂紹介也 若見沛公謂曰 師古曰謂告汝也 臣里中有酈生年六十餘長八尺人皆謂之狂生自謂我非狂騎士曰沛公不喜儒 師古曰喜好也音許吏反 諸客冠儒冠來者沛公輒解其冠溺其中 師古曰溺讀曰尿音乃釣反 與人言常大罵未可以儒生說也食其曰第言之 師古曰第但也 騎士從容言食其所戒者 師古曰從音千容反 沛公至高陽傳舍 師古曰傳舍者人所止息前人已去後人復來轉相傳也一音張戀反謂傳置之舍也其義兩通它皆類此 使人召食其食其至入謁沛公方踞牀令兩女子洗 師古曰洗足也音先典反 而見食其食其入即長揖不拜曰足

下欲助秦攻諸侯乎欲率諸侯破秦乎沛公罵曰豎儒 師古曰言其賤劣如僮豎也 夫天下同苦秦久矣故諸侯相率攻秦何謂助秦食其曰必欲聚徒合義兵誅無道秦不宜踞見長者於是沛公輟洗起衣 師古曰輟止也起衣著衣也 延食其上坐謝之食其因言六國從衡時 師古曰從音子容反衡橫也 沛公喜賜食其食問曰計安出食其曰足下起瓦合之卒 師古曰瓦合謂如破瓦之相合雖曰聚合而不齊同 收散亂之兵不滿萬人欲以徑入彊秦此所謂探虎口者也夫陳留天下之衝四通五達之郊也 如淳曰四面往來通之并數中央凡五達也臣瓚曰四通五達言無險阻也 今其城中又多積粟臣知其令 師古曰素與其縣令相知 今請使令下足下 師古曰下降也 即不聽足下舉兵攻之臣為內應於是遣食其往沛公引兵隨之遂下陳留號食其為廣野君食其言弟商使將數千人從沛公西南略地食其嘗為說客馳使諸侯漢三年秋項羽擊漢拔滎陽漢兵遁保鞏楚人聞韓信破趙彭越數反梁地則分兵救之 師古曰救趙及梁 韓信方東擊齊漢王數困滎陽成皋計欲捐成皋以東屯鞏雒以距楚食其因曰臣聞之知天之天者王事可成不知天之天者王事不可成王者以民為天而民以食為天夫敖倉天下轉輸久矣臣聞其下乃有

臧粟甚多楚人拔滎陽不堅守敖倉迺引而東令適卒分守成皋 師古曰適讀曰謫謫卒謂卒之有罪謫者即所謂謫戍 此乃天所以資漢方今楚易取而漢反郤自奪便 師古曰不圖進取是爲自奪便利也郤音丘略反 臣竊以爲過矣且兩雄不俱立楚漢久相持不決百姓騷動海內搖蕩農夫釋耒紅女下機 師古曰耒手耕曲木也音盧對反紅讀曰工 天下之心未有所定也願足下急復進兵收取滎陽據敖庾之粟 師古曰敖庾即敖倉 塞成皋之險杜太行之道 師古曰太行山名在河內野王之北上黨之南行音胡剛反 距飛狐之口 如淳曰上黨壺關也臣瓚曰飛狐在代郡西南師古曰瓚說是壺關無飛狐之名 守白馬之津以示諸侯形制之勢 師古曰以地形而制服 則天下知所歸矣方今燕趙

以定唯齊未下今田廣據千里之齊田閒將二十萬之衆軍於歷城諸田宗彊負海岱阻河濟 師古曰負背也岱泰山也 南近楚齊人多變詐足下雖遣數十萬師未可以歲月破也臣請得奉明詔說齊王使爲漢而稱東藩上曰善迺從其畫復守敖倉而使食其說齊王曰王知天下之所歸乎曰不知也曰知天下之所歸則齊國可得而有也若不知天下之所歸即齊國未可保也齊王曰天下何歸食其曰天下歸漢齊王曰先生何以言之曰漢王與項王戮力西面擊秦約先入咸陽者王之項王背約不與而

王之漢中項王遷殺義帝漢王起蜀漢之兵擊三秦出關而責義帝之負處收天下之兵立諸侯之後降城即以侯其將得賂則以分其士與天下同其利豪英賢材皆樂爲之用諸侯之兵四面而至蜀漢之粟方船而下 師古曰方並也 項王有背約之名殺義帝之負於人之功無所記於人之罪無所忘 師古曰言項羽吝爵賞而念舊惡 戰勝而不得其賞拔城而不得其封非項氏莫得用事 師古曰言唯任同姓之親 爲人刻印玩而不能授 孟康曰刓斷無復廉鍔也臣瓚曰項羽吝於爵賞玩惜侯印不能以封人師古曰韓信傳作刓此作玩其義各通孟說非也 攻城得賂積財而不能賞天下畔之賢材怨之而莫爲之

用故天下之士歸於漢王可坐而策也夫漢王發蜀漢定三秦涉西河之外援上黨之兵 師古曰援引也音爰 下井陘誅成安君破北魏 師古曰謂魏豹也梁地既有魏名故謂此爲北 舉三十二城此黃帝之兵非人之力天之福也今已據敖庾之粟塞成皋之險守白馬之津杜太行之阸距飛狐之口天下後服者先亡矣王疾下漢王齊國社稷可得而保也不下漢王危亡可立而待也田廣以爲然迺聽食其罷歷下兵守戰備與食其日縱酒 師古曰縱意而飲酒 韓信聞食其馮軾下齊七十餘城 師古曰馮讀曰憑憑據也軾車前橫板隆起者也云憑軾者言但安坐乘車而遊說不用兵衆 迺夜度兵平原襲齊

齊王田廣聞漢兵至以爲食其賣己(師古曰言其與韓信通謀)迺亨食其引兵走漢十二年曲周侯酈商以丞相將兵擊黥布有功高祖舉功臣思食其食其子疥(師古曰疥音介)數將兵上以其父故封疥爲高梁侯後更食武陽卒子遂嗣三世侯平有罪國除

陸賈楚人也以客從高祖定天下名有口辯(師古曰時人皆謂其口辯)居左右常使諸侯時中國初定尉佗平南越因王之(師古曰佗音徒河反)高祖使賈賜佗印爲南越王賈至尉佗魋結箕踞見賈(服虔曰魋音椎今兵士椎頭髻也師古曰結讀曰髻椎髻者一撮之髻其形如椎箕踞謂伸其兩脚而坐亦曰箕踞其形似箕)賈因說佗曰足下中國人親戚昆弟墳

墓在眞定今足下反天性棄冠帶(師古曰背父母之國無骨肉之恩是反天性也)欲以區區之越與天子抗衡爲敵國(師古曰區區小貌)禍且及身矣夫秦失其正諸侯豪桀並起(師古曰正亦政也)唯漢王先入關據咸陽項籍背約自立爲西楚霸王諸侯皆屬可謂至彊矣然漢王起巴蜀鞭笞天下劫諸侯遂誅項羽五年之閒海內平定此非人力天之所建也天子聞君王王南越而不助天下誅暴逆將相欲移兵而誅王天子憐百姓新勞苦且休之遣臣授君王印剖符通使君王宜郊迎北面稱臣(師古曰郊迎謂出郊而迎)乃欲以新造未集之越(師古曰集猶成也)屈强於此(師古曰屈音其勿反屈强謂不柔服也)漢誠聞之掘燒君王先人冢墓夷種宗族(師古曰夷平也謂平除其種族)使一偏將將十萬衆臨越即越殺王降漢如反覆手耳(師古曰言其易)於是佗迺蹶然起坐(師古曰蹶然驚起之貌也蹶音厥)謝賈曰居蠻夷中久殊失禮義因問賈曰我孰與蕭何曹參韓信賢(師古曰與如也)賈曰王似賢也復問曰我孰與皇帝賢賈曰皇帝起豐沛討暴秦誅彊楚爲天下興利除害繼五帝三王之業統天下理中國中國之人以億計地方萬里居天下之膏腴人衆車輿萬物殷富政由一家自天地剖判未始有也(師古曰言自開闢以來未嘗有也)今王衆不過數萬

皆蠻夷崎嶇山海閒(師古曰崎音丘宜反嶇音區)譬若漢一郡王何乃比於漢佗大笑曰吾不起中國故王此使我居中國何遽不若漢(師古曰言有何迫促而不如漢也遽音其庶反)迺大說賈(師古曰說讀曰悅謂愛悅之)留與飲數月曰越中無足與語至生來令我日聞所不聞(師古曰言素所不聞者日聞之)賜賈橐中裝直千金(張晏曰珠玉之寶也裝裹也如淳曰明月珠之屬也師古曰有底曰囊無底曰橐言其寶物質輕而價重可入囊橐以齎行故曰橐中裝也)它送亦千金(蘇林曰非橐中物故曰它送也師古曰它猶餘也)賈卒拜佗爲南越王令稱臣奉漢約歸報高帝大說(師古曰說讀曰悅)拜賈爲太中大夫賈時時前說稱詩書高帝罵之曰乃公居馬上得之安事詩書賈曰馬上得之寧可以馬

上治乎且湯武逆取而以順守之文武竝用長久之術也昔者吳王夫差智伯極武而亡（師古曰夫差吳王闔閭子也好用兵卒爲越所滅智伯晉卿荀瑤也貪而好勝率韓魏共攻趙襄子襄子與韓魏約反而滅之夫音扶差音楚宜反）秦任刑法不變卒滅趙氏（鄭氏曰秦之先造父封於趙城其後以爲姓張晏曰莊襄王爲質於趙還爲太子遂稱趙氏師古曰據秦本紀鄭說是）鄉使秦以幷天下行仁義法先聖陛下安得而有之（師古曰鄉讀曰嚮嚮安爲也）高帝不懌（師古曰懌和樂也）有慙色謂賈曰試爲我著秦所以失天下吾所以得之者及古成敗之國（師古曰著明也謂作書明言之）賈凡著十二篇每奏一篇高帝未嘗不稱善左右呼萬歲稱其書曰新語（師古曰其書今見存）孝惠時呂太后用事欲王諸呂畏大臣及有口者（師古曰有口謂辯士）賈自度不能爭之（師古曰度音徒各反）迺病免以好畤田地善往家焉（師古曰好畤即今雍州好畤縣）有五男乃出所使越橐中裝賣千金分其子子二百金令爲生產賈常乘安車駟馬從歌鼓瑟侍者十人寶劒直百金謂其子曰與女約過女女給人馬酒食極欲十日而更（師古曰又改向一子處）所死家得寶劒車騎侍從者一歲中以往來過它客率不過再過（師古曰非徒至諸子所又往來經過佗處爲賓客率計一歲之中每子不過再過至也上過音工禾反）數擊鮮毋久溷女爲也（服虔曰鮮厚也吾常行數擊新美食不久厚汝也師古曰鮮謂新殺之肉也溷亂也言我至之時汝宜數數擊殺牲牢與我鮮食我不久住亂累汝也數音所角反溷音下困反）呂太后時王諸呂諸呂擅權欲劫少主

危劉氏右丞相陳平患之力不能爭恐禍及己平常燕居深念（師古曰念思也以國家不安故靜居獨處思其方策）賈往不請直入坐（師古曰言不因門人將命而徑入自坐）陳平方念不見賈（師古曰思慮之際故不覺賈至）賈曰何念深也平曰生揣我何念（孟康曰揣度也韋昭曰揣音初委反）賈曰足下位爲上相食三萬戶侯可謂極富貴無欲矣然有憂念不過患諸呂少主耳陳平曰然爲之柰何賈曰天下安注意相天下危注意將將相和則士豫附（師古曰豫素也）士豫附天下雖有變則權不分權不分爲社稷計在兩君掌握耳臣常欲謂太尉絳侯絳侯與我戲易吾言（師古曰言絳侯與我相戲狎輕易其言耳）君何不交驩太尉深相結爲陳平畫呂氏數事平用其計乃以五百金爲絳侯壽厚具樂飲太尉（師古曰厚爲共具而與太尉樂飲）太尉亦報如之兩人深相結呂氏謀益壞陳平乃以奴婢百人車馬五十乘錢五百萬遺賈爲食飲費賈以此游漢廷公卿閒（師古曰廷謂朝廷）名聲籍甚（孟康曰言狼籍甚盛）及誅呂氏立孝文賈頗有力孝文即位欲使人之南越丞相平乃言賈爲太中大夫往使尉佗去黃屋稱制（師古曰黃屋謂車上之蓋也黃屋及稱制皆天子之儀故令去之）令比諸侯皆如意指語在南越傳陸生竟以壽終

朱建楚人也故嘗爲淮南王黥布相有罪去後復

事布布欲反時問建建諫止之布不聽聽梁父侯遂反（如淳曰遂者布臣也臣瓚曰布用梁甫侯之計而遂反師古曰瓚說是也）漢既誅布聞建諫之高祖賜建號平原君家徙長安為人辯有口刻廉剛直行不苟合義不取容辟陽侯行不正得幸呂太后（師古曰審食其）欲知建（師古曰欲與相知）建不肯見及建母死貧未有以發喪方假貸服具（師古曰貸音土得反）陸賈素與建善乃見辟陽侯賀曰平原君母死辟陽侯曰平原君母死何乃賀我陸生曰前日君侯欲知平原君平原君義不知君以其母故（張晏曰相知當同恤災危以母在故義不知君也）今其母死君誠厚送喪則彼為君死矣辟陽侯迺奉

前漢傳十三　九　眉式

百金稅（師古曰贈終者之衣被曰稅言以百金為衣被之具稅音式芮反其字從衣）列侯貴人以辟陽侯故往賻凡五百金（師古曰布帛曰賻）久之人或毀辟陽侯惠帝大怒下吏欲誅之太后慙不可言（師古曰不可自言之）大臣多害辟陽侯行欲遂誅之辟陽侯困急使人欲見建建辭曰獄急不敢見君建乃求見孝惠幸臣閎籍孺（師古曰佞幸傳云高祖時則有籍孺孝惠有閎孺斯則二人皆名為孺而姓各別今此云閎籍孺誤剩籍字後人所妄加耳）說曰君所以得幸帝天下莫不聞（師古曰言不以材德進）今辟陽侯幸太后而下吏（師古曰下音胡嫁反他皆類此）道路皆言君讒欲殺之今日辟陽侯誅且日太后含怒亦誅君君何不肉袒為辟陽侯言帝（師古曰肉袒謂脫其衣袖而見肉肉袒者自挫辱之甚冀見哀憐）帝聽

君出辟陽侯太后大驩兩主俱幸君君富貴益倍矣於是閎籍孺大恐從其計言帝帝果出辟陽侯辟陽侯之囚欲見建建不見辟陽侯以為背之大怒及其成功出之大驚呂太后崩大臣誅諸呂辟陽侯於諸呂至深（如淳曰辟陽侯與諸呂相親信為罪宜誅者至深也師古曰直言辟陽侯與諸呂相知情義至深重耳如說非也）卒不誅計畫所以全者皆陸生平原君之力也孝文時淮南厲王殺辟陽侯以黨諸呂故孝文聞其客朱建為其策使吏捕欲治聞吏至門建欲自殺諸子及吏皆曰事未可知何自殺為建曰我死禍絕不及乃身矣（師古曰乃汝也）遂自剄文帝聞

前漢傳十三　十　陳慧

而惜之曰吾無殺建意也迺召其子拜為中大夫使匈奴單于無禮罵單于遂死匈奴中

婁敬齊人也漢五年戍隴西過雒陽高帝在焉敬脫輓輅（蘇林曰輅音凍洛之洛一木橫遮車前二人挽之一人推之孟康曰輅音胡格反師古曰二音同聲也）見齊人虞將軍曰臣願見上言便宜虞將軍欲與鮮衣敬曰臣衣帛衣帛見（師古曰衣著也帛謂繒也）衣褐衣褐見（師古曰此褐謂織毛布之衣）不敢易衣虞將軍入言上上召見賜食已而問敬敬說曰陛下都雒陽豈欲與周室比隆哉上曰然敬曰陛下取天下與周異周之先自后稷堯封之邰（師古曰邰邑名也即今武功故城是其處音吐材反）積德絫善十餘世（師古曰絫古累字）公劉避桀居豳

大王以狄伐故去豳杖馬箠去居岐師古曰箠馬策也杖謂柱之也云杖馬箠
者以示無所攜持也箠音止蘂反國人爭歸之及文王爲西伯斷虞芮
訟文穎曰二國爭田見文王之德而自和也師古曰虞今虞州是也芮今芮城縣是也始受命呂望伯夷自
海濱來歸之師古曰濱涯也音賓又音頻武王伐紂不期會孟津上
八百諸侯遂滅殷成王即位周公之屬傅相焉迺
營成周都雒以爲此天下中師古曰中音竹仲反諸侯四方納
貢職道里鈞矣有德則易以王無德則易以亡凡
居此者欲令務以德致人不欲阻險令後世驕奢
以虐民也及周之衰分而爲二師古曰謂東周君西周君天下莫
朝周周不能制非德薄形勢弱也今陛下起豐沛

前漢傳十三　十二　沈成

收卒三千人以之徑往卷蜀漢定三秦與項籍戰
滎陽大戰七十小戰四十使天下之民肝腦塗地
父子暴骸中野不可勝數哭泣之聲不絕傷夷者
未起師古曰夷創也音痍而欲比隆成康之時臣竊以爲不侔
矣師古曰侔等也且夫秦地被山帶河四塞以爲固卒然有
急百萬之衆可具師古曰卒讀曰猝因秦之故資甚美膏腴
之地此所謂天府師古曰府聚也萬物所聚陛下入關而都之山
東雖亂秦故地可全而有也夫與人鬬不搤其亢
拊其背未能全勝張晏曰亢喉嚨也師古曰搤與扼同謂捉持之也亢音岡又音下郎反今陛
下入關而都按秦之故此亦搤天下之亢而拊其

背也高帝問羣臣羣臣皆山東人爭言周王數百
年秦二世則亡不如都周上疑未能決及留侯明
言入關便即日駕西都關中於是上曰本言都秦
地者婁敬婁者劉也賜姓劉氏拜爲郎中號曰奉
春君張晏曰春歲之始以其首勸都關中漢七年韓王信反高帝自往
擊至晉陽聞信與匈奴欲擊漢上大怒使人使匈
奴匈奴匿其壯士肥牛馬師古曰匿藏也徒見其老弱及羸
畜使者十輩來皆言匈奴易擊上使劉敬復往使
匈奴還報曰兩國相擊此宜夸矜見所長師古曰見示也今
臣往徒見羸胔老弱師古曰胔音漬謂死者之肉也一說胔讀曰瘠瘠瘦也此必欲

前漢傳十三　十二　沈成

見短伏奇兵以爭利愚以爲匈奴不可擊也是時
漢兵以踰句注三十餘萬衆師古曰句注山名在鴈門兵已業行
上怒罵敬曰齊虜以舌得官迺今妄言沮吾軍師古
曰沮謂止壞也音材汝反械繫敬廣武師古曰械謂桎梏也廣武縣名屬鴈門遂往至平城
匈奴果出奇兵圍高帝白登七日然後得解高帝
至廣武赦敬曰吾不用公言以困平城吾已斬先
使十輩言可擊者矣迺封敬二千戶爲關內侯號
建信侯高帝罷平城歸韓王信亡入胡當是時冒
頓單于兵彊控弦四十萬騎師古曰控引也謂皆引弓也音口弄反數苦
北邊上患之問敬敬曰天下初定士卒罷於兵革

師古曰罷讀曰疲未可以武服也冒頓殺父代立妻羣母以
力爲威未可以仁義說也獨可以計久遠子孫爲
臣耳然陛下恐不能爲上曰誠可何爲不能顧爲
柰何師古曰顧思念也敬曰陛下誠能以適長公主妻單于
師古曰適讀曰嫡謂皇后所生厚奉遺之彼知漢女送厚蠻夷必慕以
爲閼氏生子必爲太子代單于何者貪漢重幣陛
下以歲時漢所餘彼所鮮數問遺師古曰鮮少也問遺謂餉饋之也鮮音息
善反遺音弋季反使辯士風諭以禮節師古曰風讀曰諷冒頓在固爲
子壻死外孫爲單于豈曾聞孫敢與大父亢禮哉
可毋戰以漸臣也若陛下不能遣長公主而令宗

室及後宮詐稱公主彼亦知不肯貴近無益也師古
曰近音其靳反高帝曰善欲遣長公主呂后泣曰妾唯以
一太子一女師古曰言唯以此自慰柰何棄之匈奴上竟不能
遣長公主而取家人子爲公主妻單于師古曰於外庶人之家取
女而名之爲公主使敬往結和親約敬從匈奴來因言匈奴
河南白羊樓煩王張晏曰白羊匈奴國名也去長安近者七百里
輕騎一日一夕可以至師古曰言匈奴欲來爲寇者秦中新破師古曰秦中謂
關中故秦地也新破謂經兵革之後未殷實少民地肥饒可益實夫諸侯初起
時非齊諸田楚昭屈景莫與師古曰皆二國之王族今陛下雖
都關中實少人北近胡寇東有六國彊族一日有

變陛下亦未得安枕而卧也臣願陛下徙齊諸田
楚昭屈景燕趙韓魏後及豪桀名家居關中無
事可以備胡諸侯有變亦足率以東伐此彊本弱
末之術也上曰善乃使劉敬徙所言關中十餘萬
口師古曰今高陵櫟陽諸田華陰好畤諸景及三輔諸屈諸懷尚多皆此時所徙
叔孫通薛人也晉灼曰楚漢春秋名何師古曰薛縣名屬魯國秦時以文學徵
待詔博士師古曰於博士中待詔數歲陳勝起二世召博士諸
儒生問曰楚戍卒攻蘄入陳於公何如博士諸生
三十餘人前曰人臣無將將則反罪死無赦臣瓚曰將
謂爲逆亂也師古曰將有其意願陛下急發兵擊之二世怒作色師古

曰不許其言陳勝爲反作色謂變動其色通前曰諸生言皆非夫天下爲一
家毀郡縣城鑠其兵視天下弗復用師古曰鑠銷也視讀曰示且
明主在上法令具於下吏人人奉職四方輻輳師古
曰輳聚也言如車輻之聚於轂也字或作湊並音千豆反安有反者此特羣盜鼠竊狗
盜師古曰如鼠之竊如狗之盜何足置齒牙閒哉郡守尉今捕誅何
足憂二世喜盡問諸生諸生或言反或言盜於是
二世令御史按諸生言反者下吏非所宜言諸生
言盜者皆罷之乃賜通帛二十疋衣一襲師古曰一襲上下皆
具也今人呼爲一副也拜爲博士通已出反舍師古曰還其所居也諸生曰生
何言之諛也通曰公不知我幾不免虎口師古曰幾音鉅依反

迺亡去之薛薛已降楚矣及項梁之薛通從之敗
定陶從懷王懷王爲義帝徙長沙留事項王漢二
年漢王從五諸侯入彭城通降漢王通儒服漢王
憎之迺變其服服短衣楚製師古曰製謂裁衣之形製漢王喜通
之降漢從弟子百餘人然無所進剸言諸故羣盜
壯士進之師古曰剸與專同又音之兗反此則言專聲之急上者耳弟子皆曰事先生數
年幸得從降漢今不進臣等剸言大猾何也師古曰狡猾之
人通迺謂曰漢王方蒙矢石爭天下師古曰蒙猶被也冒也諸
生寧能鬭乎故先言斬將搴旗之士師古曰搴拔取音騫諸生
且待我我不忘矣漢王拜通爲博士号稷嗣君張晏

曰后稷佐唐欲令復如之漢王已并天下諸侯共尊爲皇帝於定陶
通就其儀號師古曰就成也高帝悉去秦儀法爲簡易羣臣
飲爭功醉或妄呼師古曰呼音火故反拔劍擊柱上患之通知
上益饜之說上曰夫儒者難與進取可與守成臣
願徵魯諸生與臣弟子共起朝儀高帝曰得無難
乎通曰五帝異樂三王不同禮禮者因時世人情
爲之節文者也故夏殷周禮所因損益可知者謂
不相復也師古曰復重也因也音扶目反臣願頗采古禮與秦儀雜就
之上曰可試爲之令易知度吾所能行爲之師古曰度音徒
各反於是通使徵魯諸生三十餘人師古曰通爲使者而徵諸生魯有

兩生不肯行曰公所事者且十主皆面諛親貴今
天下初定死者未葬傷者未起又欲起禮樂禮樂
所由起百年積德而後可興也師古曰言行德教百年然後可定禮樂也吾
不忍爲公所爲公所爲不合古吾不行公往矣毋
汙我通笑曰若眞鄙儒不知時變師古曰若汝也鄙言不通遂與
所徵三十人西師古曰西入關及上左右爲學者師古曰左右謂近臣也爲
學謂素有學術與其弟子百餘人爲緜蕞野外應劭曰立竹及茅索營之習禮儀其
中也如淳曰謂以茅翦樹地爲纂位尊卑之次也春秋傳曰置茅蕝師古曰蕞與蕝同並子悅反如說是習之月餘通
曰上可試觀上使行禮曰吾能爲此迺令羣臣習
肄師古曰肄亦習也音弋二反會十月漢七年長樂宮成諸侯羣臣

朝十月師古曰適會七年十月而長樂宮新成也漢時尚以十月爲正月故行朝歲之禮史家追書十月儀師古曰欲
敘其下儀法先言儀如此也先平明師古曰未平明之前謁者治禮引以次入殿
門廷中陳車騎戍卒衞官設兵張旗志師古曰志與幟同音式餌反
傳曰趨師古曰傳聲教入者皆令趨謂疾行爲敬也殿下郎中俠陛陛數百人
師古曰俠與挾同挾其兩旁每陛皆數百人也功臣列侯諸將軍軍吏以次陳西
方東鄉文官丞相以下陳東方西鄉師古曰鄉讀皆曰嚮大行
設九賓臚句傳蘇林曰上傳語告下爲臚下告上爲句也韋昭曰大行掌賓客之禮今之鴻臚也九賓則周禮
九儀也謂公侯伯子男孤卿大夫士也師古曰臚音盧於是皇帝輦出房百官執戟
傳警師古曰傳聲而唱警引諸侯王以下至吏六百石以次奉
賀自諸侯王以下莫不震恐肅敬至禮畢盡伏置

法酒師古曰法酒者猶言禮酌謂不飲之至醉諸侍坐殿上皆伏抑首師古曰抑屈也
謂依禮法不敢平坐而視以尊卑次起上壽觴九行謁者言罷酒
御史執法舉不如儀者輒引去竟朝置酒無敢讙
譁失禮者於是高帝曰吾迺今日知爲皇帝之貴
也拜通爲奉常師古曰解在百官公卿表後改爲太常也賜金五百斤通因
進曰諸弟子儒生隨臣久矣與共爲儀願陛下官
之高帝悉以爲郎通出皆以五百金賜諸生諸生
迺喜曰叔孫生聖人知當世務九年高帝徙通爲
太子太傅十二年高帝欲以趙王如意易太子通
諫曰昔者晉獻公以驪姬故廢太子立奚齊晉國

前漢傳十三　十七　楊琪

亂者數十年爲天下笑秦以不早定扶蘇胡亥詐
立自使滅祀此陛下所親見今太子仁孝天下皆
聞之呂后與陛下攻苦食啖如淳曰食無菜茹爲啖師古曰啖當作淡淡謂無味之食也
言共攻擊勤苦之事而食無味之食也淡音大敢反其可背哉陛下必欲廢適而立
少師古曰適讀曰嫡臣願先伏誅以頸血汙地高帝曰公罷
矣吾特戲耳師古曰特但也通曰太子天下本本壹搖天下
震動柰何以天下戲高帝曰吾聽公及上置酒見
留侯所招客從太子入見上遂無易太子志矣高
帝崩孝惠即位迺謂通曰先帝園陵寢廟羣臣莫
習徒通爲奉常師古曰又重爲之也定宗廟儀法及稍定漢諸

儀法皆通所論著也惠帝爲東朝長樂宮孟康曰朝太后於長
樂宮及間往師古曰非大朝時中間小謁見數蹕煩民師古曰妨其往來也作復道方
築武庫南如淳曰作復道方始築武庫南也師古曰復音方目反通奏事因請間師古
曰請空隙之時不欲對衆言之曰陛下何自築復道高帝寢衣冠月出
游高廟服虔曰持高廟中衣月旦以游於衆廟已而復之應劭曰月旦出高帝衣冠備法駕名曰游衣冠如淳曰高祖之衣冠藏
在宮中之寢三月出游其道正值今之所作復道下故言乘宗廟道上行也晉灼曰黃圖高廟在長安城門街東寢在桂宮北服言衣藏於廟
中如言官中皆非也師古曰諸家之說皆未允也謂從高帝陵寢出衣冠游於高廟每月一爲之漢制則然而後之學者不曉其意謂以月出
之時而夜游衣冠失之遠也子孫柰何乘宗廟道上行哉惠帝懼曰
急壞之通曰人主無過舉師古曰舉事不當有過失今已作百姓
皆知之矣願陛下爲原廟師古曰原重也先以有廟今更立之故云重也渭北

前漢傳十三　十八　楊琪

衣冠月出游之益廣宗廟大孝之本上乃詔有司
立原廟惠帝常出游離宮通曰古者有春嘗菓方
今櫻桃孰可獻師古曰禮記曰仲夏之月羞以含桃先薦寢廟即此櫻桃也今所謂朱櫻者是也櫻音於耕反
願陛下出因取櫻桃獻宗廟上許之諸菓獻由此興
贊曰高祖以征伐定天下而縉紳之徒騁其知辯
師古曰縉紳儒者之服也解在郊祀志並成大業語曰廊廟之材非一木
之枝帝王之功非一士之略師古曰此語本出慎子信哉劉敬
脫輓輅而建金城之安叔孫通舍枹鼓而立一王
之儀師古曰枹者鼓椎所以擊鼓也舍枹鼓者言新罷戰陣之事別創漢代之禮故云一王之儀也枹音桴其字從木遇
其時也酈生自匿監門待主然後出猶不免鼎鑊

師古曰鼎大而無足曰鑊音胡郭反朱建始名廉直既距辟陽不終其節亦以喪身陸賈位止大夫致仕諸呂師古曰以諸呂僭差託病歸家不受憂責從容平勃之間師古曰謂和輯陳平周勃以安漢朝也從音七容反附會將相以彊社稷身名俱榮其最優乎

酈陸朱劉叔孫傳第十三

淮南衡山濟北傳第十四 班固 漢書四十四

秘書監上護軍琅邪縣開國子顏師古注

淮南厲王長高帝少子也其母故趙王張敖美人高帝八年從東垣過趙趙王獻美人厲王母也幸有身趙王不敢內宮師古曰不敢更內之於宮中為築外宮舍之師古曰舍止也及貫高等謀反事覺并逮治王盡捕王母兄弟美人繫之河內厲王母亦繫告吏曰日得幸上有子師古曰日謂往日吏以聞上方怒趙未及理厲王母厲王母弟趙兼因辟陽侯言呂后呂后妒不肯白辟陽侯不強爭厲王母已生厲王恚即自殺吏奉厲王詣上上悔師古曰悔不理其母令呂后母之而葬其母真定真定厲王母家縣也十一年淮南王布反上自將擊滅布即立子長為淮南王王早失母常附呂后孝惠呂后時以故得幸無患然常心怨辟陽侯不敢發及孝文初即位自以為最親師古曰時高帝子唯二人在驕蹇師古曰蹇謂不順也數不奉法上寬赦之三年入朝甚橫師古曰橫音胡孟反從上入苑獵與上同輦常謂上大兄厲王有材力力扛鼎師古曰扛舉也音江乃往請辟陽侯辟陽侯出見之即自褏金椎椎之師古曰褏古袖字也謂以金椎藏置褏中出而椎之命從者刑之如淳曰刻其形體備五刑也師古曰直斷其首非五刑也事見史記馳詣闕下肉袒而謝曰臣

母不當坐趙時辟陽侯力能得之呂后不爭罪一
也趙王如意子母無罪呂后殺之辟陽侯不爭罪
二也呂后王諸呂欲以危劉氏辟陽侯不爭罪三
也臣謹爲天下誅賊報母之仇伏闕下請罪文帝
傷其志爲親故不治赦之當是時自薄太后及太
子諸大臣皆憚厲王厲王以此歸國益恣不用漢
法出入警蹕稱制自作法令數上書不遜順師古曰數音所
角反文帝重自切責之如淳曰重難也時帝舅薄昭爲將軍尊
重上令昭予厲王書諫數之曰師古曰數音所具反竊聞大王
剛直而勇慈惠而厚貞信多斷是天以聖人之資

奉大王也甚盛不可不察今大王所行不稱天資
皇帝初即位易侯邑在淮南者晉灼曰侯邑在淮南者更易以它郡地封之不
欲使錯在王國太王不肯皇帝卒易之師古曰卒終也使大王得三縣
之實甚厚大王以未嘗與皇帝相見求入朝見未
畢昆弟之歡師古曰畢盡也而殺列侯以自爲名皇帝不使
吏與其間師古曰與讀曰豫謂不令吏干豫治其事赦大王甚厚漢法二千石
缺輒言漢補大王逐漢所置而請自置相二千石
皇帝骫天下正法而許大王甚厚蘇林曰不從正法聽王自置二千石師古
曰骫古委字骫謂曲也大王欲屬國爲布衣守冢眞定師古曰屬謂委棄之也音
之欲反皇帝不許使王母失南面之尊甚厚師古曰毋失不失也南面

之尊謂王位也大王宜日夜奉法度修貢職以稱皇帝之厚
德今迺輕言恣行以負謗於天下甚非計也夫大
王以千里爲宅居以萬民爲臣妾此高皇帝之厚
德也高帝蒙霜露沬風雨師古曰沬亦頮字也蒙冒也沬洗面也音胡內反字從午未之末
赴矢石野戰攻城身被創痍師古曰痍音夷以爲子孫成萬
世之業艱難危苦甚矣大王不思先帝之艱苦日
夜怵惕脩身正行養犧牲豐粢盛奉祭祀以無忘
先帝之功德而欲屬國爲布衣甚過且夫貪讓國
土之名輕廢先帝之業不可以言孝父爲之基而
不能守不賢不求守長陵而求之眞定先母後父

不誼數逆天子之令不順言節行以高兄無禮鄭氏
曰淮南王呼帝爲大兄也師古曰鄭説非也謂請守母冢自爲名節而表異行用此矜高於兄耳幸臣有罪大者
立斷小者肉刑不仁師古曰斷謂斬也貴布衣一劍之任賤
王侯之位不知不學問大道觸情妄行不祥師古曰任情意
所欲則行之妄行音下更反此八者危亡之路也而大王行之棄南
面之位奮諸賁之勇應劭曰吳專諸衛孟賁也師古曰賁音奔常出入危亡
之路臣之所見高皇帝之神必不廟食於大王之
手明白昔者周公誅管叔放蔡叔以安周齊桓殺
其弟以反國韋昭曰子糾兄也言弟者諱也秦始皇殺兩弟遷其母以
安秦應劭曰始皇母與嫪毐私通生二子毐覺誅毐幷殺二弟遷其母於咸陽宮也頃王亡代高帝奪

之國以便事 應劭曰頃王高帝兄仲也匈奴入代不能守走歸京師高帝奪其國退爲郃陽侯以便國法也師古曰便音頻面反 濟北舉兵皇帝誅之以安漢 應劭曰濟北王興居與大臣共誅諸呂自以功大怨其賞薄故反 故周齊行之於古秦漢用之於今大王不察古今之所以安國便事而欲以親戚之意望於大上不可得也 如淳曰大上天子也 亡之諸侯游宦事人及舍匿者論皆有法 師古曰舍匿謂容止而藏隱也 其在王所吏主者坐 師古曰言各有所主而坐其罪 今諸侯子爲吏者御史主 如淳曰主御史也自此以下至縣令主皆謂王官屬 爲軍吏者中尉主客出入殿門者衛尉大行主諸從蠻夷來歸誼及以亡名數自占者内史縣令主相欲委下吏無與其禍不可得也 師古曰言諸侯王之

相欲委罪於在下小吏而身不干豫之不可得也與讀曰豫 王若不改漢繫大王邸論相以下爲之柰何夫墮父大業退爲布衣所哀 師古曰墮毀也布衣貧賤之人王既伏法則貧賤之人反哀憐之墮音火規反 幸臣皆伏法而誅爲天下笑以羞先帝之德 師古曰羞辱也 甚爲大王不取也宜急改操易行上書謝罪曰臣不幸早失先帝少孤呂氏之世未嘗忘死 服虔曰常恐畏死也 陛下即位臣怙恩德驕盈行多不軌 師古曰軌法也 追念辠過恐懼伏地待誅不敢起皇帝聞之必喜大王昆弟歡欣於上羣臣皆得延壽於下上下得宜海内常安願孰計而疾行之行之有疑禍如發矢不可追已 師古曰發矢喻速也已語終辭 王得書不

說 師古曰說讀曰悅 六年令男子但等七十人與棘蒲侯柴武太子奇謀以輂車四十乘反谷口 孟康曰谷口在長安北故縣也劇多險阻師古曰輂車人輓行以載兵器也 令人使閩越匈奴事覺治之迺使使召淮南王王至長安丞相張蒼典客馮敬行御史大夫事與宗正廷尉雜奏長廢先帝法不聽天子詔居處無度爲黄屋蓋儗天子 師古曰儗比也 擅爲法令不用漢法及所置吏以其郎中春爲丞相收聚漢諸侯人及有罪亡者匿與居爲治家室賜與財物爵禄田宅爵或至關内侯奉以二千石所當得 如淳曰賜亡畔來者如賜其國二千石也臣瓚曰奉畔者以二千石之秩禄也師古曰瓚說是也奉音扶用反 大夫但 張晏曰大夫姓

也上云男子但明其本姓大夫也如淳曰但大夫名也師古曰既曰大夫但又士伍開章明其爲大夫也上言男子但等者揔謂反人耳不妨但爲大夫也 士伍開章等七十人 如淳曰律有罪失官爵稱士伍也開章名 與棘蒲侯太子奇謀反欲以危宗廟社稷謀使閩越及匈奴發其兵事覺長安尉奇等往捕開章長匿不予與故中尉蕑忌謀殺以閉口 師古曰姓蕑名忌蕑音姦助傳作簡字音同耳今流俗書本此蕑字或有作簡者非也蓋後人所改既殺開章所有口語皆無端緒故云閉口 爲棺槨衣衾葬之肥陵 師古曰肥陵地名在肥水之上 謾吏曰不知安在 師古曰謾誑也實葬肥陵誑云不知處謾音慢又音莫連反 又陽聚土樹表其上曰開章死葬此下 師古曰表者竪木爲之若柱形也 及長身自賊殺無罪者一人令吏論殺無罪者六人爲亡命棄市詐捕命者以除罪 晉灼

曰亡命者當棄市而王藏之詐捕不命者而言命以脫命者之罪師古曰爲音于僞反擅罪人無告劾繫治城旦以上十四人赦免罪人死罪十八人城旦舂以下五十八人賜人爵關內侯以下九十四人前日長病陛下心憂之使使者賜棗脯長不肯見拜使者南海民處廬江界中者反淮南吏卒擊之陛下遣使者齎帛五十匹以賜吏卒勞苦者長不欲受賜謾曰無勞苦者南海王織上書獻璧帛皇帝忌擅燔其書不以聞文穎曰忌蕳忌也吏請召治忌長不遣謾曰忌病長所犯不軌當弃市臣請論如法制曰朕不忍置法於王其與列侯吏二千石議列侯

吏二千石臣嬰等四十三人議皆曰宜論如法制曰其赦長死罪廢勿王有司奏請處蜀嚴道邛郵張晏曰嚴道蜀郡縣也邛郵置名也師古曰郵行書之舍音尤遣其子子母從居師古曰子母者所生子之媵妾縣爲築蓋家室皆日三食給薪菜鹽炊食器席蓐師古曰炊器釜鬲之屬食器盂椀之屬制曰食長給肉日五斤師古曰食音飤酒二斗令故美人材人得幸者十人從居師古曰上言子母則有子者令從之今此云美人材人則無子者則亦令從之於是盡誅所與謀者迺遣長載以輜車師古曰輜衣車也音甾令縣次傳爰盎諫曰上素驕淮南王不爲置嚴相傅以故至此且淮南王爲人剛今暴摧折之臣恐其逢霧露病死陛下有殺弟之名柰何上曰吾特苦之耳令復之師古曰暫困苦之令其自悔即追還也復音扶目反淮南王謂侍者曰誰謂乃公勇者吾以驕不聞過故至此迺不食而死縣傳者不敢發車封孟康曰檻車有封也至雍師古曰雍扶風雍縣雍令發之以死聞上悲哭謂爰盎曰吾不從公言卒亡淮南王盎曰淮南王不可柰何願陛下自寬上曰爲之柰何曰獨斬丞相御史以謝天下迺可上即令丞相御史逮諸縣傳淮南王不發封餽侍者師古曰逮追捕之也餽亦饋字耳皆棄市迺以列侯葬淮南王于雍置守冢三十家孝文八年憐淮南王王有子四人年皆七八歲迺封子安爲阜陵

侯子勃爲安陽侯子賜爲陽周侯子良爲東城侯十二年民有作歌歌淮南王曰一尺布尚可縫一斗粟尚可舂兄弟二人不相容孟康曰尺帛斗粟猶尚不弃況於兄弟而更相逐乎臣瓚曰一尺帛可縫而共衣一斗粟可舂而共食況以天下之廣而不相容也師古曰瓚說是上聞之曰昔堯舜放逐骨肉周公殺管蔡師古曰鯀及共工比曰堯舜之同姓故云骨肉天下稱聖不以私害公天下豈以爲我貪淮南地邪迺徙城陽王王淮南故地而追尊淮南王爲厲王置園如諸侯儀十六年上憐淮南王廢法不軌自使失國早夭迺徙淮南王喜復王故城陽而立厲王三子王淮南故地三分之阜陵侯安爲淮南王安

陽侯勃爲衡山王陽周侯賜爲廬江王東城侯良前薨無後孝景三年吴楚七國反吴使者至淮南王欲發兵應之其相曰王必欲應吴臣願爲將王迺屬之 師古曰屬謂以兵委之也屬音之欲反 相已將兵因城守不聽王而爲漢漢亦使曲城侯將兵救淮南 晉灼曰功臣表蟲達也師古曰晉說非此蟲達之子耳名捷蟲已先薨也 淮南以故得完吴使者至廬江廬江王不應而往來使越至衡山衡山王堅守無二心孝景四年吴楚已破衡山王朝上以爲貞信迺勞苦之 師古曰勞音來到反 曰南方卑濕徙王王於濟北以褒之及薨遂賜謚爲貞王廬江王以邊越數使使相交

師古曰邊越者邊界與越相接 徙爲衡山王王江北

淮南王安爲人好書鼓琴不喜弋獵狗馬馳騁 師古曰喜音許吏反 亦欲以行陰德拊循百姓流名譽招致賓客方術之士數千人作爲內書二十一篇外書甚衆又有中篇八卷言神仙黃白之術 張晏曰黃黃金白白銀也 亦二十餘萬言時武帝方好藝文以安屬爲諸父 師古曰安於天子服屬爲從父叔父 辯博善爲文辭甚尊重之每爲報書及賜 師古曰賜賜書也 常召司馬相如等視草迺遣 師古曰草謂爲文之藁草 初安入朝獻所作內篇新出上愛祕之使爲離騷傳 師古曰傳謂解說之若毛詩傳 旦受詔日食時上又獻頌德及長安都國頌每宴見談說得失及方技賦頌昏暮然後罷安初入朝雅善太尉武安侯 師古曰田蚡 武安侯迎之霸上與語曰方今上無太子王親高皇帝孫行仁義天下莫不聞宮車一日晏駕非王尚誰立者淮南王大喜厚遺武安侯寶賂其羣臣賓客江淮閒多輕薄以厲王遷死感激安建元六年彗星見淮南王心怪之或說王曰先吴軍時彗星出長數尺然尚流血千里今彗星竟天天下兵當大起王心以爲上無太子天下有變諸侯並爭愈益治攻戰具積金錢賂遺郡國遊士妄作妖言阿諛王王喜

多賜予之王有女陵慧有口 師古曰性慧了而口辯 王愛陵多予金錢爲中詷長安 孟康曰詷音偵西方人以反閒爲詷王使其女爲偵於中也如淳曰詷音朽政反師古曰詷有所候伺也如音是矣偵者義與詷同然音則異音五政反 約結上左右元朔二年上賜淮南王几杖不朝后荼愛幸 師古曰荼者后名也音塗 生子遷爲太子取皇太后外孫脩成君女爲太子妃 服虔曰武帝異姓姊之女也應劭曰脩成君王太后先適金氏女也 王謀爲反具畏太子妃知而內泄事迺與太子謀令詐不愛三月不同席王陽怒太子閉使與妃同內終不近妃妃求去王迺上書謝歸之后荼太子遷及女陵擅國權奪民田宅妄致繫人 師古曰致至也牽引而致之 太子學用劒自以爲人莫及

聞郎中雷被巧（師古曰被音皮義反巧者若用劒也）召與戲被壹再辭讓誤中太子（師古曰中音竹仲反）太子怒被恐此時有欲從軍者輒詣長安被即願奮擊匈奴太子數惡被（師古曰謂譖毀之於王也）王使郎中令斥免欲以禁後（師古曰令後人更不敢效之）元朔五年被遂亡之長安上書自明事下廷尉河南河南治（師古曰章下廷尉及河南令於河南雜治其事）逮淮南太子（師古曰追赴河南也）王王后計欲毋遣太子（師古曰王與王后共計也）遂發兵計未定猶與十餘日（師古曰與讀曰豫）會有詔即訊太子（師古曰即就也訊問也就淮南問之不逮詣河南）淮南相怒壽春丞留太子逮不遣（如淳曰丞順王意不遣太子應逮書）劾不敬王請相相不聽王使人上書告相事下廷尉治

從迹連王（師古曰從讀曰蹤）王使人候司（師古曰入京師候司其事）漢公卿請逮捕治王王恐欲發兵太子遷謀曰漢使即逮王令人衣衛士衣持戟居王旁有非是者即刺殺之臣亦使人刺殺淮南中尉迺舉兵未晚也是時上不許公卿而遣漢中尉宏即訊驗王（師古曰即亦就也）王視漢中尉顏色和問斥雷被事耳自度無何（師古曰自計度更無罪度音徒各反）不發中尉還以聞公卿治者曰淮南王安雍閼奮擊匈奴者雷被等格明詔（師古曰雍讀曰壅格音閣謂故閣不行之）當棄市詔不許請廢勿王上不許請削五縣可二縣使中尉宏赦其罪罰以削地中尉入淮南界宣

言赦王王初聞公卿請誅之未知得削地聞漢使來恐其捕之迺與太子謀如前計中尉至即賀王王以故不發其後自傷曰吾行仁義見削地寡人甚恥之為反謀益甚諸使者道長安來（師古曰道從也）為妄言言上無男即喜言漢廷治有男即怒（師古曰漢廷治者朝廷皆治理也治音丈吏反）以為妄言非也（師古曰云治及有男皆妄言耳非真實也）日夜與左吳等按輿地圖（蘇林曰輿猶盡載之意）部署兵所從入王曰上無太子宮車即晏駕大臣必徵膠東王不即常山王諸侯並爭吾可以無備乎且吾高帝孫親行仁義陛下遇我厚吾能忍之萬世之後吾寧能北面事

豎子乎王有孽子不害最長（師古曰孽庶也）王不愛后太子皆不以為子兄數（如淳曰后不以為子太子不以為兄秩數）不害子建材高有氣常怨望太子不省其父（服虔曰不省錄著兄弟數中也）時諸侯皆得分子弟為侯（師古曰分國邑以封之）淮南王有兩子一子為太子而建父不得為侯陰結交（師古曰與外人交通為援）欲害太子以其父代之太子知之數捕繫笞建建具知太子之欲謀殺漢中尉即使所善壽春嚴正上書天子曰毒藥苦口利病忠言逆耳利行今淮南王孫建材能高淮南王后荼荼子遷常疾害建建父不害無罪擅數繫欲殺之今建在可徵問具知淮南王陰

事書既聞上以其事下廷尉河南治是歲元朔六
年也故辟陽侯孫審卿善丞相公孫弘怨淮南厲
王殺其大父陰求淮南事而搆之於弘弘迺疑淮
南有畔逆計深探其獄張晏曰探窮其根原河南治建辭引大
子及黨與初王數以舉兵謀問伍被被常諫之以
吳楚七國為效師古曰言反事不成王引陳勝吳廣被復言形
勢不同必敗亡及建見治王恐國陰事泄欲發復
問被被為言發兵權變語在被傳於是王銳欲發
師古曰王意欲發兵如鋒刃之銳利故云銳也乃令官奴入宮中作皇帝璽丞相
御史大夫將軍吏中二千石都官令丞印及旁近

郡太守都尉印漢使節法冠師古曰法冠御史冠也本楚王冠秦滅楚以其君冠賜御
史欲如伍被計使人為得罪而西蘇林曰詐作得罪人而西也師古曰為得
罪之狀而去也西謂如京師也事大將軍丞相一日發兵即刺大將軍
衞青師古曰發兵謂王發兵反而說丞相弘下之如發蒙耳如淳曰以物蒙覆其
頭而為發去之則其人欲之耳晉灼曰如發去物上之蒙直取其易也師古曰晉說是欲發國中兵恐相二
千石不聽王迺與伍被謀為失火宮中相二千石
救火因殺之又欲令人衣求盜衣師古曰求盜卒之掌逐捕賊盜者持
羽檄從南方來師古曰羽檄徵兵之書也解在高紀呼言曰南越兵入師古
曰呼音火故反欲因以發兵迺使人之廬江會稽為求盜未
決廷尉以建辭連太子遷聞上遣廷尉監與淮南

中尉逮捕太子至淮南王聞與太子謀召相二千
石欲殺而發兵召相相至內史以出為解師古曰不應召而云
已出也解者解說也若今言分疏矣中尉曰臣受詔使不得見王王念獨
殺相而內史中尉不來無益也即罷相師古曰遣出去計猶
與未決師古曰與讀曰豫太子念所坐者謀殺漢中尉所與
謀殺者已死以為口絕乃謂王曰羣臣可用者皆
前繫今無足與舉事者王以非時發恐無功臣願
會逮師古曰會謂應逮書而往也王亦愈欲休即許太子太子自刑
不殊晉灼曰不殊不死也師古曰殊絕也雖自刑殺而身首不絕也伍被自詣吏具告與淮
南王謀反吏因捕太子王后圍王宮盡捕王賓客

在國中者索得反具以聞師古曰索搜也音山客反上下公卿治
所連引與淮南王謀反列侯二千石豪桀數千人
皆以罪輕重受誅衡山王賜淮南王弟當坐收有
司請逮捕衡山王上曰諸侯各以其國為本不當
相坐與諸侯王列侯議趙王彭祖列侯讓等四十
三人皆曰淮南王安大逆無道謀反明白當伏誅
膠西王端議曰安廢法度行邪辟師古曰辟讀曰僻下皆類此有
詐偽心以亂天下營惑百姓師古曰營謂回繞之背畔宗廟妄
作妖言春秋曰臣毋將將而誅安罪重於將謀反
形已定臣端所見其書印圖及它逆亡道事驗明

白當伏法論國吏二百石以上及比者師古曰謂眞二百石及秩比二百石以上宗室近幸臣不在法中者不能相教當免師古曰若本有重罪自從其法繇無反狀者亦皆免削爵爲士伍毋得官爲吏者其非吏它贖死金二斤八兩蘇林曰非吏故曰它師古曰爲近幸之人非吏人者以章安之罪師古曰章明也使天下明知臣子之道毋敢復有邪僻背畔之意丞相弘廷尉湯等以聞上使宗正以符節治王未至安自刑殺后太子諸所與謀皆收夷國除爲九江郡師古曰夷謂誅滅之

衡山王賜后乘舒生子三人長男爽爲太子次女無采少男孝姬徐來生子男女四人美人厥姬生

子二人淮南衡山相責望禮節間不相能師古曰兄弟相責故有嫌衡山王聞淮南王作爲畔逆具亦心結賓客以應之恐爲所并元光六年入朝謁者衛慶有方術欲上書事天子王怒故劾慶死罪强榜服之師古曰榜擊手也擊笞之令其自服死罪也榜音彭內史以爲非是卻其獄師古曰卻退也音丘略反王使人上書告內史內史治言王不直師古曰內史被治而具言王之意狀又數侵奪人田壞人冢以爲田有司請逮治衡山王上不許爲置吏二百石以上如淳曰漢儀注吏四百石已下自除國中今以王之惡天子皆爲置衡山王以此恚與奚慈張廣昌謀求能爲兵法候星氣者日夜縱臾王謀反事如淳曰臾讀曰勇縱臾猶言勉强也師古曰縱音子勇反縱臾謂獎勸也后乘舒死立徐來爲后厥姬俱幸兩人相妒厥姬乃惡徐來於太子師古曰惡謂讒毀之也下皆類此曰徐來使婢蠱殺太子母太子心怨徐來徐來兄至衡山太子與飲以刃刑傷之后以此怨太子數惡之於王女弟無采嫁弃歸師古曰爲夫所弃而歸也與客姦太子數以數讓之師古曰上數音所角反下數音所具反無采怒不與太子通后聞之即善遇無采及孝孝少失母附后后以計愛之師古曰非心實慈念但以事計須撫之與共毀太子王以故數繫笞太子元朔四年中人有賊傷后假母者師古曰繼母也一曰父之旁妻王疑太子使人傷之笞太子後王病太子時稱病不侍孝

無采惡太子實不病自言有喜色王於是大怒欲廢太子而立弟孝后知王決廢太子又欲并廢孝后有侍者善舞王幸之后欲令與孝亂以汙之欲并廢二子而以己子廣代之太子知之念后數惡己無已時師古曰已止也數見讒譖無休止欲與亂以止其口后飲太子太子前爲壽因據后股求與臥后怒以告王王迺召欲縛笞之太子知王常欲廢己而立孝迺謂王曰孝與王御者姦無采與奴姦王强食請上書即背王去王使人止之莫能禁王迺自追捕太子太子妄惡言王械繫宮中孝日益以親幸王奇

孝材能逌佩之王印號曰將軍令居外家多給金錢招致賓客賓客來者微知淮南衡山有逆計皆將養勸之師古曰將讀曰奬王逌使孝客江都人枚赫陳喜作輣車鍛矢刻天子璽將相軍吏印王日夜求壯士如周丘等師古曰下邳人吳王反時請得漢節下下邳者數稱引吳楚反時計畫約束衡山王非敢效淮南王求即天子位畏淮南起并其國以爲淮南已西發兵定江淮閒而有之望如是元朔五年秋當朝六年過淮南淮南王逌昆弟語師古曰爲相親愛之言除前隙約束反具師古曰共契約爲反具衡山王即上書謝病上賜不朝逌使人上書請廢太子爽立孝爲太子爽聞即使所善白嬴之長安上書言衡山王與子謀逆言孝作兵車鍛矢與王御者姦至長安未及上書即吏捕嬴以淮南事繫師古曰漢有司捕繫之王聞之恐其言國陰事即上書告太子以爲不道事下沛郡治元狩元年冬有司求捕與淮南王謀反者得陳喜於孝家吏劾孝首匿喜師古曰爲頭首而藏匿之孝以爲陳喜雅數與王計反師古曰數音所角反恐其發之聞律先自告除其罪又疑太子使白嬴上書發其事即先自告所與謀反者枚赫陳喜等廷尉治事驗請逮捕衡山王治上曰勿捕遣中尉安大行息即問王師古曰就問之王具以情實對吏皆圍王宮守之中尉大行還以聞公卿請遣宗正大行與沛郡雜治王王聞即自殺孝先自告反告除其罪師古曰先告有反謀又告人與己反而自得除反罪孝坐與王御婢姦及后徐來坐蠱前后乘舒及太子爽坐告王父不孝皆弃市諸坐與王謀反者皆誅國除爲郡

濟北貞王勃者景帝四年徙徙二年因前王衡山凡十四年薨子式王胡嗣五十四年薨子寬嗣十二年寬坐與父式王后光姬孝兒姦誖人倫師古曰誖亂也音布內反又祠祭祝詛上有司請誅上遣大鴻臚利召王王以刃自剄死國除爲北安縣屬泰山郡

贊曰詩云戎狄是膺荊舒是懲師古曰此魯頌閟宮之章也膺當也懲艾也荊楚也舒君羣舒也言北有戎狄南有荊舒土俗彊獷好爲寇亂常須以兵膺當而懲艾也信哉是言也淮南衡山親爲骨肉疆土千里列在諸侯不務遵蕃臣職以丞輔天子而剸懷邪辟之計師古曰剸與專同音之兖反謀爲畔逆仍父子再亡國師古曰仍頻也各不終其身此非獨王也亦其俗薄臣下漸靡使然師古曰靡謂相隨從夫荊楚剽輕好作亂逌自古記之矣師古曰剽音匹妙反

淮南衡山濟北王傳第十四

蒯伍江息夫傳第十五　班固　漢書四十五

秘書監上護軍琅邪縣開國子顏　師古　注

蒯通范陽人也師古曰涿郡之縣也舊是燕地故通本燕人後游於齊故高祖云齊辯士蒯通本與武帝同諱師古曰本名為徹其後史家追書為通楚漢初起武臣略定趙地號武信君通說范陽令徐公曰臣范陽百姓蒯通也竊閔公之將死故弔之雖然賀公得通而生也徐公再拜曰何以弔之通曰足下為令十餘年矣殺人之父孤人之子斷人之足黥人之首甚眾慈父孝子所以不敢事刃於公之腹者畏秦法也李奇曰東方人以物臿地中為事師古曰事音側吏反字本作㨀周官考工記又作菑音皆同耳今天下大亂秦

政不施師古曰施設也立也然則慈父孝子將爭接刃於公之腹以復其怨而成其名師古曰復猶報也音扶目反此通之所以弔者也曰何以賀得子而生也曰趙武信君不知通不肖使人候問其死生通且見武信君而說之師古曰今將欲見之曰必將戰勝而後略地攻得而後下城臣竊以為殆矣師古曰殆危也用臣之計毋戰而略地不攻而下城傳檄而千里定可乎彼將曰何謂也師古曰彼謂武信君也臣因對曰范陽令宜整頓其士卒以守戰者也怯而畏死貪而好富貴故欲以其城先下君先下君而君不利之則邊地之城皆將相告曰范陽令先

降而身死必將嬰城固守孟康曰嬰以城自繞皆為金城湯池不可攻也師古曰金以喻堅湯喻沸熱不可近為君計者莫若以黃屋朱輪迎范陽令使馳騖於燕趙之郊師古曰令眾皆見則邊城皆將相告曰范陽令先下而身富貴必相率而降猶如阪上走丸也師古曰言乘勢便易此臣所謂傳檄而千里定者也徐公再拜具車馬遣通通遂以此說武臣武臣以車百乘騎二百侯印迎徐公燕趙聞之降者三十餘城如通策焉後漢將韓信虜魏王破趙代降燕定三國引兵將東擊齊未度平原聞漢王使酈食其說下齊信欲止通說信曰將軍受詔擊

齊而漢獨發間使下齊寧有詔止將軍乎師古曰間使謂使人伺間隙而單行何以得無行且酈生一士伏軾掉三寸舌下齊七十餘城師古曰掉搖也音徒釣反將軍將數萬之眾迺下趙五十餘城為將數歲反不如一豎儒之功乎於是信然之從其計遂度河齊已聽酈生即留之縱酒罷備漢守禦信因襲歷下軍遂至臨菑齊王以酈生為欺已而亨之因敗走信遂定齊地自立為齊假王漢方困於滎陽遣張良即立信為齊王以安固之項王亦遣武涉說信欲與連和蒯通知天下權在信欲說信令背漢乃先微感信曰僕嘗受相

人之術相君之面不過封侯又危而不安相君之背貴而不可言(張晏曰言背者云背畔則大貴)信曰何謂也通因請閒(師古曰不欲顯言故請閒隙而私說)曰天下初作難也俊雄豪桀建號壹呼(師古曰建號者自立為侯王呼音火故反)天下之士雲合霧集魚鱗雜襲(師古曰雜襲猶雜沓言相雜而累積)飄至風起(師古曰飄讀曰猋謂疾風言猋迅反)當此之時憂在亡秦而已(師古曰志滅秦所憂者唯此)今劉項分爭使人肝腦塗地流離中野不可勝數漢王將數十萬衆距鞏雒阻山河一日數戰亡尺寸之功折北不救(師古曰折挫也北奔也不救謂無援助也)敗滎陽傷成皋(張晏曰於成皋戰傷留也)還走宛葉之閒此所謂智勇俱困者也楚人起彭城轉鬭逐北至滎陽

乘利席勝威震天下(師古曰席因也若人之在席上)然兵困於京索之閒(師古曰索音山客反)迫西山而不能進三年於此矣(師古曰至今已三年)銳氣挫於險塞糧食盡於內藏百姓罷極無所歸命(師古曰罷讀曰疲)以臣料之(師古曰料量也)非天下賢聖其勢固不能息天下之禍當今之時兩主縣命足下足下為漢則漢勝與楚則楚勝臣願披心腹墮肝膽(師古曰墮毀也音火規反)效愚忠恐足下不能用也方今為足下計莫若兩利而俱存之參分天下鼎足而立其勢莫敢先動夫以足下之賢聖有甲兵之衆據彊齊從燕趙出空虛之地以制其後因民之欲西鄉為百姓請

命(師古曰鄉讀曰嚮齊國在東故曰西嚮止楚漢之戰鬭士卒不死亡故云請命)天下孰敢不聽足下按齊國之故有淮泗之地懷諸侯以德深拱揖讓(師古曰深拱猶高拱)則天下君王相率而朝齊矣蓋聞天與弗取反受其咎時至弗行反受其殃願足下孰圖之信曰漢遇我厚吾豈可見利而背恩乎通曰始常山王成安君故相與為刎頸之交及爭張黶陳釋之事(師古曰黶音一點反)常山王奉頭鼠竄以歸漢王(師古曰言其迫窘逃亡如鼠之藏竄)借兵東下戰於鄗北成安君死於泜水之南(師古曰鄗音呼各反泜音祗又音丁計反)頭足異處此二人相與天下之至驩也而卒相滅亡者何也患生於多欲而人心

難測也今足下行忠信以交於漢王必不能固於二君之相與也而事多大於張黶陳釋之事者故臣以為足下必漢王之不危足下過矣(師古曰過猶誤也)大夫種存亡越伯句踐(師古曰令句踐致霸功也伯讀曰霸)立功名而身死語曰野禽殫走犬亨(師古曰殫盡也音單)敵國破謀臣亡故以交友言之則不過張王與成安君以忠臣言之則不過大夫種此二者宜足以觀矣願足下深慮之且臣聞之勇略震主者身危功蓋天下者不賞足下涉西河虜魏王禽夏說(師古曰說讀曰悅)下井陘誅成安君之罪以令於趙脅燕定齊南摧楚人之兵數十

萬衆遂斬龍且西鄉以報師古曰且音子餘反鄉讀曰嚮此所謂功無
二於天下略不世出者也師古曰言其計略奇異世所希有今足下挾
不賞之功戴震主之威歸楚楚人不信歸漢漢人
震恐足下欲持是安歸乎師古曰安焉也此下亦同夫埶在人臣
之位而有高天下之名切爲足下危之信曰生且
休矣吾將念之師古曰念猶思也數日通復說曰聽者事之
候也師古曰謂能聽善謀也計者存亡之機也夫隨厮養之役
者失萬乘之權守儋石之祿者闕卿相之位應劭曰齊人名
小甖爲儋受二斛晉灼曰一石斗石也師古曰儋音都濫反或曰儋者一人之所負擔也計誠知之而決弗
敢行者百事之禍也故猛虎之猶與不如蜂蠆之

致蠚師古曰與讀曰預蠆蝎也蠚毒也蠆音丑界反蠚音呼各反孟賁之狐疑不如童
子之必至師古曰孟賁古之勇力士賁音奔此言貴能行之也夫功者
難成而易敗時者難值而易失時乎時不再來師古
曰此古語歎時之不可失願足下無疑臣之計信猶與不忍背漢又
自以功多漢不奪我齊遂謝通師古曰告通令罷去通說不聽
惶恐乃陽狂爲巫天下既定後信以罪廢爲淮陰
侯謀反被誅臨死歎曰悔不用蒯通之言死於女
子之手高帝曰是齊辯士蒯通迺詔齊召蒯通通
至上欲亨之曰若教韓信反何也師古曰若汝也通曰狗各
吠非其主當彼時臣獨知齊王韓信非知陛下也

且秦失其鹿張晏曰以鹿喻帝位天下共逐之高材者先得天
下匈匈爭欲爲陛下所爲顧力不能師古曰顧念也可殫誅
邪師古曰殫盡也上迺赦之至齊悼惠王時曹參爲相禮下
賢人請通爲客初齊王田榮怨項羽謀舉兵畔之
劫齊士不與者死師古曰劫而取之不從則殺也齊處士東郭先生梁
石君在劫中强從及田榮敗二人醜之師古曰自恥從亂以爲醜惡也
相與入深山隱居客謂通曰先生之於曹相國拾
遺舉過顯賢進能齊國莫若先生者先生知梁石
君東郭先生世俗所不及何不進之於相國乎通
曰諾臣之里婦與里之諸母相善也里婦夜亡肉

姑以爲盜怒而逐之婦晨去過所善諸母語以事
而謝之師古曰謝謂告辭也里母曰女安行師古曰安徐也我今令而家
追女矣師古曰而亦汝即束緼請火於亡肉家師古曰緼亂麻音於粉反曰
昨暮夜犬得肉爭鬭相殺請火治之師古曰治謂燖治死犬燖音似廉反
亡肉家遽追呼其婦師古曰遽速也故里母非談說之士也
束緼乞火非還婦之道也然物有相感事有適可
臣請乞火於曹相國迺見相國曰婦人有夫死三
日而嫁者有幽居守寡不出門者足下即欲求婦
何取曰取不嫁者通曰然則求臣亦猶是也彼東
郭先生梁石君齊之俊士也隱居不嫁未嘗卑節

下意以求仕也願足下使人禮之曹相國曰敬受
命皆以爲上賓通論戰國時說士權變亦自序其
說凡八十一首號曰雋永師古曰雋音字兖反雋肥肉也永長也言其所論甘美而義深
長也初通善齊人安其生安其生嘗干項羽羽不能
用其筴而項羽欲封此兩人兩人卒不肯受
伍被楚人也師古曰被音皮義反或言其先伍子胥後也被以
材能稱爲淮南中郎是時淮南王安好術學折節
下士招致英雋以百數被爲冠首師古曰冣居其上也久之淮
南王陰有邪謀被數微諫師古曰私諫之後王坐東宮召被
欲與計事呼之曰將軍上被曰王安得亡國之言

乎昔子胥諫吳王吳王不用迺曰臣今見麋鹿游
姑蘇之臺也張晏曰吳臺名也師古曰吳地記云因山爲名西南去國三十五里今臣亦將見
宮中生荊棘露霑衣也於是王怒繫被父母囚之
三月王復召被曰將軍許寡人乎被曰不臣將爲
大王畫計耳臣聞聰者聽於無聲明者見於未形
師古曰言智慮通達事未形兆皆豫見故聖人萬舉而萬全文王壹動而
功顯萬世列爲三王所謂因天心以動作者也王
曰方今漢庭治乎亂乎被曰天下治王不說師古曰說讀曰
悅曰公何以言治也被對曰被竊觀朝廷君臣父
子夫婦長幼之序也皆得其理上之舉錯遵古之

道師古曰錯音千故反風俗紀綱未有所缺重裝富賈周流天
下道無不通交易之道行南越賓服羌僰貢獻東
甌入朝師古曰僰西南夷也音蒲北反廣長榆如淳曰廣謂斥大之也長榆塞名王恢所謂樹榆以爲塞者也師古
曰長榆在朔方即衛青傳所云榆谿舊塞是也或謂之榆中開朔方匈奴折傷雖未及古
太平時然猶爲治王怒被謝死罪王又曰山東即
有變漢必使大將軍將而制山東公以爲大將軍
何如人也被曰臣所善黃義從大將軍擊匈奴言
大將軍遇士大夫以禮與士卒有恩衆皆樂爲用
騎上下山如飛材力絕人如此數將習兵未易當
也及謁者曹梁使長安來言大將軍號令明當敵

勇常爲士卒先須士卒休乃舍穿井得水迺敢飲
軍罷士卒已踰河迺度皇太后所賜金錢盡以賞
賜雖古名將不過也王曰夫蓼太子服虔曰淮南太子也文穎曰食菜於
此或言外家姓也師古曰蓼自地名而王之太子豈以食地爲號文言外家姓近爲得之亦猶漢之栗太子也知略不世
出非常人也以爲漢廷公卿列侯皆如沐猴而冠
耳被曰獨先刺大將軍迺可舉事王復問被曰公
以爲吳舉兵非邪被曰非也夫吳王賜號爲劉氏
祭酒應劭曰禮飲酒必祭示有先也故稱祭酒尊之也如淳曰祭祠時唯尊長者以酒沃酹師古曰如說是也受几杖
而不朝王四郡之衆地方數千里采山銅以爲錢
煮海水以爲鹽伐江陵之木以爲船國富民衆行

珍寶賂諸侯與七國合從舉兵而西破大梁敗狐父師古曰在梁碭之間也父音甫奔走而還爲越所禽死於丹徒師古曰即今潤州丹徒縣也頭足異處身滅祀絕爲天下戮師古曰天下之人皆共戮之一曰天下之大戮也夫以吳衆不能成功者何也誠逆天違衆而不見時也王曰男子之所死者一言耳張晏曰不成即死一計耳臣瓚曰或有一言云以死報也師古曰二說死並非也言男子感氣相許一言不顧其死或因一言之恨不顧危亡以此致死也且吳何知反漢將一日過成皐者四十餘人師古曰言不知塞成皐口而令漢將得出之是不知反計也今我令緩先要成皐之口韋昭曰淮南臣名也師古曰緩者名也不言其姓今流俗書本於緩上妄加樓字非也周被下潁川兵塞轘轅伊闕之道陳定發南陽兵守武關河南太守獨有雒陽耳師古曰如此計則漢河南郡唯有雒陽在耳餘皆不屬何足憂然此北尚有臨晉關河東上黨與河內趙國界者通谷數行如淳曰言此北尚崤阻其谿谷可得通行者有數處人言絕成皐之道天下不通據三川之險招天下之兵公以爲何如被曰臣見其禍未見其福也後漢遂淮南王孫建繫治之王恐陰事泄謂被曰事至吾欲遂發天下勞苦有閒矣如淳曰言天下勞苦人心有閒隙易動亂師古曰此說非也有閒者猶言中閒已有也故謂此者乃爲閒也諸侯頗有失行皆自疑我舉兵西鄉必有應者師古曰鄉讀曰嚮無應即還略衡山勢不得不發被曰略衡山以擊廬江有尋陽之舩守下雉之城孟康曰下雉江夏縣名師古曰雉音羊氏反結九江之浦

前漢傳十五　九　華連

絕豫章之口強弩臨江而守以禁南郡之下東保會稽南通勁越屈強江淮閒師古曰屈音具勿反可以延歲月之壽耳未見其福也王曰左吳趙賢朱驕如皆以爲什八九成師古曰吳賢驕如王之三臣也公獨以爲無福何被曰大王之羣臣近幸素能使衆者皆前繫詔獄餘無可用者王曰陳勝吳廣無立錐之地百人之聚起于大澤奮臂大呼天下嚮應師古曰呼音火故反嚮讀曰響西至於戲而兵百二十萬今吾國雖小勝兵可得二十萬公何以言有禍無福被曰臣不敢避子胥之誅願大王無爲吳王之聽往者秦爲無道殘賊天下殺術士燔詩書滅聖跡棄禮義任刑法轉海瀕之粟致于西河師古曰瀕涯也海瀕謂緣海涯之地瀕音頻又音賓當是之時男子疾耕不足於糧饟師古曰饟亦饋字也女子紡績不足於蓋形遣蒙恬築長城東西數千里暴兵露師常數十萬死者不可勝數僵尸滿野流血千里於是百姓力屈師古曰屈盡也音其勿反欲爲亂者十室而五又使徐福入海求仙藥多齎珍寶童男女三千人五種百工而行師古曰五種五穀之種也徐福得平原大澤止王不來於是百姓悲痛愁思欲爲亂者十室而六又使尉佗踰五嶺攻百越師古曰五嶺解在張耳傳尉佗知中國勞極止王南越師古曰南越傳云南海尉任囂謂趙

前漢傳十五　十　華連

佗曰聞陳勝等作亂豪桀叛秦相立即被佗書行南海尉事囂死後佗始自爲王今此乃言尉佗先王陳勝乃反此蓋伍被一時對辭不究其實也行者不還往者莫返於是百姓離心瓦解欲爲亂者十室而七興萬乘之駕作阿房之宮收太半之賦發閭左之戍師古曰閭左解在食貨志父不寧子兄不安弟師古曰言不能相保政苛刑慘民皆引領而望傾耳而聽悲號仰天叩心怨上師古曰叩擊也欲爲亂者十室而八客謂高皇帝曰時可矣高帝曰待之聖人當起東南間不一歲陳吳大呼師古曰中間不經一歲也呼音火故反劉項並和天下嚮應師古曰和音胡卧反嚮讀曰響所謂蹈瑕釁因秦之亡時而動百姓願之若枯旱之望雨故起於行陳之中以成帝王

之功今大王見高祖得天下之易也獨不觀近世之吳楚乎當今陛下臨制天下壹齊海內汜愛蒸庶師古曰汜普也蒸亦衆也汜音敷劒反布德施惠口雖未言聲疾雷霆令雖未出化馳如神心有所懷威動千里下之應上猶景響也師古曰言如影之隨形響之應聲響讀曰響而大將軍材能非直章邯楊熊也王以陳勝吳廣論之被以爲過矣師古曰過誤也且大王之兵衆不能什分吳楚之一天下安寧又萬倍於秦時願王用臣之計臣聞箕子過故國而悲作麥秀之歌張晏曰箕子將朝周過殷故都見麥及禾黍心悲乃作歌曰麥秀之漸漸兮黍苗之繩繩兮彼狡童兮不與我好兮狡童謂紂也痛紂之不用王子比干之言也

故孟子曰紂貴爲天子死曾不如匹夫是紂先自絕久矣非死之日天去之也今臣亦竊悲大王棄千乘之君將賜絕命之書爲羣臣先師古曰在羣臣先死身死于東宮也如淳曰王時所居也被因流涕而起後王復召問被苟如公言不可以徼幸邪師古曰徼要也幸非望之福也被曰必不得已被有愚計王曰柰何被曰當今諸侯無異心百姓無怨氣朔方之郡土地廣美民徙者不足以實其地可爲丞相御史請書師古曰謂詐爲此文書令徙人也徙郡國豪桀及耐罪已上以赦令除家產五十萬以上者皆徙其家屬朔方之郡師古曰以赦令除謂遇赦免罪者益發甲卒急其

會日師古曰促其期日又爲左右都司空上林中都官詔獄書晉灼曰百官表宗正有左右都司空上林有水司空皆主囚徒官也師古曰中都官京師諸官府逮諸侯太子及幸臣師古曰逮對獄如此則民怨諸侯懼即使辯士隨而說之黨可以徼幸師古曰黨讀曰儻王曰此可也雖然吾以不至若此專發而已師古曰言不須爲此詐直自發兵而已後事發覺被詣吏自告與淮南王謀反蹤跡如此天子以伍被雅辭多引漢美欲勿誅張湯進曰被首爲王畫反計罪無赦遂誅被

江充字次倩趙國邯鄲人也師古曰倩音千見反充本名齊有女弟善鼓琴歌舞嫁之趙太子丹齊得幸於敬肅

王爲上客久之太子疑齊以己陰私告王與齊忤師古曰言相乖使吏逐捕齊不得收繫其父兄按驗皆弃市齊遂絕迹亡西入關更名充詣闕告太子丹與同產姊及王後宮姦亂交通郡國豪猾攻剽爲姦師古曰剽劫也音頻妙反吏不能禁書奏天子怒遣使者詔郡發吏卒圍趙王宮收捕太子丹移繫魏郡詔獄與廷尉雜治法至死趙王彭祖帝異母兄也上書訟太子罪言充逋逃小臣苟爲姦譌激怒聖朝師古曰譌古訛字也欲取必於萬乘以復私怨師古曰取必謂必取勝也復報也音扶目反後雖亨醢計猶不悔臣願選從趙國勇敢士師古曰選取勇敢之士以自隨從

軍擊匈奴極盡死力以贖丹罪上不許竟敗趙太子張晏曰雖遇赦終見廢也初充召見犬臺宮晉灼曰黃圖上林有犬臺宮外有走狗觀也師古曰今書本犬臺有作大臺字者誤也漢無太臺宮也自請願以所常被服冠見上師古曰被音皮義反上許之充衣紗縠襌衣師古曰紗縠紡絲而織之也輕者爲紗縐者爲縠襌衣制若今之朝服中襌也漢官儀曰武賁中郎將衣紗縠襌衣襌音單字從衣衣下亦同曲裾後垂交輸張晏曰曲裾者如婦人衣也如淳曰交輸割正幅使一頭狹若燕尾垂之兩旁見於後是禮深衣續衽鉤邊賈逵謂之衣圭蘇林曰交輸如今新婦袍上掛全幅繒角割名曰交輸裁也師古曰如蘇二說皆是也冠襌纚步搖冠飛翮之纓服虔曰冠襌纚故行步則搖以鳥羽作纓也蘇林曰析翠鳥羽以作㒓也臣瓚曰飛翮之纓謂如蟬翼者也師古曰服說是也纚織絲爲之即今方目紗是也纚音山爾反搖音弋招反充爲人魁岸容貌甚壯師古曰魁大也岸者有廉稜如崖岸之形帝望見而異之謂左右曰燕趙固多奇士

既至前問以當世政事上說之充因自請願使匈奴詔問其狀充對曰因變制宜以敵爲師事不可豫圖上以充爲謁者使匈奴還拜爲直指繡衣使者督三輔盜賊禁察踰侈貴戚近臣多奢僭充皆舉劾奏請沒入車馬令身待北軍擊匈奴文穎曰令貴戚身待於北軍也奏可充即移書光祿勳中黃門逮名近臣侍中諸當詣北軍者移劾門衛禁止無令得出入宮殿於是貴戚子弟惶恐皆見上叩頭求哀願得入錢贖罪上許之令各以秩次輸錢北軍凡數千萬上以充忠直奉法不阿所言中意師古曰中當也充出逢館

陶長公主行馳道中師古曰武帝之姑即陳皇后母也充呵問之公主曰有太后詔充曰獨公主得行車騎皆不得師古曰從公主之車騎也盡劾沒入官如淳曰令乙騎乘車馬行馳道中已論者沒入車馬被具後充從上甘泉師古曰甘泉在北山故言上也他皆類此逢太子家使師古曰太子遣人之甘泉請問者也使音山吏反乘車馬行馳道中充以屬吏師古曰屬音之欲反太子聞之使人謝充曰非愛車馬誠不欲令上聞之以教敕亡素者師古曰言素不教敕左右唯江君寬之充不聽遂白奏上曰人臣當如是矣大見信用威震京師遷爲水衡都尉宗族知友多得其力者久之坐法免會陽陵朱安世告丞相公孫賀子太僕敬聲爲巫蠱事

連及陽石諸邑公主賀父子皆坐誅語在賀傳後上幸甘泉疾病充見上年老恐晏駕後為太子所誅因是為姦奏言上疾祟在巫蠱（師古曰祟謂禍咎之徵也音息遂反故其字從出從示示者鬼神所以示人也）於是上以充為使者治巫蠱充將胡巫掘地求偶人（張晏曰胡者言不與華同故充任使之）捕蠱及夜祠視鬼染汙令有處（張晏曰充捕巫蠱及夜祭祠視詛者令胡巫視鬼詐以酒醊地令有處也師古曰捕夜祠及視鬼之人而充遣巫汙染地上為祠祭之處以誣其人也）輒收捕驗治燒鐵鉗灼強服之（師古曰以燒鐵或鉗之或灼之鉗鑷也灼炙也鉗音其炎反）民轉相誣以巫蠱吏輒劾以大逆亡道坐而死者前後數萬人是時上春秋高疑左右皆為蠱祝詛有與亡莫敢訟其冤者充既知上意因言宮中有蠱氣先治後宮希幸夫人以次及皇后遂掘蠱於太子宮得桐木人（師古曰三輔舊事云充使胡巫作而薶之）太子懼不能自明收充自臨斬之罵曰趙虜前亂乃國王父子不足邪（師古曰乃汝也）迺復亂吾父子也太子繇是遂敗（師古曰繇讀與由同）語在戾園傳（師古曰即武五子傳也其中敘戾太子後加諡置園邑故云戾園）後武帝知充有詐夷充三族

息夫躬字子微河內河陽人也少為博士弟子受春秋通覽記書（師古曰傳記及諸家之書）容貌壯麗為眾所異哀帝初即位皇后父特進孔鄉侯傅晏與躬同郡相友善躬繇是以為援交游日廣（師古曰繇讀與由同）先是長安孫寵亦以游說顯名免汝南太守（師古曰為太守免而歸也）與躬相結俱上書召待詔是時哀帝被疾始即位而人有告中山孝王太后祝詛上太后及弟宜鄉侯馮參皆自殺其罪不明是後無鹽危山有石自立開道（服虔曰山開自成道也張晏曰從石立之下道徑自通也）躬與寵謀曰上亡繼嗣體久不平關東諸侯心爭陰謀今無鹽有大石自立聞邪臣託往事以為大山石立而先帝龍興（師古曰言邪人有此私議）東平王雲以故與其后日夜祠祭祝詛上欲求非望（師古曰言求帝位也）而后舅伍宏反因方術以醫技得幸出入禁門霍顯之謀將行於杯杓（師古曰杓所以抒挹也字與勺同音上灼反）荊軻之變必起於帷幄事勢若此告之必成察國姦誅主讎取封侯之計也躬寵迺與中郎右師譚（張晏曰右師姓譚名也）共因中常侍宋弘上變事告焉上惡之下有司案驗東平王雲雲后謁及伍宏等皆坐誅（師古曰謁者后之名也）上擢寵為南陽太守譚潁川都尉弘躬皆光祿大夫左曹給事中是時侍中董賢愛幸上欲侯之遂下詔云躬寵因賢以聞封賢為高安侯寵為方陽侯躬為宜陵侯食邑各千戶賜譚爵關內侯食邑丞相王嘉內疑東平獄事（師古曰疑不實也）爭不欲侯賢等語在嘉傳嘉固言董賢泰盛寵躬

皆傾覆有佞邪材恐必撓亂國家師古曰撓攪也撓音呼高反不可任用嘉以此得罪矣躬既親近數進見言事論議亡所避衆畏其口見之仄目師古曰仄古側字也躬上疏歷詆公卿大臣師古曰詆謂毀訾也音丁禮反曰方今丞相王嘉健而蓄縮不可用師古曰蓄縮謂減於事也御史大夫賈延墯弱不任職左將軍公孫祿司隸鮑宣皆外有直項之名內實騃不曉政事師古曰騃愚也音五駭反諸曹以下僕遬不足數師古曰僕遬凡短之貌也僕音步木反遬古速字卒有彊弩圍城長戟指闕師古曰卒讀曰猝陛下誰與備之如使狂夫嘄謼於東崖師古曰東崖謂東海之邊也嘄古叫字謼音火故反匈奴飲馬於渭水邊竟雷動四野風起師古曰竟讀曰境

京師雖有武蠭精兵未有能窺左足而先應者也蘇林曰窺音跬師古曰跬半步也言一舉足也音口婢反軍書交馳而輻湊羽檄重迹而押至文穎曰押音狎習之狎師古曰押至言相因而至也羽檄檄之插羽者也解在高紀小夫愞臣之徒憒眊不知所爲師古曰憒心亂也眊目闇也憒音工內反眊音莫報反其有犬馬之決者仰藥而伏刃師古曰仰藥仰首而歆藥雖加夷滅之誅何益禍敗之至哉躬又言秦開鄭國渠以富國彊兵今爲京師土地肥饒可度地埶水泉廣漑灌之利師古曰度音徒各反天子使躬持節領護三輔都水躬立表欲穿長安城引漕注大倉下以省轉輸議不可成迺止董賢貴幸日盛丁傅害其寵孔鄉侯晏與躬謀

欲求居位輔政會單于當來朝遣使言病願朝明年躬因是而上奏以爲單于當以十一月入塞後以病爲解師古曰自解說云病疑有他變烏孫兩昆彌弱卑爰疐彊盛蘇林曰疐音致疐之疐晉灼曰音詩載疐其尾之疐師古曰以字言之晉音是音竹二反而匈奴傳服虔乃音獻捷之捷既已失之末俗學者又改疐字爲疐以應服氏之音尤離眞矣居彊煌之地臣瓚曰是其國所都地名擁十萬之衆東結單于遣子往侍如因素彊之威循烏孫就屠之迹孟康曰烏孫先王也舉兵南伐并烏孫之埶也烏孫并則匈奴盛而西域危矣可令降胡詐爲卑爰疐使者來上書曰所以遣子侍單于者非親信之也實畏之耳唯天子哀師古曰謂閔念之告單于歸臣侍

子願助戊己校尉保惡都奴之界因下其章諸將軍令匈奴客聞焉則是所謂上兵伐謀服虔曰謀者舉兵伐解之也師古曰此說非也言知敵有謀者則以事而應之沮其所爲不用兵革所以爲貴耳其次伐交者也師古曰知敵有外交連結相援者則間誤之令其解散也書奏上引見躬召公卿將軍大議左將軍公孫祿以爲中國常以威信懷伏夷狄躬欲逆詐造不信之謀不可許且匈奴賴先帝之德保塞稱蕃今單于以疾病不任奉朝賀遣使自陳不失臣子之禮臣祿自保沒身不見匈奴爲邊竟憂也師古曰竟讀曰境躬掎祿曰師古曰掎從後引之也謂引躡其言也音居綺反臣爲國家計幾先謀將然張晏曰幾音冀師古曰先謀將然者謂彼欲有其事則爲謀策以懷之豫圖

未形（師古曰圖謀也未有形兆而謀之）爲萬世慮而左將軍公孫祿欲以其犬馬齒保目所見臣與祿異議未可同日語也上曰善乃罷羣臣獨與躬議因建言往年熒惑守心太白高而芒光又角星茀於河鼓（師古曰茀讀與孛同）其法爲有兵亂是後訛言行詔籌經歷郡國天下騷動恐必有非常之變可遣大將軍行邊兵敕武備（師古曰敕整也行音下更反）斬一郡守以立威震四夷因以厭應變異（師古曰厭音一涉反）上然之以問丞相丞相嘉對曰臣聞動民以行不以言應天以實不以文下民微細猶不可詐況於上天神明而可欺哉天之見異所以敕戒人君（師古曰見謂顯示也）欲令覺悟反正推誠行善民心說而天意得矣（師古曰說讀曰悅）辯士見一端或妄以意傅著星曆（師古曰傅讀曰附著音治略反）虛造匈奴烏孫西羌之難謀動干戈設爲權變非應天之道也守相有辠（鄧展曰郡守諸侯相）車馳詣闕交臂就死恐懼如此而談說者云動安之危（師古曰之往也言搖動安全之計往就危殆也）辯口快耳（師古曰苟快聽者之耳）其實未可從夫議政者苦其讇諛傾險辯慧深刻也（師古曰讇古諂字）讇諛則主德毀傾險則下怨恨辯慧則破正道深刻則傷恩惠昔秦繆公不從百里奚蹇叔之言（師古曰繆讀曰穆）以敗其師（師古曰謂敗於殽）悔過自責疾詿誤之臣思

前漢傳十五　十九

黃髮之言（師古曰語在秦誓）名垂於後世唯陛下觀覽古戒反覆參考無以先入之語爲主（師古曰先入謂躬先上爲此計入於帝耳）上不聽遂下詔曰間者災變不息盜賊衆多兵革之徵或頗著見（師古曰謂玄象）未聞將軍惻然深以爲意簡練戎士繕脩干戈（師古曰繕補也）器用盬惡（鄧展曰盬不堅牢也師古曰音公戶反）孰當督之（師古曰督視察也）天下雖安忘戰必危將軍與中二千石舉明習兵法有大慮者各一人將軍二人詣公車（師古曰堪爲將軍者凡舉二人）就拜孔鄉侯傅晏爲大司馬衛將軍陽安侯丁明又爲大司馬票騎將軍是日日有食之董賢因此沮躬晏之策後數日收晏衛將軍印綬而丞相御史奏躬辠過上繇是惡躬等（師古曰繇讀與由同）下詔曰南陽太守方陽侯寵素亡廉聲有酷惡之資毒流百姓左曹光祿大夫宜陵侯躬虛造詐諼之策（師古曰諼詐也音許遠反）欲以詿誤朝廷皆交遊貴戚趨權門爲名其免躬寵官遣就國躬歸國未有第宅寄居丘亭（張晏曰丘亭野亭名師古曰此說非也丘空也）姦人以爲侯家富常夜守之（師古曰謂欲盜之伺其便）躬邑人河內掾賈惠往過躬教以祝盜方以桑東南指枝爲匕（師古曰桑東南出之枝）畫北斗七星其上躬夜自被髮立中庭向北斗（師古曰被音皮義反）持匕招指祝盜（師古曰或招或指所以求福排禍也）人有上書言躬懷怨恨非笑朝

前漢傳十五　二十　許寬

廷所進候星宿視天子吉凶與巫同祝詛上遣侍御史廷尉監逮躬繫雒陽詔獄欲掠問躬仰天大謼（師古曰謼古呼字音火故反）因僵仆吏就問云咽已絕（師古曰咽喉嚨音一千反）血從鼻耳出食頃死黨友謀議相連下獄百餘人（師古曰親黨及朋友）躬母聖坐祠竈祝詛上大逆不道聖弃市妻充漢與家屬徙合浦躬同族親屬素所厚者皆免廢錮（師古曰錮身不得仕）哀帝崩有司奏方陽侯寵及右師譚等皆造作姦謀罪及王者骨肉雖蒙赦令不宜處爵位在中土皆免寵等徙合浦郡初躬待詔數危言高論自恐遭害著絕命辭曰

玄雲泱鬱將安歸兮（師古曰泱鬱盛皃泱音烏朗反）鷹隼橫厲鸞徘徊兮（師古曰厲疾飛也鸞神鳥也赤靈之精赤色五采雞形鳴中五音徘徊謂不得其所也）矰若浮猋動則機兮（師古曰矰弋射矢也猋疾風也言矰弋張設其疾若風動則機發猋音必遥反）叢棘棧棧曷可棲兮（師古曰棧棧衆盛皃音仕巾反）發忠忘身自繞罔兮冤頸折翼庸得往兮（應劭曰雖冤頸折翼庸得不往也張晏曰陷於讒人之網何用得去也師古曰冤屈也張說是）涕泣流兮萑蘭（張晏曰萑蘭草名也蔓延於地有所依憑則起躬怨哀帝不用已為大臣以罝治也臣瓚曰萑蘭泣涕闌干也師古曰瓚說是萑音桓）心結愲兮傷肝（師古曰結愲亂也孟康曰愲音骨）虹蜺曜兮日微（張晏曰虹蜺邪陰之氣而有照曜以蔽日月云讒言流行忠良浸微也）孽杳冥兮未開（如淳曰虹蜺覆日光明謂之孽師古曰孽邪氣也音牛列反）痛入天兮鳴謼冤際絕兮誰語（張晏曰躬自以被讒枉而與君絕也師古曰鳴謼者以鳥自命也誰語言無所告語也謼音火故反語音牛助反）仰天光

兮自列招上帝兮我察（張晏曰上帝天也揚呼也師古曰列陳列其本心）秋風為我唫浮雲為我陰（師古曰唫古吟字）嗟若是兮欲何留（師古曰言嗟故如是何用久留而生）撫神龍兮擥其須（師古曰擥與攬同謂執持之）游曠迥兮反亡期（師古曰言一死不可復生）雄失據兮世我思（師古曰雄謂君上也據謂尊位也言上失所據乃思我耳）後數年乃死如其文

贊曰仲尼惡利口之覆邦家（師古曰事見論語）蒯通一說而喪三儁（應劭曰亨酈食其敗田橫驕韓信也）其得不亨者幸也伍被安於危國身為謀主忠不終而詐讎（李奇曰詐為王畫策而歸見納也師古曰讎讀曰售謂被初忠於漢而不能終為王畫詐為之策而見納用也）誅夷不亦宜乎書放四罪（師古曰謂流共工放驩兜竄三苗殛鯀也事見虞書）詩歌青蠅（師古曰小雅青蠅之詩也其首章曰營營青蠅止於樊愷悌君子無信讒言蓋蠅之為蟲汙白黑以喻佞人變亂善惡）春秋以來禍敗多矣昔子翬謀桓而魯隱危（應劭曰公子翬謂隱公曰吾將為君殺桓公以我為太宰公曰為其少故今將授之矣翬懼反譖隱公而殺之）欒書搆郤而晉厲弒（應劭曰欒書使楚公子茷語厲公曰鄢陵之戰郤至以為必敗欲奉孫周以代君也公信之而滅三郤欒書因是反弒厲公）豎牛奔仲叔孫卒（張晏曰牛叔孫穆子之孽子也仲壬妻子也牛讒仲叔孫怒而逐之奔齊叔孫病牛餓殺之）郈伯毀季昭公逐（張晏曰郈昭伯毀季平子於昭公昭公伐平子不勝因出奔齊）費忌納女楚建走（應劭曰楚平王為大子建娶於秦無忌曰秦女美甚勸王自納之因而搆焉云其怨望今將畔令王殺之）宰嚭譖胥夫差喪（應劭曰吳將伐齊子胥諫之宰嚭曰伍胥自以先王諫臣心常鞅鞅臨事沮大衆與國之敗夫差大怒賜之屬鏤之劍其明年越滅吳）李園進妹春申斃（張晏曰李園春申君之舍人也進其妹於春申君已有身使妹謂春申君曰楚王無子百年之後將立兄弟君用事日久多失禮於王之兄弟兄弟誠立禍將及身今妾有子人莫知若進妾於王後若生男則君之子為王也春申君乃言之王召入之遂

生男立爲太子後考烈王薨李園害春申君之寵乃刺殺之上官訴屈懷王執張晏曰屈平忠而有謀爲上官子蘭所譖見放逐後秦昭誘懷王會於武關遂執以歸卒死於秦趙高敗斯二世縊張晏曰趙高譖殺李斯而代其位乃使其壻閻樂攻二世於望夷宮乞爲黔首不聽乃縊而死伊戾坎盟宋痤死李奇曰伊戾爲太子傅無寵欲敗太子言與楚客盟謀宋詐歃血加盟書以證之公以故殺痤師古曰痤音在戈反江充造蠱太子殺息夫作姦東平誅皆自小覆大繇踈陷親可不懼哉可不懼哉師古曰覆音芳福反繇與由同

蒯伍江息夫傳第十五

萬石衛直周張傳第十六　班固　漢書四十六

祕書監上護軍琅邪縣開國子顏師古注

萬石君石奮其父趙人也趙亡徙溫師古曰溫河內之縣高祖東擊項籍過河內時奮年十五爲小吏侍高祖高祖與語愛其恭敬問曰若何有師古曰若汝也有何親屬對曰有母不幸失明家貧有姊能鼓瑟高祖曰若能從我乎曰願盡力於是高祖召其姊爲美人以奮爲中涓受書謁師古曰中涓官名主居中而涓絜者也外有書謁令奮受之也涓音蠲徙其家長安中戚里師古曰於上有姻戚者則皆居之故名其里爲戚里以姊爲美人故也奮積功勞孝文時官至太中大夫無文學恭謹舉無與比張晏曰舉朝無比也師古曰舉皆也東陽侯張相如爲太子太傅免選可爲傅者皆推奮奮爲太子太傅及孝景即位以奮爲九卿迫近憚之張晏曰以其恭敬履度故難之徙奮爲諸侯相奮長子建次甲次乙次慶師古曰史失其名故云甲乙耳非其名皆以馴行孝謹師古曰馴順也音巡官至二千石於是景帝曰石君及四子皆二千石人臣尊寵迺集其門凡號奮爲萬石君師古曰集合也凡最計也總合其一門之計五人爲二千石故號萬石君孝景季年萬石君以上大夫祿歸老于家以歲時爲朝臣師古曰豫朝請過宮門闕必下車趨見路馬必軾焉師古曰路馬天子路車之馬軾謂撫軾蓋爲敬也子孫爲小吏來歸謁萬石君必朝服見之不名子孫有

過失不誚讓爲便坐師古曰便坐於便側之處非正室也對案不食然後諸子相責因長老肉袒固謝罪改之廼許子孫勝冠者在側雖燕必冠申申如也師古曰申申整勑之皃僮僕訢訢如也晉灼曰許慎云古欣字也師古曰晉說非也此訢讀與誾誾同謹敬之貌也音牛巾反唯謹師古曰唯以謹敬爲先上時賜食於家必稽首俯伏而食如在上前其執喪哀戚甚師古曰執喪猶言持喪服也禮記曰執親之喪子孫遵教亦如之萬石君家以孝謹聞乎郡國雖齊魯諸儒質行皆自以爲不及也師古曰質質重也建元二年郎中令王臧以文學獲罪皇太后張晏曰竇太后太后以爲儒者文多質少今萬石君家不言而躬行廼以長子建爲郎中令

少子慶爲內史建老白首萬石君尚無恙師古曰恙憂病也每五日洗沐歸謁親文穎曰郎官五日一下入子舍師古曰入諸子之舍自其所居也若今言諸房矣竊問侍者取親中帬廁牏身自澣洒服虔曰親身之衣也蘇林曰牏音投賈逵解周官云牏行清也孟康曰廁行清牏中受糞函者也東南人謂鑿木空中如曹謂之牏晉灼曰今世謂反門小袖衫爲侯牏師古曰親謂父也中帬若今言中衣也廁牏者近身之小衫若今汗衫也蘇音晉說是矣洒音先禮反復與侍者不敢令萬石君知之以爲常建奏事於上前即有可言屛人乃言極切師古曰有可言謂有事當奏諫至廷見如不能言者師古曰廷見謂當朝而見時上以是親而禮之萬石君徙居陵里師古曰茂陵邑中之里內史慶醉歸入外門不下車萬石君聞之不食慶恐肉袒謝請罪不許舉宗及兄建肉

袒萬石君讓曰師古曰讓責也內史貴人入閭里里中長老皆走匿而內史坐車中自如固當師古曰此深責之也言內史貴人正固當尒廼謝罷慶師古曰罷令去慶及諸子入里門趨至家萬石君元朔五年卒建哭泣哀思杖廼能行歲餘建亦死諸子孫咸孝然建最甚甚於萬石君建爲郎中令奏事下師古曰建有所奏上而被報下也下音胡亞反建讀之驚恐曰書馬者與尾而五服虔曰作馬字下曲者而五建時上書誤作四師古曰馬字下曲者爲尾并四點爲四足凡五今廼四不足一獲譴死矣其爲謹愼雖他皆如是慶爲太僕御出師古曰爲上御車而出上問車中幾馬慶以策數馬畢舉手曰六馬慶於兄弟最爲簡易矣然猶如此

出爲齊相齊國慕其家行不治而齊國大治師古曰不治言無所治罰爲立石相祠元狩元年上立太子選羣臣可傅者慶自沛守爲太子太傅七歲遷御史大夫元鼎五年丞相趙周坐酎金免制詔御史萬石君先帝尊之子孫至孝其以御史大夫慶爲丞相封牧丘侯是時漢方南誅兩越東擊朝鮮北逐匈奴西伐大宛中國多事天子巡狩海內修古神祠封禪興禮樂公家用少桑弘羊等致利王溫舒之屬峻法兒寬等推文學九卿更進用事師古曰更互也音工衡反事不關決於慶慶醇謹而已師古曰醇厚也音純在位九歲無能有

所匡言嘗欲請治上近臣所忠九卿咸宣服虔曰咸音減損之減師古曰治所忠及咸宣二人不能服反受其過贖罪元封四年關東流民二百萬口無名數者四十萬師古曰名數若今戶籍公卿議欲請徙流民於邊以適之師古曰適讀曰謫上以為慶老謹不能與其議師古曰與讀曰豫乃賜丞相告歸而案御史大夫以下議為請者慶慙不任職上書曰臣幸得待罪丞相疲駑無以輔治城郭倉廩空虛民多流亡罪當伏斧質上不忍致法願歸丞相侯印乞骸骨歸避賢者路上報曰間者河水滔陸晉灼曰滔漫也師古曰高平曰陸漫音莫干反泛濫十餘郡隄防勤勞弗能陻塞師古曰陻塡也音因朕甚憂之是故巡方州張晏曰四方之州也師古曰東方諸州禮嵩高嶽通八神以合宣房孟康曰八神郊祀志八神也於宣房宮合祀之師古曰此說非也自言致禮中岳通嵩八神耳合宣房者於宣房塞決河也事見溝洫志濟淮江歷山濱海師古曰濱海者循海涯而行也濱音賓又音頻問百年民所疾苦惟吏多私徵求無已師古曰惟思也已止也去者便居者擾故為流民法以禁重賦師古曰言百姓去其本土者則免於吏徵求在舊居者則見煩擾故朝廷特為流人設法又禁吏之重賦也一曰去者謂吏出使而侵擾居人以自便也乃者封泰山皇天嘉況神物並見師古曰況賜也見顯示也朕方合氣應未能承意師古曰言自脩整以報瑞應恐未承順上天之意是以切比閭里知吏姦邪師古曰比校考也音頻寐反委任有司然則官曠民愁盜賊公行師古曰曠空也言人不舉職是空其官往年覲明堂赦殊死無禁錮

咸自新與更始今流民愈多計文不改蘇林曰校戶口文書不改減也如淳曰郡上計文書自文飾不改正也師古曰如說是君不繩責長吏而請以興徙四十萬口搖盪百姓師古曰盪動也孤兒幼年未滿十歲無罪而坐率服虔曰率坐刑法也如淳曰率家長也師古曰幼年無罪坐為父兄所率而并徙如說近之朕失望焉今君上書言倉庫城郭不充實民多貧盜賊衆請入粟為庶人服虔曰慶自以居相位不能理請入粟贖己罪退為庶人夫懷知民貧而請益賦師古曰懷此心動危之而辭位師古曰搖動百姓使其危急而自欲去位欲安歸難乎師古曰以此危難之事欲歸之於何人君其反室師古曰若此自謂理當然者可還家慶素質見詔報反室自以為得許欲上印綬掾史以為見責甚深而終以反室者醜惡之辭

也或勸慶宜引決師古曰令自殺慶甚懼不知所出遂復起視事慶為丞相文深審謹無他大略後三歲餘薨謚曰恬侯中子德慶愛之上以德嗣後為太常坐法免國除慶方為丞相時諸子孫為小吏至二千石者十三人及慶死後稍以罪去孝謹衰矣

衛綰代大陵人也以戲車為郎事文帝服虔曰力士能扶戲車也應劭曰能左右超乘師古曰二說皆非也戲車若今之弄車之技功次遷中郎將醇謹無它師古曰無它餘志念也孝景為太子時召上左右飲而綰稱病不行張晏曰恐文帝謂豫有二心事太子文帝且崩時屬孝景曰綰長者善遇之及景帝立歲餘不孰何綰服虔曰不問也李奇曰孰誰也何呵也師古曰何即問也不誰何者猶言不借問耳

綰日以謹力師古曰自勉力爲謹慎日日益甚景帝幸上林詔中郎將參乘還而問曰君知所以得驂乘乎師古曰言何以得參乘綰曰臣代戲車士幸得功次遷待罪中郎將不知也上問曰吾爲太子時召君君不肯來何也師古曰言以此特識之對曰死罪病上賜之劍綰曰先帝賜臣劍凡六不敢奉詔上曰劍人之所施易獨至今乎如淳曰施讀曰移移言劍者人所好故多數移易貿換之也師古曰施讀曰貤貤延也音弋豉反綰曰具在上使取六劍劍常盛未嘗服也師古曰盛謂在削室之中也盛音成削音先召反郎官有譴常蒙其罪師古曰蒙謂覆蔽之不與它將爭有功常讓它將上以爲廉忠實無它腸師古曰心腸之內無他惡乃拜綰爲河閒王太傅

前漢傳十六　六　何五

吳楚反詔綰爲將將河閒兵擊吳楚有功拜爲中尉三歲以軍功封綰爲建陵侯明年上廢太子誅栗卿之屬師古曰太子廢爲臨江王故誅其外家親屬上以綰爲長者不忍乃賜綰告歸而使郅都治捕栗氏既已上立膠東王爲太子召綰拜爲太子太傅遷爲御史大夫五歲代桃侯舍爲丞相師古曰劉舍朝奏事如職所奏師古曰言守職分而已然自初官以至相終無可言師古曰不能有所興建及廢罷上以爲敦厚可相少主尊寵之賞賜甚多爲丞相三歲景帝崩武帝立建元中丞相以景帝病時諸官囚多坐不辜者而君不任職師古曰天子不親政則丞相當理之而綰不申其冤免

之後薨謚曰哀侯子信嗣坐酎金國除

直不疑南陽人也爲郎事文帝其同舍有告歸誤持其同舍郎金去已而同舍郎覺亡意不疑師古曰疑其盜取不疑謝有之師古曰告云實取買金償後告歸者至而歸金亡金郎大慙以此稱爲長者稍遷至中大夫朝廷見人或毀不疑師古曰當於闕廷大朝見之時而人毀之曰不疑狀貌甚美然特毋柰其善盜嫂何也師古曰盜謂私之不疑聞曰我乃無兄然終不自明也吳楚反時不疑以二千石將擊之景帝後元年拜爲御史大夫天子脩吳楚時功封不疑爲塞侯師古曰塞音先代反武帝即位與丞相綰

前漢傳十六　七　徐真

俱以過免不疑學老子言其所臨爲官如故唯恐人之知其爲吏迹也不好立名稱爲長者薨謚曰信侯傳子至孫彭祖坐酎金國除

周仁其先任城人也以醫見師古曰見於天子景帝爲太子時爲舍人積功遷至太中大夫景帝初立拜仁爲郎中令仁爲人陰重不泄服虔曰質重不泄人之陰謀也張晏曰陰重不泄下漏故喇脅是以得比宦者得入後宮也仁有子孫先未得此疾時所生也師古曰張服二說皆非也陰密也爲性密重不泄人言也霍去病少言不泄亦其類也常衣敝補衣溺袴期爲不絜清師古曰故爲不絜清之事而敝敗其衣服也溺讀曰尿尿袴者爲小袴以藉其尿以是得幸入卧內於後宮秘戲仁常在旁終無所言師古曰是不泄也上時問人師古曰問以他人之善惡仁曰上自

察之然亦無所毀如此（師古曰雖知其惡不欲言毀之故云上自察之）景帝再自幸其家家徙陽陵上所賜甚多然終常讓不敢受也諸侯羣臣賂遺終無所受武帝立爲先帝臣重之（師古曰重謂敬難之）仁乃病免以二千石祿歸老子孫咸至大官

張歐字叔（孟康曰歐音驅）高祖功臣安丘侯說少子也（師古曰說讀曰悅）歐孝文時以治刑名侍太子（師古曰劉向別錄云申子學號曰刑名刑名者循名以責實其尊君卑臣崇上抑下合於六經說者云刑家名家也即太史公所論六家之二也此說非）然其人長者景帝時尊重常爲九卿至武帝元朔中代韓安國爲御史大夫歐爲吏未嘗言按人剸以誠長者處官（師古曰剸與專同又音之兗反）官屬以爲長者亦不敢大欺上具獄事有可卻卻之（師古曰退令更平處之）不可者不得已爲涕泣面而封之（如淳曰不正視若不見者也晉灼曰面對囚讀而封之使其聞見死而無恨也師古曰二說皆非也面謂偝之也言不忍視之與呂馬童面之同義）其愛人如此老篤請免天子亦寵以上大夫祿歸老于家家陽陵子孫咸至大官

贊曰仲尼有言君子欲訥於言而敏於行（師古曰論語載孔子之言也訥遲也敏疾也）其萬石君建陵侯塞侯張叔之謂與（師古曰與讀曰歟）是以其教不肅而成不嚴而治至石建之澣衣周仁爲垢汙君子譏之

萬石衛直周張傳第十六

文三王傳第十七　班固　漢書四十七

秘書監上護軍琅邪縣開國子顏師古注

孝文皇帝四男竇皇后生孝景帝梁孝王武諸姬生代孝王參梁懷王揖（師古曰不得其姓氏故曰諸姬言在諸姬之列者也解在高五王傳）梁孝王武以孝文二年與太原王參梁王揖同日立武爲代王四年徙爲淮陽王十二年徙梁自初王通歷已十一年矣（師古曰總數其爲王之年）孝王十四年入朝十七年十八年比年入朝留（師古曰比頻也留謂留在京師）其明年乃之國二十一年入朝二十二年文帝崩二十四年入朝二十五年復入朝是時上未置太子與孝王宴飲從容言曰（師古曰從音千容反）千秋萬歲後傳於王王辭謝雖知非至言然心內喜太后亦然其春吳楚齊趙七國反先擊梁棘壁（文穎曰地名）殺數萬人梁王城守睢陽（師古曰據睢陽城而自守）而使韓安國張羽等爲將軍以距吳楚吳楚以梁爲限不敢過而西與太尉亞夫等相距三月吳楚破而梁所殺虜略與漢中分（孟康曰梁所虜吳楚之捷略與漢同）明年漢立太子梁最親有功又爲大國居天下膏腴地北界泰山西至高陽（蘇林曰陳留北縣）四十餘城多大縣孝王太后少子愛之賞賜不可勝道（師古曰道謂言）於是孝王築東苑方三百餘里廣睢陽城七

十里師古曰更廣大之也晉太康地記云城方十三里梁孝王築之鼓倡節杵而後下和之者稱睢陽曲今踵以爲故今之樂家睢
陽曲是其遺音大治宮室爲復道自宮連屬於平臺三十
餘里如淳曰平臺在大梁東北離宮所在也晉灼曰或說在城中東北角師古曰今其城東二十里所有故臺基其處寬博土俗云
平臺也音方目反復得賜天子旌旗從千乘萬騎出稱警入言
趩師古曰警者戒肅也趩止行人也言出入者互文耳出亦有趩漢儀注皇帝輦動左右侍帷幄者稱警出殿則傳趩止人清道也擬
於天子師古曰擬比也音擬招延四方豪桀自山東游士莫不
至齊人羊勝公孫詭鄒陽之屬師古曰言皆游梁公孫詭多
奇邪計初見日王賜千金官至中尉號曰公孫將
軍多作兵弩弓數十萬而府庫金錢且百鉅萬師古
曰鉅萬百萬也有百萬者言凡百也珠玉寶器多於京師二十九年十月

孝王入朝景帝使使持乘輿駟迎梁王於關下張晏
曰但持駟馬往也臣瓚曰稱乘輿駟則車馬皆往言四不駕六馬耳天子副車駕四馬師古曰輿即車也瓚說是既朝上疏
因留以太后故入則侍帝同輦出則同車遊獵上
林中梁之侍中郎謁者著引籍出入天子殿門師古
曰著音竹略反與漢宦官亡異十一月上廢栗太子太后心
欲以梁王爲嗣大臣及爰盎等有所關說於帝太
后議格服虔曰格音格閣張晏曰止也蘇林曰音閣師古曰蘇音張說是孝王不敢復言太
后以嗣事師古曰不敢更以此事言於太后事祕世莫知廼辭歸國其
夏上立膠東王爲太子梁王怨爰盎及議臣廼與
羊勝公孫詭之屬謀陰使人刺殺爰盎及他議臣

十餘人賊未得也於是天子意梁師古曰意疑也逐賊果梁
使之遣使冠蓋相望於道覆案梁事捕公孫詭羊
勝皆匿王後宮使者責二千石急梁相軒丘豹師古
曰姓軒丘名豹及內史安國師古曰即韓安國皆泣諫王王廼令勝詭
皆自殺出之上由此怨望於梁王師古曰望謂責而怨之梁王
恐廼使韓安國因長公主謝罪太后然後得釋上
怒稍解因上書請朝既至關茅蘭說王服虔曰茅蘭孝王大夫也
使乘布車張晏曰布車降服自比喪人也從兩騎入匿於長公主
園漢使迎王王已入關車騎盡居外外不知
王處太后泣曰帝殺吾子帝憂恐於是梁王

伏斧質之闕下謝罪然後太后帝皆大喜
相與泣復如故悉召王從官入關然帝益踈王不
與同車輦矣三十五年冬復入朝上疏欲留上弗
許歸國意忽忽不樂北獵梁山有獻牛足上出背
上孝王惡之六月中病熱六日薨張晏曰足當處下所以輔身也今出背上
象孝王背朝而干上也北者陰也又在梁山明爲梁也牛者丑之畜衝在六月北方數六故六月六日王薨也孝王慈孝
每聞太后病口不能食常欲留長安侍太后太后
亦愛之及聞孝王死竇太后泣極哀不食曰帝果
殺吾子帝哀懼不知所爲與長公主計之廼分梁
爲五國盡立孝王男五人爲王女五人皆令食湯

沐邑奏之太后太后廼説爲帝壹餐（師古曰説讀曰悅餐古飧字）孝王未死時財以鉅萬計不可勝數及死藏府餘黄金尚四十餘萬斤他財物稱是

代孝王參初立爲太原王四年代王武徙爲淮陽王而參徙爲代王復幷得太原都晉陽如故（師古曰如文帝時在代）五年一朝凡三朝十七年薨子共王登嗣（師古曰共讀曰恭）二十九年薨子義嗣元鼎中漢廣關以常山爲阻（師古曰徙山以爲關）徙代王於淸河是爲剛王幷前在代凡立四十年薨子頃王湯嗣二十四年薨子年嗣地節中冀州刺史林奏年爲太子時與女弟則私通及

年立爲王後則懷年子其壻使勿舉（師古曰不養也）則曰自來殺之壻怒曰爲王生子自令王家養之則送兒頃太后所（師古曰頃王之后年之太后故曰頃太后）相聞知禁止則令不得入宮（師古曰相者王之相）年使從季父往來送迎則（師古曰宗室諸從也）連年不絶有司奏年淫亂年坐廢爲庶人徙房陵與湯沐邑百戶立三年國除元始二年新都侯王莽興滅繼絶白太皇太后立年弟子如意爲廣宗王奉代孝王後莽篡位國絶

梁懷王揖文帝少子也好詩書帝愛之異於他子五年一朝凡再入朝因墮馬死立十年薨無子國除明年梁孝王武徙王梁

梁孝王子五人爲王太子買爲梁共王（師古曰共讀曰恭）次子明爲濟川王彭離爲濟東王定爲山陽王不識爲濟陰王皆以孝景中六年同日立

梁共王買立七年薨子平王襄嗣濟川王明以桓邑侯立七年坐射殺其中尉有司請誅武帝弗忍廢爲庶人遷房陵國除濟東王彭離立二十九年彭離驕悍（師古曰悍勇也）昏暮私與其奴亡命少年數十人行剽（師古曰剽劫也音頻妙反）殺人取財物以爲好（如淳曰以是爲好喜之事也師古曰好音呼到反）所殺發覺者百餘人國皆知之莫敢夜行所

殺者子上書告言有司請誅武帝弗忍廢爲庶人徙上庸國除爲大河郡山陽哀王定立九年薨亡子國除濟陰哀王不識立一年薨亡子國除孝王支子四王皆絶於身（師古曰支子謂非正嫡也）

梁平王襄母曰陳太后共王母曰李太后李太后親平王之大母也（師古曰大母祖母也恭王即李太后所生故云親祖母也）而平王之后曰任后任后甚有寵於襄初孝王有罍尊（應劭曰詩云酌彼金罍罍畫雲雷之象以金飾之也鄭氏曰上蓋刻爲山雲雷之象師古曰鄭説是也罍古雷字）直千金戒後世善寶之毋得以與人（師古曰寶謂愛守也）任后聞而欲得之李太后曰先王有命毋得以尊與人他物雖百鉅萬猶

自恣任后絕欲得之王襄直使人開府取尊賜任
后又王及母陳太后事李太后多不順有漢使者
來李太后欲自言王使謁者中郎胡等遮止閉門
李太后與爭門措指(晉灼曰許愼云措置字借以為笮耳 師古曰音壯客反謂為門扉所笮)太
后啼謼(師古曰謼音火故反)不得見漢使者李太后亦私與食
官長及郎尹霸等姦亂王與任后以此使人風止
李太后(師古曰風讀曰諷 止者止其自言也)李太后亦已(師古曰已止也)後病薨病
時任后未嘗請疾(張晏曰請問也)薨又不侍喪元朔中睢陽
人犴反(師古曰犴姓反名也犴音岸)人辱其父而與睢陽太守客俱
出同車犴反殺其仇車上亡去睢陽太守怒以讓

梁二千石二千石以下求反急執反親戚反知國
陰事迺上變告梁王與大母爭尊狀時相以下具
知之欲以傷梁長史書聞天子下吏驗問有之公
卿治奏以為不孝請誅王及太后(師古曰陳太后)天子曰首
惡失道任后也朕置相吏不逮(師古曰逮及也 言其材知不及)無以
輔王故陷不誼不忍致法削梁王五縣奪王太后
湯沐成陽邑梟任后首于市中郎胡等皆伏誅梁
餘尚有八城襄立四十年薨子頃王無傷嗣十一
年薨子敬王定國嗣四十年薨子夷王遂嗣六年
薨子荒王嘉嗣十五年薨子立嗣鴻嘉中太傅輔

奏立一日至十一犯法臣下愁苦莫敢親近不可
諫止願令王非耕祠法駕毋得出宮盡出馬置外
苑收兵杖藏私府毋得以金錢財物假賜人事下
丞相御史請許(師古曰許太傅所奏)奏可後數復毆傷郎(師古曰毆捶擊
音一口反)夜私出宮傅相連奏坐削或千戶或五百戶
如是者數焉荒王女弟園子為立舅任寶妻寶兄
子昭為立后數過寶飲食報寶曰我好翁主(師古曰諸王女
皆稱翁主言其父自主婚也)欲得之寶曰翁主姑也法重立曰何能
為(師古曰言罪不能至重也)遂與園子姦積數歲永始中相禹奏
立對外家怨望有惡言有司案驗因發淫亂事奏立

禽獸行請誅太中大夫谷永上疏曰臣聞禮天子
外屏不欲見外也(師古曰屏謂當門之牆以屏蔽者也外屏於門外為之)是故帝王
之意不窺人閨門之私聽聞中冓之言(應劭曰中冓材構在堂之
中也晉灼曰魯詩以為夜也師古曰冓謂舍之交積材木也應說近之冓音工豆反)春秋為親者諱詩云
戚戚兄弟莫遠具爾(師古曰小雅行葦之詩也戚戚內相親也爾近也言王之族親情無疏遠皆昵近也)
今梁王年少頗有狂病始以惡言按驗既亡事實
而發閨門之私非本章所指王辭又不服猥強劾
立傅致難明之事(師古曰傅讀曰附)獨以偏辭成皐斷獄亡
益於治道汙蔑宗室(孟康曰蔑音漫 師古曰蔑音秣謂塗染也)以內亂之惡
披布宣揚於天下非所以為公族隱諱增朝廷之

榮華昭聖德之風化也臣愚以爲王少而父同産長年齒不倫梁國之富足以厚聘美女招致妖麗父同産亦有恥辱之心師古曰言其姑亦當自恥必不與姦案事者迺驗問惡言師古曰本所問者怨望朝廷之言耳何故猥自發舒師古曰猥曲也以三者揆之殆非人情疑有所迫切過誤失言文吏躡尋不得轉移萌牙之時加恩勿治上也如淳曰惡憤蓋之則計之上既已案驗舉憲宜及王辭不服詔廷尉選上德通理之吏更審考清問著不然之效定失誤之法師古曰著明也而反命於下吏師古曰使者還反以清白之狀付有司也以廣公族附疏之德爲宗室刷汙亂之恥師古曰刷謂拭刷除之也音所劣反甚得治親之誼

天子由是寑而不治居數歲元延中立復以公事怨相掾及睢陽丞使奴殺之殺奴以滅口凡殺三人傷五人手敺郎吏二十餘人上書不拜奏謀篡死罪囚師古曰逆取曰篡有司請誅上不忍削立五縣哀帝建平中立復殺人天子遣廷尉賞大鴻臚由持節即訊師古曰就問也至移書傅相中尉曰王背策戒師古曰初封時策書有戒勅之言誖暴妄行師古曰誖乖也音布內反連犯大辟毒流吏民比比蒙恩不伏重誅師古曰比猶頻也不思改過復賊殺人幸得蒙恩丞相長史大鴻臚丞即問王陽病抵讕置辭師古曰抵距也讕誣諱也抵音丁礼反讕音來亶反驕嫚不首主令與背畔亡異

師古曰不首謂不伏其罪也主令者於法令之條與背畔無異也首音失救反次下亦同丞相御史請收王璽綬送陳留獄明詔加恩復遣廷尉大鴻臚雜問今王當受詔置辭恐復不首實對書曰至于再三有不用我降爾命師古曰此周書多方篇之辭也言我教汝至于再三汝不能用則我下罰黜汝命也傅相中尉皆以輔正爲職虎兕出於匣龜玉毀於匵中是誰之過也師古曰此論語孔子責冉有季路之辭也言虎兕出於檻龜玉毀於櫝匵皆非典守者之過邪喻輔相之人者當能持危扶顚也書到明以誼曉王敢復懷詐罪過益深傅相以下不能輔導有正法立惶恐免冠對曰立少失父母孤弱處深官中獨與宦者婢妾居漸漬小國之俗加以質性下愚有不可移之姿師古

曰言不從化也論語稱孔子曰唯上智與下愚不移往者傅相亦不純以仁誼輔翼立大臣皆尚苛刻刺求微密讒臣在其間左右弄口積使上下不和更相眄伺師古曰更音工衡反宮殿之裏毛氂過失亡不暴陳當伏重誅以視海內師古曰視讀曰示數蒙聖恩得見貰赦師古曰貰謂寬其罪今立自知賊殺中郎曹將冬月迫促貪生畏死即詐僵仆陽病師古曰僵仆倒地也僵音薑仆音赴徼幸得踰於須臾師古曰今冀得踰冬月而減罪也謹以實對伏須重誅師古曰須待也時冬月盡其春大赦不治元始中立坐與平帝外家中山衛氏交通新都侯王莽奏廢立爲庶人徙漢中立自殺二十七年國除後二歲

莽白太皇太后立孝王玄孫之曾孫沛郡卒史音爲梁王奉孝王後莽篡國絕

贊曰梁孝王雖以愛親故王膏腴之地(師古曰太后愛子而帝親弟故曰愛親)然會漢家隆盛百姓殷富故能殖其貨財廣其宮室車服然亦僭矣怙親亡厭牛禍告罰卒用憂死悲夫

文三王傳第十七

賈誼傳第十八 班固 漢書四十八

秘書監上護軍琅邪縣開國子顏 師古 注

賈誼雒陽人也年十八以能誦詩書屬文稱於郡中(師古曰屬謂綴輯之也言其能爲文也屬音之欲反)河南守吳公聞其秀材召置門下(師古曰秀美也)甚幸愛文帝初立聞河南守吳公治平爲天下第一(師古曰治平言其政治和平也)故與李斯同邑而嘗學事焉(師古曰事之而從其學也)徵以爲廷尉廷尉迺言誼年少頗通諸家之書文帝召以爲博士是時誼年二十餘最爲少每詔令議下(師古曰謂有詔令出下及遣議事)諸老先生未能言誼盡爲之對人人各如其意所出諸生於是以爲能文帝說之(師古曰說讀曰悅)超遷歲中至太中大夫誼以爲漢興二十餘年天下和洽宜當改正朔服色制度定官名興禮樂迺草具其儀法(師古曰草謂創造之)色上黃數用五爲官名悉更奏之(師古曰更改也)文帝謙讓未皇也(師古曰皇暇也自以爲不當改制)然諸法令所更定及列侯就國其說皆誼發之於是天子議以誼任公卿之位絳灌東陽侯馮敬之屬盡害之(師古曰絳絳侯周勃也灌灌嬰也東陽侯張相如也馮敬時爲御史大夫)迺毀誼曰雒陽之人年少初學專欲擅權紛亂諸事於是天子後亦疏之不用其議以誼爲長沙王太傅誼既以適去(師古曰適讀曰謫其下亦同)意不自得及度湘

水師古曰湘水出零陵陽海山北流入江也爲賦以弔屈原屈原楚賢臣也被讒放逐作離騷賦師古曰離遭也憂動曰騷遭憂而作此辭其終篇曰已矣國亡人莫我知也遂自投江而死誼追傷之因以自諭師古曰諭譬也其辭曰恭承嘉惠兮師古曰恭敬也嘉惠謂詔命也竢罪長沙師古曰竢古俟字俟待也仄聞屈原兮自湛汨羅師古曰仄古側字汨水名在長沙羅縣故曰汨羅湛讀曰沉汨音莫歷反造託湘流兮敬弔先生師古曰造至也言至湘水而因託其流也造音千到反遭世罔極兮迺隕厥身張晏曰讒言罔極師古曰罔無也極中也無中正之道一曰極止也烏虖哀哉兮逢時不祥師古曰虖讀曰呼鸞鳳伏竄兮鴟鴞翱翔師古曰鴟鵂鶹怪鳥也鴞惡聲之鳥也鴟音尺夷反鴞音于驕反鵂音休闒茸尊顯兮讒諛得志師古曰闒茸下材不肖之人也闒音吐盍反茸音人勇反賢聖逆曳兮方正倒植師古曰植立也音直謂隨夷溷兮應劭曰隨卞隨湯時廉士湯以天下讓而不受夷伯夷也不食周粟餓于首陽之下師古曰溷濁也音胡困反謂跖蹻廉李奇曰跖秦大盜也楚之大盜爲莊蹻師古曰跖音之石反蹻音居略反莊周曰盜跖柳下惠之弟盖寓言也莫邪爲鈍兮應劭曰莫邪吳大夫也作寶劍因以冠名鈆刀爲銛晉灼曰世俗謂利爲銛徹師古曰音弋占反于嗟默默生之亡故兮應劭曰默默不得意也鄧展曰言屈原無故遇此禍也師古曰生先生也斡棄周鼎師古曰斡轉也音管寶康瓠兮鄭氏曰康瓠瓦盆底也爾雅曰康瓠謂之甈師古曰甈音五列反騰駕罷牛驂蹇驢兮師古曰罷讀曰疲蹇跛也驥垂兩耳服鹽車兮師古曰駕鹽車也章父薦屨漸不可久兮師古曰章父殷冠名也言冠乃居下屨反在上也父讀曰甫嗟苦先生獨離此咎兮應劭曰嗟咨嗟也先生謂屈原遇此難也師古曰離遭也誶曰李奇曰誶告也張晏曰誶離騷下章亂也師古曰誶音碎巳矣國其莫吾知兮師古曰一國之人不知我也

子獨壹鬱其誰語師古曰壹鬱猶怫鬱也鳳縹縹其高逝兮夫固自引而遠去師古曰縹縹輕舉皃音匹遙反襲九淵之神龍兮鄧展曰襲重也師古曰九淵九旋之川言至深也沕淵潛以自珍鄧展曰沕音昧張晏曰潛藏也偭蟂獺以隱處兮服虔曰蟂音梟應劭曰蟂獺水虫害魚者也偭背也欲舍蟂獺從神龍遊也師古曰偭音面夫豈從蝦與蛭螾服虔曰蛭水虫螾今之蛭螾也孟康曰言龍自絕於蟂獺況從蝦與蛭螾也師古曰蝦亦水虫也音遐蛭音質螾字與蚓同音引今之俗音弋人反蟺音丘謹反所貴聖之神德兮遠濁世而自藏使麒麟可係而羈兮豈云異夫犬羊般紛紛其離此郵兮蘇林曰般音槃孟康曰般音班般反也紛紛構讒意也師古曰般孟音是也字從丹青之丹離遭也郵過也亦夫子之故也李奇曰亦夫子不如麟鳳之故離此咎也師古曰此說非也賈誼自言今之離郵亦猶屈原耳歷九州而相其君兮何必懷此都也師古曰言往長沙爲傅不足哀傷何用苟懷此之都邑蓋亦誼自寬廣之言鳳皇翔于千仞兮覽德煇而下之師古曰八尺曰仞千仞言其極高見細德之險微兮遙增擊而去之師古曰增重也言見苛細之人險阨之證故重擊其羽而高去彼尋常之汙瀆兮豈容吞舟之魚應劭曰八尺曰尋倍尋曰常師古曰水不泄爲汙音一胡反又音一故反橫江湖之鱣鯨兮固將制於螻螘如淳曰鱣鯨皆大魚也臣瓚曰鱣魚無鱗口在腹下鯨魚長者長數里晉灼曰小水不容大魚而橫鱣鯨於汙瀆必爲螻螘所制以況小朝主闇不容受忠逆之言亦爲讒賊小臣所害師古曰鱣音竹連反字或作鱏鱏亦大魚也音淫又音尋螻音樓謂螻蛄也誼爲長沙傅三年有服飛入誼舍止於坐隅師古曰坐音才卧反服似鴞晉灼曰異物志曰有鳥小如雞體有文色土俗因形名之曰服不能遠飛行不出域也不祥鳥也誼既以適居長沙長沙卑濕誼自傷悼以爲壽不得長迺爲賦以自廣其辭曰單閼之歲四月孟夏應劭曰太歲在卯爲單閼師古曰閼音一葛反庚子日斜服集余舍孟康曰斜日昳時止于

坐隅貌甚閒暇師古曰閒讀曰閑異物來崪私怪其故孟康曰崪音萃萃聚集也發書占之讖言其度師古曰讖驗也有徵驗之書也讖音初禁反曰野鳥入室主人將去問於子服余去何之師古曰子服者言加其美稱也吉虖告我凶言其災淹速之度語余其期師古曰淹遲也服廼太息舉首奮翼口不能言請對以意師古曰意字合韻宜音億萬物變化固亡休息斡流而遷或推而還師古曰斡音管斡轉也還讀曰旋形氣轉續變化而嬗服虔曰嬗音如蟬謂變蛻也蘇林曰相傳與也師古曰此即禪代字合韻故音蟬耳蘇說是也沕穆亡閒胡可勝言師古曰沕穆深微貌胡何也言其理深微不可盡言沕音勿禍兮福所倚福兮禍所伏師古曰此老子德經之言也倚音於綺反憂喜聚門吉凶同域師古

曰言禍福相因吉凶不定彼吳彊大夫差以敗粵棲會稽句踐伯世師古曰會稽山名也句踐避吳之難保於此山故曰棲也句音鉤伯讀曰霸斯游遂成卒被五刑應劭曰李斯西遊於秦身登相位二世時為趙高所譖身伏五刑傳說胥靡廼相武丁張晏曰胥靡刑名也傳說被刑築於傅巖武丁以為己相師古曰胥靡相隨之刑也解在楚元王傳夫禍之與福何異糾纆應劭曰禍福相為表裏如糾纆索相附會也臣瓚曰糾絞也纆索也師古曰纆音墨命不可說孰知其極師古曰極止也水激則旱矢激則遠師古曰言水之激疾則去盡不能浸潤矢之激發則去遠萬物回薄震蕩相轉雲烝雨降糾錯相紛大鈞播物坱圠無垠如淳曰陶者作器於鈞上此以造化為大鈞也應劭曰其氣坱圠非有限齊也師古曰今造瓦者謂所轉者為鈞言造化為人亦猶陶之造瓦耳坱音烏朗反圠音於黠反天不可與慮道不

可與謀遲速有命烏識其時師古曰烏猶何也且夫天地為鑪造化為工陰陽為炭萬物為銅師古曰以冶鑄為喻合散消息安有常則千變萬化未始有極忽然為人何足控揣孟康曰控引也揣持也言人生忽然何足引持自貴惜也如淳曰控引也揣音團控揣玩弄愛生之意也師古曰如說是化為異物又何足患師古曰患合韻音環小智自私賤彼貴我達人大觀物亡不可貪夫徇財列士徇名臣瓚曰以身從物曰徇夸者死權品庶每生臣瓚曰謂夸泰也莊子曰權勢不尤則夸者悲孟康曰每貪也師古曰品庶猶庶品也怵迫之徒或趨西東孟康曰怵為利所誘怵也迫迫貧賤東西趨利也師古曰誘怵之怵則音戌或曰怵怵惕也音丑出反其義兩通而說者欲改字為鉥蓋穿鑿耳大人不曲意變齊同愚士繫俗僒若囚拘李奇曰僒音塊蘇林曰音人自偪僒蟲音欺全反師古曰蘇音是至人

遺物獨與道俱衆人惑惑好惡積意李奇曰惑惑東西也所好所惡積之萬億也臣瓚曰言衆懷好惡積之心意也師古曰瓚說是也意合韻音於力反眞人恬漠獨與道息師古曰恬安也漠靜也釋智遺形超然自喪服虔曰絕聖弃智而亡其身也師古曰喪合韻音先郎反寥廓忽荒與道翱翔師古曰荒音呼廣反乘流則逝得坻則止孟康曰易坎為險遇險難而止也張晏曰謂夷易則仕險難則隱也縱軀委命不私與己其生兮若浮其死兮若休師古曰休息也澹虖若深淵之靚氾虖若不繫之舟師古曰澹安也音徒濫反靚與靜同氾音敷劍反不以生故自保養空而浮服虔曰道家養空虛若浮舟也德人無累知命不憂細故蔕芥何足以疑師古曰蔕芥小鯁也蔕音丑芥反後歲餘文帝思誼徵之至入見上方受釐坐宣室蘇林曰宣室未央前

正室也應劭曰釐祭餘肉也漢儀注祭天地五時皇帝不自行祠還致福釐音禧師古曰禧福也借釐字爲之耳言受神之福也上因感鬼神事而問鬼神之本誼具道所以然之故至夜半文帝前席師古曰漸促近誼聽說其言也既罷曰吾久不見賈生自以爲過之今不及也廼拜誼爲梁懷王太傅懷王上少子愛而好書故令誼傅之數問以得失師古曰漢朝問以國家之事是時匈奴彊侵邊天下初定制度疏闊諸侯王僭儗地過古制師古曰儗比也上比於天子儗音擬淮南濟北王皆爲逆誅誼數上疏陳政事多所欲匡建師古曰匡正也正其失也建立也立制節也其大略曰臣竊惟事勢可爲痛哭者一可爲流涕者二可爲長大息者六若其它背理而

傷道者難徧以疏舉師古曰言不可盡條記也進言者皆曰天下已安已治矣師古曰進言者謂陳說於天子前者也治音直吏反此下並同臣獨以爲未也曰安且治者非愚則諛師古曰實謂治安則是愚也知其不爾而假言之是諂諛也皆非事實知治亂之體者也夫抱火厝之積薪之下而寢其上師古曰厝置也音千故反火未及燃因謂之安方今之勢何以異此本末舛逆首尾衡決國制搶攘蘇林曰搶音濟濟蹌蹌不安皃也晉灼曰搶音傖吳人罵楚人曰傖傖攘亂皃也師古曰晉音是傖音仕庚反攘音女庚反非甚有紀師古曰紀理也胡可謂治陛下何不壹令臣得孰數之於前因陳治安之策試詳擇焉夫射獵之娛與安危之機孰急師古曰言二事之中何者爲急使爲治勞智慮苦身體乏

鍾鼓之樂勿爲可也樂與今同而加之諸侯軌道兵革不動師古曰軌道言遵法制也民保首領匈奴賓服四荒鄉風師古曰鄉讀曰嚮也百姓素朴獄訟衰息大數既得則天下順治海內之氣清和咸理生爲明帝沒爲明神名譽之美垂於無窮禮祖有功而宗有德使顧成之廟稱爲太宗上配太祖與漢亡極建久安之勢成長治之業以承祖廟以奉六親至孝也應劭曰六親父母兄弟妻子也以幸天下以育羣生至仁也立經陳紀輕重同得後可以爲萬世法程師古曰程式也雖有愚幼不肖之嗣猶得蒙業而安至明也以陛下之明達因使少知

治體者得佐下風致此非難也師古曰少知治體者誼自謂也其具可素陳於前願幸無忽師古曰忽怠忘也臣謹稽之天地師古曰稽考也驗之往古按之當今之務日夜念此至孰也雖使禹舜復生爲陛下計亡以易此師古曰易改也夫樹國固必相疑之勢鄭氏曰今建立國泰大其勢必固相疑也臣瓚曰樹國於險固諸侯強大則必與天子有相疑之勢也師古曰鄭說是也下數被其殃上數爽其憂如淳曰爽忒也甚非所以安上而全下也今或親弟謀爲東帝應劭曰淮南厲王長親兄之子西鄉而擊如淳曰謂齊悼惠王子興居爲濟北王反欲擊取滎陽也師古曰鄉讀曰嚮今吳又見告矣如淳曰時吳王又不循漢法有告之者天子春秋鼎盛應劭曰鼎方也行義未過師古曰行音下更反德澤有加焉猶尚如是況

莫大諸侯師古曰莫大謂無有大於其國者言最大也 權力且十此者虖師古曰十倍於此 然而天下少安何也大國之王幼弱未壯漢之所置傅相方握其事數年之後諸侯之王大抵皆冠師古曰大抵猶言大略也音丁禮反其下亦同 血氣方剛漢之傅相稱病而賜罷彼自丞尉以上偏置私人如此有異淮南濟北之為邪此時而欲為治安雖堯舜不治黃帝曰日中必熭操刀必割孟康曰熭音衛日中盛者必暴熭也臣瓚曰太公曰日中不熭是謂失時操刀不割失利之期言當及時也師古曰此語見六韜熭謂暴曬之也曬音所智反又音所懈反 今令此道順而全安甚易不肯早為已迺墮骨肉之屬而抗剄之應劭曰抗其頭而剄之也師古曰墮毀也抗舉也剄割頸也墮音火規反剄音工鼎反 豈有異秦之季世

虖夫以天子之位乘今之時因天之助尚憚以危為安以亂為治假設陛下居齊桓之處將不合諸侯而匡天下乎臣又知陛下有所必不能矣假設天下如曩時師古曰曩久也謂昔時 淮陰侯尚王楚黥布王淮南彭越王梁韓信王韓張敖王趙貫高為相盧綰王燕陳豨在代令此六七公皆亡恙師古曰無恙言無憂病也 當是時而陛下即天子位能自安乎臣有以知陛下之不能也天下殽亂高皇帝與諸公併起師古曰殽雜也併音步鼎反 非有仄室之埶以豫席之也應劭曰禮卿大夫之支子為側室席大也臣瓚曰席藉也言非有側室之埶為之資藉也師古曰瓚說是也 諸公幸者迺為中涓其次廑得舍人師古曰廑與僅同廑少也言纔得舍人 材之不逮至遠也高皇帝以明聖威武即天子位割膏腴之地以王諸公多者百餘城少者乃三四十縣惪至渥也師古曰惪古德字渥厚也音握 然其後十年之間反者九起陛下之與諸公非親角材而臣之也師古曰角校也競也 又非身封王之也自高皇帝不能以是一歲為安故臣知陛下之不能也然尚有可諉者曰疏孟康曰諉累也以疏為累言不以國也蔡謨曰諉者託也尚可託言信越等以疏故反被其下句曰臣請試言其親者親者亦恃彊為亂明信等不以疏也師古曰蔡說是矣諉音女瑞反 臣請試言其親者假令悼惠王王齊元王王楚中子王趙幽王王淮陽共王王梁師古曰共讀曰恭 靈王王燕厲王

王淮南六七貴人皆亡恙當是時陛下即位能為治虖臣又知陛下之不能也若此諸王雖名為臣實皆有布衣昆弟之心師古曰自以為於天子為昆弟而不論君臣之義 慮亡不帝制而天子自為者師古曰慮大計也言諸侯皆欲同皇帝之制度而為天子之事 擅爵人赦死辠師古曰擅專也 甚者或戴黃屋師古曰天子車蓋之制 漢法令非行也雖行不軌如厲王者令之不肯聽召之安可致乎師古曰不軌謂不循法制也致至也 幸而來至法安可得加動一親戚天下圜視而起應劭曰圜精正視也師古曰言驚愕也 陛下之臣雖有悍如馮敬者如淳曰馮無擇子名忠直為御史大夫奏淮南厲王誅之師古曰悍勇也 適啟其口匕首已陷其匈矣師古曰始欲發言節制諸侯王則為刺客所殺 陛下雖賢

誰與領此師古曰領理也故跡者必危親者必亂已然之
效也其異姓負彊而動者漢已幸勝之矣又不
易其所以然同姓襲是跡而動師古曰易其所以然改其法制使不然既
有徵矣師古曰徵證驗也其勢盡又復然殃旤之變未知所
移師古曰旤古禍字明帝處之尚不能以安後世將如之何
屠牛坦一朝解十二牛蘇林曰孔子時人也師古曰坦屠牛者之名也事見管子而芒刃
不頓者師古曰芒刃謂刃之利如豪芒也頓讀曰鈍所排擊剝割皆衆理解
也師古曰解支節也音胡懈反至於髖髀之所非斤則斧師古曰髀股骨也髖
髀上也言其骨大故須斤斧也髖音寬髀音陛又音必爾反夫仁義恩厚人主之芒刃
也權勢法制人主之斤斧也今諸侯王皆衆髖髀

也釋斤斧之用而欲嬰以芒刃師古曰嬰繞也臣以為不缺
則折胡不用之淮南濟北勢不可也晉灼曰二國皆反誅何不施之仁恩
勢不可故也臣竊跡前事師古曰尋前事之蹤跡大抵彊者先反淮陰
王楚最彊則最先反韓信倚胡則又反師古曰倚依也音於綺反
貫高因趙資則又反陳豨兵精則又反彭越用梁
則又反晉灼曰用役用之也黥布用淮南則又反盧綰最弱最
後反長沙迺在二萬五千戶耳功少而最完勢疏
而最忠非獨性異人也亦形勢然也曩令樊酈絳
灌據數十城而王今雖以殘亡可也晉灼曰事勢可亡也師古曰曩亦謂
曩時也令信越之倫列為徹侯而居雖至今存可也晉灼曰事
勢可存然則天下之大計可知已師古曰已語終辭欲諸王之
皆忠附則莫若令如長沙王欲臣子勿菹醢則莫
若令如樊酈等欲天下之治安莫若衆建諸侯而
少其力力少則易使以義國小則亡邪心師古曰使以義使之
適禮義也令海內之勢如身之使臂臂之使指莫不制
從諸侯之君不敢有異心輻湊並進而歸命天子
雖有細民且知其安故天下咸知陛下之明割地
定制令齊趙楚各若干國師古曰若干豫設數也解在食貨志使悼惠
王幽王元王之子孫畢以次各受祖之分地師古曰分音扶
問反次下亦同地盡而止及燕梁它國皆然其分地衆而子

孫少者建以為國空而置之須其子孫生者舉使
君之師古曰須待也諸侯之地其削頗入漢者為徙其侯國
及封其子孫也師古曰徙其侯國列侯國邑在諸侯王封內而犬牙相入者則正其疆界令其隔絕也封
其子孫者分諸侯王之國邑各自封其子孫而受封之人若有罪黜其地皆入於漢故云頗入也所以數償之
一寸之地一人之衆天子亡所利焉師古曰償者謂所正列侯疆界有侵
諸侯王者則漢償之誠以定治而已故天下咸知陛下之廉地
制壹定宗室子孫莫慮不王師古曰慮計也下無倍畔之
心上無誅伐之志師古曰倍讀曰背故天下咸知陛下之仁
法立而不犯令行而不逆貫高利幾之謀不生柴
奇開章之計不萌應劭曰柴奇開章皆與淮南王謀反者也細民鄉善大臣

致順師古曰鄉讀曰嚮故天下咸知陛下之義臥赤子天下
之上而安植遺腹朝委裘而天下不亂服虔曰言天下安雖赤子
遺腹在位猶不危也應劭曰置遺腹朝委裘皆未有所知也孟康曰委裘若容衣天子未坐朝事先帝裘衣也師古曰應孟二說皆是
當時大治後世誦聖師古曰稱誦其聖明壹動而五業附陛下
誰憚而久不爲此師古曰憚畏難也音徒旦反天下之埶方病大
瘇如淳曰腫足曰瘇師古曰音上勇反一脛之大幾如要一指之大幾如
股師古曰幾並音巨依反平居不可屈信師古曰信讀曰伸一二指搐身
慮亡聊師古曰搐謂動而痛也聊賴也搐音丑六反失今不治必爲錮疾師古
曰錮疾堅久之疾後雖有扁鵲不能爲已師古曰扁鵲良醫也已治也已語終辭病
非徒瘇也又苦䠞盭師古曰䠞古蹠字也音之石反足下曰蹠今所呼腳掌是也盭古戾字言足蹠反

前漢傳十八 十二 胡恭

戾不可行也元王之子帝之從弟也師古曰楚元王高帝之弟其子夷文帝爲從弟今之
王者從弟之子也惠王親兄子也今之王者兄子
之子也師古曰惠王齊悼惠王親者或亡分地以安天下師古曰廣立蕃
屛則天下安故曰以安天下疏者或制大權以偪天子師古曰偪古逼字臣
故曰非徒病瘇也又苦䠞盭可痛哭者此病是也
天下之埶方倒縣凡天子者天下之首何也上也
蠻夷者天下之足何也下也今匈奴嫚侮侵掠至
不敬也師古曰嫚古侮字爲天下患至亡已也師古曰亡已言不可止也而漢
歲致金絮采繒以奉之夷狄徵令是主上之操也
師古曰徵召也令號令也操謂主上之所操持也操音千高反天子共貢是臣下之禮也師古

曰共讀曰恭足反居上首顧居下師古曰顧亦反也言如人反顧然倒縣如
此莫之能解猶爲國有人乎師古曰顚倒如此而不能解救豈謂國有明智之人乎
非亶倒縣而已師古曰亶讀曰但又類辟且病痱服虔曰病痱不能行也師古曰
辟足病痱風辟音辟痱音肥夫辟者一面病痱者一方痛今西邊
北邊之郡雖有長爵不輕得復張晏曰長爵高爵也雖受高爵之賞猶將禦寇五尺以上不輕得息
不得復除逸豫也蘇林曰輕易也不易得復除言難也師古曰復音方目反
如淳曰五尺謂小兒也言無小大皆當自爲戰備斥候望烽燧不得臥文穎曰邊方備胡寇作高
土櫓櫓上作桔皋桔皋頭兜零以薪草置其中常低之有寇即火然舉之以相告曰烽又多積薪寇至即然之以望其煙曰燧張晏曰晝
舉烽夜燔燧也師古曰張說誤也晝則燔燧夜則舉烽將吏被介冑而睡師古曰被音皮義反臣
故曰一方病矣醫能治之而上不使師古曰醫者誼自謂可爲

前漢傳十八 十三 曆

流涕者此也陛下何忍以帝皇之號爲戎人諸侯
埶既卑辱而旤不息長此安窮師古曰言長養此患將何所窮極也進
謀者率以爲是固不可解也亡具甚矣師古曰無治安之具臣
竊料匈奴之衆師古曰料量也音聊不過漢一大縣以天下之
大困於一縣之衆甚爲執事者羞之陛下何不
試以臣爲屬國之官以主匈奴行臣之計請必係
單于之頸而制其命伏中行說而笞其背鄭氏曰說奄人也漢
使送公主妻匈奴說不肯行強之因以漢事告匈奴也師古曰中行姓也說名也行音胡剛反說讀曰悅中行說事具在匈奴傳舉
匈奴之衆唯上之令師古曰聽天子之命今不獵猛敵而獵田
彘不搏反寇而搏畜菟翫細娛而不圖大患非所

以爲安也德可遠施威可遠加而直數百里外威令不信師古曰信讀曰伸可爲流涕者此也今民賣僮者如淳曰僮謂隸妾也爲之繡衣絲履偏諸緣服虔曰如牙條以作履緣師古曰偏諸若今之織成以爲要襻及褾領者也古謂之車馬裘其上爲乘車及騎從之象也內之閑中服虔曰閑賣奴婢闌是古天子后服所以廟而不宴者也師古曰入廟則服之宴處則不著蓋貴之也而庶人得以衣婢妾白縠之表薄紈之裏緁以偏諸晉灼曰以偏諸緁著衣也師古曰緁音妾謂以偏諸緶著之也緶音步千反美者黼繡師古曰黼者織爲斧形繡者刺爲衆文是古天子之服今富人大賈嘉會召客者以被牆師古曰被音皮義反古者以奉一帝一后而節適師古曰得其節而合宜今庶人屋壁得爲帝服倡優下賤得爲后飾然

而天下不屈者殆未有也師古曰屈謂財力盡也音其勿反且帝之身自衣皁綈師古曰綈厚繒也音徒奚反而富民牆屋被文繡天子之后以緣其領庶人孽妾緣其履師古曰孽庶孽者此臣所謂舛也夫百人作之不能衣一人師古曰衣音於旣反欲天下亡寒胡可得也一人耕之十人聚而食之欲天下亡飢不可得也飢寒切於民之肌膚欲其亡爲姦邪不可得也國已屈矣師古曰屈音其勿反盜賊直須時耳師古曰言待時而發然而獻計者曰毋動師古曰言天下安不可動搖爲大耳如淳曰好爲大語者夫俗至大不敬也至亡等也師古曰無尊卑之差至冒上也師古曰冒犯也進計者猶曰毋爲可爲長太息者

者此也商君遺禮義棄仁恩師古曰謂商鞅并心於進取行之二歲秦俗日敗故秦人家富子壯則出分家貧子壯則出贅應劭曰出作贅壻也師古曰謂之贅壻者言其不當出在妻家亦猶人身體之有肬贅非應所有也一說贅質也家貧無有聘財以身爲質也贅音之銳反分音扶問反借父耰鉏慮有德色師古曰耰摩田器也言以耰及鉏借與其父而容色自矜爲恩德也耰音憂母取箕帚立而誶語服虔曰誶猶罵也張晏曰誶責讓也師古曰張說是也誶音碎抱哺其子與公併倨師古曰哺飤也言婦抱子而哺之乃與其舅併倨無禮之甚也哺音步併音步鼎反婦姑不相說則反脣而相稽應劭曰稽計也相與計校也師古曰說讀曰悅稽音工奚反其慈子耆利不同禽獸者亡幾耳師古曰唯有慈愛其子而貪嗜財利小異於禽獸也無幾言不多也幾音居豈反然并心而赴時猶曰蹷六國兼天下蘇林曰蹷音厥師古曰蹷謂拔而取之功

成求得矣師古曰求得所求者得也終不知反廉愧之節仁義之厚師古曰反還也信并兼之法遂進取之業師古曰信讀曰伸一曰信任天下大敗衆掩寡智欺愚勇威怯壯陵衰其亂至矣是以大賢起之威震海內德從天下師古曰大賢謂高祖也德從天下天下從其德曩之爲秦者今轉而爲漢矣然其遺風餘俗猶尚未改今世以侈靡相競而上亡制度棄禮誼捐廉恥日甚可謂月異而歲不同矣逐利不耳慮非顧行也師古曰言其所追赴唯計利與不耳念慮之中非顧行之善惡今其甚者殺父兄矣盜者剟寢戶之簾師古曰剟謂割取之也室有東西箱曰廟無東西箱曰寢蓋謂陵上之寢剟音輟搴兩廟之器如淳曰搴取也兩廟高祖惠帝廟也師古曰搴拔也音騫又音蹇白

晝大都之中剽吏而奪之金（師古曰白晝晝日也言白者謂不陰晦也剽劫也音頻妙
反）矯偽者出幾十萬石粟（服虔曰吏矯偽徵發盜出十萬石粟師古曰服說非也幾近也
言詐為文書以出倉粟近十萬石耳非謂徵發於下也幾音鉅依反）賦六百餘萬錢乘傳而行
郡國（如淳曰此言富者出錢穀得高爵或乃為使者乘傳車循行郡國以為榮也師古曰如說亦非也此又言矯偽之人詐為詔令
妄作賦斂其數甚多又詐乘傳而行郡國也行音下更反）此其亡行義之先至者也而
大臣特以簿書不報期會之間以為大故（師古曰特徒也言公
卿大臣徒以簿書期會為急不知正風俗厲行義也）至於俗流失世壞敗因恬而不
知怪（師古曰恬安也音徒兼反）慮不動於耳目以為是適然耳（師古
曰適當也謂事理當然）夫移風易俗使天下回心而鄉道類非
俗吏之所能為也（師古曰鄉讀曰嚮）俗吏之所務在於刀筆

筐篋（師古曰刀所以削書也筐篋所以盛書）而不知大體陛下又不自憂
竊為陛下惜之夫立君臣等上下使父子有禮六
親有紀（師古曰紀理也）此非天之所為人之所設也夫人之
所設不為不立不植則僵不脩則壞（師古曰植建也僵偃也音薑）筦
子曰（師古曰筦與管同管子管仲也）禮義廉恥是謂四維四維不張
國乃滅亡使筦子愚人也則可筦子而少知治體
則是豈可不為寒心哉（師古曰若以管子為愚人其言不實則無禮義廉恥可也若以管子為微
識治體則當寒心而憂之）秦滅四維而不張故君臣乖亂六親殃
戮姦人並起萬民離叛凡十三歲而社稷為虛（師古
曰虛讀曰墟謂丘墟）今四維猶未備也故姦人幾幸而衆心疑

惑（師古曰幾讀曰冀次下亦同）豈如今定經制（師古曰經常也）令君君臣臣（師古曰君為君臣為臣道）
上下有差父子六親各得其宜姦人亡所幾幸而羣
臣衆信上不疑惑（師古曰衆信謂共為忠信也）此業壹定世世常安而後
有所持循矣（師古曰執持而順行之）若夫經制不定是猶度江河亡維
楫（師古曰維所以繫船楫所以刺船也詩云烝徒楫之楫音集又音接）中流而遇風波船必覆矣
（師古曰覆音芳目反）可為長太息者此也夏為天子十有餘世而殷
受之殷為天子二十餘世而周受之周為天子三十餘
世而秦受之秦為天子二世而亡人性不甚相遠也（師古曰遠音于萬反）
何三代之君有道之長而秦無道之暴也其故可知也古之王
者太子迺生固舉以禮（師古曰迺始也）使士負之有司齊肅端冕（師古曰齊

讀曰齋）見之南郊見于天也（師古曰見音胡電反）過闕則下過廟則趨孝
子之道也故自為赤子而教固已行矣（師古曰赤子言其新生未有眉髮其色赤）昔者
成王幼在繈抱之中召公為太保周公為太傅太公為太
師保保其身體傅傅之德義師道之教訓（師古曰保安也傅輔也道
讀曰導其下亦同）此三公之職也於是為置三少皆上大夫也曰少
保少傅少師是與太子宴者也（師古曰宴謂安居）故迺孩提有
識三公三少固明孝仁禮義以道習之（師古曰孩小兒也提謂提撕之）逐去
邪人不使見惡行於是皆選天下之端士（師古曰端正也直也）孝
悌博聞有道術者以衛翼之（師古曰悌音徒繼反）使與太子
居處出入故太子迺生而見正事聞正言行正道

左右前後皆正人也夫習與正人居之不能毋正猶生長於齊不能不齊言也習與不正人居之不能毋不正猶生長於楚之地不能不楚言也故擇其所耆必先受業迺得嘗之(師古曰耆讀曰嗜)擇其所樂必先有習迺得爲之孔子曰少成若天性習貫如自然(師古曰貫亦習也音工宦反)及太子少長知妃色(師古曰妃色妃匹之色)則入于學學者所學之官也(師古曰官謂官舍)學禮曰帝入東學上親而貴仁則親踈有序而恩相及矣帝入南學上齒而貴信則長幼有差而民不誣矣帝入西學上賢而貴惪則聖智在位而功不遺

矣帝入北學上貴而尊爵則貴賤有等而下不踰矣(師古曰踰與逾同謂越制)帝入大學承師問道退習而考於太傅太傅罰其不則而匡其不及(師古曰則法也匡正也)則惪智長而治道得矣此五學者既成於上則百姓黎民化輯於下矣(師古曰輯與集同輯和也)及太子既冠成人免於保傅之嚴則有記過之史(師古曰有過則記)徹膳之宰(師古曰有闕則諫)進善之旌(師古曰進善言者立於旌下)誹謗之木(師古曰謗惡事者書之於木)敢諫之鼓(師古曰欲諫者則擊鼓)瞽史誦詩工誦箴諫(師古曰瞽無目者也工習樂者也)大夫進謀士傳民語習與智長故切而不媿(師古曰每被切磋故無大過可恥媿之事)化與心成故中道若性三代之禮

春朝朝日秋暮夕月所以明有敬也(師古曰朝日以朝夕月以暮皆迎其初出也下朝音直遥反)春秋入學坐國老執醬而親餽之(師古曰餽字與饋同)所以明有孝也行以鸞和(師古曰鸞和車上鈴也解在禮樂志)步中采齊(師古曰樂詩名也字或作薺又作茨並音才私反)趣中肆夏(師古曰亦樂詩名趣讀曰趨趨疾步也凡此中者謂與其節相應也並音竹仲反)所以明有度也其於禽獸見其生不食其死聞其聲不食其肉故遠庖廚所以長恩且明有仁也(師古曰遠音于萬反長音竹兩反)夫三代之所以長久者以其輔翼太子有此具也及秦而不然其俗固非貴辭讓也所上者告訐也(師古曰訐謂面相斥罪也音居謁反)固非貴禮義也所上者刑罰也使趙高傅胡亥而教

之獄所習者非斬劓人則夷人之三族也故胡亥今日即位而明日射人忠諫者謂之誹謗深計者謂之妖言其視殺人若艾草菅然(師古曰艾讀曰刈菅茅也音姦)豈惟胡亥之性惡哉彼其所以道之者非其理故也(師古曰道讀曰導)鄙諺曰不習爲吏視已成事又曰前車覆後車誡夫三代之所以長久者其已事可知也(師古曰已事已往之事)然而不能從者是不法聖智也(師古曰法謂則而效之)秦世之所以亟絕者其轍跡可見也(師古曰亟急也音居力反車迹曰轍)然而不避是後車又將覆也夫存亡之變治亂之機其要在是矣天下之命縣於太子太子之善在

於早諭教與選左右（師古曰諭曉告也與猶及也）夫心未濫而先諭教則化易成也開於道術智誼之指則教之力也若其服習積貫則左右而已（師古曰貫音工官反）夫胡粵之人生而同聲耆欲不異（師古曰耆讀曰嗜）及其長而成俗累數譯而不能相通行者有雖死而不相為者（蘇林曰言其人之行不能易事相為也）則教習然也臣故曰選左右早諭教最急夫教得而左右正則太子正矣太子正而天下定矣書曰一人有慶兆民賴之（師古曰周書呂刑之辭也一人天子也言天子有善則兆庶蒙其利）此時務也凡人之智能見已然不能見將然（師古曰將然謂欲有其事）夫禮者禁於將然之前而法者禁於已

然之後是故法之所用易見而禮之所為生難知也若夫慶賞以勸善刑罰以懲惡先王執此之政堅如金石行此之令信如四時據此之公無私如天地耳豈顧不用哉（師古曰顧猶反也）然而曰禮云禮云者貴絕惡於未萌而起教於微眇（師古曰眇細小也）使民日遷善遠辠而不自知也（師古曰見善則遷畏辠而避）孔子曰聽訟吾猶人也必也使毋訟乎（師古曰論語載孔子之言也言使吾聽訟與眾人齊等然能先以德義化之使其無訟）為人主計者莫如先審取舍（師古曰取謂所擇用也舍謂所弃置也）取舍之極定於內而安危之萌應於外矣（師古曰極中也萌始生也）安者非一日而安也危者非一日而危也皆以

積漸然不可不察也人主之所積在其取舍以禮義治之者積禮義以刑罰治之者積刑罰刑罰積而民怨背禮義積而民和親故世主欲民之善同而所以使民善者或異或道之以德教或敺之以法令（師古曰道讀曰導敺與驅同下皆類此）道之以德教者德教洽而民氣樂敺之以法令者法令極而民風哀哀樂之感禍福之應也秦王之欲尊宗廟而安子孫與湯武同然而湯武廣大其德行六七百歲而弗失秦王治天下十餘歲則大敗此亡它故矣湯武之定取舍審而秦王之定取舍不審矣夫天下大器也今

人之置器置諸安處則安置諸危處則危天下之情與器亡以異在天子之所置之湯武置天下於仁義禮樂而德澤洽禽獸草木廣裕（師古曰裕饒也）德被蠻貊四夷累子孫數十世此天下所共聞也秦王置天下於法令刑罰德澤亡一有而怨毒盈於世下憎惡之如仇讎旤幾及身子孫誅絕（師古曰幾音鉅依反）此天下之所共見也是非其明效大驗邪人之言曰聽言之道必以其事觀之則言者莫敢妄言今或言禮誼之不如法令教化之不如刑罰人主胡不引殷周秦事以觀之也（師古曰胡何也）人主之尊譬如堂群

臣如陛衆庶如地故陛九級上廉遠地則堂高師古曰級等也廉側隅也陛亡級廉近地則堂卑高者難攀卑者易陵師古曰陵乘也理埶然也故古者聖王制爲等列内有公卿大夫士外有公侯伯子男然後有官師小吏師古曰官師一官之長延及庶人等級分明而天子加焉故其尊不可及也里諺曰欲投鼠而忌器此善諭也鼠近於器尚憚不投恐傷其器況於貴臣之近主乎師古曰近音其靳反廉恥節禮以治君子故有賜死而亡戮辱是以黥劓之辠不及大夫以其離主上不遠也禮不敢齒君之路馬蹵其芻者有罰師古曰齒謂審其齒歲也芻所食之草也蹵音子六反

見君之几杖則起遭君之乘車則下入正門則趨君之寵臣雖或有過刑戮之辠不加其身者尊君之故也此所以爲主上豫遠不敬也師古曰遠離也所以體貌大臣而厲其節也師古曰體貌謂加禮容而敬之今自王侯三公之貴皆天子之所改容而禮之也古天子之所謂伯父伯舅也師古曰天子呼諸侯長者同姓則曰伯父異姓則曰伯舅伯長也而令與衆庶同黥劓髡刖笞傌棄市之法蘇林曰傌音罵然則堂不亡陛虖被戮辱者不泰迫虖師古曰迫近天子也廉恥不行大臣無迺握重權大官而有徒隸亡恥之心虖夫望夷之事二世見當以重法者如淳曰決罪曰當閻樂殺二世於望夷宮本由秦制無忌上之風也投鼠而不忌器之習也臣聞之履雖鮮不加於枕冠雖敝不以苴履師古曰苴者履中之藉也音子余反夫嘗已在貴寵之位天子改容而體貌之矣吏民嘗俯伏以敬畏之矣今而有過帝令廢之可也退之可也賜之死可也滅之可也若夫束縛之係紲之師古曰紲謂以長繩係之也紲音先列反輸之司寇編之徒官師古曰司寇主刑罰之官編次列也司寇小吏詈罵而榜笞之師古曰榜音彭殆非所以令衆庶見也夫卑賤者習知尊貴者之一旦吾亦迺可以加此也蘇林曰知其有一旦之刑非所以習天下也非尊尊貴貴之化也夫天子之所嘗敬衆庶之所嘗寵死而死耳賤人

安宜得如此而頓辱之哉豫讓事中行之君智伯伐而滅之師古曰行音胡剛反移事智伯及趙滅智伯豫讓釁面吞炭鄭氏曰釁漆面以易貌吞炭以變聲也師古曰釁熏也以毒藥熏之必報襄子五起而不中人問豫子豫子曰中行衆人畜我我故衆人事之智伯國士遇我我故國士報之故此一豫讓也反君事讎行若狗彘已而抗節致忠行出虖列士人主使然也故主上遇其大臣如遇犬馬彼將犬馬自爲也如遇官徒彼將官徒自爲也頑頓亡恥師古曰頓讀曰鈍奊詬亡節師古曰奊詬謂無志分也奊音胡結反詬音后廉恥不立且不自好師古曰自好猶言自喜也好音呼到反苟若而可師古曰若猶然故見

利則逝見便則奪師古曰逝往也主上有敗則因而挻之矣
服虔曰音挻起師古曰挻音式延反主上有患則吾苟免而已立而觀之
耳有便吾身者則欺賣而利之耳人主將何便於
此師古曰此於人主爲不便也便音頻面反羣下至衆而主上至少也所託財
器職業者粹於羣下也蘇林曰粹純也言其執悉在羣下俱亡恥俱苟
妄則主上最病故古者禮不及庶人刑不至大夫
所以厲寵臣之節也古者大臣有坐不廉而廢者
不謂不廉曰簠簋不飾師古曰簠簋所以盛飯也方曰簠圓曰簋簠音甫又音扶簋音軌坐
汙穢淫亂男女亡別者不曰汙穢曰帷薄不脩坐
罷軟不勝任者不謂罷軟曰下官不職師古曰罷廢於事也軟弱也罷

前漢傳十八　二十四　陳

讀曰疲軟音人兖反故貴大臣定有其辠矣猶未斥然正以謼
之也師古曰謼古呼字尚遷就而爲之諱也故其在大譴大
何之域者師古曰譴責也何問也域界局也聞譴何則白冠氂纓鄭氏曰以
毛作纓白冠喪服也盤水加劒造請室而請辠耳應劭曰請室請罪之室蘇林曰
音絜清胡公漢官車駕出有請室令在前先驅此官有別獄也如淳曰水性平若已有正罪君以平法治之也加劒當以自刎也或曰殺牲者
以盤水取頸血故示若此也師古曰應如二說皆是上不執縛係引而行也其有中
罪者聞命而自弛師古曰中罪非大非小也弛廢也自廢而死弛音式尔反上不使人頸
盭而加也蘇林曰不戾其頸而親加刀鋸也師古曰盭古戾字音盧結反其有大辠者聞命
則北面再拜跪而自裁師古曰裁謂自刑殺也上不使捽抑而刑
之也師古曰捽持頭髮也抑謂按之也捽音才兀反曰子大夫自有過耳服虔曰子者男子美號

吾遇子有禮矣遇之有禮故羣臣自憙師古曰憙讀曰喜音許吏
反憙好也好爲志氣也嬰以廉恥故人矜節行師古曰嬰加也矜尚也上設
廉恥禮義以遇其臣而臣不以節行報其上者則
非人類也故化成俗定則爲人臣者主耳忘身孟康
曰唯爲主耳不念其身國耳忘家公耳忘私利不苟就害不苟去唯義
所在上之化也故父兄之臣誠死宗廟法度之臣誠死社
稷輔翼之臣誠死君上守圄扞敵之臣誠死城郭封疆
故曰聖人有金城者比物此志也李奇曰志記也凡此上陳廉恥之事皆古記也如淳曰比謂比
方也使忠臣以死社稷之志比於金城也師古曰二家之說皆非也此言聖人厲此節行以御羣下則人皆懷德勠力同心國家安固不可毀壞若
金城也尋其下文義可曉矣彼且爲我死故吾得與之俱生彼且爲我

前漢傳十八　二十五　沈

亡故吾得與之俱存夫將爲我危故吾得與之皆
安師古曰夫夫人也亦猶彼人耳夫音扶顧行而忘利守節而伏義故可
以託不御之權可以寄六尺之孤應劭曰言念主忘身憂國忘家如此可託權柄
不須復制御也六尺之孤未能自立者也此厲廉恥行禮誼之所致也主上
何喪焉師古曰如此則於主上無所失此之不爲而顧彼之久行服虔曰彼謂亡
國也師古曰顧反也久謂久行之也言何不爲投鼠忌器之法而反久行無隆殺之事故曰可爲長大息
者此也師古曰誼上跡言可爲長大息者六今此至三而止蓋史家直取其要切者耳故下贊云撮其切於世事者著于傳是
時丞相絳侯周勃免就國人有告勃謀反逮繫長
安獄治卒亡事復爵邑故賈誼以此譏上上深納
其言養臣下有節是後大臣有罪皆自殺不受刑

至武帝時稍復入獄自寧成始初文帝以代王入即位後分代爲兩國立皇子武爲代王參爲太原王小子勝則梁王矣後又徙代王武爲淮陽王而太原王參爲代王盡得故地居數年梁王勝死亡子誼復上疏曰陛下即不定制如今之埶不過一傅再傳服虔曰一二傳世也諸侯猶且人恣而不制豪植而大強師古曰植立也漢法不得行矣陛下所以爲藩扞及皇太子之所恃者唯淮陽代二國耳師古曰藩籬得宜則嗣主安固故云皇太子之所恃也代北邊匈奴與強敵爲鄰能自完則足矣而淮陽之比大諸侯廑如黑子之著面師古曰黑子今所謂黶子也著音直略反

適足以餌大國耳師古曰餌謂爲其所吞食不足以有所禁禦方今制在陛下制國而令子適足以爲餌豈可謂工哉人主之行異布衣布衣者飾小行競小廉以自託於鄉黨人主唯天下安社稷固不耳高皇帝瓜分天下以王功臣反者如蝟毛而起師古曰蝟蟲名也其毛爲刺音謂以爲不可故蔪去不義諸侯而虛其國如淳曰不誼諸侯謂越黥布等師古曰蔪讀與芟同謂芟刈之擇良日立諸子雒陽上東門之外師古曰諸侯國皆在關東故於東門外立之也東面最北出門曰上東門畢以爲王師古曰畢猶盡而天下安故大人者不牽小行以成大功今淮南地遠者或數千里越兩諸侯師古曰越過也兩諸侯梁及淮陽而縣屬於漢師古曰爲縣而屬漢

其吏民繇役往來長安者自悉而補中道衣敝應劭曰自悉其家資財補縫作衣師古曰悉盡也錢用諸費稱此師古曰稱音尺孕反其苦屬漢而欲得王至甚逋逃而歸諸侯者已不少矣其埶不可久臣之愚計願舉淮南地以益淮陽而爲梁王立後割淮陽北邊二三列城孟康曰列城縣與東郡以益梁不可者可徙代王而都睢陽梁起於新郪以北著之河師古曰新郪潁川縣也郪音千移反著音直略反淮陽包陳以南揵之江晉灼曰包取也如淳曰揵謂立封界也或曰揵接也師古曰揵音鉅偃反則大諸侯之有異心者破膽而不敢謀梁足以扞齊趙淮陽足以禁吳楚陛下高枕終亡山東之憂矣此二世之利也如淳

曰從誼言可二世安耳師古曰言帝身及太子嗣位之時當今恬然適遇諸侯之皆少師古曰恬安也少謂年少數歲之後陛下且見之矣夫秦日夜苦心勞力以除六國之旤今陛下力制天下頤指如意如淳曰但動頤指麾則所欲皆如意高拱以成六國之旤難以言智苟身亡事畜亂宿旤孰視而不定師古曰畜讀曰蓄萬年之後傳之老母弱子將使不寧不可謂仁臣聞聖主言問其臣而不自造事師古曰欲發言則問其臣故使人臣得畢其愚忠唯陛下財幸師古曰財與裁同裁擇而幸從其言文帝於是從誼計迺徙淮陽王武爲梁王北界泰山西至高陽得大縣四十餘城徙城陽王喜爲淮南王撫其民時

又封淮南厲王四子皆爲列侯誼知上必將復王之也上疏諫曰竊恐陛下接王淮南諸子孟康曰接音捷捷持欲王淮南諸子也臣瓚曰謂以恩接待而王之師古曰二說皆非也續接今時當即王之言不久也接猶續也猶今人言續復爾曾不與如臣者孰計之也淮南王之悖逆亡道天下孰不知其辠師古曰悖惑也音布内反陛下幸而赦遷之自疾而死天下孰以王死之不當今奉尊罪人之子適足以負謗於天下耳師古曰言若尊王其子則是厲王無罪漢枉殺之此人少壯豈能忘其父哉師古曰少壯猶言稍長大白公勝所爲父報仇者大父與伯父叔父也師古曰白公楚平王之孫太子建之子也大父即祖謂平王也伯父叔父平王諸子也事見春秋傳白公爲亂非欲取國代主發忿快志剡手以衝仇人之匈師古曰剡利也音弋冉反固爲俱靡而已師古曰言與仇人俱滅靡也靡碎也音武皮反淮南雖小縣布嘗用之矣漢存特幸耳師古曰言漢之勝布得存此直天幸耳夫擅仇人足以危漢之資於策不便師古曰言假四子以資權則當危漢雖割而爲四四子一心也予之衆積之財此非有子胥白公報於廣都之中即疑有剸諸荊軻起於兩柱之閒師古曰剸諸刺吳王荊軻刺秦皇事見春秋傳及燕丹子也所謂假賊兵爲虎翼者也應劭曰周書云無爲虎傅翼將飛入邑擇人而食之願陛下少留計梁王勝墜馬死李奇曰文三王傳言揖此言勝爲有兩名誼自傷爲傅無狀師古曰無善狀常哭泣後歲餘亦死賈生之死年三十三矣後四歲齊文王薨亡子文帝思賈生之言迺分齊爲

六國盡立悼惠王子六人爲王又遷淮南王喜於城陽而分淮南爲三國盡立厲王三子以王之後十年文帝崩景帝立三年而吳楚趙與四齊王合從舉兵韋昭曰四齊王膠東膠西菑川濟南也師古曰從音子容反西鄉京師師古曰鄉讀曰嚮梁王扞之卒破七國至武帝時淮南厲王子爲王者兩國亦反誅孝武初立擧賈生之孫二人至郡守賈嘉最好學世其家師古曰言繼其家業

贊曰劉向稱賈誼言三代與秦治亂之意其論甚美通達國體雖古之伊管未能遠過也師古曰伊伊尹管管仲使時見用功化必盛爲庸臣所害甚可悼痛追觀孝文玄默躬行以移風俗師古曰躬行謂身親儉約之行也自追觀以下並史家之詞誼之所陳略施行矣及欲改定制度以漢爲土德色上黃數用五及欲試屬國施五餌三表以係單于師古曰賈誼書謂愛人之狀好人之技仁道也信爲大操常義也愛好有實已諾可期十死一生彼將必至此三表也賜之盛服車乘以壞其目賜之盛食珍味以壞其口賜之音樂婦人以壞其耳賜之高堂邃宇倉庫奴婢以壞其腹於來降者上以召幸之相娛樂親酌而手食之以壞其心此五餌也其術固以疏矣誼亦天年早終雖不至公卿未爲不遇也凡所著述五十八篇掇其切於世事者著于傳云師古曰掇拾也音丁活反

賈誼傳第十八

賈誼服賦僒若囚拘李奇注僒音塊蘇林音人肩
傴僒尔音欺全反師古曰蘇音是臣佖按說文窘
音渠隕反迫也文選李善注窘囚拘之皃五臣注
窘困也愚者繫縛俗累困如囚人拘束其字並不
從人唯孫強新加字玉篇及開元文字有作僒字
並音窘疑蘇林音誤今宜定從說文音渠隕切

爰盎鼂錯傳第十九 師古曰鼂古朝字其下作朝蓋通用耳 班固　漢書四十九

秘書監上護軍琅邪縣開國子顏　師古　注

爰盎字絲其父楚人也 師古曰盎音一浪反 故爲羣盜徙安陵 師古曰羣盜者羣衆相隨而爲盜也 高后時盎爲呂祿舍人孝文即位盎兄噲任盎爲郎中 如淳曰盎爲兄所保任故得爲郎中也 絳侯爲丞相朝罷趨出意得甚 師古曰意甚自得也 上禮之恭常自送之盎進曰丞相何如人也上曰社稷臣盎曰絳侯所謂功臣非社稷臣社稷臣主在與在主亡與亡 如淳曰人主在時與共治在時之事人主雖亡其法度存當奉行之高祖誓非劉氏不王而勃等聽王諸呂是從生主之欲不與亡者也 方呂后時諸呂用事擅相王劉氏不絕如帶 師古曰言微細也 是時絳

侯爲太尉本兵柄 師古曰執兵權之本 弗能正呂后崩大臣相與共誅諸呂太尉主兵適會其成功所謂功臣非社稷臣丞相如有驕主色陛下謙讓 師古曰如似也 臣主失禮竊爲陛下弗取也後朝上益莊丞相益畏 師古曰莊嚴也 已而絳侯望盎曰吾與汝兄善今兒廷毀我 師古曰望責怨之也 盎遂不謝及絳侯就國人上書告以爲反徵繫請室 師古曰請室獄也解在賈誼傳 諸公莫敢爲言唯盎明絳侯無罪絳侯得釋盎頗有力絳侯迺大與盎結交淮南厲王朝殺辟陽侯 師古曰自國入朝而殺之 居處驕甚盎諫曰諸侯太驕必生患可適削地 師古曰適讀曰謫 上弗許淮南王益

橫（師古曰橫音胡孟反）謀反發覺上徵淮南王遷之蜀檻車傳
送盎時爲中郎將諫曰陛下素驕之弗稍禁以至
此今又暴摧折之淮南王爲人剛有如遇霜露行
道死陛下竟爲以天下大弗能容有殺弟名奈何
上不聽行之淮南王至雍病死聞（師古曰雍是扶風雍縣也聞聞於天子也）
上輟食哭甚哀（師古曰輟止也）盎入頓首請辠（師古曰自責以不強諫也）上
曰以不用公言至此盎曰上自寬此往事豈可悔
哉且陛下有高世行三此不足以毀名上曰吾高
世三者何事盎曰陛下居代時太后嘗病三年陛
下不交睫解衣（師古曰睫目旁毛也交睫謂睡寐也睫音接）湯藥非陛下口

前漢傳十九　二

所嘗弗進夫曾參以布衣猶難之今陛下親以王
者脩之過曾參遠矣諸呂用事大臣顓制（師古曰顓與專同）
然陛下從代乘六乘傳馳不測淵（鄭氏曰大臣亂乘傳而赴之故曰不測淵）
雖賁育之勇不及陛下（孟康曰孟賁夏育皆古勇士也）陛下至代邸
西鄉讓天子者三南鄉讓天子者再（師古曰鄉讀曰嚮）夫許
由一讓（師古曰許由古高士也堯讓天下於由由不受也）陛下五以天下讓過許
由四矣且陛下遷淮南王欲以苦其志使改過有
司宿衞不謹故病死於是上迺解盎繇此名重朝
廷（師古曰繇讀與由同）盎常引大體忼慨宦者趙談以數幸常
害盎盎患之盎兄子種爲常侍騎諫盎曰君衆辱

之後雖惡君上不復信（師古曰惡謂譖毀之言其過惡）於是上朝東
宮趙談驂乘盎伏車前曰臣聞天子所與共六尺
輿者皆天下豪英今漢雖乏人陛下獨奈何與刀
鋸之餘共載於是上笑下趙談談泣下車上從霸
陵上欲西馳下峻阪盎攬轡（師古曰攬與擥同）上曰將軍怯
邪盎言曰臣聞千金之子不垂堂（師古曰言富人之子則自愛也垂堂謂坐堂外邊恐墜墮也）百金之子不騎衡（如淳曰騎倚也衡樓殿邊欄楯也師古曰騎謂跨之耳非倚也）聖
主不乘危不徼幸今陛下騁六飛（如淳曰六馬之疾若飛也）馳不
測山有如馬驚車敗陛下縱自輕奈高廟太后何
上乃止上幸上林皇后慎夫人從其在禁中常同

前漢傳十九　三

坐（師古曰同坐謂所坐之處高下齊同無差等也）及坐郎署盎引卻慎夫人坐（蘇林曰郎署上林中直衞之署也如淳曰盎時爲中郎將天子幸署豫設供帳待之故得卻慎夫人坐也師古曰卻謂退而卑之也坐音材卧反）慎
夫人怒不肯坐上亦怒起盎因前說曰臣聞尊卑
有序則上下和今陛下既以立后慎夫人迺妾妾
主豈可以同坐哉且陛下幸之則厚賜之陛下所
以爲慎夫人適所以禍之也獨不見人豕乎（張晏曰戚夫人也）
於是上迺說（師古曰說讀曰悅）入語慎夫人慎夫人賜盎
金五十斤然盎亦以數直諫不得久居中調爲隴
西都尉（師古曰調選也音徒釣反）仁愛士卒士卒皆爭爲死遷齊
相徙爲吳相辭行種謂盎曰吳王驕日久國多姦

今絲欲刻治如淳曰種稱叔父字曰絲彼不上書告君則利劍刺
君矣南方卑溼絲能日飲亡何說王毋反而已師古
曰無何言更無餘事如此幸得脫盎用種之計吳王厚遇盎盎
告歸道逢丞相申屠嘉下車拜謁丞相從車上謝
盎還媿其吏師古曰媿不見禮也乃之丞相舍上謁師古曰上謁若今通名也
求見丞相丞相良乂乃見因跪曰願請閒師古曰欲因閒隙私
有所白也丞相曰使君所言公事之曹與長史掾議之
吾且奏之則私吾不受私語盎即起說曰君為相
自度孰與陳平絳侯師古曰度計量也與猶如也丞相曰不如盎
曰善君自謂弗如夫陳平絳侯輔翼高帝定天

前漢傳十九　四　張廷

下為將相而誅諸呂存劉氏君迺為材官蹶張遷
為隊帥如淳曰隊帥軍中小官師古曰帥音所類反積功至淮陽守非有奇
計攻城野戰之功且陛下從代來每朝郎官者上
書疏未嘗不止輦受其言言不可用置之言可采未
嘗不稱善何也欲以致天下賢英士日聞所不聞
師古曰日日得聞異言也以益聖而君自閉箝天下之口師古曰箝籋也音其炎反而
日益愚夫以聖主責愚相君受禍不久矣丞相乃
再拜曰嘉鄙人迺不知將軍幸教引與入坐為上
客盎素不好鼂錯錯所居坐盎輒避盎所居坐錯
亦避兩人未嘗同堂語及孝景即位鼂錯為御史

大夫使吏案盎受吳王財物抵辠詔赦以為庶人
吳楚反聞師古曰聞聞於天子錯謂丞史曰如淳曰百官表御史大夫有兩丞丞史丞及史也
爰盎多受吳王金錢專為蔽匿言不反今果反欲
請治盎宜知其計謀丞史曰事未發治之有絕如淳
曰事未發之時治之乃有所絕也今兵西向治之何益且盎不宜有謀
如淳曰盎大臣不宜有姦謀錯猶與未決師古曰與讀曰豫人有告盎盎恐夜
見竇嬰為言吳所以反願至前口對狀師古曰至天子之前也嬰
入言上迺召盎盎入見竟言吳所以反獨急斬錯
以謝吳可罷上拜盎為泰常竇嬰為大將軍兩
人素相善是時諸陵長安中賢大夫爭附兩人車

前漢傳十九　五　徐雅

騎隨者日數百乘及鼂錯已誅盎以泰常使吳吳
王欲使將不肯欲殺之使一都尉以五百人圍守
盎軍中初盎為吳相時從史盜私盎侍兒文穎曰婢也盎
知之弗泄遇之如故人有告從史君知女與侍者
通迺亡去盎驅自追之師古曰驅馳而追言疾速遂以侍者賜之復
為從史及盎使吳見守從史適在守盎校為司馬
師古曰為校中之司馬所領士卒正當守盎迺悉以其裝齎買二石醇醪師古曰裝齎謂
所齎衣物自隨者也醇者不雜言其醲也醪汁滓合之酒也音牢會天寒士卒飢渴飲醉西
南陬卒卒皆臥師古曰陬隅也飲音於禁反陬音子侯反又音鄒司馬夜引盎
起曰君可以去矣吳王期旦日斬君盎弗信曰何

爲者司馬曰臣故爲君從史盜侍兒者也盎乃驚
謝曰公幸有親文穎曰言汝有親老吾不足累公師古曰累古累字也音力瑞反司
馬曰君弟去師古曰弟但也臣亦且亡辟吾親如淳曰藏匿吾親不使遇害也晉灼
曰辟音避君何患迺以刀決帳道從醉卒直出師古曰於醉卒之處決帳
而開令通道得亡也司馬與分背師古曰一時各去也盎解節旄懷之如淳曰不欲令
人見屐步行七十里如淳曰著屐步行而逃亡明見梁騎馳去遂歸報
文穎曰梁騎將擊吳楚者也師古曰過梁軍之騎遂因得脫歸報天子吳楚已破上更以元王
子平陸侯禮爲楚王以盎爲楚相嘗上書不用盎
病免家居與閭里浮湛相隨行鬭雞走狗師古曰湛讀曰沈
雒陽劇孟嘗過盎盎善待之安陵富人有謂盎曰

吾聞劇孟博徒服虔曰博戲之徒也將軍何自通之盎曰劇孟
雖博徒然母死客送喪車千餘乘此亦有過人者
且緩急人所有師古曰凡人在生不能無緩急之事夫一旦叩門不以親
爲解張晏曰不語云親不聽也臣瓚曰凡人之於赴難濟厄多以有父母爲解而孟兼行之師古曰瓚說是也解者若今言分疏矣
不以在亡爲辭師古曰或實在家而辭云不在天下所望者獨季心劇
孟文穎曰心季布弟也今公陽從數騎鄧展曰陽外也晉灼曰陽猶常也師古曰鄧說是也一旦
有緩急寧足恃乎遂罵富人弗與通諸公聞之皆
多盎師古曰多猶重也盎雖居家景帝時時使人問籌策梁王
欲求爲嗣盎進說其後語塞師古曰塞不行也梁王以此怨
盎使人刺盎刺者至關中問盎稱之皆不容口師古

曰稱美其德口不能容也迺見盎曰臣受梁王金刺君君長者不
忍刺君然後刺者十餘曹如淳曰曹輩也備之盎心不樂家
多怪迺之棓生所問占蘇林曰音棓文穎曰音陪秦時賢士善術者也師古曰蘇音文說是
還梁刺客後曹果遮刺殺盎安陵郭門外
鼂錯潁川人也晉灼曰音厝置之厝師古曰據申屠嘉傳序云責通請錯匪躬之故以韻而言晉音是也潘岳
西征賦乃讀爲錯雜之錯不可依也學申商刑名於軹張恢生所師古曰軹縣之儒生
姓張名恢錯從之受申商法也與雒陽宋孟及劉帶同師以文學爲太
常掌故應劭曰掌故六百石吏主故事錯爲人陗直刻深師古曰陗字與峭同峭謂
峻陿也音千笑反孝文時天下亡治尚書者獨聞齊有伏生
故秦博士治尚書年九十餘老不可徵迺詔太常

使人受之太常遣錯受尚書伏生所還因上書稱
說師古曰稱師法而說其義詔以爲太子舍人門大夫師古曰初爲舍人又爲門大夫
遷博士又上書言人主所以尊顯功名揚於萬世
之後者以知術數也張晏曰術數刑名之書也臣瓚曰術數謂法制治國之術也師古曰瓚說是也公
孫弘云擅殺生之力通壅塞之途權輕重之數論得失之道使遠近情僞必見於上謂之術此與錯所言同耳故人主知
所以臨制臣下而治其衆則羣臣畏服矣知所以
聽言受事則不欺蔽矣知所以安利萬民則海內
必從矣知所以忠孝事上則臣子之行備矣此四
者臣竊爲皇太子急之人臣之議或曰皇太子亡
以知事爲也師古曰言何用知事臣之愚誠以爲不然竊觀上

世之君不能奉其宗廟而劫殺於其臣者皆不知術數者也皇太子所讀書多矣而未深知術數者不問書說也師古曰說謂所說之義也夫多誦而不知其說所謂勞苦而不為功臣竊觀皇太子材智高奇馭射伎藝過人絕遠然於術數未有所守者以陛下為心也張晏曰若伯魚須仲尼教乃讀詩書也竊願陛下幸擇聖人之術可用今世者以賜皇太子因時使太子陳明於前唯陛下裁察上善之於是拜錯為太子家令臣瓚曰茂陵中書太子家令秩八百石以其辯得幸太子太子家號曰智囊師古曰言其一身所有皆是智筭若囊橐之盛物也是時匈奴彊數寇邊上發兵以禦之錯上

言兵事曰臣聞漢興以來胡虜數入邊地小入則小利大入則大利高后時再入隴西攻城屠邑敺略畜產師古曰敺與驅同其後復入隴西殺吏卒大寇盜竊聞戰勝之威民氣百倍師古曰益奮厲也敗兵之卒沒世不復師古曰永挫折也自高后以來隴西三困於匈奴矣民氣破傷亡有勝意今茲隴西之吏賴社稷之神靈奉陛下之明詔和輯士卒底厲其節師古曰輯與集同底與砥同起破傷之民以當乘勝之匈奴用少擊眾殺一王敗其眾而法曰大有利非隴西之民有勇怯迺將吏之制巧拙異也故兵法曰有必勝之將無必勝之

民繇此觀之師古曰繇讀與由同安邊境立功名在於良將不可不擇也臣又聞用兵臨戰合刃之急者三師古曰合刃謂交兵一曰得地形二曰卒服習三曰器用利兵法曰丈五之溝漸車之水師古曰漸讀曰瀸謂浸也音子廉反山林積石經川丘阜師古曰經川常流之水也大陸曰阜屮木所在師古曰屮古草字此步兵之地也車騎二不當一土山丘陵曼衍相屬師古曰曼衍猶聯延也屬續也衍音弋戰反屬音之欲反平原廣野此車騎之地步兵十不當一平陵相遠川谷居閒師古曰閒遠離也仰高臨下此弓弩之地也短兵百不當一兩陳相近平地淺屮可前可後此長戟之地也劍楯三不當一萑葦竹蕭師古曰萑薍也葦葭也蕭蒿也萑音桓

中木蒙蘢支葉茂接師古曰蒙蘢覆蔽之貌也蘢音來東反此矛鋋之地也師古曰鋋鐵把短矛也音上延反長戟二不當一曲道相伏險阸相薄此劍楯之地也弓弩三不當一士不選練卒不服習起居不精動靜不集師古曰集齊也趨利弗及避難不畢前擊後解與金鼓之指相失師古曰金金鉦也鼓所以進眾金所以止眾也此不習勒卒之過也百不當十兵不完利與空手同甲不堅密與袒裼同應劭曰袒裼肉袒也師古曰裼音錫弩不可以及遠與短兵同射不能中與亡矢同中不能入與亡鏃同師古曰鏃矢鋒也音子木反此將不省兵之禍也師古曰省視也五不當一故兵法曰器械不利以其卒予敵也卒

不可用以其將予敵也將不知兵以其主予敵也
君不擇將以其國予敵也四者兵之至要也臣又
聞小大異形彊弱異埶險易異備 師古曰易平也音弋豉反 夫卑
身以事彊小國之形也合小以攻大敵國之形也
師古曰彼我力均不能相勝則須連結外援共制之也 以蠻夷攻蠻夷中國之形也
師古曰不煩華夏之兵使其同類自相攻擊也 今匈奴地形技藝與中國異上
下山阪出入溪澗中國之馬弗與也 師古曰與猶如 險道傾
仄且馳且射 師古曰仄古側字 中國之騎弗與也風雨罷勞
飢渴不困 師古曰罷讀曰疲 中國之人弗與也此匈奴之長
技也若夫平原易地輕車突騎 師古曰易亦平也突騎言其驍銳可用衝突敵人也

前漢傳十九　十　宣

則匈奴之衆易橈亂也 師古曰橈攪也音火高反其字從手一曰橈曲也弱也音女教反其字從木
勁弩長戟射疏及遠 師古曰疏亦闊遠也 則匈奴之
弓弗能格也堅甲利刃長短相雜遊弩往來什
伍俱前 師古曰伍人爲伍二伍爲什 則匈奴之兵弗能當也材
官騶發矢道同的 蘇林曰騶音馬騶之騶如淳曰騶矢也與平易之地可以矢相射也臣瓚曰材官騎射之官也射者騶發其用矢者同中一的言其工妙也師古曰騶謂矢之善者也春秋左氏傳作鞁字其音同耳材官有材力者騶發發騶矢以射也手工矢善故中則同的的謂所射之凖臬也蘇音失之矣臬音牛列反卽謂槷也 則匈奴之革笥
木薦弗能支也 孟康曰革笥以皮作如鎧者被之木薦以木板作如楯一曰革笥若楯木薦之以當人心也師古曰一說非也笥音息嗣反 下馬地鬬劒戟相接去就相薄 師古曰薄迫也 則匈
奴之足弗能給也 師古曰給謂相連及 此中國之長技也以此

觀之匈奴之長技三中國之長技五陛下又興數
十萬之衆以誅數萬之匈奴衆寡之計以一擊十
之術也雖然兵凶器戰危事也以大爲小以彊爲弱
在俛卬之間耳 師古曰言不知其術則雖大必小雖彊必弱也俛亦俯字卬讀曰仰 夫以人之
死爭勝跌而不振 服虔曰蹉跌不可復起也師古曰跌足失據也跌音徒結反 則悔之亡
及也帝王之道出於萬全今降胡義渠蠻夷之屬
來歸誼者其衆數千飲食長技與匈奴同可賜之
堅甲絮衣勁弓利矢益以邊郡之良騎令明將能
知其習俗和輯其心者 師古曰輯與集同也 以陛下之明約將
之卽有險阻以此當之平地通道則以輕車材官

前漢傳十九　十一　居弍

制之兩軍相當表裏各用其長技衡加之以衆 張晏曰衡音横師古曰衡卽横耳無勞借音
此萬全之術也傳曰狂夫之言而明主擇焉臣錯愚陋昧死上狂言唯陛下財擇 師古曰財與裁同也
文帝嘉之乃賜錯璽書寵荅焉曰皇帝問太子家令上書言兵體三章聞之 李奇曰三者得地形卒服習器用利 書言
狂夫之言而明主擇焉今則不然言者不狂而擇
者不明國之大患故在於此使夫不明擇於不狂
是以萬聽而萬不當也錯復言守邊備塞勸農力
本當世急務二事曰臣聞秦時北攻胡貉築塞河
上 師古曰貉音莫客反 南攻楊粵 張晏曰楊州之南越也 置戍卒焉其起兵

而攻胡粵者非以衛邊地而救民死也貪戾而欲廣大也故功未立而天下亂且夫起兵而不知其埶戰則爲人禽屯則卒積死夫胡貉之地積陰之處也木皮三寸冰厚六尺文穎曰土地寒故也食肉而飲酪其人密理鳥獸毳毛師古曰密理謂其肌肉也毳細毛也其性能寒師古曰能讀曰耐此下能暑亦同楊粵之地少陰多陽其人踈理鳥獸希毛其性能暑秦之戍卒不能其水土戍者死於邊輸者僨於道服虔曰僨仆也如淳曰僨音奮秦民見行如往棄市因以讁發之名曰讁戍先發吏有讁及贅壻賈人後以嘗有市籍者又後以大父母父母嘗有市籍者後入

閭取其左孟康曰秦時復除者居閭之左後發役不供復役之也或云直先發取其左也師古曰閭里門也居閭之左者一切皆發之非謂復除也解在食貨志發之不順行者深怨有背畔之心凡民守戰至死而不降北者以計爲之也師古曰北謂敗退故戰勝守固則有拜爵之賞攻城屠邑則得其財鹵以富家室故能使其衆蒙矢石赴湯火師古曰蒙冒犯也視死如生今秦之發卒也有萬死之害而亡銖兩之報死事之後不得一筭之復師古曰復除也音方目反天下明知禍烈及己也師古曰猛火曰烈取以喻耳陳勝行戍至於大澤爲天下先倡師古曰倡讀曰唱也天下從之如流水者秦以威劫而行之之敝也胡人衣食之業不著於地師古曰著音直略反其埶

易以擾亂邊竟師古曰竟讀曰境何以明之胡人食肉飲酪衣皮毛非有城郭田宅之歸居如飛鳥走獸於廣壄師古曰壄古野字美草甘水則止草盡水竭則移以是觀之往來轉徙時至時去此胡人之生業而中國之所以離南晦也師古曰晦古畝字也南畝耕種之處也今使胡人數處轉牧行獵於塞下或當燕代或當上郡北地隴西以候備塞之卒卒少則入陛下不救則邊民絕望而有降敵之心救之少發則不足多發遠縣纔至則胡又已去李奇曰纔音裁師古曰纔淺也猶言僅至也他皆類此聚而不罷爲費甚大罷之則胡復入如此連年則中國貧苦而民不

安矣陛下幸憂邊境遣將吏發卒以治塞甚大惠也然令遠方之卒守塞一歲而更師古曰更謂易代也音庚又讀如本字不知胡人之能不如選常居者家室田作且以備之以便爲之高城深塹具藺石布渠荅服虔曰藺石可投人石也蘇林曰渠荅鐵疾藜也如淳曰藺石城上雷石也墨子曰城上二步一渠立程長三尺冠長十尺臂長六尺二步一荅荅廣九尺袤十二尺師古曰藺石如說是也渠荅蘇說是也雷音來內反復爲一城其內城間百五十步要害之處通川之道調立城邑毋下千家師古曰調謂筭度之也總計城邑之中令有千家以上也調音徒釣反爲中周虎落鄭氏曰虎落者外蕃也若今時竹虎落也蘇林曰作虎落於塞要下以沙布其表旦視其跡以知匈奴來入一名天田師古曰蘇說非也虎落者以竹篾相連遮落之也先爲室屋具田器迺募辠人及免徒復作令居之張晏曰募民有罪自首除罪定輸作

者也復作如徙也臣瓚曰募有罪者及罪人遇赦復作竟其日月者今皆除其罰令居之也師古曰瓚說是也復音扶目反不足
募以丁奴婢贖辠及輸奴婢欲以拜爵者不足
迺募民之欲往者皆賜高爵復其家師古曰復音方目反予
冬夏衣廩食能自給而止師古曰初徙之時縣官且廩給其衣食於後能自供贍乃止也
郡縣之民得買其爵以自增至卿孟康曰食貨志所謂樂卿者也朝位從卿而無職也師古曰孟說非也樂卿武帝所置耳錯之上書未得豫言之也然二十等爵內無有卿名蓋謂其等級同列卿者也其亡
夫若妻者縣官買予之人情非有匹敵不能久安
其處塞下之民祿利不厚不可使久居危難之地
胡人入驅而能止其所驅者以其半予之孟康曰謂胡人入為寇驅收中國能奪得之者以半與之師古曰孟說非也言胡人入為寇驅略漢人及畜產而它人能止得其所驅者令其本主以半賞之縣

官為贖張晏曰得漢人官為贖也師古曰此承上句之言謂官為備價贖之耳張說非也其民如是
則邑里相救助赴胡不避死非以德上也師古曰言非以此事欲立德義於主上也欲全親戚而利其財也此與東方之戍卒不
習地埶而心畏胡者功相萬也如淳曰東方諸郡民不習戰鬬當戍邊者也以
陛下之時徙民實邊使遠方亡屯戍之事塞下之
民父子相保亡係虜之患利施後世名稱聖明其
與秦之行怨民相去遠矣師古曰言發怨恨之人使行戍役也上從其言
募民徙塞下錯復言陛下幸募民相徙以實塞下
使屯戍之事益省輸將之費益寡如淳曰將送也或曰將資也甚
大惠也下吏誠能稱厚惠奉明法師古曰稱副也存卹所

徙之老弱善遇其壯士和輯其心而勿侵刻師古曰輯與集同
使先至者安樂而不思故鄉則貧民相募而
勸往矣臣聞古之徙遠方以實廣虛也師古曰所以充實寬廣空虛之地
相其陰陽之和嘗其水泉之味審其土地之
宜觀其屮木之饒然後營邑立城製里割宅通田
作之道正阡陌之界先為築室家有一堂二內門
戶之閉張晏曰一堂二內二房也置器物焉民至有所居作有所用
此民所以輕去故鄉而勸之新邑也師古曰之往也為置醫
巫以救疾病以脩祭祀男女有昏師古曰昏謂昏姻配合也生死
相卹墳墓相從種樹畜長張晏曰畜長六畜也師古曰種樹謂桑果之屬長音竹兩反

室屋完安此所以使民樂其處而有長居之心也
臣又聞古之制邊縣以備敵也使五家為伍伍有
長十長一里里有假士四里一連連有假五百服虔曰假音假借之假五百帥名也師古曰假大也音工雅反十連一邑邑有假候皆擇其
邑之賢材有護師古曰有保護之能者也今流俗書本護字作讓妄改之耳習地形知
民心者居則習民於射法出則教民於應敵故卒
伍成於內則軍正定於外服習以成勿令遷徙師古曰各守其業也
幼則同遊長則共事夜戰聲相知則足以相
救晝戰目相見則足以相識驩愛之心足以相死
如此而勸以厚賞威以重罰則前死不還踵矣師古

（曰還讀曰旋旋踵回旋其足也）所從之民非壯有材力但費衣糧不可用也雖有材力不得良吏猶亡功也陛下絕匈奴不與和親臣竊意其冬來南也（師古曰意疑之也）壹大治則終身創矣（師古曰創懲艾也音初亮反）欲立威者始於折膠（蘇林曰秋氣至膠可折弓弩可用匈奴常以為候而出軍）來而不能困使得氣去（師古曰使其得勝逞志氣而去）後未易服也愚臣亡識唯陛下財察後詔有司舉賢良文學士錯在選中上親策詔之曰惟十有五年九月壬子皇帝曰昔者大禹勤求賢士施及方外（師古曰施延也音弋豉反）四極之內舟車所至人迹所及靡不聞命以輔其不逮（師古曰意所不及者取其言以自輔也）近者獻其明遠

者通厥聰比善勠力以翼天子（師古曰比和也翼助也比音頻寐反）是以大禹能亡失德夏以長楙（師古曰楙美也）高皇帝親除大害去亂從（師古曰從音子容反亂從謂禍亂之蹤跡也一曰亂謂作亂者從謂合從者若六國時為從者也今書本從下或有順字或有治字者皆非也後人妄加之也）並建豪英以為官師（師古曰師長也各為一官之長也字或作帥音所類反）為諫爭輔天子之闕而翼戴漢宗也賴天之靈宗廟之福方內以安澤及四夷今朕獲執天下之正以承宗廟之祀朕既不德又不敏明弗能燭而智不能治此大夫之所著聞也故詔有司諸侯王三公九卿及主郡吏（師古曰主郡吏謂郡守也）各帥其志以選賢良明於國家之大體通於人事之終始及

能直言極諫者各有人數將以匡朕之不逮二三大夫之行當此三道（張晏曰三道國體人事直言也師古曰二三大夫總謂當時受策者非止錯一人焉）朕甚嘉之故登大夫于朝親諭朕志（師古曰諭告也）大夫其上三道之要及永惟朕之不德吏之不平政之不宣民之不寧（師古曰永猶深也惟思也）四者之闕悉陳其志毋有所隱上以薦先帝之宗廟下以興愚民之休利著之于篇（師古曰休美也篇謂簡也）朕親覽焉觀大夫所以佐朕至與不至書之周之密之重之閉之（師古曰重音直龍反）興自朕躬（師古曰言朕自發視之）大夫其正論毋枉執事（張晏曰毋為有司枉撓也）烏虖戒之（師古曰虖讀曰呼）二三大夫其帥志毋怠錯對曰平

陽侯臣窋（孟康曰曹窋參子也）汝陰侯臣竈（如淳曰夏侯嬰子也）潁陰侯臣何（文穎曰灌嬰子）廷尉臣宜昌隴西太守臣昆邪（服虔曰公孫昆邪也師古曰昆讀曰混音下昆反）所選賢良太子家令臣錯（師古曰詔列侯九卿及郡守舉賢良故錯為窋等所舉）昧死再拜言臣竊聞古之賢主莫不求賢以為輔翼故黃帝得力牧而為五帝先（服虔曰力牧黃帝之佐也）大禹得咎繇而為三王祖齊桓得筦子而為五伯長（師古曰筦字與管同伯讀曰霸）今陛下講于大禹及高皇帝之建豪英也（臣瓚曰講謂講議也）退託於不明以求賢良（師古曰自託不明是謙退）讓之至也臣竊觀上世之傳（師古曰謂史傳）若高皇帝之建功業陛下之德厚而得賢佐皆有司之所覽刻於玉版藏於金

匱歷之春秋紀之後世爲帝者祖宗與天地相終今臣𧨏等迺以臣錯充賦（如淳曰備言備數也臣瓚曰充賦比錯之謙也云如賦調也）甚不稱明詔求賢之意臣錯艸茅臣亡識知昧死上愚對曰詔策曰明於國家大體愚臣竊以古之五帝明之臣聞五帝神聖其臣莫能及故自親事（師古曰親理萬機之勢）處于法宮之中明堂之上（如淳曰法宮路寢正殿也）動靜上配天下順地中得人故衆生之類亡不覆也根著之徒亡不載也（師古曰有根著地者皆載之也著音直略反）燭以光明亡偏異也（師古曰燭照也）德上及飛鳥下至水蟲草木諸產皆被其澤（師古曰被音皮義反）然後陰陽調四時節日月光風雨時膏露降（師古曰甘露凝如膏）五穀孰祆孽滅賊氣息民不疾疫河出圖洛出書神龍至鳳鳥翔德澤滿天下靈光施四海此謂配天地治國大體之功也詔策曰通於人事終始愚臣竊以古之三王明之臣聞三王臣主俱賢故合謀相輔計安天下莫不本於人情人情莫不欲壽三王生而不傷也人情莫不欲富三王厚而不困也人情莫不欲安三王扶而不危也人情莫不欲逸三王節其力而不盡也其爲法令也合於人情而後行之其動衆使民也本於人事然後爲之取人以己

內恕及人（師古曰以己之心揆之於人也）情之所惡不以彊人情之所欲不以禁民是以天下樂其政歸其德望之若父母從之若流水百姓和親國家安寧名位不失施及後世（師古曰施延也音弋豉反）此明於人情終始之功也詔策曰直言極諫愚臣竊以五伯之臣明之（師古曰伯讀曰霸）臣聞五伯不及其臣故屬之以國任之以事（師古曰屬委也音之欲反）五伯之佐之爲人臣也察身而不敢誣（師古曰各察己之材用不敢踰越而誣上）奉法令不容私盡心力不敢矜（師古曰矜謂自伐也）遭患難不避死見賢不居其上受祿不過其量不以亡能居尊顯之位自行若此可謂方正之士矣其立法也非以苦民傷衆而爲之機陷也（孟康曰機發也陷穽也）以之興利除害尊主安民而救暴亂也其行賞也非虛取民財妄予人也以勸天下之忠孝而明其功也故功多者賞厚功少者賞薄如此斂民財以顧其功（師古曰顧讎也若今言雇賃也）而民不恨者知與而安己也其行罰也非以忿怒妄誅而從暴心也（師古曰從讀曰縱）以禁天下不忠不孝而害國者也故罪大者罰重罪小者罰輕如此民雖伏罪至死而不怨者知罪罰之至自取之也立法若此可謂平正之吏矣法之逆者請而更之不以傷民（師古曰更改也）主行之暴者逆

而復之不以傷國 師古曰謂逆主意而反還之不令施行致傷國也復音扶目反 救主之失補主之過揚主之美明主之功使主內亡邪辟之行外亡騫汙之名 師古曰辟讀曰僻騫損也汙辱也 事君若此可謂直言極諫之士矣此五伯之所以德匡天下威正諸侯功業甚美名聲章明舉天下之賢主五伯與焉 師古曰與讀曰豫 此身不及其臣而使得直言極諫補其不逮之功也今陛下人民之衆威武之重德惠之厚令行禁止之埶萬萬於五伯而賜愚臣策曰匡朕之不逮愚臣何足以識陛下之高明而奉承之詔策曰吏之不平政之不宣民之不寧愚臣竊以秦事明之臣聞秦始并天下之時其主不及三王而臣不及其佐 師古曰臣亦不及三王之佐 然功力不遲者何也地形便山川利財用足民利戰其所與並者六國六國者臣主皆不肖謀不輯 師古曰輯與集同輯和也 民不用故當此之時秦最富彊夫國富彊而鄰國亂者帝王之資也故秦能兼六國立為天子當此之時三王之功不能進焉 師古曰進前也言不在秦前也 及其末塗之衰也任不肖而信讒賊宮室過度耆欲亡極 師古曰耆讀曰嗜 民力罷盡賦斂不節 師古曰罷讀曰疲 矜奮自賢群臣恐諛 張晏曰恐懼發陷禍而為諂諛以求自全也師古曰此說非也直為恐懼而為諂諛也恐音丘勇反 驕溢縱

恣不顧患禍妄賞以隨喜意妄誅以快怒心法令煩憯 師古曰憯痛也言痛害於下憯音千感反 刑罰暴酷輕絕人命身自射殺天下寒心莫安其處姦邪之吏乘其亂法以成其威獄官主斷生殺自恣上下瓦解各自為制秦始亂之時吏之所先侵者貧人賤民也至其中節所侵者富人吏家也及其末塗所侵者宗室大臣也是故親疏皆危外內咸怨離散逋逃人有走心陳勝先倡天下大潰 師古曰倡讀曰唱 絕祀亡世為異姓福此吏不平政不宣民不寧之禍也今陛下配天象地覆露萬民 如淳曰覆蔭也露膏澤也 絕秦之迹除其亂法躬親本事廢去淫末除苛解嬈 文穎曰嬈煩嬈也師古曰音如紹反 寬大愛人肉刑不用罪人亡帑 師古曰謂除收帑相坐律亡讀曰無帑讀曰孥 非謗不治鑄錢者除 張晏曰除鑄錢之律聽民得自鑄也師古曰非讀曰誹 通關去塞 張晏曰文帝十二年除關不用傳 不孽諸侯 應劭曰接之以禮不以庶孽畜之如淳曰孽疑也去關禁明無疑於諸侯師古曰應說是 賓禮長老愛卹少孤罪人有期 張晏曰早決之也晉灼曰刑法志云罪人各以輕重不亡逃有年而免滿其年免為庶人也師古曰晉說是也 後宮出嫁尊賜孝悌農民不租 張晏曰足用則除租也 明詔軍師愛士大夫求進方正廢退姦邪除去陰刑 張晏曰宮刑也 害民者誅憂勞百姓列侯就都 師古曰各就其國也 親耕節用視民不奢 師古曰視讀曰示 所為天下興利除害變法易故以安海內者大功

數十皆上世之所難及陛下行之道純德厚元元之民幸矣詔策曰永惟朕之不德愚臣不足以當之詔策曰悉陳其志毋有所隱愚臣竊以五帝之賢臣明之臣聞五帝其臣莫能及則自親之三王臣主俱賢則共憂之五伯不及其臣則任使之此所以神明不遺而賢聖不廢也（師古曰遺弃也不弃神明之德不廢賢聖之名）故各當其世而立功德焉傳曰往者不可及來者猶可待（師古曰言各當其時務立功也）能明其世者謂之天子此之謂也竊聞戰不勝者易其地民貧窮者變其業今以陛下神明德厚資財不下五帝（師古曰資質也謂天子之財質）臨

制天下至今十有六年民不益富盜賊不衰邊竟未安（師古曰竟讀曰境）其所以然意者陛下未之躬親而待羣臣也今執事之臣皆天下之選已（師古曰已語終之辭）然莫能望陛下清光（晉灼曰今之臣不能望見陛下之光景所及）譬之猶五帝之佐也陛下不自躬親而待不望清光之臣臣竊恐神明之遺也（師古曰言天子虛弃神明之德）日損一日歲亡一歲日月益暮盛德不及究於天下（師古曰究竟也）以傳萬世愚臣不自度量竊爲陛下惜之昧死上狂惑屮茅之愚臣言唯陛下財擇時賈誼已死對策者百餘人唯錯爲高第繇是遷中大夫（師古曰繇讀與由同）錯又言宜削諸

侯事及法令可更定者書凡三十篇孝文雖不盡聽然奇其材當是時太子善錯計策爰盎諸大功臣多不好錯景帝即位以錯爲內史錯數請閒言事輒聽幸傾九卿法令多所更定丞相申屠嘉心弗便力未有以傷內史府居太上廟堧中（師古曰堧者內垣之外游地也音人緣反）門東出不便錯迺穿門南出鑿廟堧垣丞相大怒欲因此過爲奏請誅錯錯聞之即請閒爲上言之丞相奏因言錯擅鑿廟垣爲門請下廷尉誅上曰此非廟垣迺堧中垣不致於法丞相謝（師古曰以所奏不當天子意故謝）罷朝因怒謂長史曰吾當先斬以聞

迺先請固誤丞相遂發病死錯以此愈貴遷爲御史大夫請諸侯之罪過削其支郡（師古曰支郡在國之四邊者也）奏上上令公卿列侯宗室雜議莫敢難獨竇嬰爭之繇此與錯有隙（師古曰繇讀與由同）錯所更令三十章（師古曰更改也）諸侯讙譁錯父聞之從潁川來謂錯曰上初即位公爲政用事（如淳曰錯爲御史大夫位三公也）侵削諸侯踈人骨肉口讓多怨公何爲也（師古曰讓責也）錯曰固也（師古曰言固當如此）不如此天子不尊宗廟不安父曰劉氏安矣而鼂氏危吾去公歸矣遂飲藥死曰吾不忍見禍逮身後十餘日吳楚七國俱反以誅錯爲名上與錯議出軍

事錯欲令上自將兵而身居守會竇嬰言爰盎詔召入見上方與錯調兵食 師古曰調謂計發之也音徒釣反 上問盎曰君嘗爲吳相知吳臣田祿伯爲人虖今吳楚反於公意何如對曰不足憂也今破矣上曰吳王即山鑄錢煮海爲鹽 師古曰即就也 誘天下豪桀白頭舉事此其計不百全豈發虖何以言其無能爲也盎對曰吳銅鹽之利則有之安得豪桀而誘之誠令吳得豪桀亦且輔而爲誼不反矣吳所誘皆亡賴子弟亡命鑄錢姦人故相誘以亂錯曰盎策之善上問曰計安出盎對曰願屏左右上屏人獨錯在盎曰

臣所言人臣不得知迺屏錯錯趨避東箱甚恨上卒問盎 師古曰卒竟也 對曰吳楚相遺書言高皇帝王子弟各有分地 師古曰分音扶問反 今賊臣鼂錯擅適諸侯削奪之地 師古曰適讀曰讁 以故反名爲西共誅錯復故地而罷方今計獨有斬錯發使赦吳楚七國復其故地則兵可毋血刃而俱罷於是上默然良久曰顧誠何如吾不愛一人謝天下 師古曰顧念也誠實也 盎曰愚計出此唯上孰計之迺拜盎爲泰常密裝治行後十餘日丞相青翟中尉嘉廷尉歐 師古曰張歐也音區 劾奏錯曰吳王反逆亡道欲危宗廟天下所當共誅今御史大

夫錯議曰兵數百萬獨屬羣臣不可信 師古曰屬委也音之欲反 陛下不如自出臨兵使錯居守徐僮之旁吳所未下者可以予吳 鄧展曰徐僮臨淮二縣也 錯不稱陛下德信欲踈羣臣百姓又欲以城邑予吳亡臣子禮大逆無道錯當要斬父母妻子同產無少長皆棄市臣請論如法制曰可錯殊不知迺使中尉召錯紿載行市 師古曰誑云乘車案行市中也行音下更反 錯衣朝衣斬東市 師古曰朝衣朝服也 錯已死謁者僕射鄧公爲校尉擊吳楚爲將還上書言軍事見上上問曰道軍所來 如淳曰道路從吳軍所來也師古曰道軍所來即是從軍所來耳無煩更說道路也 聞鼂錯死吳楚罷不鄧公曰吳爲反數

十歲矣發怒削地以誅錯爲名其意不在錯也且臣恐天下之士拑口不敢復言矣 師古曰拑音其炎反 上曰何哉鄧公曰夫鼂錯患諸侯彊大不可制故請削之以尊京師萬世之利也計畫始行卒受大戮 師古曰卒竟也 內杜忠臣之口外爲諸侯報仇 師古曰杜塞也 臣竊爲陛下不取也於是景帝喟然長息曰公言善吾亦恨之迺拜鄧公爲城陽中尉鄧公成固人也 師古曰漢中之縣 多奇計建元年中上招賢良公卿言鄧先 師古曰鄧先猶云鄧先生也一曰先者其名也 鄧先時免起家爲九卿一年復謝病免歸其子章以脩黃老言顯諸公閒

贊曰爰盎雖不好學亦善傅會 張晏曰因宜附著合會之 仁心爲質引義忼慨遭孝文初立資適逢世 張晏曰資財也適值其世得騁其才 時已變易 張晏曰謂景帝 及吳壹說果於用辯 師古曰謂殺鼂錯也 身亦不遂鼂錯銳於爲國遠慮而不見身害其父睹之經於溝瀆 師古曰論語稱孔子曰豈若匹夫匹婦之爲諒也自經於溝瀆人莫之知故贊引之云 亡益救敗不如趙母指括以全其宗 張晏曰趙奢卒趙使趙括爲將其母言之趙王曰願王易括王不許母要王括有罪願不坐王許之後括果敗於長平以母前約故卒得不坐 悲夫錯雖不終世哀其忠故論其施行之語著于篇

爰盎鼂錯傳第十九

張馮汲鄭第二十 班固 漢書五十

秘書監上護軍琅邪縣開國子顔 師古 注

張釋之字季南陽堵陽人也 師古曰堵音者 與兄仲同居以貲爲騎郎 蘇林曰雇錢若出穀也如淳曰漢注貲五百萬得爲常侍郎師古曰如說是也 事文帝十年不得調 師古曰調選也音徒釣反 亡所知名釋之曰久宦減仲之產不遂 師古曰遂猶達 欲免歸中郎將爰盎知其賢惜其去乃請徙釋之補謁者釋之既朝畢因前言便宜事文帝曰卑之毋甚高論 師古曰令其議論依附時事也 令今可行也於是釋之言秦漢之間事秦所以失漢所以興者文帝稱善拜釋之爲謁者

僕射從行上登虎圈 師古曰圈養獸之所也音求遠反 問上林尉禽獸簿 師古曰簿謂簿書也音步戶反 十餘問尉左右視盡不能對 師古曰視其屬官皆不能對也 虎圈嗇夫從旁代尉對上所問禽獸簿甚悉 師古曰悉謂詳盡也 欲以觀其能口對嚮應亡窮者 師古曰觀猶示也嚮讀曰響如響應聲言其疾也 文帝曰吏不當如此邪尉亡賴 張晏曰材無可恃也 詔釋之拜嗇夫爲上林令釋之前曰陛下以絳侯周勃何如人也上曰長者又復問東陽侯張相如何如人也上復曰長者釋之曰夫絳侯東陽侯稱爲長者此兩人言事曾不能出口豈敎此嗇夫喋喋利口捷給哉 晉灼曰喋音牒 且秦以任刀筆之吏爭以亟疾苛察相高 師古曰亟

急也音居力反其敝徒文具亡惻隱之實師古曰文具謂具文而已以故不聞其過陵夷至於二世天下土崩師古曰陵夷頹替也解在成紀今陛下以嗇夫口辯而超遷之臣恐天下隨風靡靡爭口辯亡其實且下之化上疾於景響舉錯不可不察也師古曰嚮讀曰響錯音千故反文帝曰善迺止不拜嗇夫就車召釋之驂乘徐行問釋之秦之敝師古曰行問且行且問也具以質言如淳曰質誠也至宮上拜釋之為公車令頃之太子與梁王共車入朝不下司馬門如淳曰宮衛令諸出入殿門公車司馬門者皆下不如令罰金四兩於是釋之追止太子梁王毋入殿門遂劾不下公門不敬奏之薄太后聞之文帝免冠謝曰

教兒子不謹薄太后使使承詔赦太子梁王然後得入文帝繇是奇釋之師古曰繇讀與由同拜為中大夫頃之至中郎將從行至霸陵上居外臨廁師古曰廁岸之邊側也解在劉向傳時慎夫人從上指視慎夫人新豐道曰此走邯鄲道也張晏曰慎夫人邯鄲人也如淳曰走音奏奏趣也師古曰視讀曰示使慎夫人鼓瑟上自倚瑟而歌李奇曰聲氣依倚瑟也師古曰倚瑟即今之以歌合曲也倚音於綺反意悽愴悲懷顧謂羣臣曰嗟乎以北山石為槨用紵絮斮陳漆其間豈可動哉師古曰紵音竹呂反斮音側略反左右皆曰善釋之前曰使其中有可欲雖錮南山猶有隙使其中亡可欲雖亡石槨又何戚焉師古曰解在劉向傳文帝稱善

其後拜釋之為廷尉頃之上行出中渭橋張晏曰在渭橋中路有一人從橋下走乘輿馬驚於是使騎捕之屬廷尉師古曰屬委也音之欲反次下亦同釋之治問曰縣人來如淳曰長安縣人也聞蹕匿橋下久以為行過師古曰言天子已過既出見車騎即走耳釋之奏當此人犯蹕如淳曰乙令蹕先至而犯者罰金四兩師古曰當謂處其罪也當罰金上怒曰此人親驚吾馬馬賴和柔令它馬固不敗傷我乎而廷尉迺當之罰金釋之曰法者天子所與天下公共也師古曰公謂不私也今法如是更重之是法不信於民也且方其時上使使誅之則已師古曰言初執獲此人天子即令誅之其事則畢今已下廷尉廷尉天下之平也壹傾

天下用法皆為之輕重民安所錯其手足師古曰安焉也錯置也音千故反唯陛下察之上良久曰廷尉當是也其後人有盜高廟坐前玉環得師古曰得者盜環之人為吏所捕得也文帝怒下廷尉治案盜宗廟服御物者為奏當棄市上大怒曰人亡道迺盜先帝器吾屬廷尉者欲致之族而君以法奏之師古曰法謂常法非吾所以共承宗廟意也師古曰共讀曰恭釋之免冠頓首謝曰法如是足也且罪等如淳曰俱死罪也盜玉環不若盜長陵土之逆然以逆順為基今盜宗廟器而族之有如萬分一假令愚民取長陵一抔土張晏曰不欲指言故以取土喻也師古曰抔音步侯反謂手掬之也其字從手不忍言毀徹故止云取土耳今學者讀抔為杯勺之杯非也杯非盛土之物也

陛下且何以加其法虖文帝與太后言之乃許廷
尉當是時中尉條侯周亞夫與梁相山都侯王恬
啟見釋之持議平廼結爲親友張廷尉繇此天下
稱之師古曰繇讀與由同文帝崩景帝立釋之恐師古曰以嘗劾帝不下司馬門
稱疾欲免去懼大誅至欲見則未知何如用王生
計卒見謝景帝不過也王生者善爲黃老言處士
嘗召居廷中公卿盡會立王生老人曰吾韤解師古
曰韤音武伐反顧謂釋之爲我結韤釋之跪而結之師古曰結讀曰係
旣已人或讓王生獨柰何廷辱張廷尉如此王生
曰吾老且賤自度終亡益於張廷尉廷尉方天下

名臣吾故聊使結韤欲以重之諸公聞之賢王生
而重釋之釋之事景帝歲餘爲淮南相猶尚以前
過也年老病卒其子摯字長公官至大夫免以不
能取容當世故終身不仕
馮唐祖父趙人也父徙代漢興徙安陵唐以孝著
爲郎中署長鄭氏曰以至孝聞也師古曰以孝得爲郎中而爲郎署之長也署音竹助反事文帝
帝輦過問唐曰父老何自爲郎家安在師古曰言年已老矣何乃
自爲郎也崔浩以爲自從也從何爲郎此說非也具以實言文帝曰吾居代時吾
尚食監高袪數爲我言趙將李齊之賢戰於鉅鹿
下吾每飲食意未嘗不在鉅鹿也張晏曰每食念監所說李齊在鉅鹿時也

父老知之乎唐對曰齊尚不如廉頗李牧之爲將
也上曰何已師古曰已猶耳唐曰臣大父在趙時爲官帥將
師古曰大父祖父也帥音所類反將音子亮反善李齊
知其爲人也上旣聞廉頗李牧爲人良說如淳曰良善也師古
曰說讀曰悅聞廉頗牧之善帝意大說廼拊髀曰師古曰髀音陛嗟乎吾獨不得廉頗
李牧爲將豈憂匈奴哉唐曰主臣師古曰恐懼之言解在陳平傳陛下
雖有廉頗李牧不能用也上怒起入禁中良久召
唐讓曰公衆辱我獨亡間處虖師古曰何不閒隙之處而言唐謝曰
鄙人不知忌諱當是時匈奴新大入朝那殺北地
都尉卬上以胡寇爲意廼卒復問唐曰公何以言

吾不能用頗牧也唐對曰臣聞上古王者遣將也
跪而推轂曰閫以內寡人制之閫以外將軍制之
韋昭曰門中橛爲閫師古曰音牛列反軍功爵賞皆決於外歸而奏之此
非空言也臣大父言李牧之爲趙將居邊軍市之
租皆自用饗士賞賜決於外不從中覆也師古曰覆謂覆白之
也音芳目反委任而責成功故李牧乃得盡其知能選車
千三百乘彀騎萬三千匹師古曰彀張弩也音遘百金之士十
萬服虔曰良士直百金也如淳曰黃金一斤直萬言富家子弟可任使也師古曰百金喻其貴重耳服說是也是以
北逐單于破東胡滅澹林鄭氏曰澹音擔石之擔如淳曰胡也匈奴傳曰晉北有澹林之胡樓煩之戎也師古
曰澹音都甘反又音談西抑彊秦南支韓魏當是時趙

幾伯 師古曰幾致於霸也幾音鉅依反伯讀曰霸 後會趙王遷立 蘇林曰趙幽王 其母
倡也 師古曰倡樂家之女 用郭開讒而誅李牧令顏聚代之是
以爲秦所滅今臣竊聞魏尚爲雲中守軍市租盡
以給士卒出私養錢五日壹殺牛 服虔曰私假錢也 以饗賓
客軍吏舍人是以匈奴遠避不近雲中之塞虜嘗
一入尚帥車騎擊之所殺甚衆夫士卒盡家人子
起田中從軍安知尺籍伍符 李奇曰尺籍所以書軍令伍符軍士五五相保之符信也 如淳曰漢軍法曰吏卒斬首以尺籍書下縣移郡令人故行不行奪勞二歲伍符亦什伍之符要節度也師古曰家人子謂庶人之家子也
終日力戰斬首捕虜上功莫府一言不相應文吏
以法繩之其賞不行吏奉法必用愚以爲陛下法

前漢傳二十 六 沈

太明賞太輕罰太重且雲中守尚坐上功首虜差
六級陛下下之吏削其爵罰作之繇此言之 師古曰繇讀與由同
陛下雖得李牧不能用也臣誠愚觸忌諱死罪
文帝說 師古曰說讀曰悅 是日令唐持節赦魏尚復以爲雲
中守而拜唐爲車騎都尉主中尉及郡國車士 服虔曰車戰之士也
十年景帝立以唐爲楚相武帝即位求賢良
舉唐唐時年九十餘不能爲官迺以子遂爲郎遂
字王孫亦奇士魏尚槐里人也 汲黯字長孺濮
陽人也其先有寵於古之衛君也 文穎曰六國時衛弱但稱君也 至黯
十世世爲卿大夫以父任孝景時爲太子洗馬 孟康

曰大臣任舉其子弟爲官 以嚴見憚武帝即位黯爲謁者東粵相
攻上使黯往視之至吳而還報曰粵人相攻固其
俗不足以辱天子使者河內失火燒千餘家上使
黯往視之還報曰家人失火屋比延燒 師古曰比近也言屋相近故連延而燒也比音頻寐反 不足憂臣過河內河內貧人傷水旱萬餘
家或父子相食臣謹以便宜持節發河內倉粟以
振貧民請歸節伏矯制辠 師古曰矯託也託奉制詔而行之 上賢而釋
之遷爲滎陽令黯恥爲令稱疾歸田里上聞迺召
爲中大夫以數切諫不得久留內遷爲東海太守
黯學黃老言治官民好清靜擇丞史任之 如淳曰擇郡丞及史任之也鄭當時爲大司農長官屬丞史亦是也

前漢傳二十 七 陳雙

責大指而已不細苛黯多病臥閤
內不出歲餘東海大治稱之上聞召爲主爵都尉
列於九卿治務在無爲而已引大體不拘文法爲
人性倨少禮 師古曰倨簡傲也音居庶反 面折不能容人之過合
已者善待之不合者弗能忍見士亦以此不附焉
然好游俠任氣節行脩絜其諫犯主之顏色常慕
傅伯爰盎之爲人 應劭曰傅伯梁人爲孝王將素抗直也 善灌夫鄭當時
及宗正劉棄疾亦以數直諫不得久居位是時太
后弟武安侯田蚡爲丞相中二千石拜謁蚡弗爲
禮黯見蚡未嘗拜揖之上方招文學儒者上曰吾

欲云云 張晏曰所言欲施仁義也師古曰云云猶言如此如此也史略其辭耳 黯對曰陛下內多欲而外施仁義奈何欲效唐虞之治乎上怒變色而罷朝公卿皆為黯懼上退謂人曰甚矣汲黯之戇也羣臣或數黯 師古曰數責也音所具反 黯曰天子置公卿輔弼之臣寧令從諛承意陷主於不誼乎且已在其位縱愛身奈辱朝廷何黯多病病且滿三月上常賜告者數終不瘉 如淳曰杜欽所謂病滿賜告詔恩也數者非一也師古曰數音所角反瘉與愈同 最後嚴助為請告上曰汲黯何如人也曰使黯任職居官亡以瘉人 師古曰瘉勝也讀與愈同 然至其輔少主守成雖自謂賁育弗能奪也 師古曰孟賁夏育皆古之勇士也賁音奔 上曰然

古有社稷之臣至如汲黯近之矣大將軍青侍中上踞廁視之 如淳曰廁溷也孟康曰廁牀邊側也師古曰如說是也 丞相弘宴見上或時不冠至如見黯不冠不見也上嘗坐武帳 應劭曰武帳織成帳為武士象也孟康曰今御武帳置兵闌五兵於帳中也師古曰孟說是也 黯前奏事上不冠望見黯避帳中使人可其奏其見敬禮如此張湯以更定律令為廷尉 師古曰更改也 黯質責湯於上前 師古曰質謂對也 曰公為正卿上不能襃先帝之功業下不能化天下之邪心安國富民使囹圄空虛何空取高皇帝約束紛更之為 師古曰言何為乃紛亂而改更也 而公以此無種矣 師古曰言當誅及子孫也 黯時與湯論議湯辯常在文深小苛

黯憤發罵曰天下謂刀筆吏不可為公卿果然必湯也令天下重足而立仄目而視矣 師古曰重累其足言懼甚也仄古側字也 是時漢方征匈奴招懷四夷黯務少事閒常言與胡和親毋起兵 師古曰毋因閒隙而言也 上方鄉儒術 師古曰鄉讀曰嚮 尊公孫弘及事益多吏民巧上分別文法湯等數奏決讞以幸而黯常毀儒面觸弘等徒懷詐飾智以阿人主取容而刀筆之吏專深文巧詆 師古曰詆毀辱也音丁禮反 陷人於罔以自為功上愈益貴弘湯弘湯心疾黯雖上亦不說也 師古曰說讀曰悅 欲誅之以事 師古曰以事事致其罪而誅也 弘為丞相迺言上曰右內史界部中多貴人

宗室難治非素重臣弗能任請徙黯為右內史數歲官事不廢大將軍青既益尊姊為皇后然黯與亢禮或說黯曰自天子欲令羣臣下大將軍 師古曰下音胡稼反 大將軍尊貴誠重君不可以不拜黯曰夫以大將軍有揖客反不重邪 師古曰言能降貴以禮士最為重也 大將軍聞愈賢黯數請問以朝廷所疑遇黯加於平日淮南王謀反憚黯曰黯好直諫守節死義至說公孫弘等如發蒙耳 師古曰說音式銳反 上既數征匈奴有功黯言益不用始黯列九卿矣而公孫弘張湯為小吏及弘湯稍貴與黯同位黯又非毀弘湯已而弘至丞相

封侯湯御史大夫黯時丞史皆與同列或尊用過
之黯褊心不能無少望（師古曰褊陿也望怨也）見上言曰陛下
用羣臣如積薪耳後來者居上黯罷上曰人果不
可以無學觀汲黯之言日益甚矣（師古曰言其鄙俚也或曰積薪之言出曾子故云不可無學也）居無何匈奴渾邪王帥衆來降（師古曰渾音胡昆反）漢
發車二萬乘縣官亡錢從民貰馬（師古曰貰賒買也）民或匿馬
馬不具上怒欲斬長安令黯曰長安令亡罪獨斬
臣黯民廼肯出馬且匈奴畔其主而降漢徐以縣
次傳之何至令天下騷動罷中國甘心夷狄之人
乎（師古曰罷讀曰疲）上默然後渾邪王至賈人與市者坐當

死五百餘人黯入請閒見高門（晉灼曰三輔黃圖未央宮中有高門殿也）曰
夫匈奴攻當路塞絕和親中國興兵誅之死傷不
可勝計而費以鉅萬百數（師古曰即數百鉅萬也）臣愚以爲陛
下得胡人皆以爲奴婢賜從軍死者家鹵獲因與
之以謝天下塞百姓之心（師古曰塞滿也）今縱不能渾邪帥
數萬之衆來虛府庫賞賜發良民侍養若奉驕子
愚民安知市買長安中而文吏繩以爲闌出財物
如邊關乎（應劭曰闌妄也律胡市吏民不得持兵器及錢出關雖於京師市買其法一也臣瓚曰無符傳出入爲闌）
也陛下縱不能得匈奴之贏以謝天下（師古曰贏餘也音弋成反）又
以微文殺無知者五百餘人臣竊爲陛下弗取也

上弗許曰吾久不聞汲黯之言今又復妄發矣後
數月黯坐小法會赦免官於是黯隱於田園者數
年會更立五銖錢民多盜鑄錢者楚地尤甚上以
爲淮陽楚地之郊也（師古曰郊謂交道衝要之處也）召黯拜爲淮陽太
守黯伏謝不受印綬詔數彊予然後奉詔召上殿
黯泣曰臣自以爲塡溝壑不復見陛下（師古曰塡音大賢反）不
意陛下復收之臣常有狗馬之心（師古曰思報效）今病力（師古曰力謂甚也）
不能任郡事臣願爲中郎出入禁闥補過拾
遺臣之願也上曰君薄淮陽邪吾今召君矣（師古曰言後即召也）
顧淮陽吏民不相得（師古曰顧謂思念也）吾徒得君重（師古曰徒但也重威重也）

臥而治之黯既辭過大行李息曰黯棄逐
居郡不得與朝廷議矣（師古曰與讀曰豫）然御史大夫
湯智足以距諫詐足以飾非非肯正爲天下
言專阿主意主意所不欲因而毀之主意所
欲因而譽之好興事舞文法（如淳曰舞猶弄也）內懷
詐以御主心外挾賊吏以爲重公列九卿不早
言之何（師古曰言何不早言也）公與之俱受其僇矣息畏湯終
不敢言黯居郡如其故治淮陽政淸後張湯敗上
聞黯與息言抵息罪令黯以諸侯相秩居淮陽（如淳曰諸侯王相在郡守上秩眞二千石律眞二千石月得百五十斛歲凡得千八百石耳二千石月得百二十斛歲凡得一千四百四十石）

身居淮陽十歲而卒卒後上以黯故官其弟仁至九卿子偃至諸侯相黯姊子司馬安亦少與黯為太子洗馬安文深巧善宦四至九卿以河南太守卒昆弟以安故同時至二千石十人濮陽段宏始事蓋侯信服虔曰景帝王皇后兄也信任宏蘇林曰任保舉官亦再至九卿然衛人仕者皆嚴憚汲黯出其下

鄭當時字莊陳人也其先鄭君嘗事項籍籍死而屬漢高祖令諸故項籍臣名籍鄭君獨不奉詔詔盡拜名籍者為大夫而逐鄭君鄭君死孝文時當時以任俠自喜脫張羽於阸服虔曰梁孝王將楚相之弟也師古曰喜音許吏反

脫音佗活反聲聞梁楚間孝景時為太子舍人每五日洗沐常置驛馬長安諸郊如淳曰郊交道四通處也以請賓客便臣瓚曰長安四面郊祀之處閑靜可以請賓客也師古曰二說皆非也此謂長安城外四面之郊耳邑外謂之郊近郊二十里請謝賓客夜以繼日至明旦常恐不徧當時好黃老言其慕長者如恐不稱師古曰恐不稱其意自見年少官薄然其知友皆大父行天下有名之士也師古曰大父謂祖父行音胡浪反武帝即位當時稍遷為魯中尉濟南太守江都相至九卿為右內史以武安魏其時議師古曰謂議田蚡及竇嬰事貶秩為詹事遷為大司農當時為大吏戒門下客至亡貴賤亡留門者執賓主之禮以其貴下人性廉又不治產

卬奉賜給諸公師古曰卬音牛向反奉音扶用反然其餽遺人不過具器食師古曰猶今言一盤食也每朝候上閒說未嘗不言天下長者師古曰候天子閒隙之時其所稱說皆言長者也其推轂士及官屬丞史誠有味其言也師古曰推轂言薦舉人如車轂之運轉也有味者其言甚美也常引以為賢於己未嘗名吏與官屬言若恐傷之聞人之善言進之上唯恐後山東諸公以此翕然稱鄭莊使視決河自請治行五日如淳曰治行謂莊嚴上曰吾聞鄭莊行千里不齎糧治行者何也然當時在朝常趨和承意師古曰趨讀曰趣趣向也和音胡臥反不敢甚斥臧否漢征匈奴招四夷天下費多財用益屈師古曰屈盡也音其勿反當時為大司農

任人賓客僦晉灼曰當時為大司農而任使其賓客辜較作僦也師古曰僦謂受顧賃而載運也言當時保任其賓客於司農載運也僦音子就反入多逋負司馬安為淮陽太守發其事當時以此陷罪贖為庶人頃之守長史如淳曰丞相長史也遷汝南太守數歲以官卒昆弟以當時故至二千石者六七人當時始與汲黯列為九卿內行修兩人中廢賓客益落師古曰落散也當時死家亡餘財先是下邽翟公為廷尉蘇林曰邽音圭京兆縣名也賓客亦填門師古曰填滿也音田及廢門外可設爵羅師古曰言其寂靜無人行也後復為廷尉客欲往翟公大署其門師古曰署謂書之曰一死一生迺知交情一貧一富迺知交態一貴一賤交情迺見師古曰見音胡電反

贊曰張釋之之守法馮唐之論將汲黯之正直鄭當時之推士不如是亦何以成名哉揚子以爲孝文親詘帝尊以信亞夫之軍師古曰揚子謂揚雄也信讀曰伸曷爲不能用頗牧彼將有激云爾師古曰謂馮唐欲理魏尚故以此言激文帝也

張馮汲鄭傳第二十

賈鄒枚路傳第二十一　班固　漢書五十一

秘書監上護軍琅邪縣開國子顏師古注

賈山潁川人也祖父祛故魏王時博士弟子也師古曰六國時魏也山受學祛所言涉獵書記不能爲醇儒師古曰涉若涉水獵若獵獸言歷覽之不專精也醇者不雜也嘗給事潁陰侯爲騎師古曰爲騎騎者常騎馬而從也孝文時言治亂之道借秦爲諭名曰至言其辭曰臣聞爲人臣者盡忠竭愚以直諫主不避死亡之誅者臣山是也臣不敢以久遠諭願借秦以爲諭唯陛下少加意焉夫布衣韋帶之士師古曰言貧賤之人也韋帶以單韋爲帶無飾也脩身於內成名於外而使後世不絕

息至秦則不然貴爲天子富有天下賦斂重數百姓任罷師古曰數屢也任謂役事也罷讀曰疲任疲言疲於役使也赭衣半道群盜滿山師古曰犯罪者則衣赭衣行道之人半著赭衣言被罪者衆也盜賊皆依山爲阻故云滿山也使天下之人戴目而視傾耳而聽師古曰戴目者言常遠視有異志也傾耳而聽言樂禍亂也一夫大譁天下嚮應者陳勝是也師古曰譁字與呼同譁叫也音火故反嚮讀曰響音秦非徒如此也起咸陽而西至雍離宮三百師古曰凡言離宮者皆謂於別處置之非常所居也鍾鼓帷帳不移而具又爲阿房之殿殿高數十仞師古曰阿房者言殿之四阿皆爲房也一說大陵曰阿言其殿高若於阿上爲房也房字或作旁說云始皇作此殿未有名以其去咸陽近且號阿旁阿近也八尺曰仞東西五里南北千步從車羅騎四馬騖馳旌旗不橈師古曰橈屈也言庭之廣大殿之高敞衆騎馳騖無所迫

■建立旌旗不屈橈橈音女孝反 爲宮室之麗至於此使其後世曾不
得聚廬而託處焉爲馳道於天下東窮燕齊南極
吳楚江湖之上瀕海之觀畢至 師古曰瀕水涯也瀕海謂緣海之邊也畢盡也瀕音
頻又音賓字或作濱音義同 道廣五十步三丈而樹厚築其外隱
以金椎 服虔曰作壁如甬道隱築也以鐵椎築之師古曰築令堅實而使隆高耳不爲甬壁也隱音於靳反 樹
以青松爲馳道之麗至於此使其後世曾不得邪
徑而託足焉死葬乎驪山吏徒數十萬人 師古曰吏以督領徒
役作也 曠日十年 師古曰曠空也發也言爲重役空發時日積年歲也 下徹三泉 師古曰三重之
泉言其深也 合采金石冶銅錮其內桼塗其外 師古曰錮謂鑄而合
之也音固 被以珠玉飾以翡翠 應劭曰雄曰翡雌曰翠臣瓚曰異物志云翡色赤而大於翠師古曰

鳥各別類非雄雌異名也被音皮義反 中成觀游上成山林爲葬薶之侈
至於此使其後世曾不得蓬顆蔽冢而託葬焉 服虔
曰謂塊墣作冢喻小也臣瓚曰蓬顆猶裸顆小冢也晉灼曰東北人名土塊爲蓬顆師古曰諸家之說皆非顆謂土塊蓬顆言塊上生蓬者耳
舉此以對冢上山林故言蓬顆蔽冢也顆音口果反 秦以熊羆之力虎狼之心蠶食
諸侯并吞海內而不篤禮義 師古曰篤厚也 故天殃已加
矣臣昧死以聞願陛下少留意而詳擇其中 師古曰中
音竹仲反 臣聞忠臣之事君也言切直則不用而身危
不切直則不可以明道故切直之言明主所欲急
聞忠臣之所以蒙死而竭知也 師古曰蒙冒犯也 地之磽者
雖有善種不能生焉 師古曰磽墝瘠薄也磽音口交反 江皋河瀕雖

有惡種無不猥大 李奇曰皋水邊淤地也師古曰猥盛也 昔者夏商之季
世雖關龍逢箕子比干之賢身死亡而道不用 服虔
曰關龍逢桀之忠臣也師古曰比干諫紂而紂殺之論語曰微子去之箕子爲之奴比干諫而死 文王之時豪
俊之士皆得竭其智芻蕘採薪之人皆得盡其力
師古曰芻刈草也蕘草薪也言執賤役者也大雅板之詩曰詢于芻蕘 此周之所以興也故地之
美者善養禾君之仁者善養士雷霆之所擊無不
摧折者 師古曰霆疾雷也音廷 萬鈞之所壓無不糜滅者今人
主之威非特雷霆也 師古曰特獨也 埶重非特萬鈞也開道
而求諫和顏色而受之用其言而顯其身士猶恐
懼而不敢自盡又迺況於縱欲恣行暴虐惡聞其

過乎震之以威壓之以重 師古曰震動也 則雖有堯舜之智
孟賁之勇豈有不摧折者哉 師古曰孟賁古之勇士賁音奔 如此則
人主不得聞其過失矣弗聞則社稷危矣古者聖
王之制史在前書過失工誦箴諫 李奇曰古有誦詩之工記過之史常在君
側也師古曰箴戒也音之林反 瞽誦詩諫 師古曰瞽無目之人 公卿比諫 李奇曰相親比而諫
也或曰比方事類以諫也師古曰比方是也 士傳言諫過庶人謗於道商旅
議於市 師古曰旅客也 然後君得聞其過失也聞其過失
而改之見義而從之所以永有天下也天子之尊
四海之內其義莫不爲臣然而養三老於大學親
執醬而餽執爵而酳 師古曰餽字與饋同進食曰餽酳者少少飲酒謂食已而蕩口也音消 祝

餔在前祝鯁在後師古曰餔古饐字謂食不下也以老人好饐鯁故爲備祝以祝之公卿奉
杖大夫進復舉賢以自輔弼求脩正之士使直諫師古
曰脩正謂脩身正行者故以天子之尊尊養三老視孝也師古
曰視讀曰示立輔弼之臣者恐驕也置直諫之士者恐不
得聞其過也學問至於芻蕘者求善無饜也商
人庶人誹謗己而改之從善無不聽也昔者秦政
力并萬國富有天下破六國以爲郡縣築長城以
爲關塞秦地之固大小之埶輕重之權其與一
家之富一夫之彊胡可勝計也師古曰胡何也勝盡也然而兵
破於陳涉地奪於劉氏者何也秦王貪狼暴虐殘

賊天下窮困萬民以適其欲也師古曰適快也昔者周蓋千
八百國以九州之民養千八百國之君用民之力
不過歲三日什一而籍師古曰什一謂十分之中公取一也籍借也謂借人力也一曰爲籍
籍而稅之君有餘財民有餘力而頌聲作師古曰頌者六詩之一美盛德之形
容蓋帝王之嘉致秦皇帝以千八百國之民自養力罷不能
勝其役財盡不能勝其求師古曰勝堪也罷讀曰疲次下亦同一君之身
耳所以自養者馳騁弋獵之娛天下弗能供也師古
曰弋繳射也勞罷者不得休息飢寒者不得衣食亡罪而
死刑者無所告訴人與之爲怨家與之爲讎師古曰言人人
爲怨家家爲讎故天下壞也秦皇帝身在之時天下已壞矣

而弗自知也秦皇帝東巡狩至會稽琅邪刻石著
其功自以爲過堯舜統如淳曰統繼也堯舜子不才不能長世而秦自以過堯舜可至萬世也師
古曰此說非也統治也言自美功德治理天下過於堯舜也其下乃言以一至萬之事縣石鑄鍾虡服虔曰縣
石以爲磬也蘇林曰秦欲平天下法使輕重如石之在稱也師古曰二說皆非也縣稱也石百二十斤稱銅鐵之斤石以鑄鍾虡言其奢泰也虡
猛獸之名謂鍾鼓之柎飾爲此獸虡音巨篩土築阿房之宮師古曰篩以竹簁爲之篩音師簁音山爾
反自以爲萬世有天下也古者聖王作謚三四十
世耳雖堯舜禹湯文武絫世廣德師古曰絫古累字以爲子
孫基業無過三二十世者也張晏曰夏十七世殷三十一世周三十六世秦皇
帝曰死而以謚法是父子名號有時相襲也以一
至萬則世世不相復也師古曰復重也音扶目反故死而號曰始

皇帝其次曰二世皇帝者欲以一至萬也秦
皇帝計其功德度其後嗣世世無窮師古曰度音大各反
然身死纔數月耳師古曰纔音財暫也淺也天下四面而攻之
宗廟滅絕矣秦皇帝居滅絕之中而自不知
者何也天下莫敢告也其所以莫敢告者何也亡養老之義
輔弼之臣亡進諫之士縱恣行誅退誹謗之人殺
直諫之士是以道諛媮合苟容師古曰道讀曰導導引主意於邪也媮與偷同
比其德則賢於堯舜課其功則賢於湯武天下已
潰而莫之告也師古曰水旁決曰潰言天下之壞如水潰詩曰匪言不能胡
此畏忌聽言則對譖言則退此之謂也師古曰此大雅桑柔之篇也言

賢者見事之是非非不能分別言之而不言者何也此但畏忌犯顔得罪罰也又言言而見聽則恐意荅對不見信受則屏退也今詩本云聽言則對誦言如醉說者又別為義與此不同又曰濟濟多士文王以寧師古曰此大雅文王之篇也濟濟多威儀也此言文王以多士之故能安天下也天下未嘗亡士也然而文王獨言以寧者何也文王好仁則仁興得士而敬之則士用用之有禮義故不致其愛敬則不能盡其心不能盡其心則不能盡其力不能盡其力則不能成其功故古之賢君於其臣也尊其爵祿而親之疾則臨視之亡數師古曰言心實憂念之不為禮飾也死則往弔哭之臨其小斂大斂已棺塗而後為之服錫衰麻絰師古曰已棺謂已大斂也塗謂塗殯也錫衰十五升布無事其縷者也棺音工喚反而三臨其喪未斂不飲酒食肉未葬不舉樂當宗廟之祭而死為之廢樂故古之君人者於其臣也可謂盡禮矣服法服端容貌正顏色然後見之故臣下莫敢不竭力盡死以報其上功德立於後世而令聞不忘也師古曰令善也聞謂聲之聞也今陛下念思祖考術追厥功師古曰術亦作述圖所以昭光洪業休德師古曰圖謀也休美也使天下舉賢良方正之士天下皆訢訢焉師古曰訢讀與欣同曰將興堯舜之道三王之功矣天下之士莫不精白以承休德師古曰厲精而為潔白也今方正之士皆在朝廷矣又選其賢者使為常侍諸吏與之馳敺射獵師古曰敺與驅同一日再三出臣恐

朝廷之解弛師古曰解讀曰懈弛放也音式爾反百官之墮於事也諸侯聞之又必怠於政矣陛下即位親自勉以厚天下損食膳不聽樂減外徭衛卒止歲貢省廏馬以賦縣傳師古曰賦給與也傳音張戀反去諸苑以賦農夫出帛十萬餘匹以振貧民禮高年九十者一子不事八十者二筭不事師古曰一子不事蠲其賦役二筭不事免二口之筭賦也賜天下男子爵大臣皆至公卿發御府金賜大臣宗族亡不被澤者赦罪人憐其亡髮賜之巾憐其衣赭書其背父子兄弟相見也師古曰衣音於既反而賜之衣平獄緩刑天下莫不說喜師古曰說讀曰悅是以元年膏雨降五穀登此天之所以相陛下也師古曰相助也刑輕於它時而犯法者寡衣食多於前年而盜賊少此天下之所以順陛下也師古曰天下之人也臣聞山東吏布詔令民雖老羸癃疾扶杖而往聽之願少須臾毋死思見德化之成也今功業方就名聞方昭四方鄉風師古曰鄉讀曰嚮今從豪俊之臣方正之士直與之日日獵射擊兔伐狐以傷大業絕天下之望臣竊悼之詩曰靡不有初鮮克有終師古曰此大雅蕩之詩也言人初始皆庶幾於善道而少有能終之者臣不勝大願願少衰射獵以夏歲二月師古曰時以十月為歲首則謂夏正之二月為五月今欲定制度循於古法故特云用夏歲二月也夏音胡雅反定明堂造太學脩先王之道風行俗成萬

世之基定然後唯陛下所幸耳師古曰言乃可恣意也古者大臣不媟師古曰媟狎也音息列反故君子不常見其齊嚴之色肅敬之容師古曰見顯示也音胡電反大臣不得與宴游師古曰安息曰宴與讀曰豫方正脩絜之士不得從射獵使皆務其方以高其節師古曰方道也一曰方謂廉隅也則羣臣莫敢不正身脩行盡心以稱大禮師古曰稱副也如此則陛下之道尊敬功業施於四海垂於萬世子孫矣誠不如此則行日壞而榮日滅矣夫士脩之於家而壞之於天子之廷臣竊愍之陛下與衆臣宴遊與大臣方正朝廷論議夫游不失樂朝不失禮議不失計軌事之大者也師古曰軌謂法度也

其後文帝除鑄錢令山復上書諫以爲變先帝法非是又訟淮南王無大罪宜急令反國又言柴唐子爲不善足以戒鄧展曰淮南傳棘蒲侯柴武大子柴奇與士伍開章謀反章下詰責師古曰以其所上之章令有司詰問對以爲錢者亡用器也而可以易富貴富貴者人主之操柄也師古曰操持也音千高反令民爲之是與人主共操柄不可長也師古曰長謂畜養也言此事宜速禁絕不可畜養其言多激切善指事意然終不加罰所以廣諫爭之路也其後復禁鑄錢云

鄒陽齊人也漢興諸侯王皆自治民聘賢吳王濞招致四方游士陽與吳嚴忌枚乘等俱仕吳皆以文辯著名久之吳王以太子事怨望稱疾不朝陰有邪謀陽奏書諫爲其事尚隱惡指斥言故先引秦爲諭因道胡越齊趙淮南之難然後廼致其意其辭曰臣聞秦倚曲臺之宮應劭曰始皇帝所治處也若漢家未央宮師古曰倚特也音於綺反懸衡天下服虔曰關西爲衡應劭曰衡平也如淳曰衡猶稱之衡也言其懸法度於其上也師古曰此說秦自以爲威力彊固非論平法也下又言陳勝連從兵之據則是說從横之事耳服釋是也畫地而不犯兵加胡越師古曰畫地不犯者法制之行也至其晚節末路張耳陳勝連從兵之據師古曰從音子容反以叩函谷咸陽遂危師古曰叩擊也何則列郡不相親萬室不相救也今胡數涉北河之外上覆飛鳥下不見伏菟蘇林曰言胡來人馬之盛揚塵上覆飛鳥下不見伏菟也一曰覆盡也言上射飛鳥下盡伏菟也師古曰覆盡是也音方目反

鬬城不休救兵不止死者相隨輦車相屬師古曰屬連也音之欲反轉粟流輸千里不絕何則彊趙責於河間應劭曰趙幽王爲呂后所幽死文帝立其長子遂爲趙王取趙之河間立遂弟辟彊爲河間王至子哀王無嗣國除遂欲復還得河間六齊望於惠后孟康曰高后割齊濟南郡爲呂台奉邑又割琅邪郡封營陵侯劉澤爲琅邪王文帝乃立悼惠王六子爲王言六齊不保今日之恩而追怨惠帝與呂后也一說惠帝二年悼惠王入朝呂后欲鴆殺之獻城陽郡尊魯元公主得免六子以此怨之城陽顧於盧博孟康曰城陽王喜也喜父章與弟興居討諸呂有功本當盡以趙地王章梁地王興居文帝聞其欲立齊王更以二郡王之章失職歲餘薨興居誅死盧博濟北王治處喜顧念而怨也三淮南之心思墳墓張晏曰淮南厲王三子爲三王念其父見遷殺思墓欲報怨也師古曰三子爲王謂淮南衡山濟北也大王不憂臣恐救兵之不專孟康曰不專救漢也如淳曰皆自私怨宿念但有意不敢相救也師古曰二說皆非也言諸國各有私怨欲申其志不肯專爲吳非不敢相救也胡馬遂進窺於

邯鄲越水長沙還舟青陽張晏曰青陽地名還入舟聚舟船也言胡為趙難越為吳難不可恃雖使梁并淮陽之兵下淮東越廣陵以遏越人也之粮漢亦折西河而下北守漳水以輔大國胡亦益進越亦益深此臣之所為大王患也應劭曰時趙王遂北連匈奴吳王濞素事三越故鄒陽微言胡越亦自受敵救兵之不專也胡馬故曰進越水故曰深蘇林曰折截也陽知吳王陰連結齊趙淮南胡越欲諫不敢指斥言故陳胡越之難齊趙之怨微言梁并淮陽絕越人之粮漢折西河以輔大國以破難其計欲隱其辭故謬言胡益進越益深為大王患之以錯亂其語若吳為憂助漢者也自此以下乃致其意焉師古曰蘇說是也臣聞交龍襄首奮翼則浮雲出流霧雨咸集師古曰襄舉也聖王底節脩德則游談之士歸義思名師古曰底厲也音指今臣盡智畢議易精極慮如淳曰改易精思以極盡謀慮也則無國不可奸師古曰奸音干飾固陋之

心則何王之門不可曳長裾乎然臣所以歷數王之朝背淮千里而自致者非惡臣國而樂吳民也竊高下風之行尤說大王之義師古曰言在下風側聽高尚美悅大王之行義也說讀曰悅故願大王之無忽察聽其志臣聞鷙鳥絫百不如一鶚孟康曰鶚大鵰也如淳曰鷙鳥比諸侯鶚比天子師古曰鷙擊之鳥鷹鸇之屬也鶚自大鳥而鷙者耳非鵰也絫古累字鶚音愕夫全趙之時服虔曰全趙趙未分之時武力鼎士袨服叢臺之下者一旦成市師古曰袨服盛服也鼎士舉鼎之士也叢臺趙王之臺也在邯鄲袨音州縣之縣而不能止幽王之湛患師古曰幽王謂趙幽王友也湛讀曰沈沈患言幽王為呂后所幽死淮南連山東之俠死士盈朝不能還厲王之西也師古曰厲王淮南厲王長也西謂發遷嚴道而死於雍也然而計議不得雖諸賁不能

安其位亦明矣師古曰諸謂專諸賁謂孟賁皆古勇士也故願大王審畫而已師古曰畫計也音獲始孝文皇帝據關入立寒心銷志不明求衣張晏曰據函谷關立為天子諸國聞文帝入關為之寒心散志也求衣夜索衣者不及待明意不安也臣瓚曰文帝入關而立以天下多難故乃寒心戰慄未明而起師古曰瓚說是也自立天子之後使東牟朱虛東褒義父之後應劭曰天下已定文帝遣朱虛侯章東牟侯興居王嘉其首舉兵欲誅諸呂猶春秋褒邾儀父也師古曰立天子謂立為天子也義讀曰儀父讀曰甫深割嬰兒王之應劭曰封齊王六子為王其中有小小嬰兒者文帝於骨肉厚也或曰皇子武為代王參為太原王揖為梁王師古曰或說是也壤子王梁代如淳曰文帝之二子晉灼曰揚雄方言梁益之閒所愛謂其肥盛曰壤或曰言深割嬰兒王之壤壤土也壤字當上屬也師古曰或說非也益以淮陽卒仆濟北囚弟於雍者豈非象新垣平等哉應劭曰仆僵仆也濟北王興居反見誅囚弟於雍者淮南王長有罪見徙死於雍所以然者坐二國有姦臣如新垣平等勸王共反師古曰仆

音赴今天子新據先帝之遺業左規山東右制關中變權易勢大臣難知大王弗察臣恐周鼎復起於漢新垣過計於朝如淳曰新垣平詐言鼎在泗水中臣望東北汾陰有金寶氣鼎其在乎弗迎則不至為吳計者猶新垣平之言周鼎終不可得也服虔曰過誤也則我吳遺嗣不可期於世矣師古曰言吳當絕滅無遺嗣也高皇帝燒棧道水章邯應劭曰章邯為雍王高祖以水灌其城破之也兵不留行師古曰言無所稽留不廢於行收弊民之倦東馳函谷西楚大破張晏曰項羽自號西楚霸王水攻則章邯以亡其城陸擊則荊王以失其地如淳曰荊亦楚也謂項羽敗走此皆國家之不幾者也應劭曰言不可庶幾也李奇曰不但幾微乃著見也或曰幾危也此數事於國家皆無危險之慮也師古曰言漢朝之安諸侯不當妄起邪意應說是也願大王孰察之吳王不內其言是時景帝

少弟梁孝王貴盛亦待士於是鄒陽枚乘嚴忌知吳不可說皆去之梁從孝王游陽爲人有智略忼慨不苟合師古曰忼音口朗反介於羊勝公孫詭之間師古曰介謂間廁也勝等疾陽惡之孝王師古曰惡謂讒毀之也其下亦同孝王怒下陽吏將殺之陽客游以讒見禽恐死而負絫師古曰絫音力瑞反廼從獄中上書曰臣聞忠無不報信不見疑臣常以爲然徒虛語耳昔荊軻慕燕丹之義白虹貫日太子畏之應劭曰燕太子丹質於秦始皇遇之無禮丹亡去厚養荊軻令西刺秦王精誠感天白虹爲之貫日也如淳曰白虹兵象日爲君爲燕丹表可克之兆師古曰精誠若斯太子尚畏而不信也太白食昴義亦如之衞先生爲秦畫長平之事太白食昴昭王疑之蘇林曰白起爲秦伐趙破長平軍欲遂滅趙遣衞先生說昭王益兵糧爲應侯所害事用不成其精誠上達於天故太白爲之食昴昴趙分也將有兵故太白食昴食干歷之也如淳曰太白天之將軍夫精變天地而信不諭兩主豈不哀哉今臣盡忠竭誠畢議願知張晏曰盡其計議願王知之左右不明卒從吏訊爲世所疑師古曰言左右不明者不欲令王知也訊謂鞫問也音信是使荊軻衞先生復起而燕秦不寤也願大王孰察之昔玉人獻寶楚王誅之應劭曰卞和得玉璞獻之武王王示玉人曰石也刖其右足武王歿復獻文王玉人復曰石也刖其左足至成王時抱其璞哭於郊乃使玉人攻之果得寶玉也李斯竭忠胡亥極刑張晏曰李斯諫二世以正而二世殺之具五刑是以箕子陽狂接輿避世張晏曰接輿楚賢人陽狂避世師古曰輿音弋於反恐遭此患也願大王察玉人李斯之意而後楚王胡亥之聽師古曰以謬聽爲後後猶下也毋使臣爲箕子接輿

所笑臣聞比干剖心子胥鴟夷應劭曰吳王取馬革爲鴟夷受子胥沈之江鴟夷榼形師古曰鴟夷即今之盛酒鴟夷幐臣始不信廼今知之願大王孰察少加憐焉語曰有白頭如新師古曰初相識至白頭不相知傾蓋如故文穎曰傾蓋猶交蓋駐車也何則知與不知也故樊於期逃秦之燕藉荊軻首以奉丹事張晏曰於期爲秦將被讒走之燕始皇滅其家又重購之燕遣荊軻欲刺秦王於期自刎首令軻齎往師古曰之往也藉假也王奢去齊之魏臨城自剄以卻齊而存魏孟康曰王奢齊臣也亡至魏其後齊伐魏奢登城謂齊將曰今君之來不過以奢故也義不苟生以爲魏累遂自剄也夫王奢樊於期非新於齊秦而故於燕魏也所以去二國死兩君者行合於志慕義無窮也是以蘇秦不信於天下爲燕尾生服虔曰蘇秦於秦不出其信於燕則出尾生之信也晉灼曰說齊宣王使還燕十城又令閔王厚葬以弊齊終死爲燕也師古曰尾生古之信士守志亡軀故以爲喻白圭戰亡六城爲魏取中山張晏曰白圭爲中山將亡六城君欲殺之亡入魏文侯厚遇之還拔中山何則誠有以相知也蘇秦相燕人惡之燕王燕王按劒而怒食以駃騠孟康曰駃騠駿馬也生七日而超其母敬重蘇秦雖有讒謗而更食以珍奇之味師古曰食讀曰飤駃音決騠音題白圭顯於中山師古曰以拔中山之功而尊顯也人惡之魏文侯文侯賜以夜光之璧何則兩主二臣剖心析肝相信師古曰析分也豈移於浮辭哉師古曰不以浮說而移心故女無美惡入宮見妒士無賢不肖入朝見嫉昔司馬喜臏腳於宋卒相中山蘇林曰六國時人被臏刑也范雎拉脅折齒於魏卒爲應侯應劭曰魏人也魏相魏齊疑其以國陰事告齊乃掠笞數百拉脅折齒師古曰後入秦爲相封

爲應侯拉摧也音盧合反 此二人者皆信必然之畫捐朋黨之私挾孤獨之交故不能自免於嫉妒之人也師古曰言直道而行不求朋黨之助謂忠信必可恃也畫計也音獲 是以申徒狄蹈雍之河服虔曰殷之末世介士也雍之河雍州之河也師古曰雍者河水溢出爲小流也言狄初因蹈雍遂入大河也爾雅曰水自河出爲雍又曰江有沱河有雍雍音於龍反服云雍州之河非也 徐衍負石入海服虔曰周之末人也師古曰負石者欲速沈也 不容於世義不苟取比周於朝以移主上之心師古曰比音頻寐反 故百里奚乞食於道路繆公委之以政應劭曰虞人也聞秦繆公賢欲往干之乏資乞食以自致也 甯戚飯牛車下桓公任之以國應劭曰齊桓公夜出迎客甯戚疾擊其牛角高歌曰南山矸白石爛生不遭堯與舜禪短布單衣適至骭從昏飯牛薄夜半長夜曼曼何時旦桓公召與語說之以爲大夫師古曰矸字與岸同骭脛也薄止也骭音下諫反曼音莫幹反 此二人者豈素宦於朝借譽於左右然後二主用之哉感於心合於行堅如膠桼昆弟不能離豈惑於衆口哉故偏聽生姦獨任成亂 昔魯聽季孫之說逐孔子師古曰季孫魯大夫季桓子也名斯論語云齊人歸女樂季桓子受之三日不朝孔子行蓋桓子使定公受齊之女樂欲令去孔子也 宋任子冉之計囚墨翟文穎曰子冉子罕也 夫以孔墨之辯不能自免於讒諛而二國以危何則衆口鑠金積毀銷骨也師古曰美金見毀衆共疑之數被燒鍊以至銷鑠讒說佞之人肆其詐巧離散骨肉而不覺知 秦用戎人由余而伯中國師古曰伯讀曰霸 齊用越人子臧而彊威宣師古曰齊之二王謚也 此二國豈係於俗牽於世繫奇偏之辭哉公聽並觀垂明當世師古曰公聽言不私也並觀所見齊同也 故意合則胡越爲兄弟由余子臧是

矣不合則骨肉爲讎敵朱象管蔡是矣師古曰朱丹朱堯子象舜弟管蔡周之二叔也 今人主誠能用齊秦之明後宋魯之聽則五伯不足侔而三王易爲也師古曰侔等也伯讀曰霸 是以聖王覺寤捐子之之心而不說田常之賢應劭曰燕王噲賢其相子之欲禪以燕國國乃大亂田常陳恒也齊簡公悅之而殺簡公今使人君去此心則國家安全也師古曰說讀曰悅 封比干之後脩孕婦之墓應劭曰紂刳妊者觀其胎產師古曰武王克商反其故政乃封脩之 故功業覆於天下師古曰覆猶被也 何則欲善亡厭也夫晉文親其讎彊伯諸侯齊桓用其仇而一匡天下張晏曰寺人勃鞮爲晉獻公逐文公斬其袪及文公即位用其言以免呂郤之難管仲射中桓公帶鉤而用爲相師古曰伯讀曰霸下皆類此 何則慈仁慇勤誠加於心不可以虛辭借也至夫秦用商鞅之法東弱韓魏立彊天下卒車裂之師古曰卒終也 越用大夫種之謀禽勁吳而伯中國遂誅其身是以孫叔敖三去相而不悔師古曰叔敖三爲楚相而三去之[illegible]丘之封人謂之曰吾聞處官久者士妬之祿厚者衆怨之位尊者君恨之今相國有此三者而不得罪於楚之士衆何也叔敖曰吾三相楚而身愈卑每益祿而施愈博位滋尊而禮愈恭是以不得罪於楚人也 於陵子仲辭三公爲人灌園師古曰於陵地名也子仲陳仲子也其先與齊同族兄戴爲齊相仲子以爲不義乃將妻子適楚居于於陵自謂於陵子仲楚王聞其賢使使者持金百鎰聘之欲以爲相仲子不許遂夫妻相與逃而爲人灌園終身不屈其節 今人主誠能去驕傲之心懷可報之意披心腹見情素師古曰見顯示之也素謂心所向也 墮肝膽師古曰墮毀也音火規反 施德厚終與之窮達無愛於士師古曰無所吝惜也 則桀之犬可使吠堯跖之客可使刺由應劭曰盜跖之客爲其人

使刺由由許由也師古曰此言被之以恩則用命也 何況因萬乘之權假聖王之資乎然則荊軻湛七族要離燔妻子豈足爲大王道哉 應劭曰荊軻爲燕刺秦始皇不成而死其族坐之湛沒也吳王闔閭欲殺王子慶忌要離詐以罪亡令吳王燔其妻子要離走見慶忌以劍刺之張晏曰七族上至曾祖下至曾孫師古曰此說云湛七族無荊字也尋諸史籍荊軻無湛族之事不知陽所云者定何人也湛讀曰沈 臣聞明月之珠夜光之璧以闇投人於道衆莫不按劒相眄者何則無因而至前也蟠木根柢輪囷離奇 蘇林曰柢音蔕張晏曰柢根下本也輪囷離奇委曲盤戾也師古曰蟠木屈曲之木也囷音去輪反離音力爾反奇音於綺反一曰離奇各讀如本字 而爲萬乘器者以左右先爲之容也 師古曰萬乘器天子車輿之屬也容謂彫刻加飾 故無因而至前雖出隨珠和璧祇怨結而不見德 師古曰隨國之侯見大蛇傷者療而愈之蛇銜明珠以報其德故稱隨珠和氏之璧即卞和所獻之玉耳祇適也音支

有人先游則枯木朽株樹功而不忘 師古曰先游謂進納之也樹立也 今夫天下布衣窮居之士身在貧羸 師古曰衣食不充故羸瘦也一曰羸謂無威力 雖蒙堯舜之術挾伊管之辯 師古曰伊伊尹管管仲 懷龍逢比干之意而素無根柢之容雖竭精神欲開忠於當世之君 師古曰開謂陳說也 則人主必襲按劒相眄之迹矣 師古曰襲重也言躡其故跡也 是使布衣之士不得爲枯木朽株之資也是以聖王制世御俗獨化於陶鈞之上 張晏曰陶家名模下圓轉者爲鈞以其制器爲大小比之於天也師古曰此說非也陶家名轉者爲鈞蓋取周回調鈞耳言聖王制馭天下亦猶陶人轉鈞非陶家轉象天也 而不牽乎卑辭之語不奪乎衆多之口 師古曰奪者言欲行善道而爲佞人奪其計也 故秦皇帝任中庶子蒙之言 師古曰蒙者庶子名也今流俗書本蒙下輒加恬字非也 以信荊軻而匕首竊發 師古曰匕首短劍也其首類匕便於用也 周文王獵涇渭載呂尚歸以王天下 應劭曰西伯出遇呂尚於渭之陽與語大說因載歸 秦信左右而亡周用烏集而王 師古曰言文王之得太公非因舊故若烏鳥之暴集 何則以其能越攣拘之語馳域外之議 師古曰攣音力全反 獨觀乎昭曠之道也 師古曰昭明也曠廣也 今人主沈諂諛之辭牽帷廧之制 孟康曰言爲左右便辟侍帷廧臣妾所見牽制矣 使不羈之士與牛驥同皁 師古曰不羈言才識高遠不可羈係也皁歷也揚雄方言云梁宋齊楚燕之閒謂歷曰皁皁音在早反 此鮑焦所以憤於世也 孟康曰周之介士也師古曰鮑焦怨時之不用己采蔬於道子貢難曰非其時而採其蔬此焦之有哉棄其蔬乃立枯於洛水之上蔬謂菜也 臣聞盛飾入朝者不以私汙義底厲名號者不以利傷行 師古曰底厲言其自脩廉隅若磨厲於石也

故里名勝母曾子不入 師古曰曾子至孝以勝母之名不順故不入也 邑號朝歌墨子回車 晉灼曰紂作朝歌之音朝歌者不時也師古曰朝歌殷之邑名也淮南子云墨子非樂不入朝歌 今欲使天下寥廓之士籠於威重之權脅於位勢之貴 師古曰寥廓遠大之度也脅迫也寥音聊 回面汙行以事諂諛之人 師古曰回邪也汙不絜也音一故反或曰汙曲也音一胡反 而求親近於左右則士有伏死堀穴巖藪之中耳 師古曰堀與窟同澤無水曰藪 安有盡忠信而趨闕下者哉書奏孝王孝王立出之卒爲上客初勝詭欲使王求爲漢嗣王又嘗上書願賜容車之地徑至長樂宮自使梁國士衆築作甬道朝太后爰盎等皆建以爲不可 師古曰建謂立議 天子不許梁王怒

令人刺殺盎上疑梁殺之使者冠蓋相望責梁王
梁王始與勝詭有謀陽爭以爲不可故見讒枚先
生嚴夫子皆不敢諫師古曰先生枚乘夫子嚴忌及梁事敗勝詭死
孝王恐誅迺思陽言深辭謝之齎以千金令求方
略解罪於上者陽素知齊人王先生師古曰素與相知也年八
十餘多奇計即往見語以其事王先生曰難哉人
主有私怨深怒欲施必行之誅誠難解也以太后
之尊骨肉之親猶不能止況臣下乎昔秦始皇有
伏怒於太后羣臣諫而死者以十數得茅焦爲廓
大義鄭氏曰齊人也應劭曰茅焦諫云陛下車裂假父有嫉妬之心囊撲兩弟有不慈之名遷母咸陽有不孝之行臣竊爲陛下

危之臣所言畢乃解衣趨鑊始皇下殿左手接之曰先生起矣即迎太后遂爲母子如初始皇非能說其言
也迺自強從之耳師古曰說讀曰悅也茅焦亦廑脫死如毛氂
耳師古曰廑少也言纔免於死也廑音巨刃反故事所以難者也今子欲安之
乎師古曰安焉也之往也陽曰鄒魯守經學齊楚多辯知韓魏
時有奇節吾將歷問之王先生曰子行矣還過我
而西鄒陽行月餘莫能爲謀還過王先生曰臣將
西矣爲如何王先生曰吾先日欲獻愚計以爲衆
不可蓋師古曰蓋覆蔽也竊自薄陋不敢道也若子行必往
見王長君士無過此者矣鄒陽發寤於心曰敬諾
辭去不過梁徑至長安因客見王長君長君者王

美人兄也後封爲蓋侯鄒陽留數日乘間而請曰師古曰間謂空
隙無事之時也臣非爲長君無使令於前故來侍也師古
曰使令謂役使之人也令音力成反愚戇竊不自料願有謁也師古曰料量也謁告也
長君跪曰幸甚陽曰竊聞長君弟得幸後宮天下
無有師古曰言獨一耳無所比類也而長君行迹多不循道理者今爰
盎事即窮竟梁王恐誅如此則太后怫鬱泣血無
所發怒師古曰怫鬱蘊積也怫音佛切齒側目於貴臣矣臣恐長
君危於累卵師古曰累卵者言其將隤而破碎也竊爲足下憂之長君懼
然曰將爲之柰何師古曰懼讀曰瞿音居具反瞿然無守之皃陽曰長君誠
能精爲上言之得毋竟梁事長君必固自結於太

后太后厚德長君入於骨髓而長君之弟幸於兩
宮如淳曰太后宮及帝宮也金城之固也師古曰言其榮寵無極不可壞故取喻於金城也又有
存亡繼絕之功德布天下名施無窮願長君深自
計之昔者舜之弟象日以殺舜爲事師古曰言日日欲殺也及
舜立爲天子封之於有卑服虔曰音畀予之畀也師古曰地名也音鼻今鼻亭是也在零
陵夫仁人之於兄弟無臧怒無宿怨厚親愛而已
是以後世稱之魯公子慶父使僕人殺子般師古曰慶父莊
公弟也子般莊公太子也僕人即鄧扈樂也父讀曰甫般字與班同獄有所歸師古曰歸罪於鄧扈樂也季友
不探其情而誅焉師古曰季友慶父之弟不探慶父本情而誅扈樂慶父親殺閔
公季子緩追免賊師古曰慶父出奔季友緩而不追免其賊亂之罪也春秋以爲

親親之道也師古曰公羊之說也言季友親其兄也魯哀姜薨于夷孔子曰齊桓公法而不譎以爲過也師古曰哀姜莊公夫人也淫於二叔而豫殺閔公齊人殺之于夷夷齊地也法而不譎者言守法而行不能用權以免其親也以是說天子徼幸梁事不奏長君曰諾乘間入而言之及韓安國亦見長公主事果得不治初吳王濞與七國謀反及發齊濟北兩國城守不行漢既破吳齊王自殺不得立嗣濟北王亦欲自殺幸全其妻子齊人公孫玃謂濟北王曰師古曰玃音俱碧反臣請試爲大王明說梁王通意天子說而不用死未晚也公孫玃遂見梁王曰夫濟北之地東接彊齊南牽吳越北脅燕趙此四分

五裂之國張晏曰四方受敵濟北居中央爲五晉灼曰四分即交五而裂如田字也權不足以自守勁不足以扞寇師古曰扞禦也音胡旦反又非有奇怪云以待難也如淳曰非有奇材異計欲以爲亂逆也但假權詐吳以避其禍耳晉灼曰非有以怪異之心而城守須待變難而應吳也師古曰二說皆非也此言權謀勁力既不能扞守又無奇怪神靈可以禦難恐不自全故墜言於吳也雖墜言於吳非其正計也蘇林曰墜猶失也昔者鄭祭仲許宋人立公子突以活其君非義也春秋記之爲其以生易死以存易亡師古曰祭仲鄭大夫祭足也鄭莊公爲公娶鄧曼生昭公故祭仲立之而宋大夫雍氏以女妻莊公而生突昭公既立宋人誘祭仲而執之曰不立突將死祭仲與宋人盟以厲公歸而立之昭公奔衞言足脅於大國苟順其心欲以全昭公也祭音側界反鄉使濟北見情實示不從之端師古曰鄉讀曰嚮嚮見謂顯也則吳必先歷齊畢濟北張晏曰歷過畢盡收濟北之地招燕趙而總之如此則

山東之從結而無隙矣師古曰從音子容反今吳楚之王練諸侯之兵毆白徒之衆師古曰練選也毆與驅同白徒言素非軍旅之人若今言白丁矣西與天子爭衡濟北獨底節堅守不下使吳失與而無助跬步獨進師古曰半步曰跬跬音空絫反瓦解土崩破敗而不救者未必非濟北之力也夫以區區之濟北而與諸侯爭彊師古曰區區小貌也是以羔犢之弱而扞虎狼之敵也守職不橈可謂誠一矣師古曰橈曲也音女教反功義如此尚見疑於上脅肩低首絫足撫衿師古曰脅肩翕也謂斂也使有自悔不前之心張晏曰悔不與吳西也非社稷之利也臣恐藩臣守職者疑之臣竊料之師古曰料量也能歷西山徑長樂抵未央

攘袂而正議者獨大王耳師古曰西山謂崤及華山也抵至也攘卻也袂衣袖也攘袂猶今人云捋臂耳上有全亡之功下有安百姓之名德淪於骨髓恩加於無窮師古曰淪入也願大王留意詳惟之師古曰惟思也孝王大說師古曰說讀曰悅使人馳以聞濟北王得不坐徙封於菑川

枚乘字叔淮陰人也爲吳王濞郎中吳王之初怨望謀爲逆也乘奏書諫曰臣聞得全者全昌失全者全亡舜無立錐之地以有天下禹無十戶之聚以王諸侯師古曰聚聚邑也音才諭反湯武之土不過百里上不絕三光之明下不傷百姓之心者有王術也師古曰德政和平上感天象則

日月星辰無有錯謬故言不絕三光之明也故父子之道天性也忠臣不避
重誅以直諫師古曰言父子君臣其義一也則事無遺策功流萬世
臣乘願披腹心而效愚忠唯大王少加意念惻怛
之心於臣乘言夫以一縷之任係千鈞之重上縣
無極之高下垂不測之淵雖甚愚之人猶知哀其
將絕也馬方駭鼓而驚之師古曰駭亦驚也鼓擊鼓也係方絕又重
鎮之係絕於天不可復結隊入深淵難以復出其
出不出間不容髮蘇林曰改計取福正在今日言其激切甚急也能聽忠臣之
言百舉必脫師古曰脫者免於禍也音土活反必若所欲為危於絫
卵難於上天變所欲為易於反掌安於太山今欲

前漢傳二十一　二十二　張珪

極天命之壽敝無窮之樂究萬乘之埶師古曰敝盡也究竟也
不出反掌之易以居泰山之安而欲乘絫卵之危
走上天之難師古曰走趨向之也音奏此愚臣之所大惑也人性
有畏其景而惡其跡者卻背而走迹愈多景愈疾
師古曰背音步內反不知就陰而止景滅迹絕欲人勿聞莫若
勿言欲人勿知莫若勿為欲湯之滄鄭氏曰音愴愴之愴寒也一
人炊之百人揚之無益也師古曰炊謂爨火也不如絕薪止火
而已不絕之於彼而救之於此譬猶抱薪而救火
也養由基楚之善射者也去楊葉百步百發百中
楊葉之大加百中焉可謂善射矣然其所止迺百

步之內耳比於臣乘未知操弓持矢也師古曰乘自言所知者遠非止
見百步之中故謂由基為不曉射也福生有基禍生有胎服虔曰基胎皆始也納其基
絕其胎禍何自來師古曰納猶藏也何自來言無所從來也泰山之霤穿石
單極之統斷幹孟康曰西方人名屋梁為極單一也一說幹謂井鹿盧也言鹿盧為綆索久鍥斷井幹也晉灼曰㼇古綆字
也單盡也盡極之綆斷幹幹井上四交之幹常為汲索所契傷也師古曰晉說近之幹者文木井上以為欄者也孟云鹿盧失其義矣綆音
鯁鍥契皆刻也音口計反水非石之鑽索非木之鋸漸靡使之然
也師古曰靡盡也夫銖銖而稱之至石必差寸寸而度之至
丈必過鄭氏曰石百二十斤張晏曰乘所轉四萬六千八十銖而至於石合而稱之必有盈縮也師古曰言自小以至於
大數則有輕重不同也度音徒各反石稱丈量徑而寡失師古曰徑直也夫十圍之
木始生如蘖足可搔而絕手可擢而拔師古曰如蘖言若蘖之生

前漢傳二十一　二十三　許明

手也搔謂抓也搔音索高反抓音莊交反據其未生先其未形也磨礱
厎厲不見其損有時而盡師古曰礱亦磨也厎悍石也厲柔石也皆可以
磨者礱音聾種樹畜養不見其益有時而大積德
絫行不知其善有時而用棄義背理不知其
惡有時而亡臣願大王孰計而身行之此百
世不易之道也吳王不納乘等去而之梁從孝
王游景帝即位御史大夫鼂錯為漢定制度損削
諸侯吳王遂與六國謀反舉兵西鄉師古曰鄉讀曰嚮以誅
錯為名漢聞之斬錯以謝諸侯枚乘復說吳王曰
昔者秦西舉胡戎之難北備榆中之關師古曰即今所謂榆關也

南距羌筰之塞師古曰筰西南夷也音才各反東當六國之從師古曰從音子容
反六國乘信陵之籍孟康曰魏公子无忌號信陵君無忌嘗拟五國却秦有此資也明蘇
秦之約厲荊軻之威并力一心以備秦然秦卒禽
六國滅其社稷而并天下是何也則地利不同而
民輕重不等也今漢據全秦之地兼六國之衆脩
戎狄之義師古曰脩恩義以撫戎狄而南朝羌筰此其與秦地相
什而民相百大王之所明知也師古曰地十倍於秦衆百倍於秦今夫
讒諛之臣爲大王計者不論骨肉之義民之輕重
國之大小以爲吳禍師古曰言屬勸王之反則於吳爲禍也此臣所以爲
大王患也夫舉吳兵以訾於漢李奇曰訾量也師古曰音子私反辟

前漢傳二十一　二十四　石

猶蠅蚋之附羣牛腐肉之齧利劒鋒接必無事矣師古曰蚋蚊屬也齧謂當之也蚋音芮又音人鋭反
天子聞吳率失職諸侯願責先
帝之遺約師古曰失職謂被削黜失其常分今漢親誅其三公以謝
前過是大王之威加於天下而功越於湯武也夫
吳有諸侯之位而實富於天子有隱匿之名而居
過於中國師古曰隱匿謂僻在東南夫漢并二十四郡十七諸侯
方輸錯出運行數千里不絕於道其珍怪不如東
山之府張晏曰漢時有二十四郡十七諸侯王也四方更輸錯互更出戍也如淳曰東方諸郡以封王侯不以封者二十四耳時
七國謀反其餘不反者十七也東山吳王之府藏也師古曰二說皆非也言漢此時有二十四郡十七諸侯方軌而輸雜出貢賦入於天子猶
不如吳之富也轉粟西鄉陸行不絕水行滿河不如海陵之

倉如淳曰言漢京師仰須山東漕運以自給也晉灼曰海陵海中山爲倉也臣瓚曰海陵縣名也有吳大倉師古曰瓚說是也鄉讀曰
嚮脩治上林雜以離官積聚玩好圈守禽獸不如
長洲之苑服虔曰吳苑孟康曰以江水洲爲苑也韋昭曰長洲在吳東游曲臺臨上路不
如朝夕之池張晏曰曲臺長安臺臨道上蘇林曰吳以海水朝夕爲池也師古曰三輔黃圖未央宮有曲臺殿深
壁高壘副以關城不如江淮之險此臣之所爲大
王樂也師古曰言其富饒及游宴之處踰天子也今大王還兵疾歸尚得十
半師古曰十分之中可冀五分無患故云尚得十半不然漢知吳之有吞天下之
心也赫然加怒遣羽林黃頭循江而下蘇林曰羽林黃頭郎習水戰者
也張晏曰天子舟立黃旄於其端也師古曰鄧通以擢船爲黃頭郎蘇說是也襲大王之都魯東海
絕吳之饟道師古曰饟古餉字梁王飭車騎習戰射師古曰飭與勑同

前漢傳二十一　二十五　石貴

整也積粟固守以備滎陽待吳之飢大王雖欲反都
亦不得已師古曰已語終之辭夫三淮南之計不負其約晉灼曰吳楚反
皆守約不從也齊王殺身以滅其跡晉灼曰齊孝王將閭也吳楚反堅守距三國後欒布聞齊初與
三國有謀欲伐之王懼自殺師古曰齊王傳云吳楚已平齊王乃自殺今此枚乘諫書即已稱之二傳不同當有誤者四國不
得出兵其郡晉灼曰膠東膠西濟南菑川王也發兵應吳楚皆見誅趙囚邯鄲應劭曰漢將酈
寄圍趙王於邯鄲與囚無異此不可掩亦已明矣師古曰言事已彰著大王已去
千里之國而制於十里之內矣師古曰梁下也兵方十里也張韓將
北地如淳曰張張羽韓韓安國也時皆任梁北地良家子善騎射者也師古曰將北地者言將軍而處吳軍之北以距吳非北地良家
子也張羽韓安國不將漢兵如說非也弓高宿左右服虔曰韓頹當也如淳曰宿軍左右也後弓高侯竟將輕騎
絕吳饟道師古曰宿止也言弓高所將之兵屯止於吳軍左右也兵不得下壁軍不得大息

臣竊哀之願大王孰察焉吳王不用乘策卒見禽
滅漢既平七國乘由是知名景帝召拜乘爲弘農
都尉乘久爲大國上賓與英俊並游得其所好不
樂郡吏以病去官復游梁梁客皆善屬辭賦乘
尤高孝王薨乘歸淮陰武帝自爲太子聞乘名及
即位乘年老廼以安車蒲輪徵乘師古曰蒲輪以蒲裹輪道死
師古曰在道病死也詔問乘子無能爲文者後廼得其孽子皋
師古曰孽庶也皋字少孺乘在梁時取皋母爲小妻乘之東
歸也皋母不肯隨乘乘怒分皋數千錢留與母居
年十七上書梁共王師古曰恭王名買孝王之子也得召爲郎三年

爲王使與冗從爭師古曰冗從散職之從王者也冗音人勇反見讒惡遇罪
師古曰惡謂冗從言其短惡之事家室沒入皋亡至長安會赦上書北
闕自陳枚乘之子上得大喜召入見待詔皋因賦
殿中詔使賦平樂館善之拜爲郎使匈奴皋不通
經術詼笑類俳倡李奇曰詼嘲也師古曰俳雜戲也倡樂人也詼音恢俳音排嘲音竹交反爲賦
頌好嫚戲師古曰嫚褻汙也音慢以故得媟黷貴幸師古曰媟狎也黷垢濁也音瀆
比東方朔郭舍人等而不得比嚴助等得尊官師古
曰尊高也武帝春秋二十九廼得皇子羣臣喜故皋與
東方朔作皇太子生賦及立皇子禖祝師古曰禮月令祀於高禖高禖
求子之神也武帝晚得太子喜而立此禖祠而令皋作祭祀之文也受詔所爲皆不從故事

重皇子也初衞皇后立皋奏賦以戒終師古曰令愼終如始也
皋爲賦善於朔也從行至甘泉雍河東東巡狩封
泰山塞決河宣房游觀三輔離宮館臨山澤弋獵
射馭狗馬蹵鞠刻鏤師古曰蹵足蹵之也鞠以韋爲之中實以物蹵蹋爲戲樂也蹵音千六反鞠音
巨六反上有所感輒使賦之爲文疾受詔輒成故所賦
者多司馬相如善爲文而遲故所作少而善於皋
皋賦辭中自言爲賦不如相如又言爲賦廼俳見
視如倡自悔類倡也故其賦有詆娸東方朔如淳曰娸音欺
詆猶刑辟也師古曰詆毀也娸醜也詆音丁禮反又自詆娸其文骫骳曲隨其事
皆得其意師古曰骫古委字也骫音被骫骳猶言屈曲也頗詼笑不甚閑靡凡

可讀者百二十篇其尤嫚戲不可讀者尚數十篇
路溫舒字長君鉅鹿東里人也父爲里監門使溫
舒牧羊溫舒取澤中蒲截以爲牒編用寫書師古曰小
簡曰牒編聯次之稍習善求爲獄小吏因學律令轉爲獄史
縣中疑事皆問焉太守行縣見而異之署決曹史
又受春秋通大義舉孝廉爲山邑丞蘇林曰縣名在常山晉灼曰地理志
常山有石邑無山邑師古曰山邑不知其處今流俗書本云常山石邑丞後人妄加石字耳坐法免復爲郡
吏元鳳中廷尉光以治詔獄請溫舒署奏曹掾張晏
曰光解光守廷尉史會昭帝崩昌邑王賀廢宣帝初即位
溫舒上書言宜尚德緩刑其辭曰臣聞齊有無知

之禍而桓公以興晉有驪姬之難而文公用伯（師古曰伯讀曰霸）近世趙王不終諸吕作亂而孝文為大宗繇是觀之（師古曰繇讀與由同）禍亂之作將以開聖人也故桓文扶微興壞尊文武之業澤加百姓功潤諸侯雖不及三王天下歸仁焉文帝永思至惪以承天心崇仁義省刑罰通關梁一遠近敬賢如大賓愛民如赤子内恕情之所安而施之於海内是以囹圄空虛天下太平夫繼變化之後必有異舊之恩此賢聖所以昭天命也往者昭帝即世而無嗣大臣憂戚焦心合謀皆以昌邑尊親援而立之（師古曰援引也音爰）然

天不授命淫亂其心遂以自亡深察禍變之故迺皇天之所以開至聖也故大將軍受命武帝股肱漢國（師古曰謂霍光）披肝膽決大計黜亡義立有德輔天而行然後宗廟以安天下咸寧臣聞春秋正即位大一統而慎始也陛下初登至尊與天合符宜改前世之失正始受命之統滌煩文除民疾存亡繼絕以應天意臣聞秦有十失其一尚存治獄之吏是也秦之時羞文學好武勇賤仁義之士貴治獄之吏正言者謂之誹謗遏過者謂之妖言（師古曰遏止也音一曷反）故盛服先生不用於世忠良切言皆鬱於胷（師古曰鬱積也）譽諛之聲日滿於耳虛美熏心實禍蔽塞（師古曰熏氣烝也音勳）此乃秦之所以亡天下也方今天下賴陛下恩厚亡金革之危飢寒之患父子夫妻戮力安家然太平未洽者獄亂之也夫獄者天下之大命也死者不可復生絕者不可復屬（師古曰絕古絕字屬連也音之欲反）書曰與其殺不辜寧失不經（師古曰虞書大禹謨載咎繇之言辜罪也經常也言人命至重治獄宜慎寧失不常之過不濫無罪之人所以崇寬恕也）今治獄吏則不然上下相敺以刻為明（師古曰敺與驅同）深者獲公名平者多後患故治獄之吏皆欲人死非憎人也自安之道在人之死是以死人之血流離於市被刑之徒比肩而立大

辟之計歲以萬數此仁聖之所以傷也太平之未洽凡以此也夫人情安則樂生痛則思死棰楚之下何求而不得故囚人不勝痛則飾辭以視之（師古曰視讀曰示）吏治者利其然則指道以明之上奏畏卻則鍛練而周内之（晉灼曰精熟周悉致之法中也師古曰卻退也畏為上所卻退卻音丘略反）蓋奏當之成（師古曰當謂處其罪也）雖咎繇聽之猶以為死有餘辜（師古曰咎繇作士善聽獄訟故以為喻也）何則成練者衆文致之罪明也是以獄吏專為深刻殘賊而亡極媮為一切（如淳曰媮苟且也一切權時也）不顧國患此世之大賊也故俗語曰畫地為獄議不入刻木為吏期不對（師古曰畫獄木吏尚不入對況真實乎期猶必也議必不

入對此皆疾吏之風悲痛之辭也故天下之患莫深於獄敗法亂正離親塞道莫甚乎治獄之吏此所謂一尚存者也臣聞烏鳶之卵不毀而後鳳皇集師古曰鳶鴟也音弋全反誹謗之罪不誅而後良言進故古人有言山藪藏疾川澤納汙瑾瑜匿惡國君含詬師古曰春秋左氏傳載晉大夫伯宗之辭詬恥也言山藪之有草木則毒害者居之川澤之形廣大則能受於汙濁人君之善御下亦當忍恥病也詬音垢唯陛下除誹謗以招切言開天下之口廣箴諫之路掃亡秦之失尊文武之德省法制寬刑罰以廢治獄則太平之風可興於世永履和樂與天亡極天下幸甚師古曰與天長久無窮極也上善其言遷廣陽私府長師古曰藏錢之府天子曰少府諸侯曰私府長者其官之長也內史舉溫舒文學高第遷右扶風丞時詔書令公卿選可使匈奴者溫舒上書願給廝養暴骨方外師古曰求為卒而隨使至匈奴也以盡臣節事下度遼將軍范明友太僕杜延年問狀罷歸故官師古曰以其言無可取故罷而遣歸故官久之遷臨淮太守治有異迹卒於官溫舒從祖父受歷數天文以為漢厄三七之閒張晏曰三七二百一十歲也自漢初至哀帝元年二百一年也至平帝崩二百十一年上封事以豫戒成帝時谷永亦言如此師古曰永上書所謂涉三七之節紀者也及王莽篡位欲章代漢之符著其語焉溫舒子及孫皆至牧守大官

贊曰春秋魯臧孫達以禮諫君君子以為有後師古曰臧孫達魯大夫臧哀伯也桓公取郜大鼎於宋哀伯諫之周內史聞之曰臧孫達其有後於魯乎君違不忘諫之以德也賈山自下劘上孟康曰劘謂劘切之也蘇林曰劘音摩厲也師古曰剴音工來反鄒陽枚乘游於危國然卒免刑戮者以其言正也路溫舒辭順而意篤遂為世家宜哉師古曰謂子孫為大官不絕

賈鄒枚路傳第二十一

百衲本

漢書

（漢）班固撰
（唐）顏師古注

2

國家圖書館出版社

竇田灌韓傳第二十二　班固　漢書五十三

秘書監上護軍琅邪縣開國子顔　師古　注

竇嬰字王孫，孝文皇后從兄子也。父世觀津人也。(師古曰縣名也地理志屬信都觀音工喚反) 喜賓客。(師古曰喜好也音許吏反) 孝文時為吳相，病免。孝景即位，為詹事。帝弟梁孝王，母竇太后愛之。孝王朝，因燕昆弟飲。(師古曰序家人昆弟之親不為君臣禮也) 是時上未立太子，酒酣，上從容曰：「千秋萬歲後傳王。」(師古曰從音千庸反) 太后驩。嬰引卮酒進上曰：「天下者，高祖天下，父子相傳，漢之約也，上何以得傳梁王！」太后由此憎嬰。嬰亦薄其官，(師古曰自嫌其官輕薄之也) 因病免。太后除嬰門籍，不得朝請。(師古曰請音才性反其下亦同)

孝景三年，吳楚反，上察宗室諸竇無如嬰賢，(師古曰宗室帝之同姓親也諸竇謂帝外家也以吳楚之難故欲用內外之親為將也) 召入見，固讓謝，稱病不足任。太后亦慙。於是上曰：「天下方有急，王孫寧可以讓邪？」廼拜嬰為大將軍，賜金千斤。嬰言爰盎、欒布諸名將賢士在家者進之。所賜金，陳廊廡下，(師古曰廊堂下周屋也廡門屋也音侮) 軍吏過，輒令財取為用，(師古曰財與裁同謂裁量而用之也) 金無入家者。嬰守滎陽，監齊趙兵。七國破，封為魏其侯。游士賓客爭歸之。每朝議大事，條侯、魏其，列侯莫敢與亢禮。(師古曰言特敬此二人也) 四年，立栗太子，(師古曰栗姬之子故曰栗太子) 以嬰為傅。七年，栗

太子廢，嬰爭弗能得，謝病，屏居田南山下(師古曰屏隱也)數月，諸竇賓客辯士說，莫能來。梁人高遂廼說嬰曰：「能富貴將軍者，上也；能親將軍者，太后也。今將軍傅太子，太子廢，爭不能拔，又不能死，自引謝病，擁趙女，屏閒處而不朝，(師古曰擁抱也閒處猶言私處也) 祇加懟自明，揚主之過。(師古曰祇適也懟怨也祇音支其字從衣懟音直類反) 有如兩宮奭將軍，(師古曰兩宮太后及帝也奭怒貌也音赫) 則妻子無類矣。」(師古曰言被誅戮無遺類也) 嬰然之，廼起，朝請如故。桃侯免相，(服虔曰劉舍也) 竇太后數言魏其。景帝曰：「太后豈以臣有愛，不相魏其？(師古曰愛猶惜也) 魏其者，沾沾自喜耳，多易，(張晏曰沾沾言自整頓也多易多輕易之行也或曰沾音瞻師古曰沾沾輕薄也武音他兼反今俗言薄沾沾喜音許吏反易音弋豉反) 難以為相持重。」遂不用，用建陵侯衛綰為丞相。

田蚡，孝景王皇后同母弟也，生長陵。竇嬰已為大將軍，方盛，蚡為諸曹郎，未貴，往來侍酒嬰所，跪起如子姓。(師古曰姓生也言同子禮若己所生) 及孝景晚節，蚡益貴幸，(師古曰晚節猶言末時也) 為中大夫。辯有口，學盤盂諸書，(應劭曰黃帝史孔甲所作也凡二十九篇書盤盂中所以為法戒也諸書諸子之書也孟康曰孔甲盤盂二十六篇雜家書兼儒墨名法者也晉灼曰案藝文志孟說是也) 王皇后賢之。孝景崩，武帝初即位，蚡以舅封為武安侯，弟勝為周陽侯。蚡新用事，卑下賓客，(師古曰下音胡稼反) 進名士家居者貴之，(晉灼曰滯在里巷未仕者) 欲以傾諸將相。(師古

日傾謂踰越而勝之也上所填撫多蚡賓客計策(師淳曰多薦名士名士得進爲帝畫
計策也師古曰填音竹刃反)會丞相綰病免上議置丞相太尉藉福
說蚡曰魏其侯貴久矣素天下士歸之今將軍初
興未如即上以將軍爲相必讓魏其魏其爲相將
軍必爲太尉太尉相尊等耳(師古曰言其尊貴同一等也)有讓賢
名蚡迺微言太后風上(師古曰風讀曰諷)於是迺以嬰爲丞
相蚡爲太尉藉福賀嬰因弔曰君侯資性喜善疾
惡(師古曰喜好也音許吏反)方今善人譽君侯故至丞相然惡人
衆亦且毀君侯君侯能兼容則幸久(師古曰兼容謂不嫉惡人令其怨也)
不能今以毀去矣嬰不聽嬰蚡俱好儒術推轂趙

綰爲御史大夫王臧爲郎中令(師古曰推轂謂外薦之若轉車轂之爲也)迎
魯申公欲設明堂令列侯就國除關(服虔曰除關禁也)以禮
爲服制(師古曰謂喪服之制也)以興太平舉謫諸竇宗室無行
者除其屬籍諸外家爲列侯列侯多尚公主皆不
欲就國以故毀日至竇太后太后好黃老言而嬰
蚡趙綰等務隆推儒術貶道家言是以竇太后滋
不說(師古曰滋益也說讀曰悅)二年御史大夫趙綰請毋奏事東宮
竇太后大怒曰此欲復爲新垣平邪迺罷逐趙綰
王臧而免丞相嬰太尉蚡以柏至侯許昌爲丞相
武彊侯莊青翟爲御史大夫嬰蚡以侯家居蚡雖

不任職以王太后故親幸數言事多效(師古曰效謂見聽用)士
吏趨埶利者皆去嬰而歸蚡蚡日益橫(師古曰橫恣也音胡孟反)
六年竇太后崩丞相昌御史大夫青翟坐喪事不
辦免上以蚡爲丞相大司農韓安國爲御史大夫
天下士郡諸侯愈益附蚡(師古曰郡及諸侯也猶言郡國耳)蚡爲人貌
侵生貴甚(服虔曰侵短小也師古曰生貴謂自尊高示貴寵也)又以爲諸侯王多長
(張晏曰多長年)上初即位富於春秋(師古曰謂年幼也齒歷方久故云富於春秋)蚡以肺
附爲相(師古曰舊解云肺附如肝肺之相附著也一說肺斫木札也喻其輕薄附著大材也)非痛折節
以禮屈之天下不肅(師古曰痛猶甚也言以尊貴臨之皆令其屈節而下己也)當是
時丞相入奏事語移日所言皆聽薦人或起家至

二千石權移主上上迺曰君除吏盡未吾亦欲除
吏(師古曰凡言除者除去故官就新官)嘗請考工地益宅上怒曰遂取
武庫是後迺退(師古曰考工少府之屬官也主作器械上責其此請故謂之曰何不遂取武庫蚡乃退也)
召客飲坐其兄蓋侯北鄉自坐東鄉(師古曰自處尊位也鄉讀皆曰嚮)
以爲漢相尊不可以兄故私橈(師古曰橈曲也音女教反)由此滋
驕(師古曰滋益也)治宅甲諸第(師古曰言爲諸第之最也以甲乙之次言甲則爲上矣)田園極
膏腴(師古曰膏腴謂肥厚之處)市買郡縣器物相屬於道(師古曰屬逮及
也音之欲反)前堂羅鍾鼓立曲旃(如淳曰旃旗之名也通帛曰旃曲旃僭也蘇林曰禮大夫建旃
曲柄上曲也師古曰蘇說是也許慎云旃旗曲柄也所以旃表士衆也)後房婦女以百數諸奏
珍物狗馬玩好不可勝數(師古曰奏進也)而嬰失竇太后

益跡不用無埶諸公稍自引而怠敖焉師古曰敖焉與傲同唯
灌夫獨否故嬰墨墨不得意而厚遇夫也
灌夫字仲孺潁陰人也父張孟常爲潁陰侯灌嬰
舍人得幸因進之師古曰以進薦也嬰薦孟也至二千石故蒙灌氏
姓爲灌孟師古曰蒙冒也吳楚反時潁陰侯灌嬰爲將軍
屬太尉師古曰時潁陰侯是灌嬰之子名何轉寫誤爲嬰耳請孟爲校尉夫以千
人與父俱孟康曰官主千人如候司馬也孟年老潁陰侯彊請之鬱鬱
不得意故戰常陷堅遂死吳軍中漢法父子俱有
死事得與喪歸夫不肯隨喪歸奮曰願取吳王若
將軍頭以報父仇張晏曰自奮厲也於是夫被甲持戟募軍

前漢傳二十二　五　陳德

中壯士所善願從數十人師古曰所善素與己善者及出壁門莫
敢前獨兩人及從奴十餘騎馳入吳軍至戲下師古曰戲大將之旗也讀與麾同又音許宜反所殺傷數十人不得前復還走
漢壁師古曰走趨也音奏亡其奴獨與一騎歸夫身中大創
十餘適有萬金良藥故得無死師古曰萬金者言其價貴也金字或作全言得之者必生全也創少瘳師古曰瘳差也音丑流反又復請將軍曰吾益知吳
壁曲折請復往師古曰曲折猶言委曲也將軍壯而義之恐亡夫
廼言太尉太尉召固止之吳軍破夫以此名聞天
下潁陰侯言夫夫爲郎中將數歲坐法去家居長
安中諸公莫不稱由是復爲代相武帝即位以爲

淮陽天下郊勁兵處師古曰郊謂四交輻湊而兵又勁彊故徙夫爲淮陽
太守入爲太僕二年夫與長樂衛尉竇甫飲輕
重不得晉灼曰飲酒輕重不得其平也師古曰禮數之輕重也夫醉搏甫師古曰搏以手擊之甫
竇太后昆弟上恐太后誅夫徙夫爲燕相數歲坐
法免家居長安夫爲人剛直使酒師古曰使酒因酒而使氣也不
好面諛貴戚諸埶在己之右欲必陵之士在己左
愈貧賤尤益禮敬與鈞師古曰右尊也左卑也鈞等也稠人廣衆薦
寵下輩師古曰稠多也下輩下等之人也每於人衆之中故寵薦也士亦以此多之師古曰多猶重
之夫不好文學喜任俠已然諾師古曰已必也謂一言許人必信之也喜音許吏反
諸所與交通無非豪桀大猾家累數千萬食客日

前漢傳二十二　六　陳盛

數十百人師古曰或八九十或百人也波池田園宗族賓客爲權利
師古曰波讀曰陂橫潁川師古曰橫音胡孟反其下亦同潁川兒歌之曰潁水
清灌氏寧潁水濁灌氏族師古曰深怨嫉之故爲此言也夫家居卿
相侍中賓客益衰師古曰以夫居家而卿相侍中素爲夫之賓客者漸以衰退不復往也及竇
嬰失埶亦欲倚夫引繩排根生平慕之後棄者蘇林
曰二人相倚引繩直排根賓客去之者不與交通也孟康曰根音根格
引繩以彈排擯根格之也師古曰孟說近之根音下恩反格音下各反
言嬰與夫共相提挈有人生平慕嬰夫後見其失職而頗慢弛如此者
共排退之不復與交辭如相對挽繩而根格之也今吳楚俗猶謂牽引
前卻爲根格夫亦得嬰通列侯宗室爲名高兩人相爲引
重張晏曰相薦達爲聲勢也師古曰相牽引而致於尊重也爲音于僞反其游如父子然相
得驩甚無厭恨相知晚夫嘗有服師古曰謂喪服也過丞

相蚡蚡從容曰師古曰從音千容反吾欲與仲孺過魏其侯會
仲孺有服夫曰將軍廼肎幸臨況魏其侯師古曰況賜也夫
安敢以服爲解師古曰解謂辭之也若今言分疏矣請語魏其具師古曰具辦具酒食
將軍旦日蚤臨師古曰旦日明旦也蚤古早字蚡許諾夫以語嬰嬰與
夫人益市牛酒師古曰益多也夜洒埽張具師古曰洒音灑又音所寄反至
旦平明令門下候司至日中蚡不來嬰謂夫曰丞
相豈忘之哉夫不懌師古曰懌悅也曰夫以服請不宜師古曰不當忘
也廼駕自往迎蚡蚡特前戲許夫師古曰特但也殊無意
往夫至門蚡尚臥也於是夫見曰將軍昨日幸許
過魏其魏其夫妻治具至今未敢嘗食蚡悟謝曰

前漢傳二十二　七

吾醉忘與仲孺言廼駕往往又徐行夫愈益怒及
飲酒酣夫起舞屬蚡師古曰屬付也猶今之舞訖相勸也屬音之欲反蚡不起
夫從坐語侵之師古曰從坐謂移就其坐也嬰廼扶夫去謝蚡蚡卒
飲至夜極驩而去後蚡使藉福請嬰城南田嬰大
望曰師古曰望怨也老僕雖棄將軍雖貴寧可以埶相奪乎
不許夫聞怒罵福福惡兩人有隙廼謾好謝蚡師古
曰謾猶詭也詐爲好言也謾讀與慢同又音莫連反曰魏其老且死易忍且待之已
而蚡聞嬰夫實怒不予亦怒曰魏其子嘗殺人蚡
活之蚡事魏其無所不可愛數頃田且灌夫何與
也師古曰與讀曰預預干也吾不敢復求田由此大怒元光四年春

蚡言灌夫家在潁川橫甚民苦之請案之上曰此
丞相事何請夫亦持蚡陰事爲姦利受淮南王金
與語言賓客居閒遂已俱解師古曰兩家賓客處於中閒和解之夏蚡取
燕王女爲夫人師古曰燕王澤之子康王嘉女太后詔召列侯宗室皆
往賀嬰過夫欲與俱夫謝曰夫數以酒失過丞相
師古曰言因酒有失得罪過於丞相丞相今者又與夫有隙嬰曰事已
解彊與俱酒酣蚡起爲壽坐皆避席伏已嬰爲壽
獨故人避席餘半膝席蘇林曰下席而膝半在席上也如淳曰以膝跪席上也師古曰如說是也
夫行酒至蚡蚡膝席曰不能滿觴夫怒因嘻笑曰
將軍貴人也畢之張晏曰行酒遍之爲已畢如淳曰言雖貴且當盡酒以其敵劫之也師古曰如說近之言

前漢傳二十二　八

將軍雖貴人也請盡此觴嘻强笑也音許其反時蚡不肎師古曰不爲盡也行酒次至臨
汝侯灌賢賢方與程不識耳語師古曰附耳小語也又不避席
夫無所發怒廼罵賢曰平生毀程不識不直一錢
今日長者爲壽廼效女曹兒呫囁耳語師古曰女曹猶言兒女輩也
呫音昌涉反囁音人涉反蚡謂夫曰程李俱東西宮衛尉孟康曰李廣爲東宮
程不識爲西宮今衆辱程將軍仲孺獨不爲李將軍地乎蘇林
曰不爲李將軍除道地邪如淳曰二人同號比尊今辱一人不當爲毀廣邪師古曰如說近之言既毀程令廣何地自安處夫曰
今日斬頭穴匈何知程李晉灼曰斬頭見刺猶不止也坐乃起更衣
師古曰坐謂坐上之人也更改也凡久坐者皆起更衣以其寒煖或變也稍稍去嬰去戲夫晉灼曰戲古麾
字也師古曰招麾之令出也漢書多以戲爲麾字夫出蚡遂怒曰此吾驕灌夫罪

也迺令騎留夫（師古曰騎謂常從之騎也）夫不得出藉福起爲謝案夫項令謝（師古曰使其拜也）夫愈怒不肯順蚡迺戲騎縛夫（師古曰戲讀亦曰麾謂指麾命之而令收縛夫也）置傳舍（師古曰傳舍解在酈食其傳）召長史曰今日召宗室（師古曰長史丞相長史也召宗室謂請召之爲客也）有詔劾灌夫罵坐不敬（師古曰於大坐中罵詈爲不敬）繫居室（師古曰居室署名也屬少府其後改名曰保宮）遂其前事（師古曰遂竟也）遣吏分曹逐捕諸灌氏支屬皆得棄市罪嬰愧爲資使賓客請莫能解（如淳曰爲出資費使人爲夫請罪也師古曰如說非也爲資爲其分資地耳非財物也爲讀如本字）蚡吏皆爲耳目諸灌氏皆亡匿夫繫遂不得告言蚡陰事嬰鋭爲救夫嬰夫人諫曰灌將軍得罪丞相與太后家迕（師古曰相違迕也迕音悟）

寧可救邪嬰曰侯自我得之自我捐之無所恨（師古曰言不過失爵耳）且終不令灌仲孺獨死嬰獨生迺匿其家竊出上書（師古曰匿避也不令家人知之恐其又止諫也）立召入具告言灌夫醉飽事不足誅上然之賜嬰食曰東朝廷辨之（如淳曰東朝太后朝也張晏曰會公卿大夫東朝共理而分別也）嬰東朝盛推夫善言其醉飽得過迺丞相以它事誣罪之蚡盛毀夫所爲橫恣罪逆不道嬰度無可柰何（師古曰度音徒各反）因言蚡短蚡曰天下幸而安樂無事蚡得爲肺附所好音樂狗馬田宅所愛倡優巧匠之屬（師古曰倡樂人也優諧戲者也）不如魏其灌夫日夜招聚天下豪桀壯士與論議腹誹而心謗

卬視天俛畫地（張晏曰視天占三光也畫地知分野所在也念欲作反事也師古曰卬讀曰仰）辟睨兩宮閒（張晏曰占太后與帝吉凶之期也師古曰辟睨傍視也辟音普計反字本作睥睨音五計反）幸天下有變而欲有大功（張晏曰幸有反者當爲將立大功也臣瓚曰天下有變謂因國家變難之際得立大功也師古曰瓚說是）臣乃不如魏其等所爲上問朝臣兩人孰是御史大夫韓安國曰魏其言灌夫父死事身荷戟馳不測之吳軍（師古曰荷負也不測言其彊盛也荷音何）身被數十創名冠三軍此天下壯士非有大惡爭杯酒不足引它過以誅也魏其言是丞相亦言灌夫通姦猾侵細民家累巨萬橫恣潁川輘轢宗室侵犯骨肉（師古曰輘轢謂蹈踐之也輘音夌轢音郎擊反）此所謂支大於幹脛大於股不折必披（師古

曰披音丕靡非反）丞相言亦是唯明主裁之主爵都尉汲黯是魏其內史鄭當時是魏其後不堅餘皆莫敢對上怒內史曰公平生數言魏其武安長短今日廷論局趣效轅下駒（應劭曰駒者駕著轅下局趣不申之貌也張晏曰俛頭於車轅下隨母而已師古曰張說非也駕車不以壯馬小雅皇皇者華之詩曰我馬維駒非隨母也）吾并斬若屬矣（師古曰若汝也）即罷起入上食太后太后亦已使人候司具以語太后太后怒不食曰我在也而人皆藉吾弟（晉灼曰藉蹈也）令我百歲後皆魚肉之乎（師古曰以比魚肉而食啖也）且帝寧能爲石人邪（師古曰言徒有人形耳不知好惡也一曰石人者謂常存不死也）此特帝在即錄錄（師古曰錄錄言循衆也）設百歲後是屬寧有可信者乎（師古曰設猶脫也）上

謝曰俱外家故廷辨之（師古曰嬰景帝從舅田蚡太后同母弟故言俱外家）不然此
一獄吏所決耳是時郎中令石建爲上分別言兩
人蚡已罷朝出止車門召御史大夫安國載（師古曰韓安國
也載謂共乘車）怒曰與長孺共禿翁何爲首鼠兩端（服虔曰禿翁言
嬰無官位版授也首鼠一前一卻也張晏曰嬰年老又嗜酒頭禿言當共治一禿翁也師古曰服說是也）安國良久謂
蚡曰君何不自喜（師古曰何不自謙遜爲可喜之事也喜音許吏反）夫魏其毀
君君當免冠解印綬歸（師古曰歸印綬於天子也）曰臣以肺附幸
得待罪固非其任魏其言皆是如此上必多君有
讓（師古曰多猶重也）不廢君魏其必媿杜門齰舌自殺（師古曰杜塞也）
（齰齧也音仕客反）今人毀君君亦毀之譬如賈豎女子爭言

前漢傳二十二　十一

何其無大體也蚡謝曰爭時急不知出此於是上
使御史簿責嬰（師古曰簿責以文簿一一責之也簿音步戶反）所言灌夫頗不
讎（晉灼曰讎當也）劾繫都司空（師古曰都司空宗正屬官也見百官公卿表）孝景時嬰
嘗受遺詔曰事有不便以便宜論上（師古曰論說其事而上於天子）及
繫灌夫罪至族事日急諸公莫敢復明言於上嬰
廼使昆弟子上書言之幸得召見（師古曰幸冀也）書奏案尚
書大行無遺詔（如淳曰大行主諸侯官也師古曰此說非也大行景帝大行也尚書之中無此大行遺詔也）
詔書獨臧嬰家嬰家丞封（孟康曰以家丞印封遺詔也）廼劾嬰矯先
帝詔害罪當棄市（鄭氏曰矯詔有害不害也）五年十月悉論灌夫
支屬嬰良久廼聞有劾即陽病痱不食欲死（師古曰痱風病

也音肥）或聞上無意殺嬰復食治病議定不死矣廼
有飛語爲惡言聞上（張晏曰蚡爲作飛揚誹謗之語也臣瓚曰無根而至也）故以十
二月晦論棄市渭城（張晏曰著日月者見春垂至恐遇赦贖之）春蚡疾一身
盡痛若有擊者謼服謝罪（晉灼曰服音匍關西俗謂得杖呼及小兒啼呼爲呼服或言蚡
號呼謝服罪也師古曰兩說皆通謼古呼字也若謂啼爲謼服則謼音火交反服音平皁反）上使視鬼者瞻之
曰魏其侯與灌夫共守笞欲殺之竟死子恬嗣元
朔中有罪免後淮南王安謀反覺始安入朝時蚡
爲太尉迎安霸上謂安曰上未有太子大王最賢
高祖孫即宮車晏駕非大王立尚誰立哉（師古曰言大王尚不
得立當誰立也）淮南王大喜厚遺金錢財物上自嬰夫事時

前漢傳二十二　十二

不直蚡特爲太后故及聞淮南事上曰使武安侯
在者族矣（師古曰言其賴自死）
韓安國字長孺梁成安人也後徙睢陽嘗受韓子
雜說鄒田生所（師古曰田生鄒縣人）事梁孝王爲中大夫吳
楚反時孝王使安國及張羽爲將扞吳兵於東界
張羽力戰安國持重以故吳不能過梁吳楚破安
國張羽名由此顯梁梁王以至親故得自置相二
千石出入游戲僭於天子（師古曰僭擬也）天子聞之心不善
太后知帝弗善廼怒梁使者弗見案責王所爲安
國爲梁使見大長公主而泣（如淳曰大長公主景帝姊也）曰何梁王

爲人子之孝爲人臣之忠而太后曾不省也（師古曰省視也）夫前日吳楚齊趙七國反自關以東皆合從而西嚮（師古曰從音子容反）唯梁最親爲限難梁王念太后帝在中（師古曰中關中也一說謂京師爲中猶言中國也）而諸侯擾亂壹言泣數行而下跪送臣等六人將兵擊卻吳楚吳楚以故兵不敢西而卒破亡梁之力也今太后以小苛禮責望梁王（師古曰苛細也）梁王父兄皆帝主而所見者大故出稱蹕入言警（師古曰蹕止行人也警言令戒肅也天子出入皆備此儀而今云出稱警入言蹕者互舉之耳）車旗皆帝所賜即以嫮鄙小縣（服虔曰嫮夸姹也晉灼曰嫮音坼嫮之嫮鄙晏曰嫮好也自以車服之好曜邊鄙之邑也師古曰服說晉音是也鄙小縣言在外鄙之小縣也）驅馳國中欲夸諸侯令

天下知太后帝愛之也今梁使來輒案責之梁王恐日夜涕泣思慕不知所爲何梁王之忠孝而太后不卹也長公主具以告太后太后喜曰爲帝言之言之帝心廼解而免冠謝太后曰兄弟不能相教廼爲太后遺憂悉見梁使厚賜之其後梁王益親驩太后長公主更賜安國直千餘金（師古曰更音工衡反）由此顯結於漢其後安國坐法抵罪蒙（師古曰蒙梁國之縣也）獄吏田甲辱安國安國曰死灰獨不復然乎甲曰然即溺之（師古曰溺讀曰尿）居無幾梁內史缺（師古曰無幾未多時也幾音居豈反）漢使使者拜安國爲梁內史起徒中爲二千石田甲

亡安國曰甲不就官我滅而宗（師古曰而汝也）甲肉袒謝安國笑曰公等足與治乎（師古曰治謂當敵也今人猶云對治治音丈吏反一曰不足繩治也治讀如本字）卒善遇之內史之缺也王新得齊人公孫詭說之（師古曰說讀曰悅）欲請爲內史竇太后聞乃詔王以安國爲內史公孫詭羊勝說王求爲帝太子及益地事恐漢大臣不聽廼陰使人刺漢用事謀臣及殺故吳相爰盎景帝遂聞詭勝等計畫廼遣使捕詭勝必得（師古曰必令得之）漢使十輩至梁相以下舉國大索（師古曰索搜也音山客反）月餘弗得安國聞詭勝匿王所廼入見王而泣曰主辱者臣死大王無良臣故紛紛至此今

勝詭不得請辭賜死王曰何至此安國泣數行下曰大王自度於皇帝孰與太上皇之與高帝及皇帝與臨江王親（師古曰孰與猶言何如也）王曰弗如也安國曰夫太上皇臨江親父子閒然高帝曰提三尺取天下者朕也（師古曰三尺謂劍也）故太上終不得制事居于櫟陽臨江適長太子（師古曰適讀曰嫡）以一言過廢王臨江（師古曰景帝嘗屬諸姬子太子母栗姬言不遜由是廢太子栗姬憂死也）用宮垣事卒自殺中尉府（張晏曰以侵廟壖垣自殺也）何者治天下終不用私亂公語曰雖有親父安知不爲虎雖有親兄安知不爲狼（師古曰言其恩愛不可必保也）今大王列在諸侯訹邪臣浮說（師古曰訹誘也音戌）犯上禁橈明

法(師古曰撓曲也音女教反)天子以太后故不忍致法於大王太后日夜涕泣幸大王自改大王終不覺寤有如太后宮車即晏駕大王尚誰攀乎語未卒王泣數行而下謝安國曰吾今出之即日詭勝自殺漢使還報梁事皆得釋(師古曰釋解也)安國力也景帝太后益重安國孝王薨共王即位(師古曰共讀曰恭)安國坐法失官家居武帝即位武安侯田蚡爲太尉親貴用事安國以五百金遺蚡蚡言安國太后上素聞安國賢即召以爲北地都尉遷爲大司農閩東越相攻遣安國大行王恢將兵未至越越殺其王降漢兵亦罷其年

前漢傳二十二　十五　周成

田蚡爲丞相安國爲御史大夫匈奴來請和親上下其議(師古曰下音胡亞反)大行王恢燕人數爲邊吏習胡事議曰漢與匈奴和親率不過數歲即背約不如勿許舉兵擊之安國曰千里而戰即兵不獲利今匈奴負戎馬足懷鳥獸心(師古曰負恃也)遷徙鳥集難得而制得其地不足爲廣有其衆不足爲彊自上古弗屬(師古曰不內屬於中國)漢數千里爭利則人馬罷(師古曰罷讀曰疲)虜以全制其敝埶必危殆臣故以爲不如和親羣臣議多附安國於是上許和親明年鴈門馬邑豪聶壹(師古曰豪猶帥也)因大行王恢言匈奴初和親親信邊可誘以利致之伏兵襲擊必破之道也上迺召問公卿曰朕飾子女以配單于幣帛文錦賂之甚厚單于待命加嫚侵盜無已邊竟數驚朕甚閔之(師古曰竟讀曰境其下亦同)今欲舉兵攻之何如大行恢對曰陛下雖未言臣固願效之(師古曰效致也致其計)臣聞全代之時(服虔曰代未分之時也李奇曰六國之時全代爲一國尚能以擊匈奴況今加以漢之大乎)北有彊胡之敵內連中國之兵然尚得養老長幼種樹以時倉廩常實(師古曰樹殖也)匈奴不輕侵也今以陛下之威海內爲一天下同任(如淳曰任事也)又遣子弟乘邊守塞(師古曰乘登也登其城而備守也)轉粟輓輸以爲之備(師古曰輓引車也音晚)然匈奴侵盜不已者無它以不

前漢傳二十二　十六　周成

恐之故耳(師古曰不示威令恐懼也)臣竊以爲擊之便御史大夫安國曰不然臣聞高皇帝嘗圍於平城匈奴至者投鞍高如城者數所(師古曰解脫其馬示閑暇也投積其鞍若營壘也)平城之飢七日不食天下歌之及解圍反位而無忿怒之心夫聖人以天下爲度者也(師古曰言當隨天下人心而寬大其度量也)不以已私怒傷天下之功故迺遣劉敬奉金千斤以結和親至今爲五世利孝文皇帝又嘗壹擁天下之精兵聚之廣武常谿(張晏曰廣武鴈門縣常谿名)然終無尺寸之功而天下黔首無不憂者孝文寤於兵之不可宿(師古曰宿久留也)故復合和親之約此二聖之迹足以爲效矣

臣竊以爲勿擊便恢曰不然臣聞五帝不相襲禮三王不相復樂（師古曰襲因也復重也復音扶目反）非故相反也各因世宜也且高帝身被堅執銳蒙霧露沐霜雪行幾十年（師古曰幾近也音鉅依反）所以不報平城之怨者非力不能所以休天下之心也今邊竟數驚士卒傷死中國槥車相望（師古曰槥小棺也從軍死者以槥送致其喪載槥之車相望於道言其多也槥音衞）此仁人之所隱也（張晏曰隱痛也）臣故曰擊之便安國曰不然臣聞利不十者不易業功不百者不變常是以古之人君謀事必就祖發政占古語重作事也（師古曰祖祖廟也占問也重猶難之也）且自三代之盛夷狄不與正朔服色（師古曰與讀曰豫）非威不能制彊弗能服也以爲遠方絕地不牧之民不足煩中國也（師古曰不牧謂不可牧養也）且匈奴輕疾悍亟之兵也（師古曰悍勇也亟急也音居力反）至如猋風去如收電（師古曰猋疾風也音必遙反）畜牧爲業弧弓射獵（師古曰以木曰弧以角曰弓）逐獸隨草居處無常難得而制今使邊郡久廢耕織以支胡之常事其勢不相權也（師古曰輕重不等也）臣故曰勿擊便恢曰不然臣聞鳳鳥乘於風聖人因於時昔秦繆公都雍（師古曰繆讀與穆同）地方三百里知時宜之變攻取西戎辟地千里幷國十四（師古曰辟讀曰闢次下亦同）隴西北地是也及後蒙恬爲秦侵胡辟數千里以河爲竟（師古曰竟讀曰境）累石爲城樹榆爲

塞（如淳曰塞上種榆也）匈奴不敢飲馬於河置逢燧然後敢牧馬（師古曰燧古燧字）夫匈奴獨可以威服不可以仁畜也今以中國之盛萬倍之資遣百分之一以攻匈奴譬猶以彊弩射且潰之癰也必不留行矣（師古曰留止也言無所礙也）若是則北發月氏可得而臣也（師古曰發猶徵召也言威聲之盛北自月支以來皆可徵召而爲臣也氏讀曰支）臣故曰擊之便安國曰不然臣聞用兵者以飽待饑正治以待其亂定舍以待其勞（師古曰舍止息也）故接兵覆衆伐國墮城（師古曰覆敗也墮毀也言兵與敵接則敗其衆所伐之國則毀其城也覆音芳目反墮音火規反）常坐而役敵國此聖人之兵也且臣聞之衝風之衰不能起毛羽（師古曰衝風疾風之衝突者也）彊弩之末力不能入魯縞（師古曰縞素也曲阜之地俗善作之尤爲輕細故以取喻也）夫盛之有衰猶朝之必莫也今將卷甲輕舉深入長敺難以爲功（師古曰敺與驅同）從行則迫脅衡行則中絕（師古曰從音子容反衡猶橫也）疾則糧乏徐則後利（師古曰後利謂不及於利）不至千里人馬乏食兵法曰遺人獲也（師古曰言以軍遺敵人令其虜獲也遺音弋季反）意者有它繆巧可以禽之則臣不知也不然則未見深入之利也臣故曰勿擊便恢曰不然夫草木遭霜者不可以風過（師古曰言易零落）清水明鏡不可以形逃（師古曰言美惡皆見）通方之士不可以文亂（師古曰方道也）今臣言擊之者固非發而深入也將順因單于之欲誘而致之邊吾選梟騎壯

士陰伏而處以爲之備審遮險阻以爲其戒吾埶已定或營其左或營其右或當其前或絕其後單于可禽百全必取上曰善迺從恢議陰使聶壹爲閒（師古曰閒音居莧反）亡入匈奴謂單于曰吾能斬馬邑令丞以城降財物可盡得單于愛信以爲然而許之聶壹迺詐斬死罪囚縣其頭馬邑城下視單于使者爲信（師古曰視讀曰示）曰馬邑長吏已死可急來於是單于穿塞將十萬騎入武州塞（師古曰在鴈門）當是時漢伏兵車騎材官三十餘萬匿馬邑旁谷中衛尉李廣爲驍騎將軍大僕公孫賀爲輕車將軍大行王恢爲將

屯將軍太中大夫李息爲材官將軍御史大夫安國爲護軍將軍諸將皆屬約單于入馬邑縱兵王恢李息別從代主擊輜重（師古曰輜衣車也重謂載重物車也故行者之資總曰輜重重音直用反）於是單于入塞未至馬邑百餘里覺之還去語在匈奴傳塞下傳言單于已去漢兵追至塞度弗及（師古曰度音徒各反）王恢等皆罷兵上怒恢不出擊單于輜重也恢曰始約爲入馬邑城兵與單于接而臣擊其輜重可得利今單于不至而還臣以三萬人衆不敵祇取辱（師古曰祇適也音支）固知還而斬然完陛下士三萬人於是下恢廷尉廷尉當恢逗橈當斬（服虔曰逗音企應劭曰逗曲行避敵也橈顧望也軍法語也蘇林曰逗音豆如淳曰軍法行而逗留畏懦者要斬師古曰服應二說皆非也逗謂留止也橈屈弱也逗又音住）恢行千金丞相蚡蚡不敢言上而言於太后曰王恢首爲馬邑事今不成而誅恢是爲匈奴報仇也上朝太后太后以蚡言告上上曰首爲馬邑事者恢故發天下兵數十萬從其言爲此且縱單于不可得恢所部擊猶頗可得以尉士大夫心（師古曰或當得其輜重人衆也古尉安之字正如此其後流俗乃加心耳）今不誅恢無以謝天下於是恢聞迺自殺安國爲人多大略知足以當世取舍（師古曰舍止也取舍言可取則取可止則止）而出於忠厚貪耆財利（師古曰耆讀曰嗜）然所推舉皆廉士賢於己者於梁舉壺遂臧固

至它皆天下名士（師古曰於梁舉二人至於他餘所舉亦皆名士也）士亦以此稱慕之唯天子以爲國器（師古曰言臣下皆敬重之天子一人亦以爲國器國器者言其器用重大可施於國政也）安國爲御史大夫五年丞相蚡薨安國行丞相事引墯車蹇（如淳曰爲天子導引而墯車跛蹇也）上欲用安國爲丞相使使視蹇甚迺更以平棘侯薛澤爲丞相安國病免（師古曰以足疾）數月愈復爲中尉歲餘徙爲衛尉而將軍衛青等擊匈奴破龍城明年匈奴大入邊語在青傳安國爲材官將軍屯漁陽捕生口虜言匈奴遠去即上言方佃作時（師古曰安國上奏也佃治田也音與田同）請且罷屯罷屯月餘匈奴大入上谷漁陽安國壁迺有七百餘

人出與戰安國傷入壁匈奴虜略千餘人及畜產去上怒使使責讓安國徙益東屯右北平是時虜言當入東方安國始為御史大夫及護軍後稍下遷新壯將軍衛青等有功益貴安國既斥疏將屯又失亡多甚自媿幸得罷歸師古曰冀得罷歸以為幸也他皆類此廼益東徙意忽忽不樂數月病歐血死壺遂與太史遷等定漢律曆官至詹事其人深中篤行君子上方倚欲以為相會其病卒師古曰倚謂杖任之也音於綺反

贊曰竇嬰田蚡皆以外戚重灌夫用一時決策師古曰謂馳入吳軍欲報父讎也而各名顯並位卿相大業定矣然嬰不

知時變夫亡術而不遜師古曰遜順也蚡負貴而驕溢師古曰負恃也凶德參會待時而發師古曰三人相遇故曰參會藉福區區其間惡能救斯敗哉師古曰惡音烏謂於何也以韓安國之見器臨其摯而顛墜李奇曰摯極也陵夷以憂死師古曰陵夷即陵遲也言漸卑替也遇合有命悲夫若王恢為兵首而受其咎豈命也虖師古曰言自己為之非由命也

竇田灌韓傳卷第二十二

景十三王傳第二十三　班固　漢書五十三

秘書監上護軍琅邪縣開國子顏　師古　注

孝景皇帝十四男王皇后生孝武皇帝栗姬生臨江閔王榮河間獻王德臨江哀王閼師古曰閼音烏曷反程姬生魯共王餘師古曰共讀曰恭下皆類此江都易王非師古曰易音改易之易謚法云好更故舊曰易膠西于王端師古曰于遠也言其所行不善遠乖道德故以為謚賈夫人生趙敬肅王彭祖中山靖王勝唐姬生長沙定王發王夫人生廣川惠王越膠東康王寄清河哀王乘常山憲王舜師古曰王夫人即王皇后之妹也

河間獻王德以孝景前二年立脩學好古實事求是師古曰務得事實每求真是也今流俗書本云求長

長老以是從人得善書蓋妄加之從民得善書必為好寫與之留其眞師古曰眞正也留其正本金帛賜以招之繇是四方道術之人不遠千里師古曰不以千里為遠而自致也繇與由同或有先祖舊書多奉以奏獻王者師古曰奏進也故得書多與漢朝等是時淮南王安亦好書所招致率多浮辯師古曰言無實用耳獻王所得書皆古文先秦舊書師古曰先秦猶言秦先謂未焚書之前周官尚書禮禮記師古曰禮者禮經也禮記者諸儒記禮之說也孟子老子之屬皆經傳說記七十子之徒所論師古曰七十子孔子弟子也解具在藝文志其學舉六藝師古曰此六藝謂六經立毛氏詩左氏春秋博士脩禮樂被服儒術造次必於儒者師古曰被服言常居處其中也造次謂所向必行也被音皮義反造音千到反山

東諸儒多從而遊武帝時獻王來朝獻雅樂對三雍宮應劭曰辟
雍明堂靈臺也雍和也言天地君臣人民皆和也及詔策所問三十餘事其對
推道術而言得事之中師古曰中音竹仲反文約指明師古曰約少也指謂
義之所趨若人以手指物也他皆類此立二十六年薨中尉常麗以聞曰
王身端行治師古曰端直治理也溫仁恭儉篤敬愛下明知深
察惠于鰥寡大行令奏謚法曰聰明睿知曰獻師古
曰睿深也通也宜謚曰獻王子共王不害嗣四年薨子剛王
堪嗣十二年薨子頃王授嗣師古曰頃音傾諸為謚者皆類此也十七年
薨子孝王慶嗣四十三年薨子元嗣元取故廣陵
厲王厲王太子及中山懷王故姬廉等以為姬甘

前漢傳二十三　二　雁澗

露中冀州刺史敞奏元事下廷尉逮召廉等元迫
脅凡七人令自殺有司奏請誅元有詔削二縣萬
一千戶後元怒少史留貴留貴踰垣出欲告元元
使人殺留貴母有司奏元殘賊不可君國子
民廢勿王處漢中房陵師古曰房陵漢中縣居數年坐與妻
若共乘朱輪車怒若又笞擊令自髡漢中太守請
治病死立十七年國除絕五歲成帝建始元年復
立元弟上郡庫令良如淳曰漢官北邊郡庫官兵之所藏故置令是為河間
惠王良脩獻王之行母太后薨服喪如禮哀帝下
詔褒揚曰河間王良喪太后三年為宗室儀表其

益封萬戶二十七年薨子尚嗣王莽時絕
臨江哀王閼以孝景前二年立三年薨無子國除
為郡　臨江閔王榮以孝景前四年為皇太子
四歲廢為臨江王三歲坐侵廟壖地為宮師古曰壖
音人緣反解在食貨志及鼂錯傳上徵榮榮行祖於江陵北門師古曰祖者送行之
祭因饗飲也昔黃帝之子纍祖好遠遊而死於道故後人以為行神也既上車軸折車廢師古曰廢壞也
江陵父老流涕竊言曰吾王不反矣榮至詣中尉
府對簿中尉郅都簿責訊王師古曰簿皆音薄訊問也音信王恐
自殺葬藍田燕數萬銜土置冢上百姓憐之榮最
長亡子國除師古曰榮實最長而傳居二王之後者以其從太子被廢後乃立為王也地入于漢

前漢傳二十三　三　楊琪

為南郡　魯恭王餘以孝景前二年立為淮陽
王吳楚反破後以孝景前三年徙王魯好治宮室
苑囿狗馬季年好音師古曰季年末年也不喜辭師古曰喜音許吏反為人
口吃難言師古曰吃音訖二十八年薨子安王光嗣初好音
樂輿馬晚節遴師古曰晚節猶言末時也遴與吝同猶言貪嗇也唯恐不足於
財四十年薨子孝王慶忌嗣三十七年薨子頃王
勁嗣二十八年薨子文王睃嗣十八年薨亡子國
除哀帝建平三年復立頃王子睃弟郚鄉侯閔為
王蘇林曰郚音魚縣名也屬東海郡師古曰又音吾王莽時絕恭王初好治宮
室壞孔子舊宅以廣其宮聞鐘磬琴瑟之聲遂

不復敢壞於其壁中得古文經傳　江都易
王非以孝景前二年立爲汝南王吴楚反時非年
十五有材氣上書自請擊吴景帝賜非將軍印
擊吴吴已破徙王江都治故吴國師古曰治謂都之劉濞所居也以
軍功賜天子旗元光中匈奴大入漢邊非上書願
擊匈奴上不許非好氣力治宫館招四方豪桀驕
奢甚二十七年薨子建嗣建爲太子時邯鄲人梁
蚡持女欲獻之易王建聞其美私呼之因留不出
蚡宣言曰子迺與其公爭妻建使人殺蚡蚡家上
書下廷尉考會赦不治易王薨未葬建居服舍師古

曰倚廬堊室之次也召易王所愛美人淖姬等凡十人與姦鄭氏
曰淖音卓王孫之卓蘇林曰淖音淖泥淖師古曰蘇説是音女教反建女弟徵臣爲蓋侯子婦
師古曰女弟即妹也以易王喪來歸建復與姦建異母弟定國
爲淮陽侯易王最小子也其母幸立之師古曰冀得立其子爲易王嗣
具知建事行錢使男子荼恬上書蘇林曰荼音食邪反告建淫
亂不當爲後事下廷尉廷尉治恬受人錢財爲上
書論棄市建罪不治後數使使至長安迎徵臣魯
恭王太后聞之師古曰易王即魯恭王同母之弟徵臣則太后之孫也故與書求之遺徵臣
書曰國中口語籍籍慎無復至江都師古曰籍籍諠聒之意後
建使謁者吉請問共大后師古曰謂請問起居也大后泣謂吉

歸以吾言謂而王師古曰謂告也而汝也王前事漫漫今當自
謹獨不聞燕齊事乎張晏曰燕王定國齊王次昌皆與子及弟姦發覺自殺也言吾
爲而王泣也吉歸致共大后語建大怒擊吉斥之
師古曰斥謂退棄之建游章臺宫令四女子乘小船建以足蹈
覆其船師古曰覆音芳目反其下亦同四人皆溺二人死後游雷波師古
曰波讀爲陂雷陂陂名其下云入波中亦同天大風建使郎二人乘小船入波
中船覆兩郎溺攀船乍見乍没建臨觀大笑令皆
死師古曰不救上之並死波中也宫人姬八子有過者輒令蠃立擊鼓
師古曰八子姬妾官名也蠃者露其形也音來果反或置樹上久者三十日乃得衣
或髡鉗以鉛杵舂師古曰鉛者錫之類也音弋全反不中程輒掠師古曰程者作

之課也掠笞擊也或縱狼令齧殺之師古曰縱放也建觀而大笑或閉
不食令餓死凡殺不辜三十五人建欲令人與禽
獸交而生子彊令宫人蠃而四據與羝羊及狗交
師古曰羝牡羊音丁奚反專爲淫虐自知罪多國中多欲告言
者建恐誅心内不安與其后成光共使越婢下神
祝詛上與郎中令等語怨望漢廷使者即復來覆
我我決不獨死師古曰覆治也不獨死言欲反也覆音芳目反建亦頗聞淮南衡
山陰謀恐一日發爲所并遂作兵器號王后父胡
應爲將軍中大夫疾有材力善騎射師古曰疾者中大夫之名號
曰靈武君作治黄屋蓋刻皇帝璽鑄將軍都尉金

銀印作漢使節二十綬千餘具置軍官品員及拜爵封侯之賞具天下之輿地及軍陳圖遣人通越繇王閩侯遺以錦帛奇珍繇王閩侯亦遺建荃葛蘇林曰荃音詮細布屬也服虔曰音蓀細葛也臣瓚曰荃香草也師古曰服瓚二說皆非也許慎云荃細布也字林本作絟音千全反又音千劣反蓋今南方筩布之屬皆爲荃也葛即今之葛布也以荃及葛遺建也珠璣師古曰璣謂珠之不圜者也音機又音譏犀甲翠羽蝯熊奇獸數通使往來約有急相助師古曰約謂言契也及淮南事發治黨與頗連及建建使人多推金錢絕其獄師古曰行賄賂以滅其蹤跡也後復謂近臣曰我爲王詔獄歲至生又無驩怡日壯士不坐死欲爲人所不能爲耳師古曰亦言欲反也建時佩其父所賜將軍印載天子

旗出積數歲事發覺漢遣丞相長史與江都相雜案索得兵器璽綬節反具師古曰索搜也有司請捕誅建制曰與列侯吏二千石博士議議皆曰建失臣子道積久輒蒙不忍遂謀反逆所行無道雖桀紂惡不至於此天誅所不赦當以謀反法誅有詔宗正廷尉即問建師古曰即就也就其國問之建自殺后成光等皆棄市六年國除地入于漢爲廣陵郡絕百二十一年平帝時新都侯王莽秉政興滅繼絕立建弟盱眙侯子宮爲廣陵王師古曰盱音許于反眙音怡奉易王後莽篡國絕

膠西于王端孝景前三年立爲人賊盭又陰痿師古曰盭古戾字也言其性則害而很戾也痿音萎一近婦人病數月有所愛幸少年以爲郎郎與後宮亂端禽滅之及殺其子母數犯法師古曰數音所角反次下亦同漢公卿數請誅端天子弗忍而端所爲滋甚師古曰滋益也有司比再請削其國去太半張晏曰三分之二爲太半一爲少半師古曰比頻也端心慍遂爲無訾省蘇林曰爲無所省錄也師古曰訾訾財也省視也言不視訾財也府庫壞漏盡腐財物以鉅萬計終不得收徙師古曰不收又不徙置他處令吏毋得收租賦端皆去衛封其宮門從一門出入數變名姓爲布衣之它國師古曰之往也相二千石至者奉漢法以治端輒求其罪告之亡罪者詐藥殺之所以設詐究變師古曰究極也彊足以距

諫知足以飾非相二千石從王治則漢繩以法故膠西小國而所殺傷二千石甚衆立四十七年薨無子國除地入于漢爲膠西郡

趙敬肅王彭祖以孝景前二年立爲廣川王趙王遂反破後徙王趙彭祖爲人巧佞卑諂足共師古曰共讀曰恭足恭謂便辟也而心刻深好法律持詭辯以中人師古曰詭違道之辯也中傷也音竹仲反多內寵姬及子孫相二千石欲奉漢法以治則害於王家是以每相二千石至彭祖衣皁布單衣師古曰或曰皁或布以爲單衣自行迎除舍師古曰至除舍迎之也除舍謂初所至之舍多設疑事以詐動之得二千石失言中忌諱輒書之二千石欲

治者則以此迫劫不聽迺上書告之及汙以姦利事彭祖立六十餘年相二千石無能滿二歲輒以罪去大者死小者刑以故二千石莫敢治而趙王擅權使使即縣爲賈人榷會韋昭曰平會兩家買賣之賈者榷者禁他家獨王家得爲之也師古曰即就也就諸縣而專榷賈人之會若今和市矣榷音角會音工外反入多於國租稅以是趙王家多金錢然所賜姬諸子亦盡之矣彭祖不好治宮室禨祥服虔曰求福也師古曰禨鬼俗也字或作䰟淮南子曰荊人鬼越人禨禨祥摠謂鬼神之事也服說失之禨音居衣反好爲吏上書願督國中盜賊師古曰督視察也常夜從走卒行徼邯鄲中師古曰徼謂巡察也音工釣反諸使過客以彭祖險陂莫敢留邯鄲師古曰使謂京師使人也過客行客從趙過者也陂謂傾側也音皮義反久之太子丹與其女及同產姊姦江充告丹淫亂又使人椎埋攻剽爲姦甚衆師古曰椎殺人而埋之故曰椎埋剽劫也椎音直佳反其字從木剽音頻妙反其字從刀武帝遣使者發吏卒捕丹下魏郡詔獄治罪至死彭祖上書冤訟丹願從國中勇敢擊匈奴師古曰以勇敢自隨贖丹罪上不許久之竟赦出後彭祖入朝因帝姊平陽隆慮公主師古曰慮音廬求復立丹爲太子上不許彭祖取江都易王寵姬王建所姦淖姬者甚愛之生一男號淖子彭祖以征和元年薨諡敬肅王彭祖薨時淖姬兄爲漢宦者上召問淖子何如對曰爲人多欲上曰多欲不宜君國

子民問武始侯昌曰無咎無譽上曰如是可矣遣使者立昌是爲頃王十九年薨子懷王尊嗣五年薨無子絕二歲宣帝立尊弟高是爲哀王數月薨子共王充嗣五十六年薨子隱嗣王莽時絕初武帝復以親親故立敬肅王小子偃爲平干王孟康曰今廣平是爲頃王十一年薨子繆王元嗣二十五年薨大鴻臚禹奏元前以刃賊殺奴婢子男殺謁者爲刺史所舉奏罪名明白病先令令能爲樂奴婢從死師古曰先令者預爲遺令也能爲樂作樂之人也從死以殉葬也迫脅自殺者凡十六人暴虐不道故春秋之義誅君之子不宜立元雖未伏誅不宜立嗣奏可國除

中山靖王勝以孝景前三年立武帝初即位大臣懲吳楚七國行事議者多冤晁錯之策師古曰言錯策爲是枉見殺也皆以諸侯連城數十泰強欲稍侵削數奏暴其過惡師古曰暴謂披布之諸侯王自以骨肉至親先帝所以廣封連城犬牙相錯者爲盤石宗也師古曰錯雜也言其地相交雜今或無罪爲臣下所侵辱有司吹毛求疵師古曰疵病也音才斯反笞服其臣使證其君多自以侵冤建元三年代王登長沙王發中山王勝濟川王明來朝天子置酒勝聞樂聲而泣問其故勝對曰臣聞悲者不可爲絫欷師古曰絫古累字重也欷歔欷

也音許既反思者不可爲歎息師古曰言聞歔欷之聲則悲思益甚故高漸離擊筑易水之上荆軻爲之低而不食應劭曰燕太子丹遣荆軻刺秦王賓客祖於易水之上漸離擊筑士皆垂泣荆軻不能復食也師古曰低謂俛首雍門子壹微吟孟嘗君爲之於邑張晏曰齊之賢者居雍門因以爲號蘇林曰六國時人名周善鼓琴毋死無以葬見孟嘗君而微吟也如淳曰雍門子以善鼓琴見孟嘗君先說萬歲之後高臺既已顚曲池又已平墳墓生荆棘牧豎游其上孟嘗君亦如是乎孟嘗君喟然歎息也師古曰如說是也蘇林失之矣於邑短氣皃於音烏邑音一合反或讀如本字今臣心結日久每聞幼眇之聲不知涕泣之橫集也師古曰幼音一笑反眇音妙幼眇精微也夫衆喣漂山應劭曰喣吹喣也師古曰漂動也喣音許句反又音許于反漂音匹遥反聚民蟁成靁師古曰蟁古蚊字靁古雷字言衆蚊飛聲有若雷也朋黨執虎十夫橈椎師古曰橈曲也音女教反是以文王拘於牖里孔子阨於陳蔡此乃烝庶之成

風增積之生害也師古曰烝庶謂衆人也臣身遠與寡莫爲之先師古曰身遠者去帝京遠與寡者少黨與也先謂素爲延譽也衆口鑠金積毀銷骨師古曰解在鄒陽傳叢輕折軸羽翮飛肉師古曰言積載輕物物多至今車軸毀折而鳥之所以能飛翔者以羽翮扇揚之故也紛驚逢羅潸然出涕晉灼曰言皆驚亂遇法罔可爲出涕者也師古曰潸垂涕貌音所姦反臣聞白日曬光幽隱皆照師古曰曬暴也舒也音山豉反又音丑支反明月曜夜蟁蝱宵見師古曰宵亦夜也蝱音盲然雲烝列布杳冥晝昬塵埃抪覆昧不見泰山師古曰抪亦布散也昧暗也抪音鋪何則物有蔽之也今臣雍閼不得聞師古曰雍讀曰壅壅塞也閼猶止也音烏曷反讒言之徒蠭生師古曰蠭生言衆多也一曰蠭與蜂同道遼路遠曾莫爲臣聞臣竊自悲也臣聞社鼷不灌屋鼠不熏師古

曰鼷小鼠音奚何則所託者然也臣雖薄也得蒙肺附位雖卑也得爲東藩屬又稱兄師古曰言於戚屬爲帝兄今羣臣非有葭莩之親鴻毛之重張晏曰葭蘆葉也莩葉裏白皮也晉灼曰莩葭裏之白皮也皆取喻於輕薄也師古曰葭蘆也莩者其筩中白皮至薄者也葭莩喻薄鴻毛喻輕薄甚也莩音孚張言葉裏白皮非也羣居黨議朋友相爲使夫宗室擯卻骨肉冰釋師古曰擯卻謂斥退也冰釋言銷散也擯音必刃反卻音丘略反斯伯奇所以流離比干所以橫分也師古曰伯奇周尹吉甫之子也事後母至孝而後母譖之於吉甫吉甫欲殺之伯奇乃亡走山林比干諫紂紂怒殺而剖其心故云橫分也詩云我心憂傷惄焉如擣假寐永歎唯憂用老心之憂矣疢如疾首師古曰小雅小弁之詩也惄思也擣築也不脫衣冠而寐曰假寐永長也疢病也言我心中憂思如被擣築假寐長歎以憂致老至於若病如遇首疾也臣之謂也具以吏所侵聞於

是上乃厚諸侯之禮省有司所奏諸侯事師古曰省減也加親親之恩焉其後更用主父偃謀令諸侯以私恩自裂地分其子弟而漢爲定制封號輒別屬漢郡漢有厚恩而諸侯地稍自分析弱小云勝爲人樂酒好內師古曰好內躭於妻妾也樂音五教反有子百二十餘人常與趙王彭祖相非曰兄爲王專代吏治事王者當日聽音樂御聲色趙王亦曰中山王但奢淫不佐天子拊循百姓何以稱爲藩臣四十三年薨子哀王昌嗣一年薨子糠王昆侈嗣二十一年薨子頃王輔嗣四年薨子憲王福嗣十七年薨子懷王脩嗣十

五年薨無子絕四十五歲成帝鴻嘉二年復立憲王弟孫利鄉侯子雲客是爲廣德夷王二年薨無子絕十四歲哀帝復立雲客弟廣漢爲廣平王薨無後平帝元始二年復立廣川惠王曾孫倫爲廣德王奉靖王後王莽時絕

長沙定王發母唐姬故程姬侍者景帝召程姬程姬有所避不願進（師古曰謂月事）而飾侍者唐兒使夜進上醉不知以爲程姬而幸之遂有身已乃覺非程姬也及生子因名曰發（張晏曰長沙王朱乃發寤已之繆幸唐姬）以孝景前二年立以其母微無寵故王卑溼貧國（應劭曰景帝後二年諸王來朝有詔更前稱壽歌舞定王但張褏小舉手左右笑其拙上怪問之對曰臣國小地陜不足回旋帝乃以武陵零陵桂陽益焉）二十八年薨子戴王庸嗣二十七年薨子頃王鮒鮈嗣（服虔曰鮒音拊師古曰鮒音附鮈音劬字或作胕朐其音同耳）十七年薨子剌王建德嗣（師古曰剌音來曷反）宣帝時坐獵縱火燔民九十六家（師古曰縱放也）殺二人又以縣官事怨內史教人誣告以棄市罪削八縣罷中尉官（師古曰減其官屬所以貶抑之）三十四年薨子煬王且嗣（師古曰煬音弋向反）二年薨無子絕歲餘元帝初元三年復立且弟宗是爲孝王五年薨子魯人嗣王莽時絕

廣川惠王越以孝景中二年立十三年薨子繆王齊嗣（師古曰謚法曰蔽仁傷善曰也）四十四年薨初齊有幸臣乘距

已而有罪欲誅距距亡齊因禽其宗族距怨王乃上書告齊與同產姦（師古曰謂姊妹也）是後齊數告言漢公卿及幸臣所忠等（師古曰所姓忠名解見在食貨志）又告中尉蔡彭祖捕子明（孟康曰彭祖子名明也師古曰孟說非也明廣川王子也）罵曰吾盡汝種矣（師古曰王謚彭祖罵明云然）有司案驗不如王言劾齊誣罔大不敬請繫治齊恐上書願與廣川勇士奮擊匈奴上許之未發病薨有司請除國奏可後數月下詔曰廣川惠王於朕爲兄朕不忍絕其宗廟其以惠王孫去爲廣川王去即繆王齊太子也師受易論語孝經皆通好文辭方技博弈倡優其殿門有成慶畫短衣大絝長劍（晉灼曰成慶荊軻也衛人謂之慶卿燕人謂之荊卿師古曰成慶古之勇士也事見淮南子非荊卿也）去好之作七尺五寸劍被服皆效焉有幸姬王昭平王地餘許以爲后去嘗疾姬陽成昭信侍視甚謹（師古曰陽成姓也昭信名也）更愛之去與地餘戲得褏中刀（師古曰褏古衣袖字）笞問狀服欲與昭平共殺昭信笞問昭平不服以鐵鍼鍼之（師古曰以鐵刺也鍼音之林反）彊服乃會諸姬去以劍自擊地餘令昭信擊昭平皆死昭信曰兩姬婢且泄口復絞殺從婢三人後昭信病夢見昭平等以狀告去去曰虜乃復見畏我（師古曰言其見形令我畏忌也見音胡電反）獨可燔燒耳掘出尸皆燒爲灰後去立昭信爲后幸姬陶望卿

爲脩靡夫人主繒帛崔脩成爲明貞夫人主永巷昭信復譖望卿曰與我無禮衣服常鮮於我師古曰鮮謂新華也盡取善繒匄諸宮人師古曰匄乞遺之也音工艾反去曰若數惡望卿不能減我愛師古曰若汝也惡謂讒毀也設聞其淫我亨之矣後昭信謂去曰前畫工畫望卿舍望卿袒裼傅粉其傍師古曰袒裼脫衣露其肩背也袒音但裼音錫又數出入南戶窺郎吏疑有姦去曰善司之以故益不愛望卿後與昭信等飲諸姬皆侍去爲望卿作歌曰背尊章嫖以忽孟康曰嫖音匹昭反師古曰尊章猶言舅姑也今關中俗婦呼舅爲鍾鍾者章聲之轉也謀屈奇起自絕師古曰屈奇奇異也屈音其勿反行周流自生患諒非望今誰怨師古曰諒信也言昔被受寵信非所望今見罪責無所怨也使美人相和歌之去曰是中當有自知者昭信知去已怒即誣言望卿歷指郎吏卧處具知其主名又言郎中令錦被疑有姦去即與昭信從諸姬至望卿所贏其身更擊之師古曰更音工衡反令諸姬各持燒鐵共灼望卿望卿走自投井死昭信出之椓杙其陰中師古曰杙橛也椓音竹角反杙音弋割其鼻脣斷其舌謂去曰前殺昭平反來畏我師古曰令我恐畏也今欲靡爛望卿使不能神師古曰靡碎也音糜其下亦同與去共支解置大鑊中取桃灰毒藥幷煮之召諸姬皆臨觀連日夜靡盡復共殺其女弟都後去數召姬榮愛與飲昭信復

譖之曰榮姬視瞻意態不善疑有私時愛爲去刺方領繡服虔曰如今小兒卻襲衣也頸下施衿領正方直晉灼曰今之婦人直領也繡爲方領上刺作黼黻文王莽傳曰有人著赤繢方領方領上服也師古曰晉說是也去取燒之愛恐自投井出之未死笞問愛自誣與醫姦去縛繫柱燒刀灼潰兩目師古曰潰決也生割兩股銷鉛灌其口中愛死支解以棘埋之諸姬幸於去者昭信輒譖殺之凡十四人皆埋太后所居長壽宮中宮人畏之莫敢復迕師古曰迕逆也不敢迕昭信意昭信欲擅愛曰王使明貞夫人主諸姬淫亂難禁請閉諸姬舍門無令出敖師古曰敖謂游戲也使其大婢爲僕射師古曰大婢婢之長年也主永巷盡封閉諸舍上籥於后非大置酒召不得見去憐之爲作歌曰愁莫愁居無聊師古曰聊賴也心重結意不舒內茀鬱憂哀積師古曰茀音拂上不見天生何益日崔隤時不再師古曰崔隤猶言蹉跎也崔音千回反隤音頹願棄軀死無悔令昭信聲鼓爲節以教諸姬歌之歌罷輒歸永巷封門獨昭信兄子初爲乘華夫人得朝夕見昭信與去從十餘奴博飲游敖初去年十四五事師受易師數諫正去師古曰數音所角反其下亦同去益大逐之師古曰益大謂年漸長大也內史請以爲掾師數令內史禁切王家去使奴殺師父子不發覺後去數置酒令倡俳贏戲坐中師古曰倡樂人也俳雜戲者也以爲樂相彊劾繫倡闌入

鐵門（如淳曰[illegible]揗名也）奏狀事下考案倡辭本為王教脩靡
夫人望卿弟都歌舞使者召望卿都去對皆淫亂
自殺會赦不治望卿前亨煑即取他死人與都死
幷付其母（師古曰死者尸也次下求其死亦同）母曰都是望卿非也數號
哭求死昭信令奴殺之奴得辭服（師古曰得者為吏所捕得）本始
三年相內史奏狀具言赦前所犯天子遣大鴻臚
丞相長史御史丞廷尉正雜治鉅鹿詔獄奏請逮
捕去及后昭信制曰王后昭信諸姬奴婢證者皆
下獄辭服有司復請誅王制曰與列侯中二千石
二千石博士議議者皆以為去悖虐聽后昭信讒

言燔燒亨煑生割剝人距師之諫殺其父子凡殺
無辜十六人至一家母子三人逆節絕理其十五
人在赦前大惡仍重（師古曰仍頻也重音直用反）當伏顯戮以示
衆制曰朕不忍致王於法議其罰有司請廢勿王
與妻子徙上庸奏可與湯沐邑百戶去道自殺昭
信棄市立二十二年國除後四歲宣帝地節四年
復立去兄文是為戴王文素正直數諫王去故上
立焉二年薨子海陽嗣十五年坐畫屋為男女贏
交接置酒請諸父姊妹飲令仰視畫又海陽女弟
為人妻而使與幸臣姦又與從弟調等謀殺一家

三人已殺甘露四年坐廢徙房陵國除後十五年
平帝元始二年復立戴王弟子襄隄侯子廧為廣德
王（師古曰隄音丁奚反廧音[illegible]）奉惠王後二年薨子赤嗣王莽時
絕　膠東康王寄以孝景中二年立二十八年
薨淮南王謀反時寄微聞其事私作兵車鏃矢（應曰樓車也所以看敵國營壘之虛實也師古曰兵車止謂戰車耳鏃矢大鏃之矢今所謂兵鎬者也鏃音子木反）戰守備
備淮南之起及吏治淮南事辭出之（師古曰辭語所連出其事）寄
於上最親（師古曰寄母王夫人即王皇后之妹於上為從母故寄於諸兄弟之中又更親也此下有常山王云天子為最親其義亦同）意自傷發病而死不敢置後於是上聞寄
有長子賢母無寵少子慶母愛幸寄常欲立之為

非次因有過遂無所言上憐之立賢為膠東王奉
康王祀而封慶為六安王王故衡山地膠東
王賢立十五年薨謚為哀王子戴王通平嗣二十
四年薨子頃王音嗣五十四年薨子共王授嗣十
四年薨子殷嗣王莽時絕　六安共王慶立三
十八年薨子夷王祿嗣十年薨子繆王定嗣二十
二年薨子頃王光嗣二十七年薨子育嗣王莽時
絕　清河哀王乘以孝景中三年立十二年薨
無子國除　常山憲王舜以孝景中五年立舜
帝少子驕淫數犯禁上常寬之三十三年薨子勃

嗣為王初憲王有不愛姬生長男梲（蘇林曰音奪 師古曰音他活反）梲以母無寵故亦不得幸於王王后脩生大子勃王內多所幸姬生子平子商王后稀得幸及憲王疾甚諸幸姬侍病王后以妬媢不常在（師古曰媢亦妬也媢音冒）輒歸舍醫進藥大子勃不自嘗藥又不宿留侍疾及王薨王后太子乃至憲王雅不以梲為子數（師古曰雅素也數音所具反）不分與財物郎或說大子王后令分梲財皆不聽大子代立又不收恤梲梲怨王后及大子漢使者視憲王喪梲自言憲王病時王后大子不侍及薨六日出舍（如淳曰出舍服舍也）大子勃私姦飲酒博戲擊筑與女子載馳環城過市（師古曰環繞也音宦）入獄視囚天子遣大行騫驗問（師古曰張騫也）逮諸證者（師古曰逮捕之）王又匿之吏求捕勃使人致擊笞掠擅出漢所疑囚有司請誅勃及憲王后脩上曰脩素無行使梲陷之罪勃無良師傅不忍致誅有司請廢勿王徙王勃以家屬處房陵上許之勃王數月廢國除月餘天子為最親詔有司曰常山憲王早夭后妾不和適孽誣爭（師古曰適音嫡孽庶也）陷于不誼以滅國朕甚閔焉其封憲王子平三萬戶為眞定王子商三萬戶為泗水王頃王平立二十五年薨（師古曰眞定頃王也）子烈王

偃嗣十八年薨子孝王由嗣二十二年薨子安王雍嗣二十六年薨子共王普嗣十五年薨子陽嗣王莽時絕

泗水思王商立十二年薨子哀王安世嗣一年薨無子於是武帝憐泗水王絕復立安世弟賀是為戴王立二十二年薨有遺腹子煖（師古曰煖音許遠反）相內史不以聞大后上書昭帝閔之抵相內史罪立煖是為勤王（師古曰勤謚也）立三十九年薨子戾王駿嗣三十一年薨子靖嗣王莽時絕

贊曰昔魯哀公有言寡人生於深宮之中長於婦人之手未嘗知憂未嘗知懼（師古曰哀公與孔子言也事見孫卿子）信哉斯言也雖欲不危亡不可得已（師古曰已語終辭）是故古人以宴安為鴆毒（師古曰左氏傳管敬仲云宴安鴆毒不可懷也）亡德而富貴謂之不幸漢興至于孝平諸侯王以百數率多驕淫失道何則沈溺放恣之中居勢使然也自凡人猶繫于習俗而況哀公之倫乎夫唯大雅卓爾不羣河間獻王近之矣

景十三王傳第二十三

李廣蘇建傳第二十四　班固　漢書五十四

秘書監上護軍琅邪縣開國子顏　師古　注

李廣隴西成紀人也其先曰李信秦時爲將逐得
燕太子丹者也廣世世受射師古曰受射法孝文十四年匈
奴大入蕭關師古曰在上郡北而廣以良家子從軍擊胡用
善射殺首虜多爲郎騎常侍師古曰官爲郎而常騎以侍天子故曰騎常侍數
從射獵格殺猛獸文帝曰惜廣不逢時令當高祖
世萬戶侯豈足道哉景帝即位爲騎郎將師古曰爲騎郎之將
主騎郎吳楚反時爲驍騎都尉從太尉亞夫戰昌邑下
顯名以梁王授廣將軍印故還賞不行文穎曰廣爲漢將私受梁印故

不得賞也爲上谷太守數與匈奴戰典屬國公孫昆邪爲
上泣曰服虔曰昆邪中國人也師古曰對上而泣也昆音下溫反李廣材氣天下亡雙自
負其能數與虜确恐亡之師古曰負恃也确謂競勝敗也确音角上乃徙
廣爲上郡太守匈奴侵上郡上使中貴人從廣服虔曰內臣之貴幸者
勒習兵擊匈奴中貴人者將數十騎從張晏
曰放從遊獵也師古曰張讀作縱此說非也直言將數十騎自隨在大軍前行而忽遇敵也從音才用反見匈奴三人
與戰射傷中貴人殺其騎且盡中貴人走廣師古曰走趣也
音奏廣曰是必射鵰者也文穎曰鵰鳥也故使善射者射之師古曰鵰大鷙鳥也一名鷲黑色翮可
以爲箭翮音鬲廣乃從百騎往馳三人師古曰疾馳而逐之三人亡馬步
行行數十里廣令其騎張左右翼師古曰旁引其騎若鳥翼之爲而

廣身自射彼三人者殺其二人生得一人果匈奴
射鵰者也已縛之上山望匈奴數千騎見廣以爲
誘騎驚上山陳師古曰爲陳以待廣也廣之百騎皆大恐欲馳
還走廣曰我去大軍數十里今如此走匈奴追射
我立盡今我留匈奴必以我爲大軍之誘不我擊
師古曰不我擊不敢擊我也廣令曰前未到匈奴陳二里所止令曰
皆下馬解鞍騎曰虜多如是解鞍即急柰何廣曰
彼虜以我爲走今解鞍以示不去用堅其意師古曰示
以堅牢令敵意知之有白馬將出護兵師古曰將之乘白馬者也護謂監視之廣上馬
與十餘騎奔射殺白馬將而復還至其百騎中解

鞍縱馬卧師古曰縱放也時會暮胡兵終怪之弗敢擊夜半
胡兵以爲漢有伏軍於傍欲夜取之即引去平旦
廣乃歸其大軍後徙爲隴西北地鴈門雲中太守
武帝即位左右言廣名將也由是入爲未央衛尉
而程不識時亦爲長樂衛尉程不識故與廣俱以
邊太守將屯及出擊胡而廣行無部曲行陳師古曰續漢書
百官志云將軍領軍皆有部曲大將軍營五部部校尉一人部下有曲曲有軍候一人今廣尚於簡易故行道之中而不立部曲也
就善水草頓舍人人自便師古曰頓止也舍息也便安利也音頻面反其下亦同不
擊刁斗自衛孟康曰刁斗以銅作鐎受一斗晝炊飯食夜擊持行夜名曰刁斗今在滎陽庫中也蘇林曰形如鋗
無緣師古曰鐎音譙郡之譙溫器也鋗音火玄反鋗即銚也今俗或呼銅銚音姚莫府省文書晉灼曰將軍職

在征行無常處所在爲治故言莫府也莫大也或曰衞青征匈奴絕大莫大克獲
帝就拜大將軍於幕中府故曰莫府莫府之名始於此也師古曰二說皆非也
莫府者以軍幕爲義古字通單用耳軍旅無常居止故以帳幕言之廉
頗李牧市租皆入幕府此則非因衞青始有其號又莫訓大於義乖
矣省少也音所領反然亦遠斥候未嘗遇害程不識正部曲行
伍營陳擊刁斗吏治軍簿師古曰簿文簿音步戶反至明軍不得自
便不識曰李將軍極簡易然虜卒犯之無以禁師古
曰卒讀曰猝而其士亦佚樂師古曰佚與逸同逸樂謂閑豫也爲之死我軍雖煩
擾虜亦不得犯我是時漢邊郡李廣程不識爲名
將然匈奴畏廣士卒多樂從而苦程不識師古曰苦謂厭苦之也
不識孝景時以數直諫爲太中大夫爲人廉謹於
文法後漢誘單于以馬邑城使大軍伏馬邑傍而

廣爲驍騎將軍屬護軍將軍師古曰韓安國單于覺之去漢
軍皆無功後四歲廣以衞尉爲將軍出鴈門擊匈
奴匈奴兵多破廣軍生得廣單于素聞廣賢令曰
得李廣必生致之胡騎得廣廣時傷置兩馬閒絡
而盛臥行十餘里廣陽死睨其傍有一兒騎善馬
師古曰睨邪視也音五係反暫騰而上胡兒馬上師古曰騰跳躍也因抱兒鞭
馬南馳數十里得其餘軍匈奴騎數百追之廣行
取兒弓射殺追騎師古曰且行且射也以故得脫於是至漢漢
下廣吏吏當廣亡失多爲虜所生得師古曰當謂處其罪也當斬
贖爲庶人數歲與故潁陰侯屏居藍田南山中射

獵師古曰潁陰侯灌嬰之孫名彊嘗夜從一騎出從人田閒飲還至亭
霸陵尉醉呵止廣廣騎曰故李將軍尉曰今將軍
尚不得夜行何故也宿廣亭下居無何匈奴入隴西
殺太守敗韓將軍蘇林曰韓安國韓將軍後徙居右北平死
於是上乃召拜廣爲右北平太守廣請霸陵尉與
俱師古曰奏請天子而將行至軍而斬之上書自陳謝罪上報曰將
軍者國之爪牙也司馬法曰登車不式遭喪不服
服虔曰式撫車之式以禮敬人也式者車前橫木也字或作軾振旅撫師以征不服率三軍
之心同戰士之力故怒形則千里竦威振則萬物
伏師古曰竦懼也是以名聲暴於夷貉威稜憺乎鄰國李奇曰神靈之

威曰稜憺猶動也蘇林曰陳留人語恐言憺之師古曰稜音來登反憺音徒濫反夫報忿除害捐殘去殺
朕之所圖於將軍也若迺免冠徒跣稽顙請罪豈
朕之指哉師古曰指意也將軍其率師東轅彌節白檀孟康曰白檀縣
名也屬右北平李奇曰彌節少安之貌師古曰彌音亡爾反以臨右北平盛秋師古曰盛秋馬肥恐虜爲寇故令折
衝禦難也廣在郡匈奴號曰漢飛將軍避之數歲不入
界廣出獵見草中石以爲虎而射之中石沒
矢視之石也他日射之終不能入矣廣所居
郡聞有虎常自射之及居右北平射虎虎騰
傷廣廣亦射殺之石建卒上召廣代爲郎
中令元朔六年廣復爲將軍從大將軍

出定襄諸將多中首虜率爲侯者如淳曰中猶充也充本法得首若干封侯也師
古曰率謂軍功封賞之科著在法令者也中音竹仲反其下率亦同而廣軍無功後三歲廣以
郎中令將四千騎出右北平博望侯張騫將萬騎
與廣俱異道行數百里匈奴左賢王將四萬騎圍
廣廣軍士皆恐廣廼使其子敢往馳之敢從數十
騎直貫胡騎出其左右而還報廣曰胡虜易與耳
軍士乃安爲圜陳外鄉師古曰鄉讀曰嚮胡急擊矢下如雨
漢兵死者過半漢矢且盡廣乃令持滿毋發師古曰注矢於
弓弩弓而引滿之不發矢也而廣身自以大黃射其裨將服虔曰黃肩弩也孟康曰太公
陷堅卻敵以大黃參連弩也晉灼曰黃肩即黃間也大黃其大者也師古曰服晉二說是也殺數人胡虜益

解會暮吏士無人色師古曰言懼也而廣意氣自如師古曰自如猶云如舊
益治軍師古曰迴部曲整行陳也軍中服其勇也明日復力戰而
博望侯軍亦至匈奴廼解去漢軍罷弗能追師古曰罷讀曰疲
是時廣軍幾沒師古曰幾音鉅依反歸漢法博望侯後期當
死贖爲庶人廣軍自當亡賞師古曰自當謂爲虜所勝初又能勝虜功過相當也
廣與從弟李蔡俱爲郎事文帝景帝時蔡積功至
二千石武帝元朔中爲輕車將軍從大將軍擊右
賢王有功中率封爲樂安侯師古曰此傳及百官表並爲樂安侯而功臣表作安樂侯
是功臣表誤也元狩二年代公孫弘爲丞相蔡爲人在下中
師古曰在下輩之中名聲出廣下遠甚然廣不得爵邑官不過

九卿廣之軍吏及士卒或取封侯廣與望氣王朔
語曰自漢征匈奴廣未嘗不在其中而諸妄校尉
已下張晏曰妄猶凡也材能不及中師古曰中謂中庸之人也以軍功取侯
者數十人廣不爲後人然終無尺寸功以得封邑
者何也豈吾相不當侯邪朔曰將軍自念豈嘗有
恨者乎師古曰恨悔也廣曰吾爲隴西守羌嘗反吾誘降者
八百餘人詐而同日殺之至今恨獨此耳朔曰禍
莫大於殺已降此廼將軍所以不得侯者也廣歷
七郡太守前後四十餘年得賞賜輒分其戲下師古
曰戲讀曰麾又音許宜反飲食與士卒共之家無餘財終不言生

產事爲人長爰臂如淳曰臂如猨臂通肩也或曰以當爲猨臂也師古曰王國風兔爰之詩云有兔爰爰爰緩意也其義兩通其善射亦天性雖子孫他人學者莫能及
廣吶口少言師古曰吶亦訥字與人居則畫地爲軍陳射闊
狹以飲專以射爲戲如淳曰爲戲求跡密持酒以飲不勝者也將兵乏絕處
見水士卒不盡飲不近水不盡餐不嘗食寬緩不
苛師古曰苛細也士以此愛樂爲用其射見敵非在數十步
之內度不中不發師古曰度音徒各反中音竹仲反發即應弦而倒用
此其將數困辱及射猛獸亦數爲所傷云元狩四
年大將軍票騎將軍大擊匈奴廣數自請行上以
爲老不許良久乃許之以爲前將軍大將軍青出

塞捕虜知單于所居廼自以精兵走之師古曰走趣也音奏而
令廣并於右將軍軍出東道師古曰并合也合軍而同道東道少回
遠師古曰回繞也曲也音胡悔反大軍行水草少其勢不屯行張晏曰以水草少不可群
輩也廣辭曰臣部為前將軍今大將軍乃徙臣出東
道且臣結髮而與匈奴戰師古曰言始勝冠即在戰陣廼今一得當單
于臣願居前先死單于師古曰致死而取單于大將軍陰受上
指以為李廣數奇孟康曰奇隻不耦也如淳曰數為匈奴所敗為奇不耦師古曰言廣命隻不耦合也孟說
是矣數音所角反奇音居宜反毋令當單于恐不得所欲師古曰謂不勝敵也是
時公孫敖新失侯為中將軍大將軍亦欲使敖與
俱當單于故徙廣廣知之固辭大將軍弗聽令長

史封書與之莫府師古曰之往也莫府衛青行軍府曰急詣部如書廣
不謝大將軍而起行意象慍怒師古曰言慍怒之色形於外也而就部
引兵與右將軍食其合軍出東道師古曰趙食其也食音異其音基惑
失道後大將軍師古曰惑迷也在後不及期也大將軍與單于接戰單
于遁走弗能得而還南絕幕廼遇兩將軍師古曰絕渡也廣
已見大將軍還入軍大將軍使長史持糒醪遺廣
師古曰糒乾飯也醪汁滓酒也糒音備醪音牢因問廣食其失道狀曰青欲上書
報天子失軍曲折師古曰曲折猶言委曲也廣未對大將軍長史
急責廣之莫府上簿師古曰之往也簿謂文狀也音步戶反廣曰諸校尉
亡罪乃我自失道吾今自上簿至莫府謂其麾下

曰廣結髮與匈奴大小七十餘戰今幸從大將軍
出接單于兵而大將軍徙廣部行回遠又迷失道
豈非天哉且廣年六十餘終不能復對刀筆之吏
矣遂引刀自剄百姓聞之知與不知老壯皆為垂
泣師古曰知謂素相識知也而右將軍獨下吏當死贖為庶人廣三
子曰當戶椒敢皆為郎上與韓嫣戲嫣少不遜師古曰嫣
音偃當戶擊嫣嫣走於是上以為能當戶蚤死師古曰蚤古早字
乃拜椒為代郡太守皆先廣死廣死軍中時敢從
票騎將軍廣死明年李蔡以丞相坐詔賜冢地陽
陵當得二十畝蔡盜取三頃頗賣得四十餘萬又

盜取神道外壖地一畝葬其中師古曰壖音人掾反當下獄自
殺敢以校尉從票騎將軍擊胡左賢王力戰奪左
賢王旗鼓斬首多賜爵關內侯食邑二百戶代廣
為郎中令頃之怨大將軍青之恨其父師古曰令其父恨而死也廼
擊傷大將軍大將軍匿諱之居無何敢從上雍至
甘泉宮獵師古曰無何謂未多時也雍之所在地形積高故云上也上音時掌反他皆類此票騎將軍
去病怨敢傷青射殺敢去病時方貴幸上為諱云
鹿觸殺之居歲餘去病死敢有女為太子中人愛
幸敢男禹有寵於太子然好利亦有勇嘗與侍中
貴人飲侵陵之莫敢應師古曰言畏其有力氣後愬之上上召禹

使刺虎縣下圈中未至地有詔引出之禹從落中以劍斫絕纍欲刺虎師古曰落與絡同謂當時纆絡之而下也纍索也音力追反上壯之遂救止焉而當戶有遺腹子陵將兵擊胡兵敗降匈奴後人告禹謀欲亡從陵下吏死

陵字少卿少為侍中建章監善騎射愛人謙讓下士師古曰下音胡亞反甚得名譽武帝以為有廣之風使將八百騎深入匈奴二千餘里過居延視地形不見虜還拜為騎都尉將勇敢五千人教射酒泉張掖以備胡數年漢遣貳師將軍伐大宛使陵將五校兵隨後行至塞會貳師還上賜陵書陵留吏士與輕

騎五百出敦煌至鹽水迎貳師還復留屯張掖天漢二年貳師將三萬騎出酒泉擊右賢王於天山召陵欲使為貳師將輜重師古曰重音直用反陵召見武臺師古曰未央宮有武臺殿叩頭自請曰臣所將屯邊者皆荊楚勇士奇材劍客也力扼虎射命中師古曰扼謂捉持之也命中者所指名處即中之也扼音厄願得自當一隊師古曰隊部也音徒內反到蘭干山南以分單于兵毋令專鄉貳師軍師古曰鄉讀曰向上曰將惡相屬邪吾發軍多毋騎予女陵對無所事騎師古曰猶言不事須騎也臣願以少擊眾步兵五千人涉單于庭上壯而許之因詔彊弩都尉路博德將兵半道迎陵軍博德故伏波將軍亦羞為陵後距奏言方秋匈奴馬肥未可與戰臣願留陵至春俱將酒泉張掖騎各五千人並擊東西浚稽可必禽也師古曰浚稽山名時虜分居此兩山也浚音峻稽音雞書奏上怒疑陵悔不欲出而教博德上書延詔博德吾欲予李陵騎云欲以少擊眾今虜入西河其引兵走西河遮鉤營之道張晏曰胡來要害道令博德遮之師古曰走音奏詔陵以九月發出遮虜鄣師古曰鄣者塞上險要之處往往修築別置候望之人所以自鄣蔽而伺敵也遮虜鄣名也至東浚稽山南龍勒水上徘徊觀虜即亡所見從浞野侯趙破奴故道抵受降城休士師古曰抵歸也受降城本公孫敖所築休息也浞音仕角反因騎置以聞師古曰騎置謂驛騎也所與博德言者

云何張晏曰天子疑陵教博德上書自求至春乃俱西也具以書對陵於是將其步卒五千人出居延北行三十日至浚稽山止營舉圖所過山川地形使麾下騎陳步樂還以聞步樂召見道陵將率得士死力上甚說師古曰說讀曰悅拜步樂為郎陵至浚稽山與單于相值騎可三萬圍陵軍軍居兩山閒以大車為營陵引士出營外為陳前行持戟盾後行持弓弩師古曰行胡郎反令曰聞鼓聲而縱聞金聲而止師古曰金謂鉦也一名鐲鐲音濁虜見漢軍少直前就營陵搏戰攻之如淳曰手對戰也千弩俱發應弦而倒虜還走上山漢軍追擊殺數千人單于大驚召左右地

兵八萬餘騎攻陵陵且戰且引南行數日抵山谷中（師古曰抵當也至也其下亦同）連戰士卒中矢傷三創者載輦兩創者將車一創者持兵戰陵曰吾士氣少衰而鼓不起者何也（師古曰擊鼓進士而士氣不起也一曰士卒以有妻婦故聞鼓音而不時起也）軍中豈有女子乎始軍出時關東羣盜妻子徙邊者隨軍為卒妻婦大匿車中陵搜得皆劒斬之明日復戰斬首三千餘級引兵東南循故龍城道行四五日抵大澤葭葦中（師古曰葭即蘆也音家）虜從上風縱火陵亦令軍中縱火以自救（師古曰預自燒其旁草木令虜火不得延及也）南行至山下單于在南山上使其子將騎擊陵陵軍步鬬樹木間復

前漢傳二十四　十一

殺數千人因發連弩射單于（服虔曰三十弩共一弦也張晏曰三十弩共一臂也師古曰張說是也絭音去權反又音眷）單于下走是日捕得虜言單于曰此漢精兵擊之不能下日夜引吾南近塞得毋有伏兵乎諸當戶君長皆言（師古曰當戶匈奴官名也）單于自將數萬騎擊漢數千人不能滅後無以復使邊臣令漢益輕匈奴復力戰山谷間尚四五十里得平地不能破迺還是時陵軍益急匈奴騎多戰一日數十合復傷殺虜二千餘人虜不利欲去會陵軍候管敢為校尉所辱亡降匈奴具言陵軍無後救射矢且盡獨將軍麾下及成安侯校各八百人為前行以

黃與白為幟（師古曰幟旗也音式志反）當使精騎射之即破矣成安侯者潁川人父韓千秋故濟南相奮擊南越戰死武帝封子延年為侯以校尉隨陵單于得敢大喜使騎並攻漢軍疾呼曰李陵韓延年趣降（師古曰且改且呼也呼音火故反趣讀曰促）遂遮道急攻陵陵居谷中虜在山上四面射矢如雨下漢軍南行未至鞮汗山（師古曰鞮音丁奚反）一日五十萬矢皆盡即棄車去士尚三千餘人徒斬車輻而持之（師古曰徒但也）軍吏持尺刀抵山入陿谷單于遮其後乘隅下壘石（服虔曰山名也師古曰此說非也言放石以投人因山隅曲而下也壘音盧對反）士卒多死不得行昏後陵便衣獨步出營（蘇林

前漢傳二十四　十二

曰寒挐衣卷褏而行也師古曰此說非也便衣謂著短衣小襦也）止左右毋隨我丈夫一取單于耳（師古曰言一身獨取也）良久陵還大息曰兵敗死矣軍吏或曰將軍威震匈奴天命不遂後求道徑還歸如浞野侯為虜所得後亡還天子客遇之況於將軍乎陵曰公止吾不死非壯也於是盡斬旌旗及珍寶埋地中陵歎曰復得數十矢足以脫矣今無兵復戰（師古曰兵即謂矢及矛戟之屬也）天明坐受縛矣各鳥獸散猶有得脫歸報天子者（師古曰脫免也音土活反次下亦同）令軍士人持二升糒一半冰（如淳曰半讀曰片或曰五升曰半師古曰半讀曰判判大片也時冬寒有冰持之以備渴也）期至遮虜鄣者相待夜半時擊鼓起士鼓不鳴陵與

韓延年俱上馬壯士從者十餘人虜騎數千追之韓延年戰死陵曰無面目報陛下遂降軍人分散脫至塞者四百餘人陵敗處去塞百餘里邊塞以聞上欲陵死戰召陵母及婦使相者視之無死喪色後聞陵降上怒甚責問陳步樂步樂自殺羣臣皆罪陵上以問太史令司馬遷遷盛言陵事親孝與士信常奮不顧身以殉國家之急 師古曰殉營也一曰從也 其素所畜積也 師古曰畜讀曰蓄 有國士之風今舉事一不幸全軀保妻子之臣隨而媒孽其短 服虔曰媒音欺謂誣欺也孟康曰媒酒教孽麴也謂釀成其罪也師古曰孟說是也齊人名麴餅曰媒 誠可痛也且陵提步卒不滿五

千深輮戎馬之地 師古曰輮踐也音人九反 抑數萬之師虜救死扶傷不暇悉舉引弓之民共攻圍之轉鬬千里矢盡道窮士張空拳 文穎曰拳弓弩拳也師古曰拳字與絭同音去權反又音眷 冒白刃北首爭死敵 師古曰冒犯也北首北嚮也冒音莫北反首音式救反 得人之死力雖古名將不過也身雖陷敗然其所摧敗亦足暴於天下 師古曰所摧敗匈奴之兵也暴猶章也 彼之不死宜欲得當以報漢也 師古曰言欲立功以當其罪也 初上遣貳師大軍出財令陵爲助兵 師古曰財與纔同謂淺也僅也史傳通用字他皆類此 及陵與單于相值而貳師功少上以遷誣罔欲沮貳師爲陵游說 師古曰沮謂毀壞之音才呂反 下遷腐刑久之上悔陵無救曰陵當發出塞迺詔彊弩都

尉令迎軍坐預詔之得令老將生姦詐 孟康曰坐預詔彊弩都尉路博德迎陵博德老將出塞不至令陵見沒也 迺遣使勞賜陵餘軍得脫者陵在匈奴歲餘上遣因杅將軍公孫敖 孟康曰因杅胡地名也師古曰杅音于 將兵深入匈奴迎陵敖軍無功還曰捕得生口言李陵教單于爲兵以備漢軍故臣無所得上聞於是族陵家母弟妻子皆伏誅隴西士大夫以李氏爲愧 師古曰恥其不能死節累及家室 其後漢遣使使匈奴陵謂使者曰吾爲漢將步卒五千人橫行匈奴以亡救而敗何負於漢而誅吾家使者曰漢聞李少卿教匈奴爲兵陵曰迺李緒非我也李緒本漢塞外都尉居

奚侯城匈奴攻之緒降而單于客遇緒常坐陵上陵痛其家以李緒而誅使人刺殺緒大閼氏欲殺陵 師古曰大閼氏單于之母 單于匿之北方大閼氏死迺還單于壯陵以女妻之立爲右校王衛律爲丁靈王 師古曰丁靈胡之別種也立爲王而主其人也 皆貴用事衛律者父本長水胡人律生長漢善協律都尉李延年延年薦言律使匈奴使還會延年家收律懼并誅亡還降匈奴匈奴愛之常在單于左右陵居外有大事迺入議昭帝立大將軍霍光左將軍上官桀輔政素與陵善遣陵故人隴西任立政等三人 師古曰故人謂舊與相知者 俱至匈奴招陵立政

等至單于置酒賜漢使者李陵衛律皆侍坐立政
等見陵未得私語即目視陵（師古曰以目相視而感動之今俗所謂眼語者也）而數數
自循其刀環（師古曰循謂摩順也）握其足陰諭之言可還歸
漢也後陵律持牛酒勞漢使博飲（蘇林曰博且飲也師古曰勞音力到反）兩
人皆胡服椎結（師古曰結讀曰髻一撮之髻其形如椎）立政大言曰漢已大
赦中國安樂主上富於春秋（師古曰言天子年少）霍子孟上官
少叔用事（師古曰子孟光之字少叔桀之字）以此言微動之陵墨不應
孰視而自循其髮荅曰吾已胡服矣有頃律起更
衣立政曰咄少卿良苦（師古曰言甚勞苦）霍子孟上官少叔
謝女（師古曰謝以辭相問也）陵曰霍與上官無恙乎（師古曰恙憂病也）立政
曰請少卿來歸故鄉毋憂富貴陵字立政曰少公
（師古曰呼其字）歸易耳恐再辱柰何語未卒衛律還頗聞餘
語曰李少卿賢者不獨居一國范蠡徧遊天下由
余去戎入秦今何語之親也因罷去立政隨謂陵
曰亦有意乎（師古曰隨其後而語之）陵曰丈夫不能再辱陵在
匈奴二十餘年元平元年病死　蘇建杜陵
人也以校尉從大將軍靑擊匈奴封平陵侯以將
軍築朔方後以衛尉爲游擊將軍從大將軍出朔
方後一歲以右將軍再從大將軍出定襄亡翕侯
（服虔曰趙信也）失軍當斬贖爲庶人其後爲代郡太守卒官

有三子嘉爲奉車都尉賢爲騎都尉中子武最知
名　武字子卿少以父任兄弟並爲郎稍遷
至移中廄監（師古曰移中廄名也爲之監也移音移）時漢連伐胡數通使相
窺觀匈奴留漢使郭吉路充國等前後十餘輩匈
奴使來漢亦留之以相當天漢元年且鞮侯單于
初立（師古曰且音子閭反鞮音丁奚反）恐漢襲之迺曰漢天子我丈人
行也（師古曰丈人尊老之稱行音胡浪反）盡歸漢使路充國等武帝嘉其
義迺遣武以中郎將使持節送匈奴使留在漢者
因厚賂單于荅其善意武與副中郎將張勝及假
吏常惠等（師古曰假吏猶言兼吏也時權爲使之吏若今之差人充使典矣）募士斥候百
餘人俱（師古曰募人以充士卒及在道爲斥候者）既至匈奴置幣遺單于單
于益驕非漢所望也方欲發使送武等會緱王與
長水虞常等謀反匈奴中（師古曰緱音工侯反）緱王者昆邪王
姊子也（師古曰昆音胡門反）與昆邪王俱降漢後隨浞野侯沒
胡中（師古曰從趙破奴擊匈奴兵敗而降）及衛律所將降者陰相與謀劫
單于母閼氏歸漢會武等至匈奴虞常在漢時素
與副張勝相知私候勝曰聞漢天子甚怨衛律常
能爲漢伏弩射殺之吾母與弟在漢幸蒙其賞賜
張勝許之以貨物與常後月餘單于出獵獨閼氏
子弟在虞常等七十餘人欲發其一人夜亡告之

單于子弟發兵與戰緱王等皆死虞常生得（師古曰被執獲也）單于使衛律治其事張勝聞之恐前語發以狀語武武曰事如此此必及我見犯迺死重負國欲自殺（師古曰言被匈奴侵犯然後迺死是爲更負漢國故欲先自殺也重音直用反）勝惠共止之虞常果引張勝單于怒召諸貴人議欲殺漢使者左伊秩訾曰（臣瓚曰胡官之號也）即謀單于何以復加（師古曰言謀殺衛律而殺之其罰太重也）宜皆降之單于使衛律召武受辭（師古曰致單于之命而取其對也）武謂惠等屈節辱命雖生何面目以歸漢引佩刀自刺衛律驚自抱持武馳召毉鑿地爲坎置熅火（師古曰熅謂聚火無焱者也音於云反焱音弋贍反）覆武其上（師古曰覆身於坎上也覆音芳目反）蹈

其背以出血武氣絶半日復息（師古曰息謂出氣也）惠等哭輿歸營單于壯其節朝夕遣人候問武而收繫張勝武益愈單于使使曉武（師古曰諭說令降也）會論虞常欲因此時降武劒斬虞常已律曰漢使張勝謀殺單于近臣（師古曰衛律自謂也）當死單于募降者赦罪舉劒欲擊之勝請降律謂武曰副有罪當相坐武曰本無謀又非親屬何謂相坐復舉劒擬之武不動律曰蘇君律前負漢歸匈奴幸蒙大恩賜號稱王擁衆數萬馬畜彌山富貴如此（師古曰彌滿也）蘇君今日降明日復然空以身膏草野誰復知之武不應律曰君因我降與

君爲兄弟今不聽吾計後雖欲復見我尚可得乎武罵律曰女爲人臣子不顧恩義畔主背親爲降虜於蠻夷何以女爲見（師古曰言何用見女爲也）且單于信女使決人死生不平心持正反欲鬬兩主觀禍敗南越殺漢使者屠爲九郡宛王殺漢使者頭縣北闕朝鮮殺漢使者即時誅滅獨匈奴未耳若知我不降明（師古曰若汝也言汝知我不肯降明矣）欲令兩國相攻匈奴之禍從我始矣律知武終不可脅白單于單于愈益欲降之迺幽武置大窖中（師古曰舊米粟之窖而空者也音工孝反）絶不飲食（師古曰飲音於禁反食讀曰飤）天雨雪武臥齧雪與旃毛并咽之（師古曰咽吞也音宴）數日不

死匈奴以爲神乃徙武北海上無人處使牧羝羝乳乃得歸（師古曰羝牡羊也羝不當產乳故設此言示絶其事若燕太子丹烏白頭馬生角之比也羝音丁奚反乳音人喻反）別其官屬常惠等各置他所武既至海上廩食不至（師古曰無人給飤之）掘野鼠去中實而食之（蘇林曰取鼠所去草實而食之張晏曰取鼠及草實并而食之師古曰蘇說是也中古草字去謂藏之也音丘呂反）杖漢節牧羊臥起操持節旄盡落積五六年單于弟於靬王弋射海上（師古曰靬音居言反）武能網紡繳檠弓弩（師古曰繳生絲縷也可以弋射檠謂輔正弓弩也繳音斫檠音警又音巨京反）於靬王愛之給其衣食三歲餘王病賜武馬畜服匿穹廬（劉德曰服匿如小旃帳孟康曰服匿如罌小口大腹方底用受酒酪穹廬旃帳也晉灼曰河東北界人呼小石罌受二斗所曰服匿師古曰孟晉二說是也）王死後人衆徙去其冬丁令盜武

牛羊師古曰令音零丁令即上所謂丁靈耳武復窮厄初武與李陵俱爲侍
中武使匈奴明年陵降不敢求武久之單于使陵
至海上爲武置酒設樂因謂武曰單于聞陵與子
卿素厚故使陵來説足下虚心欲相待終不得歸
漢空自苦亡人之地信義安所見乎前長君爲奉
車服虔曰武兄嘉從至雍棫陽宫扶輦下除張晏曰主扶輦下除道也師古曰除謂門
屏之間觸柱折轅劾大不敬伏劍自刎師古曰刎斷也斷其頸也音武粉反賜
錢二百萬以葬孺卿從祠河東后土張晏曰武弟賢宦騎
與黄門駙馬爭船師古曰宦騎宦者而爲騎也黄門駙馬天子駙馬之在黄門者也駙副也金日磾傳
曰養馬於黄門也推墮駙馬河中溺死宦騎亡詔使孺卿逐

前漢傳二十四　十九

捕不得惶恐飲藥而死來時大夫人已不幸師古曰不幸亦
謂死陵送葬至陽陵子卿婦年少聞已更嫁矣獨有
女弟二人兩女一男今復十餘年存亡不可知人
生如朝露師古曰朝露見日則晞乾人命短促亦如之何久自苦如此陵始
降時忽忽如狂自痛負漢加以老母繫保宫師古曰百官公
卿表云少府屬官有居室武帝太初元年更名保宫子卿不欲降何以過陵且陛下
春秋高法令亡常大臣亡罪夷滅者數十家安危
不可知子卿尚復誰爲乎願聽陵計勿復有云武
曰武父子亡功德皆爲陛下所成就位列將爵通
侯兄弟親近常願肝腦塗地今得殺身自效雖蒙

斧鉞湯鑊誠甘樂之臣事君猶子事父也子爲父
死無所恨願勿復再言陵與武飲數日復曰子卿
壹聽陵言武曰自分已死久矣師古曰分音扶問反王必欲降
武請畢今日之驩效死於前師古曰效致也陵見其至誠喟
然歎曰嗟乎義士陵與衛律之罪上通於天因泣
下霑衿與武決去師古曰決別也陵惡自賜武師古曰謂若示已於匈奴中富
饒以奉武使其妻賜武牛羊數十頭後陵復至北海上
語武區脱捕得雲中生口服虔曰區脱土室胡兒所作以候漢者也李奇曰匈奴邊境羅落守
衛官也晉灼曰匈奴傳東胡與匈奴間有棄地千餘里各居其邊爲區脱又云漢得區脱王發人民屯區脱以備漢此爲因邊境以爲官李説
是也師古曰匈奴邊境爲候望之室服説是也本非官號區脱王者以其所部居區脱之處因呼之耳李晉二説皆失之區讀與甌同音一侯反

前漢傳二十四　二十

脱音土活反言太守以下吏民皆白服曰上崩武聞之南
鄉號哭歐血旦夕臨師古曰鄉讀曰嚮臨哭也音力禁反數月昭帝即位
數年匈奴與漢和親漢求武等匈奴詭言武死後
漢使復至匈奴常惠請其守者與俱得夜見漢使
具自陳道教使者謂單于言天子射上林中得鴈
足有係帛書言武等在某澤中使者大喜如惠語
以讓單于師古曰讓責也單于視左右而驚謝漢使曰武
等實在於是李陵置酒賀武曰今足下還歸揚名
於匈奴功顯於漢室雖古竹帛所載丹青所畫何
以過子卿陵雖駑怯令漢且貰陵罪師古曰貰寬也全其老

毋使得奮大辱之積志庶幾乎曹柯之盟（李奇曰欲劫單于如曹劌劫齊桓公柯盟之時）此陵宿昔之所不忘也收族陵家為世大戮陵尚復何顧乎已矣令子卿知吾心耳異域之人壹別長絕陵起舞歌曰徑萬里兮度沙幕為君將兮奮匈奴路窮絕兮矢刃摧士衆滅兮名已隤老母已死雖欲報恩將安歸（師古曰隤墜也音大回反）陵泣下數行因與武決單于召會武官屬（師古曰會謂集聚也）前以降及物故凡隨武還者九人（師古曰物故謂死也言其同於鬼物而故也一說不欲斥言但云其所服用之物皆已故耳而說者妄欲改物為勿非也）武以始元六年春至京師詔武奉一大牢謁武帝園廟拜為典屬國秩中二千石

前漢傳二十四　二十一

賜錢二百萬公田二頃宅一區常惠徐聖趙終根皆拜為中郎賜帛各二百匹其餘六人老歸家賜錢人十萬復終身（師古曰復音方目反）常惠後至右將軍封列侯自有傳武留匈奴凡十九歲始以彊壯出及還須髮盡白武來歸明年上官桀子安與桑弘羊及燕王蓋主謀反武子男元與安有謀坐死初桀安與大將軍霍光爭權數疏光過失予燕王（師古曰疏謂條錄之）令上書告之又言蘇武使匈奴二十年不降還迺為典屬國（師古曰實十九年而言二十者欲久其事以見冤屈故多言也）大將軍長史無功勞為搜粟都尉光顓權自恣（師古曰顓與專同）及燕王等

反誅窮治黨與武素與桀弘羊有舊數為燕王所訟子又在謀中廷尉奏請逮捕武霍光寢奏免武官數年昭帝崩武以故二千石與計謀立宣帝（師古曰與讀曰豫）賜爵關內侯食邑三百戶久之衛將軍張安世薦武明習故事奉使不辱命先帝以為遺言宣帝即時召武待詔宦者署（師古曰百官公卿表少府屬官有宦者令丞以其署親近故令於此待詔也）數進見復為右曹典屬國以武著節老臣令朝朔望號稱祭酒（師古曰加祭酒之號所以示優尊也祭酒已解在伍被傳）甚優寵之武所得賞賜盡以施予昆弟故人家不餘財皇后父平恩侯帝舅平昌侯樂昌侯（師古曰平恩侯許伯平昌侯王無故樂昌侯王武也）車騎將軍韓增丞相魏相御史大夫丙吉

前漢傳二十四　二十二

皆敬重武武年老子前坐事死上閔之問左右武在匈奴久豈有子乎武因平恩侯自白前發匈奴時胡婦適產一子通國有聲問來願因使者致金帛贖之上許焉後通國隨使者至上以為郎又以武弟子為右曹武年八十餘神爵二年病卒甘露三年單于始入朝上思股肱之美迺圖畫其人於麒麟閣（張晏曰武帝獲麒麟時作此閣圖畫其象於閣遂以為名師古曰漢宮閣疏云蕭何造）法其形貌署其官爵姓名（師古曰署表也題也）唯霍光不名曰大司馬大將軍博陸侯姓霍氏次曰衛將軍富平侯張安

世次曰車騎將軍龍頟侯韓增次曰後將軍營平侯趙充國次曰丞相高平侯魏相次曰丞相博陽侯丙吉次曰御史大夫建平侯杜延年次曰宗正陽城侯劉德次曰少府梁丘賀次曰太子太傅蕭望之次曰典屬國蘇武皆有功德知名當世是以表而揚之明著中興輔佐列於方叔召虎仲山甫焉（師古曰三人皆周宣王之臣有文武之功佐宣王中興者也言宣帝亦重興漢室而霍光等並爲名臣皆比於方叔之屬召讀曰邵）凡十一人皆有傳自丞相黃霸廷尉于定國大司農朱邑京兆尹張敞右扶風尹翁歸及儒者夏侯勝等皆以善終著名宣帝之世然不得列於名臣之圖以此知其選矣

贊曰李將軍恂恂如鄙人口不能出辭（師古曰恂恂誠謹貌也音荀）及死之日天下知與不知皆爲流涕彼其中心誠信於士大夫也諺曰桃李不言下自成蹊（師古曰蹊謂徑道也言桃李以其華實之故非有所召呼而人爭歸趣來往不絕其下自然成徑以喻人懷誠信之心故能潛有所感也蹊音奚）此言雖小可以喻大然三代之將道家所忌自廣至陵遂亡其宗哀哉孔子稱志士仁人有殺身以成仁無求生以害仁使於四方不辱君命（師古曰皆論語載孔子之言）蘇武有之矣

李廣蘇建傳第二十四

衛青霍去病傳第二十五　班固　漢書五十五

秘書監上護軍琅邪縣開國子顏　師古　注

衛青字仲卿其父鄭季河東平陽人也以縣吏給事侯家平陽侯曹壽尚武帝姊陽信長公主（師古曰壽姓曹爲平陽侯當是曹參之後然參傳及功臣侯表並無之未詳其意也）季與主家僮衛媼通（師古曰僮者婢妾之總稱也媼者後年老之號非當時所呼也衛者舉其夫家姓也）生青青有同母兄衛長君及姊子夫子夫自平陽公主家得幸武帝故青冒姓爲衛氏（師古曰謂假稱若人首之有覆冒也）衛媼長女君孺次女少兒次女則子夫子夫男弟步廣皆冒衛氏（師古曰言步廣及青二人皆不姓衛而冒稱）青爲侯家人少時歸其父父使牧羊民母之子皆奴畜之不以爲兄弟數（服虔曰民母嫡母也師古曰言鄭季正妻本在編戶之間以別於公主家也今流俗書本云牧羊人間先母之子不以爲兄弟數妄增也）青嘗從人至甘泉居室（張晏曰居室甘泉中徒所居也）有一鉗徒相青曰貴人也官至封侯青笑曰人奴之生得無笞罵即足矣安得封侯事乎青壯爲侯家騎從平陽主建元二年春青姊子夫得入宮幸上皇后大長公主女也（文穎曰陳皇后武帝姑女也）無子妬大長公主聞衛子夫幸有身妬之迺使人捕青青時給事建章（師古曰建章宮中）未知名大長公主執囚青欲殺之其友騎郎公孫敖與壯士往篡之（師古曰逆取曰篡）故得不死上聞迺召青爲建章監侍

中及母昆弟貴賞賜數日間累千金君孺為太僕公孫賀妻少兒故與陳掌通（師古曰掌即陳平曾孫也）上召貴掌公孫敖由此益顯子夫為夫人青為大中大夫元光六年拜為車騎將軍擊匈奴出上谷公孫賀為輕車將軍出雲中大中大夫公孫敖為騎將軍出代郡衛尉李廣為驍騎將軍出鴈門軍各萬騎青至籠城（師古曰籠讀與龍同）斬首虜數百騎將軍敖亡七千騎衛尉廣為虜所得得脫歸皆當斬贖為庶人賀亦無功唯青賜爵關內侯是後匈奴仍侵犯邊（師古曰仍頻也）語在匈奴傳元朔元年春衛夫人有男立為皇后其秋青復將三萬騎出鴈門李息出代郡青斬首虜數千明年青復出雲中西至高闕（師古曰高闕山名也一曰塞名也在朔方之北）遂至于隴西捕首虜數千畜百餘萬走白羊樓煩王遂取河南地為朔方郡（師古曰當北地郡之北黃河之南也）以三千八百戶封青為長平侯青校尉蘇建為平陵侯張次公為岸頭侯（晉灼曰河東皮氏亭也）使建築朔方城（師古曰蘇建築之也）上曰匈奴逆天理亂人倫暴長虐老（師古曰謂其俗貴少壯而賤長老也）以盜竊為務行詐諸蠻夷造謀籍兵數為邊害（張晏曰從蠻夷借兵鈔邊）故興師遣將以征厥罪詩不云乎薄伐玁狁至于太原（師古曰小雅六月之詩美宣王北伐也薄伐者言逐出之也玁狁北狄名即匈奴也玁音險）

出車彭彭城彼朔方（師古曰小雅出車之詩也彭彭衆車聲也朔方北方也此詩人美出車而征因築城以攘獫狁也）今車騎將軍青度西河至高闕獲首二千三百級車輜畜產畢收為鹵已封為列侯遂西定河南地案榆谿舊塞（如淳曰案尋也榆谿舊塞名也師古曰上郡之北有諸次山諸次水出焉東經榆林塞為榆谿言軍尋此塞而行也）絕梓領梁北河討蒲泥破符離（如淳曰絕度也為北河作橋梁也晉灼曰蒲泥符離二王號也師古曰符離塞名也）斬輕鋭之卒捕伏聽者（張晏曰伏於隱處聽軍虛實）三千一十七級（師古曰本以斬敵一首拜爵一級故謂一首為一級因復名生獲一人為一級也）執訊獲醜（師古曰執訊者謂生執其人而訊問之也獲醜者得其衆也一曰醜惡訊音信）敺馬牛羊百有餘萬全甲兵而還益封青三千八百戶其後匈奴比歲入代郡鴈門定襄上郡朔方（師古曰比頻也）所殺略甚衆語在匈奴傳元朔五年春令青將三萬騎出高闕衛尉蘇建為游擊將軍左內史李沮為彊弩將軍（文穎曰沮音組）大僕公孫賀為騎將軍代相李蔡為輕車將軍皆領屬車騎將軍俱出朔方大行李息岸頭侯張次公為將軍俱出右北平匈奴右賢王當青等兵以為漢兵不能至此飲醉漢兵夜至圍右賢王右賢王驚夜逃獨與其愛妾一人騎數百馳潰圍北去漢輕騎校尉郭成等追數百里弗得得右賢裨王十餘人（師古曰裨王小王也若言裨將也裨音頻移反）衆男女萬五千餘人畜數十百萬（師古曰數十萬以至百萬）於是引兵而還

至塞天子使使者持大將軍印即軍中拜青為大將軍師古曰即就也諸將皆以兵屬立號而歸上曰大將軍青躬率戎士師大捷獲匈奴王十有餘人益封青八千七百戶而封青子伉為宜春侯師古曰伉音抗又音工郎反子不疑為陰安侯子登為發干侯青固謝曰師古曰固謂再三也臣幸得待罪行間賴陛下神靈軍大捷皆諸校力戰之功也陛下幸已益封臣青臣青子在繈褓中未有勤勞上幸裂地封為三侯非臣待罪行間所以勸士力戰之意也伉等三人何敢受封上曰我非忘諸校功也今固且圖之乃詔御史曰護軍都

尉公孫敖三從大將軍擊匈奴常護軍傅校獲王師古曰傅讀曰附言敖總護諸軍每附部校以致克捷而獲王也校者營壘之稱故謂軍之一部為一校或曰幡旗之名非也每軍一校則別為旛耳不名校也封敖為合騎侯晉灼曰猶冠軍從票之名也都尉韓說從大軍出窴渾服虔曰塞名也師古曰說讀曰悅窴音田渾音魂至匈奴右賢王庭為戲下師古曰戲讀曰麾又音許宜反言在大將軍麾旗之下不別統衆也搏戰獲王服虔曰搏戰擊戰封說為龍頟侯師古曰頟字或作額騎將軍賀從大將軍獲王封賀為南窌侯臣瓚曰茂陵中書曰云南奅侯此本字也師古曰窌音普教反奅亦同字輕車將軍李蔡再從大將軍獲王封蔡為樂安侯校尉李朔趙不虞公孫戎奴各三從大將軍獲王封朔為涉軹侯不虞為隨成侯戎奴為從平侯將軍李沮

李息及校尉豆如意中郎將綰皆有功賜爵關內侯沮息如意食邑各三百戶其秋匈奴入代殺都尉明年春大將軍青出定襄合騎侯敖為中將軍大僕賀為左將軍翕侯趙信為前將軍衛尉蘇建為右將軍郎中令李廣為後將軍左內史李沮為彊弩將軍咸屬大將軍斬首數千級而還月餘悉復出定襄斬首虜萬餘人蘇建趙信并軍三千餘騎獨逢單于兵與戰一日餘漢兵且盡信故胡人降為翕侯見急匈奴誘之遂將其餘騎可八百犇降單于師古曰犇古奔字也蘇建盡亡其軍獨以身得亡去自

歸青青問其罪正閎長史安議郎周霸等張晏曰正軍正也閎名也如淳曰律都軍官長史一人建當云何師古曰謂處斷其罪法何至也霸曰自大將軍出未嘗斬裨將今建棄軍可斬以明將軍之威閎安曰不然兵法小敵之堅大敵之禽也師古曰言衆寡不敵以其堅戰無有退心故士卒喪盡也一說若建敗而不自歸則亦被匈奴禽之而去今建以數千當單于數萬力戰一日餘士皆不敢有二心自歸而斬之是示後無反意也不當斬青曰青幸得以肺附待罪行間師古曰肺附謂親戚也解在田蚡傳也不患無威而霸說我以明威甚失臣意且使臣職雖當斬將以臣之尊寵而不敢自擅專誅於境外其歸天子天子自裁之於以

風爲人臣不敢專權不亦可乎師古曰風讀曰諷軍吏皆曰善遂因建行在所是歲也霍去病始侯　霍去病大將軍青姊少兒子也其父霍仲孺先與少兒通生去病及衛皇后尊少兒更爲詹事陳掌妻去病以皇后姊子年十八爲侍中善騎射再從大將軍大將軍受詔予壯士爲票姚校尉服虔曰音飄搖師古曰票音頻妙反搖音羊召反票姚勁疾之貌也荀悅漢紀作票鷂字去病後爲票騎將軍尚取票姚之字耳今讀者音飄遥則不當其義也與輕勇騎八百直棄大將軍數百里赴利斬捕首虜過當師古曰言計其所將人數則捕首虜爲多過於所當也一曰漢軍失亡者少而殺獲匈奴數多故曰過當也其下並同於是上曰票姚校尉去病斬首捕虜二千二十八級得

相國當戶斬單于大父行藉若侯產張晏曰藉若胡侯也產名也師古曰此人單于祖父之行也行音胡浪反捕季父羅姑比再冠軍師古曰亦單于之季父也羅姑其名也比頻也以二千五百戶封去病爲冠軍侯上谷太守郝賢四從大將軍捕首虜千三百級封賢爲終利侯騎士孟巳有功賜爵關內侯邑二百戶是歲失兩將軍亡翕侯功不多故青不益封蘇建至上弗誅贖爲庶人青賜千金是時王夫人方幸於上甯乘說青曰師古曰史記云甯乘齊人將軍所以功未甚多身食萬戶三子皆爲侯者以皇后故也今王夫人幸而宗族未富貴願將軍奉所賜千金爲王夫人親壽師古曰親母也青

以五百金爲王夫人親壽上聞問青青以實對上迺拜甯乘爲東海都尉校尉張騫從大將軍以嘗使大夏留匈奴中久道軍知善水草處師古曰道讀曰導軍得以無飢渴因前使絕國功封騫爲博望侯去病侯一歲元狩二年春爲票騎將軍將萬騎出隴西有功上曰票騎將軍率戎士踰烏盭師古曰踰與踰同盭古戾字也烏盭山名也討遬濮師古曰遬古速字也遬濮匈奴部落名也涉狐奴晉灼曰水名也歷五王國輜重人衆攝讋者弗取師古曰攝讋謂振動失志氣言距戰者誅服者則赦也讋音之涉反幾獲單于子師古曰幾音距衣反轉戰六日過焉支山千有餘里合短兵鏖皋蘭下應劭曰隴西白石縣塞外河名也蘇林曰匈奴中山關名也李

奇曰鏖音麃律名也晉灼曰世俗謂盡死殺人爲鏖糟文穎曰鏖音[illegible]曹反師古曰鏖字本從金麀聲轉寫訛耳鏖謂苦擊而多殺也皋蘭山名也言苦戰於皋蘭山下而多殺虜也晉說文音皆得之今俗猶謂打擊之甚者曰鏖麀牝鹿也音於求反殺折蘭王斬盧侯王張晏曰折蘭盧侯胡國名也殺者殺之而已斬者獲其首也師古曰折蘭匈奴中姓也今鮮卑有是蘭姓者即其種也折音上列反銳悍者誅全甲獲醜執渾邪王子師古曰全甲謂軍中之甲不喪失也渾音下昆反及相國都尉捷首虜八千九百六十級收休屠祭天金人如淳曰祭天以金人爲主也張晏曰佛徒祠金人也師古曰今之佛像是也休音許虯反屠音儲師率減什七師古曰言其破敵故匈奴之師十減其七也一曰漢兵失亡之數下皆類此也益封去病二千二百戶其夏去病與合騎侯敖俱出北地異道博望侯張騫郎中令李廣俱出右北平異道廣將四千騎先至騫將萬騎後匈奴左賢王將數萬

騎圍廣廣與戰二日死者過半所殺亦過當騫至匈奴引兵去騫坐行留當斬贖為庶人師古曰軍行而輒稽留故坐法而去病出北地遂深入合騎侯失道不相得去病至祁連山師古曰祁連山即天山也匈奴呼天為祁連祁音上夷反捕首虜甚多上曰票騎將軍涉鈞耆濟居延張晏曰鈞耆居延皆水名也臣瓚曰涉深曰濟師古曰涉謂人馬涉度也濟謂以舟欽遂臻小月氏師古曰臻至也氏音支攻祁連山揚武乎鱳得鄭氏曰鱳音鹿張掖縣也師古曰鄭說非也此鱳得匈奴中地名而張掖縣轉取其名耳得單于單桓酋涂王張晏曰單桓酋涂皆胡王也師古曰酋音才由反涂音塗及相國都尉以衆降下者二千五百人可謂能舍服知成而止矣師古曰服而舍之功成則止也捷首虜三萬二百獲五王王母單于閼氏

王子五十九人相國將軍當戶都尉六十三人師大率減什三益封去病五千四百戶賜校尉從至小月氏者爵左庶長師古曰第十一爵鷹擊將軍破奴師古曰趙破奴再從票騎將軍斬遬濮王捕稽且王師古曰且音子閭反右千騎將王王母各一人王子以下四十一人捕虜三千三百三十人前行捕虜千四百人師古曰前行謂在軍之前而行封破奴為從票侯張晏曰從票騎將軍有功因以為號校尉高不識從票騎將軍捕呼于耆王王子以下十一人捕虜千七百六十八人封不識為宜冠侯校尉僕多有功封為煇渠侯師古曰功臣侯表作僕朋今此作多轉寫者誤也煇音暉也合騎侯敖坐行留不與票騎將軍會當

斬贖為庶人諸宿將所將士馬兵亦不如去病師古曰宿舊也兵兵器也去病所將常選師古曰選取驍銳然亦敢深入常與壯騎先其大軍軍亦有天幸未嘗困絕然而諸宿將常留落不耦師古曰留謂遲留落謂墜落故不諧耦而無功也由此去病日以親貴比大將軍其後單于怒渾邪王居西方數為漢所破亡數萬人以票騎之兵也欲召誅渾邪王渾邪王與休屠王等謀欲降漢使人先要道邊師古曰道猶言也先為要約來言之於邊界是時大行李息將城河上得渾邪王使即馳傳以聞師古曰傳音張戀反其下亦同上恐其以詐降而襲邊乃令去病將兵往迎之去病既度河與渾邪衆

相望渾邪裨王將見漢軍而多欲不降者師古曰恐被擒覆也頗遁去去病乃馳入得與渾邪王相見斬其欲亡者八千人遂獨遣渾邪王乘傳先詣行在所盡將其衆度河降者數萬人號稱十萬既至長安天子所以賞賜數十鉅萬封渾邪王萬戶為漯陰侯如淳曰漯陰平原縣也師古曰漯音吐合反封其裨王呼毒尼為下摩侯文穎曰呼毒尼胡王名也雁疪為煇渠侯文穎曰雁音鷹疪音庇蔭之庇師古曰疪音匹履反其字從疒非庇蔭之庇疒音女革反禽黎為河綦侯師古曰功臣侯表作烏黎今此作黎轉寫誤耳大當戶調雖為常樂侯師古曰功臣侯表作稠雕今此傳作調雖表傳不同當有誤者於是上嘉去病之功曰票騎將軍去病率師征匈奴西域王渾邪

王及厥衆萌咸犇於率（師古曰萌字與甿同犇古奔字也）以軍糧接食幷將控弦萬有餘人（師古曰言能引弓皆堪戰陳）誅獟悍（師古曰獟健行輕貌也字或作趬悍勇也獟音丘昭反又音丘召反）捷首虜八千餘級降異國之王三十三戰士不離傷（師古曰離遭也）十萬之衆畢懷集服仍與之勞爰及河塞庶幾亡患（師古曰重興軍旅之勞及北河沙塞之表可得寧息無憂患也）以千七百戶益封票騎將軍減隴西北地上郡戍卒之半以寬天下繇役迺分處降者於邊五郡故塞外而皆在河南因其故俗為屬國（師古曰不改其本國之俗而屬於漢故號屬國）

其明年匈奴入右北平定襄殺略漢千餘人其明年上與諸將議曰翕侯趙信為單于畫計常以為漢兵不能度幕輕留（師古曰言輕易漢軍故留而不去也一曰謂漢兵不能輕入而久留也）今大發卒其埶必得所欲是歲元狩四年也春上令大將軍青票騎將軍去病各五萬騎步兵轉者踵軍數十萬（師古曰轉者謂運輜重也踵接也）而敢力戰深入之士皆屬去病去病始為出定襄當單于捕虜虜言單于東迺更令去病出代郡令青出定襄郎中令李廣為前將軍太僕公孫賀為左將軍主爵趙食其為右將軍（師古曰食音異其音基）平陽侯襄為後將軍（師古曰曹襄）皆屬大將軍趙信為單于謀曰漢兵即度幕人馬罷（師古曰罷讀曰疲）匈奴可坐收虜耳（師古曰言收虜取漢軍人馬可不費力也以言坐）迺悉遠北其輜重

（師古曰送輜重遠去令處北也）皆以精兵待幕北而適直青軍出塞千餘里（師古曰直讀曰值）見單于兵陳而待（師古曰為行陳而待）於是青令武剛車自環為營（張晏曰兵車也師古曰環繞也）而縱五千騎往當匈奴匈奴亦從萬騎會日且入（師古曰言日欲沒也）而大風起沙礫擊面（師古曰礫小石也音歷）兩軍不相見漢益縱左右翼繞單于（師古曰翼謂左右舒引其兵如鳥之翅翼）單于視漢兵多而士馬尚彊戰而匈奴不利薄莫單于遂乘六贏壯騎可數百直冒漢圍西北馳去（師古曰贏者驢種馬子堅忍單于自乘善走贏而壯騎隨之也冒犯也贏音來戈反冒音莫克反）昏漢匈奴相紛拏（師古曰紛拏亂相持搏也拏音女居反）殺傷大當（師古曰各大相殺傷）漢軍左校捕虜言單于未昏而去漢軍因發輕騎夜追之青因隨其後匈奴兵亦散走會明行二百餘里不得單于頗捕斬首虜萬餘級遂至寘顏山趙信城（如淳曰趙信降匈奴匈奴築城居之）得匈奴積粟食軍（師古曰食讀曰飤）軍留一日而還悉燒其城餘粟以歸青之與單于會也而前將軍廣右將軍食其軍別從東道或失道（師古曰或迷）大將軍引還過幕南迺相逢青欲使使歸報令長史簿責廣（師古曰簿音步戶反）廣自殺食其贖為庶人青軍入塞凡斬首虜萬九千級是時匈奴衆失單于十餘日右谷蠡王自立為單于（師古曰谷音鹿蠡音盧奚反）單于後得其衆右王迺去單于之號（師古曰去除也音丘

呂反去病騎兵車重與大將軍軍等師古曰重音直用反而亡裨將悉以李敢等為大校當裨將出代右北平二千餘里直左方兵師古曰直當也所斬捕功已多於青既皆還上曰票騎將軍去病率師躬將所獲葷允之士服虔曰葷音熏葷允匈奴別名也堯時曰葷粥周曰獫狁秦曰匈奴師古曰葷字與薰同粥音弋六反約輕齎絕大幕師古曰輕齎者不以輜重自隨而所齎糧食少也一曰齎字與資同謂資裝也涉獲單于章渠師古曰涉謂涉水也章渠單于之近臣也涉水而破獲之以誅北車耆晉灼曰王號也轉擊左大將雙獲旗鼓歷度難侯師古曰山名也濟弓盧晉灼曰水名也獲屯頭王韓王等三人李奇曰皆匈奴王號將軍相國當戶都尉八十三人封狼居胥山禪於姑衍登臨翰海張晏曰登海邊山以望海也有大功故增山而

廣地也如淳曰翰海北海名也師古曰積土增山曰封為墠祭地曰禪也執訊獲醜七萬有四百四十三級師率減什二取食於敵卓行殊遠而糧不絕師古曰卓亦遠意以五千八百戶益封票騎將軍右北平太守路博德屬票騎將軍會興城不失期從至檮余山師古曰檮音籌其字從木斬首捕虜二千八百級封博德為邳離侯北地都尉衛山從票騎將軍獲王封山為義陽侯故歸義侯因淳王復陸支師古曰復音芳福反樓剸王伊即靬師古曰剸音之兗反靬音居言反皆從票騎將軍有功封復陸支為杜侯伊即靬為眾利侯從票侯破奴昌武侯安稽從票騎有功益封各三百戶漁陽太守解校

尉敢皆獲鼓旗賜爵關內侯解食邑三百戶敢二百戶校尉自為爵左庶長軍吏卒為官賞賜甚多而青不得益封吏卒無封者唯西河太守常惠雲中太守遂成受賞遂成秩諸侯相賜食邑二百戶黃金百斤惠爵關內侯兩軍之出塞塞閱官及私馬凡十四萬匹而後入塞者不滿三萬匹乃置大司馬位大將軍票騎將軍皆為大司馬晉灼曰悉加大司馬者欲令票騎將軍去病與大將軍青等耳定令令票騎將軍秩祿與大將軍等自是後青日衰而去病日益貴青故人門下多去事去病輒得官爵唯獨任安不肯去師古曰安滎陽人後為益州刺史即遺司馬遷書者去病為人

少言不泄有氣敢往上嘗欲教之吳孫兵法師古曰吳吳起也孫孫武也對曰顧方略何如耳不至學古兵法師古曰顧念也上為治第令視之對曰匈奴不滅無以家為也由此上益重愛之然少而侍中貴不省士師古曰省視也不恤視也其從軍上為遣太官齎數十乘師古曰齎與資同解已在前也既還重車餘棄粱肉師古曰粱粟類也米之善者重音直用反而士有飢者其在塞外卒乏糧或不能自振師古曰振舉也而去病尚穿域蹋鞠也服虔曰穿地作鞠室也師古曰鞠以皮為之實以毛蹴蹋而戲也蹋音徒臘反鞠音鉅六反事多此類青仁喜士退讓師古曰喜音許吏反以和柔自媚於上然於天下未有稱也去病自四年軍後三歲元狩六年薨上悼之發屬

國玄甲軍陳自長安至茂陵師古曰送其葬所以寵衞之也屬國即上所云分處降者於
邊五郡者也玄甲謂甲之黑色也爲冢象祁連山師古曰在茂陵旁冢上有豎石冢前有石人馬者是也
謚之幷武與廣地曰景桓侯蘇林曰景武謚也桓廣地謚也義見謚法張晏曰謚法布
義行剛曰景辟土服遠曰桓也子嬗嗣師古曰嬗音上戰反嬗字子侯上愛之幸
其壯而將之爲奉車都尉從封泰山而薨無子國
除自去病死後青長子宜春侯伉坐法失侯後五
歲伉弟二人陰安侯不疑發干侯登皆坐酎金失
侯後二歲冠軍侯國絶後四年元封五年青薨謚
曰烈侯子伉嗣六年坐法免自青圍單于後十四
歲而卒竟不復擊匈奴者以漢馬少又方南誅兩

前漢傳二十五　十四　許亮

越東伐朝鮮擊羌西南夷以故久不伐胡初青旣
尊貴而平陽侯曹壽有惡疾就國長公主問列侯
誰賢者左右皆言大將軍主笑曰此出吾家常騎
從我奈何左右曰於今尊貴無比於是長公主風
白皇后師古曰風讀曰諷皇后言之上廼詔青尚平陽主如淳
曰本陽信長公主也爲平陽侯所尚故稱平陽主與主合葬起冢象廬山云師古曰在茂陵
東次去病冢之西相併者是也最師古曰最亦凡也大將軍青凡七出擊匈奴斬
捕首虜五萬餘級一與單于戰收河南地置朔方
郡再封凡萬六千三百戶封三子爲侯侯千三百
戶幷之二萬二百戶其裨將及校尉侯者九人爲

特將者十五人師古曰特將謂獨別爲將而出征也李廣張騫公孫賀李
蔡曹襄韓說蘇建皆自有傳師古曰七人自有傳八人今列於此下凡十五人也說讀曰悅
李息郁郅人也師古曰北地之縣也郅音之日反事景帝至武帝立八
歲爲材官將軍軍馬邑後六歲爲將軍出代後三
歲爲將軍從大將軍出朔方皆無功凡三爲將軍其
後常爲大行　公孫敖義渠人以郎事景帝
至武帝立十二歲爲騎將軍出代亡卒七千人當
斬贖爲庶人後五歲以校尉從大將軍封合騎侯
後一歲以中將軍從大將軍再出定襄無功後二
歲以將軍出北地後票騎期當斬贖爲庶人後二

前漢傳二十五　十五　石貴

歲以校尉從大將軍無功後十四歲以因杅將軍
築受降城七歲復以因杅將軍再出擊匈奴至余
吾師古曰水名也在朔方北亡士多下吏當斬詐死亡居民閒五六
歲後覺復繫坐妻爲巫蠱族凡四爲將軍
李沮雲中人沮音沮事景帝武帝立十七歲以左內史
爲彊弩將軍後一歲復爲彊弩將軍　張次
公河東人以校尉從大將軍封岸頭侯其後太后
崩爲將軍軍北軍後一歲復從大將軍凡再爲將
軍後坐法失侯　趙信以匈奴相國降爲侯
武帝立十八年爲前將軍與匈奴戰敗降匈奴

趙食其祋栩人師古曰馮翊之縣也祋音丁活反又音丁外反栩音許羽反武帝立十八年以主爵都尉從大將軍斬首六百六十級元狩三年賜爵關內侯黃金百斤明年為右將軍從大將軍出定襄迷失道當斬贖為庶人　郭昌雲中人以校尉從大將軍元封四年以大中大夫為拔胡將軍屯朔方還擊昆明無功奪印　荀彘大原廣武人以御見侍中師古曰以善御得見因為侍中也御謂御車也用校尉數從大將軍元封三年為左將軍擊朝鮮無功坐捕樓船將軍誅　最票騎將軍去病凡六出擊匈奴其四出以將軍師古曰再出為票姚校尉也斬首虜

十一萬餘級渾邪王以眾降數萬開河西酒泉之地西方益少胡寇四益封凡萬七千七百戶其校吏有功侯者六人為將軍者二人　路博德西河平州人以右北平大守從票騎將軍封邳離侯票騎死後博德以衛尉為伏波將軍伐破南越益封其後坐法失侯為彊弩都尉屯居延卒

趙破奴大原人嘗亡入匈奴已而歸漢為票騎將軍司馬出北地封從票侯坐酎金失侯後一歲為匈河將軍攻胡至匈河水無功後一歲擊虜樓蘭王後為浞野侯後六歲以浚稽將軍將二萬騎擊匈奴左王左王與戰兵八萬騎圍破奴破奴為虜所得遂沒其軍居匈奴中十歲復與其大子安定亡入漢後坐巫蠱族自衛氏興大將軍青首封其後支屬五人為侯凡二十四歲而五侯皆奪國征和中戾大子敗衛氏遂滅而霍去病弟光貴盛自有傳

贊曰蘇建嘗責大將軍至尊重而天下之賢士大夫無稱焉師古曰言不為賢士大夫所稱譽願將軍觀古名將所招選者勉之哉師古曰勸令招賢薦士也青謝曰自魏其武安之厚賓客天子常切齒彼親待士大夫招賢黜不肖者人

主之柄也人臣奉法遵職而已何與招士師古曰與讀曰豫票騎亦方此意為將如此師古曰方比類也

衛青霍去病傳第二十五

董仲舒傳第二十六　班固　漢書五十六

秘書監上護軍琅邪縣開國子顔師古注

董仲舒廣川人也少治春秋孝景時爲博士下帷講誦弟子傳以久次相授業或莫見其面師古曰言新學者但就其舊弟子受業不必親見仲舒蓋三年不窺園其精如此師古曰雖有園圃不窺視之言專學也進退容止非禮不行學士皆師尊之武帝即位舉賢良文學之士前後百數師古曰數音所具反而仲舒以賢良對策焉制曰朕獲承至尊休德師古曰休美也言承先帝盛尊之位至美之德也傳之亡窮而施之罔極師古曰罔亦無也極盡也任大而守重是以夙夜不皇康寧師古曰皇暇也康樂也永惟萬事之統

前漢傳二十六　一

猶懼有闕師古曰永深也惟思也統緒也故廣延四方之豪儁郡國諸侯公選賢良脩絜博習之士師古曰郡郡守也國王國也諸侯列侯也郡國及諸侯擧謂四方在外者公選謂以公正之道選士無偏私也欲聞大道之要至論之極師古曰極中也今子大夫褎然爲擧首服虔曰子男子之美號也張晏曰褎進也爲擧賢良之首也師古曰褎然盛服貌也詩邶風旄丘之篇曰褎如充耳褎音弋授反朕甚嘉之子大夫其精心致思朕垂聽而問焉蓋聞五帝三王之道改制作樂而天下洽和百王同之當虞氏之樂莫盛於韶師古曰韶舜樂於周莫盛於勺張晏曰勺周頌篇也言能成先祖之功以養天下也師古曰勺讀與酌同聖王已没鐘鼓筦絃之聲未衰師古曰筦與管字同而大道微缺陵夷至虖桀紂之行師古曰陵夷言漸積替也解在成紀王道大壞矣

夫五百年之間守文之君當塗之士欲則先王之法以戴翼其世者甚衆師古曰翼助也然猶不能反日以仆滅師古曰反還也還於正道也仆斃也音赴至後王而後止豈其所持操或詩繆而失其統與師古曰操執也詩乖也統緒也操音千高反與讀曰歟後皆類此固天降命不可復反必推之於大衰而後息與師古曰息止也烏虖師古曰虖讀曰呼嗚呼歎辭也凡所爲屑屑夙興夜寐務法上古者又將無補與師古曰屑屑動作之貌補益也三代受命其符安在災異之變何緣而起性命之情或夭或壽或仁或鄙師古曰夭壽命也仁鄙性也鄙謂不通也習聞其號未燭厥理師古曰燭照也伊欲風流而令行刑輕而姦改師古曰伊惟也百姓和樂政事宣

前漢傳二十六　二　楊玉

昭何脩何飭而膏露降百穀登師古曰登成也悳潤四海澤臻屮木師古曰臻至也屮古草字也三光全寒暑平受天之祜師古曰祜福也音怙享鬼神之靈師古曰靈謂神所歆饗悳澤洋溢施虖方外延及羣生師古曰施亦延也洋音羊施音弋豉反子大夫明先聖之業習俗化之變終始之序講聞高誼之日久矣其明以諭朕師古曰諭謂曉告也科別其條勿猥勿并師古曰猥積也并合也欲其一一別理而言之取之於術慎其所出迺其不正不直不忠不極枉于執事書之不泄興于朕躬毋悼後害師古曰極中也公卿執事有不忠直而阿枉者皆令言之朕自發書不有漏泄勿懼有後害而不言也子大夫其盡心靡有所隱朕將親覽焉仲舒對曰陛下發德音下

明詔求天命與情性皆非愚臣之所能及也臣謹案春秋之中視前世已行之事以觀天人相與之際甚可畏也國家將有失道之敗而天迺先出災害以譴告之師古曰譴責也不知自省又出怪異以警懼之師古曰省視也尚不知變而傷敗迺至以此見天心之仁愛人君而欲止其亂也自非大亡道之世者天盡欲扶持而全安之事在彊勉而已矣師古曰彊音其兩反此下並同彊勉學問則聞見博而知益明彊勉行道則德日起而大有功此皆可使還至而有效者也師古曰還讀曰旋旋速也詩曰夙夜匪解師古曰大雅烝人之詩也夙早也解讀曰懈懈息也其下亦同書云茂哉茂哉師古曰虞書咎繇謨之辭也茂勉也皆彊勉之謂也道者所繇適於治之路也師古曰繇讀與由同由從也適往也仁義禮樂皆其具也故聖王已沒而子孫長久安寧數百歲此皆禮樂敎化之功也王者未作樂之時迺用先王之樂宜於世者而以深入敎化於民敎化之情不得雅頌之樂不成故王者功成作樂樂其德也樂者所以變民風化民俗也其變民也易其化人也著師古曰著明也易音弋豉反著音竹筯反故聲發於和而本於情接於肌膚臧於骨髓故王道雖微缺而管絃之聲未衰也夫虞氏之不爲政久矣然而樂頌遺風猶有存者是以孔

子在齊而聞韶也夫人君莫不欲安存而惡危亡然而政亂國危者甚衆所任者非其人而所繇者非其道師古曰繇讀與由同下亦類此是以政日以仆滅也夫周道衰於幽厲非道亡也幽厲不繇也至於宣王思昔先王之德興滯補弊明文武之功業周道粲然復興詩人美之而作上天祐之爲生賢佐後世稱誦至今不絶此夙夜不解行善之所致也孔子曰人能弘道非道弘人也師古曰論語載孔子之言也言明智之人則能行道內無其質非道所化故治亂廢興在於己非天降命不得可反其所操持誖謬失其統也臣聞天之所大奉使之王者必有非人力所能致而自至者此受命之符也天下之人同心歸之若歸父母故天瑞應誠而至書曰白魚入于王舟有火復于王屋流爲烏師古曰今文尚書泰誓之辭也謂伐紂之時有此瑞也復歸也音扶目反此蓋受命之符也周公曰復哉復哉師古曰周公視火烏之瑞乃曰復哉復哉報也言周有盛德故天報以此瑞也亦見今文泰誓也孔子曰德不孤必有鄰師古曰論語載孔子之言也鄰近也言脩德者不獨空爲之而已必有近助也皆積善絫德之效也師古曰絫古累字及至後世淫佚衰微師古曰佚與逸同不能統理群生諸侯背畔殘賊良民以爭壤土廢德敎而任刑罰刑罰不中則生邪氣師古曰中音竹仲反邪氣積於下怨惡畜於上師古曰畜讀曰蓄蓄聚也上下不和則陰

陽繆盭而妖孽生矣師古曰盭古戾字孽災也此災異所緣而起
也臣聞命者天之令也性者生之質也情者人之
欲也或夭或壽或仁或鄙陶冶而成之不能粹美
師古曰陶以喻造瓦冶以喻鑄金也言天之生人有似於此也粹純也有治亂之所生故不齊
也孔子曰君子之德風小人之德屮屮上之風必
偃師古曰論語載孔子之言也言人之從化若草遇風則偃仆也故堯舜行德則民仁壽桀
紂行暴則民鄙夭夫上之化下下之從上猶泥之
在鈞唯甄者之所爲師古曰甄作瓦之人也鈞造瓦之法其中旋轉者甄音吉延反猶金
之在鎔唯冶者之所鑄師古曰鎔謂鑄器之模範也鎔音容綏之斯倈
動之斯和此之謂也師古曰論語載子貢對陳子禽之言也綏安也言治國家者安之則競來動之

則和悅耳臣謹案春秋之文求王道之端得之於正師古
曰謂正月也正次王王次春師古曰解春秋書春王正月之一句也春者天
之所爲也正者王之所爲也其意曰上承天之所
爲而下以正其所爲正王道之端云爾然則王者
欲有所爲宜求其端於天天道之大者在陰陽陽
爲德陰爲刑刑主殺而德主生是故陽常居大夏
而以生育養長爲事陰常居大冬而積於空虛不
用之處以此見天之任德不任刑也天使陽出布施
於上而主歲功使陰入伏於下而時出佐陽陽不
得陰之助亦不能獨成歲終陽以成歲爲名蘇林曰以陽

名歲尚德不尚刑也師古曰謂年首稱春也即上所云王次春者是也此天意也王者承天意
以從事故任德教而不任刑刑者不可任以治世
猶陰之不可任以成歲也爲政而任刑不順於天
故先王莫之肯爲也今廢先王德教之官而獨任
執法之吏治民毋乃任刑之意與師古曰與讀曰歟孔子曰
不教而誅謂之虐師古曰論語載孔子之言虐政用於下而欲德
教之被四海故難成也臣謹案春秋謂一元之意
師古曰釋公始即位何不稱一年而言元年也一者萬物之所從始也元者辭之
所謂大也師古曰易稱元者善之長也故曰辭之所謂大也謂一爲元者視大始
而欲正本也師古曰視讀曰示春秋深探其本而反自貴者

始故爲人君者正心以正朝廷正朝廷以正百官
正百官以正萬民正萬民以正四方四方正遠近
莫敢不壹於正而亡有邪氣奸其間者師古曰奸犯也音干是
以陰陽調而風雨時群生和而萬民殖五穀孰而
屮木茂天地之間被潤澤而大豐美四海之內聞
盛德而皆倈臣諸福之物可致之祥莫不畢至而
王道終矣孔子曰鳳鳥不至河不出圖吾已矣夫
師古曰論語載孔子之言自悲可致此物而身卑賤不得致也師古
曰鳳鳥河圖皆王者之瑞仲尼自歎有德無位故不至也今陛下貴爲天子富有四海
居得致之位操可致之勢師古曰操執持也音千高反又有能致

之資 師古曰資材質也 行高而恩厚知明而意美愛民而好士可謂誼主矣然而天地未應而美祥莫至者何也凡以教化不立而萬民不正也夫萬民之從利也如水之走下 師古曰走音奏 不以教化隄防之不能止也是故教化立而姦邪皆止者其隄防完也教化廢而姦邪並出刑罰不能勝者其隄防壞也古之王者明於此是故南面而治天下莫不以教化為大務立大學以教於國設庠序以化於邑 師古曰庠序教學處也所以養老而行禮焉禮學記曰古之教者家有塾黨有庠術有序國有學也 漸民以仁摩民以誼 師古曰漸謂浸潤之摩謂砥礪之也 節民以禮故其刑罰甚輕而禁不犯者教化行而習俗美也聖王之繼亂世也埽除其迹而悉去之 師古曰去亦除也音丘呂反 復脩教化而崇起之教化已明習俗已成子孫循之 師古曰循順也順而行之 行五六百歲尚未敗也至周之末世大為亡道以失天下秦繼其後獨不能改又益甚之重禁文學不得挾書棄捐禮誼而惡聞之其心欲盡滅先聖之道而顓為自恣苟簡之治 蘇林曰苟為簡易之治也師古曰此說非也苟謂苟於權利也簡謂簡於仁義也簡易乾坤之德豈秦所行乎顓與專同 故立為天子十四歲而國破亡矣自古以來未嘗有以亂濟亂大敗天下之民如秦者也 師古曰濟益也 其遺毒餘烈至今未滅使習俗薄

惡人民嚚頑抵冒殊扞 文穎曰扞突也師古曰口不道忠信之言為嚚心不則德誼之經為頑抵觸也冒犯也殊絕也扞距也冒讀如字又音莫克反 孰爛如此之甚者也孔子曰腐朽之木不可彫也糞土之牆不可杇也 師古曰論語載孔子之言也杇鏝也所以泥飾牆也言內質敗壞不可脩治也杇音一胡反鏝音莫干反 今漢繼秦之後如朽木糞牆矣雖欲善治之亡可柰何法出而姦生令下而詐起 師古曰下音胡亞反 如以湯止沸抱薪救火愈甚亡益也竊譬之琴瑟不調甚者必解而更張之乃可鼓也為政而不行甚者必變而更化之乃可理也當更張而不更張雖有良工不能善調也當更化而不更化雖有大賢不能善治也故漢得天下以來常欲治而至今不可善治者失之於當更化而不更化也古人有言曰臨淵羨魚不如退而結網 師古曰言當自求之 今臨政而願治七十餘歲矣不如退而更化更化則可善治善治則災害日去福祿日來詩云宜民宜人受祿于天 師古曰大雅假樂之詩也 為政而宜於民者固當受祿于天夫仁誼禮知信五常之道王者所當脩飭也五者脩飭故受天之祐而享鬼神之靈德施于方外延及群生也天子覽其對而異焉乃復冊之曰制曰蓋聞虞舜之時游於巖廊之上 文穎曰巖廊殿下小屋也晉灼曰堂邊廡巖廊謂嚴峻之廊也師古曰晉說是 垂拱無為而天下太

平周文王至於日昃不暇食 師古曰昃亦昊字 而宇內亦治夫帝王之道豈不同條共貫與 師古曰與讀曰歟 何逸勞之殊也蓋儉者不造玄黃旌旗之飾及至周室設兩觀乘大路朱干玉戚八佾陳於庭 師古曰兩觀謂闕也大路玉路之車也干盾也戚鉞也朱丹其盾玉為戚把也佾列也舞者之行列也一列八人天子八列六十四人也 而頌聲興夫帝王之道豈異指哉 師古曰言意趣不同 或曰良玉不瑑 師古曰瑑謂彫刻為文也音篆下皆類此 又云非文亡以輔德二端異焉殷人執五刑以督姦傷肌膚以懲惡 師古曰督視責也懲止也 成康不式四十餘年 師古曰式用也成康之時刑措不用 天下不犯囹圄空虛秦國用之死者甚衆刑者相望秏矣哀哉 師古曰秏虛也言用刑酷烈誅殺其衆天

下空虛也秏音呼到反或曰秏不明也言刑罰闇亂音莫報反 烏虖 師古曰虖讀曰呼 朕夙寤晨興 師古曰夙早也寤寐之覺也興起也覺音工孝反 惟前帝王之憲 師古曰憲法也 永思所以奉至尊章洪業 師古曰永深也章明也洪大也 皆在力本任賢 師古曰力本謂勤力行於本業也本謂農也 今朕親耕藉田以為農先勸孝弟崇有德使者冠蓋相望問勤勞恤孤獨盡思極神功烈休德未始云獲也今陰陽錯繆氛氣充塞 師古曰氛惡氣也充滿也 群生寡遂黎民未濟 師古曰遂成也 廉恥貿亂賢不肖渾殽 師古曰貿易也渾殽雜也貿音武又反渾音胡本反 未得其真故詳延特起之士庶幾乎 師古曰詳盡也一曰審 今子大夫待詔百有餘人或道世務而未濟稽諸上古之不同考之于今

而難行毋迺牽於文繫而不得騁與 師古曰牽於文繫謂羈於文吏之法與讀曰歟其下類此 將所繇異術所聞殊方與 師古曰繇讀與由同方謂道也 各悉對著于篇 師古曰悉謂盡意而對 毋諱有司 師古曰言不當忌畏有司而不極言 明其指略切磋究之以稱朕意 師古曰究極也磋音千何反 仲舒對曰臣聞堯受命以天下為憂而未以位為樂也故誅逐亂臣務求賢聖是以得舜禹稷卨咎繇衆聖輔德賢能佐職教化大行天下和洽萬民皆安仁樂誼各得其宜動作應禮從容中道 師古曰從音千容反中音竹仲反 故孔子曰如有王者必世而後仁此之謂也 師古曰論語載孔子之言也言如有受命王者必三十年仁政乃成 堯在位七十載迺遜于位以禪虞

舜堯崩天下不歸堯子丹朱而歸舜舜知不可辟 師古曰辟讀曰避 乃即天子之位以禹為相因堯之輔佐繼其統業是以垂拱無為而天下治孔子曰韶盡美矣又盡善矣 師古曰論語載孔子之言韶舜樂也孔子嘉舜之德故聽其樂而云盡善盡美矣 此之謂也至於殷紂逆天暴物殺戮賢知殘賊百姓伯夷太公皆當世賢者隱處而不為臣守職之人皆奔走逃亡入于河海 師古曰謂若鼓方叔播鼗武少師陽之屬也事在禮樂志 天下秏亂萬民不安 師古曰秏不明也音莫報反 故天下去殷而從周文王順天理物師用賢聖是以閎夭大顛散宜生等亦聚於朝廷 臣瓚曰皆文王賢臣 愛施兆民天下歸之故太公

起海濱而即三公也師古曰濱涯也即就也濱音賓又音頻當此之時
紂尚在上尊卑昬亂百姓散亡故文王悼痛而欲
安之是以日昃而不暇食也孔子作春秋先正王
而繫萬事見素王之文焉師古曰見顯示也繇此觀之師古曰繇讀與
由同帝王之條貫同然而勞逸異者所遇之時異也
孔子曰武盡美矣未盡善也師古曰亦論語載孔子之言也武周武王樂也以其用兵
伐紂故有慙德未盡善也此之謂也臣聞制度文采玄黃之飾所
以明尊卑異貴賤而勸有德也故春秋受命所先
制者改正朔易服色所以應天也然則宮室旌旗
之制有法而然者也故孔子曰奢則不遜儉則固

師古曰論語載孔子之言遜順也固陋也儉非聖人之中制也臣聞良玉不
瑑資質潤美不待刻瑑此亡異於達巷黨人不學
而自知也孟康曰人項橐也然則常玉不瑑不成文章君子
不學不成其德臣聞聖王之治天下也少則習之
學長則材諸位服虔曰在位當知材知曰有益於政也應劭曰隨其材之優劣而授之位也師古曰應說近之
謂授之位以試其材也爵祿以養其德刑罰以威其惡故民曉於
禮誼而恥犯其上武王行大誼平殘賊周公作禮
樂以文之至於成康之隆囹圄空虛四十餘年此
亦教化之漸而仁誼之流非獨傷肌膚之效也至
秦則不然師申商之法行韓非之說師古曰申申不害也商商

鞅也憯帝王之道以貪狼為俗師古曰狼性皆貪故謂貪為貪狼也非有
文德以教訓於下也誅名而不察實師古曰誅責也為善
者不必免而犯惡者未必刑也是以百官皆飾虛
辭而不顧實外有事君之禮內有背上之心造偽
飾詐趣利無恥又好用憯酷之吏師古曰憯痛也音千感反賦斂
亡度竭民財力百姓散亡不得從耕織之業羣盜並
起是以刑者甚衆死者相望而姦不息俗化使然
也故孔子曰導之以政齊之以刑民免而無恥師古
曰論語載孔子之言也言以政法教導之以刑戮整齊之則人苟免而已無恥愧也此之謂也今陛下
并有天下海內莫不率服廣覽兼聽極羣下之

知盡天下之美至德昭然施于方外夜郎康居殊方
萬里說德歸誼師古曰夜郎西南夷也康居西域國也說讀曰悅此太平之致也
然而功不加於百姓者殆王心未加焉曾子曰尊
其所聞則高明矣行其所知則光大矣高明光大
不在於它在乎加之意而已師古曰曾子之書也曾子曾參願陛下
因用所聞設誠於內而致行之則三王何異哉陛
下親耕藉田以為農先夙寤晨興憂勞萬民思
惟往古而務以求賢此亦堯舜之用心也然而未云
獲者士素不厲也師古曰厲謂勸勉之也一曰砥礪其行也夫不素養士而
欲求賢譬猶不瑑玉而求文采也故養士之大者

莫大虖太學太學者賢士之所關也師古曰關由也教化之本原也今以一郡一國之衆對亡應書者師古曰書謂舉賢良文學之詔書也是王道往往而絕也臣願陛下興太學置明師以養天下之士數考問以盡其材則英俊宜可得矣今之郡守縣令民之師帥所使承流而宣化也故師帥不賢則主德不宣恩澤不流今吏既亡教訓於下或不承用主上之法暴虐百姓與姦爲市師古曰言小吏有爲姦欺者守令不舉乃反與之交易求利也貧窮孤弱冤苦失職甚不稱陛下之意是以陰陽錯繆氛氣充塞羣生寡遂黎民未濟皆長吏不明使至於此也夫長吏多出於郎中中郎吏二千石子弟選郎吏又以富訾未必賢也師古曰訾讀與資同且古所謂功者以任官稱職爲差師古曰差次也非謂積日絫久也故小材雖絫日不離於小官賢材雖未久不害爲輔佐師古曰害猶妨也是以有司竭力盡知務治其業而以赴功今則不然絫日以取貴積久以致官是以廉恥貿亂賢不肖渾殽未得其眞臣愚以爲使諸列侯郡守二千石各擇其吏民之賢者歲貢各二人以給宿衛且以觀大臣之能所貢賢者有賞所貢不肖者有罰夫如是諸侯吏二千石皆盡心於求賢天下之士可得而

官使也師古曰擇人之以官以使其材也徧得天下之賢人則三王之盛易爲而堯舜之名可及也毋以日月爲功實試賢能爲上量材而授官錄德而定位師古曰錄謂存視也則廉恥殊路賢不肖異處矣陛下加惠寬臣之罪令勿牽制於文使得切磋究之臣敢不盡愚於是天子復冊之制曰蓋聞善言天者必有徵於人師古曰徵證也善言古者必有驗於今故朕垂問虖天人之應上嘉唐虞下悼桀紂寖微寖滅寖明寖昌之道師古曰寖古浸字浸漸也虛心以改今子大夫明於陰陽所以造化習於先聖之道業然而文采未極豈惑虖當世之務哉條貫靡竟統紀未終意朕之不明與聽若眩與師古曰眩惑也音州縣之縣與讀皆曰歟夫三王之教所祖不同而皆有失師古曰祖始也或謂久而不易者道也意豈異哉今子大夫既已著大道之極陳治亂之端矣其悉之究之孰之復之師古曰悉盡也究竟也復重言之也復音扶目反詩不云虖嗟爾君子毋常安息神之聽之介爾景福師古曰小雅大明之詩也安息安處也介助也景大也言人君不當苟自安處而已若能靖恭其位直道而行則神聽而知之助以大福也朕將親覽焉子大夫其茂明之師古曰茂勉也仲舒復對曰臣聞論語曰有始有卒者其唯聖人虖師古曰論語載孔子之言卒終也言終始如一者唯聖人能之今陛下幸加惠留聽於承學之臣師古曰言轉承師說而學之蓋謙辭也

復下明冊以切其意而究盡聖德非愚臣之所能具也前所上對條貫靡竟統紀不終辭不別白指不分明此臣淺陋之罪也冊曰善言天者必有徵於人善言古者必有驗於今臣聞天者群物之祖也故徧覆包函而無所殊（師古曰函與含同殊異也）建日月風雨以和之經陰陽寒暑以成之故聖人法天而立道亦溥愛而亡私（師古曰溥徧也音普）布德施仁以厚之設誼立禮以導之春者天之所以生也仁者君之所以愛也夏者天之所以長也德者君之所以養也霜者天之所以殺也刑者君之所以罰也繇此言之（師古曰繇讀與由同下皆類此）天人之徵古今之道也孔子作春秋上揆之天道下質諸人情參之於古考之於今故春秋之所譏災害之所加也春秋之所惡怪異之所施也書邦家之過兼災異之變以此見人之所為其美惡之極乃與天地流通而往來相應此亦言天之一端也古者修教訓之官務以德善化民民已大化之後天下常亡一人之獄矣今世廢而不脩亡以化民民以故棄行誼而死財利是以犯法而罪多一歲之獄以萬千數以此見古之不可不用也（師古曰古謂古法也）故春秋變古則譏之天令之謂命命

非聖人不行質樸之謂性性非教化不成人欲之謂情情非度制不節是故王者上謹於承天意以順命也下務明教化民以成性也正法度之宜別上下之序以防欲也脩此三者而大本舉矣人受命於天固超然異於群生入有父子兄弟之親出有君臣上下之誼會聚相遇則有耆老長幼之施（師古曰施設也陳設其序）粲然有文以相接（師古曰粲明貌）驩然有恩以相愛此人之所以貴也生五穀以食之桑麻以衣之（師古曰食讀曰飤衣音於旣反）六畜以養之服牛乘馬圈豹檻虎是其得天之靈貴於物也故孔子曰天地之性人為貴（師古曰孝經載孔子之言也性生也）明於天性知自貴於物知自貴於物然後知仁誼知仁誼然後重禮節重禮節然後安處善（師古曰處於善道以為安）安處善然後樂循理（師古曰樂循順也）循理然後謂之君子故孔子曰不知命亡以為君子（師古曰論語載孔子之言也）此之謂也冊曰上嘉唐虞下悼桀紂寖微寖滅寖明寖昌之道虛心以改臣聞眾少成多積小致鉅（師古曰鉅大也）故聖人莫不以晻致明以微致顯（師古曰晻與暗同）是以堯發於諸侯（師古曰謂從唐侯升天子之位）舜興虖深山（孟康曰舜耕於歷山）非一日而顯也蓋有漸以致之矣言出於己不可塞也行發於身不可掩也言行治

之大者君子之所以動天地也故盡小者大慎微者著（師古曰能盡衆小則致高大能慎至微則著明也）詩云惟此文王小心翼翼（師古曰大雅大明之詩也翼翼恭肅貌）故堯兢兢日行其道而舜業業日致其孝（師古曰兢兢戒慎也業業危懼也）善積而名顯德章而身尊此其寖明寖昌之道也積善在身猶長日加益而人不知也（師古曰長言身形之脩短自幼及壯也）積惡在身猶火銷膏而人不見也非明虖情性察虖流俗者孰能知之此唐虞之所以得令名而桀紂之可為悼懼者也夫善惡之相從如景鄉之應形聲也（師古曰鄉讀曰響）故桀紂暴謾（師古曰謾與慢同）讒賊並進賢知隱伏惡日顯國日亂晏然自以如日在天（師古曰晏然自安意也如日在天言終不墜亡也）終陵夷而大壞夫暴逆不仁者非一日而亡也亦以漸至故桀紂雖亡道然猶享國十餘年此其寖微寖滅之道也冊曰三王之教所祖不同而皆有失或謂久而不易者道也意豈異哉臣聞夫樂而不亂復而不厭者謂之道（師古曰復謂反復行之也音扶目反）道者萬世亡弊弊者道之失也（師古曰言有弊非道由失道故有弊）先王之道必有偏而不起之處故政有眊而不行（師古曰眊不明也音莫報反）舉其偏者以補其弊而已矣三王之道所祖不同非其相反將以捄溢扶衰所遭之變然也（師古曰捄古救字）故孔子

曰亡為而治者其舜虖（師古曰論語載孔子之言）改正朔易服色以順天命而已其餘盡循堯道何更為哉故王者有改制之名亡變道之實然夏上忠殷上敬周上文者所繼之捄當用此也（師古曰繼謂所受先代之次也救謂救其弊也）孔子曰殷因於夏禮所損益可知也周因於殷禮所損益可知也其或繼周者雖百世可知也（師古曰論語載孔子之言）此言百王之用以此三者矣夏因於虞而獨不言所損益者其道如一而所上同也（謂忠敬與文因循為教立政垂則不違此也）道之大原出于天天不變道亦不變是以禹繼舜舜繼堯三聖相受而守一道亡救弊之政也（師古曰言政和平不須救弊也）故不言其所損益也繇是觀之繼治世者其道同繼亂世者其道變今漢繼大亂之後若宜少損周之文致（師古曰致至極也）用夏之忠者陛下有明惪嘉道愍世俗之靡薄悼王道之不昭（師古曰靡散也薄輕也昭明也）故舉賢良方正之士論誼考問將欲興仁誼之休德明帝王之法制（師古曰休美也）建太平之道也臣愚不肖述所聞誦所學道師之言廑能勿失耳（師古曰廑與僅同僅少也）若迺論政事之得失察天下之息耗（師古曰息生也耗虛也耗音呼到反）此大臣輔佐之職三公九卿之任非臣仲舒所能及也然而臣竊有怪者夫古之天下亦今之

天下今之天下亦古之天下共是天下古亦大治上下和睦習俗美盛不令而行不禁而止吏亡姦邪民亡盜賊囹圄空虛德潤草木澤被四海鳳皇來集麒麟來游以古準今壹何不相逮之遠也安所繆盭而陵夷若是師古曰安焉也意者有所失於古之道與有所詭於天之理與師古曰與讀皆曰歟詭違也試迹之古返之於天黨可得見乎師古曰反謂還歸之也黨音他朗反夫天亦有所分予予之齒者去其角師古曰謂牛無上齒則有角其餘無角者則有上齒傅其翼者兩其足師古曰傅讀曰附附著也言鳥不四足是所受大者不得取小也古之所予祿者不食於力不動於末師古曰末謂工商之業也是亦受大者不得取小與天同意者也夫已受大又取小天不能足而況人虖此民之所以囂囂苦不足也師古曰囂讀與嗸同音敖嗸嗸衆怨愁聲也身寵而載高位家溫而食厚祿師古曰載亦乘也因乘富貴之資力以與民爭利於下民安能如之哉是故衆其奴婢多其牛羊廣其田宅博其產業畜其積委師古曰畜讀曰蓄務此而亡已以迫蹵民師古曰蹵音子亦月反民日削月朘孟康曰朘音揎揎謂轉蹵踧也蘇林曰朘音鐫石之鐫俗語謂縮朒為朘縮師古曰孟說是也揎音宣踧音子六反寖以大窮富者奢侈羨溢貧者窮急愁苦師古曰羨饒也溢讀與衍同音弋戰反窮急愁苦而上不救則民不樂生民不樂生尚不避死安能避

前漢傳二十六　十九

罪此刑罰之所以蕃而姦邪不可勝者也師古曰蕃多也音扶元反故受祿之家食祿而已不與民爭業然後利可均布而民可家足此上天之理而亦太古之道天子之所宜法以為制大夫之所當循以為行也故公儀子相魯師古曰公儀休之其家見織帛怒而出其妻食於舍而茹葵師古曰食菜曰茹音汝慍而拔其葵曰吾已食祿又奪園夫紅女利虖師古曰紅讀曰工古之賢人君子在列位者皆如是是故下高其行而從其教民化其廉而不貪鄙及至周室之衰其卿大夫緩於誼而急於利亡推讓之風而有爭田之訟故詩人疾而刺之曰節彼南山惟石巖巖赫赫師尹民具爾瞻師古曰小雅節南山之詩也節高峻貌巖巖積石貌赫赫顯盛也師尹周太師尹氏也言三公之位人所瞻仰若山之高也節音子結反爾好誼則民鄉仁而俗善師古曰爾汝也鄉讀曰嚮爾好利則民好邪而俗敗由是觀之天子大夫者下民之所視效遠方之所四面而內望也近者視而放之遠者望而效之師古曰放依也音甫往反豈可以居賢人之位而為庶人行哉夫皇皇求財利常恐乏匱者庶人之意也師古曰皇皇急遽之貌也皇皇求仁義常恐不能化民者大夫之意也易曰負且乘致寇至師古曰此易解卦六三爻辭也乘車者君子之位也負擔者小人之事也此言居君子之位

前漢傳二十六　二十

而爲庶人之行者其患禍必至也若居君子之位
當君子之行則舍公儀休之相魯亡可爲者矣師古
曰舍廢也言爲君子之行者當如公儀休若廢其所行則無可爲也春秋大一統者天地之常
經古今之通誼也師古曰一統者萬物之統皆歸於一也春秋公羊傳隱公元年春王正月何言乎王正月
大一統也此言諸侯皆繫統天子不得自專也今師異道人異論百家殊方指
意不同是以上亡以持一統法制數變下不知所
守臣愚以爲諸不在六藝之科孔子之術者皆絕
其道勿使並進邪辟之說滅息師古曰辟讀曰僻然後統紀
可一而法度可明民知所從矣對既畢天子以仲
舒爲江都相事易王易王帝兄素驕好勇仲舒以

禮誼匡正王敬重焉久之王問仲舒曰粵王句踐
與大夫泄庸種蠡謀伐吳師古曰種大夫種也蠡范蠡也種音之勇反蠡音禮遂
滅之孔子稱殷有三仁寡人亦以爲粵有三仁師古
曰泄庸一也大夫種二也范蠡三也桓公決疑於管仲寡人決疑於君仲
舒對曰臣愚不足以奉大對師古曰大對謂對大問也聞昔者魯
君問柳下惠師古曰魯大夫展禽也柳下所食菜邑之名惠謚也吾欲伐齊何如
柳下惠曰不可歸而有憂色曰吾聞伐國不問仁
人此言何爲至於我哉徒見問耳且猶羞之師古曰徒但也
況設詐以伐吳虖繇此言之粵本無一仁夫仁人
者正其誼不謀其利明其道不計其功是以仲尼

之門五尺之童羞稱五伯師古曰伯讀曰霸次下亦同爲其先詐
力而後仁誼也苟爲詐而已故不足稱於大君子
之門也張晏曰仲尼之門故稱大也五伯比於他諸侯爲賢其比
三王猶武夫之與美玉也應劭曰武夫石而似玉者也王曰善仲
舒治國以春秋災異之變推陰陽所以錯行故求
雨閉諸陽縱諸陰其止雨反是師古曰謂若閉南門禁舉火及開北門水灑人
之類是也行之一國未嘗不得所欲中廢爲中大夫先
是遼東高廟長陵高園殿災仲舒居家推說其意
中稾未上師古曰所作起草爲稾也主父偃候仲舒私見嫉之竊
其書而奏焉上召視諸儒師古曰視讀曰示仲舒弟子呂步

舒不知其師書以爲大愚於是下仲舒吏當死詔
赦之仲舒遂不敢復言災異仲舒爲人廉直是時
方外攘四夷師古曰攘卻也公孫弘治春秋不如仲舒而
弘希世用事師古曰希觀相也位至公卿仲舒以弘爲從
諛弘嫉之膠西王亦上兄也尤縱恣數害吏二千
石弘乃言於上曰獨董仲舒可使相膠西王膠西
王聞仲舒師古曰素聞其賢也大善待之仲舒恐久獲辠病免
凡相兩國輒事驕王正身以率下數上疏諫爭教
令國中所居而治及去位歸居終不問家產業以
脩學著書爲事仲舒在家朝廷如有大議使使者

及廷尉張湯就其家而問之其對皆有明灋自武帝初立魏其武安侯爲相而隆儒矣及仲舒對冊推明孔氏抑黜百家立學校之官師古曰校音下教反州郡舉茂材孝廉皆自仲舒發之年老以壽終於家家徙茂陵子及孫皆以學至大官仲舒所著皆明經術之意及上疏條教凡百二十三篇而說春秋事得失聞舉玉杯蕃露清明竹林之屬師古曰皆其所著書名也杯音布回反蕃音扶元反復數十篇十餘萬言皆傳於後世掇其切當世施朝廷者著于篇師古曰掇采拾也音丁活反

贊曰劉向稱董仲舒有王佐之材雖伊呂亡以加師古曰伊伊尹呂呂望也筦晏之屬伯者之佐殆不及也師古曰筦筦仲也晏晏嬰也伯者齊桓晉文之屬也伯讀曰霸至向子歆以爲伊呂聖人之耦師古曰耦對也王者不得則不興故顏淵死孔子曰噫天喪余師古曰事見論語噫歎聲也言失其輔佐也噫音於其反唯此一人爲能當之自宰我子贛子游子夏不與焉師古曰與讀曰豫仲舒遭漢承秦滅學之後六經離析下帷發憤潛心大業令後學者有所統壹爲群儒首然考其師友淵原所漸猶未及虖游夏師古曰漸浸潤也游子游夏子夏也而曰筦晏弗及伊呂不加過矣至向曾孫龔篤論君子也以歆之言爲然

董仲舒傳第二十六

司馬相如傳卷第二十七上師古曰近代之讀相如賦者多矣皆改易文字競爲音說致失本真徐廣鄒誕生諸詮之陳武之屬是也今依班書舊文爲正於彼數家並無取焉自喻巴蜀之後分爲下卷　班固

漢書五十七

秘書監上護軍琅邪縣開國子顏師古注

司馬相如字長卿蜀郡成都人也少時好讀書學擊劍師古曰擊劍者以劍遙擊而中之非斬刺也名犬子師古曰父母愛之不欲稱斥故爲此名也相如既學慕藺相如之爲人也更名相如師古曰藺相如六國時趙人也義而有勇故追慕之以訾爲郎師古曰訾讀與貲同貲財也以家財多得拜爲郎也事孝景帝爲武騎常侍秩六百石非其好也會景帝不好辭賦是時梁孝王來朝從游說之士齊人鄒陽淮陰枚乘吳嚴忌夫子之徒師古曰嚴忌本姓莊當時尊尚號曰夫子史家避漢明帝諱故遂爲嚴耳相如見而說之師古曰說讀曰悅因病免客游梁得與諸侯游士居數歲乃著子虛之賦會梁孝王薨相如歸而家貧無以自業素與臨邛令王吉相善吉曰長卿久宦游不遂而困師古曰遂達也來過我於是相如往舍都亭師古曰臨邛所治都之亭臨邛令繆爲恭敬師古曰繆詐也日往朝相如相如初尚見之後稱病使從者謝吉吉愈益謹肅臨邛多富人卓王孫僮客八百人師古曰僮謂奴程鄭亦數百人師古曰程鄭亦人姓名言其家富亞王孫也乃相謂曰令有貴客爲具召之師古曰具謂酒食之具召請也并召令令既至卓氏客以百

數至日中請司馬長卿長卿謝病不能臨臨邛令
不敢嘗食身自迎相如相如爲不得已而強往師古
曰示衆人以此意也一坐盡傾師古曰皆傾慕其風采也酒酣臨邛令前奏琴
曰竊聞長卿好之願以自娛師古曰奏進也相如辭謝爲
鼓一再行師古曰行謂曲引也古樂府長歌行短歌行此其義也是時卓王孫有女
文君新寡好音故相如繆與令相重而以琴心挑師古
之曰寄心於琴聲以挑動之也挑徒了反相如時從車騎雍容閒雅師古
曰閒讀曰閑甚都張揖曰甚得都士之節也韋昭曰都邑之容也師古曰都者都閑美之稱也張說近之詩鄭風有女同車之篇曰洵美且都山有扶蘇之篇又云不見子都則知都者美也韋言都邑失之遠矣及飲卓氏弄琴文君
竊從戶窺心說而好之師古曰說讀曰悅悅其人而好其音也恐不得當

前漢傳二十七上　二　陳言

也師古曰當謂對偶之既罷相如乃令侍人重賜文君侍者通
殷勤文君夜亡奔相如相如與馳歸成都家徒四
壁立師古曰徒空也但有四壁更無資產卓王孫大怒曰女不材我不
忍殺一錢不分也人或謂王孫王孫終不聽文君
久之不樂謂長卿曰弟俱如臨邛文穎曰弟且也張揖曰如往也師古曰弟
但也發聲之急耳酈食其曰弟言之此類甚多義非且也從昆弟假貸猶足以爲生師古
曰貸音吐得反何至自苦如此相如與俱之臨邛盡賣車騎
買酒舍乃令文君當盧郭璞曰盧酒盧師古曰賣酒之處累土爲盧以居酒瓮四邊隆起其一面高形如鍛盧故名盧耳而俗之學者皆謂當盧爲對溫酒火盧失其義矣相如身自著犢鼻褌
師古曰即今之衳也形似犢鼻故以名云衳音之容反與庸保雜作者師古曰庸即謂賃作者保謂庸之可信任

者也滌器於市中師古曰滌洒也器食器也食已則洒之賤人之役也洒音先禮反卓王孫恥
之爲杜門不出師古曰杜塞也昆弟諸公更謂王孫曰師古曰更
互也音工衡反有一男兩女所不足者非財也師古曰言不患少財也今
文君既失身於司馬長卿長卿故倦游文穎曰倦疲也言疲厭游
學博物多能也雖貧其人材足依也且又令客柰何相辱如
此師古曰言縣令之客不可以辱也卓王孫不得已師古曰已止也分與文君僮
百人錢百萬及其嫁時衣被財物文君乃與相如
歸成都買田宅爲富人居久之蜀人楊得意爲狗
監師古曰主天子田獵犬也侍上上讀子虛賦而善之曰朕獨不
得與此人同時哉得意曰臣邑人司馬相如自言

前漢傳二十七上　三　徐淨

爲此賦上驚乃召問相如相如曰有是然此乃諸
侯之事未足觀請爲天子游獵之賦上令尚書給
筆札師古曰札木簡之薄小者也時未多用紙故給札以書札音壯黠反相如以子虛虛言
也爲楚稱師古曰稱說楚之美也烏有先生者烏有此事也師古
曰烏於何也爲齊難師古曰難詰楚事也亡是公者亡是人也師古曰亡讀曰
無下皆類此欲明天子之義故虛藉此三人爲辭師古曰藉假也
以推天子諸侯之苑囿其卒章歸之於節儉師古曰卒終也
謂終篇之言若牆垣塹之比者因以風諫師古曰風讀曰諷其辭曰楚使子虛使
於齊齊王悉發車騎與使者出田師古曰田獵也田罷子
虛過姹烏有先生師古曰姹誇誰之也音丑亞反字本作詫也亡是公存焉

坐定烏有先生問曰今日田樂乎子虛曰樂獲多
乎曰少然則何樂對曰僕樂王之欲夸僕以車騎
之衆而僕對以雲夢之事也張揖曰楚藪也在南郡華容縣師古曰夢讀如本字又音
莫風反字或作瞢其音同耳曰可得聞乎子虛曰可王駕車千乘
選徒萬騎田于海濱師古曰濱涯也音賓又音頻列卒滿澤罘罔
彌山師古曰罘覆車也即今幡車罔也王國兔爰之詩曰雉羅于罦罦亦罘字耳彌亘也罘音浮揜菟轔
鹿射麋格麟師古曰轔謂車踐轢之也音吝格字或作䠒言持引其腳也鶩於鹽浦割
鮮染輪張揖曰海水之涯多出鹽也李奇曰鮮生也染擩也切生肉擩車輪鹽而食之也師古曰鶩謂亂馳也擩搵也鶩音
務擩音如閱反搵音一頓反射中獲多矜而自功師古曰自矜其能以為功也顧謂
僕曰楚亦有平原廣澤遊獵之地饒樂若此者乎

楚王之獵孰與寡人師古曰與猶如也僕下車對曰臣楚國
之鄙人也幸得宿衛十有餘年時從出遊遊於後
園覽於有無然猶未能徧覩也又烏足以言外澤
乎齊王曰雖然略以子之所聞見言之僕對曰唯
唯師古曰唯唯恭應之辭也音弋癸反臣聞楚有七澤嘗見其一未覩其
餘也臣之所見蓋特其小小者耳名曰雲夢雲夢
者方九百里其中有山焉其山則盤紆岪鬱郭璞曰詰屈竦
起也岪音佛岑崟參差日月蔽虧張揖曰高山壅蔽日月虧缺半見也師古曰岑音仕林反崟音
吟交錯糾紛上干青雲郭璞曰言相摎結而峻絕罷池陂陁下屬
江河郭璞曰言旁穨也屬連也罷音疲陂音婆陁音馳文穎曰南方無河也冀州凡水大小皆謂之河詩賦通方言耳晉灼曰文章

假借協韻之也師古曰文晉之說非也下屬江河者揔言山之廣大所連者遠耳於文無妨陂音普河反屬音之欲反其土
則丹青赭堊雌黃白坿錫碧金銀張揖曰丹丹沙也青青雘也赭赤赭也堊
白堊也蘇林曰白坿白石英也師古曰丹沙今之朱砂也青雘今之空青也赭今之赤土也堊今之白土也銀青金也碧謂玉之青白色者也
堊音惡坿音附雘音一郭反衆色炫燿照爛龍鱗師古曰言采色相燿若龍鱗之間雜也炫
音州縣之縣其石則赤玉玫瑰琳珉昆吾張揖曰琳珠也珉石之次玉者也昆吾山
名也出善金尸子曰昆吾之金晉灼曰玫瑰火齊珠也師古曰火齊珠今南方之出火珠也玫音枚瑰音回又音瓌琳音林珉音旻瑊
玏玄厲張揖曰瑊玏石之次玉者玄厲黑石可用磨也如淳曰瑊音緘玏音勒碝石武夫張揖曰皆石之
次玉者碝石白者如水半有赤色武夫赤地白采葱蘢白黑不分郭璞曰碝音而兗反其東則有蕙圃衡
蘭芷若張揖曰蕙圃蕙草之圃也衡杜衡也其狀若葵其臭如蘼蕪芷白芷若杜若也師古曰蘭即今澤蘭也今流俗書本
芷若下有射干字妄增之也穹窮昌蒲江離蘼蕪張揖曰江離香草也蘼蕪蘄茝也似蛇牀而香

師古曰蘼蕪即穹窮苗也郭璞曰江離似水薺而藥對曰蘼蕪一名江離張勃又云江離出臨海縣海水中正青似亂髮郭義恭云江離赤
葉諸說不同未知孰是今無識之者然非蘼蕪也藥對誤耳諸柘巴且張揖曰諸柘甘柘也蓴且蘘荷也文穎曰巴且
草一名巴蕉師古曰文說巴且是也且音子余反蓴音普各反蓴且自蘘荷耳非巴且也其南則有平原
廣澤登降陁靡師古曰登上也降下也陁靡旁穨也陁音弋爾反案衍壇曼師古
曰寬廣之貌也衍音弋戰反壇音徒且反曼音莫幹反緣以大江限以巫山張揖曰巫山在南郡
巫縣也其高燥則生葴析苞荔張揖曰葴馬藍也析似燕麥也苞藨也荔馬荔蘇林曰析音
斯師古曰藨即今所用作席者也馬荔今之馬藺也葴音之林反苞音包荔音隸藨音皮表反薛莎青薠張揖曰薛
賴蒿也莎鎬侯也青薠似莎而大生江湖鴈所食師古曰莎即今青莎草薠音煩其埤溼則生藏莨
蒹葭郭璞曰藏莨草中牛馬芻蒹荻也似萑而細小葭蘆葦也師古曰埤音婢謂下地也莨音郎蒹音兼葭音加荻音敵東
薔彫胡張揖曰東薔實可食彫胡菰米也師古曰東薔似蓬其實如葵子也蓮藕觚盧張揖曰蓮蕅之

實也其根藕張晏曰瓠蘆蓸魚也郭璞曰菰蔣也蓸萑也師
古曰書不爲菰蔣蓸字郭璞非也但不知瓠蘆於今是何草耳 奄閭
軒于 張揖曰奄閭蒿也子可治疾軒于蕕草也生水中揚州有之師古曰奄音淹蕕音猶 眾物居之不
可勝圖 師古曰勝舉也不可盡舉而圖寫之言其多也 其西則有涌泉清池激
水推移 郭璞曰波抑揚也 外發夫容菱華內隱鉅石白沙 郭璞曰夫容蓮華也菱芰也師古曰鉅大也 其中則有神龜蛟鼉毒冒鼈黿 張揖
曰蛟狀魚身而蛇尾皮有珠鼉似蜥蜴而大身有甲皮可作鼓毒冒似觜蠵甲有文黿似鼈而大師古曰張說蛟者乃是鮫魚非蛟龍之蛟也
蛟解在武紀鼉音徒河反又音大河反毒音代冒音妹鮑皆倣此 其北則有陰林巨樹楩枏
豫章 服虔曰陰林山北之林也豫章大木也生七年乃可知師古曰陰林言其樹木衆而且大常多陰也楩音便又音步田反即今
黃楩木也枏音南今所謂楠木 桂椒木蘭檗離朱楊 師古曰桂即藥之所用其皮者也椒即所食椒樹也
木蘭皮似椒而香可作面膏藥檗黃檗也離山梨也朱楊赤莖柳也生水邊 樝梨梬栗橘柚芬芳

張揖曰樝似梨而甘梬梬棗也師古曰樝即今所謂樝子也梬棗即今之梬棗也柚即橙也似橘而大味酢皮厚樝音側加反梬音弋整反柚
音弋救反橙音丈莖反芬芳言橘柚之氣也 其上則有宛雛孔鸞騰遠射干 張揖
曰宛雛似鳳孔孔雀也鸞鸞鳥也射干似狐能緣木服虔曰騰遠獸名也師古曰鸞鳥形如翟而五采文見山海經宛音於元反射音弋舍反
其下則有白虎玄豹蟃蜒貙豻 郭璞曰蟃蜒大獸似狸長百尋貙似狸而大豻
胡地野犬也似狐而小蟃音萬蜒音延豻音岸師古曰蜒又音弋戰反貙音丑于反豻合韻音五安反 於是乎乃使
剸諸之倫手格此獸 師古曰剸諸吳人刺吳王僚者也方言勇士故舉以爲類剸與專同 楚
王乃駕馴駮之駟 四張揖曰馴擾也駮如馬白身黑尾一角鋸牙食虎豹擾而駕之以當駟馬也師古曰
駟音句 乘彫玉之輿 師古曰以玉飾輿而彫鏤之 靡魚須之橈旃 張揖
曰以魚須爲旃柄駘駘逐獸正趣靡也郭璞曰通帛爲旃師古曰大魚之須出東海見尚書大傳橈旃即曲旃也橈音女教反 曳明
月之珠旗 張揖曰以明月珠綴飾旗也 建干將之雄戟 張揖曰干將韓王劍師也雄戟胡中

有觡者干將所造 左烏號之雕弓 應劭曰楚有柘桑烏棲其上支下著地不得飛欲墮號呼故曰烏號張揖
曰黃帝乘龍上天小臣不得上挽持龍髯髯拔墮黃帝弓臣下抱弓而號故名弓烏號郭璞曰彫畫也師古曰烏號應張二說皆有據也
右夏服之勁箭 伏儼曰服盛箭器也夏后氏之良弓名繁弱其矢亦良即繁弱箭服也故曰夏服師古曰箭服
即今之步叉也 陽子驂乘孅阿爲御 張揖曰陽子伯樂也秦繆公臣姓孫名陽郭璞曰孅阿古之善
御者孅音纖也 案節未舒即陵狡獸 師古曰案節未舒言未盡意騁馳已凌狡獸狡捷之獸也 蹵
蛩蛩轔距虛 張揖曰蛩蛩青獸狀如馬距虛似鸁而小郭璞曰距虛即蛩蛩變文互言耳師古曰據爾雅文郭說
是也蹵音子六反 軼野馬韢騊駼 張揖曰軼過也野馬似馬而小北海內有獸狀如馬名騊駼郭璞曰軼車
軸頭也師古曰轊謂軸頭衝而殺之也軼音逸轊音衞騊音逃駼音塗 乘遺風射游騏 張揖曰遺風千里馬
也騏猶白驪如馬一角不角者曰騏師古曰驪音携騏音其 儵胂倩浰 張揖曰皆疾貌也師古曰儵音式六反胂
音式刃反倩音千見反浰音練 雷動焱至星流 師古曰焱疾風也若雷之動如焱之至言其威且疾也焱音必遥反

霆擊弓不虛發中必決眥 師古曰眥即決獸之目眥言射審也眥即眥字 洞胷
達掖絕乎心繫 張揖曰自左射之貫胷通右腋中心絕系也師古曰腋謂肩前腋也音五口反繫讀曰系也
獲若雨獸揜屮蔽地 師古曰言獲殺之多如天雨獸也雨音于具反屮古草字也 於是
楚王乃弭節徘徊翱翔容與 郭璞曰弭猶低也節所杖信節也翱翔容與言自得也師
古曰弭節者示安徐也 覽乎陰林觀壯士之暴怒與猛獸之恐
懼徼谻受詘 蘇林曰谻音倦谻之谻詘音屈強之屈郭璞曰詘詘折也谻疲極詘音屈師古曰蘇音是也谻音與
劇同詘音其勿反徼工堯反徼要也詘盡也言獸有倦極者要而取之力盡者受而有之 殫覩衆物之變態
郭璞曰殫盡也變態則也師古曰殫音單 於是鄭女曼姬 文穎曰鄭國出好女曼者言其色理曼澤
也如淳曰鄭女夏姬也曼姬楚武王夫人鄧曼也師古曰文說是也 被阿錫揄紵縞 張揖曰阿細繒也錫細布
也揄引也師古曰紵織紵也縞鮮支也今之所謂素者也揄音踰又音投也 雜纖羅垂霧縠 張揖曰縠縐如霧垂

以爲裳也師古曰纖細也霧縠者言其輕靡如霧非謂綃文襞積褰縐鬱橈谿谷張揖曰襞積簡
簡齰也褰縮也縐戚也其縐中文理蒂欝有似於谿谷也師古曰張說非也襞積即今之帬襵古所謂皮弁素積者即謂此積也言襞積文理
隨身所著或褰或縐委屈如溪谷也襞音辟縐音側救反衯衯裶裶揚衪戌削張揖曰衯音芬衪衣
袖也戌鮮也削衣刻除貌也師古曰揚舉也衪袖也或舉或曳削戌削然見其降殺之美也裶音霏衪音弋示反戌讀如本字蜚纖
垂髾張揖曰纖離袿也髾後垂也師古曰張說非也纖袿衣之長帶也髾謂燕尾之屬皆衣上假飾非髾垂也蜚古飛字也纖音
纖髾音所交反扶輿猗靡張揖曰扶持楚王車輿相隨也師古曰張說非也此自言鄭女曼姬爲侍從者所扶輿而猗靡
耳非謂扶持楚王車輿也猗音於綺反今人猶呼相撫掩爲猗靡翕呷萃蔡張揖曰翕呷衣張起也萃蔡衣聲
也師古曰呷音火甲反萃音翠又音千賄反下摩蘭蕙上拂羽蓋師古曰下摩蘭蕙謂垂髾也上
拂羽蓋謂飛纖也錯翡翠之葳蕤師古曰錯雜也葳蕤羽飾貌繆繞玉綏張揖曰楚王車
之綏以玉飾之也郭璞曰綏登車所執也師古曰二說皆非也以玉飾緌亦謂鄭女曼姬之容服也緌即今之所謂采纓垂鑷者也繆繞相纏

前漢傳二十七上　八

結也繆音繆纓音隈眑眑忽忽若神之髣髴郭璞曰言其容飾奇豔非世所見戰國策曰鄭
之美女粉白黛黑而立於衢不知者謂之神也於是乃群相與獠於蕙圃文穎曰宵獵爲獠師
古曰獠力笑反媻姍勃窣上金隄師古曰媻姍勃窣謂行於叢薄之閒也金隄言水之隄塘堅如金也
媻音盤姍音先安反窣音先忽反隄音丁兮反揜翡翠射鵕鸃師古曰鳥赤羽者曰翡青羽者曰翠鵕鸃
鷩鳥也似山雞而小冠背毛黃腹下赤項綠色其尾毛紅赤光采鮮明今俗呼爲山雞其實非也鵕音峻鸃音儀微矰出孅
繳施師古曰矰短矢也繳生絲縷也以繳係矰仰射高鳥謂之弋射矰音增繳音灼弋白鵠連駕
鵝師古曰鵠水鳥也其鳴聲鵠鵠云駕鵝野鵝也連謂重累獲之也鵠音胡沃反駕音加雙鶬下玄鶴
加師古曰鶬鶬也今關西呼爲鶬鹿山東通謂之鶬鵶俗名爲錯落錯者亦言鶬聲之急耳又謂鶬捋捋音來奪反鶬鹿鶬捋皆象其
鳴聲也玄鶴黑鶴也相鶴經云鶴壽滿二百六十歲則色純黑言弋射之妙既中白鵠而連駕鵝又下雙鶬而加玄鶴也鶬音倉怠
而後游於清池郭璞曰息倦也浮文鷁張揖曰鷁水鳥也畫其象於船首淮南曰龍舟鷁首

天子之乘也師古曰鷁音五歷反揚旌枻張揖曰揚舉也析羽爲旌建於船上枻拖也師古曰枻音曳拖音大可反張
翠帷建羽蓋郭璞曰旌之船上也師古曰翠帷帷翠色也羽蓋以雜羽飾蓋罔毒冒釣紫
貝郭璞曰紫貝紫質黑文也師古曰貝水中介蟲古以爲貨也摐金鼓師古曰摐擊也金鼓謂鉦也摐音窻
吹鳴籟張揖曰籟簫也榜人歌張揖曰榜船也月令云命榜人榜人船長也主倡聲而歌者也師古曰榜
音謗又方孟反聲流喝郭璞曰言悲嘶也師古曰喝音一介反嘶音蘇奚反水蟲駭波鴻沸郭璞
曰魚鼈讙躍濤浪作也師古曰沸音普蓋反涌泉起奔揚會郭璞曰暴溢激相鼓蕩也師古曰湓音普頓反
礧石相擊琅琅礚礚師古曰礧石轉石也礧音盧對反礚音口蓋反若雷霆之
聲聞乎數百里外將息獠者擊靈鼓起烽燧師古曰靈鼓六
面鼓之所以警衆也車案行騎就隊師古曰案依也行列也隊部也行音胡郎反隊音大內反纚乎
淫淫般乎裔裔郭璞曰皆羣行貌也師古曰纚音屣般音盤於是楚王乃登

前漢傳二十七上　九

陽雲之臺孟康曰雲夢中高唐之臺宋玉所賦者言其高出雲之陽也泊乎無爲澹乎
自持師古曰泊澹皆安靜意也泊音步各反澹音徒濫反勺藥之和具而後御之伏儼
曰勺藥以蘭桂調食文穎曰五味之和也晉灼曰南都賦曰歸鴈鳴鵽香稻鮮魚以爲勺藥酸恬滋味百種千名文說是也師古曰諸家之說
皆未當也勺藥藥草名其根主和五藏又辟毒氣故合之於蘭桂五味以助諸食因呼五味之和爲勺藥耳讀賦之士不得其意妄爲音訓以
誤後學今人食馬肝馬腸者猶合勺藥而煮之豈非古之遺法乎鵽音竹滑反不若大王終日馳騁曾
不下輿脟割輪焠自以爲娛師古曰脟字與臠同焠音千內反焠亦搵染之義耳言臠
割其肉搵車輪鹽而食之此蓋以譏上割鮮染輪之言也臣竊觀之齊殆不如師古曰殆近也於
是王無以應僕也烏有先生曰是何言之過也足
下不遠千里來況齊國師古曰言有惠賜而來也王悉境內之士
備車騎之衆師古曰悉盡也與使者出田乃欲戮力致獲以

娱左右也師古曰謙不斥言使者故指云其左右也何名爲夸哉問楚地之有無者願聞大國之風烈先生之餘論也張晏曰願聞先賢之遺談美論也師古曰此說非也先生即謂子虛耳下又言先生行之豈先賢也今足下不稱楚王之德厚而盛推雲夢以爲驕奢言淫樂而顯侈靡竊爲足下不取也必若所言固非楚國之美也有而言之是章君之惡也無而言之是害足下之信也章君惡傷私義師古曰非楚國之美是章君惡害足下之信是傷私義也二者無一可而先生行之必且輕於齊而累於楚矣師古曰言楚使者失辭自爲累重而於齊無所負擔故云輕也累音力瑞反且齊東陼鉅海南有琅邪蘇林曰小洲曰陼張揖曰琅邪臺名也在勃海間師古曰東陼鉅海東有大海之渚字與渚同也觀乎成山張揖曰觀闕也成山在東萊不夜縣於其上築宮闕師古曰觀音工喚反射乎之罘晉灼曰之罘山在東萊腄縣射獵其上也師古曰腄音直瑞反又音誰浮勃澥師古曰勃澥海別枝也澥音蟹游孟諸文穎曰宋之大澤也故屬齊邪與肅愼爲鄰郭璞曰肅愼國名在海外也師古曰邪讀爲左謂東北接也右以湯谷爲界師古曰湯谷日所出也許愼云熱如湯也秋田乎青丘服虔曰青丘國在海東三百里彷徨乎海外師古曰彷音旁吞若雲夢者八九其於胷中曾不蔕芥張揖曰蔕芥刺鯁也師古曰蔕音丑介反若乃俶儻瑰瑋異方殊類師古曰俶儻猶非常也俶音吐歷反珍怪鳥獸萬端鱗崪師古曰崪與萃同萃集也如鱗之集言其多也充仞其中者不可勝記禹不能名禼不能計張揖曰禹爲堯司空辨九州名山別草木禼爲堯司徒敷五教率萬事師古曰言其所有衆多雖禹禼之賢聖不能名而數之也然在諸侯之位不敢言游戲之樂苑囿之大先生又見客師古

曰見猶至也言至此國爲客也若今人自稱云見顧見眷耳是以王辭不復師古曰復反也謂不反報也何爲無以應哉亡是公听然而笑曰師古曰听笑貌也音斷又音牛隱反楚則失矣而齊亦未爲得也夫使諸侯納貢者非爲財幣所以述職也郭璞曰諸侯朝於天子曰述職師古曰述循也謂順行也封疆畫界者非爲守禦所以禁淫也郭璞曰天下有道守在四夷立疆界者欲以禁不絕淫放耳師古曰彊讀曰疆今齊列爲東蕃而外私肅愼郭璞曰私與通也捐國踰限越海而田師古曰捐棄也謂田於青丘也其於義固未可也且二君之論不務明君臣之義正諸侯之禮徒事爭於游戲之樂苑囿之大欲以奢侈相勝荒淫相越此不可以揚名發譽而適足以貶君自損也

師古曰貶古貶字且夫齊楚之事又烏足道乎師古曰烏於何也道言也君未覩夫巨麗也師古曰巨大也麗美也獨不聞天子之上林乎左蒼梧右西極文穎曰蒼梧郡屬交州在長安東南故言左爾雅曰西至于豳國爲西極在長安西故言右也丹水更其南應劭曰丹水出上洛冢領山東南至析縣入鈞水師古曰更歷也音工衡反紫淵徑其北文穎曰西河穀羅縣有紫澤在縣西北於長安爲在北也終始霸滻出入涇渭師古曰霸水出藍田谷西北而入渭滻水亦出藍田谷北至霸陵入霸二水終始盡於苑中不復出也涇水出安定涇陽开頭山東至陽陵入渭渭水出隴西首陽縣鳥鼠同穴山東北至華陰入河從苑外來又出苑去也开音牽又音口見反酆鎬潦潏紆餘委蛇經營其內應劭曰潦流也潏涌出聲也張揖曰酆水出鄠南山酆谷北入渭鎬在昆明池北潦行潦也又有潏水出南山晉灼曰下言八川計從丹水以下至潏除潦爲行潦凡九川從霸產以下爲數凡七川潏音決潏水涌出聲也除潦潏下爲水餘適八下言經營其內於數則計其外者矣師古曰應晉二說皆非也張言潦爲行潦又失之潦音牢亦水名也出鄠縣西南山潦谷而北流

入于渭上言左蒼梧右西極丹水更其南紫泉徑其北皆謂苑外耳丹水紫泉非八川數也霸產涇渭豐鎬潦潏是爲八川言經營其內信則然矣潏晉音是也地理志鄠縣有潏水北過上林苑入渭而今之鄠縣則無此水許慎云潏水在京兆杜陵此即今所謂沇水從皇子陂西北流經昆明池入渭者也蓋爲字或作水旁穴與沇字相似俗人因名沇水乎將鄠縣潏水今則改名人不識也但八川之義實在於斯耳 蕩蕩乎八川分流相背異態郭璞曰變態不同也東西南北馳騖往來郭璞曰言更相錯涉也師古曰來音盧代反出乎椒丘之闕服虔曰丘名也兩山俱起象雙闕者行乎州淤之浦師古曰水中可居者曰州淤漫也浦水涯也淤音於庶反徑乎桂林之中如淳曰桂樹之林也過乎泱莽之壄張揖曰山海經所謂大荒之野也師古曰凡言此者著水流之長遠也泱音烏朗反汩乎混流順阿而下師古曰汩疾貌也混流豐流也曲陵曰阿汩音于筆反混音下本反赴隘陿之口師古曰兩岸間相迫近者也隘音於懈反陿音狹觸穹石激堆埼張揖曰穹石大石也埼曲岸頭也師古曰堆高阜也音丁回反埼音巨依反沸乎暴怒郭璞曰沸水聲也音拂洶涌彭湃師古曰洶涌跳起也彭湃相戾也洶音許勇反湃音普拜反滭弗宓汩蘇林曰滭音畢宓音密師古曰滭弗盛貌也宓汩去疾也汩音于筆反偪側泌瀄郭璞曰泌瀄音筆櫛師古曰偪側相逼也泌瀄相楔也偪字與逼同楔音先結反橫流逆折轉騰潎洌孟康曰轉騰相過也潎洌相潎也師古曰潎音匹列反洌音列潎又音普結反滂濞沆溉郭璞曰滂音旁濞音匹秘反溉音胡慨反皆水流聲貌師古曰沆音胡朗反穹隆雲橈師古曰橈曲也言水急旋回如雲之屈曲也橈音女教反宛潬膠盭郭璞曰憒薄相膠也師古曰宛音婉潬音善盭古戾字踰波趨浥涖涖下瀨郭璞曰踰躍也浥宛陷也涖涖聲也師古曰浥音於俠反涖音利瀨疾流也批巖衝擁奔揚滯沛師古曰批反擊也擁曲隈也言水觸批巖崖而衝隈曲則奔揚而滯沛然也批音步結反滯音丑制反沛音普蓋反臨坻注壑瀺灂霣隊師古曰坻謂水中隆高處也秦風終南之詩曰宛在水中坻坻音遲瀺音士咸反灂音才弱反又音仕角反霣即隕字隊音直類反沈沈隱隱砰磅訇礚師古曰砰音普冰反磅音普萌反訇音呼

宏反礚音口蓋反皆水流鼓怒之聲也潏潏淈淈湁潗鼎沸郭璞曰皆水微轉細涌貌也淈音骨湁音勑立反師古曰潏音決潗音子入反言水之沸如鼎沸也馳波跳沫汩㴔漂疾晉灼曰㴔音華給反郭璞曰㴔音許立反師古曰言水波㴔馳而白沫跳起汩㴔然也汩音于筆反㴔晉郭二音皆通漂匹妙反悠遠長懷寂漻無聲郭璞曰懷亦歸變文耳漻音聊師古曰言長流安靜肆乎永歸然後灝溔潢漾郭璞曰皆水無涯際貌師古曰灝音浩溔音弋少反潢音胡廣反漾音弋丈反肆放也言水放流而長歸也安翔徐佪郭璞曰言運轉也翯乎滈滈郭璞曰水白光貌也師古曰翯音胡角反滈音鎬東注太湖郭璞曰太湖在吳縣尚書所謂震澤也衍溢陂池郭璞曰言溢溢而出也陂池江旁小水於是蛟龍赤螭文穎曰龍子爲螭張揖曰赤螭雌龍也如淳曰螭山神也獸形師古曰許慎云离山神也字則單作离形若龍字乃從虫此作螭別是一物既非山神又非雌龍龍子三家之說皆失之虫音許尾反䱭䲛漸離李奇曰周洛曰鮪蜀曰䱭䲛出鞏山穴中三月遡河上能度龍門之限則得爲龍矣漸離未聞師古曰䱭音工鄧反䲛音莫鄧

反鰅鰫鰬魠如淳曰鰅音顒鰬音乾魠音託郭璞曰鰫音常容反鰅魚有文采鰫似鰱而黑鰬似鱓魠鰄也一名黃頰師古曰鰅如音是也鰫鰬魠郭說是也鱓音善鰄音感也禺禺魼鰨如淳曰魼音去魚反晉灼曰鰨音奴獺反郭璞曰禺禺魚皮有毛黃地黑文魼比目魚也狀似牛脾細鱗紫色兩相合乃得行鰨鯢魚也似鮎有四足聲如嬰兒師古曰禺音顒又音隅鯢音五奚反鮎音乃兼反揵鰭掉尾振鱗奮翼師古曰揵舉也鰭魚背上鬣也掉搖也揵音鉅言反掉音徒釣反潛處乎深巖郭璞曰隱岸底也魚鼈讙聲萬物眾夥師古曰讙讙也夥多也讙音許元反夥音下果反明月珠子的皪江靡應劭曰明月珠子生於江中其光耀乃照於江邊也師古曰皪音歷的皪光貌也江靡江邊靡迆之處也迆音弋爾反蜀石黃碝水玉磊砢張揖曰蜀石石次玉者也郭璞曰碝石黃色水玉水精也師古曰碝音如兗反磊音洛賄反砢音洛可反又音可磷磷爛爛采色澔汗郭璞曰皆玉石符采映耀也師古曰磷音吝澔音浩藂積乎其中䲨鷫鵠鴇駕鵝屬玉張揖曰䲨大鳥也郭璞曰鷫鷞也鴇似鴈而

無後指屬玉似鴨而大長頸赤目紫紺色鷫音蕭鴇音保師古曰鵁古鵁字鴐鵝即今俗呼爲䳰者也䳰者鴐聲之訛耳鴐音加屬音之欲反鷞音霜交精旋目郭璞曰交精似鳧而腳高有毛冠辟火災旋目未聞也師古曰今荊郢間有水鳥大於鷺而短尾其色紅白深目目旁毛皆長而旋此其旋目乎煩鶩庸渠郭璞曰煩鶩鴨屬也庸渠似鳧灰色而雞腳一名章渠鶬音木師古曰庸渠即今之水雞也箴疵鵁盧張揖曰箴疵以魚虎而蒼黑色鵁鶄頭鳥也盧白雉也郭璞曰盧盧鷀也箴音針師古曰盧郭說是也白雉不浮水上疵音貲鵁音火交反鳥音烏了反鷀音慈也群浮乎其上汎淫汜濫隨風澹淡郭璞曰皆鳥任風波自縱漂貌師古曰汎音馮汜音敷劒反澹大覽反淡音琰與波搖蕩奄薄水渚張揖曰奄覆也草叢生曰薄郭璞曰薄猶集也師古曰薄郭說是也言奄集渚上而遊戲唼喋菁藻咀嚼菱藕張揖曰菱芰也郭璞曰菁水草藻聚藻也師古曰唼喋銜食也唼音所甲反喋音丈甲反咀音才汝反嚼音才削反於是乎崇山矗矗巃嵸崔巍郭璞曰皆高峻貌也巃音籠嵸音才總反崔音摧巍音五回反師古曰嵸音總深林巨木嶄巖參差師古曰嶄巖尖銳貌

前漢傳二十七上　十四　王寘

參差不齊也嶄音士銜反參音楚林反差音楚宜反九嵕巀嶭南山峩峩師古曰九嵕山今在醴泉縣界巀嶭山即今所謂嵯峩山也在三原縣西也南山終南山也峩峩高貌嵕音子公反又音總巀音截嶭音櫱巀嶭又音在割五割反峩音娥巖陁甗錡摧崣崛崎張揖曰摧崣高貌崛崎斗絕也蘇林曰摧音頹水反崣音卒鄙反郭璞曰陁岸際也音孝甗錡隆屈穴折貌甗音魚晚反錡音蟻崛音掘崎音衢摧音作罪反崣字作委師古曰蘇郭兩說並通郭音作罪反又音將水反振溪通谷蹇產溝瀆張揖曰振拔也水注川曰溪注溪曰谷蹇產屈折也郭璞曰自溪及瀆皆水相通注也谽呀豁閜阜陵別隝郭璞曰谽呀豁閜谷之形容也隝水中山也谽音呼含反呀音呼加反閜音呼下反隝音擣師古曰大阜曰陵言阜陵居在水中各別爲隝也豁音呼活反崴磈嵔瘣丘虛堀礨郭璞曰皆其形埶也崴音於鬼反磈音魚鬼反嵔音惡罪反瘣音磈虛音墟堀音窟礨音吾猥師古曰磈又音於虺反瘣音胡賄反隱轔鬱壘登降施靡郭璞曰隱轔鬱壘堆壟不平貌轔音洛盡反師古曰壘音律施音弋爾反施靡猶連延也陂池貏豸郭璞曰陂池旁穨貌也陂音皮貏音衣被之被師古曰陂又音彼奇反貏又音彼沇

溶淫鬻張揖曰水流溪谷之閒也師古曰溶音容鬻音育散渙夷陸師古曰散渙分散而渙然也易曰風行水上渙夷平也廣平曰陸亭皐千里靡不被築師古曰爲亭候於皐隰之中千里相接皆築令平也被音皮義反揜以綠蕙張揖曰揜覆也綠王芻也蕙薰草也師古曰綠蕙言蕙草色綠耳非王芻也被以江離糅以蘪蕪雜以留夷張揖曰留夷新夷也師古曰留夷香草也非新夷新夷乃樹耳布結縷師古曰結縷蔓生著地之處皆生細根如綫相結故名結縷今俗呼鼓箏草兩幼童對銜之手鼓中央則聲如箏也因以名云攢戾莎師古曰攢聚也戾莎言莎草相交戾也攢音材官反揭車衡蘭應劭曰揭車一名芞輿香草也師古曰揭音丘列反芞音乞槀本射干師古曰槀本草類白芷根似芎藭射干即烏扇耳射音弋舍反茈薑蘘荷如淳曰茈薑薑上齊也師古曰薑之息生者連其株本則紫色也蘘荷蓴苴也根旁生笋可以爲菹又治蠱毒茈音紫蘘音人羊反葴持若蓀如淳曰葴音鍼張揖曰葴持闕若杜若也蓀香草也師古曰葴寒漿也持當爲符字之誤耳符鬼目也杜若苗頗類薑而爲棱葉之狀今流俗書本持字或作橙非也後人妄改耳其下乃言黃甘橙榛此無橙也葴音之林

前漢傳二十七上　十五　晉式

反蓀音孫鮮支黃礫師古曰鮮支即今支子樹也黃礫今用染者黃屑之木也二者雖非草類既云延曼大原或者賦雜言之耳蔣芧青薠張揖曰蔣菰也芧三稜也郭璞曰芧音杼師古曰蔣音將芧丈與反布濩閎澤延曼太原郭璞曰布濩猶布露也師古曰閎亦大也濩音護延弋戰反離靡廣衍師古曰離靡謂相連不絕也衍布也靡力爾反應風披靡吐芳揚烈師古曰烈酷烈之氣也披丕靡反郁郁菲菲眾香發越郭璞曰香氣射散也菲音妃肸蠁布寫晻薆咇茀師古曰肸蠁盛作也寫吐也晻薆咇茀皆芳香意也肸音許乙反蠁音鄉晻又烏感反薆音愛咇音步必反茀音勃薆字或作靉也於是乎周覽汜觀師古曰汜普也音敷劒反縝紛軋芴孟康曰縝紛眾盛也軋芴緻密也師古曰縝音丑人反軋於黠反芴音物芒芒怳忽郭璞曰言眼亂也師古曰芒莫郎反視之無端察之無涯師古曰涯畔也音儀日出東沼入虖西陂張揖曰朝出苑之東池莫入於苑西陂中也其南則隆冬生長涌水躍波師古曰言其土地氣溫煖

冬草木不死水不凍其獸則㺎旄貘犛沈牛麈麋張揖曰旄旄牛其狀如牛而四節毛
犛牛黑色出西南徼外沈牛水牛也能沈没水中麈似鹿而大郭璞曰
㺎牛領有肉堆貘似熊庳腳鋭鬐骨無髓食銅鐵貘音貊犛音貍師
古曰㺎牛即今之犎牛也旄牛即今所謂偏牛者也犛牛即今之貓牛者也犛牛又音茅麈音主赤首圜題窮
奇象犀張揖曰題頟也窮奇狀如牛而蝟毛其音如嘷狗食人師古曰象大獸也長鼻牙長一丈犀頭似豬一角在鼻一角
在頟前其北則盛夏含凍裂地涉冰揭河師古曰言其土地氣寒當
暑猶凍地為之裂故涉冰而渡河也揭褰衣也詩邶風匏有苦葉之篇曰深則厲淺則揭揭音丘例反其獸則麒麟
角端騊駼橐駝張揖曰雄曰麒雌曰麟其狀麇身牛尾狼題一角角端似牛其角可以為弓郭璞曰麒似麟而
無角角端似豬角在鼻上中作弓師古曰麒麟角端蛩蛩驒騱
郭說是也橐駝者言其可負橐而駝物故以名云
駃騠驢騾郭璞曰驒騱駏驉類也駃騠生三日而超其母驒音顛騱音奚駃音決騠音提於是乎
離宮別館彌山跨谷師古曰彌滿也跨猶騎也高廊四注重坐曲

前漢傳二十七上　十六　疊式

閣師古曰廊堂下四周屋也重坐謂增室也曲閣閣之屈曲相連者也華榱璧璫輦道纚
屬師古曰榱椽也華謂彫畫之也璧璫以玉為椽頭當即所謂璧題玉題者也一日以玉飾瓦之當也輦道謂閣道可以乘輦而行者
也纚屬纚迤相連屬也纚音力爾反屬音之欲反步櫩周流長途中宿師古曰步櫩言其下可行
步即今之步廊也謂其塗長遠雖經日行之尚不能達故中道而宿也夷嵕築堂絫臺增成
師古曰夷平也山之高聚者曰嵕絫古累字言平山而築堂於其上為累臺也增重也一重為一成也嵕子公反巖突洞
房師古曰於巖洞底為室若窟竈突然潛通臺上頫杳眇而無見仰𢱟橑而捫
天師古曰頫古俯字也杳眇視遠貌𢱟古攀字也橑椽也捫摸也言臺榭之高有升上之者俯視則不見地仰攀其橑可以摸天也橑
音老捫音門奔星更於閨闥宛虹拖於楯軒師古曰奔星流星也更歷也閨
闥宮中小門也宛虹屈曲之虹也拖謂申加於上也楯軒軒之闌板也並言室宇之高故星虹得經加之也更音工衡反虹音紅拖吐賀反又
徒可反青龍蚴蟉於東箱象輿婉僤於西清師古曰象輿瑞應車也西

清者西箱清靜之處也蚴蟉婉僤皆行動之貌蚴一糾反蟉力糾反僤音善靈圄燕於閒館張揖曰靈
圄衆仙號也師古曰閒讀曰閑偓佺之倫暴於南榮郭璞曰偓佺仙人也食松子而眼方暴謂
偃臥日中也榮屋南檐也偓音握佺音銓醴泉涌於清室通川過於中庭師古
曰醴泉瑞水味甘如醴言於室中涌出而通流為川從中庭而過也磐石振崖孟康曰振砯致也崖廉也以石致川之廉
也師古曰振砯並之忍反致直二反謂重疊而累積嶔巖倚傾郭璞曰嶔巖欹貌師古曰嶔口銜反倚於綺反
嵯峨嶕嶫刻削崢嶸蘇林曰削音陗峻之陗崢仕爭反嶸戶抨反郭璞曰言自然若彫刻也嶕
音昨焦反嶫音五盍反師古曰直言刻削耳非云峭峻郭說是也嶕音捷嶫音業玫瑰碧琳珊瑚叢
生郭璞曰珊瑚生水底石邊大者樹高三尺餘枝格交錯無有葉瑉玉旁唐玢豳文鱗蘇林曰玢
音分郭璞曰旁唐言盤礴玢豳文理貌師古曰旁唐文石也唐字本作碭言瑉玉及石並玢豳也玢彼旻反豳又彼閑反赤瑕駁
犖雜臿其間張揖曰赤瑕赤玉也郭璞曰言雜廁崖石中駁犖采點也犖洛角反鼂采琬

前漢傳二十七上　十七　徐真

琰和氏出焉晉灼曰鼂采䁥師古曰鼂古朝字也朝采者美玉每旦有白虹之氣光采上出故名朝采猶言夜光之璧矣琬琰美玉名和氏之璧卞和所得亦美玉也言今皆出於上林於是乎盧橘夏孰應劭曰伊尹書
曰箕山之東青馬之所有盧橘夏孰晉灼曰此雖賦上林博引異方珍奇不係於一也師古曰盧黑色也黃甘橙楱
郭璞曰黃甘橘屬而味精楱亦橘之類也音湊張揖曰楱小橘也出武陵師古曰橙即柚也音丈耕反枇杷橪柿亭
柰厚朴張揖曰枇杷似斛樹長葉子若杏橪橪支香草也亭山梨也厚朴藥名也郭璞曰橪支木也師古曰此二句總論樹
木不得雜以香草也橪郭說得之朴木皮也此藥以皮為用而皮厚故呼厚朴云橪音煙朴匹角反梬棗楊梅張揖
曰楊梅其實似穀子而有核其味酢出江南也櫻桃蒲陶師古曰櫻桃即今之朱櫻也禮記謂之含桃爾雅謂之荊桃
櫻於耕反隱夫薁棣師古曰隱夫未詳薁即今之郁李也棣今之山櫻桃薁於六反棣徒計反荅遝離
支張揖曰荅遝似李出蜀晉灼曰離支大如雞子皮麤剝去皮肌如雞子中黃味甘多酢少師古曰遝音沓離力智反羅乎
後宮列乎北園貤丘陵下平原師古曰貤猶延也一曰次弟而重也貤弋豉反

楊翠葉杌紫莖師古曰杌搖也音兀發紅華垂朱榮煌煌扈
扈照曜鉅野師古曰言其光采之盛也鉅野大野煌音皇沙棠櫟櫧張揖曰沙棠狀如棠
黃華赤實其味似李無核呂氏春秋曰果之美者沙棠之實櫟果名也櫧似柃葉冬不落應劭曰櫟采木也郭璞曰櫧似采柔師古曰櫟非果
名又非采木之櫟蓋木參也櫧葉辛初生可食櫟音歷櫧音諸柃音零采音菜柔音食諸反華楓枰櫨師古曰華即今
之皮貼弓者也楓樹脂可為香今之楓膠香也爾雅云一名欇欇枰即平仲木也櫨今黃櫨木也華音胡化反楓音風枰音平櫨音盧留
落胥邪仁頻并閭張揖曰并閭椶也郭璞曰落穫也中作器素胥邪似并閭皮可作索師古曰仁頻即
賓根也頻字或作賓胥音先余反邪弋奢反穫音鑊欃檀木蘭孟康曰欃檀檀別名郭璞曰欃音讒豫章女
貞師古曰女貞樹冬夏常青未嘗凋落若有節操故以名焉長千仞大連抱師古曰八尺曰仞連抱者
言非一人所抱夸條直暢實葉葰楙郭璞曰夸張布也張揖曰葰角也師古曰暢通也通謂上下相
稱也葰音峻楙古茂字也角音祿攢立叢倚連卷欐佹師古曰攢立聚立也叢倚相倚也連卷屈

曲也欐佹支住也倚音於綺反卷音丘專反又音巨專反欐音力爾反佹音跪崔錯癹骫師古曰崔錯交雜也癹委
蟠戾也崔音千罪反癹音步葛反骫古委字坑衡閜砢師古曰坑衡勁直貌也閜砢相扶持也坑口庚反閜烏可
反砢來可反坑字或作抗言樹之支榦相抗爭衡也其義兩通垂條扶踈落英幡纚師古曰扶
踈四布也英謂華也幡纚飛揚貌也纚山爾反紛溶萷蔘猗柅從風郭璞曰紛溶萷蔘支榦擢也猗
柅猶阿那也萷音蕭蔘音森猗音於氏反柅音諸氏反師古曰溶音容萷亦山交反藰莅芔歙師古曰林木鼓動之
聲也藰音劉莅音利芔古卉字也音諱歙音翕蓋象金石之聲管籥之音師古曰金石謂
鐘磬也管長一尺圍一寸六孔無底籥三孔並以竹為之柴池茈虒旋還乎後宮如淳曰茈音此
虒音豸張揖曰柴池參差也茈虒不齊也郭璞曰柴音差還音旋雜襲絫輯師古曰雜襲相因也絫輯重積
也絫古累字輯與集同被山緣谷循阪下隰師古曰循順也下溼曰隰視之無端
究之亡窮於是乎玄猨素雌蜼玃飛蠝張揖曰蜼如母猴卬鼻而

長尾玃似獼猴而大飛蠝飛鼠也其狀如兔而鼠首以其頾飛郭璞曰蠝鼯鼠也毛紫赤色飛且生一名飛生蜼音贈遺之遺蠝音誄師古曰
玄猨素雌言猨之雄者玄黑而雌者白素也爾雅曰玃父善顧也玃音钁鼯音吾蛭蜩玃蝚如淳曰蛭音質張揖
曰蛭蟣也蜩蟬也玃猱獼猴也師古曰方言獸蜀而引蛭蟣水蟲又及蜩蟬乖於事類如說非也但未詳是何獸耳猱音乃高反又音柔即今
所謂戎皮為案褥者也戎音柔聲之轉耳非獼猴也獑胡豰蛫張揖曰獑胡似獼猴頭上有髦要以後黑豰白狐子也郭
璞曰豰似貔而大要以後黃一名黃要食獼猴蛫未聞也獑音讒豰呼豰反蛫音詭師古曰豰郭說是也棲息乎其
間長嘯哀鳴翩幡互經郭璞曰互經互相經過也夭蟜枝格偃蹇
杪顛郭璞曰皆猨猴在樹共戲姿態也夭蟜頻申也師古曰杪顛枝上端也蟜音矯杪音眇踰絕梁騰殊
榛師古曰絕梁謂正絕水無橋梁也殊榛特立株枿也言超度無梁之水而跳上株枿之上也踰字與踰同榛仕人反枿五曷反捷
垂條掉希間張揖曰捷持懸垂之條掉往著稀踈無支之間也師古曰掉徒釣反牢落陸離
爛漫遠遷師古曰言其聚散不恒雜亂移徙也若此者數百千處娛游

往來宮宿館舍師古曰娛戲也戲許其反庖廚不徙後宮不移百
官備具師古曰言所在之處供具皆足也於是乎背秋涉冬天子校獵
李奇曰以五校兵出獵也師古曰李說非也校獵者以木相貫穿總為闌校遮止禽獸而獵取之說者或以為周官校人掌田獵之馬因
云校獵亦失其義養馬稱校人者謂以為闌校以養馬耳故呼為閑也事具周禮非以獵馬故稱校人乘鏤象六
王虯張揖曰鏤象象路也以象牙疏鏤其車輅六玉虯謂駕六馬以玉飾其鑣勒有似玉虯龍子有角曰虯拖蜺
旌張揖曰析羽毛染以五采綴以縿為旌有似虹蜺之氣也師古曰拖土賀反又徒可反靡雲旗張揖曰畫熊虎
於旒為旗似雲氣前皮軒後道游文穎曰皮軒以虎皮飾車天子出道車五乘游車九乘在乘輿車前賦頌
為偶辭耳師古曰文說非也言反軒最車前而道游次皮軒之後耳非謂在乘輿之後也皮軒之上以土亦皮為重蓋今此制尚存又非猛獸之
皮用飾車也道讀曰導孫叔奉轡衛公參乘鄭氏曰孫叔者太僕公孫賀也字子叔衛公者大
將軍衛青也大駕太僕御大將軍參乘師古曰參乘在車之右也解具在文紀也扈從橫行出乎四校

之中文穎曰凡五校今言四五一校中隨天子乘輿也師古曰此說又非也四校者闌校之四面也言其跋扈縱恣而行出於校之
四外也鼓嚴簿縱獵者孟康曰鼓嚴嚴鼓也簿鹵簿也師古曰縱放也簿步戶反江河爲
阹泰山爲櫓蘇林曰阹獵者圍陳遮禽獸也張揖曰櫓大盾以爲壁衛也郭璞曰櫓望樓也因山谷遮禽獸爲阹師
古曰因江河以遮禽獸登泰山而望獲言田獵之廣遠耳郭說是也阹音袪車騎靁起殷天動地郭璞
曰殷猶震也師古曰靁古雷字也殷音隱先後陸離離散別追師古曰陸離分散也言各有所追逐
也追合韻音竹遂反淫淫裔裔緣陵流澤雲布雨施郭璞曰言徧山野也生
貔豹搏豺狼郭璞曰貔執夷虎屬也音毗師古曰貔豹二物皆猛獸也生謂生取之也搏擊也手熊
羆足壄羊張揖曰熊犬身人足黑色羆如熊黃白色壄羊麢羊也似羊而青師古曰壄羊今之所謂山羊也非麢羊矣手
言手擊殺之足謂蹵蹈而獲之蒙鶡蘇孟康曰鶡鶡尾也蘇析羽也張揖曰鶡似雉鬭死不卻郭璞曰蒙其尾爲帽也鶡音
曷絝白虎張揖曰著白虎文絝也師古曰絝古袴字被斑文師古曰被謂衣著之也斑文亦貙豹之皮

也被皮義反跨壄馬師古曰騎之也陵三嵕之危師古曰陵上也三嵕三聚之山也下
磧歷之坻師古曰磧歷沙石之貌也坻水中高處也磧音千狄反坻音遲徑峻赴險越壑
厲水師古曰厲以衣度也椎蜚廉弄解廌郭璞曰飛廉龍雀也鳥身鹿頭張揖曰解廌似鹿而一角
人君刑罰得中則生於朝廷主觸不直者可得而弄也師古曰椎亦謂弄之也其字從手今流俗讀作椎擊之椎失其義矣解音蟹廌丈介
反格蝦蛤鋋猛氏孟康曰蝦蛤猛氏皆獸名也郭璞曰今蜀中有獸狀如熊而小毛淺有光澤名猛氏師古
曰鋋鐵把短矛也蝦音遐蛤音閤鋋音蟬羂要褭射封豕張揖曰要褭馬金喙赤色一日行萬里者郭璞
曰封豕大豬也要褭音窈嬝師古曰羂謂羅繫之也音工犬反箭不苟害解脰陷腦弓不
虛發應聲而倒張揖曰脰項也師古曰言射必命中非詭遇也脰音豆於是乘輿弭
節徘徊翶翔往來郭璞曰言周旋也睨部曲之進退覽將
帥之變態師古曰睨亦視也部曲解在李廣傳睨五計反然後侵淫促節郭璞曰言短驅

也儵敻遠去師古曰儵然敻然疾遠貌流離輕禽蹵履狡獸師古曰流離困
苦之也轊白鹿捷狡菟郭璞曰狡菟狡跳故捷取之也軼赤電遺光耀
張揖曰軼過也郭璞曰言妖氣爲變怪者遊光之屬追怪物出宇宙張揖曰怪物奇禽也天地四方曰宇
古往今來曰宙師古曰張說宙非也許氏說文解字云宙舟輿所極覆也彎蕃弱滿白羽文穎曰彎牽也蕃弱
夏后氏之良弓名引弓盡箭鏑爲滿以白羽羽箭故言白羽也師古曰彎烏還反蕃音扶元反射游梟櫟蜚遽郭
張揖曰梟梟惡鳥故射之也櫟捎也飛遽天上神獸也鹿頭而龍身郭璞曰梟梟羊也似人長脣反踵被髮食人師古曰梟郭說近是矣非謂惡
鳥之梟也櫟音洛遽音鉅擇肉而后發先中而命處郭璞曰言必如所志者也弦
矢分藝殪仆文穎曰所射準的爲藝一發死爲殪郭璞曰仆斃也殪音於計反仆音赴師古曰言弦矢適分則殪死而赴地
射藝也藝謂射的即今之垛上臬也藝讀與藝同字亦作臬魚列反然後揚節而上浮郭璞曰言騰遊
也陵驚風歷駭猋師古曰猋謂疾風從下而上也音必遙反乘虛亡與神俱

張揖曰虛無寥廓與元通靈言其所乘氣之高故能出飛鳥之上而與神俱也躪玄鶴亂昆雞張揖曰昆雞似
鶴黃白色郭璞曰亂者言亂其行伍也遒孔鸞促鵕鸃郭璞曰遒促皆追捕之也師古曰遒材由反
拂翳鳥張揖曰山海經曰九疑之山有五采之鳥名曰翳鳥也捎鳳皇師古曰捎山交反捷鵷
鶵揜焦明張揖曰焦明似鳳西方之鳥也道盡塗殫迴車而還消搖乎
襄羊降集乎北紘張揖曰淮南子云九州之外曰八澤八澤之外乃有八紘北方之紘曰委羽郭璞曰襄羊
猶彷徉也師古曰紘音宏率乎直指師古曰率然直去意揜乎反鄉師古曰揜然疾歸貌蹶
石闕歷封巒過鳷鵲望露寒張揖曰此四觀武帝建元中作在雲陽甘泉宮外師古曰
蹶蹋歷經也蹶鉅月反巒音鸞鳷音支下堂梨息宜春張揖曰堂梨宮名在雲陽南三十里師古曰宜
春宮名在杜縣東即今曲江池是其處也西馳宣曲張揖曰宣曲宮名也在昆明池西濯鷁牛首
張揖曰牛首池名也在上林苑西頭師古曰濯者所以刺船也鷁即鷁首之舟也濯直孝反登龍臺張揖曰觀名也在豐

水西北近渭掩細柳郭璞曰觀名也在昆明池南也觀士大夫之勤略師古曰略智略也觀士之勤大夫之略也鈞獵者之所得獲郭璞曰平其多少也徒車之所閵轢郭璞曰徒步也閵踐也轢轢也音來各反師古曰轢女展反騎之所蹂若人之所蹈藉師古曰蹂若謂踐蹋也蹂人九反與其窮極倦谻驚憚讋伏郭璞曰窮極倦谻欲疲憊也驚憚讋言伏讋怖不動貌師古曰谻音劇憚丁曷反讋之涉反不被創刃而死者它它藉藉郭璞曰言交橫也師古曰它音徒河反填坑滿谷掩平彌澤師古曰平平原也彌亦滿也於是乎游戲懈怠置酒乎顥天之臺張揖曰臺高上干皓天也師古曰顥胡考反張樂乎膠葛之寓郭璞曰言曠遠深貌也撞千石之鐘張揖曰千石十二萬斤也立萬石之虡師古曰虡獸名也立一百二十萬斤之虡以縣鐘也建翠華之旗樹靈鼉之鼓師古曰翠華之旗以翠羽為旗上葆也靈鼉之鼓以鼉皮為鼓鼉音徒河反又徒丹反奏

陶唐氏之舞郭璞曰陶唐堯有天下號也如淳曰舞咸池師古曰二家之說皆非也陶唐當為陰康傳寫字誤耳古今人表有葛天氏陰康氏呂氏春秋曰昔陰康氏之始陰多滯伏湛積陽道壅塞不行其序民氣鬱閼筋骨縮栗不達故作為舞以宣導之高誘亦誤解云陶唐堯有天下之號也案呂氏說陰康之後方一一歷言黃帝顓頊帝嚳乃及堯舜作樂之本皆有次第豈再陳堯而錯亂其序乎蓋誘不視古今人表妄改易呂氏本文聽葛天氏之歌張揖曰葛天氏三皇時君號也其樂三人持牛尾投足以歌八曲一曰載民二曰玄鳥三曰遂草木四曰奮五穀五曰敬天常六曰徹帝功七曰依地德八曰總禽獸之極師古曰張說八曲是也其事亦見呂氏春秋張云三皇時君失之矣千人倡萬人和師古曰倡讀曰唱山陵為之震動川谷為之蕩波郭璞曰波浪起也巴俞宋蔡淮南干遮師古曰巴俞之人剛勇好舞初高祖用之克平三秦美其功力後使樂府習之因名巴俞舞也宋蔡二國名淮南地名干遮曲名也文成顛歌文穎曰文成遼西縣名也其縣人善歌顛益州顛縣其民能作西南夷歌也師古曰顛即滇字也其音則同耳族居遞奏金鼓迭起師古曰族聚也聚居而遞奏也金鐘也鐘之與鼓亦互起也迭

徒結反鏗鎗闛鞈洞心駭耳師古曰鏗鎗金聲也闛鞈鼓音也洞徹也駭驚也鏗口耕反鎗初衡反闛託郎反鞈音榻荊吳鄭衛之聲郭璞云皆淫哇之聲韶濩武象之樂文穎曰韶舜樂也濩湯樂也武武王樂也張揖曰象周公樂也南人服象為虐於夷成王命周公以兵追之至於海南乃為三象樂也陰淫案衍之音郭璞曰流湎曲也師古曰衍弋戰反鄢郢繽紛激楚結風李奇曰鄢今宜城縣也郢楚都也繽紛舞貌也郭璞曰激楚歌曲也師古曰結風亦曲名也繽匹人反俳優侏儒狄鞮之倡張揖曰狄鞮西方譯名郭璞曰西戎樂名也師古曰能優侏儒倡樂可狎玩者也狄鞮郭說是也鞮丁奚反所以娛耳目樂心意者麗靡爛漫於前郭璞曰言恣所觀也靡曼美色於後張揖曰靡細也曼澤也若夫青琴宓妃之徒伏儼曰青琴古神女也文穎曰宓妃洛水之神女也師古曰宓讀與伏字同字本作虙也絕殊離俗郭璞曰世無雙也妖冶閑都靚莊刻飾便嬛綽約郭璞曰靚莊粉白黛黑也刻刻畫鬢髮也便嬛輕麗也綽約婉約也嬛音

翾靚音淨師古曰妖冶美好也閑都雅麗也繛音綽柔橈嫚嫚嫵媚孅弱師古曰橈動曲也嫚嫚柔屈貌也孅細也細弱謂骨體也橈音女教反嫚音於圓反嫵音武孅即纖字耳曳獨繭之褕絏眇閻易以恤削張揖曰褕襜褕也絏袖也郭璞曰獨繭一繭絲也閻易衣長貌也恤削言如刻畫作之也師古曰褕音踰絏音曳易弋示反便姍嫳屑與世殊服師古曰言其行步安詳容服絕異也便音步千反姍音先嫳音步結反芬芳漚鬱酷烈淑郁郭璞曰香氣盛也師古曰漚一候反皓齒粲爛宜笑的皪郭璞曰皪明貌也師古曰皪音礫長眉連娟微睇緜藐郭璞曰連娟言眉細緜藐視遠貌藐音邈師古曰微睇小視也娟一全反睇大計反色授魂予心愉於側張揖曰彼色來授魂往與接也師古曰愉樂也音踰於是酒中樂酣師古曰酒中飲酒中半也樂酣奏樂洽也中竹仲反天子芒然而思師古曰芒然猶罔然也芒莫郎反似若有亡師古曰如有失也曰嗟乎此大奢侈朕以覽聽餘閒無事棄日師古

曰言聽政餘暇不能棄日也聞讀曰閑順天道以殺伐郭璞曰因秋氣也時休息以於此苑囿中也郭璞曰謂恐後世靡麗遂往而不返非所以為繼嗣創業垂統也郭璞曰言不可以示將來也師古曰靡音平偽反於是乎乃解酒罷獵而命有司曰地可墾辟悉為農郊以贍氓隸師古曰辟讀曰闢闢開也邑外謂之郊郊野之田故曰農郊也衛風碩人之詩曰稅于農郊也隤牆填壍師古曰隤墜也音徒回反使山澤之民得至焉師古曰恣其芻牧樵采者也實陂池而勿禁虛宮館而勿仞師古曰實謂人滿其中言恣其有所取也仞亦滿也勿仞言廢罷之也發倉廩以救貧窮補不足恤鰥寡存孤獨出德號省刑罰師古曰德號德音之號令也易夬卦曰孚號有厲是也改制度易服色革正朔與天下為始於是歷吉日以齋戒張揖曰歷算也襲

朝服乘法駕建華旗鳴玉鸞郭璞曰鸞鈴也在衡曰鸞在軾曰和游于六藝之囿馳騖乎仁義之塗郭璞曰六藝禮樂射御書數也塗道也師古曰郭說非也此六藝謂六經者也覽觀春秋之林如淳曰春秋義理繁茂故比之於林藪也射貍首兼騶虞郭璞曰貍首逸詩篇名諸侯以為射節騶虞召南之卒章天子以為射節也弋玄鶴舞干戚郭璞曰干盾戚斧也載雲䍐揜群雅張揖曰䍐畢也前有九旒雲䍐之車詩小雅之材七十四人大雅之材三十一人故曰群雅也悲伐檀師古曰伐檀魏國之詩刺在位貪鄙也樂樂胥鄭氏曰詩云君子樂胥胥樂也師古曰此說非也謂取小雅桑扈之篇云君子樂胥萬邦之屏耳胥有材知之人也王者樂得有材知之人使在位也胥音先呂反修容乎禮園翺翔乎書圃師古曰此以上皆取經典之嘉辭以代游獵之娛樂述易道郭璞曰脩絜靜精微之術放怪獸張揖曰苑中奇怪之獸不復獵也登明堂坐清廟恣羣臣奏得失四海之內靡不受獲師古曰言天下之人皆受恩惠豈直如田獵得獸而已

於斯之時天下大說鄉風而聽隨流而化師古曰說讀曰悅鄉讀曰嚮芔然興道而遷義師古曰芔然猶歘然也遷徙也徙就於義也芔許貴反刑錯而不用德隆於三皇功羡於五帝師古曰錯置也羡饒也五帝謂黃帝顓頊帝嚳堯舜也一曰少昊顓頊高辛堯舜也錯千故反羡弋戰反若此故獵乃可喜也若夫終日馳騁勞神苦形罷車馬之用抏士卒之精師古曰罷讀曰疲抏挫也音五官反費府庫之財而無德厚之恩務在獨樂不顧眾庶忘國家之政貪雉菟之獲則仁者不繇也師古曰繇讀與由同由用也從此觀之齊楚之事豈不哀哉地方不過千里而囿居九百是草木不得墾辟而民無所食也師古曰辟讀曰闢夫以諸侯之細而樂萬乘之

所侈僕恐百姓被其尤也師古曰尤過也被皮義反於是二子愀然改容超若自失師古曰愀變色貌音材小反逡巡避席曰鄙人固陋不知忌諱乃今日見教謹受命矣賦奏天子以為郎亡是公言上林廣大山谷水泉萬物及子虛言雲夢所有甚眾侈靡多過其實且非義理所上故刪取其要歸正道而論之師古曰言不尚其侈靡之論但取終篇歸於正道耳非謂削除其辭也而說者便謂此賦已經史家刊剟失其意矣

司馬相如傳卷第二十七上

司馬相如傳卷第二十七下　班固　漢書五十七

秘書監上護軍琅邪縣開國子顏師古注

相如爲郎數歲會唐蒙使略通夜郎僰中（師古曰行取曰略夜郎僰中皆西南夷也僰音蒲北反）發巴蜀吏卒千人郡又多爲發轉漕萬餘人用軍興法誅其渠率（師古曰渠大也）巴蜀民大驚恐上聞之乃遣相如責唐蒙等因諭告巴蜀民以非上意檄曰告巴蜀太守蠻夷自擅不討之日久矣時侵犯邊境勞士大夫陛下即位存撫天下集安中國然後興師出兵北征匈奴單于怖駭交臂受事屈膝請和康居西域重譯納貢稽首來享（師古曰來入朝覲享獻也一曰享祀也獻其國珍也）移師東指閩越相誅右弔番禺太子入朝（文穎曰弔至也番禺南海郡治也東伐越後至番禺故言右也師古曰南越爲東越所伐漢發兵救之南越蒙天子德惠故遣太子入朝所以云弔耳非訓至也）南夷之君西僰之長常效貢職不敢惰怠延頸舉踵喁喁然（師古曰喁喁衆口向上也音魚龍反）皆鄉風慕義欲爲臣妾（師古曰鄉讀曰嚮）道里遼遠山川阻深不能自致（師古曰致至也）夫不順者已誅而爲善者未賞故遣中郎將往賓之發巴蜀之士各五百人以奉幣衛使者不然（張揖曰不然之變也）靡有兵革之事戰鬭之患今聞其乃發軍興制（師古曰以發軍之法爲興衆之制也）驚懼子弟憂患長老郡又擅爲轉粟運輸皆非陛下之意也當行者或

亡逃自賊殺（師古曰賊猶害也）亦非人臣之節也夫邊郡之士聞烽舉燧燔（孟康曰烽如覆米簞縣著契皋頭有寇則舉之燧積薪有寇則燔然之也）皆攝弓而馳荷兵而走（師古曰攝謂張弓而持之也攝女涉反）流汗相屬唯恐居後（師古曰屬逮也音之欲反）觸白刃冒流矢（師古曰冒犯也）議不反顧計不旋踵人懷怒心如報私讎彼豈樂死惡生非編列之民而與巴蜀異主哉（師古曰編列謂編戶也編布先反）計深慮遠急國家之難而樂盡人臣之道也故有剖符之封析圭而爵位爲通侯（如淳曰析中分也白藏天子青在諸侯也）居列東第（師古曰東第甲宅也居帝城之東故曰東第也）終則遺顯號於後世傳土地於子孫事行甚忠敬居位甚安佚（師古曰佚樂也讀與逸同）名聲施於無窮功烈著而不滅是以賢人君子肝腦塗中原膏液潤埜屮而不辭也（師古曰埜與野同古野字也屮古草字也）今奉幣役至南夷即自賊殺或亡逃抵誅（師古曰抵至也亡逃而至於誅也）身死無名（師古曰無善名也）謚爲至愚（師古曰謚者行之迹也終以愚死後葉傳稱故謂之謚）恥及父母爲天下笑人之度量相越豈不遠哉然此非獨行者之罪也父兄之教不先子弟之率不謹（師古曰不先者謂往日不素教之也）寡廉鮮恥而俗不長厚也（師古曰寡鮮皆少也鮮音息淺反）其被刑戮不亦宜乎陛下患使者有司之若彼悼不肖愚民之如此故遣信使（師古曰誠信之人以爲使也）曉諭百姓以發卒之事（師古曰諭告也）因數之以不忠死亡之

罪(師古曰數責也音所具反)讓三老孝弟以不教誨之過(師古曰讓責也責其教誨不備也)方今田時重煩百姓(師古曰重難也不欲召聚之也)已親見近縣(師古曰近縣之人使者以自見而口諭之矣故為檄文馳以示遠所也)恐遠所谿谷山澤之民不徧聞檄到亟下縣道(師古曰亟急也縣有蠻夷曰道)咸諭陛下意毋忽(師古曰忽怠忽也)相如還報(師古曰使說還報天子也)唐蒙已略通夜郎因通西南夷道發巴蜀廣漢卒作者數萬人治道二歲道不成士卒多物故(師古曰物故死也解在蘇武傳)費以億萬計蜀民及漢用事者多言其不便是時邛莋之君長(文穎曰邛者今為邛都縣莋者今為定莋縣師古曰莋才各反)聞南夷與漢通得賞賜多多欲願為內臣妾請吏比南夷上問相如

前漢傳二十七下　三　徐琫

相如曰邛莋冄駹者近蜀道易通(師古曰今巂州開州等首領姓冄者皆舊冄種也駹音尨)異時嘗通為郡縣矣(師古曰異時猶言往時也)至漢興而罷今誠復通為置縣愈於南夷(晉灼曰南夷謂犍為牂柯也西夷謂越巂益州也師古曰愈勝也)上以為然乃拜相如為中郎將建節往使副使者王然于壺充國呂越人馳四乘之傳(師古曰傳張戀反)因巴蜀吏幣物以賂西南夷至蜀太守以下郊迎(師古曰迎於郊界之上也)縣令負弩矢先驅(師古曰導路也)蜀人以為寵於是卓王孫臨邛諸公皆因門下獻牛酒以交驩卓王孫喟然而嘆自以得使女尚司馬長卿晚(師古曰尚猶配也義與尚公主同今流俗書本此尚字作當蓋後人見前云文君恐不得當故改此文以就之耳)乃厚分與

其女財與男等相如使略定西南夷邛莋冄駹斯榆之君皆請為臣妾除邊關關益斥(師古曰斥開廣也)西至沬若水(張揖曰沬水出蜀廣平徼外若水出旄牛徼外師古曰沬音妹)南至牂柯為徼(張揖曰徼謂以木石水為界者也如淳曰斯榆之君等自求去邊關欲與牂柯作徼塞也師古曰徼工釣反)通靈山道橋孫水(張揖曰鑿開靈山道置靈關道縣孫水出臺登縣南至會無入若水師古曰於孫水上作橋也)以通邛莋還報天子大說(師古曰說讀曰悅)相如使時蜀長老多言通西南夷之不為用大臣亦以為然相如欲諫業已建之不敢(師古曰本由相如立此事故不敢更諫也)乃著書藉蜀父老為辭而己詰難之以風天子(師古曰藉假也風讀曰諷)且因宣其使指令百姓皆知天子意其辭曰　漢興七十有

前漢傳二十七下　四　沈詵

八載德茂存乎六世威武紛云湛恩汪濊(師古曰紛云盛貌汪濊深廣也湛讀曰沈汪烏皇反濊音於喙反)羣生霑濡洋溢乎方外(師古曰洋音羊)於是乃命使西征隨流而攘(師古曰攘卻退也音人羊反)風之所被罔不披靡(師古曰披丕靡反)因朝冄從駹定莋存邛略斯榆舉苞蒲結軌還轅東鄉將報(師古曰結屈也軌車迹也鄉讀曰嚮報報天子也)至于蜀都耆老大夫搢紳先生之徒二十有七人儼然造焉(師古曰造至也音千到反)辭畢進曰(師古曰辭謂初謁見之辭)蓋聞天子之於夷狄也其義羈縻勿絕而已(師古曰羈馬絡頭也縻牛紖也言牽制之故取諭也)今罷三郡之士通夜郎之塗(師古曰罷讀曰疲)三年於茲而功不竟士卒勞倦萬民不贍今又接之以西

夷百姓力屈恐不能卒業（師古曰屈盡也卒終也業事也屈其勿反）此亦使者之累也（師古曰累音力瑞反）竊爲左右患之且夫邛莋西僰之與中國並也歷年茲多不可記已（師古曰已語終之辭也）仁者不以德來强者不以力并意者殆不可乎（師古曰言古往帝王雖有仁德不能招來之雖有強力不能并吞之以其險遠理不可也）今割齊民以附夷狄弊所恃以事無用（師古曰所恃即中國之人也無用謂西南夷也）鄙人固陋不識所謂使者曰烏謂此乎（師古曰烏於何也）必若所云則是蜀不變服而巴不化俗也僕尚惡聞若說（師古曰尚猶也若如也言僕猶惡聞如此之說況乎遠識之人也惡一故反）然斯事體大固非觀者之所覯也（師古曰覯見也音構）余之行急其詳不可得聞已（師古曰言行程急速不暇爲汝詳言之）

請爲大夫粗陳其略（師古曰粗猶麤也音千戶反）蓋世必有非常之人然后有非常之事有非常之事然后有非常之功非常者固常人之所異也（師古曰常人見之以爲異也）故曰非常之元黎民懼焉（師古曰元始也非常之事其始難知衆人懼之）及臻厥成天下晏如也（師古曰臻至也晏安也）昔者洪水沸出氾濫衍溢民人升降移徙崎嶇而不安夏后氏戚之乃堙洪原（師古曰堙塞也水原李曰原堙音因）決江疏河灑沈澹災東歸之於海（師古曰疏通也灑分也沈深也澹安也言分散其深水以安定其災也灑所宜反澹徒濫反）而天下永寧當斯之勤豈惟民哉心煩於慮而身親其勞躬腠胼胝無胈膚不生毛（張揖曰躬體也腠湊理也孟康曰胈毳膚皮也言禹勤胼胝無有毳毛也師古曰胈步曷反胼步千反胝竹尸反）故休烈顯乎無窮聲稱浹乎于茲（師古曰休美也烈業也浹徹也于茲猶言今茲也浹子牒反）且夫賢君之踐位也豈特委瑣握躖拘文牽俗（師古曰握躖局陿也不拘微細之文不牽流俗之議也躖初角反）循誦習傳當世取說云爾哉（師古曰說讀曰悅言非直因循口誦習所傳聞取美悅於當時而已）必將崇論閎議（師古曰閎深也音宏）創業垂統爲萬世規故馳騖乎兼容并包而勤思乎參天貳地（師古曰比德於天地是貳地也地與并天爲三是參天也）且詩不云乎普天之下莫非王土率土之濱莫非王臣（師古曰小雅北山之詩也普大也濱涯也）是以六合之內八方之外（師古曰天地四方謂之六合四方四維謂之八方也）浸淫衍溢（師古曰浸淫猶漸漬也衍溢言有餘也）懷生之物有不浸潤於澤者賢君恥之今封疆之

內冠帶之倫（師古曰倫類也）咸獲嘉祉靡有闕遺矣而夷狄殊俗之國遼絕異黨之域舟車不通人迹罕至政教未加流風猶微內之則犯義侵禮於邊境外之則邪行橫作放殺其上（師古曰內之謂通其朝聘也外之謂棄而絕之也橫胡孟反殺讀曰試）君臣易位尊卑失序父兄不辜幼孤爲奴虜係纍號泣（師古曰爲人所獲而纍係之故號泣也纍力追反）內鄉而怨（師古曰鄉讀曰嚮嚮中國而怨慕也）曰蓋聞中國有至仁焉德洋恩普物靡不得其所（師古曰洋多也）今獨曷爲遺己（師古曰曷何也己謂怨者之身也）舉踵思慕若枯旱之望雨盭夫爲之垂涕（張揖曰盭戾之夫也師古曰盭古戾字）況乎上聖又烏能已（師古曰烏猶焉也已止也）故北出師以討強胡南

馳使以誚勁越師古曰誚責也音材笑反四面風德師古曰風化也二方之君鱗集仰流師古曰二方謂西夷及南夷也若魚鱗之相次而仰向承流也願得受號者以億計師古曰號謂爵號也曰受天子之號令也故乃關沫若張揖曰以沫若水為關也徼牂柯鏤靈山梁孫原師古曰鏤謂疏通之以開道也梁橋也孫原孫水之原也創道德之塗垂仁義之統將博恩廣施遠撫長駕張揖曰駕行也使恩遠安長行之也使疏逖不閉師古曰逖遠也言疏遠者不被閉絕也曶爽闇昧得燿乎光明師古曰曶爽未明也曶音忽以偃甲兵於此而息討伐於彼遐邇一體中外禔福不亦康乎師古曰禔安也康樂也禔止支反夫拯民於沈溺師古曰拯升也言人在沈溺之中升而舉之也奉至尊之休德師古曰休美也反衰世之陵夷師古曰陵夷謂弛替也繼周氏之絕業天

子之急務也百姓雖勞又惡可以已哉師古曰惡讀與烏同已止也且夫王者固未有不始於憂勤而終於佚樂者也師古曰言始能憂勤則終獲逸樂也佚字與逸同然則受命之符合在於此張揖曰合在於憂勤逸樂之中也方將增太山之封加梁父之事鳴和鸞揚樂頌上咸五下登三李奇曰五帝之德比漢為減三王之德漢出其上師古曰此說非也咸皆也言漢德與五帝皆盛而登於三王之上也相如不當言漢減於五帝也觀者未睹指聽者未聞音猶焦朋已翔乎寥廓師古曰寥廓天上寬廣之處寥音聊而羅者猶視乎藪澤師古曰澤無水曰藪悲夫於是諸大夫茫然師古曰茫然莫郎反喪其所懷來失厥所以進師古曰初有所懷而來欲進而陳之今並喪失其來意也喟然並稱曰允哉漢德師古曰允信也小雅車攻之詩曰允矣君子此鄙

人之所願聞也百姓雖勞請以身先之敞罔靡徙遷延而辭避師古曰敞罔失志貌靡徙自抑退也其後人有上書言相如使時受金失官居歲餘復召為郎相如口吃而善著書常有消渴病與卓氏婚饒於財故其事宦未嘗肯與公卿國家之事師古曰與讀曰豫常稱疾閒居不慕官爵師古曰閒讀曰閑也嘗從上至長楊獵師古曰長楊宮也在盩厔是時天子方好自擊熊豕馳逐壄獸相如因上疏諫其辭曰臣聞物有同類而殊能者故力稱烏獲捷言慶忌師古曰烏獲秦武王力士也慶忌吳王僚子也射能捷矢也勇期賁育師古曰孟賁古之勇士也水行不避蛟龍陸行不避犲狼發怒吐氣聲響動天夏育亦猛士也臣之愚竊以為人誠有

之獸亦宜然今陛下好陵阻險射猛獸卒然遇逸材之獸駭不存之地師古曰卒讀曰猝千忽反謂暴疾也不存不可得安存也犯屬車之清塵應劭曰古者諸侯貳車九乘秦滅九國兼其車服漢依秦制故大駕屬車八十一乘師古曰屬者言相連續不絕也塵謂行而起塵也言清者尊貴之意也而說者乃以為清道灑塵謂之清塵非也屬音之欲反輿不及還轅人不暇施巧雖有烏獲逢蒙之技不得用師古曰逢蒙古之善射者也孟子曰逢蒙學射於羿也枯木朽株盡為難矣是胡越起於轂下而羌夷接軫也豈不殆哉師古曰軫車後橫木殆危也雖萬全而無患然本非天子之所宜近也且夫清道而後行中路而馳猶時有銜橜之變張揖曰銜馬勒銜也橜騑馬口長銜也師古曰橜謂車之鉤心也銜橜之變言馬銜或斷鉤心或出則致傾敗以傷人也橜音鉅月反況乎涉豐草騁丘虛

師古曰豐草茂草也虛讀曰墟前有利獸之樂而內無存變之意其為害也不亦難矣夫輕萬乘之重不以為安樂出萬有一危之塗以為娛臣竊為陛下不取蓋明者遠見於未萌而知者避危於無形師古曰萌謂事始生若草木初生者也既固多藏於隱微而發於人之所忽者也故鄙諺曰家累千金坐不垂堂張揖曰畏櫩瓦墮中人也師古曰垂堂者近堂邊外自恐墜墮耳非畏櫩瓦也言富人之子則自愛深也此言雖小可以諭大臣願陛下留意幸察上善之還過宜春宮相如奏賦以哀二世行失師古曰宜春本秦之離宮胡亥於此為閻樂所殺故感其處而哀之其辭曰登陂陁之長阪兮坌入曾宮之嵯峨蘇林曰坌音馬坌吃之坌張揖曰坌並也師古曰曾重也嵯峨高貌也陂普何反陁

徒何反坌普頓反又步頓反臨曲江之隑州兮望南山之參差張揖曰隑長也苑中有曲江之象中有長州也師古曰曲岸頭曰隑隑即碕字耳言臨曲岸之州今俗謂其處曰曲江隑鉅依反巖巖深山之谾谾兮通谷豁乎谽谺晉灼曰谾音籠古巃字也師古曰谾谾深通貌豁呼括反谽大開貌谽呼含反谺呼加反汩淢靸以永逝兮注平皋之廣衍師古曰汩淢疾貌也靸然輕舉意也皋水邊地也汩于筆反淢音域靸先合反觀眾樹之蓊薆兮覽竹林之榛榛師古曰蓊薆茂盛蔽蔽貌榛榛盛貌蓊烏孔反薆音愛榛側巾反東馳土山兮北揭石瀨師古曰揭褰衣而渡也石而淺水曰瀨揭丘例反弭節容與兮歷弔二世持身不謹兮亡國失勢信讒不寤兮宗廟滅絕師古曰信讒謂數李斯也烏乎操行之不得師古曰操千到反墓蕪穢而不脩兮魂亡歸而不食相如拜為孝文園令上既美子

虛之事相如見上好僊因曰上林之事未足美也尚有靡者師古曰靡麗也臣嘗為大人賦未就師古曰就成也請具而奏之相如以為列僊之儒居山澤間師古曰儒柔也術士之稱也凡有道術皆為儒今流俗書本作傳字非也後人所改耳形容甚臞師古曰臞瘠也音鉅句反又音衢此非帝王之僊意也乃遂奏大人賦其辭曰世有大人兮在乎中州師古曰大人以諭天子也中州中國也宅彌萬里兮曾不足以少留師古曰彌滿也悲世俗之迫隘兮朅輕舉而遠游師古曰朅去意也音丘例反乘絳幡之素蜺兮載雲氣而上浮張揖曰乘用也赤氣為幡繆以白氣也師古曰上時掌反建格澤之脩竿兮張揖曰格澤之氣如炎火狀黃白色起地上至天下大上銳脩長也建此氣為長竿也師古曰格胡各反澤大各反總光燿之采旄張揖曰旍旄也總係

也係光燿之氣於長竿以為旄旄也師古曰總音摠旄即今所謂纛頭也垂旬始以為幓兮李奇曰旬始氣如雄雞見北斗旁張揖曰幓旒也縣旬始於旒下以為十二旒也師古曰幓所銜反曳彗星而為髾張揖曰髾燕尾也插彗星為髾著旒以為燕尾也掉指橋以偃蹇兮張揖曰指橋隨風靡也偃蹇委曲貌師古曰掉徒釣反蹇居偃反又旖旎以招搖晉灼曰旖音倚倚反旎年爾反張揖曰旖旎下垂貌招搖跳踊也師古曰招音韶踊音蕭攙搶以為旌兮靡屈虹而為綢張揖曰彗星為攙搶注旄首曰旌今以彗星代之也靡順也綢韜也以斷虹為杠之韜也師古曰韜謂裹冒旌旗之竿也攙初咸反搶初銜反屈其勿反綢直稠反紅杳眇以玄湣兮猋風涌而雲浮蘇林曰玄音炫湣音麵晉灼曰紅赤色貌杳眇深遠也玄湣混合也言自絳幡以下衆色盛光采相燿也讙炫亂也師古曰如猋風之踊如雲之浮言輕舉也猋必遙反駕應龍象輿之蠖略委麗兮驂赤螭青虬之蚴蟉宛蜒文穎曰有翼曰應龍最其神似者也師古曰蠖略委麗蚴蟉宛蜒皆其行步進止之貌也蠖於縛反麗力爾反蚴一糾反蟉力糾反宛於元反

蜓音 低卬夭蟜裾以驕驁兮詘折隆窮蠼以連卷 張揖曰裾直項也驕驁縱恣也詘折曲委也隆窮穹舉脅也蠼跳也連卷句蹄也師古曰裾音倨驕居召反驁五到反蠼钜縛反卷鉅圓反 沛艾赳螑仡以佁儗兮 張揖曰沛艾駊騀也赳螑申頸低卬也仡舉頭也佁儗不前也師古曰沛音蓋反赳古幼反螑火幼反仡魚乞反佁丑吏反儗魚吏反佁儗又音態礙 放散畔岸驤以孱顏 師古曰畔岸自縱之貌也驤舉也孱顏不齊也孱仕山頭反 跮踱輵螛容以骫麗兮 張揖曰跮踱互前卻也輵螛搖目吐舌也容容龍體貌也骫麗左右相隨也師古曰跮丑日反踱丑略反輵音遏螛音曷骫古委字也麗力爾反 蜩蟉偃蹇怵㚟以梁倚 張揖曰蜩蟉掉頭也怵㚟奔走也梁倚相著也師古曰蜩徒釣反蟉盧釣反怵音黜㚟丑昔反倚於綺反 糾蓼叫奡踏以艐路兮 張揖曰糾蓼相引也叫奡相呼也踏下也艐著也皆下著道也師古曰叫奡高舉之貌蓼力糾反奡五到反踏音沓艐音屆 蔑蒙踊躍騰而狂趭 張揖曰蔑蒙飛揚也踊躍跳也騰馳也趭奔走也師古曰蔑莫孔反趭音譙 莅颯芔歘焱至電過兮煥然霧除霍然雲消 張揖曰莅颯飛相及也芔歘走相追師古曰莅音利颯音立芔音諱歘音翕 邪絕少陽而登太陰兮與真人乎相求 張揖曰少陽東極大陰北極邪度東極而升北極也真人謂若士也游於大陰之中師古曰真人至真之人也非指謂若士也 互折窈窕以右轉兮橫厲飛泉以正東 張揖曰飛泉飛谷也在崑崙山西南師古曰厲渡也 悉徵靈圉而選之兮部署眾神於摇光 張揖曰摇光北斗杓頭第一星 使五帝先導兮反太壹而從陵陽 應劭曰五帝五時大皞之屬也如淳曰天極大星一明者太一常居也張揖曰陵陽仙人陵陽子明也師古曰令太一反其所居而使陵陽侍從於己 左玄冥而右黔雷兮 張揖曰玄冥北方黑帝佐也黔雷黔羸也天上造化神名也楚辭曰召黔羸而見之或曰水神也 前長離而後矞皇 服虔曰皆神名也師古曰長離靈鳥也解在禮樂志矞以出反 廝征伯僑而役羨門兮詔岐伯使尚方 應劭曰廝役也張揖曰伯僑仙人王子僑也羨門碣石山上仙

人羨門高也尚主也岐伯者黃帝大醫屬使主方藥也師古曰征伯僑者仙人姓征名伯僑非王子僑也郊祀志征字作正其音同耳或說云征謂役使之也 祝融驚而蹕御兮清氣氛而后行 張揖曰祝融南方炎帝之佐也獸身人面乘兩龍師古曰蹕止行人也御禦也氛惡氣也 屯余車而萬乘兮綷雲蓋而樹華旗 師古曰綷合也合五采雲以為蓋也綷子內反 使句芒其將行兮吾欲往乎南娭 張揖曰句芒東方青帝之佐也鳥身人面乘兩龍師古曰將行將領從行也娭許其反 歷唐堯於崇山兮過虞舜於九疑 張揖曰崇山狄山也海外經曰狄山帝堯葬於其陽九疑山在零陵營道縣舜所葬也師古曰疑似也山有九峯其形相似故曰九疑 紛湛湛其差錯兮雜遝膠葛以方馳 師古曰湛湛積厚之貌差錯交互也雜遝重累也膠葛猶交加也湛徒感反遝大合反葛音曷 騷擾衝蓯其紛挐兮滂濞泱軋麗以林離 張揖曰衝蓯相入貌滂濞眾盛貌泱軋不前也麗靡也林離摻攦也師古曰衝尺勇反蓯相勇反挐女居反滂普郎反濞普備反泱烏朗反軋於黠反摻所林反攦所宜反 攢羅列聚叢以蘢茸兮衍曼流爛痑以陸離 張揖曰痑眾貌一曰罷極也陸離參差也師古曰蘢茸聚貌流爛布散也痑自放縱也蘢來孔反茸而孔反衍弋扇反痑式爾反張云罷極義則非矣 徑入雷室之砰磷鬱律兮洞出鬼谷之堀礨崴魁 張揖曰雷室雷淵也洞通也鬼谷在崑崙北直北辰下眾鬼之所聚也堀礨崴魁不平也師古曰砰磷鬱律深峻貌砰普萌反磷力耕反堀口骨反礨洛賄反崴一迴反 徧覽八紘而觀四海兮朅度九江越五河 張揖曰九江在廬江尋陽縣南皆東合為大江者服虔曰河有九今越其五也晉灼曰五河五湖取河之聲合其音耳師古曰服晉說五河皆非也五河五色之河也仙經說有紫碧絳青黃之河非謂九河之內亦非五湖也 經營炎火而浮弱水兮杭絕浮渚涉流沙 應劭曰楚辭曰越炎火之萬里弱水出張掖刪丹西至酒泉合黎餘波入于流沙張揖曰杭船也絕度也浮渚流沙中渚也流沙沙與水流行也師古曰弱水謂西域絕遠之水乘毛車以度者耳非張掖弱水也又流沙但有沙流本無水也言絕度浮渚乃涉流沙也杭音下郎反 奄息蔥極氾濫水娭兮 張揖曰奄然休

息也慈極忽領山也在西域中使靈媧鼓琴而舞馮夷服虔曰靈媧女媧也伏羲作琴使女媧鼓之馮夷河伯字也淮南子曰馮夷得道以潛大川師古曰媧音瓜又工蛙反時若曖曖將混濁兮召屏翳誅風伯刑雨師應劭曰屏翳天神使也張揖曰風伯字飛廉師古曰屏步丁反西望崑崙之軋沕荒忽兮張揖曰崑崙去中國五萬里天帝之下都也其山廣袤百里高八萬仞增城九重面有九井以玉爲檻旁有五門開明獸守之軋沕荒忽不分明之貌師古曰沕音勿荒呼廣反直徑馳乎三危張揖曰三危山在鳥鼠之西與𡸣山相近黑水出其南陂書曰導黑水至于三危也排閶闔而入帝宮兮載玉女而與之歸張揖曰玉女青要乘弋等也登閬風而遙集兮亢鳥騰而壹止張揖曰閬風山在崑崙閶闔之中遙遠也應劭曰亢然高飛如鳥之騰也師古曰閬音浪亢音抗低佪陰山翔以紆曲兮吾乃今日覩西王母暠然白首戴勝而穴處兮亦幸有三足烏爲之使張揖

前漢傳二十七下　十三　式

曰陰山在崑崙西二千七百里西王母其狀如人豹尾虎首蓬髮暠然白首石城金室穴居其中三足烏三足青鳥也主爲西王母取食在崑崙墟之北如淳曰山海經曰西王母梯几而戴勝師古曰低佪猶排佪也勝婦人首飾也漢代謂之華勝暠工老反字或作翯音學必長生若此而不死兮雖濟萬世不足以喜師古曰昔之談者咸以西王母爲仙靈之最故相如言大人之仙娛遊之盛顧視王母鄙而陋之不足羨慕也回車朅來兮絕道不周張揖曰不周山在崑崙東南二千三百里也會食幽都呼吸沆瀣兮餐朝霞張揖曰幽都在北方如淳曰淮南云八極西北曰幽都之門應劭曰列仙傳陵陽子言春食朝霞朝霞者日始欲出赤黃氣也夏食沆瀣沆瀣北方夜半氣也并天地玄黃之氣爲六氣師古曰沆胡朗反瀣音蟹咀噍芝英兮嘰瓊華張揖曰芝之草莖也榮而不實謂之英嘰食也瓊樹生崑崙西流沙濱大三百圍高萬仞華藥也食之長生師古曰芝英芝菌之英也咀才汝反噍才笑反又才爵反嘰音機又音祈僸祲尋而高縱兮紛鴻溶而上厲張揖曰僸印也鴻溶踊也師古曰僸音角甚反祲音子禁反鴻音胡孔反溶音弋孔反貫列缺之倒景兮服虔

曰列缺天閃也人在天上下向視日月故景倒在下也張揖曰貫穿也陵陽子明經曰列缺氣去地二千四百里倒景氣去地四千里其景皆倒在下也涉豐隆之滂濞應劭曰豐隆雲師也楚辭曰吾令豐隆乘雲兮淮南子曰季春三月豐隆乃出以將雨師古曰豐隆將雨故言涉也滂濞雨多也滂普郎反濞匹備反騁遊道而脩降兮騖遺霧而遠逝張揖曰馳疾而遺霧在後也師古曰游游車也道道車也脩長也降下也言周覽天上然後騁車也脩長路而下馳乘遺霧而遠逝也道讀曰導迫區中之隘陜兮舒節出乎北垠師古曰舒緩也垠崖也音銀遺屯騎於玄闕兮張揖曰玄闕北極之山也軼先驅於寒門應劭曰寒門北極之門也師古曰軼過也音逸下崢嶸而無地兮師古曰崢嶸深遠貌崢音仕耕反嶸音宏上嵺廓而無天師古曰嵺廓廣遠也嵺音遼視眩泯而亡見兮聽敞怳而亡聞師古曰眩泯目不安也敞怳耳不諦也眩音州縣之縣泯音眄乘虛亡而上遐兮超無友而獨存師古曰上音時掌反相如既奏大人賦天

前漢傳二十七下　十四　沈仁

子大說師古曰說讀曰悅飄飄有陵雲氣游天地之間意相如既病免家居茂陵天子曰司馬相如病甚可往從悉取其書若後之矣師古曰若汝也言汝今去已在他人後也所忠往師古曰使者姓名也解在食貨志而相如已死家無遺書問妻對曰長卿未嘗有書也時時著書人又取去長卿未死時爲一卷書曰有使來求書奏之其遺札書言封禪事師古曰書於札而留之故云遺札所忠奏焉天子異之其辭曰伊上古之初肇自顥穹生民師古曰肇始也顥穹皆謂天也顥言氣顥汗也穹言形穹隆也謂自初始有天地以來也顥胡老反歷選列辟以迄乎秦師古曰選數也辟君也迄至也辟音璧率邇者踵武聽逖者風聲文穎曰率循也邇近也踵躡也武迹也逖遠也言循履近者之

遺迹黷遠者之風聲風謂著於雅頌者也師古曰風聲揔謂遺風嘉聲耳無繫於雅頌也紛輪威蕤堙滅而
不稱者不可勝數也張揖曰紛輪威蕤亂貌繼昭夏崇號謚略
可道者七十有二君文穎曰昭明也夏大也德明大相繼封禪於泰山者七十有二人也罔若
淑而不昌疇逆失而能存應劭曰罔無也若順也淑善也疇誰也師古曰言行順善者無
不昌大為逆失者誰能久存也軒轅之前遐哉邈乎其詳不可得聞已
師古曰遐邈皆遠也已終之辭五三六經載籍之傳維見可觀也師古曰五五帝
也三三皇也書曰元首明哉股肱良哉師古曰此虞書益稷之辭也元首君也股肱大
臣也因斯以談君莫盛於堯臣莫賢於后稷后稷創
業於唐公劉發迹於西戎文王改制爰周郅隆大
行越成文穎曰郅至也行道也文王始開王業改正朔服色太平之道於是成也應劭曰大行道德大行也師古曰郅音質

而后陵遲衰微千載亡聲豈不善始善終哉鄭氏曰無聲無
有惡聲也師古曰雖後嗣衰微政教頹替猶經千載而無惡聲然無異端慎所由於前謹
遺教於後耳師古曰言既創業定制又垂裕後昆也故軌迹夷易易遵也
師古曰夷易皆平也易弋豉反湛恩厖洪易豐也師古曰湛讀曰沈沈深也厖洪皆大也厖音尨憲
度著明易則也垂統理順易繼也張揖曰垂縣也統緒也理道也文王重易
六爻窮理盡性縣於後世其道和順易續而明孔子得錯其象而彖其辭也師古曰統業直言所垂之業其理至順故令後嗣易繼之耳非謂
演易也是以業隆於繦保而崇冠乎二后孟康曰繦保謂成王也二后謂
文武也周公負成王以致太平功德冠於文武者遵成法易故也揆厥所元終都攸卒師古曰元始也
都於也攸所也卒亦終也言度其所始究其所終也未有殊尤絕迹可考於今者也
師古曰尤異也考校也言不得與漢校其德也然猶躡梁甫登大山建顯號施尊

名大漢之德逢涌原泉沕潏漫羡師古曰逢讀曰蓬言如蓬火之升原泉之
流也沕潏曼羨盛大之意也沕音勿潏音聿羨弋扇反旁魄四塞雲布霧散師古曰旁魄廣被也
魄步各反上暢九垓下泝八埏服虔曰暢達也垓重也天有九重如淳曰淮南云若士謂盧敖吾與
汗漫期乎九垓之上孟康曰泝流也埏地之八際也言德上達於九重之天下流於地之八際師古曰埏本音延合韻音弋戰反淮南子作八
殥也懷生之類霑濡浸潤協氣橫流武節猋逝師古曰言和氣
橫被四表威武如猋之盛邇陿游原迥闊泳末孟康曰邇近也原本也迥遠也闊廣也泳浮也恩德
比之於水近者游其原遠者浮其末也首惡鬱沒闇昧昭晢師古曰始為惡者皆即湮滅素闇昧
者皆得光明也晢之舌反昆蟲闓懌回首面內文穎曰闓懌皆樂也師古曰闓讀曰凱言四方幽遐
皆懷和樂回首華面而內嚮也然后囿騶虞之珍群徼麋鹿之怪獸師古
曰言騶虞自擾而充苑囿怪獸自來若入徼塞言符瑞之盛也徼工釣反導一莖六穗於庖鄭氏曰導擇也

一莖六穗謂嘉禾之米於庖廚以供祭祀也犧雙觡共抵之獸服虔曰犧牲也觡角也抵本也武帝獲白
麟兩角共一本因以為牲也獲周餘放龜于岐文穎曰周放畜餘龜於沼之中至漢得之於岐山之旁
龜能吐故納新千歲不死也招翠黃乘龍於沼張揖曰乘龍四龍也孟康曰翠黃乘黃也龍翼馬身黃帝
乘之而仙言見乘黃而招呼之禮樂志曰訾黃其何不來下余吾渥洼水中出神馬故曰乘龍於沼也師古曰此說非也言招致翠黃及乘龍
於沼耳乘音食證反春秋傳曰帝賜之乘龍鬼神接靈圉賓於閒館文穎曰是時上求神
仙之人得上郡之巫長陵女子能與鬼神交接治病輒愈置於上林苑中號曰神君有似於古之靈圉禮待之於閒館舍中也師古曰閒讀曰
閑奇物譎詭俶儻窮變師古曰俶音吐歷反欽哉符瑞臻茲猶
以為薄不敢道封禪蓋周躍魚隕杭休之以燎應劭
曰杭舟也休美也師古曰燎祭天也謂武王伐紂白魚入于王舟俯取以燎微夫斯之為符也以
登介丘不亦恧乎服虔曰介大也丘山也言周以白魚為瑞登大山封禪不亦慙乎進攘

之道何其爽與張揖曰進周也攘讓也爽差也言周未可封禪而封為進漢可封禪而不為為攘也師古曰攘古讓字也於是大司馬進曰文穎曰大司馬上公故先進議也陛下仁育群生義征不譓文穎曰譓順也諸夏樂貢百蠻執贄師古曰夏大也諸夏謂中國之人比蠻夷為大也德侔往初功無與二師古曰侔等也休烈浹洽符瑞衆變期應紹至不特創見師古曰言符瑞衆多應期相續而至不獨初創而見也意者大山梁父設壇場望幸蓋號以況榮孟康曰意者言太山梁父設壇場望聖帝往封禪紀號以表榮名也師古曰幸臨幸也蓋發語辭也上帝垂恩儲祉將以慶成師古曰上帝天也言垂恩於下豫積祉福用慶告成之禮陛下謙讓而弗發也張揖曰不肯發意往也師古曰挈古挈字挈三神之驩缺王道之儀應劭曰挈絕也缺闕也如淳曰三神地祇天神山嶽也師古曰挈口計反群臣恧焉師古曰恧愧也音女六反或謂且天為質闇

前漢傳二十七下　十七　陳慧

示珍符固不可辭師古曰言天道質昧以珍符瑞見意不可辭讓也若然辭之是泰山靡記而梁甫罔幾也張揖曰泰山之上無所表記梁父壇場無所庶幾也亦各並時而榮咸濟厥世而屈說者尚何稱於後而云七十二君哉應劭曰屈絕也言古帝王若但各一時之榮畢世而絕者則說者無從顯稱於後也師古曰屈其勿反夫修德以錫符奉符以行事不為進越也文穎曰越踰也不為苟進踰禮也故聖王弗替而修禮地祇謁款天神文穎曰謁告也款誠也師古曰替廢也不廢封禪之事也勒功中岳以章至尊張揖曰蓋先禮中岳而幸大山也師古曰章明也舒盛德發號榮受厚福以浸黎民皇皇師古曰皇皇盛貌也卒終也字或作本或作丕丕大也哉斯事天下之壯觀王者之卒業不可貶也願陛下全之張揖曰願以封禪全其終也而后因雜

縉紳先生之略術使獲燿日月之末光絕炎以展采錯事文穎曰采官也使諸儒記功著業得觀日月末光殊絕之明以展其官職設錯其事業也李奇曰炎音火之光炎師古曰炎弋贍反錯千故反猶兼正列其義祓飾厥文作春秋一蓺孟康曰猶作春秋者正天時列人事也言諸儒既得展事業因兼正天時列人事敘述大義為一經也師古曰祓除也祓飾者言除去舊事更飾新文也祓音敷勿反將襲舊六為七攄之無窮文穎曰六經加一為七也師古曰攄布也音丑居反俾萬世得激清流揚微波蜚英聲騰茂實師古曰蜚古飛字前聖之所以永保鴻名而常為稱首者用此師古曰稱尺孕反宜命掌故悉奏其儀而覽焉師古曰掌故太常官屬主故事者於是天子沛然改容曰俞乎朕其試哉師古曰沛然感動之意也俞者然也然其所請也沛普大反俞音踰乃遷思回慮總公卿之議詢封禪

前漢傳二十七下　十八

之事詩大澤之博廣符瑞之富孟康曰詩所以詠功德謂下四章之頌也大澤之博謂自我天覆雲之油油也廣符瑞之富謂斑斑之獸以下三章言符應廣大富饒也遂作頌曰自我天覆雲之油油蘇林曰油音油麻之油李奇曰油油雲行貌孟子曰油然作雲沛然下雨甘露時雨厥壤可游師古曰言雨露滂沛其澤可以游泳也滋液滲漉何生不育師古曰滲漉謂潤澤下究故無生而不育也滲音山禁反漉音鹿嘉穀六穗我穡曷蓄李奇曰我之稼穡何等不蓄積匪唯雨之又潤澤之匪唯偏我氾布護之師古曰氾普也布護言遍布也氾敷劍反萬物熙熙懷而慕之名山顯位望君之來君兮君兮侯不邁哉師古曰侯何也邁行也言君何不行封禪般般之獸樂我君囿白質黑章其儀可喜師古曰謂騶虞也般字與斑同耳從丹青之丹喜許記反旼旼穆穆君子之態孟康曰旼旼和也穆穆敬也言容態和且敬有似君子也張揖曰言

曰旼音旻蓋聞其聲今視其來師古曰言往昔但聞其聲今親見其來也來合韻音郎代反厥塗靡從天瑞之徵文穎曰其來之道何從乎此乃天瑞之應也茲爾於舜虞氏以興文穎曰百獸舞則騶虞在其中也濯濯之麟游彼靈畤孟冬十月君徂郊祀文穎曰濯濯肥也武帝冬幸雍祠五畤獲白麟也師古曰濯直角反大雅靈臺之詩云麀鹿濯濯馳我君輿帝用享祉文穎曰馳我君車之前也師古曰帝天帝也以此祭天天既享之荅以祉福也三代之前蓋未嘗有宛宛黃龍興德而升文穎曰起至德而見也采色玄耀煥炳煇煌師古曰玄讀曰炫煇煌光貌煇下本反正陽顯見覺寤黎烝文穎曰陽明也師古曰黎烝衆庶也於傳載之云受命所乘師古曰謂易云時乘六龍以御天也厥之有章不必諄諄文穎曰天之所命表以符瑞章明其德不必諄諄然有語言也師古曰諄諄告諭之孰也音之純反依類託寓諭以封巒文穎曰寓寄也巒山也言依事類託寄以諭封禪披藝觀之天人之際已交上下相發允荅聖王之事兢兢翼翼師古曰兢兢戒也翼翼恭敬也故曰於興必慮衰安必思危是以湯武至尊嚴不失肅祗師古曰言居天子之位猶不忘恭敬也舜在假典顧省厥遺師古曰在察也假大也典則也言舜察璇璣玉衡恐己政化有所遺失不合天心今漢亦當順天意而封禪也此之謂也相如既卒五歲上始祭后土八年而遂禮中岳封于大山至梁甫禪肅然相如它所著若遺平陵侯書與五公子相難屮木書篇不采采其尤著公卿者云

贊曰司馬遷稱春秋推見至隱李奇曰隱猶微也言其義顯而文隱若隱公見弑死而經不書隱諱之也易本隱以之顯張揖曰作八卦以通神明之德是本隱也有天道焉有地道焉有人道焉以類萬物之情是之顯也師古曰之往也大雅言王公大人而德逮黎庶張揖曰謂文王公劉在位大人之德下及衆民者也小雅譏小己之得失其流及上張揖曰己詩人自謂也己小有得失不得其所作詩流言以諷其上也師古曰小己者謂卑少之人以對上言大人耳所言雖殊其合德一也相如雖多虛辭濫說然要其歸引之於節儉此亦詩之風諫何異師古曰風讀曰諷次下亦同楊雄以為靡麗之賦勸百而風一師古曰奢靡之辭多而節儉之言少也猶騁鄭衛之聲曲終而奏雅不已戲乎張揖曰不亦輕戲乎哉

司馬相如傳卷第二十七下

司馬相如難蜀文中云身親其勞躬腠胼胝無胈膚不生毛張揖注曰躬體也腠湊理也臣佖按字書無腠字又戚字說文云戚也按李善注文選云孟康曰湊湊理也疑漢書傳寫者承誤以湊字作腠字耳合為湊

公孫弘卜式兒寬傳第二十八　班固　漢書五十八

秘書監上護軍琅邪縣開國子顔師古注

公孫弘菑川薛人也少時爲獄吏有罪免家貧牧豕海上年四十餘乃學春秋雜説武帝初即位招賢良文學士是時弘年六十以賢良徵爲博士使匈奴還報不合意師古曰奏事不合天子之意上怒以爲不能弘乃移病免歸師古曰移病謂移書言病也一曰以病移居元光五年復徵賢良文學菑川國復推上弘弘謝曰前已嘗西用不能罷願更選國人固推弘弘至太常上策詔諸儒制曰蓋聞上古至治畫衣冠異章服而民不犯陰陽和

五穀登六畜蕃師古曰登成也蕃多也音扶元反甘露降風雨時嘉禾興朱屮生師古曰屮古草字山不童澤不涸師古曰童無草木也涸水竭也音胡各反麟鳳在郊藪龜龍游於沼師古曰邑外謂之郊澤無水曰藪沼池也河洛出圖書父不喪子兄不哭弟北發渠搜南撫交阯師古曰言威德之盛北則徵發于渠搜南則綏撫於交阯也渠搜遠夷之國也舟車所至人迹所及跂行喙息咸得其宜師古曰跂行有足而行者也喙息有口能息者也跂音歧喙音許穢反朕甚嘉之今何道而臻乎此師古曰臻至也子大夫脩先聖之術明君臣之義講論洽聞有聲乎當世敢問子大夫天人之道何所本始吉凶之效安所期焉師古曰安焉也禹湯水旱厥咎何由仁義禮知四者之宜當安設施

屬統垂業物鬼變化師古曰屬聯也音之欲反其下亦同天命之符廢興何如天文地理人事之紀子大夫習焉其悉意正議詳具其對著之于篇師古曰悉盡也篇簡也朕將親覽焉靡有所隱弘對曰臣聞上古堯舜之時不貴爵賞而民勸善不重刑罰而民不犯躬率以正而遇民信也師古曰躬謂身親行之遇謂處待之而已末世貴爵厚賞而民不勸深刑重罰而姦不止其上不正遇民不信也夫厚賞重刑未足以勸善而禁非必信而已矣是故因能任官則分職治師古曰分音扶問反去無用之言則事情得不作無用之器即賦斂省不奪民時不妨民力則百姓

富有德者進無德者退則朝廷尊有功者上無功者下則群臣逡李奇曰言有次第也師古曰逡音七旬反其字從辵罰當罪則姦邪止賞當賢則臣下勸凡此八者治民之本也故民者業之即不爭理得則不怨有禮則不暴愛之則親上師古曰各得其業則無爭心各申其理則無所怨使之由禮則無暴慢子而愛之則知親上也此有天下之急者也故法不遠義則民服而不離和不遠禮則民親而不暴師古曰遠違也音于萬反故法之所罰義之所去也師古曰去除也音丘呂反和之所賞禮之所取也禮義者民之所服也而賞罰順之則民不犯禁矣故畫衣冠異章服而民不犯者此道素行也臣聞之氣同則從聲比

則應師古曰比亦和也音頻寐反今人主和德於上百姓和合於下
師古曰合謂與上合德也故心和則氣和氣和則形和形和則聲
和聲和則天地之和應矣故陰陽和風雨時甘露
降五穀登六畜蕃嘉禾興朱草生山不童澤不涸
此和之至也故形和則無疾無疾則不夭故父不
喪子兄不哭弟德配天地明竝日月則麟鳳至龜
龍在郊河出圖洛出書遠方之君莫不說義師古曰說
讀曰悅奉幣而來朝此和之極也臣聞之仁者愛也義
者宜也禮者所履也師古曰履而行之智者術之原也致利
除害兼愛無私謂之仁師古曰致謂引而至也明是非立可否

謂之義進退有度尊卑有分謂之禮師古曰分音扶問反擅殺
生之柄通壅塞之塗師古曰擅專也權輕重之數論得失之
道使遠近情僞必見於上謂之術師古曰見顯也凡此四者
治之本道之用也皆當設施不可廢也得其要則
天下安樂法設而不用師古曰下不犯法無所加刑也不得其術則主
蔽於上官亂於下此事之情屬統垂業之本也臣
聞堯遭鴻水使禹治之未聞禹之有水也若湯之
旱則桀之餘烈也桀紂行惡受天之罰禹湯積德
以王天下因此觀之天德無私親順之和起逆之
害生此天文地理人事之紀臣弘愚戇不足以奉

大對師古曰大對大問之對時對者百餘人太常奏弘第居下策
奏天子擢弘對爲第一召見容貌甚麗拜爲博士
待詔金馬門如淳曰武帝時相馬者東門京作銅馬法獻之立馬於魯班門外更名魯班門爲金馬門弘復
上疏曰陛下有先聖之位而無先聖之名有先聖
之民而無先聖之吏是以勢同而治異先世之吏
正故其民篤師古曰篤厚也今世之吏邪故其民薄政弊而
不行令倦而不聽夫使邪吏行弊政用倦令治薄
民民不可得而化此治之所以異也臣聞周公旦
治天下朞年而變三年而化五年而定唯陛下之
所志師古曰言志所在也書奏天子以冊書荅曰問弘稱周公

之治弘之材能自視孰與周公賢師古曰與猶如也弘對曰
愚臣淺薄安敢比材於周公雖然愚心曉然見治
道之可以然也夫虎豹馬牛禽獸之不可制者也
及其教馴服習之師古曰馴順也音巡至可牽持駕服唯人之
從師古曰從人意臣聞揉曲木者不累日師古曰揉謂撟而正之也累積也揉音人九反銷
金石者不累月夫人於利害好惡豈比禽獸木石
之類哉師古曰好音呼到反惡音一故反朞年而變臣弘尚竊遲之上
異其言時方通西南夷巴蜀苦之詔使弘視焉還
奏事盛毀西南夷無所用上不聽每朝會議開陳
其端使人主自擇不肯面折庭爭於是上察其行

慎厚辯論有餘習文法吏事緣飾以儒術師古曰緣飾者譬之於衣加純緣者上說之師古曰說讀曰悅一歲中至左內史弘奏事有所不可不肯庭辯師古曰不於朝庭顯辯論之常與主爵都尉汲黯請閒師古曰求空隙之暇黯先發之弘推其後上常說師古曰說讀曰悅所言皆聽以此日益親貴嘗與公卿約議師古曰約要也至上前皆背其約以順上指汲黯庭詰弘曰齊人多詐而無情始為與臣等建此議今皆背之不忠上問弘弘謝曰夫知臣者以臣為忠不知臣者以臣為不忠上然弘言左右幸臣每毀弘上益厚遇之弘為人談笑多聞師古曰善於談笑而又多聞也談字或作詼音恢謂嘲也善嘲謔也常稱

以為人主病不廣大人臣病不儉節養後母孝謹後母卒服喪三年為內史數年遷御史大夫時又東置蒼海北築朔方之郡弘數諫以為罷弊中國以奉無用之地師古曰罷讀曰疲願罷之於是上迺使朱買臣等難弘置朔方之便發十策弘不得一師古曰言其利害十條弘無以應之弘迺謝曰山東鄙人不知其便若是願罷西南夷蒼海專奉朔方上迺許之汲黯曰弘位在三公奉祿甚多師古曰奉音扶用反其下亦同然為布被此詐也上問弘弘謝曰有之夫九卿與臣善者無過黯然今日庭詰弘誠中弘之病夫以三公為布被誠飾詐欲

以釣名師古曰釣取也言若釣魚之謂也且臣聞管仲相齊有三歸師古曰三歸取三姓女也婦人謂嫁曰歸侈擬於君師古曰擬疑也言相似也桓公以霸亦上僭於君晏嬰相景公食不重肉妾不衣絲齊國亦治亦下比於民師古曰比方也一曰比近也頻寐反今臣弘位為御史大夫為布被自九卿以下至於小吏無差誠如黯言且無黯陛下安聞此言上以為有讓愈益賢之元朔中代薛澤為丞相先是漢常以列侯為丞相唯弘無爵上於是下詔曰朕嘉先聖之道開廣門路宣招四方之士蓋古者任賢而序位量能以授官勞大者厥祿厚德盛者獲爵尊故武功以顯重而

文德以行褒其以高成之平津鄉戶六百五十封丞相弘為平津侯其後以為故事至丞相封自弘始也時上方興功業婁舉賢良師古曰婁古屢字弘自見為舉首起徒步數年至宰相封侯於是起客館開東閤以延賢人師古曰閤者小門也東向開之避當庭門而引賓客以別於掾史官屬也與參謀議弘身食一肉脫粟飯師古曰才脫粟而已不精鑿也脫音他活反故人賓客仰衣食師古曰故人平生故交也仰音牛向反奉祿皆以給之家無所餘然其性意忌外寬內深師古曰意忌多所忌害也諸常與弘有隙無近遠雖陽與善後竟報其過殺主父偃徙董仲舒膠西皆弘力也後淮南衡山謀反治黨與方急弘

病甚自以爲無功而封侯居宰相位宜佐明主塡撫國家師古曰塡音竹刃反使人由臣子之道師古曰由從也今諸侯有畔逆之計此大臣奉職不稱也師古曰稱副也恐病死無以塞責師古曰塞當也乃上書曰臣聞天下通道五所以行之者三君臣父子夫婦長幼朋友之交五者天下之通道也仁知勇三者所以行之也故曰好問近乎知師古曰疑則問之故成其智力行近乎仁師古曰屈己濟物故爲仁也知恥近乎勇師古曰不求苟得故爲勇也知此三者知所以自治知所以自治然後知所以治人師古曰自好問近乎智以下皆禮記中庸之辭未有不能自治而能治人者也陛下躬孝弟監三王建周道兼

文武招徠四方之士任賢序位量能授官將以厲百姓勸賢材也今臣愚駑無汗馬之勞師古曰言未嘗從軍旅陛下過意擢臣弘卒伍之中師古曰過猶誤也封爲列侯致位三公臣弘行能不足以稱師古曰不副其任也加有負薪之疾恐先狗馬塡溝壑終無以報德塞責願歸侯乞骸骨避賢者路上報曰古者賞有功褒有德守成上文遭遇右武師古曰右亦上也禍亂時則上武耳未有易此者也師古曰易改也朕夙夜庶幾獲承至尊懼不能寧惟所與共爲治者君宜知之師古曰惟思也知謂知道治也蓋君子善善及後世若茲行常在朕躬師古曰朕常思此不息於心也君不幸罹霜露之疾何恙

不已師古曰罹遭也恙憂也已止也言何憂於疾不止也禮記曰疾止復初也乃上書歸侯乞骸骨是章朕之不德也師古曰章明也今事少閒師古曰閒言有空隙也閒讀曰閑君其存精神止念慮輔助醫藥以自持因賜告牛酒雜帛居數月有瘳視事凡爲丞相御史六歲年八十終丞相位其後李蔡嚴青翟趙周石慶公孫賀劉屈氂繼踵爲丞相師古曰繼踵言相躡也屈音丘勿反又鉅勿反氂音力之反自蔡至慶丞相府客館丘虛而已師古曰言不能進賢故不繕脩其室屋也虛讀曰墟至賀屈氂時壞以爲馬廄車庫奴婢室矣唯慶以惇謹復終相位師古曰惇厚也音敦其餘盡伏誅云弘子度嗣侯爲山陽太守十餘歲詔徵鉅野令史成詣公

車度留不遣坐論爲城旦元始中脩功臣後下詔曰漢興以來股肱在位身行儉約輕財重義未有若公孫弘者也位在宰相封侯而爲布被脫粟之飯奉祿以給故人賓客無有所餘可謂減於制度應劭曰禮貴有常尊衣服有品而率下篤俗者也師古曰篤厚也與內富厚而外爲詭服以釣虛譽者殊科師古曰詭違也詭服謂與心志相違也一曰違衆之服也夫表德章義所以率世厲俗聖王之制也其賜弘後子孫之次見爲適者師古曰見音胡電反適讀曰嫡爵關內侯食邑三百戶

卜式河南人也以田畜爲事有少弟弟壯式脫身出師古曰脫身謂引身出也脫音他活反獨取畜羊百餘田宅財物盡與

弟式入山牧十餘年羊致千餘頭買田宅而弟盡
破其產式輒復分與弟者數矣師古曰數音所角反時漢方事
匈奴式上書願輸家財半助邊上使使問式欲爲
官乎式曰自小牧羊不習仕宦不願也使者曰家
豈有冤欲言事乎式曰臣生與人亡所爭邑人貧
者貸之師古曰貸音土戴反不善者教之所居人皆從式式何
故見冤使者曰苟子何欲師古曰言子苟如此輸財必有所欲式曰天子
誅匈奴愚以爲賢者宜死節有財者宜輸之如此
而匈奴可滅也使者以聞上以語丞相弘弘曰此
非人情不軌之臣師古曰軌亦法也不可以爲化而亂法願

陛下勿許上不報數歲乃罷式式歸復田牧歲餘
會渾邪等降縣官費衆倉府空師古曰倉粟所積也府錢所聚也貧
民大徙皆卬給縣官師古曰卬音牛向反無以盡贍式復持錢
二十萬與河南太守以給徙民河南上富人助貧
民者上識式姓名曰是固前欲輸其家半財助邊
乃賜式外繇四百人蘇林曰外繇謂戍邊也一人出三百錢謂之過更式歲得十二萬錢也一說在繇役之外得復除四百人也師古曰一說是也式又盡復與官是時富豪皆爭
匿財師古曰匿藏也唯式尤欲助費上於是以式終長者乃
召拜式爲中郎賜爵左庶長師古曰第十爵田十頃布告天
下尊顯以風百姓師古曰風讀曰諷初式不願爲郎上曰吾

有羊在上林中欲令子牧之式既爲郎布衣屮蹻
而牧羊師古曰蹻即今之鞋也南方謂之蹻字本作屩並音居略反歲餘羊肥息師古曰息生也言羊既肥而又生多也
上過其羊所善之式曰非獨羊也治民亦猶
是矣以時起居惡者輒去師古曰去除也音丘呂反毋令敗羣上
奇其言欲試使治民拜式緱氏令緱氏便之遷成
皐令將漕最師古曰爲縣令而又使領漕其課最上上以式朴忠師古曰朴質也拜爲
齊王太傅轉爲相會呂嘉反式上書曰臣聞主媿
臣死羣臣宜盡死節其駑下者宜出財以佐軍如
是則彊國不犯之道也師古曰國家威彊而不見侵犯臣願與子男師古曰子男自謂其子也
及臨菑習弩博昌習船者請行死之以盡

臣節師古曰從軍而致死上賢之下詔曰朕聞報德以德報怨
以直師古曰論語稱孔子曰以直報怨以德報德故詔引之今天下不幸有事郡縣
諸侯未有奮繇直道者也孟康曰未有奮迅樂出身勞於征役者也臣瓚曰言未有奮厲於正直之道也師古曰二說皆非也奮謂憤激也繇讀與由同由從也直道謂報怨以直也言無欲奮厲而從於報怨之道也齊
相雅行躬耕臣瓚曰雅素也言卜式躬耕於野不要名利晉灼曰雅正也師古曰晉說是也言其行雅正又躬耕也
隨牧蓄番輒分昆弟更造師古曰言蓄牧滋多則與昆弟而更自營爲也番音扶元反
不爲利惑師古曰言不惑於利日者北邊有興師古曰日者往日也興謂發軍上
書助官往年西河歲惡率齊人入粟師古曰西河歲惡猶凶歲也禮記曰歲凶年穀不登今又首奮師古曰爲首而奮厲願從軍也雖未戰可謂義形於
內矣師古曰形見也其賜式爵關內侯黃金四十斤田十頃

布告天下使明知之元鼎中徵式代石慶爲御史大夫式旣在位言郡國不便鹽鐵而船有筭可罷上由是不說式師古曰說讀曰悅明年當封禪式又不習文章貶秩爲太子太傅以兒寬代之式以壽終

兒寬千乘人也師古曰千乘郡千乘縣也兒音五奚反治尚書事歐陽生以郡國選詣博士受業孔安國貧無資用嘗爲弟子都養師古曰都凡衆也養主給烹炊者也貧無資用故供諸弟子烹炊也養音弋向反時行賃作帶經而鉏休息輒讀誦其精如此以射策爲掌故功次補廷尉文學卒史蘇林曰秩六百石舊郡亦有也臣瓚曰漢注卒史秩百石師古曰瓚說是也寬爲人溫良有廉知自將師古曰將衞也以智自衞護也善屬文師古曰屬綴也

前漢傳二十八　十一　欣信

音之欲反然懦於武師古曰懦柔也音乃喚反又音儒口弗能發明也時張湯爲廷尉廷尉府盡用文史法律之吏師古曰史謂善史書者而寬以儒生在其間見謂不習事不署曹張晏曰不署爲列曹也師古曰署表也置也凡言署官表其秩位置立爲之也除爲從史師古曰從史者但祇隨官僚不主文書之北地視畜數年師古曰之往也畜謂廷尉之畜在北地者若今諸司公廨牛羊還至府上畜簿師古曰簿謂文計也會廷尉時有疑奏已再見卻矣師古曰卻退也掾史莫知所爲寬爲言其意掾史因使寬爲奏成讀之皆服以白廷尉湯湯大驚召寬與語乃奇其材以爲掾上寬所作奏即時得可異日湯見上問曰前奏非俗吏所及誰爲之者湯言兒寬上

曰吾固聞之久矣湯由是鄉學師古曰鄉讀曰嚮以寬爲奏讞掾以古法義決疑獄甚重之及湯爲御史大夫以寬爲掾舉侍御史見上語經學上說之師古曰說讀曰悅從問尚書一篇擢爲中大夫遷左內史寬旣治民勸農業緩刑罰理獄訟卑體下士務在於得人心師古曰下音胡嫁反擇用仁厚士推情與下不求名聲吏民大信愛之寬表奏開六輔渠韋昭曰六輔謂京兆馮翊扶風河東河南河內也劉德曰於六輔界中爲渠也師古曰二說皆非也溝洫志云兒寬爲左內史奏請穿六輔渠以益漑鄭國傍高卬之田此則於鄭國渠上流南岸更開六道小渠以輔助漑灌耳今雍州雲陽三原兩縣界此渠尚存鄉人名曰六渠亦號輔渠故河渠書云關內則輔渠靈軹是也焉說三河之地哉定水令以廣漑田師古曰爲用水之次具立法令皆得其所也收租稅時裁闊狹與民

前漢傳二十八　十二　沈仁

相假貸師古曰謂有貧弱及農要之時不即徵收也貸音土代反以故租多不入後有軍發左內史以負租課殿當免民聞當免皆恐失之大家牛車小家擔負輸租繈屬不絕師古曰繈索也言輸者接連不絕若道若繩索之相屬也猶今言續索矣屬音之欲反課更以最上由此愈奇寬及議欲放古巡狩封禪之事師古曰放依也音甫往反諸儒對者五十餘人未能有所定先是司馬相如病死有遺書頌功德言符瑞足以封泰山上奇其書以問寬寬對曰陛下躬發聖德統楫群元張晏曰統宗楫聚也如淳曰元曆數之元也臣瓚曰統猶總覽也楫當作輯師古曰輯與集三字並同虞書曰楫五瑞是也其字從木瓚曰當爲輯不通宗祀天地薦禮百神精神所鄉徵兆必報師古曰鄉讀曰嚮徵證也天地並應符

瑞昭明其封泰山禪梁父昭姓考瑞帝王之盛節也然享薦之義不著于經 師古曰封禪之享薦也以非常禮故經無其文著音竹筋反 以為封禪告成合祛於天地神祇 李奇曰祛開散合閉也開閉於天地也 祇戒精專以接神明總百官之職各稱事宜而為之節文 師古曰稱副也 唯聖主所由制定其當 師古曰當猶中也 非群臣之所能列今將舉大事優游數年 師古曰言不決也 使群臣得人自盡終莫能成 師古曰所言不同各有執見也 唯天子建中和之極兼總條貫 師古曰極正也周禮曰以為人極也 金聲而玉振之 師古曰言振揚德音如金玉之聲也 以順成天慶垂萬世之基上然之乃自制儀采儒術以文焉既成將用事拜寬為御史大夫

從東封泰山還登明堂寬上壽曰臣聞三代改制屬象相因 李奇曰政教之法象相因屬 師古曰屬連也音之欲反 間者聖統廢絕 師古曰聖統聖人之遺業謂禮文也 陛下發憤合指天地祖立明堂辟雍 師古曰祖始也 宗祀泰一 師古曰宗尊也 六律五聲 師古曰六律謂黃鍾大蔟姑洗蕤賓夷則無射也五聲宮商角徵羽也 幽贊聖意 師古曰幽深也贊明也 神樂四合各有方象 如淳曰四方色及五神祭祀聲樂各有等 以丞嘉祀為萬世則 師古曰則法也 天下幸甚將建大元本瑞登告岱宗發祉闓門以候景至癸亥宗祀日宣重光上元甲子肅邕永享 李奇曰太平之世日抱重光謂日有重日也蘇林曰將甫始之辭也太元太初歷也本瑞謂白麟寶鼎之屬也以候景至冬至之景也上元甲子太初元年甲子朔旦冬至也師古曰宗尊也肅敬也雍和也既敬且和則長為天所享也闓讀與開同 光輝充塞天文粲然 師古曰塞滿也粲然明貌 見象日昭報降符應 師古曰言大顯示景象日日昭明也降下符應以報德化 臣寬奉觴再拜上千萬歲壽制曰敬舉君之觴後大史令司馬遷等言歷紀壞廢漢興未改正朔宜可正上乃詔寬與遷等共定漢大初歷語在律歷志初梁相褚大通五經為博士時寬為弟子及御史大夫缺徵褚大大自以為得御史大夫至洛陽聞見寬為之褚大笑及至與寬議封禪於上前大不能及退而服曰上誠知人寬為御史大夫以稱意任職故久無有所匡諫於上官屬易之 師古曰易輕也音弋鼓反 居位九歲以官卒

贊曰公孫弘卜式兒寬皆以鴻漸之翼困於燕爵 李奇曰漸進也鴻一舉而進千里者羽翼之材也弘等皆以大材初為俗所薄若燕爵不知鴻志也師古曰易漸卦上九爻辭曰鴻漸于陸其羽可以為儀鴻大鳥也漸進也高平曰陸言鴻進於陸以其羽翼為威儀也喻弘等皆有鴻之羽儀未進之時燕爵所輕也 遠迹羊豕之間 師古曰遠竄其迹也 非遇其時焉能致此位乎 師古曰焉於何也 是時漢興六十餘載海內艾安 師古曰艾讀曰乂 府庫充實而四夷未賓制度多闕上方欲用文武求之如弗及 師古曰恐失之 始以蒲輪迎枚生見主父而歎息 師古曰謂言公皆安在何相見之晚 群士慕嚮異人並出卜式拔於芻牧弘羊擢於賈豎衛青奮於奴僕日磾出於降虜斯亦曩時版築飯牛之明已 師古曰版築傅說也飯牛甯戚也已語終辭也飯音扶晚反 漢之得

人於茲爲盛儒雅則公孫弘董仲舒兒寬篤行則石建石慶質直則汲黯卜式推賢則韓安國鄭當時定令則趙禹張湯文章則司馬遷相如滑稽則東方朔枚皐〔師古曰滑稽轉利之稱也滑亂也稽礙也言其變亂無留礙也一說稽考也言可滑亂不可考校也滑音骨稽音工奚反〕應對則嚴助朱買臣歷數則唐都洛下閎協律則李延年運籌則桑弘羊奉使則張騫蘇武將率則衞青霍去病受遺則霍光金日磾其餘不可勝紀〔師古曰紀記也〕是以興造功業制度遺文後世莫及孝宣承統纂修洪業亦講論六藝招選茂異而蕭望之梁丘賀夏侯勝韋玄成嚴彭祖尹更始以儒術進劉向王襃以文章顯將相則張安世趙充國魏相丙吉于定國杜延年治民則黃霸王成龔遂鄭弘召信臣〔師古曰召讀曰邵〕韓延壽尹翁歸趙廣漢嚴延年張敞之屬皆有功迹見述於世參其名臣亦其次也〔師古曰次於武帝時〕

公孫弘卜式兒寬傳第二十八

張湯傳第二十九　班固　漢書五十九

秘書監上護軍琅邪縣開國子顔師古注

張湯杜陵人也父爲長安丞出湯爲兒守舍〔師古曰稱爲兒者言其尚幼少也〕還鼠盜肉父怒笞湯湯掘熏得鼠及餘肉劾鼠掠治傳爰書訊鞫論報〔師古曰傳謂傳逮若今之追逮赴對也爰換也以文書代換其口辭也訊考問也鞫窮也謂窮覈之也論報謂上論之而獲報也訊音信〕并取鼠與肉具獄磔堂下〔師古曰具爲治獄之文處正其罪而磔鼠也〕父見之視文辭如老獄吏大驚遂使書獄〔如淳曰決獄之書謂律令也〕父死後湯爲長安吏周陽侯爲諸卿時〔師古曰姓趙〕嘗繫長安湯傾身事之及出爲侯大與湯交徧見貴人湯給事內史爲甯成掾以湯爲無害言大府〔師古曰大府丞相府也無害言其最勝也解在蕭何傳〕調茂陵尉〔師古曰調選也選以爲此官也調音徒釣反〕治方中〔孟康曰方中陵上土作方也湯主治之蘇林曰天子即位豫作陵諱之故言方中或言斥上如淳曰漢注陵方中用地一頃深十三丈師古曰蘇說非也古謂掘地爲阬曰方今荊楚俗土功築作算程課者猶以方計之非謂避諱也〕武安侯爲丞相〔師古曰田蚡〕徵湯爲史薦補侍御史治陳皇后巫蠱獄深竟黨與上以爲能遷太中大夫與趙禹共定諸律令務在深文拘守職之吏〔蘇林曰拘刻於守職之吏〕已而禹至少府湯爲廷尉兩人交驩兄事禹〔師古曰事之如兄〕禹志在奉公孤立而湯舞知以御人〔師古曰舞弄其智制御它人也〕始爲小吏乾沒與長安富賈田甲魚翁叔之屬交私〔服虔曰乾沒射成敗也如淳曰豫居物以待之得利爲乾失利爲沒師古曰〕

曰乾音干及列九卿收接天下名士大夫已心內雖不
合然陽浮道與之師古曰陽以道義爲交非其中心故云浮也是時上方鄉
文學師古曰鄉讀曰嚮湯決大獄欲傅古義師古曰傅讀曰附乃請博
士弟子治尚書春秋補廷尉史平亭疑法奏讞疑
李奇曰亭亦平也師古曰亭均也調也言平均疑法及爲讞疑奏之必奏先爲上分別其原
上所是受而著讞法廷尉挈令韋昭曰在板挈也師古曰著謂明書之也挈獄訟之要也書於讞法挈令以爲後式也挈音口計反揚主之明師古曰言此自天子之意非由臣下有司奏事
即譴湯摧謝蘇林曰深自挫按也師古曰若上有責即摧折而謝也鄉上意所便師古
曰謂如天子責湯之指而言其端也鄉讀曰嚮必引正監掾史賢者固爲臣議
如此師古曰如上之意上責臣臣弗用愚抵此蘇林曰坐不用諸掾語故至於此

罪常釋臣瓚曰謂常見原也閒即奏事上善之曰臣非知爲此
奏迺監掾史某所爲師古曰閒謂非當朝奏者其欲薦吏揚人之
善解人之過如此所治即上意所欲辠予監吏深
刻者即上意所欲釋予監吏輕平者所治即豪必
舞文巧詆師古曰詆誣也音丁禮反其下並同即下戶羸弱時口言雖文
致法上裁察於是往往釋湯所言李奇曰先見上口言之欲與輕平故皆見
原釋也如淳曰雖文書按察致下戶之罪湯以先口解之矣上以湯言輒裁察之輕其罪也師古曰李如二說皆非也此言下戶羸弱湯欲佐助雖具文奏之而又口奏言雖律令之文合致此罪聽上裁察蓋爲此人希恩宥也於是上得湯此言往往釋其人辠非未奏之前口豫言也
湯至於大吏內行脩交通賓客飲食於故人子弟
爲吏及貧昆弟調護之尤厚師古曰調和適之令得其所也護謂保祐也其

造請諸公不避寒暑師古曰造至詣也請謁問也造音七到反是以湯雖
文深意忌不專平然得此聲譽而深刻吏多爲爪
牙用者依於文學之士丞相弘數稱其美及治淮
南衡山江都反獄皆窮根本嚴助伍被上欲釋之
湯爭曰伍被本造反謀而助親幸出入禁闥腹心
之臣乃交私諸侯如此弗誅後不可治上可論之
師古曰可湯所奏而論決之其治獄所巧排大臣自以爲功多此類
繇是益尊任師古曰繇讀與由同遷御史大夫會渾邪等降漢
大興兵伐匈奴山東水旱貧民流徙皆卬給縣官
師古曰卬音牛向反縣官空虛湯承上指請造白金及五銖錢

籠天下鹽鐵師古曰籠羅其事皆令利入官排富商大賈出告緡令
鉏豪彊并兼之家舞文巧詆以輔法師古曰輔助也以巧詆助法言不公
平也湯每朝奏事語國家用日旰師古曰旰晚也論事[illegible]多至於日晚旰音幹
天子忘食丞相取充位師古曰但充其位而已無所造設也天下事皆決
湯百姓不安其生騷動縣官所興未獲其利姦吏
並侵漁師古曰並且也於是痛繩以辠自公卿以下至于庶
人咸指湯湯嘗病上自至舍視其隆貴如此匈奴
求和親群臣議前師古曰於上前議事博士狄山曰和親便上
問其便山曰兵凶器未易數動師古曰言難可屢動高帝欲
伐匈奴大困平城乃遂結和親孝惠高后時天下

安樂及文帝欲事匈奴北邊蕭然苦兵師古曰蕭然猶騷然擾動之貌也孝景時吳楚七國反景帝往來東宮間師古曰謂諮謀於太后也天下寒心數月師古曰懼於兵難也吳楚已破竟景帝不言兵師古曰訖景帝之身更不議征伐之事天下富實今自陛下興兵擊匈奴中國以空虛邊大困貧由是觀之不如和親上問湯湯曰此愚儒無知狄山曰臣固愚忠若御史大夫湯乃詐忠湯之治淮南江都以深文痛詆諸侯別跡骨肉使藩臣不自安臣固知湯之詐忠於是上作色曰吾使生居一郡能無使虜入盜乎師古曰博士之官故呼為生也山曰不能曰居一縣曰不能復曰居一障閒師古曰鄣謂塞上要險之處別築為城因置吏士而為鄣蔽以扞寇也鄣音之向反山自度辯窮且下吏師古曰度計也見詰自辯而辭窮當下吏也曰能迺遣山乘障師古曰乘登也登而守之至月餘匈奴斬山頭而去是後群臣震讋師古曰震動也讋失氣也讋音之涉反湯客田甲雖賈人有賢操師古曰操謂所執持之操志行也音千到反始湯為小吏與錢通師古曰為小吏之時與田甲為錢財之交及為大吏而甲所責湯行義有烈士之風湯為御史大夫七歲敗河東人李文故嘗與湯有隙已而為御史中丞薦數從中文事有可以傷湯者不能為地師古曰薦藉也文與湯故有隙已而為御史中丞藉己在內臺中文書有可用傷湯者因會致之不能為湯作道地蘇林曰薦仍也師古曰薦數義同蘇說是也數數在中其有文書事可用傷湯者不為作道地也薦音在見反數音所角反大雅雲漢之詩曰飢饉薦臻字亦如此

湯有所愛史魯謁居知湯弗平使人上飛變告文姦事師古曰飛變猶言急變也事下湯湯治論殺文而湯心知謁居為之上問變事從迹安起師古曰從讀曰蹤湯陽驚曰此殆文故人怨之師古曰殆近也謁居病臥閭里主人湯自往視病為謁居摩足趙國以冶鑄為業王數訟鐵官事湯常排趙王趙王求湯陰事謁居嘗案趙王趙王怨之并上書告湯大臣也史謁居有病湯至為摩足疑與為大姦事下廷尉謁居病死事連其弟弟繫導官蘇林曰漢儀注獄二十六所導官無獄也師古曰蘇說非也導擇也以主擇米故曰導官事見百官表時或以諸獄皆滿故權寄在此署繫之非本獄所也湯亦治它囚導官見謁居弟欲陰為之而陽不省師古曰省視也謁居弟不知而怨湯使人上書告湯與謁居謀共變李文事下減宣宣嘗與湯有隙及得此事窮竟其事未奏也會人有盜發孝文園瘞錢如淳曰瘞埋也埋錢於園陵以送死也丞相青翟朝與湯約俱謝師古曰將入朝之時為此要約至前師古曰至天子之前湯念獨丞相以四時行園當謝湯無與也不謝師古曰行音下更反與讀曰豫無豫無干其事也丞相謝上使御史案其事湯欲致其文丞相見知張晏曰見知故縱以其罪罪之也丞相患之三長史皆害湯欲陷之師古曰百官表丞相有兩長史今此云三者蓋以守者非正員也始長史朱買臣素怨湯語在其傳王朝齊人以術至右內史邊通學短長應劭曰短長術興於

六國時長短其語隱謬用相激怒也張晏曰蘇秦張儀之謀趣彼爲短歸此爲長戰國策名短長術也 剛暴人也官
至濟南相故皆居湯右 師古曰言舊在湯上 已而失官守長史
詘體於湯 師古曰詘謂拜伏也 湯數行丞相事知此三長史素
貴常陵折之故三長史合謀曰始湯約與君謝已
而賣君今欲劾君以宗廟事此欲代君耳吾知湯
陰事使吏捕案湯左田信等 李奇曰左證左也師古曰謂之左者言除罪人正身之外又取其左右旁考問也
曰湯且欲爲請奏信輒先知之居物致
富與湯分之 服虔曰居謂儲也 及它姦事事辭頗聞 師古曰聞於天子也
上問湯曰吾所爲賈人輒知益居其物 師古曰益多也 是類
有以吾謀告之者 師古曰類似也 湯不謝又陽驚曰固宜有

減宣亦奏謁居事上以湯懷詐面欺 師古曰對面欺誣也 使使
八輩簿責湯 蘇林曰簿音主簿之簿師古曰以文簿次第一一責之 湯具自道無
此不服於是上使趙禹責湯禹至讓湯曰 師古曰讓亦責也
君何不知分也 師古曰分音扶問反 君所治夷滅者幾何人矣
師古曰幾音居起反 今人言君皆有狀天子重致君獄 師古曰重猶難也
欲令君自爲計 師古曰言引決也 何多以對爲 師古曰言何用多對 湯廼
爲書謝曰湯無尺寸之功起刀筆吏陛下幸致位
三公無以塞責 師古曰塞當也 然謀陷湯者三長史也遂自
殺湯死家產直不過五百金皆所得奉賜 師古曰奉音扶用反
無它贏 師古曰贏餘也 昆弟諸子欲厚葬湯湯母曰湯爲

天子大臣被惡言而死 師古曰被加也音皮義反 何厚葬爲載以
牛車有棺而無椁上聞之曰非此母不生此子乃
盡案誅三長史丞相青翟自殺出田信上惜湯復
稍進其子安世 安世字子孺少以父任爲郎
用善書給事尚書 師古曰於尚書中給事也給供也 精力於職休沐未
嘗出上行幸河東嘗亡書三篋詔問莫能知唯安
世識之 師古曰識記也音式志反 具作其事後購求得書以相校
無所遺失上奇其材擢爲尚書令遷光祿大夫昭
帝即位大將軍霍光秉政以安世篤行 師古曰篤厚也 光親
重之會左將軍上官桀父子及御史大夫桑弘羊

皆與燕王蓋主謀反誅光以朝無舊臣白用安世
爲右將軍光祿勳以自副焉久之天子下詔曰右
將軍光祿勳安世輔政宿衞肅敬不怠十有三年
咸以康寧夫親親任賢唐虞之道也其封安世爲
富平侯明年昭帝崩未葬大將軍光白太后徙安
世爲車騎將軍與共徵立昌邑王王行淫亂光復
與安世謀廢王尊立宣帝帝初即位褒賞大臣下
詔曰夫褒有德賞有功古今之通義也車騎將軍
光祿勳富平侯安世宿衞忠正宣德明恩勤勞國
家守職秉義以安宗廟其益封萬六百戶功次大

將軍光安世子千秋延壽彭祖皆中郎將侍中大
將軍光薨後數月御史大夫魏相上封事曰聖王
褒有德以懷萬方（師古曰懷來也）顯有功以勸百寮是以朝
廷尊榮天下鄉風（師古曰鄉讀曰嚮）國家承祖宗之業制諸
侯之重新失大將軍宜宣章盛德以示天下顯明
功臣以填藩國（師古曰填音竹刃反）毋空大位以塞爭權（師古曰大臣位
空則起爭奪之權也）所以安社稷絕未萌也（師古曰未萌謂變故未生者也）車騎
將軍安世事孝武皇帝三十餘年忠信謹厚勤勞
政事夙夜不怠與大將軍定策天下受其福國家
重臣也宜尊其位以為大將軍毋令領光祿勳事

使專精神憂念天下思惟得失安世子延壽重厚
可以為光祿勳領宿衛臣上亦欲用之安世聞指
懼不敢當請閒求見免冠頓首曰老臣耳妄聞言
之為先事不言情不達（師古曰事未施行而遽言之故曰先事也）誠自量不
足以居大位繼大將軍後唯天子財哀以全老臣
之命（師古曰財與裁同）上笑曰君言泰謙君而不可尚誰可
者（師古曰言君尚不可誰更可也）安世深辭弗能得後數日竟拜為
大司馬車騎將軍領尚書事數月罷車騎將軍屯
兵更為衛將軍兩宮衛尉城門北軍兵屬焉時霍光
子禹為右將軍上亦以禹為大司馬罷其右將軍

屯兵以虛尊加之而實奪其衆後歲餘禹謀反夷
宗族安世素小心畏忌已內憂矣（師古曰忌者戒盈滿之禍）其
女孫敬為霍氏外屬婦（師古曰女孫即今所謂孫女也）當相坐安世瘦
懼形於顏色（師古曰形見也）上怪而憐之以問左右乃赦敬
以慰其意安世寖恐（師古曰寖益也）職典樞機以謹慎周密
自著外內無閒（師古曰著明也閒隙也）每定大政已決輒移病
出（師古曰移病謂移書言病也一曰以病而移居）聞有詔令乃驚使吏之丞相
府問焉自朝廷大臣莫知其與議也（師古曰與讀曰豫）嘗有
所薦其人來謝安世大恨以為舉賢達能豈有私
謝邪絕弗復為通（師古曰有欲謝者皆不通也一曰告此人而絕之更不與相見也）有郎功

高不調（師古曰調選也音徒釣反）自言安世應曰君之功高明主
所知人臣執事何長短而自言乎絕不許已而郎
果遷（師古曰安世外陽距之而實令其遷）莫府長史遷辭去之官安世問
以過失（師古曰問己有何失）長史曰將軍為明主股肱而士無
所進論者以為譏安世曰明主在上賢不肖較然
（師古曰較明貌）臣下自脩而已何知士而薦之其欲匿名迹
遠權勢如此（師古曰遠離也音于萬反）為光祿勳郎有醉小便殿
上主事白行法安世曰何以知其不反水漿邪（師古
曰反讀曰翻）如何以小過成罪郎淫官婢婢兄自言安世
曰奴以恚怒誣汙衣冠告署適奴（師古曰適讀曰謫）其隱人

過失皆此類也安世自見父子尊顯懷不自安為子延壽求出補吏上以為北地太守歲餘上閔安世年老復徵延壽為左曹太僕初安世兄賀幸於衛太子太子敗賓客皆誅安世為賀上書得下蠶室（師古曰謂腐刑也凡養蠶者欲其溫而早成故為密室蓄火以置之而新腐刑亦有中風之患須入密室乃得以全因呼為蠶室耳）後為掖庭令而宣帝以皇曾孫收養掖庭賀內傷太子無辜而曾孫孤幼所以視養拊循恩甚密焉及曾孫壯大賀教書令受詩為取許妃以家財聘之曾孫數有徵怪（師古曰徵證也）語在宣紀賀聞知為安世道之稱其材美安世輒絕止以為少主在上不宜稱

述曾孫及宣帝即位而賀已死上謂安世曰掖廷令平生稱我將軍止之是也上追思賀恩欲封其冢為恩德侯置守冢二百家（師古曰身死追封故云封冢也）賀有一子蚤死（師古曰蚤古早字）無子子安世小男彭祖（師古曰言養以為子）彭祖又小與上同席研書指欲封之先賜爵關內侯故安世深辭賀封又求損守冢戶數稍減至三十戶上曰吾自為掖廷令非為將軍也安世乃止不敢復言遂下詔曰其為故掖廷令張賀置守冢三十家上自處置其里（師古曰處安也音昌汝反）居冢西鬬雞翁舍南上少時所嘗游處也明年復下詔曰朕微眇時故

掖廷令張賀輔道朕躬（師古曰道讀曰導）脩文學經術恩惠卓異厥功茂焉詩云無言不讎無德不報（師古曰大雅抑之詩）其封賀弟子侍中關內侯彭祖為陽都侯賜賀諡曰陽都哀侯時賀有孤孫霸年七歲拜為散騎中郎將賜爵關內侯食邑三百戶安世以父子封侯在位大盛乃辭祿詔都內別藏張氏無名錢以百萬數（文穎曰都內主藏官也張晏曰安世以還官官不薄也）安世尊為公侯食邑萬戶然身衣弋綈（師古曰弋黑色也綈厚繒也）夫人自紡績家童七百人皆有手技作事內治產業累積纖微是以能殖其貨（師古曰殖生也）富於大將軍光天子甚尊憚大將

軍然內親安世心密於光焉元康四年春安世病上疏歸侯乞骸骨天子報曰將軍年老被病朕甚閔之雖不能視事折衝萬里君先帝大臣明於治亂朕所不及得數問焉（師古曰言意所不及者即以問君也）何感而上書歸衛將軍富平侯印（師古曰感恨也音胡闇反）薄朕忘故（蘇林曰本望君重於此也師古曰蘇說非也薄猶嫌也君意嫌朕遺忘故舊而求去也）非所望也願將軍強餐食近醫藥專精神以輔天年安世復強起視事至秋薨天子贈印綬送以輕車介士（師古曰輕車古之戰車續漢書云彫朱輪輿不巾不蓋菑矛戟幢也麾輫弩介士謂甲士也菑插也輫皮箙盛弩也菑音側事反輫音服）諡曰敬侯賜塋杜東（師古曰塋冢地也）將作穿復土起冢祠堂子延壽嗣

延壽已歷位九卿既嗣侯國在陳留別邑在魏郡租入歲千餘萬延壽自以身無功德何以能久堪先人大國數上書讓減戶邑又因弟陽都侯彭祖口陳至誠天子以爲有讓迺徙封平原并一國戶口如故而租稅減半薨謚曰愛侯子勃嗣爲散騎諫大夫元帝初即位詔列侯舉茂材勃舉太官獻丞陳湯蘇林曰獻丞主貢獻物也湯有罪勃坐削戶二百會薨故賜謚曰繆侯師古曰以其所舉不得人故加惡謚繆者妄也後湯立功西域世以勃爲知人子臨嗣臨亦謙儉每登閣殿常歎曰桑霍爲我戒豈不厚哉師古曰桑桑弘羊也霍霍禹也言以驕奢致禍也且死分

施宗族故舊師古曰言將死之時多以財分施也薄葬不起墳臨尚敬武公主文穎曰成帝妹也臣瓚曰敬武公主是元帝妹也師古曰二說皆非也薛宣傳云主怒曰嫂何以取妹殺之既謂元后爲嫂是則元帝妹也薨子放嗣鴻嘉中上欲遵武帝故事與近臣游宴放以公主子開敏得幸放取皇后弟平恩侯許嘉女上爲放供張師古曰供音居用反張音竹亮反賜甲第充以乘輿服飾號爲天子取婦皇后嫁女大官私官並供其弟服虔曰私官皇后之官也兩宮使者冠蓋不絕賞賜以千萬數放爲侍中中郎將監平樂屯兵置莫府儀比將軍與上臥起寵愛殊絕常從爲微行出游北至甘泉南至長楊五莋師古曰莋與柞同鬬雞走馬長安中積

數年是時上諸舅皆害其寵白太后太后以上春秋富動作不節甚以過放師古曰以放爲罪過時數有災異議者歸咎放等於是丞相宣御史大夫方進師古曰薛宣翟方進奏放驕蹇縱恣奢淫不制前侍御史脩等四人奉使至放家逐名捕賊劉德曰謂詔捕罪人有名者也時放見在奴從者閉門設兵弩射吏距使者不肯內知男子李游君欲獻女使樂府音監景武強求不得孟康曰音監監主樂人也姓景名武使奴康等之其家賊傷三人又以縣官事怨樂府游徼莽師古曰樂府之游徼名莽而使大奴駿等四十餘人群黨盛兵弩白晝入樂府攻射官寺縛束長吏子

弟斫破器物宮中皆犇走伏匿師古曰犇古奔字莽自髡鉗衣赭衣及守令史調等皆徒跣叩頭謝放放乃止奴從者支屬並乘權勢爲暴虐至求吏妻不得殺其夫或恚一人妄殺其親屬輒亡入放弟不得幸得勿治放行輕薄連犯大惡有感動陰陽之咎爲臣不忠首師古曰不忠之罪放爲首罪名雖顯前蒙恩驕逸悖理師古曰悖乖也音布內反與背畔無異臣子之惡莫大於是不宜宿衛在位臣請免放歸國以銷衆邪之萌厭海內之心師古曰萌始生者也厭滿也音一豔反上不得已師古曰已止也左遷放爲北地都尉數月復徵入侍中大后以放爲言出放爲

天水屬國都尉永始元延閒比年日蝕師古曰比頻也故久不還放璽書勞問不絕居歲餘徵放歸第視毋公主疾數月主有瘳出放爲河東都尉上雖愛放然上迫大后下用大臣故常涕泣而遣之後復徵放爲侍中光祿大夫秩中二千石歲餘丞相方進復奏放上不得已免放賜錢五百萬遣就國數月成帝崩放思慕哭泣而死初安世長子千秋與霍光子禹俱爲中郎將將兵隨度遼將軍范明友擊烏桓還謁大將軍光問千秋戰鬬方略山川形埶千秋口對兵事畫地成圖無所忘失光復問禹禹不

能記曰皆有文書光由是賢千秋以禹爲不材歎曰霍氏世衰張氏興矣及禹誅滅而安世子孫相繼自宣元以來爲侍中中常侍諸曹散騎列校尉者凡十餘人功臣之世唯有金氏張氏親近寵貴比於外戚放子純嗣侯恭儉自脩明習漢家制度故事有敬侯遺風王莽時不失爵建武中歷位至大司空更封富平之別鄉爲武始侯張湯本居杜陵安世武昭宣世輒隨陵服虔曰隨所事帝徙處其陵也凡三徙復還杜陵

贊曰馮商稱張湯之先與留侯同祖而司馬遷不言故闕焉如淳曰班固目錄馮商長安人成帝時以能屬書待詔金馬門受詔續太史公書十餘篇師古曰劉歆七略云商陽陵人治易事五鹿充宗能屬文博通强記與孟柳俱待詔頗序列傳未卒會病死漢興以來侯者百數保國持寵未有若富平者也湯雖酷烈及身蒙咎其推賢揚善固宜有後安世履道滿而不溢賀之陰德亦有助云

張湯傳第二十九

杜周傳卷第三十　班固　漢書六十

秘書監上護軍琅邪縣開國子顏　師古　注

杜周南陽杜衍人也義縱爲南陽太守以周爲爪牙薦之張湯爲廷尉史使案邊失亡文穎曰邊卒多亡也或曰郡縣主守有所亡失也師古曰此說皆非也謂因虜入爲寇而失人畜甲兵倉廩者也所論殺甚多奏事中意任用師古曰以奏事當天子之意故被任用也中音竹仲反與減宣更爲中丞者十餘歲師古曰更互也音工衡反周少言重遲師古曰遲謂性非敏速也而內深次骨李奇曰其用法深刻至骨宣爲左內史周爲廷尉其治大抵放張湯師古曰大抵大歸也放依也音甫往反而善候司師古曰觀望天子意上所欲擠者因而陷之孟康曰擠音濟師古曰擠隊也上所欲釋久繫待問而微見其冤狀師古曰見顯也客有謂周曰君爲天下決平不循三尺法孟康曰以三尺竹簡書法律也師古曰循因也順也專以人主意指爲獄獄者固如是乎師古曰言不當然也周曰三尺安出哉師古曰安猶焉也前主所是著爲律後主所是疏爲令師古曰著謂明表也疏謂分條也當時爲是何古之法乎師古曰各當其時而爲是也至周爲廷尉詔獄亦益多矣二千石繫者新故相因不減百餘人郡吏大府舉之廷尉如淳曰郡吏大守也文穎曰大府公府也孟康曰舉之廷尉以章劾付廷尉治之也師古曰孟說非也舉皆也言郡吏大府獄事皆歸廷尉也大府丞相御史之府也一歲至千餘章章大者連逮證案數百小者數十人遠者數千里近者數百里會獄師古曰往赴對也吏因責如章告劾

師古曰皆令服罪如所告劾之本章不服以掠笞定之師古曰定其辭令服也於是聞有逮證皆亡匿獄久者至更數赦十餘歲而相告言師古曰更歷也其罪或非赦例故不得除而久逃亡不出至於十餘歲猶相告言由周用法深刻故也更音工衡反大氐盡詆以不道以上師古曰氐讀與抵同抵歸也詆誣也詆音丁禮反廷尉及中都官詔獄逮至六七萬人師古曰中都官凡京師諸官府也獄辭所及追考問者六七萬人也吏所增加十有餘萬師古曰吏又於此外以文致之更增加也周中廢後爲執金吾逐捕桑弘羊衛皇后昆弟子刻深上以爲盡力無私遷爲御史大夫始周爲廷史有一馬師古曰廷史即廷尉史也及久任事列三公而兩子夾河爲郡守家訾累巨萬矣師古曰訾與貲同治皆酷暴唯少子延年行寬厚云

延年字幼公亦明法律昭帝初立大將軍霍光秉政以延年三公子吏材有餘補軍司空蘇林曰主獄官也如淳曰律營軍司空軍中司空各二人始元四年益州蠻夷反延年以校尉將南陽士擊益州還爲諫大夫左將軍上官桀父子與蓋主燕王謀爲逆亂假稻田使者燕倉知其謀以告大司農楊敞敞惶懼移病師古曰移病謂移書言病也一曰以病而移居以語延年延年以聞桀等伏辜延年封爲建平侯延年本大將軍霍光吏首發大姦師古曰首謂初首先發之有忠節由是擢爲太僕右曹給事中光持刑罰嚴延年輔之以寬治燕王獄時御史大夫桑弘羊子遷亡過

父故吏侯史吳(師古曰姓侯史名吳)後遷捕得伏法會赦侯史吳自出繫獄廷尉王平與少府徐仁雜治反事(師古曰交雜同共治之也)皆以爲桑遷坐父謀反而侯史吳臧之非匿反者迺匿爲隨者也(孟康曰言桑遷但隨坐耳非自反也)即以赦令除吳罪後侍御史治實(師古曰重覈其事也)以桑遷通經術知父謀反而不諫爭與反者身無異侯史吳故三百石吏首匿遷(師古曰首匿者言身爲謀首而藏匿人也他皆類此)不與庶人匿隨從者等吳不得赦奏請覆治劾廷尉少府縱反者(師古曰縱放也)少府徐仁即丞相車千秋女壻也故千秋數爲侯史吳言恐光不聽千秋即召中二千石博士會公

車門議問吳法(師古曰於法律之中吳當得何罪)議者知大將軍指皆執吳爲不道明日千秋封上衆議光於是以千秋擅召中二千石以下外內異言(張晏曰外則去疾欲盡內則爲其壻也師古曰此說非也外內謂外朝及內朝也)遂下廷尉平少府仁獄朝廷皆恐丞相坐之延年乃奏記光爭以爲吏縱罪人有常法今更詆吳爲不道恐於法深(師古曰詆誣也次下亦同)又丞相素無所守持而爲好言於下盡其素行也(師古曰言非故有所執持但其素行好與在下人言議耳)至擅召中二千石甚無狀(師古曰無善狀)延年愚以爲丞相久故及先帝用事(師古曰言在位已久是爲故舊又嘗及仕先帝而任事也)非有大故不可棄也閒者民頗言獄深吏爲峻詆(師古曰峻謂峭刻也)今丞相所議又獄事也如是以及丞相恐不合衆心羣下讙譁庶人私議流言四布延年竊重將軍失此名於天下也(師古曰重猶難也以此爲重事也)光以廷尉少府弄法輕重皆論棄市而不以及丞相終與相竟(師古曰謂終丞相之身無貶黜也)延年論議持平合和朝廷皆此類也見國家承武帝奢侈師旅之後數爲大將軍光言年歲比不登流民未盡還(師古曰比頻也)宜脩孝文時政示以儉約寬和順天心說民意年歲宜應(師古曰言儉約寬和則豐年當應也說讀曰悅)光納其言舉賢良議罷酒榷鹽鐵皆延年發之吏民上書言便宜有異輒下延年平處復奏言

(師古曰先平處其可否然後奏言處音昌汝反)可官試者至爲縣令或丞相御史除用滿歲以狀聞或抵其罪法(師古曰抵至也言事之人有姦妄者則致之於罪法)常與兩府及廷尉分章(如淳曰兩府丞相御史府也諸章有所疑使延年決之師古曰此說非也上書言事者其章或下丞相御史或付延年故云分章耳非令決疑也)昭帝末寢疾徵天下名醫延年典領方藥帝崩昌邑王即位廢大將軍光車騎將軍張安世與大臣議所立時宣帝養於掖廷號皇曾孫與延年中子佗相愛善延年知曾孫德美勸光安世立焉宣帝即位褒賞大臣延年以定策安宗廟益戶二千三百與始封所食邑凡四千三百戶詔有司論定策功大司馬大將軍光功

德過太尉絳侯周勃車騎將軍安世丞相楊敞功
比丞相陳平前將軍韓增御史大夫蔡誼功比潁
陰侯灌嬰大僕杜延年功比朱虛侯劉章後將軍
趙充國大司農田延年少府史樂成功比典客劉
揭師古曰據如此傳樂成姓史而霍光傳云使樂成小家子則又似姓使功臣侯表乃云便樂成三者不同尋史使一也故當姓史或
作使字而表遂誤爲便耳皆封侯益土延年爲人安和備於諸事師古
曰言皆明習也久典朝政上任信之出即奉駕入給事中居
九卿位十餘年賞賜賂遺訾數千萬霍光薨後子
禹與宗族謀反誅上以延年霍氏舊人欲退之而
丞相魏相奏延年素貴用事官職多姦遣吏考案

但得苑馬多死官奴婢乏衣食師古曰傳言延年身不犯法但丞相致之於罪耳
延年坐免官削戶二千後數月復召拜爲北地大
守延年以故九卿外爲邊吏治郡不進師古曰比於諸郡不爲最也
上以璽書讓延年師古曰讓責也延年乃選用良吏捕擊豪
彊郡中清靜居歲餘上使謁者賜延年璽書黃金
二十斤徙爲西河太守治甚有名五鳳中徵入爲
御史大夫延年居父官府不敢當舊位坐臥皆易
其處是時四夷和海內平延年視事三歲以老病
乞骸骨天子優之使光祿大夫持節賜延年黃金
百斤酒加致醫藥延年遂稱病篤賜安車駟馬罷

就第師古曰安車坐乘之車也後漢輿服志云公列侯安車朱斑輪倚鹿較伏熊軾皁蓋倚鹿較者畫立鹿於車之前兩轓外也伏
熊軾者車前橫軾爲伏熊之形也後數月薨謚曰敬侯子緩嗣緩少爲
郎本始中以校尉從蒲類將軍擊匈奴文穎曰趙充國也臣瓚曰征蒲
類海故以爲名還爲諫大夫遷上谷都尉鴈門太守父延年
薨徵視喪事拜爲太常治諸陵縣每冬月封具獄
日常去酒省食師古曰獄案已具當論決之故封上官屬稱其有恩元帝
初即位穀貴民流永光中西羌反緩輒上書入錢
穀以助用前後數百萬緩六弟五人至大官少弟
熊歷五郡二千石三州牧刺史有能名唯中弟欽
官不至而最知名

欽字子夏少好經書家富而目偏盲師古曰盲目無見也偏盲者患目也
今俗乃以兩目無見者始爲盲語移轉也故不好爲吏茂陵杜鄴與欽同姓
字師古曰並字子夏俱以材能稱京師故衣冠謂欽爲盲杜
子夏以相別師古曰衣冠謂士大夫也欽惡以疾見詆師古曰詆毀也音丁禮反迺
爲小冠高廣財二寸師古曰財與纔同古通用字由是京師更謂欽
爲小冠杜子夏而鄴爲大冠杜子夏云時帝舅大
將軍王鳳以外戚輔政求賢知自助鳳父頃侯禁
與欽兄緩相善故鳳深知欽能奏請欽爲大將軍
軍武庫令職閒無事欽所好也師古曰閒讀曰閑欽爲人深
博有謀自上爲太子時以好色聞及即位皇太后

詔采良家女欽因是說大將軍鳳曰禮壹娶九女所以極陽數廣嗣重祖也張晏曰陽數一三五七九九數之極也臣瓚曰天子一娶九女夏殷之制也欽故舉前代之約以制今之奢也必鄉舉求窈窕不問華色師古曰鄉舉者博問鄉里而舉之也窈窕幽閒也窈音一了反窕音徒了反所以助德理内也娣姪雖缺不復補所以養壽塞爭也師古曰媵女之内兄弟之女則謂之姪己之女弟則謂之娣塞絕也故后妃有貞淑之行則胤嗣有賢聖之君制度有威儀之節則人君有壽考之福廢而不由則女德不厭師古曰由用也從也女德不厭言好色之甚也女德不厭則壽命不究於高年師古曰究竟也書云或四三年師古曰周書亡逸篇曰惟湛樂之從周或克壽或十年或七八年或五六年或四三年謂逸欲過度則損壽詩也言失欲之生害也師古曰失讀曰佚佚與逸同男子五十好

色未衰婦人四十容貌改前以改前之容侍於未衰之年而不以禮爲制則其原不可救而後倸異態後倸異態則正后自疑而支庶有間適之心師古曰間代也音居莧反適讀曰嫡次下亦同是以晉獻被納讒之謗申生蒙無罪之辜師古曰蒙亦被也今聖主富於春秋未有適嗣方鄉術入學師古曰鄉讀曰嚮未親后妃之議將軍輔政宜因始初之隆建九女之制詳擇有行義之家求淑女之質毋必有聲色音技能爲萬世大法師古曰惟求淑質無論美色及音聲技能如此則可爲萬代法也夫少戒之在色師古曰論語孔子曰君子有三戒少之時血氣未定戒之在色言好色無節則致損敗故戒之也小卞之作可爲寒心張晏曰刺幽王廢申后而立褒姒黜太子宜咎而立伯服也臣瓚曰小卞之詩大子之傅作也哀大子之放逐愍周室之大壞也師古曰詩小雅也二說皆是卞音盤唯將軍常以爲憂鳳白之大后大后以爲故事無有欽復重言師古曰重音直用反詩云殷監不遠在夏后氏之世師古曰大雅蕩之詩也言殷之所監見其事不遠近在夏后氏之時刺戒者至迫近而省聽者常怠忽師古曰忽忘也可不慎哉前言九女略陳其禍福甚可悼懼竊恐將軍不深留意后妃之制夭壽治亂存亡之端也迹三代之季世覽宗宣之饗國察近屬之符驗韋昭曰宗殷高宗也宣周宣王也皆饗國長久師古曰宗宣之義韋說是也近屬者謂漢家之事耳屬猶言甫爾也音之欲反禍敗曷常不由女德是以佩玉晏鳴關雎歎之李奇曰后夫人雞鳴佩玉去君所周康王后不然故詩人歎而傷之臣瓚曰此魯詩也知好色之伐性短年

離制度之生無厭天下將蒙化陵夷而成俗也師古曰蒙被也故詠淑女幾以配上師古曰關雎之詩云窈窕淑女君子好仇故云然也淑善也幾讀曰冀忠孝之篤仁厚之作也師古曰作謂作詩也夫君親壽尊國家治安誠臣子之至願所當勉之也易曰正其本萬物理師古曰今易無此文凡事論有疑未可立行者求之往古則典刑無考之來今則吉凶同卒搖易之則民心惑鄭氏曰卒急也師古曰卒音千忽反若是者誠難施也今九女之制合於往古無害於今不逆於民心至易行也行之至有福也將軍輔政而不蚤定師古曰蚤古早字非天下之所望也唯將軍信臣子之願念關雎之思師古曰信讀曰申逮

委政之隆及始初清明師古曰委政之隆言天子委鳳政事權寵隆盛也始初清明天子新即位宜立法制爲漢家建無窮之基誠難以忽不可以遴李奇曰遴難也師古曰遴與吝同鳳不能自立法度循故事而已會皇大后女弟司馬君力蘇林曰字君力爲司馬氏婦與欽兄子私通事上聞欽慙懼乞骸骨去後有日蝕地震之變詔舉賢良方正能直言士合陽侯梁放舉欽欽上對曰陛下畏天命悼變異延見公卿舉直言之士將以求天心迹得失也師古曰覲得失之蹤迹也臣欽愚戇經術淺薄不足以奉大對師古曰大對謂對大問也臣聞日蝕地震陽微陰盛也臣者君之陰也子者父之陰也妻者夫之陰也

夷狄者中國之陰也春秋日蝕三十六地震五師古曰解在劉向傳或夷狄侵中國或政權在臣下或婦乘夫師古曰乘陵也或臣子背君父事雖不同其類一也臣竊觀人事以考變異則本朝大臣無不自安之人外戚親屬無乖剌之心師古曰剌戾也音來曷反關東諸侯無強大之國三垂蠻夷無逆理之節師古曰三垂謂東南西也殆爲後宮師古曰殆近也何以言之日以戊申蝕時加未戊未土也土者中宮之部也其夜地震未央宮殿中此必適妾將有爭寵相害而爲患者師古曰適讀曰嫡嫡謂正后也唯陛下深戒之變感以類相應人事失於下變象見於上能應之以德則異咎消亡不能應之以善則禍敗至高宗遭雊雉之戒飭己正事享百年之壽殷道復興師古曰解在五行志要在所以應之應之非誠不立非信不行宋景公小國之諸侯耳有不忍移禍之誠出人君之言三熒惑爲之退舍張晏曰宋景公熒惑守心太史子韋請移之於大臣及國人與歲公皆不聽天感其誠熒惑爲之退舍景公享延期之祚也以陛下聖明內推至誠深思天變何應而不感何搖而不動孔子曰仁遠乎哉師古曰論語載孔子之言也言仁道不遠求之而至也唯陛下正后妾抑女寵防奢泰去佚游躬節儉親萬事數御安車由輦道師古曰由從也親二宮之饔膳韋昭曰二宮邛成大后與成帝母也師古曰熟食曰饔具食曰膳膳之言善也致昏晨之

定省如此即堯舜不足與比隆咎異何足消滅如不留聽於庶事不論材而授位殫天下之財以奉淫侈匱萬姓之力以從耳目師古曰殫匱皆盡也從讀曰縱近諂諛之人而遠公方師古曰方正也信讒賊之臣以誅忠良賢俊失在巖穴大臣怨於不以師古曰失在巖穴謂隱處巖穴朝廷失之也論語稱周公謂魯公不使大臣怨乎不以以用也不見用而怨也雖無變異社稷之憂也天下至大萬事至衆祖業至重誠不可以佚豫爲不可以奢泰持也師古曰爲治也唯陛下忍無益之欲以全衆庶之命臣欽愚戇言不足采其夏上盡召直言之士詣白虎殿對策師古曰此殿在未央宮也策曰天地之道何貴王者之法

何如六經之義何上人之行何先取人之術何以師古曰以用也當世之治何務各以經對師古曰據經義以對欽對曰臣聞天道貴信地道貴貞師古曰貞正也不信不貞萬物不生生天地之所貴也王者承天地之所生理而成之昆蟲草木靡不得其所王者法天地非仁無以廣施非義無以正身克己就義恕以及人師古曰恕仁也言以仁愛爲心內省己志施之於人也六經之所上也不孝則事君不忠涖官不敬師古曰涖臨也戰陳無勇朋友不信孔子曰孝無終始而患不及者未之有也師古曰孝經載孔子之言也言人能終始行孝而患不及於道者未之有也一說行孝終始不備而患禍不及者無此事也孝人行之所先也觀本行於鄉黨考

功能於官職達觀其所舉富觀其所予窮觀其所不爲乏觀其所不取近觀其所爲遠觀其所主師古曰所爲謂託人以爲援而自進也其所主爲人之援而進也孔子曰視其所以觀其所由察其所安人焉廋哉師古曰論語載孔子之言也廋匿也此言視人之所用觀人之所從察人之所樂則可知其善惡無所匿其情也取人之術也殷因於夏尚質周因於殷尚文今漢家承周秦之敝宜抑文尚質廢奢長儉表實去僞師古曰長謂崇貴之也表明也孔子曰惡紫之奪朱師古曰論語載孔子之言也朱正色也紫間色之好者也惡其邪好而奪正色以喻利口之人多言少實傾惑者也當世治之所務也臣竊有所憂言之則拂心逆指師古曰拂謂違戾也音佛不言則漸日長爲禍不細然小臣不敢廢道而求從違忠而

耦意師古曰從順也耦合也臣聞玩色無厭必生好憎之心好憎之心生則愛寵偏於一人愛寵偏於一人則繼嗣之路不廣而嫉妬之心興矣如此則匹婦之說不可勝也師古曰匹婦一婦人也唯陛下純德普施無欲是從師古曰從讀曰縱不縱心於所欲也此則衆庶咸說師古曰說讀曰悅繼嗣日廣而海內長安萬事之是非何足備言師古曰如此則細故萬端不足憂也欽以前事病賜帛罷後爲議郎復以病免徵詣大將軍莫府國家政謀鳳常與欽慮之師古曰慮計也數稱達名士王駿韋安世王延等師古曰王駿王陽子也韋安世韋賢之孫方山之子也王延即成帝時塞河堤者也救解馮野王王尊胡常之罪過及繼功臣絕世塡

撫四夷師古曰塡音竹刃反當世善政多出於欽者見鳳專政泰重戒之曰昔周公身有至聖之德屬有叔父之親而成王有獨見之明無信讒之聽然管蔡流言而周公懼穰侯昭王之舅也文穎曰穰侯魏冉也權重於秦威震鄰敵有旦莫偃伏之愛師古曰言昭王幼少旦夕偃伏戲弄於舅之旁側也心不介然有間然范雎起徒步由異國無雅信師古曰雅信謂素相任信開一朝之說而穰侯就封文穎曰范雎爲丞相穰侯就國及近者武安侯之見退師古曰武安侯謂田蚡也退謂請考工地益宅上怒乃退之也三事之跡相去各數百歲若合符節甚不可不察願將軍由周公之謙懼師古曰由從也用也損穰侯之威放武安之欲毋使

范雎之徒得閒其說（師古曰閒音居莧反）頃之復日蝕京兆尹王章上封事求見果言鳳專權蔽主之過宜廢勿用以應天變於是天子感寤召見章與議欲退鳳鳳甚憂懼欽令鳳上疏謝罪乞骸骨文指甚哀太后涕泣爲不食上少而親倚鳳亦不忍廢（師古曰倚音於綺反）復起鳳就位鳳心慙稱病篤欲遂退欽復說之曰將軍深悼輔政十年變異不已故乞骸骨歸咎於身刻己自責至誠動衆愚知莫不感傷雖然是無屬之臣執進退之分絜其去就之節者耳（師古曰無屬無親屬於上也分音扶問反字或作介介隔也其義兩通）非主上所以待將軍非將軍所

以報主上也昔周公雖老猶在京師明不離成周示不忘王室也仲山父異姓之臣無親於宣就封于齊（鄧展曰詩言仲山甫徂齊者言銜命往治齊城郭也而韓詩以爲封於齊此誤耳晉灼曰韓詩誤而欽引之同附權貴求容媚也師古曰韓詩既有明文而欽引以爲喻則是其義非繆而與今說詩者不同鄧晉諸人雖曰涉學未得專非杜氏追咎韓詩也）猶嘆息永懷宿夜徘徊不忍遠去況將軍之於主上主上之與將軍哉夫欲天下治安變異之意莫有將軍（師古曰言衆人之意皆不如也）主上照然知之故攀援不遣（師古曰援引也音爰）書稱公毋困我（師古曰此周書洛誥成王告周公詞也言公必須留此毋得遂去而令我困蓋成帝與鳳詔書引此言之）唯將軍不爲四國流言自疑於成王以固至忠鳳復起視事上令尚書劾奏京兆尹章章死詔

獄語在元后傳章既死衆庶冤之以譏朝廷欽欲救其過復說鳳曰京兆尹章所坐事密吏民見章素好言事以爲不坐官職疑其以日蝕見對有所言也假令章內有所犯雖陷正法事不暴揚自京師不曉況於遠方恐天下不知章實有罪而以爲坐言事也如是塞爭引之原損寬明之德（師古曰爭引謂引事類以諫爭也一曰下有諫爭之言上引而納之也）欽愚以爲宜因章事舉直言極諫并見郎從官展盡其意加於往前以明示四方使天下咸知主上聖明不以言罪下也若此則流言消釋疑惑著明鳳白行其策欽之補過將美皆此類

也（師古曰將助也）優游不仕以壽終欽子及昆弟支屬至二千石者且十人欽兄緩前免大常以列侯奉朝請成帝時乃薨子業嗣業有材能以列侯選復爲大常數言得失不事權貴與丞相翟方進衛尉定陵侯淳于長不平後業坐法免官復爲函谷關都尉會定陵侯長有罪當就國長舅紅陽侯立與業書曰誠哀老姊垂白隨無狀子出關（師古曰垂白者言白髮下垂也無狀猶言不肖）願勿復用前事相侵定陵侯既出關伏罪復發（蘇林曰長與許后書也語在外戚傳）下雒陽獄丞相史搜得紅陽侯書奏業聽請不敬（服虔曰受立屬請爲不敬）坐免就國其春丞相方進

薨業上書言方進本與長深結厚更相稱薦師古曰更
音工衡反長陷大惡獨得不坐苟欲鄣塞前過不爲陛
下廣持平例師古曰與長厚善而方進獨不坐是不平也又無恐懼之心反因
時信其邪辟師古曰信讀曰伸辟讀曰僻報睚眦怨師古曰睚音厓睚舉眼也眦即眥字謂目
匡也言舉目相忤者即報之也一說睚音五懈反眦音仕懈反睚眦瞋目貌也兩義並通他皆類此故事大逆朋友
坐免官無歸故郡者今坐長者歸故郡已深一等
紅陽侯立坐子受長貨賂故就國耳非大逆也而
方進復奏立黨友後將軍朱博鉅鹿太守孫宏故
少府陳咸皆免官歸咸故郡刑罰無平在方進之
筆端衆庶莫不疑惑皆言孫宏不與紅陽侯相愛

宏前爲中丞時方進爲御史大夫舉掾隆可侍御
史師古曰御史大夫之掾也名隆宏奏隆前奉使欺謾師古曰謾誑也音慢又音莫連反不
宜執法近侍方進以此怨宏又方進爲京兆尹時
陳咸爲少府在九卿高第陛下所自知也方進素
與司直師丹相善臨御史大夫缺使丹奏咸爲姦
利請案驗卒不能有所得而方進果自得御史大
夫爲丞相即時詆欺奏免咸師古曰詆誣也復因紅陽侯事
歸咸故郡衆人皆言國家假方進權大甚案師丹
行能無異及光禄勳許商被病殘人服虔曰殘癃也皆但以
附從方進嘗獲尊官丹前親薦邑子丞相史能使

巫下神爲國求福幾獲大利師古曰幾讀曰冀幸賴陛下至
明遣使者毛莫如先考驗卒得其姦皆坐死假令
丹知而白之此誣罔罪也不知而白之是背經術
惑左道也師古曰左道不正之道也二者皆在大辟重於朱博孫
宏陳咸所坐方進終不舉白專作威福阿黨所厚
排擠英俊師古曰擠墜也音子詣反託公報私横厲無所畏忌師古
曰縱横陵厲也欲以熏轑天下師古曰熏言熏灼之轑讀曰燎假借用字天下莫不望
風而靡師古曰靡猶弭自尚書近臣皆結舌杜口師古曰杜塞也骨肉
親屬莫不股栗師古曰言懼之甚故股戰慄也威權泰盛而不忠信非
所以安國家也今聞方進卒病死師古曰卒讀曰猝不以尉

示天下反復賞賜厚葬唯陛下深思往事以戒來
今會成帝崩哀帝即位業復上書言王氏世權日
久朝無骨骾之臣師古曰骾亦鯁字宗室諸侯微弱與繫囚
無異自佐史以上至於大吏皆權臣之黨曲陽侯
根前爲三公輔政知趙昭儀殺皇子不輒白奏反
與趙氏比周恣意妄行師古曰比音頻寐反譖愬故許后被加
以非罪師古曰被音皮義反誅破諸許族敗元帝外家内嫉妬
同產兄姊紅陽侯立及淳于氏師古曰兄紅陽侯立也姊淳于長母也皆
老被放棄新喋血京師威權可畏高陽侯薛宣有
不養母之名安昌侯張禹姦人之雄惑亂朝廷使

先帝負謗於海內尤不可不愼陛下初即位謙讓未皇師古曰皇暇也孤獨特立莫可據杖權臣易世意若探湯師古曰言重難之若以手探熱湯也宜蚤以義割恩安百姓心竊見朱博忠信勇猛材略不世出師古曰言其希有也誠國家雄俊之寶臣也宜徵博置左右以塡天下師古曰塡音竹刃反此人在朝則陛下可高枕而臥矣昔諸呂欲危劉氏賴有高祖遺臣周勃陳平尚存不者幾爲姦臣笑師古曰幾音鉅依反業又言宜爲恭王立廟京師以章孝道時高昌侯董宏亦言宜尊帝母定陶王丁后爲帝大后大司空師丹等劾宏誤朝不道坐免爲庶人業復上

書訟宏前後所言皆合指施行朱博果見拔用業由是徵復爲大常歲餘左遷上黨都尉會司隸奏業爲大常選舉不實業坐免官復就國哀帝崩王莽秉政諸前議立廟尊號者皆免徙合浦業以前罷黜故見闊略師古曰闊略謂寬縱不問也憂恐發病死業成帝初尚帝妹潁邑公主主無子薨業家上書求還京師與主合葬不許而賜諡曰荒侯傳子至孫絕初杜周武帝時徙茂陵至延年徙杜陵云

贊曰張湯杜周並起文墨小吏致位三公列於酷吏而俱有良子德器自過師古曰言其子德器各過二人之身爵位尊顯繼世立朝相與提衡如淳曰提衡猶言相提攜也臣瓚曰衡平也言二人齊也師古曰瓚說是也至于建武杜氏爵乃獨絕師古曰建武之後張氏尚有張純爲侯故言杜氏獨絕也迹其福祚元功儒林之後莫能及也師古曰元功謂蕭曹張陳之屬也儒林謂貢薛韋平匡之輩自謂唐杜苗裔豈其然乎師古曰謂在周爲唐杜氏也及欽浮沈當世好謀而成以建始之初深陳女戒終如其言庶幾乎關雎之見微師古曰關雎國風之始言夫婦之際政化所由故云見微微謂微妙也非夫浮華博習之徒所能規也業因勢而抵陒服虔曰抵音紙陒音羲謂罪敗而復抨彈之蘇秦書有此法師古曰抵擊也陒毀也言因事形勢而擊毀之也陒音詭一說陒讀與戲同音許宜反戲亦險也言擊其危險之處鬼谷有抵戲篇也稱朱博毀師丹愛憎之議可不畏哉

杜周傳卷第三十

張騫李廣利傳第三十一　班固　漢書六十一

秘書監上護軍琅邪縣開國子顏　師古　注

張騫漢中人也師古曰陳壽益部耆舊傳云騫漢中成固人也建元中爲郎時匈奴降者言匈奴破月氏王師古曰月氏西域胡國也氏音支以其頭爲飲器韋昭曰飲器椑榼也晉灼曰飲器虎子屬也或曰飲酒之器也師古曰匈奴傳云以所破月氏王頭共飲血盟然則飲酒之器是也韋云椑榼晉云獸子皆非也椑榼即今之偏榼所以盛酒耳非用飲者也獸子褻器所以溲便者也椑音鼙月氏遁而怨匈奴無與共擊之師古曰無人援助也漢方欲事滅胡聞此言欲通使道必更匈奴中師古曰更過也音工衡反迺募能使者騫以郎應募使月氏與堂邑氏奴甘父服虔曰堂邑姓也漢人其奴名甘父師古曰堂邑氏之奴本胡人名甘父下云堂邑父者蓋取主之姓以爲氏而單稱其名曰父俱出隴西徑匈奴師古曰道由匈奴過匈奴得之傳詣單于單于曰月氏在吾北漢何以得往使吾欲使越漢肯聽我乎留騫十餘歲予妻有子然騫持漢節不失居匈奴西騫因與其屬亡鄉月氏師古曰屬謂同使之官屬鄉讀曰嚮西走數十日師古曰走趨也不指知其道里多少故以日數言之走音奏一曰走謂奔走也讀如本字至大宛聞漢之饒財欲通不得見騫喜問欲何之騫曰爲漢使月氏而爲匈奴所閉道今亡唯王使人道送我師古曰道讀曰導誠得至反漢漢之賂遺王財物不可勝言大宛以爲然遣騫爲發道譯抵康居師古曰抵至也道讀曰導康居傳致大月氏大月氏王已爲胡所殺立其夫人爲王既

臣大夏而君之師古曰以大夏爲臣爲之作君也地肥饒少寇志安樂又自以遠遠漢殊無報胡之心師古曰下遠音于萬反騫從月氏至大夏竟不能得月氏要領李奇曰要領要契也師古曰要衣要也領衣領也凡持衣者則執要與領言騫不能得月氏意趣無以持歸於漢故以要領爲喻要音一遙反留歲餘還並南山欲從羌中歸師古曰並音步浪反復爲匈奴所得留歲餘單于死國內亂騫與胡妻及堂邑父俱亡歸漢拜騫太中大夫堂邑父爲奉使君騫爲人彊力寬大信人師古曰彊力言堅忍於事蠻夷愛之堂邑父胡人善射窮急射禽獸給食師古曰給供也初騫行時百餘人去十三歲唯二人得還騫身所至者大宛大月氏大夏康居而傳聞其旁大國五六具爲天子言其地形所有師古曰土地之形及所生之物也語皆在西域傳騫曰臣在大夏時見邛竹杖蜀布臣瓚曰邛山名生此竹高節可作杖服虔曰布細布也師古曰邛竹杖人皆識之無假多釋而蘇林乃言節間合而體離誤後學矣問安得此大夏國人曰吾賈人往市之身毒國鄧展曰毒音篤李奇曰一名天篤則浮屠胡是也師古曰即敝佛道者身毒國在大夏東南可數千里其俗土著師古曰土著者謂有城郭常居不隨畜牧移徙也著音直略反其下亦同與大夏同而卑溼暑熱其民乘象以戰師古曰象大獸垂鼻長牙其國臨大水焉以騫度之師古曰度計也大夏去漢萬二千里居西南今身毒又居大夏東南數千里有蜀物此其去蜀不遠矣今使大夏從羌中險羌人惡之少北

則爲匈奴所得從蜀宜徑又無寇師古曰徑直也宜猶當也從蜀向大夏其道當直天子既聞大宛及大夏安息之屬皆大國多奇物土著頗與中國同俗而兵弱貴漢財物其北則大月氏康居之屬兵彊可以賂遺設利朝也師古曰設施也施之以利誘令入朝誠得而以義屬之師古曰謂不以兵革則廣地萬里重九譯致殊俗威德徧於四海天子欣欣以騫言爲然迺令因蜀犍爲發閒使四道並出師古曰閒使者求閒隙而行出駹出莋出徙邛出僰師古曰皆夷名駹音尨莋音才各反徙音斯僰蒲北反皆各一二千里其北方閉氐莋服虔曰漢使見閉於夷也師古曰氐與莋二種也南方閉巂昆明師古曰巂昆明亦皆夷種名也巂先蘂反昆明之屬無君長善寇盜輒

殺略漢使終莫得通然聞其西可千餘里有乘象國名滇越服虔曰滇音顛滇馬出其國而蜀賈閒出物者或至焉師古曰閒出物謂私往市者於是漢以求大夏道始通滇國初漢欲通西南夷費多罷之及騫言可以通大夏迺復事西南夷師古曰事謂經略通之專以爲事也騫以校尉從大將軍擊匈奴知水草處軍得以不乏迺封騫爲博望侯師古曰取其能廣博瞻望是歲元朔六年也後二年騫爲衛尉與李廣俱出右北平擊匈奴匈奴圍李將軍軍失亡多而騫後期當斬贖爲庶人是歲驃騎將軍破匈奴西邊殺數萬人至祁連山其秋渾邪王率衆降漢而金城

河西並南山至鹽澤空無匈奴師古曰並步浪反匈奴時有候者到而希矣後二年漢擊走單于於幕北天子數問騫大夏之屬騫既失侯因曰臣居匈奴中聞烏孫王號昆莫昆莫父難兜靡本與大月氏俱在祁連焞煌閒小國也師古曰祁連山以東焞煌以西大月氏攻殺難兜靡奪其地人民亡走匈奴子昆莫新生傅父布就翖侯抱亡置草中服虔曰傅父如傅母也李奇曰布就字也翖侯烏孫官名也爲昆莫作傅父也師古曰翖侯烏孫大臣官號其數非一亦猶漢之將軍耳而布就者又翖侯之中別號猶右將軍左將軍耳非其人之字翖與翕同爲求食還見狼乳之師古曰以乳飲之又烏銜肉翔其旁以爲神遂持歸匈奴單于愛養之及壯以其父民衆與昆

莫使將兵數有功時月氏已爲匈奴所破西擊塞王師古曰塞音先得反西域國名即佛經所謂釋種者塞釋聲相近本一姓耳塞王南走遠徙月氏居其地昆莫既健自請單于報父怨遂西攻破大月氏大月氏復西走徙大夏地昆莫略其衆因留居兵稍彊會單于死不肯復朝事匈奴匈奴遣兵擊之不勝益以爲神而遠之師古曰遠離也音于萬反今單于新困於漢而昆莫地空蠻夷戀故地又貪漢物誠以此時厚賂烏孫招以東居故地漢遣公主爲夫人結昆弟其勢宜聽師古曰言事事聽從於漢則是斷匈奴右臂也既連烏孫自其西大夏之屬皆可招來而爲外臣

天子以爲然拜騫爲中郎將將三百人馬各二匹牛羊以萬數齎金幣帛直數千鉅萬多持節副使師古曰爲騫之副而各令持節道可便遣之旁國騫既至烏孫致賜諭指師古曰以天子意指曉告之未能得其決語在西域傳騫即分遣副使使大宛康居月氏大夏烏孫發道譯送騫師古曰道讀曰導與烏孫使數十人馬數十匹報謝師古曰與騫相隨而來報謝天子因令窺漢知其廣大騫還拜爲大行歲餘騫卒後歲餘其所遣副使通大夏之屬者皆頗與其人俱來晉灼曰其國人於是西北國始通於漢矣然騫鑿空蘇林曰鑿開也空通也騫始開通西域道也師古曰空孔也猶言始鑿其孔穴也故此下言當空道而西域傳謂孔道也諸後使往

者皆稱博望侯以爲質於外國李奇曰質信也外國由是信之其後烏孫竟與漢結婚初天子發書易鄧展曰發易書以卜曰神馬當從西北來得烏孫馬好名曰天馬及得宛汗血馬益壯更名烏孫馬曰西極馬宛馬曰天馬云而漢始築令居以西臣瓚曰令居縣名也屬金城築塞西至酒泉也師古曰令音零初置酒泉郡以通西北國因發使抵安息奄蔡犛軒條支身毒國李奇軒音劇服虔曰犛軒張掖縣名也師古曰抵至也自安息以下五國皆西域胡也犛軒即大秦國也張掖驪軒縣蓋取此國爲名耳驪犛聲相近軒讀與軒同李奇音是也服說非也而天子好宛馬使者相望於道一輩大者數百少者百餘人所齎操大放博望侯時師古曰操持也所齎持謂節及幣也放依也音甫往反其後益習

而寖少焉師古曰以其串習故不多發人漢率一歲中使者多者十餘少者五六輩遠者八九歲近者數歲而反師古曰道遠則還遲近則來疾是時漢既滅越蜀所通西南夷皆震請吏置牂柯越嶲益州沈黎文山郡欲地接以前通大夏李奇曰欲地界相接至大夏也迺遣使歲十餘輩出此初郡師古曰文山以上初置者復閉昆明如淳曰爲昆明所閉爲所殺奪幣物於是漢發兵擊昆明斬首數萬後復遣使竟不得通語在西南夷傳自騫開外國道以尊貴其吏士爭上書言外國奇怪利害求使天子爲其絕遠非人所樂聽其言師古曰凡人皆不樂去故有自請爲使者即聽而遣之予節募吏民無問所從來師古曰不爲限

禁遠近辟家人私隸並許應募爲具備人衆遣之以廣其道來還不能無侵盜幣物及使失指師古曰乖天子指意天子爲其習之輒覆按致重罪師古曰言其串習不以爲難必當更求充使也以激怒令贖師古曰令立功以贖罪復求使使端無窮而輕犯法其吏卒亦輒復盛推外國所有言大者予節言小者爲副故妄言無行之徒皆爭相效其使皆私縣官齎物師古曰言所齎官物竊自用之同於私有欲賤市以私其利師古曰所市之物得利多者不盡入官也外國亦厭漢使人人有言輕重服虔曰漢使言於外國人人輕重不實度漢兵遠不能至師古曰度計也而禁其食物以苦漢使師古曰令其困苦也漢使乏絕責怨至相攻擊樓蘭姑師小國當空道師古曰空即孔也攻

劫漢使王恢等尤甚而匈奴奇兵又時時遮擊之使者爭言外國利害師古曰言服之則利不討則爲害皆有城邑兵弱易擊於是天子遣從票侯破奴師古曰趙破奴將屬國騎及郡兵數萬以擊胡胡皆去明年擊破姑師虜樓蘭王酒泉列亭鄣至玉門矣韋昭曰玉門關在龍勒界而大宛諸國發使隨漢使來觀漢廣大以大鳥卵及黎軒眩人獻於漢應劭曰卵大如一二石甕也眩相詐惑也鄧太后時西夷檀國來朝賀詔令爲之而諫大夫陳禪以爲夷狄僞道不可施行後數日尚書陳忠案漢舊書乃知世宗時黎軒獻見幻人天子大悅與俱巡狩乃知古有此事師古曰鳥卵如汲水之甕耳無一二石也應說失之眩讀與幻同即今吞刀吐火植瓜種樹屠人截馬之術皆是也本從西域來甕音瓮天子大說師古曰說讀曰悅而漢使窮河源其山多玉石采來臣瓚曰漢使采取持來至漢天子案古圖書名河所出山曰昆侖云是時上方數巡狩海上迺悉從外國客大都多人則過之散財帛賞賜厚具饒給之以覽視漢富厚焉師古曰視讀曰示言示之令其觀覽大角氐師古曰氐丁禮反解在武紀出奇戲諸怪物多聚觀者師古曰聚都邑人令觀看以誇示之觀音工喚反行賞賜酒池肉林令外國客徧觀名倉庫府臧之積欲以見漢廣大傾駭之師古曰見顯示及加其眩者之工而角氐奇戲歲增變其益興自此始而外國使更來更去師古曰遞互來去前後不絕更工衡反大宛以西皆自恃遠尚驕恣未可詘以禮羈縻而使也漢使往既多其少從率進孰於天子孟康曰少從不如計也或曰少者少年從行之

微者也進孰美語如成孰也晉灼曰多進虛美之言必成之計於天子而卒不果也師古曰漢時謂隨使而出外國者爲少從總言其少年而從使也從音材用反事見班固第仲升書進孰者但空進成孰之言言大宛有善馬在貳師城匿不肯示漢使天子既好宛馬聞之甘心師古曰志懷美悅專事求之使壯士車令等持千金及金馬以請宛王貳師善馬宛國饒漢物師古曰素有漢地財物故不貪金馬之幣相與謀曰漢去我遠而鹽水中數有敗服虔曰水名道從水中行師古曰沙磧之中不生草木水又鹹苦即令焞煌西北惡磧者也數有敗言每自死亡也出其北有胡寇出其南乏水草又且往往而絕邑師古曰言近道之處無城郭之居也乏食者多漢使數百人爲輩來常乏食死者過半是安能致大軍乎且貳師馬宛寶馬也遂不肯予漢使漢使怒妄言椎金馬而去如淳曰罵詈也師古曰椎破金馬也椎音直追反其字從木宛中貴人怒曰師古曰中貴人中臣之貴者漢使至輕我遣漢使去令其東邊郁成王遮攻殺漢使取其財物天子大怒諸嘗使宛姚定漢等言宛兵弱誠以兵不過三千人強弩射之即破宛矣天子以嘗使浞野侯攻樓蘭以七百騎先至虜其王以定漢等言爲然而欲侯寵姬李氏師古曰欲封其兄弟迺以李廣利爲將軍伐宛騫孫猛字子游有俊才元帝時爲光祿大夫使匈奴給事中爲石顯所譖自殺李廣利女弟李夫人有寵於上產昌邑哀王大初

元年以廣利爲貳師將軍發屬國六千騎及郡國惡少年數萬人以往(師古曰惡少年謂無行義者)期至貳師城取善馬故號貳師將軍故浩侯王恢使道軍既西過鹽水當道小國各堅城守不肯給食攻之不能下下者得食不下者數日則去比至郁成士財有數千(師古曰比音必寐反財與才同)皆飢罷(師古曰罷讀曰疲)攻郁成城郁成距之所殺傷甚衆貳師將軍與左右計至郁成尚不能舉況至其王都乎引而還往來二歲至燉煌士不過什一二(師古曰十人之中一二人得還)使使上書言道遠多乏食且士卒不患戰而患飢人少不足以拔宛願且罷兵益

發而復往(師古曰益多也)天子聞之大怒使使遮玉門關曰軍有敢入斬之貳師恐因留屯燉煌其夏漢亡浞野之兵二萬餘於匈奴(師古曰趙破奴後封浞野侯浞音上角反)公卿議者皆願罷宛軍專力攻胡天子業出兵誅宛宛小國而不能下則大夏之屬漸輕漢而宛善馬絕不來烏孫輪臺易苦漢使(晉灼曰易輕也師古曰輪臺亦國名)爲外國笑迺案言伐宛尤不便者鄧光等(師古曰案其罪而行罰)赦囚徒扞寇盜(如淳曰赦囚徒使其扞御寇盜師古曰使從軍爲斥候)發惡少年及邊騎歲餘而出燉煌六萬人(師古曰興發部署歲餘乃得行)負私從者不與(師古曰負私糧食及私從者不在六萬人數中與讀曰豫)牛十萬馬三萬匹驢橐駝以萬數齎

糧兵弩甚設(師古曰施張甚具也)天下騷動轉相奉伐宛五十餘校尉宛城中無井汲城外流水於是遣水工徙其城下水空以穴其城(師古曰空孔也徙其城下水者令從他道流不迫其城也空以穴其城者圍而攻之令作孔使穿穴也下云決其水原移之又云圍其城攻之皆再叙其事也一曰既徙其水不令於城下流而因其舊引水入城之孔攻而穴之)益發戍甲卒十八萬酒泉張掖北置居延休屠以衛酒泉(如淳曰立二縣以衛邊也或曰置二部都尉)而發天下七科適(師古曰適讀曰謫七科解在武紀)及載糒給貳師(師古曰糒乾飯音備)轉車人徒相連屬至燉煌(師古曰屬音之欲反)而拜習馬者二人爲執驅馬校尉(師古曰習猶便也一人爲執馬校尉一人爲驅馬校尉)備破宛擇取其善馬云於是貳師後復行兵多所至小國莫不迎出食給軍至輪臺輪臺不下攻數日屠之自此而西平行至宛城(師古曰平行言無寇難)兵到者三萬宛兵迎擊漢兵漢兵射敗之宛兵走入保其城貳師欲攻郁成城恐留行而令宛益生詐(師古曰留行謂留止軍廢發其行)迺先至宛決其水原移之則宛固已憂困圍其城攻之四十餘日宛貴人謀曰王毋寡匿善馬殺漢使(師古曰毋寡宛王名)今殺王而出善馬漢兵宜解即不迺力戰而死未晚也宛貴人皆以爲然共殺王其外城壞虜宛貴人勇將煎靡(師古曰宛之貴人爲將而勇者名煎靡也煎音子延反)宛大恐走入中城相與謀曰漢所爲攻宛以王毋寡持其頭遣人使貳師約曰漢

無攻我我盡出善馬恣所取而給漢軍食即不聽
我我盡殺善馬康居之救又且至至我居内康居
居外與漢軍戰孰計之何從師古曰令貳師孰計之而欲攻戰乎欲不攻而取馬乎
是時康居候視漢兵尚盛不敢進貳師聞宛城中
新得漢人知穿井而其内食尚多計以爲來誅首
惡者毋寡毋寡頭已至如此不許則堅守而康居
候漢兵罷來救宛破漢軍必矣師古曰罷讀曰疲軍吏皆以
爲然許宛之約宛迺出其馬令漢自擇之而多出
食食漢軍師古曰下食讀曰飤漢軍取其善馬數十匹中馬
以下牝牡三千餘匹而立宛貴人之故時遇漢善

者名眛蔡爲宛王服虔曰蔡音楚言蔡師古曰眛音本末之末蔡音千曷反與盟而罷
兵終不得入中城罷而引歸初貳師起燉煌西爲
人多道上國不能食師古曰起發也道上國近道諸國也食讀曰飤分爲數軍
從南北道校尉王申生故鴻臚壺充國等千餘人
別至郁成城守不肯給食申生去大軍二百里負
而輕之師古曰負恃也恃大軍之威而輕敵人攻郁成急郁成窺知申生軍
少晨用三千人攻殺申生等數人脫亡走貳師師古
曰走音奏貳師令搜粟都尉上官桀往攻破郁成郁成降
其王亡走康居桀追至康居康居聞漢已破宛出
郁成王與桀桀令四騎士縛守詣大將軍如淳曰時多別將故

謂貳師爲大將軍四人相謂郁成漢所毒師古曰言毒恨今生將卒
失大事師古曰卒讀曰猝欲殺莫適先擊師古曰適主也無有主意先擊者也音丁歷反
上邽騎士趙弟拔劍擊斬郁成王桀等遂追及大
將軍初貳師後行天子使使告烏孫大發兵擊宛
烏孫發二千騎往持兩端不肯前貳師將軍之東
師古曰東發軍東出諸所過小國聞宛破皆使其子弟從入貢
獻見天子因爲質焉軍還入馬千餘匹後行非乏
食戰死不甚多而將吏貪不愛卒侵牟之以此物
故者衆師古曰侵牟言如牟賊之食苗也物故謂死也解具在景紀及蘇武傳天子爲萬里而
伐不錄其過迺下詔曰匈奴爲害久矣今雖徙幕

北與旁國謀共要絕大月氏使遮殺中郎將江故
鴈門守攘危須以西及大宛皆合約殺期門車令
服虔曰危須國名也文穎曰漢使期門郎也車令姓名也中郎將朝及身毒國使隔東
西道貳師將軍廣利征討厥罪伐勝大宛賴天之
靈從泝河山涉流沙通西海山雪不積張晏曰是歲雪少故得往還書
得天人之應也師古曰從由也泝逆流而上也言路由山險又泝河也泝音素士大夫徑度師古曰言無屯難也獲
王首虜珍怪之物畢陳於闕其封廣利爲海西侯
食邑八千戶又封斬郁成王者趙弟爲新時侯軍
正趙始成功最多爲光祿大夫上官桀敢深入爲
少府李哆有計謀爲上黨太守師古曰哆音昌野反軍官吏爲

九卿者三人諸侯相郡守二千石百餘人千石以下千餘人奮行者官過其望（孟康曰奮迅也言自樂而行者）以適過行皆黜其勞（師古曰適讀曰讁言以罪讁而行者免其所犯不敘功勞）士卒賜直四萬錢（師古曰或以他財物充之故云直）伐宛再反（師古曰再反猶今言兩迴）凡四歲而得罷焉後十一歲征和三年貳師復將七萬騎出五原擊匈奴度郅居水（師古曰郅音質）兵敗降匈奴爲單于所殺語在匈奴傳

贊曰禹本紀言河出昆侖昆侖高二千五百里餘日月所相避隱爲光明也自張騫使大夏之後窮河原惡睹所謂昆侖者乎（鄧展曰漢以窮河原於何見昆侖乎尚書曰道河積石是謂河原出於積石積石在金城河關不言出昆侖也師古曰惡音烏）故言九州山川尚書近之矣至禹本紀山經所有放哉（如淳曰放蕩迂闊不可信也師古曰如說是也荀悅誤以放爲效字因解爲不效荀失之矣）

張騫李廣利傳第三十一

司馬遷傳第三十二　班固　漢書六十二

秘書監上護軍琅邪縣開國子顏師古注

昔在顓頊命南正重司天火正黎司地（張晏曰南方陽也火水配也爲陰故命南正重主天火正黎兼地職也臣瓚曰重黎司天地之官也唐虞謂之羲和則司地者宜曰北正古文作北正師古曰瓚說非也據班氏幽通賦云黎淳燿於高辛則此爲火正是也）唐虞之際紹重黎之後使復典之至于夏商故重黎氏世序天地其在周程伯休甫其後也（應劭曰封爲程國伯休甫字也）當宣王時官失其守而爲司馬氏（師古曰失其所守之職也）司馬氏世典周史惠襄之間司馬氏適晉（張晏曰周惠王襄王有子積叔帶之難故司馬氏奔晉也）晉中軍隨會犇魏（如淳曰左氏傳晉僞使魏壽餘誘士會於秦嘆而還時也師古曰犇古奔字也據春秋隨會奔秦其後自秦入魏而還晉今此言隨會奔魏司馬氏因入少梁則似謂自晉出奔魏耳但魏國在獻公時已滅爲邑封畢萬矣既非別國不得言奔未詳遷之所說）而司馬氏入少梁（師古曰少梁本梁國也爲秦所滅號爲少梁）自司馬氏去周適晉分散或在衛或在趙或在秦其在衛者相中山（張晏曰司馬喜爲中山相）在趙者以傳劒論顯（服虔曰世善劒也師古曰劒論劒術之論也論來頓反）蒯聵其後也（如淳曰刺客傳之蒯聵也師古曰蒯苦怪反聵五怪反）在秦者錯與張儀爭論（應劭曰秦惠王欲伐蜀張儀曰不如伐韓司馬錯以當先伐蜀惠王從之起兵伐蜀取之師古曰錯音千各反）於是惠王使錯將兵伐蜀遂拔因而守之（蘇林曰爲郡守）錯孫蘄（師古曰蘄音祈）事武安君白起而少梁更名夏陽蘄與武安君阬趙長平軍（文穎曰趙孝成王時趙括爲將）還而與之俱賜死杜郵（李奇曰地名在咸陽西十里師古曰郵音尤）葬於華池（晉灼曰縣名也在鄠縣師古曰晉說非也華池在左馮翊界近夏陽非鄠縣）蘄

孫昌爲秦王鐵官當始皇之時蒯聵玄孫卬爲武信君將而徇朝歌(師古曰武信君即武臣也未爲趙王之前號武信君項籍傳曰趙將司馬卬是知爲武臣之將也)諸侯之相王王卬於殷(師古曰項羽封卬爲殷王)漢之伐楚卬歸漢以其地爲河内郡昌生毋懌(師古曰懌弋赤反)毋懌爲漢市長毋懌生喜喜爲五大夫卒皆葬高門(蘇林曰長安北門也師古曰蘇説非也高門地名在夏陽西北而東去華池三里)喜生談談爲太史公(如淳曰漢儀注太史公武帝置位在丞相上天下計書先上太史公副上丞相序事如古春秋遷死後宣帝以其官爲令行太史公文書而已晉灼曰百官表無太史公在丞相上又衛宏所説多不實未可以爲正師古曰談爲太史令耳遷尊其父故謂之爲公如説非也)太史公學天官於唐都(師古曰即律歷志所云方士唐都者)受易於楊何(師古曰何字叔元菑川人見儒林傳)習道論於黃子(師古曰景帝時人也儒林傳謂之黃生與轅固爭論於上前謂湯武非受命乃殺也)太史公仕於建元元封之閒愍學者不達其意而師誖(師古曰誖惑也各習師法惑於所見誖布内反)乃論六家之要指曰易大傳天下一致而百慮同歸而殊塗(張晏曰大傳謂易繫辭)夫陰陽儒墨名法道德此務爲治者也直所從言之異路有省不省耳(師古曰言發迹雖殊同歸於治但學者不能省察昧其端緒耳直猶但也)嘗竊觀陰陽之術大詳而衆忌諱使人拘而多畏(李奇曰陰陽之術月令星官是其枝葉也師古曰拘曲礙也)然其敘四時之大順不可失也儒者博而寡要勞而少功是以其事難盡從然其敘君臣父子之禮列夫婦長幼之別不可易也(師古曰易變也)墨者儉而難遵是以其事不可徧循(師古曰言難盡用)

然其彊本節用不可廢也法家嚴而少恩然其正君臣上下之分不可改也名家使人儉而善失眞(師古曰劉向別録云名家者流出於禮官古者名位不同禮亦異數孔子曰必也正名乎)然其正名實不可不察也道家使人精神專一動合無形澹足萬物(師古曰澹古贍字)其爲術也因陰陽之大順采儒墨之善撮名法之要(師古曰撮揔取也音千活反)與時遷徙應物變化立俗施事無所不宜指約而易操事少而功多(師古曰操執持也音千高反)儒者則不然以爲人主天下之儀表也君唱臣和主先臣隨如此則主勞而臣佚(師古曰佚樂也字與逸同)至於大道之要去健羨(服虔曰門戶健壯也如淳曰知雄守雌是去健也不見可欲使心不亂是去羨也晉灼曰老子曰善閉者無關楗嚴君平曰折關破楗使姦者自止服説是也師古曰二義並通健其偃反然今書本字皆作健字也)黜聰明(如淳曰不尚賢絶聖棄知也晉灼曰嚴君平曰黜聰弃明依太素反本歸眞則理得而海内約也師古曰黜廢也)釋此而任術夫神大用則竭形大勞則敝神形蚤衰欲與天地長久非所聞也(師古曰蚤古早字)夫陰陽四時八位十二度二十四節各有教令(張晏曰八位八卦位也十二度十二次也二十四節就中氣也各有禁謂月令者)曰順之者昌逆之者亡未必然也故曰使人拘而多畏夫春生夏長秋收冬藏此天道之大經也(師古曰經常法)弗順則無以爲天下紀綱故曰四時之大順不可失也夫儒者以六藝爲法六藝經傳以千萬數累世不能通其學當年不能究其禮(師古曰究盡也)

故曰博而寡要勞而少功若夫列君臣父子之禮
序夫婦長幼之別雖百家弗能易也墨者亦上堯
舜言其德行曰堂高三尺土階三等茅茨不翦採
椽不斲師古曰屋蓋曰茨茅茨以茅覆屋也採柞木也茨疾茲反採音采又音菜飯土簋歠土刑
師古曰簋所以盛飯也刑以盛羹也土謂燒土爲之即瓦器也飯扶晩反簋音軌歠尺悅反糲粱之食服虔曰糲粗米
也張晏曰一斛粟七斗米爲糲音賴師古曰食飯也藜藿之羹師古曰藜草似蓬也藿豆葉也夏日
葛衣冬日鹿裘其送死桐棺三寸舉音不盡其哀
教喪禮必以此爲萬民率故天下法若此則尊卑
無別也夫世異時移事業不必同故曰儉而難遵
也要曰彊本節用則人給家足之道也師古曰給亦足也人人家家皆

足也此墨子之所長雖百家不能廢也法家不別親
疏不殊貴賤壹斷於法則親親尊尊之恩絕矣可
以行一時之計而不可長用也故曰嚴而少恩若
尊主卑臣明分職不得相踰越雖百家不能改也
師古曰分扶問反名家苛察繳繞如淳曰繳繞猶纏繞也師古曰繳公鳥反使人不得
反其意剸決於名時失人情師古曰剸讀與專同又音之兗反故曰使
人儉而善失眞若夫控名責實參伍不失晉灼曰引名責實參
錯交互明知事情者此不可不察也道家無爲又曰無不爲師古
曰無爲者守靜一也無不爲者功利大也其實易行其辭難知師古曰言指趣幽遠其術
以虛無爲本以因循爲用師古曰任自然也無成勢無常形

故能究萬物之情不爲物先後故能爲萬物主有
法無法因時爲業有度無度因物興舍師古曰興起也舍廢也
故曰聖人不巧時變是守師古曰無機巧之心但順時也虛者道之
常也因者君之綱也師古曰言因百姓之心以爲教但執其綱而已君臣並至使
各自明也其實中其聲者謂之端實不中其聲者
謂之款服虔曰款空也李奇曰聲則名也師古曰中當也充也音竹仲反款言不聽姦迺不
生賢不肖自分白黑迺形師古曰形見也在所欲用耳何事
不成迺合大道混混冥冥師古曰元氣之貌也混胡本反光燿天下復
反無名師古曰反還也凡人所生者神也所託者形也神大
用則竭形大勞則敝形神離則死死者不可復生

離者不可復合故聖人重之由此觀之神者生之
本形者生之具不先定其神形而曰我有以治天
下何由哉師古曰凡此皆言道家之教爲長也太史公既掌天官不治民
有子曰遷遷生龍門蘇林曰禹所鑿龍門也師古曰龍門山其東則在今秦州龍門縣北其西則在
今同州韓城縣北而河從其中下流耕牧河山之陽師古曰河之北山之南也年十歲則誦
古文二十而南游江淮上會稽探禹穴窺九疑張晏
曰禹巡狩至會稽而崩因葬焉上有孔穴民間云禹入此穴九疑舜墓在焉師古曰會稽山名本茅山也禹於此會諸侯之計因名曰會稽九
疑山有峯解在司馬相如傳浮沅湘師古曰沅水出牂柯湘水出零陵二水皆入江北涉汶泗師古曰汶泗兩
水名在地理志汶音問講業齊魯之都觀夫子遺風鄉射鄒嶧師古
曰鄒縣名也嶧山名也近曲阜地也於此行鄉射之禮嶧音懌阸困蕃薛彭城師古曰蕃縣名也音皮過

梁楚以歸於是遷仕爲郎中奉使西征巴蜀以南略邛筰昆明師古曰筰才各反還報命是歲天子始建漢家之封而太史公留滯周南如淳曰周南洛陽也張晏曰洛陽而謂周南者自陜以東皆周南之地也不得與從事師古曰與讀曰豫發憤且卒而子遷適反見父於河雒之間太史公執遷手而泣曰予先周室之太史也自上世嘗顯功名虞夏典天官事後世中衰絕於予乎女復爲太史則續吾祖矣今天子接千歲之統封泰山而予不得從行是命也夫命也夫予死爾必爲太史爲太史毋忘吾所欲論著矣且夫孝始於事親中於事君終於立身揚名於後世以顯父母此孝之大也師古曰此孔子說孝經之辭也夫天下稱周公言其能論歌文武之德宣周召之風師古曰召讀曰邵達大王王季思慮爰及公劉以尊后稷也師古曰爰曰也發語辭也一曰爰於也幽厲之後王道缺禮樂衰孔子脩舊起廢論詩書作春秋則學者至今則之自獲麟以來四百有餘歲而諸侯相兼史記放絕今漢興海內壹統明主賢君忠臣義士予爲太史而不論載廢天下之文予甚懼焉爾其念哉遷俯首流涕曰小子不敏請悉論先人所次舊聞不敢闕卒三歲而遷爲太史令紬史記石室金鐀之書如淳曰紬徹舊書故事而次述之師古曰此說非也紬謂綴集

之音胄鐀與匱同五年而當太初元年李奇曰遷爲太史後五年適當武帝太初元年時述史記也十一月甲子朔旦冬至天歷始改建於明堂諸神受記張晏曰以元新改立明堂朝諸侯及郡守受正朔各有山川之祀故曰諸神受記孟康曰明堂班十二月之政歷紀四時故云建於明堂諸神受記若句芒祝融之屬皆受瑞記遷因此而作師古曰張說是矣太史公曰先人有言自周公卒五百歲而有孔子孔子至于今五百歲有能紹而明之正易傳繼春秋本詩書禮樂之際意在斯乎小子何敢攘焉師古曰攘古讓字言當已述成先人之業何敢自謙當五百歲而讓之也上大夫壺遂曰昔孔子爲何作春秋哉太史公曰余聞之董生服虔曰仲舒也周道廢孔子爲魯司寇諸侯害之大夫壅之孔子知時之不用道之不行也是非二百四十二年之中師古曰是非謂本其得失以爲天下儀表貶諸侯討大夫以達王事而已矣師古曰時諸侯僭侈大夫擅權故貶討之也貶退也討治也子曰我欲載之空言不如見之於行事之深切著明也春秋上明三王之道下辨人事之紀別嫌疑明是非定猶與師古曰與讀曰豫善善惡惡賢賢賤不肖存亡國繼絕世補敝起廢王道之大者也易著天地陰陽四時五行故長於變師古曰以變化之道爲長也長讀如本字一曰長謂崇長之也音竹兩反下皆類此禮綱紀人倫故長於行書記先王之事故長於政詩記山川谿谷禽獸草木牝牡雌雄故長於風樂樂所以立故長於和春秋辯是非

故長於治人是故禮以節人樂以發和書以道事詩以達意易以道化春秋以道義（師古曰道言也）撥亂世反之正莫近於春秋春秋文成數萬（張晏曰春秋萬八千字當言減而云成字誤也師古曰張說非也一萬之外即以萬言之故云數萬何乃忽言減乎學者又爲曲解云公羊經傳凡四萬四千餘字尤疏謬矣史遷豈謂公羊之傳爲春秋乎）其指數千萬物之散聚皆在春秋春秋之中弒君三十六亡國五十二諸侯奔走不得保社稷者不可勝數（師古曰解並在劉向傳）察其所以皆失其本已（師古曰已語終之辭）故易曰差以豪氂繆以千里（師古曰今之易經及彖象繫辭並無此語所稱易緯者則有之焉斯蓋易家之別記者也）故臣弒君子弒父非一朝一夕之故其漸久矣（師古曰易坤卦文言之辭）有國者不可以不知春秋

前有讒而不見後有賊而不知爲人臣者不可以不知春秋守經事而不知其宜遭變事而不知其權（師古曰經常也）爲人君父者而不通於春秋之義者必蒙首惡之名（師古曰蒙猶被也）爲人臣子不通於春秋之義者必陷簒弒誅死之罪其實皆以善爲之而不知其義（師古曰其心雖善以不知義理之故則陷於惡也）被之空言不敢辭（蘇林曰趙盾不知討賊而不敢辭弒君之罪）夫不通禮義之指至於君不君臣不臣父不父子不子夫君不君則犯（師古曰爲臣下所干犯也一曰違犯禮義也）臣不臣則誅父不父則無道子不子則不孝此四行者天下之大過也以天下大過予之受而不敢辭

故春秋者禮義之大宗也夫禮禁未然之前法施已然之後法之所爲用者易見而禮之所爲禁者難知壺遂曰孔子之時上無明君下不得任用故作春秋垂空文以斷禮義（師古曰斷決也決之於禮義也）當一王之法今夫子上遇明天子下得守職萬事既具咸各序其宜夫子所論欲以何明太史公曰唯唯否否（晉灼曰唯唯謙應也否否不通也師古曰唯弋癸反）不然余聞之先人曰虙戲至純厚作易八卦（師古曰虙讀與伏同）堯舜之盛尚書載之禮樂作焉湯武之隆詩人歌之春秋采善貶惡推三代之德褒周室非獨刺譏而已也漢興已來至明天子獲

符瑞封禪改正朔易服色受命於穆清（師古曰於歎辭也穆美也言天子有美德而政化清也於讀曰烏）澤流罔極（師古曰罔無也極止也）海外殊俗重譯款塞（師古曰款叩也）請來獻見者不可勝道（師古曰道言也）臣下百官力誦聖德猶不能宣盡其意（師古曰力勤也）且士賢能矣而不用有國者恥也主明聖德不布聞有司之過也且余掌其官廢明聖盛德不載滅功臣賢大夫之業不述墮先人所言（師古曰墮毀也謂不修之也音火規反）罪莫大焉余所謂述故事整齊其傳非所謂作也而君比之春秋謬矣於是論次其文十年而遭李陵之禍幽於纍紲（師古曰纍係也紲長繩也纍力追反紲先列反）迺喟然而歎曰是余之辠（師古

日喟然歎息皃也音丘位反夫身虧不用矣退而深惟曰師古曰惟思也夫詩
書隱約者欲遂其志之思也師古曰隱憂也約屈也卒述陶唐
以來至于麟止服虔曰武帝得白麟而鑄金作麟足形作史記止於此也張晏曰武帝獲麟遷以為述事之端
上記黃帝下至麟止猶春秋止於獲麟也師古曰遷序事盡太初故言至麟而止張說是也自黃帝始師古曰遷之書
序衆篇各別有辭班氏以其文多故略而不載但取最後一首故此單目盡於六十九至惟漢繼五帝末流之後乃言第七十讀者不詳其意
或於目中加云敘傳第七十此大妄矣五帝本紀第一夏本紀第二殷本
紀第三周本紀第四秦本紀第五始皇本紀第六
項羽本紀第七高祖本紀第八呂后本紀第九孝
文本紀第十孝景本紀第十一今上本紀第十二
三代世表第一十二諸侯年表第二六國年表第

三秦楚之際月表第四漢諸侯年表第五高祖功
臣年表第六惠景間功臣年表第七建元以來侯
者年表第八王子侯者年表第九漢興以來將相
名臣年表第十禮書第一樂書第二律書第三歷
書第四天官書第五封禪書第六河渠書第七平
準書第八吳太伯世家第一齊太公世家第二魯
周公世家第三燕召公世家第四師古曰召讀曰邵管蔡世
家第五陳杞世家第六衞康叔世家第七宋微子
世家第八晉世家第九楚世家第十越世家第十
一鄭世家第十三趙世家第十三魏世家第十四

韓世家第十五田完世家第十六孔子世家第十
七陳涉世家第十八外戚世家第十九楚元王世
家第二十荊燕王世家第二十一齊悼惠王世家
第二十二蕭相國世家第二十三曹相國世家第
二十四留侯世家第二十五陳丞相世家第二十
六絳侯世家第二十七梁孝王世家第二十八五
宗世家第二十九師古曰景帝子凡十三人為王而母五人所生遷謂同母者為一宗故云五宗也三
王世家第三十伯夷列傳第一管晏列傳第二老
子韓非列傳第三司馬穰苴列傳第四師古曰苴音子閭反孫
子吳起列傳第五伍子胥列傳第六仲尼弟子列

傳第七商君列傳第八蘇秦列傳第九張儀列傳
第十樗里甘茂列傳第十一穰侯列傳第十二白
起王翦列傳第十三孟子荀卿列傳第十四平原
虞卿列傳第十五孟嘗君列傳第十六魏公子列
傳第十七春申君列傳第十八范雎蔡澤列傳第
十九樂毅列傳第二十廉頗藺相如列傳第二十
一田單列傳第二十二魯仲連列傳第二十三屈
原賈生列傳第二十四呂不韋列傳第二十五刺
客列傳第二十六李斯列傳第二十七蒙恬列傳
第二十八張耳陳餘列傳第二十九魏豹彭越列

傳第三十黥布列傳第三十一淮陰侯韓信列傳
第三十二韓信盧綰列傳第三十三田儋列傳第
三十四樊酈滕灌列傳第三十五張丞相倉列傳
第三十六酈生陸賈列傳第三十七傅靳蒯成侯
列傳第三十八師古曰蒯成侯周緤也蒯音普肯反又音陪劉敬叔孫通列
傳第三十九季布欒布列傳第四十爰盎朝錯列
傳第四十一張釋之馮唐列傳第四十二萬石張
叔列傳第四十三田叔列傳第四十四扁鵲倉公
列傳第四十五吳王濞列傳第四十六魏其武安
列傳第四十七韓長孺列傳第四十八李將軍列

傳第四十九衞將軍驃騎列傳第五十平津主父
列傳第五十一匈奴列傳第五十二南越列傳第五
十三閩越列傳第五十四朝鮮列傳第五十五西
南夷列傳第五十六司馬相如列傳第五十七淮
南衡山列傳第五十八循吏列傳第五十九汲鄭
列傳第六十儒林列傳第六十一酷吏列傳第六十
二大宛列傳第六十三游俠列傳第六十四佞幸
列傳第六十五滑稽列傳第六十六日者列傳第
六十七龜策列傳第六十八貨殖列傳第六十九
惟漢繼五帝末流接三代絕業周道既廢秦撥去

古文焚滅詩書故明堂石室金鐀玉版圖籍散亂
如淳曰玉版刻玉版書爲文字也漢興蕭何次律令韓信申軍法張倉
爲章程叔孫通定禮儀則文學彬彬稍進詩書往
往閒出師古曰彬彬文章貌彬音邠閒音居莧反自曹參薦蓋公言黃老而
賈誼朝錯明申韓公孫弘以儒顯百年之閒天下
遺文古事靡不畢集太史公仍父子纂其職師古
曰纂讀與撰同曰於戲師古曰於戲歎聲也於讀曰烏戲讀曰呼古字或作烏虖今字或作烏呼音義皆同耳而俗之讀者
隨字而列文曲爲解釋云有吉凶美惡之殊是不通其大指也義例具在詩及尚書不可一二徧舉之余維先人嘗
掌斯事顯於唐虞至于周復典之故司馬氏世主
天官至于余乎欽念哉師古曰欽敬也罔羅天下放失舊聞

王迹所興原始察終見盛觀衰論考之行事略三
代錄秦漢上記軒轅下至于茲著十二本紀既科
條之矣並時異世年差不明作十表師古曰並時則年歷差殊異代則難
以時辨故作表也禮樂損益律歷改易兵權山川鬼神天人
之際承敝通變作八書二十八宿環北辰三十輻
共一轂運行無窮孟康曰象黃帝以下三十家也老子言車三十輻運行無窮以象王者如此也師古曰此說非也言衆星共繞北辰諸輻咸歸車轂若文武之臣尊輔天子也輔弼股肱之臣配焉忠信
行道以奉主上作三十世家扶義俶儻不令已失
時師古曰俶儻大節也俶吐歷反立功名於天下作七十列傳凡百三
十篇五十二萬六千五百字爲太史公書序略以

拾遺補闕藝成一家言孟康曰藝音褋謂裳下褋李奇曰藝六藝也師古曰李說是也藝古藝字協六經異傳齊百家雜語藏之名山副在京師師古曰藏於山者備亡失也其副貳本乃留京師也以竢後聖君子第七十師古曰竢古俟字遷之自敘云爾師古曰自此前皆自敘之辭也自此以後乃班氏作傳語耳而十篇缺有錄無書張晏曰遷沒之後亡景紀武紀禮書樂書兵書漢興已來將相年表日者列傳三王世家龜策列傳傅靳列傳元成之閒褚先生補缺作武帝紀三王世家龜策日者言辭鄙陋非遷本意也師古曰序目本無兵書張云亡失此說非也遷既被刑之後爲中書令尊寵任職故人益州刺史任安師古曰故人者言其舊交也予遷書責以古賢臣之義遷報之曰

少卿足下如淳曰少卿任安字曩者辱賜書教以慎於接物推賢進士爲務意氣勤勤懇懇師古曰懇懇至誠也音墾若望僕

不相師用師古曰望怨也而流俗人之言師古曰謂隨俗人之言而流移其志僕非敢如是也雖罷駑亦側聞長者遺風矣師古曰罷讀曰疲顧自以爲身殘處穢動而見尤師古曰顧思念也尤過也欲益反損是以抑鬱而無誰語師古曰無誰語者言無相知心之人誰可告語諺曰誰爲爲之孰令聽之師古曰言無知己者設欲修名節立言立行誰可爲作之又令誰聽之上爲音于僞反蓋鍾子期死伯牙終身不復鼓琴師古曰伯牙鍾子期皆楚人也伯牙鼓琴子期聽之方鼓琴而志在泰山子期曰巍巍乎若泰山既而志在流水子期又曰湯湯乎若流水及子期死伯牙破琴絕弦終身不復鼓琴以時人無足復爲鼓琴耳何則士爲知己用女爲說己容師古曰說讀曰悅若僕大質已虧缺雖材懷隨和行若由夷應劭曰由夷許由伯夷也師古曰隨隨侯珠也和和氏璧終不可以爲榮適足以發笑而自點耳師古

曰點汙也書辭宜荅師古曰宜早荅會東從上來服虔曰從武帝還也又迫賤事孟康曰卑賤之事苦煩務也晉灼曰賤事家之私事賤小者也師古曰謂所供職也孟說是也相見日淺卒卒無須臾之閒得竭指意文穎曰卒卒言倉卒師古曰卒卒促遽之意也閒隙也卒音千忽反今少卿抱不測之罪如淳曰平居時遷不肯報其書今有罪在獄故報往日書欲使其恕以度己也師古曰不測謂深也涉旬月迫季冬僕又薄從上上雍李奇曰薄迫也迫當從行也如淳曰雍時從上在鹵簿中也師古曰李說是也恐卒然不可諱師古曰卒讀曰猝不可諱謂安死也是僕終已不得舒憤懣以曉左右師古曰懣煩悶也曉告喻也懣音滿則長逝者魂魄私恨無窮師古曰謂任安恨不見報請略陳固陋闕然不報幸勿過師古曰謂中閒久不報也僕聞之修身者智之府也師古曰府者所聚之處也愛施者仁之端也取予者義之符也師古曰符

信也恥辱者勇之決也立名者行之極也士有此五者然後可以託於世列於君子之林矣故禍莫憯於欲利師古曰憯亦痛也音千敢反悲莫痛於傷心行莫醜於辱先而詬莫大於宮刑師古曰詬恥也音垢刑餘之人無所比數非一世也所從來遠矣昔衛靈公與雍渠載孔子適陳應劭曰雍渠奄人也靈公近之商鞅因景監見趙良寒心應劭曰景監秦嬖人也服虔曰趙良賢者同子參乘爰絲變色蘇林曰趙談也與遷父同諱故曰同子自古而恥之夫中材之人事關於宦豎莫不傷氣況忼慨之士乎師古曰忼音口朗反如今朝雖乏人柰何令刀鋸之餘薦天下豪儁哉僕賴先人緒業得待罪輦轂下二十

餘年矣師古曰言侍從天子之車輿所以自惟師古曰惟思也上之不能納
忠效信師古曰效致也有奇策材力之譽自結明主次之又
不能拾遺補闕招賢進能顯巖穴之士外之不能
備行伍攻城野戰有斬將搴旗之功師古曰搴拔也取敵人之旗也搴音蹇
下之不能累日積勞取尊官厚祿以為宗族交
遊光寵四者無一遂苟合取容無所短長之效可
見於此矣鄉者僕亦嘗廁下大夫之列韋昭曰周官太史位下大夫也
陪外廷末議臣瓚曰漢太史令千石故比下大夫師古曰鄉讀曰曏曏謂昔時也不以此時引
維綱盡思慮今已虧形為埽除之隸在闒茸之中師古曰闒茸猥賤也闒下也茸細毛也言非豪𡺸也闒吐合反茸人勇反
迺欲卬首信眉論列是

前漢傳三十二　十六　呂言

非師古曰卬讀曰仰信讀曰伸列陳也不亦輕朝廷羞當世之士邪師古曰羞辱也
嗟乎嗟乎如僕尚何言哉且事本末未易明也僕
少負不羈之才長無鄉曲之譽師古曰不羈言其材質高遠不可羈繫也負者亦言無此事也
主上幸以先人之故使得奉薄技出入周衛
之中服虔曰薄技薄材也師古曰周衛言宿衛周密也僕以為戴盆何以望天如淳曰頭戴盆則不得望天望天則不得戴盆事不可兼施言己方有所造不暇修人事也師古曰言己營職務耳未論造書也如說失之故
絕賓客之知忘室家之業日夜思竭其不肖之材
力務壹心營職以求親媚於主上而事乃有大謬
不然者夫僕與李陵俱居門下素非相善也趣舍師古曰趣所嚮
異路也舍所廢也未嘗銜盃酒接殷勤之歡然僕觀

其為人自奇士事親孝與士信臨財廉取予義分
別有讓恭儉下人師古曰下胡亞反常思奮不顧身以徇國
家之急師古曰徇從也營也其素所畜積也師古曰畜讀曰蓄僕以為有
國士之風夫人臣出萬死不顧一生之計赴公家
之難斯已奇矣今舉事壹不當而全軀保妻子之
臣隨而媒孽其短臣瓚曰媒謂遘合會之孽謂生其罪釁也師古曰媒如媒妁之媒孽如麴孽之孽一曰齊人謂麴餅為媒也僕誠私心痛之且李陵提步卒不滿五
千深踐戎馬之地足歷王庭垂餌虎口橫挑彊胡李奇曰挑音誂師古曰音徒了反
卬億萬之師師古曰卬讀曰仰漢軍北向匈奴南下北方地高故云然與
單于連戰十餘日所殺過當師古曰率計戰士殺敵數多故云過當也虜救

前漢傳三十二　十七　鄭安

死扶傷不給師古曰給猶供也旃裘之君長咸震怖迺悉徵
左右賢王舉引弓之民師古曰能引弓者皆發之一國共攻而圍
之轉鬬千里矢盡道窮救兵不至士卒死傷如積
然李陵壹呼勞軍師古曰呼火故反士無不起躬流涕沬血
飲泣張空弮冒白刃北首爭死敵孟康曰沬音頮李奇曰弮弩弓也師古曰沬古頮字頮洒面也言流血在面如盥頮冒犯也首嚮也沬呼內反字從午未之未弮丘權反又音眷冒莫克反首式救反或讀乃以拳擊之弮大謬矣弮則屈指不當言張時矢盡故張弩之空弓非是手拳也陵未沒時使有來報漢
公卿王侯皆奉觴上壽後數日陵敗書聞主上為
之食不甘味聽朝不怡大臣憂懼不知所出僕竊
不自料其卑賤師古曰料量也音聊見主上慘悽怛悼誠欲效

其款款之愚以爲李陵素與士大夫絕甘分少師古曰自絕二百甘而與衆人分之共同其少多也能得人之死力雖古名將不過也身雖陷敗彼觀其意且欲得其當而報漢師古曰欲於匈奴立功而歸以其當破敗之罪事已無可柰何其所摧敗功亦足以暴於天下師古曰謂摧破匈奴之兵也僕懷欲陳之而未有路適會召問即以此指推言陵功師古曰指意也欲以廣主上之意塞睚眦之辭未能盡明師古曰睚眦舉目皆也猶言顧瞻之頃也睚音厓眦音才賜反明主不深曉以爲僕沮貳師而爲李陵游說師古曰沮毀壞也音才汝反遂下於理拳拳之忠終不能自列師古曰拳拳忠謹之皃劉向傳作惓惓字音義同耳列陳也因爲誣上卒從吏議師古曰卒終也家貧財賂不足

以自贖交遊莫救左右親近不爲壹言身非木石獨與法吏爲伍深幽囹圄之中誰可告愬者此正少卿所親見僕行事豈不然邪李陵既生降隤其家聲孟康曰家世爲將有名聲陵降而隤之也師古曰隤隊也音頹而僕又茸以蠶室蘇林曰茸次也若人相俾次師古曰此說非也茸音人勇反推也蠶室初腐刑所居溫密之室也謂推致蠶室之中也重爲天下觀笑師古曰觀視之而笑也悲夫悲夫事未易一二爲俗人言也僕之先人非有剖符丹書之功文史星曆近乎卜祝之間固主上所戲弄倡優畜之流俗之所輕也假令僕伏法受誅若九牛亡一毛與螻螘何異師古曰螻螻蛄也螘蚍蜉也皆蟲之微小者螻音樓而世又不與能死節者比師古曰與許也

不許其能死節特以爲智窮罪極不能自免卒就死耳何也素所自樹立使然人固有一死死有重於太山或輕於鴻毛用之所趨異也師古曰趨讀曰趨趨嚮也太上不辱先其次不辱身其次不辱理色其次不辱辭令其次詘體受辱其次易服受辱其次關木索被箠楚受辱師古曰箠杖也音止繠反其次鬄毛髮嬰金鐵受辱師古曰嬰繞也鬄吐計反其次毀肌膚斷支體受辱最下腐刑極矣師古曰腐刑解在景紀傳曰刑不上大夫此言士節不可不厲也猛虎處深山百獸震恐及其在穽檻之中搖尾而求食師古曰穽掘地以陷獸也音才性反積威約之漸也故士有畫地爲牢勢

不入削木爲吏議不對定計於鮮也文穎曰未遇刑自殺爲鮮明也今交手足受木索暴肌膚受榜箠師古曰榜音彭幽於圜牆之中師古曰圜牆獄也周禮謂之圜土當此之時見獄吏則頭槍地師古曰槍千羊反視徒隸則心惕息師古曰惕懼也息喘息也何者積威約之勢也及已至此言不辱者所謂彊顏耳曷足貴乎師古曰彊其兩反且西伯伯也拘牖里李斯相也具五刑師古曰說在刑法志淮陰王也受械於陳師古曰高祖僞遊雲夢而信至陳上謁即見囚執械謂桎梏之彭越張敖南鄉稱孤繫獄具罪師古曰或繫於獄或至大罪也鄉讀曰嚮絳侯誅諸呂權傾五伯囚於請室師古曰伯讀曰霸魏其大將也衣赭關三木師古曰三木在頸及手足季布爲朱家鉗奴灌夫受

辱居室此人皆身至王侯將相聲聞鄰國及罪至罔加不能引決自財（師古曰財與裁同古通用字）在塵埃之中古今一體安在其不辱也由此言之勇怯埶也彊弱形也審矣曷足怪乎且人不能蚤自財繩墨之外已稍陵夷至於鞭箠之間迺欲引節斯不亦遠乎古人所重施刑於大夫者殆爲此也（師古曰重難也）夫人情莫不貪生惡死念親戚顧妻子至激於義理者不然（師古曰言激於義理者則不顧於念親戚妻子）迺有不得已也今僕不幸蚤失二親無兄弟之親獨身孤立少卿視僕於妻子何如哉且勇者不必死節怯夫慕義何處不免焉（師古曰勇敢之人聞於分理未必能死名節怯懦之夫心知慕義則處處皆能勉勵也）

僕雖怯耎欲苟活（師古曰耎柔弱也音人阮反）亦頗識去就之分矣何至自湛溺累紲之辱哉（師古曰湛讀曰沈累力追反）且夫臧獲婢妾猶能引決（應劭曰揚雄方言云海岱之間罵奴曰臧罵婢曰獲燕之北郊民而聓婢謂之臧女而婦奴謂之獲晉灼曰臧獲敗敵所被虜獲爲奴隸者師古曰應說是也）況若僕之不得已乎所以隱忍苟活函糞土之中而不辭者恨私心有所不盡鄙沒世而文采不表於後也古者富貴而名摩滅不可勝記唯俶儻非常之人稱焉蓋西伯拘而演周易仲尼戹而作春秋屈原放逐乃賦離騷左丘失明厥有國語孫子臏腳兵法脩列（文穎曰孫子與龐涓學而爲龐涓所斷足師古曰臏音頻忍反）不韋遷蜀世傳呂覽（蘇林曰呂氏春秋篇名八覽六論）韓非囚秦說難孤憤（師古曰說難孤憤韓子之篇名）詩三百篇大氐賢聖發憤之所爲作也（師古曰氐歸也音丁禮反）此人皆意有所鬱結不得通其道故述往事思來者（師古曰今將來之人見己志也）及如左丘無目孫子斷足終不可用退論書策以舒其憤思垂空文以自見（師古曰見胡電反）僕竊不遜近自託於無能之辭網羅天下放失舊聞考之行事稽其成敗（師古曰稽計也）興壞之理凡百三十篇亦欲以究天人之際通古今之變成一家之言草創未就適會此禍惜其不成是以就極刑而無慍色僕誠已著此書藏之名山傳之其人通邑大都（師古曰其人謂能行其書者）則僕償前辱之責雖萬被戮豈

有悔哉然此可爲智者道難爲俗人言也且負下未易居上流多謗議僕以口語遇遭此禍重爲鄉黨戮笑汙辱先人亦何面目復上父母之丘墓乎雖累百世垢彌甚耳是以腸一日而九回居則忽忽若有所亡出則不知所如往（師古曰如亦往也）每念斯恥汗未嘗不發背霑衣也身直爲閨閤之臣寧得自引深臧於巖穴邪故且從俗浮湛與時俯仰（師古曰湛讀曰沉）通其狂惑今少卿迺教以推賢進士無迺與僕之私指謬乎（師古曰指意也）今雖欲自彫琢（師古曰琢刻也音篆）曼辭以

自解（如淳曰曼美也 師古曰曼音萬）無益於俗不信祇取辱耳（師古曰祇適也）要之死日然後是非迺定書不能盡意故略陳固陋遷既死後其書稍出宣帝時遷外孫平通侯楊惲祖述其書遂宣布焉王莽時求封遷後爲史通子（應劭曰以遷世爲史官通於古今也李奇曰史通國子爵也）

贊曰自古書契之作而有史官其載籍博矣至孔氏篹之（師古曰篹與撰同）上繼唐堯下訖秦繆唐虞以前雖有遺文其語不經（師古曰非經典所說）故言黃帝顓頊之事未可明也及孔子因魯史記而作春秋而左丘明論輯其本事以爲之傳（師古曰輯與集同）又篹異同爲國語

又有世本錄黃帝以來至春秋時帝王公侯卿大夫祖世所出春秋之後七國並爭（服虔曰關東六國與秦七國）秦兼諸侯有戰國策漢興伐秦定天下有楚漢春秋故司馬遷據左氏國語采世本戰國策述楚漢春秋接其後事訖于大漢其言秦漢詳矣至於采經摭傳（師古曰摭拾也音之亦反）分散數家之事甚多疏略或有抵梧（如淳曰梧讀曰迕相觸迕也師古曰抵觸也梧相支柱不安也梧音悟）亦其涉獵者廣博貫穿經傳馳騁古今上下數千載間斯以勤矣又其是非頗繆於聖人（師古曰頗普我反）論大道則先黃老而後六經序遊俠則退處士而進姦雄述貨殖則崇埶利而羞賤貧此其所蔽也然自劉向揚雄博極羣書皆稱遷有良史之材服其善序事理辨而不華質而不俚（劉德曰俚鄙也如淳曰言雖質猶不如閭里之鄙言也師古曰劉說是也俚音里）其文直其事核（師古曰核堅實也）不虛美不隱惡故謂之實錄（應劭曰言其錄事實）烏呼以遷之博物洽聞而不能以知自全既陷極刑幽而發憤書亦信矣（師古曰言其報任安書自陳已志信不謬）迹其所以自傷悼小雅巷伯之倫（師古曰巷伯奄官也遇讒而作詩列在小雅其詩曰萋兮斐兮成是貝錦也）夫唯大雅既明且哲能保其身難矣哉（師古曰尹吉甫作蒸民之詩以美宣王而論仲山甫之德既明且哲以保其身其詩列於大雅故贊云然）

司馬遷傳第三十二

武五子傳第三十三師古曰諸帝子傳皆言王而此獨云子者以戾太子在其中也

班固　漢書六十三

秘書監上護軍琅邪縣開國子顔師古注

孝武皇帝六男衛皇后生戾太子趙婕妤生孝昭帝王夫人生齊懷王閎師古曰閎音宏李姬生燕剌王旦廣陵厲王胥師古曰不知官秩故云李姬謚法暴戾無親曰剌剌音來葛反李夫人生昌邑哀王髆師古曰髆音博

戾太子據元狩元年立爲皇太子年七歲矣初上年二十九乃得太子甚喜爲立禖師古曰禖求子之神也解在枚皐傳使東方朔枚皐作禖祝師古曰祝禖之祝辭少壯詔受公羊春秋師古曰少壯者言漸長大也少讀如本字又從瑕丘江公受穀梁及冠就宮上爲立博望苑師古曰取其廣博觀望也使通賓客從其所好故多以異端進者元鼎四年納史良娣韋昭曰良娣太子之內官也太子有妃有良娣有孺子凡三等師古曰娣音弟產子男進號曰史皇孫晉灼曰皆以舅氏姓爲氏以相別也師古曰進者皇孫名武帝末衛后寵衰江充用事充與太子及衛氏有隙師古曰充爲直指使者劾太子家車行馳道上沒入車馬太子求充充不聽也恐上晏駕後爲太子所誅會巫蠱事起充因此爲姦是時上春秋高意多所惡以爲左右皆爲蠱道祝詛窮治其事丞相公孫賀父子陽石諸邑公主師古曰兩公主及皇后弟子長平侯衛伉皆坐誅師古曰伉音抗又音剛語在公孫

賀江充傳充典治巫蠱既知上意白言宮中有蠱氣入宮至省中壞御座掘地上使按道侯韓說御史章贛黃門蘇文等助充師古曰說讀曰悅贛音貢充遂至太子宮掘蠱得桐木人時上疾辟暑甘泉宮師古曰辟讀曰避獨皇后太子在師古曰在京師太子召問少傅石德師古曰德石慶子德懼爲師傅幷誅因謂太子曰前丞相父子兩公主及衛氏皆坐此今巫與使者掘地得徵驗不知巫置之邪將實有也無以自明可矯以節收捕充等繫獄師古曰矯託也託詔命也窮治其姦詐且上疾在甘泉皇后及家吏請問皆不報蘇林曰家吏皇后吏也臣瓚曰太子稱家家吏是太子吏也師古曰既言皇后及家吏此爲皇后吏及太子吏耳瓚說是也上存亡未可知而姦臣如此太子將不念秦扶蘇事邪韋昭曰始皇死趙高詐殺扶蘇而立胡亥也太子急然德言征和二年七月壬午乃使客爲使者收捕充等按道侯說疑使者有詐不肯受詔客格殺說御史章贛被創突亡自歸甘泉太子使舍人無且師古曰且音子閭反持節夜入未央宮殿長秋門因長御倚華鄭氏曰長音長者如淳曰漢儀注女長御比侍中皇后見婕妤以下長御稱謝倚華字也師古曰倚音於綺反具白皇后發中廄車載射士師古曰中廄皇后車馬所在也出武庫兵發長樂宮衛告令百官曰江充反迺斬充以徇炙胡巫上林中服虔曰作巫蠱之胡人也炙燒也師古曰胡巫受充意指妄作蠱狀太子特忿且欲得其情實故以火炙之令毒痛耳遂部賓客

爲將率與丞相劉屈氂等戰長安中擾亂言太子反以故衆不附太子兵敗亡不得（師古曰太子出亡而吏追捕不得也）上怒甚羣下憂懼不知所出（師古曰計無所出）壺關三老茂上書曰（師古曰壺關上黨之縣也荀悅漢紀云令狐茂班史不載其姓不知於何得也）臣聞父者猶天母者猶地子猶萬物也故天平地安陰陽和調物迺茂成父慈母愛室家之中子迺孝順陰陽不和則萬物夭傷父子不和則室家喪亡故父不父則子不子君不君則臣不臣雖有粟吾豈得而食諸（師古曰論語云齊景公問政於孔子孔子對曰君君臣臣父父子子公曰善哉信如君不君臣不臣父不父子不子雖有粟吾豈得而食諸言父子君臣之道不立則國必危亡倉廩雖多吾不得食也）昔者虞舜孝之至也而不中於瞽叟（師古曰中當也瞽叟舜父也言不當其意也中音竹仲反）孝己被謗伯奇放流（師古曰孝己伯奇並已解於上）骨肉至親父子相疑何者積毀之所生也由是觀之子無不孝而父有不察今皇太子爲漢適嗣（師古曰適讀曰嫡）承萬世之業體祖宗之重親則皇帝之宗子也江充布衣之人閭閻之隸臣耳（師古曰隸賤也）陛下顯而用之銜至尊之命以迫蹙皇太子（師古曰蹙音子六反）造飾姦詐羣邪錯謬是以親戚之路鬲塞而不通（師古曰鬲與隔同）太子進則不得上見退則困於亂臣獨冤結而亡告不忍忿忿之心起而殺充恐懼逋逃（師古曰逋亡也）子盜父兵以救難自免耳臣竊以爲無邪心

詩曰營營青蠅止于藩愷悌君子無信讒言讒言罔極交亂四國（師古曰小雅青蠅之詩也營營往來之貌也藩籬也愷悌樂易也言青蠅來往止於藩籬變白作黑讒人構鬬間親今疏樂易之君子不當信用若讒言無極則四國亦以交亂宜深察也）往者江充讒殺趙太子天下莫不聞其罪固宜（師古曰充宜得罪也）陛下不省察深過太子（師古曰以太子爲罪過而深責之）發盛怒舉大兵而求之三公自將智者不敢言辯士不敢說臣竊痛之臣聞子胥盡忠而忘其號（師古曰忘亡也吳王殺之被以惡名失其善稱號）比干盡仁而遺其身（師古曰比干殷之賢臣以道諫紂紂怒殺之而剖其心也）忠臣竭誠不顧鈇鉞之誅（師古曰鈇所以斫人如今莝刃也音膚）以陳其愚志在匡君安社稷也（師古曰匡正也正其失也）詩云取彼譖人投畀豺虎（師古曰小雅巷伯之詩也言譖讒之人誠可疾惡願投與猛獸食之畀音必寐反）唯陛下寬心慰意少察所親（師古曰父子之道天性之親也）毋患太子之非亟罷甲兵無令太子久亡（師古曰亟急也音居力反）臣不勝惓惓（師古曰惓讀曰拳解在劉向傳）出一旦之命待罪建章闕下書奏天子感寤太子之亡也東至湖（師古曰湖縣名今虢州閿鄉湖城二縣皆其地也）臧匿泉鳩里（師古曰泉鳩水今在閿鄉東南十五里見有戾太子冢冢在閿東也）主人家貧常賣屨以給太子太子有故人在湖聞其富贍使人呼之（師古曰贍足也）而發覺吏圍捕太子太子自度不得脫（師古曰度音大各反）即入室距戶自經山陽男子張富昌爲卒足蹋開戶新安令史李壽趨抱解太子主人公遂格鬭死皇孫二人皆并遇害

上既傷太子乃下詔曰蓋行疑賞所以申信也其封李壽爲邗侯韋昭曰邗在河內師古曰爲其解救太子也邗音于張富昌爲題侯孟康曰縣名也晉灼曰地理志無也功臣表食邑鉅鹿師古曰晉說是也久之巫蠱事多不信上知太子惶恐無他意而車千秋復訟太子冤上遂擢千秋爲丞相而族滅江充家焚蘇文於橫橋上孟康曰橫音光師古曰卽橫門渭橋也及泉鳩里加兵刃於太子者初爲北地太守後族上憐太子無辜乃作思子宮爲歸來望思之臺於湖師古曰言已望而思之庶太子之魂歸來也其臺在今湖城縣之西閿鄉之東基趾猶存天下聞而悲之初太子有三男一女女者平輿侯嗣子尚焉及太子敗皆同時遇害衞后史良娣葬長

安城南史皇孫皇孫妃王夫人及皇女孫葬廣明蘇林曰苑名也皇孫二人隨太子者與太子并葬湖師古曰今太子冢北有二冢相次則二皇孫也太子有遺孫一人史皇孫子王夫人男年十八卽尊位是爲孝宣帝帝初卽位下詔曰故皇太子在湖未有號謚歲時祠其議謚置園邑有司奏請禮爲人後者爲之子也故降其父母不得祭師古曰謂太子生之父母也尊祖之義也陛下爲孝昭帝後承祖宗之祀制禮不踰閑師古曰閑猶限也謹行視孝昭帝所爲故皇太子起位在湖文穎曰位冢位也師古曰行音下更反史良娣冢在博望苑北親史皇孫位在廣明郭北如淳曰親謂父也謚法曰謚

者行之迹也愚以爲親謚宜曰悼母曰悼后比諸侯王園置奉邑三百家故皇太子謚曰戾置奉邑二百家史良娣曰戾夫人置守冢三十家園置長丞周衞奉守如法以湖閿鄉邪里聚爲戾園孟康曰閿古闅字從門中旻建安中正作閿師古曰旻舉目使人也旻音許密反閿字本從旻其後轉訛誤遂作門中受耳而郭璞乃音汝授反蓋失理遠耳長安白亭東爲戾后園廣明成鄉爲悼園皆改葬焉後八歲有司復言禮父爲士子爲天子祭以天子悼園宜稱尊號曰皇考立廟因園爲寢以時薦享焉益奉園民滿千六百家以爲奉明縣尊戾夫人曰戾后置園奉邑及益戾園各滿三百家

齊懷王閎與燕王旦廣陵王胥同日立皆賜策各以國土風俗申戒焉曰惟元狩六年四月乙巳皇帝使御史大夫湯師古曰張湯廟立子閎爲齊王師古曰於廟授策也曰烏呼小子閎受茲青社張晏曰王者以五色土爲大社封四方諸侯各以其方色土與之苴以白茅歸以立社朕承天序惟稽古建爾國家師古曰言考於古道而立子爲王封于東土世爲漢藩輔烏呼念哉共朕之詔師古曰共讀曰恭言敬聽我詔惟命于不常師古曰言皇天無親惟德是輔善則得之惡則失之人之好德克明顯光義之不圖俾君子怠師古曰言人若好德則能明顯有光輝若不圖於義則君子懈怠無歸附之者圖謀也俾使也悉爾心允執其中天祿永終師古曰能盡爾心信執中和之德則能終天祿者也厥有愆不臧迺凶于乃國而害于爾躬

師古曰𢦤善也乃汝也嗚呼保國乂民可不敬與王其戒之師古曰保安也
乂治也與讀曰歟閎母王夫人有寵閎尤愛幸立八年薨無
子國除燕剌王旦賜策曰嗚呼小子旦受茲玄社
建爾國家封于北土世爲漢藩輔嗚呼葷粥氏虐
老獸心以姦巧邊甿服虔曰葷粥堯時匈奴號也孟康曰甿音萌師古曰虐老謂貴少壯而食甘肥
賤耆老而與粗惡也獸心言貪暴而無仁義也甿庶人葷音勳粥音育朕命將率徂征厥罪師古
曰徂往也萬夫長千夫長三十有二帥張晏曰時所獲三十二帥也降旗奔
師如淳曰昆邪王偃其旗鼓而來降也葷粥徙域張晏曰匈奴徙東北州以妥孟康曰妥古綏字
也臣瓚曰妥安也師古曰瓚說是也妥音他果反悉爾心毋作怨毋作棐德服虔曰棐薄也
師古曰棐古匪字也匪非也毋迺廢備師古曰無邊之備不可廢非教士不得從徵

張晏曰士不素習不得應召王其戒之旦壯大就國爲人辯略博學
經書雜說好星曆數術倡優射獵之事招致游士
及衛太子敗齊懷王又薨旦自以次第當立上書
求入宿衛上怒下其使獄後坐臧匿亡命削良鄉
安次文安三縣武帝由是惡旦後遂立少子爲太
子帝崩太子立是爲孝昭帝賜諸侯王璽書旦得
書不肯哭曰璽書封小張晏曰文少則封小京師疑有變遣幸
臣壽西長孫縱之王孺等之長安師古曰之往也以問禮儀
爲名王孺見執金吾廣意師古曰郭廣意問帝崩所病師古
曰因何疾而崩立者誰子年幾歲廣意言待詔五莋宮師古曰莋
讀與柞同宮中讙言帝崩諸將軍共立太子爲帝年八
九歲葬時不出臨師古曰臨音力禁反歸以報王王曰上棄羣
臣無語言蓋主又不得見甚可怪也復遣中大夫
至京師上書言竊見孝武皇帝躬聖道孝宗廟慈
愛骨肉和集兆民德配天地明並日月威武洋溢師古
曰洋溢言盛多也洋音羊遠方執寶而朝增郡數十斥地且倍師古
曰斥開也封泰山禪梁父巡狩天下遠方珍物陳于太廟
德甚休盛師古曰休美也請立廟郡國奏報聞時大將軍霍
光秉政襃賜燕王錢三千萬益封萬三千戶旦怒
曰我當爲帝何賜也遂與宗室中山哀王子劉長

齊孝王孫劉澤等結謀詐言以武帝時受詔得職
吏事修武備備非常如淳曰諸侯不得治民與職事是以爲詐言受詔得知職事發兵爲備也長
於是爲旦命令羣臣曰寡人賴先帝休德師古曰休美也獲
奉北藩親受明詔職吏事領庫兵飭武備師古曰飭讀與勅同
飭整也任重職大夙夜兢兢子大夫將何以規佐寡人
且燕國雖小成周之建國也師古曰自周以來即爲燕國言以久遠上自
召公下及昭襄師古曰召公謂召公奭也昭襄六國時燕之二王也召讀曰邵于今千載
豈可謂無賢哉寡人束帶聽朝三十餘年曾無聞
焉其者寡人之不及與師古曰與讀曰歟意亦子大夫之思
有所不至乎其咎安在方今寡人欲撟邪防非章

閭揚和師古曰撟正也章表也撟與矯同其字從手也撫慰百姓移風易俗厥
路何由子大夫其各悉心以對寡人將察焉羣臣
皆免冠謝郎中成軫謂旦曰大王失職獨可起而
索不可坐而得也師古曰失職謂當為漢嗣而不被用也索求也大王壹起國
中雖女子皆奮臂隨大王旦曰前高后時僞立子
弘為皇帝諸侯交手事之八年師古曰交手謂拱手也呂太后
崩大臣誅諸呂迎立文帝天下乃知非孝惠子也
我親武帝長子反不得立上書請立廟又不聽立
者疑非劉氏即與劉澤謀為姦書言少帝非武帝
子大臣所共立天下宜共伐之使人傳行郡國以

搖動百姓澤謀歸發兵臨淄與燕王俱起旦遂招
來郡國姦人賦斂銅鐵作甲兵數閱其車騎材官
卒建旌旗鼓車旄頭先敺師古曰敺與驅同郎中侍從者著
貂羽黃金附蟬晉灼曰以翠羽飾冠也師古曰貂羽以貂尾為冠之羽也附蟬為金蟬以附冠前也凡此旄頭先驅皆天子之制而貂羽附蟬又天子侍中之飾王僭為之皆號侍中旦從相中尉以下
勒車騎發民會圍大獵文安縣以講士馬須期曰
師古曰講習也須待也郎中韓義等數諫旦旦殺義等凡十五
人會缾侯劉成知澤等謀師古曰缾侯菑川靖王子也缾步丁反告之青
州刺史雋不疑不疑收捕澤以聞天子遣大鴻臚
丞治連引燕王有詔勿治而劉澤等皆伏誅益封

缾侯父之旦姊鄂邑蓋長公主張晏曰食邑鄂蓋侯王信妻也師古曰為蓋侯妻是也非王信信者武帝之舅耳不取鄂邑主為妻當是信子頃侯充耳左將軍上官桀父子與霍
光爭權有隙皆知旦怨光即私與燕交通旦遣孫
縱之等前後十餘輩多齎金寶走馬師古曰走馬馬之善走者賂
遺蓋主上官桀及御史大夫桑弘羊等皆與交通
數記疏光過失與旦令上書告之桀欲從中下其
章師古曰下音胡稼反旦聞之喜上疏曰昔秦據南面之位制
一世之命威服四夷輕弱骨肉顯重異族廢道任
刑無恩宗室其後尉佗入南夷陳涉呼楚澤師古曰呼音火故反近狎作亂內外俱發師古曰狎習也近習之人謂趙高也趙氏無炊火

焉韋昭曰趙秦之別氏師古曰無炊火言絕祀也高皇帝覽蹤迹觀得失見秦
建本非是故改其路規土連城布王子孫師古曰規畫也是
以支葉扶疏異姓不得閒也師古曰閒音工莧反今陛下承明
繼成師古曰承聖明之後繼已成之業委任公卿羣臣連與成朋非毀
宗室師古曰與謂黨與也膚受之愬日騁於廷惡吏廢法立威
主恩不下究師古曰究竟也言不終竟於下臣聞武帝使中郎將蘇武
使匈奴見留二十年不降還亶為典屬國師古曰亶音但
今大將軍長史敞無勞為搜粟都尉師古曰楊敞也又將軍
都郎羽林張晏曰都試郎羽林也師古曰都大也謂大會試之漢光祿挈令諸當試者不會都所免之道上
移蹕如淳曰移猶傳也太官先置師古曰昭紀云詐令人為燕王旦上書又云上曰朕知此書詐也將軍都郎

屬劉耳燕王何以得知之而此傳乃云旦自上疏此下又云帝覺有詐遂親信光参錯不同疑此傳爲誤 臣旦願歸符
璽入宿衛察姦臣之變是時昭帝年十四覺其有
詐遂親信霍光而疏上官桀等桀等因謀共殺光
廢帝迎立燕王爲天子旦置驛書往來相報許立
桀爲王外連郡國豪桀以千數旦以語相平平曰
大王前與劉澤結謀事未成而發覺者以劉澤素
夸好侵陵也平聞左將軍素輕易車騎將軍少而
驕臣恐其如劉澤時不能成又恐旣成反大王也
旦曰前日一男子詣闕自謂故太子長安中民趣
鄉之師古曰鄉讀曰嚮 正讙不可止師古曰人衆旣多故讙譁也 大將軍恐出

前漢傳三十三　十二　胡恭

兵陳之以自備耳我帝長子天下所信何憂見反
後謂羣臣蓋主報言獨患大將軍與右將軍王莽
張晏曰天水人也字稚叔 今右將軍物故師古曰謂死也 丞相病幸事必成
徵不久令羣臣皆裝是時天雨虹下屬宮中師古曰屬猶注
也音之欲反 飲井水井水竭廁中豕羣出壞大官竈師古曰廁
養豕圂也圂音胡困反 烏鵲鬬死鼠舞殿端門中師古曰端門正門也 殿上戶
自閉不可開天火燒城門大風壞宮城樓折拔樹
木流星下墯后姬以下皆恐王驚病使人祠葭水
台水晉灼曰地理志葭水在廣平南和台水在鴈門師古曰葭音家台音怡 王客呂廣等知星
爲王言當有兵圍城期在九月十月漢當有大臣

戮死者語具在五行志王愈憂恐謂廣等曰謀事
不成妖祥數見兵氣且至奈何會蓋主舍人父燕
倉知其謀告之由是發覺丞相賜璽書部中二千
石逐捕孫縱之及左將軍桀等皆伏誅旦聞之召
相平曰事敗遂發兵乎平曰左將軍已死百姓皆
知之不可發也王憂懣師古曰懣音滿又音悶解在司馬遷傳 置酒萬載
宮會賓客羣臣妃妾坐飲王自歌曰歸空城兮狗
不吠雞不鳴橫術何廣廣兮固知國中之無人蘇林
曰廣音曠臣瓚曰術道路也師古曰廣讀如本字此歌意言身死之後國當空也 華容夫人起舞曰髮
紛紛兮寘渠孟康曰寘音置髮歷亂挂岸也臣瓚曰寘塞滿渠師古曰瓚說是也寘音徒千反 骨籍

前漢傳三十三　十二　胡恭

籍兮亡居師古曰籍藉從橫貌也居處也 母求死子兮妻求死夫裴回
兩渠間兮君子獨安居師古曰置酒之宮池沼所在其間有渠故即其所見以爲歌辭也 坐
者皆泣有赦令到王讀之曰嗟乎獨赦吏民不赦
我因迎后姬諸夫人之明光殿王曰老虜曹爲事
當族師古曰曹輩也 欲自殺左右曰黨得削國師古曰黨音他朗反 幸不
死后姬夫人共啼泣止王會天子使使者賜燕王
璽書曰昔高皇帝王天下建立子弟以藩屏社稷
先日諸呂陰謀大逆劉氏不絕若髮賴絳侯等誅
討賊亂尊立孝文以安宗廟非以中外有人表裏
相應故邪樊酈曹灌攜劍推鋒師古曰樊噲酈商曹參灌嬰等 從高

皇帝墾菑除害耘鉏海内師古曰菑古災字當此之時頭如蓬葆頭乆不理如蓬草羽葆也師古曰草叢生曰葆音保勤苦至矣然其賞不過封侯今宗室子孫曾無暴衣露冠之勞裂地而王之分財而賜之父死子繼兄終弟及今王骨肉至親敵吾一體師古曰言若四支之一也迺與佗姓異族謀害社稷親其所踈踈其所親有逆悖之心無忠愛之義如使古人有知當何面目復奉齊酎見高祖之廟乎師古曰古人謂先人旦得書以符璽屬醫工長師古曰屬委也醫工長王官之主醫者也屬音之欲反謝相二千石奉事不謹死矣即以綬自絞后夫人隨旦自殺者二十餘人天子加恩赦王太子建

爲庶人賜旦謚曰刺王旦立三十八年而誅國除後六年宣帝即位封旦兩子慶爲新昌侯賢爲安定侯又立故太子建是爲廣陽頃王二十九年薨子穆王舜嗣二十一年薨子思王璜嗣二十年薨子嘉嗣王莽時皆廢漢藩王家人嘉獨以獻符命封扶美侯賜姓王氏廣陵厲王胥賜策曰嗚呼小子胥受茲赤社建爾國家封于南土世世爲漢藩輔古人有言曰大江之南五湖之間其人輕心楊州保彊李奇曰保恃也三代要服不及以正師古曰要服次荒服之内者也正政也要音一遥反烏呼悉爾心祗祗兢兢迺惠迺順師古曰祗祗敬也兢兢慎也言當慈

惠于下忠順于上也毋桐好逸毋邇宵人應劭曰無好逸游之事邇近小人也張晏曰桐音同師古曰桐音通桐輕脫之貌也惟法惟則師古曰言當依法則書云臣不作福不作威師古曰周書洪範云臣無有作威作福也靡有後羞王其戒之師古曰言宜戒愼勿令後有羞辱之事也胥壯大好倡樂逸游力扛鼎師古曰扛舉也音江空手搏熊彘猛獸動作無法度故終不得爲漢嗣昭帝初立益封胥萬三千戶元鳳中入朝復益萬戶賜錢二千萬黃金二千斤安車駟馬寶劒及宣帝即位封胥四子聖曾寶昌皆爲列侯又立胥小子弘爲高密王所以褒賞甚厚始昭帝時胥見上年少無子有覬欲心師古曰覬音冀而楚地巫鬼師古曰言其土俗尊尚巫鬼之事胥迎女

巫李女須使下神祝詛師古曰女須者巫之名也女須泣曰孝武帝下我左右皆伏師古曰見女須云武帝神下故伏而聽之言吾必令胥爲天子胥多賜女須錢使禱巫山師古曰即楚地之巫山也會昭帝崩胥曰女須良巫也殺牛塞禱師古曰以爲因禱祝詛而崩也塞音先代反及昌邑王徵復使巫祝詛之後王廢胥寖信女須等師古曰寖古浸字也寖漸也益也數賜予錢物宣帝即位胥曰太子孫何以反得立復令女須祝詛如前又胥女爲楚王延壽后弟婦數相餽遺通私書師古曰餽亦饋字後延壽坐謀反誅辭連及胥有詔勿治賜胥黃金前後五千斤它器物甚衆胥又聞漢立太子謂姬南等曰我終

不得立矣乃止不詛後胥子南利侯寶坐殺人奪爵還歸廣陵與胥姬左脩姦事發覺繫獄棄市相勝之奏奪王射陂草田以賦貧民(張晏曰射水之陂在射陽縣)奏可胥復使巫祝詛如前胥宮園中棗樹生十餘莖莖正赤葉白如素池水變赤魚死有鼠晝立舞王后廷中胥謂姬南等曰棗水魚鼠之怪甚可惡也居數月祝詛事發覺有司按驗胥惶恐藥殺巫及宮人二十餘人以絕口公卿請誅胥天子遣廷尉大鴻臚即訊(師古曰就問也)胥謝曰罪死有餘誠皆有之(師古曰誠實也)事久遠請歸思念具對胥既見使者還置酒顯

陽殿召太子霸及子女董訾胡生等夜飲(師古曰董訾胡生皆女名)使所幸八子郭昭君家人子趙左君等鼓瑟歌舞(師古曰八子姬妾之秩也家人子無官秩者也)王自歌曰欲久生兮無終長不樂兮安窮(師古曰人所以欲久生者貴其安豫無有終極而我在生長不歡樂焉用窮盡年壽也)奉天期兮不得須臾(張晏曰奉天子期當死不得復延年)千里馬兮駐待路(張晏曰二卿亭驛待以賫詔命)黃泉下兮幽深人生要死何爲苦心(師古曰言人生必當有死無假勞心懷悲感)何用爲樂心所喜出入無悰爲樂亟(晉灼曰悰亦樂也音裁宗反亟數亦疾也謂不久也言人生以何爲樂但以心志所喜好耳今我出入皆無懽怡不得久長也喜音許吏反亟音丘吏反)蒿里召兮郭門閱(師古曰蒿里死人里)死不得取代庸身自逝(師古曰言死當自去不如他傜役得顧庸自代也逝合韻音上列反)左右悉更涕泣奏酒(師古曰更互也奏進也更音工衡反)至雞鳴時罷胥謂太子霸曰上遇我厚今負之甚我死骸骨當暴幸而得葬薄之無厚也即以綬自絞死及八子郭昭君等二人皆自殺天子加恩赦王諸子皆爲庶人賜謚曰厲王立六十四年而誅國除後七年元帝復立胥太子霸是爲孝王十三年薨子共王意嗣(師古曰共讀曰恭)三年薨子哀王護嗣十六年薨無子絕後六年成帝復立孝王子守是爲靖王立二十年薨子宏嗣王莽時絕初高密哀王弘本始元年以廣陵王胥少子立九年薨子頃王章嗣三十三年薨子懷王寬嗣十一年薨

子愼嗣王莽時絕

昌邑哀王髆天漢四年立十一年薨子賀嗣立十三年昭帝崩無嗣大將軍霍光徵王賀典喪(師古曰令爲喪主)璽書曰制詔昌邑王(師古曰太后璽書)使行大鴻臚事少府樂成(師古曰史樂成)宗正德光祿大夫吉(師古曰丙吉也)中郎將利漢(師古曰不知姓)徵王乘七乘傳詣長安邸夜漏未盡一刻以火發書其日中賀發餔時至定陶行百三十五里侍從者馬死相望於道郎中令龔遂諫王令還郎謁者五十餘人賀到濟陽求長鳴雞(師古曰鳴聲長者也)道買積竹杖(文穎曰合竹作杖也)過弘農使大奴善以衣車載女

子師古曰凡言大奴者謂奴之尤長大者也至湖師古曰即湖縣使者以讓相安樂張晏曰使者長安使人也師古曰讓責也安樂告遂遂入問賀賀曰無有遂曰即無有何愛一善以毀行義請收屬吏師古曰以善付吏也屬音之欲反其下亦同以湔洒大王師古曰湔澣也洒濯也湔子顚反洒先禮反即捽善屬衛士長行法師古曰捽持頭也衛士長主衛之官捽音材乙反賀到霸上大鴻臚郊迎騶奉乘輿車王使僕壽成御郎中令遂參乘且至廣明東都門遂曰禮奔喪望見國都哭此長安東郭門也賀曰我嗌痛不能哭師古曰嗌喉咽也音益至城門遂復言賀曰城門與郭門等耳且至未央宮東闕曰昌邑帳在是闕外馳道北文穎曰弔哭帳也師古曰是謂此未至帳

所有南北行道馬足未至數步大王宜下車鄉闕西面伏哭盡哀止師古曰鄉讀曰嚮王曰諾到哭如儀王受皇帝璽綬襲尊號即位二十七日行淫亂大將軍光與羣臣議白孝昭皇后廢賀歸故國賜湯沐邑二千戶故王家財物皆與賀及哀王女四人各賜湯沐邑千戶語在霍光傳國除為山陽郡初賀在國時數有怪嘗見白犬高三尺無頭其頸以下似人而冠方山冠後見熊左右皆莫見又大鳥飛集宮中王知惡之輒以問郎中令遂遂為言其故語在五行志王卬天嘆曰不祥何為數來師古曰卬讀曰仰遂

叩頭曰臣不敢隱忠數言危亡之戒大王不說師古曰說讀曰悅夫國之存亡豈在臣言哉願王內自揆度師古曰度音徒各反大王誦詩三百五篇人事浹王道備師古曰浹徹也音子牒反王之所行中詩一篇何等也師古曰言王所行皆不合法度王自謂當於何詩之文也中音竹仲反大王位為諸侯王行汙於庶人師古曰汙濁穢以存難以亡易宜深察之後又血汙王坐席王問遂遂叫然號曰宮空不久祅祥數至血者陰憂象也宜畏慎自省賀終不改節居無何徵既即位後王夢青蠅之矢積西階東可五六石以屋版瓦覆師古曰版瓦大瓦也發視之青蠅矢也以問遂遂曰陛下之詩不云

乎蘇林曰猶言陛下所讀之詩也營營青蠅至于藩愷悌君子毋信讒言師古曰已解於上陛下左側讒人眾多如是青蠅惡矣師古曰惡即矢也越王句踐為吳王嘗惡亦其義也宜進先帝大臣子孫親近以為左右如不忍昌邑故人師古曰如若也不忍謂不能疏遠也信用讒諛必有凶咎願詭禍為福皆放逐之師古曰詭猶反臣當先逐矣賀不用其言卒至於廢大將軍光更尊立武帝曾孫是為孝宣帝即位心內忌賀元康二年遣使者賜山陽太守張敞璽書曰制詔山陽太守其謹備盜賊察往來過客毋下所賜書師古曰密令警察不欲宣露也敞於是條奏賀居處著其廢亡之效師古曰著明也曰臣敞地節三年

五月視事故昌邑王居故宮奴婢在中者百八十三人閉大門開小門廉吏一人爲領錢物市買朝内食物師古曰每旦一内之它不得出入師古曰食物之外皆不得妄有出入督盜一人別主徼循察往來者以王家錢取卒迾宮清中備盜賊李奇曰迾遮也鄧展曰令其清靖不得妄有異人也師古曰以王家錢顧人爲卒也臣敞數遣丞吏行察師古曰行音下更反四年九月中臣敞入視居處狀故王年二十六七爲人青黑色小目鼻末銳卑少須眉身體長大疾痿行步不便師古曰痿風痺疾也音人佳反衣短衣大絝冠惠文冠蘇林曰治獄法冠也孟康曰今侍中所著也服虔曰武冠也或曰趙惠文王所服故曰惠文晉灼曰柱後惠文法冠也但言惠文侍中冠孟說是也佩玉環簪筆持牘趨謁師古曰簪筆插筆於首也牘木簡也臣敞與坐語中庭閱妻子奴婢臣敞欲動觀其意即以惡鳥感之曰昌邑多梟故王應曰然前賀西至長安殊無梟復來東至濟陽迺復聞梟聲臣敞閱至子女持轡師古曰賀之子女名持轡故王跪曰持轡母嚴長孫女也臣敞故知執金吾嚴延年字長孫女羅紨師古曰羅紨其名也紨音敷前爲故王妻察故王衣服言語跪起清狂不惠蘇林曰凡狂者陰陽脉盡濁今此人不狂似狂者故言清狂也或曰色理清徐而心不慧曰清狂清狂如今白癡也妻十六人子二十二人其十一人男十一人女昧死奏名籍及奴婢財物簿臣敞前書言昌邑哀王歌舞者張修等十人無子又非姬但良人無官

名王薨當罷歸太傅豹等擅留以爲哀王園中人所不當得爲師古曰於法不當然請罷歸故王聞之曰中人守園疾者當勿治相殺傷者當勿法欲令亟死太守奈何而欲罷之師古曰亟急也音居力反其天資喜由亂亡終不見仁義如此師古曰喜好也由從也喜音許吏反後丞相御史以臣敞書聞奏可皆以遣上由此知賀不足忌其明年春迺下詔曰蓋聞象有罪舜封之骨肉之親析而不殊師古曰析分也殊絕也其封故昌邑王賀爲海昏侯食邑四千戶師古曰海昏豫章之縣侍中衛尉金安上上書言賀天之所棄陛下至仁復封爲列侯賀嚚頑放廢之人不宜得奉宗廟朝聘之禮奏可賀就國豫章數年揚州刺史柯奏賀師古曰柯者刺史之名也與故太守卒史孫萬世交通萬世問賀前見廢時何不堅守毋出宮斬大將軍而聽人奪璽綬乎賀曰然失之萬世又以賀且王豫章不久爲列侯賀曰且然師古曰謂亦將如此非所宜言有司案驗請逮捕制曰削戶三千後薨豫章太守廖奏言舜封象於有鼻師古曰廖太守名也有鼻在零陵今鼻亭是也廖音聊死不爲置後以爲暴亂之人不宜爲太祖師古曰謂一國之始祖海昏侯賀死上當爲後者子充國師古曰上謂由上其名於有司充國死復上弟奉親奉親復死是天絕之也陛下聖仁於賀甚

厚雖舜於象無以加也宜以禮絕賀以奉天意願下有司議議皆以為不宜為立嗣國除元帝即位復封賀子代宗為海昏侯傳子至孫今見為侯

贊曰巫蠱之禍豈不哀哉此不唯一江充之辜亦有天時非人力所致焉建元六年蚩尤之旗見其長竟天後遂命將出征略取河南建置朔方其春戾太子生自是之後師行三十年兵所誅屠夷滅死者不可勝數及巫蠱事起京師流血僵尸數萬（師古曰僵偃也音居羊反）太子子父皆敗故太子生長於兵與之終始何獨一嬖臣哉秦始皇即位三十九年內平

六國外攘四夷死人如亂麻暴骨長城之下頭盧相屬於道（師古曰盧額骨也屬連也音之欲反）不一日而無兵由是山東之難興四方潰而逆秦秦將吏外畔賊臣內發亂作蕭牆禍成二世（師古曰蕭牆謂屏牆也解在五行志）故曰兵猶火也弗戢必自焚（師古曰左傳隱四年衞有州吁之亂公問於衆仲曰州吁其成乎對曰兵猶火也不戢將自焚也言兵不可妄動久而不戢則自焚燒戢斂也）信矣是以倉頡作書止戈為武（師古曰武字從止從戈所謂會意）聖人以武禁暴整亂止息兵戈非以為殘而興縱之也易曰天之所助者順也人之所助者信也君子履信思順自天祐之吉無不利也（師古曰易上繫辭也）故車千秋指明蠱情章太子之冤千秋材知未必能過人也以其銷惡運遏亂原（師古曰遏止也音一曷反）因衰激極道迎善氣（師古曰激去至極之災引致福善之氣也道讀曰導）傳得天人之祐助云（師古曰傳引也）

武五子傳第三十三

嚴朱吾丘主父徐嚴終王賈傳第三十四上 師古曰分嚴安以後爲下卷

漢書六十四　　班固

秘書監上護軍琅邪縣開國子顏師古　注

嚴助會稽吳人嚴夫子子也 張晏曰夫子嚴忌也 或言族家子也 師古曰亦云夫子之族子也 郡舉賢良對策百餘人武帝善助對繇是獨擢助爲中大夫後得朱買臣吾丘壽王司馬相如主父偃徐樂嚴安東方朔枚皐膠倉終軍嚴葱奇等並在左右是時征伐四夷開置邊郡軍旅數發內改制度朝廷多事婁舉賢良文學之士 師古曰婁古屢字 公孫弘起徒步數年至丞相開東閣延賢人與謀議朝覲奏事因言國家便宜上令助等與大臣辯論中外相應以義理之文 師古曰中謂天子之賓客若嚴助之輩也外謂公卿大夫也 大臣數詘 師古曰謂計議不如助等每詘服也音丘勿反 其尤親幸者東方朔枚皐嚴助吾丘壽王司馬相如相如常稱疾避事朔皐不根持論上頗俳優畜之 師古曰論議委隨不能持正如樹木之無根抵也 唯助與壽王見任用而助最先進建元三年閩越舉兵圍東甌東甌告急於漢時武帝年未二十以問太尉田蚡蚡以爲越人相攻擊其常事又數反覆不足煩中國往救也自秦時棄不屬 師古曰言不臣屬於中華 於是助詰蚡曰特患力不能救德不能覆誠

能何故棄之且秦舉咸陽而棄之何但越也 師古曰舉總也言總天下乃至京師皆棄也 今小國以窮困來告急天子天子不振尚安所愬 師古曰振舉也起也安焉也 又何以子萬國乎 師古曰子謂畜爲臣子也 上曰太尉不足與計吾新即位不欲出虎符發兵郡國迺遣助以節發兵會稽會稽守欲距法不爲發 師古曰以法距之爲無符驗也 助迺斬一司馬諭意指 師古曰以天子意指曉告之 遂發兵浮海救東甌未至閩越引兵罷後三歲閩越復興兵擊南越南越守天子約不敢擅發兵而上書以聞上多其義 師古曰多猶重也 大爲發興遣兩將軍將兵誅閩越淮南王安上書諫曰陛下臨天下布德施惠緩刑罰薄賦斂哀鰥寡恤孤獨養耆老振匱乏盛德上隆和澤下洽近者親附遠者懷德天下攝然 孟康曰攝安也音奴協反 人安其生自以沒身不見兵革今聞有司舉兵將以誅越臣安竊爲陛下重之 師古曰重難也 越方外之地劗髮文身之民也 晉灼曰淮南云越人劗髮張揖以爲古翦字也師古曰劗與翦同張說是也 不可以冠帶之國法度理也自三代之盛胡越不與受正朔 師古曰與讀曰豫 非彊弗能服威弗能制也以爲不居之地不牧之民不足以煩中國也 師古曰地不可居而民不可牧養也 故古者封內甸服 師古曰封內謂圻千里之內也甸服主治王田以供祭祀也 封外侯服 師古曰封外千里之外也侯候也爲王者斥候 侯衞賓服 服虔曰侯服之外又有衞服賓賓見於王

也侯衛二服同爲賓也蠻夷要服師古曰又在侯衛之外而居九州之內也要言以文德要來之耳音一遥反戎狄荒服師古曰此在九州之外者也荒言其荒忽絶遠來去無常也遠近勢異也自漢初定已來七十二年吳越人相攻擊者不可勝數然天子未嘗舉兵而入其地也臣聞越非有城郭邑里也處谿谷之閒篁竹之中服虔曰竹叢也音皇師古曰竹田曰篁習於水鬬便於用舟地深昧而多水險師古曰昧晴也言多草木中國之人不知其勢阻而入其地雖百不當其一得其地不可郡縣也攻之不可暴取也以地圖察其山川要塞相去不過寸數而閒獨數百千里師古曰閒中閒也或入九百里或千里也阻險林叢弗能盡著師古曰不可盡載於圖也著音竹助反視之

若易行之甚難天下賴宗廟之靈方內大寧戴白之老不見兵革師古曰戴白言白髮在首民得夫婦相守父子相保陛下之德也越人名爲藩臣貢酎之奉不輸大內應劭曰國僻遠珍奇之貢宗廟之祭皆不與也大內都內也國家寶藏也師古曰百官公卿表云治粟屬官有都內令丞也一卒之用不給上事師古曰給供也自相攻擊而陛下發兵救之是反以中國而勞蠻夷也師古曰疲勞中國之人於蠻夷之地且越人愚戇輕薄負約反覆其不用天子之法度非一日之積也師古曰積久也壹不奉詔舉兵誅之臣恐後兵革無時得息也閒者數年歲比不登民待賣爵贅子以接衣食如淳曰淮南俗賣子與人作奴婢名爲贅子三年不能贖遂爲奴婢師古曰贅質也一說云贅子者謂令子出就婦家爲贅壻耳贅壻解在賈誼傳賴陛下德澤振救之得毋轉死溝壑四年不登五年復蝗民生未復師古曰生謂生業復音扶目反今發兵行數千里資衣糧入越地師古曰資猶齎也輿轎而隃領服虔曰轎音橋梁謂隘道輿車也臣瓚曰今竹輿車也江表作竹輿以行是也項昭曰陵絶水曰轎音旗廟反領山領也不通船車運轉皆擔輿也師古曰服音瓚說是也項氏謬矣此直言以轎過領耳何云陵絶水乎又旗廟之音無所依據隃與踰同拕舟而入水師古曰拕曳也音它行數百千里夾以深林叢竹水道上下擊石師古曰謂船觸石難以行也林中多蝮蛇猛獸師古曰蝮惡蛇也音敷福反解在田儋傳夏月暑時歐泄霍亂之病相隨屬也師古曰泄吐也弋制反屬音之欲反曾未施兵接刃死傷者必衆矣前時南海王反陛下先臣使將軍閒忌將兵擊之文穎曰先臣淮南厲王長也閒忌人姓名師古曰淮南王傳作簡忌此本

閒轉寫字誤省耳以其軍降處之上淦蘇林曰淦音耿弇之弇師古曰音工含反後復反會天暑多雨樓船卒水居擊櫂師古曰言常居舟中水上而又有擊櫂行舟之役故多死也櫂音直孝反未戰而疾死者過半親老涕泣孤子謕號師古曰謕古啼字破家散業迎尸千里之外裹骸骨而歸悲哀之氣數年不息長老至今以爲記曾未入其地而禍已至此矣臣聞軍旅之後必有凶年言民之各以其愁苦之氣薄陰陽之和感天地之精師古曰薄迫也而災氣爲之生也陛下德配天地明象日月恩至禽獸澤及草木一人有飢寒不終其天年而死者爲之悽愴於心今方內無狗吠之警師古曰方內中國四方之內也

而使陛下甲卒死亡暴露中原霑漬山谷邊境之民爲之早閉晏開（師古曰晏晚也言有兵難故邊城早閉而晚開也）鼂不及夕（師古曰鼂古朝字也言憂危亡不自保也）臣安竊爲陛下重之（師古曰重難也）不習南方地形者多以越爲人衆兵彊能難邊城（服虔曰爲邊城作難也）淮南全國之時多爲邊吏（師古曰全國謂未分爲三之時也淮南人於邊爲吏與越接境故知其地形也）臣竊聞之與中國異（師古曰言其風土不同）限以高山人迹絕車道不通天地所以隔外內也其入中國必下領水之山峭峻漂石破舟（師古曰言水流湍急石爲之漂轉觸破舟船也漂音匹遙反）不可以大船載食糧下也越人欲爲變必先田餘干界中（韋昭曰越邑今鄱陽縣也）積食糧迺入伐材治船邊城守候誠謹越人有入伐材者輒收捕焚其積聚雖百越奈邊城何且越人緜力薄材（孟康曰緜音滅薄力也師古曰緜弱也言其柔弱如緜讀如本字孟說非也）不能陸戰又無車騎弓弩之用然而不可入者以保地險而中國之人不能其水土也（師古曰能堪也）臣聞越甲卒不下數十萬所以入之五倍迺足（師古曰不下言不減也漢軍多之五倍然後可入其地也）輓車奉饟者不在其中（師古曰輓引也音晩饟亦餉字）南方暑溼近夏癉熱（師古曰癉黃病音丁幹反）暴露水居蝮蛇蠚生（師古曰蠚毒也音壑）疾疢多作兵未血刃而病死者什二三雖舉越國而虜之不足以償所亡（師古曰舉謂盡取也）臣聞道路言閩越王弟甲弒而殺之（師古曰甲者閩王弟之名）

甲以誅死其民未有所屬陛下若欲來內處之中國使重臣臨存（師古曰存謂省問之）施德垂賞以招致之此必攜幼扶老以歸聖德若陛下無所用之則繼其絕世存其亡國建其王侯以爲畜越（李奇曰如人畜養六畜也師古曰直謂畜養之耳非六畜也）此必委質爲藩臣世共貢職（師古曰共讀曰供）陛下以方寸之印丈二之組塡撫方外（師古曰組者印之綬）不勞一卒不頓一戟（師古曰頓壞也一曰頓讀曰鈍）而威德並行今以兵入其地此必震恐以有司爲欲屠滅之也必雉兔逃入山林險阻（師古曰如雉兔之逃竄而入山林險阻之中）背而去之則復相羣聚留而守之歷歲經年則士卒罷勧食糧乏絕（師古曰罷讀曰疲勧亦倦字）男子不得耕稼樹種婦人不得紡績織絍（師古曰樹植也機縷曰絍絍音人禁反）丁壯從軍老弱轉餉（師古曰餉亦饟字）居者無食行者無糧民苦兵事亡逃者必衆隨而誅之不可勝盡盜賊必起臣聞長老言秦之時嘗使尉屠睢擊越（張晏曰郡都尉姓屠名睢也）又使監祿鑿渠通道（張晏曰監郡御史也名祿）越人逃入深山林叢不可得攻留軍屯守空地曠日引久士卒勞倦越出擊之秦兵大破迺發適戍以備之（師古曰適讀曰謫）當此之時外內騷動百姓靡敝（師古曰靡散也音縻）行者不還往者莫反皆不聊生亡逃相從羣爲盜賊於是山東之難始興此老子所謂師之

所處荊棘生之者也師古曰老子道經之言也師旅行必殺傷士衆侵暴田畝故致荒殘而生荊棘也兵
者凶事一方有急四面皆從臣恐變故之生姦邪
之作由此始也周易曰高宗伐鬼方三年而克之
師古曰旣濟九三爻辭鬼方小蠻夷高宗殷之盛天子也以盛
天子伐小蠻夷三年而後克言用兵之不可不重
也臣聞天子之兵有征而無戰言莫敢校也師古曰校計也
不敢與計彊弱曲直如使越人蒙徼幸以逆執事之顏行文穎曰顏行猶
鴈行在前行故曰顏也師古曰蒙犯也行音胡郞反廝輿之卒有一不備而歸者張晏
曰廝微輿衆也師古曰廝析薪者輿主駕車者此皆言賤役之人雖得越王之首臣猶竊爲
大漢羞之陛下以四海爲境九州爲家八藪爲囿

江漢爲池師古曰八藪謂魯有大野晉有大陸秦有楊汙宋有孟諸楚有雲夢吳越之閒有具區齊有海隅鄭有圃田
生民之屬皆爲臣妾人徒之衆足以奉千官之共
師古曰千官猶百官也多言之耳共讀曰供租稅之收足以給乘輿之御玩心
神明秉執聖道負黼依師古曰負背也白與黑畫爲斧文謂之黼依讀曰扆扆形如屛風而曲
之畫以黼文張於牖閒馮玉几師古曰馮讀曰凭南面而聽斷號令天下四
海之內莫不嚮應師古曰嚮讀曰響音陛下垂德惠以覆露之
師古曰露謂使之霑潤澤也或露或覆言養育也使元元之民安生樂業則澤被
萬世傳之子孫施之無窮天下之安猶泰山而四
維之也師古曰維謂聯繫之夷狄之地何足以爲一日之間如淳
曰得其地物不足爲一日閑暇之虞也而煩汗馬之勞乎詩云王猶允塞徐

方旣來師古曰大雅常武之詩也猶道也允信也塞滿也旣盡也言王道信充滿於天下則徐方淮夷盡來服也言王
道甚大而遠方懷之也臣聞之農夫勞而君子養
焉師古曰言農夫勤力於耕稼所得五穀以養君子也愚者言而智者擇焉臣安幸
得爲陛下守藩以身爲鄣蔽人臣之任也邊境有
警愛身之死而不畢其愚非忠臣也師古曰畢盡也盡言其意也臣
安竊恐將吏之以十萬之師爲一使之任也師古曰言擾發
一使鎭撫之則越人賓服不煩兵往是時漢兵遂出踰領適會閩越王弟
餘善殺王以降漢兵罷上嘉淮南之意美將卒之
功迺令嚴助諭意風指於南越師古曰風讀曰諷以天子之意指諷告也南
越王頓首曰天子迺幸興兵誅閩越死無以報卽

遣太子隨助入侍助還又諭淮南曰皇帝問淮南
王使中大夫玉上書言事聞之朕奉先帝之休德
夙興夜寐明不能燭師古曰燭照也重以不德師古曰重音直用反是以
比年凶菑害衆師古曰菑古災字夫以眇眇之身託于王侯
之上內有飢寒之民南夷相攘師古曰攘謂相侵奪也音人羊反使邊
騷然不安朕甚懼焉今王深惟重慮師古曰惟思也慮計也明
太平以弼朕失稱三代至盛際天接地人迹所及
咸盡賓服藐然甚慙如淳曰王之所言藐藐然聞之甚慙也師古曰藐遠也言不可及也藐音武卓反嘉
王之意靡有所終師古曰靡無也終極也使中大夫助諭朕意
告王越事助諭意曰今者大王以發屯臨越事上

書陛下故遣臣助告王其事王居遠事薄遽不與
王同其計如淳曰薄迫也言事迫不暇得先與王共議之或曰薄語助也師古曰薄迫是也遽速也音其據反朝有
闕政遺王之憂師古曰言朝政有闕乃使王有憂也遺猶與也陛下甚恨之夫兵
固凶器明主之所重出也師古曰重難也然自五帝三王禁
暴止亂非兵未之聞也漢為天下宗操殺生之柄
師古曰操執持也音千高反以制海内之命危者望安亂者卬治師古
曰卬讀曰仰謂仰而望之今越閩王狠戾不仁師古曰狠性貪戾凡言狠戾者謂貪而戾殺
其骨肉離其親戚所為甚多不義又數舉兵侵陵
百越并兼鄰國以為暴彊陰計奇策入燔尋陽樓
船師古曰漢有樓船貯在尋陽也欲招會稽之地以踐句踐之迹師古曰先是越

王句踐稱霸中國今越王欲慕之句音功候反今者邊又言閩王率兩國擊南
越陛下為萬民安危久遠之計使人諭告之曰天
下安寧各繼世撫民禁毋敢相并有司疑其以虎
狼之心貪據百越之利或於逆順不奉明詔則會
稽豫章必有長患且天子誅而不伐焉有勞百姓
苦士卒乎師古曰王者之兵但行誅耳無有戰鬬故云不伐也故遣兩將屯於境上
震威武揚聲鄉師古曰鄉讀曰嚮也屯曾未會師古曰言兵未盡集天誘其
衷閩王隕命輒遣使者罷屯毋後農時師古曰令及農時不待後
也南越王甚嘉被惠澤蒙休德願革心易行身從
使者入謝師古曰革改也有狗馬之病不能勝服師古曰服謂朝服也故

遣太子嬰齊入侍病有瘳願伏北闕望大廷以報
盛德閩王以八月舉兵於冶南蘇林曰山名也今名東冶屬會稽士卒
罷倦師古曰罷讀曰疲三王之衆相與攻之因其弱弟餘善
以成其謀至今國空虛遣使者上符節請所立不
敢自立以待天子之明詔此一舉不挫一兵之鋒
不用一卒之死而閩王伏辜南越被澤威震暴王
義存危國此則陛下深計遠慮之所出也事效見
前師古曰見顯也前謂目前故使臣助來諭王意於是王謝曰雖
湯伐桀文王伐崇誠不過此臣安妄以愚意狂言
陛下不忍加誅使使者臨詔臣安以所不聞師古曰先未聞

者今得聞也誠不勝厚幸助由是與淮南王相結而還上
大說師古曰說讀曰悅助侍燕從容師古曰從容閑語也從音千容反上問助居
鄉里時助對曰家貧為友壻富人所辱師古曰友壻同門之壻上
問所欲對願為會稽太守於是拜為會稽太守數
年不聞問師古曰無善聲賜書曰制詔會稽太守君厭承明
之廬張晏曰承明廬在石渠閣外直宿所止曰廬勞侍從之事懷故土師古曰懷思也
出為郡吏會稽東接於海南近諸越師古曰越種非一故言諸北
枕大江師古曰枕臨也間者闊焉久不聞問具以春秋對毋
以蘇秦從橫師古曰從音子容反助恐上書謝稱春秋天王出
居于鄭不能事母故絕之師古曰周惠王之子襄王也弟叔帶有寵於惠后欲立之故襄王避

難而出奔也僖二十四年經書天王出居於鄭公羊傳曰王者無外此其言出何不能乎母也臣事君猶子事父母也臣助當伏誅陛下不忍加誅願奉三年計最（如淳曰舊法當使丞奉歲計今躬自欲入奉也晉灼曰最凡要也）詔許因留侍中有奇異輒使爲文（師古曰謂非常之文）及作賦頌數十篇後淮南王來朝厚賂遺助交私論議及淮南王反事與助相連上薄其罪欲勿誅（師古曰以其過爲輕小）廷尉張湯爭以爲助出入禁門腹心之臣而外與諸侯交私如此不誅後不可治助竟棄市

朱買臣字翁子吳人也家貧好讀書不治產業常艾薪樵賣以給食（師古曰艾讀曰刈給供也）擔束薪行且誦書其

妻亦負戴相隨數止買臣毋歌嘔道中（師古曰嘔讀曰謳音一侯反）買臣愈益疾歌妻羞之求去買臣笑曰我年五十當富貴今已四十餘矣女苦日久待我富貴報女功（師古曰女讀皆曰汝）妻恚怒曰如公等終餓死溝中耳何能富貴買臣不能留即聽去其後買臣獨行歌道中負薪墓間故妻與夫家俱上冢見買臣飢寒呼飯飲之（師古曰飯謂飤之音扶晚反飲音於禁反）後數歲買臣隨上計吏爲卒將重車至長安（師古曰買臣身自充卒而與計吏將重車也載衣食具曰重車重音直用反）詣闕上書書久不報待詔公車糧用乏上計吏卒更乞匄之（師古曰更音工衡反乞音氣匄音工大反）會邑子嚴助貴幸薦買臣召見說春秋言楚詞帝甚說之（師古曰說讀曰悅）拜買臣爲中大夫與嚴助俱侍中是時方築朔方公孫弘諫以爲罷敝中國（師古曰罷讀曰疲）上使買臣難詘弘語在弘傳後買臣坐事免久之召待詔是時東越數反覆買臣因言故東越王居保泉山（師古曰泉山即今泉州之山也臨海去海十餘里保者保守之以自固說者乃云保是地名失之矣）一人守險千人不得上今聞東越王更徙處南行去泉山五百里居大澤中今發兵浮海直指泉山陳舟列兵席卷南行可破滅也上拜買臣會稽太守上謂買臣曰富貴不歸故鄉如衣繡夜行今子何如買臣頓首辭謝詔買臣到郡治

樓船備糧食水戰具須詔書軍到與俱進（師古曰須待也）初買臣免待詔常從會稽守邸者寄居飯食（師古曰飯音扶晚反）拜爲太守買臣衣故衣懷其印綬步歸郡邸直上計時會稽吏方相與羣飲（師古曰直讀曰值）不視買臣買臣入室中守邸與共食食且飽少見其綬（師古曰見顯示也）守邸怪之前引其綬視其印會稽太守章也守邸驚出語上計掾吏皆醉大呼曰妄誕耳（師古曰誕大言也呼音火故反次下亦同）守邸曰試來視之其故人素輕買臣者入內視之還走疾呼曰實然坐中驚駭白守丞（服虔曰守邸丞也張晏曰漢舊郡國丞長吏與計吏俱送計也師古曰張說是也謂之守丞者繫太守而言也守音式授反）相推排陳列中

庭拜謁買臣徐出戶有頃長安廏吏乘駟馬車來迎張晏曰故事大夫乘官車駕駟如今州牧刺史矣買臣遂乘傳去師古曰傳音張戀反會稽聞太守且至發民除道縣長吏並送迎車百餘乘入吳界見其故妻妻夫治道買臣駐車呼令後車載其夫妻到太守舍置園中給食之師古曰食讀曰飤居一月妻自經死買臣乞其夫錢令葬師古曰乞音氣悉召見故人與飲食諸嘗有恩者皆報復焉師古曰復音扶目反居歲餘買臣受詔將兵與橫海將軍韓說等俱擊破東越師古曰說讀曰悅有功徵入為主爵都尉列於九卿數年坐法免官復為丞相長史張湯為御史大夫始買臣

與嚴助俱侍中貴用事湯尚為小吏趨走買臣等前後湯以廷尉治淮南獄排陷嚴助買臣怨湯及買臣為長史湯數行丞相事知買臣素貴故陵折之買臣見湯坐牀上弗為禮師古曰言不動容以禮之也為音于偽反買臣怨常欲死之師古曰致死以害之後遂告湯陰事湯自殺上亦誅買臣買臣子山拊如淳曰拊音夫官至郡守右扶風

吾丘壽王字子贛趙人也年少以善格五召待詔蘇林曰博之類不用箭但行梟散孟康曰格音各行伍相各故言各劉德曰格五棊行簺法曰塞白乘五至五格不得行故云格五師古曰即今戲之簺也音先代反詔使從中大夫董仲舒受春秋高材通明遷為侍中中郎坐法免上書謝罪願養馬黃門上不許師古曰請於黃門供養馬之事後願守塞扞寇難復不許久之上疏願擊匈奴詔問狀壽王對良善復召為郎稍遷會東郡盜賊起拜為東郡都尉上以壽王為都尉不復置太守是時軍旅數發年歲不孰多盜賊詔賜壽王璽書曰子在朕前之時知略輻湊師古曰言其無事而至若車輪之歸於轂以為天下少雙海內寡二及至連十餘城之守任四千石之重師古曰郡守都尉皆二千石以壽王為都尉不置太守兼總二任故云四千石也職事並廢盜賊從橫師古曰從音子庸反甚不稱在前時何也壽王謝罪因言其狀復徵入為光祿大夫侍中丞相公孫弘奏言民不得挾弓弩十賊彍弩

百吏不敢前張晏曰彍音郭師古曰引滿曰彍盜賊不輒伏辜免脫者衆害寡而利多此盜賊所以蕃也師古曰蕃亦多也音扶元反禁民不得挾弓弩則盜賊執短兵短兵接則衆者勝以衆吏捕寡賊其勢必得盜賊有害無利則莫犯法刑錯之道也臣愚以為禁民毋得挾弓弩便上下其議壽王對曰臣聞古者作五兵非以相害以禁暴討邪也師古曰五兵謂矛戟弓劍戈安居則以制猛獸而備非常有事則以設守衛而施行陣及至周室衰微上無明王諸侯力政彊侵弱衆暴寡海內抗敝巧詐並生師古曰抗訛也音五官反是以知者陷愚勇者威怯苟以得勝

爲務不顧義理故機變械飾所以相賊害之具不可勝數於是秦兼天下廢王道立私議滅詩書而首法令（師古曰以法令爲首）去仁恩而任刑戮（師古曰參去除也）墮名城殺豪桀（師古曰墮毀也音火規反）銷甲兵折鋒刃其後民以耰鉏箠梃相撻擊（師古曰耰摩田之器也箠馬撾也梃大杖也耰音憂箠音之累反梃音大鼎反）犯法滋衆盜賊不勝（師古曰滋益也不勝言不可勝也）至於赭衣塞路羣盜滿山卒以亂亡故聖王務教化而省禁防知其不足恃也今陛下昭明德建太平舉俊材興學官三公有司或由窮巷起白屋裂地而封（師古曰白屋以白茅覆屋也壽王言此者并以譏公孫弘）宇内日化方外鄉風（師古曰鄉讀曰嚮）然而盜賊猶有者

郡國二千石之罪非挾弓弩之過也禮曰男子生桑弧蓬矢以舉之明示有事也（師古曰有四方扞禦之事）孔子曰吾何執執射乎（師古曰論語載孔子之言）大射之禮自天子降及庶人三代之道也詩云大侯既抗弓矢斯張射夫既同獻爾發功（師古曰小雅賓之初筵之詩也侯所以居的以皮爲之天子射豹侯諸侯射熊侯卿大夫射麋侯士射鹿豕侯抗舉也射夫衆射者也同同耦也言既舉大侯又張弓矢分耦而射則獻其發矢中的之功也）言貴中也（師古曰中音竹仲反）愚聞聖王合射以明教矣未聞弓矢之爲禁也且所爲禁者爲盜賊之以攻奪也攻奪之罪死然而不止者大姦之於重誅固不避也臣恐邪人挾之而吏不能止良民以自備而抵法禁（師古曰抵觸也）是擅

賊威而奪民救也（師古曰擅專也）竊以爲無益於禁姦而廢先王之典使學者不得習行其禮大不便書奏上以難丞相弘弘詘服焉及汾陰得寶鼎武帝嘉之薦見宗廟臧於甘泉宮羣臣皆上壽賀曰陛下得周鼎壽王獨曰非周鼎上聞之召而問之曰今朕得周鼎羣臣皆以爲然壽王獨以爲非何也有說則可無說則死壽王對曰臣安敢無說臣聞周德始乎后稷長於公劉大於大王（師古曰公劉后稷曾孫也大王文王之祖則古公亶甫也）成於文武顯於周公德澤上昭天下漏泉（師古曰昭明也漏言潤澤下霑如屋之漏）無所不通上天報應鼎爲周出故名曰周

鼎今漢自高祖繼周亦昭德顯行布恩施惠六合和同至於陛下恢廓祖業功德愈盛天瑞並至珍祥畢見昔秦始皇親出鼎於彭城而不能得天祚有德而寶鼎自出此天之所以與漢迺漢寶非周寶也上曰善羣臣皆稱萬歲是日賜壽王黃金十斤後坐事誅

主父偃齊國臨菑人也學長短從横術（服虔曰蘇秦法百家書說也師古曰長短解在張湯傳從横說在藝文志）晚迺學易春秋百家之言游齊諸子閒（師古曰諸子諸侯王子）諸儒生相與排儐不容於齊家貧假貣無所得（師古曰貣音土得反）北游燕趙中山皆莫能厚客甚

困以諸侯莫足游者元光元年迺入關見衛將軍師古曰衛青衛將軍數言上上不省資用乏留久諸侯賓客多厭之迺上書闕下朝奏暮召入見所言九事其八事為律令一事諫伐匈奴曰臣聞明主不惡切諫以博觀忠臣不避重誅以直諫是故事無遺策而功流萬世今臣不敢隱忠避死以效愚計願陛下幸赦而少察之司馬法曰國雖大好戰必亡天下雖平忘戰必危師古曰司馬穰苴善用兵著書言兵法謂之司馬法一說司馬古主兵之官有軍陳用兵之法天下既平天子大愷應劭曰大愷周禮還師振旅之樂也春蒐秋獮諸侯春振旅秋治兵所以不忘戰也師古曰春為陽中其行木也秋為陰中其行金也金木兵器所貴故於此時蒐獮治兵也蒐蒐索也取不孕者獮應殺氣也振整旅眾也獮音先淺反且怒者逆德也兵者凶器也爭者末節也古之人君一怒必伏尸流血故聖王重行之師古曰重難也夫務戰勝窮武事未有不悔者也昔秦皇帝任戰勝之威蠶食天下幷吞戰國海內為一功齊三代務勝不休欲攻匈奴李斯諫曰不可夫匈奴無城郭之居委積之守遷徙鳥舉難得而制輕兵深入糧食必絕運糧以行重不及事得其地不足以為利得其民不可調而守也李奇曰不可和調也勝必棄之非民父母靡敝中國甘心匈奴師古曰靡散也音靡其下類此非完計也秦皇帝不聽遂使蒙恬

將兵而攻胡卻地千里以河為境地固澤鹵不生五穀師古曰地多沮澤而鹹鹵然後發天下丁男以守北河暴兵露師十有餘年死者不可勝數終不能踰河而北是豈人眾之不足兵革之不備哉其勢不可也又使天下飛芻輓粟師古曰運載芻槀令其疾至故曰飛芻也輓謂引車船也音晚起於黃腄琅邪負海之郡轉輸北河師古曰黃腄二縣名也並在東萊言自東萊及琅邪緣海諸郡皆令轉輸至北河也腄音直瑞反又音誰率三十鍾而致一石師古曰六斛四斗為鍾計其道路所費凡用百九十二斛乃得一石至男子疾耕不足於糧餉師古曰餉亦饟字女子紡績不足於帷幕百姓靡敝孤寡老弱不能相養道死者相望師古曰道死謂死於路也蓋天下始叛也及至高皇帝定天下略地於邊聞匈奴聚代谷之外而欲擊之御史成諫曰不可夫匈奴獸聚而鳥散從之如搏景師古曰搏擊也搏人之陰景言不可得也今以陛下盛德攻匈奴臣竊危之高帝不聽遂至代谷果有平城之圍高帝悔之迺使劉敬往結和親然後天下亡干戈之事故兵法曰興師十萬日費千金秦常積眾數十萬人雖有覆軍殺將係虜單于師古曰覆音芳目反適足以結怨深讎不足以償天下之費夫匈奴行盜侵敺所以為業天性固然師古曰來侵邊境而敺略人畜也敺與驅同其字從攴音普木反上自虞夏殷周固不程督師古曰程課也督視責也禽獸畜之不比為人夫不上

觀虞夏殷周之統而下循近世之失此臣之所以大恐百姓所疾苦也且夫兵久則變生事苦則慮易師古曰言思慮變易失其常也使邊境之民靡敝愁苦將吏相疑而外市張晏曰與外國交求己利若章邯之比也故尉佗章邯得成其私師古曰佗音徒何反而秦政不行權分二子此得失之效也故周書曰安危在出令存亡在所用師古曰此周書者本尚書之餘願陛下孰計之而加察焉是時徐樂嚴安亦俱上書言世務書奏上召見三人謂曰公皆安在何相見之晚也師古曰言皆者各在何處迺拜偃樂安皆爲郎中偃數上疏言事遷謁者中郎中大夫歲中四遷偃說上曰古者諸侯地

不過百里彊弱之形易制今諸侯或連城數十地方千里緩則驕奢易爲淫亂急則阻其彊而合從師古曰從音子容反以逆京師今以法割削則逆節萌起師古曰萌謂事之始生如草木之萌牙也前日朝錯是也今諸侯子弟或十數而適嗣代立師古曰適讀曰嫡餘雖骨肉無尺地之封則仁孝之道不宣願陛下令諸侯得推恩分子弟以地侯之彼人人喜得所願上以德施實分其國必稍自銷弱矣於是上從其計又說上曰茂陵初立天下豪桀并兼之家亂衆民皆可徙茂陵內實京師外銷姦猾此所謂不誅而害除上又從之尊立衛皇后及

發燕王定國陰事偃有功焉大臣皆畏其口賂遺累千金或說偃曰大橫師古曰橫音胡孟反偃曰臣結髮游學四十餘年身不得遂師古曰遂猶達也親不以爲子昆弟不收賓客棄我我阨日久矣丈夫生不五鼎食死則五鼎亨耳張晏曰五鼎食牛羊豕魚麋也諸侯五卿大夫三師古曰五鼎亨之謂被鑊亨之誅吾日暮故倒行逆施之師古曰暮言年齒老也倒行逆施謂不遵常理此語本出五子胥偃述而稱之偃盛言朔方地肥饒外阻河蒙恬城以逐匈奴內省轉輸戍漕廣中國滅胡之本也上覽其說下公卿議皆言不便公孫弘曰秦時嘗發三十萬衆築北河終不可就師古曰就成也已而棄之朱買臣難詘弘遂置朔方

本偃計也元朔中偃言齊王內有淫失之行師古曰失讀曰佚音弋一反上拜偃爲齊相至齊徧召昆弟賓客散五百金予之數曰師古曰數責也數音所具反始吾貧時昆弟不我衣食賓客不我內門師古曰衣音於既反食讀曰飤內門謂內之於門中也今吾相齊諸君迎我或千里吾與諸君絕矣毋復入偃之門迺使人以王與姊姦事動王王以爲終不得脫恐效燕王論死迺自殺偃始爲布衣時嘗游燕趙及其貴發燕事趙王恐其爲國患欲上書言其陰事爲居中不敢發及其爲齊相出關即使人上書告偃受諸侯金以故諸侯子多以得封者及齊王以自

殺聞上大怒以爲偃劫其王令自殺迺徵下吏治
偃服受諸侯之金實不劫齊王令自殺上欲勿誅
公孫弘爭曰齊王自殺無後國除爲郡入漢偃本
首惡非誅偃無以謝天下迺遂族偃偃方貴幸時
客以千數及族死無一人視獨孔車收葬焉上聞
之以車爲長者

徐樂燕無終人也上書曰臣聞天下之患在於土
崩不在瓦解古今一也何謂土崩秦之末世是也陳
涉無千乘之尊疆土之地身非王公大人名族之
後鄉曲之譽非有孔曾墨子之賢陶朱猗頓之富

也然起窮巷奮棘矜（師古曰棘戟也矜者戟之把也時秦銷兵器故但有戟之把耳矜音巨巾反此下亦同）
偏袒大呼天下從風（師古曰呼音火故反）此其故何也由民
困而主不恤下怨而上不知俗已亂而政不脩此
三者陳涉之所以爲資也此之謂土崩故曰天下
之患在乎土崩何謂瓦解吳楚齊趙之兵是也七
國謀爲大逆號皆稱萬乘之君帶甲數十萬威足
以嚴其境内財足以勸其士民然不能西攘尺寸
之地（師古曰攘謂侵取漢地）而身爲禽於中原者此其故何也
非權輕於匹夫而兵弱於陳涉也當是之時先帝
之德未衰而安土樂俗之民衆故諸侯無竟外之

助（師古曰竟讀曰境其下同）此之謂瓦解故曰天下之患不在瓦
解由此觀之天下誠有土崩之勢雖布衣窮處之
士或首難而危海内（師古曰首難謂首唱而作難也）陳涉是也況三晉
之君或存乎（師古曰韓魏趙三國本共分晉故稱三晉）天下雖未治也誠能
無土崩之勢雖有彊國勁兵不得還踵而身爲禽
吳楚是也（師古曰還讀曰旋）況羣臣百姓能爲亂乎此二體
者安危之明要賢主之所留意而深察也間者關
東五穀數不登年歲未復（師古曰復音扶目反）民多窮困重之
以邊境之事（師古曰重音直用反）推數循理而觀之民宜有不
安其處者矣不安故易動易動者土崩之勢也故

賢主獨觀萬化之原明於安危之機脩之廟堂之
上而銷未形之患也其要期使天下無土崩之勢
而已矣故雖有彊國勁兵陛下逐走獸射飛鳥弘
游燕之囿淫從恣之觀極馳騁之樂自若（師古曰自若者言如其常無所廢損也從讀曰縱）金石絲竹之聲不絶於耳帷幄之私俳
優朱儒之笑不乏於前而天下無宿憂（師古曰宿久也）名何
必夏子俗何必成康（服虔曰夏禹也子湯也湯子姓）雖然臣竊以陛下
天然之質寬仁之資而誠以天下爲務則湯文不
難侔而成康之俗未必不復興也（師古曰侔等也）此二體者
立然後處尊安之實揚廣譽於當世親天下而服

四夷餘恩遺德爲數世隆南面背依攝袂而揖王公師古曰依讀曰扆扆巳解於上此陛下之所服也師古曰服事也臣聞圖王不成其敝足以安師古曰言其敝末之法猶足自安也安則陛下何求而不得何威而不成奚征而不服哉師古曰奚何也

嚴朱吾丘主父徐嚴終王賈傳第三十四上

嚴朱吾丘主父徐嚴終王賈傳三十四下師古曰此卷首尚載嚴朱吾丘主父徐五人存其本書題目以示不變易也

漢書六十四

班固

祕書監上護軍琅邪縣開國子顏師古注

嚴安者臨菑人也以故丞相史上書曰臣聞鄒子曰師古曰鄒衍之書也政教文質者所以云救也師古曰以救敝當時則用過則舍之師古曰非其時則廢置也有易則易之師古曰可變易者則易也故守一而不變者未睹治之至也今天下人民用財侈靡車馬衣裘宮室皆競修飾調五聲使有節族蘇林曰族音奏師古曰節止也奏進也雜五色使有文章重五味方丈於前以觀欲天下孟康曰觀猶顯也欲音慾師古曰顯示之使其慕欲也彼民之情見美則願之是教民以侈也侈而無節則不可贍師古曰贍足也民離本而徼末矣師古曰徼要求也音工堯反末不可徒得師古曰徒空也故搢紳者不憚爲詐帶劍者夸殺人以矯奪師古曰夸大也競也矯僞也而世不知媿故姦軌浸長師古曰浸漸也夫佳麗珍怪固順於耳目故養失而泰樂失而淫禮失而采如淳曰采飾也師古曰采者文過其實也教失而僞僞采淫泰非所以範民之道也師古曰範謂爲之立法也是以天下人民逐利無巳犯法者衆臣願爲民制度以防其淫使貧富不相燿以和其心心既和平其性恬安恬安不營則盜賊銷盜賊銷則刑罰少刑罰少則陰陽和四時正風雨

時草木暢茂五穀蕃孰六畜遂字（師古曰蕃多也遂成也字生也蕃音扶元反）民不夭癘和之至也（師古曰癘病也）臣聞周有天下其治三百餘歲成康其隆也刑錯四十餘年而不用及其衰亦三百餘年故五伯更起（師古曰伯讀曰霸更音工衡反其下並同）伯者常佐天子興利除害誅暴禁邪匡正海內以尊天子五伯既沒賢聖莫續天子孤弱號令不行諸侯恣行彊陵弱衆暴寡田常篡齊六卿分晉並爲戰國此民之始苦也於是彊國務攻弱國修守合從連衡馳車轂擊（師古曰車轂相擊言其衆多也從音子容反）介胄生蟣蝨民無所告愬及至秦王蠶食天下并吞戰國稱號皇

帝一海內之政壞諸侯之城銷其兵鑄以爲鍾虡（師古曰虡懸鍾者也解在賈山司馬相如傳）示不復用元元黎民得免於戰國逢明天子人人自以爲更生（師古曰言天下既免戰國之苦若逢明聖之主則可以更生而秦皇反爲虐政以殘害也）鄉使秦緩刑罰薄賦斂（師古曰鄉讀曰嚮）省繇役貴仁義賤權利上篤厚下佞巧變風易俗化於海內則世世必安矣秦不行是風循其故俗爲知巧權利者進篤厚忠正者退法嚴令苛諂諛者衆（師古曰讇古諂字）日聞其美意廣心逸欲威海外使蒙恬將兵以北攻彊胡辟地進境（師古曰辟讀曰闢）戍於北河飛芻輓粟以隨其後又使尉屠睢將樓船之士攻越使監

祿鑿渠運糧深入越地越人遁逃曠日持久糧食乏絕越人擊之秦兵大敗秦乃使尉佗將卒以戍越當是時秦禍北構於胡南挂於越（師古曰挂縣也）宿兵於無用之地（師古曰宿留也）進而不得退行十餘年丁男被甲丁女轉輸苦不聊生自經於道樹死者相望及秦皇帝崩天下大畔陳勝吳廣舉陳（師古曰舉謂起兵也）武臣張耳舉趙項梁舉吳田儋舉齊景駒舉郢周市舉魏韓廣舉燕窮山通谷豪士並起不可勝載也然本皆非公侯之後非長官之吏（師古曰長官謂一官之長也）無尺寸之埶起閭巷杖棘矜應時而動不謀而俱起不約而同

會壤長地進至乎伯王（張晏曰長進益也師古曰言其稍稍攻伐進益土境以至廣大也長音竹兩反伯讀曰霸）時教使然也秦貴爲天子富有天下滅世絕祀窮兵之禍也故周失之弱秦失之彊不變之患也今徇南夷朝夜郎降羌僰略薉州建城邑（張晏曰薉貉也師古曰薉與穢同）深入匈奴燔其龍城（師古曰燔燒也龍城匈奴祭天處也燔音扶元反）議者美之此人臣之利非天下之長策也今中國無狗吠之驚而外累於遠方之備靡敝國家（師古曰累音力瑞反）非所以子民也（師古曰子謂養之如子也）行無窮之欲甘心快意結怨於匈奴非所以安邊也禍挐而不解兵休而復起（師古曰挐相連引也音女居反）近者愁苦遠者驚駭非所以持久也

今天下鍛甲摩劒矯箭控弦師古曰矯正曲使直也控引也轉輸軍糧未見休時此天下所共憂也夫兵久而變起事煩而慮生今外郡之地或幾千里師古曰幾音鉅依反丈下亦同列城數十形束壤制孟康曰言其土地形勢足以束制其民帶脅諸侯師古曰帶者言諸侯之於郡守譬若佩帶謂軀小也脅謂其威力足以脅之也一曰帶在脅旁附著之義也非宗室之利也上觀齊晉所以亡公室卑削六卿大盛也下覽秦之所以滅刑嚴文刻欲大無窮也今郡守之權非特六卿之重也地幾千里非特閭巷之資也甲兵器械非特棘矜之用也以逢萬世之變則不可勝諱也師古曰言不可盡諱者言必滅亡也後以安爲騎馬令師古曰主天子之騎馬也騎音其寄反

終軍字子雲濟南人也少好學以辯博能屬文聞於郡中師古曰屬音之欲反年十八選爲博士弟子至府受遣師古曰博士弟子屬太常受遣者由郡遣詣京師太守聞其有異材召見軍甚奇之與交結軍揖太守而去至長安上書言事武帝異其文拜軍爲謁者給事中從上幸雍祠五畤獲白麟一角而五蹄師古曰每一足有五蹄也時又得奇木其枝旁出輒復合於木上上異此二物博謀羣臣師古曰訪其徵應也軍上對曰臣聞詩頌君德樂舞后功異經而同指明盛德之所隆也南越竄屏葭葦與鳥魚羣師古曰葭蘆也成長則曰葦葭音加正朔不及其俗有司臨境而東甌內附閩王伏辜南越賴救北胡隨畜薦居蘇林曰薦草也師古曰蘇說非也薦讀曰荐荐屢也言隨畜牧屢易故居不安住也左傳戎狄荐居者也禽獸行虎狼心上古未能攝大將軍秉鉞單于犇幕師古曰犇古奔字票騎抗旌昆邪右衽師古曰抗舉也右衽從中國化也昆音下門反是澤南洽而威北暢也師古曰洽溥也暢達也若罰不阿近舉不遺遠設官竢賢縣賞待功師古曰竢古俟字也下亦同能者進以保祿罷者退而勞力師古曰罷讀曰疲謂不堪職任者也勞力歸農畝也刑於宇內矣師古曰刑法也謂成法於宇內也一曰刑見之履衆美而不足懷聖明而不專師古曰言自謙也建三宮之文質章厥職之所宜服虔曰三宮明堂辟雍靈臺也鄭氏曰於三宮班政教有文質者也封禪之君無聞焉張晏曰前世封禪之君不聞若斯之美也夫天命初定萬事草創師古曰謂

始受命之君也及臻六合同風九州共貫必待明聖潤色祖業傳於無窮師古曰潤色謂光飾之故周至成王然後制定而休徵之應見師古曰休美也徵證也陛下盛日月之光垂聖思於勤成專神明之敬奉燔瘞於郊宮師古曰燔祭天也瘞祭地也祭天則燒之祭地則薶之郊宮謂泰畤及后土也獻享之精交神積和之氣塞明師古曰塞荅也明者明靈亦謂神也而異獸來獲宜矣昔武王中流未濟白魚入於王舟俯取以燎羣公咸曰休哉師古曰謂伐紂時解在董仲舒傳今郊祀未見於神祇而獲獸以饋師古曰以饋謂充祭俎也此天之所以示饗而上通之符合也宜因昭時令日改定告元張晏曰改元年以告神祇也師古曰昭明也令善也苴以白茅於江淮發嘉

號于營丘以應緝熙服虔曰苴作席也張晏曰江淮職貢三脊茅爲藉也孟康曰嘉號封禪也泰山在齊分野故曰營丘也或曰登封泰山以明姓號也師古曰苴音祖又音子豫反非苞苴之苴也使著事者有紀焉師古曰謂史官也紀記也蓋六鶂退飛逆也張晏曰六鶂退飛象諸侯畔逆宋襄公伯道退也白魚登舟順也張晏曰周木德也舟木也殷水德魚水物魚躍登舟象諸侯順周以紂畀武王也臣瓚曰時論者未以周爲木殷爲水也謂武王伐殷而魚入王舟象征而必獲故曰順也師古曰瓚說是也夫明闇之徵上亂飛鳥下動淵魚師古曰亂變也各以類推今野獸幷角明同本也師古曰幷合也獸皆兩角今此獨一故云幷也衆支內附示無外也若此之應殆將有解編髮削左衽襲冠帶要衣裳而蒙化者焉師古曰要衣裳謂著中國之衣裳也編讀曰辮要音一遥反斯拱而竢之耳師古曰拱手而待之言其即至對奏上甚異之由是改元爲元狩後數月越

地及匈奴名王有率衆來降者時皆以軍言爲中師古曰中音竹仲反元鼎中博士徐偃使行風俗師古曰行音下更反偃矯制師古曰矯託也託言受詔也使膠東魯國鼓鑄鹽鐵如淳曰鑄銅鐵扇熾火謂之鼓還奏事徙爲太常丞御史大夫張湯劾偃矯制大害法至死偃以爲春秋之義大夫出疆有可以安社稷存萬民顓之可也師古曰顓與專同下亦類此湯以致其法不能詘其義有詔下軍問狀軍詰偃曰古者諸侯國異俗分百里不通時有聘會之事安危之埶呼吸成變故有不受辭造命顓己之宜今天下爲一萬里同風故春秋王者無外偃巡封域之中稱以出疆

何也且鹽鐵郡有餘臧師古曰先有畜積正二國廢國家不足以爲利害而以安社稷存萬民爲辭何也又詰偃膠東南近琅邪北接北海魯國西枕泰山東有東海受其鹽鐵偃度四郡口數田地師古曰度計也音大各反率其用器食鹽不足以幷給二郡邪將埶宜有餘而吏不能也何以言之偃矯制而鼓鑄者欲及春耕種贍民器也師古曰贍足也今魯國之鼓當先具其備師古曰備者猶今言調度至秋乃能舉火此言與實反者非師古曰重問之偃已前三奏無詔師古曰不報聽也不惟所爲不許師古曰惟思也而直矯作威福以從民望干名采譽師古曰干求也采取也此明聖所

必加誅也枉尺直尋孟子稱其不可師古曰孟子孟軻也八尺曰尋孟子之書曰陳代問於孟子曰枉尺直尋若何爲也孟子曰子過矣枉己者未有能直人者也尋長而尺短故陳代言所直者多而所曲者少則可爲之孟子以爲苟有少曲則害於大直故不可也今所犯罪重所就者小師古曰就成也偃自予必死而爲之邪師古曰予許也將幸誅不加欲以采名也師古曰幸冀也偃窮詘服罪當死軍奏偃矯制顓行非奉使體請下御史徵偃即罪師古曰徵召也即就也奏可上善其詰有詔示御史大夫初軍從濟南當詣博士步入關關吏予軍繻張晏曰繻音須繻符也書帛裂而分之若券契矣蘇林曰繻帛邊也舊關出入皆以傳傳煩因裂繻頭合以爲符信也師古曰蘇說是也軍問以此何爲吏曰爲復傳師古曰復返也謂返出關更以爲傳復音扶福反傳音張戀反次下亦同還當以合符軍曰丈夫西游

終不復傳還棄繻而去軍爲謁者使行郡國師古曰行音下更反其後亦同建節東出關關吏識之曰此使者迺前棄繻生也軍行郡國所見便宜以聞還奏事上甚說師古曰說讀曰悅當發使匈奴師古曰漢朝欲遣人爲使於匈奴也軍自請曰軍無橫草之功師古曰言行草中使草偃卧故云横草也得列宿衛食祿五年邊境時有風塵之警臣宜被堅執銳當矢石啓前行師古曰行音下郎反駑下不習金革之事今聞將遣匈奴使者臣願盡精厲氣奉佐明使畫吉凶於單于之前臣年少材下孤於外官師古曰孤遠也外官謂非侍幃之臣也不足以亢一方之任師古曰亢當也音抗竊不勝憤懣詔問畫吉凶之狀上奇

軍對擢爲諫大夫南越與漢和親迺遣軍使南越說其王欲令入朝比内諸侯軍自請願受長纓必羈南越王而致之闕下師古曰言如馬羈也軍遂往說越王越王聽許請舉國内屬天子大說師古曰說讀曰悅賜南越大臣印綬壹用漢法以新改其俗令使者留填撫之師古曰填音竹刃反越相呂嘉不欲内屬發兵攻殺其王及漢使者皆死語在南越傳軍死時年二十餘故世謂之終童

王襃字子淵蜀人也宣帝時修武帝故事講論六藝羣書博盡奇異之好徵能爲楚辭九江被公師古曰被姓也音皮義反召見誦讀益召高材劉向張子僑華龍柳襃等待詔金馬門師古曰華音戶化反神爵五鳳之閒天下殷富數有嘉應上頗作歌詩欲興協律之事丞相魏相奏言知音善鼓雅琴者渤海趙定梁國龔德皆召見待詔於是益州刺史王襄欲宣風化於衆庶聞王襃有俊材請與相見使襃作中和樂職宣布詩師古曰中和者言政治和平也樂職者言百官各得其職也宣布者風化普洽無所不被選好事者令依鹿鳴之聲習而歌之時汜鄉侯何武爲僮子選在歌中師古曰汜音凡久之武等學長安歌太學下轉而上聞宣帝召見武等觀之皆賜帛謂曰此盛德之事吾

何足以當之襃既爲刺史作頌師古曰即上中和樂職宣布詩也以美盛德故謂之頌也又作其傳師古曰解釋頌歌之義及作者之意益州刺史因奏襃有軼材師古曰軼與逸同上迺徵襃既至詔襃爲聖主得賢臣頌其意襃對曰夫荷旃被毳者難與道純緜之麗密師古曰純絲也謂織爲繒帛之麗緻之密也一說純緜不雜緜也羹藜唅糗者不足與論大牢之滋味服虔曰唅音含師古曰糗即今之熬米麥所爲者音丘九反又音昌少反今臣辟在西蜀師古曰辟讀曰僻生於窮巷之中長於蓬茨之下師古曰蓬茨以蓬蓋屋也茨音才私反無有遊觀廣覽之知顧有至愚極陋之累師古曰顧猶反也累音力瑞反不足以塞厚望應明指師古曰塞當也雖然敢不略陳愚而抒情素師古曰抒猶泄也音食汝反記曰共惟春秋法

五始之要服虔曰共敬也張晏曰要春秋稱元年春王正月此五始也師古曰元者氣之始春者四時之始王者受命之始正月者政敎之始公卽位者一國之始是爲五始共讀曰恭在乎審己正統而已夫賢者國家之器用也所任賢則趨舍省而功施普師古曰趨讀曰趣普博也器用利則用力少而就效衆故工人之用鈍器也勞筋苦骨終日矻矻應劭曰矻矻勞極貌如淳曰健作貌也師古曰如說是也矻音口骨反及至巧冶鑄干將之樸清水焠其鋒師古曰焠謂燒而內水中以堅之也鋒刃芒端也焠音千內反越砥斂其咢晉灼曰砥石出南昌故曰越也師古曰咢刃旁也音五各反水斷蛟龍陸剸犀革師古曰剸截也音之兖反又音徒官反忽若篲氾畫塗師古曰篲帚也氾氾灑地也塗泥也如以帚埽氾灑之地以刀畫泥中言其易如此則使離婁督繩公輸削墨張晏曰離婁黃帝時明目者也應劭曰公輸魯般性巧者也師古曰督察視也雖崇臺

五增延袤百丈而不溷者工用相得也師古曰溷亂也音胡頓反庸人之御駑馬亦傷吻敝策而不進於行師古曰吻口角也策所以擊馬也匈喘膚汗人極馬倦及至駕齧厀驂乘旦孟康曰良馬低頭口至厀故曰齧厀張晏曰駕則且至故曰乘旦師古曰乘音食證反王良執靶張晏曰王良字伯樂晉灼曰靶音霸謂轡也師古曰參驗左氏傳及國語孟子郵無恤郵良劉無止王良揔一人也楚辭云驥躊躇於敝輂遇孫陽而得代王逸云孫陽伯樂姓名也列子云伯樂秦穆公時人考其年代不相當張說云良字伯樂斯失之矣韓哀附輿應劭曰世本韓哀作御師古曰宋衷云韓哀韓文侯也時已有御此復言作者加其精巧也然則善御者耳非始作也縱馳騁騖忽如景靡師古曰亂馳曰騖景靡者如光景之徙靡也過都越國蹶如歷塊師古曰如經歷一塊言其速疾之甚塊音口內反追奔電逐遺風師古曰呂氏春秋云遺風之乘言馬行尤疾每在風前故遺風於後今此言逐遺風則是風之遺逸在後者馬能逐及也周流八極萬里壹息何

其遼哉人馬相得也師古曰遼遠也謂所行遠故服絺綌之涼者不苦盛暑之鬱燠師古曰鬱熱氣也燠溫也音於六反襲貂狐之煖者不憂至寒之悽愴師古曰悽愴寒冷也煖音乃短反何則有其具者易其備賢人君子亦聖王之所以易海內也是以嘔喻受之應劭曰嘔喻和悅貌師古曰嘔音於付反開寬裕之路以延天下英俊也師古曰裕饒也夫竭知附賢者必建仁策索人求士者必樹伯迹師古曰伯讀曰霸昔周公躬吐捉之勞故有圄空之隆師古曰一飯三吐食一沐三捉髮以賓賢士故能成太平之化刑措不用囹圄空虛也齊桓設庭燎之禮故有匡合之功應劭曰有以九九求見桓公桓公不納其人曰九九小術而君不納之況大於九九者乎於是桓公設庭燎之禮而見之居無幾隰朋自遠而至齊桓遂以霸師古曰九九計數之書若今筭經也匡謂一匡天下也合謂九合諸侯

由此觀之君人者勤於求賢而逸於得人師古曰逸閑也人臣亦然昔賢者之未遭遇也圖事揆策則君不用其謀陳見悃誠則上不然其信師古曰悃至也音口本反進仕不得施效斥逐又非其愆是故伊尹勤於鼎俎太公困於鼓刀師古曰勤於鼎俎謂負鼎俎以干湯也鼓刀謂屠牛於朝歌也百里自鬻甯子飯牛師古曰鬻賣也呂氏春秋云百里奚之未遇時也虞亡而虜縛鬻以五羊之皮公孫枝得而悅之獻諸穆公飯牛解在鄒陽傳鬻音弋六反離此患也師古曰離遭也及其遇明君遭聖主也運籌合上意諫諍即見聽進退得關其忠任職得行其術去卑辱奧渫而升本朝張晏曰奧幽也渫狎也汙也言幽奧渫汙不章顯也師古曰渫音先列反離疏釋蹻而享膏粱應劭曰離此疏食釋此木屩也臣瓚曰以繩爲蹻也師古曰蹻

即今之鞋耳蹻說是也蹻音居略反剖符錫壤而光祖考傳之子孫以資說士師古曰談說之士傳以爲資也故世必有聖知之君而後有賢明之臣故虎嘯而風冽龍興而致雲師古曰冽冽風貌也音列蟋蟀俟秋唫蜉蝣出以陰孟康曰蜉蝣渠略也師古曰蟋蟀今之促織也蜉蝣甲蟲也好叢聚而生也朝生而夕死蝣音由字亦作蝤其音同也易曰飛龍在天利見大人師古曰乾卦九五爻辭也言王者居正陽之位賢才見之則利用也詩曰思皇多士生此王國師古曰大雅文王之詩也思語辭也皇美也言美哉此衆多賢士生此周王之國也故世平主聖俊艾將自至師古曰艾讀曰乂若堯舜禹湯文武之君獲稷契皋陶伊尹呂望師古曰契讀與偰同字本作偰後從省耳明明在朝穆穆列布師古曰明明察也穆穆美也聚精會神相得益章師古曰章明也雖伯牙操遞鍾晉灼曰遞音遞迭之

遞二十四鍾各有節奏擊之不常故曰遞臣瓚曰楚辭云奏伯牙之號鍾號鍾琴名也馬融笛賦曰號鍾高調伯牙以善鼓琴不聞說能擊鍾也師古曰琴名是也字既作遞則與楚辭不同不得即讀爲號當依晉音耳逢門子彎烏號師古曰逢門善射者即逢蒙也烏號弓名也並解在前也猶未足以喻其意也故聖主必待賢臣而弘功業俊士亦俟明主以顯其德上下俱欲驩然交欣千載壹合論說無疑翼乎如鴻毛過順風沛乎如巨魚縱大壑師古曰巨亦大也沛音普大反其得意若此則胡禁不止曷令不行師古曰胡曷皆何也化溢四表橫被無窮遐夷貢獻萬祥畢溱師古曰溱字與臻同是以聖王不徧窺望而視已明不單頃耳而聽已聰師古曰單盡也頃讀曰傾恩從祥風翱德與和氣游師古曰翱翱翔也太平之責塞優游之

望得師古曰塞滿也遵遊自然之埶恬淡無爲之場休徵自至壽考無疆雍容垂拱永永萬年何必偃卬詘信若彭祖呴噓呼吸如僑松如淳曰五帝紀彭祖堯舜時人列僊傳彭祖殷大夫也歷夏至商末號年七百師古曰信讀曰伸呴噓皆開口出氣也僑王僑松赤松子皆仙人也呴音許于反噓音虛眇然絕俗離世哉師古曰眇然高遠之意也詩云濟濟多士文王以寧師古曰亦文王之詩也濟濟盛貌也言文王能多用賢人故邦國得以安寧也蓋信乎其以寧也是時上頗好神僊故褒對及之上令褒與張子僑等並待詔數從褒等放獵師古曰放士衆大獵也一曰游放及田獵所幸宮館輒爲歌頌第其高下以差賜帛議者多以爲淫靡不急上曰不有博弈者乎爲之猶賢乎已師古曰此論語載孔子之詞也言博弈雖非道藝無事爲

之猶賢也弈今之圍棊也辭賦大者與古詩同義小者辯麗可喜師古曰喜好也音許吏反辟如女工有綺穀音樂有鄭衛師古曰辟讀曰譬今世俗猶皆以此虞說耳目師古曰虞與娛同說讀曰悅辭賦比之尚有仁義風諭師古曰風讀曰諷鳥獸草木多聞之觀賢於倡優博弈遠矣頃之擢褒爲諫大夫其後太子體不安苦忽忽善忘不樂詔使褒等皆之太子宮虞侍太子師古曰之往也朝夕誦讀奇文及所自造作疾平復迺歸師古曰復音扶目反太子喜褒所爲甘泉及洞簫頌師古曰喜音許吏反令後宮貴人左右皆誦讀之後方士言益州有金馬碧雞之寶可祭祀致也宣帝使褒往祀焉褒於

道病死上閔惜之

賈捐之字君房賈誼之曾孫也元帝初即位上疏言得失召待詔金馬門初武帝征南越元封元年立儋耳珠厓郡皆在南方海中洲居師古曰居海中之洲也水中可居者曰洲廣袤可千里師古曰袤長也合十六縣戶二萬三千餘其民暴惡自以阻絕數犯吏禁吏亦酷之率數年壹反殺吏漢輒發兵擊定之自初爲郡至昭帝始元元年二十餘年間凡六反叛至其五年罷儋耳郡幷屬珠厓至宣帝神爵三年珠厓三縣復反反後七年甘露元年九縣反輒發兵擊定之元帝初元

元年珠厓又反發兵擊之諸縣更叛連年不定師古曰更音工衡反上與有司議大發軍捐之建議以爲不當擊上使侍中駙馬都尉樂昌侯王商詰問捐之曰珠厓內屬爲郡久矣今背畔逆節而云不當擊長蠻夷之亂虧先帝功德經義何以處之師古曰於六經之內當何者之科條也捐之對曰臣幸得遭明盛之朝蒙危言之策無忌諱之患師古曰危言直言也言出而身危故云危言論語稱孔子曰邦有道危言危行敢昧死竭卷卷師古曰卷卷讀與拳拳同臣聞堯舜聖之盛也禹入聖域而不優臣瓚曰禹之功德裁入聖人區域但不能優泰耳故孔子稱堯曰大哉韶曰盡善禹曰無間師古曰論語稱孔子曰大哉堯之爲君也又曰韶盡美矣又盡善也又曰禹吾無間然矣韶舜樂名間音工莧反以三聖之德地方不過數千里西被流沙東漸于海朔南暨聲教迄于四海師古曰此引禹貢之辭漸入也一曰浸也朔北方也暨及也迄至也欲與聲教則治之不欲與者不彊治也師古曰與讀曰豫故君臣歌德師古曰言皆有德可歌頌含氣之物各得其宜武丁成王殷周之大仁也師古曰武丁殷之高宗然地東不過江黃西不過氐羌南不過蠻荊北不過朔方是以頌聲並作視聽之類咸樂其生越裳氏重九譯而獻晉灼曰遠國使來因九譯言語乃通也張晏曰越不著衣裳慕中國化遣譯來著衣裳也故曰越裳也師古曰張說非也越裳自是國名非以襲衣裳始爲稱號王充論衡作越甞此則不作衣裳之字明矣此非兵革之所能致及其衰也南征不還師古曰謂昭王也爲楚所溺也齊桓救其難師古曰謂襄王也初爲太子而惠王欲立王子帶齊

桓公爲首止之盟以定太子之位事在左傳僖九年孔子定其文張晏曰孔子作春秋夷狄之國雖大自稱王者皆貶爲子以至乎秦興兵遠攻貪外虛內務欲廣地不慮其害然地南不過閩越北不過太原而天下潰畔禍卒在於二世之末師古曰卒終也長城之歌至今未絕賴聖漢初興爲百姓請命平定天下至孝文皇帝閔中國未安偃武行文則斷獄數百民賦四十丁男三年而一事如淳曰常賦歲百二十歲一事時天下民多故出賦四十三歲而一事時有獻千里馬者詔曰鸞旗在前屬車在後師古曰鸞旗編以羽毛列繫幢旁載於車上大駕出則陳於道而先行屬車相連屬而陳於後也屬音之欲反吉行日五十里師行三十里朕乘千里之馬獨先安之師古曰安之言何所適往於是還馬與

道里費而下詔曰朕不受獻也其令四方毋求來獻當此之時逸游之樂絕奇麗之賂塞鄭衛之倡微矣夫後宮盛色則賢者隱處佞人用事則諍臣杜口而文帝不行故謚爲孝文廟稱太宗至孝武皇帝元狩六年太倉之粟紅腐而不可食（師古曰粟久腐壞則色紅赤也）都內之錢貫朽而不可校（師古曰校謂數計也）迺探平城之事（師古曰追計其事故言探）錄冒頓以來數爲邊害籍兵馬因富民以攘服之（師古曰攘卻也）西連諸國至于安息東過碣石以玄菟樂浪爲郡（師古曰樂音洛浪音郎）北卻匈奴萬里更起營塞制南海以爲八郡則天下斷獄萬數民賦數

百造鹽鐵酒榷之利以佐用度猶不能足當此之時寇賊並起軍旅數發父戰死於前子鬬傷於後女子乘亭鄣孤兒號於道老母寡婦飲泣巷哭（師古曰淚流被面以入於口故言飲泣也）遙設虛祭想魂乎萬里之外淮南王盜寫虎符陰聘名士關東公孫勇等詐爲使者是皆廓地泰大征伐不休之故也今天下獨有關東關東大者獨有齊楚民衆久困連年流離離其城郭相枕席於道路（如淳曰席音藉師古曰席即藉也不勞借音）人情莫親父母莫樂夫婦至嫁妻賣子法不能禁義不能止此社稷之憂也今陛下不忍悁悁之忿欲驅士衆擠之

大海之中（師古曰擠墜也音子詣反又子奚反）快心幽冥之地非所以救助飢饉保全元元也詩云蠢爾蠻荊大邦爲讎（師古曰詩小雅采芑之詩也蠢動貌也蠻荊荊州之蠻也言敢與大國爲讎敵也）言聖人起則後服中國衰則先畔動爲國家難自古而患之久矣何況迺復其南方萬里之蠻乎駱越之人父子同川而浴相習以鼻飲與禽獸無異本不足郡縣置也顓顓獨居一海之中（師古曰顓與專同專專猶區區也一曰圜貌也）霧露氣濕多毒草蟲蛇水土之害人未見虜戰士自死又非獨珠厓有珠犀瑇瑁也（師古曰瑇瑁文甲也瑇音代瑁音昧）棄之不足惜不擊不損威其民譬猶魚鼈何足貪也臣竊以往者

羌軍言之暴師曾未一年兵出不踰千里費四十餘萬萬大司農錢盡迺以少府禁錢續之（師古曰少府錢主供天子故曰禁錢）夫一隅爲不善費尚如此況於勞師遠攻亡士毋功乎求之往古則不合施之當今又不便臣愚以爲非冠帶之國禹貢所及春秋所治皆可且無以爲（師古曰爲猶用也）願遂棄珠厓專用恤關東爲憂對奏上以問丞相御史御史大夫陳萬年以爲當擊丞相于定國以爲前日興兵擊之連年護軍都尉校尉及丞凡十一人還者二人卒士及轉輸死者萬人以上費用三萬萬餘尚未能盡降今關東困

之民難搖動捐之議是上迺從之遂下詔曰珠厓
虜殺吏民背畔爲逆今廷議者或言可擊或言可
守或欲棄之其指各殊朕日夜惟思議者之言羞
威不行則欲誅之狐疑辟難則守屯田（師古曰辟讀曰避次下亦同）
通于時變則憂萬民夫萬民之饑餓與遠蠻之不
討危孰大焉且宗廟之祭凶年不備況乎辟不嫌
之辱哉今關東大困倉庫空虛無以相贍又以動
兵非特勞民凶年隨之其罷珠厓郡民有慕義欲
内屬便處之（師古曰欲有來入内郡者所至之處即安置也）不欲勿彊珠厓由是
罷捐之數召見言多納用時中書令石顯用事捐

前漢傳三十四下　十八

之數短顯（師古曰談說其長短）以故不得官後稀復見而長安
令楊興新以材能得幸與捐之相善捐之欲得召
見謂興曰京兆尹缺使我得見言君蘭（張晏曰楊興字）京兆
尹可立得興曰縣官嘗言興瘉薛大夫（張晏曰瘉勝也薛廣德爲御史
大夫師古曰瘉與愈同）我易助也君房下筆言語妙天下（師古曰於天下
最爲精妙耳）使君房爲尚書令勝五鹿充宗遠甚捐之曰
令我得代充宗君蘭爲京兆京兆郡國首尚書百
官本天下眞大治士則不隔矣捐之前言平恩侯
可爲將軍（張晏曰許嘉也）期思侯竝可爲諸曹（師古曰期思侯當是賁赫之後嗣也
而表不載）皆如言又薦譚者滿宜立爲冀州刺史言中

謁者不宜受事宦者不宜入宗廟立止相薦之信
不當如是乎（師古曰與相薦之効當如前所言諸事見納用）興曰我復見言君房
也捐之復短石顯興曰顯鼎貴（如淳曰鼎音釘言方且欲貴矣師古曰方且是
也讀如今字）上信用之今欲進弟從我計（師古曰弟但也）且與合意
即得入矣捐之即與興共爲薦顯奏曰竊見石顯
本山東名族有禮義之家也持正六年未嘗有過
明習於事敏而疾見出公門入私門（師古曰言自公庭出即歸其家不妄
交遊）宜賜爵關内侯引其兄弟以爲諸曹又共爲薦
興奏曰竊見長安令興幸得以知名數召見興事
父母有曾氏之孝（師古曰曾參也）事師有顏閔之材（師古曰顏回閔子騫）

前漢傳三十四下　十九　錢珏

榮名聞於四方明詔舉茂材列侯以爲首爲長安
令吏民敬鄉（師古曰鄉讀曰嚮）道路皆稱能觀其下筆屬文
則董仲舒進談動辭則東方生置之爭臣則汲直
（張晏曰汲黯方直故世謂之汲直）用之介冑則冠軍侯施之治民則趙
廣漢抱公絕私則尹翁歸興兼此六人而有之守
道堅固執義不回（師古曰回邪也）臨大節而不可奪國之良
臣也可試守京兆尹石顯聞知白之上迺下興捐
之獄令皇后父陽平侯禁與顯共雜治奏興捐之
懷詐僞以上語相風更相薦譽（師古曰風讀曰諷更音工衡反）欲得
大位漏泄省中語罔上不道書曰讒說殄行震驚

朕師古曰虞書舜典之辭也言讒巧之說殄絕君子之行震驚我衆 王制順非而澤不聽而誅師古曰禮記王制云行僞而堅言僞而辯學非而博順非而澤以疑衆殺謂令有堅爲辯言不以誠質學於非道雖博無用飾非文過辭語順澤不顯數令有如此者皆誅殺也 請論如法捐之竟坐棄市與減死罪一等髡鉗爲城旦成帝時至部刺史

贊曰詩稱戎狄是膺荊舒是懲師古曰魯頌閟宮之詩也膺當也懲創刈也言魯僖公與齊桓舉義兵北當戎狄南創荊蠻與羣舒也 久矣其爲諸夏患也漢興征伐胡越於是爲盛究觀淮南捐之主父嚴安之義深切著明師古曰究極也 故備論其語世稱公孫弘排主父張湯陷嚴助石顯譖捐之察其行迹主父求欲鼎亨而得族嚴賈出入禁門招權利死皆其所也亦何排陷之恨哉

嚴朱吾丘徐嚴終王賈傳第三十四下

東方朔傳第三十五

秘書監上護軍琅邪縣開國子顏　[illegible]　注

東方朔字曼倩師古曰倩音千見反 平原厭次人也師古曰高祖功臣表有厭次侯爰類是則厭次之名也其來久矣而說者乃云後漢始爲縣於此致疑斯未通也厭音一涉反又音一琰反 武帝初即位徵天下舉方正賢良文學材力之士待以不次之位師古曰不拘常次言超擢也 四方士多上書言得失自衒鬻者以千數師古曰衒行賣也鬻亦賣也衒音州縣之縣又音工縣反 其不足采者輒報聞罷師古曰報云天子已聞其所上之書而罷之令歸 朔初來上書曰臣朔少失父母長養兄嫂年十三學書三冬文史足用如淳曰貧子冬日乃得學書言文史之事足可用也 十五學擊劍十六學詩書師古曰擊劍謂遍擊而中之非斬刺之 誦二十二萬言十九學孫吳兵法戰陣之具鉦鼓之教師古曰鉦鼓所以爲進退士衆之節也鉦音正 亦誦二十二萬言凡臣朔固已誦四十四萬言又常服子路之言服虔曰無宿諾 臣朔年二十二長九尺三寸目若懸珠齒若編貝師古曰編列次也音鞭 勇若孟賁師古曰孟賁衞人古之勇士也尸子說云人謂孟賁生乎曰勇貴乎曰勇富乎曰勇三者人之所難而皆不足以易勇故能搏三軍服猛獸也 捷若慶忌師古曰王子慶忌也射之矢滿把不能中駟馬追之不能及也 廉若鮑叔師古曰齊大夫也與管仲分財自取其少而說者乃妄解云鮑焦非也焦自介士耳 信若尾生師古曰尾生古之信士與女子期於梁下待之不至遇水而死一曰即微生高也 若此可以爲天子大臣矣臣朔昧死再拜以聞朔文辭不遜高自稱譽上偉之師古曰以爲大奇也 令待詔公車師古曰公車令屬衞尉上書者所詣也 奉祿薄未得省見

師古曰不被省納不得見於天子也奉音扶用反其下並同 久之朔紿騶朱儒 文穎曰朱儒之為騶者也師古
曰朱儒短人也騶本廄之御騶也後人以為騎謂之騶騎 曰上以若曹無益於縣官 師古曰若
汝也曹輩也 耕田力作固不及人臨衆處官不能治民從
軍擊虜不任兵事無益於國用徒索衣食 如淳曰索盡也師古
曰音先各反下云索長安米亦同也 今欲盡殺若曹朱儒大恐啼泣朔教
曰上即過叩頭請罪居有頃聞上過朱儒皆號泣
頓首上問何為對曰東方朔言上欲盡誅臣等上
知朔多端召問朔何恐朱儒為對曰臣朔生亦言
死亦言朱儒長三尺餘奉一囊粟錢二百四十臣
朔長九尺餘亦奉一囊粟錢二百四十朱儒飽欲

前漢傳三十五　二

死臣朔飢欲死臣言可用幸異其禮不可用罷之
無令但索長安米上大笑因使待詔金馬門稍得
親近上嘗使諸數家射覆 師古曰數家術數之家也於覆器之下而置諸物令闇射之故
云射覆數音所具反覆音芳目反 置守宮盂下射之皆不能中 師古曰守宮蟲名也
術家云以器養之食以丹沙滿七斤擣治萬杵以點女人體終身不滅若有房室之事則滅矣言可以防閑淫逸故謂之守宮也今俗呼為辟宮辟
亦禦扞之義耳盂食器也若盋而大今之所謂盋盂也盋音撥 朔自贊曰臣嘗受易請射之
師古曰贊進也 迺別蓍布卦而對曰 師古曰別分也音彼列反 臣以為龍又無
角謂之為虵又有足跂跂脈脈善緣壁是非守宮
即蜥蜴 師古曰跂跂行貌也脈脈視貌也爾雅云蠑螈蜥蜴蜥蜴蝘蜓蝘蜓守宮是則一類耳揚雄方言云其在澤中者謂之蜥蜴故
朔曰是非守宮則蜥蜴也蜥音先歷反蜴音余赤反蠑音榮螈音原蝘音烏典反蜓音殄 上曰善賜帛十匹復

使射他物連中輒賜帛 師古曰中音竹仲反其下並同 時有幸倡郭舍
人滑稽不窮 師古曰幸倡倡優之見幸寵者也滑音骨滑稽解在公孫弘傳 常侍左右曰
朔狂幸中耳非至數也 師古曰至實也 臣願令朔復射朔中
之臣榜百不能中臣賜帛 師古曰榜擊也音步行反 迺覆樹上寄
生令朔射之朔曰是寠數也 蘇林曰寠音貧寠之寠數音數錢之數寠數四股鉤
也師古曰寠數戴器也以盆盛物戴於頭者則以寠數薦之今賣白團餅人所用者是也寄生者芝菌之類淋潦之日著樹而生形有周圜象寠數
者今關中俗亦呼為寄生非為蔦之寄生寓木宛童有枝葉者也故朔云著樹為寄生盆下為寠數明其常在盆下今讀書者不曉其意謂射覆之
物覆在盆下輒改前覆守宮盂下為盆字失之遠矣揚惲傳鼠不容穴銜寠數也盆下之物有飲食氣故鼠銜之四股鐵鉤非所銜也 舍
人曰果知朔不能中也朔曰生肉為膾乾肉為脯
著樹為寄生盆下為寠數上令倡監榜舍人舍人

前漢傳三十五　三　層式

不勝痛呼謈 服虔曰謈音暴鄧展曰呼音髇箭之髇謈音瓜瓝之瓝師古曰鄧音是也痛切而叫呼也與田
蚡傳呼服音義皆同一曰鄧音近之謈自冤痛之聲也舍人榜痛乃呼云謈今人痛甚則稱阿謈音步高反是故朔逐韻而謿之云口無
毛聲謷謷言也 朔笑之曰咄口無毛聲謷謷尻益高 鄧展曰咄音納
麥之䵖也師古曰咄叱咄之聲也音丁骨反鄧說非也謷音敖 舍人恚曰朔擅詆欺天子從
官當棄市 師古曰詆毀辱也音丁禮反 上問朔何故詆之對曰臣非
敢詆之迺與為隱耳 師古曰隱謂隱語也 上曰隱云何朔曰夫
口無毛者狗竇也聲謷謷者鳥哺鷇也 項昭曰凡鳥哺子而
活者為鷇生而自啄曰雛師古曰鷇音口豆反 尻益高者鶴俛啄也 師古曰俛即俯字也俯低也啄
鳥觜也俛又音俛啄音竹殺反 舍人不服因曰臣願復問朔隱語不知
亦當榜即妄為諧語曰 師古曰諧者和韻之言也 令壺齟老柏塗

伊優亞狋吽牙何謂也張晏曰齟音樝棃之樝應劭曰狋音銀師古曰齟音側加反又壯加反塗音丈加反優音一侯反亞音烏加反狋音五伊反吽音五侯反朔曰令者命也壺者所以盛也師古曰盛受物音時政反齟者齒不正也老者人所敬也柏者鬼之廷也師古曰言鬼神尚幽闇故以松柏之樹為廷府塗者漸洳徑也師古曰漸洳浸溼也漸音子廉反洳音人庶反伊優亞者辭未定也狋吽牙者兩犬爭也舍人所問朔應聲輒對變詐鋒出莫能窮者左右大驚上以朔為常侍郎遂得愛幸久之伏日師古曰三伏之日也解在郊祀志詔賜從官肉大官丞日晏不來師古曰晏晚也朔獨拔劍割肉謂其同官曰伏日當蚤歸師古曰蚤古早字請受賜即懷肉去大官奏之朔入上曰昨賜肉不

待詔以劍割肉而去之何也朔免冠謝上曰先生起自責也朔再拜曰朔來朔來受賜不待詔何無禮也拔劍割肉壹何壯也割之不多又何廉也歸遺細君又何仁也師古曰細君朔妻之名一說細小也朔自比於諸侯謂其妻曰小君上笑曰使生自責迺反自譽復賜酒一石肉百斤歸遺細君初建元三年微行始出北至池陽西至黃山晉灼曰宮名在槐里南獵長楊東游宜春師古曰宜春宮也在長安城東南說者乃以為在鄠非也在鄠者自是宜春觀耳在長安城西豈得言東游也微行常用飲酎已師古曰酎酒新孰以祭宗廟也酎音紂解在景紀八九月中與侍中常侍武騎及待詔隴西北地良家子能騎射者期諸殿門故有期門之號

自此始微行以夜漏下十刻迺出常稱平陽侯如淳曰平陽侯曹壽尚帝姊時見尊寵故稱之旦明入山下馳射鹿豕狐兔手格熊羆馳騖禾稼稻秔之地師古曰稻有芒之穀總稱也秔其不黏者也音庚民皆號呼罵詈師古曰呼音火故反相聚會自言鄠杜令令往欲謁平陽侯諸騎欲擊鞭之令大怒使吏呵止獵者數騎見留迺示以乘輿物久之迺得去時夜出夕還後齎五日糧會朝長信宮師古曰五日一朝長信宮故齎五日糧也長信太后之宮也上大驩樂之是後南山下乃知微行數出也然尚迫於太后未敢遠出丞相御史知指師古曰指謂天子之意也乃使右輔都尉徼循長楊以東師古曰徼遮繞也循行視也戒備非常也徼音工釣反右

內史發小民共待會所師古曰共讀曰供後迺私置更衣師古曰為休息易衣之處亦置宮人從宣曲以南十二所中休更衣師古曰宣曲宮名在昆明池西投宿諸宮師古曰晝休更衣夜則別宿於諸宮長楊五柞倍陽宣曲尤幸師古曰倍陽即萯陽也其音同耳宮名在鄠縣也於是上以為道遠勞苦又為百姓所患迺使太中大夫吾丘壽王與待詔能用筭者二人舉籍阿城以南師古曰舉計其數而為簿籍也阿城本秦阿房宮也以其牆壁崇廣故俗呼為阿城盩厔以東宜春以西提封頃畝及其賈直師古曰提封亦謂提舉四封之內總計其數也賈讀曰價欲除以為上林苑屬之南山師古曰屬連也音之欲反又詔中尉左右內史表屬縣草田欲以償鄠杜之民師古曰時未為京兆馮翊扶風故云中尉及左右內史也草田謂荒田未耕墾也吾丘壽

王奏事上大說稱善師古曰說讀曰悅時朔在傍進諫曰臣聞謙遜靜慤天表之應應之以福師古曰慤謹也音口角反驕溢靡麗天表之應應之以異今陛下累郎臺恐其不高也師古曰郎堂下周屋弋獵之處恐其不廣也如天不爲變則三輔之地盡可以爲苑何必盩厔鄠杜乎師古曰中尉及左右內史則爲三輔矣非必謂京兆馮翊扶風也學者疑此言爲後人所增斯未達也奢侈越制天爲之變上林雖小臣尚以爲大也夫南山天下之阻也南有江淮北有河渭其地從汧隴以東商雒以西服虔曰商與上雒二縣也師古曰汧汧水也隴隴坻也厥壤肥饒漢興去三河之地止霸產以西都涇渭之南此所謂天下陸海之地師古曰高平曰陸關中地高故稱耳海者萬物所出言關中山川物產饒富是以謂之陸海也秦之所以虜西戎

兼山東者也其山出玉石金銀銅鐵豫章檀柘異類之物不可勝原師古曰原本也言說不能盡其根本此百工所取給萬民所卬足也師古曰卬音牛向反又有秔稻梨栗桑麻竹箭之饒土宜薑芋水多蠅魚師古曰芋草名其葉似藕荷而長不圓其根正白可食蠅即蛙字也似蝦蟆而小長腳蓋人亦取食之貧者得以人給家足無飢寒之憂故酆鎬之間號爲土膏其賈畝一金師古曰賈讀曰價今規以爲苑絕陂池水澤之利而取民膏腴之地上乏國家之用下奪農桑之業棄成功就敗事損耗五穀師古曰耗減也音呼到反是其不可一也且盛荊棘之林而長養麋

鹿廣狐兔之苑大虎狼之虛師古曰虛讀曰墟又壞人冢墓發人室廬令幼弱懷土而思耆老泣涕而悲是其不可二也斥而營之垣而囿之師古曰斥卻也騎馳東西車騖南北師古曰亂馳曰騖又有深溝大渠夫一日之樂不足以危無隄之輿蘇林曰隄限也輿乘輿也無限若言不訾也不敢斥天子故言輿也張晏曰一日之樂謂田獵也無隄之輿謂天子富貴無隄限也師古曰張說是也音丁奚反是其不可三也故務苑囿之大不恤農時非所以彊國富人也夫殷作九市之宮而諸侯畔應劭曰紂於宮中設九市靈王起章華之臺而楚民散師古曰楚靈王作章華之臺納亡人以實之卒有乾谿之禍也章華臺在華容城也秦興阿房之殿而天下亂糞土愚臣忘生觸死師古曰忽忘其生而觸死罪也逆盛

意犯隆指罪當萬死不勝大願願陳泰階六符孟康曰泰階三台也每台二星凡六星符六星之符驗也應劭曰黃帝泰階六符經曰太階者天之三階也上階爲天子中階爲諸侯公卿大夫下階爲士庶人上階上星爲男主下星爲女主中階上星爲諸侯三公下星爲卿大夫下階上星爲元士下星爲庶人三階平則陰陽和風雨時社稷神祇咸獲其宜天下大安是爲太平三階不平則五神乏祀日有食之水潤不浸稼穡不成冬雷夏霜百姓不寧故治道傾天子行暴令好興甲兵修宮榭廣苑囿則上階爲之奄踈闊也以孝武皆有此事故朔爲陳之以觀天變不可不省是日因奏泰階之事上迺拜朔爲太中大夫給事中賜黃金百斤然遂起上林苑如壽王所奏云久之隆慮公主子昭平君師古曰慮音廬尚帝女夷安公主隆慮主病困以金千斤錢千萬爲昭平君豫贖死罪上許之隆慮主卒昭平君日驕醉殺主傅獄繫內

官服虔曰主傅主之官也如淳曰禮有傅姆說者又曰傅者老大夫也漢使中行說傅翁主也師古曰傅姆是也服說失之內官署名辭在律歷志以公主子廷尉上請請論師古曰論決其罪也左右人人爲言前又入贖陛下許之上曰吾弟老有是一子死以屬我師古曰老乃有子言其晚乃孕育也屬音之欲反於是爲之垂涕歎息良久曰法令者先帝所造也用弟故而誣先帝之法吾何面目入高廟乎又下負萬民廼可其奏哀不能自止左右盡悲朔前上壽曰臣聞聖王爲政賞不避仇讎誅不擇骨肉書曰不偏不黨王道蕩蕩師古曰周書洪範之辭也蕩蕩平坦之貌此二者五帝所重三王所難也陛下行之是以四海之內元元之民各得其所天

下幸甚臣朔奉觴昧死再拜上萬歲壽上廼起入省中夕時召讓朔師古曰讓責也曰傳曰時然後言人不厭其言師古曰論語稱孔子問公叔文子於公明賈曰信乎夫子不言不笑不取乎對曰夫子時然後言人不厭其言樂然後笑人不厭其笑義然後取人不厭其取今先生上壽時乎師古曰言所上壽豈謂時乎朔免冠頓首曰臣聞樂太甚則陽溢哀太甚則陰損陰陽變則心氣動心氣動則精神散而邪氣及銷憂者莫若酒臣朔所以上壽者明陛下正而不阿因以止哀也愚不知忌諱當死先是朔嘗醉入殿中小遺殿上師古曰小遺者小便也劾不敬有詔免爲庶人待詔宦者署因此時復爲中郎賜帛百匹初帝姑館陶公主

號竇太主如淳曰竇太后之女也故曰竇太主也堂邑侯陳午尚之午死主寡居年五十餘矣近幸董偃始偃與母以賣珠爲事偃年十三隨母出入主家左右言其姣好師古曰姣美麗也音狡主召見曰吾爲母養之因留第中教書計相馬御射師古曰計謂用筭也頗讀傳記至年十八而冠出則執轡入則侍內爲人溫柔愛人以主故諸公接之名稱城中號曰董君主因推令散財交士令中府曰師古曰中府掌金帛之臧者也董君所發一日金滿百斤錢滿百萬帛滿千匹乃白之師古曰言不滿此數者皆恣與之安陵爰叔者爰盎兄子也與偃善謂偃曰足下私侍漢主挾不測之罪將

欲安處乎師古曰不測者言其深也安處何以自安處也一曰身挾大罪廼欲自安而居處者乎偃懼曰憂之久矣不知所以師古曰以用也不知用何計爰叔曰顧城廟遠無宿宮又有荻竹籍田如淳曰其間雖有地皆有荻竹籍田無可作宿觀也師古曰如說非也荻即楸字也言有楸樹及竹林可遊玩而籍田所在上又須躬親行事當有宿宮故宜獻此園足下何不白主獻長門園如淳曰竇太主園在長門長門在長安城東南園可以爲宿館處所故獻之也此上所欲也如是上知計出於足下也則安枕而臥長無慘怛之憂久之不然上且請之於足下何如偃頓首曰敬奉教入言之主主立奏書獻之上大說師古曰說讀曰悅更名竇太主園爲長門宮主大喜使偃以黃金百斤爲爰叔壽叔因是爲董君畫求見上之策令主

稱疾不朝上往臨疾問所欲主辭謝曰妾幸蒙陛下厚恩先帝遺德奉朝請之禮備臣妾之儀(師古曰請音才姓反)列為公主賞賜邑入(師古曰既列得賞賜又所食之邑入其租賦也)隆天重地死無以塞責(師古曰塞補也)一日卒有不勝洒埽之職(師古曰卒讀曰猝洒音信又音山豉反)先狗馬塡溝壑竊有所恨不勝大願願陛下時忘萬事養精游神從中掖庭回輿枉路臨妾山林(應劭曰公主園中有山藏不敢稱第故託山林也服虔曰主所豫作廟陵故曰山林師古曰山林應說是也不當請帝臨其冢墓也)得獻觴上壽娛樂左右如是而死何恨之有上曰主何憂幸得愈恐羣臣從官多大為主費上還有頃主疾愈起謁上以錢千萬從主飲後數日

上臨山林主自執宰敝膝(師古曰爲賤者之服)道入登階就坐坐未定上曰願謁主人翁主迺下殿去簪珥(師古曰珥珠玉飾耳者也音餌)徒跣頓首謝曰妾無狀(師古曰狀形皃也無狀猶言無顏面以見人也一曰自言所行醜惡無善狀)負陛下身當伏誅陛下不致之法頓首死罪有詔謝主簪履起之東箱自引董君(師古曰之往也)董君綠幘傅韝(應劭曰宰人服也韋昭曰韝形如射韝以縛左右手於事便也師古曰綠幘賤人之服也傅著也韝即今之臂韝也傅讀曰附韝音工侯反)隨主前伏殿下主迺贊(師古曰贊進也進傳謁辭)館陶公主胞人臣偃昧死再拜謁(師古曰胞與庖同)因叩頭謝上為之起有詔賜衣冠上(師古曰上上坐)偃起走就衣冠主自奉食進觴當是時董君見尊不名稱為主人翁

飲大驩樂主迺請賜將軍列侯從官金錢雜繒各有數於是董君貴寵天下莫不聞郡國狗馬蹵鞠劒客輻湊(師古曰蹵音千六反鞠音鉅六反解在蓺文志)董氏常從游戲北宮馳逐平樂觀雞鞠之會角狗馬之足(師古曰角猶校也)上大歡樂之於是上為竇太主置酒宣室使謁者引內董君是時朔陛戟殿下(師古曰持戟列陛側)辟戟而前曰(師古曰辟音頻亦反)董偃有斬罪三安得入乎上曰何謂也朔曰偃以人臣私侍公主其罪一也敗男女之化而亂婚姻之禮傷王制其罪二也陛下富於春秋方積思於六經留神於王事馳騖於唐虞折節於三代偃不

遵經勸學反以靡麗為右奢侈為務(師古曰右尊也)盡狗馬之樂極耳目之欲行邪枉之道徑淫辟之路(師古曰徑由也辟讀曰僻)是乃國家之大賊人主之大蜮(師古曰蜮魅也音或說者以為短狐非也短狐射工耳於此不當其義今俗猶云魅蜮也)偃為淫首其罪三也昔伯姬燔而諸侯憚(應劭曰憚敬也欽其節直也師古曰伯姬宋恭姬也遇火災待姆不出而死也)柰何乎陛下上默然不應良久曰吾業以設飲後而自改朔曰不可夫宣室者先帝之正處也非法度之政不得入焉故淫亂之漸其變為篡是以豎貂為淫而易牙作患(師古曰豎貂易牙皆齊桓公臣也管仲有病桓公往問之曰將何以教寡人管仲曰願君之遠易牙豎貂公曰易牙烹其子以快寡人尚可疑邪對曰人之情非不愛其子其子之忍又將何有於君公曰豎貂自宮以近寡人猶可疑邪對曰人之情非不愛其身也其身

之忍又將何有於君公曰諾管仲死盡逐之而公食不甘宮不治居三年公曰仲父不亦過乎於是皆復召即反之明年公有病易牙豎貂相與作
亂塞宮門築高牆不通人有一婦人踰垣入至公所公曰我欲食婦人曰吾無所得又曰我欲飲婦人曰吾無所得公曰何故對曰易牙豎貂相與
作亂塞宮門築高牆不通人故無所得公慨然歎涕出曰嗟乎聖人所見豈不遠哉若死者有知我將何面目見仲父乎蒙衣袂而絕乎壽宮蟲流
出於戶蓋以揚門之扇非三月不葬慶父死而魯國全師古曰慶父魯桓公子莊公弟也莊公薨慶父殺莊
公之子閔公而欲作亂不克奔莒其後僖公立以賂求之于莒莒人歸之及密乃縊而死僖公乃定其位管蔡誅而周
室安上曰善有詔止更置酒北宮引董君從東司
馬門東司馬門更名東交門蘇林曰以偃從此門入交會於內故以名焉賜
朔黃金三十斤董君之寵由是日衰至年三十而
終後數歲竇太主卒與董君會葬於霸陵是後公
主貴人多踰禮制自董偃始時天下侈靡趨末師古

前漢傳三十五　十二　鄭瑋

曰趨讀曰趣末謂工商之業百姓多離農畝上從容問朔吾欲化民
豈有道乎師古曰從音千容反朔對曰堯舜禹湯文武成康上
古之事經歷數千載尚難言也臣不敢陳頋近述
孝文皇帝之時當世耆老皆聞見之貴為天子富
有四海身衣弋綈師古曰弋黑色也綈厚繒音徒奚反足履革舄師古曰革生皮也不
用柔韋言儉率也以韋帶劒師古曰但空用韋不加飾莞蒲為席師古曰莞夫離也今謂之
葱蒲以莞及蒲為席亦尚質也莞音桓又音官兵木無刃服虔曰兵器如木而無刃言不大治兵器也衣縕
無文師古曰縕亂絮也言內有亂絮上無文綵也縕音於粉反集上書囊以為殿帷
師古曰集謂合聚也以道德為麗以仁義為準師古曰麗美也準平法也於是
天下望風成俗昭然化之今陛下以城中為小圖

起建章左鳳闕右神明如淳曰闕名也師古曰鳳闕闕名神明臺名也號稱千
門萬戶木土衣綺繡狗馬被繢罽師古曰繢五綵也罽織毛也即氍毹之屬
宮人簪瑇瑁垂珠璣師古曰瑇瑁文甲也璣珠之不圓者瑇音代瑁音昧璣音居依反又音渠依反設
戲車教馳逐飾文采叢珍怪師古曰叢古叢字撞萬石之鐘
擊雷霆之鼓師古曰言其聲震大也作俳優舞鄭女上為淫侈
如此而欲使民獨不奢侈失農事之難者也師古曰失
農謂失農業也陛下誠能用臣朔之計推甲乙之帳燔之於
四通之衢應劭曰帳多故以甲乙第之耳孟康曰西域傳贊云興造甲乙之帳絡以隨珠和璧天子負黼襲翠被馮玉几而處其中
也師古曰謂推而去之燔焚燒也却走馬示不復用師古曰却退也走馬善走之則堯舜
之隆宜可與比治矣易曰正其本萬事理失之豪

前漢傳三十五　十三　秦吉

氂差以千里師古曰今易無此文已解於上也願陛下留意察之朔雖
詼笑師古曰詼謿戲也詼笑謂謿謔發言可笑也詼音恢其下詼啁詼諧並同然時觀察顏色直
言切諫上常用之自公卿在位朔皆敖弄無所為
屈師古曰敖讀曰傲為音于偽反上以朔口諧辭給師古曰給捷也好作問之師古
曰故動作之而問以言辭也嘗問朔曰先生視朕何如主也朔對曰
自唐虞之隆成康之際未足以諭當世臣伏觀陛
下功德陳五帝之上在三王之右師古曰右亦高上也非若此而
已誠得天下賢士公卿在位咸得其人矣譬若以
周邵為丞相師古曰周公旦邵公奭二人也孔丘為御史大夫應劭曰御史大夫職
典制度文章大公為將軍師古曰太公呂望也知兵陳征伐之事故云為將軍畢公高拾遺

於後師古曰畢公高文王之子也爲周太師故云拾遺也弁嚴子爲衞尉師古曰以其有勇臯陶
爲大理師古曰以其作士士亦理官后稷爲司農師古曰主播種伊尹爲少府
應劭曰伊尹善亨割太官屬少府故令作之子贛使外國師古曰以其有辯說顏閔爲博士
師古曰顏回閔子騫爲皆有德行也子夏爲太常師古曰以有文學故爲太常也而應劭以子夏兩字揔合爲夔解云夔知樂故可以爲太常此說非也益爲右扶風應劭曰益作舜虞掌山澤之官也諸苑多在右扶風故令作之季
路爲執金吾師古曰亦以有勇力契爲鴻臚應劭曰禼作司徒敬敷五教是時諸侯王治民鴻臚
主諸侯王也師古曰契讀與禼同字本作偰蓋後從省耳龍逢爲宗正師古曰關龍逢桀之臣也忠諫而死也以其直無所
阿私伯夷爲京兆應劭曰帝曰伯夷汝作秩宗秩宗主郊廟京兆與太常同典齋祀故令爲之管仲爲
馮翊應劭曰管仲定民之居寄軍令於內政以令匡霸故令爲馮翊也魯般爲將作師古曰以其巧也般
與班同仲山爲光祿晉灼曰光祿主三大夫諫正之官取其柔亦不茹剛亦不吐申伯爲太僕

應劭曰申伯周宣王之舅也太僕主大駕親御職又密近故用親親也延陵季子爲水衡應劭曰水衡主池苑
季子吳人故使爲之師古曰季子即吳公子札百里奚爲典屬國應劭曰奚秦人秦近西戎曉其風俗故令
爲之柳下惠爲大長秋師古曰惠魯大夫展禽也食菜柳下謚曰惠以其貞絜故爲大長秋史魚
爲司直師古曰史魚衞大夫史鰌也論語稱孔子曰直哉史魚邦有道如矢邦無道如矢蘧伯玉爲太
傅如淳曰太傅傅人主使無過伯玉欲寡其過故令爲之師古曰蘧伯玉衞大夫也名瑗蘧音渠孔父爲詹事應劭
曰孔父正色而立於朝則莫敢過而致難乎其君故爲詹事師古曰孔父宋大夫也父讀曰甫孫叔敖爲諸侯相
子產爲郡守師古曰善治邦邑也王慶忌爲期門應劭曰以其勁捷可爲期門郎也師
古曰王慶忌即王子慶忌也夏育爲鼎官或曰夏育衞人力舉千鈞鼎官今殿前舉鼎者也羿爲旄
頭應劭曰羿善射故令爲旄頭今以羽林爲之騎正上向而長衣繡衣在乘輿車前師古曰羿音詣宋萬爲式
道候師古曰萬宋閔公臣亦有勇力也式表也表道之候若今之武候引駕上延大笑是時

朝廷多賢材上復問朔方今公孫丞相兒大夫師古曰公孫弘及兒寬也兒音五奚反
董仲舒夏侯始昌司馬相如吾丘壽
王主父偃朱買臣嚴助汲黯膠倉終軍嚴安徐樂
司馬遷之倫皆辯知閎達溢于文辭師古曰溢者言其有餘也先生
自視何與比哉師古曰何與猶言何如也朔對曰臣觀其臿齒牙
樹頰胲師古曰頰肉曰胲音改吐脣吻擢項頤師古曰頤頷下也音怡結股
脚連脽尻師古曰脽臀也音誰遺蛇其迹行步偊旅師古曰遺蛇猶逶迤也偊
旅曲躬貌也蛇音移偊音禹臣朔雖不肖尚兼此數子者朔之進對
澹辭皆此類也師古曰澹古贍字也贍給也武帝旣招英俊程其器
能用之如不及師古曰程謂量計之也如不及者恐失之也時方外事胡越內

興制度國家多事自公孫弘以下至司馬遷皆奉
使方外或爲郡國守相至公卿而朔嘗至太中大
夫後常爲郎與枚皋郭舍人俱在左右詼啁而已
師古曰啁與嘲同音竹交反久之朔上書陳農戰彊國之計因自訟
獨不得大官欲求試用其言專商鞅韓非之語也
指意放蕩頗復詼諧辭數萬言終不見用朔因著
論設客難己用位卑以自慰諭其辭曰客難東方
朔曰蘇秦張儀一當萬乘之主而都卿相之位如淳曰都
居也澤及後世今子大夫修先王之術慕聖人之
義諷誦詩書百家之言不可勝數著於竹帛脣腐

齒落服膺而不釋師古曰服膺俯其膺聽也釋廢置也好學樂道之效明白甚矣自以智能海內無雙則可謂博聞辯智矣然悉力盡忠以事聖帝曠日持久官不過侍郎位不過執戟意者尚有遺行邪師古曰可遺之行言一不盡善也同胞之徒無所容居其故何也蘇林曰胞音胞胎之胞也言親兄弟東方先生喟然長息仰而應之曰是固非子之所能備也彼一時也此一時也豈可同哉夫蘇秦張儀之時周室大壞諸侯不朝力政爭權相禽以兵并為十二國未有雌雄師古曰十二國謂魯衛齊楚宋鄭魏燕趙中山秦韓也得士者彊失士者亡故談說行焉身處尊位珍寶充內外有廩倉澤及後世子孫長享今則不然聖帝流德天下震懾諸侯賓服師古曰懾恐也音之涉反連四海之外以為帶師古曰言如帶之相連也安於覆盂師古曰言不可傾搖動猶運之掌師古曰言至易賢不肖何以異哉遵天之道順地之理物無不得其所故綏之則安動之則苦尊之則為將卑之則為虜抗之則在青雲之上抑之則在深泉之下用之則為虎不用則為鼠雖欲盡節效情安知前後夫天地之大士民之衆竭精談說並進輻湊者不可勝數悉力募之困於衣食或失門戶師古曰言不得所由入也一曰謂被誅戮喪其家室也使蘇秦張儀與僕並生於今之世曾不得掌

前漢傳三十五　十六

故安敢望常侍郎乎故曰時異事異雖然安可以不務修身乎哉詩云鼓鍾于宮聲聞于外師古曰小雅白華之詩也言苟有於中必形於外也鶴鳴于九皐聲聞于天師古曰小雅鶴鳴之詩也言處卑而聲徹其高遠苟能修身何患不榮太公體行仁義七十有二迺設用於文武得信厥說師古曰設施也信讀曰伸封於齊七百歲而不絕此士所以日夜孳孳敏行而不敢怠也師古曰孳與孜同敏勉也辟若鶺鴒飛且鳴矣師古曰鶺鴒雍渠小青雀也飛則鳴行則搖言其勤苦也辟讀曰譬鶺音脊鴒音零傳曰天不為人之惡寒而輟其冬師古曰輟止也地不為人之惡險而輟其廣君子不為小人之匈匈而易其行師古曰匈匈讙議之聲天有常度地有常形君子有常行君子道其常小人計其功師古曰道由也詩云禮義之不愆何恤人之言師古曰逸詩也愆過也恤憂也故曰水至清則無魚人至察則無徒師古曰徒衆也冕而前旒所以蔽明黈纊充耳所以塞聰如淳曰黈音主苟反謂以玉為瑱用黈纊縣之也師古曰如說非也黈黃色也纊綿也以黃綿為丸用組縣之於冕垂兩耳旁示不外聽非玉瑱之縣也明有所不見聰有所不聞舉大德赦小過無求備於一人之義也師古曰論語仲弓問政於孔子孔子曰赦小過舉賢才周公謂魯公曰故舊無大故則不棄也毋求備於一人故朔引此言也士有百行功過相除不可求備也枉而直之使自得之優而柔之使自求之揆而度之使自索之師古曰枉曲也索亦求也度音徒各反蓋聖人教化如此欲自得之自得之則敏且廣矣師古曰敏疾也今世之處士魁然無

前漢傳三十五　十七　華連

徒廓然獨居(師古曰魁讀曰塊)上觀許由下察接輿計同范蠡忠合子胥(師古曰許由堯讓以天下而耻聞之楚狂接輿陽狂匿跡范蠡佐句踐功成而退子胥忠諫至死不易)天下和平與義相扶寡耦少徒固其宜也(師古曰偶合也徒衆也)子何疑於我哉若夫燕之用樂毅秦之任李斯酈食其之下齊說行如流曲從如環所欲必得功若丘山海內定國家安是遇其時也子又何怪之邪語曰以筦闚天以蠡測海(服虔曰筦音管張晏曰蠡瓠瓢也師古曰筦古管字蠡音來奚反瓢音頻遥反)以莛撞鐘(文穎曰謂藁莛也師古曰音徒丁反)豈能通其條貫考其文理發其音聲哉(師古曰考究也)繇是觀之譬猶鼱鼩之襲狗(服虔曰音蹤劬如淳曰鼱鼩小鼠也音精劬)孤豚之咋虎(師古曰孤豚孤特之豚也咋嚙也音仕客

反)至則靡耳何功之有(師古曰靡碎滅也耳語辭)今以下愚而非處士雖欲勿困固不得已此適足以明其不知權變而終或於大道也又設非有先生之論其辭曰

非有先生仕於吳進不稱往古以厲主意退不能揚君美以顯其功默然無言者三年矣吳王怪而問之曰寡人獲先人之功寄於衆賢之上夙興夜寐未嘗敢怠也今先生率然高舉遠集吳地(師古曰率然猶飆然)將以輔治寡人誠竊嘉之體不安席食不甘味目不視靡曼之色耳不聽鐘鼓之音虛心定志欲聞流議者三年于茲矣(師古曰流末流也猶言餘論也)今先生進無以輔治退不揚主譽竊不爲先生取之也蓋懷能而不見是不忠也見而不行主不明也(師古曰見顯也)意者寡人殆不明乎非有先生伏而唯唯(師古曰唯唯恭應也音弋癸反)吳王曰可以談矣寡人將竦意而覽焉(師古曰竦企待也)先生曰於戲(師古曰於讀曰烏戲讀曰呼)可乎哉可乎哉(師古曰言不可)談何容易(師古曰不見寬容則事不易故曰何容易也易音弋豉反)夫談有悖於目拂於耳謬於心而便於身者(師古曰悖逆也拂違戾也悖音布內反拂音佛)或有說於目順於耳快於心而毀於行者(師古曰說讀曰悅)非有明王聖主孰能聽之吳王曰何爲其然也中人已上可以語上也(師古曰引論語載孔子之言中品之人則可以與言上道也)先生試言寡人將聽焉先生

對曰昔者關龍逢深諫於桀而王子比干直言於紂此二臣者皆極慮盡忠閔主澤不下流而萬民騷動(師古曰閔病也)故直言其失切諫其邪者將以爲君之榮除主之禍也今則不然反以爲誹謗君之行無人臣之禮(師古曰不省其忠而被以此罪也)果紛然傷於身蒙不辜之名(師古曰蒙被也)戮及先人爲天下笑故曰談何容易是以輔弼之臣瓦解而邪諂之人並進遂及蜚廉惡來革等(蘇林曰二人皆紂時邪佞人也孟康曰蜚廉善走師古曰蜚古飛字)二人皆詐僞巧言利口以進其身陰奉琱瑑刻鏤之好以納其心(師古曰琱與彫同書畫也瑑謂刻爲文也音篆)務快耳目之欲以苟容爲度遂往不戒

身役被戮宗廟崩弛國家爲虛師古曰阤積也音直氏反虛讀曰墟放戮賢聖親近讒夫詩不云乎讒人罔極交亂四國師古曰小雅青蠅之詩也解在戾太子傳此之謂也故卑身賤體說色微辭師古曰說讀曰悅愉愉呴呴終無益於主上之治師古曰愉愉顏色和也呴呴言語順也呴音許于反則志士仁人不忍爲也將儼然作矜嚴之色深言直諫上以拂主之邪下以損百姓之害師古曰拂與弼同損減也則忤於邪主之心歷於衰世之法師古曰忤逆也歷猶經也離也故養壽命之士莫肯進也遂居深山之閒積土爲室編蓬爲戶彈琴其中以咏先生之風亦可以樂而忘死矣是以伯夷叔齊避周餓于首陽之下後世稱其仁如是邪

主之行固足畏也故曰談何容易於是吳王懼然易容師古曰懼然失守之貌也懼音居具反捐薦去几危坐而聽師古曰捐薦席而去几自貶損也先生曰接輿避世箕子被髮陽狂師古曰解並在鄒陽傳此二人者皆避濁世以全其身者也使遇明王聖主得清燕之閒寬和之色師古曰閒讀曰閑閑暇也發憤畢誠師古曰畢盡也圖畫安危揆度得失師古曰圖謀畫計也上以安主體下以便萬民則五帝三王之道可幾而見也師古曰幾庶幾故伊尹蒙恥辱負鼎俎和五味以干湯師古曰蒙冒也干犯也太公釣於渭之陽以見文王心合意同謀無不成計無不從誠得其君也深念遠慮引義以正其身推恩

以廣其下本仁祖義師古曰以仁爲本以義爲始襃有德祿賢能誅惡亂總遠方一統類美風俗此帝王所由昌也上不變天性下不奪人倫則天地和洽遠方懷之故號聖王臣子之職既加矣於是裂地定封爵爲公侯傳國子孫名顯後世民到于今稱之以遇湯與文王也太公伊尹以如此龍逢比干獨如彼豈不哀哉故曰談何容易於是吳王穆然張晏曰穆音默師古曰穆然靜思貌俛而深惟仰而泣下交頤曰嗟乎余國之不亡也緜緜連連殆哉世之不絕也師古曰殆危也於是正明堂之朝齊君臣之位舉賢材布德惠施仁義賞有功躬

節儉減後宮之費損車馬之用放鄭聲遠佞人師古曰遠離也音于萬反省庖廚去侈靡卑宮館壞苑囿填池塹以予貧民無產業者開內藏振貧窮存耆老卹孤獨薄賦斂省刑辟行此三年海內晏然天下大洽陰陽和調萬物咸得其宜國無災害之變民無飢寒之色家給人足畜積有餘囹圄空虛師古曰畜讀曰蓄鳳皇來集麒麟在郊甘露既降朱草萌牙遠方異俗之人鄉風慕義師古曰鄉讀曰嚮各奉其職而來朝賀故治亂之道存亡之端若此易見而君人者莫肯爲也臣愚竊以爲過故詩云王國克生惟周之楨濟濟多

士文王以寧師古曰大雅文王之詩也言文王之國生此多士爲周室楨幹之臣所以安寧也此之謂也朔之文辭此二篇最善其餘有封泰山責和氏璧及皇太子生禖屏風殿上柏柱平樂觀賦獵八言七言上下晉灼曰八言七言詩各有上下篇從公孫弘借車凡劉向所録朔書具是矣師古曰劉向別録所載世所傳他事皆非也師古曰謂如東方朔別傳及俗用五行時日之書皆非實事也

贊曰劉向言少時數問長老賢人通於事及朔時者師古曰與朔同時也皆曰朔口諧倡辯不能持論喜爲庸人誦說師古曰喜音許吏反爲音于僞反故令後世多傳聞者而楊雄亦以爲朔言不純師行不純德其流風遺書蔑如也師古曰言辭義淺薄不足稱也然朔名過實者以其詼達多端不名一行應諧似優不窮似智正諫似直穢德似隱非夷齊而是柳下惠戒其子以上容應劭曰容身避害也首陽爲拙應劭曰伯夷叔齊不食周粟餓死首陽山爲拙柱下爲工應劭曰老子爲周柱下史朝隱故終身無患是爲工也飽食安步以仕易農依隱玩世詭時不逢如淳曰依違朝隱樂玩其身於一世也反時直言正諫則與富貴不相逢矣臣瓚曰行與時詭而不逢禍害也師古曰瓚說是也詭違也其滑稽之雄乎師古曰雄謂爲之長帥也朔之詼諧逢占射覆如淳曰逢占逢人所問而占之也師古曰此說非也逢占逆占事猶云逆剌也其事浮淺行於衆庶童兒牧豎莫不眩燿而後世好事者因取奇言怪語附著之朔故詳録焉師古曰言此傳所以詳録朔之辭語者爲俗人多以奇異妄附於朔故耳欲明傳所不記皆非其實也而今之爲漢書學者猶

更取他書雜說假合東方朔之事以博異聞良可歎矣他皆類此著音直略反

東方朔傳第三十五

東方朔傳云一日卒有不勝洒埽之職顏師古注云卒讀曰猝洒音信又音山豉反檢諸本及前所校過並如此愚按許慎說文洒字解云音先禮反古又爲灑埽字其灑字解云汛也汛音信今校定此注合云洒音先禮反古文爲灑埽字灑汛也所釁反汛音信蓋傳寫脫誤少一十七字多又音山豉反五字

公孫劉田王楊蔡陳鄭傳第三十六　班固　漢書六十六

秘書監上護軍琅邪縣開國子顏　師古　注

公孫賀字子叔北地義渠人也賀祖父昆邪（師古曰昆音下門反）景帝時為隴西守以將軍擊吳楚有功封平曲侯著書十餘篇（師古曰蓺文志陰陽家有公孫渾邪十五篇是也）賀少為騎士從軍數有功自武帝為太子時賀為舍人及武帝即位遷至太僕賀夫人君孺衛皇后姊也賀由是有寵元光中為輕車將軍軍馬邑後四歲出雲中後五歲以車騎將軍從大將軍青出有功封南窌侯（臣瓚曰茂陵中書賀封南奅侯表亦作奅師古曰窌奅二字同耳音普教反）後再以左將軍出

定襄無功坐酎金失侯復以浮沮將軍出五原二千餘里無功（師古曰沮音子閭反）後八歲遂代石慶為丞相封葛繹侯時朝廷多事督責大臣（師古曰督謂察視也）自公孫弘後丞相李蔡嚴青翟趙周三人比坐事死（師古曰比頻也）石慶雖以謹得終然數被譴初賀引拜為丞相不受印綬頓首涕泣曰臣本邊鄙以鞍馬騎射為官材誠不任宰相上與左右見賀悲哀感動下泣曰扶起丞相賀不肯起上迺起去賀不得已拜出左右問其故賀曰主上賢明臣不足以稱恐負重責從是殆矣（師古曰殆危也）賀子敬聲代賀為太僕父子

並居公卿位敬聲以皇后姊子驕奢不奉法征和中擅用北軍錢千九百萬發覺下獄是時詔捕陽陵朱安世不能得上求之急賀自請逐捕安世以贖敬聲罪上許之後果得安世安世者京師大俠也聞賀欲以贖子笑曰丞相禍及宗矣南山之竹不足受我辭斜谷之木不足為我械（師古曰斜谷名也其中多木械謂桎梏也言我方欲告丞相事獄辭且多械繫方久故云然也斜音弋奢反）安世遂從獄中上書告敬聲與陽石公主私通（師古曰武帝女）及使人巫祭祠詛上且上甘泉當馳道埋偶人（師古曰甘泉宮在北山故欲往皆言上也刻木為人象人之形謂之偶人偶並也對也）祝詛有惡言下有司案驗賀窮治所犯遂

父子死獄中家族巫蠱之禍起自朱安世成於江充遂及公主皇后太子皆敗語在江充戾園傳（師古曰武五子傳敘戾太子謚戾而置園邑故云戾園也）劉屈氂武帝庶兄中山靖王子也（師古曰屈音丘勿反又音其勿反）不知其始所以進征和二年春制詔御史故丞相賀倚舊故乘高勢而為邪（師古曰帝為太子賀已為舍人故云舊故）興美田以利子弟賓客不顧元元無益邊穀（如淳曰戍邊卒糧乏不能為方計以益之也）貨賂上流（師古曰丞相含貪冒受賂于下故使衆庶貨賄上流執事者）朕忍之久矣終不自革（師古曰革改也）迺以邊為援（如淳曰使內郡自作車耕者自轉所以饒邊邊所以行恩施為己名援也或曰以胡為援也服虔曰詐令內郡自省作車轉輸也邊屯無事之時宜自治作車以給軍用師古曰令郡自省減諸餘功用而作車也省音所領反）使內郡自省作車又

令耕者自轉（文穎曰自輸轉也）以困農煩擾畜者重馬傷耗武備衰減（師古曰重謂懷孕者也言轉運之勞畜產疲困故反使懷孕者為之傷耗以減武備也耗音呼到反）下吏妄賦百姓流亡又詐為詔書以姦傳朱安世（師古曰傳逮捕也）獄已正於理其以涿郡太守屈氂為左丞相分丞相長史為兩府以待天下遠方之選（師古曰待得賢人當拜為右丞相）夫親親任賢周唐之道也以澎戶二千二百封左丞相為澎侯（服虔曰澎音彭晉灼曰東海縣）其秋戾太子為江充所譖殺充發兵入丞相府屈氂挺身逃亡其印綬（師古曰挺引也獨引身而逃難故失印綬也）是時上避暑在甘泉宮丞相長史乘疾置以聞（師古曰置謂所置驛也）上問丞相何為對曰丞相

前漢傳三十六　三

祕之未敢發兵上怒曰事籍籍如此何謂祕也（師古曰籍籍猶紛紛也）丞相無周公之風矣周公不誅管蔡乎乃賜丞相璽書曰捕斬反者自有賞罰以牛車為櫓（師古曰櫓楯也遠與敵戰故以車為櫓用自蔽也一說櫓望敵之樓也）毋接短兵多殺傷士眾（師古曰用短兵則士眾多死傷）堅閉城門毋令反者得出太子既誅充發兵宣言帝在甘泉病困疑有變姦臣欲作亂上於是從甘泉來幸城西建章宮詔發三輔近縣兵部中二千石以下丞相兼將太子亦遣使者撟制（師古曰撟與矯同其字從手撟制託稱詔命也）赦長安中都官囚徒（師古曰京師諸官府）發武庫兵命少傅石德及賓客張光等分將使長安囚

如侯持節發長水及宣曲胡騎（師古曰長水校名宣曲宮也並胡騎所屯今鄠縣東長水鄉即舊營校之地）皆以裝會侍郎莽通使長安因追捕如侯告胡人曰節有詐勿聽也遂斬如侯引騎入長安又發輯濯士以予大鴻臚商丘成（師古曰輯濯士主用輯及濯行船者也短曰輯長曰濯輯音集字本從木其音同耳濯字本亦作櫂並音直孝反）初漢節純赤以太子持赤節故更為黃旄加上以相別太子召監北軍使者任安發北軍兵安受節已閉軍門不肯應太子太子引兵去敺四市人（師古曰敺與驅同）凡數萬眾至長樂西闕下逢丞相軍合戰五日死者數萬人血流入溝中（師古曰溝街衢之旁通水者也）丞相附兵浸多（師古曰浸漸也）太子軍敗

前漢傳三十六　四

南犇覆盎城門得出（師古曰長安城南出東頭第一門曰覆盎城門一號杜門）會夜司直田仁部閉城門坐令太子得出丞相欲斬仁御史大夫暴勝之謂丞相曰司直吏二千石當先請柰何擅斬之丞相釋仁（師古曰釋放也）上聞而大怒下吏責問御史大夫曰司直縱反者丞相斬之法也大夫何以擅止之勝之惶恐自殺及北軍使者任安坐受太子節懷二心司直田仁縱太子皆要斬上曰侍郎莽通獲反將如侯長安男子景建從通獲少傅石德可謂元功矣大鴻臚商丘成力戰獲反將張光其封通為重合侯建為德侯成為秺侯（孟康曰秺音妬）

在湾陰城武今有亭諸太子賓客嘗出入宮門皆坐誅其隨太
子發兵以反法族吏士劫略者皆徙燉煌郡師古曰非其本
心然被太子劫略故徙之也以太子在外始置屯兵長安諸城門後
二十餘日太子得於湖語在太子傳師古曰湖縣名其明年
貳師將軍李廣利將兵出擊匈奴丞相爲祖道送
至渭橋師古曰祖者送行之祭因設宴飲焉與廣利辭決廣利曰願君侯
早請昌邑王爲太子如淳曰漢儀注列侯爲丞相稱君侯師古曰陽惲傳丘常謂惲爲君侯是則通呼列
侯之尊稱耳非必在於丞相也如氏之說不爲通矣如立爲帝君侯長何憂乎師古曰如若也
屈氂許諾昌邑王者貳師將軍女弟李夫人子也
貳師女爲屈氂子妻故共欲立焉是時治巫蠱獄

急內者令郭穰告丞相夫人以丞相數有譴使巫
祠社祝詛主上有惡言及與貳師共禱祠欲令昌
邑王爲帝有司奏請按驗罪至大逆不道有詔載
屈氂廚車以徇師古曰廚車載食之車也徇行示也要斬東市妻子梟首
華陽街貳師將軍妻子亦收貳師聞之降匈奴宗
族遂滅　車千秋本姓田氏其先齊諸田徙長
陵師古曰劉敬所言徙關東九族者千秋爲高寢郎師古曰高廟衛寢之郎會衛太
子爲江充所譖敗久之千秋上急變訟太子冤師古
曰所告非常故云急變也曰子弄父兵罪當笞天子之子過誤殺
人當何罪哉臣嘗夢見一白頭翁教臣言是時上

頗知太子惶恐無他意迺大感寤召見千秋至前
千秋長八尺餘體貌甚麗武帝見而說之師古曰說讀曰悅
謂曰父子之間人所難言也公獨明其不然此高
廟神靈使公教我公當遂爲吾輔佐立拜千秋爲
大鴻臚師古曰當其立見而即拜之言不移時也數月遂代劉屈氂爲丞相
封富民侯千秋無他材能術學又無伐閱功勞師古
曰伐積功也閱經歷也特以一言寤意旬月取宰相封侯世未
嘗有也後漢使者至匈奴單于問曰聞漢新拜丞
相何用得之師古曰言此人何以得爲相也使者曰以上書言事故單
于曰如是漢置丞相非用賢也妄一男子上書即

得之矣使者還道單于語武帝以爲辱命欲下之
吏良久迺貰之師古曰貰寬縱也謂釋放之也其下亦同然千秋爲人敦厚
有智居位自稱踰於前後數公師古曰言稱其職也初千秋始
視事見上連年治太子獄誅罰尤多羣下恐懼思
欲寬廣上意尉安衆庶師古曰尉安之字本無心也是以漢書往往存古體字焉迺
與御史中二千石共上壽頌德美勸上施恩惠緩
刑罰玩聽音樂養志和神爲天下自虞樂師古曰虞與娛同
上報曰朕之不德自左丞相與貳師陰謀逆亂巫
蠱之禍流及士大夫師古曰謂與大子戰死者也朕日一食者累月
迺何樂之聽痛士大夫常在心既事不咎師古曰言既往之事

不可追咎雖然巫蠱始發詔丞相御史督二千石求捕師古曰督察視也廷尉治未聞九卿廷尉有所鞫也師古曰鞫問也曩者江充先治甘泉宮人轉至未央椒房師古曰椒房殿名皇后所居也以椒和泥塗壁取其溫而芳也以及敬聲之疇李禹之屬謀入匈奴有司無所發今丞相親掘蘭臺蠱驗所明知也至今餘巫頗脫不止師古曰言往往尚為蠱也陰賊侵身遠近為蠱朕媿之甚何壽之有敬不舉君之觴謹謝丞相二千石各就館師古曰謝告也館官舍也書曰毋偏毋黨王道蕩蕩師古曰周書洪範之辭也毋有復言師古曰不許其更請後歲餘武帝疾立皇子鉤弋夫人男為太子曰鉤弋宮名也昭帝母趙婕妤居之故號鉤弋夫人也拜大將

前漢傳三十六　七

軍霍光車騎將軍金日磾御史大夫桑弘羊及丞相千秋並受遺詔輔道少主師古曰道讀曰導武帝崩昭帝初即位未任聽政師古曰年幼故未堪聽政政事壹決大將軍光千秋居丞相位謹厚有重德每公卿朝會光謂千秋曰始與君侯俱受先帝遺詔今光治內君侯治外宜有以教督使光毋負天下師古曰督視也千秋曰唯將軍留意即天下幸甚終不肯有所言光以此重之每有吉祥嘉應數褒賞丞相訖昭帝世國家少事百姓稍益充實始元六年詔郡國舉賢良文學士問以民所疾苦於是鹽鐵之議起焉師古曰議罷鹽鐵之官令

百姓皆得煮鹽鑄鐵因總論政治得失也千秋為相十二年薨謚曰定侯初千秋年老上優之朝見得乘小車入宮殿中故因號曰車丞相子順嗣侯官至雲中太守宣帝時以虎牙將軍擊匈奴坐盜增鹵獲自殺國除桑弘羊為御史大夫八年自以為國家興權筦之利師古曰權謂專其利使入官也筦即管字也義與斡同皆謂主也權解在昭紀伐其功師古曰自矜其功也欲為子弟得官怨望霍光與上官桀等謀反遂誅滅

王訢濟南人也師古曰訢字與欣同以郡縣吏積功稍遷為被陽令孟康曰故千乘縣也被音罷師古曰音皮彼反武帝末軍旅數發郡國盜賊群起繡衣御史暴勝之使持斧逐捕盜賊以軍

前漢傳三十六　八

興從事誅二千石以下勝之過被陽欲斬訢訢已解衣伏質師古曰質鑕也欲斬人皆伏於鑕上也鑕音竹林反仰言曰使君顓殺生之柄威震郡國師古曰為使者故謂之使君使音所吏反顓與專同今復斬一訢不足以增威不如時有所寬以明恩貸師古曰貸猶假也言饒假之貸音土戴反今盡死力勝之壯其言貫不誅因與訢相結厚勝之使還薦訢徵為右輔都尉守右扶風上數出幸安定北地過扶風宮館馳道修治供張辦師古曰供音居用反張音竹亮反武帝嘉之駐車拜訢為真視事十餘年昭帝時為御史大夫代車千秋為丞相封宜春侯明年薨謚曰敬侯子譚嗣以列侯與謀廢昌邑王

立宣帝師古曰與讀曰豫益封三百戶薨子咸嗣王莽妻即
咸女莽篡位宜春氏以外戚寵張晏曰莽諱取同姓故氏侯邑也師古曰此說非也若云王氏則與莽族相涉故以侯號稱之耳莽本以與譚得姓不同祖系各別故爲婚姻既非私竊不須避諱諱亦不可掩也自訢
傳國至玄孫莽敗廼絕　楊敞華陰人也給事
大將軍莫府爲軍司馬霍光愛厚之稍遷至大司
農元鳳中稻田使者燕蒼知上官桀等反謀以告
敞敞素謹畏事不敢言廼移病卧師古曰移病謂移書言病一日以病而移
居也以告諫大夫杜延年延年以聞蒼延年皆封敞
以九卿不輒言故不得侯師古曰聞之不即告言也後遷御史大
夫代王訢爲丞相封安平侯明年昭帝崩昌邑王

徵即位淫亂大將軍光與車騎將軍張安世謀欲
廢王更立議既定使大司農田延年報敞敞驚懼
不知所言汗出洽背徒唯唯而已師古曰唯唯恭應之辭也音弋癸反延
年起至更衣師古曰古者延賓必有更衣之處也敞夫人遽從東箱師古曰遽速也
謂敞曰此國大事今大將軍議已定使九卿來報
君侯君侯不疾應與大將軍同心猶與無決先事
誅矣師古曰與讀曰豫延年從更衣還敞夫人與延年參語
許諾師古曰三人共言故云參語請奉大將軍敎令遂共廢昌邑王
立宣帝宣帝即位月餘敞薨謚曰敬侯子忠嗣以
敞居位定策安宗廟益封三千五百戶忠弟惲字

子幼師古曰惲音於粉反以忠任爲郎補常侍騎師古曰爲騎郎而常侍故謂之
常侍騎也惲母司馬遷女也惲始讀外祖太史公記頗
爲春秋以材能稱好交英俊諸儒名顯朝庭擢爲
左曹霍氏謀反惲先聞知因侍中金安上以聞召
見言狀霍氏伏誅惲等五人皆封惲爲平通侯遷
中郎將郎官故事令郎出錢市財用給文書廼得
出名曰山郎張晏曰山財用之所出故取名焉移病盡一日輒償一沐
晉灼曰五日一洗沐也師古曰言出財用者雖非休沐常得在外也貧者實病皆以沐假償之也或至歲餘不得
沐其豪富郎日出游戲或行錢得善部師古曰郎官部之職各有主
部故行錢財而擇其善以招權也貨賂流行傳相放效師古曰放音斧往反惲爲中

郎將罷山郎移長度大司農以給財用應劭曰長久也一歲之調度也蘇林曰簿書餘饒之長也師古曰應說是也言總計一歲所須財用及文書之調度而移大司農以官錢供給之更不取於郎也
其疾病休謁洗沐皆以法令從事郎謁者有罪過
輒奏免薦舉其高弟有行能者至郡守九卿郎官
化之莫不自厲絕請謁貨賂之端令行禁止宮殿
之內翕然同聲由是擢爲諸吏光祿勳親近用事
初惲受父財五百萬及身封侯皆以分宗族後母
無子財亦數百萬死皆予惲惲盡復分後母昆弟
再受訾千餘萬皆以分施其輕財好義如此惲居
殿中廉絜無私郎官稱公平然惲伐其行治師古曰自矜其

節行及政治之能也又性刻害好發人陰伏同位有忤己者必
欲害之以其能高人由是多怨於朝廷與大僕戴
長樂相失卒以是敗師古曰卒終也長樂者宣帝在民間時
與相知及即位拔擢親近長樂嘗使行事肄宗廟
服虔曰兼行天子事先肄習威儀也師古曰肄音弋二反還謂掾史曰我親面見受詔
副帝肄秺侯御師古曰我副帝肄而秺侯延為御耳御謂御車也秺音丁故反人有上書
告長樂非所宜言事下廷尉長樂疑惲教人告之
亦上書告惲罪高昌侯車犇入北掖門師古曰犇古奔字也惲
語富平侯張延壽曰聞前曾有犇車抵殿門師古曰抵
觸也音丁禮反門關折馬死而昭帝崩今復如此天時非人

前漢傳三十六　十一

力也左馮翊韓延壽有罪下獄惲上書訟延壽郎
中丘常謂惲曰聞君侯訟韓馮翊當得活乎惲曰
事何容易脛脛者未必全也師古曰脛脛直貌也我不能自保
師古曰言我尚不能自保訟人何以得活眞人所謂鼠不容穴銜窶數者也
李奇曰眞人正人也如淳曰所以不容穴坐銜窶數自妨故不得入穴師古曰窶數戴器也窶音其羽反數音山羽反解在東方朔傳惲自
云今之訟人亦於已有妨又中書謁者令宣持單于使者語視諸
將軍中朝二千石師古曰謂譯者所錄也視讀曰示惲曰冒頓單于
得漢美食好物謂之殠惡單于不來明甚師古曰時使者
云單于欲來朝故惲云不來惲上觀西閣上畫人指桀紂畫謂樂
昌侯王武曰天子過此一二問其過可以得師矣

師古曰過此謂經過此也問其過謂桀紂之過惡畫人有堯舜禹湯不稱而舉桀
紂惲聞匈奴降者道單于見殺惲曰得不肖君大
臣為畫善計不用自令身無處所師古曰無處所謂死滅也若秦
時但任小臣誅殺忠良竟以滅亡令親任大臣即
至今耳師古曰言國祚長遠可以至今猶不亡也古與今如一丘之貉師古曰言其同
類也貉獸名似狐而善睡音胡各反惲妄引亡國以誹謗當世無人臣禮
又語長樂曰正月以來天陰不雨此春秋所記夏
侯君所言張晏曰夏侯勝諫昌邑王曰天久陰不雨臣下必有謀上者春秋無久陰不雨之異也漢史記勝所言故曰春
秋所記謂說春秋災異者耳師古曰春秋有不雨事說者因論久陰附著之也張謂漢史為春秋失之矣行必不至
河東矣張晏曰后土祠在河東天子歲祠之以上主為戲語尤悖逆絕

前漢傳三十六　十二

理事下廷尉廷尉定國考問左驗明白師古曰定國于定國也左證左
也言當時在其左右見此事者也奏惲不服罪而召戶將尊蘇林曰直主門戶者也師
古曰戶將官名主戶衛屬光祿也欲令戒飭富平侯延壽師古曰飭與敕同富平侯張延
壽也曰太僕定有死罪數事朝暮人也師古曰言不久活也惲幸
與富平侯婚姻今獨三人坐語侯言時不聞惲語
自與太僕相觸也師古曰令延壽證云惲無此語長樂誣之也尊曰不可惲
怒持大刀曰蒙富平侯力得族罪師古曰惲言富平侯依大僕言而證之則
我得罪至於族滅深怨之辭也毋泄惲語令大僕聞之亂餘事文穎曰勿使大僕聞
惲此語師古曰亂餘事者恐長樂心忿更加增其餘罪狀也惲幸得列九卿諸吏宿衞近
臣上所信任與聞政事師古曰與讀曰豫不竭忠愛盡臣子

義而妄怨望稱引爲訞惡言（師古曰訞與妖同）大逆不道請逮捕治上不忍加誅有詔皆免惲長樂爲庶人惲既失爵位家居治産業起室宅以財自娛歲餘其友人安定太守西河孫會宗知略士也與惲書諫戒之爲言大臣廢退當闔門惶懼爲可憐之意（師古曰闔閉也）不當治産業通賓客有稱譽惲宰相子少顯朝廷一朝晻昧語言見廢（師古曰晻與暗同）内懷不服報會宗書曰惲材朽行穢文質無所底（師古曰底致也音之履反）幸賴先人餘業得備宿衛遭遇時變以獲爵位終非其任卒與禍會（師古曰卒亦終也）足下哀其愚蒙賜書

教督以所不及（師古曰蒙蒙督視也）殷勤甚厚然竊恨足下不深惟其終始（師古曰惟思也）而猥隨俗之毀譽也（師古曰猥曲也）言鄙陋之愚心若逆指而文過（師古曰逆足下之意指而自文飾其過）默而息乎恐違孔氏各言爾志之義（師古曰論語云顏回季路侍子曰盍各言爾志故惲引之）故敢略陳其愚唯君子察焉惲家方隆盛時乘朱輪者十人位在列卿爵爲通侯總領從官與聞政事（師古曰與讀曰豫）曾不能以此時有所建明以宣德化又不能與羣僚同心幷力陪輔朝廷之遺忘已負竊位素餐之責久矣（師古曰素空也不稱其職空食祿也）懷祿貪埶不能自退遭遇變故横被口語（師古曰横音胡孟反）身幽北闕妻子滿

獄當此之時自以夷滅不足以塞責（師古曰塞補也）豈意得全首領復奉先人之丘墓乎伏惟聖主之恩不可勝量君子游道樂以忘憂小人全軀說以忘罪（師古曰說讀曰悅）竊自思念過已大矣行已虧矣長爲農夫以没世矣是故身率妻子勠力耕桑灌園治産以給公上（師古曰供縣官之賦斂也）不意當復用此爲譏議也夫人情所不能止者聖人弗禁故君父至尊親（師古曰父至親君至尊）送其終也有時而既（張晏曰喪不過三年臣見放逐降居三月復初師古曰既已也）臣之得罪已三年矣田家作苦歲時伏臘亨羊炰羔斗酒自勞（師古曰炰毛炙肉也即今所謂爊也炰音步交反爊音一高反勞音來到反）家本秦也

能爲秦聲婦趙女也雅善鼓瑟奴婢歌者數人酒後耳熱仰天拊缶（應劭曰缶瓦器也秦人擊之以節歌師古曰缶即今之盆類也）而呼烏烏（師古曰李斯上書云擊甕叩缶彈箏搏髀而呼烏烏快耳者真秦聲也是關中舊有此曲也）其詩曰田彼南山蕪穢不治種一頃豆落而爲萁人生行樂耳須富貴何時（張晏曰山高而在陽人君之象也蕪穢不治言朝廷之荒亂也一頃百畝以喻百官也言豆者貞實之物當在囷倉零落在野喻已見放棄也萁曲而不直言朝臣皆諂諛也師古曰萁豆莖也音其須待也）是日也拂衣而喜奮褎低卬（師古曰褎古衣袖字）頓足起舞誠淫荒無度不知其不可也（師古曰自謂爲可也）惲幸有餘祿方糴賤販貴逐什一之利此賈豎之事汙辱之處惲親行之下流之人衆毀所歸不寒而栗（師古曰栗竦縮也）雖雅知惲者猶

隨風而靡師古曰言逐衆議皆相毀也 尚何稱譽之有董生不云
乎明明求仁義常恐不能化民者卿大夫意也明
明求財利常恐困乏者庶人之事也師古曰引董仲舒之辭也仲舒傳作皇皇也
故道不同不相爲謀師古曰論語載孔子之辭惲又引之爲音于僞反 今子
尚安得以卿大夫之制而責僕哉夫西河魏土文
侯所興有段干木田子方之遺風應劭曰段干木田子方魏賢人也 漂
然皆有節槩知去就之分師古曰漂然高遠意槩度量也漂音匹遥反槩音工代反分音扶問反
頃者足下離舊土臨安定安定山谷之閒昆
戎舊壤文穎曰昆夷之地也 子弟貪鄙豈習俗之移人哉於
今迺睹子之志矣師古曰言豈隨安定貪鄙之俗而易其操乎平生謂子爲達道今乃見子之志與我不同者也
方當盛漢之隆願勉旃毋多談師古曰旃之也言子當自勉勵以立功名不須多與我言也

又惲兄子安平侯譚爲典屬國謂惲曰
西河太守建平杜侯師古曰杜延年 前以罪過出今徵爲御
史大夫侯罪薄又有功且復用惲曰有功何益縣
官不足爲盡力惲素與蓋寬饒韓延壽善譚即曰
縣官實然蓋司隸韓馮翊皆盡力吏也俱坐事誅
會有日食變騶馬猥佐成上書告惲如淳曰騶馬以給騶使乘之佐主猥馬之吏也有吏有佐名成者
驕奢不悔過日食之咎此人所致章下
廷尉按驗得所予會宗書宣帝見而惡之廷尉當
惲大逆無道師古曰當謂處斷其罪 要斬妻子徙酒泉郡譚坐

不諫正惲與相應有怨望語免爲庶人召拜成爲
郎諸在位與惲厚善者未央衛尉韋玄成京兆尹
張敞及孫會宗等皆免官 蔡義河內溫人也
以明經給事大將軍莫府家貧常步行資禮不逮
衆門下好事者相合師古曰言衆斂錢物 爲義買犢車令乘之
數歲遷補覆盎城門候師古曰門候主候時而開閉也 久之詔求能爲
韓詩者徵義待詔久不進見義上跡曰臣山東草
萊之人行能亡所比容貌不及衆然而不棄人倫
者竊以聞道於先師自託於經術也願賜清閒之
燕師古曰燕安息也閒讀曰閑 得盡精思於前上召見義說詩甚說
之師古曰下說讀曰悅 擢爲光祿大夫給事中進授昭帝數歲

拜爲少府遷御史大夫代楊敞爲丞相封陽平侯
又以定策安宗廟益封加賜黃金二百斤義爲丞
相時年八十餘短小無須眉貌似老嫗行步俛僂
師古曰俛即俯字也僂曲背也僂音力主反 常兩吏扶夾迺能行時大將軍光
秉政議者或言光置宰相不選賢苟用可顓制者
師古曰顓與專同其後類此 光聞之謂侍中左右及官屬曰以爲人
主師當爲宰相何謂云云師古曰云云衆語謂有不選賢之言也 此語不
可使天下聞也義爲相四歲薨謚曰節侯無子國
除 陳萬年字幼公沛郡相人也爲郡吏察舉

至縣令遷廣陵太守師古曰居要被寵不廉及擧薦故得遷之也以高弟入爲右扶風遷太僕萬年廉平內行修然善事人賂遺外戚許史傾家自盡尤事樂陵侯史高丞相丙吉病中二千石上謁問疾師古曰上謁若今之通名也遣家丞出謝謝已皆去萬年獨留昏夜迺歸及吉病甚上自臨問以大臣行能吉薦于定國杜延年及萬年萬年竟代定國爲御史大夫八歲病卒子咸字子康年十八以萬年任爲郎有異材抗直數言事刺譏近臣書數十上遷爲左曹萬年甞病召咸教戒於牀下語至夜半咸睡頭觸屏風萬年大怒欲杖之曰乃公教戒汝汝反睡不聽吾言何也咸叩頭謝曰具曉所言大要教咸讇也師古曰大要大歸也讇古諂字也萬年迺不復言萬年死後元帝擢咸爲御史中丞總領州郡奏事課第諸刺史內執法殿中公卿以下皆敬憚之是時中書令石顯用事顓權咸頗言顯短顯等恨之時槐里令朱雲殘酷殺不辜有司擧奏未下師古曰天子未下其章也咸素善雲雲從刺候教令上書自訟晉灼曰雲從咸刺探伺候事之輕重咸因教令上書於是石顯微伺知之白奏咸漏泄省中語下獄掠治師古曰掠笞擊也音力向反減死髡爲城旦因廢成帝初即位大將軍王鳳以咸前指言石顯有忠直

前漢傳三十六　十七　何立

節奏請咸補長史遷冀州刺史奉使稱意徵爲諫大夫復出爲楚內史北海東郡太守坐爲京兆尹王章所薦章誅咸免官起家復爲南陽太守所居以殺伐立威豪猾吏及大姓犯法輒論輸府師古曰府謂郡府之以律程作司空師古曰司空主行役之官爲地臼木杵舂不中程或私解脫鉗鈦衣服不如法師古曰鉗在頸鈦在足皆以鐵爲之鉗音其炎反鈦音第輒加罪笞督作劇不勝痛師古曰作程劇苦又被督察笞罰既多故不勝痛也自絞死歲數百千人久者蟲出腐爛家不得收其治放嚴延年其廉不如所居調發屬縣所出食物以自奉養師古曰調徒釣反奢侈玉食師古曰玉食美食如玉也然操持掾史師古曰操執也音千高反郡中長吏皆令閉門自斂不得踰法公移敕書曰師古曰公然移書以約敕也即各欲求索自快是一郡百太守也何得然哉下吏畏之豪彊執服師古曰執讀曰慹音之涉反令行禁止然亦以此見廢咸三公子少顯名於朝廷而薛宣朱博翟方進孔光等仕官絕在咸後皆以廉儉先至公卿而咸滯於郡守時車騎將軍王音輔政信用陳湯咸數賂遺湯予書曰即蒙子公力得入帝城死不恨師古曰子公湯之字後竟徵入爲少府少府多寶物屬官咸皆鉤校發其姦臧師古曰鉤音工候反沒入辜榷財物師古曰辜罪也榷專固也官屬及諸中官黃門鉤盾掖庭

前漢傳三十六　十八　何立

官吏舉奏按論畏咸皆失氣爲少府三歲與翟方
進有隙方進爲丞相奏咸前爲郡守所在殘酷毒
螫加於吏民主守盜受所監如淳曰律主守而盜直十金棄市師古曰受所監法解在景紀
也而官媚邪臣陳湯以求薦舉苟得無恥不宜處
位咸坐免頃之紅陽侯立舉咸方正爲光祿大夫
給事中方進復奏免之後數年立有罪就國方進
奏歸咸故郡以憂死　鄭弘字穉卿泰山剛人也
師古曰穉古稚字兄昌字次卿亦好學皆明經通法律政事
次卿爲太原涿郡太守弘爲南陽太守皆著治迹
條教法度爲後所述次卿用刑罰深不如弘平遷

淮陽相以高第入爲右扶風京師稱之代韋玄成
爲御史大夫六歲坐與京房論議免語在房傳
贊曰所謂鹽鐵議者起始元中徵文學賢良問以
治亂皆對願罷郡國鹽鐵酒榷均輸師古曰酒榷均輸解在武紀及食貨
志務本抑末毋與天下爭利然後化可興御史大
夫弘羊以爲此迺所以安邊竟制四夷師古曰竟讀曰境國
家大業不可廢也當時相詰難頗有其議文至宣
帝時汝南桓寬次公師古曰次公者寬之字治公羊春秋舉爲郎
至廬江太守丞博通善屬文推衍鹽鐵之議增
廣條目極其論難著數萬言師古曰即今之所行鹽鐵論十卷是也亦欲

以究治亂成一家之法焉其辭曰師古曰謂桓寬揔評議其善惡觀公
卿賢良文學之議異乎吾所聞師古曰論語載子張之言言不與己志同也故寬引
之聞汝南朱生言當此之時英俊並進賢良茂陵
唐生文學魯國萬生之徒六十有餘人咸聚闕庭
舒六藝之風陳治平之原知者贊其慮仁者明其
施勇者見其斷師古曰斷音丁喚反辯者騁其辭齗齗焉行
焉師古曰齗齗辯爭之皃行行剛彊之皃也齗音牛斤反行音胡浪反雖未詳備斯可略觀矣
中山劉子推言王道橋當世反諸正師古曰正曲曰橋諸之也橋讀與矯同其
字從手彬彬然弘博君子也師古曰彬彬文章皃也音彼旻反九江祝生奮
史魚之節發憤懣譏公卿師古曰懣音滿又莫本反介然直而不撓

師古曰撓曲也音女教反可謂不畏彊圉矣桑大夫據當世合時
變上權利之略雖非正法鉅儒宿學不能自解師古
曰解釋也言理不出於弘羊也博物通達之士也然攝公卿之柄不師
古始放於末利師古曰放縱也謂縱心於利也一說放依也音方往反論語稱孔子曰放於利而行多怨也處
非其位行非其道果隕其性以及厥宗師古曰性生也謂與上官桀謀
反誅也車丞相履伊呂之列當軸處中括囊不言容身
而去師古曰括結也易坤卦六四爻辭曰括囊無咎無譽言自閉慎如囊之括結也彼哉彼哉師古曰論語云或問
子西孔子曰彼哉彼哉言彼人哉無足稱也若夫丞相御史兩府之士不能正
議以輔宰相成同類長同行阿意苟合以說其上
師古曰說讀曰悅斗筲之徒何足選也師古曰筲竹器也容一斗筭數也論語云子貢問曰今之

從政者何如孔子曰噫斗筲之人何足選也言其材器小劣不足數也筲音所交反選音先玩反噫歎聲也噫音於其反

公孫田劉王楊蔡陳鄭傳第三十六

[印]　[印]

楊胡朱梅云傳第三十七　班固　漢書六十七

秘書監上護軍琅邪縣開國子顏師古注

[印]　[印]

楊王孫者孝武時人也學黃老之術家業千金厚自奉養生亡所不致（師古曰致至也）及病且終先令其子（師古曰先令為遺令）曰吾欲贏葬以反吾真（師古曰贏葬者不為衣衾棺槨者也反歸也真者自然之道也贏音郎果反）必亡易吾意（師古曰易改也）死則為布囊盛尸入地七尺既下從足引脫其囊以身親土其子欲默而不從重廢父命（師古曰重難也）欲從之心又不忍迺往見王孫友人祁侯（師古曰祁侯繒賀之孫承嗣者名它）祁侯與王孫書曰王孫苦疾僕迫從上祠雍未得詣前（師古曰詣至也至前言來見也）願存精神省思慮進醫藥厚自持竊聞王孫先令贏葬令死者亡知則已若其有知是戮尸地下將贏見先人竊為王孫不取也且孝經曰為之棺槨衣衾是亦聖人之遺制何必區區獨守所聞（師古曰區區小意也）願王孫察焉王孫報曰蓋聞古之聖王緣人情不忍其親故為制禮今則越之（師古曰言踰禮而厚葬也）吾是以贏葬將以矯世也（師古曰正曲曰矯）夫厚葬誠亡益於死者而俗人競以相高靡財單幣腐之地下（師古曰靡散也單盡也）或迺今日入而明日發（師古曰言見發掘也）此真與暴骸於中野何異且夫死者終生之化而物之歸者也歸者得至化者

得變是物各反其眞也反眞冥冥亡形亡聲迺合道情夫飾外以華眾厚葬以鬲眞師古曰鬲與隔同其後並類此使歸者不得至化者不得變是使物各失其所也且吾聞之精神者天之有也形骸者地之有也師古曰文子冊天氣爲魂延陵季子云骨肉下歸於土是以云然精神離形各歸其眞故謂之鬼鬼之爲言歸也其尸塊然獨處豈有知哉師古曰塊音口對反裹以幣帛鬲以棺槨支體絡束口含玉石欲化不得鬱爲枯腊千載之後棺槨朽腐迺得歸土就其眞宅繇是言之焉用久客師古曰言不用久爲客也繇讀與由同昔帝堯之葬也窾木爲匵葛藟爲緘服虔曰窾音款款空也空木爲匵師古曰匵即櫝字也櫝小棺也藟葛蔓也一曰藟亦草名葛之類也緘束也藟音力水反緘音工咸反其穿下不亂泉上不泄殠師古曰亂絕也故聖王生易尚死易葬也師古曰尚崇也言生死皆儉約也不加功於亡用不損財於亡謂師古曰謂者名稱也亦指趣也今費財厚葬留歸鬲至死者不知生者不得是謂重惑於戲吾不爲也師古曰於讀曰烏戲讀曰呼祁侯曰善遂臝葬

胡建字子孟河東人也孝武天漢中守軍正丞師古曰南北軍各有正正又置丞而建未得眞官兼守之貧亡車馬常步與走卒起居所以尉薦走卒甚得其心師古曰尉者自上安之也薦者舉藉也時監軍御史爲姦穿北軍壘垣以爲賈區師古曰坐賣曰賈爲賣物之區也區者小室之名若今小庵屋之類耳故衞士之屋謂之區廬宿衞宮外士稱爲區士也賈音古其下亦同建欲誅之迺約其走卒

師古曰約束也曰我欲與公有所誅吾言取之則取斬之則斬於是當選士馬日監御史與護軍諸校列坐堂皇上師古曰校者軍之諸部校也室無四壁曰皇建從走卒趨至堂皇下拜謁因上堂走卒皆上建指監御史曰取彼走卒前曳下堂皇建曰斬之遂斬御史護軍諸校皆愕驚不知所以建亦已有成奏在其懷中遂上奏曰臣聞軍法立武以威眾誅惡以禁邪今監御史公穿軍垣以求賈利師古曰公謂顯然爲之私買賣以與士市不立剛毅之心勇猛之節亡以帥先士大夫尤失理不公用文吏議不至重法黃帝李法曰蘇林曰獄官名也天文志左角李右角將孟康曰兵書之法也師古曰李者法官之號也總主征伐刑戮之事也故稱其書曰李法蘇說近之壁壘已定穿窬不繇路是謂姦人姦人者殺師古曰窬小竇也音踰繇讀與由同下皆類此臣謹按軍法曰正亡屬將軍將軍有罪以聞師古曰言軍正不屬將軍將軍有罪過得奏奏之二千石以下行法焉孟康曰二千石謂軍中校尉都尉之屬丞於用法疑孟康曰丞屬軍正斬御史於法有疑執事不諉上師古曰諉累也言執事者當見法即行不可以事累於上也諉音女瑞反累音力瑞反臣謹以斬昧死以聞制曰司馬法曰國容不入軍軍容不入國何文吏也師古曰司馬法亦兵書之名也解在主父偃傳詔言在於軍中何用文吏議也三王或誓於軍中欲民先成其慮也或誓於軍門之外欲民先意以待事也師古曰慮謂計念也先意謂先爲之意也或將交刃而誓致民志也師古曰欲致民勇志使不奔北

建又何疑焉建縣是顯名後爲渭城令治甚有聲
值昭帝幼皇后父上官將軍安與帝姊蓋主私夫
丁外人相善外人驕恣怨故京兆尹樊福使客射
殺之客臧公主廬吏不敢捕渭城令建將吏卒圍
捕蓋主聞之與外人上官將軍多從奴客往犇射
追吏師古曰犇古奔字也奔走赴之而射也吏散走主使僕射劾渭城令
游徼傷主家奴建報亡它坐服虔曰言游徼奉公無它坐也蓋主怒使
人上書告建侵辱長公主射甲舍門師古曰甲舍即甲弟公主之宅知
吏賊傷奴辟報故不窮審蘇林曰辟迴也報論也斷獄爲報故言有故也不窮審窮盡其
事也師古曰蘇說非也言爲游徼避罪而妄報文書故不窮治也辟讀曰避大將軍霍光寢其奏後

光病上官氏代聽事下吏捕建建自殺吏民稱寃
至今渭城立其祠　朱雲字游魯人也徙平陵
少時通輕俠借客報仇師古曰借助也音子夜反長八尺餘容貌
甚壯以勇力聞年四十廼變節從博士白子友受
易又事前將軍蕭望之受論語皆能傳其業好倜
儻大節師古曰倜音吐歷反當世以是高之元帝時琅邪貢禹
爲御史大夫而華陰守丞嘉上封事師古曰守華陰縣丞者其人名嘉
言治道在於得賢御史之官宰相之副九卿之右
師古曰右言在上也不可不選平陵朱雲兼資文武忠正有智
略可使以六百石秩試守御史大夫以盡其能上

廼下其事問公卿太子少傅匡衡對以爲大臣者
國家之股肱萬姓所瞻仰明王所愼擇也傳曰下
輕其上爵賤人圖柄臣則國家搖動而民不靜矣
師古曰上爵大官也圖謀也柄臣執權之臣今嘉從守丞而圖大臣之位欲以
匹夫徒步之人而超九卿之右非所以重國家而
尊社稷也自堯之用舜文王於太公猶試然後爵
之又況朱雲者乎雲素好勇數犯法亡命受易頗
有師道其行義未有以異今御史大夫禹絜白廉
正經術通明有伯夷史魚之風海內莫不聞知而
嘉猥稱雲師古曰猥曲也欲令爲御史大夫妄相稱舉疑有

姦心漸不可長宜下有司案驗以明好惡嘉竟坐
之是時少府五鹿充宗貴幸爲梁丘易自宣帝時
善梁丘氏說元帝好之欲考其異同令充宗與諸
易家論充宗乘貴辯口師古曰乘因也言因藉尊貴之權也諸儒莫能與
抗皆稱疾不敢會有薦雲者召入攝齋登堂師古曰齋衣下
之裳音子私反抗首而請音動左右師古曰抗舉也既論難連拄五鹿
君師古曰拄刺也距也音竹庾反故諸儒爲之語曰五鹿嶽嶽朱雲折
其角師古曰嶽嶽長角之貌繇是爲博士遷杜陵令坐故縱亡命
會赦舉方正爲槐里令時中書令石顯用事與充
宗爲黨百僚畏之唯御史中丞陳咸年少抗節不

附顯等而與雲相結雲數上䟽言丞相韋玄成容身保位亡能往來李奇曰不能有所前卻也師古曰周書君奭之篇稱周公曰惟文王尚克脩和有夏有若虢叔閎夭散宜生泰顛南宮括又曰亡能往來故雲引此以為言也而咸數毀石顯父之有司考雲疑風吏殺人師古曰風讀曰諷羣臣朝見上問丞相以雲治行丞相玄成言雲暴虐亡狀師古曰無善狀也時陳咸在前聞之以語雲雲上書自訟咸為定奏草求下御史中丞事下丞相丞相部吏考立其殺人罪師古曰立成也雲亡入長安復與咸計議丞相具發其事奏咸宿衞執法之臣幸得進見漏泄所聞以私語雲為定奏草欲令自下治師古曰咸為御史中丞而奏請下中丞故云自下治後知

前漢傳三十七　六　孫安

雲亡命罪人而與交通雲以故不得師古曰吏捕之不得上於是下咸雲獄減死為城旦咸雲遂廢錮終元帝世至成帝時丞相故安昌侯張禹以帝師位特進甚尊重雲上書求見公卿在前雲曰今朝廷大臣上不能匡主下亡以益民皆尸位素餐師古曰尸主也素空也尸位者不舉其事但主其位而已素餐者德不稱官空當食祿孔子所謂鄙夫不可與事君苟患失之亡所不至者也師古曰皆論語所載孔子之言也苟患失其寵祿則言行僻邪無所不至也臣願賜尚方斬馬劒斷佞臣一人以厲其餘師古曰尚方少府之屬官也作供御器物故有斬馬劒劒利可以斬馬也上問誰也對曰安昌侯張禹上大怒曰小臣居下訕上廷辱師傅師古曰訕謗也音所諫反

又音刪罪死不赦御史將雲下雲攀殿檻檻折師古曰檻軒前欄也雲呼曰師古曰呼叫也音火故反臣得下從龍逢比干遊於地下足矣師古曰關龍逢桀臣王子比干紂之諸父皆以諫而死故云然未知聖朝何如耳師古曰言殺直臣其聲惡御史遂將雲去於是左將軍辛慶忌免冠解印綬叩頭殿下曰此臣素著狂直於世師古曰著表也言此名又彰表使其言是不可誅其言非固當容之臣敢以死爭慶忌叩頭流血上意解然後得已及後當治檻上曰勿易因而輯之以旌直臣師古曰輯與集同謂補合之也旌表也雲自是之後不復仕常居鄠田時出乘牛車從諸生所過皆敬事焉薛宣為丞相雲往見之宣備賓

前漢傳三十七　七　陳樺

主禮因留雲宿從容謂雲曰師古曰從音七庸反在田野亡事且留我東閣可以觀四方奇士雲曰小生迺欲相吏邪師古曰小生謂其新學後進言欲以我為吏乎宣不敢復言其教授擇諸生然後為弟子九江嚴望及望兄子元字仲能傳雲學皆為博士望至泰山太守雲年七十餘終於家病不呼醫飲藥遺言以身服斂棺周於身土周於椁師古曰棺周於身小棺裁容身也土周於椁冢壙裁容椁也為丈五墳葬平陵東郭外

梅福字子真九江壽春人也少學長安明尚書穀梁春秋為郡文學補南昌尉師古曰豫章之縣後去官歸壽春數因縣道上言變事師古曰附縣道之使而封奏也變謂非常之事求

假軺傳師古曰小車之傳也軺音遥傳音張戀反詣行在所條對急政師古曰條對者一一條錄而對之輒報罷是時成帝委任大將軍王鳳鳳專埶擅朝而京兆尹王章素忠直譏刺鳳爲鳳所誅王氏浸盛師古曰浸漸也災異數見羣下莫敢正言福復上書曰臣聞箕子佯狂於殷而爲周陳洪範叔孫通遁秦歸漢制作儀品師古曰遁逃也夫叔孫先非不忠也師古曰先猶言先生也一曰先謂在秦時箕子非踈其家而畔親也師古曰箕子紂之諸父故言踈家畔親也不可爲言也昔高祖納善若不及從諫若轉圜師古曰不及恐失之也轉圜言其順也聽言不求其能舉功不考其素師古曰直取其功不論其舊行及所從來也陳平起於亡命而爲謀

主韓信拔於行陳而建上將師古曰立爲大將軍故天下之士雲合歸漢師古曰言四面而至爭進奇異知者竭其策愚者盡其慮勇士極其節怯夫勉其死合天下之知并天下之威是以舉秦如鴻毛取楚若拾遺師古曰鴻毛喻輕拾遺言其易也此高祖所以亡敵於天下也師古曰亡讀曰無孝文皇帝起於代谷師古曰從代而來即帝位非有周召之師伊吕之佐也師古曰召讀曰邵循高祖之法加以恭儉當此之時天下幾平師古曰幾音鉅依反繇是言之循高祖之法則治不循則亂何者秦爲亡道削仲尼之迹滅周公之軌師古曰軌法也壞井田除五等禮廢樂崩王道不通故欲行王道者

莫能致其功也孝武皇帝好忠諫説至言師古曰説讀曰悦出爵不待廉茂慶賜不須顯功師古曰謂諫爭合意即得官爵不由薦舉及軍功也廉廉吏也茂茂材也是以天下布衣各厲志竭精以赴闕廷自衒鬻者不可勝數漢家得賢於此爲盛使孝武皇帝聽用其計升平可致張晏曰民有三年之儲曰升平於是積尸暴骨快心胡越故淮南王安緣間而起所以計慮不成而謀議泄者以衆賢聚於本朝師古曰本朝漢朝也故其大臣埶陵不敢和從也服虔曰臣埶陵君也師古曰謂淮南大臣相內史之屬也方今布衣迺窺國家之隙見間而起者蜀郡是也孟康曰成帝鴻嘉中廣漢男子鄭躬等反是也及山陽亡徒蘇令之羣蹈藉名都大郡求黨與

索隨和李奇曰求索與己和及隨己者而亡逃匿之意此皆輕量大臣亡所畏忌國家之權輕故匹夫欲與上爭衡也士者國之重器得士則重失士則輕詩云濟濟多士文王以寧師古曰大雅文王之詩也已解於上廟堂之議非草茅所當言也臣誠恐身塗野草尸并卒伍故數上書求見輒報罷臣聞齊桓之時有以九九見者桓公不逆欲以致大也師古曰九九算術若今九章五曹之輩今臣所言非特九九也陛下距臣者三矣此天下士所以不至也昔秦武王好力任鄙叩關自鬻師古曰秦武王惠文王之子也任鄙力士也繆公行伯繇余歸德師古曰即秦穆公也伯讀曰霸繇讀曰由今欲致天下之士

民有上書求見者輒使詣尚書問其所言言可采取者秩以升斗之祿賜以一束之帛若此則天下之士發憤懣吐忠言師古曰懣音滿嘉謀日聞於上天下條貫國家表裏爛然可睹矣師古曰爛然分明貌夫以四海之廣士民之數能言之類至衆多也然其儁桀指世陳政言成文章質之先聖而不繆施之當世合時務師古曰質正也若此者亦亡幾人師古曰無幾言不多也幾音居豈反故爵祿束帛者天下之厎石高祖所以厲世摩鈍也師古曰厎細石也音之履反又音祗孔子曰工欲善其事必先利其器師古曰論語載孔子之言也工以喻國政利器喻賢材至秦則不然張誹謗之罔以為漢敺除

倒持泰阿授楚其柄師古曰大阿劒名歐冶所鑄也言秦無道令陳涉項羽乘間而發譬倒持劒而以把授與人也故誠能勿失其柄天下雖有不順莫敢觸其鋒此孝武皇帝所以辟地建功為漢世宗也師古曰辟讀曰闢今不循伯者之道師古曰伯讀曰霸次下亦同迺欲以三代選舉之法取當世之士猶察伯樂之圖求騏驥於市而不可得亦已明矣故高祖棄陳平之過而獲其謀師古曰盜嫂受金之事晉文召天王齊桓用其讎師古曰召天王謂狩于河陽也用其讎謂以管仲為相並解於上亡益於時不顧逆順此所謂伯道者也一色成體謂之醇白黑雜合謂之駁欲以承平之法治暴秦之緒師古曰緒謂餘業也猶以鄉飲酒之禮理軍市也

今陛下既不納天下之言又加戮焉夫鳶鵲遭害則仁鳥增逝師古曰鳶鴟也仁鳥鸞鳳也鳶音緣愚者蒙戮則知士深退師古曰蒙被也間者愚民上疏多觸不急之法或下廷尉而死者衆師古曰以其所言為不急而罪之也自陽朔以來天下以言為諱朝廷尤甚師古曰防人之口法禁嚴切羣臣皆承順上指莫有執正何以明其然也取民所上書陛下之所善試下之廷尉廷尉必曰非所宜言大不敬以此卜之一矣故京兆尹王章資質忠直敢面引廷爭孝元皇帝擢之以厲具臣而矯曲朝師古曰具臣具位之臣無益者也矯正也及至陛下戮及妻子且惡惡止其身王章非有反畔之

辜而殃及家折直士之節結諫臣之舌羣臣皆知其非然不敢爭天下以言為戒最國家之大患也願陛下循高祖之軌杜亡秦之路師古曰杜塞也數御十月之歌孟康曰福讖切王氏十月之詩刺后族太盛也師古曰詩小雅十月之交篇也留意亡逸之戒師古曰周書篇名也周公作之以戒成王除不急之法下亡諱之詔博覽兼聽謀及疏賤令深者不隱遠者不塞所謂辟四門明四目也師古曰虞書舜典曰闢四門明四目言開四門以致衆賢則明視於四方也且不急之法誹謗之微者也往者不可及來者猶可追方今君命犯而主威奪師古曰君命犯者謂大臣犯君之命外戚之權日以益隆陛下不見其形願察其景建始以來日食

地震以率言之三倍春秋水災亡與比數師古曰言其極多不可比挍而數也陰盛陽微金鐵爲飛此何景也張晏曰河平二年沛郡鐵官鑄鐵如星飛上去權臣用事之異也蘇林曰言之不從是謂不艾則金不從革景象也何象言將危亡也漢興以來社稷三危呂霍上官皆母后之家也親親之道全之爲右師古曰務全安之此爲上當與之賢師良傅教以忠孝之道今迺尊寵其位授以魁柄師古曰以斗爲喻也斗身爲魁使之驕逆至於夷滅師古曰夷平也謂平除之此失親親之大者也自霍光之賢不能爲子孫慮故權臣易世則危書曰毋若火始庸庸師古曰周書洛誥之辭也庸庸微小貌也言火始微小不早撲滅則至熾盛大臣貴擅亦當圖黜其權也埶陵於君權隆於主然後防之亦亡及已師古曰已語終辭

上遂不納成帝久亡繼嗣福以爲宜建三統封孔子之世以爲殷後復上書曰臣聞不在其位不謀其政政者職也位卑而言高者罪也越職觸罪危言世患雖伏質橫分臣之願也師古曰伏質斬刑也橫分謂身首分離也守職不言沒齒身全死之日尸未腐而名滅雖有景公之位伏歷千駟臣不貪也師古曰景公齊景公也論語云齊景公有馬千駟死之日人無得而稱焉故引之也故願壹登文石之陛涉赤墀之塗應劭曰以丹淹泥塗殿上也當戶牖之法坐師古曰戶牖之間謂之扆言負扆也法坐正坐也聽朝之處猶言法官法駕也坐音才卧反盡平生之愚慮亡益於時有遺於世師古曰遺留也此臣寢所以不安食所以忘味也願陛下深省臣言師古曰省察也臣聞存人所以自立也壅人所以自塞也善惡之報各如其事昔者秦滅二周夷六國師古曰二周東周西周君也六國齊楚韓魏趙燕隱士不顯佚民不舉師古曰佚與逸同也絕三統滅天道是以身危子殺厥孫不嗣張晏曰身爲燕荊張良所謀子二世見殺孫謂子嬰所謂壅人以自塞者也故武王克殷未下車存五帝之後封殷於宋紹夏於杞師古曰謂封黃帝之後於薊帝堯之後於祝帝舜之後於陳并杞宋是爲五帝明著三統示不獨有也是以姬姓半天下遷廟之主流出於戶李奇曰言其多所謂存人以自立者也今成湯不祀殷人亡後陛下繼嗣久微殆爲此也春秋經曰宋殺其大夫穀梁傳曰其不稱名

姓以其在祖位尊之也師古曰事在僖二十五年穀梁所云在祖位者謂孔子本宋孔父之後防叔奔魯遂爲魯人今宋所殺者亦孔父之後留在宋者於孔子爲祖列故尊而不名也此言孔子故殷後也雖不正統封其子孫以爲殷後禮亦宜之何者諸侯奪宗聖庶奪適如淳曰奪宗始封之君尊爲諸侯則奪其舊爲宗子之事也奪適文王舍伯邑考而立武王是也孔子雖庶可爲殷後師古曰適讀曰嫡傳曰賢者子孫宜有土而況聖人又殷之後哉昔成王以諸侯禮葬周公而皇天動威雷風著災師古曰尚書大傳云周公疾曰吾死必葬於成周示天下臣於成王也周公死天乃雷雨以風禾盡偃大木斯拔國恐王與大夫開金縢之書執書以泣曰周公勤勞王家予幼人弗及知乃不葬之於成周而葬之於畢示天下不敢臣今仲尼之廟不出闕里師古曰闕里孔子舊里也言除此之外更無祭祀孔子者孔氏子孫不免編戶師古曰列爲庶人也以聖人而歆匹夫之

祀非皇天之意也今陛下誠能據仲尼之素功以封其子孫師古曰素功素王之功也穀梁傳曰孔子素王則國家必獲其福又陛下之名與天亡極何者追聖人素功封其子孫未有法也後聖必以爲則不滅之名可不勉哉福孤遠又譏切王氏故終不見納武帝時始封周後姬嘉爲周子南君至元帝時尊周子南君爲周承休侯位次諸侯王使諸大夫博士求殷後分散爲十餘姓郡國往往得其大家推求子孫絕不能紀師古曰不自知其昭穆之數也時匡衡議以爲王者存二王後所以尊其先王而通三統也其犯誅絕之罪者絕而更封

他親爲始封君上承其王者之始祖春秋之義諸侯不能守其社稷者絕今宋國已不守其統而失國矣則宜更立殷後爲始封君而上承湯統非當繼宋之絕侯也宜明得殷後而已今之故宋推求其嫡久遠不可得雖得其嫡嫡之先已絕不當得立禮記孔子曰丘殷人也先師所共傳宜以孔子世爲湯後上以其語不經師古曰不合於經也遂見寢至成帝時梅福復言宜封孔子後以奉湯祀綏和元年立二王後推迹古文以左氏穀梁世本禮記相明遂下詔封孔子世爲殷紹嘉公語在成紀是時福居家常讀書養性爲事至元始中王莽顓政師古曰顓讀與專同福一朝棄妻子去九江至今傳以爲仙其後人有見福於會稽者變名姓爲吳市門卒云師古曰其後謂棄妻子去之後

云敞字幼孺平陵人也師事同縣吳章章治尚書經爲博士平帝以中山王即帝位年幼莽秉政自號安漢公以平帝爲成帝後不得顧私親帝母及外家衛氏皆留中山不得至京師莽長子宇非莽鬲絕衛氏師古曰鬲讀與隔同恐帝長大後見怨宇與吳章謀夜以血塗莽門若鬼神之戒冀以懼莽章欲因對其咎事發覺莽殺宇誅滅衛氏謀所聯及

死者百餘人章坐要斬磔尸東市門初章爲當世名儒教授尤盛弟子千餘人莽以爲惡人黨皆當禁錮不得仕宦門人盡更名他師師古曰更以他人爲師諱不言是章弟子敞時爲大司徒掾自劾吳章弟子收抱章尸歸棺斂葬之師古曰棺音工喚反斂音力贍反京師稱焉車騎將軍王舜高其志節比之欒布表奏以爲掾薦爲中郎諫大夫莽簒位王舜爲太師復薦敞可輔職師古曰爲輔弼之任以病免唐林言敞可典郡擢爲魯郡大尹更始時安車徵敞爲御史大夫復病免去卒于家

贊曰昔仲尼稱不得中行則思狂狷師古曰論語載孔子曰不得中行而

與之必也狂狷乎狂者進取狷者有所不爲也中行中庸也狷介也言必不得中庸之人與之論道則思狂狷狷愈於頑嚚無識者也狷音工掾反

觀楊王孫之志賢於秦始皇遠矣世稱朱雲多過其實故曰蓋有不知而作之者我亡是也師古曰論語稱孔子之言也疾時人妄有述作非有實也胡建臨敵敢斷武昭於外師古曰昭明也斬伐姦隙軍旅不隊梅福之辭合於大雅雖無老成尚有典刑殷監不遠夏后所聞師古曰大雅蕩之詩曰雖無老成人尚有典刑言今雖無其人尚有故法可案用也又曰殷監不遠在夏后之時言殷視夏桀之亡可爲戒也贊引此者謂梅福請封孔子後是案武王克商之法而行之又視秦滅二周夷六國不爲立後自取喪亡可爲戒也遂從所好全性市門云敞之義著於吳章爲仁由己再入大府師古曰論語稱孔子曰爲仁由己而由人乎哉故此贊引之再入大府謂初爲大司徒掾後爲車騎將軍掾也淸則濯纓何遠之有師古曰楚辭漁父之歌曰滄浪之水清可以濯我纓滄浪之水濁可以濯我足遇治則仕遇亂則隱云敞謝病去職近於此義也

楊胡朱梅云傳第三十七

霍光金日磾傳第三十八　班固　漢書六十八

秘書監上護軍琅邪縣開國子顏師古　注

霍光字子孟票騎將軍去病弟也父中孺河東平陽人也師古曰中讀曰仲以縣吏給事平陽侯家師古曰縣遣吏於侯家供事也與侍者衛少兒私通而生去病中孺吏畢歸家娶婦生光因絕不相聞久之少兒女弟子夫得幸於武帝立爲皇后去病以皇后姊子貴幸既壯大迺自知父爲霍中孺未及求問會爲票騎將軍擊匈奴道出河東河東太守郊迎負弩矢先驅師古曰郊迎迎於郊界之上也先驅者導其路也至平陽傳舍遣吏迎霍中孺中孺趨入拜謁將軍迎拜因跪曰去病不早自知爲大人遺體也中孺扶服叩頭師古曰服音蒲北反曰老臣得託命將軍此天力也去病大爲中孺買田宅奴婢而去還復過焉迺將光西至長安時年十餘歲任光爲郎稍遷諸曹侍中去病死後光爲奉車都尉光祿大夫出則奉車入侍左右出入禁闥二十餘年師古曰宮中小門謂之闥小心謹慎未嘗有過甚見親信征和二年衛太子爲江充所敗而燕王旦廣陵王胥皆多過失是時上年老寵姬鉤弋趙倢伃有男師古曰倢伃居鉤弋宮故稱之上心欲以爲嗣命大臣輔之察羣臣唯光任大重可

屬社稷（師古曰任以堪也屬委也任音壬屬音之欲反）上廼使黃門畫者畫周公負成王朝諸侯以賜光（師古曰黃門之署職任親近以供天子百物在焉故亦有畫工）後元二年春上游五柞宮病篤光涕泣問曰如有不諱誰當嗣者（師古曰不諱言不可諱也）上曰君未諭前畫意邪（師古曰諭曉也）立少子君行周公之事光頓首讓曰臣不如金日磾日磾亦曰臣外國人不如光上以光為大司馬大將軍日磾為車騎將軍及太僕上官桀為左將軍搜粟都尉桑弘羊為御史大夫皆拜臥內牀下（師古曰於天子所臥牀前拜職）受遺詔輔少主明日武帝崩太子襲尊號是為孝昭皇帝帝年八歲政事壹決於光

先是後元年侍中僕射莽何羅與弟重合侯通謀為逆（師古曰莽音莫戶反）時光與金日磾上官桀等共誅之功未錄武帝病封璽書曰帝崩發書以從事遺詔封金日磾為秺侯上官桀為安陽侯光為博陸侯（文穎曰博大陸平取其嘉名無此縣也食邑北海河東城師古曰蓋亦取鄉聚之名以為國號非必縣也公孫弘平津鄉則是矣）皆以前捕反者功封時衛尉王莽子男忽侍中（師古曰即右將軍王莽也其子名忽）揚語曰（師古曰揚謂宣唱之）帝崩忽常在左右安得遺詔封三子事（師古曰安猶焉）羣兒自相貴耳光聞之切讓王莽（師古曰切深也讓責也）莽酖殺忽光為人沈靜詳審長財七尺三寸（師古曰財與纔同）白皙疏眉目美須髯（師古曰皙絜白也髯頰毛也皙音先歷反髯音人占反）每出入下殿門止進有常處郎僕射竊識視之不失尺寸（師古曰識記也音式志反）其資性端正如此初輔幼主政自己出（師古曰自從也）天下想聞其風采（師古曰采文采）殿中嘗有怪一夜羣臣相驚光召尚符璽郎郎（師古曰恐有變難故欲收取璽）不肯授光光欲奪之郎按劒曰臣頭可得璽不可得也光甚誼之明日詔增此郎秩二等眾庶莫不多光（師古曰多猶重也以此事為多足重也）光與左將軍桀結婚相親光長女為桀子安妻有女年與帝相配（晉灼曰漢語光嫡妻東閭氏生安夫人昭后之母也）桀因帝姊鄂邑蓋主內安女後宮為倢伃（師古曰鄂邑所食邑為蓋侯所尚故云蓋主也）數月立為皇后父安為票騎

將軍封桑樂侯光時休沐出桀輒入代光決事桀父子既尊盛而德長公主（師古曰懷其恩德也）公主內行不修近幸河間丁外人桀安欲為外人求封幸依國家故事以列侯尚公主者光不許又為外人求光祿大夫欲令得召見又不許長主大以是怨光而桀安數為外人求官爵弗能得亦慙自先帝時桀已為九卿位在光右（師古曰右上也）及父子並為將軍有椒房中宮之重（師古曰椒房殿皇后所居）皇后親安女光迺其外祖而顧專制朝事（師古曰顧猶反也）繇是與光爭權（師古曰繇讀與由同）燕王旦自以昭帝兄常懷怨望及御史大夫桑弘羊

建造酒榷鹽鐵爲國興利伐其功（師古曰伐矜也）欲爲子弟得官亦怨恨光於是蓋主上官桀安及弘羊皆與燕王旦通謀詐令人爲燕王上書言光出都肄郎羽林道上稱蹕（孟康曰都試也肄習也師古曰謂總閱試習武備也）太官先置（師古曰供食飲之具）又引蘇武前使匈奴拘留二十年不降還迺爲典屬國而大將軍長史敞亡功爲搜粟都尉（師古曰楊敞也）又擅調益莫府校尉（師古曰調選也莫府大將軍府也調音徒釣反）光專權自恣疑有非常臣旦願歸符璽入宿衞察姦臣變候司光出沐日奏之桀欲從中下其事（師古曰下謂下有司也音胡稼反）桑弘羊當與諸大臣共執退光書奏帝不肯下明

旦光聞之止畫室中不入（如淳曰近臣所止計畫之室也或曰彫畫之室也師古曰彫畫是也）上問大將軍安在左將軍桀對曰以燕王告其罪故不敢入有詔召大將軍光入免冠頓首謝上曰將軍冠（師古曰令復著冠也）朕知是書詐也將軍亡罪光曰陛下何以知之上曰將軍之廣明都郎屬耳（師古曰之往也廣明亭名也屬耳近耳也屬音之欲反）調校尉以來未能十日燕王何以得知之且將軍爲非不須校尉（文穎曰帝云將軍欲反不由一校尉）是時帝年十四尚書左右皆驚而上書者果亡捕之甚急桀等懼白上小事不足遂（師古曰遂猶竟也不須窮竟也）上不聽後桀黨與有譖光者上輒怒曰大將軍忠臣先帝所屬以輔朕身（師古曰屬委也音之欲反其下亦同）敢有毀者坐之自是桀等不敢復言迺謀令長公主置酒請光伏兵格殺之因廢帝迎立燕王爲天子事發覺光盡誅桀安弘羊外人宗族燕王蓋主皆自殺光威震海內昭帝既冠遂委任光訖十三年百姓充實四夷賓服元平元年昭帝崩亡嗣武帝六男獨有廣陵王胥在羣臣議所立咸持廣陵王王本以行失道先帝所不用光內不自安郎有上書言周太王廢太伯立王季文王舍伯邑考立武王唯在所宜（師古曰太伯者王季之兄伯邑考文王長子也）雖廢長立少可也廣陵王不可以承宗廟言合光意光以其書視丞相敞等（師古曰視讀曰示敞即楊敞也）擢郎爲九

江太守即日承皇太后詔遣行大鴻臚事少府樂成宗正德光祿大夫吉中郎將利漢迎昌邑王賀賀者武帝孫昌邑哀王子也既至即位行淫亂光憂懣（師古曰懣音滿又音悶字）獨以問所親故吏大司農田延年延年曰將軍爲國柱石（師古曰柱者梁下之柱石承柱之礎也言大臣負國重任如屋之柱及其石也）審此人不可何不建白太后（師古曰立議而白之）更選賢而立之光曰今欲如是於古嘗有此不（師古曰光不涉學故有此問也）延年曰伊尹相殷廢太甲以安宗廟後世稱其忠（師古曰商書太甲篇曰太甲既立弗明伊尹放諸桐是也）將軍若能行此亦漢之伊尹也光迺引延年給事中陰與車騎將軍張安世圖計（師古曰圖謀也）遂召丞相御史將軍

列侯中二千石大夫博士會議未央宮光曰昌邑王行昏亂恐危社稷如何羣臣皆驚鄂失色 師古曰凡言鄂者皆謂阻礙不依順也後字作愕其義亦同 莫敢發言但唯唯而已田延年前離席按劍曰先帝屬將軍以幼孤寄將軍以天下以將軍忠賢能安劉氏也今羣下鼎沸社稷將傾且漢之傳謚常爲孝者以長有天下令宗廟血食也如令漢家絕祀 師古曰如若也 將軍雖死何面目見先帝於地下乎今日之議不得旋踵 師古曰宜速決 羣臣後應者臣請劍斬之光謝曰九卿責光是也天下匈匈不安光當受難 師古曰受其憂責也 於是議者皆叩頭曰萬姓之命在於將軍唯大將軍令 師古曰言一聽之也 光即與羣臣俱見白太后具陳昌邑王不可以承宗廟狀皇太后廼車駕幸未央承明殿詔諸禁門毋內昌邑羣臣王入朝太后還乘輦欲歸溫室中黃門宦者各持門扇王入門閉昌邑羣臣不得入王曰何爲大將軍跪曰有皇太后詔毋內昌邑羣臣王曰徐之何廼驚人如是光使盡驅出昌邑羣臣置金馬門外車騎將軍安世將羽林騎收縛二百餘人皆送廷尉詔獄令故昭帝侍中中臣侍守王光勑左右謹宿衛卒有物故自裁令我負天下有殺主名 師古曰卒讀曰

猝物故死也自裁自殺也 王尚未自知當廢謂左右我故羣臣從官安得罪而大將軍盡繫之乎 師古曰安焉也 頃之有太后詔召王王聞召意恐廼曰我安得罪而召我哉太后被珠襦 如淳曰以珠飾襦也晉灼曰貫珠以爲襦形若今革襦矣師古曰晉說是也 盛服坐武帳中侍御數百人皆持兵期門武士陛戟陳列殿下 師古曰陛戟謂執戟以衛陛下也 羣臣以次上殿召昌邑王伏前聽詔光與羣臣連名奏王尚書令讀奏曰丞相臣敞 師古曰楊敞也 大司馬大將軍臣光車騎將軍臣安世 師古曰張子孺 度遼將軍臣明友 師古曰范明友 前將軍臣增 師古曰韓增 後將軍臣充國 師古曰趙充國 御史大夫臣誼 師古曰蔡誼 宜春侯臣譚 師古曰王訢子 當塗侯臣聖 師古曰姓魏也 隨桃侯臣昌樂 師古曰姓趙故蒼梧王趙光子 杜侯臣屠耆堂 師古曰故胡人 太僕臣延年 師古曰杜延年 太常臣昌 師古曰蒲侯蘇昌 大司農臣延年 師古曰田延年 宗正臣德 師古曰劉向父 少府臣樂成 師古曰姓史也 廷尉臣光 師古曰李光 執金吾臣延壽 師古曰李延壽 大鴻臚臣賢 師古曰韋賢 左馮翊臣廣明 師古曰田廣明 右扶風臣德 師古曰周德 長信少府臣嘉 師古曰不知姓 典屬國臣武 師古曰蘇武 京輔都尉臣廣漢 師古曰趙廣漢 司隸校尉臣辟兵 師古曰不知姓 諸吏文學光祿大夫臣遷 師古曰王遷 臣畸 師古曰宋畸 臣吉 師古曰丙吉 臣賜臣管臣勝臣梁臣長幸 師古曰並不知姓也 臣夏侯勝 李奇曰同官同名故以姓別也 太中大夫臣德 師古曰不知姓 臣

卬師古曰趙充國子也昧死言皇太后陛下臣敞等頓首死罪
天子所以永保宗廟總壹海內者以慈孝禮誼賞
罰為本孝昭皇帝早棄天下亡嗣臣敞等議禮曰
為人後者為之子也昌邑王宜嗣後遣宗正大鴻
臚光祿大夫奉節使徵昌邑王典喪服斬縗師古曰典喪服
音為喪主也斬縗謂縗裳下不緝直斬割之而已縗音步千反亡悲哀之心廢禮誼居道上
不素食師古曰素食菜食無肉也言王在道常肉食非居喪之制也而鄭康成解喪服素食云平常之食失之遠矣素食義亦見
王莽傳使從官略女子載衣車內所居傳舍始至謁見
立為皇太子常私買雞豚以食受皇帝信璽行璽
大行前孟康曰漢初有三璽天子之璽自佩行璽信璽在符節臺大行前昭帝柩前也臣瓚曰大行不反之辭也就次

發璽不封師古曰璽既國器常當緘封而王於大行前受之退還所次遂爾發漏更不封之得令凡人皆見言不重慎從
官更持節師古曰更音工衡反次下亦同引內昌邑從官騶宰官奴二
百餘人常與居禁闥內敖戲自之符璽取節十六
師古曰之往也自往至署取節也朝暮臨師古曰臨哭臨也音力禁反令從官更持節從
師古曰更互執節從至哭臨之所為書曰皇帝問侍中君卿師古曰昌邑之侍中名君卿也
使中御府令高昌奉黃金千斤賜君卿取十妻大
行在前殿發樂府樂器引內昌邑樂人擊鼓歌吹
作俳倡師古曰俳優諧戲也倡樂人也俳音排會下還上前殿如淳曰下謂柩之入冢葬還不
居喪位便處前殿也師古曰下音胡稼反擊鐘磬召內泰壹宗廟樂人輦道
牟首鄧氏曰祭泰壹神樂人也孟康曰牟首地名上有觀如淳曰輦道閣道也牟首屏面也以屏面自鄣無哀戚也臣瓚曰牟首池

名也在上林苑中方在衰絰而輦游於池言無哀戚也師古曰召泰壹樂人內之於輦道牟首而鼓吹歌舞也牟首瓚說是也屏面之言失之遠矣又左思吳都賦云長塗牟首劉逵以為牟首閣道有室屋也此說更無所出或者思及逵據此輦道牟首便誤用之乎鼓吹歌
舞悉奏眾樂發長安廚三太牢具祠閣室中如淳曰黃闥北
出中門有長安廚故謂之廚城門閣室閣道之有室者不知檮何淫祀祀已與從官飲啗師古曰啗食也
音徒敢反駕法駕皮軒鸞旗驅馳北宮桂宮弄彘鬭虎
師古曰皮軒鸞旗皆法駕所陳也北宮桂宮並在未央宮北召皇太后御小馬車張晏曰皇太后
所駕遊宮中輦車也漢廄有果下馬高三尺以駕輦師古曰小馬可於果樹下乘之故號果下馬使官奴騎乘遊
戲掖庭中與孝昭皇帝宮人蒙等淫亂詔掖庭令
敢泄言要斬太后曰止師古曰令且止讀奏為人臣子當悖亂
如是邪師古曰責王也悖乖也音布內反王離席伏尚書令復讀曰取

諸侯王列侯二千石綬及墨綬黃綬以并佩昌邑
郎官者免奴師古曰免奴謂免放為良人者變易節上黃旄以赤師古曰以劉屈
氂與戾太子戰加節上黃旄遂以為常賀今輒改之發御府金錢刀劍玉器采繒賞
賜所與遊戲者與從官官奴夜飲湛沔於酒師古曰湛
讀曰沉又讀曰耽沔湎荒迷也詔太官上乘輿食如故食監奏未釋服
未可御故食師古曰釋謂解脫也復詔太官趣具無關食監師古
曰趣讀曰促關由也太官不敢具即使從官出買雞豚詔殿門
內以為常師古曰內入也令每日常入雞豚也獨夜設九賓溫室師古曰於溫室中設
九賓之禮也九賓解在叔孫通傳延見姊夫昌邑關內侯祖宗廟祠未
舉為璽書使使者持節以三太牢祠昌邑哀王園

廟稱嗣子皇帝師古曰時在喪服故未祠宗廟而私祭昌邑哀王也受璽以來二十
七日使者旁午如淳曰旁午分布也師古曰一從一橫爲旁午猶言交橫也持節詔諸官
署徵發凡一千一百二十七事文學光祿大夫夏
侯勝等及侍中傅嘉數進諫以過失使人簿責勝
師古曰簿音步戶反簿責以文簿具責之縛嘉繫獄荒淫迷惑失帝王禮誼
亂漢制度臣敞等數進諫不變更師古曰更改也日以益甚
恐危社稷天下不安臣敞等謹與博士臣霸臣雋
舍晉灼曰雋姓舍名也下有臣虞舍故以姓別之師古曰雋音辭阮反又字阮反臣德臣虞舍臣射臣
倉議皆曰高皇帝建功業爲漢太祖孝文皇帝慈
仁節儉爲太宗今陛下嗣孝昭皇帝後行淫辟不

前漢傳三十八　十　晉亨

軌師古曰軌法也辟讀曰僻詩云籍曰未知亦既抱子師古曰大雅抑之詩衛武公刺
厲王籍假也此言假令人云王尚幼少未有所知亦已長大而抱子矣實不幼少也五辟之屬莫大不孝
師古曰五辟即五刑也辟音頻亦反周襄王不能事母春秋曰天王出居
于鄭繇不孝出之絕之於天下也師古曰襄王惠王子也僖二十四年經書天王
出居于鄭公羊傳曰王者無外此其言出何不能乎母也繇讀與由同宗廟重於君陛下未見
命高廟不可以承天序奉祖宗廟子萬姓當廢
臣請有司御史大夫臣誼宗正臣德太常臣昌與
太祝以一太牢具告祠高廟臣敞等昧死以聞皇
太后詔曰可光令王起拜受詔王曰聞天子有爭
臣七人雖亡道不失天下師古曰引孝經之言光曰皇太后詔

廢安得天子廼即持其手師古曰即就也解脫其璽組奉
上太后扶王下殿出金馬門羣臣隨送王西面拜
曰愚戇不任漢事起就乘輿副車大將軍光送
至昌邑邸光謝曰王行自絕於天臣等駑怯不能
殺身報德臣寧負王不敢負社稷願王自愛臣長
不復左右師古曰言不復得侍見於左右光涕泣而去羣臣奏言古者
廢放之人屏於遠方不及以政師古曰言不豫政令請徙王賀
漢中房陵縣太后詔歸賀昌邑賜湯沐邑二千戶
昌邑羣臣坐亡輔導之誼陷王於惡光悉誅殺二
百餘人出死號呼市中師古曰呼音火故反曰當斷不斷反受

前漢傳三十八　十一　楊德

其亂師古曰悔不早殺光等也光坐庭中會丞相以下議定所立廣
陵王已前不用及燕刺王反誅其子不在議中近
親唯有衞太子孫號皇曾孫在民閒咸稱述焉光
遂復與丞相敞等上奏曰禮曰人道親親故尊祖
尊祖故敬宗太宗亡嗣擇支子孫賢者爲嗣孝武
皇帝曾孫病已武帝時有詔掖庭養視至今年十
八師受詩論語孝經躬行節儉慈仁愛人可以嗣
孝昭皇帝後奉承祖宗廟子萬姓臣昧死以聞皇
太后詔曰可光遣宗正劉德至曾孫家尚冠里洗
沐賜御衣太僕以軨獵車迎曾孫就齋宗正府入

未央宮見皇太后封爲陽武侯（師古曰解並在宣紀斡音零）已而光奉上皇帝璽綬謁于高廟是爲孝宣皇帝明年下詔曰夫褒有德賞元功古今通誼也大司馬大將軍光宿衛忠正宣德明恩守節秉誼以安宗廟其以河北東武陽益封光萬七千戶與故所食凡二萬戶賞賜前後黃金七千斤錢六千萬雜繒三萬疋奴婢百七十人馬二千疋甲第一區自昭帝時光子禹及兄孫雲皆中郎將雲弟山奉車都尉侍中領胡越兵光兩女壻爲東西宮衛尉昆弟諸壻外孫皆奉朝請爲諸曹大夫騎都尉給事中黨

前漢傳三十八　十二　楊德

親連體根據於朝廷光自後元秉持萬機及上即位廼歸政上謙讓不受諸事皆先關白光然後奏御天子光每朝見上虛己斂容禮下之已甚（師古曰下音胡稼反）光秉政前後二十年地節二年春病篤車駕自臨問光病上爲之涕泣光上書謝恩曰願分國邑三千戶以封兄孫奉車都尉山爲列侯奉兄票騎將軍去病祀事下丞相御史即日拜光子禹爲右將軍光薨上及皇太后親臨光喪太中大夫任宣與侍御史五人持節護喪事中二千石治莫府冢上（如淳曰典爲冢者）賜金錢繒絮繡被百領衣五十篋璧珠璣玉衣（師古曰漢儀注以玉爲襦如鎧狀連綴之以黃金爲縷要已下玉爲札長尺廣二寸半爲甲下至足亦綴以黃金縷）梓宮（服虔曰棺也師古曰以梓木爲之親身之棺也爲天子制故亦稱梓宮）便房黃腸題湊各一具（服虔曰便房藏中便坐也蘇林曰以柏木黃心致累棺外故曰黃腸木頭皆內向故曰題湊如淳曰漢儀注天子陵中明中高丈二尺四寸周二丈內梓宮次楩椁柏黃腸題湊師古曰便房小曲室也如氏以爲楩木名非也）樅木外臧椁十五具（服虔曰在正臧外婢妾臧也或曰廚廄之屬也蘇林曰樅木柏葉松身師古曰爾雅及毛詩傳並云樅木松葉柏身檜木乃柏葉松身耳蘇說非也樅音七庸反檜音工闊反字亦作栝）東園溫明（服虔曰東園處此器形如方漆桶開一面漆畫之以鏡置其中以懸尸上大斂并蓋之師古曰東園署名也屬少府其署主作此器也）皆如乘輿制度載光尸柩以轀輬車（文穎曰轀輬車如今喪轜車也孟康曰如衣車有窗牖閉之則溫開之則涼故名之轀輬車也臣瓚曰秦始皇道崩祕其事載以轀輬車百官奏事如故此不得是轜車類也案杜延年奏載霍光柩以輬車駕大廄白虎駟以轀車駕大廄白鹿駟爲倅師古曰轀輬本安車也可以卧息後因載喪飾以柳翣故遂爲喪車耳轀者密閉輬者旁開窗牖各別一乘隨事爲名後人既專以載喪又去其一總爲藩飾而合二名呼之耳倅副也音千內反）黃屋左纛（師古曰解在高紀也）發村官輕

前漢傳三十八　十三　何立

車北軍五校士軍陳至茂陵以送其葬謚曰宣成侯發三河卒穿復土起冢祠堂置園邑三百家長丞奉守如舊法既葬封山爲樂平侯以奉車都尉領尚書事天子思光功德下詔曰故大司馬大將軍博陸侯宿衛孝武皇帝三十有餘年輔孝昭皇帝十有餘年遭大難躬秉誼率三公九卿大夫定萬世冊以安社稷天下蒸庶咸以康寧功德茂盛朕甚嘉之復其後世疇其爵邑（應劭曰疇等也師古曰復音方目反）世世無有所與功如蕭相國（師古曰與讀曰豫）明年夏封太子外

祖父許廣漢爲平恩侯復下詔曰宣成侯光宿衛
忠正勤勞國家善善及後世 師古曰善善者謂褒寵善人也 其封光兄
孫中郎將雲爲冠陽侯禹既嗣爲博陸侯大夫人
顯改光時所自造塋制而侈大之 師古曰塋墓域也音營 起三
出闕築神道北臨昭靈南出承恩 服虔曰昭靈承恩皆館名也李奇曰昭靈
高祖母冢園也文穎曰承恩宣平侯冢園也師古曰服說是也文李並失之 盛飾祠室輦閣通屬永
巷而幽良人婢妾守之 晉灼曰閣道乃通屬至永巷中也師古曰此亦其冢上作輦閣之道及永
巷也非謂掖庭之永巷也 廣治第室作乘輿輦加畫繡絪馮黃金
塗 如淳曰絪亦茵馮謂所馮者也以黃金塗飾之師古曰茵蓐也以繡爲茵馮而黃金塗輿輦也 韋絮薦輪 晉灼
曰御輦以韋緣輪著之以絮師古曰取其行安不搖動也著音張呂反 侍婢以五采絲輓顯游戲

第中 師古曰輓謂牽引車輦也音晚 初光愛幸監奴馮子都常與計
事及顯寡居與子都亂 晉灼曰漢語東閭氏亡顯以婢代立素與馮殷姦也師古曰監奴謂奴之
監知家務者也殷者子都之名 而禹山亦並繕治第宅走馬馳逐平樂
館雲當朝請數稱病私出 師古曰請音才姓反 多從賓客張圍
獵黃山苑中使倉頭奴上朝謁 文穎曰朝當用謁不自行而令奴上謁者也師
古曰上謁若今參見尊貴而通名也 莫敢譴者而顯及諸女晝夜出入長
信宮殿中亡期度 師古曰長信宮上官太后所居 宣帝自在民閒聞知
霍氏尊盛日久內不能善光薨上始躬親朝政御
史大夫魏相給事中顯謂禹雲山女曹不務奉大
將軍餘業 師古曰女音汝曹輩也 今大夫給事中他人壹閒女

能復自救邪 師古曰閒音居莧反 後兩家奴爭道 師古曰謂霍氏及御史家 霍
氏奴入御史府欲蹋大夫門御史爲叩頭謝迺去
人以謂霍氏 師古曰告語也 顯等始知憂會魏大夫爲丞
相數燕見言事平恩侯與侍中金安上等徑出入省
中時霍山自若領尚書 師古曰自若猶言如故也 上令吏民得奏
封事不關尚書羣臣進見獨往來 師古曰謂各得盡言於上也 於
是霍氏甚惡之宣帝始立立微時許妃爲皇后顯
愛小女成君欲貴之私使乳醫淳于衍行毒藥殺
許后 師古曰乳醫視產乳之疾者乳音而樹反 因勸光內成君代立爲后語
在外戚傳始許后暴崩吏捕諸醫劾衍侍疾亡

狀不道下獄吏簿問急 師古曰簿音步戶反 顯恐事敗即具以
實語光光大驚欲自發舉不忍猶與 師古曰猶與不決也與讀曰豫 會
奏上因署衍勿論 師古曰署者題其奏後也 光薨後語稍泄於是
上始聞之而未察 師古曰未知其虛實 迺徙光女壻度遼將軍
未央衛尉平陵侯范明友爲光祿勳次壻諸吏中
郎將羽林監任勝出爲安定太守數月復出光姊
壻給事中光祿大夫張朔爲蜀郡太守羣孫壻中
郎將王漢爲武威太守頃之復徙光長女壻長樂
衛尉鄧廣漢爲少府更以禹爲大司馬冠小冠亡
印綬罷其右將軍屯兵官屬特使禹官名與光

俱大司馬者蘇林曰特但也又收范明友度遼將軍印綬但
爲光祿勳及光中女壻趙平爲散騎騎都尉光祿
大夫將屯兵又收平騎都尉印綬諸領胡越騎羽
林及兩宮衛將屯兵悉易以所親信許史子弟代
之禹爲大司馬稱病禹故長史任宣候問禹曰我
何病縣官非我家將軍不得至是如淳曰縣官謂天子今將軍
墳墓未乾盡外我家師古曰外謂疏斥之反任許史奪我印綬
令人不省死師古曰不自省有過耳宣見禹恨望深師古曰望怨也廼謂
曰大將軍時何可復行師古曰言今何得復如此也持國權柄殺
生在手中廷尉李种王平師古曰种音冲左馮翊賈勝胡及

車丞相女壻少府徐仁皆坐逆將軍意下獄死使
樂成小家子得幸將軍至九卿封侯師古曰即上所云少府樂成者也使者其姓也字或作史百官以下但事馮子都王子方等服虔曰皆光奴視
丞相亡如也師古曰無如猶言無所象似也各自有時今許史自天子
骨肉貴正宜耳大司馬欲用是怨恨愚以爲不可
禹默然數日起視事顯及禹山雲自見日侵削數
相對啼泣自怨山曰今丞相用事縣官信之盡變
易大將軍時法令以公田賦與貧民發揚大將軍
過失又諸儒生多寠人子師古曰寠貧而無禮音其羽反遠客飢寒
喜妄說狂言師古曰喜音許吏反不避忌諱大將軍常讎之師古曰言嫉之如仇讎也今陛下好與諸儒生語人人自使書對事
多言我家者嘗有上書言大將軍時主弱臣強專
制擅權今其子孫用事昆弟益驕恣恐危宗廟災
異數見盡爲是也其言絕痛山屛不奏其書後上
書者益黠盡奏封事輒下中書令出取之不關尚
書益不信人顯曰丞相數言我家獨亡罪乎山曰
丞相廉正安得罪我家昆弟諸壻多不謹又聞民
閒讙言霍氏毒殺許皇后師古曰讙衆聲也音許爰反寧有是邪
顯恐急即具以實告山雲禹山雲禹驚曰如是何
不早告禹等縣官離散斥逐諸壻用是故也此大

事誅罰不小奈何於是始有邪謀矣初趙平客石
夏善爲天官師古曰曉星文者語平曰熒惑守御星御星太
僕奉車都尉也不黜則死平內憂山等雲舅李竟
所善張赦見雲家卒卒師古曰卒讀曰猝怱遽之貌也謂竟曰今丞相
與平恩侯用事可令太夫人言太后先誅此兩人移
徙陛下在太后耳長安男子張章告之事下廷尉
執金吾捕張赦石夏等後有詔止勿捕山等愈恐
相謂曰此縣官重太后故不竟也師古曰重難也竟窮竟其事也然惡
端已見又有弒許后事陛下雖寬仁恐左右不聽
久之猶發發即族矣不如先也師古曰言先反遂令諸女各

歸報其夫皆曰安所相避師古曰言無處相避當受禍也會李竟坐與諸侯王交通辭語及霍氏有詔雲山不宜宿衞免就第光諸女遇太后無禮服虔曰光諸女自以於上官太后為姨母遇之無禮馮子都數犯法上并以為讓師古曰總以此事責之也山禹等甚恐顯夢第中井水溢流庭下竈居樹上又夢大將軍謂顯曰知捕兒不師古曰知兒見捕不亟下捕之蘇林曰且疾下捕之師古曰亟音居力反第中鼠暴多與人相觸以尾畫地鴞數鳴殿前樹上師古曰鴞惡聲之鳥也古者室屋高大則通呼為殿耳非止天子宮中其語亦見黃霸傳鴞音羽驕反第門自壞雲尚冠里宅中門亦壞巷端人共見有人居雲屋上徹瓦投地就視亡有大怪之禹夢車騎聲正讙

來捕禹舉家憂愁山曰丞相擅減宗廟羔菟鼃如淳曰高后時定令敢有擅議宗廟者弃市師古曰羔菟鼃所以供祭也可以此罪也謀令太后為博平君置酒文穎曰宣帝外祖母也召丞相平恩侯以下使范明友鄧廣漢承太后制引斬之因廢天子而立禹約定未發雲拜為玄菟太守太中大夫任宣為代郡太守山又坐寫祕書顯為上書獻城西第入馬千匹以贖山罪書報聞師古曰不許之會事發覺雲山明友自殺顯禹廣漢等捕得禹要斬顯及諸女昆弟皆弃市唯獨霍后廢處昭臺宮與霍氏相連坐誅滅者數千家上廼下詔曰廼者東織室令史張赦

使魏郡豪李竟報冠陽侯雲謀為大逆師古曰解在宣紀也朕以大將軍故抑而不揚冀其自新今大司馬博陸侯禹與母宣成侯夫人顯及從昆弟子冠陽侯雲樂平侯山諸姊妹壻謀為大逆欲詿誤百姓賴宗廟神靈先發得咸伏其辜師古曰事發而捕得朕甚悼之諸為霍氏所詿誤事在丙申前未發覺在吏者皆赦除之男子張章先發覺以語期門董忠忠告左曹楊惲惲告侍中金安上惲召見對狀後章上書以聞侍中史高與金安上建發其事師古曰言共立意發之也言無入霍氏禁闥卒不得遂其謀師古曰遂成也皆讎有功晉灼曰讎等也

師古曰言其功相等類也封章為博成侯忠高昌侯惲平通侯安上都成侯高樂陵侯初霍氏奢侈茂陵徐生曰霍氏必亡夫奢則不遜不遜必侮上侮上者逆道也在人之右衆必害之師古曰右上也霍氏秉權日久害之者多矣天下害之而又行以逆道不亡何待廼上疏言霍氏泰盛陛下即愛厚之宜以時抑制無使至亡書三上輒報聞其後霍氏誅滅而告霍氏者皆封人為徐生上書曰臣聞客有過主人者見其竈直突傍有積薪客謂主人更為曲突遠徙其薪不者且有火患主人默然不應俄而家果失火鄰里

共救之幸而得息於是殺牛置酒謝其鄰人灼爛者在於上行（師古曰灼謂被燒炙者也行音胡郎反）餘各以功次坐而不録言曲突者人謂主人曰鄉使聽客之言不費牛酒終亡火患（師古曰鄉讀曰嚮次下亦同也）今論功而請賓曲突徙薪亡恩澤燋頭爛額爲上客耶主人迺寤而請之今茂陵徐福數上書言霍氏且有變宜防絶之鄉使福說得行則國亡裂土出爵之費臣亡逆亂誅滅之敗往事既已而福獨不蒙其功唯陛下察之貴徙薪曲突之策使居焦髮灼爛之右（師古曰右上也）上迺賜福帛十疋後以爲郎宣帝始立謁見高廟大將

軍光從驂乘上内嚴憚之若有芒刺在背後車騎將軍張安世代光驂乘天子從容肆體甚安近焉（師古曰肆放也展也近音鉅靳反）及光身死而宗族竟誅故俗傳之曰威震主者不畜霍氏之禍萌於驂乘（師古曰萌謂始生也）至成帝時爲光置守冢百家吏卒奉祠焉元始二年封光從父昆弟曾孫陽爲博陸侯千戶

金日磾字翁叔（師古曰磾音丁奚反）本匈奴休屠王太子也（師古曰休音許虯反屠音儲）武帝元狩中票騎將軍霍去病將兵擊匈奴右地多斬首虜獲休屠王祭天金人其夏票騎復西過居延攻祁連山大克獲於是單于怨昆邪休屠居西方多爲漢所破（師古曰昆音下門反）召其王欲誅之昆邪休屠恐謀降漢休屠王後悔昆邪王殺之并將其衆降漢封昆邪王爲列侯日磾以父不降見殺與母閼氏弟倫俱没入官輸黃門養馬時年十四矣久之武帝游宴見馬（師古曰方於宴游之時而召閱諸馬）後宮滿側日磾等數十人牽馬過殿下莫不竊視（師古曰視宮人）至日磾獨不敢日磾長八尺二寸容貌甚嚴馬又肥好上異而問之具以本狀對上奇焉即日賜湯沐衣冠拜爲馬監遷侍中駙馬都尉光祿大夫日磾既親近未嘗有過失上甚信愛之賞賜累千

金出則驂乘入侍左右貴戚多竊怨曰陛下妄得一胡兒反貴重之上聞愈厚焉日磾母教誨兩子甚有法度上聞而嘉之病死詔圖畫於甘泉宮署曰休屠王閼氏（師古曰題其畫）日磾每見畫常拜鄉之涕泣然後迺去（師古曰鄉讀曰嚮）日磾子二人皆愛爲帝弄兒常在旁側弄兒或自後擁上項（師古曰擁抱也）日磾在前見而目之（師古曰目視怒也）弄兒走且啼曰翁怒上謂日磾何怒吾兒爲其後弄兒壯大不謹自殿下與宮人戲日磾適見之惡其淫亂遂殺弄兒弄兒即日磾長子也上聞之大怒日磾頓首謝具言所以殺弄兒狀

上甚哀爲之泣已而心敬日磾初莽何羅與江充
相善及充敗衛太子何羅弟通用誅太子時力戰
得封後上知太子冤迺夷滅充宗族黨與何羅兄
弟懼及師古曰及謂及於禍也遂謀爲逆日磾視其志意有非
常心疑之陰獨察其動靜與俱上下師古曰上下於殿也何羅
亦覺日磾意以故久不得發是時上行幸林光宮
服虔曰甘泉一名林光師古曰秦之林光宮胡亥所造漢又於其旁起甘泉宮日磾小疾臥廬師古曰殿中所
止曰廬何羅與通及小弟安成矯制夜出共殺使者
發兵明旦上未起何羅亡何從外入師古曰無何猶言無故也日
磾奏廁心動師古曰奏向也日磾方向廁而心動立入坐內户下須臾何

羅褭白刃從東箱上師古曰褭直刃於衣褭中也褭古袖字見日磾色變走
趨臥內欲入師古曰趨讀曰趣嚮也臥內天子臥處行觸寶瑟僵日磾得抱
何羅因傳曰莽何羅反師古曰傳謂傳聲而唱之上驚起左右拔
刃欲格之上恐并中日磾師古曰中音竹仲反止勿格日磾捽
胡投何羅殿下孟康曰胡音互捽胡若今相僻臥輪之類也晉灼曰胡頸也捽其頸而投殿下也師古曰晉說是也
捽音才兀反得禽縛之窮治皆伏辜繇是著忠孝節師古曰繇
讀與由同日磾自在左右目不忤視者數十年師古曰忤逆也賜出
宮女不敢近上欲內其女後宮不肯其篤慎如此
上尤奇異之師古曰篤厚也及上病屬霍光以輔少主師古曰屬音之
欲反光讓日磾日磾曰臣外國人且使匈奴輕漢於

是遂爲光副光以女妻日磾嗣子賞初武帝遺詔
以討莽何羅功封日磾爲秺侯師古曰秺音丁故反日磾以帝
少不受封輔政歲餘病困大將軍光白封日磾臥
授印綬一日薨賜葬具冢地送以輕車介士軍陳
至茂陵謚曰敬侯日磾兩子賞建俱侍中與昭帝
略同年共臥起賞爲奉車建駙馬都尉及賞嗣侯
佩兩綬上謂霍將軍曰金氏兄弟兩人不可使俱
兩綬邪霍光對曰賞自嗣父爲侯耳上笑曰侯不
在我與將軍乎光曰先帝之約有功迺得封侯時
年俱八九歲宣帝即位賞爲太僕霍氏有事萌牙

上書去妻師古曰萌牙者言始有端緒若草之始生上亦自哀之獨得不坐
元帝時爲光祿勳薨亡子國除元始中繼絕世封
建孫當爲秺侯奉日磾後初日磾所將俱降弟倫
字少卿爲黃門郎早卒日磾兩子貴及孫則衰矣
而倫後嗣遂盛子安上始貴顯封侯
安上字子侯少爲侍中惇篤有智宣帝愛之頗與
發舉楚王延壽反謀師古曰與讀曰豫賜爵關內侯食邑三
百户後霍氏反安上傳禁門闥無內霍氏親屬師古
曰禁止也門闥宮中大小之門也傳聲而止諸門闥也封爲都成侯至建章衞尉薨
賜冢塋杜陵謚曰敬侯四子常敞岑明岑明皆爲

諸曹中郎將常光祿大夫元帝爲太子時歆爲中庶子幸有寵帝即位爲騎都尉光祿大夫中郎將侍中元帝崩故事近臣皆隨陵爲園郎歆以世名忠孝太后詔留侍成帝爲奉車水衡都尉至衞尉歆爲人正直敢犯顏色左右憚之唯上亦難焉 師古曰言下皆敬憚唯有天子一人亦難之 病甚上使使者問所欲以弟岑爲託上召岑拜爲使主客 服虔曰官名屬鴻臚主胡客也 歆子涉本爲左曹上拜涉爲侍中使侍幸綠車載送衞尉舍 李奇曰輦綠車常設以待幸也臨歆病困拜子爲侍中以此車送欲歆見其榮寵也如淳曰幸綠車當置左右以待召載皇孫今遣涉歸以皇孫車載之寵之也晉灼曰漢注綠車名皇孫車太子有子乘以從師古曰如晉二說是也 須臾卒歆三子涉

參饒涉明經儉節諸儒稱之成帝時爲侍中騎都尉領三輔胡越騎 師古曰胡越騎之在三輔者若長水長楊宣曲之屬是也 哀帝即位爲奉車都尉至長信少府而參使匈奴匈奴中郎將 師古曰以其出使匈奴故拜爲匈奴中郎將也 越騎校尉關內都尉安定東海太守饒爲越騎校尉涉兩子湯融皆侍中諸曹將大夫 師古曰將亦謂中郎將也 而涉之從父弟欽舉明經爲太子門大夫哀帝即位爲太中大夫給事中欽從父弟遷爲尚書令兄弟用事帝祖母傅太后崩欽使護作 師古曰監主葬送之事也 職辦擢爲泰山弘農太守著威名平帝即位徵爲大司馬司直京兆尹帝年幼選置師

友大司徒孔光以明經高行爲孔氏師京兆尹金欽以家世忠孝爲金氏友徙光祿大夫侍中秩中二千石封都成侯時王莽新誅平帝外家衞氏召明禮少府宗伯鳳 如淳曰宗伯姓 入說爲人後之誼白令公卿將軍侍中朝臣並聽 師古曰白令皆聽之 欲以內厲平帝而外塞百姓之議 師古曰塞止也 欽與族昆弟秺侯當俱封初當曾祖父日磾傳子節侯賞而欽祖父安上傳子夷侯常皆亡子國絕故莽封欽當奉其後當母南即莽母功顯君同產弟也當上南大行爲大夫人 文穎曰南名也大行官名也當上名狀於大行也鄧展曰當上南爲大夫人恃莽姨母故耳爲父立廟非也 欽因緣謂當

詔書陳日磾功亡有賞語當名爲以孫繼祖也自當爲父祖父立廟 晉灼曰當是賞弟建之孫此言自當爲其父及祖父建立廟也 賞故國君使大夫主其祭 如淳曰以賞故國君使大夫主其祭事臣瓚曰當是支庶上繼大宗不得顧其外親也而欽見當母南爲大夫人遂尊其父祖以續日磾不復爲後賞而令大夫主賞祭事師古曰瓚說是也 時甄邯在旁庭叱欽 師古曰於朝庭中叱之也 因劾奏曰欽幸得以通經術超擢侍帷幄重蒙厚恩封襲爵號 師古曰重音直用反 知聖朝以世有爲人後之誼前遭故定陶太后背本逆天孝哀不獲厥福迺者呂寬衞寶復造姦謀至於反逆咸伏厥辜太皇太后懲艾悼懼 師古曰艾讀曰乂乂創也 逆天之咎非聖誣法大亂之殃誠欲奉承天心遵明

聖制專壹爲後之誼以安天下之命數臨正殿延見羣臣講習禮經孫繼祖者謂亡正統持重者也賞見嗣日磾後成爲君持大宗重則禮所謂尊祖故敬宗大宗不可以絕者也欽自知與當俱拜同誼即數揚言殿省中教當云云師古曰云云者多言也謂上所陳以孫繼祖也當即如其言則欽亦欲爲父明立廟而不入夷侯常廟矣進退異言頗惑衆心亂國大綱開禍亂原誣祖不孝罪莫大焉尤非大臣所宜大不敬秺侯當上毋南爲太夫人失禮不敬莽白太后下四輔公卿大夫博士議郎皆曰欽宜以時即罪師古曰即就也謁

者召欽詣詔獄欽自殺邯以綱紀國體亡所阿私忠孝尤著益封千戶更封長信少府涉子右曹湯爲都成侯湯受封日不敢還歸家以明爲人後之誼益封之後莽復用欽弟遵封侯歷九卿位

贊曰霍光以結髮內侍起於階闥之間確然秉志誼形於主師古曰形見也受襁褓之託任漢室之寄當廟堂擁幼君摧燕王仆上官師古曰仆頓也音赴因權制敵以成其忠處廢置之際臨大節而不可奪遂匡國家安社稷擁昭立宣光爲師保雖周公阿衡何以加此師古曰阿衡伊尹官號也阿倚也衡平也言天子所倚羣下取平也然光不學亡術闇於大理陰妻邪謀晉灼曰不揚其過也立女爲后湛溺盈溢之欲以增顛覆之禍師古曰湛讀曰沈死財三年宗族誅夷師古曰財與纔同哀哉昔霍叔封於晉師古曰霍叔文王之子武王之弟也晉即河東光豈其苗裔乎金日磾夷狄亡國羈虜漢庭而以篤敬寤主忠信自著勒功上將傳國後嗣世名忠孝七世內侍何其盛也本以休屠作金人爲祭天主故因賜姓金氏云

霍光金日磾傳第三十八

趙充國辛慶忌傳第三十九　班固　漢書六十九

秘書監上護軍琅邪縣開國子顏師古注

趙充國字翁孫隴西上邽人也師古曰邽音圭後徙金城令
居師古曰令音零始爲騎士以六郡良家子服虔曰金城隴西天水安定北地上郡是也師古曰隴西天水安定北地上郡西河是也昭帝分隴西天水置金城充國武帝時已爲假司馬則初以六郡良家子者非金城也此名數正與地理志同也
善騎射補羽林爲人沈勇有大略少好將帥之
節而學兵法通知四夷事師古曰通知者謂明曉也武帝時以假
司馬從貳師將軍擊匈奴大爲虜所圍漢軍乏食
數日死傷者多充國廼與壯士百餘人潰圍陷陳
貳師引兵隨之遂得解身被二十餘創貳師奏狀

詔徵充國詣行在所武帝親見視其創嗟歎之拜
爲中郎遷車騎將軍長史昭帝時武都氐人反師古曰氐音丁奚反充國以大將軍護軍都尉將兵擊定之遷中
郎將將屯上谷師古曰領兵屯於上谷也將音子亮反還爲水衡都尉擊
匈奴獲西祁王文穎曰匈奴王也擢爲後將軍兼水衡如故
與大將軍霍光定冊尊立宣帝封營平侯本始中
爲蒲類將軍征匈奴斬虜數百級還爲後將軍少
府匈奴大發十餘萬騎南旁塞至符奚盧山師古曰旁依也音步浪反欲入爲寇亡者題除渠堂降漢言之遣充國
將四萬騎屯緣邊九郡文穎曰五原朔方之屬也師古曰九郡者五原朔方雲中代郡鴈門定襄北平上谷漁陽也四萬騎分屯之而充國總統領之單于聞之引去是時光祿大夫
義渠安國使行諸羌師古曰行音下更反先零豪言願時度湟
水北鄭氏曰零音憐孟康曰豪帥長也師古曰湟水出金城臨羌塞外東入河湟水之北是漢地湟音皇逐民所不
田處畜牧安國以聞充國劾安國奉使不敬是後
羌人旁緣前言抵冒度湟水師古曰旁依也抵冒犯突而前旁音步浪反冒音莫北反
郡縣不能禁元康三年先零遂與諸羌種豪二百
餘人解仇交質盟詛師古曰羌人無大君長而諸種豪遞相殺伐故每有仇讎往來相報今解仇交質者自相親結欲入漢爲寇也上聞之以問充國對曰羌人所以易制
者以其種自有豪數相攻擊埶不壹也往三十餘
歲西羌反時亦先解仇合約攻令居師古曰合約共爲要契也與

漢相距五六年廼定至征和五年先零豪封煎等
通使匈奴師古曰煎讀曰翦匈奴使人至小月氏師古曰氏音支傳告諸
羌曰漢貳師將軍衆十餘萬人降匈奴羌人爲漢
事苦師古曰事使役張掖酒泉本我地地肥美可共擊居
之以此觀匈奴欲與羌合非一世也間者匈奴困
於西方聞烏桓來保塞恐兵復從東方起數使使
尉黎危須諸國設以子女貂裘欲沮解之師古曰設謂開許之也沮壞也欲壞其計令解散之沮音才汝反其計不合疑匈奴更遣使至羌中
道從沙陰地出鹽澤過長阬入窮水塞南抵屬國
與先零相直師古曰直當也臣恐羌變未止此且復結聯他

種宜及未然爲之備師古曰未然者其計未成後月餘羌侯狼何果遣使至匈奴藉兵師古曰藉借也欲擊鄯善敦煌以絕漢道師古曰鄯音善充國以爲狼何小月氏種在陽關西南勢不能獨造此計疑匈奴使已至羌中先零罕开乃解仇作約蘇林曰罕开在金城南師古曰罕开羌之別種也此下言遣开豪雕庫宣天子至德罕开之屬皆聞知明詔其下又云河南大开小开則罕羌开羌姓族殊矣开音口堅反而地理志天水有罕开縣蓋以此二種羌來降處之此地因以名縣也而今之羌姓有罕开者總是罕开之類合而言之因爲姓耳後人乃爲开爲井字之訛也到秋馬肥變必起矣宜遣使者行邊兵豫爲備敕視諸羌毋令解仇師古曰行音下更反以發覺其謀視讀曰示示語之也其下並同於是兩府復白遣義渠安國行視諸羌分別善惡安國至召先零諸豪三十餘人以尤桀黠皆斬之師古曰桀堅也言不順從也黠惡也爲惡堅也縱兵擊其種人斬首千餘級於是諸降羌及歸義羌侯楊玉等恐怒亡所信鄉師古曰恐中國欺怒不信其心而納嚮之鄉讀曰嚮遂劫略小種背畔犯塞攻城邑殺長吏安國以騎都尉將騎三千屯備羌至浩亹師古曰浩音誥亹音門水名也解在地理志爲虜所擊失亡車重兵器甚眾師古曰重音直用反安國引還至令居以聞是歲神爵元年春也時充國年七十餘上老之使御史大夫丙吉問誰可將者充國對曰亡踰於老臣者矣上遣問焉曰將軍度羌虜何如當用幾人師古曰度計也音大各反其下亦同充國曰百聞不如一見兵難隃

度鄭氏曰隃遙也三輔言也師古曰隃讀作遙臣願馳至金城圖上方略師古曰圖其地形并爲攻討方略俱奏上也然羌戎小夷逆天背畔滅亡不久願陛下以屬老臣勿以爲憂師古曰屬委也音之欲反上笑曰諾充國至金城須兵滿萬騎師古曰須待也欲度河恐爲虜所遮即夜遣三校銜枚先度師古曰銜枚者欲其無聲使虜不覺度輒營陳會明畢遂以次盡度虜數十百騎來出入軍傍充國曰吾士馬新倦不可馳逐此皆驍騎難制又恐其爲誘兵也擊虜以殄滅爲期小利不足貪令軍勿擊遣騎候四望陿中亡虜文穎曰金城有三陿在南六百里師古曰山脅而夾水曰陿四望者陿名也陿音狹夜引兵上至落都服虔曰山名也召諸校司馬謂曰吾知羌虜不能爲兵矣使虜發數千人守杜四望陿中兵豈得入哉師古曰杜塞也充國常以遠斥候爲務行必爲戰備止必堅營壁尤能持重愛士卒先計而後戰遂西至西部都尉府孟康曰在金城日饗軍士師古曰饗飲之士皆欲爲用虜數挑戰充國堅守捕得生口言羌豪相數責曰語汝亡反今天子遣趙將軍來年八九十矣善爲兵今請欲壹鬭而死可得邪充國子右曹中郎將卬將期門佽飛羽林孤兒胡越騎爲支兵至令居虜並出絕轉道師古曰並猶且也轉道運糧之道也並讀如字又音步浪反卬以聞有詔將八校尉與驍騎都尉金城太

守合跡捕山間虜 蘇林曰跡搜索師古曰跡字本作跡言尋跡而捕之也 通轉道
津度初罕幵豪靡當兒使弟雕庫來告都尉曰先
零欲反後數日果反雕庫種人頗在先零中都尉
即留雕庫為質充國以為亡罪迺遣歸告種豪大
兵誅有罪者明白自別毋取并滅 師古曰言勿相和同自取滅亡 天子
告諸羌人犯法者能相捕斬除罪斬大豪有罪者
一人賜錢四十萬中豪十五萬下豪二萬大男三
千女子及老小千錢又以其所捕妻子財物盡與
之充國計欲以威信招降罕幵及劫略者解散虜
謀徼極迺擊之 師古曰徼要也要其倦極者也徼音工堯反 時上已發三輔大

前漢傳三十九 五 郎

常徒弛刑 師古曰弛刑謂不加鉗釱者也弛之言解也音式爾反 三河潁川沛郡淮
陽汝南材官金城隴西天水安定北地上郡騎士
羌騎與武威張掖酒泉太守各屯其郡者合六萬
人矣酒泉大守辛武賢奏言郡兵皆屯備南山北
邊空虛埶不可久或曰至秋冬迺進兵此虜在竟
外之冊 師古曰竟讀曰境 今虜朝夕為寇土地寒苦漢馬不
能冬 師古曰能讀曰耐 屯兵在武威張掖酒泉萬騎以上皆
多羸瘦可益馬食以七月上旬齎三十日糧分兵
並出張掖酒泉合擊罕幵在鮮水上者虜以畜產
為命今皆離散兵即分出雖不能盡誅亶奪其畜

產虜其妻子 師古曰亶讀曰但 復引兵還冬復擊之大兵仍出
虜必震壞 師古曰仍頻也 天子下其書充國令與校尉以下吏
士知羌事者博議充國及長史董通年以為武賢欲
輕引萬騎分為兩道出張掖回遠千里 師古曰回謂路紆曲也音胡悔反 以一
馬自佗負三十日食 師古曰佗音徒何反凡以畜產載負物者皆為佗 為米二斛四斗麥
八斛又有衣裝兵器難以追逐勤勞而至虜必商軍
進退稍引去 師古曰商計度也 逐水屮入山林 師古曰屮古草字 隨而深入
虜即據前險守後阸以絕糧道必有傷危之憂為夷
狄笑千載不可復 師古曰復音扶目反 而武賢以為可奪其畜產
虜其妻子此殆空言非至計也 師古曰殆僅也 又武威縣張掖

前漢傳三十九 六 郎

日勒皆當北塞有通谷水草 師古曰日勒張掖之縣 臣恐匈奴與羌
有謀且欲大入幸能要杜張掖酒泉以絕西域 師古曰要遮也
杜塞也 其郡兵尤不可發先零首為畔逆它種劫略 師古
曰言被劫略而反叛非其本心 故臣愚冊欲捐罕幵闇昧之過隱而勿
章先行先零之誅以震動之宜悔過反善因赦其罪
選擇良吏知其俗者揗循和輯 師古曰揗古撫字輯與集同 此全師保勝
安邊之冊天子下其書公卿議者咸以為先零兵盛
而負罕幵之助 師古曰負恃也 不先破罕幵則先零未可圖也
上迺拜侍中樂成侯許延壽為彊弩將軍即拜酒泉
太守武賢為破羌將軍 師古曰即就也就其郡而拜之 賜璽書嘉納其

冊以書敕讓充國曰師古曰讓責也皇帝問後將軍甚苦暴露將軍計欲至正月迺擊䍐羌羌人當獲麥已遠其妻子師古曰徙其妻子令遠居而身來為寇也精兵萬人欲為酒泉敦煌寇邊兵少民守保不得田作今張掖以東粟石百餘芻藳束數十師古曰皆謂錢直之數言其貴轉輸並起百姓煩擾將軍將萬餘之衆不早及秋共水草之利爭其畜食師古曰此畜食謂畜産牛羊之屬也食謂穀麥之屬也一曰畜食畜之所食即謂草也欲至冬虜皆當畜食師古曰此畜讀曰蓄蓄聚積也多臧匿山中依險阻將軍士寒手足皸瘃文穎曰皸坼裂也瘃寒創也師古曰皸音軍瘃音竹足反寧有利哉將軍不念中國之費欲以歲數而勝微師古曰久歷年歲乃勝小敵也數音所具反將

軍誰不樂此者師古曰言凡為將軍者皆樂此今詔破羌將軍武賢將兵六千一百人敦煌太守快將二千人長水校尉富昌酒泉侯奉世將婼月氏兵四千人服虔曰婼音兒羌名也蘇林曰婼音兒遮反師古曰蘇音是也亡慮萬二千人師古曰亡慮大計也解在食貨志齎三十日食以七月二十二日擊䍐羌入鮮水北句廉上服虔曰句音鉤師古曰句廉謂水岸曲而有廉稜也去酒泉八百里去將軍可千二百里將軍其引兵便道西並進雖不相及使虜聞東方北方兵並來分散其心意離其黨與雖不能殄滅當有瓦解者已詔中郎將卬將胡越佽飛射士步兵二校尉益將軍兵今五星出東方中國大利蠻

夷大敗張晏曰五星所聚其下勝羌人在西星在東則為漢太白出高用兵深入敢戰者吉弗敢戰者凶將軍急裝因天時誅不義萬下必全勿復有疑充國既得讓以為將任兵在外便宜有守以安國家師古曰言為將之道受任行兵於外雖受詔命若有便宜則當固守以取安利也迺上書謝罪因陳兵利害曰臣竊見騎都尉安國前幸賜書擇羌人可使使䍐諭告以大軍當至漢不誅䍐以解其謀恩澤甚厚非臣下所能及臣獨私美陛下盛德至計亡已故遣开豪雕庫宣天子至德䍐开之屬皆聞知明詔今先零羌楊玉將騎四千及煎鞏騎五千阻石山木候便為寇師古曰謂依阻

山之木石以自保固䍐羌未有所犯今置先零先擊䍐釋有罪誅亡辜師古曰釋置也亦放也起壹難就兩害誠非陛下本計也臣聞兵法攻不足者守有餘又曰善戰者致人不致於人師古曰皆兵法之辭也致人引致而取之也致於人為人所引也今䍐羌欲為敦煌酒泉寇宜飭兵馬練戰士以須其至師古曰飭整也須待也飭與勑同坐得致敵之術以逸擊勞取勝之道也今恐二郡兵少不足以守而發之行攻釋致虜之術而從為虜所致之道師古曰釋發弃臣愚以為不便先零羌虜欲為背畔故與䍐开解仇結約然其私心不能亡恐漢兵至而䍐开背之也臣愚以為其計常欲先赴䍐开

之急以堅其約先擊罕羌先零必助之今虜馬肥
糧食方饒擊之恐不能傷害適使先零得施德於
罕羌堅其約合其黨師古曰施德自樹恩德也虜交堅黨合精兵
二萬餘人迫脅諸小種附著者稍衆莫須之屬不
輕得離也服虔曰莫須小種羌名也如是虜兵寖多師古曰寖漸也誅之用
力數倍臣恐國家憂累繇十年數不二三歲而已
師古曰累音力瑞反繇與由同臣得蒙天子厚恩父子俱為顯列臣
位至上卿爵為列侯犬馬之齒七十六為明詔填
溝壑死骨不朽亡所顧念獨思惟兵利害至孰悉
也於臣之計先誅先零已則罕开之屬不煩兵而

服矣先零已誅而罕开不服涉正月擊之得計之
理又其時也以今進兵誠不見其利唯陛下裁察
六月戊申奏七月甲寅璽書報從充國計焉充國
引兵至先零在所虜久屯聚解弛師古曰解讀曰懈弛放也望見
大軍棄車重欲度湟水師古曰重音直用反道阸狹充國徐行
驅之或曰逐利行遲師古曰逐利宜疾今行大遲充國曰此窮寇不
可迫也緩之則走不顧急之則還致死師古曰謂更迴還盡力而死戰
諸校皆曰善虜赴水溺死者數百降及斬首五
百餘人鹵馬牛羊十萬餘頭車四千餘兩兵至罕
地令軍毋燔聚落芻牧田中師古曰不得燔燒人居及於田畝之中刈芻放牧也

羌聞之喜曰漢果不擊我矣豪靡忘使人來言願
得還復故地服虔曰靡忘羌帥名也充國以聞未報靡忘來自
歸充國賜飲食遣還諭種人護軍以下皆爭之曰
此反虜不可擅遣充國曰諸君但欲便文自營師古曰苟取文墨之便而自營衛便音頻面反非為公家忠計也師古曰為音于僞反語未卒
璽書報令靡忘以贖論後罕竟不煩兵而下其秋
充國病上賜書曰制詔後將軍聞苦腳脛寒泄師古曰脛膝以下骨也寒泄下利也言其患足脛又苦下利脛音下定反泄音息列反將軍年老加疾一
朝之變不可諱師古曰恐其死朕甚憂之今詔破羌將軍
詣屯所為將軍副急因天時大利吏士銳氣以十二

月擊先零羌即疾劇留屯毋行獨遣破羌彊弩將
軍時羌降者萬餘人矣充國度其必壞欲罷騎兵
屯田以待其敝作奏未上會得進兵璽書中郎將
卬懼使客諫充國曰誠令兵出破軍殺將以傾國
家將軍守之可也即利與病又何足爭一旦不合
上意遣繡衣來責將軍將軍之身不能自保師古曰繡衣謂御史
何國家之安充國歎曰是何言之不忠也本用
吾言羌虜得至是邪師古曰言豫防之可無今日之寇也往者舉可先行
羌者吾舉辛武賢師古曰行音下更反丞相御史復白遣義
渠安國竟沮敗羌師古曰沮壞也音才汝反金城湟中穀斛八錢

吾謂耿中丞服虔曰耿壽昌也爲司農中丞糴三百萬斛穀羌人不敢動矣師古曰言豫儲糧食可以制敵耿中丞請糴百萬斛廼得四十萬斛耳義渠再使且費其半失此二冊羌人故敢爲逆失之豪氂差以千里是既然矣今兵久不決四夷卒有動搖相因而起師古曰卒讀曰猝雖有知者不能善其後羌獨足憂邪師古曰言豈如此則所憂不獨在羌吾固以死守之明主可爲忠言遂上屯田奏曰臣聞兵者所以明德除害也故舉得於外則福生於內不可不愼臣所將吏士馬牛食月用糧穀十九萬九千六百三十斛鹽千六百九十三斛茭槀二十五萬二百

前漢傳三十九　十一　王寅

八十六石師古曰茭乾芻也槀禾稈也石百二十斤稈音工旱反難久不解繇役不息又恐它夷卒有不虞之變師古曰卒讀曰猝相因並起爲明主憂誠非素定廟勝之冊師古曰廟勝謂謀於廟堂而勝敵也且羌虜易以計破難用兵碎也故臣愚心以爲擊之不便計度臨羌東至浩亹師古曰度音大各反羌虜故田及公田民所未墾可二千頃以上其間郵亭多壞敗者臣前部士入山伐材木大小六萬餘枚皆在水次願罷騎兵留弛刑應募及淮陽汝南步兵與吏私從者合凡萬二百八十一人用穀月二萬七千三百六十三斛鹽三百八斛分屯要害處冰解漕下繕鄉

亭浚溝渠師古曰漕下以水運木而下也繕補也浚深治也治湟陿以西道橋七十所令可至鮮水左右田事出賦人二十畮師古曰田事出謂至春人出營田也賦謂班與之也畮古畝字至四月草生發郡騎及屬國胡騎伉健各千倅馬什二就草師古曰倅副也什二者千騎則與副馬二百匹也伉音口浪反爲田者遊兵以充入金城郡益積畜省大費師古曰畜讀曰蓄今大司農所轉穀至者足支萬人一歲食謹上田處及器用簿師古曰簿音步戶反唯陛下裁許上報曰皇帝問後將軍言欲罷騎兵萬人留田即如將軍之計虜當何時伏誅兵當何時得決孰計其便復奏充國上狀曰臣聞帝王之兵以全取勝是以貴

前漢傳三十九　十二　陳慧

謀而賤戰戰而百勝非善之善者也故先爲不可勝以待敵之可勝師古曰此兵法之辭也言先自完堅令敵不能勝我乃可以勝敵也蠻夷習俗雖殊於禮義之國然其欲避害就利愛親戚畏死亡一也今虜亡其美地薦草師古曰薦稠草愁於寄託遠遯骨肉心離人有畔志而明主般師罷兵鄭氏曰般音班班還也萬人留田順天時因地利以待可勝之虜雖未即伏辜兵決可朞月而望羌虜瓦解前後降者萬七百餘人及受言去者凡七十輩如淳曰羌胡言欲降受其言遣去者師古曰如說非也謂羌受充國之言歸相告諭者也羌虜即羌賊耳無豫於胡也此坐支解羌虜之具也臣謹條不出兵留田便宜十二事步兵九

校(師古曰一部為一校也)吏士萬人留屯以為武備因田致穀威德並行一也又因排折羌虜令不得歸肥饒之墜(師古曰墜古地字也)貧破其衆以成羌虜相畔之漸二也居民得並田作不失農業三也(師古曰並且也讀如本字又音步浪反)軍馬一月之食度支田士一歲(師古曰度音大各反)罷騎兵以省大費四也至春省甲士卒循河湟漕穀至臨羌以眎羌虜(師古曰眎亦示字)揚威武傳世折衝之具五也以閒暇時下所伐材(師古曰閒讀曰閑)繕治郵亭充入金城六也兵出乘危徼幸(師古曰言不可必勝)不出令反畔之虜竄於風寒之地離霜露疾疫瘃墯之患(師古曰離遭也墯謂因寒瘃而墯指者也)坐得必

勝之道七也亡經阻遠追死傷之害八也內不損威武之重外不令虜得乘閒之埶九也(師古曰閒謂軍之間隙者也)又亡驚動河南大开小开(服虔曰皆羌種在河西之河南也)使生它變之憂十也治湟陿中道橋令可至鮮水以制西域信威千里(師古曰信讀曰申)從枕席上過師十一也(鄭氏曰橋成軍行安易若於枕席上過也)大費既省繇役豫息以戒不虞十二也留屯田得十二便出兵失十二利臣充國材下犬馬齒衰不識長冊唯明詔博詳公卿議臣采擇上復賜報曰皇帝問後將軍言十二便聞之虜雖未伏誅兵決可期月而望期月而望者謂今冬邪謂何時也將軍獨不計虜聞兵頗罷且丁壯相聚攻擾田者及道上屯兵復殺略人民將何以止之又大开小开前言曰我告漢軍先零所在兵不往擊久留得亡效五年時不分別人而并擊我(如淳曰此語謂本始五年伐先零不分別大小开本意是以大小开有此言也)其意常恐今兵不出得亡變生與先零為一將軍孰計復奏充國奏曰臣聞兵以計為本故多筭勝少筭先零羌精兵今餘不過七八千人失地遠客分散飢凍罕开莫須又頗暴略其羸弱畜產畔還者不絕皆聞天子明令相捕斬之賞臣愚以為虜破壞可日月冀遠在來春故

曰兵決可期月而望竊見北邊自敦煌至遼東萬一千五百餘里乘塞列隧有吏卒數千人虜數大衆攻之而不能害今留步士萬人屯田地埶平易多高山遠望之便部曲相保為壍壘木樵(師古曰樵與譙同謂為高樓以望敵也音才消反)校聯不絕(如淳曰播校相連也師古曰此校謂用木自相貫穿以為固者亦猶周易荷校滅耳也周禮校人掌王馬之政六廄成校蓋用關械闌養馬也說文解字云校木囚也亦謂以木相貫遮闌禽獸也今云校聯不絕言營壘相次)便兵弩飭鬭具(師古曰便利也飭整也其字從力)逢火幸通埶及并力以逸待勞兵之利者也臣愚以為屯田內有亡費之利外有守禦之備騎兵雖罷虜見萬人留田為必禽之具其土崩歸德宜不久矣從今盡三月虜

馬羸瘦必不敢捐其妻子於它種中遠涉河山而來爲寇又見屯田之士精兵萬人終不敢復將其累重還歸故地（師古曰累重謂妻子也累音力瑞反重音直用反）是臣之愚計所以度虜且必瓦解其處（師古曰各於其處自瓦解）不戰而自破之冊也至於虜小寇盜時殺人民其原未可卒禁（師古曰卒讀曰猝）臣聞戰不必勝不苟接刃攻不必取不苟勞衆誠令兵出雖不能滅先零亶能令虜絕不爲小寇則出兵可也（師古曰亶讀曰但）即今同是（師古曰俱不能止小寇盜）而釋坐勝之道從乘危之埶往終不見利空內自罷敝（師古曰罷讀曰疲）貶重而自損非所以視蠻夷也（師古曰視讀曰示）又大兵一出還不可復留湟中亦未可空如是繇役復發也且匈奴不可不備烏桓不可不憂今久轉運煩費傾我不虞之用以澹一隅（師古曰澹古贍字贍給也）臣愚以爲不便校尉臨衆幸得承威德奉厚幣拊循衆羌諭以明詔宜皆鄉風（師古曰諭曉告之鄉讀曰嚮）雖其前辭嘗曰得亡效五年宜亡它心不足以故出兵臣竊自惟念奉詔出塞引軍遠擊窮天子之精兵散車甲於山野雖亡尺寸之功媮得避慊之便（師古曰媮苟且也慊亦嫌字）而亡後咎餘責此人臣不忠之利非明主社稷之福也臣幸得奮精兵討不義久留天誅（師古

曰言不早殄滅賊也）罪當萬死陛下寬仁未忍加誅令臣數得孰計（師古曰數音所角反其下亦同）愚臣伏計孰甚不敢避斧鉞之誅昧死陳愚唯陛下省察充國奏每上輒下公卿議臣初是充國計者什三中什五最後什八有詔詰前言不便者皆頓首服丞相魏相曰臣愚不習兵事利害後將軍數畫軍冊其言常是臣任其計可必用也（師古曰任保也）上於是報充國曰皇帝問後將軍上書言羌虜可勝之道今聽將軍將軍計善其上留屯田及當罷者人馬數將軍強食慎兵事自愛上以破羌強弩將軍數言當擊又用充國屯田處離散恐虜犯之於是兩從其計詔兩將軍與中郎將卬出擊強弩出降四千餘人破羌斬首二千級中郎將卬斬首降者亦二千餘級而充國所降復得五千餘人詔罷兵獨充國留屯田明年五月充國奏言羌本可五萬人軍凡斬首七千六百級降者三萬一千二百人溺河湟飢餓死者五六千人定計遺脫與煎鞏黃羝俱亡者不過四千人羌靡忘等自詭必得（師古曰詭責也自以爲憂責言必能得之）請罷屯兵奏可充國振旅而還所善浩星賜迎說充國（鄧展曰浩星姓賜名也）曰衆人皆以破羌強弩出擊多斬首獲降虜以破壞然有識

者以爲虜勢窮困兵雖不出必自服矣將軍即見宜歸功於二將軍出擊非愚臣所及如此將軍計未失也充國曰吾年老矣爵位已極豈嫌伐一時事以欺明主哉兵勢國之大事當爲後法老臣不以餘命壹爲陛下明言兵之利害卒死誰當復言之者（師古曰卒讀曰猝）卒以其意對（師古曰卒終也）上然其計罷遣辛武賢歸酒泉大守官充國復爲後將軍衛尉其秋羌若零離留且種兒庫（師古曰且音子閭反）共斬先零大豪猶非楊玉首（文穎曰猶非人名也師古曰猶非及楊玉二人也宜紀作酋非而此傳作猶字疑誤）及諸豪弟澤陽雕良兒靡忘皆帥煎鞏黃羝屬四千餘人

降漢封若零弟澤二人爲帥衆王離留且種二人爲侯兒庫爲君陽雕爲言兵侯良兒爲君靡忘爲獻牛君初置金城屬國以處降羌詔舉可護羌校尉者時充國病四府舉辛武賢小弟湯充國遽起奏湯使酒不可典蠻夷（師古曰使酒因酒以使氣若今言惡酒者）不如湯兄臨衆時湯已拜受節有詔更用臨衆後臨衆病免五府復舉湯湯數醉酗羌人（師古曰酗音況務反師古曰酗字也醉怒曰酗）羌人反畔卒如充國之言初破羌將軍武賢在軍中時與中郎將卬宴語（師古曰開宴時共語也）卬道車騎將軍張安世始嘗不快上（如淳曰所爲行不可上意）上欲誅之卬家將軍以爲安世本持橐簪筆（張晏曰橐契囊也近臣負橐簪筆從備顧問或有所紀也師古曰橐所以盛書也有底曰囊無底曰橐簪筆者插筆於首橐音汀各反又音託）事孝武帝數十年見謂忠謹宜全度之（師古曰全安而免度之不令喪敗也）安世用是得免及充國還言兵事武賢罷歸故官深恨上書告卬泄省中語卬坐禁止而入至充國莫府司馬中亂屯兵（如淳曰方見禁止而入至充國莫府司馬中司馬中律所謂營軍司馬中也）下吏自殺充國乞骸骨賜安車駟馬黃金六十斤罷就第朝庭每有四夷大議常與參兵謀問籌策焉（師古曰與讀曰豫）年八十六甘露二年薨謚曰壯侯傳子至孫欽欽尚敬武公主主亡子主教欽良人習詐有身名它人子欽薨子

岑嗣侯習爲太夫人岑父母求錢財亡已忿恨相告岑坐非子免國除元始中修功臣後復封充國曾孫伋爲營平侯（師古曰伋音汲）初充國以功德與霍光等列畫未央宮成帝時西羌嘗有警上思將帥之臣追美充國迺召黃門郎楊雄即充國圖畫而頌之（師古曰即就也於畫側而書頌）曰明靈惟宣戎有先零先零昌狂侵漢西疆漢命虎臣惟後將軍整我六師是討是震（師古曰震合韻音眞）旣臨其域諭以威德有守矜功謂之弗克請奮其旅于罕之羌天子命我從之鮮陽（應劭曰酒泉大守辛武賢自將萬騎出張掖擊羌宣帝使充國共武賢討罕开於鮮水之陽也）營平守節婁奏封

章(師古曰要古僂字)料敵制勝威謀靡亢(師古曰料量也亢當也合韻音康)遂克
西戎還師於京鬼方賓服罔有不庭(師古曰鬼方言其幽昧也庭來王庭)
(也一說庭直也)昔周之宣有方有虎(張晏曰方叔邵虎也)詩人歌功迺列
于雅(師古曰大雅小雅之詩也)在漢中興充國作武赳赳桓桓亦紹
厥後(師古曰赳赳勁也桓桓威也紹繼也厥後謂繼周之方邵也)充國為後將軍徙杜陵
辛武賢自羌軍還後七年復為破羌將軍征烏孫
至敦煌後不出塞未到病卒子慶忌至大官
辛慶忌字子真少以父任為右校丞隨長羅侯常
惠屯田烏孫赤谷城與歙侯戰(師古曰歙即翕字也歙侯烏孫官名)陷陳
卻敵惠奏其功拜為侍郎遷校尉將吏士屯焉耆

國還為謁者尚未知名元帝初補金城長史舉茂
材遷郎中車騎將軍朝廷多重之者轉為校尉遷
張掖太守徙酒泉所在著名成帝初徵為光祿大
夫遷左曹中郎將至執金吾始武賢與趙充國有
隙後充國家殺辛氏至慶忌為執金吾坐子殺趙
氏左遷酒泉太守歲餘大將軍王鳳薦慶忌前在
兩郡著功迹徵入歷位朝廷莫不信鄉(師古曰鄉讀曰嚮)質
行正直仁勇得衆心通於兵事明略威重任國柱
石(師古曰任堪也)父破羌將軍武賢顯名前世有威西夷臣
屬不宜久處慶忌之右(師古曰右上也)迺復徵為光祿大夫

執金吾數年坐小法左遷雲中太守復徵為光祿
勳時數有災異丞相司直何武上封事曰虞有宮
之奇晉獻不寐(應劭曰晉獻公欲伐虞以宮之奇在寢不寐)衛青在位淮南
寢謀故賢人立朝折衝厭難勝於亡形(師古曰厭抑也未有禍難之形
豫勝之也厭音一葉反)司馬法曰天下雖安忘戰必危夫將不
豫設則亡以應卒(師古曰卒讀曰猝謂暴也)士不素厲則難使死
敵是以先帝建列將之官近戚主內異姓距外故
姦軌不得萌動而破滅(師古曰始生曰萌)誠萬世之長冊也
光祿勳慶忌行義修正柔毅敦厚(師古曰和柔而能毅也尚書咎繇暮曰
擾而毅擾亦柔也今流俗書本柔字作果者妄改之)謀慮深遠前在邊郡數破敵獲

虜外夷莫不聞迺者大異並見未有其應加以兵
革久寢春秋大災未至而豫禦之(師古曰莊十六年公追戎於濟西公羊傳曰此
未有伐中國者言追何大其未至而豫禦之也)慶忌宜在爪牙官以備不虞(師古
曰虞度也言有寇難非意所度也)其後拜為右將軍諸吏散騎給事中
歲餘徙為左將軍慶忌居處恭儉食飲被服尤節
約然性好輿馬號為鮮明唯是為奢為國虎臣遭
世承平匈奴西域親附敬其威信年老卒官長子
通為護羌校尉中子遵函谷關都尉少子茂水衡
都尉出為郡守皆有將帥之風宗族支屬至二千
石者十餘人元始中安漢公王莽秉政見慶忌本

大將軍鳳所成三子皆能欲親厚之是時莽方立威柄用甄豐甄邯以自助豐邯新貴威震朝廷水衡都尉茂自見名臣子孫兄弟並列不甚詘事兩甄時平帝幼外家衛氏不得在京師而護羌校尉通長子次兄素與帝從舅衛子伯相善師古曰次兄其字也兄讀如本字亦讀曰況兩人俱游俠賓客甚盛及呂寬事起莽誅衛氏兩甄搆言諸辛陰與衛子伯為心腹有背恩不說安漢公之謀師古曰說讀曰悅於是司直陳崇舉奏其宗親隴西辛興等侵陵百姓威行州郡莽遂按通父子遵茂兄弟及南郡太守辛伯等皆誅殺之辛氏繇是廢師古曰繇讀與由同慶忌本狄道人為將軍徙昌陵昌陵罷留長安

贊曰秦漢已來山東出相山西出將秦時將軍白起郿人師古曰郿扶風之縣也音媚王翦頻陽人漢興郁郅王圍甘延壽師古曰圍為強弩將軍見藝文志郁音於六反郅音質義渠公孫賀傅介子成紀李廣李蔡杜陵蘇建蘇武上邽上官桀趙充國襄武廉褒狄道辛武賢慶忌皆以勇武顯聞蘇辛父子著節此其可稱列者也其餘不可勝數何則山西天水隴西安定北地處埶迫近羌胡民俗修習戰備高上勇力鞍馬騎射故秦詩曰王于興師修我甲兵與子皆行師古曰小戎之詩也解在地理志其風聲氣俗自古而然今之歌謠慷慨風流猶存耳

趙充國辛慶忌傳第三十九

傅常鄭甘陳段傳第四十　班固　漢書七十

祕書監上護軍琅邪縣開國子顔　師古　注

傅介子北地人也師古曰趙充國傳贊云義渠公孫賀傅介子然則介子北地義渠人也以從軍爲官先是龜茲樓蘭皆甞殺漢使者服虔曰龜茲音丘慈反語在西域傳至元鳳中介子以駿馬監求使大宛因詔令責樓蘭龜茲國介子至樓蘭責其王教匈奴遮殺漢使大兵方至王苟不教匈奴匈奴使過至諸國何爲不言王謝服言匈奴使屬過師古曰屬近也近始過去屬音之欲反當至烏孫道過龜茲介子至龜茲復責其王王亦服罪介子從大宛還到龜茲龜茲言匈奴使

從烏孫還在此介子因率其吏士共誅斬匈奴使者還奏事詔拜介子爲中郎遷平樂監介子謂大將軍霍光曰樓蘭龜茲數反覆而不誅無所懲艾師古曰艾讀曰乂介子過龜茲時其王近就人易得也師古曰附近而親就人言不相猜阻也願往刺之以威示諸國大將軍曰龜茲道遠且驗之於樓蘭於是白遣之介子與士卒俱齎金幣揚言以賜外國爲名至樓蘭樓蘭王意不親介子介子陽引去至其西界使譯謂曰漢使者持黃金錦繡行賜諸國師古曰徧往賜之王不來受我去之西國矣即出金幣以示譯譯還報王王貪漢物來見使者介子與坐飲陳物示之飲酒皆醉介子謂王曰天子使我私報王師古曰謂密有所論王起隨介子入帳中屛語師古曰屛人而獨共語也壯士二人從後刺之刃交匈立死其貴人左右皆散走介子告諭以王負漢罪天子遣我來誅王當更立前太子質在漢者漢兵方至毋敢動動滅國矣遂持王首還詣闕公卿將軍議者咸嘉其功上迺下詔曰樓蘭王安歸常爲匈奴閒候遮漢使者師古曰言爲匈奴之閒而候伺發兵殺略衛司馬安樂光祿大夫忠期門郎遂成等三輩及安息大宛使盜取節印獻物晉灼曰此安息大宛遣使獻漢而樓蘭王使人盜取所獻之物也師古曰節及印漢使者所賚也獻物大宛等使所獻也

甚逆天理平樂監傅介子持節使誅斬樓蘭王安歸首縣之北闕以直報怨師古曰論語載孔子言曰以直報怨以德報德言怨於我者則直道而報之故詔引之也不煩師衆其封介子爲義陽侯食邑七百戶士刺王者皆補侍郎介子薨子敞有罪不得嗣國除元始中繼功臣世復封介子曾孫長爲義陽侯王莽敗迺絕

常惠太原人也少時家貧自奮應募隨栘中監蘇武使匈奴師古曰栘中廄名也音移解在昭紀幷見拘留十餘年昭帝時迺還漢嘉其勤勞拜爲光祿大夫是時烏孫公主上書言匈奴發騎田車師師古曰車師西域國名也車師與匈奴

爲一共侵烏孫唯天子救之漢養士馬議欲擊匈奴會昭帝崩宣帝初即位本始二年遣惠使烏孫公主及昆彌皆遣使因惠言匈奴連發大兵擊烏孫取車延惡師地收其人民去使使脅求公主師古曰脅謂以威迫之也欲隔絕漢昆彌願發國半精兵自給人馬五萬騎盡力擊匈奴唯天子出兵以救公主昆彌於是漢大發十五萬騎五將軍分道出師古曰祁連將軍田廣明蒲類將軍趙充國武牙將軍田順度遼將軍范明友前將軍韓增語在匈奴傳以惠爲校尉持節護烏孫兵昆彌自將翎侯以下五萬餘騎師古曰翎即翕字也翎侯烏孫官號也從西方入至右谷蠡庭師古曰谷音鹿蠡音黎獲單于

父行及嫂居次晉灼曰匈奴女號若言公主也師古曰行胡浪反名王騎將以下三萬九千人得馬牛驢驘橐佗五萬餘匹羊六十餘萬頭烏孫皆自取鹵獲惠從吏卒十餘人隨昆彌還未至烏孫烏孫人盜惠印綬節惠還自以當誅師古曰謂失印綬及節爲辱命時漢五將皆無功天子以惠奉使克獲遂封惠爲長羅侯復遣惠持金幣還賜烏孫貴人有功者惠因奏請龜茲國嘗殺校尉賴丹未伏誅請便道擊之宣帝不許大將軍霍光風惠以便宜從事師古曰言至前所專命而行也風讀曰諷惠與吏士五百人俱至烏孫還過發西國兵二萬人令副使發龜茲東國二萬人烏孫兵七千人從三面攻龜茲兵未合先遣人責其王以前殺漢使狀王謝曰廼我先王時爲貴人姑翼所誤耳我無罪惠曰即如此縛姑翼來吾置王師古曰置猶放王執姑翼詣惠惠斬之而還後代蘇武爲典屬國明習外國事勤勞數有功甘露中後將軍趙充國薨天子遂以惠爲右將軍典屬國如故宣帝崩惠事元帝三歲薨謚曰壯武侯傳國至曾孫建武中廼絕

鄭吉會稽人也以卒伍從軍數出西域由是爲郎吉爲人彊執習外國事師古曰彊力而有執志者自張騫通西域

李廣利征伐之後初置校尉屯田渠黎至宣帝時吉以侍郎田渠黎積穀因發諸國兵攻破車師遷衛司馬使護鄯善以西南道師古曰鄯音善神爵中匈奴乖亂日逐王先賢撣欲降漢師古曰撣音纏使人與吉相聞吉發渠黎龜茲諸國五萬人迎日逐王口萬二千人小王將十二人隨吉至河曲頗有亡者吉追斬之遂將詣京師漢封日逐王爲歸德侯吉既破車師降日逐威震西域遂并護車師以西北道故號都護師古曰并護南北二道故謂之都都猶大也總也都護之置自吉始焉上嘉其功效廼下詔曰都護西域騎都尉鄭吉拊循外蠻宣

明威信師古曰禮云東夷北狄西戎南蠻然夷蠻戎狄亦四方之總稱耳故史傳又云百蠻也迎匈奴單于
從兄日逐王衆擊破車師兜訾城師古曰訾子移反功效茂
著其封吉爲安遠侯食邑千戶吉於是中西域而
立莫府師古曰中西域者言最處諸國之中近遠均也中竹仲反治烏壘城鎮撫諸國誅
伐懷集之漢之號令班西域矣師古曰班布也始自張騫而
成於鄭吉語在西域傳吉薨謚曰繆侯子光嗣薨
無子國除元始中錄功臣不以罪絕者封吉曾孫
永爲安遠侯

甘延壽字君況北地郁郅人也少以良家子善騎
射爲羽林投石拔距絕於等倫應劭曰投石以石投人也拔距即下超踰羽林亭樓是也張晏曰范蠡兵法飛石重十二斤爲機發行三百步延壽有力能以手投之拔距超距也師古曰投石應說是也拔距者有人連坐相把據地距以爲堅而能拔取之皆言其有手掣之力超踰亭樓又言其趫捷耳非拔距也今人猶有拔爪之戲蓋拔距之遺法嘗超踰羽林亭樓由是遷爲郎試弁爲期
門孟康曰弁手搏以材力愛幸稍遷至遼東太守免官車
騎將軍許嘉薦延壽爲郎中諫大夫使西域都
護騎都尉與副校尉陳湯共誅斬郅支單于
封義成侯薨謚曰壯侯傳國至曾孫王莽敗
迺絕

陳湯字子公山陽瑕丘人也少好書博達善屬文師古曰屬音之欲反家貧匄貸無節不爲州里所稱師古曰匄乞也貸音吐得反

西至長安求官得太官獻食丞數歲富平侯張勃
與湯交高其能初元二年元帝詔列侯舉茂材勃
舉湯湯待遷父死不犇喪師古曰犇古奔字司隸奏湯無循
行勃選舉故不以實坐削戶二百會薨因賜謚曰
繆侯師古曰以其繆舉人也湯下獄論後復以薦爲郎數求使外
國久之遷西域副校尉與甘延壽俱出先是宣帝
時匈奴乖亂五單于爭立呼韓邪單于與郅支單
于俱遣子入侍漢兩受之後呼韓邪單于身入稱
臣朝見郅支以爲呼韓邪破弱降漢不能自還即
西收右地會漢發兵送呼韓邪單于郅支由是遂
西破呼偈堅昆丁令服虔曰呼偈小國名在匈奴北師古曰偈起竭反令與零同兼三國
而都之怨漢擁護呼韓邪而不助己困辱漢使者
江迺始等初元四年遣使奉獻因求侍子願爲內
附漢議遣衞司馬谷吉送之御史大夫貢禹博士
匡衡以爲春秋之義許夷狄者不壹而足師古曰言節制之不皆稱其所求也今郅支單于鄉化未醇師古曰鄉讀曰嚮不雜曰醇醇壹也厚也所在絕
遠宜令使者送其子至塞而還吉上書言中國與
夷狄有羈縻不絕之義今既養全其子十年德澤
甚厚空絕而不送近從塞還示棄捐不畜師古曰畜謂畜養也
使無鄉從之心師古曰鄉讀曰嚮嚮從謂向化而從命也棄前恩立後怨不便

議者見前江迺始無應敵之數知勇俱困以致恥辱即豫爲臣憂臣幸得建彊漢之節承明聖之詔宣諭厚恩不宜敢桀師古曰言郅支畏威當不敢桀黠也若懷禽獸加無道於臣則單于長嬰大罪師古曰嬰猶帶也必遁逃遠舍不敢近邊師古曰舍止也沒一使以安百姓國之計臣之願也願送至庭師古曰單于庭上以示朝者禹復爭以爲吉往必爲國取悔生事不可許右將軍馮奉世以爲可遣上許焉既至郅支單于怒竟殺吉等自知負漢又聞呼韓邪益彊遂西奔康居康居王以女妻郅支郅支亦以女予康居王康居甚尊敬郅支欲倚

其威以脅諸國師古曰倚音於綺反郅支數借兵擊烏孫深入至赤谷城殺略民人歐畜產師古曰歐與驅同下皆類此烏孫不敢追西邊空虛不居者且千里郅支單于自以大國威名尊重又乘勝驕不爲康居王禮怒殺康居王女及貴人人民數百或支解投都賴水中師古曰支解謂解截其四支也都賴郅支水名發民作城日作五百人二歲迺已又遣使責闔蘇大宛諸國歲遺師古曰胡廣云康居北可一千里有國名奄蔡一名闔蘇然則闔蘇即奄蔡也歲遺者年常所獻遺之物遺弋季反不敢不予漢遣使三輩至康居求谷吉等死師古曰死尸也郅支困辱使者不肯奉詔而因都護上書言居困戹願歸計彊漢遣子入侍師古曰故爲此

言以調戲也歸計謂歸附而受計策也其驕嫚如此建昭三年湯與延壽出西域湯爲人沈勇有大慮多策謀喜奇功師古曰喜許吏反每過城邑山川常登望既領外國與延壽謀曰夷狄畏服大種其天性也西域本屬匈奴今郅支單于威名遠聞侵陵烏孫大宛常爲康居畫計欲降服之如得此二國北擊伊列西取安息南排月氏山離烏弋數年之閒城郭諸國危矣服虔曰山離烏弋不在三十六國中去中國二萬里師古曰謂西域國爲城郭者言不隨畜牧遷徙以別於匈奴也且其人剽悍師古曰剽輕也悍勇也剽頻妙反又匹妙反悍胡幹反好戰伐數取勝久畜之必爲西域患郅支單于雖所在絕遠蠻夷無金城強弩之守如發屯

田吏士驅從烏孫衆兵師古曰驅師之令隨從也直指其城下彼亡則無所之守則不足自保師古曰之往保安也千載之功可一朝而成也延壽亦以爲然欲奏請之湯曰國家與公卿議大策非凡所見事必不從師古曰言凡庸之人不能遠見故壞其事也延壽猶與不聽師古曰與讀曰豫會其久病湯獨矯制發城郭諸國兵車師戊己校尉屯田吏士延壽聞之驚起欲止焉湯怒按劍叱延壽曰大衆已集會豎子欲沮衆邪師古曰沮止也壞也音才汝反延壽遂從之部勒行陳益置揚威白虎合騎之校張晏曰西域陳法之名也師古曰張說非也一校則別爲一部軍故稱校耳湯特新置此等諸校名以爲威聲也漢兵胡兵合四萬餘人延壽湯上

跡自劾奏矯制陳言兵狀即日引軍分行別為六校其三校從南道踰葱領徑大宛其三校都護自將發溫宿國從北道入赤谷過烏孫涉康居界至闐池西而康居副王抱闐將數千騎寇赤谷城東文穎曰闐音填殺略大昆彌千餘人敺畜產甚多從後與漢軍相及頗寇盜後重師古曰重謂輜重也音直用反湯縱胡兵擊之殺四百六十人得其所略民四百七十人還付大昆彌其馬牛羊以給軍食又捕得抱闐貴人伊奴毒入康居東界令軍不得為寇師古曰勿抄掠閒呼其貴人屠墨見之師古曰閒謂密呼也諭以威信與飲盟遣去徑引行未至單于城可六十里止營復捕得康居貴人貝色子男開牟以為導貝色子即屠墨母之弟師古曰母之弟即謂舅者皆怨單于由是具知郅支情明日引行未至城三十里止營單于遣使問漢兵何以來應曰單于上書言居困阸願歸計彊漢身入朝見天子哀閔單于棄大國屈意康居故使都護將軍來迎單于妻子恐左右驚動故未敢至城下使數往來相荅報延壽湯因讓之師古曰讓責也我為單于遠來而至今無名王大人見將軍受事者師古曰名王諸王之貴者受事受教命而供事也何單于忽大計失客主之禮也師古曰忽忘也兵來道遠人畜罷極

食度且盡師古曰罷讀曰疲度大各反恐無以自還願單于與大臣審計策明日前至郅支城都賴水上離城三里止營傅陳師古曰傅讀曰敷敷布也望見單于城上立五采幡織師古曰織讀曰幟音式志反數百人被甲乘城師古曰乘謂登之備守也又出百餘騎往來馳城下步兵百餘人夾門魚鱗陳師古曰言其相接次形若魚鱗講習用兵城上人更招漢軍曰鬬來師古曰更互也音工行反百餘騎馳赴營營皆張弩持滿指之騎引卻頗遣吏士射城門騎步兵騎步兵皆入延壽湯令軍聞鼓音皆薄城下師古曰薄迫也四面圍城各有所守穿塹塞門戶鹵楯為前戟弩為後卬射城中樓上人師古曰卬讀曰仰樓上人下走土城外有重木城從木城中射頗殺傷外人外人發薪燒木城夜數百騎欲出外迎射殺之初單于聞漢兵至欲去疑康居怨己為漢內應又聞烏孫諸國兵皆發自以無所之師古曰之往也郅支已出復還曰不如堅守漢兵遠來不能久攻單于乃被甲在樓上諸閼氏夫人數十皆以弓射外人外人射中單于鼻諸夫人頗死單于下騎傳戰大內師古曰下騎謂下樓而騎馬也傳戰轉戰也大內單于之內室也言且戰且行而入內室夜過半木城穿中人卻入土城乘城呼師古曰乘登也呼火故反次下亦同時康居兵萬餘騎分為十餘處四面環城亦與相應和師古曰環繞也音患和胡卧反夜

數犇營不利輒卻師古曰犇古奔字也平明四面火起吏士喜大呼乘之師古曰乘逐也鉦鼓聲動地康居兵引卻漢兵四面推鹵楯並入土城中單于男女百餘人走入大內漢兵縱火吏士爭入單于被創死軍候假丞杜勳斬單于首得漢節使二及谷吉等所齎帛書諸鹵獲以畀得者師古曰畀予也各以與所得人畀必寐反凡斬閼氏太子名王以下千五百一十八級生虜百四十五人降虜千餘人賦予城郭諸國所發十五王師古曰賦謂班與之也所發十五王謂所發諸國之兵共圍郅支王者也於是延壽湯上疏曰臣聞天下之大義當混為一師古曰混同也音胡本反昔有唐虞今有彊漢匈奴呼

韓邪單于已稱北藩唯郅支單于叛逆未伏其辜大夏之西以為彊漢不能臣也師古曰謂漢為不能使郅支臣服也郅支單于慘毒行於民大惡通於天臣延壽臣湯將義兵行天誅賴陛下神靈陰陽並應天氣精明陷陳克敵斬郅支首及名王以下宜縣頭槀街蠻夷邸間晉灼曰黃圖在長安城門內師古曰槀街街名蠻夷邸在此街也邸若今鴻臚客館也崔浩以為槀當為橐街即銅駝街也此說失之銅駝街在雒陽西京無也以示萬里明犯彊漢者雖遠必誅事下有司丞相匡衡御史大夫繁延壽師古曰繁蒲何反以為郅支及名王首更歷諸國蠻夷莫不聞知師古曰更工衡反月令春掩骼埋胔之時應劭曰禽獸之骨曰骼骼大也鳥鼠之骨曰胔胔可惡也臣瓚曰枯骨曰骼有肉曰胔師古曰瓚說

是也骼工客反胔才賜反宜勿縣車騎將軍許嘉右將軍王商以為春秋夾谷之會優施笑君孔子誅之師古曰夾谷地名即祝其也定十年公會齊侯於夾谷孔子攝相事齊侯奏宮中之樂俳優侏儒戲於前孔子歷階而上曰匹夫侮諸侯者罪應誅於是斬侏儒首足異處齊侯懼有慚色施者優人之名夾音頰方盛夏首足異門而出宜縣十日廼埋之有詔將軍議是初中書令石顯嘗欲以姊妻延壽延壽不取及丞相御史亦惡其矯制皆不與湯師古曰與猶許湯素貪所鹵獲財物入塞多不法師古曰不法者私自取之不依軍法司隸校尉移書道上繫吏士按驗之湯上疏言臣與吏士共誅郅支單于幸得禽滅萬里振旅師古曰師入曰振旅振整也旅眾也宜有使者迎勞道路師古曰勞力到反今司隸

反逆收繫按驗是為郅支報讎也上立出吏士令縣道具酒食以過軍既至論功石顯匡衡以為延壽湯擅興師矯制幸得不誅如復加爵土則後奉使者爭欲乘危徼幸生事於蠻夷師古曰如若也為國招難漸不可開元帝內嘉延壽湯功而重違衡顯之議師古曰重難也議久不決故宗正劉向上疏曰郅支單于囚殺使者吏士以百數事暴揚外國傷威毀重群臣皆閔焉師古曰閔病也陛下赫然欲誅之意未嘗有忘西域都護延壽副校尉湯承聖指倚神靈總百蠻之君攬城郭之兵師古曰攬總持之也其字從手出百死入絕域遂蹈康居

屠五重城搴歙侯之旗師古曰搴拔也音騫斬郅支之首縣旌萬里之外揚威昆山之西埽谷吉之恥立昭明之功萬夷慴伏莫不懼震師古曰慴恐也音之涉反呼韓邪單于見郅支已誅且喜且懼鄉風馳義稽首來賓師古曰馳義慕義驅馳而來也鄉讀曰嚮願守北藩累世稱臣立千載之功建萬世之安羣臣之勲莫大焉昔周大夫方叔吉甫爲宣王誅獫狁而百蠻從其詩曰嘽嘽焞焞如霆如雷顯允方叔征伐獫狁蠻荆來威師古曰小雅采芑之詩也嘽嘽衆也焞焞盛也言車徒既衆且盛有如雷霆故能克定獫狁而令荆土之蠻亦畏威而來也嘽他丹反焞他回反易曰有嘉折首獲匪其醜師古曰離上九爻辭也嘉善也醜類也言王者出征克勝斬首多獲非類故以爲善言美誅首

惡之人而諸不順者皆來從也今延壽湯所誅震雖易之折首詩之雷霆不能及也論大功者不録小過舉大美者不疵細瑕司馬法曰軍賞不踰月欲民速得爲善之利也蓋急武功重用人也吉甫之歸周厚賜之其詩曰吉甫宴喜既多受祉來歸自鎬我行永久師古曰小雅六月之詩也鎬地名非豐鎬之鎬此鎬及方皆在周之北時獫狁侵鎬及方至于涇陽吉甫薄伐自鎬而還王以燕禮樂之多受福賜以其行役有功日月長久故也千里之鎬猶以爲遠況萬里之外其勤至矣延壽湯既未獲受祉之報反屈捐命之功久挫於刀筆之前師古曰捐弃其軀命命言無所顧也挫屈折也刀筆謂吏非所以勸有功厲戎士也昔齊桓前有尊周之

功師古曰謂伐楚責苞茅及會王大子于首山後有滅項之罪師古曰項國名也春秋僖十七年夏滅項公羊傳曰齊滅之也不言齊爲桓公諱也桓常有繼絶存亡之功故君子爲之諱君子以功覆過而爲之諱行事師古曰行事謂滅項之事也貳師將軍李廣利捐五萬之師靡億萬之費經四年之勞師古曰靡散也音糜而廑獲駿馬三十匹師古曰廑與僅同僅少也雖斬宛王毋鼓之首師古曰西域傳作毋寡而此云毋鼓鼓寡聲相近葢戎狄之言不甚諦也猶不足以復費師古曰復償也音扶目反其私罪惡甚多孝武以爲萬里征伐不録其過遂封拜兩侯三卿二千石百有餘人今康居國彊於大宛郅支之號重於宛王殺使者罪甚於留馬而延壽湯不煩漢士不費斗糧比於貳師功德百之師古曰百倍勝

之且常惠隨欲擊之烏孫鄭吉迎自來之日逐猶皆裂土受爵故言威武勤勞則大於方叔吉甫列功覆過則優於齊桓貳師近事之功則高於安遠長羅師古曰安遠侯鄭吉長羅侯常惠也而大功未著小惡數布臣竊痛之宜以時解縣通籍孟康曰縣罪未竟也如言縣罰也通籍不禁止令得出入也除過勿治尊寵爵位以勸有功於是天子下詔曰匈奴郅支單于背畔禮義留殺漢使者吏士甚逆道理朕豈忘之哉所以優游而不征者重動師衆勞將率師古曰重難也故隱忍而未有云也今延壽湯睹便宜乘時利結城郭諸國擅興師矯制而征之賴天地宗廟

之靈誅討郅支單于斬獲其首及閼氏貴人名王以下千數雖踰義干法（師古曰干犯也）內不煩一夫之役不開府庫之臧因敵之糧以贍軍用立功萬里之外威震百蠻名顯四海為國除殘兵革之原息邊竟得以安（師古曰竟讀曰境）然猶不免死亡之患罪當在於奉憲朕甚閔之其赦延壽湯罪勿治詔公卿議封焉議者以為宜如軍法捕斬單于令匡衡石顯以為郅支本亡逃失國竊號絕域非真單于元帝取安遠侯鄭吉故事封千戶衡顯復爭乃封延壽為義成侯賜湯爵關內侯食邑各三百戶加賜黃金百

斤告上帝宗廟大赦天下拜延壽為長水校尉湯為射聲校尉延壽遷城門校尉護軍都尉薨於官成帝初即位丞相衡復奏湯以吏二千石奉使顓命蠻夷中（師古曰顓與專同）不正身以先下而盜所收康居財物戒官屬曰絕域事不覆校雖在赦前不宜處位湯坐免後湯上言康居王侍子非王子也按驗實王子也湯下獄當死大中大夫谷永上疏訟湯曰臣聞楚有子玉得臣文公為之仄席而坐（師古曰子玉楚大夫也得臣其名也春秋僖二十八年子玉帥師與晉文公戰于城濮楚師敗績晉師三日館穀而文公猶有憂色曰得臣猶在憂未歇也及楚殺子玉公喜而後可知也禮記曰有憂者仄席而坐蓋自貶也仄古側字也）趙有廉頗馬服彊秦不敢窺兵井陘（師古曰廉頗趙將也馬服君趙奢亦趙將也井陘之口趙之西界山險道也）近漢有郅都魏尚匈奴不敢南鄉沙幕（師古曰鄉讀曰嚮）由是言之戰克之將國之爪牙不可不重也蓋君子聞鼓鼙之聲則思將率之臣（師古曰禮之樂記曰鼓鼙之聲讙讙以立動動以進衆君子聽鼓鼙之聲則思將率之臣也）竊見關內侯陳湯前使副西域都護忿郅支之無道閔王誅之不加（師古曰閔憂也）策慮愊億義勇奮發（師古曰愊億憤怒之見也愊皮逼反）卒興師奔逝橫厲烏孫踰集都賴（如淳曰踰遠也遠集郅支都賴水上也師古曰卒讀曰猝厲度也踰讀曰遙）屠三重城斬郅支首報十年之逋誅雪邊吏之宿恥（師古曰逋亡也）威震百蠻武暢西海漢元以來征伐方外之將未嘗有也今湯坐言事

非是幽囚久繫歷時不決執憲之吏欲致之大辟昔白起為秦將南拔郢都北阬趙括以纖介之過賜死杜郵（師古曰地名也在咸陽西也）秦民憐之莫不隕涕今湯親秉鉞席卷喋血萬里之外（師古曰如席之卷言其疾也喋血解在文紀）薦功祖廟告類上帝（張晏曰謂以所征之國事類告天也）介冑之士靡不慕義以言事為罪無赫赫之惡周書曰記人之功忘人之過宜為君者也（師古曰尚書之外周書也）夫犬馬有勞於人尚加帷蓋之報（師古曰禮記稱孔子云敝帷弗弃為埋馬也敝蓋弗弃為埋狗也）況國之功臣者哉竊恐陛下忽於鼙鼓之聲不察周書之意而忘帷蓋之施庸臣遇湯卒從吏議（師古曰以庸臣之禮待遇之也卒終也）使

百姓介然有秦民之恨（師古曰介然猶耿耿）非所以厲死難之臣也書奏天子出湯奪爵為士伍後數歲西域都護段會宗為烏孫兵所圍驛騎上書願發城郭敦煌兵以自救（師古曰西域城郭諸國及敦煌兵也）丞相王商大將軍王鳳及百僚議數日不決鳳言湯多籌策習外國事可問上召湯見宣室湯擊郅支時中寒病兩臂不詘申湯入見有詔毋拜示以會宗奏湯辭謝曰將相九卿皆賢材通明小臣罷癃不足以策大事（師古曰罷讀曰疲）上曰國家有急君其毋讓對曰臣以為此必無可憂也上曰何以言之湯曰夫胡兵五而當漢兵

一何者兵刃朴鈍弓弩不利今聞頗得漢巧然猶三而當一又兵法曰客倍而主人半然後敵今圍會宗者人衆不足以勝會宗唯陛下勿憂且兵輕行五十里重行三十里今會宗欲發城郭敦煌歷時迺至所謂報讎之兵非救急之用也上曰奈何其解可必乎度何時解（師古曰度徒各反）湯知烏孫瓦合不能久攻（師古曰瓦合謂碎瓦之雜居不齊同）故事不過數日（師古曰故事謂以舊事測之）因對曰已解矣詘指計其日曰不出五日當有吉語聞（師古曰吉善也善謂兵解之事）居四日軍書到言已解大將軍鳳奏以為從事中郎莫府事壹決於湯湯明法令善因

事為勢納說多從常受人金錢作章奏卒以此敗初湯與將作大匠解萬年相善自元帝時渭陵不復徙民起邑成帝起初陵數年後樂霸陵曲亭南更營之萬年與湯議以為武帝時工楊光以所作數可意（師古曰可天子之意）自致將作大匠及大司農中丞耿壽昌造杜陵賜爵關內侯將作大匠乘馬延年以勞苦秩中二千石（師古曰姓乘馬名延年乘食孕反）今作初陵而營起邑居成大功萬年亦當蒙重賞子公妻家在長安兒子生長長安不樂東方宜求徙可得賜田宅俱善湯心利之即上封事言初陵京師之地最為肥

美可立一縣天下民不徙諸陵三十餘歲矣關東富人益衆多規良田役使貧民（師古曰規畫也自占為疆界也）可徙初陵以彊京師衰弱諸侯又使中家以下得均貧富湯願與妻子家屬徙初陵為天下先於是天子從其計果起昌陵邑後徙內郡國民萬年自詭三年可成（師古曰詭責也自以為憂責也）後卒不就（師古曰卒終也就亦成也）羣臣多言其不便者下有司議皆曰昌陵因卑為高積土為山度便房猶在平地上（師古曰度徒各反）客土之中不保幽冥之靈淺外不固卒徒工庸以鉅萬數至難脂火夜作（師古曰難古然字也）取土東山且與穀同賈（師古曰賈讀曰價）作治數

年天下徧被其勞國家罷敝府臧空虛(師古曰罷讀曰疲)下至衆庶熬熬苦之(師古曰熬熬衆愁聲)故陵因天性據真土處勢高敞旁近祖考前又已有十年功緒(師古曰緒謂端次也)宜還復故陵勿徙民上迺下詔罷昌陵語在成紀丞相御史請廢昌陵邑中室(師古曰徙人新所起室居)奏未下人以問湯第宅不徹得毋復發徙(師古曰問其不被發徹更移徙邪)湯曰縣官且順聽羣臣言猶且復發徙之也時成都侯商新為大司馬衛將軍輔政素不善湯商聞此語白湯惑衆下獄治按驗諸所犯湯前為騎都尉王莽上書言父早死獨不封母明君共養皇太后尤勞苦(師古曰莽傳言莽母渠今此云明君則明君者字也)宜封竟為新都侯後皇太后同母弟苟參為水衡都尉死子伋為侍中(師古曰伋音汲)參妻欲為伋求封湯受其金五十斤許為求比上奏(師古曰比例也音必寐反)弘農太守張匡坐臧百萬以上狡猾不道有詔即訊(師古曰就其所居考問之)恐下獄使人報湯湯為訟罪得踰冬月許謝錢二百萬皆此類也事在赦前後東萊郡黑龍冬出人以問湯曰是所謂玄門開微行數出出入不時故龍以非時出也又言當復發徙傳相語者十餘人丞相御史奏湯惑衆不道妄稱詐歸異於上非所宜言大不敬廷尉增壽

議以為不道無正法(師古曰增壽姓趙也)以所犯劇易為罪(師古曰易弋豉反)臣下承用失其中故移獄廷尉(如淳曰如今讞罪輕重)無比者先以聞(師古曰此謂相比附也)所以正刑罰重人命也明主哀憫百姓下制書罷昌陵勿徙吏民已申布湯妄以意相謂且復發徙雖頗驚動所流行者少百姓不為變不可謂惑衆湯稱詐虛設不然之事非所宜言大不敬也制曰廷尉增壽當是(師古曰當謂處正其罪也)湯前有討郅支單于功其免湯為庶人徙邊又曰故將作大匠萬年佞邪不忠妄為巧詐多賦斂煩繇役興卒暴之作(師古曰卒讀曰猝)卒徒蒙辜死者連屬(師古曰蒙被也屬之欲反)毒流衆庶海內怨望雖蒙赦令不宜居京師於是湯與萬年俱徙燉煌久之燉煌太守奏湯前親誅郅支單于威行外國不宜近邊塞詔徙安定議郎耿育上書言便宜因冤訟湯曰延壽湯為聖漢揚鉤深致遠之威雪國家累年之恥討絕域不羈之君係萬里難制之虜豈有比哉先帝嘉之仍下明詔宣著其功(師古曰仍頻也)改年垂歷傳之無窮(師古曰謂改年為竟寧也不以此事蓋當其年上書者附著耳)應是南郡獻白虎邊垂無警備會先帝寢疾然猶垂意不忘數使尚書責問丞相趣立其功(師古曰趣讀曰促)獨丞相匡衡排而不予封延

壽湯數百戶此功臣戰士所以失望也孝成皇帝承建業之基乘征伐之威兵革不動國家無事而大臣傾邪讒佞在朝曾不深惟本末之難以防未然之戒欲專主威排妒有功使湯塊然師古曰塊然獨處之意如土塊也音口內反被冤拘囚不能自明卒以無罪老棄燉煌正當西域通道令威名折衝之臣旋踵及身復爲郅支遺虜所笑誠可悲也至今奉使外蠻者未嘗不陳郅支之誅以揚漢國之盛夫援人之功以懼敵棄人之身以快讒師古曰援引也音爰豈不痛哉且安不忘危盛必慮衰今國家素無文帝累年節儉富饒之畜

師古曰畜讀曰蓄謂府庫也又無武帝薦延如淳曰薦延使群臣薦士而延納之梟俊禽敵之臣獨有一陳湯耳師古曰梟謂斬其首而縣之也俊謂敵之魁率郅支是也春秋左氏傳曰得俊曰克假使異世不及陛下尚望國家追錄其功封表其墓以勸後進也湯幸得身當聖世功曾未久反聽邪臣鞭逐斥遠使亡逃分竄死無處所師古曰分謂散竄也虞書舜典曰分北三苗遠覽之士莫不計度師古曰度大各反以爲湯功累世不可及而湯過人情所有師古曰言湯所犯之罪過人情共有此事耳非特詭異深可誅責也湯尚如此雖復破絕筋骨暴露形骸猶復制於脣舌爲嫉妒之臣所係虜耳此臣所以爲國家尤戚戚也書奏天子還湯卒於長安死後數年王

莽爲安漢公秉政既內德湯舊恩又欲謟皇太后以討郅支功尊元帝廟稱高宗以湯延壽前功大賞薄及候丞杜勳不賞延益封延壽孫遷千六百戶追謚湯曰破胡壯侯封湯子馮爲破胡侯勳爲討狄侯

段會宗字子松天水上邽人也竟寧中以杜陵令五府舉爲西域都護騎都尉光祿大夫西域敬其威信三歲更盡還如淳曰邊吏三歲一更下言終更皆是也師古曰更工衡反其下並同拜爲沛郡太守以單于當朝徙爲鴈門太守數年坐法免西域諸國上書願得會宗陽朔中復爲都護會

宗爲人好大節矜功名與谷永相友善谷永閔其老復遠出予書戒曰足下以柔遠之令德復典都護之重職師古曰柔安也柔遠言能安遠人虞書舜典曰柔遠能邇甚休甚休師古曰休美也若子之材可優遊都城而取卿相何必勒功昆山之外總領百蠻懷柔殊俗子之所長愚無以喻師古曰言子思慮深長當不待己曉告也雖然朋友以言贈行敢不略意師古曰贈行謂將別相贈也略意略陳本意也方今漢德隆盛遠人賓伏傅鄭甘陳之功沒齒不可復見願吾子因循舊貫毋求奇功師古曰貫事也終更亟還亦足以復鴈門之踦應劭曰踦隻也會宗從沛郡下爲鴈門又坐法免爲踦隻不偶也師古曰亟急也復猶補也亟居力反踦居宜反萬里之外以身爲本願

詳思愚言會宗既出諸國遣子弟郊迎小昆彌安日前爲會宗所立德之（師古曰懷會宗之恩德也）欲往謁諸翎侯止不聽遂至龜茲謁城郭甚親附（師古曰謂城郭諸國）康居太子保蘇匿率衆萬餘人欲降會宗奏狀漢遣衛司馬逢迎（師古曰迎之於道隨所到而逢之故曰逢迎也）會宗發戊己校尉兵隨司馬受降司馬畏其衆欲令降者皆自縛保蘇匿怨望舉衆亡去會宗更盡還以擅發戊己校尉之兵乏興有詔贖論拜爲金城太守以病免歲餘小昆彌爲國民所殺諸翎侯大亂徵會宗爲左曹中郎將光祿大夫使安輯烏孫（師古曰輯與集同也）立小昆彌兄末振將（服虔曰人姓名也師古曰其名也昆彌之兄不可別舉姓也）

定其國而還明年末振將殺大昆彌會病死漢恨誅不加元延中復遣會宗發戊己校尉諸國兵即誅末振將太子番丘（師古曰番音步安反）會宗恐大兵入烏孫驚番丘亡逃不可得即留所發兵墊婁地（服虔曰墊音墊阸之墊鄭氏曰墊音廪師古曰墊丁念反婁音樓）選精兵三十弩（李奇曰三十人人將一弩）徑至昆彌所在召番丘責以末振將骨肉相殺殺漢公主子孫未伏誅而死使者受詔誅番丘即手劍擊殺番丘官屬以下驚恐馳歸小昆彌烏犂靡者末振將兄子也勒兵數千騎圍會宗會宗爲言來誅之意今圍守殺我如取漢牛一毛耳宛王郅支頭縣槀街烏孫所知也昆彌以下服曰末振將負漢誅其子可也獨不可告我令飲食之邪（師古曰飲於禁反食讀曰飤次下亦同）會宗曰豫告昆彌逃匿之爲大罪即飲食以付我傷骨肉恩故不先告昆彌以下號泣罷去會宗還奏事公卿議會宗權得便宜以輕兵深入烏孫即誅番丘（師古曰即就也）宣明國威宜加重賞天子賜會宗爵關內侯黃金百斤是時小昆彌季父卑爰疐（師古曰疐竹二反）擁衆欲害昆彌漢復遣會宗使安輯與都護孫建并力明年會宗病死烏孫中年七十五矣城郭諸國爲發喪立祠焉

贊曰自元狩之際張騫始通西域至于地節鄭吉建都護之號訖王莽世凡十八人皆以勇略選然其有功迹者具此廉褒以恩信稱郭舜以廉平著孫建用威重顯其餘無稱焉陳湯儻葛不自收斂（師古曰儻葛無行檢也葛音蕩）卒用困窮議者閔之故備列云

傅常鄭甘陳段傳第四十

雋疏于薛平彭傳第四十一　班固　漢書七十一

秘書監上護軍琅邪縣開國子顏　師古　注

雋不疑字曼倩勃海人也師古曰雋音徂兗反治春秋爲郡文學進退以禮名聞州郡武帝末郡國盜賊群起暴勝之爲直指使者衣繡衣持斧逐捕盜賊督課郡國師古曰督謂察視之東至海以軍興誅不從命者師古曰有所追捕及行誅罰皆依興軍之制也威振州郡勝之素聞不疑賢至勃海遣吏請與相見不疑冠進賢冠帶櫑具劍應劭曰櫑具木摽首之劍櫑落壯大也晉灼曰古長劍首以玉作井鹿盧形上刻木作山形如蓮華初生未敷時今大劍木首其狀似此師古曰晉說是也櫑音雷摽音匹遙反佩環玦師古曰環玉環也玦即玉佩之玦也帶環而又著玉佩也禮記曰孔子佩象環也褒衣博帶師古曰褒大裾也言著褒大之衣廣博之帶也而說者乃以爲朝服垂褒之衣非也盛服至門上謁師古曰上謁若今通名也門下欲使解劍不疑曰劍者君子武備所以衛身不可解請退吏白勝之勝之開閤延請望見不疑容貌尊嚴衣冠甚偉勝之躧履起迎文穎曰躧音纚師古曰履不著跟曰躧躧謂納履未正曳之而行言其遽也躧音山爾反登堂坐定不疑據地曰竊伏海瀕聞暴公子舊矣師古曰瀕崖也公子勝之字也舊久也瀕音頻又音賓今乃承顏接辭凡爲吏太剛則折太柔則廢威行施之以恩然後樹功揚名永終天祿師古曰樹立也勝之知不疑非庸人師古曰庸常也敬納其戒深接以禮意問當世所施行門下諸從事皆州郡選吏師古曰選州郡吏之最者乃得爲從事側聽不疑莫

不驚駭至昏夜罷去勝之遂表薦不疑徵詣公車拜爲青州刺史久之武帝崩昭帝即位而齊孝王孫劉澤交結郡國豪桀謀反欲先殺青州刺史不疑發覺收捕皆伏其辜擢爲京兆尹賜錢百萬京師吏民敬其威信每行縣錄囚徒還師古曰省錄之知其情狀有冤滯與不也今云慮囚本錄聲之去者耳音力具反而近俗不曉其意訛其文遂爲思慮之慮失其源矣行音下更反其母輒問不疑有所平反活幾何人如淳曰反音幡幡奏使從輕也師古曰幾音居豈反即不疑多有所平反母喜笑爲飲食言語異於他時或亡所出母怒爲不食故不疑爲吏嚴而不殘始元五年有一男子乗黃犢車建黃旐師古曰旐旌旗之屬畫龜蛇曰旐也衣黃襜褕著黃冒師古曰襜褕直裾禪衣襜音昌瞻反褕音踰冒所以覆冒其首即今之下裙冒也詣北闕自謂衛太子師古曰戾太子公車以聞師古曰公車主受章奏者詔使公卿將軍中二千石雜識視師古曰雜共也有素識之者令視知其是非也長安中吏民聚觀者數萬人右將軍勒兵闕下以備非常丞相御史中二千石至者立莫敢發言京兆尹不疑後到叱從吏收縛或曰是非未可知且安之師古曰安猶徐也不疑曰諸君何患於衛太子昔蒯聵違命出奔輒距而不納春秋是之師古曰蒯聵衛靈公太子輒蒯聵子也蒯聵得罪於靈公而出奔晉及靈公卒使輒嗣位而晉趙鞅納蒯聵於戚欲求入衛魯哀公三年春齊國夏衛石曼姑帥師圍戚公羊傳曰曼姑受命於靈公而立輒曼姑之義固可以距蒯聵也輒之義可以立乎曰可奈何不以父命辭王父命也衛太子得罪先帝亡不即

死今來自詣此罪人也遂送詔獄天子與大將軍霍光聞而嘉之曰公卿大臣當用經術明於大誼繇是名聲重於朝廷師古曰繇讀與由同在位者皆自以不及也大將軍光欲以女妻之不疑固辭不肯當久之以病免終於家京師紀之後趙廣漢為京兆尹言我禁姦止邪行於吏民至於朝廷事不及不疑遠甚廷尉驗治何人竟得姦詐師古曰凡不知姓名及所從來者皆曰何人他皆類此本夏陽人姓成名方遂居湖師古曰湖縣名以卜筮為事有故太子舍人嘗從方遂卜謂曰子狀貌甚似衛太子方遂心利其言幾得以富貴師古曰幾讀曰冀即詐自稱詣

闕廷尉逮召鄉里識知者張宗祿等方遂坐誣罔不道要斬東市一姓張名延年師古曰故昭紀謂之張延年

疏廣字仲翁東海蘭陵人也少好學明春秋家居教授學者自遠方至徵為博士太中大夫地節三年立皇太子選丙吉為太傅廣為少傅數月吉遷御史大夫廣徙為太傅廣兄子受字公子亦以賢良舉為太子家令受好禮恭謹敏而有辭師古曰敏謂所見捷利宣帝幸太子宮受迎謁應對及置酒宴奉觴上壽辭禮閑雅上甚驩說師古曰說讀曰悅頃之拜受為少傅太子外祖父特進平恩侯許伯以為太子少白使其弟中郎將舜監護太子家上以問廣廣對曰太子國儲副君師友必於天下英俊不宜獨親外家許氏且太子自有太傅少傅官屬已備今復使舜護太子家視陋非所以廣太子德於天下也師古曰視讀曰示言獨親外家示天下以淺陋上善其言以語丞相魏相相免冠謝曰此非臣等所能及廣繇是見器重數受賞賜師古曰繇讀與由同太子每朝因進見太傅在前少傅在後父子並為師傅朝廷以為榮在位五歲皇太子年十二通論語孝經廣謂受曰吾聞知足不辱知止不殆功遂身退天之道也師古曰此皆老子之言殆危也遂成也今仕官至二

千石宦成名立如此不去懼有後悔豈如父子相隨出關歸老故鄉以壽命終不亦善乎受叩頭曰從大人議即日父子俱移病師古曰移病謂移書言病也一曰以病而移居滿三月賜告廣遂稱篤上疏乞骸骨上以其年篤老皆許之加賜黃金二十斤皇太子贈以五十斤公卿大夫故人邑子設祖道供張東都門外蘇林曰長安東郭門也師古曰祖道餞行也解在景十三王及劉屈氂傳供音居共反張音竹亮反送者車數百兩辭決而去及道路觀者皆曰賢哉二大夫或歎息為之下泣廣既歸鄉里日令家共具設酒食師古曰共讀曰供其他類此請族人故舊賓客與相娛樂數問其家金餘尚

有幾所趣賣以共具（師古曰幾所猶言幾許也趣讀曰促）居歲餘廣子孫竊謂其昆弟老人廣所愛信者曰子孫幾及君時頗立產業基阯（師古曰幾讀曰冀）今日飲食費且盡宜從丈人所勸說君買田宅（鄧展曰宜令意自從丈人所出無油我言也師古曰丈人嚴莊之稱也故親而老者皆稱焉）老人即以閒暇時為廣言此計（師古曰閒即閑字也）廣曰吾豈老誖不念子孫哉（師古曰誖惑也音布內反）顧自有舊田廬（師古曰顧思念也）令子孫勤力其中足以共衣食與凡人齊今復增益之以為贏餘但教子孫怠惰耳賢而多財則損其志愚而多財則益其過且夫富者衆人之怨也吾既亡以教化子孫不欲益其過而生怨又此金者聖主所以惠養老臣也故樂與鄉黨宗族共饗其賜以盡吾餘日不亦可乎於是族人說服（師古曰說讀曰悅）皆以壽終

于定國字曼倩東海郯人也（師古曰郯音談）其父于公為縣獄史郡決曹決獄平羅文法者于公所決皆不恨（師古曰羅罹也遭也）郡中為之生立祠號曰于公祠東海有孝婦少寡亡子養姑甚謹姑欲嫁之終不肯姑謂鄰人曰孝婦事我勤苦哀其亡子守寡我老久絫丁壯柰何（師古曰絫古累字也音力瑞反）其後姑自經死（師古曰不欲累婦故自殺）姑女告吏婦殺我母吏捕孝婦孝婦辭不殺姑吏驗治孝

婦自誣服具獄上府（師古曰府郡之曹府也上音時掌反）于公以為此婦養姑十餘年以孝聞必不殺也太守不聽于公爭之弗能得乃抱其具獄哭於府上（師古曰具獄者獄案已成其文備具也）因辭疾去太守竟論殺孝婦郡中枯旱三年後太守至卜筮其故于公曰孝婦不當死前太守彊斷之咎黨在是乎（師古曰黨音他朗反）於是太守殺牛自祭孝婦冢因表其墓天立大雨歲孰郡中以此大敬重于公定國少學法於父父死後定國亦為獄史郡決曹補廷尉史以選與御史中丞從事治反者獄以材高舉侍御史遷御史中丞會昭帝崩昌邑王徵即位行淫亂定國上書諫後王廢宣帝立大將軍光領尚書事條奏羣臣諫昌邑王者皆超遷定國繇是為光祿大夫（師古曰繇與由同）平尚書事甚見任用數年遷水衡都尉超為廷尉定國乃迎師學春秋身執經北面備弟子禮為人謙恭尤重經術士雖卑賤徒步往過定國皆與鈞禮（師古曰鈞禮猶言亢禮）恩敬甚備學士咸稱焉其決疑平法務在哀鰥寡罪疑從輕加審慎之心朝廷稱之曰張釋之為廷尉天下無冤民（師古曰言決罪皆當）于定國為廷尉民自以不冤（師古曰言知其寬平皆無冤枉之慮）定國食酒至數石不亂（如淳曰食酒猶言喜酒也師古曰若依如氏之說食字當

（言見嗜酒此説非也下敘定國子永乃言嗜酒耳食酒者謂能多飲費盡其酒猶云食言焉今流俗書本輒改食字作飲字失其真也）冬月治請讞飲酒益精明（師古曰讞平議也音魚列反）爲廷尉十八歲遷御史大夫甘露中代黃霸爲丞相封西平侯三年宣帝崩元帝立以定國任職舊臣敬重之時陳萬年爲御史大夫與定國並位八年論議無所拂（師古曰言不相違戾也拂音佛）後貢禹代爲御史大夫數處駮議（師古曰言與定國不同）定國明習政事率常丞相議可（師古曰天子皆可定國所言）然上始即位關東連年被災害民流入關言事者歸咎於大臣（師古曰言事者謂上書陳事也）上於是數以朝日引見丞相御史（師古曰五日一聽朝故云朝日也）入受詔條責以職事曰惡吏負賊妄意良民（師古曰賊發不得恐負其罪故妄疑善人致其罪也）至亡辜死或盜賊發吏不亟追而反繫亡家（師古曰亟急也不急追賊反禁繫失物之家）後不敢復告以故寖廣（師古曰寖漸也）民多冤結州郡不理連上書者交於闕廷二千石選舉不實是以在位多不任職（師古曰謂令長丞尉）民田有災害吏不肯除收趣其租以故重困（師古曰重音直用反）關東流民飢寒疾疫已詔吏轉漕虛倉廩開府臧相振救賜寒者衣至春猶恐不贍（師古曰贍足也）今丞相御史將欲何施以塞此咎（師古曰塞補也）悉意條狀陳朕過失（師古曰悉盡也）定國上書謝罪永光元年春霜夏寒日青亡光上復以詔條責曰郎有從東

方來者言民父子相棄（師古曰以遭飢饉不能相養）丞相御史案事之吏匿不言邪將從東方來者加增之也何以錯繆至是（師古曰錯互也繆違也謂東方人言不相同也）欲知其實方今年歲未可預知也即有水旱其憂不細公卿有可以防其未然救其已然者不各以誠對（師古曰言能防救已不宜各以實對）毋有所諱定國惶恐上書自劾歸侯印乞骸骨上報曰君相朕躬不敢怠息（師古曰息謂自休息）萬方之事大錄于君（師古曰大錄總錄也）能毋過者其唯聖人方今承周秦之敝俗化陵夷（師古曰言穨替也）民寡禮誼陰陽不調災咎之發不爲一端而作自聖人推類以記不敢專也況於非聖者乎（師古曰非聖者謂常人）日夜惟思所以未能盡明（師古曰所以所由也言何由致此災）經曰萬方有罪罪在朕躬（師古曰此論語堯曰篇載殷湯伐桀告天之辭）君雖任職何必顓焉（師古曰顓與專同事不專由君也）其勉察郡國守相羣牧非其人者毋令久賊民永執綱紀務悉聰明彊食慎疾（師古曰悉盡也）定國遂稱篤固辭上迺賜安車駟馬黃金六十斤罷就第數歲七十餘薨謚曰安侯子永嗣少時耆酒多過失（師古曰耆讀曰嗜）年且三十乃折節修行以父任爲侍中中郎將長水校尉定國死居喪如禮孝行聞由是以列侯爲散騎光祿勳至御史大夫尚館陶公主施施者宣帝長女成帝姑也

賢有行永以選尚焉上方欲相之會永薨子恬嗣恬不肖薄於行始定國父于公其閭門壞父老方共治之師古曰閭里門也于公謂曰少高大閭門令容駟馬高蓋車我治獄多陰德未嘗有所冤子孫必有興者至定國為丞相永為御史大夫封侯傳世云

薛廣德字長卿沛郡相人也以魯詩教授楚國龔勝舍師事焉蕭望之為御史大夫除廣德為屬數與論議器之師古曰以為大器也薦廣德經行宜充本朝師古曰經明行修宜於本朝任職也為博士論石渠張晏曰石渠閣名也遷諫大夫代貢禹為長信少府御史大夫廣德為人溫雅有醞藉服虔曰寬博有餘也師古曰醞言如醞釀也藉有所薦藉也醞音於問反藉才夜反及為三公直言諫爭始拜旬日間上幸甘泉郊泰畤禮畢因留射獵廣德上書曰竊見關東困極人民流離陛下日撞亡秦之鐘聽鄭衛之樂師古曰撞音丈江反臣誠悼之今士卒暴露從官勞倦願陛下亟反宮師古曰亟急也思與百姓同憂樂天下幸甚上即日還其秋上酎祭宗廟出便門師古曰長安城南面西頭第一門欲御樓船廣德當乘輿車免冠頓首曰宜從橋詔曰大夫冠廣德曰陛下不聽臣臣自刎以血汙車輪陛下不得入廟矣師古曰言不以理然不得立廟也一曰以見死傷犯於齋絜不得入廟祠也上不說師古曰說讀曰悅先敺光祿大夫張猛進

曰師古曰先敺導乘輿也敺與驅同猛張騫之孫臣聞主聖臣直乘船危就橋安聖主不乘危御史大夫言可聽上曰曉人不當如是邪師古曰謂諫爭之言當如猛之詳善也乃從橋後月餘以歲惡民流師古曰歲惡年穀不熟也與丞相定國大司馬車騎將軍史高俱乞骸骨皆賜安車駟馬黃金六十斤罷廣德為御史大夫凡十月免東歸沛太守迎之界上沛以為榮縣其安車傳子孫師古曰縣其所賜安車以示榮寵也致仕縣車蓋亦古法韋孟詩云縣車之義以洎小臣也

平當字子思祖父以訾百萬自下邑徙平陵師古曰下邑梁國之縣也當少為大行治禮丞功次補大鴻臚文學察廉為順陽長栒邑令師古曰栒音詢以明經為博士公卿薦當論議通明給事中每有災異當輒傅經術言得失師古曰傅讀曰附文雅雖不能及蕭望之匡衡然指意略同自元帝時韋玄成為丞相奏罷太上皇寢廟園當上書言臣聞孔子曰如有王者必世而後仁師古曰論語載孔子之言也言治天下者三十年然後仁道成著也三十年之間道德和洽制禮興樂災害不成禍亂不作今聖漢受命而王繼體承業二百餘年孜孜不怠政令清矣然風俗未和陰陽未調災害數見意者大本有不立與師古曰與讀曰歟何德化休徵不應之久也禍福不虛必有因而至者焉宜深迹其道而務修其本師古曰迹謂求其蹤迹也

昔者帝堯南面而治先克明俊德以親九族而化及萬國(師古曰虞書堯典序云堯之德曰克明俊德以親九族九族既睦平章百姓百姓昭明協和萬邦故云然也)孝經曰天地之性人爲貴人之行莫大於孝孝莫大於嚴父嚴父莫大於配天則周公其人也(師古曰言嚴謂尊嚴)夫孝子善述人之志周公既成文武之業而制作禮樂修嚴父配天之事知文王不欲以子臨父故推而序之上極於后稷而以配天(師古曰言文王始受命宜爲周之始祖乃追王太王王季以及后稷是不以卑臨尊)此聖人之德亡以加於孝也高皇帝聖德受命有天下尊太上皇猶周文武之追王太王王季也此漢之始祖後嗣所宜尊奉以廣盛德孝之至也書云正稽古建功立事可以永年傳於亡窮(師古曰今文泰誓之辭言能正考古道以立功立事則可長年享國)上納其言下詔復太上皇寢廟園頃之使行流民幽州(師古曰行音下更反)舉奏刺史二千石勞倈有意者(師古曰勞倈謂勸勉也勞者恤其勤勞也倈者以恩招倈也勞音盧到反倈音盧代反)言勃海鹽池可且勿禁以救民急(師古曰恣民煮鹽官不專也)所過見稱奉使者十一人爲最遷丞相司直坐法左遷朔方刺史(師古曰武帝初置朔方郡別令刺史監之不在十三州之限)復徵入爲太中大夫給事中絫遷長信少府大鴻臚光祿勳(師古曰絫古累字)先是太后姊子衛尉淳于長白言昌陵不可成下有司議當以爲作治連年可遂就(師古曰就亦成也)上既罷

昌陵以長首建忠策復下公卿議封長當又以爲長雖有善言不應封爵之科坐前議不正左遷鉅鹿太守(師古曰前議謂罷昌陵)後上遂封長當以經明禹貢使行河(師古曰尚書禹貢載禹治水次第山川高下當明此經故使行河也行音下更反)爲騎都尉領河隄哀帝即位徵當爲光祿大夫諸吏散騎復爲光祿勳御史大夫至丞相以冬月賜爵關內侯明年春上使使者召欲封當(如淳曰漢儀注御史大夫爲丞相更春乃封故先賜爵關內侯也李奇曰以冬月非封侯時故且先賜爵關內侯也師古曰李說是也)當病篤不應召室家或謂當不可强起受侯印爲子孫邪當曰吾居大位已負素餐之責矣起受侯印還臥而死死有餘罪今不起者所以爲子孫也遂上書乞骸骨上報曰朕選於衆以君爲相視事日寡輔政未久陰陽不調冬無大雪旱氣爲災朕之不德何必君罪君何疑而上書乞骸骨歸關內侯爵邑使尚書令譚賜君養牛一上尊酒十石(如淳曰律稻米一斗得酒一斗爲上尊稷米一斗得酒一斗爲中尊粟米一斗得酒一斗爲下尊師古曰稷即粟也中尊者宜爲黍米不當言稷且作酒自有澆醇之異爲上中下耳非必繫之米)君其勉致醫藥以自持後月餘卒子晏以明經歷位大司徒封防鄉侯漢興唯韋平父子至宰相(師古曰韋謂韋賢也)

彭宣字子佩淮陽陽夏人也(師古曰夏音假)治易事張禹舉爲博士遷東平太傅禹以帝師見尊信薦宣經明

有威重可任政事繇是入為右扶風（師古曰繇讀與由同）遷廷尉以王國人出為太守（李奇曰初漢制王國人不得在京師）數年復入為大司農光祿勳右將軍哀帝即位徙為左將軍歲餘上欲令丁傅處爪牙官迺策宣曰有司數奏言諸侯國人不得宿衛將軍不宜典兵馬處大位朕唯將軍任漢將之重而子又前取淮陽王女婚姻不絕非國之制使光祿大夫曼賜將軍黃金五十斤安車駟馬其上左將軍印綬以關內侯歸家宣罷數歲諫大夫鮑宣數薦宣會元壽元年正月朔日蝕鮑宣復言上迺召宣為光祿大夫遷御史

大夫轉為大司空封長平侯會哀帝崩新都侯王莽為大司馬秉政專權宣上書言三公鼎足承君一足不任則覆亂美實（師古曰美實謂鼎中之實也易鼎卦九四爻辭曰鼎折足覆公餗餗食也故宣引以為言覆音芳目反）臣資性淺薄年齒老眊（師古曰眊與耄同）數伏疾病昏亂遺忘願上大司空長平侯印綬乞骸骨歸鄉里竢寘溝壑（師古曰竢古俟字）莽白太后策宣曰惟君視事日寡功德未效迫于老眊昏亂非所以輔國家綏海內也使光祿勳豐冊詔君其上大司空印綬便就國莽恨宣求退故不賜黃金安車駟馬宣居國數年薨謚曰頃侯傳子至孫王莽敗迺絕

贊曰雋不疑學以從政臨事不惑遂立名迹終始可述疏廣行止足之計免辱殆之絫（師古曰絫音力瑞反）亦其次也于定國父子哀鰥哲獄為任職臣（應劭曰哲智也鄭氏曰當言折獄師古曰哀鰥哀恤鰥寡也哲獄知獄情也）薛廣德保縣車之榮平當逡遁有恥彭宣見險而止（師古曰遁讀與遯同）異乎苟患失之者矣（師古曰論語稱孔子曰鄙夫不可與事君其未得之患得之旣得之患失之苟患失之無所不至矣謂其患於失位而為傾邪也贊言當宣二人立操有異於此矣）

雋疏于薛平彭傳第四十一

王貢兩龔鮑傳第四十二　班固　漢書

秘書監上護軍琅邪縣開國子顏師古注

昔武王伐紂遷九鼎於雒邑 師古曰九鼎即夏禹所鑄者也遷謂從紂都遷之以來春秋左氏傳曰夏之方有德也遠方圖物貢金九牧以鑄鼎象物桀有昏德鼎遷于商載祀六百商紂暴虐鼎遷于周 伯夷叔齊薄之 師古曰夷齊以武王父死不葬而用干戈爲不孝以臣伐君爲不忠 餓死于首陽不食其祿 師古曰馬融云首陽山在河東蒲阪華山之北河曲之中高誘則云在雒陽東北阮籍詠懷詩亦以爲然今此二山並有夷齊祠耳而曹大家注幽通賦云隴西首陽縣是也今隴西亦有首陽山許愼又云首陽山在遼西諸說不同致有疑惑而伯夷歌云登彼西山則當隴西者近爲是也 周猶稱盛德焉然孔子賢此二人以爲不降其志不辱其身也 師古曰事見論語 而孟子亦云聞伯夷之風者貪夫廉懦夫有立志 師古曰懦柔弱也音乃喚反又音儒 奮乎百世之上百

世之下莫不興起非賢人而能若是乎漢興有園公綺里季夏黃公角里先生 師古曰四皓稱號本起於此更無姓名可稱知此蓋隱居之人匿跡遠害不自標顯秘其氏族故史傳無得而詳至於後代皇甫謐圓稱之徒及諸地理書說競爲四人施安姓字自相錯互語又不經班氏不載於書諸家皆臆說今並棄略一無取焉 此四人者當秦之世避而入商雒深山 師古曰即今之商州商雒縣山也 以待天下之定也自高祖聞而召之不至其後呂后用留侯計使皇太子卑辭束帛致禮安車迎而致之四人既至從太子見高祖客而敬焉太子得以爲重遂用自安語在留侯傳其後谷口有鄭子眞蜀有嚴君平 師古曰地理志謂君平爲嚴遵三輔決錄云子眞名樸君平名尊則君平子眞皆其字也 皆修身自保非其服弗服非其食弗

食成帝時元舅大將軍王鳳以禮聘子眞子眞遂不詘而終君平卜筮於成都市以爲卜筮者賤業而可以惠衆人有邪惡非正之問則依蓍龜爲言利害與人子言依於孝與人弟言依於順與人臣言依於忠各因勢導之以善從吾言者已過半矣裁日閱數人 師古曰裁與才同閱歷也 得百錢足自養則閉肆下簾而授老子 師古曰肆者市列所坐之處也 博覽亡不通依老子嚴周之指著書十餘萬言 師古曰嚴周即莊周 楊雄少時從游學已而仕京師顯名數爲朝廷在位賢者稱君平德杜陵李彊素善雄久之爲益州牧喜謂雄曰吾眞得

嚴君平矣雄曰君備禮以待之彼人可見而不可得詘也彊心以爲不然及至蜀致禮與相見卒不敢言以爲從事乃歎曰楊子雲誠知人君平年九十餘遂以其業終蜀人愛敬至今稱焉及雄著書言當世士稱此二人其論曰或問君子疾沒世而名不稱 師古曰以身沒而無名爲病 盍勢諸名卿可幾曰君子德名爲幾 孟康曰盍何不也言何不因名卿之勢以求名韋昭曰言有勢之名卿庶幾可不朽楊子以爲不然唯有德者可以有名師古曰或人以事權力之卿用自表顯則其名可立幾而立楊雄以爲自蓄其德則有名也 梁齊楚趙之君非不富且貴也 師古曰謂當時諸侯王也 惡虖成其名 師古曰惡何也惡音烏 谷口鄭子眞不詘其志耕於巖石之下名震于京師豈

其卿豈其卿楚兩龔之絜其清矣乎蜀嚴湛冥孟康曰蜀郡嚴君平湛深玄默無欲也師古曰湛讀曰沈不作苟見不治苟得師古曰不為苟顯之行不事苟得之業久幽而不改其操雖隨和何以加諸師古曰隨隨侯珠也和和氏璧也諸之也舉茲以旃不亦寶乎師古曰旃亦之也言舉此人而用之不亦國之寶乎自此已上皆揚雄之言也自園公綺里季夏黃公甪里先生鄭子眞嚴君平皆未嘗仕然其風聲足以激貪厲俗近古之逸民也若王吉貢禹兩龔之屬皆以禮讓進退云

王吉字子陽琅邪皐虞人也少好學明經以郡吏舉孝廉為郎補若盧右丞師古曰少府之屬官有若盧令丞漢舊儀以為主治庫兵者遷雲陽令舉賢良為昌邑中尉而王好游獵驅馳國中動作亡節吉上疏諫曰臣聞古者師日行三十里吉行五十里詩云匪風發兮匪車揭兮顧瞻周道中心怛兮師古曰檜國匪風之篇發發飄風貌揭揭疾驅貌怛古怛字傷也言見此飄風及疾驅則顧念衰傷思周道也揭音丘列反說曰是非古之風也發發者是非古之車也揭揭者蓋傷之也師古曰今之發發然者非古有道之風也今之揭揭然者非古有道之車也故傷之今者大王幸方與師古曰縣名也音房預曾不半日而馳二百里百姓頗廢耕桑治道牽馬臣愚以為民不可數變師古曰數音所角反昔召公述職師古曰召讀曰邵邵公名奭自陝以西邵公主之當民事時舍於棠下而聽斷焉師古曰舍止息是時人皆得其所後世思其仁恩至虖不伐甘棠甘棠之詩是也師古曰邵南之詩也其詩曰蔽芾甘棠勿翦勿伐邵伯所茇蔽芾小貌也甘棠杜也茇舍也蔽音必二反芾音方味反茇音步末反

大王不好書術而樂逸游馮式撙銜臣瓚曰撙促也師古曰撙挫也音子本反馳騁不止口倦乎叱咤師古曰咤亦叱字也音竹駕反手苦於箠轡師古曰箠馬策音止蘂反身勞虖車輿朝則冒霧露晝則被塵埃師古曰冒犯也音莫克反夏則為大暑之所暴炙冬則為風寒之所匽薄師古曰匽與偃同言遇疾風則偃靡也薄迫也數以耎脆之玉體犯勤勞之煩毒師古曰耎柔也音而兗反非所以全壽命之宗也師古曰宗尊也又非所以進仁義之隆也師古曰隆高也夫廣夏之下細旃之上師古曰廣夏大屋也旃與氊同明師居前勸誦在後上論唐虞之際下及殷周之盛考仁聖之風習治國之道訢訢焉發憤忘食日新厥德師古曰訢古欣字其樂豈徒銜橛之閒哉師古曰銜馬銜也橛車鉤心也張揖以橛為馬之長銜非也橛音其月反休則俛仰詘信以利形師古曰形體也信讀曰伸進退步趨以實下如淳曰令人不行則膝已下虛弱不實吸新吐故以練臧專意積精以適神師古曰臧五臧也練練其氣也適和也於以養生豈不長哉大王誠留意如此則心有堯舜之志體有喬松之壽師古曰喬松仙人伯喬及赤松子也美聲廣譽登而上聞則福祿其轃而社稷安矣師古曰轃與臻同臻至也皇帝仁聖至今思慕未怠師古曰皇帝謂昭帝也言武帝晏駕未久故尚思慕於宮館囿池弋獵之樂未有所幸大王宜夙夜念此以承聖意諸侯骨肉莫親大王大王於屬則子也於位則臣也一身而二任之

責加焉恩愛行義孅介有不具者於以上聞非饗國之福也臣吉愚戇願大王察之王賀雖不遵道然猶知敬禮吉乃下令曰寡人造行不能無惰中尉甚忠數輔吾過使謁者千秋賜中尉牛肉五百斤酒五石脯五束其後復放從自若師古曰從音子用反吉輒諫爭甚得輔弼之義雖不治民國中莫不敬重焉久之昭帝崩亡嗣大將軍霍光秉政遣大鴻臚宗正迎昌邑王吉即奏書戒王曰臣聞高宗諒闇三年不言師古曰已解於上今大王以喪事徵宜日夜哭泣悲哀而已慎毋有所發師古曰發謂興舉衆事且何獨喪事凡南面

之君何言哉天不言四時行焉百物生焉師古曰論語稱孔子曰天何言哉四時行焉百物生焉天何言哉故吉引之願大王察之大將軍仁愛勇智忠信之德天下莫不聞事孝武皇帝二十餘年未嘗有過先帝弃羣臣屬以天下寄幼孤焉師古曰屬音之欲反大將軍抱持幼君襁緥之中布政施教海內晏然雖周公伊尹亡以加也今帝崩亡嗣大將軍惟思可以奉宗廟者攀援而立大王師古曰援引也音爰其仁厚豈有量哉師古曰言其厚多也量音力向反臣願大王事之敬之政事壹聽之大王垂拱南面而已願留意常以爲念王旣到即位二十餘日以行淫亂廢昌邑群臣坐在國

時不舉奏王罪過令漢朝不聞知又不能輔道陷王大惡師古曰道讀曰導皆下獄誅唯吉與郎中令龔遂以忠直數諫正得減死髡爲城旦起家復爲益州刺史病去官復徵爲博士諫大夫是時宣帝頗修武帝故事宮室車服盛於昭帝時外戚許史王氏貴寵而上躬親政事任用能吏吉上疏言得失曰陛下躬聖質總萬方帝王圖籍日陳于前惟思世務將興太平詔書每下民欣然若更生臣伏而思之可謂至恩未可謂本務也師古曰言天子如此雖於百姓爲至恩然未盡政務之本也欲治之主不世出師古曰言有時過之不常值公卿幸得遭遇其時言

聽諫從然未有建萬世之長策舉明主於三代之隆也師古曰三代夏殷周其務在於期會簿書斷獄聽訟而已此非太平之基也臣聞聖王宣德流化必自近始朝廷不備難以言治左右不正難以化遠民者弱而不可勝愚而不可欺也聖主獨行於深宮得則天下稱誦之失則天下咸言之行發於近必見於遠故謹選左右審擇所使左右所以正身也所使所以宣德也詩云濟濟多士文王以寧師古曰大雅文王之詩此其本也春秋所以大一統者六合同風九州共貫也師古曰解在董仲舒傳今俗吏所以牧民者非有禮義科

指可世世通行者也獨設刑法以守之其欲治者不知所繇師古曰繇與由同以意穿鑿各取一切權譎自在故一變之後不可復修也師古曰言其斂深難久行是以百里不同風千里不同俗戶異政人殊服詐偽萌生刑罰亡極師古曰萌生言其爭出如草木之初生質樸日銷恩愛寖薄師古曰寖漸也孔子曰安上治民莫善於禮師古曰孝經載孔子之言非空言也王者未制禮之時引先王禮宜於今者而用之臣願陛下承天心發大業與公卿大臣延及儒生述舊禮明王制毆一世之民濟之仁壽之域師古曰以仁撫下則羣生安逸而壽考則俗何以不若成康壽何以不若高宗師古曰高宗殷王武丁也享國百年

竊見當世趨務不合於道者謹條奏師古曰趨讀曰趣趣嚮也唯陛下財擇焉師古曰財與裁同吉意以為夫婦人倫大綱夭壽之萌也師古曰由之而生故云萌世俗嫁娶太早未知為人父母之道而有子是以教化不明而民多夭聘妻送女亡節則貧人不及故不舉子又漢家列侯尚公主諸侯則國人承翁主晉灼曰娶天子女則曰尚公主國人娶諸侯女曰承翁主尚承皆卑下之名也師古曰翁主者言其父自主婚也解具在高紀使男事女夫詘於婦逆陰陽之位故多女亂古者衣服車馬貴賤有章以褒有德而別尊卑今上下僭差人人自制師古曰言無節度是以貪財誅利不畏死亡周之所以能致治刑措而不用者

以其禁邪於冥冥絕惡於未萌也師古曰冥冥言未有端緒又言舜湯不用三公九卿之世而舉皋陶伊尹李奇曰不繼世而爵也言皋陶伊尹非三公九卿之世不仁者遠師古曰任用賢人故黜讒佞令使俗吏得任子弟張晏曰子弟以父兄任為郎率多驕驁不通古今師古曰驁與傲同至於積功治人亡益於民此伐檀所為作也師古曰伐檀詩篇名刺不用賢也在魏國風也宜明選求賢除任子之令外家及故人可厚以財不宜居位去角抵減樂府省尚方師古曰尚方主巧作明視天下以儉師古曰視讀曰示古者工不造琱瑑商不通侈靡師古曰瑑者刻鏤為文瑑音篆非工商之獨賢政教使之然也民見儉則歸本本立而末成其指如此上以其言迂闊

不甚寵異也師古曰迂遠也音于吉遂謝病歸琅邪始吉少時學問居長安東家有大棗樹垂吉庭中吉婦取棗以啖吉師古曰啖謂使食之音徒濫反啖亦啗字耳此義與高紀啗以利同吉後知之乃去婦東家聞而欲伐其樹鄰里共止之因固請吉令還婦里中為之語曰東家有樹王陽婦去東家棗完去婦復還其厲志如此吉與貢禹為友世稱王陽在位貢公彈冠師古曰彈冠者且入仕也言其取舍同也師古曰取進趣也舍止息也元帝初即位遣使者徵貢禹與吉吉年老道病卒上悼之復遣使者弔祠云初吉兼通五經能為騶氏春秋以詩論語教授好梁丘賀說易令子駿

受焉駿以孝廉為郎左曹陳咸薦駿賢父子經明
行修宜顯以厲俗光祿勳匡衡亦舉駿有專對材 師古曰專對謂見問即對無所疑也論語稱孔子曰使於四方不能專對雖多亦奚以為
遷諫大夫使責淮陽憲王 師古曰以其有口辯 遷趙內史吉坐昌邑王被刑後戒
子孫毋為王國吏故駿道病免官歸起家復為幽
州刺史遷司隸校尉奏免丞相匡衡遷少府八歲
成帝欲大用之出駿為京兆尹試以政事先是京
兆有趙廣漢張敞王尊王章至駿皆有能名故京
師稱曰前有趙張後有三王而薛宣從左馮翊代
駿為少府會御史大夫缺谷永奏言聖王不以名

譽加於實效 師古曰言不聽虛名 考績用人之法 師古曰言用人之法皆須考以功績
薛宣政事已試 師古曰言有效也 上然其議宣為少府月餘
遂超御史大夫至丞相駿乃代宣為御史大夫並
居位六歲病卒翟方進代駿為大夫數月薛宣免
遂代為丞相衆人為駿恨不得封侯駿為少府時
妻死因不復娶或問之駿曰德非曾參子非華元
如淳曰華與元曾參之二子也韓詩外傳曰曾參喪妻不更娶人問其故曾子曰以華元善人也一曰曾參之子字華元師古曰二子是也
亦何敢娶駿子崇以父任為郎歷刺史郡守治有
能名建平三年以河南太守徵入為御史大夫數
月是時成帝舅安成恭侯夫人放寡居共養長信

宮 師古曰放者夫人之名也共音居用反養音弋亮反 坐祝詛下獄崇奏封事為
放言放外家解氏與崇為昏 師古曰昏姻之家 哀帝以崇為
不忠誠策詔崇曰朕以君有累世之美故踰列次
師古曰謂自祖及身皆有名也 在位以來忠誠匡國未聞所繇 師古曰繇與由同由從也
反懷詐諼之辭 師古曰諼詐言也音虛袁反 欲以攀救舊姻之家
大逆之辜舉錯專恣 師古曰錯置也 不遵法度亡以示百僚
左遷為大司農後徙衛尉左將軍平帝即位王莽
秉政大司空彭宣乞骸骨罷崇代為大司空封扶
平侯歲餘崇復謝病乞骸骨皆避王莽莽遣就國歲
餘為傅婢所毒薨國除 師古曰凡言傅婢者謂傅相其衣服衽席之事一說傅曰附謂近幸也

自吉至崇世名清廉然材器名稱稍不能及父而
祿位彌隆皆好車馬衣服其自奉養極為鮮明而
亡金銀錦繡之物及遷徙去處所載不過囊衣 師古曰一囊之衣也有底曰囊無底曰橐
不畜積餘財 師古曰畜讀曰蓄 去位家居亦
布衣疏食天下服其廉而怪其奢故俗傳王陽能
作黃金 師古曰以其無所求取不營產業而車服鮮明故謂自作黃金以給用
貢禹字少翁琅邪人也以明經絜行著聞徵為博
士涼州刺史病去官復舉賢良為河南令歲餘以職
事為府官所責 師古曰太守之府 免冠謝禹曰冠壹免安
復可冠也遂去官元帝初即位徵禹為諫大夫數

虛己問以政事（師古曰虛己謂聽受其言也）是時年歲不登郡國多
困禹奏言古者宮室有制宮女不過九人秣馬不
過八匹（師古曰秣養也謂以粟米飤也）牆塗而不琱木摩而不刻（師古曰琱字與彫同彫畫也）車輿器物皆不文畫苑囿不過數十里與民
共之任賢使能什一而稅亡它賦斂繇戍之役使
民歲不過三日千里之內自給千里之外各置貢
職而已（師古曰言天子以畿內賦斂自供千里之外令其以時入貢不煩勞也）故天下家給人
足頌聲並作至高祖孝文孝景皇帝循古節儉宮
女不過十餘廄馬百餘匹孝文皇帝衣綈履革（師古曰綈厚繒音徒奚反）器亡琱文金銀之飾後世爭為奢侈轉轉

益甚臣下亦相放效（師古曰放音甫往反其下亦同）衣服履絝刀劍亂
於主上（師古曰絝古袴字）主上時臨朝入廟眾人不能別異
甚非其宜然非自知奢僭也猶魯昭公曰吾何僭
矣今大夫僭諸侯諸侯僭天子天子過天道其日
久矣承衰救亂矯復古化在於陛下（師古曰正曲曰矯復音方目反）臣
愚以為盡如太古難宜少放古以自節焉論語曰
君子樂節禮樂（師古曰論語稱孔子曰益者三樂樂節禮樂樂道人之善樂多賢友也）方今
宮室已定亡可奈何矣其餘盡可減損故時齊三
服官輸物不過十笥（師古曰三服官主作天子之服在齊地笥盛衣竹器音先嗣反）方今
齊三服官作工各數千人一歲費數鉅萬蜀廣漢

主金銀器歲各用五百萬三工官官費五千萬（如淳曰地理志河內懷蜀郡成都廣漢皆有工官工官主作漆器物者也師古曰如說非也三工官謂少府之屬官考工室也右工室也東園匠也上言蜀漢主金銀器是不入三工之數也）東西織室亦然廄馬食粟將萬
匹臣禹嘗從之東宮（師古曰從天子往太后宮）見賜杯案盡文畫
金銀飾非當所以賜食臣下也（師古曰食讀曰飤）東宮之費
亦不可勝計天下之民所為大飢餓死者是也今
民大飢而死死又不葬為犬豬食（師古曰食人之骸骨）人至相
食而廄馬食粟苦其大肥氣盛怒至乃日步作之
（師古曰日日行步而動作之以散充溢之氣）王者受命於天為民父母固當若
此乎天不見邪武帝時又多取好女至數千人以

填後宮（師古曰此填字讀與寘同）及弃天下昭帝幼弱霍光專事
不知禮正妄多臧金錢財物鳥獸魚鼈牛馬虎豹
生禽凡百九十物盡瘞臧之又皆以後宮女置於
園陵大失禮逆天心又未必稱武帝意也昭帝晏
駕光復行之至孝宣皇帝時陛下惡有所言（師古曰不能自言減省之事）羣臣亦隨故事甚可痛也故使天下承化取
女皆大過度（師古曰取讀曰娶）諸侯妻妾或至數百人豪富
吏民畜歌者至數十人是以內多怨女外多曠夫
（師古曰曠空也室家空也）及眾庶葬埋皆虛地上以實地下其過
自上生（師古曰自從也上謂天子也）皆在大臣循故事之辠也唯陛

下深察古道從其儉者大減損乘輿服御器物三分去二子產多少有命審察後宮擇其賢者留二十人餘悉歸之師古曰言人產子多少自有定命非由廣妾媵也故請止留二十人及諸陵園女亡子者宜悉遣獨杜陵宮人數百誠可哀憐也廄馬可亡過數十匹獨舍長安城南苑地以為田獵之囿師古曰舍置也獨留置之其餘皆發去自城西南至山西至鄠皆復其田以與貧民師古曰復音方目反方今天下飢饉可亡大自損減以救之稱天意乎天生聖人蓋為萬民非獨使自娛樂而已也故詩曰天難諶斯不易惟王上帝臨女毋貳爾心師古曰大雅大明之詩也諶誠也上帝亦天也言承天之意此誠難矣王

者之命不妄改易天常降監信可畏也毋貳爾心機事易失勿猶豫也當仁不讓師古曰論語稱孔子曰當仁不讓於師故引之獨可以聖心參諸天地揆之往古師古曰揆度也不可與臣下議也若其阿意順指隨君上下師古曰上下猶言高下謂苟順從也上音時掌反臣禹不勝拳拳不敢不盡愚心師古曰拳拳解在劉向傳下飽宜傳惓惓音義亦同天子納善其忠乃下詔令太僕減食穀馬水衡減食肉獸省宜春下苑以與貧民又罷角抵諸戲及齊三服官遷禹為光祿大夫頃之禹上書曰臣禹年老貧窮家訾不滿萬錢妻子穅豆不贍裋褐不完師古曰裋者謂僮豎所著布長襦也褐毛布之衣也裋音豎有田百三十畝陛下過意徵臣師古曰過猶誤也臣賣田百畝以供車馬至拜為

諫大夫秩八百石奉錢月九千二百師古曰奉音扶用反其下亦同廩食太官師古曰謂太官給其食又蒙賞賜四時雜繒緜絮衣服酒肉諸果物德厚甚深疾病侍醫臨治師古曰侍醫天子之醫也賴陛下神靈不死而活又拜為光祿大夫秩二千石奉錢月萬二千祿賜愈多家日以益富身日以益尊誠非屮茅愚臣所當蒙也師古曰屮古草字伏自念終亡以報厚德日夜慙愧而已臣禹犬馬之齒八十一血氣衰竭耳目不聰明非復能有補益所謂素餐尸祿洿朝之臣也師古曰洿與污同音一故反自痛去家三千里凡有一子年十二非有在家為臣具棺椁者也誠恐

一旦蹎仆氣竭不復自還師古曰蹎音顛蹷也仆音赴頓也不自還者遂死也還讀曰旋洿席薦於官室骸骨弃捐孤魂不歸不勝私願願乞骸骨及身生歸鄉里師古曰及身生謂及未死之前死亡所恨天子報曰朕以生有伯夷之廉史魚之直師古曰生謂先生也史魚衛大夫史鰌也論語稱孔子曰直哉史魚邦有道如矢邦無道如矢言其壹志守經據古不阿當世孳孳於民俗之所寡師古曰孳與孜同孜孜不息也寡少也言少有此人故親近生幾參國政師古曰幾讀曰冀今未得久聞生之奇論也而云欲退意豈有所恨與師古曰與讀曰歟將在位者與生殊乎師古曰言志趣不同往者嘗令金敞語生欲及生時祿生之子既已諭矣今復云子少夫以王命辨護生家雖百子

何以加傳曰亡懷土師古曰論語孔子曰君子懷德小人懷土何必思故鄉
生其强飯慎疾以自輔後月餘以禹爲長信少府
會御史大夫陳萬年卒禹代爲御史大夫列於三
公自禹在位數言得失書數十上禹以爲古民亡
賦筭口錢起武帝征伐四夷重賦於民民產子三
歲則出口錢故民重困師古曰重音直用反至於生子輒殺甚
可悲痛宜令兒七歲去齒乃出口錢年二十乃筭又
言古者不以金錢爲幣專意於農故一夫不耕必
有受其飢者今漢家鑄錢及諸鐵官皆置吏卒徒
攻山取銅鐵一歲功十萬人已上中農食七人是

前漢傳四十二　十五　孫安

七十萬人常受其飢也鑿地數百丈銷陰氣之精
地臧空虛不能含氣出雲斬伐林木亡有時禁水
旱之災未必不繇此也師古曰繇讀與由同自五銖錢起已來
七十餘年民坐盜鑄錢被刑者衆富人積錢滿室
猶亡厭足民心動搖商賈求利東西南北各用智
巧好衣美食歲有十二之利師古曰若有萬錢爲賈則獲二千之利而不
出租稅農夫父子暴露中野不避寒暑捽屮杷土
手足胼胝師古曰捽拔取也屮古草字也杷手掊之也胼胝也胝繭也捽音才兀反杷音蒲巴反其字從木胼音步千反胝音竹尸反掊音蒲交反已奉穀租又出槀稅師古曰槀禾稈也鄉部私求
不可勝供師古曰言鄉部之吏又私有所求不能供之故民棄本逐末耕者

不能半貧民雖賜之田猶賤賣以賈師古曰賣田與人而更為商賈之業
窮則起爲盜賊何者末利深而惑於錢也是以姦
邪不可禁其原皆起於錢也疾其末者絕其本宜
罷採珠玉金銀鑄錢之官亡復以爲幣市井勿得
販賣師古曰賤買貴賣曰販除其租銖之律師古曰租稅之法皆依田畝不得雜計百物之銖兩
租稅祿賜皆以布帛及穀使百姓壹歸於農復古
道便師古曰追遵古法於事便也復音扶目反又言諸離宮及長樂宮衞可
減其太半以寬繇役師古曰繇讀曰傜又諸官奴婢十萬餘
人戲游亡事稅良民以給之歲費五六鉅萬宜免
爲庶人廩食師古曰給其食令代關東戍卒乘北邊亭塞候

前漢傳四十二　十六　孫安

望師古曰乘登也又欲令近臣自諸曹侍中以上家亡得私
販賣與民爭利犯者輒免官削爵不得仕宦禹又
言孝文皇帝時貴廉絜賤貪汙賈人贅壻及吏坐
臧者皆禁錮不得爲吏賞善罰惡不阿親戚罪白
者伏其誅師古曰白明也疑者以與民師古曰罪疑從輕也亡贖罪之法
故令行禁止海內大化天下斷獄四百與刑錯亡
異武帝始臨天下尊賢用士闢地廣境數千里自
見功大威行遂從耆欲師古曰從讀曰縱耆讀曰嗜用度不足乃行
一切之變使犯法者贖罪入穀者補吏是以天下
奢侈官亂民貧盜賊並起亡命者衆郡國恐伏其

誅則擇便巧史書習於計簿能欺上府者以爲右職師古曰上府謂所屬之府右職高職也姦軌不勝則取勇猛能操切百姓者以苛暴威服下者使居大位師古曰操持也切刻也操音千高反故亡義而有財者顯於世欺謾而善書者尊於朝師古曰謾誑也謾音慢又武連反誖逆而勇猛者貴於官師古曰誖亂也音布内反故俗皆曰何以孝弟爲財多而光榮何以禮義爲史書而仕宦何以謹慎爲勇猛而臨官故黥劓而髡鉗者猶復攘臂爲政於世行雖犬彘家富埶足目指氣使是爲賢耳師古曰動目以指物出氣以使人故謂居官而置富者爲雄桀處姦而得利者爲壯士兄勸其弟父勉其

子俗之壞敗乃至於是察其所以然者皆以犯法得贖罪求士不得眞賢相守崇財利師古曰相諸侯相也守郡守也崇尚也誅不行之所致也今欲興至治致太平宜除贖罪之法相守選舉不以實及有臧者輒行其誅亡但免官師古曰不止免官而已則爭盡力爲善貴孝弟賤賈人進眞賢舉實廉而天下治矣孔子匹夫之人耳以樂道正身不解之故師古曰解讀曰懈四海之內天下之君微孔子之言亡所折中師古曰微亦無也折斷也非孔子之言則無以爲中也音竹仲反斷音丁煥反況乎以漢地之廣陛下之德處南面之尊秉萬乘之權因天地之助其於變世

易俗調和陰陽陶冶萬物化正天下易於決流抑隊師古曰決欲流之水抑將隊之物言其便易自成康以來幾且千歲師古曰幾音鉅依反欲爲治者甚衆然而太平不復興者何也以其舍法度而任私意奢侈行而仁義廢也陛下誠深念高祖之苦師古曰言取天下艱難也醇法太宗之治正己以先下選賢以自輔開進忠正致誅姦臣遠放讇佞師古曰遠離也音于萬反讇古諂字放出園陵之女罷倡樂絕鄭聲去甲乙之帳退偽薄之物修節儉之化驅天下之民皆歸於農如此不解師古曰解讀曰懈也則三王可侔五帝可及唯陛下留意省察天下幸甚天子下其議令民產子七

歲乃出口錢自此始又罷上林宮館希幸御者及省建章甘泉宮衛卒減諸侯王廟衛卒省其半餘雖未盡從然嘉其質直之意禹又奏欲罷郡國廟定漢宗廟迭毀之禮皆未施行師古曰迭互也親盡則毀故曰迭毀迭音大結反爲御史大夫數月卒天子賜錢百萬以其子爲郎官至東郡都尉禹卒後上追思其議竟下詔罷郡國廟定迭毀之禮然通儒或非之語在韋玄成傳兩龔皆楚人也勝字君賓舍字君倩師古曰倩音千見反二人相友並著名節故世謂之楚兩龔少皆好學明經勝爲郡吏舍不仕久之楚王入朝聞舍高名聘舍

爲常侍不得已隨王歸國固辭願卒學復至長安師古曰卒終也終其經業而勝爲郡吏三舉孝廉以王國人不得宿衞補吏再爲尉壹爲丞勝輒至官迺去州舉茂材爲重泉令師古曰重泉左馮翊縣也病去官大司空何武執金吾閻崇薦勝哀帝自爲定陶王固已聞其名徵爲諫大夫引見勝薦龔舍及亢父甯壽濟陰侯嘉師古曰亢音抗父音甫有詔皆徵勝曰竊見國家徵醫巫常爲駕徵賢者宜駕上曰大夫乘私車來邪勝曰唯唯師古曰唯唯恭應之詞也音弋癸反有詔爲駕龔舍侯嘉至皆爲諫大夫甯壽稱疾不至勝居諫官數上書求見言百姓貧盜

賊多吏不良風俗薄炎異數見不可不憂制度泰奢刑罰泰深賦斂泰重宜以儉約先下其言祖述王吉貢禹之意爲大夫二歲餘遷丞相司直徙光祿大夫守右扶風數月上知勝非撥煩吏乃復還勝光祿大夫師古曰依舊官諸吏給事中勝言董賢亂制度繇是逆上指師古曰繇讀與由同後歲餘丞相王嘉上書薦故廷尉梁相等尚書劾奏嘉言事恣意迷國罔上不道下將軍中朝者議左將軍公孫祿司隸鮑宣光祿大夫孔光等十四人皆以爲嘉應迷國不道法勝獨書議曰嘉資性邪辟所舉多貪殘吏位

列三公陰陽不和諸事並廢咎皆繇嘉師古曰繇讀與由同迷國不疑文穎曰信必迷國不疑也今舉相等過微薄日暮議者罷明旦復會左將軍祿問勝君議亡所據今奏當上宜何從師古曰今欲奏此事君定從何議也勝曰將軍以勝議不可者通劾之師古曰幷劾勝博士夏侯常見勝應祿不和起至勝前謂曰宜如奏所言師古曰謂如尚書所劾奏也勝以手推常曰去後數日復會議可復孝惠孝景廟不議者皆曰宜復勝曰當如禮常復謂勝禮有變勝疾言曰去是時之變師古曰疾急也言時人意自變耳禮不變也常恚謂勝曰我視君何若師古曰何若言無所似也君欲小與衆異外以采名君乃申徒狄

屬耳服虔曰紂之末世介士也自沈於河者先是常又爲勝道高陵有子殺母者勝白之尚書問誰受師古曰言於誰聞之也對曰受夏侯常尚書使勝問常常連恨勝師古曰連恨謂再被謂去即應曰聞之白衣戒君勿言也服虔曰聞之白衣耳戒君勿言之如何便上之邪師古曰白衣給官府趨走賤人若今諸司亭長掌固之屬奏事不詳妄作觸罪師古曰言奏事不審妄有發作自觸罪勝窮亡以對尚書即自劾奏與常爭言洿辱朝廷事下御史中丞召詰問劾奏勝吏二千石常位大夫皆幸得給事中與論議師古曰與讀曰豫不崇禮義而居公門下相非恨疾言辯訟婧謾亡狀師古曰疾急也婧古情字謾讀與慢同亡狀無善狀也皆不敬制曰貶秩各一等勝謝罪乞骸骨

上乃復加賞賜以子博爲侍郎出勝爲渤海太守勝謝病不任之官積六月免歸上復徵爲光祿大夫勝常稱疾卧數使子上書乞骸骨會哀帝崩初琅邪邴漢亦以清行徵用至京兆尹後爲太中大夫王莽秉政勝與漢俱乞骸骨自昭帝時涿郡韓福以德行徵至京師賜策書束帛遣歸詔曰朕閔勞以官職之事其務修孝弟以教鄉里行道舍傳舍師古曰於傳舍止宿若今官人行得過驛也縣次具酒肉食從者及馬師古曰道次給酒肉并飤其從者及馬也食讀曰飤長吏以時存問常以歲八月賜羊壹頭酒二斛不幸死者賜複衾一祠以中牢於是王

莽依故事白遣勝漢策曰惟元始二年六月庚寅光祿大夫太中大夫耆艾二人以老病罷太皇太后使謁者僕射策詔之曰蓋聞古者有司年至則致仕所以恭讓而不盡其力也今大夫年至矣朕愍以官職之事煩大夫其上子若孫若同產同產子一人師古曰同產兄弟也同產子即兄弟子也大夫其修身守道以終高年賜帛及行道舍宿歲時羊酒衣衾皆如韓福故事所上子男皆除爲郎於是勝漢遂歸老于鄉里漢兄子曼容亦養志自修爲官不肯過六百石輒自免去其名過出於漢初龔舍以龔勝薦徵爲諫

大夫病免復徵爲博士又病去頃之哀帝遣使者即楚拜舍爲太山太守師古曰即猶就也舍家居在武原使者至縣請舍欲令至廷拜授印綬師古曰廷謂縣之庭內舍曰王者以天下爲家何必縣官遂於家受詔便道之官既至數月上書乞骸骨上徵舍至京兆東湖界師古曰湖縣也時屬京兆固稱病篤天子使使者收印綬拜舍爲光祿大夫數賜告舍終不肯起乃遣歸舍亦通五經以魯詩教授舍勝既歸鄉里郡二千石長吏初到官皆至其家如師弟子之禮舍年六十八王莽居攝中卒莽既篡國遣五威將帥行天下風俗將帥

親奉羊酒存問勝明年莽遣使者即拜勝爲講學祭酒師古曰即就也就其家而拜之勝稱疾不應徵後二年莽復遣使者奉璽書太子師友祭酒印綬安車駟馬迎勝即拜師古曰就家迎之因拜官秩上卿先賜六月祿直以辦裝使者與郡太守縣長吏三老官屬行義諸生千人以上入勝里致詔師古曰行義謂鄉邑有行義之人也諸生謂學徒也行音下更反使者欲令勝起迎久立門外勝稱病篤爲牀室中戶西南牖下師古曰牖窻也於戶之西室之南牖下也東首加朝服拕紳師古曰拕引也卧著朝衣故云加引大帶於體也論語稱孔子疾君視之東首加朝服拕紳故放之也拕音土賀反使者入戶西行南面立致詔付璽書遷延再拜奉印綬內安車駟馬進謂

勝曰聖朝未嘗忘君制作未定待君為政思聞所欲施行以安海內勝對曰素愚加以年老被病命在朝夕隨使君上道必死道路師古曰示若尊敬使者故謂之使君無益萬分使者要說師古曰要音一遙反說音式銳反至以印綬就加勝身勝輒推不受使者即上言方盛夏暑熱勝病少氣可須秋涼廼發師古曰須待也有詔許使者五日壹與太守俱問起居為勝兩子及門人高暉等言朝廷虛心待君以茅土之封雖疾病宜動移至傳舍示有行意必為子孫遺大業暉等白使者語勝自知不見聽即謂暉等吾受漢家厚恩亡以報今年老矣旦

暮入地誼豈以一身事二姓下見故主哉勝因敕以棺斂喪事師古曰棺音工煥反斂音力贍反衣周於身棺周於衣勿隨俗動吾冢種柏作祠堂師古曰若其多設器備則恐致掘故云動吾冢也亦不得種柏及作祠堂皆不隨俗語畢遂不復開口飲食積十四日死死時七十九矣使者太守臨斂賜複衾祭祠如法門人衰絰治喪者百數有老父來弔哭甚哀既而曰嗟乎薰以香自燒膏以明自銷師古曰薰芳草龔生竟夭天年非吾徒也遂趨而出莫知其誰勝居彭城廉里後世刻石表其里門

鮑宣字子都渤海高城人也好學明經為縣鄉嗇夫守東州丞師古曰東州渤海之縣也後為都尉太守功曹舉孝廉為郎病去官復為州從事大司馬衛將軍王商辟宣薦為議郎後以病去哀帝初大司空何武除宣為西曹掾甚敬重焉薦宣為諫大夫遷豫州牧歲餘丞相司直郭欽奏宣舉錯煩苛代二千石署吏聽訟所察過詔條師古曰出六條之外行部乘傳去法駕師古曰行音下更反傳音張戀反駕一馬師古曰言其單率不依典制也舍宿鄉亭為衆所非宣坐免歸家數月復徵為諫大夫宣每居位常上書諫爭其言少文多實是時帝祖母傅太后欲與成帝母俱稱尊號封爵親屬丞相孔光大司

空師丹何武大司馬傅喜始執正議失傅太后指皆免官丁傅子弟並進董賢貴幸宣以諫大夫從其後上書諫曰竊見孝成皇帝時外親持權人人牽引所私以充塞朝廷師古曰塞滿也妨賢人路濁亂天下奢泰亡度窮困百姓是以日蝕且十彗星四起危亡之徵陛下所親見也今奈何反覆劇於前乎朝臣亡有大儒骨鯁白首耆艾魁壘之士服虔曰魁壘壯貌也師古曰魁音口賄反壘音磊論議通古今喟然動衆心師古曰喟然歎息貌音丘位反憂國如飢渴者臣未見也敦外親小童及幸臣董賢等在公門省戶下師古曰敦謂厚重也陛下欲與此共承天地安

海内甚難師古曰共讀曰恭今世俗謂不智者爲能謂智者
爲不能昔堯放四罪而天下服師古曰四罪謂流共工于幽州放驩兜於崇山
竄三苗于三危殛鯀于羽山也今除一吏而衆皆惑古刑人尚服今
賞人反惑鄧展曰不得其人使之天下惑也請寄爲姦師古曰請寄謂以事私相託也羣
小日進國家空虛用度不足民流亡去城郭盜賊
並起吏爲殘賊歲增於前凡民有七亡師古曰亡謂失其作業也陰
陽不和水旱爲災一亡也縣官重責更賦租稅二
亡也師古曰更謂爲更卒也音工行反貪吏並公受取不已三亡也師古
曰並依也音步浪反豪彊大姓蠶食亡猒四亡也苛吏繇役失
農桑時五亡也部落鼓鳴男女遮迣六亡也晉灼曰迣古列

字也師古曰言聞桴鼓之聲以爲有盜賊皆當遮列而追捕盜賊劫略取民財物七亡
也七亡尚可又有七死酷吏毆殺一死也師古曰毆擊也音一
口反治獄深刻二死也冤陷亡辜三死也盜賊橫發
四死也師古曰橫音胡孟反怨讎相殘五死也歲惡飢餓六死
也時氣疾疫七死也民有七亡而無一得欲望國
安誠難民有七死而無一生欲望刑措誠難此非
公卿守相貪殘成化之所致邪師古曰守郡守也相諸侯相也羣臣幸
得居尊官食重祿豈有肯加惻隱於細民助陛下
流教化者邪師古曰惻隱皆痛也志但在營私家稱賓客爲姦
利而已師古曰務稱賓客所求也稱音尺孕反以苟容曲從爲賢以拱默

尸祿爲智師古曰尸主也不憂其職但主食祿而已謂如臣宣等爲愚陛下擢
臣巖穴誠冀有益豪毛豈徒欲使臣美食大官重
高門之地哉晉灼曰高門殿名也師古曰在未央宮中天下乃皇天之天下
也陛下上爲皇天子下爲黎庶父母爲天牧養元
元視之當如一合尸鳩之詩師古曰尸鳩曹國風之篇也其詩云尸鳩在桑其子七兮
淑人君子其儀一兮言尸鳩之鳥養其子七平均如一善人君子布德施惠亦當然也尸鳩拮鞠也拮音居黠反今貧民
菜食不厭衣又穿空師古曰厭飽足也空孔也父子夫婦不能相
保誠可爲酸鼻陛下不救將安所歸命乎師古曰安焉也奈
何獨私養外親與幸臣董賢多賞賜以大萬數使
奴從賓客漿酒霍肉劉德曰視酒如漿視肉如霍也師古曰霍豆葉也貧人茹之也蒼頭

廬兒皆用致富非天意也孟康曰黎民黔首黎黔皆黑也下民陰類故以黑爲號漢名奴爲蒼頭非純黑以別於良人也諸給殿中者所居爲廬蒼頭侍從因呼爲廬兒臣瓚曰漢儀注官奴給書計從侍中已下爲蒼頭青幘及
汝昌侯傅商亡功而封夫官爵非陛下之官爵乃
天下之官爵也陛下取非其官官非其人師古曰此官不當於此人此人不當受於此官也而望天說民服豈不難哉師古曰說讀曰悅方陽
侯孫寵宜陵侯息夫躬辯足以移衆彊可用獨立
姦人之雄或世尤劇者也宜以時罷退及外親幼
童未通經術者皆宜令休就師傅急徵故大司馬
傅喜使領外親故大司空何武師丹故丞相孔光
故左將軍彭宣經皆更博士位皆歷三公師古曰更亦歷也音

工衡反智謀威信可與建教化圖安危師古曰建立也圖謀也龔勝為司直郡國皆慎選舉三輔委輸官不敢為姦師古曰委輸謂輸委積者也委音於偽反輸音式喻反可大委任也陛下前以小不忍退武等海內失望師古曰小有不快於心不能忍之也陛下尚能容亡功德者甚衆曾不能忍武等邪治天下者當用天下之心為心不得自專快意而已也上之皇天見譴下之黎庶怨恨次有諫爭之臣陛下苟欲自薄而厚惡臣天下猶不聽也臣雖愚戇獨不知多受祿賜美食太官廣田宅厚妻子不與惡人結仇怨以安身邪誠迫大義官以諫爭為職不敢不竭愚惟

陛下少留神明覽五經之文原聖人之至意深思天地之戒臣宜吶鈍於辭師古曰吶亦訥字也不勝惓惓盡死節而已上以宣名儒優容之是時郡國地震民訛言行籌明年正月朔日蝕上乃徵孔光免孫寵息夫躬罷侍中諸曹黃門郎數十人官復上書言陛下父事天母事地子養黎民即位已來父虧明母震動子訛言相驚恐今日蝕於三始如淳曰正月一日為歲之朝月之朝日之朝始由朝也誠可畏懼小民正月朔日尚恐毀敗器物何況於日虧乎陛下深內自責避正殿舉直言求過失罷退外親及旁仄素餐之人師古曰仄古側字也徵拜孔

光為光祿大夫發覺孫寵息夫躬過惡免官遣就國衆庶歙然莫不說喜師古曰歙音翕說音悅次亦同也天人同心人心說則天意解矣乃二月丙戌白虹虷日連陰不雨師古曰虷音干此天有憂結未解民有怨望未塞者也侍中駙馬都尉董賢本無葭莩之親師古曰葭音工遐反莩音孚[illegible]著也解在景十三王傳但以令色諛言自進師古曰令善也諛諂也賞賜亡度竭盡府臧并合三第尚以為小復壞暴室師古曰時以三第總為一第賜賢猶嫌陋小復取暴室之地以增益之也賢父子坐使天子使者將作治第行夜吏卒皆得賞賜師古曰為賢第上持時行夜者音下更反上冢有會輒太官為供海內貢獻當養一君今反盡之賢

家豈天意與民意邪天不可久負厚之如此反所以害之也誠欲哀賢宜為謝過天地解讎海內免遣就國收乘輿器物還之縣官如此可以父子終其性命不者海內之所仇未有得久安者也孫寵息夫躬不宜居國可皆免以視天下師古曰視讀曰示復徵何武師丹彭宣傅喜曠然使民易視以應天心師古曰易改也建立大政以興太平之端高門去省戶數十步求見出入二年未省師古曰不被省視也欲使海瀕仄陋自通遠矣師古曰瀕涯也音頻又音賓願賜數刻之間師古曰刻漏刻也閒空隙極竭毣毣之思師古曰毣音沐毣猶蒙蒙也如淳曰謹愿之貌也退入三泉死亡所恨師古

曰三重之泉言其深也上感大異納宣言徵何武彭宣旬月皆
復爲三公拜宣爲司隸時哀帝改司隸校尉但爲
司隸官比司直丞相孔光四時行園陵師古曰行音下更反官
屬以令行馳道中如淳曰令諸使有制得行馳道中者行旁道無得行中央三丈也宣出
逢之使吏鉤止丞相掾史師古曰鉤留也没入其車馬摧辱
宰相事下御史中丞侍御史至司隸官欲捕從事
閉門不肯內師古曰御史欲捕從事而司隸閉門不得入也宣坐距閉使者亡
人臣禮大不敬不道下廷尉獄博士弟子濟南王
咸舉幡大學下曰欲救鮑司隸者會此下諸生會
者千餘人朝日遮丞相孔光自言師古曰朝日謂早旦欲入朝也丞相

車不得行又守闕上書上遂抵宣罪減死一等
髡鉗宣既被刑乃徙之上黨以爲其地宜田牧又
少豪俊易長雄師古曰長爲之長帥也雄爲之雄豪也遂家于長子師古曰上黨之縣也長讀如本字
平帝即位王莽秉政陰有篡國之心乃風
州郡以罪法案誅諸豪桀師古曰風讀曰諷及漢忠直臣不附
己者宣及何武等皆死時名捕隴西辛興師古曰詔顯其名而捕之
興與宣女壻許紺俱過宣一飯去師古曰飯音扶晚反宣不
知情坐繫獄自殺自成帝至王莽時清名之士琅
邪又有紀逡王思齊則薛方子容太原則郇越臣
仲郇相稚賓沛郡則唐林子高唐尊伯高師古曰并列其

人本土及姓名字也後皆類此逡音千旬反郇音荀又音胡頑反今荀郇二姓並有之俱稱周武王之後也皆以明經
飭行顯名於世師古曰飭謹也讀與敕同紀逡兩唐皆仕王莽封侯
貴重歷公卿位唐林數上疏諫正有忠直節唐尊
衣敝履空服虔曰履猶屨也師古曰衣音於既反著敝衣履空屨也空穿也以瓦器飲食又
以歷遺公卿服虔曰以瓦器遺之被虛偽名師古曰被音皮義反郇越相同
族昆弟也並舉州郡孝廉茂材數病去官越散
其先人訾千餘萬以分施九族州里志節尤高相
王莽時徵爲太子四友病死莽太子遣使裞以衣
衾師古曰贈終者衣服曰裞裞音式芮反其字從衣其子攀棺不聽曰死父遺言
師友之送勿有所受今於皇太子得託友官故不

受也京師稱之薛方嘗爲郡掾祭酒嘗徵不至及
莽以安車迎方方因使者辭謝曰堯舜在上下有巢由
今明主方隆唐虞之德小臣欲守箕山之節也張晏曰許由隱於箕山在陽城有許由祠使者以聞莽說其言不強致師古曰說讀曰悅
方居家以經教授喜屬文師古曰喜音許吏反屬音之欲反著詩賦
數十篇始隃麋郭欽哀帝時爲丞相司直師古曰隃麋扶風之縣也隃音踰奏免豫州牧鮑宣京兆尹薛修等又奏董賢左
遷盧奴令平帝時遷南郡太守而杜陵蔣詡元卿
爲兖州刺史亦以廉直爲名王莽居攝欽詡皆以
病免官歸鄉里卧不出戶卒於家齊栗融客卿北

海禽慶子夏蘇章游卿山陽曹竟子期皆儒生去官不仕於莽莽死漢更始徵竟以爲丞相封侯欲視致賢人銷寇賊師古曰視讀曰示竟不受侯爵會赤眉入長安欲降竟竟手劒格死世祖即位徵薛方道病卒兩龔鮑宣子孫皆見褒表至大官

贊曰易稱君子之道或出或處或默或語師古曰上繫辭也謂發跡雖異同歸於道言其各得道之一節譬諸草木區以別矣師古曰言蘭桂異類而各芬香也故曰山林之士往而不能反朝廷之士入而不能出二者各有所短春秋列國卿大夫及至漢興將相名臣懷祿耽寵以失其世者多矣師古曰懷思也言不能去是故清節之士於是爲貴然大率多能自治而不能治人王貢之材優於龔鮑守死善道勝實蹈焉師古曰論語稱孔子曰篤信好學守死善道危邦不入亂邦不居今龔勝不受莽官蹈斯之迹也貞而不諒薛方近之師古曰論語稱孔子曰君子貞而不諒謂君子之人正其道耳言不必信也薛方志避亂朝詭引巢許爲喻近此義也郭欽蔣詡好遯不汙絕紀唐矣師古曰欽詡不仕於莽遯逃濁亂不汙其節殊於紀逡及兩唐

王貢兩龔鮑傳第四十二

韋賢傳第四十三　班固　漢書七十三

秘書監上護軍琅邪縣開國子顏師古注

韋賢字長孺魯國鄒人也其先韋孟家本彭城爲楚元王傅傅子夷王及孫王戊師古曰官爲楚王傅而歷相三王也戊荒淫不遵道孟作詩風諫後遂去位徙家於鄒又作一篇其諫詩曰

肅肅我祖國自豕韋應劭曰在商爲豕韋氏也黼衣朱紱四牡龍旂師古曰黼衣畫爲斧形而白與黑爲彩也朱紱爲朱裳畫爲亞文也亞古弗字也故因謂之紱字又作黻其音同聲彤弓斯征撫寧遐荒師古曰言受彤弓之賜於此得專征伐也總齊羣邦以翼大商師古曰翼佐助也迭彼大彭勳績惟光應劭曰國語曰大彭豕韋爲商伯師古曰迭互也自言豕韋氏與大彭互爲伯於殷商也迭徒結反至于有周歷世會同師古曰爲諸侯預朝會之事也王赧聽譖寔絕我邦應劭曰王赧周末王聽讒受譖絕豕韋氏也我邦既絕厥政斯逸應劭曰言自絕豕韋氏之後政教逸弱不由王者也臣瓚曰逸放也管仲曰令而不行謂之放師古曰瓚說是也賞罰之行非繇王室師古曰繇與由同也庶尹羣后靡扶靡衛五服崩離宗周以隊應劭曰五服謂甸服侯服綏服要服荒服也師古曰庶尹衆官之長也羣后諸侯也隊失也音直類反我祖斯微䙴于彭城師古曰言我之先祖於此浸微也䙴古遷字其下並同在予小子勤誒厥生師古曰誒歎聲音許其反阸此嫚秦耒耜以耕師古曰言遭秦暴嫚無有列位躬耕於野悠悠嫚秦上天不寧迺眷南顧授漢于京師古曰高祖起在豐沛於秦爲南故曰南顧言以秦之京邑授與漢也於赫有漢四方是征師古曰於讀曰烏烏歎辭也赫明貌凡此詩中諸歎辭稱於者其音皆同靡適不懷

萬國逌平師古曰懷思也來也逌古攸字攸所也言漢兵所往之處人皆思附而來萬國所以平也廼命厥弟建侯於楚俾我小臣惟傅是輔兢兢元王恭儉淨壹師古曰兢兢謹戒也惠此黎民納彼輔弼饗國漸世垂烈于後師古曰元王立二十七年而薨垂遺業於後嗣也廼及夷王克奉厥緒咨命不永唯王統祀師古曰咨嗟也永長也夷王立四年而薨戊乃嗣位故言不永也左右陪臣此惟皇士師古曰爾雅云皇正也如何我王不思守保不惟履冰以繼祖考師古曰惟亦思也言不思念敬慎如履薄冰之義用繼其祖考之業也邦事是廢逸游是娛犬馬繇繇是放是驅師古曰繇與悠同悠悠行貌放放犬也驅驅馬也務彼鳥獸忽此稼苗烝民以匱我王以媮師古曰媮與愉同樂也言衆人失此稼穡以致困匱而王反以為樂也所弘非德所親非俊唯囿是恢

唯諛是信師古曰恢大也諛諂言也睮睮諂夫咢咢黃髮如淳曰睮睮自媚貌也師古曰咢咢直言也睮音踰咢音五各反如何我王曾不是察既藐下臣追欲從逸應劭曰藐遠也言疏遠忠賢之輔追情欲從逸遊也臣瓚曰藐陵藐也師古曰藐與邈同應說是也下臣孟自謂也從讀曰縱嫚彼顯祖輕茲削黜嗟嗟我王漢之睦親師古曰睦密也言服屬近曾不夙夜以休令聞師古曰休美也令善也聞聲名也穆穆天子臨爾下土明明群司執憲靡顧師古曰靡無也言執天子之法無所顧望也顧讀如古協韻正遐繇近殆其怙茲師古曰言欲正遠人先從近親始而王怙恃與漢戚屬不自勗慎以致危殆也繇讀與由同嗟嗟我王曷不此思非思非鑒嗣其罔則師古曰不思鑒戒之義是令後嗣無所法則也彌彌其失岌岌其國應劭曰彌彌猶稍稍也罪過益甚也岌岌欲毀壞也師古曰岌岌危動貌音五合反致冰匪霜致隊靡嫚瞻

惟我王昔靡不練師古曰言堅冰之成起於微霜隕隊之咎由於怠嫚也練猶閱歷之言往昔之事皆在王心無所不閱也興國救顛孰違悔過追思黃髮秦繆以霸師古曰言興復邦國救止顛隊之道無如能自悔其過思秦穆公伐鄭為晉所敗而歸乃作秦誓曰雖則員然尚猷詢茲黃髮則罔所愆謂雖有員然之失庶幾以道謀於黃髮之賢則行無所過矣黃髮老壽之人也謂髮落更生黃者也員與云同歲月其徂年其逮耇師古曰逮及也耇者老人面色如垢也言歲月騁往年耇及者不可怠忽於昔君子庶顯于後師古曰於歎辭也言昔之君子庶幾善道所以能光顯於後世也我王如何曾不斯覽師古曰覽視也叶韻音濫黃髮不近胡不時監師古曰黃髮不近者斥遠耇老之人也近其靳反

其在鄒詩曰

微微小子既耇且陋師古曰自言年老材質鄙陋也豈不牽位穢我王朝應劭曰言豈不戀此爵位乎以王朝行穢不肯闒茸故也師古曰此說非也恐己穢王朝所以去耳故下又言懼穢此征也王朝

肅清唯俊之庭顧瞻余躬懼穢此征李奇曰於此便行也師古曰此皆孟已去而辭不欲顯王之過惡也我之退征請于天子天子我恤矜我髮齒赫赫天子明悊且仁縣車之義以洎小臣應劭曰古者七十縣車致仕洎及也天子以縣車之義及我也師古曰洎鉅異反嗟我小子豈不懷土庶我王寤越遷于魯應劭曰言豈不懷土乎庶幾王之寤覺欲還輔相之相近居魯也既去禰祖惟懷惟顧師古曰父廟曰禰言去其父祖舊居所以懷顧也禰乃禮反祁祁我徒戴負盈路師古曰祁祁衆貌一曰祁祁徐行也徒謂學徒也戴負者謂隨其徙居也爰戾于鄒鬋茅作堂師古曰戾至也鬋字與翦同我徒我環築室于牆師古曰環遶也我既䙴逝心存我舊夢我瀆上立于王朝應劭曰瀆上孟所居邑城東里名也猶不忘本也其夢如何夢爭王室其爭如何夢王我弼師古曰弼戾也言夢爭王室之

事王遷戾我言也寤其外邦歎其喟然師古曰夢在王朝及寤之寤乃在鄒也寤覺也喟丘位反
覺工效反念我祖考泣涕其漣師古曰漣漣泣下貌音連微微老夫咨
既遷絕師古曰咨嗟也絕謂與舊居絕也洋洋仲尼視我遺烈師古曰洋洋美盛也
烈業也視讀曰示孔子鄒人故言示我遺業也洋音祥又音羊濟濟鄒魯禮義唯恭誦習
弦歌于異他邦師古曰言禮樂之教不同餘土也我雖鄙者心其好而
我徒侃爾樂亦在而師古曰而者句端之辭侃和樂貌音口旦反孟卒于鄒或
曰其子孫好事述先人之志而作是詩也自孟
至賢五世賢為人質朴少欲篤志於學師古曰篤厚也兼通禮尚書
以詩教授號稱鄒魯大儒徵為博士給事中進授
昭帝詩稍遷光祿大夫詹事至大鴻臚昭帝崩無

前漢傳四十三　四　沈

嗣大將軍霍光與公卿共尊立孝宣帝帝初即位
賢以與謀議安宗廟賜爵關內侯食邑師古曰與讀曰豫徙
為長信少府師古曰長信者太后宮名為太后官屬也以先帝師甚見尊
重本始三年代蔡義為丞相封扶陽侯孟康曰屬沛郡食邑
七百戶時賢七十餘為相五歲地節三年以老病
乞骸骨賜黃金百斤罷歸加賜第一區丞相致仕
自賢始年八十二薨謚曰節侯賢四子長子方山
為高寢令早終次子弘至東海太守次子舜留魯
守墳墓少子玄成復以明經歷位至丞相故鄒魯
諺曰遺子黃金滿籯不如一經如淳曰籯竹器受三四斗今陳留俗有此器蔡謨

曰滿籯者言其多耳非器名也若論陳留之俗則吾陳人也不聞有此器師古曰許慎說文解字云籯笭也揚雄方言云陳楚宋魏之間謂筲
為籯然則筥籠之屬是也今書本籯字或作盈又是盈滿之義蓋兩通也玄成字少翁以父
任為郎常侍騎少好學修父業尤謙遜下士師古曰下胡亞
反出遇知識步行輒下從者與載送之師古曰輒從者之車馬也
以為常其接人貧賤者益加敬繇是名譽日廣師古
曰繇與由同以明經擢為諫大夫遷大河都尉服虔曰今東平郡也本為濟東
國後王國除為大河郡初玄成兄弘為太常丞職奉宗廟典諸
陵邑煩劇多罪過父賢以弘當為嗣故勑令自免
師古曰恐其有罪見黜妨為繼嗣故令以病去官也弘懷謙不去官師古曰謂若欲代父為侯故避讓不肯也
及賢病篤弘竟坐宗廟事繫獄罪未決室家問賢

前漢傳四十三　五

當為後者賢恚恨不肯言於是賢門下生博士義
倩等與宗家計議師古曰博士姓義名倩也宗家賢之同族也倩千見反共矯賢令
師古曰矯託也使家丞上書言大行師古曰為文書於大行以言其事也以大河都
尉玄成為後賢薨玄成在官聞喪又言當為嗣玄成
深知其非賢雅意即陽為病狂臥便利妄笑語昏亂師古
曰便利大小便徵至長安既葬當襲爵以狂不應召大鴻臚
奏狀章下丞相御史案驗玄成素有名聲士大夫
多疑其欲讓爵辟兄者師古曰辟讀曰避案事丞相史迺與
玄成書師古曰即案驗玄成事者曰古之辭讓必有文義可觀故
能垂榮於後今子獨壞容貌蒙恥辱為狂癡光曜

晻而不宣(師古曰晻讀與暗同)微哉子之所託名也(李奇曰名聲名也)僕
素愚陋過為宰相執事(師古曰過猶謬也)願少聞風聲不然
恐子傷高而僕為小人也玄成友人侍郎章亦上
疏言聖王貴以禮讓為國宜優養玄成勿枉其志
(師古曰枉屈也)使得自安衡門之下(師古曰衡門謂橫一木於門上貧者之所居也)而丞相
御史遂以玄成實不病劾奏之有詔勿劾引拜玄
成不得已受爵宣帝高其節以玄成為河南太守
兄弘太山都尉遷東海太守數歲玄成徵為未央
衛尉遷太常坐與故平通侯楊惲厚善惲誅黨友
皆免官後以列侯侍祀孝惠廟當晨入廟天雨淖

(師古曰淖泥也音女教反)不駕駟馬車而騎至廟下有司劾奏等
輩數人皆削爵為關內侯玄成自傷貶黜父爵歎
曰吾何面目以奉祭祀作詩自劾責曰赫矣我祖
侯于豕韋賜命建伯有殷以綏(師古曰建立也立為伯也綏安也以有此伯故天下安也)
厥績既昭車服有常朝宗商邑四牡翔翔(師古曰翔翔安舒貌)
德之令顯慶流于裔宗周至漢群后歷世(應劭曰歷世有位)
肅肅楚傅輔翼元夷(師古曰元夷元王夷王也)厥駟有庸惟慎惟
祗(孟康曰駟駟馬也尚書車服以庸庸功也師古曰庸亦常也即上車服有常同義也祗敬也)嗣王孔佚越遷
于鄒(師古曰孔甚也佚與逸同)五世壙僚至我節侯(應劭曰自孟至賢五世無官壙空也)惟
我節侯顯德遐聞(師古曰聞合韻音問)左右昭宣五品以訓(師古

曰左右助也言以為相也五品五教也訓理也左讀曰佐右讀曰佑)既耇致位惟懿惟奐(師古曰言以年
致仕也懿美也奐盛也)厥賜祁祁百金洎館(師古曰祁祁行來貌洎及也)國彼扶
陽在京之東惟帝是留政謀是從繹繹六轡是列
是理(師古曰繹繹和調之貌)威儀濟濟朝享天子天子穆穆是
宗是師(師古曰穆穆天子之容也宗尊也言天子尊之以為師)四方遐爾觀國之煇(師古
曰煇光也)茅土之繼在我俊兄惟我俊兄是讓是形(師古
曰形見也言其謙讓志節顯見也)於休厥德於赫有聲(師古曰於皆歎辭也休美也)致
我小子越留於京(師古曰言致爵位於己身而留在京師豫朝請)惟我小子不
肅會同(師古曰肅敬也)婧彼車服黜此附庸(師古曰婧古情字也削爵為關內侯故云
黜此附庸言見黜而為附庸也)赫赫顯爵自我隊之微微附庸自我

招之誰能忍媿寄之我顏誰將遐征從之夷蠻(師古
曰言已取辱之甚無所自措故曰誰有能忍媿者以我顏寄之誰欲遠行去者當與相從適於蠻夷不能見朝廷之士也)於赫
三事匪俊匪作於蔑小子終焉其度(師古曰於歎辭也三事三公之位也
度居也言三公顯職以賢俊為之我雖微蔑方自免罷終當居此也度大各反後並同)誰謂華高企其齊
而誰謂德難厲其庶而(師古曰華華山也華山雖高企仰則能齊觀道德不易克厲然庶幾可及
也)嗟我小子于貳其尤(師古曰于往也尤過也自戒云今以往勿貳其過一曰貳謂不一也
言心不專一致此過也)隊彼令聲申此擇辭(師古曰令善也擇可擇之辭一曰擇讀創也)
四方群后我監我視威儀車服唯肅是履(師古曰戒他人)初
宣帝寵姬張婕妤男淮陽憲王好政事通法律上
奇其材有意欲以為嗣然用太子起於細微又早

失毋故不忍也久之上欲感風憲王輔以禮讓之
臣師古曰風讀曰諷乃召拜玄成爲淮陽中尉是時王未就
國玄成受詔與太子太傅蕭望之及五經諸儒雜
論同異於石渠閣條奏其對及元帝即位以玄成
爲少府遷太子太傅至御史大夫永光中代于定
國爲丞相貶黜十年之閒遂繼父相位封侯故國
榮當世焉玄成復作詩自著復玷缺之囏難師古曰玉缺曰
玷復扶目反囏古艱字玷丁念反因以戒示子孫曰於肅君子既令厥
德師古曰於歎辭也肅敬也令善也言君子之人皆肅敬以善其德也儀服此恭棣棣其則
李奇曰善威儀也師古曰詩邶柏舟曰威儀逮逮不可選也逮逮閑習之貌音徒戴反咨余小子既德靡

逮師古曰逮及也自言德不及也曾是車服荒嫚以隊師古曰曾之言則也明明天
子俊德烈烈不遂我遺恤我九列師古曰恤安也九列卿之位謂少府我
既茲恤惟夙惟夜師古曰夙早也言早夜常自戒也畏忌是申供事靡
惰師古曰申言自約束也惰古惰字天子我監登我三事師古曰監察也三事三公之位謂丞
相也顧我傷隊爵復我舊我既此登望我舊階先后
茲度漣漣孔懷應劭曰我既此登爲丞相也先后茲度父所在也臣瓚曰案古文宅度同師古曰先后即先君
也以父昔居此位故泣涕而甚思之也司直御事我熙我盛師古曰司直丞相司直也御事治事之吏
也言司直及治事之人助我興盛而爲職務也羣公百僚我嘉我慶于異卿士非
同我心三事惟囏莫我肯矜師古曰言已居尊位懼不克勝而羣公百官皆來相慶是
與我心不同也赫赫三事力雖此畢非我所度退其罔日師古

曰我雖畢力於此然懼非所居貶退無日昔我之隊畏不此居師古曰居合韻音基庶反今
我度茲戚戚其懼師古曰度亦居也嗟我後人命其靡常靖享
爾位瞻仰靡荒師古曰靖謀也享當也言天命無常唯善是祐謀當爾位無荒怠也慎爾會
同戒爾車服無婧爾儀以保爾域師古曰婧亦古惰字也域謂封邑也爾
無我視不慎不整我之此復惟祿之幸師古曰言我之得復此爵乃蒙
天之福幸而遇之爾等不當視効而忽慢也於戲後人惟肅惟栗師古曰於戲讀曰嗚乎無
忝顯位以蕃漢室玄成爲相七年守正持重不及
父賢而文采過之建昭三年薨謚曰共侯初賢以
昭帝時徙平陵玄成別徙杜陵病且死因使者自
白曰不勝父子恩願乞骸骨歸葬父墓上許焉子

頃侯寬嗣薨子僖侯育嗣薨子節侯沈嗣自賢傳
國至玄孫乃絕玄成兄高寢令方山子安世歷郡
守大鴻臚長樂衛尉朝廷稱有宰相之器會其病
終而東海太守弘子賞亦明詩哀帝爲定陶王時
賞爲太傅哀帝即位賞以舊恩爲大司馬車騎將
軍列爲三公賜爵關內侯食邑千戶亦年八十餘
以壽終宗族至吏二千石者十餘人初高祖時令
諸侯王都皆立太上皇廟至惠帝尊高帝廟爲太
祖廟景帝尊孝文廟爲太宗廟行所嘗幸郡國各
立太祖太宗廟至宣帝本始三年復尊孝武廟爲

世宗廟行所巡狩亦立焉凡祖宗廟在郡國六十八合百六十七所(師古曰六十八者郡國之數也百六十七所宗廟之數也)而京師自高祖下至宣帝與太上皇悼皇考各自居陵旁立廟(師古曰悼皇考者宣帝之父即史皇孫)并為百七十六又園中各有寢便殿(如淳曰黃圖高廟有便殿是中央正殿也師古曰如說非也凡言便殿便室便坐者皆非正大之處寢者陵上正殿若平生露寢矣便殿者寢側之別殿耳)日祭於寢月祭於廟時祭於便殿寢日四上食廟歲二十五祠(如淳曰月祭朔望加臘為二十五晉灼曰漢儀注宗廟一歲十二祠五月嘗麥六月七月三伏立秋貙婁又嘗粢八月先夕饋飧皆一太牢酎祭用九太牢十月嘗稻又飲蒸二太牢十月嘗十二月臘二太牢又每月一太牢如閏加一祀與此上十二為二十五祠師古曰晉說是也)便殿歲四祠又月一游衣冠而昭靈后武哀王昭哀后孝文太后孝昭太后衛思后戾太子戾后各有寢園與諸帝合凡三十所一歲祠上食二萬四千四百五十五用衛士四萬五千一百二十九人祝宰樂人萬二千一百四十七人養犧牲卒不在數中至元帝時貢禹奏言古者天子七廟今孝惠孝景廟皆親盡宜毀及郡國廟不應古禮宜正定天子是其議未及施行而禹卒永光四年乃下詔先議罷郡國廟曰朕聞明王之御世也遭時為法因事制宜(師古曰言不必同也)往者天下初定遠方未賓因嘗所親以立宗廟(師古曰親謂親臨幸處也)蓋建威銷萌一民之至權也(師古曰銷遏逆亂使不得萌生)今賴天地之

靈宗廟之福四方同軌蠻貊貢職(師古曰同軌言車轍皆同示教化齊也)久遵而不定令疏遠卑賤共承尊祀(師古曰共讀曰恭)殆非皇天祖宗之意朕甚懼焉傳不云乎吾不與祭如不祭(師古曰論語載孔子之言也與讀曰預)其與將軍列侯中二千石二千石諸大夫博士議郎議丞相玄成御史大夫鄭弘太子太傅嚴彭祖少府歐陽地餘諫大夫尹更始等七十人皆曰臣聞祭非自外至者也繇中出生於心也(師古曰繇讀與由同)故唯聖人為能饗帝孝子為能饗親(師古曰言情禮皆備)立廟京師之居躬親承事四海之內各以其職來助祭尊親之大義五帝三王所共不易之道也(師古曰易改也)詩云有來雍雍至止肅肅相維辟公天子穆穆(師古曰此周頌雍篇禘太祖之詩也雍雍和也肅肅敬也相助也辟百辟卿士也公諸侯也有來而和者至而敬者助主禘祭是百辟諸侯也天子是時則穆穆然承事也)春秋之義父不祭於支庶之宅君不祭於臣僕之家王不祭於下土諸侯臣等愚以為宗廟在郡國宜無修臣請勿復修奏可因罷昭靈后武哀王昭哀后衛思后戾太子戾后園皆不奉祠裁置吏卒守焉罷郡國廟後月餘復下詔曰蓋聞明王制禮立親廟四祖宗之廟萬世不毀所以明尊祖敬宗著親親也(師古曰著亦明也)朕獲承祖宗之重惟大禮未備戰栗恐懼不敢自顓(師古

（曰顓與專同）其與將軍列侯中二千石二千石諸大夫博士議玄成等四十四人奏議曰禮王者始受命諸侯始封之君皆爲太祖以下五廟而迭毀（師古曰迭互也親盡則毀故云迭也音大結反）毀廟之主臧乎太祖五年而再殷祭言壹禘壹祫也（師古曰殷大也禘諦也一一祭之也祫合也禘大系反祫音洽）祫祭者毀廟與未毀廟之主皆合食於太祖父爲昭子爲穆孫復爲昭古之正禮也（師古曰昭穆者父子易其號序也昭明也穆美也後以晉室諱昭故學者改昭爲韶）祭義曰王者禘其祖自出（師古曰祖所從出者）以其祖配之而立四廟言始受命而王祭天以其祖配而不爲立廟親盡也立親廟四親親也親盡而迭毀親疏之殺示有終也（師古曰殺漸降也音所例反）周之所以七廟者以后稷始封文王武王受命而王是以三廟不毀與親廟四而七非有后稷始封文武受命之功者皆當親盡而毀成王成二聖之業（師古曰二聖文王武王也）制禮作樂功德茂盛廟猶不世以行爲謚而已（師古曰謂之成王則是以行表謚也）禮廟在大門之內不敢遠親也（師古曰遠離也音于萬反）臣愚以爲高帝受命定天下宜爲帝者太祖之廟世世不毀承後屬盡者宜毀今宗廟異處昭穆不序宜入就太祖廟而序昭穆如禮太上皇孝惠孝文孝景廟皆親盡宜毀皇考廟親未盡如故（張晏曰悼皇考於元帝祖也）

大司馬車騎將軍許嘉等二十九人以爲孝文皇帝除誹謗去肉刑躬節儉不受獻罪人不帑不私其利（師古曰重罪之人不及妻子是不私其利也帑讀與孥同）出美人重絕人類賓賜長老收恤孤獨德厚侔天地利澤施四海宜爲帝者太宗之廟廷尉忠以爲孝武皇帝改正朔易服色攘四夷宜爲世宗之廟（師古曰忠尹忠也攘卻也）諫大夫更始等十八人以爲皇考廟上序於昭穆非正禮宜毀於是上重其事（師古曰重難也）依違者一年（師古曰依違者不決也）乃下詔曰蓋聞王者祖有功而宗有德尊尊之大義也存親廟四親親之至恩也高皇帝爲天下誅暴除亂受命而帝功莫大焉孝文皇帝國爲代王諸呂作亂海內搖動然群臣黎庶靡不壹意北面而歸心猶謙辭固讓而後即位削亂秦之迹興三代之風是以百姓晏然咸獲嘉福德莫盛焉高皇帝爲漢太祖孝文皇帝爲太宗世世承祀傳之無窮朕甚樂之孝宣皇帝爲孝昭皇帝後於義壹體（師古曰一體謂俱爲昭也禮孫與祖俱爲昭宣帝之於昭帝爲從孫故云於義一體）孝景皇帝廟及皇考廟皆親盡其正禮儀玄成等奏曰祖宗之廟世世不毀繼祖以下五廟而迭毀今高皇帝爲太祖孝文皇帝爲太宗孝景皇帝爲昭孝武皇帝爲穆孝昭

皇帝與孝宣皇帝俱爲昭皇考廟親未盡太上孝惠廟皆親盡宜毀太上廟主宜瘞園孝惠皇帝爲穆主遷於太祖廟寢園皆無復修奏可議者又以爲清廟之詩言交神之禮無不清靜師古曰清廟周頌祀文王之詩其詩云於穆清廟肅雝顯相又曰對越在天駿奔走在廟今衣冠出游有車騎之衆風雨之氣非所謂清靜也祭不欲數數則瀆瀆則不敬師古曰此禮記祭法之言瀆嫚汙也數所角反宜復古禮四時祭於廟諸寢園日月間祀皆可勿復修師古曰間音工莧反上亦不改也明年玄成復言古者制禮別尊卑貴賤國君之母非適不得配食則薦於寢師古曰適讀曰嫡也身沒而已陛下躬至

前漢傳四十三　十四　瓮

孝承天心建祖宗定迭毀序昭穆大禮既定孝文太后孝昭太后寢祠園宜如禮勿復修奏可後歲餘玄成薨匡衡爲丞相上寢疾夢祖宗譴罷郡國廟上少弟楚孝王亦夢焉上詔問衡議欲復之衡深言不可上疾久不平衡惶恐禱高祖孝文孝武廟曰嗣曾孫皇帝恭承洪業夙夜不敢康寧思育休烈以章祖宗之盛功師古曰育養也休美也烈業也故動作接神必因古聖之經往者有司以爲前因所幸而立廟將以繫海內之心非爲尊祖嚴親也今賴宗廟之靈六合之內莫不附親廟宜一居京師天子親奉郡國廟可止毋修皇帝祗肅舊禮尊重神明即告于祖宗而不敢失師古曰不敢失禮今皇帝有疾不豫迺夢祖宗見戒以廟楚王夢亦有其序師古曰序緒也謂端緒也皇帝悼懼即詔臣衡復修立謹案上世帝王承祖禰之大禮皆不敢不自親郡國吏卑賤不可使獨承又祭祀之義以民爲本間者歲數不登百姓困乏郡國廟無以修立禮凶年則歲事不舉以祖禰之意爲不樂是以不敢復師古曰復音房目反如誠非禮義之中違祖宗之心咎盡在臣衡師古曰如若也中音竹仲反當受其殃大被其疾隊在溝瀆之中皇帝至孝肅愼宜蒙祐福唯高皇

前漢傳四十三　十五　張珪

帝孝文皇帝孝武皇帝省察右饗皇帝之孝師古曰右讀曰祐開賜皇帝眉壽亡疆師古曰眉壽言壽考而眉秀也疆竟也令所疾日瘳平復反常師古曰反猶還也永保宗廟天下幸甚又告謝毀廟曰往者大臣以爲在昔帝王承祖宗之休典取象於天地師古曰休美也典法也天序五行人親五屬師古曰五屬謂同族之五服斬衰齊衰大功小功緦麻也天子奉天故率其意而尊其制是以禘嘗之序靡有過五受命之君躬接于天萬世不墮繼烈以下五廟而遷師古曰墮毀也烈業也繼謂始嗣位者也墮火規反上陳太祖間歲而祫師古曰間歲隔一歲也其道應天故福祿永終太上皇非受命而屬盡義則當遷又以爲孝莫

大於嚴父故父之所尊子不敢不承父之所異子不敢同禮公子不得爲母信爲後則於子祭於孫止李奇曰不得信尊其父也公子去其所而爲太宗後尚得私祭其母爲孫則止不得祭公子母也明繼祖不復顧其私祖母也師古曰信讀曰伸尊祖嚴父之義也寢日四上食園廟間祠皆可亡修師古曰閒工莧反皇帝思慕悼懼未敢盡從惟念高皇帝聖德茂盛受命溥將欽若稽古承順天心師古曰溥廣也將大也欽敬也若善也稽考也商頌烈祖之篇曰我受命溥將虞書堯典曰欽若昊天又曰若稽古帝堯故衡總引之子孫本支陳錫亡疆師古曰詩大雅文王之篇曰陳錫載周侯文王孫子本支百世陳敷也載始也本本宗也支支子也言子孫承受敷錫初始之福故得永久無窮竟也誠以爲遷廟合祭久長之策高皇帝之意廼敢不聽師古曰言不敢不從即以令日師古曰令善也謂吉日也遷太上孝惠廟孝文太后孝昭太后寢將以昭祖宗之德順天人之序定亡窮之業今皇帝未受茲福乃有不能共職之疾師古曰共讀曰恭皇帝願復修立承祀臣衡等咸以爲禮不得師古曰於禮不合也如不合高皇帝孝惠皇帝孝文皇帝孝武皇帝孝昭皇帝孝宣皇帝太上皇孝文太后孝昭太后之意罪盡在臣衡等當受其咎今皇帝尚未平詔中朝臣具復毀廟之文臣衡中朝臣咸復以爲天子之祀義有所斷禮有所承違統背制不可以奉先祖皇天不祐鬼神不饗六藝所載皆言不當師古曰六藝之經也無所依緣

前漢傳四十三　十六　蔡廷

以作其文事如失指罪迺在臣衡當深受其殃皇帝宜厚蒙祉福嘉氣日興疾病平復永保宗廟與天亡極羣生百神有所歸息師古曰息止也諸廟皆同文久之上疾連年遂盡復諸所罷寢廟園皆修祀如故初上定迭毀禮獨尊孝文廟爲太宗而孝武廟親未盡故未毀上於是迺復申明之曰孝宣皇帝尊孝武廟曰世宗損益之禮不敢有與焉師古曰與讀曰預其下亦同他皆如舊制唯郡國廟遂廢云元帝崩衡奏言前以上體不平故復諸所罷祠卒不蒙福師古曰卒終也案衛思后戾太子戾后園親未盡師古曰言不當毀也孝惠孝景廟親盡宜毀及太上皇孝文孝昭太后昭靈后昭哀后武哀王祠請悉罷勿奉奏可初高后時患臣下妄非議先帝宗廟寢園官故定著令敢有擅議者棄市至元帝改制蠲除此令成帝時以無繼嗣河平元年復復太上皇寢廟園世世奉祠昭靈后武哀王昭哀后并食於太上寢廟如故又復擅議宗廟之命師古曰復音方目反成帝崩哀帝即位丞相孔光大司空何武奏言永光五年制書高皇帝爲漢太祖孝文皇帝爲太宗建昭五年制書孝武皇帝爲世宗損益之禮不敢有與臣愚以爲迭毀之次當以時

前漢傳四十三　十七　楊玠

定非令所為擅議宗廟之意也臣請與群臣雜議
奏可於是光祿勳彭宣詹事滿昌博士左咸等五
十三人皆以為繼祖宗以下五廟而迭毀後雖有賢
君猶不得與祖宗並列子孫雖欲褒大顯揚而立
之鬼神不饗也孝武皇帝雖有功烈親盡宜毀太
僕王舜中壘校尉劉歆議曰臣聞周室既衰四夷
並侵獫狁最彊於今匈奴是也至宣王而伐之
詩人美而頌之曰薄伐獫狁至于太原師古曰小雅六月之詩也薄伐言逐出之
又曰嘽嘽推推如霆如雷顯允方叔征伐獫狁
荊蠻來威師古曰小雅采芑之詩也嘽嘽衆也推推盛也顯明也允信也方叔周之卿士命為將率也言出師衆盛有如雷霆方叔又能信明其德既伐獫狁懲忌其侵暴則南荊之蠻亦畏威而來服也嘽他丹反推他回反
故稱中興及至
幽王犬戎來伐殺幽王取宗器師古曰宗器宗廟之器也自是之
後南夷與北夷交侵中國不絕如綫師古曰綫縷也音思薦反春
秋紀齊桓南伐楚北伐山戎孔子曰微管仲吾其
被髮左衽矣師古曰論語載孔子之言也微無也被髮左衽戎狄之服言無管仲佐齊桓公征討則中夏皆將為戎狄也
是故弃桓之過而錄其功以為伯首師古曰伯讀曰霸 及漢
興冒頓始彊破東胡禽月氏師古曰氏讀曰支 并其土地地
廣兵彊為中國害南越尉佗總百粵自稱帝故中
國雖平猶有四夷之患且無寧歲一方有急三面
救之是天下皆動而被其害也孝文皇帝厚以貨

賂與結和親猶侵暴無已甚者興師十餘萬衆近
屯京師及四邊歲發屯備虜其為患久矣非一世
之漸也諸侯郡守連匈奴及百粵以為逆者非一
人也匈奴所殺郡守都尉略取人民不可勝數孝
武皇帝愍中國罷勞無安寧之時師古曰罷讀曰疲乃遣大
將軍驃騎伏波樓船之屬南滅百粵起七郡北攘
匈奴降昆邪十萬之衆師古曰昆下門反置五屬國起朔方
以奪其肥饒之地東伐朝鮮起玄菟樂浪以斷匈
奴之左臂師古曰樂來各反浪音郎西伐大宛并三十六國結烏
孫起敦煌酒泉張掖以鬲婼羌裂匈奴之右肩師古曰婼而遮反
單于孤特遠遁于幕北四垂無事斥地遠境
起十餘郡師古曰斥開也遠廣也功業既定迺封丞相為富民
侯以大安天下富實百姓其規撫可見師古曰撫讀曰摹其字從木
又招集天下賢俊與協心同謀興制度改正朔易
服色立天地之祠建封禪殊官號存周後定諸侯
之制永無逆爭之心至今累世賴之單于守藩百
蠻服從萬世之基也中興之功未有高焉者也高
帝建大業為太祖孝文皇帝德至厚也為文太宗
孝武皇帝功至著也為武世宗此孝宣帝所以發
德音也禮記王制及春秋穀梁傳天子七廟諸侯

五大夫三士二天子七日而殯七月而葬諸侯五日而殯五月而葬此喪事尊卑之序也與廟數相應其文曰天子三昭三穆與太祖之廟而七諸侯二昭二穆與太祖之廟而五故德厚者流光德薄者流卑師古曰流謂流風餘福春秋左氏傳曰名位不同禮亦異數自上以下降殺以兩禮也師古曰殺音所例反七者其正法數可常數者也宗不在此數中宗變也師古曰言非常數故云變也苟有功德則宗之不可預為設數故於殷太甲為太宗大戊曰中宗武丁曰高宗師古曰太甲湯之孫太丁之子也太戊太庚之子雍己之弟也武丁小乙之子周公為毋逸之戒舉殷三宗以勸成王

師古曰毋逸尚書篇名戒以無逸豫也繇是言之宗無數也師古曰繇與由同也然則所以勸帝者之功德博矣以七廟言之孝武皇帝未宜毀以所宗言之則不可謂無功德禮記祀典曰夫聖王之制祀也功施於民則祀之以勞定國則祀之能救大災則祀之竊觀孝武皇帝功德皆兼而有焉凡在於異姓猶將特祀之況于先祖或說天子五廟無見文又說中宗高宗者宗其道而毀其廟名與實異非尊德貴功之意也詩云蔽芾甘棠勿鬋勿伐邵伯所茇師古曰召南甘棠之詩也解已在前鬋字與翦同茇音步葛反思其人猶愛其樹況宗其道而毀其廟乎迭毀之

禮自有常法無殊功異德固以親疏相推及至祖宗之序多少之數經傳無明文至尊至重難以疑文虛說定也孝宣皇帝舉公卿之議用眾儒之謀既以為世宗之廟建之萬世宣布天下臣愚以為孝武皇帝功烈如彼孝宣皇帝崇立之如此不宜毀上覽其議而從之制曰太僕舜中壘校尉歆議可歆又以為禮去事有殺師古曰去除也殺漸也去音丘呂反殺音所例反其下並同也故春秋外傳曰日祭月祀時享歲貢終王祖禰則日祭曾高則月祀二祧則時享壇墠則歲貢張晏曰去祧為壇墠埽地而祭也師古曰祧是遠祖也築土為壇除地為墠祧他堯反墠音善大禘則終王服虔曰蠻夷終王乃入助

祭各以其珍貢以共大禘之祭也師古曰每一王終新王即位乃來助祭德盛而游廣親親之殺也如淳曰游亦流也彌遠則彌尊故禘為重矣孫居王父之處正昭穆則孫常與祖相代此遷廟之殺也聖人於其祖出於情矣禮無所不順故無毀廟晉灼曰以情推子以子況祖得人心禮何所違故無毀弃不禘之主也謂下三廟廢而為虛者也自貢禹建迭毀之議惠景及太上寢園廢而為虛師古曰虛讀曰墟失禮意矣平帝元始中大司馬王莽奏本始元年丞相義等議師古曰蔡義也諡孝宣皇帝親曰悼園置邑三百家至元康元年丞相相等奏師古曰魏相也父為士子為天子祭以天子悼園宜稱尊號曰皇考立廟益故奉園民滿千

六百家以爲縣臣愚以爲皇考廟本不當立累世
奉之非是又孝文太后南陵 師古曰在霸陵之南故曰南陵 孝昭太后
雲陵園雖前以禮不復修陵名未正謹與大司徒
晏等百四十七人議皆曰孝宣皇帝以兄孫繼統
爲孝昭皇帝後以數故孝元世以孝景皇帝及皇
考廟親未盡不毀此兩統貳父違於禮制案義奏
親謚曰悼裁置奉邑皆應經義相奏悼園稱皇考
立廟益民爲縣違離祖統乖繆本義父爲士子爲
天子祭以天子者乃謂若虞舜夏禹殷湯周文漢
之高祖受命而王者也非謂繼祖統爲後者也臣

請皇高祖考廟奉明園毀勿修 張晏曰奉明園悼皇考園也 罷南陵
雲陵爲縣奏可
司徒掾班彪曰 師古曰漢書諸贊皆固所爲其有叔皮先論述者固亦具顯以示後人而或者謂固竊盜父名觀此可以免矣 漢承亡秦絕學之後祖宗之制因時施宜
自元成後學者蕃滋 師古曰蕃扶元反 貢禹毀宗廟匡衡改
郊兆何武定三公後皆數復故紛紛不定 師古曰數所角反復扶目反 何者禮文缺微古今異制各爲一家未易可偏
定也考觀諸儒之議劉歆博而篤矣

韋賢傳第四十三

魏相丙吉傳第四十四　班固　漢書七十四

祕書監上護軍琅邪縣開國子顏師古注

魏相字弱翁濟陰定陶人也 師古曰說者謂相即魏無知之後蓋承或近之書爲妄深矣
徙平陵少學易爲郡卒史舉賢良以對策高第爲
茂陵令頃之御史大夫桑弘羊客詐稱御史止傳 師古曰傳謂縣之傳舍
丞不以時謁客怒縛丞相疑其有姦收捕
案致其罪論棄客市 師古曰殺之於市 茂陵大治後遷河南
太守禁止姦邪豪彊畏服會丞相車千秋死先是
千秋子爲雒陽武庫令自見失父而相治郡嚴恐
久獲罪乃自免去相使掾追呼之遂不肯還相獨

恨曰大將軍聞此令去官必以爲我用丞相死不
能遇其子使當世貴人非我殆矣 師古曰殆危也 武庫令西
至長安大將軍霍光果以責過相曰幼主新立以
爲函谷京師之固武庫精兵所聚故以丞相弟爲
關都尉子爲武庫令今河南太守不深惟國家大
策 師古曰惟思也 苟見丞相不在而斥逐其子何淺薄也後
人有告相賊殺不辜事下有司河南卒戍中都官
者二三千人 師古曰來京師諸官府爲卒若今衛士上番分守諸司 遮大將軍自言願
復留作一年以贖太守罪河南老弱萬餘人守關
欲入上書關吏以聞大將軍用武庫令事遂下相

廷尉獄師古曰光心以武庫令事嫌之而下其賊殺不辜之獄久繫踰冬會赦出復有詔守茂陵令遷楊州刺史考案郡國守相多所貶退相與丙吉相善時吉爲光祿大夫予相書曰朝廷已深知弱翁治行方且大用矣願少慎事自重臧器于身師古曰易下繫辭云君子臧器於身待時而動言不顯見其材能相心善其言爲霽威嚴蘇林曰霽音限齊之齊臣瓚曰此雨霽字也霽止也師古曰二說皆是也音才詣反又子詣反居部二歲徵爲諫大夫復爲河南太守數年宣帝即位徵相入爲大司農遷御史大夫四歲大將軍霍光薨上思其功德以其子禹爲右將軍兄子樂平侯山復領尚書事師古曰山者去病之孫今言兄子此傳誤相因平恩侯許伯奏封

事言春秋譏世卿惡宋三世爲大夫師古曰解在五行志及魯季孫之專權皆危亂國家自後元以來祿去王室政繇冢宰師古曰繇與由同今光死子復爲大將軍兄子秉樞機昆弟諸壻據權埶在兵官光夫人顯及諸女皆通籍長信宮師古曰通籍謂禁門之中皆有名籍恣出入也或夜詔門出入驕奢放縱恐寖不制師古曰寖漸也不制不可制御也宜有以損奪其權破散陰謀以固萬世之基全功臣之世又故事諸上書者皆爲二封署其一曰副領尚書者先發副封所言不善屏去不奏相復因許伯白去副封以防雍蔽師古曰雍讀曰壅宣帝善之詔相給事中皆從其議

霍氏殺許后之謀始得上聞乃罷其三侯令就第師古曰禹及雲山也親屬皆出補吏於是韋賢以老病免相遂代爲丞相封高平侯食邑八百戶及霍氏怨相又憚之謀矯太后詔先召斬丞相然後廢天子事發覺伏誅宣帝始親萬機厲精爲治練羣臣核名實而相總領眾職甚稱上意元康中匈奴遣兵擊漢屯田車師者不能下上與後將軍趙充國等議欲因匈奴衰弱出兵擊其右地使不敢復擾西域相上書諫曰臣聞之救亂誅暴謂之義兵兵義者王敵加於己不得已而起者謂之應兵兵應者勝爭

恨小故不忍憤怒者謂之忿兵兵忿者敗利人土地貨寶者謂之貪兵兵貪者破恃國家之大矜民人之眾欲見威於敵者謂之驕兵兵驕者滅此五者非但人事乃天道也間者匈奴嘗有善意所得漢民輒奉歸之未有犯於邊境雖爭屯田車師不足致意中今聞諸將軍欲興兵入其地臣愚不知此兵何名者也今邊郡困乏父子共犬羊之裘食草萊之實常恐不能自存難以動兵師古曰不可以兵事動之軍旅之後必有凶年師古曰此引老子道經之語言民以其愁苦之氣傷陰陽之和也出兵雖勝猶有後憂恐災害之變因

此以生今郡國守相多不實選師古曰言不得其人風俗尤薄水旱不時案今年計子弟殺父兄妻殺夫者凡二百二十二人臣愚以爲此非小變也今左右不憂此師古曰左右謂近臣在天子左右者乃欲發兵報纖介之忿於遠夷殆孔子所謂吾恐季孫之憂不在顓臾而在蕭牆之内也師古曰論語季氏將伐顓臾孔子謂冉有季路曰吾恐季孫之憂不在顓臾而在蕭牆之内故相引之顓臾魯附庸國蕭牆屏也解在五行志願陛下與平昌侯樂昌侯平恩侯及有識者詳議乃可師古曰平昌侯王無故樂昌侯王武並帝之舅平恩侯許伯皇太子外祖父也上從相言而止相明易經有師法好觀漢故事及便宜章奏師古曰既觀國家故事又觀前人所奏便宜之章以爲古今異制方今務在奉行故事而已數條漢興已來國家便宜行事及賢臣賈誼朝錯董仲舒等所言奏請施行之曰臣聞明主在上賢輔在下則君安虞而民和睦師古曰虞與娛同臣相幸得備位不能奉明法廣教化理四方以宣聖德民多背本趨末師古曰本農業也末商賈也趨讀曰趣或有飢寒之色爲陛下之憂臣相罪當萬死臣相知能淺薄不明國家大體時用之宜惟民終始未得所繇師古曰惟思也繇讀與由同由從也竊伏觀先帝聖德仁恩之厚勤勞天下垂意黎庶憂水旱之災爲民貧窮發倉廩振乏餧師古曰餧餓也音乃賄反遣諫大夫博士巡行天下師古曰行音下更反察風俗舉賢

良平冤獄冠蓋交道師古曰言其往來不絕也省諸用寬租賦弛山澤波池師古曰弛放也言不禁障之也波音陂禁秣馬酤酒貯積師古曰秣以粟米飤馬也酤酒者糜費深也貯積者滯米粟也所以周急繼困慰安元元便利百姓之道甚備臣相不能悉陳昧死奏故事詔書凡二十三事臣謹案王法必本於農而務積聚量入制用以備凶災師古曰謂視年歲之豐儉亡六年之畜尚謂之急師古曰畜讀曰蓄禮記王制云國無九年之蓄曰不足無六年之蓄曰急無三年之蓄曰國非其國也元鼎三年平原勃海太山東郡溥被災害師古曰溥與普同民餓死於道路二千石不豫慮其難使至於此師古曰慮思也賴明詔振捄乃得蒙更生師古曰捄古救字今歲不登穀暴騰踊師古曰價忽大貴也臨秋收斂猶有乏者至春恐甚亡以相恤西羌未平師旅在外兵革相乘臣竊寒心宜蚤圖其備師古曰蚤古早字也唯陛下留神元元帥繇先帝盛德以撫海内師古曰帥循也繇與由同由從也上施行其策又數表采易陰陽及明堂月令奏之師古曰表謂標明之采撮取也曰臣相幸得備員奉職不修不能宣廣教化陰陽未和災害未息咎在臣等臣聞易曰天地以順動故日月不過四時不忒聖王以順動故刑罰清而民服師古曰豫卦彖辭也忒差也天地變化必繇陰陽師古曰繇與由同陰陽之分以日爲紀日冬夏至則八風之序立萬物之性成各有常職不

得相干東方之神太昊乘震執規司春（張晏曰木為仁仁者生生者圓故為規）南方之神炎帝乘離執衡司夏（張晏曰火為禮禮者齊齊者平故為衡）西方之神少昊乘兌執矩司秋（張晏曰金為義義者成成者方故為矩）北方之神顓頊乘坎執權司冬（張晏曰水為智智者謀謀者重故為權）中央之神黃帝乘坤艮執繩司下土（張晏曰土為信信者誠誠者直故為繩）茲五帝所司各有時也東方之卦不可以治西方南方之卦不可以治北方春興兌治則饑秋興震治則華冬興離治則泄（師古曰天地之氣不閉密也）夏興坎治則雹明王謹于尊天慎于養人故立羲和之官以乘四時（師古曰乘治也）節授民事（師古曰各依其節而授以事）君動靜以道奉順陰陽則日月光明風雨時節寒暑調和三者得敘則災害不生五穀孰絲麻遂（師古曰遂成也）屮木茂鳥獸蕃（師古曰屮古草字蕃多也音扶元反）民不夭疾衣食有餘若是則君尊民說上下亡怨（師古曰說讀曰悅）政教不違禮讓可興夫風雨不時則傷農桑農桑傷則民飢寒飢寒在身則亡廉恥寇賊姦宄所繇生也（師古曰亂在外為姦在內為宄繇讀與由同其下類此）臣愚以為陰陽者王事之本羣生之命自古賢聖未有不繇者也天子之義必純取法天地而觀於先聖高皇帝所述書天子所服第八（如淳曰第八天子衣服之制也於施行詔書第八）曰大謁者臣章受詔長樂宮曰令羣臣議天子所服

以安治天下相國臣何御史大夫臣昌謹（師古曰蕭何周昌也）與將軍臣陵太子太傅臣通等議（師古曰陵王陵通叔孫通）春夏秋冬天子所服當法天地之數中得人和故自天子王侯有土之君下及兆民能法天地順四時以治國家身亡禍殃年壽永究（師古曰究竟也）是奉宗廟安天下之大禮也臣請法之中謁者趙堯舉春（應劭曰四時各舉所施行政事服虔曰主一時衣服禮物朝祭百事也師古曰服說是也）李舜舉夏兒湯舉秋貢禹舉冬（師古曰高帝時自有一貢禹也兒五奚反）四人各職一時大謁者襄章奏制曰可孝文皇帝時以二月施恩惠於天下賜孝弟力田及罷軍卒祠死事者頗非時節（師古曰罷軍卒之疲於軍事者也罷音疲一曰新從軍而休罷者也音蒲蟹反）御史大夫朝錯時為太子家令奏言其狀臣相伏念陛下恩澤甚厚然而災氣未息竊恐詔令有未合當時者也願陛下選明經通知陰陽者四人各主一時時至明言所職以和陰陽天下幸甚相數陳便宜上納用焉相敕掾史案事郡國及休告從家還至府輒白四方異聞或有逆賊風雨災變郡不上相輒奏言之時丙吉為御史大夫同心輔政上皆重之相為人嚴毅不如吉寬視事九歲神爵三年薨謚曰憲侯子弘嗣甘露中有罪削爵為關內侯（師古曰以坐騎至宗廟下大不敬也）

丙吉字少卿魯國人也治律令爲魯獄史積功勞
稍遷至廷尉右監坐法失官歸爲州從事武帝末
巫蠱事起吉以故廷尉監徵(師古曰被召詣京師)詔治巫蠱郡邸
獄時宣帝生數月以皇曾孫坐衛太子事繫吉見
而憐之又心知太子無事實重哀曾孫無辜(師古曰重直用反)
吉擇謹厚女徒令保養曾孫置閒燥處(師古曰閒讀曰閑閑寬靜之處也燥高敞也)
吉治巫蠱事連歲不決後元二年武
帝疾往來長楊五柞宮(師古曰長楊五柞二宮並在盩厔往來二宮之間)望氣者
言長安獄中有天子氣於是上遣使者分條中都
官詔獄繫者(師古曰條謂疏錄之)亡輕重一切皆殺之內者令

前漢傳四十四　八

郭穰夜到郡邸獄吉閉門拒使者不納曰皇曾孫
在他人亡辜死者猶不可況親曾孫乎相守至天
明不得入穰還以聞因劾奏吉武帝亦寤曰天使
之也因赦天下郡邸獄繫者獨賴吉得生恩及四
海矣(師古曰吉拒閉使者天子感寤乃普赦天下其郡邸繫獄者既因吉得生而赦宥之恩遂及四海也)曾孫病幾
不全者數焉(師古曰幾鉅依反數所角反次下亦同)吉數敕保養乳母加
致醫藥視遇甚有恩惠以私財物給其衣食後吉
爲車騎將軍市令遷大將軍長史霍光甚重之入
爲光祿大夫給事中昭帝崩亡嗣大將軍光遣吉
迎昌邑王賀賀即位以行淫亂廢光與車騎將軍

張安世諸大臣議所立未定吉奏記光曰將軍事孝武
皇帝受襁褓之屬任天下之寄(師古曰屬之欲反)孝昭皇帝早
崩亡嗣海內憂懼欲亟聞嗣主(師古曰亟急也音居力反)發喪之日以
大誼立後(師古曰雖無嫡嗣旁立支屬令宗廟有奉故云大誼)所立非其人復以大誼廢之
(師古曰恐危社稷故廢黜之)天下莫不服焉方今社稷宗廟羣生之命在
將軍之壹舉竊伏聽於衆庶察其所言諸侯宗室在
位列者未有所聞於民間也而遺詔所養武帝曾孫
名病已在掖庭外家者(蘇林曰外家猶言外人民家不在宮中晉灼曰出郡邸獄歸在外家史氏後入掖庭耳師古曰晉說是也)
吉前使居郡邸時見其幼少至今十八九矣通
經術有美材行安而節和願將軍詳大議參以蓍龜

前漢傳四十四　九　丘甸

豈宜褒顯先使入侍(師古曰侍太后)令天下昭然知之然後決定大
策天下幸甚光覽其議(師古曰省納而用之)遂尊立皇曾孫遣宗
正劉德與吉迎曾孫於掖庭宣帝初即位賜吉爵關
內侯吉爲人深厚不伐善自曾孫遭遇吉絕口不道前
恩(師古曰遭遇謂升大位也)故朝廷莫能明其功也地節三年立皇太
子吉爲太子太傅數月遷御史大夫及霍氏誅上躬
親政省尚書事是時掖庭宮婢則令民夫上書自陳嘗
有阿保之功(師古曰謂未爲宮婢時有舊夫見在俗間者)章下掖庭令考問則辭
引使者丙吉知狀掖庭令將則詣御史府以視吉(師古曰視讀曰示)
吉識謂則曰汝嘗坐養皇曾孫不謹督笞汝安得

有功師古曰督謂視察之獨渭城胡組淮陽郭徵卿有恩耳分
別奏組等共養勞苦狀師古曰共居用反養弋亮反詔吉求組徵卿
已死有子孫皆受厚賞詔免則爲庶人賜錢十萬
上親見問然後知吉有舊恩而終不言上大賢之
制詔丞相朕微眇時御史大夫吉與朕有舊恩厥
德茂焉師古曰茂美也詩不云虖亡德不報師古曰大雅抑之詩其封吉
爲博陽侯邑千三百戶臨當封吉疾病上將使人
加紼而封之及其生存也應劭曰吉時疾不能起欲如君視疾加朝服拖紳就封之也師古曰
紼繫印之組也上憂吉疾不起太子太傅夏侯勝曰此未死
也臣聞有陰德者必饗其樂以及子孫今吉未獲

報而疾甚非其死疾也後病果瘉師古曰瘉與愈同吉上書
固辭自陳不宜以空名受賞上報曰朕之封君非
空名也而君上書歸侯印是顯朕之不德也方今
天下少事君其專精神省思慮近醫藥以自持後
五歲代魏相爲丞相吉本起獄法小吏後學詩禮
皆通大義及居相位上寬大好禮讓掾史有罪臧
不稱職輒予長休告師古曰長給休假令其去職也終無所案驗客
或謂吉曰君侯爲漢相姦吏成其私然無所懲艾
師古曰艾讀曰乂吉曰夫以三公之府有案吏之名吾竊陋
焉後人代吉因以爲故事公府不案吏自吉始於

官屬掾史務掩過揚善吉馭吏耆酒數逋蕩師古曰逋
亡也蕩放也謂亡其所供之職而游放也耆讀曰嗜嘗從吉出醉歐丞相車上師古曰歐吐也
音一口反西曹主吏白欲斥之師古曰斥逐吉曰以醉飽之失
去士使此人將復何所容師古曰言無所容身西曹地忍之李奇
曰地猶弟也師古曰地但也語聲之急也此不過汙丞相車茵耳師古曰茵蓐也音因遂
不去也此馭吏邊郡人習知邊塞發犇命警備事
師古曰犇古奔字也有命則奔赴之言應速也嘗出適見驛騎持赤白囊邊郡
發犇命書馳來至馭吏因隨驛騎至公車刺取師古
曰刺謂探候之也知虜入雲中代郡遽歸府見吉白狀師古曰遽速也
因曰恐虜所入邊郡二千石長吏有老病不任兵

馬者宜可豫視吉善其言召東曹案邊長吏瑣
科條其人張晏曰瑣錄也欲科條其人老少及所經歷知其本以文武進也未已詔召丞相
御史問以虜所入郡吏吉具對御史大夫卒遽不
能詳知師古曰卒讀曰猝以得譴讓師古曰譴責也而吉見謂憂邊思
職馭吏力也吉乃歎曰士亡不可容能各有所長
嚮使丞相不先聞馭吏言何見勞勉之有掾史繇
是益賢吉師古曰繇與由同吉又嘗出逢清道羣鬬者死傷
橫道李奇曰清道時反羣鬬也師古曰清道謂天子當出或有齋祠先令道路清淨吉過之不問掾
史獨怪之吉前行逢人逐牛牛喘吐舌師古曰喘急息音昌兗反吉
止駐使騎吏問逐牛行幾里矣掾史獨謂丞相前

後失問或以譏吉吉曰民鬬相殺傷長安令京兆尹職所當禁備逐捕歲竟丞相課其殿最奏行賞罰而已宰相不親小事非所當於道路問也方春少陽用事未可大熱(師古曰少式邵反)恐牛近行用暑故喘此時氣失節恐有所傷害也三公典調和陰陽職當憂是以問之掾史乃服以吉知大體五鳳三年春吉病篤上自臨問吉曰君即有不諱誰可以自代者(師古曰不諱言死不可復諱也)吉辭謝曰羣臣行能明主所知愚臣無所能識上固問吉頓首曰西河太守杜延年明於法度曉國家故事前為九卿十餘年今在郡

治有能名廷尉于定國執憲詳平天下自以不冤太僕陳萬年事後母孝惇厚備於行止此三人能皆在臣右唯上察之上以吉言皆是而許焉及吉薨御史大夫黃霸為丞相徵西河太守杜延年為御史大夫會其年老乞骸骨病免以廷尉于定國代為御史大夫黃霸薨而定國為丞相太僕陳萬年代定國為御史大夫居位皆稱職上稱吉為知人吉薨謚曰定侯子顯嗣甘露中有罪削爵為關內侯官至衛尉太僕始顯少為諸曹嘗從祠高廟至夕牲日乃使出取齋衣(師古曰未祭一日其夕展視牲具謂之夕牲)丞相吉

大怒謂其夫人曰宗廟至重而顯不敬慎亡吾爵者必顯也夫人為言然後乃已(師古曰免其罪罰也)吉中子禹為水衡都尉少子高為中壘校尉元帝時長安士伍尊上書(師古曰先嘗有爵經奪免之而與士卒為伍故稱士伍其人名尊)言臣少時為郡邸小吏竊見孝宣皇帝以皇曾孫在郡邸獄是時治獄使者丙吉見皇曾孫遭離無辜吉仁心感動涕泣悽惻選擇復作胡組養視皇孫吉常從臣尊日再侍卧庭上(師古曰郡邸之庭也侍謂參省之也時皇孫孩弱常在臥寐故指言卧也)後遭條獄之詔吉扞拒大難不避嚴刑峻法既遭大赦吉謂守丞誰如皇孫不當在官(孟康曰郡守丞也來詣京師郡邸治獄姓誰名如言皇孫不當在獄官宜屬郡縣也文穎曰不當在郡邸官也師古曰守丞者守獄官之丞耳非郡丞也誰如者其人名不作誰字言姓又非也)使誰

如移書京兆尹遣與胡組俱送京兆尹不受復還及組日滿當去皇孫思慕吉以私錢顧組令留與郭徵卿並養數月乃遣組去後少內嗇夫白吉曰食皇孫亡詔令(師古曰少內掖庭主府臧之官也食讀曰飤詔令無文無從得其廩具也)時吉得食米肉月月以給皇孫吉即時病(師古曰有病時也)輒使臣尊朝夕請問皇孫視省席蓐燥溼候伺組徵卿不得令晨夜去皇孫敖盪(師古曰去離也敖遊戲也盪讀與蕩同)數奏甘毳食物(師古曰奏進也毳讀與脆同)所以擁全神靈成育聖躬功德已亡量矣時豈豫知天下之福而徼其報哉(師古曰徼要也)

音工堯反誠其仁恩內結於心也雖介之推割肌以存君

不足以比師古曰韓詩外傳云晉公子重耳之亡也過曹里鳧須從因盜其資而逃重耳無糧餒不能行介子推割其股肉以食重耳然後能行也孝宣皇帝時臣上書言狀幸得下吉吉謙

讓不敢自伐刪去臣辭師古曰刪削也專歸美於組徵卿組

徵卿皆以受田宅賜錢吉封爲博陽侯臣尊不得比

組徵卿臣年老居貧死在旦暮欲終不言恐使有

功不著吉子顯坐微文奪爵爲關內侯臣愚以爲

宜復其爵邑師古曰復扶目反以報先人功德先是顯爲太僕

十餘年與官屬大爲姦利臧千餘萬司隸校尉昌

案劾罪至不道奏請逮捕上曰故丞相吉有舊恩

朕不忍絕免顯官奪邑四百戶後復以爲城門校

尉顯卒子昌嗣爵關內侯成帝時修廢功以吉舊

恩尤重鴻嘉元年制詔丞相御史蓋聞褒功德繼

絕統所以重宗廟廣賢聖之路也故博陽侯吉以

舊恩有功而封今其祀絕朕甚憐之夫善善及子

孫古今之通誼也其封吉孫中郎將關內侯昌爲

博陽侯奉吉後國絕三十二歲復續云昌傳子至

孫王莽時乃絕

贊曰古之制名必繇象類師古曰繇與由同也遠取諸物近取

諸身故經謂君爲元首臣爲股肱師古曰謂虞書益稷云元首明哉股肱良哉也明其一體相待而成也是故君臣相配古今

常道自然之埶也近觀漢相高祖開基蕭

曹爲冠師古曰名位在衆臣之上孝宣中興丙魏有聲是時

黜陟有序衆職修理公卿多稱其位師古曰稱副也海

內興於禮讓覽其行事豈虛虖哉師古曰言君明臣賢所以致治非徒然也

魏相丙吉傳第四十四

眭兩夏侯京翼李傳第四十五　班固　漢書七十五

秘書監上護軍琅邪縣開國子顏師古注

眭弘字孟魯國蕃人也師古曰眭音息隨反今河朔尚有此姓音字皆然而韋昭應劭並云音桂非也今有炅姓乃音桂耳漢之決錄又不作眭字寧可混糅將爲一族又近代學者旁引炅氏譜以相附著私譜之文出於閭巷家自爲說事非經典苟引先賢妄相假託無所取信寧足據乎蕃音皮少時好俠鬭雞走馬長乃變節從嬴公受春秋師古曰嬴姓也公長老之號耳以明經爲議郎至符節令孝昭元鳳三年正月泰山萊蕪山南匈匈有數千人聲民視之有大石自立高丈五尺大四十八圍入地深八尺三石爲足石立後有白烏數千下集其旁是時昌邑有枯社木臥復生師古曰社木社主之樹也又上林苑中大柳樹斷枯臥地亦自立生有蟲食樹葉成文字曰公孫病已立孟推春秋之意以爲石柳皆陰類下民之象泰山者岱宗之嶽王者易姓告代之處今大石自立僵柳復起師古曰僵偃也偃臥於地音居羊反非人力所爲此當有從匹夫爲天子者枯社木復生故廢之家公孫氏當復興者也孟意亦不知其所在即說曰先師董仲舒有言雖有繼體守文之君不害聖人之受命漢家堯後有傳國之運漢帝宜誰差天下求索賢人孟康曰誰問差擇也問擇天下賢人禪以帝位師古曰禪古禪字也而退自封百里如殷周二王後以承順天命孟

使友人內官長賜上此書師古曰內官署名百官表云內官長丞初屬少府中屬主爵後屬宗正賜者其長之名時昭帝幼大將軍霍光秉政惡之下其書廷尉奏賜孟妄設祅言惑衆大逆不道皆伏誅後五年孝宣帝興於民閒即位徵孟子爲郎

夏侯始昌魯人也通五經以齊詩尚書教授自董仲舒韓嬰死後武帝得始昌甚重之始昌明於陰陽先言柏梁臺災日至期日果災時昌邑王以少子愛上爲選師始昌爲太傅年老以壽終族子勝亦以儒顯名

夏侯勝字長公初魯共王分魯西寧鄉師古曰共讀如恭恭王名以封子節侯餘景帝之子也別屬大河大河後更名東平故勝爲東平人勝少孤好學從始昌受尚書及洪範五行傳說災異後事蕳卿師古曰姓蕳名卿蕳音姦又從歐陽氏問爲學精孰所問非一師也善說禮服師古曰禮之喪服也徵爲博士光祿大夫會昭帝崩昌邑王嗣立數出師古曰數出游戲也勝當乘輿前諫曰天久陰而不雨臣下有謀上者陛下出欲何之師古曰之往也王怒謂勝爲祅言縛以屬吏師古曰屬委也音之欲反吏白大將軍霍光光不舉法是時光與車騎將軍張安世謀欲廢昌邑王光讓安世以爲泄語安世實不言迺召問勝勝對言在鴻範

傳曰皇之不極厥罰常陰時則下人有伐上者惡
察察言師古曰惡謂忌諱也察為計謀不敢明顯言之也五行志曰不敢察察言也故云臣下有
謀光安世大驚以此益重經術士後十餘日光卒
與安世白太后師古曰卒終也廢昌邑王尊立宣帝光以為
羣臣奏事東宮太后省政師古曰省視也宜知經術白令勝
用尚書授太后遷長信少府賜爵關內侯以與謀
廢立師古曰與讀曰豫定策安宗廟益千戶宣帝初即位欲
褒先帝詔丞相御史曰朕以眇身蒙遺德承聖業
奉宗廟夙夜惟念師古曰惟思也孝武皇帝躬仁誼厲威武
北征匈奴單于遠遁南平氐羌昆明甌駱兩越師古
曰甌駱皆越號東定薉貉朝鮮張晏曰薉也貉也在遼東之東師古曰薉字與濊同貉音莫客反廓
地斥境立郡縣百蠻率服款塞自至珍貢陳於宗
廟協音律造樂歌薦上帝封太山立明堂改正朔
易服色明開聖緒尊賢顯功興滅繼絕襃周後備
天地之禮廣道術之路上天報況師古曰況賜也符瑞並應
寶鼎出白麟獲海效鉅魚師古曰效致也鉅大也神人並見山稱
萬歲功德茂盛不能盡宣而廟樂未稱師古曰稱副也朕甚
悼焉其與列侯二千石博士議於是羣臣大議庭
中皆曰宜如詔書長信少府勝獨曰武帝雖有攘
四夷廣土斥境之功然多殺士衆竭民財力奢泰

亡度天下虛耗師古曰耗減也音呼到反百姓流離物故者半師古
曰物故謂死也蝗蟲大起赤地數千里師古曰言無五穀之苗或人民相
食畜積至今未復師古曰畜讀曰蓄亡德澤於民不宜為立
廟樂公卿共難勝曰此詔書也勝曰詔書不可用
也人臣之誼宜直言正論非苟阿意順指議已出
口雖死不悔於是丞相義御史大夫廣明師古曰蔡義田廣明劾
奏勝非議詔書毀先帝不道及丞相長史黃霸
阿縱勝不舉劾俱下獄有司遂請尊孝武帝廟為
世宗廟奏盛德文始五行之舞天下世世獻納以
明盛德武帝巡狩所幸郡國凡四十九皆立廟如
高祖太宗焉勝霸既久繫霸欲從勝受經勝辭以罪
死霸曰朝聞道夕死可矣師古曰論語稱孔子曰朝聞道夕死可矣故霸引之勝賢
其言遂授之繫再更冬講論不怠師古曰更歷也音工衡反至四
年夏關東四十九郡同日地動或山崩壞城郭室
屋殺六千餘人上乃素服避正殿遣使者弔問吏
民賜死者棺錢下詔曰蓋災異者天地之戒也朕
承洪業託士民之上未能和羣生曩者地震北海
琅邪壞祖宗廟朕甚懼焉其與列侯中二千石博
問術士有以應變補朕之闕毋有所諱因大赦勝
出為諫大夫給事中霸為楊州刺史勝為人質樸

守正簡易亡威儀見時謂上爲君師古曰見見於天子誤相字
於前師古曰前天子之前也君前臣名不當相呼字也上亦以是親信之師古曰知其質樸也嘗
見出道上語師古曰入見天子而以其言爲外人道之上聞而讓勝師古曰讓責也勝曰
陛下所言善臣故揚之堯言布於天下至今見誦
臣以爲可傳故傳耳朝廷每有大議上知勝素直
謂曰先生通正言無懲前事師古曰通謂陳道之也懲創也前事謂坐議廟樂事
勝復爲長信少府遷太子太傅受詔撰尚書論語
說師古曰解說其意若今義疏也賜黃金百斤年九十卒官賜冢塋葬
平陵太后賜錢二百萬爲勝素服五日以報師傅
之恩儒者以爲榮始勝每講授常謂諸生曰士病

不明經術經術苟明其取青紫如俛拾地芥耳師古曰地芥謂草芥之橫在地上者俛而拾之言其易而必得也青紫卿大夫之服也俛即俯字也學經不明不如
歸耕勝從父子建字長卿師古曰從父昆弟之子名建字長卿自師事勝
及歐陽高左右采獲師古曰言於勝及高兩處采問疑義而得又從五經諸儒
問與尚書相出入者牽引以次章句具文飾說勝
非之曰建所謂章句小儒破碎大道建亦非勝爲
學疏略難以應敵建卒自顓門名經師古曰顓與專同專門者自別爲一家之學
爲議郎博士至太子少傅勝子兼爲左曹太
中大夫孫堯至長信少府司農鴻臚曾孫蕃郡守
州牧長樂少府勝同產弟子賞爲梁內史梁內史

子定國爲豫章太守而建子千秋亦爲少府太子
少傅

京房字君明東郡頓丘人也治易事梁人焦延壽
延壽字贛師古曰贛音貢贛貧賤以好學得幸梁王梁王共其資
用師古曰共讀曰恭令極意學既成爲郡史察舉補小黃令
以候司先知姦邪盜賊不得發師古曰以其常先知姦邪故欲爲盜賊者不敢起發
愛養吏民化行縣中舉最當遷師古曰以課最而被舉故欲遷爲他官也
三老官屬上書願留贛有詔許增秩留師古曰依許留而增其秩
卒於小黃贛常曰得我道以亡身者京生也其說
長於災變分六十卦更直日用事以風雨寒溫爲

候孟康曰分卦直日之法一爻主一日六十四卦爲三百六十日餘四卦震離兌坎爲方伯監司之官所以用震離兌坎者是二至二分用事之日又是四時各專王之氣各卦主時其占法各以其日觀其善惡也師古曰更工衡反各有占驗房用之
尤精好鍾律知音聲初元四年以孝廉爲郎永光
建昭間西羌反日蝕又久青亡光陰霧不精師古曰精謂日光清明也
房數上疏先言其將然師古曰言欲有此事近數月遠
一歲所言屢中天子說之師古曰說讀曰悅數召見問房對
曰古帝王以功舉賢則萬化成瑞應著師古曰萬化萬機之事施教化者也一曰萬物之類也末世以毀譽取人故功業廢而致災異
宜令百官各試其功災異可息詔使房作其事房
奏考功課吏法晉灼曰令丞尉治一縣崇教化亡犯法者輒遷有盜賊滿三日不覺者則尉事也令覺之自除

(二尉負其二率相准如此法)上令公卿朝臣與房會議溫室(師古曰溫室殿名也)皆以房言煩碎令上下相司不可許上意鄉之(師古曰鄉讀曰嚮)時部刺史奏事京師上召見諸刺史令房曉以課事刺史復以為不可行唯御史大夫鄭弘光祿大夫周堪初言不可後善之是時中書令石顯顓權(師古曰顓與專同)顯友人五鹿充宗為尚書令與房同經論議相非二人用事房嘗宴見(師古曰以閒宴時而入見天子)問上曰幽厲之君何以危所任者何人也上曰君不明而所任者巧佞房曰知其巧佞而用之邪將以為賢也上曰賢之房曰然則今何以知其不賢也

上曰以其時亂而君危知之房曰若是任賢必治任不肖必亂必然之道也幽厲何不覺寤而更求賢臣為卒任不肖以至於是(師古曰卒終也)上曰臨亂之君各賢其臣令皆覺寤天下安得危亡之君房曰齊桓公秦二世亦嘗聞此君而非笑之然則任豎刁趙高政治日亂盜賊滿山何不以幽厲卜之而覺寤乎上曰唯有道者能以往知來耳房因免冠頓首曰春秋紀二百四十二年災異以視萬世之君(師古曰視讀曰示)今陛下即位已來日月失明星辰逆行山崩泉涌地震石隕夏霜冬雷(師古曰雷古雷字)春凋秋榮

隕霜不殺水旱螟蟲民人飢疫盜賊不禁刑人滿市春秋所記災異盡備(師古曰言今皆備有之)陛下視今為治邪亂邪所任用者誰與(師古曰與讀曰歟)上曰然幸其瘉於彼又以為不在此人也(師古曰瘉與愈同愈猶勝也言今之災異及政道猶幸勝於往日又不由所任之人)房曰夫前世之君亦皆然矣臣恐後之視今猶今之視前也上良久迺曰今為亂者誰哉房曰明主宜自知之上曰不知也如知何故用之(師古曰如若也)房曰上最所信任與圖事帷幄之中進退天下之士者是矣(師古曰圖謀也)房指謂石顯上亦知之謂房曰已諭(師古曰言已曉此意)房罷出後上令房上弟子曉知考功課吏事

者欲試用之房上中郎任良姚平願以為刺史試考功法臣得通籍殿中為奏事以防雍塞(師古曰雍讀曰壅)石顯五鹿充宗皆疾房欲遠之(師古曰出之令遠去)建言宜試以房為郡守(師古曰立議云然也)元帝於是以房為魏郡太守秩八百石居得以考功法治郡房自請願無屬刺史得除用它郡人自弟吏千石已下(如淳曰令長屬縣自第殿最)歲竟乘傳奏事(師古曰傳張戀反其下亦同)天子許焉房自知數以論議為大臣所非內與石顯五鹿充宗有隙不欲遠離左右及為太守憂懼以建昭二年二月朔拜上封事曰辛酉已來蒙氣衰去太陽精明臣

獨欣然以為陛下有所定也然少陰倍力而乘消息孟康
曰房以消息卦為辟辟君也息卦曰太陰其餘卦曰少陰少陽謂臣下也幷力雜卦氣干消息也臣疑陛下雖行此道猶不
得如意臣竊悼懼守陽平侯鳳欲見未得己卯臣拜為太
守此言上雖明下猶勝之效也師古曰言帝雖明主之明故已出為郡守也臣出之後恐
為用事所蔽身死而功不成故願歲盡乘傳奏事蒙哀
見許迺辛巳蒙氣復乘卦太陽侵色張晏曰晉卦解卦也太陽侵色謂大壯也此
上大夫覆陽而上意疑也師古曰覆猶掩蔽也己卯庚辰之間必有欲
隔絕臣令不得乘傳奏事者房未發上令陽平侯鳳
承制詔房止無乘傳奏事房意愈恐去至新豐因
郵上封事師古曰郵行書者也若今傳送文書矣郵音尤曰臣前以六月中言遯卦不

效法曰道人始去寒涌水為災師古曰道人有道術之人也天氣寒而又有水涌出也至其
七月涌水出臣弟子姚平謂臣曰房可謂知道未可謂
信道也房言災異未嘗不中涌水已出道人當逐死
尚復何言臣曰陛下至仁於臣尤厚雖言而死臣猶
言也師古曰自云不避死也平又曰房可謂小忠未可謂大忠也昔
秦時趙高用事有正先者非刺高而死孟康曰姓正名先秦博士也高
威自此成故秦之亂正先趣之師古曰趣讀曰促今臣得出守
郡自詭效功師古曰詭責也自以為憂責也恐未效而死惟陛下毋使
臣塞涌水之異師古曰塞亦當也當正先之死為姚平所笑房
至陝復上封事師古曰陝弘農之縣也音式冉反曰乃丙戌小雨丁亥蒙

氣去然少陰幷力而乘消息戊子益甚到五十分
蒙氣復起孟康曰分一日為八十分分起夜半是為戊子之日日在巳西而蒙也蒙常以晨夜今向中而蒙起是臣黨盛君不勝也此陛下欲正消息雜卦之黨幷力而爭消息之
氣不勝彊弱安危之機不可不察己丑夜有還風
盡辛卯孟康曰諸卦氣以寒溫不效後九十一日為還風還風暴風也風為教令言正令還也太陽復侵色
至癸巳日月相薄孟康曰京房傳曰雖非日月同宿之時陰道盛猶上薄日光如此但日無光不食也
此邪陰同力而太陽為之疑也臣前白九年不改
必有星亡之異張晏曰九陽數之極也孟康曰晝食為既夜食為晝而星亡為星不見也臣願出
任良試考功臣得居內星亡之異可去議者知如
此於身不利臣不可蔽故云使弟子不若試師臣

為刺史又當奏事故復云為刺史恐太守不與同
心不若以為太守此其所以隔絕臣也陛下不違
其言而遂聽之此迺蒙氣所以不解太陽亡色者
也臣 去稍遠太陽侵色益甚唯陛下毋難還臣
而易逆天意師古曰易輕也音弋豉反邪說雖安于人天氣必變
故人可欺天不可欺也願陛下察焉房去月餘竟
徵下獄初淮陽憲王舅張博從房受學以女妻房
房與相親每朝見輒為博道其語師古曰所與天子言皆具說之以為
上意欲用房議而羣臣惡其害己故為眾所排博
曰淮陽王上親弟敏達好政欲為國忠師古曰為音于偽反今

欲令王上書求入朝得佐助房。房曰得無不可（師古曰恐不可也）博曰前楚王朝薦士何爲不可房曰中書令石顯尚書令五鹿君相與合同巧佞之人也事縣官十餘年及丞相韋侯皆久亡補於民可謂亡功矣（師古曰韋玄成也）此尤不欲行考功者也淮陽王即朝見勸上行考功事善不然但言丞相中書令任事久而不治可休丞相以御史大夫鄭弘代之遷中書令置他官以鉤盾令徐立代之如此房考功事得施行矣博具從房記諸所說災異事因令房爲淮陽王作求朝奏草皆持東與淮陽王石顯微司具

知之以房親近未敢言及房出守郡顯告房與張博通謀非謗政治歸惡天子詿誤諸侯王語在憲王傳初房見道幽厲事出爲御史大夫鄭弘言之房博皆棄市弘坐免爲庶人房本姓李推律自定爲京氏死時年四十一

翼奉字少君東海下邳人也治齊詩與蕭望之匡衡同師三人經術皆明衡爲後進望之施之政事而奉惇學不仕好律歷陰陽之占元帝初即位諸儒薦之徵待詔宦者署數言事宴見天子敬焉時平昌侯王臨以宣帝外屬侍中稱詔欲從奉學其術奉不肯與言而上封事曰臣聞之於師治道要務在知下之邪正人誠鄉正雖愚爲用（師古曰鄉讀曰嚮）若乖懷邪知益爲害知下之術在於六情十二律而已北方之情好也好行貪狼申子主之（孟康曰北方水水生於申盛於子水性觸地而行觸物而潤多所好故多好則貪而無厭故爲貪狼也）東方之情怒也怒行陰賊亥卯主之（孟康曰東方木木生於亥盛於卯木性受水氣而生貫地而出故爲怒以陰氣賊害土故爲陰賊也）貪狼必待陰賊而後動陰賊必待貪狼而後用二陰並行是以王者忌子卯也禮經避之春秋諱焉（李奇曰北方陰也卯又陰賊故爲二陰王者忌之不舉樂春秋禮記說皆同賈氏說桀以乙卯亡紂以甲子喪惡以爲戒張晏曰子刑卯卯刑子相刑之日故以爲忌而云夏以乙卯亡殷以甲子亡不推湯武以興此說非也師古曰儒者以爲子卯夏殷亡日大失之矣何儒亮以爲學者雖蔽云只取夏殷亡日不論殷周之興以爲大失不博考其義且天人之際其理相符有德者昌無德者亡以桀紂之暴虐又遇惡日其理必亡以湯武之德固先天而天不違所謂德能消殃矣豈殃能消德也）

南方之情惡也惡行廉貞寅午主之（孟康曰南方火火性生於寅盛於午火性炎猛無所容受故爲惡其氣精專嚴整故爲廉貞）西方之情喜也喜行寬大巳酉主之（孟康曰西方金金生於巳盛於酉金之爲物喜以利刃加於萬物故爲喜利刃所加無不寬大故曰寬大也）二陽並行是以王者吉午酉也詩曰吉日庚午（師古曰小雅吉日之詩也其詩曰吉日庚午既差我馬言以庚午之吉日簡擇車馬以出田也）上方之情樂也樂行姦邪辰未主之（孟康曰上方謂北與東也陽氣所萌生故爲上辰窮水也未窮木也翼氏風角曰木落歸本水流歸末故木利在亥水利在辰盛衰各得其所故樂也水窮則無隙不入木上出窮則旁行故爲姦邪）下方之情哀也哀行公正戌丑主之（孟康曰下方謂南與西也陰氣所萌生故爲下戌窮火也丑窮金也翼氏風角曰金剛火彊各歸其鄉故火刑於午金刑於酉酉午金火之盛也盛時而受刑至窮無所歸故曰哀也火性無所私金性方剛故曰公正）辰未屬陰戌丑屬陽萬物各以其類應今陛

下明聖虛靜以待物至萬事雖衆何聞而不諭師古曰諭謂曉解之豈況乎執十二律而御六情於以知下參實亦甚優矣萬不失一自然之道也迺正月癸未日加申有暴風從西南來未主姦邪申主貪狼風以大陰下抵建前是人主左右邪臣之氣張晏曰初元二年歲在甲戌正月二十二日癸未也大陰在太歲後孟康曰時太陰在未月建在寅風從未下至寅南也建爲主氣太陰臣氣也加主氣是人主左右邪臣驗也晉灼曰癸未日風未辰也時加申張說是也平昌侯比三來見臣皆以正辰加邪時辰爲客時爲主人以律知人情王者之祕道也張晏曰平昌侯欲辰上來學爲時邪也風日加申申知祕道也孟康曰謂乙丑之日也丑爲正日加未而來爲邪時晉灼曰奉以未爲邪時占知平昌侯爲邪人此當言皆以邪辰加邪時字誤作正耳下言大邪之見辰時俱邪是也翼氏五行動爲五音四刑

散爲十二律也愚臣誠不敢以語邪人上以奉爲中郎召問奉來者以善日邪時孰與邪日善時奉對曰師法用辰不用日孟康曰假令甲子日子爲辰甲爲日用子不用甲也辰爲客時爲主人見於明主侍者爲主人張晏曰禮君燕見臣則使臣爲主人故侍者爲主人辰正時邪見者正侍者邪辰邪時正見者邪侍者正忠正之見侍者雖邪辰時俱正孟康曰大正厭小邪也凡辰時屬南與西爲正北與東爲邪晉灼曰以上占推之南方巳午西方酉戌東北寅丑爲正西南申未北方亥子東方辰卯爲邪大邪之見侍者雖正辰時俱邪孟康曰大邪厭小正也即以自知侍者之邪而時邪辰正見者反邪孟康曰凡占以見者爲本今自知侍者邪而時復邪則邪無所施故屬見者晉灼曰上言中正客見侍者雖邪辰時俱正然則小邪屬主人矣何以知之見者以大正來反我小邪故也即以自知

侍者之正而時正辰邪見者反正孟康曰已自知侍者正而時復正則正無所施辰雖邪而見者更正也晉灼曰上言大邪客見侍者雖正辰時俱邪然則小正屬主人矣以此法占之即以自知主人之正而時正辰邪矣向以知之見者以大邪來反我小正故也辰爲常事時爲一行孟康曰假令甲子日則一日一夜爲子時十二時也日加之行過也辰跡而時精其效同功必三五觀之然後可知故曰察其所繇省其進退師古曰繇與由同參之六合五行則可以見人性知人情難用外察從中甚明故詩之爲學情性而已五性不相害六情更興廢師古曰更工衡反觀性以歷張晏曰性謂五行也歷謂日也晉灼曰翼氏五性肝性靜靜行仁甲己主之心性躁躁行禮丙辛主之脾性力力行信戊癸主之肺性堅堅行義乙庚主之腎性智智行敬丁壬主之也觀情以律張晏曰情謂廉貞寬大公正姦邪陰賊貪狼也律十二律也明主所宜獨用難與二人共也

故曰顯諸仁藏諸用師古曰易上繫之辭也道周萬物故曰顯諸仁日用不知故曰藏諸用也露之則不神獨行則自然矣唯奉能用之學者莫能行是歲關東大水郡國十一飢疫尤甚上迺下詔江海陂湖園池屬少府者以假貧民勿租稅損大官膳減樂府員省苑馬諸宮館稀御幸者勿繕治太僕少府減食穀馬水衡省食肉獸明年二月戊午地震其夏齊地人相食七月己酉地復震上曰蓋聞賢聖在位陰陽和風雨時日月光星辰靜黎庶康寧考終厥命今朕共承天地託于公侯之上明不能燭德不能綏災異並臻連年不息乃二月

戊午地大震于隴西郡毀落太上廟殿壁木飾壞敗䝠道縣師古曰䝠音桓城郭官寺及民室屋厭殺人衆山崩地裂水泉涌出一年地再動天惟降災震驚朕躬治有大虧咎至於此夙夜兢兢不通大變深懷鬱悼未知其序比年不登元元困乏不勝飢寒以陷刑辟朕甚閔焉憯怛於心師古曰憯千感反已詔吏虛倉廩開府臧振捄貧民師古曰捄古救字羣司其茂思天地之戒師古曰茂勉也有可蠲除減省以便萬姓者各條奏悉意陳朕過失靡有所諱師古曰悉盡也因赦天下舉直言極諫之士奉奏封事曰臣聞之於師曰天地設位懸日

月布星辰分陰陽定四時列五行以視聖人名之曰道師古曰視讀曰示下亦類此聖人見道然後知王治之象故畫州土建君臣立律歷陳成敗以視賢者名之曰經賢者見經然後知人道之務則詩書易春秋禮樂是也易有陰陽詩有五際應劭曰君臣父子兄弟夫婦朋友也孟康曰詩內傳曰五際卯酉午戌亥也陰陽終始際會之歲於此則有變改之政也春秋有災異皆列終始推得失考天心以言王道之安危至秦乃不說傷之以法師古曰說音悅言不悅詩書而以文法傷文學之人也是以大道不通至於滅亡今陛下明聖深懷要道燭臨萬方師古曰燭照也布德流惠靡有闕遺罷省不急之用振救困貧賦醫藥賜棺

錢師古曰賦謂分給之恩澤甚厚又舉直言求過失盛德純備天下幸甚臣奉竊學齊詩聞五際之要十月之交篇師古曰小雅篇名也知日蝕地震之效昭然可明猶巢居知風穴處知雨師古曰巢居鳥鵲之屬也穴處狐貍之類也亦不足多適所習耳臣聞人氣內逆則感動天地天變見於星氣日蝕地變見於奇物震動所以然者陽用其精陰用其形猶人之有五臧六體五臧象天六體象地故臧病則氣色發於面體病則欠申動於貌今年太陰建於甲戌孟康曰太陰在甲戌則太歲在子十一月庚寅日黃鍾律初起用事也律以庚寅初用事歷以甲午從春歷中甲庚律得參陽性中仁

義情得公正貞廉張晏曰甲庚皆三陽甲在東方爲仁庚在西方爲義戌爲公正寅午爲廉貞晉灼曰木數三寅在東方木位之始故曰參陽也師古曰中音竹仲反百年之精歲也正以精歲本首王位張晏曰春也日臨中時接律而地大震其後連月久陰雖有大令猶不能復師古曰大令謂虛倉廩開府庫之屬也復補也音扶目反陰氣盛矣古者朝廷必有同姓以明親親必有異姓以明賢賢此聖王之所以大通天下也同姓親而易進異姓疏而難通故同姓一異姓五迺爲平均今左右亡同姓獨以舅后之家爲親異姓之臣又疏二后之黨滿朝非特處位埶尤奢僭過度呂霍上官足以卜之甚非愛人之道又非後嗣之長

菓也陰氣之盛不亦宜乎臣又聞未央建章甘泉宮才人各以百數皆不得天性師古曰言絶男女之好也若杜陵園其已御見者臣子不敢有言雖然太皇太后之事也及諸侯王國與其後宮宜爲設員出其過制者此損陰氣應天救邪之道也今異至不應災將隨之其法大水極陰生陽反爲大旱甚則有火災春秋宋伯姬是矣師古曰伯姬魯成公女宋恭公之夫人也幽居守寡既久而遇火災極陰生陽也唯陛下財察師古曰財與裁同明年夏四月乙未孝武園白鶴館災奉自以爲中上䟽曰臣前上五際地震之效曰極陰生陽恐有火災不合明聽未見省荅臣

竊內不自信今白鶴館以四月乙未時加於卯月宿亢災與前地震同法臣奉迺深知道之可信也不勝拳拳願復賜閒卒其終始師古曰閒空隙也卒盡也上復延問以得失奉以爲祭天地於雲陽汾陰及諸寢廟不以親䟽迭毀皆煩費違古制又宮室苑囿奢泰難供以故民困國虛亡累年之畜所繇來久師古曰畜讀曰蓄繇與由同不改其本難以末正迺上䟽曰臣聞昔者盤庚改邑以興殷道聖人美之師古曰盤庚殷王名也將遷亳殷衆庶咸怨作盤庚三篇以告之遂乃遷都事見尚書也竊聞漢德隆盛在於孝文皇帝躬行節儉外省繇役其時未有甘泉建章及上林中諸離

宮館也未央宮又無高門武臺麒麟鳳皇白虎玉堂金華之殿獨有前殿曲臺漸臺宣室溫室承明耳孝文欲作一臺度用百金師古曰度計也音大各反重民之財廢而不爲其積土基至今猶存師古曰今在新豐縣南驪山頂上也又下遺詔不起山墳故其時天下大和百姓洽足德流後嗣如令處於當今因此制度必不能成功名天道有常王道亡常亡常者所以應有常也必有非常之主然後能立非常之功臣願陛下徙都於成周左據成皋右阻黽池前鄉崧高後介大河師古

曰鄉讀曰嚮介隔也崧也建滎陽扶河東南北千里以爲關而入敖倉地方百里者八九足以自娛東厭諸侯之權西遠羌胡之難師古曰厭抑也音一葉反遠于萬反陛下共己亡爲師古曰共讀曰恭按成周之居兼盤庚之德萬歲之後長爲高宗漢家郊兆寢廟祭祀之禮多不應古臣奉誠難亶居而改作如淳曰亶居猶虛居也欲徙都乃可更制度也師古曰亶讀曰但但居謂依舊都也故願陛下遷都正本衆制皆定亡復繕治宮館不急之費歲可餘一年之畜師古曰畜讀曰蓄次下亦同臣聞三代之祖積德以王然皆不過數百年而絶周至成王有上賢之材因文武之業以周召爲輔師古曰召讀曰邵有司各敬其事在位莫非其人師古曰言所任皆得賢材也天下甫二

世耳師古曰甫始也然周公猶作詩書深戒成王以恐失天
下書則曰王毋若殷王紂師古曰周書亡逸篇也其書曰周公曰烏虖毋若殷王紂之迷亂酗于酒德哉是也其詩則曰殷之未喪師克配上帝宜監
于殷駿命不易師古曰詩大雅文王之詩也師衆也駿大也言殷家自帝乙以上未喪天下之時皆能配天而行至紂荒息自取敗滅今宜以殷王賢愚爲鍳知天之大命甚難也今漢初取天下起於
豐沛以兵征伐德化未洽後世奢侈國家之費當
數代之用非直費財又乃費士孝武之世暴骨四
夷不可勝數有天下雖未久至於陛下八世九主
矣如淳曰呂后爲主不得爲世故八世九主矣雖有成王之明然亡周召之佐
師古曰召讀曰邵今東方連年飢饉加之以疾疫百姓菜色

前漢傳四十五　十九

或至相食師古曰人專食菜故肌膚青黃爲菜色也地比震動天氣溷濁
日光侵奪師古曰比頻也溷汙也音下頓反繇此言之師古曰繇與由同執國政
者豈可以不懷怵惕而戒萬分之一乎故臣願陛
下因天變而徙都所謂與天下更始者也天道終
而復始窮則反本故能延長而亡窮也今漢道未
終陛下本而始之於以永世延祚不亦優乎如因
丙子之孟夏順太陰以東行張晏曰如因今丙子四月也太陰是時在甲戌當轉在乙亥丙子左旋之也到後七年之明歲必有五年之餘蓄然後
大行考室之禮李奇曰凡宮新成殺牲以釁祭致其五祀之神謂之考室師古曰考成也成其禮也詩小雅斯干之詩序曰斯干宣王考室也故奉引之雖周之隆盛亡以加此唯陛下

留神詳察萬世之策書奏天子異其意荅曰問奉
今園廟有七云東徙狀何如奉對曰昔成王徙洛
般庚遷殷其所避就皆陛下所明知也非有聖明
不能一變天下之道臣奉愚贛狂惑唯陛下裁赦
其後貢禹亦言當定迭毀禮上遂從之及匡衡爲
丞相奏徙南北郊其議皆自奉發之奉以中郎爲
博士諫大夫年老以壽終子及孫皆以學在儒官
李尋字子長平陵人也治尚書與張孺鄭寬中同
師寬中等守師法教授尋獨好洪範災異又學天
文月令陰陽事丞相翟方進方進亦善爲星曆除

前漢傳四十五　二十

尋爲吏數爲翟侯言事帝舅曲陽侯王根爲大
司馬票騎將軍厚遇尋是時多災異根輔政數虛
己問尋尋見漢家有中衰阸會之象其意以爲且
有洪水爲災乃說根曰書云天聰明師古曰虞書皋陶謨之辭也天視聽人君之行不可不畏慎也蓋言紫宮極樞通位帝紀孟康曰紫宮天之北宮也極天之北極星也樞是其迴轉者也天文志曰天極其一明者太一常居也太一天皇大帝也與通極爲一體故曰通位帝紀也太微四
門廣開大道孟康曰太微天之南宮也四門太微之四門也五經六緯尊術顯
士孟康曰六緯五經與樂緯也張晏曰六緯五經就孝經緯也師古曰六緯者五經之緯及樂緯也孟說是也翼張舒
布燭臨四海張晏曰翼二十八星十八度舒布張廣也翼翅夾張故言也少微處士爲
比爲輔孟康曰少微四星在太微西主處士儒學之官爲大微輔佐也故次帝廷女宮在

後孟康曰言少微四星在太微西太微為天帝廷女官謂軒轅星也聖人承天賢賢易色取法於此師古曰賢賢尊上賢人易色輕略於色不貴之也易弋二反天官上相上將皆顓面正朝孟康曰朝太微官垣也西垣為上將東垣為上相各專一面而正天之朝事也憂責甚重要在得人得人之效成敗之機不可不勉也昔秦穆公說諓諓之言任仡仡之勇身受大辱社稷幾亡師古曰諓諓小善言也仡仡壯健也謂聽杞子逢孫揚孫之言言鄭可襲乃使孟明視西乞術白乙丙帥師伐鄭遂為晉襄公所禽而敗於殽三帥盡獲匹馬隻輪皆無反者諓音踐仡巨乙反又牛乞反悔過自責思惟黃髮任用百里奚卒伯西域德列王道師古曰謂晉歸三師之後穆公自悔作秦誓云雖則員然尚猷詢茲黃髮則罔所愆言自悔前有云然之過今庶幾以道謀此黃髮賢老則行事無所過失矣百里奚本虞人也穆公用之卒成霸業二者禍福如此可不慎哉夫士者國家之大寶功

名之本也將軍一門九侯二十朱輪漢興已來臣子貴盛未嘗至此夫物盛必衰自然之理唯有賢友彊輔庶幾可以保身命全子孫安國家書曰歷象日月星辰師古曰虞書堯典之辭也此言仰視天文俯察地理觀日月消息候星辰行伍揆山川變動參人民繇俗師古曰繇讀與謠同繇俗者謂若童謠及輿人之誦以制法度考禍福舉錯誖逆咎敗將至徵兆為之先見師古曰誖乖也見音布內反明君恐懼修正側身博問轉禍為福不可救者即蓄備以待之故社稷亡憂竊見往者赤黃四塞地氣大發動土竭民天下擾亂之徵也彗星爭明張晏曰與日月爭明庶雄為桀

大寇之引也師古曰將引致大寇也此二者已頗效矣城中訛言大水奔走上城朝廷驚駭女孽入宮應劭曰謂小女陳持弓也此獨未效閒者重以水泉涌溢旁宮闕仍出李奇曰旁宮闕而出水也師古曰旁附也仍頻也重直用反旁薄郎反月太白入東井犯積水缺天淵張晏曰犯東井有水災孟康曰積水一星在北河北天淵十星在北斗星東南缺者拂其角而過之也日數湛於極陽之色張晏曰衆陽之宗故為極陽也色宜明耀而無光也羽氣乘宮孟康曰天文志曰西方為羽羽少陰之位少陰臣氣乘於君也晉灼曰羽北方水也水陰為臣宮中央土也土為君今水乘土言臣氣勝於君也起風積雲又錯以山崩地動河不用其道師古曰錯雜也言河從流不從故道也盛冬雷電潛龍為孽孟康曰黑龍冬見張晏曰五行傳曰龍見井中幽囚之象也繼以隕星流彗維塡上見孟康曰有地維星有四塡星皆妖星也晉灼曰天文志四鎮星出四隅去地可四丈地維藏光亦出四隅去地可二丈若月始出所見下有亂者亡有德者昌日蝕有背鄉師古曰背步內反鄉讀曰嚮此

亦高下易居洪水之徵也不憂不改洪水迺欲盪滌流彗迺欲埽除改之則有年亡期師古曰言可延期得福無竟故屬者頗有變改小貶邪猾師古曰屬者謂近時也屬之欲反日月光精時雨氣應師古曰精謂光明也此皇天右漢亡已也師古曰右讀曰祐何況致大改之宜急博求幽隱拔擢天士任以大職李奇曰天士知天道者也晉灼曰嚴君平言師於天士天士應宿台鼎之臣也師古曰李說是也諸闒茸佞讇抱虛求進師古曰闒吐臘反茸人勇反讇古諂字及用殘賊酷虐聞者若此之徒皆嫉善憎忠壞天文敗地理涌趯邪陰湛溺太陽師古曰趯字與躍同湛讀曰沈為主結怨於民師古曰為于偽反宜以時

廢退不當得居位誠必行之凶災銷滅子孫之福
不旋日而至政治感陰陽猶鐵炭之低卬見效可
信者也 孟康曰天文志云縣土炭也以鐵易土耳先冬夏至縣鐵炭於衡各一端令適停冬陽氣至炭仰而鐵低夏陰氣至炭低而鐵仰以此候二至也 及諸蓄水連泉務通利之修舊隄防省池
澤稅以助損邪陰之盛案行事考變易訛言之效
未嘗不至請徵韓放 服虔曰姓名也曉水 掾周敞王望可與圖
之根於是薦尋哀帝初即位召尋待詔黃門使
侍中衛尉傅喜問尋問者水出地動日月失度星
辰亂行災異仍重 師古曰重直用反 極言毋有所諱尋對曰
陛下聖德尊天敬地畏命重民悼懼變異不忘疏

賤之臣幸使重臣臨問愚臣不足以奉明詔竊見
陛下新即位開大明除忌諱博延名士靡不並進
臣尋位卑術淺過隨衆賢待詔 師古曰過猶誤也 食大官衣
御府久汙玉堂之署 師古曰玉堂殿在未央宮 比得召見亡以自效
師古曰比頻也 復特見延問至誠自以逢不世出之命願竭
愚心不敢有所避庶幾萬分有一可采唯弃須臾
之間宿留瞽言 師古曰間謂空隙之時也宿先就反留力救反 考之文理稽之五
經揆之聖意以參天心夫變異之來各應象而至
臣謹條陳所聞易曰縣象著明莫大乎日月 師古曰上繫之
辭也在天成象故曰縣象也 夫日者衆陽之長煇光所燭萬里同晷

人君之表也 師古曰晷景也 故日將且清風發羣陰伏君以
臨朝不牽於色日初出炎以陽君登朝佞不行忠
直進不蔽障日中煇光君德盛明大臣奉公日將
入專以壹君就房有常節君不修道則日失其度
晻昧亡光 師古曰晻與暗同又音烏感反 各有云爲其於東方作日初
出時 師古曰作起也日出之時人物皆起 陰雲邪氣起者法爲牽於女謁
服虔曰謁請也 有所畏難日出後爲近臣亂政日中爲大臣
欺誣日且入爲妻妾役使所營 師古曰營謂繞也 聞者日尤
不精光明侵奪失色邪氣珥蜺數作本起於晨相
連至昏其日出後至日中間差瘉 師古曰瘉與愈同 小臣不

知內事竊以日視陛下志操衰於始初多矣其咎
恐有以守正直言而得罪者傷嗣害世不可不慎
也唯陛下執乾剛之德強志守度毋聽女謁邪臣
之態諸保阿乳母甘言悲辭之託斷而勿聽勉強
大誼絕小不忍良有不得已可賜以貨財不可私
以官位誠皇天之禁也日失其光則星辰放流 張晏
曰日夜食則失光晝立六尺木不見其景也日陽失光明陰得施也 陽不能制陰陰桀得作閒
者太白正晝經天宜隆德克躬以執不軌臣聞月
者衆陰之長銷息見伏百里爲品千里立表萬里
連紀 孟康曰品同也言百里內數度同也千里則當立表度其景萬里則總其本所起紀其宿度也 妃后大臣

諸侯之象也朔晦正終始弦爲繩墨望成君德春夏南秋冬北間者月數以春夏與日同道（孟康曰房有四星其間有三道春夏南行南頭第一星裏道也秋冬北行北頭第一星裏道也與日同道者謂中央道也此三道者日月五星之所由也）過軒轅上后受氣（孟康曰軒轅南大星爲后）入太微帝廷揚光煇犯上將近臣列星皆失色厭厭如滅（鄭氏曰厭音壓桑之壓師古曰音烏點反）此爲母后與政亂朝（師古曰與讀曰豫）陰陽俱傷兩不相便外臣不知朝事竊信天文即如此近臣已不足杖矣（師古曰杖謂倚任也）屋大柱小可爲寒心（師古曰言天下事重大臣之任當得賢能者）唯陛下親求賢士無彊所惡以崇社稷尊彊本朝（師古曰邪佞之人誠可賤惡勿得寵異令其盛彊也）臣聞五星者五行之精五帝司命

應王者號令爲之節度歲星主歲事爲統首號令所紀今失度而盛此君指意欲有所爲未得其節也又填星不避歲星者后帝共政相留於奎婁（張晏曰歲星爲帝填星爲女主也）當以義斷之熒惑往來亡常周歷兩宮作態低卬（張晏曰兩宮謂紫微太微）入天門上明堂貫尾亂宮（孟康曰角兩星爲天門房爲明堂尾爲後宮蘇林曰常占當從尾北而今貫之尾爲後宮之義也）太白發越犯庫（張晏曰發越疾貌也庫天庫也孟康曰奎爲天庫）兵寇之應也貫黃龍入帝庭（張晏曰黃龍軒轅也）當門而出隨熒惑入天門至房而分欲與熒惑爲患不敢當明堂之精此陛下神靈故禍亂不成也熒惑厥弛（張晏曰厥弛動搖貌）佞巧依執微言毀譽進類蔽善（師古曰進其黨類而擁蔽善人）太白出端門（孟康曰端門太微正南門）臣有不臣者火入室金上堂（張晏曰熒惑入營室也孟康曰火入室謂熒惑歷兩宮也金謂太白也上堂入房星也）不以時解其憂凶塡歲相守又主內亂宜察蕭牆之內毋忽親疏之微（師古曰微謂其事微）誅放佞人防絕萌牙以盪滌濁濊消散積惡（師古曰濊與穢同也）毋使得成禍亂辰星主正四時當效於四仲四時失序則辰星作異今出於歲首之孟天所以譴告陛下也政急則出蚤政緩則出晚政絕不行則伏不見而爲彗茀（師古曰茀與孛同）四孟皆出爲易王命四季皆出星家所諱今幸獨出寅孟之月蓋皇天所以篤右陛下（師古曰篤厚也右與祐同祐助也）

宜深自改治國故不可以戚戚欲速則不達經曰三載考績三考黜陟（師古曰虞書舜典之辭也言三年一考功績三考一行黜陟也）加以號令不順四時既往不咎來事之師也間者春三月治大獄時賊陰立逆恐歲小收季夏舉兵法時寒氣應恐後有霜雹之災秋月行封爵其月土溼奧（張晏曰違於月令也師古曰奧溫也音於六反）恐後有雷雹之變夫以喜怒賞罰而不顧時禁雖有堯舜之心猶不能致和善言天者必有效於人設上農夫而欲冬田肉袒深耕汗出種之然猶不生者非人心不至天時不得也易曰時止則止時行則行動靜不失其時其道光明

師古曰此艮卦彖辭也言動止隨時則有光明也書曰敬授民時師古曰虞書堯典之辭也言授下以
四時之命不可不敬也故古之王者尊天地重陰陽敬四時嚴
月令順之以善政則和氣可立致猶枹鼓之相應
也師古曰枹擊鼓之椎也音孚其字從木也今朝廷忽於時月之令諸侍中
尚書近臣宜皆令通知月令之意設羣下請事若
陛下出令有謬於時者當知爭之以順時氣臣聞
五行以水爲本其星玄武婺女天地所紀終始所生
孟康曰婺女須女也北方天地之統陰陽之終始也水爲準平王道公正脩明則百
川理落脈通師古曰落謂經絡也偏黨失綱則踊溢爲敗書云
水曰潤下師古曰周書洪範之辭也陰動而卑不失其道天下有

道則河出圖洛出書故河洛決溢所爲最大今汝
潁畎澮皆川水漂踊與雨水並爲民害師古曰畎澮小流也許慎說廣
尺深尺曰畎廣二尋深二刃謂之澮川者水貫穿而通流也畎工犬反澮工外反此詩所謂爗爗震電
不寧不令百川沸騰者也師古曰詩小雅十月之交之詩也爗爗光貌寧安也令善也言陰陽失和
雷電失序不安不善故百川又沸騰其咎在於皇甫卿士之屬師古曰皇甫卿士周室女
寵之族也解在劉向傳唯陛下留意詩人之言少抑外親大臣
臣聞地道柔靜陰之常義也地有上中下其上位
震應妃后不順中位應大臣作亂下位應庶民離
畔震或於其國國君之咎也四方中央連國歷州
俱動者其異最大間者關東地數震五星作異亦

未大逆宜務崇陽抑陰以救其咎固志建威閉絕
私路拔進英雋退不任職以彊本朝夫本彊則精
神折衝本弱則招殃致凶爲邪謀所陵師古曰折衝言有欲衝突
爲害者則能折挫之聞往者淮南王作謀之時其所難者獨有
汲黯以爲公孫弘等不足言也弘漢之名相於今
亡比而尚見輕何況亡弘之屬乎故曰朝廷亡人
則爲賊亂所輕其道自然也天下未聞陛下奇策
固守之臣也語曰何以知朝廷之衰人人自賢不務
於通人故世陵夷師古曰通人謂薦達賢材也陵夷謂頹替也馬不伏歷不
可以趨道士不素養不可以重國師古曰伏歷謂伏槽歷而秣之也趨讀曰趣

詩曰濟濟多士文王以寧師古曰大雅文王之詩也已解於上孔子曰十
室之邑必有忠信師古曰論語載孔子之言也非虛言也陛下秉四海
之衆曾亡柱幹之固守聞於四境殆開之不廣取
之不明勸之不篤傳曰士之美者善養禾君之
明者善養士人皆可使爲君子師古曰言在所以勸厲之詔書進
賢良赦小過無求備以博聚英雋如近世貢禹以
言事忠切蒙尊榮當此之時士厲身立名者多禹
死之後日日以衰及京兆尹王章坐言事誅滅智
者結舌師古曰不敢出言也邪僞並興外戚顓命師古曰顓與專同君臣
隔塞至絕繼嗣女宮作亂師古曰謂趙飛燕姊妹也此行事之敗

誠可畏而悲也本在積任母后之家非一日之漸
往者不可及來者猶可追也先帝大聖深見天意
昭然使陛下奉承天統欲矯正之也宜少抑外親
選練左右舉有德行道術通明之士充備天官然
後可以輔聖德保帝位承大宗下至郎吏從官行
能亡以異又不通一蓺及博士無文雅者宜皆使
就南畝 師古曰遺歸農業 以視天下 師古曰視讀曰示 明朝廷皆賢材君
子於以重朝尊君滅凶致安此其本也臣自知所
言害身不辟死亡之誅唯財留神反覆覆愚臣之
言 師古曰財與裁同謂裁量而反思之 是時哀帝初立成帝外家王氏未

甚抑黜而帝外家丁傅新貴祖母傅太后尤驕恣
欲稱尊號丞相孔光大司空師丹執政諫爭久之
上不得已遂免光丹而尊傅太后語在丹傳上雖
不從尋言然采其語每有非常輒問尋尋對屢中遷
黃門侍郎以尋言且有水災故拜尋為騎都尉使
護河隄初成帝時齊人甘忠可詐造天官歷包元
太平經十二卷以言漢家逢天地之大終當更受
命於天天帝使真人赤精子下教我此道忠可以
教重平夏賀良容丘丁廣世 服虔曰重平渤海縣也 晉灼曰容丘東海縣也 東郡
郭昌等中壘校尉劉向奏忠可假鬼神罔上惑眾

下獄治服未斷病死賀良等坐挾學忠可書以不
敬論後賀良等復私以相教哀帝初立司隸校尉
解光亦以明經通災異得幸白賀良等所挾忠可
書事下奉車都尉劉歆歆以為不合五經不可施
行而李尋亦好之光曰前歆父向奏忠可下獄歆
安肯通此道時郭昌為長安令勸尋宜助賀良等
尋遂白賀良等皆待詔黃門數召見陳說漢歷中
衰當更受命成帝不應天命故絕嗣今陛下久疾
變異屢數 師古曰數音所角反 天所以譴告人也宜急改元易
號乃得延年益壽皇子生災異息矣得道不得行

咎殃且亡 師古曰言知道不能行之必有殃咎將至滅亡 不有洪水將出災火且
起滌盪民人哀帝久寢疾幾其有益 師古曰幾讀曰冀 遂從
賀良等議於是詔制丞相御史蓋聞尚書五曰考
終命 師古曰周書洪範五福之數也言得壽考而終其命也 言大運壹終更紀天元人元
考文正理推歷定紀數如甲子也朕以眇身入繼
太祖承皇天總百僚子元元未有應天心之效即
位出入三年災變數降日月失度星辰錯謬高下
貿易 師古曰言山崩川竭也 大異連仍盜賊並起 師古曰仍頻也 朕甚懼焉
戰戰兢兢唯恐陵夷 師古曰陵夷漸減亡也 惟漢至今二百載歷
紀開元皇天降非材之右漢國再獲受命之符 師古

曰右讀曰祐祐助也帝自言不材而得天助也朕之不德曷敢不通夫受天之元命必與天下自新其大赦天下以建平二年爲太初元年號曰陳聖劉太平皇帝漏刻以百二十爲度布告天下使明知之後月餘上疾自若師古曰自若言如故也賀良等復欲妄變政事大臣爭以爲不可許賀良等奏言大臣皆不知天命宜退丞相御史以解光李尋輔政上以其言亡驗遂下賀良等吏而下詔曰朕獲保宗廟爲政不德變異屢仍恐懼戰栗未知所繇師古曰繇讀與由同待詔賀良等建言改元易號增益漏刻可以永安國家朕信道不篤過聽其言師古曰過誤也幾爲百姓獲福師古曰幾冀也卒無嘉應久旱爲災以問賀良等對當復改制度皆背經誼違聖制不合時宜夫過而不改是爲過矣六月甲子詔書非赦令也皆蠲除之師古曰唯赦令不改餘皆除之賀良等反道惑衆姦態當窮竟皆下獄光祿勳平當光祿大夫毛莫如與御史中丞廷尉雜治當賀良等執左道亂朝政師古曰當謂處正其罪名傾覆國家誣罔主上不道賀良等皆伏誅尋及解光減死一等徙敦煌郡

贊曰幽贊神明通合天人之道者莫著乎易春秋師古曰幽深贊明也然子贛猶云夫子之文章可得而聞師古曰謂易辭文言及春秋之屬是夫子之言性與天道不可得而聞已矣師古曰性命玄遠天道幽深故孔子不言之也此皆論語述子貢之言也漢興推陰陽言災異者孝武時有董仲舒夏侯始昌昭宣則眭孟夏侯勝元成則京房翼奉劉向谷永哀平則李尋田終術此其納說時君著明者也察其所言彷彿一端師古曰彷讀曰髣髴讀與髴同假經設誼依託象類或不免乎億則屢中師古曰論語稱孔子曰賜不受命而貨殖焉億則屢中故此贊引之言仲舒等億度所言既多故時有中者耳非必道術皆通明也億音於力反仲舒下吏夏侯囚執眭孟誅戮李尋流放此學者之大戒也京房區區不量淺深危言刺譏構怨彊臣罪辜不旋踵亦不密以失身悲失師古曰易上繫辭曰君不密則失臣臣不密則失身故贊引之也

眭兩夏侯京翼李傳第四十五

趙尹韓張兩王傳第四十六　漢書七十六

秘書監上護軍琅邪縣開國子顏師古注

趙廣漢字子都涿郡蠡吾人也（師古曰蠡音禮）故屬河閒（師古曰言蠡吾舊屬河閒後屬涿郡）少為郡吏州從事以廉絜通敏下士為名（師古曰敏謂材識捷疾也下胡嫁反）舉茂材平準令察廉為陽翟令以治行尤異遷京輔都尉守京兆尹會昭帝崩而新豐杜建為京兆掾護作平陵方上（孟康曰壙上也師古曰方上解在張湯傳）建素豪俠賓客為姦利廣漢聞之先風告（師古曰風讀曰諷）建不改於是收案致法（師古曰致至也令至於罪罰之法）中貴人豪長者為請無不至終無所聽（師古曰中貴人居中朝而貴者也豪豪桀也長者有名德之人也）

宗族賓客謀欲篡取（師古曰逆取曰篡）廣漢盡知其計議主名起居（師古曰起居謂居止之處及欲發起之狀）使吏告曰若計如此且并滅家令數吏將建弃市莫敢近者京師稱之是時昌邑王徵即位行淫亂大將軍霍光與羣臣共廢王尊立宣帝廣漢以與議定策賜爵關內侯（師古曰與讀曰豫）遷潁川太守郡大姓原褚宗族橫恣（李奇曰原音元師古曰原褚二姓也原讀如本字橫胡孟反）賓客犯為盜賊前二千石莫能禽制廣漢既至數月誅原褚首惡郡中震栗先是潁川豪桀大姓相與為婚姻吏俗朋黨廣漢患之厲使其中可用者受記（服虔曰受相訟讞記也師古曰擇其中可使者獎厲而使之）出有

案問既得罪名行法罰之廣漢故漏泄其語令相怨咎（師古曰遣知其事由某人發故結怨咎也）又教吏為缿筩（蘇林曰缿音項如瓶可受投書孟康曰筩竹筩也如今官受密事筩也師古曰缿若今盛錢臧瓶為小孔可入而不可出或缿或筩皆為此制而用受書令投於其中也筩音同）及得投書削其主名而託以為豪桀大姓子弟所言其後彊宗大族家家結為仇讎姦黨散落風俗大改吏民相告訐（師古曰面相斥曰訐音居乂反又音居謁反）廣漢得以為耳目盜賊以故不發發又輒得壹切治理威名流聞（師古曰言諸事皆治理也治直吏反一切解在平紀）及匈奴降者言匈奴中皆聞廣漢本始二年漢發五將軍擊匈奴徵遣廣漢以太守將兵屬蒲類將軍趙充國從軍還復用守

京兆尹滿歲為真廣漢為二千石以和顏接士其尉薦待遇吏殷勤甚備（如淳曰尉亦薦藉也師古曰尉薦謂安尉而薦達之）事推功善歸之於下曰某掾卿所為非二千石所及行之發於至誠吏見者皆輸寫心腹無所隱匿咸願為用僵仆無所避（師古曰僵偃也仆頓也僵音薑仆音赴）廣漢聰明皆知其能之所宜盡力與否其或負者輒先聞知風諭不改乃收捕之（師古曰風讀曰諷）無所逃案之罪立具即時伏辜廣漢為人彊力天性精於吏職見吏民或夜不寑至旦尤善為鉤距以得事情（蘇林曰鉤得其情使不得去也晉灼曰鉤致也距閉也使對者無疑若不問而自知衆莫覺所由以閉其術為距也師古曰晉說是也）鉤距者設欲知馬

賈則先問狗師古曰賈讀曰價已問羊又問牛然後及馬參伍其賈以類相準則知馬之貴賤不失實矣唯廣漢至精能行之它人效者莫能及郡中盜賊閭里輕俠其根株窟穴所在及吏受取請求銖兩之姦皆知之長安少年數人會窮里空舍謀共劫人師古曰窮里里中之極隱處坐語未訖廣漢使吏捕治具服富人蘇回爲郎二人劫之師古曰劫取其身爲質令家將財物贖之有頃廣漢將吏到家自立庭下使長安丞龔奢叩堂戶曉賊師古曰曉謂諭告之曰京兆尹趙君謝兩卿無得殺質此宿衛臣也釋質束手得善相遇幸逢赦令或時解脫師古曰若束手自來歸命則當善相遇之或逢赦令則得免脫也脫土活反二人驚愕又素聞廣漢名

即開戶出下堂叩頭廣漢跪謝曰幸全活郎甚厚送獄敕吏謹遇給酒肉至冬當出死豫爲調棺給斂葬具告語之師古曰調謂具之也棺斂以棺衣斂尸也調徒釣反棺工喚反斂力贍反皆曰死無所恨廣漢嘗記召湖都亭長師古曰爲書記以召之若今之下符追呼人也湖都亭長西至界上界上亭長戲曰至府爲我多問趙君師古曰多厚也言殷勤若今人言千萬問訊矣亭長既至廣漢與問事畢謂曰界上亭長寄聲謝我師古曰謝告也何以不爲致問亭長叩頭服實有之廣漢因曰還爲吾謝界上亭長勉思職事有以自效京兆不忘卿厚意其發

姦擿伏如神皆此類也師古曰擿謂動發之也音它狄反廣漢奏請令長安游徼獄吏秩百石師古曰特增其秩以厲其行其後百石吏皆差自重不敢枉法妄繫留人京兆政清吏民稱之不容口長老傳以爲自漢興治京兆者莫能及左馮翊右扶風皆治長安中師古曰治直吏反犯法者從迹喜過京兆界師古曰從讀曰蹤喜許吏反廣漢歎曰亂吾治者常二輔也誠令廣漢得兼治之直差易耳初大將軍霍光秉政廣漢事光及光薨後廣漢心知微指師古曰識天子意也發長安吏自將與俱至光子博陸侯禹第直突入其門廋索私屠酤椎破盧罌斧斬其門關

而去師古曰廋讀與搜同謂入室求之也盧所以居罌罌所以盛酒也盧解在食貨志司馬相如傳罌於耕反時光女爲皇后聞之對帝涕泣帝心善之以召問廣漢廣漢由是侵犯貴戚大臣所居好用世吏子孫新進年少者師古曰言皆舊吏家子孫而其人後出未進又年少也專厲彊壯蠭氣師古曰蠭與鋒同言鋒銳之氣見事風生無所回避師古曰風生言其速疾不可當也回曲也率多果敢之計莫爲持難廣漢終以此敗初廣漢客私酤酒長安市丞相吏逐去客疑男子蘇賢言之以語廣漢廣漢使長安丞按賢師古曰案致其罪也尉史禹故劾賢爲騎士屯霸上不詣屯所乏軍興文穎曰尉史尉部吏也禹其名賢父上書訟罪告廣漢事下有司覆治禹坐要斬請逮

捕廣漢有詔即訊（師古曰令就問辭之不追入獄也）辭服會赦貶秩一等廣漢疑其邑子榮畜教令（師古曰蘇賢同邑之子也令力成反）後以它法論殺畜人上書言之事下丞相御史案驗甚急廣漢使所親信長安人爲丞相府門卒令微司丞相門内不法事地節三年七月中丞相傅婢有過自絞死廣漢聞之疑丞相夫人妒殺之府舍而丞相奉齋酎入廟祠（師古曰將酎祭宗廟而先絜齋也）廣漢得此使中郎趙奉壽風曉丞相（師古曰風讀曰諷）欲以脅之毋令窮正己事丞相不聽案驗愈急廣漢欲告之先問太史知星氣者言今年當有戮死大臣廣漢即上書告

丞相罪制曰下京兆尹治廣漢知事迫切遂自將吏卒入丞相府召其夫人跪庭下受辭（師古曰受其對辭也）收奴婢十餘人去責以殺婢事丞相魏相上書自陳妻實不殺婢廣漢數犯罪法不伏辜以詐巧迫脅臣相幸臣相寬不奏願下明使者治廣漢所驗臣相家事事下廷尉治實丞相自以過譴笞傅婢出至外弟乃死不如廣漢言司直蕭望之劾奏廣漢摧辱大臣欲以劫持奉公逆節傷化不道宣帝惡之下廣漢廷尉獄又坐賊殺不辜鞠獄故不以實擅斥除騎士乏軍興數罪（師古曰斥除逆遣之）天子可其奏吏

民守闕號泣者數萬人或言臣生無益縣官願代趙京兆死使牧養小民廣漢竟坐要斬廣漢爲京兆尹廉明威制豪彊小民得職（師古曰得職各得其常所也）百姓追思歌之至今

尹翁歸字子兄（師古曰兄讀曰況）河東平陽人也徙杜陵翁歸少孤與季父居爲獄小吏曉習文法喜擊劒人莫能當（師古曰喜許吏反）是時大將軍霍光秉政諸霍在平陽奴客持刀兵入市鬬變吏不能禁（師古曰變亂也）及翁歸爲市吏莫敢犯者公廉不受餽（師古曰餽亦饋字也）百賈畏之後去吏居家會田延年爲河東太守行縣至平陽悉

召故吏五六十人延年親臨見令有文者東有武者西閱數十人次到翁歸獨伏不肯起對曰翁歸文武兼備唯所施設功曹以爲此吏倨敖不遜（師古曰敖讀曰傲）延年曰何傷遂召上辭問（師古曰爲文辭而問之）甚奇其對除補卒史便從歸府案事發姦窮竟事情延年大重之自以能不及翁歸徙署督郵河東二十八縣分爲兩部閎孺部汾北翁歸部汾南（師古曰閎姓也音宏）所舉應法得其罪辜屬縣長吏雖中傷莫有怨者舉廉爲緱氏尉歷守郡中所居治理（師古曰歷於郡中守丞尉之職也）遷補都内令舉廉爲弘農都尉徵拜東海太守過辭

廷尉于定國定國家在東海欲屬託邑子兩人師古曰邑子同邑人之子也屬之欲
反令坐後堂待見定國與翁歸語終日不敢見其邑子
既去定國乃謂邑子曰此賢將汝不任事也又不可干
以私師古曰任堪也干求也翁歸治東海明察郡中吏民賢不肖及姦
邪罪名盡知之縣縣各有記籍自聽其政師古曰言決斷諸縣姦邪之事不委令長
有急名則少緩之吏民小解輒披籍服虔曰披有罪者籍也師古曰解讀曰懈縣縣
收取黠吏豪民案致其罪高至於死取人必於秋冬課吏
大會中及出行縣師古曰於大會之中及行縣時則收取罪人以警衆也行音下更反不以無事時其有
所取也以一警百吏民皆服恐懼改行自新東海大豪
郯許仲孫師古曰郯縣之豪姓許名仲孫為姦猾亂吏治郡中苦之二千

前漢傳四十六　七　施元

石欲捕者輒以力埶變詐自解終莫能制翁歸至論
弃仲孫市一郡怖栗莫敢犯禁東海大治以高弟入
守右扶風滿歲為真選用廉平疾姦吏以為右職接
待以禮好惡與同之其負翁歸罰亦必行治如在東海
故迹姦邪罪名亦縣縣有名籍盜賊發其比伍中師古曰比謂左右相次者
也五家為伍若今五保也比頻寐反翁歸輒召其縣長吏曉告以姦黠主名教
使用類推迹盜賊所過抵師古曰抵歸也所經過及所歸投也類常如翁歸言無有遺
脫師古曰類猶率也緩於小弱急於豪彊豪彊有論罪輸掌畜官
師古曰論罪決罪也扶風掌畜牧所在有苑師之屬故曰掌畜官也畜許救反使斫莝師古曰莝斬芻音千卧反責以員程不得
取代師古曰員數也計其人及日數為功程不中程輒笞督師古曰督責也極者至以鈇自

剄而死師古曰鈇莝刃也音大夫之夫使其斫莝故因以自剄而說者或謂為斧或云鍘鈇皆失之也京師畏其威
嚴扶風大治盜賊課常為三輔最師古曰言發則獲之無有遺失故為最也翁歸
為政雖任刑其在公卿之間清絜自守語不及私然溫
良嗛退不以行能驕人師古曰嗛古以為謙字甚得名譽於朝廷視事
數歲元康四年病卒家無餘財天子賢之制詔御史朕夙興
夜寐以求賢為右師古曰右猶上也不異親疏近遠務在安民而已扶
風翁歸廉平鄉正師古曰鄉讀曰嚮治民異等早夭不遂不得終其
功業朕甚憐之其賜翁歸子黃金百斤以奉其祭祠翁
歸三子皆為郡守少子岑歷位九卿至後將軍而閎
孫亦至廣陵相有治名由是世稱田延年為知人

前漢傳四十六　八　施元

韓延壽字長公燕人也徙杜陵少為郡文學父義
為燕郎中刺王之謀逆也義諫而死燕人閔之是
時昭帝富於春秋大將軍霍光持政徵郡國賢良
文學問以得失時魏相以文學對策以為賞罰所
以勸善禁惡政之本也日者燕王為無道師古曰日者猶言往日也
韓義出身彊諫為王所殺義無比干之親而蹈比
干之節師古曰殷之比干紂之諸父諫紂而死故以為喻也宜顯賞其子以示天下
明為人臣之義光納其言因擢延壽為諫大夫遷
淮陽太守治甚有名徙潁川潁川多豪彊難治國
家常為選良二千石先是趙廣漢為太守患其俗

朋黨故構會吏民令相告訐師古曰構結也一切以爲聰明
潁川由是以爲俗民多怨讎延壽欲改更之教以
禮讓恐百姓不從乃歷召郡中長老爲鄉里所信
向者數十人設酒具食親與相對接以禮意人人
問以謠俗民所疾苦師古曰謠俗謂閭里歌謠政教善惡也爲陳和睦親
愛銷除怨咎之路長老皆以爲便可施行因與議
定嫁娶喪祭儀品略依古禮不得過法延壽於是
令文學校官諸生皮弁執俎豆師古曰校亦學也音效爲吏民行
喪嫁娶禮百姓遵用其教賣偶車馬下里僞物者
棄之市道張晏曰下里地下蒿里僞物也師古曰偶謂土木爲之象真車馬之形也偶對也棄其物於市之道上也數年

徙爲東郡太守黃霸代延壽居潁川霸因其迹而
大治延壽爲吏上禮義好古教化所至必聘其賢
士以禮待用廣謀議納諫爭舉行喪讓財表孝
弟有行修治學官師古曰學官謂庠序之舍也春秋鄉射陳鐘鼓
管弦盛升降揖讓及都試講武設斧鉞旌旗習
射御之事治城郭收賦租先明布告其日以期會
爲大事吏民敬畏趨鄉之師古曰趨讀曰趣鄉讀曰嚮又置正五長
師古曰正若今之鄉正里正也伍長同伍之中置一人爲長也相率以孝弟不得舍姦人師古曰舍止也
閭里仟佰有非常吏輒聞知姦人莫敢入界
其始若煩後吏無追捕之苦民無箠楚之憂師古曰箠

杖也楚荊木也即今之荊子也箠止蘂反皆便安之接待下吏恩施甚厚而
約誓明或欺負之者延壽痛自刻責豈其負之何
以至此師古曰言豈我負之邪其人何以爲此事吏聞者自傷悔其縣尉至自
刺死及門下掾自剄人救不殊因瘖不能言師古曰殊絕也以人救之故身首不相絕也瘖於今反延壽聞之對掾史涕泣遣吏醫治視師古曰遣醫治之而吏護視之厚復其家師古曰復方目反延壽嘗出臨上車騎
吏一人後至敕功曹議罰白師古曰令定其罪名而更白之還至府門
門卒當車願有所言延壽止車問之卒曰孝經曰
資於事父以事君而敬同故母取其愛而君取其
敬兼之者父也師古曰資取也取事父之道以事君其敬則同也母則極愛君則極敬不如父之兼愛敬今

旦明府早駕久駐未出騎吏父來至府門不敢入
騎吏聞之趨走出謁適會明府登車以敬父而見
罰得毋虧大化乎延壽舉手輿中曰微子太守不
自知過師古曰微無也歸舍召見門卒卒本諸生聞延壽賢
無因自達故代卒師古曰代人爲卒也延壽遂待用之其納善聽
諫皆此類也在東郡三歲令行禁止斷獄大減爲
天下最入守左馮翊滿歲稱職爲真歲餘不肯出
行縣師古曰行下更反其後亦同丞掾數白宜循行郡中覽觀民俗
考長吏治迹延壽曰縣皆有賢令長督郵分明善
惡於外行縣恐無所益重爲煩擾師古曰重直用反丞掾皆

以爲方春月可壹出勸耕桑延壽不得已行縣至
高陵民有昆弟相與訟田自言延壽大傷之曰幸
得備位爲郡表率不能宣明教化至令民有骨肉
爭訟既傷風化重使賢長吏嗇夫三老孝弟受其
恥師古曰重直用反咎在馮翊當先退是日移病不聽事因
入臥傳舍閉閤思過一縣莫知所爲令丞嗇夫三
老亦皆自繫待罪於是訟者宗族傳相責讓此兩
昆弟深自悔皆自髡肉袒謝願以田相移終死不
敢復爭師古曰移猶傳也一說兄以讓弟弟又讓之故云相移延壽大喜開閤延見內
酒肉與相對飲食厲勉以意告鄉部有以表勸悔
過從善之民師古曰以其悔過從善故令表顯以示勸勵延壽乃起聽事勞謝

令丞以下引見尉薦郡中歙然莫不傳相敕厲不
敢犯延壽恩信周徧二十四縣莫復以辭訟自言
者推其至誠吏民不忍欺紿師古曰紿誑也延壽代蕭望之
爲左馮翊而望之遷御史大夫侍謁者福爲望之
道延壽在東郡時放散官錢千餘萬望之與丞相
丙吉議吉以爲更大赦不須考師古曰更工衡反會御史當
問東郡望之因令并問之師古曰望之以延壽代己爲馮翊而有能名出己之上故忌害之欲陷以罪法
延壽聞知即部吏案校望之在馮翊時廩犧官錢
放散百餘萬廩犧吏掠治急自引與望之爲姦延

壽劾奏移殿門禁止望之望之自奏職在總領天下聞
事不敢不問而爲延壽所拘持上由是不直延壽
各令窮竟所考望之卒無事實而望之遣御史案
東郡具得其事延壽在東郡時試騎士師古曰每歲大試也治
飾兵車畫龍虎朱爵延壽衣黃紈方領晉灼曰以黃色素作直領也師
古曰衣於顏反駕四馬傅總建幢棨李奇曰戟也晉灼曰傅著也總以緝繒飾鑣鑣也建立也幢旌
幢也棨戟也師古曰幢麾也棨有衣之戟也其衣以赤黑繒爲之幢大江反棨音啓植羽葆師古曰植亦立也羽葆聚翟尾爲之
亦今纛之類也植常職反鼓車歌車孟康曰如今郊駕時車上鼓吹也師古曰郊駕郊祀時備法駕也功曹
引車皆駕四馬載棨戟五騎爲伍分左右部軍假司
馬千人持幢旁轂師古曰旁步浪反歌者先居射室李奇曰都試射堂也

望見延壽車噭咷楚歌服虔曰噭音叫呼之叫咷音濯濯之濯師古曰咷它釣反延壽
坐射室騎吏持戟夾陛列立騎士從者帶弓鞬羅
後師古曰鞬弓衣也音居言反令騎士兵車四面營陳被甲鞮鞪居
馬上抱弩負籣如淳曰籣盛弩箭箙也師古曰鞮鞪即兜鍪也籣盛弩矢者也其形如木桶鞮丁奚反鞪莫
侯反又使騎士戲車弄馬盜驂孟康曰戲車弄馬之技也盜驂騎解驂馬御者不見也延
壽又取官銅物候月蝕鑄作刀劍鉤鐔放效尚方
事師古曰鉤亦兵器也似劍而曲所以鉤殺人也鐔劍喉也又曰鐔似劍而小脛鐔音淫又音尋及取官錢帛私
假繇使吏師古曰假謂顧賃也繇讀與徭同及治飾車甲三百萬以上
於是望之劾奏延壽上僭不道又自陳前爲延壽
所奏今復舉延壽罪衆庶皆以臣懷不正之心侵

寬延壽願下丞相中二千石博士議其罪事下公卿皆以延壽
前既無狀後復誣愬典法大臣欲以解罪狡猾不道天子
惡之延壽竟坐弃市吏民數千人送至渭城老小扶持
車轂爭奏酒炙師古曰奏進也延壽不忍距逆人人爲飲計飲酒
石餘使掾史分謝送者遠苦吏民延壽死無所恨百姓
莫不流涕延壽三子皆爲郎吏且死屬其子勿爲吏
以己爲戒師古曰屬之欲反子皆以父言去官不仕至孫威乃復
爲吏至將軍威亦多恩信能拊衆得士死力威又坐
奢僭誅延壽之風類也
張敞字子高本河東平陽人也祖父孺爲上谷太守徙茂

陵敞父福事孝武帝官至光祿大夫敞後隨宣帝徙杜陵
敞本以鄉有秩補太守卒史師古曰鄉有秩者嗇夫之類也察廉爲甘泉倉長
稍遷太僕丞杜延年甚奇之師古曰延年時爲太僕也會昌邑王徵即位動
作不由法度敞上書諫曰孝昭皇帝蚤崩無嗣師古曰蚤古早字大臣
憂懼選賢聖承宗廟東迎之日唯恐屬車之行遲師古曰不欲斥
乘輿故但言屬車耳屬之欲反今天子以盛年初即位天下莫不拭目
傾耳觀化聽風師古曰言改易視聽欲急聞見善政化也拭音式國輔大臣未褒
而昌邑小輦先遷李奇曰小輦小臣也此過之大者也後十餘
日王賀廢敞以切諫顯名擢爲豫州刺史以數上
事有忠言宣帝徵敞爲太中大夫與于定國並平

尚書事以正違忤大將軍霍光師古曰守正不阿也而使主兵
車出軍省減用度師古曰令其主節減軍興用度也復出爲函谷關都
尉宣帝初即位廢王賀在昌邑上心憚之徙敞爲
山陽太守久之大將軍霍光薨宣帝始親政事封
光兄孫山雲皆爲列侯以光子禹爲大司馬頃之
山雲以過歸第霍氏諸壻親屬頗出補吏敞聞之
上封事曰臣聞公子季友有功於魯大夫趙衰有
功於晉師古曰衰初爲反大夫田完有功於齊皆疇其庸延
及子孫終後田氏篡齊趙氏分晉季氏顓魯師古曰顓與專同下皆類此
故仲尼作春秋迹盛衰師古曰著盛衰之跡譏世卿

最甚迺者大將軍決大計安宗廟定天下功亦不
細矣夫周公七年耳而大將軍二十歲海內之命
斷於掌握方其隆時感動天地侵迫陰陽月朓日
蝕晝冥宵光師古曰冥闇也宵夜也朓它了反地大震裂火生地中天文
失度祅祥變怪不可勝記皆陰類盛長臣下顓制
之所生也朝臣宜有明言曰陛下褒寵故大將軍
以報功德足矣閒者輔臣顓政貴戚大盛君臣之
分不明請罷霍氏三侯皆就弟及衞將軍張安世
宜賜几杖歸休時存問召見以列侯爲天子師明
詔以恩不聽群臣以義固爭而後許天下必以陛

下爲不忘功德而朝臣爲知禮霍氏世世無所患苦今朝廷不聞直聲（師古曰言朝臣不進直言以陳其事）而令明詔自親其文非策之得者也（師古曰言失計也）今兩侯以出人情不相遠以臣心度之大司馬及其枝屬必有畏懼之心夫近臣自危非完計也臣敞願於廣朝白發其端直守遠郡其路無由（師古曰直讀曰值）夫心之精微口不能言也言之微眇書不能文也（師古曰眇細也）故伊尹五就桀五就湯（師古曰孟子云五就湯五就桀者伊尹也伊尹爲湯臣見貢於桀桀不用而湯復貢之如此者五也）蕭相國薦淮陰累歲乃得通況乎千里之外因書文諭事指哉唯陛下省察上甚善其計然不徵也久之

勃海膠東盜賊並起敞上書自請治之曰臣聞忠孝之道退家則盡心於親進官則竭力於君夫小國中君猶有奮不顧身之臣況於明天子乎今陛下遊意於太平勞精於政事亹亹不舍晝夜（師古曰亹亹言勉強也舍息也亹音尾）羣臣有司宜各竭力致身山陽郡戶九萬三千口五十萬以上訖計盜賊未得者七十七人（師古曰訖盡也）它課諸事亦略如此臣敞愚駑既無以佐思慮久處閒郡（師古曰閒讀曰閑）身逸樂而忘國事非忠孝之節也伏聞膠東勃海左右郡歲數不登（師古曰年穀頻不熟也）盜賊並起至攻官寺篡囚徒搜市朝劫列侯吏失

綱紀姦軌不禁臣敞不敢愛身避死唯明詔之所處願盡力摧挫其暴虐存撫其孤弱事即有業所至郡條奏其所由發及所以興之狀（師古曰有業言各得其所）書奏天子徵敞拜膠東相賜黃金三十斤敞辭之官自請治劇郡非賞罰無以勸善懲惡（師古曰懲止也）吏追捕有功効者願得壹切比三輔尤異（如淳曰壹切權時也趙廣漢奏請令長安遊徼獄史秩百石又循吏傳左馮翊有二百石卒史此之謂尤異也）天子許之敞到膠東明設購賞開群盜令相捕斬除罪吏追捕有功上名尚書調補縣令者數十人（師古曰調選也音徒釣反）由是盜賊解散傳相捕斬吏民歙然（師古曰歙音翕）國中遂平居頃之王太

后數出游獵敞奏書諫曰臣聞秦王好淫聲葉陽后爲不聽鄭衛之樂（孟康曰葉陽秦昭王后也師古曰葉音式涉反）楚嚴好田獵樊姬爲不食鳥獸之肉（師古曰樊姬楚莊王姬也）口非惡旨甘耳非憎絲竹也所以抑心意絕耆欲者（師古曰耆讀曰嗜）將以率二君而全宗祀也禮君母出門則乘輜軿下堂則從傅母（師古曰輜軿衣車也輜音甾又楚疑反軿步千反又步丁反）進退則鳴玉佩內飾則結綢繆（文穎曰謂衣裳結束綢繆也師古曰綢音直留反繆音莫侯反）此言尊貴所以自斂制不從恣之義也（師古曰從讀曰縱）今太后資質淑美慈愛寬仁諸侯莫不聞而少以田獵縱欲爲名於以上聞亦未宜也（師古曰上聞謂天子也）唯觀覽於往古全行乎來今令后姬得有所法則下臣有所稱誦敞幸甚

書奏太后止不復出是時潁川太守黃霸以治行
第一入守京兆尹霸視事數月不稱罷歸潁川於是
制詔御史其以膠東相敞守京兆尹自趙廣漢誅
後比更守尹 師古曰比頻也更歷也音工衡反 如霸等數人皆不稱職
京師寖廢 師古曰寖漸也 長安市偷盜尤多百賈苦之上以
問敞敞以為可禁敞既視事求問長安父老偷盜
酋長數人 應劭曰酋長帥師古曰酋才由反 居皆溫厚出從童騎閭里
以為長者 師古曰溫厚言富足也童騎以童奴為騎而自從也 敞皆召見責問因貰
其罪把其宿負 師古曰貰緩也把執持也音布馬反 令致諸偷以自贖 師古
曰致至也引至於官府 偷長曰今一旦召詣府恐諸偷驚駭願壹

切受署 師古曰自言願權補吏職也 敞皆以為吏遣歸休置酒小偷
悉來賀且飲醉偷長以赭汙其衣裾 師古曰赭赤土也 吏坐
里閭閱出者 師古曰閭謂里之門也 汙赭輒收縛之一日捕得
數百人窮治所犯或一人百餘發盡行法罰由是
枹鼓稀鳴市無偷盜 師古曰枹擊鼓椎也音桴其字從木也 天子嘉之敞
為人敏疾賞罰分明見惡輒取時時越法縱舍有
足大者 如淳曰有貴異而大之者也晉灼曰越法縱舍即足大者也師古曰晉說是也 其治京兆略循
趙廣漢之迹方略耳目發伏禁姦不如廣漢然敞
本治春秋以經術自輔其政頗雜儒雅往往表賢
顯善不醇用誅罰以此能自全竟免於刑戮京兆

典京師長安中浩穰於三輔尤為劇 師古曰浩大也穰盛也言人衆之多也穰人掌反 郡國
二千石以高弟入守及為真久者不過二三年近者數月
一歲輒毀傷失名以罪過罷唯廣漢及敞為久任職敞
為京兆朝廷每有大議引古今處便宜公卿皆服天子數
從之然敞無威儀時罷朝會過走馬章臺街 孟康曰在長安中臣瓚曰在章
臺下街也 使御吏驅自以便面拊馬 師古曰便面所以障面蓋扇之類也不欲見人以此自障面則得其便故曰便
面亦曰屏面今之沙門所持竹扇上袤平
而下圜即古之便面也音頻面反 又為婦畫眉長安中傳張京兆
眉憮 應劭曰憮大也孟康曰憮音詡北方人謂媚好為詡畜蘇林曰憮音嫵師古曰本以好媚為稱何豁於大平蘇音是 有司以奏敞上
問之對曰臣聞閨房之內夫婦之私有過於畫眉者上愛
其能弗備責也然終不得大位敞與蕭望之于定國相善始

敞與定國俱以諫昌邑王超遷定國為大夫平尚
書事敞出為刺史時望之大行丞後望之先至御
史大夫定國後至丞相敞終不過郡守為京兆九
歲坐與光祿勳楊惲厚善後惲坐大逆誅公卿奏
惲黨友不宜處位等比皆免 師古曰比例也音必寐反 而敞奏獨寢
不下 師古曰天子惜敞故留所奏事不出 敞使賊捕掾絮舜有所案驗 李奇曰絮
音挐師古曰賊捕掾主捕賊者也絮姓也音女居反又人餘反 舜以敞劾奏當免不肯為敞
竟事私歸其家人或諫舜舜曰吾為是公盡力多
矣今五日京兆耳安能復案事敞聞舜語即部吏
收舜繫獄是時冬月未盡數日案事吏晝夜驗

治舜音致其死事舜當出死敞使主簿持教告舜
曰五日京兆竟何如冬月已盡延命乎師古曰言汝不欲望延命乎
乃弃舜市會立春行寃獄使者出師古曰行下更反舜家載
尸并編敞教師古曰編聯也聯之於章前也自言使者使者奏敞賊殺
不辜天子薄其罪師古曰以其事爲輕小也欲令敞得自便利師古曰從輕法
以免也便頻面反即先下敞前坐楊惲不宜處位奏免爲庶
人敞免奏既下詣闕上印綬便從闕下亡命師古曰不還其
本縣邑也數月京師吏民解弛枹鼓數起師古曰弛放也音式尔反而冀
州部中有大賊天子思敞功効使使者即家在所
召敞師古曰就其所居處而召之敞身被重劾師古曰謂前有賊殺不辜之事及使者至

前漢傳四十六　十九

妻子家室皆泣惶懼而敞獨笑曰吾身亡命爲民
郡吏當就捕今使者來此天子欲用我也裝隨使
者詣公車上書曰臣前幸得備位列卿待罪京兆
坐殺賊捕掾絮舜舜本臣敞素所厚吏數蒙恩
貸師古曰貸土帶反以臣有章劾當免受記考事師古曰記書也若今之州縣爲
符教也便歸臥家謂臣五日京兆背恩忘義傷薄俗
化臣竊以舜無狀枉法以誅之臣敞賊殺無辜鞫
獄故不直雖伏明法死無所恨天子引見敞拜爲
冀州刺史敞起亡命復奏事使典州既到部而廣川
王國羣輩不道賊連發不得敞以耳目發起賊主

名區處師古曰區謂居止之所也誅其渠帥廣川王姬昆弟及王
同族宗室劉調等通行爲之囊橐師古曰言容止賊盜若囊橐之盛物也
吏逐捕窮窘蹤迹皆入王宮敞自將郡國吏車數
百兩師古曰一乘車爲一兩也圍守王宮搜索調等果得之殿屋重
轑中蘇林曰轑椽也重轑重棼也師古曰重棼即今之廊舍也一曰邊虛處爲兩夏者也轑音老棼扶分反敞傳吏皆
捕格斷頭師古曰傳讀曰附言敞自監護吏而捕之縣其頭王宮門外因劾
奏廣川王天子不忍致法削其戶敞居部歲餘冀
州盜賊禁止守太原太守滿歲爲眞太原郡清頃
之宣帝崩元帝初即位待詔鄭朋薦敞先帝名臣
宜傅輔皇太子上以問前將軍蕭望之望之以爲

前漢傳四十六　二十

敞能吏任治煩亂材輕非師傅之器天子使使者
徵敞欲以爲左馮翊會病卒敞所誅殺太原吏吏
家怨敞隨至杜陵刺殺敞中子璜敞三子官皆至
都尉初敞爲京兆尹而敞弟武拜爲梁相是時梁
王驕貴民多豪彊號爲難治敞問武欲何以治梁
武敬憚兄謙不肯言敞使吏送至關戒吏自問武
武應曰馭黠馬者利其銜策梁國大都吏民凋敝
且當以柱後惠文彈治之耳應劭曰柱後以鐵爲柱今法冠是也一名惠文冠晉灼曰漢注法冠也一號柱後惠文以纚裹鐵柱卷秦制執法服今御史服之謂之解廌一角今冠兩角以解廌爲名耳師古曰晉說是也纚即今方目紗也纚山爾反卷去權反
秦時獄法吏冠柱後惠文武意欲以刑

法治梁吏還道之敞笑曰審如掾言武必辨治梁矣武既到官其治有迹亦能吏也敞孫竦王莽時至郡守封侯博學文雅過於敞然政事不及也竦死敞無後

王尊字子贛（師古曰贛音貢）涿郡高陽人也少孤歸諸父使牧羊澤中尊竊學問能史書年十三求爲獄小吏數歲給事太守府問詔書行事尊無不對（師古曰以施行詔條問之皆曉其事）太守奇之除補書佐署守屬監獄（師古曰署爲守屬令監獄主囚也監工銜反）久之尊稱病去事師郡文學官（師古曰郡有文學官而尊事之以爲師也）治尚書論語略通大義復召署守屬治

獄爲郡決曹史數歲以令舉幽州刺史從事（如淳曰漢儀注刺史得擇所部二千石卒史與從事）而太守察尊廉補遼西鹽官長（如淳曰地理志遼西有鹽官）數上書言便宜事事下丞相御史初元中舉直言遷虢令（如淳曰本西虢也屬右扶風）轉守槐里兼行美陽令事春正月美陽女子告假子不孝曰兒常以我爲妻妬笞我尊聞之遣吏收捕驗問辭服尊曰律無妻母之法聖人所不忍書此經所謂造獄者也（晉灼曰歐陽尚書有此造獄事也師古曰非常刑名造殺戮之法）尊於是出坐廷上取不孝子縣磔著樹使騎吏五人張弓射殺之吏民驚駭後上行幸雍過虢尊供張如法而辦（師古曰尊雖行美陽令而就虢供張也供居用反張竹亮反）以高弟擢爲安定太守到官出教告屬縣曰令長丞尉奉法守城爲民父母（師古曰城謂縣城也）抑彊扶弱宣恩廣澤甚勞苦矣太守以今日至府願諸君卿勉力正身以率下故行貪鄙能變更者與爲治（師古曰更改也有如此者太守乃共爲治者也）明慎所職毋以身試法又出教敕掾功曹各自底厲助太守爲治其不中用趣自避退毋久妨賢（師古曰趣讀曰促）夫羽翮不修則不可以致千里閫內不理無以整外（師古曰閫門橛也音魚列反）府丞悉署吏行能分別白之賢爲上毋以富賈人百萬不足與計事昔孔子治魯七日誅少正卯今太守視事已一

月矣五官掾張輔懷虎狼之心貪汙不軌（師古曰汙濁也不軌不循法制也）一郡之錢盡入輔家然適足以葬矣今將輔送獄直符史詣閤下從太守受其事（師古曰直符史若今之當直佐史也）丞戒之戒之相隨入獄矣（師古曰意丞戒張輔令其避罪故以此言豫勅之）輔繫獄數日死盡得其狡猾不道百萬姦臧威震郡中盜賊分散入傍郡界豪彊多誅傷伏辜者坐殘賊免起家復爲護羌將軍轉校尉（師古曰爲校尉主護羌將軍轉運事而屬護羌將軍）護送軍糧委輸而羌人反絕轉道（師古曰絕轉輸之道）兵數萬圍尊尊以千餘騎奔突羌賊功未列（師古曰未列上於天子也）坐擅離部署會赦免歸家涿郡太守徐明薦尊不宜久

在閭巷上以尊爲郿令師古曰右扶風之縣音眉遷益州刺史先
是琅邪王陽爲益州刺史行部至邛郲九折阪應劭曰在
蜀郡嚴道縣臣瓚曰郲山名也師古曰郲音來歎曰奉先人遺體柰何數乘此險
師古曰乘登也後以病去及尊爲刺史至其阪問吏曰此非
王陽所畏道邪吏對曰是尊叱其馭曰驅之師古曰驅馬令
疾行也王陽爲孝子王尊爲忠臣尊居部二歲懷來徼
外蠻夷歸附其威信博士鄭寬中使行風俗師古曰行
下更反舉奏尊治狀遷爲東平相是時東平王以至
親驕奢不奉法度傅相連坐師古曰前任傅相者頻坐以王得罪及尊視
事奉璽書至庭中王未及出受詔尊持璽書歸

前漢傳四十六　二十三　華

舍食已乃還致詔後謁見王太傅在前說相鼠之
詩師古曰相鼠鄘風篇名刺無禮之詩也其辭曰相鼠有皮人而無儀人而無儀不死何爲相視也言視鼠有皮雖處高顯之地偷食苟得不知廉恥人無禮儀亦與鼠同不如速死也尊曰毋持布鼓過雷門師古曰雷門會稽城門也有大鼓越擊此鼓聲聞洛陽故尊引之也布鼓謂以布爲鼓故無聲王怒起入後宮尊亦直趨
出就舍先是王數私出入驅馳國中與后姬家交
通尊到官召敕廄長大王當從官屬鳴和鸞乃
出自今有令駕小車叩頭爭之言相教不得後尊
朝王王復延請登堂尊謂王曰尊來爲相人皆弔
尊也以尊不容朝廷故見使相王耳天下皆言王
勇顧但負貴安能勇師古曰顧念也負恃也安焉也如尊乃勇耳王變

色視尊意欲格殺之即好謂尊曰願觀相君佩刀
師古曰陽爲好語也尊舉掖顧謂傍侍郎前引佩刀視王師古曰視讀曰
示王欲誣相拔刀向王邪王情得師古曰謂尊所測正得其情也又雅聞
尊高名大爲尊屈酌酒具食相對極驩太后徵史
奏尊張晏曰大后名也韋昭曰徵召也召東平史今爲奏也師古曰張說是也徵史太后之名亦猶東平王后之稱謁也爲
相倨慢不臣王血氣未定不能忍愚誠恐母子俱
死今妾不得使王復見尊陛下不留意妾願先自
殺不忍見王之失義也尊竟坐免爲庶人大將軍
王鳳奏請尊補軍中司馬擢爲司隸校尉初中書
謁者令石顯貴幸專權爲姦邪丞相匡衡御史大

前漢傳四十六　二十四　遠

夫張譚皆阿附畏事顯不敢言久之元帝崩成帝
初即位顯從爲中太僕師古曰皇后之屬官不復典權衡譚乃
奏顯舊惡請免顯等尊於是劾奏丞相衡御史
大夫譚位三公典五常九德師古曰五常仁義禮智信也九德寬而栗柔而立愿而恭亂而敬擾而毅直而溫簡而廉剛而塞強而義也事見虞書咎繇謨也以總方略壹統類廣教化
美風俗爲職知中書謁者令顯等專權擅埶大
作威福縱恣不制無所畏忌爲海內患害不以時
白奏行罰而阿諛曲從附下罔上懷邪迷國無大
臣輔政之義也皆不道在赦令前赦後衡譚舉奏
顯不自陳不忠之罪而反揚著先帝任用傾覆之

徒妄言百官畏之甚於主上卑君尊臣非所宜稱失大臣體又正月行幸曲臺臨饗罷衛士如淳曰諸衛士更盡得代去故天子自臨而饗之衡與中二千石大鴻臚賞等會坐殿門下衡南鄉賞等西鄉衡更為賞布東鄉席師古曰鄉讀曰嚮也起立延賞坐私語如食頃衡知行臨如淳曰天子當臨饗壽百官共職萬衆會聚師古曰共讀曰供而設不正之席使下坐上相比為小惠於公門之下師古曰比周也音頻寐反動不中禮師古曰中當也音竹仲反亂朝廷爵秩之位衡又使官大奴入殿中問行起居還言漏上十四刻行臨到衡安坐不變色改容無怵惕肅敬之心驕慢不謹皆不敬有詔勿

治於是衡慙懼免冠謝罪上丞相侯印綬天子以新即位重傷大臣師古曰重難也乃下御史丞問狀劾奏尊妄詆欺非謗赦前事師古曰詆毀也音丁禮反非讀曰誹也猥歷奏大臣師古曰猥多也曲也歷謂所奏非一人無正法飾成小過以塗汙宰相摧辱公卿輕薄國家奉使不敬有詔左遷尊為高陵令數月以病免會南山群盜傰宗等數百人蘇林曰傰音朋晉灼曰音倍師古曰晉音是也為吏民害拜故弘農太守傅剛為校尉將迹射士千人逐捕師古曰迹射言能尋跡而射取之也射食亦反歲餘不能禽或說大將軍鳳賊數百人在轂下師古曰在天子輦轂之下明其逼近也發軍擊之不能得難以視四夷師古曰視讀曰示獨選賢

京兆尹乃可於是鳳薦尊徵為諫大夫守京輔都尉行京兆尹事旬月間盜賊清遷光祿大夫守京兆尹後為真凡三歲坐遇使者無禮司隸遣假佐放奉詔書白尊發吏捕人蘇林曰胡公漢官假佐取內郡善史書佐給諸府也放謂尊詔書所捕宜密尊曰治所公正京兆善漏泄人事師古曰謂司隸官屬為治所者尊之也若今謂使人為尚書矣治直吏反放曰所捕宜今發吏師古曰當即發也尊又曰詔書無京兆文不當發吏及長安繫者三月間千人以上尊出行縣男子郭賜自言尊師古曰有冤事自言而與許仲相訟也許仲家十餘人共殺賜兄賞公歸舍師古曰公然而歸無所避畏者吏不敢捕尊行縣還上奏曰彊不

陵弱各得其所寬大之政行和平之氣通御史大夫中奏尊暴虐不改外為大言倨嫚姍上師古曰姍古訕字也訕誹也音所諫反又音刪威信日廢不宜備位九卿尊坐免吏民多稱惜之湖三老公乘興等師古曰湖縣名也今虢州湖城縣取其名上書訟尊治京兆功效日著往者南山盜賊阻山橫行剽劫良民殺奉法吏道路不通城門至以警戒步兵校尉使逐捕暴師露衆曠日煩費不能禽制二卿坐黜如淳曰三輔皆秩中二千石號為卿也師古曰前京兆尹王昌貶為鴈門太守甄遵河內太守也群盜寖彊吏氣傷沮師古曰寖益也沮壞也音才汝反流聞四方為國家憂當此之時有能捕斬不愛金爵重賞關內侯寬中使問所徵故

司隷校尉王尊捕群盜方略拜爲諫大夫守京輔
都尉行京兆尹事尊盡節勞心夙夜思職卑體下
士師古曰下胡稼反厲奔北之吏起沮傷之氣二旬之間大
黨震壞渠率效首師古曰效致也斬其首而致之也賊亂蠲除民反
農業拊循貧弱鉏耘豪強長安宿豪大猾東市賈
萬城西萬章翦張禁酒趙放蘇林曰萬音萬晉灼曰翦張禁酒趙放此二人作翦作酒之家
杜陵楊章等皆通邪結黨挾養姦軌上干王法下
亂吏治并兼役使侵漁小民爲百姓豺狼更數二
千石二十年莫能禽師古曰更歷也音工衡反尊以正法案誅皆
伏其辜姦邪銷釋吏民說服師古曰釋解也音懌說讀曰悅尊撥劇整

前漢傳四十六　二十七

亂誅暴禁邪皆前所稀有名將所不及雖拜爲眞
未有殊絕褒賞加於尊身今御史大夫奏尊傷害
陰陽爲國家憂無承用詔書意靖言庸違象龔滔
天師古曰引虞書堯典之辭也靖治也庸用也違僻也滔漫也謂其言假託於治實用違僻貌象恭敬過惡漫天也漫莫干反一曰滔漫也
原其所以出御史丞楊輔故爲尊書佐素行陰賊
惡口不信師古曰謂其口惡而心不信也好以刀筆陷人於法輔常醉
過尊大奴利家利家捽搏其頰師古曰捽持頭也音才兀反搏擊也兄
子閎拔刀欲剄之輔以故深怨疾毒欲傷害尊疑
輔内懷怨恨外依公事建畫爲此議傳致奏文師古
曰建立謀畫也傳讀曰附謂益其事而引致於罪狀浸潤加誣以復私怨師古曰浸潤猶漸染也復報也

昔白起爲秦將東破韓魏南拔郢都應侯譖之賜
死杜郵師古曰應侯范雎也杜郵地名在咸陽也吳起爲魏守西河而秦韓不
敢犯讒人間焉斥逐奔楚師古曰間工莧反秦聽浸潤以誅
良將魏信讒言以逐賢守此皆偏聽不聰失人之
患也臣等竊痛傷尊修身絜己砥節首公師古曰砥厲也首向
也砥音指首式救反刺譏不憚將相誅惡不避豪彊誅不制之
賊解國家之憂功著職修威信不廢誠國家爪牙
之吏折衝之臣今一旦無辜制於仇人之手傷於
詆欺之文上不得以功除罪下不得蒙棘木之聽
張晏曰周禮三槐九棘公卿於下聽訟獨掩怨讎之偏奏被共工之大惡臣瓚

前漢傳四十六　二十八

曰共工官名堯時諸侯舜流之於幽州也無所陳怨愬罪尊以京師廢亂群
盜並興選賢徵用起家爲卿賊亂既除豪猾伏辜
即以佞巧廢黜一尊之身三期之間乍賢乍佞豈
不甚哉師古曰期年也音基孔子曰愛之欲其生惡之欲其死
是惑也浸潤之譖不行焉可謂明矣師古曰論語載孔子之言願
下公卿大夫博士議郎定尊素行夫人臣而傷害
陰陽死誅之罪也靖言庸違放殛之刑也師古曰殛誅也音居力反
審如御史章尊乃當伏觀闕之誅張晏曰孔子誅少正卯於兩觀之間放
於無人之域不得苟免師古曰非止免官而已也及任舉尊者
當獲選舉之辜不可但已師古曰但徒也空也已止也不可空然而止也即不如

章飾文深詆以愬無罪（師古曰詆毁也）亦宜有誅以懲讒
賊之口絶詐欺之路（師古曰懲創也）唯明主參詳使白黑分
別書奏天子復以尊爲徐州刺史遷東郡太守久
之河水盛溢泛浸瓠子金隄老弱奔走恐水大決
爲害尊躬率吏民投沈白馬（師古曰以祭水也）祀水神河伯
尊親執圭璧使巫策祝請以身填金隄（師古曰塡塞也音大賢反）因
止宿廬居隄上吏民數千萬人爭叩頭救止尊終
不肯去及水盛隄壞吏民皆奔走唯一主簿泣在
尊旁立不動而水波稍却迴還吏民嘉壯尊之勇
節白馬三老朱英等奏其狀下有司考皆如言於

是制詔御史東郡河水盛長毁壞金隄未決三尺
百姓惶恐奔走太守身當水衝履咫尺之難不避
危殆以安衆心吏民復還就作水不爲災朕甚嘉
之秩尊中二千石加賜黃金二十斤數歲卒官吏
民紀之尊子伯亦爲京兆尹坐耎弱不勝任免
王章字仲卿泰山鉅平人也少以文學爲官稍遷
至諫大夫在朝廷名敢直言元帝初擢爲左曹中
郎將與御史中丞陳咸相善共毁中書令石顯爲
顯所陷咸減死髡章免官成帝立徵章爲諫大夫
遷司隸校尉大臣貴戚敬憚之王尊免後代者不

稱職章以選爲京兆尹時帝舅大將軍鳳輔政章
雖爲鳳所舉非鳳專權不親附鳳會日有蝕之章
奏封事召見言鳳不可任用宜更選忠賢上初受
章言後不忍退鳳章由是見疑遂爲鳳所陷罪
至大逆語在元后傳初章爲諸生學長安獨與妻
居章疾病無被臥牛衣中（師古曰牛衣編亂麻爲之即今俗呼爲龍具者）與妻
決涕泣（師古曰自謂將死故辭決）其妻呵怒之曰仲卿京師尊貴
在朝廷人誰踰仲卿者今疾病困戹不自激卬（如淳曰激厲抗揚之意也師古曰卬讀曰仰仰頭爲健）乃反涕泣何鄙也後章任官
歷位及爲京兆欲上封事妻又止之曰人當知足

獨不念牛衣中涕泣時邪章曰非女子所知也書
遂上果下廷尉獄妻子皆收繫章小女年可十二
夜起號哭曰平生獄上呼囚數常至九今八而止
（張晏曰平生先時也獄卒夜閱囚時有九人常呼問九人今八人便止知一人死也）我君素剛先死者必
君明日問之章果死妻子皆徙合浦大將軍鳳薨後
弟成都侯商復爲大將軍輔政白還章妻子故郡
其家屬皆完具采珠致產數百萬時蕭育爲泰
山太守皆令贖還故田宅章爲京兆二歲死不以其
罪衆庶冤紀之號爲三王王駿自有傳駿即王陽
子也

贊曰自孝武置左馮翊右扶風京兆尹而吏民為
之語曰前有趙張後有三王然劉向獨序趙廣漢
尹翁歸韓延壽馮商傳王尊楊雄亦如之（張晏曰劉向作新序
不道王尊馮商續史記為作傳楊雄作法言亦論其美也）廣漢聰明下不能欺延壽厲
善所居移風然皆訐上不信以失身墮功（師古曰墮毀也音火規反）
翁歸抱公絜己為近世表張敞衎衎履忠進言（師古
曰衎衎彊敏之見也音口幹反）緣飾儒雅刑罰必行縱赦有度條教可
觀然被輕媠之名（師古曰媠古惰字也謂走馬拊馬及畫眉）王尊文武自將
（師古曰將助也）所在必發譎詭不經好為大言王章剛直守
節不量輕重以陷刑戮妻子流遷哀哉

趙尹韓張兩王傳第四十六

蓋諸葛劉鄭孫毋將何傳第四十七　班固　漢書七十七

秘書監上護軍琅邪縣開國子顏　師古　注

蓋寬饒字次公魏郡人也（師古曰蓋音公盍反）明經為郡文學以
孝廉為郎舉方正對策高弟遷諫大夫行郎中戶
將事（師古曰百官公卿表郎中令屬官有郎中車戶騎三將蓋各以所主為名也戶將者主戶衛也）劾奏衛將軍
張安世子侍中陽都侯彭祖不下殿門（師古曰過殿門不下車也）并連
及安世居位無補彭祖時實下門寬饒坐舉奏
大臣非是（師古曰不以實也）左遷為衛司馬（蘇林曰如今衛士令也臣瓚曰漢注有衛司
馬）先是時衛司馬在部見衛尉拜謁常為衛官繇使市買（師古曰繇讀與徭同）
寬饒視事案舊令遂揖官屬以下行衛者（蘇林曰衛尉官屬也

或曰詔遣使行衛者也師古曰或說非也行音下更反）衛尉私使寬饒出寬饒以令詣
官府門上謁辭（文穎曰私見使而公辭尚書也蘇林曰以法詣衛尉府門上謁也師古曰文說是也）尚書責
問衛尉（文穎曰由寬饒以法令不給使尚書責衛尉不復使司馬）由是衛官不復私使候
司馬候司馬不拜出先置衛輒上奏辭（如淳曰天子出為天子先導先
天子發故上奏辭）自此正焉寬饒初拜為司馬未出殿門斷
其禪衣令短離地（師古曰禪音單其字從衣）冠大冠帶長劍躬案行
士卒廬室視其飲食居處有疾病者身自撫循臨
問加致醫藥遇之甚有恩及歲盡交代上臨饗罷
衛卒（師古曰得代當歸者也）衛卒數千人皆叩頭自請願復留共
更一年（師古曰更猶今言上番也音工衡反）以報寬饒厚德宣帝嘉之以

寬饒為太中大夫使行風俗師古曰行音下更反多所稱舉貶黜奉使稱意擢為司隸校尉刺舉無所迴避小大輒舉所劾奏衆多廷尉處其法半用半不用師古曰以其峻刻故有不用者公卿貴戚及郡國吏繇使至長安皆恐懼莫敢犯禁師古曰繇讀與傜同傜謂傜役及為使而來者京師為清平恩侯許伯入第師古曰許伯皇太子外祖也入第者治第新成始入居之丞相御史將軍中二千石皆賀寬饒不行許伯請之迺往從西階上東鄉特坐師古曰言自尊抗無所詘也鄉讀曰嚮許伯自酌曰蓋君後至寬饒曰無多酌我我迺酒狂丞相魏侯笑曰次公醒而狂何必酒也坐者皆屬目卑下之師古曰屬猶注也音之欲反下音胡稼反酒酣樂作長信少府檀長卿起舞為沐猴與狗鬭師古曰沐猴獼猴坐皆大笑寬饒不說卬視屋而歎師古曰說讀曰悅卬讀曰仰曰美哉然富貴無常忽則易人此如傳舍所閱多矣師古曰言如客舍行客轉過之故多所經歷也唯謹慎為得久君侯可不戒哉因起趨出劾奏長信少府以列卿而沐猴舞失禮不敬上欲罪少府許伯為謝良久上迺解寬饒為人剛直高節志在奉公家貧奉錢月數千師古曰奉音扶用反半以給吏民為耳目言事者身為司隸子常步行自戍北邊蘇林曰子自行戍不取代公廉如此然深刻喜陷害人師古曰喜音許吏反在位及貴戚人與為怨師古曰人人皆怨之又好言

事刺譏奸犯上意師古曰奸音干上以其儒者優容之然亦不得遷同列後進或至九卿寬饒自以行清能高有益於國而為凡庸所越愈失意不快數上疏諫爭太子庶子王生高寬饒節而非其如此予書曰明主知君絜白公正不畏彊禦師古曰彊禦彊梁而禦善者也故命君以司察之位擅君以奉使之權尊官厚祿已施於君矣君宜夙夜惟思當世之務奉法宣化憂勞天下雖日有益月有功猶未足以稱職而報恩也自古之治三王之術各有制度師古曰三王謂夏殷周文質不同也今君不務循職而已迺欲以太古久遠之事匡拂天子師古曰匡正也拂讀曰弼數進不用難聽之語以摩切左右非所以揚令名全壽命者也方今用事之人皆明習法令言足以飾君之辭文足以成君之過君不惟蘧氏之高蹤師古曰蘧伯玉邦無道則可卷而懷之而慕子胥之末行師古曰伍子胥知吳王不可諫而不能止自取誅滅也用不訾之軀臨不測之險師古曰訾與貲同不貲者言無貲量可以比之貴重之極也不測謂深也竊為君痛之夫君子直而不挺曲而不詘師古曰挺然直貌言雖執直道而遭遇時變與時紆曲然其本志不屈撓也挺音吐鼎反大雅云既明且哲以保其身師古曰蒸民之詩也言明智者可以自全不至亡身狂夫之言聖人擇焉唯裁省覽寬饒不納其言是時上方用刑法信任中尚書宦官寬饒奏封事曰方今聖道寖廢儒

術不行（師古曰窮斷也）以刑餘為周召（師古曰言使奄人當權軸也周謂周公旦也召謂召公奭也召讀曰邵）以法律為詩書（師古曰言以刑法威教化也）又引韓氏易傳言五帝官天下三王家天下家以傳子官以傳賢若四時之運功成者去不得其人則不居其位書奏上以寬饒怨謗終不改下其書中二千石時執金吾議以為寬饒指意欲求禪大逆不道（師古曰禪古禪字言欲使天子傳位於已）諫大夫鄭昌愍傷寬饒忠直憂國以言事不當意而為文吏所詆挫（師古曰詆毀也挫折也）上書頌寬饒曰（師古曰頌謂稱其美）臣聞山有猛獸藜藿為之不采國有忠臣姦邪為之不起司隸校尉寬饒居不求安食不求飽（師古曰論語稱孔子曰君子食無求飽居無求安故引之）進有憂國之心退有死節之義上無許史之屬下無金張之託（應劭曰許伯宣帝皇后父史高宣帝外家也金金日磾也張張安世也此四家屬無不聽師古曰此說非也許氏史氏有外屬之恩金氏張氏自託在於近狎也屬讀如本字也）職在司察直道而行多仇少與（師古曰仇怨讎也與黨與也）上書陳國事有司劾以大辟臣幸得從大夫之後官以諫為名不敢不言上不聽遂下寬饒吏寬饒引佩刀自剄北闕下衆莫不憐之

諸葛豐字少季琅邪人也以明經為郡文學名特立剛直貢禹為御史大夫除豐為屬舉侍御史元帝擢為司隸校尉刺舉無所避京師為之語曰

間何闊逢諸葛（師古曰言間者何久闊不相見以逢諸葛故也）上嘉其節加豐秩光祿大夫時侍中許章以外屬貴幸奢淫不奉法度賓客犯事與章相連豐案劾章欲奏其事適逢許侍中私出豐駐車舉節詔章曰下欲收之章迫窘馳車去豐追之許侍中因得入宮門自歸上（師古曰歸謂乞哀於天子也）豐亦上奏於是收豐節司隸去節自豐始

豐上書謝曰臣豐駑怯文不足以勸善武不足以執邪陛下不量臣能否拜為司隸校尉未有以自效復秩臣為光祿大夫官尊責重非臣所當處也又迫年歲衰暮常恐卒塡溝渠無以報厚德（師古曰卒讀曰猝）使論議士譏臣無補長獲素餐之名（師古曰素空也言不舉職務空受食祿奉而已）故常願捐一旦之命不待時而斷姦臣之首縣於都市編書其罪（師古曰編謂聯次簡牘也）使四方明知為惡之罰然後却就斧鉞之誅（師古曰却退也）誠臣所甘心也夫以布衣之士尚猶有刎頸之交（師古曰刎斷也音吻）今以四海之大曾無伏節死誼之臣率盡苟合取容阿黨相為念私門之利忘國家之政邪穢濁溷之氣上感于天（師古曰溷亦濁也音下頓反）是以災變數見百姓困乏此臣下不忠之效也臣誠恥之亡已凡人情莫不欲安存而惡危亡然忠臣直士不避患害者誠為君也今陛

下天覆地載物無不容（師古曰如天之覆如地之載也）使尚書令堯賜豐書曰夫司隷者刺舉不法善善惡惡非得顓之也（師古曰善善褒賞善人也惡惡誅罰惡人也顓與專同）勉處中和順經術意恩深德厚豐頓首幸甚臣竊不勝憤懣願賜清宴（師古曰懣音滿）唯陛下裁幸上不許是後所言益不用豐復上書言臣聞伯奇孝而棄於親子胥忠而誅於君（師古曰並解於上）隱公慈而殺於弟（師古曰魯隱公欲立弟桓公為其尚少且攝位而卒為桓公所殺）叔武弟而殺於兄（師古曰叔武衛成公之弟夷叔也成公避晉之難出奔陳使大夫元咺奉叔武以居守其後晉人納成公成公疑叔武而先期入叔武將沐聞君至喜捉髮走出前驅射而殺之事在左傳僖二十八年叔武弟音大計反）夫以四子之行屈平之材（師古曰屈平即是屈原也）然猶不能自顯而被刑戮豈不足以觀哉使臣殺身以安國蒙誅以顯君（師古曰蒙被也）臣誠願之獨恐未有云補而為衆邪所排令讒夫得遂正直之路雍塞（師古曰雍讀曰壅）忠臣沮心智士杜口（師古曰沮壞也杜塞也沮音才汝反）此愚臣之所懼也豐以春夏繫治人在位多言其短上徙豐為城門校尉豐上書告光祿勳周堪光祿大夫張猛上不直豐迺制詔御史城門校尉豐前與光祿勳堪光祿大夫猛在朝之時數稱言堪猛之美豐前為司隷校尉不順四時修法度專作苛暴以獲虛威朕不忍下吏以為城門校尉不內省諸己（師古曰省察也）而反怨堪猛以

求報舉（師古曰舉言其事以報怨）告案無證之辭暴揚難驗之罪毀譽恣意不顧前言（師古曰前言謂舉堪猛之美今乃更言其短是不顧也）不信之大者也朕憐豐之耆老不忍加刑其免為庶人終於家

劉輔河間宗室人也舉孝廉為襄賁令（蘇林曰賁音肥東海縣也）上書言得失召見上美其材擢為諫大夫會成帝欲立趙倢伃為皇后先下詔封倢伃父臨為列侯輔上書言臣聞天之所與必先賜以符瑞天之所違必先降以災變此神明之徵應自然之占驗也昔武王周公承順天地以饗魚鳥之瑞（師古曰謂伐紂時有白魚赤烏之瑞也事見今文尚書）然猶君臣祗懼動色相戒況於季世不蒙繼嗣之福屢受威怒之異者虖雖夙夜自責改過易行畏天命念祖業妙選有德之世考卜窈窕之女（師古曰窈窕幽閑也）以承宗廟順神祇心塞天下望（師古曰塞滿也）子孫之祥猶恐晚暮今迺觸情縱欲傾於卑賤之女欲以母天下不畏于天不媿于人惑莫大焉里語曰腐木不可以為柱卑人不可以為主天人之所不予必有禍而無福市道皆共知之（師古曰市道市中之道也一曰市人及行於道路者也）朝廷莫肯壹言臣竊傷心自念得以同姓拔擢尸祿不忠汙辱諫爭之官不敢不盡死唯陛下深察書奏

上使侍御史收縛輔繫掖庭祕獄師古曰漢書舊儀掖庭詔獄令丞宦者爲之主理婦人女官也羣臣莫知其故於是中朝左將軍辛慶忌右將軍廉襃光祿勳師丹太中大夫谷永孟康曰中朝內朝也大司馬左右前後將軍侍中常侍散騎諸吏爲中朝丞相以下至六百石爲外朝也俱上書曰臣聞明王垂寬容之聽崇諫爭之官廣開忠直之路不罪狂狷之言師古曰狷急也音絹然後百僚在位竭忠盡謀不懼後患朝庭無讇諛之士元首無失道之愆師古曰元首謂天子也讇古諂字也竊見諫大夫劉輔前以縣令求見擢爲諫大夫此其言必有卓詭切至當聖心者師古曰卓高遠也詭異於衆也故得拔至於此旬日之間收下祕獄臣等愚以爲輔

前漢傳四十七　八　陳暐

幸得託公族之親在諫臣之列新從下土來未知朝廷體獨觸忌諱不足深過小罪宜隱忍而已如有大惡宜暴治理官與衆共之師古曰令衆人知其罪狀而戮之昔趙簡子殺其大夫鳴犢孔子臨河而還張晏曰趙簡子欲分晉國故先殺鳴犢又聘孔子孔子聞其死至河而還也師古曰戰國策說二人姓名云鳴犢鐸犨而史記及古今人表並以爲鳴犢竇犨蓋鐸犢及竇其聲相近故有不同耳今永等指舉殺鳴犢一人不論竇犨也今天心未豫張晏曰豫悅豫也災異婁降水旱迭臻師古曰迭互也音徒結反方當隆寬廣問襃直盡下之時也而行慘急之誅於諫爭之臣震驚群下失忠直心假令輔不坐直言所坐不著師古曰著明也天下不可戶曉師古曰言不可家家曉諭之也同姓近臣本以言顯其於

治親養忠之義誠不宜幽囚于掖庭獄公卿以下見陛下進用輔亟而折傷之暴師古曰亟急也人有懼心師古曰人人皆懼也精銳銷耎蘇林曰耎弱也師古曰音乃喚反莫敢盡節正言非所以昭有虞之聽廣德美之風師古曰舜有敢諫之鼓故言有虞之聽也一曰謂達四聰也臣等竊深傷之唯陛下留神省察上迺徙繫輔共工獄蘇林曰考工也師古曰少府之屬官也亦有詔獄共讀與龔同減死罪一等論爲鬼薪終於家

鄭崇字子游本高密大族世與王家相嫁娶師古曰女嫁王家男又娶也祖父以訾從平陵父賓明法律爲御史事貢公師古曰貢禹也名公直崇少爲郡文學史至丞相大車屬

前漢傳四十七　九　印貴

如淳曰丞相大車屬如今公府御屬弟立與高武侯傅喜同門學相友善師古曰同門謂同師也喜爲大司馬薦崇哀帝擢爲尚書僕射數求見諫爭上初納用之每見曳革履師古曰孰曰韋生曰革上笑曰我識鄭尚書履聲久之上欲封祖母傅太后從弟商崇諫曰孝成皇帝封親舅五侯天爲赤黃晝昏日中有黑氣今祖母從昆弟二人已侯孔鄉侯皇后父高武侯以三公封尚有因緣師古曰孔鄉侯傅晏也高武侯傅喜也今無故欲復封商壞亂制度逆天人之心非傅氏之福也臣聞師曰逆陽者厥極弱逆陰者厥極凶短折犯人者有亂亡之患犯神者有疾夭之

禍故周公著戒曰惟王不知艱難唯耽樂是從時亦罔有克壽師古曰周書亡逸之篇也言王者不知稼穡之艱難唯從耽樂則致天喪無能壽考也故衰世之君夭折蚤没師古曰蚤古早字也此皆犯陰之害也臣願以身命當國咎崇因持詔書案起李奇曰持當受詔書案起也師古曰李說非也案者即寫詔之文傅太后大怒曰何有爲天子乃反爲一臣所顓制邪師古曰顓與專同也上遂下詔曰朕幼而孤皇太太后躬自養育免于襁褓教道以禮至於成人師古曰道讀曰導惠澤茂焉師古曰茂美也欲報之德皞天罔極師古曰詩小雅蓼莪之篇曰父兮生我母兮鞠我欲報之德昊天罔極言欲報父母之恩德心無已也呼昊天者陳已至誠也皞字與昊同前追號皇太太后父爲崇祖侯惟念德報未殊朕甚恧焉師古曰殊異也恧愧也音女六反

侍中光祿大夫商皇太太后父同産子小自保大如淳曰太后從小養之使至大也恩義最親其封商爲汝昌侯爲崇祖侯後更號崇祖侯爲汝昌哀侯崇又以董賢貴寵過度諫由是重得罪師古曰重音直用反數以職事見責發疾頸癰欲乞骸骨不敢尚書令趙昌佞讇素害崇知其見疏因奏崇與宗族通疑有姦請治上責崇曰君門如市人何以欲禁切主上師古曰言請求者多交通賓客崇對曰臣門如市臣心如水師古曰言至清也願得考覆上怒下崇獄窮治死獄中

孫寶字子嚴潁川鄢陵人也師古曰鄢音偃以明經爲郡吏御史大夫張忠辟寶爲屬欲令授子經更爲除舍師古曰除謂修飾掃除也設儲偫師古曰謂豫備器物也偫音丈紀反寶自劾去忠固還之師古曰固者謂再三留之心內不平師古曰很其去後署寶主簿寶徙入舍祭竈請比鄰忠陰察怪之使所親問寶前大夫爲君設除大舍子自劾去者欲爲高節也今兩府高士俗不爲主簿子既爲之徙舍甚說師古曰說讀曰悅何前後不相副也寶曰高士不爲主簿而大夫君以寶爲可一府莫言非師古曰言大夫以爲寶適可爲主簿耳府中之人又不以爲不當也士安得獨自高前日君男欲學文而移寶自近師古曰文謂書也禮有來學義無往教道不可詘身詘何傷且不遭者可

無不爲況主簿乎師古曰言士不遭遇知已則當屈辱無所不爲也忠聞之甚慙上書薦寶經明質直宜備近臣爲議郎遷諫大夫鴻嘉中廣漢群盜起選爲益州刺史廣漢太守扈商者大司馬車騎將軍王音姊子軟弱不任職寶到部親入山谷諭告群盜非本造意渠率皆得悔過自出師古曰渠大也遣歸田里自劾矯制奏商爲亂首師古曰擅放群盜歸故云矯制由商不任職致有賊盜故云爲亂首也春秋之義誅首惡而已商亦奏寶所縱或有渠率當坐者師古曰縱放也商徵下獄寶坐失死罪免益州吏民多陳寶功效言爲車騎將軍所排上復拜寶爲冀州刺史遷丞相司直時

帝舅紅陽侯立使客因南郡太守李尚占墾草田數百頃師古曰隱度而取之也草田荒田也占音之贍反頗有民所假少府陂澤略皆開發師古曰舊爲陂澤本屬少府其後以假百姓百姓皆已田之而立總謂爲草田占云新自墾上書願以入縣官師古曰立上書言云新墾得此田請以入官也有詔郡平田予直師古曰受其田而準償價直也錢有貴一萬萬以上師古曰增於時價寶聞之遣丞相史按驗發其姦劾奏立尚懷姦罔上狡猾不道尚下獄死立雖不坐後兄大司馬衛將軍商薨次當代商上度立而用其弟曲陽侯根爲大司馬票騎將軍如淳曰度過也過立而用根會益州蠻夷犯法巴蜀頗不安上以寶著名西州拜爲廣漢太守秩中二千石賜黃

金三十斤蠻夷安輯吏民稱之師古曰輯與集同徵爲京兆尹故吏侯文以剛直不苟合常稱疾不肯仕寶以恩禮請文欲爲布衣友日設酒食妻子相對文求受署爲掾進見如賓禮數月以立秋日署文東部督郵入見敕曰今日鷹隼始擊當順天氣取姦惡以成嚴霜之誅掾部渠有其人乎師古曰渠讀曰詎詎豈也言掾所部內豈有其人乎文卬曰無其人不敢空受職師古曰卬讀曰仰謂仰頭而對也寶曰誰也文曰霸陵杜穉季寶曰其次師古曰除穉季之外更有誰也文曰豺狼橫道不宜復問狐狸師古曰言不當釋大而取小也寶默然穉季者大俠與衛尉淳于長大鴻臚蕭育等皆厚善

寶前失車騎將軍與紅陽侯有郤師古曰失車騎將軍謂失王音意奏邑商事也郤與隙同自恐見危時淳于長方貴幸友寶寶亦欲附之始視事而長以穉季託寶故寶窮無以復應文文怪寶氣索師古曰索盡也音先各反知其有故因曰明府素著威名今不敢取穉季當且闔閤勿有所問師古曰闔閉也如此竟歲吏民未敢誣明府也師古曰誣謗也即度穉季而譴它事李奇曰過度不治罪衆口讙譁終身自墮師古曰墮毀也音火規反寶曰受教穉季耳目長聞知之杜門不通水火師古曰杜塞也不通水火謂與鄰伍亦不往來也穿舍後牆爲小戶但持鉏自治園因文所厚自陳如此師古曰具言恐懼改節之狀也文曰我與穉季幸同土壤

素無睚眥師古曰睚音涯眥音才賜反睚又音五懈反眥又音仕懈反已解於前也顧受將命分當相直師古曰言自顧念受郡將之命分當相值遇也分音扶問反直讀曰值也誠能自改嚴將不治前事即不更心但更門戶過趣禍耳師古曰更改也趣讀曰促穉季遂不敢犯法寶亦竟歲無所譴明年穉季病死寶爲京兆尹三歲京師稱之會淳于長敗寶與蕭育等皆坐免官文復去吏死於家穉季子杜蒼字君敖名出穉季右在游俠中哀帝即位徵寶爲諫大夫遷司隸初傅太后與中山孝王母馮太后俱事元帝有郤師古曰以當熊事懟而嫉之傅太后使有司考馮太后令自殺衆庶冤之寶奏請覆治傅太后大怒

曰帝置司隸主使察我馮氏反事明白故欲擿觖以揚我惡師古曰擿觖謂挑發之也擿音它歷反觖音決挑音它鈎反我當坐之上迺順指下寶獄尚書僕射唐林爭之上以林朋黨比周師古曰比音頻寐反左遷敦煌魚澤障候大司馬傅喜光祿大夫龔勝固爭上爲言太后出寶復官頃之鄭崇下獄寶上書曰臣聞疏不圖親外不慮內師古曰圖謀也慮思也臣幸得銜命奉使職在刺舉不敢避貴幸之埶以塞視聽之明按尚書令昌奏僕射崇下獄覆治榜掠將死卒無一辭師古曰榜掠謂笞擊而考問之也榜音彭道路稱冤疑昌與崇內有纖介師古曰言有細故宿嫌也浸潤相陷自禁門內樞機近臣蒙受冤譖師古曰蒙被也虧損國家爲謗不小臣請治昌以解衆心書奏天子不說師古曰說讀曰悅以寶名臣不忍誅迺制詔丞相大司空司隸寶奏故尚書僕射崇冤請獄治尚書令昌案崇近臣罪惡暴著而寶懷邪附下罔上以春月作詆欺遂其姦心蓋國之賊也傳不云乎惡利口之覆國家師古曰論語稱孔子之言其免寶爲庶人哀帝崩王莽白王太后徵寶以爲光祿大夫與王舜等俱迎中山王平帝立寶爲大司農會越巂郡上黃龍游江中太師孔光大司徒馬宮等咸稱莽功德比周公宜告祠宗廟寶曰周公

上聖召公大賢尚猶有不相說著於經典兩不相損師古曰周書君奭之序曰召公爲保周公爲師相成王爲左右召公不說周公作君奭是也兩不相損者言俱有令名也召讀曰邵說讀曰悅今風雨未時百姓不足每有一事羣臣同聲師古曰言齊同阿附妄說福祥得無非其美者師古曰言此非朝廷美事也時大臣皆失色侍中奉車都尉甄邯即時承制罷議者會寶遣吏迎母母道病留弟家獨遣妻子司直陳崇以奏寶事下三公即訊師古曰就問之也寶對曰年七十誖眊恩衰共養營妻子如章師古曰誖惑也眊與耄同自言老耄心志誖亂恩衰供養之具如所奏之章也誖音布內反共讀曰供寶坐免終於家建武中錄舊德臣以寶孫伉爲諸長師古曰伉音抗諸琅邪之縣也

毋將隆字君房東海蘭陵人也大司馬車騎將軍王音內領尚書外典兵馬踵故選置從事中郎師古曰踵猶躡也言承躡故事也與參謀議奏請隆爲從事中郎遷諫大夫成帝末隆奏封事言古者選諸侯入爲公卿以褒功德宜徵定陶王使在國邸以填萬方師古曰填音竹刃反其後上竟立定陶王爲太子隆遷冀州牧潁川太守哀帝即位以高第入爲京兆尹遷執金吾時侍中董賢方貴上使中黃門發武庫兵前後十輩送董賢及上乳母王阿舍隆奏言武庫兵器天下公用國家武備繕治造作皆度大司農錢蘇林曰用度皆出大

司農大司農錢自乘輿不以給共養師古曰共音居用反養音弋向反共養勞賜壹出少府蓋不以本臧給末用不以民力共浮費師古曰共讀曰供別公私示正路也古者諸侯方伯得顓征伐廼賜斧鉞師古曰顓與專同也漢家邊吏職在距寇亦賜武庫兵皆任其事然後蒙之春秋之誼家不臧甲所以抑臣威損私力也今賢等便僻弄臣私恩微妾而以天下公用給其私門契國威器共其家備李奇曰契缺也晉灼曰契取也師古曰李說是也共讀曰供民力分於弄臣武兵設於微妾建立非宜以廣驕僭非所以示四方也孔子曰奚取於三家之堂師古曰三家謂魯大夫叔孫仲孫季孫也論語云三家者

以雍徹孔子曰相維辟公天子穆穆奚取于三家之堂言三家以雍徹食此乃天子之禮耳何爲在三家之堂也臣請收還武庫上不說師古曰說讀曰悅頃之傅太后使謁者買諸官婢賤取之復取執金吾官婢八人隆奏言賈賤請更平直師古曰賈讀曰價其下亦同上於是制詔丞相御史大夫交讓之禮興則虞芮之訟息師古曰虞芮二國名文王爲西伯爲斷其訟二國各慙而止也隆位九卿既無以匡朝廷之不逮而反奏請與永信宮爭貴賤之賈程奏顯言蘇林曰露奏也衆莫不聞舉錯不由誼理師古曰錯音千故反爭求之名自此始無以示百僚傷化失俗以隆前有安國之言如淳曰徵定陶王使在國邸也左遷爲沛郡都尉遷南郡太守王莽少時慕與隆交

隆不甚附哀帝崩莽秉政使大司徒孔光奏隆前爲冀州牧治中山馮太后獄冤陷無辜不宜處位在中土本中謁者令史立侍御史丁玄自典考之但與隆連名奏事史立時爲中太僕丁玄泰山太守及尚書令趙昌譖鄭崇者爲河內太守皆免官徙合浦

何並字子廉祖父以吏二千石自平輿徙平陵師古曰平輿汝南之縣也並爲郡吏至大司空掾事何武武高其志節舉能治劇爲長陵令道不拾遺初邛成太后外家王氏貴應劭曰宣帝王皇后父奉光封邛成侯成帝母亦姓王故以父爵別之也而侍中王林

卿通輕俠傾京師後坐法免賓客愈盛歸長陵上冢因留飲連日並恐其犯法自造門上謁師古曰造至也音千到反謂林卿曰冢間單外君宜以時歸師古曰單外言在郊郭之外而單露林卿曰諾先是林卿殺婢壻埋冢舍師古曰婢壻外人與其婢姦者也冢舍守冢之舍也並具知之以非己時又見其新免故不發舉欲無令留界中而已即且遣吏奉謁侍送林卿素驕慙於賓客並度其爲變儲兵馬以待之師古曰儲豫備也度音徒各反林卿既去北度涇橋令騎奴還至寺門拔刀剥其建鼓師古曰諸官曹之所通呼爲寺建鼓一名植鼓建立也謂植木而旁懸鼓焉縣有此鼓者所以召集號令爲開閉之時並自從吏兵追林卿行數十里林卿迫窘迺

令奴冠其冠被其襜褕自代乘車從童騎師古曰襜褕曲裾禪衣也童騎童奴之騎也身變服從閒徑馳去會日暮追及收縛冠奴奴曰我非侍中奴耳並心自知已失林卿迺曰王君困自稱奴得脫死邪叱吏斷頭持還縣所剝鼓置都亭下署曰故侍中王林卿坐殺人埋冢舍使奴剝寺門鼓師古曰署謂書表其事也吏民驚駭林卿因亡命衆庶讙譁以爲實死師古曰讙譁衆議也讙音許元反成帝太后以邛成太后愛林卿故聞之涕泣爲言哀帝哀帝問狀而善之遷並隴西太守徙潁川太守代陵陽嚴詡詡本以孝行爲官謂掾史爲師友有過輒閉

前漢傳四十七　十八　洪吉

閤自責終不大言郡中亂王莽遣使徵詡官屬數百人爲設祖道詡據地哭掾史曰明府吉徵不宜若此詡曰吾哀潁川士身豈有憂哉我以柔弱徵必選剛猛代代到將有僵仆者故相弔耳師古曰僵偃也仆頓也僵音薑仆音赴詡至拜爲美俗使者文穎曰宣美風化使者是時潁川鍾元爲尚書令領廷尉用事有權弟威爲郡掾臧千金師古曰臧謂致罪之臧也並爲太守過辭鍾廷尉廷尉免冠爲弟請一等之罪如淳曰減死罪一等願蚤就髡鉗並曰罪在弟身與君律不在於太守元懼馳遣人呼弟陽翟輕俠趙季李款多畜賓客以氣力漁食閭里師古曰漁者謂侵奪

取之若漁獵之爲也至姦人婦女持吏長短從橫郡中師古曰從音子用反橫音胡孟反聞並且至皆亡去並下車求勇猛曉文法吏且十人使文吏治三人獄武吏往捕之各有所部敕曰三人非負太守迺負王法不得不治鍾威所犯多在赦前驅使入函谷關勿令汙民間不入關迺收之趙李桀惡雖遠去當得其頭以謝百姓鍾威負其兄止雒陽師古曰負謂恃其權力也吏格殺之亦得趙李它郡持頭還並皆縣頭及其具獄於市郡中清靜表善好士師古曰好音呼到反見紀潁川名次黃霸性清廉妻子不至官舍數年卒疾病召丞掾作先令書師古曰先爲遺

前漢傳四十七　十九　印貴

令也曰告子恢吾生素餐日久死雖當得法賻勿受如淳曰公令吏死官得法賻師古曰贈終者布帛曰賻音附葬爲小槨亶容下棺張晏曰禮三重棺趙蕳子曰不設屬辟下卿之罰也或曰但下棺無餘器物也師古曰言止作小槨纔容下棺而已無令高大也亶讀曰但恢如父言王莽擢恢爲關都尉建武中以並孫爲郎

贊曰蓋寬饒爲司臣正色立於朝雖詩所謂國之司直無以加也師古曰詩鄭風羔裘之篇曰彼已之子邦之司直言其德美可主正直之任也若采王生之言以終其身斯近古之賢臣矣諸葛劉鄭雖云狂贛有異志焉孔子曰吾未見剛者師古曰論語稱孔子之言也言有剛德者爲難也以數子之名迹然毋將汙於冀州孟康曰汙下也師古曰毋將隆爲冀州牧與史立丁玄共奏馮太后事是爲汙曲也汙音一胡反孫寶橈於定陵師古曰橈亦曲也謂

受淳于長託而不治杜穉季也撓音女教反況俗人乎何並之節亞尹翁歸云

蓋諸葛劉鄭孫毋將何傳第四十七

蕭望之傳第四十八　班固　漢書七十八

秘書監上護軍琅邪縣開國子顏師古注

蕭望之字長倩東海蘭陵人也師古曰近代譜諜妄相託附乃云望之蕭何之後追次昭穆流俗學者共祖述焉但鄼侯漢室宗臣功高位重子孫胤緒具詳表傳長倩鉅儒達學名節並隆博覽古今能言其祖市朝未變年載非遙長老所傳耳目相接若其實承何後史傳寧得弗詳漢書既不叙論後人焉所取信不然之事斷可識矣徙杜陵家世以田爲業至望之好學治齊詩事同縣后倉且十年以令詣太常受業如淳曰令郡國官有好文學敬長肅政教者二千石奏上與計偕詣太常受業如弟子也復事同學博士白奇師古曰常同於后倉受業而奇後爲博士又從夏侯勝問論語禮服師古曰禮之喪服也京師諸儒稱述焉

是時大將軍霍光秉政長史丙吉薦儒生王仲翁與望之等數人皆召見先是左將軍上官桀與蓋主謀殺光光既誅桀等後出入自備吏民當見者露索去刀兵兩吏挾持師古曰索捜也露形體而捜也索山客反望之獨不肯聽自引出閤曰不願見吏牽持匈匈光聞之告吏勿持望之既至前說光曰將軍以功德輔幼主將以流大化致於洽平師古曰令太平之化通洽四方也是以天下之士延頸企踵爭願自效以輔高明今士見者皆先露索挾持恐非周公相成王躬吐握之禮致白屋之意師古曰周公攝政一沐三捉髮一飯三吐餔以接天下之士白屋謂白蓋之屋以茅覆之賤人所居蓋音合於是光獨不除用望之而仲翁等皆補大將軍史三歲閒仲

翁至光禄大夫給事中望之以射策甲科為郎師古曰射策者謂為難問疑義書之於策量其大小署為甲乙之科列而置之不使彰顯有欲射者隨其所取得而釋之以知優劣射之言投射也對策者顯問以政事經義令各對之而觀其文辭定高下也署小苑東門候師古曰署補署也門候主候時而開閉也仲翁出入從倉頭廬兒師古曰皆官府之給賤役者也解在貢禹傳下車趨門傳呼甚寵師古曰趨讀曰趣趣嚮也下車而嚮門傳聲而呼侍從者甚有尊寵也顧謂望之曰不肯錄錄反抱關為師古曰錄錄謂循常也言望之不能隨例搜索以違牾執政不得大官而守門也望之曰各從其志後數年坐弟犯法不得宿衞免歸為郡吏及御史大夫魏相除望之為屬察廉為大行治禮丞時大將軍光薨子禹復為大司馬兄子山領尚書師古曰霍山去病之孫今云兄子者轉寫誤耳親屬皆宿衞

內侍地節三年夏京師雨雹望之因是上疏願賜清閒之宴口陳災異之意師古曰閒讀曰閑宣帝自在民閒聞望之名曰此東海蕭生邪下少府宋畸問狀師古曰畸居宜反無有所諱望之對以為春秋昭公三年大雨雹是時季氏專權卒逐昭公鄉使魯君察於天變宜亡此害師古曰鄉讀曰嚮亡讀曰無今陛下以聖德居位思政求賢堯舜之用心也然而善祥未臻陰陽不和是大臣任政一姓擅執之所致也附枝大者賊本心私家盛者公室危師古曰本心喻之本株也唯明主躬萬機選同姓舉賢材以為腹心與參政謀令公卿大臣朝見奏

事明陳其職以考功能如是則庶事理公道立姦邪塞私權廢矣對奏天子拜望之為謁者時上初即位思進賢良多上書言便宜輒下望之問狀高者請丞相御史師古曰望之以其人所言之狀請於丞相御史或以奏聞即見超擢次者中二千石試事滿歲以狀聞師古曰試令行其所言之事或以諸它職事試之下者報聞或罷歸田里所白處奏皆可師古曰當主上之意也累遷諫大夫丞相司直歲中三遷官至二千石其後霍氏竟謀反誅望之寖益任用師古曰寖漸也是時選博士諫大夫通政事者補郡國守相以望之為平原太守望之雅意在本朝遠為郡守內不自得乃上疏曰

陛下哀愍百姓恐德化之不究師古曰究竟也謂周徧於天下悉出諫官以補郡吏所謂憂其末而忘其本者也朝無爭臣則不知過國無達士則不聞善師古曰達士謂達於政事也願陛下選明經術溫故知新通於幾微謀慮之士以為內臣與參政事諸侯聞之則知國家納諫憂政亡有闕遺若此不怠成康之道其庶幾乎師古曰周成康二王致太平也外郡不治豈足憂哉書聞徵入守少府宣帝察望之經明持重論議有餘材任宰相師古曰任堪也欲詳試其政事復以為左馮翊望之從少府出為左遷恐有不合意即移病師古曰移病謂移書言病一日以病而移居上聞之使

侍中成都侯金安上諭意曰所用皆更治民以考功師古曰更猶經歷更音工衡反君前爲平原太守日淺故復試之三輔非有所聞也師古曰所聞謂聞其短失望之即視事是歲西羌反漢遣後將軍征之京兆尹張敞上書言國兵在外軍以夏發隴西以北安定以西吏民並給轉輸田事頗廢素無餘積雖羌虜以破來春民食必乏窮辟之處買亡所得師古曰辟讀曰僻也縣官穀度不足以振之師古曰度徒各反願令諸有辠非盜受財殺人及犯法不得赦者皆得以差入穀此八郡贖罪師古曰差次也八郡即隴西以北安定以西務益致穀以豫備百姓之急事下有司望

之與少府李彊議以爲民函陰陽之氣有仁義欲利之心師古曰函與含同也在教化之所助堯在上不能去民欲利之心而能令其欲利不勝其好義也雖桀在上不能去民好義之心而能令其好義不勝其欲利也故堯桀之分在於義利而已道民不可不慎也師古曰道讀曰導今欲令民量粟以贖罪如此則富者得生貧者獨死是貧富異刑而法不壹也人情貧窮父兄囚執聞出財得以生活爲人子弟者將不顧死亡之患敗亂之行以赴財利求救親戚一人得生十人以喪如此伯夷之行壞公綽之名滅師古曰公綽魯大夫孟公綽也論語稱孔子曰若臧武仲之智公綽之不欲卞莊子之勇冉求之藝文之以禮樂可以爲成人矣政教壹傾雖有周召之佐恐不能復師古曰召讀曰邵復扶目反古者藏於民不足則取有餘則與詩曰爰及矜人哀此鰥寡師古曰小雅鴻鴈之詩也矜人可哀矜之人謂貧弱者也言王者恩澤下及哀矜之人以至鰥寡上惠下也又曰雨我公田遂及我私師古曰小雅大田之詩也言衆庶喜於時雨先潤公田又及私田是則其心先公後私雨于具反下急上也今有西邊之役民失作業雖戶賦口斂以贍其困乏師古曰率戶而賦計口而斂也古之通義百姓莫以爲非以死救生恐未可也師古曰子弟竭死以救父兄令其生也陛下布德施教教化既成堯舜亡以加也今議開利路以傷既成之化臣竊痛之於是天子復下其議兩府

丞相御史以難問張敞敞曰少府左馮翊所言常人之所守耳昔先帝征四夷兵行三十餘年百姓猶不加賦而軍用給今羌虜一隅小夷跳梁於山谷閒漢但令辠人出財減辠以誅之其名賢於煩擾良民橫興賦斂也師古曰橫音胡孟反又諸盜及殺人犯不道者百姓所疾苦也皆不得贖首匿見知縱所不當得爲之屬議者或頗言其法可蠲除師古曰以其罪輕而法重故常欲除此科條今因此令贖其便明甚何化之所亂甫刑之罰小過赦薄罪贖師古曰呂侯爲周穆王司寇作贖刑之法謂之呂刑後改爲甫侯故又稱甫刑也有金選之品應劭曰選音刷金銖兩名也師古曰音刷是也字本作鋝鋝即鍰也其重十一銖一十五分銖之十三一曰重六兩呂

刑曰墨辟疑赦其罰百鍰劓辟疑赦其罰惟倍剕辟疑赦其罰倍差宮辟疑赦其罰六百鍰大辟疑赦其罰千鍰是其品也所
從來久矣何賊之所生歟備皁丁衣二十餘年如淳曰雖有五
時服至朝者皁衣嘗聞罪人贖矣未聞盜賊起也竊憐涼
州被寇方秋饒時民尚有飢乏之病死於道路況至
來春將大困乎不早慮所以振救之策而引常經
以難恐後為重責常人可與守經未可與權也敞
幸得備列卿以輔兩府為職不敢不盡愚望之彊
復對曰先帝聖德賢良在位作憲垂法為無窮之
規永惟邊竟之不贍師古曰惟思也竟讀曰境其下亦同故金布令甲曰
師古曰金布者令篇名也其上有府庫金錢布帛之事因以篇名令甲者其篇甲乙之次邊郡數被兵離

飢寒師古曰離遭也夭絕天年父子相失令天下共給其費
師古曰同共給之也自此以上令甲之文固為軍旅卒暴之事也師古曰卒讀曰猝言此令
文專為軍旅猝暴而施設聞天漢四年常使死罪人入五十萬錢
減死罪一等豪彊吏民請奪假貣師古曰貣音土得反至為
盜賊以贖罪其後姦邪橫暴群盜並起師古曰橫音胡孟反至
攻城邑殺郡守充滿山谷吏不能禁明詔遣繡衣
使者以興兵擊之師古曰軍興之法也誅者過半然後衰止愚
以為此使死罪贖之敗也故曰不便時丞相魏相
御史大夫丙吉亦以為羌虜且破轉輸略足相給
遂不施敞議望之為左馮翊三年京師稱之遷大

鴻臚先是烏孫昆彌翁歸靡因長羅侯常惠上
書師古曰昆彌烏孫之王號也翁歸靡其人名也願以漢外孫元貴靡為嗣得
復尚少主蘇林曰宗室女也結婚內附畔去匈奴詔下公卿
議望之以為烏孫絕域信其美言萬里結婚非長
策也天子不聽神爵二年遣長羅侯惠使送公主
配元貴靡未出塞翁歸靡死其兄子狂王背約自
立惠從塞下上書願留少主敦煌郡惠至烏孫責
以負約因立元貴靡還迎少主詔下公卿議望之
復以為不可烏孫持兩端亡堅約其效可見前少
主在烏孫四十餘年恩愛不親密邊境未以安

此已事之驗也今少主以元貴靡不得立而還信
無負於四夷此中國之大福也少主不止繇役將興
其原起此天子從其議徵少主還後烏孫雖分國
兩立以元貴靡為大昆彌漢遂不復與結婚三年
代丙吉為御史大夫五鳳中匈奴大亂議者多曰
匈奴為害日久可因其壞亂舉兵滅之詔遣中朝
大司馬車騎將軍韓增諸吏富平侯張延壽光祿
勳楊惲太僕戴長樂問望之計策望之對曰春秋
晉士匄帥師侵齊聞齊侯卒引師而還君子大其
不伐喪師古曰士匄晉大夫范宣子也春秋公羊傳襄十九年晉士匄帥師侵齊至穀聞齊侯卒乃還還者何善

（辭也大其不伐喪也）以爲恩足以服孝子誼足以動諸侯前單于慕化鄉善稱弟（蘇林曰弟順也師古曰鄉讀曰嚮弟音悌）遣使請求和親海內欣然夷狄莫不聞未終奉約不幸爲賊臣所殺今而伐之是乘亂而幸災也彼必奔走遠遁不以義動兵恐勞而無功宜遣使者弔問輔其微弱救其災患四夷聞之咸貴中國之仁義如遂蒙恩得復其位必稱臣服從此德之盛也上從其議後竟遣兵護輔呼韓邪單于定其國是時大司農中丞耿壽昌奏設常平倉上善之望之非壽昌（師古曰此望之不知權通）丞相丙吉年老上重焉望之又奏言百姓或乏

前漢傳四十八　八　孫安

困盜賊未止二千石多材下不任職三公非其人則三光爲之不明今首歲日月少光（師古曰首歲歲之初首謂正月也）咎在臣等上以望之意輕丞相（師古曰言三公非其人又云咎在臣等是其意毀丞相）乃下侍中建章衛尉金安上光祿勳楊惲御史中丞王忠并詰問（師古曰三人同其問之）望之免冠置對天子繇是不說（師古曰繇讀與由同說讀曰悅）後丞相司直緐延壽（師古曰緐音婆）奏侍中謁者良使承制詔望之望之再拜已良與望之言望之不起因故下手（蘇林曰伏地□言也）而謂御史曰良禮不備故事丞相病明日御史大夫輒問病朝奏事會庭中差居丞相後丞相謝大夫少進揖今丞相數

病望之不問病會庭中與丞相鈞禮（師古曰不當前後之差也）時議事不合意望之曰侯年寧能父我邪（服虔曰豈能與吾父同年邪）知御史有令不得擅使望之多使守史自給車馬之杜陵護視家事（如淳曰漢儀注御史大夫史員四十五人皆六百石其十五人給事殿中其餘三十人留寺治百事皆冠法冠師古曰自給車馬者令其自乘私車馬也）少史冠法冠爲妻先引（蘇林曰少史史之下者也文穎曰先引謂導車前）又使賣買私所附益凡十萬三千（師古曰使其史爲望之家有所賣買而史以其私錢增益之用潤望之也）案望之大臣通經術居九卿之右本朝所仰（師古曰右上也）至不奉法自修踞慢不遜攘（師古曰攘古讓字）受所監臧二百五十以上（師古曰二百五十以上者當時律令坐罪之次若今律條言一尺以上一疋以上矣）請逮捕繫治上於是策望之曰有

前漢傳四十八　九　華

司奏君責使者禮遇丞相亡禮廉聲不聞敖慢不遜（師古曰敖讀曰傲）亡以扶政帥先百僚君不深思陷于姦穢朕不忍致君于理使光祿勳惲策詔左遷君爲太子太傅授印其上故印使者（師古曰使者即謂楊惲也命惲授太傅印而望之以大夫印上於惲）便道之官君其秉道明孝正直是與帥意亡諐靡有後言（師古曰諐古愆字後言謂自申理）望之既左遷而黃霸代爲御史大夫數月閒丙吉薨霸爲丞相霸薨于定國復代焉望之遂見廢不得相爲太傅以論語禮服授皇太子初匈奴呼韓邪單于來朝詔公卿議其儀丞相霸御史大夫定國議曰聖王之

制施德行禮先京師而後諸夏先諸夏而後夷狄
詩云率禮不越遂視既發相土烈烈海外有截師古
曰商頌長發之詩也率循也遂徧也既盡也發行也相土契之孫也烈烈威也截齊也言殷宗受命爲諸侯能修禮度無有所踰越也徧省視之
數令盡行而相土之威烈烈然盛四海之外皆整齊陛下聖德充塞天地師古曰充實也塞滿也
光被四表師古曰四表四海之外匈奴單于鄉風慕化奉珍朝賀
師古曰鄉讀曰嚮自古未之有也其禮儀宜如諸侯王位次
在下望之以爲單于非正朔所加故稱敵國宜待
以不臣之禮位在諸侯王上外夷稽首稱藩中國
讓而不臣此則羈縻之誼謙亨之福也師古曰易謙卦之辭曰謙亨天
道下濟而光明地道卑而上行言謙之爲德無所不通也亨火庚反書曰戎狄荒服師古曰逸書也言其

來服荒忽亡常如使匈奴後嗣卒有鳥竄鼠伏闕
於朝享不爲畔臣卒終也師古曰本以客禮待之若後不來非叛臣信讓行乎
蠻貉福祚流于亡窮萬世之長策也天子采之下
詔曰蓋聞五帝三王教化所不施不及以政今匈
奴單于稱北藩朝正朔朕之不逮德不能弘覆其
以客禮待之令單于位在諸侯王上贊謁稱臣而
不名及宣帝寢疾選大臣可屬者師古曰屬之欲反引外屬
侍中樂陵侯史高太子太傅望之少傅周堪至禁
中拜高爲大司馬車騎將軍望之爲前將軍光祿
勳堪爲光祿大夫皆受遺詔輔政領尚書事宣帝

崩太子襲尊號是爲孝元帝望之堪本以師傅見
尊重上即位數宴見言治亂陳王事望之選白宗
室明經達學散騎諫大夫劉更生給事中與侍中
金敞並拾遺左右四人同心謀議勸道上以古制
師古曰道讀曰導多所欲匡正上甚鄉納之師古曰鄉讀曰嚮言意信嚮之而納用其言
初宣帝不甚從儒術任用法律而中書宦官用事
中書令弘恭石顯久典樞機明習文法亦與車騎
將軍高爲表裏論議常獨持故事不從望之等恭
顯又時傾仄見詘文穎曰恭顯心不自安也師古曰文說非也言其不能持正故議論大事見詘於天子也
仄古側字望之以爲中書政本宜以賢明之選自武帝游

宴後庭故用宦者非國舊制又違古不近刑人之
義師古曰禮曰刑人不在君側也白欲更置士人繇是大與高恭顯忤
師古曰繇讀與由同忤謂相違逆也上初即位謙讓重改作師古曰重難也不欲更置士人於中
書也議久不定出劉更生爲宗正望之堪數薦名儒
茂材以備諫官會稽鄭朋陰欲附望之上疏言車
騎將軍高遣客爲姦利郡國及言許史子弟罪過
章視周堪師古曰視讀曰示以朋所奏之章示堪也堪白令朋待詔金馬門
朋奏記望之曰將軍體周召之德秉公綽之質有
卞莊之威師古曰周謂周公旦召謂召公奭公綽孟公綽也卞莊子魯卞邑大夫甚勇士也召讀曰邵至
乎耳順之年師古曰論語孔子曰六十而耳順履折衝之位號至將軍

誠士之高致也窟穴黎庶莫不懽喜咸曰將軍其
人也師古曰國家委任誠得其人也今將軍規橅云若管晏而休遂行
日仄至周召乃留乎師古曰問望之立意當趣如管晏而止為欲恢廓其道日昊不食追周邵之蹟然後已乎橅讀曰模其字從木若管晏而休則下走將歸延陵之皋應劭曰下走僕也張晏曰吳公子札食邑延陵藩吳王之行弃國而耕於皋澤朋云望之所為若但如管晏則不與漢朝將歸會稽尋延陵之軌耕皋澤之中也師古曰下走者自謙言趨走之役也修農圃之疇詩師古曰美田曰疇畜雞種
黍竢見二子沒齒而已矣師古曰論語云子路從而後遇丈人以杖荷蓧止子路宿殺雞為黍而食之見其二子焉明日子路行以告子曰隱者也使子路反見之至則行矣朋之所云蓋謂此也竢古俟字也俟待也沒齒終身也蓧草器也音徒釣反如將軍昭然度行積思塞邪枉之險蹊宣中
庸之常政師古曰度行越常檢而為高行也蹊徑謂道也音奚興周召之遺業親

日仄之兼聽則下走其庶幾願竭區區底厲鋒
鍔師古曰鋒刃端也鍔刃旁也音五各反奉萬分之一望之見納朋接待
以意師古曰與之相見納用其說也朋數稱述望之短車騎將軍師古曰短謂毀其短惡也言許史過失後朋行傾邪望之絕不與通朋
與大司農史李宮俱待詔堪獨白宮為黃門郎朋
楚士怨恨張晏曰朋會稽人會稽并屬楚蘇林曰楚人脃急也更求入許史推所言
許史事曰皆周堪劉更生教我我關東人何以知
此於是侍中許章白見朋朋出揚言曰我見言前
將軍小過五大罪一中書令在旁知我言狀望之
聞之以問弘恭石顯顯恭恐望之自訟下於它吏

即挾朋及待詔華龍師古曰華胡化反龍者宣帝時與張
子蟜等待詔師古曰蟜居遥反字或作蹻以行汙濊不進師古曰濊與穢同欲
入堪等堪等不納故與朋相結恭顯令二人告望
之等謀欲罷車騎將軍疏退許史狀候望之出休
日令朋龍上之事下弘恭問狀望之對曰外戚在
位多奢淫欲以匡正國家非為邪也恭顯奏望之
堪更生朋黨相稱舉數譖訴大臣毀離親戚欲以
專擅權勢為臣不忠誣上不道請謁者召致廷尉
時上初即位不省謁者召致廷尉為下獄也可其
奏後上召堪更生曰繫獄上大驚曰非但廷尉問

邪以責恭顯皆叩頭謝上曰令出視事恭顯因使
高言上新即位未以德化聞於天下而先驗師傅
既下九卿大夫獄宜因決免於是制詔丞相御史
前將軍望之傅朕八年亡它罪過今事久遠識忘
難明師古曰言不能盡記有遺忘者故難明其赦望之罪收前將軍光祿
勳印綬及堪更生皆免為庶人而朋為黃門郎後
數月制詔御史國之將興尊師而重傅故前將軍
望之傅朕八年道以經術厥功茂焉師古曰道讀曰導茂美也其
賜望之爵關內侯食邑六百戶給事中朝朔望坐
次將軍天子方倚欲以為丞相師古曰倚於綺反會望之子

散騎中郎伋上書訟望之前事（師古曰伋音級）事下有司復奏望之前所坐明白無譖訴者（師古曰言望之自有罪非人讒譖而訴之也）而教子上書稱引亡辜之詩失大臣體不敬請逮捕弘恭石顯等知望之素高節不詘辱建白望之（師古曰建立此議而白之於天子）前爲將軍輔政欲排退許史專權擅朝幸得不坐復賜爵邑與聞政事（師古曰與讀曰豫）不悔過服罪深懷怨望教子上書歸非於上（師古曰言歸惡於天子）自以託師傅懷終不坐（師古曰言恃舊恩自謂終無罪坐懷此心）非頗詘望之於牢獄塞其怏怏心則聖朝亡以施恩厚（服虔曰上非不也）上曰蕭太傅素剛安肯就吏顯等曰人命至重望之所坐語言薄罪必亡所憂上乃可其奏顯等封以付謁者敕令召望

之手付因令太常急發執金吾車騎馳圍其第使者至召望之望之欲自殺其夫人止之以爲非天子意望之以問門下生朱雲雲者好節士勸望之自裁於是望之卬天歎曰（師古曰卬讀曰仰）吾嘗備位將相年踰六十矣老入牢獄苟求生活不亦鄙乎字謂雲曰游（師古曰朱雲字游呼其字）趣和藥來無久留我死（師古曰趣讀曰促）竟飲鴆自殺天子聞之驚拊手曰曩固疑其不就牢獄果然殺吾賢傅是時太官方上晝食上乃卻食爲之涕泣哀慟左右（師古曰慟動也）於是召顯等責問以議不詳（師古曰詳審也）皆免冠謝良久然後已望之有罪死有司請絕其爵邑有詔加恩長子伋嗣爲關內侯天子追念望之不忘每歲時遣使者祠祭望之冢終元帝世望之八子至大官者育咸由

育字次君少以父任爲太子庶子元帝即位爲郎病免後爲御史大將軍王鳳以育名父子著材能除爲功曹遷謁者使匈奴副校尉（師古曰時令校尉爲使於匈奴而育爲之副使故授副校尉也）後爲茂陵令會課育弟六（師古曰如今之考弟高下）而漆令郭舜殿見責問（師古曰殿後也言有所負最居下也殿丁見反）育爲之請扶風怒曰君課弟六裁自脫（師古曰脫免也音吐活反）何暇欲爲左右言（師古曰左右者言與同列在其左右若今言旁人也）及罷出傳召茂陵令詣後

曹（如淳曰賊曹決曹皆後曹）當以職事對（師古曰怒其爲漆令言故欲以職事責之）育徑出曹書佐隨牽育育案佩刀曰蕭育杜陵男子何詣曹也（師古曰自言欲免官而去但是杜陵一白衣男子耳何須召我詣曹乎）遂趨出欲去官明旦詔召入拜爲司隸校尉育過扶風府門官屬掾史數百人拜謁車下後坐失大將軍指免官復爲中郎將使匈奴歷冀州青州兩部刺史長水校尉泰山太守入守大鴻臚以鄠名賊梁子政阻山爲害久不伏辜（師古曰名賊者自顯其名無所避匿言其彊也）育爲右扶風數月盡誅子政等坐與定陵侯淳于長厚善免官哀帝時南郡江中多盜賊拜育爲南郡太守上以

育老且耆自名臣乃以三公使車載育入殿中受策（孟康
曰使車三公奉使之車若安車也）曰南郡盜賊群輩為害朕甚憂之
以太守威信素著故委南郡太守之官其於為民
除害安元元而已亡拘於小文加賜黃金二十斤
育至南郡盜賊靜病去官起家復為光祿大夫執
金吾以壽終於官育為人嚴猛尚威居官數免稀
遷少與陳咸朱博為友著聞當世往者有王陽貢
公故長安語曰蕭朱結綬王貢彈冠言其相薦達
也始育與陳咸俱以公卿子顯名咸最先進年十
八為左曹二十餘御史中丞時朱博尚為杜陵亭

長為咸育所攀援入王氏（師古曰援引也音爰）後遂並歷刺史
郡守相及為九卿而博先至將軍上卿歷位多於
咸育遂至丞相育與博後有隙不能終故世以
交為難

咸字仲為丞相史舉茂材好時令遷淮陽泗水內
史張掖弘農河東太守所居有迹數增秩賜金後
免官復為越騎校尉護軍都尉中郎將使匈奴至
大司農終官

由字子驕為丞相西曹衛將軍掾遷謁者使匈奴
副校尉後舉賢良為定陶令遷太原都尉安定太
守治郡有聲多稱薦者初哀帝為定陶王時由
為定陶令失王指頃之制書免由為庶人哀帝崩
為復土校尉京輔左輔都尉遷江夏太守平江賊
成重等有功增秩為陳留太守元始中作明堂辟
雍大朝諸侯徵由為大鴻臚會病不及賓贊（師古曰賓贊
導九賓之事）還歸故官病免復為中散大夫終官家至
吏二千石者六七人

贊曰蕭望之歷位將相籍師傅之恩可謂親昵亡
間（師古曰間隙也）及至謀泄隙開讒邪構之卒為便辟宦
豎所圖（師古曰圖謀也）哀哉不然望之堂堂折而不橈（師古曰橈曲也

音女教反）身為儒宗有輔佐之能近古社稷臣也

蕭望之傳第四十八

馮奉世傳第四十九　　班固　　漢書七十九

秘書監上護軍琅邪縣開國子顏師古　注

馮奉世字子明上黨潞人也（師古曰潞音路）徙杜陵其先馮亭爲韓上黨守秦攻上黨絕太行道（師古曰太行山名險道所經行也行胡郎反）韓不能守馮亭乃入上黨城守於趙（師古曰據守上黨城而以降趙）趙封馮亭爲華陽君與趙將括距秦（師古曰括趙奢之子也）戰死於長平宗族繇是分散（師古曰繇讀與由同）或留潞或在趙在趙者爲官帥將（師古曰帥所類反字或作師其義兩通）官帥將子爲代相及秦滅六國而馮亭之後馮毋擇馮去疾馮劫皆爲秦將相焉漢興文帝時馮唐顯名即代相子也至武帝末奉世以良家子選爲郎昭帝時以功次補武安長失官年三十餘矣乃學春秋涉大義讀兵法前將軍韓增奏以爲軍司空令本始中從軍擊匈奴軍罷復爲郎先是時漢數出使西域多辱命不稱或貪汙爲外國所苦（師古曰苦謂困辱之）是時烏孫大有擊匈奴之功而西域諸國新輯（師古曰輯與集同集和也）漢方善遇欲以安之選可使外國者前將軍增舉奉世以衞候使持節送大宛諸國客至伊修城（師古曰伊修城在鄯善國漢於其中置屯田吏士也）都尉宋將言莎車與旁國共攻殺漢所置莎車王萬年（師古曰莎車國名萬年其王名也莎素和反）并殺漢使

者奚充國時匈奴又發兵攻車師城不能下而去莎車遣使揚言北道諸國已屬匈奴矣於是攻劫南道與歃盟畔漢從鄯善以西皆絕不通（師古曰鄯音善）都護鄭吉校尉司馬意皆在北道諸國間奉世與其副嚴昌計以爲不亟擊之則莎車日彊（師古曰亟急也音居力反）其執難制必危西域遂以節諭告諸國王因發其兵南北道合萬五千人進擊莎車攻拔其城莎車王自殺傳其首詣長安諸國悉平威振西域奉世乃罷兵以聞宣帝召見韓增曰賀將軍所舉得其人奉世遂西至大宛大宛聞其斬莎車王敬之異於它使得其名馬象龍而還（師古曰言馬形似龍者）上甚說（師古曰說讀曰悅）下議封奉世（師古曰下其事令議之）丞相將軍皆曰春秋之義大夫出疆有可以安國家則顓之可也（師古曰顓與專同）奉世功效尤著宜加爵土之賞少府蕭望之獨以奉世奉使有指（師古曰本爲送諸國客）而擅矯制違命發諸國兵雖有功效不可以爲後法即封奉世開後奉使者利以奉世爲比（師古曰比必寐反）爭遂發兵要功萬里之外（師古曰要邀音也）爲國家生事於夷狄漸不可長奉世不宜受封上善望之議以奉世爲光祿大夫水衡都尉元帝即位爲執金吾上郡屬國歸義降胡

萬餘人反去初昭帝末西河屬國胡伊酋若王亦
將衆數千人畔師古曰酋才由反奉世輒持節將兵追擊師古
曰言西河上郡羌胡反畔子明再追擊之右將軍典屬國常惠薨奉世代
爲右將軍典屬國加諸吏之號數歲爲光祿勳永光
二年秋隴西羌彡姐旁種反師古曰彡所廉反又先廉反姐音紫今西羌尚有此姓而彡音先冊反
詔召丞相韋玄成御史大夫鄭弘大司馬車騎將
軍王接左將軍許嘉右將軍奉世入議是時歲比
不登師古曰比頻也登成也京師穀石二百餘師古曰一石直二百餘錢也下皆類此邊
郡四百關東五百四方飢饉朝廷方以爲憂而遭
羌變玄成等漠然莫有對者師古曰漠無聲也音莫奉世曰羌

前漢傳四十九　三

虜近在竟內背畔師古曰竟讀曰境不以時誅亡以威制遠
蠻臣願帥師討之上問用兵之數對曰臣聞善用
兵者役不再興糧不三載故師不久暴而天誅亟
決師古曰暴露也亟急也音居力反往者數不料敵師古曰料量也音聊而師至於
折傷再三發䡊如淳曰䡊推也淮南子曰內郡䡊車而餉音而隴反則曠日煩費威
武虧矣今反虜無慮三萬人師古曰無慮舉凡之言也無小思慮而大計也法當
倍用六萬人然羌戎弓矛之兵耳器不犀利如淳曰今俗刀
兵利爲犀晉灼曰犀堅也師古曰晉說是可用四萬人一月足以決丞相御
史兩將軍皆以爲民方收斂時未可多發萬人屯
守之且足奉世曰不可天下被飢饉士馬羸耗師古

曰耗損也音呼到反守戰之備久廢不簡師古曰簡謂選擇夷狄皆有輕
邊吏之心而羌首難師古曰言創首爲寇難也今以萬人分屯數
處虜見兵少必不畏懼戰則挫兵病師守則百姓
不救如此怯弱之形見羌人乘利諸種並和師古曰和應也
音胡卧反相扇而起臣恐中國之役不得止於四萬非
財幣所能解也故少發師而曠日師古曰曠空也空費其日而無功也與
一舉而疾決利害相萬也師古曰相比爲萬倍也固爭之不能得
有詔益二千人於是遣奉世將萬二千人騎以將
屯爲名師古曰且云領兵屯田不言討賊典屬國任立護軍都尉韓昌
爲偏裨到隴西分屯三處典屬國爲右軍屯白石護

前漢傳四十九　四

軍都尉爲前軍屯臨洮奉世爲中軍屯首陽西極
上如淳曰西極山名也前軍到降同阪師古曰阪平陂也降同者阪名也阪府板反降下江反陂普何反
先遣校尉在前與羌爭地利又別遣校尉救民於
廣陽谷羌虜盛多皆爲所破殺兩校尉奉世具上
地形部衆多少之計願益三萬六千人乃足以決
事書奏天子大爲發兵六萬餘人拜太常弋陽侯
任千秋爲奮武將軍以助焉奉世上言願得其衆
不須煩大將因陳轉輸之費上於是以璽書勞奉
世且讓之師古曰讓責也責其不須大將曰皇帝問將兵右將軍師古曰官爲右
將軍而將兵在外故謂之將兵右將軍也甚苦暴露羌虜侵邊境殺吏

民甚逆天道故遣將軍帥士大夫行天誅以將軍材質之美奮精兵誅不軌百下百全之道也今乃有畔敵之名 如淳曰不敢當敵攻戰爲畔敵也 大爲中國羞以昔不閑習之故邪 師古曰言未嘗當羌虜不測其形便 以恩厚未洽信約不明也 師古曰言將軍恩惠未合於士卒又不能明其約誓使在下信也 朕甚怪之上書言羌虜依深山多徑道不得不多分部遮要害須得後發營士足以決事部署已定埶不可復置大將聞之前爲將軍兵少不足自守故發近所騎日夜詣 師古曰近所謂近之處也日夜言兼行不休息也詣詣軍所 非爲擊也 師古曰助其守 今發三輔河東弘農越騎迹射佽飛彀者羽林孤兒及呼速絫嗕種

劉德曰嗕音辱羌別種也彀者謂能張弩者也彀工豆反絫力追反嗕乃穀反 方急遣 師古曰言今速至軍所也 且兵凶器也必有成敗者患策不豫定料敵不審也故復遣奮武將軍兵法曰大將軍出必有偏裨所以揚威武參計策將軍又何疑焉夫愛吏士得衆心舉而無悔禽敵必全將軍之職也若乃轉輸之費則有司存將軍勿憂須奮武將軍兵到合擊羌虜 師古曰須待也 十月兵畢至隴西十一月並進羌虜大破斬首數千級餘皆走出塞兵未決閒漢復發募士萬人拜定襄太守韓安國爲建威將軍 師古曰自别有此安國非武帝時人也 未進聞羌破還上曰羌虜破散創艾亡

逃出塞 師古曰創艾謂懲懼也創初向反艾讀曰乂 其罷吏士頗留屯田備要害處明年二月奉世還京師更爲左將軍光祿勳如故其後錄功拜爵下詔曰羌虜桀黠賊害吏民攻隴西府寺燔燒置亭 師古曰置謂置驛之所也 絕道橋甚逆天道左將軍光祿勳奉世前將兵征討斬捕首虜八千餘級鹵馬牛羊以萬數賜奉世爵關内侯食邑五百戶黃金六十斤裨將校尉三十餘人皆拜後歲餘奉世病卒居爪牙官前後十年爲折衝宿將功名次趙充國奮武將軍任千秋者其父宮昭帝時以丞相徵事捕斬反者左將軍上官桀封侯宣

帝時爲太常薨千秋嗣後復爲太常成帝時樂昌侯王商代奉世爲左將軍而千秋爲右將軍後亦爲左將軍子孫傳國至王莽乃絕云奉世死後二年西域都護甘延壽以誅郅支單于封爲列侯時丞相匡衡亦用延壽矯制生事據蕭望之前議以爲不當封而議者咸美其功上從衆而侯之於是杜欽上疏追訟奉世前功曰前莎車王殺漢使者約諸國背畔 師古曰約謂共爲契約 左將軍奉世以衞候便宜發兵誅莎車王策定城郭功施邊境 師古曰城郭者謂西域諸國爲城郭而居者 議者以奉世奉使有指春秋之義亡遂事漢

家之法有矯制師古曰無遂事者謂臨時制宜前事不可必遂也漢家之法擅矯詔命雖有功勞不加賞也故不得侯今匈奴郅支單于殺漢使者亡保康居都護延壽發城郭兵屯田吏士四萬餘人以誅斬之封爲列侯臣愚以爲比罪則郅支薄量敵則莎車衆用師則奉世寡計勝則奉世爲功於邊境安慮敗則延壽爲禍於國家深其違命而擅生事同延壽割地封而奉世獨不録臣聞功同賞異則勞臣疑罪鈞刑殊則百姓惑疑生無常惑生不知所從亡常則節趨不立師古曰趨讀曰趣趣謂意所嚮不知所從則百姓無所措手足師古曰錯置也音千故反奉世圖難忘死信命殊俗師古曰圖難謀除國難也信讀曰伸威功白著爲世使表師古曰白著謂顯明也表猶首獨抑厭而不揚師古曰厭一涉反非聖主所以塞疑厲節之意也願下有司議上以先帝時事不復録奉世有子男九人女四人長女媛以選充後宮爲元帝昭儀産中山孝王元帝崩媛爲中山太后隨王就國奉世長子譚太常舉孝廉爲郎功次補天水司馬如淳曰漢注邊郡置都尉及千人司馬皆不治民也奉世擊西羌譚爲校尉隨父從軍有功未拜病死譚弟野王逡立參至大官師古曰逡千旬反

野王字君卿受業博士通詩少以父任爲太子中庶子年十八上書願試守長安令宣帝奇其志問丞相魏相相以爲不可許後以功次補當陽長遷爲櫟陽令徙夏陽令元帝時遷隴西太守以治行高入爲左馮翊歲餘而池陽令並素行貪汙輕野王外戚年少治行不改野王部督郵掾祋祤趙都師古曰都祋祤人而爲掾也祋丁活反又丁外反祤音許羽反案驗得其主守盜十金罪收捕並不首吏師古曰不首吏謂不伏從收捕也都格殺並家上書陳冤事下廷尉都詣吏自殺以明野王京師稱其威信遷爲大鴻臚數年御史大夫李延壽病卒在位多舉野王上使尚書選第中二千石師古曰定其高下之差也而野王行能第一上曰吾用野王爲三公後世必謂我私後宮親屬以野王爲比師古曰比例也音必寐反乃下詔曰剛彊堅固確然亡欲大鴻臚野王是也心辨善辭可使四方少府五鹿充宗是也廉絜節儉太子少傅張譚是也其以少傅爲御史大夫上繇下第而用譚師古曰繇讀與由同越次避嫌不用野王以昭儀兄故也野王乃歎曰人皆以女寵貴我兄弟獨以賤野王雖不爲三公甚見器重有名當世成帝立有司奏野王王舅不宜備九卿以秩出爲上郡太守如淳曰以鴻臚秩爲太守加賜黃金百斤朔方刺史蕭育奏封事薦言野王行能高妙內足與圖身外足以慮化師古

(日圖謀慮思也)竊惜野王懷國之寶而不得陪朝廷與朝者並野王前以王舅出以賢復入明國家樂進賢也上自為太子時聞知野王會其病免復以故二千石使行河隄因拜為琅邪太守是時成帝長舅陽平侯王鳳為大司馬大將軍輔政八九年矣時數有災異京兆尹王章譏鳳顓權不可任用薦野王代鳳上初納其言而後誅章語在元后傳於是野王懼不自安遂病滿三月賜告與妻子歸杜陵就醫藥大將軍鳳風御史中丞劾奏野王(師古曰風讀曰諷)賜告養病而私自便(師古曰便安也音頻面反)持虎符出界歸家奉詔不敬杜欽時在大將軍莫府欽素高野王父子行能奏記於鳳為野王言曰竊見令曰吏二千石告過長安謁(如淳曰謁者自白得告也律吏二千石以上告歸歸寧道不過行在所者便道之官無辭)不分別予賜(如淳曰予予告也賜賜告也)今有司以為予告得歸賜告不得是一律兩科失省刑之意(師古曰省減也音所領反)夫三最予告令也(師古曰在官連有三最則得予告也)病滿三月賜告詔恩也令告則得詔恩不得失輕重之差又二千石病賜告得歸有故事不得去郡亡著令(如淳曰律施行無不得去郡之文也)傳曰賞疑從予所以廣恩勸功也(師古曰疑當賞不當賞則與之疑厚薄則從厚)罰疑從去所以慎刑闕難知也(師古曰疑當罰不當罰則赦之疑輕重則從輕)今

釋令與故事而假不敬之法(師古曰釋廢弃也假謂假託法律而致其罪)甚違闕疑從去之意即以二千石守千里之地任兵馬之重不宜去郡將以制刑為後法者則野王之罪在未制令前也刑賞大信不可不慎鳳不聽竟免野王郡國二千石病賜告不得歸家自此始初野王嗣父爵為關內侯免歸數年年老終于家子座嗣爵(師古曰座音才戈反)至孫坐中山太后事絕逡字子產通易太常察孝廉為郎補謁者建昭中選為復土校尉光禄勳于永舉茂材為美陽令功次遷長樂屯衛司馬清河都尉隴西太守治行廉平年四十餘卒為都尉時言河隄方略在溝洫志立字聖卿通春秋以父任為郎稍遷諸曹竟寧中以王舅出為五原屬國都尉數年遷五原太守徙西河上郡立居職公廉治行略與野王相似而多知有恩貸(師古曰貸音吐戴反)好為條教吏民嘉美野王立相代為太守歌之曰大馮君小馮君兄弟繼踵相因循聰明賢知惠吏民政如魯衛德化鈞周公康叔猶二君(師古曰論語稱孔子曰魯衛之政兄弟也言周公康叔親則兄弟治國之政又相似)後遷為東海太守下溼病痺(師古曰東海土地下溼故立病痺也痺必寐反)天子聞之徙立為太原太守更歷五郡(師古曰更工衡反)所居有迹年老卒官參字叔

平學通尚書少爲黃門郎給事中宿衛十餘年參爲人矜嚴好修容儀進退恂恂甚可觀也師古曰恂恂讀信之皃音荀參昭儀少弟行又敕備以嚴見憚終不得親近侍帷幄竟寧中以王舅出補渭陵食官令如淳曰給園上祭祀之事以數病徙爲寢中郎師古曰亦渭陵之寢郎也有詔勿事張晏曰不與勞役職事擾之師古曰雖居其官不親職也陽朔中中山王來朝參擢爲上河農都尉師古曰上河在西河富平於此爲農都尉病免官復爲渭陵寢中郎永始中超遷代郡太守以邊郡道遠徙爲安定太守數歲病免復爲諫大夫使領護左馮翊都水綏和中立定陶王爲皇太子以中山王見廢師古曰見廢謂不得爲漢嗣也故封王舅參爲宜鄉侯以慰王意參之國上書願至中山見王太后行未到而王薨王病時上奏願貶參爵以關內侯食邑留長安上憐之下詔曰中山孝王短命早薨願以舅宜鄉侯參爲關內侯歸家朕甚愍之其還參京師以列侯奉朝請五侯皆敬憚之師古曰王氏五侯也丞相翟方進亦甚重焉數謂參物禁太甚師古曰言萬物之禁在於太甚人道亦當隨時不宜獨異君侯以王舅見廢不得在公卿位今五侯至尊貴也與之並列宜少詘節卑體視有所宗師古曰視讀曰示宗尊也而君侯盛修容貌以威嚴加之此非所以下五侯而自益

者也師古曰下胡亞反參性好禮儀終不改其恒操頃之哀帝即位帝祖母傅太后用事追怨參姊中山太后陷以祝詛大逆之罪語在外戚傳參以同產當相坐謁者承制召參詣廷尉參自殺且死仰天歎曰參父子兄弟皆備大位身至封侯今被惡名而死姊弟不敢自惜傷無以見先人於地下死者十七人衆莫不憐之宗族徙歸故郡

贊曰詩稱抑抑威儀惟德之隅師古曰大雅抑之詩也抑抑密也隅廉也言有密審之德者其威儀則其持心有廉隅宜鄉侯參鞠躬履方擇地而行師古曰鞠躬謹敬皃履方踐方直之道也鞠居六反可謂淑人君子然卒死於非罪不能自免師古曰卒終也哀哉讒邪交亂貞良被害自古而然故伯奇放流師古曰說苑云王國子前母子伯奇後母子伯封兄弟相重後母欲令其子立爲太子乃譖伯奇而王信之乃放伯奇也孟子宮刑張晏曰寺人孟子賢者被讒見宮刑作巷伯之詩也申生雉經師古曰國語云晉獻公黜太子申生乃雉經于新城之廟蓋爲俛頸閉氣而死若雉之爲屈原赴湘師古曰楚辭漁父之篇云屈原曰寧赴湘流葬於江魚腹中也小弁之詩作離騷之辭興師古曰小弁小雅篇名也太子之傅作焉刺幽王信讒黜申后而放太子宜咎也離騷經屈原所作也離遭也騷憂也遭憂而作辭弁音盤經曰心之憂矣涕既隕之師古曰即小弁之詩也隕墜也馮參姊弟亦云悲矣

馮奉世傳第四十九

宣元六王傳第五十　班固　漢書八十

秘書監上護軍琅邪縣開國子顏籀注

孝宣皇帝五男許皇后生孝元帝張倢伃生淮陽憲王欽衞倢伃生楚孝王囂師古曰囂音敖公孫倢伃生東平思王宇戎倢伃生中山哀王竟淮陽憲王欽元康三年立母張倢伃有寵於宣帝霍皇后廢後上欲立張倢伃為后久之懲艾霍氏欲害皇太子師古曰艾讀曰乂乂創也廼更選後宮無子而謹慎者廼立長陵王倢伃為后令母養太子后無寵希御見唯張倢伃最幸而憲王壯大好經書法律聰達有材帝甚愛

之太子寬仁喜儒術師古曰喜好也音許吏反上數嗟歎憲王曰真我子也常有意欲立張倢伃與憲王然用太子起於微細上少依倚許氏師古曰倚音於起反及即位而許后以殺死太子蚤失母故弗忍也師古曰蚤古早字也久之上以故丞相韋賢子玄成陽狂讓侯兄經明行高稱於朝廷乃召拜玄成為淮陽中尉欲感諭憲王輔以推讓之臣由是太子遂安宣帝崩元帝即位乃遣憲王之國時張倢伃已卒憲王有外祖母舅張博兄弟三人歲至淮陽見親師古曰憲王外祖母隨王在淮陽博等每來謁見其母輒受王賜後王上書請從外家張氏於國博上書願

留守墳墓獨不從王恨之後博至淮陽王賜之少博言負責數百萬師古曰責謂假貸人財物未償者也責音側懈反願王為償王不許博辭去令弟光恐云王遇大人益解師古曰恐謂怖動也大人博自稱其母也解讀曰懈博欲上書為大人乞骸骨去王廼遣人持黃金五十斤送博博喜還書謝師古曰還報書為諂語盛稱譽王因言當今朝廷無賢臣災變數見足為寒心萬姓咸歸望於大王大王奈何恬然師古曰恬然安靜皃也恬音大兼反不求入朝見輔助主上乎使弟光數說王宜聽博計令於京師說用事貴人為王求朝王不納其言後光欲至長安辭王復言願盡力與博

共為王求朝王即日至長安可因平陽侯光得王欲求朝語馳使人語博博知王意動復遺王書曰博幸得肺附師古曰自云於王有親也數進愚策未見省察北游燕趙欲循行郡國求幽隱之士聞齊有駟先生者善為司馬兵法大將之材也博得謁見承間進問五帝三王究竟要道卓爾非世俗之所知師古曰卓爾高遠皃也自言見駟先生問以要道知其高遠也今邊境不安天下騷動微此人其莫能安也師古曰微無也又聞北海之瀕有賢人焉師古曰瀕涯也音頻又音賓累世不可逮然難致也師古曰逮及也言其材智不可及也致至也難得召而至也得此二人而薦之功亦不細矣博願馳西以此赴

助漢急無財幣以通顯之趙王使謁者持牛酒黃金
三十斤勞博博不受師古曰勞謂問遺之音來到反復使人願尚女
聘金二百斤博未許師古曰尚女者王欲取博女以自配也會得光書云
大王已遣光西與博并力求朝博自以弃捐不意
大王還意反義結以朱顏師古曰還猶回也願殺身報德朝
事何足言大王誠賜咳唾使得盡死湯禹所以成
大功也駟先生蓄積道術書無不有師古曰言凡是書籍皆有之
願知大王所好請得輒上王得書喜說如淳曰上與王也報
博書曰子高迺幸左顧存恤發心惻隱師古曰左顧猶言枉顧也
顯至誠納以嘉謀語以至事師古曰以至極之事告語我雖亦不

前漢傳五十　三　吳高

敏敢不諭意師古曰諭曉也今遣有司為子高償責二百
萬是時博女壻京房以明易陰陽得幸於上數召
見言事自謂為石顯五鹿充宗所排謀不得用數
為博道之博常欲誑燿淮陽王即具記房諸所說
災異及召見密語持予淮陽王以為信驗詐言已
見中書令石君求朝許以金五百斤賢聖制事盡
慮功而不計費師古曰志在成功不惜財費也昔禹治鴻水百姓罷
勞師古曰罷讀曰疲成功既立萬世賴之今聞陛下春秋未
滿四十髮齒墮落太子幼弱佞人用事陰陽不調
百姓疾疫飢饉死者且半鴻水之害殆不過此師古

曰謂堯時水災不大於今大王緒欲救世師古曰緒業也一曰始為端緒將比功德何
可以忽師古曰言比功德於古帝王也忽怠忘也博已與大儒知道者為大
王為便宜奏師古曰大儒知道謂京房也道道術也陳安危指災異大王
朝見先口陳其意而後奏之上必大說師古曰說讀曰悅事成
功立大王即有周邵之名邪臣散亡公卿變節功
德亡比而梁趙之寵必歸大王如淳曰梁王景帝弟欲為嗣趙王如意幾代惠帝也
外家亦將富貴何復望大王之金錢王喜說師古曰說
讀曰悅報博書曰迺者詔下止諸侯朝者寡人憯然
不知所出師古曰憯痛也不知計策何所出也憯音才感反子高素有顏冉之
資臧武之智師古曰顏顏回也冉冉耕也字伯牛皆孔子弟子論語稱孔子曰德行顏淵閔子騫冉伯牛仲弓臧武仲魯大夫臧

前漢傳五十　四　奎

武仲也名紇論語稱子曰若臧武仲之智故王引之為言也子貢之辯師古曰論語稱孔子云言語宰我子貢
卞莊子之勇師古曰卞莊子古之勇士兼此四者世之所鮮師古曰鮮少也
音先戲反既開端緒願卒成之師古曰卒終也求朝義事也柰何
行金錢乎博報曰已許石君須以成事師古曰須待也王以
金五百斤予博會房出為郡守離左右顯具得此
事告之房漏泄省中語博兄弟詿誤諸侯王誹謗
政治狡猾不道皆下獄有司奏請逮捕欽上不忍
致法遣諫大夫王駿賜欽璽書曰皇帝問淮陽王
有司奏王王舅張博數遣王書非毀政治謗訕天
子褒舉諸侯稱引周湯以讇惑王師古曰讇古諂字也所言尤

惡悖逆無道王不學奏而多與金錢報以好言辠至不赦朕惻焉不忍聞師古曰惻痛也爲王傷之推原厥本不祥自博師古曰祥善也自從也不善之事從博起也惟王之心匪同于凶已詔有司勿治王事遣諫大夫駿申諭朕意師古曰申謂約束之詩不云乎靖共爾位正直是與師古曰大雅小明之詩也與偕也言人能安靜而恭以守其位偕於正直則明神聽之用錫福善王其勉之駿諭指曰師古曰璽書之外天子又有指意并令駿曉告於王也禮爲諸侯制相朝聘之義蓋以考禮壹德尊事天子也師古曰考成也壹謂不二其心也且王不學詩乎詩云俾侯於魯爲周室輔師古曰魯頌閟宮之詩也言立周公子伯禽使爲諸侯於魯國而作周家之藩輔今王舅博數遺王書所言悖逆王

辠受詔策通經術如淳曰詔策若廣陵王策曰無邇宵人毋作匪德也經術之義不得內交知諸侯名譽不當出竟師古曰竟讀曰境天子普覆德布於朝而恬有博言師古曰恬安也聞博邪言安而受之多予金錢與相報應不忠莫大焉故事諸侯王獲罪京師罪惡輕重縱不伏誅必蒙遷削貶黜之罪師古曰故事者言舊制如此也未有但已者也師古曰但徒也空也已止也未有空然而止者也今聖主赦王之罪又憐王失計忘本爲博所惑加賜璽書使諫大夫申諭至意殷勤之恩豈有量哉博等所犯惡大群下之所共攻王法之所不赦也自今以來王毋復以博等累心師古曰累音力瑞反務與衆棄之春秋之義大能變改師古曰以有過而能變改者爲大易曰藉用白茅无咎師古曰此大過初六爻辭也茅者絜白之物取其自然故用藉致敬於神慎之至也言臣子之道改過自新絜己以承上然後免於咎也王其留意慎戒惟思所以悔過易行塞重責稱厚恩者師古曰塞猶補也稱副也如此則長有富貴社稷安矣於是淮陽王欽免冠稽首謝曰奉藩無狀師古曰無善狀過惡暴列師古曰暴謂章顯也陛下不忍致法加大恩遣使者申諭道術守藩之義伏念博罪惡尤深當伏重誅臣欽願悉心自新奉承詔策師古曰悉盡也頓首死罪京房及博兄弟三人皆棄市妻子徙邊至成帝即位以淮陽王屬爲叔

父敬寵之異於它國王上書自陳舅張博時事頗爲石顯等所侵因爲博家屬徙者求還丞相御史復劾欽前與博相遺私書指意非諸侯王所宜蒙恩勿治事在赦前不悔過而復稱引自以爲直失藩臣體不敬上加恩許王還徙者三十六年薨子文王玄嗣二十六年薨子縯嗣孟康曰縯音引師古曰音弋善反王莽時絕

楚孝王囂甘露二年立爲定陶王三年徙楚成帝河平中入朝時被疾天子閔之下詔曰蓋聞天地之性人爲貴人之行莫大於孝師古曰孝經載孔子之言楚王囂

素行孝順仁慈之國以來二十餘年孅介之過未
嘗聞朕甚嘉之今迺遭命離于惡疾師古曰離亦遭夫子
所痛曰蔑之命矣夫斯人也而有斯疾也師古曰夫子孔子也
論語云伯牛有疾子問之自牖執其手曰蔑之命矣夫斯人也而有斯疾也蔑無也言命之所遭無有善惡如斯善人而有如此惡疾深痛之也朕甚閔焉夫行純茂而不顯異則有國者將
何勗哉師古曰純大也一曰善也茂美也勗勉厲也書不云乎用德章厥善師古
曰商書盤庚之辭也言褒賞有德以明其善行今王朝正月詔與子男一人俱
師古曰從王入朝也其以廣戚縣戶四千三百封其子勳為廣
戚侯明年囂薨子懷王文嗣一年薨無子絕明年
成帝復立文弟平陸侯衍是為思王二十一年薨

子紆嗣王莽時絕初成帝時又立紆弟景為定
陶王廣戚侯勳薨謚曰煬侯子顯嗣平帝崩無
子王莽立顯子嬰為孺子奉平帝後莽篡位以
嬰為定安公漢既誅莽更始時嬰在長安平陵方
望等頗知天文以為更始必敗嬰本統當立者也
師古曰言其舊已繼平帝後當正統共起兵將嬰至臨涇立為天子更始
遣丞相李松擊破殺嬰云
東平思王宇甘露二年立元帝即位就國壯大通
姦犯法師古曰與姦猾交通好犯法上以至親貰弗罪傅相連坐
師古曰頗坐王獲罪久之事太后內不相得太后上書言之求

守杜陵園張晏曰宣帝陵也宮人無子乃守園陵也上於是遣太中大夫張
子蟜師古曰蟜字或作僑並音鉅昭反奉璽書敕諭之師古曰約敕而曉告之也曰皇
帝問東平王蓋聞親親之恩莫重於孝尊尊之義
莫大於忠故諸侯在位不驕以致孝道制節謹度
以翼天子師古曰翼佐也然後富貴不離於身而社稷可保
今聞王自修有闕本朝不和師古曰謂東平國之朝也流言紛紛
謗自內興朕甚憯焉為王懼之師古曰憯痛也音千感反詩不云
乎毋念爾祖述修厥德永言配命自求多福師古曰大雅文
王之詩也無念念也言當念爾先祖之道修其德則長配天命此乃所以自求多福朕惟王之春秋方
剛師古曰言其年少血氣盛忽於道德師古曰忽遺忘也意有所移忠言

未納師古曰謂漸染其惡人而移其性未受忠言也故臨遣太中大夫子蟜諭
王朕意師古曰親臨遣之令以朕意曉告王孔子曰過而不改是謂過矣
師古曰論語載孔子之言也謂人有失行許以自新王其深惟孰思之無違朕意又
特以璽書賜王太后曰皇帝使諸吏宦者令承
問東平王太后朕有聞師古曰言母子不和也不欲指斥言之故云有聞也王太
后少加意焉夫福善之門莫美於和睦患咎之首
莫大於內離今東平王出繈褓之中而託于南面
之以年齒方剛涉學日寡驁忽臣下師古曰驁讀與傲同不
自它於太后李奇曰不自它者親之辭也師古曰言不自同它人以是之間能無失
禮義者其唯聖人乎傳曰父為子隱直在其中矣

師古曰論語云葉公謂孔子曰吾黨有直躬者其父攘羊而子證之孔子曰吾黨之直者異於是父爲子隱子爲父隱直在其中矣故引之也王太后明察此意不可不詳閨門之內母子之間同氣異息骨肉之恩豈可忽哉豈可忽哉昔周公戒伯禽曰故舊無大故則不可弃也毋求備於一人師古曰事見論語言人有小惡當思其善不可責以備行而即弃之耳夫以故舊之恩猶忍小惡而況此乎已遣使者諭王王既悔過服罪太后寬忍以貫之師古曰貫猶緩後宜不敢師古曰言王於後當不敢更爲非也王太后強餐止思念愼疾自愛宇慙懼因使者頓首謝死罪願洒心自改師古曰洒音先弟反詔書又敕傅相曰夫人之性皆有五常及其少長耳目牽於耆欲師古曰耆讀曰嗜故五常銷而邪心作情亂其性利勝其義張晏曰性者所受而生也情者見物而動者也而不失厥家者未之有也今王富於春秋氣力勇武獲師傅之教淺加以少所聞見自今以來非五經之正術敢以游獵非禮道王者輒以名聞師古曰道讀曰導宇立二十年元帝崩宇謂中謁者信等曰漢大臣議天子少弱未能治天下以爲我知文法建欲使我輔佐天子師古曰建謂立其議我見尚書晨夜極苦使我爲之不能也今暑熱縣官年少持服恐無處所張晏曰不敢指斥成帝謂之縣官也如淳曰言不從道與如昌邑王也我危得之孟康曰危殆也我殆得爲天子也師古曰危者猶今之言險不得之矣比至下宇凡三哭張晏曰下

下棺也師古曰比音必寐反下音胡稼反飲酒食肉妻妾不離側又姬朐臑故親幸後疏遠服虔曰朐音劬臑音奴溝反又音奴皐反數歎息呼天宇聞斥朐臑爲家人子師古曰黜其秩位埽除永巷數苔辱之朐臑私疏宇過失數令家告之宇覺知絞殺朐臑有司奏請逮捕有詔削樊亢父二縣師古曰音抗甫後三歲天子詔有司曰蓋聞仁以親親古之道也前東平王有闕師古曰闕謂過失也有司請廢朕不忍又請削朕不敢專惟王之至親未嘗忘於心今聞王改行自新尊修經術親近仁人非法之求不以奸吏師古曰奸音干朕甚嘉焉傳不云乎朝過夕改君子與之其復前所削縣如故師古曰復音扶目反後年來朝上疏求諸子及太史公書上以問大將軍王鳳對曰臣聞諸侯朝聘考文章正法度非禮不言今東平王幸得來朝不思制節謹度以防危失師古曰危失謂失道而傾危也而求諸書非朝聘之義也諸子書或反經術非聖人或明鬼神信物怪師古曰物亦鬼太史公書有戰國從橫權譎之謀漢興之初謀臣奇策天官災異地形阨塞皆不宜在諸侯王不可予不許之辭宜曰五經聖人所制萬事靡不畢載王審樂道傅相皆儒者旦夕講誦足以正身虞意師古曰虞與娛同也夫小辯破義小道不通致遠恐泥皆

不足以留意（師古曰論語稱孔子曰雖小道必有可觀者焉致遠恐泥是以君子不為也泥謂滯不通也音乃細反）諸益於經術者不愛於王（師古曰愛惜也於王無所惜也）對奏天子如鳳言遂不與立三十三年薨（師古曰皇覽云東平思王冢在無鹽人傳言王在國思歸京師後葬其冢上松柏皆西靡也）子煬王雲嗣哀帝時無鹽危山土自起覆草如馳道狀又瓠山石轉立（晉灼曰漢注作報山山脅石一枚轉側起立高九尺六寸旁行一丈廣四尺也師古曰報山山名也古作瓠字為其形似瓠耳晉說是也）雲及后謁自之石所祭治石象瓠山（蘇林曰於宮中作山象）立石束倍草并祠之（師古曰倍草黃倍草也音步賄反）建平三年息夫躬孫寵等共因幸臣董賢告之是時哀帝被疾多所惡事下有司逮王后謁下獄驗治言使巫傅恭婢合歡等祠祭詛祝上（如淳曰傅恭婢姓字）為雲求為天子雲又與知災異者高尚等指星宿言上疾必不愈雲當得天下石立宣帝起之表也有司請誅王有詔廢徙房陵雲自殺謁棄市立十七年國除元始元年王莽欲反哀帝政（師古曰改其所為也）白太皇太后立雲太子開明為東平王又立思王孫成都為中山王開明立三年薨無子復立開明兄嚴鄉侯信子匡為東平王奉開明後王莽居攝東郡太守翟義與嚴鄉侯信謀舉兵誅莽立信為天子兵敗皆為莽所滅

中山哀王竟初元二年立為清河王三年徙中山以幼少未之國建昭四年薨邸葬杜陵無子絕太后歸居外家戎氏

孝元皇帝三男王皇后生孝成帝傅昭儀生定陶共王康（師古曰共讀曰恭）馮昭儀生中山孝王興

定陶共王康永光三年立為濟陽王八年徙為山陽王八年徙定陶王少而愛（師古曰言少小即為帝所愛）長多材藝習知音聲上奇器之母昭儀又幸幾代皇后太子（師古曰幾音鉅衣反）語在元后及史丹傳成帝即位緣先帝意厚遇異於它王十九年薨子欣嗣十五年成帝無子徵入為皇太子上以太子奉大宗後不得顧私親乃立楚思王子景為定陶王奉共王後成帝崩太子即位是為孝哀帝即位二年追尊共王為共皇帝置寢廟京師序昭穆儀如孝元帝（如淳曰恭王元帝子也為廟京師列昭穆之次如元帝言如天子之儀）徙定陶王景為信都王云（如淳曰不復為定陶王立後者哀帝自以已為後故）

中山孝王興建昭二年立為信都王十四年徙中山成帝之議立太子也御史大夫孔光以為尚書有殷及王兄終弟及（師古曰謂兄死以弟代立非父子相繼故言及）中山王元帝之子宜為後成帝以中山王不材又兄弟不得相入廟外家王氏與趙昭儀皆欲用哀帝為太子

故遂立焉。上乃封孝王舅馮參為宜鄉侯，而益封孝王萬戶，以尉其意。三十年薨，子衎嗣。師古曰：諸侯王表云中山孝王興綏和二年王箕子嗣。而平紀元始二年詔云皇帝二名，通于器物，今更名，合於古制。是則嗣位之時名為箕子，未詳衎也。今此傳云子衎嗣，蓋史家追書之也。七年，哀帝崩，無子，徵中山王衎入即位，是為平帝。太皇太后以帝為成帝後，故立東平思王孫桃鄉頃侯子成都為中山王，奉孝王後。王莽時絕。

贊曰：孝元之後，徧有天下，師古曰：孝元之子孫徧得為天子也。徧即古遍字。然而世絕於孫，豈非天哉！淮陽憲王於時諸侯為聰察矣，張博誘之，幾陷無道。師古曰：幾音鉅依反。詩云「貪人敗類」，師古曰：大雅蕩之詩也。類，善也。言貪惡之人不可習近，則敗善也。古今一也。

宣元六王傳第五十

匡張孔馬傳第五十一　　班固　　漢書八十一

祕書監上護軍琅邪縣開國子顏師古注

匡衡字稚圭，東海承人也。師古曰：承音證。父世農夫，至衡好學，家貧，庸作以供資用，師古曰：庸作，言賃功庸，為人作役而受顧也。尤精力過絕人。諸儒為之語曰：「無說詩，匡鼎來；服虔曰：鼎猶言當也，言匡且來也。應劭曰：鼎，方也。張晏曰：匡衡少時字鼎，長乃易字稚圭。世所傳衡與貢禹書，上言衡敬報，下言匡鼎白，知是字也。師古曰：服、應二說是也。賈誼曰「天子春秋鼎盛」，其義亦同。而張氏之說蓋穿鑿矣。假有其書，乃是後人見此傳云匡鼎來，不曉其意，妄作衡書云鼎白耳。字以表德，豈人之所自稱乎？今有西京雜記者，其書淺俗，出於里巷，多有妄說，乃云匡衡小名鼎，蓋絕知者之聽。匡語詩，解人頤。」如淳曰：使人笑不能止也。衡射策甲科，以不應令除為太常掌故，師古曰：投射得甲科之策，而所對文指不應令條也。儒林傳說歲課甲科為郎中，乙科為太子舍人，丙科補文學掌故。今不應令，是不中甲科之令，所以止為掌故。調補平原文學。師古曰：調，選也。音徒釣反。學者多上書薦衡經明，當世少雙，令為文學就官京師，後進皆欲從衡平原，衡不宜在遠方。事下太子太傅蕭望之、少府梁丘賀問衡，對詩諸大義，其對深美。望之奏衡經學精習，說有師道，可觀覽。宣帝不甚用儒，遣衡歸官。而皇太子見衡，對私善之。會宣帝崩，元帝初即位，樂陵侯史高以外屬為大司馬車騎將軍，領尚書事，前將軍蕭望之為副。望之名儒，有師傅舊恩，天子任之，多所貢薦。高充位而已，師古曰：言凡事不在也。與望之有隙。長安令楊興說高曰：將軍以親戚輔政貴重於天下無二然衆庶論議令問休譽不專在將軍者何也（師古曰令善問名休美也）彼誠有所聞也（師古曰以其不能進賢也）以將軍之莫府海内莫不卬望（師古曰卬讀曰仰）而所舉不過私門賓客乳母子弟人情忽不自知（師古曰言高輕忽此事不自知其非）然一夫竊議語流天下夫富貴在身而列士不譽是有狐白之裘而反衣之也（師古曰狐白謂狐掖下之皮其毛純白集以為裘輕柔難得故貴也反衣之者以其毛在内也今人則以背毛為裘而弃其白蓋取尊而温也衣於既反）古人病其若此故卑體勞心以求賢為務傳曰以賢難得之故因曰事不待賢以食難得之故而曰飽不待食或之甚者也平原文學匡衡材智有餘經學絶倫但

以無階朝廷故隨牒在遠方（師古曰階謂升次也隨牒謂隨選補之恒牒不被超擢者）將軍誠召置莫府學士歙然歸仁（師古曰誠謂實行之也歙音翕）與參事議觀其所有貢之朝廷必為國器（師古曰所有謂材藝所長）以此顯示衆庶名流於世高然其言辟衡為議曹史薦衡於上上以為郎中遷博士給事中是時有日蝕地震之變上問以政治得失衡上疏曰臣聞五帝不同禮三王各異教民俗殊務所遇之時異也陛下躬聖德開大平之路閔愚吏民觸法抵禁（師古曰抵觸也）比年大赦（師古曰比頻也）使百姓得改行自新天下幸甚臣竊見大赦之後姦邪不為衰止今日大赦

明日犯法相隨入獄此殆導之未得其務也蓋保民者陳之以德義示之以好惡（師古曰保養也陳施也孝經曰陳之以德義而民莫遺其親示之以好惡而民知禁示故衡引以為言）觀其失而制其宜故動之而和綏之而安今天下俗貪財賤義好聲色上侈靡廉恥之節薄淫辟之意縱（師古曰辟讀曰僻）綱紀失序疏者踰内（師古曰疏者妻妾之家内者同姓骨肉也踰謂過越也）親戚之恩薄婚姻之黨隆苟合徼幸以身設利不改其原（師古曰設施也原本也）雖歲赦之刑猶難使錯而不用也（師古曰歲赦謂每歲一赦也錯置也音千故反）臣愚以為宜壹曠然大變其俗孔子曰能以禮讓為國乎何有（師古曰論語載孔子之言謂能以禮讓治國則其事甚易）朝廷者天下之楨

幹也公卿大夫相與循禮恭讓則民不爭（師古曰循順也）好仁樂施則下不暴上義高節則民興行寬柔和惠則衆相愛四者明王之所以不嚴而成化也何者朝有變色之言則下有爭鬭之患上有自專之士則下有不讓之人上有克勝之佐則下有傷害之心上有好利之臣則下有盜竊之民此其本也（師古曰言下之所行皆取化於上也）今俗吏之治皆不本禮讓而上克暴或忮害好陷人於罪（師古曰忮堅也謂酷害之心堅也忮音之豉反）貪財而慕勢故犯法者衆姦邪不止雖嚴刑峻法猶不為變此非其天性有由然也（師古曰非其天性自惡由上失於教化耳）臣竊

考國風之詩周南召南被賢聖之化深故篤於行而廉於色師古曰篤厚也謂樂得淑女以配君子憂在進賢不淫其色之類鄭伯好勇而國人暴虎師古曰詩鄭風大叔于田之篇曰襢裼暴虎獻于公所將叔無狃戒其傷女襢裼肉袒也暴虎空手以搏之也公鄭莊公也將請也叔莊公之弟大叔也狃忕也女亦大叔也言以莊公好勇之故大叔肉袒空手搏虎取而獻之國人愛叔故請之曰勿忕爲之恐傷汝也襢音但裼音錫字並從衣將千羊反狃女九反秦穆貴信而士多從死應劭曰秦穆公與群臣飲酒酣公曰生共此樂死共此哀於是奄息仲行鍼虎許諾及公薨皆從死黃鳥詩所爲作也陳夫人好巫而民淫祀張晏曰胡公夫人武王之女大姬無子好祭鬼神故舞而祀故其詩云坎其擊鼓宛丘之下無冬無夏值其鷺羽晉侯好儉而民畜聚師古曰唐風山有樞之詩序云刺晉昭公也不能修道以正其國有財不能用有鍾鼓不能以自樂其詩曰子有衣裳弗曳弗婁子有車馬弗馳弗驅宛其死矣它人是愉故其俗皆吝嗇而積財畜讀曰蓄大王躬仁邠國貴恕師古曰大王周文王之祖即古公亶父也國於邠脩德行義戎狄攻之欲得地與之人人皆怨欲戰古公曰以我故戰殺人父子而居之予不

忍也乃與其私屬度漆沮踰梁山止於岐下邠人舉國扶老攜弱盡復歸古公於岐下及它旁國聞古公仁亦多歸之邠即今豳州是其地也言化大王之仁故其俗皆貴誠恕由此觀之治天下者審所上而已師古曰上謂崇尚也今之僞薄忮害不讓極矣臣聞教化之流非家至而人說之也師古曰言非家家皆到人人勸說也賢者在位能者布職朝廷崇禮百僚敬讓道德之行由內及外自近者始然後民知所法遷善日進而不自知是以百姓安陰陽和神靈應而嘉祥見詩曰商邑翼翼四方之極壽考且寧以保我後生師古曰商頌殷武之詩也商邑京師也極中也言商邑之禮俗翼翼然可則傚乃四方之中正也王則壽考且安以此全守我子孫也此成湯所以建至治保子孫化異俗而懷鬼方也應劭曰鬼方遠方也今長安天子之都

親承聖化然其習俗無以異於遠方郡國來者無所法則或見侈靡而放效之師古曰放依也音甫往反此教化之原本風俗之樞機宜先正者也臣聞天人之際精祲有以相盪李奇曰祲氣也言天人精氣相動也師古曰祲謂陰陽氣相侵漸以成災祥者也音子鴆反善惡有以相推事作乎下者象動乎上陰陽之理各應其感陰變則靜者動陽蔽則明者晻鄧展曰靜者謂地震也明者晻謂日蝕也師古曰晻與暗同水旱之災隨類而至今關東連年飢饉百姓乏困或至相食此皆生於賦斂多民所共者大師古曰共讀曰供而吏安集之不稱之效也陛下祗畏天戒哀閔元元大自減損省甘泉建章宮衞罷

珠厓偃武行文將欲度唐虞之隆絕殷周之衰也師古曰度過也絕謂除其惡政也諸見罷珠厓詔書者莫不欣欣人自以將見太平也宜遂減宮室之度省靡麗之飾考制度脩外內近忠正遠巧佞放鄭衞進雅頌舉異材開直言任溫良之人退刻薄之吏顯絜白之士昭無欲之路師古曰昭亦明也覽六藝之意察上世之務明自然之道博和睦之化以崇至仁匡失俗易民視師古曰匡正也易變也令海內昭然咸見本朝之所貴道德弘於京師淑問揚乎疆外師古曰淑善也問名也然後大化可成禮讓可興也上說其言師古曰說讀曰悅遷衡爲光祿大

夫太子少傅時上好儒術文辭頗改宣帝之政言
事者多進見人人自以爲得上意又傅昭儀及子
定陶王愛幸寵於皇后太子（師古曰寵踰也）衡復上疏曰臣
聞治亂安危之機在乎審所用心蓋受命之王務
在創業垂統傳之無窮繼體之君心存於承宣先
王之德而褎大其功昔者成王之嗣位思述文武
之道以養其心休烈盛美皆歸之二后而不敢專
其名（師古曰休亦美也烈業也二后君也二君文王武王也）是以上天歆享鬼神祐焉
其詩曰念我皇祖陟降廷止（師古曰周頌閔予小子之詩言成王常念文王武王之德奉而
行之故鬼神上下臨其朝廷）言成王常思祖考之業而鬼神祐助其

治也陛下聖德天覆子愛海內然陰陽未和姦邪
未禁者殆論議者未丕揚先帝之盛功（師古曰丕大也丕字或作本言
脩其本業而顯揚也）爭言制度不可用也務變更之（師古曰更改也）所更
或不可行而復復之（師古曰下復音扶目反）是以羣下更相是
非（師古曰更音工衡反）吏民無所信臣竊恨國家釋樂成之業
而虛爲此紛紛也（師古曰釋廢也樂成謂已成之業人情所樂也）願陛下詳覽
統業之事留神於遵制揚功以定羣下之心大雅
曰無念爾祖聿脩厥德（師古曰大雅文王之詩也無念念也聿述也）孔子著
之孝經首章蓋至德之本也傳曰審好惡理情性
而王道畢矣能盡其性然後能盡人物之性能盡

人物之性可以贊天地之化（師古曰贊明也）治性之道必審
己之所有餘而強其所不足（師古曰強勉也音其兩反）蓋聰明疏
通者戒於大察寡聞少見者戒於雍蔽（師古曰雍讀曰壅）
勇猛剛彊者戒於大暴仁愛溫良者戒於無斷湛
靜安舒者戒於後時（師古曰湛讀曰沈）廣心浩大者戒於遺
忘必審己之所當戒而齊之以義然後中和之化
應而巧偽之徒不敢比周而望進（師古曰比頻寐反）唯陛下
戒所以崇聖德臣又聞室家之道脩則天下之理
得故詩始國風（師古曰關雎美后妃之德而爲國風之首）禮本冠婚（師古曰禮記冠義曰
冠者禮之始也婚義曰婚者禮之本也）始乎國風原情性而明人倫也本

乎冠婚正基兆而防未然也福之興莫不本乎室
家之道衰莫不始乎梱內（師古曰梱與閫同謂門橛也音苦本反）故聖王
必慎妃后之際別適長之位（師古曰適讀曰嫡其下並同）禮之於內
也卑不踰尊新不先故（師古曰踰與踰同）所以統人情而理
陰氣也其尊適而卑庶也適子冠乎阼禮之用醴
（師古曰阼主階也醴甘酒也貴於衆酒）衆子不得與列所以貴正體而明
嫌疑也非虛加其禮文而已乃中心與之殊異故
禮探其情而見之外也聖人動靜游燕所親物得
其序（師古曰言凡物大小高卑皆有次序）得其序則海內自脩百姓從化
如當親者疏當尊者卑（師古曰[illegible]若也）則佞巧之姦因時而

動以亂國家故聖人愼防其端禁於未然不以私恩害公義陛下聖德純備莫不脩正則天下無爲而治詩云于以四方克定厥家（師古曰周頌桓之詩也言欲治四方者先當能定其家從內以及外）傳曰正家而天下定矣（師古曰易家人卦之彖辭）衡爲少傅數年數上疏陳便宜及朝廷有政義傅經以對（師古曰傅讀曰附附依也）言多法義上以爲任公卿（師古曰任堪也）由是爲光禄勳御史大夫建昭三年代韋玄成爲丞相封樂安侯食邑六百戶元帝崩成帝卽位衡上疏戒妃匹勸經學威儀之則曰陛下秉至孝哀傷思慕不絕於心未有游虞弋射之宴（師古曰虞與娛同）誠隆於愼

前漢傳五十一　八

終追遠無窮已也（師古曰愼終愼孝道之終也追遠不忘本也論語稱孔子愼終追遠則民德歸厚矣故衡引之）竊願陛下雖聖性得之猶復加聖心焉（師古曰言天性已自然矣又當加意也）詩云煢煢在疚（師古曰周頌閔予小子之詩煢煢憂貌也疚病也）言成王喪畢思慕意氣未能平也蓋所以就文武之業崇大化之本也（師古曰就成也）臣又聞之師曰妃匹之際生民之始萬福之原婚姻之禮正然後品物遂而天命全（師古曰遂成也）孔子論詩以關雎爲始言大上者民之父母（師古曰大上居尊上之位者）后夫人之行不侔乎天地則無以奉神靈之統而理萬物之宜（師古曰侔等也）故詩曰窈窕淑女君子好仇（師古曰周南關雎之詩也窈窕幽閒也仇匹也）言能致其貞淑不貳其

操情欲之感無介乎容儀（服虔曰不見色於容儀也師古曰介繫也言不以情欲繫心而著於容儀者）宴私之意不形乎動靜（師古曰形見也）夫然後可以配至尊而爲宗廟主此綱紀之首王教之端也自上世已來三代興廢未有不由此者也願陛下詳覽得失盛衰之效以定大基采有德戒聲色近嚴敬遠技能（師古曰無德之人雖有技能則斥遠之）竊見聖德純茂專精詩書好樂無厭（師古曰樂五教反）臣衡材駑無以輔相善義宣揚德音（師古曰相助也）臣聞六經者聖人所以統天地之心著善惡之歸明吉凶之分通人道之正（師古曰分扶問反）使不悖於其本性者也（師古曰悖乖也音布內反）故審六藝之指則天

前漢傳五十一　九

人之理可得而和草木昆蟲可得而育此永永不易之道也（師古曰易變也）及論語孝經聖人言行之要宜究其意（師古曰究盡也）臣又聞聖王之自爲動靜周旋奉天承親臨朝享臣物有節文以章人倫（師古曰物事也事事皆有節文）蓋欽翼祗栗事天之容也溫恭敬遜承親之禮也正躬嚴恪臨衆之儀也（師古曰嚴讀曰儼）嘉惠和說饗下之顏也（師古曰說讀曰悅饗宴饗也）舉錯動作物遵其儀故形爲仁義動爲法則孔子曰德義可尊容止可觀進退可度以臨其民是以其民畏而愛之則而象之（師古曰孝經載孔子之言也則法也象似也）大雅云敬愼威儀惟民之則（師古曰抑之詩）諸侯正月

朝覲天子天子惟道德昭穆穆以視之（師古曰昭明也穆穆天子之容也視
讀曰示）又觀以禮樂饗醴迺歸（師古曰觀亦視也饗醴以醴酒饗也）故萬國莫
不獲賜祉福蒙化而成俗今正月初幸路寢臨朝
賀置酒以饗萬方傳曰君子愼始願陛下留神動
靜之節使羣下得望盛德休光（師古曰休美也）以立基楨天
下幸甚上敬納其言頃之衡復奏正南北郊罷諸
淫祀語在郊祀志初元帝時中書令石顯用事自
前相韋玄成及衡皆畏顯不敢失其意至成帝初
即位衡迺與御史大夫甄譚共奏顯追條其舊惡
并及黨與於是司隸校尉王尊劾奏衡譚居大臣

位知顯等專權勢作威福爲海內患害不以時
白奏行罰而阿諛曲從附下罔上無大臣輔政之
義既奏顯等不自陳不忠之罪而反揚著先帝
任用傾覆之徒（師古曰著明也）罪至不道有詔勿劾衡慙懼
上疏謝罪因稱病乞骸骨上丞相樂安侯印綬上
報曰君以道德脩明位在三公先帝委政遂及朕
躬君遵脩法度勤勞公家朕嘉與君同心合意庶
幾有成今司隸校尉尊妄詆欺加非於君（師古曰詆毀也音丁禮
反）朕甚閔焉方下有司問狀（師古曰問司隸）君何疑而上書
歸侯乞骸骨是章朕之未燭也（師古曰燭照也）傳不云乎禮

義不愆何恤人之言（師古曰愆過也恤憂也）君其察焉專精神
近醫藥強食自愛因賜上尊酒養牛（師古曰上尊解在薛廣德傳）
衡起視事上以新即位褒優大臣然羣下多是王
尊者衡嘿嘿不自安每有水旱風雨不時連乞骸
骨讓位上輒以詔書慰撫不許久之衡子昌爲越
騎校尉醉殺人繫詔獄越騎官屬與昌弟且謀篡
昌（師古曰逆取曰篡）事發覺衡免冠徒跣待罪天子使謁者
詔衡冠履而有司奏衡專地盜土衡竟坐免初衡
封僮之樂安鄉（文穎曰僮縣屬臨淮郡）鄉本田提封三千一百頃
（師古曰提封舉其封界內之總數）南以閩佰爲界（師古曰佰者田之東西界也閩者佰之名也佰音莫客反）

初元元年郡圖誤以閩佰爲平陵佰積十餘歲衡封
（蘇林曰平陵佰在閩佰南誤十餘頃衡乃始封此鄉）臨淮郡遂封眞平陵佰以爲界
多四百頃至建始元年郡迺定國界上計簿更定
圖言丞相府衡謂所親吏趙殷曰（師古曰所親素所親任者）主簿
陸賜故居奏曹習事曉知國界署集曹掾明年
治計時衡問殷國界事曹欲奈何殷曰賜以爲舉
計令郡實之（師古曰舉發也上計之簿令郡改從平陵佰以爲定實）恐郡不肯從實
可令家丞上書衡曰顧當得不耳何至上書（師古曰顧念也）
亦不告曹使舉也聽曹爲之後賜與屬明舉計曰
案故圖樂安鄉南以平陵佰爲界不足故而以閩

佰為界解何（師古曰不足故者不依故圖而滿足也解何者以分解此時意擬之言分界也）郡即復以
四百頃付樂安國衡遣從史之僮收取所還田租
穀千餘石入衡家司隸校尉駿少府忠行廷尉事
劾奏衡監臨盜所主守直十金以上（師古曰十金以上當時律定罪之次若今律條言一尺以上一匹以上）春秋之義諸侯不得專地所以壹統
尊法制也衡位三公輔國政領計簿知郡實正國
界計簿已定而背法制專地盜土以自益及賜明
阿承衡意猥舉郡計亂減縣界（師古曰猥曲也）附下罔上
擅以地附益大臣皆不道於是上可其奏勿治丞
相免為庶人終於家子咸亦明經歷位九卿家世

多為博士者
張禹字子文河內軹人也至禹父徙家蓮勺（師古曰左馮翊縣名也音輦酌）
禹為兒數隨家至市喜觀於卜相者前（師古曰至其人之前而觀之喜許吏反）
久之頗曉其別蓍布卦意（師古曰別分也音彼列反）時從旁
言卜者愛之又奇其面貌謂禹父是兒多知可令
學經及禹壯至長安學從沛郡施讎受易琅邪王
陽膠東庸生問論語既皆明習有徒衆舉為郡
文學甘露中諸儒薦禹有詔太子太傅蕭望之問
禹對易及論語大義望之善焉奏禹經學精習
有師法可試事（師古曰試以職事也）奏寢罷歸故官（師古曰寢謂不下也）久
之試為博士初元中立皇太子而博士鄭寬中以
尚書授太子薦言禹善論語詔令禹授太子論語
由是遷光祿大夫數歲出為東平內史元帝崩成
帝即位徵禹寬中皆以師賜爵關內侯寬中食邑
八百戶禹六百戶拜為諸吏光祿大夫秩中二千
石給事中領尚書事是時帝舅陽平侯王鳳為大
將軍輔政專權而上富於春秋謙讓方鄉經學敬
重師傅（師古曰鄉讀曰嚮）而禹與鳳並領尚書內不自安數
病上書乞骸骨欲退避鳳上報曰朕以幼年執政
萬機懼失其中君以道德為師故委國政君何疑

而數乞骸骨忽忘雅素欲避流言（師古曰雅素故也謂師傅故舊之恩）
朕無聞焉（師古曰不聞有毀短之言）君其固心致思總秉諸事推
以孳孳無違朕意加賜黃金百斤養牛上尊酒大
官致餐侍醫視疾使者臨問（師古曰侍醫侍天子之醫）禹惶恐復
起視事河平四年代王商為丞相封安昌侯為相
六歲鴻嘉元年以老病乞骸骨上加優再三廼聽
許賜安車駟馬黃金百斤罷就第以列侯朝朔望
位特進見禮如丞相置從事史五人益封四百戶
天子數加賞賜前後數千萬禹為人謹厚內殖貨
財（師古曰殖生也）家以田為業及富貴多買田至四百頃皆

涇渭溉灌極膏腴上賈（師古曰賈讀曰價）它財物稱是禹
性習知音聲內奢淫身居大第後堂理絲竹筦弦（如淳曰今樂家五日一習樂爲理樂師古曰筦亦管字）禹成就弟子尤著者淮陽彭
宣至大司空沛郡戴崇至少府九卿宣爲人恭儉
有法度而崇愷弟多智（師古曰愷樂也弟易也言性和樂而簡易）二人異
行禹心親愛崇敬宣而疏之崇每候禹常責師
宜置酒設樂與弟子相娛禹將崇入後堂飲食婦
女相對優人筦弦鏗鏘極樂昏夜乃罷（師古曰極樂盡其歡樂之情）
而宣之來也禹見之於便坐（師古曰便坐謂非正寢在於旁側可以延賓者也坐才卧反）
講論經義日晏賜食不過一肉卮酒相對（師古曰一豆之肉一卮行酒）

宣未嘗得至後堂及兩人皆聞知各自得也（服虔曰各自爲得宜）
禹年老自治冢塋起祠室好平陵肥牛亭部
處地（師古曰肥牛亭名欲得置亭處之地爲冢塋）又近延陵奏請求之上以
賜禹詔令平陵徙亭它所曲陽侯根聞而爭之此
地當平陵寢廟衣冠所出游道禹爲師傅不遵謙
讓至求衣冠所游之道又徙壞舊亭重非所宜（師古曰重直用反）
孔子稱賜愛其羊我愛其禮（師古曰論語云子貢欲去告朔之餼羊孔子曰賜也尓愛其羊我愛其禮故引之）
宜更賜禹它地根雖爲舅上敬重
之不如禹根言雖切猶不見從卒以肥牛亭地賜
禹根由是害禹寵數毀惡之（師古曰惡謂言其過惡）天子愈益

敬厚禹禹每病輒以起居聞（師古曰謂其飲食寢卧之增損）車駕自臨
問之上親拜禹牀下禹頓首謝恩歸誠言老臣有
四男一女愛女甚於男遠嫁爲張掖大守蕭咸
妻不勝父子私情思與相近上即時徙咸爲弘農
大守又禹小子未有官上臨候禹禹數視其小子
上即禹牀下拜爲黃門郎給事中禹雖家居以特
進爲天子師國家每有大政必與定議（師古曰與讀曰豫）永
始元延之間日蝕地震尤數吏民多上書言災異
之應譏切王氏專政所致上懼變異數見意頗然
之未有以明見迺車駕至禹弟辟左右（師古曰辟讀曰闢）親問

禹以天變因用吏民所言王氏事示禹禹自見年
老子孫弱又與曲陽侯不平恐爲所怨禹則謂上
曰春秋二百四十二年間日蝕三十餘地震五或
爲諸侯相殺或夷狄侵中國災變之意深遠難
見故聖人罕言命不語怪神（師古曰罕希也論語云子罕言利與命與仁又曰子不語怪力亂神）
性與天道自子贛之屬不得聞（師古曰論語云夫子之言性與天道不可得而聞也謂孔子未嘗言性命之事及天道）
何況淺見鄙儒之所言陛下宜修
政事以善應之與下同其福喜此經義意也新學
小生亂道誤人宜無信用以經術斷之上雅信愛
禹由此不疑王氏後曲陽侯根及諸王子弟聞知禹

言皆喜說（師古曰說讀曰悅）遂親就禹禹見時有變異若上
體不安擇日絜齋露蓍（服虔曰露蓍於星宿下明日乃用言得天氣也師古曰蓍草名筮者所用也音式夷反）正衣冠立筮得吉卦則獻其占如有不
吉禹爲感動憂色成帝崩禹及事哀帝建平二
年薨謚曰節侯禹四子長子宏嗣侯官至大
常列於九卿三弟皆爲校尉散騎諸曹初禹爲師
以上難數對己問經爲論語章句獻之始魯扶卿
及夏侯勝王陽蕭望之韋玄成皆說論語篇第或
異禹先事王陽後從庸生采獲所安最後出而尊
貴諸儒爲之語曰欲爲論念張文由是學者多

從張氏餘家寖微（師古曰寖漸也）
孔光字子夏孔子十四世之孫也孔子生伯魚鯉
（師古曰名鯉字伯魚先言其字者孔氏自爲譜諜示尊其先也下皆類此）鯉生子思伋（師古曰伋音級）伋生
子上帛帛生子家求求生子真箕箕生子高穿穿
生順順爲魏相順生鮒鮒爲陳涉博士死陳下鮒
弟子襄爲孝惠博士長沙太傅襄生忠忠生武
及安國武生延年延年生霸霸字次孺霸生光焉安
國延年皆以治尚書爲武帝博士安國至臨淮大
守霸亦治尚書事太傅夏侯勝昭帝末年爲博
士宣帝時爲太中大夫以選授皇太子經遷詹事

高密相是時諸侯王相在郡守上元帝即位徵霸
以師賜爵關內侯食邑八百戶號褒成君（如淳曰爲帝師教令成就故曰褒成君）給事中加賜黃金二百斤第一區徙名數
于長安（師古曰名數戶籍也）霸爲人謙退不好權執常稱爵位
泰過何德以堪之上欲致霸相位自御史大夫貢
禹卒及薛廣德免輒欲拜霸霸讓位自陳至三
上深知其至誠迺弗用以是敬之賞賜甚厚及
霸薨上素服臨弔者再至賜東園祕器錢帛策
贈以列侯禮謚曰烈君霸四子長子福嗣關內侯次子
捷捷弟喜皆列校尉諸曹光最少子也經學尤明

年未二十舉爲議郎光祿勳匡衡舉光方正爲
諫大夫坐議有不合左遷虹長（師古曰不合謂不合天子意也虹沛縣也音貢）
自免歸教授成帝初即位舉爲博士數使錄冤獄
行風俗（師古曰行下更反）振贍流民奉使稱意由是知名是
時博士選三科高爲尚書次爲刺史其不通政事
以久次補諸侯太傅光以高第爲尚書觀故事品
式數歲明習漢制及法令上甚信任之轉爲僕射
尚書令（師古曰先爲僕射後爲尚書令）有詔光周密謹慎未嘗有過
加諸吏官以子男放爲侍郎給事黃門數年遷
諸吏光祿大夫秩中二千石給事中賜黃金百斤

領尚書事後爲光祿勳復領尚書諸吏給事中如故凡典樞機十餘年守法度修故事上有所問據經法以心所安而對不希指苟合師古曰希指希望天子之旨意如或不從不敢強諫爭以是久而安時有所言輒削草稾服虔曰言已繕書輒削壞其草以爲章主之過以奸忠直人臣大罪也師古曰奸求也奸直之名也奸音干有所薦舉唯恐其人之聞知沐日歸休兄弟妻子燕語終不及朝省政事或問光溫室省中樹皆何木也晉灼曰長樂宮中有溫室殿光嘿不應更荅以它語其不泄如是光帝師傅子少以經行自著進官蚤成師古曰蚤古早字不結黨友養游說有求

於人既性自守亦其埶然也師古曰言以名父之子學官早成不須黨援也徙光祿勳爲御史大夫綏和中上即位二十五年無繼嗣至親有同產弟中山孝王及同產弟子定陶王在定陶王好學多材於帝子行師古曰行胡浪反而王祖母傅大后陰爲王求漢嗣私事趙皇后昭儀及帝舅大司馬驃騎將軍王根故皆勸上上於是召丞相翟方進御史大夫光右將軍廉褒後將軍朱博皆引入禁中議中山定陶王誰宜爲嗣者方進根以爲定陶王帝弟之子禮曰昆弟之子猶子也爲其後者爲之子也定陶王宜爲嗣褒博皆如方

進根議光獨以爲禮立嗣以親中山王先帝之子帝親弟也以尚書般庚殷之及王爲比師古曰兄終弟及也比必寐反中山王宜爲嗣上以禮兄弟不相入廟又皇后昭儀欲立定陶王故遂立爲太子光以議不中意左遷廷尉師古曰中當也光久典尚書練法令號稱詳平時定陵侯淳于長坐大逆誅長小妻迺始等六人皆以長事未發覺時棄去或更嫁及長事發丞相方進大司空武議師古曰翟方進及何武以爲令犯法者各以法時律令論之師古曰此具引令條之文也法時謂始犯法之時也明有所訖也師古曰訖止也長犯大逆時迺始等見爲長妻已有當坐之罪與

身犯法無異後迺弃去於法無以解師古曰解免也請論光議以爲大逆無道父母妻子同產無少長皆弃市欲懲犯法者也師古曰懲創止也夫婦之道有義則合無義則離長未自知當坐大逆之法而弃去迺始等或更嫁義已絕而欲以爲長妻論殺之名不正不當坐有詔光議是是歲右將軍褒後將軍博坐定陵紅陽侯師古曰廉褒朱博坐與淳于長王立交厚也皆免爲庶人以光爲左將軍居右將軍官職執金吾王咸爲右將軍居後將軍官職罷後將軍官數月丞相方進薨召左將軍光當拜已刻侯印書贊師古曰贊進也延進而拜之書贊者書其辭於策也上

暴崩即其夜於大行前拜受丞相博山侯印綬哀帝初即位躬行儉約省減諸用政事由己出朝廷翕然望至治焉褒賞大臣益封光千戶時成帝母太皇太后自居長樂宮而帝祖母定陶傅太后在國邸有詔問丞相大司空定陶共王太后宜當何居光素聞傅太后爲人剛暴長於權謀自帝在襁褓而養長教道至於成人帝之立又有力光心恐傅太后與政事(師古曰與讀曰豫)不欲令與帝旦夕相近即議以爲定陶太后宜改築宮大司空何武曰可居北宮上從武言北宮有紫房復道通未央宮

前漢傳五十一　二十　陳信

(師古曰復讀曰複)傅太后果從復道朝夕至帝所求欲稱尊號貴寵其親屬使上不得直道行(師古曰不得依正直之道)頃之大后從弟子傅遷在左右尤傾邪上免官遣歸故郡傅太后怒上不得已復留遷光與大司空師丹奏言詔書侍中駙馬都尉遷巧佞無義漏泄不忠國之賊也免歸故郡復有詔止天下疑惑無所取信虧損聖德誠不小愆陛下以變異連見避正殿見君羣臣思求其故至今未有所改(師古曰舊有不善之事皆未改除)臣請歸遷故郡以銷姦黨應天戒卒不得遣復爲侍中脅於傅太后皆此類也又傅太后欲與成帝

母俱稱尊號群下多順指言母以子貴宜立尊號以厚孝道唯師丹與光持不可(蘇林曰執持不可也)上重違大臣正議(師古曰重難也)又內迫傅太后猗違者連歲(如淳曰不決事之言也師古曰猗違猶依違耳猗於奇反)丹以罪免而朱博代爲大司空光自先帝時議繼嗣有持異之隙矣又重忤傅太后指(師古曰重直用反)由是傅氏在位者與朱博爲表裏共毀譖光後數月遂策免光曰丞相者朕之股肱所與共承宗廟統理海內(師古曰共讀曰恭)輔朕之不逮以治天下也朕既不明災異重仍(師古曰仍頻也重直用反)日月無光山崩河決五星失行是章朕之不德而股肱之不良也(師古

前漢傳五十一　二十一　陳古

曰章明也)君前爲御史大夫輔翼先帝出入八年卒無忠言嘉謀今相朕出入三年憂國之風復無聞焉陰陽錯謬歲比不登(師古曰比頻也)天下空虛百姓飢饉父子分散流離道路以十萬數而百官群職曠廢(師古曰曠空也)姦軌放縱盜賊並起或攻官寺殺長吏數以問君君無怵惕憂懼之意對毋能爲(師古曰言盜賊不能爲害)是君羣卿大夫咸惰哉莫以爲意咎由君焉君秉社稷之重總百僚之任上無以匡朕之闕下不能綏安百姓書不云乎毋曠庶官天工人其代之(師古曰虞書咎繇謨之辭也言位非其人是爲空官言人代天理官不可以天官私非其材)於虖(師古曰於讀曰烏虖讀曰呼)君其

上丞相博山侯印綬罷歸 師古曰漢舊儀云丞相有它過使者奉策書即時步出府乘棧車歸田里 光退閭里杜門自守 師古曰杜塞也 而朱博代為丞相數月坐承傅大后指妄奏事自殺平當代為丞相數月薨王嘉復為丞相數諫爭忤指旬歲間閱三相 師古曰閱猶歷也 議者皆以為不及光上由是思之會元壽元年正月朔日有蝕之後十餘日傅大后崩是月徵光詣公車問日蝕事光對曰臣聞日者衆陽之宗人君之表至尊之象君德衰微陰道盛彊侵蔽陽明則日蝕應之書曰羞用五事建用皇極 師古曰周書洪範之言羞進也皇大也極中也 如貌言視聽思失 師古曰如若也 大

中之道不立則咎徵薦臻六極屢降皇之不極是為大中不立其傳曰時則有日月亂行謂朓側匿 孟康曰朓行疾也側匿行遲也師古曰朓吐了反 甚則薄蝕是也又曰六沴之作 師古曰沴惡氣也音戾 歲之朝曰三朝 師古曰歲之朝月之朝日之朝故曰三朝 其應至重迺正月辛丑朔日有蝕之變見三朝之會上天聰明苟無其事變不虛生書曰惟先假王正厥事 師古曰商書高宗肜日之辭假至也言先代至道之王必正其事也 言異變之來起事有不正也臣聞師曰天左與王者 師古曰左讀曰佐佐助也 故災異數見以譴告之欲其改更若不畏懼有以塞除而輕忽簡誣則凶罰加焉其至可必 師古曰言輕忽天戒簡慠欺誣者其罰必至

詩曰敬之敬之天惟顯思命不易哉 師古曰周頌敬之篇顯明也思辭也言天甚明察宜敬之以承受天命甚難也 又曰畏天之威于時保之 師古曰周頌我將之詩言必敬天之威於是乃得安 皆謂不懼者凶懼之則吉也陛下聖德聰明兢兢業業 師古曰兢兢戒也業業危也 承順天戒敬畏變異勤心虛己延見群臣思求其故然後敕躬自約總正萬事放遠讒說之黨援納斷斷之介 師古曰援引也斷斷專壹之貌介謂一介之人援音爰 退去貪殘之徒進用賢良之吏平刑罰薄賦斂恩澤加於百姓誠為政之大本應變之至務也天下幸甚書曰天既付命正厥德 師古曰商書高宗肜日之辭言既受天命宜正其德 言正德以順天也又曰天棐諶辭 師古曰周書大誥之辭棐輔也諶誠

也諶辭至誠之辭也棐音匪諶上林反 言有誠道天輔之也明承順天道在於崇德博施加精致誠孳孳而已 師古曰孳孳不怠也孳音茲 俗之祈禳小數終無益於應天塞異銷禍興福 師古曰祈求福也禳除禍也 較然甚明無可疑惑 師古曰較明貌也音角 書奏上說 師古曰說讀曰悅 賜光束帛拜為光祿大夫秩中二千石給事中位次丞相詔光舉可尚書令者封上光謝曰臣以朽材前所歷位典天職卒無尺寸之效 師古曰卒終也 幸免罪誅全保首領今復拔擢備內朝臣與聞政事 師古曰與讀曰豫 臣光智謀淺短犬馬齒𢧵 師古曰𢧵老也讀與耋同今書本有作截字者俗寫誤也 誠恐一旦顛仆無以報稱 師古曰稱副也

竊見國家故事尚書以久次轉遷非有踔絶之能不相踰越師古曰踔高遠也音竹角反尚書僕射敞公正勤職通敏於事可尚書令謹封上敞以舉故為東平大守敞姓成公東海人也光為大夫月餘丞相嘉下獄死師古曰王嘉也御史大夫賈延免光復為御史大夫二月為丞相復故國博山侯上迺知光前免非其罪以過近臣毀短光者免傅嘉曰前為侍中毀譖仁賢誣愬大臣令俊艾者久失其位師古曰艾讀曰乂嘉傾覆巧僞挾姦以罔上崇黨以蔽朝傷善以肆意師古曰肆恣也詩不云乎讒人罔極交亂四國師古曰小雅青蠅之詩解在車千秋傳

前漢傳五十一　二十四　沈成

其免嘉為庶人歸故郡明年定三公官光更為大司徒會哀帝崩大皇大后以新都侯王莽為大司馬徵立中山王是為平帝帝年幼大后稱制委政於莽初哀帝罷黜王氏故大后與莽怨丁傅董賢之黨莽以光為舊相名儒天下所信大后敬之備禮事光所欲搏擊輒為草以大后指風光令上之師古曰謂文書奏之草也風讀曰諷次下亦同睚眥莫不誅傷師古曰睚音崖眥音漬睚又五懈反眥又仕懈反解具在杜欽傳莽權日盛光憂懼不知所出上書乞骸骨莽白大后帝幼少宜置師傅徙光為帝大傅位四輔給事中領宿衛供養行内師古曰行内行在所之内中猶言禁中也署

門戶省服御食物師古曰省視也明年徙為大師而莽為大傅光常稱疾不敢與莽並有詔朝朔望領城門兵莽又風群臣奏莽功德稱宰衡位在諸侯王上百官統焉光愈恐固稱疾辭位大后詔曰大師光聖人之後先師之子德行純淑道術通明居四輔職輔道于帝師古曰道讀曰導今年耆有疾俊艾大臣惟國之重其猶不可以闕焉師古曰艾讀曰乂書曰無遺耇老師古曰周書召誥之辭言不遺老成之人也國之將興尊師而重傅其令大師毋朝十日一賜餐賜太師靈壽杖孟康曰扶老杖也服虔曰靈壽木名師古曰木似竹有枝節長不過八九尺圍三四寸自然有合杖制不須削治也黃門令為大師省

前漢傳五十一　二十五

中坐置几大師入省中用杖賜餐十七物師古曰食具有十七種物然後歸老于第官屬按職如故師古曰言十日一入朝受此寵禮之日則常在家自養而其官屬依常各行職務光凡為御史大夫丞相各再壹為大司徒大傅大師歷三世居公輔位前後十七年自為尚書止不教授後為卿時會門下大生講問疑難舉大義云其弟子多成就為博士大夫者見師居大位幾得其助力師古曰幾讀曰冀光終無所薦舉至或怨之其公如此光年七十元始五年薨莽白大后使九卿策贈以大師博山侯印綬賜乘輿祕器金錢雜帛少府供張諫大夫持節與謁者二人使護

喪事博士護行禮大后亦遣中謁者持節視喪公卿百官會弔送葬載以乘輿轀輬及副各一乘（師古曰轀輬車及副各一乘也轀輬解具在霍光傳）羽林孤兒諸生合四百人輓送車萬餘兩道路皆舉音以過喪（師古曰喪到之處行道之人皆舉音哭須過迺止也）將作穿復土可甲卒五百人起墳如大將軍王鳳制度謚曰簡烈侯初光以丞相封後益封凡食邑萬一千戶疾甚上書讓還七千戶及還所賜一弟子故嗣莽篡位後以光兄子永爲大司馬封侯昆弟子至卿大夫四五人始光父霸以初元元年爲關內侯食邑霸上書求奉孔子

祭祀元帝下詔曰其令師褒成君關內侯霸以所食邑八百戶祀孔子焉故霸還長子福名數於魯奉夫子祀霸薨子福嗣福薨子房嗣房薨子莽嗣元始元年封周公孔子後爲列侯食邑各二千戶莽更封爲褒成侯後避王莽更名均

馬宮字游卿東海戚人也治春秋嚴氏以射策甲科爲郎遷楚長史免官後爲丞相史司直師丹薦宮行能高絜遷廷尉平青州刺史汝南九江大守所在見稱徵爲詹事光祿勳右將軍代孔光爲大司徒封扶德侯光爲太師薨宮復代光爲太師兼司徒官初宮哀帝時與丞相御史雜議帝祖母傅大后謚及元始中王莽發傅大后陵徙歸定陶以民葬之追誅前議者宮爲莽所厚獨不及內慙懼上書謝罪乞骸骨莽以大皇大后詔賜宮策曰大師大司徒扶德侯上書言前以光祿勳議故定陶共王母謚曰婦人以夫爵尊爲號謚宜曰孝元傅皇后稱渭陵東園臣知妾不得體君卑不得敵尊而希指雷同詭經辟說（師古曰詭違也辟讀曰僻）以惑誤上爲臣不忠當伏斧鉞之誅幸蒙洒心自新（師古曰洒先禮反）

又令得保首領伏自惟念入稱四輔出備三公爵爲列侯誠無顏復望闕廷無心復居官府亹復食國邑願上大師大司徒扶德侯印綬避賢者路下君章有司皆以爲四輔之職爲國維綱三公之任鼎足承君不有鮮明固守無以居位如君言至誠可聽惟君之惡在洒心前不敢文過朕甚多之（師古曰多猶重也）不奪君之爵邑以著自古皆有死之義（孟康曰以宮上書言不文過爲信不奪其爵邑師古曰論語載孔子言曰自古皆有死民無信不立故引之）其上大師大司徒印綬使者以侯就弟王莽篡位以宮爲大子師卒官本姓馬矢宮仕學稱馬氏云

贊曰自孝武興學公孫弘以儒相其後蔡義韋賢玄成匡衡張禹翟方進孔光平當馬宮及當子晏咸以儒宗居宰相位服儒衣冠師古曰方領逢掖之衣傳先王語其醞藉可也師古曰醞藉謂如醞釀及薦藉道其寬博重厚也醞於問反藉才夜反然皆持祿保位被阿諛之譏彼以古人之迹見繩烏能勝其任乎如淳曰迹謂既明且哲也繩謂抨彈之也師古曰古人之迹謂直道以事人也烏何也抨普耕反

匡張孔馬傳第五十一

王商史丹傅喜傳第五十二　班固　漢書八十二

秘書監上護軍琅邪縣開國子顏師古注

王商字子威涿郡蠡吾人也師古曰蠡音禮徙杜陵商父武武兄無故皆以宣帝舅封無故爲平昌侯武爲樂昌侯語在外戚傳商少爲太子中庶子以肅敬敦厚稱父薨商嗣爲侯推財以分異母諸弟身無所受居喪哀慼於是大臣薦商行可以厲群臣義足以厚風俗宜備近臣繇是擢爲諸曹侍中中郎將師古曰繇讀與由同元帝時至右將軍光祿大夫是時定陶共王愛幸幾代太子師古曰共讀曰恭幾鉅依反商爲外戚重臣輔政擁佑太子頗有力焉師古曰佑助也元帝崩成帝即位甚敬重商徙爲左將軍而帝元舅大司馬大將軍王鳳顓權行多驕僭商論議不能平鳳鳳知之亦疏商建始三年秋京師民無故相驚言大水至百姓奔走相蹂躪師古曰蹂踐也躪轢也蹂人九反躪音藺老弱號呼師古曰呼火故反長安中大亂天子親御前殿召公卿議大將軍鳳以爲太后與上及後宮可御船令吏民上長安城以避水羣臣皆從鳳議左將軍商獨曰自古無道之國水猶不冒城郭師古曰冒蒙覆也今政治和平世無兵革上下相安何因當有大水一日暴至此必訛言也師古曰訛僞也

不宜令上城重驚百姓師古曰重直用反上廼止有頃長安中
稍定問之果訛言上於是美壯商之固守數稱其
議而鳳大慙自恨失言明年商代匡衡爲丞相益
封千戶天子甚尊任之爲人多質有威重師古曰多質言不爲文飾
長八尺餘身體鴻大容貌甚過絕人河平四年單
于來朝引見白虎殿師古曰在未央宮中丞相商坐未央廷中
單于前拜謁商師古曰單于將見天子而經未央廷中過也商起離席與言
單于仰視商貌大畏之遷延却退天子聞而歎曰
此眞漢相矣初大將軍鳳連昏楊肜爲琅邪太
守如淳曰連昏者昏家之昏親也其郡有災害十四已上商部屬按

前漢傳五十二　二　呂吉

問如淳曰部屬猶老决其屬令治之鳳以曉商師古曰告語也曰災異天事
非人力所爲肜素善吏宜以爲後師古曰且勿按問也商不聽
竟奏免肜奏果寢不下鳳重以是怨商師古曰重直用反
陰求其短使人上書言商閨門內事天子以爲暗
昧之過不足以傷大臣鳳固爭下其事司隸先是
皇太后嘗詔問商女欲以備後宮時女病商意亦
難之以病對不入及商以閨門事見考自知爲鳳
所中師古曰中傷也音竹仲反惶怖更欲內女爲援廼因新幸李
婕妤家白見其女會日有蝕之太中大夫蜀郡張
匡其人佞巧上書願對近臣陳日蝕咎下朝者文穎曰令

下朝者平之也孟康曰中朝臣也師古曰文說是也下胡稼反左將軍丹等問匡師古曰史丹也對
曰竊見丞相商作威作福從外制中取必於上師古
曰意欲所行必果之性殘賊不仁遣票輕吏微求人罪師古曰票疾也微謂
私求之也票頻妙反又匹妙反欲以立威天下患苦之前頻陽耿定上
書言商與父傅通及女弟淫亂師古曰傅謂傅婢也奴殺其私
夫疑商教使師古曰私夫女弟之私與交通者章下有司商私怨懟師古
曰懟直類反商子俊欲上書告商俊妻左將軍丹女持其
書以示丹丹惡其父子乖迕師古曰迕違也爲女求去商不
盡忠納善以輔至德知聖主崇孝遠別不親師古曰遠嫌女色而分別之故云不親也
後庭之事皆受命皇太后太后前聞商

前漢傳五十二　三　譽式

有女欲以備後宮商言有固疾後有耿定事更詭
道因李貴人家內女師古曰詭違也執左道以亂政師古曰左道謂不正之道
誣罔誖大臣節師古曰誖乖也音布內反故應是而日蝕周書
曰以左道事君者誅師古曰逸書也易曰日中見昧則折其
右肱蘇林曰日者君之象中者明之盛盛而昧折去右肱之臣用無咎也師古曰此豐卦九三爻辭也往者丞相
周勃再建大功及孝文時纖介怨恨而日爲之蝕
於是退勃使就國卒無怵愁憂師古曰卒終也愁古惕字今商無
尺寸之功而有三世之寵師古曰自宣帝至成帝凡三主身位三公宗
族爲列侯吏二千石侍中諸曹給事禁門內連昏
諸侯王權寵至盛審有內亂殺人怨懟之端宜窮

音考問臣聞秦丞相呂不韋見王無子意欲有秦
國即求好女以爲妻陰知其有身而獻之王產始
皇帝及楚相春申君亦見王無子心利楚國即獻
有身妻而產懷王自漢興幾遭呂霍之患 師古曰幾音鉅依反
今商有不仁之性迺因怨以內女其姦謀未可測
度前孝景世七國反將軍周亞夫以爲即得雒陽
劇孟關東非漢之有今商宗族權勢合貲鉅萬計
私奴以千數非特劇孟匹夫之徒也且失道之至
親戚畔之閨門內亂父子相訐 師古曰訐告斥其罪也音居謁反 而欲
使之宣明聖化調和海內豈不謬哉商視事五年

官職陵夷而大惡著於百姓甚虧損盛德有鼎
折足之凶 師古曰易鼎卦九四爻辭曰鼎折足覆公餗其形渥凶餗鼎實也謂所享之物也渥厚也言鼎折其足則覆其實喻大臣非其任則傾敗國與敗家以厚刑 臣愚以爲聖主富於春秋即位
以來未有懲姦之威加以繼嗣未立大異並見尤
宜誅討不忠以遏未然 師古曰遏止也未然謂未有其事豫禁絕也 行之一人
則海內震動百姦之路塞矣於是左將軍丹等奏
商位三公爵列侯親受詔策爲天下師不遵法度
以翼國家 師古曰翼輔助也 而回辟下媚以進其私 師古曰回衺也辟讀曰僻 執
左道以亂政爲臣不忠罔上不道甫刑之辟皆爲
上戮罪名明白臣請詔謁者召商詣若盧詔獄 孟康

曰若盧獄名屬少府黃門北寺是也 上素重商知匡言多險制曰勿治
鳳固爭之於是制詔御史蓋丞相以德輔翼國家
典領百寮協和萬國爲職任莫重焉今樂昌侯商
爲丞相出入五年未聞忠言嘉謀而有不忠執左
道之辜陷于大辟前商女弟內行不脩奴賊殺人
疑商教使爲商重臣故抑而不窮今或言商不以
自悔而反怨懟朕甚傷之惟商與先帝有外親未
忍致于理其赦商罪使者收丞相印綬商免相三
日發病歐血薨謚曰戾侯而商子弟親屬爲駙馬
都尉侍中中常侍諸曹大夫郎吏者皆出補吏莫

得留給事宿衛者有司奏商罪過未決請除國邑
有詔長子安嗣爵爲樂昌侯至長樂衛尉光祿勳
商死後連年日蝕地震直臣京兆尹王章上封事
召見訟商忠直無罪言鳳顓權蔽主鳳竟以法誅
章語在元后傳至元始中王莽爲安漢公誅不附
己者樂昌侯安見被以罪自殺國除 師古曰被加也音皮義反
史丹字君仲魯國人也徙杜陵祖父恭有女弟武
帝時爲衛太子良娣產悼皇考皇考者孝宣帝
父也宣帝微時依倚史氏 師古曰倚於綺反 語在史良娣傳
及宣帝即位恭已死三子高曾玄曾玄皆以外屬

舊恩封曾爲將陵侯玄平臺侯高侍中貴幸以
發舉反者大司馬霍禹功封樂陵侯宣帝疾病拜
高爲大司馬車騎將軍領尚書事帝崩太子襲尊
號是爲孝元帝高輔政五年乞骸骨賜安車駟馬
黃金罷就第薨謚曰安侯自元帝爲太子時丹以
父高任爲中庶子侍從十餘年元帝即位爲駙馬
都尉侍中出常驂乘甚有寵上以丹舊臣皇考外
屬親信之詔丹護太子家是時傅昭儀子定陶共
王有材藝子母俱愛幸而太子頗有酒色之失母
王皇后無寵建昭之後元帝被疾不親政事留好

音樂孟康曰留意於音樂或置鼙鼓殿下師古曰鼙本騎上之鼓音步迷反天子
自臨軒檻上隤銅丸以擿鼓師古曰檻軒闌版也隤下也擿投也隤音頹擿持益反一曰擿
磓也音丁歷反磓丁回反聲中嚴鼓之節李奇曰莊嚴之鼓節也晉灼曰疾擊之鼓也師古曰李說是也後
宮及左右習知音者莫能爲而定陶王亦能之上
數稱其材丹進曰凡所謂材者敏而好學溫故知
新師古曰敏速疾也溫厚也溫故厚蓄故事皇太子是也若迺器人於絲竹
鼓鼙之間則是陳惠李微高於匡衡可相國也
如淳曰器人取人器能也陳惠李微是時好音者也服虔曰二人皆黃門鼓吹也於是上嘿然而咲師古
曰咲古笑字其後中山哀王薨太子前弔哀王者帝之少
弟與太子游學相長大師古曰同戲長養以至於壯大上望見太子感

念哀王悲不能自止太子既至前不哀上大恨曰
安有人不慈仁而可奉宗廟爲民父母者乎上以
責謂丹師古曰謂者告語也丹免冠謝上曰臣誠見陛下哀痛
中山王至以感損向者太子當進見臣竊戒屬
毋涕泣感傷陛下師古曰屬之欲反罪迺在臣當死上以爲
然意迺解丹之輔相皆此類也竟寧元年上寢疾
傅昭儀及定陶王常在左右而皇后太子希得進
見上疾稍侵意忽忽不平師古曰稍侵言漸篤也平和也數問尚書
以景帝時立膠東王故事是時太子長舅陽平侯
王鳳爲衛尉侍中與皇后太子皆憂不知所出師古
曰不知計所出

丹以親密臣得侍視疾候上間獨寢時丹直
入臥內頓首伏青蒲上服虔曰青緣蒲席也應劭曰以青規地曰青蒲自非皇后不得至此孟康曰
以蒲青爲席用蔽地也師古曰應說是也涕泣言曰皇太子以適長立積十
餘年師古曰適讀曰嫡名號繫於百姓天下莫不歸心臣子
師古曰自託爲臣子見定陶王雅素愛幸今者道路流言爲國
生意以爲太子有動搖之議審若此公卿以下必
以死爭不奉詔臣願先賜死以示群臣天子素仁
不忍見丹涕泣言又切至上意大感喟然太息曰
吾日困劣而太子兩王幼少意中戀戀亦何不念
乎然無有此議且皇后謹慎先帝又愛太子吾豈

可遠指駙馬都尉安所受此語（師古曰安焉也）丹即却頓首曰
愚臣妄聞罪當死（師古曰却退也離青蒲上）上因納謂丹曰吾病
寖加恐不能自還（師古曰寖漸也不自還者言當遂至崩亡也還讀曰旋）善輔道太
子毋違我意（師古曰道讀曰導）丹嘘唏而起（師古曰嘘音虛唏許旣反）太子
由是遂為嗣矣元帝竟崩成帝初即位擢丹為長
樂衛尉遷右將軍賜爵關內侯食邑三百戶給
事中後徙左將軍光祿大夫鴻嘉元年上遂下詔
曰夫褒有德賞元功古今通義也左將軍丹往時
導朕以忠正秉義醇壹舊德茂焉其封丹為武
陽侯國東海郯之武彊聚戶千一百（如淳曰聚字音才喻反聚邑居也）丹

為人足知愷弟愛人（師古曰愷樂也弟易也言有和樂簡易之德）貌若儻蕩
不備（師古曰儻蕩疏誕無檢也）然心甚謹密故尤得信於上丹兄
嗣父爵為侯讓不受分丹盡得父財身又食大國
邑重以舊恩數見褒賞（師古曰重音直用反）賞賜累千金僮
奴以百數後房妻妾數十人內奢淫好飲酒極滋
味聲色之樂為將軍前後十六年永始中病乞骸
骨上賜策曰左將軍寖病不衰（師古曰言病不損也）願歸治疾
朕愍以官職之事久留將軍使躬不瘳使光祿
勳賜將軍黃金五十斤安車駟馬其上將軍印綬
宜專精神務近醫藥以輔不衰丹歸第數月薨

謚曰頃侯有子男女二十人九男皆以丹任並為
侍中諸曹親近在左右史氏凡四人侯至卿大夫
二千石者十餘人皆訖王莽廼絕唯將陵侯曾無
子絕於身云

傅喜字稚游河內溫人也哀帝祖母定陶傅太后
從父弟少好學問有志行哀帝立為太子成帝選
喜為太子庶子哀帝初即位以喜為衛尉遷右將
軍是時王莽為大司馬乞骸骨避帝外家上既聽
莽退眾庶歸望於喜喜從弟孔鄉侯晏親與喜等
（如淳曰俱傅太后從父弟也）而女為皇后又帝舅陽安侯丁明皆親

以外屬封喜執謙稱疾傅太后始與政事喜數
諫之（師古曰與讀曰豫）由是傅太后不欲令喜輔政上於是
用左將軍師丹代王莽為大司馬賜喜黃金百斤
上將軍印綬以光祿大夫養病大司空何武尚書
令唐林皆上書言喜行義修絜忠誠憂國內輔
之臣也今以寖病一旦遣歸眾庶失望皆曰傅氏
賢子以論議不合於定陶太后故退百寮莫不為
國恨之忠臣社稷之衛魯以季友治亂（師古曰謂季氏亡則魯不昌）
楚以子玉輕重（師古曰謂楚殺子玉而晉侯喜可知）魏以無忌折衝（師古曰信陵君）
項以范增存亡故楚跨有南土帶甲百萬鄰國不

以爲難子玉爲將則文公側席而坐及其死也君臣相慶（師古曰已解在上也）百萬之衆不如一賢故秦行千金以間廉頗（師古曰趙孝成王七年秦與趙兵相距長平趙將廉頗固壁不戰秦乃使人反間於趙曰秦之所惡獨畏趙奢之子趙括爲將耳趙王信之因以括爲將代廉頗而括軍遂敗數十萬之衆降秦秦皆阬之）漢散萬金以疏亞父（師古曰事在陳平傳）喜立於朝陛下之光煇傅氏之廢興也（如淳曰傅喜顯則傅氏與其廢亦如之晉灼曰用喜於陛下有光明而傅氏之廢復得興也師古曰如說是也）上亦自重之明年正月徙師丹爲大司空而拜喜爲大司馬封高武侯丁傅驕奢皆嫉喜之恭儉又傅太后欲求稱尊號與成帝母齊尊喜與丞相孔光大司空師丹共執正議傅太后大怒上不得已先免師丹以感動喜喜終不順後數月遂策免喜曰君輔政出入三年未有昭然匡朕不逮而本朝大臣遂其姦心（師古曰遂成也申也）咎由君焉其上大司馬印綬就第傅太后又自詔丞相御史大夫曰高武侯喜無功而封內懷不忠附下罔上與故大司空丹同心背畔放命圮族（應劭曰放弃教令毀其族類）虧損德化罪惡雖在赦前不宜奉朝請其遣就國後又欲奪喜侯上亦不聽喜在國三歲餘哀帝崩平帝即位王莽用事免傅氏官爵歸故郡晏將妻子徙合浦莽白太后下詔曰高武侯喜姿性端愨論議忠直（師古曰愨謹也音口角反）雖與故定陶太后有屬終不順指從邪介然守節以故斥逐就國傳不云乎歲寒然後知松柏之後凋也（師古曰論語載孔子之言以喻有節操之人也）其還喜長安以故高安侯莫府賜喜位特進奉朝請喜雖外見襃賞孤立憂懼後復遣就國以壽終莽賜謚曰貞侯子嗣莽敗乃絕（師古曰史不得其子名也）

贊曰自宣元成哀外戚興者許史三王丁傅之家（師古曰三王謂邛成侯及商鳳三家也）皆重侯累將窮貴極富見其位矣未見其人也（師古曰言無善人也）陽平之王多有材能好事慕名其勢尤盛曠貴最久（師古曰陽平謂王鳳之家也言居非其位是爲曠官故云曠貴）然至於莽亦以覆國王商有剛毅節廢黜以憂死非其罪也史丹父子相繼高以重厚位至三公丹之輔道副主掩惡揚美傅會善意（師古曰道讀曰導傅讀曰附）雖宿儒達士無以加焉及其歷房闥入卧內推至誠犯顏色動寤萬乘轉移大謀卒成太子安母后之位無言不讎終獲忠貞之報（師古曰大雅抑之詩曰無言不讎無德不報故贊引之以喻丹）傅喜守節不傾亦蒙後凋之賞哀平際會禍福速哉

王商史丹傅喜傳第五十二

薛宣朱博傳第五十三　班固　漢書八十三

祕書監上護軍琅邪縣開國子顏師古注

薛宣字贛君東海郯人也 師古曰贛音貢郯音談 少爲廷尉書佐都船獄史後以大司農斗食屬察廉補不其丞 師古曰斗食者祿少一歲不滿百石計日以斗爲數也不其縣名也其音基 琅邪太守趙貢行縣 師古曰行下更反其下亦同 見宣甚說其能 師古曰說讀曰悅 從宣歷行屬縣 師古曰以宣自從 還至府令妻子與相見戒曰贛君至丞相我兩子亦中丞相史察宣廉遷樂浪都尉丞 師古曰趙貢察舉宣故得遷也樂音洛浪音郎 幽州刺史舉茂材爲宛句令 師古曰樂浪屬幽州故爲刺史所舉也宛於元反句音劬 大將軍王鳳聞其能薦宣爲長安令治果有名

前漢傳五十三　一　宋庠

以明習文法詔補御史中丞是時成帝初即位宣爲中丞執法殿中外總部刺史上疏曰陛下至德仁厚哀閔元元躬有日仄之勞而亡佚豫之樂 師古曰周書亡逸之篇稱文王之德曰至于日中仄弗遑暇食宣引此言也仄古側字也佚與逸同 允執聖道刑罰惟中 師古曰允信也中竹仲反 然而嘉氣尚凝陰陽不和 師古曰凝謂不通也 是臣下未稱而聖化獨有不洽者也臣竊伏思其一端殆吏多苛政政教煩碎大率咎在部刺史或不循守條職 師古曰刺史所察本有六條今則踰越故事信意舉劾妄爲苛刻也六條解在百官公卿表 舉錯各以其意多與郡縣事 師古曰錯置也音千故反與讀曰豫豫干也 至開私門聽讒佞以求吏民過失譴呵及細微責義不量力

師古曰言求備於人 郡縣相迫促亦內相刻流至衆庶是故鄉黨闕於嘉賓之懽九族忘其親親之恩飲食周急之厚彌衰送往勞來之禮不行 師古曰勞郎到反來郎代反 夫人道不通則陰陽否鬲 師古曰否閉也音皮鄙反鬲與隔同 和氣不興未必不由此也詩云民之失德乾餱以愆 師古曰小雅伐木之詩也餱食也解在元紀餱音侯 鄙語曰苛政不親煩苦傷恩方刺史奏事時宣明申敕 師古曰申束也謂約束也 使昭然知本朝之要務臣愚不知治道唯明主察焉上嘉納之宣數言政事便宜舉奏部刺史郡國二千石所貶退稱進白黑分明 師古曰稱舉也白黑猶清濁也 繇是知名 師古曰繇讀與由同 出爲臨淮太守政教大

前漢傳五十三　二　宋庠

行會陳留郡有大賊廢亂 師古曰廢亂者政教不行也 上徙宣爲陳留太守盜賊禁止吏民敬其威信入守左馮翊滿歲稱職爲眞始高陵令楊湛櫟陽令謝游皆貪猾不遜持郡短長前二千石數案不能竟 師古曰雖每案驗之不能窮竟其事 及宣視事詣府謁宣設酒飯與相對接待甚備已而陰求其罪臧具得所受取宣察湛有改節敬宣之效迺手自牒書條其姦臧 師古曰牒書謂書於簡牒也 封與湛曰吏民條言君如牒或議以爲疑於主守盜 師古曰法有主守盜斷官錢自入己也 馮翊敬重令又念十金法重不忍相暴章 師古曰依當時律條臧直十金則至重罪 故密以手書相曉欲君自圖進

退可復伸眉於後 師古曰伸眉言無憂也且令自去職不發其後更為官 即無其事
復封還記得為君分明之 師古曰記謂所與湛書也分明謂考問使知情白也宜恐其距諱即
欲驗治之 湛自知罪臧皆應記 師古曰與宣書記相當 而宣辭語溫潤
無傷害意湛即時解印綬付吏為記謝宣終無怨
言而櫟陽令游自以大儒有名輕宣宣獨移書顯責
之曰告櫟陽令吏民言令治行煩苛適罰作使千
人以上 師古曰適讀曰讁 賦取錢財數十萬給為非法 師古曰言
斂取錢財以供給興造非法之用 賣買聽任富吏賈數不可知 師古曰賈讀曰價
證驗以明白欲遣吏考案恐負舉者恥辱儒士
師古曰游本因薦舉得官而身又是儒者故云然 故使掾平鐫令 如淳曰平鐫激切使之自知過也晉灼曰

王常為光武鐫說其將帥此為徐以微言鐫鑿遣之也師古曰平掾之名鐫謂琢鑿也鐫子全反 孔子曰陳力就
列不能者止 師古曰論語載孔子告冉有季路之言也列次也言自審己之力用而就官次不能則退 令詳
思之方調守 師古曰言欲選人且代游守令職 游得檄亦解印綬去又
頻陽縣北當上郡西河為數郡湊多盜賊其令平
陵薛恭本縣孝者功次稍遷未嘗治民職不辦而
粟邑縣小辟在山中 師古曰辟讀曰僻 民謹樸易治令鉅鹿
尹賞久郡用事吏為樓煩長舉茂材遷在粟宣
即以令奏賞與恭換縣 師古曰時令條有材不稱職得改之 二人視事數
月而兩縣皆治宣因移書勞勉之曰昔孟公綽優
於趙魏而不宜滕薛 師古曰孟公綽魯大夫也論語云孔子曰孟公綽為趙魏老則優不可以為滕薛大夫言

賢能各有所施也趙魏晉之卿老謂家之長相也滕薛小國諸侯也 故或以德顯或以功舉君
子之道焉可憮也 蘇林曰憮同也晉灼曰憮音誣師古曰論語載子夏之言謂行業不同所守各異唯聖人為能體備之
屬縣各有賢君馮翊垂拱蒙成 師古曰言垂拱無為而受縣之成功 願
勉所職卒功業 師古曰卒終也 宣得郡中吏民罪名輒召告
其縣長吏使自行罰曉曰府所以不自發舉者不欲
代縣治奪賢令長名也長吏莫不喜懼免冠謝宣
歸恩受戒者宣為吏賞罰明用法平而必行所居皆有條教可紀
多仁恕愛利 師古曰愛人而安利也 池陽令舉廉吏獄掾王立
府未及召聞立受囚家錢宣責讓縣縣案驗獄掾
乃其妻獨受繫者錢萬六千受之再宿獄掾實不

知掾慙恐自殺宣聞之移書池陽曰縣所舉廉吏
獄掾王立家私受賕而立不知殺身以自明立誠
廉士甚可閔惜其以府決曹掾書立之柩以顯其
魂 師古曰以此職追贈 府掾史素與立相知者皆予送葬及日
至休吏 師古曰冬夏至之日不省官事故休吏 賊曹掾張扶獨不肯休坐
曹治事宣出教曰蓋禮貴和人道尚通日至吏以
令休所繇來久 師古曰繇讀與由同由從也 曹雖有公職事家亦
望私恩意掾宜從眾歸對妻子設酒肴請鄰里壹
关相樂 應劭曰以壹关相樂也晉灼曰書关篆形壹关字象壺矢因呈壺矢此說非也師古曰晉說是也壹关謂一為歡关耳关古笑字也
斯亦可矣扶慙愧官屬善之宣為人好威儀進止

雍容甚可觀也性密靜有思（師古曰有智思也音先寺反）思省吏職求其便安（師古曰省視也）下至財用筆研皆為設方略利用而省費（師古曰利便也省減也便於用而減於費也省所領反）吏民稱之郡中清靜遷為少府共張職辦（師古曰共讀曰供張音竹亮反辦居用反）月餘御史大夫于永卒谷永上疏曰帝王之德莫大於知人知人則百僚任職天工不曠（師古曰工官也曠空也）故皐陶曰知人則哲能官人（師古曰虞書皐陶謨之辭也哲智也無所不知故能官人也）御史大夫內承本朝之風化外佐丞相統理天下任重職大非庸材所能堪今當選於群卿以充其缺得其人則萬姓欣喜百僚說服（師古曰說讀曰悅）不得其人則大職墮斁王功不

興（師古曰墮毀也斁壞也墮火規反斁丁固反）虞帝之明在茲壹舉可不致詳竊見少府宣材茂行絜達於從政前為御史中丞執憲轂下（師古曰言在天子輦轂之下）不吐剛茹柔（師古曰大雅烝人之詩云惟仲山甫剛亦不吐柔亦不茹言其平正也茹食也音人庶反）舉錯時當（師古曰言其當理也當丁浪反）出守臨淮陳留二郡稱治為左馮翊崇教養善威德並行衆職修理姦軌絕息辭訟者歷年不至丞相府赦後餘盜賊什分三輔之一（文穎曰減三輔之賊什九也）功效卓爾自左內史初置以來未嘗有也（師古曰馮翊本左內史之地故云然）孔子曰如有所譽其有所試（師古曰論語載孔子之言也所以言譽人者必當試之以事）宣考績功課簡在兩府（師古曰簡大也一曰明也兩府丞相御史府也）不敢過稱以奸欺誣

之辠（師古曰過稱謂踰其實而妄稱譽之也奸犯也音干）臣聞賢材莫大於治人宣已有效其法律任廷尉有餘經術文雅足以謀王體斷國論身兼數器有退食自公之節（師古曰自從也召南羔羊之詩美在位皆節儉正直其詩曰退食自公委蛇委蛇言卿大夫履行清絜減退膳食率從公道也）宣無私黨游說之助臣恐陛下忽於羔羊之詩舍公實之臣任華虛之譽是用越職陳宣行能唯陛下留神考察上然之遂以宣為御史大夫數月代張禹為丞相封高陽侯食邑千戶宣除趙貢兩子為史貢者趙廣漢之兄子也為吏亦有能名宣為相府辭訟例不滿萬錢不為移書後皆遵用薛侯故事然官屬譏

其煩碎無大體不稱賢也時天子好儒雅宣經術又淺上亦輕焉久之廣漢郡盜賊群起丞相御史遣掾史逐捕不能克上迺拜河東都尉趙護為廣漢太守以軍法從事數月斬其渠帥鄭躬（師古曰渠大也）降者數千人迺平會邛成太后崩喪事倉卒吏賦斂以趨辦（師古曰邛成太后宣帝王皇后也趨讀曰趣言苟取辦）其後上聞之以過丞相御史遂冊免宣曰君為丞相出入六年忠孝之行率先百僚朕無聞焉（師古曰不聞其有此行也）朕既不明變異數見歲比不登倉廩空虛（師古曰比頻也登成也年穀不成）百姓飢饉流離道路疾疫死者以萬數人至相食盜賊

並興群職曠廢是朕之不德而股肱不良也廼
者廣漢羣盜橫恣殘賊吏民朕惻然傷之數以
問君君對輒不如其實西州鬲絕幾不爲郡（師古曰鬲與隔同幾音鉅依反）
三輔賦斂無度酷吏並緣爲姦（師古曰並步浪反）侵擾
百姓詔君案驗復無欲得事實之意九卿以下咸
承風指同時陷于謾欺之辜咎繇君焉（師古曰謾誑也音慢又音莫干反繇讀與由同）
有司法君領職解嫚（師古曰法謂據法以劾也解讀曰懈嫚與慢同）開
謾欺之路傷薄風化無以帥示四方不忍致君于
理其上丞相高陽侯印綬罷歸初宣爲丞相而翟
方進爲司直宣知方進名儒有宰相器深結厚焉

後方進竟代爲丞相思宣舊恩宣免後二歲薦宣
明習文法練國制度（師古曰練猶熟也言其詳熟）前所坐過薄可
復進用上徵宣復爵高陽侯加寵特進位次師安
昌侯給事中視尚書事宣復尊重任政數年後坐
善定陵侯淳于長罷就第初宣有兩弟明脩明至
南陽太守脩歷郡守京兆尹少府善交接得州里
之稱後母常從脩居官宣爲丞相時脩爲臨菑令
宣迎後母脩不遣後母病死脩去官持服宣謂脩
三年服少能行之者兄弟相駮不可（師古曰駮者執意不同猶如色之間雜）
脩遂竟服繇是兄弟不和（師古曰繇讀與由同）久之哀帝初即

位博士申咸給事中亦東海人也毀宣不供養行
喪服薄於骨肉前以不忠孝免不宜復列封侯在
朝省宣子況爲右曹侍郎數聞其語賕客楊明欲
令創咸面目使不居位（師古曰創謂傷之也音初良反其下並同）會司隸缺
況恐咸爲之遂令明遮斫咸宮門外斷鼻脣身八
創事下有司御史中丞衆等奏況朝臣父故宰相
再封列侯不相敕丞化而骨肉相疑疑咸受脩言
以謗毀宣咸所言皆宣行迹衆人所共見公家所
宜聞況知咸給事中恐爲司隸舉奏宣而公令明
等迫切宮闕要遮創戮近臣於大道人衆中欲以

鬲塞聰明杜絕論議之端（師古曰鬲與隔同杜塞也）桀黠無所畏
忌萬衆讙譁流聞四方不與凡民忿怒爭鬭者同
臣聞敬近臣爲近主也禮下公門式路馬（師古曰過公門則下
車見路馬則撫式蓋崇敬也式車前橫木）君畜産且猶敬之春秋之義意惡
功遂不免於誅（師古曰遂成也言舉意不善雖有成功猶加誅）上浸之源不可長
也（師古曰浸漸也言傷戮大臣有所漸近也浸字或作侵侵犯也其義兩通長竹兩反）況首爲惡明手傷
功意俱惡（孟康曰手傷人爲功使人行傷人者爲意）皆大不敬明當以重論
及況皆弃市廷尉直以爲律曰鬬以刃傷人完爲
城旦其賊加罪一等與謀者同罪詔書無以詆欺
成罪（師古曰詆毀也音丁禮反）傳曰遇人不以義而見疻者與痏

人之罪鈞惡不直也。應劭曰以杖手毆擊人剝其皮膚腫起青黑而無創瘢者律謂疻痏遇人不以
義爲不直雖見毆與毆人罪同也師古曰疻音侈痏音鮪　咸厚善脩而數稱宣惡流聞
不誼不可謂直師古曰言咸爲脩而毀宣是不誼而不直　況以故傷咸計謀已
定後聞置司隸因前謀而趣明師古曰趣讀曰促　非以恐咸
爲司隸故造謀也本爭私變雖於掖門外傷咸道
中與凡民爭鬬無異殺人者死傷人者刑古今之
通道三代所不易也孔子曰必也正名名不正則至
於刑罰不中刑罰不中而民無所錯手足師古曰論語載孔子之言
也錯置也音千故反　今以況爲首惡明手傷爲大不敬公私無
差春秋之義原心定罪師古曰原謂尋其本也　原況以父見謗

前漢傳五十三　九　徐雅

發忿怒無它大惡加詆欺輯小過成大辟師古曰輯與集同集合也
陷死刑違明詔恐非法意不可施行聖王不以怒
增刑明當以賊傷人不直師古曰以其受賕也　況與謀者皆爵
減完爲城旦師古曰以其身有爵級故得減罪而爲完也況身及同謀之人皆從此科　上以問公
卿議臣丞相孔光大司空師丹以中丞議是自將
軍以下至博士議郎皆是廷尉況竟減罪一等徙
敦煌宣坐免爲庶人歸故郡卒於家宣子惠亦至
二千石始惠爲彭城令宣從臨淮遷至陳留過其
縣橋梁郵亭不脩師古曰郵行書之舍亦如今之驛及行道館舍也音尤　宣心知惠
不能留彭城數日案行舍中處置什器師古曰處安也什器爲生之具

也解在平紀　觀視園菜終不問惠以吏事惠自知治縣不
稱宣意遣門下掾送宣至陳留令掾進見自從其
所問宣不教戒惠吏職之意師古曰若自出其意不云惠使之言　宣笑曰
吏道以法令爲師可問而知及能與不能自有資
材何可學也衆人傳稱以宣言爲然初宣後封爲
侯時妻死而敬武長公主寡居上令宣尚焉及宣
免歸故郡公主留京師後宣卒主上書願還宣葬
延陵奏可況私從敦煌歸長安會赦因留與主私
亂哀帝外家丁傅貴主附事之而疎王氏元始中
莽自尊爲安漢公主又出言非莽而況與呂寬相

前漢傳五十三　十　徐雅

善及寬事覺時莽幷治況發揚其罪使使者以
大皇大后詔賜主藥主怒曰劉氏孤弱王氏擅朝
排擠宗室師古曰擠墜也音子詣反　且嫂何與取妹披抉其閨門
而殺之師古曰敬武公主宣帝女也故謂元后爲嫂披發也抉挑也與讀曰豫豫干也言此事不干於嫂也抉一穴反挑它彫反
使者迫守主師古曰守而逼之　遂飲藥死況梟首於市白大
后云主暴病薨大后欲臨其喪莽固爭乃止
朱博字子元杜陵人也家貧少時給事縣爲亭長
好客少年捕搏敢行師古曰好賓客及少年而追捕擊搏無所避也　稍遷爲功
曹伉俠好交師古曰伉健也音口浪反　隨從士大夫不避風雨是
時前將軍望之子蕭育御史大夫萬年子陳咸以

公卿子著材知名博皆友之矣時諸陵縣屬大常博以大常掾察廉補安陵丞後去官入京兆歷曹史列掾出爲督郵書掾所部職辦郡中稱之而陳咸爲御史中丞坐漏泄省中語下獄博去吏間步至廷尉下師古曰去吏自解職也間步謂步行而伺閒隙以去候司咸事咸掠治困篤博詐得爲醫入獄得見咸具知其所坐罪博出獄又變姓名爲咸驗治數百師古曰謂被掠笞也卒免咸死罪咸得論出而博以此顯名爲郡功曹久之成帝即位大將軍王鳳秉政奏請陳咸爲長史咸薦蕭育朱博除莫府屬鳳甚奇之舉博櫟陽令徙雲

陽平陵三縣以高弟入爲長安令京師治理遷冀州刺史博本武吏不更文法師古曰更歷也音工衡反及爲刺史行部師古曰行下更反吏民數百人遮道自言官寺盡滿從事白請且留此縣録見諸自言者事畢迺發欲以觀試博博心知之告外趣駕師古曰趣讀曰促既白駕辦博出就車見自言者使從事明敕告吏民欲言縣丞尉者刺史不察黃綬各自詣郡師古曰丞尉職卑皆黃綬欲言二千石墨綬長吏者行部還詣治所師古曰治所刺史所止理事處其民爲吏所冤及言盜賊辭訟事各使屬其部從事師古曰屬委也音之欲反博駐車決遣四五百人比日罷去如神吏

民大驚不意博應事變迺至於此後博徐問果老從事教民聚會博殺此吏州郡畏博威嚴徙爲并州刺史護漕都尉遷琅邪大守齊部舒緩養名師古曰言齊人之俗其性遲緩多自高大以養名聲博新視事右曹掾史皆移病臥師古曰右曹上曹也移病謂移書言病也一曰以病而移居也博問其故對言惶恐師古曰言懼新太守之威故事二千石新到輒遣吏存問致意迺敢起就職博奮髯抵几曰師古曰髯頰毛也抵擊也音紙觀齊兒欲以此爲俗邪迺召見諸曹史書佐及縣大吏選視其可用者出教置之師古曰皆新補置以代移病者皆斥罷諸病吏白巾走出府門郡中大驚頃之門下掾贛遂耆老大儒教授數百

人拜起舒遲博出教主簿師古曰以此教告主簿贛老生不習吏禮主簿且教拜起閑習迺止又敕功曹官屬多襃衣大袑孟康曰袑音紹謂大袴也不中節度自今掾史衣皆令去地三寸博尤不愛諸生所至郡輒罷去議曹曰豈可復置謀曹邪文學儒吏時有奏記稱說云云博見謂曰如太守漢吏奉三尺律令以從事耳亡奈生所言聖人道何也師古曰言不能用且持此道歸堯舜君出爲陳說之其折逆人如此視事數年大改其俗掾史禮節如楚趙吏博治郡常令屬縣各用其豪桀以爲大吏文武從宜師古曰各因其材而任之縣有劇賊及它非

嘗博輒移書以詭責之其盡力有效必加厚賞懷
詐不稱誅罰輒行師古曰稱副也以是豪強慹服師古曰慹之涉反姑
幕縣有群輩八人報仇廷中皆不得師古曰於縣廷之中報仇殺人而其賊亡
捕不得也長吏自繫書言府賊曹掾史自白請至姑幕
事留不出功曹諸掾即皆自白復不出於是府丞
詣閤博廼見丞掾曰以爲縣自有長吏府未嘗與
也丞掾謂府當與之邪師古曰與讀曰豫閤下書佐入博口
占檄文曰師古曰隱度其言口授之占之贍反府告姑幕令丞言賊發不
得有書師古曰言已得縣之文書如此檄到令丞就職游徼王卿力有
餘如律令師古曰游徼職主捕盜賊故云如律令王卿得敕惶怖親屬失

色晝夜馳騖十餘日間捕得五人博復移書曰王
卿憂公甚效檄到齎伐閱詣府師古曰伐功勞也閱所經歷也部掾以
下亦可用漸盡其餘矣師古曰部掾所部之掾也其操持下皆此
類也以高弟入守左馮翊滿歲爲真其治左馮翊
文理聰明殊不及薛宣而多武譎網絡張設少愛
利敢誅殺師古曰言少仁愛而不能便利於人然亦縱舍時有大貸師古曰縱
放也舍置也貸謂寬假於下也音吐戴反下吏以此爲盡力長陵大姓尚方
禁師古曰姓尚方名禁少時嘗盜人妻見斫創著其頰府功
曹受賂白除禁調守尉博聞知以它事召見視其
面果有瘢師古曰瘢創痕也音盤痕胡恩反博辟左右問禁師古曰辟讀曰闢是

何等創也禁自知情得師古曰言其得被劾之情狀叩頭服狀博咲
曰丈夫固時有是師古曰言情欲之事人所不免馮翊欲洒卿恥抆拭
用禁師古曰抆拭摩也洒先礼反抆文粉反能自效不禁且喜且懼對曰必
死師古曰言盡死力也博因敕禁毋得泄語有便宜輒記言師古
曰不令泄抆拭之言而外有便宜之事爲書記以言於博因親信之以爲耳目禁晨夜
發起部中盜賊及它伏姦有功效博擢禁連守縣
令久之召見功曹閉閤數責以禁等事與筆札使
自記積受取一錢以上無得有所匿師古曰積累前後受取之事欺
謾半言斷頭矣師古曰謾誑也音慢又莫連反功曹惶怖具自疏姦臧
大小不敢隱博知其對以實廼令就席受敕自改

而已投刀使削所記遣出就職功曹後常戰栗不
敢蹉跌師古曰蹉千何反跌徒結反博遂成就之師古曰言進達也遷爲大司
農歲餘坐小法左遷犍爲太守先是南蠻若兒數
爲寇盜師古曰若兒其豪長之名博厚結其昆弟使爲反間襲殺
之師古曰間居莧反郡中清從爲山陽太守病免官復徵爲
光祿大夫遷廷尉職典決疑當讞平天下獄博恐
爲官屬所誣視事召見正監典法掾史謂曰廷尉
本起於武吏不通法律幸有衆賢亦何憂然廷尉
治郡斷獄以來且二十年亦獨耳剽日久師古曰剽劫也猶言行聽
也剽頻妙反三尺律令人事出其中師古曰言可以人情知之掾史試與正

監共撰前世決事吏議難知者數十事持以問廷尉得為諸君覆意之如淳曰但欲用意覆之不近法律事故也師古曰覆芳目反正監以為博苟強意未必能然即共條白焉博皆召掾史並坐而問為平處其輕重十中八九師古曰中竹仲反官屬咸服博之疏略材過人也每遷徙易官所到輒出奇譎如此以明示下為不可欺者久之遷後將軍與紅陽侯立相善立有罪就國有司奏立黨友博坐免後歲餘哀帝即位以博名臣召見起家復為光祿大夫遷為京兆尹數月超為大司空初漢興襲秦官置丞相御史大夫太尉至武帝罷太尉

始置大司馬以冠將軍之號非有印綬官屬也及成帝時何武為九卿建言古者民樸事約師古曰立此議而奏之也約少也國之輔佐必得賢聖然猶則天三光備三公官各有分職師古曰則法也三光日月星也分扶問反今末俗之弊政事煩多宰相之材不能及古而丞相獨兼三公之事所以久廢而不治也宜建三公官定卿大夫之任分職授政以考功效其後上以問師安昌侯張禹禹以為然時曲陽侯王根為大司馬票騎將軍而何武為御史大夫於是上賜曲陽侯根大司馬印綬置官屬罷票騎將軍官以御史大夫何武為大司空

封列侯皆增奉如丞相師古曰奉扶用反以備三公官焉議者多以為古今異制漢自天子之號下至佐史皆不同於古而獨改三公職事難分明無益於治亂是時御史府吏舍百餘區井水皆竭又其府中列柏樹常有野烏數千棲宿其上晨去暮來號曰朝夕烏烏去不來者數月長老異之師古曰史言此者著御史大夫之職當休廢也後二歲餘朱博為大司空奏言帝王之道不必相襲各繇時務師古曰繇讀與由同高皇帝以聖德受命建立鴻業置御史大夫位次丞相典正法度以職相參總領百官上下相監臨歷載二百年天下安寧今

更為大司空與丞相同位未獲嘉祐故事選郡國守相高第為中二千石選中二千石為御史大夫任職者為丞相位次有序所以尊聖德重國相也今中二千石未更御史大夫而為丞相師古曰更經也音工衡反權輕非所以重國政也臣愚以為大司空官可罷復置御史大夫遵奉舊制臣願盡力以御史大夫為百僚率哀帝從之迺更拜博為御史大夫會大司馬喜免以陽安侯丁明為大司馬衛將軍置官屬大司馬冠號如故事後四歲哀帝遂改丞相為大司徒復置大司空大司馬焉初何武為大

司空又與丞相方進共奏言古選諸侯賢者以爲州伯書曰咨十有二牧（師古曰虞書舜典之辭也）所以廣聰明燭幽隱也今部刺史居牧伯之位秉一州之統選第大吏所薦位高至九卿所惡立退任重職大春秋之義用貴治賤不以卑臨尊刺史位下大夫而臨二千石輕重不相準失位次之序臣請罷刺史更置州牧以應古制奏可及博奏復御史大夫官又奏言漢家至德溥大宇內萬里（師古曰溥與普同）立置郡縣部刺史奉使典州督察郡國吏民安寧故事居部九歲舉爲守相其有異材功效著者輒登擢秩卑

而賞厚咸勸功樂進（師古曰勸功自勸勉而立功也）前丞相方進奏罷刺史更置州牧秩眞二千石位次九卿九卿缺以高弟補其中材則苟自守而已恐功效陵夷（師古曰陵夷頹替）姦軌不禁臣請罷州牧置刺史如故奏可

博爲人廉儉不好酒色游宴自微賤至富貴食不重味案上不過三桮夜寢早起妻希見其面有一女無男然好樂士大夫爲郡守九卿賓客滿門欲仕宦者薦舉之欲報仇怨者解劒以帶之其趨事待士如是博以此自立然終用敗初哀帝祖母定陶太后欲求稱尊號太后從弟高武侯傅喜爲大司馬與丞相孔光大司空師丹共持正議孔鄉侯傅晏亦太后從弟諂諛欲順指會博新徵用爲京兆尹與交結謀成尊號以廣孝道繇是師丹先免（師古曰繇讀與由同）博代爲大司空數燕見奏封事言丞相光志在自守不能憂國大司馬喜至尊至親阿黨大臣無益政治上遂罷喜遣就國免光爲庶人以博代光爲丞相封陽鄉侯食邑二千戶博上書讓曰故事封丞相不滿千戶而獨臣過制誠慙懼願還千戶許焉傅太后怨傅喜不已使孔鄉侯晏風丞相令奏免喜侯（師古曰風讀曰諷）博受詔與御史大夫趙玄

議玄言事已前決得無不宜（師古曰得無猶言無乃也）博曰已許孔鄉侯有指匹夫相要尚相得死何況至尊博唯有死耳玄即許可博惡獨斥奏喜以故大司空氾鄉侯何武前亦坐過免就國（師古曰氾音凡）事與喜相似即并奏喜武前在位皆無益於治雖已退免爵土之封非所當也請皆免爲庶人上知傅太后素常怨喜疑博玄承指即召玄詣尚書問狀玄辭服有詔左將軍彭宣與中朝者雜問宣等劾奏博宰相玄上卿晏以外親封位特進股肱大臣上所信任不思竭誠奉公務廣恩化爲百寮先皆知喜武

前已蒙恩詔決事更三赦師古曰詔已罷官事又經三赦更工衡反博執左道虧損上恩以結信貴戚背君鄉臣師古曰鄉讀曰嚮傾亂政治姦人之雄附下罔上爲臣不忠不道玄知博所言非法枉義附從大不敬晏與博議免喜失禮不敬臣請詔謁者召博玄晏詣廷尉詔獄制曰將軍中二千石二千石諸大夫博士議郎議右將軍蟜望等四十四人師古曰蟜音矯以爲如宣等言可許諫大夫龔勝等十四人以爲春秋之義姦以事君常刑不舍師古曰舍置也魯大夫叔孫僑如欲顓公室譖其族兄季孫行父於晉晉執囚行父以亂魯國春秋重而書之

師古曰僑如叔孫宣伯也行父季文子也宣伯通於成公之母穆姜欲去季孟而取其室使告晉曰魯之有季孟猶晉之有欒范也政令於是乎成今其謀曰晉政多門不可從也若欲得志於魯請止行父而殺之不然歸必叛矣晉人執文子于苕丘事在成十六年今晏放命圮族干亂朝政要大臣以罔上本造計謀職爲亂階師古曰此引詩小雅巧言之章也職主也階者基之漸也宜與博玄同罪罪皆不道上減玄死罪三等削晏戶四分之一假謁者節召丞相詣廷尉詔獄博自殺國除初博以御史爲丞相封陽鄉侯玄以少府爲御史大夫並拜於前殿延登受策有音如鍾聲語在五行志

贊曰薛宣朱博皆起佐史歷位以登宰相宣所在而治爲世吏師及居大位以苛察失名師古曰苛細也器誠有極也博馳騁進取不師道德已亡可言師古曰言其事行不足可道也又見孝成之世委任大臣假借用權鄧展曰假音休假借音以物借人世主已更好惡異前師古曰更改也復附丁傅稱順孔鄉師古曰稱副也副其所求而順其意也稱尺孕反事發見詰遂陷誣罔辭窮情得仰藥飲鴆師古曰仰藥謂仰頭而飲藥也孔子曰久矣哉由之行詐也博亦然哉師古曰論語云子疾病子路使門人爲臣子曰久矣哉由之行詐也無臣而爲有臣吾誰欺欺天乎故贊引之

薛宣朱博傳第五十三

翟方進傳第五十四　　班固　　漢書八十四

秘書監上護軍琅邪縣開國子顏師古注

翟方進字子威，汝南上蔡人也。家世微賤，至方進父翟公好學，爲郡文學。方進年十二三，失父孤學，給事大守府爲小史，號遲頓不及事（師古曰頓讀曰鈍），數爲掾史所詈辱。方進自傷，迺從汝南蔡父相問己能所宜（師古曰言從何術藝可以自達）。蔡父大奇其形貌，謂曰：「小史有封侯骨，當以經術進，努力爲諸生學問。」方進既厭爲小史，聞蔡父言，心喜，因病歸家，辭其後母，欲西至京師受經。母憐其幼，隨之長安，織屨以給。方進讀經博士，受春秋。積十餘年，經學明習，徒衆日廣，諸儒稱之。以射策甲科爲郎。二三歲，舉明經，遷議郎。是時宿儒有清河胡常（師古曰宿久舊也），與方進同經。常爲先進，名譽出方進下（師古曰常官學雖在前而名譽不及方進），心害其能，論議不右方進（師古曰毀短也）。方進知之，候伺常大都授時（師古曰都授謂總集諸生大講授也），遣門下諸生至常所問大義疑難，因記其說。如是者久之，常知方進之宗讓己（師古曰宗尊也），內不自得，其後居士大夫之間未嘗不稱述方進，遂相親友。河平中，方進轉爲博士。數年，遷朔方刺史，居官不煩苛，所察應條輒舉，甚有威名。再三奏事

（師古曰刺史歲盡則奏事京師也）遷爲丞相司直。從上甘泉，行馳道中，司隸校尉陳慶劾奏方進，沒入車馬。既至甘泉宮，會殿中，慶與廷尉范延壽語，時慶有章劾，自道：「行事以贖論（師古曰當祭泰畤時行事有闕失罪合贖），今尚書持我事來，當於此決。前我爲尚書時，嘗有所奏事，忽忘之，留月餘。」（師古曰言此者與尚書忘己之事不奏）方進於是舉劾慶曰：「案慶奉使刺舉大臣，故爲尚書，知機事周密，壹統明主，躬親不解（師古曰解讀曰懈）。慶有罪未伏誅，無恐懼心，豫自設不坐之比（師古曰比例也音必寐反）。又暴揚尚書事，言遲疾無所在，虧損聖德之聰明，奉詔不謹，皆不敬（師古曰既自云不坐又言遲疾無所在此之二條於法皆爲不敬）。臣謹以劾。」慶坐免官。會北地浩商爲義渠長所捕，亡（師古曰義渠北地之縣也商被縣長捕而逃亡），長取其母，與豭豬連繫都亭下（師古曰以豭豬連繫深辱之豭牡豕也音家）。商兄弟會賓客，自稱司隸掾、長安縣尉，殺義渠長妻子六人，亡。丞相、御史請遣掾史與司隸校尉、部刺史并力逐捕，察無狀者（師古曰無狀謂商及義渠長本狀之違曲也）。奏可。司隸校尉涓勳奏言：「春秋之義，王人微者序乎諸侯之上，尊王命也。臣幸得奉使，以督察公卿以下爲職（師古曰督視也）。今丞相宣請遣掾史以宰士督察天子奉使命大夫（師古曰謂丞相掾史爲宰士者言其宰相之屬官而位爲士也奉使命大夫謂司隸也），甚誖逆順之理（師古曰誖乖也音布內反）。宣本不師受經術，因事以立姦威

案浩商所犯家之禍耳而宣欲專權作威乃害于
國不可之大者師古曰周書洪範云臣之有作福作威乃凶于乃國害于厥躬故引之 願下中朝
特進列侯將軍以下正國法度議者以爲丞相掾
不宜移書督趣司隸師古曰趣讀曰促 會浩商捕得伏誅家
屬徙合浦故事司隸校尉位在司直下初除謁兩
府師古曰丞相及御史也 其有所會居中二千石前與司直並迎
丞相御史初方進新視事而涓勳亦初拜爲司隸
不肯謁丞相御史大夫後朝會相見禮節又倨師古曰倨
傲也 方進陰察之勳私過光祿勳辛慶忌又出逢帝
舅成都侯商道路下車立頓過迺就車師古曰頓待也 於是

方進舉奏其狀因曰臣聞國家之興尊尊而敬長
爵位上下之禮王道綱紀師古曰言王道綱紀以尊卑上下之禮爲大 春秋之
義尊上公謂之宰海內無不統焉丞相進見聖主
御坐爲起在輿爲下師古曰漢舊儀云皇帝見丞相起謁者贊稱曰皇帝爲丞相起起立乃坐皇帝在道丞相迎謁謁者贊稱曰皇帝爲丞相下輿立乃升車 羣臣宜皆承順聖化以
視四方師古曰視讀曰示 勳吏二千石幸得奉使不遵禮儀
輕謾宰相賤易上卿師古曰謾讀與慢同易弋豉反 而又詘節失度邪
諂無常師古曰諂古諂字也私過辛慶忌見王商而下車是邪諂 色厲內荏應劭曰荏屈橈也師古曰論語
稱孔子曰色厲而內荏譬諸小人其猶穿窬之盜也與言外色莊厲而內懷荏弱故方進引以爲言 墮國體師古曰墮毀也音火
規反 亂朝廷之序不宜處位臣請下丞相免勳時大

中大夫平當給事中奏言方進國之司直不自敕
正以先羣下前親犯令行馳道中司隸慶平心舉
劾方進不自責悔而內挾私恨伺記慶之從容語
言師古曰從七容反 以詆欺成罪師古曰詆毀也音丁禮反 後丞相宣以一不
道賊如淳曰律殺不辜一家三人爲不道 請遣掾督趣司隸校尉司隸校
尉勳自奏暴於朝廷今方進復舉奏勳議者以爲
方進不以道德輔正丞相苟阿助大臣欲必勝立
威師古曰必勝必取勝 宜抑絕其原勳素行公直姦人所惡可
少寬假使遂其功名上以方進所舉應科不得用
逆詐廢正法師古曰逆詐者謂以詐意逆猜人也逆迎也論語曰子不逆詐 遂貶勳爲昌陵

令方進旬歲閒免兩司隸師古曰旬徧也滿也旬歲猶言滿歲也若十日之一周 朝廷
由是憚之丞相宣甚器重焉常誡掾史謹事司直
翟君必在相位不久是時起昌陵營作陵邑貴戚
近臣子弟賓客多辜榷爲姦利者師古曰榷專也辜榷者言已自專之它人取者輒有辜罪 方進部掾史覆案發大姦臧數千萬上以爲
任公卿師古曰任堪也 欲試以治民徙方進爲京兆尹搏擊
豪彊京師畏之時胡常爲青州刺史聞之與方進
書曰竊聞政令甚明爲京兆能則恐有所不宜師古曰言當犯
迕貴戚而見毀 方進心知所謂其後少弛威嚴師古曰弛解也 居官三
歲永始二年遷御史大夫數月會丞相薛宣坐廣

漢盜賊羣起及太皇太后喪時三輔吏並徵發為姦師古曰並步浪反免為庶人方進亦坐為京兆尹時奉喪事煩擾百姓左遷執金吾二十餘日丞相官缺羣臣多舉方進上亦器其能遂擢方進為丞相封高陵侯食邑千戶身既富貴而後母尚在方進內行脩飭供養甚篤師古曰飭謹也篤厚也及後母終既葬三十六日除服起視事以為身備漢相不敢踰國家之制師古曰漢制自文帝遺詔之後國家遵以為常大功十五日小功十四日緦麻七日方進自以大臣故云不敢踰制為相公絜請託不行郡國師古曰言不以私事託於四方郡國持法刻深舉奏牧守九卿峻文深詆師古曰詆毀也音丁禮反中傷者尤多如陳咸朱博蕭育逢信孫閎之屬皆京師世家以材能少歷牧守列卿知名當世而方進特立後起十餘年閒至宰相據法以彈咸等皆罷退之初咸最先進自元帝初為御史中丞顯名朝廷矣成帝初即位擢為部刺史歷楚國北海東郡太守陽朔中京兆尹王章譏切大臣而薦瑯邪太守馮野王可代大將軍王鳳輔政東郡太守陳咸可御史大夫是時方進甫從博士為刺史云師古曰甫始也後方進為京兆尹咸從南陽太守入為少府與方進厚善先是逢信已從高弟郡守歷京兆大僕為衛尉矣官簿皆在方進

之右師古曰簿謂伐閱也簿音主簿之簿及御史大夫缺三人皆名卿俱在選中而方進得之會丞相宣有事與方進相連上使五二千石雜問丞相御史晉灼曰大臣獄重故以秩二千石五人詰責之咸詰責方進冀得其處方進心恨初大將軍鳳奏除陳湯為中郎與從事師古曰每有政事皆與謀之而行鳳薨後從弟車騎將軍音代鳳輔政亦厚湯逢信陳咸皆與湯善湯數稱之於鳳音所久之音薨鳳弟成都侯商復為大司馬衛將軍輔政商素憎陳湯白其罪過下有司案驗遂免湯徙敦煌時方進新為丞相陳咸內懼不安廼令小冠杜子夏往觀其意微自解說師古曰解說猶今言分疏子夏既過方進揣知其指不敢發言師古曰揣謂探求之音初委反居亡何師古曰無何猶言無幾謂少時方進奏咸與逢信邪枉貪汙營私多欲皆知陳湯姦佞傾覆利口不軌而親交賂遺以求薦舉後為少府數饋遺湯信咸幸得備九卿不思盡忠正身內自知行辟亡功效師古曰辟讀曰僻而官媚邪臣欲以徼幸茍得亡恥孔子曰鄙夫可與事君也與哉師古曰論語載孔子之言也謂鄙夫不可與事君也與讀曰歟咸信之謂也過惡暴見不宜處位臣請免以示天下奏可後二歲餘詔舉方正直言之士紅陽侯立舉咸對策拜為光祿大夫給事中方進復奏咸前為

九卿坐爲貪邪免自知罪惡暴陳依託紅陽侯立徼幸有司莫敢舉奏冒濁苟容師古曰冒貪蔽也不顧恥辱不當蒙方正舉備內朝臣并劾紅陽侯立選舉故不以實有詔免咸勿劾立後數年皇太后姊子侍中衞尉定陵侯淳于長有罪上以太后故免官勿治罪有司奏請遣長就國長以金錢與立立上封事爲長求留曰陛下既託文以皇太后故蘇林曰託於詔文誠不可更有它計師古曰言不宜遣長就國後長陰事遂發下獄方進劾立懷姦邪亂朝政欲傾誤要主上狡猾不道請下獄上曰紅陽侯朕之舅不忍致法遣就國於

是方進復奏立黨友曰立素行積爲不善衆人所共知邪臣自結附託爲黨庶幾立與政事欲獲其利師古曰與讀曰豫今立斥逐就國所交結尤著者不宜備大臣爲郡守案後將軍朱博鉅鹿太守孫閎故光祿大夫陳咸與立交通厚善相與爲腹心有背公死黨之信師古曰死黨盡死力於朋黨也欲相攀援死而後已師古曰攀引也已止也援音爰皆內有不仁之性而外有雋材過絕人倫勇猛果敢處事不疑所居皆尚殘賊酷虐苛刻慘毒以立威而亡纖介愛利之風師古曰愛利謂仁愛而欲安利人也天下所共知愚者猶惑孔子曰人而不仁如禮何人而不仁如樂何師古曰論語載孔子之言也言用不仁之人則禮樂廢壞言不仁之人亡所施用不仁而多材國之患也此三人皆內懷姦猾國之所患而深相與結信於貴戚姦臣此國家大憂大臣所宜沒身而爭也師古曰沒盡也昔季孫行父有言曰見有善於君者愛之若孝子之養父母也見不善者誅之若鷹鸇之逐鳥爵也師古曰事見左氏傳行父魯卿季文子也鸇似鷂而小今謂之土鸇音之然反翅翼雖傷不避也貴戚彊黨之衆誠難犯犯之衆敵並怨善惡相冒師古曰冒覆蔽也臣幸得備宰相不敢不盡死請免博閎咸歸故郡以銷姦雄之黨絕羣邪之望奏可咸知廢錮復徙故郡以憂死方進知

能有餘兼通文法吏事以儒雅緣飭法律號爲通明相天子甚器重之奏事亡不當意內求人主微指以固其位初定陵侯淳于長雖外戚然以能謀議爲九卿新用事方進獨與長交稱薦之及長坐大逆誅諸所厚善皆坐長免上以方進大臣又素重之爲隱諱方進內慙上疏謝罪乞骸骨上報曰定陵侯長已伏其辜君雖交通傳不云乎朝過夕改君子與之師古曰與許也君何疑焉其專心壹意毋怠醫藥以自持方進起視事條奏長所厚善京兆尹孫寶右扶風蕭育刺史二千石以上免二十餘人

其見任如此方進雖受穀梁然好左氏傳天文星
歷其左氏則國師劉歆星歷則長安令田終術師
也如淳曰劉歆及田終術二人皆受學於方進厚李尋以爲議曹爲相九歲綏和
二年春熒惑守心尋奏記言應變之權君侯所自
明往者數白三光垂象變動見端張晏曰九年之中而日三食月朓側匿星孛營室東
井熒惑守心山川水泉反理視患張晏曰元延中岷山崩壅江江水不流山地之鎮宜固而崩水逆流反於常理所以
示人患也師古曰視讀曰示民人訞謠斥事感名如淳曰斥事井水溢之事也有言溢者後果井溢感名燕
燕尾涎涎是也三者既效可爲寒心今提揚眉矢貫中服虔曰提提攝提
星也揚眉揚其芒角也矢枉矢也孟康曰綏和元年正月枉矢從東南入北斗攝提與北斗杓建寅貫攝提中是也張晏曰矢一星貫中者謂正直弧中也
狼奮角弓且張張晏曰狼一星奮角者有芒角也狼芒角則寇賊起天弓九星不欲明明猶張也兵起之象

金歷庫土逆度張晏曰庫二十星在軫南金太白也歷武庫則兵起土鎮星也逆度逆行也輔湛沒
火守舍張晏曰北斗第四星旁一小星曰輔沉沒不見則天下之兵銷三十日爲守舍謂日月所繼宿舍也一曰火守舍營惑守心師古曰
湛讀曰沈萬歲之期近慎朝暮師古曰萬歲之期謂死也慎朝暮者言其事在朝夕上無惻怛
濟世之功下無推讓避賢之效欲當大位爲具臣
以全身難矣師古曰具謂具位之臣無功德也大責日加安得但保斥
逐之勠師古曰言其事重不但斥逐而已闔府三百餘人唯君侯擇其
中與盡節轉凶師古曰三百餘人謂丞相之官屬也方進憂之不知所出
會郎賁麗善爲星師古曰賁姓也麗名賁音肥言大臣宜當之上廼
召見方進還歸未及引決上遂賜冊曰皇帝問丞
相君有孔子之慮孟賁之勇朕嘉與君同心一意

庶幾有成惟君登位于今十年災害並臻民被飢
餓加以疾疫溺死關門牡開張晏曰元延元年章門函谷門牡自亡失國守
備盜賊黨輩師古曰黨衆多吏民殘賊毆殺良民師古曰毆擊也音一口反斷
獄歲歲多前上書言事交錯道路懷姦朋黨相爲
隱蔽皆亡忠慮羣下兇兇更相嫉妬師古曰更工衡反其咎
安在觀君之治無欲輔朕富民便安元元之念間
者郡國穀雖頗孰師古曰間謂近者以來百姓不足者尚衆前去
城郭未能盡還夙夜未嘗忘焉朕惟往時之用與
今一也師古曰謂財用也百僚用度各有數君不量多少一
聽羣下言用度不足奏請一切增賦稅城郭堧及

園田過更筭馬牛羊張晏曰一切權時堧城郭旁地也園田今多益其稅也百人爲卒取一人所賦常爲之月
用二千使人直之謂之過更又牛馬羊頭數出稅筭千輸二十也師古曰堧人緣反解在食貨志增益鹽鐵變更無
常朕既不明隨奏許可後議者以爲不便制詔下
君君云賣酒醪後請止未盡月復奏議令賣酒醪
朕誠怪君何持容容之計無忠固意師古曰容容隨衆上下也將何
以輔朕帥道羣下而欲久蒙顯尊之位豈不難哉
師古曰蒙冒也傳曰高而不危所以長守貴也師古曰孝經之言也欲退
君位尚未忍君其孰念詳計塞絕姦原憂國如家
務便百姓以輔朕朕既已改君其自思強食慎職
使尚書令賜君上尊酒十石養牛一君審處焉方

進即日自殺如淳曰漢儀注有天地大變天下大過皇帝使侍中持節乘四白馬賜上尊酒十斛牛一頭策告殃咎使者去半道丞相即上病使者還未白事尚書以丞相不起病聞上祕之遣九卿冊贈以丞相高陵侯印綬賜乘輿祕器少府供張柱檻皆衣素師古曰柱屋柱也檻軒前闌版也皆以白素衣之天子親臨弔者數至禮賜異於它相故事師古曰漢舊儀云丞相有疾皇帝法駕親至問疾從西門入即薨移居第中車駕往弔賜棺槨斂具贈錢葬地葬日公卿已下會葬焉謚曰恭侯長子宣嗣宣字大伯亦明經篤行君子人也及方進在爲關都尉南郡太守師古曰言方進未死之時宣已爲此官少子白義義字文仲少以父任爲郎稍遷諸曹年二十出爲南陽都尉宛令劉立與曲陽侯爲婚又素著名州郡輕義年少義行太守事行縣至宛師古曰行音下更反其下並同丞相史在傳舍立持酒肴謁丞相史對飲未訖會義亦往外吏白都尉方至立語言自若師古曰自若言如故須臾義至內謁徑入師古曰內謁猶今之通名也立迺走下義既還大怒陽以它事召立至以主守盜十金賊殺不辜部掾夏恢等收縛立傳送鄧獄師古曰部分其掾而遣之鄧亦南陽之縣恢亦以宛大縣恐見篡奪白義可因隨後行縣送鄧師古曰因太守行縣以立自隨即送鄧之獄義曰欲令都尉自送則如勿收邪師古曰言若都尉自送至獄不如本不收治載環宛市迺送師古曰環繞也音下串反吏民不敢動威震南陽立家輕騎馳從武關入語曲陽侯曲陽侯白成帝帝以問丞相方進遣吏敕義出宛令

前漢傳五十四　十一　陳富

宛令已出吏還白狀方進曰小兒未知爲吏也其意以爲入獄當輒死矣師古曰謂其不知立有所恃挾以自免脫後義坐法免起家而爲弘農太守遷河內太守青州牧所居著名有父風烈徙爲東郡太守數歲平帝崩王莽居攝義心惡之乃謂姊子上蔡陳豐曰新都侯攝天子位號令天下故擇宗室幼稚者以爲孺子依託周公輔成王之義且以觀望師古曰言漸試天下人心必代漢家其漸可見方今宗室衰弱外無彊蕃天下傾首服從莫能亢扞國難吾幸得備宰相子身守大郡父子受漢厚恩義當爲國討賊以安社稷欲舉兵西誅不當攝者選宗室子孫輔而立之設令時命不成死國埋名猶可以不慙於先帝師古曰埋名謂身埋而名立今欲發之乃肯從我乎師古曰乃汝也豐年十八勇壯許諾義遂與東郡都尉劉宇嚴鄉侯劉信信弟武平侯劉璜結謀及東郡王孫慶素有勇略以明兵法徵在京師義迺詐移書以重罪傳逮慶師古曰追赴獄也於是以九月都試曰如淳曰太守都尉令長丞尉會都試課殿最也斬觀令文穎曰觀縣名師古曰音工喚反因勒其車騎材官士募郡中勇敢部署將帥嚴鄉侯信者東平王雲子也雲誅死信兄開明嗣爲王薨無子而信子匡復立爲王故義舉兵幷東平立信爲

前漢傳五十四　十二　真

天子義自號大司馬柱天大將軍以東平王傅蘇隆爲丞相中尉皐丹爲御史大夫移檄郡國言莽鴆殺孝平皇帝矯攝尊號今天子已立共行天罰 師古曰共讀曰恭 郡國皆震比至山陽衆十餘萬 師古曰比必寐反 莽聞之大懼廼拜其黨親輕車將軍成武侯孫建爲奮武將軍光祿勳成都侯王邑爲虎牙將軍明義侯王駿爲彊弩將軍春王城門校尉王況爲震威將軍 師古曰春王長安城東出北頭第一門也本名宣平門莽更改焉 宗伯忠孝侯劉宏爲奮衝將軍中少府建威侯王昌爲中堅將軍中郎將震羌侯竇兄爲奮威將軍 師古曰兄讀曰況 凡七人自擇除關西人爲校尉軍吏將關東

甲卒發奔命以擊義焉復以大僕武讓爲積弩將軍屯函谷關將作大匠蒙鄉侯逯並爲橫壄將軍屯武關 師古曰逯姓也並名也逯音録又音鹿今東郡有逯姓二音並得書或作逯字或作逮今河朔有逮姓自呼音徒戴反其義兩通 義和紅休侯劉歆爲揚武將軍屯宛大保後丞丞陽侯甄邯爲大將軍屯霸上 師古曰丞陽侯音丞 常鄉侯王惲爲車騎將軍屯平樂館騎都尉王晏爲建威將軍屯城北城門校尉趙恢爲城門將軍皆勒兵自備莽日抱孺子會羣臣而稱曰昔成王幼周公攝政而管蔡挾祿父以畔 師古曰祿父紂子也父讀曰甫 今翟義亦挾劉信而作亂自古大聖猶懼此況臣莽之斗筲 師古曰斗筲自喻材器小也解在公孫劉田傳 羣臣皆曰不遭此變不章聖德莽於是

依周書作大誥 師古曰武王崩周公相成王而三監淮夷叛周公作大誥莽自比周公故依放其事 曰惟居攝二年十月甲子攝皇帝若曰大誥道諸侯王三公列侯于汝卿大夫元士御事 應劭曰言以大道告於諸侯已下御事主事也 不弔天降喪于趙傅丁董 應劭曰趙飛燕傅太后丁太后董賢也 師古曰不弔言不爲天所弔閔降下也 洪惟我幼沖孺子當承繼嗣無疆大歷服事 師古曰洪大也惟思也沖稚也大思幼稚孺子當承繼漢家無竟之歷服行政事 予未遭其明悊能道民於安況其能往知天命 師古曰予莽自稱也言不遭遇明智之人以自輔佐而道百姓於安蓋爲謙辭也道讀曰導 熙我念孺子若涉淵水 師古曰熙歎辭 予惟往求朕所濟度奔走 師古曰言我當求所以濟度之故奔走盡力不憚勤勞 以傅近奉承高皇帝所受命 師古曰傅讀曰附近其勤反 予豈敢自比於前人乎 師古曰前人謂周公 天降威明用寧帝室遺我居攝寶龜 師古曰威明猶言明威也遺弋季反 大皇太

后以丹石之符廼紹天明意 師古曰紹承也 詔予即命居攝踐祚如周公故事反虜故東郡太守翟義擅興師動衆曰有大難于西土西土人亦不靖 師古曰曰者述翟義之言云爾也西土謂京師也言在東郡之西也 於是動嚴鄉侯信誕敢犯祖亂宗之序 師古曰誕大也 天降威遺我寶龜固知我國有呰災使民不安 師古曰呰病也言天所以降威遺龜者知國有災病義信當反天下不安之故也呰讀與疵同 是天反復右我漢國也 師古曰復扶目反右讀曰祐 粵其聞曰 孟康曰翟義反書上聞日也師古曰粵發語辭也 宗室之儁有四百人 孟康曰諸劉見在者 民獻儀九萬夫 孟康曰民之表儀謂賢者 予敬以終於此謀繼嗣圖功 師古曰我用此宗室之儁及獻儀者共謀圖國事終成其功 我有大事休予卜并吉 師古曰大事戎事也言人謀既從卜又并吉是爲美也 故我出大將告郡太守諸侯相令長曰予得

吉卜予惟以汝于伐東郡嚴鄉逋播臣師古曰逋亡也播散也佘國君或者無不反曰難大民亦不静亦惟在帝宫諸侯宗室於小子族父敬不可征師古曰言佘等國君或有言曰禍難既大衆庶不安又劉信國之宗室於孺子爲族父當加禮敬不可征討帝不違卜師古曰卜既得吉天命不違故予爲沖人長思厥難曰烏虖義信所犯誠動鰥寡哀哉師古曰無妻無夫之人亦同受其害故可哀哉予遭天役遺大解難於予身以爲孺子不身自卹師古曰言天以漢家役事遺我而今身解其難故我征伐以爲孺子除亂非自憂身已予義彼國君泉陵侯上書應劭曰泉陵侯劉慶也上書令莽行天子事曰成王幼弱周公踐天子位以治天下六年朝諸侯於明堂制禮樂班度量而天下大服師古曰班謂布行也大皇大后承順天心成居攝之義皇大子爲孝平皇帝子師古曰皇大子即謂孺子年在繈褓宜且爲子知爲人子道令皇大后得加慈母恩畜養成就加元服然後復子明辟師古曰辟君也以明君之事還孺子熙爲我孺子之故師古曰重歎而言予惟趙傅丁董之亂遏絶繼嗣變剥適庶危亂漢朝以成三阨晉灼曰古厄字服虔曰厄會也謂三七二百一十歲師古曰適讀曰嫡隊極厥命師古曰隊隕也極盡也烏虖害其可不旅力同心戒之哉師古曰害讀曰曷曷何也旅陳也予不敢僭上帝命師古曰僭不信也言順天命而征討天休于安帝室興我漢國惟卜用克綏受兹命師古曰言天美於興復漢國故我惟用卜吉能安受此命今天其相民況亦惟卜用師古曰言天道當思助人況更用卜吉可知矣大皇大后肇有元城

沙鹿之右張晏曰沙鹿在元城縣春秋時沙鹿崩王莽以爲元后之祥語在元后傳師古曰右讀曰祐陰精女主聖明之祥李奇曰李親懷元后夢月入懷陰精女主之祥配元生成以興我天下之符遂獲西王母之應孟康曰民傳祀西王母之應也神靈之徵師古曰徵證也以祐我帝室以安我大宗以紹我後嗣以繼我漢功厥害適統不宗元緒者辟不違親辜不避戚師古曰其有害國之正統不尊大緒者當速加刑辟不避親戚適讀曰嫡夫豈不愛亦惟帝室師古曰非不愛此人但爲帝室不得止是以廣立王侯並建曾玄俾屏我京師綏撫宇内師古曰屏謂蔽捍其難也博徵儒生講道于廷論序乖繆制禮作樂同律度量混壹風俗師古曰混亦同也音胡本反正天地之位昭郊宗之禮定五時廟祧咸秩亡文孟康曰諸廢祀無文籍皆祭之建靈臺立明堂設辟雍張大學尊中宗高宗之號服虔曰宣帝元帝也昔我高宗崇德建武克綏西域以受白虎威勝之瑞應劭曰元帝誅滅郅支單于懷輯西域時有獻白虎者所以威遠勝猛也天地判合乾坤序德師古曰言元帝既有威德大后又兆符應則是天地乾坤夫妻之義相配合也判之言片也大皇大后臨政有龜龍麟鳳之應五德嘉符相因而備河圖雒書遠自昆侖出於重壄師古曰昆侖河所出重壄洛所出皆有圖書故本言之壄古野字古讖著言肆今享實師古曰肆故也言有其讖故今當其實此迺皇天上帝所以安我帝室俾我成就洪烈也師古曰洪大也烈業也烏虖天明威輔漢始而大大矣師古曰言因此難更以強大爾有惟舊人泉陵侯之言爾不克遠省爾豈知大皇大后

若此勤哉師古曰言爾當思父舊之人泉陵侯所言爾不能遠省識古事豈知大后之勤乎天比必勞我成功所孟康曰天慎勞我國家成功之所在予不敢不極卒安皇帝之所圖事師古曰卒終也言我不敢不終祖宗之業安帝室所謀之事肆予告我諸侯王公列侯卿大夫元士御事師古曰肆陳也陳其理而告之天輔誠辭師古曰言有至誠之辭則爲天所輔天其累我以民予害敢不於祖宗安人圖功所終師古曰累託也言天以百姓託我我曷敢不謀終祖宗安人之功也累力瑞反害讀曰曷下皆類此天亦惟勞我民若有疾予害敢不於祖宗所受休輔師古曰言天欲撫勞我衆衆若有疾苦我曷敢不順祖宗之意休息而輔助之勞來到反予聞孝子善繼人之意忠臣善成人之事予思若考作室厥子堂而構之師古曰父有作室之意則子當築堂而構架撩以成之厥父菑厥子播而穫之師古曰父菑耕其田子當布種而收穫之反土爲菑一曰田一歲曰菑予害敢不於身撫祖宗之所受大命師古曰作室農人猶不弃其本業我於今日不得有避而不征討叛逆也若祖宗廼有效湯武伐厥子民長其勸弗救師古曰譬有人來伐其子而長養彼心反勸助之弗救其子者止以子惡故也言湯武疾惡其心亦然今所征討不得避親當以公義烏虖肆哉師古曰肆陳也勸令陳力諸侯王公列侯卿大夫元士御事其勉助國道明師古曰道由也言當由於明智之事以助國也亦惟宗室之俊民之表儀迪知上帝命師古曰迪亦道也言當遵道而知天命粵天輔誠爾不得易定師古曰粵辭也天道輔誠爾不得改易天之定命況今天降定于漢國惟大囏人翟義劉信大逆欲相伐于厥室豈亦知命之不易乎師古曰言義信不知天命不可改易乃大爲艱難以干國紀是自相謀誅伐其室也囏古艱字予永念曰天惟喪翟義劉信

若嗇夫予害敢不終予晦師古曰嗇夫治田志除草穢天之欲喪義信事亦如之我當順天以終竟田晦之事天亦惟休于祖宗予害其極卜師古曰言天美祖宗之事我向其極卜法敢不往從言必從也害敢不于從率寧人有旨疆土況今卜并吉師古曰言循祖宗之業務在安人而美疆土況今卜亦吉乎言不可不從也故予大以爾東征命不僭差師古曰言卜必信之矣卜陳惟若此師古曰卜兆陳列惟如此廼遣大夫桓譚等班行諭告當反位孺子之意還封譚爲明告里附城師古曰明告者以其出使能明告諭於外也附城云如古附庸也諸將東至陳留菑孟康曰菑故戴國在梁後屬陳留今曰考城與義會戰破之斬劉璜首莽大喜復下詔曰大皇大后遭家不造國統三絕師古曰謂成帝哀帝平帝皆無子矣絕輒復續恩莫厚焉信莫立焉孝平皇帝短命蚤崩師古曰蚤古早字幼嗣孺沖詔予居攝予承明詔奉社稷之任持大宗之重養六尺之託受天下之寄戰戰兢兢不敢安息伏念大皇大后惟經藝分析王道離散師古曰惟思也漢家制作之業獨未成就故博徵儒士大興典制備物致用立功成器以爲天下利王道粲然基業既著千載之廢百世之遺於今迺成道德庶幾於唐虞功烈比齊於殷周師古曰烈業也今翟義劉信等謀反大逆流言惑衆欲以篡位賊害我孺子罪深於管蔡惡甚於禽獸信父故東平王云不孝不謹親毒殺其父思王名曰鉅鼠師古曰鉅大也莽譏

雲字其父曰鄭屖也後雲竟坐大逆誅死義父故丞相方進險
詖陰賊師古曰詖佞也音彼義反兄宣靜言令色外巧內嫉師古曰靜安也令善也言
其陽爲安靜之言外有善色而實疾害也所殺鄉邑汝南者數十人今積惡二
家迷惑相得此時命當殄天所滅也義始發兵上
書言宇信等與東平相輔謀反師古曰輔者東平王相之名也執捕
械繫欲以威民先自相被以反逆大惡師古曰被加也音皮義反轉
相捕械此其破殄之明證也已捕斬斷信二子穀
鄉侯章德廣侯鮪義母練兄宣親屬二十四人皆
磔暴于長安都市四通之衢當其斬時觀者重疊
師古曰言人多而聚積天氣和清可謂當矣命遣大將軍共行皇

天之罰師古曰共讀曰恭討海內之讎功效著焉予甚嘉之
司馬法不云乎賞不踰時欲民速覩爲善之利也
今先封車騎都尉孫賢等五十五人皆爲列侯戶
邑之數別下遣使者持黃金印赤韍縌朱輪車即
軍中拜授服虔曰縌即今之綬也師古曰韍所以蔽印也縌者系也謂逆受之也即就也韍音弗縌音逆因大
赦天下於是吏士精銳遂攻圍義於圉城破之義
與劉信弃軍庸亡孟康曰謂挺身逃亡如奴庸也至固始界中捕得義
尸磔陳都市卒不得信初三輔聞翟義起自茂陵
以西至汧二十三縣盜賊並發趙明霍鴻等自稱
將軍攻燒官寺殺右輔都尉及斄令師古曰斄讀曰邰劫略

吏民衆十餘萬火見未央宮前殿莽晝夜抱孺子
禱宗廟復拜衛尉王級爲虎賁將軍大鴻臚望鄉
侯閻遷爲折衝將軍與甄邯王晏西擊趙明等正
月虎牙將軍王邑等自關東還便引兵西彊弩將
軍王駿以無功免揚武將軍劉歆歸故官復以邑
弟侍中王奇爲揚武將軍城門將軍趙恢爲彊弩
將軍中郎將李棽爲厭難將軍師古曰棽音所林反復將兵
西二月明等殄滅諸縣悉平還師振旅莽乃置酒
白虎殿勞饗將帥大封拜先是益州蠻夷及金城
塞外羌反畔時州郡擊破之莽迺并錄以小大爲

差封侯伯子男凡三百九十五人曰皆以奮怒東
指西擊羌寇蠻盜反虜逆賊不得旋踵應時殄滅
天下咸服之功封云莽於是自謂大得天人之助
至其年十二月遂即眞矣初義所收宛令劉立聞
義舉兵上書願備軍吏爲國討賊內報私怨莽擢
立爲陳留太守封明德侯始義兄宣居長安先義
未發家數有怪師古曰言義未發兵之前夜聞哭聲聽之不知所
在宣教授諸生滿堂有狗從外入齧其中庭群鴈
數十比驚救之已皆斷頭師古曰比必寐反狗走出門求不
知處宣大惡之謂後母曰東郡太守文仲素儻

師古曰傲土歷反今數有惡怪恐有妄爲而大禍至也大夫人可歸爲弃去宣家者師古曰言歸其本族自絕於翟氏以避害毋不肯去後數月敗莽盡壞義第宅汙池之師古曰汙停水也音烏發父方進及先祖冢在汝南者燒其棺柩夷滅三族誅及種嗣至皆同坑以棘五毒并葬之如淳曰野葛狼毒之屬也而下詔曰蓋聞古者伐不敬取其鱷鯢築武軍封以爲大戮於是乎有京觀以懲淫慝師古曰此左傳載楚莊王辭也鱷鯢大魚爲害者也以比敵人之勇桀者京高丘也觀謂如闕形也懲創艾也慝惡也鱷古鯨字音其京反鯢五奚反觀工喚反迺者反虜劉信翟義悖逆作亂于東而芒竹羣盜趙明霍鴻造逆西土師古曰芒竹在盩厔南界芒水之曲而多竹林也即今司竹園是其地矣芒音亡遣武將征

討咸伏其辜惟信義等始發自濮陽結姦無鹽殄滅於圉趙明依阻槐里環隄師古曰槐里縣界其中有環曲之隄而明依之自固也霍鴻負倚盩厔芒竹師古曰負恃也倚於綺反咸用破碎亡有餘類其取反虜逆賊之鱷鯢聚之通路之旁濮陽無鹽圉槐里盩厔凡五所各方六丈高六尺築爲武軍封以爲大戮薦樹之棘師古曰薦讀曰荐荐重也聚也建表木高丈六尺師古曰表者所以標明也書曰反虜逆賊鱷鯢在所長吏常以秋循行師古曰行下更反勿令壞敗以懲淫慝焉初汝南舊有鴻隙大陂郡以爲饒師古曰鴻隙陂名藉其溉灌及魚鱉萑蒲之利以多財用成帝時關東數水陂溢爲害方進爲相與御史大夫孔光共遣掾行視師古曰行音下更反以爲決去陂水其地肥美省隄防費而無水憂遂奏罷之及翟氏滅鄉里歸惡言方進請陂下良田不得而奏罷陂云王莽時常枯旱郡中追怨方進童謠曰壞陂誰翟子威飯我豆食羹芋魁師古曰言田無溉灌不生秔稻又無黍稷但有豆及芋也豆食者豆爲飯也羹芋魁者以芋根爲羹也飯音扶晚反食音飤反乎覆陂當復師古曰事之反覆無常言禍兮福所倚誰云者兩黃鵠師古曰託言有神來告之

司徒掾班彪曰承相方進以孤童攜老母羇旅入京師身爲儒宗致位宰相盛矣當莽之起蓋乘天威雖有賁育奚益於敵師古曰賁謂孟賁育謂夏育皆古之勇士言得之無以益不能敵莽也賁音奔

義不量力懷忠憤發以隕其宗悲夫

翟方進傳第五十四

谷永杜鄴傳第五十五　　班固　漢書八十五

祕書監上護軍琅邪縣開國子顔師古注

谷永字子雲長安人也父吉爲衛司馬使送郅支單于侍子(師古曰爲使而送之還本國也郅音質)爲郅支所殺語在陳湯傳永少爲長安小史後博學經書建昭中御史大夫繁延壽(師古曰即李延壽也一姓繁音蒲河反)聞其有茂材除補屬舉爲太常丞數上疏言得失建始三年冬日食地震同日俱發詔舉方正直言極諫之士大常陽城侯劉慶忌舉永待詔公車對曰陛下秉至聖之純德懼天地之戒異飭身修政納問公卿(師古曰飭與敕同敕整也)又下

明詔帥舉直言(師古曰帥舉謂公卿守相皆令舉也帥字或作師師衆也)燕見紬繹以求咎愆(師古曰紬讀曰抽紬繹者引其端緒也)使臣等得造明朝承聖問(師古曰造至也音千到反)臣材朽學淺不通政事竊聞明王即位正五事建大中以承天心(師古曰五事貌言視聽思也大中即皇極也解在五行志)則庶徵序於下日月理於上(師古曰庶衆也徵證也)如人君淫溺後宮般樂游田(師古曰如若也般讀與盤同)五事失於躬大中之道不立則咎徵降而六極至(師古曰六極謂一曰凶短折二曰疾三曰憂四曰貧五曰惡六曰弱)凡災異之發各象過失以類告人乃十二月朔戊申日食婺女之分地震蕭牆之內(師古曰蕭牆屏牆也解在五行志)二者同日俱發以丁寧陛下(師古曰丁寧謂再三告示也)厥咎不遠宜厚求諸

身(師古曰厚猶深也)意豈陛下志在閨門未卹政事不慎舉錯(師古曰志在閨門謂留心於女色錯置也音千故反)婁失中與(師古曰婁古屢字也與讀曰歟下皆類此)內寵大盛女不遵道嫉妬專上妨繼嗣與古之王者廢五事之中失夫婦之紀妻妾得意謁行於內埶行於外至覆傾國家或亂陰陽(師古曰謁請也內則所請必行外則擅其權力言女寵盛也)昔褒姒用國宗周以喪(師古曰褒姒褒人所獻之女也幽王惑之卒有犬戎之禍)閻妻驕扇日以不臧(師古曰閻嬖寵之族也扇熾也臧善也魯詩小雅十月之交篇曰此日而食于何不臧又曰閻妻扇方處言厲王無道內寵熾盛政化失理故致災異日爲之食爲不善也)此其效也經曰皇極皇建其有極(師古曰周書洪範之辭也皇大也極中也大立其有中所以行九疇之義也)傳曰皇之不極是謂不建時則有日月亂行陛下踐至尊之

祚爲天下主奉帝王之職以統羣生方內之治亂在陛下所執(師古曰方內四方之內也)誠留意於正身勉強於力行損燕私之閒以勞天下(師古曰損減也閒讀曰閑勞憂也)放去淫溺之樂罷歸倡優之笑(師古曰笑古笑字)絕郤不享之義慎節游田之虞(師古曰郤退也享當也言所爲不善不當天心也一曰天不祐之不歆享其祀也虞與娛同)起居有常循禮而動躬親政事致行無倦安服若性(師古曰致至也安心而服行之如天性自然也)經曰繼自今嗣王其毋淫于酒毋逸于游田惟正之共(師古曰周書無逸之辭也言從今以往繼業嗣立之王毋過欲於酒毋放于田獵惟宜正身恭己也共讀曰恭)未有身治正而臣下邪者也夫妻之際王事綱紀安危之機聖王所致慎也昔舜飭正二女

以崇至德師古曰虞書堯典云釐降二女于嬀汭嬪于虞謂堯以二女妻舜觀其治家欲使治國而舜謹敕正躬以待二女其
德益崇遂受堯禪也飭與敕同楚莊忍絕丹姬以成伯功應劭曰楚莊王得丹姬三月不聽朝
保申諫忍絕不復見乃勤政事遂爲盟主也師古曰丹姬是楚文王姬也莊王用申公巫臣之諫不納夏姬谷永集丹字作夏是也今此傳作丹轉
寫誤耳應氏就而謬釋非本實也伯讀曰霸幽王惑於褒姒周德降亡魯桓脅
於齊女社稷以傾師古曰解並在五行志誠修後宮之政明尊卑
之序貴者不得嫉妬專寵以絕驕嫚之端抑褒閻
之亂賤者咸得秩進各得厥職師古曰秩次也以次而進御也以廣繼
嗣之統息白華之怨師古曰詩小雅白華之篇也幽王惑於褒姒而黜申后故國人作此詩以刺之永言
此者譏成帝專寵趙昭儀也後宮親屬饒之以財勿與政事師古曰與讀曰豫
以遠皇父之類損妻黨之權師古曰皇父周卿士也小雅十月之交詩曰皇父卿士番維司

徒剌厲王淫於色故皇父之屬因嬖寵而爲官也遠于萬反父讀曰甫未有閨門治而天下亂者
也治遠自近始習善在左右昔龍筦納言而帝命
惟允師古曰龍舜臣名也筦字與管同管主也虞書舜典曰帝曰龍命汝作納言當夙夜出納朕命惟允允信也四輔既
備成王靡有過事師古曰四輔謂左輔右弼前疑後丞也周書洛誥稱成王曰誕保文武受命亂爲四輔
誠敕正左右齊栗之臣孟康曰左右謂尚書官齊栗言其整齊萬事常戰栗謹敬戴金
貂之飾執常伯之職者師古曰常伯侍中也伯長也常使長事者也一曰常任使之人此爲長也皆
使學先王之道知君臣之義濟濟謹孚無敖戲驕
恣之過師古曰孚信也則左右肅艾師古曰肅敬也艾讀曰乂乂治也群僚仰法化
流四方經曰亦惟先正克左右師古曰周書君牙之辭也言王者欲正百官要在能先
正其左右近臣也未有左右正而百官枉者也師古曰枉曲也治天下

者尊賢考功則治簡賢違功則亂師古曰簡略也謂輕慢也誠審思
治人之術歡樂得賢之福論材選士必試於職明
度量以程能考功實以定德師古曰程効也無用比周之虛
譽毋聽寖潤之譖愬師古曰比周言阿黨親密也寖潤積漸之深也比頻寐反則抱功
脩職之吏無蔽傷之憂比周邪僞之徒不得即工
李奇曰即就也工官也小人日銷俊艾日隆師古曰艾讀曰乂其下亦同經曰三載
考績三考黜陟幽明師古曰虞書舜典之辭也言居官者三年一考其功三考則退其幽闇無功者升其昭
明有功者又曰九德咸事俊艾在官師古曰虞書咎繇謨之辭也言使九德之人皆用事俊桀
治能之士並在官也九德謂寬而栗柔而立愿而恭亂而敬擾而毅直而溫簡而廉剛而塞彊而義
前衆賢布於官而不治者也堯遭洪水之災天下

分絕爲十二州制遠之道微孟康曰本九州洪水隔分更爲十二州與所離遠相制之道微
也師古曰十二州謂冀兗豫青徐荊揚雍梁幽并營也而無乖畔之難者德厚恩深
無怨於下也秦居平土一夫大呼而海內崩析者
師古曰呼火故反刑罰深酷吏行殘賊也夫違天害德爲上
取怨於下莫甚乎殘賊之吏誠放退殘賊酷暴之
吏錮廢勿用益選溫良上德之士以親萬姓師古曰親謂愛
養之平刑釋寃以理民命師古曰釋解也務省繇役毋奪民時
薄收賦稅毋殫民財師古曰殫盡也音單使天下黎元咸安家
樂業不苦踰時之役師古曰古者行役不踰時時謂三月是爲一時不患苛暴之
政不疾酷烈之吏師古曰言免此疾患雖有唐堯之大災民無

離上之心師古曰堯遭洪水故云大災經曰懷保小人惠于鰥寡師古曰周書無逸之辭也懷和也保安也未有德厚吏良而民畔者也臣聞災異皇天所以譴告人君過失猶嚴父之明誡畏懼敬改則禍銷福降忽然簡易則咎罰不除經曰饗用五福畏用六極師古曰周書洪範之辭饗當也言所行當於天心則降以五福若所爲不善則以六極畏罰之五福一曰壽二曰富三曰康寧四曰攸好德五曰考終命六極之解已具於前傳曰六沴作見若不共御六罰既侵六極其下師古曰此洪範之傳也沴災氣也共讀曰恭御讀曰禦言敬而修德以禦災今三年之間災異鋒起小大畢具所行不享上帝師古曰享當也不當天心上帝不豫師古曰豫悅也炳然甚著不求之身無所改正疏舉廣謀又不用其言晉灼曰疏遠也是循不享

之迹無謝過之實也天責愈深此五者王事之綱紀南面之急務唯陛下留神對奏天子異焉特召見永其夏皆令諸方正對策語在杜欽傳永對畢因曰臣前幸得條對災異之效禍亂所極言關於聖聽書陳於前陛下委棄不納而更使方正對策背可懼之大異問不急之常論廢承天之至言角無用之虛文師古曰角覺也欲末殺災異滿讕誣天師古曰末殺埽滅也滿讕謂欺罔也殺先曷反讕來亶反是故皇天勃然發怒甲己之間暴風三溱拔樹折木師古曰自甲至己凡六日也溱與臻同臻至也此天至明不可欺之效也上特復問永永對曰日食地震皇后貴妾專寵

所致語在五行志是時上初即位謙讓委政元舅大將軍王鳳議者多歸咎焉永知鳳方見柄用師古曰言任用之授以權也陰欲自託乃復曰方今四夷賓服皆爲臣妾北無薰粥冒頓之患師古曰粥弋六反南無趙佗呂嘉之難三垂晏然靡有兵革之警師古曰晏安也諸侯大者乃食數縣漢吏制其權柄不得有爲亡吳楚燕梁之埶百官盤互親踈相錯師古曰盤互盤結而交互也錯間雜也互字或作牙言如豕牙之盤曲犬牙之相入也骨肉大臣有申伯之忠師古曰申伯周申后之父洞洞屬屬小心畏忌師古曰洞洞屬屬專謹也洞音動屬之欲反無重合安陽博陸之亂師古曰重合莽通安陽上官桀博陸霍禹也三者無毛髮之辜不可歸咎諸舅此欲

以政事過差丞相父子中尚書宦官檻塞大異皆瞽說欺天者也師古曰檻義取檻柙之檻檻猶閉也其字從木瞽說言不中道若無目之人也竊恐陛下舍昭昭之白過忽天地之明戒聽晻昧之瞽說師古曰舍謂留也晻字與暗同又音一感反歸咎乎無辜倚異乎政事師古曰倚依也音於綺反次下亦同重失天心師古曰重直用反不可之大者也師古曰此則爲大不可也陛下即位委任遵舊未有過政元年正月白氣較然起乎東方師古曰較明貌也至其四月黃濁四塞覆冒京師申以大水著以震蝕師古曰申重也著明也各有占應相爲表裏百官庶事無所歸倚陛下獨不怪與師古曰倚於綺反與讀曰歟白氣起東方賤人將興之表也黃濁冒京師王道微絕之

應也夫賤人當起而京師道微二者已醜（師古曰醜已甚也）陛
下誠深察愚臣之言致懼天地之異長思宗廟之
計改往反過抗湛溺之意解偏駮之愛（師古曰抗舉也湛讀曰沈駮不周普也）
奮乾剛之威平天覆之施使列妾得人人更
進猶尚未足也（師古曰更互也音公衡反）急復益納宜子婦人毋擇
好醜毋避甞字（如淳曰王鳳上小妻弟以納後宮以甞字乳王章言之坐死今永及此爲鳳洗前過也）毋論
年齒推法言之陛下得繼嗣於微賤之間乃反爲
福得繼嗣而已毋非有賤也（師古曰苟得子耳勿論其母之貴賤）後宮女
史使令有直意者廣求於微賤之間（師古曰直當也今力成反）以遇
天所開右（師古曰右讀曰佑佑助也）慰釋皇太后之憂慍（師古曰釋散也）解謝

上帝之譴怒則繼嗣蕃滋灾異訖息（師古曰蕃多也訖止也蕃扶元反）
陛下則不深察愚臣之言忽於天地之戒咎根不
除水雨之灾山石之異將發不久發則灾異已極
天變成形臣雖欲捐身關策不及事已（師古曰言禍敗既成不可如何也已語終辭也）
踈賤之臣至敢直陳天意斥譏帷幄之私欲
閒離貴后盛妾（師古曰閒居莧反）自知忤心逆耳必不免於
湯鑊之誅此天保右漢家使臣敢直言也（師古曰右讀曰佑）三
上封事然後得召待詔一旬然後得見夫由踈賤
納至忠甚苦（師古曰由從也苦勞苦也）由至尊聞天意甚難語不可
露願具書所言因侍中奏陛下以示腹心大臣（如淳

曰永爲鳳言而言示腹心大臣無不可矣）腹心大臣以爲非天意臣當伏妄言
之誅即以爲誠天意也柰何忘國家大本背天意
而從欲（師古曰從讀曰縱）唯陛下省察孰念厚爲宗廟計時
對者數十人永與杜欽爲上第焉上皆以其書示
後宮後上嘗賜許皇后書采永言以責之語在外
戚傳永既陰爲大將軍鳳說矣能實最高由是擢
爲光祿大夫永奏書謝鳳曰永斗筲之材（師古曰筲竹器也斗筲喻小而
不大也解在公孫劉田傳筲所交反）質薄學朽無一日之雅左右之介（師古
曰雅素也介紹也言非宿素之交又無紹介而進也）將軍說其狂言（師古曰說讀曰悅）擢之皁
衣之吏廁之爭臣之末不聽浸潤之譖不食膚受

之愬（師古曰食猶受納也膚受謂初入皮膚至骨髓言其深也）雖齊桓晉文用士篤密
察父悊兄覆育子弟誠無以加（師古曰察明也悊智也）昔豫子吞
炭壞形以奉見異（師古曰豫讓也爲智伯報讎欲殺趙襄子恐人識之故吞炭以變其聲漆面以壞其形以智伯
國士遇我故也）齊客隕首公門以報恩施（師古曰舍人魏子三收邑入不與孟嘗孟嘗怨之魏子曰假與
賢者齊湣王受讒孟嘗出奔魏子所與粟賢者到宮門自剄以明孟嘗之心）知氏孟嘗猶有死士何
況將軍之門鳳遂厚之數年出爲安定太守時上
諸舅皆修經書任政事平阿侯譚年次當繼大將
軍鳳輔政尤與永善陽朔中鳳薨鳳病困薦從弟
御史大夫音以自代上從之以音爲大司馬車騎
將軍領尚書事而平阿侯譚位特進領城門兵永

聞之與譚書曰君侯躬周召之德執管晏之操師古
曰召讀曰邵其下亦同敬賢下士樂善不倦師古曰下胡亞反宜在上將久
矣以大將軍在故抑鬱於家不得舒憤今大將軍
不幸蚤薨師古曰蚤古早字絫親疏序材能宜在君侯師古曰絫古累
字累親疏謂積累其次而計之拜吏之日京師士大夫悵然失望此皆
永等愚劣不能褒揚萬分師古曰言萬分之一屬聞以特進領
城門兵師古曰屬近也音之欲反是則車騎將軍秉政雍容於內
而至戚賢舅執管籥於外也愚竊不為君侯喜宜
深辭職自陳淺薄不足以固城門之守收大伯之
讓保謙謙之路師古曰大伯王季之兄也讓不為嗣而適吳越闔門高枕為知者

前漢傳五十五　九　牛

首願君侯與博覽者參之師古曰參詳其事小子為君侯安
此譚得其書大感遂辭讓不受領城門職由是譚
音相與不平永遠為郡吏恐為音所危病滿三月
免音奏請永補營軍司馬永數謝罪自陳得轉為
長史音用從舅越親輔政威權損於鳳時永復說
音曰將軍履上將之位食膏腴之都任周召之職
擁天下之樞師古曰擁持也可謂富貴之極人臣無二天下
之責四面至矣將何以居之宜夙夜孳孳師古曰孳孳不怠也
孳與孜同執伊尹之彊德以守職匡上誅惡不避親愛
舉善不避仇讎以章至公立信四方師古曰章明也篤行三

者乃可以長堪重任久享盛寵師古曰篤厚也享當也大白出西
方六十日法當參天今已過期服虔曰大白出當居天三分之一已過期言其行遲在戌
亥之間尚在桑榆之間質弱而行遲形小而光微如淳
曰言其行遲象王音也永見音為司馬以疏閒親自以位過故以大白衛司馬司馬主兵故也是永之佞曲從苟合也熒惑角
怒明大逆行守尾其逆常也守尾變也意豈將軍
忘湛漸之義委曲從順師古曰湛讀曰沈漸讀曰潛周書洪範曰沈潛剛克言人性沈審謂潛深者行
之以剛則能堪也故激勸之云尒所執不彊不廣用士尚有好惡之忌
蕩蕩之德未純師古曰此永自知有忤於音故以斯言自救解方與將相大臣乖
離之萌也何故始襲司馬之號俄而金火並有此
變上天至明不虛見異唯將軍畏之慎之深思其

前漢傳五十五　十　何先

故改求其路以享天意音猶不平薦永為護菀使
者音薨成都侯商代為大司馬衛將軍永乃遷為
涼州刺史奏事京師訖當之部時有黑龍見東萊
上使尚書問永受所欲言師古曰永有所言令尚書即受之永對曰臣
聞王天下有國家者患在上有危亡之事而危亡
之言不得上聞如使危亡之言輒上聞師古曰如若也有即上聞則
商周不易姓而迭興三正不變改而更用師古曰迭徒結反更工衡反
夏商之將亡也行道之人皆知之師古曰凡在道路行者也晏然
自以若天有日莫能危師古曰自謂如日在天而無有能傷危也是故惡日廣
而不自知大命傾而不寤易曰危者有其安者也

亡者保其存者也 師古曰下繫辭也言安必思危存不忘亡乃得保其安存 陛下誠垂寬明之聽無忌諱之誅使芻蕘之臣得盡所聞於前不懼於後患直言之路開則四方衆賢不遠千里輻湊陳忠羣臣之上願社稷之長福也漢家行夏正夏正色黑黑龍同姓之象也 張晏曰夏以建寅爲正萬物在地中色黑今黑龍見同姓象也 龍陽德由小之大 師古曰言因小以至大 故爲王者瑞應未知同姓有見本朝無繼嗣之慶多危殆之隙欲因擾亂舉兵而起者邪將動心冀爲後者殘賊不仁若廣陵昌邑之類臣愚不能處也 師古曰處謂斷決也 元年九月黑龍見其晦日有食之今年二月己未夜星隕乙酉日有

食之六月之間大異四發二而同月三代之末春秋之亂未嘗有也臣聞三代所以隕社稷喪宗廟者皆由婦人與羣惡沈湎於酒書曰乃用婦人之言自絕于天 師古曰今文周書泰誓之辭婦人妲己言紂用妲己之言自取於滅非天絕之 四方之逋逃多罪是宗是長是信是使 師古曰亦泰誓之辭也宗尊也言紂容納逃亡多罪之人親信使用尊而長之 詩云燎之方陽寧或滅之赫赫宗周褎姒威之 師古曰小雅正月之詩威亦滅也言火燎方盛寧有能滅之者乎而宗周之盛乃爲褎姒所滅怨其甚也威呼悅反 易曰濡其首有孚失是 師古曰未濟上九爻辭言耽樂無節飲酒濡首有信之道於是遂失也濡濕也 秦所以二世十六年而亡者養生泰奢奉終泰厚也二者陛下兼而有之臣請略陳其效易曰在中饋無攸遂 師古曰家人六二爻辭餽與饋同饋食也言婦人之道居中主食遜順而已無所必遂 言婦人不得與事也 師古曰與讀曰豫 詩

曰懿厥哲婦爲梟爲鴟匪降自天生自婦人 師古曰大雅瞻卬之詩懿美也哲智也言幽王以哲婦爲美實乃爲梟鴟也婦謂褎姒也梟鴟惡聲之鳥故以諭焉又言此禍亂非從天而下以寵褎姒之故生此耳 建始河平之際許班之貴頃動前朝 師古曰許皇后及班婕妤之家 熏灼四方賞賜無量空虛內藏女寵至極不可上矣 師古曰上猶加也 今之後起天所不饗什倍于前 如淳曰謂趙李李從卑賤起也 廢先帝法度聽用其言官秩不當縱釋王誅 師古曰縱放也釋解也王誅謂王法當誅者 驕其親屬假之威權從橫亂政 師古曰從子用反橫胡孟反 刺舉之吏莫敢奉憲又以掖庭獄大爲亂阱 師古曰穿地爲坑阱以拘繫人也亂阱者言其非正而又多也阱材性反 榜箠㿉於炮格 師古曰㿉痛也炮格紂所作刑也膏塗銅柱加之火上令罪人行其上輒墮炭中笑而以爲樂㿉千感反 絕滅人命主爲趙

李報德復怨 師古曰復亦報也音扶福反 反除白罪建治正吏 師古曰反讀曰幡罪之明白者反而除之吏之公正者建議劾治也 多繫無辜掠立迫恐 師古曰掠笞服之立其罪名 至爲人起責分利受謝 師古曰言富賈有錢假託其名代之爲主放與它人以取利息而共分之或受報謝別取財物 生入死出者不可勝數是以日食再既 孟康曰既盡也 以昭其辜 師古曰昭明也 王者必先自絕然后天絕之陛下棄萬乘之至貴樂家人之賤事 師古曰謂私畜田及奴婢財物 厭高美之尊號好匹夫之卑字 孟康曰成帝好微行更作私字以相呼 崇聚僄輕無義小人以爲私客 師古曰僄疾也音頻妙反又音匹妙反 數離深宮之固挺身晨夜與羣小相隨 師古曰挺引也音大鼎反 烏集雜會飲醉吏民之家 師古曰言聚散不恒如烏鳥之集 亂服共坐流湎媟

嫚涵殽無別閔免遁樂晝夜在路（師古曰閔免猶黽勉也遁流遁也）典
門戶奉宿衛之臣執干戈而守空宮公卿百僚不
知陛下所在積數年矣王者以民爲基民以財爲
本財竭則下畔下畔則上亡是以明王愛養基本
不敢窮極使民如承大祭（師古曰言常畏慎）今陛下輕奪民
財不愛民力聽邪臣之計去高敞初陵捐十年功
緒（師古曰緒謂功作之端次）改作昌陵反天地之性因下爲高積土
爲山發徒起邑並治宮館大興繇役重增賦斂徵
發如雨（師古曰言其多也）役百乾谿費疑驪山（師古曰疑讀曰擬擬比也言勞役之功百倍於楚靈王費財之廣比於秦始皇）靡敝天下（師古曰靡散也音武皮反）五年不成而後

前漢傳五十五　十三

反故又廣盱營表（晉灼曰盱音吁盱大也）發人冢墓斷截骸骨
暴揚尸柩百姓財竭力盡愁恨感天災異屢降饑
饉仍臻（師古曰屢古屢字也仍頻也）流散冗食餧死於道以百萬
數（師古曰冗亦散也餧餓也冗人勇反餧乃賄反）公家無一年之畜百姓無旬日之
儲（師古曰畜讀曰蓄）上下俱匱無以相救詩云殷監不遠在
夏后之世（師古曰大雅蕩之詩也）願陛下追觀夏商周秦所以
失之以鏡考己行（師古曰鏡鑒照之考校也）有不合者臣當伏妄
言之誅（師古曰言上之所爲違於節儉皆與永言同）漢興九世百九十餘載繼
體之主七皆承天順道遵先祖法度或以中興或
以治安至於陛下獨違道縱欲輕身妄行當盛壯之

隆無繼嗣之福有危亡之憂積失君道不合天意
亦已多矣爲人後嗣守人功業如此豈不負哉方
今社稷宗廟禍福安危之機在於陛下陛下誠肯
發明聖之德昭然遠寤畏此上天之威怒深懼危
亡之徵兆蕩滌邪辟之惡志（師古曰辟讀曰僻）厲精致政專
心反道（師古曰反謂還也）絕羣小之私客免不正之詔除（師古曰除謂除補爲官者）
悉罷北宮私奴車馬媠出之具（師古曰媠亦惰字耳惰出惰游也）克
己復禮毋貳微行出飲之過（師古曰貳謂重爲之也論語稱孔子云顏回不貳過）以
防迫切之禍深惟日食再既之意抑損椒房玉堂
之盛寵（師古曰椒房皇后所居玉堂嬖幸之舍也）毋聽後宮之請謁除掖庭之

前漢傳五十五　十四

亂獄去炮格之陷阱誅戮佞邪之臣及左右執左
道以事上者以塞天下之望且寢初陵之作止諸
繕治宮室闕更減賦盡休力役（師古曰闕亦謂減削之更謂更卒也音工衡反）存
卹振捄困乏之人以弭遠方（師古曰捄古救字也弭安也）厲崇忠直放
退殘賊無使素餐之吏久尸厚祿以次貫行固執
無違（師古曰貫聯續也謂上所陳衆條諸事宜次第相續行之不當更違異也貫工端反）夙夜孳孳婁省
無怠（師古曰婁古屢字也屢省自觀省也）舊愆畢改新德既章（師古曰章明也）纖介
之邪不復載心則赫赫大異庶幾可銷天命去就
庶幾可復（師古曰去就者言去無德而就有德）社稷宗廟庶幾可保唯陛
下留神反覆熟省臣言臣幸得備邊部之吏不知

本朝失得讙言觸忌諱罪當萬死成帝性寬而好文辭又久無繼嗣數爲微行多近幸小臣趙李從微賤專寵皆皇太后與諸舅夙夜所常憂至親難數言故推永等使因天變而切諫勸上納用之永自知有內應展意無所依違（師古曰展申也）每言事輒見荅禮（師古曰加禮而荅之）至上此對上大怒衛將軍商密擿永令發去（師古曰擿謂發動之音它歷反）上使侍御史收永敕過交道廄者勿追（晉灼曰交道廄去長安六十里近延陵）御史不及永還上意亦解自悔明年徵永爲大中大夫遷光祿大夫給事中元延元年爲北地太守時災異尤數永當之官上使衛

尉淳于長受永所欲言永對曰臣永幸得以愚朽之材爲大中大夫備拾遺之臣從朝者之後進不能盡思納忠輔宣聖德退無被堅執銳討不義之功猥蒙厚恩仍遷至北地大守絕命隕首身膏野草不足以報塞萬分陛下聖德寬仁不遺易忘之臣（師古曰易忘言其微賤不足記）垂周文之聽下及芻蕘之愚有詔使衛尉受臣永所欲言臣聞事君之義有言責者盡其忠（師古曰謂職當諫爭）有官守者脩其職臣永幸得免於言責之辜有官守之任（師古曰言不爲諫官但郡守耳）當畢力遵職養綏百姓而已（師古曰綏安也）不宜復關得失之辭忠臣之於上志

在過厚是故遠不違君死不忘國昔史魚既沒餘忠未訖委柩後寢以屍達誠（如淳曰禮大夫殯於正室士於適室韓非曰史魚卒委柩後寢衛君弔而問之曰不能進蘧伯玉退彌子瑕以屍諫也）汲黯身外思內發憤舒憂遺言李息（師古曰謂論張湯也事見黯傳）經曰雖爾身在外乃心無不在王室（師古曰周書康王之誥也言諸蕃屏之臣身雖在外其心常當忠篤而在王室）臣永幸得給事中出入三年雖執干戈守邊垂思慕之心常存于省闥是以敢越郡吏之職陳累年之憂臣聞天生蒸民不能相治（師古曰蒸衆也）爲立王者以統理之方制海內非爲天子列土封疆非爲諸侯皆以爲民也垂三統列三正去無道開有德不私一姓明天下迺天

下之天下非一人之天下也王者躬行道德承順天地博愛仁恕恩及行葦（師古曰詩大雅行葦之篇曰敦彼行葦羊牛勿踐履言政化所及仁道霑被雖草木至賤無所殘傷）籍稅取民不過常法宮室車服不踰制度事節財足黎庶和睦則卦氣理效五徵時序百姓壽考庶屮蕃滋（師古曰庶衆也屮古草字也蕃多也音扶元反）符瑞並降以昭保右（師古曰保安也右助也言爲天所安助也右讀曰佑）失道妄行逆天暴物窮奢極欲湛湎荒淫（師古曰湛讀曰沈）婦言是從誅逐仁賢離逖骨肉（師古曰逖遠也）羣小用事峻刑重賦百姓愁怨則卦氣悖亂咎徵著郵（師古曰悖乖也郵字與尤同尤過也悖布內反）上天震怒災異婁降日月薄食五星失行山崩川潰水泉踊出妖

孽並見茀星耀光師古曰茀與孛同音步內反飢饉荐臻百姓短
折萬物夭傷終不改寤惡洽變備不復譴告更命
有德詩云乃眷西顧此惟予宅師古曰大雅皇矣之詩也言天以殷紂爲惡不變乃眷然
西顧見文王之德而與之宅居也夫去惡奪弱遷命賢聖天地之常經
百王之所同也加以功德有厚薄期質有脩短時
世有中季天道有盛衰師古曰中讀曰仲陛下承八世之功業
當陽數之標季孟康曰陽九之末季也師古曰標必遥反涉三七之節紀孟康曰至平帝
乃三七二百一十歲之厄今已涉向其節紀遭无妄之卦運應劭曰天必先雲而後雷雷而後雨而今無雲而雷
无妄者無所望也萬物无所望於天災異之最大者也師古曰取易之无妄卦爲義直百六之災阸師古曰直當也三
難異科雜焉同會師古曰雜謂相參也一曰雜先合反雜焉總萃貌建始元年以來

二十載間羣災大異交錯鋒起多於春秋所書八
世著記久不塞除李奇曰高祖以來至元帝著記災異未塞除也重以今年正月己
亥朔日有食之師古曰重直用反三朝之會師古曰歲月日三者之始故云三朝四月
丁酉四方衆星白晝流隕七月辛未彗星橫天乘
三難之際會畜衆多之災異師古曰畜讀曰蓄蓄積聚也因之以飢
饉接之以不贍彗星極異也土精所生流隕之應
出於飢變之後兵亂作矣厥期不久隆德積善懼
不克濟師古曰脩德積善尚恐不濟況不隆不積者乎內則爲深宮後庭將有驕
臣悍妾醉酒狂悖卒起之敗師古曰卒讀曰猝北宮苑囿街
巷之中臣妾之家幽閒之處師古曰閒讀曰閑徵舒崔杼之

亂師古曰陳夏徵舒殺其君平國齊崔杼殺其君光外則爲諸夏下土將有樊並
蘇令陳勝項梁奮臂之禍內亂朝暮日戒諸夏師古
曰內亂則禍在朝暮諸夏則日戒有兵舉兵以火角爲期張晏曰以熒惑芒角爲期安危之
分界宗廟之至憂師古曰分扶問反臣永所以破膽寒心師古
曰言懼甚豫言之累年下有其萌然后變見于上師古曰萌謂事之始生如
草木萌芽者也可不致慎禍起細微姦生所易師古曰易輕也音弋豉反願陛
下正君臣之義無復與羣小媟黷燕飲師古曰媟狎也黷汙也中
黃門後庭素驕慢不謹嘗以醉酒失臣禮者悉出勿
留動三綱之嚴脩後宮之政師古曰三綱君臣父子夫婦也抑遠驕妬
之寵崇近婉順之行加惠失志之人懷柔怨恨之

心師古曰懷和也保至尊之重秉帝王之威朝覲法出而後
駕陳兵清道而後行無復輕身獨出飲食臣妾之
家三者既除內亂之路塞矣諸夏舉兵萌在民飢
饉而吏不卹興於百姓困而賦斂重發於下怨離
而上不知易曰屯其膏小貞吉大貞凶孟康曰膏者所以潤人肌膚爵
祿亦所以養人者也小貞臣也大貞君也遭屯難飢荒君當開倉廩振百姓而反吝則凶臣吝嗇則吉論語曰出內之吝謂之有司師古曰易屯卦九五
爻辭傳曰飢而不損茲謂泰厥災水厥咎亡師古曰洪範傳之辭
訞辭曰關動牡飛辟爲無道臣爲非厥咎亂臣謀
篡師古曰易訞占之辭也訞即妖字耳王者遭衰難之世有飢饉之災不損
用而大自潤故凶百姓困貧無以共求師古曰共讀曰供無以供在上

之所求愁悲怨恨故水城關守國之固固將去焉故牡飛往年郡國二十一傷於水災禾黍不入今年蠶麥咸惡百川沸騰江河溢決大水泛濫郡國五十有餘比年喪稼師古曰比頻也時過無宿麥師古曰時過者失時不得種也秋種夏收故云宿麥百姓失業流散群輩守關如淳曰欲人就賤穀也大異較炳如彼水災浩浩黎庶窮困如此宜損常稅小自潤之時師古曰言所潤益於己者當減小之而有司奏請加賦甚繆經義逆於民心布怨趨禍之道也牡飛之狀殆為此發古者穀不登虧膳災婁至損服凶年不塈塗明王之制也師古曰塈如今仰涅屋也音許既反詩云凡民有喪扶服捄之師古曰鄁國谷風之

詩服蒲北反捄古救字論語曰百姓不足君孰子足師古曰論語載有若對魯哀公之辭也言百姓不足君安得獨足乎臣願陛下勿許加賦之奏益減大官導官中御府均官掌畜廩犧用度止尚方織室京師郡國工服官發輸造作以助大司農流恩廣施振贍困乏開關梁內流民恣所欲之師古曰之往也以救其急立春遣使者循行風俗宣布聖德師古曰行下更反存卹孤寡問民所苦勞二千石師古曰勞慰勉也二千石謂郡守諸侯相也音來到反敕勸耕桑毋奪農時以慰綏元元之心防塞大姦之隙師古曰綏安也諸夏之亂庶幾可息臣聞上主可與為善而不可與為惡下主可與為惡而不可與為善陛下天然之性跡通聰敏上主之姿也師古曰姿材也少省愚臣之言感寤三難師古曰省視也深畏大異定心為善捐忘邪志毋貳舊愆厲精致政至誠應天則積異塞於上禍亂伏於下何憂患之有竊恐陛下公志未專私好頗存尚愛群小不肯為耳對奏天子甚感其言永於經書汎為疏達師古曰汎普也音敷劍反與杜欽杜鄴略等不能洽浹如劉向父子及揚雄也其於天官京氏易最密故善言災異前後所上四十餘事略相反覆專攻上身與後宮而已黨於王氏上亦知之不甚親信也永所居任職師古曰言所處之官皆稱職為北地大守

歲餘衛將軍商薨曲陽侯根為票騎將軍薦永徵入為大司農歲餘永病三月有司奏請免故事公卿病輒賜告至永獨即時免數月卒於家本名並以尉氏樊並反更名永云

杜鄴字子夏本魏郡繁陽人也祖父及父積功勞皆至郡守武帝時徙茂陵鄴少孤其母張敞女鄴壯從敞子吉學問得其家書以孝廉為郎與車騎將軍王音善平阿侯譚不受城門職後薨上閔悔之乃復令譚弟成都侯商位特進領城門兵得舉吏如將軍府鄴見音前與平阿有隙即說音曰鄴

闇人情恩深者其養謹愛至者其求詳師古曰詳悉也夫戚而不見殊孰能無怨師古曰戚近也殊謂異於疏也此棠棣角弓之詩所爲作也師古曰棠棣角弓皆小雅篇名也棠棣美燕兄弟角弓刺不親九族也昔秦伯有千乘之國而不能容其母弟春秋亦書而譏焉師古曰秦景公母弟公子鍼有寵於其父桓公景公立鍼懼而奔晉事在昭元年故經書秦伯之弟鍼出奔晉傳曰稱弟罪秦伯也周召則不然師古曰言周公召公無私惑也忠以相輔義以相匡同已之親等巳之尊不以聖德獨兼國寵又不爲長專受榮任分職於陝並爲弼疑師古曰分職於陝謂自陝以東周公主之自陝以西召公主之陝即今陝州縣也音式冉反而說者妄云分郟是潁川郟縣謬矣弼疑謂左輔右弼前疑後承也故內無感恨之隙外無侵侮之羞師古曰感胡闇反俱享天祐兩荷高名者蓋以此也

竊見成都侯以特進領城門兵復有詔得舉吏如五府此明詔所欲寵也將軍宜承順聖意加異往時毎事凡議必與及之指爲誠發出於將軍則孰敢不說諭師古曰言此之意指皆出忠誠彼必和悅無憂乖異也說讀曰悅昔文侯寤大鴈之獻而父子益親師古曰魏文侯廢大子擊立擊弟訢封擊於中山三年不往來擊因趙倉唐進大鴈於文侯文侯應對以禮文侯感寤廢訢而召立擊父子更親也陳平共壹飯之饌而將相加驩師古曰陳平用陸賈說以五百金爲絳侯具食是也共讀曰供所接雖在楹階俎豆之間其於爲國折衝厭難豈不遠哉師古曰厭一葉反竊慕倉唐陸子之義所白奧內唯深察焉師古曰奧內室中隱奧之處也音其長嘉其言由是與成都侯商親密二人皆重鄴後以病去郎

商爲大司馬衛將軍除鄴主簿以爲腹心舉侍御史哀帝即位遷爲涼州刺史鄴居職寬舒少威嚴數年以病免是時帝祖母定陶傅大后稱皇大大后帝母丁姬稱帝大后而皇后即傅大后從弟子也傅氏侯者三人丁氏侯者二人又封傅大后同母弟子鄭業爲陽信侯傅大后尤與政專權師古曰與讀曰豫元壽元年正月朔上以皇后父孔鄉侯傅晏爲大司馬衛將軍而帝舅陽安侯丁明爲大司馬票騎將軍臨拜日食詔舉方正直言扶陽侯韋育舉鄴方正鄴對曰臣聞禽息憂國碎首不恨應劭曰禽息秦大夫薦百里奚而不見納繆公出當車以頭擊闑腦乃播出曰臣生無補於國而不如死也繆公感寤而用百里奚秦以大治卞和獻寶刖

足願之師古曰解在鄒陽傳臣幸得奉直言之詔無二者之危敢不極陳臣聞陽尊陰卑卑者隨尊尊者兼卑天之道也是以男雖賤各爲其家陽女雖貴猶爲其國陰故禮明三從之義師古曰謂婦人在家從父既嫁從夫夫死從子雖有文母之德必繫於子師古曰文母文王之妃大姒也春秋不書紀侯之母陰義殺也師古曰隱二年紀侯使履緰來逆女公羊傳曰婚禮不稱主人主人謂壻也不稱母母不通也殺謂減降也音所例反昔鄭伯隨姜氏之欲終有叔段篡國之禍周襄王內迫惠后之難而遭居鄭之危師古曰解並在前漢興呂大后權私親屬又以外孫爲孝惠后是時繼嗣不明凡

事多晻師古曰晻與暗同晝昏冬雷之變不可勝載竊見陛下行不偏之政每事約儉非禮不動誠欲正身與天下更始也然嘉瑞未應而日食地震民訛言行籌傳相驚恐案春秋災異以指象爲言語師古曰謂天不言但以景象指意告喻人故在於得一類而達之也日食明陽爲陰所臨坤卦乘離明夷之象應劭曰明夷之卦上六不明晦初登于天後入于地明夷者明傷也初登于天者初爲天子言以善聞於天也後入于地者傷害仁賢惡在朝必以惡終入于地也坤以法地爲土爲母以安靜爲德震不陰之效也師古曰言地當安靜而今乃震是爲不遵陰道占象甚明臣敢不直言其事昔曾子問從令之義孔子曰是何言與師古曰曾子問子從父之令可謂孝乎孔子非之事見孝經與讀曰歟善閔

子騫守禮不苟從親所行無非理者故無可間也師古曰論語稱孔子曰孝哉閔子騫人不間於其父母昆弟之言是也間居莧反前大司馬新都侯莽退伏弟家以詔策決復遣就國高昌侯宏去蕃自絕猶受封土師古曰董宏也制書侍中駙馬都尉遷不忠巧佞免歸故郡師古曰傅遷也間未旬月則有詔還大臣奏正其罰卒不得遣而反兼官奉使顯寵過故及陽信侯業皆緣私君國非功義所止師古曰謂緣私恩而得封爵爲一國之君耳非有功而侯也諸外家昆弟無賢不肖並侍帷幄布在列位師古曰不問賢與不肖皆親近在位或典兵衛或將軍屯寵意并於一家積貴之埶世所希見所希聞也至乃並置大司馬將

軍之官皇甫雖盛三桓雖隆魯爲作三軍無以甚此當拜之日晻然日食師古曰晻烏感反不在前後臨事而發者明陛下謙遜無專承指非一所言輒聽所欲輒隨師古曰謂皆追於大后也有罪惡者不坐辜罰無功能者畢受官爵流漸積猥正尤在是師古曰尤過也言過惡正在於此欲令昭昭以覺聖朝昔詩人所刺春秋所譏指象如此殆不在它由後視前忿邑非之師古曰由從也邑於邑也逮身所行不自鏡見則以爲可計之過者師古曰逮及也鏡謂監照也自以所行爲可是計策之誤也跡賤獨偏見疑內亦有此類如淳曰在外而賤舉錯有過失爲主上所疑也師古曰此說非也言天子不自見其過跡賤獨偏見鄭自謂傍觀而見之也疑內亦有此類謂後宮嬖幸非理寵遇亦有如傅遷鄭業等妄受恩賞者

天變不空保右世主如此之至奈何不應師古曰右讀曰佑應謂應天戒而脩德政臣聞野雞著怪高宗深動師古曰謂雉升鼎耳懼而脩德解在五行志大風暴過成王怛然師古曰謂成王信流言而疑周公天乃雷電以風禾盡偃大木斯拔王乃啓金縢之書悔而還周公願陛下加致精誠思承始初事稽諸古師古曰每事皆考於古者以厭下心師古曰厭滿也音一贍反則黎庶羣生無不說喜師古曰說讀曰悅上帝百神收還威怒禎祥福祿何嫌不報師古曰嫌疑也鄴未拜病卒鄴言民訛言行籌及谷永言王者買私田彗星隕石牡飛之占語在五行志初鄴從張吉學吉子竦又幼孤從鄴學問亦著於世尤長小學師古曰小學謂文字之學也周禮八歲入小學保氏教國子以六書故因名云鄴子林清靜好

古亦有雅材建武中歷位列卿至大司空其正文
字過於鄴竦故世言小學者由杜公

贊曰孝成之世委政外家諸舅持權重於丁傅在孝哀時故杜鄴敢譏丁傅而欽永不敢言王氏其埶然也及欽欲挹損鳳權而鄴附會音商永陳三七之戒斯為忠焉至其引申伯以阿鳳隙平阿於車騎(師古曰謂勸王譚不受城門之職)指金火以求合(師古曰謂陳金火之變說音云蕩蕩之德未純異音親已忘舊怨也)可謂諒不足而談有餘者(師古曰諒信也)孔子稱友多聞三人近之矣(師古曰孔子云友直友諒友多聞益矣贊言杜鄴杜欽谷永無直諒之德但多聞也)

谷永杜鄴傳第五十五

何武王嘉師丹傳第五十六　班固　漢書八十六

祕書監上護軍琅邪縣開國子顏師古注

何武字君公蜀郡郫縣人也(師古曰郫音疲)宣帝時天下和平四夷賓服神爵五鳳之間婁蒙瑞應(師古曰婁古屢字也)而益州刺史王襄使辯士王褒頌漢德作中和樂職宣布詩三篇(師古曰中和者言政教隆平得中和之道也樂職謂百官萬姓樂得其常道也宣布德化周洽徧於四海也)武年十四五與成都楊覆衆等共習歌之是時宣帝循武帝故事求通達茂異士召見武等於宣室(師古曰殿名也解在賈誼傳)上曰此盛德之事吾何足以當之哉以褒為待詔武等賜帛罷武詣博士受業治易以射

策甲科為郎與翟方進交志相友光祿勳舉四行(師古曰元帝永光元年詔舉質樸敦厚遜讓有行義各一人時詔書又令光祿歲以此科第郎從官故武以此四行得舉之也)遷為鄠令坐法免歸武兄弟五人皆為郡吏郡縣敬憚之武弟顯家有市籍租常不入縣數負其課(師古曰以顯家不入租故每令縣負課殿也)市嗇夫求商捕辱顯家(師古曰求商嗇夫姓名也)顯怒欲以吏事中商(師古曰中傷之也又音竹仲反)武曰以吾家租賦繇役不為衆先奉公吏不亦宜乎武卒白太守召商為卒吏州里聞之皆服焉久之大僕王音舉武賢良方正徵對策拜為諫大夫遷揚州刺史所舉奏二千石長吏必先露章服罪者為虧除免之而已(師古曰虧減也)

減除其狀直今免去也不服極法奏之抵罪或至死九江大守戴
聖禮經號小戴者也行治多不法前刺史以其大
儒優容之及武爲刺史行部録囚徒有所舉以屬
郡師古曰屬委也音之欲反聖曰後進生何知迺欲亂人治師古曰言武仕
學未久故謂之後進生也皆無所決武使從事廉得其罪師古曰廉察也聖懼
自免後爲博士毀武於朝廷武聞之終不揚其惡
而聖子賓客爲羣盜得師古曰聚爲羣盜而吏捕得也繫廬江聖自
以子必死武平心決之卒得不死自是後聖慚服武
毎奏事至京師師古曰刺史毎歲盡則入奏事於京師也聖未嘗不造門謝恩師古
曰造至也音千到反武爲刺史二千石有罪應時舉奏其餘賢

與不肖敬之如一是以郡國各重其守相州中清
平行部必先即學官見諸生師古曰即就也學官學舍也試其誦論
問以得失然後入傳舍出記問墾田頃畝五穀美
惡師古曰記謂教命之書已迺見二千石以爲常師古曰常依次第也初武
爲郡吏時事大守何壽知武有宰相器以其同姓
故厚之後壽爲大司農其兄子爲廬江長史時武
奏事在邸壽兄子適在長安壽爲具召武弟顯及
故人楊覆衆等師古曰具謂酒食之具也酒酣見其兄子師古曰令出見顯等
曰此子楊州長史師古曰言楊州部内長史也材能駑下未嘗省見
師古曰省視也言不爲武所識拔也顯等甚慙退以謂武武曰刺史古之

方伯上所委任一州表率也職在進善退惡吏治
行有茂異民有隱逸迺當召見不可有所私問顯
覆衆強之不得已召見賜卮酒師古曰對賜一卮之酒也歲中廬
江大守舉之師古曰終得武之力助也其守法見憚如此爲刺史五
歲入爲丞相司直丞相薛宣敬重之出爲清河大
守數歲坐郡中被災害什四以上免久之大司馬
曲陽侯王根薦武徵爲諫大夫遷兗州刺史入爲
司隷校尉徙京兆尹二歲坐舉方正所舉者召見
槃辟雅拜服虔曰行礼容拜也師古曰槃辟猶言槃旋也辟音闢有司以爲詭衆虚僞
師古曰詭違也武坐左遷楚内史遷沛郡太守復入爲廷尉

綏和元年御史大夫孔光左遷廷尉武爲御史大
夫成帝欲修辟雍通三公官師古曰通開也謂更開置之即改御史
大夫爲大司空師古曰就其所任之人而并官俱改不別拜授也武更爲大司空
封氾鄉侯食邑千戶氾鄉在琅邪不其師古曰爲後改食博望鄉故此
指言在琅邪不其也氾音凡其音基哀帝初即位襃賞大臣更以南陽犨
之博望鄉爲氾鄉侯國師古曰犨昌牛反增邑千戶武爲人
仁厚好進士獎稱人之善師古曰獎勸也進而勸之爲楚内史厚
兩龔在沛郡厚兩唐師古曰兩龔龔勝龔舍也兩唐唐林唐遵也及爲公卿
薦之朝廷此人顯於世者何侯力也世以此多焉
師古曰多重也重武進賢也然疾朋黨問文吏必於儒者問儒者必

於文吏以相參檢欲除吏先爲科例以防請託其
所居亦無赫赫名去後常見思及爲御史大夫司
空與丞相方進共奏言往者諸侯王斷獄治政內
史典獄事相摠綱紀輔王中尉備盜賊今王不斷獄
與政 師古曰與讀曰豫 中尉官罷職幷內史郡國守相委任
所以壹統信安百姓也 師古曰令百姓信之而安附也 今內史位卑而
權重威職相踰不統尊者難以爲治臣請相如大
守內史如都尉以順尊卑之序平輕重之權制曰
可以內史爲中尉初武爲九卿時奏言宜置三公
官又與方進共奏罷刺史更置州牧後皆復故 師古

曰又依其舊也下復扶目反 語在朱博傳唯內史事施行多所舉奏
號爲煩碎不稱賢公功名略比薛宣其材不及也
而經術正直過之武後母在郡遣吏歸迎會成帝
崩吏恐道路有盜賊後母留止左右或譏武事親
不篤 師古曰左右謂天子側近之臣 哀帝亦欲改易大臣遂策免武曰
君舉錯煩苛不合衆心 師古曰錯置也音千故反 孝聲不聞惡名
流行無以率示四方其上大司空印綬罷歸就國
後五歲諫大夫鮑宣數稱冤之天子感丞相王嘉
之對而高安侯董賢亦薦武武由是復徵爲御史
大夫月餘徙爲前將軍先是新都侯王莽就國數

年上以大皇大后故徵莽還京師莽從弟成都侯
王邑爲侍中矯稱大皇大后指白哀帝爲求特進
給事中哀帝復請之事發覺 師古曰哀帝反更以此事請於大后大后本無此言故譎
事發覺也復扶目反 大后爲謝上以大后故不忍誅之左遷邑
爲西河屬國都尉削千戶後有詔舉大常莽私從
武求舉武不敢舉後數月哀帝崩大后即日引莽
入收大司馬董賢印綬詔有司舉可大司馬者莽
故大司馬辭位辟丁傅 師古曰辟讀曰避 衆庶稱以爲賢又
大后近親自大司徒孔光以下舉朝皆舉莽武爲
前將軍素與左將軍公孫祿相善二人獨謀以爲

往時孝惠孝昭少主之世外戚呂霍上官持權幾危
社稷 師古曰幾鉅依反 今孝成孝哀比世無嗣 師古曰比頻也 方當選
立親近輔幼主不宜令異姓大臣持權 師古曰異姓謂非宗室及外戚
親疏相錯爲國計便 師古曰錯謂間雜也 於是武舉公孫祿可
大司馬而祿亦舉武太后竟自用莽爲大司馬莽
風有司劾奏武公孫祿互相稱舉 師古曰風讀曰諷 皆免武
就國後莽寖盛爲宰衡 師古曰寖漸也 陰誅不附己者元始
三年呂寬等事起時大司空甄豐承莽風指 師古曰風謂風
采也指意也 遣使者乘傳案治黨與 師古曰傳音張戀反 連引諸所欲
誅上黨鮑宣南陽彭偉杜公子 師古曰彭偉及杜公子二人皆南陽人 郡

國豪桀坐死者數百人武在見誣中大理正檻車徵武武自殺衆人多冤武者莽欲厭衆意令武子況嗣爲侯（師古曰厭滿也音一贍反）謚武曰剌侯（師古曰剌音來曷反）莽篡位免況爲庶人

王嘉字公仲平陵人也以明經射策甲科爲郎坐戶殿門失闌免（師古曰戶止也嘉掌守殿門止不當入者而失闌入之故坐免也春秋左氏傳曰屈蕩戶之）光祿勳于永除爲掾察廉爲南陵丞（師古曰南陵縣名屬宣城）復察廉爲長陵尉鴻嘉中舉敦朴能直言召見宣室對政事得失超遷大中大夫出爲九江河南大守治甚有聲徵入爲大鴻臚徙京兆尹遷御史大夫建

平三年代平當爲丞相封新甫侯加食邑千一百戶嘉爲人剛直嚴毅有威重上甚敬之哀帝初立欲匡成帝之政多所變動（師古曰匡正也正其乖失者）嘉上疏曰臣聞聖王之功在於得人孔子曰材難不其然與（師古曰論語載孔子之言也材難謂有賢材者難得也與讀曰歟）故繼世立諸侯象賢也（師古曰象其先父祖之賢耳非必其人皆有德也）雖不能盡賢天子爲擇臣立命卿以輔之（師古曰命卿命於天子者也）居是國也累世尊重然後士民之衆附焉是以教化行而治功立今之郡守重於古諸侯往者致選賢材賢材難得拔擢可用者或起於囚徒昔魏尚坐事繫文帝感馮唐之言遣使持節赦其罪拜爲雲中大守匈奴忌之武帝擢韓安國於徒中拜爲梁內史骨肉以安（師古曰言梁孝王得免罪也）張敞爲京兆尹有罪當免黠吏知而犯敞敞收殺之其家自冤使者覆獄劾敞賊殺人（師古曰覆芳目反）上逮捕不下（師古曰言使者上奏請逮捕敞而天子不下其事也下胡稼反）會免亡命數十日宣帝徵敞拜爲冀州刺史卒獲其用前世非私此三人貪其材器有益於公家也孝文時吏居官者或長子孫以官爲氏倉氏庫氏則倉庫吏之後也其二千石長吏亦安官樂職然後上下相望莫有苟且之意其後稍稍變易公卿以下傳相促急又數改更政事（師古曰更亦變也）

司隸部刺史察過悉劾發揚陰私（師古曰悉盡也言事無大小皆舉劾過於所察之條也）吏或居官數月而退送故迎新交錯道路中材苟容求全（師古曰不敢操持群下也）下材懷危內顧（師古曰常恐獲罪無爲私計也）壹切營私者多二千石益輕賤吏民慢易之（師古曰易亦輕也音弋豉反）或持其微過增加成罪言於刺史司隸或至上書章下（師古曰依其所上之章而下令治之）衆庶知其易危（師古曰言易可傾危也）小失意則有離畔之心前山陽亡徒蘇令等從橫（師古曰從子用反橫胡孟反）吏士臨難莫肯伏節死義以守相威權素奪也（師古曰守郡守也相諸侯相也素奪謂先不假之威權也）孝成皇帝悔之下詔書二千石不爲縱（孟康曰二千石不以故縱爲罪所以優也）遣使者賜金尉

厚其意誠以爲國家有急取辦於二千石二千石
尊重難危乃能使下孝宣皇帝愛其良民吏師古曰良善也良民吏善治百姓者有章劾事留中會赦壹解師古曰不即下治其事恐爲擾動故每留中或經赦令一切皆解散也
故事尚書希下章爲煩擾百姓證驗繫治
或死獄中章文必有敢告之字迺下師古曰所以丁寧告者之辭絕其相誣也
唯陛下留神於擇賢記善忘過容忍臣子勿責以
備師古曰不求備於一人也二千石部刺史三輔縣令有材任職者
人情不能不有過差宜可闊略師古曰當寬恕其小罪也令盡力
者有所勸此方今急務國家之利也前蘇令發師古
曰謂蘇令等初發起爲盜賊也欲遣大夫使逐問狀時見大夫無可使

者師古曰謂見在大夫皆不堪爲使也召盩厔令尹逢拜爲諫大夫遣之
今諸大夫有材能者甚少宜豫畜養可成就者則
士赴難不愛其死臨事倉卒乃求非所以明朝廷
也嘉因薦儒者公孫光滿昌及能吏蕭咸薛脩等
皆故二千石有名稱天子納而用之會息夫躬孫
寵等因中常侍宋弘上書告東平王雲祝詛又與
后舅伍宏謀弒上爲逆雲等伏誅躬寵擢爲吏二
千石是時侍中董賢愛幸於上上欲侯之而未有
所緣傅嘉勸上因東平事以封賢上於是定躬寵
告東平本章師古曰定謂改作也掇去宋弘更言因董賢以聞

師古曰掇讀曰剟剟削也削去其名也剟竹劣反欲以其功侯之皆先賜爵關內侯
頃之欲封賢等上心憚嘉乃先使皇后父孔鄉侯
傅晏持詔書視丞相御史師古曰視讀曰示於是嘉與御史
大夫賈延上封事言竊見董賢等三人始賜爵衆
庶匈匈咸曰賢貴其餘并蒙恩師古曰言董賢以貴寵故妄得封而躬寵等遂蒙恩
至今流言未解陛下仁恩於賢等不已宜暴賢等
本奏語言師古曰暴謂章露也延問公卿大夫博士議郎考合
古今明正其義然後乃加爵土不然恐大失衆心
海內引領而議暴平其事必有言當封者在陛下
所從天下雖不說咎有所分師古曰說讀曰悅不獨在陛下

前定陵侯淳于長初封其事亦議大司農谷永
以長當封衆人歸咎於永先帝不獨蒙其譏師古
曰蒙被也臣嘉臣延材駑不稱死有餘責師古曰稱副也知順指不
迕可得容身須臾師古曰迕逆也所以不敢者思報厚恩也
上感其言止數月遂下詔封賢等因以切責公卿
曰朕居位以來寢疾未瘳師古曰瘳差也音丑留反反逆之謀相連
不絕賊亂之臣近侍帷幄前東平王雲與后謁祝
詛朕使侍醫伍宏等內侍案脉師古曰案謂切診也幾危社稷
殆莫甚焉師古曰幾鉅依反殆亦危也昔楚有子玉得臣晉文爲之
側席而坐師古曰已解於上近事汲黯折淮南之謀今雲等

至有圖弑天子逆亂之謀者是公卿股肱莫能悉心務聰明以銷厭未萌之故師古曰悉盡也務聰明者廣視聽也厭一涉反賴宗廟之靈侍中駙馬都尉賢等發覺以聞咸伏厥辜書不云乎用德章厥善師古曰商書盤庚之辭也其封賢為高安侯南陽大守寵為方陽侯左曹光祿大夫躬為宜陵侯後數月日食舉直言嘉復奏封事曰臣聞咎繇戒帝舜曰亡敖佚欲有國兢兢業業一日二日萬機師古曰虞書咎繇謨之辭也言有國之人不可敖慢逸欲但當戒慎危懼以理萬事之機也敖讀曰傲箕子戒武王曰臣無有作威作福亡有玉食臣之有作威作福玉食害于而家凶于而國人用側頗辟民用僭慝師古曰周書洪範載箕子對武王之辭也玉食精好如玉也而汝也頗偏也僭不信也慝惡也言如此則逆尊卑之序亂陰陽之統而害及王者其國極危國人傾庆不正民用僭差不壹此君不由法度上下失序之敗也武王躬履此道隆至成康師古曰言武王能履法度故至成康之時德化隆盛也自是以後縱心恣欲法度陵遲師古曰陵遲即陵夷也言漸頹替也至於臣弑君子弑父父子至親失禮患生何況異姓之臣孔子曰道千乘之國敬事而信節用而愛人使民以時師古曰論語載孔子之言也道治也千乘謂兵車千乘說在刑法志孝文皇帝備行此道海內蒙恩為漢大宗孝宣皇帝賞罰信明施與有節記人之功忽於小過師古曰忽忘也以致治平孝元皇

帝奉承大業溫恭少欲都內錢四十萬萬水衡錢二十五萬萬少府錢十八萬萬師古曰言不費用故蓄積也嘗幸上林後宮馮貴人從臨獸圈猛獸驚出貴人前當之元帝嘉美其義賜錢五萬師古曰此言雖嘉其義而賞亦不多掖庭見親有加賞賜屬其人勿眾謝師古曰掖庭宮人有親戚來見而帝賜之者屬其家勿使於衆人中謝也屬之欲反示平惡偏重失人心賞賜節約是時外戚貲千萬者少耳故少府水衡見錢多也師古曰見在之錢也雖遭初元永光凶年飢饉加有西羌之變外奉師旅內振貧民終無傾危之憂以府臧內充實也孝成皇帝時諫臣多言燕出之害師古曰燕出謂微行也及女寵專愛耽於酒色損德傷年其言甚切然終不怨怒也寵臣淳于長張放史育育數貶退家貲不滿千萬放斥逐就國長榜死於獄師古曰榜笞擊也音彭不以私愛害公義故雖多內譏師古曰雖有好內之譏而不害政也朝廷安平傳業陛下陛下在國之時好詩書上儉節徵來所過道上稱誦德美此天下所以回心也師古曰望為治也初即位易帷帳去錦繡乘輿席緣綈繒而已師古曰綈厚繒也音徒奚反共皇寢廟比比當作師古曰共皇哀帝之父即定陶共王也比比猶頻頻也共讀曰恭憂閔元元惟用度不足師古曰惟思也以義割恩輒且止息今始作治而駙馬都尉董賢亦起官寺上林中又為賢治大第開門鄉

北闕師古曰鄉讀曰嚮引王渠灌園池蘇林曰王渠官渠也由今御溝也晉灼曰渠名在城東覆盎門外師古曰晉說是使者護作師古曰護監視也賞賜吏卒甚於治宗廟賢母病長安廚給祠具師古曰長安有廚官主爲官食道中過者皆飲食如淳曰禱於道中故行人皆得飲食爲賢治器器成奏御迺行或物好特賜其工自貢獻宗廟三宮猶不至此師古曰三宮天子太后皇后也賢家有賓婚及見親諸官並共師古曰見親親戚相見也並供言百官各以所掌事及財物就供之共讀曰供賜及倉頭奴婢人十萬錢使者護視發取市物百賈震動師古曰賈謂賈賣之人也言百賈者非一之稱也賈音古道路讙譁羣臣惶惑詔書罷菀而以賜賢二千餘頃均田之制從此墮壞孟康曰自公卿以下至于吏民名曰均田皆有頃數於品制中令均等今賜賢二千餘頃則壞其等制也

師古曰菀古苑字墮火規反奢僭放縱變亂陰陽災異衆多百姓訛言持籌相驚師古曰言行西王母籌也被髮徒跣而走乘馬者馳天惑其意不能自止或以爲籌者策失之戒也陛下素仁智慎事今而有此大譏孔子曰危而不持顛而不扶則將安用彼相矣師古曰論語稱季氏將伐顓臾冉有季路見於孔子孔子以此言責之以其不臣諫也臣嘉幸得備位竊內悲傷不能通愚忠之信身死有益於國不敢自惜唯陛下慎已之所獨鄉察衆人之所共疑師古曰鄉讀曰嚮往者寵臣鄧通韓嫣師古曰嫣音偃驕貴失度逸豫無厭小人不勝情欲卒陷罪辜師古曰卒終也亂國亡軀不終其祿所謂愛之適足以害

之者也宜深覽前世以節賢寵全安其命於是上寖不說師古曰寖漸也說讀曰悅而愈愛賢不能自勝會祖母傅太后薨上因託傅太后遺詔令成帝母王太后下丞相御史益封賢二千戶及賜孔鄉侯汝昌侯陽新侯國師古曰傅晏傅商鄭業也嘉封還詔書師古曰還謂卻上之於天子也因奏封事諫上及太后曰臣聞爵祿土地天之有也書云天命有德五服五章哉師古曰虞書咎繇謨之辭也言皇天命於有德者以居列位天子諸侯卿大夫士尊卑之服采章各異也王者代天爵人尤宜慎之裂地而封不得其宜則衆庶不服感動陰陽其害疾自深師古曰言此氣損害故令天子身自有疾也今聖體久不平此臣嘉所內懼也高安

侯賢佞幸之臣陛下傾爵位以貴之單貨財以富之師古曰單盡也損至尊以寵之師古曰言上意傾惑爲下所窺也主威已黜府臧已竭唯恐不足財皆民力所爲孝文皇帝欲起露臺重百金之費克己不作今賢散公賦以施私惠一家至受千金往古以來貴臣未嘗有此流聞四方皆同怨之里諺曰千人所指無病而死臣常爲之寒心今太皇太后以永信太后遺詔詔丞相御史益賢戶賜三侯國臣嘉竊惑山崩地動日食於三朝師古曰歲月日之朝也已解於上皆陰侵陽之戒也前賢已再封晏商再易邑業緣私橫求恩已過厚師古曰橫胡孟反求索

自恣不知厭足甚傷尊尊之義不可以示天下爲害痛矣臣驕侵罔陰陽失節(師古曰罔謂誣蔽也)氣感相動害及身體陛下寢疾久不平繼嗣未立宜思正萬事順天人之心以求福祐奈何輕身肆意(師古曰肆放也)不念高祖之勤苦垂立制度欲傳之於無窮哉孝經曰天子有爭臣七人雖無道不失其天下(師古曰言上能納諫則免於過惡也)臣謹封上詔書不敢露見非愛死而不自法恐天下聞之故不敢自劾愚戇數犯忌諱唯陛下省察

初廷尉梁相與丞相長史御史中丞及五二千石雜治東平王雲獄時冬月未盡二旬而相心疑雲冤獄有飾辭(師古曰假飾之辭非其實也)奏欲傳之長安(師古曰傳謂移其獄事也)更下公卿覆治尚書令鞫譚僕射宗伯鳳以爲可許(師古曰鞫及宗伯皆姓也鞫居六反)天子以相等皆見上體不平外內顧望操持兩心(師古曰操千高反)幸雲踰冬無討賊疾惡主讎之意制詔免相等皆爲庶人後數月大赦嘉奏封事薦相等明習治獄相計謀深沈譚頗知雅文鳳經明行修聖王有計功除過(師古曰收采其功以免罪過也)臣竊爲朝廷惜此三人書奏上不能平(師古曰心怒也)後二十餘日嘉封還益董賢戶事上乃發怒召嘉詣尚書責問以相等前坐在位不盡忠誠外附諸侯操持兩心背人臣之義今所稱相等材美足以相計除罪君以道德位在三公以總方略一統萬類分明善惡爲職知相等罪惡陳列著聞天下時輒以自劾今又稱譽相等云爲朝廷惜之大臣舉錯恣心自在(師古曰錯置也)迷國罔上近由君始將謂遠者何(師古曰近臣尚然則遠者固宜分也)對狀(師古曰敕令具對也)嘉免冠謝罪事下將軍中朝者光祿大夫孔光左將軍公孫祿右將軍王安光祿勳馬宮光祿大夫龔勝劾嘉迷國罔上不道請與廷尉雜治勝獨以爲嘉備宰相諸事並廢咎由嘉生(師古曰孔光以下衆共劾嘉而勝獨爲異議也)嘉坐薦相等微薄以應迷國罔上不道恐不可以示天下遂可光等奏光等請謁者召嘉詣廷尉詔獄制曰票騎將軍御史大夫中二千石二千石諸大夫博士議郎議衛尉雲等五十人以爲如光等言可許議郎龔等以爲嘉言事前後相違無所執守不任宰相之職宜奪爵土免爲庶人永信少府猛等十人以爲聖王斷獄必先原心定罪探意立情故死者不抱恨而入地生者不銜怨而受罪明主躬聖德重大臣刑辟廣延有司議欲使海內咸服嘉罪名雖應法聖王之於大臣在輿爲下御坐則起(師古曰解在翟方進傳)疾病視之無數死

則臨尸之廢宗廟之祭進之以禮退之以義誅之以行師古曰言大臣之死債累其行而爲諡也誄者累德行之文案嘉本以相等爲罪罪惡雖著大臣括髮關械裸躬就笞師古曰括結也關貫也裸露也非所以重國褒宗廟也今春月寒氣錯繆霜露數降宜示天下以寬和臣等不知大義唯陛下察焉有詔假謁者節召丞相詣廷尉詔獄使者既到府掾史涕泣共和藥進嘉嘉不肯服主簿曰將相不對理陳冤相踵以爲故事師古曰踵由躡也君侯宜引決師古曰令自殺也使者危坐府門上師古曰以逼促嘉也主簿復前進藥嘉引藥杯以擊地謂官屬曰丞相幸得備位三公奉職負

國當伏刑都市以示萬衆丞相豈兒女子邪何謂咀藥而死師古曰咀嚼也音才汝反嘉遂裝出見使者再拜受詔乘吏小車去蓋不冠隨使者詣廷尉廷尉收嘉丞相新甫侯印綬縛嘉載致都船詔獄上聞嘉生自詣吏大怒使將軍以下與五二千石雜治吏詰問嘉嘉對曰案事者思得實竊見相等前治東平王獄不以雲爲不當死欲關公卿示重愼置驛馬傳囚勢不得踰冬月誠不見其外內顧望阿附爲雲驗復幸得蒙大赦相等皆良善吏臣竊爲國惜賢不私此三人獄吏曰茍如此則君何以爲罪猶當有以

負國不空入獄矣吏稍侵辱嘉嘉喟然卬天歎曰師古曰卬讀曰仰幸得充備宰相不能進賢退不肖以是負國死有餘責吏問賢不肖主名嘉曰賢故丞相孔光故大司空何武不能進惡高安侯董賢父子佞邪亂朝而不能退罪當死死無所恨嘉繫獄二十餘日不食歐血而死帝舅大司馬票騎將軍丁明素重嘉而憐之上遂免明以董賢代之語在賢傳嘉爲相三年誅國除死後上覽其對而思嘉言復以孔光代嘉爲丞相徵用何武爲御史大夫元始四年詔書追錄忠臣封嘉子崇爲新甫侯追諡嘉

爲忠侯

師丹字仲公瑯邪東武人也治詩事匡衡舉孝廉爲郎元帝末爲博士免建始中州舉茂材復補博士出爲東平王太傅丞相方進御史大夫孔光舉丹論議深博廉正守道徵入爲光祿大夫丞相司直數月復以光祿大夫給事中由是爲少府光祿勳侍中甚見尊重成帝末年立定陶王爲皇太子以丹爲太子太傅哀帝即位爲左將軍賜爵關內侯食邑領尚書事遂代王莽爲大司馬封高樂侯月餘徙爲大司空上少在國見成帝委政外家王氏

僭盛常內邑邑即位久久欲有所匡正封拜丁傅奪王
氏權丹自以師傅居三公位得信於上上書言古
者諒闇不言聽於冢宰師古曰論語云子張曰書云高宗諒闇三年不言孔子曰何必高宗古之人皆然君薨百官總己以聽於冢宰三年諒信也闇默然也三年無改於父之道師古曰論語稱孔子曰父在觀其志父沒觀其行三年無改於父之道可謂孝矣前大行尸柩在堂而官爵臣
等以及親屬赫然皆貴寵封舅為陽安侯皇后尊
號未定豫封父為孔鄉侯出侍中王邑射聲校尉
王邯等詔書比下變動政事師古曰比頻也卒暴無漸師古曰卒讀曰猝臣縱不能明陳大義復曾不能牢讓爵位師古曰牢堅也相隨空受封侯增益陛下之過間者郡國多

地動水出流殺人民日月不明五星失行此皆舉
錯失中號令不定法度失理陰陽溷濁之應也師古曰溷胡頓反臣伏惟人情無子年雖六七十猶博取而廣
求師古曰取讀曰娶孝成皇帝深見天命燭知至德師古曰燭照也至德指謂哀帝以壯年克己立陛下為嗣先帝暴棄天下而陛
下繼體四海安寧百姓不懼此先帝聖德當合天
人之功也臣聞天威不違顏咫尺師古曰言常若在顏前宜自肅懼也願
陛下深思先帝所以建立陛下之意且克己躬行
以觀群下之從化天下者陛下之家也肺附何患
不富貴不宜倉卒先帝不量臣愚以為大傅陛下
以臣託師傅故亡功德而備鼎足封大國加賜黃
金位為三公職在左右師古曰左右助也左讀曰佐右讀曰佑不能盡忠
補過而令庶人竊議災異數見此臣之大罪也臣
不敢言乞骸骨歸於海濱恐嫌於僞誠慙負重責
義不得不盡死書數十上多切直之言初哀帝即
位成帝母稱太皇太后成帝趙皇后稱皇太后而上祖母
傅太后與母丁后皆在國邸自以定陶共王為稱
高昌侯董宏上書言秦莊襄王母本夏氏而為華
陽夫人所子師古曰莊襄王始皇之父也華陽夫人孝文王之夫人也子謂養以為子也及即位
後俱稱太后宜立定陶共王后為皇太后事下有

司時丹以左將軍與大司馬王莽共劾奏宏知皇
太后至尊之號天下一統而稱引亡秦以為比喻
詿誤聖朝非所宜言大不道上新立謙讓納用莽
丹言免宏為庶人傅太后大怒要上欲必稱尊號
上於是追尊定陶共王為共皇帝尊傅太后為共
皇太后丁后為共皇后郎中令泠褒黃門郎段猶
等復奏言師古曰泠音零定陶共皇太后共皇后皆不宜復
引定陶藩國之名以冠大號車馬衣服宜皆稱皇
之意師古曰皇者至尊之號其服御宜皆副稱之也稱尺孕反置吏二千石以下各供
厥職師古曰謂詹事大僕少府等衆官也又宜為共皇立廟京師上復下

其議有司皆以為宜如褒猶言丹議獨曰聖王制禮取法於天地故尊卑之禮明則人倫之序正人倫之序正則乾坤得其位而陰陽順其節人主與萬民俱蒙祐福尊卑者所以正天地之位不可亂也今定陶共皇太后共皇后以定陶共為號者母從子妻從夫之義也欲立官置吏車服與太皇太后並非所以明尊卑亡二上之義也定陶共皇號謚已前定義不得復改禮父為士子為天子祭以天子其尸服以士服子亡爵父之義尊父母也為人後者為之子故為所後服斬衰三年而降其父

前漢傳五十六　二十　張聚

母朞明尊本祖而重正統也孝成皇帝聖恩深遠故為共王立後奉承祭祀令共皇長為一國大祖萬世不毀恩義已備陛下既繼體先帝持重大宗承宗廟天地社稷之祀義不得復奉定陶共皇祭入其廟今欲立廟於京師而使臣下祭之是無主也又親盡當毀空去一國泰祖不墮之祀師古曰墮亦毀也音火規反而就無主當毀不正之禮非所以尊厚共皇也丹由是浸不合上意師古曰浸漸也會有上書言古者以龜貝為貨今以錢易之民以故貧宜可改幣上以問丹丹對言可改章下有司議皆以為行錢以來

久難卒變易師古曰卒讀曰猝丹老人忘其前語後從公卿議又丹使吏書奏吏私寫其草丁傅子弟聞之使人上書告丹上封事行道人徧持其書上以問將軍中朝臣皆對曰忠臣不顯諫大臣奏事不宜徧泄令吏民傳寫流聞四方臣不密則失身師古曰易上繫之辭宜下廷尉治事下廷尉廷尉劾丹大不敬事未決給事中博士申咸炔欽上書蘇林曰炔音桂言丹經行無比師古曰比必寐反自近世大臣能若丹者少發憤懣奏封事不及深思遠慮使主簿書漏泄之過不在丹以此貶黜恐不厭眾心師古曰厭一瞻反尚書劾咸欽幸得以儒

前漢傳五十六　二十一　陳安

官選擢備腹心上所折中定疑師古曰折斷也取其言以斷事之中而定之所疑知丹社稷重臣議罪處罰國之所慎咸欽初傅經義以為當治師古曰傅讀曰附事以暴列乃復上書妄稱譽丹前後相違不敬上貶咸欽秩各二等遂策免丹曰夫三公者朕之腹心也輔善相過匡率百僚和合天下者也朕既不明委政於公間者陰陽不調寒暑失常變異婁臻師古曰婁古屢字也山崩地震河決泉涌流殺人民百姓流連無所歸心司空之職尤廢焉君在位出入三年未聞忠言嘉謀而反有朋黨相進不公之名乃者以挺力田議改幣章示君師古曰挺引拔也謂

特拔異力田之人優寵之也挺徒鼎反而說者以挺爲縣名失之遠矣君內爲朕建可改不疑師古曰共立此議也以君之言博考朝臣君乃希衆雷同外以爲不便令觀聽者歸非於朕朕隱忍不宜爲君受愆朕疾夫比周之徒師古曰比頻寐反虛僞壞化寖以成俗故屢以書飭君師古曰飭與敕同幾君省過求已師古曰省視也自求諸己不尤人也幾音冀而反不受退有後言及君奏封事傳於道路布聞朝市言事者以爲大臣不忠辜陷重辟獲虛采名謗譏訩訩流于四方腹心如此謂疏者何殆謬於二人同心之利焉師古曰易上繫辭曰二人同心其利斷金故詔書引之將何以率示羣下附親遠方朕惟君位尊任重慮不周

密懷謾迷國師古曰謾詐也音慮袁反進退違命反覆異言甚爲君恥之非所以共承天地永保國家之意師古曰共讀曰恭以君嘗託傳位未忍考于理已詔有司赦君勿治其上大司空高樂侯印綬罷歸尚書令唐林上疏曰竊見免大司空丹策書泰深痛切君子作文爲賢者諱丹經爲世儒宗德爲國黃耇師古曰黃耇老人之稱也黃謂白髮落更生黃者也耇者老人面色不淨如垢親傳聖躬位在三公所坐者微海內未見其大過事既已往免爵大重京師識者咸以爲宜復丹邑爵使奉朝請師古曰識者謂有識之人也請材性反四方所瞻卬也師古曰卬讀曰仰唯陛下財覽衆心有以尉復師傅之臣師古曰財與裁同復報也音扶目反上從林言下詔賜丹爵關內

侯食邑三百戶丹既免數月上用朱博議尊傅太后爲皇太太后丁后爲帝太后與太皇太后及皇太后同尊又爲共皇立廟京師儀如孝元皇帝博遷爲丞相復與御史大夫趙玄奏言前高昌侯宏首建尊號之議而爲丹所劾奏免爲庶人時天下衰麤委政於丹師古曰言新有成帝之喪衰麤服故天子不親政事也丹不深惟褒廣尊親之義而妄稱說抑貶尊號虧損孝道不忠莫大焉陛下聖仁昭然定尊號宏以忠孝復封高昌侯丹惡逆暴著雖蒙赦令不宜有爵邑請免爲庶人奏可丹於是廢歸鄉里者數年平帝即位新

都侯王莽白太皇太后發掘傅太后丁太后冢奪其璽綬更以民葬之定陶隳廢共皇廟師古曰隳火規反諸造議泠褒段猶等皆徙合浦復免高昌侯宏爲庶人徵丹詣公車賜爵關內侯食故邑數月太皇太后詔大司徒大司空曰夫褒有德賞元功先聖之制百王不易之道也故定陶太后造稱僭號甚悖義理師古曰悖乖也音布內反關內侯師丹端誠於國不顧患難執忠節據聖法分明尊卑之制確然有柱石之固臨大節而不可奪可謂社稷之臣矣有司條奏邪臣建定稱號者已放退而丹功賞未加殆繆乎先

賞後罰之義非所以章有德報厥功也其以厚丘之中鄉戶二千一百封丹爲義陽侯月餘薨謚曰節侯子業嗣王莽敗廼絕

贊曰何武之舉王嘉之爭師丹之議師古曰何武舉公孫祿爲大司馬王嘉爭益董賢封邑師丹議丁傅不宜稱尊號考其禍福乃效于後師古曰效以王莽篡位董賢遇禍丁傅衰敗當王莽之作外內咸服董賢之愛疑於親戚師古曰疑讀曰擬擬比也武嘉區區以一蕢障江河用沒其身師古曰蕢織草爲器所以盛土也一蕢之土固不能障塞江河是以其身沈沒也蕢音匱丹與董宏更受賞罰師古曰更互也宏初建議尊號爲丹所劾而免爵土及丹廢黜宏復獲封至王莽執政宏爲庶人丹受國邑故云互受賞罰也更工衡反哀哉故曰依世則廢道違俗則危殆師古曰言隨時曲直則廢於正道違迕流俗則其身不安也此古人所以難受爵位者也

何武王嘉師丹傳第五十六

揚雄傳上第五十七上

師古曰自長楊賦以後分爲下卷　漢書八十七上

秘書監上護軍琅邪縣開國子顏師古注

揚雄字子雲蜀郡成都人也其先出自有周伯僑者以支庶初食采於晉之揚師古曰采官也以官受地謂之采地因氏焉不知伯僑周何別也師古曰別謂分系緒也揚在河汾之間應劭曰左傳霍揚韓魏皆姬姓也揚今河東揚縣周衰而揚氏或稱侯號曰揚侯會晉六卿爭權韓魏趙興而范中行知伯弊當是時偪揚侯晉灼曰漢名臣奏載張衡說云晉大夫食采於揚爲揚氏食我有罪而揚氏滅無揚侯有揚侯則非六卿所偪也師古曰晉說是也雄之自序譜諜蓋爲疎謬范中行不與知伯同時滅何得言當是時偪揚侯乎偪古逼字揚侯逃於楚巫山因家焉師古曰巫山今在荊州西南也楚漢之興也揚氏遡江上

處巴江州李奇曰江州縣名也巴郡所治也師古曰遡謂逆流而上也音素而揚季官至廬江太守漢元鼎間避仇復遡江上處崏山之陽曰郫師古曰崏山江水所出也山南曰陽郫縣名也崏音旻郫音疲有田一壥有宅一區晉灼曰周禮上地夫一壥壥一百畝也世世以農桑爲業自季至雄五世而傳一子故雄亡它揚於蜀師古曰蜀諸姓揚者皆非雄族故言雄無它揚雄少而好學不爲章句訓詁通而已師古曰詁謂指義也博覽無所不見爲人簡易佚蕩張晏曰佚音鐵蕩音讜晉灼曰佚蕩緩也口吃不能劇談鄭氏曰劇甚也晉灼曰或作遽遽疾也口吃不能疾言師古曰劇亦疾也無煩作遽也默而好深湛之思師古曰湛讀曰沈清靜亡爲少耆欲師古曰耆讀曰嗜不汲汲於富貴不戚戚於貧賤師古曰汲汲欲速之義如井汲之爲也不脩廉隅以徼名當世師古

曰徼要也音工堯反徼字或作徼激發也音工歷反家產不過十金乏無儋石之儲晏如也師古曰儋石解在蒯通傳自有大度非聖哲之書不好也非其意雖富貴不事也顧嘗好辭賦師古曰顧反也先是時蜀有司馬相如作賦甚弘麗溫雅雄心壯之每作賦常擬之以爲式師古曰擬謂比象也又怪屈原文過相如至不容作離騷自投江而死悲其文讀之未嘗不流涕也以爲君子得時則大行不得時則龍蛇應劭曰易曰龍蛇之蟄以存身也師古曰大行安步徐行遇不遇命也何必湛身哉師古曰湛讀曰沈謂投水而死迺作書往往摭離騷文而反之師古曰摭拾取也音之亦反自㟃山投諸江流以弔屈原名曰反離騷

又旁離騷作重一篇名曰廣騷師古曰旁依也音步浪反其下類此重直用反又旁惜誦以下至懷沙一卷名曰畔牢愁李奇曰畔離也牢聊也與君相離愁而無聊也師古曰惜誦懷沙皆屈原所作九章中之名也畔牢愁廣騷文多不載獨載反離騷其辭曰有周氏之蟬嫣兮或鼻祖於汾隅應劭曰蟬嫣連也言與周氏親連也劉德曰鼻始也師古曰雄自言系出周氏而食采於楊故云始祖於汾隅也嫣於連反靈宗初諜伯僑兮流于末之揚侯應劭曰諜譜也言從伯僑以來可得而敘也淑周楚之豐烈兮超既離虖皇波應劭曰淑善也去汾隅從巫山得周楚之美烈也超遠也晉灼曰離歷也皇大也師古曰言其先祖所居經河及江也河江四瀆之水故云大波也虖古乎字其下並同因江潭而㴴記兮欽弔楚之湘纍蘇林曰潭水邊也鄭長曰㴴往也李奇曰諸不以罪死曰纍荀息仇牧皆是屈原赴湘死故曰湘纍也師古曰㴴者記也謂弔文也言因江水之邊而投書記以往弔也欽敬也潭音尋㴴于放反纍力追反惟

天軌之不辟兮何純絜而離紛師古曰天軌猶言天路辟開也離遭也紛難也言天路不開故使純善貞絜之人遭此難也易曰天地閉賢人隱也辟讀曰闢紛纍以其淟涊兮暗纍以其繽紛應劭曰淟涊藏濁也師古曰繽紛交雜也淟吐典反涊乃典反繽匹人反漢十世之陽朔兮招搖紀于周正晉灼曰十世數高祖呂后至成帝也成帝八年迺稱陽朔應劭曰招搖斗杓星也主天時周正十一月也蘇林曰言已以此時弔屈原也正皇天之清則兮度后土之方貞應劭曰平正司法者莫過於天養物均調者莫過於地也父伯庸名我爲平以法天字我爲原以法地晉灼曰此雄取離騷辭反之應說是也師古曰應晉二說皆非也自漢十世已下四句不道屈原也此乃自論己心所履行取法天地耳自圖纍已下方論屈原云也圖纍承彼洪族兮又覽纍之昌辭師古曰圖案其本系之圖書也洪大也覽省視也昌美也帶鉤矩而佩衡兮履欃槍以爲綦應劭曰鉤規也矩方也衡平也鄭長曰欃槍妖星也晉灼曰綦履跡也此反屈原雖佩帶方平之行而踐惡人跡以致放退也師古曰綦履下飾也欃初咸反槍初行反綦音其素初

貯厥麗服兮何文肆而質䶒應劭曰貯積也肆放也䶒狹也如淳曰文肆者楚辭遠遊乘龍之言也質䶒者懼世不用己而自沈也師古曰麗服謂扈江離與辟芷紉秋蘭以爲佩之類是也䶒音掖資娵娃之珍髢兮鬻九戎而索賴孟康曰娵閭娵也娃吳娃也髢髲也賴得也九戎被髮髢難亦好無所用也師古曰娵娃皆美女也賴利也言屈原以高行仕楚亦猶資美女之髢賣於九戎而求其利必不得也娵子踰反娃烏佳反髢徒計反鳳皇翔於蓬陼兮豈駕鵝之能捷應劭曰蓬陼蓬萊之陼在海中晉灼曰捷及也師古曰駕鵝鳥名也解在司馬相如傳駕音加騁驊騮以曲囏兮驢騾連蹇而齊足師古曰驊騮駿馬名也其色如華而赤也言使駿馬馳於屈曲艱阻之中則與驢騾齊足也驊音華連力展反囏古艱字枳棘之榛榛兮蝯貁擬而不敢下師古曰榛榛梗穢貌也蝯善攀援貁似猴卬鼻而長尾擬疑也榛音臻又士臻反貁弋授反靈脩既信椒蘭之唼佞兮吾纍忽焉而不蚤睹服虔曰靈脩楚王也蘇林曰椒蘭令尹子椒子蘭也師古曰蚤古早字也唼佞讒言

也要音晏衿芰茄之綠衣兮被夫容之朱裳應劭曰衿音衿系之衿衿帶也
芰蔆也師古曰衿其禁反茄亦荷字也見張揖古今字譜被音披又音皮義反芳酷烈而莫聞兮不
如襞衣而幽之離房師古曰襞疊衣也離房別房也襞音壁閨中容競淖約
兮相態以麗佳應劭曰衆士競善猶女競容也師古曰淖約善容止也相態以麗佳言競爲佳麗之態以
相傾也淖音綽知衆嫭之嫉妒兮何必颺纍之蛾眉晉灼曰離騷云衆女
嫉余之蛾眉師古曰嫭美貌也颺古揚字也蛾眉形若蠶蛾眉也此亦譏屈原自揚纍之蛾眉令衆嫉之嫭胡故反眉古眉字懿神
龍之淵潛俟慶雲而將舉亡春風之被離兮孰焉知
龍之所處晉灼曰龍俟風雲而後升士須明君而後進國無道則隱離知其所邪師古曰離美也俟待也龍以潛居待雲
爲美以譏屈原不能隱德自取禍也被讀曰披愍吾纍之衆芬兮颺燁燁之芳
苓遭季夏之凝霜兮慶夭顇而喪榮晉灼曰雖愍屈原光香奄先秋遇凋

生亦不辰也張晏曰慶辭也師古曰燁燁光盛苓香草名音零慶讀與羌同顇古悴字橫江湘以南淮兮
云走乎彼蒼吾馳江潭之汎溢兮將折衷虖重華
應劭曰舜葬蒼梧在湘之南屈原欲啓質聖人陳己情要也師古曰淮往也走趨也重華舜名也淮于放反走音奏潭音尋衷竹仲反
舒中情之煩或兮恐重華之不纍與張晏曰舜聖卒避父害以全身
貴於事父以事君恐不與屈原爲黨與陵陽侯之素波兮豈吾纍之獨見
許應劭曰陽侯古之諸侯也有罪自投江其神爲大波陵乘也言屈原纍陽侯之罪而欲折中求舜未必獨見然許之也精
瓊靡與秋菊兮將以延夫天年臨汨羅而自隕兮
恐日薄於西山應劭曰精細靡屑也瓊玉之華也晉灼曰離騷云精瓊靡以爲糧兮夕餐秋菊之落英又曰老冉
冉其將至日忽忽其將暮師古曰此又譏屈原云瓊靡秋菊將以延年唵嗟忽迫喜於未暮何乃自投汨羅言行相反解扶桑
之總轡兮縱令之遂奔馳應劭曰總結也扶桑日所拂木也晉灼曰離騷云總余轡於扶桑聊

消搖以相羊屈原言結我車轡於扶桑以留日之入人年得不老日以喻君而反離朝自沈解轡縱君使之遂奔馳也鸞皇騰而
不屬兮豈獨飛廉與雲師應劭曰楚辭云鸞皇爲余先戒兮後飛廉使奔屬雲師告余以
未具飛廉風伯也雲師豐隆也鸞皇俊鳥晉灼曰已縱其轡使之奔馳鸞皇迸飛亦無所及非獨飛廉雲師言莊嚴未具使若不適道也卷
薜芷與若蕙兮臨湘淵而投之棍申椒與菌桂兮
赴江湖而漚之師古曰離騷云貫薜荔之落蕊雜杜衡與芳芷又樹蕙之百畝雜申椒與菌桂皆以自喻德行
芬芳也今何爲自投江湘而喪此芳乎棍大束也漚漬也今屈原也棍下本反漚一構反又音一侯反費椒稰以要
神兮又勤索彼瓊茅孟康曰椒稰以椒香米饗神也離騷曰懷椒稰而要之晉灼曰離騷云索瓊茅以
筳篿師古曰索求也瓊茅靈草也筳篿析竹所用卜也稰音所又音思呂反筳音廷篿音專違靈氛而不
從兮反湛身於江皐晉灼曰靈氛古之善占者離騷曰欲從靈氛之吉占兮心猶豫而狐疑師古曰
既不從靈氛之占何爲費椒稰而勤瓊茅也湛讀曰沈江皐江水邊之游地纍既𢹋夫傳說兮奚

不信而遂行晉灼曰𢹋慕也離騷曰說操築於傅巖兮武丁用之而不疑師古曰𢹋古攀字既攀援傳說何不信
其所行自見用而遂去徒恐鷤鴂之將鳴兮顧先百草爲不芳
師古曰離騷云鷤鴂之先鳴兮使夫百草爲不芳雄言終以自沈何惜芳草而憂鷤鴂也鷤鴂字也鷤鴂鳥一名買鵝一名子規一名杜鵑常以立
夏鳴鳴則衆芳皆歇鷤大系反鴂音桂鷤字或作鶗亦音題鴂又音决鵝音詭初纍棄彼虙妃兮更
思瑤臺之逸女師古曰離騷云吾令豐隆乘雲兮求虙妃之所在又曰望瑤臺之偃蹇兮見有娀之佚女此又
譏其執心不定也虙妃古神女有娀女即簡狄也虙讀曰伏抨雄鴆以作媒兮何百離
而曾不壹耦師古曰離騷云吾令鴆爲媒兮鴆告余以不好雄鳩之鳴逝兮余猶惡其佻巧故云百離不一耦也抨使
也耦合也抨普耕反乘雲蜺之旖柅兮望昆侖以樛流覽四荒
而顧懷兮奚必云女彼高丘蘇林曰離騷云登閬風而緤馬忽反顧以流涕哀高丘之無女
女以喻士高丘謂楚也師古曰離騷又云揚雲霓之晻藹閬風在昆侖山上故云望昆侖也旖柅雲貌也樛流猶周流也共仕也何必要仕於楚也

蝸於綺反梶女綺反樛居虯反女尼㨎反旣亡鸞車之幽藹兮駕八龍之委
蛇晉灼曰離騷云駕八龍之蜿蜿兮載雲旗之委蛇師古曰言旣無鸞車則不得云駕八龍也幽藹猶晻藹也蛇音移臨江瀕
而掩涕兮何有九招與九歌晉灼曰離騷云擥茹蕙以掩涕又曰奏九歌以舞韶師古曰此
又譏其哀樂不相副也招讀曰韶夫聖哲之遭兮固時命之所有雖增
欷以於邑兮吾恐靈脩之不纍改師古曰離騷云曾歔欷余鬱邑
兮哀朕時之不當增重也雖言自古聖哲皆有不遇屈原雖自歎於邑而楚王終不改寤也於邑短氣也於音烏邑烏合反於邑亦讀如本字昔
仲尼之去魯兮斐斐遲遲而周邁師古曰斐斐往來皃也音芳非反終
回復於舊都兮何必湘淵與濤瀨師古曰言孔子去其本都遲遲系戀意在舊都
非衣回反覆屈原何獨不懷鄢郢而赴江湘也濤大波也瀨急流也濤大高反溷漁父之餔歠兮絜沐
浴之振衣師古曰漁父云何不餔其糟而歠其醨屈原以爲溷濁不肯從之乃云新沐者必彈冠新浴者必振衣也餔必胡反

歠昌悅反弃由聃之所珍兮蹠彭咸之所遺師古曰由許由也聃老聃也二
人守道不爲時俗所汙然保己全身無殘辱之醜彭咸殷之介士也不得其志投江而死此又非屈原不慕由聃高蹤而遵彭咸遺蹟蹠蹈也音之亦反
孝成帝時客有薦雄文似相如者上方郊祠甘泉
泰畤汾陰后土以求繼嗣召雄待詔承明之庭師古
曰承明殿在未央宮正月從上甘泉還奏甘泉賦以風師古曰風讀曰諷其
辭曰惟漢十世將郊上玄定泰畤雍神休尊明號
晉灼曰雍祐也休美也言見祐護以休美之祥也師古曰雍聚也明號謂揔三皇五帝之號而稱皇帝也雍讀曰擁同符三皇
錄功五帝卹胤錫羨拓迹開統應劭曰卹憂也胤續也錫與也羨饒也拓廣也時成
帝憂無繼嗣故脩祠泰畤后土言神明饒與福祥廣迹而開統也師古曰羨弋戰反拓音託於是迺命群僚歷
吉日協靈辰師古曰歷選吉日而合善時也星陳而天行師古曰如星之陳象天之行也詔

招搖與泰陰兮伏鉤陳使當兵張晏曰禮記云招搖在上急繕其怒大陰歲後三辰
也服虔曰鉤陳紫宮外營陳星屬堪輿以壁壘兮梢夔魖而抶獝狂張晏
曰堪輿天地揔名也孟康曰堪輿神名造圖宅書者木石之怪曰夔夔神如龍有角人面魖耗鬼獝狂亦惡鬼也今皆梢而去之師古曰堪輿張說是
也屬委也以壁壘委之梢擊也抶笞也梢山交反魖音虛屬音之欲反抶丑乙反獝況聿反八神奔而警蹕兮振
殷轔而軍裝師古曰自招搖至獝狂凡八神也殷轔盛皃也軍裝爲軍戎之飾裝也轔來忍反蚩尤之
倫帶干將而秉玉戚兮飛蒙茸而走陸梁張晏曰玉戚以玉爲
戚柲也晉灼曰飛者蒙茸而亂走者陸梁而跳也柲柄也音秘齊總總撙撙其相膠葛兮猋
駭雲訊奮以方攘晉灼曰方攘半散也師古曰總總撙撙衆皃也膠葛猶言膠加也訊亦奮訊也撙子本反訊音
信攘人羊反駢羅列布鱗以雜沓兮柴虒參差魚頡而鳥
䀨師古曰柴虒參差不齊皃也頡䀨上下也柴初[illegible]反虒音豸參初林反頡胡結反䀨胡剛反翕赫曶霍霧集

蒙合兮半散照爛粲以成章師古曰翕赫曶霍開合之皃也霧如氣發也蒙天氣下也
如霧之集如蒙之合也半散照爛言其分布而光明也曶讀與忽同於是乘輿迺登夫鳳皇兮
翳華芝師古曰鳳皇者車以鳳皇爲飾也翳蔽也以華芝爲蔽也駟蒼螭兮六素虯師古曰四六駕
數也言或四或六也螭似龍一名蝬蚰即龍之無角者蠖略蕤綏灕虖幓纚師古曰蠖略蕤綏蚴蟉皃也灕
虖幓纚車飾皃也蠖於鑊反灕音離幓音森其字從巾纚所宜反帥尒陰閉霅然陽開晉灼曰帥聚也
霅散也師古曰霅音所甲反又先合反騰清霄而軼浮景兮夫何旟旐郅偈
之旖梶也師古曰騰升也霄日旁氣也軼過也畫鳥隼曰旟龜蛇曰旐郅偈竿杠之狀旖梶旖旎之形也郅音吉又音質偈居
桀反旖音猗梶女支反流星旄以電燭兮咸翠蓋而鸞旗師古曰如星之
流如電之照也咸皆也敦萬騎於中營兮方玉車之千乘師古曰敦讀曰
屯屯聚也方並也聲駍隱以陸離兮輕先疾雷而馺遺風師古

曰騁然疾意也騁音蕭反騁先合反陵高衍之嵱嵸兮超紆譎之清澄孟康
曰衍無厓也紆譎曲折也李奇曰嵱音踊嵸音竦如淳曰嵱嵸上下衆多皃師古曰衍即所謂墳衍也登椽欒而羾天
門兮馳閶闔而入淩兢服虔曰椽欒甘泉南山也李奇曰羾音貢蘇林曰羾至也師古曰入陵兢者言
寒涼戰栗之處也兢鉅陵反是時未轃夫甘泉也廼望通天之繹繹
師古曰轃與臻同轃至也通天臺名也言雖未至甘泉則遥望見通天臺也繹繹相連皃下陰潛以慘廪兮
上洪紛而相錯師古曰慘廪亦寒涼之意也洪大也紛亂雜也錯互也廪讀如本字又音來感反直嶢
嶢以造天兮厥高慶而不可虖疆度師古曰嶢嶢高皃造至也慶發語辭
也疆境也度量也言此臺上至天其高不可究竟而量度也嶢音堯造千到反慶讀曰羌度大各反平原唐其壇曼
兮列新雉於林薄鄭氏曰唐道也服虔曰新雉香草也雉夷聲相近師古曰言平原之道壇曼然廣大又列樹辛
夷於林薄之閒也草叢生曰薄新雉即辛夷耳爲樹甚大非香草也其木枝葉皆芳一名新矧壇徒旦反曼莫旦反攢并閭與

茇苦兮紛被麗其亡鄂如淳曰并閭其葉隨時政政平則平政不平則傾也師古曰如氏所說自
是乎慮耳此并閭謂椶樹也茇苦草名也鄂垠也茇步末反苦音括被皮義反麗讀如本字被麗又音披離崇丘陵之
駊騀兮深溝嶔巖而爲谷蘇林曰駊騀音叵我師古曰駊騀高大狀也嶔巖深險皃也嶔口銜反
迬迬離宮般以相燭兮封巒石關施靡虖延屬應劭
曰言秦離宮三百武帝復往往脩治之師古曰迬古往字往往言所往之處則有之般連皃也燭照也封巒石關皆宮名也施靡相及皃屬連也般
音盤施弋尒反屬之欲反於是大夏雲譎波詭嶊嶉而成觀孟康曰言夏屋變巧
廼爲雲氣水波相譎詭也嶊嶉林木之崇積皃也晉灼曰嶊嶉水反師古曰嶉子水反觀謂形也音工奐反嶊丑成反仰撟首
以高視兮目冥眴而亡見師古曰撟舉也冥眴視不諦也撟與矯同字從手冥莫見反眴音州
縣之縣正瀏濫以弘惝兮指東西之漫漫服虔曰惝音敞師古曰瀏濫猶
汎濫弘惝高大也漫漫長也瀏音劉徒回回以徨徨兮魂固眇眇而昏亂

師古曰言嶔其深博據軨軒而周流兮忽軮軋而亡垠師古曰軨軒謂前軒
之軨軨者軒閒小木也字與櫺同周流周視軮軋遠相映也軨音零軮烏朗反軋於黠反翠玉樹之青葱兮壁
馬犀之瞵㻞應劭曰瞵音鄰晉灼曰㻞音豳師古曰玉樹者武帝所作集衆寶爲之用供神也非謂自然生之而左思不曉
其意以爲非本土所出蓋失之矣馬犀者馬腦及犀角也以此二種飾殿之壁瞵㻞文貌金人仡仡其承鍾
虡兮嵌巖巖其龍鱗師古曰仡仡勇健狀嵌開張見言其鱗甲嵌開張若眞龍之形也仡魚乙反又音其乞
反嵌火敢反揚光曜之燎燭兮乘景炎之炘炘師古曰炘炘光盛皃也炎弋贍
反炘音欣配帝居之縣圃兮象泰壹之威神服虔曰會城縣圃閬風昆侖之
山三重也天帝神在其上洪臺掘其獨出兮㩩北極之嶟嶟應劭曰掘特皃也㩩
至也晉灼曰嶟嶟𡾊㩩也師古曰言高臺特出乃至北極其狀竦峭嶟嶟然也掘其勿反㩩竹栺反嶟子旬反又音遵列宿乃
施於上榮兮日月纔經於柍桭服虔曰柍中央也桭屋梠也師古曰施延也榮屋翼

也凡此者言屋宇高大之甚施弋豉反柍音央桭音辰一曰柍直謂安柍之耳讀如本字雷鬱律而巖突兮
電倏忽於牆藩師古曰鬱律雷聲也倏忽電光也藩藩籬也倏式六反藩甫元反鬼魅不能
自還兮半長途而下顚師古曰言屋之高深雖鬼魅亦不能至其極而反故於長途之半而顚墜也還
讀曰旋或作遝遝及也歷倒景而絕飛梁兮浮蔑蠓而撇天晉灼
曰飛梁浮道之橋也蔑蠓疾也師古曰撇猶拂也蠓莫孔反撇匹列反又音普結反左欃槍右玄冥兮前
熛闕後應門晉灼曰大人賦攙搶以爲旌又曰左玄冥而右黔雷雄擬相如云尒熛闕赤色之闕南方之帝曰赤熛怒應
門正在熛闕之內也師古曰熛匹遥反陰西海與幽都兮涌醴汩以生川如淳
曰言闕之高廼陰西海也師古曰陰映西海也以及幽都幽都北方絕遠之地涌醴醴泉涌出汩汩然也汩于筆反蛟龍連蜷
於東厓兮白虎敦圉虖昆侖師古曰連蜷卷曲皃敦圉盛怒也言甘泉宮皆有此
象也蜷音拳敦音屯覽樛流於高光兮溶方皇於西清服虔曰高光宮名也

師古曰樛流屈折也㴩然閑暇皃方皇彷徨也西清西箱清閑之處也㴩音容前殿崔巍兮和氏瓏
玲孟康曰以和氏璧爲璧帶也其聲玲瓏也晉灼曰以黃金爲璧帶含藍田璧瓏玲明也師古曰崔巍高皃瓏玲晉說是也崔才回反巍五回
反瓏音龍玲音零炕浮柱之飛榱兮神莫莫而扶傾師古曰炕與抗同抗
舉也榱屋椽也言舉立浮柱而駕飛榱其形危竦有神於闇莫之中扶持故不傾也閌閬閬其寥廓兮似
紫宮之崢嶸師古曰閌高門皃閬閬空虛也寥廓宏遠也紫宮天帝之室也崢嶸深遠也閌音抗閬音郎寥音僚崢仕
耕反嶸音宏駢交錯而曼衍兮嵯峨隗虖其相嬰師古曰言宮室高覽
相連不絕也嵯安施之皃嶂隗猶崔嵬也衍亦戰反嵯它駢反嶂音皐隗五賄反乘雲閣而上下兮紛
蒙籠以棍成師古曰乘登也雲閣亦言其高入於雲也蒙籠深通皃棍成言其有若自然也棍胡本反曳紅
采之流離兮颺翠氣之冤延師古曰言宮室曠大自然有紅翠之氣襲琁
室與傾宮兮若登高妙遠肅虖臨淵服虔曰襲繼也桀作琁室紂作傾宮以此

前漢傳五十七上　十　詩宗

微諫也應劭曰登高遠望當以亡國爲戒若臨深淵也回猋肆其碭駭兮翍桂椒鬱移
楊師古曰回猋回風也肆放也碭過也駭動也翍古披字鬱聚也移唐棣也楊楊樹也言回風放起過動衆樹則桂椒披散而移楊鬱聚也碭
徒浪反移音移香芬茀以穹隆兮擊薄櫨而將榮師古曰言桂椒香氣乃擊薄
櫨及屋翼也薄㭊也櫨音盧薌呹肸以棍根兮聲駍隱而歷鍾師古曰又言風
之動樹聲響振起衆根合駍隱而盛歷入殿上之鍾也根猶株也薌讀與響同呹丑乙反肸許乙反棍下本反駍普耕反排玉戶而
颺金鋪兮發蘭惠與穹窮李奇曰鋪門首也師古曰言風之所至又排門揚鋪擊動錢鈕回旋入宮
發奮衆芳惟弸環其拂汨兮稍暗暗而靚深蘇林曰弸音石壇井弸尔之弸環音
宏孟康曰弸環風吹帷帳鼓皃師古曰拂汨亦風動皃暗暗幽隱靚即靜字耳弸普萌反拂普密反汨于密反暗烏感反陰陽清
濁穆羽相和兮若夔牙之調琴張晏曰聲細不過羽穆然相和也師古曰夔舜典樂也牙
伯牙也般倕弃其剞劂兮王爾投其鉤繩應劭曰剞曲刀也劂曲鑿也師古曰

般公輸般也倕共工也王爾亦巧人也見淮南子言土木之功窮極巧麗故令般倕之徒弃其常法也般讀與班同倕音垂剞居尔反劂居衛反
雖方征僑與偓佺兮猶彷彿其若夢晉灼曰方常也征行也言宮觀之高
峻雖使仙人常行其上恐遽不識其形觀猶彷彿若夢也師古曰方謂並行僑姓征名伯僑仙人也偓佺亦仙人名偓音渥佺音銓彷佛即髣髴字
也征郊祀志作正字其音同於是事變物化目駭耳回師古曰言驚視聽也蓋天
子穆然珍臺閒館琁題玉英蜵蜎蠖濩之中
應劭曰題頭也榱椽之頭皆以玉飾言其英華相燭也張晏曰蜵蜎蠖濩刻鏤之形師古曰穆然天子之容也蜵蜎蠖濩言屋中之深廣也閒讀曰
閑蜵一兖反蜎下兖反蠖烏郭反濩胡郭反惟夫所以澄心清魂儲精垂恩師古
曰言絜精以待異神降福感動天地逆釐三神者師古曰釐讀曰禧禧福也迺搜逑
索耦皐伊之徒冠倫魁應劭曰冠其群倫魁殊也師古曰言選擇賢良可爲耦於古賢皐繇伊尹之類冠等
倫而魁桀能函甘棠之惠挾東征之意師古曰甘棠之惠邵公奭也東征之意周公旦也

前漢傳五十七上　十一　詩宗

相與齊虖陽靈之宮師古曰齊同也同集於此也祭天之處故曰陽靈之宮也靡薜荔而
爲席兮折瓊枝以爲芳師古曰靡纖密也謂纖之也一曰靡謂偃而靡之藉地也噏
清雲之流瑕兮飲若木之露英師古曰言其齋戒自新居處飲食皆芳絜也瑕
謂日旁赤氣也露英言其英華之露集虖禮神之囿登乎頌祇之堂師古曰頌歌也
登以祭也地神曰祇建光燿之長旓兮昭華覆之威威服虔曰昭明也華覆華蓋
也師古曰威威猶威蕤也旓旗之旒也一曰燕尾旓所交反攀琁璣而下視兮行遊目虖
三危陳衆車於東阬兮肆玉釱而下馳漂龍淵而
還九垠兮窺地底而上回張晏曰三危山名也晉灼曰釱車轄也九垠九垓也師古曰假設言周流曠遠升降天
地爲神通一也肆放也阬大阜也讀與岡同釱音大又音弟還讀曰旋風從從而扶輨兮鸞鳳紛
其御𥻘師古曰從從前進之意也御猶乘也𥻘車之垂飾纓𥻘也從音悚今書御字或作銜者俗妄改也梁弱水

之潝淡兮躡不周之逶蛇服虔曰昆侖之東有弱水度之若潝淡耳師古曰潝淡小水之皃不周山名逶蛇亦言不艱難也潝吐立反淡音啖又胡濫反蛇音移想西王母欣然而上壽兮屏玉女而卻虙妃師古曰西王母在西方周穆王所見者也玉女虙妃皆神女也虙讀曰伏玉女欣眺其清矑兮虙妃曾不得施其蛾眉服虔曰矑目童子也方擥道德之精剛兮侔神明與之爲資晉灼曰等天地之材量也師古曰擥持也音覽其字從手於是欽柴宗祈燎熏皇天師古曰欽敬也柴積柴也宗尊也祈求福也招繇泰壹舉洪頤樹靈旗張晏曰招搖泰壹皆神名也服虔曰洪頤旗名也李奇曰欲代南越告祈太一畫旗樹太一壇上名靈旗以指所伐之國也見郊祀志樵蒸焜上配藜四施張晏曰配藜披離也師古曰樵木薪也蒸麻幹也焜同也言以樵及蒸燒火炎上於天又披離四出東燭倉海西燿流沙北爌幽都南煬丹厓服虔曰丹厓丹水之厓也師古曰爌古晃字煬熱也言柴燎之光遠及四表也煬弋向反玄瓚

前漢傳五十七上　十二　許宋

觩䙔秬鬯泔淡服虔曰以玄玉飾之故曰玄瓚張晏曰瓚受五升口徑八寸以圭爲柄用灌鬯觩䙔其皃應劭曰泔淡滿也師古曰觩音虯䙔力幽反泔胡甘反淡大敢反肸蠁豐融懿懿芬芬師古曰言和盛之芬烈也炎感黃龍兮熛訛碩麟師古曰言光炎熛盛感神物也訛化也碩大也熛必遙反選巫咸兮叫帝閽開天庭兮延群神服虔曰今巫祝叫呼天門也師古曰巫咸古神巫之名儐暗藹兮降清壇瑞穰穰兮委如山張晏曰儐贊也師古曰暗藹神之形影也穰穰多也委積也暗烏感反於是事畢功弘回車而歸度三巒兮偈棠梨師古曰三巒即封巒觀名也棠梨宮名偈讀曰憩天閫決兮地垠開八荒協兮萬國諧師古曰天閫天門之閫也決亦開也言德澤普洽無極限也登長平兮雷鼓磕天聲起兮勇士厲師古曰長平涇水上坂名也磕磬鼓聲也天聲聲至天也聲字或作磬言擊鼓也厲奮也雲飛揚兮雨滂沛于胥德兮麗萬世師古曰于曰也胥皆也麗美也沛普大反

亂曰師古曰亂者理也總理一賦之終崇崇圜丘隆隱天兮師古曰言其高登降峛崺單巻垣兮師古曰峛崺上下之道也單周巻垣圜皃也峛力尒反崺弋尒反單音蟬巻音拳增宮嵾差駢嵯峨兮師古曰增重也嵾差不齊也駢並也嵾初林反駢步千反嵯材何反峨音蛾岭巆嶙峋洞亡厓兮師古曰岭巆深邃皃嶙峋節級皃岭音零巆音營嶙音鄰峋音荀上天之縡杳旭卉兮師古曰縡事也杳高遠也旭卉速疾也縡讀與載同聖皇穆穆信厥對兮李奇曰對配也能與天地相配也詩云帝作邦作對師古曰穆穆美也信實也徠祇郊禋神所依兮師古曰言以祇敬而來郊祭禋饗則神祇依附俳佪招搖靈遟迡兮師古曰言神久留安處不即去也招上遙反遟音栖迡丈夷反煇光眩燿隆厥福兮師古曰眩音州縣之縣子子孫孫長亡極兮甘泉本因秦離宮既奢泰師古曰本秦之林光宮也而武帝復增通天高光迎風宮外近則洪厓旁皇儲胥弩阹

前漢傳五十七上　十三　揚

遠則石關封巒枝鵲露寒棠梨師得遊觀屈奇瑰偉師古曰棠梨宮在甘泉苑垣外師得宮在櫟陽界其餘皆甘泉苑垣內之宮觀也阹音祛非木摩而不彫牆塗而不畫周宣所考般庚所遷夏卑宮室唐虞棌椽三等之制也師古曰小雅斯干之詩序曰宣王考室也考謂成也般庚殷王名也遷謂遷都亳也唐虞謂堯舜也棌柞木也三等土堦三等言不過也棌音采又音菜其字從木且其爲已久矣非成帝所造欲諫則非時欲默則不能已故遂推而隆之迺上比於帝室紫宮師古曰帝謂天也若曰此非人力之所爲黨鬼神可也師古曰黨宅莽反又是時趙昭儀方大幸每上甘泉常法從師古曰法從者以言法當由從耳非失禮一曰從法駕也在屬車閒豹尾中服虔曰大駕屬車八十一乘作三行尚書御史乘之最後一乘縣豹尾以前皆爲省中故雄聊盛言車騎

之衆參麗之駕非所以感動天地逆釐三神師古曰參三也驪偶也又言屏玉女卻虙妃以微戒齋肅之事賦成奏之天子巽焉其三月將祭后土上迺帥羣臣橫大河湊汾陰師古曰橫橫度之也湊趣也既祭行遊介山回安邑師古曰介山在汾陰東北回謂繞過顧龍門覽鹽池師古曰龍門山在今蒲州龍門縣北鹽池在今虞州安邑縣南登歷觀師古曰歷山上有觀也晉灼曰在河東蒲阪縣陟西岳以望八荒迹殷周之虛眇然以思唐虞之風師古曰陟升也西岳華山之上高峻故言以望八荒殷都河內周在岐豐堯都平陽舜都蒲阪皆可相見故云迹殷周之墟思唐虞之風也虛讀曰墟雄以為臨川羨魚不如歸而結罔師古曰言成帝追覽先代遺迹思欲齊其德號故雄勸令自興至治以擬帝皇之風還上河東賦以勸其辭曰伊年暮春將瘞后土師古曰伊是也謂是

祠甘泉之年也祭地曰瘞薶故云瘞后土瘞乙例反禮靈祇謁汾陰于東郊師古曰京師之東故曰東郊也因茲以勒崇垂鴻發祥隤祉欽若神明者盛哉鑠乎越不可載已師古曰勒崇垂鴻勒崇名而垂鴻業也隤降也祉福也欽敬也若順也鑠美也越曰也已辭也言發祥降福祐順神明其事盛美不可盡載於是命羣臣齊法服整靈輿迺撫翠鳳之駕六先景之乘師古曰翠鳳之駕天子乘車為鳳形而飾以翠羽也先景爲馬行速疾常在景前也掉犇星之流旃彏天狼之威弧晉灼曰有狼弧之星也師古曰彏急張也音钁張燿日之玄旄揚左纛縣被雲梢張晏曰雲梢捎雲也師古曰梢與旓同旓者旌旗之流以雲為梢也被音皮義反奮電鞭驂雷輜師古曰輜衣車也淮南子云電以為鞭策雷以為車輪故雄用此言也鳴洪鍾建五旗師古曰洪大也尚書大傳云天子左右五鍾天子將出則撞黃鍾之鍾左五鍾皆應入則撞蕤賓之鍾右五鍾皆應漢舊儀云皇帝車駕建五旗蓋謂五色之旗也以木牛承其下取其負重致遠羲和司日

顏倫奉輿師古曰倫古善御者也羲和日御名風發飆拂神騰鬼趡師古曰飆回風也趡走也飆必遙反趡子笑反又作才笑反千乘霆亂萬騎屈橋師古曰霆亂言如雷霆之盛而亂動也屈橋壯健貌屈其勿反橋其召反嘻嘻旭旭天地稠嶅服虔曰稠嶅動搖貌師古曰嘻嘻旭旭自得之貌嘻許其反稠徒弔反嶅五到反嶻丘跳巒涌渭躍涇師古曰山小而銳曰巒言車騎之威動搖至於涌躍涇渭跳嶻丘山者也秦神下讋跖魂負沴蘇林曰秦文公時庭中有怪化為牛走到南山梓樹中伐梓樹後化入豐水文公惡之故作其象以厭焉今之旄頭是也故曰秦神服虔曰沴河岸之坻也晉灼曰沴渚也師古曰跖路也言此神怖讋下入水中自跖其魂而負沴渚蓋感懼之甚也跖之亦反坻直尸反河靈矍踢爪華蹈衰蘇林曰河靈巨靈也華華山也衰衰山也掌據之足蹈之也踢試郎反服虔曰踢石臭反師古曰矍踢驚動之貌矍音钁踢音惕二音並通爪古掌字凡言此者以車騎之衆羽旄之盛故秦神河靈莫不恐懼而自敵之遂臻陰宮穆穆肅肅蹲蹲如也師古曰陰宮汾陰之宮也穆穆靜也肅肅敬也蹲蹲行有節也蹲子旬反靈祇既鄉五位時叙師古曰鄉讀曰

嚮服虔曰位五方之神絪縕玄黃將紹厥後師古曰絪縕天地合氣也玄黃天地色也易下繫辭曰天地絪縕萬物化醇坤文言曰玄黃者天地之雜色也天玄而地黃將大也言天地之氣大興發於祭祀之後絪音因縕於云反於是靈輿安步周流容與師古曰靈輿天子之輿也容與安豫也與讀曰豫以覽虖介山嗟文公而愍推兮勤大禹於龍門師古曰龍門山禹鑿之以通河水故勤勞也灑沈菑於豁瀆兮播九河於東瀕師古曰灑分也菑古灾字也沈灾洪水也豁開也瀆謂江河淮濟也播布也九河名在地理志東瀕東海之瀕也禹分治洪水之灾通之四瀆布散九河於東海之瀕也瀕所宜反瀕音頻又音賓登歷觀而遥望兮聊浮游以經營樂往昔之遺風兮喜虞氏之所耕師古曰舜耕歷山故云然瞰帝唐之嵩高兮脈隆周之大寧師古曰瞰脈皆視也帝唐堯也嵩亦高也嵩高者謂孔子云巍巍乎唯天爲大唯堯則之也一曰堯曾遊於陽城故嵩山瞰其遺蹟也大寧者詩大雅云濟濟多士文王以寧瞰苦濫反脈即覓字汨低回而不能去

兮行睨陔下與彭城應劭曰睨不正視也彭城項羽所都也晉灼曰陔下項羽敗處也師古曰汩往意也低回猶言俳佪也行且也意且欲往覩也汩于筆反睨五系反濊南巢之坎坷兮易豳岐之夷平李奇曰南巢桀敗處也易豳岐也師古曰濊與穢同坎坷不平皃坎口紺反坷口賀反易弋豉反乘翠龍而超河兮陟西岳之嶢崝師古曰翠龍穆天子所乘馬也西岳即華山也嶢崝謂嶕嶢而崝嶸也嶢音堯崝士耕反雲霏霏而來迎兮澤滲灕而下降師古曰霏古霏字霏霏雲起皃澤雨露也滲灕流皃降下也滲音淋灕音離降胡江反鬱蕭條其幽藹兮滃汎沛以豐隆師古曰皆雲雨之皃滃烏孔反汎敷劒反沛普蓋反叱風伯於南北兮呵雨師於西東師古曰言皆從命也參天地而獨立兮廓湯盪其亡雙師古曰天地曰二儀王者大位與之合德故曰參天地參之言三也湯盪大皃也遵逝虖歸來師古曰遵路而旋京師也以函夏之大漢兮彼曾何足與比功服虔曰函夏函諸夏也師古曰

函包容也彼謂堯舜殷周也函讀與含同建乾坤之貞兆兮將悉總之以羣龍張晏曰乾六爻悉稱龍也麗鉤芒與驂蓐收兮服玄冥及祝融師古曰鉤芒東方神蓐收西方神玄冥北方神祝融南方神麗並駕也驂三馬也言皆役服敦衆神使式道兮奮六經以攄頌師古曰敦勉也式表也六經謂易詩書春秋禮樂也攄散也頌謂詩頌所以美盛德之形容也言發其志而爲歌頌也攄丑於反頌讀曰容隃於穆之緝熙兮過清廟之雝雝師古曰周頌清廟之詩云於穆清廟肅雝顯相昊天有成命之詩曰於緝熙言漢德之盛皆過之也隃讀踰同於讀曰烏軼五帝之遐迹兮躡三皇之高蹤師古曰軼亦過也音逸既發軔於平盈兮誰謂路遠而不能從服虔曰軔止車之木將行故發去平盈之地無高下也師古曰軔音刃其十二月羽獵服虔曰士負羽雄從以爲昔在二帝三王應劭曰二帝堯舜三王夏殷周宮館臺榭沼池苑囿林麓藪澤財足以奉郊廟御賓

客充庖廚而已師古曰財讀與纔同御侍也充當也不奪百姓膏腴穀土桑柘之地女有餘布男有餘粟國家殷富上下交足故甘露零其庭醴泉流其唐應劭曰爾雅廟中路謂之唐鳳皇巢其樹黃龍游其沼麒麟臻其囿神爵棲其林昔者禹任益虞而上下和屮木茂師古曰益臣名也任以爲虞虞主山澤之官也上山也下平地也屮古草字成湯好田而天下用足文王囿百里民以爲尚小齊宣王囿四十里民以爲大裕民之與奪民也師古曰裕饒也武帝廣開上林南至宜春鼎胡御宿昆吾晉灼曰鼎胡宮也黃圖以爲在藍田昆吾地名也有亭師古曰宜春近下杜御宿在樊川西也旁南山而西至長楊五柞師古曰旁步浪反北繞黃山瀕渭而東師古曰循渭水涯而東也瀕音頻又音賓

周袤數百里師古曰袤長也音茂穿昆明池象滇河師古曰滇音丁賢反營建章鳳闕神明馺娑師古曰馺娑殿名也馺先合反娑先河反漸臺泰液師古曰漸臺在泰液池中漸浸也言爲池水所浸也象海水周流方丈瀛洲蓬萊服虔曰海中三山名法效象之游觀侈靡窮妙極麗雖頗割其三垂以贍齊民師古曰贍給也齊人解在食貨志然至羽獵田車戎馬器械儲偫禁禦所營師古曰營謂營守也尚泰奢麗誇詡師古曰詡大也音許羽反非堯舜成湯文王三驅之意也師古曰三驅古射獵之等也一爲乾豆二爲賓客三爲充君之庖也又恐後世復脩前好不折中以泉臺服虔曰魯自莊公築泉臺非禮也至文公毀之公羊譏云先祖爲之而毀之勿居而已今揚雄以宮觀之盛非成帝所造勿脩而已當以泉臺折中也故聊因校獵賦以風師古曰校獵謂圍守而大獵也風讀曰諷其辭曰或稱戲農豈或帝王之彌

文哉師古曰設或人云言儉質者皆舉伏羲神農爲之首是則豈謂後代帝王彌加文飾乎故論者荅之於下也論者雄自謂也僭猶稍稍也諸家之釋皆不當意徒爲煩雜故無所取論者云否各亦竝時而得宜奚
必同條而共貫師古曰所尚不必同也則泰山之封烏得七十而
有二儀孟康曰言封禪各異也師古曰若不如是於何得七十二儀也是以創業垂統者俱
不見其爽遐邇五三孰知其是非師古曰爽差也創業垂統皆無差忒五帝三王誰是誰非言文質敬殺各不同也遂作頌曰麗哉神聖處於玄宮富既
與地虖侔訾貴正與天虖比崇師古曰頌漢德也玄宮言清靜也訾與貲同齊
桓曾不足使扶轂楚嚴未足以爲驂乘陿三王之
阸辟嶠高舉而大興師古曰辟亦僻字也嶠舉步貌也去昭反歷五帝之寥廓
涉三皇之登閎師古曰寥廓空曠也登閎高遠也寥音聊建道德以爲師友

仁義與爲朋於是玄冬季月天地隆烈師古曰北方色黑故曰玄冬隆烈者陰氣盛
萬物權輿於內徂落於外師古曰權輿始也徂落死也言草木萌牙始生於內而枝葉凋國死傷於外也帝將惟田于靈之囿師古曰靈囿靈德之苑囿也詩大雅靈臺之篇曰王在靈囿
開北垠受不周之制孟康曰西北爲不周風謂冬時也師古曰垠厓也音銀以終始顓
頊玄冥之統應劭曰顓頊玄冥皆北方神主殺戮也廼詔虞人典澤東延昆
鄰西馳闓闉張晏曰東至昆明之邊也師古曰昆明池之邊也闓闉門名也闉讀與闛同也又吐郎反儲積共偫
戍卒夾道師古曰共讀曰供偫丈紀反斬叢棘夷野草師古曰夷平也禦自汧
渭經營酆鎬應劭曰禦禁也師古曰禦所以禦禁其中故止禁不得入及獸出也汧渭以東酆鎬以西皆爲禁囿也章皇
周流出入日月天與地杳師古曰章皇周流言帀徧也謂苑囿之大遠望日月皆從中出入而天地之際杳縣遠也說者反以杳爲沓音蹹云重沓非唯乖理蓋以失韻爾廼虎路三嵕以爲司馬圍

經百里而爲殿門晉灼曰路音落服虔曰以竹虎落此山也應劭曰外門爲司馬門殿門在內也師古曰落繫也以繩周繞之也三嵕三峯聚之山也嵕子公反外則正南極海邪界虞淵應劭曰虞淵日所入
鴻濛沆茫碣以崇山師古曰鴻濛沆茫廣大貌碣山特立貌鴻胡孔反濛莫孔反沆胡浪反茫音莽碣音竭
營合圍會然后先置虖白楊之南昆明靈沼之東張晏曰先置供具於前服虔曰白楊觀名賁育之倫蒙盾負羽杖鏌邪而羅
者以萬計師古曰賁孟賁也育夏育也皆古之勇士也鏌邪大戟也羅列遮禽獸鏌音莫邪弋奢反其餘荷
垂天之畢張竟壄之罘靡日月之朱竿曳彗星之
飛旗如淳曰垂天言長大如天之垂也師古曰畢田罔也罘覆車罔也青雲爲紛紅蜺爲繯
屬之虖昆侖之虛師古曰紛旄也繯系也屬綴也昆侖西極之山也繯下犬反屬之欲反虛讀曰墟渙
若天星之羅浩如濤水之波師古曰天星之羅言布列也濤水之波言廣大淫淫

與與前後要遮師古曰淫淫與與往來貌欃槍爲闉明月爲候孟康曰闉闍戰自障蔽如城門外女垣也熒惑司命天弧發射張晏曰熒惑法使司不祥天弧虛危上二星也鮮
扁陸離駢衍佖路師古曰鮮扁輕疾貌駢衍言其竝廣大也佖次比也一曰滿也扁音篇駢步千反佖頻一反又步結反
徽車輕武鴻絧緁獵師古曰徽車有徽幟鴻胡孔反絧徒孔反緁音捷殷殷
軫軫被陵緣阪窮冥極遠者相與列虖高原之上師古曰殷殷盛也冥幽深也殷讀曰隱羽騎營營昈分殊事蘇林曰昈明也師古曰營營周旋貌也言其服飾分明各殊異也昈音戶繽紛往來轠轤不絕若光若滅者布虖
青林之下孟康曰轠轤連屬貌如淳曰轠音雷轤音盧師古曰繽紛衆疾也轠轤環轉也繽匹人反於是天
子廼以陽鼂始出虖玄宮師古曰陽朝日出之後也北方之宮故曰玄宮撞鴻
鍾建九旒六白虎載靈輿蚩尤竝轂蒙公先驅服虔

日蒙公蒙恬也孟康曰神名也師古曰服說是也並步浪反立歷天之旂曳捎星之旃師古曰歷經也捎猶拂也歷天捎雲言其高也捎所交反辟歷列缺吐火施鞭應劭曰辟歷雷也列缺天隙電照也師古曰言獵火之燿及騎奮鞭如電吐光及象其疾萃從允溶淋離廓落戲八鎮而開闢應劭曰四方四隅爲八鎮如淳曰不言九者一鎮在中天子居之故也師古曰戲讀曰麾謂指麾八鎮使之開闢也從先勇反又音蘘溶音容飛廉雲師吸嗿昦潚率鱗羅布列攢以龍翰師古曰吸嗿昦開張也潚率聚斂也言布列則如魚鱗之羅攢聚則如龍之豪翰嗿許異反潚音肅翰合韻音韓秋秋蹌蹌入西園切神光師古曰秋秋蹌蹌騰驤之皃切神光者言車之衆飾相切摩而光起有若神也蹌千羊反望平樂徑竹林張晏曰平樂館名晉灼曰在上林中蹂蕙圃踐蘭唐師古曰蕙圃蕙草之圃也蘭唐殿唐之上多生蘭也舉烽烈火轡者施披師古曰轡者御人執轡也方馳千駟校騎萬師師古曰方馳並驅也校騎騎而爲部校者也虓虎之陳從橫膠輵猋泣雷厲

前漢傳五十七上　二十　何立

驞駍駖磕服虔曰虓音孝鄧展曰泣音粒師古曰哮虎之陳謂勇士奮怒狀如猛獸而爲行陳也泣猋風疾皃驞駍駖磕皆聲響衆盛也哮火交反輵音葛驞匹人反駍普萌反駖力丁反磕音口盍反洶洶旭旭天動地岋蘇林曰岋音岌岋動搖之岋師古曰洶音匈岋五合反羨漫半散蕭條數千萬里外師古曰羨弋戰反若夫壯士忼慨殊鄉別趣師古曰鄉讀曰嚮東西南北騁耆奔欲師古曰言隨其所欲而各馳騁取之也耆讀曰嗜欲合韻音弋樹反拕蒼豨跋犀犛蹶浮麋張晏曰跋蹋也鄭氏曰蹶音馬蹶蹶之蹶師古曰拕曳也跋反皃也蹶蹴也浮麋水上浮者也拕音佗跋步末反斮巨狿搏玄蝯師古曰斮斬也狿獸名也解在司馬相如傳斮側略反騰空虛歫連卷張晏曰連卷之木也師古曰歫即距字也卷音拳踔夭蟜娭澗門師古曰踔走也夭蟜亦木枝曲也娭戲也踔丑孝反又音徒鈞反蟜音矯娭許其反莫莫紛紛山谷爲之風猋林叢爲之生塵師古曰莫莫塵埃貝紛紛亂起貝及至獲夷之徒蹶松柏掌疾棃服虔曰獲夷能獲夷狄者也師

古曰掌以掌擊也獵蒙龍轔輕飛師古曰蒙龍草木所蒙蔽處也轔轢也輕飛猶言輕禽也轔音吝履般首帶脩蛇如淳曰般音班班首虎之類也師古曰履謂踐履之也脩長也鉤赤豹摼象犀師古曰摼古牽反跇巒阬超唐陂師古曰跇度也巒阬並解於上唐陂陂之有隄唐者也阬音剛跇弋制反車騎雲會登降闇藹師古曰闇烏感反泰華爲旒熊耳爲綴師古曰旒旌旗之旒也綴所以縣旒也木仆山還漫若天外如淳曰還音旋言山爲之回旋也儲與虖大溥聊浪乎宇內師古曰儲與相羊也溥水厓也師古曰聊浪言游放也與音餘溥音普浪音項於是天清日晏師古曰晏無雲逢蒙列眥羿氏控弦師古曰逢蒙及羿皆古善射者列眥也控引也皇車幽輵光純天地李奇曰純緣也師古曰幽輵車聲也輵一轄反純之允反望舒彌轡師古曰望舒月御也彌斂也言天子之車斂轡徐行故假望舒爲言耳音莫爾反翼乎徐至於上蘭晉灼曰上蘭觀在上林中移圍徙陳浸淫蹵部師古曰部軍之部校

前漢傳五十七上　二十一　陳惠

也言稍聚逼而重蹵千欲反曲隊堅重各案行伍師古曰隊亦部也案依也隊徒內反行胡郎反壁壘天旋神扶電擊師古曰言所扶擊如鬼神雷電也扶音乞反逢之則碎近之則破鳥不及飛獸不得過軍驚師駭刮野掃地師古曰言殺獲皆盡無遺餘也掃先早反及至罕車飛揚武騎聿皇師古曰罕車畢罕之車也聿皇疾貌蹈飛豹絹嘄陽師古曰嘄陽費費也人面黑身有毛反踵見人則笑脣蔽其目絹工犬反嘄工聊反費扶味反追天寶出一方應劭曰天寶陳寶也晉灼曰天寶雞頭而人身應駍聲擊流光撻盡山窮虛襄括其雌雄如淳曰陳寶神來下時駍然有聲又有光精也應劭曰下時窮極山川天地之閒然後得其雌雄也師古曰雄在陳倉雌在南陽也故云野盡山窮也駍普萌反沈沈容容遙噱虖紭中師古曰口內之上下名爲噱言禽獸奔走倦極皆遙張噱吐舌於紭罔之中也師古曰噱其略反紭古紘字三軍芒然窮冘閼與孟康曰冘行也閼止也言三軍之盛窮閼禽獸使不得逸漏也晉灼曰閼與容皃也師古曰閼與容服之皃也芒莫郎反冘音淫閼於庶反與音豫亶

觀夫票禽之紲隃犀兕之抵觸熊羆之挐攫虎豹之淩遽師古曰票讀曰飄票禽輕疾之禽也紲與跇同紲度也隃與踰同挐牽引也攫搏持之也淩戰栗也遽惶也票頻妙反跇弋制反觸合韻音昌樹反挐女居反攫音钁遽音詎徒角搶題注蹴竦讋怖魂亡魄失觸輻關脰師古曰徒亦但也搶猶刺也題頟也脰頸也言衆獸迫急以角搶地以頟注地或自觸車輻關頸而死也搶千羊反蹴子育反脰音豆妄發期中進退履獲師古曰言矢雖妄發而必有中進則覆之退則獲之創淫輪夷丘累陵聚師古曰淫過也夷平也言創過大血流平於車輪也丘累陵聚言其積多於是禽殫中衰師古曰殫盡也中射中也音竹仲反相與集於靖冥之館晉灼曰靖冥深閑之館以臨珍池灌以岐梁溢以江河晉灼曰梁梁山也服虔曰珍池山下之流也東瞰目盡西暢亡厓師古曰瞰視也目盡極望無厓言廣遠也隨珠和氏焯爍其陂師古曰焯古灼字也焯爍光皃爍式藥反玉石嶜崟眩耀青熒師古曰玉石石之似玉者也嶜

前漢傳五十七上　二十二　陳惠

崟高銳皃青熒言其色青而有光熒也嶜仕金反崟牛林反漢女水潛怪物暗冥不可殫形應劭曰漢女鄭交甫所逢二女弄大珠大如荊雞子師古曰不可殫形不能盡其形皃之狀玄鸞孔雀翡翠垂榮師古曰言其毛羽有光華王雎關關鴻雁嚶嚶師古曰王雎雄鳩也關關和聲也嚶嚶相命聲也嚶於行反群娭虖其中噍噍昆鳴師古曰娭戲也昆同也娭許其反噍子由反鳧鷖振鷺上下砰磕聲若雷霆師古曰鳧水鳥即今之野鴨也鷖鳧屬也鷺白鳥也振者言振羽翼而飛也詩大雅曰鳧鷖在涇周頌曰振鷺于飛三者皆水鳥也言其群飛上下翅翼之聲若雷霆也鷖烏奚反砰普萌反乃使文身之技水格鱗蟲服虔曰文身越人也能入水取物淩堅冰犯嚴淵探巖排碕薄索蛟螭師古曰嚴言不可犯也巖水岸嶔巖之處也碕曲岸也薄迫也索搜求也碕鉅依反嶔口銜反蹈獱獺據黿鼉蘇林曰獱音賓師古曰獱形如狗在水中食魚獱小獺也獺它曷反抾靈蠵鄭氏曰抾音怯應劭曰蠵大龜也雄曰毒冒雌曰觜蠵師古曰抾把取也又音抾蠵弋隨反又音攜入洞穴出蒼梧晉灼曰洞穴禹穴也師古曰洞通也乘

鉅鱗騎京魚師古曰京大也或讀爲鯨鯨大魚也浮彭蠡目有虞應劭曰彭蠡大澤在豫章師古曰目猶視也望也有虞謂舜陟方在江南言過望也方椎夜光之流離剖明月之珠胎師古曰珠在蛤中若懷妊然故謂之胎也椎直佳反其字從木鞭洛水之虙妃餉屈原與彭胥師古曰彭彭咸胥伍子胥皆水死者虙讀曰伏於茲虖鴻生鉅儒俄軒冕雜衣裳師古曰俄俄陳擧之皃雜者言衣與裳皆雜色也脩唐典匡雅頌揖讓於前師古曰匡正也昭光振燿蠁曶如神師古曰蠁與嚮同曶與忽同仁聲惠於北狄武義動於南鄰師古曰南方有金鄰之國極遠也故云南鄰一曰鄰邑也是以旃裘之王胡貉之長移珍來享抗手稱臣如淳曰以物與人曰移師古曰貉東北夷也享獻也抗擧手也言其肅恭合掌而拜也貉莫百反前入圍口後陳盧山孟康曰單于南庭山也羣公常伯楊朱墨翟之徒師古曰常伯侍中也谿在谷永傳楊朱墨翟取古賢以爲喻也喟然稱

前漢傳五十七上　二十三　[illegible]

曰師古曰喟歎息也音丘位反崇哉乎德雖有唐虞大夏成周之隆何以侈茲太古之觀東嶽禪梁基舍此世也其誰與哉上猶謙讓而未俞也張晏曰俞然也師古曰俞音喻方將上獵三靈之流下決醴泉之滋如淳曰三靈日月星垂象之應也師古曰流者言其和液下流發黃龍之穴窺鳳皇之巢臨麒麟之囿幸神雀之林奢雲夢侈孟諸師古曰雲夢楚藪澤名也春秋昭公三年楚靈王與鄭伯田于江南之夢孟諸宋藪澤名文公十年楚穆王欲伐宋昭公導以田孟諸言今皆以二者爲奢侈而改也非章華是靈臺師古曰言以楚靈王章華之臺爲非而周文王靈臺之制爲是也罕徂離宮而輟觀游師古曰罕希也徂往也輟止也土事不飾木功不彫承民乎農桑師古曰承舉也勸之以弗迨儕男女使莫違師古曰儕耦也違謂失昏姻時也儕仕皆反恐貧窮者不徧被

洋溢之饒開禁苑散公儲創道德之囿弘仁惠之虞師古曰虞與娛同馳弋乎神明之囿覽觀乎羣臣之有亡放雉菟收罝罘麋鹿芻蕘與百姓共之師古曰芻所以飤牛馬蕘草薪蓋所以臻茲也於是醇洪鬯之德豐茂世之規師古曰洪大也鬯與暢同暢通也加勞三皇勗勤五帝不亦至乎乃祗莊雍穆之徒師古曰祗莊敬也雍穆和也立君臣之節崇賢聖之業未皇苑囿之麗游獵之靡也師古曰皇暇也因回軫還衡師古曰軫輿後橫木也衡轅前橫木也背阿房反未央

揚雄傳第五十七上

揚雄傳下第五十七　班固　漢書八十七

秘書監上護軍琅邪縣開國子顏籀注

明年上將大誇胡人以多禽獸秋命右扶風發民入南山西自褒斜東至弘農南敺漢中師古曰褒斜南山二谷名也漢中今梁州也斜弋奢反張羅罔罝罘捕熊羆豪豬虎豹狖玃狐菟麋鹿師古曰狖似獼猴仰鼻而長尾玃亦獼猴類也長臂善捕攫身長金色狖弋授反玃音钁載以檻車輸長楊射熊館師古曰長楊宮名也在盩厔縣其中有射熊館以罔為周阹李奇曰阹遮禽獸圍陳也師古曰阹音袪縱禽獸其中令胡人手搏之自取其獲上親臨觀焉是時農民不得收斂雄從至射熊館還上長楊賦聊因筆墨之成文章故藉翰林以為主人子墨為客卿以風師古曰藉借也風讀曰諷其辭曰

子墨客卿問於翰林主人曰蓋聞聖主之養民也仁霑而恩洽動不為身師古曰言憂百姓也今年獵長楊先命右扶風左大華而右褒斜師古曰大華即西嶽華山椓嶻嶭而為弋紆南山以為罝師古曰嶻嶭即所謂嵳峩山也在京師之北凡言此者示獵圍之寬廣也嶻嶭音截嶭又才葛反又五葛反羅千乘於林莽列萬騎於山隅師古曰草平曰莽帥軍踤阹錫戎獲胡師古曰踤足蹴之也錫戎獲胡言以禽獸賜戎狄令胡人獲取之踤才恤反搤熊羆拕豪豬師古曰搤捉持之也豪豬一名帚豲也搤音厄拕音佗豲音桓木雍槍纍以為儲胥蘇林曰木擁柵其外又以竹槍纍為外儲也服虔曰儲胥猶言有餘也師古曰儲峙也胥須也以木擁槍及纍繩連結以為儲胥言有儲畜以待所須也槍子羊反纍力佳反此天下之窮覽極觀

也雖然亦頗擾于農民三旬有餘其廑至矣師古曰廑古勤
字而功不圖張晏曰不可圖畫以示後人師古曰此說非也圖謀也言百姓甚勤勞矣而不見謀贍恤之事恐不
識者外之則以為娛樂之遊內之則不以為乾豆
之事師古曰乾豆三驅之一也乾豆者言為脯羞以充實豆薦宗廟豈為民乎哉且人君以
玄默為神澹泊為德師古曰澹泊安靜也澹徒濫反泊步各反又音魄今樂遠出
以露威靈師古曰露謂顯暴不深固數搖動以罷車甲師古曰罷讀曰疲本
非人主之急務也蒙竊或焉師古曰蒙自謂蒙蔽也翰林主人
曰吁謂之茲邪師古曰吁疑怪之辭也謂茲邪猶云何為如此也吁音于若客所謂知其
一未睹其二見其外不識其內者也僕嘗倦談不
能一二其詳師古曰詳悉也請略舉凡而客自覽其切焉師古

曰凡大指也切要也客曰唯唯主人曰昔有彊秦封豕其士窫窳
其民鑿齒之徒相與摩牙而爭之應劭曰淮南子云堯之時窫窳封豨鑿齒皆為民害窫窳類貙虎爪食人服虔曰鑿齒長五尺似鑿亦食人李奇曰以喻秦貪婪殘食其民也師古曰封大也窫於黠反窳音俞豪俊
麋沸雲擾群黎為之不康師古曰黎眾康安也於是上帝眷
顧高祖高祖奉命順斗極運天關橫鉅海票昆侖
師古曰票猶言搖動也音匹昭反提劍而叱之所麾城擲邑下將降旗
李奇曰擲音車轍之轍師古曰擲舉手擲之也一日之戰不可殫記師古曰殫盡也不可盡記言其多也
當此之勤頭蓬不暇疏飢不及餐師古曰蓬謂髮亂如蓬也鞮鍪
生蟣蝨介冑被霑汗師古曰鞮鍪即兜鍪也鞮丁奚反鍪音牟蟣居豈反以為萬姓
請命乎皇天迺展民之所詘振民之所乏師古曰展申也振起

也規億載恢帝業七年之間而天下密如也師古曰密靜也
逮至聖文隨風乘流方垂意於至寧躬服節儉綈
衣不敝革鞜不穿師古曰言不穿敝而已無取於華也鞜革履音沓大夏不居木
器無文師古曰大夏夏屋也於是後宮賤瑇瑁而疏珠璣卻翡
翠之飾除彫瑑之巧師古曰瑑刻鏤也瑑音篆惡麗靡而不近斥
芬芳而不御師古曰斥卻也抑止絲竹晏衍之樂憎聞鄭衛
幼眇之聲師古曰衍弋戰反幼一笑反眇音妙是以玉衡正而大階平也
師古曰玉衡天儀也大階解在東方朔傳其後熏鬻作虐東夷橫畔師古曰鬻音弋六
反橫胡孟反羌戎睚眦閩越相亂師古曰睚眦瞋目皃睚五懈反眦仕解反睚字或作矔矔者怒其目
音工喚反遐萌為之不安中國蒙被其難師古曰遐遠也於是聖武

勃怒爰整其旅迺命票衛應劭曰票票騎霍去病衛衛青也汾沄沸
渭雲合電發師古曰汾沄沸渭眾盛皃汾音紛沄音云猋騰波流機駭蠭軼
師古曰猋疾風也騰奔也蠭與鋒同軼過也如機之駭如蠭之過言其疾也軼與逸同疾如奔星擊如震
霆師古曰霆雷之急者音廷砰轒輼破穹廬應劭曰轒輼匈奴車也師古曰穹廬旃帳也轒扶云反輼
於云反腦沙幕髓余吾師古曰腦塗沙幕地髓入余吾水言其大破死亡髓古髓字遂獵王
庭孟康曰匈奴王庭也敺橐它燒熐蠡張晏曰熐蠡乾酪也以為酪母燒之壞其養生之具也師古曰熐音
覓蠡音黎又音來戈反分梨單于磔裂屬國師古曰梨與劙同謂剺析也劙力私反夷
阬谷拔鹵莽刊山石師古曰鹵莽淺草之地也阬口衡反莽莫戶反蹂屍輿廝係
累老弱師古曰言已死則蹂踐其屍破傷者則輿之而行也廝析也音斯累力追反兗鋋瘢耆金鏃
淫夷者數十萬人如淳曰兗括也孟康曰瘢耆馬脊創瘢處也蘇林曰以耆字為著字著音僨之著鏃著其頭也

師古曰鋋鐵矜小矛也掔夷過傷也據如孟康之說則前括及鋋所中皆有創瘢於耆而被金鋋過傷者復衆也蘇氏以耆字爲著字依其所釋則括及鋋所傷皆有瘢又著金鏃於頭上云過者亦多矣用字既別分句不同據今書本多作耆字宜從孟說鋋音蟬又音延著竹略反矜巨巾反皆稽顙樹頷扶服蛾伏如淳曰叩頭時頂下向則頷樹上向也師古曰樹豎也頷胡感反服蒲北反蛾與蟻同蛾伏者言其伏如蟻蟻也二十餘年矣尚不敢惕息師古曰惕息懼而小息也息出入氣也夫天兵四臨幽都先加師古曰幽都北方謂匈奴回戈邪指南越相夷師古曰夷傷也一曰平殄也靡節西征羌僰東馳是以遐方疏俗殊鄰絶黨之域師古曰疏亦遠也鄰邑也自上仁所不化茂德所不綏莫不蹻足抗手請獻厥珍師古曰蹻舉也音蹻使海内澹然師古曰澹安也音徒濫反永亡邊城之災金革之患今朝廷純仁遵道顯義并包書林聖風雲靡師古曰靡合韻音武義反英華沈浮洋溢八區普天所覆

莫不沾濡士有不談王道者則樵夫笑之師古曰樵夫采樵之人故意者以爲事罔隆而不殺物靡盛而不虧師古曰罔靡皆無也殺衰也音所例反故平不肆險安不忘危服虔曰肆棄也師古曰肆放也不敢心於險而言常思念也迺時以有年出兵整輿竦戎師古曰有年有豐年也因豐年而時出兵也竦勸也振師五莋習馬長揚師古曰振亦整也莋與柞同簡力狡獸校武票禽師古曰校計量也票禽輕疾之禽也票頻妙反又匹妙反迺萃然登南山瞰烏弋晉灼曰萃集也服虔曰三十六國烏弋最在其西師古曰瞰遠視也音口濫反西厭月𥈞東震日域服虔曰𥈞音窟穴月𥈞月所生也師古曰日域日初出之處也厭一涉反又恐後世迷於一時之事常以此取國家之大務淫荒田獵陵夷而不御也師古曰禦止也是以車不安軔日未靡旃從者仿佛𩰚屬而還張晏曰從者見仿佛委釋迴旋師古曰車不安軔未及止也日未靡旃不移景也仿佛謂髣髴𩰚古委字也屬之欲反還讀曰旋亦所以奉太宗之烈遵文武之度復三王之田反五帝之虞師古曰虞與娛同合韻音牛具反使農不輟耰工不下機師古曰耰摩田之器也音憂婚姻以時男女莫違師古曰已解於上也出愷弟行簡易矜劬勞休力役師古曰易合韻音弋赤反見百年存孤弱帥與之同苦樂然後陳鍾鼓之樂鳴鞀磬之和建碣磍之虡孟康曰碣磍刻猛獸爲之故其形碣磍而盛怒也師古曰鞀古鼗字鞀小鼓也碣一轄反磍音轄拮隔鳴球掉八列之舞師古曰拮隔擊考也鳴球玉磬也掉搖也搖身而舞也一曰拮隔彈鼓也鳴球以玉飾琴瑟也拮居黠反球音求又音虯掉徒釣反酌允鑠肴樂胥張晏曰允信也鑠美也言酌信義以當酒帥禮樂以爲肴也師古曰小雅車攻之詩曰允矣君子展也大成周頌酌之詩曰於鑠王師小雅桑扈之詩曰君子樂胥故引之爲言也胥先呂反聽廟中之雍雍受神人之福祜

師古曰大雅思齊之詩曰雍雍在宮肅肅在廟小雅桑扈之詩曰受天之祜祜福也音戶歌投頌吹合雅其勤若此故真神之所勞也師古曰大雅旱麓之詩曰愷弟君子神所勞矣勞謂勞來之猶言勸勉也故雄引之云勞郎到反方將俟元符師古曰元善也符瑞也以禪梁甫之基增泰山之高延光于將來比榮乎往號豈徒欲淫覽浮觀馳騁秔稻之地周流梨栗之林蹂踐芻蕘誇詡衆庶盛狖玃之收多麋鹿之獲哉且盲不見咫尺而離婁燭千里之隅師古曰離婁古明目者一號離朱燭照也客徒愛胡人之獲我禽獸曾不知我亦已獲其王侯言未卒墨客降席再拜稽首曰大哉體乎允非小子之所能及也師古曰允信也迺今日發矇廓然已昭矣哀帝時丁

傳董賢用事諸附離之者或起家至二千石師古曰離著也音麗時雄方草大玄有以自守泊如也師古曰泊安靜也音步各反或謿雄以玄尚白師古曰玄黑色也言雄作之不成其色猶白故無祿位也而雄解之號曰解謿其辭曰客謿揚子曰吾聞上世之士人綱人紀師古曰爲衆人之綱紀也不生則已生則上尊人君下榮父母析人之圭儋人之爵師古曰析亦分也儋荷負也懷人之符分人之祿紆青拕紫朱丹其轂師古曰青紫謂綬色紆縈也拕曳也拕吐賀反又徒可反今子幸得遭明盛之世處不諱之朝與群賢同行師古曰同行謂同行列歷金門上玉堂有日矣應劭曰金門金馬門也晉灼曰黃圖有大玉堂小玉堂殿也曾不能畫一奇出一策上說人主下談公

前漢傳五十七下　六　何先

卿目如耀星舌如電光壹從壹衡論者莫當師古曰從子容反顧而作太玄五千文師古曰顧反也支葉扶疏獨說十餘萬言師古曰扶疏分布也深者入黃泉高者出蒼天大者含元氣纖者入無倫師古曰纖微之甚無等倫然而位不過侍郎擢纔給事黃門師古曰纔淺也言僅得之也纔音才意者玄得毋尚白乎何爲官之拓落也師古曰拓落不耦也拓音託揚子笑而應之曰客徒欲朱丹吾轂不知一跌將赤吾之族也師古曰跌足失厝也見誅殺者必流血故云赤族跌徒結反往者周罔解結群鹿爭逸師古曰謂戰國時諸侯也離爲十二合爲六七師古曰十二謂魯衛齊楚宋鄭陳秦韓趙魏中山也六七者齊趙韓魏燕楚六國及秦爲七也四分五剖並爲戰國晉灼曰道其分離之意四分則交五而裂如田字士無

常君國亡定臣得士者富失士者貧矯翼厲翮恣意所存師古曰言來去如鳥之飛各任所息也故士或自盛以橐或鑿坏以遁應劭曰自盛以橐謂范雎也鑿坏謂顏闔也魯君聞顏闔賢欲以爲相使者往聘因鑿後垣而亡坏壁也蘇林曰坏音培師古曰又音普回反是故騶衍以頡亢而取世資應劭曰衍齊人也著書所言皆大事故齊人曰談天衍遊諸侯所言則以爲迂闊遠於事情然終不屈嘗仕於齊位至卿師古曰頡亢上下不定也頡下結反亢胡浪反孟軻雖連蹇猶爲萬乘師張晏曰連蹇難也言值世之屯難也師古曰連音輦今大漢左東海右渠搜前番禺後陶塗如淳曰小國也師古曰騊駼馬出北海上今此云後陶塗則是此方國名也本國出馬因以爲名今書本陶字有作椒者流俗所改東南一尉孟康曰會稽東部都尉也西北一候孟康曰燉煌玉門關候也徽以糾墨製以質鈇師古曰言有罪者則係於徽墨尤惡者則斬以鈇質也徽糾墨皆繩也質鍖也鈇莝刃也音膚鍖竹林反散以禮樂風以詩書師古

前漢傳五十七下　七　晉式

曰風化也曠以歲月結以倚廬孟康曰在倚廬行服三年也應劭曰漢律以不爲親行三年服不得選舉師古曰倚廬倚牆至地而爲之無楣柱倚於綺反天下之士雷動雲合魚鱗雜襲咸營于八區師古曰八區八方也家家自以爲稷契人人自以爲咎繇戴縰垂纓而談者皆擬於阿衡師古曰縰韜髮者也音山爾反五尺童子羞比晏嬰與夷吾師古曰夷吾管仲也羞比之也以其不爲王者之佐當塗者入青雲失路者委溝渠旦握權則爲卿相夕失埶則爲匹夫譬若江湖之雀勃解之鳥乘鴈集不爲之多雙鳧飛不爲之少應劭曰乘鴈四鴈也師古曰雀字或作厓鳥字或作島島海中山其義兩通乘食證反昔三仁去而殷虛師古曰論語稱微子去之箕子爲之奴比干諫而死孔子曰殷有三仁焉虛空也一曰虛讀曰墟言其亡國爲丘墟二老歸而周熾應劭

曰二老伯夷太公也子胥死而吴亡種蠡存而粤伯師古曰伯讀曰霸五羖入而秦喜樂毅出而燕懼師古曰五羖謂百里奚也買以羖羊之皮五故稱五羖也范睢以折摺而危穰侯晉灼曰摺古拉字也蔡澤雖噤吟而笑唐舉師古曰噤吟頷頤之貌澤從唐舉相謂之曰聖人不相殆先生乎澤曰吾自知富貴噤鉅錦反吟魚錦反舉合韻音居御反故當其有事也非蕭曹子房平勃樊霍則不能安當其亡事也章句之徒相與坐而守之亦亡所患師古曰章句小儒也患合韻胡關反故世亂則聖哲馳騖而不足世治則庸夫高枕而有餘夫上世之士或解縛而相孟康曰管仲也或釋褐而傅孟康曰甯戚也或倚夷門而笑應劭曰侯嬴也爲夷門卒秦伐趙趙求救無忌將十餘人往辭嬴嬴無所戒更還嬴笑之以謀告無忌也或橫江潭而漁師古曰漁父也師古

曰江潭而漁潭音尋漁合韻音牛助反或七十說而不遇應劭曰孔丘也或立談閒而封侯服虔曰薛公也或枉千乘於陋巷應劭曰齊有小臣稷桓公一日三至而不得見從者曰可以止矣桓公曰士之傲爵祿者固輕其主主傲霸王者亦輕其士縱彼傲爵祿吾庸敢傲霸王乎遂見之或擁帚彗而先驅應劭曰鄒衍之燕昭王郊迎擁彗爲之先驅也師古曰彗亦以埽者也音似歲反是以士頗得信其舌而奮其筆師古曰信讀曰申窒隙蹈瑕而無所詘也李奇曰君臣上下有釁罅瑕隙乖離之漸則可抵而取也師古曰窒塞也[illegible]罅呼駕反當今縣令不請士郡守不迎師君卿不揖客將相不俛眉師古曰自高抗也俛低也言奇者見疑行殊者得辟師古曰辟辟罪法是以欲談者宛舌而固聲欲行者擬足而投迹師古曰宛屈也固閉也擬疑也鄉使上世之士處乎今師古曰鄉讀曰嚮策非甲科行非孝廉舉

非方正獨可抗疏時道是非師古曰抗舉也謂上之也疏者疏條其事而言之疏所據反高得待詔下觸聞罷師古曰報聞而罷之又安得青紫且吾聞之也火炎炎者滅隆隆者絕觀雷觀火爲盈爲實天收其聲地藏其熱師古曰炎炎火光也隆隆雷聲也人之觀火聽雷謂其盈實然以天收雷聲地藏火熱則爲虛無言極盛者亦滅亡也高明之家鬼瞰其室李奇曰鬼神害盈而福謙也師古曰瞰視也音口濫反攫拏者亡默默者存師古曰攫拏妄有搏執牽引也拏女居反位極者宗危自守者身全是故知玄知默守道之極爰清爰靜游神之廷師古曰靜合韻音才性反惟寂惟寞守德之宅世異事變人道不殊彼我易時未知何如李奇曰或能勝之今子迺以鴟梟而笑鳳皇執蝘蜓而嘲龜龍師古曰蝘

蜓蝪也蝘音一典反蜓音殄不亦病乎子徒笑我玄之尚白吾亦笑子之病甚不遭臾跗扁鵲師古曰二人皆古之良醫也跗音甫無反悲夫客曰然則靡玄無所成名乎師古曰靡亦無范蔡以下何必玄哉揚子曰范雎魏之亡命也折脅拉髂免於徽索師古曰髂骨也徽繩也髂音格翕肩蹈背扶服入橐師古曰翕斂也服蒲北反激卬萬乘之主如淳曰卬怒也言秦安得王獨大后穰侯耳師古曰卬讀曰仰界涇陽抵穰侯而代之蘇林曰抵音紙界閒其兄弟使疏應劭曰涇陽秦昭王弟貴用事也當也師古曰言當其際蔡澤山東之匹夫也顉頤折頞涕涶流沫師古曰顉曲頤也音欽西揖彊秦之相搤其咽炕其氣附其背而奪其位張晏曰蔡澤說范雎以功成而退禍福之機適值雎有閒於主因薦以代師古曰搤謂急持之咽頸也炕絕也咽一千反炕音抗時也

師古曰遇其時天下已定金革已平都於雒陽婁敬委輅脫

輓掉三寸之舌師古曰輅胡格反輓音晚掉徒釣反解在劉敬傳建不拔之策舉

中國徙之長安師古曰不拔謂其堅固不拔也中國謂京師適也師古曰中其適五帝垂

典三王傳禮百世不易叔孫通起於枹鼓之閒師古

曰枹音孚解甲投戈遂作君臣之儀得也師古曰得其所甫刑靡

敝秦法酷烈師古曰靡敝也音糜聖漢權制而蕭何造律宜也

師古曰合其宜故有造蕭何律於唐虞之世則誖矣師古曰誖乖也音布內反

有作叔孫通儀於夏殷之時則惑矣有建婁敬之策

於成周之世則繆矣有談范蔡之說於金張許史

之閒則狂矣夫蕭規曹隨師古曰隨從也言蕭何始作規摸曹參因而從之留侯

畫策陳平出奇功若泰山嚮若阺隤師古曰阺音氐巴蜀人名山旁堆欲

墮落曰阺應劭以為天水隴氐失之矣氐音丁禮反唯其人之贍知哉亦會其時之

可為也師古曰非唯其人贍知乃會時之可為也故為可為於可為之時則從

為不可為於不可為之時則凶夫藺先生收功於

章臺孟康曰秦昭王趙成王飲於此臺藺相如前折昭王也晉灼曰相如獻璧於此臺師古曰晉說是也謂齎璧入秦秦不與趙地

相如義取其璧使人閒以歸趙也史記始皇本紀云章臺在渭南而秦趙會飲廼在黽池非章臺也孟說失之四皓采榮

於南山師古曰榮者謂聲名也一曰榮謂草木之英采取以充食公孫創業於金馬孟康

曰公孫弘對策金馬門票騎發迹於祁連司馬長卿竊訾於卓

氏東方朔割名於細君師古曰割損也言以肉歸遺細君是損割其名僕誠不

能與此數公者並故默然獨守吾大玄雄以為賦

者將以風之師古曰風讀曰諷下以諷刺上也必推類而言極麗靡之

辭閎侈鉅衍競於使人不能加也師古曰言專為廣大之言既迺

歸之於正然覽者已過矣師古曰言其末篇反從之正道故觀覽之者但得浮華而無益

於諷諫也往時武帝好神仙相如上大人賦欲以風師古

曰風讀曰諷帝反縹縹有陵雲之志師古曰縹匹昭反繇是言之

賦勸而不止明矣師古曰繇讀與由同又頗似俳優淳于髡優

孟之徒師古曰髡孟皆滑稽非法度所存賢人君子詩賦之正

也於是輟不復為師古曰輟止也而大潭思渾天師古曰潭深也渾天天象

也渾胡昆反參摹而四分之蘇林曰三析而四分天之宿度甲乙也極於八十一

旁則三摹九据晉灼曰据今據字也據猶位也處也極之七百二十九贊

亦自然之道也故觀易者見其卦而名之觀玄者

數其畫而定之玄首四重者非卦也數也其用自

天元推一晝一夜陰陽數度律歷之紀九九大運

與天終始故玄三方九州二十七部八十一家二

百四十三表七百二十九贊分為三卷曰一二三

與泰初歷相應亦有顓頊之歷焉揲之以三策蘇林

曰三三而分之師古曰揲食列反關之以休咎絣之以象類晉灼曰絣雜也師古曰絣

併也音幷播之以人事師古曰播布也文之以五行擬之以道德仁

義禮知無主知名要合五經苟非其事文不虛生

為其泰曼漶而不可知張晏曰曼音滿漶音緩師古曰曼漶不分別皃猶言蒙鴻也曼莫幹

反德 音臭 故有首衝錯測攡瑩數文棿圖告十一篇 晉灼曰攡音離 服虔曰棿音睨 師古曰攡音摛 皆以解剝玄體離散其文章句尚不存焉 師古曰玄中之文雖有章句其言深妙尚不能盡存故解剝而離散也 玄文多故不著觀之者難知 學之者難成 客有難玄大深衆人之不好也 雄解之號曰解難 其辭曰 客難揚子曰 凡著書者為衆人之所好也 美味期乎合口 工聲調於比耳 師古曰比和也 音頻二反 今吾子廼抗辭幽說 閎意眇指 師古曰眇讀曰妙 獨馳騁於有亡之際 而陶冶大鑪 旁薄羣生 師古曰旁薄猶言蕩薄也 歷覽者茲年矣 而殊不寤 師古曰茲益也 茲年言其久也 不寤不曉其意 亶費精神於此 而煩學者於彼 師古曰亶讀曰但 譬畫者畫於無形 弦者放於無聲 殆不可乎 師古曰放依也 殆近也 放甫往反 揚子曰俞 師古曰俞然也 音喻 若夫閎言崇議 幽微之塗 蓋難與覽者同也 昔人有觀象於天 視度於地 察法於人者 天麗且彌 地普而深 師古曰麗著也 日月星辰之所著也 彌廣也 普遍也 昔人之辭 廼玉廼金 師古曰貞實美麗如金玉也 彼豈好為艱難哉 埶不得已也 師古曰已止也 獨不見夫翠虯絳螭之將登虖天 師古曰虯螭解並在前 必聳身於倉梧之淵 不階浮雲 翼疾風 虛舉而上升 則不能撠膠葛 騰九閎 師古曰撠揭也 膠葛上清之氣也 騰升也 九閎九天之門 撠音戟 揭居足反 日月之經不千里 則不能燭六合 燿八紘 師古曰燭照也 六合謂天地四方 八紘八方之綱維也 紘音厷 泰山之高不嶕嶢 則不能浡滃雲

前漢傳五十七下 十二 楊琪

而散歊烝 師古曰嶕嶢高皃也 浡滃盛也 滃雲氣皃 歊烝氣上出也 嶕嶢音樵堯 浡音勃 滃一孔反 歊許昭反 是以宓犧氏之作易也 師古曰宓音伏 緜絡天地 經以八卦 文王附六爻 師古曰因而重之 孔子錯其象而彖其辭 然後發天地之臧 定萬物之基 典謨之篇 雅頌之聲 不溫純深潤 則不足揚鴻烈而章緝熙 師古曰造化鴻大也 烈業也 緝熙光明也 蓋胥靡為宰 李奇曰造化之神宰割萬物也 張晏曰胥相也 靡無也 言相師以無為作宰者也 寂寞為尸 李奇曰萬化以寂寞為主 大味必淡 大音必希 師古曰淡謂無至味也 音徒濫反 大語叫叫 大道低回 師古曰叫叫遠聲也 低回紆衍也 是以聲之眇者不可同於衆人之耳 眇讀曰妙 形之美者不可棍於世俗之目 師古曰棍亦同也 音胡本反 辭之衍者不可齊於庸人之聽 師古曰衍亦旁廣也

今夫弦者 高張急徽 追趨逐耆 則坐者不期而附 師古曰徽琴徽也 所以表發撫抑之處也 追趨逐耆者 隨所趨嚮愛嗜而追逐之也 趨讀曰趣 耆讀曰嗜 試為之施咸池 揄六莖 發簫韶 詠九成 則莫有和也 師古曰揄引也 和應也 揄音踰 和胡卧反 是故鍾期死 百牙絕弦破琴而不肯與衆鼓 師古曰解在司馬遷傳 獿人亡 則匠石輟斤而不敢妄斲 服虔曰獿古之善塗塈者也 施廣領大袖以仰塗而領袖不汙 有小飛泥誤著其鼻 因令匠石揮斤而斲知石之善斲 故敢使之也 師古曰塈即今之仰泥也 獿技拭也 故謂塗者為獿人 獿音乃高反 又乃回反 今書本獿字有作鄾者 流俗改之 塈許既反 師曠之調鍾 竢知音者之在後也 應劭曰晉平公鑄鍾 工者以為調矣 師曠曰且竊聽之 知其不調也 至於師涓而果知鍾之不調 是師曠欲善調之鍾 為後世之有知音 孔子作春秋 幾君子之前睹也 師古曰幾讀曰冀 老聃有遺言 貴知我者希 師古曰老子德經云 知我者希 則我貴矣

前漢傳五十七下 十三 陳華

此非其操與師古曰與讀曰歟雄見諸子各以其知舛馳師古
曰舛相背大氐詆訾聖人即爲怪迂析辯詭辭以撓世
事師古曰大氐大歸也詆訾毀也迂遠也析分也詭異也言諸子之書大歸皆非毀周孔之教爲巧辯異辭以撓亂時政也訾音紫迂音于撓火高反其字從手也雖小辯終破大道而或衆使溺於所聞而
不自知其非也及太史公記六國歷楚漢訖麟止
不與聖人同是非頗謬於經師古曰頗普我反故人時有問
雄者常用法應之譔以爲十三卷師古曰譔與撰同象論語
號曰法言法言文多不著獨著其目師古曰雄有序著篇之意
天降生民倥侗顓蒙鄭氏曰童蒙無所知也師古曰倥音空侗音同顓與專同恣于
情性聰明不開訓諸理師古曰訓告也譔學行第一

前漢傳五十七下　十四　陳擇

降周迄孔成于王道師古曰周周公旦也迄至也孔孔子言自周公以降至於孔子設教垂法皆帝王之道
終後誕章乖離諸子圖微師古曰言其後澆末虛誕益章乖於七十弟子所謀微妙之言
譔吾子第二
事有本眞陳施於億李奇曰布陳於億萬事也動不克咸李奇曰不能皆善也
本諸身譔修身第三
芒芒天道在昔聖考師古曰聖人能成天道過則失中不及則
不至不可奸罔蘇林曰罔誣也言不可作奸誣於聖道譔問道第四
神心曶怳經緯萬方師古曰曶讀與忽同事繫諸道德仁誼
禮譔問神第五
明哲煌煌旁燭亡疆師古曰煌煌盛見也燭照也無疆猶無極也遜于不虞

以保天命李奇曰常行遜順備不虞譔問明第六
假言周于天地贊于神明師古曰假至也幽弘橫廣絕于邇
言李奇曰理過近世人之言也譔寡見第七
聖人聰明淵懿繼天測靈冠于群倫經諸範師古曰經常也
範法也譔五百鄧展曰五百歲聖人一出第八
立政鼓衆動化天下莫上於中和鄧展曰鼓亦動也中和之
發在於哲民情師古曰哲知也譔光智第九
仲尼以來國君將相卿士名臣參差不齊師古曰言志業不同
也參初林反壹槩諸聖師古曰一以聖人大道槩平槩工代反譔重黎第十
仲尼之後訖于漢道德顏閔股肱蕭曹爰及

前漢傳五十七下　十五　侯式

名將尊卑之條稱述品藻師古曰品藻者定其差品及文質譔淵騫第
十一
君子純終領聞李奇曰領理所聞也師古曰純善也領令也聞名也言君子之道能善於終而不失令名
蠢迪檢押師古曰蠢動也迪道也由也檢押猶隱括也言動由檢押也押音甲旁開聖則譔
君子第十二
孝莫大於寧親寧親莫大於寧神寧神莫大於四
表之驩心師古曰寧安也言大孝之在於尊嚴祖考安其神靈所以得然者以得四方之外驩心譔孝
至第十三
贊曰雄之自序云爾師古曰自法言目之前皆是雄本自序之文也初雄年四
十餘自蜀來至游京師大司馬車騎將軍王音奇

其文雅召以爲門下史薦雄待詔歲餘奏羽獵賦
除爲郎給事黄門與王莽劉歆並哀帝之初又與
董賢同官當成哀平閒莽賢皆爲三公權傾人主
所薦莫不拔擢而雄三世不徙官及莽篡位談說
之士用符命稱功德獲封爵者甚衆雄復不侯以
耆老久次轉爲大夫恬於埶利廼如是（師古曰恬安也）實好
古而樂道其意欲求文章成名於後世以爲經莫
大於易故作大玄傳莫大於論語作法言史篇莫
善於倉頡作訓纂（纂亦纂字）箴莫善於虞箴作州箴（晉灼
曰九州之箴也）賦莫深於離騷反而廣之辭莫麗於相如作

前漢傳五十七下　十六　屠式

四賦皆斟酌其本相與放依而馳騁云（師古曰放甫往反）用
心於内不求於外於時人皆曶之（師古曰曶與忽同謂輕也）唯劉
歆及范逡敬焉（師古曰逡千旬反）而桓譚以爲絶倫（師古曰無比類）王
莽時劉歆甄豐皆爲上公莽既以符命自立即位
之後欲絶其原以神前事而豐子尋歆子棻復獻
之（師古曰棻亦枌字也扶云反）莽誅豐父子投棻四裔辭所連及便
收不請（師古曰不須奏請）時雄校書天禄閣上治獄使者來
欲收雄雄恐不能自免廼從閣上自投下幾死
（師古曰幾鉅依反）莽聞之曰雄素不與事何故在此（師古曰與讀曰豫）
閒請問其故（師古曰使人密問之）廼劉棻嘗從雄學作奇字（師古
曰古文之異者）雄不知情（師古曰不知獻符命之事也）有詔勿問然京師爲之
語曰惟寂寞自投閣爰清靜作符命（師古曰以雄解嘲之言譏之也今流
俗本云惟寂惟寞自投於閣爰清爰靜作符命妄增之）雄以病免復召爲大夫家素貧
耆酒（師古曰耆讀曰嗜）人希至其門時有好事者載酒肴從
游學而鉅鹿侯芭常從雄居（服虔曰芭音葩）受其大玄法
言焉劉歆亦嘗觀之謂雄曰空自苦今學者有禄
利然尚不能明易又如玄何（師古曰言無柰之何）吾恐後人用
覆醬瓿也（師古曰瓿音部小甖也）雄笑而不應年七十一天鳳
五年卒侯芭爲起墳喪之三年時大司空王邑納
言嚴尤聞雄死謂桓譚曰子常稱揚雄書豈能傳

前漢傳五十七下　十七　許宗

於後世乎譚曰必傳顧君與譚不及見也（師古曰顧見也）凡
人賤近而貴遠親見揚子雲禄位容皃不能動人
故輕其書昔老聃著虚無之言兩篇（師古曰謂道德經也）薄仁
義非禮學然後好之者尚以爲過於五經自漢文
景之君及司馬遷皆有是言今揚子之書文義至
深而論不詭於聖人（師古曰詭違也聖人謂周公孔子）則必度越諸子
矣（師古曰度過也）諸儒或譏以爲雄非聖人而作經猶春秋吴
楚之君僭號稱王蓋誅絶之罪也（師古曰絶謂無骨嗣也）自雄
之没至今四十餘年其法言大行而玄終不顯然
篇籍具存

揚雄傳第五十七卷下

揚雄傳長揚賦有云夯鋋瘢耆金鏃淫夷者數十萬人臣佖按字書無夯字今俗以為兖州字本作沇此夯鋋合作鈗鋋許慎說文鈗字注云侍臣所執兵從金允聲周書曰一人冕執鈗讀若允與鈗字相次又案今文尚書一人冕執鈗孔安國傳云鈗矛屬也疑孔安國之時舊是鈗字後傳寫作銳耳說文銳芒也亦與矛不類矣漢書相承疑誤書為夯字如淳注釋乃云夯括也顏師古又依孟康所說為笓箭括即愈無所據且笓箭括非刃豈與鋋小矛同可以傷夷人乎此夯字故合作鈗

儒林傳第五十八　班固　漢書八十八

秘書監上護軍琅邪縣開國子顏　師古注

古之儒者博學虖六藝之文 師古曰六藝謂易禮樂詩書春秋 六藝者王教之典籍先聖所以明天道正人倫致至治之成法也周道既衰壞於幽厲禮樂征伐自諸侯出陵夷二百餘年而孔子興 師古曰陵夷言漸積替 以聖德遭季世知言之不用而道不行迺歎曰鳳鳥不至河不出圖吾已矣夫 師古曰論語載孔子之言也鳳鳥河圖王者之瑞自傷有德而無位故云已矣 文王既沒文不在茲乎 師古曰言文王久已沒矣文章之事豈不在此乎蓋自謂也亦見論語 於是應聘諸侯以荅禮行誼 師古曰荅禮謂有問禮者則為應荅而申明之 西入周南至楚畏匡厄陳 師古曰匡邑名即陳留匡城縣孔子貌類陽貨陽貨嘗有怨於匡匡人見孔子以為陽貨也故圍而欲害之後得免耳厄陳謂在陳絕糧也 奸七十餘君 師古曰奸音干 適齊聞韶三月不知肉味 師古曰美舜樂之善 自衛反魯然後樂正雅頌各得其所 師古曰自衛反魯謂哀十一年也是時道衰樂廢孔子還修正之故雅頌各得其所 究觀古今篇籍迺稱曰大哉堯之為君也唯天為大唯堯則之 師古曰言堯所行皆法天 巍巍乎其有成功也煥乎其有文章 師古曰巍巍高貌煥明也 又曰周監於二代郁郁乎文哉吾從周 師古曰言周追視夏殷之制而損益之故禮文大備也郁郁文章盛貌自此以上孔子之言皆見論語 於是敘書則斷堯典 師古曰謂尚書起自堯典也 稱樂則法韶舞 師古曰論語云顏回問為邦子曰行夏之時乘殷之輅服周之冕樂則韶舞放鄭聲韶舜樂也孔子歎其盡善盡美故欲用之 論詩則首

周南師古曰以關雎爲始也綴周之禮因魯春秋舉十二公行事繩之以文武之道成一王法師古曰繩謂治正之至獲麟而止蓋晚而好易讀之韋編三絕而爲之傳師古曰編聯次簡也言愛玩之甚故編簡之韋爲之三絕也傳謂彖象繫辭文言說卦之屬皆因近聖之事以立先王之教故曰述而不作信而好古下學而上達知我者其天乎師古曰皆論語載孔子之言也作者之謂聖述者之謂明故孔子自謙言我但述者耳下學上達謂下學人事上達天命也行不違天故唯天知我也仲尼既沒七十子之徒散遊諸侯師古曰七十子謂弟子者七十七人也稱七十者但言其成數也大者爲卿相師傅小者友教士大夫或隱而不見故子張居陳師古曰子張姓顓孫名師澹臺子羽居楚師古曰子羽姓澹臺名滅明澹徒甘反子夏居西河師古曰子夏姓卜名商

子貢終於齊師古曰子貢姓端木名賜如田子方段干木吳起禽滑氂之屬皆受業於子夏之倫爲王者師師古曰子方以下皆魏人也滑乎拔反氂音釐是時獨魏文侯好學天下並爭於戰國儒術既黜焉然齊魯之閒學者猶弗廢於威宣之際孟子孫卿之列咸遵夫子之業而潤色之以學顯於當世鄧展曰威宣齊二王及至秦始皇兼天下燔詩書殺術士師古曰燔焚也今新豐縣溫湯之處號愍儒鄉溫湯西南三里有馬谷谷之西岸有阬古老相傳以爲秦阬儒處也衛宏詔定古文官書序云秦既焚書患苦天下不從所改更法而諸生到者拜爲郎前後七百人迺密令冬種瓜於驪山阬谷中溫處瓜實成詔博士諸生說之人人不同乃命就視之爲伏機諸生賢儒皆至焉方相難不決因發機從上塡之以土皆壓終乃無聲此則閔儒之地其不謬矣燔扶元反六學從此缺矣陳涉之王也魯諸儒持孔氏禮器往歸之於是孔甲爲涉博士卒與俱死師古曰孔光傳云鮒爲陳涉博士死陳下今此云孔甲將名鮒而字甲也陳涉起匹夫敺適戍以立號師古曰敺與驅同適讀曰謫不滿歲而滅亡其事至微淺然而搢紳先生負禮器往委質爲臣者何也以秦禁其業積怨而發憤於陳王也及高皇帝誅項籍引兵圍魯魯中諸儒尚講誦習禮弦歌之音不絕豈非聖人遺化好學之國哉於是諸儒始得修其經學講習大射鄉飲之禮叔孫通作漢禮儀因爲奉常諸弟子共定者咸爲選首然後喟然興於學師古曰喟然歎息貌喟音丘位反然尚有干戈平定四海師古曰言陳豨盧綰韓信黥布之徒相次反叛征伐也

亦未皇庠序之事也師古曰皇暇也孝惠高后時公卿皆武力功臣孝文時頗登用師古曰言少用文學之士然孝文本好刑名之言及至孝景不任儒竇太后又好黃老術故諸博士具官待問未有進者師古曰具官謂備員而已漢興言易自淄川田生言書自濟南伏生言詩於魯則申培公於齊則轅固生師古曰培固者其人名生者其號也它皆類此培音陪燕則韓太傅師古曰名嬰也言禮則魯高堂生言春秋於齊則胡母生於趙則董仲舒及竇太后崩武安君田蚡爲丞相黜黃老刑名百家之言延文學儒者以百數而公孫弘以治春秋爲丞相封侯天下學士靡然鄉風

矣（師古曰鄉讀曰嚮）弘為學官悼道之鬱滯迺請曰丞相御史言（師古曰此以下皆弘奏請之辭）制曰蓋聞道民以禮風之以樂（師古曰風化也）婚姻者居室之大倫也（師古曰倫理也）今禮廢樂崩朕甚愍焉故詳延天下方聞之士咸登諸朝（師古曰詳悉也方道也聞有道及博聞之士也）其令禮官勸學講議洽聞舉遺興禮以為天下先（師古曰舉遺謂經典遺逸者求而舉之）太常議予博士弟子崇鄉里之化以厲賢材焉（師古曰厲勸勉之也一曰砥厲也自此以上弘所引詔文）謹與太常臧博士平等議（師古曰臧孔臧也）曰聞三代之道鄉里有教夏曰校殷曰庠周曰序（師古曰教效也言可効道藝也）其勸善也顯之朝廷其懲惡也加之刑罰故教化之行也建

首善自京師始繇內及外（師古曰繇音由由從也）今陛下昭至德開大明配天地本人倫勸學興禮崇化厲賢以風四方太平之原也（師古曰風化也）古者政教未洽不備其禮請因舊官而興焉為博士官置弟子五十人復其身（師古曰復方目反）太常擇民年十八以上儀狀端正者補博士弟子郡國縣官有好文學敬長上肅政教順鄉里出入不悖（師古曰悖乖也音布內反）所聞令相長丞上屬所二千石（師古曰聞謂聞其部屬有此人也令縣令相侯相長縣長丞縣丞也二千石謂郡守及諸王相也）二千石謹察可者常與計偕（師古曰隨上計吏俱至京師）詣太常得受業如弟子一歲皆課能通一藝以上補文學掌

故缺其高弟可以為郎中太常籍奏（師古曰為名籍而奏）即有秀才異等輒以名聞其不事學若下材及不能通一藝輒罷之而請諸能稱者（師古曰謂列其能通藝業而稱任者奏請補用之也）臣謹案詔書律令下者（師古曰下謂頒行也）明天人分際通古今之誼（師古曰分扶問反）文章爾雅訓辭深厚（師古曰爾雅近正也言詔辭雅正而深厚也）恩施甚美小吏淺聞弗能究宣亡以明布諭下以治禮掌故以文學禮義為官遷留滯（師古曰言治禮掌故之官本以有文學習禮義而為之又所以遷擢留滯之人也）請選擇其秩比二百石以上及吏百石通一藝以上補左右內史大行卒史（師古曰言左右內史後為左馮翊右扶風而大行後為大鴻臚也）比百石以下補郡太守卒史皆

各二人（師古曰內地之郡郡各補太守卒史二人也）邊郡一人先用誦多者不足擇掌故以補中二千石屬（蘇林曰屬亦曹史今縣令文書解言屬某甲也）文學掌故補郡屬備員（師古曰云備員者示以升擢之非籍其實用也）請著功令（師古曰新立此條請以著於功令功令篇名若今選舉令）它如律令（師古曰此外並如舊律令）制曰可自此以來公卿大夫士吏彬彬多文學之士矣（師古曰彬彬文章貌也音斌）昭帝時舉賢良文學增博士弟子員滿百人宣帝末增倍之元帝好儒能通一經者復（師古曰蠲其役賦也復方目反）數年以用度不足更為設員千人郡國置五經百石卒史成帝末或言孔子布衣養徒三千人今天子太學弟子少於是增弟子員三千人

歲餘復如故平帝時王莽秉政增元士之子得受
業如弟子勿以爲員師古曰常員之外更開此路歲課甲科四十人
爲郎中乙科二十人爲太子舍人丙科四十人補
文學掌故云自魯商瞿子木受易孔子師古曰商瞿姓也瞿音衢
以授魯橋庇子庸師古曰姓橋名庇字子庸它皆類此庇音必寐反子庸授江東
馯臂子弓師古曰馯姓也音韓子弓授燕周醜子家子家授東
武孫虞子乘子乘授齊田何子裝及秦禁學易爲
筮卜之書獨不禁故傳受者不絕漢興田何以齊
田徙杜陵號杜田生師古曰高祖用婁敬之言徙關東大族故何以舊齊田氏見徙也初徙時未爲
杜陵蓋史家本其地追言也授東武王同子中雒陽周王孫丁寬齊

【前漢傳五十八　六　孫安

服生皆著易傳數篇師古曰田生授王同周王孫丁寬服生四人而四人皆著易傳也子中王
同字也中讀曰仲同授淄川楊何字叔元元光中徵爲大中
大夫齊即墨成至城陽相師古曰姓即墨名成廣川孟但爲太
子門大夫魯周霸莒衡胡師古曰莒人姓衡名胡也臨淄主父偃
皆以易至大官要言易者本之田何丁寬字子襄
梁人也初梁項生從田何受易時寬爲項生從者
讀易精敏材過項生遂事何學成何謝寬師古曰告令罷去
寬東歸何謂門人曰易以東矣師古曰言丁寬得其法術以去寬至雒
陽復從周王孫受古義號周氏傳景帝時寬爲梁
孝王將軍距吳楚號丁將軍作易說三萬言訓故

舉大誼而已師古曰故謂經之旨趣也它皆類此今小章句是也寬授同
郡碭田王孫師古曰碭者梁郡之縣也音唐又音宕王孫授施讎孟喜梁
丘賀繇是易有施孟梁丘之學師古曰繇與由同後類此
施讎字長卿沛人也沛與碭相近讎爲童子從田王
孫受易後讎徙長陵田王孫爲博士復從卒業師古曰卒終也
與孟喜梁丘賀並爲人謙讓常稱學廢不教授及梁
丘賀爲少府事多遣子臨分將門人張禹等從讎
問讎自匿不肯見賀固請不得已乃授臨等於是賀
薦讎結髮事師數十年師古曰從結髮爲童小即從師學著其早也賀不能及
詔拜讎爲博士甘露中與五經諸儒雜論同異於

【前漢傳五十八　七

石渠閣師古曰三輔故事云石渠閣在未央殿北以藏祕書也讎授張禹琅邪魯伯
伯爲會稽太守禹至丞相禹授淮陽彭宣沛戴崇子
平崇爲九卿宣大司空禹宣皆有傳魯伯授太山
毛莫如少路師古曰姓毛名莫如字少路琅邪邴丹曼容著清名莫如
至常山守此其知名者也繇是施家有張彭之學
孟喜字長卿東海蘭陵人也父號孟卿師古曰時人以卿呼之若言公
矣善爲禮春秋授后蒼疏廣世所傳后氏禮疏氏
春秋皆出孟卿孟卿以禮經多春秋煩雜乃使喜
從田王孫受易喜好自稱譽得易家候陰陽災變
書詐言師田生且死時枕喜厀獨傳喜諸儒以此

耀之師古曰用爲光榮也同門梁丘賀跡通證明之師古曰同門同師學者也跡通猶言分別也證明明其僞也曰田生絕於施讎手中時喜歸東海
安得此事又蜀人趙賓好小數書後爲易飾易文
以爲箕子明夷陰陽氣亡箕子箕子者萬物方荄
茲也師古曰易明夷卦彖曰內文明而外柔順以蒙大難文王以之利艱貞晦其明也內難而能正其志箕子以之而六五爻辭曰箕子之明夷利貞此箕子者謂殷父師說洪範者也而賓妄爲說耳荄茲言其根荄方滋茂也荄音該又音皆賓持論巧
慧易家不能難皆曰非古法也師古曰心不服云受孟喜喜
爲名之師古曰名之者承取其名云賓授也後賓死莫能持其說喜因
不肯仞師古曰仞亦名也仞音刃以此不見信喜舉孝廉爲郎曲
臺署長師古曰曲臺殿名署者主供其事也病免爲丞相掾博士缺眾

人薦喜上聞喜改師法遂不用喜喜授同郡白光
少子沛翟牧子兄師古曰兄讀曰況皆爲博士繇是有翟孟
白之學　梁丘賀字長翁琅邪諸人也以能心
計爲武騎從太中大夫京房受易房者淄川楊何
弟子也師古曰自別一京房非焦延壽弟子爲課吏法者或書字誤耳不當爲京房房出爲齊
郡太守賀更事田王孫宣帝時聞京房爲易明求
其門人得賀賀時爲都司空令坐事論免爲庶人
待詔黃門數入說教侍中師古曰爲諸侍中說經爲教授以召賀賀入
說上善之師古曰說於天子之前以賀爲郎會八月飲酎行祠
孝昭廟師古曰行謂天子出先敺旄頭劍挺墮墜首垂泥中師古

曰挺引也劍自然拔出也墜古地字刃鄉乘輿車師古曰鄉讀曰嚮馬驚於是召賀
筮之有兵謀不吉上還使有司侍祠是時霍氏外
孫代郡太守任宣坐謀反誅師古曰霍光傳云任宣霍氏之婿此云外孫誤宣
子章爲公車丞亡在渭城界中夜玄服入廟居郎
間師古曰郎皆皁衣故章玄服以廁也執戟立廟門待上至欲爲逆發覺
伏誅故事上常夜入廟其後待明而入自此始也
賀以筮有應繇是近幸爲太中大夫給事中至少
府爲人小心周密上信重之年老終官傳子臨亦
入說爲黃門郎甘露中奉使問諸儒於石渠臨學
精孰專行京房法琅邪王吉通五經聞臨說善之

時宣帝選高材郎十人從臨講吉乃使其子郎中
駿上疏從臨受易臨代五鹿充宗君孟爲少府駿
御史大夫自有傳充宗授平陵士孫張仲方師古曰姓士孫名張字仲方沛鄧彭祖子夏齊衡咸長賓張爲博
士至楊州牧光祿大夫給事中家世傳業彭祖
眞定大傅咸王莽講學大夫繇是梁丘有士孫
鄧衡之學
京房受易梁人焦延壽師古曰延壽其字名贛延壽云嘗從孟
喜問易會喜死房以爲延壽易即孟氏學翟牧白
生不肯皆曰非也至成帝時劉向校書考易說以

諸易家說皆祖田何楊叔丁將軍大誼略同唯京
氏爲異黨焦延壽獨得隱士之說(師古曰黨讀曰儻)託之孟
氏不相與同房以明災異得幸爲石顯所譖誅自
有傳房授東海殷嘉河東姚平河南乘弘(師古曰乘姓也音食
證反)皆爲郎博士繇是易有京氏之學
費直字長翁東萊人也(師古曰費扶味反)治易爲郎至單父令(師古
曰單音善父音甫)長於卦筮亡章句徒以彖象繫辭十篇文言
解說上下經琅邪王璜平中能傳之(師古曰中讀曰仲)璜又
傳古文尚書
高相沛人也治易與費公同時其學亦亡章句專

說陰陽災異自言出於丁將軍傳至相相授子康
及蘭陵毋將永康以明易爲郎永至豫章都尉及
王莽居攝東郡太守翟誼舉兵誅莽事未發康候
知東郡有兵私語門人門人上書言之後數月翟
誼兵起莽召問對受師高康莽惡之以爲惑衆斬
康繇是易有高氏學高康皆未嘗立於學官
伏生濟南人也(張晏曰名勝伏生碑云也)故爲秦博士孝文時求
能治尚書者天下亡有聞伏生治之欲召時伏生
年九十餘老不能行於是詔太常使掌故朝錯往
受之(師古曰衞宏定古文尚書序云伏生老不能正言言不可曉也使其女傳言教錯齊人語多與潁川異錯所不知者凡十二三

略以其意屬讀而已)秦時禁書伏生壁藏之其後大兵起流亡
漢定伏生求其書亡數十篇獨得二十九篇即以
教于齊魯之閒齊學者由此頗能言尚書山東大
師亡不涉尚書以教伏生教濟南張生及歐陽生
張生爲博士而伏生孫以治尚書徵弗能明定是
後魯周霸雒陽賈嘉頗能言尚書云(師古曰嘉者賈誼之孫也)
歐陽生字和伯千乘人也事伏生授倪寬寬又受
業孔安國至御史大夫自有傳寬有俊材初見武
帝語經學上曰吾始以尚書爲樸學弗好及聞寬
說可觀乃從寬問一篇歐陽大小夏侯氏學皆出

於寬寬授歐陽生子世世相傳至曾孫高子陽爲
博士(師古曰名高字子陽)高孫地餘長賓以太子中庶子授太
子後爲博士論石渠元帝即位地餘侍中貴幸至
少府戒其子曰我死官屬即送汝財物慎毋受汝
九卿儒者子孫以廉絜著可以自成及地餘死少
府官屬共送百萬其子不受天子聞而嘉之賜錢
百萬地餘少子政爲王莽講學大夫由是尚書世
有歐陽氏學
林尊字長賓濟南人也事歐陽高爲博士論石渠
後至少府太子太傅授平陵平當梁陳翁生當至

丞相自有傳翁生信都太傅家世傳業由是歐陽有平陳之學翁生授琅邪殷崇楚國龔勝崇爲博士勝右扶風自有傳而平當授九江朱普公文上黨鮑宣普爲博士宣司隸校尉自有傳徒衆尤盛知名者也

夏侯勝其先夏侯都尉從濟南張生受尚書以傳族子始昌始昌傳勝勝又事同郡蕑卿師古曰蕑音姦蕑卿者倪寛門人勝傳從兄子建又事歐陽高勝至長信少府建太子太傅自有傳由是尚書有大小夏侯之學

周堪字少卿齊人也與孔霸俱事大夏侯勝霸爲博士堪譯官令論於石渠經爲最高後爲太子少傅而孔霸以太中大夫授太子及元帝即位堪爲光祿大夫與蕭望之並領尚書事爲石顯所譖皆免官望之自殺上愍之迺擢堪爲光祿勳語在劉向傳堪授牟卿及長安許商長伯牟卿爲博士霸以帝師賜爵號褒成君傳子光亦事牟卿至丞相自有傳由是大夏侯有孔許之學商善爲筭著五行論曆四至九卿號其門人沛唐林子高爲德行平陵吳章偉君爲言語重泉王吉少音爲政事齊炔欽幼卿爲文學師古曰依孔子弟子顏回以下爲四科也炔音桂王莽時林吉爲九卿自表上師冢大夫博士郎吏爲許氏學者各從門人會車數百兩儒者榮之欽章皆爲博士徒衆尤盛章爲王莽所誅也

張山拊字長賓平陵人也師古曰拊音膚事小夏侯建爲博士論石渠至少府授同縣李尋鄭寛中少君山陽張無故子儒信都秦恭延君陳留假倉子驕無故善脩章句爲廣陵太傅小夏侯說文恭增師法至百萬言師古曰言小夏侯本所說之文不多而秦恭又更增益故至百萬言爲城陽內史倉以謁者論石渠至膠東相尋善說災異爲騎都尉自有傳寛中有儁材以博士授太子成帝即位賜爵關內侯食邑八百戶遷光祿大夫領尚書事甚尊重會疾卒谷永上疏曰臣聞聖王尊師傅褒賢儁顯有功生則致其爵祿死則異其禮謚昔周公薨成王葬以變禮而當天心師古曰周公死成王欲葬之於成周天乃雷雨以風禾盡偃大木斯拔國大恐王乃葬周公於畢示不敢臣也事見尚書大傳而與古文尚書不同公叔文子卒衞侯加以美謚著爲後法師古曰公叔文子衞大夫公叔發也文子卒其子請謚於君君曰昔者衞國凶饑夫子爲粥與國之餓者不亦惠乎衞國有難夫子以其死衞寡人不亦貞乎夫子聽衞國之政修其班制以與四鄰交衞國社稷不辱不亦文乎謂夫子貞惠文子事見禮記檀弓近事大司空朱邑右扶風翁歸德茂夭年孝宣皇帝愍冊厚賜賛命之臣靡不激揚師古曰賛佐也關內侯鄭寛中有顏子之美質包商偃之文

學師古曰論語云文學子游子夏商子夏名偃子游名嚴然總五經之眇論立師傅
之顯位師古曰嚴與儼同眇讀曰妙入則鄉唐虞之閎道王法納
乎聖聽師古曰鄉讀曰嚮閎大也言陳聖王之法聞於天子出則參冢宰之重職
功烈施乎政事退食自公私門不開師古曰退食自公召南羔羊詩之辭
言聚退所食之祿而從至公之道也散賜九族田畝不益德配周召忠合
羔羊未得登司徒有家臣師古曰司徒掌禮教之官言寬中學行堪爲之也家臣若今諸
公國官及府佐也卒然早終尤可悼痛師古曰卒讀曰猝臣愚以爲宜
加其葬禮賜之令諡師古曰令善也以章尊師褒賢顯功
之德上弔贈寬中甚厚由是小夏侯有鄭張秦假
李氏之學寬中授東郡趙玄無故無故授沛唐

尊恭授魯馮賓賓爲博士尊至王莽太傅玄
哀帝御史大夫至大官知名者也
孔氏有古文尚書孔安國以今文字讀之因以起
其家逸書得十餘篇蓋尚書茲多於是矣遭巫蠱
未立於學官安國爲諫大夫授都尉朝服虔曰朝名都尉姓而
司馬遷亦從安國問故遷書載堯典禹貢洪範微
子金縢諸篇多古文說都尉朝授膠東庸生庸生
授清河胡常少子師古曰少子亦常字也以明穀梁春秋爲博
士部刺史又傳左氏常授虢徐敖敖爲右扶風掾
又傳毛詩授王璜平陵塗惲子真子真授河南桑

欽君長王莽時論學皆立劉歆爲國師璜惲等皆
貴顯世所傳百兩篇者出東萊張霸分析合二十
九篇以爲數十又采左氏傳書敘爲作首尾凡百
二篇篇或數簡文意淺陋成帝時求其古文者霸
以能爲百兩徵以中書校之非是師古曰以霸加增私分析故與中書之文
不同也中書天子所藏之書也霸辭受父父有弟子尉氏樊並時太中
大夫平當侍御史周敞勸上存之師古曰存者立其學後樊並
謀反迺黜其書　申公魯人也少與楚元王
交俱事齊人浮丘伯受詩漢興高祖過魯申公以
弟子從師入見于魯南宮呂太后時浮丘伯在長

安楚元王遣子郢與申公俱卒學師古曰郢即郢客也元王薨
郢嗣立爲楚王令申公傅太子戊戊不好學病申
公師古曰病患苦也及戊立爲王胥靡申公師古曰胥靡相係而作役解具在楚元王傳也
申公愧之歸魯退居家教終身不出門復謝賓客
師古曰身既不出門非受業弟子其它賓客來者又謝遣之不與相見也獨王命召之乃往弟子
自遠方至受業者千餘人申公獨以詩經爲訓故
以教亡傳師古曰口說其指不爲解說之傳疑者則闕弗傳蘭陵王
臧既從受詩已通事景帝爲太子少傅免去武帝
初即位臧乃上書宿衛累遷一歲至郎中令及代
趙綰亦嘗受詩申公爲御史大夫綰臧請立明堂

以朝諸侯不能就其事師古曰就成也乃言師申公於是上使使東帛加璧安車以蒲裹輪駕駟迎申公弟子二人乘軺傳從師古曰傳張戀反至見上上問治亂之事申公已八十餘老對曰為治者不至多言顧力行何如耳師古曰顧念也力行謂勉力為行也是時上方好文辭見申公對默然然已招致即以為太中大夫舍魯邸師古曰舍止息也議明堂事太皇竇太后喜老子言不說儒術師古曰喜許既反說讀曰悅得綰臧之過以讓上曰此欲復為新垣平也師古曰讓責也上因廢明堂事下綰臧吏皆自殺申公亦病免歸數年卒弟子為博士十餘人孔安國至臨淮

太守周霸膠西內史夏寬城陽內史碭魯賜東海太守蘭陵繆生長沙內史徐偃膠西中尉鄒人闕門慶忌膠東內史李奇曰姓闕門名慶忌其治官民皆有廉節稱其學官弟子行雖不備而至於大夫郎掌故以百數申公卒以詩春秋授而瑕丘江公盡能傳之徒衆最盛及魯許生免中徐公蘇林曰免中縣名也李奇曰邑名也師古曰李說是也皆守學教授韋賢治詩事大江公及許生晉灼曰大江公即瑕丘江公也以與下博士江公故稱大又治禮至丞相傳子玄成以淮陽中尉論石渠後亦至丞相玄成及兄子賞以詩授哀帝至大司馬車騎將軍自有傳由是魯詩有韋氏學

王式字翁思東平新桃人也事免中徐公及許生式為昌邑王師昭帝崩昌邑王嗣立以行淫亂廢昌邑群臣皆下獄誅唯中尉王吉郎中令龔遂以數諫減死論式繫獄當死治事使者責問曰師何以亡諫書式對曰臣以詩三百五篇朝夕授王至於忠臣孝子之篇未嘗不為王反復誦之也師古曰復方目反至於危亡失道之君未嘗不流涕為王深陳之也臣以三百五篇諫是以亡諫書使者以聞亦得減死論歸家不教授山陽張長安幼君李奇曰長安名先事式後東平唐長賓沛褚少孫亦來事

式問經數篇式謝曰聞之於師具是矣自潤色之師古曰言所聞師說具盡於此若嫌簡略任更潤色不肯復授唐生褚生應博士弟子選詣博士摳衣登堂頌禮甚嚴師古曰摳衣謂以手內舉令離地也摳口侯反頌讀曰容試誦說有法疑者丘蓋不言蘇林曰丘蓋不言不知之意也如淳曰齊俗以不知為丘師古曰二說皆非也論語載孔子曰蓋有不知而作之者我無是也欲遵此意故效孔子自稱丘耳蓋者發語之辭也諸博士驚問何師對曰事式皆素聞其賢共薦式詔除下為博士師古曰下除官之書也下胡嫁反式徵來衣博士衣而不冠曰刑餘之人何宜復充禮官既至舍中會諸大夫博士共持酒肉勞式皆注意高仰之師古曰勞來到反博士江公世為魯詩宗師古曰為魯詩者所宗師也至江公著孝

經說心嫉式謂歌吹諸生曰（如淳曰其學官自有此法酒坐歌吹以相樂也）歌驪駒（服虔曰逸詩篇名也見大戴禮客欲去歌之文穎曰其辭云驪駒在門僕夫具存驪駒在路僕夫整駕也）式曰聞之於師客歌驪駒主人歌客毋庸歸（文穎曰庸用也主人禮未畢且無用歸也）今日諸君爲主人日尚早未可也江翁曰經何以言之（師古曰於經何所有此言）式曰在曲禮江翁曰何狗曲也（師古曰意怒故妄發言言狗者輕賤之甚也今流俗書本云何曲狗妄改之也）式恥之陽醉逷墬（師古曰逷失據而倒也墬古地字逷音徒浪反）式客罷讓諸生曰我本不欲來（師古曰讓責也）諸生彊勸我竟爲豎子所辱遂謝病免歸終於家張生唐生褚生皆爲博士張生論石渠至淮陽中尉唐生楚太傅由是魯詩有張唐褚氏之學

張生兄子游卿爲諫大夫以詩授元帝其門人琅邪王扶爲泗水中尉陳留許晏爲博士由是張家有許氏學初薛廣德亦事王式以博士論石渠授龔舍廣德至御史大夫舍泰山太守皆有傳

轅固齊人也以治詩孝景時爲博士與黃生爭論於上前黃生曰湯武非受命迺殺也固曰不然夫桀紂荒亂天下之心皆歸湯武湯武因天下之心而誅桀紂桀紂之民弗爲使而歸湯武湯武不得已而立非受命爲何（師古曰此非受命更何爲）黃生曰冠雖敝必加於首履雖新必貫於足（師古曰語見太公六韜也）何者上下之分也（師古曰分扶問反）今桀紂雖失道然君上也湯武雖聖臣下也夫主有失行臣不正言匡過以尊天子反因過而誅之代立南面非殺而何固曰必若云（師古曰謂必如黃生之言）是高皇帝代秦即天子之位非邪於是上曰食肉毋食馬肝未爲不知味也言學者毋言湯武受命不爲愚（師古曰馬肝有毒食之憙殺人幸得無食言湯武爲殺是背經義故以爲喻也）遂罷竇太后好老子書召問固固曰此家人言矣（師古曰家人言僮隸之屬）太后怒曰安得司空城旦書乎（服虔曰道家以儒法爲急比之於律令也）迺使固入圈擊彘上知太后怒而固直言無辠迺假固利兵（師古曰假給與也利兵兵刃之利者）下固刺彘正中其心彘

應手而倒太后默然亡以復辠後上以固廉直拜爲清河太傅疾免武帝初即位復以賢良徵諸儒多嫉毀曰固老罷歸之時固已九十餘矣公孫弘亦徵仄目而事固（師古曰言深憚之）固曰公孫子務正學以言無曲學以阿世諸齊以詩顯貴皆固之弟子也昌邑太傅夏侯始昌最明自有傳

后蒼字近君東海郯人也事夏侯始昌始昌通五經蒼亦通詩禮爲博士至少府授翼奉蕭望之匡衡奉爲諫大夫望之前將軍衡丞相皆有傳衡授琅邪師丹伏理斿君潁川滿昌君都君都爲詹事

理高密太傅家世傳業丹大司空自有傳由是齊詩有翼匡師伏之學滿昌授九江張邯琅邪皮容皆至大官徒衆尤盛

韓嬰燕人也孝文時爲博士景帝時至常山太傅嬰推詩人之意而作外傳數萬言其語頗與齊魯閒殊然歸一也淮南賁生受之（師古曰賁音肥）燕趙閒言詩者由韓生韓生亦以易授人推易意而爲之傳燕趙閒好詩故其易微唯韓氏自傳之武帝時嬰嘗與董仲舒論於上前其人精悍處事分明（師古曰悍勇銳）仲舒不能難也後其孫商爲博士孝宣時涿郡韓

生其後也以易徵待詔殿中曰所受易即先太傅所傳也嘗受韓詩不如韓氏易深太傅故專傳之司隸校尉蓋寬饒本受易於孟喜見涿韓生說易而好之即更從受焉　趙子河內人也事燕韓生授同郡蔡誼誼至丞相自有傳誼授同郡食子公與王吉吉爲昌邑王中尉自有傳食生爲博士授泰山栗豐吉授淄川長孫順順爲博士豐部刺史由是韓詩有王食長孫之學豐授山陽張就順授東海髮福皆至大官徒衆尤盛

毛公趙人也治詩爲河閒獻王博士授同國貫長卿長卿授解延年延年爲阿武令授徐敖敖授九江陳俠爲王莽講學大夫由是言毛詩者本之徐敖漢興魯高堂生傳士禮十七篇而魯徐生善爲頌（蘇林曰漢舊儀有二郎爲此頌皃威儀事有徐氏徐氏後有張氏不知經但能盤辟爲禮容天下郡國有容史皆詣魯學之師古曰頌讀與容同下皆類此）孝文時徐生以頌爲禮官大夫傳子至孫延襄（師古曰延及襄二人）襄其資性善爲頌不能通經延頗能未善也襄亦以頌爲大夫至廣陵內史延及徐氏弟子公戶滿意桓生單次皆爲禮官大夫（師古曰姓公戶名滿意也與桓生及單次凡三人單音善）而瑕丘蕭奮以禮至淮陽太守諸言禮爲頌者由徐氏　孟卿東海人也事蕭

奮以授后倉魯閭丘卿倉說禮數萬言號曰后氏曲臺記（服虔曰在曲臺校書著記因以爲名師古曰曲臺殿在未央宮）授沛聞人通漢子方（如淳曰聞人姓也名通漢字子方）梁戴德延君戴聖次君沛慶普孝公孝公爲東平太傅德號大戴爲信都太傅聖號小戴以博士論石渠至九江太守由是禮有大戴小戴慶氏之學通漢以太子舍人論石渠至中山中尉普授魯夏侯敬又傳族子咸爲豫章太守大戴授琅邪徐良斿卿爲博士州牧郡守家世傳業小戴授梁人橋仁季卿楊子榮子孫（師古曰子孫子榮之字也）仁爲大鴻臚家世傳業榮琅邪太守由是大戴有徐

氏小戴有橋楊氏之學
胡母生字子都齊人也治公羊春秋爲景帝博士
與董仲舒同業仲舒著書稱其德年老歸教於齊
齊之言春秋者宗事之公孫弘亦頗受焉而董生
爲江都相自有傳弟子遂之者蘭陵褚大東平嬴
公廣川段仲溫呂步舒（師古曰遂謂名位成達者）大至梁相步舒
丞相長史唯嬴公守學不失師法爲昭帝諫大夫
授東海孟卿魯眭孟眭孟爲符節令坐說災異誅自
有傳
嚴彭祖字公子東海下邳人也與顏
安樂俱事眭孟孟弟子百餘人唯彭祖安樂爲明

質問疑誼各持所見孟曰春秋之意在二子矣孟
死彭祖安樂各顓門教授（師古曰顓與專同專門言各自名家）由是公
羊春秋有顏嚴之學彭祖爲宣帝博士至河南東
郡太守以高弟入爲左馮翊遷太子太傅廉直不
事權貴或說曰天時不勝人事君以不修小禮曲
意亡貴人左右之助經誼雖高不至宰相願少自
勉強彭祖曰凡通經術固當修行先王之道何可
委曲從俗苟求富貴乎彭祖竟以太傅官終授琅
邪王中爲元帝少府（師古曰中讀爲仲）家世傳業中授同郡
公孫文東門雲雲爲荊州刺史文東平太傅徒衆

尤盛雲坐爲江賊拜辱命下獄誅（師古曰逢見賊而拜也）
顏安樂字公孫魯國薛人眭孟姊子也家貧爲學
精力官至齊郡太守丞後爲仇家所殺安樂授淮
陽泠豐次君（師古曰泠音零）淄川任公公爲少府豐淄川太
守由是顏家有泠任之學始貢禹事嬴公成於眭
孟至御史大夫疏廣事孟卿至太子太傅皆自有
傳廣授琅邪筦路（師古曰筦亦管字也）路爲御史中丞禹授潁
川堂谿惠（師古曰姓堂谿也）惠授泰山冥都（師古曰冥莫零反）都爲丞
相史都與路又事顏安樂故顏氏復有筦冥之學
路授孫寶爲大司農自有傳豐授馬宮琅邪左咸

咸爲郡守九卿徒衆尤盛官至大司徒自有傳
瑕丘江公受穀梁春秋及詩於魯申公傳子至孫
爲博士武帝時江公與董仲舒並仲舒通五經能
持論善屬文江公吶於口（師古曰屬之欲反吶古訥字）上使與仲
舒議不如仲舒而丞相公孫弘本爲公羊學比輯
其議卒用董生（師古曰比次也輯合也比頻寐反輯與集同）於是上因尊公
羊家詔太子受公羊春秋由是公羊大興太子既
通復私問穀梁而善之其後浸微（師古曰浸漸也）唯魯榮
廣王孫皓星公二人受焉廣盡能傳其詩春秋高
材捷敏與公羊大師眭孟等論數困之（師古曰孟等屢屈也）故

好學者頗復受穀梁沛蔡千秋少君梁周慶幼君
丁姓子孫師古曰姓丁名姓字子孫皆從廣受千秋又事晧星公
爲學最篤宣帝即位聞衛太子好穀梁春秋以問
丞相韋賢長信少府夏侯勝及侍中樂陵侯史高
皆魯人也言穀梁子本魯學公羊氏迺齊學也宜
興穀梁時千秋爲郎召見與公羊家並說上善穀
梁說擢千秋爲諫大夫給事中後有過左遷平陵
令復求能爲穀梁者莫及千秋上愍其學且絕迺
以千秋爲郎中戶將師古曰戶將官名解在楊惲蓋寬饒傳選郎十人從
受汝南尹更始翁君本自事千秋能說矣會千秋

前漢傳五十八　二十四　湯五

病死徵江公孫爲博士劉向以故諫大夫通達待
詔受穀梁欲令助之江博士復死迺徵周慶丁姓
待詔保宮師古曰保宮少府之屬官也本名居室使卒授十人自元康中
始講至甘露元年積十餘歲皆明習迺召五經名
儒太子太傅蕭望之等大議殿中平公羊穀梁同
異各以經處是非時公羊博士嚴彭祖侍郎申輓
伊推宋顯師古曰輓音晚穀梁議郎尹更始待詔劉向周慶
丁姓並論公羊家多不見從願請內侍郎許廣使
者亦並內穀梁家中郎王亥各五人師古曰使者謂當時詔遣監議者也內謂引入議所也公羊家既請內許廣而使者因並內王亥也議三十餘事望之等十一人

各以經誼對多從穀梁由是穀梁之學大盛慶姓
皆爲博士師古曰周慶丁姓二人也姓至中山傅授楚申章昌曼
君李奇曰姓申章名昌字曼君爲博士至長沙太傅徒衆尤盛尹
更始爲諫大夫長樂戶將又受左氏傳取其變理
合者以爲章句傳子咸及翟方進琅邪房鳳咸至
大司農方進丞相自有傳
房鳳字子元不其人也師古曰琅邪之縣也其音基以射策乙科
爲大夫掌故太常舉方正爲縣令都尉失官大司
馬票騎將軍王根奏除補長史薦鳳明經通達擢
爲光祿大夫遷五官中郎將時光祿勳王龔以外

前漢傳五十八　二十五

屬內卿如淳曰邛成太后親也內御光祿勳治宮中與奉車都尉劉歆共校
書三人皆侍中歆白左氏春秋可立哀帝納之以
問諸儒皆不對歆於是數見丞相孔光爲言左氏
以求助光卒不肯唯鳳龔許歆遂共移書責讓太
常博士語在歆傳大司空師丹奏歆非毀先帝所
立上於是以龔等補吏龔爲弘農歆河內鳳九江
太守至青州牧始江博士授胡常常授梁蕭秉君
房王莽時爲講學大夫由是穀梁春秋有尹胡申
章房氏之學
漢興北平侯張蒼及梁太傅賈誼京兆尹張敞太

中大夫劉公子皆修春秋左氏傳誼爲左氏傳訓故授趙人貫公爲河間獻王博士子長卿爲蕩陰令（師古曰蕩陰河内縣也蕩音湯）授清河張禹長子（如淳曰非成帝師張禹也）禹與蕭望之同時爲御史數爲望之言左氏望之善之上書數以稱說後望之爲太子太傅薦禹於宣帝徵禹待詔未及問會疾死授尹更始（師古曰禹先授更始）更始傳子咸及翟方進胡常常授黎陽賈護季君哀帝時待詔爲郎授蒼梧陳欽子佚以左氏授王莽至將軍而劉歆從尹咸及翟方進受由是言左氏者本之賈護劉歆

贊曰自武帝立五經博士開弟子員設科射策勸以官祿訖於元始百有餘年傳業者寖盛支葉蕃滋（師古曰寖漸也蕃多也滋益也）一經說至百餘萬言大師衆至千餘人蓋祿利之路然（師古曰言爲經學者則受爵祿而獲其利所以益勸）初書唯有歐陽禮后易楊春秋公羊而已至孝宣世復立大小夏侯尚書大小戴禮施孟梁丘易穀梁春秋至元帝世復立京氏易平帝時又立左氏春秋毛詩逸禮古文尚書所以罔羅遺失兼而存之是在其中矣（如淳曰雖有虛妄之說是當在其中故兼而存之）

儒林傳第五十八

循吏傳第五十九（師古曰循順也上順公法下順人情也）　班固　漢書八十九

秘書監上護軍琅邪縣開國子顏　師古注

漢興之初反秦之敝與民休息凡事簡易禁罔疏闊而相國蕭曹以寬厚清靜爲天下帥（師古曰帥導也）民作畫一之歌（師古曰謂歌曰蕭何爲法講若畫一曹參代之守而勿失）孝惠垂拱高后女主不出房闥而天下晏然民務稼穡衣食滋殖（師古曰滋益也殖生也）至于文景遂移風易俗是時循吏如河南守吳公蜀守文翁之屬皆謹身帥先居以廉平不至於嚴而民從化孝武之世外攘四夷内改法度（師古曰攘卻也）民用彫敝姦軌不禁（師古曰不可禁）時少能以化治稱者唯江都相董仲舒内史公孫弘兒寬居官可紀三人皆儒者通於世務明習文法以經術潤飾吏事天子器之仲舒數謝病去弘寬至三公孝昭幼冲霍光秉政承奢侈師旅之後海内虛耗光因循守職無所改作至於始元元鳳之間匈奴鄉化百姓益富（師古曰鄉讀曰嚮）舉賢良文學問民所疾苦於是罷酒榷而議鹽鐵矣及至孝宣繇仄陋而登至尊（師古曰仄古側字仄陋言非正統而身經微賤也繇與由同次下類此）興于閭閻（師古曰閭里門也閻里中門也言從里巷而即大位也）知民事之艱難自霍光薨後始躬萬機厲精爲治五日一聽事自丞相已下各奉職而

進及拜刺史守相輒親見問觀其所繇退而考察
所行以質其言（師古曰質正也）有名實不相應必知其所以
然常稱曰庶民所以安其田里而亡歎息愁恨之
心者政平訟理也（師古曰訟理言所訟見理而無寃滯也）與我共此者其
唯良二千石乎（師古曰謂郡守諸侯相）以爲太守吏民之本數
變易則下不安民知其將久不可欺罔迺服從其
教化故二千石有治理效輒以璽書勉厲增秩賜
金或爵至關內侯公卿缺則選諸所表以次用之
（師古曰所表謂增秩賜金爵也）是故漢世良吏於是爲盛稱中興焉
若趙廣漢韓延壽尹翁歸嚴延年張敞之屬皆稱

其位然任刑罰或抵罪誅（師古曰抵至也音丁禮反）王成黃霸朱
邑龔遂鄭弘召信臣等（師古曰召讀曰邵）所居民富所去見
思生有榮號死見奉祀此廩廩庶幾德讓君子之
遺風矣（師古曰廩廩言有風采也）　文翁廬江舒人也少好
學通春秋以郡縣吏察舉景帝末爲蜀郡守仁愛
好教化見蜀地辟陋有蠻夷風（師古曰辟讀曰僻）文翁欲誘
進之乃選郡縣小吏開敏有材者張叔等十餘人
親自飭厲（師古曰飭與敕同）遣詣京師受業博士或學律令
減省少府用度買刀布蜀物齎計吏以遺博士（如淳
曰金馬書刀今賜計吏是也作馬形刀環內以金鏤之晉灼曰刀書刀
布布刀也舊時蜀郡工官作金馬書刀似佩刀形金錯其拊布刀謂蜀
人刲裂財布刀也師古曰少府郡掌財物之府以供太守者也刀凡蜀
刀有環者也布蜀布細密也二者蜀人作之皆善故賷以爲貨無限
於書刀作刀也如晉二說皆煩而不當也）數歲蜀生皆成就還歸文翁以爲
右職（師古曰郡中高職也）用次察舉官有至郡守刺史者又修
起學官於成都市中（師古曰學官學之官舍）招下縣子弟以爲
學官弟子（師古曰下縣四郊之縣非郡所治也）爲除更繇（師古曰不令從役也更工衡反繇讀
曰傜）高者以補郡縣吏次爲孝弟力田常選學官僮
子使在便坐受事（師古曰便坐別坐可以視事非正廷也坐財卧反）每出行縣
益從學官諸生明經飭行者與俱（師古曰益多也飭整也讀與敕同）使
傳教令出入閨閤（師古曰閨閤內中小門也）縣邑吏民見而榮之
數年爭欲爲學官弟子富人至出錢以求之繇

是大化（師古曰繇讀曰由）蜀地學於京師者比齊魯焉至
武帝時乃令天下郡國皆立學校官自文翁爲
之始云文翁終於蜀吏民爲立祠堂歲時祭祀
不絕至今巴蜀好文雅文翁之化也（師古曰文翁學堂于今猶
在益州城內）
王成不知何郡人也爲膠東相治甚有聲宣帝最
先褒之地節三年下詔曰蓋聞有功不賞有罪不
誅雖唐虞不能以化天下今膠東相成勞來不怠（師古曰謂
勸勉招懷百姓也勞郎到反來郎代反）流民自占八萬餘口（師古曰隱度名數而
來附業也占之贍反）治有異等之效（師古曰異於常等）其賜成爵關內侯

秩中二千石未及徵用會病卒官後詔使丞相御史問郡國上計長吏守丞以政令得失或對言前膠東相成僞自增加以蒙顯賞是後俗吏多爲虛名云

黄霸字次公淮陽陽夏人也（師古曰夏工雅反）以豪桀役使徙雲陵（師古曰身爲豪桀而役使鄉里人也）霸少學律令喜爲吏（師古曰喜謂愛好也音許吏反）武帝末以待詔入錢賞官補侍郎謁者（孟康曰賞官主賞賜之官也師古曰此說非也因入錢而見賞官）坐同產有劾免（師古曰同產謂兄弟也）後復入穀沈黎郡補左馮翊二百石卒史（如淳曰三輔郡得仕用它郡人而卒史獨二百石所謂尤異者）馮翊以霸入財爲官不署右職（師古曰輕其爲人也右職高職也）使領郡錢穀計（師古曰計謂出入之數也）簿

書正以廉稱（師古曰言無所侵隱故簿書皆正不虛妄）察補河東均輸長（師古曰以廉見察而遷補）復察廉爲河南太守丞霸爲人明察內敏（師古曰內敏言心思捷疾也）又習文法然溫良有讓足知善御衆爲丞處議當於法合人心太守甚任之吏民愛敬焉自武帝末用法深昭帝立幼大將軍霍光秉政大臣爭權上官桀等與燕王謀作亂光既誅之遂遵武帝法度以刑罰痛繩群下繇是俗吏上嚴酷以爲能（師古曰繇讀與由同）而霸獨用寬和爲名會宣帝即位在民間時知百姓苦吏急也聞霸持法平召以爲廷尉正數決疑獄庭中稱平（師古曰此廷中謂廷尉之中）守丞相長史坐公卿大議庭中（師古曰大議總會議也此廷中謂朝廷之中）知長信少府夏侯勝非議詔書大不敬霸阿從不舉劾皆下廷尉（師古曰勝及霸俱下廷尉）繫獄當死霸因從勝受尚書獄中再喻冬（師古曰喻與踰同）積三歲迺出語在勝傳勝出復爲諫大夫令左馮翊宋畸舉霸賢良勝又口薦霸於上上擢霸爲揚州刺史三歲宣帝下詔曰制詔御史其以賢良高第揚州刺史霸爲潁川太守秩比二千石居官時上垂意於治數下恩澤詔書吏不奉宣（師古曰不令百姓皆知也）太守霸爲選擇良吏分部宣布詔令（師古曰分扶問反）令民咸知上意使郵亭鄉官皆畜雞豚

（師古曰郵行書舍謂傳送文書所止處亦如今之驛館矣鄉官者鄉所治處也）以贍鰥寡貧窮者然後爲條教置父老師帥伍長班行之於民間勸以爲善防姦之意及務耕桑節用殖財種樹畜養去食穀馬米鹽靡密初若煩碎（師古曰米鹽言雜而且細）然霸精力能推行之吏民見者語次尋繹（師古曰繹謂抽引而出也）問它陰伏以相參考嘗欲有所司察擇長年廉吏遣行屬令周密（師古曰屬戒也周密不泄漏也屬之欲反）吏出不敢舍郵亭（師古曰舍止也）食於道旁烏攫其肉（師古曰攫搏持之也攫音钁）民有欲詣府口言事者適見之霸與語道此後日吏還謁霸霸見迎勞之曰甚苦食於道旁乃爲烏所盜肉吏大驚以

霸具知其起居所問豪氂不敢有所隱鰥寡孤獨有死無以葬者鄉部書言霸具為區處（師古曰區處謂分別而處置也音昌汝反）某所大木可以為棺某亭豬子可以祭吏往皆如言其識事聰明如此（師古曰識記也音式二反）吏民不知所出（師古曰不知其用何術也）咸稱神明姦人去入它郡盜賊日少霸力行教化而後誅罰（師古曰力猶勤也言先以德教化於下若有弗從然後用刑罰也）務在成就全安長吏（師古曰不欲易代及損傷）許丞老病聾（如淳曰許縣丞）督郵白欲逐之霸曰許丞廉吏雖老尚能拜起送迎正頗重聽何傷且善助之毋失賢者意或問其故霸曰數易長吏送故迎新之費及姦吏緣絕

前漢傳五十九　六　楊

簿書盜財物（師古曰緣因也因交代之際而弃匿簿書以盜官物也）公私費耗甚多皆當出於民所易新吏又未必賢或不如其故徒相益為亂凡治道去其泰甚者耳霸以外寬內明得吏民心戶口歲增治為天下第一徵守京兆尹秩二千石坐發民治馳道不先聞又發騎士詣北軍馬不適士（孟康曰關西人謂補滿為適馬少士多不相補滿也）劾乏軍興連貶秩有詔歸潁川太守官以八百石居治如其前前後八年郡中愈治是時鳳皇神爵數集郡國潁川尤多天子以霸治行終長者下詔稱揚曰潁川太守霸宣布詔令百姓鄉化（師古曰鄉讀曰嚮下亦同）孝子弟弟

貞婦順孫日以眾多田者讓畔道不拾遺養視鰥寡贍助貧窮獄或八年亡重罪囚吏民鄉于教化興於行誼可謂賢人君子矣書不云乎股肱良哉（師古曰虞書益稷之辭已解於上）其賜爵關內侯黃金百斤秩中二千石而潁川孝弟有行義民三老力田皆以差賜爵及帛後數月徵霸為太子太傅遷御史大夫五鳳二年代邴吉為丞相封建成侯食邑六百戶霸材長於治民及為丞相總綱紀號令風采不及丙魏于定國功名損於治郡時京兆尹張敞舍鶡雀飛集丞相府（蘇林曰今虎賁所著鶡也師古曰蘇說非也此鶡音芬字本作鳻此通用耳鳻雀大而色青出羌中

前漢傳五十九　七　晉聚

非武賁所著也武賁鶡者色黑出上黨以其鬭死不止故用其尾飾武臣首云今時俗人所謂鶡鷄者也音曷非此鳻雀也）霸以為神雀議欲以聞敞奏霸曰竊見丞相請與中二千石博士雜問郡國上計長吏守丞為民興利除害成大化條其對有耕者讓畔男女異路道不拾遺及舉孝子貞婦者為一輩先上殿（師古曰丞相所坐屋也古者屋之高嚴通呼為殿不必宮中也）舉而不知其人數者次之不為條教者在後叩頭謝丞相雖口不言而心欲其為之也長吏守丞對時臣敞舍有鶡雀飛止丞相府屋上丞相以下見者數百人邊吏多知鶡雀者問之皆陽不知丞相圖議上奏（師古曰圖謀也）曰臣問上計長

吏守丞以興化條師古曰凡言條者一一而疏舉之若木條然也皇天報下神雀
後知從臣敞舍來乃止郡國吏竊笑丞相仁厚有
知略微信奇怪也昔汲黯爲淮陽守辭去之官謂
大行李息曰御史大夫張湯懷詐阿意以傾朝廷
公不早白與俱受戮矣息畏湯終不敢言後湯誅
敗上聞黯與息語乃抵息罪而秩黯諸侯相取其
思竭忠也臣敞非敢毀丞相也誠恐群臣莫白而
長吏守丞畏丞相指歸舍法令各爲私教師古曰務舍廢也務
相增加澆淳散樸師古曰不雜爲淳以水澆之則味離薄樸大質也劃之散也並行僞
貌有名亡實傾搖解怠甚者爲妖師古曰解讀曰懈假令京

師先行讓畔異路道不拾遺其實亡益廉貪貞淫
之行而以僞先天下固未可也即諸侯先行之僞
聲軼於京師非細事也師古曰軼過也音逸漢家承敝通變造
起律令所以勸善禁姦條貫詳備不可復加宜令
貴臣明飭長吏守丞師古曰飭讀與勑同次下類此歸告二千石舉
三老孝弟力田孝廉廉吏務得其人郡事皆以義
法令檢式師古曰檢局也音居儉反毋得擅爲條教敢挾詐僞以
奸名譽者必先受戮師古曰奸求也音干以正明好惡天子嘉
納敞言召上計吏使侍中臨飭如敞指意霸甚慙
又樂陵侯史高以外屬舊恩侍中貴重霸薦高可

太尉天子使尚書召問霸太尉官罷久矣丞相兼
之所以偃武興文也如國家不虞邊境有事師古曰如若也
左右之臣皆將率也夫宣明教化通達幽隱使獄
無寃刑邑無盜賊君之職也將相之官朕之任焉
師古曰言欲拜將相事自在朕也侍中樂陵侯高帷幄近臣朕之所自
親師古曰具知其材質君何越職而舉之尚書令受丞相對霸
免冠謝罪數日乃決師古曰乃得免罪自是後不敢復有所
請然自漢興言治民吏以霸爲首爲相五歲甘露
三年薨謚曰定侯霸死後樂陵侯高竟爲大司馬
師古曰史著此者亦言霸奏高爲太尉適事宜也霸子思侯賞嗣爲關都尉薨

子忠侯輔嗣至衛尉九卿薨子忠嗣侯訖王莽迺
絕子孫爲吏二千石者五六人始霸少爲陽夏游
徼師古曰游徼主徼巡盜賊者也與善相人者共載出師古曰同乘車見一婦
人相者言此婦人當富貴不然相書不可用也霸
推問之乃其鄉里巫家女也霸即取爲妻與之終
身爲丞相後徙杜陵
朱邑字仲卿廬江舒人也少時爲舒桐鄉嗇夫廉
平不苛以愛利爲行師古曰仁愛於人務安利也未嘗笞辱人存
問耆老孤寡遇之有恩所部吏民愛敬焉遷太守
卒史舉賢良爲大司農丞遷北海太守以治行第

一入爲大司農爲人惇厚篤於故舊然性公正不
可交以私天子器之朝廷敬焉是時張敞爲膠東
相與邑書曰明主游心太古廣延茂士師古曰茂善也此誠
忠臣竭思之時也直敞遠守劇郡馭於繩墨師古曰直讀曰
值匈臆約結固亡奇也師古曰約屈也雖有亦安所施師古曰言在遠
郡無足展效也足下以淸明之德掌周稷之業師古曰司農主百穀故云周稷之業
猶飢者甘糟糠穰歲餘粱肉師古曰穰歲豐穰之歲穰音攘何則有
亡之勢異也昔陳平雖賢須魏倩而後進蘇林曰魏無知也韋
昭曰無知字也師古曰倩士之美稱故云魏倩也而韋氏便以爲無知
之字非也譬猶汲直爲汲黯豈爲字直乎且次下句云賴蕭公而後信
亦非何之字也韓信雖奇賴蕭公而後信師古曰信謂爲君上所信任也一說信讀曰伸得伸

其材用也故事各達其時之英俊若必伊尹呂望而後
薦之則此人不因足下而進矣師古曰言能自達也邑感敞言
貢薦賢士大夫多得其助者身爲列卿居處儉節
祿賜以共九族鄉黨師古曰共讀曰供家亡餘財神爵元年
卒天子閔惜下詔稱揚曰大司農邑廉絜守節退
食自公亡彊外之交束脩之餽師古曰餽與饋同可謂淑人君
子遭離凶災朕甚閔之師古曰離亦遭其賜邑子黃金百斤
以奉其祭祀初邑病且死屬其子師古曰屬之欲反曰我故
爲桐鄉吏其民愛我必葬桐鄉後世子孫奉嘗我
不如桐鄉民師古曰嘗謂烝嘗之祭及死其子葬之桐鄉西郭

外民果共爲邑起冢立祠歲時祠祭至今不絕
龔遂字少卿山陽南平陽人也以明經爲官至昌
邑郎中令事王賀賀動作多不正遂爲人忠厚剛
毅有大節內諫爭於王外責傅相引經義陳禍福
至於涕泣蹇蹇亡已師古曰蹇蹇不阿順之意也易蹇卦曰王臣蹇蹇面刺王
過王至掩耳起走曰郎中令善媿人師古曰媿古愧字愧辱也及
國中皆畏憚焉師古曰王及國人皆憚之王嘗久與騶奴宰人游
戲飲食賞賜亡度遂入見王涕泣厀行左右侍御皆
出涕王曰郎中令何爲哭遂曰臣痛社稷危也
願賜淸閒竭愚王辟左右師古曰閒讀曰閑辟音闢遂曰大王知

膠西王所以爲無道亡乎王曰不知也曰臣聞膠
西王有諛臣侯得王所爲擬於桀紂也師古曰擬比也得以
爲堯舜也王說其諂諛嘗與寢處師古曰說讀曰悅唯得所
言以至於是師古曰唯用得之邪言故至亡今大王親近群小漸漬
邪惡所習存亡之機不可不愼也臣請選郎通經
術有行義者與王起居坐則誦詩書立則習禮容宜
有益王許之遂迺選郎中張安等十人侍王居數
日王皆逐去安等久之宮中數有妖怪王以問遂
遂以爲有大憂宮室將空語在昌邑王傳會昭帝
崩亡子昌邑王賀嗣立官屬皆徵入王相安樂遷

長樂衛尉遂見安樂流涕謂曰王立爲天子日益驕溢諫之不復聽今哀痛未盡師古曰謂新居喪服日與近臣飲食作樂鬭虎豹召皮軒車九流驅馳東西所爲誖道師古曰誖乖也音布內反古制寬大臣有隱退今去不得陽狂恐知身死爲世戮柰何君陛下故相宜極諫爭王即位二十七日卒以淫亂廢昌邑群臣坐陷王於惡不道皆誅死者二百餘人唯遂與中尉王陽以數諫爭得減死髡爲城旦宣帝即位久之渤海左右郡歲飢盜賊並起師古曰左右謂側近相次者二千石不能禽制上選能治者丞相御史舉遂可用上以爲渤海

前漢傳五十九　十二　陳信

太守時遂年七十餘召見形貌短小宣帝望見不副所聞心內輕焉謂遂曰渤海廢亂朕甚憂之君欲何以息其盜賊以稱朕意遂對曰海瀕遐遠不霑聖化師古曰瀕涯也音頻又音賓其民困於飢寒而吏不恤故使陛下赤子盜弄陛下之兵於潢池中耳師古曰赤子言初生幼小之意也積水曰潢音黃今欲使臣勝之邪將安之也師古曰勝謂以威力克而殺之也安謂以德化撫而安之上聞遂對甚說師古曰說讀曰悅荅曰選用賢良固欲安之也遂曰臣聞治亂民猶治亂繩不可急也唯緩之然後可治臣願丞相御史且無拘臣以文法得一切便宜從事上許焉加賜黃金贈遣乘

傳至渤海界師古曰傳張戀反郡聞新太守至發兵以迎遂皆遣還移書敕屬縣悉罷逐捕盜賊吏諸持鉏鉤田器者皆爲良民吏毋得問師古曰鉤鎌也持兵者迺爲賊遂單車獨行至府郡中翕然盜賊亦皆罷師古曰罷讀曰疲言爲盜賊久心亦疲厭渤海又多劫略相隨聞遂教令即時解散棄其兵弩而持鉤鉏盜賊於是悉平民安土樂業遂迺開倉廩假貧民師古曰假謂給與選用良吏尉安牧養焉遂見齊俗奢侈好末技不田作迺躬率以儉約勸民務農桑令口種一樹榆百本薤五十本蔥一畦韭師古曰每一口即如此種也家二母彘五雞師古曰每一家則如此養之也民有

前漢傳五十九　十三　孫榮

帶持刀劍者使賣劍買牛賣刀買犢曰何爲帶牛佩犢春夏不得不趨田畝師古曰趨讀曰趣趣嚮也秋冬課收斂益蓄果實菱芡師古曰菱芰也芡雞頭也勞來勸勉也畜讀曰蓄芡音儉勞盧到反來盧代反勞來循行郡中皆有畜積吏民皆富實獄訟止息數年上遣使者徵遂議曹王生願從功曹以爲王生素耆酒亡節度不可使師古曰耆讀曰嗜遂不忍逆從至京師王生日飲酒不視太守師古曰日日恒飲酒也會遂引入宮王生醉從後呼師古曰呼火故反曰明府且止願有所白遂還問其故師古曰還回也王生曰天子即問君何以治渤海君不可有所陳對宜曰皆聖主之德非小臣之力

也遂受其言既至前上果問以治狀遂對如王生言天子説其有讓（師古曰説讀曰悦）笑曰君安得長者之言而稱之遂因前曰臣非知此乃臣議曹教戒臣也上以遂年老不任公卿拜為水衡都尉議曹王生為水衡丞以褒顯遂云水衡典上林禁苑共張宮館（師古曰共居用反張知亮反下亦同）為宗廟取牲官職親近上甚重之以官壽卒（師古曰以壽終而卒於官也）

召信臣字翁卿九江壽春人也（師古曰召讀曰劭）以明經甲科為郎出補穀陽長舉高第遷上蔡長其治視民如子所居見稱述超為零陵太守病歸復徵為諫

大夫遷南陽太守其治如上蔡信臣為人勤力有方略好為民興利務在富之躬勸耕農出入阡陌止舍離鄉亭（師古曰言休息之時皆在野次）稀有安居時行視郡中水泉（師古曰行下更反）開通溝瀆起水門提閼凡數十處（師古曰閼所以壅水音一曷反）以廣溉灌歲歲增加多至三萬頃民得其利畜積有餘（師古曰畜讀曰蓄）信臣為民作均水約束（師古曰言用之有次弟也）刻石立於田畔以防分爭禁止嫁娶送終奢靡務出於儉約府縣吏家子弟好游敖不以田作為事輒斥罷之甚者案其不法以視好惡（師古曰視讀曰示）其化大行郡中莫不耕稼力田百姓歸之戶口增倍盜賊獄訟衰止吏民親愛信臣號之曰召父荊州刺史奏信臣為百姓興利郡以殷富賜黃金四十斤遷河南太守治行常為第一復數增秩賜金竟寧中徵為少府列於九卿奏請上林諸離遠宮館稀幸御者勿復繕治共張又奏省樂府黃門倡優諸戲及宮館兵弩什器減過泰半太官園種冬生蔥韭菜茹覆以屋廡（師古曰廡周室也茹人庶反廡音舞）晝夜燃蘊火待溫氣乃生（師古曰燃古然字蘊火蓄火也蘊於云反）信臣以為此皆不時之物有傷於人不宜以奉供養及它非法食物悉奏罷省費歲數千萬（師古曰素所費者今皆省也）信臣

年老以官卒元始四年詔書祀百辟卿士有益於民者（師古曰百辟百官）蜀郡以文翁九江以召父應詔書歲時郡二千石率官屬行禮奉祠信臣冢而南陽亦為立祠

循吏傳第五十九

酷吏傳第六十　班固　漢書第九十

秘書監上護軍琅邪縣開國子顔師古注

【序】孔子曰導之以政齊之以刑民免而無恥導之以德齊之以禮有恥且格師古曰論語載孔子之言也格至也謂御以政刑則人思苟免不恥於惡化以德禮則下知愧辱而至於治也老氏稱上德不德是以有德下德不失德是以無德法令滋章盜賊多有師古曰老子德經之言上德體合自然是以爲德下德務於修建更以喪之法令繁則巧詐益起故多盜賊也信哉是言也法令者治之具而非制治清濁之原也師古曰言爲治之體亦須法令而法令非治之本昔天下之罔嘗密矣師古曰謂秦時然姦軌愈起其極也上下相遁至於不振師古曰遁避也言吏避於君萌避於吏至乎衰敗不可振救也當是之時

吏治若救火揚沸師古曰言迫急也本徹不除則其末難正非武健嚴酷惡能勝其任而愉快乎師古曰惡讀曰烏烏於何也愉苟且也言道德者溺於職矣師古曰溺謂沈溺而不舉也故曰聽訟吾猶人也必也使無訟乎師古曰論語載孔子之辭也言使我聽獄訟猶凡人耳然而立政施德則能使其絶於爭訟下士聞道大笑之師古曰老子道經之言也大道玄深非其所及故致笑也非虛言也漢興破觚而爲圜斲琱而爲樸孟康曰觚方也師古曰去嚴刑而從簡易抑巧僞而務敦厚也琱謂刻鏤也字與彫同號爲罔漏吞舟之魚師古曰言其疏也而吏治蒸蒸不至於姦師古曰蒸蒸純壹之皃也黎民艾安師古曰黎衆也艾讀曰乂乂治也由是觀之在彼不在此師古曰言不在於嚴酷也高后時酷吏獨有侯封刻轢宗室侵辱功臣師古曰轢謂陵踐也音來的反呂氏已敗遂夷侯封之家師古曰夷誅除也孝景時鼂錯以刻深頗用術輔其資師古曰資持也而七國之亂發怒於錯錯卒被戮師古曰卒終也其後有郅都甯成之倫師古曰郅之日反

郅都河東大陽人也以郎事文帝景帝時爲中郎將敢直諫面折大臣於朝嘗從入上林賈姬在廁師古曰賈姬即賈夫人生趙敬肅王彭祖中山靖王勝者野彘入廁上目都師古曰動目以使也都不行上欲自持兵救賈姬都伏上前曰亡一姬復一姬進天下所少寧姬等邪陛下縱自輕奈宗廟太后何上還彘亦不傷賈姬太后聞之賜都金百斤上亦賜金百斤由此重都濟南瞯氏宗人三百

餘家豪猾應劭曰瞯音馬瞯眼之瞯師古曰音閑二千石莫能制於是景帝拜都爲濟南守至則誅瞯氏首惡餘皆股栗師古曰言懼之甚至於股腳戰栗也居歲餘郡中不拾遺旁十餘郡守畏都如大府師古曰言猶如統屬之都爲人勇有氣公廉不發私書問遺無所受請寄無所聽常稱曰已背親而出身固當奉職死節官下終不顧妻子矣都遷爲中尉丞相條侯至貴居也師古曰居怠傲讀與倨同而都揖丞相是時民樸畏罪自重而都獨先嚴酷致行法不避貴戚列侯宗室見都側目而視號曰蒼鷹師古曰言其執擊之甚臨江王徵詣中尉府對簿師古曰簿謂獄辭之文書也音步戶反臨江王

欲得刀筆爲書謝上師古曰刀所以削治書也古者書於簡牘故必用刀焉而都禁吏弗與魏其侯使人間予臨江王師古曰伺間隙而私與也臨江王既得爲書謝上因自殺竇太后聞之怒以危法中都師古曰謂構成其罪也中竹仲反次下亦同都免歸家景帝迺使使即拜都爲鴈門太守師古曰就家拜便道之官師古曰不令至闕陳謝也得以便宜從事匈奴素聞郅都節舉邊爲引兵去竟都死不近鴈門匈奴至爲偶人象都師古曰以木爲人象都之形也偶對也令騎馳射莫能中其見憚如此匈奴患之乃中都以漢法景帝曰都忠臣欲釋之師古曰釋置也解也謂放免也竇太后曰臨江王獨非忠臣乎於是斬都也

甯成南陽穰人也以郎謁者事景帝好氣爲小吏必陵其長吏爲人上操下急如東溼師古曰操執持也東溼言其急之甚也溼物則易束操千高反猾賊任威稍遷至濟南都尉而郅都爲守始前數都尉步入府因吏謁守如縣令其畏都如此及成往直凌都出其上都素聞其聲善遇與結驩久之都死後長安左右宗室多犯法師古曰長安左右京邑之中也上召成爲中尉其治效郅都其廉弗如然宗室豪桀人皆惴恐師古曰惴戰栗也人人皆戰恐也惴之瑞反武帝即位徙爲內史外戚多毀成之短抵罪髡鉗是時九卿死即死少被刑而成刑極自以爲不復收如淳曰以被重刑將不復見收用也師古曰刑極者言殘毀之重也迺解脫詐刻傳出關歸家師古曰輒解脫鉗鈦亡去也傳所以出關之符也音張戀反稱曰仕不至二千石賈不至千萬安可比人乎師古曰賈謂販賣之迺貰貣陂田千餘頃師古曰貰貣假取之也貣吐得反假貧民役使數千家師古曰假雇賃也數年會赦致產數千萬爲任俠持吏長短出從數十騎其使民威重於郡守

周陽由其父趙兼以淮南王舅侯周陽師古曰封爲周陽侯故因氏焉師古曰遂改趙姓而爲周陽也由以宗家任爲郎事文帝景帝時由爲郡守武帝即位吏治尚脩謹然由居二千石中最爲暴酷驕恣所愛者橈法活之所憎者曲法滅之師古曰橈亦屈曲也音女教反所居郡必夷其豪師古曰夷平除之爲

守視都尉如令爲都尉陵太守奪之治汲黯爲忮師古曰忮意堅也音章豉反司馬安之文惡孟康曰以文法傷害人也俱在二千石列同車未嘗敢均茵馮師古曰茵車中蓐也馮車中所馮者也言此二人皆下讓由故同車之時自處其偏側不均茵也馮讀曰凭後由爲河東都尉與其守勝屠公爭權相告言師古曰勝屠姓也勝屠公當抵罪議不受刑自殺而由弃市自甯成周陽由之後事益多民巧法大抵吏治類多成由等矣師古曰大抵大歸也音丁禮反

趙禹斄人也師古曰斄讀曰邰扶風縣也音胎以佐史補中都官師古曰京師諸官爲吏也用廉爲令史事大尉周亞夫亞夫爲丞相禹爲丞相史府中皆稱其廉平然亞夫弗任曰極知

禹無害（師古曰無害言無人能勝也）然文深（應劭曰禹持文法深刻）不可以居大府武帝時禹以刀筆吏積勞遷爲御史上以爲能至中大夫與張湯論定律令作見知吏傳相監司以法盡自此始禹爲人廉裾（師古曰裾亦敖也讀與倨同）爲吏以來舍無食客公卿相造請禹終不行（師古曰造千到反）報謝務在絕知友賓客之請（師古曰以此意告報公卿）孤立行一意而已見法輒取亦不覆案求官屬陰罪（師古曰不見知者無所搜求也）嘗中廢已爲廷尉始條侯以禹賊深及禹爲少府九卿酷急至晚節事益多吏務爲嚴峻而禹治加緩名爲平王溫舒等後起治峻禹禹以老徙爲燕相

數歲誖亂有罪免歸（師古曰悖惑也言其心意昏惑也誖音布內反）後十餘年以壽卒于家

義縱河東人也少年時嘗與張次公俱攻剽爲群盜（師古曰剽劫也音頻妙反）縱有姊以醫幸王太后（師古曰武帝母太后）問有子兄弟爲官者乎姊曰有弟無行不可太后迺告上上拜義姁弟縱爲中郎（孟康曰姁縱姊名也師古曰姁許于反）補上黨郡中令治敢往少溫籍（服虔曰敢行暴害之政師古曰少溫籍言無所含容也溫於問反籍才夜反）縣無逋事（師古曰逋亡也負也音必胡反）舉第一遷爲長陵及長安令直法行治不避貴戚以捕按太后外孫脩成子中（師古曰脩成君王太后所生金氏女也中者其子名也讀曰仲）上以爲能遷爲河內都尉至則族滅其豪穰氏之屬河內道不拾遺而張次公亦爲郎以勇悍從軍（師古曰悍胡旦反）敢深入有功封爲岸頭侯甯成家居上欲以爲郡守御史大夫弘曰（師古曰公孫弘）臣居山東爲小吏時甯成爲濟南都尉其治如狼牧羊成不可令治民上迺拜成爲關都尉歲餘關吏稅肄郡國出入關者（李奇曰肄閱也師古曰肄弋二反）號曰寧見乳虎無直甯成之怒（師古曰猛獸產乳養護其子則搏噬過常故以喻也直讀曰值一曰直當）其暴如此義縱自河內遷爲南陽太守聞甯成家居南陽及至關甯成側行送迎然縱氣盛弗爲禮至郡遂按甯氏破碎其家成坐有罪及孔

暴之屬皆奔亡南陽（師古曰孔氏暴氏二家素豪猾者）吏民重足一迹而平氏朱彊杜衍杜周爲縱爪牙之吏任用（師古曰平氏杜衍二縣名也）遷爲廷尉史軍數出定襄定襄吏民亂敗於是徙縱爲定襄太守縱至掩定襄獄中重罪二百餘人及賓客昆弟私入相視者亦二百餘人縱壹切捕鞠曰爲死罪解脫（孟康曰壹切皆捕之也律諸囚徒私解脫桎梏鉗赭加罪一等爲人解脫與同罪縱鞠相賂餉者二百人以爲解脫死罪盡殺之師古曰鞠窮也謂窮治也）是日皆報殺四百餘人（師古曰奏請得報而論殺）郡中不寒而栗猾民佐吏爲治（師古曰百姓有素豪猾爲罪惡者今畏縱之嚴反爲吏耳目助治公務以自效）是時趙禹張湯爲九卿矣然其治尚寬輔法而行縱以鷹擊毛摯爲治

師古曰言如鷹隼之擊奮毛羽執取飛鳥也後會更五銖錢白金起師古曰更改也民爲姦京師尤甚廼以縱爲右内史王溫舒爲中尉溫舒至惡所爲弗先言縱縱必以氣陵之師古曰言溫舒雖酷惡而縱又甚也敗壞其功其治所誅殺甚多然取爲小治姦益不勝晉灼曰取音趣直指始出矣吏之治以斬殺縛束爲務閻奉以惡用矣師古曰閻奉以嚴惡之故而見任用言時政尚急刻也縱廉其治效鄢都上幸鼎湖病久已而卒起幸甘泉師古曰已謂病愈也言帝久病既得愈而忽然即幸甘泉卒讀曰猝道不治上怒曰縱以我爲不行此道乎銜之師古曰銜含也蓄含在心以爲過也至冬楊可方受告緡縱以爲此亂民部吏捕其爲可使者天

子聞使杜式治以爲廢格沮事孟康曰武帝使楊可主告緡没入其財物縱捕爲可使者此爲廢格詔書沮已成之事也師古曰沮壞也音材汝反格讀曰閣弃縱市後一歲張湯亦死

王溫舒陽陵人也少時椎埋爲姦師古曰椎殺人而埋之椎直追反其字從木已而試縣亭長師古曰試補也數廢數爲吏以治獄至廷尉史事張湯遷爲御史督盜賊殺傷甚多稍遷至廣平都尉擇郡中豪敢往吏十餘人爲爪牙師古曰豪桀而性果敢一往無所顧者以爲吏也皆把其陰重罪師古曰把布馬反而縱使督盜賊師古曰縱放也督察視也快其意所欲得此人雖有百罪弗法師古曰言所捕盜賊得其人而快溫舒意者則不問其先所犯罪也法謂行法也即有避回夷之亦滅宗師古曰避回謂不盡意捕擊也回胡内反以故齊趙之郊盜不敢近廣平廣平聲爲道不拾遺上聞遷爲河内太守素居廣平時皆知河内豪姦之家及往以九月至令郡具私馬五十疋爲驛自河内至長安師古曰以私馬於道上往往置驛也部吏如居廣平時方略捕郡中豪猾相連坐千餘家上書請大者至族小者乃死家盡没入償臧師古曰以臧致罪者既没入之又令出倍臧或收入官或還其主也奏行不過二日得可事論報至流血十餘里師古曰天子可其奏而論決之殺人既多故血流十餘里河内皆怪其奏以爲神速盡十二月郡中無犬吠之盜其頗不得失之旁郡追求會春溫舒頓足歎曰嗟乎令冬月

益展一月足吾事矣師古曰立春之後不復行刑故云然展伸也其好殺行威不愛人如此上聞之以爲能遷爲中尉其治復放河内師古曰放依也音甫往反徒請召猜禍吏與從事應劭曰徒但也猜疑也取吏好猜疑作惡害者任用之河内則楊皆麻戊關中楊贛成信等師古曰比皆猜禍者義縱爲内史憚之未敢恣治師古曰言溫舒憚縱不得恣其酷暴及縱死張湯敗後徙爲廷尉而尹齊爲中尉坐法抵罪溫舒復爲中尉爲人少文居它惛惛不辯師古曰言爲餘官則心意蒙蔽職事不舉惛音昏至於中尉則心開素習關中俗知豪惡吏豪惡吏盡復爲用吏苛察淫惡少年投缿購告言姦師古曰缿所以受投書也音項解在趙廣漢傳也置伯落長以收

司姦師古曰伯亦長帥之稱也置伯及邑落之長以收捕司察姦人也溫舒多謟善事有
埶者即無埶視之如奴有埶家雖有姦如山弗犯
無埶雖貴戚必侵辱師古曰謂不居權要之職者舞文巧請下戶
之猾以動大豪師古曰弄法爲巧而治下戶之狡猾者用諷動大豪之家所以然者爲大豪中有權要不可
治故也請謂奏請其治中尉如此姦猾窮治大氐盡靡爛獄
中師古曰大氐大歸也靡碎也氐丁禮反靡武皮反行論無出者其爪牙吏虎
而冠師古曰言其殘暴之甚也非有人情於是中尉部中中猾以下皆
伏有埶者爲游聲譽稱治數歲其吏多以權貴富
師古曰爲權貴之家所擁佑故積受取致富者也溫舒擊東越還議有不中意
師古曰不當天子意也中竹仲反坐以法免是時上方欲作通天臺而

未有人溫舒請覆中尉脫卒得數萬人作師古曰覆校脫漏未
爲卒者也脫它活反上說師古曰說讀曰悅拜爲少府徙右內史治如其
故姦邪少禁坐法失官復爲右輔行中尉如故操
歲餘會宛軍發孟康曰發兵伐大宛詔徵豪吏溫舒匿其吏華
成及人有變告溫舒受員騎錢它姦利事罪至族
自殺師古曰員騎騎之有正員也其時兩弟及兩婚家亦各自坐
它罪而族光祿勳徐自爲曰悲夫夫古有三族而
王溫舒罪至同時而五族乎師古曰溫舒與弟同三族而兩妻家各一故爲五也
溫舒死家絫千金師古曰絫古累字
尹齊東郡茌平人也師古曰茌仕疑反以刀筆吏稍遷至御
史事張湯湯數稱以爲廉武帝使督盜賊斬伐不
避貴埶遷關都尉聲甚於甯成上以爲能拜爲中
尉吏民益彫敝輕齊木强少文師古曰木質也言如木石之爲也豪惡
吏伏匿而善吏不能爲治師古曰惡吏不肯爲用獨善吏在故不能治事也以
故事多廢抵罪師古曰以職事多廢故至於坐罪也後復爲淮陽都尉
王溫舒敗後數年病死家直不滿五十金所誅滅
淮陽甚多及死仇家欲燒其尸妻亡去歸葬
楊僕宜陽人也以千夫爲吏孟康曰千夫若五大夫武帝以軍用不足令民出錢穀爲
之師古曰所謂武功賞官以寵戰士河南守舉爲御史使督盜賊關東治
放尹齊以敢擊行師古曰果敢摶擊而行其治也稍遷至主爵都尉

上以爲能南越反拜爲樓船將軍有功封將梁侯
東越反上欲復使將爲其伐前勞師古曰伐謂矜恃也以書
敕責之曰將軍之功獨有先破石門尋陿劉德曰南越中險地名也
非有斬將騫旗之實也師古曰騫與搴同搴拔取之烏足以驕人
哉師古曰烏於何也前破番禺捕降者以爲虜掘死人以爲
獲是一過也建德呂嘉逆罪不容於天下師古曰建德南越王
名也尉佗玄孫也呂嘉其相也將軍擁精兵不窮追超然以東越爲
援是二過也師古曰以僕不窮追之故令建德得以東越爲援也士卒暴露連歲
爲朝會不置酒將軍不念其勤勞而造佞巧請乘
傳行塞師古曰傳張戀反行下更反因用歸家懷銀黃垂三組夸

鄉里是三過也師古曰銀銀印也黃金印也僕爲主爵都尉又爲樓船將軍并將梁侯三印故三組也組即綬也失期內顧以道惡爲解師古曰內顧言思妻妾也解謂自解說也若今言分踈失尊尊之序是四過也欲請蜀刀問君賈幾何對曰率數百孟康曰僕嘗爲將請官蜀刀詔問賈父曰言比率數百也師古曰賈讀曰價武庫曰出兵而陽不知挾爲千君是五過也師古曰千犯也受詔不至蘭池宮如淳曰本出軍時欲使之蘭池宮頓而不去蘭池宮在渭城明日又不對假令將軍之吏問之不對令之不從其罪何如推此心以在外江海之間可得信乎今東越深入將軍能率衆以掩過不僕惶恐對曰願盡死贖罪與王溫舒俱破東越後復與左將軍荀彘俱擊朝鮮爲彘

前漢傳六十　十一

所縛語在朝鮮傳還免爲庶人病死

咸宣楊人也師古曰咸音減省之減楊河東之邑以佐史給事河東守衞將軍青使買馬河東師古曰將軍衞青充使而於河東買馬也見宣無害言上徵爲廏丞官事辨稍遷至御史及丞使治主父偃及淮南反獄所以微文深詆殺者甚衆師古曰詆誣也稱爲敢決疑數廢數起爲御史及中丞者幾二十歲師古曰幾音鉅依反王溫舒爲中尉而宣爲左內史其治米鹽師古曰米鹽細雜也事小大皆關其手自部署縣名曹寶物官吏令丞弗得擅搖痛以重法繩之居官數年壹切爲小治辯然獨宣以小至大能自行之難以爲經師古曰經常也不可爲常法也中廢爲右扶風坐怒其吏成信信亡藏上林中宣使郿令將吏卒師古曰郿扶風縣也音媚闌入上林中蠶室門攻亭格殺信射中苑門師古曰中竹仲反宣下吏爲大逆當族自殺而杜周任用是時郡守尉諸侯相二千石欲爲治者大抵盡效王溫舒等而吏民益輕犯法盜賊滋起師古曰滋亦益也南陽有梅免百政師古曰梅百皆姓也楚有段中杜少師古曰少讀曰仲齊有徐勃燕趙之閒有堅盧范主之屬大群至數千人擅自號攻城邑取庫兵釋死罪師古曰釋解也縛辱郡守都尉殺二千石爲檄告縣趣具食師古曰趣讀曰促小群以百數掠鹵鄉

前漢傳六十　十二

里者不可稱數於是上始使御史中丞丞相長史使督之師古曰出爲使者督察也猶弗能禁師古曰禁居禽反乃使光祿大夫范昆諸部都尉及故九卿張德等衣繡衣持節虎符發兵以興擊師古曰以軍興之法而討擊也斬首大部或至萬餘級及以法誅通行飲食坐相連郡甚者數千人數歲迺頗得其渠率師古曰渠大也散卒失亡復聚黨阻山川往往而群無可奈何於是作沈命法應劭曰沈沒也敢蔽匿盜賊者沒其命也孟康曰沈臧匿也命亡逃也師古曰應說是曰群盜起不發覺發覺而弗捕滿品者師古曰品率也以人數爲率也二千石以下至小吏主者皆死其後小吏畏誅雖有盜弗敢發恐不能得坐

課累府府亦使不言口（孟康曰縣有盜賊府亦并坐使縣不言之也師古曰府郡府也累力瑞反）故盜賊寖多（師古曰寖漸也）上下相爲匿以避文法焉

田廣明字子公鄭人也（師古曰京兆鄭縣即今之華州）以郎爲天水司馬功次遷河南都尉以殺伐爲治郡國盜賊竝起遷廣明爲淮陽太守歲餘故城父令公孫勇與客胡倩等謀反（師古曰倩千見反）倩詐稱光禄大夫從車騎數十言使督盜賊止陳留傳舍太守謁見欲收取之廣明覺知發兵皆捕斬焉而公孫勇衣繡衣乘駟馬車至圉（師古曰陳留圉縣）圉使小史侍之亦知其非是守尉魏不害與廏嗇夫江德尉史蘇昌共收捕

前漢傳六十　十三

之上封不害爲當塗侯德轑陽侯（師古曰轑音遼）昌蒲侯初四人俱拜於前小史竊言武帝問言何對曰爲侯者得東歸不上曰女欲不貴矣（師古曰言汝意欲歸不吾今貴汝謂賜之爵也）女鄉名爲何對曰名遺鄉上曰用遺汝矣（師古曰遺弋季反）於是賜小史爵關內侯食遺鄉六百戶上以廣明連禽大姦徵入爲大鴻臚擢廣明兄雲中代爲淮陽太守昭帝時廣明將兵擊益州還賜爵關內侯徙衞尉後出爲左馮翊治有能名宣帝初立代蔡義爲御史大夫以前爲馮翊與議定策（師古曰與讀曰豫）封昌水侯歲餘以祁連將軍將兵擊匈奴出塞至受降城受降都尉前死喪柩在堂廣明召其寡妻與姦既出不至質（服虔曰質所期處也）引軍空還下太僕杜延年簿責（師古曰簿步戶反）廣明自殺闕下國除兄雲中爲淮陽守亦敢誅殺吏民守闕告之竟坐棄市

田延年字子賓先齊諸田也徙陽陵（師古曰高祖時徙之其地後爲陽陵縣）延年以材略給事大將軍莫府霍光重之遷爲長史出爲河東太守選拔尹翁歸等以爲爪牙誅鉏豪彊姦邪不敢發以選入爲大司農會昭帝崩昌邑王嗣立淫亂霍將軍憂懼與公卿議廢之莫敢發言延年按劍廷叱群臣（師古曰止於朝廷之中而叱之也若言廷爭矣）即日

前漢傳六十　十四

議決語在光傳宣帝即位延年以決疑定策封陽成侯先是茂陵富人焦氏賈氏以數千萬陰積貯炭葦諸下里物（孟康曰死者歸蒿里葬地故曰下里師古曰以數千萬錢爲本而貯此物也）昭帝大行時方上事暴起（師古曰方上謂壙中也昭帝暴崩故其事倉猝）用度未辦延年奏言商賈或豫收方上不祥器物冀其疾用欲以求利（師古曰疾速也）非民臣所當爲請沒入縣官奏可富人亡財者皆怨出錢求延年罪初大司農取民牛車三萬兩爲僦（師古曰一乘爲一兩僦謂賃之與顧直也音子就反）載沙便橋下送致方上車直千錢延年上簿詐增僦直車二千凡六千萬盜取其半焦賈兩家告其事下丞

相府丞相議奏延年主守盜三千萬不道霍將軍召延年欲爲道地師古曰爲之開通道路使有安全之地也延年抵曰師古曰抵拒諱也音丁禮反本出將軍之門蒙此爵位師古曰延年嘗給事莫府又爲大將軍長史故云然也無有是事光曰即無事當窮竟師古曰既無實事當令有司窮治盡其理御史大夫田廣明謂太僕杜延年春秋之義以功覆過當廢昌邑王時非田子賓之言大事不成今縣官出三千萬自乞之何哉師古曰自謂乞與之也乞音氣願以愚言白大將軍延年言之大將軍大將軍曰誠然實勇士也當發大議時震動朝廷光因舉手自撫心曰使我至今病悸師古曰悸心動也音揆謝田大夫曉大

前漢傳六十　十五

司農通往就獄得公議之師古曰曉者告白意指也通者從公家通理也光忿其拒諱故不佑之田大夫使人語延年延年曰幸縣官寬我耳何面目入牢獄使衆人指笑我卒徒唾吾背乎即閉閤獨居齋舍師古曰齋讀曰齋偏袒持刀東西步數日使者召延年詣廷尉聞鼓聲自刎死晉灼曰使者至司農司農發詔書故鳴鼓也師古曰刎謂斷頸也國除

嚴延年字次卿東海下邳人也其父爲丞相掾延年少學法律丞相府歸爲郡吏以選除補御史掾舉侍御史是時大將軍霍光廢昌邑王尊立宣帝宣帝初即位延年劾奏光擅廢立主無人臣禮不

道奏雖寢然朝庭肅焉敬憚延年後劾大司農田延年持兵干屬車師古曰干犯也屬車天子後車也之欲反大司農自訟不干屬車事下御史中丞譴責延年何以不移書宮殿門禁止大司農而令得出入宮於是覆劾延年闌內罪人法至死張晏曰故事有所劾奏並移宮門禁止不得入師古曰覆反也反以此事劾之覆芳目反延年亡命會赦出丞相御史府徵書同日到延年以御史書先至詣御史府復爲掾宣帝識之張晏曰識其前劾霍光擅廢立拜爲平陵令坐殺不辜去官後爲丞相掾復擢好畤令神爵中西羌反彊弩將軍許延壽請延年爲長史從軍敗西羌還爲涿郡太守時

前漢傳六十　十六　宗

郡比得不能太守師古曰比頻也涿人畢野白等由是廢亂師古曰廢公法而狡亂也大姓西高氏東高氏師古曰兩高氏各以所居東西爲號者自郡吏以下皆畏避之莫敢與牾師古曰牾逆也音悟咸曰寧負二千石無負豪大家賓客放爲盜賊師古曰放縱也發輒入高氏吏不敢追浸浸日多師古曰浸漸也道路張弓拔刃然後敢行其亂如此延年至遣掾蠡吾趙繡按高氏得其死罪繡見延年新將師古曰新爲郡將也謂郡守爲郡將者以其兼領武事也心內懼爲兩劾欲先白其輕者觀延年意怒迺出其重劾延年已知其如此矣趙掾至白其輕者延年索懷中得重劾師古曰索搜也音山客反即收送獄夜入晨將

至市論殺之先所按者死師古曰在高氏前死吏皆股弁師古曰股
戰若弁弁謂撫手也更遣吏分考兩高窮竟其姦誅殺各數十
人郡中震恐道不拾遺三歲遷河南太守賜黃金
二十斤豪彊脅息師古曰脅斂也屏氣而息野無行盜威震旁郡
其治務在摧折豪彊扶助貧弱貧弱雖陷法曲文
以出之其豪桀侵小民者以文內之師古曰飾文而入之為罪衆
人所謂當死者一朝出之所謂當生者詭殺之師古
曰詭違正理而殺也吏民莫能測其意深淺戰栗不敢犯禁按
其獄皆文致不可得反師古曰致至密也言其文案整密也反音幡延年為
人短小精悍敏捷於事師古曰悍勁也雖子貢冉有通藝於

政事不能絕也吏忠盡節者厚遇之如骨肉皆親
鄉之師古曰鄉讀曰嚮出身不顧以是治下無隱情然疾惡
泰甚中傷者多尤巧為獄文善史書所欲誅殺奏
成於手中主簿親近史不得聞知奏可論死奄忽
如神冬月傳屬縣囚會論府上師古曰總集郡府而論殺流血數
里河南號曰屠伯鄧展曰言延年殺人如屠兒之殺六畜伯長也令行禁止郡
中正清是時張敞為京兆尹素與延年善敞治雖
嚴然尚頗有縱舍聞延年用刑刻急迺以書諭之
曰昔韓盧之取菟也上觀下獲應劭曰韓盧六國時韓氏之黑犬也孟康
曰言良犬之取菟仰觀人之意而獲之諭不妄殺不甚多殺願次卿少緩誅罰

思行此術延年報曰河南天下喉咽二周餘斃師古
曰喉咽言其所在衝要如人體之有喉咽也二周東西周君國也咽一千反莠盛苗穢何可不鉏
也師古曰莠似穀所生也苗粟苗也莠音誘自矜伐其能終不衰止時黃霸
在潁川以寬恕為治郡中亦平婁蒙豐年師古曰婁古屢字
鳳皇下上賢焉下詔稱揚其行加金爵之賞延年
素輕霸為人及比郡為守褒賞反在己前師古曰比接近也音
頻二反心內不服河南界中又有蝗蟲府丞義出行蝗
還見延年延年曰此蝗豈鳳皇食邪義又道司農
中丞耿壽昌為常平倉利百姓延年曰丞相御史
不知為也當避位去壽昌安得權此師古曰作此倉非奇異之

功也公卿不知為之是曠官也壽昌安得擅此以為權乎後左馮翊缺上欲徵延年
符已發為其名酷復止應劭曰符竹使符也臧在符節臺欲有所拜召治書御史符節令發符下太
尉也延年疑少府梁丘賀毀之心恨會琅邪太守
以視事久病滿三月免延年自知見廢謂丞曰此
人尚能去官我反不能去邪師古曰與丞言云爾又延年察獄
史廉臧不入身師古曰延年察舉其獄史為廉而此人乃有臧罪然臧不入身也延年坐
選舉不實貶秩笑曰後敢復有舉人者矣師古曰言已濫被貶
秩後人寧敢復舉人乎丞義年老頗悖師古曰心思惑亂悖布內反素畏延年
恐見中傷延年本嘗與義俱為丞相史實親厚之
無意毀傷也餽遺之甚厚義愈益恐自筮得死卦

忽忽不樂取告至長安師古曰取休假上書言延年罪名十事已拜奏因飲藥自殺以明不欺事下御史丞按驗有此數事以結延年師古曰結正其罪也坐怨望非謗政治不道弃市初延年母從東海來欲從延年臘師古曰建丑之月爲臘祭因會飲若今之蜡節到雒陽適見報囚師古曰奏報行決也母大驚便止都亭不肯入府延年出至都亭謁母母閉閤不見延年免冠頓首閤下良久母乃見之因數責延年師古曰數所具反幸得備郡守專治千里不聞仁愛教化有以全安愚民顧乘刑罰多刑殺人師古曰顧反也乘因也欲以立威豈爲民父母意哉延年服罪重頓首謝師古曰重直用反因自爲母御歸府舍母畢正臘師古曰臘及正歲禮畢也正之盈反

謂延年天道神明人不可獨殺師古曰言多殺人者已亦當死我不意當老見壯子被刑戮也師古曰言素意不自謂如此也行矣去女東歸埽除墓地耳師古曰言待其喪至也遂去歸郡見昆弟宗人復爲言之後歲餘果敗東海莫不賢知其母師古曰稱其賢智也延年兄弟五人皆有吏材至大官東海號曰萬石嚴嫗師古曰一門之中五二千石故揔云萬石次弟彭祖至太子太傅在儒林傳

尹賞字子心鉅鹿楊氏人也以郡吏察廉爲樓煩長舉茂材粟邑令左馮翊薛宣奏賞能治劇徙爲頻陽令坐殘賊免後以御史舉爲鄭令永始元延閒上怠於政貴戚驕恣紅陽長仲兄弟交通輕俠臧匿亡命鄧展曰紅陽姓長仲字也如淳曰紅陽南陽縣也長姓仲字也師古曰姓紅陽而兄字長弟字仲今書長字或作張者非也後人所改耳一曰紅陽侯王立之子兄弟長少也而北地大豪浩商等報怨殺義渠長妻子六人往來長安中丞相御史遣掾求逐黨與詔書召捕久之迺得長安中姦猾浸多閭里少年群輩殺吏受賕報仇師古曰或有自怨於吏或受人賕賂報仇讎也相與探丸爲彈師古曰爲彈丸作赤黑白三色而共探取之也彈徒旦反得赤丸者斫武吏得黑者斫文吏白者主治喪師古曰其黨與有爲吏及它人所殺者則主其喪事也城中薄暮塵起剽劫行者死傷橫道枹

鼓不絕師古曰枹擊鼓椎也音孚其字從木賞以三輔高弟選守長安令得壹切便宜從事賞至修治長安獄穿地方深各數丈致令辟爲郭師古曰致謂積累之也令辟瓴甋也郭謂四周之內也致讀如本字又音緻令音零辟避歷反以大石覆其口名爲虎穴乃部戶曹掾史與鄉吏亭長里正父老伍人師古曰五家爲伍伍人者各其同伍之人也雜舉長安中輕薄少年惡子師古曰惡子不丞父母教命者無市籍商販作務而鮮衣凶服被鎧扞持刀兵者悉籍記之師古曰凶服危險之服鎧甲也扞臂衣也籍記爲名籍以記之得數百人賞一朝會長安吏車數百兩分行收捕皆劾以爲通行飲食群盜師古曰飲於禁反食讀曰飤賞親閱見十置一師古曰置放也其餘盡以次

內虎穴中百人爲輩覆以大石數日壹發視皆相枕藉死便輿出瘞寺門桓東（如淳曰瘞埋也舊亭傳於四角面百步築土四方上有屋屋上有柱出高丈餘有大板貫柱四出名曰桓表縣所治夾兩邊各一桓陳宋之俗言桓聲如和今猶謂之和表師古曰即華表也）楬著其姓名（師古曰楬杙也椓杙於瘞處而書死者名也楬音竭杙音弋字並從木）百日後迺令死者家各自發取其尸親屬號哭道路皆歔欷長安中歌之曰安所求子死桓東少年場（師古曰安焉也死謂尸也）生時諒不謹枯骨後何葬（師古曰諒信也葬字合韻子郎反）賞所置皆其魁宿（師古曰魁根本也宿久舊也）或故吏善家子失計隨輕黠願自改者財數十百人（師古曰財與纔同）皆貰其罪（師古曰貰緩也）詭令立功以自贖（師古曰詭責也）盡力有效者因親用之爲爪牙追捕甚精甘耆姦惡甚於凡吏（師古曰耆讀曰嗜）賞視事數月盜賊止郡國亡命散走各歸其處不敢闚長安江湖中多盜賊以賞爲江夏太守捕格江賊及所誅吏民甚多坐殘賊免南山群盜起以賞爲右輔都尉遷執金吾督大姦猾三輔吏民甚畏之數年卒官疾病且死戒其諸子曰丈夫爲吏正坐殘賊免追思其功效則復進用矣一坐軟弱不勝任免終身廢弃無有赦時其羞辱甚於貪汙坐臧慎毋然賞四子皆至郡守長子立爲京兆尹皆尚威嚴有治辯名

贊曰自郅都以下皆以酷烈爲聲然都抗直引是非爭大體張湯以知阿邑人主與俱上下（蘇林曰邑音人相悒納之悒師古曰如蘇氏之說邑字音烏合反然今之書本或作色字此言阿諛觀人主顏色而上下也其義兩通）時辯當否國家賴其便趙禹據法守正（師古曰据音據）杜周從諛以少言爲重張湯死後罔密事叢（師古曰叢聚也）寖以耗廢（師古曰寖漸也耗亂也音莫報反）九卿奉職救過不給（師古曰給供也）何暇論繩墨之外乎自是以至哀平酷吏衆多然莫足數此知名見紀者其廉者足以爲儀表（師古曰謂有儀形可表明）其汙者方略教道一切禁姦（師古曰汙濁也道讀曰導）亦質有文武焉雖酷稱其位矣（師古曰稱尺孕反）湯周子孫貴盛故別傳（師古曰言所以不列於酷吏之篇也）

漢書酷吏傳第六十

貨殖傳第六十一　班固　漢書九十一

祕書監上護軍琅邪縣開國子顏　師古注

昔先王之制自天子公侯卿大夫士至于皁隸抱關擊㯓者（師古曰皁養馬者也隸之言著也屬著於人也抱關守門者也擊㯓守夜擊木以警衆也㯓音土各反）其爵祿奉養宮室車服棺槨祭祀死生之制各有差品小不得僭大賤不得踰貴夫然故上下序而民志定於是辯其土地川澤丘陵衍沃原隰之宜（師古曰衍謂地平延者也沃水之所灌沃也廣平曰原下溼曰隰）敎民種樹畜養（師古曰樹殖也）五穀六畜及至魚鼈鳥獸雚蒲材幹器械之資（師古曰雚薍也即今之荻也械者器之揔名也雚音桓薍音五官反荻音敵）所以養生送終之具

靡不皆育育之以時而用之有節屮木未落斧斤不入於山林（師古曰禮記月令季秋之月草木黃落乃伐薪為炭）豺獺未祭罝網不布於壄澤（師古曰禮記王制云獺祭魚然後虞人入澤梁豺祭獸然後田獵月令孟春之月獺祭魚季秋之月豺乃祭獸戮禽罝兔網也音嗟）鷹隼未擊矰弋不施於徯隧（師古曰隼亦鷙鳥即今所呼為鶻者也月令孟秋之月鷹乃祭鳥用始行戮弋繳射也矰者弋之矢也徯隧徑道也矰音曾徯音奚隧音遂鶻音胡骨反）既順時而取物然猶山不茬糵澤不伐夭（師古曰茬古槎字也槎邪斫木也糵髡斬之也此夭謂草木之方長未成者也槎音士牙反糵音五葛反夭音烏老反）蝝魚麛卵咸有常禁（師古曰蝝小蟲䗶也麛鹿子也卵鳥卵也月令孟春之月毋殺孩蟲毋麛毋卵蝝音弋全反麛音莫奚反）所以順時宣氣蕃阜庶物（師古曰蕃多也阜盛也蕃音扶元反）稸足功用如此之備也（師古曰畜備即蓄字）然後四民因其土宜各任

智力夙興夜寐以治其業相與通功易事交利而俱贍（師古曰言以其所有易其所無而不匱乏）非有徵發期會而遠近咸足故易曰后以財成輔相天地之宜以左右民（師古曰泰卦象辭也后君也左右助也言王者資財用以成敎贊天地之化育以救助其衆庶也左右讀曰佐佑）備物致用立成器以為天下利莫大乎聖人（師古曰上繫之辭也備物致用謂備取百物而極其功用）此之謂也管子云古之四民不得雜處（師古曰管仲之書也）士相與言仁誼於閒宴（師古曰閒讀曰閑）工相與議技巧於官府商相與語財利於市井（師古曰凡言市井者市交易之處井共汲之所故揔而言之也說者云因井而為市其義非也）農相與謀稼穡於田壄朝夕從事不見異物而遷焉（師古曰言非本業則弗觀視故能各精其事不移易）故其父兄

之敎不肅而成子弟之學不勞而能各安其居而樂其業甘其食而美其服雖見奇麗紛華非其所習辟猶戎翟之與于越不相入矣（孟康曰于越南方越名也師古曰于發語聲也戎蠻之語則然于越猶句吳耳辟讀曰譬）是以欲寡而事節財足而不爭於是在民上者道之以德齊之以禮（師古曰道讀曰導）故民有恥而且敬貴誼而賤利此三代之所以直道而行不嚴而治之大略也（師古曰直道而行謂以德禮率下不飾僞也）及周室衰禮法墮（師古曰墮毀也音火規反）諸侯刻桷丹楹大夫山節藻棁（師古曰桷椽也楹柱也節栭也山刻為山形也棁侏儒柱也藻棁謂刻鏤為水藻之文也刻桷丹楹魯桓宮也山節藻棁臧文仲也）八佾舞於庭雍徹於堂（師古曰八列舞於庭謂季氏也以雍樂徹食三家則然事見論

語其流至乎士庶人莫不離制而棄本稼穡之民少商旅之民多穀不足而貨有餘陵夷至乎桓文之後(師古曰齊桓晉文也)禮誼大壞上下相冒國異政家殊俗耆欲不制僭差亡極(師古曰耆讀曰嗜其下並同極止也)於是商通難得之貨工作亡用之器士設反道之行以追時好而取世資(師古曰追逐也)僞民背實而要名姦夫犯害而求利篡弒取國者為王公圉奪成家者為雄桀(師古曰圉謂禁守其人也)禮誼不足以拘君子刑戮不足以威小人富者木土被文錦犬馬餘肉粟而貧者裋褐不完唅菽飲水(師古曰裋布長襦也褐編枲衣也裋音豎唅古含字也菽豆也)其為編戶齊民同列

而以財力相君雖為僕虜猶亡慍色故夫飾變詐為姦軌者自足乎一世之間守道循理者不免於飢寒之患其教自上興繇法度之無限也(師古曰繇讀與由同)故列其行事以傳世變云

昔粵王句踐困於會稽之上迺用范蠡計然(孟康曰姓計名然越臣也蔡謨曰計然者范蠡所著書篇名耳非人也謂之計然者所計而然也羣書所稱句踐之賢佐種蠡為首豈聞復有姓計名然者乎若有此人越但用半策便以致霸是功重於范蠡蠡之師也焉有如此而越國不記其事書籍不見其名史遷不述其傳乎師古曰蔡說謬矣據古今人表計然列在第四等豈是范蠡書篇乎計然一號計研故賓戲云研桑心計於無垠即謂此耳計然者濮上人也博學無所不通尤善計筭嘗南遊越范蠡卑身事之其書則有萬物錄著五方所出皆述之事見皇覽及晉中經簿又吳越春秋及越絕書並作計倪此則倪研及然聲皆相近實一人耳何云書籍不見哉)計然曰知鬭則修備時用則知物二者形則萬貨之情可得見矣(師古曰形顯見)故旱則資舟水則資車物之理也(師古曰旱極則水水極則旱故於旱時而預蓄舟水時預蓄車以待其貴收其利也)推此類而脩之十年國富厚賂戰士遂報彊吳刷會稽之恥(師古曰刷謂拭除之也音所劣反)范蠡歎曰計然之策十用其五而得意既以施國吾欲施之家迺乘扁舟(孟康曰特舟也師古曰音匹延反)浮江湖變名姓適齊為鴟夷子皮(師古曰自號鴟夷者言若盛酒之鴟夷多所容受而可卷懷與時張弛也鴟夷皮之所為故曰子皮)之陶為朱公(孟康曰陶即今定陶也)以為陶天下之中諸侯四通貨物所交易也迺治產積居與時逐(孟康曰逐時而居貨也師古曰此說非也言豫居貨物隨時而逐利)而不責於人故善治產者能擇人而任

時十九年之間三致千金再散分與貧友昆弟後年衰老聽子孫脩業而息之(師古曰息生也)遂至鉅萬故言富者稱陶朱

子贛既學於仲尼退而仕衛(師古曰孔子弟子姓端木名賜也)發貯鬻財曹魯之間(師古曰多有積貯趣時而發鬻賣之也鬻音弋六反)七十子之徒賜最為饒(師古曰言於弟子之中最為富)而顏淵簞食瓢飲在于陋巷(師古曰簞笥也食飯也瓢瓠勺也一簞之飯一瓢之飲至貧也簞音丁安反食音似瓢音頻遙反)子贛結駟連騎束帛之幣聘享諸侯所至國君無不分庭與之亢禮(師古曰為賓主之禮)然孔子賢顏淵而譏子贛曰回也其庶乎屢空賜不受命而貨殖焉意則屢中(師古曰論語載孔子

之言也顏回庶幾聖道雖數空匱而樂在其中子贑不受教命唯財是殖億度是非幸而中耳意讀曰億中音竹仲反

白圭周人也當魏文侯時李克務盡地力而白圭樂觀時變故人棄我取人取我予能薄飲食忍嗜欲節衣服與用事僮僕同苦樂趨時若猛獸摯鳥之發故曰吾治生猶伊尹呂尚之謀孫吳用兵商鞅行法是也故智不足與權變勇不足以決斷仁不能以取予彊不能以有守雖欲學吾術終不告也蓋天下言治生者祖白圭師古曰祖始也以其法爲本始也

猗頓用盬鹽起師古曰猗頓魯之窮士也盬鹽池也於盬造鹽故曰盬盬音古邯鄲郭縱以鑄冶成業與王者埒富師古曰埒等也

烏氏蠃畜牧師古曰氏音支烏氏姓也蠃名也其人爲畜牧之業也及衆斥賣師古曰畜牧蕃盛其數多則出而賣之也求奇繒物間獻戎王師古曰避時之禁故伺間隙私遺戎王戎王十倍其償予畜畜至用谷量牛馬師古曰言其數饒不可計筭故以山谷多少言之秦始皇令蠃比封君以時與列臣朝請師古曰與讀曰豫請音才姓反

巴寡婦清師古曰以其行絜故號曰清也其先得丹穴而擅其利數世師古曰丹丹沙也穴者山谷之穴出丹也家亦不訾師古曰言資財衆多無限數訾音子移反清寡婦能守其業用財自衛人不敢犯始皇以爲貞婦而客之爲築女懷清臺

秦漢之制列侯封君食租稅歲率戶二百千戶之君則二十萬朝覲聘享出其中庶民農工商賈率亦歲萬息二千百萬之家即二十萬而更繇租賦出其中師古曰更音工衡反繇讀曰徭衣食好美矣故曰陸地牧馬二百蹏孟康曰五十匹也師古曰蹏古蹄字牛千蹏角孟康曰百六十七頭也馬貴而牛賤以此爲率也師古曰百六十七頭牛則爲蹄與角凡一千二也言千者舉成數也千足羊師古曰凡言千足者二百五十頭也澤中千足彘水居千石魚陂師古曰陂讀曰陂言有大陂養魚一歲收千石魚也說者不曉乃改其陂字爲皮又讀爲披皆失之矣山居千章之萩孟康曰萩任方章者千枚也師古曰大材曰章解在百官公卿表萩即楸樹字也其下並同也安邑千樹棗燕秦千樹栗蜀漢江陵千樹橘淮北滎南河濟之間千樹萩師古曰滎亦水名濟水所溢作也即今所謂滎澤也陳夏千畝桼師古曰陳陳縣也夏夏縣也皆淮陽種桼樹而取其汁夏音賈齊

魯千畝桑麻渭川千畝竹及名國萬家之城帶郭千畝畝鍾之田孟康曰一鍾受六斛四斗師古曰一畝收鍾者凡千畝也若千畝卮茜孟康曰茜草卮子可用染也師古曰茜音千見反千畦薑韭師古曰畦音攜此其人皆與千戶侯等諺曰以貧求富農不如工工不如商刺繡文不如倚市門此言末業貧者之資也師古曰言其易以得利也

通邑大都酤一歲千釀師古曰千釀以釀酒醯醬千瓨師古曰瓨長頸甖也受十升瓨音胡雙反漿千儋孟康曰儋甖也師古曰儋人儋之也一儋兩甖儋音丁濫反屠牛羊彘千皮穀糴千鍾師古曰謂常糴取而居之薪稾千車船長千丈師古曰總積船之丈數也木千章竹竿萬个孟康曰个者一个兩个師古曰个讀曰箇箇枚也軺車百乘師古曰軺車輕小之車也軺音弋昭反牛車千兩師古曰車一乘曰一兩謂之兩者言其輪

輪兩兩而耦木器桼者千枚銅器千鈞孟康曰三十斤爲一鈞素木鐵器若巵茜千石孟康曰百二十斤爲石素木素器也馬蹏躈千師古曰躈口也蹏與口共千則爲馬二百也躈音江釣反又口釣反牛千足羊彘千雙師古曰彘即豕童手指千孟康曰童奴婢也古者無空手游口皆有作務作務須手指故曰手指以別馬牛蹏角也師古曰手指謂有巧伎者指千則人百筋角丹沙千斤其帛絮細布千鈞文采千匹師古曰文文繒也帛之有色者曰采荅布皮革千石孟康曰荅布白疊也師古曰麤厚之布也其價賤故與皮革同其量耳非白疊也荅者重厚之貌而讀者妄爲榻音非也桼千大斗師古曰大斗者異於量米粟之斗也今俗猶有大量蘗麴鹽豉千合師古曰麴蘗以斤石稱之輕重齊則爲合鹽豉則斗斛量之多少等亦爲合合者相配耦之言耳今西楚荊沔之俗賣鹽豉者鹽豉各一斗則各爲裹而相隨焉此則合也說者不曉迺讀爲升合之合又改作台競爲解說失之遠矣鮐鮆千斤師古曰鮐海魚也鮆刀魚也飲而不食者鮐音胎又音菭鮆音薺又音才爾反而說者妄讀鮐爲夷非唯失於訓物亦不知音矣鮿鮑千鈞師古曰鮿膊魚也即今不著鹽而乾者也鮑今之鮑魚也鮿音輒膊音普各反鮑音於業反而說者乃讀鮑爲鮑魚之鮑音五回反失義遠矣鄭康成以爲於煏室乾之亦非也煏室乾之即鮿耳蓋今巴荊人所呼鰎魚者是也音居偃反秦始皇載鮑亂臭則是鮑魚耳而煏室乾者本不臭也煏音蒲北反棗栗千石者三之師古曰三千石狐貂裘千皮羔羊裘千石師古曰狐貂貴故計其數羔羊賤故稱其量也旃席千具它果采千種師古曰果采謂於山野采取果實也子貸金錢千貫節駔儈孟康曰節節物貴賤也謂除估儈其餘利比於千乘之家也師古曰儈者合會二家交易者也駔者其首率也駔音子朗反儈音工外反貪賈三之廉賈五之孟康曰貪賈未當賣而賣未當買而買故得利少而十得其三廉賈貴乃賣賤乃買故十得五也亦比千乘之家此其大率也

蜀卓氏之先趙人也用鐵冶富秦破趙遷卓氏之蜀夫妻推輦行師古曰步車曰輦諸遷虜少有餘財爭與吏求近處處葭萌師古曰縣名也地理志屬廣漢葭音家唯卓氏曰此地陿薄吾聞㟭山之下沃壄下有踆鴟至死不飢孟康曰踆音蹲水鄉多鴟其山下有沃野灌溉師古曰孟說非也踆鴟謂芋也其根可食以充糧故無飢年華陽國志曰汶山郡都安縣有大芋如蹲鴟也民工作布易賈乃求遠遷致之臨邛大憙即鐵山鼓鑄師古曰即就也運籌筭賈滇蜀民師古曰行賈於滇蜀之間也滇音丁賢反富至童八百人田池射獵之樂擬於人君

程鄭山東遷虜也亦冶鑄賈魋結民富埒卓氏師古曰魋結西南夷也言程鄭行賈求利於其人也埒等也魋音直追反結讀曰髻程卓既衰至成哀閒成都羅裒訾至鉅萬初裒賈京師隨身數十百萬師古曰言其自有數十萬且至百萬爲平陵石氏持錢其人彊力石氏訾次如苴孟康曰平陵如氏苴氏也石氏勤力故訾次二人也師古曰孟說非也其人彊力謂羅裒耳訾次如苴自謂石氏之饒財也苴音側于反親信厚資遣之令往來巴蜀數年閒致千餘萬裒舉其半賂遺曲陽定陵侯師古曰謂王根淳于長也依其權力賒貸郡國人莫敢負師古曰貸音吐戴反擅鹽井之利期年所得自倍師古曰期音基遂殖其貨

宛孔氏之先梁人也用鐵冶爲業秦滅魏遷孔氏南陽大鼓鑄規陂田連騎游諸侯因通商賈之利有游閒公子之名師古曰閒讀曰閑言其志寬大不在急促公子者公侯貴人之子也言其舉動性行有似之也若今言諸郎矣然其贏得過當愈於孅嗇師古曰愈讀爲愈愈勝也孅細也嗇愛也言其於利雖不汲汲苟得然所獲贏餘多於細吝者也孅與纖同下云周人既纖義亦類此家致數千金

故南陽行賈盡法孔氏之雍容魯人俗儉嗇而丙氏尤甚以鐵冶起富至鉅萬然家自父兄子弟約頫有拾卬有取師古曰頫古俯字也俯卬必有所取拾無鉅細好惡也貰貸行賈徧郡國鄒魯以其故多去文學而趨利齊俗賤奴虜而刀閒獨愛貴之師古曰刀姓閒名也刀音貂桀黠奴人之所患唯刀閒收取使之逐魚鹽商賈之利或連車騎交守相然愈益任之終得其力起數千萬故曰寧爵無刀孟康曰刀閒能畜豪奴奴或有連車騎交守相奴自謂寧欲免去作民有爵邪無將止為刀氏作奴乎無發聲助也言能使豪奴自饒而盡其力也刀閒既衰至成哀閒臨菑姓偉訾五千萬師古曰姓姓名偉

周人既纖而師史尤甚轉轂百數師古曰轉轂謂以車載物而逐利者賈郡國無所不至雒陽街居在齊秦楚趙之中富家相矜以久賈孟康曰謂街巷居民無田地皆相矜久賈在此諸國也師古曰此說非也言雒陽之地居在諸國之中要衝之所若大街衢故其西賈人無所不至而多得利不憚久行也中音竹仲反過邑不入門設用此等故師史能致十千萬師古曰十千萬即萬萬也言其財至萬萬也一曰至千萬者十焉師史既衰至成哀王莽時雒陽張長叔薛子仲訾亦十千萬莽皆以為納言士欲法武帝然不能得其利師古曰法武帝者言用卜式東郭咸陽孔僅等為官也宣曲任氏其先為督道倉吏孟康曰若今吏督租穀使上道輸在所也師古曰於京師四方諸道督其租耳道者非謂上道也秦之敗也豪桀爭取金玉任氏獨窖倉粟師古曰取倉粟而窖臧之也窖音工孝反楚漢相距滎陽民不得耕種米石至萬而豪桀金玉盡歸任氏任氏以此起富富人奢侈而任氏折節為力田畜人爭取賤賈任氏獨取貴師古曰言其居買之物不計貴賤唯在良美也賈讀曰價善富者數世師古曰折節力田務於本業先公後私率道閭里故云善富然任公家約非田畜所生不衣食公事不畢則不得飲酒食肉師古曰任公任氏之父也言家為此私約制也晉灼以為任用公家之約此說非也以此為閭里率故富而主上重之塞之斥也唯橋桃以致馬千匹牛倍之羊萬粟以萬鍾計孟康曰邊塞主斥候卒也唯此一人能致富若此師古曰此說非也塞斥者言國家斥開邊塞更令寬廣故橋桃

得恣其畜牧也姓橋名桃以萬鍾計者不論斗斛千萬之數每率舉萬鍾而計之著其饒多也吳楚兵之起長安中列侯封君行從軍旅齎貸子錢家師古曰行者須齎糧而出於子錢家貸之也貸子謂求假之也音吐得反子錢家以為關東成敗未決莫肯予唯毋鹽氏出捐千金貸師古曰貸謂假與之音吐戴反其息十之三月吳楚平一歲之中則毋鹽氏息十倍用此富關中關中富商大賈大氏盡諸田師古曰氏讀曰抵抵歸也田牆田蘭韋家栗氏安陵杜氏亦鉅萬前富者既衰自元成訖王莽京師富人杜陵樊嘉茂陵摯網平陵如氏苴氏長安丹王君房豉樊少翁王孫大卿為天下高訾師古曰王君房賣丹樊少翁及王孫大卿賣豉亦致高訾言訾讀與貲同高訾謂多資財

樊嘉五千萬其餘皆鉅萬矣王孫卿以財養士與雄傑交王莽以為京司市師漢司東市令也此其章章尤著者也其餘郡國富民兼業顓利師古曰顓與專同以貨賂自行取重於鄉里者不可勝數故秦楊以田農而甲一州孟康曰以田地過限從此而富為州中第一也翁伯以販脂而傾縣邑張氏以賣醬而隃侈質氏以洒削而鼎食服虔曰治刀劍者也如淳曰作刀劍削者師古曰二說皆非也洒濯也削謂刀劍室也謂人有刀劍削故惡者主為洒刷之去其垢穢更飾令新也洒音先禮反削音先召反濁氏以胃脯而連騎晉灼曰今太官常以十月作沸湯燖羊胃以末椒薑坋之暴使燥是也師古曰燖音似兼反坋音蒲頓反張里以馬醫而擊鍾皆越法矣然常循守事業積累贏利漸有所起至於蜀卓宛孔齊之刀間公擅山川銅鐵魚鹽市井之入運其籌策上爭王者之利下錮齊民之業師古曰錮亦謂專取之也皆陷不軌奢僭之惡又況掘冢搏掩犯姦成富師古曰搏謂搏擊掩襲取人物者也搏字或作博一說博六博也掩意錢之屬也皆戲而賭取財物曲叔稽發雍樂成之徒師古曰姓曲名叔姓稽名發姓雍名樂成也稽音工奚反猶復齒列師古曰身為罪惡尚復與良善之人齊齒並列傷化敗俗大亂之道也

貨殖傳卷第六十一

游俠傳第六十二　班固　漢書九十二

秘書監上護軍琅邪縣開國子顏師古注

古者天子建國諸侯立家自卿大夫以至于庶人各有等差是以民服事其上而下無覬覦師古曰覬覦幸也覦欲也幸得其所欲也覬音冀覦音踰又音論孔子曰天下有道政不在大夫師古曰論語載孔子之言謂權不移於下也百官有司奉法承令以脩所職失職有誅侵官有罰夫然故上下相順而庶事理焉周室既微禮樂征伐自諸侯出桓文之後大夫世權陪臣執命師古曰齊桓晉文周之二霸也陪重也陵夷至於戰國合從連衡力政爭彊師古曰力政者棄背禮義專任威力也從音子容反繇是列國公子魏有信陵趙有平原齊有孟嘗楚有春申師古曰繇讀與由同信陵君魏無忌平原君趙勝孟嘗君田文春申君黃歇皆藉王公之埶競為游俠雞鳴狗盜無不賓禮師古曰謂孟嘗君用雞鳴而得亡出關因狗盜而取狐白裘也而趙相虞卿棄國捐君以周窮交魏齊之戹師古曰魏齊虞卿之交也將為范睢所殺卿救之也信陵無忌竊符矯命戮將專師以赴平原之急師古曰秦兵圍趙趙相平原君告急於無忌無忌因如姬以竊兵符矯魏信侯命代晉鄙為將而令朱亥鎚殺晉鄙遂率兵救趙秦兵以卻而趙得全皆以取重諸侯顯名天下搤掔而游談者以四豪為稱首師古曰搤捉持也掔古手腕字四豪即魏信陵以下也搤音戹於是背公死黨之議成守職奉上之義廢矣及至漢興禁網疏闊未之匡改也師古曰匡正也是故代相陳豨從車千乘而吳

濞淮南皆招賓客以千數外戚大臣魏其武安之屬競逐於京師布衣游俠劇孟郭解之徒馳騖於閭閻權行州域力折公侯衆庶榮其名迹覬而慕之雖其陷於刑辟自與殺身成名若季路仇牧死而不悔（師古曰季路孔子弟子也姓仲名由衞人也衞有蒯聵之亂季路聞之故入赴難遇孟黶石乞以戈擊之斷纓季路曰君子死冠不免結纓而死仇牧宋大夫也宋萬殺閔公仇牧聞之趨而至手劒而叱之萬臂擊仇牧碎首齒著于門闔言游俠之徒自許節操同於季路仇牧）故曾子曰上失其道民散久矣（師古曰論語載曾子之言也解在刑法志）非明王在上視之以好惡齊之以禮法民曷繇知禁而反正乎（師古曰視讀曰示繇讀曰由）古之正法五伯三王之辠人也（師古曰伯讀曰霸下皆類此）而六國五伯之辠人也夫四豪者

又六國之辠人也況於郭解之倫以匹夫之細竊殺生之權其辠已不容於誅矣觀其溫良泛愛振窮周急謙退不伐亦皆有絕異之姿惜乎不入於道德苟放縱於末流殺身亡宗非不幸也自魏其武安淮南之後天子切齒衞霍改節然郡國豪桀處處各有京師親戚冠蓋相望亦古今常道莫足言者唯成帝時外家王氏賓客為盛而樓護為帥及王莽時諸公之間陳遵為雄閭里之俠原涉為魁（師古曰魁者斗之所用盛而杓之本也故言根本者皆云魁）

朱家魯人高祖同時也魯人皆以儒教而朱家用俠聞所臧活豪士以百數其餘庸人不可勝言然終不伐其能飲其德（孟康曰有德於人而不自美也師古曰飲沒也謂不稱顯）諸所嘗施唯恐見之振人不贍先從貧賤始家亡餘財衣不兼采食不重味乘不過軥牛（晉灼曰軥軥挽也軥牛小牛也師古曰軥重挽也音工豆反晉說是也）專趨人之急甚於己私（師古曰趨讀曰趣趣向也）既陰脫季布之戹及布尊貴終身不見自關以東莫不延頸願交楚田仲以俠聞父事朱家自以為行弗及也田仲死後有劇孟

劇孟者洛陽人也周人以商賈為資劇孟以俠顯吳楚反時條侯為太尉乘傳東將（師古曰乘傳車而東出為大將也傳音張戀反）

至河南得劇孟喜曰吳楚舉大事而不求劇孟吾知其無能為已（師古曰已語終辭）天下騷動大將軍得之若一敵國云劇孟行大類朱家而好博多少年之戲然孟母死自遠方送喪蓋千乘及孟死家無十金之財而符離王孟亦以俠稱江淮之間（師古曰符離沛郡之縣也）是時濟南瞯氏陳周膚亦以豪聞（師古曰瞯音閑）景帝聞之使使盡誅此屬其後代諸白梁韓毋辟陽翟薛況陝寒孺紛紛復出焉（師古曰代郡白姓非一家也故稱諸白梁國人姓韓名毋辟陽翟屬潁川陝即今陝州陝縣也薛況寒孺皆人姓名也辟讀曰避）

郭解河內軹人也（師古曰軹音只）溫善相人許負外孫也解父任俠孝文時誅死解為人

靜悍師古曰性沈靜而勇悍不飲酒少時陰賊感槩師古曰陰賊者陰懷賊害之意也感槩者感意氣而立節槩也不快意所殺甚衆以軀藉友報仇師古曰藉古藉字也藉謂借助也臧命作姦剽攻師古曰臧命臧亡命之人也剽劫也攻謂穿窬而盜也剽音匹妙反休乃鑄錢掘冢師古曰不報仇剽攻則鑄錢發冢也不可勝數適有天幸窘急常得脫若遇赦及解年長更折節為儉以德報怨厚施而薄望然其自喜為俠益甚師古曰自好喜為此名也喜音許吏反既已振人之命不矜其功師古曰振謂舉救也矜夸持也其陰賊著於心本發於睚眦如故云師古曰著音直略反心本猶言本心也睚音崖眦音漬睚眦又音五懈士懈反解具在杜欽傳而少年慕其行亦輒為報讎不使知也解姊子負解之勢師古曰負持也與人飲使之釂非

前漢傳六十二　四　徐雅

其任彊灌之師古曰盡爵曰釂其人不飲而使盡爵乃彊灌之故怨怒也釂音子笑反彊音其兩反人怒刺殺解姊子去亡解姊怒曰以翁伯時人殺吾子賊不得師古曰翁伯解字也棄其尸道旁弗葬欲以辱解解使人微知賊處師古曰微伺問之也賊窘自歸師古曰窘困急具以實告解解曰公殺之當吾兒不直遂去其賊師古曰除去其罪也去音丘呂反辠其姊子收而葬之諸公聞之皆多解之義師古曰多猶重益附焉解出人皆避有一人獨箕踞視之解問其姓名客欲殺之解曰居邑屋不見敬是吾德不脩也師古曰邑屋猶今人言村舍也彼何辠乃陰請尉史曰是人吾所重至踐更時脫之師古曰踐更為踐更之卒也脫免也更音工衡反脫音它活反

每至直更數過吏弗求師古曰直當也次當為更也數音所角反怪之問其故解使脫之箕踞者廼肉袒謝辠少年聞之愈益慕解之行洛陽人有相仇者邑中賢豪居閒以十數終不聽師古曰居中間為道地和釁之而不見許也客廼見解解夜見仇家仇家曲聽師古曰屈曲從其言解謂仇家吾聞洛陽諸公在閒多不聽今子幸而聽解解柰何從它縣奪人邑賢大夫權乎廼夜去不使人知曰且毋庸待我去令洛陽豪居閒廼聽師古曰庸用也且無用休待洛陽豪更言之迺從其言也解為人短小恭儉出未嘗有騎師古曰不以騎自隨也不敢乘車入其縣廷師古曰所屬之縣也之旁郡國為人請求事事可出

前漢傳六十二　五　陳言

出之如淳曰事可為免出者出之不可者各令厭其意師古曰厭滿也一瞻反然後廼敢嘗酒食諸公以此嚴重之爭為用邑中少年及旁近縣豪夜半過門常十餘車請得解客舍養之師古曰舍止也言解多臧亡命喜事少年與解同志者知亡命者多歸解故夜將車來迎取其人居止而養之及徙豪茂陵也解貧不中訾師古曰中充也言訾財不充合徙之數也中音竹仲反其下亦同吏恐不敢不徙衞將軍為言郭解家貧不中徙上曰解布衣權至使將軍此其家不貧師古曰將軍為之言是為其所使也解徙諸公送者出千餘萬軹人楊季主子為縣掾鬲之師古曰鬲塞其送不令解得之也鬲與隔同解兄子斷楊掾頭解入關關中賢豪知與不知聞聲爭交驩師古曰知謂先相知邑

人又殺楊季主季主家上書人又殺闕下(師古曰於闕下殺上書人)上聞廼下吏捕解解亡置其母家室夏陽身至臨晉臨晉籍少翁素不知解因出關(師古曰出解於關也)籍少翁已出解解傳太原所過輒告主人處吏逐迹至籍少翁少翁自殺口絕久之得解窮治所犯爲而解所殺皆在赦前軹有儒生侍使者坐客譽郭解生曰解專以姦犯公法何謂賢解客聞之殺此生斷舌吏以責解解實不知殺者殺者亦竟莫知爲誰吏奏解無辠御史大夫公孫弘議曰解布衣爲任俠行權以睚眦殺人解不知此辠甚於解知殺之當大逆無道(師古曰當謂處斷其罪)遂族解自是之後俠者極衆而無足數者然關中長安樊中子槐里趙王孫長陵高公子西河郭翁中(師古曰中讀皆曰仲)太原魯翁孺臨淮兒長卿(師古曰兒音五奚反)東陽陳君孺雖爲俠而恂恂有退讓君子之風(師古曰恂恂謹信之貌也音荀)至若北道姚氏西道諸杜南道仇景東道佗羽公子(師古曰據京師而言指其東西南北謂也)(姓佗名羽字公子佗古他字)南陽趙調之徒盜跖而居民間者耳曷足道哉此廼鄉者朱家所羞(師古曰鄉讀曰嚮)

萬章字子夏長安人也(師古曰萬音萬)長安熾盛街閭各有豪俠章在城西柳市(師古曰漢宮闕疏云細柳倉有柳市)號曰城西萬

子夏爲京兆尹門下督從至殿中(師古曰章從京兆也)侍中諸侯貴人爭欲揖章莫與京兆尹言者章逡循甚懼其後京兆不復從也(師古曰更不以章自隨也)與中書令石顯相善亦得顯權力門車常接轂至成帝初石顯坐專權擅埶免官歸故郡顯貲巨萬當去留牀席器物數百萬直欲以與章章不受賓客或問其故章歎曰吾以布衣見哀於石君(師古曰言爲石顯所哀憐)石君家破不能有以安也(師古曰言力不能救)而受其財物此爲石氏之禍萬氏反當以爲福邪諸公以是服而稱之河平中王尊爲京兆尹捕擊豪俠殺章及箭張回(服虔曰作箭者姓張名回)酒市趙君都賈子光(服虔曰酒市中人也)皆長安名豪報仇怨養刺客者也

樓護字君卿齊人父世醫也護少隨父爲醫長安出入貴戚家護誦醫經本草方術數十萬言長者咸愛重之共謂曰以君卿之材何不宦學乎繇是辭其父學經傳(師古曰繇讀與由同)爲京兆吏數年甚得名譽是時王氏方盛賓客滿門五侯爭名其客各有所厚不得左右(師古曰不相經過也)唯護盡入其門咸得其驩心結士大夫無所不傾其交長者尤見親而敬衆以是服爲人短小精辯論議常依名節聽之者皆竦與谷永俱爲五侯上客長

安號曰谷子雲筆札樓君卿脣舌言其見信用也母死送葬者致車二三千兩閭里歌之曰五侯治喪樓君卿久之平阿侯舉護方正師古曰王譚也為諫大夫使郡國護假貸師古曰官以物假貸貧人令護監之貸音吐戴反多持幣帛過齊上書求上先人冢因會宗族故人各以親疏與束帛一日散百金之費使還奏事稱意擢為天水太守數歲免家長安中時成都侯商為大司馬衞將軍罷朝欲候護其主簿諫將軍至尊不宜入閭巷商不聽遂往至護家家狹小官屬立車下久住移時天欲雨主簿謂西曹諸掾曰不肯彊諫反雨立閭巷商還或白主簿語商恨以它職事去主簿終身廢錮後護復以薦為廣漢太守元始中王莽為安漢公專政莽長子宇與妻兄呂寬謀以血塗莽第門欲懼莽令歸政發覺莽大怒殺宇而呂寬亡寬父素與護相知寬至廣漢過護不以事實語也到數日名捕寬詔書至師古曰舉姓名而捕之也護執寬莽大喜徵護入為前煇光師古曰莽分三輔置前煇光後丞烈以護為之煇音暉封息鄉侯列於九卿莽居攝槐里大賊趙朋霍鴻等群起延入前煇光界護坐免為庶人其居位爵祿賂遺所得亦緣手盡既退居里巷時五侯皆已死年老

失埶賓客益衰至王莽篡位以舊恩召見護封為樓舊里附城師古曰莽為此爵名放古之附庸也而成都侯商子邑為大司空貴重商故人皆敬事邑唯護自安如舊節邑亦父事之不敢有闕時請召賓客邑居樽下稱賤子上壽師古曰言以父禮事坐者百數皆離席伏護獨東鄉正坐師古曰鄉讀曰嚮字謂邑曰公子貴如何蘇林曰邑字公子也初護有故人呂公無子歸護護身與呂公妻與媼同食及護家居妻子頗厭呂公護聞之流涕責其妻子曰呂公以故舊窮老託身於我義所當奉遂養呂公終身護卒子嗣其爵

陳遵字孟公杜陵人也祖父遂字長子宣帝微時與有故相隨博弈師古曰博六博弈圍碁也數負進師古曰進者會禮之財也謂博所賭也解在高紀一說進勝也帝博而勝故遂有所負及宣帝即位用遂稍遷至太原太守迺賜遂璽書曰制詔太原太守官尊祿厚可以償博進矣妻君寧時在旁知狀師古曰史皇孫名進而此詔不諱之蓋史家追書故有其字耳君寧遂妻名也云妻知負博之狀者著舊恩之深也遂於是辭謝因曰事在元平元年赦令前其見厚如此元帝時徵遂為京兆尹至廷尉遵少與張竦伯松俱為京兆史竦博學通達以廉儉自守而遵放縱不拘操行雖異然相親友哀帝之末俱著名字為後進冠如淳曰為後進人士之冠首也並入公府公府

掾史率皆羸車小馬不上鮮明而遵獨極輿馬衣服之好門外車騎交錯又日出醉歸師古曰言每日必出飲也曹事數廢西曹以故事適之師古曰案舊法令而罰之也適讀曰讁此下皆同侍曹輒詣寺舍白遵曰陳卿今日以某事適遵曰滿百乃相聞故事有百適者斥滿百西曹白請斥大司徒馬宮大儒優士又重遵師古曰優禮賢士而尤欽重遵謂西曹此人大度士奈何以小文責之迺舉遵能治三輔劇縣補郁夷令師古曰右扶風之縣久之與扶風相失師古曰意不相得也自免去槐里大賊趙朋霍鴻等起遵爲校尉擊朋鴻有功封嘉威侯居長安中列侯近臣貴戚皆貴

重之牧守當之官及郡國豪桀至京師者莫不相因到遵門遵耆酒師古曰耆讀曰嗜每大飲賓客滿堂輒關門取客車轄投井中雖有急終不得去師古曰既關閉門又投車轄也而說者便欲改轄字爲館云門之館筦籥妄穿鑿耳館自主人所執何煩投井也嘗有部刺史奏事過遵值其方飲刺史大窮候遵霑醉時突入見遵母師古曰霑洽濡言其大醉也霑音竹占反叩頭自白當對尚書有期會狀母迺令從後閤出去師古曰以其前門關閉故從後閤出之也遵大率常醉然事亦不廢長八尺餘長頭大鼻容貌甚偉略涉傳記贍於文辭性善書與人尺牘主皆臧去以爲榮師古曰去亦臧也音丘呂反又音舉請求不敢逆所到衣冠

懷之唯恐在後師古曰懷來也謂招來而禮之時列侯有與遵同姓字者每至人門曰陳孟公坐中莫不震動既至而非因號其人曰陳驚坐云王莽素奇遵材在位多稱譽者繇是起爲河南太守師古曰繇讀與由同既至官當遣從史西召善書吏十人於前治私書謝京師故人遵馮几師古曰馮讀曰憑口占書吏且省官事師古曰占隱度也口隱其辭以授吏也占音之贍反書數百封親疏各有意河南大驚數月免初遵爲河南太守而弟級爲荊州牧當之官俱過長安富人故淮陽王外家左氏飲食作樂後司直陳崇聞之劾奏遵兄弟幸得蒙恩超等歷位遵

爵列侯備郡守級州牧奉使皆以舉直察枉宣揚聖化爲職不正身自慎始遵初除乘藩車入閭巷師古曰藩車車之有屛蔽者過寡婦左阿君置酒歌謳遵起舞跳梁頓仆坐上暮因留宿爲侍婢扶臥遵知飲酒飫宴有節師古曰宴食曰飫飫音於庶反禮不入寡婦之門而湛酒溷肴師古曰湛讀曰沈又音耽亂男女之別輕辱爵位羞汙印韍師古曰此韍謂印之組也惡不可忍聞臣請皆免遵既免歸長安賓客愈盛飲食自若師古曰言自如其故久之復爲九江及河內都尉凡三爲二千石而張竦亦至丹陽太守封淑德侯後俱免官以列侯歸長安竦居貧無賓客時時

好事者從之質疑問事論道經書而已師古曰質正也而遵
晝夜呼號師古曰呼音火故反車騎滿門酒肉相屬師古曰屬連續也音之欲反
先是黃門郎揚雄作酒箴以諷諫成帝其文為酒
客難法度士辭之於物曰子猶瓶矣觀瓶之居居
井之眉師古曰眉井邊地若人目上之有眉處高臨深動常近危酒醪不
入口臧水滿懷不得左右牽於纆徽一旦叀礙為
瓽所轠師古曰纆徽井索也叀縣也瓽井以甎為甃者也轠擊也言瓶忽縣礙不得下而為井瓽所擊則破碎也叀音上絹
反瓽音丁浪反轠音雷諸家之說或以叀為疐或音衞又以瓽為甓皆失之甓音側救反身提黃泉骨肉
為泥師古曰提擲也擲入黃泉之中也提音徒計反自用如此不如鴟夷師古曰鴟夷韋
囊以盛酒即今鴟夷滕鴟夷滑稽腹如大壺師古曰滑稽圜轉縱捨無窮之狀滑音骨稽音

前漢傳六十二　十二　揚琳

雞盡日盛酒人復借酤師古曰盡猶竟日也常為國器託於屬
車師古曰天子屬車常載酒食故有鴟夷也屬音之欲反出入兩宮經營公家繇
是言之酒何過乎師古曰繇讀與由同其下類此遵大喜之師古曰喜好愛也音
許吏反常謂張竦吾與爾猶是矣足下諷誦經書苦
身自約師古曰約猶束也不敢差跌師古曰跌音徒結反而我放意自恣
浮湛俗間師古曰湛讀曰沈官爵功名不減於子而差獨樂
顧不優邪師古曰顧念也竦曰人各有性長短自裁子欲
為我亦不能吾而效子亦敗矣雖然學我者易持
效子者難將吾常道也及王莽敗二人俱客於池
陽師古曰左馮翊之縣也竦為賊兵所殺李奇曰竦知有賊當去會反支日不去因為賊所殺桓譚

以為通人之蔽也更始至長安大臣薦遵為大司馬護軍與
歸德侯劉颯俱使匈奴鄧展曰颯音立單于欲脅詘遵遵陳
利害為言曲直單于大奇之遣還會更始敗遵留
朔方為賊所敗時醉見殺

原涉字巨先祖父武帝時以豪桀自陽翟徙茂陵
師古曰陽翟潁川之縣也涉父哀帝時為南陽太守天下殷富大
郡二千石死官賦斂送葬皆千萬以上妻子通共
受之以定產業時又少行三年喪者及涉父死讓
還南陽賻送行喪冢廬三年繇是顯名京師禮畢
扶風謁請為議曹師古曰禮畢行喪終服也衣冠慕之輻輳為大

前漢傳六十二　十三　陸安

司徒史丹舉能治劇為谷口令師古曰左馮翊之縣今之雲陽谷口是其處也
時年二十餘谷口聞其名不言而治先是涉季父
為茂陵秦氏所殺涉居谷口半歲所自劾去官欲
報仇谷口豪桀為殺秦氏亡命歲餘逢赦出郡國
諸豪及長安五陵諸為氣節者皆歸慕之師古曰五陵謂長陵
安陵陽陵茂陵平陵也班固西都賦曰南望杜霸北眺五陵是知霸陵杜陵非此五陵之數也而說者以為高祖以至茂陵為五陵失其本
意涉遂傾身與相待人無賢不肖闐門師古曰闐字與寘同音大
千反在所閭里盡滿客或譏涉曰子本吏二千石之
世結髮自脩以行喪推財禮讓為名正復讎取仇
猶不失仁義何故遂自放縱為輕俠之徒乎涉應

曰子獨不見家人寡婦邪始自約敕之時意迺慕宋伯姬及陳孝婦師古曰伯姬魯宣公女嫁於宋恭公恭公卒伯姬寡居至景公時伯姬之宮夜火左右曰夫人少避火伯姬曰婦人之義保傅不具夜不下堂遂逮於火而死陳孝婦者其夫當行戍屬孝婦曰幸有老母吾若不來汝善養吾母孝婦曰諾夫果死孝婦養姑愈固其父母將取嫁之孝婦固欲自殺父母懼而不取遂使養姑淮陽太守以聞朝廷高其義賜黃金四十斤復之終身號曰孝婦不幸壹爲盜賊所汙遂行淫失師古曰失讀曰泆知其非禮然不能自還吾猶此矣師古曰還讀曰旋謂反歸故操涉自以爲前讓南陽賻送身得其名而令先人墳墓儉約非孝也迺大治起冢舍周閣重門初武帝時京兆尹曹氏葬茂陵民謂其道爲京兆仟涉慕之迺買地開道立表署曰南陽仟人不肯從謂之原

前漢傳六十二　十四

氏仟費用卬富人長者師古曰卬音牛向反然身衣服車馬纔具妻子內困專以振施貧窮赴人之急爲務人嘗置酒請涉涉入里門客有道涉所知母病避疾在里宅者師古曰在此里之中宅上涉即往候叩門家哭涉因入弔問以喪事家無所有涉曰但潔埽除沐浴待涉還至主人對賓客歎息曰人親卧地不收涉何心鄉此師古曰鄉讀曰向願徹去酒食賓客爭問所當得涉迺側席而坐師古曰禮有憂者側席而坐今涉哀人之喪故側席削牘爲疏師古曰牘木簡也疏音所慮反具記衣被棺木下至飯含之物分付諸客師古曰飯音扶晚反含音胡紺反諸客奔走市買至日昳皆會師古曰昳音徒結反涉親

閱視已謂主人願受賜矣既共飲食涉獨不飽迺載棺物從賓客往至喪家爲棺斂勞俫畢葬師古曰勞俫謂慰勉賓客也棺音工喚反斂音力贍反勞音郎到反俫音郎代反其周急待人如此後人有毀涉者曰姦人之雄也喪家子即時刺殺言者賓客多犯法辠過數上聞王莽數收繫欲殺輒復赦出之涉懼求爲卿府掾史欲以避客文母太后喪時守復土校尉蘇林曰文母太后元后也已爲中郎後免官涉欲上冢不欲會賓客密獨與故人期會涉單車歐上茂陵師古曰歐與驅同投暮入其里宅因自匿不見人遣奴至市買肉奴乘涉氣與屠爭言斫傷屠者亡是時茂

前漢傳六十二　十五

陵守令尹公師古曰守茂陵令未真爲之新視事涉未謁也聞之大怒知涉名豪欲以示眾厲俗遣兩吏脅守涉至日中奴不出吏欲便殺涉去涉迫窘不知所爲會涉所與期上冢者車數十乘到皆諸豪也共說尹公尹公不聽諸豪則曰原巨先奴犯法不得使肉袒自縛箭貫耳詣廷門謝辠於君威亦足矣尹公許之涉如言謝復服遣去師古曰令涉如故著衣服也復音扶目反初涉與新豐富人祁大伯爲友大伯同母弟王游公素嫉涉時爲縣門下掾說尹公曰君以守令辱原涉如是一旦真令至君復單車歸爲府吏涉刺客如雲

殺人皆不知主名可為寒心涉治冢舍奢僭踰制皋惡暴著主上知之今為君計莫若墮壞涉冢舍條奏其舊惡師古曰墮毀也音火規反君必得真令如此涉亦不敢怨矣尹公如其計莽果以為真令涉繇此怨王游公選賓客遣長子初從車二十乘劫王游公家游公母即祁大伯母也諸客見之皆拜傳曰無驚祁夫人遂殺游公父及子斷兩頭去師古曰殺游公及其父涉性略似郭解外溫仁謙遜而內隱師古曰隱匿其情也好殺睚眦於塵中獨死者甚多王莽末東方兵起諸王子弟多薦涉能得士死可用莽迺召見責以皋惡赦貰師古曰貰謂寬其罪拜鎮戎大尹天水太守涉至官無幾長

安敗師古曰無幾言無多時也幾音居豈反郡縣諸假號起兵攻殺二千石長吏以應漢諸假號素聞涉名爭問原尹何在拜謁之時莽州牧使者依附涉者皆得活傳送致涉長安更始西屏將軍申徒建請涉與相見大重之故茂陵令尹公壞涉冢舍者為建主簿涉本不怨也涉從建所出尹公故遮拜涉謂曰易世矣宜勿復相怨涉曰尹君何壹魚肉涉也師古曰言以涉為魚肉不以人遇之涉用是怒使客刺殺主簿涉欲亡去申徒建內恨恥之陽言吾欲與原巨先共鎮三輔豈以一吏易之哉賓客通言令涉自繫獄謝建許之賓客車數千乘共送涉至獄建遣兵道徼取涉於車上師古曰徼要也音工堯反送車分散馳遂斬涉縣之長安市師古曰縣其首自哀平間郡國處處有豪桀然莫足數其名聞州郡者霸陵杜君敖池陽韓幼孺馬領繡君賓西河漕中叔皆有謙退之風師古曰馬領北地之縣繡漕皆姓也漕音才到反中讀曰仲王莽居攝誅鉏豪俠名捕漕中叔不能得師古曰指其名而捕之素善強弩將軍孫建莽疑建藏匿泛以問建師古曰泛者以常語問之不切責也泛音敷劍反建曰臣名善之誅臣足以塞責莽性果賊無所容忍然重建不竟問遂不得也中叔子少遊復以俠聞於世云

游俠傳第六十二

佞幸傳第六十三　班固　漢書九十三

秘書監上護軍琅邪縣開國子顔師古注

漢興佞幸寵臣高祖時則有籍孺孝惠有閎孺此兩人非有材能但以婉媚貴幸 師古曰婉順也媚悅也 與上卧起公卿皆因關說 師古曰關說者言由之而納說亦如行者之有關津 故孝惠時郎侍中皆冠鵔鸃貝帶 師古曰以鵔鸃毛羽飾冠海貝飾帶鵔鸃即鷩鳥也鵔音峻鸃音儀說在司馬相如傳 傅脂粉化閎籍之屬也兩人徙家安陵其後寵臣孝文時士人則鄧通宦者則趙談北宮伯子 師古曰姓北宮名伯子 孝武時士人則韓嫣 師古曰嫣音偃 宦者則李延年孝元時宦者則弘恭石顯孝成時士人則張放

淳于長孝哀時則有董賢孝景昭宣時皆無寵臣景帝唯有郎中令周仁昭帝時駙馬都尉秺侯金賞 師古曰秺音丁護反 嗣父車騎將軍日磾爵為侯二人之寵取過庸不篤 師古曰纔過於常人耳不篤大厚也 宣帝時侍中中郎將張彭祖少與帝微時同席研書及帝即尊位彭祖以舊恩封陽都侯出常參乘號為愛幸其人謹敕無所虧損 師古曰虧墊也 為其小妻所毒薨國除

鄧通蜀郡南安人也以濯船為黃頭郎 師古曰濯船能持濯行船也土勝水其色黃故刺船之郎皆著黃帽因號曰黃頭郎也濯讀曰櫂音直孝反 文帝嘗夢欲上天不能有一黃頭郎推上天顧見其衣尻帶後穿 師古曰衣尻帶後謂衣當尻上而居革帶之下處 覺而之漸臺 師古曰覺謂寢寤之寤也未央殿西南有蒼池池中有漸臺臺音工孝反 以夢中陰目求推者郎 師古曰默而視之求所夢者 見鄧通其衣後穿夢中所見也召問其名姓姓鄧名通鄧猶登也文帝甚說 師古曰說讀曰悅 尊幸之日日異通亦愿謹不好外交 師古曰愿謹也愿音願又音原 雖賜洗沐不欲出於是文帝賞賜通鉅萬以十數 師古曰每賜輒鉅萬如此者十數 官至上大夫文帝時時間如通家游戲 師古曰間謂投隙私行不公顯也如往也 然通無他技能不能有所薦達獨自謹身以媚上而已上使善相人者相通曰當貧餓死上曰能富通者在我何說貧於是賜通蜀嚴道銅山得自鑄錢 師古曰嚴道蜀郡縣有蠻夷曰道

鄧氏錢布天下其富如此文帝嘗病癰鄧通常為上嗽吮之 師古曰嗽音山角反吮音自兗反 上不樂從容問曰天下誰最愛我者乎通曰宜莫若太子太子入問疾上使太子齰癰 師古曰齰齧也齧出其膿血齰音仕客反 太子齰癰而色難之已而聞通嘗為上齰之太子慙繇是心恨通 師古曰繇讀與由同其下類此 及文帝崩景帝立鄧通免家居居無何人有告通盜出徼外鑄錢 師古曰徼猶塞也東北謂之塞西南謂之徼塞者以障塞為名徼者取徼遮之義也徼音工釣反 下吏驗問頗有之遂 師古曰遂成也成其罪狀 竟案盡沒入之通家尚負責數鉅萬 張晏曰顧人采銅鑄錢未還庸直而會沒入故也師古曰此說非也積其前後所犯合沒官者數多除其見在財物以外尚負官數鉅萬故云吏顧隨沒入之耳非負顧傭之私直 長公主賜鄧通 師古

日即館陶長公主文帝之女 吏輒隨沒入之一簪不得著身於是長
公主乃令假衣食 晉灼曰使假貸而私爲償之也師古曰此說非也公主給其衣食也而號云假借之耳非
通自有也恐吏沒入故託云然此所謂不得名一錢 竟不得名一錢寄死人家
趙談者以星氣幸北宮伯子長者愛人故親近然
皆不比鄧通
韓嫣字王孫弓高侯穨當之孫也武帝爲膠東王
時嫣與上學書相愛及上爲太子愈益親嫣嫣善
騎射聰慧上即位欲事伐胡而嫣先習兵 師古曰言舊自便習
以故益尊貴官至上大夫賞賜儗鄧通 師古曰儗比也 始時
嫣常與上共卧起江都王入朝從上獵上林中天

子車駕蹕道未行 師古曰已稱蹕止行人而天子未出也 先使嫣乘副車從
數十百騎馳視獸江都王望見以爲天子辟從者
伏謁道旁 師古曰辟去其從者而身獨伏謁也辟音闢 嫣驅不見既過江都
王怒爲皇太后泣請得歸國 師古曰還爵封於天子也 入宿衞比
韓嫣太后繇此銜嫣嫣侍出入永巷不禁 師古曰言上恣其出
入也 以姦聞皇太后太后怒使使賜嫣死上爲謝終
不能得嫣遂死嫣弟說亦愛幸 師古曰說讀曰悅 以軍功封
案道侯巫蠱時爲戾太子所殺子增封龍雒侯 師古
曰雒字或作頟 大司馬車騎將軍自有傳 師古曰在韓信傳末
李延年中山人身及父母兄弟皆故倡也 師古曰樂人也 延
年坐法腐刑給事狗監中 師古曰掌天子之狗於其中供事也 女弟得幸
於上號李夫人列外戚傳延年善歌爲新變聲是
時上方興天地祠欲造樂令司馬相如等作詩頌
延年輒承意弦歌所造詩爲之新聲曲而李夫人
産昌邑王延年繇是貴爲協律都尉佩二千石印
綬而與上卧起其愛幸埒韓嫣 師古曰埒等齊 久之延年弟
季與中人亂出入驕恣及李夫人卒後其愛弛 師古
曰弛解也音式爾反 上遂誅延年兄弟宗族是後寵臣大氐外
戚之家也 師古曰氐歸也音丁禮反 衞青霍去病皆愛幸然亦以
功能自進

石顯字君房濟南人弘恭沛人也皆少坐法腐刑
爲中黃門以選爲中尚書宣帝時任中書官恭明
習法令故事善爲請奏能稱其職恭爲令顯爲僕
射元帝即位數年恭死顯代爲中書令是時元帝
被疾不親政事方隆好於音樂以顯久典事中人
無外黨 師古曰少骨肉之親無婚姻之家也 精專可信任遂委以政事無
小大因顯白決貴幸傾朝百僚皆敬事顯顯爲人
巧慧習事能探得人主微指內深賊持詭辯以中
傷人 師古曰詭違也違道之辯 忤恨睚眦輒被以危法 師古曰被加也音皮義反 初
元中前將軍蕭望之及光祿大夫周堪宗正劉更

生皆給事中望之領尚書事知顯專權邪辟(師古曰辟讀曰僻)建白以爲尚書百官之本國家樞機(師古曰立此議而白之)宜以通明公正處之武帝游宴後庭故用宦者非古制也宜罷中書宦官應古不近刑人(師古曰禮刑人不在君側故云應古)元帝不聽繇是大與顯忤後皆害焉望之自殺堪更生廢錮不得復進用語在望之傳後太中大夫張猛魏郡太守京房御史中丞陳咸待詔賈捐之皆嘗奏封事或召見言顯短顯求索其辠房捐之棄市猛自殺於公車咸抵辠髡爲城旦及鄭令蘇建得顯私書奏之後以它事論死自是公卿以下

畏顯重足一迹(師古曰言極恐懼不敢自寬縱)顯與中書僕射牢梁少府五鹿充宗結爲黨友諸附倚者皆得寵位(師古曰倚依也音於綺反)民歌之曰牢邪石邪五鹿客邪印何纍纍綬若若邪(師古曰纍纍重積也若若長貌纍音力追反)言其兼官據埶也顯見左將軍馮奉世父子爲公卿著名女又爲昭儀在內顯心欲附之薦言昭儀兄謁者逡(師古曰逡音千旬反)脩敕宜侍帷幄(師古曰敕整也)天子召見欲以爲侍中逡請閒言事上聞逡言顯顓權(師古曰顓與專同其下類此)天子大怒罷逡歸郎官其後御史大夫缺羣臣皆舉逡兄大鴻臚野王行能第一天子以問顯顯曰九卿無出野王者

然野王親昭儀兄臣恐後世必以陛下度越衆賢(師古曰度過也)私後宮親以爲三公上曰善吾不見是(師古曰言不見此理)迺下詔嘉美野王廢而不用語在野王傳顯內自知擅權事柄在掌握恐天子一旦納用左右耳目有以閒己(師古曰閒音工莧反)迺時歸誠取一信以爲驗顯嘗使至諸官有所徵發顯先自白恐後漏盡宮門閉請使詔吏開門上許之顯故投夜還稱詔開門入後果有上書告顯顓命矯詔開宮門天子聞之笑以其書示顯顯因泣曰陛下過私小臣屬任以事(師古曰過猶誤也屬委也屬音之欲反)羣下無不嫉妬欲陷害臣者事

類如此非一唯獨明主知之愚臣微賤誠不能以一軀稱快萬衆(師古曰稱音尺孕反)任天下之怨(師古曰任猶當也)臣願歸樞機職受後宮埽除之役死無所恨唯陛下哀憐財幸(師古曰財與裁同)以此全活小臣天子以爲然而憐之數勞勉顯加厚賞賜賞賜及賂遺訾一萬萬(師古曰賂遺謂百官羣下所賂遺也訾讀與貲同)初顯聞衆人匈匈言已殺前將軍蕭望之望之當世名儒顯恐天下學士姍己(師古曰姍古訕字訕謗也音所諫反)病之是時明經著節士琅邪貢禹爲諫大夫顯使人致意深自結納顯因薦禹天子歷位九卿至御史大夫禮事之甚備議者於是稱顯以爲

不妬譖望之矣顯之設變詐以自解免取信人主者皆此類也元帝晩節寢疾師古曰晩節猶言末時也定陶恭王愛幸顯擁祐太子頗有力元帝崩成帝初即位遷顯爲長信中大僕秩中二千石顯失倚離權數月丞相御史條奏顯舊惡及其黨牢梁陳順皆免官顯與妻子徙歸故郡憂滿不食道病死師古曰滿讀曰懣音悶諸所交結以顯爲官皆廢罷少府五鹿充宗左遷玄菟太守御史中丞伊嘉爲鴈門都尉長安謠曰伊徙鴈鹿徙菟去牢與陳實無賈師古曰賈讀曰價

淳于長字子鴻魏郡元城人也少以太后姊子爲

黃門郎未進幸會大將軍王鳳病長侍病晨夜扶丞左右甚有甥舅之恩鳳且終以長屬託太后及帝師古曰屬音之欲反帝嘉長義拜爲列校尉諸曹遷水衡都尉侍中至衞尉九卿久之趙飛燕貴幸上欲立以爲皇后太后以其所出微難之長主往來通語東宮師古曰主猶專歲餘趙皇后得立上甚德之迺追顯長前功下詔曰前將作大匠解萬年奏請營作昌陵罷弊海內師古曰罷讀曰疲侍中衞尉長數白宜止徙家反故處師古曰陵置邑徙人以實之長奏令止所徙之家各還本處朕以長言下公卿議者皆合長計首建至策民以康寧師古曰康安也其賜長爵關內侯後遂封爲定陵侯大見信用貴傾公卿外交諸侯牧守賂遺賞賜亦絫鉅萬師古曰絫古累字也其下亦同多畜妻妾淫於聲色不奉法度初許皇后坐執左道廢處長定宮而后姊孊爲龍頟思侯夫人晉灼曰孊音靡寡居長與孊私通因取爲小妻許后因孊賂遺長欲求復爲倢伃長受許后金錢乘輿服御物前後千餘萬詐許爲白上立以爲左皇后孊每入長定宮輒與孊書戲侮許后嫚易無不言師古曰嫚褻汙也易音弋䜴反交通書記賂遺連年是時帝舅曲陽侯王根爲大司馬票騎將軍輔政數歲久病數乞骸骨長以外親居九

卿位次第當代根根兄子新都侯王莽心害長寵私聞長取許孊受長定宮賂遺莽侍曲陽侯疾因言長見將軍久病意喜自以當代輔政至對衣冠議語署置師古曰自謂當輔政故豫言某人爲某官某人主某事具言其辠過根怒曰即如是何不白也莽曰未知將軍意故未敢言根曰趣白東宮師古曰趣讀曰促莽求見太后具言長驕佚師古曰佚讀與逸同欲代曲陽侯對莽母上車師古曰莽母於長舅之妻也上車當於輿輿便於前上言不敬私與長定貴人姊通受取其衣物太后亦怒曰兒至如此往白之帝莽白上上迺免長官遣就國初長爲侍中奉兩宮使親密師古曰言爲使者傳言語於太后及帝若

立趙飛燕之類紅陽侯立獨不得爲大司馬輔政立自疑爲
長毀譖常怨毒長上知之及長當就國也立嗣子
融從長請車騎師古曰嗣子謂嫡長子當爲嗣者也長以珍寶因融重遺
立立因爲長言於是天子疑焉下有司案驗吏捕
融立令融自殺以滅口上愈疑其有大姦遂逮長
繫洛陽詔獄窮治長具服戲侮長定宮師古曰侮古侮字謀
立左皇后皐至大逆死獄中妻子當坐者徙合浦
母若歸故郡師古曰若者其母名紅陽侯立就國將軍卿大夫
郡守坐長免罷者數十人莽遂代根爲大司馬久
之還長母及子酺於長安師古曰酺音蒲後酺有皐莽復殺

之徙其家屬歸故郡始長以外親親近師古曰親近謂近幸於天子近
音其靳反其愛幸不及富平侯張放放常與上卧起俱
爲微行出入
董賢字聖卿雲陽人也父恭爲御史任賢爲太子
舍人哀帝立賢隨太子官爲郎師古曰東宮官屬隨例遷二歲餘
賢傳漏在殿下師古曰傳漏奏時刻爲人美麗自喜師古曰喜音許吏反哀
帝望見說其儀貌師古曰說讀曰悅識而問之曰是舍人董
賢邪因引上與語拜爲黃門郎繇是始幸問及其
父爲雲中候即日徵爲霸陵令遷光祿大夫賢寵
愛日甚爲駙馬都尉侍中出則參乘入御左右旬

月間賞賜絫鉅萬貴震朝廷常與上卧起嘗晝寢
偏藉上褎師古曰藉謂身卧其上也褎古袖字上欲起賢未覺師古曰覺寤也音工
効反不欲動賢迺斷褎而起其恩愛至此賢亦性柔
和便辟善爲媚以自固每賜洗沐不肯出常留中
視醫藥上以賢難歸詔令賢妻得通引籍殿中止
賢廬師古曰廬謂殿中所宿止處也若吏妻子居官寺舍又召賢女
弟以爲昭儀位次皇后更名其舍爲椒風以配椒
房云師古曰皇后殿稱椒房欲配其名故云椒風昭儀及賢與妻旦夕上下並
侍左右賞賜昭儀及賢妻亦各千萬數遷賢父爲
少府賜爵關內侯食邑復徙爲衛尉又以賢妻父

爲將作大匠弟爲執金吾詔將作大匠爲賢起大
第北闕下重殿洞門師古曰重殿謂有前後殿洞門謂門門相當也皆僭天子之制度木
土之功窮極技巧柱檻衣以綈錦師古曰檻謂軒闌之板也綈厚繒也音徒
奚反下至賢家僮僕皆受上賜及武庫禁兵上方珍
寶其選物上弟盡在董氏而乘輿所服迺其副也
及至東園祕器珠襦玉柙豫以賜賢無不備具師古
曰東園署名也漢舊儀云東園祕器作棺梓素木長二丈崇廣四尺珠襦以珠爲襦如鎧狀連縫之以黃金爲縷要以下玉爲柙至足亦縫以
黃金爲縷又令將作爲賢起冢塋義陵旁內爲便房剛
柏題湊孟康曰堅剛之柏也師古曰題湊解在霍光傳外爲徼道周垣數里門闕
罘罳甚盛上欲侯賢而未有緣會待詔孫寵息夫

躬等告東平王雲后謁祠祀祝詛(師古曰謁者后之名)下有司治皆伏其辜上於是令躬寵爲因賢告東平事者迺以其功下詔封賢爲高安侯躬宜陵侯寵方陽侯食邑各千戶頃之復益封賢二千戶丞相王嘉內疑東平事寃甚惡躬等數諫爭以賢爲亂國制度嘉竟坐言事下獄死上初即位祖母傅太后母丁太后皆在兩家先貴傅太后從弟喜先爲大司馬輔政數諫失太后指免官上舅丁明代爲大司馬亦任職頗害賢寵及丞相王嘉死明甚憐之上寖重賢欲極其位(師古曰寖益也)而恨明如此遂冊免明曰

前漢傳六十三　十一　孫安

前東平王雲貪欲上位祠祭祝詛雲后舅伍宏以醫待詔與校祕書郎楊閎結謀反逆禍甚迫切賴宗廟神靈董賢等以聞咸伏其辜將軍從弟侍中奉車都尉吳族父左曹屯騎校尉宣皆知宏及栩丹諸侯王后親(師古曰栩姓也音許羽反)而宣除用丹爲御屬吳與宏交通厚善數稱薦宏宏以附吳得與其惡心因醫技進幾危社稷(師古曰幾音巨依反)朕以恭皇后故不忍有云(師古曰恭皇后謂丁后即哀帝母)將軍位尊任重既不能明威立義折消未萌(師古曰未萌謂禍難之未生者)又不深疾雲宏之惡而懷非君上阿爲宣吳(師古曰以君上爲非擿此心也)反痛恨雲等揚言爲

羣下所寃又親見言伍宏善醫死可惜也(師古曰見見天子)賢等獲封極幸嫉妬忠良非毀有功於戲傷哉(師古曰於讀曰烏戲讀曰呼)蓋君親無將將而誅之(師古曰將謂將爲逆亂)是以季友鴆叔牙春秋賢之趙盾不討賊謂之弒君(師古曰季友魯桓公少子莊公母弟也叔牙亦桓公子莊公有疾叔牙欲立其同母兄慶父故季友使鍼季鴆之公羊傳曰季子殺兄何善爾誅不得避兄君臣之義也趙盾晉大夫趙宣子也靈公欲殺之宣子將出奔而趙穿攻靈公於桃園宣子未出山而復太史書曰趙盾弒其君宣子曰不然曰子爲正卿亡不越境反不討賊非子而誰孔子曰董狐古之良史也書法不隱趙宣子古之良大夫也爲法受惡)朕閔將軍陷于重刑故以書飭(師古曰飭與勑同)將軍遂非不改復與丞相嘉相比(師古曰比謂比同也音頻寐反)令嘉有依得以罔上有司致法將軍請獄治朕惟噬膚之恩未忍(孟康曰易曰噬膚滅鼻噬食也膚肉也喻爵祿恩澤加之不忍誅也師古曰孟說非也易噬嗑卦九二爻辭曰噬膚滅鼻噬膚者言自齧其肌膚詔云爲明是恭后之親有肌膚之愛是以不忍加法故引噬膚之言也)

前漢傳六十三　十二　孫安

其上票騎將軍印綬罷歸就第遂以賢代明爲大司馬衞將軍冊曰朕承天序惟稽古建爾于公以爲漢輔往悉爾心統辟元戎(師古曰悉盡也統領也辟君也元戎大衆也言爲元戎之主而統之也辟音必亦反)折衝綏遠匡正庶事允執其中天下之衆受制於朕以將爲命以兵爲威可不慎與(師古曰與讀曰歟)是時賢年二十二雖爲三公常給事中領尚書百官因賢奏事以父恭不宜在卿位徙爲光祿大夫秩中二千石弟寬信代賢爲駙馬都尉董氏親屬皆侍中諸曹奉朝請寵在

丁傅之右矣師古曰右上也明年匈奴單于來朝宴見羣臣在前單于怪賢年少以問譯師古曰傳語之人也上令譯報曰大司馬年少以大賢居位單于迺起拜賀漢得賢臣初丞相孔光爲御史大夫時賢父恭爲御史事光及賢爲大司馬與光並爲三公上故令賢私過光光雅恭謹知上欲尊寵賢及聞賢當來也光警戒衣冠出門待望見賢車迺卻入賢至中門光入閤既下車迺出拜謁送迎甚謹不敢以賓客鈞敵之禮賢歸上聞之喜立拜光兩兄子爲諫大夫常侍賢繇是權與人主侔矣師古曰侔等也是時成帝外家王

氏衰廢唯平阿侯譚子去疾哀帝爲太子時爲庶子得幸及即位爲侍中騎都尉上以王氏亡在位者遂用舊恩親近去疾復進其弟閎爲中常侍閎妻父蕭咸前將軍望之子也久爲郡守病免爲中郎將兄弟並列賢父恭慕之欲與結婚姻閎爲賢弟駙馬都尉寬信求咸女爲婦咸惶恐不敢當私謂閎曰董公爲大司馬冊文言允執其中此迺堯禪舜之文非三公故事長老見者莫不心懼此豈家人子所能堪邪師古曰家人猶言庶人也蓋咸自謂閎性有知略聞咸言心亦悟迺還報恭深達咸自謙薄之意恭歎曰

我家何用負天下而爲人所畏如是意不說師古曰說讀曰悅後上置酒麒麟殿師古曰在未央宮賢父子親屬宴飲王閎兄弟侍中中常侍皆在側上有酒所師古曰言酒在體中從容視賢笑師古曰從音千容反曰吾欲法堯禪舜何如閎進曰天下迺高皇帝天下非陛下之有也陛下承宗廟當傳子孫於亡窮統業至重天子亡戲言上默然不說師古曰說讀曰悅左右皆恐於是遣閎出後不得復侍宴賢第新成功堅師古曰言盡功力而作之極堅牢也功字或作攻攻治也言作治之甚堅牢其外大門無故自壞賢心惡之後數月哀帝崩太皇太后召大司馬賢引見東箱問以喪事調度賢內憂

不能對免冠謝太后曰新都侯莽前以大司馬奉送先帝大行曉習故事吾令莽佐君賢頓首幸甚太后遣使者召莽既至以太后指使尚書劾賢帝病不親醫藥禁止賢不得入出宮殿司馬中賢不知所爲詣闕免冠徒跣謝莽使謁者以太后詔即闕下冊賢師古曰即就也曰閒者以來陰陽不調菑害並臻師古曰菑古災字元元蒙辜師古曰蒙被也夫三公鼎足之輔也高安侯賢未更事理師古曰更歷也音工衡反爲大司馬不合衆心非所以折衝綏遠也其收大司馬印綬罷歸第即日賢與妻皆自殺家惶恐夜葬莽疑其詐死有司奏

請發賢棺至獄診視師古曰謂發冢取其棺柩也診驗也音軫莽復風大司
徒光奏賢師古曰風讀曰諷光孔光也質性巧佞翼姦以獲封侯師古
曰翼進也父子專朝兄弟並寵多受賞賜治第宅造冢壙
放效無極不異王制師古曰放依也音甫往反費以萬萬計國家爲
空虛父子驕蹇至不爲使者禮師古曰言不敬天子之使受賜不
拜辠惡暴著賢自殺伏辠死後父恭等不悔過乃
復以沙畫棺師古曰以朱砂塗之而又彫畫也四時之色左蒼龍右白
虎上著金銀日月玉衣珠璧以棺師古曰以此物棺斂也棺音工喚反至
尊無以加恭等幸得免於誅不宜在中土臣請收
沒入財物縣官諸以賢爲官者皆免父恭弟寬信

與家屬徙合浦母別歸故郡鉅鹿長安中小民讙
譁鄉其弟哭幾獲盜之師古曰陽往哭之實欲竊盜也鄉讀曰嚮幾讀曰冀縣官斥
賣董氏財凡四十三萬萬賢既見發臝診其尸師古
曰臝露形也音郎果反因埋獄中賢所厚吏沛朱詡自劾去大司
馬府買棺衣收賢尸葬之王莽聞之而大怒以它
辠擊殺詡詡子浮建武中貴顯至大司馬司空封
侯而王閎王莽時爲牧守所居見紀莽敗乃去官
世祖下詔曰武王克殷表商容之閭師古曰商容殷賢人閎修
善謹敕兵起吏民獨不爭其頭首今以閎子補吏
至墨綬卒官蕭咸外孫云

贊曰柔曼之傾意師古曰曼澤也言其質柔而色理光澤也非獨女德蓋亦
有男色焉觀籍閎鄧韓之徒非一而董賢之寵尤
盛父子並爲公卿可謂貴重人臣無二矣然進不
繇道師古曰言本不以德進繇讀與由同位過其任莫能有終所謂愛之
適足以害之者也漢世衰於元成壞於哀平哀平
之際國多釁矣師古曰釁謂開隙也主疾無嗣弄臣爲輔鼎足
不彊棟幹微撓師古曰撓弱也音女教反一朝帝崩姦臣擅命董賢
縊死丁傅流放辠及母后奪位幽廢師古曰謂貶皇太后趙氏爲孝成皇
后退居北宮哀皇后傅氏退居桂宮咎在親便嬖所任非仁賢故仲尼著
損者三友師古曰論語稱孔子曰損者三友友便辟友善柔友便佞損矣王者不私人以官

殆爲此也師古曰殆近也

佞幸傳第六十三

匈奴傳卷第六十四上　班固　漢書九十四

秘書監上護軍琅邪縣開國子顏　師古　注

匈奴其先夏后氏之苗裔曰淳維（師古曰以殷時始奔北邊）唐虞以上有山戎獫允葷粥（師古曰皆匈奴別號　獫音險粥音弋六反）居于北邊隨草畜牧而轉移其畜之所多則馬牛羊其奇畜則橐佗驢驘駃騠騊駼驒奚（師古曰橐佗言能負橐囊而馱物也驘驢種而馬生也駃騠駿馬也生七日而超其母騊駼馬類也生北海驒奚駏驉類也佗音徒何反駃音決騠音提騊音桃駼音塗驒音顛）逐水草遷徙無城郭常居耕田之業然亦各有分地（師古曰分音扶問反其下亦同）無文書以言語為約束兒能騎羊引弓射鳥鼠（師古曰言其幼小則能射）少長則射狐菟（師古曰少長言漸大）肉食（師古曰言無米粟唯食肉）士力能彎弓盡為甲騎其俗寬則隨畜田獵禽獸為生業急則人習戰攻以侵伐（師古曰人皆習之）其天性也其長兵則弓矢短兵則刀鋋（師古曰鋋鐵把小矛也音蟬）利則進不利則退不羞遁走苟利所在不知禮義自君王以下咸食畜肉衣其皮革被旃裘壯者食肥美老者飲食其餘貴壯健賤老弱父死妻其後母兄弟死皆取其妻妻之其俗有名不諱而無字夏道衰而公劉失其稷官變于西戎（師古曰公劉后稷之曾孫也變化也謂行化於其俗）邑于豳（師古曰即今之豳州是其地也）其後三百有餘歲戎狄攻大王亶父（師古曰自公劉至亶父承九君也父讀曰甫）亶父亡走于岐下（師古曰岐山之下）豳人悉從亶父而邑焉作周（師古曰始作周國也）其後百有餘歲周西伯昌伐畎夷（師古曰西伯昌即文王也畎音工犬反畎夷即畎戎也又曰昆夷昆字或作混又作緄二字並工本反昆緄畎聲相近耳亦曰犬戎也山海經云黃帝生苗龍苗龍生融吾融吾生弄明弄明生白犬白犬有二牝牡是為犬戎許氏說文解字曰赤狄本犬種也故字從犬）後十有餘年武王伐紂而營雒邑復居于酆鄗放逐戎夷涇洛之北（師古曰此洛即漆沮水也本出上郡雕陰泰冒山而東南入于渭）以時入貢名曰荒服其後二百有餘年周道衰而周穆王伐畎戎（師古曰穆王成王孫康王子也）得四白狼四白鹿以歸自是之後荒服不至於是作呂刑之辟（師古曰即尚書呂刑篇是也辟法也音闢）至穆王之孫懿王時王室遂衰戎狄交侵暴虐中國中國被其苦詩人始作疾而歌之曰靡室靡家獫允之故豈不日戒獫允孔棘（師古曰小雅采薇之詩也孔甚也棘急也言征役踰時離有室家夫婦之道者以有獫允之難故也豈不日日相警戒乎獫允之難甚急）至懿王曾孫宣王興師命將以征伐之詩人美大其功曰薄伐獫允至于太原（師古曰小雅六月之詩也薄伐言逐出之）出車彭彭城彼朔方（師古曰小雅出車之詩也彭彭盛也朔方北方也言獫允既去北方安靜乃築城以守）是時四夷賓服稱為中興至于幽王用寵姬褒姒之故與申侯有隙（師古曰幽王宣王之子）申侯怒而與畎戎共攻殺幽王于麗山之下（麗讀曰驪）遂取周之地鹵獲而居于涇渭之間侵暴中國秦襄公救周於是周平王去酆鄗而東徙于雒邑（師古曰平王幽王之子）當時秦襄公伐戎至郊（師古曰郊古岐字）始

列爲諸侯後六十有五年而山戎越燕而伐齊齊釐公與戰于齊郊（師古曰釐讀曰僖）後四十四年而山戎伐燕燕告急齊齊桓公北伐山戎山戎走後二十餘年而戎翟至雒邑伐周襄王（師古曰襄王惠王之子）襄王出奔于鄭之氾邑（蘇林曰氾音凡今潁川襄城是也師古曰以襄王嘗處之因號襄城）初襄王欲伐鄭故取翟女爲后與翟共伐鄭已而黜翟后翟后怨而襄王繼母曰惠后有子帶欲立之於是惠后與翟后子帶爲内應開戎翟戎翟以故得入破逐襄王而立子帶爲王於是戎翟或居於陸渾（師古曰今伊闕南陸渾山川是其地）東至于衛侵盜尤甚周襄王既居外四年

迺使使告急於晉晉文公初立欲脩霸業迺興師伐戎翟誅子帶迎内襄王于雒邑當是時秦晉爲彊國晉文公攘戎翟居于西河圁洛之間（晉灼曰圁音銀三倉作圁地理志圁水出上郡白土縣西東流入河師古曰圁水即今銀州銀水是也書本作圁晉說是也後轉寫者誤爲圕耳洛水亦謂漆沮）號曰赤翟白翟（師古曰春秋所書晉師滅赤狄潞氏卻缺獲白狄子者）而秦穆公得由余西戎八國服於秦故隴以西有緜諸畎戎狄獂之戎（師古曰皆在天水界即緜諸道及獂道是也獂音桓）在岐梁涇漆之北有義渠大荔烏氏朐衍之戎（師古曰此漆水在新平荔音隸氏音支朐音許于反）而晉北有林胡樓煩之戎燕北有東胡山戎（服虔曰烏桓之先也後爲鮮卑）各分散谿谷自有君長往往而聚者百有餘戎然莫

能相壹自是之後百有餘年晉悼公使魏絳和戎翟戎翟朝晉後百有餘年趙襄子踰句注而破之并代以臨胡貉（師古曰貉音莫伯反）後與韓魏共滅知伯分晉地而有之則趙有代句注以北而魏有西河上郡以與戎界邊其後義渠之戎築城郭以自守而秦稍蠶食之至於惠王遂拔義渠二十五城惠王伐魏魏盡入西河及上郡于秦秦昭王時義渠戎王與宣太后亂有二子（師古曰即昭王母也）宣太后詐而殺義渠戎王於甘泉遂起兵伐滅義渠於是秦有隴西北地上郡築長城以距胡而趙武靈王亦變俗胡服習

騎射北破林胡樓煩自代並陰山下至高闕爲塞（師古曰並音步浪反高闕解在衛青霍去病傳）而置雲中鴈門代郡其後燕有賢將秦開爲質於胡胡甚信之歸而襲破東胡東胡卻千餘里（師古曰卻退也音丘略反）與荆軻刺秦王秦舞陽者開之孫也燕亦築長城自造陽至襄平（師古曰造陽地名在上谷界襄平即遼東所治也）置上谷漁陽右北平遼西遼東郡以距胡當是時冠帶戰國七而三國邊於匈奴（如淳曰燕趙秦）其後趙將李牧時匈奴不敢入趙邊後秦滅六國而始皇帝使蒙恬將數十萬之衆北擊胡悉收河南地因河爲塞築四十四縣城臨河徙適戍以充之（師古曰適讀曰

(謫有罪謫合徙戍者今徙居之)而通直道自九原至雲陽因邊山險塹谿谷可繕者繕之(師古曰繕補也)起臨洮至遼東萬餘里又度河據陽山北假中(師古曰北假地名)當是時東胡彊而月氏盛(師古曰氏音支)匈奴單于曰頭曼(師古曰曼音莫安反)頭曼不勝秦北徙十有餘年而蒙恬死諸侯畔秦中擾亂諸秦所徙適邊者皆復去(師古曰適音謫)於是匈奴得寬復稍度河南與中國界於故塞單于有太子名曰冒頓後有愛閼氏生少子(師古曰閼氏匈奴皇后号也閼音於連反氏音支)頭曼欲廢冒頓而立少子迺使冒頓質於月氏冒頓既質而頭曼急擊月氏月氏欲殺冒頓冒頓盜其善馬騎亡歸頭曼以為壯令將萬騎冒頓迺作鳴鏑(應劭曰髐箭也師古曰鏑音嫡髐音呼交反)習勒其騎射(師古曰勒其所部騎皆習射也)令曰鳴鏑所射而不悉射者斬行獵獸有不射鳴鏑所射輒斬之已而冒頓以鳴鏑自射善馬左右或莫敢射冒頓立斬之居頃之復以鳴鏑自射其愛妻左右或頗恐不敢射復斬之頃之冒頓出獵以鳴鏑射單于善馬左右皆射之於是冒頓知其左右可用從其父單于頭曼獵以鳴鏑射頭曼其左右皆隨鳴鏑而射殺頭曼盡誅其後母與弟及大臣不聽從者於是冒頓自立為單于冒頓既立時東胡彊聞冒

頓殺父自立迺使使謂冒頓曰欲得頭曼時號千里馬冒頓問羣臣皆曰此匈奴寶馬也勿予冒頓曰柰何與人鄰國愛一馬乎遂與之頃之東胡以為冒頓畏之使使謂冒頓曰欲得單于一閼氏冒頓復問左右左右皆怒曰東胡無道迺求閼氏請擊之冒頓曰柰何與人鄰國愛一女子乎遂取所愛閼氏予東胡東胡王愈驕西侵與匈奴中間棄地莫居千餘里各居其邊為甌脫(服虔曰甌脫作土室以伺也師古曰境上候望之處若今之伏宿舍也甌音一侯反脫音土活反)東胡使使謂冒頓曰匈奴所與我界甌脫外棄地匈奴不能至也吾欲有之冒頓問羣臣或曰此棄地予之於是冒頓大怒曰地者國之本也柰何予人諸言與者皆斬之冒頓上馬令國中有後者斬遂東襲擊東胡東胡初輕冒頓不為備及冒頓以兵至大破滅東胡王虜其民眾畜產既歸西擊走月氏南幷樓煩白羊河南王(師古曰二王之居在河南)悉復收秦所使蒙恬所奪匈奴地者與漢關故河南塞至朝那膚施(師古曰朝那屬安定膚施屬上郡)遂侵燕代是時漢方與項羽相距中國罷於兵革(師古曰罷讀曰疲)以故冒頓得自彊控弦之士三十餘萬(師古曰控引也控弦言能引弓者)自淳維以至頭曼千有餘歲時大時小別散分離

尚矣師古曰尚久遠其世傳不可得而次然至冒頓而匈奴最彊大盡服從北夷而南與諸夏為敵國其世姓官號可得而記云單于姓攣鞮氏師古曰攣音力全反鞮音丁奚反其國稱之曰撐犁孤塗單于蘇林曰撐音撐距之撐師古曰音丈庚反匈奴謂天為撐犁謂子為孤塗單于者廣大之貌也言其象天單于然也置左右賢王左右谷蠡師古曰谷音鹿蠡音盧奚反左右大將左右大都尉左右大當戶左右骨都侯匈奴謂賢曰屠耆故常以太子為左屠耆王自左右賢王以下至當戶大者萬餘騎小者數千凡二十四長立號曰萬騎其大臣皆世官呼衍氏蘭氏師古曰呼衍即今鮮卑姓呼延者是也蘭姓今亦有之其後有須卜氏此三姓其貴種也諸左王將居東方直上谷以東師古曰直當也其下亦同也接穢貉朝鮮右王將居西方直上郡以西接氐羌而單于庭直代雲中各有分地逐水草移徙而左右賢王左右谷蠡最大國左右骨都侯輔政諸二十四長亦各自置千長百長什長裨小王師古曰裨音頻移反相都尉當戶且渠之屬師古曰且音子餘反今之沮渠姓蓋本因此官歲正月諸長小會單于庭祠五月大會龍城祭其先天地鬼神秋馬肥大會蹛林課校人畜計服虔曰蹛音帶匈奴秋社八月中皆會祭處也師古曰蹛者繞林木而祭也鮮卑之俗自古相傳秋天之祭無林木者尚豎柳枝衆騎馳遶三周乃止此其遺法計者人畜之數

其法拔刃尺者死坐盜者沒入其家有罪小者軋服虔曰刃刻其面也如淳曰軋[illegible]杖也師古曰二說皆非也軋謂輾轢其骨節若今之壓踝者也軋音於黠反輾音女展反大者死獄久者不滿十日一國之囚不過數人而單于朝出營拜日之始生夕拜月其坐長左而北向師古曰左者以左為尊日上戊己其送死有棺槨金銀衣裳而無封樹喪服近幸臣妾從死者多至數十百人師古曰或數十人或百人舉事常隨月盛壯以攻戰月虧則退兵其攻戰斬首虜賜一卮酒而所得鹵獲因以予之得人以為奴婢故其戰人人自為趨利師古曰趨讀曰趣趣向也善為誘兵以包敵師古曰包裹取之故其逐利如鳥之集其困敗瓦解雲散矣戰而扶轝死者盡得死者家財後北服渾窳屈射丁零鬲昆龍新犂之國師古曰五小國也渾音胡昆反窳音弋主反犂音黎於是匈奴貴人大臣皆服以冒頓為賢是時漢初定徙韓王信於代都馬邑匈奴大攻圍馬邑韓信降匈奴匈奴得信因引兵南踰句注攻太原至晉陽下高帝自將兵往擊之會冬大寒雨雪師古曰雨音于具反卒之墮指者十二三於是冒頓陽敗走誘漢兵漢兵逐擊冒頓冒頓匿其精兵見其羸弱於是漢悉兵多步兵三十二萬北逐之高帝先至平城步兵未盡到冒頓縱精兵三十餘萬騎圍高帝於白登

七日（師古曰白登在平城東南去平城十餘里）漢兵中外不得相救餉匈奴騎其西方盡白東方盡駹北方盡驪南方盡騂馬（師古曰駹青馬驪深黑騂赤馬也駹音尨騂先營反）高帝迺使使間厚遺閼氏（師古曰求間隙而私遺之）閼氏迺謂冒頓曰兩主不相困今得漢地單于終非能居之且漢主有神單于察之冒頓與韓信將王黃趙利期而兵久不來疑其與漢有謀亦取閼氏之言迺開圍一角於是高皇帝令士皆持滿傅矢外鄉從解角直出（師古曰傅讀曰附鄉讀曰嚮言滿引弓皆注矢外捍從解圍之隅直角以出去）得與大軍合而冒頓遂引兵去漢亦引兵罷使劉敬結和親之約是後韓信為匈奴將及趙利王

前漢傳六十四上　九

黃等數背約侵盜代鴈門雲中居無幾何陳豨反（師古曰無幾何言無多時也幾音居豈反）與韓信合謀擊代漢使樊噲往擊之復收代鴈門雲中郡縣不出塞是時匈奴以漢將數率眾往降（師古曰即謂韓信陳豨之屬耳）故冒頓常往來侵盜代地於是高祖患之迺使劉敬奉宗室女翁主為單于閼氏（師古曰諸王女曰翁主者言其父自主婚）歲奉匈奴絮繒酒食物各有數約為兄弟以和親冒頓迺少止後燕王盧綰復反率其黨且萬人降匈奴往來苦上谷以東終高祖世孝惠高后時冒頓寖驕（師古曰寖漸也）迺為書使使遺高后曰孤僨之君（如淳曰僨仆也猶言不能自立也師古曰僨音方問反）生於沮

澤之中（師古曰沮洳之地音子豫反）長於平野牛馬之域數至邊境願遊中國陛下獨立孤僨獨居兩主不樂無以自虞（師古曰虞與娛同）願以所有易其所無高后大怒召丞相及樊噲季布等議斬其使者發兵而擊之樊噲曰臣願得十萬眾橫行匈奴中問季布布曰噲可斬也前陳豨反於代漢兵三十二萬噲為上將軍時匈奴圍高帝於平城噲不能解圍天下歌之曰平城之下亦誠苦七日不食不能彀弩（師古曰彀張也音工豆反）今歌唫之聲未絕傷痍者甫起（師古曰唫古吟字痍創也甫始也痍音夷）而噲欲搖動天下妄言以十萬眾橫行是面謾也（師古曰謾欺誑也音慢又音莫連反）

前漢傳六十四上　十

且夷狄譬如禽獸得其善言不足喜惡言不足怒也高后曰善令大謁者張澤報書曰單于不忘弊邑賜之以書弊邑恐懼退日自圖（師古曰圖謀也）年老氣衰髮齒墮落行步失度單于過聽不足以自汙（師古曰過誤也）弊邑無罪宜在見赦竊有御車二乘馬二駟以奉常駕冒頓得書復使使來謝曰未嘗聞中國禮義陛下幸而赦之因獻馬遂和親至孝文即位復脩和親其三年夏匈奴右賢王入居河南地為寇於是文帝下詔曰漢與匈奴約為昆弟無侵害邊境所以輸遺匈奴甚厚今右賢王離其國將眾

居河南地非常故師古曰言異於常非舊事往來入塞捕殺吏卒
敺侵上郡保塞蠻夷令不得居其故師古曰敺與驅同保塞蠻夷謂本來屬漢而居邊塞自保守陵轢邊吏入盜甚驁無道師古曰轢音來各反驁與傲同非
約也其發邊吏車騎八萬詣高奴師古曰上郡之縣也遣丞相
灌嬰將擊右賢王右賢王走出塞文帝幸太原是
時濟北王反文帝歸罷丞相擊胡之兵其明年單
于遺漢書曰天所立匈奴大單于敬問皇帝無恙
前時皇帝言和親事稱書意合驩師古曰稱副也言與所遺書意相副而共結驩親
漢邊吏侵侮右賢王右賢王不請師古曰不告單于也聽
後義盧侯難支等計與漢吏相恨絕二主之約離

昆弟之親皇帝讓書再至發使以書報不來漢使
不至師古曰讓書有責讓之言也謂匈奴再得漢書而發使將書以報漢漢留其使不得來還而漢又更不發使至匈奴也漢
以其故不和鄰國不附今以少吏之敗約師古曰少吏猶言小吏
故罰右賢王使至西方求月氏擊之以天之福
吏卒良馬力强以滅夷月氏師古曰夷平也盡斬殺降下定
之樓蘭烏孫呼揭及其旁二十六國皆已爲匈奴
師古曰皆入匈奴國也揭音丘列反諸引弓之民并爲一家北州以定願
寢兵休士養馬除前事復故約師古曰復音扶目反以安邊民
以應古始使少者得成其長老者得安其處世世
平樂未得皇帝之志故使郎中係虖淺奉書請師古
曰虖音火姑反獻橐佗一騎馬二駕二駟師古曰騎馬堪爲騎也駕可駕車也二駟八匹皇
帝即不欲匈奴近塞則且詔吏民遠舍師古曰舍居止也使
者至即遣之六月中來至新望之地服虔曰漢界上塞下之地書至
漢議擊與和親孰便公卿皆曰單于新破月氏乘
勝不可擊也且得匈奴地澤鹵非可居也和親甚
便漢許之孝文前六年遺匈奴書曰皇帝敬問匈
奴大單于無恙使係虖淺遺朕書云願寢兵休士
除前事復故約以安邊民世世平樂朕甚嘉之此
古聖王之志也漢與匈奴約爲兄弟所以遺單于
甚厚背約離兄弟之親者常在匈奴然右賢王事

已在赦前勿深誅單于若稱書意明告諸吏使無
負約有信敬如單于書使者言單于自將并國有
功甚苦兵事服繡袷綺衣長襦錦袍各一師古曰服者言天子自所服也袷者衣無絮也繡袷綺衣以繡爲表綺爲裏也袷音工洽反
比疎一師古曰辮髮之飾也以金爲之比音頻寐反疎字或作余黃金飭具帶一黃金犀毗一孟康曰要中大帶也張晏曰鮮卑郭洛帶瑞獸名也
東胡好服之師古曰犀毗胡帶之鉤也亦曰鮮卑亦謂師比總一物也語有輕重耳繡十匹錦二十匹赤
綈綠繒各四十匹師古曰繒者帛之總稱綈厚繒也音徒奚反使中大夫意謁
者令肩遺單于後頃之冒頓死子稽粥立師古曰稽音雞粥音
育號曰老上單于老上稽粥單于初立文帝復遣
宗人女翁主爲單于閼氏師古曰宗人女亦諸侯王之女使宦者燕

人中行說傅翁主（師古曰姓中行名說也行音胡郎反說讀曰悅）說不欲行漢彊使之說曰必我也爲漢患者（師古曰言我必於漢生患）中行說既至因降單于單于愛幸之初單于好漢繒絮食物中行說曰匈奴人衆不能當漢之一郡然所以彊之者以衣食異無卬於漢（師古曰中音竹仲反）今單于變俗好漢物漢物不過什二則匈奴盡歸於漢矣（師古曰言漢費物十分之二則盡得匈奴之衆也）其得漢絮繒以馳草棘中衣袴皆裂弊以視不如旃裘堅善也（師古曰視讀曰示下皆類此）得漢食物皆去之（師古曰去棄也音丘呂反）以視不如重酪之便美也（師古曰重乳汁也重音竹用反字本作湩其音則同）於是說教單于左右疏記以計識其人衆畜牧（師古曰說者舉中行說之名也疏分條之也識亦記音式志反）漢遺單于書以尺一牘辭曰皇帝敬問匈奴大單于無恙所以遺物及言語云云中行說令單于以尺二寸牘及印封皆令廣長大倨驁其辭（師古曰倨慢也驁與傲同）曰天地所生日月所置匈奴大單于敬問漢皇帝無恙所以遺物言語亦云云漢使或言匈奴俗賤老中行說窮漢使曰而漢俗屯戍從軍當發者其親豈不自奪溫厚肥美齎送飲食行者乎（師古曰而汝也飲音於禁反食音似其下亦同）漢使曰然說曰匈奴明以攻戰爲事老弱不能鬬故以其肥美飲食壯健以自衛如此父子各得相保何以言匈奴

輕老也漢使曰匈奴父子同穹廬臥（師古曰穹廬旃帳也其形穹隆故曰穹廬）父死妻其後母兄弟死盡妻其妻無冠帶之節闕庭之禮中行說曰匈奴之俗食畜肉飲其汁衣其皮畜食草飲水隨時轉移故其急則人習騎射寬則人樂無事約束徑易行君臣簡可久（師古曰徑直也簡率也）一國之政猶一體也父兄死則妻其妻惡種姓之失也故匈奴雖亂必立宗種今中國雖陽不取其父兄之妻親屬益疏則相殺至到易姓皆從此類也且禮義之敝上下交怨而室屋之極生力屈焉（師古曰言忠信衰薄強爲禮義故其末流怨恨彌起棟宇之作土木競勝勞役既重所以力屈屈盡也音其勿反）夫力耕桑以求衣食（師古曰力謂竭力也）築城郭以自備故其民急則不習戰攻緩則罷於作業（師古曰罷讀曰疲）嗟土室之人顧無喋喋佔佔冠固何當（師古曰嗟者歎愍之言也喋喋利口也佔佔衣裳貌也言漢人且當思念無爲喋喋佔佔耳雖自謂著冠何所當益也喋音牒佔音昌占反）自是之後漢使欲辯論者中行說輒曰漢使毋多言顧漢所輸匈奴繒絮米蘗令其量中必善美而已（師古曰顧念也中猶滿也量中者備其數也中音竹仲反）何以言爲乎且所給備善則已不備善而苦惡則候秋孰以騎馳蹂迺稼穡也（師古曰苦猶麤觕也蹂踐也迺汝也蹂音人九反）日夜教單于候利害處孝文十四年匈奴單于十四萬騎入朝那蕭關殺北地都尉卬虜人民畜產甚多遂

至彭陽服虔曰安定縣也師古曰即今彭原縣是使騎兵入燒回中宮師古曰回中地
在安定其中有宮也候騎至雍甘泉於是文帝以中尉周舍郎
中令張武爲將軍發車千乘十萬騎軍長安旁以
備胡寇而拜昌侯盧卿爲上郡將軍甯侯魏遬爲
北地將軍師古曰遬古速字隆慮侯周竈爲隴西將軍師古曰慮音廬
東陽侯張相如爲大將軍成侯董赤爲將軍師古曰文紀言
建成侯此言成侯紀傳不同當有誤大發車騎往擊胡單于留塞內月餘
漢逐出塞即還不能有所殺匈奴日以驕歲入邊
殺略人民甚衆雲中遼東最甚郡萬餘人漢甚患
之迺使使遺匈奴書單于亦使當戶報謝復言和

親事孝文後二年使使遺匈奴書曰皇帝敬問匈
奴大單于無恙使當戶且渠彫渠難郎中韓遼遺
朕馬二匹已至敬受師古曰當戶且渠者一人爲二官彫渠難者其姓名先帝制長
城以北引弓之國受令單于長城以內冠帶之室
朕亦制之使萬民耕織射獵衣食父子毋離臣主
相安俱無暴虐今聞渫惡民貪降其趨晉灼曰渫音渫水之渫邪
惡不正之民師古曰渫音先列反降下也謂下意於利也趨讀曰趣背義絕約忘萬民之命離
兩主之驩然其事已在前矣書云二國已和親兩
主驩說師古曰說讀曰悅寢兵休卒養馬師古曰寢息也世世昌樂翕
然更始朕甚嘉之聖者日新改作更始使老者得

息幼者得長各保其首領而終其天年朕與單于
俱由此道師古曰由從也用也順天恤民世世相傳施之無窮
天下莫不咸嘉使漢與匈奴鄰敵之國匈奴處北
地寒殺氣早降故詔吏遺單于秫蘖金帛綿絮它
物歲有數今天下大安萬民熙熙師古曰熙熙和樂貌獨朕與單
于爲之父母朕追念前事薄物細故謀臣計失皆
不足以離昆弟之驩師古曰細故小事也朕聞天不頗覆地不
偏載師古曰頗亦偏也音普何反朕與單于皆捐細故俱蹈大道也
師古曰捐棄也墮壞前惡以圖長久師古曰墮毀也圖謀也墮音火規反使兩國之
民若一家子元元萬民下及魚鱉上及飛鳥跂行

喙息蠕動之類師古曰跂行凡有足而行者也喙息凡以口出氣者也蠕蠕動貌跂音岐喙音許穢反蠕人兗
反莫不就安利避危殆故來者不止天之道也俱
去前事師古曰去除也音丘呂反朕釋逃虜民師古曰謂漢人逃入匈奴者令不追單于
毋言章尼等師古曰背單于降漢者朕聞古之帝王約分明而
不食言師古曰凡云食言者終爲不信棄其前言如食而盡單于留志天下大安師古
曰留志謂計念和親和親之後漢過不先師古曰言更不負約單于其察之
單于既約和親於是制詔御史匈奴大單于遺朕
書和親已定亡人不足以益衆廣地匈奴無入塞
漢無出塞犯今約者殺之可以久親後無咎俱便
朕已許其布告天下使明知之後四年老上單于

死子軍臣單于立而中行說復事之漢復與匈奴和親軍臣單于立歲餘匈奴復絕和親大入上郡雲中各三萬騎所殺略甚眾於是漢使三將軍軍屯北地代屯句注趙屯飛狐口 師古曰險阨之處在代郡之南南衝燕趙之中 緣邊亦各堅守以備胡寇又置三將軍軍長安西細柳渭北棘門霸上以備胡胡騎入代句注邊烽火通於甘泉長安數月漢兵至邊匈奴亦遠塞 師古曰遠離也音于萬反 漢兵亦罷後歲餘文帝崩景帝立而趙王遂迺陰使於匈奴吳楚反欲與趙合謀入邊漢圍破趙匈奴亦止自是後景帝復與匈奴和親通關市給

遺單于遣翁主如故約終景帝世時時小入盜邊無大寇武帝即位明和親約束厚遇關市饒給之匈奴自單于以下皆親漢往來長城下漢使馬邑人聶翁壹 師古曰姓聶名壹翁者老人之稱也 間闌出物與匈奴交易 孟康曰私出塞交易 陽為賣馬邑城以誘單于單于信之而貪馬邑財物迺以十萬騎入武州塞漢伏兵三十餘萬馬邑旁御史大夫韓安國為護軍將軍護四將軍以伏單于 師古曰伏兵而待單于也 單于既入漢塞未至馬邑百餘里見畜布野而無人牧者怪之乃攻亭時鴈門尉史行徼見寇保此亭 師古曰漢律近塞郡皆置尉百里一人士史尉史各二人巡行徼塞也行音下孟反 單于得欲刺之尉史知漢謀迺下 師古曰尉史在亭樓上虜欲以矛戟刺之懼迺自下以謀告 具告單于單于大驚曰吾固疑之乃引兵還出曰吾得尉史天也以尉史為天王漢兵約單于入馬邑而縱兵 師古曰放兵以擊單于 單于不至以故無所得將軍王恢部出代擊胡輜重 師古曰重音直用反 聞單于還兵多不敢出漢以恢本建造兵謀而不進誅恢自是後匈奴絕和親攻當路塞 師古曰塞之當行道處者 往往入盜於邊不可勝數然匈奴貪尚樂關市耆漢財物 師古曰耆讀曰嗜 漢亦通關市不絕以中之 師古曰以關市中其意中音竹仲反 自馬邑軍後五歲之秋漢使四將軍各萬騎擊胡關市下將

軍衛青出上谷至龍城得胡首虜七百人公孫賀出雲中無所得公孫敖出代郡為胡所敗七千李廣出鴈門為胡所敗匈奴生得廣廣道亡歸 師古曰於道上亡還 漢囚敖廣敖廣贖為庶人其冬匈奴數千人盜邊漁陽尤甚漢使將軍韓安國屯漁陽備胡其明年秋匈奴二萬騎入漢殺遼西太守略二千餘人又敗漁陽太守軍千餘人圍將軍安國 師古曰即韓安國也 安國時千餘騎亦且盡會燕救之至匈奴迺去又入鴈門殺略千餘人於是漢使將軍衛青將三萬騎出鴈門李息出代郡擊胡得首虜數千其明年衛

青復出雲中以西至隴西擊胡之樓煩白羊王於
河南得胡首虜數千羊百餘萬於是漢遂取河南
地築朔方復繕故秦時蒙恬所爲塞因河而爲固
漢亦棄上谷之斗辟縣造陽地以予胡（孟康曰縣斗辟曲近胡師古曰斗絕也縣之斗曲入匈奴界者其中造陽地也辟讀曰僻）是歲元朔二年也其後冬軍
臣單于死其弟左谷蠡王伊穉斜自立爲單于攻
敗軍臣單于太子於單於單亡降漢漢封於單爲
陟安侯數月死伊穉斜單于既立其夏匈奴數萬
騎入代郡殺太守共友（師古曰共友太守姓名也共讀曰龔）略千餘人秋
又入鴈門殺略千餘人其明年又入代郡定襄上

前漢傳六十四上　十九　陳彥

郡各三萬騎殺略數千人匈奴右賢王怨漢奪之
河南地而築朔方數寇盜邊及入河南侵擾朔方
殺略吏民甚衆其明年春漢遣衛青將六將軍十
餘萬人出朔方高闕右賢王以爲漢兵不能至飲
酒醉漢兵出塞六七百里夜圍右賢王右賢王大
驚脫身逃走精騎往往隨後去漢將軍得右賢王
人衆男女萬五千人裨小王十餘人其秋匈奴萬
騎入代郡殺都尉朱央略千餘人其明年春漢復
遣大將軍衛青將六將軍十餘萬騎仍再出定襄
數百里（師古曰仍頻也）擊匈奴得首虜前後萬九千餘級而

漢亦亡兩將軍三千餘騎右將軍建得以身脫而
前將軍翕侯趙信兵不利降匈奴趙信者故胡小
王降漢漢封爲翕侯以前將軍與右將軍并軍介
獨遇單于兵故盡沒（晉灼曰介音戛師古曰介特也本雖并軍至遇單于時特也介讀如本字）單
于既得翕侯以爲自次王（師古曰自次者尊重次於單于）用其姊妻之
與謀漢信教單于益北絕幕（師古曰直度曰絕）以誘罷漢兵
徼極而取之（師古曰罷讀曰疲徼要也誘令疲極然後取之徼音工堯反）毋近塞（師古曰不近塞居所以疲勞漢兵也）單于從之其明年胡數萬騎入上谷殺數
百人明年春漢使票騎將軍去病將萬騎出隴西
過焉耆山千餘里得胡首虜八千餘級得休屠王

前漢傳六十四上　二十　陳彥

祭天金人（孟康曰匈奴祭天處本在雲陽甘泉山下秦奪其地後徙之休屠王右地故休屠有祭天金人象也師古曰作金人以爲天神之主而祭之即今佛像是其遺法）其夏票騎將軍復與合騎侯數
萬騎出隴西北地二千里過居延攻祁連山得胡
首虜三萬餘級裨小王以下十餘人是時匈奴亦
來入代郡鴈門殺略數百人漢使博望侯及李將
軍廣出右北平擊匈奴左賢王左賢王圍李廣廣
軍四千人死者過半殺虜亦過當會博望侯軍救
至李將軍得脫盡亡其軍合騎侯後票騎將軍期
及博望侯皆當死贖爲庶人其秋單于怒昆邪王
休屠王居西方爲漢所殺虜數萬人欲召誅之昆

邪休屠王恐謀降漢漢使驃騎將軍迎之昆邪王
殺休屠王幷將其衆降漢凡四萬餘人號十萬於
是漢已得昆邪則隴西北地河西益少胡寇徙關
東貧民處所奪匈奴河南地新秦中以實之師古曰新秦解
在食貨志西減北地以西戍卒半明年春匈奴入右北平
定襄各數萬騎殺略千餘人其年春漢謀以爲翕
侯信爲單于計居幕北以爲漢兵不能至乃粟馬
師古曰以粟秣馬也發十萬騎私負從馬凡十四萬匹師古曰私負衣裝者
及私將馬從者皆非公家發與之限糧重不與焉師古曰負戴糧食者重音直用反與讀曰豫令大
將軍青驃騎將軍去病中分軍大將軍出定襄驃

前漢傳六十四上　二十一　陳言

騎將軍出代咸約絕幕擊匈奴師古曰約謂爲其要單于聞之
遠其輜重師古曰徙其輜重令遠去以精兵待於幕北與漢大將軍
接戰一日會暮大風起漢兵縱左右翼圍單于單
于自度戰不能與漢兵師古曰與猶如也度音徒各反遂獨與壯騎數
百潰漢圍西北遁走漢兵夜追之不得行捕斬首
虜凡萬九千級師古曰且行且捕斬之北至窴顏山趙信城而還
孟康曰趙信所作因以名城師古曰窴音徒千反單于之走其兵往往與漢軍相
亂而隨單于單于久不與其大衆相得右谷蠡王
以爲單于死乃自立爲單于眞單于復得其衆右
谷蠡乃去號復其故位驃騎之出代二千餘里與

左王接戰漢兵得胡首虜凡七萬餘人左王將皆
遁走驃騎封於狼居胥山禪姑衍臨翰海而還是
後匈奴遠遁而幕南無王庭漢度河自朔方以西
至令居師古曰令音零下亦類此往往通渠置田官吏卒五六萬人
稍蠶食地接匈奴以北師古曰其地相接不絕初漢兩將大出圍
單于所殺虜八九萬而漢士物故者亦萬數師古曰物故謂
死也漢馬死者十餘萬匹匈奴雖病遠去而漢馬亦
少無以復往單于用趙信計遣使好辭請和親天
子下其議或言和親或言遂臣之丞相長史任敞
曰匈奴新困宜使爲外臣朝請於邊師古曰請音材性反漢使

前漢傳六十四上　二十二　陳言

敞使於單于單于聞敞計大怒留之不遣先是漢
亦有所降匈奴使者單于亦輒留漢使相當漢方
復收士馬會驃騎將軍去病死於是漢久不北擊
胡數歲伊稺斜單于立十三年死子烏維立爲單
于是歲元鼎三年也烏維單于立而漢武帝始出
巡狩郡縣其後漢方南誅兩越不擊匈奴匈奴亦
不入邊烏維立三年漢已滅兩越遣故大僕公孫
賀將萬五千騎出九原二千餘里至浮苴井師古曰苴音子
餘反武紀苴字作沮其音同從驃侯趙破奴萬餘騎出令居數千里
至匈奴河水臣瓚曰水名也去令居千里皆不見匈奴一人而還是

時天子巡邊親至朔方勒兵十八萬騎以見武節
師古曰見示也而使郭吉風告單于師古曰風讀曰諷旣至匈奴匈奴
主客問所使師古曰主客主接諸客者也問以何事而來郭吉卑體好言曰吾
見單于而口言單于見吉吉曰南越王頭已縣於
漢北闕下今單于即能前與漢戰天子自將兵待
邊即不能亟南面而臣於漢師古曰亟急也音居力反何但遠走
亡匿於幕北寒苦無水草之地爲師古曰但空也語卒單于
大怒立斬主客見者而留郭吉不歸遷辱之北海
上而單于終不肯爲寇於漢邊休養士馬習射獵
數使使好辭甘言求和親漢使王烏等闚匈奴匈

奴法漢使不去節不以墨黥其面不得入穹廬師古
曰以墨黥面也王烏北地人習胡俗去其節黥面入廬單于
愛之陽許曰吾爲遣其太子入質於漢以求和親
師古曰言爲王烏故遣太子入質漢使楊信使於匈奴是時漢東拔濊
貉朝鮮以爲郡師古曰濊與穢同亦或作薉而西置酒泉郡以隔絕
胡與羌通之路又西通月氏大夏以翁主妻烏孫
王以分匈奴西方之援國又北益廣田至眩雷爲
塞服虔曰眩雷地在烏孫北也眩音州縣之縣而匈奴終不敢以爲言是歲翁
侯信死漢用事者以匈奴已弱可臣從也楊信爲
人剛直屈強素非貴臣也師古曰屈音其勿反彊音其兩反單于不親

欲召入不肯去節迺坐穹廬外見楊信楊信說單
于曰即欲和親以單于太子爲質於漢單于曰非
故約故約漢常遣翁主給繒絮食物有品以和親
師古曰品謂等差也而匈奴亦不復擾邊今乃欲反古師古曰反違也令
吾太子爲質無幾矣師古曰言遣太子爲質則匈奴國中所餘者無幾皆當盡也幾音居豈反匈
奴俗見漢使非中貴人其儒生以爲欲說折其辭
辯少年以爲欲刺折其氣每漢兵入匈奴匈奴輒
報償漢留匈奴使匈奴亦留漢使必得當迺止楊
信旣歸漢使王烏等如匈奴匈奴復讇以甘言師古
曰讇古諂字欲多得漢財物紿王烏曰吾欲入漢師古曰紿誑也見

天子面相結爲兄弟王烏歸報漢爲單于築邸于
長安匈奴曰非得漢貴人使吾不與誠語師古曰誠實也匈
奴使其貴人至漢病服藥欲愈之不幸而死漢使
路充國佩二千石印綬使送其喪厚幣直數千金
單于以爲漢殺吾貴使者迺留路充國不歸諸所
言者單于特空紿王烏師古曰特但也殊無意入漢遣太子
來質於是匈奴數使奇兵侵犯漢邊漢迺拜郭昌
爲拔胡將軍及浞野侯屯朔方以東備胡師古曰浞野侯趙破
奴也浞音仕角反烏維單于立十歲死子詹師廬立年少號
爲兒單于是歲元封六年也自是後單于益西北

左方兵直雲中右方兵直酒泉燉煌兒單于立漢
使兩使一人弔單于一人弔右賢王欲以乖其國
使者入匈奴匈奴悉將致單于單于怒而悉留漢
使漢使留匈奴者前後十餘輩而匈奴使來漢亦
輒留之相當是歲漢使貳師將軍西伐大宛而令
因杅將軍築受降城師古曰杅音于其冬匈奴大雨雪師古曰雨音于
具反畜多飢寒死而單于年少好殺伐國中多不安
左大都尉欲殺單于使人閒告漢師古曰私來報曰我欲殺
單于降漢漢遠漢即來兵近我我即發師古曰來兵言以兵來也
初漢聞此言故築受降城猶以為遠其明年春漢

使浞野侯破奴將二萬騎出朔方北二千餘里師古
曰以迎左大都尉期至浚稽山而還師古曰浚音俊稽音雞在武威北浞野侯既
至期左大都尉欲發而覺單于誅之發兵擊浞野
侯浞野侯行捕首虜數千人還未至受降城四百
里匈奴八萬騎圍之浞野侯夜出自求水匈奴生
得浞野侯因急擊其軍軍吏畏亡將而誅莫相勸
而歸軍遂沒於匈奴單于大喜遂遣兵攻受降城
不能下乃侵入邊而去明年單于欲自攻受降城
未到病死兒單于立三歲而死子少匈奴迺立其
季父烏維單于弟右賢王句黎湖為單于師古曰句音鉤是

歲大初三年也句黎湖單于立漢使光祿徐自為
出五原塞數百里遠者千里築城障列亭至盧朐師古曰盧朐山名也朐音劬而使游擊將軍韓說長平侯衛伉屯其
旁師古曰說讀曰悅伉音抗即衛青子使强弩都尉路博德築居延澤上
其秋匈奴大入雲中定襄五原朔方殺略數千人
敗數二千石而去行壞光祿所築亭障又使右賢
王入酒泉張掖略數千人會任文擊救服虔曰任文漢將也師古曰擊
救者擊匈奴而自救漢人盡復失其所得而去聞貳師將軍破大宛
斬其王還單于欲遮之不敢其冬病死句黎湖單
于立一歲死其弟左大都尉且鞮侯立為單于師古

曰且子余反鞮音丁奚反漢既誅大宛威震外國天子意欲遂困
胡迺下詔曰高皇帝遺朕平城之憂師古曰遺留也高后時
單于書絕悖逆昔齊襄公復九世之讎春秋大之師古曰公羊傳莊四年春齊襄公滅紀復讎也襄公之九世祖昔為紀侯所譖而亨殺于周故襄公滅紀也九世猶可以復讎乎曰雖百世可也
是歲大初四年也且鞮侯單于初立恐漢襲之盡
歸漢使之不降者路充國等於漢單于迺自謂我
兒子安敢望漢天子漢天子我丈人行師古曰丈人尊老之稱也行音胡浪反
漢遣中郎將蘇武厚幣賂遺單于單于益驕禮
甚倨非漢所望也明年浞野侯破奴得亡歸漢其
明年漢使貳師將軍將三萬騎出酒泉擊右賢王

於天山得首虜萬餘級而還匈奴大圍貳師幾不
脫師古曰幾音鉅依反漢兵物故什六七師古曰物故謂死也漢又使因杅
將軍出西河與强弩都尉會涿邪山亡所得使騎
都尉李陵將步兵五千人出居延北千餘里與單
于會合戰陵所殺傷萬餘人兵食盡欲歸單于圍
陵陵降匈奴其兵得脫歸漢者四百人單于迺貴
陵以其女妻之後二歲漢使貳師將軍六萬騎步
兵七萬出朔方强弩都尉路博德將萬餘人與貳
師會游擊將軍說步兵三萬人出五原師古曰即上韓說也因
杅將軍敖將騎萬步兵三萬人出鴈門匈奴聞悉

遠其累重於余吾水北師古曰累重謂妻子資產也累音力瑞反重音直用反而單
于以十萬待水南與貳師接戰貳師解而引歸與
單于連鬬十餘日游擊亡所得因杅與左賢王戰
不利引歸明年且鞮侯單于死立五年長子左賢
王立為狐鹿姑單于是歲太始元年也初且鞮侯
兩子長為左賢王次為左大將病且死言立左賢
王左賢王未至貴人以為有病更立左大將為單
于左賢王聞之不敢進左大將使人召左賢王而
讓位焉左賢王辭以病左大將不聽謂曰即不幸
死傳之於我左賢王許之遂立為狐鹿姑單于狐

鹿姑單于立以左大將為左賢王數年病死其子
先賢撣不得代師古曰撣音纏更以為日逐王日逐王者賤
於左賢王單于自以其子為左賢王單于既立六
年而匈奴入上谷五原殺略吏民其年匈奴復入
五原酒泉殺兩部都尉於是漢遣貳師將軍七萬
人出五原御史大夫商丘成將三萬餘人出西河
重合侯莽通將四萬騎出酒泉千餘里單于聞漢
兵大出悉遣其輜重徙趙信城北邸郅居水師古曰邸至也
音丁禮反郅音之日反左賢王驅其人民度余吾水六七百里居
兜銜山單于自將精兵左安侯度姑且水師古曰且音子余反

御史大夫軍至追邪徑無所見還師古曰從疾道而追之不見虜而還也邪音似嗟反
匈奴使大將與李陵將三萬餘騎追漢軍至浚
稽山合轉戰九日漢兵陷陳卻敵殺傷虜甚眾至
蒲奴水虜不利還去重合侯軍至天山匈奴使大
將偃渠與左右呼知王將二萬餘騎要漢兵見漢
兵强引去重合侯無所得失是時漢恐車師兵遮
重合侯迺遣闓陵侯將兵別圍車師師古曰闓讀與開同盡得
其王民眾而還貳師將軍將出塞匈奴使右大都
尉與衛律將五千騎要擊漢軍於夫羊句山狹服虔
曰夫羊地名也師古曰句山西山也句音鉤貳師遣屬國胡騎二千與戰虜兵

壞散死傷者數百人漢軍乘勝追北至范夫人城應劭曰本漢將築此城將亡其妻率餘衆完保之因以爲名也張晏曰范氏能胡詛者匈奴奔走莫敢距敵會貳師妻子坐巫蠱收聞之憂懼其掾胡亞夫亦避罪從軍說貳師曰夫人室家皆在吏若還不稱意適與獄會郅居以北可復得見乎如淳曰以就誅後雖復欲降匈奴不可得貳師由是狐疑欲深入要功遂北至郅居水上虜已去貳師遣護軍將二萬騎度郅居之水一日逢左賢王左大將將二萬騎與漢軍合戰一日漢軍殺左大將虜死傷甚衆軍長史與決眭都尉煇渠侯謀晉灼曰本匈奴官也功臣表歸義侯僕多子雷後以屬國都尉擊匈奴封煇渠煇渠魯陽縣也師古曰眭音息

隨反煇音輝僕多者字當爲朋曰將軍懷異心欲危衆求功恐必敗謀共執貳師貳師聞之斬長史引兵還至速邪烏燕然山師古曰速邪烏地名也燕然山在其中燕音一千反單于知漢軍勞倦自將五萬騎遮擊貳師相殺傷甚衆夜塹漢軍前深數尺從後急擊之軍大亂敗貳師降單于素知其漢大將貴臣以女妻之尊寵在衛律上其明年單于遺使遺漢書云南有大漢北有强胡胡者天之驕子也不爲小禮以自煩今欲與漢闓大關取漢女爲妻師古曰闓讀與開同歲給遺我糱酒萬石稷米五千斛師古曰以糱爲酒味尤甜稷米稷粟米也雜繒萬匹它〃如故約則邊不相盜矣

漢遣使者報送其使單于使左右難漢使者曰漢禮義國也貳師道前太子發兵反何也使者曰然迺丞相私與太子爭鬬太子發兵欲誅丞相丞相誣之故誅丞相此子弄父兵罪當笞小過耳孰與冒頓單于身殺其父代立常妻後母禽獸行也單于留使者三歲迺得還貳師在匈奴歲餘衛律害其寵會母閼氏病師古曰單于之母也律飭胡巫師古曰飭與敕同言先單于怒曰胡故時祠兵常言得貳師以社師古曰以祠社何故不用於是收貳師貳師罵曰我死必滅匈奴遂屠貳師以祠會連雨雪數月畜產死人民疫病

穀稼不孰師古曰北方早寒雖不宜禾稷匈奴中亦種黍穄單于恐爲貳師立祠室自貳師沒後漢新失大將軍士卒數萬人不復出兵三歲武帝崩前此者漢兵深入窮追二十餘年匈奴孕重墮殰罷極苦之師古曰孕重懷任者也墮落也殰敗也音讀罷讀曰疲極困也苦之心厭苦也自單于以下常有欲和親計後三年單于欲求和親會病死初單于有異母弟爲左大都尉賢國人鄉之師古曰鄉讀曰嚮謂悉皆附之母閼氏恐單于不立子而立左大都尉也迺私使殺之左大都尉同母兄怨遂不肯復會單于庭又單于病且死謂諸貴人我子少不能治國立弟右谷蠡王及單于死衛律等與

顓渠閼氏謀匿單于死詐撟單于令 師古曰撟與矯同其字從手矯託也
與貴人飲盟更立子左谷蠡王爲壺衍鞮單于是
歲始元二年也壺衍鞮單于旣立風謂漢使者言
欲和親 師古曰風讀曰諷謂不正言也 左賢王右谷蠡王以不得立怨
望率其衆欲南歸漢恐不能自致即脅盧屠王欲
與西降烏孫謀擊匈奴盧屠王告之單于使人驗
問右谷蠡王不服反以其罪罪盧屠王國人皆冤
之於是二王去居其所未嘗肯會龍城 師古曰各自居其本處不復會龍城祭
後二年秋匈奴入代殺都尉單于年少初立母
閼氏不正國內乖離常恐漢兵襲之於是衛律爲

單于謀穿井築城治樓以藏穀與秦人守之 師古曰秦時有人亡入匈奴者今其子孫尚號秦人
漢兵至無奈我何即穿井數百伐材
數千或曰胡人不能守城是遺漢糧也 師古曰遺音弋季反 衛
律於是止迺更謀歸漢使不降者蘇武馬宏等馬
宏者前副光祿大夫王忠使西國爲匈奴所遮忠
戰死馬宏生得亦不肯降故匈奴歸此二人欲以
通善意是時單于立三歲矣明年匈奴發左右
部二萬騎爲四隊 師古曰隊部也音徒內反 並入邊爲寇漢兵追
之斬首獲虜九千人生得甌脫王漢無所失亡匈
奴見甌脫王在漢恐以爲道擊之 師古曰道讀曰導 即西北

遠去不敢南逐水草發人民屯甌脫明年復遣九
千騎屯受降城以備漢北橋余吾令可度 師古曰於余吾水上作橋
以備奔走 師古曰擬有迫急北走避漢從此橋度也 是時衛律已死衛律
在時常言和親之利匈奴不信及死後兵數困國
益貧單于弟左谷蠡王思衛律言欲和親而恐漢
不聽故不肯先言常使左右風漢使者 師古曰風讀曰諷 然
其侵盜益希遇漢使愈厚欲以漸致和親漢亦羈
縻之其後左谷蠡王死明年單于使犁汙王窺邊
言酒泉張掖兵益弱出兵試擊與可復得其地時
漢先得降者聞其計天子詔邊警備後無幾右賢

王犁汙王四千騎 師古曰無幾謂不多時也幾音居豈反 分三隊入日勒屋
蘭番和 師古曰皆張掖縣也番音盤 張掖太守屬國都尉發兵擊大
破之得脫者數百人屬國千長義渠王騎士射殺
犁汙王 師古曰千長者千人之長 賜黃金二百斤馬二百匹因封
爲犁汙王屬國都尉郭忠封成安侯自是後匈奴
不敢入張掖其明年匈奴三千餘騎入五原略殺
數千人後數萬騎南旁塞獵 師古曰旁音步浪反 行攻塞外亭
障略取吏民去是時漢邊郡烽火候望精明匈奴
爲邊寇者少利希復犯塞漢復得匈奴降者言烏
桓嘗發先單于冢匈奴怨之方發二萬騎擊烏桓

大將軍霍光欲發兵邀擊之師古曰邀迎而擊之邀音古堯反以問
護軍都尉趙充國=充國以爲烏桓閒數犯塞師古曰閒即中
閒也猶言比日也今匈奴擊之於漢便又匈奴希寇盜北邊
幸無事蠻夷自相攻擊而發兵要之招寇生事非
計也光更問中郎將范明友明友言可擊於是拜
明友爲度遼將軍將二萬騎出遼東匈奴聞漢兵
至引去初光誡明友兵不空出即後匈奴遂擊烏
桓師古曰後匈奴者言兵遂後邀匈奴不及烏桓時新中匈奴兵師古曰爲匈奴所中
傷明友既後匈奴因乘烏桓敝擊之斬首六千餘
級獲三王首還封爲平陵侯匈奴繇是恐師古曰繇讀與由同

不能出兵即使使之烏孫求欲得漢公主擊烏孫
取車延惡師地烏孫公主上書下公卿議救未決
昭帝崩宣帝即位烏孫昆彌復上書言連爲匈奴
所侵削昆彌願發國半精兵人馬五萬匹盡力擊
匈奴唯天子出兵哀救公主本始二年漢大發關
東輕銳士選郡國吏三百石伉健習騎射者皆從
軍師古曰伉音古浪反遣御史大夫田廣明爲祁連將軍四萬
餘騎出西河度遼將軍范明友三萬餘騎出張掖
前將軍韓增三萬餘騎出雲中後將軍趙充國爲
蒲類將軍三萬餘騎出酒泉雲中太守田順爲虎牙

將軍三萬餘騎出五原凡五將軍兵十餘萬騎出
塞各二千餘里及校尉常惠使護發兵烏孫西域
昆彌自將翕侯以下五萬餘騎從西方入與五將
軍兵凡二十餘萬衆匈奴聞漢兵大出老弱犇走
敺畜產遠遁逃師古曰犇古奔字敺與驅同是以五將少所得度遼
將軍出塞千二百餘里至蒲離候水斬首捕虜七
百餘級鹵獲馬牛羊萬餘前將軍出塞千二百餘
里至烏員師古曰烏員地名也音云斬首捕虜至候山百餘級師古曰候山山
名也於此山斬捕得人鹵馬牛羊二千餘蒲類將軍兵當與烏孫
合擊匈奴蒲類澤烏孫先期至而去漢兵不與相

及蒲類將軍出塞千八百餘里西去候山斬首捕
虜得單于使者蒲陰王以下三百餘級鹵馬牛羊
七千餘聞虜已引去皆不至期還天子薄其過寬
而不罪祁連將軍出塞千六百里至雞秩山斬首
捕虜十九級獲牛馬羊百餘逢漢使匈奴還者冉
弘等言雞秩山西有虜衆祁連即戒弘使言無虜
欲還兵御史屬公孫益壽諫以爲不可祁連不
聽遂引兵還虎牙將軍出塞八百餘里至丹余吾
水上即止兵不進斬首捕虜千九百餘級鹵馬牛
羊七萬餘引兵還上以虎牙將軍不至期詐增鹵

獲。而祁連知虜在前逗遛不進孟康曰律語也謂軍行頓止稽留不進也師古曰逗讀與住同又音豆皆下吏自殺擢公孫益壽爲侍御史校尉常惠與烏孫兵至右谷蠡庭獲單于父行師古曰行音胡浪反及嫂居次名王犂汙都尉千長將以下三萬九千餘級虜馬牛羊驢贏橐駝七十餘萬漢封惠爲長羅侯然匈奴民衆死傷而去者及畜産遠移死亡不可勝數於是匈奴遂衰耗師古曰耗減也音呼到反怨烏孫其冬單于自將數萬騎擊烏孫頗得老弱欲還會天大雨雪師古曰雨音于具反一日深丈餘人民畜産凍死還者不能什一於是丁令乘弱攻其北師古曰令音零烏桓入其

東烏孫擊其西凡三國所殺數萬級馬數萬匹牛羊甚衆又重以餓死師古曰重音直用反人民死者什三畜産什五匈奴大虛弱諸國羈屬者皆瓦解攻盜不能理其後漢出三千餘騎爲三道並入匈奴捕虜得數千人還匈奴終不敢取當師古曰當者報其直茲欲鄉和親師古曰茲益也鄉讀曰嚮而邊境少事矣壺衍鞮單于立十七年死弟左賢王立爲虛閭權渠單于是歲地節二年也虛閭權渠單于立以右大將女爲大閼氏而黜前單于所幸顓渠閼氏顓渠閼氏父左大且渠怨望是時匈奴不能爲邊寇於是漢罷外城以休百

姓師古曰外城塞外諸城單于聞之喜召貴人謀欲與漢和親左大且渠心害其事曰前漢使來兵隨其後今亦效漢發兵先使使者入迺自請與呼盧訾王各將萬騎南旁塞獵相逢俱入師古曰訾音子移反旁音步浪反行未到會三騎亡降漢言匈奴欲爲寇於是天子詔發邊騎屯要害處使大將軍軍監治衆等四人師古曰治衆者軍監之名將五千騎分三隊師古曰隊音徒內反出塞各數百里捕得虜各數十人而還時匈奴亡其三騎不敢入即引去是歲也匈奴飢人民畜産死十六七又發兩屯各萬騎以備漢其秋匈奴前所得西嗕居左地者孟康

曰嗕音辱匈奴種也師古曰嗕音奴獨反其君長以下數千人皆敺畜産行與甌脫戰所戰殺傷甚衆遂南降漢其明年西域城郭共擊匈奴取車師國師古曰城郭謂諸國爲城居者得其王及人衆而去單于復以車師王昆弟兜莫爲車師王收其餘民東徙不敢居故地而漢益遣屯士分田車師地以實之其明年匈奴怨諸國共擊車師遣左右大將各萬餘騎屯田右地欲以侵迫烏孫西域後二歲匈奴遣左右奧鞬各六千騎師古曰奧音郁鞬音居言反與左大將再擊漢之田車師城者不能下其明年丁令比三歲入盜匈奴師古曰比頻也殺略人民數千驅馬畜去

匈奴遣萬餘騎往擊之無所得其明年單于將十餘萬騎旁塞獵（師古曰旁音步浪反）欲入邊寇未至會其民題除渠堂亡降漢言狀漢以爲言兵鹿奚盧侯而遣後將軍趙充國將兵四萬餘騎屯緣邊九郡備虜月餘單于病歐血因不敢入還去即罷兵迺使題王都犂胡次等入漢請和親未報會單于死是歲神爵二年也虛閭權渠單于立九年死自始立而黜顓渠閼氏顓渠閼氏即與右賢王私通右賢王會龍城而去顓渠閼氏語以單于病甚且勿遠後數日單于死郝宿王刑未央使人召諸王未至（師古曰郝音呼各反）顓渠閼氏與其弟左大且渠都隆奇謀立右賢王屠耆堂爲握衍朐鞮單于握衍朐鞮單于者代父爲右賢王（師古曰朐音劬）烏維單于耳孫也握衍朐鞮單于立復修和親遣弟伊酋若王勝之入漢獻見（師古曰酋音才由反）單于初立凶惡殺虛閭權渠時用事貴人刑未央等而任用顓渠閼氏弟都隆奇又盡免虛閭權渠子弟近親而自以其子弟代之虛閭權渠單于子稽侯狦既不得立（師古曰狦音先安反又所姦反）亡歸妻父烏禪幕（師古曰禪音蟬）烏禪幕者本烏孫康居間小國數見侵暴率其衆數千人降匈奴狐鹿姑單于以其弟子日

逐王姊妻之使長其衆居右地（師古曰長衆爲之長帥）日逐王先賢撣其父左賢王當爲單于讓狐鹿姑單于狐鹿姑單于許立之國人以故頗言日逐王當爲單于日逐王素與握衍朐鞮單于有隙即率其衆數萬騎歸漢漢封日逐王爲歸德侯單于更立其從兄薄胥堂爲日逐王（師古曰胥音先余反）明年單于又殺先賢撣兩弟烏禪幕請之不聽心恚其後左奧鞬王死單于自立其小子爲奧鞬王留庭奧鞬貴人共立故奧鞬王子爲王與俱東徙單于遣右丞相將萬騎往擊之失亡數千人不勝時單于已立二歲暴虐殺伐國中不附及太子左賢王數讒左地貴人左地貴人皆怨其明年烏桓擊匈奴東邊姑夕王頗得人民單于怒姑夕王恐即與烏禪幕及左地貴人共立稽侯狦爲呼韓邪單于發左地兵四五萬人西擊握衍朐鞮單于至姑且水北（師古曰且音子余反）未戰握衍朐鞮單于兵敗走使人報其弟右賢王曰匈奴共攻我若肯發兵助我乎（師古曰若汝也其下亦同）右賢王曰若不愛人殺昆弟諸貴人各自死若處無來汙我（師古曰言於彼所居處自死）握衍朐鞮單于恚自殺左大且渠都隆奇亡之右賢王所其民衆盡降呼韓邪單于是

咸神爵四年也握衍朐鞮單于立三年而敗

匈奴傳卷第六十四上

匈奴傳第六十四下　班固　漢書九十四下

祕書監上護軍琅邪縣開國子顏師古注

呼韓邪單于歸庭數月罷兵使各歸故地乃收其兄呼屠吾斯在民間者立爲左谷蠡王使人告右賢貴人欲令殺右賢王其冬都隆奇與右賢王共立日逐王薄胥堂爲屠耆單于發兵數萬人東襲呼韓邪單于呼韓邪單于兵敗走屠耆單于還以其長子都塗吾西爲左谷蠡王少子姑瞀樓頭爲右谷蠡王師古曰瞀音莫搆反留居單于庭明年秋屠耆單于使日逐王先賢撣兄右奧鞬王爲烏藉都尉師古曰撣音纏

奧音郁鞬音居言反各二萬騎屯東方以備呼韓邪單于是時西方呼揭王來與唯犁當戶謀師古曰揭音丘例反唯音弋癸反共讒右賢王言欲自立爲烏藉單于屠耆單于殺右賢王父子後知其冤復殺唯犁當戶於是呼揭王恐遂畔去自立爲呼揭單于右奧鞬王聞之即自立爲車犁單于烏藉都尉亦自立爲烏藉單于凡五單于屠耆單于自將兵東擊車犁單于使都隆奇擊烏藉烏藉車犁皆敗西北走與呼揭單于兵合爲四萬人烏藉呼揭皆去單于號共并力尊輔車犁單于屠耆單于聞之使左大將都尉將四萬騎

分屯東方以備呼韓邪單于自將四萬騎西擊車犁單于車犁單于敗西北走屠耆單于即引西南留闟敦地（師古曰闟音蹋敦音頓又音對）其明年呼韓邪單于遣其弟右谷蠡王等西襲屠耆單于屯兵殺略萬餘人屠耆單于聞之即自將六萬騎擊呼韓邪單于行千里未至嗕姑地（師古曰嗕音乃穀反）逢呼韓邪單于兵可四萬人合戰屠耆單于兵敗自殺都隆奇乃與屠耆少子右谷蠡王姑瞀樓頭亡歸漢車犁單于東降呼韓邪單于呼韓邪單于左大將烏厲屈與父呼遬累烏厲溫敦（師古曰呼遬累者其官號也遬古速字也累音力追反）皆見匈奴亂率

其衆數萬人南降漢封烏厲屈為新城侯烏厲溫敦為義陽侯是時李陵子復立烏藉都尉為單于呼韓邪單于捕斬之遂復都單于庭然衆裁數萬人屠耆單于從弟休旬王將所主五六百騎擊殺左大且渠并其兵至右地自立為閏振單于在西邊其後呼韓邪單于兄左賢王呼屠吾斯亦自立為郅支骨都侯單于在東邊其後二年閏振單于率其衆東擊郅支單于郅支單于與戰殺之并其兵遂進攻呼韓邪呼韓邪破其兵走郅支都單于庭呼韓邪之敗也左伊秩訾王為呼韓邪計勸令

稱臣入朝事漢從漢求助如此匈奴乃定呼韓邪議問諸大臣皆曰不可匈奴之俗本上氣力而下服役（師古曰以服役於人為下）以馬上戰鬬為國故有威名於百蠻戰死壯士所有也（師古曰言人皆有此事耳）今兄弟爭國不在兄則在弟雖死猶有威名子孫常長諸國（師古曰為諸國之長帥也）漢雖彊猶不能兼并匈奴柰何亂先古之制臣事於漢卑辱先單于（師古曰言忝辱之更令卑下也）為諸國所笑雖如是而安何以復長百蠻左伊秩訾曰不然彊弱有時今漢方盛烏孫城郭諸國皆為臣妾（師古曰謂西域諸國為城郭而居也）自且鞮侯單于以來匈奴日削不能取復（師古曰且音子餘反復音扶目反）

雖屈彊於此未嘗一日安也（師古曰屈音其勿反）今事漢則安存不事則危亡計何以過此諸大人相難久之呼韓邪從其計引衆南近塞遣子右賢王銖婁渠堂入侍（師古曰婁音力于反）郅支單于亦遣子右大將駒于利受入侍是歲甘露元年明年呼韓邪單于款五原塞（師古曰款叩也）願朝三年正月（師古曰會正旦之朝賀也）漢遣車騎都尉韓昌迎發過所七郡郡二千騎為陳道上（師古曰所過之郡每為發兵陳列於道以為寵衛也）單于正月朝天子于甘泉宮漢寵以殊禮位在諸侯王上贊謁稱臣而不名賜以冠帶衣裳黃金璽盭綬（師古曰盭古戾字戾草名也以戾染綬亦諸侯王之制也）玉具

劍孟康曰摽首鐔衛盡用玉爲之也師古曰鐔劍口旁橫出者也衛劍鼻也鐔音尋衛字本作彘其音同耳佩刀弓一張
矢四發服虔曰發十二矢也韋昭曰射禮三而止每射四矢故以十二爲一發也師古曰發猶今言箭一放兩放也今則以一矢爲一
放也棨戟十師古曰棨戟有衣之戟也棨音啓安車一乘鞌勒一具師古曰勒馬轡
也馬十五匹黃金二十斤錢二十萬衣被七十七
襲師古曰一稱爲一襲猶今人之言一副衣服也錦繡綺縠雜帛八千匹絮六千
斤禮畢使使者道單于先行宿長平師古曰道讀曰導長平涇水上坂也
解在宣紀上自甘泉宿池陽宮上登長平詔單于毋謁
師古曰不令拜也其左右當戶之羣臣皆得列觀及諸蠻夷
君長王侯數萬咸迎於渭橋下夾道陳上登渭橋
咸稱萬歲單于就邸留月餘遣歸國單于自請願

留居光祿塞下師古曰徐自爲所築者也有急保漢受降城師古曰保守也
於此自守漢遣長樂衞尉高昌侯董忠車騎都尉韓昌
將騎萬六千又發邊郡士馬以千數送單于出朔
方雞鹿塞師古曰在朔方窳渾縣西北詔忠等留衞單于助誅不服
又轉邊穀米糒師古曰糒乾飯也音備前後三萬四千斛給贍
其食是歲郅支單于亦遣使奉獻漢遇之甚厚明
年兩單于俱遣使朝獻漢待呼韓邪使有加明年
呼韓邪單于復入朝禮賜如初加衣百一十襲錦
帛九千匹絮八千斤以有屯兵故不復發騎爲送
始郅支單于以爲呼韓邪降漢兵弱不能復自還

即引其衆西欲攻定右地又屠耆單于小弟本侍
呼韓邪亦亡之右地收兩兄餘兵得數千人自立
爲伊利目單于道逢郅支合戰郅支殺之幷其兵
五萬餘人聞漢出兵穀助呼韓邪即遂留居右地
自度力不能定匈奴師古曰度音徒各反乃益西近烏孫欲與
幷力遣使見小昆彌烏就屠烏就屠見呼韓邪爲
漢所擁郅支亡虜欲攻之以稱漢師古曰稱漢朝之意也稱音尺孕反乃
殺郅支使持頭送都護在所發八千騎迎郅支郅
支見烏孫兵多其使又不反勒兵逢擊烏孫破之
師古曰以兵逆之相逢即擊故云逢擊因北擊烏揭師古曰揭音丘例反烏揭降發其兵

西破堅昆北降丁令師古曰令音零幷三國數遣兵擊烏孫
常勝之堅昆東去單于庭七千里南去車師五千
里郅支留都之元帝初即位呼韓邪單于復上書
言民衆困乏漢詔雲中五原郡轉穀二萬斛以給
焉郅支單于自以道遠又怨漢擁護呼韓邪遣使
上書求侍子漢遣谷吉送之郅支殺吉漢不知吉
音問而匈奴降者言聞甌脫皆殺之師古曰於甌脫得聲問云殺之呼
韓邪單于使來漢輒簿責之甚急師古曰簿責以文簿一一責之也簿音步戶
反明年漢遣車騎都尉韓昌光祿大夫張猛送呼
韓邪單于侍子求問吉等因赦其罪勿令自疑師古

曰疑者疑漢欲討伐昌猛見單于民衆益盛塞下禽獸盡單于足以自衛不畏郅支聞其大臣多勸單于北歸者師古曰塞下無禽獸則射獵無所得又不畏郅支故欲北歸舊處恐北去後難約束師古曰不可更共為言要昌猛即與為盟約曰自今以來漢與匈奴合為一家世世毋得相詐相攻有竊盜者相報行其誅償其物師古曰漢人為盜於匈奴匈奴人為盜於漢皆相告報而誅賞有寇發兵相助漢與匈奴敢先背約者受天不祥令其世世子孫盡如盟昌猛與單于及大臣俱登匈奴諾水東山師古曰諾水即今突厥地諾真水也刑白馬單于以徑路刀金留犂撓酒應劭曰徑路匈奴寶刀也金契金也留犂飯匕也撓和也契金著酒中撓攪飲之師古曰契刻撓攪也音呼高反以老上單于所

破月氏王頭為飲器者共飲血盟昌猛還奏事公卿議者以為單于保塞為藩雖欲北去猶不能為危害昌猛擅以漢國世世子孫與夷狄詛盟令單于得以惡言上告于天羞國家傷威重師古曰羞辱也不可行宜遣使往告祠天與解盟昌猛奉使無狀罪至不道師古曰無狀蓋無善狀上薄其過師古曰以其罪過為輕薄有詔昌猛以贖論勿解盟其後呼韓邪竟北歸庭人衆稍稍歸之國中遂定郅支既殺使者自知負漢又聞呼韓邪益彊恐見襲擊欲遠去會康居王數為烏孫所困與諸翕侯計以為匈奴大國烏孫素服屬之今郅

支單于困阨在外可迎置東邊使合兵取烏孫以立之師古曰言與郅支并力共滅烏孫以其地立郅支令居之也長無匈奴憂矣即使使至堅昆通語郅支郅支素恐又怨烏孫聞康居計大說師古曰說讀曰悅遂與相結引兵而西康居亦遣貴人橐它驢馬數千匹迎郅支郅支人衆中寒道死師古曰中寒傷於寒也道死死於道上也餘財三千人到康居師古曰財與纔同其後都護甘延壽與副陳湯發兵即康居誅斬郅支師古曰即就也語在延壽湯傳郅支既誅呼韓邪單于且喜且懼上書言曰常願謁見天子誠以郅支在西方恐其與烏孫俱來擊臣以故未得至漢今郅支已伏誅

願入朝見竟寧元年單于復入朝禮賜如初加衣服錦帛絮皆倍於黃龍時單于自言願壻漢氏以自親師古曰言欲取漢女而身為漢家壻元帝以後宮良家子王牆字昭君賜單于單于驩喜上書願保塞上谷以西至敦煌師古曰保守也自請保守之令無寇盜傳之無窮請罷邊備塞吏卒以休天子人民天子令下有司議議者皆以為便郎中侯應習邊事以為不可許上問狀應曰周秦以來匈奴暴桀寇侵邊境漢興尤被其害臣聞北邊塞至遼東外有陰山東西千餘里草木茂盛多禽獸本冒頓單于依阻其中治作弓矢來出為寇是其

苑囿也至孝武世出師征伐斥奪此地攘之於幕北（師古曰斥開也攘卻也音人羊反）建塞徼起亭隧（師古曰隧謂深開小道而行避敵鈔寇也隧音遂）築外城設屯戍以守之然後邊境得用少安幕北地平少草木多大沙匈奴來寇少所蔽隱從塞以南徑深山谷往來差難邊長老言匈奴失陰山之後過之未嘗不哭也如罷備塞戍卒示夷狄之大利不可一也今聖德廣被天覆匈奴（師古曰如天之覆也）匈奴得蒙全活之恩稽首來臣夫夷狄之情困則卑順彊則驕逆天性然也前以罷外城省亭隧今裁足以候望通烽火而已古者安不忘危不可復罷二

也中國有禮義之教刑罰之誅愚民猶尚犯禁又況單于能必其衆不犯約哉三也（師古曰必極也極保之也）自中國尚建關梁以制諸侯所以絕臣下之覬欲也（師古曰覬音冀）設塞徼置屯戍非獨為匈奴而已亦為諸屬國降民本故匈奴之人恐其思舊逃亡四也近西羌保塞與漢人交通吏民貪利侵盜其畜產妻子以此怨恨起而背畔世世不絕今罷乘塞則生嫚易分爭之漸五也（師古曰乘塞登之而守也嫚易猶相欺侮也易音弋豉反）往者從軍多沒不還者子孫貧困一旦亡出從其親戚六也又邊人奴婢愁苦欲亡者多曰聞匈奴中樂無柰候望

急何然時有亡出塞者七也盜賊桀黠羣輩犯法如其窘急亡走北出則不可制八也起塞以來百有餘年非皆以土垣也或因山巖石木柴僵落谿谷水門（師古曰僵落謂山上樹木摧折或立死枯僵墮落者僵音薑）稍稍平之卒徒築治功費久遠不可勝計臣恐議者不深慮其終始欲以壹切省繇戍（師古曰一切謂權時也解在平紀繇讀曰傜）十年之外百歲之內卒有它變障塞破壞亭隧滅絕當更發屯繕治累世之功不可卒復九也（師古曰卒讀皆曰猝）如罷戍卒省候望單于自以保塞守御必深德漢（師古曰於漢自稱恩德也）請求無已小失其意則不可測開夷狄之隙虧中國之

固十也非所以永持至安威制百蠻之長策也對奏天子有詔勿議罷邊塞事使車騎將軍口諭單于（師古曰將軍許嘉也諭謂曉告）曰單于上書願罷北邊吏士屯戍子孫世世保塞單于鄉慕禮義（師古曰鄉讀曰嚮）所以為民計者甚厚此長久之策也朕甚嘉之中國四方皆有關梁障塞非獨以備塞外也亦以防中國姦邪放縱出為寇害故明法度以專衆心也敬諭單于之意（師古曰言已曉知其意也）朕無疑焉為單于怪其不罷故使大司馬車騎將軍嘉曉單于單于謝曰愚不知大計天子幸使大臣告語甚厚初左伊秩訾為呼韓邪

畫計歸漢竟以安定其後或譏伊秩訾自伐其功
常鞅鞅師古曰伐謂矜其功力呼韓邪疑之左伊秩訾懼誅將
其衆千餘人降漢漢以爲關内侯食邑三百戶令
佩其王印綬師古曰雖於漢爲關内侯而依匈奴王號與印綬及竟寧中呼韓邪
來朝與伊秩訾相見謝曰王爲我計甚厚令匈奴
至今安寧王之力也德豈可忘我失王意使王去
不復顧留師古曰言不復顧念而留住匈奴中皆我過也今欲白天子請
王歸庭伊秩訾曰單于賴天命自歸於漢得以安
寧單于神靈天子之祐也我安得力旣已降漢又
復歸匈奴是兩心也願爲單于侍使於漢不敢聽

命師古曰言爲單于充使留侍於漢不能遇匈奴單于固請不能得而歸王昭君
號寧胡閼氏師古曰言胡得之國以安寧也生一男伊屠智牙師爲右
日逐王呼韓邪立二十八年建始二年死始呼韓
邪嬖左伊秩訾兄呼衍王女二人長女顓渠閼氏
生二子長曰且莫車師古曰且音子餘反次曰囊知牙斯少女
爲大閼氏生四子長曰雕陶莫皋次曰且麋胥師古
曰且音子餘反胥音先於反皆長於且莫車少子咸樂二人皆小於
囊知牙斯又它閼氏子十餘人顓渠閼氏貴且莫
車愛呼韓邪病且死欲立且莫車其母顓渠閼氏
曰匈奴亂十餘年不絕如髮賴蒙漢力故得復安

今平定未久人民創艾戰鬭師古曰創初亮反艾讀曰乂且莫車
年少百姓未附恐復危國我與大閼氏一家共子
師古曰一家言親姊妹也共子兩人所生恩慈無別也不如立雕陶莫皋大閼氏曰且
莫車雖少大臣共持國事今舍貴立賤後世必亂
師古曰舍謂棄置也單于卒從顓渠閼氏計立雕陶莫皋約令
傳國與弟呼韓邪死雕陶莫皋立爲復株絫若鞮
單于師古曰復音服絫音力追反復株絫若鞮單于立遣子右致盧
兒王醯諧屠奴侯入侍以且麋胥爲左賢王且莫
車爲左谷蠡王囊知牙斯爲右賢王復株絫單于
復妻王昭君生二女長女云爲須卜居次李奇曰居次者女之

號若漢言公主也文穎曰須卜氏匈奴貴族也小女爲當于居次文穎曰當于亦匈奴大族也師古曰須卜
當于皆其夫家氏族河平元年單于遣右皋林王伊邪莫演等
奉獻朝正月師古曰演音衍旣罷遣使者送至蒲反師古曰河東之縣也
伊邪莫演言欲降即不受我我自殺終不敢還歸
使者以聞下公卿議議者或言宜如故事受其降
光祿大夫谷永議郎杜欽以爲漢興匈奴數爲邊
害故設金爵之賞以待降者今單于詘體稱臣列
爲北藩遣使朝賀無有二心漢家接之宜異於往
時今旣享單于聘貢之質師古曰享當也質誠也而更受其逋
逃之臣是貪一夫之得而失一國之心擁有罪之

臣而絕慕義之君也假令單于初立欲委身中國未知利害（師古曰假令猶言或當也）私使伊邪莫演詐降以卜吉凶受之虧德沮善（師古曰沮壞也音材汝反）令單于自疏不親邊吏或者設爲反間欲因而生隙（師古曰間音居莧反）受之適合其策使得歸曲而直責（師古曰歸曲於漢而以直義來責也）此誠邊竟安危之原師旅動靜之首（師古曰竟讀曰境）不可不詳也不如勿受以昭日月之信抑詐諼之謀懷附親之心便（師古曰諼詐辭也音許遠反）對奏天子從之遣中郎將王舜往問降狀伊邪莫演曰我病狂妄言耳遣去歸到官位如故不肯令見漢使明年單于上書願朝河平四年

正月遂入朝加賜錦繡繒帛二萬疋絮二萬斤它如竟寧時復株絫單于立十歲鴻嘉元年死弟且麋胥立爲搜諧若鞮單于搜諧單于立遣子左祝都韓王朐留斯侯入侍（師古曰朐音許于反）以且莫車爲左賢王搜諧單于立八歲元延元年爲朝二年發行（師古曰欲會二年歲首之朝禮故豫發其國而行）未入塞病死弟且莫車立爲車牙若鞮單于車牙單于立遣子右於涂仇撣王烏夷當入侍（師古曰涂音徒撣音纏）以囊知牙斯爲左賢王車牙單于立四歲綏和元年死弟囊知牙斯立爲烏珠留若鞮單于烏珠留單于立以第二閼氏子樂爲左賢

王以第五閼氏子輿爲右賢王（師古曰此二人皆烏珠留之弟也第二閼氏即上所謂大閼氏也第五閼氏亦呼韓邪單于之閼氏）遣子右股奴王烏鞮牙斯入侍漢遣中郎將夏侯藩副校尉韓容使匈奴時帝舅大司馬票騎將軍王根領尚書事或說根曰匈奴有斗入漢地直張掖郡（師古曰斗絕也直當也）生奇材木箭竿就羽（師古曰就大鵰也黃頭赤目其羽可爲箭竿音工旱反）如得之於邊甚饒國家有廣地之實將軍顯功垂於無窮根爲上言其利上直欲從單于求之（師古曰直猶正爾）爲有不得傷命損威（師古曰詔命不行故云傷命也）根即但以上指曉藩令從藩所說而求之（師古曰自以藩意說單于而求之）藩至匈奴以語次說單于曰竊見匈奴

斗入漢地直張掖郡漢三都尉居塞上士卒數百人寒苦候望久勞單于宜上書獻此地直斷閼之省兩都尉士卒數百人以復天子厚恩（師古曰復亦報也）其報必大（師古曰漢得此地必厚報賞單于）單于曰此天子詔語邪將從使者所求也藩曰詔指也然藩亦爲單于畫善計耳單于曰孝宣孝元皇帝哀憐父呼韓邪單于從長城以北匈奴有之此溫偶駼王所居地也（師古曰偶音五口反駼音塗下亦同）未曉其形狀所生（師古曰所生謂山之所出草木鳥獸爲用者）請遣使問之藩容歸漢後復使匈奴至則求地單于曰父兄傳五世漢不求此地至知獨求何也已問溫偶

駼王匈奴西邊諸侯作穹廬及車皆仰此山材木師古曰謂諸小王爲諸侯者效中國之言耳仰音牛向反且先父地不敢失也藩還遷爲太原太守單于遣使上書以藩求地狀聞詔報單于曰藩擅稱詔從單于求地法當死更大赦二師古曰更經也音功衡反今徙藩爲濟南太守不令當匈奴明年侍子死歸葬復遣子左於駼仇撣王稽留昆入侍師古曰撣音纏稽音雞至哀帝建平二年烏孫庶子卑援疐師古曰援音爰疐音竹二反翕侯人衆入匈奴西界寇盜牛畜頗殺其民單于聞之遣左大當戶烏夷泠師古曰泠音零將五千騎擊烏孫殺數百人略千餘人敺牛畜去師古曰敺與驅同卑

援疐恐遣子趨逯爲質匈奴師古曰逯音錄單于受以狀聞漢遣中郎將丁野林副校尉公乘音使匈奴責讓單于告令還歸卑援疐質子單于受詔遣歸建平四年單于上書願朝五年時哀帝被疾或言匈奴從上游來厭人服虔曰游猶流也河水從西北來故曰上游也師古曰上游亦猶謂地形耳不必係於河水也厭音一涉反自黃龍竟寧時單于朝中國輒有大故師古曰大故謂國之大喪上由是難之以問公卿亦以爲虛費府帑師古曰府物所聚也帑藏金帛之所也音它莽反又音奴可且勿許單于使辭去未發黃門郎揚雄上書諫曰臣聞六經之治貴於未亂兵家之勝貴於未戰師古曰已亂而後治之戰鬭而後獲勝則不足貴二者皆微師古曰微謂精

妙也然而大事之本不可不察也今單于上書求朝國家不許而辭之臣愚以爲漢與匈奴從此隙矣本北地之狄五帝所不能臣三王所不能制其不可使隙甚明臣不敢遠稱請引秦以來明之以秦始皇之彊蒙恬之威帶甲四十餘萬然不敢窺西河迺築長城以界之會漢初興以高祖之威靈三十萬衆困於平城士或七日不食時奇譎之士石畫之臣甚衆鄧展曰石大也師古曰石言堅固如石也畫計策也音獲卒其所以脫者世莫得而言也師古曰卒終也莫得而言謂自免之計其事醜惡故不傳又高皇后嘗忿匈奴羣臣庭議樊噲請以十萬衆橫行匈奴中季

布曰噲可斬也妄阿順指於是大臣權書遺之師古曰以權道爲書順辭以荅之然後匈奴之結解中國之憂平及孝文時匈奴侵暴北邊候騎至雍甘泉京師大駭發三將軍屯細柳棘門霸上以備之數月迺罷孝武即位設馬邑之權欲誘匈奴使韓安國將三十萬衆徼於便墬師古曰徼要也音工堯反墬古地字匈奴覺之而去徒費財勞師一虜不可得見況單于之面乎其後深惟社稷之計規恢萬載之策師古曰恢大也迺大興師數十萬使衞青霍去病操兵前後十餘年師古曰操持也音千高反於是浮西河絕大幕破窴顏襲王庭窮極其地追奔逐北封

狼居胥山禪於姑衍以臨翰海 師古曰積土爲封而又禪祭也 虜名王
貴人以百數自是之後匈奴震怖益求和親然而
未肯稱臣也且夫前世豈樂傾無量之費役無罪
之人快心於狼望之北哉 師古曰匈奴中地名也 以爲不壹勞者
不久佚不暫費者不永寧 師古曰佚與逸同 是以忍百萬之
師以摧餓虎之喙運府庫之財塡盧山之壑而不
悔也 師古曰喙口也摧百萬之師於獸口也盧山匈奴中山也喙音許穢反 至本始之初匈奴
有桀心 師古曰桀堅也言其起立不順 欲掠烏孫侵公主迺發五將之
師十五萬騎獵其南而長羅侯以烏孫五萬騎震
其西皆至質而還 師古曰質信也謂所期處 時鮮有所獲 師古曰鮮少也音先踐反

前漢傳六十四下　十六　楊琪

徒奮揚威武明漢兵若雷風耳雖空行空反尚誅
兩將軍故北狄不服中國未得高枕安寢也逮至
元康神爵之閒大化神明鴻恩溥洽而匈奴內亂
五單于爭立日逐呼韓邪攜國歸死扶伏稱臣 師古
曰伏音蒲北反 然尚羈縻之計不顓制 師古曰顓與專同專制謂以爲臣妾也 自此
之後欲朝者不距不欲者不强 師古曰强音其兩反 何者外國
天性忿鷙 師古曰鷙很也音竹二反 形容魁健 師古曰魁大也 負力怙氣 師古
曰負恃也 難化以善易隸以惡 師古曰隸謂附屬之也惡謂威也 其彊難詘其
和難得故未服之時勞師遠攻傾國殫貨伏尸流
血破堅拔敵如彼之難也既服之後慰薦撫循交

接賂遺威儀俯仰如此之備也往時嘗屠大宛之
城蹈烏桓之壘探姑繒之壁 師古曰姑繒謂西南夷種也在益州見昭紀也 藉
蕩姐之場 劉德曰羌屬也師古曰藉猶蹈也姐音紫 艾朝鮮之旃拔兩越之
旗 師古曰艾讀曰刈刈絕也 近不過旬月之役遠不離二時之勞 師
古曰離歷也三月爲一時 固已犂其庭掃其閭 師古曰犂耕也 郡縣而置之雲
徹席卷後無餘菑 師古曰菑古災字也 唯北狄爲不然眞中國
之堅敵也三垂比之懸矣前世重之玆甚 師古曰玆益也 未
易可輕也今單于歸義懷款誠之心欲離其庭陳
見於前此迺上世之遺策神靈之所想望國家雖
費不得已者也 師古曰已止也 柰何距以來厭之辭疏以無

前漢傳六十四下　十七　陳吉

日之期消往昔之恩開將來之隙夫款而隙之使
有恨心負前言緣往辭 師古曰言單于因緣往昔和好之辭以怨漢也 歸怨於
漢因以自絕終無北面之心威之不可諭之不能
焉得不爲大憂乎夫明者視於無形聰者聽於無
聲誠先於未然卽蒙恬樊噲不復施棘門細柳不復
備馬邑之策安所設衞霍之功何得用五將之威
安所震 師古曰先於未然謂計策素定禦難折衝 不然壹有隙之後雖智者
勞心於內辯者轂擊於外 師古曰轂擊言使車交馳其轂相擊也 猶不若
未然之時也且往者圖西域制車師 師古曰圖謀也 置城郭
都護三十六國費歲以大萬計者 師古曰財用之費一歲數百萬也 豈

爲康居烏孫能踰白龍堆而寇西邊哉孟康曰龍堆形如土龍身無頭有尾高大者二三丈埤者丈餘皆東北向相似也在西域中迺以制匈奴也夫百年勞之一日失之費十而愛一臣竊爲國不安也唯陛下少留意於未亂未戰以遏邊萌之禍書奏天子寤焉召還匈奴使者更報單于書而許之賜雄帛五十匹黃金十斤單于未發會病復遣使願朝明年故事單于朝從名王以下及從者二百餘人單于又上書言蒙天子神靈人民盛壯願從五百人入朝以明天子盛德上皆許之元壽二年單于來朝上以大歲厭勝所在師古曰厭音一涉反舍之上林苑蒲陶

宮師古曰舍止宿告之以加敬於單于師古曰云以敬於單于故令止上林單于知之加賜衣三百七十襲錦繡繒帛三萬匹絮三萬斤它如河平時既罷遣中郎將韓況送單于單于出塞到休屯井北度車曰盧水道里回遠師古曰回音胡內反況等乏食單于迺給其粮失期不還五十餘日初上遣稽留昆隨單于去到國復遣稽留昆同母兄右大且方與婦入侍師古曰且音子閭反還歸復遣且方同母兄左日逐王都與婦入侍是時漢平帝幼太皇太后稱制新都侯王莽秉政欲說太后以威德至盛異於前師古曰說讀曰悅以此事取悅於太后迺風單于師古曰風讀曰諷令遣王

昭君女須卜居次云入侍師古曰云者其女名太后所以賞賜之甚厚會西域車師後王句姑師古曰句音鉤去胡來王唐兜師古曰爲其去胡而來降漢故以爲王號皆怨恨都護校尉將妻子人民亡降匈奴語在西域傳單于受置左谷蠡地遣使上書言狀曰臣謹已受詔遣中郎將韓隆王昌副校尉甄阜侍中謁者帛敞長水校尉王歙使匈奴師古曰歙音翕告單于曰西域內屬不當得受師古曰既屬漢家不得復臣匈奴今遣之師古曰今即遣還單于曰孝宣孝元皇帝哀憐爲作約束自長城以南天子有之長城以北單于有之有犯塞輒以狀聞有降者不得受臣知父呼韓邪

單于蒙無量之恩死遺言曰有從中國來降者勿受輒送至塞以報天子厚恩此外國也得受之使者曰匈奴骨肉相攻國幾絕師古曰幾音鉅依反蒙中國大恩危亡復續妻子完安累世相繼宜有以報厚恩單于叩頭謝罪執二虜還付使者詔使中郎將王萌待西域惡都奴界上逆受服虔曰惡都奴西域之谷名也師古曰逆受迎而受之單于遣使送到國因請其罪使者以聞有詔不聽師古曰不免其罪會西域諸國王斬以示之迺造設四條師古曰更新爲此制也中國人亡入匈奴者烏孫亡降匈奴者西域諸國佩中國印綬降匈奴者烏桓降匈奴者皆不得

受遣中郎將王駿王昌副校尉甄阜王尋使匈奴班四條與單于雜函封（師古曰與璽書同一函而封之）付單于令奉行因收故宣帝所為約束封函還時莽奏令中國不得有二名因使使者以風單于（師古曰風讀曰諷）宜上書慕化為一名漢必加厚賞單于從之上書言幸得備藩臣竊樂太平聖制臣故名囊知牙斯今謹更名曰知莽大說（師古曰說讀曰悅）白太后遣使者荅諭厚賞賜焉漢既班四條後護烏桓使者告烏桓民毋得復與匈奴皮布稅匈奴以故事遣使者責烏桓稅（師古曰故時常稅是以求之）匈奴人民婦女欲賈販者皆隨往焉烏

桓距曰奉天子詔條不當予匈奴稅匈奴使怒收烏桓酋豪縛到縣之酋豪昆弟怒共殺匈奴使及其官屬收略婦女馬牛單于聞之遣使發左賢王兵入烏桓責殺使者因攻擊之烏桓分散或走上山或東保塞匈奴頗殺人民毆婦女弱小且千人去（師古曰毆與驅同）置左地告烏桓曰持馬畜皮布來贖之烏桓見略者親屬二千餘人持財畜往贖匈奴受留不遣（師古曰受其皮布而留人不遣）王莽之篡位也建國元年遣五威將王駿率甄阜王颯陳饒帛敞丁業六人（師古曰颯音立）多齎金帛重遺單于諭曉以受命代漢狀因易單

于故印故印文曰匈奴單于璽莽更曰新匈奴單于章（師古曰新者莽自係其國號）將率既至授單于印紱（師古曰紱者印之組也音弗）詔令上故印紱單于再拜受詔譯前欲解取故印紱單于舉掖授之左姑夕侯蘇從旁謂單于曰未見新印文宜且勿與單于止不肯與請使者坐穹廬單于欲前為壽五威將曰故印紱當以時上單于曰諾復舉掖授譯蘇復曰未見印文且勿與單于曰印文何由變更遂解故印紱奉上將率受著新紱不解視印飲食至夜迺罷右率陳饒謂諸將率曰鄉者姑夕侯疑印文幾令單于不與人（師古曰鄉讀曰

嚮幾音鉅依反）如令視印見其變改必求故印此非辭說所能距也既得而復失之辱命莫大焉不如椎破故印以絕禍根將率猶與莫有應者（師古曰與讀曰豫）饒燕士果悍（師古曰果決也悍勇也音胡幹反）即引斧椎壞之明日單于果遣右骨都侯當白將率曰漢賜單于印言璽不言章又無漢字諸王已下迺有漢言章今即去璽加新與臣下無別願得故印將率示以故印謂曰新室順天制作故印隨將率所自為破壞單于宜承天命奉新室之制當還白單于知已無可柰何又多得賂遺即遣弟右賢王輿奉馬牛隨將率入謝因

上書求故印將率還到左犂汗王咸所居地見烏桓民多以問咸咸具言狀（師古曰謂前驅略得婦女弱小贖之不還者）將率曰前封四條不得受烏桓降者亟還之（師古曰亟急也音居力反）咸曰請密與單于相聞得語歸之單于使咸報曰當從塞內還之邪從塞外還之邪將率不敢顓決以聞詔報從塞外還之單于始用夏侯藩求地有距漢語後以求稅烏桓不得因寇略其人民釁由是生重以印文改易（師古曰重音直用反）故怨恨迺遣右大且渠蒲呼盧訾等十餘人將兵衆萬騎以護送烏桓爲名（師古曰陽言云護送烏桓人衆實來爲寇）勒兵朔方塞下朔方太守以聞明年西域車師後王須置離謀降匈奴都護但欽誅斬之置離兄狐蘭支將人衆二千餘人毆畜產舉國亡降匈奴（師古曰毆與驅同舉其一國之人皆亡降也）單于受之狐蘭支與匈奴共入寇擊車師殺後成長（師古曰後成車師小國名也長其長帥也）傷都護司馬復還入匈奴時戊己校尉史陳良終帶司馬丞韓玄右曲候任商等見西域頗背叛聞匈奴欲大侵恐并死即謀劫略吏卒數百人共殺戊己校尉刁護（師古曰刁音貂）遣人與匈奴南犂汗王南將軍相聞匈奴南將軍二千騎入西域迎良等良等盡脅略戊己校尉吏士男女二千餘人入匈

奴玄商留南將軍所良帶徑至單于庭人衆別置零吾水上田居單于號良帶曰烏桓都將軍留居單于所數呼與飲食西域都護但欽上書言匈奴南將軍右伊秩訾將人衆寇擊諸國莽於是大分匈奴爲十五單于遣中郎將藺苞副校尉戴級將兵萬騎多齎珍寶至雲中塞下招誘呼韓邪單于諸子欲以次拜之使譯出塞誘呼右犂汗王咸咸子登助三人至則脅拜咸爲孝單于賜安車鼓車各一黃金千斤雜繒千匹戲戟十（師古曰戲戟有旗之戟也戲音許宜反又音麾）拜助爲順單于賜黃金五百斤傳送助登長安莽封苞爲宣威公拜爲虎牙將軍封級爲揚威公拜爲虎賁將軍單于聞之怒曰先單于受漢宣帝恩不可負也今天子非宣帝子孫何以得立遣左骨都侯右伊秩訾王呼盧訾及左賢王樂將兵入雲中益壽塞大殺吏民是歲建國三年也是後單于歷告左右部都尉諸邊王入塞寇盜大輩萬餘中輩數千少者數百殺鴈門朔方太守都尉略吏民畜產不可勝數緣邊虛耗莽新即位怙府庫之富欲立威迺拜十二部將率發郡國勇士武庫精兵各有所屯守轉委輸於邊議滿三十萬衆齎三

百日糧同時十道並出窮追匈奴内之于丁令師古曰逐之遣入丁令地令音零因分其地立呼韓邪十五子莽將嚴尤諫曰臣聞匈奴爲害所從來久矣未聞上世有必征之者也後世三家周秦漢征之然皆未有得上策者也周得中策漢得下策秦無策焉當周宣王時獫允内侵至于涇陽命將征之盡境而還其視戎狄之侵譬猶蟁蝱之螫敺之而已師古曰蟁古蚊字也蝱音盲螫音式亦反敺與驅同故天下稱明是爲中策漢武帝選將練兵約齎輕糧深入遠戍師古曰約少也少齎衣裝雖有克獲之功胡輒報之兵連禍結三十餘年中國罷耗匈奴亦創艾師古曰罷讀曰疲耗損也創音初向反艾讀曰乂次下亦同而天下稱武是爲下策秦始皇不忍小恥而輕民力築長城之固延袤萬里師古曰袤長也音茂轉輸之行起於負海疆境既完中國内竭以喪社稷是爲無策今天下遭陽九之厄比年飢饉西北邊尤甚發三十萬衆具三百日糧東援海代南取江淮然後乃備師古曰援引也音爰計其道里一年尚未集合兵先至者聚居暴露師老械弊勢不可用此一難也邊既空虛不能奉軍糧内調郡國不相及屬此二難也師古曰調發也音徒釣反屬音之欲反計一人三百日食用糒十八斛非牛力不能勝牛又當自齎食加二十斛重

矣胡地沙鹵多乏水草以往事揆之軍出未滿百日牛必物故且盡師古曰物故謂死也餘糧尚多人不能負此三難也胡地秋冬甚寒春夏甚風多齎鬴鍑薪炭重不可勝師古曰鬴古釜字也鍑釜之大口者也鍑音富食糒飲水以歷四時師有疾疫之憂是故前世伐胡不過百日非不欲久勢力不能此四難也輜重自隨則輕鋭者少師古曰重直用反其下亦同不得疾行虜徐遁逃勢不能及幸而逢虜又累輜重師古曰累音力瑞反如遇險阻銜尾相隨師古曰銜馬銜也尾馬尾也言前後單行不得並驅虜要遮前後危殆不測此五難也大用民力功不可必立臣伏憂之今既發兵宜縱先至者令臣尤等深入霆擊且以創艾胡虜師古曰請卒見到之兵且以擊虜莽不聽尤言轉兵穀如故天下騷動咸既受莽孝單于之號馳出塞歸庭具以見脅狀白單于單于更以爲於粟置支侯匈奴賤官也後助病死莽以登代助爲順單于厭難將軍陳欽師古曰厭音一涉反震狄將軍王巡屯雲中葛邪塞是時匈奴數爲邊寇殺將率吏士略人民敺畜産去甚衆師古曰敺與驅同捕得虜生口驗問皆曰孝單于咸子角數爲寇兩將以聞四年莽會諸蠻夷斬咸子登於長安市初北邊自宣帝以來數世不見煙火之警人民熾盛牛馬

布野及莽撓亂匈奴與之搆難師古曰撓攪也音火高反邊民死亡係獲又十二部兵久屯而不出吏士罷弊師古曰罷讀曰疲數年之間北邊虛空野有暴骨矣烏珠留單于立二十一歲建國五年死匈奴用事大臣右骨都侯須卜當即王昭君女伊墨居次云之壻也云常欲與中國和親又素與咸厚善見咸前後爲莽所拜故遂越輿而立咸爲烏累若鞮單于師古曰累音力追反烏累單于咸立以弟輿爲左谷蠡王烏珠留單于子蘇屠胡本爲左賢王以弟屠耆閼氏子盧渾爲右賢王師古曰渾音胡昆反烏珠留單于在時左賢王數死以爲

其號不祥更易命左賢王曰護于護于之尊最貴次當爲單于故烏珠留單于授其長子以爲護于欲傳以國咸怨烏珠留單于貶賤己號不欲傳國及立貶護于爲左屠耆王云當遂勸咸和親天鳳元年云當遣人之西河虎猛制虜塞下師古曰武猛縣名制虜塞在其界告塞吏曰欲見和親侯和親侯王歙者王昭君兄子也師古曰歙音翕中部都尉以聞莽遣歙歙弟騎都尉展德侯颯使匈奴師古曰颯音立賀單于初立賜黃金衣被繒帛紿言侍子登在因購求陳良終帶等單于盡收四人及手殺校尉刁護賊芝音妻子以下二十

七人皆械檻付使者遣廚唯姑夕王富等四十人送歙颯莽作焚如之刑燒殺陳良等應劭曰易有焚如死如棄如之言莽依此作刑名也如淳曰焚如死如棄如者謂不孝子也不畜於父母不容於朋友故燒殺棄之莽依此作刑名也師古曰易離卦九四爻辭也罷諸將率屯兵但置游擊都尉單于貪莽賂遺故外不失漢故事然內利寇掠又使還知子登前死怨恨寇虜從左地入不絕師古曰入爲寇而虜掠使者問單于輒曰烏桓與匈奴無狀黠民共爲寇入塞譬如中國有盜賊耳咸初立持國威信尚淺盡力禁止不敢有二心天鳳二年五月莽復遣歙與五威將王咸率伏黯丁業等六人使送右廚唯姑夕王因奉歸

前所斬侍子登及諸貴人從者喪皆載以常車劉德曰縣易車也舊司農出錢市車縣次易牛也至塞下單于遣云當子男大且渠奢等至塞迎咸等至多遺單于金珍因諭說改其號號匈奴曰恭奴單于曰善于賜印綬封骨都侯當爲後安公當子男奢爲後安侯單于貪莽金幣故曲聽之然寇盜如故咸歙又以陳良等購金付云當令自差與之師古曰差其次第多少十二月還入塞莽大喜賜歙錢二百萬悉封黯等單于咸立五歲天鳳五年死弟左賢王輿立爲呼都而尸道皋若鞮單于匈奴謂孝曰若鞮自呼韓邪後與漢親密見漢

謚帝爲孝慕之故皆爲若鞮呼都而尸單于輿既立貪利賞賜遣大且渠奢與云女弟當戶居次子醯櫝王（師古曰櫝音讀）俱奉獻至長安莽遣和親侯歙與奢等俱至制虜塞下與云當會因以兵迫脅將至長安云當小男從塞下得脫歸匈奴當至長安莽拜爲須卜單于欲出大兵以輔立之兵調度亦不合而匈奴愈怒並入北邊北邊由是壞敗會當病死莽以其庶女陸逯任妻後安公奢（李奇曰陸逯邑也莽改公主曰任奢本爲侯莽以女妻之故進爵爲公師古曰逯音錄任音壬）所以尊寵之甚厚終爲欲出兵立之者（師古曰言爲此計意不止）會漢兵誅莽云奢亦死更始二

年冬漢遣中郎將歸德侯颯大司馬護軍陳遵使匈奴授單于漢舊制璽綬王侯以下印綬因送云當餘親屬貴人從者單于輿驕謂遵颯曰匈奴本與漢爲兄弟匈奴中亂（師古曰言中閒之時也讀如本字又音竹仲反）孝宣皇帝輔立呼韓邪單于故稱臣以尊漢今漢亦大亂爲王莽所篡匈奴亦出兵擊莽空其邊境令天下騷動思漢莽卒以敗而漢復興亦我力也當復尊我遵與相牚距（師古曰牚謂支柱也音丈庚反又丑庚反）單于終持此言其明年夏還會赤眉入長安更始敗

贊曰書戒蠻夷猾夏（師古曰虞書舜典載舜命皐陶作士之言也猾亂也夏謂中夏諸國也）詩稱戎狄是膺（師古曰魯頌閟宮之詩美僖公與師與齊桓討難膺當也）春秋有道守在四夷（師古曰春秋左氏傳昭三十二年楚囊瓦爲令尹城郢沈尹戌曰古者天子守在四夷言德及遠）久矣夷狄之爲患也故自漢興忠言嘉謀之臣曷嘗不運籌策相與爭於廟堂之上乎高祖時則劉敬呂后時樊噲季布孝文時賈誼朝錯孝武時王恢韓安國朱買臣公孫弘董仲舒人持所見各有同異然總其要歸兩科而已縉紳之儒則守和親介冑之士則言征伐皆偏見一時之利害而未究匈奴之終始也自漢興以至于今曠世歷年多於春秋其與匈奴有脩文而和親之矣有用武而克伐之矣

有卑下而承事之矣（師古曰下音胡亞反）有威服而臣畜之矣詘伸異變強弱相反是故其詳可得而言也昔和親之論發於劉敬是時天下初定新遭平城之難故從其言約結和親賂遺單于冀以救安邊境孝惠高后時遵而不違匈奴寇盜不爲衰止而單于反以加驕倨逮至孝文與通關市妻以漢女增厚其賂歲以千金而匈奴數背約束邊境屢被其害是以文帝中年赫然發憤遂躬戎服親御鞍馬從六郡良家材力之士（師古曰六郡謂隴西天水安定北地上郡西河也其安定天水西河武帝所置耳史本其土地而追言之也）馳射上林講習戰陳聚天下精兵軍於廣

武顧問馮唐與論將帥喟然歎息思古名臣此則和親無益已然之明效也仲舒親見四世之事猶復欲守舊文頗增其約以爲義動君子利動貪人如匈奴者非可以仁義說也師古曰此說謂勸諭獨可說以厚利結之於天耳師古曰此說讀曰悅故與之厚利以沒其意師古曰沒溺也與盟於天以堅其約質其愛子以累其心師古曰累音力瑞反匈奴雖欲展轉柰失重利何柰欺上天何柰殺愛子何師古曰展轉爲移動其心夫賦斂行賂不足以當三軍之費城郭之固無以異於貞士之約晉灼曰堅城固守不勝遣貞士爲和親之約也而使邊城守境之民父兄緩帶稚子咽哺師古曰咽吞也哺謂所食在口者也咽音宴哺音捕胡馬不窺於長城而羽檄不行於中國不亦便於天下乎察仲舒之論考諸行事迺知其未合於當時而有闕於後世也當孝武時雖征伐克獲而士馬物故亦略相當雖開河南之野建朔方之郡亦棄造陽之北九百餘里匈奴人民每來降漢單于亦輒拘留漢使以相報復師古曰復音扶目反其桀驁尚如斯師古曰驁與傲同安肯以愛子而爲質乎此不合當時之言也若不置質空約和親是襲孝文既往之悔而長匈奴無已之詐也師古曰襲重也重疊爲其事夫邊城不選守境武略之臣脩障隧備塞之具厲長戟

勁弩之械恃吾所以待邊寇而務賦斂於民遠行貨賂割剝百姓以奉寇讎信甘言守空約而幾胡馬之不窺不已過乎師古曰幾讀曰冀至孝宣之世承武帝奮擊之威直匈奴百年之運師古曰直當也因其壞亂幾亡之阸師古曰幾近也音鉅依反權時施宜覆以威德然後單于稽首臣服遣子入侍三世稱藩賓於漢庭是時邊城晏閉牛馬布野師古曰晏晚也三世無犬吠之警𪐴庶亡干戈之役師古曰𪐴古黎字後六十餘載之間遭王莽篡位始開邊隙單于由是歸怨自絕莽遂斬其侍子邊境之禍構矣故呼韓邪始朝於漢漢議其儀而蕭望之曰戎狄荒服言其來服荒忽無常時至時去宜待以客禮讓而不臣如其後嗣遯逃竄伏師古曰遯古遁字使於中國不爲叛臣及孝元時議罷守塞之備侯應以爲不可可謂盛不忘衰安必思危遠見識微之明矣至單于咸棄其愛子昧利不顧師古曰昧貪也音妹侵掠所獲歲鉅萬計而和親賂遺不過千金安在其不棄質而失重利也仲舒之言漏於是矣夫規事建議不圖萬世之固而媮恃一時之事者未可以經遠也師古曰媮與偷同若乃征伐之功秦漢行事嚴尤論之當矣故先王度土中立封畿師古曰度音大各反中音竹仲反分九

州列五服（師古曰九州五服解並在前）物土貢制外內（師古曰物土貢者各因其土所生之物而貢之也制外內謂五服之差遠近異制）或脩刑政或昭文德遠近之埶異也是以春秋內諸夏而外夷狄（師古曰春秋成十五年諸侯會吴于鍾離公羊傳曰曷爲殊會吴外吴也曷爲外春秋內其國而外諸夏內諸夏而外夷狄也）夷狄之人貪而好利被髮左衽人面獸心其與中國殊章服異習俗飲食不同言語不通辟居北垂寒露之野（師古曰辟讀曰僻）逐草隨畜射獵爲生隔以山谷雍以沙幕（師古曰雍讀曰壅）天地所以絕外內也是故聖王禽獸畜之不與約誓不就攻伐約之則費賂而見欺攻之則勞師而招寇其地不可耕而食也其民不可臣而畜也是以外而不內疏而不戚（師古曰戚近也）政教不及其人正朔不加其國來則懲而御之去則備而守之（師古曰懲謂使其創乂）其慕義而貢獻則接之以禮讓羈靡不絕使曲在彼蓋聖王制御蠻夷之常道也

匈奴傳卷第六十四下

西南夷兩粵朝鮮傳第六十五　班固　漢書九十五

祕書監上護軍琅邪縣開國子顏　師古　注

南夷君長以十數夜郎最大（師古曰後爲縣屬牂柯郡）其西靡莫之屬以十數滇最大（師古曰地有滇池因爲名也滇音顛）自滇以北君長以十數邛都最大（師古曰今之邛州本其地）此皆椎結（師古曰椎音直追反結讀曰髻爲髻如椎之形也陸賈傳及貨殖傳皆作魋字音義同耳此下朝鮮傳亦同）耕田有邑聚其外西自桐師以東北至葉榆（師古曰葉榆澤名因以立號後爲縣屬益州郡）名爲嶲昆明（師古曰嶲即今之嶲州也昆明又在其西南即今之南寧州諸爨所居是其地也嶲音髓）編髮（師古曰編音步典反）隨畜移徙亡常處亡君長地方可數千里自嶲以東北君長以十數徙莋都最大（師古曰徙及莋都二國也徙後爲徙縣屬蜀郡莋都後爲沈黎郡徙音斯莋音材各反）自莋以東北君長以十數冄駹最大（師古曰今夔州開州首領多姓冄者本皆冄種也駹音尨）其俗或土著或移徙（師古曰土著謂有常居著於土地也著音直略反）在蜀之西自駹以東北君長以十數白馬最大皆氐類也此皆巴蜀西南外蠻夷也始楚威王時使將軍莊蹻將兵循江上（師古曰循順也謂緣江而上也蹻音居略反）略巴黔中以西（師古曰黔中即今黔州是其地本巴人也）莊蹻者楚莊王苗裔也蹻至滇池方三百里（師古曰地理志益州滇池縣其澤在西北華陽國志云澤下流淺狹狀如倒池故曰滇池）旁平地肥饒數千里（師古曰池旁之地也）以兵威定屬楚欲歸報會秦擊奪楚巴黔中郡道塞不通因迺以其衆王滇變服從其俗以長之（師古曰爲其長帥也）秦時嘗破

略通五尺道師古曰其處險阸故道纔廣五尺 諸此國頗置吏焉十餘
歲秦滅及漢興皆棄此國而關蜀故徼師古曰西南之徼猶北方塞也
徼音工釣反 巴蜀民或竊出商賈取其筰馬僰僮旄牛以
此巴蜀殷富建元六年大行王恢擊東粵東粵殺
王郢以報恢因兵威使番陽令唐蒙風曉南粵師古
曰番音蒲何反風讀曰諷 南粵食蒙蜀枸醬晉灼曰枸音矩劉德曰枸樹如桑其椹長二三寸味酢取
其實以為醬美蜀人以為珍味師古曰劉說非也子形如桑椹耳緣木而生非樹也子又不長二三寸味尤辛不酢今宕渠則有之食讀曰飤
蒙問所從來曰道西北牂柯江師古曰道由也由此而來 江廣
數里出番禺城下師古曰番音普安反禺音愚 蒙歸至長安問蜀賈
人獨蜀出枸醬多持竊出市夜郎夜郎者臨牂柯
江江廣百餘步足以行船南粵以財物役屬夜郎
西至桐師然亦不能臣使也蒙迺上書說上曰南粵
王黃屋左纛師古曰言為天子之車服 地東西萬餘里名為外臣
實一州主今以長沙豫章往水道多絕難行竊聞
夜郎所有精兵可得十萬浮船牂柯出不意此制
粵一奇也誠以漢之彊巴蜀之饒通夜郎道為置
吏甚易上許之乃拜蒙以郎中將將千人食重萬
餘人師古曰食糧及衣重也重音直用反 從巴苻關入遂見夜郎侯多同
師古曰多同其侯名也 厚賜諭以威德約為置吏使其子為令
師古曰比之於漢縣也 夜郎旁小邑皆貪漢繒帛以為漢道險

終不能有也迺且聽蒙約還報迺以為犍為郡發
巴蜀卒治道自僰道指牂柯江蜀人司馬相如亦
言西夷邛莋可置郡使相如以郎中將往諭皆如
南夷為置一都尉十餘縣屬蜀當是時巴蜀四郡
通西南夷道載轉相饟師古曰饟古餉字 數歲道不通士罷
餓餧離暑溼死者甚衆師古曰罷讀曰疲餧飢也餧音能賄反 西南夷又
數反發兵興擊秏費亡功師古曰秏損也音呼到反 上患之使公孫
弘往視問焉還報言其不便及弘為御史大夫時
方築朔方據河逐胡弘等因言西南夷為害師古曰言通西
南夷大為損害 可且罷專力事匈奴上許之罷西夷獨置南
夷兩縣一都尉稍令犍為自保就師古曰令自保守且脩成其郡縣 及
元狩元年博望侯張騫言使大夏時見蜀布邛竹
杖問所從來曰從東南身毒國師古曰即天竺也亦曰捐篤也 可數千
里得蜀賈人市或聞邛西可二千里有身毒國騫
因盛言大夏在漢西南慕中國患匈奴隔其道誠
通蜀身毒國道便近又亡害於是天子迺令王然
于柏始昌呂越人等十餘輩間出西南夷師古曰求閒隙而出
也 指求身毒國至滇滇王當羌迺留為求道師古曰當羌滇
王名 四歲餘皆閉昆明莫能通師古曰為昆明所閉塞 滇王與漢
使言漢孰與我大師古曰與猶如 及夜郎侯亦然各自以一

州王不知漢廣大使者還因盛言滇大國足事親附（師古曰言可專事招來之令其親附）天子注意焉乃至南粵反上使馳義侯因犍爲發南夷兵且蘭君恐遠行旁國虜其老弱（師古曰恐發兵與漢行後其國空虛而旁國來寇鈔取其老弱也且音子餘反）乃與其衆反殺使者及犍爲太守漢迺發巴蜀罪人當擊南粵者八校尉擊之會越已破漢八校尉不下中郎將郭昌衞廣引兵還行誅隔滇道者且蘭（師古曰言因軍行而便誅之也）斬首數萬遂平南夷爲牂柯郡夜郎侯始倚南粵南粵已滅還誅反者（師古曰謂軍還而誅且蘭）夜郎遂入朝上以爲夜郎王南粵破後及漢誅且蘭邛君幷殺莋侯冉

駹皆震恐請臣置吏以邛都爲粵嶲郡莋都爲沈黎郡冉駹爲文山郡廣漢西白馬爲武都郡使王然于以粵破及誅南夷兵威風諭滇王入朝（師古曰風讀曰諷）滇王者其衆數萬人其旁東北勞深靡莫皆同姓相杖未肯聽（師古曰杖猶倚也相依倚爲援而不聽滇王入朝也杖音直亮反）勞莫數侵犯使者吏卒元封二年天子發巴蜀兵擊滅勞深靡莫以兵臨滇滇王始首善以故弗誅（師古曰言初始以來常有善意）滇王離西夷（師古曰言東鄉事漢）滇舉國降請置吏入朝於是以爲益州郡賜滇王王印復長其民（師古曰爲之長帥）西南夷君長以百數獨夜郎滇受王印滇小邑也最寵

焉後二十三歲孝昭始元元年益州廉頭姑繒民反殺長吏牂柯談指同並等二十四邑凡三萬餘人皆反（師古曰並音伴）遣水衡都尉發蜀郡犍爲犇命萬餘人（師古曰犇古奔字犇命解在昭紀）擊牂柯大破之後三歲姑繒葉榆復反遣水衡都尉呂辟胡將郡兵擊之（師古曰辟音闢）辟胡不進蠻夷遂殺益州太守乘勝與辟胡戰士戰及溺死者四千餘人明年復遣軍正王平與大鴻臚田廣明等並進大破益州斬首捕虜五萬餘級獲畜產十餘萬上曰鉤町侯亡波率其邑君長人民擊反者（師古曰鉤音鉅于反町音大鼎反）斬首捕虜有功其立亡波爲

鉤町王大鴻臚廣明賜爵關內侯食邑三百戶後間歲武都氐人反（師古曰間歲隔一歲）遣執金吾馬適建龍頟侯韓增與大鴻臚廣明將兵擊之至成帝河平中夜郎王興與鉤町王禹漏臥侯俞（孟康曰漏臥夷邑名後爲縣師古曰俞音踰）更舉兵相攻（師古曰更互也音工衡反）牂柯太守請發兵誅興等議者以爲道遠不可擊迺遣大中大夫蜀郡張匡持節和解興等不從命刻木象漢吏立道旁射之杜欽說大將軍王鳳曰大中大夫匡使和解蠻夷王侯王侯受詔已復相攻輕易漢使不憚國威其效可見恐議者選耎復守和解（師古曰選耎怯不前之意也選音息兖反耎音人兖）

反太守察動靜有變迺以聞如此則復曠一時師古
曰曠空也一時三月也言空廢一時不早發兵也王侯得收獵其衆申固其謀黨
助衆多各不勝忿必相殄滅自知罪成狂犯守尉
師古曰言起狂勃之心而殺守尉也遠臧溫暑毒草之地雖有孫吳將賁
育士師古曰孫孫武也吳吳起也賁孟賁也育夏育也若入水火往必焦沒知勇
亡所施屯田守之費不可勝量宜因其罪惡未成
未疑漢家加誅陰敕旁郡守尉練士馬師古曰練簡也大司
農豫調穀積要害處師古曰調發也要害者在我爲要於敵爲害也調音徒釣反選任職
太守往以秋涼時入誅其王侯尤不軌者即以爲
不毛之地亡用之民聖王不以勞中國師古曰即猶若也不毛言不生

前漢傳六十五　六

草木宜罷郡放棄其民絕其王侯勿復通如以先帝
所立累世之功不可墮壞師古曰如亦若也墮毀也音火規反亦宜因其
萌牙早斷絕之及已成形然後戰師則萬姓被害
大將軍鳳於是薦金城司馬陳立爲牂柯太守立
者臨邛人前爲連然長不韋令蘇林曰皆益州縣也蠻夷畏之
及至牂柯諭告夜郎王興興不從命立請誅之未
報迺從吏數十人出行縣師古曰行音下更反至興國且同亭
師古曰且音子餘反召興興將數千人往至亭從邑君數十人
入見立立數責因斷頭師古曰數音所具反邑君曰將軍誅亡
狀爲民除害願出曉士衆以興頭示之皆釋兵降

師古曰釋解也鉤町王禹漏臥侯俞震恐入粟千斛牛羊勞
吏士立還歸郡興妻父翁指與子邪務收餘兵迫
脅旁二十二邑反至冬立奏募諸夷與都尉長史
分將攻翁指等翁指據阸爲壘立使奇兵絕其饟
道縱反間以誘其衆師古曰間音居莧反都尉萬年曰兵久不
決費不可共師古曰共讀曰供引兵獨進敗走趨立營師古曰趨讀曰
趣趣向也立怒叱戲下令格之師古曰戲音許宜反又音麾解在高紀及灌夫傳都尉
復還戰立引兵救之時天大旱立攻絕其水道蠻
夷共斬翁指持首出降立已平定西夷徵詣京師
會巴郡有盜賊復以立爲巴郡太守秩中二千石

前漢傳六十五　七

居賜爵左庶長師古曰第十爵也徙爲天水太守勸民農桑
爲天下最賜金四十斤入爲左曹衛將軍護軍都
尉卒官王莽篡位改漢制貶鉤町王以爲侯王邯
怨恨師古曰邯其王名也邯音酣牂柯大尹周欽詐殺邯邯弟承攻
殺欽州郡擊之不能服三邊蠻夷愁擾盡反復殺
益州大尹程隆莽遣平蠻將軍馮茂發巴蜀犍爲
吏士賦斂取足於民以擊益州出入三年疾疫死
者什七巴蜀騷動莽徵茂還誅之更遣寧始將軍
廉丹與庸部牧史熊孟康曰莽改益州爲庸部大發天水隴西騎
士廣漢巴蜀犍爲吏民十萬人轉輸者合二十萬

人擊之始至頗斬首數千其後軍粮前後不相及
士卒飢疫三歲餘死者數萬而粵嶲蠻夷任貴亦
殺太守枚根自立爲邛穀王 師古曰枚根太守之姓名 會莽敗漢
興誅貴復舊號云 師古曰此漢興者謂光武中興也
南粵王趙佗眞定人也 師古曰眞定本趙國之縣也佗音徒何反 秦并天下
略定揚粵 師古曰本揚州之分故云揚粵 置桂林南海象郡以適徙民
與粵雜處 師古曰適讀曰謫謫有罪者徙之於越地與其土人雜居 十三歲至二世時
南海尉任囂 師古曰囂音敖 病且死召龍川令趙佗 師古曰龍川南海之
縣也即今之循州 語曰聞陳勝等作亂豪桀叛秦相立南海
辟遠恐盜兵侵此 師古曰辟讀曰僻 吾欲興兵絕新道 師古曰秦所開

越道也 自備待諸侯變會病甚且番禺負山險阻 師古曰負倚也
南北東西數千里頗有中國人相輔此亦一州之
主可爲國郡中長吏亡足與謀者故召公告之即
被佗書行南海尉事 師古曰被加也音皮義反 囂死佗即移檄告
橫浦陽山湟谿關 師古曰湟音皇 曰盜兵且至急絕道聚兵
自守因稍以法誅秦所置吏以其黨爲守假 師古曰令爲郡
縣之職或守或假也 秦已滅佗即擊并桂林象郡自立爲南粵
武王高帝已定天下爲中國勞苦故釋佗不誅 師古
曰釋置也 十一年遣陸賈立佗爲南粵王與剖符通使使
和輯百粵 師古曰輯與集同也 毋爲南邊害與長沙接境高后

時有司請禁粵關市鐵器佗曰高皇帝立我通使
物今高后聽讒臣別異蠻夷鬲絕器物 師古曰鬲與隔同 此
必長沙王計欲倚中國 師古曰倚音於綺反 擊滅南海并王之
自爲功也於是佗乃自尊號爲南武帝發兵攻長
沙邊敗數縣焉高后遣將軍隆慮侯竈擊之 師古曰周竈也
慮音盧 會暑溼士卒大疫兵不能隃領 師古曰隃與踰同下皆類此 歲
餘高后崩即罷兵佗因此以兵威財物賂遺閩粵
西甌駱役屬焉 師古曰西甌即駱越也言西者以別東甌也 東西萬餘里迺乘
黃屋左纛稱制與中國侔 師古曰侔等也 文帝元年初鎮撫
天下使告諸侯四夷從代來即位意諭盛德焉 師古

曰言不以威武加於遠方也 迺爲佗親冢在眞定置守邑 師古曰親謂父母也 歲
時奉祀召其從昆弟尊官厚賜寵之詔丞相平舉
可使粵者平言陸賈先帝時使粵上召賈爲大中
大夫謁者一人爲副使賜佗書曰皇帝謹問南粵
王甚苦心勞意朕高皇帝側室之子 師古曰言非正嫡所生也 棄
外奉北藩于代道里遼遠壅蔽樸愚未嘗致書 師古
曰言未得通使於越 高皇帝棄羣臣孝惠皇帝即世高后自臨
事不幸有疾日進不衰 師古曰言疾病益甚也 以故誖暴乎治
師古曰誖乖也音布內反 諸呂爲變故亂法不能獨制迺取它姓子
爲孝惠皇帝嗣賴宗廟之靈功臣之力誅之已畢

朕以王侯吏不釋之故孟康曰辭讓帝位不見置也不得不立今即
位乃者聞王遺將軍隆慮侯書求親昆弟請罷長
沙兩將軍師古曰佗之昆弟在故鄉者求訪之而兩將軍將兵擊越者請罷之以實附於漢也言親昆弟者謂有服屬者
也朕以王書罷將軍博陽侯親昆弟在真定者已
遣人存問脩治先人冢前日聞王發兵於邊爲寇
災不止當其時長沙苦之南郡尤甚雖王之國庸
獨利乎師古曰言越兵寇邊長沙南郡皆厭苦之而漢軍亦當相拒方有戰鬬於越亦非利也必多殺士
卒傷良將吏寡人之妻孤人之子獨人父母得一
亡十朕不忍爲也朕欲定地犬牙相入者以問吏
吏曰高皇帝所以介長沙土也師古曰介隔也朕不得擅變

焉吏曰得王之地不足以爲大得王之財不足以
爲富服領以南王自治之蘇林曰山領名也如淳曰長沙南界也雖然王
之號爲帝兩帝並立亡一乘之使以通其道是爭
也爭而不讓仁者不爲也願與王分棄前患師古曰彼此共
棄故云分終今以來通使如故師古曰從今通使至於終久故云終今以來也故使賈
馳諭告王朕意王亦受之毋爲寇災矣上褚五十
衣中褚三十衣下褚二十衣遺王師古曰以綿裝衣曰褚上中下者綿之多
少薄厚之差也褚音竹呂反願王聽樂娛憂存問鄰國師古曰謂東越及甌駱等陸
賈至南粵王恐乃頓首謝願奉明詔長爲藩臣奉
貢職於是下令國中曰吾聞兩雄不俱立兩賢不

並世漢皇帝賢天子自今以來去帝制黃屋左纛
因爲書稱蠻夷大長老夫臣佗昧死再拜上書皇
帝陛下老夫故粵吏也高皇帝幸賜臣佗璽以爲
南粵王使爲外臣時內貢職師古曰言以時輸入貢職孝惠皇帝
即位義不忍絕所以賜老夫者厚甚高后自臨用
事近細士信讒臣師古曰細士猶言小人也別異蠻夷出令曰毋
予蠻夷外粵金鐵田器馬牛羊師古曰言非中國故云外粵即予予
牡毋與牝師古曰牝其蕃息老夫處辟馬牛羊齒已長師古曰辟讀曰
僻齒已長謂老也自以祭祀不脩有死罪使內史藩中尉高
御史平凡三輩上書謝過皆不反又風聞老夫父

母墳墓已壞削兄弟宗族已誅論師古曰風聞聞風聲吏相與
議曰今內不得振於漢外亡以自高異師古曰振起也故更
號爲帝自帝其國非敢有害於天下高皇后聞之
大怒削去南粵之籍使使不通老夫竊疑長沙王
讒臣故敢發兵以伐其邊且南方卑溼蠻夷中西
有西甌其衆半羸師古曰羸謂劣弱也南面稱王東有閩粵其
衆數千人亦稱王西北有長沙其半蠻夷亦稱王
師古曰言長沙之國半雜蠻夷之人老夫故敢妄竊帝號聊以自娛老夫
身定百邑之地東西南北數千萬里帶甲百萬有
餘然北面而臣事漢何也不敢背先人之故老夫

甌粵四十九年于今抱孫焉然夙興夜寐寢不安
席食不甘味目不視靡曼之色耳不聽鍾鼓之音
者以不得事漢也今陛下幸哀憐復故號(師古曰復音扶目反)
通使漢如故老夫死骨不腐改號不敢爲帝矣謹
北面因使者獻白璧一雙翠鳥千皐角十紫貝五
百桂蠹一器(應劭曰桂樹中蝎蟲也蘇林曰漢舊常以獻陵廟載以赤轂小車師古曰此蟲食桂故味辛而漬之以蜜食之也蠹音丁故反)生翠四十雙孔雀二雙昧死再拜以聞皇
帝陛下陸賈還報文帝大說(師古曰說讀曰悅)遂至孝景時
稱臣遣使入朝請(師古曰請音才性反)然其居國竊如故號其
使天子稱王朝命如諸侯至武帝建元四年佗孫

胡爲南粵王立三年閩粵王郢興兵南擊邊邑粵
使人上書曰兩粵俱爲藩臣毋擅興兵相攻擊今
東粵擅興兵侵臣臣不敢興兵唯天子詔之於是
天子多南粵義(師古曰多猶重也)守職約(師古曰守藩臣之職而不踰約制)爲興
師遣兩將軍往討閩粵兵未踰領閩粵王弟餘善
殺郢以降於是罷兵天子使嚴助往諭意南粵王
胡頓首曰天子迺興兵誅閩粵死亡以報德遣太
子嬰齊入宿衛謂助曰國新被寇使者行矣胡方
日夜裝入見天子助去後其大臣諫胡曰漢興兵
誅郢亦行以驚動南粵且先王言事天子期毋失

禮要之不可以怵好語入見(師古曰怵誘也不可被誘怵以好語而入漢朝也怵音先聿反)
入見則不得復歸亡國之勢也於是胡稱病竟不
入見後十餘歲胡實病甚太子嬰齊請歸胡薨謚
曰文王嬰齊嗣立即臧其先武帝文帝璽(李奇曰去其僭號)
嬰齊在長安時取邯鄲樛氏女(師古曰樛音居虬反)生子興及
即位上書請立樛氏女爲后興爲嗣漢數使使者
風諭(師古曰風讀曰諷諷諭令入朝)嬰齊嬰齊猶尚樂擅殺生自恣懼入見
要以用漢法比內諸侯固稱病遂不入見遣子次
公入宿衛嬰齊薨謚爲明王太子興嗣立其母爲
太后太后自未爲嬰齊妻時嘗與霸陵人安國少

季通(師古曰姓安國字少季)及嬰齊薨後元鼎四年漢使安國少
季諭王王太后入朝令辯士諫大夫終軍等宣其
辭勇士魏臣等輔其決(師古曰助令決策也)衛尉路博德將兵
屯桂陽待使者王年少太后中國人安國少季往
復與私通國人頗知之多不附太后太后恐亂起
亦欲倚漢威(師古曰倚音於綺反)勸王及幸臣求內屬即因使
者上書請比內諸侯三歲壹朝除邊關於是天子
許之賜其丞相呂嘉銀印及內史中尉太傅印餘
得自置(師古曰丞相內史中尉太傅之外皆任其國自選置不受漢之印綬)除其故黥劓刑用
漢法諸使者留塡撫之(師古曰塡音竹刃反)王王太后飭治行

裝重資爲入朝具相呂嘉年長矣相三王宗族官
貴爲長吏七十餘人男盡尚王女女盡嫁王子弟
宗室及蒼梧秦王有連孟康曰蒼梧越中王自名爲秦王連親婚也晉灼曰秦王卽下趙光也趙本與秦同姓故曰秦王其居國中甚重粵人信之多爲耳目者得
衆心愈於王師古曰愈勝也王之上書數諫止王王不聽有
畔心數稱病不見漢使者使者注意嘉勢未能誅
王王太后亦恐嘉等先事發欲介使者權謀誅嘉
等師古曰介恃也置酒請使者大臣皆侍坐飮嘉弟爲將將
卒居宮外酒行太后謂嘉南粵內屬國之利而相
君苦不便者何也以激怒使者使者狐疑相杖遂

不敢發師古曰杖音直亮反嘉見耳目非是師古曰異於常也即趨出太
后怒欲鏦嘉以矛師古曰鏦謂撞刺之也音窻王止太后嘉遂出介
弟兵就舍李奇曰介被也師古曰介甲也被甲而自衞也弟兵即上所云弟將卒居外者稱病不肯
見王及使者迺陰謀作亂王素亡意誅嘉嘉知之
以故數月不發太后獨欲誅嘉等力又不能天子
聞之罪使者怯亡決又以爲王王太后巳附漢獨
呂嘉爲亂不足以興兵欲使莊參以二千人往參
曰以好往數人足以武往二千人亡足以爲也辭
不可天子罷參兵郟壯士故濟北相韓千秋師古曰潁川郟縣人也郟音夾奮曰以區區粵又有王應獨相嘉爲害願得

勇士三百人必斬嘉以報於是天子遣千秋與王
太后弟摎樂將二千人往入粵境呂嘉迺遂反下
令國中曰王年少太后中國人又與使者亂專欲
內屬盡持先王寶入獻天子以自媚多從人行至
長安虜賣以爲僮取自脫一時利亡顧趙氏社稷
爲萬世慮之意迺與其弟將卒攻殺太后王盡殺
漢使者遣人告蒼梧秦王及其諸郡縣立明王長
男粵妻子術陽侯建德爲王而韓千秋兵之入也
破數小邑其後粵直開道給食師古曰縱之令深入然後誅滅之未至
番禺四十里粵以兵擊千秋等滅之使人函封漢

使節置塞上好爲謾辭謝罪師古曰謾誑也音慢又音莫連反發兵守
要害處於是天子曰韓千秋雖亡成功亦軍鋒之
冠師古曰言最爲首也封其子延年爲成安侯摎樂其姊爲王太
后首願屬漢封其子廣德爲龔侯晉灼曰龔古龔字乃赦天
下曰天子微弱諸侯力政譏臣不討賊師古曰力政謂以兵力相加也譏臣不討賊者春秋之義呂嘉建德等反自立晏如師古曰言自相置立而心安泰無恐懼令粵人及江淮以南樓船十萬師往討之元鼎
五年秋衞尉路博德爲伏波將軍出桂陽下湟水
師古曰湟音皇主爵都尉楊僕爲樓船將軍出豫章下橫浦
故歸義粵侯二人爲戈船下瀨將軍師古曰從粵來歸義而漢封之出

零陵或下離水或抵蒼梧使馳義侯因巴蜀罪人
發夜郎兵下牂柯江咸會番禺六年冬樓船將軍
將精卒先陷尋陿破石門得粵船粟因推而前挫
粵鋒以粵數萬人待伏波將軍伏波將軍將罪人
道遠後期與樓船會迺有千餘人遂俱進樓船居
前至番禺建德嘉皆城守樓船自擇便處居東南
面伏波居西北面會暮樓船攻敗粵人縱火燒城
粵素聞伏波莫不知其兵多少 師古曰莫讀曰暮也 伏波迺為
營 師古曰設營壘以待降者 遣使招降者賜印綬復縱令相招 師古曰來降者即賜以侯印而放令還更相招諭
樓船力攻燒敵 師古曰力盡力也 反敺而入

伏波營中 師古曰敺與驅同 遲旦城中皆降伏波 師古曰遲音丈二反解在高紀
呂嘉建德以夜與其屬數百人亡入海伏波又問
降者知嘉所之遣人追故其校司馬蘇弘得建德
為海常侯 師古曰校之司馬若今行軍總管司馬也 粵郎都稽得嘉為臨蔡
侯 孟康曰越中所自置郎也師古曰稽音雞 蒼梧王趙光與粵王同姓聞漢
兵至降為隨桃侯及粵揭陽令史定降漢為安道
侯 蘇林曰揭音竭南海縣 粵將畢取以軍降為膫侯 師古曰越將姓畢名取也
功臣表膫屬南陽音來彫反 粵桂林監居翁 服虔曰桂林郡監也姓居名翁 諭告甌駱
四十餘萬口降為湘城侯戈船下瀨將軍兵及馳
義侯所發夜郎兵未下南粵已平遂以其地為儋

耳珠厓南海蒼梧鬱林合浦交阯九眞日南九郡
伏波將軍益封樓船將軍以推鋒陷堅為將梁侯
自尉佗王凡五世九十三歲而亡
閩粵王無諸及粵東海王搖其先皆粵王句踐之
後也姓騶氏秦并天下廢為君長以其地為閩中
郡 師古曰即今之泉州建安是也 及諸侯畔秦無諸搖率粵歸番陽令
吳芮所謂番君者也 師古曰吳芮號也番音蒲河反 從諸侯滅秦當是
時項羽主命不王也 孟康曰主號令諸侯不王無諸搖等也 以故不佐楚
漢擊項籍無諸搖帥粵人佐漢漢五年復立無諸
為閩粵王王閩中故地都冶 師古曰地名即候官縣是也冶音弋者反 孝惠三

年舉高帝時粵功 師古曰追論其功 曰閩君搖功多其民便
附迺立搖為東海王都東甌世號曰東甌王后數
世 師古曰后與後同古通用字 孝景三年吳王濞反欲從閩粵 師古曰招粵令
從之 閩粵未肯行獨東甌從及吳破東甌受漢購殺
吳王丹徒以故得不誅吳王子駒亡走閩粵怨東
甌殺其父常勸閩粵擊東甌建元三年閩粵發兵
圍東甌東甌使人告急天子天子問太尉田蚡蚡
對曰粵人相攻擊固其常不足以煩中國往救也
中大夫嚴助詰蚡言當救天子遣助發會稽郡兵
浮海救之語具在助傳漢兵未至閩粵引兵去東

粵請舉國徙中國迺悉與衆處江淮之間六年閩粵擊南粵南粵守天子約不敢擅發兵而以聞上遣大行王恢出豫章大司農韓安國出會稽皆為將軍兵未踰領閩粵王郢發兵距險其弟餘善與宗族謀曰王以擅發兵不請故天子兵來誅漢兵衆强即幸勝之後來益多 師古曰言漢地廣大兵衆盛强今雖勝之後更來也 滅國乃止今殺王以謝天子天子罷兵固國完不聽迺力戰不勝即亡入海皆曰善即鏦殺王 師古曰鏦音初江反 使使奉其頭致大行大行曰所為來者誅王王頭至不戰而殞利莫大焉迺以便宜案兵告大司農軍

而使使奉王頭馳報天子詔罷兩將軍兵曰郢等首惡獨無諸孫繇君丑不與謀 張晏曰繇邑號也師古曰繇音搖與讀曰豫 乃使郎中將立丑為粵繇王奉閩粵祭祀餘善以殺郢威行國中民多屬竊自立為王繇王不能制上聞之為餘善不足復興師曰餘善首誅郢師得不勞因立餘善為東粵王與繇王並處至元鼎五年南粵反餘善上書請以卒八千從樓船擊呂嘉等兵至揭陽以海風波為解 師古曰解者自解說若今言分疏 不行持兩端陰使南粵 師古曰遣使與相和 及漢破番禺樓船將軍僕上書願請引兵擊東粵上以士卒勞倦不許罷兵令諸校留屯豫章梅領待命 師古曰聽詔命也 明年秋餘善聞樓船請誅之漢兵留境且往 師古曰言兵在境首恐將來討之 迺遂發兵距漢道號將軍騶力等為吞漢將軍入白砂武林梅領殺漢三校尉是時漢使大司農張成故山州侯齒將屯 師古曰齒城陽恭王子也舊封山州侯 不敢擊卻就便處 師古曰卻退也音丘略反 皆坐畏懦誅餘善刻武帝璽自立詐其民為妄言 師古曰妄自尊大也 上遣橫海將軍韓說出句章 師古曰說讀曰悅句章會稽之縣 浮海從東方往樓船將軍僕出武林 師古曰楊僕也 中尉王溫舒出梅領粵侯為戈船下瀨將軍出如邪白沙元封元年冬咸入東粵東粵素發兵距

險使徇北將軍守武林敗樓船軍數校尉殺長史樓船軍卒錢唐榬終古斬徇北將軍 師古曰錢唐會稽縣也榬姓終古名也榬音袁 為語兒侯 孟康曰越中地也今吳南亭是師古曰語字或作禦或作籞其音同 自兵未往故粵衍侯吳陽前在漢漢使歸諭餘善不聽及橫海軍至陽以其邑七百人反攻粵軍於漢陽及故粵建成侯敖與繇王居股謀俱殺餘善以其衆降橫海軍封居股為東成侯萬戶封敖為開陵侯 師古曰功臣表云開陵侯建成以故東粵建成侯斬餘善侯二千戶而此傳云名敖疑表誤 封陽為卯石侯 師古曰功臣表作外石與此不同疑表誤 橫海將軍說為按道侯橫海校尉福為繚嫈侯 師古曰繚音遼嫈音於耕反 福者城陽王子故為海常

侯坐法失爵從軍亡功以宗室故侯及東粤將多軍李奇曰多軍名漢兵至棄軍降封為無錫侯故甌駱將左黃同斬西于王封為下鄜侯師古曰鄜音郭於是天子曰東粤陿多阻閩粤悍數反覆師古曰悍勇也詔軍吏皆將其民徙處江淮之閒東粤地遂虛

朝鮮王滿燕人自始燕時嘗略屬眞番朝鮮師古曰戰國時燕國略得此地為置吏築障師古曰障所以自鄣蔽也音之亮反秦滅燕屬遼東外徼漢興為遠難守復脩遼東故塞至浿水為界師古曰浿水在樂浪縣音普蓋反屬燕燕王盧綰反入匈奴滿亡命聚黨千餘人椎結蠻夷服而東走出塞度浿水居秦故空地上下障稍役屬眞番朝鮮蠻夷及故燕齊亡在者王之師古曰燕齊之人亡居此地及眞番朝鮮蠻夷皆屬滿也都王險李奇曰地名也會孝惠高后天下初定遼東太守即約滿為外臣保塞外蠻夷毋使盜邊蠻夷君長欲入見天子勿得禁止以聞上許之以故滿得以兵威財物侵降其旁小邑眞番臨屯皆來服屬方數千里傳子至孫右渠師古曰滿死傳子子死傳孫右渠者其孫名也所誘漢亡人滋多師古曰滋益也又未嘗入見師古曰不朝見天子也眞番辰國欲上書見天子又雍閼弗通師古曰辰謂辰韓之國也雍讀曰壅元封二年漢使涉何譙諭右渠終不肯奉詔師古曰譙責讓也音才笑反何去至界臨浿水使馭

刺殺送何者朝鮮裨王長師古曰長者裨王名也送何至浿水何因刺殺之即度水馳入塞遂歸報天子曰殺朝鮮將上為其名美弗詰拜何為遼東東部都尉朝鮮怨何發兵襲攻殺何天子募罪人擊朝鮮其秋遣樓船將軍楊僕從齊浮勃海兵五萬左將軍荀彘出遼東誅右渠右渠發兵距險左將軍卒多率遼東士如淳曰遼東兵多也兵先縱敗散多還走坐法斬師古曰於法合斬樓船將齊兵七千人先至王險右渠城守窺知樓船軍少即出擊樓船樓船軍敗走將軍僕失其衆遁山中十餘日稍求收散卒復聚左將軍擊朝鮮浿水西軍未能破天子為兩將未有利乃使衛山因兵威往諭右渠右渠見使者頓首謝願降恐將詐殺臣今見信節請服降遣太子入謝獻馬五千疋及餽軍糧師古曰餽亦餉字人衆萬餘持兵方度浿水使者及左將軍疑其為變謂太子巳服降宜令人毋持兵太子亦疑使者左將軍詐之遂不度浿水復引歸山報天子誅山左將軍破浿水上軍迺前至城下圍其西北樓船亦往會居城南右渠遂堅城守數月未能下左將軍素侍中幸師古曰親幸於天子將燕代卒悍乘勝軍多驕樓船將齊卒入海巳多敗亡其先與右渠戰困

辱亡卒卒皆恐將心慙其圍右渠常持和節左將
軍急擊之朝鮮大臣迺陰閒使人私約降樓船（師古
曰與樓船爲要約而請降）往來言尚未肯決左將軍數與樓船期戰
樓船欲就其約不會左將軍亦使人求閒隙降下
朝鮮不肯心附樓船以故兩將不相得左將軍心
意樓船前有失軍罪（師古曰意疑也）今與朝鮮和善而又不
降疑其有反計未敢發天子曰將率不能前乃使
衞山諭降右渠不能顓決與左將軍相誤卒沮約
（師古曰顓與專同卒終也沮壞也）今兩將圍城又乖異以故久不決使
故濟南太守公孫遂往正之有便宜得以從事遂

至左將軍曰朝鮮當下久矣不下者樓船數期不
會具以素所意告遂曰今如此不取恐爲大害非獨
樓船又且與朝鮮共滅吾軍遂亦以爲然而以節
召樓船將軍入左將軍軍計事即令左將軍戲下
執縛樓船將軍（師古曰戲讀與麾同）并其軍以報天子許遂左
將軍已并兩軍即急擊朝鮮朝鮮相路人相韓陶
尼谿相參將軍王唊（應劭曰凡五人也戎狄不知官紀故皆稱相師古曰相路人一也相韓陶二也尼谿
相參三也將軍王唊四也應氏乃云五人誤讀爲句謂尼谿人名失之矣不當尋下文乎唊音頰）相與謀曰始欲
降樓船樓船今執獨左將軍并將戰益急恐不能
與（如淳曰不能與左將軍相持也師古曰此說非也不能與猶言不如也）王又不肯降陶唊路

人皆亡降漢路人道死元封三年夏尼谿相參迺
使人殺朝鮮王右渠來降王險城未下故右渠之
大臣成已又反復攻吏左將軍使右渠子長（師古曰右渠之子名
長）降相路人子最（師古曰相路人前已降漢而死於道故謂之降相最者其子名）告諭其
民誅成已故遂定朝鮮爲眞番臨屯樂浪玄菟四
郡封參爲澅清侯（師古曰澅音獲）陶爲秋苴侯（晉灼曰功臣表秋苴屬勃海師古
曰苴音千餘反）唊爲平州侯長爲幾侯最以父死頗有功爲
沮陽侯左將軍徵至坐爭功相嫉乖計棄市樓船
將軍亦坐兵至列口當待左將軍（蘇林曰列口縣名也度海先得之）擅
先縱失亡多當誅贖爲庶人

贊曰楚粵之先歷世有土及周之衰楚地方五千
里而句踐亦以粵伯（師古曰伯讀曰霸）秦滅諸侯唯楚尚有
滇王漢誅西南夷獨滇復寵及東粵滅國遷衆繇
王居股等猶爲萬戶侯三方之開皆自好事之臣
故西南夷發於唐蒙司馬相如兩粵起嚴助朱買
臣朝鮮由涉何遭世富盛動能成功然已勤矣（師古
曰已甚也言其事甚勤勞）追觀太宗塡撫尉佗（師古曰言文帝以恩德安撫之也塡音竹刃反）豈
古所謂招攜以禮懷遠以德者哉（師古曰春秋左氏傳僖七年諸侯盟于甯
母管仲言於齊侯曰臣聞之招攜以禮懷遠以德攜謂離貳者也懷來也言有離貳者則招集之恃險遠者則懷來之也故贊引之）
西南夷兩粵朝鮮列傳第六十五

西域傳卷第六十六上（師古曰烏孫國已後分為下卷） 班固 漢書九十六

秘書監上護軍琅邪縣開國子顏 師古 注

西域以孝武時始通，本三十六國，其後稍分至五十餘，（師古曰司馬彪續漢書云至于哀平有五十五國也）皆在匈奴之西，烏孫之南。南北有大山，中央有河，東西六千餘里，南北千餘里。東則接漢，阸以玉門、陽關，（孟康曰二關皆在燉煌西界 師古曰阸塞也）西則限以蔥嶺。（師古曰西河舊事云蔥嶺其山高大上悉生蔥故以名焉）其南山，東出金城，與漢南山屬焉。（師古曰屬聯也音之欲反）其河有兩原：一出蔥嶺山，一出于闐。（師古曰闐字與寘同音徒賢反又徒見反）于闐在南山下，其河北流，與蔥嶺河合，東注蒲昌海。蒲昌海，一名鹽澤者也，去玉門、陽關三百餘里，廣袤三百里。（師古曰袤長也音茂）其水亭居，冬夏不增減，皆以為潛行地下，南出於積石，為中國河云。自玉門、陽關出西域有兩道。從鄯善傍南山北，波河西行至莎車，為南道；（師古曰波河循河也 鄯音上扇反傍音步浪反波音彼義反此下皆同也）南道西踰蔥嶺則出大月氏、安息。（師古曰氏音支）自車師前王廷隨北山，波河西行至疏勒，為北道；北道西踰蔥嶺則出大宛、康居、奄蔡焉。西域諸國大率土著，（師古曰言著土地而有常居不隨畜牧移徙也著音直略反）有城郭田畜，與匈奴、烏孫異俗，故皆役屬匈奴。（師古曰服屬於匈奴為其所役使也）匈奴西邊日逐王置僮僕都尉，使領西域，常居焉

耆、危須、尉黎間，賦稅諸國，取富給焉。（師古曰給足也）自周衰，戎狄錯居涇渭之北。（師古曰錯雜也）及秦始皇攘卻戎狄，築長城，界中國，（師古曰為中國之竟界也）然西不過臨洮。（師古曰洮音土高反）漢興至于孝武，事征四夷，廣威德，而張騫始開西域之迹。其後驃騎將軍擊破匈奴右地，降渾邪、休屠王，遂空其地，始築令居以西，（師古曰令音鈴）初置酒泉郡，後稍發徙民充實之，分置武威、張掖、敦煌，（師古曰敦音徒門反）列四郡，據兩關焉。自貳師將軍伐大宛之後，西域震懼，多遣使來貢獻，漢使西域者益得職。（師古曰賞其勤勞皆得拜職也）於是自敦煌西至鹽澤，往往起亭，而輪臺、渠犂皆有田卒數百人，置使者校尉領護，（師古曰統領保護營田之事也）以給使外國者。（師古曰收其所種五穀以供之）至宣帝時，遣衛司馬使護鄯善以西數國。及破姑師，未盡殄，（師古曰雖破其國未能盡滅之）分以為車師前後王及山北六國。時漢獨護南道，未能盡并北道也，然匈奴不自安矣。其後日逐王畔單于，將衆來降，護鄯善以西使者鄭吉迎之。既至漢，封日逐王為歸德侯，吉為安遠侯。是歲，神爵三年也。乃因使吉并護北道，故號曰都護。都護之起，自吉置矣。（師古曰都猶總也言總護南北之道）僮僕都尉由此罷，匈奴益弱，不得近西域。於是徙屯田，田於北胥鞬，（師古曰胥鞬地名也胥音先餘

（反鞬音居言反）拔莎車之地（師古曰披分也）屯田校尉始屬都護都護督察烏孫康居諸外國（師古曰督視也）動靜有變以聞可安輯安輯之可擊擊之（師古曰輯與集同）都護治烏壘城去陽關二千七百三十八里與渠犂田官相近土地肥饒於西域爲中故都護治焉至元帝時復置戊己校尉屯田車師前王庭是時匈奴東蒲類王茲力支將人衆千七百餘人降都護都護分車師後王之西爲烏貪訾離地以處之自宣元後單于稱藩臣西域服從其土地山川王侯戶數道里遠近翔實矣（師古曰翔與詳同假借用耳）出陽關自近者始曰婼羌（孟康曰婼音兒師古曰音而遮反）

婼羌國王號去胡來王（師古曰言去離胡戎來附漢也）去陽關千八百里去長安六千三百里辟在西南不當孔道（師古曰辟讀曰僻孔道者穿山險而爲道猶今言穴徑耳）戶四百五十口千七百五十勝兵者五百人西與且末接（師古曰且音子餘反）隨畜逐水草不田作仰鄯善且末穀（師古曰賴以自給也仰音牛向反）山有鐵自作兵兵有弓矛服刀劍甲（劉德曰服刀拍髀也師古曰拍音狛髀音俾又音陛）西北至鄯善乃當道云

鄯善國本名樓蘭王治扜泥城（師古曰扜音一胡反）去陽關千六百里去長安六千一百里戶千五百七十口萬四千一百勝兵二千九百十二人輔國侯卻胡侯（師古曰卻音丘略反其字從卩卩音節下皆類此）鄯善都尉擊車師都尉左右且渠擊車師君各一人譯長二人西北去都護治所千七百八十五里至山國千三百六十五里（師古曰此國山居故名山國也）西北至車師千八百九十里地沙鹵少田寄田仰穀旁國（師古曰寄於它國種田又糴旁國之穀也仰音牛向反）國出玉多葭葦檉柳胡桐白草（孟康曰白草草之白者胡桐似桑而多曲師古曰檉柳河柳也今謂之赤檉白草似莠而細無芒其乾熟時正白色牛馬所嗜也胡桐亦似桐不類桑也蟲食其樹而沫出下流者俗名爲胡桐淚言似眼淚也可以汗金銀工匠皆用之流俗語訛呼淚爲律檉音丑成反）民隨畜牧逐水草有驢馬多橐它（師古曰它古他字也音徒何反）能作兵與婼羌同

初武帝感張騫之言甘心欲通大宛諸國使者相望於道一歲中多至十餘輩樓蘭姑師當道苦之（師古曰苦其供給使者受其勞費故厭苦也）攻劫漢使王恢等又數爲匈奴耳目令其兵遮漢使漢使多言其國有城邑兵弱易擊於是武帝遣從票侯趙破奴將屬國騎（師古曰屬國謂諸外國屬漢也）及郡兵數萬擊姑師王恢數爲樓蘭所苦上令恢佐破奴將兵破奴與輕騎七百人先至虜樓蘭王遂破姑師因暴兵威以動烏孫大宛之屬（師古曰暴謂顯揚也）還封破奴爲浞野侯恢爲浩侯（蘇林曰浩音昊）於是漢列亭障至玉門矣樓蘭既降服貢獻匈奴聞發兵擊之於是樓蘭遣一子質匈奴一子質漢後貳師軍擊大宛匈奴欲遮之貳師兵盛不敢當

即遣騎因樓蘭候漢使後過者欲絕勿通時漢軍正任文將兵屯玉門關為貳師後距（師古曰後距者居後以距敵）捕得生口知狀以聞上詔文便道引兵捕樓蘭王將詣闕簿責王（師古曰以文簿一一責之簿音步戶反）對曰小國在大國間不兩屬無以自安願徙國入居漢地上直其言遣歸國（師古曰以其言為直）亦因使候司匈奴匈奴自是不甚親信樓蘭征和元年樓蘭王死國人來請質子在漢者欲立之質子常坐漢法下蠶室宮刑故不遣報曰侍子天子愛之不能遣其更立其次當立者樓蘭更立王漢復責其質子亦遣一子質匈奴後王

又死匈奴先聞之遣質子歸得立為王（師古曰匈奴在漢前聞樓蘭王死故即遣質子還也）漢遣使詔新王令入朝天子將加厚賞樓蘭王後妻故繼母也謂王曰先王遣兩子質漢皆不還柰何欲往朝乎王用其計謝使曰新立國未定願待後年入見天子然樓蘭國最在東垂近漢當白龍堆乏水草常主發導負水儋糧送迎漢使又數為吏卒所寇懲艾不便與漢通（師古曰艾讀曰乂）後復為匈奴反間（師古曰間音居莧反）數遮殺漢使其弟尉屠耆降漢具言狀元鳳四年大將軍霍光白遣平樂監傅介子往刺其王介子輕將勇敢士齎金幣揚言以

賜外國為名既至樓蘭詐其王欲賜之王喜與介子飲醉將其王屏語壯士二人從後刺殺之貴人左右皆散走介子告諭以王負漢罪天子遣我誅王當更立王弟尉屠耆在漢者漢兵方至毋敢動自令滅國矣介子遂斬王嘗歸首（師古曰嘗歸者其王名也昭紀言安歸今此作嘗歸紀傳不同當有誤者）馳傳詣闕（師古曰傳音張戀反）縣首北闕下封介子為義陽侯乃立尉屠耆為王更名其國為鄯善為刻印章賜以宮女為夫人備車騎輜重（師古曰重音直用反）丞相將軍率百官送至橫門外（孟康曰橫音光）祖而遣之（師古曰為設祖道之禮也）王自請天子曰身在漢久今歸單弱而

前王有子在恐為所殺國中有伊循城其地肥美願漢遣一將屯田積穀令臣得依其威重於是漢遣司馬一人吏士四十人田伊循以填撫之（師古曰填音竹刃反）其後更置都尉伊循官置始此矣鄯善當漢道衝西通且末七百二十里自且末以往皆種五穀土地草木畜產作兵略與漢同有異乃記云

且末國王治且末城去長安六千八百二十里戶二百三十口千六百一十勝兵三百二十人輔國侯左右將譯長各一人西北至都護治所二千二百五十八里北接尉犁南至小宛可三日行有蒲

陶諸果西通精絕二千里小宛國王治扜零城師古日扜音烏去長安七千二百一十里戶百五十口千五十勝兵二百人輔國侯左右都尉各一人西北至都護治所二千五百五十八里東與婼羌接辟南不當道師古日辟讀日僻下皆類此精絕國王治精絕城去長安八千八百二十里戶四百八十口三千三百六十勝兵五百人精絕都尉左右將譯長各一人北至都護治所二千七百二十三里南至戎盧國四日行地阸陿西通扜彌四百六十里師古日扜音烏戎盧國王治卑品城去長安八千三百里戶二百

四十口千六百一十勝兵三百人東北至都護治所二千八百五十八里東與小宛南與婼羌西與渠勒接辟南不當道扜彌國王治扜彌城去長安九千二百八十里戶三千三百四十口二萬四十勝兵三千五百四十輔國侯左右將左右都尉左右騎君各一人譯長二人東北至都護治所三千五百五十三里南與渠勒東北與龜茲西北與姑墨接師古日龜音丘茲音慈西通于闐三百九十里今名寧彌渠勒國王治鞬都城師古日鞬音居言反去長安九千九百五十里戶三百一十口二千一百七十勝兵三百人

東北至都護治所三千八百五十二里東與戎盧西與婼羌北與扜彌接于闐國王治西城去長安九千六百七十里戶三千三百口萬九千三百勝兵二千四百人輔國侯左右將左右騎君東西城長譯長各一人東北至都護治所三千九百四十七里南與婼羌接北與姑墨接于闐之西水皆西流注西海其東水東流注鹽澤河原出焉蘇林日即中國河也多玉石師古日玉石玉之璞也一日石之似玉也西通皮山三百八十里皮山國王治皮山城去長安萬五十里戶五百口三千五百勝兵五百人左右將左右都尉騎君譯

長各一人東北至都護治所四千二百九十二里西南至烏秅國千三百四十里鄭氏日烏秅音鷃拏師古日烏音一加反秅音直加反急言之聲如鷃拏耳非正音也南與天篤接北至姑墨千四百五十里西南當罽賓烏弋山離道西北通莎車三百八十里烏秅國王治烏秅城去長安九千九百五十里戶四百九十口二千七百三十三勝兵七百四十人東北至都護治所四千八百九十二里北與子合蒲犂西與難兜接山居田石閒有白草累石爲室民接手飲師古日自高山下谿澗中飲水故接連其手如猨之爲出小步馬孟康日種小能步也師古日此說非也小細也細步言其能蹀足耳今所謂百步千跡者也豈謂其小種乎有驢無

牛其西則有縣度師古曰縣繩而度也縣古懸字耳去陽關五千八
百八十八里去都護治所五千二十里縣度者石
山也谿谷不通以繩索相引而度云
西夜國王號子合王治呼犍谷師古曰犍音鉅言反去長安萬
二百五十里戶三百五十口四千勝兵千人東北
到都護治所五千四十六里東與皮山西南與烏
秅北與莎車西與蒲犂接蒲犂及依耐無雷國
師古曰耐音奴代反皆西夜類也西夜與胡異其種類羌氐行
國師古曰言不土著也隨畜逐水草往來而子合土地出玉石
蒲犂國王治蒲犂谷去長安九千五百五十里戶

六百五十口五千勝兵二千人東北至都護治所
五千三百九十六里東至莎車五百四十里北至
疏勒五百五十里南與西夜子合接西至無雷五
百四十里侯都尉各一人寄田莎車種俗與子合
同
依耐國王治去長安萬一百五十里戶一
百二十五口六百七十勝兵三百五十人東北至
都護治所二千七百三十里至莎車五百四十里
至無雷五百四十里北至疏勒六百五十里南與
子合接俗相與同師古曰與子合同風俗也少穀寄田疏勒莎車
無雷國王治盧城去長安九千九百五十里戶千

口七千勝兵三千人東北至都護治所二千四百
六十五里南至蒲犂五百四十里南與烏秅北與
捐毒西與大月氏接師古曰捐毒即身毒天篤也本皆一名語有輕重耳衣服類烏
孫俗與子合同
難兜國王治去長安萬一百
五十里戶五千口三萬一千勝兵八千人東北至
都護治所二千八百五十里西至無雷三百四十
里西南至罽賓三百三十里南與婼羌北與休循
西與大月氏接種五穀蒲陶諸果有銀銅鐵作兵
與諸國同屬罽賓
罽賓國王治循鮮城去
長安萬二千二百里不屬都護戶口勝兵多大國

也東北至都護治所六千八百四十里東至烏秅
國二千二百五十里東北至難兜國九日行西北
與大月氏西南與烏弋山離接昔匈奴破大月氏
大月氏西君大夏而塞王南君罽賓師古曰君謂爲之君也塞音先得反
塞種分散往往爲數國師古曰即所謂釋種者也亦語有輕重耳自疏勒以
西北休循捐毒之屬皆故塞種也罽賓地平溫和
有目宿雜草奇木檀櫰梓竹漆師古曰櫰音懷即槐之類也葉大而黑也種
五穀蒲陶諸果糞治園田地下溼生稻冬食生菜
其民巧雕文刻鏤治宮室織罽刺文繡好治食有
金銀銅錫以爲器市列師古曰市有列肆亦如中國也以金銀爲錢文

爲騎馬幕爲人面張晏曰錢文面作騎馬形漫面作人面目也如淳曰幕音漫師古曰幕卽漫耳無勞借音今所呼幕皮者亦謂其平而無文也出封牛水牛象大狗沐猴孔爵師古曰封牛項上隆起者也郭義恭廣志云罽賓大狗大如驢赤色數里搖鞀以呼之沐猴卽獼猴也珠璣珊瑚虎魄璧流離孟康曰流離青色如玉師古曰魏略云大秦國出赤白黑黃青綠縹紺紅紫十種流離孟言青色不博通也此蓋自然之物采澤光潤踰於衆玉其色不恒今俗所用皆銷冶石汁加以衆藥灌而爲之尤虛脆不貞實非眞物它畜與諸國同自武帝始通罽賓自以絕遠漢兵不能至其王烏頭勞數剽殺漢使師古曰剽劫也音頻妙反烏頭勞死子代立遣使奉獻漢使關都尉文忠送其使王復欲害忠忠覺之迺與容屈王子陰末赴共合謀攻罽賓殺其王立陰末赴爲罽賓王授印綬後軍候趙德使罽賓

前漢傳六十六上　十一　胡恭

與陰末赴相失師古曰相失失意也陰末赴鎖琅當德師古曰琅當長鎖也若今之禁繫人鎖矣琅音郎殺副已下七十餘人遣使者上書謝孝元帝以絕域不錄放其使者於縣度絕而不通成帝時復遣使獻謝罪漢欲遣使者報送其使杜欽說大將軍王鳳曰前罽賓王陰末赴本漢所立後卒畔逆師古曰卒終也夫德莫大於有國子民罪莫大於執殺使者所以不報恩不懼誅者自知絕遠兵不至也有求則卑辭無欲則嬌嫚終不可懷服凡中國所以爲通厚蠻夷愜快其求者爲壤比而爲寇師古曰比近也爲其土壤接近能爲寇也愜音苦頰反比音頻寐反今縣度之阸非罽賓所能

越也其鄉慕不足以安西域師古曰鄉讀曰嚮雖不附不能危城郭師古曰城郭謂西域諸國也前親逆節惡暴西域師古曰暴謂章露也故絕而不通今悔過來而無親屬貴人奉獻者皆行賈賤人欲通貨市買以獻爲名故煩使者送至縣度恐失實見欺凡遣使送客者欲爲防護寇害也起皮山南更不屬漢之國四五師古曰言經歷不屬漢者凡四五國也更音工衡反斥候士百餘人五分夜擊刀斗自守師古曰夜有五更故分而持之也刀斗解在李廣傳尚時爲所侵盜驢畜負糧須諸國稟食得以自贍師古曰稟給也贍足也食讀曰飤下並同國或貧小不能食或桀黠不肯給擁彊漢之節餒山谷之閒師古曰餒飢也音能賄反乞

前漢傳六十六上　十二

匄無所得師古曰匄亦乞也音工大反離一二旬則人畜棄捐曠野而不反師古曰離歷也曠空也又歷大頭痛小頭痛之山赤土身熱之阪令人身熱無色頭痛嘔吐驢畜盡然師古曰嘔音一口反又有三池盤石阪道陿者尺六七寸長者徑三十里臨崢嶸不測之深師古曰崢嶸深險之貌也崢音仕耕反嶸音宏行者騎步相持繩索相引二千餘里乃到縣度畜隊未半阬谷盡靡碎師古曰隊亦墮也靡散也隊音直類反靡音糜人墮埶不得相收視險阻危害不可勝言聖王分九州制五服師古曰九州冀兗豫青徐荆揚梁雍也五服甸侯綏要荒務盛內不求外今遣使者承至尊之命送蠻夷之賈勞吏士之衆涉危難之路

罷弊所恃以事無用師古曰罷讀曰疲所恃謂中國之人也無用謂遠方蠻夷之國非久長
計也使者業已受節可至皮山而還師古曰言已立計遣之不能即止可
至皮山也於是鳳白從欽言罽賓實利賞賜賈市其使
數年而壹至云

烏弋山離國王去長安萬二
千二百里不屬都護戶口勝兵大國也東北至都
護治所六十日行東與罽賓北與撲桃西與犂靬
條支接師古曰撲音布木反犂讀與驪同靬音鉅連反又鉅言反行可百餘日乃至條
支國臨西海暑溼田稻有大鳥卵如甕師古曰甕汲水缾也音於龍反
人衆甚多往往有小君長安息役屬之以爲外國
師古曰安息以條支爲外國如言蕃國也善眩師古曰眩讀與幻同解在張騫傳安息長老傳聞條

支有弱水西王母亦未嘗見也師古曰玄中記云昆侖之弱水鴻毛不能起也爾雅曰觚
竹北戶西王母日下謂之四荒也自條支乘水西行百餘日近日所入
云烏弋地暑熱莽平師古曰言有草莽而平坦也一曰莽莽平野之貌其草木畜
產五穀果菜食飲宮室市列錢貨兵器金珠之屬
皆與罽賓同而有桃拔師子犀牛孟康曰桃拔一名符拔似鹿長尾一角者或爲
天鹿兩角者或爲辟邪師子似虎正黃有頯耏尾端茸毛大如斗師古曰師子即爾雅所謂狻猊也狻音酸猊音倪拔音步葛反耏亦頰旁毛也音
而耆音人庸反俗重妄殺師古曰重難也言其仁愛不妄殺也其錢獨文爲人頭幕
爲騎馬以金銀飾杖師古曰杖謂所持兵器也音丈亮反絕遠漢使希至
自玉門陽關出南道歷鄯善而南行至烏弋山離
南道極矣轉北而東得安息

安息國王治番
兜城蘇林曰番音盤去長安萬一千六百里不屬都護北與
康居東與烏弋山離西與條支接土地風氣物類
所有民俗與烏弋罽賓同亦以銀爲錢文獨爲王
面幕爲夫人面王死輒更鑄錢有大馬爵師古曰廣志云大爵
頸及身蹄似橐駝色蒼舉頭高八九尺張翅丈餘食大麥其屬小大數百城地方數
千里最大國也臨嬀水商賈車船行旁國書革旁
行爲書記服虔曰橫行爲書記也師古曰今西方胡國及南方林邑之徒書皆橫行不直下也革謂皮之不柔者武
帝始遣使至安息王令將將二萬騎迎於東界東界
去王都數千里行比至過數十城人民相屬師古曰屬聯
音之欲反因發使隨漢使者來觀漢地以大鳥卵及犂
靬眩人獻於漢天子大說師古曰說讀曰悅安息東則大月

氏

大月氏國治監氏城去長安萬一千六百
里不屬都護戶十萬口四十萬勝兵十萬人東至
都護治所四千七百四十里西至安息四十九日
行南與罽賓接土地風氣物類所有民俗錢貨與
安息同出一封橐駝師古曰脊上有一封也封言其隆高若封土也今俗呼爲封牛封音峯大
月氏本行國也隨畜移徙與匈奴同俗控弦十餘
萬故彊輕匈奴師古曰自恃其彊盛而輕易匈奴也本居敦煌祁連閒至
冒頓單于攻破月氏而老上單于殺月氏以其頭
爲飲器月氏乃遠去過大宛西擊大夏而臣之師古

曰解在張騫傳都嬀水北爲王庭其餘小衆不能去者保南山羌號小月氏大夏本無大君長城邑往往置小長民弱畏戰故月氏徙來皆臣畜之共稟漢使者師古曰同受節度也有五翖侯師古曰翖即翕字一曰休密翖侯治和墨城去都護二千八百四十一里去陽關七千八百二里二曰雙靡翖侯治雙靡城去都護三千七百四十一里去陽關七千七百八十二里三曰貴霜翖侯治護澡城師古曰澡音藻去都護五千九百四十里去陽關七千九百八十二里四曰肸頓翖侯師古曰肸音許乙反治薄茅城去都護五千九

百六十二里去陽關八千二百二里五曰高附翖侯治高附城去都護六千四十一里去陽關九千二百八十三里凡五翖侯皆屬大月氏

康居國王冬治樂越匿地師古曰樂音來各反到卑闐城師古曰闐音徒千反去長安萬二千三百里不屬都護至越匿地馬行七日至王夏所居蕃内九千一百四里師古曰王每冬寒夏暑則徙別居不一處戶十二萬口六十萬勝兵十二萬人東至都護治所五千五百五十里與大月氏同俗東羈事匈奴師古曰爲匈奴所羈牽也宣帝時匈奴乖亂五單于並爭漢擁立呼韓邪單于而郅支單于怨望

殺漢使者西阻康居師古曰依其險阻以自保固也其後都護甘延壽副校尉陳湯發戊己校尉西域諸國兵至康居誅滅郅支單于語在甘延壽陳湯傳是歲元帝建昭三年也至成帝時康居遣子侍漢貢獻然自以絕遠獨驕嫚不肯與諸國相望都護郭舜數上言本匈奴盛時非以兼有烏孫康居故也及其稱臣妾非以失二國也漢雖皆受其質子然三國内相輸遺交通如故亦相候司見便則發合不能相親信離不能相臣役以今言之結配烏孫竟未有益反爲中國生事然烏孫旣結在前今與匈奴俱稱

臣義不可距而康居驕黠訖不肯拜使者師古曰訖竟也都護吏至其國坐之烏孫諸使下王及貴人先飲食已乃飲啗都護吏師古曰飲音於禁反啗音徒濫反故爲無所省以夸旁國師古曰言故不省視漢使也以此度之何故遣子入侍其欲賈市爲好辭之詐也匈奴百蠻大國師古曰於百蠻之中最大國也今事漢甚備聞康居不拜且使單于有自下之意師古曰言單于見康居不事漢以之爲高自以事漢爲大卑而欲改志也宜歸其侍子絕勿復使師古曰不通使於其國也以章漢家不通無禮之國敦煌酒泉小郡及南道八國給使者往來人馬驢橐駝食皆苦之師古曰言二郡八國皆以此事爲困苦空罷耗所過送迎驕黠絕遠之國師古曰所

(過所經過之處驕黠謂康居使也罷讀曰疲耗音呼到反)非至計也漢爲其新通重致
遠人(師古曰以此爲名爲重也)終羈縻而未絕其康居西北可二
千里有奄蔡國控弦者十餘萬人與康居同俗臨
大澤無崖蓋北海云康居有小王五　一曰蘇
䪥王治蘇䪥城(師古曰䪥音下戒反)去都護五千七百七十六
里去陽關八千二十五里　二曰附墨王治附
墨城去都護五千七百六十七里去陽關八千二
十五里　三曰窳匿王(師古曰窳音庾)治窳匿城去都護
五千二百六十六里去陽關七千五百二十五里
四曰罽王治罽城去都護六千二百九十六里去

陽關八千五百五十五里　五曰奥鞬王(師古曰奥音於六反鞬音居言反)治奥鞬城去都護六千九百六里去陽關
八千三百五十五里凡五王屬康居　大宛國
王治貴山城去長安萬二千五百五十里戶六萬
口三十萬勝兵六萬人副王輔國王各一人東至
都護治所四千三十一里北至康居卑闐城千五
百一十里西南至大月氏六百九十里北與康居
南與大月氏接土地風氣物類民俗與大月氏安
息同大宛左右以蒲陶爲酒富人藏酒至萬餘石
久者至數十歲不敗俗耆酒馬耆目宿(師古曰耆讀曰嗜)宛別

邑七十餘城多善馬馬汗血言其先天馬子也(孟康曰言大宛國有高山其上有馬不可得因取五色母馬置其下與集生駒皆汗血因號曰天馬子云)張騫始爲武
帝言之上遣使者持千金及金馬以請宛善馬宛
王以漢絕遠大兵不能至愛其寶馬不肯與漢使
妄言(師古曰謂詈辱宛王)宛遂攻殺漢使取其財物於是天子
遣貳師將軍李廣利將兵前後十餘萬人伐宛
連四年宛人斬其王毋寡首獻馬三千匹漢軍乃
還語在張騫傳貳師既斬宛王更立貴人素遇漢
善者名昧蔡爲宛王(師古曰昧音秣蔡音千曷反)後歲餘宛貴人以
爲昧蔡讇使我國遇屠(師古曰讇古諂字)相與共殺昧蔡立

毋寡弟蟬封爲王遣子入侍質於漢漢因使使賂
賜鎮撫之又發使十餘輩抵宛西諸國(師古曰抵至也)求奇
物因風諭以伐宛之威(師古曰風讀曰諷)宛王蟬封與漢約歲
獻天馬二匹漢使采蒲陶目宿種歸天子以天馬
多又外國使來衆益種蒲陶目宿離宮館旁極望
焉(師古曰今北道諸州舊安定北地之境往往有目宿者皆漢時所種也)自宛以西至安息國
雖頗異言然大同自相曉知也其人皆深目多須
䰄善賈市爭分銖貴女子女子所言丈夫乃決正
其地皆絲漆不知鑄鐵器及漢使亡卒降教鑄作
它兵器(師古曰漢使至其國及有亡卒降其國者皆教之也)得漢黃白金輒以爲器

不用爲幣自烏孫以西至安息近匈奴匈奴嘗困
月氏（師古曰困苦也）故匈奴使持單于一信到國國傳送食
（師古曰言畏之甚也食讀曰飤）不敢留苦（師古曰不敢留連又困苦之也）又至漢使非出幣
物不得食不市畜不得騎所以然者以漢遠而漢多
財物（師古曰遠音于萬反）故必市乃得所欲及呼韓邪單于朝
漢後咸尊漢矣　桃槐國王去長安萬一千八十里
（師古曰槐音回）戶七百口五千勝兵千人　休循國王治
鳥飛谷在蔥領西去長安萬二百一十里戶三百
五十八口千三十勝兵四百八十人東至都護治
所三千一百二十一里至捐毒衍敦谷二百六十

里西北至大宛國九百二十里西至大月氏千六
百一十里民俗衣服類烏孫因畜隨水草本故塞
種也　捐毒國王治衍敦谷去長安九千八百
六十里戶三百八十口千一百勝兵五百人東至
都護治所二千八百六十一里至疏勒南與蔥領
屬（師古曰屬聯也音之欲反）無人民西上蔥領則休循也西北至
大宛千三十里北與烏孫接衣服類烏孫隨水草
依蔥領本塞種也　莎車國王治莎車城去長
安九千九百五十里戶二千三百三十九口萬六
千三百七十三勝兵三千四十九人輔國侯左右

將左右騎君備西夜君各一人都尉二人譯長四
人東北至都護治所四千七百四十六里西至疏
勒五百六十里西南至蒲犂七百四十里有鐵山
出青玉宣帝時烏孫公主小子萬年莎車王愛之
莎車王無子死死時萬年在漢莎車國人計欲自
託於漢又欲得烏孫心即上書請萬年爲莎車王
漢許之遣使者奚充國送萬年萬年初立暴惡國
人不說（師古曰說讀曰悅）莎車王弟呼屠徵殺萬年并殺漢
使者自立爲王約諸國背漢會衛候馮奉世使送
大宛客即以便宜發諸國兵擊殺之更立它昆弟

子爲莎車王還拜奉世爲光祿大夫是歲元康元
年也　疏勒國王治疏勒城去長安九千三百
五十里戶千五百一十口萬八千六百四十七勝
兵二千人疏勒侯擊胡侯輔國侯都尉左右將左
右騎君左右譯長各一人東至都護治所二千二
百一十里南至莎車五百六十里有市列西當大
月氏大宛康居道也　尉頭國王治尉頭谷去
長安八千六百五十里戶三百口二千三百勝兵
八百人左右都尉各一人左右騎君各一人東至
都護治所千四百一十一里南與疏勒接山道不

通西至捐毒千三百一十四里徑道馬行二日田畜隨水草衣服類烏孫

西域傳卷第六十六上

西域傳卷第六十六下　班固　漢書九十六

秘書監上護軍琅邪縣開國子顏師古注

烏孫國大昆彌治赤谷城師古曰烏孫於西域諸戎其形最異今之胡人青眼赤須狀類獼猴者本其種去長安八千九百里戶十二萬口六十三萬勝兵十八萬八千八百人相大祿大將二人侯三人大夫將都尉各一人大監二人大吏一人舍中大吏二人騎君一人東至都護治所千七百二十一里西至康居蕃內地五千里地莽平多雨寒山多松樠師古曰莽平謂有草莽而平坦也一曰莽莽平野之貌樠木名其心似松音武元反不田作種樹師古曰樹植也隨畜逐水草與匈奴同俗國多馬富人至四五千匹民剛惡貪狼無信多寇盜最為彊國故服匈奴師古曰故謂舊時也服屬於匈奴也後盛大取羈屬不肯往朝會師古曰言羈縻屬之而已東與匈奴西北與康居西與大宛南與城郭諸國相接本塞地也大月氏西破走塞王塞王南越縣度大月氏居其地後烏孫昆莫擊破大月氏大月氏徙西臣大夏而烏孫昆莫居之故烏孫民有塞種大月氏種云始張騫言烏孫本與大月氏共在敦煌閒今烏孫雖彊大可厚賂招令東居故地妻以公主與為昆弟以制匈奴語在張騫傳武帝即位令騫齎金幣往昆莫見騫如單于

禮師古曰昆莫自比於單于騫大慙謂曰天子致賜王不拜則還賜師古曰還賜謂將賜物還歸漢也昆莫起拜其它如故初昆莫有十餘子中子大祿彊善將師古曰言其材力優彊能為將將衆萬餘騎別居大祿兄太子太子有子曰岑陬師古曰岑音仕林反陬音子侯反太子蚤死師古曰蚤古早字謂昆莫曰必以岑陬為太子昆莫哀許之大祿怒廼收其昆弟將衆畔謀攻岑陬昆莫與岑陬萬餘騎令別居昆莫亦自有萬餘騎以自備國分為三大總羈屬昆莫騫既致賜諭指曰烏孫能東居故地則漢遣公主為夫人結為昆弟共距匈奴不足破也烏孫遠漢未知其大小師古曰遠音于萬反又近匈奴服屬日久其大臣皆不欲徙昆莫年老國分不能專制廼發使送騫因獻馬數十匹報謝其使見漢人衆富厚歸其國其國後廼益重漢匈奴聞其與漢通怒欲擊之又漢使烏孫乃出其南抵大宛月氏相屬不絕師古曰抵至也屬音之欲反烏孫於是恐使使獻馬願得尚漢公主為昆弟天子問羣臣議許曰必先內聘然後遣女烏孫以馬千匹聘師古曰入聘財漢元封中遣江都王建女細君為公主以妻焉賜乘輿服御物為備官屬宦官侍御數百人贈送甚盛烏孫昆莫以為右夫人匈奴亦遣女妻昆莫昆

莫以為左夫人公主至其國自治宮室居歲時一再與昆莫會置酒飲食以幣帛賜王左右貴人昆莫年老言語不通公主悲愁自為作歌曰吾家嫁我兮天一方遠託異國兮烏孫王穹廬為室兮旃為牆以肉為食兮酪為漿師古曰食謂飯音飤居常土思兮心內傷師古曰土思謂懷本土願為黃鵠兮歸故鄉師古曰鵠音下督反天子聞而憐之間歲遣使者持帷帳錦繡給遺焉師古曰間歲謂每隔一歲而往也昆莫年老欲使其孫岑陬尚公主公主不聽上書言狀天子報曰從其國俗欲與烏孫共滅胡岑陬遂妻公主昆莫死岑陬代立岑陬者官號也名軍須靡昆莫王號也名獵驕靡後書昆彌云師古曰昆莫本是王號而其人名獵驕靡故書云昆彌昆取昆莫彌取驕靡彌靡音有輕重耳蓋本一也後遂以昆彌為王號也岑陬尚江都公主生一女少夫師古曰名少夫公主死漢復以楚王戊之孫解憂為公主妻岑陬岑陬胡婦子泥靡尚小岑陬且死以國與季父大祿子翁歸靡曰泥靡大以國歸之翁歸靡既立號肥王復尚楚主解憂生三男兩女長男曰元貴靡次曰萬年為莎車王次曰大樂為左大將長女弟史為龜茲王絳賓妻小女素光為若呼翖侯妻師古曰弟史素光皆女名昭帝時公主上書言匈奴發騎田車師車師與匈奴為一

共、侵烏孫唯天子幸救之漢養士馬議欲擊匈奴
會昭帝崩宣帝初即位公主及昆彌皆遣使上書
言匈奴復連發大兵侵擊烏孫取車延惡師地收
人民去使使謂烏孫趣持公主來（師古曰趣讀曰促）欲隔絕
漢昆彌願發國半精兵自給人馬五萬騎盡力擊
匈奴唯天子出兵以救公主昆彌漢兵大發十五
萬騎五將軍分道並出語在匈奴傳遣校尉常惠
使持節護烏孫兵昆彌自將翎侯以下五萬騎從
西方入至右谷蠡王庭獲單于父行及嫂居次名
王犂汙都尉千長騎將以下四萬級馬牛羊驢橐
駝七十餘萬頭烏孫皆自取所虜獲還封惠為長
羅侯是歲本始三年也漢遣惠持金幣賜烏孫貴
人有功者元康二年烏孫昆彌因惠上書願以漢
外孫元貴靡為嗣得令復尚漢公主結婚重親畔
絕匈奴願聘馬贏各千匹詔下公卿議大鴻臚蕭
望之以為烏孫絕域變故難保不可許上美烏孫
新立大功又重絕故業（師古曰重難也故業謂先與烏孫婚親也）遣使者至
烏孫先迎取聘昆彌及太子左右大將都尉皆遣
使凡三百餘人入漢迎取少主上乃以烏孫主解
憂弟相夫為公主置官屬侍御百餘人舍上林中

學烏孫言（師古曰舍止也）天子自臨平樂觀會匈奴使者外
國君長大角抵設樂而遣之使長羅侯光祿大夫
為副凡持節者四人送少主至燉煌未出塞聞烏
孫昆彌翁歸靡死烏孫貴人共從本約立岑陬子
泥靡代為昆彌號狂王惠上書願留少主燉煌惠
馳至烏孫責讓不立元貴靡為昆彌還迎少主事
下公卿望之復以為烏孫持兩端難約結前公主
在烏孫四十餘年恩愛不親密邊竟未得安（師古曰竟讀曰境）
此已事之驗也今少主以元貴靡不立而還信
無負於夷狄中國之福也少主不止繇役將興其
原起此天子從之徵還少主狂王復尚楚主解憂
生一男鴟靡不與主和又暴惡失眾漢使衞司馬
魏和意副候任昌送侍子公主言狂王為烏孫所
患苦易誅也遂謀置酒會罷使士拔劍擊之劍旁
下（師古曰下不正下）狂王傷上馬馳去其子細沈瘦（師古曰瘦音搜）會兵
圍和意昌及公主於赤谷城數月都護鄭吉發諸
國兵救之乃解去漢遣中郎將張遵持醫藥治狂
王賜金二十斤采繒因收和意昌係瑣從尉犂檻
車至長安斬之車騎將軍長史張翁留驗公主與
使者謀殺狂王狀主不服叩頭謝張翁捽主頭

罵詈（師古曰捽持其頭音材兀反）主上書翁還坐死副使季都別將醫養視狂王狂王從十餘騎送之都還坐知狂王當誅見便不發下蠶室初肥王翁歸靡胡婦子烏就屠狂王傷時驚與諸翎侯俱去居北山中揚言母家匈奴兵來故眾歸之後遂襲殺狂王自立為昆彌漢遣破羌將軍辛武賢將兵萬五千人至敦煌遣使者案行表穿卑鞮侯井以西（孟康曰大井六通渠也下泉流涌出在白龍堆東土山下）欲通渠轉穀積居廬倉以討之初楚主侍者馮嫽（師古曰嫽音了慧也故以為名）能史書習事嘗持漢節為公主使行賞賜於城郭諸國敬信之號曰馮

夫人為烏孫右大將妻右大將與烏就屠相愛都護鄭吉使馮夫人說烏就屠以漢兵方出必見滅不如降烏就屠恐曰願得小號宣帝徵馮夫人自問狀遣謁者竺次期門甘延壽為副送馮夫人馮夫人錦車持節（服虔曰錦車以錦衣車也）詔烏就屠詣長羅侯赤谷城立元貴靡為大昆彌烏就屠為小昆彌皆賜印綬破羌將軍不出塞還後烏就屠不盡歸諸翎侯民眾漢復遣長羅侯惠將三校屯赤谷因為分別其人民地界大昆彌戶六萬餘小昆彌戶四萬餘然眾心皆附小昆彌元貴靡鴟靡皆病死公主

上書言年老土思願得歸骸骨葬漢地天子閔而迎之公主與烏孫男女三人俱來至京師是歲甘露三年也時年且七十賜以公主田宅奴婢奉養甚厚朝見儀比公主後二歲卒三孫因留守墳墓云元貴靡子星靡代為大昆彌弱（師古曰言其尚幼少）馮夫人上書願使烏孫鎮撫星靡漢遣之卒百人送焉都護韓宣奏烏孫大吏大祿大監皆可以賜金印紫綬以尊輔大昆彌漢許之後都護韓宣復奏星靡怯弱可免更以季父左大將樂代為昆彌漢不許後段會宗為都護招還亡畔安定之（師古曰有人眾亡畔者皆招而還之）

（故安定也）星靡死子雌栗靡代小昆彌烏就屠死子拊離代立（師古曰拊讀與撫同）為弟日貳所殺漢遣使者立拊離子安日為小昆彌日貳亡阻康居漢徙己校屯姑墨（師古曰有戊己兩校兵此直徙己校也）欲候便討焉安日使貴人姑莫匿等三人詐亡從日貳刺殺之（師古曰詐畔亡而投之因得以刺殺）都護廉褒賜姑莫匿等金人二十斤繒三百匹後安日為降民所殺漢立其弟末振將代時大昆彌雌栗靡健翎侯皆畏服之告民牧馬畜無使入牧（師古曰勿入昆彌牧中恐其相擾也）國中大安和翁歸靡時（師古曰勝於翁歸靡時也）小昆彌末振將恐為所并使貴人烏日領詐降刺殺雌栗靡漢

欲以兵討之而未能遣中郎將段會宗持金幣與都護圖方略立雌栗靡季父公主孫伊秩靡爲大昆彌漢沒入小昆彌侍子在京師者久之大昆彌翖侯難栖殺末振將末振將兄安日子安犂靡代爲小昆彌（師古曰末振將之兄名安日安日之子名安犂靡）漢恨不自誅末振將復使段會宗即斬其太子番丘（師古曰番音盤）還賜爵關內侯是歲元延二年也會宗以翖侯難栖殺末振將雖不指爲漢合於討賊奏以爲堅守都尉責大祿大吏大監以雌栗靡見殺狀奪金印紫綬更與銅墨云末振將弟卑爰疐（師古曰疐音竹二反）本共謀殺大昆彌

將衆八萬餘口北附康居謀欲藉兵（師古曰藉借也）兼并兩昆彌兩昆彌畏之親倚都護（師古曰倚依附也音於綺反）哀帝元壽二年大昆彌伊秩靡與單于並入朝漢以爲榮至元始中卑爰疐殺烏日領以自效漢封爲歸義侯兩昆彌皆弱卑爰疐侵陵都護孫建襲殺之自烏孫分立兩昆彌後漢用憂勞且無寧歲（師古曰言或鎮撫或威制之故多事也）

姑墨國王治南城去長安八千一百五十里戶三千五百口二萬四千五百勝兵四千五百人姑墨侯輔國侯都尉左右將左右騎君各一人譯長二人東至都護治所二千二十一里南至于闐馬行十五日北與烏孫接出銅鐵雌黃東通龜茲六百七十里王莽時姑墨王丞殺溫宿王并其國

溫宿國王治溫宿城（師古曰今雍州醴泉縣北有山名溫宿嶺者本因漢時得溫宿國人令居此地田牧因以爲名）去長安八千三百五十里戶二千二百口八千四百勝兵千五百人輔國侯左右將左右都尉左右騎君譯長各二人東至都護治所二千三百八十里西至尉頭三百里北至烏孫赤谷六百一十里土地物類所有與鄯善諸國同東通姑墨二百七十里

龜茲國王治延城去長安七千四百八十里戶六千九百七十口八萬一千三百一十七勝兵二萬一千七十六人大都尉丞輔國侯安國侯擊胡侯卻胡都尉擊車師都尉左右將左右都尉左右騎君左右力輔君各一人東西南北部千長各二人卻胡君三人譯長四人南與精絕東南與且末西南與杅彌北與烏孫西與姑墨接（師古曰杅音烏）能鑄冶有鉛東至都護治所烏壘城三百五十里

烏壘戶百一十口千二百勝兵三百人城都尉譯長各一人與都護同治其南三百三十里至渠犂

渠犁城都尉一人戶百三十口千四百八十勝兵百五十人東北與尉犁東南與且末南與精絕接西有河至龜茲五百八十里自武帝初通西域置校尉屯田渠犁是時軍旅連出師行三十二年海內虛耗征和中貳師將軍李廣利以軍降匈奴上既悔遠征伐而搜粟都尉桑弘羊與丞相御史奏言故輪臺東捷枝渠犁皆故國地廣饒水草有溉田五千頃以上處溫和田美可益通溝渠種五穀與中國同時孰其旁國少錐刀貴黃金采繒可以易穀食宜給足不可乏（師古曰言以錐刀及黃金綵繒與此旁國易穀食可以給田卒不憂乏糧）臣愚以為可遣屯田卒詣故輪臺以東置校尉三人分護各舉圖地形通利溝渠務使以時益種五穀張掖酒泉（師古曰益多也）遣騎假司馬為斥候屬校尉事有便宜因騎置以聞（師古曰騎置即今之驛馬也）田一歲有積穀募民壯健有累重敢徙者詣田所（師古曰累重謂妻子家屬也累音力瑞反重音直用反）就畜積為本業（師古曰畜讀曰蓄）益墾溉田稍築列亭連城而西以威西國輔烏孫為便臣謹遣徵事臣昌分部行邊（師古曰分音扶問反行音下更反）嚴敕太守都尉明逢火選士馬謹斥候蓄茭草願陛下遣使使西國以安其意臣昧死請上廼下詔深陳既往之悔曰前有司奏

欲益民賦三十助邊用（師古曰三十者每口轉增三十錢也）是重困老弱孤獨也（師古曰重音直用反）而今又請遣卒田輪臺輪臺西於車師千餘里前開陵侯擊車師時（晉灼曰開陵侯匈奴介和王來降者）危須尉犁樓蘭六國子弟在京師者皆先歸發畜食迎漢軍（師古曰畜謂馬牛羊等也）又自發兵凡數萬人王各自將共圍車師降其王諸國兵便罷力不能復至道上食漢軍（師古曰食讀曰飤）漢軍破城食至多然士自載不足以竟師（師古曰士雖各自載糧而在道已盡至於歸塗尚苦乏食不足不能終師旅之事也）彊者盡食畜產羸者道死數千人朕發酒泉驢橐駝負食出玉門迎軍吏卒起張掖不甚遠然尚廝留甚眾（師古曰廝留言其前後離廝不相逮及也廝音斯）曩者朕之不明以軍候弘上書言匈奴縛馬前後足置城下馳言秦人我匄若馬（師古曰謂中國人為秦人習故言也匄乞與也若汝也匄音氣）又漢使者久留不還故興遣貳師將軍（師古曰興軍而遣之）欲以為使者威重也古者卿大夫與謀（師古曰與讀曰豫）參以蓍龜不吉不行（師古曰謂共卿大夫謀事尚不專決猶雜問蓍龜也）廼者以縛馬書徧視丞相御史二千石諸大夫郎為文學者（師古曰視讀曰示為文學謂學經書之人）廼至郡屬國都尉成忠趙破奴等皆以虜自縛其馬不祥甚哉為欲以見彊（師古曰見顯示）夫不足者視人有餘（師古曰言其夸張也視亦讀曰示）易之卦得大過爻在九五（孟康曰其繇曰枯楊生華象曰枯楊生華何可久也謂匈奴破

不乂也匈奴困敗公車方士太史治星望氣及太卜龜蓍皆以爲吉匈奴必破時不可再得也師古曰今便利之時後不可再得也又曰北伐行將於鬴山必克師古曰行將謂遣將率行也鬴山山名也鬴古釜字卦諸將貳師最吉師古曰上遣諸將而於卦中貳師最吉也故朕親發貳師下鬴山詔之必毋深入今計謀卦兆皆反繆師古曰言不效也繆妄也重合侯得虜候者言聞漢軍當來匈奴使巫埋羊牛所出諸道及水上以詛軍師古曰於軍所行之道及水上埋牛羊單于遺天子馬裘常使巫祝之縛馬者詛軍事也又卜漢軍一將不吉匈奴常言漢極大然不能飢渴師古曰能音耐失一狼走千羊迺者貳師敗軍士死略離散師古

曰言死及被虜略并自離散也悲痛常在朕心今請遠田輪臺欲起亭隧師古曰隧者依深險之處開通行道也是擾勞天下非所以優民也今朕不忍聞大鴻臚等又議欲募囚徒送匈奴使者明封侯之賞以報忿五伯所弗能爲也師古曰伯讀曰霸五霸尚恥不爲況今大漢也且匈奴得漢降者常提掖搜索問以所聞師古曰搜索者恐其或私齎文書也今邊塞未正闌出不禁障候長吏使卒獵獸以皮肉爲利卒苦而逢火乏失亦上集不得師古曰言邊塞有闌出逃亡之人而主者不禁又長吏利於皮肉多使障候之卒獵獸故令逢火有乏又其人勞苦因致奔亡凡有此失皆不集於所上文書後降者來若捕生口虜迺知之師古曰既不上書所以當時不知至有降者來及捕生口或虜得匈奴人言之乃知此也當今務在禁苛暴止擅賦

力本農脩馬復令孟康曰先是令長吏各以秩養馬亭有牝馬民養馬皆復不事後馬多絕乏至此復脩之也師古曰此說非也馬復因養馬以免徭賦也復音方目反以補缺毋乏武備而已郡國二千石各上進畜馬方略補邊狀與計對師古曰與上計者同來赴對也由是不復出軍而封丞相車千秋爲富民侯以明休息思富養民也初貳師將軍李廣利擊大宛還過扜彌扜彌遣太子賴丹爲質於龜茲廣利責龜茲曰外國皆臣屬於漢龜茲何以得受扜彌質即將賴丹入至京師昭帝乃用桑弘羊前議以扜彌太子賴丹爲校尉將軍田輪臺輪臺與渠犁地皆相連也龜茲貴人姑翼謂其王曰賴丹本臣

屬吾國今佩漢印綬來迫吾國而田必爲害王即殺賴丹而上書謝漢漢未能征宣帝時長羅侯常惠使烏孫還便宜發諸國兵師古曰以便宜擅發兵也合五萬人攻龜茲責以前殺校尉賴丹龜茲王謝曰迺我先王時爲貴人姑翼所誤我無罪執姑翼詣惠惠斬之時烏孫公主遣女來至京師學鼓琴漢遣侍郎樂奉送主女過龜茲龜茲前遣人至烏孫求公主女未還會女過龜茲龜茲王留不遣復使使報公主主許之後公主上書願令女比宗室入朝而龜茲王絳賓亦愛其夫人上書言得尚漢外孫爲昆

弟願與公主女俱入朝元康元年遂來朝賀王及夫人皆賜印綬夫人號稱公主賜以車騎旗鼓歌吹數十人綺繡雜繒琦珍凡數千萬 師古曰琦音奇 留且一年厚贈送之後數來朝賀樂漢衣服制度歸其國治宮室作徼道周衛出入傳呼撞鐘鼓如漢家儀外國胡人皆曰驢非驢馬非馬若龜茲王所謂贏也絳賓死其子丞德自謂漢外孫成哀帝時往來尤數漢遇之亦甚親密東通尉犂六百五十里

尉犂國王治尉犂城去長安六千七百五十里戶千二百口九千六百勝兵二千人尉犂侯安世侯

左右將左右都尉擊胡君各一人譯長二人西至都護治所三百里南與鄯善且末接

危須國王治危須城去長安七千二百九十里戶七百口四千九百勝兵二千人擊胡侯擊胡都尉左右將左右都尉左右騎君擊胡君譯長各一人西至都護治所五百里至焉耆百里

焉耆國王治員渠城 師古曰員音于權反 去長安七千三百里戶四千口三萬二千一百勝兵六千人擊胡侯卻胡侯輔國侯左右將左右都尉擊胡左右君擊車師君歸義車師君各一人擊胡都尉擊胡君各二人譯長三人西南至都護治所四百里南至尉犂百里北與烏孫接近海水多魚

烏貪訾離國王治于婁谷去長安萬三百三十里戶四十一口二百三十一勝兵五十七人輔國侯左右都尉各一人東與單桓南與且彌西與烏孫接 師古曰且音子余反

卑陸國王治天山東乾當國 師古曰乾音干 去長安八千六百八十里戶二百二十七口千三百八十七勝兵四百二十二人輔國侯左右將左右都尉左右譯長各一人西南至都護治所千二百八十七里

卑陸後國王治番渠類谷 師古曰番音盤 去長安八千七百一十里戶四百六十二口千一百三十七勝兵三百五十人輔國侯都尉譯長各一人將二人東與郁立師北與匈奴西與劫國南與車師接

郁立師國王治內咄谷 師古曰咄音丁忽反 去長安八千八百三十里戶百九十口千四百四十五勝兵三百三十一人輔國侯左右都尉譯長各一人東與車師後城長西與卑陸北與匈奴接

單桓國王治單桓城去長安八千八百七十里戶二十七口百九十四勝兵四十五人輔國侯將左

右都尉譯長各一人

蒲類國王治天山西疏榆谷去長安八千三百六十里戶三百二十五口二千三十二勝兵七百九十九人輔國侯左右將左右都尉各一人西南至都護治所千三百八十七里

蒲類後國王去長安八千六百三十里戶百口千七十勝兵三百三十四人輔國侯將左右都尉譯長各一人

西且彌國王治天山東于大谷（師古曰且音子余反）去長安八千六百七十里戶三百三十二口千九百二十六勝兵七百三十八人西且彌侯左右將左右騎君各一人西南至都護治所千四百八十七里

東且彌國王治天山東兌虛谷去長安八千二百五十里戶百九十一口千九百四十八勝兵五百七十二人東且彌侯左右都尉各一人西南至都護治所千五百八十七里

劫國王治天山東丹渠谷去長安八千五百七十里戶九十九口五百勝兵百一十五人輔國侯都尉譯長各一人西南至都護治所千四百八十七里

狐胡國王治車師柳谷去長安八千二百里戶

五十五口二百六十四勝兵四十五人輔國侯左右都尉各一人西至都護治所千一百四十七里至焉耆七百七十里

山國王去長安七千一百七十里（師古曰常在山下居不爲城治也）戶四百五十口五千勝兵千人輔國侯左右將左右都尉譯長各一人西至尉犂二百四十里西北至焉耆百六十里西至危須二百六十里東南與鄯善且末接山出鐵民山居寄田糴穀於焉耆危須

車師前國王治交河城河水分流繞城下故號交河去長安八千一百五十里戶七百口六千五十勝兵千八百六十五人輔國侯安國侯左右將都尉歸漢都尉車師君通善君鄉善君各一人（師古曰鄉讀曰嚮）譯長二人西南至都護治所千八百七里至焉耆八百三十五里

車師後王國治務塗谷去長安八千九百五十里戶五百九十五口四千七百七十四勝兵千八百九十人擊胡侯左右將左右都尉道民君譯長各一人（師古曰道讀曰導）西南至都護治所千二百三十七里

車師都尉國戶四十口三百三十三勝兵八十四人

車師後城長國戶百五十四口九百六十勝兵

二百六十人武帝天漢二年以匈奴降者介和王
爲開陵侯將樓蘭國兵始擊車師匈奴遣右賢王
將數萬騎救之漢兵不利引去征和四年遣重合
侯馬通將四萬騎擊匈奴道過車師北復遣開陵
侯將樓蘭尉犂危須凡六國兵别擊車師勿令得
遮重合侯諸國兵共圍車師車師王降服臣屬漢
昭帝時匈奴復使四千騎田車師宣帝即位遣五
將將兵擊匈奴師古曰謂本始二年御史大夫田廣明爲祁連將軍後將軍趙充國爲蒲類將軍雲中太守田順爲虎牙將軍及度遼將軍范明友前將軍韓增凡五將也車師田者驚去車師復通於
漢匈奴怒召其大子軍宿欲以爲質軍宿焉耆外

孫不欲質匈奴亡走焉耆車師王更立子烏貴爲
大子及烏貴立爲王與匈奴結婚姻教匈奴遮漢
道通烏孫者地節二年漢遣侍郎鄭吉校尉司馬
憙師古曰憙音許吏反將免刑罪人田渠犂積穀欲以攻車師
至秋收穀吉憙發城郭諸國兵萬餘人自與所將
田士千五百人共擊車師攻交河城破之王尚在
其北石城中未得會軍食盡吉等且罷兵歸渠犂
田收秋畢復發兵攻車師王於石城王聞漢兵且
至北走匈奴求救匈奴未爲發兵王來還與貴人
蘇猶議欲降漢恐不見信蘇猶教王擊匈奴邊國

小蒲類斬首略其人民以降吉車師旁小金附國
隨漢軍後盜車師車師王復自請擊破金附匈奴
聞車師降漢發兵攻車師吉憙引兵北逢之匈奴
不敢前吉憙即留一候與卒二十人留守王吉等
引兵歸渠犂車師王恐匈奴兵復至而見殺也廼
輕騎奔烏孫吉即迎其妻子置渠犂東奏事至酒
泉有詔還田渠犂及車師益積穀以安西國侵匈
奴吉還傳送車師王妻子詣長安賞賜甚厚每朝
會四夷常尊顯以示之於是吉始使吏卒三百人
别田車師得降者言單于大臣皆曰車師地肥美

近匈奴使漢得之多田積穀必害人國不可不爭
也果遣騎來擊田者吉廼與校尉盡將渠犂田士
千五百人往田匈奴復益遣騎來漢田卒少不能
當保車師城中匈奴將即其城下謂吉曰師古曰即就也單
于必爭此地不可田也圍城數日廼解後常數千
騎往來守車師吉上書言車師去渠犂千餘里間
以河山師古曰間隔也音居莧反北近匈奴漢兵在渠犂者埶不
能相救願益田卒公卿議以爲道遠煩費可且罷
車師田者詔遣長羅侯師古曰常惠也將張掖酒泉騎出
車師北千餘里揚威武車師旁胡騎引

去吉逋得出歸渠犁凡三校尉屯田車師王之走烏孫也烏孫留不遣遣使上書願留車師王備國有急可從西道以擊匈奴漢許之於是漢召故車師太子軍宿在焉耆者立以爲王盡徙車師國民令居渠犁遂以車師故地與匈奴車師王得近漢田官與匈奴絕亦安樂親漢後漢使侍郎殷廣德責烏孫求車師王烏孫貴將詣闕（師古曰烏孫遣其將之貴者入漢朝）賜第與其妻子居是歲元康四年也其後置戊己校尉屯田居車師故地元始中車師後王國有新道出五船北通玉門關往來差近戊己校尉徐普欲

開以省道里半避白龍堆之阸車師後王姑句（師古曰句音鉤）以道當爲拄置（師古曰拄者支拄也言有所置立而支拄於己故心不便也拄音竹羽反又竹具反其字從手而讀之者或不曉以拄爲梁柱之柱及分破其句言置柱於心皆失之矣）心不便也地又頗與匈奴南將軍地接普欲分明其界然後奏之召姑句使證之不肯繫之姑句數以牛羊賕吏求出不得姑句家矛端生火其妻股紫陬（師古曰陬音子侯反）謂姑句曰矛端生火此兵氣也利以用兵前車師前王爲都護司馬所殺今又繫必死不如降匈奴即馳寇出高昌壁入匈奴又去胡來王唐兜國比大種赤水羌（師古曰比近也音頻寐反）數相寇不勝告急都護都護但

欽不以時救助唐兜困急怨欽東守玉門關玉門關不內即將妻子人民千餘人亡降匈奴匈奴受之而遣使上書言狀是時新都侯王莽秉政遣中郎將王昌等使匈奴告單于西域內屬不當得受單于謝罪執二王以付使者莽使中郎王萌待西域惡都奴界上逢受（師古曰逢受謂先至待之逢見即受取也）單于遣使送因請其罪（師古曰請免其罪也）使者以聞莽不聽詔下會西域諸國王陳軍斬姑句唐兜以示之至莽篡位建國二年以廣新公甄豐爲右伯當出西域車師後王須置離聞之與其右將股鞮左將尸泥支謀曰（師古曰鞮音丁奚反）

聞甄公爲西域太伯當出故事給使者牛羊穀芻茭導譯前五威將過所給使尚未能備今太伯復出國益貧恐不能稱（師古曰不副所求也）欲亡入匈奴戊己校尉刁護聞之（師古曰刁音彫）召置離驗問辭服乃械致都護但欽在所埒婁成（師古曰埒婁城名埒音劣婁音樓）置離人民知其不還皆哭而送之至欽則斬置離置離兄輔國侯狐蘭支將置離衆二千餘人驅畜產舉國亡降匈奴（師古曰盡率一國之衆也）是時莽易單于璽單于恨怒遂受狐蘭支降遣兵與共寇擊車師殺後城長傷都護司馬及狐蘭兵復還入匈奴時戊己校尉刁護

病遣史陳良屯桓且谷備匈奴寇師古曰且音子余反史終帶取糧食司馬丞韓玄領諸壁右曲候任商領諸壘相與謀曰西域諸國頗背叛匈奴欲大侵要死可殺校尉將人衆降匈奴如淳曰言匈奴來侵會當死耳可降匈奴也師古曰要音一妙反即將數千騎至校尉府脅諸亭令燔積薪師古曰示爲逢火也分告諸壁曰匈奴十萬騎來入吏士皆持兵後者斬得三四百人去校尉府數里止晨火難師古曰古然字校尉開門擊鼓收吏士良等隨入遂殺校尉刀護及子男四人諸昆弟子男獨遺婦女小兒師古曰遺留置不殺也止留戊己校尉城遣人與匈奴南將軍相聞南將軍

以二千騎迎良等良等盡脅略戊己校尉吏士男女二千餘人入匈奴單于以良帶爲烏賁都尉師古曰賁音奔後三歲單于死弟烏絫單于咸立師古曰絫音力追反復與莽和親莽遣使者多齎金幣賂單于購求陳良終帶等單于盡收四人及手殺刀護者芝音妻子以下二十七人皆械檻車付使者到長安莽皆燒殺之其後莽復欺詐單于和親遂絕匈奴大擊北邊而西域亦瓦解焉耆國近匈奴先叛殺都護但欽莽不能討天鳳三年迺遣五威將王駿西域都護李崇將戊己校尉出西域諸國皆郊迎送兵穀

焉耆詐降而聚兵自備駿等將莎車龜茲兵七千餘人分爲數部入焉耆焉耆伏兵要遮駿及姑墨尉犂危須國兵爲反閒還共襲擊駿等皆殺之唯戊己校尉郭欽別將兵後至焉耆焉耆兵未還欽擊殺其老弱兵還莽封欽爲剼胡子鄧展曰剼音訖師古曰剼絕也音子小反字本作剿轉寫誤耳李崇收餘士還保龜茲數年莽死崇遂沒西域因絕最凡國五十自譯長城長君監吏大祿百長千長都尉且渠當戶將相至侯王皆佩漢印綬凡三百七十六人而康居大月氏安息罽賓烏弋之屬皆以絕遠不在數中其來貢獻則相與報不

督錄總領也

贊曰孝武之世圖制匈奴患其兼從西國結黨南羌師古曰圖謀也從音子容反迺表河曲列四郡開玉門通西域以斷匈奴右臂隔絕南羌月氏單于失援由是遠遁而幕南無王庭遭值文景玄默養民五世天下殷富財力有餘士馬彊盛故能睹犀布瑇瑁則建珠崖七郡師古曰瑇音代瑁音媒感枸醬竹杖則開牂柯越嶲師古曰枸音矩聞天馬蒲陶則通大宛安息自是之後明珠文甲通犀翠羽之珍盈於後宮如淳曰文甲即瑇瑁也通犀中央色白通兩頭蒲梢龍文魚目汗血之馬充於黃門孟康曰四駿馬名也師古曰梢音所交反鉅

象師子猛犬大雀之羣食於外囿師古曰巨亦大 殊方異物
四面而至於是廣開上林穿昆明池營千門萬戶
之宮立神明通天之臺興造甲乙之帳師古曰其數非一以甲乙次第
名之也 落以隨珠和璧師古曰落與絡同 天子負黼依襲翠被馮
玉几而處其中師古曰依讀曰扆扆如小屏風而畫爲黼文也白與黑謂之黼又爲斧形龍衮重衣也被音皮義反
設酒池肉林以饗四夷之客作巴俞都盧海中碭
極漫衍魚龍角抵之戲以觀視之晉灼曰都盧國名也李奇曰都盧體輕善緣者
也碭極樂名也師古曰巴人巴州人也俞水名今渝州也巴俞之人所謂賨人也勁銳善舞本從高祖定三秦有功高祖喜觀其舞因令樂人習之
故有巴俞之樂漫衍者即張衡西京賦所云巨獸百尋是爲漫延者也魚龍者爲舍利之獸先戲於庭極畢乃入殿前激水化成比目魚跳躍漱水
作霧障日畢化成黃龍八丈出水敖戲於庭炫燿日光西京賦云海鱗變而成龍即爲此色也今俞音踰碭音大浪反衍音弋戰反視讀曰示觀示者

視之令觀也 及賂遺贈送萬里相奉師旅之費不可勝計
至於用度不足廼榷酒酤筦鹽鐵鑄白金造皮幣
筭至車船租及六畜民力屈財用竭師古曰屈音其勿反 因之
以凶年寇盜並起道路不通直指之使始出衣繡
杖斧斷斬於郡國然後勝之是以末年遂棄輪臺
之地而下哀痛之詔豈非仁聖之所悔哉且通西
域近有龍堆遠則葱嶺身熱頭痛縣度之阸淮南
杜欽楊雄之論皆以爲此天地所以界別區域絕
外內也書曰西戎即序師古曰禹貢之辭也序次也 禹既就而序之
非上威服致其貢物也西域諸國各有君長兵眾

分弱無所統一雖屬匈奴不相親附匈奴能得其
馬畜旃罽而不能統率與之進退與漢隔絕道里
又遠得之不爲益棄之不爲損盛德在我無取於
彼故自建武以來西域思漢威德咸樂內屬唯其
小邑鄯善車師界迫匈奴尚爲所拘而其大國莎
車于闐之屬數遣使置質于漢願請屬都護聖
上遠覽古今因時之宜羈縻不絕辭而未許雖大
禹之序西戎周公之讓白雉太宗之卻走馬義兼
之矣亦何以尚茲師古曰西戎即序說以在前昔周公相成王越裳氏重九譯而獻白雉至王問周公公曰
德不加焉則君子不饗其質政不施焉則君子不臣其遠吾何以獲此物也譯曰吾受命國之黃耇曰久矣天之無列風雨雷也意中國有聖

人乎盍往朝之然後歸之王稱先王之神所致以薦宗廟太宗漢文帝也卻走馬謂有人獻千里馬不受還之賜道路費也老子德經曰天下
有道卻走馬以糞故費引也

西域傳卷第六十六下

外戚傳卷第六十七上　班固　漢書九十七上

秘書監上護軍琅邪縣開國子顏師古注

自古受命帝王及繼體守文之君 師古曰繼體謂嗣位也守文言遵成法不用武功 非獨內德茂也蓋亦有外戚之助焉夏之興也

以塗山 師古曰禹娶塗山氏之女而生啓也 而桀之放也用末喜 師古曰末喜桀之妃有施氏女也美於色薄於德女子行丈夫心桀常置末喜於膝上聽用其言昏亂失道於是湯伐之遂放桀與末喜死於南巢 殷之興

也以有娀及有㜪 師古曰有娀國名其女簡狄吞燕卵而生契為殷始祖有㜪氏女湯妃也娀音嵩㜪音詵

而紂之滅也嬖妲己 師古曰妲己紂之妃有蘇氏女也美好辯辭與於姦宄嬖幸於紂紂用其言毒虐庶於是武王伐紂戰于牧野紂師倒戈不為之戰武王克殷致天之罰斬妲己頭縣之於小白旗以為紂之亡者由此女也 周之興也

以姜嫄及大任大姒 師古曰姜嫄有邰氏之女帝嚳之妃也履大人迹而生后稷為周始祖大任文王母大姒武王母也嫄音原

而幽王之禽也淫褒姒 師古曰謂黜申后而致犬戎舉僞烽而諸侯莫救也

故易基乾坤詩首關雎 師古曰基亦始 書美釐降 師古曰釐理也尚書堯典稱舜之美云釐降二女于嬀汭言堯欲觀舜治迹以己二女妻之舜能以治降下二女以成其德

春秋譏不親迎 師古曰春秋公羊經隱二年紀履緰來逆女傳曰逆女不書此何以書譏也何譏爾始不親迎也 夫婦之際人道之大

倫也 師古曰倫理也 禮之用唯昏姻為兢兢 師古曰兢兢戒慎也 夫樂調

而四時和陰陽之變萬物之統也可不慎與 師古曰與讀曰歟

人能弘道末如命何 師古曰末無也論語載孔子曰人能弘道非道弘人又稱子路曰道之將興命也道之將廢命也公伯寮其如命何故引之

甚哉妃匹之愛君不能得之臣父

不能得之子況卑下乎 師古曰言雖君父之尊不能奪其所好而移其本意 既驩合

矣或不能成子姓 師古曰姓生也 成子姓矣而不能要其終

豈非命也哉孔子罕言命蓋難言之 師古曰論語曰子罕言利與命與仁罕者希也

非通幽明之變惡能識乎性命 師古曰惡音烏謂於何也論語稱子貢曰夫子之文章可得而聞也夫子之言性與天道不可得而聞也已矣謂孔子不言性命及天道而學者誤讀謂孔子之言自然與天道合非唯失於文句實乃大乖意旨

漢興因秦之稱號帝母稱皇太后祖母

稱太皇太后適稱皇后 師古曰適讀曰嫡后亦君也天曰皇天地曰后土故天子之妃以后為稱取象二儀

妾皆稱夫人又有美人良人八子七子長使

少使之號焉 師古曰良善也八七祿秩之差也長使少使主供使者 至武帝制倢伃

娙娥傛華充依各有爵位 師古曰倢言接幸於上也伃美稱也娙娥皆美貌也傛猶言弈弈也便習之意也充依言充後庭而依倚於上也倢音接伃音予字或從女其音同耳娙音五經反傛音容

而元帝加昭儀之號 師古曰昭顯其儀示隆重也 凡十四等云 師古曰除皇后昭儀以下至秩百石十四等

昭儀位視丞

相爵比諸侯王倢伃視上卿比列侯娙娥視中二千石比

關內侯 師古曰中二千石實得二千石也中之言滿也月得百八十斛是為一歲凡得二千一百六十石言二千石者舉成數耳 傛華視

真二千石比大上造 師古曰真二千石月得百五十斛一歲凡得千八百石耳大上造第十六爵 美人視二千

石比少上造 師古曰二千石月得百二十斛一歲凡得一千四百四十石耳少上造第十五爵 八子視千石比中更 師古曰中更第十三爵也更音公衡反其下亦同

充依視千石比左更 師古曰左更第十二爵 七子

視八百石比右庶長 師古曰右庶長第十一爵 良人視八百石比

左庶長 師古曰左庶長第十爵 長使視六百石比五大夫 師古曰五大夫第九爵

少使視四百石比公乘 師古曰公乘第八爵 五官視三百

石 師古曰五官所掌亦象外之五官也 順常視二百石無涓共和娛靈保

林良使夜者皆視百石 師古曰涓絜也無涓言無所不絜也共讀曰恭言恭順而和柔也娛靈可

以娛樂情靈也保安也保林言其可安衆如林也良使使令之善者也夜者主職夜事令音力成反上家人子中家人子視有秩斗食云師古曰家人子者言采擇良家子以入宮未有職號但稱家人子也斗食謂佐史也謂之斗食者言一歲不滿百石日食一斗二升五官以下葬司馬門外服虔曰陵上司馬門之外

高祖呂皇后父呂公單父人也師古曰單音善父音甫好相人高祖微時呂公見而異之乃以女妻高祖生惠帝魯元公主高祖爲漢王元年封呂公爲臨泗侯二年立孝惠爲太子後漢王得定陶戚姬愛幸生趙隱王如意太子爲人仁弱高祖以爲不類己常欲廢之而立如意如意類我戚姬常從上之關東日夜啼泣欲立其子呂后年長常留守希見

益疏如意且立爲趙王留長安幾代太子者數師古曰幾音鉅依反數音所角反賴公卿大臣爭之及叔孫通諫用留侯之策得無易呂后爲人剛毅佐高帝定天下兄二人皆爲列將從征伐長兄澤爲周呂侯次兄釋之爲建成侯逮高祖而侯者三人高祖四年臨泗侯呂公薨高祖崩惠帝立呂后爲皇太后迺令永巷囚戚夫人髡鉗衣赭衣令舂戚夫人舂且歌曰子爲王母爲虜終日舂薄暮常與死爲伍師古曰與死罪者爲伍也相離三千里當誰使告女師古曰女讀曰汝此下皆同太后聞之大怒曰乃欲倚女邪師古曰乃亦汝乃召趙王誅之使者三反師古曰反還也三還猶今言三回也趙相周昌不遣太后召趙相相徵至長安使人復召趙王王來惠帝慈仁知太后怒自迎趙王霸上入宮挾與起居飲食數月帝晨出射趙王不能蚤起太后伺其獨居使人持鴆飲之遲帝還趙王死師古曰遲音直二反解在高紀太后遂斷戚夫人手足去眼煇耳飲瘖藥師古曰去其眼精以藥熏耳令聾也瘖不能言也以瘖藥飲之也飲音於禁反瘖音於今反使居鞠域中師古曰鞠域如蹋鞠之域謂窟室也鞠音巨六反名曰人彘居數月迺召惠帝視人彘帝視而問知其戚夫人迺大哭因病歲餘不能起使人請太后曰此非人所爲臣爲太后子終不能復治天下師古曰令太后視事已自如太子然以此日飲

爲淫樂不聽政七年而崩太后發喪哭而泣不下師古曰泣謂淚留侯子張辟彊爲侍中年十五謂丞相陳平曰太后獨有帝今哭而不悲君知其解未師古曰解猶解說其意陳平曰何解辟彊曰帝無壯子太后畏君等今請拜呂台呂產爲將將兵居南北軍及諸呂皆官居中用事如此則太后心安君等幸脫禍矣師古曰脫免也丞相如辟彊計請之太后說其哭迺哀師古曰說音悅呂氏權由此起迺立孝惠後宮子爲帝太后臨朝稱制復殺高祖子趙幽王友共王恢師古曰共讀曰恭及燕王建子遂立周呂侯子台爲呂王師古曰台音土來反台弟產爲梁

王建城侯釋之子祿爲趙王台子通爲燕王又封
諸呂凡六人皆爲列侯追尊父呂公爲呂宣王兄
周呂侯爲悼武王太后持天下八年病犬禍而崩
語在五行志病困以趙王祿爲上將軍居北軍梁
王産爲相國居南軍戒産祿曰高祖與大臣約非
劉氏王者天下共擊之今王呂氏大臣不平我即
崩恐其爲變必據兵衞宮愼毋送喪爲人所制太
后崩太尉周勃丞相陳平朱虛侯劉章等共誅産
祿悉捕諸呂男女無少長皆斬之而迎立代王是
爲孝文皇帝

孝惠張皇后宣平侯敖尚帝姊魯元公主有女惠
帝即位呂太后欲爲重親以公主女配帝爲皇后
欲其生子萬方終無子廼使陽爲有身取後宮美
人子名之（師古曰名爲皇后子）殺其母立所名子爲太子惠帝
崩太子立爲帝四年廼自知非皇后子出言曰太
后安能殺吾母而名我我壯即爲所爲（師古曰爲其所爲謂所生之母
也盂音于爲反）太后聞而患之恐其作亂廼幽之永巷言帝
病甚左右莫得見太后下詔廢之語在高后紀遂
幽死更立恒山王弘爲皇帝而以呂祿女爲皇后
欲連根固本牢甚（師古曰牢堅也）然而無益也呂太后崩大
臣正之卒滅呂氏少帝恒山淮南濟川王皆以非
孝惠子誅獨置孝惠皇后廢處北宮（師古曰置留也北宮在未央宮
之北）孝文後元年薨葬安陵不起墳

高祖薄姬文帝母也父吳人秦時與故魏王宗女
魏媼通生薄姬而薄姬父死山陰因葬焉（師古曰山陰會稽之
縣）及諸侯畔秦魏豹立爲王而魏媼内其女於魏
宮許負相薄姬當生天子是時項羽方與漢王相
距滎陽天下未有所定豹初與漢擊楚及聞許負
言心喜因背漢而中立與楚連和（師古曰自謂當得天下）漢使
曹參等虜魏王豹以其國爲郡而薄姬輸織室豹

已死漢王入織室見薄姬有詔内後宮歲餘不得
幸始姬少時與管夫人趙子兒相愛約曰先貴毋
相忘已而管夫人趙子兒先幸漢王漢王四年坐
河南成皋靈臺此兩美人侍相與笑薄姬初時約
漢王問其故兩人俱以實告漢王心悽然憐薄姬
是日召欲幸之對曰昨暮夢龍據妾胸上曰是貴
徵也吾爲汝成之遂幸有身歲中生文帝年八歲
立爲代王自有子後希見高祖崩諸幸姬戚夫人
之屬呂后怒皆幽之不得出宮而薄姬以希見故
得出從子之代爲代太后太后弟薄昭從如代（師古

曰如往也代王立十七年高后崩大臣議立後疾外家呂氏彊暴皆稱薄氏仁善故迎立代王爲皇帝尊太后爲皇太后封弟昭爲軹侯師古曰軹音只太后母亦前死葬櫟陽北迺追尊太后父爲靈文侯會稽郡致園邑三百家長丞以下使奉守寢廟上食祠如法櫟陽亦置靈文夫人園令如靈文侯園儀太后蚤失父其奉太后外家魏氏有力師古曰言太后爲外家所養也迺召復魏氏師古曰復復之也復音方目反賞賜各以親疏受之薄氏侯者一人太后後文帝二歲孝景前二年崩師古曰言文帝崩後二歲太后乃崩葬南陵師古曰薄太后陵在霸陵之南故稱南陵即今所謂薄陵用呂后不合葬長陵師古曰以呂后是正嫡故傳不得合葬也故特自起陵近文帝

孝文竇皇后景帝母也呂太后時以良家子選入宮太后出宮人以賜諸王各五人竇姬與在行中師古曰與讀曰豫家在清河願如趙近家師古曰如往也請其主遣宦者吏必置我籍趙之伍中師古曰主遣宦者吏謂宦者爲吏而主發遣宮人者也籍謂名簿也伍猶列也宦者忘之誤置籍代伍中籍奏詔可當行竇姬涕泣怨其宦者不欲往相彊迺肯行至代代王獨幸竇姬生女嫖師古曰嫖音匹昭反孝惠七年生景帝代王王后生四男先代王未入立爲帝而王后卒及代王爲帝後王后所生四男更病死師古曰更互也音公衡反文帝

立數月公卿請立太子而竇姬男最長立爲太子竇姬爲皇后女爲館陶長公主師古曰年最長故謂長公主明年封少子武爲代王後徙梁師古曰初封代王後更爲梁王是爲梁孝王竇皇后親蚤卒葬觀津師古曰觀津清河之縣也觀音工喚反於是薄太后迺詔有司追封竇后父爲安成侯母曰安成夫人令清河置園邑二百家長丞奉守比靈文園法竇后兄長君弟廣國字少君年四五歲時家貧爲人所略賣其家不知處傳十餘家至宜陽爲其主人入山作炭暮臥岸下百餘人岸崩盡厭殺臥者師古曰厭音一甲反少君獨脫不死師古曰脫免也自卜數日當爲侯從其家之長安師古曰從其主家也之往也聞皇后新立家在觀津姓竇氏廣國去時雖少識其縣名及姓又嘗與其姊采桑墮師古曰墮謂墮樹用爲符信上書自陳皇后言帝召見問之具言其故果是復問其所識師古曰識記也音式志反曰姊去我西時與我決傳舍中匄沐沐我已飯我乃去師古曰匄乞也沐具而爲之沐沐訖又飯食之也飯音扶晚反於是竇皇后持之而泣侍御左右皆悲迺厚賜之家於長安絳侯灌將軍等曰吾屬不死命乃且縣此兩人師古曰恐其後擅權則將相大臣當被害此兩人所出微不可不爲擇師傅又復放呂氏大事也師古曰放音甫往反於是乃選長者之有節行者與居竇長君少君由此爲

退讓君子不敢以富貴驕人竇皇后疾失明文帝幸邯鄲愼夫人尹姬皆無子文帝崩景帝立皇后爲皇太后乃封廣國爲章武侯長君先死封其子彭祖爲南皮侯吳楚反時太后從昆弟子竇嬰俠喜士師古曰喜音許吏反爲大將軍破吳楚封魏其侯竇氏侯者凡三人竇太后好黃帝老子言景帝及諸竇不得不讀老子尊其術太后後景帝六歲凡立五十一年元光六年崩師古曰武紀建元六年太皇太后崩此傳云後景帝六歲是也而以建元爲元光則是參錯又當言凡立四十五年而云五十一再三乘謬皆是此傳誤合葬霸陵遺詔盡以東宮金錢財物賜長公主嫖師古曰東宮太后所居至武帝時魏其侯

竇嬰爲丞相後誅

孝景薄皇后孝文薄太后家女也景帝爲太子時薄太后取以爲太子妃景帝立立薄妃爲皇后無子無寵立六年薄太后崩皇后廢廢後四年薨葬長安城東平望亭南

孝景王皇后武帝母也父王仲槐里人也母臧兒故燕王臧荼孫也爲仲妻生男信與兩女而仲死臧兒更嫁爲長陵田氏婦生男蚡勝臧兒長女嫁爲金王孫婦生一女矣而臧兒卜筮曰兩女當貴欲倚兩女師古曰冀其貴而依倚之得尊寵也倚音於綺反大奪金氏金氏怒不肯與決乃內太子宮太子幸愛之生三女一男男方在身時王夫人夢日入其懷以告太子太子曰此貴徵也未生而文帝崩景帝即位王夫人生男是時薄皇后無子後數歲景帝立齊栗姬男爲太子而王夫人男爲膠東王長公主嫖有女欲與太子爲妃栗姬妬而景帝諸美人皆因長公主見得貴幸栗姬日怨怒謝長主不許長主欲與王夫人王夫人許之會薄皇后廢長公主日譖栗姬短景帝嘗屬諸姬子師古曰諸姬子諸姬所生之子也屬音之欲反此下皆同曰吾百歲後善視之栗姬怒不肯應言不遜景帝心銜之而未發

也長公主日譽王夫人男之美帝亦自賢之又耳曩者所夢日符師古曰耳常聽聞而記之也符猶端應計未有所定王夫人又陰使人趣大臣立栗姬爲皇后師古曰趣音曰促大行奏事文曰子以母貴母以子貴今太子母號宜爲皇后帝怒曰是乃所當言邪師古曰乃汝也言此事非汝所當得言遂案誅大行而廢太子爲臨江王栗姬愈恚不得見以憂死卒立王夫人爲皇后師古曰卒終也男爲太子封皇后兄信爲蓋侯初皇后始入太子家後女弟兒姁亦復入師古曰姁音許于反諸婦人之名字音皆同生四男兒姁蚤卒四子皆爲王師古曰謂廣川惠王越膠東康王寄清河哀王乘常山憲王舜皇后長女爲平陽公主次

南宮公主次隆慮公主師古曰慮音廬皇后立九年景帝
崩武帝即位爲皇太后尊太后母臧兒爲平原君
封田蚡爲武安侯勝爲周陽侯王氏田氏侯者凡
三人蓋侯信好酒田蚡勝貪巧於文辭蚡至丞相
追尊王仲爲共侯師古曰共讀曰恭槐里起園邑二百家長丞
奉守及平原君薨從田氏葬長陵亦置園邑如共
侯法初皇太后微時所爲金王孫生女俗在民間
蓋諱之也師古曰言隨流俗而在閭巷未顯貴武帝始立韓嫣白之師古曰嫣音偃
帝曰何爲不蚤言乃車駕自往迎之其家在長陵
小市直至其門使左右入求之家人驚恐女逃匿

扶將出拜帝下車立曰大姊何藏之深也載至長
樂宮與俱謁太后太后垂涕女亦悲泣帝奉酒前
爲壽錢千萬奴婢三百人公田百頃甲第以賜姊
太后謝曰爲帝費因賜湯沐邑號脩成君男女各
一人女嫁諸侯男號脩成子仲以太后故橫於京
師師古曰橫音胡孟反太后凡立二十五年後景帝十五歲元
朔三年崩合葬陽陵

孝武陳皇后長公主嫖女也曾祖父陳嬰與項羽
俱起後歸漢爲堂邑侯傳子至孫午午尚長公主
生女初武帝得立爲太子長主有力取主女爲妃
及帝即位立爲皇后擅寵驕貴十餘年而無子聞
衛子夫得幸幾死者數焉師古曰幾音鉅依反數音所角反上愈怒后
又挾婦人媚道頗覺元光五年上遂窮治之女子
楚服等坐爲皇后巫蠱祠祭祝詛大逆無道相連
及誅者三百餘人楚服梟首於市使有司賜皇后
策曰皇后失序惑於巫祝師古曰言失德義之序而妄祝詛也不可以承
天命其上璽綬罷退居長門宮明年堂邑侯午薨
主男須嗣侯主寡居私近董偃十餘年主薨須坐
淫亂兄弟爭財當死自殺國除後數年廢后乃薨
葬霸陵郎官亭東

孝武衛皇后字子夫生微也其家號曰衛氏出平
陽侯邑子夫爲平陽主謳者師古曰齊歌曰謳音一侯反武帝即位
數年無子平陽主求良家女十餘人飾置家帝祓
霸上孟康曰祓除也於霸水上自祓除今三月上巳祓禊也師古曰祓音廢禊音系還過平陽主主見
所侍美人師古曰偫儲偫也偫音丈紀反帝不說既飲謳者進帝獨說
子夫師古曰說皆讀曰悅帝起更衣子夫侍尚衣如淳曰以帷帳障尊者也晉灼曰代
侍五尚之衣師古曰二說皆非也尚主也時於軒中侍帝權主衣裳軒中得幸師古曰軒謂軒車即今車之施幰者還
坐驩甚賜平陽主金千斤主因奏子夫送入宮子
夫上車主拊其背曰行矣師古曰拊謂摩循之也行矣猶今言好去強飯勉
之師古曰強音其兩反飯音扶晚反即貴願無相忘入宮歲餘不復幸

武帝擇宮人不中用者斥出之子夫得見涕泣請出上憐之復幸遂有身尊寵召其兄衛長君弟青侍中而子夫生三女元朔元年生男據遂立為皇后先是衛長君死乃以青為將軍擊匈奴有功封長平侯青三子在襁褓中皆為列侯及皇后姊子霍去病亦以軍功為冠軍侯至大司馬票騎將軍青為大司馬大將軍衛氏支屬侯者五人青還尚平陽主皇后立七年而男立為太子後色衰趙之王夫人中山李夫人有寵皆蚤卒後有尹倢伃鉤弋夫人更幸師古曰更互也音工衡反衛后立三十八年遭巫蠱

事起江充為姦太子懼不能自明遂與皇后共誅充發兵兵敗太子亡走詔遣宗正劉長樂執金吾劉敢奉策收皇后璽綬自殺黃門蘇文姚定漢輿置公車令空舍盛以小棺瘞之城南桐柏師古曰瘞埋也桐柏亭名也瘞音於例反衛氏悉滅宣帝立乃改葬衛后追謚曰思后置園邑三百家長丞周衛奉守焉師古曰葬在杜門外大道東以倡優雜伎千人樂其園故號千人聚其地在今長安城內金城坊西北隅是

孝武李夫人本以倡進師古曰倡樂人音昌初夫人兄延年性知音善歌舞武帝愛之每為新聲變曲聞者莫不感動延年侍上起舞歌曰北方有佳人絕世而獨立一顧傾人城再顧傾人國寧不知傾城與傾國佳人難再得師古曰非不吝惜城與國也但以佳人難得愛悅之深不覺傾覆上嘆息曰善世豈有此人乎平陽主因言延年有女弟上乃召見之實妙麗善舞由是得幸生一男是為昌邑哀王李夫人少而蚤卒上憐閔焉圖畫其形於甘泉宮及衛思后廢後四年武帝崩大將軍霍光緣上雅意以李夫人配食師古曰緣因也雅意素舊之意追上尊號曰孝武皇后初李夫人病篤上自臨候之夫人蒙被謝曰妾久寢病形貌毀壞不可以見帝願以王及兄弟為託上曰夫人病甚殆將不起一見我屬託王及

兄弟豈不快哉夫人曰婦人貌不修飾不見君父妾不敢以燕媠見帝師古曰媠與惰同謂不嚴飾上曰夫人第一見我師古曰第但也將加賜千金而予兄弟尊官夫人曰尊官在帝不在一見上復言欲必見之夫人遂轉鄉歔欷而不復言師古曰鄉讀曰嚮轉面而嚮裏也歔音虛欷音許既反於是上不說而起師古曰說讀曰悅夫人姊妹讓之曰師古曰讓責也貴人獨不可一見上屬託兄弟邪何為恨上如此夫人曰所以不欲見帝者乃欲以深託兄弟也我以容貌之好得從微賤愛幸於上夫以色事人者色衰而愛弛師古曰弛解也音式爾反愛弛則恩絕上所以攣攣顧念我者乃以

平生容貌也師古曰攣音力全反又讀曰戀今見我毀壞顏色非故必畏惡吐棄我意尚肯復追思閔錄其兄弟哉及夫人卒上以后禮葬焉其後上以夫人兄李廣利為貳師將軍封海西侯延年為協律都尉上思念李夫人不已方士齊人少翁言能致其神迺夜張燈燭設帷帳陳酒肉而令上居他帳遙望見好女如李夫人之貌還幄坐而步師古曰夫人之神於幄中坐又出而徐步又不得就視上愈益相思悲感為作詩曰是邪非邪師古曰言所見之狀定是夫人以否立而望之偏何姍姍其來遲師古曰姍姍行貌音先安反令樂府諸音家絃歌之上又自為作賦以傷悼夫人

其辭曰

美連娟以修嫮兮師古曰嫮美也連娟纖弱也嫮音互娟音一全反命樔絕而不長師古曰樔截也音子小反飾新宮以延貯兮泯不歸乎故鄉師古曰新宮待神之處貯與佇同佇待也泯然滅絕意慘鬱鬱其蕪穢兮隱處幽而懷傷釋輿馬於山椒兮奄修夜之不陽孟康曰山椒山陵也置輿馬於山陵也師古曰自慘鬱以下皆言夫人身處墳墓而隱翳也修長也陽明也秋氣憯以淒淚兮桂枝落而銷亡師古曰淒淚寒涼之意也桂枝芳香亦喻夫人也憯音千感反淚音戾神煢煢以遙思兮精浮游而出畺託沈陰以壙久兮惜蕃華之未央師古曰沈陰言在地下也壙與曠同未央猶未半也言年歲未半而早落蕃華故痛惜之蕃音扶元反念窮極之不還兮惟幼眇之相羊師古曰惟思也幼眇猶窈窕也相羊翱翔也幼音一小反相音襄函荾

荴以俟風兮芳雜襲以彌章李奇曰荴音敷孟康曰荾音綏華中齊也夫人之色如春華含荾敷散以待風也師古曰雜襲重積也的容與以猗靡兮縹飄姚虖愈莊孟康曰言夫人之顏色的然盛美雖在風中縹姚愈益端嚴也師古曰縹音匹妙反燕淫衍而撫楹兮連流視而娥揚師古曰追述平生歡宴之時也娥揚揚其娥眉既激感而心逐兮包紅顏而弗明晉灼曰包藏也謂夫人藏其顏色不肯見帝屬其家室也師古曰此說非也心逐者帝自言中心追逐夫人不能已也包紅顏者言雖在墳墓之中不可見也驩接狎以離別兮宵寤夢之芒芒師古曰言絕接狎之懽而遂離別也宵夜也芒芒無知之貌也芒音莫郎反忽遷化而不反兮魄放逸以飛揚何靈魂之紛紛兮哀裴回以躊躇師古曰躊躇住足也躊音疇躇音丈預反埶路日以遠兮遂荒忽而辭去師古曰荒音呼廣反超兮西征屑兮不見師古曰屑然疾意也以日為喻故言西征寖淫敞怳寂兮

無音師古曰怳古恍字思若流波怛兮在心師古曰流波言思靡不絕也怛悼也音丁曷反亂曰師古曰亂理也總理賦中之意佳俠函光隕朱榮兮孟康曰佳俠猶佳麗嫉妒闒茸將安程兮師古曰言嫉妒闒茸之徒不足與夫人為程品也闒茸眾賤之稱也闒音吐臘反茸音人勇反方時隆盛年夭傷兮師古曰傷合韻音式向反弟子增欷洿沬悵兮應劭曰弟夫人弟兄也子昌邑王也孟康曰洿沬沬涕滿洟也晉灼曰沬音水沬面之沬言涕淚洿集覆面下也師古曰晉說是也悵惆悵也洿音烏洿下也沬音呼內反字從午未之未也悲愁於邑喧不可止兮師古曰朝鮮之閒謂小兒泣不止名為喧喧音許遠反嚮不虛應亦云已兮師古曰嚮讀曰響響之隨聲必當有應而今涕泣從自己耳夫人不知之是虛其應嫶妍太息歎稚子兮孟康曰夫人蒙被斂欷不見帝哀其子小而孤也晉灼曰三輔謂憂愁面省瘦曰嫶冥嫶冥猶嫶妍也師古曰嫶音在消反懰慄不言倚所恃兮孟康曰恃平日之恩知上必感念之也師古曰懰慄哀愴之意也懰音劉慄音栗仁者不誓豈約親兮

如淳曰仁者之行惠尚一不以爲恩施豈有親親而反當以言約乎旣往不來申以信兮師古曰死者一往不返情念酷痛重以此心爲信不有忽忘也信合韻音新去彼昭昭就冥冥兮旣下新宮不復故庭兮師古曰故庭謂平生所居室之庭也復音扶目反嗚呼哀哉想魂靈兮其後李延年弟季坐姦亂後宮廣利降匈奴家族滅矣

孝武鉤弋趙倢伃昭帝母也家在河閒武帝巡狩過河閒望氣者言此有奇女天子亟使使召之旣至女兩手皆拳上自披之手卽時伸由是得幸號曰拳夫人先是其父坐法宮刑爲中黃門死長安葬雍門師古曰雍門在長安西北孝里西南去長安三十里廣記云趙父冢在門西也拳夫人進爲

倢伃居鉤弋宮師古曰黃圖鉤弋宮在城外漢武故事曰在直門南也大有寵太始三年生昭帝號鉤弋子任身十四月迺生上曰聞昔堯十四月而生今鉤弋亦然迺命其所生門曰堯母門後衛太子敗而燕王旦廣陵王胥多過失寵姬王夫人男齊懷王李夫人男昌邑哀王皆蚤薨鉤弋子年五六歲壯大多知師古曰壯大者言其形體偉大上常言類我又感其生與衆異甚奇愛之心欲立焉以其年穉母少恐女主顓恣亂國家猶與久之師古曰與讀曰豫鉤弋倢伃從幸甘泉有過見譴以憂死師古曰譴責也音口羨反因葬雲陽師古曰在甘泉宮南今土俗人呼爲女陵後上疾病乃立鉤弋子爲皇太子拜奉車都尉霍光爲大司馬大將軍輔少主明日帝崩昭帝卽位追尊鉤弋倢伃爲皇太后發卒二萬人起雲陵邑三千戶追尊外祖趙父爲順成侯詔右扶風置園邑二百家長丞奉守如法順成侯有姊君姁賜錢二百萬奴婢第宅以充實焉諸昆弟各以親疏受賞賜趙氏無在位者唯趙父追封

孝昭上官皇后祖父桀隴西上邽人也少時爲羽林期門郎從武帝上甘泉天大風車不得行解蓋授桀桀奉蓋雖風常屬車師古曰屬連也音之欲反雨下蓋輒御

上奇其材力遷未央廄令上嘗體不安及愈見馬師古曰見謂呈見之音胡電反馬多瘦上大怒令以我不復見馬邪欲下吏桀頓首曰臣聞聖體不安日夜憂懼意誠不在馬師古曰誠實也言未卒泣數行下上以爲忠由是親近爲侍中稍遷至太僕武帝疾病以霍光爲大將軍太僕桀爲左將軍皆受遺詔輔少主以前捕斬反者莽通功封桀爲安陽侯初桀子安取霍光女結婚相親光每休沐出桀常代光入決事昭帝始立年八歲帝長姊鄂邑蓋長公主居禁中共養帝師古曰共音居用反養音弋亮反蓋主私近子客河閒丁外人師古曰子客子之賓客也外人

其名也上與大將軍聞之不絕主驩有詔外人侍長
主長主內周陽氏女令配耦帝時上官安有女即
霍光外孫安因光欲內之光爲尚幼不聽安素與
丁外人善說外人曰聞長主內女安子容貌端正
誠因長主時得入爲后師古曰以時得入以臣父子在朝而
有椒房之重師古曰椒房殿名在未央宮皇后所居成之在於足下漢家
故事常以列侯尚主足下何憂不封侯乎外人喜
言於長主長主以爲然詔召安女入爲倢伃安爲
騎都尉月餘遂立爲皇后年甫六歲師古曰甫始也安以后
父封桑樂侯食邑千五百戶遷車騎將軍日以驕

淫受賜殿中出對賓客言與我壻飲大樂見其服
飾使人歸欲自燒物安醉則裸行內與後母及父
諸良人侍御皆亂師古曰良人謂妾也侍御則兼婢矣子病死仰而罵天
數守大將軍光爲丁外人求侯師古曰守求請之及桀欲妄
官祿外人師古曰不由材德故云妄光執正皆不聽又桀妻父所幸
充國爲大醫監闌入殿中下獄當死冬月且盡蓋
主爲充國入馬二十匹贖罪廼得減死論於是桀
安父子深怨光而重德蓋主知燕王旦帝兄不得
立亦怨望桀安即記光過失予燕王令上書告之
又爲丁外人求侯燕王大喜上書稱子路喪姊朞

而不除孔子非之子路曰由不幸寡兄弟不忍除
之師古曰事見禮記由子路之名故曰觀過知仁師古曰論語云孔子曰人之過也各於其黨觀過斯知仁矣
引此言者謂子路厚於骨肉雖違禮制是其仁愛今臣與陛下獨有長公主爲姊陛
下幸使丁外人侍之外人宜蒙爵號書奏上以問
光光執不許及告光罪過上又疑之愈親光而疏
桀安桀安寖恚師古曰寖漸也遂結黨與謀殺光誘徵
燕王至而誅之因廢帝而立桀或曰當如皇后何
安曰逐麋之狗當顧菟邪師古曰言所求者大不顧小也且用皇后
爲尊一旦人主意有所移雖欲爲家人亦不可得
師古曰家人言凡庶匹夫此百世之一時也事發覺燕王蓋主皆自

殺語在霍光傳桀安宗族既滅皇后以年少不與
謀師古曰與讀曰預亦光外孫故得不廢皇后母前死葬茂
陵郭東追尊曰敬夫人置園邑二百家長丞奉守
如法皇后自使私奴婢守桀安家師古曰廟記云上官桀安家並在霍光冢東
去夏侯勝冢二十步光欲皇后擅寵有子帝時體不安左右及
醫皆阿意言宜禁內雖宮人使令皆爲窮絝多其
帶服虔曰窮絝有前後當不得交通也師古曰使令所使之人也絝古袴字也窮絝即今之緄襠袴也令音力征反緄音下昆反後
宮莫有進者皇后立十歲而昭帝崩后年十四五
云昌邑王賀徵即位尊皇后爲皇太后光與太后
共廢王賀立孝宣帝宣帝即位爲太皇太后凡立

四十七年年五十二建昭二年崩合葬平陵

衛太子史良娣宣帝祖母也太子有妃有良娣有孺子妻妾凡三等子皆稱皇孫史良娣家本魯國有母貞君兄恭以元鼎四年入爲良娣生男進號史皇孫（師古曰進者皇孫之名）武帝末巫蠱事起衛太子及良娣史皇孫皆遭害史皇孫有一男號皇曾孫時生數月猶坐太子繫獄積五歲乃遭赦治獄使者邴吉憐皇曾孫無所歸載以付史恭恭母貞君年老見孫孤甚哀之自養視焉後曾孫收養於掖庭遂登至尊位是爲宣帝而貞君及恭巳死恭三子皆以舊恩封長子高爲樂陵侯曾爲將陵侯玄爲平臺侯及高子丹以功德封武陽侯侯者凡四人高至大司馬車騎將軍丹左將軍自有傳

史皇孫王夫人宣帝母也名翁須大始中得幸於史皇孫皇孫妻妾無號位皆稱家人子征和二年生宣帝帝生數月衛太子皇孫敗家人子皆坐誅莫有收葬者唯宣帝得全即尊位後追尊母王夫人謚曰悼后祖母史良娣曰戾后皆改葬起園邑長丞奉守語在戾太子傳地節三年求得外祖母王媼媼男無故無故弟武皆隨使者詣闕時乘黃牛車故百姓謂之黃牛嫗初上即位數遣使者求外家久遠多似類而非是既得王媼令太中大夫任宣與丞相御史屬雜考問鄉里識知者皆曰王嫗嫗言名妄人家本涿郡蠡吾平鄉（師古曰蠡音禮）年十四嫁爲同鄉王更得妻更得死嫁爲廣望王迺始婦（師古曰廣望亦涿郡之縣）産子男無故武女翁須翁須年八九歲時寄居廣望節侯子劉仲卿宅仲卿謂迺始曰予我翁須自養長之媼爲翁須作縑單衣（師古曰縑即今之絹也音兼）送仲卿家仲卿教翁須歌舞往來歸取冬夏衣居四五歲翁須來言邯鄲賈長兒求歌舞者仲卿欲

以我與之媼即與翁須逃走之平鄉（師古曰之往也）仲卿載延始共求媼媼惶急將翁須歸曰兒居君家非受一錢也（師古曰言不曾得其聘幣）奈何欲予它人仲卿詐曰不也後數日翁須乘長兒車馬過門呼曰我果見行（師古曰呼音火故反）當之柳宿（蘇林曰柳宿邑名也在中山盧奴東北三十里）媼與迺始之柳宿見翁須相對涕泣謂曰欲爲汝自言（師古曰言自訟理不肯行）翁須曰毋置之（師古曰置之猶言任聽之不須自言）何家不可以居（師古曰言所去處皆可安也）自言無益也媼與迺始還求錢用隨逐至中山盧奴見翁須與歌舞等比五人同處（師古曰比音必寐反）媼與翁須共宿明日迺始留視翁須媼還求錢欲隨至

邯鄲媪歸䊮買未具廼始來歸曰翁須已去我無錢用隨也因絕至今不聞其問賈長兒妻貞及從者師遂辭（師古曰辭謂對辭）往二十歲太子舍人侯明從長安來求歌舞者請翁須等五人長兒使遂送至長安皆入太子家及廣望三老更始劉仲卿妻其等四十五人辭皆驗（師古曰其者仲卿妻之名）宣奏王媪悼后母明白上皆召見賜無故武爵關內侯旬月閒賞賜以鉅萬計頃之制詔御史賜外祖母號爲博平君以博平蠡吾兩縣戶萬一千爲湯沐邑封舅無故爲平昌侯武爲樂昌侯食邑各六千戶初廼始以本始

四年病死後三歲家廼富貴追賜謚曰思成侯詔涿郡治冢室置園邑四百家長丞奉守如法歲餘博平君薨謚曰思成夫人詔徙思成侯合葬奉明顧成廟南置園邑長丞（師古曰本號廣明故戾太子傳云皇孫及王夫人皆葬廣明其後以置園邑奉守故曰奉明）罷涿郡思成園王氏侯者二人無故子接爲大司馬車騎將軍而武子商至丞相自有傳

孝宣許皇后元帝母也父廣漢昌邑人少時爲昌邑王郎從武帝上甘泉誤取它郎鞍以被其馬發覺吏劾從行而盜當死有詔募下蠶室（孟康曰死罪囚欲就宮者聽之）後爲宦者丞上官桀謀反時廣漢部索（師古曰部分搜索罪人也索音山客反）其殿中廬有索長數尺可以縛人者數千枚滿一篋緘封（師古曰殿中廬殿中所止宿廬舍在宮中者也緘束篋也音工咸反）廣漢索不得它吏往得之（師古曰須得此繩索者用爲桀之反具）廣漢坐論爲鬼薪輸掖庭後爲暴室嗇夫時宣帝養於掖庭號皇曾孫與廣漢同寺居（師古曰寺者掖庭之官舍）時掖庭令張賀本衞太子家吏及太子敗賀坐下刑以舊恩養視皇曾孫甚厚及曾孫壯大賀欲以女孫妻之是時昭帝始冠長八尺二寸賀弟安世爲右將軍與霍將軍同心輔政聞賀稱譽皇曾孫欲妻以女安世怒曰曾孫廼衞太子後也幸得以庶人衣食縣官足

矣勿復言予女事於是賀止時許廣漢有女平君年十四五當爲內者令歐侯氏子婦（師古曰歐侯姓也歐音烏溝反）臨當入歐侯氏子死其母將行卜相（師古曰將領自隨而行卜）言當大貴母獨喜賀聞許嗇夫有女廼置酒請之（師古曰請召也召嗇夫飲酒也）酒酣爲言曾孫體近下人乃關內侯（師古曰言曾孫之身於帝爲近親縱其人材下劣尚作關內侯書本或無人字）可妻也廣漢許諾明日嫗聞之怒（師古曰廣漢之妻不欲與曾孫）廣漢重令爲介（師古曰更令人作媒而結婚姻重音直用反）遂與曾孫一歲生元帝數月曾孫立爲帝平君爲倢伃是時霍將軍有小女與皇太后有親公卿議更立皇后皆心儀霍將軍女（服虔曰儀音螘晉灼曰儀向也師古曰晉說是也謂附向之）亦

未有言上乃詔求微時故劒大臣知指白立許倢伃爲皇后既立霍光以后父廣漢刑人不宜君國歲餘乃封爲昌成君霍光夫人顯欲貴其小女道無從（師古曰從因也由也無由得內其女）明年許皇后當娠病女醫淳于衍者霍氏所愛嘗入宮侍皇后疾衍夫賞爲掖庭戶衛謂衍可過辭霍夫人行（師古曰過辭夫人乃行入宮也）爲我求安池監衍如言報顯顯因生心辟左右（師古曰辟音闢謂屏去之）字謂衍少夫幸報我以事（如淳曰稱衍字曰少夫親之也晉灼曰報我以事謂求池監也）我亦欲報少夫可乎（晉灼曰報少夫謀弒許后事）衍曰夫人所言何等不可者（師古曰無事而不可）顯曰將軍素愛小女成君欲奇貴之願以累少夫（師古曰累託也音力瑞反）衍曰何謂邪顯曰婦人免乳大故十死一生（師古曰免乳爲產子也大故大事也乳音人喻反）今皇后當免身可因投毒藥去也（師古曰去謂除去皇后也音丘呂反）成君即得爲皇后矣如蒙力事成富貴與少夫共之衍曰藥雜治當先嘗安可（師古曰與眾醫共雜治之又有先嘗者何可行毒）顯曰在少夫爲之耳將軍領天下誰敢言者緩急相護但恐少夫無意耳衍良久曰願盡力即擣附子齎入長定宮皇后免身後衍取附子并合大醫大丸以飲皇后（晉灼曰大丸今澤蘭丸之屬）有頃曰我頭岑岑也藥中得無有毒（師古曰岑岑痺悶之意）對曰無有遂加煩懣崩（師古曰懣音滿又音悶）衍出過見顯

相勞問（師古曰勞音來到反）亦未敢重謝衍（師古曰恐人知覺之）後人有上書告諸醫侍疾無狀者皆收繫詔獄劾不道顯恐急即以狀具語光因曰既失計爲之無令吏急衍光驚鄂默然不應其後奏上署衍勿論（李奇曰光題其奏也師古曰言之於帝故解釋耳光不自署也）許后立三年而崩謚曰恭哀皇后葬杜南是爲杜陵南園（師古曰即今之所謂小陵者去杜陵十八里）後五年立皇太子奭封太子外祖父昌成君廣漢爲平恩侯位特進後四年復封廣漢兩弟舜爲博望侯延壽爲樂成侯許氏侯者凡三人廣漢薨謚曰戴侯無子絕葬南園旁置邑三百家長丞奉守如法宣帝以延壽爲大司馬車騎將軍輔政元帝即位復封延壽中子嘉爲平恩侯奉戴侯後亦爲大司馬車騎將軍

孝宣霍皇后大司馬大將軍博陸侯光女也母顯既使淳于衍陰殺許后顯因爲成君衣補（師古曰謂縫作嫁時衣被也爲音于僞反）治入宮具勸光內之果立爲皇后初許后起微賤登至尊日淺從官車服甚節儉五日一朝皇太后於長樂宮親奉案上食以婦道共養及霍后立亦修許后故事而皇太后親霍后之姊子故常竦體敬而禮之皇后輿駕侍從甚盛賞賜官屬以千萬計與許后時縣絕矣上亦寵之顓房燕（師古

(曰顯與專同)立三歲而光薨後一歲上立許后男爲太子昌成君
者爲平恩侯顯怒恚不食歐血曰此乃民閒時子
安得立即后有子反爲王邪復教皇后令毒太子
皇后數召太子賜食保阿輒先嘗之后挾毒不得
行後殺許后事頗泄顯遂與諸壻昆弟謀反發覺
皆誅滅使有司賜皇后策曰皇后熒惑失道懷不
德挾毒與母博陸宣成侯夫人顯謀欲危太子無
人母之恩不宜奉宗廟衣服不可以承天命烏呼
傷哉其退避宮上璽綬有司霍后立五年廢處昭
臺宮(師古曰在上林中)後十二歲徙雲林館迺自殺葬昆吾

亭東(師古曰昆吾地名在藍田)初霍光及兄驃騎將軍去病皆自以
功伐封侯居位宣帝以光故封去病孫山山弟雲
皆爲列侯侯者前後四人孝宣王皇后其先高祖
時有功賜爵關內侯自沛徙長陵傳爵至后父奉
光奉光少時好鬬雞宣帝在民閒數與奉光會相
識奉光有女年十餘歲每當適人所當適輒死故
久不行及宣帝即位召入後宮稍進爲倢伃是時
館陶王母華倢伃(師古曰華音戶化反)及淮陽憲王母張倢伃
楚孝王母衞倢伃皆愛幸霍皇后廢後上憐許太
子蚤失母(師古曰許后所生故曰許太子)幾爲霍氏所害(師古曰幾音巨依反)於是

乃選後宮素謹慎而無子者遂立王倢伃爲皇后
令母養太子自爲后後希見無寵封父奉光爲邛
成侯立十六年宣帝崩元帝即位爲皇太后封太
后兄舜爲安平侯後二年奉光薨謚曰共侯葬長
門南置園邑二百家長丞奉守如法元帝崩成帝
即位爲太皇太后復爵太皇太后弟駿爲關內侯
食邑千戶王氏列侯二人關內侯一人舜子章章
從弟咸皆至左右將軍時成帝母亦姓王氏故世
號太皇太后爲邛成太后邛成太后凡立四十九
年年七十餘永始元年崩合葬杜陵稱東園(師古曰雖同塋

兆而別爲墳王后陵次宣帝陵東故曰東園也)奉光孫勳坐法免元始中成帝太
后下詔曰孝宣王皇后朕之姑深念奉質共修之
義恩結于心(師古曰質讀曰贄)惟邛成共侯國廢祀絕朕甚
閔焉其封共侯曾孫堅固爲邛成侯至王莽乃絕

外戚傳卷第六十七上

外戚傳卷第六十七下　班固　漢書九十七

秘書監上護軍琅邪縣開國子顏　師古　注

孝元王皇后成帝母也家凡十侯五大司馬 師古曰十侯者陽平頃侯禁禁子敬侯鳳安成侯崇平阿侯譚成都侯商紅陽侯立曲陽侯根高平侯逢時安陽侯音新都侯莽也五大司馬者鳳音商根莽也一曰鳳嗣禁爲侯不當重數而十人者淳于長即其一也 外戚莫盛焉自有傳

孝成許皇后大司馬車騎將軍平恩侯嘉女也元
帝悼傷母恭哀后居位日淺而遭霍氏之辜故選
嘉女以配皇太子初入太子家上令中常侍黃門
親近者侍送還白太子懽說狀 師古曰說讀曰悅 元帝喜謂
左右酌酒賀我左右皆稱萬歲久之有一男失之

及成帝即位立許妃爲皇后復生一女失之初后
父嘉自元帝時爲大司馬車騎將軍輔政已八九
年矣及成帝立復以元舅陽平侯王鳳爲大司馬
大將軍與嘉並杜欽以爲故事后父重於帝舅乃
說鳳曰車騎將軍至貴將軍宜尊之敬之無失其
意蓋輕細微眇之漸必生乖忤之患 師古曰眇亦細也忤違也 不
可不慎衞將軍之日盛於蓋侯 師古曰衞將軍衞青也武帝衞皇后之弟蓋侯王信也武帝之舅 近世之事語尚在於長老之耳唯將軍察焉
久之上欲專委任鳳迺策嘉曰將軍家重身尊不
宜以吏職自絫 師古曰絫古累字也音力瑞反 賜黃金二百斤以特進

侯就朝位後歲餘薨謚曰恭侯后聰慧善史書自
爲妃至即位常寵於上後宮希得進見皇太后及
帝諸舅憂上無繼嗣時又數有災異劉向谷永等
皆陳其咎在於後宮上然其言於是省減椒房掖
廷用度 師古曰椒房殿皇后所居 皇后迺上疏曰妾誇布服糲食
加以幼稚愚惑不明 孟康曰誇大也大布之衣也糲粗米也師古曰言在家時野賤也誇音夸糲音剌
義理幸得免離茅屋之下備後宮埽除蒙過誤之
寵居非命所當託洿穢不修曠職尸官 師古曰洿與汚同曠空也尸主也妄主其官
數逆至法踰越制度當伏放流之誅不足
以塞責迺壬寅日大長秋受詔椒房儀法御服輿

駕所發諸官署及所造作遺賜外家羣臣妾 師古曰外家謂后之家族言在外也 皆如竟寧以前故事妾伏自念入椒房以
來遺賜外家未嘗踰故事每輒決上 師古曰每事皆奏決於天子乃敢行也上音時掌反 可覆問也 師古曰覆音芳目反 今誠時世異制長短相補
不出漢制而已纖微之間未必可同若竟寧前與
黃龍前豈相放哉 晉灼曰竟寧元帝時也黃龍宣帝時也言二帝奢儉不同豈相放哉師古曰放依也音甫往反 家吏不曉 師古曰家吏皇后之官屬 今壹受詔如此且使妾摇
手不得今言無得發取諸宮殆謂未央宮不屬妾
不宜獨取也 師古曰未央宮天子之宮故其財物皇后不得取也今言者謂詔書勅有所限局之言 言妾
家府亦不當得妾竊惑焉 師古曰此言謂家吏之言 幸得賜湯沐

邑以自奉養亦小發取其中何害於誼而不可哉又詔書言服御所造皆如竟寧前吏誠不能揆其意即且令妾被服所爲不得不如前（師古曰詔書本云奢儉之制如竟寧前耳而吏乃謂衣服處置一如之也被音皮義反）設妾欲作某屛風張於某所曰故事無有或不能得則必繩妾以詔書矣（師古曰言或有所求吏不肯備因云詔書不許也）此二事誠不可行唯陛下省察官吏忮佷必欲自勝（師古曰官吏奄人爲皇后吏也忮堅也忮之豉反）幸妾尚貴時猶以不急事操人（師古曰尚貴時謂昔被寵遇之時也操持也音千高反次下亦同）況今日日益侵又獲此詔其操約人豈有所訴陛下見妾在椒房終不肯給妾纖微（師古曰言皇后自有湯沐故吏無它纖毫給賜）内邪若不私

府小取將安所仰乎（師古曰内邪言内中所須者也邪語辭也仰音牛向反）舊故中宮乃私奪左右之賤繒及發乘輿服繒言爲待詔補已而貿易其中（師古曰託言此繒擬待別詔有所補浣而私換易取其好者以自用）左右多竊怨者甚恥爲之又故事以特牛祠大父母戴侯敬侯皆得蒙恩以太牢祠今當率如故事唯陛下哀之今吏甫受詔讀記（師古曰甫始也）直豫言使后知之非可復若私府有所取也（師古曰若謂如未奉詔之前也）其萌牙所以約制妾者恐失人理（師古曰萌牙言其初始發意若草木之方生也）今但損車駕及母若未央宮有所發遺賜衣服如故事則可矣（師古曰言今止當減損車馬制度及不得同未央宮輒有發取妾遺賜人於事則可而后之衣服自當如舊也）其餘誠太

迫急柰何妾薄命端遇竟寧前（師古曰端正也言不得以它時爲比例而正値竟寧前）竟寧前於今世而比之豈可邪（師古曰言今時國家制度與事比竟寧前不肯皆同也）故時酒肉有所賜外家輒上表延決又故杜陵梁美人歲時遺酒一石肉百斤耳（蘇林曰宣帝美人也）妾甚少之遺田八子誠不可若是（師古曰當多於梁美人也）事率衆多不可勝以文陳（師古曰率猶計也類也言以文書陳之不可勝盡）俟自見索言之（師古曰俟待也自見后自見於天子也索盡也見音胡電反索音先各反）唯陛下深察焉上於是采劉向谷永之言以報曰皇帝問皇后所言事聞之夫日者衆陽之宗天光之貴王者之象人君之位也夫以陰而侵陽虧其正體是非下陵上妻乘夫賤

踰貴之變與（師古曰與讀曰歟）春秋二百四十二年變異爲衆莫若日蝕大自漢興日蝕亦爲呂霍之屬見以今揆之豈有此等之效與（師古曰與讀曰歟）諸侯拘迫漢制牧相執持之也（師古曰牧州牧也相諸侯王相也）又安獲齊趙七國之難將相大臣褱誠秉忠唯義是從（師古曰褱古懷字）又惡有上官博陸宣成之謀（師古曰惡於何也上官上官桀安也博陸侯霍禹也宣成宣成侯夫人顯也惡音烏）若乃徒步豪桀非有陳勝項梁之羣也匈奴夷狄非有冒頓郅支之倫也方外内鄉百蠻賓服（師古曰鄉讀曰嚮内嚮皆嚮中國也）殊俗慕義八州懷德雖使其褱挾邪意猶不足憂又況其無乎求於夷狄無有求於臣

下無有微後宮也當何以塞之師古曰微無也猶言非也塞當也日者建始元年正月師古曰日者猶言往日也白氣出於營室營室者天子之後宮也正月於尚書為皇極皇極者王氣之極也白者西方之氣其於春當廢今正於王極之月興廢氣於後宮視后妾無能懷任保全者師古曰視讀曰示以著繼嗣之微賤人將起也師古曰著明也至其九月流星如瓜出于文昌貫紫宮尾委曲如龍臨於鉤陳此又章顯前尤著在內也師古曰尤過也其後則有北宮井溢南流逆理數郡水出流殺人民後則訛言傳相驚震女童入殿咸莫覺知師古曰謂陳持弓也夫河者水陰

四瀆之長今乃大決沒漂陵邑師古曰大阜曰陵斯昭陰盛盈溢違經絕紀之應也廼昔之月鼠巢于樹野鵲變色五月庚子鳥焚其巢太山之域易曰鳥焚其巢旅人先咲後號咷喪牛于易凶師古曰咲古笑字也咷音桃解並在谷永傳言王者處民上如鳥之處巢也不顧卹百姓百姓畔而去之若鳥之自焚也雖先快意說咲師古曰說讀曰悅其後必號而無及也百姓喪其君若牛亡其毛也故稱凶泰山王者易姓告代之處今正於岱宗之山甚可懼也三月癸未大風自西搖祖宗寢廟揚裂帷席折拔樹木頓僵車輦毀壞檻屋災及宗

廟足為寒心四月己亥日蝕東井轉旋且索與既無異師古曰轉旋且索言須臾之間則欲盡也既亦盡也春秋書日有食之既故詔引以為言也索音先各反己猶戊也亥復水也張晏曰己戊皆中宮為君亥為水陰氣也明陰盛咎在內於戊己虧君體著絕世於皇極顯禍敗及京都於東井變怪眾備末重益大來數益甚成形之禍月以迫切不救之患日寖婁深師古曰寖漸也婁古屢字咎敗灼灼若此豈可以忽哉師古曰灼灼明白貌也忽忘也書云高宗肜日粵有雊雉師古曰肜音弋中反祖己曰惟先假王正厥事又曰雖休勿休惟敬五刑以成三德師古曰解並在谷永傳即飭椒房及掖庭耳師古曰謂祖己所言皆以戒後宮也飭與敕同今皇后有所疑便不便其條刺

使大長秋來白之師古曰條謂分條之也刺謂書之於刺板也刺音千賜反吏拘於法亦安足過蓋矯枉者過直古今同之師古曰矯正也枉曲也言意在正曲遂過於直且財幣之省特牛之祠其於皇后所以扶助德美為華寵也咎根不除災變相襲師古曰襲重累也祖宗且不血食何戴侯也傳不云乎以約失之者鮮師古曰論語載孔子之言也鮮少也謂能行儉約而有過失之事如此者少也鮮音先踐反審皇后欲從其奢與師古曰與讀曰歟朕亦當法孝武皇帝也如此則甘泉建章可復興矣世俗歲殊時變日化遭事制宜因時而移舊之非者何可放焉師古曰放音甫往反君子之道樂因循而重改作昔魯人為長府閔子騫曰仍舊貫如

之何何必改作師古曰事見論語長府藏貨之府也閔子騫孔子弟子也名損仍因也貫事也言因舊事則可何乃復更改作乎蓋惡之也詩云雖無老成人尚有典刑曾是莫聽大命以傾師古曰大雅蕩之詩也老成人舊故之臣也典刑常法也言闇亂之時不用舊法以至傾危孝文皇帝朕之師也皇太后皇后成法也假使太后在彼時不如職今見親厚又惡可以踰乎師古曰言假令太后昔時不得其志不依常理而皇后今被親厚何可踰於太后制度乎婦不可踰姑也惡音烏皇后其刻心秉德毋違先后之制度力誼勉行稱順婦道師古曰稱副也減省群事謙約為右師古曰以謙約為先其孝東宮毋闕朔望師古曰東宮太后所居也朔望朝謁之禮也推誠永究爰何不臧師古曰究竟也爰于也臧善也于何不善言何事而不善也養名顯行以息衆讙師古曰讙譁衆議也音許元反

垂則列妾使有法焉師古曰言垂法於後宮使皆遵行也皇后深惟毋忽是時大將軍鳳用事威權尤盛其後比三年日蝕師古曰比頻也言事者頗歸咎於鳳矣而谷永等遂著之許氏許氏自知為鳳所不佑師古曰佑助也久之皇后寵亦益衰而後宮多新愛后姊平安剛侯夫人謁等為媚道祝謯後宮有身者王美人及鳳等師古曰謯古詛字事發覺太后大怒下吏考問謁等誅死許后坐廢處昭臺宮師古曰在上林苑中親屬皆歸故郡山陽后弟子平恩侯旦就國凡立十四年而廢在昭臺歲餘還徙長定宮師古曰三輔黃圖上林有長定宮後九年上憐許氏下詔曰蓋聞仁

不遺遠誼不忘親前平安剛侯夫人謁坐大逆罪家屬幸蒙赦令歸故郡朕惟平恩戴侯先帝外祖魂神廢棄莫奉祭祀念之未嘗忘于心其還平恩侯旦及親屬在山陽郡者是歲廢后敗先是廢后姊孊寡居與定陵侯淳于長私通師古曰孊者后姊之名也音靡因為之小妻長紿之曰師古曰紿誑也我能白東宮復立許后為左皇后廢后因孊私賂遺長數通書記相報謝長書有誖謾師古曰誖惑亂也謾誕也誖音布內反謾音慢發覺天子使廷尉孔光持節賜廢后藥自殺葬延陵交道廄西孝成班倢伃帝初即位選入後宮始為少使蛾而

大幸如淳曰蛾無幾之頃也師古曰蛾與俄同古字通用為倢伃居增成舍應劭曰後宮有八區增成第三也再就館蘇林曰外舍產子也晉灼曰謂陽祿與柘觀有男數月失之成帝遊於後庭嘗欲與倢伃同輦載倢伃辭曰觀古圖畫賢聖之君皆有名臣在側三代末主迺有嬖女師古曰嬖愛也音必計反今欲同輦得無近似之乎師古曰近音鉅靳反上善其言而止太后聞之喜曰古有樊姬今有班倢伃張晏曰楚王好田獵樊姬為不食禽獸之肉倢伃誦詩及窈窕德象女師之篇師古曰詩謂關雎以下也窈窕德象女師之篇皆古箴戒之書也故傳云誦詩及窈窕以下諸篇明詩外別有此篇耳而說者便謂窈窕等即是詩篇之名失之矣每進見上疏依則古禮師古曰則法也自鴻嘉後上稍隆於內寵倢伃進侍者李平平得幸立為倢伃上曰

始衛皇后亦從微起迺賜平姓曰衛所謂衛倢伃也其後趙飛燕姊弟亦從自微賤興喻越禮制寖盛於前師古曰喻與踰同寖漸也班倢伃及許皇后皆失寵稀復進見鴻嘉三年趙飛燕譖告許皇后班倢伃挾媚道祝詛後宮詈及主上許皇后坐廢考問班倢伃倢伃對曰妾聞死生有命富貴在天師古曰論語載子夏對司馬牛之言也脩正尚未蒙福爲邪欲以何望使鬼神有知不受不臣之愬師古曰祝詛主上是不臣也如其無知愬之何益故不爲也上善其對憐閔之賜黃金百斤趙氏姊弟驕妬倢伃恐久見危求共養太后長信宮師古曰共音居用反養音弋向反上許焉倢伃退處東宮作賦自傷悼其辭曰承祖考之遺德兮何性命之淑靈師古曰何任也負也登薄軀於宮闕兮充下陳於後庭師古曰陳列也蒙聖皇之渥惠兮當日月之盛明師古曰渥厚也揚光烈之翕赫兮奉隆寵於增成既過幸於非位兮竊庶幾乎嘉時師古曰嘉善也每寤寐而絫息兮申佩離以自思師古曰絫息言懼而喘息也離桂衣之帶也女子適人父親結其離而戒之故云自思也絫古累字陳女圖以鏡監兮顧女史而問詩悲晨婦之作戒兮張晏曰書云牝雞之晨惟家之索喻婦人無男事也哀褒閻之爲郵師古曰小雅刺幽王之詩曰赫赫宗周褒姒威之閻妻煽方處故云爲郵郵過也美皇英之女虞兮榮任姒之母周師古曰皇娥皇英女英堯之二女也女妻也虞虞舜也任大任文王之母姒大姒武王之母也女虞女音尼據反雖愚

陋其靡及兮敢舍心而忘茲師古曰舍息也歷年歲而悼懼兮閔蕃華之不滋師古曰滋益也言時逝不留華色落也蕃音扶元反痛陽祿與柘館兮仍繈褓而離災服虔曰二館名也生子此館皆夭之也師古曰觀並在上林中仍頻也離遭也豈妾人之殃咎兮將天命之不可求白日忽已移光兮遂晻莫而昧幽師古曰晻與暗同又音烏感反莫讀曰暮一曰莫靜也讀如本字猶被覆載之厚德兮不廢捐於罪郵師古曰言主上之恩比於天地有罪過不發棄也被音皮義反奉共養于東宮兮託長信之末流師古曰末流謂恩顧之末也一曰流謂等列也共音居用反養音弋向反共洒埽於帷幄兮永終死以爲期師古曰共音居容反洒音灑又所寄反埽音先到反願歸骨於山足兮依松柏之餘休師古曰山足謂陵下也休蔭也

重曰師古曰重者情志未申更作賦也音直用反潛玄宮兮幽以清應門閉兮禁闥扃師古曰正門謂之應門扃短關也音工熒反華殿塵兮玉階菭中庭萋兮綠草生師古曰菭水氣所生也萋萋青草貌也菭音臺萋音妻廣室陰兮帷幄暗房櫳虛兮風泠泠師古曰櫳疏檻也泠音來東反泠音零感帷裳兮發紅羅紛綷縩兮紈素聲師古曰感動也言風動發帷裳羅綺也綷縩衣聲也綷音千晦反縩音蔡神眇眇兮密靚處君不御兮誰爲榮師古曰靚字與靜同俯視兮丹墀思君兮履綦孟康曰丹墀赤地也師古曰綦履下飾也言視殿上之地則想君履綦之跡也綦音其仰視兮雲屋雙涕兮橫流師古曰雲屋言其黮霴狀若雲也黮音徒感反霴音徒對反顧左右兮和顏酌羽觴兮銷憂劉德曰酒行疾如羽也孟康曰羽觴爵也作生爵形有頭尾羽翼如淳曰以瑇瑁覆翠羽於下徹上見師古曰孟說是也惟人生兮一世忽一過兮若浮已獨享兮高明處生民兮極休

師古曰享當也休美也勉虞精兮極樂與福祿兮無期師古曰此虞與娛同
綠衣兮白華自古兮有之師古曰綠衣詩邶風刺妾上僭夫人失位白華小雅篇周人刺幽王
黜申后也至成帝崩倢伃充奉園陵薨因葬園中
孝成趙皇后本長安宮人師古曰本宮人以賜陽阿主家也宮人者省中侍使官婢名曰宮人
非天子掖庭中也事見漢舊儀言長安者以別甘泉等諸宮省也初生時父母不舉三日
不死廼收養之及壯屬陽阿主家師古曰陽阿平原之縣也今俗書阿字作
河又或爲河陽皆後人所妄改耳學歌舞號曰飛燕師古曰以其體輕故也成帝嘗
微行出過陽阿主作樂上見飛燕而說之師古曰說讀曰悅
召入宮大幸有女弟復召入俱爲倢伃貴傾後宮
許后之廢也上欲立趙倢伃皇太后嫌其所出微

前漢傳六十七下　十一　陳文見

甚難之太后姊子淳于長爲侍中數往來傳語得
太后指上立封趙倢伃父臨爲成陽侯後月餘乃
立倢伃爲皇后追以長前白罷昌陵功封爲定陵
侯皇后既立後寵少衰而弟絕幸爲昭儀居昭陽
舍其中庭彤朱而殿上髤漆師古曰以漆漆物謂之髤音許求反又許昭反今關東俗器物
一再著漆者謂之捎漆捎即髤聲之轉重耳髤字或作髹音義亦與髤同今關西俗云黑髤盤朱髤盤其音如此兩義並通切皆
銅沓黃金塗師古曰切門限也音千結反沓冒其頭也塗以金塗銅上也沓音它合反白玉階師古
曰階所由升殿陛也壁帶往往爲黃金釭函藍田璧明珠翠羽
飾之服虔曰釭壁中之橫帶也晉灼曰以金環飾之也師古曰璧帶壁之橫木露出如帶者也於璧帶之中往往以金爲釭若車釭之形
也其釭中著玉璧明珠翠羽耳藍田山名出美玉釭音工𣲖俗讀之音江非也自後宮未嘗有焉姊弟

顓寵十餘年卒皆無子師古曰顓與專同卒終也末年定陶王來
朝王祖母傅太后私賂遺趙皇后昭儀定陶王竟
爲太子明年春成帝崩帝素彊無疾病是時楚思
王衍梁王立來朝明旦當辭去上宿供張白虎殿
師古曰白虎殿在未央宮中供音居用反張音竹亮反又欲拜左將軍孔光爲丞相
巳刻侯印書贊師古曰贊謂延拜之文昏夜平善鄉晨傅絝韈
應劭曰傅著也師古曰鄉讀曰嚮傅讀曰附絝古袴字也韈音武伐反欲起因失衣不能言晝
漏上十刻而崩民間歸罪趙昭儀皇太后詔大司
馬莽丞相大司空曰皇帝暴崩羣衆讙譁怪之
掖庭令輔等在後庭左右侍燕迫近雜與御史丞

前漢傳六十七下　十二　陳覔

相廷尉治問皇帝起居發病狀趙昭儀自殺哀帝
既立尊趙皇后爲皇太后封太后弟侍中駙馬都
尉欽爲新成侯趙氏侯者凡二人後數月司隸解
光奏言臣聞許美人及故中宮史曹宮皆御幸孝
成皇帝產子子隱不見臣遣從事掾業史望師古曰業者掾
之名望者史之名也皆不言其姓驗問知狀者掖庭獄丞籍武故中黃
門王舜吳恭靳嚴官婢曹曉道房張棄故趙昭
儀御者于客子王偏臧兼等皆曰宮即曉子女前
屬中宮爲學事史通詩授皇后房與宮對食應劭曰宮
人自相與爲夫婦名對食甚相妬忌也元延元年中宮語房曰陛下幸宮

後數月曉入殿中見宮腹大問宮宮曰御幸有身其十月中宮乳掖庭牛官令舍師古曰乳產也音而具反下皆類此有婢六人中黃門田客持詔記盛綠綈方底師古曰綠厚繒也綠其色也方底盛書囊形若今之筭幐耳綈音大奚反封御史中丞印予武曰取牛官令舍婦人新產兒婢六人盡置暴室獄毋問兒男女誰兒也武迎置獄宮曰善臧我兒胞師古曰胞謂胎之衣也音苞丞知是何等兒也師古曰意言是天子兒耳後三日客持詔記與武問兒死未手書對牘背師古曰牘木簡也時以為詔記問之故令於背上書對辭武即書對兒見在未死有頃客出曰上與昭儀大怒柰何不殺武叩頭啼曰不殺兒自知當死殺之亦死

即因客奏封事曰陛下未有繼嗣子無貴賤唯留意奏入客復持詔記予武曰今夜漏上五刻持兒與舜會東交掖門武因問客陛下得武書意何如曰憆也服虔曰憆直視貌也師古曰憆音丑庚反字本作瞠其音同耳武以兒付舜舜受詔內兒殿中為擇乳母告善養兒且有賞毋令漏泄舜擇棄為[illegible]母時兒生八九日後三日客復持詔記封如前予武中有封小綠篋記曰告武以篋中物書予獄中婦人武自臨飲之師古曰飲音於禁反武發篋中有裹藥二枚赫蹏書孟康曰蹏猶地也染紙素令赤而書之若今黃紙也鄧展曰赫音兒弟鬩牆之鬩應劭曰赫蹏薄小紙也晉灼曰今謂薄小物為鬩蹏鄧音應說是也師古曰孟說非也今書本赫字或作擊曰告偉能努

力飲此藥不可復入女自知之師古曰女讀曰汝偉能即宮宮讀書已曰果也欲姊弟擅天下我兒男也額上有壯髮類孝元皇帝師古曰壯髮當額前侵下而生今俗呼為圭頭者是也今兒安在危殺之矣師古曰危險也猶今人言險不殺耳柰何令長信得聞之師古曰謂太后宮飲藥死後宮婢六人召入出語武曰昭儀言女無過師古曰言我知汝無罪過也女讀曰汝寧自殺邪若外家也晉灼曰寧便自殺出至外舍死也我曹言願自殺師古曰曹輩也即自繆死晉灼曰繆音繆縛之繆鄭氏曰自縊也師古曰繆絞也音居虯反武皆表奏狀棄所養兒十一日師古曰棄謂張棄也宮長李南以詔書取兒去晉灼曰漢儀注有女長御比侍中宮長豈此邪不知所置師古曰終竟不知置何所也

許美人前在上林涿沐館數召入飾室中若舍師古曰或暫入或留止也一歲再三召留數月或半歲御幸元延二年褱子師古曰褱古懷字其十一月乳師古曰乳謂產子也音而樹反其下亦同詔使嚴持乳醫及五種和藥丸三送美人所後客子偏兼聞昭儀謂成帝曰常紿我言從中宮來師古曰紿誑也中宮皇后所居即從中宮來許美人兒何從生中許氏竟當復立邪晉灼曰昭儀前要帝不得立許美人為皇后而今有子中許氏竟當復立為皇后邪此前約之言也師古曰此說非也言美人在內中何從得兒而生也故言何從生中次此下乃始言約耳懟以手自擣師古曰懟怨恚也擣築也懟音直類反以頭擊壁戶柱從牀上自投地啼泣不肯食曰今當安置我欲歸耳帝曰今故告之反怒為師古曰故以許美人產子告汝何為反怒殊不可曉也師古曰言其不可告語也帝亦

不食昭儀曰陛下自知是不食爲何師古曰向爲不食也陛下常自言約不負女師古曰汝讀曰汝下亦同今美人有子竟負約謂何帝曰約以趙氏故不立許氏使天下無出趙氏上者毋憂也後詔使嚴持綠囊書予許美人告嚴曰美人當有以予女受來置飾室中簾南師古曰簾戶簾也音廉美人以葦篋一合盛所生兒緘封及綠囊報書予嚴嚴持篋書置飾室簾南去帝與昭儀坐使客子解篋緘未已師古曰緘束篋之繩也音居咸反帝使客子偏兼皆出自閉戶獨與昭儀在須臾開戶嘑客子偏兼使緘封篋及綠綈方底推置屛風東恭受詔持篋方底予武皆封以御史中丞印曰告武篋中有死兒埋屛處勿令人知武穿獄樓垣下爲坎埋其中故長定許貴人及故成都平阿侯家婢王業任孋公孫習前免爲庶人師古曰孋音麗詔召入屬昭儀爲私婢成帝崩未幸梓宮師古曰言未大斂也倉卒悲哀之時昭儀自知罪惡大知業等故許氏王氏婢恐事泄而以大婢羊子等賜予業等各且十人以慰其意屬無道我家過失師古曰屬音之欲反元延二年五月故掖庭令吾丘遵謂武曰師古曰姓吾丘名遵掖庭丞吏以下皆與昭儀合通無可與語者獨欲與武有所言我無子武有子是

家輕族人得無不敢乎蘇林曰是家謂成帝也不敢斥故言是家師古曰適自以無子故無所顧懼武既有子恐禍相及當止不敢言也掖庭中御幸生子者輒死又飲藥傷墮者無數欲與武共言之大臣票騎將軍貪耆錢不足計事師古曰耆讀曰嗜柰何令長信得聞之遵後病困謂武今我已死前所語事武不能獨爲也愼語師古曰言汝既不能獨爲勿漏泄其語皆在今年四月丙辰赦令前臣謹案永光三年男子忠等發長陵傅夫人冢事更大赦師古曰更音工衡反孝元皇帝下詔曰此朕不當所得赦也窮治盡伏辜天下以爲當魯嚴公夫人殺世子齊桓召而誅焉春秋予之師古曰嚴公夫人謂哀姜也予謂許子之也解具在五行志趙昭儀傾亂聖朝親滅繼嗣家屬當伏天誅前安平剛侯夫人謁坐大逆同產當坐以蒙赦令歸故郡今昭儀所犯尤誖逆罪重於謁而同產親屬皆在尊貴之位迫近帷幄師古曰近音鉅靳反羣下寒心非所以懲惡崇誼示四方也請事窮竟丞相以下議正法哀帝於是免新成侯趙欽欽兄子成陽侯訢皆爲庶人將家屬從遼西郡時議郎耿育上疏言臣聞繼嗣失統廢適立庶師古曰適讀曰嫡次下亦同聖人法禁古今至戒然大伯見歷知適逡循固讓師古曰歷謂王季即文王之父也知適謂知其當爲適嗣委身吳粤權變所設不計常法致位王季以崇聖嗣卒

有天下（師古曰卒終也）子孫承業七八百載功冠三王道德最備是以尊號追及大王故世必有非常之變然後乃有非常之謀孝成皇帝自知繼嗣不以時立念雖末有皇子萬歲之後未能持國（師古曰末晩暮也萬歲言晏駕也）權柄之重制於女主女主驕盛則耆欲無極（師古曰耆讀曰嗜）少主幼弱則大臣不使（師古曰不使不可使從命也）世無周公抱負之輔恐危社稷傾亂天下知陛下有賢聖通明之德仁孝子愛之恩懷獨見之明內斷於身故廢後宮就館之漸絕微嗣禍亂之根（師古曰微嗣者謂幼主也）乃欲致位陛下以安宗廟愚臣既不能深援安危定金匱之計（師古曰愚臣謂解光等也援引也金匱言長久之法可藏於金匱石室者也援音爰）又不知推演聖德述先帝之志（師古曰演廣也音弋善反）乃反覆校省內暴露私燕（師古曰私燕謂成帝閒宴之私也覆音芳目反）誣汙先帝傾惑之過成結寵妾妬媚之誅甚失賢聖遠見之明逆負先帝憂國之意夫論大德不拘俗立大功不合衆此乃孝成皇帝至思所以萬萬於衆臣陛下聖德盛茂所以符合於皇天也豈當世庸庸斗筲之臣所能及哉且褎廣將順君父之美匡救銷滅既往之過（師古曰褎古褒字）古今通義也事不當時固爭防禍於未然各隨指阿從以求容媚晏駕之後尊號已定萬事已

訖乃探追不及之事訐揚幽昧之過（師古曰訐音居謁反）此臣所深痛也願下有司議即如臣言宜宣布天下使咸曉知先帝聖意所起不然空使謗議上及山陵下流後世遠聞百蠻近布海內甚非先帝託後之意也蓋孝子善述父之志善成人之事唯陛下省察哀帝為太子亦頗得趙太后力遂不竟其事傅太后恩趙太后趙太后亦歸心（師古曰恩謂以厚恩接遇之一曰恩謂銜其立哀帝為嗣之恩也）故成帝母及王氏皆怨之哀帝崩王莽白太后詔有司曰前皇太后與昭儀俱侍帷幄姊弟專寵錮寢執賊亂之謀殘滅繼嗣以危宗廟誖天犯祖（師古曰誖違也祖先帝也）無為天下母之義貶皇太后為孝成皇后（晉灼曰使哀帝不毋罪之也）徙居北宮後月餘復下詔曰皇后自知罪惡深大朝請希闊（師古曰請謁也闊猶疏也）失婦道無共養之禮而有狼虎之毒（師古曰共讀曰供音居用反養弋向反其下並同）宗室所怨海內之讎也而尚在小君之位誠非皇天之心夫小不忍亂大謀恩之所不能已者義之所割也（師古曰言以義割恩也）今廢皇后為庶人就其園是日自殺凡立十六年而誅先是有童謠曰燕燕尾涎涎（師古曰涎涎光澤之貌也音徒見反）張公子時相見木門倉琅根燕飛來啄皇孫皇孫死燕啄矢成帝每微行出常與張放俱

而稱富平侯家故曰張公子倉琅根宮門銅鍰也師古曰鍰讀與環同

孝元傅昭儀哀帝祖母也父河内温人蚤卒母更嫁爲魏郡鄭翁妻生男惲昭儀少爲上官太后才人自元帝爲太子得進幸元帝即位立爲倢伃甚有寵爲人有材略善事人下至宫人左右飲酒酹地皆祝延之師古曰酹以酒沃地也祝延祝之使長年也酹音來外反祝音之受反產一男一女女爲平都公主男爲定陶恭王恭王有材藝尤愛於上元帝既重傅倢伃及馮倢伃亦幸生中山孝王上欲殊之於後宮以二人皆有子爲王上尚

在未得稱太后乃更號曰昭儀賜以印綬在倢伃上昭其儀尊之也至成哀時趙昭儀董昭儀皆無子猶稱焉元帝崩傅昭儀隨王歸國稱定陶太后後十年恭王薨子代爲王王母曰丁姬傅太后躬自養視既壯大成帝無繼嗣時中山孝王在元延四年孝王及定陶王皆入朝傅太后多以珍寶賂遺趙昭儀及帝舅票騎將軍王根陰爲王求漢嗣皆見上無子欲豫自結爲久長計更稱譽定陶王師古曰更音工衡反上亦自器之明年遂徵定陶王立爲太子語在哀紀月餘天子立楚孝王孫景爲定陶王奉恭王後太子議欲謝少傅閻崇以爲春秋不以父命廢王父命師古曰王父謂祖也爲人後之禮不得顧私親不當謝太傅趙玄以爲當謝太子從之詔問所以謝狀尚書劾奏玄左遷少府以光禄勳師丹爲太傅詔傅太后與太子母丁姬自居定陶國邸下有司議皇太子得與傅太后丁姬相見不有司奏議不得相見頃之成帝母王太后欲令傅太后丁姬十日一至太子家成帝曰太子丞正統當共養陛下不得復顧私親王太后曰太子小而傅太后抱養之今至太子家以乳母恩耳不足有所妨於是令

傅太后得至太子家丁姬以不安養太子獨不得成帝崩哀帝即位王太后詔令傅太后丁姬十日一至未央宫高昌侯董宏希指師古曰希望天子意指也上書言宜立丁姬爲帝太后師丹劾奏宏懷邪誤朝不道上初即位謙讓從師丹言止後迺白令王太后下詔尊定陶恭王爲恭皇哀帝因是曰春秋母以子貴尊傅太后爲恭皇太后丁姬爲恭皇后各置左右詹事食邑如長信宫中宫追尊恭皇太后父爲崇祖侯恭皇后父爲褒德侯後歲餘遂下詔曰漢家之制推親親以顯尊尊定陶恭皇之號不宜

復稱定陶其尊恭皇太后爲帝太太后丁后爲帝太后後又更號帝太太后爲皇太太后稱永信宮帝太后稱中安宮而成帝母太皇太后本稱長信宮成帝趙后爲皇太后並四太后各置少府太僕秩皆中二千石爲恭皇立寢廟於京師比宣帝父悼皇考制度序昭穆於前殿如淳曰廟之前曰殿半以後曰寢傅太后父同產弟四人曰子孟中叔子元幼君師古曰中讀曰仲子孟子喜至大司馬封高武侯中叔子晏亦大司馬封孔鄉侯幼君子商封汝昌侯爲太后父崇祖侯後更號崇祖曰汝昌哀侯太后同母弟鄭惲前死

以惲子業爲陽信侯追尊惲爲陽信節侯鄭氏傅氏侯者凡六人大司馬二人九卿二千石六人侍中諸曹十餘人傅太后既尊後尤驕與成帝母語至謂之嫗與中山孝王母馮太后並事元帝追怨之陷以祝詛罪令自殺元壽元年崩合葬渭陵稱孝元傅皇后云定陶丁姬哀帝母也易祖師丁將軍之玄孫師古曰祖始也儒林傳丁寬易家之始師家在山陽瑕丘父至廬江太守始定陶恭王先爲山陽王而丁氏内其女爲姬王后姓張氏其母鄭禮即傅太后同母弟也太后以親戚故欲其有子然終無有唯丁姬河平

四年生哀帝丁姬爲帝太后兩兄忠明明以帝舅封陽安侯忠蚤死封忠子滿爲平周侯太后叔父憲望望爲左將軍憲爲太僕明爲大司馬票騎將軍輔政丁氏侯者凡二人大司馬一人將軍九卿二千石六人侍中諸曹亦十餘人丁傅以一二年間暴興尤盛然哀帝不甚假以權埶權埶不如王氏在成帝世也建平二年丁太后崩上曰詩云穀則異室死則同穴師古曰王國大車之詩也穀生也昔季武子成寢杜氏之墓在西階下請合葬而許之師古曰事見禮記附葬之禮自周興焉孝子事亡如事存帝太后宜起陵恭

皇之園遣大司馬票騎將軍明東送葬于定陶貴震山東哀帝崩王莽秉政使有司舉奏丁傅罪惡莽以太皇太后詔皆免官爵丁氏徙歸故郡莽奏貶傅太后號爲定陶共王母丁太后號曰丁姬元始五年莽復言共王母丁姬前不臣妾師古曰不遵臣妾之道至葬渭陵冢高與元帝山齊懷帝太后皇太太后璽綬以葬師古曰懷謂挾之以自隨也不應禮禮有改葬請發共王母及丁姬冢取其璽綬消滅徙共王母及丁姬歸定陶葬共王冢次而葬丁姬復其故師古曰復音扶目反太后以爲既已之事不須復發莽固爭之太后詔曰

因故棺爲致椁作冢（師古曰致謂累也）祠以太牢謁者護既
發傅太后冢崩壓殺數百人開丁姬椁戶火出炎
四五丈（師古曰炎音弋贍反）吏卒以水沃滅迺得入燒燔椁中
器物莽復奏言前共王母生僭居桂宮皇天震怒
災其正殿丁姬死葬踰制度今火焚其椁此天見
變以告當改如媵妾也臣前奏請葬丁姬復故非
是（師古曰言尚太優僭也）共王母及丁姬棺皆名梓宮珠玉之
衣非藩妾服請更以木棺代去珠玉衣葬丁姬媵
妾之次奏可既開傅太后棺臭聞數里公卿在位
皆阿莽指入錢帛遣子弟及諸生四夷凡十餘萬

人操持作具助將作掘平共王母丁姬故冢二旬
閒皆平莽又周棘其處以爲世戒云（師古曰以棘周繞也）時有
羣燕數千銜土投丁姬穿中（師古曰穿謂壙中也）丁傅既敗孔
鄉侯晏將家屬徙合浦宗族皆歸故郡唯高武侯
喜得全自有傳

孝哀傅皇后定陶太后從弟子也哀帝爲定陶王
時傅太后欲重親取以配王王入爲漢太子傅氏
女爲妃哀帝即位成帝大行尚在前殿而傅太后
封傅妃父晏爲孔鄉侯與帝舅陽安侯丁明同日
俱封時師丹諫以爲天下自王者所有親戚何患

不富貴而倉卒若是其不久長矣晏封後月餘傅
妃立爲皇后傅氏既盛晏最尊重哀帝崩王莽白
太皇太后下詔曰定陶共王太后與孔鄉侯晏同
心合謀背恩忘本專恣不軌與至尊同稱號終沒
至乃配食於左坐（應劭曰若禮以其妃配者也坐於左而並食　師古曰坐音材卧反）誖逆無
道令孝哀皇后退就桂宮後月餘復與孝成趙
皇后俱廢爲庶人就其園自殺

孝元馮昭儀平帝祖母也元帝即位二年以選入
後宮時父奉世爲執金吾昭儀始爲長使數月至
美人後五年就館生男拜爲倢伃時父奉世爲右

將軍光祿勳奉世長男野王爲左馮翊父子並居
朝廷議者以爲器能當其位非用女寵故也而馮
倢伃內寵與傅昭儀等建昭中上幸虎圈鬭獸後
宮皆坐熊佚出圈（師古曰佚字與逸同）攀檻欲上殿左右貴人傅
昭儀等皆驚走馮倢伃直前當熊而立左右格殺
熊上問人情驚懼何故前當熊倢伃對曰猛獸得
人而止妾恐熊至御坐故以身當之元帝嗟歎以
此倍敬重焉傅昭儀等皆慙明年夏馮倢伃男立
爲信都王尊倢伃爲昭儀元帝崩爲信都太后與
王俱居儲元宮（師古曰黃圖在上林苑中）河平中隨王之國後徙

中山是爲孝王後徵定陶王爲太子封中山王舅
參爲宜鄉侯參馮太后少弟也是歲孝王薨有一
男嗣爲王時未滿歲有眚病孟康曰災眚之眚謂妖病也服虔曰身盡青也蘇林曰名爲肝
厥發時脣口手足十指甲皆青師古曰下云禱祠解舍孟說是也未滿歲者謂爲王未滿歲也眚音所領反字不作青服蘇誤矣太后自
養視數禱祠解師古曰解音懈哀帝即位遣中郎謁者張由
將醫治中山小王由素有狂易病師古曰狂易者狂而變易常性也病
發怒去西歸長安尚書簿責擅去狀師古曰簿責以文簿一一責問也
由恐因誣言中山太后祝詛上及太后太后即傅
昭儀也素常怨馮太后因是遣御史丁玄案驗盡
收御者官吏及馮氏昆弟在國者百餘人分繫雒

陽魏郡鉅鹿數十日無所得更使中謁者令史立
師古曰官爲中謁者令姓史名立與丞相長史大鴻臚丞雜治立受傅
太后指幾得封侯師古曰幾讀曰冀治馮太后女弟習及寡
弟婦君之死者數十人巫劉吾服祝詛醫徐遂成
言習君之曰武帝時醫脩氏刺治武帝得二千萬
耳師古曰刺治謂箴之今愈上不得封侯不如殺上令中山王
代可得封立等劾奏祝詛謀反大逆責問馮太后
無服辭立曰熊之上殿何其勇今何怯也太后還
謂左右此迺中語前世事師古曰中語謂宮中之言語也吏何用知之
欲陷我效也師古曰效徵驗也迺飲藥自殺先未死有司請

誅之上不忍致法廢爲庶人徙雲陽宮既死有司
復奏太后死在未廢前有詔以諸侯王太后儀葬
之宜鄉侯參君之習夫及子當相坐者或自殺或
伏法參女弁爲孝王后有兩女有司奏免爲庶人
與馮氏宗族徙歸故郡張由以先告賜爵關内侯
史立遷中太僕哀帝崩大司徒孔光奏由前誣告
骨肉立陷人入大辟爲國家結怨於天下以取秩
遷獲爵邑幸蒙赦令請免爲庶人徙合浦云
中山衞姬平帝母也父子豪中山盧奴人官至衞
尉子豪女弟爲宣帝倢伃生楚孝王長女又爲元

帝倢伃生平陽公主成帝時中山孝王無子上以
衞氏吉祥以子豪少女配孝王元延四年生平帝
平帝年二歲孝王薨代爲王哀帝崩無嗣太皇太
后與新都侯莽迎中山王立爲帝莽欲顓國權懲
丁傅行事師古曰懲創艾也以帝爲成帝後母衞姬及外家
不當得至京師迺更立宗室桃鄉侯子成都爲中
山王奉孝王後遣少傅左將軍甄豐賜衞姬璽綬
即拜爲中山孝王后以苦陘縣爲湯沐邑又賜帝
舅衞寶寶弟玄爵關内侯賜帝三妹謁臣號脩義
君哉皮爲承禮君鬲子爲尊德君師古曰鬲音歷食邑各

二千戶莽長子宇非莽隔絕衛氏恐久後受禍即
私與衛寶通書記教衛后上書謝恩因陳丁傅舊
惡幾得至京師 師古曰幾讀曰冀 莽白太皇太后詔有司曰
中山孝王后深分明爲人後之義條陳故定陶傅
太后丁姬誖天逆理上僭位號 師古曰誖違也 徙定陶王於
信都爲共王立廟於京師如天子制不畏天命侮
聖人言 師古曰論語稱孔子曰君子有三畏畏天命畏大人畏聖人之言小人不知天命而不畏也狎大人侮聖人之言故此文引之也侮古侮字 壞亂法度居非其制稱非其號是以皇天震
怒火燒其殿六年之間大命不遂禍殃仍重 師古曰遂猶延也重音直用反
竟令孝哀帝受其餘災大失天心天命暴崩

又令共王祭祀絕廢精魂無所依歸朕惟孝王后
深說經義明鏡聖法懼古人之禍敗近事之咎殃
畏天命奉聖言是迺久保一國長獲天祿而令孝
王永享無疆之祀福祥之大者也朕甚嘉之夫褒
義賞善聖王之制其以中山故安戶七千益中山
后湯沐邑加賜及中山王黃金各百斤增傅相以
下秩衛后日夜啼泣思見帝而但益戶邑宇復教
令上書求至京師會事發覺莽殺宇盡誅衛氏支
屬衛寶女爲中山王后免后徙合浦 師古曰黜其后位而徙也 唯
衛后在 師古曰中山孝王后也 王莽篡國廢爲家人後歲餘卒

莽孝王亭

孝平王皇后安漢公太傅大司馬莽女也平帝即
位年九歲成帝母太皇太后稱制而莽秉政莽欲
依霍光故事以女配帝太后意不欲也莽設變詐
令女必入因以自重事在莽傳太后不得已而許
之遣長樂少府夏侯藩宗正劉宏少府宗伯鳳尚
書令平晏納采 師古曰官爲少府姓宗伯名鳳也納采者禮記云婚禮納采問名謂采擇其可者 太師
光大司徒馬宮大司空甄豐左將軍孫建執金吾
尹賞行太常事太中大夫劉歆及太卜太史令以
下四十九人賜皮弁素績 師古曰皮弁以鹿皮爲冠形如人手之弁合也素績謂素裳衣也朱衣而素裳績字或作積積謂襞績之若今之襵爲也

以禮雜卜筮太牢祠宗廟待吉
月日明年春遣大司徒宮大司空豐左將軍建右
將軍甄邯光祿大夫歆奉乘輿法駕迎皇后於安
漢公第宮 師古曰本自莽第以皇后在是因呼曰宮 豐歆授皇后璽紱 師古曰紱所以繫璽音弟
登車稱警蹕便時上林延壽門 師古曰取時日之便也音頻面反 入
未央宮前殿羣臣就位行禮大赦天下益封父安
漢公地滿百里賜迎皇后及行禮者自三公以下
至騶宰執事長樂未央宮安漢公第者皆增秩賜
金帛各有差皇后立三月以禮見高廟尊父安漢
公號曰宰衡位在諸侯王上賜公夫人號曰功顯

君食邑封公子安爲襃新侯臨爲賞都侯后立歲餘平帝崩莽立孝宣帝玄孫嬰爲孺子莽攝帝位尊皇后爲皇太后三年莽即眞以嬰爲定安公改皇太后號爲定安公太后太后時年十八矣爲人婉瘱有節操（師古曰婉順也瘱靜也音烏計反）自劉氏廢常稱疾不朝會莽敬憚傷哀欲嫁之乃更號爲黃皇室主（師古曰莽自謂土德故云黃皇室主者若漢之稱公主）令立國將軍成新公孫建世子襐飾將醫往問疾（師古曰襐盛飾也音丈又音象一曰襐首飾也在兩耳後刻鏤而爲之）后大怒笞鞭其旁侍御因發病不肯起莽遂不復彊也及漢兵誅莽燔燒未央宮后曰何面目以見漢家自投火中而死

贊曰易著吉凶而言謙盈之效天地鬼神至于人道靡不同之（師古曰易謙卦曰天道虧盈而益謙地道變盈而流謙鬼神害盈而福謙人道惡盈而好謙）夫女寵之興繇至微而體至尊（師古曰繇與由同）窮富貴而不以功此固道家所畏禍福之宗也序自漢興終于孝平外戚後庭色寵著聞二十有餘人然其保位全家者唯文景武帝太后及邛成后四人而已至如史良娣王悼后許恭哀后身皆夭折不辜而家依託舊恩不敢縱恣是以能全其餘大者夷滅小者放流烏嘑鑒茲行事變亦備矣

外戚傳卷第六十七下

元后傳卷第六十八　班固　漢書九十八

祕書監上護軍琅邪縣開國子顏師古注

孝元皇后王莽姑也莽自謂黃帝之後其自本曰（師古曰述其本系）黃帝姓姚氏八世生虞舜舜起嬀汭以嬀爲姓（師古曰嬀水名水曲曰汭言因水爲姓汭音而銳反）至周武王封舜後嬀滿於陳是爲胡公十三世生完完字敬仲犇齊（師古曰犇古奔字）齊桓公以爲卿姓田氏十一世田和有齊國二世稱王至王建爲秦所滅項羽起封建孫安爲濟北王至漢興安失國齊人謂之王家因以爲氏文景閒安孫遂字伯紀處東平陵（師古曰濟南之縣）生賀字翁孺

爲武帝繡衣御史逐捕魏郡羣盜堅盧等黨與及吏畏懦逗遛當坐者（師古曰懦音乃喚反逗音住又音豆）翁孺皆縱不誅它部御史暴勝之等奏殺二千石誅千石以下（師古曰二千石者奏而殺之其千石以下則得專誅）及通行飲食坐連及者大部至斬萬餘人語見酷吏傳翁孺以奉使不稱免（師古曰不稱謂不副所委）嘆曰吾聞活千人有封子孫吾所活者萬餘人後世其興乎翁孺既免而與東平陵終氏爲怨適徙魏郡元城委粟里爲三老魏郡人德之元城建公曰（服虔曰元城人年老者也）昔春秋沙麓崩晉史卜之曰陰爲陽雄土火相乘（李奇曰此龜繇文也陰元后也陽漢也王氏舜後土也漢火也故曰土火相乘陰盛而沙麓崩）故有

沙麓崩後六百四十五年宜有聖女興其齊田乎（張晏曰陰數八八六十四土數五故六百四十五歲春秋僖十四年沙麓崩歲在乙亥至哀帝元壽二年哀帝崩元后始攝政歲在庚申沙麓崩後六百四十五歲）今王翁孺徙正直其地（師古曰直亦當）日月當之元城郭東有五鹿之虛即沙鹿地也（師古曰虛讀曰墟）後八十年當有貴女興天下云翁孺生禁字稚君少學法律長安為廷尉史本始三年生女政君即元后也禁有大志不脩廉隅好酒色多取傍妻凡有四女八男長女君俠次即元后政君次君力次君弟長男鳳孝卿次曼元卿譚子元崇少子商子夏立子叔根稚卿逢時季卿唯鳳崇與元后政君同母母適

妻魏郡李氏女也（師古曰適讀曰嫡）後以妬去更嫁為河內苟賓妻初李親任政君在身（師古曰任懷任）夢月入其懷及壯大婉順得婦人道甞許嫁未行所許者死後東平王聘政君為姬未入王薨禁獨怪之使卜數者相政君（師古曰數計也若言今之祿命書也數音所具反）當大貴不可言禁心以為然迺教書學鼓琴五鳳中獻政君年十八矣入掖庭為家人子歲餘會皇太子所愛幸司馬良娣病且死謂太子曰妾死非天命迺諸娣妾良人更祝詛殺我（師古曰更音工衡反）太子憐之且以為然及司馬良娣死太子悲恚發病忽忽不樂因以過怒諸娣妾

莫得進見久之宣帝聞太子恨過諸娣妾欲順適其意迺令皇后擇後宮家人子可以虞侍太子者（師古曰此虞與娛同）政君與在其中（師古曰與讀曰豫）及太子朝皇后迺見政君等五人微令旁長御問知太子所欲太子殊無意於五人者不得已於皇后（師古曰恐不副皇后意故言不得已）彊應曰此中一人可（師古曰非其本心故曰彊）是時政君坐近太子又獨衣絳緣諸于（師古曰諸于大掖衣即袿衣之類也）長御即以為是皇后使侍中杜輔掖庭令濁賢交送政君太子宮（師古曰濁姓也交送謂侍中掖庭令雜為使）見丙殿得御幸有身先是者太子後宮娣妾以十數御幸久者七八年莫有子及王妃壹

幸而有身甘露三年生成帝於甲館畫堂為世適皇孫（師古曰適讀曰嫡）宣帝愛之自名曰驁字大孫常置左右後三年宣帝崩太子即位是為孝元帝立大孫為太子以母王妃為倢伃封父禁為陽平侯後三日倢伃立為皇后禁位特進禁弟弘至長樂衛尉永光二年禁薨謚曰頃侯長子鳳嗣侯為衛尉侍中皇后自有子後希復進見太子壯大寬博恭慎語在成紀其後幸酒樂燕樂（師古曰幸酒好酒也樂宴樂好宴私之樂也解具在成紀）元帝不以為能而傅昭儀有寵於上生定陶共王王多材藝上甚愛之坐則側席行則同輦（師古曰側席謂附近）

御坐常有意欲廢大子而立共王時鳳在位與皇后
大子同心憂懼賴侍中史丹擁右大子 師古曰右讀曰佑助也 語
在丹傳上亦以皇后素謹慎而大子先帝所常留
意故得不廢元帝崩大子立是爲孝成帝尊皇后
爲皇大后以鳳爲大司馬大將軍領尚書事益封
五千戶王氏之興自鳳始又封大后同母弟崇爲
安成侯食邑萬戶鳳庶弟譚等皆賜爵關內侯食
邑其夏黃霧四塞終日 師古曰塞滿也言四方皆滿 天子以問諫大
夫楊興博士駟勝等對皆以爲陰盛侵陽之氣也
高祖之約也非功臣不侯今大后諸弟皆以無功

前漢傳六十八　四　宣

爲侯非高祖之約外戚未曾有也故天爲見異 師古
曰見顯示 言事者多以爲然鳳於是懼上書辭謝曰陛下
即位思慕諒闇 師古曰商書云高宗諒闇諒信闇默也言居父喪信默三年不言也 故詔臣
鳳典領尚書事上無以明聖德下無以益政治今
有茀星天地赤黃之異 師古曰茀與孛同 咎在臣鳳當伏顯
戮以謝天下今諒闇已畢大義皆舉宜躬親萬機
以承天心因乞骸骨辭職上報曰朕承先帝聖緒
涉道未深不明事情是以陰陽錯繆日月無光赤
黃之氣充塞天下咎在朕躬今大將軍迺引過自
予欲上尚書事歸大將軍印綬罷大司馬官是明

朕之不德也朕委將軍以事誠欲庶幾有成顯先
祖之功德將軍其專心固意輔朕之不逮毋有所
疑後五年諸吏散騎安成侯崇薨謚曰共侯有遺
腹子奉世嗣侯大后甚哀之明年河平二年上悉
封舅譚爲平阿侯商成都侯立紅陽侯根曲陽侯
逢時高平侯五人同日封故世謂之五侯大后同
產唯曼蚤卒 張晏曰同父則爲同產不必同母也上言唯鳳崇同母也 餘畢侯矣太后
母李親苟氏妻生一男名參寡居頃侯禁在時太
后令禁還李親 師古曰召還王氏 太后憐參欲以田蚡爲比
而封之 李奇曰田蚡與孝景王后同母異父得封故也師古曰比例也音必寐反 上曰封田氏非正

前漢傳六十八　五　鄭章

也以參爲侍中水衡都尉王氏子弟皆卿大夫侍
中諸曹分據埶官滿朝廷大將軍鳳用事上遂謙
讓無所顓 師古曰顓與專同凡事皆不自專也 左右常薦光祿大夫劉向
少子歆通達有異材上召見歆誦讀詩賦甚說之
師古曰說讀曰悅 欲以爲中常侍召取衣冠臨當拜左右
皆曰未曉大將軍 師古曰曉猶白 上曰此小事何須關大將
軍左右叩頭爭之上於是語鳳鳳以爲不可迺止
其見憚如此上即位數年無繼嗣體常不平 師古曰言多疾
疾定陶共王來朝大后與上承先帝意遇共王甚
厚賞賜十倍於它王不以往事爲纖介 師古曰往事謂先帝時欲以代

大子也言無纖介之嫌慾 共王之來朝也天子留不遣歸國上謂共王我未有子人命不諱 師古曰人命無常不可諱 一朝有它且不復相見 師古曰它謂晏駕也 爾長留侍我矣其後天子疾益有瘳共王因留國邸旦夕侍上上甚親重大將軍鳳心不便共王在京師會日蝕鳳因言日蝕陰盛之象為非常異定陶王雖親於禮當奉藩在國今留侍京師詭正非常 師古曰詭違也 故天見戒 師古曰見顯示 宜遣王之國上不得已於鳳而許之 師古曰言迫於鳳不得止 共王辭去上與相對涕泣而決京兆尹王章素剛直敢言以為鳳建遣共王之國非是 師古曰建立其議也 迺奏封事言日蝕之咎

矣天子召見章延問以事章對曰天道聰明佑善而災惡以瑞異為符效今陛下以未有繼嗣引近定陶王 師古曰近音巨靳反 所以承宗廟重社稷上順天心下安百姓此正議善事當有祥瑞何故致災異災異之發為大臣顓政者也今聞大將軍猥歸日蝕之咎於定陶王 師古曰猥猶曲也 建遣之國苟欲使天子孤立於上顓擅朝事以便其私非忠臣也且日蝕陰侵陽臣顓君之咎今政事大小皆自鳳出天子曾不壹舉手鳳不內省責反歸咎善人推遠定陶王 師古曰遠音于萬反 且鳳誣罔不忠非一事也前丞相樂昌侯商

師古曰王商也 本以先帝外屬內行篤有威重位歷將相國家柱石臣也其人守正不肯詘節隨鳳委曲卒用閨門之事為鳳所罷身以憂死眾庶愍之又鳳知其小婦弟張美人已嘗適人 師古曰小婦妾也弟謂女弟即妹也 於禮不宜配御至尊託以為宜子內之後宮苟以私其妻弟 師古曰是則不為宜子明鳳所言非實 聞張美人未嘗任身就館也且羌胡尚殺首子以盪腸正世 師古曰盪洗滌也言婦初來所生之子或它姓 況於天子而近已出之女也此三者皆大事陛下所自見足以知其餘及它所不見者 師古曰以所見者辟之則不見者可知 鳳不可令久典事宜退使就第選忠賢以代之自

鳳之白罷商後遣定陶王也上不能平及聞章言天子感寤納之謂章曰微京兆尹直言吾不聞社稷計 師古曰微無也 且唯賢知賢君試為朕求可以自輔者於是章奏封事薦中山孝王舅琅邪大守馮野王先帝時歷二卿忠信質直知謀有餘野王以王舅出以賢復入明聖主樂進賢也上自為大子時數聞野王先帝名卿聲譽出鳳遠甚方倚欲以代鳳初章每召見上輒辟左右 師古曰辟讀曰闢 時大后從弟長樂衛尉弘子侍中音 師古曰弘者大后之叔父也音則從父弟 獨側聽具知章言以語鳳鳳聞之稱病出就第上疏乞骸骨謝

上曰臣材駑愚戇得以外屬兄弟七人封爲列侯宗族蒙恩賞賜無量輔政出入七年國家委任臣鳳所言輒聽薦士常用無一功善陰陽不調災異數見咎在臣鳳奉職無狀此臣一當退也五經傳記師所誦說咸以日蝕之咎在於大臣非其人易曰折其右肱師古曰豐卦九三爻辭也肱臂也此臣二當退也河平以來臣久病連年數出在外曠職素餐此臣三當退也師古曰空廢職任徒受祿秩也陛下以皇太后故不忍誅廢臣猶自知當遠流放又重自念師古曰重音直用反兄弟宗族所蒙不測當殺身靡骨死輦轂下師古曰靡碎也音武皮反不當以無益

之故有離寢門之心誠歲餘以來所苦加侵師古曰誠實也日日益甚不勝大願願乞骸骨歸自治養冀賴陛下神靈未埋髮齒朞月之間幸得瘳愈復望帷幄不然必寘溝壑臣以非材見私天下知臣受恩深也以病得全骸骨歸天下知臣被恩見哀重巍巍也師古曰巍巍高貌重音直用反進退於國爲厚萬無纖介之議師古曰論議者不云疵斥外戚也唯陛下哀憐其辭指甚哀太后聞之爲垂涕不御食上少而親倚鳳弗忍廢延報鳳曰朕秉事不明政事多闕故天變婁臻咸在朕躬師古曰婁古屢字將軍延深引過自予欲乞骸骨而退則朕將何嚮焉

書不云乎公毋困我師古曰周書洛誥載成王告周公辭也言公必須留京師毋得遠去而令我困務專精神安心自持期於亟瘳稱朕意焉師古曰亟急也瘳差也於是鳳起視事上使尚書劾奏章知野王前以王舅出補吏而私薦之欲令在朝阿附諸侯又知張美人體御至尊而妄稱引羌胡殺子盪腸非所宜言遂下章吏廷尉致其大逆罪以爲比上夷狄欲絕繼嗣之端背畔天子私爲定陶王章死獄中妻子徙合浦自是公卿見鳳側目而視郡國守相刺史皆出其門師古曰言爲其家所薦舉者皆得大官又以侍中大僕音爲御史大夫列於三公而五侯羣弟爭爲奢侈賂遺珍

寶四面而至後庭姬妾各數十人僮奴以千百數羅鍾磬舞鄭女作倡優狗馬馳逐大治第室起土山漸臺洞門高廊閣道連屬彌望師古曰彌竟也言望之極目也屬音之欲反百姓歌之曰五侯初起曲陽最怒壞決高都連竟外杜服虔曰壞決高都水入長安高都水在長安西也孟康曰杜鄠二縣之閒田畝一金言其境自長安至杜陵也李奇曰長安有高都外杜里既壞決高都作殿復衍及外杜里師古曰成都侯商自擅穿帝城引水耳曲陽無此事又雖大作第宅不得從長安至杜陵也李說爲是土山漸臺西白虎師古曰皆放效天子之制也其奢僭如此然皆通敏人事好士養賢傾財施予以相高尚鳳輔政凡十一歲陽朔三年秋鳳疾天子數自臨問親執其手涕泣曰將軍病如有不可言平阿侯譚

次將軍矣師古曰不可言謂死也不欲斥言之鳳頓首泣曰譚等雖與臣至親行皆奢僭無以率導百姓不如御史大夫音謹敕師古曰敕整也臣敢以死保之及鳳且死上疏謝上復固薦音自代言譚等五人必不可用天子然之初譚倨不肯事鳳師古曰倨慢也音據而音敬鳳卑恭如子故薦之鳳薨天子臨弔贈寵送以輕車介士軍陳自長安至渭陵謚曰敬成侯子襄嗣侯爲衛尉御史大夫音竟代鳳爲大司馬車騎將軍而平阿侯譚位特進領城門兵谷永說譚令讓不受城門職由是與音不平語在永傳音既以從舅越親用事小心

親職歲餘上下詔曰車騎將軍音宿衛忠正勤勞國家前爲御史大夫以外親宜典兵馬入爲將軍不獲宰相之封朕甚慊焉其封音爲安陽侯食邑與五侯等俱三千戶初成都侯商嘗病欲避暑從上借明光宮師古曰黃圖云明光宮在城內近桂宮也後又穿長安城引內灃水注第中大陂以行船立羽蓋張周帷輯濯越歌師古曰輯與楫同濯與櫂同皆所以行船也令執輯櫂人爲越歌也輯謂櫂之短者也今吳越之人呼爲櫂音貝越歌爲越之歌上幸商第見穿城引水意恨內銜之未言後微行出過曲陽侯第又見園中土山漸臺似類白虎殿師古曰黃圖云在未央宮於是上怒以讓車騎將軍音商根兄弟欲

自黥劓謝太后上聞之大怒迺使尚書責問司隸校尉京兆尹知成都侯商擅穿帝城決引灃水曲陽侯根驕奢僭上赤墀青瑣孟康曰以青畫戶邊鏤中天子制也如淳曰門楣格再重如人衣領再重裏者青名曰青瑣天子門制也師古曰孟說是青瑣者刻爲連瑣文而以青塗之也紅陽侯立父子臧匿姦猾亡命賓客爲羣盜司隸京兆皆阿縱不舉奏正法二人頓首省戶下又賜車騎將軍音策書曰外家何甘樂禍敗師古曰言此罪過並身自爲之而欲自黥劓相戮辱於太后前傷慈母之心以危亂國外家宗族彊上一身寖弱日久師古曰寖漸也今將一施之師古曰行刑罰君其召諸侯令待府舍師古曰令總集音之府舍待詔命是日詔尚書奏文帝

時誅將軍薄昭故事車騎將軍音藉稾請罪師古曰自坐稾上言就刑戮也商立根皆負斧質謝上不忍誅然後得已久之平阿侯譚薨謚曰安侯子仁嗣侯太后憐弟曼蚤死獨不封曼寡婦渠供養東宮子莽幼孤不及等比師古曰比音必寐反常以爲語平阿侯譚成都侯商及在位多稱莽者久之上復下詔追封曼爲新都哀侯而子莽嗣爵爲新都侯後又封太后姊子淳于長爲定陵侯王氏親屬侯者凡十人上悔廢平阿侯譚不輔政而薨也迺復進成都侯商以特進領城門兵置幕府得舉吏如將軍杜鄴說車騎將軍音

今親附商語在鄭傳王氏爵位日盛唯音爲修整數諫正有忠節輔政八年薨弔贈如大將軍諡曰敬侯子舜嗣侯爲大僕侍中特進成都侯商代音爲大司馬衞將軍而紅陽侯立位特進領城門兵商輔政四歲病乞骸骨天子閔之更以爲大將軍益封二千戶賜錢百萬商薨弔贈如大將軍故事諡曰景成侯子況嗣侯紅陽侯立次當輔政有罪過語在孫寶傳上廼廢立而用光祿勳曲陽侯根爲大司馬票騎將軍歲餘益封千七百戶高平侯逢時無材能名稱是歲薨諡曰戴侯子買之嗣侯

綏和元年上即位二十餘年無繼嗣而定陶共王已薨子嗣立爲王王祖母定陶傅大后重賂遺票騎將軍根爲王求漢嗣根爲言上亦欲立之遂徵定陶王爲大子時根輔政五歲矣乞骸骨上廼益封根五千戶賜安車駟馬黃金五百斤罷就第先是定陵侯淳于長以外屬能謀議爲衞尉侍中在輔政之次是歲新都侯莽告長伏罪與紅陽侯立相連（師古曰伏罪謂舊罪陰伏未發者也）長下獄死立就國語在長傳故曲陽侯根薦莽以自代上亦以爲莽有忠直節遂擢莽從侍中騎都尉光祿大夫爲大司馬歲餘成帝崩哀帝即位大后詔莽就第避帝外家哀帝初優莽不聽莽上書固乞骸骨而退上廼下詔曰曲陽侯根前在位建社稷策侍中大僕安陽侯舜往時護大子家導朕忠誠專壹有舊恩新都侯莽憂勞國家執義堅固庶幾與爲治大后詔休就第朕甚閔焉其益封根二千戶舜五百戶莽三百五十戶以莽爲特進朝朔望又還紅陽侯立京師哀帝少而聞知王氏驕盛心不能善以初立故優之後月餘司隸校尉解光奏曲陽侯根宗重身尊三世據權五將秉政天下輻湊自效（師古曰效獻也獻其款誠）根行貪

邪臧累鉅萬縱橫恣意（師古曰橫音胡孟反）大治室第第中起土山立兩市殿上赤墀戶青瑣遊觀射獵使奴從者被甲持弓弩陳爲步兵止宿離宮水衡共張（師古曰共音居用反張竹亮反）發民治道百姓苦其役內懷姦邪欲筦朝政（師古曰筦與管同）推親近吏主簿張業以爲尚書蔽上壅下內塞王路外交藩臣驕奢僭上壞亂制度案根骨肉至親社稷大臣（師古曰至親謂於成帝爲舅）先帝棄天下根不悲哀思慕山陵未成公聘取故掖庭女樂五官殷嚴王飛君等（如淳曰五官官名也外戚傳曰五官視三百石）置酒歌舞捐忘先帝厚恩背臣子義及根兄子成都侯況幸得以外

親繼父爲列侯侍中不思報厚恩亦聘取故掖庭貴人以爲妻皆無人臣禮大不敬不道於是天子曰先帝遇根況父子至厚也今迺背忘恩義以根嘗建社稷之策 師古曰謂立哀帝爲嗣也 遣就國免況爲庶人歸故郡根及況父商所薦舉爲官者皆罷後二歲傅大后帝母丁姬皆稱尊號有司奏新都侯莽前爲大司馬貶抑尊號之議虧損孝道及平阿侯仁臧匿趙昭儀親屬皆就國天下多冤王氏諫大夫楊宣上封事言孝成皇帝深惟宗廟之重稱述陛下至德以承天序聖策深遠恩德至厚惟念先帝之

意豈不欲以陛下自代奉承東宮哉 師古曰言供養太后 太皇太后春秋七十數更憂傷 師古曰更經也音工衡反 敕令親屬引領以避丁傅 師古曰引領自引首領而退也 行道之人爲之隕涕況於陛下時登高遠望獨不慙於延陵乎哀帝深感其言復封商中子邑爲成都侯元壽元年日蝕賢良對策多訟新都侯莽者上於是徵莽及平阿侯仁還京師侍大后曲陽侯根薨國除明年哀帝崩無子大皇大后以莽爲大司馬與共徵立中山王奉哀帝後是爲平帝帝年九歲當年被疾大后臨朝委政於莽莽顓威福紅陽侯立莽諸父平阿侯仁素剛直莽內憚之令大臣以罪過奏遣立仁就國莽日誑燿大后言輔政致太平羣臣奏請尊莽爲安漢公後遂遣使者迫守立仁令自殺賜立謚曰荒侯子柱嗣仁謚曰剌侯子術嗣是歲元始三年也明年莽風羣臣奏立莽女爲皇后 師古曰風讀曰諷 又奏尊莽爲宰衡莽母及兩子皆封爲列侯語在莽傳莽既外壹羣臣令稱己功德又內媚事旁側長御以下賂遺以千萬數白尊大后姊妹君俠爲廣恩君君力爲廣惠君君弟爲廣施君皆食湯沐邑日夜共譽莽莽又知大后婦人厭居深宮中莽欲虞

樂以市其權 張晏曰以遊觀之樂易其權若市賈師古曰此虞與娛同 迺令大后四時車駕巡狩四郊 師古曰邑外謂之郊近二十里也 存見孤寡貞婦春幸繭館 師古曰漢宮閣疏云上林苑有繭觀蓋蠶繭之所也 率皇后列侯夫人桑遵霸水而祓除 師古曰桑採桑也遵循也謂緣水邊 夏遊籞宿鄠杜之間 師古曰籞宿苑在長安城南今之御宿川是也 秋歷東館望昆明集黃山宮冬饗飲飛羽 師古曰黃山宮在槐里飛羽殿在未央宮中羽字或作雨 校獵上蘭 師古曰上蘭觀名也在上林中 登長平館 師古曰在長平坂也 臨涇水而覽焉大后所至屬縣輒施恩惠賜民錢帛牛酒歲以爲常大后從容言曰 師古曰從音千容反 我始入大子家時見於丙殿至今五六十歲尚頗識之 師古曰識記也音式志反 莽因曰大子宮幸近

可壹往遊觀不足以爲勞於是大后幸大子宮甚
說師古曰說讀曰悅大后旁弄兒病在外舍服虔曰官婢侍史生兒取以作弄兒也莽
自親候之其欲得太后意如此平帝崩無子莽徵
宣帝玄孫選最少者廣戚侯子劉嬰年二歲託以
卜相爲最吉廼風公卿奏請立嬰爲孺子師古曰風讀曰諷
令宰衡安漢公莽踐祚居攝如周公傅成王故事
大后不以爲可力不能禁於是莽遂爲攝皇帝改
元稱制焉俄而宗室安衆侯劉崇及東郡大守翟
義等惡之更舉兵欲誅莽師古曰更音工衡反大后聞之曰人
心不相遠也師古曰言所見者同我雖婦人亦知莽必以是自

危不可其後莽遂以符命自立爲真皇帝先奉諸
符瑞以白太后太后大驚初漢高祖入咸陽至霸
上秦王子嬰降於軹道奉上始皇璽及高祖誅項
籍即天子位因御服其璽世世傳受號漢傳國璽
以孺子未立璽臧長樂宮及莽即位請璽太后不
肯授莽莽使安陽侯舜諭指舜素謹敕太后雅愛
信之舜既見太后知其爲莽求璽怒罵之曰而屬
父子宗族蒙漢家力富貴累世師古曰而汝也既無以報受
人孤寄乘便利時奪取其國師古曰孤寄言以孤寄託之不復顧
恩義人如此者狗豬不食其餘師古曰言惡賤天下豈有而

兄弟邪且若自以金匱符命爲新皇帝師古曰若亦汝變更
正朔服制亦當自更作璽傳之萬世何用此亡國
不祥璽爲而欲求之我漢家老寡婦旦暮且死欲
與此璽俱葬終不可得太后因涕泣而言旁側長
御以下皆垂涕舜亦悲不能自止良久廼仰謂太
后臣等已無可言者師古曰言不可諫止莽必欲得傳國璽太
后寧能終不與邪太后聞舜語切恐莽欲脅之廼
出漢傳國璽投之地以授舜曰我老已死如而兄
弟今族滅也舜既得傳國璽奏之莽大說師古曰說讀曰悅
廼爲太后置酒未央宮漸臺大縱衆樂莽又欲改

太后漢家舊號易其璽綬恐不見聽而莽疏屬王
諫欲諂莽上書言皇天廢去漢而命立新室太皇
太后不宜稱尊號當隨漢廢以奉天命莽廼車駕
至東宮親以其書白太后太后曰此言是也師古曰恚怒之
辭也莽因曰此誖德之臣也師古曰誖乖也音布內反罪當誅於是
冠軍張永獻符命銅璧文言太皇太后當爲新室
文母太皇太后服虔曰銅璧如璧形以銅爲之也莽廼下詔曰予視羣
公咸曰休哉師古曰視讀曰示休美也其文字非刻非畫厥性自
然予伏念皇天命予爲子更命太皇太后爲新室
文母皇太后協于新室故交代之際信于漢氏哀

帝之代世傳行詔籌為西王母共具之祥（師古曰共音居用反）
當為歷代為母昭然著明予祗畏天命敢不欽承
謹以令月吉日親率羣公諸侯卿士奉上皇太后
璽紱（師古曰此紱謂璽之組也）以當順天心光于四海焉太后聽
許莽於是鴆殺王諫而封張永為貢符子初莽為
安漢公時又諂太后奏尊元帝廟為高宗太后晏
駕後當以禮配食云及莽改號太后為新室文母
絕之於漢不令得體元帝墮壞孝元廟（師古曰墮毀也音火規反）
更為文母太后起廟獨置孝元廟故殿以為文母
篹食堂（孟康曰篹音撰晉灼曰篹具也）既成名曰長壽宮以太后在

前漢傳六十八　十八　施元

故未謂之廟莽以太后好出遊觀迺車駕置酒長
壽宮請太后既至見孝元廟廢徹塗地太后驚泣曰
此漢家宗廟皆有神靈與何治而壞之（師古曰與音曰預言此何罪於汝無所干預何為毀壞之）且使鬼神無知又何用廟為如令有知我
迺人之妃妾豈宜辱帝之堂以陳饋食哉私謂左
右曰此人嫚神多矣能久得祐乎飲酒不樂而罷
自莽篡位後知太后怨恨求所以媚太后無不為
然愈不說（師古曰説音曰悅）莽更漢家黑貂著黃貂（孟康曰侍中所著貂也莽更漢制也師古曰更亦改）又改漢正朔伏臘日太后令其官屬黑
貂至漢家正臘日獨與其左右相對飲酒食太后

年八十四建國五年二月癸丑崩三月乙酉合葬
渭陵莽詔大夫楊雄作誄曰太陰之精沙麓之
靈作合於漢配元生成著其協於元城沙麓泰
陰精者謂夢月也太后崩後十年漢兵誅莽初
紅陽侯立就國南陽與諸劉結恩立少子丹為
中山太守世祖初起丹降為將軍戰死上閔之封
丹子泓為武桓侯至今（師古曰泓音於宏反）
司徒掾班彪曰三代以來春秋所記王公國君與
其失世稀不以女寵漢興后妃之家呂霍上官幾
危國者數矣（師古曰幾音巨依反數音所角反）及王莽之興由孝元后

前漢傳六十八　十九　趙昌

歷漢四世為天下母饗國六十餘載羣弟世權更
持國柄（師古曰更音工衡反）五將十侯卒成新都位號已移於
天下而元后卷卷猶握一璽（師古曰卷音其圓反解在劉向傳）不欲以授
莽婦人之仁悲夫

元后傳卷第六十八

王莽傳第六十九上　班固　漢書九十九上

祕書監上護軍琅邪縣開國子顔師古注

王莽字巨君孝元皇后之弟子也元后父及兄弟皆以元成世封侯居位輔政家凡九侯五大司馬語在元后傳師古曰外戚傳言十侯此云九者鳳本嗣禁爲侯唯莽父曼蚤死不侯師古曰蚤古早字莽群兄弟皆將軍五侯子乘時侈靡師古曰乘因也因貴戚之時以輿馬聲色佚游相高師古曰佚字與逸同莽獨孤貧因折節爲恭儉受禮經師事沛郡陳參勤身博學被服如儒生師古曰被音皮義反事母及寡嫂養孤兄子行甚敕備師古曰敕整也又外交英俊内事諸父曲有

禮意陽朔中世父大將軍鳳病師古曰謂伯父也以居長嫡而繼統也莽侍疾親嘗藥亂首垢面不解衣帶連月鳳且死以託太后及帝拜爲黄門郎遷射聲校尉久之叔父成都侯商上書願分戶邑以封莽及長樂少府戴崇侍中金涉胡騎校尉箕閎上谷都尉陽並中郎陳湯皆當世名士咸爲莽言上由是賢莽永始元年封莽爲新都侯國南陽新野之都鄉千五百戶遷騎都尉光祿大夫侍中宿衛謹敕爵位益尊節操愈謙散輿馬衣裘振施賓客師古曰振舉也家無所餘收贍名士交結將相卿大夫甚衆故在位更推薦之師古曰更音工衡反游者爲之談説虚譽隆洽傾其諸父矣敢爲激發之行處之不慙恧師古曰激急動也恧愧也激音工歷反恧音女六反莽兄永爲諸曹蚤死有子光莽使學博士門下莽休沐出振車騎師古曰振整也一曰振張起也奉羊酒勞遺其師恩施下竟同學師古曰竟周徧也諸生縱觀長老歎息光年小於莽子宇莽使同日内婦賓客滿堂須臾一人言太夫人苦某痛當飲某藥比客罷者數起焉師古曰比音必寐反數音所角反嘗私買侍婢昆弟或頗聞知莽因曰後將軍朱子元無子師古曰謂朱博莽聞此兒種宜子師古曰此兒謂所買婢也爲買之即日以婢奉子元其匿情求名如

此是時太后姊子淳于長以材能爲九卿先進在莽右師古曰名位居其右右前也莽陰求其罪過因大司馬曲陽侯根白之長伏誅莽以獲忠直語在長傳根因乞骸骨薦莽自代上遂擢爲大司馬是歲綏和元年也年三十八矣莽既拔出同列繼四父而輔政師古曰鳳商音根四人皆爲大司馬而莽之諸父也欲令名譽過前人遂克己不倦聘諸賢良以爲掾史賞賜邑錢悉以享士愈爲儉約母病公卿列侯遣夫人問疾莽妻迎之衣不曳地布蔽膝見之者以爲僮使問知其夫人皆驚輔政歲餘成帝崩哀帝即位尊皇太后爲太皇太后太后詔

莽就第避帝外家莽上疏乞骸骨哀帝遣尚書令
詔莽曰先帝委政於君而棄群臣朕得奉宗廟誠
嘉與君同心合意今君移病求退師古曰移書言病也一曰以病而移居也
以著朕之不能奉順先帝之意師古曰著明也朕甚悲傷
焉已詔尚書待君奏事又遣丞相孔光大司空何
武左將軍師丹衛尉傅喜白太后曰皇帝聞太后
詔甚悲大司馬即不起皇帝即不敢聽政太后復
令莽視事時哀帝祖母定陶傅太后母丁姬在高
昌侯董宏上書言春秋之義母以子貴丁姬宜上
尊號莽與師丹共劾宏誤朝不道語在丹傳後日

未央宮置酒内者令爲傅太后張幄坐於太皇太
后坐旁師古曰坐並音材卧反莽案行責内者令曰定陶太后
藩妾何以得與至尊竝徹去更設坐傅太后聞之
大怒不肯會重怨恚莽師古曰會謂至置酒所也重音直用反莽復
乞骸骨哀帝賜莽黄金五百斤安車駟馬罷就第
公卿大夫多稱之者上乃加恩寵置使家中黄門
蘇林曰使黄門在其家中爲使令十日一賜餐下詔曰新都侯莽憂
勞國家執義堅固朕庶幾與爲治太皇太后詔莽
就第朕甚閔焉其以黄郵聚戶三百五十益封服虔
曰黄郵在南陽棘陽縣位特進給事中朝朔望見禮如三公師古

曰見天子之禮也見音胡電反車駕乘緑車從師古曰緑車皇孫之車天子出行令莽乘之以從所
以寵也後二歲傅太后丁姬皆稱尊號丞相朱博奏
莽前不廣尊尊之義抑貶尊號虧損孝道當伏顯
戮幸蒙赦令不宜有爵土請免爲庶人上曰以莽
與太皇太后有屬勿免遣就國莽杜門自守其中
子獲殺奴師古曰獲者莽子之名也今書本有作護字者流俗所改耳莽切責獲令自
殺在國三歲吏上書冤訟莽者以百數師古曰言其合管朝政不
當就國也元壽元年日食賢良周護宋崇等對策深訟
莽功德上於是徵莽始莽就國南陽太守以莽貴
重選門下掾宛孔休守新都相師古曰姓孔名休宛縣人休謁見

莽莽盡禮自納休亦聞其名與相荅後莽疾休候
之莽緣恩意進其玉具寶劒欲以爲好師古曰結歡好也音呼到
反休不肯受莽因曰誠見君面有瘢師古曰瘢創痕也痕音下恩反
美玉可以滅瘢欲獻其瑑即解其瑑服虔曰瑑音衛蘇林曰劒鼻也
師古曰瑑字本作璏從王彘聲後轉寫者訛也瑑自雕瑑字耳音篆也休復辭讓莽曰君嫌
其賈邪師古曰賈讀曰價言其所有價直也遂椎碎之師古曰椎音直追反其字從木自
裹以進休休乃受及莽徵去欲見休休稱疾不見
莽還京師歲餘哀帝崩無子而傅太后丁太后皆
先薨太皇太后即日駕之未央宮收取璽綬遣使
者馳召莽詔尚書諸發兵符節百官奏事中黄門

期門兵皆屬莽莽白大司馬高安侯董賢年少不合衆心收印綬賢即日自殺太后詔公卿舉可大司馬者大司徒孔光大司空彭宣舉莽前將軍何武後將軍公孫祿互相舉太后拜莽爲大司馬與議立嗣安陽侯王舜莽之從弟其人修飭（師古曰飭讀與敕同敕整也）太后所信愛也莽白以舜爲車騎將軍使迎中山王奉成帝後是爲孝平皇帝帝年九歲太后臨朝稱制委政於莽莽白趙氏前害皇子傅氏驕僭遂廢孝成趙皇后孝哀傅皇后皆令自殺語在外戚傳莽以大司徒孔光名儒相三主太后所敬

天下信之於是盛尊事光引光女壻甄邯爲侍中奉車都尉諸哀帝外戚及大臣居位素所不說者（師古曰說讀曰悅）莽皆傅致其罪（師古曰傅讀曰附附益而引致之令入罪）爲請奏令邯持與光光素畏慎不敢不上之莽白太后輒可其奏於是前將軍何武後將軍公孫祿坐互相舉免丁傅及董賢親屬皆免官爵徙遠方紅陽侯立太后親弟雖不居位莽以諸父內敬憚之畏立從容言太后令己不得肆意（師古曰肆放也）乃復令光奏立舊惡前知定陵侯淳于長犯大逆罪多受其賂爲言誤朝（師古曰妄稱譽之誤惑朝廷也）後白以官婢楊寄私子爲皇子衆言曰呂氏少帝復出紛紛爲天下所疑難以示來世成襁保之功請遣立就國太后不聽莽曰今漢家衰比世無嗣（師古曰比頻也）太后獨代幼主統政誠可畏懼力用公正先天下尚恐不從（師古曰力勉力）今以私恩逆大臣議如此羣下傾邪亂從此起宜可且遣就國安後復徵召之（師古曰安猶徐也）太后不得已遣立就國莽之所以脅持上下皆此類也於是附順者拔擢忤恨者誅滅王舜王邑爲腹心甄豐甄邯主擊斷平晏領機事劉歆典文章孫建爲爪牙豐子尋歆子棻（師古曰棻或作棼字音扶云反）涿郡崔發南陽陳崇皆以

材能幸於莽莽色厲而言方（師古曰外示寬廉厲之色而假爲方直之言）欲有所爲微見風采（師古曰見音胡電反）黨與承其指意而顯奏之莽稽首涕泣固推讓焉上以惑太后下用示信於衆庶始風益州令塞外蠻夷獻白雉（師古曰風讀曰諷下皆類此）元始元年正月莽白太后下詔以白雉薦宗廟羣臣因奏言太后委任大司馬莽定策安宗廟故大司馬霍光有安宗廟之功益封三萬戶疇其爵邑比蕭相國莽宜如光故事太后問公卿曰誠以大司馬有大功當著之邪（師古曰著明也）將以骨肉故欲異之也於是羣臣乃盛陳莽功德致

周成白雉之瑞千載同符聖王之法臣有大功則生有美號故周公及身在而託號於周莽有定國安漢家之大功宜賜號曰安漢公益戶疇爵邑上應古制下準行事以順天心太后詔尚書具其事莽上書言臣與孔光王舜甄豐甄邯共定策今願獨條光等功賞寖置臣莽勿隨輩列甄邯白太后下詔曰無偏無黨王道蕩蕩 師古曰尚書洪範之言也蕩蕩廣平之貌也故引之 屬有親者義不得阿君有安宗廟之功不可以骨肉故蔽隱不揚君其勿辭莽復上書讓太后詔謁者引莽待殿東箱莽稱疾不肯入太后使尚書

令恂詔之曰君以選故而辭以疾 師古曰選善也國家欲褒其善加號疇邑乃以疾辭 君任重不可闕以時亟起 師古曰亟急也音居力反 莽遂固辭太后復使長信太僕閎承制召莽莽固稱疾左右白太后宜勿奪莽意但條孔光等莽乃肯起太后下詔曰太傅博山侯光宿衛四世世為傅相忠孝仁篤行義顯著建議定策益封萬戶以光為太師與四輔之政 師古曰與讀曰豫 車騎將軍安陽侯舜積累仁孝使迎中山王折衝萬里功德茂著益封萬戶以舜為太保左將軍光祿勳豐宿衛三世忠信仁篤 師古曰篤厚也 使迎中山王輔導共養以安宗廟 師古曰共音居用反養音弋亮反 封豐為廣陽侯食邑五千戶以豐為少傅皆授四輔之職疇其爵邑各賜第一區侍中奉車都尉邯宿衛勤勞建議定策封邯為承陽侯食邑二千四百戶 師古曰承音烝 四人既受賞莽尚未起羣臣復上言莽雖克讓朝所宜章以時加賞明重元功無使百僚元元失望太后乃下詔曰大司馬新都侯莽三世為三公典周公之職建萬世策功德為忠臣宗化流海內遠人慕義越氏重譯獻白雉其以召陵新息二縣戶二萬八千益封莽復其後嗣疇其爵邑 師古曰復音方目反 封功如蕭相國以莽為

太傅幹四輔之事號曰安漢公以故蕭相國甲第為安漢公第定著於令傳之無窮於是莽為惶恐不得已而起受策策曰漢危無嗣而公定之四輔之職三公之任而公幹之羣僚眾位而公宰之功德茂著宗廟以安蓋白雉之瑞周成象焉 師古曰言致白雉之瑞有周公相成王之象 故賜嘉號曰安漢公輔翼于帝期於致平 師古曰致太平 毋違朕意莽受大傅安漢公號讓還益封疇爵邑事云願須百姓家給然後加賞 師古曰給足也家給家家自足 羣公復爭太后詔曰公自期百姓家給是以聽之其令公奉舍人賞賜皆倍故 師古曰奉所食之奉也舍人私府吏員也倍故數多

於故各一倍也奉音扶用反 百姓家給人足大司徒大司空以聞莽
復讓不受而建言宜立諸侯王後及高祖以來功
臣子孫大者封侯或賜爵關內侯食邑然後及諸
在位各有第序上尊宗廟增加禮樂下惠士民鰥
寡恩澤之政無所不施語在平紀莽既說衆庶師古
曰說讀曰悅 又欲專斷知太后厭政乃風公卿師古曰風讀曰諷 奏
言往者吏以功次遷至二千石及州部所舉茂材
異等吏率多不稱宜皆見安漢公又太后不宜親
省小事令太后下詔曰皇帝幼年朕且統政比加
元服師古曰比至平帝加元服以來太后且攬政也比音必寐反 今衆事煩碎朕春秋

高精氣不堪殆非所以安躬體而育養皇帝者也
故選忠賢立四輔羣下勸職永以康寧孔子曰巍
巍乎舜禹之有天下而不與焉師古曰論語載孔子之言也巍巍高貌也言舜禹之治
天下委任賢人以成其功而不身親其事也與讀曰預 自今以來非封爵乃以聞他事
安漢公四輔平決州牧二千石及茂材吏初除奏
事者輒引入至近署對安漢公考故官問新職以
知其稱否於是莽人人延問致密恩意厚加贈送
其不合指顯奏免之權與人主侔矣莽欲以虛名
說太后師古曰說讀曰悅 白言新承孝哀丁傅奢侈之後百
姓未贍者多太后宜且衣繒練頗損膳以視天下師古

曰繒練謂帛無文者視讀曰示 莽因上書願出錢百萬獻田三十頃
付大司農助給貧民於是公卿皆慕效焉莽帥羣
臣奏言陛下春秋尊久衣重練減御膳誠非所以
輔精氣育皇帝安宗廟也臣莽數叩頭省戶下白
爭未見許今幸賴陛下德澤間者風雨時甘露降
神芝生蓂莢朱草嘉禾休徵同時並至師古曰休美也徵證也 臣
莽等不勝大願願陛下愛精休神闊略思慮師古曰闊寬也略簡也
遵帝王之常服復太官之法膳使臣子各得盡
驩心備共養唯哀省察莽又令太后下詔曰蓋聞
母后之義思不出乎閾師古曰閾門橛也音域 國不蒙佑皇帝

年在襁褓未任親政戰戰兢兢懼於宗廟之不安國
家之大綱微朕孰當統之師古曰微無也 是以孔子見南子
周公居攝蓋權時也師古曰南子衛靈公夫人孔子欲說靈公以治道故見南子也 勤身
極思憂勞未綏故國奢則視之以儉師古曰視讀曰示 矯枉
者過其正而朕不身帥將謂天下何夙夜夢想五
穀豐孰百姓家給比皇帝加元服委政而授焉師古
曰比音必寐反 今誠未皇于輕靡而備味師古曰皇暇也靡細也 庶幾與
百僚有成其勗之哉師古曰勗勉也 每有水旱莽輒素食師古
曰素食菜食解在霍光傳 左右以白太后遣使者詔莽曰聞公菜食
憂民深矣今秋幸孰公勤於職以時食肉愛身爲

國莽念中國已平唯四夷未有異乃遣使者齎黄
金幣帛重賂匈奴單于使上書言聞中國譏二名
故名囊知牙斯今更名知慕從聖制又遣王昭君
女須卜居次入侍所以誑燿媚事太后下至旁側
長御方故萬端莽既尊重欲以女配帝爲皇后以
固其權奏言皇帝即位三年長秋宫未建液廷媵
未充師古曰液與掖同音通用乃者國家之難本從亡嗣配取不
正請考論五經定取禮師古曰取讀曰娶正十二女之義以
廣繼嗣博采二王後及周公孔子世列侯在長安
者適子女師古曰適讀曰嫡謂妻所生也事下有司上衆女名王氏

女多在選中者莽恐其與己女爭即上言身亡德
子材下不宜與衆女並采太后以爲至誠乃下詔
曰王氏女朕之外家其勿采庶民諸生郎吏以上
守闕上書者日千餘人公卿大夫或詣廷中或伏
省戶下咸言明詔聖德巍巍如彼安漢公盛勳堂
堂若此今當立后獨奈何廢公女天下安所歸命
願得公女爲天下母莽遣長史以下分部曉止公
卿及諸生師古曰分音扶問反而上書者愈甚太后不得已聽
公卿采莽女莽復自白宜博選衆女公卿爭曰不
宜采諸女以貳正統師古曰言皇后之位當在莽女莽白願見女太

后遣長樂少府宗正尚書令納采見女還奏言公
女漸漬德化有窈窕之容師古曰窈窕幽閒也宜承天序奉祭
祀有詔遣大司徒大司空策告宗廟雜加卜筮皆
曰兆遇金水王相卦遇父母得位孟康曰金水相生也張晏曰金王則水相也遇
父母謂泰卦乾下坤上天下於地是配享之卦師古曰王音于放反所謂康強之占逢吉之
符也信鄉侯佟上言師古曰王子侯表清河綱王子豹始封新鄉侯傳爵至曾孫佟王莽篡位賜姓王
即謂此也而此傳作信鄉侯古者新信同音故耳佟音徒冬反春秋天子將娶於紀則襃紀
子稱侯師古曰解在外戚恩澤侯表也安漢公國未稱古制師古曰稱副也音尺
孕反其下亦同事下有司皆曰古者天子封后父百里尊而
不臣以重宗廟孝之至也佟言應禮可許請以新

野田二萬五千六百頃益封莽滿百里莽謝曰臣
莽子女誠不足以配至尊復聽衆議益封臣莽伏
自惟念得託肺腑獲爵土如使子女誠能奉稱聖
德臣莽國邑足以共朝貢師古曰共讀曰供不須復加益地
之寵願歸所益太后許之有司奏故事聘皇后黄
金二萬斤爲錢二萬萬莽深辭讓受四千萬而以
其三千三百萬予十一媵家羣臣復言今皇后受
聘踰羣妾亡幾師古曰亡幾不多也亡讀曰無幾音居豈反其下並同有詔復益二
千三百萬合爲三千萬莽復以其千萬分予九族
貧者陳崇時爲大司徒司直與張敞孫竦相善竦

者博通士爲崇草奏稱莽功德（師古曰草謂創立其文也）崇奏之曰竊見安漢公自初束脩（師古曰束脩謂初學官之時）值世俗隆奢麗之時蒙兩宮厚骨肉之寵（師古曰兩宮謂成帝及太后）被諸父赫赫之光（師古曰被音皮義反）財饒埶足亡所啎意（師古曰啎逆也無人能逆其意也啎音五故反）然而折節行仁克心履禮拂世矯俗確然特立（師古曰拂違也矯正也拂音佛）惡衣惡食陋車駑馬妃匹無二閨門之內孝友之德衆莫不聞清靜樂道溫良下士（師古曰下音胡稼反）惠于故舊篤于師友孔子曰未若貧而樂富而好禮（師古曰論語子貢問曰貧而無諂富而無驕何如孔子曰可也未若貧而樂富而好禮者也）公之謂矣及爲侍中故定陵侯淳于長有大逆罪公不敢私

建白誅討（師古曰首立其事也）周公誅管蔡季子酖叔牙（師古曰解並在前）公之謂矣是以孝成皇帝命公大司馬委以國統孝哀即位高昌侯董宏希指求美造作二統（晉灼曰欲令丁姬爲帝太后）公手劾之以定大綱建白定陶太后不宜在乘輿幄坐（師古曰坐音才卧反）以明國體詩曰柔亦不茹剛亦不吐不畏強圉（師古曰大雅烝人之詩美仲山甫之德茹食也強圉強梁圉扞也）公之謂矣深執謙退推誠讓位定陶太后欲立僭號憚彼面刺幄坐之義佞惑之雄朱博之疇懲此長宏手劾之事上下壹心讒賊交亂詭辟制度遂成簒號（師古曰詭違也辟讀曰僻）斥逐仁賢誅殘戚屬而公被胥原之訴

遠去就國（應劭曰胥原子胥屈原也師古曰遠去朝廷而就其侯國）朝政崩壞綱紀廢弛危亡之禍不隧如髮（師古曰弛解也音式爾反隧音直類反）詩云人之云亡邦國殄顇（師古曰大雅瞻卬之詩也殄盡也顇病也言爲政不善賢人奔亡矣天下邦國盡困病也顇與萃同音才酢反）公之謂矣當此之時宮亡儲主董賢據重加以傅氏有女之援（師古曰謂哀帝傅皇后）皆自知得罪天下結讎中山（張晏曰傅太后譖中山馮太后陷以祝詛之罪）則必同憂斷金相翼（師古曰引易繫辭二人同心其利斷金翼助也）藉假遺詔頻用賞誅先除所憚急引所附遂誣往冤更懲遠屬事埶張見其不難矣（師古曰言哀帝既崩丁傅董賢欲稱遺詔樹立黨親共立幼主以據國權也遠屬國之宗室疏遠者也）賴公立入即時退賢及其黨親當此之時公運獨見之明奮亡

前之威（師古曰無前謂無有敢當之者）盱衡厲色振揚武怒（孟康曰眉上曰衡盱衡舉眉揚目也師古曰盱音許于反）乘其未堅厭其未發（師古曰厭音一涉反）震起機動敵人摧折雖有賁育不及持刺（師古曰孟賁夏育皆古勇士也持刺謂持兵刃以刺）雖有樗里不及回知（師古曰樗里子名疾秦惠王之弟也爲秦相時人號曰智囊）雖有鬼谷不及造次（師古曰鬼谷先生蘇秦之師善謀說）是故董賢喪其魂魄遂自絞殺人不還踵日不移晷（師古曰還讀曰旋晷景也言其速疾）霍然四除更爲寧朝非陛下莫引立公非公莫克此禍詩云惟師尚父時惟鷹揚亮彼武王（師古曰大雅大明之詩也師尚父太公也亮助也言太公武毅若鷹之飛揚佐助武王以克殷也）孔子曰敏則有功（師古曰論語載孔子對子張之言也敏疾也言應事速疾乃能成功）公之謂矣於是公乃白內故

泗水相豐斄令邯 師古曰甄豐甄邯也斄讀曰邰 與大司徒光車騎將軍舜建定社稷奉節東迎皆以功德受封益土爲國名臣書曰知人則哲 師古曰虞書咎繇謨之辭也哲智也 公之謂也公卿咸歎公德同盛公勳皆以周公爲比 師古曰比音必寐反 宜賜號安漢公益封二縣公皆不受傳曰申包胥不受存楚之報晏平仲不受輔齊之封 師古曰申包胥楚大夫也吳師入郢楚昭王出奔包胥如秦乞師秦出師以救楚昭王反國欲賞包胥辭曰吾爲君也非爲身也遂不受晏平仲齊大夫晏嬰也以道佐齊景公景公欲封之讓而不受 孔子曰能以禮讓爲國乎何有 師古曰論語載孔子之言也解在董仲舒傳 公之謂也將爲皇帝定立妃后有司上名公女爲首公深辭讓迫不得已然後受詔父子之親

天性自然欲其榮貴甚於爲身皇后之尊侔於天子當時之會千載希有然而公惟國家之統揖大福之恩 師古曰揖謂讓而不當也 事事謙退動而固辭書曰舜讓于德不嗣 書曰虞書舜典之辭言舜自讓德薄不足以繼帝堯之事也 公之謂矣自公受策以至于今亹亹翼翼日新其德 師古曰亹亹勉也翼翼敬也亹音武匪反 增修雅素以命下國後儉隆約以矯世俗 師古曰後退也矯正也後音千旬反其字從彳 割財損家以帥羣下彌躬執平以逮公卿 師古曰彌讀與弭同 教子尊學以隆國化僮奴衣布馬不秣穀食飲之用不過凡庶詩云溫溫恭人如集于木 師古曰小雅小宛之詩溫溫柔貌也如集于木恐墜墮耳 孔子曰食無求飽居無求安

師古曰論語載孔子之言也謂君子好學樂道故志不在安飽 公之謂矣克身自約糴食逮給 師古曰纔得粗及僅足而已 物物卬市日闋亡儲 師古曰物物卬市言其衣食所須皆買之於市不自營作而不奪工商利也闋盡也日闋言當日即盡不蓄田積也卬音牛向反闋音空穴反 又上書歸孝哀皇帝所益封邑入錢獻田殫盡舊業爲衆倡始 師古曰倡音尺尚反 於是小大鄉和承風從化 師古曰鄉讀曰嚮 外則王公列侯內則帷幄侍御翕然同時各竭所有或入金錢或獻田畝以振貧窮收贍不足者昔令尹子文朝不及夕魯公儀子不茹園葵 張晏曰令尹子文自毀其家以紓楚國之難仕而逃祿朝不及夕也 師古曰子文楚令尹鬭穀於菟也公儀子魯國相公儀休也拔其園葵不奪園夫之利食菜曰茹音人諸反 公之謂矣開門延士下及白屋 師古曰白屋謂庶人以白茅覆屋者也 婁省朝政綜

管衆治 師古曰婁古屢字 親見牧守以下考迹雅素審知白黑詩云夙夜匪解以事一人 師古曰大雅烝人之詩也一人天子也解讀曰懈 易曰終日乾乾夕惕若厲 師古曰乾卦九三爻辭也乾乾自強之意惕懼厲病也 公之謂矣比三世爲三公再奉送大行 師古曰比頻也 秉冢宰職塡安國家 師古曰塡音竹刃反 四海輻湊靡不得所書曰納于大麓列風雷雨不迷 師古曰虞書舜典敘舜之德也麓錄也言堯使舜大錄萬機之政一曰山足曰麓言有聖德雖遇風雷不迷惑也 公之謂矣此皆上世之所鮮禹稷之所難 師古曰鮮音先踐反 而公包其終始一以貫之可謂備矣 師古曰論語稱孔子謂曾子曰參乎吾道一以貫之謂忠恕 是以三年之間化行如神嘉瑞疊累豈非陛下知人之效得賢之致哉故非獨君之

受命也臣之生亦不虛矣是以伯禹賜玄圭周公受郊祀師古曰尚書禹貢云禹錫玄圭告厥成功言賞治水功成也禮記明堂位曰成王幼弱周公踐天子之位以治天下七年乃致政於成王成王以周公爲有勳勞於天下封周公於曲阜地方七百里革車千乘命魯公世世祀周公以天子禮樂是以魯君孟春乘大路旂十有二旒日月之章祀帝于郊配以后稷天子之禮也蓋以達天之使不敢擅天之功也師古曰言天降賢材以助王者王者當申達其用而不敢自專揆公德行爲天下紀師古曰揆度也紀理也觀公功勳爲萬世基基成而賞不配紀立而褒不副師古曰副配對也誠非所以厚國家順天心也高皇帝褒賞元功相國蕭何邑戶既倍又蒙殊禮奏事不名入殿不趨封其親屬十有餘人樂善無厭班賞亡遴師古曰遴與吝同苟有一策即必爵之是故公

孫戎位在充郎選繇旄頭壹明樊噲封二千戶孟康曰公孫戎奴也高帝時爲旄頭郎晉灼曰楚漢春秋上東圍項羽聞樊噲反旄頭公孫戎明之卒不反封戎二千戶師古曰此公孫戎耳非戎奴也戎奴自武帝時人孟說誤矣繇讀與由同孝文皇帝褒賞絳侯益封萬戶賜黃金五千斤孝武皇帝卹錄軍功裂三萬戶以封衞青青子三人或在繦褓皆爲通侯孝宣皇帝顯著霍光增戶命疇封者三人延及兄孫夫絳侯即因漢藩之固杖朱虛之鯁依諸將之遞據相扶之埶其事雖醜要不能遂李奇曰言勃之功不遂而霍光據席常任也晉灼曰醜衆也言勃欲誅諸呂其事雖衆要不能以呂后在時而遂意也師古曰二說皆非也遞繞也謂相圍繞也言絳侯之時漢之強漢內外有藩屏盤石之固內有朱虛骨鯁之強諸將同心圍繞扶翼呂氏之黨雖欲作亂心懷醜惡事必不成言勃之功不足多也遞音帶霍光即席

常任之重乘大勝之威未嘗遭時不行陷假離朝服虔曰言光未嘗陷假不遇而離去朝也勃嘗退就國是陷假也師古曰假升也陷假者被陷害而去所升之位朝之埶事亡非同類割斷歷久統政曠世雖曰有功所因亦易然猶有計策不審過徵之累師古曰光謀徵昌邑王不得其人也累音力瑞反及至青戎摽末之功服虔曰摽音刀末之摽謂衞青公孫戎也師古曰摽音匹遙反一言之勞然猶皆蒙丘山之賞課功絳霍造之與因也比於青戎地之與天也而公又有宰治之效乃當上與伯禹周公等盛齊隆兼其褒賞豈特與若云者同日而論哉師古曰若云謂若向者所云絳霍青戎也然曾不得蒙青等之厚臣誠惑之臣聞功亡原者賞不限德亡首

者褒不檢師古曰無原謂不可測其本原也無首謂無出其上者也檢局也是故成王之於周公也度百里之限師古曰度亦踰越也越九錫之檢開七百里之宇師古曰解並在前也兼商奄之民師古曰商奄二國名賜以附庸殷民六族師古曰謂條氏徐氏蕭氏索氏長勺氏尾勺氏也大路大旂師古曰解已在前也封父之繁弱夏后之璜師古曰封父古諸侯也繁弱大弓名也半璧曰璜父讀曰甫祝宗卜史師古曰太祝太宗太卜太史凡四官備物典策師古曰既有備物而加之策書也一曰典策春秋之制也官司彝器師古曰官司百官也彝器常用之器也一曰彝祭宗廟酒器也周禮有六彝彝法也言器有所法象之貌耳白牡之牲師古曰明堂位曰季夏六月以禘禮祀周公於太廟牲用白牡郊望之禮師古曰郊即上祀帝于郊也望謂望山川而祭之也王曰叔父建爾元子師古曰魯頌閟宮之詩曰王曰叔父建爾元子俾侯于魯謂命周公以封伯禽爲魯公也子父俱延拜而受之師古曰謂周公拜前魯公拜後可

謂不檢亡原者矣非特止此六子皆封師古曰周公六子伯禽之弟也
詩曰亡言不讎亡德不報師古曰大雅抑之詩也讎用也有善言則用之有德者必報之一曰
讎對也賞當其言也報當如之不如非報也服虔曰報賞當如其德不如德者非報也近觀
行事高祖之約非劉氏不王然而番君得王長沙
下詔稱忠定著於令師古曰謂吳芮也解在芮傳番音蒲河反明有大信不
拘於制也春秋晉悼公用魏絳之策諸夏服從鄭
伯獻樂悼公於是以半賜之絳深辭讓晉侯曰微
子寡人不能濟河夫賞國之典不可廢也子其受
之魏絳於是有金石之樂春秋善之師古曰事見左傳襄十一年微無也
取其臣竭忠以辭功君知臣以遂賞也今陛下既

知公有周公功德不行成王之襃賞遂聽公之固
辭不顧春秋之明義則民臣何稱萬世何述誠非
所以爲國也臣愚以爲宜恢公國令如周公師古曰恢大也
建立公子令如伯禽所賜之品亦皆如之諸子之封
皆如六子即羣下較然輸忠黎庶昭然感德師古曰較明貌
也臣誠輸忠民誠感德則於王事何有師古曰言臻其極無闕遺
唯陛下深惟祖宗之重敬畏上天之戒儀形虞周
之威師古曰儀形謂則而象之敕盡伯禽之賜無遴周公之報師古曰敕
備也遴與吝同令天法有設後世有祖師古曰祖始也以此爲法之始天下幸甚
太后以視羣公師古曰視讀曰示羣公方議其事會呂寬事

起初莽欲擅權白太后前哀帝立背恩義自貴外
家丁傅撓亂國家幾危社稷師古曰撓擾也音火高反幾音巨依反令帝
以幼年復奉大宗爲成帝後宜明一統之義以戒
前事爲後代法於是遣甄豐奉璽綬即拜帝母衞
姬爲中山孝王后賜帝舅衞寶寶弟玄爵關內侯
皆留中山不得至京師莽子宇非莽隔絕衞氏恐
帝長大後見怨宇即私遣人與寶等通書教令帝
母上書求入語在衞后傳莽不聽宇與師吳章及
婦兄呂寬議其故章以爲莽不可諫而好鬼神可
爲變怪以驚懼之章因推類說令歸政於衞氏宇

即使寬夜持血灑莽第門吏發覺之莽執宇送獄
飲藥死宇妻焉懷子師古曰焉其名繫獄須產子已殺之
師古曰須待也莽奏言宇爲呂寬等所詿誤流言惑衆與管
蔡同罪臣不敢隱其誅甄邯等白太后下詔曰夫
唐堯有丹朱周文王有管蔡此皆上聖亡奈下愚
子何以其性不可移也公居周公之位輔成王之
主而行管蔡之誅不以親親害尊尊朕甚嘉之昔
周公誅四國之後大化乃成至於刑錯師古曰四國謂三監及淮夷耳
公其專意翼國期於致平師古曰翼助也莽因是誅滅衞
氏窮治呂寬之獄連引郡國豪桀素非議己者內

及敬武公主師古曰元帝女弟也梁王立紅陽侯立平阿侯仁
使者迫守皆自殺死者以百數海內震焉大司馬
護軍襃奏言安漢公遭子宇陷於管蔡之辜子愛
至重爲帝室故不敢顧私惟宇遭辠喟然憤發作
書八篇以戒子孫宜班郡國令學官以教授事下
羣公請令天下吏能誦公戒者以著官簿比孝經
師古曰著官簿言用之得選舉也 四年春郊祀高祖以配天宗祀孝
文皇帝以配上帝四月丁未莽女立爲皇后大赦
天下遣大司徒司直陳崇等八人分行天下覽觀
風俗師古曰行音下更反太保舜等奏言春秋列功德之義太

上有立德其次有立功其次有立言唯至德大賢
然後能之其在人臣則生有大賞終爲宗臣殷之
伊尹周之周公是也及民上書者八千餘人咸曰
伊尹爲阿衡周公爲太宰周公享七子之封有過
上公之賞宜如陳崇言章下有司有司請還前所
益二縣及黃郵聚新野田采伊尹周公稱號加公
爲宰衡位上公掾史秩六百石三公言事稱敢言
之羣吏毋得與公同名出從期門二十人羽林三
十人前後大車十乘賜公太夫人號曰功顯君食
邑二千戶黃金印赤韍師古曰此韍印之組也封公子男二人

安爲襃新侯臨爲賞都侯加后聘三千七百萬合
爲一萬萬以明大禮太后臨前殿親封拜安漢公
拜前二子拜後如周公故事莽稽首辭讓出奏封
事願獨受母號還安臨印韍及號位戶邑事下太
師光等皆曰賞未足以直功師古曰直當也謙約退讓公之
常節終不可聽莽求見固讓太后下詔曰公每見
叩頭流涕固辭今移病固當聽其讓令眡事邪師古曰眡古視字將當遂行其賞遣歸就第也光等曰安臨親
受印韍策號通天其義昭昭黃郵召陵新野之田
爲入尤多師古曰召讀邵皆止於公公欲自損以成國化宜

可聽許治平之化當以時成宰衡之官不可世及
納徵錢乃以尊皇后非爲公也功顯君戶止身不
傳襃新賞都兩國合三千戶甚少矣忠臣之節亦
宜自屈而信主上之義師古曰信讀曰申宜遣大司徒大司
空持節承制詔公亟入眡事師古曰亟急也音居力反詔尚書勿
復受公之讓奏奏可莽乃起眡事上書言臣以元
壽二年六月戊午倉卒之夜以新都侯引入未央
宮庚申拜爲大司馬充三公位元始元年二月丙
辰拜爲太傅賜號安漢公備四輔官今年四月甲
子復拜爲宰衡位上公臣莽伏自惟爵爲新都侯

號爲安漢公官爲宰衡太傅大司馬爵貴號尊官
重一身蒙大寵者五誠非鄙臣所能堪據元始三
年天下歲已復官屬宜皆置如淳曰前時飢省官職今豐宜復之也師古曰復音
扶目反穀梁傳曰天子之宰通于四海師古曰宰治也治衆事者謂大臣也
臣愚以爲宰衡官以正百僚平海內爲職而無印
信名實不副臣莽無兼官之材今聖朝既過誤而
用之臣請御史刻宰衡印章曰宰衡太傅大司馬
印成授臣莽上太傅與大司馬之印太后詔曰可
韍如相國師古曰韍亦謂組也朕親臨授焉莽乃復以所益納
徵錢千萬遺與長樂長御奉共養者師古曰太后之長御也共音居用反

養音弋亮反太保舜奏言天下聞公不受千乘之土辭萬
金之幣散財施予千萬數莫不鄉化師古曰鄉讀曰嚮蜀郡
男子路建等輟訟慙怍而退雖文王卻虞芮何以
加師古曰卻退也虞芮二國名也並在河之東二國之君相與爭田久而不平聞文王之德乃往歸焉入周之境則耕者讓畔行者讓路乃相謂曰我小人也不可以履君子之庭遂相讓以其所爭爲閑田而退宜報告天下奏可宰衡出
從大車前後各十乘直事尚書郎侍御史謁者中
黃門期門羽林師古曰自此以上皆從宰衡出宰衡常持節所止謁
者代持之師古曰相代而持也宰衡掾史秩六百石三公稱敢
言之是歲莽奏起明堂辟雍靈臺爲學者築舍萬
區作市常滿倉制度甚盛立樂經益博士員經各

五人徵天下通一藝教授十一人以上及有逸禮
古書毛詩周官爾雅天文圖讖鍾律月令兵法史
篇文字孟康曰史籀所作十五篇古文書也師古曰周宣王太史史籀所作大篆書也籀音直救反通知其意
者皆詣公車網羅天下異能之士至者前後千數
皆令記說廷中將令正乖謬壹異說云羣臣奏言
昔周公奉繼體之嗣據上公之尊然猶七年制度
乃定夫明堂辟雍墮廢千載莫能興師古曰墮毀也音火規反今
安漢公起於第家輔翼陛下四年于茲功德爛然
師古曰爛然章明之貌公以八月載生魄庚子師古曰載始也魄月魄也奉使朝
用書孟康曰賦功役之書臨賦營築越若翊辛丑師古曰翊明也辛丑者庚子之明日也越

發語辭也諸生庶民大和會十萬衆並集平作二旬大
功畢成師古曰平作謂不促遽也平字或作丕丕亦大也唐虞發舉成周造業誠
亡以加宰衡位宜在諸侯王上賜以束帛加璧大
國乘車安車各一服虔曰大國乘車如大國王之乘車也驪馬二駟師古曰驪馬併
駕也詔曰可其議九錫之法冬大風吹長安城東門
屋瓦且盡五年正月祫祭明堂諸侯王二十八人
列侯百二十人宗室子九百餘人徵助祭禮畢
封孝宣曾孫信等三十六人爲列侯餘皆益戶賜
爵金帛之賞各有數是時吏民以莽不受新野田
而上書者前後四十八萬七千五百七十二人及

諸侯王公列侯宗室見者皆叩頭言宜亟加賞於
安漢公（師古曰亟急也）於是莽上書曰臣以外屬越次備
位未能奉稱（師古曰稱音尺證反）伏念聖德純茂承天當古
制禮以治民作樂以移風四海奔走百蠻竝輳（師古
曰輳即湊字也）辭去之日莫不隕涕非有款誠豈可虛致自
諸侯王已下至于吏民咸知臣莽上與陛下有葭
莩之故（師古曰葭蘆也莩者其筩裏白皮也言其輕薄而附著也故以為喻葭音加莩音孚）又得典
職每歸功列德者輒以臣莽為餘言臣見諸侯面
言事於前者未嘗不流汗而慚愧也雖性愚鄙至
誠自知德薄位尊力少任大夙夜悼栗常恐汙辱

前漢傳六十九上　二十五　陳用

聖朝今天下治平風俗齊同百蠻率服皆陛下聖
德所自躬親太師光太保舜等輔政佐治羣卿大
夫莫不忠良故能以五年之間至致此焉臣莽實
無奇策異謀奉承太后聖詔宣之于下不能得什
一受羣賢之籌畫而上以聞不能得什伍（師古曰言皆不曉又
遺忘也）當被無益之辜所以敢且保首領須吏者誠
上休陛下餘光而下依羣公之故也（師古曰休庇廕也）陛下
不忍眾言輒下其章於議者臣莽前欲立奏止恐
其遂不肯止今大禮已行助祭者畢辭不勝至願
願諸章下議者皆寢勿上使臣莽得盡力畢制禮

作樂事事成以傳示天下與海內平之即有所間
非則臣莽當被詿上誤朝之罪（師古曰間音居莧反）如無他譴
得全命賜骸骨歸家避賢者路是臣之私願也惟
陛下哀憐財幸（師古曰此財與裁同通用也）甄邯等白太后詔曰
可唯公功德光于天下是以諸侯王公列侯宗室
諸生吏民翕然同辭連守闕庭故下其章諸侯宗
室辭去之日復見前重陳（師古曰重音直用反）雖曉喻罷遣猶
不肯去告以孟夏將行厥賞莫不驩悅稱萬歲而
退今公每見輒流涕叩頭言願不受賞賞即加不
敢當位方制作未定事須公而決故且聽公制作

前漢傳六十九上　二十六

畢成群公以聞究于前議（師古曰究竟也）其九錫禮儀亟
奏（師古曰亟急也）於是公卿大夫博士議郎列侯張純等
九百二人皆曰聖帝明王招賢勸能德盛者位高
功大者賞厚故宗臣有九命上公之尊則有九錫
登等之寵（張晏曰宗臣有勳勞為上公國所宗者也周禮上公九命九命九賜也師古曰登等謂升於常等也）今九
族親睦百姓既章萬國和協黎民時雍（師古曰章明也時是也雍亦和
也自此已上皆取堯典敘堯德之言也）聖瑞畢溱太平已洽（師古曰溱亦與臻同）帝者
之盛莫隆於唐虞而陛下任之忠臣茂功莫著於
伊周而宰衡配之所謂異時而興如合符者也謹
以六藝通義經文所見周官禮記宜於今者為九

命之錫師古曰禮含文嘉云九錫者車馬衣服樂縣朱戶納陛武賁鈇鉞弓矢秬鬯也臣請命錫奏可策曰惟元始五年五月庚寅太皇太后臨于前殿延登親詔之曰公進虛聽朕言師古曰進前虛己而聽也前公宿衛孝成皇帝十有六年納策盡忠白誅故定陵侯淳于長以彌亂發姦師古曰彌讀曰弭弭止也登大司馬職在內輔孝哀皇帝即位驕妾窺欲姦臣萌動公手劾高昌侯董宏改正故定陶共王母之僭坐自是之後朝臣論議靡不據經以病辭位歸于第家為賊臣所陷就國之後孝哀皇帝覺寤復還公長安臨病加劇猶不忘公復特進位是夜倉卒國無儲主

姦臣充朝危殆甚矣朕惟定國之計莫宜於公引納于朝即日罷退高安侯董賢轉漏之間忠策輒建綱紀咸張綏和元壽再遭大行萬事畢舉禍亂不作輔朕五年人倫之本正天地之位定張晏曰定冠婚之儀徙南北之郊也欽承神祇經緯四時復千載之廢矯百世之失張晏曰封先代之後云古文經定迭毀之禮也天下和會大衆方輯師古曰輯與集字同詩之靈臺書之作雒鎬京之制商邑之度於今復興師古曰靈臺所以觀氣象者也文王受命作邑于豐立此臺兆庶自勸趣其功作故大雅靈臺之詩曰經始靈臺經之營之庶人攻之不日成之作雒謂周公營洛邑以為王都所謂成周也周書洛誥曰召公既相宅周公往營成周使來告卜作洛誥豐鎬相近故總曰鎬京成周既城遷殷頑民使居之故云商邑之度也昭章先帝之元功明著祖宗之令

德推顯嚴父配天之義修立郊禘宗祀之禮以光大孝是以四海雍雍萬國慕義蠻夷殊俗不召自至漸化端冕奉珍助祭師古曰蠻夷漸染朝化而正衣冠奉其國珍來助祭尋舊本道遵術重古動而有成事得厥中至德要道通於神明祖考嘉享光耀顯章天符仍臻元氣大同麟鳳龜龍衆祥之瑞七百有餘遂制禮作樂有綏靖宗廟社稷之大勳普天之下惟公是賴官在宰衡位為上公今加九命之錫其以助祭共文武之職師古曰共讀曰供乃遂及厥祖師古曰榮寵之命上延其先祖也於戲豈不休哉師古曰於戲讀曰嗚呼休美也於是莽稽首再拜受綠韍袞冕衣

裳師古曰此韍謂蔽膝也或謂之韍韠韍音弗韠音畢瑒琫瑒珌孟康曰瑒玉名也佩刀之飾上曰琫下曰珌詩云鞞琫有珌是也師古曰瑒音蕩琫音布孔反珌音必句履孟康曰今齋祀履舄頭飾也出履三寸師古曰其形岐頭句音巨俱反鸞路乘馬師古曰鸞路車之施鸞者也解在禮樂志四馬曰乘音食證反其下亦同龍旂九旒皮弁素積師古曰素積素裳也戎路乘馬師古曰戎路戎車也彤弓矢盧弓矢師古曰彤赤色盧黑色左建朱鉞右建金戚師古曰鉞戚皆斧屬甲冑一具師古曰冑兜鍪秬鬯二卣師古曰秬鬯香酒也卣中樽也音攸又羊九反圭瓚二師古曰以圭為勺柄九命青玉珪二師古曰青者春色東方生而長育萬物也朱戶納陛孟康曰納內也謂鑿殿基際為陛不使露也師古曰孟說是也尊者不欲露而升陛故內之於霤下也諸家之釋文句雖煩義皆不了故無取云署宗官祝官卜官史官虎賁三百人家令丞各一人宗祝卜史官皆置嗇夫佐安漢公在中

府外第虎賁爲門衛當出入者傳籍（師古曰傳猶著也音附）自四輔三公有事府第皆用傳（孟康曰傳符也師古曰音張戀反）以楚王邸爲安漢公第大繕治通周衛祖禰廟及寢皆爲朱戶納陛陳崇又奏安漢公祠祖禰出城門城門校尉宜將騎士從入有門衛出有騎士所以重國也奏可其秋莽以皇后有子孫瑞通子午道（張晏曰時年十四始有婦人之道也子水午火也水以天一爲牡火以地二爲牝故火爲水妃今通子午以協之）子午道從杜陵直絕南山徑漢中（師古曰子北方也午南方也言通南北道相當故謂之子午耳今京城直南山有谷通梁漢道者名子午谷又宜州西界慶州東界有山名子午領計南北直相當此則北山者是子南山者是午共爲子午道）風俗使者八人還言天下風俗齊同詐爲郡國造

歌謠頌功德凡三萬言莽奏定著令又奏爲市無二賈（師古曰言純質也賈音價）官無獄訟邑無盜賊野無飢民道不拾遺男女異路之制犯者象刑（師古曰象刑解在武紀及刑法志）劉歆陳崇等十二人皆以治明堂宣教化封爲列侯莽既致太平北化匈奴東致海外南懷黃支唯西方未有加遣中郎將平憲等多持金幣誘塞外羌使獻地願內屬憲等奏言羌豪良願等種人口可萬二千人願爲內臣獻鮮水海允谷鹽池平地美草皆予漢民自居險阻處爲藩蔽問良願降意對曰太皇太后聖明安漢公至仁天下太平

五穀成孰或禾長丈餘或一粟三米或不種自生或蠒不蠶自成甘露從天下醴泉自地出鳳皇來儀神爵降集從四歲以來羌人無所疾苦故思樂內屬宜以時處業置屬國領護事下莽莽復奏曰太后秉統數年恩澤洋溢和氣四塞絕域殊俗靡不慕義越裳氏重譯獻白雉黃支自三萬里貢生犀東夷王度大海奉國珍匈奴單于順制作去二名今西域良願等復舉地爲臣妾昔唐堯橫被四表亦亡以加之今謹案已有東海南海北海郡未有西海郡請受良願等所獻地爲西海郡臣又聞

聖王序天文定地理因山川民俗以制州界漢家地廣二帝三王（服虔曰唐虞及周要服之內方七千里夏殷方三千里漢地南北萬三千里也）凡十三州州名及界多不應經堯典十有二州後定爲九州漢家廓地遼遠州牧行部遠者三萬餘里不可爲九謹以經義正十二州名分界以應正始奏可又增法五十條犯者徙之西海徙者以千萬數民始怨矣泉陵侯劉慶上書（師古曰王子侯年表泉陵節侯賢長沙定王子本始四年戴侯貞定嗣二十二年薨黃龍元年頃侯慶嗣此則是也此傳及翟義傳並云泉陵地理志泉陵屬零陵郡而表作衆陵表爲誤也）言周成王幼少稱孺子周公居攝今帝富於春秋宜令安漢公行天子事如周公羣臣皆曰宜如慶言

冬熒惑入月中平帝疾莽作策請命於泰畤戴璧秉圭願以身代藏策金縢置于前殿敕諸公勿敢言（師古曰詐依周公爲武王請命作金縢也）十二月平帝崩大赦天下莽徵明禮者宗伯鳳等與定天下吏六百石以上皆服喪三年奏尊孝成廟曰統宗孝平廟曰元宗時元帝世絕而宣帝曾孫有見王五人（師古曰王之見在者）列侯廣戚侯顯等四十八人莽惡其長大曰兄弟不得相爲後迺選玄孫中最幼廣戚侯子嬰年二歲託以爲卜相最吉是月前煇光謝囂奏武功長孟通浚井得白石（師古曰浚抒治之也囂音許驕反浚音峻抒音直呂反）上圓下方有丹書著石（師古曰著音直略反）文曰告安漢公莽爲皇帝符命之起自此始矣莽使羣公以白太后太后曰此誣罔天下不可施行太保舜謂太后事已如此無可柰何沮之力不能止（師古曰沮壞也音才汝反）又莽非敢有它但欲稱攝以重其權塡服天下耳（師古曰塡音竹刃反）太后聽許舜等即共令太后下詔曰蓋聞天生衆民不能相治爲之立君以統理之君年幼稚必有寄託而居攝焉然後能奉天施而成地化羣生茂育書不云乎天工人其代之（師古曰虞書咎繇謨之辭也言人代天理治工事也）朕以孝平皇帝幼年且統國政幾加元服委政而屬之（師古曰屬付也幾音曰冀屬音

前漢傳六十九上　三十一　何五

之欲反）今短命而崩嗚呼哀哉已使有司徵孝宣皇帝玄孫二十三人差度宜者以嗣孝平皇帝之後（師古曰差度謂擇也度音大各反）玄孫年在繈褓不得至德君子孰能安之安漢公莽輔政三世比遭際會安光漢室（師古曰比頻也）遂同殊風至于制作與周公異世同符今前煇光囂武功長通上言丹石之符朕深思厥意云爲皇帝者乃攝行皇帝之事也夫有法成易非聖人者亡法其令安漢公居攝踐祚如周公故事以武功縣爲安漢公采地（師古曰采官也以官受地故謂之采）名曰漢光邑具禮儀奏於是羣臣奏言太后聖德昭然深見天意詔令安漢公居攝臣聞周成王幼少周道未成成王不能共事天地修文武之烈（師古曰共讀曰恭烈業也）周公權而居攝則周道成王室安不居攝則恐周隊失天命（師古曰隊音直類反）書曰我嗣事子孫大不克共上下遏失前人光在家不知命不易天應棐諶乃亡隊命（師古曰周書君奭之篇也邵公爲保周公爲師相成王爲左右邵公不說周公作君奭以告之奭邵公名也尊而呼之故曰君也言我恐後嗣子孫大不能恭承天地絕失先王光大之道不知受命之難天所應輔唯在有誠所以亡失其命也共音恭棐音匪）說曰（師古曰謂說經義也）周公服天子之冕南面而朝羣臣發號施令常稱王命召公賢人不知聖人之意故不說也（師古曰召讀曰邵說讀曰悅次下並同）禮明堂記曰周公朝諸侯於明堂天子負斧

前漢傳六十九上　三十二　何五

依南面而立（師古曰依讀曰扆此下亦同）謂周公踐天子位六年朝諸侯制禮作樂而天下大服也召公不說時武王崩縗麤未除（師古曰縗音千回反）由是言之周公始攝則居天子之位非乃六年而踐阼也書逸嘉禾篇曰周公奉鬯立于阼階延登贊曰假王莅政勤和天下此周公攝政贊者所稱（師古曰贊謂祭祀之贊辭也）成王加元服周公則致政書曰朕復子明辟（師古曰周書洛誥載周公告成王之辭言我復還明君之政於子也復音扶目反）周公常稱王命專行不報故言我復子明君也臣請安漢公居攝踐阼服天子韍冕（師古曰比韍亦謂蔽膝也）背斧依于戶牖之間南面朝羣臣聽政事車

服出入警蹕民臣稱臣妾皆如天子之制郊祀天地宗祀明堂共祀宗廟享祭羣神贊曰假皇帝（師古曰贊謂祭祀之辭也共音恭）民臣謂之攝皇帝自稱曰予平決朝事常以皇帝之詔稱制以奉順皇天之心輔翼漢室保安孝平皇帝之幼嗣遂寄託之義隆治平之化（師古曰遂成也）其朝見太皇太后帝皇后皆復臣節自施政教於其官家國采如諸侯禮儀故事臣昧死請太后詔曰可明年改元曰居攝居攝元年正月莽祀上帝於南郊迎春於東郊行大射禮于明堂養三老五更成禮而去（師古曰更音工衡反）置柱下五史秩如御史

聽政事侍旁記疏言行三月己丑立宣帝玄孫嬰爲皇太子號曰孺子以王舜爲太傅左輔甄豐爲大阿右拂（師古曰拂讀曰弼）甄邯爲太保後承又置四少秩皆二千石四月安衆侯劉崇與相張紹謀曰（師古曰安衆康侯丹長沙定王子也崇即丹之玄孫見王子侯表）安漢公莽專制朝政必危劉氏天下非之者乃莫敢先舉此宗室恥也吾帥宗族爲先海內必和紹等從者百餘人遂進攻宛不得入而敗紹者張竦之從兄也竦與崇族父劉嘉詣闕自歸莽赦弗罪竦因爲嘉作奏曰建平元壽之間大統幾絕宗室幾弃（師古曰幾亦音鉅依反）賴蒙陛下聖德

扶服振救（師古曰陛下謂莽也服音蒲北反）遮扞匡衛國命復延宗室明目臨朝統政發號施令動以宗室爲始登用九族爲先並錄支親建立王侯南面之孤計以百數收復絕屬存亡續廢（師古曰復音扶目反）得比肩首復爲人者嬪然成行（師古曰嬪然多貌也行列也嬪音匹人反行音下郎反）所以藩漢國輔漢宗也建辟雍立明堂班天法流聖化朝羣后昭文德宗室諸侯咸益土地天下喁喁引領而歎（師古曰喁喁衆口向上也音顒）頌聲洋洋滿耳而入（師古曰論語載孔子曰師摯之始關雎之亂洋洋乎盈耳哉故竦引之也洋音羊又音翔也）國家所以服此美膺此名饗此福受此榮者豈非太皇太后日昃之思陛下夕惕之念哉何謂（師古曰先爲設問復陳其事也）亂則統其理危則致其安禍則引其

福絕則繼其統幼則代其任晨夜屑屑寒暑勤勤師古曰屑屑猶切切動作之意也無時休息孳孳不已者師古曰孳孳不怠之意也音與孜同凡以爲天下厚劉氏也師古曰爲音于僞反臣無愚智民無男女皆諭至意師古曰諭曉也而安衆侯崇乃獨懷悖惑之心操畔逆之慮師古曰悖乖也興兵動衆欲危宗廟惡不忍聞罪不容誅誠臣子之仇宗室之讎國家之賊天下之害也是故親屬震落而告其罪民人潰畔而弃其兵進不跬步退伏其殃師古曰半步曰跬謂一舉足也音空蘂反百歲之母孩提之子師古曰嬰兒始孩人所提挈故曰孩提也孩者小兒笑也同時斷斬懸頭竿杪師古曰杪末也音莫小反珠珥在耳首飾猶存爲計若此豈不

誖哉師古曰誖惑也音布內反臣聞古者畔逆之國旣以誅討則豬其宮室以爲汙池納垢濁焉李奇曰掘其宮以爲池用貯水也師古曰豬謂畜水汙下也汙音烏名曰凶虛師古曰虛讀曰墟墟故居也言凶人所居也雖生菜茹而人不食師古曰所食之菜曰茹音人庶反四牆其社覆上棧下示不得通師古曰棧謂以簀蔽之也下則棧之上則覆之所以隔塞不通陰陽之氣辨社諸侯孟康曰辨布也布崇社國國各作一見以爲戒也師古曰辨讀曰班出門見之著以爲戒師古曰著明也方今天下聞崇之反也咸欲騫衣手劒而叱之其先至者則拂其頸師古曰拂戾也音佛衝其匈刃其軀切其肌後至者欲撥其門仆其牆師古曰仆倒也夷其屋焚其器師古曰夷平也應聲滌地則時成創師古曰滌地猶言塗地則時即時也創傷也音初良反而宗室尤甚言必切齒焉何則以其背畔恩義而不知重德之所在也宗室所居或遠嘉幸得先聞不勝憤憤之願願爲宗室倡始師古曰倡音先向反父子兄弟負籠荷鍤馳之南陽師古曰籠所以盛土也鍤鍫也豬崇宮室令如古制及崇社宜如亳社以賜諸侯用永監戒願下四輔公卿大夫議以明好惡視四方師古曰視讀曰示於是莽大說師古曰說讀曰悅公卿曰皆宜如嘉言莽白太后下詔曰惟嘉父子兄弟雖與崇有屬不敢阿私或見萌牙相率告之及其禍成同共讎之應合古制忠孝著焉其以杜衍戶千封嘉爲師禮侯嘉子七人皆賜爵關內侯後又封

竦爲淑德侯長安爲之語曰欲求封過張伯松師古曰竦之字力戰鬭不如巧爲奏莽又封南陽吏民有功者百餘人汙池劉崇室宅後謀反者皆汙池云羣臣復白劉崇等謀逆者以莽權輕也宜尊重以塡海內師古曰塡音竹刃反五月甲辰太后詔莽朝見太后稱假皇帝冬十月丙辰朔日有食之十二月羣臣奏請益安漢公宮及家吏置率更令廟廄廚長丞中庶子虎賁以下百餘人又置衛士三百人安漢公廬爲攝省府爲攝殿第爲攝宮奏可莽白太后下詔曰故太師光雖前薨功効已列太保舜

大司空豐輕車將軍邯步兵將軍建皆爲誘進單于籌策又典靈臺明堂辟雍四郊定制度開子午道與宰衡同心說德（師古曰說音悅次下亦同）合意并力功德茂著封舜子匡爲同心侯林爲說德侯光孫壽爲合意侯豐孫匡爲并力侯益邯建各三千戶是歲西羌龐恬傅幡等（師古曰幡音數元反其字從巾）怨莽奪其地作西海郡反攻西海太守程永永奔走莽誅永遣護羌校尉竇況擊之二年春竇況等擊破西羌五月更造貨錯刀一直五千契刀一直五百大錢一直五十與五銖錢竝行民多盜鑄者禁列侯以下不得

挾黃金輸御府受直然卒不與直九月東郡太守翟義都試勒車騎因發奔命立嚴鄉侯劉信爲天子（師古曰東平煬王之子）移檄郡國言莽毒殺平帝攝天子位欲絕漢室今共行天罰誅莽（師古曰共讀曰恭）郡國疑惑衆十餘萬莽惶懼不能食晝夜抱孺子告禱郊廟放大誥作策（師古曰放依也大誥周書篇名周公所作也放音甫往反）遣諫大夫桓譚等班於天下諭以攝位當反政孺子之意（師古曰諭曉告之）遣王邑孫建等八將軍擊義分屯諸關守阸塞槐里男子趙明霍鴻等起兵以和翟義（師古曰和音胡卧反）相與謀曰諸將精兵悉東京師空可攻長安衆稍多至且

十萬人莽恐遣將軍王奇王級將兵距之以太保甄邯爲大將軍受鉞高廟領天下兵左杖節右把鉞屯城外王舜甄豐晝夜循行殿中（師古曰行音下更反）十二月王邑等破翟義於圉司威陳崇使監軍（師古曰爲使而監軍於外）上書言陛下奉天洪範心合寶龜（師古曰心與龜合也）膺受元命豫知成敗咸應兆占是謂配天配天之主慮則移氣言則動物施則成化臣崇伏讀詔書下日竊計其時聖思始發而反虜仍破（師古曰思慮也）詔文始書反虜大敗制書始下反虜畢斬衆將未及齊其鋒芒臣崇未及盡其愚慮而事已決矣莽大說（師古曰說音曰悅）三

年春地震大赦天下王邑等還京師西與王級等合擊明鴻皆破滅語在翟義傳莽大置酒未央宮白虎殿勞賜將帥詔陳崇治校軍功第其高下莽乃上奏曰明聖之世國多賢人故唐虞之時可比屋而封至功成事就則加賞焉至于夏后塗山之會執玉帛者萬國諸侯執玉附庸執帛周武王孟津之上尚有八百諸侯周公居攝郊祀后稷以配天宗祀文王於明堂以配上帝是以四海之內各以其職來祭蓋諸侯千八百矣禮記王制千七百餘國是以孔子著孝經曰不敢遺小國之臣而況

於公侯伯子男乎故得萬國之歡心以事其先王此天子之孝也秦爲亡道殘滅諸侯以爲郡縣欲擅天下之利故二世而亡高皇帝受命除殘考功施賞建國數百後稍衰微其餘僅存太皇太后躬統大綱廣封功德以勸善興滅繼絕以永世是以大化流通旦暮且成遭羌寇害西海郡反虜流言東郡逆賊惑衆西土忠臣孝子莫不奮怒所征殄滅盡備厥辜天下咸寧制禮作樂實考周爵五等地四等有明文 蘇林曰爵五等公侯伯子男也地四等公一等侯伯二等子男三等附庸四等 殷爵三等有其說無其文 師古曰公一等侯二等伯子男三等 孔子曰周監於

二代郁郁乎文哉吾從周 師古曰論語載孔子之言也監視也二代夏殷也郁郁文章貌 臣請諸將帥當受爵邑者爵五等地四等奏可於是封者高爲侯伯次爲子男當賜爵關內侯者更名曰附城凡數百人擊西海者以羌爲號槐里以武爲號翟義以虜爲號羣臣復奏言太后脩功錄德遠者千載近者當世或以文封或以武爵深淺大小靡不畢舉今攝皇帝背依踐阼宜異於宰國之時制作雖未畢已 師古曰已止也 宜進二子爵皆爲公春秋善善及子孫賢者之後宜有土地成王廣封周公庶子六人皆有茅土及漢家名相大將蕭霍之屬

咸及支庶兄子光可先封爲列侯諸孫制度畢已大司徒大司空上名如前詔書太后詔曰進攝皇帝子褒新侯安爲新舉公賞都侯臨爲褒新公封光爲衍功侯是時莽還歸新都國羣臣復白以封莽孫宗爲新都侯莽既滅翟義自謂威德日盛獲天人助遂謀即眞之事矣九月莽母功顯君死意不在哀令太后詔議其服少阿羲和劉歆與博士諸儒七十八人皆曰居攝之義所以統立天功興崇帝道成就法度安輯海內也 師古曰輯與集同 昔殷成湯既沒而太子蚤夭其子太甲幼少不明伊尹放諸

桐宮而居攝以興殷道周武王既沒周道未成成王幼少周公屏成王而居攝以成周道 師古曰屏猶擁也 是以殷有翼翼之化 師古曰商頌殷武之詩曰商邑翼翼四方之極言商邑禮俗翼翼然可則效乃四方之中正也 周有刑錯之功 師古曰謂成康之世囹圄空虛 今太皇太后比遭家之不造 師古曰比頻也周頌閔予小子之篇曰遭家不造造成也故議者引之 委任安漢公宰尹羣僚衡平天下 師古曰宰治也尹正也衡平也言如稱之衡 遭孺子幼少未能共上下 師古曰共讀曰恭上下謂天地 皇天降瑞出丹石之符是以太后則天明命詔安漢公居攝踐祚將以成聖漢之業與唐虞三代比隆也攝皇帝遂開祕府會羣儒制禮作樂卒定庶官茂成天功 師古曰茂美也 聖心周悉卓爾

獨見發得周禮以明因監李奇曰夏因於虞禮周監於二代則天稽古而損益焉猶仲尼之聞韶師古曰孔子至齊郭門之外遇一嬰兒挈一壺相與俱行其視精其心正其行端孔子謂御曰趣驅之趣驅之韶樂方作孔子至彼而及韶聞之三月不知肉味言天縱多能而識微也故取喻耳日月之不可階師古曰論語載子貢叙孔子德云它人賢者丘陵也猶可踰也仲尼日月也無得而踰焉又曰夫子之不可及猶天之不可階而升也非聖哲之至孰能若茲綱紀咸張成在一匱師古曰論語云孔子曰譬如爲山未成一匱止吾止也譬如平地雖覆一匱進吾往也匱者織草爲器所以盛土也言人脩行道德有若爲山雖於平地始覆一匱之土而作不止可以得成故吾欲往觀之今此議者云莽脩行政化致於太平本由一匱也此其所以保佑聖漢安靖元元之效也今功顯君薨禮庶子爲後爲其母緦傳曰與尊者爲體不敢服其私親也攝皇帝以聖德承皇天之命受太后之詔居攝

前漢傳六十九上　四十一　何立

踐阼奉漢大宗之後上有天地社稷之重下有元元萬機之憂不得顧其私親故太皇太后建厥元孫俾侯新都師古曰建立也元長也謂立莽孫宗爲新都侯也俾使也爲哀侯後明攝皇帝與尊者爲體承宗廟之祭奉共養太皇太后不得服其私親也周禮曰王爲諸侯緦縗弁而加環絰師古曰於弁上加環絰也謂之環者言其輕細如環之形同姓則麻異姓則葛攝皇帝當爲功顯君緦縗弁而加麻環絰如天子弔諸侯服以應聖制莽遂行焉凡壹弔再會而令新都侯宗爲主服喪三年云司威陳崇奏衍功侯光私報執金吾竇況令殺人況爲收繫致其法莽大怒切

責光光母曰女自眡孰與長孫中孫師古曰長孫中孫莽子宇及獲字也皆坐莽所殺故云然中讀曰仲遂母子自殺及況皆死初莽以事母養嫂撫兄子爲名及後悖虐復以示公義焉服虔曰不舍光罪爲公義令光子嘉嗣爵爲侯莽下書曰遏密之義訖于季冬張晏曰平帝以元始五年十二月崩至此再期年也師古曰虞書云放勳乃徂百姓如喪考妣三載四海遏密八音遏止也密靜也謂不作樂也故莽引之正月郊祀八音當奏王公卿士樂凡幾等五聲八音條各云何其與所部儒生各盡精思悉陳其義是歲廣饒侯劉京車騎將軍千人扈雲太保屬臧鴻奏符命師古曰千人官名也屬車騎將軍扈其姓雲其名京言齊郡新井雲言巴郡石牛鴻言扶風雍石莽皆迎受十一

前漢傳六十九上　四十二　何立

月甲子莽奏太后由陛下至聖遭家不造遇漢十二世三七之阸承天威命詔臣莽居攝受孺子之託任天下之寄臣莽兢兢業業懼於不稱師古曰兢兢戒慎也業業危也宗室廣饒侯劉京上書言七月中齊郡臨淄縣昌興亭長辛當一暮數夢曰吾天公使也天公使我告亭長曰攝皇帝當爲眞即不信我此亭中當有新井亭長晨起視亭中誠有新井師古曰誠實也入地且百尺十一月壬子直建冬至師古曰壬子之日冬至而其日當建巴郡石牛戊午雍石文皆到于未央宮之前殿臣與太保安陽侯舜等視天風起塵冥風止得銅符帛圖

於石前文曰天告帝符獻者封侯承天命用神令
騎都尉崔發等眡說（師古曰眡古視字也視其文而說其意也）及前孝哀皇
帝建平二年六月甲子下詔書更爲太初元將元
年案其本事甘忠可夏賀良讖書臧蘭臺（師古曰蘭臺掌圖籍之所）
臣莽以爲元將元年者大將居攝改元之文也
於今信矣尚書康誥王若曰孟侯朕其弟小子封
（師古曰孟長也孟侯者言爲諸侯之長也封者衞康叔名）此周公居攝稱王之文也春
秋隱公不言即位攝也此二經周公孔子所定蓋
爲後法孔子曰畏天命畏大人畏聖人之言（師古曰論語載孔子之言也巳解在上）
臣莽敢不承用臣請共事神祇宗廟奏言

太皇太后孝平皇后皆稱假皇帝（師古曰共音曰恭）其號令
天下天下奏言事毋言攝以居攝三年爲初始元
年漏刻以百二十爲度用應天命臣莽夙夜養育
隆就孺子（師古曰隆長也成就之使其長大也）令與周之成王比德宣明
太皇太后威德於萬方期於富而教之孺子加元
服復子明辟如周公故事奏可衆庶知其奉符命
指意羣臣博議別奏以視卽眞之漸矣（師古曰視讀曰示）期
門郎張充等六人謀共劫莽立楚王發覺誅死梓
潼人哀章（師古曰梓潼廣漢之縣也潼音童）學問長安素無行好爲
大言見莽居攝即作銅匱爲兩檢署其一曰天帝

行璽金匱圖其一署曰赤帝璽某傳予黃帝金策
書某者高皇帝名也書言王莽爲眞天子皇太后
如天命圖書皆書莽大臣八人又取令名王興王
盛章因自竄姓名（師古曰竄謂廁著也）凡爲十一人皆署官爵
爲輔佐章聞齊井石牛事下即日昏時衣黃衣持
匱至高廟以付僕射僕射以聞戊辰莽至高廟拜
受金匱神嬗（師古曰嬗古禪字言有神命使漢禪位於莽也）御王冠謁太后還
坐未央宮前殿下書曰予以不德託于皇初祖考
黃帝之後皇始祖考虞帝之苗裔而太皇太后之
末屬皇天上帝隆顯大佑成命統序符契圖文金

匱策書神明詔告屬子以天下兆民（師古曰屬委付也音之欲反）赤
帝漢氏高皇帝之靈承天命傳國金策之書予甚
祇畏敢不欽受以戊辰直定（師古曰於建除之次其日當定）御王冠即
眞天子位定有天下之號曰新其改正朔易服色
變犧牲殊徽幟異器制（師古曰徽幟通謂旌旗之屬也幟音式志反）以十二月
朔癸酉爲建國元年正月之朔以雞鳴爲時服色
配德上黃犧牲應正用白使節之旄幡皆純黃其
署曰新使五威節以承皇天上帝威命也

王莽傳第六十九上

王莽傳卷第六十九中　班固　漢書九十九
秘書監上護軍琅邪縣開國子顏師古注
始建國元年正月朔莽帥公侯卿士奉皇太后璽
韍師古曰韍謂璽之組音弗上太皇太后順符命去漢號焉初莽
妻宜春侯王氏女立爲皇后師古曰王訢爲丞相初封宜春侯傳爵至孫咸莽妻
咸之女本生四男宇獲安臨二子前誅死安頗荒忽
師古曰荒音呼廣反廼以臨爲皇太子安爲新嘉辟師古曰辟君也謂之
辟者取爲國君之義音璧封宇子六人千爲功隆公壽爲功明公
吉爲功成公宗爲功崇公世爲功昭公利爲功著
公大赦天下莽乃策命孺子曰咨爾嬰昔皇天右

乃太祖師古曰右讀曰佑佑助也歷世十二享國二百一十載歷數
在于予躬詩不云乎侯服于周天命靡常師古曰大雅文
王之詩也言殷之後嗣乃爲諸侯服事周室天命無常也謂孺子爲宋公封爾爲定安公永爲新
室賓於戲師古曰於戲音曰嗚呼敬天之休師古曰休美也往踐乃位毋
廢予命又曰其以平原安德漯陰鬲重丘凡戶萬
師古曰五縣也漯音它合反鬲音與隔同地方百里爲定安公國立漢祖宗
之廟於其國與周後並行其正朔服色世世以事
其祖宗永以命德茂功享歷代之祀焉以孝平皇
后爲定安太后讀策畢莽親執孺子手流涕歔欷
師古曰歔音虛欷音許氣反曰昔周公攝位終得復子明辟今予

獨迫皇天威命不得如意哀歎良久中傅將孺子
下殿北面而稱臣百僚陪位莫不感動又按金匱
輔臣皆封拜以太傅左輔驃騎將軍安陽侯王舜
爲太師封安新公大司徒就德侯平晏爲太傅就
新公少阿羲和京兆尹紅休侯劉歆爲國師嘉新
公廣漢梓潼哀章爲國將美新公是爲四輔位上
公太保後承承陽侯甄邯師古曰承音烝爲大司馬承新
公丕進侯王尋爲大司徒章新公步兵將軍成都
侯王邑爲大司空隆新公是爲三公大阿右拂大
司空衛將軍廣陽侯甄豐師古曰拂讀曰弼爲更始將軍廣

新公京兆王興爲衛將軍奉新公輕車將軍成武
侯孫建爲立國將軍成新公京兆王盛爲前將軍
崇新公是爲四將凡十一公王興者故城門令史
王盛者賣餅莽案符命求得此姓名十餘人兩人
容貌應卜相徑從布衣登用以視神焉師古曰視讀曰示餘
皆拜爲郎是日封拜卿大夫侍中尚書官凡數百
人諸劉爲郡守皆徙爲諫大夫改明光宮爲定安
館定安太后居之以大鴻臚府爲定安公第皆置
門衛使者監領敕阿乳母不得與語常在四壁中
孟康曰令定安公居四壁中不得有所見至於長大不能名六畜後莽以女

孫宇子妻之莽策羣司曰歲星司肅東嶽太師典
致時雨應劭曰貌之不恭是謂不肅劭也厥罰常雨水也故申戒厥任欲使雨暘以時也晉灼曰衆物生於
東方故戒太師也青煒登平考景以晷服虔曰煒音暉如淳曰青氣之光輝也晉灼曰
言青陽之氣始升而上以成萬物也春秋分立表以正東西東日之始出也考景以晷屬焉熒惑司悊南
嶽太傅典致時奧應劭曰視之不明是謂不悊悊智也厥罰常燠燠暑也晉灼曰南方盛陽之位
太傅師傅之稱故戒之也師古曰奧音於六反赤煒頌平考聲以律晉灼曰頌寬頌也夏
假也物假大乃宣平也六月陰氣之始故爲地統地之中數六六爲律律有形有色色尚黃故考聲以律屬焉師古曰頌讀曰
容太白司艾西嶽國師典致時陽應劭曰言之不從謂之不艾艾安也
厥罰常陽暘旱也師古曰艾讀曰乂白煒象平考量以銓應劭曰量斗斛也銓權衡也晉
灼曰象形也萬物無不成形於西方大小輕重皆可知故稱量屬焉辰星司謀北嶽國將典

致時寒應劭曰聽之不聰是謂不謀謀圖也厥罰常寒晉灼曰北伏也陽氣伏於下陰主殺故戒國將玄煒
和平考星以漏應劭曰推五星行度以漏刻也晉灼曰和合也萬物皆合藏於北方水又主平故曰和平
歷度起於斗分日月紀於攝提攝提值斗杓所指以建時節故考星屬焉月刑元股左司馬典
致武應考方法矩張晏曰月爲刑司馬主武又典天故使主威刑也主司天文
欽若昊天敬授民時力來農事以豐年穀師古曰欽敬也
若順也力來勸勉之也來音郎代反日德元厷右司徒典致文瑞考圜合
規張晏曰日爲陽位晉灼曰肱圜也五教在寬則和氣感物四靈見象故文瑞屬焉師古曰厷古肱字主司人道
五教是輔帥民承上宣美風俗五品乃訓師古曰五教謂父義
母慈兄友弟恭子孝也五品即五常謂仁義禮智信斗平元心中司空典致物圖
考度以繩張晏曰斗北斗也主齊七政司空主水土土爲中故責之孟康曰昜河出圖洛出書司空主水土責以其

物也晉灼曰中央爲四季土土者信信者直故爲繩主司地里平治水土掌名山
川衆殖鳥獸蕃茂草木各策命以其職如典誥之
文置大司馬司允師古曰允信也大司徒司直大司空司
若師古曰若順也位皆孫卿更名大司農曰羲和後更爲
納言大理曰作士太常曰秩宗大鴻臚曰典樂少
府曰共工師古曰共音曰龔水衡都尉曰予虞與三公司卿
凡九卿分屬三公每一卿置大夫三人一大夫置
元士三人凡二十七大夫八十一元士分主中都官
諸職更名光祿勳曰司中太僕曰太御衞
尉曰大衞執金吾曰奮武中尉曰軍正又置大贅

官主乘輿服御物師古曰贅聚也言財物所聚也音之銳反後又典兵秩
位皆上卿號曰六監改郡太守曰大尹都尉曰大
尉縣令長曰宰御史曰執法公車司馬曰王路四
門長樂宮曰常樂室未央宮曰壽成室前殿曰王
路堂服虔曰如言路寢也長安曰常安更名秩百石曰庶士三
百石曰下士四百石曰中士五百石曰命士六百
石曰元士千石曰下大夫比二千石曰中大夫二
千石曰上大夫中二千石曰卿車服黻冕各有差
品師古曰此黻謂衣裳之黻又置司恭司徒司明司聰司中大夫及
誦詩工徹膳宰以司過策曰予聞上聖欲昭厥德

罔不愼修厥身用綏于遠是用建爾司于五事毋
隱尤毋將虛 師古曰尤過也將助也虛謂虛美也言勿隱吾過而助爲虛美 好惡不愆立
于厥中 師古曰愆違也 於戲勗哉 師古曰於戲讀曰烏呼勗勉也 令王路設進
善之旌非謗之木敢諫之鼓 師古曰非音曰誹 諫大夫四人
常坐王路門受言事者封王氏齊縗之屬爲侯大
功爲伯小功爲子緦麻爲男其女皆爲任 師古曰任充也男服
之義男亦任也音壬 男以睦女以隆爲號焉 師古曰睦隆皆其受封邑之號取嘉名 皆
授印韍 師古曰韍亦印之組文下並同 令諸侯立大夫人夫人世子亦受
印韍又曰天無二日土無二王百王不易之道也漢
氏諸侯或稱王至于四夷亦如之違於古典繆於一

統其定諸侯王之號皆稱公及四夷僭號稱王者
皆更爲侯又曰帝王之道相因而通盛德之祚百
世享祀予惟黃帝帝少昊帝顓頊帝嚳帝堯帝舜
帝夏禹皋陶伊尹咸有聖德假于皇天 師古曰假至也升也音工雅反 功
烈巍巍光施于遠予甚嘉之營求其後將祚厥祀
惟王氏虞帝之後也出自帝嚳劉氏堯之後也出
自顓頊於是封姚恂爲初睦侯奉黃帝後 服虔曰姚舜姓故封
爲黃帝後 梁護爲脩遠伯奉少昊後 服虔曰以爲伯益之後故封之 皇孫功隆
公千奉帝嚳後劉歆爲祁烈伯奉顓頊後國師劉
歆子疊爲伊休侯奉堯後 師古曰上言紅休侯劉歆爲國師嘉新公今此云劉歆爲祁烈伯又

言國師劉歆子爲伊休侯是則祁烈伯自別一劉歆非國師也 嬀昌爲始睦侯奉虞帝後山
遵爲襃謀子奉皋陶後伊玄爲襃衡子奉伊尹後
漢後定安公劉嬰位爲賓周後衞公姬黨更封爲
章平公亦爲賓殷後宋公孔弘運轉次移更封爲
章昭侯位爲恪 師古曰恪敬也言待之加敬亦如賓也周以舜後并杞宋爲三恪也 夏後遼西
姒豐封爲章功侯亦爲恪 服虔曰姒夏姓 四代古宗宗祀于
明堂以配皇始祖考虞帝周公後襃魯子姬就宣
尼公後襃成子孔鈞已前定焉莽又曰予前在攝
時建郊宮定祧廟立社稷 師古曰遠祖曰祧音吐堯反 神祇報況 師古
曰況賜也 或光自上復于下流爲烏 師古曰復音扶目反 或黃氣熏烝

昭耀章明以著黃虞之烈焉 師古曰烈餘業也自云承黃虞之後 自黃帝
至于濟南伯王而祖世氏姓有五矣 師古曰濟南伯王莽之高祖 黃
帝二十五子分賜厥姓十有二氏虞帝之先受姓
曰姚其在陶唐曰嬀在周曰陳在齊曰田在濟南
曰王予伏念皇初祖考黃帝皇始祖考虞帝以宗
祀于明堂宜序於祖宗之親廟其立祖廟五親廟
四后夫人皆配食郊祀黃帝以配天黃后以配地
孟康曰黃帝之后也 以新都侯東弟爲大禖歲時以祀 師古曰禖祀也立此
大禖常以歲時祀其先也 家之所尚種祀天下 師古曰言國已立大禖祠先祖矣其衆庶之家所尚者各
令傳祀勿絕普天之下同其法 姚嬀陳田王氏凡五姓者皆黃虞苗裔

予之同族也書不云乎惇序九族師古曰虞書咎繇謨之辭也惇厚也其
令天下上此五姓名籍于秩宗皆以為宗室世世
復無有所與師古曰復音方目反與讀曰預其元城王氏勿令相嫁娶
師古曰元城王氏不得與四姓昏娶以其同祖也餘它王氏則不禁焉以別族理親焉封陳崇為
統睦侯奉胡王後孟康曰追王陳胡公田豐為世睦侯奉敬王
後孟康曰追王陳敬仲天下牧守皆以前有翟義趙明等領州
郡懷忠孝封牧為男守為附城又封舊恩戴崇金
涉其閎楊並等子皆為男遣騎都尉囂等師古曰囂音許驕反
分治黃帝園位於上都橋時師古曰橋山之上故曰橋時也虞帝於零
陵九疑胡王於淮陽陳敬王於齊臨淄愍王於城

陽莒服虔曰齊愍王伯王於濟南東平陵孺王於魏郡元城
師古曰莽之高祖名遂字伯紀曾祖名賀字翁孺故謂之伯王孺王使者四時致祠其廟當作
者以天下初定且祫祭於明堂太廟以漢高廟為
文祖廟師古曰欲法舜受終於文祖莽曰予之皇始祖考虞帝受
嬗于唐師古曰嬗古禪字漢氏初祖唐帝世有傳國之象師古
曰堯傳舜漢傳莽自以舜後故言有傳國之象予復親受金策於漢高皇帝之
靈惟思褒厚前代何有忘時漢氏祖宗有七蘇林曰漢本紀
祖宗有四莽以元帝成帝平帝為宗故有七以禮立廟于定安國其園寢廟在
京師者勿罷祠薦如故予以秋九月親入漢氏高
元成平之廟諸劉更屬籍京兆大尹勿解其復各

終厥身師古曰復音方目反州牧數存問勿令有侵冤又曰予
前在大麓至于攝假師古曰大麓者謂為大司馬宰衡時也引舜納于大麓烈風雷雨不迷也攝假
謂初為攝皇帝又為假皇帝深惟漢氏三七之阸赤德氣盡思索廣
求師古曰索亦求也音山客反所以輔劉延期之術靡所不用以故
作金刀之利幾以濟之師古曰幾讀曰冀然自孔子作春秋
以為後王法至于哀之十四而一代畢協之於今
亦哀之十四也張晏曰漢哀帝即位六年平帝五年居攝三年凡十四年赤世計盡終
不可彊濟皇天明威黃德當興隆顯大命屬予以
天下師古曰屬音之欲反今百姓咸言皇天革漢而立新師古曰革改也
廢劉而興王夫劉之為字卯金刀也正月剛卯金

刀之利皆不得行服虔曰剛卯以正月卯日作佩之長三寸廣一寸四方或用玉或用金或用桃著革帶佩之今
有玉在者銘其一面曰正月剛卯金刀莽所鑄之錢也晉灼曰剛卯長一寸
廣五分四方當中央從穿作孔以采絲葺其底如冠纓頭蕤刻其上面作兩
行書文曰正月剛卯既央靈殳四方赤青白黃四色是當帝令祝融以教夔
龍庶疫剛癉莫我敢當其一銘曰疾日嚴卯帝令夔化順爾固伏化茲靈殳
既正既直既觚既方庶疫剛癉莫我敢當師古曰今往往有土中得玉剛卯
者案大小及文服說是也莽以劉字上有卯下有金旁又有刀故禁剛卯及
金刀也博謀卿士僉曰天人同應昭然著明其去剛卯
莫以為佩除刀錢勿以為利承順天心快百姓意
乃更作小錢徑六分重一銖文曰小錢直一與前
大錢五十者為二品並行欲防民盜鑄乃禁不得
挾銅炭四月徐鄉侯劉快結黨數千人起兵於其
國師古曰快膠東恭王子也而王子侯表作炔字從火與此不同疑表誤快兄殷故漢膠東王時

改為扶崇公快舉兵攻即墨殷閉城門自繫獄吏民距快快敗走至長廣死莽曰昔予之祖濟南愍王困於燕寇自齊臨淄出保于莒宗人田單廣設奇謀獲殺燕將復定齊國今即墨士大夫復同心殄滅反虜予甚嘉其忠者憐其無辜其赦殷等非快之妻子它親屬當坐者皆勿治弔問死傷賜亡者葬錢人五萬殷知大命深疾惡快以故輒伏厥辜其滿殷國戶萬地方百里又封符命臣十餘人莽曰古者設廬井八家一夫一婦田百畝什一而稅則國給民富而頌聲作（師古曰給足也）此唐虞之道三

代所遵行也秦為無道厚賦稅以自供奉罷民力以極欲（師古曰罷讀曰疲）壞聖制廢井田是以兼并起貪鄙生強者規田以千數弱者曾無立錐之居又置奴婢之市與牛馬同蘭（師古曰蘭謂遮蘭之若牛馬蘭圈也）制於民臣顓斷其命姦虐之人因緣為利至略賣人妻子逆天心誖人倫（師古曰誖亂也誖音布內反）繆於天地之性人為貴之義（師古曰孝經稱孔子曰天地之性人為貴故引之性生也）書曰予則奴戮女（師古曰夏書甘誓之辭也奴戮戮之以為奴也說書者以為帑子也戮及妻子此說非也秦誓云囚奴正士豈及子之謂乎女讀曰汝）唯不用命者然後被此辜矣漢氏減輕田租三十而稅一常有更賦罷癃咸出（師古曰更音工衡反罷音疲癃音隆）而豪民侵陵分田

劫假厥名三十稅一實什稅五也（師古曰解並在食貨志）父子夫婦終年耕芸（師古曰芸字與耘同）所得不足以自存故富者犬馬餘菽粟驕而為邪貧者不厭糟糠窮而為姦俱陷于辜刑用不錯（師古曰錯置也音千故反）予前在大麓（師古曰麓錄也）始令天下公田口井（師古曰計口而為井田）時則有嘉禾之祥遭反虜逆賊且止今更名天下田曰王田奴婢曰私屬皆不得賣買其男口不盈八而田過一井者分餘田予九族鄰里鄉黨故無田今當受田者如制度敢有非井田聖制無法惑衆者投諸四裔以禦魑魅（師古曰魑山神也魅老物精也魑音摛魅音媚）如皇始祖考虞帝故事是時

百姓便安漢五銖錢以莽錢大小兩行難知又數變改不信皆私以五銖錢市買訛言大錢當罷莫肯挾莽患之復下書諸挾五銖錢言大錢當罷者比非井田制投四裔於是農商失業食貨俱廢民人至涕泣於市道及坐賣買田宅奴婢鑄錢自諸侯卿大夫至于庶民抵罪者不可勝數秋遣五威將王奇等十二人班符命四十二篇於天下德祥五事符命二十五福應十二凡四十二篇其德祥言文宣之世黃龍見于成紀新都高祖考王伯墓門梓柱生枝葉之屬符命言井石金匱之屬福應

言雌雞化爲雄之屬其文亦爾雅依託皆爲作說師古曰爾雅近正也謂近於正經依古義而爲之說大歸言莽當代漢有天下云總而
說之曰帝王受命必有德祥之符瑞協成五命申
以福應師古曰五命謂五行之文相承以受命也申重也然後能立巍巍之功傳
于子孫永享無窮之祚故新室之興也德祥發於
漢三七九世之後蘇林曰二百一十歲九天子也肇命於新都受瑞於
黃支孟康曰獻生犀開王於武功定命於子同孟康曰梓潼縣也莽改也成
命於巴宕晉灼曰巴郡宕渠縣也申福於十二應天所以保祐新
室者深矣固矣武功丹石出於漢氏平帝末年火
德銷盡土德當代皇天眷然去漢與新以丹石始

命於皇帝皇帝謙讓以攝居之未當天意故其秋
七月天重以三能文馬服虔曰三台星也晉灼曰許愼說文馬縞身金精周成王時犬戎獻之師古曰能音台皇帝復謙讓未即位故三以鐵契四以石龜五
以虞符六以文圭七以玄印八以茂陵石書九以
玄龍石十以神井十一以大神石十二以銅符帛
圖申命之瑞寖以顯著師古曰寖漸也至于十二以昭告新
皇帝皇帝深惟上天之威不可不畏故去攝號猶
尚稱假改元爲初始欲以承塞天命克厭上帝之
心師古曰塞當也厭滿也然非皇天所以鄭重降符命之意師古曰鄭重猶言頻煩也重音直用反故是日天復決其以勉書孟康曰哀章所作策

書也言數有瑞應莽自謙居攝天復決其疑勸勉令爲眞也晉灼曰勉字當爲龜是日自復有龜書及天下金匱圖策事也師古曰孟說是又侍郎王盱見人衣白布單衣赤繢方領師古曰繢者會五采也以布爲單衣以赤加繢爲其方領也盱音許于反繢胡內反冠小冠立于王路殿前謂
盱曰今日天同色以天下人民屬皇帝師古曰同色者言五方天神共齊其謀同其顏色也字或作包包者言天總包括天下人衆而與莽也其義兩通屬委也音之欲反盱怪之行十餘
步人忽不見至丙寅暮漢氏高廟有金匱圖策高
帝承天命以國傳新皇帝明旦宗伯忠孝侯劉宏
以聞乃召公卿議未決而大神石人談曰趣新皇
帝之高廟受命毋留師古曰趣讀曰促於是新皇帝立登車
之漢氏高廟受命受命之日丁卯也丁火漢氏之

德也卯劉姓所以爲字也明漢劉火德盡而傳於
新室也皇帝謙謙既備固讓十二符應迫著命不
可辭師古曰迫促也著明也懼然祗畏葦然閔漢氏之終不可濟師古曰懼音瞿瞿然自失之意也葦然變動之貌也瞿音居具反亹亹在左右之不得從意師古曰亹亹自勉之意左右助也言欲助漢室而迫天命不得從其本意也左右音曰佐佑也爲之三夜不御
寢三日不御食延問公侯卿大夫僉曰宜奉如上
天威命於是乃改元定號海內更始新室既定神
祇懽喜申以福應吉瑞累仍師古曰申重也仍頻也詩曰宜民
宜人受祿于天保右命之自天申之師古曰大雅假樂之詩也言有功德宜於衆人者則受天之福祿天乃保安而佑助之命以邦國也申謂重其意也右讀曰佑此之謂也五威將奉

符命齎印綬王侯以下及吏官名更者師古曰更改也外及匈奴西域徼外蠻夷皆即授新室印綬因收故漢印綬賜吏爵人二級民爵人一級女子百戶羊酒蠻夷幣帛各有差大赦天下五威將乘乾文車鄭氏曰畫天文象於車也駕坤六馬鄭氏曰坤爲牝馬六地數背負鷩鳥之毛服飾甚偉師古曰鷩鳥雉屬即鵔鸃也今俗呼之山雞非也鷩音鼈每一將各置左右前後中帥凡五帥衣冠車服駕馬各如其方面色數師古曰色者東方青南方赤也數者若木數三火數二之類將持節稱太一之使帥持幢稱五帝之使莽命曰普天之下迄于四表師古曰迄至也靡所不至其東出者至玄菟樂浪高句驪夫餘師古曰夫餘亦東北夷也樂音洛浪音郎夫音扶南出者隃徼外歷益州師古曰隃字與踰同貶句町王爲侯西出者至西域盡改其王爲侯北出者至匈奴庭授單于印改漢印文去璽曰章單于欲求故印陳饒椎破之語在匈奴傳單于大怒而句町西域後卒以此皆畔饒還拜爲大將軍封威德子冬靁師古曰靁古雷字桐華置五威司命中城四關將軍司命司上公以下中城主十二城門策命統睦侯陳崇曰咨爾崇夫不用命者亂之原也大姦猾者賊之本也鑄僞金錢者妨寶貨之道也驕奢踰制者凶害之端也漏泄省中及尚書事者機事不密則

害成也師古曰易上繫之辭曰君不密則失臣臣不密則失身機事不密則害成故引之拜爵王庭謝恩私門者祿去公室政從亡矣凡此六條國之綱紀是用建爾作司命柔亦不茹剛亦不吐不侮鰥寡不畏強圉師古曰引詩大雅美仲山甫之辭其義並解於上帝命帥繇統睦于朝師古曰帥循也繇讀與由同命說符侯崔發曰重門擊柝以待暴客師古曰易下繫之辭也擊柝謂擊木以守夜也暴客謂姦暴之人來爲寇害者也柝音他各反女作五威中城將軍師古曰女讀曰汝其下並同中德既成天下說符師古曰說音悅命明威侯王級曰繞霤之固南當荊楚服虔曰隘險之道師古曰謂之繞霤者言四面塞阸其道屈曲谿谷之水回繞而霤也其處即今之商州界七盤十二繞是也霤力救反女作五威前關將軍振武奮衛明威于前命尉睦侯王嘉曰羊頭之阸北當燕趙師古曰羊頭山名在上黨壺關縣女作五威後關將軍壺口捶阸尉睦于後師古曰壺口亦山名也捶阸謂據險阸而捶擊之也捶音之蘂反命掌威侯王奇曰肴黽之險東當鄭衛師古曰肴有肴山也黽黽池也皆在陝縣之東黽音莫善反女作五威左關將軍函谷批難掌威于左師古曰批謂糾剔之也函谷故關今在桃林縣界批音步結反命懷羌子王福曰汧隴之阻西當戎狄師古曰汧扶風汧縣有吳山汧水之阻隴謂隴阺也汧隴相連汧音苦堅反阺丁禮反女作五威右關將軍成固據守懷羌于右又遣諫大夫五十人分鑄錢於郡國是歲長安狂女子碧呼道中師古曰碧者女子名也呼叫也音火故反曰高皇帝大怒趣歸我國不者九月必殺汝師古曰趣讀曰促莽收捕殺之治者掌寇大夫陳成自免去官師古曰狂妄之職在掌寇故云治者真定劉都等謀舉兵發覺皆誅真定常山大雨雹師古曰雨音于具反二年

二月赦天下五威將帥七十二人還奏事漢諸侯
王爲公者悉上璽綬爲民無違命者封將爲子帥
爲男初設六筦之令 師古曰筦亦管字也管主也 命縣官酤酒賣鹽
鐵器鑄錢諸采取名山大澤衆物者稅之又令市
官收賤賣貴賒貸予民收息百月三 如淳曰出百錢與民用月收其息三
錢也師古曰貸音吐戴反 犧和置酒士郡一人乘傳督酒利 師古曰督視察
之傳音張戀反 禁民不得挾弩鎧徙西海匈奴單于求故璽
莽不與遂寇邊郡殺略吏民十一月立國將軍建
奏西域將欽上言 師古曰但欽也 九月辛巳戊己校尉史陳
良終帶共賊殺校尉刁護 師古曰刁音貂 劫略吏士自稱廢

漢大將軍亡入匈奴又今月癸酉不知何一男子
遮臣建車前自稱漢氏劉子輿成帝下妻子也 師古曰下
妻猶言小妻 劉氏當復 師古曰復音扶福反 趣空宮 師古曰趣讀曰促 收繫男子
即常安姓武字仲皆逆天違命大逆無道請論仲
及陳良等親屬當坐者奏可漢氏高皇帝比著戒
云罷吏卒爲賓食 師古曰比頻也言高帝頻戒云勿使吏卒守漢廟欲爲寄食之賓於王氏廟中 誠
欲承天心全子孫也其宗廟不當在常安城中及
諸劉爲諸侯者當與漢俱廢陛下至仁久未定前
故安衆侯劉崇徐鄉侯劉快 師古曰並解於上 陵鄉侯劉曾
師古曰楚思王子 扶恩侯劉貴等 師古曰不知誰子孫 更聚衆謀反 師古曰更音工

衡反 今狂狡之虜或妄自稱亡漢將軍或稱成帝子
子輿至犯夷滅連未止者此聖恩不蚤絕其萌牙
故也臣愚以爲漢高皇帝爲新室賓享食明堂成
帝異姓之兄弟平帝壻也皆不宜復入其廟元帝
與皇太后爲體 師古曰夫婦一體也 聖恩所隆禮亦宜之臣請
漢氏諸廟在京師者皆罷諸劉爲諸侯者以戶多
少就五等之差其爲吏者皆罷待除於家 師古曰罷黜其職各
使退歸而言在家待遷除 上當天心稱高皇帝神靈 師古曰稱音尺孕反 塞狂
狡之萌莽曰可嘉新公國師以符命爲予四輔明
德侯劉龔率禮侯劉嘉等凡三十二人皆知天命

或獻天符或貢昌言 師古曰昌當也 或捕告反虜厥功茂焉
諸劉與三十二人同宗共祖者勿罷賜姓曰王唯
國師以女配莽子故不賜姓改定安太后號曰黃
皇室主絕之於漢也冬十二月雷更名匈奴單于
曰降奴服于莽曰降奴服于知 師古曰知者莽改單于之名也本名囊知牙斯 威
侮五行 師古曰引夏書甘誓之文 背畔四條 師古曰四條莽所作制者事在匈奴傳 侵犯西
域延及邊垂爲元元害辠當夷滅命遣立國將
軍孫建等凡十二將十道並出共行皇天之威罰
于知之身 師古曰共讀曰恭 惟知先祖故呼韓邪單于稽侯
狦 師古曰狦音刪又音先安反 累世忠孝保塞守徼不忍以一知之

罪滅稽侯珊之世今分匈奴國土人民以爲十五立稽侯珊子孫十五人爲單于遣中郎將藺苞戴級馳之塞下召拜當爲單于者諸匈奴人當坐虜知之法者皆赦除之遣五威將軍苗訢虎賁將軍王況出五原厭難將軍陳欽震狄將軍王廵出雲中（師古曰厭音一涉反）振武將軍王嘉平狄將軍王萌出代郡相威將軍李棽鎮遠將軍李翁出西河（師古曰棽音所林反）誅貉將軍陽俊討穢將軍嚴尤出漁陽奮武將軍王駿定胡將軍王晏出張掖及偏裨以下百八十人募天下囚徒丁男甲卒三十萬人轉衆郡委輸五

大夫衣裘兵器糧食長吏送自負海江淮至北邊使者馳傳督趣以軍興法從事（師古曰傳音張戀反趣音促）天下騷動先至者屯邊郡須畢具乃同時出莽以錢幣訖不行（師古曰訖竟也）復下書曰民以食爲命以貨爲資是以八政以食爲首寶貨皆重則小用不給皆輕則僦載煩費（師古曰僦送也一曰賃也音子就反）輕重大小各有差品則用便而民樂於是造寶貨五品語在食貨志百姓不從但行小大錢二品而已盜鑄錢者不可禁廼重其法一家鑄錢五家坐之没入爲奴婢吏民出入持布錢以副符傳（師古曰舊法行者持符傳即不稽留今更令持布錢與符相副乃得過也傳音張戀反其下亦同）

不持者廚傳勿舍關津苛留（師古曰廚行道飲食處傳置驛之舍也苛問也音何）公卿皆持以入宮殿門欲以重而行之是時爭爲符命封侯其不爲者相戲曰獨無天帝除書乎司命陳崇白莽曰此開姦臣作福之路而亂天命宜絕其原莽亦厭之遂使尚書大夫趙並驗治非五威將率所班皆下獄初甄豐劉歆王舜爲莽腹心倡導在位（師古曰倡音赤上反）褒揚功德安漢宰衡之號及封莽母兩子兄子皆豐等所共謀而豐舜歆亦受其賜並富貴矣非復欲令莽居攝也居攝之萌出於泉陵侯劉慶前煇光謝囂長安令田終術莽羽翼

已成意欲稱攝豐等承順其意莽輒復封舜歆兩子及豐孫豐等爵位已盛心意既滿又實畏漢宗室天下豪桀而疏遠欲進者並作符命莽遂據以即眞舜歆内懼而已豐素剛强莽覺其不說（師古曰說讀曰悅）故徙大阿右拂大司空豐託符命文爲更始將軍（師古曰拂讀曰弼）與賣餅兒王盛同列豐父子默默時子尋爲侍中京兆大尹茂德侯即作符命新室當分陝立二伯（師古曰分陝者就依周公召公故事自陝以東周公主之自陝以西召公主之陝即今陝州是其地也伯長也陝音式冉反）以豐爲右伯太傅平晏爲左伯如周召故事莽即從之拜豐爲右伯當述職西出未行尋復作符命

言故漢氏平帝后黃皇室主爲尋之妻莽以詐立
心疑大臣怨誹欲震威以懼下因是發怒曰黃皇
室主天下母此何謂也收捕尋尋亡豐自殺尋隨
方士入華山歲餘捕得辭連國師公歆子侍中東
通靈將五司大夫隆威侯棻棻弟右曹長水校尉
伐虜侯泳大司空邑弟左關將軍掌威侯奇及歆
門人侍中騎都尉丁隆等牽引公卿黨親列侯以
下死者數百人尋手理有天子字莽解其臂入視
之曰此一大子也或曰一六子也六者戮也明尋
父子當戮死也迺流棻于幽州放尋于三危殛隆

于羽山 師古曰效舜之罰共工等也殛誅也音居力反 皆驛車載其屍傳致云莽
爲人侈口蹷頤 師古曰侈大也蹷短也頤頤也蹷音其月反頤音胡感反 露眼赤精大
聲而嘶 師古曰嘶聲破也音先奚反 長七尺五寸好厚履高冠以氂
裝衣 師古曰毛之強曲者曰氂以裝褚衣中令其張起也氂音力之反字或作犛音義同 反膺高視瞰
臨左右 師古曰瞰謂遠視也音口濫反 是時有用方技待詔黃門者或
問以莽形貌待詔曰莽所謂鴟目虎吻豺狼之聲
者也故能食人亦當爲人所食問者告之莽誅滅
待詔而封告者後常翳雲母屛面 師古曰屛面即便面蓋扇之類也解在張敞傳
非親近莫得見也是歲以初睦侯姚恂爲寧
始將軍三年莽曰百官改更職事分移律令儀法

未及悉定且因漢律令儀法以從事令公卿大夫
諸侯二千石舉吏民有德行通政事能言語明文
學者各一人詣王路四門遣尚書大夫趙並使勞
北邊還言五原北假膏壤殖穀 師古曰北假地名也膏壤言其土肥美也殖生也
異時常置田官乃以並爲田禾將軍發戍卒屯田
北假以助軍糧是時諸將在邊須大衆集 師古曰須待也 吏
士放縱而內郡愁於徵發民棄城郭流亡爲盜賊
幷州平州尤甚莽令七公六卿號皆兼稱將軍遣
著武將軍逯並等塡名都 師古曰逯音錄塡音竹刃反此下亦同 中郎將
繡衣執法各五十五人分塡緣邊大郡督大姦猾

擅弄兵者皆便爲姦於外撓亂州郡 師古曰撓音火高反其字從手 貨
賂爲市侵漁百姓莽下書曰虜知罪當夷滅故遣
猛將分十二部將同時出一舉而決絕之矣內置
司命軍正外設軍監十有二人誠欲以司不奉命
令軍人咸正也今則不然各爲權勢恐猲良民 師古曰猲以威力脅之也音呼葛反
妄封人頸得錢者去 如淳曰權臣妄以法枉良人爲僮僕封其頸以別之也得顧錢乃去封
毒蠚並作農民離散 師古曰蠚音呼各反 司監若此可謂
稱不 師古曰稱音尺孕反 自今以來敢犯此者輒捕繫以名聞
然猶放縱自若而蘭苞戴級到塞下招誘單于弟
咸咸子登入塞脅拜咸爲孝單于賜黃金千斤錦

繡甚多遣去將登至長安拜爲順單于留邸太師王舜自莽篡位後病悸寖劇死（師古曰心動曰悸寖漸也悸音葵季反）莽曰昔齊太公以淑德累世爲周氏太師蓋予之所監也（師古曰監謂視見也）其以舜子延襲父爵爲安新公延弟褒新侯匡爲太師將軍永爲新室輔爲太子置師友各四人秩以大夫以故大司徒馬宮爲師疑故少府宗伯鳳爲傅丞博士袁聖爲阿輔京兆尹王嘉爲保拂（師古曰拂讀曰弼）是爲四師故尚書令唐林爲胥附博士李充爲犇走（師古曰犇古奔字）諫大夫趙襄爲先後中郎將廉丹爲御侮是爲四友又置師友祭酒及

侍中諫議六經祭酒各一人凡九祭酒秩上卿琅邪左咸爲講春秋潁川滿昌爲講詩長安國由爲講易平陽唐昌爲講書沛郡陳咸爲講禮崔發爲講樂祭酒遣謁者持安車印綬即拜楚國龔勝爲太子師友祭酒勝不應徵不食而死寧始將軍姚恂免侍中崇祿侯孔永爲寧始將軍是歲池陽縣有小人景長尺餘或乘車馬或步行操持萬物小大各相稱（師古曰車馬及物皆類其人之形）三日止瀕河郡蝗生（師古曰謂緣河南北諸郡瀕音頻又音賓）河決魏郡泛清河以東數郡先是莽恐河決爲元城冢墓害及決東去元城不憂水故遂不

堤塞四年二月赦天下夏赤氣出東南竟天厭難將軍陳歆言捕虜生口虜犯邊者皆孝單于咸子角所爲莽怒斬其子登於長安以視諸蠻夷（師古曰視音示）大司馬甄邯死寧始將軍孔永爲大司馬侍中大贅侯輔爲寧始將軍莽每當出輒先搜索城中名曰橫搜（師古曰索音山客反橫音胡孟反）是月橫搜五日莽至明堂授諸侯茅土下書曰予以不德襲于聖祖爲萬國主思安黎元在于建侯分州正域以美風俗追監前代爰綱爰紀惟在堯典十有二州衛有五服（師古曰並解於上）詩國十五抪徧九州（師古曰謂周南召南衛王鄭齊魏唐秦陳鄶曹豳魯商凡十五國也

一曰周南召南邶鄘衛王鄭齊魏唐秦陳鄶曹豳是爲十五國抪音普胡反）殷頌有奄有九有之言（師古曰商頌玄鳥之詩美陽有功德故能覆有九州）禹貢之九州無并幽周禮司馬則無徐梁帝王相改各有云爲或昭其事或大其本厥義著明其務一矣昔周二后受命故有東都西都之居予之受命蓋亦如之其以洛陽爲新室東都常安爲新室西都邦畿連體各有采任州從禹貢爲九爵從周氏有五諸侯之員千有八百附城之數亦如之以俟有功諸公一同有衆萬戶土方百里侯伯一國衆戶五千土方七十里子男一則衆戶二千有五百土方五十里附城大者食邑九成

衆戸九百土方三十里自九以下降殺以兩師古曰兩兩而
降殺音所例反至於一成如淳曰十里爲成五差備具合當一則今已受
茅土者公十四人侯九十三人伯二十一人子百
七十一人男四百九十七人凡七百九十六人附
城千五百一十一人九族之女爲任者八十三人
及漢氏女孫中山承禮君遵德君脩義君更以爲
任十有一公九卿十二大夫二十四元士定諸國
邑采之處使侍中講理大夫孔秉等與州部衆郡
曉知地理圖籍者共校治于壽成朱鳥堂予數與
群公祭酒上卿親聽視咸已通矣夫褒德賞功所

以顯仁賢也九族和睦所以褒親親也予永惟匪
解思稽前人師古曰解音懈稽考也將章黜陟以明好惡安元
元焉以圖簿未定未授國邑且令受奉都内月錢
數千師古曰奉音扶用反諸侯皆困乏至有庸作者中郎區博
諫莽曰師古曰區姓也音一侯反井田雖聖王法其廢久矣周道既
衰而民不從秦知順民之心可以獲大利也故滅
廬井而置阡佰遂王諸夏訖今海内未厭其敝今
欲違民心追復千載絶迹師古曰復音扶目反雖堯舜復起而
無百年之漸弗能行也天下初定萬民新附誠未
可施行莽知民怨迺下書曰諸名食王田皆得賣

之勿拘以法犯私買賣庶人者且一切勿治初五
威將帥出改句町王以爲侯王邯怨怒不附師古曰邯句町
王之名也音下甘反莽諷牂柯大尹周歆詐殺邯邯弟承起兵
攻殺歆先是莽發高句驪兵當伐胡不欲行郡
強迫之皆亡出塞因犯法爲寇遼西大尹田譚追
擊之爲所殺州郡歸咎於高句驪侯騶嚴尤奏言
貉人犯法不從騶起正有它心宜令州郡且尉安之
師古曰假令騶有惡心亦當且尉安今猥被以大罪恐其遂畔師古曰猥多也厚也被加也音
皮義反夫餘之屬必有和者師古曰和應也音胡卧反匈奴未克夫餘
穢貉復起此大憂也莽不尉安穢貉遂反詔尤擊

之尤誘高句驪侯騶至而斬焉傳首長安莽大説
下書曰迺者命遣猛將共行天罰師古曰共讀曰恭誅滅虜
知分爲十二部或斷其右臂或斬其左腋或潰其
胷腹或紬其兩脅師古曰紬音與抽同今年刑在東方張晏曰是歲在壬申
刑在東方誅貉之部先縱焉捕斬虜騶平定東域虜知殄
滅在于漏刻此乃天地羣神社稷宗廟祐助之福
公卿大夫士民同心將率虓虎之力也師古曰虓音火交反予甚
嘉之其更名高句驪爲下句驪布告天下令咸知
焉於是貉人愈犯邊東北與西南夷皆亂云莽志
方盛以爲四夷不足吞滅專念稽古之事復下書

曰伏念予之皇始祖考虞帝受終文祖在琁璣玉衡以齊七政遂類于上帝禋于六宗望秩于山川徧于羣神巡狩五嶽羣后四朝敷奏以言明試以功師古曰解並在前予之受命即真到于建國五年已五載矣陽九之阸既度百六之會已過歲在壽星塡在明堂倉龍癸酉德在中宮服虔曰倉龍太歲也張晏曰太歲起於甲寅爲龍東方倉癸德在中宮也晉灼曰壽星角亢也東宮倉龍房心也心爲明堂塡星所在其國昌莽自謂土也土行主塡星癸德在中宮宮又土也觀晉掌歲龜策告從孟康曰觀辰星進退掌主也晉灼曰國語晉文公以卯出酉入過五鹿得土歲在壽星其日戊申莽欲法之以爲吉祥正以二月建寅之節東巡狩者取萬物生之始也視晉讖太歲所在宿度所合卜筮皆吉故法之其以此年二月建寅之節東巡狩具禮儀調度師古曰調音徒釣反

羣公奏請募吏民人馬布帛綿又請內郡國十二買馬發帛四十五萬匹輸常安前後毋相須師古曰須待也至者過半莽下書曰文母太后體不安其且止待後是歲改十一公號以新爲心後又改心爲信五年二月文母皇太后崩葬渭陵與元帝合而溝絕之如淳曰葬於司馬門內作溝絕之立廟於長安新室世世獻祭元帝配食坐於牀下莽爲太后服喪三年大司馬孔永乞骸骨賜安車駟馬以特進就朝位同風侯逯並爲大司馬是時長安民聞莽欲都雒陽不肯繕治室宅師古曰繕補也或頗徹之莽曰玄龍石文曰定帝德國雒陽符命著明敢不欽奉以始建國八年歲纏星紀孟康曰纏居也星紀在斗牽牛間師古曰纏踐歷也音直連反在雒陽之都其謹繕脩常安之都勿令壞敗敢有犯者輒以名聞請其罪是歲烏孫大小昆彌遣使貢獻大昆彌者中國外孫也其胡婦子爲小昆彌而烏孫歸附之莽見匈奴諸邊並侵意欲得烏孫心廼遣使者引小昆彌使置大昆彌使上保成師友祭酒滿昌劾奏使者曰夷狄以中國有禮誼故詘而服從大昆彌君也今序臣使於君使之上非所以有夷狄也奉使大不敬莽怒免昌官西域諸國以莽積失恩信焉耆

先畔殺都護但欽十一月彗星出二十餘日不見是歲以犯挾銅炭者多除其法明年改元曰天鳳天鳳元年正月赦天下莽曰予以二月建寅之節行巡狩之禮太官齎糒乾肉內者行張坐卧師古曰糒乾飯也張坐卧謂帷帳茵席也糒音備所過毋得有所給師古曰言自齎食及帷帳以行在路所經過不須供費也予之東巡必躬載耒每縣則耕以勸東作師古曰耒耕曲木也予之南巡必躬載耨每縣則薅以勸南僞師古曰耨鉏也薅拔去草也耨音乃豆反薅音火高反僞音曰訛訛化也予之西巡必躬載銍每縣則穫以勸西成予之北巡必躬載拂每縣則粟以勸蓋藏師古曰拂音佛所以擊治禾者也今謂之連枷粟謂治粟畢北巡狩之禮即于土中居雒陽之都焉敢有趨讙犯法輒以軍法從事劉德曰趨讙走呼也羣公奏

言皇帝至孝往年文母聖體不豫躬親供養衣冠稀解因遭弃羣臣悲哀顏色未復飲食損少今一歲四巡道路萬里春秋尊非糒乾肉之所能堪且無巡狩須闋大服以安聖體師古曰闋盡也音口決反臣等盡力養牧兆民奉稱明詔師古曰稱副也莽曰羣公羣牧羣司諸侯庶尹願盡力相帥養牧兆民欲以稱予繇此敬聽師古曰繇讀與由同其勗之哉毋食言焉更以天鳳七年歲在大梁倉龍庚辰行巡狩之禮厥明年歲在實沈倉龍辛巳即土之中雒陽之都迺遣太傅平晏大司空王邑之雒陽營相宅兆圖起宗廟社稷郊

兆云三月壬申晦日有食之大赦天下策大司馬逯並曰日食無光干戈不戢其上大司馬印韍就侯氏朝位太傅平晏勿領尚書事省侍中諸曹兼官者以利苗男訢爲大司馬如淳曰利苗邑名莽即眞尤備大臣抑奪下權朝臣有言其過失者輒拔擢孔仁趙博費興等以敢擊大臣故見信任師古曰費音扶味反擇名官而居之公卿入宮吏有常數太傅平晏從吏過例掖門僕射苛問不遜師古曰僕射苛問平日安其言不遜戊曹士收繫僕射應劭曰莽自以土行故使太傅所置戊曹士士掾也蘇林曰士者曹掾屬公府諸曹次第之名也師古曰應說是莽大怒使執法發車騎數百圍太傅府捕士即時死大

司空士夜過奉常亭亭長苛之告以官名亭長醉曰寧有符傳邪師古曰傳音張戀反士以馬箠擊亭長師古曰箠策也音止蘂反亭長斬士亡郡縣逐之家上書師古曰亭長家上書自治莽曰亭長奉公勿逐大司空邑斥士以謝國將哀章頗不清莽爲選置和叔師古曰特爲置此官敕曰非但保國將閨門當保親屬在西州者諸公皆輕賤而章尤甚四月隕霜殺中木師古曰中古草字海瀕尤甚師古曰邊海之地也瀕音頻又音賓六月黃霧四塞七月大風拔樹飛北闕直城門屋瓦師古曰北闕直城門瓦皆飛也直城門長安城門名也解在成紀雨雹殺牛羊莽以周官王制之文置卒正連率大尹職如太守屬令

屬長職如都尉置州牧部監二十五人見禮如三公監位上大夫各主五郡公氏作牧侯氏卒正伯氏連率子氏屬令男氏屬長皆世其官其無爵者爲尹分長安城旁六鄉置帥各一人分三輔爲六尉郡師古曰三輔黃圖云渭城安陵以西北至栒邑義渠十縣屬京尉大夫府居故長安寺高陵以北十縣屬師尉大夫府居故廷尉府新豐以東至湖十縣屬翊尉大夫府居城東霸陵杜陵東至藍田西至武功郁夷十縣屬光尉大夫府居城南茂陵槐里以西至汧十縣屬扶尉大夫府居城西長陵池陽以北至雲陽祋祤十縣屬列尉大夫府居城北河東河內弘農河南頴川南陽爲六隊郡師古曰隊音遂置大夫職如太守屬正職如都尉更名河南大尹曰保忠信卿益河南屬縣滿三十置六郊州長各一人人主五縣及它

官名悉改大郡至分爲五郡縣以亭爲名者三百六十以應符命文也緣邊又置竟尉以男爲之師古曰竟音境諸侯國閒田爲黜陟增減云師古曰閒音閑以擬有功封賜有罪黜陟也莽下書曰常安西都曰六鄉衆縣曰六尉義陽東都曰六州衆縣曰六隊粟米之內曰內郡師古曰禹貢去王城四百里納粟五百里納米皆在甸服之內其外曰近郡有鄣徼者曰邊郡合百二十有五郡九州之內縣二千二百有三公作甸侯是爲惟城諸在侯服是爲惟寧在采任諸侯是爲惟翰師古曰采采服也任男服也在賓服是爲惟屏師古曰賓服即古要服也取諸侯賓服以爲名在揆文教奮武衛是爲惟垣在九州之外是爲惟藩師古曰凡此惟城以下取詩大雅板之篇云价人惟藩太師惟垣大邦惟屏大宗惟翰懷德惟寧宗子惟城以爲名號也解在諸侯王表各以其方爲稱總爲萬國焉其後歲復變更一郡至五易名而還復其故吏民不能紀每下詔書輒繫其故名曰制詔陳留大尹大尉其以益歲以南付新平蘇林曰陳留圉縣莽改曰益歲新平故淮陽以雍丘以東付陳定陳定故梁郡以封丘以東付治亭治亭故東郡以陳留以西付祈隧祈隧故滎陽陳留已無復有郡矣大尹大尉皆詣行在所其號令變易皆此類也令天下小學戊子代甲子爲六旬首冠以戊子爲元日師古曰冠音工喚反元善也昏以戊寅之旬

爲忌日師古曰昏謂娶妻也百姓多不從者匈奴單于知死弟咸立爲單于求和親莽遣使者厚賂之詐許還其侍子登因購求陳良終帶等單于即執良等付使者檻車詣長安莽燔燒良等於城北令吏民會觀之緣邊大飢人相食諫大夫如普行邊兵師古曰行音下更反還言軍士久屯塞苦邊郡無以相贍今單于新和宜因是罷兵校尉韓威進曰以新室之威而吞胡虜無異口中蚤蝨臣願得勇敢之士五千人不齎斗粮飢食虜肉渴飲其血可以橫行莽壯其言以威爲將軍然采普言徵還諸將在邊者免陳欽等十八人又罷四關塡都尉諸屯兵會匈奴使還單于知侍子登前誅死發兵寇邊莽復發軍屯於是邊民流入內郡爲人奴婢迺禁吏民敢挾邊民者弃市益州蠻夷殺大尹程隆三邊盡反遣平蠻將軍馮茂將兵擊之寧始將軍侯輔免講易祭酒戴參爲寧始將軍二年二月置酒王路堂公卿大夫皆佐酒師古曰助行酒大赦天下是時日中見星大司馬苗訢左遷司命以延德侯陳茂爲大司馬訛言黃龍墯死黃山宮中百姓犇走往觀者有萬數莽惡之師古曰莽自謂黃德故有此妖捕繫問語所從起不能得單于咸

旣和親求其子登屍莽欲遣使送致恐咸怨恨害使者迺收前言當誅侍子者故將軍陳欽以他臯繫獄欽曰是欲以我爲說於匈奴也 師古曰說解說也託言以其前建議誅侍子令故殺之 遂自殺莽選儒生能顓對者 師古曰顓與專同專對謂應對無方能專其事 濟南王咸爲大使五威將琅邪伏黯等爲帥使送登屍敕令掘單于知墓棘鞭其屍又令匈奴却塞於漠北責單于馬萬匹牛三萬頭羊十萬頭及稍所略邊民生口在者皆還之莽好爲大言如此咸到單于庭陳莽威德責單于背畔之臯應敵從横單于不能詘遂致命而還之入塞咸病死封其子爲伯伏黯等皆爲子莽意以

前漢傳六十九中　三十一　施

爲制定則天下自平故銳思於地理制禮作樂講合六經之說公卿旦入暮出論議連年不決不暇省獄訟寃結民之急務縣宰缺者數年守兼 師古曰不拜正官權令人守兼 一切貪殘日甚中郎將繡衣執法在郡國者並乘權勢傳相舉奏又十一公士分布勸農桑班時令案諸章冠蓋相望交錯道路召會吏民逮捕證左郡縣賦斂遞相賕賂白黑紛然 師古曰白黑謂清濁也紛然亂意也言清濁不分也 守闕告訴者多莽自見前顓權以得漢政故務自攬衆事 師古曰攬與擥同其字從手 有司受成苟免 師古曰莽事事自決成熟乃以付吏吏苟免罪責而已 諸寶物名帑藏錢穀官皆宦者領之

師古曰帑音他莽反又音奴 吏民上封事書宦官左右開發尚書不得知其畏備臣下如此又好變改制度政令煩多當奉行者輒質問乃以從事 師古曰質正也 前後相乘憒眊不渫 師古曰乘積也登也憒眊不明也渫散也徹也憒音工內反眊音莫報反 莽常御燈火至明猶不能勝尚書因是爲姦寢事上書待報者連年不得去拘繫郡縣者逢赦而後出衞卒不交代三歲矣穀常貴邊兵二十餘萬人仰衣食縣官愁苦 師古曰仰音牛向反 五原代郡尤被其毒起爲盜賊數千人爲輩轉入旁郡莽遣捕盜將軍孔仁將兵與郡縣合擊歲餘迺定邊郡亦略將盡 師古曰言其逃亡結爲盜賊在者少也 邯鄲以北大雨霧水出深者數丈流殺數千人立國將軍孫建死司命趙閎爲立國將軍寧始將軍戴參歸故官南城將軍廉丹爲寧始將軍三年二月乙酉地震大雨雪 師古曰雨音于具反 關東尤甚深者一丈竹栢或枯大司空王邑上書言視事八年功業不效司空之職尤獨廢頓至迺有地震之變願乞骸骨莽曰夫地有動有震震者有害動者不害春秋記地震易繫坤動動靜辟脅萬物生焉 師古曰辟音闢闢開也脅收斂也易上繫之辭曰夫坤其動也闢其靜也翕是以廣生焉故莽引之也翕脅之聲相近義則同 災異之變各有云爲天地動威以戒予躬公何辜焉而乞

前漢傳六十九中　三十二　元

骸骨非所以助予者也使諸吏散騎司祿大衛脩
寧男遵諭予意焉五月莽下吏祿制度曰予遭陽
九之阸百六之會國用不足民人騷動自公卿以
下一月之祿十緵布二匹孟康曰緵八十縷也師古曰緵音子公反或帛一匹
予每念之未嘗不戚焉今阸會已度府帑雖未能
充略頗稍給其以六月朔庚寅始賦吏祿皆如制
度四輔公卿大夫士下至輿僚凡十五等僚祿一
歲六十六斛稍以差增上至四輔而為萬斛云莽
又曰普天之下莫非王土率土之賓莫非王臣師古
曰莽引小雅北山之詩也蓋以天下養焉周禮膳羞百有二十品

今諸侯各食其同國則師古曰謂公食同侯伯食國子男食則也辟任附城
食其邑師古曰辟君也任公主也辟音辟任音壬公卿大夫元士食其采師古曰謂
因官職而食地也多少之差咸有條品歲豐穰則充其禮師古曰穰
音人掌反有災害則有所損與百姓同憂喜也其用上
計時通計天下幸無災害者太官膳羞備其品矣
即有災害以什率多少而損膳焉東岳太師立國
將軍保東方三州一部二十五郡南嶽太傅前將
軍保南方二州一部二十五郡西嶽國師寧始將
軍保西方一州二部二十五郡北嶽國將衛將軍
保北方二州一部二十五郡大司馬保納卿言卿

仕卿作卿京尉扶尉兆隊右隊中部左洎前七部
服虔曰大司馬保此官皆如郡守也晉灼曰左與前故特七部師古曰洎亦臮字也臮及也隊音遂此下皆同大司徒保
樂卿典卿宗卿秩卿翼尉光尉左隊前隊中部右
部有五郡大司空保予卿虞卿共卿工卿師尉列
尉祈隊後隊中部洎後十郡師古曰共讀曰龔及六司六卿
皆隨所屬之公保其災害亦以十率多少而損其
祿郎從官中都官吏食祿都內之委者以太官膳
羞備損而為節師古曰言隨其多少諸侯辟任附城羣吏亦各
保其災害幾上下同心師古曰幾音曰冀勸進農業安元元
焉莽之制度煩碎如此課計不可理吏終不得祿

各因官職為姦受取賕賂以自共給師古曰共讀曰供是月
戊辰長平館西岸崩邕涇水不流毀而北行師古曰邕讀曰
壅遣大司空王邑行視師古曰行音下更反還奏狀羣臣上壽
以為河圖所謂以土填水師古曰填讀與鎮同匈奴滅亡之祥也
乃遣并州牧宋弘游擊都尉任萌等將兵擊匈奴
至邊止屯七月辛酉霸城門災民間所謂青門也
師古曰三輔黃圖云長安城東出南頭名霸城門俗以其色青名曰青門戊子晦日有食之大赦
天下復令公卿大夫諸侯二千石舉四行各一人師古
曰依漢光祿之四科大司馬陳茂以日食免武建伯嚴尤為大
司馬如淳曰莽之伯子男號也十月戊辰王路朱鳥門鳴晝夜不絕

崔發等曰虞帝闢四門通四聰 師古曰虞書敘舜之德也闢四門明四目達四聰故引之 門鳴者明當修先聖之禮招四方之士也於是令羣臣皆賀所舉四行從朱鳥門入而對策焉平蠻將軍馮茂擊句町士卒疾疫死者什六七賦斂民財什取五益州虛耗而不克徵還下獄死更遣寧始將軍廉丹與庸部牧史熊擊句町頗斬首有勝莽徵丹熊丹熊願益調度必克乃還復大賦斂就都大尹馮英不肯給上言自越巂遂久仇牛同亭邪豆之屬反畔以來積且十年 服虔曰遂久縣名也仇牛等越巂旁夷 郡縣距擊不已續用馮茂苟施一切之政僰道以

南山險高深茂多敺眾遠居 師古曰敺讀曰驅同 費以億計吏士離毒氣死者什七 師古曰離遭也 今丹熊懼於自詭期會 師古曰詭責也自以為憂責 調發諸郡兵穀復訾民取其十四 師古曰發人訾財十取其四也 空破梁州功終不遂 師古曰遂成也 宜罷兵屯田明設購賞莽怒免英官後頗覺寤曰英亦未可厚非復以英為長沙連率翟義黨王孫慶捕得莽使太醫尚方與巧屠共刳剝之 師古曰刳剖也音口胡反 量度五藏 師古曰度音徒各反 以竹筳導其脈知所終始 師古曰筳竹挺也音庭 云可以治病 師古曰以知血脈之原則盡攻療之道也 是歲遣大使五威將王駿西域都護李崇將戊己校尉出西域諸國皆郊迎貢獻焉諸

國前殺都護但欽駿欲襲之命佐帥何封戊己校尉郭欽別將 師古曰別領兵在後也將音子亮反 焉耆詐降伏兵擊駿等皆死欽封後到襲擊老弱從車師還入塞莽拜欽為填外將軍 師古曰填音竹刃反 封剿胡子 師古曰剿音子小反 何封為集胡男西域自此絕

王莽列傳第六十九中

王莽傳第六十九下　班固　漢書九十九下

秘書監上護軍琅邪縣開國子顏師古注

四年五月莽曰保成師友祭酒唐林故諫議祭酒琅邪紀逡（師古曰逡音千旬反字或從亻其音同耳）孝弟忠恕敬上愛下博通舊聞德行醇備至於黃髮靡有愆失（師古曰黃髮老稱謂白髮盡落更生黃者）其封林爲建德侯逡爲封德侯位皆特進見禮如三公（師古曰朝見之禮）賜弟一區錢三百萬授几杖焉六月更授諸侯茅土於明堂曰予制作地理建封五等考之經藝合之傳記通於義理論之思之至於再三自始建國之元以來九年于茲迺今定矣

予親設文石之平陳菁茅四色之土（師古曰尚書禹貢苞匭菁茅儒者以爲菁菜名也茅三脊茅也而莽此言以菁茅爲一物則是謂善茅爲菁茅也土有五色而此云四者中央之土不以封也菁音精）欽告于岱宗泰社后土先祖先妣以班授之（師古曰欽敬也班布也）各就厥國養牧民人用成功業其在緣邊若江南非詔所召遣侍于帝城者納言掌貨大夫且調都內故錢予其祿（師古曰調謂發取之音徒釣反次下亦同）公歲八十萬侯伯四十萬子男二十萬然復不能盡得莽好空言慕古法多封爵人性實遴嗇（師古曰遴讀與吝同）託以地理未定故且先賦茅土用慰喜封者是歲復明六筦之令每一筦下爲設科條防禁犯者罪至死吏民抵罪

者浸衆又一切調上公以下諸有奴婢者率一口出錢三千六百天下愈愁盜賊起納言馮常以六筦諫莽大怒免常官置執法左右刺姦選用能吏侯霸等分督六尉六隊（師古曰督察也隊音遂）如漢刺史與三公士郡一人從事臨淮瓜田儀等爲盜賊依阻會稽長州（服虔曰姓瓜田名儀師古曰長州即枚乘所云長州之苑）琅邪女子呂母亦起初呂母子爲縣吏爲宰所冤殺（師古曰宰縣令）母散家財以酤酒買兵弩（師古曰酤音姑）陰厚貧窮少年得百餘人遂攻海曲縣殺其宰以祭子墓引兵入海其衆浸多後皆萬數莽遣使者即赦盜賊還言盜賊解輒復合

問其故皆曰愁法禁煩苛不得舉手力作所得不足以給貢稅閉門自守又坐鄰伍鑄錢挾銅姦吏因以愁民民窮悉起爲盜賊莽大怒免之其或順指言民驕黠當誅及言時運適然且滅不久莽說輒遷之（師古曰說讀曰悅）是歲八月莽親之南郊鑄作威斗威斗者以五石銅爲之（李奇曰以五色藥石及銅爲之蘇林曰以五色銅鑛冶之師古曰李說是也若今作鍮石之爲）若北斗長二尺五寸欲以厭勝衆兵（師古曰厭音一葉反）既成令司命負之莽出在前入在御旁鑄斗日大寒百官人馬有凍死者五年正月朔北軍南門災以大司馬司允費興爲荊州牧見問到部方略

興對曰荆楊之民率依阻山澤以漁采爲業 師古曰漁謂捕魚也采謂采取蔬果之屬 間者國張六筦稅山澤妨奪民之利連年久旱百姓飢窮故爲盜賊興到部欲令明曉告盜賊歸田里假貸犂牛種食 師古曰貸音土戴反 闊其租賦 師古曰闊寬也 幾可以解釋安集 師古曰幾讀曰冀 莽怒免興官天下吏以不得奉祿並爲姦利郡尹縣宰家累千金莽下詔曰詳考始建國二年胡虜猾夏以來諸軍吏及緣邊吏大夫以上爲姦利增產致富者收其家所有財產五分之四以助邊急公府士馳傳天下考覆貪饕 師古曰傳音張戀反饕音土高反 開吏告其將奴婢告其主幾以禁姦 師古曰幾讀曰冀 姦愈甚皇孫功崇公宗坐自畫容貌被服天子衣冠刻印三一曰維祉冠存已 文穎曰祉福祚也冠存已欲龍衣代也應劭曰 夏處南山臧薄冰 夏處南山就陰涼也臧薄冰亦以除暑也 二曰肅聖寶繼 應劭曰莽自謂承聖舜後能肅敬得天寶龜以立宗欲繼其緒 三曰德封昌圖 蘇林曰宗自言以德見封當遂昌熾受天下圖籍 又宗舅呂寬家前徙合浦私與宗通發覺按驗宗自殺莽曰宗屬爲皇孫爵爲上公知寬等叛逆族類而與交通刻銅印三文意甚害不知厭足窺欲非望春秋之義君親毋將將而誅焉 師古曰春秋公羊傳之辭也以公子牙將爲殺逆而誅之故云然也親謂父母也 迷惑失道自取此辜烏呼哀哉宗本名會宗以制作去二名今

復名會宗貶厥爵改厥號賜謚爲功崇繆伯以諸伯之禮葬于故同穀城郡 師古曰同者宗所封一同之地 宗姊妨爲衛將軍王興夫人祝詛姑殺婢以絕口事發覺莽使中常侍蹛惲責問妨 師古曰蹛音帶又音徒蓋反 并以責興皆自殺事連及司命孔仁妻亦自殺仁見莽免冠謝莽使尚書劾仁乘乾車駕巛馬左蒼龍右白虎前朱雀後玄武右杖威節左負威斗號曰赤星非以驕仁廼以尊新室之威命也仁擅免天文冠大不敬有詔勿劾更易新冠其好怪如此 師古曰言莽性好爲鬼神怪異之事 以直道侯王涉爲衛將軍涉者曲陽侯根子也根成帝世爲大司馬薦莽自代莽恩之 師古曰懷其舊恩也 以爲曲陽非令稱 師古曰令善也曲陽之名非善稱也 乃追謚根曰直道讓公涉嗣其爵是歲赤眉力子都樊崇等以飢饉相聚起於琅邪轉鈔掠衆皆萬數遣使者發郡國兵擊之不能克六年春莽見盜賊多乃令太史推三萬六千歲歷紀六歲一改元布天下下書曰紫閣圖曰太一黃帝皆僊上天 師古曰僊古仙字上升也 張樂崑崙虔山之上後世聖主得瑞者當張樂秦終南山之上 服虔曰長安南山詩所謂終南故秦地故言秦也 予之不敏奉行未明乃今諭矣復以寧始將軍爲更始將軍以順符命易不云乎日新之謂盛德生

生之謂易（李奇曰易道生諸當生者也師古曰下繫之辭體化合變故曰日新）予其饗哉欲以誑燿百姓銷解盜賊衆皆笑之初獻新樂於明堂大廟羣臣始冠麟韋之弁（李奇曰鹿皮冠）或聞其樂聲曰清厲而哀非興國之聲也是時關東飢旱數年力子都等黨衆寖多（師古曰寖漸也）更始將軍廉丹擊益州不能克徵還更遣復位後大司馬護軍郭興庸部牧李曅擊蠻夷若豆等太傅犧叔士孫喜清潔江湖之盜賊而匈奴寇邊甚莽乃大募天下丁男及死罪囚吏民奴名曰豬突豨勇以爲銳卒一切稅天下吏民訾三十取一縑帛皆輸長安令公卿以

下至郡縣黃綬皆保養軍馬（師古曰保者言不許其有死失）多少各以秩爲差又博募有奇技術可以攻匈奴者將待以不次之位言便宜者以萬數或言能度水不用舟楫（師古曰楫所以刺舟也音集其字從木）連馬接騎濟百萬師或言不持斗糧服食藥物三軍不飢或言能飛一日千里可窺匈奴莽輒試之取大鳥翮爲兩翼（師古曰羽本曰翮音胡隔反）頭與身皆著毛通引環紐飛數百步墯莽知其不可用苟欲獲其名皆拜爲理軍賜以車馬待發初匈奴右骨都侯須卜當其妻王昭君女也嘗內附莽遣昭君兄子和親侯王歙誘呼當至塞下脅將詣長

安強立以爲須卜善于後安公（師古曰善于者匈奴之號也後安公者中國之爵兩加之）始欲誘迎當大司馬嚴尤諫曰當在匈奴右部兵不侵邊單于動靜輒語中國此方面之大助也于今迎當置長安槀街一胡人耳（師古曰槀街蠻夷館所在也解在陳湯傳槀音工早反）不如在匈奴有益莽不聽既得當欲遣尤與廉丹擊匈奴皆賜姓徵氏號二徵將軍當誅單于輿而立當代之（師古曰輿者時見爲單于之名）出車城西橫廄未發尤素有智略非莽攻伐四夷數諫不從著古名將樂毅白起不用之意及言邊事凡三篇奏以風諫莽（師古曰風讀曰諷）及當出廷議尤固言匈奴可且以爲後先憂

山東盜賊莽大怒乃策尤曰視事四年蠻夷猾夏不能遏絕寇賊姦宄不能殄滅不畏天威不用詔命皃很自臧持必不移（師古曰皃古貌字也皃很言其很戾見於容貌也臧善也自以爲善而固持其所見不可移易）懷執異心非沮軍議（師古曰沮壞也音材汝反）未忍致于理其上大司馬武建伯印韍（師古曰韍者印之組）歸故郡以降符伯董忠爲大司馬翼平連率田況奏郡縣訾民不實（師古曰訾百姓貲財不以實數）莽復三十稅一以況忠言憂國進爵爲伯賜錢二百萬衆庶皆詈之青徐民多弃鄉里流亡老弱死道路壯者入賊中夙夜連率韓博上言有奇士長丈大十圍來至臣府曰欲奮擊胡虜自

謂巨毋霸出於蓬萊東南五城西北昭如海瀕 師古曰昭如海名也瀕涯也音頻又音賓 軺車不能載三馬不能勝即日以大車四馬建虎旗載霸詣闕霸卧則枕鼓以鐵箸食此皇天所以輔新室也願陛下作大甲高車賁育之衣遣大將一人與虎賁百人迎之於道京師門戶不容者開高大之以視百蠻 師古曰視音曰示 鎮安天下博意欲以風莽 晉灼曰諷言毋得篡盜而霸 莽聞惡之留霸在所新豐 師古曰在所謂其見到之處 更其姓曰巨母氏謂因文母太后而霸王符也 師古曰莽字巨君若言文母出此人使我致霸王 徵博下獄以非所宜言弃市明年改元曰地皇從三萬六千歲歷號也地皇

元年正月乙未赦天下下書曰方出軍行師敢有趨讙犯法者輒論斬毋須時 師古曰趨讙謂趨走而讙譁也須待也 盡歲止 師古曰至此歲盡而止 於是春夏斬人都市百姓震懼道路以目二月壬申日正黑莽惡之下書曰迺者日中見昧陰薄陽黑氣為變百姓莫不驚怪兆域大將軍王匡遣吏考問上變事者欲蔽上之明是以適見于天 師古曰適音讁讁責也見音胡電反 以正于理塞大異焉莽見四方盜賊多復欲厭之 師古曰厭音一葉反 又下書曰予之皇初祖考黃帝定天下將兵為上將軍建華蓋立斗獻 師古曰獻音犧謂斗魁及杓末如勺之形也 內設大將外置大司馬五人大將軍二十五人偏將軍百二十五人裨將軍千二百五十人校尉萬二千五百人司馬三萬七千五百人候十一萬二千五百人當百一十二萬五千人 晉灼曰當亦官名也師古曰當百官名百非其數 士吏四十五萬人士千三百五十萬人 晉灼曰自五大司馬至此皆以五乘之也師古曰晉說非也從上計之或五或十或兩或三 應協於易弧矢之利以威天下 師古曰易下繫辭曰弦木為弧剡木為矢弧矢之利以威天下言所立將率以合此意木弓曰弧 予受符命之文稽前人將條備焉 師古曰稽考也考法於前人也 於是置前後左右中大司馬之位賜諸州牧號為大將軍郡卒正連帥大尹為偏將軍屬令長裨將軍縣宰為校尉乘傳使者經歷郡國日

且十輩 師古曰傳音張戀反次下亦同 倉無見穀 師古曰見謂見在也 以給傳車馬不能足賦取道中車馬 師古曰於道中行者即執取之以充事也 取辦於民七月大風毀王路堂復下書曰乃壬午餔時有列風雷雨發屋折木之變 師古曰列風列暴之風 予甚弁焉予甚栗焉予甚恐焉 師古曰弁疾也一曰弁撫手也言驚懼也 伏念一旬迷迺解矣 師古曰先言列風雷雨後言迷迺解矣蓋取舜納于大麓列風雷雨不迷以為言也 昔符命文立安為新遷王 服虔曰安莽第三子也遷音仙莽改汝南新蔡曰新遷師古曰遷猶僊耳不勞假借音 臨國雒陽為統義陽王是時予在攝假謙不敢當而以為公其後金匱文至議者皆曰臨國雒陽為統謂據土中為新室統也宜為皇太子自此後臨久病雖瘳

不平朝見挈茵輿行服虔曰有疾以執茵輿之行也晉灼曰漢儀注皇后婕妤乘輦餘者以茵四人舉以行豈今之板輿而鋪茵乎師古曰晉說非也此直謂坐茵褥之上而令四人對舉茵之四角輿而行何謂板輿乎見王路堂者張於西廂及後閣更衣中李奇曰張帳也晉灼曰更衣中謂朝賀易衣服處室屋名也又以皇后被疾臨且去本就舍妃妾在東永巷師古曰言臨侍疾故去其本所居而來就此止息是以妃妾在東永巷也壬午列風毀王路西廂及後閣更衣中室昭寧堂池東南榆樹大十圍東僵擊東閣閣即東永巷之西垣也皆破折瓦壞發屋拔木予甚驚焉又候官奏月犯心前星厥有占予甚憂之伏念紫閣圖文太一黃帝皆得瑞以僊後世褒主當登終南山李奇曰褒大主也所謂新遷王者乃

前漢傳六十九下　九　沈洮

太一新遷之後也服虔曰太一黃帝欲令安追繼其後也統義陽王乃用五統以禮義登陽上遷之後也臨有兄而稱太子名不正宣尼公曰名不正則言不順至於刑罰不中民無所錯手足師古曰論語載孔子對子路之言錯安置也音千故反莽追謚孔子為褒成宣尼公惟即位以來陰陽未和風雨不時數遇枯旱蝗螟為災穀稼鮮耗百姓苦飢師古曰鮮少也耗虛也鮮音先踐反耗音火到反蠻夷猾夏寇賊姦宄人民正營無所錯手足師古曰正營惶恐不安之意正音征深惟厥咎在名不正焉其立安為新遷王臨為統義陽王幾以保全二子師古曰幾讀曰冀子孫千億外攘四夷內安中國焉是月社陵便殿乘輿虎文衣廢臧在室

匣中者師古曰匣匱也音狎出自樹立外堂上師古曰樹豎也良久乃委地吏卒見者以聞莽惡之下書曰寶黃廝赤服虔曰以黃為寶自用其行氣也廝赤廝役賤者皆衣赤賤漢行也其令郎從官皆衣絳望氣為數者多言有土功象莽又見四方盜賊多欲視為自安能建萬世之基者師古曰視讀曰示乃下書曰予受命遭陽九之厄百六之會府帑空虛百姓匱乏宗廟未脩且袷祭於明堂太廟夙夜永念非敢寧息深惟吉昌莫良於今年予乃卜波水之北郎池之南惟玉食劉德曰長安南也晉灼曰黃圖波浪二水名也在甘泉苑中師古曰晉說非也黃圖有西波池郎池皆在石城南上林中玉食謂龜為玉兆之文而墨食也波音彼皮反予又卜金水之南明堂之西亦惟玉

前漢傳六十九下　十

食予將親築焉於是遂營長安城南師古曰蓋所謂金水之南明堂之西提封百頃九月甲申莽立載行視師古曰立載謂立而乘車也行音下更反親舉築三下司徒王尋大司空王邑持節及侍中常侍執法杜林等數十人將作師古曰將領築作之人崔發張邯說莽曰德盛者文縟師古曰文禮文也縟繁也音辱宜崇其制度宣視海內師古曰視讀曰示且令萬世之後無以復加也莽乃博徵天下工匠諸圖畫以望法度筭及吏民以義入錢穀助作者駱驛道路師古曰駱驛言不絕壞徹城西苑中建章承光包陽大臺儲元宮及平樂當路陽祿館凡十餘所師古曰自建章以下至陽祿皆上林苑中館取其材瓦以起九

廟是月大雨六十餘日令民入米六百斛爲郎其
郎吏增秩賜爵至附城九廟一曰黃帝太初祖廟
二曰帝虞始祖昭廟三曰陳胡王統祖穆廟四曰
齊敬王世祖昭廟五曰濟北愍王王祖穆廟凡五
廟不墮云師古曰墮毀也音火規反六曰濟南伯王尊禰昭廟七
曰元城孺王尊禰穆廟八曰陽平頃王戚禰昭廟
九曰新都顯王戚禰穆廟殿皆重屋太初祖廟東
西南北各四十丈高十七丈餘廟半之爲銅薄櫨
師古曰薄櫨柱上枅即今所謂栺也櫨音盧飾以金銀琱文師古曰琱字與彫同窮極百工
之巧帶高增下師古曰本因高地而建立之其旁下者更增築功費數百鉅萬卒

徒死者萬數鉅鹿男子馬適求等謀舉燕趙兵以
誅莽師古曰馬適姓也求名也大司空士王丹發覺以聞莽遣三
公大夫逮治黨與師古曰逮逮捕之也已解於上連及郡國豪傑數
千人皆誅死封丹爲輔國侯自莽爲不順時令百
姓怨恨莽猶安之又下書曰惟設此壹切之法以
來常安六鄉巨邑之都枹鼓稀鳴盜賊衰少師古曰巨大也
枹所以擊鼓者也音浮其字從木百姓安土歲以有年此乃立權之
力也今胡虜未滅誅蠻僰未絕焚江湖海澤麻沸
盜賊未盡破殄師古曰麻沸言如亂麻而沸涌又興奉宗廟社稷之
大作民衆動搖今復壹切行此令盡二年止之以
全元元救愚姦是歲罷大小錢更行貨布長二寸
五分廣一寸直貨錢二十五貨錢徑一寸重五銖
枚直一兩品並行敢盜鑄錢及偏行布貨伍人知
不發舉皆沒入爲官奴婢師古曰伍人同伍之人若今伍保者也太傅平晏
死以予虞唐尊爲太傅尊曰國虛民貧咎在奢泰
乃身短衣小褎乘牸馬柴車師古曰柴車即棧車藉槀瓦器師古
曰藉槀去蒲蒻也瓦器以瓦爲食器又以歷遺公卿師古曰以瓦器盛食遺公卿也出見男
女不異路者尊自下車以象刑赭幡汙染其衣師古
曰赭幡以赭汁漬巾幡莽聞而說之師古曰說讀曰悅下詔申敕公卿思
與厥齊師古曰令與尊同此操行也論語稱孔子曰見賢思齊故莽云然封尊爲平化侯

是時南郡張霸江夏羊牧王匡等起雲杜綠林號
曰下江兵晉灼曰本起江夏雲杜縣後分西上入南郡藍口故號下江兵也衆皆萬餘人武
功中水鄉民三舍墊爲池師古曰墊陷也音丁念反二年正月以
州牧位三公刺舉怠解師古曰解讀曰懈更置牧監副秩
元士冠法冠行事如漢刺史是月莽妻死謚曰孝
睦皇后葬渭陵長壽園西令永侍文母名陵曰億
年初莽妻以莽數殺其子涕泣失明莽令太子臨
居中養焉莽妻旁侍者原碧莽幸之後臨亦通焉
恐事泄謀共殺莽臨妻愔國師公女師古曰愔音一尋反能爲
星語臨官中且有白衣會臨喜以爲所謀且成後

貶爲統義陽王出在外第愈憂恐會莽妻病困臨
予書曰上於子孫至嚴前長孫中孫年俱三十而
死師古曰中讀曰仲今臣臨復適三十誠恐一旦不保中室則
不知死命所在李奇曰中室臨之母也晉灼曰長樂宮中殿也師古曰二說皆非也中室室中也臨自言欲於室中自保全
不可得耳莽候妻疾見其書大怒疑臨有惡意不令得
會喪既葬收原碧等考問具服姦謀殺狀莽欲祕
之使殺案事使者司命從事埋獄中家不知所在
賜臨藥臨不肯飲自刺死使侍中票騎將軍同說
侯林賜魂衣璽韍師古曰韍讀曰紱策書曰符命文立臨爲
統義陽王此言新室即位三萬六千歲後爲臨之

前漢傳六十九下　十三　信

後者乃當龍陽而起前過聽議者以臨爲太子有
列風之變輒順符命立爲統義陽王在此之前自
此之後不作信順弗蒙厥佑夭年隕命嗚呼哀哉
迹行賜謚謚曰繆王又詔國師公臨本不知星事
從愔起愔亦自殺是月新遷王安病死初莽爲侯
就國時幸侍者增秩懷能開明懷能生男興增秩
生男匡女曄開明生女捷皆留新都國以其不明
故也師古曰言侍者或與外人私通所生子女不可分明也及安疾甚莽自病無子爲
安作奏使上言興等母雖微賤屬猶皇子不可以
弃章視群公師古曰視讀曰示以所上之章徧示之皆曰安友于兄弟師古

曰友愛也善兄弟曰友宜及春夏加封爵於是以王車遣使者
迎興等封興爲功脩公匡爲功建公曄爲睦脩任
捷爲睦逮任孫公明公壽病死旬月四喪焉莽壞
漢孝武孝昭廟分葬子孫其中魏成大尹李焉與
卜者王況謀況謂焉曰新室即位以來民田奴婢
不得賣買數改錢貨徵發煩數軍旅騷動四夷並
侵百姓怨恨盜賊並起漢家當復興君姓李李者
徵徵火也師古曰徵音竹里反當爲漢輔因爲焉作讖書言文
帝發忿居地下趣軍北告匈奴南告越人師古曰趣讀曰促
江中劉信執敵報怨復續古先四年當發軍江湖

前漢傳六十九下　十四　李

有盜自稱樊王姓爲劉氏萬人成行師古曰行音胡浪反不受赦
令欲動秦雒陽十一年當相攻太白揚光歲星入
東井其號當行師古曰號謂號令也又言莽大臣吉凶各有日
期會合十餘萬言焉令吏寫其書吏亡告之莽遣
使者即捕焉獄治皆死三輔盜賊麻起師古曰言起者如亂麻也
乃置捕盜都尉官令執法謁者追擊長安中建鳴
鼓攻賊幡而使者隨其後遣太師犧仲景尚更始
將軍護軍王黨將兵擊青徐國師和仲曹放助郭
興擊句町轉天下穀幣詣西河五原朔方漁陽每
一郡以百萬數欲以擊匈奴秋隕霜殺菽關東大

飢蝗民犯鑄錢伍人相坐沒入爲官奴婢其男子檻車兒女子步以鐵瑣琅當其頸傳詣鍾官以十萬數（師古曰琅當長鏁也鍾官鑄錢之官也）到者易其夫婦（師古曰改相配匹不依其舊也）愁苦死者什六七孫喜景尚曹放等擊賊不能克軍師放縱百姓重困（師古曰重音直用反）莽以王況讖言荆楚當興李氏爲輔欲厭之（師古曰厭音一葉反）廼拜侍中掌牧大夫李棽爲大將軍揚州牧賜名聖（師古曰改其舊名以聖代讖棽音所林反）使將兵奮擊上谷儲夏自請願說瓜田儀（服虔曰儲夏人姓也）莽以爲中郎使出儀（師古曰說之令自出）儀文降未出而死（師古曰上文書言降而身未出）莽求其尸葬之爲起冢祠室謚曰瓜寧殤

男幾以招來其餘（師古曰幾讀曰冀）然無肯降者閏月丙辰大赦天下天下大服民私服在詔書前亦釋除（張晏曰莽妻本以此歲死天下大服也私服自喪其親皆除之）郎陽成脩獻符命言繼立民母又曰黃帝以百二十女致神僊莽於是遣中散大夫謁者各四十五人分行天下（師古曰行音下更反）博采鄉里所高有淑女者上名莽夢長樂宮銅人五枚起立莽惡之念銅人銘有皇帝初兼天下之文即使尚方工鐫滅所夢銅人膺文（師古曰鐫鑿也音子全反）又感漢高廟神靈（師古曰謂夢見譴責）遣虎賁武士入高廟拔劍四面提擊（師古曰提擲也音徒計反）斧壞戶牖（師古曰以斧斫壞之）桃湯赭鞭鞭灑屋壁（師古曰桃湯灑之赭鞭鞭之也赭赤也）令輕車校尉居其中又令中軍北壘居高寢（師古曰從北軍壘之兵士於高廟寢中屯居也）或言黃帝時建華蓋以登僊莽乃造華蓋九重高八丈一尺金瑵羽葆（師古曰瑵讀曰爪謂蓋弓頭爲爪形）載以祕機四輪車（服虔曰蓋高八丈其杠皆有屈膝可上下屈申也師古曰言潛爲機關不使外見故曰祕機也）駕六馬力士三百人黃衣幘車上人擊鼓輓者皆呼登僊莽出令在前百官竊言此似輀車非僊物也（師古曰輀車載喪車音而）是歲南郡秦豐衆且萬人平原女子遲昭平能說經博以八投（服虔曰博弈經以八箭投之）亦聚數千人在河阻中莽召問羣臣禽賊方略皆曰此天囚行尸命在漏刻故左將軍公孫祿

徵來與議（師古曰與讀曰豫）祿曰太史令宗宣典星歷候氣變以凶爲吉亂天文誤朝廷太傅平化侯飾虛僞以媮名位賊夫人之子（師古曰論語稱子路使子羔爲費宰孔子曰賊夫人之子言羔未知政道而使宰邑所以爲賊害也故祿引此而）譏國師嘉信公顛倒五經毀師法令學士疑惑明學男張邯地理侯孫陽造井田使民弃土業犧和魯匡設六筦以窮工商說符侯崔發阿諛取容令下情不上通宜誅此數子以慰天下又言匈奴不可攻當與和親臣恐新室憂不在匈奴而在封域之中也莽怒使虎賁扶祿出然頗采其言左遷魯匡爲五原卒正以百姓怨非故六筦

非臣所獨造莽厭衆意而出之師古曰厭滿也音一豔反初四方皆
以飢寒窮愁起爲盜賊稍稍羣聚常思歲熟得
歸鄉里衆雖萬數亶稱巨人從事三老祭酒師古
曰亶讀曰但言不爲大號不敢略有城邑轉掠求食日闋而已師古
曰闋盡也隨日而盡也闋音空穴反諸長吏牧守皆自亂鬬中兵而死師古
曰中傷也賊非敢欲殺之也而莽終不諭其故師古曰不曉其意也是
歲大司馬士按章豫州師古曰有上章相告者就而按治之爲賊所獲賊
送付縣士還上書具言狀莽大怒下獄以爲誣罔
因下書責七公曰夫吏者理也宣德明恩以牧養
民仁之道也抑強督姦捕誅盜賊義之節也師古曰督
前漢傳六十九下　十七　陳奎
謂察視也今則不然盜發不輒得至成羣黨遮略乘傳
宰士師古曰傳音張戀反士得脫者又妄自言我責數賊何故
爲是師古曰數音所具反賊曰以貧窮故耳賊護出我今俗人
議者率多若此惟貧困飢寒犯法爲非大者羣盜
小者偷穴不過二科師古曰穴謂穿牆爲盜也今乃結謀連黨以
千百數是逆亂之大者豈飢寒之謂邪七公其嚴
敕卿大夫卒正連率庶尹謹牧養善民急捕殄盜
賊有不同心并力疾惡黠賊而妄曰飢寒所爲輒
捕繫請其罪於是羣下愈恐莫敢言賊情者亦不
得擅發兵賊由是遂不制唯翼平連率田況素果

敢發民年十八以上四萬餘人授以庫兵與刻石
爲約赤糜聞之不敢入界師古曰糜眉也以朱塗眉故曰赤眉古字通用況自劾
奏莽讓況師古曰讓責也未賜虎符而擅發兵此弄兵也
厥辠乏興師古曰擅發之罪與乏軍興同科也以況自詭必禽滅賊故
且勿治師古曰詭責也自以爲憂責後況自請出界擊賊所向皆破
莽以璽書令況領青徐二州牧事況上言盜賊始
發其原甚微非部吏伍人所能禽也咎在長吏不
爲意縣欺其郡郡欺朝廷實百言十實千言百朝
廷忽略不輒督責遂至延曼連州師古曰延音弋戰反曼與蔓同乃遣
將率多發使者傳相監趣師古曰趣讀曰促郡縣力事上官
前漢傳六十九下　十八　奎
應塞詰對師古曰力勤也塞當也共酒食具資用以救斷斬師古
曰交臂斬死之刑也共讀曰供不給復憂盜賊治官事師古曰給假也將率又不
能躬率吏士戰則爲賊所破吏氣寖傷徒費百姓
師古曰寖漸也前幸蒙赦令賊欲解散或反遮擊恐入山谷
轉相告語故郡縣降賊皆更驚駭恐見詐滅因飢
饉易動旬日之間更十餘萬人此盜賊所以多之
故也今雒陽以東米石二千竊見詔書欲遣太師
更始將軍二人爪牙重臣多從人衆道上空竭少
則亡以威視遠方師古曰視讀曰示宜急選牧尹以下明其
賞罰收合離鄉小國無城郭者徙其老弱置大城

中積臧穀食并力固守賊來攻城則不能下所過無食勢不得羣聚如此招之必降擊之則滅今空復多出將率郡縣苦之反甚於賊宜盡徵還乘傳諸使者以休息郡縣委任臣況以二州盜賊必平定之莽畏惡況陰爲發代遣使者賜況璽書使者至見況因令代監其兵況隨使者西到拜爲師尉大夫況去齊地遂敗三年正月九廟蓋構成納神主莽謁見大駕乘六馬以五采毛爲龍文衣著角長三尺（師古曰以被馬上也）華蓋車元戎十乘在前因賜治廟者司徒大司空錢各千萬侍中中常侍以下皆封

封都匠仇延爲邯淡里附城（師古曰都匠大匠也邯音胡敢反淡音大敢反蓋取盛之意）二月霸橋災數千人以水沃救不滅莽惡之下書曰夫三皇象春五帝象夏三王象秋五伯象冬皇王德運也伯者繼空續乏以成曆數故其道駮（師古曰伯皆讀曰霸）惟常安御道多以所近爲名迺二月癸巳之夜甲午之辰火燒霸橋從東方西行至甲午夕橋盡火滅大司空行視考問（師古曰行音下更反）或云寒民舍居橋下（師古曰舍止宿也）疑以火自燎爲此災也（師古曰燎謂炙令煖也）其明旦即乙未立春之日也予以神明聖祖黃虞遺統受命至于地皇四年爲十五年正以三年終冬絕滅

霸駮之橋欲以興成新室統壹長存之道也又戒此橋空東方之道今東方歲荒民飢道路不通東岳太師亟科條（師古曰亟急也音己力反）開東方諸倉賑貸窮乏以施仁道其更名霸館爲長存館霸橋爲長存橋是月赤眉殺太師犧仲景尚關東人相食四月遣太師王匡更始將軍廉丹東（師古曰東謂東出也）祖都門外（師古曰祖道送匡丹於都門外）天大雨霑衣止長老嘆曰是爲泣軍莽曰惟陽九之阸與害氣會究于去年枯旱霜蝗飢饉薦臻（師古曰薦讀曰荐荐仍也）百姓困乏流離道路於春尤甚予甚悼之今使東岳太師特進褒新侯開東方諸倉

賑貸窮乏太師公所不過道分遣大夫謁者竝開諸倉以全元元太師公因與廉丹大使五威司命位右大司馬更始將軍平均侯之兗州填撫所掌（師古曰之往也填音竹刃反）及青徐故不軌盜賊未盡解散後復屯聚者皆清潔之期於安兆黎矣（師古曰黎衆也）太師更始合將銳士十餘萬人所過放縱東方爲之語曰寧逢赤眉不逢太師太師尚可更始殺我卒如田況之言莽又多遣大夫謁者分敎民煑草木爲酪酪不可食重爲煩費（師古曰重音直用反）莽下書曰惟民困乏雖溥開諸倉以賑贍之（師古曰溥與普同）猶恐未足其且開天下

山澤之防諸能采取山澤之物而順月令者其恣聽之勿令出稅至地皇三十年如故是王光上戊之六年也孟康曰戊土也莽所作曆名如今豪吏猾民辜而攉之小民弗蒙非予意也師古曰辜攉謂獨專其利而令它人犯者得罪辜也易不云虖損上益下民說無疆師古曰益卦彖辭也言損上以益下則人皆歡悅無窮竟書云言之不從是謂不艾師古曰洪範之言艾讀曰乂乂治也咨虖羣公可不憂哉師古曰咨者嘆息之言是時下江兵盛新市朱鮪平林陳牧等皆復聚衆攻擊鄉聚莽遣司命大將軍孔仁部豫州納言大將軍嚴尤秩宗大將軍陳茂擊荊州各從吏士百餘人乘船從渭入河至華陰廼出乘

傳到部募士尤謂茂曰遣將不與兵符必先請而後動是猶紲韓盧而責之獲也師古曰紲繫也韓盧古韓國之名犬也黑色曰盧夏蝗從東方來蜚蔽天師古曰蜚古飛字也至長安入未央宮緣殿閣莽發吏民設購賞捕擊莽以天下穀貴欲厭之師古曰厭音一葉反爲大倉置衛交戟名曰政始掖門流民入關者數十萬人廼置養贍官稟食之師古曰稟給也食讀曰飤使者監領與小吏共盜其稟飢死者十七八先是莽使中黃門王業領長安市買賤取於民民甚患之業以省費爲功賜爵附城莽聞城中飢饉以問業業曰皆流民也乃市所賣粱飯肉羹持入視莽師古曰視讀曰示曰居民食咸如此莽信之冬無鹽索盧恢等舉兵反城師古曰索盧姓也恢名也反城據城以反也一曰反音幡今語猶曰幡城索音先各反廉丹王匡攻拔之斬首萬餘級莽遣中郎將奉璽書勞丹匡進爵爲公封吏士有功者十餘人赤眉別校董憲等衆數萬人在梁郡王匡欲進擊之廉丹以爲新拔城罷勞師古曰罷讀曰疲當且休士養威匡不聽引兵獨進丹隨之合戰成昌師古曰成昌地名也兵敗匡走丹使吏持其印韍節付匡曰小兒可走吾不可遂止戰死校尉汝雲王隆等二十餘人別鬬聞之皆曰廉公已死吾誰爲生馳犇賊皆戰死師古曰犇古奔字也莽傷之

下書曰惟公多擁選士精兵衆郡駿馬倉穀帑藏皆得自調師古曰調發取也音徒釣反忽於詔策離其威節騎馬呵譟師古曰忽謂怠也譟讙呼也音先到反爲狂刃所害烏呼哀哉賜謚曰果公國將哀章謂莽曰皇祖考黃帝之時中黃直爲將破殺蚩尤今臣居中黃直之位願平山東莽遣章馳東與太師匡幷力又遣大將軍陽浚守敖倉司徒王尋將十餘萬屯雒陽塡南宮師古曰塡音竹刃反大司馬董忠養士習射中軍北壘大司空王邑兼三公之職司徒尋初發長安宿霸昌廄師古曰霸昌觀之廄也三輔黃圖曰在城外也亡其黃鉞尋士房楊素狂直廼哭曰此經

所謂喪其齊斧者也應劭曰齊利也亡其利斧言無以復斷斬也師古曰此易巽卦上九爻辭自劾去莽擊殺揚四方盜賊往往數萬人攻城邑殺二千石以下太師王匡等戰數不利莽知天下潰畔事窮計迫廼議遣風俗大夫司國憲等分行天下師古曰行音下更反除井田奴婢山澤六筦之禁即位以來詔令不便於民者皆收還之待見未發會世祖與兄齊武王伯升宛人李通等師古曰世祖謂光武皇帝帥舂陵子弟數千人招致新市平林朱鮪陳牧等合攻拔棘陽是時嚴尤陳茂破下江兵成丹王常等數千人別走入南陽界十一月有星孛于張東南行五

日不見莽數召問太史令宗宣諸術數家皆繆對言天文安善羣賊且滅莽差以自安四年正月漢兵得下江王常等以為助兵擊前隊大夫甄阜屬正梁丘賜皆斬之殺其衆數萬人初京師聞青徐賊衆數十萬人訖無文號旌旗表識師古曰文謂文章號謂大位號也一曰號謂號令也識讀與幟同音式志反咸怪異之好事者竊言此豈如古三皇無文書號諡邪師古曰欲其事成故云然也莽亦心怪以問羣臣羣臣莫對唯嚴尤曰此不足怪也自黃帝湯武行師必待部曲旌旗號令今此無有者直飢寒羣盜犬羊相聚不知為之耳莽大說師古曰說讀曰悅羣臣

盡服及後漢兵劉伯升起皆稱將軍攻城略地既殺甄阜移書稱說莽聞之憂懼漢兵乘勝遂圍宛城初世祖族兄聖公先在平林兵中三月辛巳朔平林新市下江兵將王常朱鮪等共立聖公為帝改年為更始元年拜置百官莽聞之愈恐欲外視自安師古曰視讀曰示廼染其須髮進所徵天下淑女杜陵史氏女為皇后聘黃金三萬斤車馬奴婢雜帛珍寶以巨萬計莽親迎於前殿兩階間成同牢之禮于上西堂備和嬪美御和人三位視公嬪人九視卿美人二十七視大夫御人八十一視元士凡百二

十人皆佩印韍執弓韣師古曰禮記月令仲春之月玄鳥至之日以太牢祠于高禖天子親往后妃率九嬪御乃禮天子所御帶以弓韣授以弓矢于高禖之前韣弓衣也帶之者求男子之祥也故莽依放之焉韣音獨封皇后父譚為和平侯拜為寧始將軍譚子二人皆侍中是日大風發屋折木羣臣上壽曰廼庚子雨水灑道辛丑清靚無塵師古曰靚即靜字也其夕穀風迅疾從東北來師古曰穀風即谷風辛丑巽之宮日也巽為風為順后誼明母道得溫和慈惠之化也易曰受茲介福于其王母師古曰晉卦六二爻也介大也王母君母禮曰承天之慶萬福無疆師古曰禮之祝詞諸欲依廢漢火劉皆沃灌雪除殄滅無餘雜矣百穀豐茂庶草蕃殖師古曰蕃滋也殖生也元元驩喜兆

民賴福天下幸甚莽曰與方士涿郡昭君等於後宮考驗方術縱淫樂焉大赦天下然猶曰故漢氏舂陵侯羣子劉伯升與其族人婚姻黨與妄流言惑衆悖畔天命及手害更始將軍廉丹前隊大夫甄阜屬正梁丘賜及北狄胡虜逆輿洎南蠻虜若豆孟遷不用此書師古曰輿匈奴單于名也洎及也若豆孟遷蠻夷之名也言伯升已下孟遷以上不在赦令之限也有能捕得此人者皆封為上公食邑萬戶賜寶貨五千萬又詔太師王匡國將哀章司命孔仁兗州牧壽良卒正王閎揚州牧李聖亟進所部州郡兵師古曰亟急也凡三十萬衆迫措青徐盜賊師古曰措讀與笮同音壯客反下亦放此

納言將軍嚴尤秩宗將軍陳茂車騎將軍王巡左隊大夫王吳亟進所部州郡兵凡十萬衆迫措前隊醜虜明告以生活丹青之信師古曰生活謂來降者不殺之也丹青之信言明著也復迷惑不解散皆并力合擊殄滅之矣大司空隆新公宗室戚屬前以虎牙將軍東指則反虜破壞西擊則逆賊靡碎師古曰靡散也音武皮反此乃新室威寶之臣也如黠賊不解散將遣大司空將百萬之師征伐剿絕之矣師古曰剿截也音子小反遣七公幹士隗囂等七十二人分下赦令曉諭云囂等既出因逃亡矣四月世祖與王常等別攻潁川下昆陽郾定陵師古曰三縣之名也郾音一扇反

莽聞之愈恐遣大司空王邑馳傳至雒陽師古曰傳音張戀反與司徒王尋發衆郡兵百萬號曰虎牙五威兵平定山東得顓封爵政決於邑除用徵諸明兵法六十三家術者各持圖書受器械備軍吏傾府庫以遣邑多齎珍寶猛獸欲視饒富用怖山東師古曰視讀曰示邑至雒陽州郡各選精兵牧守自將定會者四十二萬人餘在道不絕車甲士馬之盛自古出師未嘗有也六月邑與司徒尋發雒陽欲至宛道出潁川過昆陽昆陽時已降漢漢兵守之嚴尤陳茂與二公會二公縱兵圍昆陽嚴尤曰稱尊號者在宛

下宜亟進師古曰亟急也彼破諸城自定矣邑曰百萬之師所過當滅今屠此城喋血而進師古曰喋音牒前歌後舞顧不快邪遂圍城數十重城中請降不許嚴尤又曰歸師勿遏圍城為之闕師古曰此兵法之言也遏遮也闕不合也可如兵法使得逸出以怖宛下邑又不聽會世祖悉發郾定陵兵數千人來救昆陽尋邑易之師古曰輕易之也易音弋豉反自將萬餘人行陳師古曰巡行軍陳也行音下更反敕諸營皆按部毋得動獨迎與漢兵戰不利大軍不敢擅相救漢兵乘勝殺尋昆陽中兵出并戰邑走軍亂天風蜚瓦師古曰蜚古飛字雨如注水大衆崩壞號謼師古曰謼音火故反虎豹股栗師古曰言戰懼甚

士卒犇走各還歸其郡邑獨與所將長安勇敢數千人還雒陽關中聞之震恐盜賊並起又聞漢兵言莽鴆殺孝平帝莽迺會公卿以下於王路堂開所爲平帝請命金縢之策泣以視羣臣（師古曰視讀曰示）命明學男張邯稱說其德及符命事因曰易言伏戎于莽升其高陵三歲不興（師古曰同人卦九三爻辭也莽平草也言伏兵戎於草莽之中升高陵而望不敢前進至于三歲不能起也）莽皇帝之名升謂劉伯升高陵謂高陵侯子翟義也言劉升翟義爲伏戎之兵於新皇帝世猶殄滅不興也羣臣皆稱萬歲又令東方檻車傳送數人言劉伯升等皆行大戮民知其詐也

先是衞將軍王涉素養道士西門君惠君惠好天文讖記爲涉言星孛埽宮室劉氏當復興國師公姓名是也涉信其言以語大司馬董忠數俱至國師殿中廬道語星宿（師古曰廬者宿止之處道謂說之也）國師不應後涉特往對歆涕泣言誠欲與公共安宗族（師古曰誠實也）柰何不信涉也歆因爲言天文人事東方必成涉曰新都哀侯小被病功顯君素耆酒（師古曰耆讀曰嗜）疑帝本非我家子也（如淳曰言莽母洛薄嗜酒淫逸得莽耳非王氏子也設此詐欲以自別不受誅也）董公主中軍精兵涉領宮衞伊休侯主殿中如同心合謀共劫持帝東降南陽天子可以全宗族不者俱夷

滅矣伊休侯者歆長子也爲侍中五官中郎將莽素愛之歆怨莽殺其三子又畏大禍至遂與涉忠謀欲發歆曰當待太白星出迺可忠以司中大贅起武侯孫伋亦主兵復與伋謀伋歸家顏色變不能食妻怪問之語其狀妻以告弟雲陽陳邯邯欲告之七月伋與邯俱告莽莽遣使者分召忠等時忠方講兵都肄（師古曰肄習也大習兵也肄音亦二反）護軍王咸謂忠謀久不發恐漏泄不如遂斬使者勒兵入忠不聽遂與歆涉會省戶下莽令䢵惲責問皆服中黃門各拔刃將忠等送廬忠拔劒欲自刎侍中王望傳言大司馬

反黃門持劒共格殺之省中相驚傳勒兵至郎署皆拔刃張弩更始將軍史諶行諸署（師古曰行音下更反）告郎吏曰大司馬有狂病發已誅皆令弛兵（師古曰弛放也）莽欲以厭凶（師古曰厭當也音一葉反）使虎賁以斬馬劒挫忠（師古曰挫讀曰剉音千臥反）盛以竹器傳曰反虜出下書赦大司馬官屬吏士爲忠所詿誤謀反未發覺者收忠宗族以醇醯毒藥尺白刃叢棘并一坎而埋之劉歆王涉皆自殺莽以二人骨肉舊臣惡其內潰（師古曰王涉骨肉也劉歆舊臣）故隱其誅伊休侯疊又以素謹歆訖不告（師古曰訖猶竟也歆竟不以所謀告之）但免侍中中郎將更爲中散大夫後日殿中鉤

盾土山僊人掌旁有白頭公青衣（鄭氏曰僊人以掌承承露盤也）郎吏見者私謂之國師公衍功侯喜素善卦莽使筮之曰憂兵火莽曰小兒安得此左道是乃予之皇祖叔父子僑欲來迎我也莽軍師外破大臣內畔左右亡所信不能復遠念郡國欲謼邑與計議（師古曰謼古呼字）崔發曰邑素小心今失大衆而徵恐其執節引決宜有以大慰其意於是莽遣發馳傳諭邑（師古曰謂諭告之傳音張戀反）我年老毋適子（師古曰適讀曰嫡）欲傳邑以天下敎亡得謝見勿復道邑到以爲大司馬大長秋張邯爲大司徒崔發爲大司空司中壽容苗訢爲

前漢傳六十九下　二十九　兗

國師同說侯林爲衛將軍莽憂懣不能食（師古曰懣音滿又音悶）亶飲酒啗鰒魚（師古曰亶音但下亦類此鰒海魚也音雹）讀軍書倦因馮几寐不復就枕矣（師古曰馮讀曰憑）性好時日小數及事迫急亶爲厭勝遣使壞渭陵延陵園門罘罳曰毋使民復思也又以墨洿色其周垣（師古曰洿染之變其舊色也洿音一故反）號將至曰歲宿申水爲助將軍右庚刻木校尉前丙燿金都尉又曰執大斧伐枯木流大水滅發火如此屬不可勝記秋太白星流入太微燭地如月光成紀隗崔兄弟共劫大尹李育（師古曰成紀隴西之縣）以兄子隗囂爲大將軍攻殺雍州牧陳慶安定卒正王旬幷其

衆移書郡縣數莽罪惡萬於桀紂是月析人鄧曄于匡起兵南鄉百餘人（師古曰析南陽之縣南鄉析縣之鄉名析音先歷反）時析宰將兵數千屯鄡亭備武關（師古曰鄡音口堯反）曄匡謂宰曰劉帝已立君何不知命也宰請降盡得其衆曄自稱輔漢左將軍匡右將軍拔析丹水攻武關都尉朱萌降進攻右隊大夫宋綱殺之西拔湖（師古曰湖弘農之縣也本屬京兆）莽愈憂不知所出崔發言周禮及春秋左氏國有大災則哭以猒之（師古曰周禮春官之屬女巫氏之職曰凡邦之大災歌哭而請哭者所以告哀也春秋左氏傳宣十二年楚子圍鄭旬有七日鄭人卜行成不吉卜臨于太宮且巷出車吉國人大臨守陴者皆哭故發引之以爲言也猒音一葉反）故易稱先號咷後笑（師古曰同人九五爻辭號咷哭也咷音逃）

前漢傳六十九下　三十

宜呼嗟告天以求救莽自知敗迺率羣臣至南郊陳其符命本末仰天曰皇天旣命授臣莽何不殄滅衆賊即令臣莽非是願下雷霆誅臣莽因搏心大哭氣盡伏而叩頭又作告天策自陳功勞千餘言諸生小民會旦夕哭爲設飱粥（師古曰飱古飧字音千安反）甚悲哀及能誦策文者除以爲郎至五千餘人豐惲將領之莽拜將軍九人皆以虎爲號號曰九虎將北軍精兵數萬人東內其妻子宮中以爲質時省中黃金萬斤者爲一匱尚有六十匱黃門鉤盾臧府中尚方處處各有數匱長樂御府中御

府及都内平準帑臧錢帛珠玉財物甚衆(師古曰御府有令丞少府之屬官也掌珍物中御府者皇后之府臧也平準令丞屬大司農亦珍貨所在也)莽愈愛之賜九虎士人四千錢衆重怨無鬭意(師古曰重音直用反)九虎至華陰回谿距隘北從河南至山于匡持數千弩乘堆挑戰鄧曄將二萬餘人從閿鄉南出棗街作姑(師古曰閿讀與閺同作姑邪道所由也)破其一部北出九虎後擊之六虎敗走史熊王況詣闕歸死莽使使責死者安在皆自殺其四虎亡(師古曰六人敗走二人詣闕自殺四人亡)三虎郭欽陳翬成重收散卒保京師倉(師古曰九人之中六人敗走三人保倉也京師倉在華陰灌北渭口也翬音暉)鄧曄開武關迎漢丞相司直李松將二千餘人至湖

與曄等共攻京師倉未下曄以弘農掾王憲爲校尉將數百人北度渭入左馮翊界降城略地李松遣偏將軍韓臣等徑西至新豐與莽波水將軍戰波水走韓臣等追奔遂至長門宮王憲北至頻陽所過迎降(師古曰所至之處皆來迎而降附也)大姓櫟陽申碭下邽王大皆率衆隨憲屬縣斄嚴春(師古曰屬縣三輔諸縣也斄屬右扶風斄讀與郃同其人姓嚴名春)茂陵董喜藍田王孟槐里汝臣盩厔王扶陽陵嚴本杜陵屠門少之屬(師古曰姓屠門名少)衆皆數千人假號稱漢將時李松鄧曄以爲京師小小倉尚未可下何況長安城當須更始帝大兵到即引軍至

華陰治攻具而長安旁兵四會城下聞天水隗氏兵方到皆爭欲先入城貪立大功鹵掠之利莽遣使者分赦城中諸獄囚徒皆授兵殺豨飲其血與誓曰有不爲新室者社鬼記之更始將軍史諶將度渭橋皆散走諶空還衆兵發掘莽妻子父祖冢燒其棺椁及九廟明堂辟雍火照城中或謂莽曰城門卒東方人不可信莽更發越騎士爲衛門置六百人各一校尉十月戊申朔兵從宣平城門入(師古曰長安城東出北頭第一門)張邯行城門逢兵見殺(師古曰行音下更反)王邑王林王巡䠠惲等分將兵距擊

北闕下漢兵貪莽封力戰者七百餘人(師古曰獲莽當得封故貪之而力戰)會日暮官府邸第盡犇亡二日己酉城中少年朱弟張魚等恐見鹵掠趨讙並和(師古曰衆羣行讙而自相和也和音乎卧反)燒作室門斧敬法闥(師古曰敬法殿名也闥小門也謂斧斫之也)讙曰反虜王莽何不出降(師古曰讙音火故反其下亦同)火及掖庭承明黃皇室主所居也莽避火宣室前殿火輒隨之宮人婦女謕譁曰當柰何時莽紺袀服(師古曰謕古嗁字也紺深青而揚赤色袀純也純爲紺服也袀音均又弋旬反)帶璽韍持虞帝匕首天文郎桉栻於前(師古曰栻所以占時日天文郎今之用栻者也栻音式)日時加某莽旋席隨斗柄而坐曰天生德於予漢兵其如予何(師古曰論語稱孔子曰天生德於予桓魋其如予何故莽引之)

以爲言也莽時不食少氣困矣三日庚戌晨旦明羣臣扶掖莽自前殿南下椒除（服虔曰邪行閣道下者也師古曰除殿陛之道也椒取芬香之名也）西出白虎門和新公王揖奉車待門外莽就車之漸臺欲阻池水猶抱持符命威斗公卿大夫侍中黃門郎從官尚千餘人隨之王邑晝夜戰罷極（師古曰罷音疲）士死傷略盡馳入宮閒關至漸臺（師古曰閒關猶言崎嶇展轉也）見其子侍中睦解衣冠欲逃邑叱之令還父子共守莽軍人入殿中謼曰反虜王莽安在有美人出房曰在漸臺衆兵追之圍數百重臺上亦弓弩與相射稍稍落去矢盡無以復射短兵接王邑父子䢵惲

王巡戰死莽入室下餔時衆兵上臺王揖趙博苗訢唐尊王盛中常侍王參等皆死臺上商人杜吴殺莽取其綬校尉東海公賓就故大行治禮（師古曰公賓姓也就名也以先經治禮故識天子綬也）見吴問綬主所在曰室中西北陬閒（師古曰陬隅也音子侯反又音鄒）就識斬莽首軍人分裂莽身支節肌骨臠分爭相殺者數十人（師古曰三輔舊事云臠切千段）公賓就持莽首詣王憲憲自稱漢大將軍城中兵數十萬皆屬焉舍東宮（師古曰舍止宿也）妻莽後宮乘其車服六日癸丑李松鄧曄入長安將軍趙萌申屠建亦至以王憲得璽綬不輒上多挾宮女建天子鼓旗收斬之

傳莽首詣更始縣宛市百姓共提擊之（師古曰提擲也音徒計反）或切食其舌莽揚州牧李聖司命孔仁兵敗山東聖格死仁將其衆降已而歎曰吾聞食人食者死其事拔劍自刺死及曹部監杜普陳定大尹沈意九江連率賈萌皆守郡不降爲漢兵所誅賞都大尹王欽及郭欽守京師倉聞莽死乃降更始義之皆封爲侯太師王匡國將哀章降雒陽傳詣宛斬之嚴尤陳茂敗昆陽下走至沛郡譙自稱漢將召會吏民尤爲稱說王莽簒位天時所亡聖漢復興狀茂伏而涕泣聞故漢鍾武侯劉聖聚衆汝南稱尊

號尤茂降之以尤爲大司馬茂爲丞相十餘日敗尤茂并死郡縣皆舉城降天下悉歸漢初申屠建嘗事崔發爲詩（師古曰就發學詩）建至發降之後復稱說（師古曰安言符命不順漢）建令丞相劉賜斬發以徇史諶王延王林王吴趙閎亦降復見殺初諸假號兵人人望封侯申屠建既斬王憲又揚言三輔黠共殺其主吏民惶恐屬縣屯聚建等不能下馳白更始二年二月更始到長安下詔大赦非王莽子他皆除其罪故王氏宗族得全三輔悉平更始都長安居長樂宮府藏完具獨未央宮燒攻莽三日死則案堵復故

更始至歲餘政教不行明年夏赤眉樊崇等衆數十萬人入關立劉盆子稱尊號攻更始更始降之赤眉遂燒長安宮室市里害更始民飢餓相食死者數十萬長安爲虛（師古曰虛讀曰墟）城中無人行宗廟園陵皆發掘唯霸陵杜陵完六月世祖即位然後宗廟社稷復立天下艾安（師古曰艾讀曰乂）

贊曰王莽始起外戚折節力行以要名譽宗族稱孝師友歸仁及其居位輔政成哀之際勤勞國家直道而行動見稱述豈所謂在家必聞在國必聞色取仁而行違者邪（師古曰論語載孔子對子張之言也不仁之人假仁者之色而所行則違之朋黨比周故能在家在國皆有名譽故贊引之）莽既不仁而有佞邪之材又乘四父歷世之權遭漢中微國統三絕而太后壽考爲之宗主故得肆其姦慝以成篡盜之禍（師古曰肆放也極也）推是言之亦天時非人力之致矣及其竊位南面處非所據顚覆之勢險於桀紂而莽晏然自以黃虞復出也迺始恣睢奮其威詐（師古曰睢音呼季反）滔天虐民窮凶極惡（師古曰滔漫也）毒流諸夏亂延蠻貉猶未足逞其欲焉是以四海之內囂然喪其樂生之心（師古曰囂然衆口愁貌也音五高反）中外憤怨遠近俱發城池不守支體分裂遂令天下城邑爲虛（師古曰虛讀曰墟）丘壟發掘害徧生民辜及朽骨自書傳所載亂臣賊子無道之人考其禍敗未有如莽之甚者也昔秦燔詩書以立私議莽誦六蓺以文姦言（師古曰以六經之事文飾姦言）同歸殊塗俱用滅亡皆炕龍絕氣非命之運（服虔曰易曰亢龍有悔謂無德而居高位也蘇林曰非命非天命之命也）紫色鼃聲餘分閏位（應劭曰紫閒色鼃邪音也服虔曰言莽不得正王之命如歲月之餘分爲閏也師古曰鼃者樂之淫聲非正曲也近之學者便謂鼃之鳴已失其義又欲改此贊鼃聲爲蠅聲引詩匪雞則鳴蒼蠅之聲尤穿鑿矣）聖王之驅除云爾（蘇林曰聖王光武也爲光武驅除也師古曰言驅逐蠲除以待聖人也）

王莽傳第六十九下

敘傳第七十上 師古曰敘漢書以後分爲下卷 班固 漢書一百

祕書監上護軍琅邪縣開國子顏師古注

班氏之先與楚同姓令尹子文後也子文初生棄於瞢中而虎乳之 師古曰瞢雲瞢澤也春秋左氏傳曰楚若敖娶於䢵生鬭伯比若敖卒從其母畜於䢵淫於䢵子之女生子文焉䢵夫人使棄諸瞢中獸乳之䢵子田見之懼而歸夫人以告遂使收之瞢與夢同並音莫風反又音莫鳳反 楚人謂乳穀謂虎於檡 如淳曰穀音構牛羊乳汁之構師古曰穀讀如本字又音乃苟反於音烏檡字或作菟並音塗 故名穀於檡字子文楚人謂虎班其子以爲號 師古曰子文之子鬭班亦爲楚令尹子 秦之滅楚遷晉代之間因氏焉 師古曰遂以班爲姓 始皇之末班壹避墜於樓煩 師古曰墜古地字樓煩鴈門之縣 致馬牛羊數千羣值漢初定與民無禁當孝惠高后時以財雄邊 師古曰國家不設衣服車旗之禁故班氏以多財而爲邊地之雄豪 出入弋獵旌旗鼓吹年百餘歲以壽終故北方多以壹爲字者 師古曰馬邑人聶壹之類也今流俗書本多改此傳壹字爲懿非也 壹生孺孺爲任俠州郡歌之孺生長官至上谷守長生回以茂材爲長子令 師古曰上黨之縣長讀如本字 回生況舉孝廉爲郎積功勞至上河農都尉 師古曰上河地名農都者與農事 大司農奏課連最入爲左曹越騎校尉成帝之初女爲倢伃致仕就第貲累千金徙昌陵昌陵後罷大臣名家皆占數于長安 師古曰占度也自隱度家之口數而著名籍也占音之贍反 況生三子伯斿穉伯少受詩於師丹大將軍王鳳薦伯宜勸學召見宴昵殿 張晏曰親戚宴飲會同之殿 容貌甚麗誦說有法拜爲中常侍時上方鄉學 師古曰鄉讀曰嚮 鄭寬中張禹朝夕入說尚書論語於金華殿中 師古曰金華殿在未央宮 詔伯受焉既通大義又講異同於許商遷奉車都尉數年金華之業絕出與王許子弟爲羣在於綺襦紈絝之間非其好也 晉灼曰白爾之襦冰紈之絝也師古曰紈素也綺今細綾也並貴戚子弟之服 家本北邊志節忼慨數求使匈奴河平中單于來朝上使伯持節迎於塞下會定襄大姓石李羣輩報怨殺追捕吏 師古曰報私怨而殺人吏追捕之又殺吏 伯上狀因自請願試守期月 師古曰欲守定襄太守期音基 上遣侍中中郎將王舜馳傳代伯護單于 師古曰傳音張戀反 幷奉璽書印綬即拜伯爲定襄太守 師古曰即就也就其所居而拜 定襄聞伯素貴年少自請治劇畏其下車作威吏民竦息伯至請問耆老父祖故人有舊恩者 師古曰請召也 迎延滿堂日爲供具 師古曰酒食之具也供音居用反 執子孫禮郡中益弛 師古曰弛解也見伯不用威刑故自解縱 諸所賓禮皆名豪懷恩醉酒共諫伯宜頗攝錄盜賊具言本謀亡匿處伯曰是所望於父師矣 師古曰齒爲諸父尊之如師故曰父師 迺召屬縣長吏選精進掾史 師古曰精明而進趨也 分部收捕 師古曰分音扶問反 及它隱伏旬日盡得郡中震栗咸稱神明 師古曰栗古慄字 歲餘上徵伯伯上書願過故郡上父祖冢有詔太守都尉以下會 師古曰同赴其所

因召宗族各以親疏加恩施散數百金北州以爲榮長老紀焉 師古曰紀記也 道病中風 師古曰中傷也爲風所傷 既至以侍中光祿大夫養病 師古曰受其秩俸而在家自養也 賞賜甚厚數年未能起會許皇后廢班倢伃供養東宮 李奇曰元后成帝母 進侍者李平爲倢伃而趙飛燕爲皇后伯遂稱篤久之上出過臨候伯伯惶恐起眡事 師古曰眡古視字 自大將軍薨後 師古曰王鳳 富平定陵侯張放淳于長等始愛幸出爲微行行則同輿執轡入侍禁中設宴飲之會及趙李諸侍中皆引滿舉白 服虔曰舉滿桮有餘白瀝者罰之也孟康曰舉白見驗飲酒盡不也師古曰謂引取滿觴而飲飲訖舉觴告白盡不也一說白者罰爵之名也飲有不盡者則以此爵罰之魏文侯與大夫飲酒令曰

不釂者浮以大白於是公乘不仁舉白浮君是也 談笑大噱 師古曰笑古笑字也噱噱笑聲也音其略反或曰噱謂脣口之中大笑則見此說非 時乘輿幄坐張畫屏風 師古曰坐音才卧反 畫紂醉踞妲己作長夜之樂上以伯新起數目禮之 師古曰目視而敬之 因顧指畫而問伯紂爲無道至於是虖伯對曰書云迺用婦人之言 師古曰今文尚書泰誓之辭 何有踞肆於朝 師古曰肆放也陳也 所謂衆惡歸之不如是之甚者也 師古曰論語稱孔子曰紂之不善不如是之甚也是以君子惡居下流天下之惡皆歸焉故伯引此爲言 上曰苟不若此此圖何戒伯曰沈湎于酒微子所以告去也 師古曰微子紂之卿士封於微爵稱子也紂錯亂天命微子作誥告箕子比干而去紂其誥曰用沈酗于酒用亂敗厥德于下我其發出狂吾家耄遜于荒事見尚書微子篇 式號式謼大雅所以流連也 師古曰大雅蕩之詩曰式號式謼俾晝作夜言醉酒號呼以

晝爲夜也流連言作詩之人嗟歎而泣涕流連也而說者乃以流連爲荒亡蓋失之矣大雅所以流連不謂飲酒之人也謼音火故反 詩書淫亂之戒其原皆在於酒上迺喟然歎曰吾久不見班生今日復聞讜言 師古曰讜言善言也音黨 放等不懌 師古曰懌悅也音亦 稍自引起更衣因罷出時長信庭林表適使來聞見之 孟康曰長信太后宮名也庭林表宮中婦人官名也師古曰長信宮庭之林表也林表宮名耳庭非官稱也 後上朝東宮太后泣曰帝閒顏色瘦黑 師古曰閒謂比日也 班侍中本大將軍所舉宜寵異之益求其比以輔聖德 師古曰比類也音必寐反 宜遣富平侯且就國上曰諾車騎將軍王音聞之以風丞相御史 師古曰風讀曰諷 奏富平侯罪過上迺出放爲邊都尉後復徵又太后與上書曰前

所道尚未效 張晏曰謂上所言班侍中本大將軍所舉宜寵異之 富平侯反復來其能默虖 如淳曰富平侯張放復來太后安能默然不以爲言 上謝曰請今奉詔是時許商爲少府師丹爲光祿勳上於是引商丹入爲光祿大夫伯遷水衡都尉與兩師並侍中 如淳曰兩師許商師丹 皆秩中二千石每朝東宮常從及有大政俱使諭指於公卿上亦稍厭游宴復脩經書之業太后甚悅丞相方進復奏富平侯竟就國會伯病卒年三十八朝庭愍惜焉斿博學有俊材左將軍史丹舉賢良方正以對策爲議郎遷諫大夫右曹中郎將與劉向校祕書每奏事 師古曰斿每奏校書之事 斿以選受詔進

讀羣書師古曰於天子前讀書上器其能賜以祕書之副時書不布師古曰謂不出之於羣下自東平思王以叔父求太史公諸子書大將軍白不許語在東平王傳師古曰此言東平王求書不得而斿獲賜祕書明見寵異斿亦早卒有子曰嗣顯名當世穉少爲黃門郎中常侍方直自守成帝季年立定陶王爲大子數遣中盾請問近臣師古曰盾讀曰允百官表云詹事之屬官也漢舊儀云秩四百石主徼巡宮中穉獨不敢荅師古曰言其慎哀帝即位出穉爲西河屬國都尉遷廣平相王莽少與穉兄弟同列友善兄事斿而弟畜穉師古曰事斿如兄遇穉如弟斿之卒也脩緦麻賻賵甚厚師古曰送終者布帛曰賻車馬曰賵賻音附賵音芳鳳反平帝即位

太后臨朝莽秉政方欲文致太平師古曰言欲以文教致太平使使者分行風俗采頌聲師古曰行音下更反而穉無所上師古曰不稱符瑞及歌頌琅邪太守公孫閎言災害於公府大司空甄豐遣屬馳至兩郡諷吏民師古曰遣言祥應而隱除災害而劾閎空造不祥穉絕嘉應嫉害聖政皆不道太后曰不宜德美宜與言災害者異罰且後宮賢家我所哀也師古曰班倢伃有賢德故哀閔其家閎獨下獄誅穉懼上書陳恩謝罪願歸相印入補延陵園郎太后許焉食故祿終身由是班氏不顯莽朝亦不罹咎師古曰罹遭也初成帝性寬進入直言是以王音翟方進等繩法舉過師古曰論天子之過失

而劉向杜鄴王章朱雲之徒肆意犯上師古曰肆極也故自帝師安昌侯諸舅大將軍兄弟及公卿大夫後宮外屬史許之家有貴寵者莫不被文傷詆師古曰詆毀也音丁禮反唯谷永嘗言建始河平之際許班之貴傾動前朝熏灼四方賞賜無量空虛內臧女寵至極不可尚矣今之後起天所不饗什倍於前永指以駮譏趙李亦無間云師古曰雖谷永嘗有此言而意專在趙李耳自餘劉向之徒又皆不論班氏也間非也音居莧反穉生彪彪字叔皮幼與從兄嗣共遊學家有賜書內足於財好古之士自遠方至父黨揚子雲以下莫不造門師古曰造至也音千到反嗣雖脩儒學然貴老嚴之術

師古曰老老子也嚴莊周也桓生欲借其書師古曰桓譚嗣報曰若夫嚴子者絕聖棄智脩生保眞清虛澹泊歸之自然師古曰澹泊安靜也澹音徒濫反泊音步各反又音魄獨師友造化而不爲世俗所役者也漁釣於一壑則萬物不奸其志師古曰奸犯也音干栖遲於一丘則天下不易其樂不絓聖人之罔師古曰絓讀與挂同聖人謂周孔不齅驕君之餌應劭曰齅音六畜之畜師古曰齅古嗅字也餌謂爵祿君所以制使其臣亦猶釣魚之餌蕩然肆志談者不得而名焉師古曰肆放也故可貴也今吾子已貫仁誼之羈絆繫名聲之韁鎖師古曰韁如馬韁也音薑伏周孔之軌躅鄭氏曰躅迹也三輔謂牛蹏處爲躅師古曰躅音丈欲反馳顏閔之極摯劉德曰摯至也人行之所極至既繫攣於世教矣何用大道爲自

眩曜（師古曰言用老子莊周之道何爲但欲以名自眩曜耳眩音州縣之縣）昔有學步於邯鄲者曾未得其髣髴又復失其故步遂匍匐而歸耳（師古曰匍音扶匐音蒲北反）恐似此類故不進（師古曰言不與其書）嗣之行已持論如此叔皮唯聖人之道然後盡心焉（張晏曰固不欲言父諱舉其字耳）年二十遭王莽敗世祖即位於冀州時隗囂據隴擁衆招輯英俊（師古曰輯與集同）而公孫述稱帝於蜀漢天下雲擾（師古曰言盜賊擾亂如雲而起）大者連州郡小者據縣邑囂問彪曰往者周亡戰國並爭天下分裂數世然後迺定其抑者從横之事復起於今乎（師古曰抑語辭）將承運迭興在於一人也（師古曰迭互也音大結反）願先生論之對曰

前漢傳七十上　七　式

周之廢興與漢異昔周立爵五等諸侯從政（師古曰言諸侯之國各別爲政）本根既微枝葉強大（師古曰本根謂王室也枝葉謂諸侯）故其末流有從横之事其埶然也漢家承秦之制並立郡縣主有專己之威臣無百年之柄至於成帝假借外家（師古曰假音工眼反借音子夜反）哀平短祚國嗣三絶危自上起傷不及下故王氏之貴傾擅朝庭能竊號位而不根於民（師古曰言無據援）是以即眞之後天下莫不引領而歎十餘年間外内騷擾遠近俱發假號雲合咸稱劉氏不謀同辭方今雄桀帶州城者皆無七國世業之資詩云皇矣上帝臨下有赫鑒觀四方求民之莫（師古

曰大雅皇矣之詩也皇大也上帝天也莫定也言大矣天之視下赫然甚明監察衆國求人所定而受之）今民皆謳吟思漢鄉仰劉氏已可知矣（師古曰鄉讀曰嚮）囂曰先生言周漢之埶可也至於但見愚民習識劉氏姓號之故而謂漢家復興疎矣昔秦失其鹿劉季逐而掎之（師古曰掎偏持其足也音居蟻反）時民復知漢虖既感囂言又愍狂狡之不息迺著王命論以救時難其辭曰　昔在帝堯之禪曰咨爾舜天之歷數在爾躬舜亦以命禹（師古曰事見論語）洎于稷契咸佐唐虞（師古曰契讀與禼同字本作偰）光濟四海奕世載德（師古曰載乘也言相因不絶）至于湯武而有天下雖其遭遇異時禪代不同至乎應天順民其揆一也

前漢傳七十上　八

（師古曰言堯舜以文德相禪湯武以征伐代興各上應天命下順人心）是故劉氏承堯之祚氏族之世著乎春秋（師古曰謂士會晉其處者爲劉氏）唐據火德而漢紹之始起沛澤則神母夜號以章赤帝之符由是言之帝王之祚必有明聖顯懿之德豐功厚利積絫之業（師古曰絫古累字）然後精誠通於神明流澤加於生民故能爲鬼神所福饗天下所歸往未見運世無本功德不紀（師古曰不紀不爲人所說）而得屈起在此位者也（師古曰屈起特起也屈音其勿反）世俗見高祖興於布衣不達其故以爲適遭暴亂得奮其劒游說之士至比天下於逐鹿幸捷而得之不知神器有命不可以智力求也（劉德曰神器璽也李

奇曰帝王賞罰之柄也師古曰李說是也悲夫此世所以多亂臣賊子者也
若然者豈徒闇於天道哉又不覩之於人事矣夫
餓饉流隸飢寒道路師古曰隸賤隸思有裋褐之褻儋石之
畜師古曰褻謂親身之衣也音先列反一說云衣破壞之餘曰褻儋石解在蒯通傳音丁濫反畜讀曰蓄所願不過
一金然終於轉死溝壑何則貧窮亦有命也況虖
天子之貴四海之富神明之祚可得而妄處哉故
雖遭罹阸會竊其權柄師古曰罹亦遭也音離勇如信布彊如
梁籍成如王莽然卒潤鑊伏質亨醢分裂師古曰質鍖也
伏於鍖上而斬之也鍖音竹林反又況幺麿尚不及數子鄭氏曰麿音麼小也晉灼曰此骨
偏麿之麿也師古曰鄭音是也幺麼皆微小之稱也幺音一堯反麼音莫可反骨偏麿自音麻與此義不相合晉說失之而欲

闇奸天位者虖師古曰奸音干是故駑蹇之乘不騁千里
之塗燕雀之疇不奮六翮之用楶梲之材不荷棟
梁之任師古曰楶即薄櫨所謂栭也梲梁上短柱也楶音節字亦或作節梲音之說反斗筲之子不
秉帝王之重師古曰斗筲言小器也解在公孫劉田傳筲音山交反易曰鼎折足覆
公餗師古曰鼎卦九四爻辭也餗食也音速不勝其任也當秦之末豪桀
共推陳嬰而王之嬰母止之曰自吾爲子家婦而
世貧賤師古曰而汝也卒富貴不祥不如以兵屬人師古曰屬委也
音之欲反事成少受其利不成禍有所歸嬰從其言而
陳氏以寧王陵之母亦見項氏之必亡而劉氏之
將興也是時陵爲漢將而母獲於楚有漢使來陵

母見之謂曰願告吾子漢王長者必得天下子謹
事之無有二心遂對漢使伏劍而死以固勉陵其
後果定於漢陵爲宰相封侯夫以匹婦之明師古曰凡言匹夫匹婦謂凡庶
之人一夫一婦當相配匹猶能推事理之致探禍福之機而全宗祀
於無窮垂策書於春秋師古曰春秋史書記事之總稱而況大丈夫
之事虖是故窮達有命吉凶由人嬰母知廢陵母
知興審此四者帝王之分決矣師古曰分音扶問反蓋在高祖
其興也有五師古曰王命論敘高祖之德及班氏漢書敘目所稱引事皆具見本書不煩更解以穢篇籍其有
辭句隱互尋覽難知者則具釋焉浮汎之說蓋無取也一曰帝堯之苗裔二曰體貌
多奇異三曰神武有徵應四曰寬明而仁恕五曰

知人善任使加之以信誠好謀達於聽受見善如
不及用人如由己從諫如順流趣時如嚮赴師古曰嚮讀曰
響如響之赴聲也當食吐哺納子房之策拔足揮洗揖酈生
之說寤戍卒之言斷懷土之情師古曰洛陽近沛高祖東都關中故云斷懷土之情
也斷音丁喚反高四皓之名割肌膚之愛晉灼曰不立戚夫人子舉韓信
於行陳收陳平於亡命英雄陳力羣策畢舉此高
祖之大略所以成帝業也若廼靈瑞符應又可略
聞矣初劉媼任高祖而夢與神遇師古曰任謂懷任也震電晦
冥有龍蛇之怪及其長而多靈有異於衆是以王
武感物而折券呂公覩形而進女秦皇東游以厭

其氣呂后望雲而知所處（師古曰處音一葉反）始受命則白蛇分西入關則五星聚故淮陰留侯謂之天授非人力也歷古今之得失驗行事之成敗稽帝王之世運考五者之所謂取舍不厭斯位符瑞不同斯度（劉德曰厭當也師古曰音一涉反）而苟昧於權利越次妄據（師古曰昧貪也）外不量力內不知命則必喪保家之主失天年之壽遇折足之凶伏鈇鉞之誅（師古曰鈇音方于反）英雄誠知覺寤畏若禍戒（師古曰若順也）超然遠覽淵然深識收陵嬰之明分絕信布之覬覦（師古曰分音扶問反覬音冀覦音踰）距逐鹿之瞽說審神器之有授毋貪不可幾為二母之所咲（師古曰不可幾謂不可庶幾而望也一說幾讀曰冀）則福祚流于子孫天祿其永終矣知隗囂終不寤迺避墜於河西（師古曰墜古地字）河西大將軍竇融嘉其美德訪問焉（師古曰每事皆與謀）舉茂材為徐令以病去官後數應三公之召仕不為祿所如不合（師古曰如往也不苟得祿故所往之處不合其意）學不為人博而不俗言不為華述而不作有子曰固弱冠而孤（師古曰謂年二十也）作幽通之賦以致命遂志（劉德曰致極也陳吉凶性命遂明己之志）其辭曰系高頊之玄冑兮氏中葉之炳靈（應劭曰系連也冑緒也言己高陽顓頊之連緒也顓頊北方水位故稱玄中葉謂令尹子文也虎乳故曰炳靈）繇凱風而蟬蛻兮雄朔野以颺聲（應劭曰凱風南風也朔北方也言先祖自楚遷北若蟬之蛻也師古曰繇讀與由同由從也蛻音稅颺讀與揚同）皇十紀而鴻漸兮

有羽儀於上京（應劭曰十紀漢十世也張晏曰易曰鴻漸于陸其羽可以為儀成帝時班況女為倢伃父子並在京師為朝臣也晉灼曰皇漢皇也）巨滔天而泯夏兮考遘愍以行謠（應劭曰巨王莽字巨君也張晏曰彪遭王莽之敗憂思歌謠也師古曰滔漫也言不畏天也泯滅也夏諸夏也考班固自言其父也遘遇也愍憂也徒歌曰謠）終保己而貽則兮里上仁之所廬（師古曰言其父遭時亂以道自安終遺盛法而處仁者所居也論語稱孔子曰里仁為美擇不處仁焉得智故引以為辭）懿前烈之純淑兮窮與達其必濟（師古曰固自言美前人之餘業窮則獨善達能兼濟也濟合韻音子齊反）咨孤矇之眇眇兮將圮絕而罔階（師古曰眇眇微細也圮毀也固自言孤弱懼將毀絕先人之跡無階路以自成）豈余身之足殉兮愇世業之可懷（師古曰殉營也愇字與韙同韙是也懷思也愇音于匪反）靖潛處以永思兮經日月而彌遠匪黨人之敢拾兮庶斯言之不玷（蘇林曰拾音負拾應劭曰拾更也自謙不敢與鄉人更進也師古曰靖古靜字也拾音其業反玷缺也更音工衡反）魂煢煢與神交兮精誠發於宵寐夢登山而迥眺兮覿幽人之髣髴（張晏曰幽人神人也師古曰覿見也音迪）攬葛藟而授余兮眷峻谷曰勿墜（師古曰攬執取也言入峻谷者當攀葛藟可以免於顛墜猶處時俗者當據道義然後得用自立故設此喻託以夢也藟葛虆也一說藟葛屬也葛之與藟皆有蔓焉攬音攬其字從手藟音力水反）昒昕寤而仰思兮心蒙蒙猶未察（孟康曰昒昕早旦也覺寤思念未知其吉凶也師古曰昒音忽昕音欣）黃神邈而靡質兮儀遺讖以臆對（應劭曰黃帝善占夢久遠無從得問準其讖書以意求其象也賈誼曰讖言其度應劭曰臆胷臆也師古曰對合韻音丁忽反）曰乘高而遌神兮道遐通而不迷（師古曰登山見神故曰乘高也遌遇也音五故反又音五各反）葛緜緜於樛木兮詠南風以為綏（應劭曰周南國風其詩曰南有樛木葛藟纍之樂只君子福履綏之師古曰樛木下垂之木也綏安也樛音居虯反纍音力追反）蓋惴

惴之臨深兮乃二雅之所祗師古曰詩小雅小宛之篇曰惴惴小心如臨于谷惴惴恐懼之貌也小旻篇曰戰戰兢兢如臨深淵如履薄冰言恐墜陷也故云二雅之所祗惴音之瑞反既誶爾以告象兮又申之以炯戒師古曰誶告也炯明也誶音碎炯音公迥反盍孟晉以迨羣兮辰倏忽其不再服虔曰盍何不也孟勉也晉進也迨及也何不早進仕以及輩也師古曰辰時也倏忽疾也言時疾過不再來也倏音式六反承靈訓其虛徐兮竚盤桓而且俟孟康曰虛徐懷疑也張晏曰竚久也俟待也惟天墜之無窮兮鮮生民之脢在晉灼曰鮮古鮮字也應劭曰脢無幾也師古曰墜古地字也鮮少也言天地長久而人壽短促也鮮音先踐反紛屯亶與蹇連兮何艱多而智寡孟康曰世艱難多智者少故遇禍也師古曰易屯卦六二爻辭曰屯如亶如蹇卦六四爻辭曰往蹇來連皆謂險難之時也亶音竹延反連音力善反上聖寤而後拔兮豈羣黎之所御師古曰黎眾也言上聖之人猶遇紛難艱險能寤然後自拔文王姜里孔

子於厄是也至於眾庶豈能豫禦之哉昔衛叔之御昆兮昆為寇而喪予孟康曰御迎也昆兄也衛叔武迎兄成公成公令前驅射殺之師古曰御音五駕反衛叔解在五行志管彎弧欲斃讎兮讎作后而成己師古曰謂管仲射桓公中帶鉤桓公反國以為相也變化故而相詭兮孰云豫其終始師古曰詭違也雍造怨而先賞兮丁繇惠而被戮師古曰雍雍齒也丁丁公也繇讀與由同栗取弔于逌吉兮王膺慶於所慼應劭曰栗孝景姬也有子而以妬見廢王宣帝王倢伃也以無子為憂而以謹敕得母元帝也師古曰逌古攸字也攸亦所也畔回穴其若茲兮北叟頗識其倚伏師古曰畔回穴轉旋之意也叟老人稱也淮南子曰北塞上之人其馬無故亡入胡中人皆弔之其父曰此何詎不為福居數月其馬將胡駿馬而歸人皆賀之對曰此何詎不為禍家富馬良其子好騎墮而折髀人皆弔之對曰此何詎不為福居一年胡夷大入丁壯者皆控弦而戰塞上之人死者十九此獨以跛之故父子相保老子德經曰禍兮福所倚福兮禍所伏故頗

識其倚伏倚音於綺反單治裏而外凋兮張修襮而內逼應劭曰單單豹也靜居深山為虎所食張張毅也外脩恭敬斯徒馬圉皆與亢禮不勝其勞內熱而死師古曰襮表也單音善襮音布各反旼中龢為庶幾兮顏與冉又不得師古曰旼古旻字也龢古和字也旻曰也言中和之道可以庶幾免於禍難而顏回早死冉耕惡疾為善之人又不得其報也溺招路以從己兮謂孔氏猶未可安慆慆而不萉兮卒隕身虖世旤鄧展曰慆慆亂貌也萉避也師古曰溺桀溺也路子路也論語稱長沮桀溺耦而耕孔子過之使子路問津焉桀溺曰子孔丘之徒與對曰然曰慆慆者天下皆是也而誰以易之且而與其從辟人之士豈若從避世之士哉言天下皆亂汝將用誰變易之乎避人之士謂孔子避世之士謂自謂也而子路安之卒不能避乃遇蒯聵之亂身死敵也慆音土高反萉音扶味反字本作腓其音同游聖門而靡救兮顧覆醢其何補師古曰禮記云孔子哭子路於中庭既哭進使者而問故使者曰醢之矣遂命覆醢賦言子路游於聖人之門而孔子不能救之以免於難雖為覆醢無所補益固行行

其必凶兮免盜亂為賴道師古曰論語稱閔子侍側誾誾如也子路行行如也子樂曰若由也不得其死然又稱子路曰君子上勇乎曰君子義以為上君子有勇而無義為亂小人有勇而無義為盜賦言子路稟行行之性其凶必也所以免為於亂盜者賴聞道於孔子也行行剛強之貌也行音胡浪反形氣發于根柢兮柯葉彙而靈茂師古曰柢本也彙盛也靈善也言草木本根氣強則枝葉盛而善美人之先祖有大功德則流緒亦蕃昌也柢音丁計反茂合韻音莫口反恐罔蜽之責景兮慶未得其云已師古曰慶發語辭讀與羌同已止也莊子云罔兩問景曰曩子行今子止曩子坐今子起何其無特操與景曰吾有待而然吾所待又有待而然賦言景之行止皆隨於形草木枝葉各稟根柢人之餘慶資於積善亦猶此也黎淳耀于高辛兮羋彊大於南汜應劭曰黎楚之先也醇美也高辛帝嚳之號羋楚姓汜崖也師古曰言黎在高辛之時為火正有美光耀故其後嗣霸有楚國於南方也汜江水之別也音祀鄆南之詩曰江有汜羋音弭嬴取威於百儀兮姜本支虖三止應劭曰嬴秦姓也伯益之後也伯益為虞有儀鳥獸百物

之功秦所由取擧於六國也姜齊姓也止禮也齊伯夷之後伯夷爲秩宗典天地人鬼之禮也旣仁得其信然兮卬天路而同軌劉德曰人道旣然仰視天道又同法也師古曰仁得謂求仁而得仁卬讀曰仰東厶虐而殲仁兮王合位虖三五應劭曰東厶紂也殲盡也王武王也欲合五位三所即國語歲日月星辰之所在也師古曰厶古鄰字也仁即三仁也國語稱泠州鳩對景王曰昔武王伐殷歲在鶉火月在天駟日在析木之津辰在斗杓星在天黿星與日辰之位皆在北維顓頊之所建也我姬氏出自天黿及析木者有建星及牽牛焉則我皇妣大姜之姪伯陵之後逢公之所憑神也歲之所在則我有周之分野也月之所在辰爲農祥也我太祖后稷之所經緯也王欲合是五位三所而用之五位謂歲日月辰星也三所謂逢公所憑神周分野所在后稷所經緯也戎女烈而喪孝兮伯徂歸於龍虎孟康曰伯晉文公也歲在卯出歷十九年過一周歲在酉入卯爲龍酉爲虎也師古曰戎女驪戎之女謂驪姬也烈酷也孝謂太子申生也伯讀曰霸言文公霸諸侯也徂往也言以龍往出以獸歸戎也發還師以成性兮重醉行而自耦師古曰發武王名也性命也武王初觀兵於孟津八百諸侯不期而會皆曰紂可伐矣武

王曰爾未知天性還師二年紂殺比干囚箕子武王乃伐克之於是成天命也重謂重耳晉文公名也耦合也文公初出奔至齊齊桓公妻之有馬二十乘文公欲安之齊姜乃與子犯謀醉而遣之後遂反國與時會也震鱗漦于夏庭兮帀三正而滅周應劭曰易震爲龍鱗蟲之長也漦沫也師古曰謂褒姒也解在五行志三正歷夏殷周也漦音丑之反正音之盈反巽羽化于宣宮兮彌五辟而成災應劭曰易巽爲雞羽蟲也宣帝時未央宮路軨廏中雌雞化爲雄元后統政之祥也至平帝歷五世而王莽篡位道悠長而世短兮夐冥默而不周劉德曰夐遠也周至也冥默玄深不可通至也胥仍物而鬼諏兮迺窮宙而達幽應劭曰胥須也仍因也諏謀也易曰人謀鬼謀百姓與能徙古來今曰宙聖人須因卜筮然後謀鬼神極古今通幽微也媯巢姜於孺筮兮且筭祀于挈龜應劭曰媯陳姓也巢居也姜齊姓也孺少也陳完少時其父厲公使周史卜得居有齊國之卦也李奇曰筭數也祀年也周公卜居洛得出三十年七百也師古曰挈刻也詩大雅緜緜之篇曰爰挈我龜言刻開之灼而卜之挈音口計反宣曹興

敗於下夢兮魯衞名諡於銘謠應劭曰周宣王牧人夢衆魚與旟旐之祥而中興曹伯陽國人夢衆君子立于社宮謀亡曹而曹亡也孟康曰魯昭文成之世童謠言稠父喪勞宋父以驕後昭公名稠遂死於野井定公名宋即位而驕衞靈公掘地得石椁其銘曰靈公遂以爲諡姬聆吷而刻石兮許相理而鞠條應劭曰姬叔向之母也石叔向之子也聽其啼聲知其後必滅羊舌氏許負相周亞夫從理入口當餓死鞠窮也條亞夫所封也師古曰鞠告也道混成而自然兮術同原而分流師古曰大道混壹歸於自然人之所趨雖有流別本則同耳神先心以定命兮命隨行以消息師古曰言神明之道雖在人心之前已定命矣然亦隨其所行以致禍福斡流遷其不濟兮故遭罹而嬴縮師古曰斡轉也言人之生各有遭遇不能必濟免於困厄各隨其所逢以致嬴縮也三欒同於一體兮雖移盈然不忒孟康曰晉大夫欒書書子黶黶子盈書賢而覆黶黶惡而害盈也師古曰欒書欒武子也黶欒桓子也盈欒懷子也春秋左氏傳稱秦伯問於士鞅曰晉大夫其誰先亡對曰其欒氏乎欒黶汏虐

以甚猶可以免其在盈乎武子之德在人如周人之思邵公愛其甘棠況其子乎欒黶死盈之善未能及人武子所施沒矣黶之惡實彰將於是乎在其後至襄公二十一年終爲范宣子所逐而出奔楚自楚適齊二十三年自齊入于晉晉人遂滅欒氏也洞參差其紛錯兮斯衆兆之所惑師古曰衆兆兆庶也周賈盪而貢憤兮齊死生與禍福孟康曰莊周賈誼也貢惑也憤亂也故盪惑亂死生禍福之正也抗爽言以矯情兮信畏犧而忌服孟康曰莊周不欲爲犧牛賈誼惡忌服鳥也師古曰抗舉也爽差也謂二人雖舉言齊死生壹禍福而心實不然是差繆也所貴聖人之至論兮順天性而斷誼師古曰斷誼謂以誼斷之斷音丁奐反物有欲而不居兮亦有惡而不避師古曰言富貴人之所欲不以其道則君子不居死亡人之所惡處得其節則君子不避也守孔約而不貳兮廼輶德而無累師古曰孔甚也輶輕也言守其甚約執心不貳舉德至輕無所累惑斯爲可矣詩大雅烝人之篇曰德輶如毛人鮮克舉之輶音弋九反又音猶三仁殊而一

致兮夷惠然而齊聲師古曰三仁紂賢臣也論語稱微子去之箕子爲之奴比干諫而死孔子曰殷有三仁焉夷伯夷也惠柳下惠也賦言微子箕子比干所行各異而並稱仁伯夷不義武王伐殷至于不食周粟而死柳下惠三黜不去應父母之邦志執乖紂俱有令名木偃息以蕃魏兮申重繭以存荆師古曰木段干木也客居魏魏文侯敬而禮之過其閭未嘗不軾也秦欲伐魏或諫曰魏君賢者是禮國人稱仁未可圖也秦遂止兵申謂申包胥荆即楚也繭足下傷起如繭也楚昭王時吳師入郢昭王出奔申包胥如秦乞師踰越險阻曾繭重胝立於秦庭號哭七日秦哀公出師救楚而敗吳師昭王反國將賞包胥包胥辭曰吾所以重繭爲君耳非爲身也遂不受賞紀焚躬以衞上兮皓頤志而弗營師古曰紀紀信也脫漢王於難而爲項羽所燒皓四皓也與商洛深山高祖求之不得自養其志無所營屈侯中木之區別兮苟能實而必榮要沒世而不朽兮迺先民之所程應劭曰侯維也張晏曰苟能有仁義之道必有榮名也師古曰侯發語辭也爾雅曰伊維侯也程正也言人之操行所尚不同立德立言期於不朽亦猶蘭蕙松柏各有本性馨烈

材幹並擅貞芳此乃古昔賢人以爲正道也論語稱子夏曰君子之道譬諸草木區以別矣故賦引之觀天罔之紘覆兮實棐諶而相順應劭曰棐輔也諶誠也相助也師古曰尚書大誥曰天棐諶辭詩大雅蕩之篇曰天生烝人其命匪諶易上繫辭曰天之所助者順也賦言天道惟誠是輔唯順是助故引以爲辭也棐讀與匪同諶音上林反謨先聖之大繇兮亦介惪而助信劉德曰介近也師古曰謨謀也繇道也介古貌字詩小雅巧言之篇曰秩秩大繇聖人謨之論語稱孔子曰德不孤必有鄰易上繫辭曰人之所助者信也賦言若能謀聖人之大道有德者必爲同志所依履信者必獲他人之助謨音莫又音莫虞韶美而儀鳳兮孔忘味於千載師古曰韶舜樂名也虞書舜典曰簫韶九成鳳皇來儀論語云孔子在齊聞韶三月不知肉味賦言孔子去舜千歲也素文信而厎麟兮漢賓祚于異代應劭曰厎致也孔子作春秋素王之文有視明禮脩之信而致麟漢封其後爲褒成及紹嘉公係殷後爲二代之客精通靈而感物兮神動氣而入微養游睇而猨號兮李虎發而

石開師古曰養養由基也楚之善射者游睇流眄也楚王使由基射猨操弓而眄之猨抱木而號知其必見中也李李廣也夜遇石以爲猛獸而射之中石沒羽也非精誠其焉通兮苟無實其孰信師古曰信合韻音新操末技猶必然兮矧湛躬於道眞師古曰矧況也湛讀曰耽躬親也射者微技猶能精誠感於猿石況立身種德親耽大道而不偕者乎登孔顥而上下兮緯羣龍之所經應劭曰顥太顥也孔孔子也羣龍喻羣聖也自伏羲下訖孔子終始天道備矣孟康曰孔甚也顥大也聖人作經賢者緯之也師古曰應說孔顥是也孟說經緯是也顥音胡老反朝貞觀而夕化兮猶諠己而遺形應劭曰貞正也觀見也諠忘也易曰天地之道貞觀者也張晏曰言朝觀大道而夕死可也師古曰形己尚可遺忘況外物者哉諠音許元反又許遠反若胤彭而偕老兮訴來哲以通情師古曰彭彭祖也老老聃也言有繼續彭祖之志外躡老聃之跡者則可與言至道而通情也亂曰天造屮昧立性命兮應劭曰天道始造萬物草創於冥昧中皆立其性命也

師古曰易屯卦彖辭曰天造草昧故賦引之復心弘道惟賢聖兮應劭曰易曰復其見天地之心乎論語曰人能弘道師古曰復音扶目反渾元運物流不處兮師古曰渾元天地之氣也處止也渾音胡昆反保身遺名民之表兮舍生取誼亦道用兮應劭曰孟子曰生我所欲也義我所欲也二者不可得兼舍生而取義也師古曰舍置也憂傷夭物忝莫痛兮晉灼曰忝沒也言死莫痛於是也師古曰此說非也忝辱也言不達性命自取憂傷爲物所夭既辱且痛莫過於是昊爾太素曷渝色兮服虔曰守死善道不染流俗是爲浩爾太素何有變渝者哉師古曰渝音踰尚粵其義諭神域兮應劭曰尚上也粵於也易曰知幾其神乎諭入也師古曰尚庶幾也願也

永平中爲郎典校祕書專篤志於博學以著述爲業或譏以無功又感東方朔揚雄自論以不遭蘇張范蔡之時曾不折之以正道明君子之所守故

聊復應焉其辭曰賓戲主人曰蓋聞聖人有壹定之論列士有不易之分亦云名而已矣如淳曰唯貴得名也故太上有立德其次有立功夫德不得後身而特盛功不得背時而獨章是以聖喆之治棲棲皇皇師古曰不安之意也孔席不煗墨突不黔師古曰孔孔子墨墨翟也突竈突也黔黑也言志在明道不暇安居由此言之取舍者昔人之上務著作者前列之餘事耳劉德曰取者施行道德舍者守靜無為也今吾子幸游帝王之世躬帶冕之服師古曰帶大帶也冕冠也浮英華湛道德師古曰湛讀曰沈華謂名譽也言外則有美名善譽內則履道崇德也矕龍虎之文舊矣孟康曰矕被也易曰大人虎變其文炳也言文章之盛久也晉灼曰矕視也言目厭見其文久矣師古曰尋其下句孟說是也矕音莫限反卒不能攄

首尾奮翼鱗振拔洿塗跨騰風雲師古曰攄申也洿停水塗泥也以龍為喻也洿音一故反又音烏使見之者景駭聞之者嚮震師古曰嚮讀曰響見景則駭聞響則震合韻音之人反徒樂枕經籍書紆體衡門師古曰紆屈也衡門橫一木於門上上無所帶下無所根獨攄意虖宇宙之外銳思於豪芒之內潛神默記恒以年歲如淳曰恒音亘竟之亘師古曰宇宙之外言宏廣也豪芒之內喻纖微也恒工贈反然而器不賈於當己用不效於一世劉德曰賈讎也師古曰當己謂及己身尚在猶言當年也賈音古又音工暇反讎音上究反雖馳辯如濤波摛藻如春華師古曰大波曰濤摛布也藻文辭也猶無益於殿最師古曰殿音丁見反意者且運朝夕之策定合會之計使存有顯號亡有美謚不亦優虖主人逌爾而咲曰師古曰逌

古攸字也攸咲貌也若賓之言斯所謂見埶利之華闇道德之實守窔奧之熒燭未卬天庭而覩白日也應劭曰東南隅謂之窔西南隅謂之奧師古曰窔奧室中之二隅也熒熒小光之燭也卬讀曰仰窔音烏了反其字從穴天聲也曩者王塗蕪穢周失其御侯伯方軌戰國橫騖於是七雄虓闞分裂諸夏應劭曰七雄秦及六國也師古曰虓音呼交反闞音呼敢反龍戰而虎爭游說之徒風颺電激並起而救之師古曰颺讀與揚同其餘猋飛景附煜霅其間者蓋不可勝載師古曰猋疾風也煜霅光貌也煜音于及反霅音下甲反煜又音育當此之時搦朽摩鈍鉛刀皆能壹斷師古曰搦按也音女角反斷音丁煖反是故魯連飛一矢而蹶千金虞卿以顧眄而捐相印也應劭曰魯連齊人也齊圍燕燕將保於聊城魯連係帛書於矢射與

之為陳利害燕將得之泣而自殺譏切魏新垣衍使不尊秦為帝秦時圍邯鄲為却五十里趙遂以安趙王以千金為魯連壽不受魏齊為秦所購迫急走趙趙相虞卿與齊有故然愍其窮於是解相印間行與奔魏公子無忌也李奇曰蹶蹈也距也師古曰蹶音厥又音其月反夫啾發投曲感耳之聲合之律度淫鼃而不可聽者非韶夏之樂也李奇曰鼃不正之音也師古曰啾發啾啾小聲而發也投曲趣合曲曲也感耳動應衆庶之耳也然而合律度君子所不聽也淫鼃非正之聲也不謂鼃黽之鳴也啾音子由反因埶合變偶時之會風移俗易乖忤而不可通者非君子之法也師古曰雖偶當時之會而不可以移風易俗及至從人合之衡人散之師古曰從音子庸反亡命漂說羈旅騁辭師古曰漂浮也音匹遙反商鞅挾三術以鑽孝公李斯奮時務而要始皇應劭曰王霸富國強兵為三術也師古曰王一也霸二也富國強兵三也彼皆躡風雲之會履顛沛之埶

師古曰顛沛僵仆也據徼乘邪以求一日之富貴師古曰徼要也據可以要迎之
時也徼音工堯反徼字或作儌儌發也朝為榮華夕而焦瘁師古曰焦音在消反瘁與
悴同福不盈眦禍溢於世李奇曰當富貴之間視不滿目故言不盈眥也凶人且
以自悔況吉士而是賴虖師古曰賴利也且功不可以虛成
名不可以為立韓設辯以徼君呂行詐以賈國師古
曰賈市賈也音古說難既酋其身廼囚秦貨既貴厥宗亦
墜應劭曰酋音酋豪之酋酋雄也說難韓非書篇名也呂不韋効千金於秦立子楚為王封十萬戶侯以陰事
自殺也師古曰呂不韋初見子楚在趙而云此奇貨可居故班氏謂子楚為秦貨耳安說效千金乎應說失之矣是故
仲尼抗浮雲之志孟軻養浩然之氣張晏曰孔子云不義而富且貴於我如浮雲孟軻曰我善養吾浩然之氣而無害則塞乎天地之間也師古曰浩然純壹之氣也彼豈樂為

迂闊哉道不可以貳也師古曰迂遠也音于方今大漢洒埽羣
穢夷險芟荒師古曰洒所蟹反汛也汛音信廓帝紘恢皇綱基隆於
羲農規廣於黃唐其君天下也炎之如日威之如神
函之如海養之如春師古曰函容也讀與含同是以六合之內莫
不同原共流沐浴玄德師古曰原水泉之本也流者其末流也稟卬太和
枝附葉著師古曰卬讀曰仰著音直略反譬猶屮木之殖山林鳥魚
之毓川澤師古曰殖生也毓長也毓與育同得氣者蕃滋失時者苓落
師古曰苓與零同參天墬而施化豈云人事之厚薄哉師古曰墬
古地字今子處皇世而論戰國燿所聞而疑所覿師古
曰覿見也音徒歷反欲從旄敦而度高乎泰山懷氿濫而測深

虖重淵亦未至也應劭曰爾雅前高曰旄丘如覆敦者敦丘側出曰氿泉正出曰濫泉師古曰敦
音丁回反度音徒各反氿音軌賓曰若夫鞅斯之倫衰周之凶人既
聞命矣敢問上古之士處身行道輔世成名可述
於後者默而已乎主人曰何為其然也昔咎繇謨
虞箕子訪周師古曰訪亦謀言通帝王謀合聖神殷說夢
發於傅巖周望兆動於渭濱師古曰說傅說也解已在前望謂太公望即呂尚也釣於渭水文王將出獵卜之曰所得非龍非螭非豹非羆乃帝王之輔果遇呂尚於渭陽與語大悅曰吾太公望子久矣故號曰太公望
齊甯激聲於康衢漢良受書於邳沂鄭氏曰五達曰康四達曰衢晉灼曰沂崖也下邳水之崖也師古曰甯甯戚也聲激謂叩角所歌也沂音牛斤反皆竢命而神
交匪詞言之所信師古曰信合韻音新故能建必然之策展無

窮之勳也近者陸子優繇新語以興鄭氏曰優繇不仕也師古曰繇讀與由同
董生下帷發藻儒林劉向司籍辯章舊聞揚雄
覃思法言大玄師古曰覃大也深也皆及昔君之門闈究先聖
之壼奧應劭曰宮中門謂之闈宮中巷謂之壼師古曰壼音苦本反婆娑虖術蓺
之場休息虖篇籍之囿以全其質而發其文用納
虖聖聽列炳於後人斯非其亞與師古曰亞次也與讀曰歟若廼夷
抗行於首陽惠降志於辱仕師古曰夷伯夷也惠柳下惠也辱仕謂為士師三黜也
顏耽樂於簞瓢孔終篇於西狩師古曰謂作春秋止於獲麟也狩合韻音守
聲盈塞於天淵真吾徒之師表也且吾聞之壹陰
壹陽天墬之方師古曰墬古地字廼文廼質王道之綱有同

有異聖喆之常故曰愼修所志守爾天符委命共
己味道之腴師古曰共讀曰恭腴肥也神之聽之名其舍諸師古曰舍發也
諸之也言修志委命則明神聽之祐以福祿自然有名永不廢也賓又不聞龢氏之璧韞於
荊石師古曰龢古和字也韞亦藏也音於粉反隨侯之珠臧於蜯蛤虖師古曰蜯即蚌
字也音平項反蛤音工合反歷世莫眡不知其將含景燿吐英精
曠千載而流夜光也應龍潛於潢汙魚黿媟之師古
曰應龍龍有翼者潢汙停水也媟謂狎押之也潢音黃汙音烏不覩其能奮靈德合
風雲超忽荒而躨顥蒼也師古曰躨以足據持也顥顥天也元氣顥汗故曰顥天其
色蒼蒼故曰蒼天躨音戣故夫泥蟠而天飛者應龍之神也先賤
而後貴者龢隨之珍也皆闇而久章者君子之眞

前漢傳七十上　二十三　晉

也師古曰時闇有時而闇也若迺牙曠淸耳於管絃離婁眇目於
毫分師古曰牙伯牙也曠師曠也離婁明目者也眇細視也逢蒙絶技於弧矢班輸
權巧於斧斤師古曰逢蒙古善射者也班輸即魯公輸班也一說班魯班也與公輸氏爲二人也皆有巧藝也
敎樂府云誰能爲此器公輸與魯班權尊也一曰轢也權音角良樂軼能於相馭烏獲
抗力於千鈞師古曰良王良也樂伯樂也軼與逸同相相馬也馭善馭也烏獲壯士也龢鵲發
精於鍼石研桑心計於無垠孟康曰研古之善計者也桑桑弘羊也師古曰和秦醫和也
鵲扁鵲也研計研也一號計然亦曰計然垠厓也僕亦不任廁技於彼列故密
爾自娛於斯文師古曰密靜也安也

漢書敘傳第七十上

敘傳第七十下　漢書一百

班固

祕書監上護軍琅邪縣開國子顏師古注

固以爲唐虞三代詩書所及世有典籍故雖堯舜
之盛必有典謨之篇然後揚名於後世冠德於百
王師古曰德爲百王之上也故曰巍巍乎其有成功煥乎其有文
章也師古曰此篇論語載孔子美堯舜之言也漢紹堯運以建帝業至於六
世史臣乃追述功德私作本紀師古曰謂武帝時司馬遷作史記編於
百王之末廁於秦項之列太初已後闕而不録故
探篹前記綴輯所聞師古曰篹與撰同輯與集同以述漢書起元
高祖終于孝平王莽之誅十有二世二百三十年綜

前漢傳七十下　一　徐

其行事旁貫五經上下洽通師古曰固所撰諸表序及志經典之義在於是也爲
春秋考紀表志傳凡百篇師古曰春秋考紀謂帝紀也而俗之學者不詳此文乃云漢書
一名春秋考紀蓋失之矣其敘曰師古曰自皇矣漢祖以下諸敘皆班固自論撰漢書意此亦依放史記之敘目耳史遷則
云爲某事作某本紀某列傳班固謙不言作而改言述蓋避作者之謂聖而取述者之謂明也但後之學者不曉此爲漢書敘目見有述
字因謂此文追述漢書之事乃呼爲漢書述失之遠矣摯虞尚有此惑其餘曷足怪乎皇矣漢祖纂
堯之緒實天生德聰明神武秦人不綱罔漏于楚師古
曰言秦失綱維故高祖因時而起罔漏于楚謂項羽雖有害虐之心終免於患也一說楚王陳涉初起後又破滅也爰茲發迹
斷蛇奮旅神母告符朱旗迺舉粵蹈秦郊嬰來稽
首革命創制三章是紀應天順民五星同晷師古曰晷景也
項氏畔換黜我巴漢孟康曰畔反也換易也不用義帝要換易與高祖漢中也師古曰此說非也畔

換強恣之貌猶言跋扈也詩大雅皇矣篇曰無然畔換 西土宅心戰士憤怨 劉德曰宅居也西方人皆居心於高祖猶係心也書曰惟衆宅心晉灼曰西土關西也高祖入關約法三章秦民大說皆宅心高祖 乗釁而運席卷三秦割據河山保此懷民 師古曰保安也懷民人懷德之人也 股肱蕭曹社稷是經爪牙信布腹心良平龔行天罰赫赫明明 述高紀第一 孝惠短世高后稱制罔顧天顯呂宗以敗 劉德曰罔無也顧念也顯明也言呂氏無念天之明道者徒念王諸呂以至於敗亡矣 述惠紀第二高后紀第三 太宗穆穆允恭玄默化民以躬帥下以德農不供貢辠不收孥 張晏曰除民田租之稅是不供貢也 宮不新館陵不崇墓 師古曰墓合韻音謨 我德如風民應如屮 師古曰論語稱孔子曰君子之德風小人之德屮也故引以為辭 國富刑清登我漢道

師古曰登成也 述文紀第四 孝景涖政諸侯方命 孟康曰尚書云方命圮族言鯀之惡壞其族類吳楚七國亦然 克伐七國王室以定匪怠匪荒務在農桑著于甲令民用寧康 晉灼曰甲令即景紀令甲也 述景紀第五 世宗曄曄思弘祖業 師古曰曄曄盛貌也 疇咨熙載髦俊並作 師古曰疇誰也咨謀也熙興也載事也謀於衆賢誰可任用故能興其事業也作起也 厥作伊何百蠻是攘 師古曰攘卻也 恢我疆宇外博四荒 師古曰恢廣也博大也 武功既抗亦迪斯文 劉德曰迪進也 憲章六學統壹聖真封禪郊祀登秩百神協律改正饗茲永年 張晏曰改正謂從建寅之月也 述武紀第六 孝昭幼冲冢宰惟忠燕蓋譸張寔叡實聰 如淳曰譸音輈應劭曰譸張誑也 辠人斯得邦家和同 述昭

紀第七 中宗明明寅用刑名 劉德曰寅敬也 時舉傅納聽斷惟精 李奇曰時是也於是時也選用賢者師古曰傅讀曰敷虞書舜典曰敷納以言敷陳也謂有陳言者則納而用之 柔遠能邇燀燿威靈 師古曰虞書舜典柔遠能邇柔安也能善也故引之云燀熾也音充善反 龍荒幕朔莫不來庭 孟康曰謂白龍堆荒服沙幕也師古曰龍匈奴祭天龍城非謂白龍堆也朔北方也 丕顯祖烈尚於有成 師古曰丕大也烈業也 述宣紀第八 孝元翼翼高明柔克 師古曰翼翼敬也尚書洪範云高明柔克謂人雖有高明之度而當執柔乃能成德也敘言元帝有柔克之姿也 賓禮故老優繇亮直 師古曰故老謂貢禹薛廣德也優繇謂寬容也亮直謂朱雲也繇讀與由同 外割禁囿內損御服離宮不衛山陵不邑 張晏曰不徙民著縣 閹尹之呰穢我明德 如淳曰任弘恭石顯使為政以病其治也 師古曰謂宦人為閹者言其精氣奄閉不泄也一曰主奄閉門者尹正也呰與疵同 述元紀第九 孝成

煌煌臨朝有光威儀之盛如圭如璋壼闈恣趙朝政在王 師古曰趙謂趙皇后及昭儀也王謂外家王鳳王音等 炎炎燎火亦允不陽 張晏曰天子之盛威若燎火之陽今委政王氏不炎燿矣師古曰允信也 述成紀第十 孝哀彬彬克攬威神 師古曰彬彬文質備也言哀帝恣孝成之時權在臣下故自攬持其威神也攬執取也其字從手 彫落洪支底劇鼎臣 服虔曰彫落洪支謂退王氏也底致也周禮有屋誅誅大臣於屋下不露也易曰鼎折足其形渥凶謂誅朱博王嘉之屬也晉灼曰劇刑也師古曰劇者厚刑謂重誅也音握服言屋下失其義也 婉孌董公惟亮天功 應劭曰以董賢為三公乃欲共成天功也 大過之困實橈實凶 易大過卦棟橈凶言以小材而為棟梁不堪其任至於折橈而凶也師古曰婉孌美貌亮助也尚書舜典曰寅亮天功故引之也橈曲也音女教反 述哀紀第十一 孝平不造新都作宰不周不伊喪我四海 師古曰造成也遭家業不成周頌曰閔予小子遭家不造故引之也言其自號宰衡而無周公伊尹

之忠信也述平紀第十二　漢初受命諸侯竝政制自項
氏十有八姓述異姓諸侯王表第一　太祖元勳
啓立輔臣支庶藩屏侯王竝尊述諸侯王表第二
侯王之祉祚及宗子公族蕃滋支葉碩茂師古曰茂合韻音莫
口反述王子侯表第三　受命之初贊功剖符弈世弘
業爵土逦昭師古曰贊佐命之功也弈大也述高惠高后孝文功臣
侯表第四　景征吳楚武興師旅後昆承平亦猶
有紹師古曰言景武之時以軍功故封侯者多昭宣以後雖承平尚有以勳獲爵土者述景武昭
宣元成哀功臣侯表第五　亡德不報爰存二代應劭
曰二代三王後也師古曰二代謂殷周也言德澤深遠故至漢朝其子孫又受茅土以奉祭祀宰相外戚昭韙

見戒張晏曰韙是也明其是者戒其非也述外戚恩澤侯表第六　漢迪
于秦有革有因劉德曰迪至也㩦舉僚職竝列其人晉灼曰㩦音麃
㩦之㩦師古曰㩦音才戶反謂大略也述百官公卿表第七　篇章博舉通
于上下略差名號九品之敘述古今人表第八　元元
本本數始於一張晏曰數之元本起於初九之一也產氣黃鍾造計秒忽
劉德曰秒禾芒也忽蜘蛛網細者也師古曰秒音眇其字從禾八音七始五聲六律劉德曰七始天
地四方人之始也師古曰解在禮樂志度量權衡歷筭逌出師古曰逌古攸字也攸所也官
失學微六家分乖劉德曰六家謂黃帝顓頊夏殷周魯歷也壹彼壹此庶研
其幾述律歷志第一　上天下澤春雷奮作劉德曰兌
下乾上履坤下震上豫履禮也豫樂也取易象制禮作樂師古曰易象曰上天下澤履雷出地奮豫故具引其文先王

觀象爰制禮樂厥後崩壞鄭衛荒淫風流民化湎
湎紛紛師古曰言上風既流下人則化也湎湎流移也紛紛雜亂也湎音莫踐反略存大綱以統舊
文述禮樂志第二　雷電皆至天威震耀五刑之
作是則是效劉德曰震下離上噬嗑利用獄雷電取象天威也師古曰易象辭曰雷電噬嗑先王以明罰敕法故引之
威實輔德刑亦助教季世不詳背本爭末師古曰不詳謂不盡
用刑之理也周書呂刑曰告爾詳刑吳孫狙詐申商酷烈師古曰狙音千豫反漢章九
法太宗改作張晏曰改除肉刑也輕重之差世有定籍述刑法
志第三　厥初生民食貨惟先割制廬井定爾土
田什一供貢下富上尊商以足用茂遷有無貨自
龜貝至此五銖揚搉古今監世盈虛師古曰揚舉也搉引也揚搉者舉而

引之陳其趣也搉音居學反述食貨志第四　昔在上聖昭事百神類
帝禋宗望秩山川明德惟馨永世豐年季末淫
祀營信巫史鄧展曰營惑也大夫臚岱侯伯僭時鄭氏曰臚岱季氏旅於太
山是也應劭曰僭時秦文公造四時祭天是也師古曰旅陳也臚亦陳也臚旅聲相近其義一耳放誕之徒緣間
而起師古曰謂方士言神仙之術也瞻前顧後正其終始述郊祀志第
五　炫炫上天縣象著明師古曰炫炫光耀之貌音胡畎反縣古懸字日月周
輝星辰垂精百官立法宮室混成張晏曰星辰有宮室百官各應其象以見咎徵
也降應王政景以燭形張晏曰王政失於此星辰變於彼猶景之象形三季之後
厥事放紛師古曰三季三代之末也放失也紛亂也舉其占應覽故考新述天
文志第六　河圖命庖洛書賜禹八卦成列九疇

逌敘李奇曰河圖即八卦也洛書即洪範九疇也師古曰逌古攸字 世代寔寶光演文
武春秋之占咎徵是舉告往知來王事之表述五
行志第七 坤作墬勢高下九則張晏曰易曰地勢坤劉德曰九則九州土田上
中下九等也師古曰墬古地字易象曰地勢坤君子以厚德載物高下謂地形也一曰地之肥瘠也 自昔黃唐經
略萬國燮定東西疆理南北師古曰燮和也疆理謂立封疆而統理也 三代損
益降及秦漢革剗五等制立郡縣晉灼曰剗音剗削之剗師古曰音初限反
略表山川彰其剖判述地理志第八 夏乘四載
百川是導師古曰四載解在溝洫志 唯河為艱災及後代商竭周
移秦決南涯服虔曰河竭而商亡後亦河移徙也如淳曰秦始皇本紀決河灌大梁遂滅之通為溝入淮泗 自茲
距漢北亡八支服虔曰本有九河今塞餘有一也 文堙棗野武作瓠歌

服虔曰堙音因文帝塞河於酸棗也張晏曰河決瓠子武帝親臨悼功不成而作歌 成有平年後遂滂
沱劉德曰成帝治河已平改元曰河平元年 爰及溝渠利我國家述溝洫志
第九 虙羲畫卦書契後作師古曰虙讀曰伏同 虞夏商周
孔纂其業篹書刪詩綴禮正樂師古曰篹與撰同 彖系大易
因史立法師古曰謂修春秋定帝王之文 六學既登遭世罔弘師古曰罔無也無能
弘大正道也 羣言紛亂諸子相騰師古曰騰馳也 秦人是滅漢修其
缺劉向司籍九流以別應劭曰儒道陰陽法名墨從横雜農凡九家 爰著目錄
略序洪烈師古曰洪大也烈業也 述藝文志第十 上嫚下暴
惟盜是伐師古曰易上繫辭云小人而乘君子之器盜思奪之矣上嫚下暴盜思伐之矣引此言者謂秦胡亥之時
勝廣熛起梁籍扇烈師古曰飛火曰熛扇熾也烈猛也言陳勝初起而項羽烈盛也熛音必遙反

赫赫炎炎遂焚咸陽宰割諸夏命立侯王誅嬰放
懷詐虐以亡述陳勝項籍傳第一 張陳之交斿如
父子攜手遯秦拊翼俱起應劭曰遯逃也師古曰遯古遯字也拊翼以雞為喻言知將旦則
鼓擊其翼 據國爭權還為豺虎師古曰言反相吞噬也 耳謀甘公
作漢藩輔述張耳陳餘傳第二 三枿之起本根既
朽劉德曰詩云包有三枿爾雅曰烈枿餘也謂木斫髡而復枿生也喻魏齊韓皆滅而復起若髡木更生也師古曰枿音五葛反 枯楊
生華曷惟其舊應劭曰易云枯楊生華暫貴之意也曷惟其舊言不能久也師古曰枯楊華大過卦九五爻辭也舊
合韻音臼 横雖雄材伏于海隝沐浴尸鄉北面奉首旅人
慕殉義過黃鳥劉德曰黃鳥之詩刺秦穆公要之從死言今横不要而有從者故曰過之 述魏豹
田儋韓信傳第三 信惟餓隸布實黥徒越亦狗

盜芮尹江湖張晏曰吳芮為番陽令在江湖之間尹主也 雲起龍襄化為侯
王師古曰襄舉也 割有齊楚跨制淮梁張晏曰韓信前王齊徙楚英布王淮南彭越王梁也
綰自同閈鎮我北疆應劭曰閈音扞盧綰與高祖同里楚名里門為扞師古曰左氏傳云高其閈
閎舊通語耳非專楚也 德薄位尊非胙惟殃吳克忠信胤嗣迺
長述韓彭英盧吳傳第四 賈廑從旅為鎮淮楚
張晏曰劉賈晚乃從軍也晉灼曰廑無幾也師古曰二說皆非也廑古以為勤字言賈從軍有勤勞也 澤王琅邪權
激諸呂濞之受吳疆土踰矩師古曰矩法制也 雖戒東南終
用齊斧張晏曰齊斧越斧也以整齊天下也晉灼曰雖戒勿反而反竟用此斧於吳也師古曰易云喪其齊斧故引以為辭
述荊燕吳傳第五 大上四子伯兮早夭仲氏王
代斿宅于楚師古曰詩衛風云伯兮朅兮邶風又曰仲氏任只此序方論高祖兄伯及仲故引二句為之辭也

戊實淫虐平陸迺紹師古曰楚戊為薄太后服姦削東海郡遂與吳共反而誅景帝更立平陸侯禮續元王之後也其在于京弈世宗正師古曰正合韻音征劬勞王室用侯陽成子政博學三世成名師古曰謂劉德劉向劉歆俱有名聞述楚元王傳第六 季氏之詘辱身毀節信于上將議臣震栗張晏曰申意於上將上將樊噲也欲以十萬衆橫行匈奴中布曰噲可斬也時議臣皆恐師古曰信讀曰申欒公哭梁田叔殉趙見危授命誼動明主布歷燕齊叔亦相魯民思其政或金或社李奇曰魯人愛田叔死送之以金齊貴欒布為生立社述季布欒布田叔傳第七 高祖八子二帝六王三趙不辜淮厲自亡燕靈絕嗣齊悼特昌掩有東土自岱徂海支庶分王前後九子六國誅斃適齊亡祀

城陽濟北後承我國張晏曰濟北王恐吳楚反後從王淄川元朔中齊國絕悼惠王後唯有城陽淄川武帝乃割臨淄環悼惠王冢以與淄川令奉祀也師古曰適讀曰嫡赳赳景王匡漢社稷師古曰赳赳武貌音糾述高五王傳第八 猗與元勳包漢舉信劉德曰包取也師古曰包漢謂勸高祖且王漢中也舉信舉韓信也信合韻音新鎮守關中足食成軍營都立宮定制脩文平陽玄默繼而弗革師古曰革改也言曹參為相守靜無為一遵蕭何約束不變改也民用作歌化我淳德漢之宗臣是謂相國述蕭何曹參傳第九 留侯龔秦作漢腹心劉德曰龔秦椎始皇於博狼沙中圖折武關解阨鴻門師古曰圖折武關謂從沛公入武關說令為疑兵又啗秦將以利因其怠懈擊之類也推齊銷印敺致越信師古曰敺與驅同越彭越也信亦韓信也謂於垓下圍項羽時也信合韻音新招賓四老惟寧嗣君陳公擾攘歸漢迺安師古曰攘音人羊反斃范亡項走狄禽韓師古曰走狄謂解平城之圍也禽韓謂偽游雲夢也六奇既設我罔艱難師古曰罔無也安國廷爭致仕杜門絳侯矯矯誅呂尊文亞夫守節吳楚有勳述張陳王周傳第十 舞陽鼓刀滕公廄騶師古曰鼓刀謂屠狗也潁陰商販曲周庸夫攀龍附鳳並乘天衢師古曰乘登也述樊酈滕灌傅靳周傳第十一 北平志古司秦柱下師古曰志記也謂多記古事也司主也定漢章程律度之緒建平質直犯上干色師古曰周昌先封建成侯蓋謂此也平字當為成傳寫誤耳廣阿之廑食厥舊德張晏曰任敖也吏遇呂后不謹敖擊傷主吏也師古曰廑亦勤字也易訟卦六三爻辭曰食舊德食猶饗也故安執節責通請錯蹇蹇帝臣匪躬之故師古曰易蹇卦六二爻辭曰王臣蹇蹇匪躬之故此言申屠嘉召責鄧通請誅朝錯皆不為己身實有蹇蹇之節也述張周趙任申

屠傳第十二 食其監門長揖漢王畫襲陳留進收敖倉塞隘杜津王基以張師古曰杜亦塞也謂說令塞白馬津賈作行人百越來賓從容風議博我以文李奇曰作新語也師古曰論語稱顏回喟然歎曰夫子博我以文謂以文章開博我也此言陸賈嘗之越也從音千容反風讀曰諷敬繇役夫遷京定都師古曰繇讀與由同言劉敬由戍卒而來納說內強關中外和匈奴叔孫奉常與時抑揚稅介免冑禮義是創師古曰稅舍也介甲也創始造之也創合韻初良反或悊或謀觀國之光師古曰詩小雅小旻之篇曰或悊或謀言有智者有謀者易觀卦六四爻辭曰觀國之光利用賓于王故合而為言也述酈陸朱婁叔孫傳第十三師古曰本傳作朱劉敬書其賜姓也此言朱婁本其舊族耳 淮南僭狂二子受殃安辯而邪賜頑

以荒敢行稱亂窘世薦亡 師古曰窘仍也薦讀曰荐荐再也長遷死雍其子安又自殺也 述淮南衡山濟北傳第十四

蒯通壹說三雄是敗覆酈驕韓田橫顛沛被之拘係廼成患害 師古曰言五被初不從王反王繫其父母乃進邪謀終以遇害也 充躬罔極交亂弘大 師古曰小雅青蠅之詩云讒言罔極交亂四國此敘言江充息夫躬之惡引以爲辭也 述蒯伍江息夫傳第十五

萬石溫溫幼寤聖君 鄧展曰爾雅寤逢遇也師古曰此說非也言萬石幼而恭謹感寤高祖以見識拔也爾雅云遻遇也非謂寤也詩小雅小宛之篇曰溫溫恭人 宜爾子孫夭夭伸伸 師古曰詩周南螽斯之篇曰宜爾子孫振振兮論語稱孔子燕居伸伸如也夭夭如也謂和舒之貌此言萬石子孫既多又皆和睦故引以爲辭也夭音於驕反 慶社于齊不言動民 鄧展曰爲齊相齊爲立社也 衛直周張淑慎其身 師古曰衛詩燕燕之篇曰終溫且惠淑慎其身淑善也引此詩言以美四人也 述萬石衛直周張傳第十六

孝文三王代孝二梁 師古曰代孝王參及梁孝王武梁懷王揖 懷折亡嗣孝乃尊光 師古曰折謂夭也孝亦謂梁孝王也 內爲母弟外扞吳楚怙寵矜功僭欲失所思心既霿牛旤告妖 師古曰霿傋霿也音莫候反解在五行志 帝庸親親厥國五分 師古曰庸用也用親親之道故分梁爲五國立孝王男五人爲王太子買爲梁王次子明爲濟川王彭離爲濟東王定爲山陽王不識爲濟陰王 德不堪寵四支不傳 晉灼曰子父母之四支也師古曰此說非也謂孝王支子四人封爲王者皆絕於身不傳爵嗣唯梁恭王買有後耳其事具在本傳 述文三王傳第十七

賈生矯矯弱冠登朝 師古曰矯矯高舉之貌也合韻音驕 遭文叡聖屢抗其疏暴秦之戒三代是據建設藩屏以強守圉 師古曰圉合韻音御 吳楚合從賴誼之慮 師古曰勸文帝大封梁淮陽梁卒距吳楚不得令西也從音子容反 述賈誼傳第十八

子絲慷慨激辭納說 師古曰盎字絲此加子者子是美稱以偶句耳 攬轡正席顯陳成敗 師古曰攬執取也其字從手亦或作擥 錯之瑣材智小謀大 師古曰易下繫辭曰德薄而位尊智小而謀大力少而任重鮮不及矣此敘言朝錯所以及禍 既如發機先寇受害 師古曰發機言其速也吳楚未敗之前錯已誅死 述爰盎朝錯傳第十九

釋之典刑國憲以平馮公矯魏增主之明 張晏曰矯辭以免魏尚也師古曰張說非也矯正也正言其事 長孺剛直義形于色下折淮南上正元服 師古曰淮南王謀反憚黯正直武帝不冠不見黯故云下折淮南上正元服也元首也故謂冠爲元服 莊之推賢於茲爲德 述張馮汲鄭傳第二十

榮如辱如有機有樞 劉德曰易曰樞機之發榮辱之主也張晏曰乍榮乍辱如辭也 自下摩上惟德之隅 師古曰詩大雅抑之篇曰抑抑威儀惟德之隅言有廉隅也此敘言賈山直詞刺上亦爲方正也一曰隅謂得道德之一隅也 賴依忠正君子采諸 師古曰諸之也 述賈鄒枚路傳第二十一

魏其翩翩好節慕聲 師古曰翩翩自喜之貌 灌夫矜勇武安驕盈凶德相挻既敗用成 師古曰挻謂柔挻也音式延反 安國壯趾王恢兵首 孟康曰易壯于趾征凶安國臨當爲丞相墮車蹇後爲將多所傷失而憂死此爲不宜征行而有凶也師古曰壯于趾大壯初九爻辭也壯傷也趾足也直謂墮車蹇耳不言不宜征行也 彼若天命此近人咎 師古曰彼韓安國也此王恢也壯趾天命也謀兵人咎也 述竇田灌韓傳第二十二

景十三王承文之慶 師古曰言景帝庸主耳所以子皆得王者由文帝之德慶流子孫也慶合韻音卿 魯恭館室江都訬輕 師古曰訬謂輕狡也音初教反 趙敬險詖中山淫醟 師古曰詖辯也一曰佞也醟酗酒也音詠合韻音榮 長沙寂漠廣川亡聲膠東不亮常山驕盈 如淳曰亮信也聞淮南謀反作戰具守備後辭及之發病死是爲不信於漢朝 四國絕祀河

間賢明李奇曰臨江哀王閼臨江閔王榮膠西于王端清河哀王乘皆無子國除禮樂是修爲漢
宗英述景十三王傳第二十三　李廣恂恂實獲士
心控弦貫石威動北隣師古曰北隣謂匈奴也躬戰七十遂死
于軍敢怨衛青見討去病陵不引決忝世滅姓師古曰忝辱也
蘇武信節不詘王命師古曰信讀曰申述李廣蘇建傳第
二十四　長平桓桓上將之元師古曰桓桓武貌也元首也薄伐獫允
恢我朔邊師古曰恢廣也戎車七征衝輣閑閑鄧展曰輣兵車名也師古曰輣音彭
合圍單于北登闐顏票騎冠軍猋勇紛紜師古曰如猋之勇紛
然盛也長驅六舉電擊雷震師古曰六舉凡六出擊匈奴也震合韻音之人反飲
馬翰海封狼居山西規大河列郡祁連張晏曰置郡至祁連山述

前漢傳七十下　十二　陈斍

衛青霍去病傳第二十五　抑抑仲舒再相諸侯師古
曰爾雅云抑抑密也身脩國治致仕縣車下帷覃思論道屬書
師古曰屬音之欲反讜言訪對爲世純儒師古曰讜善言也訪對讀對所訪也讜音黨述董
仲舒傳第二十六　文豔用寡子虛烏有寓言淫麗
託風終始師古曰寓寄也風讀曰諷多識博物有可觀采蔚爲辭
宗賦頌之首師古曰蔚文綵盛也音鬱述司馬相如傳第二十七
平津斤斤晚躋金門師古曰斤斤明察也躋升也金門金馬門也旣登爵位祿
賜頤賢師古曰頤養也謂引招賢人而養也布衾疏食用儉飭身師古曰飭整也讀與
敕同卜式耕牧以求其志忠寤明君迺爵迺試兒生亹亹
東髮脩學師古曰亹亹勉也偕列名臣從政輔治述公孫

弘卜式兒寬傳第二十八　張湯遂達用事任職媚茲
一人日旰忘食師古曰詩大雅下武之篇曰媚茲一人應侯慎德一人天子也媚愛也此敘言張湯見愛於武帝
旣成寵祿亦羅咎慝安世溫良塞淵其德師古曰詩鄘風
燕燕之篇曰仲氏任只其心塞淵淵深也實塞也謂其德既實且深也此敘言子孫亦有之子孫遵業全祚
保國述張湯傳第二十九　杜周治文唯上淺深師古
曰言觀天子之意也用取世資幸而免身延年寬和列于名臣
欽用材謀有異厥倫師古曰倫類也言異其本類述杜周傳第三十
博望杖節收功大夏貳師秉鉞身釁胡社李奇曰李廣利胡殺
之以其血塗社也師古曰釁者以血祭耳非塗也致死爲福每生作旤師古曰每貪也張騫致死封侯
李廣利求生而死也述張騫李廣利傳第三十一　烏呼史遷

前漢傳七十下　十三　徐璽

薰胥以刑晉灼曰齊韓魯詩作薰薰師也從人得罪相坐之刑也師古曰晉說近是矣詩小雅雨無正之篇曰若此無罪
淪胥以鋪胥相也鋪徧也言無罪之人橫相牽率徧得罪也韓詩淪字作薰薰者謂相薰蒸亦漸及之義耳此敘言史遷困坐李陵
橫得罪也幽而發憤迺思迺精錯綜羣言古今是經勒
成一家大略孔明師古曰孔甚也述司馬遷傳第三十二　孝
武六子昭齊亡嗣如淳曰昭帝及齊王無嗣也師古曰嗣合韻音祚燕剌謀逆廣
陵祝詛昌邑短命昏賀失據戾園不幸宣承天序
師古曰序合韻音似豫反述武五子傳第三十三　六世眈眈其欲
浟浟師古曰六謂武帝也易頤卦六四爻辭曰虎視眈眈其欲浟浟眈眈威視之貌也浟浟欲利之貌也眈音丁含反浟音滌今易浟字作
逐文武方作是庸四克晉灼曰方並也師古曰言並任文武之臣是用克開四方也助偃
淮南數子之德不忠其身善謀於國師古曰淮南謂淮南王安諫武帝不

宜興兵討滅也 述嚴朱吾丘主父徐嚴終王賈傳第三十四 東方
贍辭詼諧倡優 師古曰詼音恢 譏苑扞偃正諫舉郵 師古曰郵與尤
同尤過也 懷肉汙殿弛張沈浮述東方朔傳第三十五 葛
繹內寵屈氂王子 師古曰公孫賀以衛皇后姊故云內寵也 千秋時發宜春舊
仕 張晏曰千秋訟衛太子冤發言值時也師古曰宜春侯王訢也 敞義依霍庶幾云已 如淳曰若此人
等無益於治可爲庶幾而已也師古曰敞楊敞義蔡義 弘惟政事萬年容已咸睡厥
誨孰爲不子述公孫劉田楊王蔡陳鄭傳第三十六
王孫贏葬建廼斬將雲廷訐禹福逾刺鳳 師古曰逾遠也 是謂
狂狷敞近其衷 師古曰衷中也論語稱孔子曰不得中行而與之必也狂狷乎此言朱雲以上蓋狂狷耳云敞
之操近於中行也衷音竹仲反 述楊胡朱梅云傳第三十七 博陸堂

前漢傳七十下 十四 徐璘

堂受遺武皇 師古曰論語稱孔子曰堂堂乎張也蓋美子張義形盛也故引之 擁毓孝昭
末命導揚 劉德曰武帝臨終之命也光能遵導顯揚也 遭家不造立帝廢王
權定社稷配忠阿衡懷祿耽寵漸化不詳陰妻之
逆至子而亡 師古曰陰謂覆蔽之 秺侯狄孥虔恭忠信 師古曰叔休屠王
之子故曰狄孥秺音妬信合韻音新 弈世載德貽于子孫 師古曰貽延也音弋豉反 述霍光
金日磾傳第三十八 兵家之策惟在不戰營平皤
皤立功立論 師古曰皤皤白髮貌也音蒲河反 以不濟可上諭其信 師古
曰春秋左氏傳晏子對齊景公曰君所謂可而有否焉臣獻其否以成其可此叙言宣帝令擊西羌充國不從固上屯田之策也 武
賢父子武人之俊述趙充國辛慶忌傳第三十九
義陽樓蘭長羅昆彌安遠日逐義成郅支陳湯

誕節救在三抎 鄭氏曰三抎謂劉向谷永耿育皆訟救湯也師古曰誕節言其放縱不拘也 會宗
勤事疆外之桀述傅常鄭甘陳段傳第四十 不
疑膚敏應變當理 劉德曰膚美也敏疾也言於闕下卒變定方遂詐非衛太子也師古曰詩大雅文王
之篇曰殷士膚敏謂微子也故引以爲辭 辭霍不婚逡遁致仕 師古曰遁讀與巡同 疏克有
終散金娛老定國之祚于其仁考廣德當宣近於
知恥 晉灼曰當宣帝時始仕至元帝時以歲惡民流便乞骸骨去此爲知恥知恥師古曰此說非也當爲平當也宣彭宣也言廣德平當彭
宣三人不苟於祿位並爲知恥也本傳贊曰薛廣德保懸車之榮平當逡巡有恥彭宣見險而止異乎苟患失之者矣 述雋
跡于薛平彭傳第四十一 四皓遯秦古之逸民不
營不拔嚴平鄭眞 應劭曰爵祿不能營其志威武不能屈其身也易曰不可榮以祿又曰確乎不可拔也
吉困于賀涅而不緇禹既黃髮以德來仕 師古曰論語稱孔子

前漢傳七十下 十五 徐璘

曰不曰白乎涅而不緇涅汙泥也可以染皁緇黑色也言天性絜白者雖處汙涅之中其色不變也緇合韻音側基反 舍惟正身
勝死善道郭欽蔣詡近遯之好 應劭曰易曰好遯君子吉言遭暴亂之世好以和順
遯去不離其害也 述王貢兩龔鮑傳第四十二 扶陽濟濟聞
詩聞禮玄成退讓仍世作相 師古曰仍頻也 漢之宗廟叔孫是謨
革自孝元諸儒變度 如淳曰造迭毀之義也師古曰謨謀也合韻音慕 國之誕章
博載其路 師古曰誕大也謂憲章之大者故廣載之 述韋賢傳第四十三 高
平師師惟辟作威圖黜凶害天子是毗 鄧展曰師師相師法也師古曰
尚書洪範云惟辟作威言威權者唯人君得作之耳詩小雅節南山之篇曰尹氏太師維周之氐秉國之鈞四方是維天子是毗言大臣
之職輔佐天子者也此叙言魏相欲崇君道而黜私權故引書詩以爲言也 博陽不伐含弘光大天
誘其衷慶流苗裔述魏相丙吉傳第四十四 占往知

來幽贊神明師古曰易上繫辭曰神以知來知以藏往言蓍卦之德兼神知也說卦曰昔者聖人之作易也幽贊於神明而生蓍言欲深致神明之道助以成教故為蓍卜也苟非其人道不虛行師古曰下繫之辭也言人能弘道非其人則不能傳學微術昧或見仿佛疑殆匪闕違衆迕世師古曰論語稱孔子曰多聞闕疑慎言其餘則寡尤多見闕殆慎行其餘則寡悔殆危也謂有疑則闕之也此叙言術士不闕疑殆故遭禍難也淺為尤悔深作敦害師古曰尤過也敦厚也述眭兩夏侯京翼李傳第四十五　廣漢尹京克聰克明延壽作翊既和且平矜能訐上俱陷極刑翁歸承風帝揚厥聲張晏曰受任為右扶風卒宣帝下詔襃揚賜金百斤敞亦平平文雅自贊師古曰便便辨也贊助也以文雅助治術也一說贊進也以文雅自進也尊實赳赳邦家之彥師古曰赳赳材勁貌也音糾章死非辠士民所歎述趙尹韓張兩王傳第四

十六　寬饒正色國之司直豐繄好剛輔亦慕直師古曰繄是也音烏奚反皆陷狂狷不典不式師古曰典經也式法也崇執言責隆持官守如淳曰崇為尚書僕射是言責之官也哀帝及傅太后欲封從弟商崇諫不聽也晉灼曰隆諫武庫兵不宜以給董賢家此為持官守也寶曲定陵竝有立志鄧展曰孫寶曲橈定陵侯淳于長也晉灼曰何並斬侍中王林卿奴是立志也述蓋諸葛劉鄭毋將孫何傳第四十七師古曰本傳毋將隆在孫寶下今此叙云毋將孫何是叙誤也長倩懊懊覯霍不舉蘇林曰懊懊行步安舒也師古曰不肯露索而見霍光故不得大官也懊音弋於反遇宣乃拔傅元作輔不圖不虞見蹟石許師古曰詩小雅雨無正之篇云旻天疾威不慮不圖也慮思也圖謀也言幽王見天之威不思謀也此叙言望之思謀不詳卒為石顯及許史所顛蹟也蹟音竹二反述蕭望之傳第四十八　子明光光發迹西疆列於禦侮厥子亦良述馮奉世傳

第四十九　宣之四子淮陽聰敏師古曰敏疾也合韻音美舅氏蘧蒢幾陷大理師古曰蘧蒢口柔觀人顏色而為辭使者也言淮陽憲王舅張博為諂辭幾陷王於大罪也蘧音渠蒢音除幾音鉅依反楚孝惡疾東平失軌師古曰惡疾謂病也軌法則也中山凶短毋歸戎里張晏曰戎氏女歸戎氏之里也元之二王孫後大宗孟康曰謂哀平帝昭而不穆大命更登鄧展曰昭而不穆有父無子張晏曰大命帝位也師古曰更音工衡反述宣元六王傳第五十　樂安褎褎古之文學師古曰褎褎盛貌也音弋救反學合韻音下教反民具爾瞻困于二司師古曰詩小雅節南山之篇曰赫赫師尹民具爾瞻言師尹之任位尊職重下所瞻望而乃為不善乎深責之也此叙言匡衡失德不終相位故引以為辭耳二司者司隷校尉王尊劾奏衡追奏石顯揚著先帝任用傾覆之臣司隷校尉王駿劾奏衡專地盜土也司合韻音先寺反安昌貨殖朱雲作娸晉灼曰娸醜也師古曰朱雲廷言欲斬張禹是為醜惡之娸音欺合韻音丘吏反博山惇慎受莽之

疢師古曰疢病也孔光後更曲意從莽之欲以病其德行也述匡張孔馬傳第五十一　樂昌篤實不橈不詘遘閔既多是用廢黜師古曰詩邶柏舟曰遘閔既多受侮不少遘遇也閔病也謂見病害甚衆也此叙言王商深為王鳳所排陷也武陽殷勤輔導副君既忠且謀饗茲舊勳高武守正因用濟身師古曰言傅喜不阿附傅太后故得免禍述王商史丹傅喜傳第五十二　高陽文法揚鄉武略政事之材道德惟薄位過厥任鮮終其祿師古曰鮮少也音先踐反博之翰音鼓妖先作劉德曰易曰翰音登于天貞凶上九爻非其位亢極故何可長也位在上高故曰翰音博拜時聞有鼓聲也師古曰翰音登于天中孚卦上九爻辭也翰音高飛而且鳴喻居非其位聲過其實也述薛宣朱博傳第五十三　高陵修儒任刑養威用合時宜器周世資義得其勇如虎如貔進不跬步宗為鯨

鯢師古曰半步曰跬音空縈反 述翟方進傳第五十四 統微政缺災

眚屢發永陳厥咎戒在三七鄭指丁傅略窺占術述

谷永杜鄴傳第五十五 哀平之卹丁傅莽賢武嘉

戚之乃喪厥身高樂廢黜咸列貞臣述何武王嘉

師丹傳第五十六 淵哉若人實好斯文初擬相如

獻賦黃門輟而覃思草法篹玄師古曰輟止也篹與撰同言止不復作賦草創

法言及撰太玄經也 斟酌六經放易象論師古曰放音甫往反論論語也 潛于篇籍

以章厥身師古曰章明也 述楊雄傳第五十七 獷獷亡秦滅

我聖文師古曰獷獷麤惡之貌言無親也獷音獷又九永反 漢存其業六學析分是

綜是理是綱是紀師徒彌散著其終始師古曰散謂分派也 述儒

林傳第五十八 誰毀誰譽譽其有試師古曰論語稱孔子曰吾之於人誰

毀誰譽如有所譽其有所試此叙言人之從政可試而知故引以為辭也 泯泯羣黎化成良吏師古曰黎

衆也言羣衆無知從吏之化而成俗也 淑人君子時同功異沒世遺愛民有

餘思述循吏傳第五十九 上替下陵姦軌不勝猛

政橫作刑罰用興曾是強圉掊克為雄師古曰詩大雅蕩之篇曰曾是

強圉曾是掊克強圉強梁禦善也掊克好聚斂克害人也言在用此人為虐於下也掊音平侯反 報虐以威殃亦

凶終師古曰尚書呂刑曰皇帝哀矜庶戮之不辜報虐以威言哀閔不辜之人橫被殺戮乃報答為虐者以威而誅絕也 述

酷吏傳第六十 四民食力罔有兼業大不淫侈

細不匱乏蓋均無貧遵王之法師古曰論語稱孔子曰蓋均無貧言為政平均不相陵奪

則無貧匱之人也故引之 靡法靡度民肆其詐師古曰肆極也 偪上并下荒

殖其貨師古曰殖蕃大也 侯服玉食敗俗傷化張晏曰玉食珍食也 述貨殖

傳第六十一 開國承家有法有制家不臧甲國不

專殺師古曰殺合韻音所例反 矧乃齊民作威作惠師古曰矧況也齊人齊等之人也

如台不匡禮法是謂師古曰匡正也台音怡如淳曰台我也我國家也 述游俠傳

第六十二 彼何人斯竊此富貴營損高明作戒後

世師古曰詩小雅巧言之篇刺讒人也其詩曰彼何人斯居河之麋賤而惡之也此叙亦深疾佞幸之人故引詩文以譏之營惑也 述

佞幸傳第六十三 於惟帝典戎夷猾夏師古曰於歎辭也帝典虞

書舜典也載舜命咎繇作士戒之曰蠻夷猾夏猾亂也夏諸夏也於讀曰烏 周宣攘之亦列風雅

師古曰攘卻也 宗幽既昏淫于褒女師古曰宗幽宗周幽王居宗周也 戎敗我驪遂

亡酆鄗張晏曰申侯與戎共伐周敗於驪山下遂殺幽王平王東徙都成周 大漢初定匈奴強

盛圍我平城寇侵邊境師古曰境合韻音竟 至于孝武爰赫斯

怒王師雷起霆擊朔野師古曰霆疾雷也音廷 宣承其末乃施

洪德震我威靈五世來服師古曰自宣至平凡五帝 王莽竊命是

傾是覆備其變理為世典式述匈奴傳第六十四

西南外夷種別域殊南越尉佗自王番禺攸攸外

寓閩越東甌師古曰攸攸遠貌 爰洎朝鮮燕之外區漢興柔

遠與爾剖符師古曰柔安也剖符謂封之也 皆恃其岨乍臣乍驕孝

武行師誅滅海隅述西南夷兩越朝鮮傳第六十五

西戎即序夏后是表張晏曰表外也禹就叙以為外國也師古曰此說非也表明也明以德化也

周穆觀兵荒服不旅張晏曰觀示也旅陳也犬戎終王而周穆王不享征之是以荒服不陳於廷也

漢武勞神圖遠甚勤王師驒驒致誅大宛鄭氏曰驒驒盛
也師古曰此說非也小雅四牡之詩曰四牡騑騑驒驒駱馬驒驒喘息之貌馬勞則喘此敘言漢遠征西域人馬疲弊也驒音它丹反
姼姼公主廼女烏孫孟康曰姼音題姼姼陽陽愛也師古曰此說非也姼音上支反姼姼好貌
也魏詩葛屨之篇曰好人提提音義同耳女妻也音乃據反言漢以好女配烏孫也使命廼通條支之
瀕師古曰瀕涯也音頻又音賓昭宣乘業都護是立總督城郭三
十有六修奉朝貢各以其職述西域傳第六十六
詭矣禍福刑于外戚師古曰詭違也言禍福相違終始不一也高后首命呂
宗顛覆薄姬碌魏宗文產德如淳曰薄姬在魏許負相當生天子魏豹聞負言不
與漢遂禽而死也師古曰碌古墜字竇后違意考盤于代師古曰詩衛風曰考盤在澗考成也
盤樂也此敘言竇姬初欲適趙而向代違其本意卒以成樂也王氏庂微世武作嗣子夫

既興扇而不終師古曰扇熾也鉤弋憂傷孝昭以登上官幼尊
類禡厥宗應劭曰詩云是類是禡禮將征伐告天而祭謂之類告以事類也至所征伐之地表而祭之謂之禡禡者馬也馬者
兵之首故祭其先神也言上官后雖幼尊貴家族以惡逆誅滅也師古曰禡音莫暇反史娣王悼身遇不
祥及宣饗國二族後光恭哀產元夭而不遂邛成
乘序履尊三世張晏曰至成帝乃崩也師古曰乘序謂登至尊之處也飛燕之妖禍
成厥妹丁傅僭恣自求凶害中山無辜乃喪馮衛
師古曰馮昭儀中山孝王母也爲傅氏所陷衛姬中山孝王后也爲王莽所賊惠張景薄武陳宣霍
成許哀傅平王之作人事歆羨非天所度師古曰作起也度居
也言惠帝至平帝王皇后七人時雖觀尊位人心羨慕以非天意所居故終用不昌也度音徒各反怨咎若茲如
何不恪師古曰恪敬也述外戚傳第六十七　元后娠母月精

見表師古曰娠音身遭成之逸政自諸舅師古曰言成帝貪自逸樂而委政於王氏
陽平作威誅加卿宰師古曰謂王商及王章也成都煌煌假我明
光師古曰煌煌熾貌曲陽歊歊亦朱其堂師古曰歊歊氣盛也音許驕反新都亢
極作亂以亡述元后傳第六十八　咨爾賊臣篡漢
滔天行驕夏癸虐烈商辛張晏曰桀名癸紂名辛僞稽黃虞繆
稱典文師古曰稽考也衆怨神怒惡復誅臻張晏曰復周也臻至也十二歲歲星一復
莽稱帝十三歲而見誅也左氏傳曰美惡周必復師古曰復音扶目反百王之極究其姦昏述
王莽傳第六十九　凡漢書敘帝皇張晏曰十二紀也列官司
建侯王張晏曰百官表及諸侯王表也準天地統陰陽張晏曰準天地天文志也統合也陰陽五行志也
闡元極步三光張晏曰闡大也元始也極至也三光日月星也大推上極元始以來及星辰度數謂律曆志分州

域物土疆張晏曰地理及溝洫志也窮人理該萬方張晏曰人理古今人表萬方謂郊祀志有日月
星辰天下山川人鬼之神緯六經綴道綱張晏曰蓺文志也總百氏贊篇章師古
曰贊明也函雅故通古今張晏曰包含雅訓之故及古今之語正文字惟學林師古
曰信惟文學之林藪也凡此總說帝紀表志列傳備有天地鬼神人事政治道德術蓺文章汎而言之盡在漢書耳亦不皆如張氏所說也
述敘傳第七十

漢書列傳卷第七十下

班固前漢書凡百篇總一百二十卷
十二帝紀一十三卷　八表一十卷
十志一十八卷　七十列傳七十九卷

景祐元年九月秘書丞余靖上言國子監所印兩漢書文字舛譌恐誤後學臣謹參括衆本旁據它書列而辨之望行刊正

詔送翰林學士張觀等詳定聞奏又命國子監直講王洙與靖偕赴崇文院讎對二年三月靖又上言案顔師古敘例云班固漢書舊無注解唯服虔應劭等各著音義自名其家至西晉晉灼集爲一部凡十四卷又頗以意增益時辨二學當否號曰漢書集注永嘉之亂此書不至江左有臣瓚者莫知氏族考其時代亦在晉初又揔集諸家音義稍以己見續厠其末捃摭前說多引汲冢竹書凡二十四卷分爲兩帙凡稱集解音義即其書也蔡謨全取此書散入衆篇自是以來始有注本至唐太宗時皇太子承乾命顔師古更加刊整刪繁補略裁以己說儒者伏其詳博遂成一家揔先儒注解名姓可見者二十有五人而爵里年代史闕載者殆半考其附著及舊說所承注釋源流名爵年次謹條件以聞望德刻于本書之末庶令學者啓卷具知奏可今列之如左

荀悅字仲豫潁川人後漢秘書監撰漢紀三十卷其事皆出漢書後人取悅所書入於注本

服虔字子愼滎陽人後漢尚書侍郎高平令九江太守初名重改名祇後定名虔

應劭字仲瑗一作仲援又作仲遠汝南南頓人後漢蕭令御史營令泰山太守

伏儼字景宏琅邪人

劉德北海人

鄭氏晉灼集注云北海人不知其名而臣瓚以爲鄭德今書但稱鄭氏

李斐不詳所居郡縣

李奇南陽人

鄧展南陽人魏建安中爲奮威將軍封高樂鄉侯

文穎字叔良南陽人後漢末荆州從事魏建安中爲甘陵府丞

張揖字稚讓清河人一云河間人魏太和中爲博士止解司馬相如傳一卷

蘇林字孝友一云慶陳留外黃人魏給事中領秘書監散騎常侍永安衛尉大中大夫黃初中遷博士封安成侯

張晏字子博中山人

如淳馮翊人魏陳郡丞

孟康字公休安平廣宗人魏散騎侍郎弘農太

守領典農校尉勃海太守給事中散騎常侍
中書令後轉爲監封廣陵亭侯
瓚昭不詳何郡縣人
韋昭字洪嗣吴郡雲陽人爲吴尚書郎太史令
中書郎博士祭酒中書僕射封高陵亭侯
晋灼河南人晋尚書郎
劉寶字道真高平人晋吏部侍郎
臣瓚不知何姓案裴駰史記序云莫知氏姓韋
稜續訓又言未詳而劉孝摽類苑以爲干瓚
鄭元注水經以爲薛瓚姚察訓纂云案庾翼

集干瓚爲翼主簿兵曹參軍後爲建威將軍
晋中興書云翼病卒而大將干瓚等作亂翼
長史江虨誅之干瓚乃是翼將不載有注解
漢書然瓚所采衆家音義目服虔孟康以外
並因晋亂湮滅不傳江左而高紀中瓚案茂
陵書文紀中案漢祿秩令此二書亦復亡失
不得過江明此瓚是晋中朝人未喪亂之前
故得具其先輩音義及茂陵書漢令等耳蔡
謨之江左以瓚二十四卷散入漢書今之注
也若謂爲干瓚乃是東晋人年代前後了不

相會此瓚非干足可知矣又案穆天子傳目
錄亡秘書校書郎中傳瓚校古文穆天子傳
巳記穆天子傳者汲縣人不準盜發古冢所
得書今漢書音義臣瓚所案多引汲書以駮
衆家訓義此瓚疑是傳瓚瓚時職典校書故
稱臣也顔師古曰後人斟酌瓚姓附之傳族
耳既無明文足取信
郭璞字景純河東人晋贈洪農太守 止注相如傳
蔡謨字道明陳留考城人東晋侍中五兵尚書太
常領秘書監都督徐兗青三州諸軍事領徐

州刺史左光祿大夫開府儀同三司領揚州
牧侍中司徒不拜贈侍中司空謚文穆公
崔浩字伯淵清河人後魏侍中特進撫軍大將
軍左光祿大夫司徒東郡公 撰荀悦漢紀音義
顔籀字師古雍州萬年人唐中書侍郎兼通直
散騎常侍秘書監洪文館學士封琅邪縣子
二年九月校書畢凡增七百四十一字損二百一十二
字改正一千三百三字

右宋景文公以諸本參校手所是正並附古注之末
至正癸丑三月十二日雲林倪瓚[illegible]謹閲

此北宋精刊景祐本漢書爲余百宋一廛中史部之冠藏篋中三十来年矣非至好不輕示人郡中 阜齋都轉偶過小齋曾一出示繼於朋好中時一及之余惜書癖深未忍輕棄并不敢以議價致蔑視寶物因思 都轉崇儒重道昔年出資數萬敬脩文廟其誠摯爲何如知 天必昌大其後以振家聲故近日收藏古籍嗜好之篤訪求之勤一至于此則余又何敢自秘所藏獨寶其寶耶君家當必有能讀是書者敢以鎮庫之物輟贈爲預兆云

乙亥季冬 士礼居主人識

顏注班書行世諸刻大约源於南宋槧本文句或用三劉宋子京之説或據刊者自意添改往往致譌而謬字尤多與小顏人文理讀前人書之病也惟是刻乃景祐之年監本猶存北宋時面目惜補版及剜換處無從取正然據是可以求其添改之跡誠今日希世寶笈也後之讀者幸勿忽視之 嘉慶戊午用校明本一過於讀未見書齋其取彭正文多別記并不論 澗蘋顧廣圻

跋

此爲百宋一廛中史部之冠今藏瞿氏鐵琴銅劍樓錢曉徵黄蕘圃顧千里均定爲北宋景祐刊本原闕溝洫藝文二志配以大德覆本又殘損漫漶者十餘葉亦以元刻補配是本之勝瞿氏藏書目録紀述綦詳茲可不贅卷中原有明人周迂叟朱墨校語蠅頭細楷不可縮印且所録爲宋劉之問刊本（王鳴盛十七史商榷吴騫愚谷文存楊紹和楹書隅録均作之同瞿氏書目作之冋惟王先謙漢書補注作之問嘉靖南監本同但字稍模胡余見初印宋本實作之問）宋祁校語今武英殿本悉已采入人盡獲見故悉芟削昔全謝山錢警石均於宋祁校語

有所不滿謝山至斥爲南渡末年麻沙坊中不學之徒依托爲之所舉五疑言之成理後人依托事或可信然竟謂所引南本浙本越本邵本信口捏造則未免過甚其詞按武英殿本齊召南跋凡監本脱漏並据慶元舊本補缺訂譌又卷一上考證謂監本脱宋祁一段今從宋本凡三劉刊誤宋祁朱子文諸説别以一圈脱者俱補是則殿本所采悉出之問刊本無疑綜計所引有淳化本景德本景本監本學官本學本史館本江南本江本南本南浙本江浙本兩浙本浙本吴越舊本越本建本邵本唐本韋本趙本晏本王本楊本謝本郭本姚本李本别本舊本古本新本並景祐本或同名異稱或渾言泛指實亦不過二十餘種景祐元年余靖上言已有參括衆本之語崇文總目亦云宋祁余靖等讐對三史悉取三館諸本以相參校此二十餘種者安知不即在所謂衆本諸本之中即有非宋祁及見之本而景祐刊成至之問刻跋之慶元嗣歲中更百六十載當時剞劂盛行班史人所必讀公私各家安知無好事之徒私淑宋説參以己見競爲流通災及梨棗遂致精麤美惡並行於一時也是本爲宋祁余靖諸人校定增損改正凡若干字俱有紀録至極精審核之宋祁校語與相印合者凡四百九十餘條則其所引之本亦必各有由來愼選精擇而非無知妄作者之所能爲高郵王念孫精於讎勘之學其校

漢書往往引宋祁校語以糾正時本瞿氏目録所舉二條外如武紀征和三年丞相屈氂下獄要斬妻子梟首是本無子字與所謂舊本合元紀永光元年賜吏六百石以上爵五大夫勤事吏二級爲父後者民一級是本無爲父後者四字與所謂越本合禮樂志四時舞者孝文所作以明示天下之安和也是本無明字與所謂邵本合郊祀志上以牡荆畫幡日月北斗登龍以象大一三星爲泰一鏠旗是本無旗字與所謂越本新本合又作二十五弦及空侯瑟自此起是本空作坎與所謂邵本合又遂至東萊東萊宿留之是本不疊東萊二字與所謂淳化本合地理志上桂陽郡桂陽匯水南至四會入鬱林

是本無林字與所謂景本合王陵傳平日各有主者是本無各字酈商傳得丞相守相大將軍各一人小將軍二人是本無二軍字周昌傳於是苛昌自卒史從沛公是本自作以皆與所謂越本合任敖傳蒼尤好書無所不觀無所不通而尤邃律歷是本尤好作凡好與所謂學官本合申屠嘉傳其見寵如是是本無見字與所謂越本合鼂錯傳前擊後解與金鼓之音相失是本音作指與所謂學官本越本合鄭當時傳客至亡貴賤亡留門下者是本無下字與所謂邵本合枚乘傳此愚臣之所以爲大王惑也是本無以爲王三字與所謂景德本合又上書北闕自陳枚乘之子上得之大喜是本無之字霍去病傳元狩三年春爲票騎將軍是本三年作二年皆與所謂越本合公孫敖附傳以將軍出北地後票騎失期是本無失字與所謂景德本合司馬相如傳子虛賦其山則盤紆岪鬱隆崇律崒是本無隆崇律崒四字又諭告巴蜀民檄今奉幣使至南夷是本使作役司馬遷傳及如左邱明無目孫子斷足是本無明字武五子燕剌王旦傳是時天雨虹下屬宫中飲井水井水泉竭是本無泉字嚴助傳留軍屯守空地曠日持久是本持作引皆與所謂越本合匡衡傳賢者在位能者在職是本在職作布職與所謂越本別本合孔光傳故覇還長安子福名數於魯奉夫子祀是本無安字與所謂浙本合南粤傳大

后怒鏦嘉以矛是本鏦上有欲字與所謂別本合敘傳下後昆承平亦有紹士是本作亦猶有紹與所謂監本浙本越本合此皆時本誤而景祐本不誤宋祁所舉各本亦不誤者其他訛文脫字衍文俗字爲景祐本所不免且賴所舉各本以是正者亦尚不尠經王氏之甄錄而原有之價值益明平心論之之問鐫刻之時既見景祐本而又見同時通行之本意在集取衆長襲謬沿訛遂亦並至所舉各本今無一存而猶得考見一二爲讀班史者之助且以補景祐本之不及不可謂非之問功也余夙爲之問不平因校是本而爲之辨護如右海鹽張元濟